考 古 学 专 刊

甲种第四十三号

中国考古学

宋辽金元明卷

上册

中国社会科学院考古研究所　编著

中国社会科学出版社

2023

图书在版编目(CIP)数据

中国考古学．宋辽金元明卷：全2册／中国社会科学院考古研究所编著．—北京：中国社会科学出版社，2023.10
中国考古学（九卷本）
ISBN 978 - 7 - 5227 - 2574 - 1

Ⅰ.①中…　Ⅱ.①中…　Ⅲ.①考古学—研究—中国—辽宋金元时代②考古学—研究—中国—明代　Ⅳ.①K870.4

中国国家版本馆 CIP 数据核字(2023)第 169213 号

出 版 人	赵剑英
项目统筹	王　茵
责任编辑	郭　鹏　王沛姬　胡安然
责任校对	李　莉
责任印制	李寡寡

出　　版	中国社会科学出版社
社　　址	北京鼓楼西大街甲 158 号
邮　　编	100720
网　　址	http://www.csspw.cn
发 行 部	010 - 84083685
门 市 部	010 - 84029450
经　　销	新华书店及其他书店

印刷装订	北京君升印刷有限公司
版　　次	2023 年 10 月第 1 版
印　　次	2023 年 10 月第 1 次印刷

开　　本	787×1092　1/16
印　　张	94.5
字　　数	2339 千字
定　　价	698.00 元(全 2 册)

凡购买中国社会科学出版社图书，如有质量问题请与本社营销中心联系调换
电话：010 - 84083683

ARCHAEOLOGICAL MONOGRAPH SERIES
TYPE A   NO. 43

CHINESE ARCHAEOLOGY
Song Dynasty to Ming Dynasty

By

The Institute of Archaeology

Chinese Academy of Social Sciences

China Social Sciences Press

Beijing

2023

《中国考古学》（九卷本）为

国家"九五"社会科学基金资助重点项目

中国社会科学院重点研究课题

"十五"国家重点图书规划项目

内容简介

宋辽金元明考古学是中国历史考古学的最晚阶段，通常认为其始于北宋，止于明末（960—1644 年，实际上辽朝应从耶律阿保机于 907 年建立契丹国起算）。其前段为宋朝与辽、金和西夏分别对峙，以及高昌回鹘王国（于阗王国只延续至五代宋初）、喀喇汗王朝、大理国、西藏的古格王朝等政权分立阶段；后段则为元、明形成新的一统的多民族国家时期。宋辽金元明时期各种考古遗迹遍布现在全国境内（地域还涉及今境外邻近地区，如中亚北部地区的西辽遗迹等），是秦代以后中国历史考古学各断代考古学中时代跨度最长，涉及统一和正统王朝（包括辽金元民族政权）最多，覆盖地域最广，内涵最丰富，并形成古代封建社会各种文化类型终结模式的最重要阶段。

宋辽金元明考古学内涵集前代之大成，并囊括直至明清时期所有的新发展形成的古代物质文化。但是该阶段如此厚重的物质文化，目前却是中国断代考古学中最薄弱的环节。从现今宋至明代考古调查发掘研究情况来看，研究的范畴也只能暂以都城考古（包括宫城和主要地方城镇）、帝陵考古（包括一些王陵）、墓葬考古和在瓷窑址发掘研究基础上的瓷器考古等为研究的主体核心内涵。此外，中外文化交流考古、宗教考古，以金界壕和明长城为代表的军事遗迹考古等也独具特色。

如上所述，《中国考古学·宋辽金元明卷》则现在也只是以都城考古、帝陵考古、墓葬考古和瓷窑址考古等为重心，综合介绍 20 世纪、特别是 1949 年至今的宋辽金元明时期考古调查发掘和研究重要成果的专著。同时也是第一部对宋辽金元明时期迄今已有的主要考古资料进行综合研究探讨的论著，从而为今后宋至明代考古学全面系统的综合研究和专题研究奠定了良好基础。

本书适合研究考古、历史、文博、古建筑和艺术史等专业人员及广大历史、考古、文物爱好者阅读。

《中国考古学》总序

20世纪是考古学传入并诞生于中国的时代，是中国考古学的形成、发展和继续发展的时代。20世纪90年代中期，中国社会科学院考古研究所的领导和学者们，曾经就20世纪中国考古学的发现、研究及其在21世纪的进一步发展，进行过多次讨论，大家认为：中国社会科学院考古研究所及其前身——中国科学院考古研究所，是中国考古学学科历史发展的主要参与者、见证者。在世纪之交，中国社会科学院考古研究所作为当今中国国家级惟一的考古科研机构，将百年来考古学在中国的发展历史作一回顾、总结和研究，并对新世纪的中国考古学作一展望，是我们义不容辞的学术责任。基于上述考虑，1996年我们考古研究所审时度势，提出编著《中国考古学》计划，通过充分论证，这一计划先后被批准为国家社会科学基金项目和中国社会科学院重点课题项目，以及"十五"国家重点图书规划项目。

《中国考古学》各卷分别对不同时代中国考古学发展历程，进行了回顾、研究。从总体来看，20世纪以来的中国考古学发展，大致划分为近代考古学传入时期和中国考古学诞生时期、形成时期、发展时期与继续发展时期等几个阶段。

1. 近代考古学传入时期（19世纪后半叶至20世纪20年代）

19世纪后半叶至20世纪初，随着外国殖民者对中国的政治、经济侵略，文化渗透也接踵而来。这种文化渗透的表现之一，就是外国人到中国的"寻宝"活动。他们采取的形式大多是以探险队、考察队名义进行活动，其中欧美国家的探险队或考察队多在我国新疆、甘肃、内蒙古等西北地区活动，日本的探险队、考察队多在我国东北地区和台湾等地活动。上述活动，一方面使大量中国古代珍贵历史文物被劫掠到国外，另一方面考古学作为一门科学也随之传入中国。

这一时期近代考古学传入中国和"殷墟甲骨""汉晋简牍""敦煌文书"的重大发现，成为中国学术史从传统学术向近代学术转变、从传统史学向现代史学转变的重要契机；使从"层累地造成的中国史"走出的"疑古"学者们，看到了"释古"（历史文献与考古资料结合的"二重证据法"）、"考古"的科学曙光。考古学成为学术界倍加关注的新科学。

2. 中国考古学诞生时期（20世纪20年代至30年代）

从学术发展史来看，近代考古学传入中国促使中国传统的"金石学"发展为"古器物学"，继之"古器物学"又发展为考古学。

考古学在中国的诞生有着深层次的历史原因。辛亥革命推翻了清王朝，埋葬了两千多年的封建专制统治，1919 年的五四运动又给中国带来了科学与民主的思想，这为此前传入中国的考古学的诞生奠定了重要的思想基础。

从科学史来看，考古学是在近代科学发展的基础之上诞生的，更具体地说考古学的出现是近代地质学、生物学等自然科学发展的产物。在当时"科学救国"思想影响下，近代中国科学，尤以地质学、古生物学成就最为突出。由于地质学、古生物学与考古学学科之间的密切关系，当时已有一批在国外学有所成，在国内业绩卓著的中国地质学家、古生物学家，成为了最早涉足中国考古学的科学家；还有一批中国学者，虽然其学术背景不尽相同，但他们都积极投身中外合作考古活动或中国人独立主持的考古发掘。这些都为考古学在中国诞生创造了人才条件。同时，一些受聘于中国科研机构或政府管理部门的国外著名地质学家、古生物学家、考古学家等，通过与中国学者合作开展的田野考古工作，把西方考古学的方法和理论介绍、传播到中国，从而为考古学在中国的诞生创造了科学条件。

这一时期的考古发现众多，如旧石器时代北京周口店遗址的发掘和北京猿人头盖骨的发现，山西夏县西阴村、河南渑池仰韶村、山东历城龙山镇等史前遗址的发掘，河南安阳殷墟遗址的大规模勘探与发掘等。1928 年由中国国家学术机构负责、中国学者独立主持的河南安阳殷墟遗址的考古发掘，成为中国考古学诞生的标志。通过大量田野考古工作的开展，西方考古学中的地层学、类型学在中国考古学中得到运用和发展，一些自然科学技术在考古发掘和研究中得以应用。由于当时中国境内的不少考古工作采取了国际合作的方式，使刚刚在中国诞生的考古学获得了"跨越式"发展。

3. 中国考古学形成时期（20 世纪 30 年代至 40 年代）

20 世纪 20 年代考古学在中国诞生之后不久，中国学者就成为了本国考古学的主力军。这一时期开展的北京周口店遗址、河南安阳后冈遗址（小屯文化、龙山文化、仰韶文化三叠层遗址）、安阳殷墟宫庙址和王陵区的大规模考古发掘，获得重大学术成果，为建立黄河中下游史前文化和早期国家的考古学文化框架奠定了基础。从学术的时空两方面来说，它们为中国考古学向早晚两方面的拓展和由中原向周边地区的发展，寻找到了科学的支撑点。中国考古学家在安阳殷墟的长时期、大规模的成功的考古发掘，为东亚和东北亚地区古代都城遗址、大型建筑遗址的考古发掘，探索出一条成功经验。

中国考古学在其幼年时期取得的成果，成为中国马克思主义史学诞生的科学基础。马克思主义历史学家郭沫若，正是利用安阳殷墟考古资料和两周金文资料，完成了中国第一部马克思主义历史学著作《中国古代社会研究》。

4. 中国考古学发展时期（20 世纪 50 年代至 70 年代）

1949 年新中国的成立，使中国考古学的发展面临极好的机遇。在以历史唯物主义和辩证唯物主义为基石的马克思主义指导下，中国考古学坚持以田野考古为基础，使学科得到健康发展。中央政府设立了专门的文物考古行政管理机构，成立了国家考古科研学术机构——中国科学院考古研究所（1977 年更名为中国社会科学院考古研究所），在北京大学设立了考古专业。中国科学院考古研究所、文化部文物局与北京大学应全国考古工作急需，联合举办了四届全国考古工作人员训练班，为新中国考古事业的发展提供人才保证。作为中国考古学学术园地的"三大杂志"——《考古》《文物》开始创办，《考古学报》更名复刊，它们为中国考古学的发展提供了重要的学术平台。

全国各地的考古工作者主动配合国家大规模的基本建设，积极开展文物保护、考古勘探与发掘，积累了极为丰富的考古资料，为此后中国考古学学科时空框架的建立，考古学方法、理论的发展，奠定了坚实的科学基础。

这一时期旧石器时代的云南元谋人和陕西蓝田人等考古发现，使古代人类在中华大地上的活动历史上溯了百万年，活动地域大大扩展。新石器时代半坡遗址、姜寨遗址的发掘，丰富了仰韶文化内容，成为中国考古学史上史前聚落考古方法、理论的最早的成功探索；山东大汶口文化的发现，找到龙山文化源头；冀南、豫北的磁山——裴李岗文化，河南的庙底沟二期文化，山东的北辛文化、岳石文化的发现，使黄河中下游的新石器时代文化向早晚两方面延伸。长江下游河姆渡遗址、良渚遗址的发掘，引发了中国考古学文化多元理论认识上的飞跃。河南偃师二里头遗址、郑州二里冈遗址等中国早期国家都城遗址的考古勘察与发掘，使以殷墟遗址为代表的晚商文化以前的早商文化和夏文化得以确认。春秋战国时代和秦汉至元明时代的都城、王陵的考古调查与发掘，连同先秦及新石器时代考古发现，再现了绵延数千年的中国古代文明，构建起了中国考古学学科的基本框架。

夏鼐领导的中国科学院考古研究所，率先积极、主动地将科学技术应用于考古学，其中尤以碳十四实验室的建立和年代学的成果最为突出，在体质人类学、古动物学等方面也取得了令人瞩目的成就。与此同时，考古学家与冶金、陶瓷、古植物学等方面的科学家合作，在古代遗存的物质结构分析、古代作物的研究等诸多方面多有收获。

十年"文化大革命"，使朝气蓬勃发展的新中国考古学受到严重挫折。但是，人类发展的历史往往是在遭到巨大的破坏之后，人们对过去认识得更深刻，对未来审视得更清晰，人类社会将出现更大、更快的进步。20世纪70年代后半叶的中国考古学，在学科建设、考古学方法和理论发展等诸多方面，为中国考古学其后的"起飞"准备了条件。

5. 中国考古学继续发展时期（20世纪80年代至今）

20世纪70年代末80年代初，中国的改革开放带来了中国科学技术发展的春天，同样也吹响了中国考古学继续发展的号角。尊重科学，尊重人才，科学工作者的聪明、智慧和创造性得到空前的发挥，国家对科学研究的经济支持力度大大增强，国际科学文化合作与交流的良好环境已经出现。这一切为中国科学的发展，自然也包括为中国考古学的发展，提供了前所未有的历史机遇。

这一时期的重要考古发现主要有：在安徽、重庆、河北等地，早期旧石器时代文化发现了更多的石器出土地点，个别地点还出土了人骨化石。这使中国境内的旧石器时代可望上推到距今200万年左右。广西、湖南、江西、河北、北京等地的距今1万年左右的早期新石器时代文化的发现，使中国境内的早期新石器时代推进至距今10000—12000年。内蒙古敖汉旗兴隆洼、河南舞阳贾湖等新石器时代中期一些大型史前聚落遗址的发现或发掘，极大地丰富了对这一时期考古学文化的认识。辽宁、浙江、湖北、四川、安徽、河南、山西、湖南等地的新石器时代晚期聚落遗址、祭祀遗址或城址的考古勘察和发掘，对探索中华民族的多元考古学文化和中国古代文明形成有着重要意义。早期夏文化的探索，偃师商城遗址的发掘，四川三星堆遗址的发现，夏商周断代工程的开展等，使20世纪八九十年代的"三代考古"学术成果异彩纷呈。秦汉至元明时期的考古发现，如帝王陵墓及陵寝建筑遗址、历代都城遗址、石窟寺与佛教寺院遗址、古代瓷窑遗址等勘察与发掘，使秦汉至元明时代的考古学内容更为充实，学科框架更为完整。这一时期中国境内周边地区广泛进行的考古勘察、发掘，使不少地方的考古学文化序列得以初步建立。一些周边省区已经建立了较完整的考古学文化谱系，学科框架得以基本构建。

20世纪80年代以来，中国考古学家们在总结了半个多世纪考古工作的基础之上，在中国考古学学科框架、谱系基本建立起来的情况下，以考古学的地层学、类型学为基本方法，吸收国际考古学界的先进方法、理论，大规模地开展了聚落考古、城址考古、祭祀遗址群考古以及与经济活动密切相关的手工业遗址考古和古代大型建设工程遗址考古等。与此同时，考古学广泛利用现代自然科学技术，如多种测年手段的使用，DNA遗传技术的应用，食性分析的探索，环境考古学的引进与创立，计算机技术在考古学研究中的普及等，这些又使田野考古发掘和研究更加"微化"、更加"细化"、更加"量化"、更加"深化"，也就是考古学的更加科学化、现代化。考古发掘与研究向"大"和"小""广"和"深"两极的发展，使考古学从宏观和微观两个方面，在科学研究的学术舞台上充分地确立了中国考古学的重要地位。

通过《中国考古学》对20世纪中国考古学发展的回顾、研究，使我们看到考古学百年来在中国的发生、发展，看到考古学在中国所取得的辉煌学术成就，看到年轻的中国考古学的发展为世界所倍加关注的现实。中国考古学已成为我国人文社会科学领域中最具影响力的学科之一。但是我们还应该看到，新世纪的中国考古学任重道远。本书进一步指出，中国考古学在21世纪要取得更大发展、进步，我们还必须全面、准确、科学地把握21世纪中国考古学的发展方向，必须明确新世纪我们的学术使命。

中国是世界上惟一的具有数千年延续不断的古代文明国家，中国有着丰富的历史文化遗产，已有的考古发现只是我国历史文化遗产中的很小的一部分，还有更多、更重要的考古工作等待着我们去开展。已经进行的考古工作在各地区的发展也不平衡，不同时代的考古学学科进展也不一样。至于自然科学技术在考古学中的应用方面，我们与世界发达国家的考古学相比，还有一定的差距。多年来，由于考古工作者把主要精力投入到配合国家大规模基本建设的考古发掘工作，相应的考古学理论、方法的研究也有待进一步加强。

加强中国考古学学科理论建设是目前及今后中国考古学学科继续发展的重要条件。学科的发生、发展是与学科理论建设密切相关的，学科成熟的前提是其理论的完备与彻底。学科在发展，学科理论也在发展，因而学科的成熟、理论的完备与彻底也都是相对而言的。学科的存在和发展，决定了学科理论的存在与不断发展。理论是对学科科学规律的探索，对学科过去而言是学科的科学总结，对学科未来而言是学科的科学假设。学科理论涉及学科的诸多方面问题，如人类起源的一元与多元问题，人类起源一元说与基于传统的地层学、类型学研究所形成的考古学文化的科学整合问题，古代文明形成、国家出现模式问题，早期国家功能问题，人类社会发展与环境关系问题，社会生产分工问题，考古学文化与血缘集团（血缘社会单位）、民族、国家关系问题等。

学科的发展离不开方法论的创新，所谓"工欲善其事，必先利其器"。考古学要不断发展，就要不断创新其学科"方法论"。地层学、类型学是近代考古学将当时的地质学、生物学学科基本方法"移植"过来的，一百多年来，它们对于考古学的发展功不可没。但是，正如现代地质学、生物学的发展是伴随着碳十四、热释光、古地磁和 DNA 等现代科学技术的应用而获得进步一样，地质学、生物学的科学研究，如果至今仍然仅仅停留于使用地层学、类型学方法上，现代意义上的地质学、生物学则无从谈起。既然考古学的地层学、类型学是源于地质学、生物学的，那么借鉴现代地质学、生物学的发展经验，对于当今考古学的发展，学科方法的现代化、科学化、多样化同样是至为重要的。

21 世纪，现代科学技术在考古学中的更加广泛应用，将使基于"考古学文化"提出的"相对"时空框架、谱系，加速向"绝对"的时空框架、谱系发展。诸如碳十四断代及 AMS、古代树木年轮、古地磁法（PM）等断代技术，生物遗存分析和物理、化学对古代遗物的物种、物质成分的分析技术等，都使考古学资料的时空研究提高到更高的科学层次，其中不少是传统考古学方法所无法解决的。我们应看到各种自然科学技术在考古学中的应用所带来的考古学研究的革命性变化。考古学作为一门交叉学科、边缘学科，其进一步深入发展还必须加强与其他相关人文社会科学的结合。对于 21 世纪中国考古学而言，多学科结合、多种方法应用是新世纪中国考古学学科发展的基础和方向。

考古学文化主要以"特定类型的器物"——陶器与相关物质遗存所构成的"特定关系组合遗存"，体现人们的生产活动、物质生活。自然环境和地理是考古学文化形成、发展的主要条件和背景。马克思曾针对这种由于自然环境、条件的不同而导致的差异指出："不同的共同体，是在各自的自然环境内，发现不同的生产资料和不同的生活资料的。所以，它们的生产方式、生活方式和生成物是不同的。"（《资本论》第一卷，人民出版社，1957 年）我国国土广大，各地自然环境、地理条件不同，有的差别很大。在这种背景下形成了各地不同的考古学文化。从这个角度来看，自然地理环境的多样性决定了考古学文化的多元性。因此，对于 21 世纪中国考古学而言，在考古学研究方法上必须更加关注环境与人的关系以及"人地关系"。

20 世纪以后的中国考古学发展，还涉及许多考古学理论、方法问题，都是极具时代挑战性的，有的已在本书中进行了探讨。至于以田野考古为基础的中国考古学学科的自身发展，要做的工作就更多了，如学科在时空两方面都存在着一定的发展不平衡性问题，即不同地区的考古工作开展的不同，不同时代考古学研究的情况不同，等等，在本书的相关部分也会谈到，此处不再赘述。

《中国考古学》共设九卷，包括《绪论卷》《旧石器时代卷》《新石器时代卷》《夏商卷》《两周卷》《秦汉卷》《魏晋南北朝卷》《隋唐卷》和《宋辽金元明卷》，各卷分之可独立成书，合之为一有机整体。参加撰写的学者多达五十多位，其中大多为中国社会科学院考古研究所的科研人员，同时我们还聘请一些所外专家，参与了本书的部分撰写工作。作为一项集体性项目，本书涉及全国的考古发现与研究，因此我们要求作者在现有的考古资料和研究成果基础之上，在撰写中要突出科学性、全面性、客观性，同时更要有创新性。鉴于考古学著作编写出版的复杂性和难度，我们专门设立了编辑出版工作组，协助编委会负责有关技术性和事务性工作，以求把本书编写出版为精品。尽管如此，对于这样一部几十人参与撰写，又涉及时代如此之长、地域如此之广、内容如此之泛、问题如此之复杂的庞大著作，其中的不足或错误是在所难免的，我们诚挚地希望得到大家的批评、指正。

《中国考古学》的编写出版，是在本书编委会的直接领导下进行的。在编写出版过程中，我所的老领导、老专家自始至终给予了我们亲切的关怀、热情的鼓励和悉心的指导，全国各地的考古、文博单位以及中国社会科学出版社给予了我们无私的帮助、大力的支持。在《中国考古学》付梓之际，我们向所有在本书编写出版期间，关心、支持、帮助过我们的同志们，向全国各相关兄弟单位的朋友们表示衷心感谢！

刘庆柱

2003 年 10 月 8 日

总 目 录

插图目录

图版目录

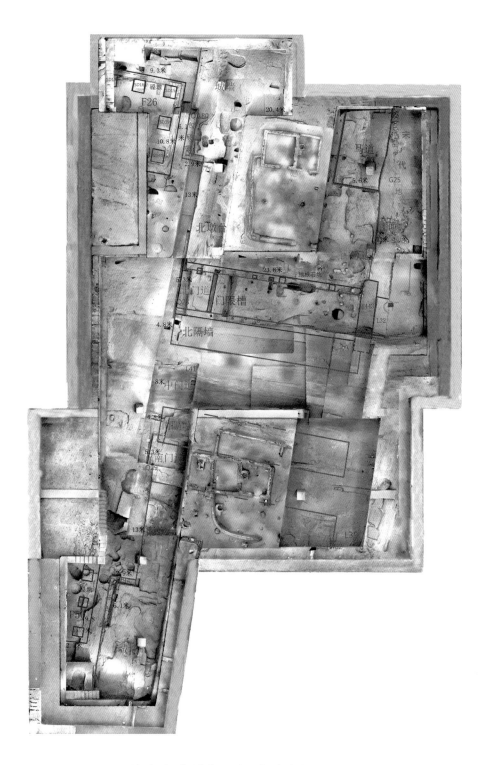

1 北宋东京城顺天门遗址全景（上为北）

2-1　西南—东北

2-2　北—南

2　南宋临安府治遗址 F1 之西廊房遗迹（北—南）

宫城南墙

马道

西墩台

门道

东墩台

3　辽上京宫城南门遗址全景（上为南）

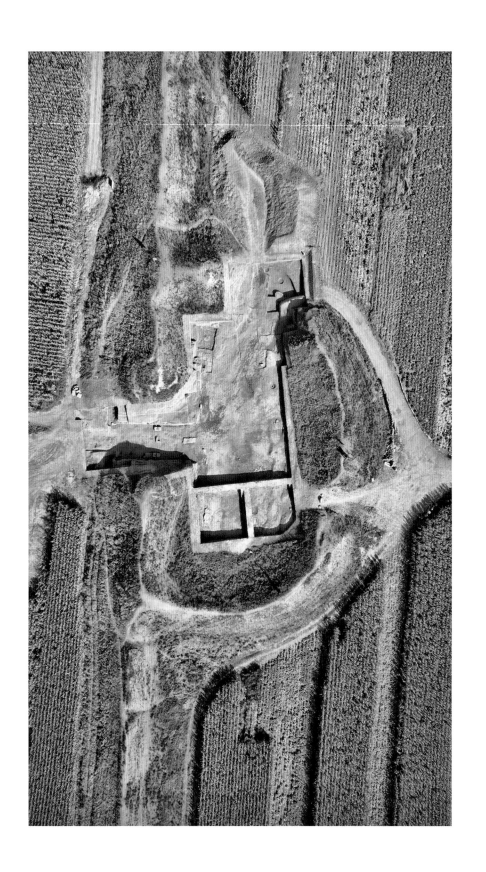

4　金上京南城南墙西门址全景（上为北）

5　元中都宫城遗址全景（东—西）

6 明中都前朝区宫殿址等（上为北）

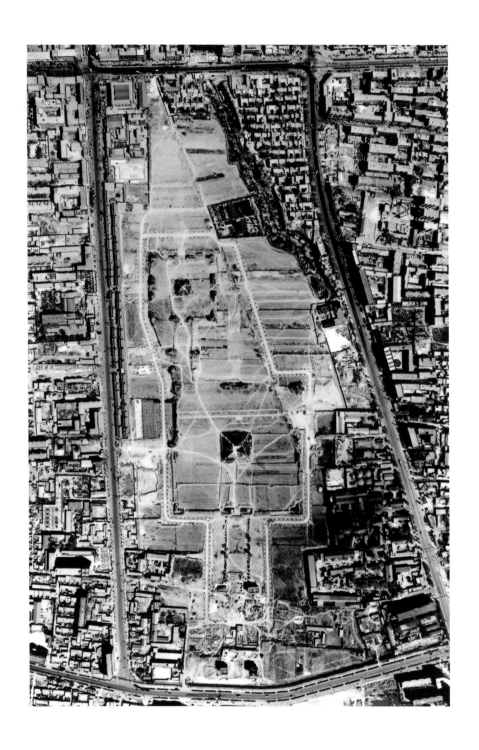

7　北宋永昭陵区全景（下为南）

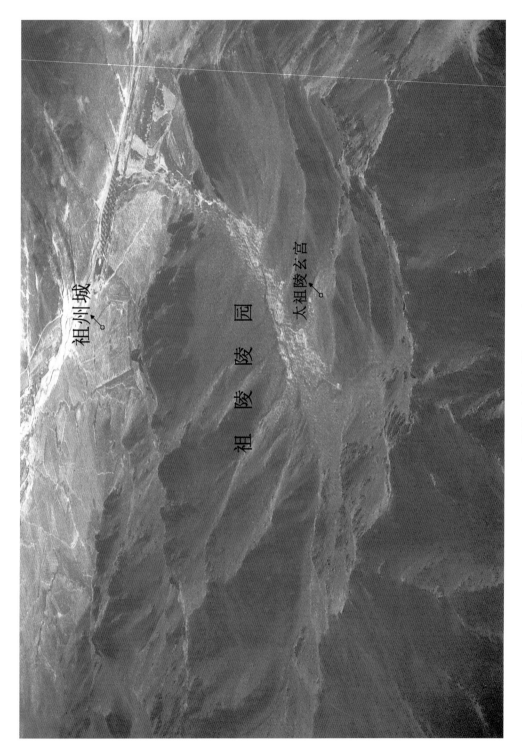

祖州城

祖 陵 陵 园

祖 陵

太祖陵玄宫

8　辽祖陵遗址全景（下为西）

9　房山金陵九龙山陵区遗址（下为南）

10　西夏陵 1、2 号陵园遗址

11　明定陵全景

12　浙江云和正屏山宋墓墓地全景（东—西）

13 四川华蓥安丙家族墓地全景（西—东）

14-1　B组男仪仗俑

14-2　B组男仪仗俑

14　刘振元墓出土陶俑

15　宣化张文藻墓前室后部和后室局部及其供桌祭品（南—北）

16　内蒙古奈曼陈国公主和驸马合葬情况

17 河北宣化张匡正墓前室东壁之备茶图

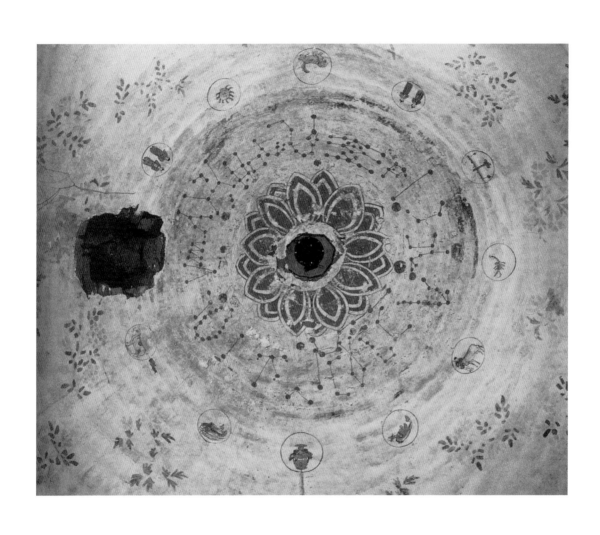

18　河北宣化张世卿墓后室墓顶之星象图

19-1　北壁夫妇端坐宴饮图

19-2　墓室东壁和东南壁

19　陕西蒲城县张按答不花夫妇墓壁画

20　钟祥梁庄王朱瞻垍墓出土金锭

21-1　潘允徵木家具组合

21-2　潘允徵木家具组合

21　嘉定潘允徵墓出土木质家俱

戴浩《秋江晚渡》图 横55.2、纵28.2厘米

22 淮安王镇墓出土名人画

23-1　定窑涧磁岭09JCAT4 Y3（南—北）

23-2　细白瓷直口碗（JCAT4⑦b：33）

23-3　细酱釉瓷侈口碗（JCAT4⑥b：24）

23-4　细白瓷直口碗（JCAT2⑥：13）

23-5　细白瓷直口碗（JCAT6⑥：1）

23　河北定窑涧磁岭窑址窑炉、出土瓷器

24-1　Y3（北—南）　　　　　24-2　Y8（北—南）

24-3　白釉黑彩龙纹盆　　24-4　白釉仿定注碗　　24-5　黑釉仿定碗

24-6　白釉黑彩磁枕　　　　24-7　绿釉仿定瓷器

24　河北磁州窑观台窑址窑炉、出土瓷器

25-1　清凉寺汝窑马蹄形窑（Y2）

25-2　清凉寺汝窑出土青瓷碗

25-3　张公巷出土青瓷折腹盘

25-4　清凉寺汝窑出土青瓷瓶

25　河南汝窑清凉寺窑址窑炉及出土瓷器、张公巷窑址出土瓷器

26-1 钧台窑钧瓷区出土莲花式盆托

26-2 钧台窑钧瓷区出土仰钟式花盆

26-3 刘家门第一期前段出土钧釉莲瓣洗

26-4 刘家门第一期前段出土钧瓷盆

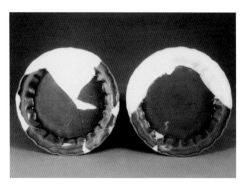

26-5 刘家门第一期前段出土青釉盘

26-6 刘家门第一期出土内天青外红釉瓷片

26　河南钧窑钧台、刘家门窑址出土瓷器

27-1　北京龙泉务窑址全貌

27-2　二期文化Y13全景

27-3　三期文化　白釉刻花罐

27-4　三期文化　酱釉炉

27　北京龙泉务窑窑址、窑炉、出土瓷器

28-1　北宋早期青瓷盏A型Ⅰ式

28-2　北宋早期青瓷盏Ba型Ⅰ式

28-3　北宋中期温碗E型Ⅱ式

28-4　宋代晚期青瓷碟J型Ⅱ式

28-5　北宋晚期青瓷瓶Ab型

28-6　宋代晚期青瓷瓶Ⅰ型

28　陕西耀州窑黄堡窑址出土瓷器

29-1　素烧炉

29-2　瓷片堆积坑

29-3　青瓷大鹅颈瓶

29-4　青瓷觚

29-5　青瓷碗

29-6　青瓷洗

29　浙江省老虎洞官窑窑址素烧炉、瓷片堆积坑、出土瓷器

30-1　大窑枫洞岩窑址

30-2　大窑枫洞岩火膛Y4

30-3　大窑枫洞岩储泥池

30-4　北宋五管瓶　　30-5　南宋粉青凤耳瓶　　30-6　元代葫芦瓶　　30-7　明代梅瓶

30　浙江龙泉窑大窑窑址、火膛、储泥池、出土瓷器

31-1　明代葫芦形窑（东南—西北）

31-2　青釉芒口折腹碗

31-3　青白釉芒口斗笠碗

31-4　青白釉仰烧杯

31-5　青白釉芒口杯

31　江西景德镇湖田窑窑址明代葫芦形窑、出土瓷器

32-1　斗彩鸳鸯莲池纹盘

32-2　宝石蓝釉白云凤纹碗

32-3　红地绿彩灵芝纹鼎式炉

32-4　正德青花海水龙纹八思巴纹款碗

32-5　永乐青花釉里红云龙纹梅瓶

32-6　永乐釉里红云龙纹梅瓶

32　江西景德镇明御器厂出土瓷器（2000 年以前）

目　　录

（上册）

绪　　论

一　宋辽金元明考古学概说

（一）宋辽金元明考古学的时空范围和内涵

清承明制又与现代相连，因而清代重要建筑或遗迹遗物文献记载详细，并大多保存下来，须进行考古发掘研究的内涵较少。所以现在一般将中国考古学年代的下限定在明代，通称宋辽金元明考古学。

宋辽金元明考古学的主要内涵前后相承，自成体系，是中国历史考古学的最晚阶段。该阶段始于北宋，止于明亡（960—1644年），辽代则应从耶律阿保机于公元916年建立契丹国起算。其间先后存在辽北宋、金南宋、元、明等朝代，以及以今宁夏为主的西夏王国，今新疆吐鲁番地区的高昌回鹘王国（和田地区李氏于阗王国存在于五代、宋初）、以今新疆喀什地区为中心之一的喀喇汗王国、今云南地区的大理王国、今西藏阿里地区的古格王国等边疆地区民族政权。宋辽金元明时期的各种考古遗迹遍布于全国各省、市、自治区境内（西辽地域还涉及中亚北部地区，略），是秦代以后中国各断代考古学中时代跨度最长、涉及统一朝代（包括辽金元民族政权）最多、覆盖地域最广的重要阶段。

宋辽金元明考古学的内涵非常丰富，种类繁多。就类别而言，有都城、宫城、皇城、帝陵、礼制建筑等宫廷建筑遗址和遗物；有地方城镇、衙署等官方建筑遗址和遗物，及其他各类建筑遗迹；有墓葬、手工业、农业、矿冶业和商业等各种遗迹和遗物；有各种宗教遗迹和遗物，各种文化艺术和科技遗迹遗物，各种军事和交通遗迹遗物，各种铭刻遗迹遗物，地方民族政权的各种遗迹遗物，中外文化交流的遗迹遗物等，其内涵几乎囊括了此前各历史断代考古学中除各代独有的门类之外的所有内涵。在这些内涵中，从迄今宋至明代考古资料构成和研究现状来看，以都城考古学（包括宫城）、帝陵考古学、墓葬考古学、以瓷窑址发掘研究为主体的瓷器考古学，为宋辽金元明考古学现在研究的主体内涵和核心。此外，还有瓷窑遗址以外的其他手工业遗址，瓷器以外的其他手工业遗存的产品，以外销瓷为龙头的中外文化交流的遗迹遗物，水下考古及其与中外文化交流相关的造船业和海外交通的遗迹遗物，以金界壕和明长城为代表的军事遗迹，大量各种类型的地方城镇，各种类型的窖藏和塔基遗址等。这些考古资料到目前为止，多寡相差悬殊，考古工作开展有限，缺环较多，资料构成不太完整，研究的程度和水平较差，今后须逐渐完善。

（二）宋辽金元明考古学简史[1]

中国现代考古学诞生于19世纪末至20世纪初期，始于外国列强学者在新疆古遗址和遗迹中的探险和盗掘。在20世纪20年代以后，内地考古学逐渐涉及宋代及其以后各代的考古调查和发掘。宋代及其以后各代的考古学，最初统称宋元考古学，大致到20世纪70年代才多称宋辽金元考古学，此后又渐称宋辽金元明考古学。近来有的学者也将清代都城、帝陵、重要宫廷建筑和瓷器等纳入宋辽金元明考古学范畴，而称为宋辽金元明清考古学。宋辽金元明考古学的发展历程，大致可分为四个阶段。下面拟着重介绍1949年以前第一阶段的概况。

1921年7月，国立北平历史博物馆派员对宋代钜鹿故城进行了小规模发掘，出土了很多瓷器、漆器和木器家具等遗物，从而开创了宋代考古的先河。从1928年起，陈万里先后调查了浙江龙泉窑、越窑、婺州窑、瓯窑等瓷窑址；此后叶麟趾对定窑遗址进行了考古调查，两位先生均发表了有关的专著，奠定了中国瓷窑遗址考古的初步基础。20世纪30年代周仁先生创办了陶瓷试验场，成为中国瓷器科技考古的先驱。20世纪30—40年代，中国营造学社在河北、山东、山西、河南，以及北平（今北京）、天津、江苏、浙江等省市，先后调查和实测了宋辽金元的古代建筑，对金中都、元大都、明南京城、南宋永思陵和石藏子、金界壕、明孝陵和明十三陵、明长陵、明长城等也进行了调查、记录或研究。抗日战争时期，营造学社还在四川和福建清理过宋墓。凡此，均对后来宋至明代的瓷器考古、古建考古、都城和帝陵考古、墓葬考古发掘产生了深远的影响。

除上所述，这个时期外国学者也在中国进行了一些考古调查和盗掘[2]。其中以日本人调查和盗掘的数量最多，并大都集中在东北和内蒙古东部地区。如1936年园田一龟调查、盗掘了金上京遗址、金完颜希尹家族墓地和完颜娄室家族墓地；1937年原田淑人、驹井和爱等盗掘了元上都遗址；1938—1939年，江上波夫等盗掘了内蒙古百灵庙乌伦苏木城元代汪古部城址，清理一座景教教堂遗址，以及汪古特王府和一些教徒的墓葬（其中包括盗掘景教徒高唐忠献王阔里吉思墓和元成宗之女、王妃爱牙失里墓，发现叙利亚文和突厥文墓石十方，这是20世纪前半叶宋元明考古最大的盗掘之一）；1939年田村实造等调查并实测了辽庆陵和庆州故城。20世纪三四十年代鸟居龙藏、江上波夫、田村实造等对辽上京故城和祖州故城进行了调查，又调查了建平（叶柏寿）等地的辽墓，并勘测了元代居庸关过街塔等。同时法国神父闵宣化等也对内蒙古东部辽代城址和陵墓进行过调查。在内蒙古西部的西夏至元代的黑城遗址，主要盗掘者是俄国人科兹洛夫和英国人斯坦因。1930年西北科学考察团也在此进行过调查。其次，这个时期外

---

[1] 宋辽金元明考古学简况，参见徐苹芳《宋元明考古学》之一"宋元明考古简史"，载中国大百科全书总编辑委员会等编《中国大百科全书·考古卷》，中国大百科全书出版社1986年版；秦大树《宋元明考古》之一"宋元明考古的开创与发展"，文物出版社2004年版。此外，本卷各章亦对相关遗址的考古调查发掘史有所交代。

[2] 第一阶段外国学者的调查和盗掘概况，参见秦大树《宋元明考古》"宋元明考古的开创与发展"，文物出版社2004年版，第9—11页。

国人还对瓷窑遗址进行了一些调查，如1930年日本人米内山庸夫在杭州凤凰山一带为寻找南宋官窑进行了调查，采集大量瓷片。日本人小山富士夫早年曾对越窑、南宋官窑进行研究。1940年他发现所谓辽上京瓷窑遗址，城外南山窑和白音戈勒窑，1944年盗掘了辽上京瓷窑址。1941年小山富士夫曾在华北地区广泛调查古瓷窑址（如河北曲阳县定窑遗址、邯郸彭城镇磁州窑遗址、河南修武当阳峪窑、焦作李封窑等），后来又参与了东北地区辽代窑址的调查和发掘。除日本人之外，1933年英国工程师R. W. 史威娄对焦作附近的修武当阳窑进行了调查和盗掘（其调查发掘报告在西方发表后，产生较大影响）。1933年美国人詹姆斯·普拉玛调查了福建建阳水吉镇附近三处古窑址，确认其为古代生产"天目"瓷的建窑窑址。

总之，这个时期宋辽金元明考古学尚属萌芽草创阶段，具体的考古工作虽然很少，但大都有开创意义。其中国内学者首先走上宋辽金元明考古学的舞台，奠定了该时期考古学的初步基础；外国人对该时期劫掠式的调查和盗掘应当受到严正的谴责，然而其所累积的考古资料和研究成果也是应当引起重视的。

第二阶段在1950年至20世纪70年代末。这个阶段以考古调查和部分清理发掘工作为主，其中以明定陵的发掘和元大都的考古调查与部分遗址的发掘最为重要，属于宋元明考古启动期的资料积累初级阶段。第三阶段在20世纪80—90年代末，这个阶段主动发掘较多，研究领域逐渐扩大，成果显著，属宋元明考古的发展期。第四阶段在2001年至今，这个阶段重要考古发掘增多，重要考古发掘报告陆续出版，专题和综合性论著代表了这个阶段的研究水平。以都城、帝陵、墓葬、瓷窑址和瓷器为主体内涵的宋辽金元明考古学体系正在形成。水下考古和中外文化交流与陶瓷之路考古，以及其他门类考古也较快地发展起来。上述第二、三、四阶段的详细情况，请参见本卷各有关章节的介绍和论述。

（三）宋辽金元明考古学的特点

中国历史断代考古学，均各自具有所处时代的特色。宋辽金元明考古学是中国考古学最晚的阶段，属中国封建社会后期。中国封建社会后期的特点，使宋辽金元明考古学产生了与以前各断代考古学有别的一些特色和特点。

1. 宋辽金时期汉族政权与民族政权南北对峙，考古学文化区域性和民族特点突出，文化内涵丰富多彩

在宋辽金时期，契丹人建立的辽朝、女真人建立的金朝分别与汉族政权北宋和南宋南北对峙，各占中国"半壁江山"，同被后人划为中国古代正统王朝体系。党项人建立的西夏王国虽然主要偏居于今宁夏等地一隅，但其与宋、辽和金的关系密切，亦对当时的政治格局产生了不可忽视的影响。此外，还有在今云南的大理王国，在今新疆维吾尔自治区的高昌回鹘王国、喀喇汗王国、于阗王国，在今西藏自治区的古格王国等。上述边疆地区民族政权辖境属于该阶段的考古资料发现较少，目前研究的尚不充分，加之本卷篇幅容量有限，故暂不收入。

上述的政治格局使这个时期的考古学文化呈现多种样式，北宋和南宋辖境是传统的汉族文化区，辽朝和金朝的北中国辖境，以及西夏王国辖境内，仍生活着许多汉族民众。是时当地的汉文化吸收了许多契丹族、女真族和党项族文化因素，形成了与宋朝统治区有一定区别和差异的汉文化。同时契丹族、女真族、党项族除以本民族的生活习俗和文化传统为本位外，又大力吸收了汉文化因素，形成了与其原生态的民族文化有别的新的民族文化。上述情况，在辽金和西夏考古学文化中均有鲜明的反映。因而宋辽金时期的考古学文化区域性较强，民族特点也很突出，不同地区不同民族的考古学文化中，形成你中有我，我中有你，以我为主，不断创新，丰富多彩的局面。

2. 宋辽金时期民族和民族文化加速深度融合，考古学文化共性日益增强，至元明之时则逐渐走向中华一体

辽宋金时期是中国封建社会后期考古学文化的重要转折点，这种转折以宋代为首，辽金为辅（并成为不可或缺的重要因素），转折的内涵是包括物质文化、精神文化和典章制度等的全方位转折。如前所述，这个时期辽国的契丹族、金国的女真族、西夏的党项族均大力吸纳汉文化，使之与本族原有的文化有机融合。他们采纳汉族典章制度创制本国的典章制度和职官与文化教育体系，契丹族和党项族还借用汉字创造了契丹文和西夏文，从而其物质文化和精神文化焕然一新。在此潮流中，辽国的契丹族最有代表性。当时辽国的契丹族"称中国位号，仿中国官属，任中国贤人，读中国书籍，用中国车服，行中国法令"，契丹"所为，皆与中国等"，"中国所有，彼尽得之"。故契丹族"以中国文化继承者自许"，"以炎黄子孙自视"，"以中国正统自居"，强调"对龙的感情"，认同并首倡"南北一家说"[1]，偏居一隅的西夏以及金代也随之跟进。如所周知，两宋文化是沿着隋唐五代文化轨迹而发展变化的，辽国文化与唐文化关系密切又与北宋文化有很深的内在关联，金与唐和辽文化以及北宋和南宋文化均有密切的关系。所以宋代、辽代和金代乃是当时中国有关各民族和民族文化加速深度融合，奠定中国多元一体的中华民族和中华民族文化确立基础的关键时期，从此中华一体的中华文化的发展则成为势不可当、不可逆转的历史规律。以后建立元朝的蒙古族、建立明朝的汉族、建立清朝的满族在大一统的情况下，更是沿着这个轨迹向前迅速发展，是时考古学文化区域性特点较民族特点更为突出，境内各族与汉族一起共同创造了中国封建社会后期灿烂的多元一体的中华文化。这是宋代及其以后中国历史的重要特点之一，故该时期考古学文化的共性日益增强，在中华一体的前提下，形成了较完整的宋辽金元明（清）的考古学体系。

3. 宋至明代考古学文化打上了较深的商品经济烙印

晚唐、五代时期商品经济已较繁荣，入宋以后商品经济快速发展起来。首先，由于商品经济的发展，导致都城和城镇里坊制与市制的崩溃，街巷制和商业街市则取而代之，遂引起都城和城镇形制布局发生重要变化，这种变化以北宋都城开封和南宋行在临安城最具代表性。其次，商品经济和私营手工业的蓬勃发展，小商品生产的发达（如漆器、铜镜和金银器等，这些小商品多有商标铭记），又促进了手工业中心城镇及以其为中心的区域性

---

[1] 参见孟古托力《辽人"汉契一体"的中华观念述论》，载陈述主编《辽金史论集》第五辑，文津出版社1991年版。

城市经济体系的形成，城市地位也发生了重大变化。总之，入宋以后商品经济的发展和繁荣在都城、城镇的形制布局，商业和手工业城镇的配置、地位的变化与生产的状况和产品的特点，以及社会生活的方方面面都打上了较深的烙印，并深刻反映在这个时期的考古学文化之中。

4. 宋代以后改变席地而坐的习惯，引起生活器皿形制变化

高桌椅等家具的出现和发展，引发晚唐五代时期人们的生活习惯逐渐发生变革，到北宋时期则结束了自古以来席地而坐的习惯，居室陈设的状况亦随之发生了变化。人们的起居活动开始从低矮向高发展，日用器皿也从地上移到桌几之上，因而导致日用器皿形制和装饰花纹部位的变化。

5. 宋至明代考古学文化形成与唐代有别的新模式

入宋以后社会、政治、经济、文化和民族状况等较唐代有很大的变化，因而产生了前述宋至明代考古学的特点。这些特点归结起来就是宋至明代考古学的主体文化内涵在与唐代相关文化内涵有较密切内在联系的基础上既延续发展又产生较大的变化，使这些文化内涵及其外在形制或特点形成与唐代有别的新模式。具体言之，自宋代开始迄明代，都城（包括地方城镇）、宫城、礼制建筑、帝陵的规划理念和形制布局结构，以及墓葬的形制布局结构；制瓷业在手工业中的地位，瓷窑和制瓷作坊的形制结构，制瓷工艺、瓷器种类、器形及其科技含量；中外经贸和文化交流方式涉及的地域、路线、输出和输入的主要物品及相关的文化内涵等方面与唐代迥然不同。可以说肇始于宋代的上述主体文化内涵及其外在形制和特点的变化轨迹一直延续至明代，其间经过不断的发展，上述与唐代不同的模式到明代又演变成中国考古学的终结模式（清代未大变）。这种终结模式的形成过程和较完整的形态，目前主要体现在宋辽金元明考古学中初步形成的较完整的都城（包括宫城）考古学、帝陵考古学、墓葬考古学、瓷器考古学等分支学科体系上。其次，后文将要介绍的中外文化交流考古学也发展较快，并有望在宋辽金元明考古学中形成新的分支学科。上述分支学科丰富的内涵及其所承载的学术、科学和技术的课题构成远在隋唐考古同类内涵之上，从而形成中国考古学最晚阶段的辉煌。

6. 宋至明代考古学研究与许多相关学科的密切关系远超前代

前述宋至明代考古学的特点，又导致宋至明代考古学研究与史学、史料学、文献学、古建学，以及古代科技和绘画等形象艺术的密切关系，远在秦汉和隋唐考古之上。宋至明代考古学研究与上述学科相辅相成或相互印证，既扩大了宋至明代考古学研究的选题范围，又加强了研究的广度和深度，故宋至明代考古学研究的平台在中国考古学各断代考古学中最为广阔、底蕴最为深厚，其所包含的研究内涵也最为丰富多彩。除上所述，由于宋至明代考古学属中国考古学最晚阶段，所以其与近现代社会和文化的关系也远在秦汉、隋唐考古学之上，这亦可算作宋至明代考古学的特点之一。

7. 宋至明（清）代考古学的部分内涵与中国近现代社会物质文化有不解之缘，具有重要的学术和现实意义

宋至明（清）代考古学的部分内涵与中国近现代社会物质文化有不解之缘，是中国考古学各断代考古学中独有的现象。关于这个问题限于篇幅，无法展开论述，只能点到为

止。首先，宋至明（清）代考古学，特别是其下限明、清时期在时空上与中国近现代社会衔接，并连为一体，其物质文化内涵有相当部分是近现代中国物质文化之源，两者之间有着明显的承袭演变关系。如在 20 世纪 50 年代之前，中国近现代城市大多承袭明、清城镇而发展变化，或叠压在明、清城镇遗址之上。中国近现代村落配置状况和形制结构，农业和手工业的生产工具和生产状况，交通方面港口配置状况和公路交通网络状况大都在明、清基础上发展变化，与明、清时期差异不大。中国近现代社会传统的风俗习惯和一些社会意识形态范畴，大体都是沿袭宋代以来的发展变化模式和轨迹而形成的变体。其次，发端于汉盛于唐的陆路丝绸之路，到元代又复苏辉煌一时；海上丝绸之路在汉唐以后的宋代也更兴盛起来，到明代郑和下西洋的顶峰时期其造船和航海技术，船队规模和航行地域与航程，及其所造成的巨大影响，均是当时世界上的最高水平。通过陆路丝绸之路和海上丝绸之路（又称陶瓷之路）向外输出的丝绸和瓷器造成了极其重要的世界性的影响。除丝绸和瓷器外，四大发明中的外传更值得大书特书。四大发明中的造纸术唐末已开始西传，其余三大发明通过陆路和海上丝绸之路西传主要在宋元时期。西方学者认为，纸和印刷术解放了人类的思想，成为欧洲文艺复兴、宗教改革和科学革命兴起的必要前提；火药、指南针、印刷术是预告资产阶级社会到来的三大发明；四大发明已经改变了整个世界的面貌和事物的状态（参见后文）。由此可见，在上述古代陆路和海上丝路所及的范围内，在一定程度上已形成了中外经济文化交流、相互影响、相互促进、共存共赢的经济文化的共同体。使之成为当时世界历史的缩影，并成为人类的文化宝库和东西方关系中的里程碑。正因为如此，后世的人们才无比怀念陆路和海上丝路的丰功伟绩；近现代中国和国际学术界才不断有人呼吁"振兴古代丝绸之路""重建古代丝绸之路""建立现代丝绸之路"。中国政府才顺应世界潮流，根据前述古代丝路的情况，古为今用，适时地提出了构建现代"一带一路"的倡议。这是对古代陆路和海上丝路与时俱进的重大发展，是在更高的视点上、更广阔的视野中英明的政治决策；是以超常的手段、巨大的资金、人力和物力的投入，睿智的可行的操作规划将"一带一路"最终打造成共存共赢、共同发展、共同富裕的人类经济文化共同体的必由之路。总之，上述情况表明，宋至明（清）代考古学部分文化内涵与现代社会物质文化的不解之缘，在学术上有重要的研究价值。其中特别是古代陆路和海上丝路考古学又与中国现在提出的"一带一路"倡议内在相连，密不可分，因而对这方面的研究则更有着重大的学术和现实意义。

（四）中外文化交流考古学和"一带一路"考古学问题

前面已经提到都城、宫城、帝陵、墓葬、瓷窑遗址（包括出土的各种瓷器和瓷片），是现阶段宋辽金元明考古学的主体内涵，并由此构成了宋辽金元明考古学的主体框架。上述主要内涵的考古调查、发掘资料较多，研究也较有基础，均自成体系。据此可构建成相对独立的都城（包括宫城和礼制建筑）考古学、帝陵考古学、墓葬考古学、瓷器考古学等属于宋辽金元明考古学的分支学科。这些分支学科是本卷正文介绍的重点，其相关问题在绪论的后文中将有专节阐述，所以下面仅重点谈谈现在发展较快，但尚未形成体系的中外文化交流考古学的问题，以及其与将要构建的"一带一路"考古学的关系问题。

1. 中外文化交流考古学问题

关于历史时期的中外文化交流可分为前后两大阶段。第一阶段，汉唐时期以陆路丝绸之路为主，海上丝绸之路为辅进行中外文化交流。是时我国向西输出者以丝绸为代表，域外东传者主要是以佛教为代表的各种宗教，以及随之而来的各种文化艺术和一些西方物种的东渐。从考古学上来看，域外宗教和各种文化艺术传入我国后，所形成的考古遗迹和遗物已成为中国考古学的主要内涵之一，并成为中国考古学与世界考古学在内涵上相连接的主要纽带。而中国外传的丝绸虽然数量多、意义大，但丝绸难于保存，丝路沿途诸国有关中国丝绸的考古资料有限，中国这时外传的纸等物品（其他还有漆器、铁器、铜镜等日用品）被保留者也很少。两相比较，表现在考古学上，这个阶段主要是域外文化（指今新疆以西地区）对中国的影响。第二阶段，唐代之后的宋元明时期，中外文化交流以海上丝绸之路为主（航线较唐代大大延长，到明代已与欧洲通航），以陆路丝绸之路（主要在元代时期陆路丝路又复苏呈落日辉煌）为辅，重点转移到海上，这时中国向外输出的主要是瓷器。瓷器是中国古代具有世界意义的伟大发明之一，其大量外销集中在宋元明时期，外销的地区除东北亚外，大都销往东南亚、南亚、波斯湾地区、阿拉伯半岛、北非和东非的沿岸地区，外销到上述地区瓷器的数量十分惊人（如埃及福斯塔特所出中国古瓷片即数以万计）。由于中国瓷器将广泛的实用性和美学效果寓于一体，精致典雅，令人赏心悦目，加之又有易保存、耐酸碱、洗涤方便、质优价廉等特点，所以中国瓷器一出现在国际贸易的舞台上，很快就继丝绸之后而成为一种新的世界性商品，中国因此又荣获"瓷国"的美誉。中国瓷器对世界的影响，可以东非和北非为例略作说明。据现有的研究成果，已知中国瓷器不仅成为这些地区的日常用品，而且还普遍用做当地建筑、清真寺和柱墓（东非中世纪穆斯林的墓葬，多在墓前用石头砌成巨大的石柱作为墓标，故称为柱墓）的装饰，大量用于室内陈设，并被当作墓葬的主要随葬品之一；由此又进而引发了当地食具和饮食方式的改变，促进了当地模仿中国瓷的伊斯兰陶器的形成和发展。可以说中国瓷器的影响已渗透到当地穆斯林社会的机体之中，瓷器逐渐普及到多数家庭，因而成为当地伊斯兰物质文明的有机组织部分之一。总之，由于中国瓷器大量外销，使之变成世界性的重要物质文化，并促进了世界各国制瓷业的产生和发展，这是中国古代对人类文明又一伟大贡献。正因为如此，那些地下埋藏或传世有大量中国古瓷的国家和地区，大都将中国古瓷作为本地考古的内涵之一，并将其视为考古断代的重要参照物。同时由于中国古瓷的巨大影响，还引发了全球性的收藏和研究中国古瓷的热潮，经久不衰。有鉴于此，学术界又将宋元明时期的海上丝绸之路称为陶瓷之路[1]。

除上所述，唐代之后中国文化对世界的影响又远在瓷器之上的是印刷术、指南针和火

---

[1] 现在中国提出的"一带一路"倡议，即是基于古代陆路丝绸之路和海上丝绸之路（陶瓷之路）。换言之，所谓"一带一路"乃是古代陆路和海上丝绸之路在现在新形势下的创新和发展，是陆路和海上丝绸之路古为今用的现代版，是人类文明古今直接相通、与时俱进、延续发展、不断造福于民的康庄大道，是指引世界前进方向的灯塔。因此，古代陆路和海上丝路与现在"一带一路"的关系，必将成为今后研究的重要课题。"一带一路考古学"也将成为中国考古学的分支学科和重要的生长点。

药的西传，其与纸合称中国古代四大发明。造纸术西传在唐代[1]，印刷术（唐代有雕版印刷、宋代发明活字印刷）、指南针和火药西传的时间和传播的路线，学术界尚有不同看法，在此不作讨论。但总的来看，西传主要集中在宋元时期，西传后对世界文明的进程产生了无与伦比的影响。马克思指出："火药、指南针、印刷术——这是预告资产阶级社会到来的三大发明"[2]。17 世纪西方学者也说四大发明"已经改变了整个世界的面貌和事物的状态"[3]。学术界普遍认为，纸和印刷术解放了人类的思想，成为欧洲文艺复兴、宗教改革和科学革命兴起的必要前提[4]。总之，中国的四大发明震撼了世界，推动了世界文明发展的进程，并将世界史引入新的时代。因而世界各地有关四大发明传播期不同发展阶段的主要遗存，就成为中外文化交流考古学极其珍贵的资料。由于在第二阶段中外经贸文化交流中，域外输入中国的物品，以各种宝货和香料为主，从考古学上看，域外输入的宝货和香料等属于消费品，很难形成考古资料，迄今伊斯兰教、天主教和基督教东渐中土后所形成的考古资料也十分有限。而中国外销的瓷器数量多，持续时间长，易保存，影响大，故成为重要的考古资料（此外，再加上四大发明在域外形成的考古资料），并成为中国考古学与世界考古学在内涵上相连接的主要纽带。因此，这个阶段表现在考古学上，主要是中国文化对域外的影响。

　　上述出口到域外的瓷器，学术界称为外销瓷。宋至明代外销瓷是中外经贸交流的主要输出商品，因而又成为当时中外文化交流的主要载体，并成为宋至明代瓷器考古学的内涵和中外文化交流考古学的主体构成要素之一。所以制瓷名窑与外销瓷的关系、外销瓷专用窑口、外销瓷器的生产地域、窑口名称和时代、生产的瓷种和主要器形构成、外销瓷的主要出海港口、运输方式、出口量；外销瓷在海外的分布地域、主要出土地点、出土的瓷种、器形、时代和窑口；海底沉船瓷器的窑口、瓷种、器形、时代等，就成为宋至明代瓷器考古学和中外文化交流考古学必须研究的重要课题。此外，宋至明代中外文化交流考古学的内涵还应包括海底沉船考古（沉船的形制结构、造船技术、沉船地点与可能的目的地）、中国四大发明（四大发明是对人类文明的伟大贡献，四大发明西传是该阶段中外文化交流的顶峰）及其他物质文化的外传（明代郑和下西洋是当时中外经贸和文化交流的高潮），各个时期国外宝货、香料等输入概况，伊斯兰文明和西方文明的东渐（中华文明、

---

[1]　除丝绸之外，这个阶段还有造纸术的西传。纸是中国古代四大发明之一，魏晋时期今新疆已经开始大量使用纸文书（如楼兰纸文书）。此后，经今新疆地区可能已有少量的纸逐渐传到中亚（如粟特地区）、西亚（如波斯）和南亚（如印度）部分地区。但是，造纸术的西传却较晚。现在一般认为，751 年唐朝与大食在怛罗斯之役中战败，被大食俘获的唐军中有造纸匠（同时被俘的杜环所著《经行记》中，还记有织工、金银匠、画匠等在大食重操旧业），于是撒马尔罕兴建了造纸厂。此后直至 1100 年间，又相继在巴格达、大马士革、开罗和摩洛哥的非斯等地建造纸厂，造纸术在中亚、西亚和北非的阿拉伯文化圈内逐渐盛行起来。此外，阿拉伯生产的纸传到欧洲也较早（西班牙境内出现纸不迟于 10 世纪），但到 12 世纪时阿拉伯人才将造纸术传入西班牙，又于 13 世纪传入意大利，而后逐渐传遍欧洲。总之，纸的发明是中国对人类社会的伟大贡献，造纸术的西传对推动阿拉伯世界、欧洲和世界文化的发展，产生了不可估量的巨大作用。

[2]　马克思：《机器·自然力和科学的应用》，人民出版社 1978 年版。

[3]　潘吉星：《中国科学技术史·造纸与印刷卷》，科学出版社 1998 年版，"绪论"所引培根《新工具》（Francis Bacon, *Novum organum*, 1620）一书。

[4]　潘吉星：《中国科学技术史·造纸与印刷卷》，科学出版社 1998 年版。

伊斯兰文明、西方文明互相交流相互影响，是该阶段中外文化交流考古学的精髓），海上丝绸之路与陶瓷之路的形成和航线等（外销瓷海外出土地点和沉船位置是航线的重要坐标，陶瓷之路是将宋至明代中外文化交流连为一体的纽带，郑和下西洋达到中国造船和航海技术、航行所达海域的顶峰，是当时世界航海规模最大、航海技术最高的伟大创举）。在上述构成要素中，目前以外销瓷研究较多（包括沉船瓷器），沉船和陶瓷之路以及伊斯兰教、天主教和基督教东渐研究，也取得了可喜的成果，余者研究多不够充分。由于现在学术界对宋至明代中外文化交流考古学的范畴和内涵仁智各见，尚缺乏共识，相关的研究也欠深入，在整体上远未形成体系，所以本卷仅做上面的概况介绍而暂时未撰写宋至明代中外文化交流考古学，故前述与中外文化交流有关的内涵亦未收入本卷之中（外销瓷也难以收入本卷以历史名窑为主的发掘与研究的范畴）。除上所述，前面列举的宋至明代考古学的地方城镇、冶铸与矿业、造船业及小商品生产的遗迹遗物等，以及其他一系列非主流的内涵，目前考古发掘的不多，考古调查资料少且零散，乏见相关的专题和综合研究，基础薄弱，不成体系[1]。在这种情况下，即使将上述此类内涵资料费力地收集整理出来，也难以有力度地深入阐明相关问题，加之篇幅容量有限，故予割舍。凡此，均待来日条件和时机基本成熟时再作补缺。鉴于上述情况，下面仅对宋至明代都城考古学（见本卷第一章至第八章）、帝陵考古学（见本卷第九章至第十五章）、墓葬考古学（见本卷第十六章至第二十章）、瓷器考古学（见本卷第二十一章至第二十五章）等分支学科研究的有关问题在总体上略作分析和概述，以为初步构建现阶段宋至明代考古学的主体内涵和主体框架的参考。

2. 构建具有中国特色的"一带一路"考古学及其与中外文化交流考古学的关系

除上所述，中外文化交流考古学还与我国近来提出的"一带一路"发展倡议密切相关。所谓"一带一路"，系比拟汉唐和元代时期陆路丝绸之路形成的经济带，汉唐至元明时期海上丝绸之路（学术界又称陶瓷之路）诸港口间形成的珍珠链般的航线，并继承其通过这些交通线和航线不断促进中外经贸物流和文化艺术等各种交流发展的精髓，而重新构建远超古代的中外21世纪丝绸之路经济带和21世纪海上丝绸之路的模式。由此形成的21世纪"一带一路"，不仅是助力中华民族伟大复兴的大手笔的战略举措，而且也是得到世界大多数国家积极响应，业已逐渐形成中国与世界各主要国家共同参与、共同创造、合作共赢的全球化的系统工程。有鉴于此，随着"一带一路"倡议的发展进程，其影响所及必然会渐次涉及各种相关的上层建筑领域，其中就包括考古学领域"一带一路"考古学。所谓"一带一路"考古学在此不便展开论述，简言之即是重在研究"一带一路"古今交通线和航线的具体情况，全方位的研究和构建"一带一路"古今交通线和航线沿途古代诸国各族物质文化内涵形成的考古学范畴。以此作为支撑现代"一带一路"的文化底蕴，进而阐明"一带一路"沿途古代诸国各族经济和文化艺术等各种相关领域的影响和被影响关系

---

[1]　参见秦大树《宋元明考古》，文物出版社2004年版，第92—112页，地方行政建制城市、宋元时期军事遗迹的考古勘察；第296—307页，宋元时期的冶铸与矿业，海舶通天方——宋元时期造船业和航运的发展。徐苹芳《中国历史考古学论集》，上海古籍出版社2012年版，第288、289页，宋元明时期的城市遗迹、地方城市类型和布局；第293页，宋元明时代冶铸与矿业遗迹；第295页，小商品生产的遗迹（漆器、铜镜和金银器等）。

及其承袭、发展和演变规律，阐明中国与沿线相关诸国各族共同参与、共同创造、合作共赢的大好局面，并据此论述古今"一带一路"乃是中国与沿线世界各主要国家共同发展的必由之路。这就是中国考古学者责无旁贷、理应努力构建的极具使命感和中国特色、并使中国考古学与世界考古学紧密衔接融为一体的"一带一路"考古学，从而达到中国考古学者为"一带一路"发展做出应有贡献的目的。

前面已经指出，中外文化交流考古学与"一带一路"发展密切相关，这种关系实际上就是与"一带一路"考古学的关系。"一带一路"考古学是汉唐宋元明考古学内涵的构成要素之一，其时空范围和内涵远远超过汉唐宋元明时期依托于陆海丝路的中外文化交流考古学。"一带一路"考古学与中外文化交流考古学的关系，可以说"一带一路"考古学是中外文化交流考古学的载体，中外文化交流考古学是"一带一路"考古学的核心内涵；"一带一路"考古学是中外文化交流考古学时空范围和内涵的延伸和发展，中外文化交流考古学是构建"一带一路"考古学的基石。其中，中外文化交流考古学研究历史较长，成果显著，属于进行时；"一带一路"考古学则是尚待开发和构建的新增长点和新领域，属于将来时。因此，无论从研究的基础，以及不断完善汉唐宋元明考古学内涵构成要素和中外文化交流考古学自身的发展要求，还是从构建"一带一路"考古学来看，均突显出中外文化交流考古学的重要性。千里之行始于足下，上述情况表明构建"一带一路"考古学必须以中外文化交流考古学为抓手，先行一步。所以目前加强中外文化交流考古学的学科建设势在必行，其首要任务是使中外文化交流考古学早日形成较完整的体系。这个体系既是直接关系到汉唐宋元明考古学文化与内涵的完整性，同时更是直接关系到构建"一带一路"考古学能否早提到日程上来和能否最终确立的关键因素，故切莫等闲视之。

二　宋至明代都城考古学与都城形制布局研究

（一）宋至明代都城建置、方位特点与都城遗址保存状况

1. 都城建置简况

北宋以东京开封府为都城（960—1127 年），以河南府为西京（今洛阳）[1]，以宋州（今河南商丘）为南京，[2]以大名府为北京[3]。

南宋高宗赵构先后流亡扬州、平江府（今苏州）、杭州、建康府（今南京）、绍兴府等地，均以"行在"名之。其间建炎三年二月高宗驻跸杭州，诏以为行宫。七月，升杭州为临安府。绍兴八年（1138 年）以临安府为都城，仍称行在。建炎三年高宗到过

---

[1] 西京洛阳即隋、唐东都洛阳。开宝（968—976 年）、政和（1111—1118 年）年间曾加修葺。城周围五十二里九十步，辟九门。皇城周十八里二百五十八步，辟七门。宫城九里三百步，辟六门，有太极、天兴等殿，宫室合九千九百九十余区，规模宏伟。西京园林较发达，为分司所在，是权贵豪绅和学者名流荟萃之地。1992 年对北宋西京洛阳城东城衙署庭园遗址进行了发掘，参见中国社会科学院考古研究所洛阳唐城队《洛阳宋代衙署庭园遗址发掘简报》，《考古》1996 年第 6 期。

[2] 南京应天府，城周十五里四十步，辟六门。宫城周二里三百一十六步，二门，一殿。南京在四京中规模最小，但其以汴河东连东京，南入于淮，故在"国家根本，仰给东南"形势下，具有沟通江淮之利，地位重要。

[3] 北京大名府，城周四十八里二百零六步，门十七。宫城周三里一百九十八步，原为真宗驻跸行宫，辟五门，有班瑞、时巡诸殿。大名府地当南北水陆交通要冲，为河北重镇。

金陵，并改江宁府为建康府，建行都[1]。此外，绍兴七年（1137 年），高宗又曾移跸行都年余。

辽神册三年（918 年）城"皇都"，天显十三年（会同元年，938 年）十一月改"皇都"为上京，称临潢府（今内蒙古自治区赤峰市巴林左旗林东镇南二里）。天显三年（928 年）十二月，"升东平郡为南京"，天显十三年十一月改称东京辽阳府（今辽宁省辽阳市附近）；又升幽州为南京（又名燕京、今北京）、称幽都府。统和二十五年（1007 年）置中京，称大定府（今内蒙古自治区赤峰市宁城县大明镇，又称大名城）。重熙十三年（1044 年）将云州升为西京大同府（今大同市）[2]。

金太宗完颜晟时升为府，为上京（今哈尔滨市东南约 30 公里的白城）。此外，金灭辽后，"袭辽制，建五京"，以辽中京为北京，辽东京辽阳府和辽西京大同府仍为东、西京，辽南京为中都大兴府。天德五年（贞元元年，1153 年）海陵王迁都于金中都。贞祐二年（1214 年）三月，蒙古军队围中都，金宣宗贡献求和，并迁都南京开封府[3]。此外，宣宗迁南京后，又曾改河南府为金昌府，号中京[4]。

蒙古汗国时期，窝阔台建都和林（哈喇和林，今蒙古人民共和国前杭爱省鄂尔浑河右岸呼舒柴达木南约 20 公里，在杭爱山脚下额尔德尼召之旁）[5]。忽必烈建元朝后，有上都、大都和中都三都。元上都（遗址在今内蒙古自治区锡林郭勒盟正蓝旗敦达浩特镇东 18 公里的闪电河北岸），1256 年营建，称开平府，中统四年（1263 年）升为上都（亦称上京、滦京），取代和林。至元元年（1264 年）升燕京为中都，至元四年在中都旧城东北另选新址建大都城，至元九年二月改中都为大都。至元十一年春正月建成"帝始御正殿，受皇太子诸王百官朝贺"[6]。此后元上都则成为元朝皇帝夏季避暑和捺钵之所。元中都（在今河北省张北县西北 15 公里白城子），为武宗于大德十一年（1307 年）六月，"甲午建行宫于旺兀察都之地，立宫阙为中都"[7]。至大四年（1311 年）武宗去世，停建并撤销中都建置。

明洪武元年以应天府为南京，开封为北京。洪武二年九月诏以临濠为中都（今安徽省凤阳县城之西偏南），开始大规模营建中都。洪武八年罢建中都城，重点营建南京城。洪武十一年（1378 年）朱元璋罢北京，仍称开封府，南京改称京师，正式定都。永乐元年

---

[1]　初，高宗曾接受主战派将领李纲的建议，以江宁府为东都，并曾下令修缮城池和宫殿。建行都后，将南唐宫城改为行宫，宫门前虹桥改名为"天津桥"（今内桥）。曾耗资 50 万贯，用大砖百余万块营建行宫（包括 40 座左右殿堂馆阁）。并在今清凉寺后南唐避暑宫旧址建翠微亭，在今昇州路西水门上建赏心亭，在青溪上建 20 余处亭台楼阁，供官僚士大夫游览享乐。

[2]　辽上京、中京、南京，本卷正文有专文论述，东、西京正文中亦有介绍。

[3]　1121 年金克辽上京，只称临潢府，1150 年为临潢府路，1153 年辽中京改称北京后，临潢府归北京路。金五京之制完成于海陵王贞元元年（1153 年），此时海陵王迁至中都，削会宁府上京称号，增加以汴京为南京，故仍为五京。后来世宗大定十三年（1173 年）又复会宁府为上京，则为六京，超出了五京旧制。南京，在本卷正文金上京的注中有介绍。金上京、金中都本卷正文有专文论述。

[4]　《金史·撒合辇传》。此时已至金亡前夕，虽增加一个中京，已无实际意义，与五京制无关。

[5]　和林在本卷第五章第一节"元上都的形制布局"注中有介绍。

[6]　《元史·世祖本纪五》。本卷第五章第二节"元大都"专文论述。

[7]　《元史·武宗本纪一》。本卷第六章第二节"元中都"专文论述。

正月诏"以北平为北京"，称"行在"；二月"改北平（府）曰顺天府"。永乐十八年九月，"诏自明年改京师为南京，北京为京师"；十一月"以迁都北京诏天下"[1]。永乐十九年正月正式迁都北京，此后明代形成北京、南京两京制度。

清朝入关以后，承袭明制，仍立都于北京城。明、清北京城形制布局大同小异，故古都形制布局一般只提到明北京城为止。前面所述诸城，只有北宋东京开封府、南宋行在临安府、辽上京、金上京、金中都、元上都、元大都、明南京和北京是正式都城、余者多为陪都，或未竣工而罢。此外，金的南京仅在金末短期内为都城。

2. 都城方位配置的特点

第一，都城数量多，在古都史中的地位举足轻重。宋至明代都城、陪都（包括未最后竣工，未正式投入使用者）共22座（减去金、辽相重者），超过了隋、唐、五代十国的都城总数。中国七大古都（近年又加郑州为八大古都）中，宋至明代都城则占其四（北京、开封、南京、杭州）。这四大古都主宰了中国封建社会后期的历史，至现代仍发挥着十分重要的作用。比如在四大古都中，南京曾为中华民国都城，而今北京城则成为中华人民共和国的首都，其地位和作用更在中国古今都城中独占鳌头。

第二，都城位置东移，南北对峙，最终统而归一定位于北京。自北宋始，中国主要都城离开秦、汉、隋、唐的传统建都区，东移至开封。此后的都城则在南到杭州，北达内蒙古草原地区乃至松花江流域之间呈南北对峙之势。北宋都城和辽代都城南北对峙，南宋行在先与金代都城后和元代都城南北对峙，此时的南北都城实际上都是中国半壁江山的都城。自金中都定位于今北京，元灭金在中都之北建大都城以后，从元灭南宋，到明成祖迁都北京，直至清代，今北京一直是中国统一王朝的都城，成为中国古都方位的终结定位和归宿。

第三，实行多京制和二都制。北宋和辽金实行多京制，其中金（南京开封府不计）、元、明的真正都城前后各二，二都的方位分别为北南和南北向移动，并最终落脚在今北京城。之后，金上京、元上都和明南京名称未变（金上京在海陵王之后又复称上京），各为金元明的二都之一，并在一定程度上仍发挥着较重要的作用。

第四，出现北方草原民族的都城群。伴随契丹、女真和蒙古族的崛起，在北方草原地区先后出现了对中国古代历史产生过重要影响的辽上京、辽中京、金上京和元上都（元中都较晚，未建成）等都城群（金上京位置虽然较远，但亦可大体划入此范畴）。此种现象前所未见。

本卷主要介绍北宋东京开封府、南宋行在临安府、辽上京、金上京、金中都、元上都、元大都、明南京和明北京城等正式都城的形制布局。同时对辽中京、辽南京、辽东京、辽西京、元中都和明中都等也做详略不等的介绍。除上所述，这个时期以宁夏为主要地域的西夏王国，以今新疆吐鲁番盆地为主要地域的高昌回鹘王国，以今新疆喀什为主要地域之一的喀喇汗王国，以今云南大理一带为中心的大理王国，以今西藏阿里地区为中心的古格王国等民族政权的都城，则不属于本书中的正统王朝都城序列范畴，故略。

---

[1]　明南京、中都和北京城，本卷第七章第二节、第三节；第八章专文论述。

3. 宋至明代都城遗址保存状况与考古工作的难度

宋至明代都城遗址的保存状况，大致可分为两类：一是今北京、开封、南京、杭州四大古都。金中都、元大都、北宋开封和南宋临安城遗址，大都被埋于地下，或被后代拆改破坏，其旧都原址大都被近现代建筑群叠压，仍残留于地面的遗迹极少。只有明南京和明清北京城的形制布局被基本保存下来，但近几十年来变化较大。二是辽上京、辽中京、金上京、元上都、元中都等北方和草原地区的都城。这些都城位于现代城镇之外或在荒野之中，其遗址上除有少数村庄或个别单体建筑外，基本未被现代建筑群叠压。但是，这些都城遗址在荒废之后，由于自然力和人为的破坏，地面遗迹无多，已难较准确地窥其全貌。此外，明中都遗址保存状况相对较好。

综上，宋至明代都城考古工作的难度大，主要有以下六点。

第一，在前述四大古都之中，考古工作必须在各种建筑群的夹缝中寻找合适的地段或场所，其机遇概率很低，主动发掘机会极少。配合基建工程进行发掘的机会则可遇而不可求。加之此类考古工作属抢救性质，受客观情况强力制约，一般难以取得全局性的重大学术成果。

第二，由于上述情况，在四大古都中通过考古手段所获成果，除北京拆除明代北城墙时对城墙下元大都遗址的发掘少数特例外，大多是零散的孤立资料，这些点很难连成线形成面。因而在大多情况下，难于透过这些孤立现象对相关课题深入研究。

第三，从研究角度来看，四大古都所涉及的宋至明代的都城形制布局复杂，课题丰富，研究难度大。因此，要求考古工作者必须具有良好的城市考古工作素质，具备扎实的文献学和相关学科的功底，能对有关都城的形制布局进行较全面系统的案头研究。只有这样，才能以案头研究成果指导考古发掘工作，使案头研究成果与发掘对象有机结合，相互验证，在更高层次上形成新的成果。只有这样，才可能找准一个个孤立发掘点在都城本体原貌上的坐标。只有这样，才能将这些孤立点的资料连成线形成面，大致呈现出相关遗迹的原本面貌。只有这样，才能发现问题并进行深入探讨，将都城研究不断推向前进。但是，若想达到这种水平，绝非易事。这也是都城考古研究难有突破性进展的主要原因之一。

第四，辽上京、辽中京、金上京、元上都和元中都地处偏远，都城遗址破坏严重，地面遗迹保存较少，地下遗迹保存欠佳；文献记载简略，含混或相互抵牾之处颇多，考古研究基础薄弱。因此，这些遗址虽然都开展过考古工作但成果有限。看来今后只有放弃零敲碎打，以学术课题为统帅，按照考古规范，制定发掘和研究规划，有计划有目的地开展全面的考古工作，才能达到逐步认清这些都城形制布局。除上所述，明中都遗址与上述都城不同，保存状况相对较好。但迄今只做过调查，未进行发掘，其考古工作应尽早提到日程上来。

第五，自19世纪末20世纪初以来，宋至明代的都城遗址，大都陆续进行过零星调查，资料散见于各种书刊。这些资料时代早，所记许多遗迹现已无存，因而有重要参考价值。但是这些资料获取的手段多不规范，科学性较差，需要仔细甄别。中华人民共和国成立之后，除一些经正规发掘的遗址外，都城考古资料大都很零散。因此，如何以正规发掘的资料为基础，收集、整合这些不同时期的零散资料，使之形成较完整准确的资料系统是宋至明代都城研究的难点之一。

第六，宋至明代都城考古工作与秦汉隋唐都城考古工作相比，起步较晚，学界重视不够，从事该方面发掘和研究的学者十分有限，可以说宋至明代都城考古学是中国古代都城考古学中最薄弱的环节之一。

（二）宋至明代考古学以都城考古学为龙头

1. 宋至明代都城考古学自成体系

以夏商至明代都城为对象的考古学研究称都城考古学，都城考古学将都城本体作为具体研究对象，以都城遗迹遗物的考古调查发掘资料为研究基础，采用考古学手段和研究方法，并辅以史学研究方法和参考有关史料与古建研究等，进行专题和综合研究。其中宋至明代都城包含的正统朝代都城的数量多，时代跨度长，形制布局出现与隋唐都城有别的新特点，都城间承袭演变关系自成体系，到明代则形成中国古代都城形制布局的终结模式。因此，宋至明代都城和宫廷建筑（宫城、皇城、礼制建筑等宫廷建筑属都城考古主要内涵之一）考古，就成为中国各历史断代考古学都城考古部分之中，学术内涵分量最重的"重头戏"之一，其完全可按朝代、时代序列和形制演变关系构建成宋至明代自成体系的都城考古学。

2. 都城考古学是宋至明代考古学的龙头

在中国古代的历史中，历代都城皆是当时的政治、经济、军事、交通、宗教、教育、文化艺术等中心，是当时统领全国的中枢，因而都城的状况就代表了当时城市的最高发展水平，也是当时社会实态和物质与精神文化最集中的缩影，故成为各个时代考古学的龙头。这种龙头作用，在宋至明代考古学中表现最为突出。这是因为宋辽金元明考古学时代跨度长，正统朝代多，都城遗址数量和内涵均远超隋唐时期，故该时期都城考古资料和都城考古研究在宋至明代考古学中最为突出，最有代表性。再者，从后文所述汉代以后都城形制发展变化转折点来看，宋至明代都城和宫廷建筑形制布局演变节奏加快，转折点增多，形成前所未有的自成体系的承袭演变关系。这种承袭演变关系所形成的体系不仅在中国古代都城考古学中极具代表性，而且其内涵在宋至明代考古学资料和课题构成中也非常突出，因此，可以说宋至明代都城考古学是宋至明代考古学中的龙头。有鉴于此，宋至明代都城形制布局发展变化的丰富内涵，就成为诠释该时期包括都城在内的中华民族和文化发展形成过程中的最直观、最重要的物证，在宋至明代考古学的课题构成中独领风骚，其龙头作用是无可替代的。

（三）秦汉之后至明清都城形制演变轨迹中的节点和拐点及其形成的原因

1. 秦汉之后至明清都城形制演变轨迹中的三个节点和两个转型巨变的拐点

从汉代以后都城和宫城建筑形制的发展演变轨迹来看，大致有五个转折点。第一个转折点在魏晋南北朝时期，关键的转折点在北魏洛阳城。第二个转折点在隋唐时期，形成唐长安城类型。唐代长安城、宫城皇城、礼制建筑和帝陵陵园形制的出现，与北魏洛阳城及其相关建筑形制的发展变化有密切关系。第三个转折点在北宋，形成北宋开封城类型。北宋开封城、宫城皇城的形制是直接在后周都城基础上发展形成的，其礼制建筑和帝陵陵园的形制与唐代和五代同类型建筑密切相关，北宋类型一直影响到辽、金和南宋。第四个转折点在蒙古族建立的元朝，其都城元大都的形制布局在承袭北宋以来都城形制布局演变轨迹的基础上又有较大的变化，形成新的转折点，演变成元大都类型。第五个转折点在明代，明代推翻蒙古族建立的元朝以后，在都城、宫城皇城、礼制建筑的布局上，不仅要恢复一些被元代中断的汉族传统，而且还要总结魏晋隋唐以来在上述领域形制布局的经验，以确立新的规制。明代北京即按上述思路对元大都都城和宫城皇城进行了成功的改造，确立了新的规制，形成新的布局，并成为中国古代都城的终结模式（至清代末大变）。上述第四、五个转折点的发展变化都始于北宋，其间宋辽金元明各代都城和宫廷建筑不同建筑形制的转折变化和新特点存在着相互承袭演变关系，并以此贯穿始终而形成不同于隋唐都城和宫廷建筑形制布局的新体系。

在上述的五个转折点中，有三个特点很值得注意。一是五个转折点中有三个在宋至明代，说明宋至明代是中国古代都城和宫廷建筑形制最重要的变化和转折期，也是最终的定型期，因而在中国古代都城和宫廷建筑形制布局演变史中占有终其大成的重要地位。二是在第二个转折点唐朝和第三个转折点宋朝之前，均有转折发端的准备阶段，即分别在都城和宫廷建筑形制多样又多变的魏、晋、南北朝和五代的割据分裂时期。所以唐朝和宋朝统一后为营建代表统一王朝盛世的都城和宫廷建筑时，必然要在前述变化的基础上统一都城和宫廷建筑的规制，从而导致形制的发展变化。也就是说，唐朝和宋朝都城和宫廷建筑的形制布局都有一个从统一前后由量变到质变的发展过程。三是第四、五个转折点分别在蒙古族和汉族统一政权交替的元朝和明朝，反映出不同统治民族的文化传统和理念，乃是当时都城和宫廷建筑构成和形制布局的决定因素。至于都城和宫廷建筑具体形制布局中的一些共性，则是当时逐渐形成的中华一体文化传统使然。

综上所述，可以说第一个转折点是第二个转折点的准备（过渡）阶段。第三个转折点的准备和过渡阶段（五代时期的都城）不甚明显，第三个转折点关键在于社会内部经济结构的变化，转折形式具有一定的突发性。同时第三个转折点又是第四转折点的前期。第四转折点是第五转折点的母本，是中国古代都城终结模式的前奏。第五转折点则是中国古代都城总其大成的终结模式。总之，上述第一、三、五是都城形制演变轨迹中的转折点，而二、四则是都城转型巨变中的拐点。

2. 中华民族多元一体和中华文明意识认同有机统一与秦汉之后都城形制演变的关系

中华民族是中国各族的总称，其古今多元一体的内涵构成已是众所周知的常识。中华文明则是以中华民族多元一体为载体的意识形态范畴，是中华民族多元一体的精神内核。其内涵是以黄河流域、长江流域汉族文化为主体，以草原民族文化和相关各族文化，以及被本土化的域外文化因素为枝叶相互有机融合而成的文明实体。这种文明实体博大精深，其核心内涵在所处社会发展阶段得到统治民族和有关各族高度认同，即形成该社会发展阶段的中华文明意识。中国古代中华文明意识的核心是政治和礼制理念，而我们现在所谈的中国古代都城的形制布局就是中华文明意识政治礼制理念形象化集中体现的载体。中华民族多元一体的构成，秦汉之后不断发展变化，与之相应的中华文明意识的内涵也随之不断扩展和完善。比如魏晋之后有五胡十六国（鲜卑、匈奴立国多于汉族），北朝以鲜卑族建立的北魏为代表（少数民族建国多于汉族），鲜卑族的影响一直到隋唐，五代时沙陀人立国亦多于汉族。宋代时北宋与辽（契丹）、西夏（党项）对峙，南宋与金（女真）、西夏和蒙古对峙，至元代（蒙古）统一中国。上述中华民族多元一体的构成及与之相应的中华文明意识认同的统一，乃是汉族与相关少数民族有机融合的结果。这种结果可明显地形成北魏至隋唐，宋辽金元两大高潮时期。而两大高潮时期各自的顶点唐朝和元朝又分别是中国古代都城形制转型巨变的拐点，并分别形成秦汉以后都城形制唐长安和元大都前后两大经典模式。由此可见上述中华民族多元一体与相应的中华文明意识认同的统一，乃是秦汉以后都城形制演变主要节点和拐点形成的最重要的原因。

3. 中华民族多元一体与中华文明意识认同有机统一，是唐长安和元大都里程碑式拐点形成的主因

唐长安城模式——唐长安城是秦汉之后都城形制演变过程中首个里程碑式的经典模式。唐长安城不在本卷所收范畴，故在此略做追述。

唐长安城的形制布局发端于北魏洛阳城。北魏统治者是鲜卑族，北魏孝文帝迁都洛阳，以他为代表的鲜卑贵族上层高度认同汉文化，并大力推行汉文化，取汉法进行统治，将鲜卑文化主动融入汉文化之中，形成了当时高度认同的中华文明意识。在此背景下孝文帝营建的新都洛阳城在北魏旧都平城的基础上，改变了秦汉都城的模式。北魏洛阳城的形制布局首次最贴近《周礼·考工记》"营国制度"的都城规划理念[1]。此后到隋唐时期，鲜卑已不再作为政治实体和民族实体存在，但隋唐两代皇室却与鲜卑有密切关系，鲜卑后裔在隋唐两个朝代仍居十分重要地位。研究表明不仅隋唐两代皇室是鲜卑化的汉人，其母、妻是汉化的鲜卑人，而且隋唐两代鲜卑人位于高管者大有人在，如位于宰相者有20余人，其他如尚书、侍郎，地方上的都督、刺史更不胜枚举。这个现象表明，属于十六国、北魏到唐代之时中华民族多元一体的构成，以及与之相应的中华文明意识的形成和发展阶段已基本完成。在此基础上隋唐时期国内有关各族的融合，国际上西域南海等域外经济文化宗教等交流也随之进入到一个新的更高的发展阶段。据此，隋文帝开皇二年（582年）下诏营建新都大兴城时，才有以汉化的鲜卑族建筑家宇文恺为新都副监（高颎为大监，仅挂名而已）之举，于是才有宇文恺在考察北魏洛阳城的基础上，以北魏洛阳城为蓝本，精心规划平地起建了大兴城。唐朝立国后仍以大兴为都城，更名曰"长安"。唐代长安城虽多有革新和修缮，但从都城形制布局来看，唐长安城除增建大明宫、兴庆宫及连接两宫的夹城外，对大兴城的规制并无大的改动。可以说隋大兴城的规制布局明显脱胎于北魏洛阳城[2]，唐长安城的形制布局只是在

〔1〕 孟凡人：《从北魏洛阳城到隋唐长安城》，日本橿原考古所学术报告集，1995年。

〔2〕 参见刘庆柱主编《中国古代都城考古发现与研究》（上）十之一"魏晋与北魏洛阳城遗址"；（下）十九"北魏洛阳城考古遗址研究之三北魏洛阳城与中国古代都城发展史"，社会科学文献出版社2016年版；孟凡人《北魏洛阳外郭城形制初探》，《中国历史博物馆馆刊》1982年第4期；孟凡人《试论北魏洛阳城的形制与中亚古城形制的关系——兼谈丝路沿线城市的重要性》，《汉唐与边疆考古研究》第一辑，科学出版社1984年版。

隋大兴城的基础上不断完善而已[1]。使唐长安城较北魏洛阳城更加接近《周礼·考工记》"营国制度"的都城规划理念[2]，从而完成了从北魏洛阳城到隋唐长安城转型巨变的过程。使唐长安城一举成为中国中世纪都城形制布局首个经典范例，从而确立了唐长安城在秦汉以后宋代之前都城形制布局中标准模式的里程碑地位，进而成为极具国际化色彩，成为当时世界上最国际化的大都市[3]，其形制布局对尔后都城和东亚地区的都城的形制布局均产生了深远的影响[4]。

北宋开封城模式——北宋开封城是上承唐长安下启元大都的过渡类型。

唐末五代宋初由于商业活动和商品经济的发展，使当时的都城等重要城市的市场制逐渐走向崩溃，遂导致北宋都城开封出现街巷制等一系列新因素（参见本卷第一章"北宋东京开封府"的有关论述），形制布局发生与唐长安城迥异的变化。是时正是北宋与辽（契丹族）、西夏（党项族），南宋与金（女真族）南北对峙时期，使中国北方的民族融合达到前所未有的高度[5]。关于这方面的情况，本绪论一之（三）"宋辽金元考古学的特点"中已有论述。但是应当指出，宋辽金属南北对峙分裂时期，该阶段民族融合尚未达到中华民族多元一体，中华文明意识认同的程度。这个阶段辽上京和金上京为南北两城制，受北宋开封城影响较少，有浓厚的民族特色，到辽南京和金中都时形制布局已受到北宋开封城较强的影响，并有重要发展（参见本卷第三章"辽代都城"，第四章"金代都城"的有关论述）。就该阶段最具代表性的北宋开封城形制布局而言，通过与前后唐长安城和元大都城形制布局的比较，可看出其在总体形制布局和具体配置上还不够完备和完善（参见本卷第一章"北宋东京开封府城"的有关论述），在形制布局上只能算是秦汉以后都城形制演变轨迹中的第三转折点，是从唐长安城转型到元大都准备阶段的过渡类型。

元大都模式——元大都是中国古都晚期形制转型里程碑式的经典范例，也是古都形制终结模式明北京城的母本。

元朝灭南宋统一中国，结束了从唐中叶开始出现直到宋代的长期分裂局面。元朝的建

---

[1]　刘庆柱主编：《中国古代都城考古发现与研究》（上）十一"隋大兴、唐长安城遗址考古发现与研究"，社会科学文献出版社 2016 年版。

[2]　按：北魏洛阳城和隋唐长安城的形制布局，均不是完全按照《周礼·考工记》"营国制度"营建的，只是受其影响，形制有些相似而已。

[3]　向达：《唐代长安与西域文明》，河北教育出版社 2001 年版。

[4]　孟凡人：《中日古代都城的比较研究略说》，日本奈良文化财研究所 1995 年中日学术讨论会讲稿集。

[5]　宋辽金时期民族融合最有代表性的是辽代的契丹族，辽道宗学《论语·八佾》时对老师说："吾修文物，彬彬不异中华"（洪皓《松漠纪闻》，载《长白丛书》初集）；富弼上宋仁宗说：契丹"称中国位号，仿中国官属，任中国贤才，读中国书籍，用中国车服，行中国法令"，契丹"所为，皆与中国等"，"中国所有，彼尽得之"（《续资治通鉴长编》卷150）。当时契丹贵族"以炎黄子孙自视"，"以中国文化继承者自诩"，强调"对龙的感情"和契丹与汉族"南北一家"，"以中国自居"、甚至"以中国正统自居"。参见孟古托力《辽人"汉契一体"的中华观念论述》，收在中国辽史学会编《辽金史论集》第五辑，文津出版社 1991 年版。汉契文化融合关系，可参见本卷第三章"辽代都城"的有关论述。参见本卷第十一章"辽代庆东陵"有关契丹和汉族在墓葬、皇陵丧葬文化方面关系的论述。参见本卷第十七章"辽代墓葬"的有关论述。金代女真与汉族文化融合关系，可参见本卷第四章"金代都城"，第十二章"金中都大房山金陵"，第十八章"金代墓葬"的有关论述。西夏党项族与汉族文化融合关系，可参见本卷第十三章"西夏王陵"的有关论述。

立实现了辽东、漠北、西域、吐蕃、云南等地区的大一统，幅员之广远超汉唐，初步奠定了尔后中国疆域的规模，其中意义最大的莫过于吐蕃地区并入祖国版图。建立元朝的蒙古族，是中国历史上第一个统一全国主宰全国的少数民族。元世祖忽必烈自受命总领漠南汉地军国庶事时，就思"大有为天下"，热心学习汉文化，广聘汉族学者为谋士，"向以儒学治道"，在金莲川（滦河上源）建开平城立幕府。1260 年忽必烈在开平即汗位，建元中统，忽必烈在即位诏书和建元中统诏书中自称"朕"，将"汗"改为皇帝，明确提出"祖述变通"，"务施实德"，"稽列圣之洪范，讲前代之定制"[1]，认同汉文化，决心改蒙古旧制，采取汉法。中统五年改元至元，至元元年（1271 年）建国号"大元"。忽必烈在建国诏书中说，秦汉之名"着从初起之地名"，隋唐之名"因即所封之爵邑"，皆"不以义而制称"。诏书中指出"我太祖圣武皇帝，握乾符而起朔土，以神武而膺帝国"，"历古所无"，"宜早定鸿名，在古制以当然（诏书中举唐尧、虞舜、夏禹、殷汤皆称义而名）"，"可建国号大元，盖取《易经》'乾元'之义"，"称义而名"（影响到明清两代皆"称义而名"）[2]。忽必烈灭南宋统一中国后，确立了以宋代理学作为统治工具，全面推行汉法，提倡"文治"，建立与中原经济基础相适应的中央集权制政权，政权总体上取法于中原前代王朝，并创新影响深远的行省制度。上述情况表明，忽必烈已主动将元朝国号之名，政权构成和统治方法纳入中国古代正统王朝范畴，以忽必烈为代表的蒙古族上层统治集团与前述辽代契丹汉化情况有异曲同工之妙。

　　除上所述，元朝又是中国多民族统一国家空前发展壮大时期，也是历史上对外关系发展的极盛时代。如所周知，在宋辽西夏和金对峙与元朝统一过程中，有的民族消失了，如辽国契丹族、西夏王朝党项族、金国女真族灭国后，作为民族实体已不存在，其族人大多分别融入汉族、蒙古族及有关各族之中。同时元朝又新增加了藏族、新产生了回族，还包括西域及各边疆地区很多少数民族。元朝如此重新组合起来的民族构成多姿多彩，壮大了中华民族大家庭。在这种情况下，由于元朝抛弃"华夷之辨"，主张各族兼容并蓄，强调"四海一家"，促进了民族间的接触、交往、相互流动、相互吸收融合，元朝变成一座民族融合的大熔炉，推动了民族国家的巩固和发展，谱写出中华民族多元一体辉煌的新篇章。在此基础上，元朝促进了有关各族、各地区间的经济文化交流，所以元朝的文化在以汉文化为主体的同时，蒙古族和有关各族不仅繁荣本民族文化，而且也涌现出许多精通汉文化各有专长的学者和论著，使元朝的文化呈现多样性，大放异彩。当时入居中国的域外的各国人甚多，他们统称色目人。色目人中有的或仕致大官，或为富商大贾，或传教，或进行各种经济文化交流，元朝的文化又极具国际化色彩。此外，在色目人中也不乏被俘的各种工匠，他们散居漠北和中原各地立局造作，有的甚至参与了元朝的宫廷建筑（如阿拉伯建筑家也黑迭儿就参加了元大都皇城和宫苑建设）或官方手工制作，使当时一些官方重要建筑及有关工艺品带有某些异域特色。总之，元代的文化科学技术有不少发明创造，具有很高的成就。由于在 13、14 世纪欧洲尚处在"黑暗时代"，因而元代文化科学水平在当时的

---

[1]《元史》卷四。
[2]《元史》卷七。

世界上处于领先地位。鉴于上述情况，在元朝政治、民族、域外交往、文化科技和宗教等宏观条件下，自宋辽金西夏以来的深度民族融合至元为一大集结，很自然地就融入了元朝新组合起来的民族构成之中，从而完成了从宋至元的民族融合过程，形成了尔后中华民族多元一体构成模式的雏形。同理，在此基础上，自宋辽金西夏以来逐渐形成的中华文明意识认同因素，亦随之融入元朝的意识形态和文化之中，形成了与元朝中华民族多元一体构成相应的具有元朝特点的中华文明意识认同。当时平地起建的元大都（秦汉之后的都城，只有唐长安和元大都是新规划设计平地起建的），其划时代的里程碑式的形制布局模式，正是植根于元朝这种中华民族多元一体构成模式及与之相应的中华文明意识认同的沃土之中，确立于这种中华民族多元一体构成模式与相应的中华文明意识高度认同有机统一的基础之上。

元大都的形制布局及有关问题，本卷已有详论。在此恕不再赘述。

4. 上述节点和拐点及其形成的主因是今后都城形制研究的重要前沿性课题

秦汉之后各代都城形制间有着内在的承袭演变关系，形成了较完整的连续性的都城形制演变体系，这是中国古代都城独有的特点。前述的三个节点两大拐点，则是秦汉之后都城形制演变体系中承上启下的主要连接和转换的环节。上面已就秦汉之后都城形制演变轨迹中的三个节点两大拐点及其产生的主因略作陈述，从中可以看出秦汉之后都城形制布局演变轨迹和成就，乃是汉族，以及历史上曾经的统治民族鲜卑族、契丹族、女真族、蒙古族和满族等各族用心血共同培育的奇葩，是中华民族智慧的结晶。它以中华民族和文化形成与发展进程中的物化形态，而成为中华民族巨大凝聚力的丰碑和铁证。因而我们特别注意到以当时少数民族为主营建的都城，如何在汉族传统都城规划理念的框架下，融入本民族城建理念和生活习俗的特点，而创造出新的都城形制布局。以及其作为该阶段都城规划理念动态变化过程中的重要组成部分，又如何影响到宋至明代都城形制布局变化和走向，这是研究秦汉以后特别是宋至明代都城形制布局变化发展规律，及其承袭演变轨迹必须掌控的重要因素之一。

上述情况充分证明了，中华民族多元一体的构成状况，以及与之相应的中华文明意识中都城规划理念认同的有机统一，乃是支撑上述节点和拐点的底蕴，才是这些节点和拐点形成的主因。也就是说，这些节点和拐点实际上只是前述主因物化的外在形态，即由此构成了都城形制演变体系中节点和拐点的具体外在形象。因而这些节点和拐点及其形成的主因，就形成表里相辅相成、内在相连、不可分离的关系。所以在秦汉以后的都城形制演变体系研究中，只有将上述节点和拐点及其形成的主因有机结合起来进行统一的专题和综合研究，才能深入充分地全面揭露出这些节点和拐点具体外在形象，并进而在此基础上透过现象看本质，才能更深入地揭露出节点和拐点背后形成主因的中华民族多元一体构成及与之相应的中华文明意识认同有机统一的真实地具体情况。前述节点和拐点外在形象即都城的形制布局研究属都城考古学、古建学和史学范畴，后者形成的主因则属于有关都城时代相应的史学、民族学、社会学和文化范畴。秦汉之后都城形制演变体系研究，只有将上述两者有机结合起来，才能更好地完成构建考古学的都城外在完整形象的形制布局，才能进而对这种完整形制布局形成的主因进行内涵式的有关史学、民族学、社会学等方面立意准确、"有血有肉"的充分论述。只有如此表里进行综合研究，才能真正使秦汉之后都城形制演变轨迹形成环环相扣、相互承袭、演变和转换关系清晰的都城形制演变体系。对此，应当指出在目前秦汉之后都城形制演变轨迹的研究中，大都未引起足够的重视，甚至采取完全忽视的态度。致使此项研究进展缓慢，缺乏研究的广度和深度，难见有力度的研究论著，像样的成果乏善可陈，研究状况堪忧。有鉴于此，今后在该项研究中必须将上述节点和拐点及其形成的主因有机结合起来进行综合研究，并将其作为重要的前沿性课题和主要生长点，尽快提到研究日程上来，使之成为该领域研究的必由之路，并真正将其落到实处。只有这样，才能将中国考古学中最有条件的龙头和重镇——中国都城考古学，按照习近平总书记有关中华民族多元一体和中华文明意识认同的教导，率先建设成具有中国特色、中国风格、中国气派的都城考古学体系。使之充分地展现出中国古代都城形制布局演变和发展源远流长，成就辉煌及其对人类文明的重大贡献。使之充分地展现出中国古代都城形制布局内涵式的博大精深的中华文明和伟大的中华民族精神，从而激发人民群众的民族凝聚力和民族自豪感，并鼓舞广大考古学者奋发图强，以学科建设为己任，在已有的中国古代都城形制演变发展体系的基础上，努力争取早日完成中国考古学体系的科研任务，用优异的成绩报效祖国，在振兴中华的大道上各自作出应有的贡献。

（四）宋至明代都城和宫城的规划理念

宋至明代都城的形制布局及其演变和发展，都是受当时都城规划理念制约的。当时的每座都城均将其都城规划理念转化为所需的客观实体空间结构和相应的形制布局。每一代都城又是在总结前代都城形制布局的基础上，逐步发展和深化其都城规划理念，进而在形制布局上推陈出新，如此反复，不断升华，就形成了宋至明代的都城形制布局演变和发展的规律。当然，历代都城的形制布局都是受其都城规划理念制约的[1]，但是宋至明代都城在这方面的表现较前代都城更加明显、突出和成熟。鉴于上述情况，有必要在谈宋至明代都城形制布局之前，首先对宋至明代都城规划理念略作探讨。宋至明代有代表性的都城规划理念，主要表现在以下几个方面。

1. 《周礼·考工记》"营国制度"是宋至明代都城规划理念的基石

《周礼·考古记》是我国现存最早的工程、工艺技术汇编。开篇述"百工之事"，关于王城规划理念主要见于"攻木之工"下的"匠人篇"。"匠人篇"分"匠人建国"（事关城址选定标准和技术手段）和"匠人营国"两部分。"匠人营国"系统记述了王城规划制度和营建制度，提出了王城具体形制、布局和结构的模式。比如，《周礼·考古记》"匠人营国"条记载："匠人营国，方九里，旁三门。国中九经九纬，经涂九轨，左祖右社，前朝后市，市朝一夫；周人明堂，度九尺之筵。东西九筵，南北七筵，堂崇一筵。五

---

[1] 在都城考古研究中，凡有关的考古资料和文献资料较齐备者，其都城形制布局研究的结果当上升到都城规划理念和都城形制规划的高度，使两者有机结合，相辅相成，相互验证，统筹考量。只有在都城形制布局研究以都城规划理念和具体规划为依据的基础上，对都城形制布局进行综合研究，都城形制布局研究才能形成有深度、有力度、较完备的结果。

室，凡室二筵。室中度以几，堂上度以筵，宫中度以寻，野度以步，涂度以轨。庙门容大扃七个，闱门容小扃三个，路门不容乘车之五个，应门二辙三个”；“内有九室，九嫔居之；外有九室，九卿朝焉。九分其国，以为九分，九卿治之”；“王宫门阿之制五雉，宫隅之制七雉，城隅之制九雉”；“经涂九轨，环涂七轨，野涂五轨”〔1〕。上述记载表明，“营国制度”的内涵和特征为：（1）王城环套宫城，王城平面形制和规模为方九里。（2）王城每边“旁三门”，共12座城门。（3）“国中九经九纬”，经纬纵横交错组成王城内井干式路网。（4）宫城规划在王城几何中心，宫城南北中轴线是全城规划布局的主轴线。（5）宫城按前朝后寝之制规划。（6）宫城前方为外朝，后面为市（前朝后市）。宗庙、社稷在外朝主轴线左右两侧。明示了宫、朝、市、祖、社功能分区的相对规划位置和组合关系。（7）全城以井田之制划分九等分，中间一分置宫城，余八分按方位主次，配置不同分区〔2〕。（8）全城路网及各个分区均环绕宫城，沿主轴线对称配置。（9）在王城规划布局中，以数字“九”（九是最大阳数）代表王者之尊，以“九”“七”“五”之差循名核实，“名位不同，礼亦异数”〔3〕，形成礼法制度。（10）《周礼·司马》“量人”条记载：“量人掌建国之法”，“营国城郭，营后宫，量市朝道巷门渠。造都邑亦如之。”量人专掌城邑建设测量，与匠人互相配合。以此结合《考工记》记载室、堂、宫等所度之几、筵、寻等（即以不同精密度量单位控制不同规模的建筑尺度。实际上即是后代模数之先声），表明当时营建城邑和主要建筑，已较充分地注意到测量的重要性。

除上所述，另一个重要的方面还涉及王城规划、布局和建筑设计中运用模数问题。“市朝一夫”中“夫”指一夫所受百亩田，“市朝一夫”即“市”和“朝”的面积为百亩，故“夫”是王城规划中用地面积的单位。周制九“夫”为“井”，“井”方一里，是城“方九里”为81井，合周81平方里，729夫，所以“井”和“夫”是用地面积的模数

---

〔1〕 贺业钜《中国古代城市规划史》“营国制度”一节，对上述引文的解释作为一说，可供参考。即“匠人营国……市朝一夫”，此段述王城规模、形制、结构。其左右前后相对规划位置“均系以宫为基准而言的”。故“宫之规划位置当在城中央，此‘宫’乃指包括朝寝宗庙等宫廷建筑群所构成之宫廷区，‘朝’则指宫城前方之‘外朝’。‘朝’及‘市’的规模，均为一‘夫’，即占地一百亩。“庙门……应门……”说朝庙门制，“路门为路寝之门，亦即燕朝之门。应门为治朝之门，也是宫城的正南门。此二朝在宫城内，故又可统称为内朝。庙，指宗庙。庙门即宗庙之总门，闱门为庙中之门。从这段话的叙述顺序，似乎有暗示庙在宫城外之意”。文中指出“宫城前方为外朝，后面为市。宗庙、社稷则据主轴线对称设置在外朝之左右两侧。这便是宫、朝、市、祖、社五者的相对规划位置及其组配关系”。“内有九室……九卿治之”，此段话说明两个重要问题。首先说明宫廷规划为前朝后寝之制。文中‘内’‘外’，系就路门而言。路门为路寝之门，故云‘内有’‘居之’，以示宫寝在门内。门外则称为‘外有’‘朝焉’，表明门外为朝。此朝即上段所说的治朝。可见宫城内的布局，当为前朝后寝。其次，说明视城若一块田地，按井田形制，将城划分为九分，以布置各种不同的分区。以中央一分充作宫城，其余八分分别安排宗庙、社稷及外朝所组合之宫前区以及官署、市、里及仓廪府库等分区。如此划分，显然与城的使用功能有关”。“王宫门……九雉”，“‘门阿’指宫门之屋脊，此处意谓宫城城门屋脊标高为五雉（丈）。‘宫隅’‘城隅’，均指垣四角。既有‘宫隅’，当筑有宫垣，形成一座宫城。上述之朝寝均置于宫城内”。“经涂……五轨”，“述王城道路制度。南北干道为经，东西干道为纬。顺城环东西干道三条，道宽为周制七丈二尺。‘环涂’道宽周制五丈六尺，‘野涂’道宽周制四丈”，中国建筑工业出版社1996年版。

〔2〕 参见前引《中国古代城市规划史》，中国建筑工业出版社1996年版，第207页。

〔3〕 《左传》庄十八年传。

和分模数[1]。据此下面拟探讨三个问题：第一，宫城与王城面积的模数关系。王城"方九里"按井田之制分为九等，居中的一分边长 3 里为宫城，是宫城边长为王城边长的 1/3，王城面积是宫城面积的九倍，因而宫城边长和面积是王城边长和面积的模数[2]。第二，王城每面三门如何配置。笔者基本同意三门间距 3 里（宫城边长），两侧城门分距两隅各 1.5 里（宫城边长 1/2）[3]。第三，王城干道如何配置。目前主要有两种代表性意见：第一种意见以贺业钜为代表，认为王城每面三门三条干道，各条干道一道三涂，王城南北与东西各三条干道，各以一道三涂构成王城内九经九纬路网[4]。但是"匠人营国"指出王城沿城墙内侧还有环涂，上述提法却未将其包括在内。我们认为南北与东西城墙内侧环涂属九经九纬之列，这样若按上述"一道三涂"说，经纬干道则各为十一条，不合"九经九纬"之制。实际上《考工记》原文"九经九纬，经涂九轨"并未涉及"一道三涂"问题，后世都城也无按此模式配置的路网，故该说难以成立。第二种意见以王贵祥为代表，认为除南北与东西各对城门的纵横干道外，还有不同城门的坊间纵横次干道各四条（次干道位于两侧的城门与王城两隅之间，三座城门之间），遗迹纵横接位于城墙内侧的各二条环城道路（环涂），由此构成"九经九纬"的王城内路网[5]。后世元大都和明北京城路网基本上参照此模式变通配置，故王贵祥意见似较可取。具体来看，《考工记》记载：王城内"九经九纬，经涂九轨"，"环涂七轨，野涂五轨"，"轨"即指车辙，二辙间宽周制八尺。据此测算，王城内"九经九纬"各占 0.3 周里宽，其总宽仅是宫城边长的 1/10，王城边长的 1/30[6]，故考虑王城总体模数关系是王城"九经九纬"路宽可略而不计。如是，宫城与王城边长、面积、城门间距、城内"九经九纬"总宽度的模数关系则为宫城边长是王城边长的 1/3（即王城边长是宫城边长的 3 倍），王城面积是宫城面积的 9 倍，各面城门间的间距与宫城边等长，两侧城门与王城两隅的间距是宫城的 1/2，

[1] 傅熹年《中国古代城市规划建筑群布局及建筑设计方法研究》指出《考工记》"王公门阿之制五雉，宫隅之制七雉，城隅之制九雉"是以"雉"为城的高度模数之例。《左传》隐公元年"祭仲曰：都城过百雉"之"雉"则为城的长度模数之例。"匠人营国"所记"周人明堂，度九尺之筵"，可知"筵"长九尺，是堂的长度单位，"室中度以几，堂上度以筵"，堂和室使用不同长度单位，"几"长三尺，为"筵"长的三分之一，二者之间有倍数关系，故"筵"可视为宫殿长度的模数，而"几"是其分模数，"堂崇一筵"，表明"筵"也是宫室高度的模数。由此可见，除"夫""井"之外，长度、高度、"堂"与"室"均有各自所用的模数，中国建筑工业出版社 2001 年版，第 205 页。

[2] 贺业钜：《中国古代城市规划史》，中国建筑工业出版社 1996 年版，第 206—208 页。

[3] 陈筱、韩博雅：《中国古代都城规划的理论基础——〈考工记·匠人〉文本性质及内容考辨》，第 56 页图 2 明《永乐大典》载"周王城图"，第 57 页图 5 清戴震《考工记图》载"王城图"，图 6 董鉴泓《中国城市建设史》第 13 页载"周王城复原想象图"；贺云翱、郑孝清主编：《中国城墙》，江苏人民出版社 2019 年版。

[4] 贺业钜：《中国古代城市规划史》，中国建筑工业出版社 1996 年版，第 207 页。

[5] 王贵祥：《中国古代建筑基址规模研究》，中国建筑工业出版社 2008 年版，第 129 页。唯该文以正对城门主干道宽为 60 步，不通过城门的道路和顺城墙的道路各宽 20 步，似为无据之臆测，不可取。

[6] 周制"轨"宽 8 尺，是九轨为 72 尺，环涂七轨为 56 尺。若设定王城内坊间次干道宽同环涂，则经纬各四条干道共宽 224 尺（56 尺×4），纵横各二条环涂总宽 112 尺（56 尺×2），经纬各对城门的三条主干道总宽 216 尺（72 尺×3）。上述经纬各三条干道合宽 49.9 米（216 尺×23.1 厘米，周尺合 23.1 厘米），四条次干道加二环涂共宽 77.6 米〔（224 尺 + 112 尺）×23.1 米〕，以上共占道宽 127.5 米（49.9 米 + 77.6 米），合 0.3 周里（127.5 米÷415.8 米，周一里 =415.8 米）。

"九经九纬"各自道路总宽是宫城边长的 1/10，王城边长的 1/30。其间的模数关系（包括分模数、扩大模数、长度模数、面积模数）及其控制王城规划的重要作用表现得非常清楚。

从上述分析可以清楚地看出其时对王城营建理念，规划、设计原则和方法，以及由此构成的王城形制、布局和结构已经形成了比较完整的规划体系。这套体系的主要内涵及所确立的各项原则，是后世历代都城规划和建设者必须遵循的不二法门，故将"营国制度"奉为经典。但是，由于在隋、唐长安城及其以前都城实行封闭式的市里制或市坊制，宫城出于安全考虑使其一侧或两侧临外郭或大城，不居中，所以这时的都城无法按照"营国制度"模式进行布局设计[1]。只有入宋以后，都城逐步打破市坊制并形成开放式街巷制，在手工业和商业不断发展，儒家理学（亦称道学）哲学思想占统治地位，并按儒家理学观念去诠释"营国制度"赋予其新的含义的背景下，"营国制度"才能发挥最大的影响力，才能真正成为其都城规划理念的基石。正因为如此，宋代及其以后历代都城规划建设者们无不有意和用心地参照"营国制度"王城规划设计理念，根据各自都城的具体情况，因时因地制宜，与时俱进地规划建设新都。至元大都时期形制布局已是历史上最接近"营国制度"规划设计理念的都城。到明北京时在元大都城的基础上重新规划进行全面改造，使明北京城总体规划布局形成了具有新时代特点的，最符合"营国制度"王城以中轴线为布局主脊，宫城居城内几何中心，宫城前左祖右社，宫城前中轴线两侧置中央衙署，以及城门和都城内纵横干道配置情况等规划理念的都城。在此还应特别指出前述"营国制度"王城模数规划设计方法，早在隋、唐长安和洛阳城时就已成熟运用。到元大都和明北京城时，模数已成为其完成规划设计和改建不可或缺的主要手段和方法，从而对两座都城简化规划和改建设计过程，加快营建速度，使都城整体与局部、主要建筑和建筑群的规模、体量及其间的比例上具有明显或隐晦的关系，使全城达到统一协调浑然一体的效果上起到了重要的保证作用。可以说元大都城的营建，明北京城的改建，乃是以"营国制度"王城规划设计理念为基石践行的结果，是"营国制度"规划设计理念物化形态硕果仅存的实例。其中特别是明北京城，更与时俱进地在元大都城基础上的改建过程中，又将"营国制度"王城规划设计理念推进到无以复加的地步。如此，不仅使改建后的明北京城在形制布局上最近似于"营国制度"王城规划设计理念，而且还使明北京城发展成为中国古代都城中形制最完整、最符合封建礼制和古代建筑美学要求，各种功能分区、配置最完备、最合理、最到位，面貌一新的都城。由此可见，明北京城改建后的形制布局匠心独运，熠熠生辉，此后作为清代都城总体形制未变，成为中华人民共和国的首都，其都城地位历久不衰，盛名长存。因此，明北京城作为践行"营国制度"王城规划设计理念和封建礼制化与规范化的都城，作为中国古代都城中生命力最强最长唯一定格在祖国大地上的都城实体标本，理所当然以中国封建社会最佳都城的终结模式而永载史册，彪炳千古。

---

〔1〕　参见傅熹年《中国古代城市规划建筑群布局及建筑设计方法研究》上册，中国建筑工业出版社 2001 年版，第 1—2 页。

2. "皇权至上""君权神授""天人合一"是宋至明代宫城规划理念的主导思想

（1）"皇权至上""择中立宫"

"营国制度"规定宫城在王城中央，王城环套宫城。王城中央是控制王城四方的原点，亦是王城四方供奉和捍卫的核心，位置最尊，故宫城置于王城中央，乃是"王权至上"的体现。《吕氏春秋》指出："择天下之中而立国，择国之中而立宫"，《荀子·大略篇》则明示"王者必居天下之中，礼也"，所以后世将其归结为"择中立宫"，并提到礼制"尊尊"的高度，成为"皇权至上"的最重要的标志。

"择中立宫"的理念，真正得以实现是在入宋以后。自北宋开封府继承北周宫城位于外城中部偏北之时起，此后历代都城均特别强调"择中立宫"，不断调整宫城的位置，使宫城越来越靠近都城的中心部位。为此，历代都城还不断调整宫城的中轴线，逐步使宫城、都城的中轴线合一，使都城的几何中心点和规划中心点集中到这条中轴线上，使宫城的位置与之逐步靠近，大体呈"择中立宫"之势。宫城是皇权的象征，是国家权力的中枢。所以宋代之后"皇权至上"的规划思想，集中地突出表现在以宫城为权力中心结构和中心空间来主导宫城的规划，并刻意追求儒家的"居中不偏""不正不威"和"营国制度"的都城方正，宫城居中，布局中轴对称，井干路网的意境。

（2）"君权神授""天人合一""象天立宫"

"君权神授"即君权"受命于天"，皇帝自称"天子"，是神的代言人，君权神权合一，因而形成"皇权至上"之法统。"天人合一"（或称"天人交合"）强调"天道""人道""自然"和"人为"相通、相类和统一，这种观点反映在都城规划理念之中，最终仍归结到"君权神授"和君权与神权统一之上。宋至明代的都城，以此种规划理念为宫城规划的主导思想，既与"营国制度"一脉相承，又是"营国制度"规划理念的发展。历代宫城均追求"象天立宫"的布局。这种布局到明代发展到最高水平，本卷将在明北京紫禁城中详细介绍。

"天人合一"（或称"天人交合"）强调"天道""人道""自然"和"人为"相通、相类和统一。因此，在"象天立宫"时，又将堪舆（风水）和阴阳五行说渗透到宫城布局之中，这种情况到明北京紫禁城时发展到极致。本卷明北京紫禁城将详细介绍。

3. 礼制秩序和森严的等级制度是主导宫城布局的核心

"君权神授""天人合一"将君权神化，但皇帝毕竟是人间君主，要想使都城和宫城规划充分显示出"皇权至上""君临天下"的意境，还必须"礼序从人"，以礼制秩序的方位尊卑所形成的森严的等级制度作为规划宫城布局的保证，所以宋至明代的宫城规划均以儒家的礼为核心，以礼制为尺（标准），力图将封建礼制秩序和森严的等级制度转化为所需要的空间结构。在"营国制度"的基础上，按照当时的情况和具体要求进行规划布局。礼序和等级制度均以"皇权至上"为首，故其同样主要突出体现在宫城方面。比如，宫城按前朝后寝之制布局，宫城各不同部位和建筑在"象天立宫"和按模数规划时所显示的级差（到明代时采用模数规划宫城各建筑群，形成不同的等差，其中主要大殿刻意采用"九"和"五"相互配合，以"九五"之尊代表皇权至上。其他不同等差情况，参见本卷正文），就是礼制秩序和严格的等级制度的反映。古代认为"中"为最尊，因而将朝寝等主体建筑置于中间部位，并逐渐发展到将朝寝等主体建筑和相关的重要建筑置于宫城的中轴线上，这些建筑依其在中轴线上的位置、性质和功能的不同，有节奏有等差地安排其体量、形体轮廓和空间，形成应有的礼序和等级制度。由此宫城中轴线则成为具有神性又表现人间礼制秩序的政治礼仪轴线，进一步突出了宫城中心空间和皇权至上的效果，因而成为宫城布局的主脊。此外，古人认为南为阳，北为阴，东为阳，西为阴，东和南为尊位，西和北为卑位。所以宫城建筑礼制等级高的配置于南和东方，等级低的配置于北和西方。如朝是政权象征，礼制等级最高，故置于南（前方），寝等级次之，则置于朝之北，遂形成"前朝后寝"之制。祀祖乃是继祖承天命的"天人合一"意识的表征，故宗庙礼制等级高，应处尊位（阳位），将其置于宫之左（东）前方，以示崇祖尊天；社稷等级次之，所以置于宫之右（西）前方，由此形成"左祖右社"之制。总之，宫城按前朝后寝之制布局，宫城各不同部位的各种不同等级和性质建筑的位置、体量和形制既与"象天立宫"、方位尊卑、阴阳五行等有关，也与按模数规划不同位置和性质建筑所形成的级差密切相关（详见本卷第八章第二节明北京紫禁城）。凡此，均是礼制秩序和严格的等级制度的反映。

4. 宋至明代都城以宫城为中心的规划理念

宫城是皇权的象征，是国家权力的中枢。都城是宫城的载体，因而"皇权至上"的规划思想也是从宫城渗透到都城规划之中，并集中突出地体现在都城以宫城所形成的空间结构为中心主导规划的理念上。其主要表现如下：（1）宫城位置和体量是规划都城规模和形制的参数，至元大都时则变成规划外城的模数。（2）"择中立宫"是都城的核心和中心空间结构（以北宋开封、元大都和明北京表现最清楚）。以此结合（1），可充分显示"化家为国"，皇权涵盖一切，化生一切的"君临天下"之势。（3）都城规划中轴线和宫城中轴线从平行分离到合一，形成具有礼序的政治礼仪轴线，突出都城中心空间和皇权至上的效果，展现出都城中心和谐统一的线型纵深景观序列，成为都城布局的主脊。（4）宫城方位是主导都城路网结构和功能区划的主要因素。（5）宫城和皇城是宋代以后"三重城"结构的基础和核心。宋至明代都城流行三重城结构，三重城各自不同的主要配置和功能分区，不同朝代三重城间各自配置和功能分区的变化，以至功能分区逐渐发展成以宫城为中心，并最终形成由内而外层层围护宫城的层级结构。这种层级结构，以及三重城内不同的配置，实际上就是该阶段都城规划理念的空间布局结构正是以社会功能为内涵，使权力结构、礼序和等级制度从中心向外层辐射的结果（三重城和功能分区层级结构以明北京表现最明显）。

5. 宋至明代都城规划的其他有关理念

宋至明代都城规划理念中具有较强的自然观。前述宫城"天人合一"的规划理念，反映到都城总体规划之中就是强调都城与自然地理环境（包括地形地貌、山川河流）、植被绿化、景观氛围，以及社会政治因素等之间的关系，其中都城形制布局与水的关系最为重要。凡此均用规划手段，在巧于因藉、因势随形之中，使都城三重城的形制结构与自然全面协调，融为一体。这是宋至明朝都城规划中，重要的特色之一。体现出该时期都城规划较强烈的自然观和既尊重传统又不拘于传统的革新精神（以北宋开封、南宋临安、元大都、明南京和明北京表现较突出）。

宋至明代都城路网街巷化、街巷商市化，其规划理念有较强的重商主义（以北宋开封、南宋临安城表现最为突出）。都城的布局与社会需求（如宗教、祭祀、礼制等）关系密切，从社会需求角度来看，其表现莫过于因商品经济的发展，商业的繁荣引发的旧里坊制和市制的崩溃，街巷制的出现，使商业街区的配置成为这个时期都城布局和功能区划的主要特点之一。宋至明代商业街区的配置，是有一定规律性的，比如为宫廷和达官显贵服务的商业区、主要商业中心区均围绕在宫城皇城的周围或在其附近，有的都城还出现了"前朝后市"之势。一般商业区分布于街巷，各种零售网点则散布于全城。由此可见，商业区的配置亦是以宫城和权力结构为中心，各种商业区的总体构成同样也是按等级制度划分的。

总之，宋至明代都城的规划布局，以"营国制度"为都城规划理念的基石；以"君权神授""皇权至上""天人合一"为规划理念的主导思想；以礼制秩序和森严的等级制度为规划理念的核心，并以前述与都城规划诸相关问题作为都城规划理念的构成因素，全方位地规划宫城、都城的形制布局，从而丰富和发展了"营国制度"，使这个时期都城规划布局具有较明确的导向性。因而宋至明代都城的形制布局比较严整，轴线形成纵深空间序列层次，都城空间组织序列较严密，布局逻辑较严谨；宫城、轴线和城内各种主要部位，"内外有别，开合有序"，形成了较完备的礼序和等级制度，对"皇权至上"达到了顺理成章的皈依效果。这是该时期都城形制布局存在许多共性，其间的承袭演变关系较清楚的主要原因之一。此外，宋至明代各朝代的都城，由于处在上述规划理念的不同发展阶段，以及其时代、位置和环境的不同，再加上民族的差异等等，故这个时期都城规划理念乃是一个动态的不断发展的过程，在与时俱进的变化之中，各个都城所追求的心理和精神感受，对都城神韵意境的理解和都城布局的特殊需求也有较大的区别。因而各个朝代的都城，又形成了各自风格鲜明的特色。

（五）宋至明代都城形制布局研究

1. 宋至明代都城形制布局研究的主要课题与都城形制布局的类型和发展阶段

（1）现阶段宋至明代都城形制布局研究的主要课题

所谓都城形制布局，系指都城的外形、结构，都城全面规划情况，都城路网结构，都城布局和功能区划，都城各种不同类型不同性质建筑群或重要单体建筑配置的方位和状况等一系列与都城本体原貌有关的内容。但是，由于中国古代都城除明、清北京城及少数都城在地面上仍残存部分遗迹外，大都被埋于地下，或被现代城市和建筑叠压，其本体原貌已不复存在。因而都城形制布局需要都城考古学和都城史作为主要课题进行研究，以复原都城形制布局的原貌，故言都城形制布局是都城考古学和都城史的基础研究。

从都城史来看，其仅依据有限的文献记载和少量遗存的图像等资料，在无都城真实的实体概念，缺乏都城主要配置坐标和主要配置间较准确的相对位置，以及各主要配置的形制和规模等重要参考资料的情况下，是难以较准确地复原出都城形制布局的。都城考古学则不然，都城考古学是实证科学，通过对都城遗址的考古调查，在全面钻探和逐步发掘揭露都城遗址的过程中，随着都城本体遗迹渐渐的再现，经过考古学研究（包括有根据的合理推断），可大体究明都城布局的基本情况。都城考古学现阶段的要旨，即是重在阐述和研究都城的形制布局。就宋至明代都城考古学而言，目前主要着重研究或基本解决以下课题。（1）都城具体位置和坐标，都城形制布局与当时当地自然地理环境（包括地貌、山川等）的关系。（2）都城总体平面形制，宫城皇城、内城和外城的规模（尺度），及其准确的相对位置关系。（3）城墙围合状况、平面形制，城门、瓮城、角楼、马面和水门等的位置、形制、尺度和结构及其构筑技法。（4）城内主要街道和路网架构。（5）宫城皇城位置、组合关系、平面形制；宫墙、宫门位置与形制及其结构和构筑技法。宫城主要遗迹及其构筑状况，遗迹所反映出来的各种相关的尺度，主要配置的方位和布局概况，宫廷广场的位置和形制等，以及与此相关的祖、社和中央衙署的配置方位和形制布局等。（6）城内主要居民区配置的方位，厢坊、街巷和胡同等的配置和形制概况。祖、社之外的礼制建筑、中央衙署之外的其他主要衙署和重要官方建筑，以及主要寺观等的配置方位和规模，其他各主要配置的准确方位、规模、形制，及其间准确的相对位置和组合状况等。（7）根据遗迹间的叠压和打破关系，不同建筑的用材、结构和构筑技法，并结合出土遗物，综合判断都城存在年代的上下限和都城发展的阶段，以及都城主要遗迹始建、续建、改建、补筑和增筑的情况和年代。（8）城内外河湖水系及城内给水排水系统与漕运系统的状况，城内水路状况及与城内路网的关系。（9）城内主要功能分区状况（有的都城还涉及城郊与城内功能区划的关系）。

上述九个方面依各个都城遗址的情况，略有增减或另有其他变化。其中有些基本情况，如都城建置沿革、都城营建简史，都城内的布局和功能区划、宫城皇城布局、厢坊和街巷的配置情况等，还须结合相关的文献记载和图像资料进行综合研究，方可基本复原都城的形制布局。也就是说，都城形制布局复原研究，应以都城考古学为主，都城史的有关研究为辅，两者有机结合，才可能逐步完成。本卷关于都城形制布局的论述，正是本着这个原则进行的。

（2）宋至明代都城形制布局的类型和发展阶段

在宋至明代的九座正式都城中，其形制布局各具特色。从都城形制布局间的因袭关系、影响和被影响关系，以及都城规划理念和主要配置的情况等方面综合考察可将九座正式都城大致分为五个类型。其一，北宋开封府城、南宋临安府城和金中都。两宋都城开封和临安城的形制布局有别，然而两座宋代都城的规划理念、城内主要配置和功能分区的方式方法却一脉相承。金中都受北宋东京开封府城影响较深，相似之处颇多，故上述三城可归为一类。其二，辽上京和金上京均为两城制，金上京形制布局主要是在辽上京影响下形成的，二者可归为一类。其三，明北京城是在元大都城基础上北缩南扩，城内布局略作调整和改建而成，二城可归为一类。此外，元上都和明南京各为一类。

上述五个类型的都城，其发展序列大体可分为三个阶段。第一阶段，宋辽金都城。北宋与辽对峙，南宋与金对峙，辽金都城和陪都的形制布局受北宋开封府城较强的影响，故属同一发展阶段。第二阶段，元代都城。其都城形制布局明显有别于前代。第三阶段，明代都城，明代三都属于同一发展阶段。其中明北京城虽然派生于元大都，但明北京城内布局、主要配置和规划理念又与元大都城有较大差异，按时代序列应属明代都城发展阶段。

若从都城因袭和形制布局演变关系来看，北宋东京开封府城和元大都城的形制布局，均具有继往开来的里程碑作用。又可将该时期都城的形制布局分为前后两大发展阶段。

2. 宋至明代都城形制布局的总体特点

自北宋东京开封府承袭北周都城的形制并加以改造和变化开始，宋至明代都城的形制布局就走上了中国封建社会后期都城形制布局的发展之路，产生和深化了许多与隋、唐都城形制布局不同的特点。这些特点发展演变，至明代的北京城终其大成，呈现出中国都城形制布局的终结模式。宋辽金元明各代都城形制布局的特点，归纳如下。

（1）都城平面结构大多三重城或两城制

北宋开封府为宫城、内城、外城三重城结构（其皇城尚未形成标准的环套宫城模式）。南宋临安为宫城（皇城同样未形成标准的环套宫城模式）和外城两重城。此后金中都、元大都均呈宫城、皇城、外城三重城结构。明南京城为宫城、皇城、内城、外城四重城结构，明代北京城为宫城、皇城、内城，内城南加筑外城的四城结构。但是，明南京和明北京城的主体部分仍为宫城、皇城、内城三重城结构。上述情况表明，在北宋开封城以后，三重城由宫城、内城、外城改为宫城、皇城、外（内）城。此乃"营国制度"王城环套宫城，宫城"择中立宫"在王城中心，突显"皇权至上""礼制秩序""森严等级制度"规划理念之发展。

辽上京和金上京为南北二城毗连形制，宫城或在北城或在南城。这是两京根据自身的特点和需要将东京开封府三城相套形制加以改变的结果。此后元大都城分为南半城和北半城，清北京城有满城（内城），汉城（外城），是变相的二城制，其与辽上京和金上京同样都是为解决本民族与汉族和其他民族分治问题，这种结构实质上仍为三重城。

（2）都城平面形制以长方形为主，曲折几何形次之

北宋开封府以后，都城平面形制大都呈长方形或略呈长方形。其中辽上京和金上京两城制的南北二城，各为方形（略变形）或长方形的结合体。此外，位于长江以南的南宋临安城和明南京城由于受到山、水和自然环境的制约，其平面形制则呈曲折多变的几何形。

（3）都城形制布局与自然环境结合紧密，将山水纳入都城总体规划

宋代以后都城逐步强化规划作用，都城形制布局与自然环境结合紧密，将河湖水系，给水排水系统、漕运系统和山体等纳入都城总体规划，使之与都城形制布局融为一体。多数都城，水面成为制约城内布局的关键因素之一。其中水面和山地特点较突出的都城，如南宋临安和明南京城，城墙和主要建筑因山就水、因地制宜、因势而筑。城的平面形制不拘于直线和方正，屈曲多变，形成了独特的外缘景观。

（4）都城将园林和绿化作为其总体规划的内涵之一

从北宋东京开封府开始，就将园林和绿化纳入都城总体规划之中。历代都城在这方面各有所长，不断发展，遂使之成为该时期都城规划必不可少的构成要素之一。到清代北京城发展到极致。都城营造园林和绿化与前述将山水纳入都城总体规划相辅相成，乃是宋以后都城规划自然观不断增强的必然反映。

上述（2）都城平面呈曲折几何形，以及（3）和（4）乃是前述"天人合一"，强烈自然观规划理念的反映。

（5）"择中立宫"，宫城形制布局走向规制化、礼制化和规范化

"择中立宫"是中国古代都城的传统，然而真正较好地解决"择中而立"问题则始于北宋开封府城。此后不断强化。

宋及其以后的都城还进一步优化宫城皇城布局。从宫城在北皇城在南，发展成皇城独立于宫城，这是形成三城环套形制的基础。皇城功能逐渐多元化。自北宋迄明宫城的平面形状和规模，大致有定而略有变化。宫城正南门从双阙演变成午门翼以两观形制，宫城四门，出现东、西华门，四隅设角楼。宫城内按前朝后寝配置，主要宫殿区从出现双轴线发展为三路配置。主要宫殿多有后阁，平面呈"工"字形。宫城之前置左祖右社，再前为"T"字形宫廷广场，宋代的杈子逐步演变为千步廊，千步廊两侧置主要中央衙署。到明代，特别是明北京的宫城和皇城，其形制布局已完全规范化和规制化，从而成为中国古代宫城皇城的终结模式。

（6）都城城建规划逐步发展到以准确测量为基础，以宫城长宽为模数

在宋代至明代的都城中，根据现在的研究成果来看，只有元大都城可复原出较完整的城建规划。其城建规划以准确测量为基础，辨方正位，以宫城的长宽为模数，规划都城的形制布局和相关尺度。明北京城营建宫城和相关的改造工程之规划亦同元大都。至于其他都城城建规划的具体情况，尚在进一步的探讨之中。

（7）中轴线是都城规划布局的轴线和主脊

中国古代都城规划布局有强调中轴线作用的传统，在宋至明代都城中，中轴线的长度逐渐延伸，功能不断完善，其在都城规划布局中的地位和作用举足轻重。从发展进程来看，都城的几何中心与都城规划中轴线逐渐合而为一；都城规划中轴线和宫城中轴线逐渐变长，最终使都城的中轴线、宫城中轴线合一，并纵贯全城。都城几何中心点移到中轴线上，使之成为全城规划的中轴线。中轴线上的建筑逐渐形成较完整的礼制序列，并以此为主轴和全城规划布局的主脊，将城内空间布局组织成一个有序整体。除中轴线外，还陆续出现辅助轴线，形成多轴线多坐标点，这些轴线和坐标点紧密结合，在统筹规划之中对都城进行对称、均衡和稳定的布局。其中以元大都城表现最为突出，迄明代北京城则发展到极致。

上述（6）和（7）是前述都城以宫城为中心规划理念的反映。

（8）都城城墙结构和设施突出防御功能

自北宋东京开封府城城墙出现瓮城、敌楼、角楼、马面和防城库以后，历代都城均对此不断强化和改进。南宋临安城外城墙始包砖石，至明代城墙开始内外包砖，明南京城墙为全砖石结构，出现内瓮城、闸楼和藏兵洞。总的看来，宋代以后由于火器的发展，对城墙的防御功能提出了更高的要求，所以宋及其以后历代都城城墙之高坚和各种防御设施之完备，远胜于前代。

（9）都城内出现水陆复合型路网

宋及其以后的都城将山水纳入都城总体规划，因此，都城以主干路网（多呈井干式路网）为规划布局骨架，并在此基础上划分厢坊和功能分区外，还将街道交通网络与水路交通网络以桥梁为纽带相互连接，形成水陆复合型的交通体系。北宋开封府城、南宋临安

城、元大都和明南京城等在这方面均各有特色。

（10）都城居住区街巷化

北宋东京城开始出现街巷制，南宋临安城基本完成了向街巷制的转化。金中都城区新扩建部分，已完全按街巷制配置，到元大都时又演变成胡同，经明、清北京城遂成定制。里坊制向街巷制和胡同制转化，对都城形制布局产生了深远影响。

（11）都城规划布局集政治化、军事要塞化和商业化于一体

宋及其以后的都城规划布局，突出宫城皇城、主要衙署、礼制建筑、寺庙和达官显贵邸宅等的配置，高度政治化。都城内外大量驻军，在城内重要地区和城防要地设兵营和城防机构，又高度军事化、要塞化。此外，随着旧里坊制和市制的崩溃，街巷制的确立，都城各主要大街密布商业街市（包括手工业店铺），商业化是该阶段都城与前代都城在都城布局内涵方面的最大差别。可以说，宋及其以后都城的规划布局，乃是集政治化、军事要塞化和商业化于一体。商业化以两宋都城表现最为突出，两者是中国古代最具商业特色的都城。但是当蒙古入主中原在今北京建立大都后，由于脱离了东南经济发达地区，又以其游牧民族的生活习俗和传统影响元大都的规划布局，因而在一定程度上延缓了，甚至阻断了商业化进程，所以元大都的商业街市和商业区远不如两宋都城繁荣。此后明、清两代在这方面虽有起色，但亦难与两宋都城相比。这些现象在这个时期的都城史和社会史和经济史中，都是很值得深入研究的问题。

（12）都城功能区划多元化，分区较明确，配置大致有定

宋至明代都城功能区划随着旧里坊制和市制的崩溃，街巷制的确立，改以其社会功能和实际需求为基础进行划分，社会功能较前代更加完备，功能区划逐步细化，配置基本有定，并呈现出多元化特征。这个时期都城的功能区划大体可分为宫城皇城区、主要衙署区、礼制建筑区、主要商业和手工业区、文化教育区、娱乐区、寺观区、府邸区、居民区、城防区、仓库区以及风景区等。这些功能区划在较明确的集中配置、块状分割的前提下，又呈现出散置和相互穿插配置的特点。其中的宫城皇城区大体居中；主要衙署区和庙社主要礼制建筑区配置于宫城前中轴线的两侧；为宫廷和达官显贵服务的主要商业区和综合商业中心区多在宫城皇城周围和宫城中轴线延长线的两侧。其他功能区划，各依其本身的条件和需求而配置有定，配置的方位和特点不一。

以上概述了宋至明代都城形制布局的总体特点，但每一座都城又各有特色。此外，关于宋至明朝都城形制布局间的承袭演变关系和布局艺术，差异性大，本卷各章均有论述，故绪论部分不再赘述。

3. 多学科综合研究是都城形制布局研究的必由之路

都城考古学、都城史、建筑史是与都城形制布局研究关系最密切的三个学科，三者对都城形制布局研究各有侧重，各有特色，各有所长又各有所短。所以我们主张三者互相学习，取长补短，有机结合，通力协作，共同研究，才可能较好地完成复原都城形制布局的任务。有鉴于此，本卷在以都城考古学的资料、考古学手段和方法研究宋至明代都城形制布局时，也力图尝试走与都城史和建筑史相结合之路，并以此作为本卷的立足点和探索之一。

　　但是，上述三者的结合不能仅是形式上的简单拼合，而是将都城考古学、都城史、建筑史各自与都城形制布局有关的资料真正作为共同的研究资料；将其各自的研究成果融会贯通，基本达成共识，并以此作为进一步共同研究的基础。进而才有可能对宋至明代都城形制布局的框架结构、内涵构成要素，提出较准确的界定和规范化的要求，使这种研究范畴更加明晰，在宏观上和微观上更易把握，从而将宋至明代都城形制布局研究提高到一个新的发展阶段。如是，以都城形制布局主要内涵和上述诸点为纽带，则很自然地使三者的相关研究形成不可分割的整体，并从此走上各以自身为主体、各有侧重、三者相互结合、跨学科的综合研究之路。这样，宋至明代都城形制布局研究就可能不断加速完善的步伐，缩短全面、完整、准确复原都城形制布局的进程，早日为都城全方位研究提供一个合格的载体和学术平台。就本卷宋至明代都城形制布局研究而言，其以都城考古学为主体的跨学科的综合研究，正是本于此的初步尝试。它既属于都城考古学范畴，又同时具有都城史和建筑史研究的一些特点，这种三重性的有机结合乃是本卷的特色之一。据此再次证明上述以都城考古学为基础的多学科综合研究，乃是宋至明代都城形制布局研究的必由之路。

　　除上所述，最后再指出三点。

　　第一，本卷较全面地继承了都城考古学、都城史和建筑史对宋至明代都城形制布局研究的已有成果。在尊重已有成果，又不拘于旧说的前提下，进行筛选、梳理、整合、概括和总结，然后将其纳入本卷的研究体系之中。在此基础上，本卷重新对宋至明代都城形制布局进行了全面、系统和综合性的再研究。

　　第二，本卷对宋至明代都城形制布局的研究，除常规论述外，还特别注意以下四个问题。（1）力图较全面地勾勒出各个都城体现其都城规划理念的物化形态，较完整地呈现出各个都城形制布局的具体架构。（2）根据各都城的具体情况，分析其形制布局特点和布局艺术。（3）根据这个时期都城形制布局的共性，分析各个都城形制布局间的承袭演变关系，探讨这个时期都城形制布局的发展变化规律，以为今后构建宋至明代都城形制布局较完整的体系奠定基础。（4）将宋至明代都城形制布局置于中国古代都城形制布局发展演变序列之中，进行必要的比较研究。同时又将这个时期各个都城形制布局置于宋至明代都城形制布局发展演变序列之中，进行比较研究。

　　第三，由于本卷较重视各个都城形制布局的特点，以及该阶段都城形制布局的总体特点，并使之成为研究的抓手，从而既加强了各个都城形制布局具体分析的力度，又可在总体上将宋至明代都城作为一个整体，进行宏观的综合研究，以为构建这个时期都城形制布局体系创造条件，这也是本卷的主要探索之一。

三　宋至明代帝陵考古学与帝陵形制布局研究

（一）帝陵释义与帝陵考古学形制布局研究

　　秦代以前"帝"指天神，"皇帝"是对"三皇五帝"的尊称。秦嬴政统一六国后，自以为"德兼三皇，功高五帝"，采用帝号，称始皇帝。此后，中国历代君主皆称皇帝，亦简称"帝"。

　　远古墓葬无坟丘。春秋晚期始出现坟丘（封土），战国时代统治者墓葬都有高大坟丘，称"丘墓""坟墓"或"冢墓"。陵,原指高大山丘,后因诸侯王墓封土高大而引申为陵。《史记·赵世家》记载"肃侯十五年(前335年)起寿陵",君主之墓始称陵。秦国惠文王始称王,墓始称陵,《史记·秦始皇本纪》末段记载,惠文王"葬公陵"(卒于前331年),悼武王"葬永陵"(卒于前307年)。从汉代起"陵"开始成为帝王墓的特定称谓。由于君主墓封土高大若山,又将其直称为"山",如秦始皇陵称"骊山",汉高祖陵别称"长山"等,或"山"与"陵"连称作"山陵"。

本卷将秦以后各代皇帝死后埋葬之所在总体上一律称某代或某朝帝陵,具体到皇帝个体埋葬之所则称某帝庙号加陵名,如宋太祖永昌陵等。这些帝陵的内涵包括地面之上各代陵园的构成要素、形制结构、陵园制度与礼制等和地面封土(陵台或宝顶)之下各代地宫(玄宫)的构成要素、形制结构、埋葬制度(包括随葬品)与礼制等。本卷以宋辽金和明代各代帝陵陵园和地宫有关的考古资料为主(元代帝陵潜葬,情况不明),结合相关文献,分别介绍各代帝陵的内涵,并对其进行专题和综合研究。

从秦始皇陵到明、清帝陵的全面系统的考古学研究,统称为帝陵考古学。本卷所收宋至明(清)帝陵是中国帝陵考古学后段的组成部分。帝陵考古学可分为地上的陵园与地下的地宫两部分,帝陵考古学重在研究陵园和地宫的形制布局及其遗物。帝陵形制布局系指帝陵陵园构成要素,陵园总体形制布局,陵园各构成部位的形制、结构、构建材质和工艺;地宫的形制、结构、构建材质和工艺。帝陵陵园遗物,主要指陵园内的各种相关配置,其中尤以神道石像生最为重要。地宫遗物指地宫内各种相关配置,地宫内各种雕刻图像、图案、文字,地宫地面上、棺床上、棺椁内外的各种随葬遗物(包括帝后尸体殓衣)。此外,帝陵形制布局研究还包括其他许多相关的方面,详见本卷各个帝陵的论述。总之,帝陵形制布局是帝陵具体形象的骨架,是帝陵内涵的学术平台,对帝陵各种深入的探讨研究均植根于这个骨架和学术平台之上。因此,帝陵形制布局研究乃是帝陵考古学最基础和最主要的研究。所以本卷帝陵考古学亦以该阶段宋至明(清)代帝陵形制布局研究为主的相关的一些问题。

(二)宋辽金陵和明(清)陵简况

宋至清代的帝陵,按陵区计算共有18处,包括北宋帝陵(今河南省巩义市)、南宋帝陵攒宫(今浙江省绍兴市);辽祖陵(今内蒙古自治区赤峰市巴林左旗)、怀陵(今内蒙古自治区赤峰市巴林右旗)、显陵(今辽宁省北镇市医巫闾山)、乾陵(医巫闾山,显陵附近)和庆陵(今内蒙古自治区赤峰市巴林右旗,内置庆东、庆中、庆西三陵);金陵(今北京房山区)[1];元代帝陵潜葬情况不明;明皇陵(今安徽省凤阳县)、明祖陵(今江苏省盱眙县)、明孝陵(今南京市)、明十三陵(今北京昌平区)、明显陵(今湖北省钟祥市);清永陵(今辽宁省新宾县)、清福陵(今沈阳市东郊)、清昭陵(今沈阳市北郊)、清东陵(今河北省遵化市)和清西陵(今河北省易县)。其中清代帝陵不属本卷收录范围,但因

---

〔1〕 原在金上京的金陵,后迁至金中都大房山陵区。

与明陵关系密切，所以本卷的论述也有涉及。此外西夏王陵不属于正统帝陵序列[1]，但因其陵的形制布局比拟帝陵，并多有创制，且与唐宋帝陵形制布局有渊源关系，对后代帝陵形制布局也有一定影响，故亦列入本卷帝陵系列。

在宋至清代的帝陵中，南宋帝陵基本无存，辽金诸帝陵或被盗掘，或破坏严重，或迄今情况不明[2]，北宋帝陵和明清帝陵地面遗迹保存较好。自20世纪初之后，调查研究这些帝陵的学者不乏其人。其调查研究的成果，大都是散见的单篇论文和调查报告，此外还出版了一些发掘或清理报告。比如：《庆陵——东蒙古辽代帝王陵及其壁画考古学的调查报告》，《定陵》（中国唯一的帝陵地宫正式发掘报告），《北宋皇陵》《北京金代皇陵》，《西夏三号陵——地面遗迹发掘报告》等。明孝陵也进行了部分清理和发掘，其成果散见于书刊中[3]。以上述资料为基础，对宋至明代帝陵形制布局的研究也逐步展开，并正在走向深入，取得可喜的成果。本卷则将其推进到系统化和体系化的归纳整理研究阶段。

（三）宋辽金和明（清）陵形制间的关系及其形制布局的类型

北宋帝陵的形制布局，上承唐陵而开创了新的帝陵模式。南宋帝陵的规制与北宋帝陵一脉相承，但因幻想收复被金人占据的失地后归葬北宋陵区，故采用了特殊的攒宫形制。辽陵和金陵的形制布局受唐陵和宋陵的影响，并结合本民族的葬制和葬俗，有所创新，形成了各自独具特点的帝陵形制。其中辽陵形制对金陵有一定影响，金陵形制则对明陵有较多影响。就此而言，似可认为金陵在唐、宋陵与明陵形制布局之间处于承上启下的过渡阶段。西夏王陵形制受唐陵影响较深，同时又受到宋陵的影响，创造出具有党项族特色和浓厚佛教色彩的陵寝形制。元代帝陵潜葬，陵寝情况不明。明皇陵的形制布局在北宋帝陵的基础上而变化，形成不同于宋陵的新形制。明孝陵以明皇陵为基础，又吸收了唐、宋帝陵的一些因素"稽古创制"，奠定了明陵的规制。明长陵进一步完善了明孝陵开创的新制，成为明陵的标准模式。明显陵是嘉靖皇帝为其父（追尊为帝）建造的陵寝，这座帝陵在特殊的历史背景下，将王坟改建成帝陵，其形制布局既遵循明陵已有的规制，又多有变化。这些变化对明十三陵此前诸陵陵园添建和其后诸陵陵园增建某些设施有较重要的影响。清东陵陵园以明长陵为模本，并参照明晚期诸陵的形制，在清代关外三陵的基础上，结合入主中原的新形势和满族皇室的葬制和葬俗，演变成清陵陵园模式（清西陵陵园形制属清东陵范畴）。这种模式的陵园形制布局总体框架大体同明陵，但是具体的配置及其形制和结构则多有变化。而明、清帝陵地宫形制布局和结构，又在共性中差异较大。

据上所述，宋至清代帝陵陵园的形制布局大体可归结为三个类型。一是北宋帝陵类型（其后的南宋帝陵虽然改为攒宫，但帝陵陵园规制却与北宋帝陵一脉相承）。二是明清帝陵类型，三是介于宋陵与明陵之间的辽、金帝陵类型（包括不属于帝陵系列的西夏王陵）。辽、金帝陵类型帝陵形制布局较特殊，属在唐、宋陵影响下的变异类型，与中国传统的帝

---

[1]　西夏陵地面遗迹被毁，仅余残迹，地宫被盗。

[2]　南宋帝陵攒宫被毁，地宫被盗，地面遗迹无存。辽庆陵地宫被盗，地面遗迹无多；其他辽陵保存状况不好。北京大房山金陵被毁，仅存残迹。

[3]　各种发掘、清理帝陵报告和有关论文及出处，见本卷第九章至第十五章。

陵模式既有内在联系又有一定差异。北宋帝陵和明清帝陵在中国传统的帝陵序列中，应分别属于承前启后和最后精彩结束的两个重要发展阶段。

（四）唐至明代诸帝陵形制布局的比较

1. 宋陵与唐陵形制布局的比较

北宋帝陵以上宫为主体，以陵台为核心，上宫制如宫城之钥，下宫制如宫城之寝。神道前置乳台如阙，其前又置鹊台。神道两侧石像生前段以象为首，后置瑞禽神兽；中段以马为首，后置去邪的虎羊；后段则如帝生前出行的仪仗行列。后陵和陪葬墓严格按照宫中等级制度配列。其陵寝制度均"事死如事生"，皆拟皇帝生前宫禁之制。通过宋陵与唐陵形制布局的比较研究，可知北宋帝陵保留部分汉代帝陵制度，并有少量魏、晋、南北朝帝陵形制布局之遗风。但总体而言袭唐代帝陵，并与秦汉至隋唐帝陵形制一脉相承，北宋帝陵形制似乎少有独创之处。然而若仔细比较，宋陵形制又与唐陵有许多差别，并出现一些对后世帝陵形制有较大影响的新因素，正处于中国古代帝陵形制布局转变的关节点上。

汉唐帝陵陵址多在都城之北，距都城较近，各陵散置，相距较远。北宋七帝八陵远离都城开封府城，选在陪都洛阳之东偏南的巩县（今巩义市）。七帝八陵集中配置、相邻或毗连，配列有序，组合明确，陵位按照昭穆贯鱼式排列，七帝八陵分四个小陵区。从而在中国帝陵史上首次真正形成了完整的陵区体系，影响深远。秦汉诸陵置陵邑，西汉成帝罢置陵邑之后直至唐代不置陵邑。北宋帝陵又恢复了建陵邑的传统，但是北宋诸陵共享一座陵邑。唐代十八陵未建寺院，北宋帝陵遵循东汉北魏之先例，在陵区建七帝八陵分别共享的四大禅院。

除上所述，北宋帝陵首次将阴阳堪舆提到重要地位，笃信《地理新书》的"五音姓利"说。按照此说北宋帝陵陵址选在西京东偏南的巩县（今巩义市），陵园位于山阴，地势"东南地穹、西北地垂，东南有山，西北无山，角音所利如此"。各陵地面均南高北低呈倒坡形，下宫、后陵和陪葬墓依次置于帝陵上宫西北，尊卑有序（由于下宫建于上宫西北，降低了日常供奉陵主的下宫在礼仪制度中的地位，这是中国帝陵陵寝制度的一次重要的变革），即各陵兆域内以上宫为准，其余设施从东南（丙地）向西北（壬地）依次排列。其次，北宋帝后陵各构成部位的尺度，均"据阴阳，用吉尺"。上述情况仅是宋陵独居的特点，在中国古代帝陵史中是唯一的孤例。

唐代诸陵上宫的形制是由秦汉帝陵陵园发展而来，北宋帝陵上宫的方向同唐代帝陵上宫（汉承秦制，陵园坐西朝东，以东门为陵园正门）。北宋帝陵上宫宫城形制在唐代已形成完整模式的基础上只稍有取舍，略有变化。北宋帝陵陵台依秦汉和唐代帝陵封土样式呈方形覆斗式，只是规模较小。"涂丹"，修排水道，下两层外皮包砖，陵台底部砖铺散水等为新发展。陵台前南神门内置献殿同唐陵，唯陵台前置二身宫人，前所未见。

宋陵承袭唐陵形制，陵园以鹊台作为进入封域的标志，乳台双阙为陵园之门阙，其内为柏城。乳台至朱雀门间大道称神道，两侧置石像生。神道较唐陵大为缩短，石像生的间距也变小。北宋帝陵神道两侧石像生共 46 件，唐乾陵神道石像生若不计碑和蕃酋亦 46 件，两者石像生间的主要差异在石像生种类和石像生组合序列上。北宋帝陵石像生在总数上同唐乾陵，在种类上则有增有置换，同类同种石像生的数量较唐陵减少。北宋帝陵石像生的种类在宋代以前均已出现，与秦汉以来帝陵石像生一脉相承。总之，宋陵以唐乾陵神道石像生为基础，内涵更加完整，组合更加丰富而明确，对称布局更加规整，排列更加有序和紧凑。是唐乾陵石像生模式的承袭和发展，也是自汉代以来石像生演变过程的总结和完善，从此直至清陵石像生逐渐走向规制化，故其在中国帝陵神道石像生发展史中占有重要地位。

北宋帝陵下宫之制可溯源至秦陵之寝殿和汉陵之寝园，但下宫之称和形制则源于唐（唐昭陵寝宫失火，移到山下南偏西十八里重建，改称下宫），北宋帝陵帝后共享一座下宫亦源于唐（因唐多帝后合葬）。唯位置不同于唐陵，位于上宫之北偏西处，在性质上完全从属于帝陵。

北宋帝后陵采用战国秦汉以来"同茔不同穴"的合葬制（宣祖与杜太后合葬的安陵除外），后陵同西汉后陵另立陵园（上宫），但不另立陵名（与帝陵名称相同）。陵台二层与汉皇后陵封土同样低于帝陵陵台和封土的规制，陵园（宫城）也均与帝陵陵园（上宫）形制相同而较小，统称为园陵（临朝称制的后陵亦称山陵），等差明显。

北宋帝陵沿袭秦汉以来的陪葬制，陪葬者仅限于"皇子、皇孙、公主之未出阁者，及诸王夫人之早亡者"。皇后以下嫔妃等不陪葬，出阁公主君主葬其夫祖茔，皇室中三代以下旁系子孙及其夫人等称"卑丧"另有陪葬区，无大臣墓和外戚墓（"包拯墓""寇准墓"等现存墓碑晚至清代，其真实性待考。昭宪皇太后之妹陪葬安陵，为特例）。陪葬墓一个帝陵为一区集中埋葬，均葬于帝陵西北的后陵西北部，陪葬者自有墓园，其封土和石刻种类与数量按严格等级制度执行。上述情况形成了与前代帝陵有别的陪葬制度。

唐代诸陵区最外立界标称"立封"，封内即封域。北宋帝陵所占地域的兆域封堠界，植篱寨当从唐陵"立封"演变而来。汉唐帝陵广为种柏，故唐陵又称柏城。宋代诸陵植柏，亦称柏城，显然是前代传统之延续和发展。

北宋皇帝生前不造寿陵，崩后以"七月葬期"为限建陵入葬，故陵的规模较小，这是目前的主要看法。其实北宋七帝八陵所在区域范围和地形地貌就限定了北宋帝陵不可能像汉唐帝陵那样大面积铺开；北宋帝陵以阴阳堪舆主导帝陵布局，在北宋帝陵区域内符合各陵兆域、陵址落位等条件者少，也限制了帝陵的规模；北宋诸陵形制布局整齐划一，大小相近，帝陵有统一规制，因而限定了帝陵的规模；北宋占据中国半壁江山，财力有限，外患不断，无条件大规模营建帝陵。上述情况也应是北宋帝陵规模较小的重要原因。

南宋帝陵攒宫的外在形制布局与北宋帝陵形制布局相异，但其内在的营陵理念和规制与北宋陵一脉相承，攒宫上、下宫的主要构成要素也与北宋帝陵相同。故可认为，南宋帝陵攒宫的形制布局乃是沿着北宋帝陵的轨迹，在新形势下突出了攒宫的特质，适应当地自然条件，同时又以宋代帝陵"祖制"为主线，创造性地进行巧妙安排设计的结果。从而在中国古代帝陵史中独树一帜，并对明代帝陵的性质布局产生了重要的影响；其皇堂打筑胶土和石藏对后代江南大墓也有较大影响。

综上所述，北宋帝陵形制布局上承唐制，但发生许多具体的变化，使宋陵形制布局开始整齐划一走向制度化，陵区内的主要配置也走向规范化，从而为后代帝陵形制布局的发展变化提供了可参考的样板和发展变化走向应遵循的轨迹。因此，北宋帝陵形制布局无疑正处在中国古代帝陵形制布局发展史的中期向后期转换具有承上启下作用的关节点上，地位十分重要。

2. 唐宋陵与明（清）陵形制布局的比较

北宋帝陵的形制布局实际上是在唐陵基础上演变而成，故唐宋帝陵的形制布局大体仍属同一范畴。在明（清）帝陵类型中，明陵的形制布局虽然与帝陵有较多的内在联系，但是已经发生重大变化。比如，两者在陵区和陵园选址的风水理念上，明（清）帝陵与唐陵相近，但有重要发展；明（清）帝陵与宋代帝陵的风水理念则完全不同。两者在陵园的规划理念以及陵区和各陵陵园的围护形式等方面也各不相同。在陵园前区，唐宋帝陵有鹊台和乳台，明（清）帝陵无；明（清）帝陵有牌坊、有陵园风水墙、大红门、功德碑亭、龙凤门和桥，唐宋帝陵无。其次，两者神道的长短曲直，石像生的数量、种类组合与配列形式亦有很大差异。在陵园后区，唐宋帝陵以上宫和下宫为主体（唐、宋帝陵下宫位置不同），明（清）帝陵以陵宫为主体，无下宫（下宫部分功能并于陵宫）。陵宫的形制不同于上宫，在陵宫出现二柱门、石五供和方城明楼。唐宋帝陵地宫位于上宫中心，封土呈覆斗形陵台样式；明（清）帝陵地宫置于陵宫方城明楼之后，封土呈圆形或椭圆形宝顶宝城形制。据此可知，北宋和明代帝陵地宫的形制布局和结构迥然不同。

（五）明清帝陵形制布局是同一模式的两个类型

明代帝陵规制和形制布局，一改宋陵模式而开创新制，从此走上了集中国古代帝陵之大成的形制布局定型化、标准化的终结之路。清代帝陵基本承袭明陵规制，采用与明代帝陵同样的帝陵选址和规划陵园的风水理念，所以明清帝陵形制布局相同或相似之处甚多。但是，由于时代的不同和两者的民族与文化传统的差异等原因，清代帝陵出现了不少有别于明陵的变化。

明清帝陵形制布局的同异[1]，大致可归纳为两点。第一，明清帝陵陵园属于同一模式，其构成要素、形制布局框架、主要设施的配置方位基本相同，其规划陵园形制布局的手段和艺术效果也大同小异。第二，明清帝陵分属同一模式的两个类型和前后两个发展阶段。在陵园形制布局上清陵较明陵又出现一些变化和发展。（1）清陵进一步完善陵区结构，净化陵区风水墙内大的配置（以清东陵为主），形成帝陵、后陵和妃园寝统绪分明的新体系。（2）清陵缩小帝陵陵园规模，缩短陵园轴距，增添部分新设施，布局紧凑。（3）清陵对与明陵相应的单体建筑和建筑组群略作调整，使其形制布局更趋规范化、标准化、定型化。（4）清陵陵园增加河桥的配置，细化了陵园的功能区别。（5）清陵陵园增添了神道碑亭和神道桥等设施，宝顶宝城的结构划一与明陵区别较大，宝城外增添罗圈墙，地宫形制与明定陵地宫迥然不同。（6）清重视人工完善风水景观和园林化的布局气术，丰富了陵园区划构图和景观空间层次，渲染和强化了陵园庄严肃穆、灵秀神圣的山陵纪念氛围，取得了很高的艺术成就。总之，上述的变化和发展，使清陵和明陵陵园面貌在

---

[1]　参见孟凡人《明清帝陵陵寝形制布局的比较》，载《明清皇家陵寝保护与发展研讨会论文集》，北京燕山出版社2007年版；《宋代至清代帝陵形制布局研究》第十章"清代陵寝"，中国社会科学出版社2020年版。

基本相同的情况下，又呈现许多差异。凡此种种差异，构成了清代帝陵陵园有别于明代帝陵陵园的新特点、新规范，并形成了自身的完备体系。以此结合明清帝陵地宫形制布局的差异，可以说明、清帝陵的形制布局，乃是同一模式下的两个类型；明、清帝陵共同构成了中国古代帝陵终结模式的前后两个发展阶段。

（六）研究帝陵形制布局的要点、主要方面、方法和意义

帝陵形制布局的研究方法，最主要的是考古学研究方法。该方法以帝陵的考古调查、试掘和发掘资料为基础，研究的要点、主要方面和方法，略述如下。首先，要整理出不同朝代帝陵陵园和地宫建筑的构成要素及其形制、结构和布局，进而细化各个单体帝陵陵园和地宫建筑的构成要素及其形制布局，并对其不同部位进行专题研究和综合研究。以此为基础，准确表述帝陵的形制布局，使其形成帝陵形制布局完整、有机相连、立体化的框架系统和形象化的硬件效果。其次，要整理研究葬具的形制和结构，帝后尸体状况和殓衣及棺内装殓物品，棺外随葬物品。在此基础上，整理、分析研究帝陵各种遗物的数量、随葬位置、组合关系及其与帝陵葬俗和丧葬礼仪的关系。整理研究随葬遗物的质料、形制、制造技术和工艺水平，各种遗物代表的寓意。然后用考古学方法将各种遗物组合成内在联系密切、系统化的、完整的遗物体系，以形成充分体现帝陵文化内涵的软件系统。此外，还要结合文献等资料，就帝陵选址、形制布局和结构进行与堪舆术、礼制和政治有关方面的研究，以此与前述的软件和硬件系统有机结合，形成帝陵形制布局研究的完整范畴。

除上所述，若将帝陵形制布局研究引向深入，还必须进行考古类型学的比较研究。即同一朝代帝陵形制布局进行横向比较研究，不同朝代帝陵形制布局在总体上进行竖向比较研究，通过这种比较研究区分帝陵形制的异同，在同中看内在关联，在异中看发展和变化。据此可探索同一朝代各陵和不同朝代各陵在帝陵规制和规划理念上的共性和差异，追溯同一朝代各陵和不同朝代帝陵形制布局间的源流，明确帝陵形制布局的类型和演变发展变化关系的状况。这既是建立同一朝代帝陵形制布局体系的基础，也是研究相接朝代（包括相接或先后同时存在的汉族与少数民族帝陵）帝陵形制布局之间承袭演变关系，构建中国古代中华一体帝陵文化体系的必由之路。

此外，由于帝陵形制布局和内涵的丰富和复杂性，还涉及考古学的一些分支学科和史学、古建等相关学科。比如，对帝陵建筑中的陵园形制、结构、布局，地宫的形制结构等进行建筑考古学研究；对帝陵选址和形制布局与风水相关的问题进行堪舆学和环境考古学研究；对帝陵遗物须分门别类进行服饰考古学、纺织考古学、瓷器考古学、金银器考古学、佛教考古学、美术考古学及其他相关门类的考古学研究，同时还须对各种遗物进行科技考古学研究。对涉及帝陵的历史、帝后身世、帝陵制度、帝陵营造等一系列问题，则须进行史学和文献学所包含的有关方面进行广泛的研究。总之，帝陵形制布局研究是一项以考古学研究方法为主，多学科专业化的研究为辅，多方面研究有机结合，综合性研究很强、难度很大的系统工程。

在古代人类死后的墓葬中，以各个朝代的帝陵为最高等级，最有代表性。帝陵陵园和地宫的建筑与各种配置不仅代表了当时的皇家丧葬制度、建筑制度，而且也是当时的建

筑、建筑材料、工程技术、建筑艺术、雕刻等工艺美术和当时科技最高水平的反映。地宫内随葬的衣物、被褥、冠带、佩饰、首饰、梳妆用具、金银器、铜铁等各种金属器、各种钱币、漆木器、玉石器、宝石、珍珠、瓷器等等物华天宝，均是当时的稀世珍品。以此结合随葬的各种武器和仪仗，各种生活用品和模型，各类俑的组合、谥册、谥宝、圹志等，再结合前述陵园和地宫的建筑形制结构与各种配置，充分体现出当时皇家的丧葬制度及相关的礼制规范。可以说帝陵全景式地再现了不同朝代顶层丧葬文化的面貌，全面而系统地显示出各个不同时代皇家丧葬文化的总体构成要素，从而在一定程度上成为不同时代物质文化和精神文化发展状况和水平的缩影。如果说都城和宫城遗址以形制布局遗迹的硬件研究为主（都城和宫城遗址遗物少，遗物完备者罕见），那么帝陵就是对硬件（陵园、地宫形制布局）和软件（地宫及陵园各种遗物）有机结合、全面完整的研究。由于宫城和帝陵是宫廷建筑两大支柱，两者内在的共性较强。宫城是皇帝生前理政和起居之所，陵寝是皇帝死后的归宿和祭祀之处。在"事死如事生"的观念之下，自唐代以来陵寝的形制布局均大体比拟宫城。故两者在建筑形制规范和礼制要求上有相通和密切的内在联系，研究时可互相参考和相互补充。特别是明代以前的都城和宫城立于地面上的遗址遗迹几乎绝迹，遗物也很少，地面之下也只残存的少量遗迹和遗物，因而帝陵建筑遗迹和遗物在一定程度上可作为都城和宫城研究的参考。此外，帝陵遗迹和遗物还可补史料之阙，对研究皇家丧葬制度和葬俗，研究各个朝代宫廷政治史、宫廷生活史、宫廷文化史等有重要参考价值，对当时民间和官方的考古遗址和遗物研究也有重要的示范作用和指导意义。所以历代帝陵在中国考古学领域是与都城遗址比肩、不可或缺、极其重要的主体性和支柱性的研究门类。

帝陵形制布局是帝陵考古学最基础、最主要的研究，所以本卷宋至明（清）代帝陵部分亦重在形制布局研究。在这个基础上拟进而探寻宋至明（清）代帝陵形制布局间的承袭演变关系，探寻宋至明（清）代汉族帝陵与其他民族帝陵形制布局间的影响和被影响关系及其相互融合的情况，探寻秦汉至唐代帝陵形制布局中影响并潜隐于宋代及其以后帝陵形制布局之中的因素。据此可为研究自秦汉帝陵以来各朝代帝陵形制布局间内在的承袭、发展、演变规律、序列和轨迹，研究汉族和其他民族帝陵形制布局相互影响，彼此融合，并形成中华一体帝陵文化体系的过程及其构成要素和模式，为构建中国帝陵考古学体系奠定坚实的基础。由此可见，宋至明（清）代帝陵形制布局在中国古代帝陵考古学形成完整体系的链条中具有举足轻重的作用，故研究宋至明（清）代帝陵形制布局的重大学术价值和意义是不言而喻的。

最后应当指出，本卷在中国古代帝陵研究领域，尝试将中国封建社会晚期宋至明代帝陵作为一个整体进行探讨和研究，以前人一些单项或零星的研究成果为基础，进而对宋至明代帝陵形制布局进行较全面的、系统的综合研究后的阶段性的总结。但是应当指出，由于这个时期帝陵的时代跨度大、数量多、分布地域广、内涵丰富、形制布局多变，涉及的问题错综复杂。加之各陵保存状况不一、资料有限、鲜有成例可循，故研究的难度很大。在这种力不从心的情况下，本卷的探讨和研究不可能全部到位，其中出现疏漏、不足，乃至错误之处在所难免，望有识之士不吝赐教。

四　宋至明代墓葬的主要特点和研究的主要方面

（一）宋至明代墓葬的重要性和主要特点

墓葬是考古学中最主要的内涵之一，是各断代考古学的重要支柱。由于各代的墓葬资料均各自成体系，并与同时代各相关考古门类有着千丝万缕的内在关联，因而成为考古学研究和构建考古学体系不可或缺的重要领域。具体到宋至明代考古学，由于其考古资料十分薄弱，墓葬之外的其他门类现有的考古资料可自成体系者寡，故数量较多且大致可自成体系的墓葬资料在宋至明代考古学研究中的地位尤为重要。

宋至明代墓葬的主要特点，一是在时代上跨中国古代北宋南宋辽金元明六个正统朝代，在空间上则包括当时边疆各民族割据政权辖区[1]，因而其分布的时空范围十分广阔。二是这一时代墓葬正处于从宋代开始向中国封建社会后期转型，辽、金和元代民族政权被尊为正统王朝，是中国考古学的最晚阶段，所以这个阶段的墓葬既是前阶段墓葬的延续和发展，又具有鲜明的地域性和民族性，同时还具有相关民族与汉族丧葬文化不断深度融合，逐步走向中华一体的趋势。三是这个阶段的墓葬也被打上了商品经济迅速发展所引起的社会、经济、文化、艺术、宗教和生活习俗等各方面深刻变化的烙印，葬俗世俗化的倾向较为突出。四是这个阶段的墓葬受森严的封建等级制度、礼制和风水术的影响，墓葬的葬制类型、等级和形制较多。其中不仅有数量众多的各种类型和形制的平民墓葬，品官墓葬和民族墓葬（包括土司墓），而且还有不同时代的各种类型的火葬墓，以悬棺葬等为代表的边远地区少数民族特殊类型的墓葬，到明代还发现数量仅次于汉王陵的藩王坟陵园和地宫，以及不同地区不同时代内涵丰富多彩、特点独具、构图和画面琳琅满目的各种壁饰墓等。宋至明代墓葬的上述特点，又引起墓葬形制和随葬品组合发生相应的变化，因而成为研究该阶段不同地区、不同民族文化和相关社会问题的重要资料，成为该阶段考古学分区和区分不同民族文化的重要依据。

（二）宋至明代墓葬的类型学研究

在宋至明代墓葬研究中，类型学研究是最基础的工作，也是宋至明代墓葬分期断代、区域性和区分族属研究的前提。该时期墓葬类型学研究目前主要集中在以下五个方面：其一，按照考古学规范区分墓葬的类型，以及各类型墓葬的型、式，分析各类型墓葬及同一类型不同型式墓葬出现的早晚序列，分析大体同时并存的各类型墓葬或同一类型不同型式墓葬的内在联系，探讨各类型墓葬和同一类型不同型式墓葬形制的演变规律，以及与相接朝代间墓葬形制的承袭演变关系，最终分别研究总结出宋至明代各代墓葬的共性和特点。其二，按照考古学规范区分不同类型墓葬或同一类型不同型式墓葬随葬品组合的构成状况，以形成不同随葬品组合类型与墓葬类型、墓葬型式之间的对应关系。探讨不同随葬品组合类型中新器类出现的原因和社会背景，研究随葬品组合类型的演变规律，以及各代墓葬间随葬品组合类型的承袭演变关系。其三，分析墓葬中具有时代意义和特殊意义，带有

---

[1]　今新疆、西藏地区已知的宋至明代墓葬资料有限，本卷暂不涉及。

指标性典型随葬品的型式变化、演变规律，使之与前述墓葬类型、型式、随葬品组合有机结合，以区分和确立不同地区、不同时代、不同民族墓葬的重要特点，分析与其相关的社会问题。其四，墓葬壁饰是宋至明代墓葬的重要特点之一，墓葬壁饰的种类，构图和内涵的不同类型与不同地区不同时代墓葬的类型、型式有着密切的内在关联，故通过墓葬壁饰类型学研究可作为判断墓葬地域性、时代、类型和等级、族属的重要参数。其五，墓葬壁饰与墓内随葬品实物相结合，两者相辅相成，才是有壁饰墓葬随葬品组合的完整构成模式，这是探讨此类墓葬所反映的葬俗和社会问题的重要依据。

（三）宋至明代墓葬的分期断代研究

在墓葬研究中，除有记载死者卒年的墓志等文字资料外的所有墓葬，其分期断代是必须解决的首要问题。前已指出墓葬类型学研究是墓葬分期的基础。即按照考古学规范首先对墓葬资料进行量化分析，准确划分墓葬类型和型式，及与之相配的各种随葬品组合的模式（或类型）；对主要随葬品特别是其中典型器物准确分型分式，并总结出其型式的演变规律和发展变化的阶段性。然后将上述诸点与墓葬壁饰种类、类型、构图和内涵以及墓志等纪年或与纪年有关的资料有机结合，进行全方位的综合比较研究，以最终确立各个不同地域、不同时代、不同族属墓葬的分期断代标准。除上所述，在宋至明代墓葬分期断代研究中，还应特别重视对随葬瓷器的研究。瓷器不仅是宋至明代墓葬中普遍存在的主要遗物，更是墓葬等级地位和分期断代的指标性的重要器物。目前对瓷窑遗址和瓷器的研究已基本达到可确定瓷器窑口、瓷器种类、名称、主要瓷器型式的时代特征及其发展演变规律；可基本明确官窑和主要民窑生产的各种瓷器的年代、属性、特殊用途及所显示的等级和地位。借鉴这些研究成果，墓葬研究者应对有关墓葬所出瓷器的时代、等级进行认真的研判，为墓葬的分期断代和确定墓葬的等级地位提供较可靠的依据[1]。总之，墓葬的分期断代，是以类型学研究为基础的综合性的分期断代，不能单靠某种器物或某些因素的时代特征贸然断代，更不能仅靠墓志之外的其他无确定含意的与年代相关资料或碳十四年代数据，就粗略地进行分期断代。

（四）宋至明代墓葬的分区研究

宋至明代的历史背景，导致这个历史阶段墓葬的地域性和地方特色很强。特别是辽、金和元代墓葬的地域性更与确认民族墓葬分布状况和墓葬族属问题密切相关，故宋至明代墓葬分区研究的内涵较宋代以前发生较大变化，其重要性更加突出。墓葬分区研究，以墓葬类型、形制和内涵的同异为主体，以类型学研究为重要依据。大体言之，分区研究中同一区域的墓葬类型、形制的型式构成，与之对应的随葬品组合，有壁饰墓葬的砖雕、画像石、壁画的主要题材组合、配置和布局、构图的表现形式和艺术特点等，在总体上应基本相同或近似。然后以此结合本区内的自然地理环境、人文和民族分布状况、经济、文化、宗教、习俗、葬制、葬俗等社会背景，再对同一区域墓葬构成要素和主要特点进行较完整

---

[1]　目前在宋至明代墓葬研究中，除辽代墓葬外，余者大都未对所出瓷器进行较充分的研究。

的概括和论述。墓葬的不同分区，主要着重于上述情况的区别和差异性，同时还要注意到不同区域所特有的墓葬类型和随葬品组合；注意同代墓葬相邻区域间在内涵上相互交错与划分区域的关系；注意各代墓葬分区的具体标准和分区的差异性。总之，墓葬分区研究重在归纳总结同一区域的共性和不同区域的差异性，以及相邻区域的内在关联和差异性。只有这样，在宋至明代墓葬分区研究中才能形成较多的共识，使分区研究起到应有的作用。

（五）宋至明代墓葬的族属研究

北方辽代契丹族、西夏党项族、金代女真族在政治上与宋朝分庭抗礼，在军事上与宋朝南北对峙，在活动区域上逐渐南侵不断扩大与汉族的杂居之势，在文化上主动接受汉文化的影响，在丧葬方面则在汉族影响下改为土葬，此后直至元代蒙古族进而在政治上走向中华一统。这个历史背景，遂导致宋至元代墓葬研究中，判断墓葬族属被提到前所未有的高度。宋至元代各族墓葬，是宋至元代各族和各族文化、葬制、葬俗及与此相关的政治、经济、文化、宗教、日常生活等社会问题的缩影，典型的民族墓葬在一定程度上甚或可以说是研究上述诸方面问题原生态的标本，所以民族墓葬无论对考古学、历史学、民族学、民俗学和社会学，还是对相关学科的有关研究都是至关重要的。但是，若达此目的，首先必须明确区分宋至元代墓葬的族属，明确相关民族与汉族墓葬在内涵和地域上的关系，以及相关各族由于地域毗邻或交叉或时代早晚相接等因素所形成的墓葬间的关系，探讨研究并评估汉族与各相关民族及相关民族间在墓葬方面的相互影响，相互渗透的程度。在上述诸方面之中，确认墓葬族属是基础，也是准确使用民族墓葬资料的关键和前提。前已指出，墓葬分区与民族墓葬分布状况和确认民族墓葬有密切关系。目前在相关民族原住地和聚居区比较容易确认墓葬的族属，以此类比，相关各族扩展的主要活动地域墓葬的族属也大体可以确认。但是在相关各族与汉族的杂居区及相关各族间杂居区墓葬的形制和内涵，往往你中有我，我中有你，相互影响、互相渗透因素较多，现在这类墓葬除其中少数族属特征较明确，或有墓志等相关文字资料为证者外，余者大多只能粗略区分族属，或难以区分族属。在这种情况下，判断宋至元代墓葬的族属，必须建立在内涵式的比较研究基础之上。进而分别总结相关各族原住地和主要聚居区，及扩展的主要活动地域和各种杂居区民族墓葬的类型、形制特点，各种不同等级民族墓葬较标准的构成要素和演变模式；总结相关各族墓葬所存遗体的体质人类学特征、尸体服饰特点、葬具、葬制和葬俗特点；总结相关各族墓葬随葬品组合（包括壁饰）特点及其所反映的具有民族特点的生活习俗，具有民族特点的指标性遗物的种类和形制。然后将上述情况有机结合，总结出相关各族墓葬的类型、形制以及与之对应的随葬品组合模式，主要随葬遗物的种类、特点和发展演变规律，力争大体确立区分不同族属墓葬可操作的初步标准。在此基础上，就有可能较明确地评估汉族与相关各族墓葬及相关各族墓葬间的相互影响、互相渗透的程度，分析民族和民族文化与汉文化深度融合在该阶段墓葬中的主要表现和地位，及其在研究该阶段汉族与相关各族走向中华一体进程中的重要作用。总之，对汉族和相关各族墓葬进行较深入的内涵式比较研究，并据此较准确地区分不同民族的墓葬，进而探讨研究与该阶段墓葬有关的各种学术课题，仍是今后宋至明代墓葬研究的重要学术任务。

（六）宋至明代墓葬研究亟待加强

1. 该时期墓葬研究仍处于初始阶段，远未形成体系，亟待加强

宋至明代墓葬研究目前仍未摆脱墓葬资料原始积累的初始阶段。如果说宋至明代考古学是中国历史断代考古学中的薄弱环节，那么宋至明代墓葬研究又是宋至明代考古学中的薄弱环节之一。从宋至明代墓葬考古资料来看，只是在 20 世纪 80 年代以后，墓葬资料的积累才逐渐丰富起来。迄今已清理发掘的墓葬总数不少，但是若分开量化来看，各代各地区墓葬资料的多寡相差悬殊。大体言之，由于辽墓考古工作开展较早、较充分，故墓葬资料最丰富，较成体系。宋墓资料相对较多，金元明墓葬资料较少。从资料构成状况来看，宋至明代墓葬缺少有目的有计划的较大规模的科学发掘资料，大型的墓葬发掘报告（专刊）较少，墓葬资料主要靠配合基建等偶尔发掘自然积累的发掘简报，所以墓葬资料较零散，缺环较多。如此积累起来的墓葬资料，无论是数量，还是墓葬资料构成的完整性、系统性和科学性均远逊于汉代和唐代墓葬资料。这是制约宋至明代墓葬深入研究，影响宋至明代墓葬研究进程的主要瓶颈之一。

宋至明代墓葬真正地较全面地研究，大体而言约始于 20 世纪 80 年代，进入 21 世纪以后发展较快。但是，由于研究起步较晚，迄今仍重视不够，所以这个时期的墓葬研究严重滞后。如所周知，墓葬研究以墓葬资料为基础，前述墓葬资料较零散的情况，就要求宋至明代墓葬研究必须首先对各代目前有限的墓葬资料进行规范的整合。这项工作现在已有阶段性成果，但是完整性和系统性较差。因此在这样基础上进行的墓葬研究，既欠缺对墓葬整体资料进行宏观把握的条件，又难以确定各相关墓葬在整体链条中的坐标，难以确认局部与整体的关系；更难以按照考古学规范进行有力度和深度的研究。致使宋至明代墓葬的许多问题仍不明晰，这是现阶段宋至明代墓葬研究意见分歧较多，共识性较差的重要原因。

综上所述，可以说宋至明代墓葬的资料构成和研究现状，大致仍处于初始阶段，远未形成资料体系和研究体系。因此，无论就宋至明代墓葬本身研究而言，还是对构建宋至明代考古学体系来说，宋至明代墓葬研究均亟待加强。

2. 加强宋至明代墓葬研究，目前重在使之初步形成体系架构

加强宋至明代墓葬研究，使之初步形成体系架构，须首先依据考古学规范按地区、时代、墓葬类型和形制较系统地整合宋至明代已有的资料，以形成适合研究利用的资料系统。然后在此基础上，采取专题研究方法，逐步解决前面已经提到的该阶段墓葬型式构成与发展演变规律，随葬品组合构成与发展演变规律，典型器物的型式构成与发展演变规律，墓葬壁饰的类型及其间的关系和各类型的发展演变规律，各代墓葬的葬制、葬俗及其发展变化等主要问题。以上述诸主要问题为准，目前重在综合研究其内涵间的关联，将其分类组合成前面已经提到的该时期墓葬类型、分区、分期断代和墓葬族属等方面构成要素的较完整形态及所反映的相关社会历史问题等，进而使这些主要研究方面有机结合，相辅相成，初步形成有内在联系的墓葬体系架构。这样就为今后宋至明代墓葬考古学研究创造了较完善的必备条件，为早日形成较规范和完整的宋至明代墓葬考古学奠定了应有的基础。

　　3. 本卷墓葬研究重在创新，为构建墓葬体系而抛砖引玉

　　前面已经指出，宋至明代墓葬考古研究是宋元明考古学中的薄弱环节，迄今尚未见到对宋辽金元明墓葬进行全面阐述和较深入研究的论著，本卷撰写宋元明墓葬基本上无可借鉴。我们认为属于本卷《中国考古学》范畴的各代墓葬研究，应有较规范和较完整的体系。因此，撰写宋至明代墓葬如何使之形成初步体系自然提到日程上来。于是我们就尝试以前面提到的宋至明代墓葬研究的主要问题为支撑形成体系的架构，进而与依托于该架构的宋至明代墓葬的研究主要方面有机结合，使之形成宋至明代墓葬考古学研究的初步体系。本卷正是按照这个思路，在全面整理宋至明代墓葬资料的基础上，抓住了该时期墓葬的特点，主要研究问题和主要研究方面，首次较全面、较完整地形成了宋至明代墓葬研究的初步体系。

　　但是应当指出，按照上述情况和思路尝试对宋至明代墓葬的研究，乃是前无成例的领域，因此必须摸着石头过河，走"创新"之路。所"创新"，在此主要有两个方面，一是研究方法"创新"，即首先对该时期墓葬研究的主要问题各做专题性的研究，对墓葬研究的主要方面则在墓葬专题研究的基础上进行综合研究，两者有机结合，相辅相成，融为一体，自然形成体系。其次，根据宋至明代墓葬形制的特点，将墓葬形制分型分式研究由传统的以墓葬平面形制为主，立面形制为辅，改以墓葬立面形制为主，平面形制为辅。实践证明，上述两种墓葬分型分式方法不仅有异曲同工之妙，而且以立面为主的分型分式方法还更利于对宋至明代墓葬类型、等级、分区、分期和族属等问题的研究。二是对宋至明代墓葬具有时代特点的主要内涵进行研究。辽、金、元以及西夏时期的契丹、女真、蒙古和党项族的墓葬，已成为宋至明代墓葬体系的主体构成之一，占有不可或缺的重要地位，是宋至明代墓葬体系有别于其他历史时期墓葬体系的主要特色之一。因此，本卷的墓葬部分特别加重了区分墓葬族属和民族墓葬内涵的研究。又如墓葬壁饰是该时期墓葬的主要特点之一，这个特点既与墓葬随葬品有组合关系，又与墓葬分区、分期、墓葬族属和墓葬等级的研究密切相关。因此，加强了对不同地区、不同类型墓葬壁饰类型的艺术形式与内涵研究的力度。再如宋至明代墓葬是中国古代葬制葬俗发生较大变化的时期，其对判断该时期墓葬分区、分期、类型和等级，以及族属等问题有重要价值，所以也对有关的葬制葬俗问题进行了初步的探讨。除上所述，对家族墓地、宋代漏泽园墓葬制度、明代藩王坟和土司墓，以及火葬墓等较特殊的葬制和葬俗也给予了关注。总之，本卷宋至明代墓葬研究根据该时期墓葬的主要的内涵和特点，大都做了有别于前人的创新研究。

　　上面阐述了宋至明代墓葬研究的主要问题和主要研究方面，并对其做了较全面的创新研究的设想。但是，因资料、水平和时间所限，在具体研究过程中，目前还难以达到设想的要求，不足之处较多，与设想的差距较大。比如，宋至明代墓葬的形制和内涵未作纵向发展变化及其演变规律研究，宋辽金及西夏大致前后基本同时的墓葬未作横向比较研究；宋至明代各代各地区墓葬随葬品组合构成状况、其间关系和发展变化规律，墓葬分期、类型、等级以及前面提到的一些专题问题的研究还很不充分；墓葬形制分型分式以立面形制为主、平面形制为辅的方法，也有待于进一步完善。诸如此之类的不足之处，使本卷墓葬

部分的创新研究基本上还处于初步探索阶段。故本卷墓葬部分研究还远未形成全面、完整、规范、内在联系密切的体系，充其量也只是形成体系的雏形而已。在这种情况下，本卷墓葬部分创新研究的设想及其已完成的部分设想，实际上乃是抛砖引玉之作。其今后必将成为宋至明代墓葬进一步深入研究的铺路石，成为宋至明代墓葬研究不断向更高层次发展并最终形成体系的垫脚石。因此，本卷墓葬部分的研究，在宋至明代墓葬研究体系中之奠基作用是毋庸置疑的。

五　宋至明代瓷器考古研究应当重视的几个问题

宋至明代瓷器考古研究是中国古代瓷器研究的主体和核心，许多学者对宋至明代瓷器考古研究应当注意和重视的问题多有不同程度的论述。下面拟从《中国考古学·宋辽金元明卷》角度，就本卷宋至明代瓷器考古部分涉及的前人未明言或论述不够充分的几个问题再谈点意见和看法。

（一）瓷器考古在宋至明代考古学中占有不可或缺的重要地位

手工业考古，是中国考古学内涵的重要组成部分，是中国考古学研究的重点领域之一。入宋以后由于商品经济的发展，社会需求的提高，手工业的发展达到前所未有的高度。其中尤以纺织业、制瓷业、矿冶业，以及漆器和金、银、铜、铁等各种质料器皿的制造业最为突出。宋至明代的手工业分官营和民营两大类，由于私营手工业是供应社会需求的主体，是商品经济的主要支柱，因而发展很快。在这种情况下，私营手工业的生产以市场为导向，分工日益精细，专业化生产技术水平不断提高，并逐步走向手工业工场化，其大量产品几乎覆盖整个社会。但是现在从宋至明代手工业考古资料构成来看，除制瓷业外，其他手工业部门的考古资料少而零散，在总体上目前还难以整合成全面、系统的考古资料，故对这些手工业部门一时还无法启动有效的考古专题和综合研究。

面对上述情况，宋至明代的制瓷业考古则独领风骚，并逐步走向辉煌。从本卷瓷器部分介绍的情况来看，宋至明代的制瓷业已形成较完整系统的考古资料。这些资料表明，宋至明代制瓷业除大量的私窑外，又出现了"官窑"，进一步推动了制瓷技术、制瓷工艺和产品质量的提高。反映出宋至明代的瓷窑址不仅分布广、窑址众多，重要窑口和名窑辈出，而且已发掘的窑址发现的窑炉、窑具、作坊遗址、制瓷工具和大量瓷片与瓷器，以及制瓷原料等，可基本再现当时制瓷业从原料、备料、制瓷工艺、装烧工艺到烧成工艺较完整的制瓷手工业的生产流程，以及制瓷手工工场模式的概貌。以上述瓷窑址和瓷器考古资料结合相关历史文献，大体可复原出当时制瓷业管理、工匠种类、雇佣关系、制瓷工序、原料种类和产地、产品种类、产品运输和流通等各主要环节的概况，形成了当时制瓷手工业较完整的体系。这个体系在宏观上可视为当时各主要手工业部门生产体系的缩影，因而较有代表性。

瓷器是当时手工业中生产技术和工艺最复杂的产品，也是当时社会需求量最大，社会覆盖面最广、普及率最高的手工业产品，因而成为迄今考古发现量最多的手工业产品。以此结合前述其他手工业部门考古资料少而散，瓷窑址和瓷器考古资料较完整来看，制瓷业和瓷器产品无论在当时各手工业部门中，还是在手工业考古研究中都极具代表性和典型性，因而制瓷业和瓷器产品遂成为宋至明代手工业考古的核心和代表。

瓷器考古研究在宋至明代考古学中的重要地位和作用大致有五点。其一，制瓷业是宋至明代手工业考古的核心和代表，这个定位至关重要。其二，瓷器作为制瓷业的终极产品和社会化的器皿，在宋至明代各类遗址和墓葬中瓷片和瓷器普遍存在，大量出土；在各种窖藏和塔基地宫等遗迹以及沉船中往往发现数量较多的完整瓷器，故瓷片和瓷器乃是宋至明代考古遗物的主要构成要素之一。其三，瓷片和瓷器是宋至明代考古遗物中贯穿始终，几乎无所不在的主要遗物类别。现在对宋至明代瓷器的研究已基本达到了可鉴定窑口和年代的水平，瓷器形制的演变发展序列较清楚。因此宋至明代考古遗物中的瓷片和瓷器与早期遗址和墓葬中普遍大量存在的对断代起重要作用的陶片和陶器一样，而成为宋至明代考古的断代重要标尺之一。其四，考古发现的名窑和重要窑口高质量的瓷片和瓷器，则是判断遗址和墓葬性质和等级的重要参数之一。其五，宋至明代的瓷器大量输往域外，因而成为这个时期中外文化交流考古学的主要载体。上述五点表明，瓷器考古研究在宋至明代考古学中占有举足轻重的地位。

综上所述，宋至明代是中国古代瓷器生产的盛期，瓷窑分布地域广，数量众多，并形成不同地域的制瓷中心，因而制瓷业逐渐走向顶峰。这个时期制瓷技术和工艺不断推陈出新，日趋完善，瓷器的种类和功能远超前代，各种瓷器的形制和装饰绚丽多姿，美学意境与实用性高度统一，其影响不仅深入和普及到国内各个领域，而且还远播海外，造成深远影响，从而引起世界性的制瓷业的产生、形成和发展。宋至明代瓷器考古正是建立在这样的基础之上，因此宋至明代瓷器考古则成为中国瓷器考古学最重要的核心部分。就宋至明代瓷器考古来说，前面已经介绍了制瓷业是宋至明代手工业考古的代表；瓷器是宋至明代遗物构成的要素之一和主要断代标尺之一；瓷器是宋至明代中外文化交流考古学的主要载体。凡此，充分地展现出宋至明代瓷器考古的内涵，及其在宋至明代考古学中的重要地位。

（二）瓷器传统考古与瓷器科技考古表里合一不可分割

考古学是根据古代人类活动所遗留下来的遗迹和遗物研究古代人类物质文化和社会历史的一门学科，其研究的对象和研究的目的属人文科学领域，传统考古学的定义大都以此为准。即传统考古学主要是依据古代遗迹和遗物的外在形制和形象来研究和复原其本来面貌，并探讨蕴藏其中的各种相关的社会属性，以及这些社会属性参与其中的原因和所起的作用，达到"知其然"的目的。但是，古代遗迹和遗物均是人类智慧的创造，古代遗迹和遗物物化形态除前述的"表象"之外，还有其内在形成的原因和机理问题。其中隐藏在遗迹物化形态背后的形成原因以当时的社会因素为主、科学技术因素为辅；隐藏在遗物物化形态背后的形成机理乃是当时科学技术和自然科学发展水平使然，当时的社会因素则处于次要地位。因此，古代遗迹和遗物本身，就是当时社会因素和科学技术有机结合的统一体。

除上所述，传统考古学获取考古资料的手段和方法，如田野考古调查、考古发掘、考古测量、绘图、照相以及现代广为采用的各种科技手段，均属自然科学领域。而古代遗迹和遗物的内在形成机理所包含的当时科学技术和自然科学发展水平的各种信息，则必须采用现代科学技术手段和方法进行检测，并用现代科技理论来阐明检测的结果，达到"知其所以然"的目的，因而诞生了科技考古学。由于中国现代考古学诞生后不久，用科技手段检测和阐明考古遗物也随之产生，所以在中国考古学领域传统考古和科技考古基本上是一直相伴共存、不断共同发展的。

基于前述情况，大体可初步归纳以下五点。（1）古代遗迹和遗物本身，就是当时社会因素和科学技术有机结合的统一体。（2）传统考古学获取古代遗迹和遗物资料的手段和方法属自然科学范畴，重在研究古代遗迹和遗物的"表象"，其研究的理论、规范、手段和方法属人文科学范畴。（3）科技考古学重在研究古代遗迹和遗物的内在形成机理，为此而必须获取古代遗迹和遗物内在形成机理的信息，阐明信息的理论、方法和手段属于自然科学范畴。但其为完成最终的研究目的，则必须与传统考古学相关的研究成果有机结合，并上升到人文科学的高度。（4）传统考古学与科技考古学均以古代遗迹和遗物为研究对象，都以重建古代物质文化和历史图景，阐明社会发展演变规律为目的，两者研究的对象和目的是一致的，仅仅是研究的手段和方法及侧重点不同而已。（5）上述情况表明，现代考古学完整的科研成果，应基本达到复原古代遗迹和遗物本身存在的社会因素与科学技术二位一体的原貌。为此，只有按照考古学规范，将传统考古学和科技考古学各自的研究成果，以及其各自研究成果中所包含的人文科学与自然科学的内涵有机结合，形成完整统一的研究成果，才有望达到科学地阐明古代人类物质文化和社会历史的目的。因此，该学科是典型的人文科学和自然科学交叉的复合性学科，故现代考古学乃是传统考古学与科技考古学，及其所包容的人文科学与自然科学有机融合的统一体。

在人文科学领域，考古学是与自然科学和科学技术关系最密切的学科之一，其中又以瓷器考古为最。瓷器是水、火、土相合的产物，是火与土的艺术，火土相济瓷乃成，所以瓷器是其外在形制与内在形成机理统为一体的产品。瓷器外在形制如瓷器造型、胎釉颜色、釉面特征、纹饰、装饰和款识等，无不打上当时社会风尚、习俗、审美取向和时代的烙印，无不与当时的社会、经济、文化、意识形态和宗教信仰等发展状况密切相关。瓷器上述的显性社会属性，均在肉眼可视和理性认知的范围之内。所以文物界长期以来，主要靠眼学或目鉴观察和研究古代瓷器积累的经验，鉴定传世瓷器的窑口、瓷器种类、年代和真伪。考古学对出土瓷器和瓷片研究也是根据瓷器的外观特征，按照考古学规范，采用考古类型学方法对瓷器分型分式，并结合瓷器出土时的地层叠压关系和遗物组合关系，以及相关的纪年和文字资料对瓷器进行分期研究。以此为基础，又对出土瓷器进行较全面的综合研究，解决出土瓷器的窑口、种类和年代问题，研究出土瓷器组合、器形型式的变化及其发展规律和演变序列，并以瓷器为媒介探讨不同窑址之间的关系等。至于瓷器胎、釉结构和颜色，也只是根据肉眼观察到的情况来描述胎釉结构和颜色。制瓷工艺和烧制工艺，则以肉眼观察到的窑炉形制结构、窑炉内残存的遗迹遗物、窑具、作坊遗址形制结构、制瓷工具、残存的胎料和釉料，出土瓷器或瓷片的烧制和制瓷时部分痕迹等有关现象，做出初步分析研究和判断。过去长期以来，大都将上述对瓷器的考古研究模式称瓷器考古学，为区别瓷器科技考古，现在则可将其称为传统瓷器考古学。

瓷器前述的外观特征，乃是瓷器坯体的胎、釉配方在烧成过程中的物理化学反应，并达到各种程度的致密化而形成的。在其形成过程中，除与瓷器胎、釉原料和配方有关之外，还与当时的科技水平即制瓷工艺、窑炉形制结构、燃料种类和性质、窑具、装烧方法、烧成工艺，以及制瓷工匠技术的成熟程度等密不可分，凡此共同的作用构成了瓷器外观的内在形成机理的基础，其科技含量很高。由于这种内在的形成机理用肉眼是无法看到的，仅用传统瓷器考古手段和方法也是无法解释的，所以必须采用现代科技手段和各种相关的仪器对瓷器原料的成分、胎釉的组成元素、显微结构、物相结构、物理性质、瓷器烧成温度、烧制气氛、瓷器各种釉和釉色形成机理等进行全方位的检测和研究。有时还需要对检测结果进行试烧和仿制，以检验和完善瓷器科技考古的研究成果。据此来回答瓷器胎、釉用何种原料及其产地，胎釉配方与胎釉呈色的关系，制瓷工艺与胎釉厚薄和瓷器质量的关系，窑炉形制结构和支烧方式、窑炉烧制气氛、瓷器烧成温度等烧制工艺与瓷器呈色和瓷器质量的关系，瓷器物理性质与瓷器呈色和质量的关系；以及各主要窑口瓷器胎釉特点不同，地域相近窑口瓷器胎釉特点不同，不同地域窑口瓷器胎釉特点相近，或同一窑口几乎同时烧制胎釉特点不同瓷器的内在机理等必须解决的问题。同时在一定程度上，亦可回答瓷器的时代和真伪问题。

上述情况表明，瓷器传统考古重在研究古代瓷器的表象，瓷器科技考古则重在研究瓷器内在的形成机理，两者的表里关系各与不同的内涵和不同的信息相关联，古代瓷器的所有信息都是由这两个方面构成的。这种表里关系在所研究具体瓷器上形成二位一体，又在为解决瓷器考古有关问题上合而为一。所以现代瓷器考古学乃是上述表里有机相连，形成二位一体，不可分割，缺一不可的研究体系。从而成为中国考古学中传统考古与科技考古、人文科学与自然科学（包括科学技术）研究方法有机结合的典范之一。有鉴于此，本卷所收宋至明代历史名窑和主要窑址的发掘与研究中，均包含瓷器传统考古和瓷器科技考古两部分内容。

（三）什么是现代瓷器考古学

在 20 世纪 80 年代末 90 年代初之后，以瓷窑遗址发掘研究为基础，瓷器科技考古迅速发展起来。因而瓷器考古也与时俱进，超越了前述的传统瓷器考古学的范畴，而步入由表及里的全方位研究的新阶段。这个新阶段的瓷器考古研究，即是前述传统瓷器考古与瓷器科技考古表里合一、二位一体有机结合，从而形成内涵完整，研究成果全面系统，精准到位。在研究的理论、手段和方法上，具有鲜明时代特点的全新的研究体系，这就是现代瓷器考古学。

1. 现代宋辽金元明瓷器考古学资料的主要内涵

现代宋至明代瓷器考古主要内涵，概言之可分为 8 个部分。（1）全国瓷窑遗址全面考古调查资料。对这些资料进行综合研究可基本摸清宋至明代瓷窑址的分布状况和数量。（2）对历史名窑、主要窑址和重要窑址的考古发掘资料。（3）各类遗址（包括窖藏、塔基地宫）和墓葬出土的瓷器资料。（4）水下考古沉船出水的瓷器资料。（5）外销瓷器资料。包括专门生产外销瓷器的窑口，域外出土的外销瓷资料。（6）瓷器传世品资料。
（7）瓷器科技考古资料。（8）与瓷器和瓷器生产及瓷窑址有关的文献资料。

　　其中（1）—（5）是瓷窑址考古调查、发掘资料，各类遗址和墓葬出土的瓷器资料，
水下考古沉船中的瓷器资料，外销瓷器资料属瓷器考古本体部分。（6）是瓷器传世品资料
属文物学范畴，在瓷窑址大规模发掘之前，传世瓷器的研究成果是论证遗址墓葬无纪年或
无明确年代的瓷器之瓷种和年代的重要参数。在瓷窑址大规模发掘之后，其研究成果，可
成为验证传世瓷器瓷种、年代和真伪的重要标准，同时传世瓷器亦可充实与之相关窑址的
不足之处。（7）是瓷器科技考古资料，前已论证其与传统瓷器考古是二位一体、表里不可
分割的关系，是瓷器考古不可或缺的主要内涵之一。（8）是与瓷器有关的文献资料，是瓷
器考古的重要参证之一。总之，在上述的八个方面中，瓷窑址的终极产品是瓷器，其余方
面也是最终落到瓷器上，都重在对瓷器本体的研究，故可将上述八个方面作为瓷器考古学
资料内涵的构成要素。

　　2. 瓷窑址发掘研究是瓷器考古学的本源，是现代瓷器考古学构成的主体

　　就瓷器考古学而言，只有各瓷窑遗址发掘的全部资料才包括所有瓷种从制瓷原料到瓷
器产品的全部生产流程和生产工艺，只有对各瓷窑发掘资料的研究才能几乎包括瓷器考古
学的全部学术内涵。因此，只有瓷窑遗址的发掘与研究才是瓷器考古学的本源，才是瓷器
考古学研究的主线，才是现代瓷器考古学构成的主体。因而就决定了本卷在有限的篇幅
内，只能以当时有代表性的典型的历史名窑和主要的重点窑址的发掘研究为主体，来构成
宋至明代瓷器考古学的骨架体系。各类遗址（包括窖藏、塔基地宫）和墓葬出土的瓷器资
料、外销瓷器资料、水下沉船瓷器资料均可以其遗迹类别自成研究系列，形成各具特点的
研究成果，同时又各以不同的方式挂在瓷窑遗址发掘与研究的主轴上，成为瓷器考古学研
究的辅线。以此加上前述瓷器考古研究的主线，及主线、辅线之传统与科技瓷器考古研究
的全部成果，才可形成现代瓷器考古学基本完整的构成体系。对此，本卷同样限于篇幅，
未能对上述内涵进行全面介绍，更未将其与重要窑址发掘研究有机结合论述，使宋至明代
瓷器考古学在主体骨架之外，无相辅的全面、完整的其他方面的丰富内涵。为弥补这种不
得已的缺憾，本卷特设第二十一章《宋至明代瓷窑址和瓷器的考古发现与研究》略作补
充，但也只是点到为止，以待将来时机成熟时再作详论。

　　3. 传统与科技瓷器考古研究二位一体，是现代瓷器考古学的基石

　　据上所述，现代瓷器考古学研究的重要发展，主要是植根于重要瓷窑遗址的发掘及对
所出瓷器表象和内在形成机理的研究。前已指出"表象"研究属传统瓷器考古研究范畴，
主要研究三个方面的问题。（1）研究总结各窑口窑炉形制结构、窑具、作坊、制瓷工具等
的特点，探讨其与制瓷工艺和烧制工艺流程的关系；研究总结各窑口瓷器种类、器类、器
形和装饰特点；研究总结各窑口主要器类和器形的发展规律、演变序列和断代标准。
（2）研究同代窑址分布状况、区域性特点及其与生产不同瓷种的关系；横向比较同代各窑
口制瓷工艺、烧制工艺、器类、器形的异同和内在关联，及其影响和被影响关系，以逐步
形成同代瓷器传统考古学体系。（3）在前述基础上，纵向比较不同朝代窑址分布的差异、
重叠状况、重要窑址区变化状况和兴废原因，全面比较研究不同朝代窑址瓷器生产工艺、

烧制工艺和瓷器形制间的承袭演变关系，形成不同朝代间的内在联系密切的瓷器传统考古学体系。最后，在前述研究的基础上，总结出各代和不同朝代传统瓷器考古学的概貌，并将其整合成一体，形成传统瓷器考古学体系。

瓷窑址构成的科技内涵和瓷器内在形成机理研究属瓷器科技考古研究范畴，此项研究依托于传统瓷器考古资料和研究成果，重在从科技角度测试、研究和解释各窑口的制瓷工艺、烧制工艺、制瓷原料与制瓷的关系，研究胎釉配方、胎釉特点、胎釉呈色、瓷器物理性质等的内在形成机理。在此基础上对同代窑址进行横向比较研究，总结其间的异同、影响和被影响关系及时代特点等；对不同朝代窑址进行纵向比较研究，总结其间的承袭演变关系、发展和变化情况。最后对上述研究进行全面总结，梳理制瓷工艺、烧制工艺的发展演变规律，以及瓷器的内在形成机理特点和发展演变规律，构建出瓷器科技考古学体系。此外，还应指出在上述的传统与科技瓷器考古研究中，除以瓷窑遗址发掘资料为主要依据外，还要兼顾其他遗址和墓葬中出土的瓷器，以及水下考古中出水的瓷器考古资料，作为补充一并进行研究方可得到较全面而准确的结论。

综上所述，所谓现代瓷器考古学似可概括为以瓷窑遗址发掘资料为主体，以前述其他瓷器考古内涵资料为辅，采用传统瓷器考古与科技瓷器考古的规范、方法和理论对其分别进行研究，进而整合两者瓷器表象和内在形成机理的研究成果，使之表里相辅相成，二位一体，共同构成现代瓷器考古学的基石。在此基础上，再结合瓷器传世品、沉船瓷器和外销瓷等的传统和科技瓷器考古的主要研究成果，最终获取各个时期各主要窑口从制瓷原料、制瓷工艺、窑炉形制结构和烧制工艺到各种瓷器成品全过程的、规范而完整的资料。据此进而在整体上以形成瓷器生产工艺、烧制工艺、各瓷种及其主要器形的形制和胎釉的时代特征与内在形成机理，以及建立在类型学和科学分期基础上而形成的上述诸方面发展演变规律较完整研究体系，这就是现代瓷器考古学。但是应当指出，就现在宋至明代瓷器考古研究的情况而言，还远未达到对其进行全面系统综合研究的程度（甚至对单一窑址进行全面系统综合研究也是很困难的）。因此，真正的瓷器考古学尚在形成的过程之中，并未最终确立起来。其次，本卷的瓷器考古部分在有限的篇幅内也不可能对上述所有内涵面面俱到，只能容纳有代表性的主要窑址发掘及其传统瓷器考古和瓷器科技考古的研究概况，并将其作为宋至明代瓷器考古学的核心素材，奠定宋至明代瓷器考古学的基石，初步形成宋至明代瓷器考古学的骨架体系。目前也仅能以此敬飨读者而已。

（四）宋至明代瓷器科技考古体系概述

在瓷器研究领域，采用现代科技手段、方法分析研究古代瓷器内在形成机理，称为瓷器科技考古。具体言之，瓷器科技考古系指采用一整套的自然科学方法和手段，借助于仪器对考古发现的瓷器胎釉组成元素、显微结构、物相结构、烧制气氛、烧成温度、物理性能、热性能分析等方面进行检测和研究。重在从古代瓷器原料、配方、制瓷工艺、烧制工艺、瓷器外观呈色、瓷器物理性质等方面研究古代瓷器内在形成机理，以及古代瓷器产地、年代和真伪等问题。采用科技手段用现代科学理念分析研究瓷窑形制结构、制瓷作坊遗址的形制结构与瓷器生产的关系和瓷器生产工艺流程等，也属于瓷器科技考古范畴。关于瓷器科技考古，现在还乏见简明概括的论述，而本卷所收各窑址瓷器科技考古的内容则以结论性的研究成果为主。在这种情况下，为使读者加深对与此有关问题的理解，故有必要将现在瓷器科技考古检测内容、手段和方法，以及对检测结果的分析研究等瓷器科技考古研究体系的构成情况略作介绍和概述。

1. 瓷器科技考古检测的内容、手段和方法自成系统

瓷器科技考古检测的内容，主要是围绕瓷器组成元素、显微结构、烧制气氛、烧成温度、物理性质等方面进行的。其检测手段和方法很多，自成系统。下面拟择要略做介绍。

瓷器胎釉主次含量元素的检测，主要采用湿化学方法和 X 射线荧光光谱仪（XRF）。大样品室能色散 X 射线荧光光谱（EDXRF）、质子 X 射线荧光光谱（PIXE）、同步辐射 X 射线荧光光谱（SRXRF）等，对瓷器胎釉组成元素进行无损分析。瓷器微量元素检测，主要采用中子活化分析（NAA）和电感耦合等离子体质谱法（ICP-MS），还用中子活化分析测定釉中着色元素的种类并确定主要着色元素。用穆斯堡尔谱测定各种釉色主波长与釉中结构铁相对含量间的定量关系，揭示瓷釉着色机理。

瓷器胎釉显微结构检测，主要用光学显微镜（分辨率为0.2微米）和电子显微镜（分辨率为 7 纳米）。用 X 射线衍射仪分析胎、釉的晶相组成，用偏光显微镜观察胎、釉的低显微结构，用扫描电子显微镜（SEM）观察釉的显微结构，用高分辨率透射电子显微镜观察釉的显微结构，并测定相组成，确定晶态和非晶态。

瓷器胎体烧成温度测量，主要采用热膨胀分析仪、差热分析仪（DTA）、热量分析仪（TG）、高温物性测量仪。瓷器釉层熔融度范围测量，主要用高温炉显微镜。瓷器烧制气氛，主要用穆斯堡尔谱和 X 射线电子能谱（XPS）进行分析。

瓷器物理性质测定，主要包括对瓷器体积密度、吸水率、显气孔率、热膨胀系数、颜色和硬度等物理参数的测量。显气孔率、吸水率、体积密度的测量，通常采用国家标准 GB/T3810·3–1999 和 GB2413–81 进行。用热膨胀分析测定瓷器样品的热膨胀系数。瓷器的颜色用分光光度计对瓷釉的色度进行测量。瓷器的硬度用显微硬度计进行测量分析。瓷器年代测定后文有说。

通过上面简单的介绍，可知瓷器科技考古对瓷器检测的内容，采用的手段和方法已形成较完整的系统。

2. 瓷器科技考古检测结果的分析研究自成系统

上面简略介绍了对瓷器检测的主要手段和方法，通过对这些检测获得的各种数据和结果进行分析和研究，可解决瓷器研究中的许多重要问题，成绩斐然。比如：

元素分析研究。元素分析是对古代瓷器进行检测的最基本内容。瓷器的化学组成，是瓷器制作原料和配方化学组成的反映。通过对瓷器主、次含量元素[1]、微量元素[2]组成的检测和分析，大致可为以下几个方面研究提供重要依据。其一，为研究瓷器原料产地

---

〔1〕　在瓷器元素组成中，含量大于1%数量级的为主含量元素，含量 0.1—1% 为次含量元素。对瓷器的烧成温度、烧制气氛和物理化学性质造成影响的是主次含量元素。

〔2〕　在瓷器元素的组成中，含量小于 0.1% 用百万分之一数量级表示为微量元素。微量元素对瓷器的烧成温度、烧制气氛和物理化学性质不会造成影响，但在断源的研究中具有示踪作用，故又称指纹元素，亦称痕量元素。

和瓷器年代与瓷器真伪提供依据。由于某一时期某一窑口制瓷均就地取材，使用特定的原料和特定的原料配方，故瓷器的元素组成可为研究瓷器原料产地（其中微量元素组成具有产地特征），原料使用情况，确定瓷器内在性质、瓷器年代（如南宋官窑和景德镇瓷胎由一元配方改为二元配方，其主次含量元素组成情况为判定瓷器大致年代提供了重要的依据），瓷器真伪（赝品原料不同于真品）提供重要依据。其二，为研究瓷器制作工艺和呈色机理提供依据。制瓷原料和配方，也是制瓷工艺的反映。如通过瓷器主次含量元素的检测，分析其对瓷器的烧制温度、烧制气氛和对瓷器物理化学性质造成的影响，分析微量元素中诸着色元素和主要着色元素与胎釉呈色的关系，可进而研究瓷器制瓷工艺和呈色机理。其三，为研究不同窑口间承袭演变关系提供依据。根据不同时期瓷器标本元素组成进行分析，研究不同时期不同窑口瓷器元素组成和原料配比的变化，总结历代瓷器化学元素组成的规律（如瓷器原料中 SiO_2、Al_2O_3，R_XO_Y 含量高低变化规律），可在总体上为古代瓷器原料、工艺研究以及不同时期、不同地域、不同种类的古代瓷器的元素组成特点、演变发展提供非常宝贵的基础信息，从而为中国古代瓷器纵向和横向比较研究提供条件，为研究不同窑口间的影响和被影响关系，及其间的承袭演变关系提供重要的依据[1]。

　　显微结构分析研究。用特定的显微镜观察釉的显微结构，胎和釉的低显微结构，用仪器分析胎和釉的晶组成，测定相组成，确定晶态和非晶态。"相"，指瓷器样品中的晶体（固溶体）、玻璃态物质和气孔。在此基础上进行显微结构分析，分辨出试样中所含各种相的种类以及各种相的数量、形状、大小、分布取向和它们间的相互关系。其中以釉析晶现象和瓷釉中普遍存在的液相分离现象最重要。"析晶"指在古代瓷器烧制过程中某种化合物以结晶体形式从系统中析出的现象，南宋官窑、吉州窑和部分汝窑瓷釉等，均属析晶釉。过去认为析晶釉玉质感是釉内气泡起作用。经显微结构分析，发现其真正的原因是釉内析出的钙长石针晶造成的。这些针晶尺寸一般为数微米，大于可见光波长，其对入射光起到的散射作用使这类釉产生了乳浊如玉石的质感。"液相分离现象"，是由于两种液体之间不互溶性引起的，宋代钧窑、宋元建窑和吉州窑瓷器均属此类。显微结构分析发现，在钙长石析晶区域，特别是钙长石晶束之间和钙长石晶体的周缘区域，总是伴生着玻璃相的纳米级液相分离。该微晶—分相结构形成釉的固—液复相乳浊机理，其中的纳米级的分相结构对入射可见光的散射作用亦对釉面颜色及光泽有重要贡献。上述瓷釉玉质感与建窑建盏的各种"兔毫"釉，均与析晶—分相釉密切相关。在对南宋官窑薄胎多层厚釉瓷器显微结构观察中，发现内、外釉化学成分不同，在釉与坯之间有中间层。容易析晶的地方主要在二层界面处，中间层成分与坯很接近而与釉的成分不同。釉层中 CaO 含量明显比中间层高，Fe_2O_3 和 $K_2O + Na_2O$ 的含量则较中间层低。在三次施釉产品中，第一次釉与器物内壁釉成分最接近，第二、三次釉的成分则有较大差别，据此判断，南宋官窑薄胎多层厚釉工艺是采用坯体素烧，多次施釉多次烧成的。总之，显微结构分析为古代瓷器研究提供了大量的微观结构信息。对推断所用原料，研究釉的呈色与玉质感和多层厚釉工艺的成因，以

〔1〕　参见李家治《中国陶器和瓷器工艺发展过程的研究》，载《中国古代陶瓷科学技术成就》，上海科学技术出版社1985年版。

及相关的烧制工艺等方面，提供了重要的依据。

烧成温度是烧制水平的重要标志之一。古代瓷器发展过程中，烧成温度的提高起了关键的作用。古代瓷器胎釉原料的三类氧化物 SiO_2，Al_2O_3，R_XO_Y（Fe_2O_3、TiO_2、CaO、MgO、K_2O、Na_2O、MnO，这类氧化物含量都在 10% 以下，主要起助溶剂的作用，以 R_XO_Y 表示）含量比例上的差异，对窑炉温度条件有不同要求。二氧化硅含量高，R_XO_Y 含量少，可在低温条件下烧成；SiO_2 和 R_XO_Y 含量较低，Al_2O_3 含量相应提高，则必须在较高的温度条件下方可烧成高质量的瓷器。因此，瓷器烧成温度是衡量不同历史时期烧制工艺水平的重要标准之一。烧成温度研究包括胎的烧成温度和釉的熔融温度范围两个方面。烧成温度提高可使瓷器具有较高的强度，较低的显气孔率和吸水率，代表制瓷科技水平的提高。通过对瓷器胎体的烧成温度和釉的熔融温度范围的测量，可获得瓷器是一次烧成的高温釉瓷，还是二次烧成的低温釉瓷等制瓷工艺方面的信息。

烧成气氛直接影响釉的颜色。在瓷器烧制过程中，主要是通过烧成气氛来影响釉的颜色。因而烧成气氛的控制是古代制瓷工艺中的一项重要技术。烧成气氛是通过控制窑炉中 O_2 和 CO 的相对含量来实现的，胎釉中 Fe_2O_3、FeO 含量的比值也可作为烧成气氛的标志。比如，汝瓷釉的不同颜色不是因为原料配方不同所致，而是经历了不同的烧成温度和烧成气氛。南宋官窑瓷器釉面呈色亦与还原烧制气氛和 Fe^{2+} 和 Fe^{3+} 含量比值大小相关。钧窑瓷釉"入窑同一色，出窑色万千"的窑变特点，主要是在烧制过程中，釉中铜和铁的氧化物浓度随窑炉温度和气氛变化的结果。

瓷器物理性质测定。其一，测定瓷器显气孔率、体积密度和吸水率。测定瓷器显气孔率、体积密度和吸水率，是了解古代瓷器烧制工艺和瓷器性能的重要方法之一，三者是相互关联的三个物理参数。即显气孔率越大，体积密度越小，吸水率则相应提高。据此可判断瓷胎的致密度、瓷器的烧成质量和瓷胎的瓷化程度。一般而言，显气孔率高、吸水率高的瓷胎烧成温度低，为生烧或略生烧产品，说明窑炉温度不够或置于较差的窑位烧成。显气孔率低、吸水率低的瓷胎烧成质量好，说明烧成温度高或放在较好的窑位烧成。其二，瓷器热膨胀系数测定。瓷胎和釉的热膨胀系数不匹配则产生釉裂。因而其对研究瓷器釉裂和开片釉等问题的成因和工艺具有重要作用。其三，瓷器显微硬度测定。对古代瓷器中晶相、玻璃相抗压、抗刻划和磨损能力的显微硬度测定，结合显微结构分析可有效鉴定矿物晶体的种类，并能对显微结构下两种光学性质相似而显微硬度值不同的两种矿物加以区分。此外，瓷器颜色，可用分光光度计对瓷釉的色度进行测量。总之，对古代瓷器物理性质的研究，亦可了解古代瓷器烧制工艺和所用原料等方面的信息。

瓷器年代测定。瓷器的年代测定，主要采用热释光测年技术。但该技术适用于陶器，用于测定瓷器则较困难，目前瓷器热释光测年有一定成果，然而进展较缓慢[1]。

综上所述，古代瓷器的化学组成、显微结构、烧制工艺和瓷器性能四个方面是互相制约相互影响的。化学组成和烧制工艺决定了瓷器的显微结构与性能，原料或工艺的改变影响到显微结构和性能。反之，瓷器显微结构和性能在一定程度上反映了所用原料和烧制工

---

[1] 李虎侯：《古陶瓷研究建言》，《故宫博物院八十华诞古陶瓷国际学术研讨会论文集》，紫禁城出版社 2007 年版。

艺情况。上面围绕诸如此类问题所介绍的科技检测和研究都是从不同角度出发，各有侧重点，它们之间既有区别，又有内在联系，并存在着相互影响和互相制约的关系。因此，现在对古代瓷器的科技考古研究，不是仅靠一种科技测试方法进行分析，而是将诸多方面科技测试数据和结果有机地结合起来，使研究与古代瓷器科技测试手段、方法和结果相对应，自成系统，这是现阶段古代瓷器科技考古研究较全面发展的重要标志之一。此外，关于古代瓷器科技检测研究还涉及其他一些方面，限于篇幅，不赘述。

3. 制瓷生产流程和工艺研究自成系统

制瓷生产流程和生产工艺是瓷器考古的重要内涵之一，并属于瓷器科技考古范畴。其构成概言之，大致有制瓷原料选择与加工技术、制胎技术与成型工艺、制釉技术与施釉工艺、装饰技术与工艺、筑窑技术与装烧和烧造技术等方面。凡此，均是各重要窑址发掘报告表述和研究的内容之一，同时也是瓷器科技考古测试和研究的对象之一。其研究成果及与此有关的专题研究和综合研究的论著，使制瓷生产流程和生产工艺的研究已自成较完整的系统。

4. 宋至明代瓷器科技考古研究初成体系

本卷第二十一章《宋至明代瓷窑遗址和瓷器的考古发现与研究》介绍了宋至明代主要瓷窑址的调查、发掘和研究的简况，据此可知宋至明代主要和重要的瓷窑址大都进行了发掘，这些主要的有代表性的窑址发掘与研究奠定了瓷器科技考古的基础。这里所谓的基础，一是指奠定了瓷器科技考古所需资料的基础，二是瓷窑址发掘奠定了对瓷器科技考古需求的基础，因此瓷器科技考古机构不断建立，研究队伍不断壮大，从而奠定了瓷器科技考古存在和发展的基础。上述情况乃是瓷器科技考古初成体系的必备条件和保证。

瓷器科技考古的对象是瓷器以及其生产技术和工艺，研究的内涵是瓷器的内在形成机理与其外在表象和特征之间的表里关系，研究的方法是严格规范地遵循自然科学用各种仪器检测相关项目，并按照自然科学研究方法对其检测结果进行规范的分析和研究。此外，随着计算机技术的发展，古代瓷器科技检测结果的分析研究也与时俱进。如多元数理统计分析方法、古代瓷器形制结构数字化方法等[1]。可知现在对古代瓷器的科技检测已形成一套完整的手段和方法，对这些检测数据和结果的分析研究，以及对制瓷生产流程和生产工艺研究也形成了较完整的系统。从而在内涵和方法论上奠定了瓷器科技考古的基础。

经常举行各种瓷器科技考古研讨会，各研究机构间能协同攻关，及时总结阶段性成果，乃是瓷器科技考古已具有"学科"性质，研究队伍较成熟，研究水平较高的重要标志之一。

自20世纪30年代科学技术介入瓷器研究领域以来，瓷器科技考古发展较快。特别是进入80年代以后，迄今各主要瓷窑址的发掘报告大都陆续出版，与之配套的代表目前瓷器科技考古研究水平的各种论著也相继问世，其中有代表性的大致为以下几种：（1）1985年上海科学技术出版社出版李家治等合著《中国古陶瓷科学技术成就》。（2）1988年上海

---

[1]　参见罗宏杰《中国古陶瓷与多元化系统分析》，中国轻工业出版社1997年版；罗宏杰、吴隽、李家治：《科学技术在中国古陶瓷研究中的应用》，《故宫博物院八十华诞古陶瓷国际学术研讨会论文集》，紫金城出版社2007年版。

科学技术出版社出版李国桢、郭演义合著《中国名瓷工艺基础》。（3）1998年科学出版社出版李家治主编《中国科学技术史·陶瓷卷》。这部重要著作乃是21世纪以前瓷器科技考古测试分析研究集大成之作，该书在全面、系统、详细总结过去已有成果的基础上，使瓷器科技考古研究自成体系，故这部论著成为瓷器科技考古初具较完整体系的、具有里程碑意义的奠基之作。（4）2000年上海人民美术出版社出版张福京著《中国古陶瓷的科学》。（5）2009年出版吴隽著《古陶瓷科技研究与鉴定》。（6）2012年高等教育出版社出版吴隽主编《陶瓷科技考古》。该书较全面地论述了什么是陶瓷科技考古、陶瓷科技考古的理论和方法，陶瓷科技考古与传统陶瓷考古的联系和区别，陶瓷科技考古的研究对象和研究过程，陶瓷科技考古简史和研究现状。该书以陶瓷科技考古专业研究生教材形式，首次构建了教科书式的陶瓷科技考古学的框架体系。（7）2014年陕西人民教育出版社出版熊廖《中国古代制瓷工程技术史》。制瓷技术史是瓷器科技考古的主要构成要素之一，该书全面系统地介绍了中国古代陶瓷生产发展史，并从原料选择加工到瓷器成型和装饰工艺，从窑炉形制结构到瓷器装烧技术和烧成技术等以全方位全景展示的模式，奠定了瓷器科技考古所必备的瓷器生产流程、生产技术和工艺的基础。

上述论著结合本节其他论述，可清楚地看出瓷器科技考古从其内涵到主要研究对象，从瓷器科技检测内容、手段到检测结果的分析研究方法，从制瓷生产流程到瓷器生产技术和工艺，从瓷窑址发掘报告的资料基础到一系列与之有关的论著，从瓷器科技考古涉及的方方面面到其相辅相成融为一体，迄今已初步形成了瓷器科技考古的架构体系。这个架构体系的进一步发展，今后则必然会逐渐形成以"瓷器科技考古学"之名的相对独立的考古学的分支学科。

（五）构建现代瓷器考古学势在必行

现在文物考古界一般陶瓷合称，然而陶器和瓷器虽有内在关联，但却属于两个不同的种类。特别是入宋以后，瓷器生产和使用进入了鼎盛时期，陶器在考古学中的地位迅速被瓷器取代，宋至明代的所谓"陶瓷考古"之中，研究的几乎都是瓷器。鉴于上述情况，我们认为习称的"陶瓷考古"在宋代及其以后以称"瓷器考古"为宜。

1. 为什么提构建现代瓷器考古学

前面已经论述了"什么是瓷器考古学"，那么在此为什么还要提构建瓷器考古学呢？这是因为瓷器考古学不可能自发地形成，尚远未达到前述"什么是瓷器考古学"中瓷器考古学的要求。首先，前述瓷器考古学七个方面（瓷器文献学除外）多元复合型内涵的资料和研究，迄今多各自为战、不相统属，未呈现出瓷器考古学确立所必备的资料系统和研究系统这个显性条件和标志。其次，长期以来传统瓷器考古研究和科技瓷器考古研究也多各自为战，远未表里合一形成现代意义上的完整瓷器考古学。此外，以瓷窑遗址发掘报告为例，有相当一部分发掘报告未能严格按考古学规范和方法进行资料整理和研究，以致不能完全准确表述遗迹状况，瓷器的分型分式不够规范，并与瓷器形制发展的阶段性和瓷器的分期缺乏准确的对应关系，未能充分表现出瓷器形制的演变规律和发展序列，缺乏明确的瓷器断代标准。又如近些年出版的瓷窑遗址发掘报告，虽然大都附有与报告窑址瓷器相关的瓷器科技考古测试报告或论文，在发掘报告的结语中有时也会提到瓷器科技考古测试数据或研究结论，但是在发掘报告中却鲜见考古资料和研究与之有机结合进行研究的论述，或附录此类专题论文。在瓷器考古专题和综合研究论著或瓷器科技考古论著中，也很难见到两者较充分有机结合，分析和研究到位的论证。可以说现在瓷器传统考古与瓷器科技考古某种形式的结合，基本上仍是"两张皮"，还未有机融合为一体形成瓷器考古学的基石，这是迄今还未真正形成现代瓷器考古学的症结所在。因此，现代瓷器考古学只有在业界同仁有目的有计划地按照现代瓷器考古学的学科要求，共同努力构建才能最终确立和形成，这是现代瓷器考古领域目前亟待解决的重要问题和迫切有待完成的重要任务。

　　2. 构建现代瓷器考古学的主要依据和条件已基本齐备

　　前已指出制瓷业考古是宋至明代手工业考古的代表和核心，瓷器考古研究在宋至明代考古学中占有举足轻重的地位和作用，瓷器是宋至明代中外文化交流考古学的主要载体。因此，瓷器考古是宋至明代考古学中不可或缺的门类。瓷器的出现按现在通行的看法，中国成熟瓷器始见于东汉中晚期，此后直至明末在近 1500 年间，中国古代瓷器一直延续承袭发展变化，自成系统。在这个系统中依托于制瓷业的终极产品瓷器是瓷器考古研究的主体（包括与瓷器生产有关的内涵），瓷器考古对象明确，有独立的资料基础，有独到的研究目的、方法和学术范畴。以上便是构建瓷器考古学的主要依据。

　　除上所述，构建瓷器考古学也有客观的需求。首先，在瓷器考古多元复合型的内涵中，各个不同内涵各有研究范畴，各属瓷器考古的一个方面，其中的内在密切关联不可能自发地体现在现代瓷器考古研究之中。现在随着瓷窑址考古发掘与研究的发展，急需有目的有计划地将这些瓷器考古的不同内涵资料与研究成果整合成一体。使瓷器不同方面的研究之间形成相辅相成、互相促进、相互验证、多元一体的瓷器考古学。其次，由于在宋代以后瓷器成为考古主要遗物之一，并与当时各种遗迹和遗物有广泛而密切的共存关系。因此，瓷器考古在宋至明代考古学中至为重要，并成为宋至明代考古学中重要的断代及相关论证的标尺之一。所以构建瓷器考古学也是历史考古学发展的需要。

　　上述情况表明，构建现代瓷器考古学不仅有依据、有需求，而且也有条件。一是现在已有规模可观的专业性的瓷器考古队伍和瓷器科技考古队伍；二是宋至明代有代表性的窑址已大多发掘，发掘报告已出版或正在整理之中，传统瓷器考古和瓷器科技考古赖以研究的资料翔实可靠；三是前已指出传统瓷器考古和瓷器科技考古已各自形成初步的体系，两者的结合逐步加深，已初露瓷器考古学的端倪，初具瓷器考古学的雏形。

　　3. 构建现代瓷器考古学是今后瓷器考古学研究的必由之路

　　综上所述，现在构成瓷器考古学的要素已齐备，在宋至明代考古学领域构建瓷器考古学已成为亟待解决的重要学术问题。因此，无论从瓷器考古本身发展，还是从汉唐、宋元明考古学的需求来看，构建瓷器考古学的时机已基本成熟。所以瓷器考古界的业内同仁勠力同心，有目的有计划地将瓷器考古各主要内涵和研究成果整合为一体，以构建符合时代和学科建设要求的瓷器考古学，乃是今后瓷器考古学研究势在必行的必由之路。

第一章 北宋东京开封府城

开封是座历史名城，春秋时郑庄公（前743—前701年）始筑启封城（在开封南约25公里，朱仙镇东南约3公里的古城村），自战国时期的魏惠王将都城从安邑迁到今开封西北一带的大梁之后，历五代时期的后梁、后晋、后汉、后周，直至北宋和金代后期均建都于此，故有"七朝都会"之誉[1]。960—1126年北宋建都开封，称东京开封

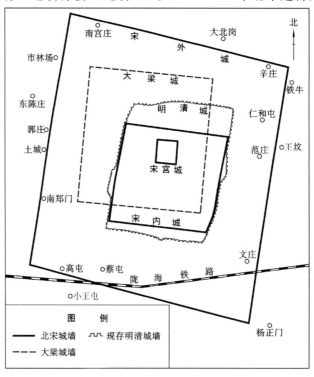

图 1-0-1 河南省开封市古今城垣位置示意图
（引自刘春迎《北宋东京城研究》，科学出版社 2004 年版，改绘）

---

[1] 启封城，汉初因避景帝刘启讳，改启封为开封。战国时期魏惠王于公元前361年将都城从安邑（今山西省夏县）迁到今开封西北一带的大梁，秦灭魏在大梁置浚仪县。东魏天平元年（534年）在浚仪县置梁州，北周建德五年（576年）改梁州为汴州。唐延和元年（712年）开封县治移汴州城，后来武军节度使治所从商丘迁到汴州。五代时期后梁开平元年（907年）改汴州为开封府，号东都，后唐灭梁又复为宣武军镇所。后晋天福三年（938年）重置开封府，始称东京，后汉和后周因之（图1-0-1）。

府[1]。北宋开封府承袭了后周开封城外城、内城、宫城三城环套的总体形制，并在此基础上规划新都，采取了一系列的改建和增筑措施。因而北宋开封府城既保持了城市发展的延续性，又突出了新都的特点，形成了新的布局体系。

金灭北宋占据开封后始称汴京，贞元元年（1153 年）改称南京，为金之陪都。金贞祐二年（1214 年）蒙古军队攻金中都，金被迫将都城迁到南京。元军占领开封后设河南江北行中书省，省治开封，至元二十五年（1288 年）设汴梁路。明洪武元年（1368 年）攻占开封后，改汴梁路为开封府，号北京。洪武十一年（1378 年）朱元璋封其子朱橚为周王，开封又成为周王府治所。清代仍称开封府，1912 年废府存开封县，为河南省省会。1948 年置开封市，1954 年省会迁郑州。

北宋东京开封府城经多次兵燹、改建和黄河的淹灌，破坏严重，城内外的地形地貌变化很大，并被近现代的建筑叠压，所以考古工作十分困难。其正式的考古工作大都在 1981 年之后，经开封文物工作队的努力，相继调查、试掘和勘测了北宋东京外城、内城、皇城三道城墙和城门，以及古州桥、明周王府、汴河、蔡河、金明池和御街等重要遗址，取得可喜的成果[2]。1988 年东京开封府城遗址被定为全国重点文物保护单位。

第一节　外城的形制

一　沿革

外城始筑于后周，周长 48 里 233 步[3]。北宋时外城称罗城、新城和国城，由于开封城无险阻绝塞凭守，所以"高墙深池"，不断加强外城防御功能是至关重要的，故北宋屡修外城[4]。太祖开宝元年（968 年）开始略修外城，真宗和仁宗时各有两次（大中祥符元年、九年，天圣元年、嘉祐四年）、英宗时一次（治平元年）增修外城。到神宗熙宁八年至元丰元年（1075—1078 年）间则大规模整修外城，此后元丰年间又大举开濠修护龙河（护城河），直到绍圣元年（1094 年）才完工。[5]

外城经北宋整修后有城门 12 座，水门 6 座（图 1 - 1 - 1）。南面三座城门，中间正门称南熏门，东为宣化门（陈州门）、西为安上门（戴楼门）。戴楼门东有蔡河上水门（广利水门），陈州门西有蔡河下水门（普济水门）。东面二座城门，南称朝阳门（新宋门），

[1] 北宋以开封府为东京，河南府（洛阳）为西京，应天府（商丘）为南京，大名府（今河北省大名东北）为北京。本书对西京、南京、北京不赘述，参见《宋史》卷八五《地理志一》。

[2] 北宋开封城考古成果，主要收在：开封市文物工作队编：《开封考古发现与研究》，中州古籍出版社 1988 年版；刘春迎：《北宋东京城研究》，科学出版社 2004 年版。

[3] 孟凡人：《宋代至清代都城形制布局研究》第一章第一节，中国社会科学出版社 2019 年版。

[4] 孙新民：《略谈北宋东京外城的兴废》，载《开封考古发现与研究》，中州古籍出版社 1988 年版，文末附表"北宋时期东京外城修缮一览表"。终宋一代，对外城进行十余次增修；刘春迎：《北宋东京城研究》，科学出版社 2004 年版，第 100—102 页，亦列外城修缮一览表（表 3 - 1）。

[5] 参见孟凡人《宋代至清代都城形制布局研究》第一章第一节，中国社会科学出版社 2019 年版。

北称含辉门（新曹门）。新宋门南有汴河南北水门（北岸称通津门，南岸称上善门，又称东水门），新曹门北有东北水门（广济河水门，善利水门）。西面三门，中间称开远门（万胜门）、北为金耀门（固子门），南为顺天门（新郑门）。万胜门南有汴河西水门（水门北岸有宣泽门，南岸有大通门），固子门北有金水河水门（咸丰水门）。北面四门，东为永泰门（陈桥门），其西依次为景阳门（新封丘门）、通天门（新酸枣门）、安肃门（卫州门，该门旁水门或称永顺）。前述括号内的陈州门等乃宋初因周时俗称，城门正门名称主要改于太平兴国四年（979 年），天圣初年又改动一次，水门皆太平兴国四年赐名。城门诸俗称，大都以城门交通联系的主要地点为名。它们分别通往陈州（今河南淮阳）、宋州（今河南商丘）、曹州（今山东菏泽南）、万胜镇（今河南中牟东北）、郑州（今郑州）、陈桥镇（今河南封丘县陈桥）、封丘（今河南封丘）、酸枣（今河南延津旧酸枣县）、卫州（今河南汲县）等。诸“城门皆瓮城三层，屈曲开门。唯南熏门、新郑门、新宋门、封丘门，皆直门两重。盖此系四正门，皆留御路故也”[1]。诸城门有严格的管理制度。

北宋末金人攻开封城，外城遭到极大破坏，金正大四年（1227 年）疏浚了外城护城壕。此后，在金元攻守战中，外城再遭破坏。元末尽毁明代时外城“仅余基址，有门不修，以土填塞，备防河患”，将北宋外城作为土堤阻拦河水。明末农民起义军攻开封城，“铲土城（指外城墙）至尽”。清道光二十一年（1841 年）黄河决口，外城残垣俱淹没于地下。

二　外城的形状与外城墙的调查和试掘

1978 年秋，开封市博物馆对外城进行了初步调查。1981—1983 年，对外城墙进行勘探和重点试掘，基本了解了外城的位置、形状和范围[2]。外城方向 190°，呈东西略短、南北稍长的平行四边形周长 29180 米，与文献记载宋开封外城周长“五十里一百六十五步”基本相近（一宋里约合 559.872 米）。外城墙大体呈直线，南半部城墙保存略好，北部城墙临近黄河，愈北破坏愈严重。四面城墙与今开封市现存明清城墙大致平行，两者东城墙相距最近，约 1.4 公里，两者西城墙相距最远，约 2 公里（图 1-1-2）。

东城墙基本呈直线，中段稍内弧。城墙南端在驻军某部院内，向北经文庄、大花园村、小巴屯村、铁牛村西，止于辛庄东北，全长 7660 米。全线除 4 处共 2200 米地段或被现代建筑叠压或为流沙层而无法勘探外，其余地段均在地表下深约 0.5—5 米间探到城墙夯土，墙体宽 10—20 米。

南城墙大致呈直线，自东向西经药厂、烟厂、郭屯村、蔡屯村南、高屯村南，止于预制构件厂西墙外，全长约 6990 米。南城墙大部分被现代建筑叠压，其中除东起 650—1000 米，1550—1650 米两处是厂区和水坑无法勘探外，余者皆在地表下 1—8 米间探到城墙夯土，墙体宽一般为 10—20 米。

---

〔1〕　（宋）孟元老著，邓之诚注：《东京梦华录注》卷一“东都外城”条，中华书局 1982 年版。

〔2〕　外城情况主要据下述诸文进行介绍：丘刚、孙新民：《北宋东京外城的初步勘探与试掘》，《文物》1992 年第 12 期；丘刚：《北宋东京外城的城墙和城门》，《中原文物》1986 年第 4 期；《北宋东京三城的营建和发展》，《中原文物》1990 年第 4 期；孙新民：《略谈北宋东京外城的兴废》，《华夏考古》1994 年第 1 期。

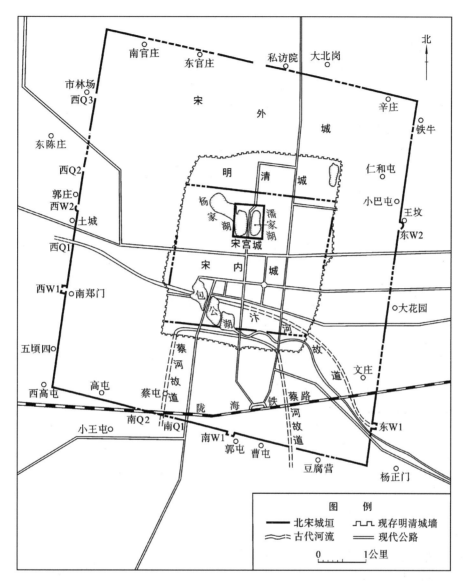

图1-1-2 北宋东京开封府城实测平面图

（引自刘春迎《北宋东京城研究》，科学出版社2004年版，略变化）

　　北城墙多次被黄河灌淹，破坏严重，仅断续勘探约5500米。略呈直线，自东向西经大北岗村、私访院村、东官庄和南官庄，全长6940米，墙体宽15米左右。

　　西城墙基本呈直线，中段稍内弧。城墙南起建筑公司预制构件厂西墙外，向北经五顷四村、南郑门口村、土城村、固门村，北至市林场护城堤处，全长约7590米。西城墙除土城村偏北及前固门村偏北两段地表下4米处为流沙层外，余者皆在地表下0.2—3米间探到城墙夯土，墙体宽一般为10—20米。此外，在城西南角及开封市林场院内两段城墙宽达24米（马面？其结构待查）。西城墙在四面城墙中保存相对较好，故在西城墙南段开一条探沟（G1，东西46米、南北5—8米），以了解城墙的结构。根据对探沟的解剖情况，可知城墙基宽34.2米，残高8.7米，顶部残宽4米，顶部破坏严重，发现一个圆形土井和3个土坑，墙体上窄下宽剖面呈梯形。城墙以红褐色土为主，夯筑，夯层厚8—12厘米（一般厚10厘米），夯窝圆形，直径4—5厘米，深约1厘米，夯窝很少叠压。在部分夯层内发现一种半球形夯窝，直径7厘米、深3厘米，是边填土边夯打形成的。此外，在夯层间均垫一层厚2—4厘米，含灰、白、红颗粒状的灰褐黏土。墙体由三部分构成，内侧（东，主1层）宽约19米为城墙主体，夯土红褐色，黏性较大，夯层底部黏土分布不匀，夯窝较疏散。夯土中所出瓷片以粗白瓷最多，次为越窑青瓷和影青瓷。城墙主体外侧（西）为增筑部分（主2层），宽约8米余，叠压东部夯土。该部分的夯土稍泛灰色，内含少量细砂较松散，夯窝排列整齐，夯层间均匀铺垫黏土。夯土中出越窑、临汝窑、龙泉窑和影青瓷等瓷片。最外侧（最西边，主3层）为补筑部分，宽约6米，残高约2米余，夯土红褐泛黄，土质较软，夯窝稀疏，夯层间不垫黏土。夯土中出砖瓦、越窑青瓷和定窑白瓷等瓷片，并出土"天圣元宝"2枚，"治平元宝"1枚。前述三部分根据其夯土质地、夯筑方法、夯层厚度和包含物的不同，推测内侧城墙主体部分似筑于后周始建外城的显德年间；外侧贴筑于内侧墙体的增筑部分，土质与前者略有差异，夯筑方法相近，似筑于宋真宗时期（998—1022年）。最外侧补筑的夯土与前两部分差异较大，夯筑方法有别，似筑于宋神宗熙宁八年（1075年）至元丰元年（1078年）前后。城墙夯筑的红褐色土与墙基下生土相同，当取自附近，作为"黏合剂"的黏土，或如文献所记取自虎牢关。此外，在主体城墙外侧增筑部分（主2层）下端西侧，压在最外侧补筑夯土（主3层）之上有砖砌泄水槽遗迹。水槽为城墙排水设施，残存上、下两段，上段残高0.6米，下段残高1.2米，宽均为0.4米，下段较上段略偏东北0.1米（或与减缓水的下冲力有关）。水槽底砖平铺，两壁侧砖稍内斜。砖为宋砖，砖体35×17×6厘米，砖面有"X"形纹饰，砖间用泥勾缝。探沟（G1）在城墙两侧的堆积有12—13层、厚10—13米左右。以内侧（东）堆积为例，第1层耕土，2—6层淤积层，仅出清代钱币等个别遗物。7—10层为明代堆积，其中第8层堆积又分为红色黏土和黄褐色砂土两层，出宋代砖瓦和明代瓷片，疑是明末水淹开封时的堆积。第9层黄色砂石层，土质较硬，出宋砖、宋钱，明代瓷片和明代钱币。但其外侧（西）第9层堆积为黄褐色土层，其下部发现23层夯土，土质较硬。从伴出有明代瓷片来看，发掘者认为应是明代依宋外城垣夯筑土堤的残留（拦阻洪水备防河患）。11—13层宋代堆积，内侧距地表近11米，外侧距地表深约8米时始见宋代文化层[1]。

三　外城门和水门的考古调查与试掘

据调查在南郑门口村北侧有瓮城遗迹（图1-1-2，西W1），瓮城南距西城墙南端2050米，呈长方形，南北长165米，东西宽120米，中间开门（门宽不明），瓮城墙宽10—20米。瓮城内的城门与瓮城门东西相对，城门宽约30米，城门遗迹距地表深0.2—2米左右，属

---

[1]　外城西城墙T1及所发现遗迹，参见刘春连《北宋东京城研究》，科学出版社2004年版，第120—123页；《开封考古发现与研究》，中州古籍出版社1988年版，图版十三。

"直门两重"类型（图1-1-3，1）。为进一步了解瓮城情况，在瓮城门北端与瓮城墙之间开一条探沟（G2，南北25，东西5米）。在地表以下4米左右发现一条东西向路面，坚硬的路土呈青灰色。在路面上发现三条车辙痕迹，车辙宽约0.1米，车辙间距约0.75米。路土中出明代或更早些的瓷片，估计是明代路土。在该路土下有一层厚约0.8米的砖瓦堆积，砖瓦及所出瓷片均属宋和唐五代时期，似为城门倒塌后的堆积。距地表深5.7米处发现厚约1.1米的灰褐色宋代路面，路土中出宋代龙泉窑、钧窑、临汝窑、磁州窑瓷片和影青瓷片，以及少量唐五代时期的越窑瓷片。该瓮城遗址是已发现的诸门中规模最大，保存最完整的。据考证为顺天门（后周曰迎秋、太平兴国四年改名顺天，俗名新郑门）遗址。

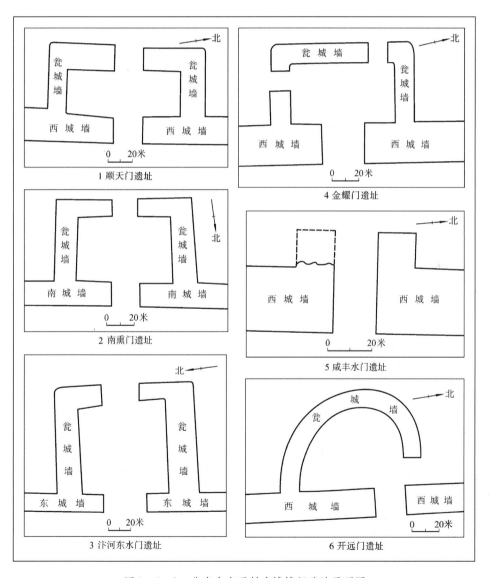

图1-1-3 北宋东京开封府城城门遗址平面图
（引自刘春迎《北宋东京城研究》，科学出版社2004年版，略变化）

在西城墙土城村北，南距顺天门遗址1680米发现一瓮城遗址（图1-1-2，西城墙之西W2）。呈半圆形，南北向105米，东西向60米，门偏开朝北（"屈曲开门"），宽19米。距地表深4米发现路土，路土坚硬呈黑灰色，内含砂礓石、碎砖和明代瓷片（明代曾利用此门），推测为开远门（太平兴国四年赐名通远，天圣后改名开远，俗名万胜门，后周无此门）遗址。

在河南大学新校区东北部，南距顺天门遗址3340米，距开远门遗址120米处，探明金耀门（固子门）遗址（图1-1-3，4）。金耀门城门缺口呈长方形，南北长32米，东西宽19米。城门缺口之西为瓮城，平面呈长方形，南北长79米，东西宽45米，瓮城拐角抹角。瓮城门二座，一在南墙近西端处，长方形，东西长15米，南北宽10米，另一座在西墙近北端处，门呈长方形，规模同南瓮城门。瓮城墙体宽约9米，结构同西城墙。在瓮城内发现两条道路遗址，路土距现地表深约11米，层厚约0.2—0.3米，为分别连接固子门与前达两座瓮城门的道路。又在瓮城内西南部发现一处用火遗址。此外，在固子门缺口处距现地表深8—11米的文化层中，发现大量碎砖瓦等堆积，在两瓮城缺口距现地表10—11.3米的文化层中，同样发现大量碎砖瓦堆积。上述现象似乎表明墙体或已部分包砖，城门之上似有门楼建筑。金耀门瓮城的形制是一种新类型。

在土城村南，南距顺天门遗址910米发现一水门址（图1-1-2，西城墙西Q1），平面呈对称的曲尺形，水门缺口宽约25米。曲尺形向外突出部分的顶部残缺，上端残宽约7米，下端宽约35米，推测是汴河上水门（西水门）遗址[1]。在固门村西南，南距开远门遗址620米发现一门址（图1-1-2，西城墙西Q2），缺口宽约65米，因地下水位高而无法勘探，性质待定。在开封市西郊林场内，南距金耀门遗址1520米发现一门址（图1-1-2，西城墙西Q3），缺口宽约35米，缺口北侧有向外凸出的长方形残迹，推测是金水河水门（太平兴国四年赐名咸丰水门）遗址（图1-1-3，5）。

东城墙南端向北5020米，在开封市二商干校院内发现一瓮城遗址（图1-1-2，东城墙东W2），距地表深3.7—6.7米探到瓮城夯土，瓮城平面呈半圆形，东西向50米，南北向108米，墙宽约15米，推测为含辉门（周曰寅宾，太平兴国四年改名含辉，俗名新曹门）遗址[2]。

东城墙南端向北730米（开封市火葬场西侧），发现城墙缺口，南北宽35米。在其外侧今火葬场大门两侧又钻探发现一形如瓮城的遗址（图1-1-2，东城墙东W1）。平面呈长方形，南北长130米，东西宽100米，墙厚20—28米。距地表深4.5—8米探到门址夯土，瓮城门开在中部，与城墙缺口相对，两者宽均为35米左右。推测城墙缺口为汴河东水门（汴河下水门），而其外的形如瓮城者则似为捍御汴河水门的拐子城遗址（图1-1-3，3）。

在距南城墙东端2900米处发现瓮城遗址（图1-1-2，南城墙南W1），平面呈长方形，东西长130米，南北宽80米，墙体厚约15米，中部开门，宽35米，门道情况不明，

〔1〕　汴河上水门实测图，参见《北宋东京城研究》，科学出版社2004年版，第50页。

〔2〕　含辉门遗址实测平面图，参见《北宋东京城研究》，科学出版社2004年版，第133页。

与瓮城门相对的外城门尚未找到。该门址与今开封市南北中轴线（中山路）相对，推测为南熏门（周曰景风，太平兴国四年改名南熏门）遗址（图1-1-3，2）。从南熏门遗址向西1180米发现一宽约100米的缺口（图1-1-2，南城墙南Q1），因水位较高无法钻探，情况不明，推测为蔡河上水门遗址。在该水门遗址向西620米肉联厂后门附近发现城门缺口（图1-1-2，南城墙南Q2），已探出的部分宽95米。缺口西部向外凸出似瓮城残迹，南北长50米，东西宽10米。缺口南和东部被铁路打破和墓地叠压，无法钻探，推测为安上门（周曰畏景，太平兴国四年改名安上，俗名戴楼门）遗址。此外，在曹屯村与豆腐营村之间发现一城墙缺口，因资料有限，尚不能判明是陈州门还是蔡河下水门遗址。北城墙破坏严重，发现的城墙缺口均宽达数百米，故不能确定城门遗址的位置。

据上所述，南熏门和新郑门的瓮城遗址平面均呈长方形，瓮城门与城门相对"直门二重"；万胜门和新曹门瓮城遗址平面均呈半圆形，瓮城门均位于瓮城右侧"屈曲开门"，瓮城门的两种形制与《东京梦华录》所记完全相同。但是，《东京梦华录》记城门皆"瓮城三层"，似为瓮城两层之误。此外，在南熏门瓮城门附近还发现大量碎砖、白灰、烧土块和木屑等，据此推测瓮城上原或有防御设施。而新郑门路土中的砖瓦堆积又表明外城门可能已经包砖。从《清明上河图》来看，当时的城门似已包砖，城门结构仍为过梁式木结构。关于外城的城壕，据调查大体宽约40米，距地表深约11米。

第二节　内城的形制

一　沿革

内城又称里城或阙城，即唐建中二年永平节度使兼汴州刺史李勉重筑之汴州旧城。汴州城始将汴河圈入城内，并在西和东城墙分别修建汴河西、东水门，奠定了北宋内城的基础，后周时略做修缮，入宋后经多次修筑，开十座城门和二座角门子（图1-1-1）。即南面三门，中间正门称朱雀门（唐曰尉氏，梁改名高明，晋称熏风，宋太平兴国四年改为朱雀），东为保康门（大中祥符五年建并赐名），西为崇明门（周曰兴礼，太平兴国四年改称崇明，俗名新门）；东面二门，南为丽景门（唐曰宋门，梁改观化，晋改仁和，太平兴国四年又改称丽景，俗名宋门），北为望春门（唐曰曹门，梁改建阳、晋改迎初，宋初称和政，太平兴国四年改名望春，俗名曹门）；西面二门，南为宜秋门（唐曰郑门，梁改开明，晋改金义，太平兴国四年改名宜秋，俗名郑门），北为阊阖门（唐曰梁门，梁改干象，晋改干明，宋初称千秋，太平兴国四年改名阊阖）；北面三门，正中为景龙门（唐曰酸枣，梁改兴和，晋改玄化，太平兴国四年改名景龙，俗名酸枣），东为安远门（唐曰封丘，梁改含辉，晋改宣阳，太平兴国四年改名安远，俗名封丘），西为天波门（梁曰大安，太平兴国四年改名天波）。此外，还有东面丽景门汴河南岸角门子，西面宜秋门北汴河北岸角门子，两座角门子。还开凿了内城的护城河，经广济河（五丈河）内、外城的护城河可以相通（内城南壕缺乏记载，故内城是否有完整的护城河尚有疑问）[1]。

金兵攻破开封，内城遭严重破坏。此后，金代末期金廷定都开封期间（1214—1233年）曾扩展内城，北宋内城基本被毁[2]。元灭金，开封更名汴梁。元末为防红巾军，塞八门，仅余五座城门（至今未变）。明初在金代开封城基础上重筑开封城，城门五座，城墙始包青砖。崇祯十五年（1642年）内城被大水淹没。清康熙元年（1662年）在明城基础上重筑，城墙城门沿袭明代。道光二十一年（1841年）黄河决口灌开封城，第二年又重修开封城墙。1996年开封城墙被列为全国重点文物保护单位。

二　内城的平面与内城墙和城门的调查试掘

根据考古勘探[3]，宋代东京内城南城墙在今大南门北300米左右的东西一线，北城墙在龙亭大殿北500米左右的东西一线，东、西城墙被叠压在明清砖城墙之下。内城大致位于外城内的中间（图1-0-1、图1-1-2），方向190°，形制略呈方形（东西稍长），四面城墙总长约11550米，与文献所记相合（规模与唐汴州城同），规模小于现存的明清开封城。

北宋东京内城遗址埋藏深（距地表8—10米），地下水位高（部分地区距地表0.8米即见水），淤砂堆积厚（仅明清两代淤沙堆积厚就达5—6米），考古勘探和试掘十分困难。自1986年以来，仅探明内城墙的位置、范围和部分门址。东城墙被压在明清东城墙下，其顶端距地表约3.6米，城墙夯筑、夯层清楚，土质黄褐色，坚硬细密，下部因长期水浸无法勘探。西城墙大部分被压在明清西城墙下，内城墙顶端距地表约3米，残高约8.2米（宽度无法测量），夯筑、夯层清楚，城墙底部基础垫30厘米厚的砖瓦层。2000年7月在开封城墙西门北侧古马道遗址进行考古发掘，现地面上为高8米的今修复的城墙，地表以下3米见明清西城墙。地表以下3—11米为北宋内城西城墙，再下11—11.4米见唐汴州城西墙基础。地表下3—11米宋内城西城墙上层墙体内侧见宋代小型青砖（24×12×6厘米）包砌，下层钻探部位仅见夯土，未见包砖，下层底部有一层厚约20厘米的砖瓦层。该层之下探出一层夯土，厚10—15厘米，其下有厚约25—30厘米的砖瓦层，再下即生土层，此为唐汴州城西城墙的基础部分。东西城墙长度，目前尚无法准确测定。宋东京内城南城墙在开封市三建预制厂向东经迎宾饭店、包府坑东湖、封吉府街、南泰山庙街、青龙背街至汽车发动机厂一线，已探明的地段约2100米。南城墙破坏严重，残墙基高0.6—1.8米，残宽3—10米，距地表一般在8米以下，最深达9.8米。宋东京内城北城墙在开封市汽车公司停车场向东经塑料公司、文昌街小学、市人民体育场南部、汽车四队、二十八中等一线。北城墙破坏最为严重，现已探明地段长仅1400米左右。从已探明部分看，内城北城墙的部分地段与金皇宫北墙、明周王府萧墙北墙相叠压，两侧向外延伸的地段距

[1]　周宝珠：《宋代东京研究》，河南大学出版社1992年版，第46—47页。论证里城北、西、东均有城壕，"里城南壕，缺乏记载"。其结论是"里城有护城壕，但不能证明已形成一个完整的环形城壕"。后文将说明以蔡河为内城南护城河。

[2]　金迁都开封后修城，将原宋内城南、北城墙铲平向外各扩约半里，东西墙仍为北宋旧墙，仅稍加高修整而已。

[3]　丘刚：《北宋东京内城的初步勘探与试掘》，《文物》1996年第5期。

地表深 8.5—9.5 米，内城墙残高 0.5—1.2 米，残宽不足 5 米。宋东京内城南、北城墙的毁坏，推测是金宣宗定都开封时向南、北扩展所致。

在调查勘探的基础上，选择内城北城墙西段开一南北向探方（内北 T1，南北 18.5 米，东西 8.85 米）[1]。据此可知北宋内城北城墙上面分别筑有金皇宫北墙和明周王府萧墙北墙。明周王府萧墙北墙在探方北部第 7 层文化层下，距地表 1.9—4.15 米，墙厚 2.25 米。棕褐色和灰褐色两种土质夯筑，夯层厚 10—20 厘米，质地坚硬。夯面夯窝密布，夯窝圆形浅平底，直径 3—5 厘米，深 0.5—1 厘米。夯土包含物有明影青瓷片、白釉瓷片、宋临汝窑印花瓷片、钧窑瓷，以及布纹和绳纹陶片等。城墙底部铺砖瓦层厚 5 厘米，砖层自东向西交错顺平铺四排，其间杂有绳纹、素面砖块、布纹瓦片和大量白灰。明周王府萧墙下压金皇宫北墙，金皇宫北墙距地表 4.15—4.45 米，厚 0.3 米，夯筑。夯土灰褐色，土质较松软，夯层夯窝不明显。城墙底部铺垫一层厚约 5 厘米的残青砖层。墙内包含物有宋白釉瓷片、临汝窑瓷片、绿釉及黑釉瓷片，唐民窑白釉瓷片、粗布纹瓦片和灰色带花陶片等。金皇宫北墙下压宋内城北城墙，宋内城北城墙距地表 4.45—7.32 米，厚 2.87 米，灰褐色土夯筑，土质较纯，坚硬细密。夯层一般厚 14 厘米，夯窝圆底，直径 6—7 厘米，深约 1 厘米。夯层底部垫厚约 16 厘米的砖瓦层，墙内包含物均属宋或宋代之前，如宋白釉瓷片、影青瓷片、临汝窑及汝窑瓷片，唐白釉、黄釉、青釉瓷片，以及绳纹瓦片、布纹筒瓦和绿釉红胎琉璃瓦片等。此外，值得注意的是宋内城砖瓦层下还有灰褐色夯土层，探铲探至距地表 9.5 米深仍为夯土层（再下已无法钻探）。以此结合明、清东西城墙下的宋内城东西城墙，利用钻机勘探到距地表深 11.4 米，其下部也是一层厚约 40 厘米的砖瓦层，砖瓦层下是生土层，以此来看，宋内城北城墙砖瓦层下的夯土层有可能是唐汴州城北城墙遗迹。

北宋东京内城八座城门和二座水门，目前只有朱雀门和汴河西角门子遗址大致可定。朱雀门为内城正南门，在今开封城墙南门北约 350 米的中山路两侧，探明一宽约 90 米的城墙缺口，在缺口西南角距今地表深 8.2—9.4 米处探到城墙夯土遗址，此即与已探明的南熏门、州桥、宋皇宫遗址南北相对的朱雀门遗址。由于在缺口西北部距地表深 7.6—8.7 米处，普遍探到大量碎砖瓦、瓷片和白灰等物，推测应为朱雀门上建筑倒塌后的残迹。又在南距明、清城墙西南角约 920 米处，探明汴河故道一段，该河道与城外由二建筑综合加工厂延伸过来的河道相对应，考虑到今西城墙下压宋内城西城墙，故确定其所经过的西城墙处当为宋汴河西角门子遗址的位置。除上所述，当地考古工作者，根据考古调查和文献考证，又大体界定了几座城门的位置。如西城墙北门阊阖门，在今开封西城墙大梁门处。西城墙南门宜秋门，在今开封西城墙南门（小西门）附近。内城东城墙南门丽景门，在今开封东城墙宋门附近。东墙北门望春门，在今开封东城墙曹门附近。北城墙东门安远门，在今开封解放大道北段河南大学附中大门附近。南墙东门保康门，在今开封泰山庙街与前新华街相交处附近。

---

[1]　内城北城墙 T1 图和遗迹照片，参见《北宋东京城研究》，科学出版社 2004 年版，第 161、162、164 页；以及《开封考古发现与研究》，中州古籍出版社 1988 年版，图版十五。

第三节　宫城和皇城的形制

五代时期后梁以唐汴州宣武军节度使衙署为建昌宫，后晋更名大宁宫，周世宗又以此为宫城，然"未暇增大"。北宋建隆三年（962年），扩建，大中祥符五年（1012年）土墙改为砖筑。金正隆三年（1158年）在宋大内废墟上营建宫城。明洪武十二年（1379年）在金故宫基址上营建周王府。明末崇祯十五年（1642年）开封被黄河水淹灌，周王府被淤埋于地下。

一　考古调查与试掘

根据考古调查勘探资料[1]，可知北宋宫城东墙南起今开封市图书馆北墙附近，自南向北经市曲剧团家属院、市文化局家属院、东华门街西侧、豆制品厂，止于豆制品厂北侧。西距龙亭大殿230米，全长约690米，宫墙距地表深5米以下，宫墙宽8—10米。西墙北起龙亭公园西北侧电视塔，向南经杨家湖西岸、杨家湖与杨家西湖之间断桥处，止于开封市麻刀厂西墙附近，全长约690米。宫墙距地表深5米以下，宫墙残宽约8米。南墙西起市麻刀厂西墙附近，向东经原午朝门影剧院、午朝门、宋都御街停车场、市杂技团东院，止于市图书馆北墙附近，全长约570米。南墙西段距地表深约4米，其余地段距地表深4.5—5米，宫墙残宽10—12米。北墙东起市豆制品厂北部，向西经市人民检察院北侧，龙亭公园大殿后墙处，止于龙亭公园西墙附近，全长约570米。北墙距地表深约6米，宫墙残宽约12米（图1-1-2）。

在北宋宫城北墙东段，于西距龙亭大殿台基约38米处的公园东墙内开一探方[2]。在探方中部偏北第4—5层文化层中发现明周王府紫禁城北墙，残墙距地表深3.40—4.30米。墙顶残宽3.60—4.20米，底部残宽5.05—8.20米。城墙棕褐色土夯筑，夯层厚20—25厘米，夯窝圆形浅平底，直径3厘米，深1—1.5厘米。夯窝排列稀疏，间距约6厘米。在城墙底部内外两侧发现包砖痕迹。然后又在该墙底部两侧各开一条探沟和探方，试掘结果表明，北宋宫城北墙被叠压在明周王府紫禁城北墙之下。北宋宫城北墙距地表深约5.30—9.85米，残高4.2—4.5米。城墙构筑可分上中下三部分，上层为棕褐色夯土层，厚3.7米，夯层厚8—10厘米，一般厚9厘米。每层下半部为碎砖瓦层，上半部为夯土层。中间部分砌筑青砖层，厚0.6米，共四层，每层厚约15厘米。青砖大致为14.5×18×5厘米，排列整齐，砖间白灰勾缝。下部是棕褐色夯土层，厚0.4米，夯层一般厚10—20厘米，最下接生土层。城墙内包含物主要是唐、宋时期的各种瓷片和瓦片等。发掘

〔1〕　丘刚、董祥：《北宋东京皇城的初步勘探与试掘》，载《开封考古发现与研究》，中州古籍出版社1998年版；丘刚：《北宋东京皇宫沿革考略》《北宋东京三城的营建和发展》，《中原文物》1990年第4期；《开封考古发现与研究》，中州古籍出版社1998年版。

〔2〕　宫城北墙东段探方图和局部解剖图，参见前注及《北宋东京城研究》，科学出版社2004年版，第209页。

者推断，中部青砖层应是大中祥符五年"以砖垒皇城"的遗迹，青砖上面的夯土层为北宋末期或更晚的金、元时期构筑，青砖下面的夯土层是北宋早期或更早的五代和唐汴州节度使衙署北墙。

在龙亭公园大门前石狮处，于距地表深 3.5—4 米发现一建筑基址。基址西距勘查所知北宋宫城西南角约 250 米，基址以午朝门石狮为中心，东西约 70 米，南北约 30 米。基址夯筑，杂有大量砖瓦和白灰，其下仍为夯土层。钻探至距地表深 6.5 米左右又出现砖瓦层。发掘者根据基址位置，地层深度和出土遗物判断，基址上部应是明周王府紫禁城正南门端礼门遗址，下部砖瓦层为宋代门址[1]。

在龙亭大殿台基北 15 米左右，东距龙亭公园东墙约 70 米处发现一缺口，其南与午朝门发现的门址对直。缺口宽约 30 米，其两侧城墙距地表深约 3 米，城墙残宽 6—8 米。勘查者根据缺口位置（北墙其余地段未发现缺口）和深度推断，缺口为明周王府紫禁城北墙承智门遗址，下部是北宋宫城墙北门拱宸门遗址[2]。

在龙亭东湖（潘家湖）东岸市文化局家属楼北端，即东华门街北端与东明街南端之间的东西横道附近发现一缺口。缺口距探查所知北宋宫城东南角约 135 米，缺口宽约 15 米，其两侧城墙残宽约 6 米，距地表深 3—4 米。探查者联系缺口处于东华门街，结合城墙深度推测，缺口应是明周王府紫禁城东门礼仁门遗址，其下部为北宋宫城东华门遗址[3]。

在午朝门之南约 400 米的新街口附近，于距地表深约 4.5 米发现一门址（图 1 - 3 - 1）。门址下仍为夯土，距地表深 8.3 米处又发现一建筑基址，距地表深 10 米左右达生土层。在该门址西南角的开封师专教学楼群间勘探，距地表深 4.5—6.3 米间又现发前述门址残迹和明代绿釉琉璃瓦等构件。后配合拆迁工程，在前述门址东南部于距地表深 4.5 米、6.3 米、8.2 米处，普遍发现三层建筑残迹叠压现象。在距地表深 4.5 米处发现绿釉琉璃瓦、朽木块等遗物。综合上述现象，勘察者推断，距地表深 4.5 米的门址为明周王府萧墙南门午门遗址，其范围约东西 70 米，南北 50 米。明午门遗址下距地表深 6.3 米的遗址，是金故宫正门午门遗址，距地表深 8.2 米的遗迹是宋代门址[4]。

在龙亭公园的石桥与嵩呼之间探出一殿址，殿基东西宽约 80 米，南北最大进深 60 米，建筑台基"凸"字形[5]，夯筑。台基四壁均包青砖，四周环有宽约 10 米，长近千米的包砖夯土廊庑。探查者推断为北宋宫城大庆殿遗址（按此说未提供证据）[6]。

〔1〕　丘刚、董祥：《北宋东京皇城的初步勘探与试掘》，载《开封考古发现与研究》，中州古籍出版社 1998 年版；（清）周诚：《宋东京考》卷一，中华书局 1988 年版。根据正文对东华门位置，及后注对紫宸殿位置的推断，似可认为午朝门下最底层之宋代门址为大庆门遗址。

〔2〕　参见丘刚、董祥《北宋东京皇城的初步勘探与试掘》，《文物》1996 年第 5 期。

〔3〕　参见丘刚、董祥《北宋东京皇城的初步勘探与试掘》，《文物》1996 年第 5 期。

〔4〕　参见丘刚、董祥《北宋东京皇城的初步勘探与试掘》，《文物》1996 年第 5 期。文中认为午朝门处宋代门址，新街口处宋代门址均有是宣德门遗址的可能性。我们认为，新街口处宋代门址为宣德门遗址。详见后文。

〔5〕　按宋宫城内大殿平面呈"工"字形，此言"凸"字形，似仅为发掘部分的局部形制。

〔6〕　参见丘刚《北宋东京三城的营建和发展》。根据前面正文介绍的东华门位置，所发现的殿址在东、西华门街之北，故不可能是大庆殿遗址，而应是其北的紫宸殿遗址。

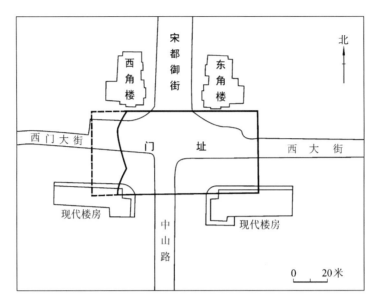

图 1-3-1　开封市新街口附近宋代宫城门址遗迹位置图

（引自《北宋东京城研究》，科学出版社 2004 年版，简化）

二　宫城和皇城的形制

（一）文献所记宫城和皇城的布局概况

皇城正南门称宣德门，宣德门东曰左掖门，西曰右掖门。《宋史》卷八十五《地理志一》东京条记载：宫城"正南门曰大庆，东西横门曰左、右升龙。左右北（掖）门内各二门曰左、右长庆，左、右银台"。"东西面门曰东华、西华"，"东华门内一门曰左承天祥符，西华门内一门曰右承天。左承天门内道北门曰宣佑"。"北一门曰拱宸"。宫城四隅建角楼。宫城的布局，以东、西华门间横街为界，将宫城分为外朝和内廷两大部分（图 1-3-2）。东、西华门干道之北，以宣祐门和拱宸门间南北路为界，其西为内廷，其东为太子宫和内诸司等。此外，在宫城西北部又有后苑[1]。

　　外朝的主体建筑是大庆殿和文德殿。宣德门内正南门称大庆门，两门间有左右廊，廊分置左右升龙门。大庆门内正北中轴线上置大庆殿（宫内最高大雄伟的建筑），殿后有阁（斋需殿），阁后为大庆殿后门端拱门。文德殿在大庆殿之西。进宣德门经右升龙门至端礼门，入端礼门正北对文德门，进文德门正北对文德殿，殿后有阁，北临东、西华门间横街，后阁与街北垂拱殿建筑群之间有柱廊相通（为宫城南北建筑群的连接处）。端礼门与文德门间，置主要中央衙署枢密院、中书省、都堂、门下省，以后又建中书门下后省和国

---

[1]　文献记载的北宋宫城，行文含混，主要坐标点和主要配置的方位不太明确，故后人仁智各见，看法不一。本文主要依据周宝珠《宋代东京研究》第二章"宫城"，河南大学出版社 1992 年版；郭黛姮主编：《中国古代建筑史》第三卷《宋辽金西夏建筑》第三章第一节"北宋宫殿"，中国建筑工业出版社 2003 年版，并结合《傅熹年建筑史论文集》，文物出版社 1998 年版，北宋东京宫城布局示意图进行简单介绍。仅供参考。

史院。都堂又称政事堂，亦称东府，管理行政；其西的枢密院又称西府，管理军政，两者对持文武二柄，"号称二府"。

东、西华门间横街之北为内廷，其中宣祐门至拱宸门南北通道之西的内廷西部为视朝之殿和寝宫区。紫宸殿在大庆殿北偏西，乃皇帝"正朔视朝之前殿"。紫宸殿之西，文德殿之北有垂拱殿，是皇帝"常日视朝之所"，紫宸、垂拱二殿有柱廊相通。垂拱殿西有皇仪殿，再西集英殿，集英殿后有需云殿。在皇仪殿、集英殿之东北有升平楼。

紫宸殿北偏东，内东门北有崇政一组宫殿，崇政殿是皇帝"阅事之所"。在垂拱殿后，有福宁一组宫殿。福宁殿西为宝慈宫。在宝慈宫之西，有龙图阁等一组建筑群。在西华门内之北有旧延福宫、广圣宫建筑群，广圣宫北接后苑。

东华门至宣祐门以北，拱宸门至宣祐门之东为内廷东区，是"内诸司"集中之地[1]。

后苑位于内廷西区北部（景福殿、广圣宫北），后苑之迎阳门在延和殿西北。太祖时已有后苑，但主要建筑成于真宗、仁宗时期。苑内建筑密集，殿台楼阁、假山池沼、异花竹木、珍禽鱼类、无所不有，其中不乏藏书之所。

（二）与皇城相关的延福宫、艮岳和上清宝箓宫

政和三年春（1113年），新建延福宫"于大内拱宸门外"。又称延福五位[2]。该宫"东西配大内，南北稍劣。其东值景龙门，西抵天波门，宫东西两横门，皆视禁门法，所谓晨晖、丽泽者也，而晨晖门出入最多"[3]。宫之南门即宫城拱宸门，其北抵内城北城墙（图1-3-3）。

北宋末年，宋徽宗又在延福宫后跨旧城建"延福第六位"。该建筑群"跨城之外，浚壕，深者水三尺，东景龙门桥，西天波门桥，二桥之下，垒石为固，引舟相通，而桥上人物外自通行不觉也，名曰景龙江，其后又辟之，东过景龙门至封丘门。景龙江北有龙德宫。初，元符三年，以懿亲宅潜邸为之[4]，及作景龙江，江夹岸皆奇花珍木，殿宇比比对峙，中涂曰壶春堂，绝岸至龙德宫。其地岁时次第展拓，后尽都城一隅焉，名曰撷芳园，山水秀美"。"花石纲"中相当一部分，用于延福宫的景观布置上[5]。

政和七年（1117年），"命户部侍郎孟揆于上清宝箓宫之东筑山，象余杭（杭州）之凤凰山，号曰万岁山，既成更名曰艮岳"（艮，为八卦之列位）。宣和四年（1122年）建成，宣和六年以金芝产于艮岳之万寿峰，又名寿岳，因"岳之正门名曰阳华，故亦号阳华宫"。艮岳在宫城东北，景龙门内以东之地，东以封丘门内马行街为界。其东西约600米，

[1] 参见《东京梦华录注》卷一"内诸司"，中华书局1982年版；又周诚《宋东京考》卷三"诸司"，对内诸司各机构职能有较详细的解释，中华书局1988年版。

[2] （宋）袁褧：《枫窗小牍》，《历代小说集成》卷上，河北教育出版社1995年版。蔡京命童贯、杨戬、贾祥、蓝从熙、何䜣五大宦官分区负责监修，此五人"因各为制度，不务沿袭，故号延福五位"。

[3] 《宋史》卷八五《地理一》对延福宫有较详细的记述。

[4] 懿亲王邸，即李遵勖娶公主后的宅第，原为驸马王贻永旧居，收官后转赐李家。徽宗再加建造，"穷极奢侈，为一时之壮观"。徽宗移居龙德宫后，将宣和殿的陈列物移此，这里成为宫城内外环境最佳的地方。

[5] 徽宗为营建艮岳等，广事搜求江南石料和花木，设"应奉局"于平江（苏州），派朱勔主管应奉和"花石纲"事务。"纲"是宋代水路运输货物的组织，全国各地从水路运往京都的货物均编组，一组谓之一"纲"。

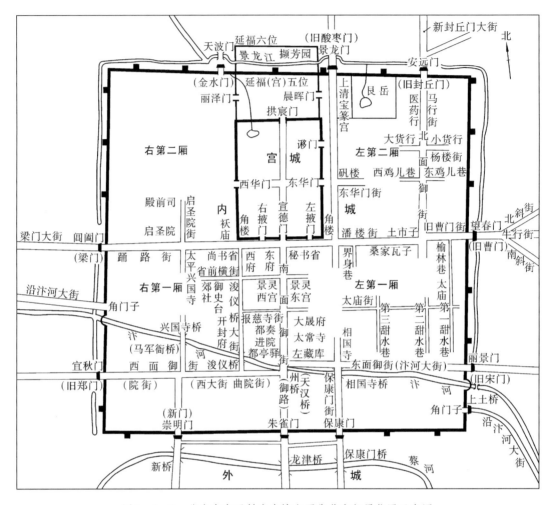

图1-3-3　北宋东京开封府内城主要街巷和衙署位置示意图

南北约500米，直线周长2200米，约4宋里，《宋史》《汴京遗迹志》等记"艮岳周围十余里"似误[1]。艮岳将叠山、理水、花木、建筑完美结合，是大自然生态环境与各地山水奇景的高度概括，被视为中国古典园林成熟时期的标志，是一座具有划时代意义的园林作品。

上清宝箓宫在景龙门东，与晨晖门相对。政和五年，宋"徽宗因林灵素之言，建上清宝箓宫，密连禁署"；"由是开景龙门，城上作复道，通保箓宫，以便斋醮"[2]。宝箓宫"极土木之盛，灿金碧之辉，危殿杰阁，瑶室修廊，为诸宫之冠云"[3]。

〔1〕　参见刘春迎《北宋东京城研究》，科学出版社2004年版，第259—261页。
〔2〕　参见周诚《宋东京考》卷一三引《宋史》，中华书局1988年版。
〔3〕　参见周诚《宋东京考》卷一三引《宣靖妖化录》，中华书局1988年版。

（三）宫廷广场与主要衙署的配置（图1-3-3）

宣德楼前为宫廷广场。《东京梦华录》卷二"御街"条记载："自宣德楼一直南去，约阔二百余步。两边乃御廊，旧许市人买卖于其间，自政和间官司禁止。各安立黑漆权子，路心又按朱漆权子两行。中心御道，不得人马行往，行人皆在廊下朱权子之外。权子里有砖石甃砌御沟水两道，宣和间尽植莲荷，近岸植桃李梨杏，杂花相间。"文中"约阔二百余步"非指南面御街全程而言。《东京梦华录》卷六"元宵"条记载："正月十五日元宵……开封府绞（应作结）缚山棚（所结彩山为山棚），立木正对宣德楼。游人已集御街，两廊下奇术异能……日新耳目"，"灯山上彩"，"自灯山至宣德门楼横大街，约百余丈，用棘刺围绕，谓之棘盆（'阙下灯山前为大乐场，编棘为垣，以节观者，谓之棘盆'）。内设两长竿，高数十丈，以缯彩结束。纸糊百戏人物，悬于竿上……内设乐棚，差衙前乐人作乐杂戏，并左右军百戏在其中。"据此可知，"约阔二百余步"即"自灯山至宣德门楼横大街，约百余丈（百余丈与二百步基本相同）"的"棘盆"范围。也就是宣德楼和左右掖门前横街至宣德楼前南面御街百余丈略呈"T"字形部分（从文献行文看，宣德楼前横街所涉及部分较南面御街略宽，已略呈"T"字形），这个范围即是目前所习称的宫廷广场。

除上所述，从宣德门至州桥这段御街两侧还是一些主要中央衙署所在地。《宋东京考》卷四"中书省"条引《石林诗话》记载："元丰初，始建东西府于右掖门之前，每府相对为四位，俗谓之八位"，"东府与西阙门相近，西府正直右掖门"（宋以枢密院与中书对持文武二柄，号称二府，枢密院为西府、中书省为东府）。《东京梦华录》卷二"宣德楼前省府宫宇"条记载：宣德楼前"右廊南对右掖门（应为右南廊对）……近东则两府八位，西则尚书省。御街大内前南去，左则景灵东宫，右则西宫。近南大晟府，次曰太常寺。州桥曲转大街面南曰左藏库"。同书卷三"大内西右掖门外街巷"条记载："大内西去，右掖门祆庙，直南浚仪桥。街西尚省书东门，至省前横街，南即御史台，西即郊社，省南门正对开封府后墙（开封府治在内城浚仪桥西北）。"《宋史》卷一〇一《礼志四》"明堂"条记载，"政和五年（1115年）乃徙秘书省宣德门东，以其地为明堂"。总之，在宣德楼前按传统配置左祖右社（太庙西对郊社，其位置后文有说），部分中央衙署较集中地置于宫廷广场两侧（以西侧为主）及其延长线上。此外，还有一些官署性质的机构散置于城内它处。

（四）宫城皇城的构成、形制与规模

《宋会要辑稿》第一八七册《方域》一之二记载："大内据阙城之西北，宫城周回五里。"《宋史》卷八五《地理志一》记载："宫城周回五里。南三门，中曰乾元（宣德），东曰左掖、西曰右掖，东西面门曰东华、西华，北一门曰拱宸。"此外，还有熙宁十年赐名的谯门，位于东华门北，是宫城东墙的别门。由于文献未言明宫城的确切位置，"宫城周回五里"也不涉及宫城的形制，故历来猜测颇多。根据前述考古资料介绍宫城城墙的位置，可知宫城在内城北部中间偏西北，与文献所记"据阙城之西北"相当。考古勘察宫城东、西墙长约690米，南、北墙长约570米，所以其形状应呈南北长东西短的长方形。宫城各墙长度之和为2520米，约合4.5宋里，与文献所记"周同五里"还差半宋里（见后文注释）。前面考古资料指明，周王府紫禁城北门承智门遗址下压的宋代门址为其宫城北门拱宸门故址；周王府紫禁城在东礼仁门遗址下压的宋代门址为其宫城东华门故址。再次证明，前述位于午朝门的周王府紫禁城正南门端礼门遗址下压的宋代门址似为宋宫城内大庆门故址，是有道理的。

北宋东京的皇城迄今仍是不解之谜。由于记载北宋东京大内的文献往往宫城皇城混用，故导致北宋东京宫城即皇城说的流行。但是，有证据表明北宋东京大内的确有皇城。《五代会要》卷五"大内"条记载："周广顺元年（951年）六月，敕以熏风等门为京城门，明德门为皇城门，启运等门为宫城门，升龙等门为宫门，崇元等门为殿门。"可见早在后周时大内已有宫城皇城之别。北宋在后周宫城皇城基础上营建大内，并将明德门改称宣德门，俗称端门（隋、唐洛阳皇城正门亦称端门），这种承袭关系表明北宋应有皇城。又《宋会要辑稿》中《方域》一之一一、《宋史》卷八十五《地理志一》均言"广皇城（按指后周之皇城）东北隅"，按洛阳宫殿图"修宫城"（唐东都洛阳宫城在北，皇城在南）；《宋刑统》卷七记载违犯城门开启制度的处罚中规定："其皇城门减宫城门一等，京城门又减皇城门一等。"很显然，北宋东京大内也有宫城和皇城之分。这个时期皇城的主要功能在于置主要中央衙署和其他中央机构及内诸司等。前述分析表明，都堂、中书省、门下省、枢密院等置于文德殿庭院前，大庆殿庭院西，左长安门至左银台门道路之东置三馆、秘阁，后改崇文院，神宗时改秘书省。右长安门至右银台门道路之西，置显谟等阁，宣徽院、学士院等。内廷宝慈宫之西置龙图阁等，西华门之北旧延福宫有奉宸五库。内廷东华门至宣祐门以北，拱宸门至宣祐门之东，置内诸司。由于在外朝之南，外朝、内廷之东西两侧置主要中央衙署，有关的中央机构和诸库，故这个范围应属皇城职能范畴，宣德门为皇城门，此时东、西华门和拱宸门亦当是皇城门。其中宣德门，即前述新街口周王府萧墙正南门下压之宋代门址。

营建"延福五位"和"延福六位"后，二者与大内紧密相连、相通，宋徽宗又移居龙德宫，并成为宋徽宗与权臣们经常活动的主要场所。袁褧在《枫窗小牍》中，将原宫城及延福宫统称为"汴京故宫"，即"延福五位"和"延福六位"是原宫城的扩大。《新刊大宋宣和遗事》所记：徽宗"宣童贯、蔡京值好景良辰，命高俅、杨戬向九里十三步皇城，无日不歌欢作乐"，乃是当时真实情况的写照。也就是说，"九里十三步皇城"，应是当时大内包括的宫城、皇城、延福五位和六位全部范围之周长，而是时"延福五位""延福六位"则应属皇城范畴[1]。这样，至宋代晚期皇城就形成了环套宫城之势（较唐洛阳皇城形制发生变化），从而成为金中都皇城环套宫城形制之先河。

此外，宋徽宗又建上清宝箓宫和艮岳。宝箓宫通过景龙门复道与延福宫相连，艮岳与宝箓宫相邻，和延福宫水系相通，二者同时也是宋徽宗经常活动之所。因此，这一带就成为宫城皇城之外，与之近在咫尺并隶属于皇城的最重要的皇家园林。

第四节　街巷厢坊与四河贯都

一　街巷

北宋东京开封府城由御路、街、巷交织成交通网络，并由此构成该城平面布局和各类配置的骨架。其中州桥是南、东和西三条御路的交汇处，是城内水陆交通的枢纽。

（一）州桥的试掘

州桥，唐代称"汴州桥"，以在州南，故俗称州桥，五代时称"汴桥"，宋代称"天汉桥"（当时视汴河为天河），又名御桥。金、元时期州桥未有大的变动，明初重修，明末由于黄河水患被淤埋于地下。

---

[1] 北宋开封宫城和皇城周长，是悬而未决的问题。为此，下面略做探讨。第一，现在考古勘探报告，将宫城南墙划在午朝门东西一线，这样宫城周长就为 2520 米，合 4.5 宋里（1 宋里约为 559.872 米），较 5 宋里还差半宋里。第二，在午朝门之北，于石桥与嵩呼之间探出一殿基，台基东西 80 米，南北最宽处 60 米，四周宽容约 10 米长近千米的包砖夯土廊庑（此数据似过大，应再核查），报告认为是大庆殿遗址。按，该殿址位置距龙亭大殿较近（龙亭大殿后为宫城北墙），所占面积很大。若其为大庆殿遗址，那么在其北很难容纳其他宫殿、帝后寝殿、附属建筑和后苑等众多建筑。加之该殿址又在所发现的东华门遗址之北，故该殿址或是紫宸殿之所在，大庆殿当在其南。第三，按周王府以金宫城营建紫禁城，金宫城又是以宋宫城营建宫城，是周王府紫禁城四至同于北宋宫城。《古都开封》（中国旅游出版社 1982 年版），《开封》（中国建筑工业出版社 1993 年版）所记明清时期的开封，均说午朝门是周王府的二门所在，午门是周王府的正南门。明人《如梦录》则说：周王府南门即宋之大宋门（按宋无"大宋门"，其位置应是宋皇城正南门）。据此结合前述，可认为在午朝门发现周王府紫禁城端礼门下压之宋门址为大庆门，在午朝门南 400 米新街口发现周王府萧端南墙正南门下压之宋代门址为宣德门。田凯《北宋东京皇宫考辨》（《中原文物》1990 年第 4 期）、李合群《北宋东京皇宫二城考略》（《中原文物》1996 年第 3 期），均认为新街口周王府萧墙午门遗址下的宋代门址为宣德门故址。这样，午朝门至新街口两门址相距 400 米，加上宫城东西跨度 570 米，所形成的东西长方形，其周长 1940 米［（400 米×2）＋（570 米×2）］，约合 3.5 宋里，即为皇城的主要范围之一。这样，其与午朝门以北部分之总周长应为 3320 米（2520 米＋400 米＋400 米），约合 5.92 宋里。第四，前已说明政和时期修建的延福宫（五、六位）已是大内的重要组成部分。仅"延福五位"按"东西配大内，南北稍劣"之说，其南北跨度约 500 米（宫城北墙与内城北墙间距），东西为 570 米（宫城东西宽度），以此相加，合计周长则为 3920 米［（400 米＋690 米＋500 米）×2 ＋（570 米×2）］，约合 7.7 宋里。实际上"延福五位"其东直景龙门，西抵天波门，后又"跨旧城修筑"延福六位，范围又扩大许多；7.7 宋里加上这些部分，其周长达九里十三步是不成问题的。第五，据上所述，我们认为九里十三步乃是午朝门以北部分，午朝门至新街口宣德门部分加上延福五、六位外围周长之总和。至于文献所记宫城周长五里，只是一个概数。但文献所记周回五里含宣德门在内（《宋史·地理志一》），这样其周长当为 5.9 宋里，概言为五里差距较大，应概言为六里。

州桥遗址位于开封市南门里中山路中段，开封皮鞋厂门前，南至小纸坊街东口53米，北距大纸坊街东口50米（图1-4-1）。试掘时在开封皮鞋厂（今三毛时代购物广场）门前路面下4.3米左右见到州桥遗址，桥面青石板铺砌，石板已残缺不全。桥面石板下有厚5—8厘米白灰层，其下为衬砖，拱顶中部之上的衬砖东西顺砌两层，余者南北纵砌，其层数随拱券的弧度而增减。所用砖绝大部分是0.42×0.21×0.1米的明代青砖，少量为0.75×0.27×0.15米的明代特大型砖，在第一、二层衬砖之间还发现有菱形阴纹的宋代残砖。仅清理出中间桥洞（估计原为三孔），拱券砖砌，三券三伏，厚1米。拱券东西长30米，拱跨5.8米，矢高3.7米，矢跨比为1.27∶2，桥洞高6.58米。拱券东西两端下层各砌券脸石一道，向外突出0.15米。桥墩青石条东西顺砌成墙形墩，露明部分高2.88米。桥洞地面靠两侧墩墙各顺置二排长木（长木截面长方形），其余部分石板铺砌，石板大小不一，铺砌不甚规则。桥基采用筑筏方法，即在河底基槽内置层层纵横交错，截面呈长方形的长木，然后在基木上砌桥墩（图1-4-2）。出土重要遗物有金代白釉赭花鱼藻纹残瓷盆一件，元代青釉瓷碗一件，明代晚期黑釉瓷罐一件，明晚期白釉八卦纹残瓷炉一件，以及明晚期青釉和青花瓷片等。

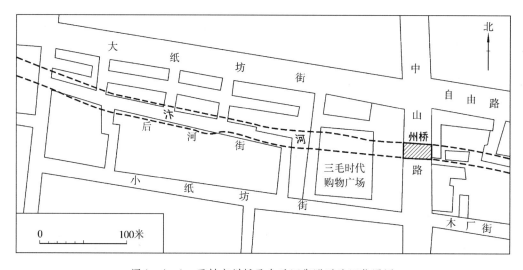

图1-4-1　开封市州桥及今后河街附近汴河位置图

（引自《北宋东京城研究》，科学出版社2004年版）

州桥在宋神宗（1068—1085年）时曾进行改建，改建后的州桥张知甫《可书》："起州桥二楼，又改桥作石岸，以锡铁灌其缝。"《东京梦华录》卷一"河道"条记载：州桥"正对于大内御街，其桥与相国寺桥，皆低平不通舟船，唯西河平船可过。其柱皆青石为之，石梁石笋楯栏。近桥两岸，皆石壁雕镂海马水兽飞云之状。桥下密排石柱，盖车驾御路也"。这种棚梁式石桥与试掘的砖石结构的拱形桥完全不同。根据该桥使用明砖，采用明代隔层对缝砌法，桥墩构筑形式与南京、北京明代城门夯腿石墙基本相同来看，这座桥的桥面、拱券、桥墩均为明代修造。但是，其筏形基础符合宋代筑法，明代时州桥的位置未变，从而成为研究北宋开封城的重要坐标之一[1]。

（二）御路

文献记载从开封外城南熏门、新郑门、新宋门和封丘门通向城内的大街称御路。南面御路从宣德门南行经州桥、内城朱雀门、龙津桥直达外城南熏门，又南至郊坛[2]。这条御路亦称御街，是北宋东京城南北中轴线，位于今开封旧城区南北中轴线中山路下约8米处，表明自北宋以来该中轴线千年未变。东面御路从州桥北向东，过相国寺南面横街、出内城宋门直达外城新宋门，为从东部入城之传统官道，又称汴河大街。西面御路从州桥南投西大街出内城郑门，直达外城新郑门，又西至金明池和琼林苑，亦称西大街。东西御路与南面的御街在州桥相会，东西御路虽然在州桥之南北分别与南面御街呈"丁"字形相接，但因三条御路交

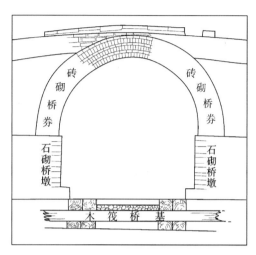

图 1 - 4 - 2 开封州桥结构示意图
（引自《河南开封市宋东京城内汴河故道的初步勘探与试掘》，《考古》1999 年第 3 期）

接点相距很近又有州桥为枢纽，所以州桥成为开封城内最大的十字路口。北面御街置于宫城东侧，具体位置是从宣德门前横街向东经东角楼、潘楼街到土市子十字街口折北行始上北面御街，北面御街即从此沿南北向的马行街至内城旧封丘门直达外城新封丘门（图 1 - 1 - 1、图 1 - 3 - 3）。

（三）街和街巷

开封城内除御路外，宣德门前东西横街是城内东西最主要的交通大动脉。宣德门前东西横街从宣德门前出发，向东经潘楼街、十字街（土市子）出内城旧曹门，经牛行街北拐达外城新曹门；从宣德门前出发西行，经西南角楼，又西经踊路街出梁门，过梁门大街，向西北拐直达外城万胜门。其他重要的街道还有东华门前大街，宫城西南与南面御街并行的浚仪桥街，相国寺东门大街，保康门街（向北穿相国寺桥至汴河大桥，向南过保康门至看街亭东），北大街（梁门大街西瓮市子北至卫州门），金梁桥街（梁门大街与出郑门的西大街之间纵街）等（图 1 - 1 - 1、图 1 - 3 - 3）。此外，其余诸城门（包括部分水门）也有通向城内的街道。街道宽度大体仍后周之旧，内城御路宽约 30 步，外城街道宽分别为 50 步、30 步和 25 步[3]。入宋以后由于"侵街"现象日益增多，所以街道宽度比后周还要窄些。开封城的街道，由于城门不对称，四河贯都和水门及角门子的关系，街道的走

---

〔1〕 李克修、董祥：《开封古州桥勘探试掘简报》，《中原文物》1996 年第 3 期。
〔2〕 杨宽：《中国古代都城制度史研究》，上海古籍出版社 1993 年版，第 294 页。郊坛设在南熏门外南郊，在郊坛东北一里许，还筑有青城和斋宫，具体位置不明。
〔3〕 后周开封街道宽度，参见《册府元龟》卷一四"帝王部·都邑"条；《五代会要》卷二六"城郭"条。

向受到较大影响，形成不甚规则的方格网状。从而改变了唐代都城方格网式如棋盘，整齐划一的街道模式。北宋东京城似无纵贯南北的大街，大体横贯全城的有宣德楼前大街和东西御路。城内除十字街外，丁字街较多，沿河还有斜街。在外城墙内侧则有环城路。

北宋东京城内凡东西向大街配置南北向的巷，南北向大街配置东西的巷。巷原是坊内通道，到北宋东京城变成两侧商店和住宅的通道。这时的街成为连接许多巷的大道，巷直通于街，实际上是小街。这样"街巷"就代替了"街坊"结构，"街巷"制初步得以确立。上述变化，又引起了北宋东京城坊制的变革和商业网点配置的变化。

二　厢坊

北宋东京城基层行政管理实行厢坊两级制，这是我国城市行政管理结构的重要变化，它与北宋东京城街巷的发展和城内行政区划及功能分区等问题密切相关。

早在后周时期，开封"民侵街衢为舍"已较严重，封闭式的坊制受到了严重的冲击。周世宗不得不采取"定街巷、军营、仓场、诸司公廨院务了，即任百姓营造"的政策，准许街道两旁居住民户各占街道十分之一的面积用来种树、掘井和修盖凉棚，准许京城居民环汴栽榆柳，起台榭，鼓励临街建邸店和楼阁。从而促进了北周和宋初沿街、沿河、沿桥的新"行"、"市"、酒楼、茶坊和铺席贸易的发展。上述措施加速了封闭式坊制崩溃的进程，起到了重要的催化作用。

北宋初期坊制仍然存在，太宗至道元年（995 年）令将旧坊改新名，"列牌于楼上"，置冬冬鼓以警昏晓（唐以来旧制），早晚按时启闭坊门，设"巡铺"维持治安。然而由于人口急剧膨胀和商业的发展，旧坊制很难维持。文献记载，早在太平兴国五年（980 年）就已经出现侵街现象，以后日益严重。到真宗咸平五年（1002 年），为解决沿街建邸舍街道越来越窄的问题，遂拆毁侵街的邸舍，规定街和巷的宽度，登记造册，树立表柱，不准侵占街巷，恢复唐长安城的街鼓制度。由于街鼓只能控制坊门启闭，不能控制沿街居民的活动，加之早在乾德三年（965 年）就有开封府"京城夜市至三鼓以来，不得禁止"的规定，所以这种坊制很难长久维持下去。此后侵街现象仍然不断，到仁宗初年甚至在惠民河桥上"开铺贩鬻"。在这种情况下，景祐年间（1034—1038 年）政府被迫让步，允许临街开邸舍。到庆历（1041—1048 年），皇祐（1049—1054 年）年间已不闻街鼓声，坊制开始彻底崩溃，街巷等得以确立。

北宋东京开封府下辖两个赤县，并京畿地区 16 县（或说 17 县）。东京城以大内正中御街（天街）为界，大内和天街以东，外城东部、南部和附郭属开封县，县署在丽景门（旧宋门）内。大内和天街以西，外城西部、北部和附郭属浚仪县（后改祥符县），县署在安远门（旧封丘门）外旌孝坊西。开封府署在州桥之西的浚仪桥西偏北（今开封市延庆观西北包府坑街一带）。

北宋至道元年（995 年）恢复坊制时始设厢，厢是坊之上的行政管理机构。这时内城设四厢，即左一厢（20 坊，大体在天街之东，宣德门前横街东段之南）、左二厢（16 坊，大体在宣德门前横街东段之北，大内之东）、右一厢（8 坊，大体在天街之西，宣德门前横街西段之南）、右二厢（2 坊，在宣德门前横街西段之北，大内之西），四厢共 46 坊。外城四厢，即城东、城西、城南、城北四厢，共74坊。真宗大中祥符元年（1008年）在外城之外的附郭置八厢，后又增为九厢，即京东第一、二、三厢，京南厢，京西第一、二、三厢，京北第一、二厢，共15坊。真宗天禧五年（1021年），外城又分为城南左厢（7坊，东南部）、城南右厢（13坊，西南部）、城北左厢（9坊，东北部）、城北右厢（11坊，西北部）、城东左厢（9坊、东部）、城西右厢（26坊，西部），共六厢75坊，至此全城达19厢136坊。到神宗熙宁四年（1071年），内、外城又各恢复四厢制（图1-1-1）。开封内外城诸厢人口数量和密度不一。[1]

三　四河贯都

开封自南而北，有蔡河、汴河、金水河与五丈河四河贯城（图1-1-1）。这四条河流不仅基本解决了都城的漕运，给水排水，近郊农业灌溉，以及为某些手工业和农业部门提供动力等问题，而且对城内的布局、交通和绿化也有较大的影响。

（一）　四河位置和概况

蔡河在南面戴楼门东广利水门入城，东北流经外城南部中央的龙津桥，又东南经陈州门西普济水门流出城外，又称惠民河，是开封城内仅次于汴河的重要水路交通线，河上所建十三桥是城内交通必经之处。同时蔡河还是开封城南对外的水路交通线，它将开封城南的州县连接起来，开封以南和淮河西部诸州漕运皆仰仗于此。

汴河在蔡河之北，是流穿东京最重要和最大的河流。战国以降开封城的发展和繁荣，宋及前代在开封立都均与汴河密切相关，宋代东京城之所以成为"八方辐辏，万国咸通"的水陆大都会，也是与汴河分不开的。北宋时期，"汴河横亘中国，首承大河（黄河），漕引江湖，利尽南海，半天下之财赋，并山泽之百货，悉由此路而进"；"东京养甲兵数十万，居民百万，转漕仰给在此一渠水"。故汴河漕运"至急至重"，"乃建国之本"；是北宋东京城赖以生存的生命线。北宋灭亡后，因战火，黄河水淹灌等原因，汴河淤塞，明代嘉靖年间开封城内的汴河只延庆观前小砖桥下略存故迹（俗称臭河儿），明崇祯十五年（1642年）黄河水淹开封后，汴河被淤埋于地下。

汴河之北有金水河（又名天源），建隆三年（962年）引京水过中牟达京师，在城外汴河之上架渡槽，置斗门，入浚沟，通城壕，从西北水门（固子门北）入京城，东汇于五丈河，补充了五丈河的水源。乾德三年（965年）又引金水河入大内，"历后苑，内庭池沼水皆至焉"。开宝九年（976年）由承天门凿渠，引金水河南注晋王第。大中祥符二年（1009年）决金水河为渠，"自天波门至乾元门，历天街东转，绕太庙，入后庙，皆砌以礲甓，植以芳木。车马所经，又叠石为闸梁。作方井，宫寺、民舍皆得汲用。复东引，由城下水窦入于濠。京城便之"。天禧二年（1018年）又引索水以济金水河，元丰五年（1082年）金水河透水槽阻碍上下汴舟（即金水河入咸丰水门前，跨汴河架透水槽，金水

---

[1]　以《宋会要辑稿·兵三》"厢巡"条所记天禧五年（1021年）各厢户数为据，经过换算可明显看出各厢和内外城的户数比例、密度，以及各相关部位之间的户数比例关系。

河顺透水槽流过，"舟至启槽"），故自板桥别为一河"引水北入于汴，后卒不行，乃由副堤河入于蔡"。金水河上架白虎桥、横桥和五王宫桥等。

最北为五丈河（因河宽五丈，故名），唐末湮塞。周显德四年，疏汴水入五丈河。建隆二年浚之，开宝六年（973 年）改称广济河。五丈河从新曹门北东北水门（善利水门）入城，河上建小横桥、广备桥、蔡市桥、青晖桥和染院桥。

以上四河金水河是城内主要饮用水源，另外三河重在漕运。大体来说，四河互通，并以不同的方式与内、外城护城河相通。

除上所述，由于东京地势广平，须赖沟洫以行水潦，护城河及汴河等则为泄水之处。景德三年（1006 年），"督京城内外坊里，开浚沟渠"。天圣元年（1023 年）八月，又"内外八厢，创置八字水口，通流雨水入渠甚利"。"凡沟洫，上广一丈，底广八尺，其深四尺，地形高处或至五六尺，以此为率"，内、外城排水沟洫共 253 条。由于"京师内外，有八水口，泄水入汴。故京师虽大雨，无复水害"。

（二）蔡河与汴河故道的考古调查

自 1989 年以来，通过对开封城内蔡河故道的调查勘探，可大致勾勒出蔡河故道的位置与流向[1]（图 1 - 1 - 2）。即蔡河自今开封南郊蔡屯村东南部的广利水门入城，东北流经市广播电视大学院内，然后东折经东京大饭店北侧，工商局家属院，水产公司院内，营街北侧，在营街的东段穿过营街至其南侧再向东，至西太平街东口处北侧穿过中山路，至勤农街北侧，又折而东南流，至外城的普济水门出东京城。蔡河自广播电视大学院内折而东流后，其北一直与宋开封内城南城墙相距不远（电大院内最近约 10 米，中山路附近最远也不过百米），所以此段蔡河或可起到内城南墙护城河的作用（按内城护城河南濠缺乏记载）。蔡河上的水门，前已推测出广利水门遗址的位置。此外，在开封南郊曹屯与豆腐营村之间，于外城南城墙也发现一个缺口，但尚不能确定其为陈州门还是普济水门遗址。蔡河上诸桥，仅龙津桥可大致确定方位。龙津桥位于东京内城朱雀门外的蔡河与御街相交处，其位置大致在今西太平街东口之北约 20—50 米之间的中山路地面以下，北距金元大厦南侧的朱雀园（即朱雀门遗址）约百米。据调查和勘探资料，宋元时期的蔡河河床距今地面深约 8.6—10.5 米，明代前期的蔡河河床距今地面深约 7.5—9 米，河床宽度约 14—25 米不等。

汴河故道经 1981 年以来的调查勘探已大致清楚。即汴河从西北方向自今开封西郊土城村南的"西水门"入东京外城，然后东偏南流经开封大学东北角、汽车三运公司搬运总站南侧、中药厂厂区南部、针织内衣厂西分厂东北角、开封衡器厂院内、纺织器材厂北部、消防队西环路支队院内、至二建综合加工厂后沿小西门北侧的汴河"西角门子"入东京内城；又东流沿向阳路北侧、包公祠北侧、包公西湖中部、市供销社、电影公司、后河街、皮革大世界、中山路州桥遗址，再向东经鼓楼区文教局、胭脂河生活小区北部，至"宋门"南部的汴河"东角门子"出东京内城；再折向东南经东郊煤厂，至火葬场大门西

---

[1] 刘春迎：《宋东京城遗址内蔡河故道的初步勘探》，载《开封考古发现与研究》，中州古籍出版社 1988 年版。

侧的"东水门"出东京城外（图1-1-1、图1-1-3，3）。北宋时期的汴河河床遗迹距今地表深9—14米。明代断流前的汴河河床遗迹距今地表深7.5—11米。河床宽度，州桥遗址两侧16米，其他地段约14—23米不等。前面已经介绍了在汴河流经城内地段发现的汴河西水门、汴河西角门子、汴河东水门及拐子城的遗迹和线索。内城"东角门子"的位置，据勘探资料初步推测约在今开封市宋门以南不远处。《东京梦华录》卷一"河道"条记载："（汴）河上有桥十三。从东水门外七里，曰虹桥，其桥无柱，皆以巨木虚架，饰以丹雘，宛如飞虹。其上下土桥亦如之。次曰顺成仓桥、入水门里曰便桥、次曰下土桥、次曰上土桥。投西角门子曰相国寺桥、次曰州桥……西去曰浚仪桥、次曰兴国寺桥、次曰太师府桥、次曰金梁桥、次曰西浮桥、次曰西水门便桥，门外曰横桥。"以上诸桥除前已介绍的州桥遗址外，根据调查勘探资料可大致推断部分桥的位置。如横桥在开封西郊土城村西南部，西水门便桥在开封大学北侧，太师府桥在二建综合加工厂附近，相国寺桥在胭脂河生活小区与大相国寺之间，上土桥在宋门东南侧，东水门桥在东郊煤厂附近，顺城仓桥在火葬场东南，虹桥在今开封东郊屠府坟村与阎李寨村之间的惠济河北岸等[1]。著名的《清明上河图》中的桥，大多认为是虹桥。

第五节　开封城功能分区

北宋东京城是一座政治性和军事性的城市，也是一座商业和手工业高度发达的城市，同时又是全国交通和漕运的中心，故其功能分区与这些特点密不可分。但是，其中起主要作用的则是政治和商业两个因素。

后周世宗增筑外城时，就已经基本上打破了市坊制的桎梏。入宋以后，商品经济迅速发展，到仁宗之时，则形成了新的遍布全城的商业网取代了集中的市制；开放的街巷，居民按地段聚居的坊巷代替了封闭式的坊制的局面，最终导致了市坊制的崩溃。在这种情况下，北宋中期以后东京城形制布局定型期的功能分区，就彻底突破了隋唐两京按市坊进行功能分区的传统模式，这是北宋东京城功能分区形成新格局的主要内在原因。

北宋东京城功能分区的新格局，主要依托于该城商业和手工业的不同配置情况。从后周到北宋，东京城商业发展的特点，是以各种行市为主形成了许多不同的行业街市。同时伴随发展起来的各种手工业、城市服务业（如茶楼、酒肆、大小食店、邸店、日用杂品店、瓦子，甚至还有妓馆等），以及定期的庙市，酒楼和茶坊的集市，瓦子集市，城门口、街头和桥头的集市、节日集市、早市和夜市等各种商业形式也都融入其中。这些包容广泛的商业内涵在不同区域和地段配置的差异性，就成为判定东京城不同功能分区的重要标准之一。北宋东京城的庙、社、衙署（包括各种官署的设置）、重要寺观，居民分布和皇戚高官富贾邸宅等的配置情况，亦与前述的不同商业区密切相关，因而也是判断不同功能区

〔1〕　开封市文物工作队：《河南开封市宋东京城内汴河故道的初步勘探与试掘》，《考古》1999年第3期。

划的重要参数。此外，东京城各功能分区中的不同地段，又往往以不同的商业形式和配置情况形成各具特色又有内在联系的小区。也就是说，东京城不同的功能区划，均是各种不同小区的共同体，其综合性很强。在这种情况下，判断各功能区划的属性，只能以其主体商业街的性质和相关的主要配置为代表。

开封城的功能分区，内城以四条御街为主形成重要商业区，其延伸至外城的大街则是外城主要商业区。总的来看，城内各种用地混杂相间，各功能分区无明确的用地界定；居民遍布大街小巷与商业店铺等相混，无明确的单独居民区；权贵府邸相对集中于主要街道及其附近，亦置于闹市之中；官府手工业作坊按类集中分置于不同的商业区内，私营手工业散置于城内；官方惠民药局，以及瓦子、大酒楼、邸店、仓场和妓馆等大致分布有定；全城遍布商业网点。上述情况表明，开封城的功能分区缺乏严格的统一规划，其功能分区乃是根据城市政治、经济活动的需要和消费的需求，逐渐形成的。这种较灵活的功能分区，反映出开封城以社会经济发展为基础，城市职能走向多样化，城市自我更新发展的能力也不断增强，因而形成与前代都城完全不同的功能分区。

除上所述，前面已经介绍了东京城行政管理单位"厢"的情况。东京城内城四厢，外城四厢，研究证明各厢管辖区域是与相应的功能分区基本相合的。因此，东京城作为行政管理单位的"厢"，实际上就是对东京城不同功能分区的界定，这是后周至北宋都城规划原则（如定"街巷"等）不断发展和完善的必然结果。有鉴于此，北宋东京城的功能分区除宫苑和南面御街各为一区外（南面御街的位置和配置情况特殊），余者大体可以内城左一、二厢，右一、二厢；外城的城东、城南、城西和城北厢为准进行分区，共分十区。由于北宋东京城的功能分区改变了隋唐两京的传统，创立了新的格局，特点突出，故成为探讨和研究北宋东京城形制布局必不可少的重要组成部分，并对后代产生了深远的影响。东京开封城内功能区划六区，外城功能区划四区[1]（图1-3-3、图1-1-1）。

（一）宫苑区

宫苑区包括宫城、皇城、宫廷广场，延福五位和六位，以及上清宝箓宫和艮岳。其中宫廷广场即主要中央衙署和礼制建筑区。

（二）南面御街食店和"杂嚼"夜市区

南面御街是全城的中轴线，北接宫廷广场，主要商业区集中在州桥至龙津桥一带。南面御街连接内城南部东、西两区，直通外城南区，是内外城的重要交通枢纽，附近两侧衙署较多，商业繁盛，来往客流很大，故在此主要形成食店和"杂嚼"夜市区[2]。

（三）内城东北部综合性商业中心区和主要居民、府第区（左二厢）

该综合性商业中心区，由三个商业区构成。金融、娱乐、百货集市中心区；东华门前

---

[1]　十个功能区划之内涵，参见孟凡人《北宋东京开封府城的形制布局》，《故宫学刊》2008年总第四辑，对功能区划内涵有较详细论述；《东京梦华录》有关记述，本卷不再详述。

[2]　参见《东京梦华录》卷二"宣德楼前省府宫宇""州桥夜市"条。

"宫市"区；马行街以手工业作坊和医药行为主的商业区。

东京城最大的金融交易中心、最大的分批集合百货集市、最大的娱乐中心（桑家瓦子）和著名的瓦市，均集中于潘楼街及其两侧；往东十字大街则有鬼市。在这条街上还分布一些著名的大酒店、珍珠丝绸铺席，各类药铺，以及客店、富贾皇戚邸宅、寺观（多在土市子、鬼市子附近）和军营等[1]。这条街是左一、二厢的界街，又是连接左一、二厢商业区的枢纽，同时旧曹门外的商业街也是该商业街的延伸。因此，其位置和地位十分重要。

过宫城东南角楼十字街，"高头街北去，从纱行至东华门街、晨晖门、宝篆宫，直至旧酸枣门，最是铺席要闹"。"东华门外市井最盛，盖禁中买卖在此。凡饮食时新花果，鱼虾鳖蟹、鹑兔脯腊、金玉珍玩、衣着，无非天下之奇"，"诸澶分争以贵价取之"[2]。又东华门外景明坊的矾楼（又名白矾楼，原似矾行的酒楼，后更名丰乐楼），"宣和间更修三层相高，五楼相向"，是东京城最高大的酒楼，也是"京师酒肆之甲，饮徒常千余人"。

马行街商业区从南向北，可大致分为妓馆区、马市和大酒楼区（如杨楼酒店等）、手工业作坊和交易区（如大小货行等）、医行、药行和大夜市区等四区[3]。此外，官府手工业作坊绫锦院（昭庆坊）和裁造院（延康坊）也设在左二厢。据文献记载东京城70余家正店酒楼中，近1/3分布在左二厢。在昭庆坊、崇仁坊和旧封丘门等处，多高官巨贾邸宅。在土市子、景龙门至旧封丘门内附近，寺观也较多。

综上所述，宣德门前东大街、东华门街和马行街有金银行、彩帛行、珍珠行、马行、医行、药行、大小货行以及姜行、矾行；官府手工业作坊；宫市、马市、潘楼市、瓦市、夜市、鬼市、竹竿市、鸡儿市；各种大酒楼、食店、客店和大娱乐中心（瓦子）等，分地段形成了各具特色的不同商业街区。这些商业街区各种商肆和手工业作坊等，数量多、密度大、规格高，内在联系密切，因而上述三条大街相辅相成，共同形成了东京城最繁华的、综合性的商业和手工业中心区。此外，左二厢还是东京城的主要居民区（16坊，15900户），人口密度最大（占内外城总户数16.2%，因其面积小，故人口密度最大）；同时也是高官大贾邸宅较集中、寺观较多的区域之一。

（四）内城东南部衙署、寺观、庙市、客店区和居民、府第区（左一厢）

左一厢亦可分为三个小区。景灵宫及其附近的小商业区；以相国寺为中心的寺区和庙市；保康门内客店、瓦子、道观区[4]。

景灵东宫及其附近以宫、庙、官署和寺为主，并在这一带形成小商业区。"自景灵宫东门大街向东"，"直抵太庙前门"的东西向大街，称作太庙街。这条街以宫（景灵宫）、庙（太庙）为主，在其附近配置一些官署，如景灵东宫（原庙）、车辂院、审计院，又秘书省、榷货务（天平坊）和都商税院（羲和坊）等也距其不远。此外，在太庙街及其附

---

[1]　参见《东京梦华录》卷二"东角楼街巷""潘楼街东街巷""酒楼"条；卷一"河道"条。
[2]　参见《东京梦华录》卷一"大内"条；卷二"东角楼街巷"条。
[3]　参见《东京梦华录》卷二"潘楼街东街巷""酒楼""马行街北诸医铺"条；卷三"马行街铺席"条。
[4]　参见《东京梦华录》卷二"酒楼"条；卷三"大内前州桥东街巷"条。

近，配置有佛寺、大酒楼、客店、金银铺、药铺、漆器什物铺、夜市和妓馆等[1]。

　　大相国寺是东京城内最大的佛寺，在"州桥之东，临汴河大街"[2]。传说相国寺所在地是当年魏国信陵君故宅，所以这一带称为"信陵坊"。相国寺始建于北齐文宣帝天保六年（555年），名建国寺，唐睿宗延和元年（712年）赐名相国寺。宋代相国寺为"皇家寺"，帝王巡幸、生辰忌日和重大节日，祈祷活动和新进士题名刻石都在寺内举行。唐宋之际，相国寺占地五百四十余亩[3]，内外分六十四院、规模很大。此外，在相国寺附近还有些寺观共同形成了一个大佛寺区。相国寺的庙市非常著名，"每月朔望三八日即开，技巧百工列肆，罔有不集，四方珍异之物，悉萃其间"[4]。相国寺"僧房散处，而中庭两庑可容万人。凡商旅交易，皆萃其中，四方趋京师，以货物求售，转售他物者，必由此"[5]。相国寺庙市不仅是东京城内最大的唯一定期开放的百货集市，其周围也是一个商业区，并是东京城以绣作为代表的各种手工艺品，刻印书籍、制作笔墨之类的手工业作坊与交易的主要中心之一。从相国寺南向东至旧宋门即东面御街，旧宋门里有著名的十三间楼大客店和无比酒店（东京著名酒店之一）。

　　综上所述，可指出四点。第一，左一厢从北到南，太庙街、相国寺及其附近、保康门内三者的主要配置和商业分工较清楚。第二，左一厢的商业以相国寺庙市及其附近铺席为主。从商业角度看，该小区是连接沟通南北两小区的枢纽。第三，太庙街的商业除与相国寺商业关系密切外，还与宣德门前东大街和州桥附近街市有较多的联系。第四，左一厢是内城的主要居民区之一（20坊，8950户），其户数仅次于左二厢，厢内散布有皇戚（如信陵坊有昭宪皇后等邸宅）和高官（如崇德坊和昭德坊等）的邸宅。

（五）内城西北部军营区（右二厢）

　　甬路街是右一、二厢的界街，右二厢的商业主要依托于此街，厢内有殿前司和军营，居民很少（2坊，700户）。

（六）内城西南部衙署、官府手工业区、铺席区与居民、府第区（右一厢）

　　内城西南部指甬路街南，南面御街之西的右一厢。在宣德门南御街西和浚仪桥大街两侧，向南直至浚仪桥北，是中央衙署（包括郊社）和开封府所在的衙署区。该区有少量食店和药铺，其商业主要依托于北部甬路街街市和南部州桥附近的商肆。州桥与浚仪桥之间及州桥南面之西，除都亭驿和果子行外，大都是一些消费性的铺席和"杂嚼"店等[6]。过州桥向西的西大街即西面御街，俗称曲院街。官府造酒作坊"都曲院"即设在曲院街敦

〔1〕　参见《东京梦华录》卷二"宣德楼前省府宫宇""酒楼""潘楼街东街巷"条；卷三"潘楼街东街巷""寺东门街巷"条。

〔2〕　参见《东京梦华录》卷三"大内前州桥东街巷"条，中华书局1982年版。

〔3〕　宋代相国寺占地范围按今地说：东到鼓楼街中段，西到县马号街，南到自由路东段，北到寺后街。现在的相国寺是清代重建的。

〔4〕　参见周诚《宋东京考》卷一四引《尘史》，中华书局1988年版。

〔5〕　参见周诚《宋东京考》卷一四引《燕翼诒谋录》，中华书局1988年版。

〔6〕　该区铺席配置情况，参见《东京梦华录》卷二"宣德楼前省府宫宇"条；卷三"大内西右掖门外街巷"条。

义坊，规模较大。这一带分布有食店和酒楼等。又妓馆区在西大街西边，称院街。此外，官府手工业作坊东西作坊（兴同坊）、弓弩院（宣化坊）、弓弩造箭院（兴国坊），以及杂买务（常乐坊）等官署也设在右一厢。其中东西作坊共52作，有兵校和匠共7931人，是城内最大的作坊之一。总之，该区以衙署和官府手工业作坊区为主要特色，其商业色彩远逊于内城东南部（左一厢）。由于衙署和官营手工业作坊占地面积较大，所以其居民（8坊，7000户）也少于内城左一厢。右一厢的寺观和大邸宅以宜秋门内居多。

（七）外城东部瓦子、客店、仓场、作坊区和主要居民区（城东厢）

该区内主要配置可分为三大部分。（1）旧曹门外商业区，该商业区应是宣德门前东大街中心商业街的延续。（2）旧宋门外商业区，该区的大酒店、客店等与其南的漕运区有密切关系。（3）沿汴河大街库场、客店、作坊和街市区。出旧宋门旁东角门子至东水门，称沿汴河大街；出东水门至虹桥则是沿汴河大街商业区的延伸。这里是汴河漕运物资入城的主要水、陆交通线，沿途分布不少官府的米麦仓库和大堆垛场，有许多新兴的行市和供客商堆货、寓居与交易的客店。著名的《清明上河图》表现的就是虹桥至东水门（一说通津门）沿河街市的盛况。此外，提点食场（汴阳坊）、抽税箔场（崇善坊）、提举修造所（显仁坊）、铸钨务（显仁坊）、东西八作司的东司（安仁坊）等，均设在城东厢。在东水门外的官营水磨加工有水磨百盘，规模很大。因此，城东厢也是重要的官府手工业作坊区之一。除上所述，城东厢还是东京城居民最多之处（9坊，26800户），这是与漕运、地处水陆交通要冲密切相关的。

（八）外城南部文教、寺观区和居民区（城南厢）

外城南部称城南厢，一度以南面御街为界分为城南左厢和城南右厢，两厢的配置既有区别，又有内在联系。该区朱雀门至龙津桥两侧（以东侧为主），应属前述州桥至龙津桥商业区[1]。龙津桥南太学南门横街东西一线之北是文教区（有太学、国子监、礼部贡院），御街东西两边是居民区，城南右厢大邸宅较多。太学南门横街至南熏门和陈州门内，是观（五岳观、佑神观）、宫（葆真宫、中太一宫、九成宫）、殿（明丽殿）、园（奉灵园）、池（迎祥池即凝祥池）、院（贡院）、库（什物库）、营场（车营务草场）、寺（婆台寺、地涌寺、显静寺）等的集中区。御街之西大致与太学南门横街相对的大巷口、老鸦巷口一带，是军器所、三学院和延真观所住地，有少数大酒店。保康门外以麦秸巷与朱雀门外相连接，佑神观后门则与前述的寺观区相接。此外，外城南部还是东京城内仅次于城东厢的主要居民区。其中城南右厢居民（13坊、9800户）多于城南左厢（7坊、8200户），这个情况似与城南左厢寺观和官署较多，占去的面积较大有关。

（九）外城西部一般性官方机构、寺观、瓦子、鱼行、铺席和府第区（城西厢）

外城西部属城西厢，出梁门的梁门大街是其中心商业街。城西厢的特点是散置的一般

---

[1] 参见《东京梦华录》卷二"朱雀门外街巷""酒楼"条；卷四"饼店"条。

性官方机构较多，如都亭西驿、京城守具所、同文馆、礼宾院、大通门务、磁器库、都茶场、牛羊司等。梁门和宜秋门外附近寺观和大邸宅较多（如蔡太师宅等），外城门内也多有寺观。较有代表性的配置还有鱼行（在新郑门、西水门、万胜门）、州西瓦子、熟药惠民西局，并有少量大酒店[1]。城西厢在外城中居民最少（26 坊，8500 户），仅是城东厢居民的1/3，城南厢居民的一半，城北厢居民的70%左右。

（十）外城北部商肆、军营、手工业作坊、寺观、居民和府第区（城北厢）

外城北部属城北厢，曾一度分为城北左、右厢。外城城北厢以东部（左厢）较繁华，为马行街商业区向北之延伸。封丘门外为寺观、府第和瓦子区。新封丘门大街与城内马行街相连，是主要居民区（封丘门内外一带大邸宅较多），商业以茶坊酒店、勾肆饮食为主，夜市繁荣并与马行街相连，同时这里又是军营区。东西八作司西司设在城北厢安定坊，水磨务东西务分设在城北厢的永顺坊和嘉庆坊，茶汤步磨务设在城北厢崇庆坊；来远驿设在城北厢崇化坊，班荆馆设在封丘门外。又太宗时，在"景龙门外新作四厩，名曰天驷监，左右各二"，雍熙初改"天驷监为天厩坊"。封丘门外夷山及其附近有以开宝寺为代表的寺观群。景龙门和金水门外也散布一些寺观，五丈河沿岸仓较多。城北左厢居民密度似较大，但其户数（9 坊，4000 户）却只是城北右厢居民（11 坊、7900 户）的一半。这个情况似与城北左厢大寺院、大邸宅、军营、作坊、仓储、商肆等所占面积较大有关。

第六节　开封府城形制特点与布局艺术

北宋东京城的形制布局，是从唐、后周到北宋陆续完成的，北宋中期以后定型。在此过程中，北宋东京城的形制和布局形成许多承上启下的新特点。下面就此据前述情况，略作归纳。

一　形制特点

总体形制特点为：

第一，从三城环套发展为四城环套。东京城在后周时就已经形成外城、内城和宫城环套的形制，入宋以后承袭了此种模式，并进一步予以完善。从东京三城环套演变过程来看，不仅与北魏洛阳城较相近，而且此种形制最早也只能溯源到北魏洛阳城[2]。北宋以后，除南宋临安城外，其他都城大都是三城组合。各城平面多仿东京城呈方形或近似长方形，少数呈长方形。有的都城总体平面构成形式虽有变化，但追根溯源均与北宋东京城三

---

〔1〕 区内官方机构、寺观、瓦子、鱼行、铺席和府第配置概况见前引《东京梦华录》卷二"酒楼"条，卷三"大内西右掖门外街巷"条，卷四"鱼行"条；《宋东京考》卷一二"宅、宫"条，卷一四"寺"条，卷一五"寺、祠、庙"条。

〔2〕 孟凡人：《北魏洛阳外郭城形制初探》，《中国历史博物馆馆刊》1982 年第4期。

城相套形制有一定的渊源关系[1]。此外，北宋晚期出现皇城环套宫城之势，基本呈现外城、内城、皇城、宫城四城环套的形制，这是唐代以后宫城皇城形制关系的重要变化。宋代以后，皇城环套宫城遂成定制。

第二，四河贯都。东京城四河分别从城南、中和北部穿流而过，各河流向不一，有的河段曲度和斜度较大，因而对城内的形制布局有较大影响。可以说东京城内形制布局的特点，大多与四河入城有一定关系。东京城四河贯都，是与此前河流状况，当地的自然条件和地理环境，当时经济发展的需要和科技水平密切相关的。

第三，内、外城都有护城河。东京内、外城都有护城河，护城河与入城之四河直接或间接相通，共同形成东京城水道网。护城河除防卫功能外，还有给排水功能。内、外城护城河的形成，乃是自唐代以来不断对该城进行改建、扩建，前后沿袭和发展的结果。

内、外城形制特点为：

第一，外城墙有瓮城、敌楼、马面和防城库。瓮城、敌楼、团楼、战棚和马面原多见于边城（图1-6-1、图1-6-2），北宋东京城首次将其全面用于都城，凡此均为后世都城所沿袭。外城正门"皆直门两重"（图1-1-3，1、图1-1-3，2），瓮城平面长方形；其余城门的瓮城"屈曲开门"，瓮城平面呈半圆形（图1-1-3，6），两种瓮城形制共存对后世有较大影响。外城增设防城库前所未见，明南京城墙的藏兵窝铺或由此发展而来。

第二，城门配置多不对称，水门多。北宋东京内外城不是同时规划营建的，加之四河贯都等原因，致使外城东与西、南与北城墙城门数量不一，城门间距不等，配置多不对称；内城的东西和南北向城门间也有不直对者。从而改变了城门间距大致相等，城门基本对称配置的传统。此外，由于四河贯都，使外城出现六座水门，内城有东、西两个角门子，水门数量之多超过已往的都城。

第三，城内辟四条御路。东京城内东、西、南、北各辟一条御路，此现象在中国古代都城中是个孤例。

第四，街市、街巷取代规整划一的市和坊。北宋东京城基本上实现了从封闭式的坊市向街巷、街市和厢坊制的转化，因而改变了隋唐都城街道和坊市规整划一的格局。这是北宋东京城内布局较前期最大的变化之一，对后代产生了深远的影响，并成为元大都胡同制的先河。

第五，四河贯都对城内布局影响较大。由于四河贯都的流向不一，故各河出入城的水门和角门子位置难以规范化，所以又影响到城门的位置，使城门不能等距离对称配置。进而又间接影响到城内主要街道的走向，以及主要街道和重要建筑的规整对称配置。四河分别横向斜贯城内南、中和北部，城内被四河切割，因而直接影响到相关部位的形制布局。

第六，城内形成水陆复合型交通网络。东京城内以四条御路和其他城门通向城内的大街为主干，辅以街巷，形成陆路交通网络。此外，四河贯都不仅是中国古代都城较成功地

---

[1]　如辽上京"拟神都（指开封）之制"，金上京仿辽上京。两京根据当时的情况和自身的需求，将两个大城作南北毗连的形式。辽上京大内在北面的皇城内，金上京皇城在南面的大城内，上述形制实际上就是从开封三城相套形制演变而来的。明南京和明北京城，则又演变成另外的三城模式。

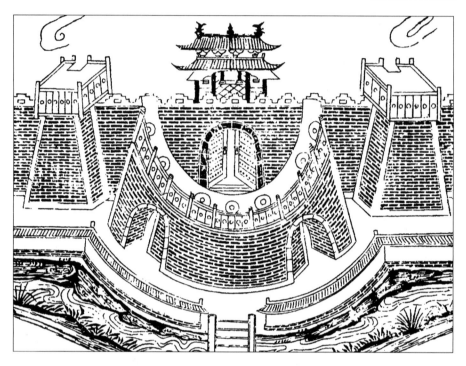

图 1 - 6 - 1 　《武经总要前集》中的瓮城形制图

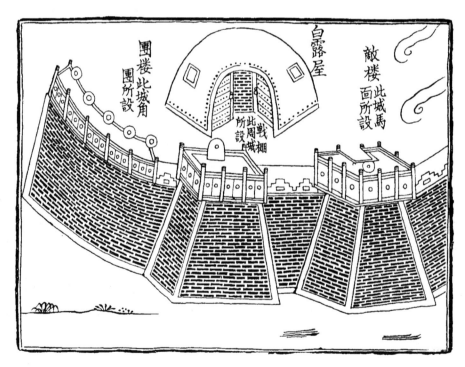

图 1 - 6 - 2 　《武经总要前集》中的敌楼、战棚、白露屋图

解决漕运问题的范例，而且还使水路成为城内的交通线，并对陆路交通产生较大的影响。东京城内的街道网络通过诸桥与水路相辅相成，形成了水陆复合型的城内交通网络。

第七，功能分区与城内行政区划相结合，并呈多元化的复合形式。如前所述，东京城的行政区划是内、外城各四厢，各厢所辖范围分别对应城内总体布局中的一个主要区域和主要功能分区（宫苑和南面御街除外）。前面将东京城分为十个功能区划，除宫苑和南面御街外，其余功能区划均呈多元化的复合型式。各功能区划都是由不同地段不同的商业街及其相辅的商业网为主构成的，各功能分区大都是由商市、酒店、茶坊、食店、药铺、瓦子、妓馆、寺观、衙署、大邸宅、居民区和手工业作坊等诸多因素的不同组合而呈现出差异性。

第八，有较完整的给水排水系统。东京城内四河与内外城护城河相通，城内还大量凿井，修排水沟洫，共同组成较完整的给水排水系统。

第九，构建技术有新发展。东京城构筑城墙承袭了前代剖面呈梯形，置排水设施等传统。其发展主要是城墙夯层间加黏土（黏合剂）或垫碎砖瓦。这种构筑技法前代使用较少，自此之后则广为采用。又宋对后周时期外城墙进行了大规模的增筑和整修，其方法成为后世同类情况的典范。此外，宫城墙内外包砖，城门有包砖迹象也是其特色之一。

宫城、皇城的形制特点为：

第一，"择中立宫""前朝后寝"、皇城呈环套宫城之势。宋代东京的宫城位于外城中部偏北，这个位置较前代更好地体现出"择中立宫"说。其次，又出现有别于前代的皇城呈环套宫城之势。但是，北宋东京在元丰之前，一些中央衙署散布在大庆殿与文德殿之间或近旁，此部位的皇城与宫城外朝间无明显界限，则有别于唐东都洛阳的宫城和皇城。东京宫城的布局仍承袭"前朝后寝"的传统，然而，由于外臣活动范围直到东、西华门横街之北，却未能真正体现出"朝""寝"的明确界限。

第二，宫城有角楼和东、西华门。成为尔后宫城设计的通例。角楼出现较早[1]，东、西华门是新出现的设置，对后世影响较大。

第三，主要宫殿平面呈"工"字形，殿后有阁，宫殿配置出现双轴线。主要宫殿"工"字形，大殿左右带挟殿，殿后有阁，周围有廊庑，是当时宫殿典型的布局方式。其中外朝主要宫殿配置未沿一条中轴线安排（是旧宫改造的特点），而出现双轴线，这种双轴线似仿唐东都洛阳宫城含元殿和宣政殿的配置形式[2]，并成为后世宫城纵向分路配置之先河，影响较大。

第四，宣德楼"列五门"，"曲尺朵楼"，"下列两阙亭相对"。"双阙"乃遵循古制，宣德楼上述之总体形制对后世影响较大，并很可能成为后代午门翼以两观形式之滥觞。

第五，有阁门和钟鼓楼。文德殿左右有东、西上阁门，为举行重要仪式的场所，这是宋代宫殿建筑的特点之一。又大庆殿、文德殿庭院置钟鼓楼，此制对后代有较大影响。

第六，出现准"T"字形宫廷广场和"千步廊"雏形。据前所述，宣德门前横街与南

---

[1]　汉长安城未央宫四隅有角楼，应是尔后宫城出现角楼的先声。

[2]　参见杨焕新《试谈唐东都洛阳宫的几座主要殿址》，载《汉唐与边疆考古学研究》第一辑，科学出版社1994年版。

面御街百余丈略形成准"T"字形、开放式的宫廷广场，开启后世"T"字形宫廷广场之先河。南面御街安立黑漆杈子、街心安朱漆杈子，对尔后有较大影响。实际上黑漆杈子、朱漆杈子，就是后来"千步廊"的雏形。

第七，宫廷广场两侧置左祖右社和主要中央衙署。元丰改官制后，宫廷广场两侧（以西侧为主）置主要中央衙置，并按左祖右社原则分置太庙和郊社。这种配置形式上承北魏洛阳城[1]，下启后世，影响深远。

第八，宫城北部与园林紧密结合，乃唐长安城宫城内苑和大明宫与外城北墙关系之演化。宫城除后苑外，后来在宫城之北建延福宫和延福第六位，在其东又建艮岳。这种配置关系，实际上是北魏洛阳城和隋、唐两京宫城与其北部设置关系的演化[2]。唯延福宫，特别是延福第六位已园林化，再加之艮岳和后苑，可以说宫城已与园林紧密结合为一体，形成宫苑区。这个特点对后世产生了深远的影响。

第九，金水河为宫城供水系统。北宋宫城以金水河为供水系统，此后宫城供水之河渠多沿用金水河一称。

二　布局艺术与绿化

北宋东京城外城、内城、皇城、宫城四城相套，宫城皇城、宫廷广场和皇家园林（延福宫、延福第六位）位于城内中轴线上。城内以东、西、南、北四条御路和宣德门前东西大街为主干，将内、外城连接起来，并分别连通各个街巷，以干道布局艺术构成全城的骨架。四河贯都横卧于城内南、中和北部，河上镶嵌的座座大小桥梁形制各异，连接着纵横交错的大小街道，形成靓丽的景观。四河与内外城的护城河以不同的方式相连通，又使开封城环抱于绿水之中。上述情况表明东京城总体平面构图整体性较强，协调而有层次感。

东京城作为都城是一座高度政治化的城市，故城内布局必然以城市中心布局为主调，以皇权至上思想为主导而突出中轴线布局艺术。如前所述，宫城皇城大致位于外城中央偏北，内城北部中央偏西北，坐落在中轴线的北端，基本符合"择国之中而立宫"说。但是，由于宫城皇城较狭小，所以宋代采取了一系列布局手法，以突显宫城皇城的崇高地位。比如：采用宫廷广场和中轴线相结合布局手法，延伸宫城建筑群的影响；以辅助建筑扩大宫城建筑群的体量感、美感和鸟瞰效果；以干道和区划布局艺术烘托宫城的中心地位[3]。北宋东京城以"唯我独尊"，皇权至上的设计思想，采取多种布局手法，将都城中心布局艺术和中轴线布局艺术发展到一个新的高度，创出新格局。

东京城又是一座高度商业化的都城，商业的发展最终促使封闭式的坊制和市制走向崩溃。因而东京城除宫城皇城之外，布局一改过去整齐划一的布局模式，街、巷配置相对自由，形式多种多样。城内功能分区也向多元化方向发展，各功能分区大致有定而又富于变化。其中以四条御路街市结合漕运水路和诸桥组成较庞大的商业区，是开封城的主要特色

〔1〕　参见《中国大百科全书·考古卷》"汉魏洛阳城遗址"条，中国大百科全书出版社1986年版。
〔2〕　参见《中国大百科全书·考古卷》"隋大兴唐长安遗址"条，中国大百科全书出版社1986年版。
〔3〕　参见孟凡人《宋代至清代都城形制布局研究》，中国社会科学出版社2019年版，第76页。

之一。在这些商业区内，众多的居民、穿梭般的漕运、繁华的商业，各种发达的手工业，星罗棋布的酒楼、茶坊和歌馆，杂处其间的勾栏瓦子等等，共同组成了一幅生机盎然的画卷。内城商业街区的布局，乃是以宫城皇城为中心而展开的，明显具有为皇家和达官显贵服务的性质。如此布局，是皇权至上和商业化相结合在都城布局上的反映，也是与前代都城布局的主要区别之一。除上所述，城内其他功能分区仍然是以商业街市为主线，其他因素如寺观、瓦子、大邸宅、一般性衙署和官府性质的设置、官府手工业作坊、官营药局等，大都散置于城内各功能分区，基本照顾到城内各区划配置的均衡性。

东京城另一特点是建于平川，地势缺少起伏变化。加之北宋建都之前，由于连年战乱，水利失修，土地盐碱程度高，植被破坏严重，风沙成灾。为改善生态环境，美化都城，又辅以多层次的城市绿化和园林建设。在内城北部，宫城空地种树木、竹子和花草。到北宋末宫城后苑、延福宫、延福第六位、艮岳与宫城浑然一体，成为城内最大最美的园林区。在城外还分布有四大皇家园林（图 1-1-1），即玉津园、宜春苑、瑞圣园、琼林苑与金明池。此外，在外城护城河的内外，"皆植榆柳，粉墙朱户"，"夹岸皆植奇花珍木"，形成环城 50 里的绿化带。通过大规模的绿化，不仅有效防止了风沙的侵害，美化了环境、调节了气候，净化了空气，有助于生态平衡；而且还使建于平川的开封城，外缘景观郁郁葱葱，错落起伏，层次分明。这种将大规模的城市绿化和园林建设作为都城布局艺术的主要辅助手段的做法，是中国古代都城布局艺术的重要发展，对后世都城绿化和园林艺术的发展产生了深远的影响。

综上所述，北宋东京开封府城在吸收和借鉴前代都城规划和布局经验的基础上，结合当时当地的具体情况，对唐和后周遗留的旧城进行了逐步改建和增筑，形成了较完整的新的形制布局体系。这是中国古代都城利用改造旧都城，并在此基础上规划新都城较成功的范例之一。其创新的形制和布局对后世都城产生了深远的影响，是中国封建社会后期都城形制布局演变进程中的里程碑，因而具有划时代的重要意义。

第二章 南宋行在临安府城

第一节 建置沿革

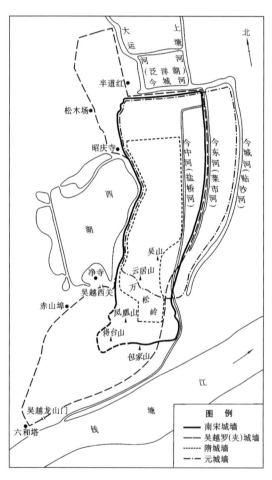

图 2-1-1 杭州古代城址变迁示意图
（引自《中国古代建筑史》第三卷，中国建筑工业出版社
2009 年版，略变化）

南宋行在临安府城，大体相当于今杭州的上城区和下城区。公元前 222 年秦在灵隐山麓设钱唐县，西汉王莽时改称泉亭县。东汉复称钱唐县，县治迁至宝石山之东，为今杭州城范围内建城之始。隋灭陈建置杭州，州治先在余杭县（今余杭区），后移治钱唐县，又迁至柳浦西（今江干一带），依山筑城，周回三十六里九十步。大业六年（610年）开凿江南运河并与北运河连通，为杭州城的进一步发展创造了条件。唐灭隋因避国号之讳，改"钱唐"为"钱塘"，城垣大体承隋之旧。德宗年间（780—805年）杭州刺史李泌在今涌金门至钱塘门之间开凿六井，将西湖淡水引入城中，解决了相关地区因地苦斥卤的饮水困难问题，从此西湖成为杭州城的组成部分。唐景龙四年（710年）和咸通二年（861年）两开沙河，揭开了开拓东城的序幕。长庆二年（822年）白居易任杭州刺史时，又在钱塘门至今武林门间修长堤，解决了蓄泄湖水，溉田和保障城内用水问题。六井、沙河和湖堤的开凿修筑，奠定了杭州"倚江带湖"，"三面云山一面城"的格局。

五代时钱镠拥兵割据杭州一带，后梁开平元年（907年）被封为吴越王，梁龙德三年（923年）又封为吴越国王，定都杭州，称西府或西都。钱氏对杭州的营建功绩卓著，曾三次扩建杭州城，使城垣呈"南北展而东西缩"之形，俗称"腰鼓城"（图2-1-1）。钱氏的宫城因凤凰山东麓原唐代子城而建，早在钱镠任镇海军节度时即扩展了州厅西南隅，封王后则将原子城的厅室改建为殿堂。此外，在梁开平四年（910年）为防海潮侵袭，南自六和塔北迄艮山门筑捍海塘，同时建龙山、浙江二闸，以遏制咸潮倒灌，又开涌金池引湖水入城，丰富城内水源。钱氏在吸取前代经验的基础上，采取控江保湖，综合治理的方针，使城市向东、北两个方向发展，确立了"南宫北城"的规划格局，为尔后南宋临安城的发展奠定了坚实的基础。

宋太平兴国三年（978年）钱氏放弃割据并于北宋，宋"即其宫为州治"。此后杭州城的北界从德胜桥夹城巷缩至武林门，吴越国夹城被拆除，杭州城变为两重城（图2-1-1）。靖康元年（1126年）金军陷东京城，北宋亡。次年五月徽宗九子赵构在应天府（河南商丘）登极，改年号"建炎"。建炎三年（1129年）在金兵追逼之下，赵构奔杭州，遂以杭州为"行在所"，升为临安府，改州治为行宫。接着金兵又尾追南下，赵构则逃到绍兴、温州等地，绍兴二年（1132年）迁回杭州。此后直到绍兴八年才以临安为"行在"，正式定都，史称南宋。

南宋景炎元年（1276年）元兵攻陷临安，改置杭州路，杭州城墙被夷平。元至正十七年（1357年）自称吴王的张士诚攻占杭州，至正十九年张士诚令改筑杭州城，为明、清杭州城的规模奠定了基础。

南宋临安城的正式考古工作开展较晚，1983年中国社会科学院考古研究所浙江考古队、浙江省文物考古研究所、杭州市园林文物局联合组成临安城考古队，以南宋皇城为工作重点，同时对城内一些重要遗址也进行了考古调查和发掘。此项工作，迄今仍在继续进行之中。2001年，临安城遗址被定为全国重点文物保护单位。

第二节　临安城的形制和外城布局的主体框架

南宋临安城的形制，基本承吴越国都和北宋杭州城之旧。在总体布局上有外城和宫城两重，宫城在临安城南端，外城自宫城向北延伸，北部宽、南部内缩变窄，略呈"腰鼓形"（图2-1-1、图2-2-1）。

外城又称罗城，南宋罗城在前代基础上仅略有修缮，除绍兴二十八年（1158年）扩展外城东南部外，少有增筑。到南宋末外城垣的北界在今武林门至艮山门一线，西濒西湖，东至菜市河，南从慈云岭沿山麓迤至馒头山划界。城墙依山就水，因势而筑。诸城墙各高三丈余，横阔丈余，基广三丈，城墙逐步包砖石。城门新开嘉会门和新门，加上旧城门共13座。即北城墙之西的余杭门（俗称北关门），南城墙之东的嘉会门。东城墙七门，从北向南为艮山门（俗称坝子门）、东青门（俗称菜市门）、崇新门（俗称荐桥门）、新门（又名新开门，俗称草桥门）、保安门（旧名小堰门）、候潮门和便门。西城墙开四门，从北向南为钱塘门、丰豫门（旧名涌金门）、清波门（又称涵水门，俗称暗门）、钱湖门

（又名青平门）。此外，还有余杭、天宗、保安、北水和南水五座水门。各城门均建城楼，艮山门、东青门和便门则建瓮城，水门都是平屋。诸门城楼以嘉会门"城楼绚彩，为诸门冠"，皇帝南郊祭礼出入此门。北面的余杭门与浙西、苏、湖、常、秀和江淮水陆相通，是城北交通要道，为商贾云集和货物的集散地。东南的候潮门，则是海商船舶的泊地，为重要的对外贸易门户。丰豫门最近西湖，城内游西湖者多由该门出入。全城南北长约7000米，东西窄，平均约2000米，面积约14平方公里，城内平地与山地约各占一半[1]。

外城由四河、街道与厢坊和巷组成布局主体框架。

临安城北靠大运河，东南临钱塘江（又名浙江），西濒西湖。城内有四河，即茅山河（茆山河，南宋末湮没）、盐桥河（今中河，初称"城内大河"）、市河（俗称小河，今废）与清湖河（西河）纵贯城区。城内诸河原有西湖与钱塘江二源，南宋时则以西湖为水源。临安城地势南高北低，诸河自南向北流。城内四河及河上诸桥对市区形制布局和交通有重要影响，城外的江河湖限定了临安城东、西、北三面的范围，形成独特的外缘景观。城内四河与城外江河湖相通，城外的大运河、浙西运河、官塘河和通海的钱塘江航运发达，因而处于水乡的临安城经济繁荣，成为商业重镇。

城外的河流较多，除前述者外，在东面还有黑沙河，又名贴沙河，从保安水门入城；龙山河从南水门入城。城东有菜市河（东运河，今东河），五里塘河、沙河。沙河又分外、前和后沙河，外沙河自保安门绕城北流至泛洋湖，是沟通钱塘江与大运河的重要河道。前沙河在东青门外，东南接外沙河，北达后沙河。后沙河（艮山河）在艮山门外坝子桥北，即外沙河之下流。元末前沙河已堙，后沙河与外沙河合为一体，成为元末之城濠。城北泛洋湖汇聚城内诸河之水，并有上塘、下塘、子塘等河[2]。此外，城内井较多，井与重要衙署和居民区的配置有关。

临安城外的湖泊，以西湖最重要。西湖古称武林水，又称金牛湖、明圣湖，到唐代称钱塘湖，北宋时已称西湖，又称西子湖。《西湖志》说：西湖"受武林诸山之水，下有渊泉百道，潴而为湖"，湖三面云山，周回三十里。湖水从清波门和丰豫门涌金池入城，东流注入城内诸河，北出天宗水门和余杭水门，汇聚于北城外泛洋湖，再北流入上、下塘河，另一支由桃花港过下湖入子塘河。自唐李泌开六井引湖水入城之后，西湖就成为城内的主要水源和城边重要的风景区，到南宋时已城湖相合融为一体。

临安城内四河之上河桥很多，达百余座[3]。大概盐桥河、市河和清湖河各有30余座桥，诸桥除少量平梁桥外，大都是可通航的拱桥。这些桥对保障水上交通及与城内陆地交通线的连接，有十分重要的作用。城内渡口，"渡船头渡，在通江桥北。周家渡，在城内漆（或作柴）木巷。司马渡，在油蜡局桥。萧家渡，在下中沙巷。边家渡，在仁和仓东。睦家渡，在丰储仓西。时家渡，在德胜堰南"[4]（图2-1-1、图2-2-1）。

临安城内主要街道的配置与城南北狭长，地势起伏，河道多桥多的情况密切相关。总

〔1〕　阙维民：《杭州城暨西湖历史图说》，浙江人民出版社2000年版，第33页。
〔2〕　吴自牧撰，傅林祥注：《梦粱录》卷十二"城内外河"条，山东友谊出版社2001年版。
〔3〕　《乾道临安志》卷二载73桥，《淳祐临安志》卷七载百桥，《咸淳临安志》卷二十一载117桥。
〔4〕　参见《梦粱录》卷十一"堰、闸、渡"条。

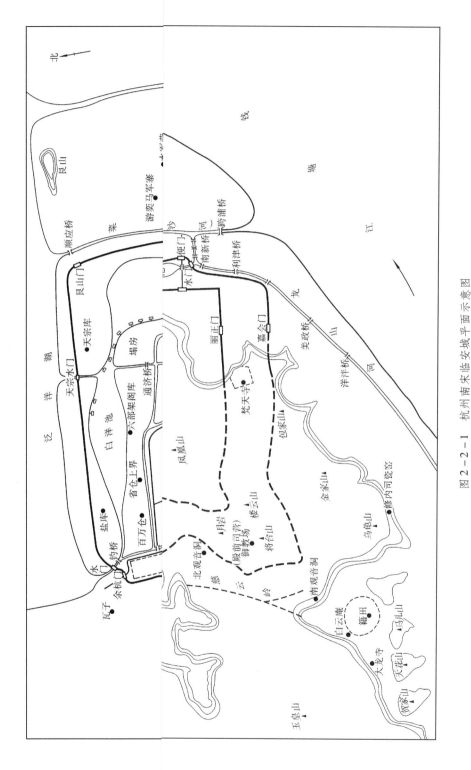

图 2－2－1　杭州南末临安城平面示意图

（引自《中国古代城市规划史》，中国建筑工业出版社 1996 年版。略变化）

的来看，临安城除御街外，无纵贯南北和横贯东西的大街。其街道网以纵贯南北的御街为主干，御街连接两侧城门间的东西横街，横街中段多微弧两端略折。俯瞰临安城的街道网，大致呈叶脉状。

御街（又称"天街"）是临安城内的中轴线，与市河大体平行。其南起自和宁门，向北经朝天门、众安桥、观桥和万岁桥，然后西折抵景灵宫前斜桥（中正桥）。其主要路段即今中山南路、中山中路和中山北路。御街自南宋初修筑以后，"岁久弗治"，在咸淳七年（1271年）曾修缮[1]。除御街外，还有四条南北向大街。最西的纵街分北、中、南三段，北段在余杭门与钱塘门东西横街之间，与清湖河基本平行；中段在北段之东，介于钱塘门东西横街与丰豫门北水门东西横街之间；南段在中段之西，介于丰豫门东西横街与清河坊和仁美坊相接处之间。城内中间两条纵街在市河与盐桥河之间，大致与河及御街平行。两条纵街在西者，南起朝天门北抵众安桥东春风楼之东；在东者南起钟公桥北至盐桥西。另一条南北向大街在盐桥河东，南起南瓦向东又向北绕德寿宫，于德寿宫之北向北行至昌乐坊。此外，扩展东南城后，又增辟一条从候潮门经嘉会门抵郊坛的御路，路宽五丈[2]。

城内东西向大街以御街为界，东西各四条。即候潮门与钱湖门，新门与清波门，崇新门与丰豫门，东青门与钱塘门分别至御街的东西横街。西侧横街接御街，东侧候潮门、新门东西横街过盐桥河桥与御街相接，崇新门和东青门东西横街过盐桥河桥与前述两条较短的南北纵街相接，然后过市河河桥接御街。东西城门间的东西横街，或在御街处对接或相错。此外，临安城内的交通要冲和大建筑物前，有的还增辟了街道广场。

关于临安城的街道，《马可·波罗行纪》说："行在一切道路皆铺砖石"，"上言通行全城之大道，两旁铺有砖石，各宽10步，中道则铺细砂，下有阴沟宣泄雨水，流于诸渠中，所以中道永远干燥"[3]。总之，临安城的街道在前代基础上加以整修，改造和增辟后，其交通状况大为改善。

厢是临安城的行政管理单位，厢下设坊，厢设厢官，掌管治安和诉讼。周淙《乾道临安志》记城内八厢（含宫城厢），潜说友《咸淳临安志》、吴自牧《梦粱录》记九厢（含宫城厢）。城外则分为城南左厢、城北右厢、城东厢和城西厢，城内外共十三厢。诸厢以斜桥、后洋街、四姑桥（大致以清湖河）一线为界，西属钱塘县，东属仁和县。现据《梦粱录》和《咸淳临安志》卷十九《坊巷》等，将城内九厢配置方位概述如下：（1）宫城厢西面右接右四厢界，南面接左一南厢界，其范围包括皇城大内及其外围一圈。（2）右一厢十坊，在和宁门北，御街南段东西两侧。（3）左一北厢十九坊，在御街中段的南半段（朝

---

[1]　潜友说纂修《咸淳临安志》卷二一"疆域六·御街"条：咸淳七年（1271年）"安抚潜说友奉朝命缮修内六部桥路口至太庙北，遇大礼别除治外，衰一万三千五百尺有奇，旧铺以石，衡从为幅三万五千三百有奇，易其阙坏者凡二万。跸道坦平，走毂结轸，若流水行地上。经途九轨，于是为称"（江苏广陵古籍刻印社据道光庚寅钱塘振绮堂汪氏仿宋重雕刊本）。按御街从万岁桥西折至中正桥，是为皇帝于"四孟"（孟春、孟夏、孟秋、孟冬）到景灵宫朝拜而特别设计的。

[2]　《咸淳临安志》记载：绍兴"二十八年增筑皇城东南之外城"。《宋会要辑稿》第一八七册，第7341页《方域》二之二一说：绍兴二十八年七月在皇城东南"展城阔一十三丈，内二丈充城基，中间五丈充御路，两壁各三丈充民居"。正文增辟的御路即据此，并结合南郊大礼，皇帝从太庙"出嘉会门，至青城宿斋"推断出来的。

[3]　《马可·波罗行纪》，冯承钧译，党宝海新注，河北人民出版社1999年版，第156页"补述行在（出剌木学本）"。

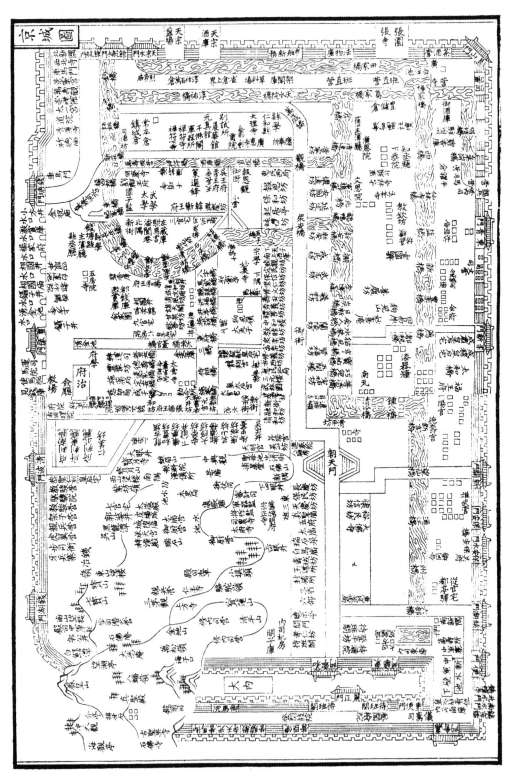

图 2-2-2 《咸淳临安志》南宋临安城图

天门至市西坊）以西，基本介于涌金门、清波门与御街相接的大街之间。（4）左一南厢四坊，在左一北厢之南，即清波门与御街相连接东西横街之南。（5）左二厢十八坊，在御街中段西侧之北半段和御街北段，直至万岁桥西南仁和县署周围。（5）左三厢八坊，在左二厢之西，左一北厢之北，处于清湖河中段流经地区，主要在西河众安桥南下，经鞔鼓桥、军将桥和三桥河段之西。（7）右二厢十八坊中十三坊集中分布在御街中段和北段东侧与市河西侧之间。另四坊在盐河桥盐桥、新桥、荐桥西侧。（8）右三厢六坊在右二厢之东，即荐桥到盐桥的东西两岸，向东至东城墙附近。（9）右四厢二坊，在盐桥河中段东岸，左二厢南部之东，右三厢之南，从宗阳宫桥北至荐桥东北。

以上城内九厢共85坊，临安城诸坊数前后有变化，有增有减，85坊为咸淳年间坊数。其中41坊沿御街两侧呈南北向分布，以北自观桥（今凤起路与中山北路交界处），南至朝天门（今吴山东麓鼓楼处）一段最集中。诸坊大多又称巷，少数坊则称街或路。因此，临安城诸坊实为大多与主要大街相连的街巷。临安城诸坊名只是尚存的传统名称，"巷"才是现实的存在，"坊"就是"巷"。临安城坊巷大小无定制，提高了坊巷与商业网点有机结合的规划水平，并出现各类学校，便于学龄儿童就近入学。坊巷为便于交通，还放宽了路幅。这时的坊巷已变成行政管理单位，设军巡铺负责治安防火。上述城内四河、街道、厢坊和巷（图2-2-1、图2-2-2)[1]，是城内布局的主要框架，并以街道为城内布局的主要骨架。

第三节　宫城与德寿宫

一　宫城的营建

建炎三年（1129年）二月，赵构奔杭州，诏以原北宋州治为行宫。绍兴元年（1131年）十一月，诏守臣徐康国措置草创行宫（又称大内、皇城、南内）。绍兴十一年与金人议和后，十二年起开始大兴土木，营建宫室，绍兴十五年主要工程大体完工，绍兴二十八年宫城基本建成，以后又陆续修葺，逐步完善。

德祐二年（1276年）南宋降元后，宫城失火，焚毁过半。至元二十五年（1287年），西僧杨琏真伽（嘉木杨喇勒智）在南宋故宫遗址内置五寺，改垂拱殿为报国寺、改延和殿为仙林寺、改福宁殿为尊胜寺、改芙蓉阁为兴元寺、改和宁门为般若寺。元朝后期延祐、至正年间，五寺相继毁坏。明洪武二十四年（1391年）重建报国寺，并立为丛林。至明万历年间，南宋宫城内建筑尽毁。

二　宫城位置与平面形制

宫城位于临安城南端凤凰山东麓（图2-2-1、图2-3-1），现存宋高宗楷书"忠实"石刻题记，以及淳熙五年（1178年）王大通"凤山"和"皇宫墙"石刻题记。宫城

---

[1]　参见孟凡人《宋代至清代都城形制布局研究》第二章第二节，中国社会科学出版社2019年版。

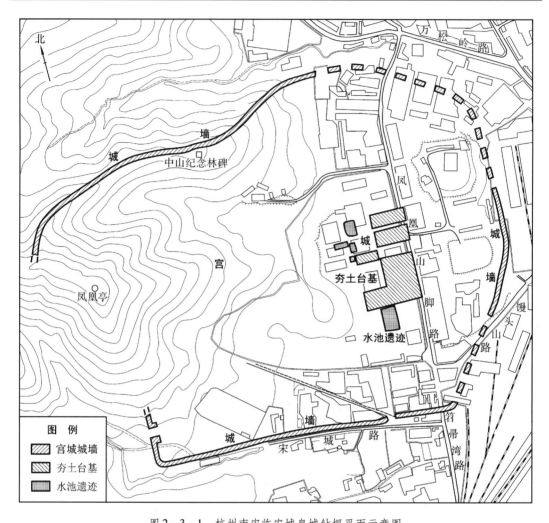

图 2 - 3 - 1　杭州南宋临安城皇城钻探平面示意图

（引自《杭州南宋临安皇城考古新收获》，载《2004 年中国重要考古发现》，文物出版社 2005 年版，略变化）

墙的位置，过去依据文献记载学者多有考证，均无定论。1984 年以后考古工作者对宫墙位置进行考古钻探试掘，陆续发现宫墙基址。北宫墙东段在万松岭南侧，沿万松岭南侧山坡向东略外弧延伸至馒头山东北角。在北宫墙东段西端于市中药材仓库西墙外西侧，在距地表 0.2—1.4 米处发现夯土宫墙基址，夯土紧密坚硬，残宽约 11 米（已设铁围栏保护）。自此向西称西段，宫墙始建于山坡和山脊上，从上述铁围栏保护点向西大致呈东北—西南走向，经"景栖 25"高压铁塔，中山纪念林碑北侧，老虎洞官窑遗址南侧的山梁脊部，向西一直延伸至通往凤凰亭叉路附近的陡坡。西段西端南折一段，墙基终止。经试掘初步确认，北宫墙以夹杂石块的黄褐色和浅灰褐色夯土为主，墙基距地表约 0.2—0.8 米，残宽约 11 米，厚 0.7—2.7 米，夯层厚 0.1—0.24 米。此外，有迹象表明宫城墙有初建和修建夯土两部分，其内侧均有包砌石块现象。初建夯土宫墙内侧包砌石块 3—5 层，包石残存高度约 62 厘米，宽 44 厘米。修建夯土宫墙内侧包砌石块仅一层，包石边宽 40 厘米。

在初建宫墙夯土中发现有南宋时期的"香糕砖"残块，北宫墙现存残长约 710 米[1]。

东宫墙与北宫墙相接部位略斜向东南，然后东墙沿馒头山东麓南行，南段地处馒头山路西侧的断崖上，墙体内收斜向西南。东宫墙残存长约 390 米，宽约 8.8—12 米。据试掘资料，东宫墙由黄褐色、浅棕黄色和浅灰褐色等夯土构成，距地表深 0.4—1.2 米，墙体残宽 8.8 米，厚 0.55—1.7 米，夯层 0.15—0.3 米，夯层中均夹有砖瓦碎片[2]。

南宫墙在今宋城路北侧，大致与宋城路平行，现残存长约 600 米，墙基宽 9—14 米，夯土厚 0.5—2 米。夯土多为黄褐色，中间杂有小砾石和少量砖瓦片等。南宫墙东端在机修厂院内，与宫东墙大体连接。自此向西经杭州市上城区少年军校总校门口，接近宋城路后夯土墙在道路北侧一直西行，在宋城路 102 号附近穿过宋城路，直线向西达宋城路 105 号南侧苗圃，苗圃院内正是皇城西墙南隅。从该段宋城路 102、103 号住房以西 10 米的南北向钻探资料来看，宫墙基距地表深 1.1—1.2 米，墙体残宽约 14 米，夯土浅棕褐色，内夹黄灰砂石粒和残砖瓦块等，质地较紧密[3]。

西宫墙与南宫墙连接，连接处近直角，从此向北经宋城路 105 号住宅东侧，又北止于凤凰山南麓陡坡，残长约 100 米，宽约 10—11 米。西宫墙基发现一宽约 18 米的缺口，缺口两侧夯土宽约 20 余米。从宋城路与西宫墙交叉点南侧路边试掘来看，西宫墙残高 1.79—1.84 米，夯层厚 0.06—0.2 米，内含砖瓦碎块、瓷片和铜钱等遗物。西宫墙内侧残存包砖，南北向包砖在探沟北壁附近向东转折伸出，并与西宫墙缺口两侧加厚夯土相呼应。在西宫墙内侧地面铺有整齐的条砖，条砖下为纯净黄土和砂性生土。通过解剖夯土和分析出土遗物，可知西宫墙属南宋时期。上述情况表明，该缺口或与宫城西门有关[4]。

除上所述，在宫城南墙、西墙外侧还勘探出排水沟，水沟宽 15—20 米，距地表 1.0—1.5 米，深超过 4.5 米，距宫墙约 12 米。该排水沟可能是宫城墙外的护城壕[5]。

据上所述，宫城墙北墙在万松岭之南和凤凰山北侧余脉的山脊上，东段略外弧，西段呈东北西南走向。宫城墙东墙在馒头山东麓，略呈弧状。南宫墙在宋城路北侧一线，较直，西段略斜向西南，宫墙外有护城壕。宫城西墙只发现南段，北段仅北宫墙西端略南折，其余地段均未发现墙基，应是以凤凰山为屏障代替西宫墙（图 2-3-1）[6]。上述情况表明，宫城墙的四至，大致东起馒头山东麓，西抵凤凰山，南临宋城路，北至万松岭南。宫城平面呈东西长，南北窄，北宫墙有曲折，东宫墙略外弧，南宫墙较直，西面无完

[1] 临安城考古工作队：《杭州南宋临安城皇城考古新收获》，载《2004 年中国重要考古发现》，文物出版社 2005 年版；浙江文物考古研究所：《杭州市南宋临安城考察》，载《中国考古学年鉴1985》，文物出版社 1985 年版，第149 页；李德金：《南宋临安城遗址》，载《中国考古学年鉴1986》，文物出版社 1988 年版，第 127 页；李德金：《南宋临安城皇城遗址》，载《中国考古学年鉴1993》，文物出版社 1995 年版，第 146 页。
[2] 《杭州南宋临安皇城考古新收获》，载《2004 年中国重要考古发现》，文物出版社 2005 年版；《杭州市南宋临安城考察》，载《中国考古学年鉴1985》，第 149 页；《南宋临安城遗址》，载《中国考古学年鉴1986》，第 127 页。
[3] 参见《杭州南宋临安城皇城考古新收获》，载《2004 年中国重要考古发现》，文物出版社 2005 年版。
[4] 参见《杭州南宋临安城皇城考古新收获》，载《2004 年中国重要考古发现》，文物出版社 2005 年版。
[5] 参见《杭州南宋临安城皇城考古新收获》，载《2004 年中国重要考古发现》，文物出版社 2005 年版。
[6] 参见《南宋临安城皇城遗址》，载《中国考古学年鉴1993》，文物出版社 1995 年版。在北城墙折向西端的一段向南寻，先后开 6 条探沟，未见西城墙向南延伸。以此结合本文所述南宫墙仅北折一段来看，临安诸皇城图西部未绘完整宫墙，中间以凤凰山为屏障是符合实际情况的。对此，诸家意见基本相同。

整宫墙的不规则长方形。根据考古钻探试掘，实测宫城东西直线距离约 800 米，南北直线距离约 600 米[1]，约合 5 宋里，与北宋宫城大体相当[2]。

宫城门址，文献记载南为丽正门，北为和宁门，东为东华门，还有东便门，《武林旧事》记有西华门，皇城图（图 2-3-2）西部南边有府后门。其中和宁门与丽正门的位置最为重要，两座宫门目前均未发现遗址，学者们对其具体位置的意见不一。现在一般多认为今中河南路约相当于临安城御路南段，其南对今凤凰山脚路，御路当对宫城和宁门，故上述二条路主轴线与已发现的北宫墙的交点附近即为和宁门的位置，东华门则在其东。丽正门与和宁门为宫城正南门和正北门，二门按规制应大体相对，所以凤凰山脚路向南与已发现的南宫墙的交点附近即为丽正门的位置，东便门在丽正门之东（图 2-3-1）。实际上丽正门与和宁门的位置，很可能在上述位置偏西，对此后文将有分析。此外，西宫墙南部发现的门址，可能是皇城图（图 2-3-2）所标示的府后门，府后门或又称西华门。

三　宫城配置概况

宫城西对凤凰山，山东北为八蟠岭，宫城东面为馒头山。宫城主体位于馒头山西面缓坡上，该缓坡即为凤凰山与馒头山之间的鞍部，地形中间标高 22.5 米，向南北两面坡降，高程约 12 米左右。南宋宫城内的建筑均被压在现代建筑之下，目前只发现零星的遗址和遗迹[3]，所以下面拟据文献记载对宫城的配置概况略作介绍。

宫城南面丽正门是大内正门，左右列阙，有百官待班阁子，登闻鼓院、检院相对，左右悉排红杈子。大内北门和宁门，门外列百僚待班阁子，左右排红杈子，左设阁门，右置待漏院，客省四方馆。丽正门为正门在南，只有皇帝到南郊祭郊坛才经此门出入。和宁门虽在北为后门，但与御街相接，为宫禁日常出入之门。由于临安城宫城在南端，城的整体布局坐南向北，主要中央衙署亦置和宁门之北，所以和宁门实际上起正门作用。

宫城内的建筑，文献记载大内共有殿三十、堂三十三、斋四、楼七、阁二十、台六、轩一、阁六、观一、亭九十[4]。其中有些殿因事易名，实为一殿，故远不足三十之数。宫城内可分为外朝、内朝、东宫、学士院、宫后苑五部分。据陈随应《南渡行宫记》的描述，大致是外朝殿堂在南部，内朝在其北，东宫在丽正门内、南宫门外之东，学士院在和宁门内、北宫门外之东，宫后苑似在东北部，近东华门。

外朝实建大庆、垂拱两座主要大殿，二殿随事易名。帝后起居的内朝主要殿宇有福宁殿（皇帝寝殿）、勤政殿（木帷寝殿）、嘉明殿（在勤政殿之前，皇帝进膳所）、崇政殿（旧射殿改建，为学士侍从掌读史书、讲释经义之处）、选德殿（又名射殿，理宗时为讲

〔1〕　参见《杭州南宋临安皇城考古新收获》，载《2004 年中国重要考古发现》，文物出版社 2005 年版。
〔2〕　《宋史》卷八五《地理志一》、《宋会要辑稿》八，第一百八七册《方域》一之二记载：北宋"宫城周回五里"。
〔3〕　《南宋临安城遗址》，载《中国考古学年鉴 1986》，文物出版社 1988 年版；《南宋临安城皇城遗址》，载《中国考古学年鉴 1993》，文物出版社 1995 年版；唐俊杰：《南宋皇城南宫墙考》，《浙江学刊》1998 年第 3 期；《杭州南宋临安皇城考古新收获》，载《2004 年中国重要考古发现》，文物出版社 2005 年版。
〔4〕　（南宋）周密撰，傅林祥注：《武林旧事》卷四，山东友谊出版社 2001 年版。

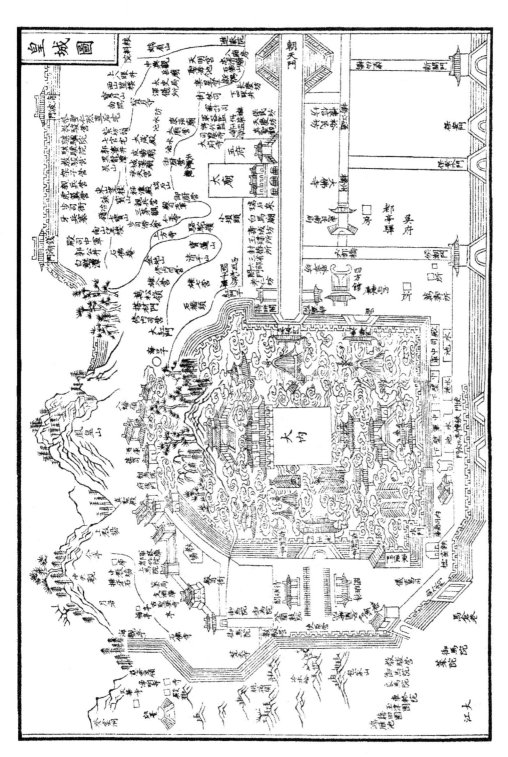

图 2－3－2　《咸淳临安志》南宋临安皇城图

殿，皇帝与群臣议事、考察官员政绩之所。在崇政殿东，近福宁殿）、缉熙殿（理宗绍定六年由旧讲殿改建而成，近崇政殿）、钦先孝思殿（崇政殿之东，又名内中神御殿）、复古殿（近后苑小西湖，皇帝燕闲休息之所）、坤宁殿（皇太后寝殿）、和宁殿（皇后寝殿）、慈元殿（理宗谢皇后寝殿）、仁明殿（度宗全皇后寝殿）、受厘殿（钦圣向后寝殿）等。此外还有贵妃、昭仪、婕妤等位宫人直舍，靠近东部。东宫、宫后苑等略。

文献记载，在宫城内"自平陆至山岗，随其上下以为宫殿"。据前述考古资料来看，在省军区综合仓库院内发现若干高质量的土台基和水池遗迹，以及营造讲究的宋砖砌道路等表明，此处在凤凰山脚路之西，其南北大致与丽正门及和宁门相对，故以此为准的南北一线及其附近似为宫城外朝内朝主体建筑的部位。如是，外朝内朝主体建筑群的西界似应以已发现的北宫墙略近中部的转折处附近为界，东界似在凤凰山脚路之东，大体以已发现的东宫墙与南宫墙相接处为界（图2-3-1），此界限之东地域则为东宫（南）和宫后苑（北）所在地。这样，估计丽正门当距今凤凰山脚路与已发现南宫墙交点之西尚有二三十米左右，东便门应位于已发现东宫墙南部向西内收并与南宫墙相接处较近部位，和宁门同样当在今凤凰山脚路主线方向与已发现的北宫墙交点之西二三十米左右，东华门似位于北宫墙向东南弧转的宫墙部位。从南宋临安京城和皇城图来看（图2-2-2、图2-3-2），丽正门和和宁门并不是南北直对，丽正门较和宁门略偏东，这个现象可作今后考古工作的参考。

综上所述，由于南宋宫城诸殿阁多"随事易名"，"随时易名"，"随时所御，则易其名"，故一殿（阁）多名者屡见不鲜。加之文献所记诸殿阁相互矛盾和不明之处颇多，学者们对宫内诸殿阁配置的描述，因所依据的文献不同，对文献的理解不一，亦差异较大。因此，本文不再对宫内宫殿的配置情况作具体的阐述。

四　皇城和宫廷广场问题

南宋临安大内地处山脚之下，场地局促，利用旧州治进行改建又多有不便，加之金宋对峙，财力有限，因而南宋大内的形制布局在历代宫城中最不规范，在宫城规制方面具有浓厚的权变色彩。所以探讨研究临安宫城形制布局及与宫城密不可分的皇城和宫廷广场问题，必须充分考虑其权变的因素。

宋代文献一般将宫城通称为皇城，其实前述宫墙范围主要是宫城。临安大内有殿垣、宫垣、皇城垣、京城垣之分[1]，即临安大内的构成中当包括与宫城有别的皇城。但是，在已知的文献资料和皇城图中，却很难辨识皇城的面貌。在这种情况下，若改变传统思路考虑到其权变的因素，皇城还是清晰可见的。

在已知的文献资料和皇城图中，有些现象很值得注意。比如：（1）据《南渡行宫记》记载，丽正门内有南宫门，和宁门内有北宫门。（2）《武林旧事》卷一"登门肆赦"条，记载皇帝登丽正门城楼，门下立金鸡，门上仙鹤童子捧赦书降下，宰臣跪受，阁门提点开

---

[1]　《宋会要辑稿》第一八七册，《方域》二之一一、一二记载：绍兴四年，"刑部状检准律，诸越殿垣者绞；宫垣流三千里；皇城减宫垣一等；京城又减一等……"

拆，"授宣敕"。这个情况与明北京承天门（清天安门）颁诏仪式相似，以此结合前述丽正门及和宁门与宫门相对，可认为二门有皇城门性质。（3）临安城的特点之一，是城内所有地域均在厢的编制之中。其中宫城厢，"东至嘉会门禁城角，西至中军壁小寨门，南至八盘岭，北至便门巡捕城角矣"[1]。据研究此记载似应为南至嘉会门，西至凤凰山向东延展的山脊八盘岭，东至中军小寨门，北至便门城角，其范围主要包括宫城及宫垣外围一圈，凡此均属大内范畴。但是，宫垣内和宫垣外一圈内的配置性质完全不同。（4）《南渡行宫记》记载，入和宁门，左进奏院，右中殿外库至北宫门，"循廊左序"有御酒库、御药院、慈元殿、外库、内侍省、内东门司、大内都检司、御厨、天章等阁；"廊回路转"，又有内藏库、军器库。此外，学士院、翰林诸司、修内司、八作司等位于东华门内东西一线。上述机构大都隶属皇城范畴。（5）从皇城图（图2-3-2）来看，和宁门与丽正门外和宫垣外四周，均被隶属皇城性质的机构和警卫系统围合。（6）《梦粱录》卷八"大内"条记载："沿内城（指宫城东墙外）向南，皆殿司中军将卒立寨卫护，名之中军圣下寨。寨门外左右俱置护龙水池。沿寨向南，有便门，谓之东便门。"同书卷一一"池塘"条记载："宫城外护龙水池二十所，自候潮门里，南贴中军寨壁，宫城之东，直至便门里南水门北和宁门外，水池袤一百一十尺。"（图2-3-2）《宋会要辑稿》一八七册，《方域》二之二一记载，绍兴二十八年"增筑皇城东南之外城"，"展城阔一十三丈，内二丈充城基，中间五丈充御路，两壁各三丈充民居"。《梦粱录》卷七"杭州"条记载：嘉会门"城楼绚彩，为诸门冠，盖此门为御道，遇南郊，五辂从此幸郊台路"。《武林旧事》卷一"大礼南郊"条记载："并差官兵修筑泥路，自太庙至泰湮门（郊坛门），又自嘉会至丽正门"，"皆以潮沙填筑，其平如席，以便五辂之往来"。南郊行郊祀礼三年举行一次，于元旦进行，称为"大礼"。前三日致斋于大庆殿，次日出和宁门到景灵宫向祖先奉告后回太庙。次日从太庙出发，即经御街南行，又经候潮门大街东行至候潮门口，再沿城墙内侧南行，经前述所修御路至便门口出嘉会门，又西南行三里至郊坛。上述情况表明，从候潮门向南经由中军寨严密护卫的直至嘉会门的御路，乃是皇城的重要组成部分，嘉会门亦应是皇城门之一。

综上所述，在前述宫垣范围内，仅和宁门与北宫门之间及其两侧具有皇城性质。在前述宫垣之外，均被隶属皇城性质的机构连通围合，并有明确的四至。前已说明其西界以凤凰山八蟠岭为界；东、南以候潮门北至嘉会门及其以西外城墙为界；北面御街之东以候潮门内大街为界，御街之西大致以万松岭南缘为界，至和宁门外御街和中央衙署区闭合。此宫垣外一圈即为皇城，丽正门与和宁门为皇城门，嘉会门为皇城外门，宫垣同时具皇城内垣性质，候潮门南至嘉会门及其以西外城墙又具有皇城外垣性质。《南村辍耕录》所记"皇城九里"[2]或是指前面分析的皇城而言。上述出丽正门、和宁门入皇城的情况与传统的进皇城门入皇城的模式迥异。这种情况，乃是前述临安大内位于特殊地域，在特殊的背景和条件下不得已而为之的权变所致，在中国古代都城的宫城皇城模式中是仅存的孤例。

---

〔1〕《梦粱录》卷七"禁城九厢坊巷"条，山东友谊出版社2001年版。
〔2〕（元）陶宗仪：《南村辍耕录》卷十八引陈随应《南渡行宫记》，中华书局1959年版。

和宁门之北至朝天门间的御街两侧置主要中央衙署（以西侧为主），为宫廷广场之所在。其情况与北宋东京城元丰改制后宣德门外宫廷广场相近。两者的区别主要是和宁门外无东西向大街，只有南北向御街，故其宫廷广场从东京城的准"T"字形变为纵长条形。另一个区别是临安宫廷广场中央衙署的配置较东京城更集中更密集（图2-2-1、图2-2-2、图2-3-2）。

五　德寿宫

临安大内狭小，绍兴三十二年高宗传位孝宗，即在原秦桧府第基础上扩建德寿宫，并迁居此宫，故又称"北内"。德寿宫位于望仙桥，坐北朝南，大门约在今望仙桥直街北边约四五十米之处（图2-2-1、图2-2-2、图2-4-1），东抵东城墙（即今夹城巷）。大门外有百宫侍漏院，门内即德寿殿，此外还有后殿、灵芝殿、射厅、寝殿、食殿和太上内书院等十余座殿院，并建有豪华的后苑。德寿宫是太上皇生活、颐养、娱乐之所，称北内。淳熙十六年孝宗仿效高宗绍兴内禅故事，亦退居德寿宫，改名重华。后奉宪圣、寿成二太后居此，易称慈福宫或名寿慈宫。咸淳四年（1268年），度宗以"其地一半"改建成宗阳宫（道宫），另"一半改为民居，圈地改路，自清河坊一直筑桥，号为宗阳宫桥"。今新宫桥即是当年进出宗阳宫必经之桥，明代市舶司即在其附近。

1984年在望仙桥至新宫桥之间的中河东侧，开三条探沟。在距地表深2.8米处，发现一南北向砖道，砖道长条砖横侧竖砌，宽2米余，路面略呈弧形，两旁均有排水沟，路面之下有厚约40厘米的路基。砖路与中河相距约15米，路西是平整坚硬的泥地面。其时代属南宋，砖道当与德寿宫有关[1]。2001年9—12月，配合基建工程，在望江路发现德寿宫东宫墙和南宫墙（在望江路北侧），并发现大型夯土台基、排水沟、过道、廊和散水等宫内遗迹。2005年11月至2006年4月，配合基建工程在杭州工具厂地块发现西宫墙和便门、水渠、水闸、水池、砖铺路面，柱础基础、墙基、大型夯土台基、水井等遗迹，于是德寿宫的东、南、西界已基本清楚[2]。

第四节　外城主要配置与商业手工业概况

一　礼制建筑

太庙位于和宁门北御街西瑞石山下，在右一厢天庆坊内，南北介于"三省六部"与"五府"之间（图2-2-1、图2-4-1）。始建于绍兴四年，正殿七楹十三室，"后东西增六楹，通旧十三楹为一室，东西二楹为夹室，及增廊庑作西神门，册宝殿，祭器库屋，建斋殿及致斋阁子四十有四楹"。绍熙五年在诸室西建四祖庙，"奉僖、顺、翼、宣四祖神

---

〔1〕　参见《杭州市南宋临安城考察》，载《中国考古学年鉴1985》，文物出版社1985年版。

〔2〕　杭州市文物考古所：《南宋太庙遗址》，文物出版社2007年版，"前言"第5—6页。

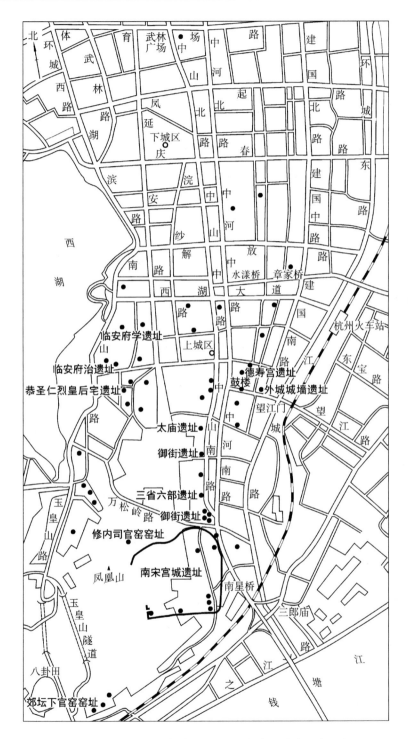

图 2-4-1 南宋临安城遗址考古调查与发掘地点分布示意图

(引自《南宋太庙遗址》，载《中国考古学年鉴1986》，文物出版社1988年版，略变化)

主"。"咸淳添置一室，奉理庙神主，通为一十四室，皆正中。又筑二成之台。为祠宫升下以奉神主出入之地。"[1]

社稷坛在右二厢普宁坊，位于清远桥（在观桥之东）东北。景灵宫（供奉已故皇帝、皇后御容，衣冠。原庙）、万寿观（道观，供奉昊天上帝和圣祖、太祖以下诸帝）、东太乙宫（奉祠五福太乙神）在左三厢，位于城内西北隅，自成一区。景灵宫在新庄桥，万寿观在景灵宫南，东太乙宫在万寿观南。景灵宫等配置的方位，似与"先兆"传说有关[2]。佑圣观在兴礼坊，开元宫在太和坊，龙翔宫在后市街，宗阳宫在三圣庙桥东堍。郊坛在嘉会门外三里，郊坛之北净明寺建青城行宫（皇帝举行祭礼前的斋戒之处）[3]。籍田先农坛、高禖坛在嘉会门外，九宫贵神坛、海神坛在东青门外（图2-2-1，图2-2-2）。

二　主要衙署配置的方位

中央衙署主要置于右一厢和宁门至朝天门间御街西侧，东侧也有部分中央机构；在与右一厢邻接的左一南、北厢内亦有部分中央衙署和机构。有些中央衙署和机构在地方衙署区附近，凡此与地方衙署区一并叙述。此外，还有些机构散置于各处。

和宁门朝天门间御街西侧太庙之南的孝仁坊寿域坊间衙署集中，阁门在和宁门外（掌朝参、朝贺、上殿、到班、上官等仪范），省院在和宁门北首（旧福宁寺）。枢密院在都堂东（都堂为三省，枢密院聚议军政之所），承旨检详编修在枢密院。三省（尚书省、中书省、门下省）、六部（在三省枢密院之南，六部监门在六部大门之左）、中书门下后省（在都堂后）、谏院（谏省，在后省之西），检正左右司（中书门下省检正房或称检正所，在谏院之右向东），惠民南局（三省前）；茶盐所，会子所、公田所、封椿安边所、封椿上库在三省大门内（又三省枢密院架阁在制敕院后）等均在此范围内[4]。

太庙在天庆坊，坊内有大宗正寺（以魏惠王府旧址筑之），宗正寺玉牒所（在太庙南，对州桥）。天庆坊北保民坊有司农寺、太府寺、将作监、军器监；还有诸司、诸军察计院（在保民坊内旧马军教场基置院）、惠民利济局（在太府寺内之后，制药以给惠民局），交引库（在太府寺门内）。又都进奏院在朝天门外，左一南厢大隐坊（与右一厢相邻）有都酒务，其西安荣坊有国史馆，左一北厢清河坊（与右一厢邻接）有御史台，市西坊南有惠民北局[5]。

右一厢御街东登平坊（与孝仁坊相对）有四方馆（东华门东北）、都亭驿（六部桥东北，侍从宅侧，六部桥又名都亭驿桥），官诰院（六部桥西）[6]。在通江桥与望仙桥间，德寿宫南，西与保民坊大致相对区域内，有榷货务（其东为阜民桥）和都茶场在通江桥东，杂

〔1〕　《梦粱录》卷八"太庙"条，山东友谊出版社2001年版。

〔2〕　参见杨宽《中国古代都城制度史研究》引赵彦衡《云麓漫钞》卷三"先兆"说。

〔3〕　参见前引《梦粱录》卷五"郊祀年驾宿青城端诚殿行郊祀礼"条，山东友谊出版社2001年版。

〔4〕　参见前引《梦粱录》卷九"三省枢使谏官""六部""六部监门""省所""六院四辖"等条，山东友谊出版社2001年版。

〔5〕　参见前引《梦粱录》卷九"诸寺""诸监""六院四辖""大宗正司""监当诸局""三省枢使谏官"等条。

〔6〕　参见《梦粱录》卷九"六院四辖"条。

买务、杂买场（其西为通江桥）在榷货务内，会子库在榷货务置（隶都茶场），牛羊司在榷货务后，合同场在过军桥后[1]。

地方衙署及相关机构集中于城西及城北之西部，少数中央衙署和机构亦在其附近。

临安府衙署及相关机构，主要集中在丰豫门与清波门间之东左一厢西部诸坊，东大致以普安桥、戒子桥、流福桥南北一线以界。临安府署在中和坊流福桥，规模较大，所属机构大都置于府署内[2]。坊内还有楼店务（流福桥北），楼店务侧有提领犒赏酒库，府署之东有交钱局。府署之南"左入近民坊巷。节推、察判二厅，次则左司理院，出街右首则右司理院，府院及都总辖房"[3]。"府治外（南）流福井，对及仁美坊，三通判（府判南、东、北厅），安抚司官属衙居焉"[4]。府署北凌家桥西有杭州府学。两浙运司衙（宋代路的主要机构）"今迁丰豫门南渡子桥西普安桥，为东西二衙"，"运司金厅，提领犒赏酒库所，俱在运司衙门。主管文字、干办公事，在俞家园（丰豫坊北）。主管账司厅，在戒子桥之北"[5]。普安桥南油车巷有度牒库，三省枢密院激赏钱库在俞家园。运司衙南有施药局，戒子桥附近有慈幼局。此外，中和坊东为天井坊，天井坊东有秘书省。天井坊北开元宫西有太常寺（在罗汉洞，旧名美俗坊），侍郎桥南有敕令所[6]。

钱塘县署在钱塘门内东南，纪家桥南，属左三厢地界（约在字民、平易坊范围内）。县署西有县学和都作院，县署前有钱塘前库，县署南有激赏酒库。县署和纪家桥北，车桥南有大理寺狱。纪家桥东前洋街（与结缚桥相对）有司农排岸司。

仁和县署在城北市河之西，左二厢招贤坊。其东登省坊有县学，县署西有大理寺。招贤坊南为武林坊，坊内有礼部贡院，西有制造御前军器所，其东西两作营在军器所之东北。礼部贡院南有贡院桥，桥西为藩封酒库桥和藩封栈库，又西祥符桥附近有杂作院。此外，上述范围内还有应奉所，别试所和一些仓库等。

国子监在纪家桥太学之侧，太学在纪家桥东前洋街（左三厢），"以岳鄂王第为之，规模宏阔，舍宇壮丽"；武学在太学东侧。宗学在左二厢睦亲坊（众安桥西南），医学在通江桥北，又名太医局[7]。

三　仓、库、兵营与城防配置概况

中央与地方的一些仓和库在城内者，主要集中分布在余杭门之东，天宗水门之南，仁和县附近东西一线之北，以及东青门内茅山河两侧地区。如城北余杭门东，天宗水门之南有淳佑仓或称淳佑百万仓，在余杭门内斜桥南有廒百眼（储米）。天水院桥后有六部架阁库，桥北省仓上界有廒八眼（受纳浙右米），桥西草料场有廒十眼（受畿内所输稻、麦、

---

[1]　参见前引《梦粱录》卷九"阁职""六院四辖""监当诸局"；卷一〇"馆驿"等条。
[2]　参见前引《梦粱录》卷一〇"府治""本州岛仓场库房"条。
[3]　参见《梦粱录》卷一〇"府治"条。
[4]　参见《梦粱录》卷一〇"府治"条。
[5]　参见《梦粱录》卷一〇"运司衙"条。
[6]　参见《梦粱录》卷一〇"府治""运司衙""本州岛仓场库房"；卷七"小西河桥道"；卷九"秘书省""诸寺""监当诸局"等条。
[7]　参见《梦粱录》卷九"诸监"；卷一五"学校"条。

豆）。天水院桥南仁和县侧仓桥东为丰储仓，有廒百眼（储公田租米）。丰储仓之东（边家渡东）有卖酒局（州属），天宗盐仓在天宗水门内。法物库和市舶新务在梅家桥（通济桥）北[1]。左藏库在清湖桥，封桩下库在左藏库中门，安边太平库在下库南，编估打套局在左藏库门内[2]。城东北仙林寺东有平籴仓东青门内后军寨北有咸淳仓，有廒百眼（储公田岁入之米）[3]。

临安城内外驻军很多，分布较广、密度较大，下面仅略述城内驻军分布概况。首先，大内周围置重兵守卫，直卫禁军殿前司衙在凤凰山八盘岭，侍卫步军衙在冶铁岭西，八盘岭、万松岭和铁冶岭驻军较多，清波门和钱湖门间兵营较集中。禁军东南第三将，"共统八指挥军也"，"寨在东青门内"。京畿第三将，"共统十七指挥军也"，"驻扎营在东青门里"。此外，兵钤辖司兵马，分布较广。还有内诸司所统士兵，如皇城司营寨在东青门内大街之南。城内四壁和城内分地段驻有厢兵，城外如候潮门、崇新门和东青门外，以及西湖西岸的教场一带，营寨也较多[4]。临安城内外马、步兵营寨，与厢坊街巷民居和仓场库所房屋相互交错，为其重要特色之一。

临安城四周的山、湖、江、河是临安城的天然屏障，城内还驻有重兵。城内诸防隅配置情况大致如下：（1）大内及其周围，"南上隅"，在"丽正门侧仪鸾司相对"。大内东"新南隅"，"在候潮门里东"（图2-2-2，称南新隅，在候潮门西）。大内西之"南隅"，有"望楼在吴山至德观后"；又在铁冶岭上"南隅"之西南有东山望楼，再南有南山望楼，该望楼东有步司潜火营，"南隅"之西北有西山望楼。（2）御街南段中央衙署区，"西南隅""在寿域坊仁王寺前"（太庙南）。"新隅"在长庆坊（朝天门之北）。（3）御街中段中心商业区，"上隅""有望楼在大瓦子后三真庙前"（御街西）；"东隅""有望楼在柴垛桥都税务南"，此垛桥即太和楼桥（御街东）。（4）御街北段商业区，"下隅""有望楼在修文坊内"（御街西）；"中隅""有望楼在下中沙巷蜡局东塸"。（5）府治及其附近，"府隅""有望楼在府治侧左院墙边"；"西隅""有望楼在白龟池"。池在"钱塘门里沿城"，大致在临安府署与钱塘县署之间临城墙处（都作院南）。（6）开元宫之东，"新上隅""在侍郎桥东皮场庙侧"（三桥南，与罗汉洞巷相对）。（7）钱塘县署东，太学之南，"北隅""有望楼在潘阆巷内"。（8）余杭门内有"新北隅"[5]。

上述诸防隅除大内及其周围外，均置于重要衙署区、府邸区、主要商业区和重要地段，有一定的规律性。如南部中央衙署区内有二防隅，相距较近。御街中段和北段各置二防隅，且在南者位于御街西，在北者位于御街东。临安府署与钱塘县署附近，以及临安府署与开元宫之东，相关防隅略呈鼎足之势，可相互呼应。临安城主要出入口余杭门和候潮门各置防隅，其中候潮门防隅还与大内有关。总之，上述城内防隅除防盗贼烟火外，也是城防的组成部分之一，同时还有控制城内居民，巩固统治的作用。

---

[1]　参见《梦粱录》卷九"监当诸局""诸仓"；卷一〇"本州岛仓场库房"条。
[2]　参见《梦粱录》卷九"六院四辖""监当诸局"条。
[3]　参见《梦粱录》卷九"诸仓"条。
[4]　参见《梦粱录》卷九"三衙"；卷一〇"厢禁军""帅司节制军马"条。
[5]　参见《梦粱录》卷一〇"防隅巡警"条。

四　府邸与一般居民区

府邸（第）主要指皇帝潜邸，皇室贵戚和王公大臣府邸，以及各种官舍等。府邸大都分布在御街中段两侧，西侧居多，少数府邸散置。较集中的府邸区，大致有五片[1]。

御街西，清河坊北，市西坊南，临安府署东，后市街西（左一北厢地域）。如临安府署东，凌家桥北，普安桥南的油车巷有台官宅（巷内有度牒库）。秘书省与开元宫间有省府官属宅（"在开元宫对墙"），后市街西与龙翔宫附近有昭慈圣献孟太后宅（宅在后市街）、慈懿李皇后宅（在后市街），寿和圣福谢太后宅（在龙翔宫侧）。清河坊有张循王府。临安城南的仁美坊有五官宅和忠王府第（市西坊南有惠民北局）。此片特点是后宅较多，并近御街；官宅和其他府第多近临安府署区。

御街西，市西坊北，后洋街以北一带之南，钱塘县东边潘阆巷和德化坊一线之东（属左二厢南、中部及左三厢南部），此片大致与前片府第区相连接。主要有市西坊西端转北俞家园的六房院和卿监郎官宅、张府、九官宅，俞家园东北军将桥附近有恭淑韩皇后宅和濮王府。向北井亭桥西有庄文太子府，再北洪福桥西左三厢清和坊有忠烈杨和王府，府西有五房院（枢密院诸承旨所居住）。杨和王府北清湖桥北有沂靖惠王府，桥北左藏库西有周汉国瑞孝长公主府。众安桥（众安桥北有惠民西局）西南左二厢睦亲坊有百官宅（宗学北），其西石灰桥后十官宅，众安桥西北纯礼坊（后洋街巷）有吴王府、僖王府。后洋街南的前洋街有韩蕲王府，前洋街西南潘阆巷有三官宅。北部祥符桥西南，明庆寺之南有刘鄜王府。此片靠近西湖，其特点是王府和官宅多，有分片相对集中之势。官宅除在俞家园附近者近临安府署外，余者大都穿插于王府间，且多与王府靠近。

大内前西北万松岭和铁冶岭一带。"殿寺衙山上万松岭，在和宁门外孝仁坊西岭上，夹道栽松，今第宅、内官、民居，高高下下，鳞次栉比，多居于上。"[2]如铁冶岭有景献太子府，铁冶岭北部漾沙坑郭婆井有七官宅，其西南有恭圣仁烈杨太后宅等。

盐桥河东，德寿宫南有部分府邸。如州桥有吴太后宅，都亭驿东有侍从宅。此外，还有庆王府和十少保府等。

盐桥河东新桥南，德寿宫北地段，在佑圣观后有成穆郭皇后宅，宗阳宫北有福王府，佑圣观桥东有荣文恭王府。荐桥东有显仁韦太后宅，桥南宪节邢后宅，桥东丰禾坊南有成肃谢皇后和全后宅。崇新门内，有"今上皇后宅"。新桥附近有益王府，再北西桥（仙林桥和平籴仓北）汉王府亦可划为此片。该片以王府和后宅为主。

除上所述，《梦粱录》卷十"诸官舍"条记载："左右丞相、参政、知枢密院使、签书府，俱在南仓大渠口。又南宋初登平坊曾设宰相府，故称相府巷[3]。据此前述左右丞相府等或在登平坊。"

临安原为地方城市，成为行在后，众多的衙署，大量官吏和军队，显贵和豪富，以及

---

[1]　参见前引《梦粱录》卷一〇"诸官舍""后戚府""诸王宫""家庙"等条，并参见卷七"大河桥道""小河桥道""西河桥道""小西河桥道"等条。

[2]　参见《梦粱录》卷一一"岭"条。

[3]　参见杨宽《中国古代都城制度史研究》，上海古籍出版社1993年版，第357页"登平坊"条。

与此相关的各种人群拥入临安城，原土著居民多被迫迁至城外，使城内居民构成发生很大变化，此前的居民坊巷大都被官方机构、府邸和工商业区占据。因此，临安城内一般居民区面积较小，并多处于边缘地带或与府邸杂处。

临安城内一般居民居住区，大致有四种情况。一是在白洋池南，御街中段和北段之东，市河与盐桥河间的狭长地段。二是在御街中段和北段主要商业区两侧（工商户为主）。三是御街中段之西，钱塘门南，丰豫门北地段，为居民与府邸杂处区。四是分布于城隅地带，如绍兴年间扩展东南外城，曾划候潮门至嘉会门外新筑御道两旁为居民用地。

临安居民的坊巷内有商业网点，形成市、坊结合的统一体。坊巷内有学校（乡校、家塾、舍馆）。坊巷内有手工业作坊，坊巷内建有石砌塔式塌房，以备居民火警时存放贵重物品。以上均是临安城居民区的新特点。

五 临安城商业和商市与手工业作坊分布概况

（一）商业

临安城的商业非常繁荣，较北宋东京开封府城又有较大的发展[1]。其商业以私营为主，官营为辅。官营商业除大酒楼和大瓦子等外，一般则限于政府专卖的盐、矾、茶、酒、醋和部分舶来商品，此类商品主要是通过私营商业进入市场。临安城的商业内涵包罗万象，其中除商品销售流通领域的各类商品外，还有满足城市生活需要的各种服务业、娱乐业（瓦子等），专供商贾使用的货栈、塌房，以及质库和邸店等。其商业活动的特点，是按各类商品经营的范围，分别组成"市""行"和"团"。"市""行"和"团"既是商业分工，又是各类商业的组织基础，是为了加强同业间的协作，减少竞争，利于垄断并谋求共同利益，促进本行业的发展。同时官府为便于管理和"科索"也要求商人有行业组织[2]。各"市""行"和"团"负责组织货源，将商品批发给同业铺户，由"市""行"和"团"规定商品时价（"行市"）。临安城的"市""行"和"团"很多，《都城纪胜》说："不以其物大小，但合充用者，皆置为行。"《咸淳临安志》卷十九"市"条列举了十七个主要的"市"和"行"。《西湖老人繁胜录》记载"京都有四百十四行"，并列出一百四十余行[3]。诸行中除经营贵重和高档消费商品外，其最多最有特色的商业有以下几种。

第一，饮食业。饮食业在临安城广为分布，其中以酒楼和茶坊为首。酒楼有官营、私营两种，官营酒楼多为官营酒库所开。临安城十三所官营酒库有七所设酒楼，南库、南上库、北库和东库的酒楼在城内。私营酒楼又称"市楼"，主要分布在城内。此外，还有许多小酒店。茶坊是城中社会交际最活跃的场所，既是士大夫高谈阔论之处，又是"习学乐

---

〔1〕 参见孟凡人《宋代至清代都城形制布局研究》第二章第四节，中国社会科学出版社 2019 年版。

〔2〕 参见《梦粱录》卷一三"团行"条。

〔3〕 文献所记临安城的"市""行"和"团"很多，如米市、菜市、柴市、布市、花市、肉市、珠子市、药市、象牙玳瑁市、金银市、丝锦市、枕冠市、故衣市、衣绢市、卦市等。鲜鱼行、鱼行、蟹行、南猪行、北猪行、面行、姜行、菱行、鸡鸭行、骨（古）董行（买卖七宝）、酒行、食饭行、散儿行（钻珠子）、双线行（做靴鞋）、香水行（浴堂）、银朱彩色行、金漆卓（桌）凳行、青器行、处布行、麻布行、海鲜行、纸扇行、麻线行、木行、竹行、果行、笋行等。鲞团、花团、柑子团、青果团等。此外，书籍业同行有"书房"（或称"文籍书房"）组织。

器，上教曲赚"之所，也是各种行业出卖技艺的雇佣劳动者会聚"行老"（市头）的地点（有妓女的茶坊，称"花茶坊"）。此外，还有各种饮食店，如分茶店（又称分茶酒店，茶饭店）、面食店、从食店（各色品种的蒸作糕点）、犯鲊店（"犯"是经过加工调味的干肉，"鲊"是经加工调味的鱼、虾、蟹、雀等肉）、果子店（糖果店）等。

第二，娱乐业。娱乐业以瓦子（瓦市、瓦肆）为代表，瓦子不仅演艺（演艺用的建筑物称勾栏或棚），而且还有集市，大酒楼、茶坊和饮食店等。临安城的瓦子多为官办，城内五处瓦子属修内司（修内司设有散乐所），城外瓦子属殿前司。这些瓦子虽为"军卒暇日娱乐之地"，但更主要是城内居民娱乐的场所。

第三，娼妓业。宋代是中国古代娼妓昌盛时期，南宋临安更较北宋开封有过之而无不及。早在唐代和北宋，杭妓已著称于世。到南宋娼妓则遍及临安城内外，几乎无所不在，并在中国历史上首次形成"娼侩"（专营买卖娼妓的集市组织）。妓女除集中于妓院娼馆外，临安城的酒楼、茶肆、饮食店、歌馆（妓馆之一种）、瓦子等处，均为娼妓所聚之地。从地段来看，以盐桥河沿岸近桥街市，小河（市河）沿岸近桥街市一带较为集中。

第四，修补和服务业。临安城修补各种日常用品的小行业较发达，有的还组织成行市（如丁鞋络等）。服务业有为筵会服务的"四司六局"（账设司、茶酒司、厨司、台盘司；果子局、蜜煎局、菜蔬局、油烛局、香药局、排办局），这是官府支持的一种服务行业，专为官府和富人举办筵席提供各种服务。为配合"四司六局"并供居民需要，各种器物的租借业也较多。属服务行业性质的还有药材业、塌房和浴堂等。

综上所述，临安城是当时全国最大的商业都会。临安城的商业从商业批发、零售、贮存到各种商品的配套，商业网点的配置，各种商业的组合和商业组织，方方面面无不具备，已经形成了较完整的商业体系，使临安城成为名副其实的商业中心和商业大都会。

（二）商市的分布状况

根据《梦粱录》等文献记载，从大内和宁门向北至观桥一带，是全城的商业中心区，该商业区可分为三片。

御街南段是为官府服务的商业区。即从和宁门至朝天门一带是为官府服务的商业区。主要是供宫内和中央衙署及达官显贵邸宅生活之需，以经营各种饮食，"奇细蔬菜"、海鲜、医药和书籍等为主，此外还经营官府专卖商品。官府专卖商业区在德寿宫南的通江桥一带，其专卖机构杂买务和"宫市"的各种场务（都茶务、榷货务）概置于此。

御街中段是综合性商业中心区。朝天门到众安桥属御街中段商业区，其中朝天门至寿安坊，则是临安城内最大的综合性商业中心区。临安城内重要的市、行、团、大酒楼、茶坊、歌馆（妓院）和瓦子，大都汇聚于此。这里也有许多供应居民日常生活之需的各种商店。如各色品种的食店，衣料服装店、化妆品店、日用杂货店、药铺、乐器店和书籍铺等。除上所述，从寿安坊北的修文坊至众安桥一带的商业街市，乃是前段商业街市的延伸，其繁荣程度远不如前者，属御街商市的尾声。

与御街商市相辅的小河大河近桥街市。小河在御街东，两者大致平行近在咫尺，有桥相连。因此，小河近桥街市是与御街朝天门至众安桥街市密不可分的。大河（盐桥河）在小河之东，两者之间有两条相邻的纵街，他们之间或直接或有桥连接。所以大河近桥街市既是面向其东有关诸坊，同时也与小河和御街商市有密切关系。上述情况表明小河、大河近桥街市乃是与御街商市相辅相成，互为补充，共同属于一个完整的大商业区。

除上所述，西河近桥街市在流经区域呈点状散布，小片集中，并以近桥，近衙署和府邸为特点。又城门口还有许多市、行和瓦子，在城北白洋池是塌房（塌房，寄藏财物货品之所）的集中地。邸店则以"三桥等处，客邸最盛"。

（三）手工业作坊配置概况

官府手工业作坊，主要指三监所属各院、司、所、场、作，以及酒醋酿造业和印刷业等，其作坊多靠近相应衙署区，分类相对集中。如制造御前军器所在礼部贡院之西，其东西作（作坊）营在军器所之东北。少府监所属文思院在观桥东安国坊（北与社稷坛等靠近），其"监官分两界：曰上界，造金银珠玉；曰下界，造铜铁竹木杂料"。文思院所属染坊在荐桥北义井巷，船场和架阁库在荐桥门外（御前忠佐军头引见司在文思院后）。将作监东西八作司在康裕坊（左一北厢，御史台西），内有泥作、石作等八作司。惠民利济局（制药以给惠民局）、交引库（专印造茶盐钞引）在太府寺内。会子库印刷作坊（"日以工匠二百有四人，以取左帑，而印会归库矣"。造会纸局在赤山湖滨）在榷货务置。印刷业主要集中于国子监，印刷经、史、子和医书的作坊在纪家桥，设有书板库。酿造酒醋是官府手工业之一，以酒最为重要，酿酒作坊几布满城内和城郊[1]。主要醋库十二处，散布城郊各处。除上所述，南宋修内司官窑瓷器，胎质细腻，轻薄如纸，釉以粉青为上，莹彻如玉，在中国古代瓷器史中占有重要地位[2]。

私人手工业作坊称"作"或"作分"，如碾玉作、腰带作、金银打𨱏作、油作、木作、石作、竹作、漆作、裱褙作、裁缝作、打纸作等。亦有称"行"者，如钻珠子者称散儿行，做靴鞋者称双线行等。这些私人手工业作坊多与店铺合一，大都散布在商业街市中。私营作坊很多，大都集中在城北今仙林桥一带。私家印书刻印业的"经铺""经坊""经籍铺""经书坊""文字铺"等，主要集中在御街南段（大隐坊、太庙前）、中段（分布较广，大致西起清湖河鞔鼓桥、经睦亲坊，过御街至市河棚桥附近街巷）。

第五节　太庙、临安府署和仁烈皇后宅等遗址的发掘

一　太庙遗址

太庙遗址北以今察院前巷为界，南至今太庙巷，西达瑞石山东麓。太庙始建于绍兴四年，毁于元初。1995 年配合基建工程，对太庙遗址东部进行考古勘察和发掘。1997 年底

---

〔1〕　参见《梦粱录》卷九"诸监""六院四辖""监当诸局"；卷十"点检所酒库"等条。

〔2〕　陈元甫：《杭州市乌龟山南宋官窑遗址》，载《中国考古学年鉴1989》，文物出版社 1990 年版。

至1998年2月又进行了补充发掘。先后发掘了太庙遗址东围墙 Q1、东门门址 M1、房屋基址 F4 和 F5、砖铺地面 D1、D2 和 D3、砖铺道路遗迹 L5、散水遗迹 S1、排水沟遗迹 G1 和 G2、南宋御街遗迹 L3、南宋太庙东围墙与御街衔接处砖结构 Z1、南宋砖铺道路遗迹 L4（图2-5-1），以及元、明部分遗迹等。

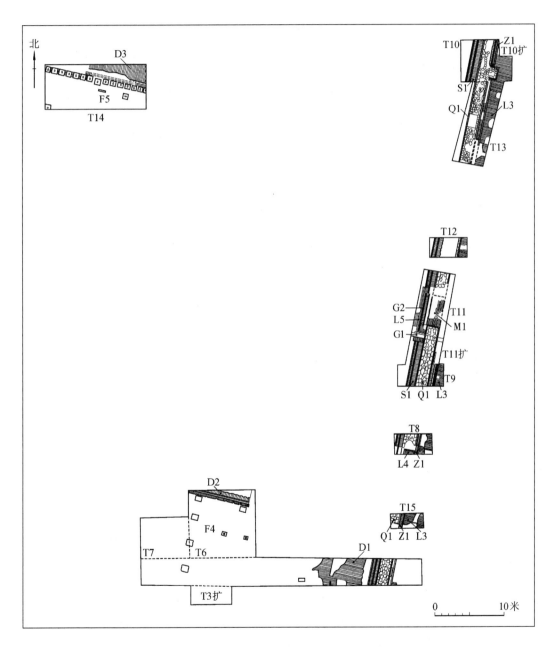

图 2-5-1　杭州南宋太庙遗址发掘部分平面图

（引自《南宋太庙遗址》，载《中国考古学年鉴1986》，文物出版社1988年版，略变化）

（一）东围墙基址 Q1 及相关遗迹

东围墙已探明长度约 80 米。方向北偏东 12 度，基槽宽 1.9 米，填土夯实，平置石条，其上墙体紫砂岩条石错缝平砌，墙面工整平直，墙体内填充石块和黄黏土。墙体宽 1.7 米，残高最高可达 1 米左右。围墙内侧长方砖（32×14×6 厘米）横竖平铺散水 S1，宽约 1.2 米，散水以长方砖横向包边，两侧砖向排水沟底部倾斜。砖砌排水暗沟 G1 从围墙底部穿过，暗沟 G2 在门槛基槽内侧，与门槛基槽和 L5 相接，南北两端与散水 S1 相接。排水沟西侧与门址 M1 相对，有砖铺道路遗迹 L5。东围墙 Q1 东侧墙外接"香糕砖"横向错缝侧砌的御街 L3，部分路面被东围墙叠压。在东围墙 Q1 与御街 L3 衔接处，有高出 L3 路面约 20 厘米的砖砌结构 Z1。在东围墙北部东侧墙外，向东延伸一东西宽 1.55 米、南北长 1.75 米，残高约 0.37 米的石结构，石结构直接叠压于御街 L3 之上。东围墙南部发现砖铺道路遗迹 L4，与 L3 垂直相接，西部被东围墙 Q1 打破，东部被 L3 与 Z1 衔接处砖结构叠压。

（二）东门门址

东门门址 M1 位于东围墙 Q1 中部偏北（图 2-5-1），门道宽约 4.8 米，底部用长方砖（38×18×7 厘米）横向错缝侧砌，内、外两侧以长方砖平铺包边。门槛基槽在门洞内侧，宽 30 厘米、深 15 厘米，门槛无存。门槛基槽南端残存一长方形紫砂岩柱础石（50×43×33 厘米），下垫长方形紫砂岩石块（66×45×19 厘米）。北端柱础石无存，据柱础坑位置推测，两柱础石中心点之间距为 5.1 米。

（三）房址 F4、F5

房址 F4 位于今太庙巷北侧偏东处（图 2-5-1，T6 内），东距东围墙较近，方向北偏东 12°，发现夯土基础、后檐墙、柱础和柱础坑等。F5 在太庙后部（北），位于太庙主轴线偏东（图 2-5-1，T14 内）。发现黄黏土夯土基础，厚约 45 厘米。在 F5 北缘，由 15 块方形白色太湖石础，略呈东西向排成一列，揭露部分长 14.8 米。方形础石最大的长 86 厘米、宽 85 厘米、厚 28 厘米，最小的长 76 厘米、宽 75 厘米、厚 22 厘米。础石平整光滑，中部凿竖长方形孔，孔长 27 厘米、宽 16 厘米、深 16 厘米。础石之间空隙 20—28 厘米，空隙处侧砌长方形砖填实。础石石列东部偏南，残存一础石，形制同前，惟础石面凿横长方形孔。又在探方 T14 西南角发现一方形础石，长 67 厘米、宽 65 厘米、厚 8 厘米，础石面中部凿边长 8 厘米、深 6 厘米的方孔。此外，在发掘部分的南部，还发现室外砖铺地面 D1、D2 残迹（图 2-5-1，T3-D1，T6-D2），在 F5 础石石列北缘发现室外砖铺地面 D3 残迹（图 2-5-1，T14 内）。

据上所述，发掘者认为，从东围墙有散水、排水暗沟来看，其他三面围墙亦当有相应排水设施，形成完整的排水系统。东门址 M1，单门洞，为景定五年之前的太庙门。景定五年之后太庙南扩，在近太庙巷口又新建太庙门，即《咸淳临安志》皇城图中有三个门洞的太庙门。又绍兴十六年扩建太庙时，曾建有西神门，故门址 M1 可能是东神门。景定五年扩建时，在南墙外开小门，据此推测，太庙四周当有大小四座门。房址 F5，可能是太庙的正殿，F4 可能是斋殿和册宝殿两座殿址其中之一。遗址内发现的长方砖，部分砖的一端模印有"官""平二""上一"等文字。总的来看，太庙遗址平面呈东西较长、南北较短的长方形，太庙室外地面铺长方砖。四祖庙位于太庙西北部，正殿在主轴线中部偏东处，次要建筑安排在南部和西部近山处。因太庙东临御街，南部和西部为瑞石山所阻，故将主要出入口置于临御街的东面[1]。

二 临安府遗址

南宋临安府治方位和范围，约东至劳动路，西至南山路，南至河坊街，北界尚难确定。发掘范围南至河坊街，北至三衙前，西至荷花池头（图 2-5-2），占地面积约 1.5 万平方米，2000 年 5 月至 2001 年 5 月，共进行四次发掘。遗址堆积共四层，南宋临安府建筑遗迹被叠压在第四层元末明初层下，房址 F1 属南宋临安府遗址。F1 是一组包括厅堂、廊房、庭院和天井的宏大建筑遗迹，F1 分布在探方 T1、T3、T4、T5 中（图 2-5-3），已揭露部分南北累计长 61 米，加上三探方间未揭露部分总长 94 米。F1 至厅堂 2、厅堂 3 及西侧廊房属一进院落之"回"字形台基的西部，厅堂 1 和厅堂 2 之间有现代建筑未发掘。厅堂 1 北侧为天井，西侧为廊，亦属一进院落的西部。其中厅堂 2 在厅堂 1 与厅堂 3 之间，夯土台基高达 0.9 米，比厅堂 1 和厅堂 3 高出约 0.25 米，在三厅堂中规格最高。

（一）F1 遗迹概况

发掘部分的夯土台基黄黏土夯筑，周边包砌砖石台壁，保存较好。

厅堂遗迹 1 位于 T1 南部，其南部被现代建筑叠压，未发掘（图 2-5-3）。建筑上部破坏殆尽，仅存台基。台基已揭露部分南北长 7.3 米，东西宽 13.5 米，比天井地面高出 0.65 米（图 2-5-4）。台基西侧与西廊房台基连为一体，北侧包砌砖石台壁，台壁下部用 7 皮长方砖（40×20×7 厘米）双层错缝平铺包砌，上部铺灰白色水成岩压阑石，残长 200—300 厘米、宽 45 厘米、厚 15 厘米。台基西侧靠近西廊房有一与天井内侧散水连通的排水暗沟。台基西南部残存约 22 平方米印花方砖墁地，方砖泥质灰陶，近于正方形（33×34×7 厘米），砖面模印变形宝相花，应为厅堂内地面。在厅堂后檐廊残存 1.6 平方米素面方砖墁地（32×29×7 厘米）。厅堂西侧与西廊墁地之间用长条砖平铺（32×10×5 厘米）。

厅堂遗迹 2 位于 T3 东北部，揭露面积小，大都位于探方北壁之外，被现代建筑叠压（图 2-5-3、图 2-5-5）。仅发掘台基西南角部分，南北残长 1.25 米、东西残宽 5.4 米，比庭院墁地高出 0.9 米。南侧台壁平直，砖室包砌台壁，残长 5.4 米、宽 0.6 米、高 0.9 米，最高保存 9 皮砖，上铺压阑石。包砖（40×20×10 厘米）内外两层，外层顺砌，内层多丁砌，外壁台壁逐层收分。台壁压阑石水成岩，灰白色，残存 2 块（长 98—122 米、宽 45 米、厚 15 厘米）。台基上部破坏殆尽，仅存前檐廊部分小片方砖墁地遗迹（35×30×7 厘米）。

---

[1] 参见《南宋太庙遗址》，载《中国考古学年鉴 1986》，文物出版社 1985 年版。

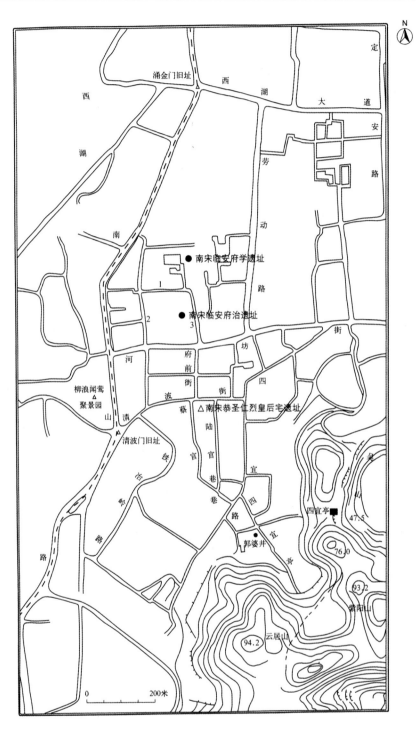

图 2-5-2 南宋临安府治、府学遗址地理位置示意图

1. 三衙前 2. 荷花池头 3. 旧仁和署街

（引自《南宋临安府治与府学遗址》，文物出版社 2013 年版，略变化）

厅堂遗迹 3 位于 T4 和 T5。一部分位于 T4 东南部，揭露部分南北长 4.35 米、东西宽 3.35 米，面积约为 14.6 平方米，比庭院墁地高出 0.65 米。台基西部与西廊房连为一体，台基北侧见包砖台壁残迹，结构不详（图 2 - 5 - 6）。台基西侧与西廊房间有排水暗沟。另一部分在 T5 整个探方，距地表深 1.6—2.1 米，台基布满整个探方，揭露面积约 82 平方米，台基黄黏土夯筑，夯土面上残存 5 块灰白色水成岩质柱础石（图 2 - 5 - 7）。1 号柱础石嵌在夯土中，残宽 60 厘米、长 110 厘米；2 号柱础石残存一半，底朝上，似原为正方形，边长 105 厘米；3 号柱础石残长 85 厘米、残宽 70 厘米；4 号柱础石底朝上，正面为正方形，边长 90 厘米；5 号柱础石大都嵌在夯土中，仅露局部，规格不明；夯土面上残存少许长方砖和方砖砖块（图 2 - 5 - 7）。砖砌道路位于 T5 中部，东西向，东端与南北向砖墙相接，揭露部分长 5.55 米、宽 1 米。路面长方砖（30×8×3 厘米）横向错缝侧砌，外侧用两列同规格长方砖纵向侧砌包边。砖墙位于 T5 东端（图 2 - 5 - 7），南北向，揭露部分南北长 4.72 米、东西宽 0.16 米，残高 0.55 米，长方砖（32×16×4 厘米）错缝砌筑，残存最高处有 13 层砖。

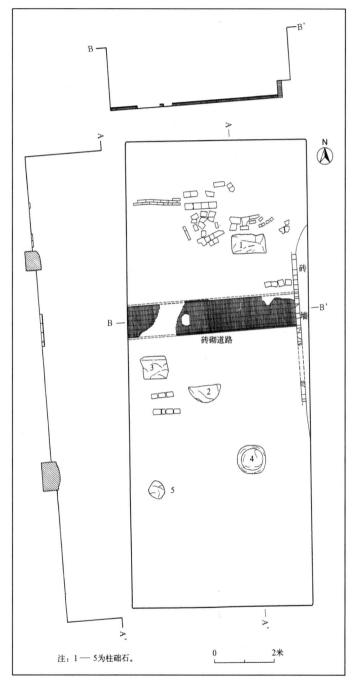

图 2 - 5 - 7　南宋临安府治遗址 T5 内第 4 层下
遗迹 F1 平剖面图

（引自《南宋临安府治与府学遗址》，文物出版社 2013 年版）

西廊房位于天井—厅堂—庭院西侧，分布在 T1 西部及 T3、T4 内，仅存台基、部分柱础和墁地遗迹。台基已揭露部分南北长 61 米、东西宽 11.3 米，其中 T1 内揭露南北长 15 米、东西宽 11.3 米，T3 内揭露南北长约 28 米、东西宽 7 米，T4 内揭露南北长 18 米、东西宽 7 米。若加上中间为现代建筑叠压的 33 米，其长度已达 94 米，南北两端均未到头。台基与厅堂 1、3 台基等高，比厅堂 2 台基低 0.25 米，高出天井和庭院地面 0.56 米。台基东侧除与厅堂相连部分外，全部包砖砌台壁，顶部铺压阑石。包砖（40×20×5 厘米）双层错缝顺砌，外层台壁逐层收分，包砖厚度 40 厘米。台壁顶部残存 17 块灰白色水成岩质压阑石（长 90—300 厘米、宽 50 厘米、厚 22 厘米），有的压阑石已残损。台基西侧台壁未包砖，靠台壁有一宽 0.35 米、深 0.45 米后檐墙基础，低于台基夯土面 0.45 米。

台基已发掘部发现 10 块灰白色水成岩柱础石，其中 1、2、4、6、7、8 柱础石规格为 75×75 厘米；3 号柱础石规格为 74×74 厘米；9 号柱础石规格为 77×77 厘米；10 号柱础石规格最大，为 100×100 厘米；13 号柱础石规格为 85×85 厘米。这些柱础石自东向西分三排，第一、三排柱础石距各自同侧台壁分别为 0.9 米和 0.5 米。第一、二排，第二、三排间距均 4.5 米（以柱心间距计），同一排中相邻的两个柱础石间距除 1、2 号柱础石为 6 米外，3、4 号，6、7 号，8、9、10 号间距均为 5.2 米。据此可知西廊房原分为若干单间，每间面阔 5.2 米、进深 9 米。其次，在 1—2 号柱础石之间有 5 号门砧石（43×45 厘米），11 号门砧石（42×50 厘米）、12 号门砧石（50×60 厘米）在 8、9 号柱础石之间（以上见图 2-5-4、图 2-5-5）。廊房地面用 32×32×4 厘米素面方砖，或 35×16×4 厘米长方砖铺地，砖面多损毁。此外，在 T4 内台基西北部发现一长方形窖穴，窖穴四周及底部砌砖，长 2 米、宽 1.15 米、残深 0.3 米，窖穴地面低于西廊房砖面 0.35 米，窖穴内未发现遗物。此外，在 T1 东部还发现了少许台基遗迹。

天井位于 T1 中北部，厅堂 1 北侧，北半部被现代道路叠压，揭露东西长 12.5 米，南北残宽 4.5—5.6 米（图 2-5-4）。天井地面仅存基础部分，低于厅堂 1 台基地面 0.65 米，东北高、西南低。台基北部未揭露，天井东、南、西三面均见散水遗迹。东侧散水距其东侧夯土台基西侧砖壁约 2.75 米，南侧散水距厅堂 1 台基北侧台壁 1.25 米，东和南侧散水用长方砖（40×20×7 厘米）错缝侧砌，残宽 0.38 米。天井东侧散水东见残方砖（33×33×6 厘米）墁地。西侧散水距西廊房台基东侧台壁 0.9 米，用长方砖（32×10×5 厘米）12 块错缝侧砌，宽 1.57 米、深 0.15 米。横断面为内凹的曲面，自北向南通厅堂 1 台基底部的石壶门与厅堂底部的排水暗沟连通。厅堂 1 台基底部石壶门近梯形，高 0.34 米、上宽 0.3 米、下宽 0.4 米。暗沟上窄下宽，横截面呈梯形，上宽 0.29 米、下宽 0.49 米、高 0.45 米，两壁用长方砖（41×20×7 厘米）错缝平砌，上层长方砖横置，并以 35×35×6 厘米的方砖压面。

庭院在西厢房东侧，T3 内揭露部分南北长 26 米、东西宽 0.35—9.35 米，T4 内揭露部分南北长 13.3 米，东西宽 2.4—3.55 米，加上 T3、T4 间被现代建筑叠压部分，庭院南北长约 48 米。庭院西侧有一条与西廊房台基平行的散水，用长方砖（40×20×7 厘米）砌筑，宽 2 米、深 0.2 米。其结构为西部用长方砖平铺成人字纹，中部用（32×10×5 厘米）长方砖纵向侧砌，东部用长方砖横向侧砌，再纵向侧砌一列长方砖包边。在 T4 内散水北部有砖砌方形窖井，长 0.92 米、宽 0.9 米、残深 0.38 米。散水向南延伸至厅堂 3 的台基处，成为暗沟。暗沟顶起券，内宽 0.5 米、高 0.62 米，左右两壁用长方砖（40×20×7 厘米）横向平砌。

（二）F1 遗址的时代和性质

F1 在 T1、T3、T4、T5 第四层元末明初层之下，从 F1 道路建筑材料用"香糕砖"铺砌（南宋常用），墁地用变形宝相花砖（五代、北宋常用）来看，其始建年代不晚于南宋。又从 F1 散水砖、台壁包砖及压阑石风化程度，厅堂 1 室内墁地砖、西廊房内墁地砖磨损、碎裂及破损情况看，其使用时间很长。文献记载，元代至正十二年（1352 年）时，府治建筑"仍宋故物"[1]，可见其年代下限可到元末明初。《咸淳临安志》卷五十二《官寺一·府志》记载："中兴驻跸，因以为行宫，而徙建州治于清波门北净因寺故基。"《乾道临安志》卷二《廨舍》："府治，旧在凤凰山之右"，"建炎四年，翠华驻跸。今徙治清波门之北，以奉国尼寺（即净因寺）故基创建"。《咸淳临安志》卷八十二记载："净因石塔，在府治前，"[2] 净因石塔 S2 位于 T7 内，形制见府治发掘报告彩版 I–11[3]。

F1 是一组包括厅堂、廊房、庭院和天井的建筑组群遗迹，已揭露部分南北累计长度 61 米，加之三探方间未揭露部分总计长度达 94 米。从 F1 平面布局看，厅堂 2、厅堂 3 及西侧廊房应属一进院落台基的西部。厅堂 1 北侧为天井，西侧为廊，亦属一进院落的西部。其中厅堂 2 处于厅堂 1 与厅堂 3 之间，其夯土台基高达 0.9 米，比厅堂 1 和厅堂 3 台基高出约 0.25 米，应属三厅堂中规格最高者。南宋时临安府治前为州桥，从《咸淳临安志》卷十六《府治图》来看，南宋临安府的形制以州桥为中轴线，中轴线上的建筑布局据《府治图》所示，自南向北大致可分三个单元。第一单元为府治门—正厅门—设厅（正厅），两侧为廊，中为正厅门及庭院。第二单元为简乐堂—清明平轩，二者以穿廊相连，两侧为廊屋，间以天井。第三单元为见廉堂—中和堂—听雨轩，两侧为廊。中轴线建筑西侧自南而北有临安府签厅—安抚司签厅和松桧堂—诵读书院两个单元，间以围墙，南北以长廊相连，布局较自由。F1 布局与《府治图》对照，F1 属府治中轴线建筑遗迹，与《府治图》中轴线上府治门至设厅的院落及设厅后简乐堂布局吻合。推测厅堂 1 属简乐堂，三厅堂中台基最高的厅堂 2 为府治建筑最突出的设厅遗迹，厅堂 3 则为府治门遗迹。

府治自宋历元，发掘报告考证元代对府治有大德和至正年间两次修葺。大德二年（1298 年）修葺，南宋府治中轴两翼建筑发生重大变化，府治范围西退东缩，此后明、清两代府治范围始至此。至正十二年（1352 年）修葺与大德二年府治格局未变[4]。

遗址所出遗物，主要有泥质灰陶板瓦和筒瓦。出土的瓷器窑口有越窑、龙泉窑、景德

〔1〕（明）刘基：《诚意伯集》卷八《杭州路重修府治记》，转引自清丁丙《武林坊巷志》第一册《丰上坊二·杭州府署》，浙江人民出版社 1987 年版。

〔2〕（宋）潜说友：《咸淳临安志》，道光庚寅钱唐振绮堂汪氏仿宋本重雕，江苏广陵故基刻印社 1986 年版；（宋）周淙：《乾道临安志》，嘉惠堂《武林掌故丛编》本，载《南宋临安两志》，浙江人民出版社 1983 年版。

〔3〕杭州市文物考古所编著：《南宋临安府治与府学遗址》，文物出版社 2013 年版。

〔4〕杭州市文物考古所编著：《南宋临安府治与府学遗址》，文物出版社 2013 年版，第 93 页。

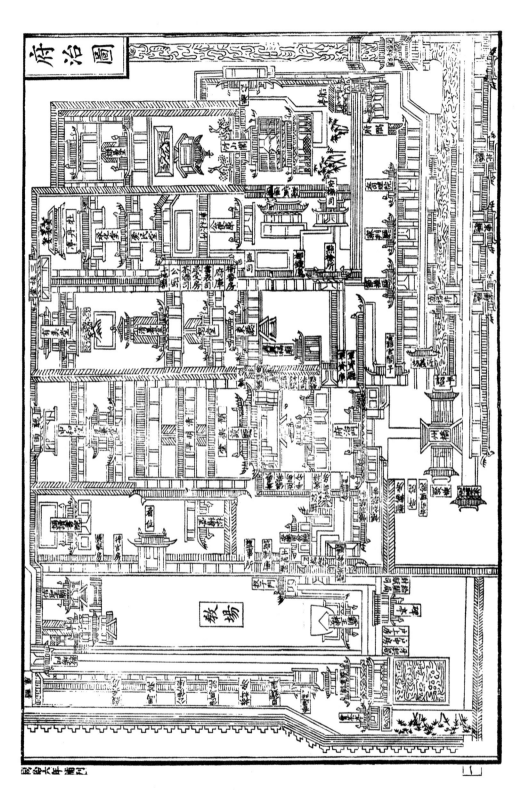

图 2-5-8　《咸淳临安志》南宋临安府治图

镇窑、建窑、耀州窑，瓷器分青瓷、白瓷、青白瓷、钧红和黑釉瓷等，器形有粉盒、碗、盘、罐、盏等。在西厢房"看位"附近发现青石、灰白色太湖石、红砂岩制的弩石球34枚，发现巨型磨刀石1件。发现红砂岩府治界碑一通，长方形，磨光，上端委角，残高72厘米、宽33厘米、厚7厘米。阴刻楷书两行："……府打量清河坊入巷以西至龙头舌/丈陆尺仰居民不得侵占如违重作施……"此外，还发现木质女俑和两宋铜钱等。

综上所述，临安府治遗址是南宋官署最高等级的遗迹，该遗址的发现发掘遗迹有限，但仍对了解南宋衙署形制布局、其建筑用材、构筑技法等官式做法有重要参考作用，在南宋建筑考古学上具有重要意义。此外，关于府学遗址，由于仅揭露历代府学内部部分遗迹，未涉及府学内庙、学立体建筑，故从略。

三　恭圣仁烈皇后宅遗址

2001年5—9月，杭州市文物考古研究所在吴庄基建工地对恭圣仁烈皇后宅遗址进行发掘。皇后宅遗址位于T1与T6探方之内，发掘总面积1650平方米，其中皇后宅遗址占地面积达1600平方米以上，该组建筑遗迹揭露部分达1240平方米（图2-5-2、图2-5-9）。发现遗址南侧正房（F1），正房东侧夹道（JD1）、南侧夹道（JD2）；遗址北侧后房（F4）与正房南北相对；发现南、北房之间庭院、庭院内水池、假山，庭院两侧的东西庑（F2、F3）等遗迹。房屋等遗迹均建在高大夯土台基上，台基心用黄黏土夹杂小石块、瓦砾夯筑，周边用砖石包砌成台壁（图2-5-10）。皇后宅遗址北叠压在元初的第4层之下，下面重点介绍正房和庭院遗迹之形制[1]。

（一）正房与月台及后房遗迹

正房与月台建于向北呈"凸"字形的台基之上，正房建于南部平面呈东西长方形的台基上，台基南北宽11.7米、东西长32.3米，已清理部分东西长27.5米。台基比夹道（JD1、JD2）高出0.75米，比北部庭院墁地高出约0.65米。台基除与北部东西庑（F2、F3）台基相连者外，其余部位台基四周均砌台壁。正房台基现在只北侧与东庑（F2）台基间的台壁保存较好，东西长1.6米；台基东侧台壁中南部保存基本完整，南北长11.7米；台基南侧东端保存较好，东西长6.4米，用14皮砖包砌。台壁包砖内外两层，内层台壁包砖有顺砌也有丁砌，外层用条砖错缝平砌，外层台壁逐层收分。台壁南北两侧外层条砖规格为29×12×4厘米，东侧台壁外层用砖规格为29×10×4厘米；四周台壁内层用砖规格有29×12×4厘米、29×10×4厘米的条砖，也有35×15×4厘米的长方砖。台基东北角和东南角各存一角柱，东北角柱之上尚存一角石。角柱、角石均灰白色水成岩，横截面皆正方形，角柱边长32厘米，高60厘米，角石边长55厘米，厚15厘米。台基东侧台壁上与东北角石相连，有台基仅存的一块长方形（75×12×15厘米）灰白色水成岩压阑石。

---

[1]　本节所述见杭州市文物考古所编著《南宋恭圣仁烈皇后宅遗址》，文物出版社2008年版。

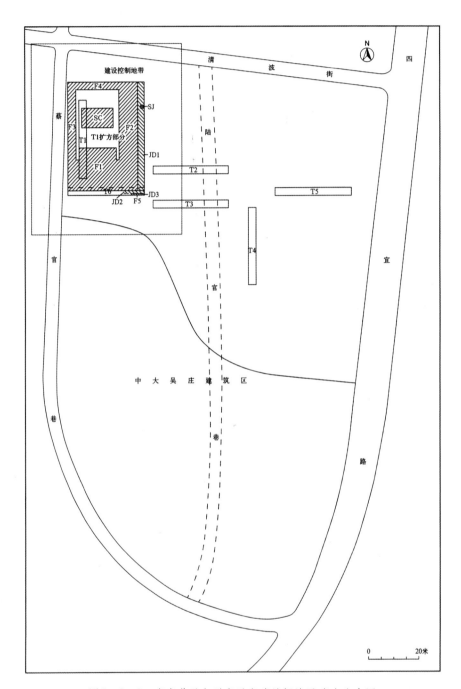

图 2 - 5 - 9　南宋恭圣仁烈皇后宅遗址探沟及遗迹分布图
（虚线所示陆官巷因吴庄小区建设拆迁消失）
（引自《南宋恭圣仁烈皇后宅遗址》，文物出版社 2008 年版，略变化）

台基已发掘部分发现 11 块柱础石、8 个柱础坑，平面均近方形。柱础石灰白色水成岩质，置于柱础石坑中，坑深约 25 厘米。柱础有 95×86×35 厘米、83×80×35 厘米两种规格，础面打磨平整，高出砖铺地面 5 厘米。据此台基柱网结构可确定其面阔七间，进深三间，西尽间绝大部分未揭露。当心间面阔 4.77 米，东西次间面阔 4.12 米，东西稍间面阔 4.45 米，东尽间面阔 4.1 米，通面阔应为 30.1 米（包括西尽间）。依前后柱础中心间距，其第一进、第二进、第三进的进深依次为 3.15 厘米、3.23、3.18 厘米，通进深为 9.56 米。台基方砖细墁，铺地方砖采用十字缝东西向直铺，南北向错缝直铺，方砖打磨光洁、素面，规格为 34×34×4 厘米。

正房北部月台台基与正房台基中间部位相连，高度相同，东西长 14.3 米、南北宽 4.55 米。月台台基南部保存尚好，余者仅东北角和北侧西半部有部分保存。月台台基台壁北侧东端残存 5.56 米，最高处有 9 层砖，残高 0.4 米；西段台壁残长 1.75 米，最高处 5 层砖，残高 0.22 米。东侧台壁南北残长 3.27 米，最高处残存 5 层砖，高 0.22 米；两侧台基仅中北部残存南北长 0.35 米，最高处 3 层砖，残高 0.15 米。台壁包砌方式同正房台基台壁，用砖规格为 29×8×4 厘米。台基东北角残存一灰白色水成岩质角柱，截面呈 35×30 厘米长方形，残高 17 厘米。台基北侧台壁与踏道东侧垂带上端交接处稍偏东，台基外侧台壁内侧残存一红砂岩质石柱，石柱上部残断，横截面呈 25×20 厘米的长方形，庭院夯土地面之上残高 48 厘米。台基地面墁地仅残存少许，其与南部正房月台墁地连为一体。

月台石垂带踏道在台基北侧正中庭院地面之上，距北部台基东西两侧各约 4.9 米。踏道灰白色水成岩质，保存很差，仅存下阶石，最下一级中阶石和东西平头土衬石最前端的两块石条，平头土衬石和下阶石两端共用石条。下阶石保存完好，其外侧距月台北部台壁 1.65 米，略高出庭院墁地面 5 厘米，由 5 块石条组成，总长 3.65 米。条石磨制规整，长度自西向东 5 块条石依次为 70 厘米、75 厘米、95 厘米、80 厘米、45 厘米，条石宽均 45 厘米、厚均 10 厘米。东、西两侧平头土衬石位置与正房当心间的两个柱础石基本对应，靠近台基部分已无存。平头土衬石上凿有两个垂带窝，规格为 55×45×10 厘米，垂带石无存。最下一级的中阶石残存两段石条，残长 105 厘米、宽 45 厘米、厚 10 厘米。中阶石移动过，其与下阶石之间叠压尺寸已不可考。

后房位于庭院北侧，南隔庭院与正房相对，仅余台基残迹，台基西面和北半部未清理，台基南侧正中有伸向庭院的石踏道。台基已清理部分东西长 27.5 米、南北宽 2.85 米，东侧高出夹道墁地 0.65 米，南侧高出庭院墁地 0.55 米。台基东侧台壁破坏，南侧台壁在踏道以东尚存两段，有一小段保存较好，由 12 皮条砖错缝包砌而成。台壁上残存少许压阑石，一段与踏道的上阶石相连，另一段残长 1.26 米、残宽 0.3 米、后 0.12 米，上凿一卯口，卯口方形，边长约 5 厘米，深约 2 厘米。台基面破坏严重，未见础石、础坑，仅清理出一小片方砖墁地。地面方砖细墁，按方砖十字缝排列，方砖 30×30×4 厘米，素面（图 2-5-10）。

台基南侧正中踏道距东西庑内侧台壁各约 7.25 米，南与正房月台踏道相对。该踏道用灰白色水成岩磨制条石砌成，尚存平头土衬、台阶、象眼和垂带等。东、西侧的平头土衬条石砌筑，比庭院墁地略高。外侧平头土衬由三块条石侧砌，长度依次为 46 厘米、40

厘米、38 厘米，总长 1.24 米，宽 7 厘米、厚 12 厘米。内侧平头土衬条石平铺，其最前端
与下阶石共用条石，平头土衬石露明部位宽约 5 厘米。台阶共 5 级（包括压阑石），宽自
下而上依次为 0.36 米、0.3 米、0.28 米、0.29 米、0.51 米。下阶石较庭院墁地略高，由
三块条石组成，宽 46 厘米、高 12 厘米，东、西两段的条石与平头土衬石共用，垂带之间
长约 1.98 米。中阶石共两级，下面一级由两块条石组成，宽 48 厘米、高 12 厘米，置于
下阶石和夯土基础上，叠压下阶石约 10 厘米。上面一级仅存西侧一块条石，长 108 厘米、
宽 28 厘米、高 14 厘米，置于下一级中阶石和夯土之上，叠压下一级中阶石约 18 厘米。
上阶石亦仅存西侧一块条石，长 84 厘米、宽 29 厘米、高 14 厘米，移位明显。最上一级
台基为压阑石，仅存一块条石，长 94 厘米、宽 51 厘米、高 16 厘米。东侧象眼石残毁，
西侧象眼用一整块石打磨而成，侧视呈直角三角形，水平直角边长 93 厘米，垂直直角边
长 46 厘米，较平头土衬石向内缩进 6 厘米。距平头土衬石高约 8 厘米处又向内缩进约 3
厘米，在象眼石的下部形成一个高约 8 厘米、宽约 3 厘米的台阶。距象眼石垂直直角边 13
厘米、水平直角边 20 厘米处凿一直角三角形的凹槽，该三进行的垂直直角边长约 8 厘米，
水平直角边长约 17 厘米，比周边凹进约 2 厘米。东侧垂带石仅存残余，西侧垂带石残破，
但可看出用整块石条磨制而成，长 1.35 米、宽 0.41 米，斜度约 26.5°，最上端与平头土
衬石垂直距离约 0.59 米。

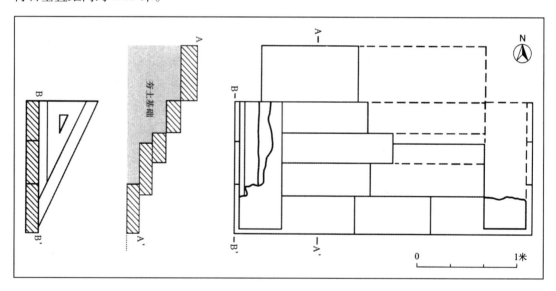

图 2-5-11　南宋恭圣仁烈皇后宅遗址 F4 台基踏道

（引自《南宋恭圣仁烈皇后宅遗址》，文物出版社 2008 年版，略变化）

（二）庭院遗迹

庭院由正房（F1）、东西庑（F2、F3）和后房（F4）围合而成，为封闭式庭院。庭
院地面低于周边台基 0.6 米左右，南北长 26.65 米，东西宽 17.2 米，面积约 400 平方米
（图 2-5-10）。院内遗迹略述如下。

庭院中央水池遗迹（SC）位于庭院中部，池内堆积中有许多假山石，距正房月台踏

道和后房踏道下阶石均 5.8 米，距东、西庑台基均 2.48 米。水池平面呈东西长方形，外缘东西长 12.48 米、南北宽 7.4 米，高出庭院墁地约 5 厘米；内缘东西长 11.2 米、南北宽 6.25 米、深 1.2 米。池四周砌池壁，池壁下部用 30×16×5 厘米长方砖错缝平砌而成，上部铺设灰白色水成岩压阑石。

池壁以西侧壁保存基本完整，高 1.4 米，池壁下部砖壁顺砌，南北向平铺，上下错缝，东西向 4 排砖，宽 0.63 厘米、高 1.07 米。上部压阑石磨制平整，宽 63 厘米、厚 25 厘米，高出外侧铺砖地面 5 厘米。现残存 4 块压阑石，自南向北依次长 130 厘米、385 厘米、110 厘米、65 厘米，压阑石外侧凿一道突棱，棱高约 4 厘米、宽 11 厘米。南起第三块压阑石上凿一溢水槽，长 51 厘米，立面呈倒"凸"字形，上半部宽 19 厘米、深 3 厘米，下半部宽 16 厘米、深 3 厘米。突棱下和水槽相接处有一溢水孔，内侧孔径约 5 厘米，外侧孔径约 12 厘米，孔长 14 厘米。水池东、北和南壁保存状况不好，其营造方式、用材、高度、宽度与西侧壁基本相同，具体情况略。

水池底部基础黄黏土夯筑，十分平整。池底素面方砖细墁，砖的规格和墁地同正房用砖和墁地。

假山基址位于水池与后房（F4）台基之间的庭院地面上。在水池内有大量的灰白色水成岩石块，石块上多自然孔窍，应为太湖石，这是用来垒砌假山之石。假山基址东、西、北三面靠近东、西庑（F2、F3）和后房（F4）台基，外围距周边台基 0.8—1.1 米，占地面积 100 余平方米。庭院地面现存四处假山脚，分别位于庭院东北、西北角，庭院正中稍偏西。假山脚垒砌于夯土地面上，基础之上用土、砖、石混合逐层垒砌。假山基址范围内发现两处假山山洞遗迹，仅存部分假山基础和山洞地面上砖砌通道遗迹，一处位于庭院北部正中北偏西处，一处位于庭院西北角。此外，在庭院东北角假山基础上发现登山踏道遗迹，现存三阶台阶，残斜长 0.8 米、宽约 0.15 米，所用砖为 30×15×5 厘米，踏道一砖宽。

庭院排水设施由庭院四周的 4 条砖（30×8×4 厘米）砌散水和东庑（F2）台基下的排水暗沟组成。4 条散水中北侧散水与西侧散水直角交叉，东、南侧散水和西侧散水南端和南侧散水皆"丁"字形交叉。4 条散水均用 5 排砖与散水同向错缝竖砌而成，竖砌的砖下半部埋在庭院地面之下，埋置深度从两侧向中间依次加深，使散水底呈弧形，口部宽约 20 厘米，最深处约 6 厘米。其次又在营造庭院地基和墁地时于庭院不同区域沿散水向两侧依次递增形成一定坡度，庭院内积水沿斜坡汇聚到散水中，通过东庑台基下排水暗沟再排出庭院外。

东庑（F2）台基下排水暗沟位于庭院东北角，北侧散水与东侧散水"丁"字形交叉后又东直通东庑台基下排水暗沟。排水暗沟用与台基台壁同规格条砖砌筑，暗沟口长方形，南北长 30 厘米、高 21 厘米，北距后房（F4）台基约 0.74 米，暗沟口用透雕方砖封堵。暗沟口底部有一弧形水沟和散水浑然一体，弧形水沟上口宽 20 厘米、深 8 厘米。比庭院散水低约 0.2 米。

庭院地面用 30×8×5 厘米条砖墁地，墁地残迹以正房（F1）月台台基北侧与水池南壁之间墁地遗迹为例略作介绍。

该片墁地遗迹主要在南侧散水与水池南壁之间，墁地砖按正东西和正南北方向排列，垂直交叉成柳叶人字纹，人字纹走向分成东北—西南和东南—西北两种形式。多个柳叶人字纹再互相组合成大大小小的正方形图案，正方形之间相互交叉套合成整个墁地纹样。但是由于正方形大小不同，墁地花纹的组合形式在不同的区块呈现出不同的样式。采取不同视角观察花纹还会呈现不同的几何形状，主要有十字形、菱形、人字形和回字形等，每块墁地砖在不同的花纹组合中起到不同的作用，构思严谨巧妙。这种墁地砖的排列方式延伸至南侧散水与北部台基之间区域。其他部位墁地残存情况参见。

（三）东西庑（F2、F3）与后夹道遗迹

东西庑位于庭院东、西两侧，对称配置。东庑已全部清理，西庑西半部压在蔡官巷下未清理。东、西庑上部建筑破坏殆尽，台基偏南端有伸向庭院的踏道，台基上残存柱础石和柱础坑、墁地等。下面以东庑（F2）为例略作介绍。

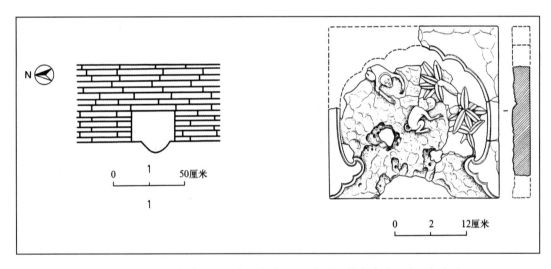

图 2 – 5 – 13   南宋恭圣仁烈皇后宅遗址 F2 台基下排水暗沟及沟口部方砖
1. F2 台基下的排水暗沟   2. 暗沟口部的透雕方砖 T1④：56
（引自《南宋恭圣仁烈皇后宅遗址》，文物出版社 2008 年版）

台基，东庑台基在庭院东侧与正房和后房台基连为一体，东侧台壁较正房东侧台壁西移约 0.3 米，西侧台壁与正房月台东侧台壁相距约 1.4 米。台基南北长 26.65 米，东西宽 7.25 米，比正房台基低 0.1 米，东侧高出夹道墁地 0.65 米，西侧高出庭院墁地约 0.55 米。东庑台基两侧台壁用砖包砌，两侧各宽 0.3 米，包砖内外两层，包砌方法同正房台壁。台基上清理出 2 个柱础石，6 个柱础坑。柱础石、柱础坑距同侧台壁约 0.33 米，平面近方形。柱础坑深约 0.55 米，柱础石灰白色水成岩质，础石三块完整，一块稍残，规格为 55×50×20 厘米。础石面与铺地砖面平，周边铺地砖经切削修整，二者结合紧密。台基地面方砖细墁，按正房墁地方砖十字缝方式排列，方砖规格 30×30×4 厘米，素面。台基北端前述已说明置一与庭院散水连同的排水暗沟，距东庑南端约 8.05 米有伸向庭院的

砖石混砌的踏道。踏道破坏严重，南侧象眼和下阶石各残存一部分，象眼下的平头土衬保存较好，象眼内侧靠近台基台壁处尚存部分夯土台阶基础。

夹道遗迹 3 处（JD1、JD2、JD3），其中夹道 JD1 保存较完整。夹道 JD1 在东庑（F2）之东，已清理长度约 40.9 米，东庑台基东侧宽约 2.55 米，正房台基东侧宽约 2.25 米，南端与正房南侧台基基本平齐，北端未清理。夹道砖墁地，有散水、水井和砖砌遗迹。夹道 JD2 东西向，东端与正房东侧夹道 JD1 散水相连，西部已破坏，残长约 8.55 米，宽约 1.1 米。夹道 JD3 南北向，其东侧散水与夹道 JD1 散水为同一条散水，夹道 JD3 残长约 0.75 米，宽约 1.1 米。

（四）小结

遗址年代。该遗址叠压在第 4 层宋末元初层之下，此为遗址年代的下限。该遗址房址台基、庭院地基、柱础、角石、角柱和踏道的建筑形制、构筑方式，基本符合宋代官式建筑制度，其庭院墁地条砖也多见于南宋官式建筑中，故该遗址为南宋时期建筑的遗迹。

遗址性质。该建筑遗址规模宏大，房屋均建于比较高大的夯土台基之上，遗址正房遗迹面阔七间，进深三间，面阔进深尺度大。整组建筑遗迹布局对称配置，围合成方形庭院，庭院中有水池、假山，台基及庭院、夹道地面地基均经过特殊夯筑。建筑用材十分考究，假山用太湖石，条砖墁地呈现多种花纹组合，构思严谨巧妙，排水设施完善。凡此均表明，该建筑遗迹应是南宋临安城内一处高级宅院遗迹。从水池出土遗物来看，出有高等级建筑中常用的瓦当、望柱等建筑构件，并出土南宋宫廷、皇室成员或高级贵族所专用的南宋官窑、汝窑青瓷及定窑白瓷，据此可判断该遗址当为皇室成员或高级贵族住宅遗址。从遗址的位置来看，据《咸淳临安志》之"皇城图""京城图"可知遗址所在地仅有恭圣仁烈皇后宅和七官宅两座大型宅院建筑，并可排除是七官宅遗址的可能性。又据《纯祐临安志》和《咸淳临安志》记载，恭圣仁烈皇后宅在漾沙坑，漾沙坑在紫坊岭和七官宅之间。另据《康熙钱塘志》《郭西小志》《乾隆府志》，可确定紫坊岭大致应在现今蔡官巷西侧、柳浪阁小区附近，漾沙坑则应在近清波街、蔡官巷、四宜路之间，遗址恰在此区域内，故可推测遗址应为南宋恭圣仁烈皇后宅遗址。

该遗址发掘的意义。恭圣仁烈皇后对南宋中后期政局走向产生过较大影响，故其宅院在当时的临安城中占有重要地位，其宅院遗址的发现和确认，为复原南宋临安城形制布局提供了新的准确的坐标点，具有重要学术价值。恭圣仁烈皇后宅院遗址展示出南宋大型高级园林式建筑的营造、用材和布局的情况，是前所未知的新资料。特别是在北宋颁行《营造法式》规定之后，北宋都城开封遗址已被淹没在黄河泛滥堆积之下，可对照进行相关研究的遗址遗迹绝无仅有。进入南宋之后再颁《营造法式》的规定，这次发掘的皇后宅遗址台基的夯筑、包砌及踏道的作法与《法式》颇多相似，为研究宋代建筑制度、官式作法，也为《法式》本身的研究提供了难得的实物资料，其学术价值之高不言而喻。

四 御街、外城墙和中央衙署遗迹

（一）御街遗迹

御街遗址迄今共发现御街砖砌道路遗迹四处，即卷烟厂 L2—L5，严官巷 L7，太庙巷 L3 和中山中路 L5；御街石板道有卷烟厂 L1、中山中路 L4、严官巷 L4、L5。卷烟厂 L2 和 L3 位置近南宋皇城北城墙，遗迹东邻中山南路，西依清平山，南靠万松岭，北接高士坊巷。卷烟厂 L2 和 L3 正对皇城和宁门，御街西侧即为三省六部衙署，为皇城临近皇城门一段御街。严官巷在南宋时位于孝仁坊和寿域坊之间，当时的玉牒所、宗正寺及南宋早期车辖院等在其附近；太庙巷 L3 在太庙东围墙外侧。中山中路 L4 在今中山中路 112 号，北距惠民路约 30 米，南距金波桥弄约 13 米，东距光复路约 35 米，西与浙江省教育厅隔中山中路相望。

卷烟厂御街砖砌道路遗迹，路基均以砂、石、灰、黏土等层层夯筑而成，厚约 0.45—0.7 米。L2—L5 路面借用 30×8×5 厘米"香糕砖"砌筑（南宋官式建筑最常见建筑用砖），路面均采用"香糕砖"横向错缝侧砌，道路包边亦如此。卷烟厂 L3 被 L2 叠压，L2 揭露长度 26.65 米，残宽 3.85 米，其情况与严官巷 L7 相似，只是其两侧未见长方形包砌的分幅砖面（其路宽不明）。L3 是该地发现最早的砖砌道路，其东西两侧各有香糕砖纵向侧砌的两幅砖面（从 T3 东部砖面处测得其宽度约 6.35 米，其中西幅宽 4.45 米，东幅宽约 1.9 米，分幅不对称），砖面南北两端又分别发现 F1—F4 四座建筑，分别位于 L3 与东西向的 L4、L5 十字相交的四角上。L3 的结构与太庙巷 L3 接近，不同于严官巷 L7，推测卷烟厂 L3 和太庙巷 L3 是同一条道路，应是沿用北宋时期的道路，L2 则是南宋新筑的道路。L4、L5 应是 L3 通向街东登平坊和街西孝仁坊的道路。

严官巷 L7 在严官巷与上仓桥之间，L7 有较厚的黄黏土基础，路面有分幅现象，两者之间用香糕砖分幅，香糕砖与卷烟厂 L2 外侧包砖相近。L7 外侧包砌较大的长方砖，L7 主体被中山南路叠压，与南宋御街范围吻合，L7 即南宋御街。严官巷 L5 黄黏土夯筑而成，叠压于 L7 之上，路面建材无存，由于其路基范围与 L7 基本一致，故亦为南宋御街残存遗迹。据此可知，严官巷发现的御街为上、下两层，分别代表南宋御街建设的前后阶段。前期御街以 L7 为代表，砖砌路面；后期以 L5 为代表，路面建材不明。此外，严官巷 L6 紧贴 L7 西侧而建并与 L7 垂直相交，呈东西走向，可能是从御街通过西侧坊巷或衙署的道路。L4 东侧小部分叠压御街 L5 并与之长期共存，故可能是御街与西侧建筑之间的过渡路面。

太庙巷 L3 砖砌路面，无分幅，结构与卷烟厂 L3 很接近，位于太庙东围墙的东侧，局部为东围墙叠压，故其修筑时代应早于太庙，始建时间可上溯至北宋时期，南宋沿用（参见前述第五节太庙遗址）。砖砌道路 L4 与 L3 垂直相交，原为 L3 西出的通道，太庙建成后废弃。

中山中路砖砌道路 L5 叠压于北宋晚期砖面 Z2 之上，是南宋新筑道路。L5 路基黄黏土填筑，其表面残存石灰面，厚约 5—10 厘米。路面呈龟背形，主体由香糕砖横向错缝侧砌，砖面用香糕砖单列纵向侧砌分幅，分几幅不明。香糕砖磨损严重，规格为 29.5×5.2×4 厘米、29.5×7.5×3.8厘米或27×10×3.5厘米。L5局部有后期用长方砖、方砖和石板平铺补筑情况，长方砖规格为30×12×5厘米或32×19×5厘米，方砖规格为330×30厘米。石板为紫砂岩质，较完整的一块138×67×8厘米。道路东西两侧各有南北向排水沟。

据史料分析，绍兴十八年（1148年）正式名皇宫北门为和宁门，绍兴二十七年（1157年）以和宁门外显宁寺为基础扩建为中枢机构三省枢密院，自都亭驿桥（即六号桥）西至山麓方圆三四里范围成为中央衙署集中办公之所。绍兴二十八年（1158年）又将和宁门外的登闻检院和登闻鼓院迁往丽正门外，后成为晓示亭及百官集合待班的待班阁子等机构。卷烟厂L2、严官巷L7和中山中路L5的修筑很可能就在这一时期。由于卷烟厂L2叠压于L3之上，走向却不完全一致，部分路段叠压在与L3同期建筑之上，说明南宋对原有道路进行了局部调整。

卷烟厂石板路L1路面主体用紫砂岩石板铺筑，石板大多残破，厚约5厘米。L1大致南北走向，方向北偏东15°，揭露长度20.75米，宽度11.25米。路东边残存砖石混合包边，砖常见的有40×15×5厘米和35×15×5厘米两种，石板仅中部一块石板保存较好，规格为90×40×5厘米。石板路路基厚25—60厘米，红褐色土和灰砂石分层夯筑，致密坚硬。路层最多夯筑4层，每层厚度5—15厘米不等，东侧较厚，最厚处约60厘米。L1应为南宋晚期或者更早御街，元代沿用。

严官巷L5黄黏土路基之上路面建材无存，发掘报告分析L5南宋时曾使用过，叠压南宋砖砌御街L7而建，路基范围与L7基本一致，故确认L5应为南宋御街遗迹。

中山中路石板路L4，石板大都无存，残存者破碎，保存最好的一块残长90厘米、残宽45厘米、厚8—11厘米。石板既有横向平铺，也有纵向平铺，揭露长4.75米、宽11.6米。路基为黄黏土和粉砂土层，厚约12厘米，其下依次为黄黏土层，厚约12厘米；碎砖层，厚约5厘米，底部残存石灰面、砂石混筑层，厚约8厘米。从路基包含物分析，其修筑的时间不会早于13世纪。

南宋御街由砖砌改为石板的时间，史无明载。《南宋御街遗址》考古报告认为不会晚于宁宗嘉定十六年（1223年），并宽泛推定石板路面铺砌时间约在宁宗嘉定年间（1208—1224年）。前文引潜友说《咸淳临安志》卷二一记载，至度宗咸淳七年（1271年），安抚潜说友又奉朝命缮修内六部桥路口至太庙北，更换损坏的石板达二万块。修缮后这段御街"衡纵为幅""跸道坦平"，御街彰显出新面貌。

前已指出御街南起和宁门，向北经朝天门、众安桥、观桥和万岁桥，然后西折抵景灵宫前斜桥，其主要路段即今之中山南路、中山中路和中山北路。据《咸淳临安志》记载，咸淳七年潜说友修缮御街，不包括每举行大礼前均由朝廷派官兵特别整治的和宁门至太庙路段，确指一万三千五百尺是太庙北至景灵宫前的长度。据《南宋御街遗址》报告研究，宋一尺按0.31米计算，一万三千五百尺为4185米，与今折算太庙北至景灵宫御街约4100米相合。以此再加上和宁门至太庙北的距离，约合今5100余米，折合宋代一万六千四百余尺，此即《梦粱录》卷六所记"禁街十里香中，御辇万红影里"的十里御街。

御街的宽度与结构密切相关。《南宋御街遗址》考古报告认为，卷烟厂、严官巷、太庙巷的砖面御街均发现御街出入两侧坊巷的东西向道路遗迹，皆未见辅道遗迹。中山中路

L4、L5 两侧为南北向的排水沟，因南宋时太平坊巷与市南坊巾子巷之间无东西向道路，故亦无辅道。南宋临安御街与北宋开封御街相比，结构已相对简化，人们认为的辅道实际上只是出入御街两侧坊巷的东西道路的一部分，临安御街并无主道和辅道之分。从考古发现的现象来看，临安御街无论砖砌道路还是石板路面均有宽度不一的分幅，但这只是工程的需要，不是御街功能划分的依据。总的来看，御街（砖砌和石板路面）中间主体部位定是皇帝车驾出行的必经之路[1]。南宋临安城商业经济的发展、皇权地位的象征日渐淡化，是时御街除朝廷举行重大活动时严紧约束外，其余时间则成为各色人等的重要活动场所，甚至出现皇帝车驾、禁卫人员"与行路人混为一区"，争道、侵街等所谓悖礼的场景（《宋会要辑稿》第一百九十一册《方域》一〇之八）。因此，《咸淳临安志》修缮御街所谓"经涂九轨"，实际上并不存在。

南宋临安城御街的宽度未见史载。但从《清波别志》卷三和《梦粱录》等文献的记载来看，南宋御街宽度比北宋御街要窄得多。《南宋御街遗址》考古报告从御街考古发现的遗迹来看，认为和宁门至朝天门南宋初期砖砌道路卷烟厂 L3 砖面残宽约 6.35 米，南宋新筑砖砌御街 L2 残宽 3.85 米仅是御街中幅的宽度，其真正的宽度尚不清楚。南宋石板御街卷烟厂 L1 残宽 11.25 米，其实际宽度应超过 11.25 米。《宋会要辑稿》卷一百八十七册《方域》二之二〇记载，高宗绍兴二十八年（1158 年）杨存中拓展临安东南外城时，共拓宽十三丈，以二丈作外城基，五丈作御路，两壁各三丈充民居。按 1 尺为 0.31 米计，五丈约合今 15.5 米，估计御街宽度不会小于 15.5 米。朝天门至观桥路段，2008 年在中山中路 112 号门前发现的御街东西宽 11.6 米，现今中山中路及中山北路的宽度仍在 8—12 米之间。南宋御街各不同路段的宽度应有一定差异，其真确宽度只能靠今后御路考古发现的遗迹和研究的进展来最终解决。

（二）外城墙遗迹

除上所述，还发现南宋临安城城墙遗迹[2]。1984 年春配合基建工程，在江城路中学西围墙外，中山南路 25 号至 31 号地段的中河东侧，老吊桥的东北角，于地表下 2—2.4 米发现南宋城墙基础，发现部分残长 18 米，残高 2.4 米，残宽 9.5 米，南北走向，墙基用红黏土和石块分层夯筑。在城墙西段夯土层中间还发现一条由西逐渐向东倾斜的砖券排水涵洞，基本用双层条砖砌筑，长 11 米、高约 0.8 米、宽 1 米左右。2006 年 3 月，配合望江地区改造工程，在望江路与吉祥巷交界处东侧地块（原杭州家具厂），发现南宋、北宋、五代三个时期依次叠压的城墙基础遗迹。其中南宋城墙基础距地表深 2.3—2.5 米，揭露部分长 34.5 米，东西宽 15.65 米，残高 1.5—2 米。墙基主体部分宽 9.7 米，残高 2米，系用大小不一的石块和砂土填筑而成，墙基东侧用砖包砌规整，外侧再打入一排排列整齐的松木桩加固墙基。墙基东边为一宽约 6 米的护基，由大小不一的石块和黄黏土堆砌

---

[1]　（元）刘一清：《钱塘遗事》卷一《龙翔宫》记载，理宗宝祐年间（1253—1258 年）去龙翔宫祀感生帝时即"自御街当中取大路直入"。

[2]　见前引《南宋太庙遗址》，文物出版社 2007 年版，"前言"第 6—9 页。

而成，护基外侧另有两排木桩加固。城砖 40.5×20×9.5 厘米，一侧模印南宋"嘉熙"（1237—1240 年）年号。2011 年 9—10 月在上城区东河边城东巷东侧发现南宋临安城东城墙遗迹。

（三）中央衙署遗迹

还发现部分中央衙署遗迹[1]。如通过 1995 年以来的多次考古发掘，已证明"州桥"位于今中山南路东侧的稽接骨桥，与今位于中山南路西侧的泗水弄斜对；"寿域坊"即今白马庙巷，位于泗水弄与太庙巷之间，"严官巷"则与今严官巷大致相同。据《咸淳临安志》记载，"玉牒所，宗正寺，在太庙南"，"州桥，玉牒所对巷"；清丁丙《武林坊巷志》提到"丙以《咸淳志·京城图》按之，严官巷乃宋玉牒所、封桩所故址也"。因此，可将东临中山南路，南至严官巷，北至泗水弄之间的地块看作是南宋玉牒所署所在地。又 1994 年底至 1995 年，对大马厂巷两侧的杭州卷烟厂基建工程进行考古发掘，发现南宋六部官署相关建筑遗迹。据研究今杭州卷烟厂厂区北半部即大马巷至高士巷之间的中山南路西侧地块即南宋三省六部官署所在地之一，南宋三省六部官署的北界应在严官巷附近。

第六节　临安城的功能分区

前面已经介绍了临安城内的主要配置概况，这些主要配置分别所在的不同集合构成区片，以及主要配置的方位特点，是分析临安城内功能分区的基础。

一　主要配置不同集合构成的区片状况

根据前述临安城内主要配置一节，可将临安城内主要配置划为 8 个集合构成区片。

1. 和宁门北、朝天门南，清波门和新门东西横街之南（右一厢，左一南厢部分坊巷）。该范围御街西右一厢坊巷置主要中央衙署、太庙及相关机构；左一南厢有少量中央机构。自西城墙向东铁冶岭、万松岭一带为城防区，并有部分府邸和寺观。御街与大河之东，中央机构相对较多，有部分后宅和府邸。

2. 朝天门北，御街西，清波门与丰豫门东西横街之间（左一北厢）。该范围东部以道宫、后宅、王府、官宅、官府手工业作坊（八作司）为主。中部有道宫、少数中央衙署和机构。西部即渡子桥、凌家桥一线之西至城墙处为临安府署区。上述范围府邸数量在全城占第二位。

3. 大河东，朝天门北，新门与崇新门东西横街之间（右四厢）。有德寿宫，王府、后宅较多。

4. 御街西，丰豫门和钱塘门东西横街之间（东属左二厢，西属左三厢）。以中部偏东

---

[1]　见前引《南宋御街遗址》，文物出版社 2013 年版，第 208—210 页。

潘阆巷、安福桥所在南北向街为界，其西之北部是钱塘县衙及所属机构衙署区，该区之南俞家园一带有部分中央和地方机构和官宅。东面广布王府、后宅、太子府、公主府和官宅，府邸总数在全城占首位，民居穿插其间。北部是太学国子监所在的文教区，印刷作坊较多。

5. 大河东，崇新门与东青门东西横街之间（右三厢）。为皇城司等城防兵营所在地，有少量后宅、王府和仓等。可称为城防与府邸区。

6. 御街北部西折大街之南，御街之西，钱塘门东西横街以北（东属左二厢，西属左三厢）。该范围临西城墙的西部为景灵宫、万寿观、东太乙宫礼制建筑区。其东之北部是仁和县衙署区，县署之南有部分中央机构和官府手工业作坊，另外还有个别王府、仓库，一般居民穿插其间。可称为礼制建筑，仁和县署和一般居民区。

7. 大河东，余杭门东，天宗水门南，御街西折大街之北，东青门东西横街以北（属右三厢）。北部为仓库塌房，东部为城防兵营、仓库、社稷坛和文思院所属作坊等。可称为城防、仓储和官府手工业区。

8. 御街从北至南，及两侧小河、大河近桥街市，为城内主要商业区（参见后文）。

以上主要配置不同集合构成区片状况，可与后文主要配置特点和功能分区相互补充。

二　临安城主要配置的方位特点

据前述临安城内主要配置，以及主要配置不同集合构成区片状况，可将临安城内主要配置的方位特点归纳如下。

1. 中央衙署集中与散置相结合。主要中央衙署集中配置在和宁门至朝天门间御街之西，少量中央衙署和机构在御街之东。散置的部分中央衙署和机构，多靠近中央衙署区和地方衙署区，略呈分片集中之势，只有少数散置它处[1]。

2. 地方衙署区均在御街以西，且临近西城墙的南、中部及御街北部之西，位置较偏，均分片集中配置[2]，另有少数机构在其周围散置。

3. 诸府邸和官宅，主要集中于御街中段西、东两侧，以西部最多；御街南段也有相当数量，御街北段极少[3]。官宅和官属院是临安城新出现的特点之一。

4. 一般居民似无单独居民区，商户和手工业者主要居于商业区和作坊区周围。一般居民多在城北、城隅、城边，并在城内中部与府邸区杂处。

5. 官府手工业作坊多邻近中央衙署和地方衙署区及其有关机构附近，少数散置它处。

6. 仓储区主要集中于城北、城东北地区，少数在城东南近钱塘江地区[4]。

7. 城防和兵营主要分布在大内周围，铁冶岭、万松岭一带，崇新门和东青门内，以

〔1〕 参见前引《梦粱录》卷九"三省枢使谏官""六部""六部监门""省所""六院四辖""诸寺""阁职""诸监""大宗正司""监当诸局"；卷十"馆驿"等条。

〔2〕 参见前引《梦粱录》卷七"小河西河道"；卷九"秘书省""监当诸局"；卷十"府治""运司衙""本州岛仓场库房"等条。

〔3〕 府邸分布情况，参见前引《梦粱录》卷十"诸官舍""后戚府""诸王府""家庙"等条。

〔4〕 参见前引《梦粱录》卷九"监当诸局""诸仓""六院四辖"；卷十"本州岛仓场库房"等条。

及沿城墙内外与沿江地区[1]。诸防隅主要置于大内及其周围，重要衙署区、府邸区、主要商业区，以御街西为重点[2]。

8. 主要商业区置于城内中间的御街及其两侧，突显商业在临安城的中心地位。城内临河近桥街市，是御街商市的补充，并共同形成完整的中心商业区。同时临河近桥街市也是附近小区的主要商业网点之所在。此外，还有些小商业区，如临安府署前的街市等。私营手工业作坊多寓于商业区之中。

9. 城内瓦子、酒库，大酒楼，惠民各药局等的配置集中于御街及其附近，并基本照顾到不同区域，其配置有一定规律性。

10. 礼制建筑中，社稷坛在右二厢普宁坊，景灵宫、万寿观、东太乙宫在左三厢，位于城内西北隅，自成一区。佑圣观在兴礼坊，开元宫在太和坊，龙翔宫在后市街，宗阳宫在三圣庙桥东堍。郊坛在嘉会门外三里，其北净明寺建青城行宫。先农坛、高禖坛在嘉会门外，九宫贵神坛、海神坛在东青门外。其中太庙与社稷坛不是标准的左祖右社形式。但若以御街为界，太庙和社稷坛虽然不在东西一线上，仍可视为基本符合左祖右社规制。

三　临安城的功能分区及特点

根据前述一、二之归纳，从宏观考虑，以最主要配置为准，临安城内大致可划为六个功能分区。

1. 和宁门，万松岭之南为宫城区。

2. 和宁门北至御街众安桥为中心商业区。与御街朝天门至众安桥段对应的小河，大河近桥街市和御街中心商业区共同组成城内完整的主要商业体系。

3. 和宁门北，朝天门南，清波门与新门东西横街之南，为中央衙署，城防和府邸区。

4. 朝天门北，清波门与新门东西横街之北，钱塘门与东青门东西横街南，为府邸、地方衙署和城防区。

5. 御街北部西折大街之南，御街西，钱塘门与众安桥东西横街之北，为礼制建筑、地方衙署，官府手工业和一般居民区。

6. 御街北部西折大街之北，余杭门东，天宗水门南，东青门至鹅鸭桥东西横街北，御街东，为仓库、城防和官府手工业区。

上述功能分区的特点为：

1. 临安城内的功能分区，以大内为基点，以和宁门北御街为主轴，以东西城墙每两座城门间东西横街为区间，在御街两侧大致呈对称的块状分割形式，构成功能区划基本单元。各单元内的配置以一或二、三项为主，形成主辅多元化的复合形式。其中位于城内中部御街两侧的区划基本单元，内涵较相似，故可合并为较大的功能区划。

2. 临安城内功能区划的总体情况，除大内外，余者南部以中央衙署及相关机构为主，北部以仓库区为主，城内中部御街两侧以府邸为主，东西城墙内侧以地方衙署及相关机构

---

[1] 参见前引《梦粱录》卷九"三衙"；卷十"厢禁军""帅司节制军马"等条。

[2] 参见前引《梦粱录》卷十"防隅巡警"条。

（西）和城防（东）为主。

3. 临安城内以位于中间的御街为商业中心区，南段主要对应中央衙署区，中段主要对应两侧的府邸。因而御街商业中心区主要是为官府和府邸服务的。

4. 临安城内功能分区的主要内涵是衙署、商业、府邸和城防，突显出上述四者的崇高地位，所以临安城的性质是一座政治化、商业化和军事化的城市。

5. 临安城内的功能区划，以御街及其东西城门内大街为基本框架。据此结合前述各区划之配置内涵有一定的内在联系和规律性来看，似可认为临安在将杭州这座地方城市改造成行在（都城）时，在主要配置方面大体是有宏观总体规划的。

第七节　临安城形制布局特点及其与北宋开封府城的比较

南宋临安城，是我国古代最靠东南（地方割据政权都城除外）和唯一称"行在"的都城，也是唯一在地方城市基础上，未经彻底改造和大规模营建，而因陋就简的都城。同时又是最水网化和商业最发达的都城。所以临安城的形制布局，在中国古代都城中独树一帜。临安城形制布局的独特性，还因为南宋只是金灭北宋后，偏安于东南的一个弱势王朝，并长期处于与金对峙和战争之中，故无余力大规模营建新都所致。此外，南宋皇帝幻想光复旧土，故将临安称为行在，也无意全力重新营建都城。在这种情况下，南宋的行在临安城完全承袭了北宋杭州城的形制布局，同时又按照都城的要求，参照北宋东京开封府的规制，结合临安城的具体情况，在旧框架内权衡变通规划必需和相关的各种主要配置。因此，临安城的布局产生了许多突破传统，有别于前代都城模式的新特点。

一　临安外城形制布局的特点

其一，两重城，与山水有机结合，外城形制意境独特。临安只有宫城、外城两重城。城与山水等自然要素有机结合，城与景和谐相融，形成独特的城市景观和意境。同时山水也制约了外城的形制，使城的平面略呈"腰鼓状"。此种形制在中国古代都城中是绝无仅有的。

其二，临安城是一座"水城"和"山城"。临安城外的山水情况已如前述，临安城内四河纵贯，泉池较多，小山岗地广为分布。临安城将其全部纳入总体规划之中，因而城内形制布局的特点与此密不可分，这种情况为前代都城所未见。

其三，外城墙因山就水，因势而筑，始包砖石。前已指出临安外城的平面形制，乃是外城墙因山就水，因势而筑的结果。外城墙逐步包砖石，则为中国古代都城所首见。

其四，城门和水门多，城门位置独特。临安城东城墙开七门，西城墙开四门，南城墙之东开一门，城西北部开一门，水门五座。东西城门对应的位置相错，南城门偏于一隅，上述城门与外界的交通或阻于水，或阻于山，很不方便。西北部的余杭门，是临安城主要水、陆交通出入口，东南部的候潮门入江通海。此外，临安各城门均建城楼，只有艮山门、东青门和便门建瓮城。凡此均与上述三点所述情况密不可分，其特点独具，有别于历代都城。

其五，南宫北城。临安城承袭钱氏南宫北城的格局，宫城在中轴线南端并位于城南端山麓地区，城区向北展开。此种情况为中国古代都城中的孤例，同时也是临安城形制布局独特的关键之一，并开后代都城宫城南移的先河。

其六，城内主体街道网络略呈叶脉状。城内仅中间的御街几乎纵贯南北，无直接横贯东西的大街。城内路网顺应自然，以御街（铺石）为主干，东西城门内大街多略弧曲，与御街或直接相接，或以桥相连，东西相对城门内大街与御街交接处大都南北错位。因此，俯视城内主体街道网络略呈叶脉状，此种情况在中国古代都城中是独一无二的。

其七，城内交通为水陆复合的典型范例。如前所述，临安是座水城，城外有江、河、湖和运河，城内有与城外诸水相通纵贯南北的四河。四河大多可通航，城内有渡口，水路是临安城与外界交往的生命线。四河有上百座桥梁与街道衔接，以桥梁为枢纽，使城内街道变为通途。这是城内交通水陆复合的典型范例，如此情况，在中国古代都城中是空前绝后的。

其八，城内布局从南向北条状展布，区划块状分割排列。前已说明，临安南宫北城，地势南高北低，故临安城内布局以宫城为基点，以御街为中轴线和主脊，沿着大河、小河扩大了的中轴，自南向北，从高到低，呈条状延伸。城内东西向街道区间和城内区划则呈块状分割排列，层层展布。这种情况，是前述城内主要街道网络呈叶脉状使然，在中国古代都城中亦是独有的形式。

其九，城内坊巷合一。临安城的坊又称巷，坊即是巷。坊巷大小无定制，大都和主要街道相通，与商市联系密切，较北宋东京开封府城坊巷又有新的发展，并成为尔后元大都胡同形式之滥觞。

其十，城内主要配置集中为主，分散为辅，有较明确的功能区划，特点独具。临安城以功能主导城内空间布局，并依托自然，形成相应的标志性地段，空间开放，取势较均衡，因而城内主要配置分片集约化的程度，功能区划在总体上较明确的程度，均超过前代都城。

其十一，前朝后市，以御街为商业中心区。宫城在南，宫城正门在南、市在宫北，大体符合"前朝后市"规制。城内以位于中间的御街为商业中心区，以御街两侧的大河、小河水路交通和商品运输线及其商市为辅，共同构成较完整的商业体系而辐射全城。这种根据临安城的特点，独具匠心的规划，为中国古代都城中所仅见。

其十二，礼制建筑配置方位打破传统。左祖右社分置于御街南部之西和北部之东，景灵宫、万寿宫、东太乙宫则置于城内西北部临西城墙处。上述配置方位虽然有其内在原因，但是这种权变的结果，打破并违背了历代礼制建筑配置传统，故在中国古代都城中只是昙花一现而已。

综上所述，可以明显地看出临安城的御街具有非同一般的特点。这条御街是全城的中轴线和组织城内布局的主脊，其与两侧的河流共同形成了城内起主导作用的中心空间。以此为主轴结合东西城门内大街构成了城内总体布局框架，大体仍属于轴线对称模式。如此布局，既体现出城市的总体气势，空间处理的灵活性，突出了布局的自然美和曲线美，又使临安城总体布局的态势趋于活泼和轻松。御街和宁门至朝天门路段，以政治礼仪轴线为主，以商业生活轴线为辅；朝天门以北路段则以商业生活轴线为主，同时又是前段政治礼仪轴线的延长（是皇帝朝景灵宫等的必经之路）。这样御街就将城内中轴线与政治礼仪轴线及商业生活轴线合而为一，使政治礼仪轴线与商业生活轴线的内涵相互渗透，相辅相成，共同构成临安城空间架构的高潮，从而形成了中国古代都城中独创的轴线和城市中心的布局艺术。

二　宫城形制的特点

临安宫城完整的形制布局，迄今不明。因此，下面仅述宫城已知的主要特点。

1. 宫城位于城内南端，依山（凤凰山东麓）傍江（钱塘江），坐南向北，地势较高，俯视全城。

2. 宫城西面中间部位无西宫墙，其平面大体呈不甚规则的东西长方形。

3. 宫城南面正门称丽正门，北门称和宁门，其东有东华门，或有西华门。因临安城布局是南宫北城，其方位为上南、下北、左西、右东，故和宁门成为宫城事实上的正门。

4. 宫内布局按前朝后寝之制。诸殿自平陆至山岗，随其上下，高低错落，别具一格。

5. 宫城在原钱氏旧宫和北宋杭州旧衙署基础上改建，因旧就简，不尚华丽。主要宫殿，一殿多用，随事易名。

6. 皇城环套宫城，无西、南皇城墙，宫城墙是皇城与宫城的界墙。丽正门、和宁门是皇城门，在皇城内，位于宫城墙上。

7. 在望仙桥附近建德寿宫，称"北内"，故宫城又称"南内"。因此，临安城为两宫制。

上述前五个特点，在北魏以后主要王朝的宫城形制布局中，是绝无仅有的。其皇城的形制和两宫制与临安大内地处偏狭有关，总的来看，临安宫城未完全按规制改建及其简陋的程度，在中国古代主要朝代的都城中尚无二例。

三　临安城与开封城布局的比较

南宋是北宋的直接延续，故临安城的布局既有北宋东京开封府城的烙印，又在新的环境和条件下，沿着开封府城布局的轨迹开创出适合临安城发展的独有的格局。

（一）城与河的关系

北宋东京开封府城，四河在城内北、中和南部横贯都城，临安城则四河纵贯都城，两城与河的关系有共同之处。其最大的差异，是临安城很好地利用了四河的方位、流向和相对位置，使之与城内的干道，主要配置和功能区划有机地结合起来，从而成为临安城内布局起决定性作用的重要因素之一。此外，两城都利用四河，使城内形成水陆复合型的交通网络，但临安城水陆交通线复合的程度和发挥的作用则远在开封之上。临安城对贯城河流的利用及与城内布局结合上，较北宋东京开封府城有较大的发展。

（二）御街与城内总体布局的关系

北宋东京开封府城四面有四条御街，临安城内只有中间一条纵贯南北的御街，该御街既是全城的中轴线，也是全城布局的主脊。其与两侧城门内东西横街相结合，既形成了与开封不同的城内交通网络，又很好地完成了城内厢坊和功能区划的布局。可以说临安城的御街不仅相当于开封府城的南面御街，而且还集开封府城四条御街在城内布局中的作用于一身。这是临安城在新的条件下，对北宋开封府城以御街为城内总体布局骨架的规划思想之延续和发展。

（三）主要配置要素、功能分区和厢坊

临安城内的主要配置要素、功能分区和厢坊的规划思想，与北宋东京开封府城是一脉相承的。两者在城内主要配置要素、功能分区的内涵和划分厢坊的形式上也大同小异。但是，临安城只有宫城，外城两重城，其必须将开封府内城、外城主要配置要素和功能分区内涵中所需的部分完全纳入仅有的外城之中。所以临安城在开封模式的基础上，对城内主要配置和功能分区的结构，因地制宜地进行了重要的调整。调整之后，临安城主要配置和功能分区的集中与明确的程度，他们之间的关系和规律性均远胜于北宋东京开封府。临安城内诸瓦子、大酒楼、惠民各药局，歌馆、防隅（巡铺）等与主要配置和功能分区的协同关系也更加清楚和有规律性。此外，两城行政区划均以厢坊为单位，但临安城已坊巷合一，其市坊紧密结合，居民按阶级分区聚居的程度，以及坊巷居民区配置学校等情况，均较北宋开封府城有新的发展。

（四）主要居民区与临安卫星市镇的发展

开封城内城居民密度大，外城居民远多于内城，约2/3的居民住在外城。临安城成为行在后，城内被大量南迁的达官显贵等众多人口，以及各种衙署、府邸、商业、手工业和兵营等占据，一般居民区很小。其原住居民大都被迁于城外之城南左厢、城北右厢、城东厢和城西厢。这个情况与开封城约2/3的居民住在外城诸厢相似，所以临安城城外诸厢在一定程度上可比拟于开封城的外城。由于大批居民迁于城外，促进了城外商品经济的发展，他们利用当地发达的水陆交通，逐渐在钱塘、仁和两县辖境的临安城外围形成了十五座（或言十六座）卫星市镇（图2-7-1）[1]。这些卫星市镇商肆繁荣，形成有一定独立性的经济实体，对促进临安城的繁荣起到较重要的作用。在中国古代都城中，临安城周围卫星市镇的形成和发展也是其一大特色。

（五）商业区

两宋都城商业均高度繁荣，临安城尤甚。开封府城以四条御街为主要商业区，临安城

---

［1］　参见《梦粱录》卷十三"两赤县市镇"条。其中在临安以东，位于杭州湾的澉浦镇，是对外贸易的重要港口，南宋在此设市舶官。

则在宫城之北以仅有的一条御街完成并发展了开封城四条御街在商业上的使命。大体言之，临安城御街南段商业区约相当于开封城大内之东的东华门前街市；临安城御街中段的综合商业中心区，约相当于开封城宣德门前东大街及其北马行街的商业街市，并同时将开封城南面御街、西面御街的商业功能纳入其中。此外，临安城沿河近桥街市和城门口内外的市行，较开封城同样情况更加集中和繁荣。从商业经营的形式、品种，"市""行""团"和遍布全城的商业网点等方面来看，两城亦大同小异，但临安城较开封城又有较大的发展。总之，临安城前朝后市的格局，商业在城市中的主导地位，商业街市集约化、专业化和新型商业网点的模式及其健全的程度，在北宋开封城的基础上均有重要的变化和发展。

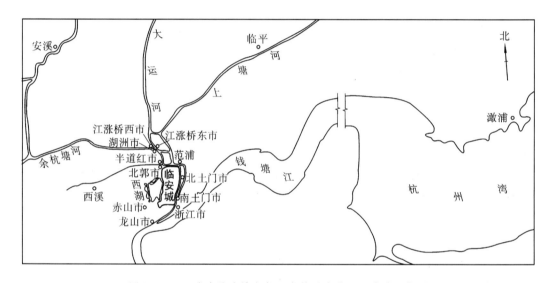

图 2－7－1　南宋临安城与郊区市镇及海港配置关系示意图
（引自贺业矩《中国古代城市规划史》，略变化）

（六）礼制建筑的方位

前已说明，南宋礼制建筑的名目和规制虽然同于北宋，但其配置方位却与北宋开封礼制建筑不同。

（七）宫城

临安宫城位于山地，坐南向北，在北宋旧州治衙署基础上改建，因旧就简，一殿多用，宫城随形就势，平面形制不太规范，故与北宋开封宫城的形制差异较大。但是，除去这些表象之外，其宫城规制仍本于开封宫城，在配置上也刻意模仿开封宫城。比如：（1）两宋大内均皇城环套宫城。（2）宫城规模基本相同，周长都在5里左右。（3）临安宫城丽正门与和宁门的门制，门外的配置同北宋开封宫城宣德门。（4）临安宫城主体建筑群与北宋宫城一样，按前朝后寝、诸阁、后苑、东宫方式配置，且主要殿阁名称多相同或近似，主要宫殿配置均为双轴线。（5）两宋宫廷广场的形制和配置情况基本相同。上述情

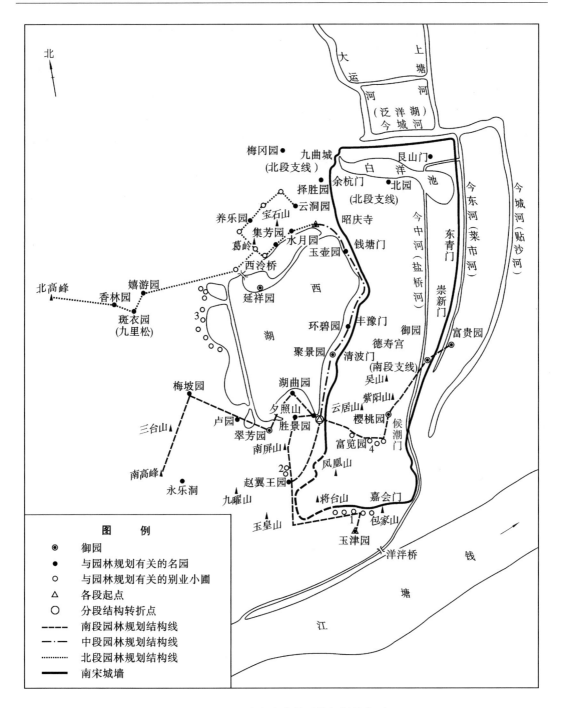

图 2 - 7 - 2 南宋临安城园林规划结构图

1. 桃花关一带别业小圃，如壮观园等 2. 西林法惠之别业小圃 3. 赵公堤之小隐园等别业小圃及里湖之内侍诸园
4. 万松岭之别业小圃

（引自郭黛姮主编《中国古代建筑史》，略变化）

况表明，南宋临安宫城乃是以北宋开封宫城为摹本，其主要差异则是临安宫城因地制宜而简化和变通的结果。

（八）园林

两宋都城与园林密切结合[1]，是其重要特点之一。南宋临安城有山水之胜，自然条件优越，历来就是著名的风景城市，南宋以其为行在后官私园林更加兴盛，与北宋开封相比有过之而无不及。临安皇家园林较多，除宫城后苑、德寿宫花园、外城内的樱桃园之外，余者大都分布在西湖风景优美地段（图2-7-2）。又位于嘉会门外南四里洋泮桥畔的玉津，本开封旧园名，园林布局亦仿开封玉津园，该园是皇帝宴射用的御园。此外，临安私家园林众多，文献所记名园达百余处，亦主要分布在西湖周围。

综上所述，临安城的形制布局与东京开封府相比，临安城更加突出了政治化、商业化、军事化和园林化城市性质的特点。

---

[1]　参见《梦粱录》卷十九"园囿"条；前引《武林旧事》卷四"故都宫殿"条，卷五"湖山胜览"条；（明）田汝城《西湖游览志》。

第三章　辽代都城

第一节　辽上京临潢府城

一　契丹建辽与五京

　　大辽国是契丹人创建、以汉人居多数的多民族王朝。"辽代"和"大辽"国是中国史学界传统的叫法。关于辽朝国号的演变，学术界最通行的观点是：辽太祖耶律阿保机称帝建国（916年），国号"契丹"；太宗大同元年（947年），改称"大辽"；圣宗统和元年（983年），又改称"大契丹"；道宗咸雍二年（1066年）复称"大辽"[1]。契丹辽帝国（907—1125年）长期占据北中国的历史舞台[2]，与南中国的五代和北宋王朝（907—1127年）开启了中国历史上第二次南北朝对峙的局面。契丹辽帝国一度占据北抵克鲁伦河流域和外兴安岭一线，东临日本海，西到阿尔泰山附近，南达河北高碑店白沟一线的广大地区。

　　"契丹"之名，最迟在北魏初年已见于中国文献中。《魏书》记载北魏太祖拓跋珪登国三年（388年）破奚和契丹的事情[3]。契丹人主要活动于西辽河上游潢水（今西拉木伦河）、土河（今老哈河）流域，以游牧为生。立国前后，开始营建城池，并陆续营建上京、东京、中京、南京和西京。上述五京是各所在地区的统治中心，各领有军州府县，故又称五京道。道不设行政机构，五京长官均称留守，由契丹皇族或后族重臣担任。五京分设留守司和都总管府，统领所属军州事。五京之中只有上京是正式都城，余者均为陪都。辽东京在辽宁省辽阳市东北部，故址已被夷为平地。辽西京在今大同市，并一直延续至清代，未曾增扩。鉴于辽东京、西京未正式开展考古工作，故略。

二　辽上京概说

　　辽上京遗址位于今内蒙古自治区赤峰市巴林左旗林东镇（图3-1-1），地处古平地

〔1〕　刘浦江：《辽朝国号考释》，《历史研究》2001年第6期。该文指出，辽朝建国之初建号"大契丹"，太宗时一度实行双重国号，在燕云汉地称"大辽"，在草原地区仍称"大契丹"，后来圣宗和道宗时又两次改变国号。而在契丹文和女真文中，始终称辽朝为"哈喇契丹"或"契丹"。
〔2〕　本文认为公元907年唐朝灭亡，耶律阿保机成为"可汗"，算为辽朝的开始。
〔3〕　《魏书》卷二《太祖纪第二》。

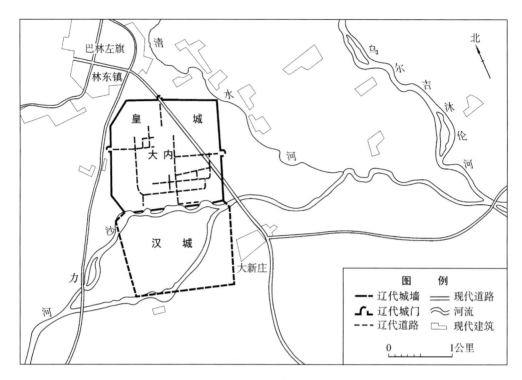

图 3 - 1 - 1　辽上京遗址平面示意图

(引自《中国大百科全书·考古卷》，中国大百科全书出版社 1986 年版，略变化)

松林（千里松林）北缘，土地沃饶，水草丰美。城址选在狼河（今乌尔吉沐伦河）与沙
力河（沙河、蒙语称白音戈洛河）之间。这里是辽太祖创业的"大部落之地"，原名"苇
甸"，后称"龙眉宫"，也有学者称"迭剌"或"西楼"。据《辽史》记载，辽太祖于 908
年在此建明王楼，912 年建天雄寺等。913 年明王楼焚毁，914 年"建开皇殿于明王楼
基"。建国后于神册三年（918 年）在此"城皇都"，并"诏建孔子庙、佛寺、道观"[1]。
天显元年（926 年）"乃展郭邑，建宫室"，"起三大殿"[2]。天显六年（931 年）太宗又
"诏修京城"，天显十三年（会同元年，938 年）改"皇都"为上京临潢府。辽天庆十年
（1120 年）金兵攻克上京城。金天眷元年（1138 年）辽上京改称北京；天德二年（1150
年）称临潢府路；贞元元年（1153 年）仅设北京（原辽中京城）临潢路提刑司。金亡后
临潢逐渐荒废。

　　辽上京遗址当地人俗称"波罗城"（蒙语译音，古城之义），遗址南北二城毗连，北
称"皇城"，南称"汉城"（图 3 - 1 - 1）。皇城是契丹国统治者和契丹人居住之所，城内
有宫殿、衙署、府邸、寺院、营幕和作坊等，是辽国的政治中心。汉城内除少量地方衙署
和寺院外，主要是汉人、渤海和回鹘人等的民居，有作坊、市楼以及馆驿（接待宋和西夏

〔1〕《辽史》卷一《太祖上》。
〔2〕《辽史》卷三七《地理志一》。

使节）和回鹘营（接待回鹘商贾）等，是上京的主要工商业区。

清咸丰九年（1859 年）出版的张穆《蒙古游牧记》直接引述《嘉庆重修一统志》的认识，重新指出消逝了数百年的辽上京城具体地理位置："今巴林东北一百四十里，当乌尔图绰农河会和戈图农河之处，有波罗城，趾周二十里，内有三塔，久毁，疑即古之临潢。"[1] 根据清代学者考证的可靠线索，20 世纪初，一些外国考古及相关学者率先对辽上京城址给予了关注。其中有法籍天主教神甫闵宣化（1912 年和 1920 年）和日本学者鸟居龙藏（1908 年和1930 年)[2]、江上波夫等（1931 年)[3]、田村实造和小林行雄（1939 年)[4]。三宅俊成和大内健（1941 年)[5] 等都实地调查过辽上京遗址，并绘有城址草图。1943—1944 年日本小山富士夫对辽上京皇城内的窑址进行勘察和试掘，劫掠了 8000 多瓷片等遗物[6]。

1961 年辽上京城被列为全国第一批文物保护单位。为了配合国保单位的保护管理，1962年，内蒙古文物工作队对辽上京皇城进行了重点勘探和试掘，测绘了皇城遗迹平面图和地形图[7]。此后曾有小规模试掘工作[8]。1997 年对辽上京城进行的航空摄影是一项较为重要的工作[9]。自 2011 年起，在国家文物局的大力支持下，中国社会科学院考古研究所内蒙古二队和内蒙古文物考古研究所联合组成的辽上京考古队，对辽上京皇城遗址进行全面的考古调查、勘探、试掘和发掘工作，对辽上京形制布局和沿革等研究有重要的推进[10]。

---

〔1〕 （清）张穆撰，何秋涛补订：《蒙古游牧记》，台北南天书局 1982 年版，第 57—58 页。

〔2〕 ［日］鸟居龙藏：《蒙古旅行》，戴玥、郑春颖译，商务印书馆 2018 年版，第 76—85 页；［日］鸟居龙藏：《辽上京城以南伊克山上之辽代佛刹》，《燕京学报》1950 年第 40 期；《辽上京城内遗存之石人考》，《燕京学报》1939 年第 36 期。

〔3〕 ［日］江上波夫：《蒙古高原横断记》，日光书院 1941 年版；江上波夫等：《蒙古高原行记》，赵令志译，内蒙古人民出版社 2007 年版，第 106—110 页；冯家升：《日人在东北的考古》，《燕京学报》1936 年第 19 期；"满洲国国务院文教部"编：《考古学上より见たる热河》，载《满洲国古迹古物调查报告书》（第二册），东京国书刊行会 1976 年版，第 36—78 页。

〔4〕 ［日］古松崇志：《东蒙古辽代契丹遗址调查的历史——1945 年"满洲国"解体前》，姚义田译，《辽宁省博物馆馆刊（2009）》，辽海出版社 2009 年版。

〔5〕 ［日］三宅俊成：《林东辽代遗迹踏查记》，《东北アヅア考古学の研究》，1975 年；［日］三宅俊成：《林东辽代遗迹踏查记》，戴岳曦译，内蒙古人民出版社 2014 年版。

〔6〕 李文信：《林东辽上京临潢府故城内瓷窑址》，《考古学报》1958 年第 2 期；［日］杉村勇造：《辽の陶磁》，《陶磁大系》（第 40 册），东京平凡社 1974 年版，第 96—98 页；弓场纪知：《辽上京府林东窑址の再检讨——1944年の小山富士夫の调查》，《出光美术馆研究纪要》第六号，2000 年 12 月，第 114—146 页。

〔7〕 内蒙古文物考古研究所：《辽上京城址勘查报告》，载《内蒙古文物考古文集》第一辑，中国大百科全书出版社 1994 年版。

〔8〕 齐晓光：《巴林左旗辽上京城址》，《中国考古学年鉴 1998》，文物出版社 2000 年版，第 108—109 页；塔拉、董新林：《辽上京城址初露端倪》，《中国文物报》2001 年 11 月 9 日第 1 版。

〔9〕 中国历史博物馆遥感与航空摄影考古中心、内蒙古自治区文物考古研究所：《内蒙古东南部航空摄影考古报告》，科学出版社 2002 年版。

〔10〕 董新林、陈永志等：《辽上京城遗址首次大规模考古发掘乾德门遗址》，《中国文物报》2012 年 1 月 20 日第 8版；中国社会科学院考古研究所内蒙古第二工作队、内蒙古文物考古研究所：《内蒙古巴林左旗辽上京皇城西山坡佛寺遗址考古获重大发现》，《考古》2013 年第 1 期；《内蒙古巴林左旗辽上京宫城城墙 2014 年发掘简报》，《考古》2015 年第 12 期；《内蒙古巴林左旗辽上京宫城东门遗址发掘简报》，《考古》2017 年第 6 期；《内蒙古巴林左旗辽上京宫城南门遗址发掘简报》，《考古》2019 年第 5 期；董新林等：《辽上京遗址宫城内发现大型宫殿基址》，《中国文物报》2020 年 2 月 21 日第 8 版。

三　皇城（北城）

（一）城墙与城壕

皇城东、北和南面城墙均呈直线，西城墙南北两端抹角内折，平面略呈不规则的方形。南城墙局部被沙力河冲毁，其余三面城墙和城门遗迹保存较好。城内西南和中部一带有3处自然低丘，地势西北高，东南低。根据地表遗迹测量，皇城东墙长1487米，方向为北偏东24°。南墙局部被沙力河洪水冲毁，现残存数段，复原长度1609米。西墙两端向内斜折，北段斜折墙长430米，方向为北偏东60°；南段斜折墙长368米，方向为北偏东159°；中段直墙长1063米，方向为北偏东28°；西墙总长为1861米，北墙长1506米，方向为北偏东111°。总计皇城墙周长6463米。

皇城墙为夯土夯筑，一般高出地面6—9米。城墙外间隔设置凸出城墙的马面。通过考古试掘可知，皇城城墙夯土由五部分组成，包括主墙、内外侧护墙、内外侧增筑墙、内外侧增补墙及马面。城墙外侧有两条平行于城墙的壕沟，壕沟间筑有堤坝。城墙的营建可分为辽、金两个时期。辽代有过两次大规模的营建，始建时修筑了主墙和内外侧护墙两部分；第二次营建修筑了城墙内外侧增筑墙。金代修筑了城墙内外侧增补墙，形成了城墙夯土的最终形态。皇城主墙和内外侧护墙由下部的基槽和上部的夯土墙身组成。马面即《辽史》所谓"楼橹"的基础部分，平面凸出于皇城城墙外侧，现存43座。皇城东、西、南、北四面城墙外侧均有马面，其中南墙由于被洪水冲毁的缘故，仅存1座。现存马面最高约13米，平面略呈方形，每两座马面之间相距约110米，具有较强的军事防御作用。

城壕遗迹在皇城东墙、北墙和西墙外侧都有发现。城壕位于城墙马面外约3米或紧邻现存马面的底面，壕宽16—19米，深约1.5米。通过对皇城东墙偏南处的城墙及其外侧遗迹进行试掘和解剖发现，城墙外侧有两条平行于城墙的壕沟，壕沟间堆筑有堤坝。壕沟存在着两次修筑的情况。早期壕沟和城墙内外侧增筑墙的修筑及使用年代相当，晚期壕沟与城墙内外侧增补墙的修筑及使用年代相当。

（二）城门及瓮城

《辽史》卷三七《地理志一》记载：皇城共有四座城门，"东曰安东，南曰大顺，西曰乾德，北曰拱辰。中有大内……"南城门已被河水冲毁，其余三座门址尚存。三座皇城城门外均有瓮城，东门为三门道格局，西门和北门为单门道格局。

安东门（皇城东门）遗址位于皇城东墙中部。城门外建有瓮城，瓮城门向南开设。经考古试掘，安东门为三门道过梁式城门。其中，中门道破坏严重，南、北两个门道保存较好。门道内残存土衬石承木地栿立排叉柱的建筑结构基础，倒塌堆积中包含大量烧毁的砖、木构件等。金代对南、北两门道进行封堵，改建为单门道城门。

乾德门（皇城西门）遗址位于皇城西墙中部。城门外建有马蹄形瓮城，瓮城门向南开设。经考古发掘，乾德门为单门道过梁式城门。门址由墩台、马道、门道、路面等组成。城门有三次大规模营建，第一次和第二次为辽代，第三次为金代，墩台体量变小，门道缩窄，大体反映了上京城兴衰的历史。第二次营建的城门保存最为完整。门道方向为东偏南

19°。门道南北两侧尚存较为完整的土衬石，其上残存木地栿遗痕，可辨认木地栿上残有卯口，内有排叉柱木痕。两侧石地栿下，发现深约 3 米的夯土基槽。门道宽约 6.2 米，进深约 30 米。北墩台保存较完整，东西长 19.9 米，南北宽 8.73 米。

瓮城平面呈马蹄形，东西内径长约 26.4 米、南北内径宽约 22.8 米。瓮城墙主要有三次大规模营造。瓮城门为单门道过梁式城门，位置有一次大的变化。瓮城城门宽约 5.84 米，南北进深约 8 米。门道基础为在石柱础上置木地栿，上立排叉柱。夯土壁面有木板护墙残迹。瓮城始建与皇城门始建大体同时；第二次修建为金代，与皇城门三次相当；第三次修建为金代晚期。

拱辰门（皇城北门）位于皇城北墙中部。据考古勘探，亦为单门道格局城门，瓮城门向东开设。

（三）主要街道

根据考古勘探，辽上京皇城内共发现 10 条主要街道的遗迹线索。其中有东西向横街 4 条，南北向纵街 6 条。既有出入皇城、宫城的主要大街，也有连接主要大街的辅助街道，这些道路纵横交错，构成了皇城内较为完善的交通网络。街道大多数在现今地表以下 0.3—1.0 米左右，路土厚约 0.1—0.5 米。大多道路都是辽金时期共用，是否有金代新建道路，有待考古新发现验证。

皇城 1 号东西街位于皇城东部，是东向中轴线上的重要街道。东端与皇城东门相连，西端与宫城东门相连。经考古试掘，该街道现存 3 次主要营建。第一次营建是在生土之上，局部用灰褐色碎砂石土做垫土，路面残宽 43.5 米，厚约 0.05 米。南部有一条浅路沟。第二次营建路面大部分沿用早期路面，局部垫土，形成新路面，含较多石子等。路面发现 9 条车辙。路面残宽约 40 米。第三次营建路面沿用了前两次的路面，局部修整形成灰褐色砂石路面。含较多石子、较少的兽骨等。皇城 1 号东西街是目前发现辽上京皇城内最宽的街道。

皇城 2 号东西街位于皇城西部。经考古勘探，路面宽约 13.6—50 米。西端直抵皇城西门，东端与宫城西门相连。该街道路面较宽，是进出皇城和宫城的一条重要通道。

皇城 3 号东西街位于皇城南部，是一条几乎贯穿了皇城东西的长街。经考古勘探，路面宽约 3—16 米。西端直抵皇城西墙南折部分，分别与皇城多条南北街十字相交，形成了皇城南部的街道网络系统。

皇城 1 号南北街位于皇城南部。北端直抵宫城南门，南端被沙力河洪水破坏，原应与皇城南门相接，是皇城内南北向的主要大街。经考古试掘，发现该街道现存路面遗迹 15 层、与各路面相对应的临街建筑址 30 处及水沟、灰坑等其他遗迹。出土遗物有砖、瓦、瓦当、滴水等建筑构件，还有陶瓷器标本、石器、骨器、铁器、铜器、铜钱和大量动物骨骼等。根据层位关系，结合遗迹和遗物的整体变化，可将 1 号街道及临街建筑的营建从早到晚分为五段，反映了辽金时期的道路沿革情况。其中，辽代路面宽度约 17—18 米。《辽史·地理志一·上京道》记载："正南街东，留守司衙，次盐铁司，次南门，龙寺街。"根据街道走向及附近遗迹分布的情况推测，皇城 1 号南北街应该就是《辽史》中所提到的

"正南街",其南端应是皇城的南门,即大顺门所在地。

皇城 2 号南北街位于皇城北部。经考古勘探,路面宽约 14—24 米。北端起自皇城北门,向南直抵宫城北墙。

皇城 3 号南北街位于皇城西部,是一条贯穿皇城南北的长街。经考古勘探,路面宽约 3.3—23 米,全长约 1316.5 米,是勘探发现的辽上京皇城内最长的街道。南端与皇城南墙相接,北端抵皇城北墙。该街道与多条皇城东西街十字交叉,形成了皇城西部区域的交通网络。

皇城 4 号南北街位于皇城南部。经考古勘探,路面宽约 6—13 米。南端被晚期夯土建筑和沟渠打破,原应直抵皇城南墙。北端被金代晚期的西大院建筑打破。

皇城 5 号南北街位于皇城东南部。经考古勘探,路面宽约 6—12 米。北端与宫城南墙相接,南端被沙力河洪水破坏,原应直抵皇城南墙。

皇城 6 号南北街位于皇城东部。经考古勘探,路面宽约 6.5—27.3 米。北端与皇城 1 号东西街相接。自北端顺着宫城东墙向南延伸,至宫城南墙后,该街道逐渐变得弯曲起来,并与其他一些小型街道十字交叉,形成十字交通网络。其最南端被沙力河洪水破坏,原应直抵皇城南墙。

(四)西山坡遗址

在辽上京皇城西南,靠近皇城西墙有一处呈缓坡状的自然高地,俗称"西山坡"。西山坡地表可见数组东向的长方形院落,院落内存有不同格局的建筑基址群。其中,有南、北两组院落所在地势最高,这里也是辽上京全城的制高点。

南组院落为四周廊庑围合的长方形院落。根据勘探和发掘,南组院落从东向西依次有山门、中殿和后殿。2012 年曾对中殿进行试掘。

北组院落也是四面围合的长方形院落。院落东部大部分面积是广场,主体建筑位于院落的中后部,是并排的三座六边形塔基。中间大型塔基(编为一号基址)位于院落的轴线上,规模最大;南、北两座塔基(分别编号为二号、三号基址)较小,左右基本对称分布。三座基址虽地表保存较高,但屡遭盗掘,中部均呈凹坑状。2012 年对三座塔基进行了考古发掘。

一号基址是一座砖木混合结构的六角形塔基。台基平面呈六角形,由夯土、包砖、砖铺散水、东侧月台和西侧慢道组成。台基边长约 20 米,对角直径约 40 米,总高约 2 米。台基六面边壁作单层包砖,磨砖对缝,抹白灰皮。台基东侧原有包砖的夯土月台、两侧设慢道登临。月台夯土下叠压了砖砌涵洞和象眼,是较早修筑的慢道遗存。台基西侧中央,做夯土斜坡慢道,地面铺砖。两壁亦包砖,南壁尚存局部的砖砌象眼。台基及月台、慢道的包砖外,均做单行砖散水,外以侧立砖砌线道两周。台基之上现存柱础、墙体、白灰墙皮、石条、地面铺砖及砖痕等遗迹,建筑底层平面结构保存较好。塔身平面呈六角形,用柱三周,每面三间。这三圈柱网及墙体,由内到外将台面上的空间分为中心砖筒、木构回廊和室外台明三部分。内圈柱础嵌于夯土台面内,当心间柱心距 5 米,两稍间柱心距 1.6 米。六角形中心砖筒外壁抹白灰皮,底边长约为 8.6 米。砖筒东、西设门,内设右旋砖梯可供登塔。砖梯所对应的台基底部,铺有成排石条,用以承重。砖筒中芯有六角形塔心室,塔心室东部破坏严重,西部不与砖梯相通。中圈柱础紧贴中心砖构外壁,和外圈柱础之间形成回廊，宽度约5.3米。两圈柱础当心间对缝，面阔5米；稍间中圈宽2米，外圈宽5米。外圈柱础石下面发现有对位的承础石，中圈未见。回廊内夯土台面全部铺砖，磨砖对缝。回廊东面的门道北侧，原址保存一处泥塑残像，彩绘贴金，跣足立于仰莲座上。沿中圈柱础外侧一周，发现几处砖砌像座址。结合回廊中出土的大量倒塌泥塑残像、成串铜钱和磨损严重的铺砖地面可知，回廊内原供奉大量泥塑佛教造像，且曾有较多信徒活动。外圈墙外为台明部分，地面铺砖，现基台边缘铺砖及夯土均已损毁，复原宽约5米。该基址于辽代始建，至少进行过两次大规模修筑，金代以后才逐渐废弃。

二号基址和三号基址也都是六角形佛塔基址，分别位于一号基址南侧和北侧，基本对称分布。现存台基和地宫两部分。台基位于地面以上，六角形，夯土外做包砖边壁。地宫位于地面以下，平面呈"甲"字形，有斜坡通道和方形地宫。地宫破坏严重，仅在三号塔基地宫的扰土中，发现彩绘石雕舍利棺残块，表明塔基内曾瘗埋舍利。

通过考古发掘确认西山坡建筑群为佛教寺院的建筑性质，对重新认识辽上京皇城的形制布局将产生重大影响。

（五）其他重要建筑基址

皇城内（除宫城外）的建筑基址主要分布于皇城西部和南部区域，特别是皇城1号南北街和皇城3号南北街两侧，分布有较多的建筑基址。其建筑时代包括辽、金两代，其建筑功能可能包含寺院宫观、贵族宅邸、官署、府库等。

西山坡下建筑群位于皇城西部的西山坡缓坡之下，东邻皇城3号南北街，其西南方向不远处就是西山坡佛寺遗址。经考古勘探，该建筑群的周围有围墙，将其围合成曲尺形的形状。院落东端有两座南北分布的较大建筑基址，其他均为小型建筑基址。

皇城2号东西街临街建筑群位于皇城2号东西街南侧，是一组临街建筑。经考古勘探，该建筑群由一座长方形夯土台基建筑和多座基址呈"回"字形的房屋组成。

皇城3号南北街东侧建筑群位于皇城西部，东邻西大院遗址，西与西山坡下建筑群隔街相望。经考古勘探，该建筑群的北部是一座大型夯土建筑基址，南部分布有若干小型建筑基址。

皇城南部东向建筑群位于皇城西南部靠近南墙的位置，西侧邻近皇城3号南北街。经考古勘探，该组建筑群朝向为东向，南、北、西三侧均有廊庑围合。院落西部为一座大型夯土建筑基址。

石龟趺建筑群位于皇城南部略偏西处，东邻皇城1号南北街，其周围散布着较多的小型建筑基址。该遗址东部为南北向的长条形夯土台基，北部为不规则形状的夯土台基，中部有一座大型夯土建筑基址。现地表保存一座石龟趺，故称为石龟趺遗址。但其并非原位，是现代扰动所致。可能是一处规模较大的院落遗址。

观音像建筑群位于皇城南部略偏东处，西邻皇城1号南北街，南邻皇城南墙。在该遗址区北部，地表曾有一尊高3米多的石观音立像（2008年已移入博物馆）。经考古勘探，北部有夯土建筑台基，东南部有一组规模较大的围合式院落。《辽史·地理志一·上京道》记载："又于内城东南隅建天雄寺，奉安烈考宣简皇帝遗像"，"正南街东，留守司衙，次盐铁司、次南门，龙寺街"，"八作司与天雄寺对"。据此推测该遗址所处区域可能与此相关，是一处官署、寺院的集中区。

四　大内

大内即宫城，位于皇城中部偏东，平面呈长方形，东西宽约 740 米，南北长约 770 米。宫城东、南、西三面设门，未发现北门（图 3-1-2）。宫城所在位置地势较高，现存多组宫殿建筑基址群组。辽代宫城的主要建筑均为东向分布（图 3-1-3）。薛映于北宋大中祥符九年（1016 年）出使大契丹国时，对上京城内如此描述："……北行至景福门，又至承天门，内有昭德、宣政二殿与毡庐，皆东向。"考古发现与文献记载一致。宫城内还有纵横交错的道路遗址。

图 3-1-2　辽上京遗址平面图
（引自内蒙古文物考古研究所《辽上京城址勘查报告》，略变化）

（一）城墙

辽上京大内宫垣保存状况较差。除北墙还有局部地面遗迹，大部分已掩埋于地下。根据考古勘探和试掘已确认宫城四面城墙。宫城墙由夯土夯筑而成，夯土可分为地上墙身和地下基槽两部分。地上的墙身部分残存高度约 0.3—2.0 米不等。目前发现的宫城北墙和西墙的底面宽度均 2.6—2.9 米左右，主体为黄色夯土。南墙的底面宽度约 6.6—6.8 米，主体为灰褐色夯土。地下的基槽部分深度约 0.25—0.45 米，南墙局部基槽深度达 0.92 米。墙基两侧筑有夯土护坡等附属设施，墙外可能设有壕沟。根据遗迹和出土遗物推定，宫城墙建于辽代早期，局部有夯土增补修筑；毁弃于金代初期。局部宫垣上建有金代房址。

（二）城门

《辽史·地理志·上京道》载："内南门曰承天，有阁楼。东门曰东华，西曰西华，此通内出入之所。"东、南、西三座宫城门均已经过考古发掘确认。在考古勘探中，宫城北墙保存较好，但未见北门迹象。结合文献记载，宫城可能并未设置北门。

东华门（宫城东门）位于宫城东墙中部，与皇城东门相对。东华门遗址为殿堂式门址，由夯土基槽、台基、磉墩、坡道和南、北两侧的附属设施遗迹等组成。基槽平面略呈长方形，由夯土筑成，南北宽约 32 米，东西进深 13 米。台基曾遭到严重破坏，仅存基部（图 3-1-3）。经过仔细清理可以确认打破夯土的磉墩 22 个。此建筑的柱网平面为面阔 5 间，进深 2 间。根据门址两侧的坡道残迹可知，宫城东门可能有三门道（图 3-1-4）。

承天门（宫城南门）位于宫城南墙中部略偏西，南北向主街（一号街道）贯穿其中。承天门遗址为单门道过梁式门址，由东、西两侧的墩台、中间的单门道和登临墩台的内侧（北侧）马道三部分组成（图 3-1-5）。夯土墩台保存较好。其中已揭露的西墩台南北长 11.8 米，东西宽 6.65 米，残高 2.05—3.25 米。墩台各面边壁包砖，包砖底部包边条石基础保存较好。中间设单门道，进深 8.2 米、宽约 7.8 米。原位保存有将军石、石门限和门砧石等设施。门道两侧的城门基础作法为石柱础上铺木地栿，上立排叉柱。石柱础每侧 6 个，即城门门道进深 5 间。将军石南侧发现葬二犬二羊的埋藏坑，与城门营建时的祭祀有关。马道紧贴城墙北侧而建，东西长 10 米，南北 1.2—1.5 米，残高 1.2 米。承天门有 2 次大规模营建。第一次营建应是辽代早期始建；第二次营建时增设墩台和马道，并有多次对边壁的修筑。毁弃于金代。

西华门（宫城西门）位于宫城西墙中部，与皇城西门相对。西华门遗址为单门道过梁式门址，由两侧的墩台和中间的门道两部分组成。夯土墩台保存较差，中间设单门道，宽度约 6.4 米。门道内尚存将军石、地栿石、路面、柱洞等建筑基础遗迹。该门址在辽代至少经过两次较大的营建。毁弃于金代。出土描金玉册、龙纹骨制品等。

（三）主要道路

根据考古勘探，在辽上京遗址宫城内共发现了 8 条主要道路，其中有东西向街道 4 条，南北向街道 4 条。这些街道纵横交错，构成了宫城内较为完善的交通网络。宫城内街道多在现地表以下约 0.3—1.0 米，个别区域深达 3 米以上。

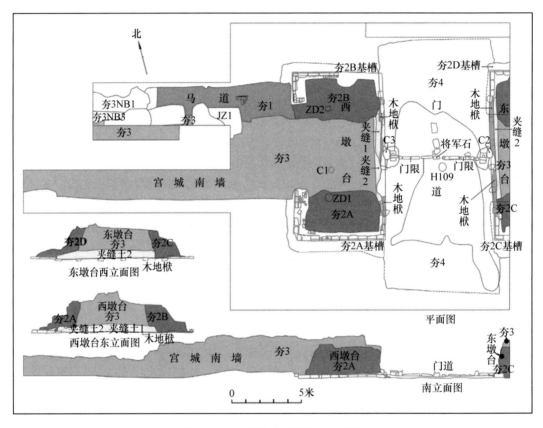

图 3-1-5　宫城南门平面、立面图

宫城 1 号东西街是一条贯穿宫城东半部分的道路。经考古勘探，路面宽 3.4—13.5 米。东端连通宫城东门，西端直抵宫城三号殿院落，贯穿一号院和二号院，与宫城 1 号南北街相交。

宫城 2 号东西街是一条贯穿宫城西半部分的道路。经考古勘探，路面宽 3.5—27.5 米。西端连通宫城的西门，东端一直延伸到一号院以北，被现代道路和晚期灰坑、沟渠破坏。

宫城 1 号南北街是宫城内最主要的一条南北向道路。经考古勘探，路面宽 3—15 米。南端直通宫城南门，北端延伸到接近宫城北墙的位置。该街道中部被晚期的沟渠、建筑打破，现残存南北两段。

宫城 2 号南北街位于宫城内北部中央。经考古勘探，路面宽 4—7 米。南端与宫城 1

号东西街相连，北端直抵宫城北墙。该街道中部被晚期夯土墙基、坑打破，残存南北两段。

（四）重要殿址

宫城内的建筑基址主要分布于宫城中部、宫城东南部和西北部。从地表遗迹看，既有东向的大型夯土建筑基址及围合院落，也有南向的排房式建筑群。经考古发掘，地表遗存包括辽、金两代不同时期的营建。目前发掘所见的辽代宫城内的大型殿址及其院落均为东向。

宫城一号殿及院落坐西朝东，位于皇城东向中轴线上。一号院落平面呈长方形，四面均以廊庑围合，东面中央设门，西面正中为一号殿址。通过局部揭露可知，一号殿夯土台基平面呈长方形，南北长约48米，东西宽约27米。台基四壁包砖，南北两端与院落的西廊相连。一号院廊庑发现四排磉墩，进深三间。

宫城二号院坐西朝东，位于一号院的西侧。二号院保存较差，根据考古钻探和试掘，仅存东端部分廊庑。对南廊东端进行试掘，发现四排磉墩，进深三间，廊庑总宽11.6米。

宫城三号殿（17JZ1）位于二号殿西侧。沿皇城东向轴线继续向西，地势逐渐升高。此处发现局部墙址，应是宫城西部最后一进宫院的位置。但由于保存状况不佳，宫墙遗迹并未围合。三号殿位于皇城东向轴线的最西端，地势最高，保存较好，经发掘发现多次营建遗迹。金代营建保存较好，殿址坐北朝南。始建的辽代遗迹保存较差，疑为东向建筑。

宫城四号殿（17JZ3）坐西朝东，位于三号殿的西北侧。始建于辽代早期，金代废弃并未沿用。夯土台基南北面阔34.4米、东西进深25.7米，四面边壁包砖。地面遗迹保存较差，从础柱下尚存的磉墩平面可确认柱网结构。殿身面阔三间，进深两间，副阶周匝。尚存局部墙基，为夯土墙，有白灰墙皮。未见墙体基槽。殿身东、西两侧设门，台基东、西两侧设慢道。根据发掘可知，在该殿址始建时，其四周建有围合的夯土墙，形成宫院。现南墙无存、西墙和北墙封闭、仅东墙设院门。

宫城五号殿（19JZ1）坐西朝东，位于宫城中北部（图3-1-6）。该殿址地势较高，勘探遗迹面积较大。经考古发掘，有辽、金两次大规模建设。辽代殿址坐西朝东。夯土台基平面近方形，边长宽约51米，高度1.96米。东侧中部设月台。殿身残存墙体、柱网结构及其基础和地面等。面阔九间、进深八间、副阶周匝。通面阔35.5米，通进深32米。金代重建殿址沿用了辽代的台基夯土，重新包砌青砖，东西面阔约19.6米、南北进深17米。殿身坐北朝南，南侧设五瓣蝉翅慢道（图3-1-7）。

宫城六号殿（19JZ2）坐西朝东，位于宫城五号殿西北部。院落东面正中设门，西面正中为大型宫殿址。六号殿址为一座东向的宫殿建筑，南、北两侧建有挟屋，四周设有廊庑，围合形成平面呈长方形的院落。仅存夯土台基和殿身柱网基础部分。夯土台基南北面阔约31.4米、东西进深约23米、高2米。台基四面边壁包砌长方形砖，其外作砖铺散水。殿身平面布局为面阔7间，进深4间的"金厢斗底槽"。正殿南、北两侧设有挟屋，与两侧廊庑连接。北侧破坏严重，南侧保存略好。挟屋夯土台基边壁包砖，其外作砖铺散水。磉墩共6个，呈南北3列，东西2排。廊庑有3列东西向磉墩（或础坑）分布，进深

2间。廊庑外墙（南侧）系用土坯垒砌墙体，内壁涂红色墙皮，外有包砖。挟屋和廊庑间设有通道，其内侧拐角尚存一砖砌慢道。做法为五瓣蝉翅慢道切半，直边与廊庑相接。到了金代，殿址改为南向，对原有夯土台基东、西、北三面进行削减，西北角进行补筑而建。

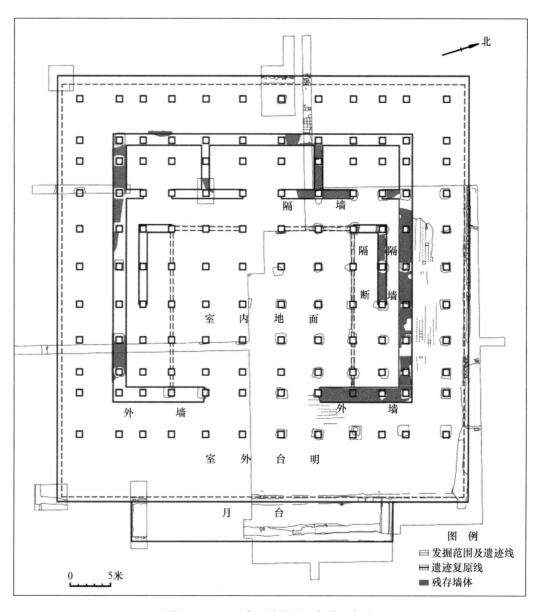

北

隔　墙

隔　隔
断　墙
墙

室　内　地　面

外　　墙　　　　　外　　墙

室　外　台　明

月　　台

图　例
发掘范围及遗迹线
遗迹复原线
残存墙体

0　　5米

图 3－1－6　辽代五号殿平面复原示意图

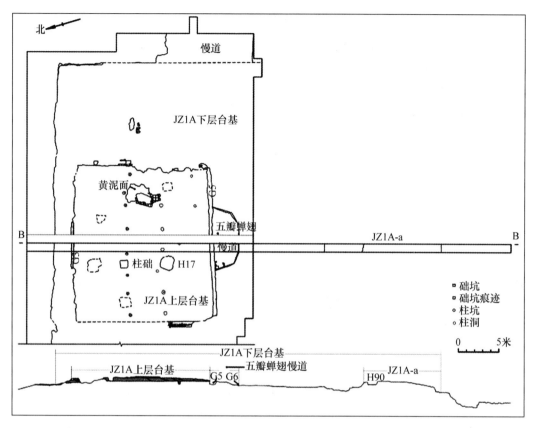

图 3 - 1 - 7 金代殿址平面示意图

排房建筑群位于宫城西北部，局部叠压辽代六号殿及院落。该建筑群面积较大，总面积约 14000 平方米。地表遗存有十座面积相近的排房式建筑基址。经考古试掘，单座排房建筑总面阔 15 间，进深 3 间。四面建有夯土墙，东西宽约 66 米、南北进深 15 米。室内设两道隔墙，将其分为东间、中间和西间三部分，每部分面阔 5 间。均于当心间设门，门前为三瓣蝉翅慢道。夯土外墙和隔墙中均有暗柱，有大小之别。大柱用础石，二大柱之间小柱垫砖块或石块。室内有明础石呈东西两排。根据考古解剖，此排房建筑分两次营建，第一次营建为辽金之际，第二次营建为金代。建筑基址之下，发现保存较好的辽代地面，以及辽代小型夯土遗迹，形制性质不详。较为重要的是，在进行关键性解剖时，发现了排房建筑第一次营建时的两个祭祀坑，是重要的考古新发现。其中西侧长方形祭祀坑葬 3 匹整马和骆驼蹄、牛头、狗头等，也有残人头骨等；东侧圆形祭祀坑深约 3 米，上层为切割、砍断的牛、马、羊等动物骨骼，坑底殉有 14 人个体，有 5 具完整尸骨，余为 9 个人头骨或下颌骨等。部分有砍凿痕，表明是暴力致死。可识性别者均为女性，还有数名婴幼儿。圆形祭祀坑的祭祀方式较为特殊。这两个祭祀坑的性质还有待进一步深入探讨。

五　汉城（南城）

汉城在皇城之南，皇城南城墙即汉城北城墙，二者连为一体，汉城平面略呈长方形[1]（图3-1-1）。城墙夯筑，残高2—4米，基宽12米，无马面和瓮城。东城墙长1290米，西城墙长1220米，南城墙长1610米[2]。仅西城墙发现一门址豁口，残宽约10米，残存有石条和石础。汉城北面和东南有两条小河交汇于东北角，使城址遭到破坏。城内于1920年垦为农田，地面上的大型土丘有砖瓦残片，应为建筑台基残迹。城内有南北纵街和东西横街残迹，横街两端和街道两侧的建筑台基往往突出于地表。

据《辽史》记载汉城东、西和南面各有一座城门，北城门即皇城南城门[3]。城内遗迹破坏，情况不明。汉城内诸县，乃辽破北宋诸县后掠民迁至上京城外一带，而将其县署侨置于城内[4]。

六　辽上京城相关问题略析

辽上京城址经过近年来的考古勘探和发掘，取得重要的考古收获，更正了部分早年勘探的原有认识，为研究辽上京城址形制布局和时代沿革提供了新的基础资料。下面就目前已知情况，对辽上京城的形制布局问题略作探讨。

（一）选址问题

唐朝统治末年，中国北方少数民族逐渐强盛起来。以迭剌部为代表的契丹族第一次以统治者的身份登上了中国历史的舞台。辽上京城是辽代营建的第一座都城。其地处内蒙古高原和大兴安岭山区向辽西平原的过渡地区，位于北方游牧区和中原定居农业区的交叉地带上。

城址所处地理环境优越，交通发达，是草原丝绸之路的重要节点。于辽代疆域而言，其处于核心腹地，有利于对辽代统治疆域进行全面有效控制。同时，这里也是耶律阿保机

---

[1]　张郁：《辽上京城址勘查琐议》，载《内蒙古文物考古文集》第二辑，中国大百科全书出版社1997年版，文中说："根据勘测，汉城北边的东西宽度，大于皇城南边的东西宽度约150米，皇、汉两城之间横隔的皇城南墙，与汉城东、西墙的北端，不仅无连接关系，而且汉城东西墙的间距比皇城宽，并向皇城的外围展开，呈环抱形势，隔河向北延伸……"；李作智：《论辽上京城的形制》，载《中国考古学会第五次年会论文集》，文物出版社1988年版，文中说："汉城之形状，东西长于南北，也因其东、西二墙之北段内折，而似一长方形被切去二角"。按李作智与张郁同在1962年勘查上京遗址，但二人说法有别。此外，目前所见上京各种平面图中，汉城东、西城墙走向也不相同。看来汉城与皇城的关系，以及汉城的平面形制迄今并未搞清楚。

[2]　张郁《辽上京城址勘查琐议》说，汉城周长又多出150米；李作智《论辽上京城的形制》说，汉城周长6129.73米，减去皇、汉两城共享的皇城南城墙长度1601.73米为4528米。这个数字，较《辽上京城址勘查报告》，汉城东、西和南墙长度之和4120米又多出408米。

[3]　关于汉城城门，由于文献记载较含混，故历来说法不一。张郁《辽上京城勘查琐议》一文力主辽上京有外郭，认为郭郭东面由北而南有迎春、雁儿二门，郭郭西面由北而南有金凤、西雁儿二门。认为郭郭南面与汉城南面是一整体。汉城南门即郭郭南门，故汉城南面有顺归、南福二门。但文献并未明确记载汉城南面有二门，因而汉城南门名称尚不能确定。

[4]　《辽史》卷三七《地理志一》"上京道"条关于诸县在汉城内位置情况之记载。

所属的迭剌部世代居住之地，有着深厚的民族文化传统。辽上京位于乌尔吉木伦河和沙力河的交汇处，水源充足。诸多因素决定了辽上京选址于此。

《辽史》称其"负山抱海，天险足以为固。地沃宜耕植，水草便畜牧"[1]。既保留了游牧民族以东为尊的习俗，又符合中原都城背山面水的传统理想。这是契丹贵族巩固统治地位的策略和一统中原的雄心，也是游牧民族崛起并建立固定政治权力中心的标志。辽上京城的建立也使汉族中原文明得以在草原地区大规模的传播。

（二）郛郭问题

《辽史》卷三七《地理志一》记载：上京城"城高二丈，不设敌楼，幅员二十七里。门，东曰迎春、曰雁儿，南曰顺阳（按《大典》作顺归）、曰南福，西曰金凤、曰西雁儿。其北谓之皇城，高三丈，有楼橹。门，东曰安东，南曰大顺，西曰乾德，北曰拱辰。中有大内……南城谓之汉城……"其后又记汉城有东门，南门和西门。据此有的研究者抓住"幅员二十七里"和迎春等六门，力主上京城在皇城和汉城之外还有郛郭[2]，由于该观点事关辽上京城的总体形制布局，故有必要对上述记载略作分析。

其一，"幅员二十七里"下记迎春等六门，"其北谓之皇城"，"南城谓之汉城"。从前引《辽史》来看，显然，迎春等六门系指汉城城门，"幅员二十七里"是指皇城和汉城的总体范围。皇城设楼橹，汉城不设敌楼，与现存遗址情况亦相合。

其二，前面"辽上京概说"已指出，神册三年（918年）"城皇都"即在"西楼"旧址，故天显元年（926年）"乃展郛郭，建宫室"中的"郛郭"应指在原皇城之外新建的汉城。

其三，《辽史》卷三七《地理志一》"上京"条记载："又于内城东南隅建天雄寺"；《辽史》卷二八《天祚帝本纪二》记载："金主亲攻上京，克外郛"；《金史》卷二《太祖纪》记载："上亲临城"，"克其外城"。上述记载与前述情况互证，可知"外郛""郛郭""外城"（后文辽中京，外城亦称郛郭）即为汉城，"内城"即为皇城。

其四，《辽史》卷三七《地理志一》引薛映《记》："入西门，门曰金德，内有临潢馆（位于汉城）。子城东门曰顺阳"，显然二门应指汉城东、西城门，汉城又称子城。以此结合前述所记东、南和西面迎春等六门，以及皇城遗址开四门，汉城遗址只东、南和西面开门来看，迎春等六门显然是指汉城城门而言，辽上京的汉城城门似一门多名。但是应当指出，由于《辽史》记载的汉城内容不集中，行文前后脱节，遂导致迎春等六门缺乏明确的对应关系。此外，所记"顺阳"有南门和东门之别，西门又有"金凤"和"金德"的差异。所以我们认为上述记载不仅行文有问题，而且城门的名称和方位也有误，这是导致"郛郭"说出现的重要原因之一。

其五，"幅员二十七里"是导致"郛郭"说另一个主要原因。据前所述，上京皇城东、

---

〔1〕《辽史》卷三十七《地理志》"上京道"条。

〔2〕内蒙古文物考古研究所：《辽上京城址勘查报告》，载《内蒙古文物考古文集》，中国大百科全书出版社1994年版；张郁：《辽上京城址勘查琐议》，载《内蒙古文物考古文集》第二辑，中国大百科全书出版社1997年版。

西和北面城墙长度之和为4796.9米，汉城东、西和南面城墙长度之和为4120米，是上京城的周长为8916.9米（略去皇城南墙即汉城北墙长度1601.73米），约合16.8唐里[1]。若皇城和汉城分别加上1601.73米，以二城各自周长之和为上京总周长则为12120.36米，约合22.8唐里[2]。两种情况之周长均远短于"幅员二十七里"。因此，我们认为，"幅员二十七里"应为"幅员十七里"之误[3]。

其六，根据考古调查，辽上京城遗址仅存在皇城和汉城，尚未发现除此之外还有郭郭的实证。有待未来进一步的考古工作。

总之，上述情况表明，以"幅员二十七里"和迎春等六门为据，认为辽上京城在皇城和汉城之外还有郭郭说是难以成立的。

（三）皇城的朝向问题

在朝向方面，辽上京是目前国内所发现唯一的东向都城。根据考古发掘所确认的城门体量规制、道路宽度、宫殿院落布局等，可确认辽上京皇城在营建之初的主轴线是东向布置的。辽上京皇城东门、宫城东门、宫城内的一号殿及其院落、二号院、三号殿，及贯穿其间的东西向道路遗址，展现了其东西向的中轴线布局。从形制结构上看，辽上京皇城东门为一门三道的过梁式城门，宫城东门为三门道的殿堂式城门，而皇城西门和宫城南门、西门均为单门道的过梁式城门。从建筑规模上看，各宫门中，宫城东门总面阔最大，约31.2米；宫城南门和西门面阔相仿，约20.6米；但宫城南门的门道宽度大于西门。宫城南门、西门在辽代曾增设墩台和门楼，城门建筑的形制结构有所变化，但是单门道的格局在辽代始终没有改变。宫城东门外大街的辽代宽度不窄于40米，而宫城南门外大街在辽代宽度约为20米，且贯穿宫城南门的南北向轴线上尚未发现对称分布的大型建筑遗址。可见东门规模大、等级高，是皇城、宫城的正门，是体现都城规制的礼仪之门。

（四）上京城形制布局的特点

辽上京城在形制布局方面有着自身的特点（图3-1-2）。主要有以下几点：

其一，"日"字形平面布局和体现的规划理念。辽上京城平面形制呈"日"字形，是其最重要的特点。现有的考古发现与《辽史》记载吻合[4]。辽上京城的北部皇城是契丹皇帝和贵族生活和办公之地；南部汉城是汉人、商人、使节等居住之地。这种形制布局直接反映出辽上京城市规划之时，就体现出"因俗而治"的理念，反映出"兼制中国，官分南北，以国制治契丹，以汉制待汉人"的统治思想。这是契丹统治者在汉族谋士的策划下，将燕山南北地区的契丹族等北方民族和汉族有机融合在一起而进行统治的物化表现形式。

其二，皇城和宫城构成"回"字形布局和体现的规划理念。《辽史》记载辽上京"其

---

[1]　陈梦家：《亩制与里制》，《考古》1966年第1期。按：辽承唐制，唐大里一里为531米。
[2]　按：有两城相连的城，其周长应为二城相连的外围城墙之和，所以辽上京城周长按皇城和汉城各自周长之和计算是不符合常规的，故不足取。
[3]　内蒙古文物考古研究所：《辽上京城址勘查报告》，载《内蒙古文物考古文集》，中国大百科全书出版社1994年版。
[4]　见《辽史·地理志一》"上京道"条。

北谓之皇城……中有大内。内南门曰承天，有楼阁；东门曰东华，西曰西华"。辽上京皇城内中部偏东，筑有近方形的宫城（即"大内"），构成"回"字形环套式城市布局。这与中原和关中地区汉族帝国首都内城和宫城的格局一致，显然是承继了汉式文化传统的直接体现。这种"回"字形格局，宫城成为皇城的核心，皇帝正衙—正殿成为核心中的核心。这种规划，体现的是以皇帝为核心的"择中立宫""皇权至上"儒家政治理念，是契丹皇帝模仿汉族皇帝营建帝都布局的缩影。

其三，东向中轴线布局，偏于宫城左侧（即南侧）。辽上京皇城东向中轴线，体现在皇城东门（过梁式城门）和宫城东门（殿堂式城门）都是一门三道的正门，具有礼仪作用。辽上京东向中轴线的宫殿址布局，不在宫城的中线上，而是偏于宫城左侧（即南侧）。这种情况与北魏洛阳城宫城太极殿等偏于宫城左侧的布局[1]相似。

其四，皇城和宫城城门不对称。辽上京皇城东门和西门、宫城东门和西门都不在一条直线上；而且除皇城东门大致位于东墙中间外，皇城西门、北门和宫城东门、南门、西门都不在城墙的中部，而是偏于一侧。辽上京皇城东门大街和西门大街虽大致平行，但不在一条直线上。这和唐、宋都城城门对称分布不同。这种皇城和宫城城门不对称的现象，也体现了辽上京城在形制布局上的特点。

其五，皇城内建有东向的大型佛教寺院。西山坡佛寺遗址位于皇城西南部自然高地，可以俯瞰全城。寺院主体由两组东向院落组成。南院以东向佛殿为中心，北院以三座东向的六角形佛塔为中心。寺院规模宏大，超过宫城一号院规模。在皇城内的重要高地位置营建东向的大规模佛教寺院，也是辽上京城规划的特色之一。

辽上京城从规划到形制布局，乃是以契丹为本位，又充分吸收了汉族都城和城市规划与形制布局的有关因素，使两者有机融合，从而达到汉、契合璧、协调统一的结果。

第二节 辽中京大定府城

辽中京城遗址（图3-2-1），在内蒙古自治区昭乌达盟宁城县大明镇（又称大名城）铁匠营乡的老哈河北岸。三面环山，南临河，中间沃野广阔；宜耕宜牧，"阻险足以自固"，乃形胜之地。《辽史》卷三九《地理志三》记载："圣宗尝过七金山（在老哈河北岸，今大明镇北15里九头山）土河（今老哈河）之滨，南望云气，有郛郭楼阁之状，因议建都。"其实，这是辽自"澶渊之盟"（1004年）以后，为便于与北宋交往，统治者有意将统治重心南移。而该地正处于上、东、燕三京之中，控扼通中原的咽喉，是南移的理想之所，故才有假托望云气以决定建都之举。此后"统和二十四年，五帐院进故奚王牙帐地。二十五年城之，实以汉户，号曰中京，府曰大定"[2]；统和二十七年（1009年）营

〔1〕 中国社会科学院考古研究所洛阳汉魏城队：《河南洛阳市汉魏故城太极殿遗址的发掘》，《考古》2016年第7期。
〔2〕 《辽史》卷三九《地理志三》。

建宫室,从此遂成为辽帝常住的陪都[1]。辽末金于天辅六年(1122年)陷中京,改称北京路大定府,元代改为大宁路。明初设大宁卫,朱元璋封其十七子朱权为宁王镇守大宁,永乐元年(1403年)撤卫所后中京城逐渐废弃。清雍正年间中京城始垦为农田,彻底荒废。20世纪初以后,曾有法国神父闵宣化等外国人到中京调查,1959—1960年内蒙古自治区文物工作队在辽中京城遗址进行勘察和重点发掘[2],1961年定为全国重点文物保护单位。辽中京城遗址由外城、内城和宫城组成,其概况如下。

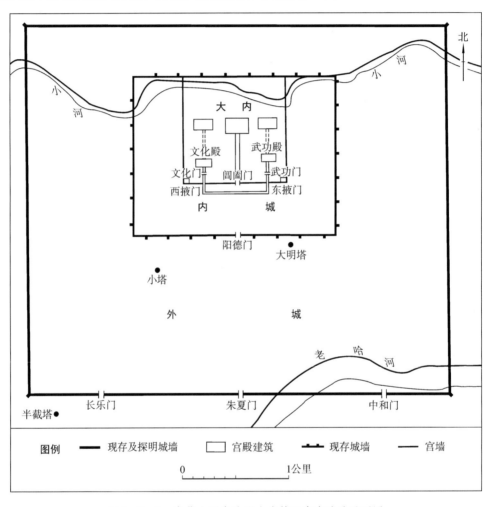

图3-2-1　内蒙古昭乌达盟大名镇辽中京遗址平面图
(据已刊布有关线图改绘)

---

〔1〕 据《辽史》卷一四《圣宗五》记载:"统和二十七年春正月,驻跸中京,营建宫室。"《辽史》卷一五《圣宗六》:开泰元年"十二月丙寅,奉迁南京诸帝石像于中京观德殿"。《辽史》卷一六《圣宗七》:开泰七年,"冬十月,名中京新建二殿曰延庆、曰永安"。开泰九年,十二月戊子,"诏中京建太祖庙"。可见中京经十余年建设,才最后告竣。

〔2〕 本文主要依据辽中京发掘委员会《辽中京城址发掘的重要收获》,《文物》1961年第9期,文中不再一一作注。

一 外城

（一）城墙、城门和街道

外城平面长方形，东西 4200 米，南北3500 米，周长 15400 米，城墙夯筑。城东南隅近代被老哈河冲毁，北城墙和东城墙仅部分露出地表，高 0.5—1 米；城西北角最高处城墙残高约 2 米。外城墙残高均低于内城墙，城四隅残存角楼墩台遗迹，城墙未见马面（图 3 - 2 - 2）。宋人路振《乘轺录》记载，中京"外城高丈余"，"幅员三十里"[1]。现在城墙残迹周长与前述 30 里基本相合。

外城仅在南城墙正中发现一门址，有瓮城遗迹[2]。此外，沈括记载东南有中和门，该段城墙已被老哈河冲毁，南城墙西段发现缺口，似文献所记长乐门遗址。外城南门至内城南门间干道长约 1400 余米，宽约 64 米。干道用黄土、灰土和砂粒铺成，路面略呈弧形。干道两侧有石板和木板覆盖的排水沟，直通南城门两侧城墙下的石涵洞，泄水入河。据《乘轺录》记载，上述发现的外城南门当为朱夏门遗址，其北干道则为朱夏门与阳德门间长"三里"之大道。此外，在干道两侧还对称配置与干道平行的街道各三条，东西横街各五条，街道最宽的 15 米，窄者 4 米。城外有护城河残迹，宽 10—15 米，深 1—2 米[3]。

外城文化层堆积分属辽金元明各代，最厚达 5 米，薄者约 1 米，地表所见多为元或明初遗物。外城西南隅山坡上大部分在耕土下即为辽代文化层，仅少部分覆盖明代文化层[4]。

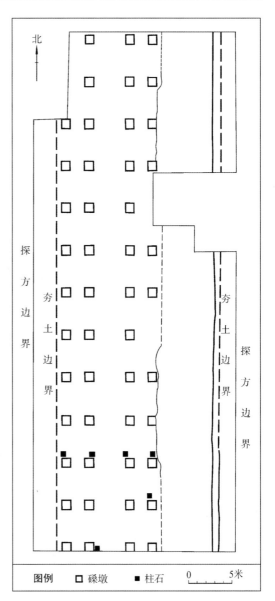

图 3 - 2 - 2　内蒙古昭乌达盟辽中京
遗址外城廊舍遗迹平面图
（引自《辽中京城址发掘的重要收获》，《文物》1961 年
第 9 期，略变化）

---

〔1〕　路振：《乘轺录》疏证稿，《五代宋金元人边疆行记十三种疏证稿》，中华书局 2004 年版。

〔2〕　项春松：《辽代历史与考古》，内蒙古人民出版社 1996 年版，第 65 页。

〔3〕　项春松：《辽代历史与考古》，内蒙古人民出版社 1996 年版，第 65 页。

〔4〕　参见《辽中京城址发掘的重要收获》，《文物》1961 年第 9 期。

（二）馆驿和廊舍遗迹

在内城阳德门址西南约 300 米处，发现大型辽代房屋基址，房址内残存夯土磉墩，四个一排，该建筑遗迹或是《乘轺录》所记的大同驿遗址。此外，在阳德门址之南约 500 米（在前述遗址东南），南门内大街西侧约 20 米处发现大型辽代建筑遗迹（图 3 - 2 - 2）。遗迹之上叠压厚约 2.5 米的晚期文化层，遗迹大都被金代建筑破坏。遗迹地面夯筑一层，地面上有南北向磉墩 13 排，每排东西横置 4 个磉墩。当中二磉墩间距 3.8 米，东西两侧相邻磉墩相距 1.6 米。磉墩下面挖槽，夯筑，剖面呈楔形，上端长宽各约 1 米，下端长宽各约 0.7 米。夯筑五层，每层厚约 10 厘米，中间垫一层粗砂，磉墩顶部略高于原来的地面。在南部磉墩近旁还发现六个方形石柱础，柱础长宽各约 40 厘米，厚约 25 厘米。遗迹内有少许辽代灰坑，出土有长行打印纹灰陶片，定窑和仿定窑的白瓷片。该遗迹仅是原建筑基址的局部（其余部分在发掘区之外），已发掘部分呈南北向长方形。《乘轺录》记载："自朱夏门入，街道阔约百余步，东西有廊舍约三百间，居民列廛肆庑下。"上述遗迹应是东西廊舍的西廊舍的局部遗址。

（三）寺塔遗迹

王曾《上契丹事》说，"（中京外）城内西南隅冈上有寺"[1]。现在外城西南隅的山岗自东麓到岗顶散布着佛寺遗址群，其中位于山坡南面顶部的一座佛殿被发掘（图 3 - 2 - 3）。该佛殿建于将附近山坡垫平夯筑的方形台基之上，台基下层四周铺砌碎石，其上夯筑，夯层厚 19—21 厘米，台基高约 2.8 米[2]。台基上的佛殿面阔进深各五间，当心间长宽各 7 米，次间长宽各 5.2 米，稍间长宽各 3 米。殿址仅西北和东南部分有墙基，残高约 40 厘米。西北角稍间墙体宽 73 厘米，用长条纹砖，以磨砖白灰浆勾缝方法筑成。各次间残存土坯墙，墙外抹草泥刷白灰，墙宽 78 厘米。当心间四面正中开门，门限槽宽 10 厘米、深 8 厘米、长 520 厘米。正殿北门西侧墙身残存一层砖砌墙边，砌法同西北角稍间墙体。殿内正中地面低于稍间 5 厘米，稍间似为回廊。殿内柱础横竖各六个（东部缺一柱础），柱础花岗岩，正方形，边长 80 厘米，厚约 25—35 厘米。殿内次间两柱础之间另加一较小的柱础，柱础石灰石，呈不规整的长方形，长约 60—70 厘米，宽约 40—45 厘米。据西北角墙内残存柱洞可知，立柱直径为 50 厘米；靠室内方面附有抱柱枋，厚 10 厘米、宽 15 厘米。殿内柱间无墙基和铺地砖，余者均砖铺地面。铺地砖以素面大型方砖为主，尺寸以 37×37×6 厘米、35×36×5 厘米两种方砖居多，少数为 34×14×5 厘米的长条形沟纹砖。殿内东部铺地砖使用白灰，西部未用白灰（似晚期补修）。殿外四周用方砖铺砌散水，散水宽 2.33 米，向外倾斜约 10°。在西、南和北三面于上述散水外还有第二道散水，散水宽约 2.8 米，又向外倾斜约 10°。殿总面积为 35×35 米，殿内总面积为 22.5×

---

[1]　王曾：《上契丹事》疏证稿，《五代宋金元人边疆行记十三种疏证稿》，中华书局 2004 年版。

[2]　《辽中京城址发掘的重要收获》，《文物》1961 年第 9 期，说：台基长宽各约 30 米。《中国大百科全书·考古卷》，大百科全书出版社 1986 年版，"辽中京遗址"条说：台基方形，边长约 40 米。

22.5 米。殿内正中有夯筑台座，台座四周有包砖痕迹（痕迹表明用32×14×5 厘米的条形素面砖）。台座长 7.2 米、宽 5.2 米，高 0.38 米。台座东、南和北三面均在当心间柱础界限之内，唯西部突出于当心间之外，据此可知殿东向开殿门。台座正中残存固定佛塑像的残木柱，柱径 60 厘米，柱穴四周有白灰浆残迹（立木柱时灌白灰浆）。在台座西部中间发现孔穴，穴旁有烧裂的石灰岩残片（安置石造像？）。该殿毁于火，焚烧痕迹明显。

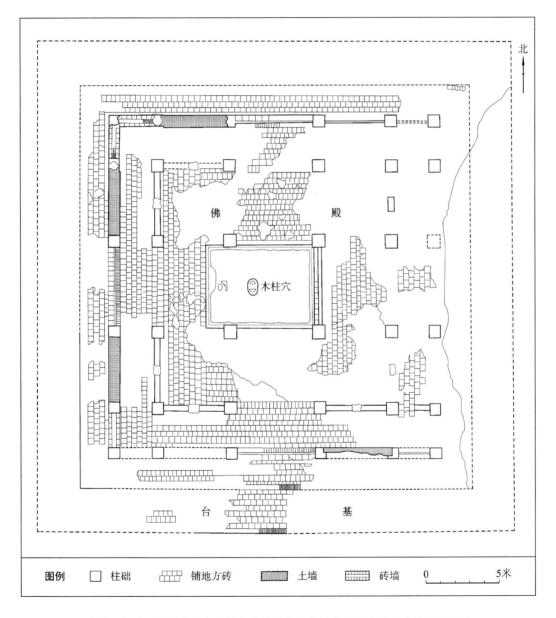

图 3 - 2 - 3　内蒙古昭乌达盟大名镇辽中京遗址外城西南隅佛寺遗址平面图
（引自《辽中京城址发掘的重要收获》,《文物》1961 年第 9 期，略变化）

殿内遗物以瓦、脊兽居多，并有少量琉璃饰件残片。瓦厚重，瓦泥淘洗，烧造火候高，青灰色，光面，布纹里。板瓦头宽 30 厘米，尾宽 26 厘米，长 41 厘米，厚 3.5 厘米；少数较小者，板瓦宽 22.5 厘米，厚 2.5 厘米。筒瓦为 35×20×3 厘米，子口唇长 5 厘米，分三段逐渐收缩，母口处抹角内收。瓦当兽面纹，直径 20 厘米；较小的瓦当直径 12—14 厘米，有兽面和龙纹等。滴水有蕉叶加锯齿纹，以及莲花和单龙戏珠纹等（似晚期补修之物）。脊兽有龙、鸱吻、走兽和飞鸟等。造像似泥塑为主，石刻次之，较完整者有佛、菩萨和力士等。此外，还有少量定窑白瓷片及粗白瓷片，灰烬下层出"至道元宝""天禧通宝""绍圣元宝"各一枚，地表采集"大定通宝"一枚。据此断定，该殿建于辽代，金、元两代似仍继续使用。

除上所述，外城内还残存二塔。一在阳德门东南，今俗称"大明塔"（图 3-2-1），传为辽圣宗时在感圣寺所建的舍利塔（塔东南有佛寺遗址）。该塔高 81.39 米，八角十三层密檐式。塔身第一层每面砖雕佛、菩萨、力士和飞天等像，转角柱上砌双层塔形，上层刻佛塔名，下层刻菩萨名。1983 年修缮时发现寿昌年间（1095—1101 年）的题记。该塔造型浑厚、壮观，雕刻刚健有力，是辽代佛塔中的杰作之一。另一座塔较小，在"大明塔"西南（图 3-2-1），朱夏门内大街西侧。塔高 24 米，八角十三层密檐式，建造的时代可能在辽末或金初（有人认为是镇国寺内之塔）。

二 内城和宫城

（一）内城

内城位于外城中间偏北，东、西城墙距外城墙各约 1000 米，南城墙距外城南墙约 1400 米，北城墙距外城北墙约 500 米，平面呈长方形，东西 2000 米，南北 1500 米[1]。南、东和北面城墙残高一般约 5 米，基宽约 13 米。南城墙中间发现阳德门遗址，门址西 530 米一段城墙经明代改建，原有马面的位置仅略微凸出。该段之西及门址之东的南城墙经后代改建略南移，辽代城墙马面已夹筑在现存城墙之中（因当地群众取土，在剖面上可显露出来）。东和北面城墙经后代改建和增筑，辽代马面无存。西城墙保存较差，仅有一段残高约 2—3 米，残存辽代马面，马面间距约 95 米[2]。内城发现街道两条，即自阳德门向北 500 米抵大内南门的大街，大街宽约 40 米，其两侧未探出遗迹。第二条街道在大内南墙之南约 80 米处，是一条东西向宽约 15 米的大街，其与阳德门内大街相交后，向东、西各延伸 180 米[3]，又北入大内东、西掖门。与《乘轺录》记载自朱夏门"三里第二重城门。城南门曰阳德门，凡三间，有楼阁。城高三丈，有脾睨，幅员约七里。自阳德

---

[1] 外城东西、南北长度，与内城四面城墙和外城四面城墙的间距相比，原报告文中所说内城东西、南北长度显然有较大误差。

[2] 《辽代历史与考古》，内蒙古人民出版社 1996 年版，第 65 页说：内城西墙马面现存高 3—5 米，各马面间距近百米。

[3] 唐大里 531 米，每步合 1.475 米，300 步则为 442.5 米。此数据较正文介绍自阳德门大街东、西各 180 米后北入东西掖门，差距过大，似误。图 3-2-1，按图的比例推算，也远超过 360 米（180 米×2）。此外，按"东西角楼相去约二里"计算，宫城边长亦当超过千米。以图 3-2-1 发现的东西掖门间距与宫城边长比例来看，亦表明 180 米当误。

门入，一里而至内门……街道东西并无居民，但有矮墙以障空地耳"基本相合，唯城墙高度、城门开间、有无楼阁和睥睨的具体状况不明，"幅员七里"之说值得商榷[1]。辽中京内城被近代洪水冲刷淤积，文化层在今地表 1.5—2.3 米以下，遗存以辽代为主，次为金、元两代文化遗存。

（二）宫城

宫城，又称皇城和大内（图 3-2-1）[2]，位于内城中北部，宫城北墙即内城北城墙中间部分，平面呈边长约 1000 米的方形。宫城北部有一现代小河横穿，城内淤积泥沙厚达 1.5—2.3 米。宫城南墙大都被近代泥沙淤积，有的地段城墙在今地表下深达 2 米。《乘轺录》记载："自阳德门入，一里而至内门，内（门曰）阊阖门，凡三门"，"阊阖门楼有五凤，状如京师，大约制度卑陋。东西掖门去阊阖门各三百余步。东西角楼相去约二里"。又说："大中祥符元年（1008 年）十二月二十六日，（宋使路振）持国信自东掖门入，至第三门，名曰武功门，见虏主（圣宗耶律隆绪）于武功殿……。二十七日，自西掖门入，至第三门，名曰文化门，见国母（承天皇后）于文化殿。"以此结合考古勘查，大致推定，大内南墙中间探出门址遗迹，南与阳德门相对，两者间有大道连接，该门址应为阊阖门遗迹。自阊阖门向东西各 180 米分别探出宽约 15 米的豁口，当为东西掖门遗迹。大内南墙两端（即城角处）各有高约 5 米的建筑遗迹，则为角楼遗迹。自东、西掖门向北各探出一条长约 400 米，宽约 8 米的大道[3]。其中从东、西掖门向北约 80 米处，各探出门址，门址北又各有大型建筑遗址。上述门址和大型建筑遗址，应分别是东掖门内武功门和武功殿遗迹、西掖门内文化门和文化殿遗迹。文化殿和武功殿遗迹间有道路相连，路宽约 8 米。1960 年曾在文化殿部位进行试掘，在今地表下约 2.5 米发现条纹砖垒砌的墙基和一排石柱础，似属文化殿的东北隅部分。又自阊阖门向北探出一条宽约 8 米（一说 12 米）的大道，直至宫城中间一大型宫殿遗址前，似为宫城内的主要殿址。该殿址以北诸殿配置情况不明[4]。据上述情况可知，宫城内的布局，乃是以宫城中轴线及其北部大殿为准，主要殿址左右对称，分中、左和右三路配置。

除上所述，辽代之后金元明各代又对中京城进行了改建，情况发生较大的变化[5]。

---

[1] 内城周长约 7000 余米，按唐大里 531 米换算，约合 13 唐里以上，远多于《乘轺录》所记"幅员七里"。若"幅员七里"指大内而言（周长约 4000 米），则较相近。

[2] 《辽代历史与考古》，内蒙古人民出版社 1996 年版，第 68 页，引王悦墓志有"中京大内"字样。

[3] 《中国大百科全书·考古卷》，大百科全书出版社 1986 年版，"辽中京遗址"条说：东西掖门内道宽 8 米。

[4] 《中国大百科全书·考古卷》"辽中京遗址"条，大百科全书出版社 1986 年版。又《辽代历史与考古》，第 69 页说，皇城内还有观德殿、延庆殿、永安殿、通天观、万寿殿、宣政殿、太平殿、昭庆殿等。《辽史》卷三九《地理志三》记载："皇城中有祖庙，景宗，承天皇后御容殿。"此外，有学者认为东西掖门内各有两重宫殿遗址，后排宫殿遗址位于中间大殿两侧（图 3-2-1）。

[5] 《辽中京城址发掘的重要收获》之六"关于金元明各代城市布局"，对金元明各代改建辽中京的情况略作介绍。但是，应当指出，文中对改建后的城市布局及其与原中京城性质的关系并未完全交代清楚。此外，文中说考古发掘表明，"其外城南墙已经过四次改建，现存之城墙，已较辽代南移了许多"。既然如此，何以断定辽中京城遗址现存之外城南城墙为辽中京外城南城墙？何以断定辽中京遗址现存南城墙中间的门址为辽朱夏门遗址？以上情况，均是今后辽中京考古工作应予以解决的问题。

三　中京城中轴线的构成、外城的主要配置与内城的性质

（一）中轴线的构成

据前述考古资料，外城朱夏门与内城阳德门间干道长 1400 余米，宽约 64 米（与《乘轺录》所记街道长 3 里，宽约百余步基本相合），干道两旁有石板和木板覆盖的排水沟，在两侧排水沟旁发现与干道平行的石墙基。由此可见，该干道处于被水沟和石墙基的封闭状态。据《乘轺录》记载内城阳德门与阊阖门间干道与外城干道相连接，仍采用封闭式。

据前述考古资料，自阊阖门向北探出一条宽约 8 米的大道，直至宫城中间一大型宫殿遗址前。此为宫城中轴线，并与内、外城中轴线干道相连接。上述情况表明，中京城中轴线即三城东西中分线，位于三城中间，由外城、内城、宫城三段中轴线连接组成。其外城、内城中轴线干道为封闭式，属御道性质，此现象为中国古代都城中所仅见。

（二）外城的主要配置

据前述考古资料，大同驿遗址位于阳德门外西南约 300 米，西廊舍遗址在大同驿遗址东南，位于阳德门外之南约 500 米，距干道西侧约 20 米处。《辽史》卷三九《地理志三》记载：中京城置"大同驿以待宋使，朝天馆待新罗使，来宾馆待夏使"。《乘轺录》记载：街道（干道）"东西有廊舍约三百间，居民列廛肆庑下"。《上契丹事》记载朱夏"门内内夹道步廊"后，则记"又有市楼四：天方、天衢、通阛、望阙。次至大同馆。其北正门曰阳德……"[1] 以前述廊舍在干道东西分置判断，四市楼当在馆驿之南廊舍之北，很可能在东西廊舍之北各置二市楼[2]。据大同驿位置来看，三座馆驿或相对集中配置，或分置于阳德门外干道一侧或两侧。

《乘轺录》在廊舍之后记载：朱夏门内大"街东西各三坊，坊门相对，庑以卒守坊门，持梃击民，不令出现。徐视坊门，坊中间阒地，民之观者无多。又于坊聚车橐驼，盖欲夸汉使以浩穰"。可见上述干道东西各三坊并无居民。以前述大同驿和西廊舍遗址位置判断，两者显然在干道中部以北，故在廊舍之后所记"街东西各三坊"当在干道中部以南，廊舍之南。"街东西各三坊"很可能与廊舍密切相关，而"盖欲夸汉使以浩穰"则表明其又有较特殊的政治含义。

《中国大百科全书·考古卷》"辽中京遗址"条记述："大道两侧有对称布置的街道，南北向的经路各 3 条，东西向的纬路各 5 条，路面宽 4—15 米。由这些街道组成的坊区，是汉族居住的地方。"[3] 上述记载未指出街道在干道两侧涉及的范围。也未说明街道宽 15

---

[1]　王曾：《上契丹事》疏证稿，《五代宋金元人边疆行记十三种疏证稿》，中华书局 2004 年版。

[2]　《中国大百科全书·考古卷》，大百科全书出版社 1986 年版，"辽中京遗址"条说："在距朱夏门约 500 米的大道中心，残存一马鞍形土包，可能是市楼的遗址。"按，本书已论证朱夏门内干道为封闭式御道，故该土包不可能是市楼遗址。

[3]　《辽中京城址发掘的重要收获》所记相同。

米和 4 米之间的组合关系，因此难以探讨外城居民诸坊的形制和配置情况。但是，据此可知在干道东西两侧的廊舍等配置之东西的外城内，应主要配置以纵横街道区划出来的居民诸坊[1]。

在阳德门外，内城南墙靠东部之南近处有大明塔，内城南墙西部之南略远处有小塔，在外城墙近西端处之外有半截塔（图 3 – 2 – 1），在外城西南隅山岗发掘了佛寺遗址。上述情况表明，外城已知的佛寺大体配置在中轴线两侧和外城西南隅。

（三）内城的性质

《辽史》卷三九《地理志三》所记辽中京城仅提到"郛郭"（外城）、"宫掖"（宫城）和皇城（指宫城）。《乘轺录》也只记辽中京城有"外城"、"第二重城"（内城）和"内城"（宫城）。前已指出，内城阳德门至宫城阊阖门间"有矮墙以障空地"的封闭式干道（御道），在宫城南墙之南发现宽约 15 米的东西横街，其两端有路通东西掖门，具有北宋开封宫城宣德门前宫廷广场性质。内城"街道（指干道）东西并无居民"，考古调查证明，内城较空旷[2]。内城南、东、西三面包围宫城（图 3 – 2 – 1），其情况与唐洛阳皇城宫城关系相似[3]。鉴于上述情况，我们认为内城的性质当为皇城。

四 中京城形制的渊源

《辽史》卷三九《地理志三》记载，辽圣宗建中京城时，"择良工于燕、蓟，董役二岁，郛郭、宫掖、楼阁、府库、市肆、廊庑拟神都之制"。这段史料表明，辽建中京城以汉族工匠为主，故中京城的形制必然受到汉族城市的影响，而"拟神都之制"则是指中京城的形制比照同时的北宋东京开封府城。因此，辽中京城的形制与北宋东京开封府城有许多相似之处。

首先，从总体形制布局上看，辽中京外城、内城和皇城（宫城、大内）三重城及其位置关系，外城朱夏门、内城阳德门、宫城阊阖门三门位置直对，三门之间的大道是中京城的中轴线，凡此与北宋开封城的三重城、外城南熏门、内城朱雀门、宫城宣德门三门的位置关系，以及三门之间的南面御街（中轴线）的配置如出一辙。辽中京阊阖门至阳德门的大街有"矮墙障空地"，相当于北宋开封府宫城宣德门前御街两侧排列的黑漆和红漆杈子地段，同样具有宫廷广场性质。而阳德门和朱夏门间大街两侧有石板和木板覆盖的排水沟，也与东京开封城御街两侧"砖石甃砌御沟水两道"的情况相似。又辽中京宫城前通东、西掖门的东西横街，其态势则与北宋东京宫城宣德门前东西横街相近。其次，从宫城来看，辽中京宫城正门"阊阖门楼有五凤，状如京师"（开封宫城宣德门楼上饰五凤），阊阖门两侧设东、西掖门，宫城东西设角楼，这些均是仿照东京开封宫城的模式。此外，

---

[1] 《辽代历史与考古》，第 67 页，引《元一统志》载有七坊，即丰实坊（东北隅）、宠臣坊、致用坊（东南隅）、世恩坊、劝善坊（西北隅）、货迁坊、利通坊（西南隅）；又引李知顺墓志"甍于中京，贵德坊私第"，耿延毅墓志"求医于中京贵德坊"，内蒙古人民出版社 1996 年版，可见外城已知者至少有八坊。

[2] 《中国大百科全书·考古卷》"辽中京遗址"条，大百科全书出版社 1986 年版。

[3] 《中国大百科全书·考古卷》"隋唐洛阳城遗址"条说："皇城围绕在宫城东、南、西 3 面。"

还有一些现象也很值得注意。比如，辽中京设"大同驿以待宋使，朝天馆待新罗使，来宾馆待夏使"[1]，上述诸馆驿即仿北宋开封城设都亭驿、都亭西驿、同文馆、礼宾院分别接待辽使、西夏使、高丽使以及回纥、于阗使者等。辽中京外城朱夏门外有南园[2]，外城朱夏门外西南有寺庙遗址（今仅存半截塔，残高约6米）。这种配置态势与北宋东京城南熏门外有玉津园（又称南御园），西南有护国禅院基本相同。辽中京城朱夏门内大街"东西有廊舍约三百间，居民列廛肆庑下"，所谓廊舍即是《辽史》卷三九《地理志三》引王曾《上契丹事》中说的"夹道步廊"。这种"廊舍"或"步廊"，从名称到建筑形式，均仿北宋城市的"市廊"，表明中京与北宋开封一样，商肆街道已取代了集中设市。此外，辽中京城有"市楼"四所，又是源于北宋中原城市设市楼（看楼）管理市之贸易的制度[3]。

除上所述，契丹建辽国之前与唐朝关系密切，因而从辽中京城与北宋开封府城的关系中，也可看到唐代两京的一些影响。比如，辽中京宫城北墙与内城北城墙中部合一，此情况与唐长安和洛阳的宫城以长安城和洛阳城北城墙为宫城北墙相似[4]。又如辽中京宫城的主要宫殿，在中轴线两侧呈双轴线对称配置，这个情况既与北宋开封宫城主要宫殿配置相似，又可见到唐洛阳城宫城主要殿址配置情况的某些影响[5]。再如，辽中京城"皇城中有祖庙，景宗、承天皇后御容殿（原庙性质）"[6]，设"祖庙"和"原庙"是中原地区的传统，祖庙置于皇城内显然受唐代两京的影响（宋开封太庙在宫城皇城之南），宋代则盛行置原庙[7]。此外，辽中京城朱夏门内大街两侧大体对称配置诸坊，显然是受到当时已为辽所有的原唐幽州城坊制的影响[8]。

总之，辽中京城是在北宋东京开封府城（包括唐代两京）形制布局的强烈影响下兴建起来的，可以说辽中京城乃是契丹族已深度汉化的产物，故其形制布局较辽上京有明显变化。关于辽中京城的契丹特点，仅知宫城"文化、武功二殿，后有宫殿，但以穹庐毳幕为之"[9]，外城主要"实以汉户"[10]仍保留辽上京城的特色。由于辽中京城文献资料较少，考古工作尚未正式全面启动，所以辽中京城的具体布局和配置情况迄今仍不甚明晰。

---

〔1〕《辽史》卷三九《地理志三》"中京"条。

〔2〕参见路振《乘轺录》引王曾《上契丹事》。

〔3〕杨宽：《中国古代都城制度史研究》，上海古籍出版社1993年版，第438—439页。

〔4〕《中国大百科全书·考古卷》，大百科全书出版社1986年版，第497页唐长安城平面复原图；第506页隋、唐洛阳城平面图。

〔5〕杨焕新：《试谈唐东都洛阳宫的几座主要殿址》，载《汉唐与边疆考古研究》第一辑，科学出版社1994年版。

〔6〕《辽史》卷三九《地理志三》"中京"条。

〔7〕杨宽：《中国古代都城制度史研究》，上海古籍出版社1993年版，第294—295页。

〔8〕徐苹芳：《古代北京的城市规划》之一"唐幽州城和辽南京城"，载《环境变迁研究》第一辑，海洋出版社1984年版。

〔9〕路振：《乘轺录》疏证稿，《五代宋金元人边疆行记十三种疏证稿》，中华书局2004年版。

〔10〕《辽史》卷三九《地理志三》。

第三节　辽南京析津府城

辽南京即唐幽州城，位于今北京市西城区的西南部[1]。五代时期后唐河东节度使石敬瑭为求契丹助其篡夺政权，于公元936年将燕云十六州割让给契丹。公元938年（会同元年）石敬瑭遣使至契丹送燕云十六州图籍，辽太宗随后决定升幽州为南京（又名燕京），称幽都府，公元1012年（开泰元年）改称析津府。

辽南京自公元938年设立到公元1122年（金天辅六年）金攻陷之时，共存在185年。在此期间辽南京城的发展，是幽州城从北方军事重镇向政治中心和文化中心转化的里程碑，从而为以后金在该城建都，元、明、清在其附近建都奠定了基础。

一　外城平面形制与外城城墙和城门[2]

（一）外城的平面形制

《辽史》卷四〇《地理志四》记载：南京析津府"城方三十六里，崇三丈，衡广一丈五尺。敌楼、战橹具。八门：东曰安东、迎春，南曰开阳、丹凤，西曰显西、清晋，北曰通天、拱宸"。路振《乘轺录》记载"幽州幅员二十五里"，《许亢宗行程录》说燕山府"城周围二十七里"[3]。辽南京城因唐幽州城，城的规模无变化。唐《元和郡县志》和《太平寰宇记》均说幽州城"东西七里，南北九里"。辽南京城遗迹现已基本无存，根据考古调查和墓志等资料可大致比定外城墙和城门的位置。其外城墙比定结果表明，上述周长三十六里说不足信，"东西七里，南北九里"说亦误，以25里说较近似[4]，其平面形状略呈长方形（图3-3-1）。

（二）北城墙和城门

清末民初，在白云观北尚存二段残垣，并掘出方石，似城墙基石（按此二段残垣，论者多认为是辽金北垣残迹，但亦有不同看法）。残垣"北枕小河"，小河向西延伸至会城门村，向东与受水胡同（又名臭水沟）相直。而受水胡同南的头发胡同，向西则与白云观北残垣的延长线恰在东西一线。从墓志来看，复兴门外复兴大路南铁旗杆庙附近，所出唐元和元年幽州大都督府录事参军蓟州刺史陆岘妻王氏墓志云："葬于蓟北归仁乡刘村之原"，

[1]　幽州为古九州及汉十三刺史部之一，汉武帝设幽州刺史部，东汉时幽州治所在蓟城，此后至隋唐，蓟城位置无变化。因蓟城长期为幽州治所，唐又在该城置幽州大都督总管府，故将其称为唐幽州城。

[2]　本节主要依据北京市文物研究所编《北京考古四十年》，北京燕山出版社1990年版，第三编第三章第二节"唐幽州城"，第四编第一章第一节"辽南京城遗址"；于杰、于光度《金中都》，北京出版社1989年版，第二章第一节"中都城前身——辽南京城"。以上诸文，均认为唐幽州城和辽南京城的四至相同。本书与上述诸文有关诸点，恕不一一作注。辽南京城的形制见图3-3-1。

[3]　《许亢宗行程录》疏证稿，《五代宋金元人边疆行记十三种疏证稿》，中华书局2004年版。

[4]　参见后文金中都城周长论证中的辽南京城周长部分。

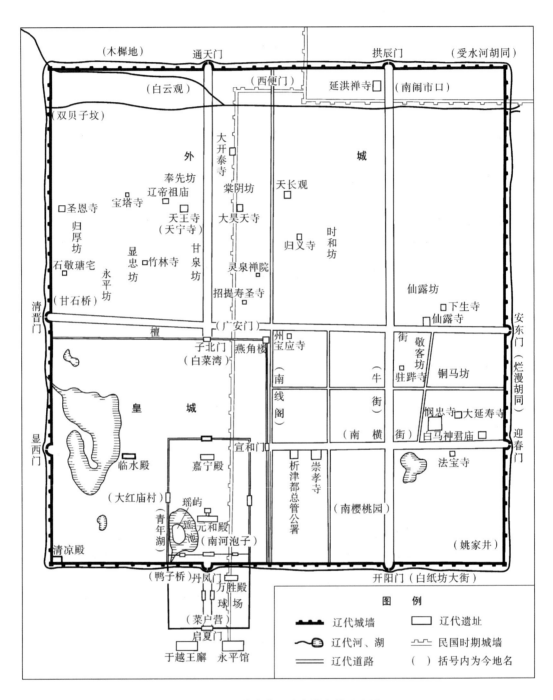

图 3 - 3 - 1　北京市辽南京城复原示意图

（引自于杰、于光度《金中都》，北京出版社 1989 年版，简化）

可证幽州城北城墙在今复兴门大街之南。1929 年在今西城二龙路教育部院内出土唐咸亨元年唐仵钦墓志云："咸亨元年，迁枢于城东北五里之平原"，由此向西南约五里在今头发胡同一线，即应为唐幽州城北城墙的位置。又 1974 年春，在白云观以西"蓟丘"发掘一段夯土城墙的西北角，时代在东汉以后，为西晋蓟城北城墙残迹，其延长线亦与头发胡同直对。由于唐幽州城因晋蓟城[1]，故同样可证辽南京北城墙在头发胡同东西一线。上述情况表明，辽南京北城墙当在白云观北，东至头发胡同一线，西至会城门村。白云观北之小河，东流穿东西太平胡同，达头发胡同北的受水胡同，受水胡同东西一线似护城河之所在。北城墙开二座城门，东边的拱宸门约在今闹市口附近，西边的通天门约在今西便门外，白云观东北附近[2]。

（三）西城墙和城门

1959 年在海淀区紫竹院三虎桥出土唐文德元年范阳卢公夫人赵氏墓志云："葬于府城西北十里樊村之原"（府城指幽州城）；1966 年西八里庄京密引水工程出土唐天宝十三年云麾将军左威卫将军兼青山州刺史李定国墓志云："葬于郡西北十五里之平原"（郡指幽州城，时为范阳郡治）。1974 年在马连道中街商场北约 500 米甘石桥北面，北京钢厂院内出土唐大中九年涿州范阳县主簿兰陵肖公夫人侯氏墓志云："殡于幽州幽都县西三里仵原"，从该墓向西三唐里则在今甘石桥、小马厂、双贝子坟偏西一线稍东。特别重要的是 1965 年在八宝山以西 500 米处发现的西晋永嘉元年（307 年）华芳墓，华芳为幽州刺史王浚的夫人，其墓志云："假葬于燕国蓟城西二十里。"墓中出一晋尺，长 24.2 厘米弱，以该尺折算一晋里合 435.6 米。从华芳墓地向东二十晋里（8712 米）则至今会城门村稍东[3]。上述资料互证，似可认为辽南京西城墙在今会城门村和甘石桥稍东[4]，从甘石桥南流的莲花河当为西护城河。西城墙开二门，北边清晋门约在今广安门外大街甘石桥南偏东处，南边显西门约与东面迎春门相对。

（四）南城墙和城门

《三朝北盟会编》记载："燕王耶律淳卧病城南瑶池殿"，瑶池即明清以来广安门外的南河泡子（今青年湖）。又明清外城西南角外西北方的菜户营有广恩寺，宋代称清胜寺，在"燕山城外"（燕山城即后来的辽南京城）。上述情况表明，南城墙当在南河泡子之南，菜户营以北。从墓志来看，1965 年在右安门外四倾三村出土唐元和六年唐王致墓志云："起坟于蓟县姚村南一里之原"，其妻崔氏墓志云：元和九年"窆于府城南十里姚村之南

〔1〕《水经注》卷一三说，蓟城因蓟丘而得名。蓟丘发掘的城墙参见北京市文物研究所编《北京考古四十年》第三编第二章第一节，北京燕山出版社 1990 年版；侯仁之主编《北京城市历史地理》第三章第四节，北京燕山出版社 2000 年版。

〔2〕徐苹芳：《古代北京的城市规划》，载《环境变迁研究》第一辑，海洋出版社 1984 年版，文中说："北城墙在今西单以南的头发胡同一线，往西经南闹市口到会城门。头发胡同北面有一条受水河（原称臭水沟）胡同，是辽南京城的北护城河。南闹市口是辽南京城北墙上的一个城门，即拱宸门。"于杰、于光度：《金中都》，北京出版社 1989 年版，第 10、11、24 页所记通天门的位置。

〔3〕北京市文物研究所编：《北京考古四十年》，北京燕山出版社 1990 年版，第 118—122 页。

〔4〕徐苹芳：《古代北京的城市规划》，《环境变迁研究》第一辑，海洋出版社 1984 年版。

原"；1982 年在右安门外东三条发现的唐文德元年唐刘钤墓志云："归葬于蓟县姚村北原之先茔"；1981 年在丰台大葆台西汉墓博物馆南 500 米许发现的唐永泰二年《唐阳氏墓志》云："宅兆于蓟城西南廿里"；1985 年在丰台槐房乡六必居酱园工地发现唐会昌六年唐王时邕墓志载："卜葬于蓟县南一十三里广宁乡鲁村东一里之原"。又 1952 年在陶然亭西姚家井第一监狱前发现大唐故信州刺史河东蒋府君墓志之铭，墓当在幽州城外。上述资料互证，可知南城墙似在姚家井第一监狱北的白纸坊东西街一线。白纸坊东西街西至青年湖之南，东接陶然亭，道路较直[1]，这个态势当与南城墙有一定关系。而莲花河构成的西护城河，在大红庙村南有一支东流，经南河泡子之南，似为南护城河故道。南城墙开二座城门，东边开阳门约在白纸坊大街与牛街、右安门内大街相交处附近，西边的丹凤门之方位尚难确指[2]。

（五）东城墙和城门

清代赵吉士《寄园寄所寄》记载："京师二月淘沟，秽气触人，南城烂缦胡同尤甚。（沟）深广各二丈，开时不通车马。此地在悯忠寺东，唐碑称寺在燕城东南隅，疑为幽州节度之故濠也。"唐景福元年沙门南叙撰《重藏舍利记》说："大燕城内东南隅有悯忠寺，门临康衢"，悯忠寺即今法源寺，其东还有辽代的延寿寺，故悯忠寺与烂缦胡同间尚有一段距离。又石驸马大街东旧有大明濠，直抵城下闸口入护城河，南与烂缦胡同故濠相直。"文化大革命"期间在烂缦胡同东，菜市口偏西人防工事（地下 6 米处）中发现石桥，似护城河桥。此外，1951 年在东单御河桥团市委工地出土唐元和三年及八年任紫宸夫妇合葬墓，任氏墓志云："宅兆于幽州城东北原七里余"，其妻桑氏墓志云："葬于幽州城东北五里。"1956 年永定门外安乐林出土唐建中二年棣州司马姚子昂墓志云："葬于幽州城东南六里燕台乡之原。"上述二墓一在东北，一在东南，南北几乎相直，两者所记里数分别向西南和西北引伸的交叉点，恰在烂缦胡同一线左近。上述诸种情况表明，东城墙当在烂缦胡同西侧，烂缦胡同（或包括其东侧附近）则为护城河所在地[3]。

东城墙开二座城门，在南者称迎春门。辽末宋金夹攻燕京，宋兵夺迎春门而入，在悯忠寺前战斗[4]。悯忠寺前即寺前"康衢"，又称迎春门内大街，今为南横街，西与枣林街相接。因此，迎春门当在南横街与烂缦胡同相交处的内侧。东城墙北门称安东门，位置约在广安门内大街东边，烂缦胡同北口偏西处。

二　皇城和宫城

辽南京的皇城和宫城未正式开展考古工作，文献记载简略含混，故其形制迄今仍不甚明了。《辽史》卷四十《地理志四》记载：南京城"大内在西南隅。皇城内有景宗、圣宗御容殿二，东曰宣和，南曰大内。内门曰宣教，改元和；外三门曰南端、左掖、右掖。左

---

〔1〕　徐苹芳：《古代北京的城市规划》，《环境变迁研究》第一辑，海洋出版社 1984 年版。
〔2〕　有的学者认为，丹凤门在菜园街与白纸坊大街相交处附近，南约与鸭子桥相对。
〔3〕　徐苹芳：《古代北京的城市规划》，《环境变迁研究》第一辑，海洋出版社 1984 年版。
〔4〕　于杰、于光度：《金中都》，北京出版社 1989 年版，第 275 页，引自《三朝北盟会编》。

掖改万春，右掖改千秋。门有楼阁，球场在其南，东为永平馆。皇城西门曰显西，设而不开；北曰子北。西城巅有凉殿，东北隅有燕角楼"。宋王曾《上契丹事》说：燕京"子城就罗郭西南为之。正南曰启夏门，内有元和殿、洪政殿，东门曰宣和"，"城南门内，有于越王廨，为宴集之所。门外永平馆，旧名碣石馆，请和后易之。南即桑干河"。《乘轺录》记载：辽南京的"内城幅员五里，东曰宣和门，南曰丹凤门；西曰显西门，北曰子北门。内城三门不开，止从宣和门出入"。上述文献中的"内城"即"子城"，亦即辽南京城的大内（皇城）。将皇城置于外城西南隅，是辽皇城因唐幽州藩镇衙署和五代时的伪宫而建之结果。据上所述，可知皇城四门中显西门与外城西城墙南门合一，南门丹凤门与外城南城墙西门合一，故又导致外城西南角和皇城西南部合一。皇城东北隅的燕角楼，约在今南线阁北口以东老君地高台处[1]，该地之西明代时仍称燕角[2]。据此可知，皇城北墙约从燕角楼向西与外城南城墙平行划线至西城墙，其子北门与外城通天门基本相对。皇城东墙约从燕角楼向南与外城西墙平行划线至南城墙，皇城东门宣和门大致与外城东城墙迎春门相对。在外城西南隅如此围成的皇城之范围远不止五里，《乘轺录》："内城幅五里"说误（若指宫城尚可）[3]。

如前所述，皇城东北隅有燕角楼，西城巅有凉殿[4]。皇城内大致可分三区，皇城中间偏东为宫殿区，其东或为内果园[5]，宫殿区之西为园林区[6]。此外，文献记载皇城内还有五凤楼、迎月楼和五花楼等。宫殿区有宫墙和宫门，已具宫城规制。宫门有南端、左掖门（万春）、右掖门（千秋），《禁扁》还记有凤凰门。辽宋议和后，辽在南京大修宫殿，从此确定宫城基本格局。宫殿见于载籍的主要有元和殿，该殿为唐幽州旧殿，辽宫城中的主殿，殿前有元和门（宣教门）。昭庆殿，亦为唐幽州旧殿，规模仅次于元和殿。嘉宁殿，是辽后期出现的殿名[7]。

〔1〕 于杰、于光度：《金中都》，北京出版社 1989 年版，第 65 页。

〔2〕 （清）朱一新：《京师坊巷志稿》卷下，北京古籍出版社 2001 年版，第 228 页"北燕角"条说："燕角，辽旧名也，俗讹烟阁，烟或作徙。"第 239 页"南燕角"条："燕角儿在广宁门右安门内西南角。《明一统志》：'燕角楼在府西南一十五里，辽建。今其地犹名燕角。'""今南北烟阁经三里许，皆以燕角得名。北烟阁直抵便门，正辽史所云东北隅也。"于杰、于光度：《金中都》，北京出版社 1989 年版，第 48 页说："辽之燕角楼为子城（皇城）东北隅之角楼"，"其他三角均位于南京城之南垣及西垣上，故东北角楼为唯一独立的子城角楼。"

〔3〕 本文所言子城范围的周长，于杰、于光度《金中都》，第 65 页说：此周长"无论以何种标准的尺度计之，均远不止五里。即以《乘轺录》中所记的大城周长二十五里衡量，子城周长也远不止'五里'，至少当为十里以上；如子城四周总长仅五里，则无法包入显西，丹凤二门，所以说认为子城'幅员五里'是不正确的，仔细考察，五里之数似指子城的宫殿部分，即'宫城'部分周长之长，方较合理。"

〔4〕 《辽史》卷四《太宗下》：会同三年十二月"丁巳，诏燕京皇城西南隅建凉殿"。

〔5〕 《辽史》卷一七《圣宗八》：太平五年"九月，驻跸南京"；"十一月庚子，幸内果园宴，京民聚观"；是岁，燕民以"车驾临幸，争以土物来献"，"至夕，六街灯火如昼，士庶嬉游，上亦微行观之"。按皇城仅宣和门开放，故"京民聚观"等表明，内果园似在宣和门内，宫城之东。于杰、于光度《金中都》第 66 页认为：内果苑"似中都皇城'东苑'前身"。

〔6〕 即御苑，苑内有瑶池，池中有瑶屿，其上有瑶池殿（即"燕王淳卧病城南瑶池殿"），其西为苑囿区，湖泊较多，附近有临水殿。子城西北部有柳庄（《禁扁》称"柳园"）。于杰、于光度：《金中都》，北京出版社 1989 年版，第 66 页，认为："子城内宫殿区之西的湖、殿、庄，为金中都西苑前身。"

〔7〕 《辽史》卷二一《道宗一》："清宁五年十月壬子朔，幸南京，祭兴宗于嘉宁殿。"于杰、于光度：《金中都》，北京出版社 1989 年版，第 69 页，说："《禁扁》中有嘉宁殿而无昭庆殿，故嘉宁似为昭庆在辽占燕之后所改。"

除上所述，辽还在丹凤门外进行扩建，凸出南城墙之外，其东西墙与宫城东西墙连接向南延伸，南墙门称启夏门（扩建时间不详。据前述"请和后易之"来看，似在辽宋议和之后）。这个扩建部分与宫城相连相通，应属于宫城的组成部分。丹凤门外有球场、万胜殿等。启夏门外，东有永平馆（由碣石馆改称，意似为辽宋议和后永久太平，可能是接待宋使之所），西侧为于越王廨（又称裕悦，是肖后为宠将耶律休哥建的官邸，此人曾被封为宋国王）。

三　外城街、市、坊和佛寺

（一）街道

辽南京外城每面城墙开两座城门，但因皇城占据外城西南隅，显西门和丹凤门无通城内的大街，故《辽史》说南京城内有六街。正因为皇城占据外城西南隅，所以辽南京城北面通天门内大街（约在今天宁寺东）仅达皇城北门，东面迎春门内大街则止于皇城东门。只有安东门、清晋门间大街横贯全城，拱辰门、开阳门间大街纵贯全城。其中安东门、清晋门间大街称檀州街，因此安东门又称檀州门[1]，该街大体相当于今广安门内外大街[2]。拱辰——开阳门间大街，约相当于今内城西南部南闹市口、经牛街直到樱桃园与白纸坊东西街的交叉处一线[3]。又悯忠寺（今法源寺）南的"康衢"，即迎春门向西至皇城的大街，约相当于今南横街[4]，此外，还有"燕京左街"和"燕京右街"[5]等。

（二）市

唐代的幽州城已形成北方商业都会，《房山石经》记载当时有白米行、大绢行、彩帛行等许多行，并在幽州城北部以檀州街为中心形成商业区，称"幽州市"。辽时以檀州街为中心的商业区称"北市"。《辽史》卷六十《食货志下》载："太宗得燕，置南京，城北有市。"《契丹国志》卷二十二记载：辽南京"城北有市，陆海百货，聚于其中……锦绣组绮，精绝天下"（辽南京又有"燕京三市"之说，或由北市扩展而来），市中心有看楼。此外，《乘轺录》还记载：辽南京"居民棋布，巷端直，列肆者百室"。除上所述，辽南京城内亦有较发达的官府手工业和民间手工业。除丝织业外，瓷器、酿酒、书籍刻印等手工业也有一定水平[6]。

---

[1]　于杰、于光度：《金中都》，北京出版社 1989 年版，第 10 页引《大般若波罗密多经》题记："大唐幽州蓟县界蓟北坊檀州街西店……"引房山云居寺石经《妙法莲华经》题字："燕京檀州街显忠坊……"然后论证了蓟北坊在南京城东北部，显忠坊在南京清晋门内大街路北以东处。说明檀州街从唐至辽名称未变。同书第 25—26 页又论证南京安东门别称檀州门，此称至元代仍存在。

[2]　于杰、于光度：《金中都》，北京出版社 1989 年版，第 10 页。

[3]　于杰、于光度：《金中都》，北京出版社 1989 年版，第 11 页。

[4]　于杰、于光度：《金中都》，北京出版社 1989 年版，第 11 页。

[5]　于杰、于光度：《金中都》，北京出版社 1989 年版，第 36—37 页。

[6]　尹钧科、罗保平、韩光辉等：《古代北京城市管理》，同心出版社 2002 年版，第 214—215 页。

（三）坊

《乘轺录》记载：幽州"城中凡二十六坊，坊有门楼，大署其额，有蓟宾、肃慎、卢龙等坊，并唐时旧名也"。北京所出唐代墓志记载幽州城的里坊有卢龙坊、燕都坊、花严坊、归仁里、东通圆里、通圆坊、通肆坊、时和里、遵化里、平朔里、辽西坊、归化里、蓟宁里、肃慎坊、铜马坊、军都坊、招圣里、劝利坊、蓟北坊等[1]。北京出土的辽代墓志记辽南京有隗台坊、永平坊、罗北坊、齐礼坊、卢龙坊、辽西坊；燕京大昊天寺传菩萨戒故妙行大师遗行碑铭中记有棠荫坊，《范阳丰山韦庆禅院实录碑》记有南肃慎里（似有南、北里之分）[2]；云居寺石经题记有大田坊、归厚坊、显忠坊[3]。此外，还有甘泉坊、时和坊、仙露坊、敬客坊、铜马坊、奉先坊等[4]。在上述唐幽州和辽南京诸坊中，只有少数坊同名[5]，看来唐幽州城的坊到辽南京时有些已别改新名。在前述辽南京诸坊中有10坊可大致推断其方位[6]，如归厚坊在清晋门内街北（檀州街西端路北），今甘石桥以东路北，北观音寺西南。永平坊在归厚坊东南（檀州街北），今北观音寺正南。显忠坊在归厚坊东，檀州街北，永平坊东北，今广外关厢偏西路北。棠阴坊在大昊天寺处，今西便门内大街北段路西一带。时和坊在棠阴坊东南，今广内大街路北善果寺一带。甘泉坊在棠阴坊之西，今天宁寺以南一带。仙露坊在檀州街北，今菜市口西，教子胡同北口之广内大街路北一带。敬客坊在檀州街南，拱宸与开阳门间大街路东，约在今广内教子胡同以西一带。铜马坊在迎春门内街南，今南横街西万寿宫一带。奉先坊在今天宁寺北，白云观南一带。

（四）佛寺

辽南京城内佛寺"棋布星列"，"僧居佛寺，冠于北方"[7]，其中除辽代新建者外，也有不少前代旧刹。据文献所记，辽南京城内佛寺可确指者达25所[8]。如悯忠寺（唐建，即今西城区法源寺）[9]、大延寿寺（始建于东魏，悯忠寺之东）、仙露寺（唐寺，仙露坊）、驻跸寺（敬客坊南）、竹林寺（显忠坊）、归义寺（始建于唐，时和坊）、善果寺（归义寺北）、天王寺（今西城区广安门外天宁寺即其旧址，现存辽塔，高57.8米）[10]、

[1] 北京市文物研究所编：《北京考古四十年》，北京燕山出版社1990年版，第128—130页。
[2] 北京市文物研究所编：《北京考古四十年》，北京燕山出版社1990年版，第130页。
[3] 北京市文物研究所编：《北京考古四十年》，北京燕山出版社1990年版，第142页；于杰、于光度：《金中都》，北京出版社1989年版，第10页。
[4] 于杰、于光度：《金中都》，北京出版社1989年版，第11—12页。
[5] 北京市文物研究所编：《北京考古四十年》，北京燕山出版社1990年版，第142页说，辽代时和坊等九坊见于唐代墓志。据查实际只有六坊同名，其中包括蓟宾坊，参见《乘轺录》"蓟宾坊，乃沿唐幽州旧坊名也"。
[6] 于杰、于光度：《金中都》，北京出版社1989年版，第11—12、30—36页。关于辽南京城诸坊的方位，诸家考证不尽相同，于杰所述只是其中一种意见。
[7] 《契丹国志》卷二二，上海古籍出版社1985年版，第217页。
[8] 侯仁之主编：《北京城市历史地理》，北京燕山出版社2000年版，第195页。
[9] 《傅熹年建筑史论文集》，文物出版社1998年版，第419页"法源寺"条。
[10] 《傅熹年建筑史论文集》，文物出版社1998年版，第427页。

报国寺（今西城区广安门内报国寺）、宝塔寺（今天宁寺西）、大昊天寺（棠阴坊、西便门大街之西）、荐福寺（归厚坊）、圣恩寺（即大悲阁，始建于唐，在蓟门北一里许）、奉福寺（白云观西南）、崇国寺（即唐金阁寺，在大悲阁北）、崇效（孝）寺（今南樱桃园处），以及开泰寺、宏法寺等。此外，辽祖庙在奉先坊，还有天长观（唐建，在会仙坊，今西便门大街中部路东）等道观，又牛街礼拜寺"或建于辽代"[1]。

四 皇城和宫城形制布局特点及对后世的影响

辽将唐幽州城定为南京后，除在原衙署区基础上规划兴建皇城和宫城外，余者则直接承袭唐幽州城的规制，其四至、皇城外的形制布局与唐幽州城基本相同[2]。因此，辽南京城的特点主要表现在皇城和宫城方面。辽南京城的皇城和宫城一改辽上京模式，其位置和布局颇具特色。

1. 皇城位于原幽州城西南隅，皇城显西门、丹凤门分别与外城西城墙南门、南城墙西门合一。

2. 皇城平面略呈方形，皇城西北、西南和东南角分别位于外城西垣和南垣上，故东北角的燕角楼就成为皇城唯一的角楼。此外，在外城西南角建清凉殿，其手法与辽上京在皇城西南建筑寺院和宫殿如出一辙。

3. 皇城内宫城偏东，宫城内有瑶池，宫城东为内果园，宫城西为西苑。苑囿与皇城、宫城布局紧密结合，并成为主要配置之一。其中皇城环套宫城的形制，显然是两宋皇城略呈环套宫城形制的发展。

4. 宫城平面呈长方形，周回约五里，有左右掖门，宫城内主要宫殿建于宫城中轴线上，元和殿和嘉宁殿前后相直。此布局不同于辽上京，而是按中原王朝宫城模式兴建的。

5. 丹凤门与启夏门间后扩建部分突出于外城南垣之外，形成独特的封闭形式，在一定程度上起到了"宫廷广场"的作用。

6. 辽南京城主要商市在清晋门与安东门间的檀州街及其之北，故与皇城和宫城形成前朝后市的格局。

辽南京皇城和宫城的上述情况，既不同于辽上京，也不同于以往中原王朝皇城宫城的总体布局，这种变化对尔后产生了重要影响。比如：（1）在辽南京之后修建的金上京，其南城的布局大体类似辽南京檀州街以南部分，皇城的位置，皇城包围宫城的形式也很相似。（2）前述第一点皇城的位置，是导致金中都、元大都和明代北京城的皇城逐步居中的

〔1〕 诸寺方位，参见于杰、于光度《金中都》，北京出版社 1989 年版，第31—51 页；侯仁之主编《北京城市历史地理》，北京燕山出版社 2000 年版，第195—196 页；《傅熹年建筑史论文集》第432 页"牛街礼拜寺"条。

〔2〕 徐苹芳：《古代北京的城市规划》，载《环境变迁研究》第一辑，海洋出版社 1984 年版，中说：辽南京城"每一面墙上开两个城门，全城共八个城门。从每个城门进城都是一条主要干道。至城里交叉成'井'字形。这样，就把南京城划成九个区，每个区大体是当时的一个坊，各坊内再开'十'字形街。这种类型的城市规划是按唐长安城中东西两市的规划设计的，在唐代地方城市较为少见。唐代地方城市是'十'字形街道，每面城只开一个城门。"按此说有两点值得商榷。其一，唐幽州城衙署在西南部。辽南京城皇城扩大至西南隅，显西门、丹凤门无伸向城内的大街，故八座城门内大街不可能在城市交叉呈"井"字形。其二，唐幽州城和辽南京城的坊远在九个之上，所以即使交叉呈"井"字形而形成九区，每区也不可能只设一坊。

重要原因之一。（3）前述第三点宫城与皇城的位置关系、皇城宫城与苑囿紧密结合的布局形式，为金中都、元大都和明代北京城所承袭。（4）前述第五点丹凤门与启夏门间后扩建部分的形制，是金中都、元大都和明代北京城皇城与宫城相对部分向南突出的先河，也是金中都及其以后出现真正"T"字形宫廷广场的重要导因之一。（5）前述第六点前朝后市的格局，为金中都和元大都所承袭。

总之，辽南京虽为陪都，但其皇城宫城的形制布局却是金中都至明代北京皇城宫城形制布局一系列重要演变的先声，也是从北宋开封府皇城宫城形制向中国古代皇城宫城终结模式过渡的转折点，在中国古代宫城皇城形制布局演变过程中，占有较重要的地位。

第四章 金代都城

女真人建立金朝，都城在上京会宁府，并"袭辽制，建五京"。即以辽中京为北京，辽东京辽阳府和辽西京大同府仍为东、西京，以辽南京（燕京）为中都大兴府，以北宋东京开封府为南京。天德五年（1153年）迁都燕京，贞祐二年（1214年）迁都南京。在上述五京中，下面仅介绍上京和中都的形制布局[1]。

第一节 金上京会宁府城

一 金上京城概说

公元1113年完颜部的阿骨打袭女真族部落联盟长，公元1115年称帝，居"皇帝寨"，国号大金，建元收国。建国后，"皇帝寨"初为会宁州，太宗时升为府，熙宗天眷元年（1138年）八月"以京师为上京，府曰会宁，旧上京改为北京"。上京会宁府故城，在今黑龙江省阿城区（哈尔滨市东南约30公里）南约2公里的白城，松花江支流阿什河自南向北流经故城之东（图4-1-1）。

上京城的历史可大体分为六个阶段。一是太祖完颜旻（1115—1123年）之世，征伐不断，未见有关营建的记载，似仍以"皇帝寨"（在金上京北城范围内）为主。二是太宗完颜晟（1123—1135年）时期，开始正式营建上京城。主要是营建南城和皇城，初步奠定了上京城的规模和形制。三是熙宗完颜亶（1136—1149年）时期，扩大了皇城，新筑、改筑宫室，基本完成了上京主要的营建任务。四是海陵王完颜亮（1149—1161年）时期，其重要举措是在上京置国子监。但是，他最主要的决策是迁都燕京，将山陵迁至燕京大房山，夷毁上京宫殿宗庙、储庆寺和大族邸宅，削上京名号。五是世宗完颜雍（1161—1189年）时期，重建上京宫殿宗庙。六是上京的废弃。贞祐三年（1215年）蒲鲜万奴，攻上京，焚毁宗庙。兴定元年（1217年）再攻上京，公元1233年蒙古军队生擒蒲鲜万奴，平定今东北地区，上京城或在是年被蒙古军队占领。到元代有迹象表明，仍使用上京城，其最后毁弃似在元末明初的战乱之时。

---

[1] 金末迁都南京开封城，其情况参见刘春迎《北宋东京城研究》，科学出版社2004年版，第149、192—194页关于金迁都开封后内城和宫城的介绍。

金上京废弃后，很早就引起清代学者的关注。乾隆中阿桂等编纂的《满洲源流考》卷八[1]指出："拉林、阿勒楚喀之间，金上京城在焉。今尚存有古城及子城宫殿址。"清末学者曹廷杰在《东三省舆地图说》金会宁府考中，已经确认白城是金上京故城[2]。20世纪20年代初以后，日本白鸟库吉、鸟居龙藏等多次到上京故城调查[3]。1925年旅居哈尔滨的苏联学者 A. C. 道利马切夫曾在上京故城进行小规模盗掘。1936年日本园田龟一在上京故城进行盗掘。1946年，П. M. 雅科甫列夫在《阿什河流域的金代历史遗迹》简报中，介绍了上京城的形制布局，以及城墙长、宽和高度。中华人民共和国成立之后，黑龙江省考古工作者多次到上京故城进行考古调查，1964年阿城县（今阿城区）文物管理所对上京城进行了实测。1982年定为全国重点文物保护单位。

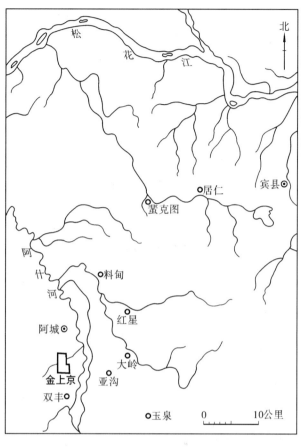

图 4 - 1 - 1　黑龙江省哈尔滨市阿城区金上京故城位置图
（引自《金源故都》，北方文物杂志社 1991 年版，略变化）

二　北城和南城

金上京故城由北城和南城构成，平面呈竖曲尺形（图 4 - 1 - 2，A）。北城东西 1553 米，南北 1828 米；南城东西 2148 米，南北 1523 米；北城南城墙即南城的北城墙西段（东段超出北城的宽度），南、北城外围周长 10873 米。城墙夯筑，墙基残宽 7—10 米，城墙残高 3—5 米。城墙外侧筑马面，北城墙马面 11 个（东段已毁），南城墙马面 16 个，西城墙马面 29 个，东城墙马面 28 个（其中两处各有 2 个马面，一处有 3 个马面），马面间距 80—130 余米。南、北城五个城拐角，残存角楼遗迹。全城发现 8 座城门和一个豁口，其中 8 座城门有瓮城残迹。即北城北墙中间一门，瓮城东向开门；东城墙城门在中间偏北，西城墙城门在中间偏南，瓮城均南向开门。南城西门在西城墙北端，在南北城中间隔墙相接处之南，瓮城门南开；东城门约在东城墙中间，瓮城门南开。南城门二座，在东者位于南城墙中间偏西，大致与北城南门相

〔1〕　（清）阿桂等：《满洲源流考》，辽宁民族出版社 1988 年版。
〔2〕　曹廷杰：《东三省舆地图说》，中华书局 1985 年版。
〔3〕　鸟居龙藏：《金上京城及其文化》，《燕京学报》1948 年第 35 期。

对；在西者大体与皇城门相对，两座城门的瓮城门向东开。北城和南城的隔墙，中间偏东开城门，瓮城在南城内，门向东开。该隔墙及其东延墙体为南城北城墙，其与北城东城墙相接处之东有豁口，无瓮城。北城和南城的城墙之外，以及北城和南城间隔墙南侧，均有护城壕遗迹[1]。

三　皇城

皇城建于南城西北部高平之处，平面呈竖长方形，南北645米，东西500米（图4-1-2，A）。皇城东西墙现已被夷平成为道路，北墙已变为宅基，发现的皇城墙基宽约6.4米。南墙正中午门遗迹两侧各有一高大土阜，残高约7米，大土阜之间有二个小土阜，残

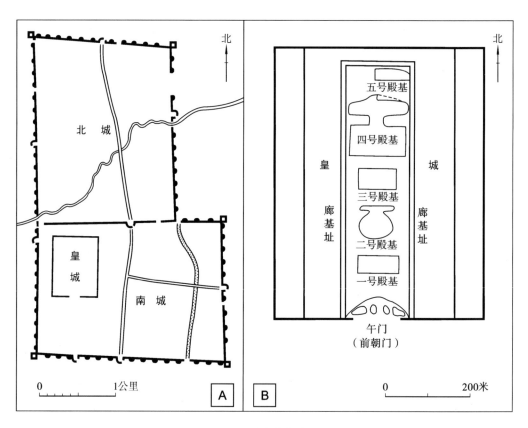

图4-1-2　金上京故城平面图

A. 黑龙江省哈尔滨市阿城区（采自《中国大百科全书·考古学》，中国大百科全书出版社1986年版，简化）

B. 金上京故城皇城（宫城）遗址平面图（引自《中国古代都城制度史研究》，上海古籍出版社1993年版，简化）

---

[1] 谭英杰、孙秀仁、赵虹光等：《上京会宁府故城址》，载《黑龙江区域考古学》，中国社会科学出版社1991年版，第120—123页，文中说城址现存马面89个，由于北城东垣一段已毁，约3个马面已无存，推测原马面数应为93个。按，所见金上京城平面图马面数均与正文记述的马面数不对应。

高 2 米余，四个土阜形成三个门道。皇城内残存殿基多处，其中最重要的是午门内中轴线南北直线排列的五座殿基，殿基残高一般约 2 米，以南数第二和第四座殿基最大，第四座殿基平面呈"工"字形。中轴线五座殿基两侧有左右廊基址，各长约 380 米、宽约 11 米（图 4 - 1 - 2，B）[1]。

皇城，又称宫城、"大内"、"大内城"、"大内所"等。皇城的宫殿是陆续建成的，太宗初年"独享者惟一殿名曰乾元，所居四外栽柳以作禁围而已，其殿宇绕壁尽置火炕，平居无事则锁之"[2]。但其后不久，宣和七年（1125 年）北宋派遣许亢宗贺金太宗登位时，所见皇城情况已有变化。《许亢宗行程录》中记载了他所目睹的翠微宫、乾元殿等正在兴建的情况[3]。此外，太宗时还有天会十三年建的庆元宫，以及明德宫、明德殿、西楼和东楼等[4]。

熙宗时建的宫殿较多，如天眷元年建敷德殿（朝殿）、宵衣殿（寝殿）、稽古殿（藏书之所）。《金史》卷二四《地理志上》记载：乾元殿天会三年建，"天眷元年更名皇极殿"，庆元宫天会十三年建，"天眷二年安太祖以下御容，为原庙"，"天眷元年以春亭名天元殿，安太祖、太宗……及诸后御容。春亭者，太祖所尝御之所也。天眷二年作原庙，皇统七年改原庙乾文殿曰世德"。又皇统二年建凉殿（殿曰重明，楼曰五云），皇统三年"初立太庙、社稷"，同年建储庆寺于宫侧，皇统八年建成太庙。此外，还有时令殿、泰和殿、武德殿、兴圣宫、便殿、祥曦殿和勤政殿，以及孔庙等[5]。海陵王于天德三年建国子监，并出现永寿宫和永宁宫之名[6]。前已说明海陵王毁上京宫殿宗庙后，金世宗又复建，故金上京遗址所见皇城遗迹应以世宗复建的为主。由于文献所记上京宫殿资料零散，且无方位，所以与现在午门内五座宫殿址无法对应。有的研究者认为，重明殿、五云楼是凉殿的主体建筑。重明殿东庑南殿两座（东华殿、广仁殿），西庑南殿两座（西清殿、明光殿）。重明殿后（北）东为龙寿殿，西为奎文殿。凉殿"平面上大体成'工'字形"，似与午门内南数第四（北数第二）座"工"字形殿基相对应[7]。

四　金上京局部发掘资料略析

（一）金上京布局发掘资料简况[8]

金上京北城和南城共用的一段城墙称腰墙，方向为 120°，现存残高 0.5—0.7 米，腰墙向东延伸于北城东城墙之外的部分为南城北城墙。

2013 年腰墙发掘墙段在腰墙西部，西距北城西城墙约 30 米。腰墙基槽宽 5.8 米、深

[1] 谭英杰、孙秀仁、赵虹光等：《上京会宁府故城址》，载《黑龙江区域考古学》，中国社会科学出版社 1991 年版，第 122 页。
[2] 《大金国志》卷一〇《熙宗孝成皇帝二》。
[3] 《许亢宗行程录》疏证稿，《五代宋金元人边疆行记十三种疏证稿》，中华书局 2004 年版。
[4] 《金史》卷三《太宗》、《金史》卷二四《地理志上》、《金史》卷二三《五行志》。
[5] 熙宗时所建宫殿，参见《金史》卷四《熙宗》、《金史》卷二四《地理志上》。
[6] 朱国忱：《金源故都》，北方文物杂志社 1991 年版，第 113、139、155 页。
[7] 朱国忱：《金源故都》，北方文物杂志社 1991 年版，第 139 页。
[8] 赵永军、刘阳：《大遗址保护视角下的金上京考古工作》，《北方文物》2015 年第 2 期。

0.2—0.3 米，基槽内为夹杂较多碎陶片、瓦块和砖块、土质较黏的垫土层。基槽之上夯筑墙体，墙体高度 1.2 米以下夯层厚约 12—15 厘米，1.2 米以上夯层厚度 6—8 厘米。主墙体残高 2.5 米、墙残宽 4.8 米。主墙体两侧有两次补筑现象，第一次在主墙体南北两侧紧贴墙用青灰色砖砌筑出台阶，仅残存少部分砌砖，上部为坍塌的黏土和砖块。其宽度为 0.5—0.6 米、残高约 0.2 米。第二次补筑仅在墙体南侧，在第一次补筑城墙包砖外侧用黄色夹砂土夯筑加固，宽度为 1.1—1.2 米、残高约 0.38 米。紧邻腰墙墙体南侧为护城壕，壕底距地表深 2.7 米、开口距底部深 2.4 米、壕底部宽约 6.5 米。腰墙两侧堆积中有少量白瓷片、铁钉、础石等器物。

金上京南城北城墙发掘墙段在北墙西部，西距北城东南角 32 米，城墙方向亦为 102°。其为夯筑，构筑方法同腰墙和北城西墙。北城墙残高 3.02 米，主墙体西侧下部，构筑方法同腰墙和北城西墙。北城墙残高 3.05 米，主墙体西侧下部（按资料原文称墙体两侧从上往下 6.4 米处有砖砌台阶。由于北城墙残高仅 3.05 米，故"6.4 米处"似为"0.4 米处"之误）有砖砌戗体呈台阶状，宽约 1 米，戗体砌砖呈斜向上有收分。墙体两侧有城壕，南侧城壕宽 10—11 米、最深处 2.8 米，北侧城壕宽约 28 米、最深处约 3.8 米。北城墙两侧堆积中有陶片、瓷片，主墙基槽底部垫土层中出兽面纹瓦当。

金上京北城西城墙发掘墙段在南北横墙相接处向北约 20 米处，西城墙构筑方法同腰墙，墙体残高 4.9 米，夯筑，夯层厚 7—8 厘米，墙体两侧有补筑现象。

金上京 6 座城门仅南城南城墙西城门建筑遗址保存尚好，残存城门和瓮城遗迹，2014 年进行了考古发掘。该门址直对皇城中轴线上的皇城正门，门址单门道，方向北偏东 5°，平面呈长方形。门道两侧中部各有长方形的门砧石，中间有石门限，西侧门砧石的北部和西部存石地栿，石地栿上残存少量木痕。从门砧石的间距推测，门道宽约 6.5 米，南北进深约 20 米。两侧门砧石外侧各有四根等距离分布的圆木排叉柱，木柱仅底部有木炭痕迹。每侧排叉柱间距约 3 米，木柱痕径 0.55—0.6 米，木痕残高 0.9—1.3 米，木柱痕底部有平整的柱础石。门道内石板铺砌路面，仅有少量残留，门道内火烧痕迹明显，多为红烧土和炭灰土，夹杂呈红色的城墙夯土块。从门道内残存石地栿、等距离分布的排叉柱来看，门道上应有过梁结构。城门墩台南北两面有青砖砌筑包墙。

瓮城呈马蹄形，东西内径约 50 米，南北内径约 20 米，瓮城门口在东侧，朝向东南。瓮城门南北墩台毁，复原推测其宽 4.5—5.1 米、东西进深约 15 米。瓮城平地起建，夯筑，底宽上窄，墙外侧经两次加宽补筑，墙存高约 4.8 米、宽 11.8—13.5 米，墙外有墩。瓮城内堆积较厚，地表下 1.4—1.5 米为金代晚期以后的堆积，1.5 米以下为金代文化层及多层路面堆积。出土遗物有陶、瓷、石、骨、铁、铜器，生活用具，兵器，陶建筑构件等。

2015 年对皇城内第四殿址西侧（图 4-1-2，B）一组大型院落建筑基址进行了发掘，发掘面积 3100 余平方米。院落中心建筑基址（TJ1）黄褐色夯筑，平面呈"十"字形，大致南北向，台基东西最长约 41 米，南北最长约 33 米。台基较平整，中部略高，向四周渐呈墁坡状，高约 1.2—0.5 米，台基边缘包砖。台基上分布 36 个碴墩，中部东西向 4 排，南北外端两侧每排最多有 8 个，其中台基的东、西、北部中间均有减柱现象。台基中央部分为一周圆形浅凹槽构成的遗迹，南侧中间有一豁口似门道。圆形遗迹东西径约 12 米，南北径约 11.5 米，圆形区域内明显高于周围台基面，其内铺砌方砖，仅存少量残砖，台基上形成五个部分，中央主殿呈圆形，南部为前厅，东、西两侧为挟屋，北部为后阁。南部前厅中央前面有一墁坡状踏道与前院路面相连。台基南部，前厅东、西两侧各有一夯筑角台，呈方形，边缘包砖。台基四周包砖外侧，地面有砖砌散水。台基上分布四个灶址，形制相同。灶在台基上掘土筑成，周边以砖围砌，灶室圆形，火塘长方形。台基上有 3 处排水槽，呈长条形。中心台基南部有青砖铺砌路面，在台基的东、北、西三侧有围墙。围墙与中心台基平行砌筑，构成一方形或长方形庭院。墙基宽 0.9 米，两侧散水各宽约 0.7 米，北墙全长 63.7 米，东墙北部发掘长度为 48.4 米，西墙北部发掘长度为 22.5 米。台基的东西两侧中部，各有一段东西向隔墙，将庭院分为南、北两部分，形成前后院。

中心建筑台基址（TJ1）的西北，即庭院西北角有一方形小型台基址（TJ2），推测为庭院中的亭台类建筑。中心建筑台基址（TJ1）西南，即庭院西南角有一方形台基址（TJ3），推测为中心建筑西侧的配殿类建筑。中心建筑台基址（TJ1）的东南，即庭院砖铺路西的东端，有一段砖筑矮墙，呈曲尺形，推测为庭院内的装饰墙。在中心建筑基址台基西侧，有三条不同宽度的青砖铺成的道路。遗址出土遗物以灰瓦、青砖为主，灰瓦有板瓦和筒瓦、滴水和瓦当。瓦当纹饰以龙纹为主，个别为兽面纹和花卉纹；滴水纹饰均为龙纹；其他还有套兽头、螭首、鸱吻、迦陵频伽等。有少量施釉瓦和带纹饰的砖。铁器中以各式钉的数量最多，其他为车马具、兵器、生产工具；有少量瓷器、石器、铜器等；发现的铜钱多为北宋钱币。该院落建筑基址从其规模、布局及出土龙纹瓦当等遗物来看，其当为金上京皇城内一处重要的礼制性质的遗址[1]。此外，从遗迹的形制布局和有灶来看，该遗址或与后来满族祭神祭天典礼的"堂子"类似。

金上京城外，还有一些皇家建筑遗址，其中仅金陵是确知的，余者诸家意见不一。此外，在上京遗址北城西北约里余的姜家磨坊屯以西 300 米处的宝胜寺遗址较重要。1908 年在该遗址发现"上京宝胜寺前都僧录宝严大师塔铭志"，塔铭刻于大定二十八年（1188 年），记述了金中后期宝胜寺宝严大师的生平和在金上京地区的宗教活动，是研究金上京佛教的重要资料。宝胜寺是上京城外目前确知与金上京同时的唯一佛寺遗址。

除上所述，2002 年 3—4 月，黑龙江省文物考古研究所在金上京故城东约 3.6 公里刘秀屯发掘一座宫殿建筑遗址，发掘者认为是熙宗所建"朝日殿"遗址[2]。这是与金上京有关的一次重要发现。但是，由于该遗址在城外，又是局部发掘，故不赘述。此外，金上京零星出土和发现的遗物略。

（二）金上京局部发掘资料略析

金上京仅对金上京南北城间腰墙、南城北城墙、北城西城墙的局部墙段进行了发掘，现在已刊布的资料十分简略，基本情况未交代清楚，三段城墙发掘部位无完整的对比研究

〔1〕　黑龙江省文物考古研究所赵永军：《金上京皇城揭露一组大型带院落建筑基址》，《中国文物报》2016 年 4 月 22 日第 8 版。
〔2〕　《黑龙江阿城金上京刘秀屯建筑基址》，《2002 中国重要考古发现》，文物出版社 2003 年版。

的资料，很难进行比较研究，只能略作简单分析。首先，就南北城间腰墙和南城北城墙而言，两者虽然东西连为一体，但两个墙段构筑情况差异较大。腰墙 1.25 米上下夯层厚度不一，墙体下部有砖砌和夯筑两次补筑饿体，其构成明显有早晚两个时代。南城北城墙墙体下部仅有砖砌饿体，无夯筑二次补筑饿体。南城北城墙两侧有护城河，其南侧护城河与腰墙仅有的南侧护城河深度相近，腰墙两侧堆积中有礓石，反映出腰墙应是在北城南城墙基础上改筑而成的。南城北城墙基槽垫土中出土兽面瓦当，反映出北城墙一带原有建筑存在，北城墙是在拆除碍事的建筑后而修建的。上述情况反映出金上京北城出现早，南城出现晚，南城北城墙出现大致与腰墙第一次砖砌饿体大致同时或在其后不久，形成期则当在天会二年卢彦伦"知新城事"营建南城之时。

除上所述，北城西城墙发掘墙段以及南城南城墙西城门发掘墙段因刊布资料太少，目前尚无法进行比较研究。

五　上京会宁府城形制特点与渊源

金上京会宁府城的形制，既有自身的特点，又受到辽上京和南京的强烈影响，三者有机结合，并吸收了某些中原地区的因素，将其融会贯通，形成一体，遂使之在中国古代都城中独树一帜。

（一）上京会宁府城的形制特点

第一，旧城（北）、新城（南）连为一体。北城竖长方形，南面新城横长方形，两城西墙南北在一条线上，北城东西向较南城约内缩 1/4，北城南墙与南城北墙约 3/4 合一。北城和南城总平面呈竖曲尺形。

第二，会宁府城城隅有角楼，城墙马面较密集。全城 8 门，有瓮城，此外在南城北墙东部的豁口无瓮城（按该豁口与北城东墙和南城北墙相接处相邻，其是否为城门，值得商榷）。瓮城门在东、西墙者向南开，在南、北墙者向东开。

第三，南城较规整，皇城在南城西北部，平面南北长方形，主要宫殿在午门北中轴线上南北向直线排列，两侧有廊。午门与南城墙西门相对，南城北门在北城墙中间，大致与南城墙东门相对，南城东门在东城墙中间，南城西门在西城墙北端，靠近宫城（当与宫城关系密切）。午门与南城墙西门间大道具有御路性质；南城墙东门与南城北门间大道是南城的中轴线，并将南城中分为二。该大道之西是一个较独立和封闭性较强的小区，以宫城建筑群为主体。根据上述情况，我们认为这个独立小区的作用与"皇城"相似（按许亢宗所说的"皇城"实指宫城而言，《金史》一般只笼统地说"内"或"大内"），前述所谓的"皇城"实为宫城。由此可见，南城新建时规划"皆有法度"是可信的。

第四，北城北城墙略斜，北城门基本在北城墙中间，南城门（即南城北门）与北城门斜对；东、西城门亦斜对。由于南门在南城墙 3/4 与 1/4 交接处，该南门即南城北门，位于南城北墙中间，所以北城南门似以后建的南城门为准重新进行规划的（此现象证明北城早于南城）。北城的上述情况，导致城内大街不规整，如果相对城门内大街相连均为斜街，若城门内大街与城门垂直向城内延伸，则在城间呈相互交叉之势。无论采用上述哪种形式，北城都没有真正的中轴线。

以上四个特点，乃是由女真人自身传统和金上京城形成的过程，以及辽上京与辽南京的影响相结合而形成的。

（二）金上京南北城与辽上京的关系

金立国前无城建传统，金太宗于天会二年以辽上京临潢人卢彦伦"知新城事"规划金上京城，此后直至熙宗时，卢彦伦仍主其事。从金上京城来看，北、南二城相连，城墙马面较密集，北城南、北、东、西城门斜对，城门有瓮城；瓮城门在南、北墙者向东开，在东、西墙者向南开；城外有护城壕。上述特点与辽上京城相同，显然是模仿辽上京城。这种情况应与卢彦伦是辽上京城人，金占领辽上京后对该城也比较熟悉有关。此外，北宋彭汝国等出使辽国，所见辽帝冬"捺钵"（行在）广平甸（淀）的情况[1]，以及彭汝国广平甸诗序中所述洋箔门、山棚、紫洞府、桃源洞等[2]，与《许亢宗行程录》所记金初"翠微宫"的情况极其相似[3]。可见金太宗在宫城草创之时即已仿辽帝"行在"。

但是，金上京城与辽上京城也有较大区别。一是北城东面较南城内缩1/4，内缩的原因，有的研究者实地考察后认为是东部地势低洼所致[4]。实际上北城存在较早，卢彦伦规划金上京建南城时，北城因地势低洼不便向东扩展与南城取齐，所以北城和南城的总体平面形制才形成竖曲尺形。二是金上京城皇城在南城，南城的性质相当于辽上京的北城；金上京的北城重新规划后变成主要居民区和工商业区，其作用相当于辽上京的南城。以上两点为金上京城独有的特色。

（三）大内位置独特，形制受中原影响

金太祖时居"皇帝寨"即北城，建国后太祖居所已称"宫城"[5]。太宗时因北城狭小，宫室简陋而新筑南城，并将大内置于南城西部[6]，这样南城的形制布局大体与辽南京城檀州街以南的情况相似（此前在公元1122年金已陷辽南京）[7]。从《许亢宗行程录》所记金太宗时乾元殿（与唐洛阳宫城正殿同名）来看，其"木建殿七间"，"以木为鸱吻"，有"龙墀"，似仿北宋宫殿建筑[8]，"榜额曰乾元殿"亦可能用汉文书写。而所设"山棚"，"以数人能为鸟禽鸣者，吟叫山内"，又与北宋东京元宵宣德楼前"缚山棚"

---

〔1〕《辽史》卷三二《营卫志中》，广平甸在今内蒙古翁牛特旗。
〔2〕朱国忱：《金源故都》，北方文物杂志社1991年版，第89页引《鄱阳诗集》卷八。
〔3〕孟凡人：《宋代至清代都城形制布局研究》第四章第一节，中国社会科学出版社2019年版。
〔4〕朱国忱：《金源故都》，北方文物杂志社1991年版，第85页。
〔5〕《金史》卷二《太祖》："九月癸丑，梓宫至上京，乙卯，葬宫城西南"；《金史》卷三〇《礼志三》："天辅七年九月，太祖葬上京宫城之西南。"金太祖陵在今上京故城西"斩将台"，恰当北城之西南，南城之西北。是时南城尚未建成，故"葬宫城之西南"应指北城而言，即太祖时的"宫城"当在北城。
〔6〕将宫城置于南城中部，有碍南、北城间交通，故不宜置于中间。朱国忱《金源故都》认为，将宫城置于南城居西偏北，"当与女真人以西为尊的习俗传统有关"。
〔7〕于杰、于光度：《金中都》，北京出版社1989年版，第7—12页。
〔8〕杨宽：《中国古代都城制度史研究》，上海古籍出版社1993年版，第441页。

的情况相似[1]。正如《大金国志》卷三所记："金国素无城郭，以所馆燕，悉用契丹旧礼，如结彩山、作倡乐、寻撞角抵之伎、斗鸡击鞠之戏（按前引宣德楼前的山棚，又称采山，其歌舞戏亦包括这些内容），与中国同。"由此可见，金上京宫城的早期阶段已明显可见中原地区的影响。

金上京大内的形制最后完成于熙宗之世，熙宗自幼受汉文化教育，诵经习礼，欣慕华风，力图仿效中原。天眷三年出巡燕京，在燕京目睹了原辽南京的繁荣和宫阙制度。皇统元年九月返会宁府即开始营建宫室，特别是在皇统六年因"会宁府旧内太狭，才如郡治，遂役五路工匠，撤而新之。规模虽仿汴梁，然仅得十之二三而已"[2]，其中以"撤而新之"和"仿汴梁"两点最值得注意。所谓"撤而新之"即是对旧大内进行较彻底的改建，现代考古测绘的金上京宫城图（图4-1-2，B）即应是这种改建的结果（按该图应是世宗按熙宗时的形制复建后的遗存）。以此对照北宋东京宫城，只午门前大道相当于北宋东京宫城宣德门前御路，上京宫城主要宫殿殿基有的与北京东京宫城殿基同样呈"工"字形，仅此而已。其他无论是宫城的形制、宫殿的配置，还是城的形制布局，两者均不相同。前已说明金上京南城的布局状况大体类似辽南京城檀州街以南部分，两者皇城配置方位近似，主要宫殿也都置于宫城内的中轴线上。至于金上京城"皇城"包围宫城，则应与辽南京皇城宫城位置关系密切相关。除上所述，金上京宫城中轴线上宫殿两侧有廊。辽南京宫城遗址无存，难以比较。从金上京太宗初期乾元殿与唐洛阳宫城正殿同名来看，中轴线上诸殿两侧有廊或是受到唐长安洛阳两京同样情况的间接影响[3]。此外，熙宗立原庙，在巡视燕京后于上京相继建太庙、社稷和孔庙，海陵王时又建国子监，这些举措显然是受北宋东京和辽南京的影响所致。

综上所述，我们认为金上京南北城的形制是受辽上京城形制的影响。而金上京南城的布局、皇城和宫城的配置、主要宫殿置于宫城中轴线上等方面，大都是受辽南京城的影响。此外，也可看到北宋东京宫城和隋、唐两京宫城的某些影响。

第二节　金中都大兴府城

一　金中都概说

公元1122年金克辽南京城，1123年改称燕山府，1125年改称燕京。1140年金熙宗巡视燕京，1141年金与南宋议和，为金定都燕京创造了条件。是时金占淮河以北广大地区，统治重心南移，金上京已不适应形势发展的需要。在这种情况下，由于燕京的地理位置及其原辽陪都的地位和城建基础，使迁都燕京已成必然之势。1149年完颜亮弑熙宗自立，为打击政

---

〔1〕《东京梦华录》卷六"元宵"条。
〔2〕《大金国志》卷一二《熙宗孝成皇帝四》；朱国忱：《金源故都》，北方文物杂志社1991年版，第104页。
〔3〕傅熹年主编：《中国古代建筑史》第二卷，中国建筑工业出版社2001年版，第363页"唐长安太极宫复原示意图"，第370页"唐洛阳宫城平面复原示意图"。

敌，巩固帝位，摆脱会宁府金贵族传统势力的威胁，再加上他本人向往汉文化，仰慕中原先进的物质文明，于是在天德三年（1151 年）三月"壬辰，诏广燕城，建宫室"，"四月丙午，诏迁都燕京"[1]。命张浩、卢彦伦和刘筈主持修燕城筑宫室[2]。张浩又荐"举（苏）保衡分督工役"，由梁汉臣和孔彦舟具体负责修建[3]。天德三年四月"辛酉，有司图上燕城宫室制度"，始建宫城，天德四年二月主要工程基本完工，海陵王开始从会宁府起程赴燕。天德五年三月抵燕京，"以迁都告中外"，改元贞元，以燕京为中都，府曰大兴[4]。此后又经 62 年，到金末贞祐二年（1214 年）在蒙古军队进攻之下，金被迫迁都开封。金中都陷落后，宫阙被焚毁，但中都城未废，终元之世中都与大都并存，称为南城。明洪武元年徐达攻克大都时南城依然存在。永乐十七年（1419 年）展筑北京南城垣和嘉靖二十二年（1543 年）筑北京外城时，先后将南城东北角和东半部圈入北京城内。此后金中都迹逐步消失，只剩下大城的西南隅，至今则仅余部分残迹而已。

二 外城城墙、城门和水关遗址

金中都是以辽南京城为基础扩建而成，文献记载"燕城之南广斥三里"，"西南广斥千步"[5]，东扩较少（因避燕王冢[6]），北与辽南京城北城墙基本相合[7]。外城平面略呈方形（图 4-2-1、图 4-2-2）。

（一）城墙

1. 四面城墙的位置与城的平面形制

中都东城墙明初已毁，至清末其东侧的护城河已填塞。据考古调查资料，四路通以北从前有一道南北向土岭，称"窑岗子"。20 世纪 50 年代在永定门火车站广场之北还有百余米长的南北向土岭，其北与明代梁园遗址相连[8]，再向北隔护城河为城内的陶然亭，又北有土台称窑台[9]。此外，在陶然亭正北偏西曾发现金代建筑遗址，出土许多沟纹砖，以及瓦蹲兽和伽陵频伽，大定款铜钱，贞祐三年款"万户所印"等；稍东又发现许多石球。陶然亭之东先农坛后身曾发现金代墓群，墓群应在中都城外。陶然亭北的黑窑厂胡同

〔1〕《金史》卷五《海陵》天德三年四月迁都诏。
〔2〕《金史》卷八三《张浩传》。
〔3〕《金史》卷八九《苏保衡传》、《金史》卷七九《孔彦舟传》。
〔4〕《金史》卷五《海陵》。
〔5〕转引自《金中都》第 14 页《永乐大典·顺天府》"大觉寺"条。
〔6〕于杰、于光度：《金中都》，北京出版社 1989 年版，第 13—14 页介绍了燕王冢传说，然后指出"完颜亮集团扩城之计划，即向东、西、南等方向展筑，并于东南、西南予先标定两新城门的基址，后为避免燕王陵而改变位置"；徐苹芳：《古代北京的城市规划》，《环境变迁研究》第一辑，海洋出版社 1984 年版，"金中都城"条说："东有燕王冢，正是金中都扩大后的东南角。"
〔7〕于杰、于光度：《金中都》，北京出版社 1989 年版，第 17—19 页。此外，书中还谈到中都北城墙是否外扩问题，可参考。
〔8〕《金中都》第 16 页说：金中都"东垣亦应在今虎坊桥偏西之南北线上"。（清）朱一新《京师坊巷志稿》卷下第 246—247 页引《春明梦余录》："梁园在京城之西南废城边，引凉水河入其中"，废城即"辽金别都之城也"。
〔9〕《金中都》，北京出版社 1989 年版，第 16 页。

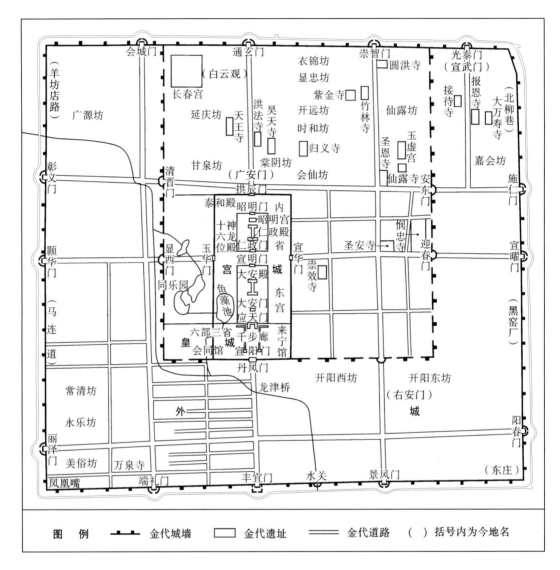

图 4 - 2 - 2　北京市金中都城复原示意图之二
（引自北京市文物局《北京文物地图集》（上），科学出版社 2009 年版，略变化）

街西，20 世纪 50 年代尚有较高的台地。又北在贾家胡同东面一个院内，曾发现夯土城墙残迹。该墙之东不远，从南向北有黑阴沟、潘家河沿、魏染胡同、南柳巷、北柳巷、大沟沿，直至城内翠花湾（街）。上述"沟""河沿""沟沿"等地名，显然与护城河有关，翠花湾则当东城护城河与北护城河之拐角，向西正对受水胡同。这样在该护城河之西，沿贾家胡同东夯土墙、黑窑厂西台地、陶然亭正北稍东发现石球的遗址直至窑岗子南北划线，即为中都东城墙（图 4 - 2 - 1）。东城墙南端在四路通（永定门火车站西南洋桥北里），北端在翠花湾（街）西，全长约4325米或近4510米[1]。

南城墙。西自凤凰嘴村一段长30余米金代土城墙东渐，经鹅凤营北、万泉寺、祖家庄和三官庙南（图4-2-1），有断断续续的土城墙残迹，又在丰台区右安门外玉林小区，今凉水河北50米处发现水关遗址（图4-2-2）。右安门大街以东虽未见土城遗迹，但自凤凰嘴土城墙之南，有与土城平行东流的"萧太后护城河"（凉水河），经花园村北至四路通南而南流，即中都南城墙护城河。南城墙东端在四路通村（永定门车站南），南城墙全长一说4065米，一说近4750米[2]。

西城墙西北角在今军事博物馆南的黄亭子，南端在凤凰嘴村西南角，其间有断断续续的土城墙残迹。夯土城墙夯层厚5—10厘米，夯土层内含唐代青白瓷片、宋代钧窑和定瓷片、辽金时期的沟纹砖残块等。1950年调查中都时，在广安门外申（深）州馆以南发现许多土城残迹，1958年再调查时仅在马连道仓库院内保存高约4.4米的残墙，同时在蝎子门（又称蝎子口）发现门址。该门址基宽近18.5米，残高约6米（至20世纪80年代残高仅存3米余）。蝎子门北，深州馆南有湾子村，该村曾有石桥（俗称卧虎桥），桥西北水口子（水口子当为从西湖即今莲花池流出之水进入西护城河的水口）之东有枯河道。此枯河道过湾子村石桥下分二支，一支东流过甘石桥南；一支南流至凤凰嘴村土城之西，即为中都西护城河遗迹（图4-2-1）。西城墙长一说4087米，一说约4530米[3]。

一般认为金中都北城墙沿用唐幽州城和辽南京城北垣，并向东西扩展。自白云观北侧之东、西尚有断垣，向东可至今头发胡同稍北到翠花街，西延伸到会城门村至黄亭子，黄亭子与翠花街间即金中都北城墙（图4-2-1）[4]。北城墙全长一说约4486米，一说为4900米[5]。

综合以上城墙调查所记两种城墙长度，以前说计，金中都周长16963米（图4-2-1）；以后说计，周长18690米（图4-2-2），金中都城平面略呈长方形。

2. 金中都外城周长略析

《呆斋集》记明代前期梁园附近金中都东城墙时说："今其城仅存土耳，甓皆为人取去，今取者未已。"元人《事林广记》所绘金中都城墙亦为砖砌（图4-2-5）。上述情况表明，金中都城墙部分包砖或有可能。关于金中都外城的周长，历来说法不一。《大金国志·燕京制度》记载"都城四围凡七十五里"；《明太祖实录》卷三十四记载："周围凡五千三百二十八丈，南城故金时旧基也"；《春明梦余录》说："元之南城，周围五千三百二十丈，即金之故基"，两者所述基本相同。周长5328丈，合16905.744米，合29.6明里、

〔1〕 4325米说，参见北京文物研究所编《北京考古四十年》，北京燕山出版社1990年版，第160页。4510米说，参见阎文儒《金中都》，《文物》1959年第9期。

〔2〕 4065米说，参见北京文物研究所编《北京考古四十年》，北京燕山出版社1990年版，第160页。4750米说，参见阎文儒《金中都》，《文物》1959年第9期。

〔3〕 4087米说，参见北京文物研究所编《北京考古四十年》，北京燕山出版社1990年版，第160页。4530米说，参见阎文儒《金中都》，《文物》1959年第9期。

〔4〕 于杰、于光度：《金中都》，北京出版社1989年版，第17—19页。

〔5〕 4486米说，参见北京文物研究所编《北京考古四十年》，北京燕山出版社1990年版，第160页；4900米说，参见阎文儒《金中都》，《文物》1959年第9期。

30.29 金里、31.83 唐里。前述北京市文物工作队确定金中都周长 16963 米，合 29.7 明里、30.39 金里、31.94 唐里。前述阎文儒《金中都》调查确定金中都的周长为 18690 米，合 32.72 明里、33.49 金里、35.19 唐里，较前者多 3 金里。明初时金中都遗址基本存在，其实地测量的误差不会很大，特别是其测量尺度与北京市文物工作者确定金中都的周长 16963 米大体相同，两者互证，较为可信[1]。现在一些研究者也多认为金中都周长在 30 里左右[2]。关于金中都较辽南京外扩的里、步，前述"南广斥三里"，"西南广斥千步"，其中"西南广斥千步"应为"西东"之误，即南扩三里，"西东"广扩千步。南扩三里和西东扩千步似为外扩在总体上的概数，如是，才能与辽南京周长 25 里相对应。以此证之，前述金中都周长 75 里，误；周长 18690 米，误差似略大。

（二）城门

《金史》卷二四《地理上》记载：金中都"城门十三，东曰施仁、曰宣曜、曰阳春；南曰景风、曰丰宜、曰端礼；西曰丽泽、曰灏华、曰彰义；北曰会城、曰通玄、曰崇智、曰光泰"。《金图经》《大金国志》均记十二门，缺光泰门；《析津志》记为十二门，但又别出清怡、光泰二门。经考证金中都确有光泰门[3]（推测在世宗中期，或章宗时才增辟光泰门），清怡门何时何门所改，情况不明[4]。中都城各正门为三个门洞，余者各为一个门洞。

金中都外城诸城门的位置，经考古调查结合文献考证，其情况大致如下：东城墙城门，正门称宣曜，在辽南京城迎春门东，位于今西城区南横街东口与贾家胡同交汇之处。其南称阳春，在永定门车站北，南岗子土垣之南，四路通以北东庄村处。其北称施仁，在辽南京城安东门之东，位于今骡马市大街魏染胡同南口处。西城墙城门，正门称灏华，在辽南京城显西门之西，位于蝎子门处（前述城门遗迹）。其南称丽泽，在凤凰嘴之北。其北称彰义，在辽南京城清晋门之西，位于广安门外大街湾子处[5]。南城墙城门，正门称丰宜，在辽南京城丹凤门南，位于祖家庄南、石门村东，西铁匠营村北凉水河之北（西铁匠营村北凉水河上民国时仍有石桥，似为丰宜门外护城河桥）。其东称景风，在辽南京城开阳门之南，位于右安门外大街与凉水河交叉处稍北。其西称端礼，在今万泉寺偏西南处，凉水河上有桥，或为门外护城河桥的遗址。北城墙城门，正门称通玄，即辽南京城通天门，位于白云观东北，真武庙之南。其西称会城，在今会城门村附近，位于木樨地南河流向东拐弯处的河湾稍南。其东称崇智，即辽南京城拱辰门，在今南闸口内东太平街西口

〔1〕 傅熹年：《中国古代城市规划建筑群布局及建筑设计方法研究》上册，中国建筑工业出版社 2001 年版，书后附表明初尺长 31.73 厘米，是明初一步合 1.5865 米，明初一里合 571.14 米。金代一尺 31 厘米，一步合 1.55 米，一里合 558 米。陈梦家：《亩制与里制》，《考古》1966 年第 1 期考证，唐大里合 531 米。本书金中都周长以此为准进行换算。
〔2〕 《日下旧闻考》卷三七；奉宽：《燕京故城考》，《燕京学报》1929 年第 5 期；于杰、于光度：《金中都》，北京出版社 1989 年版，第 16 页；周耿：《金中都考》，《光明日报》1953 年 4 月 18 日。
〔3〕 徐苹芳：《古代北京的城市规划》，载《环境变迁研究》第一辑，海洋出版社 1984 年版；于杰、于光度：《金中都》，北京出版社 1989 年版，第 21 页。
〔4〕 于杰、于光度：《金中都》，北京出版社 1989 年版，第 21—23 页。
〔5〕 于杰、于光度：《金中都》，北京出版社 1989 年版，第 24 页。

和西太平街东口交汇处偏南，再东为光泰门，约在今头发胡同东口附近[1]。

(三) 水关遗址

1990年10月北京市园林局在右安门外玉林小区建宿舍楼时发现水关遗址，1991年3月开始正式发掘，发掘面积660平方米。水关遗址位于金中都景风门和丰宜门中间偏于景风门一侧的城墙之下，南距凉水河70米（一说50米，图4-2-2）。

水关遗址堆积厚5—6米，可分为现代堆积、近代堆积、明清堆积、元代中晚期堆积和金代堆积，共六层。从堆积叠压关系来看，该水关约毁弃于元代中晚期。水关遗址上部被破坏，基底保存较完整。水关遗址正南北方向，北部为入水口，南部是出水口（流向城外护城河，即今凉水河）。现存遗迹有城墙下水涵洞底部的地面石、洞内两厢残石壁，进出水口两侧有四摆手，水关之上尚残存城墙夯土。水关遗址平面呈"]〔"形（图4-2-3，A），遗迹全长47.4米，两厢石壁墙长18.7米，宽7.7米，残存最高处约1米，中间过水地面石长21.35米。两厢石壁东西两侧各残存一段城墙夯土，西侧一段南北长1.8米，东西宽1.5米，厚1.75米；东侧一段南北长2.1米，东西宽1.5米，厚0.5米。石壁两端与四摆手相接处宽分别为8.3米和8.45米，摆手砌石板宽在2.8—3.4米之间，残高0.4—0.8米。四摆手呈倒"八"字形，北面入水口宽11.4米，南面出水口宽12.8米。四摆手外端有石砌泊岸，泊岸残长2—4米不等。水关建于砂层之上，遗址最下层密置木排地桩（地钉，图4-2-3，B），地桩间用夹碎石及砖瓦的砂土夯实。地桩之上铺衬石枋（粗大的方木），衬石枋与地桩用榫卯垂直相接，衬石枋间用木银锭榫连接。衬石枋上置过水地面石，地面石与衬石枋用铁钉固定，地面石板间用铁银锭榫连接。两厢砌石板墙，其外侧钉木桩固沙，周围空隙用土逐层夯实。四摆手砌石板，以铁银锭榫固定，四摆手和过水地面石两端有一排密集的擗石桩，在出水口南侧钉有两排相互交叉的固定水关基础砂层的护桩（图4-2-3，A）。即水关南部出水的河道口，有东西向的石板和木桩。两排木桩交错埋于砂层下，木桩间夹埋一排自然形状石板，用砂石夯实。此设施可起固定水关河底砂石的作用。水关遗址上筑涵洞，周围夯实筑城墙（图4-2-3，C）。

水关遗址为木、石结构，使用大量石、木、铁、砂等建筑材料，其中以柏木桩所占比例较大。柏木桩直径一般为20—25厘米，不同位置长度有别。以摆手内侧的最长，长约2米；进出水口两端的擗石桩及固沙护岸桩长1.6米，地面石下长1.35米左右，两厢壁和摆手下的为1.06—1.1米之间。水关发现铸铁"银锭"和铁钉，推测还有用于"铁柱穿心"的铁柱。水关发现少量铜、陶、瓷、石质的器物。

水关遗址约建于海陵王时期，早于卢沟桥。该遗址底部结构是中国已发现古代都城水关遗址中体量最大的，其结构与宋代《营造法式》"卷輂水窗"的做法基本一致，是研究我国古代建筑和水关结构设施的重要实证。从中不仅可以看出金代建筑的工艺水平，而且还确定了金中都通过古代洗马沟（今莲花河）河道，自城西引"西湖"（今莲花池）水入中都城，至鱼藻池（今青年湖），过龙津桥下，向南斜穿丰宜门和景风门间南城墙下，继

---

[1]　诸门位置参见于杰、于光度《金中都》，北京出版社1989年版，第23—24页。

而流入金代护城河（今凉水河）的较准确的行水路线（图4-2-2）[1]。

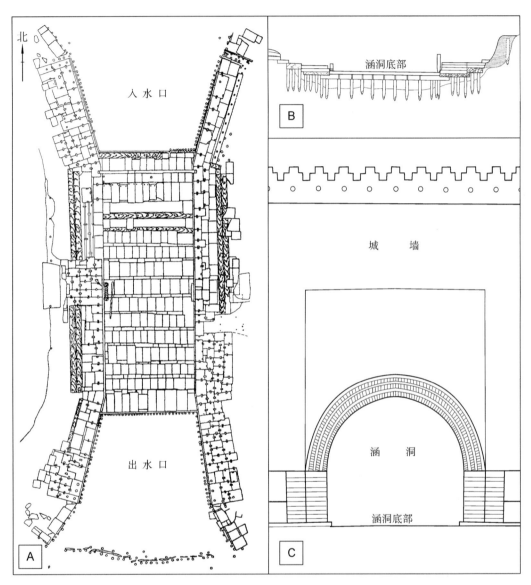

图4-2-3　北京市金中都水关遗址平面图

A　水关遗址平面图；B　水关下层木排地桩结构图；C　水关立面复原图

（A、B引自北京辽金城垣博物馆编《金中都水关遗址考览》，北京燕山出版社2001年版，略变化；C结合已刊布复原图绘）

---

[1]　北京辽金城垣博物馆：《金中都水关遗址考览》，北京燕山出版社2001年版；齐心：《近年来金中都考古的重大发现与研究》，载北京市文物研究所《北京文物与考古》1994年第四辑；王武珏：《金中都水系复原的坐标——金中都水关遗址》，载李文儒主编《中国十年百大考古新发现（1990—1999）》下册，文物出版社2002年版，第731—735页。

三 皇城和宫城

（一）皇城、宫城位置、规模和范围

金中都的皇城和宫城建于辽南京子城基址之上，其范围较辽南京子城略大，文献总称为内城。目前学者多以内城中应天门之北为宫城，应天门南与宣阳门间为皇城。持此说者考证，内城东墙在今南线阁稍东的南北直线上，北端即内城东北角在老君地或在辽南京子城燕角楼旧址，东距外城东城墙 2300 米。内城西墙在白云观铁道西大土堆南至小红庙村的南北直线上，西距外城西城墙近 1500 米。内城南墙在鸭子桥以南的东西直线上，南距外城南城墙近 1100 米。内城北墙在白菜仔村北的东西延长线上，东隅为老君地，北距外城北城墙近 1800 米。上述内城范围周长约 5000 米，与《大金国志》所记内城周围九里三十步基本相当。并说"内城应分为两重，宣阳门是皇城的南门"，"应天门是宫城的南门"，"来宁馆、会同馆、千步廊、尚书省、太庙等建筑，都应在皇城以内，宫城以外"；"金内城一定就是辽的旧子城"[1]。

有的学者认为金中都较辽南京城外扩，其内城同样也略大于辽南京子城。金中都的内城即皇城，其东墙在辽南京子城东墙之东，约在今牛街以西的南北樱桃园、老君地东侧一线附近。南墙较辽南京子城南墙南扩，将辽南京城丹凤门南的永平馆和于越王廨包容在皇城之内。北墙较辽南京子城北墙北展，约在今广安门南侧东西一线上。西墙在辽南京城外城西城墙之西，皇城西部御苑区在莲花河以西一带，皇城西墙当在此附近[2]。上述皇城四至的比定，似较前说更符合实际情况，然其论据仍显不足，其能否成立尚待今后考古工作的验证。鉴于上述情况，本书兼收两说作金中都复原图（图 4-2-1、图 4-2-2）。

关于金中都的内城和宫城，《金图经》记载："（宫）城之四周九里三十步"，在叙述宣阳门、通天门（应天门）后，又说"南城之正东曰宣华、正西曰玉华、北曰拱宸门"。《大金国志·燕京制度》记载："宫城四周九里三十步。自天津桥（龙津桥）之北宣阳门，内城之南门也"，"应天门，内城之正南门也"，"内城之正东曰宣华门，正西曰玉华门，北曰拱辰"，"拱辰内城正门也，又曰'后朝门'"。《日下旧闻考》引《金史志》："宫城之前廊东西各二百余间"；引《揽辔录》："循东西御廊北行，将至宫城，廊即东转……"[3]据上所述，可知宣阳、宣华、玉华、拱宸四门之内为内城；内城又称南城。东西廊（千步廊）之北为宫城，应天门是宫城正南门[4]，千步廊两侧衙署、太庙等属皇城范畴，宫城之周长为九里三十步。

此外，《大金国志》记载："西至玉华门曰同乐园"（又称西苑、西园，图 4-2-4）[5]，

---

〔1〕 阎文儒：《金中都》，《文物》1959 年第 9 期。关于金中都皇城宫城的范围和分界，目前多采用此说。

〔2〕 于杰、于光度：《金中都》，北京出版社 1989 年版，第 70—71 页。

〔3〕 《日下旧闻考》卷二九。

〔4〕 文献记载均以应天门为宫城正南门。《大金国志》卷三三《燕京制度》已指出宣阳门为内城之南门，又说应天门为内城之正南门。此正南门应指宫城正南门而言。

〔5〕 《日下旧闻考》卷二九引《大金国志》。

同乐园内的"西华潭，金之太液池也"[1]，因其在西华门之西而名西华潭。西华门东与东华门相对[2]，东、西华门自宋以来为宫城之东、西门。同乐园之北有北苑。《北行日录》记载："敷德门，其东廊之外，闻是东苑（东园、东明园），楼观翚飞"，敷德门东廊外即宫城东墙之外。上述宫城外之西苑、北苑、东苑依元大都、明北京大内情况[3]，显然应在皇城之内。据此结合前述情况，可认为应天门，东、西华门和北宫门之间为宫城，其周长九里三十步。宣阳、宣华、玉华、拱宸四门之间为内城，其中包含宫城，宫城两侧之苑，宫城之南千步廊和中央衙署，故内城实为皇城。

上述情况表明，前面以应天门之北为宫城，应天门与宣阳门间为皇城论者的考证是值得商榷的。其一，文献所记九里三十步指宫城的周长，不是内城的周长。其二，"金内城一定就是辽的旧子城"，持此说者考证的内城北界、东界和南界与辽南京子城之北、东和南界基本相同（南界指鸭子桥东西一线），考证的西界（白云观西之南北一线）则远在辽南京子城西墙（按辽南京子城西墙与外城西城墙南段合一）即今会城门和甘石桥一线之东[4]。因此，所考证的金内城九里三十步的范围不等于辽的旧子城，它仅仅是辽子城内靠东的部分（约相当于宫城的主体部分），实际上大体是金宫城的范围。其三，应天门前千步廊和中央衙署仅是皇城的重要组成部分之一，不是皇城的全部。它不包括在所考证的九里三十步的范围之内（参见下文）[5]。

（二）皇城的形制和主要配置

皇城大致在金中都外城中央偏西，平面呈向南突出的倒"凸"字形。皇城南面的突出部分在宫城之南，位于宫城应天门和皇城宣阳门之间，宣阳门南对外城丰宜门。《北行日录》记载进丰宜门过龙津桥，抵宣阳门；入宣阳门，"街分三道，中有朱栏二行，跨大沟为限，沟外植柳"。宣阳门内大道两侧各有一排长廊，即千步廊，东、西廊各分南、北两段，形成三条东西横街，即廊北端应天门前东西横街，东、西长廊两段中间横街，宣阳门内侧的窄横街。应天门前东西大街与宣阳门内大道组成宫前"T"字形广场。其两侧"长廊东西曲尺，各二百五十间"，"两廊屋脊皆复以青琉璃瓦"，"廊分三节，每节一门"。过宣阳门内横街，两廊南端之东西分置文武楼。东、西廊南、北两段中间横街，将东、西建筑群各分为南、北两组。在南者中间开门，门北向；在北者中间开门，门南向，两者门相对。东侧南面院落门内有来宁馆，为接待高丽、西夏外宾之所，其西南之转角有武楼；其

---

[1] 《日下旧闻考》卷二九引《金台集》。

[2] 《金史》卷一〇四《完颜寓传》、卷一三《卫绍王》记载金中都宫城有东华门。元大都宫城仿金中都宫城，设有东、西华门，故金中都亦应设有东、西华门。东、西华门的位置，参见于杰、于光度《金中都》，北京出版社1989年版，第97、98页的考证。

[3] 侯仁之主编：《北京历史地图集》，北京出版社1988年版，第28页元大都图，第34页明皇城图。

[4] 于杰、于光度：《金中都》，北京出版社1989年版，第65页；北京市文物研究所编：《北京考古四十年》，北京燕山出版社1990年版，第142页。

[5] 辽宋议和后，辽南京城子城宫殿区南扩，在丹凤门（位于鸭子桥东西一线上）南又辟启夏门，两门之间为永平馆、于越王廨等。此部分到金中都即成为千步廊及衙署所在，参见于杰、于光度《金中都》，北京出版社1989年版，第66—67页。该文还指出："金皇城在辽南京的后期时已经初具规模，金时只是内部增建和扩建而已。"

北院门内有球场，球场北另一组建筑为太庙（又称衍庆宫）。西侧南院门内有会同馆，为接待宋朝宾客之所，会同馆处标有"南使客位"，其东南转有文楼[1]；北院门内为尚书省，再北另一组建筑为六部所在地。此外，东侧横街有"街市"，应天门前横街之西，宫城西南角与右掖门之南，有登闻鼓院、登闻检院，为士民直接向朝廷陈述的受理机构。除上所述，社稷坛的位置不明。

皇城除宣阳门外，还有玉华门（西）、拱辰门（北）和宣华门（东）。在玉华、宣华、拱辰门和南面千步廊北端之间，为皇城主体部分，皇城东面与南面千步廊相对之地被宫城占据。宫城东墙之外，东华门外东西一线之南为东苑（东园、东明园），"楼观甚多"。宫城西墙之外，在南者称西苑，面积较大，湖泊多，统称为太液池。内有柳庄、杏林、果园、鹿园等，楼、台、殿、阁、池、岛俱全。西苑之北为北苑，有湖、岛、林木和景明宫等建筑。除上所述，皇城内还有太常寺、殿前都检点司、宣徽院、太府监、少府监等所属为皇室服务的各种机构[2]。

（三）宫城的形制布局

《金图经》说："亮欲都燕，遣画工写京师（汴京）宫室制度，阔狭修短，尽以授之左相张浩辈，按图修之。城之四围九里三十步"；宫城平面呈竖方形。宫城南面正门称应天门，北面宫门名称待考，东、西有东、西华门，宫城四隅有角楼。宫城是在辽代宫城基础上，经增筑、改建和扩建而成的。《金图经》记载：宫城"内殿凡九重，殿三十有六，门阁倍之。正中曰皇帝正位，后曰皇后正位。位之东曰内省，西曰十六位，乃妃嫔所居之地也"。根据文献记载和《事林广记》卷二所载金中都宫城图来看（图4-2-5），金中都宫城总体布局是按中、东和西三路配置的[3]。

中路在宫城的中轴线上，两侧有廊与东、西路隔开。据考古调查资料，鸭子桥村北关帝庙以北，土堆连绵近1500米，直到广安门大街南白菜仔村，中路诸殿基址即在此线上[4]。宫城南门应天门（旧名通天门，又名端门），在宫城中轴线南端，文献记载门高八丈，面阔十一间，五个门道，门饰金钉；"左右有行楼，折而南，朵楼曲尺各三层四垂"；其东一里有左掖门，西一里有右掖门[5]。今白纸坊西大街城外与滨河路交叉路口南70余米，于鸭子桥西里3号楼附近发现一处南北长约36米的夯筑遗迹，当为应天门遗址[6]。

应天门内左右行廊各三十间，行廊中间开门，称左、右翔龙门（两门之北，庭院内，东、西各有一小亭）。应天门北与之相对的称大安门（大安殿正门）。大安门遗址在白纸坊旧桥西十字路口。其北端距鸭子桥北里11号楼8.7米，发现夯土区下垫朵朵（碎沟纹

---

〔1〕　杨宽：《中国古代都城制度史研究》，上海古籍出版社1993年版，第450页。

〔2〕　参见于杰、于光度《金中都》，北京出版社1989年版，第100—104、195—106、75—77页。

〔3〕　参见于杰、于光度《金中都》，北京出版社1989年版，第91—98页。

〔4〕　北京市文物研究所编：《北京考古四十年》，北京燕山出版社1990年版，第163页。

〔5〕　应天门的形制，其平面为"凹"字形，门楼两侧前伸朵楼，这种形制直接影响到元大都崇天门的形制，参见《傅熹年建筑史论文集》，文物出版社1998年版，所收《元大都大内宫殿的复原研究》关于崇天门的论述。

〔6〕　北京市文物研究所：《北京西厢道路工程考古发掘简报》，《北京文物与考古》第四辑，1994年。

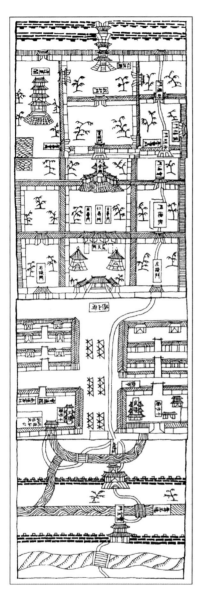

图4-2-5　《事林广记》金中
都皇城（宫城）图

砖打制），东西残长约36米，杂杂残存五层，残存厚度
0.1—0.8米，每层厚5—7厘米，最下一层为厚8—10厘
米的黏土，该遗址附近出土金代铜辟邪[1]。

大安殿在大安门正北，是金宫城的正殿，为金廷举
行重要仪式和庆典之所[2]。该殿建于辽元和殿旧址
（初仍用旧名），规模雄伟。《北行日录》说该殿"露台
三层，两旁各为曲水。石级十四，最上层中间又为涩
道"。大安殿面阔十一间，两旁各有朵殿五间。东、西朵
殿旁各有行廊四间，各与东、西侧之行廊衔接。大安殿
前，东西各有小亭一座。大安殿后有与正殿直通的便殿，
称"香阁"，为单独召见大臣议事之处。大安殿遗址在
白纸坊桥北广安门外南滨同路鸭子桥北里31号楼前，向
北达北京钢厂东门口小马路中央，东延至滨河公园（西
界因被现代建筑破坏，不明），在此范围内发现大面积夯
土遗迹。夯土残迹联为一体，南北长70余米，东西60
余米，残存最大厚度达3.65米，夯层厚度不同部位有
差，大体在5—10厘之间。夯土总的来看，质地紧密，
夯窝明显。在距地表1米以下往往垫碎沟纹砖打制的杂
杂六—七层，每层厚8—12厘米，或5—8厘米[3]。在
此附近采集到兽头瓦当、各种沟纹砖和唐辽瓷片等[4]。

大安殿"香阁"后为大安后门，门北两侧有左嘉会
门和右嘉会门，门外分别通向东、西路。大安后门向北
直对宣明门（仁政殿外门），两门间的庭院式小广场，
为仁政殿设朝时朝臣待班之处。宣明门北为仁政门（仁
政殿前门），门北两侧行廊各三十间，东行廊中间建鼓
楼，西行廊中间建钟楼。仁政门直北是仁政殿，为常朝
之所。仁政殿建于辽嘉宁殿旧址，其遗址在大安殿遗址
直北约300米今椿树馆附近。遗址堆积最厚处达4.6米，
在此采集到磨光黑色筒瓦、板瓦、绿釉瓦当，各种唐、
辽瓷片、钧窑瓷片等物[5]。

仁政殿之后（北）为后宫，皇帝正位在南，建昭明

〔1〕　北京市文物研究所：《北京西厢道路工程考古发掘简报》，《北京文物与考古》第四辑，1994年。
〔2〕　《日下旧闻考》卷二九。
〔3〕　北京市文物研究所：《北京西厢道路工程考古发掘简报》，《北京文物与考古》第四辑，1994年。
〔4〕　北京市文物研究所编：《北京考古四十年》，北京燕山出版社1990年版，第163页。
〔5〕　阎文儒：《金中都》，《文物》1959年第9期；北京市文物研究所编：《北京考古四十年》，北京燕山出版社1990
　　　年版，第163页。

宫（殿）；其北为皇后正位，建隆徽宫（殿）。皇后正位之北，是宫城北门。以上见（图4-2-4、图4-2-5）。

东路在中路之东，为东宫、寿康宫和内省所在地。右掖门之北为金宫西路（右路），门内在中路右翔龙门和弘福楼之西有鱼藻池（即辽南京子城的瑶池），池中小岛上建鱼藻殿。其位置约在今广安门外以南青年湖一带。鱼藻池之北为中宫建筑群。中宫之北为十六位，又称西宫，是诸妃嫔的居所。宫城西墙外为西苑和北苑。东路和西路的配置情况，见图4-2-4。

除上所述，皇城宫城之外，城内还有行宫和南园。行宫称兴德宫，大致位于崇智门内街以东、光泰门内街以西之地。又章宗时光泰门内有避暑宫，或由兴德宫改称而来。南园（南苑，又名熙春园）在皇城之南，丰宜门内偏西处。园内有熙春殿、常武殿。中都城外还有建春宫、长春宫、光春宫等。其中以今北海一带的万宁宫最著名[1]。

四　街、坊和市

（一）主要街道

金中都城除光泰门外，四面城墙各有三门呈南北和东西相对之势，因皇城和宫城在外城内中间偏西，故只有三条大街是直通的。其中东西横街两条，一是施仁门和彰义门间大街，此街是在辽南京城檀州街基础上，分别向东、西延伸至施仁门和彰义门而成。这条大街相当于今虎坊桥至广外湾子的大街。二是阳春门和丽泽门间大街，该街在皇城宣阳门之南，东段约在明、清外城南护城河南岸，从此向西延伸的大道今已湮没。南北向纵街一条，即城东崇智门和景风门间大街，该街是由辽南京城拱辰门和开阳门大街向南延伸而成，相当于今西城南闸市口，南过牛街，右安门内、外大街，达右外关厢凉水河桥以北的大路。又城西会城门和端礼门向大街阻于皇城，分为南北两段。南段从端礼门（今万泉寺西）向北达三路居、孟家桥一带，遗迹今已湮没；北段起会城门（今会城门村）向南于魏墙角处达金御苑而断。其他大街还有宣曜门和皇城宣华门间大街，即辽迎春门大街向东延长至宣曜门，相当于今宣武门外南横街东口偏西，向西达崇效寺以北的枣林前后街处。灏华门内大街，东至皇城玉华门，即从今蝎子门向东，遗迹无存。通玄门内大街，向南达皇城拱辰门，系以辽南京城通天门大街为基础，在今广安门外以北，明清护城河西侧，即今滨河路之西，北从白云观之东向南达广外白菜湾之北。丰宜门内大街，北至皇城宣阳门[2]。

金中都城内主要大街以城门命名，如彰义门街、光泰门街、丰宜门北街等。此外，还多以古迹和重要建筑所在位置命名，如蓟门北街、披云楼东街、白马神堂街、竹林寺东街、阁街、水门街等。金中都主要大街上有巷，其他大街和皇城门旁也有巷。上述情况表明，金中都城的交通是以街及与街直通的巷为主进行配置的。

---

[1]　于杰、于光度：《金中都》，北京出版社1989年版，第107—112页。

[2]　主要街道，参见于杰、于光度《金中都》，北京出版社1989年版，第27—28页；阎文儒《金中都》，《文物》1959年第9期。

（二）坊

金中都城东部及近郊设大兴县，西部及其近郊设宛平县，两县分治中都城及近郊行政事务。金中都城内的居民区，区划成坊。诸坊分属左、右警巡院，坊设坊正；坊的周围及坊内有街和巷。

《日下旧闻考》卷三七引《元一统志》记载，金中都西南、西北二隅42坊，东南、东北隅20坊，共62坊，具记坊名。上述四隅实际上将中都城分成了东西两大部分，由于《元一统志》将辽南京城开阳门南开阳坊分为东、西，并分别将其划入东、西部；又将崇智门街西的坊划入西部，街东的坊划入东部，所以东、西部的分界是以崇智门至景风门间大街为准的。金中都城坊数较辽南京城大增，其原因一是金中都的规模较辽南京城扩大，二是将辽南京城一些旧坊分解为二，如将辽卢龙坊分为南北二坊等。这种分解表明，金中都城内原辽南京城范围内虽然仍保留旧坊制，但其坊界已被打破，而金代新扩展的部分，则变成沿街按巷设坊的形式，甚至一巷一坊，实际上已变成街巷胡同。如新扩展的西南部分，考古钻探表明，这里东西向街道大都是一些平行的等距离的胡同。东、西扩展部分，在东西干道之外，则是一些南北向排列的胡同，如宣武门大街及其东侧的椿树胡同、陕西巷等[1]。鉴于上述情况，遂导致金中都诸坊在排列和形状上不甚规则。

金中都62坊的位置多数不明，诸家考证各坊的方位也互有出入。其中于杰先生根据文献记载的寺、观、庙、院、楼、阁与现在尚存的寺院宫观位置进行对照排比，大致比定出36坊的地望[2]，部分坊的方位可参见图4-2-1、图4-2-2。

（三）商市和手工业

金中都是当时中国北方的商业都会。据《房山石经》记载，早在唐代幽州的市场就已形成许多行（如白米行、大绢行、彩帛行等），并以幽州城北部的檀州街为主要商业区，称"幽州市"。到辽金时期檀州街仍为最重要的商业区，在东部主要集中在今牛街与下斜街和广内大街相交的口上一带，西部有檀州街北大悲阁附近的"旧市"檀州街商业区汇集了各地的水陆百货[3]。此外，在城内东南部东开阳坊东天宝宫一带新辟"马市"[4]，兴德宫所在的街道也有商市，甚至在皇城东千步廊中门内亦设"街市"。典当业和高利贷也较活跃，各行业出现"行人"和"行头"，发行交钞（纸币）、铸银币。为管理商市，当时设中都市令司，"掌平物价，察度量权衡之违式，百货之估值"（《金史·百官志》）；并由"中都都商税务司"派都监巡察，以防商人偷税和匿税。宫中所需物品或食物须外购者，由"中都买物司"到市上购买。

金中都手工业较发达，以官营手工业为主，隶工部管辖。少府监下设文绣署，"绣造御用并妃嫔等服饰"，民间纺织业也较活跃。少府监下又设尚方署、裁造署制造车舆和器

〔1〕　徐苹芳：《古代北京的城市规划》，载《环境变迁研究》第一辑，海洋出版社1984年版。
〔2〕　于杰、于光度：《金中都》，北京出版社1989年版，第30~46页。
〔3〕　《许亢宗行程录》，《五代宋金元人边疆行记十三种疏证稿》，中华书局2004年版。
〔4〕　《析津志辑佚·祠庙仪祭》"三灵侯庙"条，北京古籍出版社2001年版。

具。设作院造兵器，设笔砚局制文具，设中都都曲使司负责大量造酒，设都城所和中都店宅务管理官私营建。如此等等，不胜枚举。唯官、私手工业在中都城的分布情况，尚不清楚。

五　金中都形制渊源、主要特点及对后世的影响

金中都在辽南京城基础上改扩建而成，两者形制布局间有直接承袭关系。但金中都的改扩建，一扫金上京的影响，改以北宋东京开封府城为蓝本，并参考宋以前的都城，完全按照中原地区都城模式，对原辽南京城因地制宜地加以利用和改造。因此，金中都的形制布局，既有北宋开封府城和前代都城的烙印，又在此基础上形成了独有的特点。

首先，在金中都总体形制布局上，其主要特点表现如下：（1）金中都按东京开封府城模式，同样采用三城环套形制。其差异是根据金中都的具体情况，将内城置于外城中部偏西，并使之变为皇城的主体部分，宫城则置于皇城的东部。（2）金中都外城诸门配置态势与开封府城外城相似，两者东、西、南均三门，北面四门。金中都北面正门通玄门，与开封府外城北面正门通天门仅一字之差。（3）金中都外城有施仁门（东）、彰义门（西）、端礼门（南）、崇智门（北），寓有崇尚仁、义、礼、智之意，明显可见汉文化传统的影响。而金中都南面的景风门又与唐长安城皇城景风门同名，则可见宋以前都城的影响。（4）金中都城内主要街道因受河流干扰较少，各城门内主要街道均为正方向，此点类似隋、唐长安城而不同于北宋开封城。（5）由于金中都皇城位于外城中间偏西，所以只有施仁门与彰义门，阳春门与丽泽门、崇智门与景风门之间大街是直通的（会城门与端礼门大街是否直通，学者的意见不一）。这个现象与开封府不同。（6）金中都外城东、西分界以崇智门与景风门间大街为准，此现象在中国古代都城中是独一无二的。（7）金中都宫城的中轴线不居全城之中，且向北延伸到外城北城墙通玄门；南面丰宜门至宣阳门大道与汴京宫城南面御道相似，甚至连龙津桥的名称也相同。如此，则造成位于轴线上的丰宜门宣阳门大街和拱辰门通玄门大街隔皇城相对之势，这个特点不同于开封府城和前代都城。其中宫城轴线向北延伸，是宫城中轴线的重要发展和变化，对元大都和明、清北京城宫城中轴线有重要影响。（8）金中都城内按西南、西北、东南、东北四隅置坊，与开封府城按四隅设厢坊的情况相同。（9）金中都内原辽南京城部分保留唐、辽以来的旧坊制；其外扩部分采用街巷制，按街巷设坊，基本同于开封府城，对元大都街巷（胡同）制布局产生重要影响。上述两种情况共存，是金中都城的重要特点之一。（10）金中都在唐、辽基础上，又新建了一些寺观，城内寺观分布，略呈组团式，较有规律。此外，一些寺观和庙还分布在城门内附近，如景风门内有十方万佛兴化院，阳春门内有紫虚观、天宁禅院，施仁门北水门街内有崇玄观，光泰门内有殊胜寺、九圣寺和永宁寺，崇智门内有延洪禅寺，彰义门内有武安王庙，丽泽门内有武成王庙等。这个特点与开封府相同。此外，在报恩寺、报德寺供世宗御容，圣安寺供章宗和李妃御容，具有原庙性质。金早在上京时就建有原庙，这个现象既受开封府城影响，又对元大都有较大的影响。

其次，宫城方面前已说明其规制、式样、结构和尺度均参照宋开封府宫城。但是，由于两者宫城遗迹无存，难作具体比较，所以下面只能据已知情况概言之。（1）"择中立

宫"是宫城选址的主要标准之一，为达此目的，金中都将辽南京城东、南、西三面外扩，使宫城大体居中而偏西。从"择中立宫"来看，比前代都城有较大改进。金中都宫城位置，改变了隋、唐宫城在都城之北居中，北宋开封宫城在外城中部偏北居中的格局，并成为尔后元大都和明、清京城选择宫城位置的基本模式。(2) 金中都宫城正南门应天门与唐洛阳宫城正南门同名，宫城左、右掖门，东、西华门的名称和位置均同于北宋开封宫城。皇城拱宸门同于北宋宫城北门，宣阳门与北宋宫城宣德门仅一字之差。金中都应天门与隋、唐长安城宫城承天门和北宋汴京宫城宣德门的位置相同，平面均呈"凹"字形，其间形制承袭关系明确。此后，元大都宫城崇天门，明、清北京城宫城午门又是在金中都应天门形制基础上发展起来的。(3) 金中都宫城四隅设角楼，以东、西华门间横街作为宫城南北两组宫院的界限，这个情况同于北宋开封宫城。(4) 金中都宫城分三路集中配置，应是在北宋开封宫城两路配置基础上发展而来，并成为明清北京宫城分三路配置之源。金中都宫城中路前后两组主要宫殿置于宫城中轴线上，这是隋、唐长安城、北宋开封，以至元大都和明、清北京城宫城一直遵循的传统。(5) 金中都宫城中轴线仁政殿后的后宫，前组宫殿称"皇帝正位"，后组宫殿称"皇后正位"，开元大都宫城中轴线前组宫殿称"大内前位"，后组宫殿称"大内后位"之先河。(6) 金中都仁政殿一组建筑平面构图（图4-2-4），与唐长安宫城太极殿建筑群平面大同小异。唯钟鼓楼置于两侧廊庑上始于金中都。(7) 金中都主要宫殿为工字殿，殿后有阁，同于宋开封宫城主要宫殿。(8) 金中都宫城引水系统称金水河，其名称和态势与宋开封宫城金水河相似。(9) 金中都宫城内有琼林苑，为明、清京宫城内设苑之先声。(10) 宋开封宫城皇城等总周长9里13步，金中都则将宫城周长变为9里30步。这个变化直接影响到元大都和明、清北京宫城的周长。

此外，在皇城方面。(1) 金中都皇城在辽南京子城基础上外扩而成，环套宫城和御苑。即皇城内东部置宫城，宫城之东有东苑，宫城之西有西苑和北苑，宫城之南千步廊部分向南突出，皇城总平面呈倒"凸"字形。从而成为元大都、明、清北京城皇城形制，以及皇城与宫城、御苑配置形式之滥觞。(2) 辽南京皇城内东部为宫城，宫城内西部有瑶池。宫城外之东为内果园，西为园林区。宫城南门丹凤门外与启夏门间有球场、万胜殿、永平馆和于越王廨等。金中都皇城即在此基础变化而来，其皇城与宫城和苑的配置形式一如前述，宫城之南千步廊皇城向南突出部分则是辽南京丹凤门与启夏门间部分的扩大。金中都与辽南京两者皇城宫城的承袭关系至为明确。(3) 金中都皇城南部突出部分的形制，是由宋开封皇城宣德门前准"T"字形宫廷广场演变而来。其变化一是如同宋开封宫城宣德门前御道两侧的权子之外，出现真正的千步廊；二是将应天门前横街加宽，并与南面千步廊内御道结合更加紧密，形成真正"T"字形宫廷广场；三是将尚书省、六部、太庙、会同馆、来宁馆等紧凑整齐地配置于千步廊两侧，并将该部分封闭起来，一改宋开封宫廷广场开放的模式；四是将宋开封宫廷广场的南面御街开放式商市变成固定的街市。上述变化遂成为元大都、明、清北京城宫城南面千步廊一组建筑形制之原型。(4) 金中都将宋开封内城变为皇城，并将开封宫城外诸苑纳入皇城之内。金中都皇城北门拱辰门与开封皇城北门同名，南面宣阳门与开封皇城南面宣德门仅一字之差。此外，金中都在宫城外建兴德宫（行宫），又与南宋临安在宫城外建德寿宫有一定相似之处。

　　综上所述，金中都城形制布局的形成，主要有四大因素。第一，承袭、利用和改造辽南京城，因而金中都的形制布局明显有辽南京城的烙印。第二，在利用改造辽南京城过程中，主要参照了北宋东京开封府的形制布局，并以开封府宫城为蓝本，有选择地移植。第三，吸收了宋代以前都城形制布局中某些可利用的因素。第四，金中都在营建改造过程中，不是生搬硬套其他都城的模式，而是在总结前代都城形制布局的基础上，将前三者融会贯通，根据金中都的实际情况取其所需，进行再创造，因而出现许多有别于前代的新特点，呈现出新的形制布局。这种新的形制布局，其重要性在于它是从宋开封类型到元大都及其以后的明、清北京城演变过程中的主要中间过渡环节。其承前启后，继往开来，对中国古代都城最后终结模式的形成有重大影响。所以金中都的形制布局，在中国封建社会后期都城史中的地位和作用是不容忽视的。

第五章　元代都城（上）

第一节　元上都开平府城的形制布局

一　元上都概说

　　成吉思汗至蒙哥时期，蒙古汗国（号大蒙古国）以漠北为基地，窝阔台之世建都于和林[1]。忽必烈建立元朝后，其都城有元上都、元大都和元中都。

　　元上都蒙古语称"兆奈曼苏默"，即"有一百零八座庙的地方"。遗址在内蒙古自治区锡林郭勒盟正蓝旗敦达浩特镇东18公里的闪电河北岸约1公里，"五一种畜场"南约4公里处，位于东经$116°09'50''$—$116°11'40''$，北纬$42°20'52''$—$42°22'13''$，海拔1265—1281米（图5-1-1）。此处"龙岗蟠其阴，滦江（指滦河上游闪电河）经其阳，四山拱卫，佳气葱郁……山有木，水有鱼盐，盐货狼藉，畜牧蕃息"，是"北控沙漠，南屏燕蓟，山川雄固，回环千里"的形胜之地。这里金代时属桓州，称金莲川。1255年蒙哥将该地赐予其弟忽必烈，渐成巨镇。1256年忽必烈命汉人僧子聪（刘秉忠）和贾居贞等在此筑城，经三年建成，名称开平。1259年蒙哥死，次年忽必烈于开平即大汗位，建元中统开平升为府，置中书省，总理全国政务。中统四年（1263年）升开平为上都（亦称上京，滦京），置上都路总管府，取代和林。至元元年（1264年）升燕京为中都，九年升中都为大都，至元十一年从上都迁都至大都。此后终元之世，元

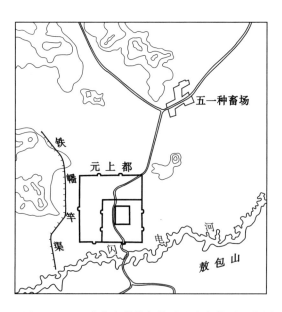

图5-1-1　内蒙古锡林郭勒盟元上都位置示意图
（引自中国历史博物馆遥感与航空摄影考古中心、内蒙古自治区文物考古研究所编著《内蒙古东南部航空摄影考古报告》，科学出版社2002年版，略变化）

---

[1]　《中国大百科全书·考古学》"哈拉和林城址"条，中国大百科全书出版社1986年版，第155页。

朝诸帝均于每年四月至八九月间在上都"时巡"避暑，处理政务，发布政令，举行诸王朝会、狩猎、祭祀或新帝登基等活动[1]。因而元朝实行的是大都、上都两都制，所以上都的营建始终受到元朝诸帝的重视。

元末农民起义风起云涌，至正十八年十二月，红巾军攻破上都，焚毁宫阙。明洪武二年（1369年）常遇春一度攻克上都，复名开平府。洪武三年明将李文忠部进驻开平，以后置开平卫，并对开平城进行部分修补和利用[2]。明成祖出征漠北时，曾驻扎开平。宣德五年，开平卫移到长城内独石口堡（今河北省赤城县独石口），该城逐渐废弃。

元上都遗址很早就引起学者们的重视，19世纪末，俄国和英国学者曾对故城进行过调查，此后以日本学者居多。如公元1908年日本人桑原骘藏，后继者还有鸟居龙藏等人都曾到上都调查。抗日战争时期日本原田淑人和驹井和爱等到上都调查和盗掘，并出版了《上都——蒙古多伦诺尔元代都城址调查》（东亚考古学会编，1941年）一书。中华人民共和国成立后，内蒙古自治区文物考古工作者在20世纪50年代中叶和70年代多次调查上都遗址，1988年被定为全国重点文物保护单位。20世纪90年代以后，内蒙古文物考古研究所在上都设考古工作站，正式全面启动上都遗址的考古调查和发掘工作。

二　元上都的形制布局

元上都故址由外城、皇城和宫城构成，皇城位于外城东南部，宫城在皇城中部偏北（图5-1-2、图5-1-3、图5-1-4）。

（一）宫城

1. 宫城的形制布局

宫城平面略呈长方形，东墙长605米，西墙长605.5米，南墙长542.5米，北墙长542米，周长2295米。宫墙夯筑，夯层厚约9厘米。夯土墙体内外包青砖，砖34×19×7厘米，顺丁平砌，白灰浆勾缝（缝厚1.5厘米）。包砖墙底部，以厚约40厘米的石条或片岩为墙基。在包砖与夯土墙体间约1米的空隙内，用不同规格的残砖块、小片石和泥土填筑。宫墙基宽约10米，残高约5米，残顶宽约2.5米。宫城四隅有角楼台基残迹，宫城南墙中间开门，称御天门；东、西墙城门大致在中间，分别称东、西华门，二门位置略相错（图5-1-2）；北墙无门，均未发现瓮城遗迹。东西宫墙外24米（一说25米）处，围宽约1.5米的石砌夹墙，北面石夹墙宽于东西夹墙，石墙外有环城道路，宫城墙体外侧发现护城河残迹。宫城南门外有宫廷广场（东西约500米，南北约100米）。宫城内东、西华门间横街大致南北中分宫城，御天门内纵街是宫城的中轴线，并与前述横街呈"丁"字形相接（图5-1-2、图5-1-3）[3]。在此以北的中轴线上配置主要宫殿，其两侧及横街之南的御天门内纵街两侧，大致规划出约略相等的呈不规则对称的四区，每区各配置

---

〔1〕 迁大都后，元朝主要政府机构如中书省、枢密院、御史台、宣政院等，在上都均有分衙或下属官署。

〔2〕 李逸友：《明开平卫及其附近遗迹的考察》，《内蒙古文物考古》1999年第2期。

〔3〕 图5-1-2为实测图，东、西华门街道，分别斜向与中轴线交会。以此结合图5-1-5来看，图5-1-3东、西华门间直街，值得考虑。

带有池沼的一组建筑群（图5-1-4），各种遗迹30余处[1]。

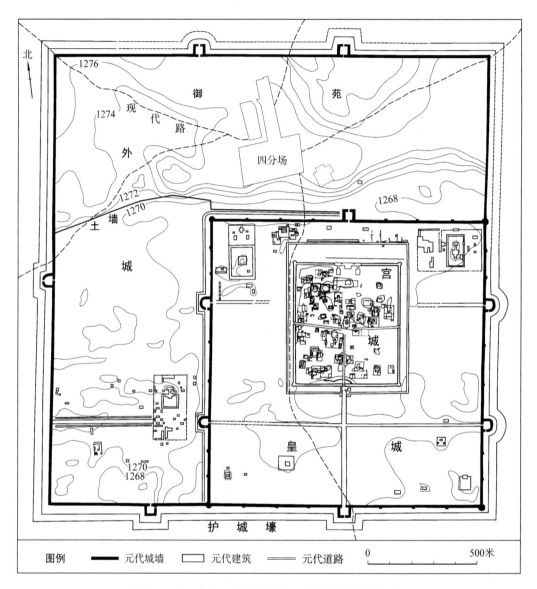

图5-1-2　内蒙古锡林郭勒盟元上都故址实测平面图

（引自中国历史博物馆遥感与航空摄影考古中心、内蒙古自治区文物考古研究所编著《内蒙古东南部航空摄影
考古报告》，科学出版社2002年版，略变化）

御天门内大街与东、西华门间大街"丁"字形相接处之北，相当于中轴线位置上，建

〔1〕贾洲杰：《元上都调查报告》，《文物》1977年第5期；魏坚：《元上都及周围地区考古发现与研究》，《内蒙古
文物考古》1999年第2期。本书撰写，主要依据贾、魏二氏所提供的考古调查和试掘资料，下面资料部分不再
另作注释。

筑遗迹较多，其中仅南端的临"丁"字形相接处的殿址略作清理（图5-1-4）。该殿址下层为大致呈方形的台基，东西33.25米，南北34.05米，高1.5—1.8米，台基南侧有长约9.1米的斜坡踏道。台基外面以自然石块包砌，台基面上残存铺地方砖。遗址被晚期喇嘛庙遗址叠压，仅对遗址西南、东南两角及东侧进行了局部清理。初步判断，其东西基宽约40米，南北已知长度为35米。基础以上一层长80—130厘米，宽50—60厘米，用厚约25厘米的砂岩石条铺成，石条相接处有"燕尾槽"。在石条之上，摆放一层汉白玉雕花石构件，构件高56厘米，宽54厘米，长50—220厘米不等，构件外侧四周雕出边框，宽约12厘米，框内浮雕牡丹、莲花等缠枝花卉，技法精湛，图案精美。在基址石条间，有加固基础的木桩，木桩直径约15—20厘米。此外，在堆积中还出土了大量雕刻龙纹和花卉

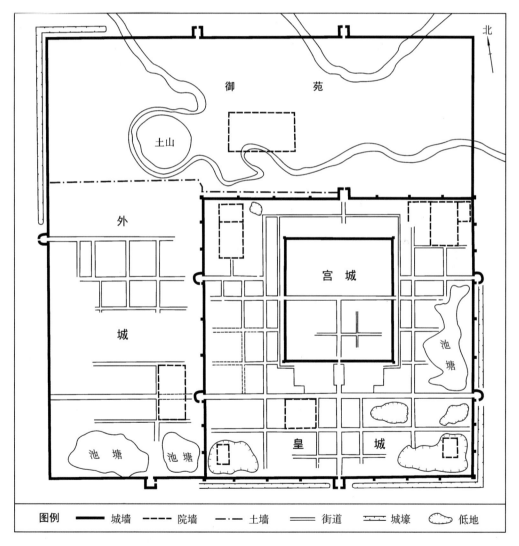

图5-1-3　内蒙古锡林郭勒盟元上都故址平面示意图
（引自贾洲杰《元上都调查报告》，科学出版社2002年版，略变化）

的汉白玉残块。清理者推断，其始建年代可能在忽必烈时期[1]。该台基之上，为较晚的喇嘛庙建筑遗址。这座殿址有的学者认为是大安阁遗址[2]，有的认为是衙署遗址[3]。

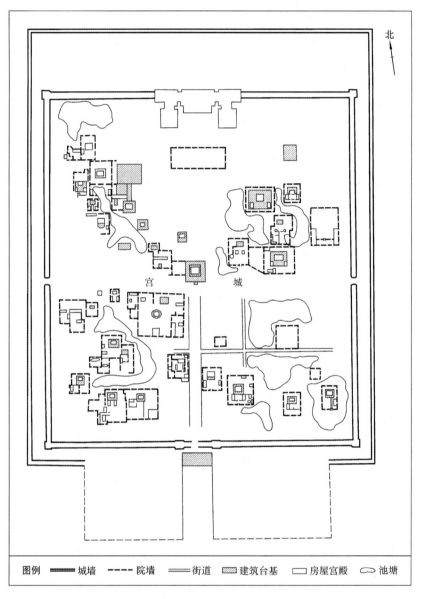

图 5-1-4　内蒙古锡林郭勒盟元上都宫城平面示意图
(引自贾洲杰《元上都调查报告》，科学出版社 2002 年版，略变化)

〔1〕　魏坚：《元上都及周围地区考古发现与研究》，《内蒙古文物考古》1999 年第 2 期。
〔2〕　中国历史博物馆遥感与航空摄影考古中心、内蒙古自治区文物考古研究所编著：《内蒙古东南部航空摄影考古报告》，科学出版社 2002 年版，第 158 页，图版 57 之说明。
〔3〕　魏坚：《元上都及周围地区考古发现与研究》，《内蒙古文物考古》1999 年第 2 期。

又中轴线北端有一平面呈"凹"字形建筑台基，台基北部与宫城北墙结合一体，东西长约 75 米，中间凹入部分宽约 25 米，两侧突出部分（阙）长宽约 28 米，台基断面露纴木眼，外包青砖。该基址有大安阁[1]、穆青阁[2]和承应阙[3]三说。

前述中轴线建筑群之外的四区，各有堂阁亭榭等建筑群，自成建筑单元（图 5 - 1 - 4）。这些建筑单元的布局不拘一格，灵活多变，有的地处土岗，有的临近水池，或为草地，或为院落，泉池穿插其间，路径曲折，颇具中原地区的离宫色彩。上述四区的建筑平面，以一殿两厢的"品"字形居多，也有"工"字形和曲尺形者。四区之中，西北区建筑遗迹较密集，并发现汉白玉石刻残件，覆盆式石柱础，黄、绿、蓝色的琉璃瓦残件，雕砖和残瓦等。四区中仅东南区发现十字街残迹[4]，部分路面还残存铺地砖。文献记载宫城中建筑较多，如大安阁（登极临朝、议政之所，相当于大都大明殿），《禁扁》以水晶、洪禧、睿思、穆清（又称阁）、清宁为上都五殿。此外，尚有崇寿殿、仁寿殿、统天阁、万安阁、楠木亭、通明殿、鹿顶殿、歇山殿、玉德殿、香殿、明仁殿、东便殿、五花殿等[5]，以及宫学和少数官署。上述殿阁的方位文献记载极其模糊、含混，故其与现存遗迹的对应关系尚不明晰。

2. 宫城大安阁的性质、形制和位置

唐长安宫城之西有大安宫，唐高祖李渊曾居之。辽代仍设大安宫，宫中设大安殿。金中都宫城以大安殿为正殿，是金廷举行重要仪式和庆典之所，大安殿前后分置大安门和大安后门。元世祖中统四年（1263 年）五月"升开平府为上都"，至元三年（1266 年）十二月建大安阁于上都[6]。大安阁的形式是上都的"前殿"，其比拟于金中都宫城正殿大安殿并承袭大安之名，使之成为皇帝在上都早朝、内阁及皇帝即位之所在[7]，同时也是上都皇室修佛事、供奉佛像、举行道家仪式和供奉祖宗神御像之所。

据史籍记载[8]，忽必烈立上都与升燕京为中都，在上都建大安阁与城大都在时间上分别前后相接，在立上都前还两次驻跸燕京近郊。所以忽必烈在立上都时已早有都燕之意[9]，这是忽必烈在上都"不作正衙"，仅以永安阁比拟正殿的主要原因之一。在中国古代工程中，"不作正衙"，而以"阁"比拟正殿者，只有元上都宫城这个孤例；其次，永安阁除比拟正殿外还有其他功能，显然上述非常规的权宜处置使上都一开始就具有行都和离宫的

---

[1]　贾洲杰：《元上都调查报告》，《文物》1977 年第 5 期；[日] 原田淑人等：《上都——蒙古多伦诺尔元代都城址调查》。

[2]　中国历史博物馆遥感与航空摄影考古中心、内蒙古自治区文物考古研究所编著：《内蒙古东南部航空摄影考古报告》，科学出版社 2002 年版，第 158 页，图版 57 之说明。

[3]　陆思贤：《关于元上都宫城北墙中段的阙式建筑台基》，《内蒙古文物考古》1999 年第 2 期。

[4]　宫城分四区，参见贾洲杰《元上都调查报告》，《文物》1977 年第 5 期，说此说仅供参考。从图 5 - 1 - 5 来看，实际情况未必如此，最终只能依据今后全面发掘的情况再定。

[5]　叶新民：《元上都研究》，内蒙古大学出版社 1998 年版，第 26—33 页。

[6]　《元史》卷五《世祖二》、卷六《世祖三》。

[7]　《日下旧闻考》卷三十二、卷三十；（元）虞集：《道园学古录》卷一○。

[8]　《元史》卷四《世祖一》、卷五《世祖二》、卷六《世祖三》。

[9]　参见本章第二节之一"元大都城选址与营建概况"，介绍忽必烈未登大位前已早有都燕之意。

形制〔1〕。

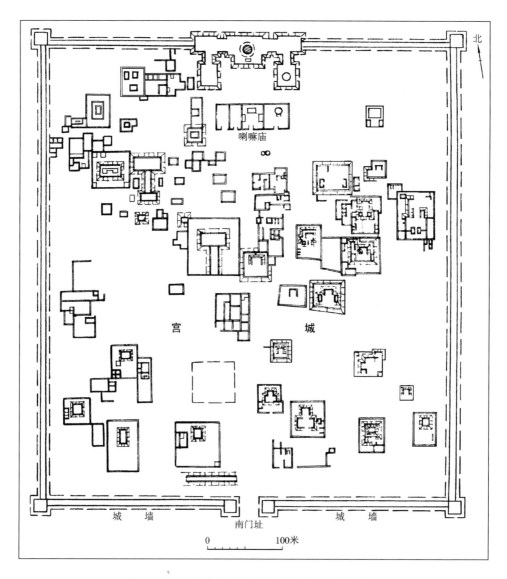

喇嘛庙

宫　　　　城

城　墙　　　南门址　　　城　墙

0　　　　　100米

图5-1-5　内蒙古锡林郭勒盟元上都宫城实测图

（引自［日］原田淑人等《上都——蒙古多伦诺尔元代都城址调查》，东亚考古学会1941年版，略变化）

　　元人虞集撰《道园学古录》卷一〇"跋大安阁图"载：大安阁"取故宋熙春阁材于汴，稍损益之，以为此阁"。明人李濂撰《汴京遗迹志》引元人王恽《熙春阁遗制记》，记载熙春阁"构高二百二十尺，广四十六步有奇，从则如之，岁四隅阙角，其方数纤余。

〔1〕　本书第二章第三节"宫城与德寿宫"，介绍南宋以临安城为行在，以原北宋州治为行宫，上都大安阁的情况或与此有些类似。

于中下断鳌为柱者五十有二，居中阁位。与东西耳构九楹而中为楹者五。每楹尺二十有四焉。其耳为楹者，各二；共长七丈有二尺。上下作五檐覆压。其檐长二丈五尺，所以蔽亏日月而却风雨也。阁位与平座，叠层为四。每层以古座通藉，实为阁位者三，穿明度暗。而上其为梯道，凡五折焉"。该阁"取具成体，故两翼旁构，俯在上层。栏杆之下，止一位而已。其有隆有杀，取其飘渺飞动，上下崇卑之序。此阁之形势，所以有魁伟特绝之称也"。元上都大安阁既然"取故宋熙春阁材于汴，稍损益之"而成，故大安阁的形制结构当与熙春阁十分接近。

据上述记载，可知熙春阁是一座中间为五间见方的楼阁，左右两侧有一个两间的"耳构"，中阁与耳构的总开间数为九间。即其通面阔九间，中间为见方五间，恰合象征天子"九五之尊"。熙春阁立面上有五重屋檐，剖面为四层。推测熙春阁有三层"通藉"的"古座"，"古座"即平座，每层平座上有一层"阁位"，则其立面上有三层平座，三层楼阁。上述分析表明，熙春阁即大安阁的平面和立面形制大致是一座五间方形平面加东西各两间耳构的楼阁建筑，外观为三层平座，五层五檐，中阁顶层为重檐屋顶。各层室内处于同一个标高上，并形成一个贯通的室内空间。各层屋檐也在同一标高上交汇，从而形成八个方向的屋溜，即"八滴水"的外观轮廓形式[1]。

《道园学古录》记载上都"宫城之内不作正衙。此阁（大安阁）魏然，遂为前殿矣"。《日下旧闻考》卷三十二"臣等谨按禁扁载"，大安阁"盖拟于大都之正殿"。以大安阁为上都宫城前殿，并将其比拟于后来元大都宫城之正殿，故大安阁在宫城内的位置当在宫城东、西华门间大街与中轴线御天门内大街相接处之北，现已大致清理的方形台基处。

在元上都宫城内中轴线北端有一平面呈"凹"字形建筑台基，台基北部与宫城北墙结合一体。有的研究者据《元史》"穆清阁与大安阁相对""阁之两陲具有殿""盖其地势抱皇城"等记述，认为该"凹"字形台基为穆清阁遗址。又有学者认为该阙式建筑台基为承应阁，即"上都司天监"的"上都司天台"遗址。上述两种意见均无实证，但从《元史》所记位置和形制来看，以穆清阁说较为合适。此外，元大都宫城北门厚载门之东有观星台（内灵台），上都宫城北面"凹"字形台基位置与厚载门位置相同，这个现象亦应引起重视。至于前面介绍的该基址大安阁说，显然是误判。

（二）皇城

皇城位于外城东南部，东和南城墙与外城东城墙南段和南城墙东段合一，东墙长1410米、西墙长1415米、南墙长1400米、北墙长1395米，平面略呈方形。城墙夯筑，内外侧包砌自然石块，石墙宽0.8—1米，白灰浆勾缝。城墙基宽12米、残高约6米、残顶宽约2.5米。四角有高大的角楼台基，在角楼和城门内侧分别筑斜坡马道。其中东南角楼台基经解剖，可知角楼台基呈圆形，底径约25米，向上有收分，残顶径约14米。角楼台基连接的东墙和南墙内侧各有一条斜坡式马道，东侧马道残长9.5米，最宽处3.8米；南侧

〔1〕　熙春阁即大安阁形制的分析，参见《当代中国建筑十书》中的王贵祥选集《元上都开平宫殿建筑大安阁研究》，辽宁美术出版社2013年版。

马道残长 12.5 米，最宽处 4.5 米，马道筑法同城墙。皇城南、北墙中间相对开门，南门（与御天门直对）和北门分别是文献记载的明德门和复仁门[1]，城门外有长方形瓮城，瓮城宽约 56 米，长约 47 米[2]。东、西墙各相互对称开二座城门，分别称东门、小东门和西门、小西门，门外筑马蹄形瓮城，除西门外，大都有被封堵的现象[3]。西门实测，其门基宽 13.6 米，门宽 10 米；瓮城最大半径 42 米，门宽 8.5 米。皇城每面城墙筑 6 个马面，马面间距 115 米至 180 米不等。马面夯筑，外侧包砌石块，整体呈梯形，底宽约 10 米，其上有收分，突出墙体约 6.5 米。此外，在城墙上还发现有顺墙皮砌出深约 10 厘米、宽约 20 厘米的泄水槽。在皇城和宫城城墙外侧，均发现环绕的护城河痕迹（图 5 - 1 - 2、图 5 - 1 - 3）[4]。

皇城内的街道较规整，左右基本对称配置。皇城南面明德门向北的御街宽约 25 米，向北直通宫城之内，从而成为皇城和宫城的中轴线。在皇城东西两侧各有一条南北向纵街，宽约 15 米，两纵街与中轴线大致将皇城东西四等分。东西墙南面城门间横街与上述三条纵街相交，横街与阳德门内御街相交处之北至宫城御天门间为宫廷广场，广场东西两侧封闭，并与宫城外夹墙连为一体。该横街之南，发现有一长一短横街。东西墙北面城门内横街，西横街至宫城附近，东横街抵夹墙。宫城东、西华门大街分别延伸至皇城，其延伸部分成为皇城内的横街。上述大街两侧棋布宽约 8 米的巷，大街与巷结合将皇城内规划成若干方形或长方形的街区（图 5 - 1 - 3）。街区内分布着有院墙的建筑群，其中较大者或是衙署遗址。

据文献记载，皇城内衙署和庙宇较多，现今可考者仅有皇城内四隅的庙宇遗址。袁桷《清容居士集》载"上都华严寺碑"说：世祖"首建学庙。乾艮二隅，立二佛寺，曰乾元、曰龙光华严。复立老子庙于东西"。乾为西北、艮为东北，老子庙即道观。皇城内西北隅的建筑遗迹当为乾元寺遗址，遗址南北 240 米，东西 120 米，前后两院。前院四周有宽约 11 米的回廊，中心大殿台基长约 50 米、宽约 35 米、高约 4 米。殿毁，殿前有二碑亭遗址。后院后部正中有一"十"字形建筑遗迹，长约 30 米、宽约 10 米，其前两侧有东西配殿（图 5 - 1 - 2）[5]。皇城内东北隅的建筑遗迹为龙光华严寺遗址，遗址东西约 400 米，南北约 200 米，分中、东、西三院。中院是主体建筑，宽 148 米，四周有围墙，内为回廊式建筑。院内中间有殿基，长约 38 米、宽约 36 米、高约 4 米。殿基上残留一长 24 米、宽 12 米的黄土佛坛。殿基前砌月台，月台前两侧有碑亭遗址，殿基后连廊道，其后

[1]　魏坚：《元上都及周围地区考古发现与研究》，《内蒙古文物考古》1999 年第 2 期；叶新民：《元上都研究》，内蒙古大学出版社 1998 年版，第 35 页。

[2]　贾洲杰：《元上都调查报告》，《文物》1977 年第 5 期。

[3]　李逸友：《明开平卫及其附近遗迹的考察》，《内蒙古文物考古》1999 年第 2 期。

[4]　《内蒙古东南部航空摄影考古报告》，科学出版社 2002 年版，第 155 页的元上都城航空照片显示皇城角楼、马面、瓮城，第 163 页的皇城航空照片，显示皇城西北角楼台基、皇城外护城河遗址，第 165、167 页的航空照片，分别显示皇城马蹄形和长方形瓮城形制；魏坚：《元上都及周围地区考古发现与研究》，《内蒙古文物考古》1999 年第 2 期，说："在皇城和宫城墙体外侧，均发现有环绕的连贯河沟之痕迹。经解剖宫城北墙与皇城北墙之间的河沟了解到：河沟距现地表 2.1 米以上。"

[5]　[日]原田淑人等：《上都——蒙古多伦诺尔元代都城址调查》，东亚考古学会 1941 年版。

又有一小台基。在大殿的堆积中发现残瓦、彩绘涂金塑像残件和一件汉白玉螭首[1]。龙光华严寺东院约错后100米，宽约60米，西院宽约120米，均有围墙和房址残迹（图5-1-6）。皇城东南隅有一筑围墙，内有前后两殿基，其西北又连一小院落遗址。据《上都孔子庙碑》记载，孔子庙位于"都城东南"，庙西有庐舍以待国子生。上述遗迹或是建于至元二年，皇庆年间又扩建的孔子庙遗址。皇城西南隅有一组寺院遗址，遗址西墙外地表露出一排高约半米的木桩（地钉），其在地下部分呈锥体，全长约1.5米。据袁桷《清容居士集》记载，上都建华严寺时因"殿基水泉涌沸，以木钉万枚筑之"，看来以地钉固定地基是上都采取的重要方法之一。

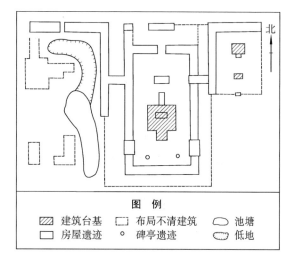

图5-1-6　内蒙古锡林郭勒盟元上都故址
华严寺遗址平面示意图

（引自贾洲杰《元上都调查报告》，《文物》1977年第5期，略变化）

　　在皇城内采集到的遗物有龙泉青瓷片、钧窑和磁州窑瓷片，以及少数青花瓷片等。在城门、城角和城边常发现微扁的圆石球，大小不一。如直径约13厘米的重约4.5斤，直径约11厘米的重约3.25斤，直径约9厘米的重约1.45斤等。这种石球是当时用作炮弹或作掷石之用。

（三）外城

　　外城平面方形，北、西和南城墙长2220米，东城墙长2225米，周长8885米。城墙现存高度5—6米，墙基宽约10米，顶宽约2米，夯筑，夯层厚约20厘米。城墙无马面和角楼，东墙南段和南墙东段与皇城墙合一。南城墙在皇城门之西开一门，北城墙开二门，东城墙在皇城门之北无门，西城墙目前仅见一门[2]。北城门外有长方形瓮城，南城墙外城门外瓮城长方形，西门外有马蹄形瓮城。西门瓮城经清理，可知门道宽10.8米，门道两端夯土墙贴有桦木护板，护板厚约3—4厘米（瓮城门后代均用石块封堵）。西门瓮城外低坡上筑有防塌的石堤，北门残存部分石柱础。护城河距外城墙约23米，上口宽约26米。城西北角外护城河保存略好，河底宽约13米，最深处约2.5—3米，现存河堤坡度在3°—40°之间[3]。护城河与城门对应处，护城河均向外弧，对应处的河沟地面隆起，似为护城河桥的位置所在。为保护外城墙，在上都城西、北两面约2.3公里处，有"铁幡竿

---

〔1〕　[日]原田淑人等：《上都——蒙古多伦诺尔元代都城址调查》，东亚考古学会1941年版，第33页。

〔2〕　李逸友：《明开平卫及其附近遗迹的考察》，《内蒙古文物考古》1999年第2期，说：外城西墙在直对皇城西墙南面的位置，原应有一小西门，后被明代补筑时破坏无存。

〔3〕　《内蒙古东南部航空摄影考古报告》，科学出版社2002年版，第169页。

渠"防洪坝遗址[1]。

外城自西门北侧向东抵皇城北门瓮城处，筑一土墙将外城隔为南北两部分，土墙夯筑，夯层厚15—20厘米，基宽约3米，残高约0.7—0.8米，残顶宽约2.05米，墙中部与皇城西墙对应处略南折后抵皇城北门瓮城处。该墙之南的外城部分，街道较整齐。西城门内有横街，皇城西边二门向外对应的外城内有横街，其南北两侧亦见横街残迹，南门东约20米有向北的纵街。建筑遗迹多见于街道附近，除西门内有一排房屋残迹外，一般仅能看到院落轮廓。其中靠近皇城西墙南门有一院落，东西宽150米，南北长约200米，石筑院墙。院落跨东西向大街，与街对应部位之北有前后二殿基，中连廊道，还有"工"字形的厢房遗迹。中部靠东西院墙有两栋东西长18米，南北宽约8米的小房址；南部则为一般房屋残迹（图5-1-3）[2]。

前述隔墙之北有一东西向山岗（龙岗），无街道遗迹。北门内和东北角靠北墙处有少数建筑遗迹，在东南角平坡上有一东向院落遗址。山岗中部之南，有一东西长317.5米，南北宽约192.5米的院落，方向为330°，南墙中间缺口或为院门。据文献记载，北部当为御园（后苑、北苑）[3]。

（四）关厢

元上都城外四关是该城的重要组成部分[4]，东、西、南关厢均各有特色，北关无关厢。其中南关的关厢外延600余米，曾进行部分发掘。在明德门外（南城墙外约200米）路西发掘一组房址，共3间，彼此相连，形制相同。房屋东西长约8米，南北宽约7.5米，墙用自然石块垒砌，白灰浆勾缝，残高16—30厘米，宽约50厘米。其东房有火炕，西房为客厅，门道在西屋南墙正中。门外用瓦片砌斜坡状台阶，台阶中部用瓦片砌成花瓣形。屋内出土大量板瓦和筒瓦。墙后另筑一墙，将三个房址连成一排，但又彼此分开，似为储藏室[5]。明德门外东侧发掘一座房址，平面呈长方形，进深7.75米，西部破坏，宽度不明。有院墙，分中、东、西三室，地面用灰长方砖铺砌，南侧正中石砌阶梯式台阶，其规格和面积均高于西面房屋。上述发掘出土的陶器有轮制泥质灰陶素面盆和盖盘等。瓷器有白釉、白釉黑花、茶绿釉瓷片，还有少量钧窑、龙泉窑瓷片，器形以瓮、罐、盆、碗、盘、盏为主。建筑材料有砖、瓦、瓦当和滴水等。此外，还出土少量钱币、铁器和石器。在前述西面房址之东，明德门外考古工作站所在地，曾出土过大型酒缸和酒具；西面房址也出土有黑

---

[1] 《内蒙古东南部航空摄影考古报告》，科学出版社2002年版，第177、176页；《元上都调查报告》，《文物》1977年第5期。

[2] 贾洲杰：《元上都调查报告》，《文物》1977年第5期，认为石筑院墙遗址为明代建筑；李逸友：《明开平卫及其附近遗迹的考察》，《内蒙古文物考古》1999年第2期，认为石筑院墙是至顺三年（1332年）元文宗命上都留守司为太平王燕铁木儿建筑的宅第。

[3] 冯承钧译，党宝海新注：《马可·波罗行纪》，河北人民出版社1999年版，第268页；贾洲杰：《元上都调查报告》，《文物》1977年第5期。

[4] 魏坚：《元上都及周围地区考古发现与研究》，《内蒙古文物考古》1999年第2期。

[5] 魏坚：《元上都及周围地区考古发现与研究》，《内蒙古文物考古》1999年第2期。

釉碗和酒盅等。凡此清楚表明，明德门外之西的房址应为酒店和客栈遗址[1]，这个情况当与其处于明德门外主要通道旁有关。

　　城西关厢外延约 1000 米，城东关厢外延约 800 米。两关厢均有大型院落、小型民居和临街店铺。如西关在东西向大街两侧有成排的临街店铺，店铺有后院和住房，有的大院内房屋成排整齐配置，似属客栈馆舍之类遗迹。东关近皇城，觐见的王公贵族及其部众住在此地，故帐幕很多。此外，西关厢和东关厢还各有一座粮仓，分别称广济（积）仓和万盈仓。两仓形制相同，均正廒一座十三间，东西廒二座各十间，仓皆进深四丈五尺，长十一丈二尺和十一丈六尺[2]。西关的粮仓遗址（广积仓）在西山前，现存遗址南北长 290 米，东西宽 150 米[3]，院墙夯筑，外包砌石墙皮，宽约 2 米。南墙开门，宽约 10 米，门内西侧有一 6×8 米小房址，门外连着两座院落，院落间有通往西关的街道。院内建筑，南面一排两栋，北面一排一栋，东、西各一排三栋，每栋宽约 15 米，长有 30 米、40 米、52 米三种[4]。东关的粮仓遗址在东关外元山子前，形制与西关粮仓大同小异。除上所述，城外西北郊还有较大型的建筑遗址，或云是离宫所在地（西内？），其北为平房遗迹，南部有大殿遗迹[5]，东为寺院遗址（发现塑像残件和琉璃瓦、灰瓦残件等）。北关无关厢，在北关外小山前发现两处东西并列的院落遗址，其中东侧院落南北长 227 米，东西宽 130 米，后院有排列整齐的住房，前院则纵向分为两个独立的小院，似为驻军之营房遗址[6]。

三　元上都形制布局略析

（一）元上都的形制布局的特点

　　元上都形制布局特点突出，总观前述概言之，可归纳如下。

　　1. 在总体上外城、皇城和宫城三城相套，但三者并不是典型的环套形式。

　　2. 宫城位于皇城中间偏北，其具体特点：（1）宫城开三门，北面无门，东、西华门位置略相错，与皇城东、西墙北门不对应。（2）宫城四隅有角楼，无马面和瓮城。（3）宫城南门前有宫廷广场，广场两侧封闭，并与宫城外的夹墙连为一体。（4）宫城外有夹墙（或称夹城），墙外有环道，通皇城。（5）宫城与皇城有共同的中轴线，宫城内的主要宫殿配置于中轴线的北部[7]，北端"凹"字形建筑后墙与宫城北墙相合。以这条中轴线和东、西华门间横街相交，将宫城区划成四区。四区内作园林式配置，形制各异。

　　3. 皇城位于外城东南隅，环套宫城，其具体特点：（1）皇城面积较大，约占外城全部面积的 40%。（2）皇城方正，对称开城门，南、北各一门，瓮城方形；东、西各二门，

〔1〕　魏坚：《元上都及周围地区考古发现与研究》，《内蒙古文物考古》1999 年第 2 期。
〔2〕　贾洲杰：《元上都调查报告》引《永乐大典》，《文物》1977 年第 5 期。
〔3〕　魏坚：《元上都及周围地区考古发现与研究》，《内蒙古文物考古》1999 年第 2 期；贾洲杰：《元上都调查报告》，《文物》1977 年第 5 期，说：南北长 214 米。
〔4〕　《内蒙古东南部航空摄影考古报告》，科学出版社 2002 年版，第 180—181 页图。
〔5〕　《内蒙古东南部航空摄影考古报告》，科学出版社 2002 年版，第 178 页。
〔6〕　魏坚：《元上都及周围地区考古发现与研究》，《内蒙古文物考古》1999 年第 2 期。
〔7〕　从《上都——蒙古多伦诺尔元代都城址调查》图版二之宫城实测图（图 5 - 1 - 5）来看，宫城中轴线上建筑较密集。遗迹数量和保存状况，也多于和好于图 5 - 1 - 4。

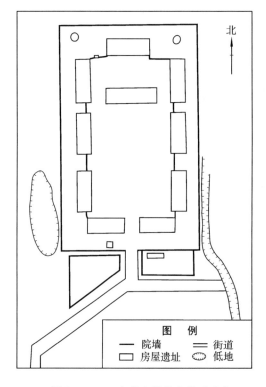

图 5 - 1 - 7　内蒙古锡林郭勒盟元上
都东关仓址平面示意图

（引自贾洲杰《元上都调查报告》，《文物》1977 年第
5 期，略变化）

瓮城马蹄形，门南开。城门内有斜坡式登城马道。皇城通北苑。（3）皇城四隅有角楼，城墙有马面，角楼较宫城角楼高大。（4）皇城内街道呈较规整的格状。（5）皇城四隅置佛寺和孔庙等。

4. 外城北、西两面包围皇城，其具体特点：（1）外城方正，每面各开二门。南、北和东、西门的位置，各一门相对，一门位置略相错。北城门有方形瓮城，外城南墙西边城门瓮城亦呈长方形；东、西城门有马蹄形瓮城。（2）外城无角楼和马面。（3）外城西城门内北侧有墙将北苑与外城南部隔绝。外城实际上仅在皇城之西，隔墙之南的狭小范围内（此范围仅占外城总面积的 24% 左右，是北苑面积的 67%，是皇城面积的 57%）。此范围的东西宽度，实际上大体是按皇城东西宽度的一半而安排的。（4）外城北苑面积较大（约占外城总面积的 36%，是皇城面积的 85%，是外城南部面积的 1.5 倍）。北苑的南北宽度，实际上大体是按宫城南墙与皇城北墙的间距而安排的。（5）外城南部街道大致呈较规整的格状，内有大邸宅。

5. 上都城南和东、西城门外设关厢，是上都城的主要居民区。东、西关厢有大粮仓，西关厢是主要商业区，南关厢酒肆和客店较多，东关厢以容纳朝谨的王公贵族及其部众为主，北部无关厢，是军队的主要驻防区。

6. 宫城、皇城和外城在构筑技法上有明显差异，一是三城夯筑土墙的夯层厚度有别，二是宫城墙外有砖墙皮，皇城墙外有石墙皮，外城墙仅见夯土墙，无砖墙皮和石墙皮。

7. 在较潮湿之地，建筑基础打地钉。

8. 外城有完整的护城河。皇城和宫城外也有护城河的痕迹。

（二）元上都的形制布局略析

据上所述，可对元上都形制布局择要略作以下分析：

1. 宫城在皇城中部偏北，皇城周长约是宫城周长的 2.5 倍，宫城面积约占皇城总面积的 1/6，两者位置配置规范，结合紧密，构筑技法相近，故大体是同期所建。但是，由于宫城和皇城又分别有护城河残迹，似乎表明两者始建时间亦有先后。即宫城始建在先，或是以忽必烈到开平后驻跸之地为基础兴建的，而后才建现在所见的皇城。

2. 皇城内的街道模式以及城四隅配置大型佛寺等，与中原地区都城宫城之外以居民和商业等为主，城四隅多配置大型寺院的情况大体相近。所以有理由推测，元上都初期可能仅有两重城，宫城外的大城主要是居民区和商业区。后来由于发展的需要，才将宫城外的大城变为皇城。皇城按常规，应是主要中央衙署及与之相关诸机构所在地。但从上都皇城情况来看，其性质与传统的皇城不同，似有内城之特点。

3. 以上述的第二点，结合前述外城墙构筑技法与宫城和皇城墙的差异来看，有理由认为外城是在宫城外的大城变为皇城时或其后不久，才向外扩展的。

4. 宫城约占皇城总面积的 1/6，结合前述元上都形制布局特点，反映出元上都的营建、扩建在宏观上都是有一定规划的。

5. 据前所述，元上都始建之时就具有一定的行都和离宫的色彩。但是，宫城真正的离宫色彩，则或是行将迁至元大都或迁都后不久逐步形成的。这个变化应与皇城和外城的形成有较密切的关系。

6. 外城实际上仅有隔墙之南、皇城之西的狭小范围，加之紧邻禁苑和皇城，所以不可能是主要的居民区。这里可能是地方衙署和一些官方机构，以及贵族权臣邸宅（如前述太平王燕铁木儿第宅）等所在地。

7. 着力发展关厢，使之成为主要居民区和商业区，是元上都城的重要特点之一[1]。

8. 前述元上都形制布局特点，突出地表明，其在防卫上的严密性。

总之，元上都上述的形制布局结构及布局特点的形成，乃是随着忽必烈发祥于开平和上都出现的背景；忽必烈志在统一中国，意在都燕，忽必烈都燕迁大都后，则循着上都由都城向陪都地位，宫城向离宫性质转化的轨迹，而逐步发展起来。

（三）元上都故城形制所见前代都城的影响

除上所述，从元上都故城已知的形制布局中，也可以窥见宋辽金，乃至此前都城的一定影响。比如：（1）元上都三城相套，宫城有角楼，皇城有角楼、马面和瓮城，三城均有护城河。其中元上都皇城在外城东南隅，又与辽南京城皇城在外域西南隅有异曲同工之妙。三城均有护城河，则与北宋东京开封府城相似（均与三城不是同期所建有关）。（2）宫城主要宫殿配置在中轴线上，同金上京和金中都。（3）皇城环套宫城，显然是在辽南京和金中都皇城宫城位置关系基础上而进一步规范化的结果。（4）宫城有东、西华门，同北宋开封宫城和金中都宫城。（5）宫城南门前有宫廷广场，两侧封闭，与宫城外夹城相通，使夹城在总体上形成向南突出的倒"凸"字形。这种情况与金中都皇城和宫廷广场合成的平面形制相似。（6）宫城外有夹城。唐大明宫东、西、北三面均有夹城，北面夹城宽于东、西夹城，北夹城之门通禁苑，夹城内驻有禁军[2]。元上都宫城外夹城，同样北夹城宽于东西夹城，北夹城门通过皇城北门进入禁苑，其情况与大明宫夹城相似。（7）禁苑在皇城之北，但因宫城北墙与皇城北墙相距很近，故与北魏洛阳城以来主要禁苑在宫城之北的态势基本相同。

[1] 这个特点与南宋临安城主要居民在城外和城外卫星城的发展有近似之处。又汉长安城内宫殿区占绝大部分面积，故其大量居民如何安排一直是学者们探讨的重要课题之一。有的学者认为汉长安城外有关厢以安排大量居民，从元上都情况来看，这种意见是有一定道理的。

[2]《中国大百科全书·考古学》"大明宫遗址"条，中国大百科全书出版社1986年版，第77页。

（8）元上都大安阁用北宋东京开封府熙春阁旧材，在形制上也仿熙春阁。此外，有的殿基呈"工"字形，亦同于北宋。（9）皇城街道呈较规整的格状，有唐长安城遗风，可能受辽南京城的影响。元上都皇城四隅置大型佛寺等，也是唐长安城以来各都城较通行的做法。（10）元上都在较潮湿之地，采用打地钉法处理地基，与中原地区相同。

除上所述，还有伯亦斡耳朵（有龙光、慈仁、慈德、钦明、清宁等殿）、失剌斡耳朵（棕毛殿），其位置尚难确指。但是，上都汉式宫殿与斡耳朵并存，则与和林是一脉相承的。总之，元上都的形制布局，是由汉人主持规划的，因而在规划过程中不可避免地要参照此前不久的宋辽金的都城，甚至参照宋以前都城的某些方面，然后因地制宜地结合当地特点和蒙古人的特殊需求，经过变化发展而形成的。当然，上述所言相同或相似之处，并不是说元上都一定都受到其影响，但是从中国古代都城形制布局发展变化规律角度，宏观地观察，这些因素与元上都的关系还是值得深思和进一步探讨的。

此外，应当指出，由于元上都和元大都形制的形成期均在忽必烈之世，两都的主要规划者都是僧子聪，所以元上都对元大都的形制有较大的影响。

第二节　元大都（元大都路总管府）

元大都的研究兴起于 20 世纪 20 年代末，当时主要依据文献和地面遗迹调查，重点探讨元大都城（包括宫殿）的平面布局和规划[1]。20 世纪 50 年代中期以后，赵正之教授对元大都的城市规划进行了较全面的研究，复原出元大都的街道系统和一些重要建置，提出元大都和明、清北京城中轴线相同的新论点[2]。此外，侯仁之教授还从地理学和河湖水系变迁角度对元大都进行了研究[3]。1964—1974 年，中国科学院考古研究所与北京市文物工作队共同勘察了元大都的城垣、街道、河湖水系等遗迹，发掘了十余处不同类型的居住遗址和建筑遗存，出土了大量的瓷器等遗物[4]。在此基础上，进而对元大都进行了较深入的研究，并将此项研究推进到一个新的发展阶段。

一　元大都城选址与营建概况

成吉思汗十年（金贞祐三年，1215 年）蒙古军队攻占金中都，改称燕京，置燕京路

〔1〕　奉宽：《燕京故城考》，《燕京学报》1929 年第 5 期；朱启钤、阚铎：《元大都宫苑图考》，《中国营造学社汇刊》
　　　1930 年第 3 期；王璧文：《元大都城坊考》，《中国营造学社汇刊》1936 年第 3 期；朱偰：《元大都宫殿图考》，
　　　商务印书馆 1936 年版。
〔2〕　赵正之：《元大都平面规划复原的研究》，载《科技史文集》第二辑，上海科学技术出版社 1979 年版。
〔3〕　侯仁之：《北京都市发展过程中的水源问题》，《北京大学学报》1955 年第 1 期；《元大都与明清北京城》，《故
　　　宫博物院院刊》1979 年第 3 期。
〔4〕　元大都研究概况，参见《中国大百科全书·考古卷》"元大都遗址"条，中国大百科全书出版社 1986 年版，
　　　第 629 页。《元大都发掘报告》至本书撰写时尚未发表，凡元大都的考古资料，今后均以《元大都发掘报告》
　　　为准。

总管大兴府。窝阔台时期在燕京派驻断事官（札鲁忽赤），建立行政机构统辖汉地诸路，称燕京行台或行尚书省。1260 年忽必烈于开平即帝位，建元中统，在燕京设行中书省（后将在开平的中书省移至燕京，与燕京行中书省调整合并），至元元年改燕京为中都，决定建都燕京。但是，至元四年又放弃中都旧城，而在中都旧城东北郊另选新址建大都城（图 5-2-1）。这种巨大的变化，主要是因为金中都依托于莲花池水系，"土泉疏恶"，并一直未能彻底解决水源和漕运问题。其次是蒙古军队攻占金中都后，宫阙尽焚重建困难。此外，随着元初统一大业的进展，忽必烈对都城标准提出了更高的要求[1]，中都旧城已不适应新形势发展的需要。所以将都城从莲花池水系转移到水源丰富、可解决漕运问题的高粱河水系，乃是势在必然。于是选择以大宁宫水面为中心规划建设大都城。

大都城的营建始于至元四年[2]。规划营建大都由刘秉忠总领其事，也黑迭儿指挥宫殿建设，具体参与督工营建的还有赵秉温、张柔、张弘略、段天佑、野速不花（蒙古人）、高觿（女真人）、杨琼等。大都城的营建，大体可分为四个阶段。

第一，大都城基本框架工程阶段。至元四年始建宫城，十一年基本建成，十三年竣工。至元四年始建大都城，到至元二十二年时，外城墙、钟鼓楼、金水河等主要工程也基本完工。此阶段大都城的营建，一直依托南城（金中都）建设新都。

第二，全面营建居民区和外城完工阶段。《元史》卷一三《世祖十》记载：至元二十二年二月，"诏旧城（指原金中都）居民之迁京城者，以贲高及居职者为先，仍定制以地八亩为一分；其或地过八亩及力不能作室者，皆不得冒据，听民作室"。从而确定了大都城居民区住宅占地面积标准和主要迁居者的身份，据此可知居民胡同已基本建成，并开始全面营建居民区。此前，至元二十年六月，"丙申，发军修完大都城"，同年将旧城商铺、政府机构、税务机构等迁入大都城，并设立都城门门尉；次年置大都留守司和大都路总管府。故至元二十年应为大城城郭和主要建筑竣工之年。但是，宫城中的一些便殿和附属建筑如万安寺、社稷坛等，以及海子（积水潭）和通惠河的漕运工程，到至元三十年才基本完工。也就是说，大都城终忽必烈之世已经定型。

第三，部分续建工程阶段。如成宗于至元三十一年将太子府改建为隆福宫，大德六年开始陆续建郊坛、孔庙、国子学及一批具有原庙性质的佛寺，并在宫城中修建一些次要殿宇，以及武宗至大元年建兴圣宫等。

第四，大内部分改建工程阶段。主要在元末顺帝至正时期（1341—1368 年）。此时部分宫殿和苑囿区有较大变动，如改建兴圣宫和隆福宫，改浚太液池西岸（今北海、中海西岸）的水道等。然而，这些工程并未最后完工，到至正二十八年（1368 年，即明洪武元年）八月，元朝气数已尽，明军攻入元大都，历史又翻开了新的一页，从此进入明北京城的发展阶段。

---

[1] 欧阳玄：《圭斋文集》九，"马合马沙碑"（"玛哈穆特实克碑"，马合马沙是也黑迭儿之子）记载："至元三年，定都于燕"，忽必烈认为"时方用兵江南，金甲未息，土木嗣兴，属以大业甫定，国势方张，宫室城邑，非巨丽宏深，无以雄八表。"

[2] 《元史》卷六《世祖三》；（清）于敏中等编纂：《日下旧闻考》卷五〇引虞集《大都城隍庙碑》。

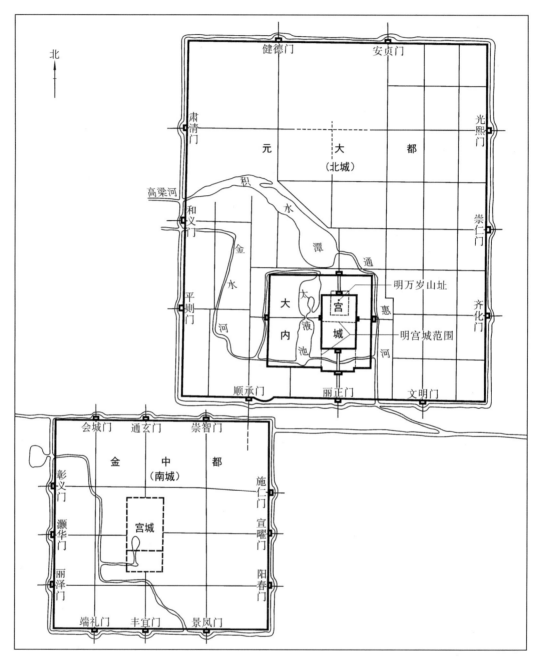

图 5 – 2 – 1   元大都与金中都位置关系图

(引自潘谷西主编《中国古代建筑史》第四卷"元明建筑",中国建筑工业出版社 2001 年版,略变化)

二   大都城的平面形制与城墙结构

(一) 城墙周长与城的平面形制

元大都城经考古实测,南城墙长 6680 米,西城墙长 7600 米,北城墙长 6730 米,东城墙长 7590 米，周长 28600 米。约合 76.88 元里或 77 元里[1]。面积为 50 余平方公里。元大都宫城宽 480 步，深 615 步[2]。元大都东西宽为宫城宽的 9 倍，深为宫城深之 8 倍，故元大都周长为 77 元里。上述情况表明，《元史》卷五八《地理》所记大都城方六十里，误。大都城的平面形制呈南北竖长方形，并与宫城略呈相似形（图 5-2-2）。

（二）城墙结构与角楼和马面

城墙结构，除城墙本体外，还包括角楼、马面、城门和瓮城，以及与城墙和城门密切相关的护城河等。元大都北城墙约在明、清北城墙之北五里，位于今安定门外小关和德胜门外小关东西一线，残存土城墙，俗称土城。东、西城墙北段（即明、清北京北城墙东北和西北角楼之北）有土城残迹，并直对明、清北京城东北和西北角楼。东、西城墙在中段和南段与明初北京东、西城墙相合（不包括永乐时南扩部分）。南城墙在今东西长安街南侧，东南角在今观象台处，西南隅内有城隍庙[3]，西段靠近庆寿寺双塔处向南弯曲[4]。

1991 年发掘了北太平庄以北元大都城墙。城墙夯筑，墙体剖面呈梯形，顶部残宽 3.25 米，底部宽约 22 米，残高 8.4 米，地基厚 0.6 米。夯土自上而下可分为四种：（1）城墙顶部厚 2.5 米，由黄土、黑淤土交叠夯筑，夯窝排列整齐有序。（2）厚 2.25 米，为黑淤土和浅褐土交叠夯筑，夯窝较小，此层夯土底部有 3 根水平南北向木桩。（3）厚 3.5 米，灰褐色，分层不明显，夯窝较小，不明显，排列杂乱，此层底部有 3 根水平的南北向木桩，并与上层木桩相对应。（4）城墙基，厚 0.6 米，上半部黄土黑色土交叠夯筑，夯窝明显，排列有序，筑法与上层夯土相似。下半部浅褐色夯土，无明显分层，为一整体[5]。又 2002 年在北城墙身距水关 30 米处，在墙体北界发现马面。残存马面呈长方形，东西长 19 米，南北宽 7.5 米[6]。此外，从拆除明、清北京东西城墙时所见元代夯土墙心来看，元代城墙纯黄土夯筑，墙基深入自然地层约 2 米（直达生土层），基宽约 24 米（一说 25 米），墙基夯层厚约 15 厘米，墙身夯层厚 6—11 厘米，夯窝圆形，直径 7 厘米，夯窝深 4 厘米，夯窝间距 2—3 厘米，呈梅花状分布。在西城墙北段（今黄亭子附近），马面上夯土黑色，夯窝直径约 10 厘米，深约 5 厘米，呈梅花状排列。夯窝底部黑土上撒一层黄色粒土，或就是所谓黑土黄壤。城墙收分较大，经实测推算，城墙宽、高和顶宽之比为 3∶2∶1[7]。在城墙夯土中使用了"永定柱"（竖柱）和椻木（横木），墙身除文献所记用覆苇排方法防雨水冲刷外[8]，还采用管道泄水。拆除明、清北京西城墙时，在明、清城墙顶部三合土下，发现元土城顶部中心顺城墙方向断断续续有长达 300 余米的半圆形瓦管，用以防雨泄水。虽然

[1]　徐苹芳：《古代北京的城市规划》之三"元大都"，《环境变迁研究》第一辑，海洋出版社 1984 年版。

[2]　（元）陶宗仪：《南村辍耕录》卷二一"宫阙制度"条，中华书局 1959 年版，第 250 页。

[3]　《日下旧闻考》卷五〇引《元一统志》。

[4]　《日下旧闻考》卷四三引《析津志》。

[5]　《中国考古学年鉴 1992》，文物出版社 1994 年版，第 151 页。

[6]　李华：《元大都北土城花园路段城墙勘探及水关遗址清理简报》，载《北京考古》第一辑，北京燕山出版社 2008 年版。

[7]　徐苹芳：《元大都的勘查和发掘》，载《中国历史考古学论丛》，台湾允晨文化实业股份有限公司 1995 年版。

[8]　王灿炽：《谈元大都的城墙和城门》，《故宫博物院院刊》1984 年第 4 期。

如此，"雨坏都城"之事仍经常发生，其修缮工程浩大，劳役沉重。因而有用砖石加固城墙之议，但最终也只有"今西城角上亦略用砖而已"[1]。

除上所述，城墙基下还建排水涵洞。已发现者有东城墙光熙门南转角楼水涵洞遗址（图5-2-3，16）、西城墙肃清门北学院路水涵洞遗址（图5-2-3，3）、北城墙西段水

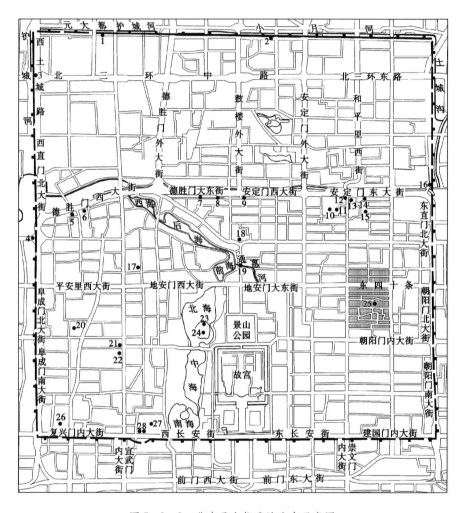

图5-2-3 北京元大都遗址分布示意图

1. 北城垣水关遗址 2. 元大都北城墙遗址 3. 学院路水涵洞遗址 4. 和义门瓮城城门遗址 5. 桦皮厂居住遗址 6. 后英房居住遗址 7. 106中学居住遗址 8. 旧鼓楼大街豁口西居住遗址 9. 旧鼓楼大街豁口东窖藏 10. 国子监 11. 孔庙 12. 王德常去思碑 13. 雍和宫后居住遗址 14. 雍和宫豁口东居住遗址 15. 柏林寺 16. 转角楼水涵洞遗址 17. 崇国寺 18. 中心阁 19. 万宁桥 20. 大圣寿万安寺（白塔寺） 21. 西四石排水渠遗址 22. 万松老人塔 23. 万岁山 24. 广寒殿 25. 元代胡同 26. 城隍庙 27. 大庆寿寺 28. 海云可庵双塔

（引自国家文物局主编《中国文物地图集·北京分册》（上），科学出版社2008年版，略变化）

〔1〕《日下旧闻考》卷三八引《析津志》。

关遗址（保存最好，顶砖尚存）。水涵洞均石砌，从前两处残存的底部可看出涵洞底和两壁用石板铺砌，顶为砖券。洞身宽2.5米，长约20米，石壁高1.22米。涵洞内外侧石砌出入水口，长约6.5米。涵洞底部略外顷，涵洞中心置一排断面呈菱形的铁栅棍，其间距为10—15厘米。石板间用白灰勾缝，并平打许多"铁锭"。涵洞地基满打"地钉"（木橛），在"地钉"的榫卯上横铺数条衬石枋（横木），地钉榫卯间掺用碎砖石块，夯实灌泥浆。然后在其上铺砌涵洞底及两壁石板。涵洞的做法与《营造法式》所记"卷辇水窗"完全相同，其满用"铁锭"、满打"地钉"和横铺"衬石枋"等，也是宋元以来习见的形式。

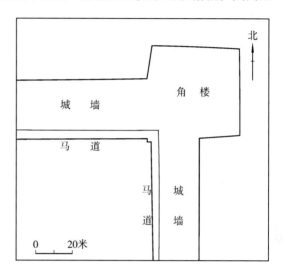

图5-2-4　北京元大都城东北角楼平面示意图（引自蒋忠义《北京观象台的考察》，《考古》1983年第6期）

　　此外，元大都外城四隅建高大的角楼，其东北角楼曾经发掘[1]。该角楼仅存夯土基础，夯土坚硬，夯层最厚12厘米，夯窝圆形。角楼基础东西长约48米，南北宽约46米，靠城角内角两侧，有上下角楼的马道（图5-2-4）。在拆修观象台时（今建国门立交桥西南），发现元大都城东南角楼遗迹。东南角楼夯土基础的形制结构，与东北角楼基础完全相同。但东南角楼基础比东北角楼基础深、面积大（因地势低洼），基础一般深2.5米，南北长约50米，夯筑土墙外包明代城砖。另外，大都四面城墙外侧等距离夯筑马面，城墙外有护城河[2]。

（三）城门和瓮城

　　《元史》卷五八《地理一》记载，大都城共有城门十一座（图5-2-2）。南面三门，东为文明门（今东单南）[3]，中为丽正门（今天安门南，人民英雄纪念碑北），西为顺承门（今西单南）。北面二门，东称安贞门（今安定门外小关），西称健德门（今德胜门外小关）。东面三门，北为光熙门（今和平里东，俗称"广西门"），中称崇仁门（今东直门），南称齐化门（今朝阳门）。西面三门，北称肃清门（今学院南路西端，俗称"小西门"），中称和义门（今西直门）、南称平则门（今阜成门）。从肃清门和光熙门基址的钻探来看，城门地基夯筑坚固，城门建筑被火焚毁；大量木炭屑和烧土堆积层表明，城门建

〔1〕　蒋忠义：《北京观象台的考察》，《考古》1983年第6期。
〔2〕　《日下旧闻考》卷三八引《析津志》。
〔3〕　文明门，因"哈达大王府在门内"（《析津志辑佚》"城池街市"），故又称"哈达门"。徐苹芳：《元大都御史台址考》，载《中国考古学论丛》，科学出版社1993年版，说，根据考古钻探，可以确定文明门"在今东单以南洋溢胡同与裱褙胡同之间的崇文门内大街上"。

筑可能仍是唐宋以来的"过梁式"的木构门洞。

元大都外城诸城门原无瓮城，至正十八年（1358年）三月农民起义军毛贵进至大都附近，元顺帝才慌忙下诏筑瓮城。1969年拆除西直门箭楼时，发现其下压有元大都和义门瓮城城楼残底和城门墩台门洞[1]。门洞内青灰皮上刻划有"至正十八年四月廿七日记"题记，表明此时和义门瓮城已建成。因此，《元史》卷四五《顺帝八》：至正十九年"冬十月庚申朔，诏京师十一门皆筑瓮城，造吊桥"的记载有误[2]。

和义门瓮城残高22米，门洞长9.92米，宽4.62米，内券高6.68米，外券高4.56米。瓮城门砌四层砖券，四层券中仅一个半券的券脚落在砖墩台上，说明其起券技术尚不成熟。这是唐宋以来过梁式木构城门发展到明、清砖券城门的过渡形式。瓮城门的木门、门额、立颊（门框）等已无，仅存两侧的门砧石和砧石上的铁"鹅台"（即承门轴的半圆形铁球），铁"鹅台"的形制与《营造法式》所记完全相同。瓮城上部残存的城楼呈地堡式，两侧的两间小耳室，是进入城楼的梯道。城楼面阔和进深各三间，当心间有四明柱，余者均为暗柱。暗柱有很大的"侧脚"（上部向内倾斜），柱下有地栿，柱间用斜撑。四壁收分显著，地面铺砖。当心间靠近西壁台阶下有两个并列的水窝，窝内有五眼石箅，石箅下砌砖水池，水池外又砌流水沟，分三个漏水孔经内、外券之间达木质门额之上。这是防御火攻城门的灭火设备，为前所未见的新资料。和义门瓮城较完整的形制可参考其复原图。

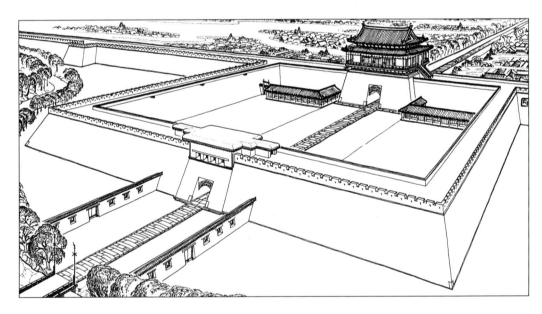

图 5-2-5　北京元大都和义门瓮城复原图
（引自傅熹年《傅熹年建筑史论文集》，文物出版社1998年版）

---

〔1〕　参见徐苹芳《元大都的勘查和发掘》，《中国历史考古学论丛》，台湾允晨文化实业股份有限公司1995年版。
〔2〕　疑至正十九年冬十月，可能是大都十一门瓮城吊桥完工的年月。元代为木吊桥，到明代正统四年才改为石桥。

和义城瓮城遗址未做地基，建筑用料质量也很差，可见兴建之仓促。元亡后，明洪武十四年（1381年）曾重修。瓮城门券上有一墨书题记："大明洪武十四年九月四日，永清左卫重砌。监工官：左旗镇将于香，右旗镇将张福，总旗王思喜，中旗镇将马诚，总旗许克彬。"[1]到明正统元年（1436年）至四年，增建北京各城门瓮城、箭楼和闸楼时，和义门瓮城才被废弃而包入西直门箭楼下的城墙之内，至此和义门瓮城共使用78年。

三　大　内

萧墙之内总称大内，东为宫城，又称内皇城、皇城或东内。宫城之西有太液池，池西有兴圣、隆福二宫，二宫亦称西内。宫城之北为御苑（图5-2-2）。上述各种配置，在元代广义上均属宫城范畴，萧墙只是其外的围墙而已[2]。

（一）萧墙和宫廷广场

据考古勘查，萧墙的东墙在今南北河沿西侧，西墙在今西黄城根，北墙在今地安门南，南墙在今东西华门大街之南，其东南角在今北池子南口附近，西南角在今灵境胡同北、西皇城根南口附近，萧墙基宽约3米。南墙正中的灵星门在今午门附近，灵星门东西与宫城宽度相等的一段向南突出，其两端与宫城东南角和西南角相对处北折，至今东、西华门附近再分转东西与萧墙东、西墙相接。灵星门外为千步廊，门内为周桥，下有金水河，该桥即今故宫内金水桥，桥北为宫城崇天门。

《故宫遗录》记载："南丽正门内曰千步廊，可七百步，建灵星门，门建萧墙，周回可二十里，俗呼红门栏马墙。"[3]参照元大都复原图测量[4]，萧墙宽为宫城宽480步的3倍强，即1440步强，萧墙深为宫城深615步的2倍，即1230步。元一步合1.5475米，1440步合2228.4米，1230步合1903.4米，其周长5340步合8263.65米，合22.2元里，较《故宫遗录》所记大2里余。考虑到复原与当时记录的误差，"周回可二十里"基本可信。

《南村辍耕录·宫阙制度》云："外周垣（即萧墙）红门十有五"，其准确位置今大都难以确指。可肯定者是灵星门与厚载红门（今地安门）在中轴线上南北相对，正东红门称东华红门，其他如今东安门、西安门、黄瓦东西门、北皇城根厂桥、西皇城根与马市大街相交处等，也应为红门之所在。十五座红门中，多数按方向编号名之，如东墙外光禄寺桥以西称东二红门等，东墙至少有五座红门，红门外沿河处有桥。

萧墙之内的主要配置均是为宫廷服务的官署和机构（图5-2-6）。如崇天门东星拱

---

[1]　在和义门瓮城城楼南壁白灰皮上有墨书题记为："至正廿二年（1362年）四月初十"，后被涂改为"至正卅四年四月初十日"。按元顺帝北逃死于至正三十年，无三十四年，故该题记应是洪武七年（1374年，即相当于至正三十四年）明人涂改的。

[2]　大都初建宫城时无萧墙，后为加强防卫，至元二十八年（1291年）二月，才"营建宫城南面周庐，以居宿卫之士"。

[3]　赵正之：《元大都平面规划复原的研究》，载《科技史文集》第二辑，上海科学技术出版社1979年版，说："萧洵《故宫遗录》云七百步：实际上是五百步。"又拦马墙，因由蒙古骑兵护卫萧墙，故称拦马墙。

[4]　侯仁之主编：《北京历史地图集》，北京出版社1988年版，第27—28页，"元大都城复原图"。

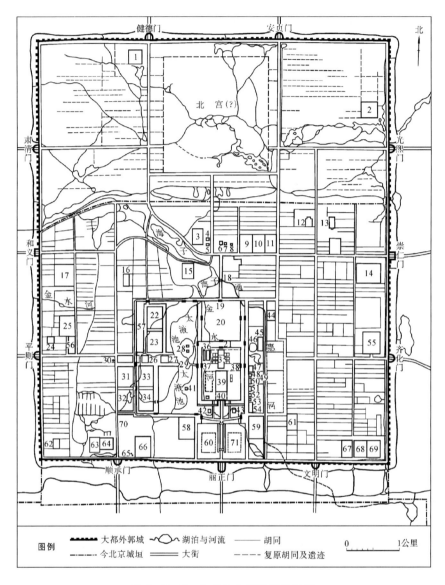

图 5-2-6 北京元大都平面复原图

1. 健德库 2. 光熙库 3. 中书北省 4. 钟楼 5. 鼓楼 6. 中心阁 7. 中心台 8. 大天寿万宁寺 9. 倒钞库 10. 巡警二院 11. 大都路总管府 12. 孔庙 13. 柏林寺 14. 崇仁库 15. 尚书省 16. 崇国寺 17. 和义库 18. 万宁桥 19. 厚载红门 20. 御苑 21. 厚载门 22. 兴圣宫后苑 23. 兴圣宫 24. 大永福寺 25. 社稷坛 26. 玄都胜境 27. 弘仁寺 28. 琼华岛 29. 瀛洲 30. 万松老人塔 31. 太子宫 32. 西前苑 33. 隆福宫 34. 隆福宫前苑 35. 延春阁 36. 玉德殿 37. 西华门 38. 东华门 39. 大明殿 40. 崇天门 41. 犀山台 42. 留守司 43. 拱宸堂 44. 崇真万寿宫 45. 羊圈 46. 草场沙滩 47. 学士院 48. 生料库 49. 柴场 50. 鞍辔库 51. 军器库 52. 庖人室 53. 牧人室 54. 戍卫之室 55. 太庙 56. 大圣寿万安寺 57. 天库 58. 云仙台 59. 太乙神坛 60. 兴国寺 61. 御史台 62. 城隍庙 63. 刑部 64. 顺承库 65. 海云、可庵双塔 66. 大庆寿寺 67. 太史院 68. 文明库 69. 礼部 70. 兵部 71. 中书南省

（引自赵正之《元大都平面规划复原的研究》，《科技史文集》第二辑，上海科学技术出版社 1979 年版）

门南有御膳亭，亭东有拱宸堂（百官会集等候之所），宫城西南角楼之南有留守司（专掌宫禁工役者）。宫城西华门南有仪鸾局（专管宫门管钥供帐灯烛），西华门以西有鹰房（专管狩猎鲜食以供宗庙祭祀）；宫垣东南隅有酒房（庖室南），西南隅有藏珍库。宫城东南角楼以东偏北有生料库，库东有柴场，以及鞍辔库、军器库、庖人室、牧人室、戍卫室等，夹垣东北隅有羊圈。鉴于上述情况，现在又多将萧墙之内称为皇城。

宫廷广场在外城丽正门与萧墙灵星门之间，其标志性建筑为千步廊。千步廊南临丽正门，其北端分别折向东西，然后向北分别接灵星门向北折拐部分，形成"T"字形宫廷广场。由于元大都南城墙受金中都北城墙的限制，致使大都城南城墙与大内的间距较短，所以规划大内时就缩短了宫城南墙与萧墙南墙的间距，扩大了萧墙南墙与外城南城墙间的空间，故千步廊只能置于丽正门与灵星门之间[1]。千步廊之东置南中书省，西置兴国寺。

（二）宫城和御苑

1. 宫城位置、周长、平面形制和配置概况

宫城在太液池之东的宫城中轴线上，宫城东墙东至萧墙东垣约500余米（按图5-2-8底图比例量出）。经考古勘查可知，宫城南墙约在今故宫太和殿东西一线，宫城南门崇天门约在故宫太和殿位置；北墙在今景山公园寿皇殿东西一线，北门厚载门在今景山少年宫前；宫城东西墙在今故宫东、西墙附近。元代宫城被明拆改，宫城墙基保存不好，但残存的最宽处尚超过16米以上[2]。

《南村辍耕录》卷二一"宫阙制度"条记载："宫城周回九里三十步，东西四百八十步，南北六百十五步，高三十五尺，砖甃。"元里为240步，9里30步合2190步，与上述步数所计周长完全相合。所以元大都的宫城宽为742.8米，深为951.71米，平面呈南北竖长方形，周长3389.02米。

宫城六门，四隅建角楼，情况略如表5-2-1所示。

表5-2-1　　　　宫城诸门、角楼

门	位置	面阔	进深	高度	形制
崇天门午门（故），亦称崇天门	宫城正南门度（周）桥可二百步正南（禁）正南（禁）	11间，187尺（17尺/间）	55尺	85尺	十一间五门，左右朵楼二，朵楼登门，两斜庑十，门阙上两观皆三朵楼，连朵楼东西庑各五间，西朵楼之西有涂金幡竿门分为五，总建阙楼其上，翼为回廊，低连两观。观旁出为十字角楼，高下三级（故）
星拱门掖门（故）	崇天门之左旁去午门百余步（故）	3间，55尺（18.3尺/间）	45尺	50尺	三间一门

〔1〕 侯仁之：《历史地理学的理论与实践》，上海人民出版社1979年版，第235页。
〔2〕 徐苹芳：《元大都的勘查和发掘》，载《中国历史考古学论丛》，台湾允晨文化实业股份有限公司1995年版。

续表

门	位置	面阔	进深	高度	形制
云从门 掖门（故）	崇天门之右	同上	同上	同上	同上
东华门	东 左（故）	7 间，110 尺 （15.7 尺/间）	45 尺	80 尺	七间三门
西华门	西 右（故）	同上	同上	同上	同上
厚载门	北 后（故）	5 间，87 尺 （17.4 尺/间）	同上	同上	五间一门 上建高阁，环以飞桥舞台于前，回栏引翼 （故）
角楼	据宫城之四隅 方布四隅（故）				皆三朵楼，琉璃瓦饰檐脊 隅上皆建十字角楼（故）
门饰	凡诸宫门，金铺朱户，丹楹藻绘，彤壁琉璃，瓦饰檐脊				
备注	表中（故）见《故宫遗录》，（禁）见《禁扁》，余见《辍耕录》				

在宫城门中，正门崇天门最重要，规制最高。其形制约与唐长安承天门、隋、唐洛阳应天门、北宋汴梁宣德门、金中都应天门大致相同，平面均呈"凹"字形。崇天门门楼东西各有斜廊五间，下行通到两观（朵楼），自东西朵楼向南各有五间廊庑，突出宫城之外的阙，阙是三重子母阙。母阙和转角处的两观本身都是重檐十字脊的枋形建筑，二子阙是附在母阙东西外侧依次缩小的两个附属建筑。母阙北面也同样突出两个依次缩小的附属建筑，和廊庑相接；整个阙楼呈曲尺形（图 5 - 2 - 7）。

宫城内的主要配置，南有大明殿建筑群，北为延春阁建筑群，两者之间为东西华门间横街，将全宫分为南北两大部分[1]。元王士点《禁扁》称大明殿建筑群为"大内前位"，延春阁建筑群为"大内后位"。大明殿建筑群外东侧有"庖人之室"和"酒人之室"，西侧有内藏库二十所。延春阁西侧有玉德殿建筑群，东侧有"十一室皇后斡尔（耳）朵"。延春阁后，厚载门南有清宁殿（宫）。宫城外有周庐和宿卫屋，以备禁卫。

2. 大明殿、延春阁建筑群与御苑

大明殿建筑群在宫城中轴线南部，建筑群为长庑围绕而成的南北长方形院落，四隅建角楼，南面正中为大明门，旁建掖门，左右有日精门和月华门。东、西庑中间有凤仪门（东）和麟瑞门（西），二门与西南和东南角楼之间东庑建文楼（钟楼），西庑建武楼（鼓楼）。后庑中间建宝云殿，殿东有嘉庆门，殿西有景福门。周庑一百二十间，高三十五丈，其内总称"大内前位"。

大明殿建筑群中大明殿建于"工"字形台基前面横台基上[2]，中间竖台基建柱廊。柱廊连接大明殿和后面横台基中间建的寝殿，寝殿两侧建东西夹，东西夹之侧分建文思殿（东）和紫檀殿，寝殿后连香阁。香阁之后于后庑中间建宝云殿。

〔1〕《元大都枢密院址考》，载《庆祝苏秉琦考古五十年论文集》，文物出版社 1989 年版。
〔2〕 赵正之：《元大都平面规划复原的研究》，《科技史文集》第二辑，上海科学技术出版社 1979 年版。

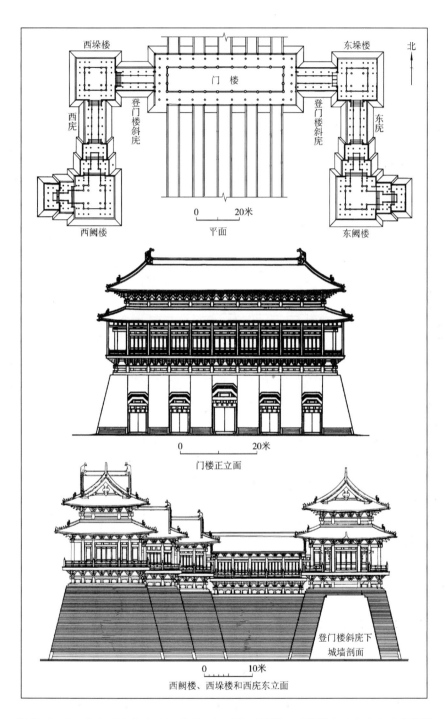

图 5-2-7　北京元大都崇天门平面、立面及西阙楼、西垛楼和西庑东立面复原图
（引自傅熹年《傅熹年建筑史论文集》，文物出版社 1998 年版，略变化）

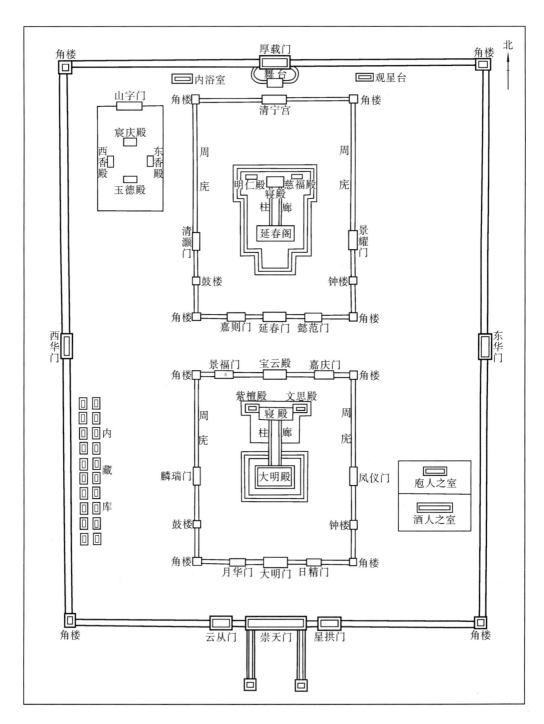

图 5-2-8 北京元大都宫城平面示意图

（引自侯仁之《历史地理学的理论与实践》，上海人民出版社 1979 年版，略变化）

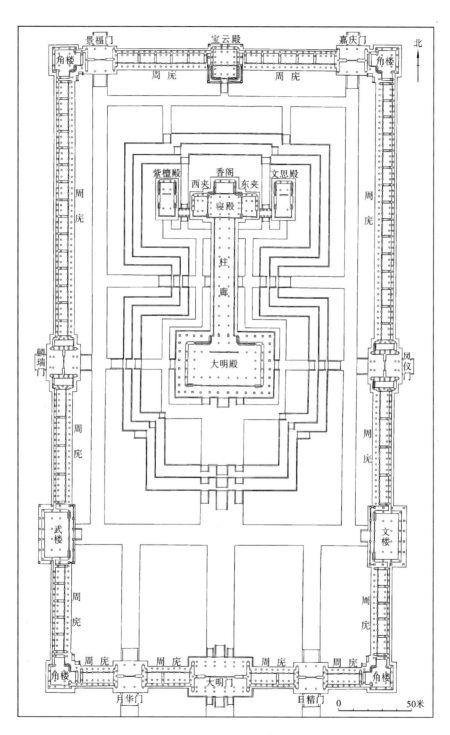

图5-2-9　北京元大都大明殿建筑群总平面复原图

（引自傅熹年《傅熹年建筑史论文集》，文物出版社1998年版，略变化）

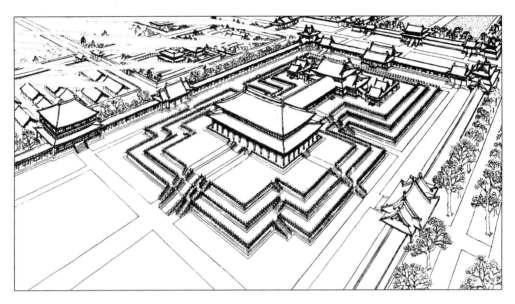

图 5 - 2 - 10   北京元大都大明殿建筑群复原鸟瞰图

（引自傅熹年《傅熹年建筑史论文集》，文物出版社 1998 年版）

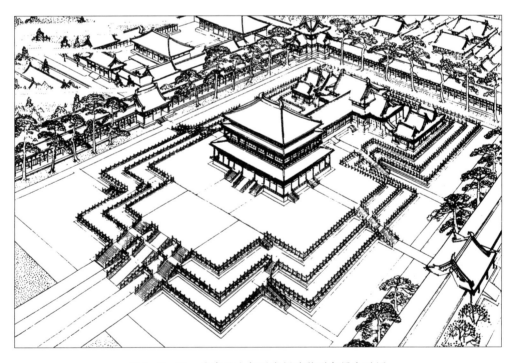

图 5 - 2 - 11   北京元大都延春阁建筑群复原鸟瞰图

（引自傅熹年《傅熹年建筑史论文集》，文物出版社 1998 年版）

大明殿建筑之北隔东西华门间横街，与大明殿建筑群直对为延春阁建筑群。该建筑群的形制和配置与大明殿建筑群相近，只是规模略小而已。延春阁建筑群由周庑围成南北长方形院落，四隅有角楼，南正中为延春门，其东西有懿范门和嘉则门（西）。东西庑与延春阁相对处分建景耀门（东）和清灏门，二门与西南和东南角楼之中分建钟楼（东）和鼓楼。北庑无门，中间建清宁宫。周庑一百七十二间，其内总称"大内后位"。

延春阁建筑群建于"工"字形台基之上，延春阁位于"工"字形台基前部横台基上[1]。其后柱廊接寝殿，寝殿东有慈福殿，"又曰东暖殿"，寝殿西有明仁殿，"又曰西暖殿"，"制度如慈福"。延春阁建筑群北庑之北与清宁宫相对为宫城厚载门，门东有观星台，门西为内浴室。此外，在延春阁东侧，与西侧玉德殿相对应，还有十一宫，称"十一室斡尔朵"。

玉德殿建筑群在延春阁西庑清灏门外之西偏北，该建筑群为南北长方形院落。院落内南面正中建玉德殿[2]，中设佛像，以奉佛为主，平时亦兼听政。玉德殿后建宸庆殿，玉德、宸庆二殿之间东侧有东香殿，西侧有西香殿。

御苑在宫城之北，南至厚载门之北，北至厚载红门之南（今地安门），西临太液池，四周筑围墙。"厚载门，乃禁中之苑囿也。内有水碾，引水自玄武池，灌溉种花木。自有熟地八顷，内据文献记载御苑不是游憩之所，而是以种花植蔬为主的苑囿。由于其重在皇帝躬耕耤田，后妃亲蚕，因而御苑的性质有些类似明代的先农坛和先蚕坛[3]。"

（三）西内

西内在太液池之西，南为隆福宫，在隆福宫之西另建太子宫，隆福宫北为兴圣宫。二宫形制布局，主体配置文献记载大致略同，其余建筑文献所记多互有出入，配置难辨，故略述之。

隆福宫（图5-2-12）原为太子东宫，建有光天殿（又称光天宫）。至元三十一年世祖崩，成宗即位，尊真金太子之妃为皇太后，以旧东宫奉之，改名隆福宫[4]。隆福宫宫院南北长方形，中间主体建筑又有周庑围成南北长方形院落，四隅有角楼。南面正门光天门，东有崇华门，西为膺福门，东、西庑中间分别辟青阳门（东）和明晖门。院落中间有"工"字形大台基，前面横台基上建光天殿，其后有柱廊连寝殿，寝殿有东、西夹。寝殿东有寿昌殿（东暖殿），西有嘉禧殿（西暖殿）。光天殿南面之东有翥凤楼，西有骖龙楼，其后有牧人宿卫之室。寝殿之后有针线殿。隆福宫主体建筑院落之外，北部于针线殿后有侍女直庐五所，又后有侍女室七十二间，在宫东北隅有左右浴室一区。光天殿西北角楼西，侍女直庐之西有盝（盝）顶小殿，其北有香殿。主体院落之西，明晖门外之北有文德殿，西南有文宸库。主体院落之东，东南隅有酒房，内庖在其北。隆福宫西有御苑，并在

〔1〕　赵正之：《元大都平面规划复原的研究》，载《科技史文集》第二辑，上海科学技术出版社1979年版。
〔2〕　赵正之：《元大都平面规划复原的研究》，载《科技史文集》第二辑，上海科学技术出版社1979年版。
〔3〕　参见孟凡人《宋代至清代都城形制布局研究》，中国社会科学出版社2019年版，第305页。
〔4〕　赵正之《元大都平面规划复原的研究》认为："隆福宫的范围是：西至西皇城根，东至府右街，北至西安门大街，南至东西红门稍南。这块面积，南北长五条胡同，东西宽四条胡同，亦即长二百五十步，宽二百步。"

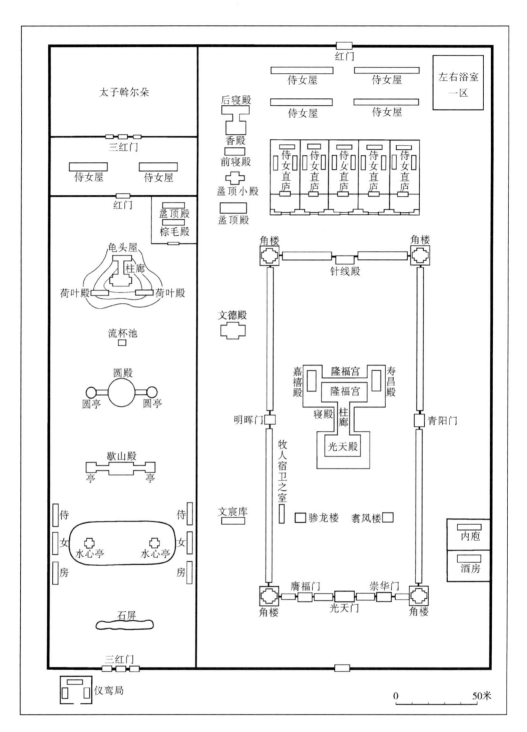

图 5 - 2 - 12　北京元大都隆福宫平面示意图

（引自潘谷西主编《中国古代建筑史》第四卷"元明建筑"，中国建筑工业出版社 2001 年版，略变化）

隆福宫之西另建太子宫[1]。

兴圣宫（图5－2－13）在隆福宫之北略偏东，主要为兴圣殿和延华阁两组建筑群，规制类似宫城[2]。其两侧是嫔妃别院和侍女宦人之室、庖厨、湢浴等附属建筑，以及学士院、生料库、鞍辔库、军器库诸院。垣外有卫士值宿之舍。学士院初名奎章阁，天历年间建于兴圣殿之西廊，文宗复位升为学士院，至正元年改奎章阁为宣文阁。

（四）太液池、万岁山、圆坻和犀山台

太液池在宫城之西，即今之北海和中海。金代在此建大宁宫，池中的琼华岛元代更名万岁山，又称万寿山，即今北海公园的白塔山。圆坻又称瀛州，今称团城。主要建筑集中于万岁山，圆坻次之（图5－2－14）。

万岁山在大内西北太液池之阳，其山皆叠玲珑石为之，峰峦隐映，松桧隆郁，秀若天成。山顶有广寒殿，金建，元代重修。殿南并列延和、介福、仁智三殿。广寒殿之东、西有金露、玉虹二亭；延和等三殿两侧有方壶、瀛州二亭。前方（南）两侧有荷叶殿、温石浴室，马湩室和牧人之室，以及吕公洞等。上述建筑大致以广寒殿为中轴对称配置，布局严谨。

"万岁山之东有石桥，长七十六尺，阔四十一尺，半为石渠（渡漕）以载金水而流于山后，以汲于山顶也"；石渠"引金水河至其（山）后，转机运斠，汲水至山顶，出石龙口，注方池，伏流至仁智殿后，有石刻蟠龙，昂首喷水仰出，然后由东西流入于太液池"。石渠"又东为灵圃，奇兽珍禽在焉。车驾岁巡上都，先宴百官于此"。万岁山之南"有白玉石桥，长二百余尺，直仪天殿后"。

仪天殿建于池中圆坻上，当万寿山。其东为木桥，通大内之夹垣，西有木吊桥，长四百七十尺，中阙之立柱架梁于二舟以当其空（浮桥）。至车驾行幸上都，留守官则移舟断桥以禁往来。是桥通兴圣宫前之夹垣，后有白玉石桥，乃通万寿山之道也。犀山台在仪天殿前水中，上植木芍药。

综上所述，万岁山是大都城的制高点，四周环水，碧波迤回。山上广植花木，山顶广寒殿俯瞰全城，恰似月宫琼楼玉宇。万岁山，太液池和圆坻景色相依，幽美而壮丽，其造景艺术之境界出神入化，形成大内的风景中心区，并具有鲜明的离宫性质。此外，从大内总体布局来看，太液池、万岁山和圆坻又是将东内和西内连为一体的枢纽和中心，在大内总体布局中占有重要地位。

---

[1] 赵正之《元大都平面规划复原的研究》说："隆福宫原为太子宫，后来太后居隆福宫，乃于其西另筑太子宫，即今西单北大酱房胡同以北，其面积应与隆福宫相同。"又说："除前苑之外还有西前苑。《故宫遗录》云：'沿海子导金水河，步邃河南行为西前苑'。可知前苑与西前苑是两回事。西前苑可能是指太子宫的苑，因其在前苑之西，故曰西前苑。西前苑的位置应在今灵境胡同以北，明初就其地改建为灵境宫。"

[2] 文献所记兴圣宫的形制布局不甚清楚，学者复原各异，图5－2－13只是诸复原图中的一种，仅供参考。

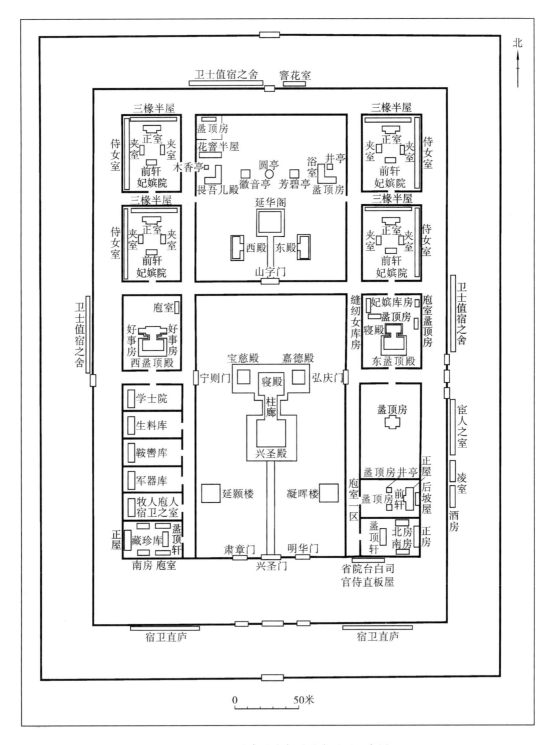

图 5 - 2 - 13　北京元大都兴圣官平面示意图

（引自潘谷西主编《中国古代建筑史》第四卷"元明建筑"，中国建筑工业出版社 2001 年版，略变化）

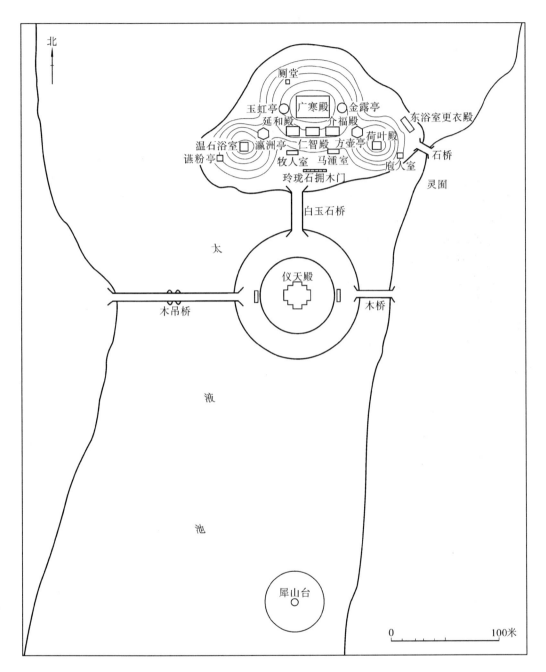

北

厕堂

玉虹亭 广寒殿 金露亭
延和殿 介福殿 东浴室更衣殿

温石浴室 瀛洲亭 仁智殿 方壶亭 荷叶殿
谦粉亭 石桥

牧人室 马湩室 庖人室 灵囿

玲珑石拥木门

白玉石桥

太

液

池

仪天殿

木吊桥 木桥

犀山台

0   100米

图 5－2－14　北京元大都太液池平面示意图
（引自潘谷西主编《中国古代建筑史》第四卷"元明建筑"，中国建筑工业出版社 2001 年版，略变化）

四　街、胡同和坊

（一）街和胡同的构成状况

街道是城市规划中的重要组成部分，由此构成城内布局的基本框架。元大都的 11 座城门，均有伸向城内的主要干道。在健德门与安贞门间、光熙门与崇仁门间各加辟一条大街，二条街道之交会点恰在钟楼，因而起到了强调钟楼和东西中分线的作用。此外，在南北城门与城两角楼间各加辟二条纵向大街，沿四面城墙还有顺城街。这样全城南北共有九条大街和东西六条大街纵横交错，共同组成城内的干道网，并由此划分出城内主要街区。上述东西与南北干道相接基本上是"十"字街，但是由于城内南部中间有萧墙和宫城，有关的干道被隔断。又城中部有积水潭，故从中心台向西沿积水潭东北岸辟为斜街，在这一带及其他个别部位还有"丁"字形街。在诸主要干道中，从丽正门向北（中隔萧墙和宫城）的大街是南半城的中轴线。1964—1965 年在景山山后正中钻探出一条宽约 28 米的南北向大道，这条大道就是前述中轴线的残迹。除上所述，至治年间又在海子南岸（积水潭与太液池间）修东西向大道，从而将东西城连接起来。元大都街道的名称，《析津志辑佚》"城池街市"记载有长街、千步廊街、丁字街、十字街、钟楼街、半边街、棋盘街等。

元大都南北向的干道在城市布局中起主导作用，小街和胡同基本都是在南北干道东西两侧平行排列。《析津志辑佚》"城池街市"记载：元大都的"街制：自南以至于北，谓之经；自东至西，谓之纬。大街二十四步阔，小街十二步阔。三百八十四火巷，二十九衖通"。从大街与小街宽度的比例，可以推出胡同的宽度为六步。元代一步约合 1.5475 米，这样大街宽约合 37.14 米，小街宽约合 18.57 米，胡同宽约合 9.82 米。根据考古钻探资料，大街（干道）路面宽约 25 米（加上两侧排水沟，沟外小路之宽，总宽度则大于 25 米），胡同宽约 6—7 米，较之文献所记要窄。关于街道旁排水沟渠，可以西四发现南北主干道两侧的排水渠为例。该渠石条砌筑，明渠，渠本身宽 1 米，深 1.65 米，在通过平则门内大街（今阜内大街）时顶部覆盖石条。渠内石壁上刻有"致和元年（1328 年）五月　日，石匠刘三"字样[1]。总之，上述的大街、小街和胡同共同组成了元大都城内完整的街道体系。

（二）胡同在标准街区内配置 22 条

元大都由经街、纬街垂直相交，组成规整的街区网，形成若干纵长矩形格，其内等距离排列的东西巷即是胡同[2]。胡同的排列组合，东西长制于南北向两条经街之间，南北排列胡同多少之数制于东西向两条纬街之间。今北京市东西长安街以北的街道胡同，就基本上沿袭了元大都的规划。如今灯市口大街向南，依次为椿树胡同、甘雨胡

〔1〕　徐苹芳：《元大都的勘查和发掘》，载《中国历史考古学论丛》，台湾允晨文化实业股份有限公司 1995 年版。
〔2〕　《析津志辑佚》"城池街市"条记载：大都城有"三百八十四火巷，二十九衖通"。衖通即胡同，似为蒙语 hud-dug（井）之音译。火巷、衖通均指今北京胡同而言。

同、西堂子胡同和金鱼胡同，这些规整等距离排列的胡同即是元大都胡同的旧迹[1]。其他诸如今东四南北、交道口南北各处，也表现得很清楚。此外，在元大都城东北部（今安定门外小关向东至土城东北角一带）和西北部（今德胜门小关向西至土城西北角一带），亦有平行胡同的痕迹。经考古钻探，从元大都光熙门至城东北角区域内共探出东西向胡胡同22条。而今东直门与朝阳门（元大都崇仁门与齐化门）之间，亦排列东西向胡同22条[2]（图5-2-15）。上述两者一致性表明，元大都街道胡同的配置形式多为明、清北京城承袭下来。

（三）标准街区内配置22条胡同的依据

前述22条胡同的配置，是以元大都东和西城墙每两座城门的间距为宫城深之2倍为依据的。据今东单以北尚存元代胡同旧迹地段的七条胡同尺寸的统计，胡同的平均中距为77.6米[3]，约合50步，以此结合元大都"大街二十四步阔，小街十二步阔"的比例，可推算出胡同本身宽度为6步（9.28米）。大都城东、西城墙每两座城门相对应城门间大街与主要南北纵街结合所隔成的街区，东西同宫城之宽，南北是宫城深的2倍。宫城深之2倍为1230步，可置24.6条胡同。前述今东直门与朝阳门内大街之间排列东西向胡同22条，从清乾隆十五年北京城图来看，这个范围除可容纳22条东西向胡同外，其最南的头条胡同，最北的石桥胡同分距朝阳门内与东直门内大街各有约一条胡同的间距未置胡同（其他街区亦然）。这样两座城门内大街间总共可容纳24条胡同，实际可配置22条胡同，余下的0.6条胡同距离合30步，应是调整诸胡同本身宽度的参数（图5-2-15）[4]。由此可见，东西两座城门间距是宫城深之2倍为相应两条纬街的间距，这个间距既是制约胡同间距的重要因素，也是两条纬街之间配置22条胡同的主要依据。

但是，应当指出，元大都胡同的间距和本身的宽度在营建过程中，由于不同地段具体情况的差异和施工误差等原因，城内各条胡同尺度不可能完全一致。比如，今南锣鼓巷之东元代昭回坊九条胡同平均间距约70米，合45步[5]。又如考古钻探出的大都城胡同宽约6—7米，分别合3.87步和4.52步[6]。因此，我们认为上述推算的结果，应是大都城

---

[1] 徐苹芳：《元大都御史台址考》，载《中国考古学论丛》，科学出版社1993年版。按胡同情况，均指20世纪50年代以前的胡同，下同。

[2] 徐苹芳：《元大都的勘查和发掘》，载《中国历史考古学论丛》，台湾允晨文化实业股份有限公司1995年版。

[3] 赵正之：《元大都平面规划复原的研究》，《科技史文集》第二辑，上海科学技术出版社1979年版；傅熹年：《中国古代城市规划、建筑群布局及建筑设计方法研究》上册，中国建筑工业出版社2001年版，第11页。

[4] 侯仁之主编：《北京历史地图集》，北京出版社1985年版，图41、42清北京城，乾隆十五年，比例1:27500。按该图比例，1厘米等于275米。在今东四北大街与东直门南小街和朝阳门北小街之间，乾隆北京城图上头条至四条胡同，七条至王寡妇胡同九条胡同排列较规整，上述胡同平均间距在图上约为0.26厘米。东直门与朝阳门内大街南北缘之间在图上宽约为6.4厘米，按胡同间距0.26厘米计算可容东西向胡同24.6条，与正文推算相合。在乾隆北京城图上，除已标明的较规整的胡同外，其余胡同横竖曲折，排列不规整。按图上比例测算，在四与六条间应可容三条东西向胡同，六至七条胡同间可容一条东西向胡同，王寡妇胡同北至石桥胡同（元代为仓址）之间可容纳三条东西向胡同，总共可容纳22条胡同。余见正文。

[5] 程敬琪、杨玲玉：《北京传统街区保护刍议——南锣鼓巷四合院街坊》，《建筑历史研究》第三辑。

[6] 徐苹芳：《元大都的勘查和发掘》，载《中国历史考古学论丛》，台湾允晨文化实业股份有限公司1995年版。

胡同规划控制尺度的上限。其中除按此规划控制尺度实建的胡同外，绝大多数胡同当在此规划控制尺度之下，按照基本规整的原则权衡变化（胡同间距，本身宽度和排列形式），进行较规律的配置。

（四）标准胡同内宅基"八亩为一分"的依据

前述标准胡同的间距77.6米，约合50步，胡同东西长同宫城之宽，是宅基八亩为一份的依据。元大都的居民住在胡同内，住宅集中配置于胡同内的两侧。《元史》卷一三《世祖一〇》记载：至元二十二年二月壬戌，"诏旧城（指金中都）居民之迁京城者，以赀高及居职者为先，仍定制以地八亩为一分。其或地过八亩及力不能作室者，皆不得冒据，听民作室"。元一亩240方步[1]，8亩约1920方步。元大都标准胡同之长，等于宫城宽480步减去两头经街宽48步（24步×2）为432步。胡同间之中距50步，胡同每面可置宅基之地应减去其两面各半条胡同之宽6步（3步×2）为44步，合19008方步（432步×44步=19008方步），合79.2亩（19008方步÷240方步），约可置8亩为一份宅基10户（79.2亩÷8亩=9.9户≈10户，即宅基面积为其1/10）。又据前述乾隆十五年北京城图，按图的比例可知东四北三条胡同西口至东口约687.5米，合444.26步（687.5米÷1.5475米），按前述规则胡同一面可置宅基面积为81.14亩（444.26步×44步=19547.4方步，19547.4方步÷240方步=81.44亩）。上述情况表明，宅基8亩为一份，是按大都城标准胡同的长宽，平均计算胡同每面安排10户宅基的最大面积，即胡同两侧共安排20户宅基地[2]。"八亩为一分"的宅基地，可容纳四合院三进院子的宅第，其规模较大[3]。

（五）胡同内宅基配置状况

关于"八亩为一分"宅基的配置问题，现在一般多认为"以地八亩为一分"是作为全城每户住宅面积的分配方案，由此使住宅整齐排列于东西向胡同的南北两侧[4]。实际上元大都城的面积约合88560亩，如果将其全部铺满"八亩为一分"的宅基地，也只有

[1] 《南村辍耕录》卷二一"宫阙制度"记载，元大都"城方六十里，里二百四十步"。吴承洛：《中国度量衡史》，商务印书馆1937年版，第三章第六节"地亩之变迁"说：秦汉以后二百四十方步为一亩。

[2] 八亩合1920方步（240方步×8），$\sqrt{1920}=43.8178$步，可五人为44步×44步=1936方步=8.06亩（1936方步÷240方步），44步=68米（44步×1.5475米=68.09米），68米×68米=4624㎡，43.8178步=67.8米（43.8178×1.5475米=67.8080米），67.8米×67.8米=4596.84㎡。是44步×44步较43.8178步×43.8178步多27.16㎡。（4624㎡-4596.84㎡=27.16㎡）。故44步×44步是略大于八亩的近似值；而正文所得79.2亩又是略小于八亩的近似值。正文所述东四北三条胡同西口至东口，胡同一面的面积为81.14亩，可置八亩一份宅基10户，余1.14亩。前注44步×44步=8.06亩，十户80.6亩，81.14亩较之多0.54亩。又胡同长687.5米÷68米=10.1户，444.26步÷44步=10.09户，均表明可置十户宅基而略有余。所余应是诸宅基间的调整参数。赵正之《元大都平面规划复原的研究》说："如以两条胡同之间的实占距离四十四步长为准，宽亦截为四十四步，那么这一方块中约占地八亩。自东四三条胡同西口至东口恰巧占地八十亩。"

[3] 徐苹芳：《古代北京的城市规划》，载《环境变迁研究》第一辑，海洋出版社1984年版；赵正之：《元大都平面规划复原的研究》，载《科技史文集》第二辑，上海科学技术出版社1979年版。

[4] 杨宽：《中国古代都城制度史研究》，上海古籍出版社1993年版，第490页。

11070 份宅基地（88560 亩 ÷ 8 亩 = 11070）[1]。至元十八年大都城有 21.95 万户[2]，若至元二十二年仍以前述户数为准，"以地八亩为一分"作为全城每户宅基地的分配方案，则全城总户数是全城可布满"八亩为一分"总份数的 19.8 倍（219500 户 ÷ 11070 = 19.82），所以是绝对不可能的[3]。如果再减去大内、积水潭、大衙署、庙社、寺院、北半城空旷之地等所占面积，这个分配方案更是根本行不通的。

从已发掘的元大都居住遗址来看，后英房大邸宅遗址其原占地面积已超过八亩；建华铁厂发现的居住遗址为前明后暗长方形房屋，并列成排，形式相同，两家共享一堵山墙，只出一般生活用具；106 中学发掘的一处居住遗址仅有一灶一炕，极为狭小简陋[4]。据此可知，元大都城内的住宅面积绝不可能整齐划一，户主地位高低、贫富差异，导致其宅基面积相差悬殊。所以我们认为：（1）"八亩为一分"的宅基地可容纳四合院三进院子的宅第，是"赀高及居职者"宅基面积的定制，但其中亦不乏逾制者。城内特别是南半城，由于"赀高及居职者"较集中，在大内两侧显要地段主要街区的胡同内，应大体按"八亩为一分"宅基较整齐地配置[5]。（2）"八亩为一分"不是一般平民宅基面积的定制，他们在"八亩为一分"的宅基上每户单独"力不能作室"，所以只能若干户共同拥挤在"八亩为一分"的宅基之内[6]。即"八亩为一分"只是一般平民中有一定财力者若干户住宅组合单元的面积，此等情况与"赀高及居职者"宅基参差配列于有关的胡同内。如是，胡同内宅基总体配置仍较规整。（3）除此之外，城市一般平民的多数，可能居住在非主要地段胡同内的"大杂院"中，或以各种形式散居。（4）城内众多的贫民，只能在城内居住区各种缝隙之中见缝插针，以求栖身之所。总之，"八亩为一分"实际上是控制大

---

[1]　本书前已论述大都城宽是宫城宽 480 步的 9 倍，合 4320 步；深是宫城深 615 步的 8 倍，合 4920 步，大都城的面积为 21254400 方步（4320 步×4920 步），合 88560 亩（21254400 方步 ÷ 240 方步）。若全城面积以八亩为一份均分则为 11070 份（88560 亩 ÷ 8 亩）。

[2]　侯仁之主编：《北京城市历史地理》，北京燕山出版社 2000 年版，第 269 页。

[3]　《析津志辑佚》"城池街市"记载：大都城"三百八十四火巷，二十九衖通"，共 413 条（火巷、胡同）。赵正之《元大都平面规划复原的研究》说："自东四三条胡同西口至东口恰巧占地八十亩。"姑且以 413 条胡同每侧均占地 80 亩，按 80 亩住百平民计算（参见后文注释），共可安排 41300 户。若胡同内两侧均安排平民百户，则为 82600 户，与至元十八年全城 21.95 万户相去甚远。以此结合正文和前注来看，再次证明元大都城无论按哪种情况计算，全城住户宅基或多户住宅组合宅基面积均按"八亩为一分"来划分，是不可能的。

[4]　中国科学院考古研究所、北京市文物管理处元大都考古队：《北京后英房元代居住遗址》，《考古》1972 年第 6 期；徐苹芳：《元大都的勘查和发掘》，载《中国历史考古学论丛》，台湾允晨文化实业股份有限公司 1995 年版。

[5]　《日下旧闻考》卷三八引《人海记》："贵戚功臣悉受分地以为第宅。"《马可·波罗行纪》：大都城"各大街两旁，皆有种种商店屋舍。全城中划地为方形，划线整齐，建筑房舍。每方足以建筑大屋，连同庭园园圃而有余。以方地赐各部落首领，每首领各有其赐地。方地周围皆是美丽道路，行人由斯往来。全城地面规划如棋盘，其美丽之极，未可言宣"。——刺木学本第二章第七节。按，此应指大都城显要地段主要街区较典型的情况。

[6]　赵正之《元大都平面规划复原的研究》说："大都规划中所用的地积单位，平民占地最高为八分。"潘谷西主编《中国古代建筑史》第四卷"元明建筑"说：元大都"一般平民住宅占地八分，贵戚功臣及赀高居职者可达八亩。按此规定予以复原，可以得出：一条胡同约可聚居百户平民或建十户前后临街，四进院落，三条纵轴的大型宅第"。按，平民占地八分，是按八亩可居十户的平均值。8 亩合 1920 方步（8 亩×240 方步），住十户每户宅基约 21.5 米×21.5 米 [即 44 步×44 步） ÷ 10 = 193.6 方步（合 13.914 步×13.914 步），13.914 步×1.5475 米 = 21.53 米]。然而，这个标准也不是全部平民均匀所能及的，有此力者在一般平民中应占少数。又每八亩居十户平民，只是一种理想算法，并不代表实际情况。

都城胡同内宅基面积的模数，按此分配宅基者只是"赀高及居职者"特权阶层的分配标准，而城内绝大多数居民应处于前述（2）、（3）、（4）种情况，其中的（3）、（4）种情况则打破了胡同内按"八亩为一分"整齐配列的模式。也就是说，大都城内除显要地段主要街区之外，大多数胡同内的住宅状况，可能处于上述四种情况相互插花状态，只有这样才能安排所有居民。

（六）胡同是主要官方建筑群占地面积的模数

此外，还应指出，胡同的间距亦是城内主要衙署庙社等占地面积的模数。据研究中书省、枢密院、御史台、太庙、社稷坛等建筑的占地面积，皆南北 5 条胡同、东西 4 条胡同间距；大都路总管府、太史院、北中书省、尚书省和国子监等，都是南北 4 条胡同，东西 3 条胡同间距。可见元大都官方主要建筑群的占地面积是有严格等级规定的，不同等级建筑群占地面积皆以胡同间距 50 步为模数，按比例递增或递减[1]。由于除庙社外，主要衙署等直接与坊内胡同配置有关，故其占地面积以胡同间距为模数进行安排是当然的。

综上所述，注重胡同和胡同内宅基的规划，是元大都城内涵式规划的主要特色之一。元大都城的胡同直通主要经街，居民出入与外界交往很方便。元大都的住宅配置于胡同内南北两侧，这样每户占地八亩的大宅第可建筑坐北朝南的主要厅堂和卧室，完全可以达到背风向阳，易于采光、通风和冬季取暖的目的。这种充分考虑到大都地区气候特点的规划配置，是很合理很科学的。在中国古代都城中，隋、唐两京的街区和里坊以规整如棋盘而著称。北宋开封府城里坊制开始崩溃之后，出现街巷制。到元大都时，街巷（胡同）制与住宅规划融为一体，形成了完整的街巷制体系，并基本定型。从而开创了都城居住空间的新形态，并成为都城街巷制的终结模式。如果说隋、唐两京是都城里坊制规划的代表，那么，元大都就是宋以后街巷制规划的代表。元大都城胡同和宅基的规划模式，是在新形势下符合新要求的创新和发展，形成了完全不同于隋、唐两京居住空间的形式，开创了居住区空间形式新的美学意境，并奠定了明、清北京城街巷和标准四合院的形成与发展的基础。

（七）坊

《元一统志》记载，至元二十五年"分定街道坊门，翰林院拟定名号"。诸坊"元五十，以大衍之数成之，名皆切近。乃翰林院侍书学士虞集伯生所立。外有数坊，为大都路教授时所立"[2]，各坊定名均有所本。《元一统志》记载坊名止 49 坊，论者以为或遗漏一坊，或以大衍之数五十，其用四十九之说有意缺一坊[3]。又元末熊梦祥《析津志》记载诸坊中，里仁以下各坊仅甘棠坊见于《一统志》，余者均不见于虞集五十坊数内。说明元末坊名或有变，且超过五十之数。

---

〔1〕　徐苹芳：《古代北京的城市规划》之"三元大都"，载《环境变迁研究》第一辑，海洋出版社 1984 年版；赵正之：《元大都平面规划复原的研究》，载《科技史文集》第二辑，上海科学技术出版社 1979 年版。

〔2〕　《析津志辑佚》"城池街市"，北京古籍出版社 1983 年版，第 2 页。

〔3〕　王璞子：《元大都平面规划述略》，《故宫博物院院刊》1960 年第 2 期。元大都诸坊情况，参见孟凡人《宋代至清代都城形制布局研究》，中国社会科学出版社 2019 年版，第 315—319 页。

元大都建成后，由警巡左右二院"领京师坊事"。城内以南北向的中轴线为界（鼓楼以北以东西中分线即全城规划中轴线为界，其南以宫城中轴线及其南北延长线为界），东属大兴县，西属宛平县。

元大都诸坊有坊门，门上署坊名，坊内配置东西向胡同。诸坊在城主要经街和纬街之间分片组合配置，如大都城东南部文明门内大街与齐化门大街之间、齐化门与崇仁门大街之间、崇仁门与光熙门大街之间所围成的街区各置四坊，各坊之宽深与宫城宽深相等。城内诸坊因受皇城、水面及其他因素影响，各坊的面积大小，宽窄和形状不一。大都城内各坊的方位，学者们多有考证，但不明者尚多。其概况可参见图 5 – 2 – 2。

五　主要衙署、礼制和宗教建筑及其他重要建筑的方位

（一）主要衙署

元代的中央衙署最初是按星宿方位安排的，很分散，极不方便，所以后来才略收拢而散置于萧墙的南侧和东侧。元代的中央衙署以中书省（行政）、枢密院（军事）和御史台（司法）级别最高，故拟以三者为纲略述其方位。

中书省及其附近的衙署。至元四年于凤池坊北立中书省，约在今铸钟厂以西。后来又在五云坊设南中书省[1]，凤池坊的中书省遂称北中书省。南中书省之东有侍仪司署，正当水门之西，侍仪司署之后有南仓（太仓）[2]。此外，与北中书省邻近的还有尚书省[3]和翰林国史院。

枢密院及其附近的衙署。《析津志辑佚·朝堂公宇》记载："枢密院在东华门过御河之东，保大坊南之大街西，莅军政"；同书《城池街市》中说"保大坊在枢府北"，《河闸桥梁》中说"朝阳桥在东华门外，俗名枢密院桥"。据考证，枢密院故址当在今灯市口西街以北，王府井大街北段以西，东皇城根南街以东，东厂胡同以南的地域之内[4]。此外，在元枢密院公堂之西还有武成王庙，宣徽院和光禄寺也在枢密院之南一带。

御史台。元至元五年诏立御史台，初拟建于萧清门内，至元十八年（1281 年）改建于澄清坊内。《析津志》记载："国初至元间，朝议于肃清门之东置（御史）台，故有肃清之名。"今"台在澄清坊东，哈达门第三巷转西。台之西有廊房，……谓之台房"。据考证，御史台应在今东单三条胡同内以北[5]。

---

[1] 《析津志辑佚》"朝堂公宇"："中书省在大内前东五云坊内，外仪门近丽正门东城下，有都省二字牌扁。"赵正之《元大都平面规划复原的研究》认为：南省"约在今东安市场附近"。

[2] 《日下旧闻考》卷六四。

[3] 赵正之《元大都平面规划复原的研究》说："尚书省，在京师北省之南。阎复《尚书省上梁文》云：'再涓吉地，爰筑新基，辇来落落之奇材，构出潭潭之仙府。左带凤池之水，右瞻鳌冠之峰。听鸡有便于趋朝，待漏不烦于他所'（《元文类》卷四七）。据此可知尚书省之左有凤池，凤池即清代莲花泡子，今之什刹前海。尚书省既在什刹前海之西，其旧址应为今三座桥以北，毡子房东煤厂一带。"

[4] 徐苹芳：《元大都枢密院址考》，载《庆祝苏秉琦考古五十年论文集》，文物出版社 1989 年版。

[5] 《元大都御史台址考》考证说："南起东单三条胡同，北至煤渣胡同，东起东单北大街，西至校尉胡同的这片地域，是元大都御史台址遗留在北京街道胡同分布图上的痕迹"；"其大门（外仪门）仍应在今东单三条胡同内，现在的协和医院东夹道，是否御史台址的中线，亦未敢臆断"。

太史院、司天台和礼部。杨桓《太史院铭》记载:"(至元)十六年春,择美地,得都邑东墉下,始治役。垣纵二百步武,横减四之一。中起灵台(即司天台)……"[1]当时大都的"明时坊在太史院东",位于大都城东南隅。根据考古资料判断,太史院可能在今贡院,元大都东南角楼(明观星台,今观象台,在建国门立交桥西南角)之北[2]。贡院在城东隅,元礼部旧基也。永乐乙未改为贡院,制甚逼隘[3]。其地应在今贡院东大街与西大街之间[4]。

兵部和刑部。"太仆寺在皇城西,乃元兵部旧署","兵部夹道今仍称太仆寺胡同,即旧署址也"[5]。据此可知,元代兵部在今太仆寺街附近。刑部可能在顺承门内,旧刑部街或即元代刑部之所在[6]。

大都路都总管府及巡警二院。《日下旧闻考》卷五十四引《析津志》记载:昭回坊"前有大十字街,转西大都府(即大都路都总管府,简称都府)、巡警二院",大都路都总管府即明、清之顺天府署。其旧址应包括今分司厅胡同以南,小经厂胡同以东之地。巡警二院在其西,旧址为小经厂胡同以西至北罗鼓巷以东之地[7]。

(二)礼制和宗教建筑

在礼制建筑中,台而不屋为坛,设屋而祭为庙。蒙古统治者起于漠北,其"五礼"均按蒙古旧俗举行,对中原地区传统的神祇在祭祀上仅"稍稽诸古"而已,故不甚重视营建坛庙(唯儒学对笼络汉族士人有重要作用,所以也尊孔抚儒,相对而言较重视孔庙)。忽必烈推行汉法以后,部分坛庙才先后建立起来。但地坛、日坛、月坛等,则始终未建。各种祀典也不完备,或虽有定制而不执行。相反,蒙古皇室贵族却尊佛崇道,追求成佛成仙,热衷于巫祝"亲见鬼神",对此虔敬和信赖的程度远甚于礼制。所以《元史》卷七二《祭祀一》才有"岂以道释祷祠荐禳之甚,竭生民之力以营寺宇者前代未有,有所重则有所轻欤?"之语。坛庙概况如下。

左祖右社。元中统四年初,立太庙于燕京旧城,至元十四年诏建太庙于大都,十七年太庙建成,太庙"门外驰道,抵齐化门之通衢"。太庙旧址应在今朝阳门内北小街之东,南起烧酒胡同,北至南门仓,东起豆瓣胡同,西至南弓匠营,今之斜街就是太庙废墟[8]。社稷坛建于至元三十年,其位置约北起大玉皇阁胡同,南至火神庙、葡萄园,西起福绥境胡同,东至观音庵胡同南北一线;明代改建为朝天宫[9]。

---

〔1〕《元文类》卷一七。
〔2〕 蒋忠义:《北京观象台的考察》,《考古》1983 年第 6 期。
〔3〕《日下旧闻考》卷四八。
〔4〕 赵正之:《元大都平面规划复原的研究》,载《科技史文集》第二辑,上海科学技术出版社 1979 年版。
〔5〕《日下旧闻考》卷六五引《春明梦余录》。
〔6〕 赵正之:《元大都平面规划复原的研究》,载《科技史文集》第二辑,上海科学技术出版社 1979 年版。
〔7〕 赵正之:《元大都平面规划复原的研究》,载《科技史文集》第二辑,上海科学技术出版社 1979 年版。按,至元二十一年置大都路总管府,不久改称大都路都总管府。
〔8〕 赵正之:《元大都平面规划复原的研究》,载《科技史文集》第二辑,上海科学技术出版社 1979 年版。
〔9〕 赵正之:《元大都平面规划复原的研究》,载《科技史文集》第二辑,上海科学技术出版社 1979 年版。

太乙神坛和云仙台。元大都萧墙正南灵星门前，东边建太乙神坛，西边建云仙台。《元史》卷一九《成宗二》记载：成宗大德元年正月"建五福太乙神坛时，《元史》卷一八《成宗一》说：至元三十一年五月"庚申，祭紫微星于云仙台"。太乙神坛约在今南池子东玛哈噶剌庙处，云仙台约在今南长街西老爷庙附近（老爷庙之南有胡同名曰东大坑，可能是筑台时挖成的），这两个台的中心点正在现在故宫午门外的大道上（图5-2-6，59、58）[1]。此外，在和义门内近北，还有西太乙宫。

南郊坛。元代早期仅依本俗祭天[2]，至元十二年忽必烈接受尊号，才在丽正门东南七里处"建祭台，设昊天上帝、皇地祇位二，行一献礼"（未按圆丘之制）。至元三十一年"始为坛于都城南七里"，但皇帝未亲祭，仅派官员摄祭，"其以国礼行事"（祭仪仍按蒙古旧俗）。成宗大德九年，才因天灾而在大都南郊正式建坛，地点在今永定门外。元无日坛、月坛和地坛，均合祀于南郊圆丘。星辰，元制从祀圆丘，至元五年后，每年二分（春分、秋分）、二至（夏至、冬至）在司天台祭星。立春后丑日祭风师于东北郊，立夏申日祭雷雨师于西南郊，仁宗延祐年间立风雨雷师坛于上述二郊。

城隍庙。城隍庙是城市的保护神，所以城市多建城隍庙。大都城隍庙尚存，在今复兴门内成方街路北。其旧址应包括今成方街以北，兴隆胡同以西，花园宫以东，按院胡同以南之地[3]。

蒙古族原信奉萨满教，在对金战争中进入中原后开始接受佛教。元世祖忽必烈特崇藏传佛教（喇嘛教），尊喇嘛教萨迦派领袖八思巴为帝师，其后诸帝亦尊该派高僧为帝师，使藏传佛教迅速发展起来，同时对中土原有佛教也采取保护态度。此外，元朝还对其他宗教采取兼收并容政策，如道教、基督教和伊斯兰教等。当时元朝在大都主要是兴建藏传佛教寺院，其特点是大寺中建有供奉历朝帝后遗容的"神御殿"（旧称影堂），使之具有了原庙的性质。这种佛寺每帝一寺（是某位皇帝的专寺），多在皇帝即位后便敕令建造（元朝皇帝死后潜葬，不建陵寝，故特别重视原庙建设）。下面就将大都城内此类佛寺和寺院略作介绍。

大圣寿万安寺（白塔寺）。该寺原为辽道宗所建，元世祖时扩建，历经十余年建成，称大圣寿万安寺。寺内一如内廷之制，常用作百官习仪之所。成宗时设世祖帝后影堂于大殿之西（元寿昭睿殿，另外还有真金太子明寿殿）。明代天顺年间改称妙应寺，地点在今阜成门内路北（大都平则门），其旧址应包括白塔寺夹道以西，火神庙以南，宫门口东巷以东，阜成门大街以北之地[4]。该寺著名的白塔尚存（图5-2-16）[5]。

大天寿万宁寺。成宗大德九年布尔罕皇后起建于中心台之后，建有中心阁。泰定四年在此建成宗帝后神御殿（广寿殿），后来成为宪宗、成宗的原庙。明代称万宁寺，清康熙

〔1〕　赵正之：《元大都平面规划复原的研究》，载《科技史文集》第二辑，上海科学技术出版社1979年版。
〔2〕　蒙古初起，拜天仪式简单，《元史》卷七二《祭祀一·郊祀上》：记当时拜天仪式"衣冠尚质，祭器尚纯，帝后亲之，宗戚助祭"。宪宗蒙哥时始冕服拜天于日月山，天地同祭，祭时配乐，立天帝牌位。
〔3〕　赵正之：《元大都平面规划复原的研究》，载《科技史文集》第二辑，上海科学技术出版社1979年版。
〔4〕　赵正之：《元大都平面规划复原的研究》，载《科技史文集》第二辑，上海科学技术出版社1979年版。
〔5〕　大圣寿万安寺的白塔是由尼泊尔人阿尼哥修建的。

年间重修，改称净因寺（今无存）。旧址在今旧鼓楼大街以东，宝钞胡同以西，豆腐池、娘娘庙胡同以南，鼓楼东大街以北之地，占地极广[1]。

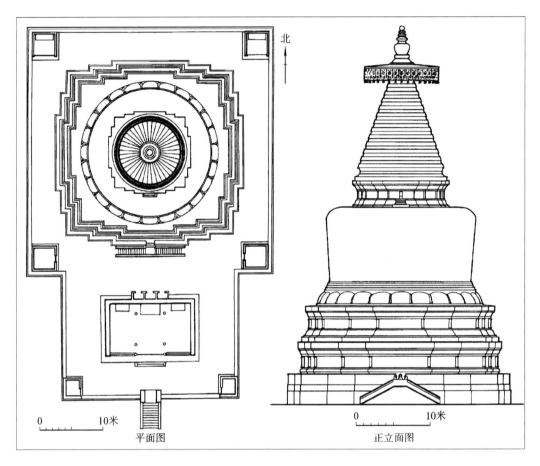

平面图　　　　　正立面图

图 5 - 2 - 16　北京元大都万安寺白塔平面图及立面图
（引自潘谷西主编《中国古代建筑史》第四卷“元明建筑”，中国建筑工业出版社 2001 年版，略变化）

大承华普庆寺。成宗大德四年创建，武宗至大元年扩建，跨数坊之地。后来成为顺帝帝后（衍寿殿）和仁宗帝后（文寿殿）的原庙（明代称宝禅寺）。其地在今宝产胡同，正当崇国寺的街西[2]，大崇国寺即今平安里北护国寺。

大天源延圣寺（黑塔寺）。原为卢师寺，泰定三年建显宗神御殿于卢师寺，赐额为大天源延圣寺。天历元年废显宗神御殿，次年明宗皇后在此做佛事为明宗求冥福。顺帝元统年间在此立明宗神御殿，成为明宗帝后原庙。该寺地近白塔寺。

大永福寺（青塔寺）。仁宗延祐三年始建，英宗至治元年建成，后来为英宗帝后原庙

[1]　赵正之：《元大都平面规划复原的研究》，载《科技史文集》第二辑，上海科学技术出版社 1979 年版。
[2]　杨宽：《中国古代都城制度史研究》，上海古籍出版社 1993 年版，第 484 页。

（宣寿殿）。明代仍称青塔寺。按白塔寺、青塔寺和黑塔寺相距不远。《日下旧闻考》卷五十二记载："黑塔寺在南小街水窖胡同，青塔寺在阜成门四条胡同，相距里许，皆无塔，亦皆无寺额，独各有碑可考耳。"青塔寺与其东南白塔寺相距一里许。

也里可温十字寺。该寺为基督教（景教）圣方济各（祭日）会派意大利传教士约翰·孟特科维诺（John of monte crvino）所建，地点在元靖恭坊内，为睿宗皇后唆鲁和帖尼（或作莎儿合黑塔泥）原庙之所在[1]。

此外，世祖至元年间，曾安置太祖、太宗、睿宗、御宗容于翰林院。在大都城外诸寺，略。

大都城内还有一些寺院，较重要者有大庆寿寺。该寺为金代旧刹，因其西南隅有海云、可庵双塔，故较有名。其旧址当在今府右街以西，大栅栏胡同以东，李阁老胡同以南，西长安街以北之地。今西长安街北有双塔庆寿寺，为乾隆时重修[2]。崇国寺（今护国寺）在皇城西北隅，位于今护国寺街。柏林寺，"在今雍和宫东，建于元至正七年"，寺今尚存。此外，还有圆恩寺（今东城前园恩寺胡同）、万松老人塔（今西四南大街）等。

万寿宫，元代的天师府，俗名天师庵。其旧址在今大取灯胡同以北，东皇城根之东，大佛寺西大街以西，宽街以南之地（元萧墙之东北隅）[3]。

除上所述，元代亦应有清真寺。此外，蒙古人信奉萨满教，故又"为蒙古巫觋立祠"。

（三）其他重要建筑

元大都的官学有国子学、蒙古国子学、回回国子学三所，并允许民间办学（大都即成立了元代第一所书院——太极书院）。元代国子学的特点是与文庙相结合（又称庙学和学宫），当时采取左庙右学（即孔庙设在国子学之东）之制。元大德十年创建大都孔庙（供奉孔子塑像），尊孔子为"大成至圣文宣王"，并成为国家祀典内容之一。至大元年冬，又建成国子学。其方位在大都城东北的居贤坊之西，明、清国子监即元国子学旧址，孔庙在其东，均在今雍和宫大街西的国子监街上。

《元一统志》说：至元九年在元大都城内建钟鼓楼，其作用是早晚报时并发出禁止夜间上街通行的信号。鼓楼或称更鼓谯楼，正名齐政楼，楼上有壶漏、鼓角，楼下有三门，建于中心阁西，位于大都城东西中分线全城几何中心点上[4]。钟楼在鼓楼正北，建于光熙门至

---

[1]　徐苹芳：《元大都也里可温十字寺考》，载《中国考古学研究——夏鼐先生考古五十年纪念论文集》，文物出版社1986年版。该寺可能在帽儿胡同西口路北明清以来显佑宫的地方。按，约翰·孟科特维诺入华传教后，"也里可温"包括天主教徒。

[2]　赵正之：《元大都平面规划复原的研究》，载《科技史文集》第二辑，上海科学技术出版社1979年版。按庆寿寺双塔已于20世纪50年代被拆除。

[3]　赵正之：《元大都平面规划复原的研究》，载《科技史文集》第二辑，上海科学技术出版社1979年版。

[4]　《析津志辑佚》"古迹"条记载："齐政楼，都城之丽谯也"，"此楼正居都城之中，楼下三门"，"齐政者，出璇玑玉衡，以齐七政之义。上有壶漏鼓角。俯瞰城堙，宫墙在望，宜有禁"。《中国古代都城制度史研究》说：鼓楼"实际上并不在城的正中，而是位于中部的略偏西处"。此说是目前较普遍的看法。第六章第一节将论证鼓楼位于全城东西中心线的全城几何中心点上，《析津志》说鼓楼"正居都城之中"完全正确。

崇仁门间的中分线上，至元年间建造，"阁四阿，檐三重，悬钟于上，声远愈闻之"[1]。钟鼓楼的位置在今旧鼓楼大街以西，钟楼在今小黑虎胡同内，鼓楼在其正南，即今清虚观附近[2]。两者在大都城的布局中，占有较重要的地位[3]。

通惠河开通后，至元五年八月"敕京师濒河立十仓"，仓多设于今南、北河沿大街以东，东城墙以西一带，邻近海子地区，以及大都城边的沿河一带。元大都的官仓从中统二年始建，至元末城内、城边、通州等地约建54官仓[4]。这些官仓具体方位很难考证，但由于元、明、清三代官仓址多一脉相承，据此可略知元代一些官仓旧址。如明代位于朝阳门内北小街的南新仓和旧太仓即建于元代北太仓旧址上，清代仍继续使用并扩建。明代位于东直门内海运仓北的北新仓，元代时即为仓库，清代沿用并扩建。清代位于东四牌楼东北，南新仓之西的富新仓，即为元代北太仓的一部分与明代南新仓的一部分。清代位于朝阳门内的兴平仓亦为元北太仓的一部分，清代位于朝阳门外南侧城墙根处（护城河西岸）的太平仓，元代时亦建有粮仓。清代在皇城南部天安门内的内仓，为元代南太仓旧址。清代裕丰仓（东便门外、护城河东、太平仓东之老仓）、储济仓（裕丰仓北），均为元、明旧仓址。元代千斯仓在光熙门内。

大都各城门内皆有公用库，如健德库、和义库、顺承库、文明库、学仁库、光熙库等。太平仓在元代也是库址，太乙神坛之南元代晚期亦辟为库，明代改为皇史宬[5]。城西部和义库规模很大，积水潭以北肃清门内还有万亿库。上述库址亦多与水道相连。

除上所述，从后文将介绍的雍和宫后元代居住遗址，以及其附近发现的元"太中大夫京畿都漕运使王公去思碑"来看，京畿都漕运司衙署应在其附近，这一带还应有一些仓库。

六　商业区和手工业作坊

（一）商业区

大都城地处陆路交通交汇之处，枢纽之区。至元三十年建成通惠河后，又依托大运河勾通江南水路和海上交通。由于水陆交通发达，"川陕豪商，吴楚大贾，飞帆一苇，径抵辇下"；"东隅浮巨海而贡筐，西旅越葱岭而献赘，南陬踰炎荒而奉珍，朔部历沙漠而勤事"[6]。"若乃城闉之外，则文明为舳舻之津，丽正为衣冠之海，顺城（承）为南商之薮，平则为西商之旅"[7]，积水潭"舳舻蔽水"，商贾辐辏。因而"东至于海，西逾于昆仑，南极交广，北抵穷发，舟车所通，货宝毕来"[8]。举凡"天下地产，鬼宝神爱，人

〔1〕《析津志辑佚》"古迹"条。
〔2〕赵正之：《元大都平面规划复原的研究》，载《科技史文集》第二辑，上海科学技术出版社1979年版。
〔3〕钟鼓楼的位置，与元大都中轴线，明、清北京城中轴线位于何处之争密不可分。此问题本书明北京城中有说。
〔4〕于光度：《北京的官仓》，《北京文物与考古》1983年总一辑。
〔5〕赵正之：《元大都平面规划复原的研究》，载《科技史文集》第二辑，上海科学技术出版社1979年版。
〔6〕《日下旧闻考》卷六引元李洧孙《大都赋》。
〔7〕《宛署杂记·民风》。
〔8〕程钜天：《姚长者碑》，《雪楼集》卷七。

物造化，山奇海怪，不求而自至，不集而自萃"[1]，"麤毹貂豽之温，珠琲香犀之奇，锦纨罗毺之美，椒桂砂芷之储"，[2]万方之珍奇宝货，大都市场无不尽有。《马可·波罗行纪》记载：大都城所居者，"有各地来往之外国人，或来入贡方物，或来售货宫中"，"外国巨价异物及百物之输入此城者，世界诸城无能与比。盖各人各自地携物而至"，"百物输入之众，有如川流不息。仅丝一项，每日入城者计有千车"；大都城周围，"约有城市二百，位置远近不等。每城皆有商人来此买卖货物，盖此城为商业繁盛之地也"[3]。由此可见大都商业之繁荣。

大都商业繁荣另一个原因，是商贾"往适其市，则征宽于关，旅悦于途"[4]。《稼堂杂抄》说："元大都腹里设税务七十三处，其在京城者，猪羊市、牛驴市、马市、果木市、煤木所，有宣课提举司领之。利网虽密，然自酒醋而外，若鱼虾药果之属，以及书画、苇席、草鞯、笤帚、砖瓦、柴炭、诸色灯、铜、铁、线、麻线、苎绵、草索、曲货，皆为不合税之物，比于明崇文门税课，条目疏远矣。"[5]征税较宽，也为元初大都商业的发展创造了条件[6]。

通惠河开通后，各路豪商大贾多走水路汇聚于大都，因而商船在城内的锚地积水潭北的斜街至附近市中心街道最宽广的钟楼一带，就成为最"富庶殷实"的商业中心区[7]。钟楼周围是主要的商业中心，钟楼之南、鼓楼之东南转角、钟楼之西、北中书省附近、鼓楼东南海子桥（万宁桥）一带也分布有许多街市。大都城的市，日出敲钟鼓启市门，"市内百廛悬旌，万货别区。""官大街上作朝南半披屋，或斜或正。于下卖四时生果、蔬菜、剃头、卜筮、碓房磨，俱在此下。"半披屋应即廊房。

羊角市（或言头市角头，角头系来往人烟凑集之处，通常指集市所在地）在城西鸣玉坊、咸宜坊、安富坊一带，地当今西四牌楼附近。羊市、马市、牛市、骆驼市、驴骡市俱在羊角市一带，人市也在羊角市。由此可见，羊角市乃畜牲行市交易之所。西市在由义坊，约在今西四牌楼以北，情况不详。此外，西城还有庙市。

城东主要有枢密院角市，其地在南熏、明照二坊。枢密院故址在今东厂胡同附近，角市在枢密院东南角上，即今灯市口西口，其地正当明代南熏坊东北角和明照坊的西北角上，此处近大内，该市当与供应宫廷所需有关。另外，枢密院附近还有柴炭市。

东市在居仁坊，即今东四牌楼一带。又"十市口"或在今东四，"其杂货并在十市口，北有柴草市，此地若集市。近年俱于此街西为贸易所"。柴市在今府学胡同。

省东市在丽正门内五云坊中书省之东，检校司门前墙下；在省前东街还有文籍市，省前有纸札市，具有文化市场性质。

〔1〕《宛署杂记·民风》。
〔2〕《日下旧闻考》卷六引元李洧孙《大都赋》。
〔3〕冯承钧译，党宝海新注：《马可·波罗行纪》，河北人民出版社1999年版，第358页。
〔4〕《日下旧闻考》卷六引元李洧孙《大都赋》。
〔5〕《日下旧闻考》卷六三引《稼堂杂抄》。
〔6〕元初商税为三十分取一，市舶税为十分取一。但到元文宗天历年间，税与元世祖至元七年规定的额数，增加"不啻百倍"。有研究表明，大都商税约占全国税收的九分之一左右。可见其商业规模之大。
〔7〕《析津志辑佚》"古迹"条：钟楼"与鼓楼相望。本朝富庶，殷实莫盛于此"，"盖东、西、南、北街道最为宽广"。

城门是交通要道，为客商和各类人等出入城的必经之地，大都的城门多各有特色。如丽正门是百官上朝集中之地，为"衣冠之海"；文明门是通惠河与闸河交接处，漕船和商船络绎不绝，为"舳舻之津"；顺承门是南来客商会集之处，为"南商之薮"；平则门是西来客商会集之地，为"西贾之旅"等。因此，元大都城门口附近多设市。如菜市在丽正门三桥，哈达门（即文明门）丁字街、和义门外；猪市在文明门外一里，鱼市在文明门外桥南一里；果市在和义门外、顺承门外、安贞门外；柴炭市集市之一在顺承门外；车市在齐化门十字街东；拱木市在城西；草市门门有之；穷汉市一在文明门外市桥，一在顺承门南街边，一在丽正门西，一在顺承门里草塔儿。上述前三门地区商业之繁荣，与南城（金中都）之存在不无关系，其发展为明代前三门地区成为商业中心奠定了基础。

城门外的附近地区谓之关厢，前述城门口外诸市即属关厢范畴。关厢商市概况，可参见《马可·波罗行纪》的有关记述。

大都建成后，原金中都旧城仍然存在，称南城，南北城往来联系密切。南城原金中都街市依然存在。其北部与大都城顺承门和丽正门外商市连为一体。南城内的商市，《析津志辑佚·城池街市》载："南城市、穷汉市，在大悲阁东南巷内"，"蒸饼市，大悲阁后"，"胭粉市，披云楼南"，"鹁鸽市，在喜云楼下"。大悲阁即圣恩寺，"在南城旧市之中"，披云楼在大悲阁东南，喜云楼在阁前。此外，还有其他一些商市酒楼等。

除上所述，大都还有些市和集市，兹不赘述。

（二）手工业作坊

元大都有发达的宫廷手工业，在工部，大都人匠总管府，大都留守司之下，设有许多手工业管理机构。官府手工业规模大、分工细、工匠多。主要手工业部门有兵器业、建筑业、纺织业、特种手工艺业、印刷业、金银首饰业、酿酒业等。各种手工业作坊在大都的分布情况不详。

大都城民间手工业所见资料极为有限。前述海子桥南的木器家具行，实际上是与作坊相连在一起的。《析津志辑佚》"风俗"记载："湛露坊自南而转北，多是雕刻、押字与造象牙匙箸者，及造宫马大红秋辔、悬带、金银牌面、红绦与贵赤四绪绦、士夫青区绦并诸般线香。有作万岁藤及诸花样者，此处最多。"此为手工业和工艺品作坊集中之地，湛露坊位置不详，因其"近官酒库"，当在大兴县所辖的东城。又考古发掘的西绦胡同二号元代居住遗址，其西半部为作坊遗址。该遗址位于旧鼓楼大街豁口以西，属宛平县所辖的西城。此外，在南城设南城织染局，所属也有些手工艺作坊[1]。南城磨玉局在南城新义门外有碾玉作坊[2]。

七　大都城的河湖水系

水是城市的命脉，故大都城址的选择与水密切相关，建设大都城时又刻意解决给水问

---

[1] 《析津志辑佚》"岁纪"条载：端午节"中书礼部、办进上位御扇"，"资正院、中正院进上，系南城织染局总管府管办，金条、彩索、金珠、翠毛、面靥、花钿、奇石、戒止（指）、香粉、胭脂、洗药，各各精制如扇拂"。
[2] 《析津志辑佚》"古迹"条载："南城彰义门外，去三里许，望（往）南有人家百余户，俱碾玉工，是名磨玉局。"

题。从大都城建成后的情况看，其给水系统有二。一是以金水河为水源，以太液池为"水库"的宫苑给水系统；二是以高梁河为水源，以积水潭为"水库"，以通惠河为水道的漕运系统。两个系统既相互独立，又有内在联系，并同时成为外城护城河的水源。

（一）金水河与宫苑给水系统

开凿金水河的目的，是解决宫苑给水问题，故又称"御沟水"。该河从西郊玉泉山引水，沿途"跨河跳槽"[1]，至和义门南 120 余米处入城（入城之水门，在拆除明、清西城墙时已发现）。金水河入城后东流，沿今柳巷胡同至北沟沿南折（今赵登禹路），再从北沟沿南流，过马市桥，至今前泥洼胡同西口转向东流，再转南折东，沿宏庙胡同，过甘石桥，流至灵境胡同西口内[2]分为北南两支。北支沿今东斜街向东北流，至今西皇城根后向北流，在今毛家湾胡同东口处转东流，经北海公园万佛楼北、九龙壁西南，向东注入太液池（今北海）。若按元大都的情况来说，该支从今西皇城根北流即沿元萧墙西墙外北上，绕萧墙西北角又沿萧墙东流，约于萧墙北墙中间折西向南注入太液池北端，从而成为萧墙西墙和北墙西半段的"护城河"。南支自今灵境胡同一直东流，过今府右街而注入太液池（今中海），复自太液池东岸流出，经西华门而入今故宫，过熙和、协和二门向东，由东华门北出故宫，沿今东华门大街以北东流而注入通惠河（今南河沿）[3]。即该支从元萧墙西墙近南端处入萧墙内，经隆福宫前注入太液池（今中海），然后又从太液池东岸复出，经灵星门内周桥（或州桥）下，继而东流，从萧墙东墙南部流出，与东墙外的新开河（即通惠河的一段）相汇。此外，金水河还北接今什刹后海和高梁河。金水河工程大约与宫苑是同时建设完成的。

（二）高梁河与通惠河

解决漕运问题，是大都城另选新址的重要原因之一。因此，在大都城规划和建设时期，即同时着手开凿漕运河道，解决水源及诸相关问题。漕运工程可分城内城外两大部分。

城内部分，首先在大都城规划之初就将积水潭作为城内积水中心和水上交通中心而包容在城内[4]。其次，在城内宫城中轴线向北的延长线上建万宁桥（又称海子桥，即今地安门桥），开凿城内漕运河道（即新开河道，后来成为通惠河的城内河段）。引积水潭水从万宁桥下东流进入新开河道[5]，继而南流，经萧墙北墙东部，过萧墙东北角后傍萧墙东墙南下，出外城丽正门东的南水门后与城外的通惠河接通。城内新开的河道较宽，据考

〔1〕《元史》卷六四《河渠一》"金水河"条。

〔2〕《北京考古四十年》第三章第一节记载："1970 年 11 月和 1986 年 5 月，先后在西单北大街灵境胡同西口外，发现明代沟渠及甘石桥旧址"，"经钻探沟底砖面以下和沟身两侧墙外均有黑色淤泥，证明这里的沟渠和石桥是在元代旧水道基础上筑造的"。

〔3〕参见徐苹芳《元大都的勘查和发掘》，载《中国历史考古学论丛》，台湾允晨文化实业股份有限公司 1995 年版。

〔4〕经考古勘查，可知元大都时的积水潭稍大于今太平湖、什刹前后海的范围。

〔5〕侯仁之《历史地理学的理论与实践》说："在这条渠道未开之前，原始的高梁故道，当自积水潭东出，然后转向东南，注入金朝的旧闸河。以后由于大都城的兴建，有意把高梁河的故道填塞，并以万宁桥下新开的渠道，代替高梁河的故道。"

古勘查实测，萧墙东北角处的河道宽约 27.5 米左右，大船可直接航入城内。此外，城内还有一条河道，即从积水潭（今太平湖）向东流（在今德胜门和安定门外，大约与其北护城河平行），出东城墙入护城河。除上所述，与积水潭有关的另一个问题，是在积水潭与太液池间（积水潭原是太液池的上段）筑东西向大道[1]，将两侧东、西城顺畅连接起来，从而使大都城的规划和布局更加完善。

城外漕运工程是著名水利专家郭守敬的杰作。该工程以引白浮泉水入瓮山泊，又引入积水潭，向东直至通州高丽庄而入白河的通惠河为主（图 5-2-17），全长 164 里 104 步，其具体情况略[2]。

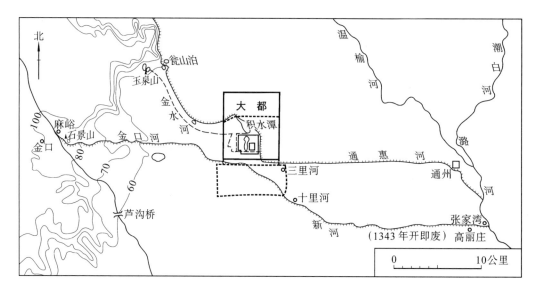

图 5-2-17　元大都城通惠河源流图

（引自侯仁之《历史地理学的理论与实践》，上海人民出版社 1979 年版，略变化）

（三）城内排水系统

上述金水河与城内通惠河段，同时也是城内排水系统的重要组成部分。城墙和城内主要街道排水设施和沟渠已如前述，此外在大都城全面施工之前还在城内安排了排水系统。《析津志辑佚》"古迹"记载："泄水渠，初立都，先凿泄水渠七所。一在中心阁后，一在普庆寺西，一在漕运司东，一在双庙儿后，一在甲局之西，一在双桥儿南北，一在干桥儿东西。"这些沟渠目前尚未发现。

八　后英房居住遗址

明洪武元年八月，攻陷元大都后即着手内缩大都北城，另筑北城墙于后来的明清北京

---

〔1〕　《元史》卷六四《河渠一》"海子岸"条。

〔2〕　参见侯仁之《历史地理学的理论与实践》，上海人民出版社 1979 年版，第 178—180 页对通惠河的论述。

城安定门和德胜门一线。北城墙工程在短期内强制完成，所以一些元代建筑被夯筑于城墙之下。这些被压在城墙下的建筑残迹，因北城墙的拆建环路工程而重见天日。1969—1974年配合此项工程先后发掘了十余处居住遗址（1965 年曾对部分遗址进行过发掘），其中以后英房居住遗址保存较好，规模最大，形制布局最为重要。后英房居住遗址，位于北京西直门后英房胡同西北的明清北城墙下。1965 年发掘了遗址的东部，1972 年上半年继续发掘了遗址的中部和西部，两次发掘面积近 1900 平方米[1]。

（一）形制布局

遗址残迹分为主院和主院两侧的东、西院（图 5−2−18、图 5−2−19）[2]。主院正中偏北有平面略呈"凸"字形的砖台基，高 80 余厘米。台基前有低于台基 4 厘米与台基等宽的高露道，台基上建三间正房和东西两夹屋（耳房）。正房面阔 11.83 米，当心间4.07 米，两次间各为 3.88 米；进深一间 6.64 米。房前出轩三间，面阔同正房，进深一间2.44 米。东、西夹屋面阔 4.09 米，进深两间 7.71 米，其中明间 5.67 米，北面套间 2.04米。正房前轩突出于两夹屋之外 5 米余，正房后檐柱突出于两夹屋后檐柱 80 厘米，因而正房后廊下的台基亦随之外向突出。东夹屋后山墙近西端，西夹屋后山墙近东端分别有一堵墙向北延伸。

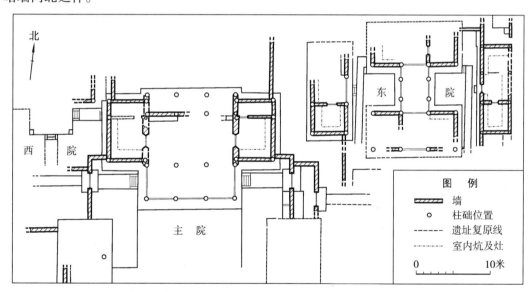

图 5−2−18 北京后英房元代居住遗址总平面图

（引自中国科学院考古研究所、北京市文物管理处元大都考古队《北京后英房元代居住遗址》，《考古》1972 年第6 期，略变化）

---

〔1〕 中国科学院考古研究所、北京市文物管理处元大都考古队：《北京后英房元代居住遗址》，《考古》1972 年第 6 期。
〔2〕 后英房居住遗址因压在城墙基下，故残迹东西长、南北窄。由于明清北城墙自新街口豁口以西向西南斜抹，所以该遗迹随之自东北稍向西南偏斜。此外，1949 年前北城墙有些地方曾被挖成洞室，后英房遗址即有两条洞室穿过，破坏了部分遗迹。

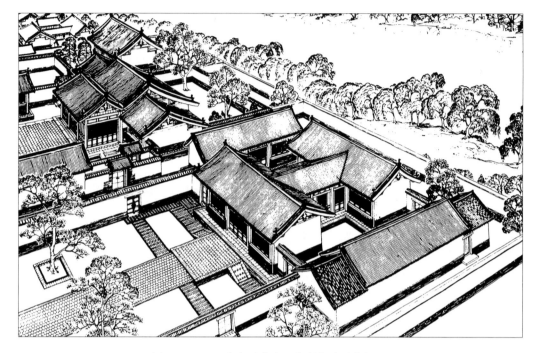

图 5-2-19　北京后英房元代居住遗址复原图
（引自傅熹年《傅熹年建筑史论文集》，文物出版社 1998 年版）

　　正房前轩两侧台基下各砌一踏道，踏道下砖砌露道，各通向东、西角门。角门建于小台基之上，两角门侧的南墙分抵东、西厢房的北山墙，北墙向北至东、西夹屋角柱稍北一线内折，分接两夹屋的东、西山墙。这样就将主院北房与东、西厢房之间用围墙封闭起来。西角门外有露道通西院，东角门外有一个小跨院，跨院东墙南部再辟角门，角门外有露道通向东院。主院北部台基下，北房之南有东、西厢房，东厢房残毁；西厢房遗迹似面阔三间，进深一间，东、西厢房对称配置。

　　东院在主院东侧偏北，院落以"工"字形建筑为主体，两侧建东、西厢房。主体建筑位于院落北部中间，房子建在"工"字形台基上。南、北台基大小相同，东西长 12.90米，南北宽 6.84 米。南、北台基间的柱廊台基东西 5.48 米，南北 4.20 米，台基高皆 71厘米。南房三间，每间面阔皆 3.72 米，进深一间 4.75 米。当心间南门通向院落，北门接柱廊。柱廊三间，间宽 3.72 米，中间一间长 2.48 米，南、北间长分别为 1.94 米和 1.90米。北房三间，面阔同南房，北部破坏，估计进深亦同于南房；其当心间房门接柱廊。北房基东南和西南角各有一砖砌台阶，台阶下各有砖砌露道向南穿过院落通向角门。西南角门破坏，东南角门仅存门砧。院落北端在北房东北角柱附近有一段北围墙直抵东厢房。院落西北角已破坏，推测与东北角相对应的西北角也应砌有围墙，所以东院也是一座封闭式的院落。

　　东、西厢房在"工"字形建筑两侧，厢房所在台基等高，约较"工"字形台基低一半左右。东厢房三间，面阔 11.25 米，进深一间 3.90 米，当心间和南暗间面阔相同，北次间面阔略小，当心间西面开门通露道。三间东厢房南、北两头各接建一室，均不通东厢房。北面一室北部残毁，门开在东檐墙南头。南室残毁，仅存少许前后檐墙。西厢房三间，当心间面阔3.76米，南暗间面阔3.67米，北次间大部残毁；进深一间4.65米。当心间东面开门，台基下砌踏道与南北露道相接。

西院在主院西侧略偏北，仅残存北房台基、月台、踏道和露道。台基略低于主院大台基，台基残存的东南角与主院大台基西北角相互错入，均缺角石部分。月台在台基前面正中，东西长方形，略低于台基。月台南端正中及东侧各砌踏道（西侧踏道残毁），下接露道。月台东南和西南角各浮置一狮子角石（似从别处移置的）。月台北面尚存台基的东部和北房东南墙角及墙角处柱础。院墙残毁，仅主院两角门外北侧残存少许南院墙遗迹。

（二）建筑技法

台基做法基本相同，均平地起筑，台四周单条砖围砌，单砖内填塞一层碎砖块，只主院大台基北壁用双层砖砌成，砌砖白灰勾缝，台壁向上略有收分。台心分层填土和碎砖，稍加夯筑，台面铺方砖。台边铺特制的长条压阑砖，台的外角放方砖代替角石，内角上则用两块压阑砖抹角拼砌出角线。主院大台基南部（自围墙以南部分）用长条压阑石和方形角石，大台基四周露台明。东院工字台基四周，在地面以下靠近台壁处，夯筑一层碎砖屑掺白灰的硬面，起散水作用。此外，在西院台基与主院大台基间，主院东角门外东侧下，还发现砖砌的排水暗沟残迹。

墙有房屋的檐墙、山墙、室内隔断墙和院落围墙四种。墙均平地起筑，未挖槽打基。房屋的墙壁多数仅存"隔减"部分，"隔减"均用"磨砖对缝"砌法，垒至窗台时，最上一层砖的外沿，压边起混或通混。这种墙都有很明显的收分。"隔减"以上砌土坯，外抹灰皮。少数墙的"隔减"部分条砖错缝平砌。室内的隔断墙，也有用"磨砖对缝"砌"隔减"的，粗陋者则为土坯墙。

院落围墙以主院围墙保存略好，其"隔减"部分用条砖错缝平砌，墙心用土坯或碎砖填实，"隔减"以上砌土坯。主院西角门北拐角处围墙砌法较院讲究，该墙从角门小台基以北处垒砌，先用条砖错缝顺砌（墙心填碎砖灌白灰浆），砌至与角门小台基等高时，再自角门夹门柱以北"磨砖对缝"砌十层砖，直至小台基以北85厘米处为止，再向北仍错缝顺砌六层砖，其上则砌土坯。诸墙凡砖墙与土坯墙相接处，均用一层砖压边起混作为边框。错缝顺砌的砖墙一律刷白灰浆，土坯墙则用黄泥麦秸打底抹平，再抹一薄层青灰压光，类似明、清时代的"粉墙"，富于装饰性。

主要房址室内均方砖墁地。如主院北房室内地面先垫白灰土（白灰掺土），整平略夯。方砖面磨平，四边磨成斜面，底抹白灰泥平铺于垫层上，相邻方砖砖缝对严不露灰缝，这种方法即为磨砖对缝墁地。东院北房地面也是磨砖对缝墁地，只是铺地砖下垫灰渣土。有的房址室内铺地砖又东西成行，南北错缝；或南北成行、东西错缝。东院东厢房北头小室内，则用小条砖一横一竖交替平铺地面。

后英房遗址所见柱础均为素面，可分为明柱柱础、暗柱柱础、柱廊柱础三种。明柱柱础方石刻出低矮的素覆盆，有的在盆面上刻一周圆线，中心划十字形墨线。暗柱柱础被包在墙内，一般仅为方石，面略加凿平，个别的刻有低矮的覆盆。东院柱廊两侧不砌墙，下安木地栿，地栿上装格子门。木地栿之外的础石雕半圆形覆盆，地栿之内即柱廊室内础石则不雕覆盆，仅按地栿和柱径砍齐。

主要建筑柱础下的地基均夯实。以主院北房础基做法为例，其安置柱础前，先在台基上挖1.5—2米见方，深1.10米左右的方坑，坑底达生土内。坑内用一层土一层碎砖瓦夯筑，近台面时铺一层灰渣土，其上安础石。这种做法与《营造法式》的规定相同，明、清时称"磉墩"。

后英房遗址中，凡不辟门的墙壁下都砌炕，以后檐墙下的炕为主炕。炕分实心炕和火炕两种。主院北房正房为厅堂性质，仅后檐墙下东西两边用土坯砌实心炕。东、西夹屋明间南壁和东（或西）壁下用土坯围砌实心炕（北壁是暗间隔断墙，无炕）。暗间无炕，当属储藏室性质。炕宽在60—100厘米左右，高仅60—70厘米左右。东院东厢房当心间后檐墙和西南角前檐墙下有实心炕，南暗间在东、西、南三壁下围砌土坯实心炕。南炕宽44厘米，西炕宽62厘米，两炕残高均为20厘米。东炕宽86厘米，高40厘米。北次间西、北壁下砌连通的火炕，西炕宽62厘米，北炕宽1.07米，两炕高均为40厘米。东厢房之北的北房室内北壁下砌火炕和灶。东厢房南边的小房室内北墙角有炕的残迹。东院西厢房当心间西壁下，北次间东壁下砌土坯实心炕。南暗间在东、南和西壁下围砌土坯实心炕，东炕宽50厘米，南炕宽72厘米，西炕宽104厘米，高均为28厘米。

实心炕的砌法系用土坯侧立实砌，炕面上用麦秸黄泥抹平，再抹一层青灰泥压光。炕沿镶木条，炕前脸满装木板，近地面处砌砖，砖上等距离立楔柱，上承木炕沿，并用铁钉与木炕沿钉牢。火炕，炕前脸在地面上用条砖错缝顺砌两层，其上砌侧立条砖一层。侧立条砖在炕中间砌方形火眼，北炕火眼向炕心砌火膛，火膛两侧顺炕方向用砖砌三条烟道，烟道末端相互勾通。烟道通向西炕时减为两条，西炕无火眼和火膛。两炕均无烟囱，火膛和烟道内存灰也很少，当时称为死火炕，燃木材，仅供冬季取暖用。侧立条砖上砌土坯，炕面用条砖平砌三行。东厢房之北的北房室内的火炕，炕前东端有灶，灶面用小条砖砌成，灶的火膛通炕内，有四条烟道，烟囱在炕的东北角。这种炕当时称烧火炕，在元大都的居住遗址中普遍存在。

主院北房大台基前轩两侧各有一踏道，两踏道结构相同。踏道砌在露道上，踏道高0.45米，宽1.12米，底边长1.13米。踏道前压砌青条石，踏道分三踏。副子用长112厘米、宽37厘米、厚

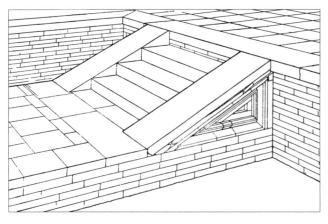

图5-2-20　北京后英房元代居住遗址主院
大台基西踏道透视图

（引自中国科学院考古研究所、北京市文物管理处元大都考古队《北京后英房元代居住遗址》，《考古》1972年第6期）

7 厘米的条石砌成。踏道两侧砖砌三层象眼，砌法不同于《营造法式》，而是仿须弥座式样砌出。副子相当于须弥座的方涩平砖，第一层角眼向内斜收，相当于罨涩；第二层象眼磨棱起牙，相当于罨牙，第三层象眼向内直收，相当于子涩，象眼底层则相当于须弥座的束腰。第一层至第三层底，共内收 10 厘米。该做法较复杂，是现存宋元踏道中罕见的实例（图 5 - 2 - 20）。东院踏道简单，仅略具其形。如北房东南角踏道用方砖砌两踏，西南角踏道砖砌一踏，东厢房当心间前踏道砖砌一踏，踏道均前接露道。西厢房当心间前踏道方砖砌两踏，副子长 52 厘米，宽 30 厘米。踏道两侧砖砌三层象眼，每层象眼内收 3 厘米。其做法与《营造法式》所记相同，但除象眼每层等距离内收外，其他比例多与《营造法式》规定不合。西院踏道在月台南侧正中及东侧，下接露道。南踏道一踏，东踏道两踏。东踏道副子用条砖平、侧拼砌，北侧副子贴北房台基壁，南侧副子下砖砌三层象眼，每层内收 3 厘米。

院内主要通道均砖砌露道。主院大台基之南为高露道，露道较北房大台基低 6 厘米，露道高 0.81 米。露道方砖铺砌，两边砌长条压阑石，完全采用台基的砌法。露道南与东、西厢房高露道相接，东西高露道较南北高露道低 6 厘米，东西高露道方砖平铺，西边方砖平砌，不出线，这是一般高露道的做法。

主院北房台基东、西侧至角门有低露道，露道长 4.40 米，宽 1.86 米，高 0.46 米。露道边缘方砖压阑，其余做法同台基和高露道。露道外壁与踏道象眼刷白灰浆，露道与踏道相接处平砌石条，石条两端凿横向排水沟槽，露道与角门相接处下面有一条排水暗沟。东、西角门外砖露道残断。东角门内南侧至东厢房的露道用条砖一横一竖铺砌，高 0.15 米。露道两边各砌两砖为线，露道中腰砌一排水明沟，沟东头与主院东侧院墙下沟眼相通。

东院东、西厢房与"工"字形台基间各有一南北向露道，高 5 厘米。露道以小条砖一竖一横平铺，略呈虹面，两边各侧砌两砖为线。东侧露道近南端砌东西向排水明沟。出西南角门外有两条露道，一条顺南房台基下向东延伸，一条向南与主院东角门外露道相接。两院南踏道下有南北向露道，高 25 厘米，砌法与主院低露道相同。东踏道下接低露道，北侧贴北房台基，东抵主院北房大台基下，南侧立砌两砖为线，露道用小条砖一横一竖交铺平砌。

主院有东、西角门及东角门外小跨院角门，角门大小和结构相同。角门建在砖砌长方形台基上，门两旁立挟门柱，柱间残存木地栿槽。挟门柱下不立柱础，各置一锭（镯）脚石（与《营造法式》所记"山翻锭（镯）脚石"之制相同）。锭（镯）脚石方形，边长 75 厘米，厚 16 厘米，中心窍眼直径 16 厘米。锭（镯）脚石以下地基结构保存完整，其做法是先挖一 1.5 米见方，深 1.10 米左右的圆方坑，坑底垫平，中间置一方砖。砖上用五层条砖侧立围砌一直径约 20 厘米的圆洞，侧砖外半部之间空隙处用半头侧砖塞紧，其外填土夯实。侧砖上用一层方砖斫角平铺，围成六角形洞口，再上安镯脚石，镯脚石面至洞底深约 1 米。然后自洞口向洞内满灌白灰浆，使灰浆流入侧立的砖缝中，再将直径 15 厘米的挟门柱自镯脚石窍眼插下深约 73 厘米。白灰浆凝固后，遂将镯脚石以下木柱与基础坚固地黏结为一体。由于白灰浆有防潮防腐作用，故洞内木柱发现时仍未朽。

在主院东角门稍北，发现倒塌的角门木构屋顶，屋顶中间起脊，两坡很平缓。顶上铺望板，板下钉直径 4 厘米的椽子 26 根，椽长 1.60 米，椽距 8 厘米。椽下自脊至两檐再钉厚 2 厘米，宽 11 厘米，通长 2.70 米的枋子五条，枋之间距约 80 厘米。两头安搏风板，板厚 3 厘米，长 1.06 米，板之转角及头部用铁钉钉嵌云头铁页。搏风板外侧和望板刷红色，椽子及搏风板内侧刷绿色。在角门附近还发现一些长 19 厘米、宽 6.8 厘米、厚 1.7 厘米的小型花头筒瓦、兽面纹和花草纹瓦当（直径 6 厘米）、花草纹滴水（宽 9 厘米）。此外，还有一些高约 14 厘米的迦陵频伽和走兽等，以上所见大概是角门屋顶上的瓦件。

东角门外小跨院东南角门，形制结构与前者相同。东院角门位于东、西两条露道南端，西南角门毁，东南角门仅存小条砖砌成的门砧。

（三）室内门窗和木构件

在东院遗址发现格子门、板门和直棂窗等遗迹。凡此均是明代拆毁时被埋入夯土之中，发掘时木料已朽，仅在夯土中尚存痕迹而已。

在东院柱廊南头即南房北门附近，发现一些倒在地上的格子门。其中保存最好的一扇，高 2.37 米，宽 75 厘米，桯及边框宽各 7 厘米。门扇四角外装膊肘，门中部偏下以双腰串将门隔成上下两部分。上部用 1.5 厘米中间出单线的条桯组成四直方格眼图案，图案高 1.34 米，四边有宽 2 厘米的子桯。下部为腰华板和障水板，障水板下再用腰串隔成镯脚板。腰串宽 7 厘米，腰华板高 12 厘米，障水板高 44 厘米，镯脚板高 12 厘米。桯及腰串的混作为压边起混出三线。

装铜看叶的格子门，全部尺寸同上。其式样除桯及腰串的混作改为压边起混出单线外，最明显的是在不装膊肘的边桯及双腰串处，用小钉钉一"🗦🗧"形铜看叶。看叶长 73 厘米，宽 7 厘米，两端呈燕尾形。燕尾中间有云头如意图案，看叶两侧鋄钑出极细密的缠枝蔓草纹图案。看叶中部及双腰串垂直部位安一枚直径 7 厘米的海棠曲线纽头圈子。圈子下 17 厘米处安长 9 厘米、宽 6 厘米的铜制棱形闩座，座正中有铁闩鼻，格子门外髹黑漆。估计这些格子门是安装在柱廊两侧的。还有的格子门用六簇菱形图案装饰格眼、腰华板和障水板，这可能是安装在工字形建筑南房北门和北房南门上的。主院北房前轩的前檐和两山面，均不砌墙壁，一律安格子门，其地栿槽宽 10 厘米，故可能比东院格子门的尺寸要大些。此外，有的格子门的格眼上糊木刻印本书叶，纸朽烂而字迹都印在泥土上。

东院北房南侧台基下发现两扇板门，形制相同。板门高 1.98 米，宽 0.70 米。肘板（门轴）高 2.18 米，副肘板厚 15 厘米，宽 5 厘米。门面用 5 块身口板拼成，门背面用四楅，楅宽 6 厘米。门正面缘楅钉四路铜门钉，每路五钉。钉帽铜质圆泡形，径 6 厘米，高 3.4 厘米；帽内铸铁钉，残长 3 厘米。上数第一路门钉近肘板处的两个门钉下安铜包角，包角上鋄钑牡丹花纹。第二路门钉下安铜质兽面衔环铺首，径 14.5 厘米。铺首兽面呈弧面状，衔带式平雕梅花门环。铺首边呈海棠花瓣式，沿曲边垂直处有四孔，孔内钉铁钉，门环下有月牙形平雕云纹铜环垫。第四路门钉靠肘板处减两钉。门板涂红漆，边框涂蓝漆。另一件残板门，发现于西院露道，仅存板门上箍套的一个 3 厘米宽的铜箍。此外，还发现一扇铁钉板门。

门框。发现于东院西厢房南边暗间，为隔断墙门的门框，倒向明间的砖地上。高 2.10

米，宽 93 厘米。立颊高 1.62 厘米，宽 14 厘米。上额枋宽 19 厘米，门额宽 14 厘米，门额正面安两枚三角形门簪。地栿高 15 厘米，立颊内侧及门额框起阳文框线，立颊外侧安 16 厘米宽的薄板，板外安 5 厘米宽的木框。此外，东院东厢房当心间与北次间之间，似有木隔扇（落地罩）。

东院东厢房前发现直棂窗遗迹。该窗高 51 厘米，长 1.86 米，桯宽 7 厘米，上桯压边起混。两桯之间直棂方子 15 根，每根宽 15 厘米。棂与桯均凿子母口直插入榫。

主院北房东侧台基上发现额枋一件，长 3.5 米，宽 28 厘米。枋心用蓝、绿、黑三色绘一整二破瓅花。同出还有四根圆檩。东院发现一残梁架，残长 1.85 米，宽 39 厘米。蚂蚱头长 22 厘米，宽 20 厘米、榫口宽 10 厘米，深 5 厘米。蚂蚱头用灰、白、黑三彩绘盒子枋心，藻头绘一整二破瓅花。搏风头一件，残长 85 厘米，宽 30 厘米，厚 10 厘米，头部砍作菊花头。转角襻肩一件，残长 1 米，宽 18 厘米，厚 6 厘米。箍头作蚂蚱头，长 28 厘米，宽 18 厘米，榫口宽 8 厘米，深 6 厘米。枋心彩绘仅余残迹，箍头中间画盒子内绘一朵瓅花，藻头中间绘一整二破瓅花。

（四）遗址的时代、性质和意义

后英房遗址在今北京西直门内后英房胡同西北的明清北城墙基下，这个位置相当于元大都和义门内以北，今北草厂胡同以西之地，为元大都的豫顺坊，后英房遗址在北草厂胡同以东，是元代何坊目前尚难推定。从其位置来看，该遗址很可能在元大都和义门内大街以北的第八条胡同中，其西已邻近豫顺坊界的南北小街（即今北草厂向北的南北胡同），距和义门内城墙根也不远，它的北墙距元大都的海子（积水潭）南岸很近。这样的地理位置，元初尚属偏僻之地。至元三十年（1293 年）引白浮泉水，通惠河开凿成功之后，海子成为元大都城内的水上交通中心，其北岸一带又变成商业中心。在这种情况下，后英房遗址所在之地既临海子，靠近商业中心，又闹中取静，遂成为好去处之一。因此，"从元大都的城市发展上来推测，这处住宅的修建，大概是至大（1308—1311 年）以后的事。根据遗址中所见的建筑遗迹等细部的情况来分析，也应属元代中期以后所建"[1]。其年代下限则当在明洪武元年（1368 年）建明北平城北城墙之时。在此存在期间，从遗迹来看，该遗址的三个院落并无统一安排，主院的东西角门与东西院的布置不对称，东西院的位置关系和两者的形制布局也不对称；西院的北房和台基是后建的，西院小台基与主院大台基相互错入，东院东厢房北头有拆建现象[2]。如此等等，表明该遗址在元代存在之时是有变化的。

后英房遗址是原建筑的残存部分，由主院和东、西院构成。三座院落各有明确的纵轴，轴线相互平行，主体建筑均建于轴线上，辅助建筑分列轴线两侧。遗址的房屋皆建于台基上，台基因房屋的位置、主次、规模和形状的不同，也相应出现大小、高低和形状之别，构筑技法亦随之略有差异。主院建于轴线上的正房，前出轩后出廊，两侧立挟屋，总平面和所在台基一样，均略呈凸字形，院内所有建筑遗迹都以轴线和正房为准对称配置，

［1］ 中国科学院考古研究所、北京市文物管理处元大都考古队：《北京后英房元代居住遗址》，《考古》1972 年第 6 期。
［2］ 中国科学院考古研究所、北京市文物管理处元大都考古队：《北京后英房元代居住遗址》，《考古》1972 年第 6 期。

布局严谨。东院主体建筑和所在台基平面呈工字形，南北房之间有柱廊连接。东西厢房位于主体建筑两侧，但两者的形制和规模不同。以此结合其他有关辅助遗迹来看，东院在基本对称的布局中则有些变化。西院的特点是主体建筑前出现月台（其他建筑遗迹残毁）。遗址的单体建筑遗迹，平面以矩形为主，辅助建筑平面有的呈一字形。不同类型房屋的开间大致有定，并有当心间和次间、明间和暗间之分，多数房屋内沿墙壁砌窄而矮的连炕。遗址的院落空间，采用主房与厢房等建筑围合为主，以墙连接为辅的手法构成封闭型院落。院落内各房屋之间以踏道和露道连通，主露道常采用高露道的形式。院内的台基下，露道及其两旁多有排水沟（明沟和暗沟），台基下有散水，主院排水沟与东、西院相通，原建筑似有较完整的排水系统。遗址的院落之间，采用露道和角门连通，有的还以跨院作为院间连接的过渡空间。从东院来看，工字形主体建筑台基两侧露道之南亦设角门，所以角门不仅是院落之间区划的标志与连通的枢纽，而且有时在同一院落内的不同建筑单元之间也可起到类似的作用。总之，后英房遗址上述形制布局表明，它乃是一座完整的、有内在联系的大型住宅院落的残存部分。从主院正房东、西挟屋后各有墙向北延伸来看，其北部还有后园；遗址的南部似乎还应有一至两进院落。也就是说，该遗址为原来大型住宅院落主要建筑的北部。这样原住宅整体建筑从南门至后园，就相当于元大都两条胡同之间的距离[1]。据已刊布的后英房遗址平面图的比例测算，其残存的东西距离已近70米。元代制度规定，"赀高及居职者"在都城建住宅占地一般不得超过八亩，"其或地过八亩及力不能作室者，皆不得冒据"。实际上后英房遗址的原住宅面积不仅达到八亩，甚至还有"僭越"和"冒据"之嫌[2]。此外，从主院正房来看，正房加上前轩和后廊的进深达13.47米，这种情况在一般的住宅中也是很难见到的。因此，后英房遗址原住宅建筑的主人不仅属于"赀高及居职者"，而且其住宅面积在八亩限额之中也属偏大之例。

此外，从其他方面来看。后英房遗址主要房屋室内地面"磨砖对缝"墁地，大部分墙壁（包括院子的围墙）的"隔减"部分也"磨砖对缝"砌筑。房屋的脊饰中有兽头、走兽和迦陵频伽等，踏道象眼仿须弥座式样砌出，西院月台两角上竟按公府、寺院制度摆放狮子角石。格子门和角门的做法十分讲究，柱廊上的格子门用"五抹"（按制度，在当时是相当高了），额枋等木构件上有彩画。遗址所出遗物数量较多而精美，如青花瓷觚、青花葵花盘、影青印花云龙盘、影青瓷观音龛像、白瓷高足杯（胎质轻薄）、龙泉窑带盖瓷罐、哥窑蟹青釉瓷罐等，这些瓷器都是高档品。而螺钿平脱漆器更极为珍贵，紫端石风字砚，白、红玛瑙围棋子，水晶石，"雷斧"和亚洲象牙化石等也不是一般人所能有的。特别是所出白釉和黑釉经瓶上分别釉下墨书和釉下阴刻"内府"二字（这是装内府酒的专用瓶），以此结合上述种种情况，可知后英房遗址原住宅的主人，应属当时统治阶级上层人物之列。

元代的住宅实例已绝无仅有，住宅的考古资料也十分罕见，所以元代住宅的形制布局和构筑技法长期不甚明晰。因此，明清北京北城墙基下元代居住遗址的发掘，则弥补了这个缺环。在一般情况下，都城的住宅（贫民居室除外）应是当时住宅面貌的缩影。就已发

---

〔1〕 中国科学院考古研究所、北京市文物管理处元大都考古队：《北京后英房元代居住遗址》，《考古》1972年第6期。
〔2〕 参见本书本章第二节四之（四）对宅基八亩的分析。

掘的元大都居住遗址而言，也应是代表了当时中国北方住宅形制布局的主流。其中特别是后英房居住遗址，规模大，等级高，残存部分相对保存较好，在元大都的大型住宅中具有一定的典型性。从中我们不仅可以看到元大都大型住宅所应具备的形制布局和所采用的构筑技法的概况，而且还可窥见其在宋辽金至明清住宅发展演变过程中，承上启下的一些现象和脉络。比如：后英房遗址主院正房前出轩，后出廊，两侧立挟屋，就是承袭宋辽以来佛寺和宫殿的平面，只是规模缩小简化并将后轩改为后廊而已[1]。这种平面明清时代宫殿中仍在使用（有的将后廊推出变为后厦）。后英房遗址东院的“工”字形建筑，上承北宋宫殿平面，到元大都时上自宫殿的主要建筑，下至官署、寺庙、民居，都是最流行的平面。如果将“工”字形平面的柱廊去掉，东院的平面就与明清时北京的四合院很相似了。因此，这种平面是四合院的前身[2]。上述主院北房和东院的建筑平面表明，元代似不存在品官第宅制度，其住宅制度疏阔，使“过分”成为一种普遍现象[3]，故才出现大住宅建筑平面仿宋以来佛寺和宫殿的情况。入明以后住宅制度逐步森严，此种现象遂绝迹。又主院北房台基前筑高露道，以及两侧用围墙封闭的形式，在元大都是常见的。这种形式到明清时期为之一变，省去高露道，并以抄手游廊代替了围墙[4]。遗址地基一层土一层碎砖瓦夯筑，这种方法与《营造法式》的规定相同，是宋辽金以来普遍应用的方法。其中柱础之下按上述方法构筑的地基，即是明清磉墩的前身。此外，后英房遗址的室内，凡不辟门的墙壁下都砌矮而窄的炕，炕多相互连接。这是中国北方和西北地区少数民族的习俗，新疆当地少数民族的民居至今仍采用此种形式。反映出元代蒙古族使用这种炕的习俗，也渗透到大都的民居之中。

　　总之，后英房遗址的发掘，弥补了元代住宅考古资料的缺环，展现了元大都大型住宅的形制布局和构筑技法，使我们看到了从宋辽金至明清住宅中间环节的过渡形式的概貌。大量的各种遗物，又在一定程度上反映出住宅主人的生活实态。从而为研究元代住宅建筑史、建筑工程技术史、社会生活史和民俗史；为研究制瓷、髹漆等手工业的工艺发展史，提供了极为宝贵的实物资料。此外，在明、清北京北城墙基下其他遗址的发掘资料也很重要，并各有特色，后英房遗址与这些遗址相结合，大体可以反映出元大都不同类型、等级住宅的概况。但是，限于资料和篇幅，这些遗址在此就不赘述了[5]。

　　除上所述，元大都城内范围，历年来出土遗物较多，但见于著录者少。在明代北城墙基下发掘的元代居住遗址所出遗物，目前仅部分披露于《元大都的勘查和发掘》《北京后英房元代居住遗址》《北京西绦胡同和后桃园的元代居住遗址》三篇发掘简报，其中以后英房遗址所出遗物数量最多、最重要。又张宁《记元大都出土文物》（《考古》1972 年第6 期），将明代城墙中出土的元代文物，以及元大都城内范围其他地点发现的元代文物略作介绍，所述不乏精品。

〔1〕　中国科学院考古研究所、北京市文物管理处元大都考古队：《北京后英房元代居住遗址》，《考古》1972 年第6 期。
〔2〕　中国科学院考古研究所、北京市文物管理处元大都考古队：《北京后英房元代居住遗址》，《考古》1972 年第6 期。
〔3〕　潘谷西主编：《中国古代建筑史》，中国建筑工业出版社 2001 年版，第 224、227 页。
〔4〕　中国科学院考古研究所、北京市文物管理处元大都考古队：《北京后英房元代居住遗址》，《考古》1972 年第6 期。
〔5〕　后英房之外的其他遗址参见徐苹芳《元大都的勘查和发掘》。

第六章　元代都城（下）

第一节　元大都的城建规划

一　元大都必须制定精确城建规划的原因[1]

（一）营建元大都为什么必须制定精确的城建规划

成吉思汗十年（1215 年）蒙古军队攻占金中都，改称燕京。至元元年改燕京为中都，决定在此建都。至元四年又放弃中都城，改在中都城东北郊另选新址建大都城，至元三十年基本完工。从元大都城所选城址位置来看，在这里建都城受到水面和中都城位置的强力制约。比如：（1）忽必烈选定以金大宁宫和附近水面（元之太液池，以下均称太液池）为中心营建宫城和萧墙，以积水潭水面为营建大都城的主要内涵之一。水面的位置、面积和形状是已知的、不可变更的因素，营建新都时必须适应这种状况。（2）太液池和琼华岛的位置、面积和形状，制约着萧墙、宫城的具体位置、规模和平面形制。（3）由于积水潭必须被包容在城内，所以就决定了大都城西城墙之东限应在积水潭水面西限之西附近。根据对称原则，以前述西城墙范围至水体东界为半径，对称折向东边的位置应为东城墙之所在。但这一带恰是水泡子分布带[2]，所以东城墙东限必在水泡子分布带西限之西附近。（4）元大都南城墙必须位于尚在使用的南城（原金中都）北城墙之北，其距南城北城墙和太液池南岸都应保持合理距离，因而南城墙的位置也大体被限定。上述情况，是规划和营建元大都时不可逾越的制约因素和先决条件。

因此，大都城营建之初，其东、西、南面城墙，萧墙和宫城的位置已大体被限定。营建都城"择中立宫"是关键，但是，在前述情况下，元大都的宫城已不可能居大都城南北之中，剩下唯一的选择只能置于大都城南半城东西之中。由于大都城东、西城墙的位置已被大体限定，在此限定的范围内无论如何调整，处于东、西城墙之中的宫城都将有一部分落入太液池内，所以宫城只能建在太液池之东，并将其置于距"居中"最近而又能容纳宫

---

[1]　关于元大都的城建规划本节仅作概述，详细的具体情况参见孟凡人《元大都的城建规划与元大都和明北京城的中轴线问题》，《故宫学刊》总第三辑，2006 年。

[2]　赵正之《元大都平面规划复原的研究》文中说："从地形上观察，在今东城垣之外是一片低洼河沼地带，自北向南连续不断，特别是在朝阳门外以北，至今还遗留有许多大小的泡子。这些泡子是在建大都城以前就存在的。"

城之地。为此，就要调整宫城宽度与东西城墙间距的比例关系。但是，宫城之广又与深相互制约。从建成后的元大都宫城来看，其周长为九里三十步，显然是承袭了金中都宫城周长的标准[1]，因而元大都宫城未建之前周长标准已定，所以调整宫城之广和深时当使之周长等于九里三十步。在这种情况下，还必须将宫城之广与东西城墙已限定的位置范围、宫城之深与已被大体限定位置范围的南城墙同时按一定的比例关系进行微调。这种微调直至宫城广深形成周长九里三十步，并保证宫城基本位于东西城墙之中的最佳位置，确保宫城之广与东西城墙的间距，宫城之深与南北城墙的间距保持恰当而准确的比例关系时为止，最后确定宫城之广和深，进而确定四面城墙的位置。由此可见，宫城之广深与大都城四至的比例关系，在规划大都城之初就是必须首先解决的重要问题。

总之，上述情况表明，在原金中都东北郊营建元大都城是处于被特定条件制约的环境之中，因而营建元大都城必须在诸制约条件下事先精准确定宫城、萧墙和外城墙四至的位置及其比例关系。而欲达此目的，若不依托于事先制定的精确城建规划予以控制是不可能完成的，这就是营建元大都城必须有精确城建规划的原因。

（二）营建元大都有城建规划

前已说明营建元大都城首先确定了宫城的方位，以此为准"公定方隅"[2]。其次，是确定了最高国务机构北中书省的方位。北中书省位于今铸钟厂之西一带[3]，大体处于大都城南北之中。文献记载如此选定"省基"，是"辨方正位"的结果，意在"以城制地"，"奠安以新都之位"[4]。实际上是控制中城要地，兼控北半城，并确立城内中心区，与宫城一道成为城内营建规划的主要控制点。宫城和北中书省位置的确定，就正式确立了大都城宫城"坐南朝北"的总体布局。此外，《大都城隍庙碑》已经记载："至元四年，岁在丁卯，以正月丁未之吉，始城大都，立朝廷、宗庙、社稷、官府、库庾，以居兆民，辨方正位，井井有序，以为子孙万世帝王之业。"[5]由此可见，平地起建的元大都始建之时是确有城建规划的。就目前已知的情况而言，在中国古代都城中元大都乃是唯一可据其复原研究，成果能够较全面地探讨城建规划的都城。

二 元大都城建规划的主要表现

（一）以宫城宽深为模数确定外城主体框架的尺度，并使外城平面构图网格化

第一，元大都城东西广是宫城东西宽的 9 倍，南北长是宫城深之 8 倍。元大都城南城墙实测 6680 米，北城墙实测长 6730 米。元大都宫城东西宽 480 步，约合 742.56 米（480 步×1.5475 米）[6]，是大都城南城墙（6680 米÷742.5 米 = 8.996 倍≈9 倍）和北城墙

〔1〕《大金国志》卷三三"燕京制度"记载：中都"宫城四周九里三十步"。
〔2〕《析津志辑佚》"朝堂公宇"条。
〔3〕赵正之：《元大都平面规划复原的研究》，载《科技史文集》第二辑，上海科学技术出版社 1979 年版。
〔4〕《析津志辑佚》"朝堂公宇"条。
〔5〕《日下旧闻考》卷五七引《道园学古录》。
〔6〕据元大都城有关尺度换算，一步合 1.5475 米。详见后文注释。

（6730 米÷742. 5 米 =9.06 倍≈9 倍）为宫城东西宽的 9 倍（图 6 – 1 – 1）。元大都城东城墙实测 7590 米，西城墙实测 7600 米。元大都宫城深 615 步，合 951.4 米（615 步×1.547 米），是大都城东城墙（7590 米÷951.4 米 =7. 977 倍≈8 倍）和西城墙（7600 米÷951.4 米 =7.988 倍≈8 倍）为宫城深之 8 倍（图 6 – 1 – 1，B 代表宫城之深）。这样就如同在外城内布满了长宽相同的 72 个网格，以控制全城各种主要配置的坐标。

据上所述，元大都外城宽是宫城宽的 9 倍，长是宫城城深的 8 倍，其周长为 18480 步，约合 77 元里，与大都城实测周长 28600 米合 77 元里相合，从而更加证明大都城南北之长和东西之宽分别为宫城深之 8 倍，宽之 9 倍。此外，大都城的面积为 88560 亩（4320 步×4920 步 =21254400 方步，21254400 方步÷240 方步 =88560 亩），是宫城面积的 72 倍（480 步×615 步 =295200 方步，295200 方步÷240 方步 =1230 亩，88560 亩÷1230 亩 =72 倍；又 9 倍乘 8 倍也等于 72 倍）。宫城和大都外城的平面形制呈相似形。

第二，大都各面城墙城门间距是宫城宽深的倍数。南面丽正门与皇城灵星门和宫城崇天门相对，依宫城中轴线而定，与宫城之宽为模数无关。南城墙左右二座城门间距约是宫城宽的 5 倍，两座城门分至城东南和西南角之距离为宫城宽的 2 倍；东西城墙诸城门间距是宫城深的 2 倍[1]。北城墙开两座城门，二城门之间距约是宫城宽的 3 倍强，两座城门分距城东北和西北角的距离约是宫城宽的 3 倍弱，宫城之宽基本上也是北城墙城门间距的模数。

第三，城内街区和街与宫城宽深有一定模数关系。城内街区与宫城宽深有一定的模数关系。城内街区有两种情况，一是较规整的部位，如安贞门之东和健德门之西各有两条南北向大街，其间距基本等于宫城之宽（仅个别部位有宽窄变化），两条南北向大街分别与光熙门和肃清门间大街相交，该部分之长为宫城深之 2 倍。崇仁门和齐化门间的情况亦如是，在宽与宫城宽相等，长为宫城深 2 倍的长方形街区内南北各容 2 坊。大都城南中部有大内，大内西北部有积水潭，在此附近的街区不太完整和规则，宫城之宽深对此类街区仅有一定的控制和调整的作用。大都城大街宽 24 步，小街宽 12 步[2]，其分别为宫城宽 480 步的 1/20 和 1/40。

第四，宫城之宽深基本是萧墙宽深的模数。前已论证，萧墙南北深是宫城南北深的 2 倍，东西宽是宫城宽的 3 倍强[3]。

第五，丽正门、宫城至中心台的宫城中轴线及其延长线之长是宫城深的 4 倍，为大都城南北长之半（图 5 – 2 – 2、图 6 – 1 – 1）。

（二）以精准测量确定中心点和各种中分线，控制全城主要坐标点

1. 全城几何中心点与全城东西和南北中分线

鼓楼位于全城几何中心点上，中心点是全城规划的轴心，并以鼓楼为标志。纵贯鼓楼中心点的全城东西中分线是东、西城墙等距离对称配置的轴线，从而确定了东西城墙的位

---

〔1〕 图 5 – 2 – 2 按原底图比例，其东西城墙两座城门间距 7.6 厘米，为宫城深 3.8 厘米的两倍。参见图 6 – 1 – 1。

〔2〕《析津志辑佚》"城池街市"：大都城街制 "大街二十四步阔，小街十二步阔。三百八十四火巷，二十九衖同"。

〔3〕 傅熹年：《中国古代城市规划建筑群布局及建筑设计方法研究》上册，中国建筑工业出版社 2001 年版。

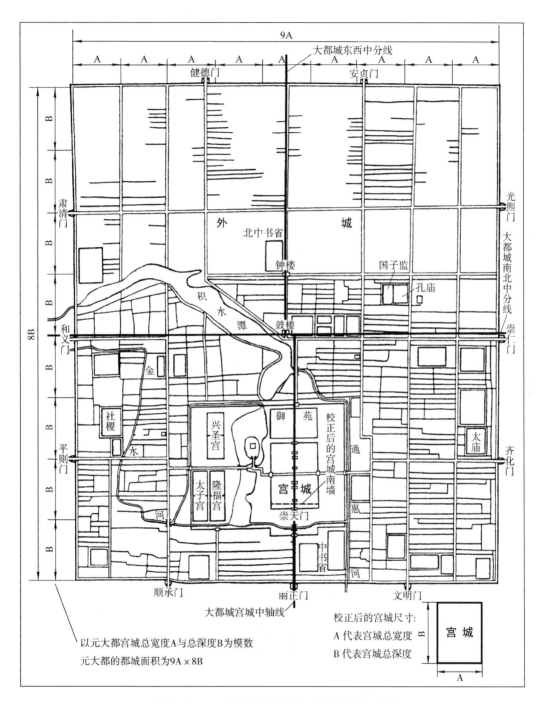

图 6-1-1　元大都宫城宽深与外城宽深关系图

（引自傅熹年《中国古代城市规划建筑群布局及建筑设计方法研究》上册，图 1-1-7 之 1，中国建筑工业出版社 2001 年版，略变化）

置，同时东西中分线也是城内相关重要建筑左右对称配置的轴线。横贯鼓楼全城几何中心点的东西横线，是大都城南北中分线，南北城墙以此为轴线等距离对称配置而确定南北城墙的位置。南北中分线与东西城墙的交点即是崇仁门与和义门的位置，南北中分线与二城门内的崇仁门街、和义门街相合（图6-1-2）。

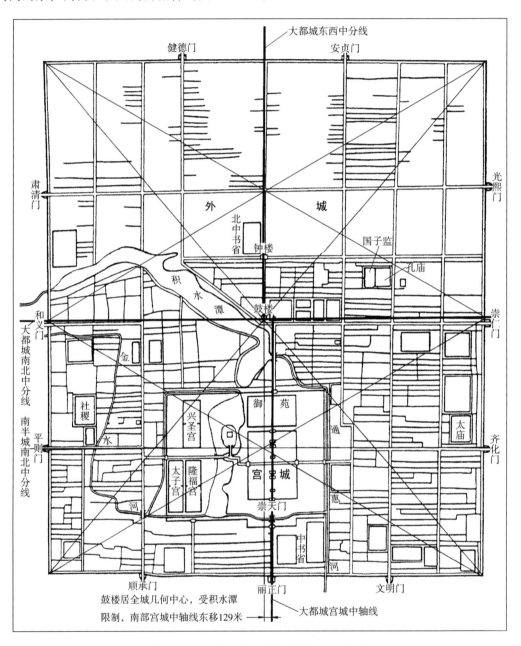

图6-1-2　元大都东西和南北诸中分线图

（引自傅熹年《中国古代城市规划建筑群布局及建筑设计方法研究》上册，图1-1-7之2，中国建筑工业出版社2001年版，略变化）

2. 南北半城的中心点和中分线

在全城南北中分线之北的全城东西中分线之中点为北半城几何中心点，通过该点的东西横线为北半城南北中分线。该线与东西城墙之交点为光熙门与肃清门位置，并与二城门内光熙门街、肃清门街相合。东西中分线在北半城部分，是北半城东西城的分界和对称配置的轴线，其与通过北半城几何中心点的北半城南北中分线相辅相成，是控制北半城主要大街和诸坊配置的轴线。东西中分线在南半城部分的中心点为南半城几何中心点。通过该中心点的东西横线为南半城的南北中分线（该线穿过宫城延春阁，恰为宫城御苑南北一体的中分线），其与东西城墙之交点为齐化门和平则门位置，并与二城门内齐化门街、平则门街相合。东西中分线在南半城部分与南半城南北中分线相辅相成，是控制南半城主要大街和诸坊配置的轴线（图6-1-2）。

3. 东西中分线与南半城南北中分线是大内总体布局的主要参照基准

从大内总体布局来看，宫城中轴线靠近全城东西中分线并与之平行，西内规划中轴线也与全城东西中分线平行。南半城南北中分线从西内兴圣宫南墙旁通过，南半城南北中分线的中心点位于宫城内，标志"择中立宫"，宫城南北规划轴线在东西华门一线，靠近南半城南北中分线并与之平行。上述情况表明，宫城和西内规划中轴线和宫城内东西华门间的规划轴线的确立，是与前述两条中分线密切相关的，所以这两条中分线乃是大内总体规划布局的主要参照基准。

4. 各种中分线和对角线控制全城之主要坐标点

东西中分线与南北城墙的交点是城墙的中点，该点是确定南城墙两侧城门位置和北城墙两座城门位置的主要坐标点之一。通过全城几何中心点的对角线，以及分别通过南北半城中心点的两个半城对角线，控制着大都城四座角楼的位置。同时与全城南北中分线及南北半城南北中分线相结合，兼对东西城墙城门和城内东西向大街起到控制作用（图6-1-2）。此外，城内南北向大街与东西中分线基本平行，东西向大街与全城南北中分线平行，故东西中分线和南北中分线也是控制城内南北和东西向大街的主轴。总之，各种中分线和对角线对大都城各关键部位坐标点的控制，已达到相当精确的程度。上述情况充分显示出当时大地测量已达到相当准确的程度。由此可以窥知元大都的城建规划和营建是以当时大地测量和相关科技最高水平为支撑的。在中国古代都城中，前述情况表现得如此全面、系统和准确者，尚无二例。

（三）全城有明确的规划中轴线

1. 东西中分线是全城规划中轴线

前述情况说明，以全城几何中心点为核心，以通过中心点的东西中分线和南北中分线为准的各种中分线和对角线，全面控制着元大都的城门、城门内干道大街、角楼和鼓楼等重要建筑的坐标点，并间接地控制着城内主要街区、诸坊和胡同的配置，以及宫城的总体布局，从而形成了控制全城规划的框架结构网络。由于这种控制全城规划的多轴线多坐标点的框架网络结构，均以全城东西中分线即大都城中轴线为主脊，所以这条中轴线就成为大都城名副其实的规划中轴线，而通过中心点的全城南北中分线成为仅次于前述中轴线的全城规划辅轴线。

2. 宫城中轴线只是宫城的规划中轴线

首先，宫城中轴线在全城东西中分线之东 129 米[1]，不居全城东西之中，故不能称为全城中轴线，更不能称为全城规划中轴线。之所以在全城东西中分线之东又确定宫城中轴线，正是因为无法利用全城东西中轴线为宫城中轴线之故。《析津志辑佚·岁纪》记载："世祖建都之时，问于太保秉忠定大内方向，秉忠以今丽正门外第三桥南一树为向以对，上制可，遂封为独树将军，赐以金牌"，传说由此确定了宫城的中轴线。可见最初宫城中轴线的确定仅是定大内方向，并不是对大都全城而言的。现在所言的宫城中轴线，实际上是包括了宫城中轴线的南北延长线在内。即是元大都建成后，从丽正门向北经灵星门（萧墙南门）、崇天门（宫城南门）、厚载门（宫城北门）、厚载红门（萧墙北门），又过万宁桥（海子桥，今地安门桥）至中心台一线。这样，宫城中轴线则纵贯南半城，长度是宫城深的 4 倍，并将北部端点称为"中心台"，以此强调和象征宫城在南半城之中间的中心地位。因此，宫城中轴线除是宫城规划的中轴线外，又是"择中立宫"的标志，并成为全城政治礼仪规划轴线。

其次，在宫城之外，位于萧墙北门至中心台的宫城中轴线仅对两侧之坊的配置有控制作用；南部灵星门和丽正门间的中轴线只对千步廊及其两侧有控制作用。除此之外，宫城中轴线及其延长线在南半城起不到规划控制作用，而北半城的规划布局则与该线完全无关。加之宫城中轴线仅是与东西中分线平行的短轴线，从规划角度来看，亦从属于全城东西中分线。上述情况表明，宫城中轴线对宫城和萧墙之外的规划作用是极其有限的，因而不能将其称为全城规划中轴线[2]。

（四）规划河湖水系

由于大都城以水面为城建规划中心，遂使大都城的中心部位依托于自然，"天人合一"，情景交融，独具一格，并使大都城以太液池为中心规划大内，布置主要宫殿的目的得以实现。这种城建规划依托于自然，以水面为城建规划中心的手法，前所未见，这是都城选址和规划不拘于传统，大胆创新之举，完全符合蒙古族"逐水草而居"的习俗，并充分体现其强烈自然观的必然结果。由于以水面为大都城规划的中心，使大都城中心部位风景如画，其情美和神韵之美极富魅力。由于以水面为大都城规划中心，才使积水潭一带成为大都城内水上交通中心、商业中心、风景中心和居民活动中心，进而又使鼓楼一带成为联结南北半城的纽带和全城的交通枢纽，成为大都城出现城市中心布局的基础。由于以水面为大都城规划中心，对大都城总体基本规整的布局起到了重要的柔化作用，并为之注入了生气和活力。可以说大都城以水面为城建规划中心，乃是大都城城建规划的灵魂，是大都城形制布局的主要特色之一。其突出的实用效果和布局艺术，是中国古代都城河湖水系

---

[1] 傅熹年：《中国古代城市规划建筑群布局及建筑设计方法研究》上册，中国建筑工业出版社 2001 年版，第 11 页。

[2] 徐苹芳《元大都的勘查和发掘》认为元大都的中轴线与明清北京城的中轴线相沿未变。傅熹年《中国古代城市规划建筑群布局及建筑设计方法研究》指出：宫城中轴线"在大都城的南半城形成全城的规划中轴线"。杨宽《中国古代都城制度史研究》，将宫城中轴线称为全城中轴线。

规划的杰作，代表了古代都城河湖水系规划的最高成就。

（五）规划南北半城和中心广场

1. 北半城概况

大都城和义门与崇仁门内大街是城内南北中分线，但从功能区划角度言之，此处所谓的南北半城当以通过钟楼的东西横街及其北的东西水道为界。南半城的情况是众所周知的，在此只介绍北半城。北半城之深约占大都城总深的 37.5%[1]，这个区域文献记载乏见，考古遗迹很少，比较空旷。从航空照片上看，北半城中心部位即健德门与安贞门之间为轮廓清楚的方框子。其四界各有一条直路，南边有河道和胡同，中间有钟楼向北大道，方框内无胡同遗迹，都是一些不规则的道路、沟渠、池沼及小土山等。方框为元代遗存，南与大内相对。推测此方框之内可能是为蒙古各部来朝京师预留的空地，以安顿毡帐、驼马车乘，同时还可屯集兵马守卫京城[2]。此外，由于该处是皇帝往来于上都的必经之地，钟楼向北大街就成为皇帝的驰道；而前述朝京蒙古各部和所屯兵马，既可在此受阅，又可成为皇帝来往于上都的主要扈卫队伍之一，故这种安排是有重要作用的。至于方框两侧之外，即健德门西、安贞门东为胡同居民区，从京城最大的穷汉市在钟楼后判断[3]，北半城的居民当以平民和贫民为主，同时这里也是仓库分布区之一。

2. 南北半城中间结合部的城内中心区、中心广场和中心商业区

在钟楼横街及其后水道之南，鼓楼前东西横街之北，东西在健德门和安贞门内大街之间，西南以积水潭中心部位封界，为大都城凤池坊、金台坊和灵椿坊之地。此处为南北半城中间接合部，是南北半城连接的枢纽和隔离带，是大都城东西中分线和南北中分线交会处，是宫城中轴线北端终点之所在，是皇帝来往于上都必经的要冲，西南的积水潭则是城内水上交通中心、城内风景中心和居民活动中心。鉴于该部位的重要性，因而刻意规划。如在大都城东西中分线和南北中分线交会处建鼓楼标志全城几何中心，其北建钟楼以为南、北半城间的界标，同时又将两者作为全城发布宵禁信号和报时中心。通过钟楼加辟东西横街，其北增辟沿横街的水道，以为该区北部封界。鼓楼之西置最高国务机构北中书省，鼓楼之东依次建中心台、万宁寺（宪宗、成宗原庙）、宝钞库、倒钞库、警巡院和大都路总管府。这些官方机构和建筑大致呈东西一字排列，在大内之北筑成一道拱卫宫城的重要屏障，形成与宫城相对，地位仅次于大内的城内中心区。在鼓楼北至钟楼之间，又营造城内中心广场。

3. "两城制"是元大都城建规划的独特之处，中心广场是元大都城建规划的点睛之笔

"两城制"出现很早，东周列国都城大都是"两城制"。此后到辽东京、辽上京、金上京则出现形制和性质与前述不同的两城制，以区别贵贱区分民族。元初蒙古族统治集团

---

[1] 通过钟楼的东西横街与光熙门和崇仁门街距离相等，其距离与宫城深相等，均为615步，是该横街至北城墙的北半城总深为1845步（615步×3），其占大都城总深37.5%（大都城总深为宫城深之8倍，北半城为其3倍，3÷8＝0.375，8÷3＝2.66倍≈2.7倍。又宫城深之8倍为4920步，3倍为1845步，其结果与前同）。

[2] 王璞子：《元大都平面规划述略》，《故宫博物院院刊》1960年第2期。

[3] 《析津志辑佚》"城池街市"："穷汉市，一在钟楼后，为最。"

中曾有人主张实行辽上京、金上京那样的两城制，分别居住蒙古人和汉人，最终被忽必烈否定[1]。然而，元大都建成后却形成了新形式的两城制。

所谓新形式的两城制，即将元大都规划为有机的整体，而在城内布局和结构上以钟楼为界分南北二城。二城主（南半城）从（北半城）关系清楚，内涵不同，布局有变，性质和用途有别。这种两城制虽然是在辽上京和金上京两城制基础上演变而来，但二城间不以城墙相隔，而是以城内中心区和中心广场将二城有机相连融为一体。此种布局结构的两城制，在中国古代都城中尚无二例，是元大都城的独到和独特之处。作为连接二城的枢纽，城内中心区和中心广场也是大都城独有的特色。从大都城整体形制布局和结构来看，城内中心区、中心广场，以及在城内中心区首次创建钟鼓楼等，无疑是元大都城建规划的点睛之笔。

除上所述，元大都城还整齐规划胡同和宅基面积，此问题前已介绍，不赘述。

三　元大都形制布局特点植根于城建规划之中

元大都以宫城宽深为模数，是制定和实施城建规划的标尺。元大都全城几何中心点和各种中分线所形成的控制全城的多轴线、多坐标点的布局艺术，是大都城城建规划的核心，也是营建大都城实施全部城建规划的"准绳"和保证。上述情况，乃是元大都总体形制布局严整，各相关部位坐标准确，规划到位，比例合度、均衡、协调的关键。此外，前述提到的城门、角楼、钟鼓楼、主要街道、街区和胡同的配置，南北半城内中心广场的确立等布局特点，亦无不与城建规划密切相关。因此，完整的城建规划既是元大都营建的主要特色，也是元大都城形制布局诸种特点的基础，故言元大都形制布局特点植根于城建规划之中。

四　元大都形制布局汉蒙合璧二位一体

（一）以汉族城建传统为体

元大都由刘秉忠主持规划设计，大都城的总体形制布局，宫城的总体形制布局，主要宫殿的构筑技法，宫殿的形制和外装修等所有硬件的形制布局和结构，完全遵循汉族城建传统[2]。《南村辍耕录》记载："凡诸宫门，金铺朱户，丹楹、藻绘，彤壁、琉璃瓦饰檐、脊"；"凡诸宫殿，乘舆所临御者，皆丹楹、朱琐窗、间金藻绘……屋之檐脊皆饰琉璃瓦"；"凡诸宫周庑，并用丹楹，壁藻绘，琉璃瓦饰檐脊"；"大明殿青石花础，白玉石圆碣，文石甃地，上藉重茵，丹楹金饰，龙绕其上，四面朱琐窗，藻井间金绘饰，燕石重陛，朱栏涂金铜飞雕冒"。《故宫遗录》记载：大明殿"殿基高可十尺，前为殿陛，纳为三级，绕以龙凤白石栏，栏下每楯压下鳌头，虚出栏外，四绕于殿。殿楹四向皆方柱，大可五六尺，饰以起花金龙云。楹下皆白石云龙，花顶高可四尺，楹上分间仰为鹿顶斗拱，攒顶中盘黄金双龙，四面皆绿金红琐窗，间贴金铺"。上述情况表明，元大内的宫门、殿基、殿陛、殿内柱础、斗拱、藻井、窗、殿顶琉璃瓦饰檐脊等，其做法，装修和彩绘均一如汉族传统。就外城而言，汉族意识形态也寓于形制布局之中。比如，大都城北面中间不开正门，余每面三门，共十一门。北面不开正中之门，论者或以为与《易经·说卦》有关[1]，而十一座城门之命名则多取乾坤之文[2]。城门内大街"南北谓经，东西谓纬"，以"城郭经纬"为大都城大内之外主要配置定位之纲。城内诸坊"五十，以大衍之数成之"，但《元一统志》仅记四十九坊。《周易·系辞上》说："大衍之数五十，其用四十有九"；王弼注云："演天地之数，所赖者五十也。其用四十有九，则其一不用也"，故有意缺一坊只置四十九坊。诸坊命名，有的取自《周易》，有的取自传说或典故，有的取自《左传》，有的依地理环境定名，均有所本和特定的内涵。城内主要中央衙署依星象定位，如北中书省置于紫微垣，枢密院在武曲星之次，御史台在左右执法天门上[3]。此外，还有太庙在震位，天师宫在艮位鬼户上等[4]，不再枚举。上述情况表明，汉族意识形态已渗透于元大都的形制布局之中。

（二）以蒙古习俗为用

外城的形制布局中不乏蒙古族习俗的影响，比如：（1）大都城以积水潭为规划中心（与蒙古"逐水草而居"传统有关）；（2）大都城总体形制布局出现南北两个半城（北半城预留朝京蒙古诸部毡帐驻地，具有蒙古特色）；（3）大都城礼制建筑配置既遵循又不拘于汉族礼制传统（如未建日、月、地坛，社稷坛晚到至元三十年才建，左祖右社位置之重要程度远次于前代都城等）；（4）蒙古族笃信藏传佛教，因而大力兴建藏传佛寺；（5）元朝皇帝无陵，故每帝均建原庙，原庙与藏传佛寺结合；（6）蒙古族尚右（西）[5]，所以与原庙合一的藏传佛寺主要在西城，或靠近西城；（7）主要中央衙署散置等。上述情况的出现与蒙古族的生活习俗、传统、信仰，以及在此基础上对汉族礼制接受的程度密切相关。元大都的形制布局，须经忽必烈"圣裁"，因而上述情况应是元朝蒙古统治集团意志的反映。

此外，在大都城的形制布局中还刻意规划城内中心区和城内中心广场，主要商市大致位于城内中心区，在宫城中轴线北端终点建大天寿万宁寺。这是元大都城建规划和形制布局中的重要特色之一，这个特色并非此前都城形制布局的传统，从中多少可以窥见西方城市的一些影响。此外，局部而言，大圣寿万安寺出现尼波罗国（今尼泊尔）式白塔，城内建清真寺和基督教也里可温十字寺等。上述情况既与元朝时蒙古族的统治地跨欧亚大陆，与西方联系增多有关；又与外族工匠（如阿拉伯人也黑迭儿等）参与大都城的规划和营建所带来的域外影响有密切关系。

除上所述，大都城功能分区呈自然区片化。功能分区亦属于城市规划和形制布局范畴，大都城内功能分区除大内外，余者略呈自然区片化。其大的区划为南半城和北半城，

---

〔1〕　侯仁之主编：《北京城市历史地理》，北京燕山出版社2000年版，第101页。
〔2〕　《日下旧闻考》卷三〇引《西蒙野语》；侯仁之主编：《北京城市历史地理》，北京燕山出版社2000年版，第102—103页。
〔3〕　《析津志辑佚》"朝堂公宇"条。
〔4〕　《析津志辑佚》"朝堂公宇"条。
〔5〕　《析津志辑佚》"太庙"条中说：国家（指元朝）"以右为尊"。前引《中国古代建史》第四卷说"蒙古人尚右，与汉族尚左正相反"，西为右、东为正。泰定元年，才改为左尊右卑。

在南半城中又分为东城和西城，其间还以东西城墙每两座城门内大街为界分成小区划，前三门一带则为另一区划（不属城内范围，略）。

大都城和义门与崇仁门内大街为城内南北中分线，但从功能区划角度言之，南、北半城当以通过钟楼的东西横街及其北的东西水道为界。这种南北半城的"两城制"，乃是在辽金都城两城制基础上而形成全新的蒙古式的两城制。

南半城萧墙之东的东城区。该区齐化门街以南，是中央主要衙署（如南中书省、枢密院、御史台、太史院、光禄寺、侍仪司等）和贵族邸宅集中区。如诸王昌童府第在齐化门内太庙前[1]，哈达王府在文明门内（故文明门俗称哈达门）[2]等。东城距宫城最近，所以成为中央衙署和贵族官僚邸宅集中之地。同时这里也是城内主要商业区之一（枢密院角市）。

在齐化门街和崇仁门之街之间为城内的主要仓库区（位于东部），太庙亦在该区。崇仁门街北与钟楼东西横街之南为孔庙和国子监所在的文教区。此外，民间手工业较集中的湛露坊，也在东城区。

南半城萧墙之西的西城区。西城区由于萧墙的影响，面积小于东城。大都城内主要原庙和寺院（包括社稷坛）集中于西城区。从羊角市以牲畜交易为主，有人市，顺承门里有穷汉市来看，该区似以平民和贫民为主的生活居住区。

上述东城和西城区是大都城大内之外功能区划最重要的构成部分，是城内主要衙署、寺庙、权贵和豪富邸宅、商市以及其他构成要素的集中之地，同时也是全城最主要的居民区。这种态势，奠定了明清北京城内东城和西城及其构成要素的基础。至于城内功能分区呈自然区片化，则与蒙古族的生活习俗当有一定的关系。总之，上述情况在中国古代主要都城中，首次明显出现汉族以外的影响，并成为都城形制布局的有机组成部分，因而使元大都城的形制布局独树一帜，极具特色。

大内布局、宫殿配置和宫殿内装饰与陈设极具蒙古族特色。元大内的总体布局，以太液池为中心和分割体，在太液池之东西散置院落形制基本相同的东内和西内。由此三者在大内的总体布局中形成三条纵轴线，构成大内总体布局的基本框架。其中起关键作用的是太液池，前已指出万岁山东有桥，仪天殿东有木桥通东内，仪天殿西有木吊桥通西内。同时太液池之水还分别流至宫城、御苑和西内。由此可见，元大内的总体布局乃是以太液池为中心而展开的，同时又以太液池水和桥为纽带而让东内和西内成为联系紧密的整体。太液池在大内总体布局中显然占有中枢的地位。此外，大内总体布局还宫苑结合（太液池、万岁山），宫城与隆福宫和兴圣宫亦各自宫苑结合。其中宫城北的御苑已不是传统的建筑与园林结合的模式，而是以种花植蔬为主的园圃，实用性很强，同时还是皇帝躬耕耤田、后妃亲蚕之所，颇具明代先农坛和先蚕坛的作用（但位置完全不同）。凡此，应是蒙古族"逐水草而居"习俗及其强烈自然观在大内布局中的反映。

在宫殿配置方面，宫城和西内宫殿院落形制布局基本相同，在历代宫城中，各主要宫院形制布局共性如此之强，甚为罕见。其次，宫城内大明殿和延春阁各设寝殿，也与传统

〔1〕《元史》卷二〇三《田忠良传》：至元十八年"少府为诸王昌童建宅于太庙南"。
〔2〕《日下旧闻考》卷四五引《析津志》："文明门即哈达门，哈达大王府在门内，因名之。"

的前朝后寝的配置方式有别。特别是诸宫于殿堂楼阁之外，还配列斡尔朵（帐殿、幄殿、毡殿）[1]，并配置反映蒙古生活习俗的棕毛殿、盝（鹿）顶殿[2]以及畏吾儿殿，殿旁置庖人之室、酒人之室[3]，有的还置牧人宿卫室，大内还置羊圈和鹰房等。这种以汉式建筑和配置为主，蒙古式建筑和配置方式为辅，两者相互辉映，使大内布局和建筑别具一格。上述情况，应是蒙古族生活方式、习俗和审美观点在大内宫殿中的反映。

宫殿喜用动物毛皮做壁幛、帷幄、地衣等。如大明殿"至冬月，大殿则黄猫皮壁幛，黑貂褥，香阁则银鼠皮壁幛，黑貂暖帐"。大明殿西紫檀殿"草色髹绿，其皮为地衣"。"至冬则自殿外一周皆笼护皮帐，夏则黄油绢幕。内寝屏幛重复，帷幄而后裹以银鼠。席地皆编细簟，上架红厚毡，重覆茸单"。延春阁"黑貂壁幛"，西内诸殿多"通壁皆冒绢素，画以金碧山水"；兴圣殿"文石甃地，藉以毳茵，中设扆屏，榻张白盖，帘帷皆锦绣为之"等。上述殿内装饰，恰似帐殿毡包，颇具蒙古特色。

殿内陈设，一是坐床多，如大明殿"中设七宝云龙御榻"，"并设后位"；"诸王百僚""坐床重列在右"。隆福宫和兴圣宫"从臣坐床重列"。二是酒瓮多，"如天子登极、正旦、天寿节御大明殿会朝时，则一人执之（执劈正斧），立于陛下酒海之前"。三是供佛像多，如玉德殿为便殿，以奉佛为主，平时亦兼听政。延春阁"西夹事佛像"，塑"玛哈噶拉佛像（梵语大黑神）"于兴圣宫徽清亭，泰定元年修佛事于隆福宫寿昌殿，天历元年命高昌僧做佛事于兴圣宫宝慈殿等。除上所述，文献记载，"世祖建大内，移沙漠莎草于丹墀，示子孙无忘草地也"；"世祖思创业之艰难"，"谓之誓俭草"。此外，元大内在宫殿区（不包括苑）还多植树，重视绿化。在殿外植树种草，也是元大内的一大特色。

总之，元大都在大内规划理念之中，增添了蒙古生活习俗的内涵，从而使大内的布局、宫殿的配置和殿内装饰与陈设等方面，出现了许多极具蒙古特色的新特点。这些新特点，在中国古代宫城中是绝无仅有的。

五　元大都形制布局探源

（一）元大都形制布局与《周礼·考工记》"匠人营国"制度无直接关系

现在研究元大都城的学者多认为元大都的城内主要布局是按《周礼·考工记》"前朝后市，左祖右社"原则规划的[4]。但是《周礼·考工记》"匠人营国"制度，其首要条件是宫城居中，元大都宫城不居全城正中，"旁三门"元大都也不具备（北城墙二门）。目前的焦点主要集中在如何看待元大都城布局与"九经九纬""面朝后市""左祖右社"的关系上。

---

[1]　斡尔朵，是突厥—蒙古语 ordo 的音译，义为宫帐，又称帐殿、幄殿、毡殿。

[2]　鹿顶殿，只《南村辍耕录》作盝顶，其他史料均作鹿顶。

[3]　蒙古习俗喜豪饮，故酒人、庖人为殿宴比必需。《元史》卷八十《舆服三》记载：殿上执事，"酒人凡六十人，主酒二十人，主湩（马乳）二十人，主膳二十人"。

[4]　侯仁之：《元大都城与明清北京城》，《故宫博物院院刊》1979 年第 3 期；侯仁之：《北京城市历史地理》，北京燕山出版社 2000 年版，第 92 页；徐苹芳：《元大都在中国古代都城史上的地位》，《北京社会科学》1988 年第 1 期；潘谷西：《元大都规划并非复古之作》，《中国紫禁城学会论文集》第二辑，紫禁城出版社 2002 年版。

"九经九纬"应指连接相对城门间的干道而言，姑且暂以干道数言之，大都城经街七条（包括不连接城门的经街），加上两侧顺城街（不属于城内主要干道）可凑足九条经街。纬街四条（包括通过钟楼的横街），如果将东西城墙南面两座相对城门通向城内不直通的大街各按一条计算也只有六条纬街，加上南北顺城街共8条，亦不足九纬之数[1]，故大都城"九经"说似可；"九纬"说则不能成立。

元大都的商业中心区在钟楼和斜街一带，位于宫城之北，就此而论或可言"前朝后市"。但是，应当指出三点。（1）《析津志辑佚》"朝堂公宇"说：大都城"其内外城制与宫室、公府，并系圣裁，与刘秉忠率按地理经纬，以王气为主"。蒙古族统治者忽必烈"圣裁"，不可能考虑到"前朝后市"的配置方式，更不可能与千余年前《考工记》"面朝后市"的规定联系起来；刘秉忠"率按地理经纬"也与"前朝后市"无关。（2）事实上，钟楼斜街一带商市中心在北，宫城在南，正是元大都以太液池为中心规划大内，以积水潭为中心规划外城的结果。至于钟鼓楼斜街一带，很可能是积水潭成为水上交通中心之后，才依托城内中心广场发展为主要商业区。其是否属于最初规划的商业中心，尚无证据。（3）鉴于上述情况，加之宫城左右和前后均有市，故不能只言"前朝后市"。因此，若仅以宫城和钟楼斜街一带商业中心的位置关系而论，就断言元大都是按《周礼·考工记》"面朝后市"模式规划的，显然已走向偏颇。

大都城太庙在宫城之左，位于齐化门之北；社稷坛在宫城之右，位于和义门少南，从宏观位置上看，可言"左祖右社"。但是应当指出：（1）"左祖右社"不是同时规划营建的。文献记载最初的规划有"祖、社"（规划的位置不明）[2]，但其实建较晚，至元十四年建太庙，社稷坛是至元三十年由崔彧建议建于和义门内少南[3]，所以很难说祖社的位置属最初的规划方位。（2）祖、社各在东西城边之地，太庙与大内东萧墙北中部相对，社稷坛与大内西萧墙北部相对，两者相去甚远，位置南北略相错。这种情况与此前都城在宫城前中轴线两侧对称配置"左祖右社"，祖、社相距较近或不太远的态势，迥然不同。上述二点表明，大都城祖、社分建于不同时期，取自不同的建议，配置方位又与《考工记》不符[4]，所以不能因祖社分别位于城之东西（左右），就断言大都城是按《考工记》"左祖右社"制度进行规划的。

综上所述，本章前面论证了元大都的中轴线、宫城（基本）居中，以宫城宽深为模数精确制定城建规划等。凡此，显然是遵循并发展了"营国制度"王城规划设计理念和方法。然而在"九经九纬""左祖右社""面朝后市"方面，元大都最初的城建规划设计却未完全遵循"营国制度"王城规划设计理念，多有变化。鉴于上述情况，不能说元大都是刘秉忠按《周礼·考工记》"营国制度"所记的王城模式规划的。只能说元大都的城建规划以"营国制度"王城规划理念为基石，又因时因地因元代统治者的现实需求多有变通。

[1]　按至治三年在积水潭和太液池间筑东西向大道，是将两侧东西城连接起来的区间道路，不能算作"九纬"之列。
[2]　《故昭文馆大学士中奉大夫知太史院侍仪事赵文昭公行状》，载苏天爵《滋溪文稿》，中华书局点校本1997年版，第365—368页。
[3]　《元史》卷七六《祭祀五》。
[4]　本书绪论在《考工记·营国制度》的论述中，已明确指出"营国制度"中的祖社位于外朝主轴线左右两侧。

因此，元大都城乃是一座具有"营国制度"王城规划设计的明显特点，又有较强元代时代烙印和特色的一座国际化的伟大都城。

（二）元大都与前代都城形制布局传统的关系

1. 元上都和金中都对元大都大内形制布局的直接影响

元建大都之前立都于上都，刘秉忠先后参与规划二都，故上都宫城皇城的形制对大都城也有一定影响。比如，上都皇城环套宫城，宫城外有较矮的石砌夹墙，大都城萧墙的形制可能即是由此演变而来。元大都在太液池两侧建宫城和西内，其规划理念与上都各组宫院环水而建如出一辙。元大都东西华门间横街中分宫城，御苑在宫城之北，与上都相同；元大都的宫廷广场除位置改在萧墙之南外，两者的形制基本相同。此外，宫殿名称相同或相近者也较多，如清宁殿、玉德殿、鹿顶殿、棕毛殿、香阁、香殿等。大安阁是上都主要宫殿之一，大都宫城北组宫殿仿大安阁亦以阁名之（延春阁）。具有蒙古特色的棕毛殿和鹿顶殿等，大都宫城也较多。除上所述，本章第二节元中都论证了元上都皇城周长是宫城周长的 2.5 倍；元大都萧墙（皇城）周长是宫城周长的 2.5 倍。元大都宫城周长是元上都宫城周长的 1.5 倍；元大都皇城周长是元上都皇城周长的 1.5 倍。上述情况表明，元大都在规划皇城（萧墙）和宫城周长时，似以元上都皇城周长是宫城周长的 2.5 倍为参数进行设计的；同时元大都在规划皇城、宫城周长时，又大致是将元上都皇城和宫城周长各扩大 1.5 倍而设计的。凡此种种情况，今后随着元上都考古工作的开展和大都与上都研究的深入，两都宫城皇城形制布局的关系，以及大都在上都基础上皇城（萧墙）和宫城发展的状况，必将如实地进一步揭示出来。

元大都城大内与金中都的皇城宫城近在咫尺，时间基本前后相接[1]，因而元大内的形制布局受金中都皇城宫城的影响较大。举其要者有六。

其一，宫城居中。金中都为使宫城居中而扩展辽南京城垣，然为条件所限仍不理想。元大都与金中都同样遵循"择国之中而立宫"的理念，但元大都在仿效金中都过程中，因地制宜，较好地解决了这个问题。

其二，金中都皇城环套宫城，宫城建于太液池之东。元大都只将皇城改称萧墙，变成如上都宫城外石砌矮夹墙的形制（上都皇城环套宫城，亦应受金中都影响）。但是，其总体态势及将为宫廷服务的各种机构置于萧墙之内均同于金中都。

其三，元大都宫城与金中都宫城规制基本相同。比如：（1）宫城均呈南北长方形，周回皆九里三十步；四隅建角楼，门制相同。其中东、西华门名称相同，元大都宫城崇天门的形制即脱胎于金中都宫城应天门[2]。（2）元大都宫城和皇城的主体建筑，实际上是由金中都宫城演变而来的。即元大都以金中都宫城中路为宫城模式，将金中都宫城东、西路配置简化，把与之相似的主要建筑移建于太液池之西。（3）金中都宫城中路前为大安殿建筑群，东、西华门横街后为仁政殿建筑群。仁政殿之北的后宫宫殿，前者称"皇帝正位"，

---

[1]　金中都宫阙最后焚毁于蒙古太祖十二年（1217 年）。程钜夫《旃檀佛像记》云："大元丁丑岁三月，燕宫火。"

[2]　崇天门的形制与唐长安承天门、北宋汴梁宣德门亦属同制。

后者称"皇后正位"。大都宫城所称"大内前位"和"大内后位"似由金中都"皇帝正位""皇后正位"演变而来。(4)大都宫城前后两组宫殿各以廊庑围成长方形院落,在东西廊庑前部建钟鼓楼,同于金中都前后两组宫院形制。(5)金中都宫城中路前后两组宫殿建于工字形台基上,大安殿后有香阁,前后主殿两侧有垛殿。元大都宫城前后两组宫殿的形制布局即在此基础上演变发展而成。

其四,金中都宫城宫苑结合,元大都大内宫苑结合在此基础上更加多样化和完善化。元大都的御苑与金中都西苑内有杏林、果园的情况相似。

其五,金中都宫城中轴线南北延长至外城墙,该中轴线不是皇城和外城的中轴线。元大都宫城中轴线除向北延长至中心台外,其余态势则与之相同。

其六,元大都的千步廊承袭金中都千步廊(首次出现完整的千步廊),其变化是位置改在萧墙南门与丽正门之间,千步廊侧仅置个别衙署(中书省),并在千步廊之北、周桥之南创设灵星门。

鉴于上述六点,有理由认为元大都的大内乃是以金中都皇城宫城为蓝本,结合元大都的实地条件和需要而规划设计的。此外,金中都宫城仿北宋开封宫城,因而元大都宫城与开封宫城近似之处大多以金中都为中介,凡此不再赘言。

2. 元大都与前代其他都城形制布局的关系

元大都城形制布局不仅有兼容性、多元性和创新性,而且还继承前代都城形制布局传统,表现出较强的延续性。

三城环套与宫城坐南朝北展开的城内总体布局。三城环套之制始于北魏洛阳城,自北宋都城开封之后,都城大多采用三重城模式,只是不同时期的都城三城位置关系和相套形式不尽相同而已。就元大都来说,其环套三城的态势与北宋开封府城三城基本相同[1],与金中都则更相近。元大都宫城在南,城内总体布局以宫城为中心,"坐南朝北"展开。此种情况南宋临安城、辽南京和金中都已经出现,元大都城总体布局以宫城"坐南朝北"展开之势与金中都较相近。然而,应当指出,元大都城三城位置关系、环套形势和宫城"坐南朝北"的态势,最终还是取决于元大都以太液池为中心规划大内,以积水潭为中心规划外城的城建规划。

南、北半城制。元大都建成后,实际分为南半城和北半城,北半城中心区为蒙古各部朝京居住区。此种情况应是元大都在新形势下,根据元上都的情况,并仿辽上京、金上京"两城制"而变通为新形制的结果[2]。

依水而建和关厢的发展。元大都以太液池为中心规划大内,主要宫殿建于太液池两侧;外城以积水潭为中心进行规划,是蒙古族"逐水草而居"传统使然。此外,前据《马可·波罗行纪》记载,已指出大都的关厢较大而繁荣。上述现象其实在元上都时早已出现,元上都宫城的主要配置多环水而建,城外四关厢规模很大,为上都人口稠密和商业繁荣之区。元大都以水面为规划中心和关厢的情况,应是元上都同类情况的延续和发展。

---

〔1〕 北宋开封外城、内城、宫城三城环套。元大都外城、萧墙、宫城环套,萧墙大体相当于前述内城的位置。
〔2〕 元上都外城亦为南北二城,中以墙相隔,城北为北苑。

中轴线。在元代以前的都城中，除隋、唐长安城宫城、皇城、外城中轴线合一，居中之外，余者无一属于此种标准模式。北宋开封府中轴线虽然与唐长安城相近，但不在三城之中间部位。金中都的中轴线，也不居三城之中，其重要变化是将中轴线向北延长至北城墙通玄门。元大都宫城的中轴线，不居三城（外城、萧墙、宫城）之中，中轴线向北延长至中心台，向南延长至丽正门应是金中都宫城中轴线模式的延续、变化和发展。此外，元大都以东西中分线为全城规划的中轴线，该中轴线呈隐性特征，与宫城中轴线呈显性特征并存，是其重要的特点之一。

街和胡同。元大都的经街和纬街，既是唐、宋以来都城以东、西，南、北城门大街相互垂直相交形成城内主干街道网和城内规划布局主体框架之延续和发展；也是以元上都同类情况为基础的[1]。元大都城街道网的规整程度可与隋、唐长安城相比，隋、唐长安城街道网是里坊制下的典型代表，元大都城的街道网则是里坊制崩溃后街巷制的典型代表，并为明、清北京城基本承袭下来。城内居住区的配置，自北宋开封府城打破坊制、实行开放式的街巷制之后，到金中都时又有新发展。金中都在辽南京基础上向东、南和西的扩展部分，新规划出街巷胡同，即在主干大街内平行等距离配置胡同[2]。元大都的胡同即在此基础上，经过全面规划创新，形成基本统一的模式。从而成为宋以后都城开放式街巷制的典型，并一直影响到近现代北京城。

商市。元大都在大内萧墙之北，东、西和南面均有商市，应是北宋开封府城打破坊制形成街市，并在东西南北四条御街配置主要商市的延续和发展。金中都主要商业中心区在宫之北[3]，元大都的商业中心区亦在宫城之北，两者相似。但是，元大都主要商业中心区在宫城之北，前已说明有其内在的原因，未必是仿金中都所致。此外，应当指出，元大都商业中心区在宫城之北，实际上位于大都城中心区，这种态势又是与蒙古时期都城哈喇和林一脉相承的[4]。

主要配置。元大都城的主要配置情况前已介绍，其中有些配置与前代都城有一定关系。略举数例：（1）祖、社。北宋开封府的太庙设在南面御街之东，景灵东宫东门大街东端；社稷坛在南面御街之西，位于与太庙街（横街）相对西横街的西端，两者相距较远[5]。元大都的祖、社位置有变，但两者分在东西相距遥远之势，则与开封府祖社位置较相似。金中都先建太庙（天德四年，1152 年），到大定七年（1167 年）才建社稷坛[6]。元大都亦先建太庙，后建社稷坛，而且元太庙初期仿金太庙形制[7]，说明两者应有一定影响和被影响的关系。（2）太乙宫和太乙神坛。东、西和中太乙宫的设置始于宋[8]，元大都设东

〔1〕　元上都皇城内亦以城内大街垂直相交，形成规整街区。参见贾洲杰《元上都调查报告》，《文物》1977 年第 5
　　　期，以及上都平面图。
〔2〕　徐苹芳：《古代北京的城市规划》，《环境变迁研究》第一辑，海洋出版社 1984 年版。
〔3〕　于杰、于光度：《金中都》，北京出版社 1989 年版，第 219—220 页。
〔4〕　参见《中国大百科全书·考古学》，中国大百科全书出版社 1986 年版，第 155 页。
〔5〕　杨宽：《中国古代都城制度史研究》，上海古籍出版社 1993 年版，第 293—294 页。
〔6〕　杨宽：《中国古代都城制度史研究》，上海古籍出版社 1993 年版，第 451—452 页。
〔7〕　潘谷西主编：《中国古代建筑史》，中国建筑工业出版社 2001 年版，第 151 页。
〔8〕　杨宽：《中国古代都城制度史研究》，上海古籍出版社 1993 年版，第 487 页。

西太乙宫和太乙神坛，显然是受到宋代的影响。（3）原庙。北宋"仿汉原庙之制"建东、西景灵宫，并在寺观中供奉已故皇帝皇后塑像，辽、金也有原庙[1]。元代大都城将原庙设在藏传佛寺，其数量之多、规模之大，空前绝后。（4）城隍庙。三国时吴国已建城隍庙，到宋代大小城池多建城隍庙，元大都亦建城隍庙。（5）钟鼓楼。金中都在皇城南门左右设钟鼓二楼以报时[2]。元大都则在此基础上予以发展变化，将鼓楼建于城内几何中心，钟楼建于其后，成为元大都城的重要特点之一，并一直影响到明清。如此等等，不再枚举。

金水河。大都城金水河的开凿仿北宋开封府城，二者均从西面引水入宫苑，五行西方属金，因称金水河。开封金水河从汴河上架渡槽，大都金水河亦"跨河跳槽"[3]。

漕运。自汉长安城开凿漕渠之后，历代都城均很重视漕运问题。北宋开封府城在漕运问题上有重大发展，金中都开闸河以漕运。元大都虽然从莲花河水系（金中都）转移到高梁河水系，但其漕运系统大都至通州的通惠河段，就是在金中都闸河基础上修凿的，并进一步提高了闸坝技术[4]。

模数。据研究以宫城之广、深为模数规划都城的手法至迟在隋代已经在使用了[5]。到元大都时，则以宫城之宽深为模数，全面规划大都城已到非常成熟的阶段。元大都城平面形制之规整，与此是密不可分的。

综上所述，元大都城为汉代以来少数平地起建的统一王朝的都城之一，是宋代以后唯一平地起建、同时又是中国古代首座非汉族统治者起建的统一王朝的都城，也是中国统一王朝中首次建都于黄河以北，首次最靠近游牧地区，首次依托近在咫尺仍在使用的旧都，并在其旁另建的新都城。

元大都城借鉴此前兴建的哈拉和林与元上都两座都城的经验，以蒙古族统治地跨欧亚的大视野，以若草原广阔的胸怀海纳百川，将草原文明、相关的域外文明、汉族高度发达的文明融为一体，以当时先进的科学技术和锐意创新的精神规划新都。元大都城在统一的城市规划之下，继承传统，兼容并蓄，底蕴深厚，大胆创新，故其形制布局规矩有序、严谨、稳定均衡、层次分明、景观巨丽宏深、气势磅礴、风格鲜明、生意盎然。因此，元大都城的形制布局，以其独具的魅力屹立于中国古代都城之林。

元大都城是在当时特殊的历史背景下，创建的世界性的大都会。这个大都会是中华民族和文化不断融合，凝聚力不断增强的象征，所以它定将作为汉蒙及有关各族用心血、智慧和科学精神铸就的丰碑，而彪炳于史册。

元大都城沿着北宋开封府城开辟的都城形制布局变革的方向，遵循中国古代都城形制布局发展演变规律的轨迹，在北宋开封府城，特别是在金中都的基础上，开拓创新，完成了北

---

〔1〕 杨宽：《中国古代都城制度史研究》，上海古籍出版社 1993 年版，第 294—295、349、431、433、442、451—452 页。

〔2〕 杨宽：《中国古代都城制度史研究》，上海古籍出版社 1993 年版，第 450 页。

〔3〕 杨宽：《中国古代都城制度史研究》，上海古籍出版社 1993 年版，第 470—471 页。

〔4〕 杨宽：《中国古代都城制度史研究》，上海古籍出版社 1993 年版，第 468 页；侯仁之：《元大都城与明清北京城》，《故宫博物院院刊》1979 年第 3 期。

〔5〕 傅熹年：《傅熹年建筑史论文集》，文物出版社 1998 年版，第 168 页。

宋开封府城所开创的变革的新模式，从而成为宋至明、清时期都城形制布局演变过程中的里程碑。纵观中国古代都城史，可以清楚地看出，这个里程碑堪与秦至隋唐时期中国西部地区都城的典型代表和里程碑的隋唐长安城并驾齐驱。隋唐长安城集前代都城之大成，创建了新的都城模式，对尔后中国和周边诸国都城形制布局产生了极其深远的影响。元大都城则总结此前历代都城经验，完成了中国封建社会晚期都城形制布局的变革，奠定了明清北京城的基础，是中国古代都城终结模式的先驱。由此可见，隋唐长安城和元大都城两个里程碑既各自承上启下，继往开来，又前后呼应，脉络相通。因而很自然地将秦、汉至明、清时期各主要都城形制布局发展演变关系贯穿起来，形成千年一系的都城体系。所以元大都城与隋唐长安城一样，均在中国古代都城史上占有不可替代的重要地位。

第二节　元中都（开宁路总管府）

一　元中都概说

元中都故城在河北省张北县城西北 15 公里，处于馒头营乡积善村、白城子和淖沿子村之间（白城子村西南约 400 米处），俗称白城子（图 6 - 2 - 1）[1]。宫城 1 号殿址地理坐标为北纬 41°17′19″，东经 114°37′16—21″。

元中都周围河流、湖泊、淖泊较多，以城址西北 15 公里的鸳鸯泊（今称安固里淖）最著名。城址东、南、北三面为广阔的草滩，西邻狼尾巴山，南以野狐岭为屏障[2]。故城附近一带，水草丰美，宜耕宜牧，为农耕、游牧交会之区[3]。

元中都地处漠北、上都、大都间的交通要冲，是蒙古贵族主要聚居区之一，为军事重镇、贮粮基地，是皇室鹰房所在地，兵器制造和商业也较发达。因此，元中都之地在漠北、上都和大都之间具有重要战略地位。

中都的营建主要是出于政治上的需要，元武宗在大都和上都缺乏可依靠的政治基础，所以以距大都更近、更便于控制、地理环境和战略地位重要的旺兀察都建行宫、立中都。以中都代替上都，使之成为联结大都与漠北的据点和枢纽，监视上都动静，并作为大都的主要支撑点。

元大德十一年（1307 年）六月“甲午，建行宫于旺兀察都之地，立宫阙为中都”。七月庚辰，“置行工部于旺兀察都”。至大元年（1308 年）七月壬戌“旺兀察都行宫成”。

---

〔1〕《大清一统志》（《四部丛刊续论》第 45 册，上海书店据商务印书馆 1934 年版重印，1984 年版）卷 548 第 12 页“牧场·镶黄等四旗牧场”载：沙城“在归兴和城北三十里，元时所建”，“按此城土人名插汉巴尔哈逊城，……故址犹存”。插汉巴尔哈逊，蒙语，义为白城子；沙城指中都故城。

〔2〕野狐岭，是燕山与阴山会合部的山口。《张北县志》说“李太山（野狐岭），县正南 16.5 公里之坝沿处。呈东西走向，长约 2.5 公里，海拔 1644.9 米。多石质，不能耕种。可牧畜。地势险要，为历代兵家必争之地”。

〔3〕张德辉：《岭北纪行》，《五代宋金元人边疆行记十三种疏证稿》，中华书局 2004 年版；《长春真人西游记》，内蒙古教育出版社 2001 年版。

图 6-2-1　元中都位置示意图

（引自董向英《元中都概述》，《文物春秋》1998年第3期，略变化）

行宫从动议到建成为一年，若从至大元年正月起算，则只有半年时间。行宫成应指宫城主体工程而言，故其后才有"创皇城角楼"之语。宫城建成后，则置衙署，续建工程又相继开工。至大四年正月庚辰，武宗去世。武宗在位不足四年，中都城并未完全建成。武宗死后，尚未登基的仁宗便于至大四年正月壬辰，"罢城中都"，中都撤销后，宫阙依在，后代皇帝并偶有巡幸之举。天历二年（1329年）八月乙酉，明宗之弟图贴睦尔于中都设计毒死明宗[1]，即位后为文宗，此后中都逐渐荒废。

元中都至清代已不明其故址所在，《大清一统志》将明代所称沙城名为白城子。乾隆时黄可润撰《口北三厅志》疑沙城为金之北羊城，1934年许闻诗撰《张北县志》则肯定白城子就是北羊城，此后该说几成定论。所以1981年张北县将"北羊城遗址"定为县级重点文物保护单位。1983年以后，张北县文物和史志工作者在对该城多次调查基础上，已初步考证为元中都故址。1997年8月张北县召开"元中都学术研讨会"，会上专家们根据所发现的遗迹、遗物并结合文献进行论证，最终认定该故城为元中都城遗址[2]。2001年定为全国重点文物保护单位。

1998—2003年河北省文物研究所对元中都遗址进行了全面的考古调查、钻探，并发掘了宫城中主要殿址等多座遗址，并刊布了《元中都——1998—2003年发掘报告》。本节即以该发掘报告刊布的资料为基础，对元中都的形制布局进行介绍和研究。

二　元中都宫城、皇城、外城的形制

元中都宫城、皇城和外城仅有考古调查和钻探资料，下面据此介绍元中都宫城、皇城和外城的形制。

（一）宫城

宫城在皇城中间，宫城墙上有民国时期围寨墙，寨墙下为元中都宫城墙。宫城墙遗迹

〔1〕《元史》卷三三《文宗二》。

〔2〕参见贺勇、李惠生、马迭《元中都遗址认定及其历史考古价值》，董向英《元中都概述》，上述二文均见《文物春秋》1998年第3期。

呈土丘状，高出地表 3—5 米。宫城四隅有角楼台基遗址，城墙无马面。据钻探资料宫城东城墙长 603.5 米，西城墙长 608.5 米，南城墙长 542 米，北城墙长 548.8 米，四墙中间各开一宫城门（东宫门 GDM1、西宫门 GXS1、南宫门 GNM1、北宫门 GBM1），宫城周长 2302.8 米，宫城平面呈南北长方形（图 6-2-3）[1]。宫城墙与西南角台相接处有基槽，其他部位城墙无基槽。

宫城内共发现大小不一、形状各异的土丘 32 处，土丘残存高度均在 3 米以下，以 1 米左右的居多，土丘与周围地表相接处无明显界限，这些土丘应为宫城建筑之残迹[2]。

宫城内发现 5 条道路，GL1 为大殿 D1 与宫城内门 GNM1 之间街道，GL2 为大殿 D1 前殿至宫城东门道路，GL3 为大殿 D1 前殿至宫城西门道路，GL4 为宫城北门通向大殿道路，该道至遗迹 F3—F6 之北中断。GL5 在遗迹 F24 之北，路面铺砖。道路多发现路上，据钻探资料，大殿 D1 与宫城四门间的道路似铺砖[3]。

（二）皇城

根据考古调查和钻探资料，皇城东墙长 927.7 米，距宫城东墙 115 米；皇城西墙长 930.6 米，距宫城西墙 113.78 米；皇城南墙长 770 米，距宫城南墙 207.5 米；皇城北墙长 778.34 米，距宫城北墙 115.85 米。皇城东、西门在皇城东、西墙中间偏北，皇城南、北门在皇城南、北墙中间（图 6-2-3，皇城东门 HDM1、皇城西门 HXM1、皇城南门 HNM1、皇城北门 HBM1），皇城周长 3406.64 米，平面呈南北向长方形[4]。皇城未见角楼台基和马面。

在皇城与宫城间的东区、西区和北区各发现两道隔墙，分别将三区各隔为三段，隔墙在皇城门和宫城门两侧，均在地表呈垅状，南区未见隔墙。东区内北隔墙距宫城东北角台 215.4 米，南隔墙距宫城东南角台 147.4 米，两墙间距 240.7 米。西区北隔墙距宫城西北角台 214.7 米，南隔墙距宫城西南角台 154 米，两隔墙间距 239.3 米。北区内东隔墙距宫城东北角台 215 米，西隔墙距宫城西北角台 217.6 米，两隔墙间距 116.5 米。三区两道隔墙相对，应有门址，但钻探未见门址[5]。

（三）外城墙的探察

外城情况文献缺失、地表无外城墙遗迹。根据调查线索进行钻探的结果，东城墙长 2964 米，距宫城东墙 1188.66 米；西城墙长 2964 米，距宫城西墙 1150.65 米；南城墙长 2881 米，距宫城南墙 1633.74 米（南城墙中段与皇城门和宫城门南北中轴线对应处，地表发现料石，或为外城南门位置）；北城墙长 2906 米，距宫城北墙 713.96 米，周长 11715 米，平面略呈方形[6]。外城墙未挖基槽，未见角楼台基和马面。

〔1〕　河北省文物研究所：《元中都——1998—2003 年发掘报告》（上），文物出版社 2012 年版，第 27—35 页。
〔2〕　河北省文物研究所：《元中都——1998—2003 年发掘报告》（上），文物出版社 2012 年版，第 47、48 页。
〔3〕　河北省文物研究所：《元中都——1998—2003 年发掘报告》（上），文物出版社 2012 年版，第 50 页。
〔4〕　河北省文物研究所：《元中都——1998—2003 年发掘报告》（上），文物出版社 2012 年版，第 35—39 页。
〔5〕　河北省文物研究所：《元中都——1998—2003 年发掘报告》（上），文物出版社 2012 年版，第 39—41 页。
〔6〕　河北省文物研究所：《元中都——1998—2003 年发掘报告》（上），文物出版社 2012 年版，第 41—47 页。

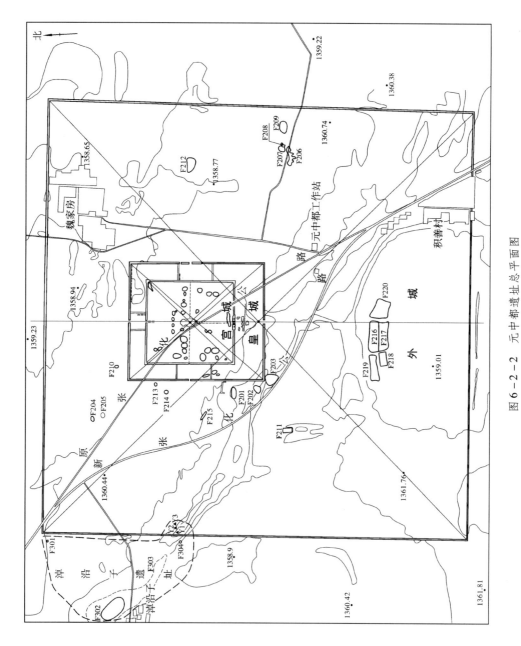

图 6-2-2 元中都遗址总平面图

（引自河北省文物研究所《元中都》发掘报告，文物出版社 2012 年版，略变化）

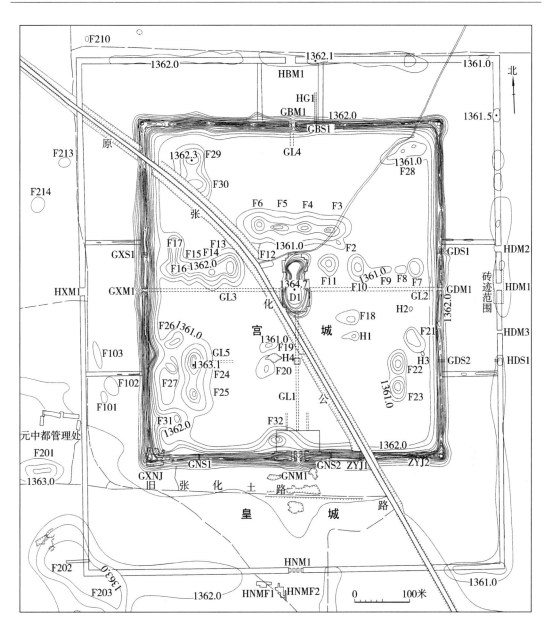

图6-2-3　元中都皇城、宫城平面图
（引自河北省文物研究所《元中都》发掘报告，文物出版社2012年版，略变化）

三　宫城1号殿址发掘揭示的形制

（一）1号殿址地基和台基

殿址地基基槽南北向长方形，大于殿址台基，基槽边较台基周边宽2.5—8米，深约2.3—2.4米，基槽斜度深四收一至深六收一不等。基槽整体夯筑，夯至地平后再夯1—3

层土，使近台基处略高于外围远端0.1—0.24米，面或铺砖形成散水[1]。

殿址台基筑于地基地平之上，主体呈"工"字形，并前出月台、后出香阁台基，方向182°。台基现存南北通长99.35米，加台基砖壁基槽南北长101.1米，台基高出地平1.7米，台基共有24个转角（图6-2-4，W∠1—W∠12，B∠1—E∠12）。台基宽于大殿址，其各部位由南向北尺度如下：月台向南凸出部分B∠11—W∠11或B∠12—W∠12之间东西宽37.2米（现残宽32.21米）；B∠11—B∠12或W∠11—W∠12间南北长9.22米。与大殿月台和前殿对应的台基为一整体，南北长46.55米，东西宽49.17米。台基与柱廊对应部位，南北长13.69米，东西宽30.82米。台基与寝殿夹室对应部位，南北长21.89米，东西宽42.81米。台基与香阁对应向北凸出部位，南部南北3.52米，东西30.4米；北部南北6.23米，东西21.02米。

台基与殿址之间台基面原均铺砖，多残毁无存。台基周壁原均包砖，现仅存砖壁基槽，基槽内残存少许砌砖。有的转角部位残存柱础石，其上立角柱石。台基南部被月台殿陛D1L1分为东西两部分，再南破坏严重，边缘已成坡状，仅高出地面0.81米[2]。环绕台基有矩形砖砌沟槽，沟槽是台基外道路（图6-2-4，D1L8、D1L9、D1L10）的内侧边沟，西侧台基下道路未发掘[3]。

（二）1号殿址的平面形制

殿基高出台基面1.25米[4]，从南向北由月台、前殿、柱廊、寝殿和东西夹室、香阁组成，殿基主体置前殿、柱廊、寝殿和东西夹室，平面呈工字形，月台南出，香阁北出，在香阁东西两侧台基面上各置一配殿。

月台北与前殿南缘基槽相接，东西长24.8米，南北宽17.5—17.8米。月台西残存少许青素灰铺地方砖，月台西壁基槽内残存部分砖壁，月台东南角E∠14尚存柱础石，月台南缘基槽内砖壁尽毁。

月台南缘中间前出殿陛（图6-2-4，D1L1），殿陛上、下两级。月台前第一级殿陛北接月台南缘基槽，下至台基面，结构残，呈坡道状，坡度17°，南北水平残长3.6米，宽6.1米。其下第二级殿陛北接台基南缘基槽，下至地面，呈坡道状、坡度10°，坡道象眼部位毁，坡道南北长5.1米，宽6.1米，坡道与地面相接处砌长方砖牙线一道，牙线之北残存卷草纹长条砖。坡道下地面中部残存龙纹方砖，再南接台基外通道D1L8。月台东、西壁北部与前殿相接向外拐角（B∠13、W∠13）部位各有踏道，亦呈上、下两级，均残，呈坡道状[5]。

〔1〕 河北省文物研究所：《元中都——1998—2003年发掘报告》（上），文物出版社2012年版，第151、185—189页。

〔2〕 河北省文物研究所：《元中都——1998—2003年发掘报告》（上），文物出版社2012年版，第151—154页。

〔3〕 河北省文物研究所：《元中都——1998—2003年发掘报告》（上），文物出版社2012年版，第151、183—184页。

〔4〕 河北省文物研究所：《元中都——1998—2003年发掘报告》（上），文物出版社2012年版，第155页将1号殿址的夯土结构称上层台基。由于文中所述上层台基的形制和尺寸及28个转角与1号殿址平面形制完全一致，故其实为殿基。

〔5〕 河北省文物研究所：《元中都——1998—2003年发掘报告》（上），文物出版社2012年版，第172—175页。

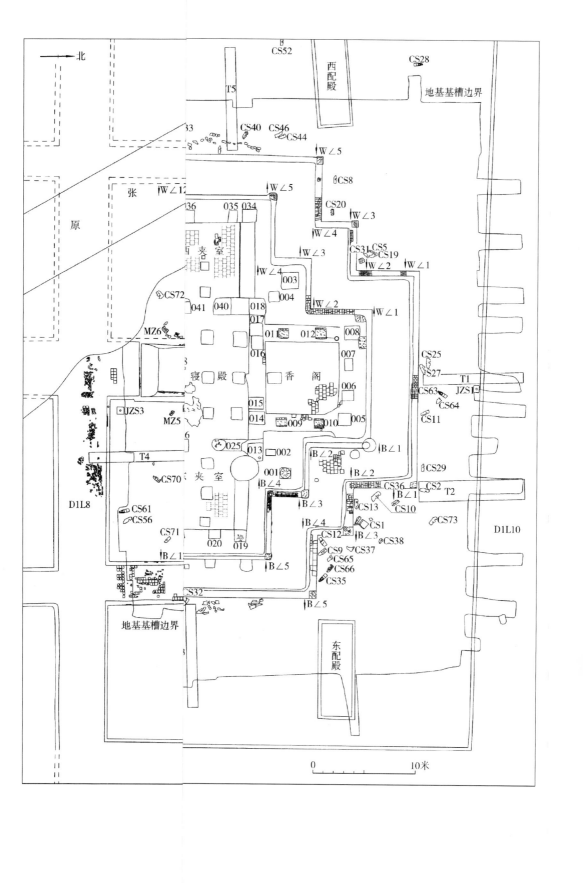

北

西配殿

地基基槽边界

CS52

CS28

T5

CS33

CS40 CS46
CS44

W∠5

CS8

张
原

W∠12

W∠5

CS20

W∠3

036 035 034

W∠4

夹室

W∠3

CS31 CS5
CS19

CS72

003

W∠4

W∠2
W∠1

041 040 018

004

W∠2

017

CS25

香 阁

S27

T1

寝 殿

016

001 012

008

007

JZS1

CS63
CS64

006

CS11

015

005

MZ6

MZ5

JZS3

014

009 010

025 013

002

B∠1

CS70

夹室

001

B∠2

CS29

B∠2

D1L8

CS61
CS56

B∠4

CS36

B∠1

CS2

T2

CS71

B∠3

CS13

CS10

CS1

CS73

D1L10

020 019

CS12

B∠3

CS37

B∠1

CS9

CS38

CS65

B∠5

CS66

B∠3

CS35

CS32

B∠5

地基基槽边界

东配殿

0   10米

前殿位于主体建筑台基南部横台基上，介于月台与柱廊之间，东西 36.36 米，南北 26.06 米。前殿周壁毁，仅余砖壁基槽。前殿东南角 B∠12、西南角 W∠12、西北角 W∠11 下有柱础石，东南角 B∠12 柱础石上立角柱石。角柱石残断，南面浮雕龙纹，东西浮雕牡丹纹，其余两面有凿痕。前殿沿四壁内侧各置内外两列柱础，殿南、北壁内侧两列柱础各 8 个，东西壁内侧中间两列柱础各 2 个，共 40 个柱础。前殿柱础坑之间有浅坑，浅坑南北 5 排、东西 8 列，共 38 个。前殿面阔七间，进深五间。

前殿东、西壁外侧中间各置一上下两级踏道，均残，呈坡状。其中东踏道第二级踏道南侧包砖残存部分象眼和有骏马祥云等形象的雕砖（图 6-2-5），坡道东通台基外通道 D1L9[1]。

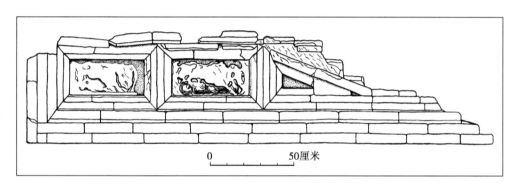

图 6-2-5　宫城 1 号殿址前殿东踏道南侧象眼
（引自河北省文物研究所《元中都》发掘报告，文物出版社 2012 年版，略变化）

柱廊在大殿主体工字形台基中部竖台基上，介于殿与寝殿之间，南直通前殿。柱廊南北直线部分即图 6-2-4，E∠10—E∠9，W∠10—W∠9 之间长 19.8 米，图 6-2-4，E∠10—W∠10，E∠9—W∠9 之间东西宽 18.16 米。柱廊南北直线部分自图 6-2-4，E∠9—E∠8，W∠9—W∠8 各外扩 2.52 米后北折至图 6-2-4，E∠7 和 W∠7 处接寝殿，该东西横长部分东西长 23.2 米，南北宽 3.81 米，为柱廊寝殿共享。若将其南北宽 3.81 米计算在内，柱廊南北通长为 23.61 米，柱廊北南向呈 T 字形。柱廊沿东西壁内侧各置两列柱础，每列 5 个柱础，最北边柱础位于外扩部分，共 24 个柱础，东西两列柱础坑间有浅坑。柱廊东西壁外缘中间北各置踏道，上下两级，均残，呈坡道状[2]。

寝殿南接柱廊，寝殿与东西夹室和北部香阁连通，位于大殿台基后部，三者建筑基槽相连，属同一建筑单元。该组建筑若加上其南与柱廊共同部分，平面略呈十字形。三者均面阔三间，进深三间，但夹室和香阁开间小于寝殿。

〔1〕　河北省文物研究所：《元中都——1998—2003 年发掘报告》（上），文物出版社 2012 年版，第 155—159、180—183 页；象眼见下册图版一〇一、一〇二之 1。浅坑，报告认为是铺砌装饰石板的坑位。按，此说证据不足。

〔2〕　河北省文物研究所：《元中都——1998—2003 年发掘报告》（上），文物出版社 2012 年版，第 159—163、175—180 页。

寝殿夹室和香阁外缘尺寸，按图6-2-4标注的转角测量如下：E∠8—W∠8间23.22米（W∠8有柱础石），E∠3—W∠3间23.25米、E∠8—E∠3间20.5米、W∠8—W∠3间20.96米、E∠6—W∠6间35.35米、E∠5—W∠5间35.35—35.4米、E∠8—E∠7间3.8米、W∠8—W∠7间3.81米、E∠7—E∠6间6.13米、W∠7—W∠6间6.13米、E∠6—E∠5间13.52米、W∠6—W∠5间13.49米、E∠5—E∠4间6.13米、W∠5—W∠4间6.1米、E∠4—E∠3间3.64米、W∠4—W∠3间3.65米、E∠3—E∠2间4.8米、W∠3—W∠2间4.83米、E∠2—E∠1间6.08米、W∠2—W∠1间6.1米、E∠1—W∠1间13.46米。

寝殿最南和最北部的中间宽约4.6米无柱础，为门道部位。门道与东西壁之间各东西向横置三个柱础（寝殿柱础均无，仅存础坑），东西壁内侧从南向北各置二个柱础后中间空2.24米为门道部位，其北又各置一柱础。寝殿中间有三排、每排三个浅坑。寝殿基槽内东西面阔12.15米，南北进深9.2米。东西夹室分别与寝殿东、西墙合一，东夹室柱础和浅坑配置见图6-2-4，东夹室总面和进深均8.6米左右，基槽内东西7.5米、南北7.3米。西夹室柱网见图6-2-4，柱础破坏后础坑有的偏离原位。西夹室面阔8.61米、进深8.48米。香阁柱网见图6-2-4，其面阔8.64—8.72米，进深8.92米[1]。

东西配殿位于大殿台基外的东北、西北角台基之下，均仅残存墙基基槽，平面呈东西向矩形。东配殿基槽内边间距东西8.1米、南北2.95米；西配殿基槽内边间距东西8.8米、南北2.9米[2]。

四　宫城南门、西南角台和皇城南门遗址发掘揭示的形制

（一）宫城南门及门北矩形庭院的形制

宫城南门位于宫城南墙中间（图6-2-3，GNM1），北与1号殿址对直，方向4°，东西通长87.68米。城门由三个门道、两个门道隔墙、门道两侧门楼台基、行廊、垛楼台基及其北侧登城马道，门内矩形庭院组成（图6-2-6）。

宫城南门三个门道，东西面阔21.48米，南北进深18.35—18.4米。门道建在夯土基础上，其上石砌地面。三个门道间有夯筑隔墙，隔墙南、北端包砖。西隔墙在中门道与西门道之间，南北长18.02米、东西宽3.72米，夯土墙底部南北长16.45米、东西宽2.12—2.25米、残高0.3—1.7米。隔墙北端西侧砖壁南北残长2.6米、宽0.6米、残高0—0.55米；东侧砖壁南北残长3.3米、东西宽0.7米、残高0.63米；砖壁较地栿略外扩并部分压在石地栿上。隔墙北端北侧砖壁残存少许，底部有四块土衬石；南端西侧砖壁残存一层砖，东侧砖壁无存，南端有侧残存土衬石三块。东隔墙在中门道与东门道之间，隔墙南北长18.23（西侧）—18.34米（东侧），东西宽3.65（北端）—3.75米（南端）[3]。形制同东隔墙，不赘述。

---

〔1〕　河北省文物研究所：《元中都——1998—2003年发掘报告》（上），文物出版社2012年版，第163—166、168、169页。

〔2〕　河北省文物研究所：《元中都——1998—2003年发掘报告》（上），文物出版社2012年版，第184、185页。

〔3〕　河北省文物保护所：《元中都——1998—2003年发掘报告》（上），文物出版社2012年版，第339、349—352页。

三个门道结构相同，以中门道为例，门道以两隔墙侧壁为门道壁，门道南北进深18.4米、东西面阔地栿石处北端5.81米、中部5.9米，南端5.9米，砖壁北端6.59米。门道结构最下面为深埋在东西地面下的土衬石，东壁16方、西壁15方。土衬石金边内承托地栿石，东、西壁地栿石各9方。地栿石金边内安木地栿，木地栿已成灰烬。东、西壁各有四根立柱，地栿石之上立柱无存，立柱底部柱洞径0.4—0.5米、深约0.5米，洞底有柱础石。隔墙木板在门道东西壁立柱、门地道栿石、南北端砖壁与夯土隔墙之间，呈南北长条形，紧贴夯土墙，底部与门地道面平，地栿石平面以上的木板仅存残迹。门地道面南北端以长条石砌地面牙线、牙线内铺长方形石板。门道横中线东、西壁各置一门砧石，横中线中间置将军石。东门道南北进深18.35米，东西面阔地栿石处北端5.05米、中部5.1米、南端5.05米，砖壁处北端5.9米，砖壁处南端毁。西门道南北进深18.4米，东西面阔地栿石处北端4.96米、中部5米、南端5.03米，砖部处北端5.84米，南端残毁(图6-2-6)[1]。

城楼台基在门道隔墙与行廊台基之间，台基与行廊台基相接部位较行廊台基向外凸出，平面呈南北向长方形，大致高三收一至高四收一。台基夯筑，台基内侧与门道隔墙相接部位有贴墙木板，其余部位甃砖面，砖壁四角各立一角柱石，台基南侧砖壁下有土衬石。城楼东台基残高2—3.5米，南、北侧高出地表1.2米处有宽约0.25—0.3米夯土台。台基残存部分砖壁、土衬石和角柱石。城楼西台基残高2.2—3.5米，北侧高出地表1.2米处有宽约0.25米的夯土台。台基残存部分砖壁，砖壁四角除东南角外，其余三角各立一角柱石[2]。

行廊台基在城楼台基和垛楼台基之间，南北两侧窄于城楼台基和垛楼台基。东行廊台基南北13.27—13.75米，东西向北侧7.35米，南侧7.45米，台基北侧距地表0.8米和2.4米处有宽约0.25米的夯土台，台基残存部分包砖。西侧行廊台基南北12.5—12.6米，东西向北侧7.6米，南侧7.7米。北侧距地表高2米处有宽0.25米的夯土台，台基残存部分包砖[3]。

垛楼台基与行廊台基相连，外侧接宫城南城墙，平面呈东西长方形，两台基东和西侧的南北向砖壁深入到夯土城墙内。东垛楼夯土台基残高1.5—5米，台基南北15.4—15.74米，东西16.63米。台基四隅除东南角外余三角存角柱石，台基残存部分包砖。东侧马道未清理。西垛楼夯土台基残高1.22—4.5米，距底部高1.6米处有宽0.25米的夯土台，台基南北14.82—15.67米，东西16.81—16.6米。台基四角有角柱石，台基残存部分包砖。

西面登城马道位于西垛楼台基西侧，夯筑包砖，由城内地面达台基顶部，呈斜坡状。马道南侧与城墙连为一体，北侧砌砖。马道斜西长26.7米，西窄东宽，残宽0.7—1.52米（不含砖壁），高0—4.3米，大致高三收之一。西端北拐接城内地面，东端达垛楼台基西部，马道外侧壁残存砖壁长26.3米，残高0.7米，马道坡面残存平铺素面青砖（以上见图6-2-6)[4]。

宫城南门北连矩形庭院，东、西、北三面有夹墙，北夹墙中间开正门，左右两侧各置

〔1〕 河北省文物研究所：《元中都——1998—2003年发掘报告》（上），文物出版社2012年版，第339—349页。

〔2〕 河北省文物研究所：《元中都——1998—2003年发掘报告》（上），文物出版社2012年版，第352—357页。

〔3〕 河北省文物研究所：《元中都——1998—2003年发掘报告》（上），文物出版社2012年版，第356页。

〔4〕 河北省文物研究所：《元中都——1998—2003年发掘报告》（上），文物出版社2012年版，第354—356页。

一掖门，东、西墙中间对置东、西院门。东、西院墙间距 79.65（南侧）—79.9 米（北侧），北院墙南侧砖砌平台边缘至城门垛楼台基砖壁 31.25（西）—31.75 米（东）。三面院墙朝向庭院一侧砖砌平台，台面宽 0.9 米、高出庭院地面 0.25 米。砖砌平台接夹墙，砖砌平台内壁至外侧砖墙外壁间总宽 2.7 米。墙筑于庭院地面上，墙两侧砌砖整齐，中间填碎砖，两道夹墙内间距 0.6 米，墙体宽 0.6 米。墙体仅余部分，东夹墙多处发现脱落的红色墙皮痕迹。夹墙内两壁下各铺一排柱础石，柱网配置见图 6-2-6[1]。

　　庭院正门在北墙中间，三门道，东西面 14.4 米、南北进深 1.81 米；中门道宽 4.95 米，东西门道宽约 4.5 米。门道南侧砖砌平台，东西长 16.5 米，较两侧墙体处砖砌平台向南凸出 0.8 米，台面残毁。砖砌平台前出坡道，中门道前坡道东西宽 3.4 米，南北长 1.5 米；西门道前坡道东西宽 2.1 米、南北长 1.3 米；东门道前坡道东西宽 2.5 米，南北长 1.4 米。中门道北侧残存 T 字形露道，条砖铺砌，露道南侧东西残长 15.6 米，南北残宽 2.1—2.5 米。T 字形中间向北通 1 号殿址的南北向露道宽 4.95 米，残断。露道顺丁平铺砖面，露道东、西边缘及南与横向露道相接处均砖砌路面牙线（图 6-2-6、图 6-2-7）[2]。东掖门在东院墙北端之西 15.8 米，东西面阔 5.11 米，南北进深 1.28 米，单门道。门道南侧砖砌平台东西宽 7.1 米，较两侧墙体外砖砌平台向南凸出 0.8 米。平台前门道处出坡道，坡道东西宽 2.2 米，南北长 1.3 米。西掖门在西院墙北端之东 15.1 米，东西面阔 5.01 米，南北进深 1.02 米，单门道。门道南侧砖砌平台东西宽 7.2 米，较两侧墙体处砖砌平台向南凸出 0.8 米。平台前门道处出坡道，东西宽 2.3 米，南北长 1.3 米。东西掖门北侧有路土向北延伸。东墙院门在东墙中部偏北，距北院墙 10.75 米，南距垛楼台基砖壁 12.9 米。门南北面阔约 5.1 米，东西进深 2.07 米，单门道，门地道面残毁。门道西侧砖砌平台南北宽约 8 米，较南北西侧墙体处砖砌平台向西凸出 0.8 米。西墙院门在西墙中间略北，距北院墙 10.8 米，距南侧垛楼台基砖壁 12.8 米，单门道，门地道面残毁。门道南北面阔 5.1 米，东西进深因柱础无存不明。门道东侧砖砌平台南北宽 7.6 米，较南、北侧墙体处砖砌平台向东凸出 0.7 米[3]。

（二）宫城西南角台发掘揭示的形制

　　宫城西南角台主体正方形，台体向东、向北三出阙后与宫城墙相接，总体平面呈曲尺三出阙形（图 6-2-8）。角台夯筑，夯体外甃砖，砖壁基槽底有土衬石，砖壁多毁，残存最高处 1.5 米。砖壁外侧平齐，内侧多半头砖，角台三出阙后最后一个转角处的砖壁垂直嵌入夯土城墙外皮之内。角台向外凸出的转角处均立角柱石，角柱石向夯土墙内侧倾斜。角柱石和包砖壁面收分较大，大致为高三收一。角台下的地基基槽外缘距角台夯体周壁 2.9—3.5 米，深 0.9—1.35 米，基槽外缘随角台形状或直线或转折，内侧西壁基槽外缘（东）无转折，南壁内侧基槽外缘（北）有一处转折。基槽内填红褐土、掺玄武岩、

〔1〕　河北省文物研究所：《元中都——1998—2003 年发掘报告》（上），文物出版社 2012 年版，第 357、358 页。
〔2〕　河北省文物研究所：《元中都——1998—2003 年发掘报告》（上），文物出版社 2012 年版，第 358、362 页。
〔3〕　河北省文物研究所：《元中都——1998—2003 年发掘报告》（上），文物出版社 2012 年版，第 362 页。

石块和白质渣夯筑，夯层厚 0.05—0.15 米。

　　角台主体正方体，夯土台残高 2—3.5 米，四边长度以图 6－2－7 标出的角柱石底西外角间距为准测量，东面 15.51 米（图 6－2－8，角柱 JZ5—JZ10）、南面 15.73 米（图 6－2－8，角柱 JZ4—JZ5）、西面 15.71 米（图 6－2－8，角柱 JZ3—JZ4）、北面 16.14 米（图 6－2－8，角柱 JZ3—JZ10）。角台主体夯土结构无二层台，由主体夯土台向北向东三出阙的夯土壁面上有一或二层叠涩内收的台阶。角台外侧南墙南壁有一层台阶，西墙西壁有两层台阶；角台内侧西墙东壁和南墙北壁均有两层台阶。

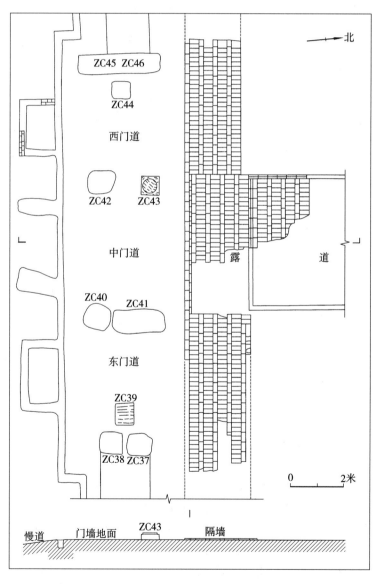

图 6－2－7　宫城南门内矩形庭院北墙中门平、剖面图

（引自河北省文物研究所《元中都》发掘报告，文物出版社 2012 年版，略变化）

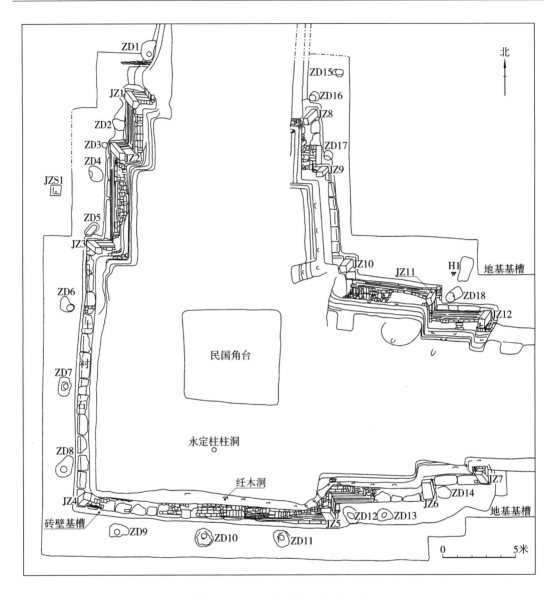

图 6 - 2 - 8　宫城西南角台平面图

（引自河北省文物研究所《元中都》发掘报告，文物出版社 2012 年版，略变化）

　　角台两壁从主台向北三出阙后与城墙相接，总长度 24.50 米（15.71 米加角柱石底部外侧角之间长度 5.84 米、3.04 米）；三出阙内折长度分别为 1.48 米、0.9 米、1.1 米（角柱石外侧角至砖壁折角线之间长度）。有 4 个角柱石，角柱石 JZ1—JZ3 间砖壁残高 1.4 米；角柱石 JZ1 东折后残存砖壁又向北转砌 0.18 米嵌入夯土城墙内。角台南壁结构同西壁。南壁从主台向东三出阙后与夯土城墙相接，总长 25.06 米（15.73 米加角柱石底部外侧角之间长度 5.93 米、3.4 米）；三出阙内折长度分别为 1.25 米、1.2 米、0.82 米（角柱石底部外侧角至砖壁折角线间长度）。角柱石 4 个（JZ4—JZ7），角柱石间残存部分包砖，角柱石 JZ7 北侧砖壁与城墙垂直相交，嵌入墙内 0.2 米。

角台内侧西墙东壁从主台向北三出阙后与夯土城墙相接，总长 24.38 米（15.51 米加角柱石底部外侧角长度 5.47 米、3.4 米）；三出阙内折长度分别为 1.05 米、0.75 米、0.7 米（角柱石外侧角至砖壁折角线间长度）。在三个转角处立 JZ10、JZ9、JZ8 三块角柱石。角台内侧南墙北壁从主台内东三出阙后接城墙，总长 24.62 米（16.14 米加角柱石底部外侧角间长度 5.08 米、3.4 米）；三出阙内折长度分别为 1.25 米、1 米、1 米（角柱石外侧角至砖壁折角线间长度）。转角处自西向东立 JZ10、JZ11、JZ12 三块角柱石[1]。

（三）皇城南门形制

皇城南门在皇城南城墙中部，北与宫墙南门相对距宫城南门中门道将军石 207 米。皇城南门三门道，有两道隔墙及两侧门墙。隔墙间及门墙端部各有一门砧石（图 6 - 2 - 9，Ⅰ—Ⅵ），每个门砧石南北两侧的隔墙和门墙和门墙外对称配置一戗柱柱础石，共 12 个（图 6 - 2 - 9，1—12），每个门道中间各置一个将军石，共 3 个。皇城南门按门墙外端测量，东西面阔 30.9 米，南北进深 1.2—1.22 米，门地道面未铺砖石。此外，在门道南、北两侧还有筑城门时挖的坑 21 个（图 6 - 2 - 9，H1—H21）。

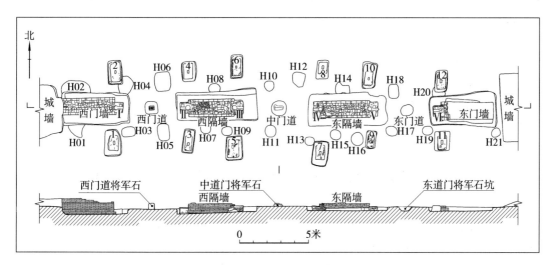

图 6 - 2 - 9　皇城南门平、剖面图
（引自河北省文物研究所《元中都》发掘报告，文物出版社 2012 年版，略变化）

门墙和隔墙平面均呈东西窄长方形，全部砖结构，墙下有基槽。西门墙在西门道与城墙之间，西与城墙相接，东部砌于 1 号门砧石上，东西长 3.75 米，南北宽 1.1—1.2 米，残高 0.8—1.1 米，地面上露明 0.5—0.8 米，抹白灰浆。门墙北侧地面残存脱落的红色墙皮痕迹。东门墙在东门道与城墙之间，已残毁，据残迹可知门墙长 3.75 米、进深 1.2 米。

---

[1]　河北省文物研究所：《元中都——1998—2003 年发掘报告》（上），文物出版社 2012 年版，第 88—98 页。

西隔墙在西门道与中门道之间，西端与门柱和门砧石相接，东西长3.27米，南北宽1.17—1.2米，残高0.65—0.7米，地面上露明0.25—0.3米。东隔墙在中门道与东门道之间，形制结构同西隔墙，东西长3.54米，南北宽1.22米，残高0.5—0.55米，地面上露明0.25—0.3米（图6-2-9）。

三个门道形制结构相同。西门道在西门墙与西隔墙之间，东西宽5.3米、进深1.2米。中门道在东西隔墙之间，东西宽6.2米，进深1.22米。东门道在东隔墙与东门墙之间，东西宽5.1米，进深1.2—1.22米。门砧石置于门道东西两侧，将军石在门扉中线。戗柱柱础石的配置和形制以1、2号戗柱柱础石为例，1号戗柱柱础石在1号门砧石南侧2.45米，2号戗柱柱础石在1号门砧石北侧2.48米。戗柱柱础石玄武岩质，面上置斜底长方形卯槽，槽底由朝门柱（立于门砧石卯眼）的内侧向外渐深，纵断面呈楔形[1]。

除上所述，元中都宫城1号殿址、宫城南门、西南角台和皇城南门遗址的发掘，还出土较多的建材和建筑构件，其具体情况请参见《元中都》发掘报告，兹不赘述。下面仅指出两点：第一，出土的建材以砖瓦为主，建筑构件和小型走兽、脊兽残件等为琉璃釉陶质，石构件较少，石构件中以石螭首为主。在上述建材和建筑构件上以造型生动、形态各异的龙纹最为突出，带前肢的白石角部螭首较为罕见[2]，其他如瓦当上的团龙、方砖上的升龙、滴水上的行龙、龙头螭首，琉璃走兽中的小龙、鸱吻龙头等千姿百态[3]，其中琉璃构件上的龙四爪，角柱石上的龙五爪[4]，四爪五爪并用。凡此，为研究元代宫廷建筑上的建材和建筑构件龙纹的构成和使用情况提供了较系统的实物资料。第二，西南角台出土的小型走兽中有行什。行什《清式营造例》中称为猴，背有双翼，手持金刚杵，过去只有清北京紫禁城太和殿檐角九个走兽外另置行什的孤例[5]。元中都的西南角台出土的行什猴面，背有双翼断痕，手持螺旋状物[6]，形态与清太和殿行什类似，说明行什在元代已经出现。由于清代只在太和殿上出现行什，故元中都西南角台也使用行什很值得注意。

五　元中都已发掘遗址的形制与元大都的承袭关系和变化

（一）概说

元中都形制承袭元大都的原因大致有二，其一，元中都建于元上都和元大都之后，元大都不仅是当时正在使用的都城，而且其形制也是精心规划设计，堪称历代以来都城形制的典范，所以元大都对当时任何新建的都城而言，都是独一无二的样板。其二，建元中都时正值皇位交替之初，财力匮乏之际[7]，加之营建元中都仓促上马，时间短、工期紧，

〔1〕河北省文物研究所：《元中都——1998—2003年发掘报告》（上），文物出版社2012年版，第447—452页。
〔2〕河北省文物研究所：《元中都——1998—2003年发掘报告》（上），文物出版社2012年版，第246页图一三六。
〔3〕河北省文物研究所：《元中都——1998—2003年发掘报告》（上），文物出版社2012年版，第246—266页图一三六——五六。
〔4〕河北省文物研究所：《元中都——1998—2003年发掘报告》（上），文物出版社2012年版，第205页图一一〇。
〔5〕于倬云：《中国宫殿建筑论文集》，紫禁城出版社2002年版，第23页。
〔6〕河北省文物研究所：《元中都——1998—2003年发掘报告》（上），文物出版社2012年版，第128页图五九。
〔7〕《元史》卷二二《武宗一》。

属"急就章"式工程，故使之不可能抛弃元大都这个样板面另作全新的都城规划设计。因此，元中都宫城、皇城、外城规模和宫城布局，以及已发掘的宫城1号殿等遗址的形制，大体比照元大都的成例而权变规划，乃在情理之中，势在必然。

除上所述，还有两点很值得注意。一是元中都位于北方草原地区，其自然地理环境、民族和人文环境、营建环境，以及建材、工匠、劳动力等施工条件与内地相差甚远，困难重重，大兴土木工程难度很大。二是元中都的性质是行宫式的陪都，兴建的目的只是为满足政治上的一时之需，无百年大计的设想。鉴于上述情况，元中都不可能按中原地区正式都城标准进行营建，只能按元中都行宫式陪都的性质要求及施工客观条件将元中都的形制简化和权变，将工程简约化，使之粗具陪都之形而已。因此，元中都营建既仿元大都，又必须做相应的变化，乃是上述情况使然。

《元中都》发掘报告介绍了考古调查、钻探所确定的元中都宫城、皇城、外城的形状，四面城墙的长度和周长，通过探讨元上都、元大都、元中都的宫城、皇城、外城周长各自比值和相互比值关系，基本明确了元代三都宫城、皇城、外城的周长比值之间有直接或间接内在关联和承袭演变关系；基本明确了元中都宫城、皇城、外城的周长大致是参照了元大都宫城、皇城、外城三城周长比值关系而确定的；元中都"三城"的周长也大体是采用了元大都以宫城为模数的规划方法[1]。以此结合前述元中都形制在承袭元大都的前提下，又必须按照元中都的具体情况而权变，所以元中都宫城、皇城、外城在形制上形成了一些有别于元大都和历代都城的新变化和新特点，从而在中国古代都城中首次出现了元中都式的外城、皇城、宫城三城较标准的环套模式[2]。

（二）1号殿址形制与元大都主要殿址的承袭关系和变化

元中都1号殿址下的台基主体呈"工"字形，南、北端分别向南、北凸出。台基上建大殿，主体平面呈"工"字形，南面凸出月台，北面凸出香阁。前殿建于"工"字形台基南面横台基上，柱廊建于"工"字形台基中间竖台基上，南北分别连通南殿和寝殿。寝殿建于工字形台基北面横台基上，其两侧建东西夹室，北建香阁。香阁东西两侧于台基上分建东、西配殿。上述形制布局除东、西配殿位置略有变化外，余者与元大都宫城大明殿和延春阁的平面形制几乎完全相同。

根据前面所述1号殿址各部位面阔和进深尺寸，可知1号殿址秉承了元大都的模数规划

---

[1] 参见孟凡人《宋代至清代都城形制布局研究》第五章第二节"元中都的形制布局"之六的论述。

[2] 元中都皇城、宫城在外城中间偏北，皇城以夹城形式环套宫城。1号殿址前殿后部大体相当于宝座位置在宫城几何中心点上，皇城南缘略在外城几何中心点之南，主体在外城几何中心点为之北。外城几何中心点在皇城南门正北附近，皇城几何中心点略在宫城几何中心点之南（图6-2-2）。宫城、皇城、外城几何中心点南北一线，形成元中都南北中轴线和元中都全城的规划中轴线。从而开明北京宫城、皇城、外城中轴线合一之先河，但是，宫城、皇城几何中心点近在咫尺，外城几何中心点也相距不远，前殿大体相当于宝座位置在宫城几何中心点上，都是元中都所独有的。这是中国古代都城中"择中立宫"、皇权至上、至尊最体中最完美的体现，使之成为中国古代宫城史中唯一的外城、皇城、宫城三城环套的较标准的模式。

方法，以前殿面阔和进深为规划1号殿址各主要部位尺度的模数[1]。此外，前述1号殿址前殿进深26.06米，柱廊进深23.61米，寝殿香阁进深按至香阁北墙外缘计为23.2米，1号殿址南北进深共72.89米，前殿面阔与1号殿址南北进深之比为1∶2（36.36米∶72.89米）。元大都大明殿建筑群大明殿面阔200尺，建筑群南北进深410尺；延春阁面阔150尺，延春阁建筑群南北进深305尺[2]。大明殿和延春阁的面阔与各自建筑群南北进深之比均为1∶2（200尺∶410尺；150尺∶305尺），1号殿前殿面与建筑群进深之比与之相同。据上所述，可以说1号殿址的平面形制较全面完整地承袭了元大都大明殿和延春阁的形制。

1号殿址较元大都主要殿址规模缩小，各部位面阔进深变化较大，等级降低。按照前面记述1号殿址各部位面阔、进深尺寸与文献记载大明殿和延春阁各部位面阔进深尺寸进行比较，明显可见1号殿规模远小于大明殿建筑群（1号殿址南北进深72.89米，大明殿南北进深126.89米），也小于延春阁建筑群（延春阁建筑群南北进深94.3米）。1号殿址各部位面阔进深的比值亦较大明殿和延春阁建筑群作了较大的调整。主要表现在1号殿址前殿和寝殿一组建筑在比例上加长了进深，缩小了面阔，其面阔与进深的比值明显小于大明殿和延春阁同组建筑。1号殿址柱廊则相反，在比例上加宽了面阔（面阔约是大明殿和延春阁柱廊面阔的1.3倍），缩短了进深，其进深与面阔的比值明显小于大明殿和延春阁的柱廊[3]。由于1号殿址前殿缩小了面阔，因而开间也少于大明殿殿和延春阁。1号殿7间每间合5.19米（36.36米÷7），大明殿11间每间合5.6米（61.9米÷11），延春殿9间每间合5.15米（46.4米÷9）。1号殿址前殿开间尺度与延春阁大体持平，并与大明殿开间尺度相近。上述1号殿址总体规模较大明殿和延春阁建筑群明显缩小，又缩小或调整了有关部位面与进深的比值，前殿开间减少，所以其规格和等级明显在大明殿和延春阁建筑群之下。从元大都兴圣宫的兴圣殿和隆福宫的光天殿同为7开间，其面阔和开间尺度又

---

〔1〕1号殿址前殿面阔、进深是月台面阔进深的1.5倍（36.36米÷24.8=1.46≈1.5；26.06米÷17.8米=1.46≈1.5），前殿面阔是柱廊面阔的2倍（36.36米÷18.16米），前殿进深是柱廊进深的1倍强（26.06米÷23.61米=1.1），前殿面阔是寝殿面阔的3倍（36.36米÷12.15米=2.99≈3），前殿进深是寝殿进深的3倍弱（26.06米÷9.2米=2.83≈3），如此等等，不再列举。

〔2〕陶宗仪《南村辍耕录》卷二一记载：大明殿11间，东西200尺（约合61.9米），深120尺（约合37.14米）；柱廊7间，深240尺（约合74.28米），广44尺（约合13.61米）；寝殿5间，东西夹6间，后连香阁3间，东西140尺（约合43.33米），深50尺（约合15.47米）；南北进深410尺（约合126.89米）。延春阁9间，东西150尺（约合46.4米），深90尺（约合27.8米）；柱廊7间，广45尺（约合13.9米），深140尺（约合43.3米）；寝殿7间，东西夹4间，后香阁一间，东西140尺（约合43.3米），深75尺（约合23.2米）；南北进深共305尺（约合94.39米）。按，元尺合米制，诸说不一。据本书第六章第一节以元大都东西宽是宫城宽480步的9倍=4320步，大都之深是宫城深615步之8倍=4920步，其周长为18480步。元一里240步，是元大都周长为77元里。元大都实测周长28600米，是一元里合371.42米，元一步合1.5475米，元一尺合0.3095米。本书换算以此为准。

〔3〕1号殿址前殿面阔进深之比为1.4（36.36米÷26.06米=1.39≈1.4），柱廊进深面阔之比为1.3（23.6米÷18.16米），寝殿、东西夹、香阁面进深之比为1（29.37米÷26.73米=1.09）。大明殿面阔进深之比为1.7（200尺÷120尺=1.66≈1.7），柱廊进深面阔之比为5.45（240尺÷44尺）。寝殿等一组建筑面阔与进深之比为2.8（140尺÷50尺）。延春阁面阔进深之比为1.7（150尺÷90尺=1.66≈1.7）。柱廊进深面阔之比为3.1（140尺÷45尺），寝殿等一组建筑面阔进深之比为1.9（140尺÷75尺）。

小于 1 号殿址前殿来看[1]，似可认为 1 号殿址的等级或在延春阁与隆福宫和兴圣宫之间。

1 号殿址形制较大明殿简化，主要表现在两个方面，一是台基、月台位置和殿陛形制的简化与变化。大明殿台基三层，前殿和月台分置，前殿与月台前均三出陛。元中都 1 号殿址台基减为一层，前殿与月台相连，月台前一出陛，月台两侧增踏道。二是东西配殿与殿体结构关系发生变化，形制大为简化。大明殿和延春阁的东西配殿分别位于寝殿东西两侧，均东西 35 尺（约合 10.83 米），深 72 尺（约合 22.28 米）[2]，呈南北竖长方形，面积 241.29 平方米（10.83 米×22.28 米）。1 号殿址东、西配殿在建筑结构上不与寝殿一组建筑连为一体，分别位于大殿台基外的东北角和西北角，大体与香阁后部相对。上述情况表明，东西配殿在结构上与 1 号殿址无关，也不是 1 号殿址本体的有机构成部分，平面改为东西长方形，面积很小，只是作为仿大明殿和延春阁形制必不可少的象征性配置而已。

1 号殿址形制较大明殿的主要变化表现在两个方面，一是前述 1 号殿址较大明殿和延春阁缩短加宽柱廊。大明殿和延春阁柱廊均窄而长，但两者亦有区别。大明殿柱廊进深是面阔的 5.45 倍（240 尺÷44 尺），只起穿廊作用。延春阁柱廊进深仅是面阔的 3.1 倍（140 尺÷45 尺），文献记载有实用功能。1 号殿址柱廊宽而短，则延续了延春阁柱廊扩大面阔所占比例的做法，显然有实用功能。二是前述 1 号殿址寝殿一组建筑加大了进深的比例，从而扩大了其面积在前殿面积中所占的比例。据前面提供的有关数据，1 号殿前殿面积 945.98 平方米（36.3 米×26.06 米），寝殿一组面积 785.06 平方米（29.37 米×26.73 米），寝殿一组建筑面积占前殿面积的 5/6。大明殿前殿面积 2298.97 平方米（61.9 米×37.14 米），寝室一组建筑面积 670.3 平方米（43.33 米×15.47 米），寝室一组建筑面积占前殿面积 2/7 强。延春阁（前殿）面积 1289.9 平方米（46.4 米×27.8 米），寝殿一组建筑面积 1004.56 平方米（43.3 米×23.2 米），寝殿一组建筑面积占延春阁前殿面积 5/6 弱。上述情况表明，在寝殿一组建筑面积与前殿面积的比例关系上，1 号殿址远大于大明殿建筑群而与延春阁建筑群基本相同，以此结合 1 号殿址加宽缩短柱廊并有使用功能来看，1 号殿址柱廊和寝殿一组建筑的性质和使用功能显然已较大明殿一组建筑发生了较大的变化，以下具体分析这个问题。

元大都宫城东西宫墙中间分置东、西华门，二门间横街将宫城中分为二。横街之南大明殿建筑称"大内前位"，为前朝正衙；横街之北延春阁建筑群称"大内后位"，为寝宫，前朝后寝分置两座建筑群。《南村辍耕录》卷二一"宫阙制度"记载："大明殿，乃登极、正旦、寿节会朝之正衙也"；其后"寝室五间，东西夹六间，连香阁三间"，"中设七宝云龙御榻"，"并设后位，诸王百寮怯薛官侍宴坐床，重列左右。前置灯漏……木质银裹漆瓮……贮酒可五十余石。雕象酒桌一……玉瓮一、玉编磬一、巨笙一、玉笙、箜篌，咸备

〔1〕 陶宋仪《南村辍耕录》卷二一记载：隆福宫"光天殿七间，东西九十八尺（约合 30.33 米），深五十五尺（约合 17 米）"，其面积 515.6 平方米，开间为 4.33 米（30.33 米÷7），小于 1 号殿面积 947.54 平方米（36.36 米×26.06 米）和开间 5.19 米。"兴圣殿七间，东西一百尺（约合 30.95 米），深九十七尺（约合 30.02 米）"，面积为 929.1 平方米，开间为 4.42 米（30.95 米÷7）。

〔2〕 陶宗仪：《南村辍耕录》卷二一，中华书局 1997 年版，第 251—252 页。

于前"。可见大明殿建筑群寝室一组建筑是侍宴之所，故不称寝殿而只称寝室。同书同卷"宫阙制度"又记延春阁"阁上御榻二，柱廊中设小山屏床"，其后"寝殿七间，东西夹四间，后香阁一间"，"寝殿楠木御榻，东夹紫檀御榻一……西夹事佛像。香阁楠木寝床"。《日下旧闻考》卷三十引《大都宫殿考》将延春阁称"寝宫"，"以贮妃嫔"；同书卷三二引《故宫遗录》记载寝宫设龙床，是皇帝"以处妃嫔"，"邀临幸"之所[1]。可见延春阁一组建筑的性质为寝宫，其柱廊设小山屏床，亦有使用功能，并与寝殿共同作为寝宫的组成部分。

1号殿址柱廊进深与面阔比值为1.3（23.61米÷18.16米），大明殿柱廊进深面阔比值为5.45（240尺÷44尺），延春阁柱廊进深面阔比值为3.1（140尺÷45尺）。延春阁柱廊较大明殿柱廊缩小了进深加大了面阔的比例，1号殿址柱廊更较延春阁柱廊明显缩小进深加大了面阔的比例。由于延春阁柱廊加大了面阔比例后有使用功能，是寝宫的构成部分之一，所以1号殿址柱廊又明显加大面阔则更强化了其与寝殿一组建筑的组合，扩大了其使用功能。

1号殿址寝殿一组建筑面阔和进深的比值（29.37米÷26.73米＝1.1）与延春阁寝殿一组建筑面阔和进深的比值（140尺÷75尺＝1.86）大体相近而略小，而与大明殿寝室一组建筑面阔和进深的比值（140尺÷50尺＝2.8）明显不同。1号殿址和延春阁的寝殿一组建筑面积均各占前殿面积的5/6左右，大明殿寝室一组建筑面积约占大明殿（前殿）面积的2/7，1号殿址寝殿一组建筑面积也大于大明殿寝室一组建筑面积。据前所述，大明殿寝室一组建筑进深短面积小，是侍宴之所；延春阁寝殿一组建筑加长了进深扩大了面积是寝宫的主要构成部分。因此，1号殿址寝殿一组建筑与延春阁同组建筑相似，则表明两者的性质和使用功能相同。此外，1号殿址柱廊不仅明显加大面阔，强化其使用功能，而且柱廊与寝殿相通部位的柱廊两侧还置踏道，显然这是柱廊和寝殿一组建筑与外界相通的踏道。这种组合状况说明，1号殿址柱廊除是连接前殿和寝殿的过渡空间，可起穿廊作用外，还较延春阁柱廊更加强了实用功能，使之与1号殿址寝殿一组建筑共同构成较延春阁柱廊寝殿一组建筑更为完备的寝宫模式。

综上所述，已经明确1号殿址前殿的形制和性质仿大明殿，为前朝正衙；前殿之后则仿延春阁的柱廊和寝殿一组建筑，取消了建筑群前面的延春阁，以前殿代替延春阁的位置，同时又较延春阁的柱廊和寝殿一组建筑分别加大了面阔，加长了进深的比例，以象征寝宫。这样1号殿址通过柱廊将前殿和寝殿一组建筑连为一体，使之在总体形制上仍一如大明殿和延春阁。虽然如此，但是1号殿址在性质和功能上既不是大明殿，也不是延春阁，而是分别将两者前朝和后寝的形制、性质和功能有机结合集于一体。这种权变的结果，则使1号殿址在性质和功能上形成元代宫城主殿的新类型，从而改变了元大都宫城前朝后寝分置大明殿和延春阁建筑群的配置形式。由于元中都宫城除1号殿址外，再无其他主要宫殿，因此可以断言，元中都宫城1号殿址是将前朝后寝集于一体，未再另建寝宫。这种宫城主殿的新类型，前朝后寝配置的新模式，既是对元大都宫城前朝后寝配置模式的最大的变化和简化，也是中国古代宫城前朝后寝配置模式中的孤例。

---

[1]　《日下旧闻考》卷三〇、卷三二。

（三）宫城南门、西南角台和皇城南门遗址的形制

1. 宫城南门遗址形制与元大都宫城崇天门的承袭关系和变化

元大都宫城崇天门的形制，文献记载有门楼，下开五门，门楼东西各有斜廊五间，下行至东西两垛楼（两观），垛楼北侧有马道；自东西垛楼向南各有五间廊庑，通突出于宫城门之外的东西阙楼。元中都宫城南门遗址三个门道，门道间有两道隔墙，门道两侧各有东西台基（按此应与门道隔墙共同承托城楼的台基），又东西各有行廊台基和东西垛楼台基。这个形制与崇天门阙楼之北城门主体建筑形制相同，唯只开三门，较崇天门少二门；与已发掘的唐洛阳宫城应天门遗址北面开三门的城门主体建筑形制完全相同（资料待发）。因此，元中都宫城南门的形制乃是从唐长安宫城南门承天至元大都宫南门崇天门北面城门主体形制的再现[1]，只是省略了城门主体建筑南面的廊庑和阙楼。此外，《南村辍耕录》卷二一"宫阙制度"记载，崇天门"十一间，五门，东西一百八十七尺，深五十五尺"。东西 187 尺约合 57.88 米，较元中都南门遗址东 21.48 米长出 36.39 米；深 55 尺约合 17.02 米，较元中都南门遗址三门进深 18.4 米少 1.38 米。据此可知，元中都南门遗址面阔较崇天门面阔缩小 2.69 倍，同时又较崇天门略增加了进深，这个做法与前述 1 号殿址除柱廊的其余部位缩小面阔增加进深的做法是一致的。总之，上述情况表明，宫城南门遗址乃是元大都宫城崇天门缩小版的简化形制。

宫城南门北面庭院遗址的形制前所未见。表面上看北面庭院似将崇天门向南伸出的两条廊庑改为窄廊式向北伸出，又在其北修窄廊与之围合成庭院，北廊墙开三门，东西廊墙各开一门。这种独特的形制，必有特殊的功能。比如，三面窄廊式围墙内两侧有柱础，廊墙内有脱落的红墙皮痕迹，故窄廊应有实用功能。由于窄廊两墙之间宽仅 0.6 米，充其量三面窄廊也只能作为士兵站岗"戍卫"之所。三面窄廊式围墙朝向庭院一侧均有宽约 0.9 米的矮平台，其形制与是时北方和西北民族地区普遍存在的较矮的坐炕相似，这种设施或为朝臣在此待班而置，即庭院似朝臣待班之所[2]。此外，庭院北窄廊式围墙开三门，中门宽大，规格较高，北有露道直通 1 号殿址，应为御门。两侧门较小，亦有路通向北面 1 号殿址，应为朝臣们所走之门。这个情况在一定程度上支持了朝臣在此待班说。但是应当指出，由于该庭院尚未全面发掘，许多现象不明，故上面的推测仅供参考而已。

2. 宫城西南角台遗址形制仿元大都宫城角楼台基

元中都宫城西角台遗址呈曲尺三出阙形。元大都宫城四隅，大明殿和延春阁院落四隅均有角楼。《南村辍耕录》卷二一"宫阙制度"记载，元大都宫城"角楼四，据宫城之四隅，皆三垛楼。琉璃瓦饰檐脊"。《故宫遗录》记载，崇天门外二阙为"十字角楼，高下

---

[1] 按，唐长安宫城承天门、唐洛阳宫城应天门、北宋开封宫城宣德门、金中都宫城应天门、元大都宫城崇天门的形制大致雷同，平面均呈"凹"字形。

[2] 按，元中都宫城南门约相当于明北京紫禁城的午门，午门为百官上朝"待漏"之所，门外架棚，覆松枝，以免百官立于风露下。由于元中都宫城南门将元大都宫城崇天门向南伸出的两条廊庑改为窄廊式向北伸出，又与北窄廊围合成庭院，在这种情况下不排除元中都将朝臣待班之所设在宫城南门北面庭院之内。

三级"，宫城四隅"皆建十字角楼"[1]。"三垛楼"即三重子母阙，其平面呈曲尺形，立面为"十字楼"，这是角楼中只有皇帝才能使用的最高等级。上述文献角楼三出阙形制当与崇天门两阙亭三出阙形制相同，元中都宫城西南角楼台基三出阙形制亦如是，故其应是仿元大都宫城角楼台基的形制[2]。

3. 皇城南门遗址形制

皇城南门遗址三门道，三门道间两道隔墙和门两侧门墙均砖结构，平面呈东西向长方的窄条形，在门道门砧石南北两侧对置戗柱柱础石。这种结构的城门，不可能在窄长条形门道隔墙和东西门墙上置城楼，很可能是一座牌坊门，戗柱柱础石上立戗柱以支撑牌坊门兰柱[3]。

六　元中都宫城皇城形制探源

（一）元中都宫城规模、形状、主体殿址位置和性质似源于元安西王府城

元安西王府城在今西安城东北约3公里，约营建于至元十年。安西王府城遗址平面略呈南北长方形，四隅有角楼台基，城东、西墙均长603米，南墙长542米，北墙长534米，周长2282米。城东、西墙中间偏北对称开门，南墙中间开门，北墙无门。城内只中间偏北有一座大殿台基，台基中间部位与城东、西门相对，南正对南门。台基以土和瓦砾相间夯筑，台基堆土南北长约185米，东西宽约90米，台基残存最高处距地表约3米，其下地基深入地表下约2米，殿基厚度5米左右或更厚。台基埋一石函，内有5件（原当为6件）铁铸阿拉伯数码幻方[4]。

根据前面所述元中都宫城资料，可以看出元中都宫城四面城墙长、周长和宫城形状与元安西府城基本相同[5]。元中都宫城和安西王府城内唯一大殿址的位置、构筑技法和形制基本相同。元安西王府城内只一座大殿址，故其符合王制的殿寝应集于一体[6]，1号殿址朝寝集于一体与之相同。元中都宫城和安西王府大殿基址均埋阿拉伯数码幻方。由于海山曾与安西王阿难答争夺帝位，海山即位（武宗）后，阿难答被赐死[7]，但安西王府当时仍然存在。这个背景使武宗营建元中都宫城时参照安西王府的形制成为可能创造了条件。因此，上述元中都宫城与安西王府相似之处，恐怕不是偶然的巧合。虽然元中都宫城

---

[1]　《日下旧闻考》卷三二引《故宫遗录》。

[2]　傅熹年：《中国古代城市规划建筑群布局及建筑设计方法研究》上册，中国建筑工业出版社2001年版，第136—137页。

[3]　元中都皇城南门相当于元大都皇城（萧墙）南门灵星门，又相当于北京皇城承天门（清天安门）。有研究者认为永乐时建的承天门是一座"黄瓦飞檐的木牌坊，由工匠蒯祥设计"（《紫气贯中华》第170页，《中国皇城皇宫皇陵》系列丛书《北京卷》，1994年版）。永乐时在元宫城和皇城基础上营建紫禁城和皇城，若永乐时承天门呈牌坊式当是承袭元大都皇城灵星门。所以元大都皇城门很可能是牌坊门，元中都皇城门则因之。

[4]　马得志：《西安元代安西王府勘查记》，《考古》1960年第5期。

[5]　安西王府城周长2282米约合6.14元里。元中都宫城东墙长603.5米，西墙长608.5米，南墙长542米，北墙长548.8米，周长2302.8米，约合6.19元里。

[6]　夏鼐：《元安西王府址和阿拉伯数码幻方》，《考古》1960年第5期。

[7]　安西王忙哥剌是忽必烈正后所生第三子，至元九年（1272年）被封为安西王。嗣王阿难答皈依伊斯兰教，至元十七年（1280年）袭王位。大德十一年（1307年）成宗死无子，阿难答适在京师，有权袭位，但海山派击败阿难答一派，海山即帝位（武宗）后，阿难答被赐死。

和元安西王府城的规模和形状均与元上都宫城基本相同，两者在这方面可能均参照过元上都宫城，但是上述元中都宫城与安西王府城诸多方面一致性表明，元中都宫城规模形状、主殿的位置和性质，很可能源于安西王府城。

（二）元中都宫城具体配置的布局似仿元大都宫城

据前所述，元中都 1 号殿址在宫城中的位置和形制约相当于元大都宫城大明殿和延春阁，宫城设四门，已发掘的宫城南门和西南角台的形制也源于元大都宫城。因此，考古调查在宫城中发现高出地表、无内在联属关系的各种小土丘之集合分布位置和状态，亦应与元大都宫城主要配置的布局有一定的对应关系。故下面拟与据文献记载复原研究元大都宫城布局的成果进行类比，以推定元中都宫城的大致布局。

前已指出，元中都宫城内唯一大殿址外朝内寝集于一体，所以元中都宫城东西门间横街，不再是外朝内寝的分界。因此，元中都宫城 1 号殿址就相当于元大都宫城大明殿和延春阁的地位，下面以此为准进行分析。

从元大都宫城来看，大明殿、延春阁均由周庑围合成长方形院落，院落形制相同。如大明殿建筑群院落四隅有角楼，前院墙有殿门，后院墙中间有宝云殿，两侧隅有角门，与大明殿东西踏道相对的东、西墙开门，门南置文楼（东）和武楼（西）；延春阁后院墙中间置清宁宫，后院墙无门。据此判断，1 号殿址亦应由周庑围合成长方形院落，并有前述院墙上门诸种设置。但目前限于资料，1 号殿址周围的院墙几乎无迹可寻。仅从殿址周围土丘分布位置和状态来看，由于宫城北门通向宫内道路止于丘 F3—F6 一线，故 F3—F6 一线似为殿址北围墙位置。前已指出 1 号殿址柱廊和寝殿一组建筑的性质为寝宫，可比延春阁同组建筑，因而 F3—F6 一线处于中间的土丘 F4、F5 位置似与延春阁院落北院墙中间"皆处壁幸"的清宁宫相近[1]，两侧土丘 F3 和 F6 近似于大明殿后院墙两侧角门的位置。1 号殿址之南中轴线上与 H4 大体相对的两小方框或与殿门位置有关，这样南院墙即在殿门东西一线；1 号殿址东院墙似在土丘 F10 之内，两院墙似在土丘 F13 之东。

除上所述，土丘 F3—F6 以北空旷之地似为御苑，东北隅 F28、西北隅 F29、F30 为御苑内建筑残迹[2]。元中都宫城西宫门横街之北的 F13—F17 一组土丘，大体相当于元大都宫城以奉佛为主的玉德殿位置，或是元中都宫城修佛事之昆冈殿的位置[3]。元中都宫城东宫门横街之北土丘 F7—F10，大体相当于元大都宫城皇后斡耳朵的位置。元中都宫城南部，宫城东墙之西 F21—F23 土丘，大体相当于元大都宫城庖人之室、酒人之室位置；两宫墙内侧小土丘 F24—F27 大体相当于元大都宫城内藏库位置。

总之，元中都宫城 1 号殿址之外各种小土丘的位置和集合分布状况，的确与元大都宫城内主要配置的分布状况有一定的相似之处。但是应当指出，这还只是一种推测，确否尚待今后宫城全面发掘研究后的验证和勘误。

---

〔1〕《日下旧闻考》卷三〇引《大都宫殿考》：清宁宫"其中皆处壁幸"。

〔2〕 由于元中都宫城和皇城北墙之间地方窄狭，故将元大都与宫城等宽的御苑从宫城北墙之外搬到元中都宫城 1 号殿址建筑以北与宫城北墙之间。

〔3〕《元史》卷二九《泰定帝一》记载：至治三年（1323 年），泰定帝"车驾次中都，修佛事于昆冈殿"。

（三）元中都皇城形制似由元上都宫城外石夹城演变而来

元上都宫城外24—25米有石夹城，夹城外有环城道路，其作用显然是加强宫城的保卫。元中都皇城东、西、北墙距宫城东、西、北墙分别为115米、113.78米、115.85米，皇城南墙距宫城南墙207.5米，皇城规模很小，皇城墙与宫城墙间距很窄。这种形制很可能是从元上都宫城外石夹城的形制演变而来，只是根据元中都的具体情况，加大了皇城墙与宫城墙的间距。

元中都皇城与宫城东、西、北三门间两侧有隔墙[1]，隔墙显然是重在加强宫城门和皇城门的保卫，这是承袭元上都宫城外石夹城保卫功能的发展，以确保宫城安全。至于皇城宫城南墙间距较其余三面宽1倍，达200余米，却未发现隔墙，可能与元大都在宫城南面置"宿卫直庐"的情况有关[2]，即这里或同样为建"周庐，以居宿卫之士"之地。但是，不管怎么说，今后发掘皇城时这个部位都是应引起重视的。总之，就目前已知情况而言，元中都的皇城主要是卫戍宫城之区，与通常意义上的皇城性质有所不同。

《元中都》发掘报告全面介绍了元中都考古调查、钻探和发掘的情况，最终确定了元中都的准确方位，确认了元中都遗址真实存在的概况，揭示了元中都遗址的总体形制布局。元中都宫城1号殿址、宫城南门、西南角台、宫城排水涵洞、皇城南门等遗址的发掘，揭示了这些遗址的工程做法、形制结构，以及遗址和遗址附近出土的建材建筑构件等的具体情况，首次提供了元代宫廷建筑较系统的考古资料，这是迄今为止元中都考古和元代都城考古最重要的收获之一。

在元代的都城考古中，元上都遗址破坏较严重，仅存残迹，尚未进行全面考古发掘。元大都仅残存部分外城墙遗迹，宫城和皇城无存，城内遗迹除少数个例外，几乎均在现代北京城的叠压之下。因此，元中都的考古成果，使之成为元代三都中唯一呈现都城较完整形制和宫城主要殿址形制结构和布局的实体标本，成为元代都城考古的基石。以此为纽带，可将元代三都串联起来进行内涵式的比较研究。特别是由于元中都形制与元大都有密切关系，所以元中都的考古发掘研究成果，不仅可为元大都有关的复原研究成果是否正确提供验证的实据，而且还可在这种相互的验证中强化研究元中都的力度，提高研究元中都的水平。在此基础上，元中都考古发掘研究成果在很大程度上，又成为促进元代三都有机结合，相辅相成进行整体研究，并将其推向重点深入的专题研究和全面综合研究，走向更高研究阶段的关键。因此，元中都的考古成果有很高的学术价值，在现阶段元代都城考古研究的进程中，无疑是一座重要的里程碑。

元中都的出现将宋代以来中原地区的都城模式移植到长城以北，改变了此前该地区只有草原都城模式的局面，这是中国古代都城史中都城模式位移的重要变化。但是应当指出，元中都并不是一座标准的正式都城，只是在北方草原地区未最终全部建成而短命的一

---

[1]　按皇城门与宫城门两侧隔墙应有门，以使皇城内连通为一体，但隔墙门尚未发现。

[2]　《元史》卷一六《世祖十三》；陶宗仪《南村辍耕录》卷二一"宫阙制度"。

座行宫式的陪都。从元中都基本建成的宫城和皇城来看，其行宫式陪都的性质，加上当时财政困难，仓促上马，短期"急就章"式的营建，使之较元大都宫城皇城的规模和形制大为缩小和简化，同时在工程做法及建材和建筑构件的使用上也较元大都草率和简约化[1]，因而其形制结构和布局出现了许多新变化和新特点。比如，元中都皇城改为夹城式，宫城规模缩小，只置一座主殿并将前朝正衙与寝宫集于一体；宫城南门采用取消元大都崇天门南面廊庑和阙楼的简化形制，宫城西南角台曲尺形、采用内外两面均三出阙形制；皇城南门采用牌坊门形制等。诸如此类和今后将要发现的新变化和新特点，是元中都独具的学术价值之重要体现，是元中都足以立于中国古代都城之林，而代表都城一个新类型的重要标志。同时这些新变化和新特点，也是破解元中都形制结构和布局真谛的锁钥，把握元中都研究能否到位的关键。因此，在今后元中都考古发掘和研究中，必须善于精准区分和抓住其新变化和新特点及由此而出现的新形制；深入探讨这些新变化、新特点和新形制产生的原因；研究这些新变化新特点所形成的新形制之性质和功能、意义和作用，及其与元大都的内在关联和演变关系。只有这样，才能将元中都及与元中都相关联部分的元代都城考古研究提高到一个新的水平。

---

[1] 据《元中都》发掘报告介绍的情况，元中都工程做法远较元大都粗糙，无论夯筑方法、夯层厚度、夯土质量、土与瓦砾间筑情况、地基和基槽深度和做法，还是砖、瓦、琉璃构件的质量，以及除石螭首外石构件很少等情况，均与元大都有较大的差距。

第七章　明代都城

第一节　明中都凤阳府城

一　明中都概说

（一）明初定都之议与"国初三都"

元至正十五年（1355 年），朱元璋所部初渡长江攻占太平（今安徽当涂）以后，定都之议即提到日程上来。或言"有天下者非都中原不能控制奸顽"，然而由于金陵乃是朱元璋"兴王之根本"所在，故力主定鼎金陵，以临四方者众。于是至正十六年攻占集庆（今南京）后，即改集庆路为应天府，在元朝江南御史台旧址建江南行中书省。二十四年，自称吴王。二十七年正月，建国号为吴，称吴元年。次年正月初四，即帝位，国号大明，建元洪武。但是，当时并未宣告以应天府为都城。

洪武元年（1368 年）三月，徐达攻下山东、河南，四月朱元璋亲幸汴梁，改汴梁路为开封府，意在开封建都。八月下诏，以应天府为南京，开封为北京。可是下诏后，徐达即克大都，政治形势发生重大变化，所以又"会议群臣"讨论定都问题。此后即大规模营建中都，洪武八年四月，朱元璋"亲至中都验功赏劳"，随之又以"劳费"为由，"诏罢中都役作"。洪武十一年，朱元璋罢北京，仍称开封府，将南京改为京师，正式定都。虽然如此，但朱元璋晚年仍曾打算迁都关中，并敕皇太子朱标巡抚陕西，经略建都之事。朱标从陕返京师，次年病死，迁都一事遂罢。

洪武三十一年朱元璋卒，朱棣于建文元年（1399 年）七月发动"靖难之役"，四年六月攻入南京，夺取帝位，次年改元永乐（1403 年）。永乐元年正月诏"以北平为北京"，十八年九月丁亥，"诏自明年改京师为南京，北京为京师"；十一月戊辰，"以迁都北京诏天下"。南京原来衙署（五府六部和都察院）依然存在，只"别铸南京诸衙门印信，皆加南京二字"，形成南北两京制度。朱棣迁都北京在客观上完成了朱元璋立都于中原，建两京之未竟的夙愿，为朱元璋时代定都之议画上了句号。但是，朱棣迁都北京之后，朝中对定都问题仍时有争论。甚至到明仁宗时，刚即位（1425 年）就复将北京改为"行在"，并决定修缮南京皇城，第二年还都南京，不料第二年仁宗卒，才算作罢。此后（宣宗即位后，仍有"请还南京"之议）至明英宗正统六年（1441 年），才正式"定都北京，文武诸司不称行在"。

综上所述，明初定都之议，若从洪武元年起算，至洪武十一年改南京为京师前后共 11 年，若从渡江攻克太平议都城事起算则前后共 24 年。前两个起始年代，至正统六年正式"定都北京，文武诸司不称行在"则前后分别为 74 年和 87 年。在中国的历代王朝中，为定都事如此旷日持久进行讨论，迟疑徘徊，是空前绝后的。明南京、明中都的出现与此直接相关，明永乐迁都北京虽然另有直接原因，但与此亦有密切的间接关系。可以说明朝"国初三都"的出现，或直接或间接都是定都之议的产物。

（二）明中都的营建与罢建

朱元璋出生于钟离之东乡，钟离为濠州的古称，唐以后称濠州。明初因建中都，其名称和建置又多次更改。太祖吴元年改临濠府，洪武二年九月建中都，置留守司。洪武六年改临濠府为中立府，洪武七年改中立府为凤阳府，置凤阳县。建中都城以李善长"董建临濠宫殿，留濠者数年"。此外，还有汤和，以及薛祥等工部官员参与其事，组成营建领导班底。

洪武二年九月癸卯"始命有司建置城池宫阙"，此后加上准备阶段，正式开工可能已到洪武三年。洪武二年诏建宫殿，洪武三年在中都建中书省、大都督府、御史台，始筑皇城。洪武四年全力营造，建圆丘、方丘、日、月、社稷、山川坛，太庙、太社坛。洪武五年建百万仓，立钦天监，建观象台于独山（七年大致完工），建公侯第宅，开始大规模筑皇城（包括禁垣），定中都外城址。洪武六年甓皇城，造军士营房，立中都城隍庙、功臣庙、历代帝王庙（以上或五年始建，六年建成）。洪武七年建会同馆，筑外城。洪武八年建国子学、钟鼓楼，外城开始砌砖。洪武八年四月朱元璋以"劳费"为由罢建中都城，上距诏建中都城约五年半。罢建时中都"功将完成"，此后有些工程仍在续建[1]。

明崇祯八年（1635 年），农民起义军攻占凤阳，焚烧龙兴寺、官府和邸舍。清康熙六年（1661 年）移凤阳县治于旧皇城（即紫禁城）内，乾隆二十年（1755 年）撤皇城外禁垣、中都城、钟楼台基等，取砖筑凤阳府城。咸丰三年（1853 年）太平军焚烧龙兴寺、鼓楼等；十年（1860 年）地主武装苗沛霖"毁拆（府城）屋宇殆尽"。抗日战争时期日军勾结汉奸毁拆县城房屋。1954 年拆除凤阳府城，1982 年明中都皇城及皇陵石刻定为全国重点文物保护单位。

二 明中都外城的形制

明中都城在今安徽省凤阳县城之西偏南，建于临濠"府西南二十里凤凰山之阳"。城址位于淮河南岸海拔 20 余米的高亢之地，其北是沿淮平地和洼地，东和南面是濠河及濠河的支流，西面及城内中部为一群绵延相连的小山（海拔百米左右，图 7 - 1 - 1）。明中

---

〔1〕 罢建中都城后，有些工程仍在续建。如外城包砖可能延续至洪武二十五年，外城四座主要城门"俱洪武二十六年修筑，上俱有楼"，另外有五座城门"俱洪武二十六年修筑，上俱无楼"。外城十八座水关修筑的时间，亦可能与上述外城门修筑的时间相近。洪武十六年撤大内宫材修建龙兴寺，正统五年毁于火，天顺二年（1458 年）复撤皇城内中书省等五百余间重建龙兴寺。天顺以后，修筑禁锢罪宗的"高墙"。景泰五年（1454 年）重修中都土城。此外，罢建中都后，仍保留移民屯田，中都留守司八卫一所亦屯田八十万亩。

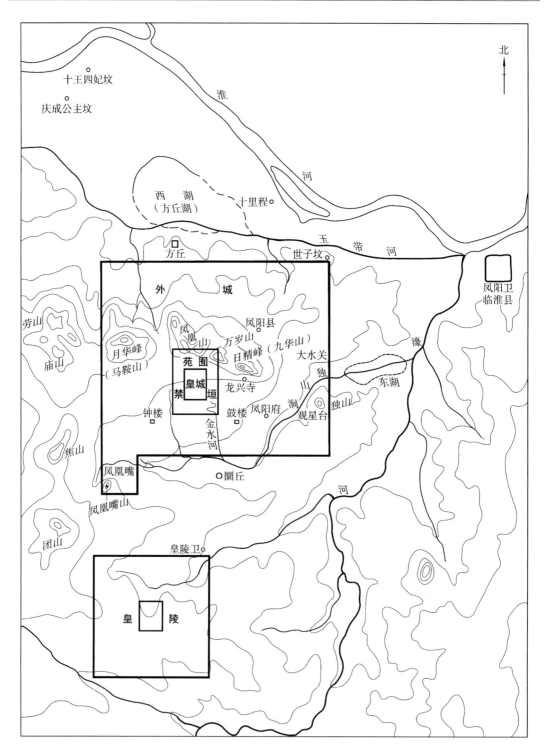

图 7-1-1　安徽凤阳明中都地理位置示意图

（引自王剑英《明中都研究》，中国青年出版社 2005 年版，略变化）

都外城、禁垣（即皇城）、皇城（即宫城，万历后称紫禁城）三城环套[1]。

（一）城墙、城门和水关

明中都外城墙夯筑，唯东、北城墙砖垒约四里余，城墙高三丈，开九门，设十八座水关，无护城河，仅朝阳门外浚隍一。城墙夯土墙基，20世纪80年代调查时，仅东和西城墙夯土墙基大体可辨认，南和北城墙夯土墙基无存。

北城墙筑于海拔20米线的边缘上，城墙凭水为阻（城墙外有西湖，后称方丘湖）。开二门，在西者称后右甲第门（今称门台子），在东者称北左甲第门（今称老北门），二门相距3185米。东城墙在独山东侧，城墙基大体可辨认，开三座城门。中间正门称独山门，南距独山涧约150米。北门称长春门，南距独山门1950米。南门称朝阳门，北距独山门1670米。城外浚濠一段，城墙西侧的独山形势险要，扼中都城水口。独山门南有"大水关一座，下开五空，上有启关闸槽，跨独山涧"。东城墙筑于山水（东湖）之间，东城墙三门及大水关为中都城与外界的主要水陆交通通道。南城墙筑于东流的大涧北岸斜坡上，利用自然地形，以涧水为城濠。开三座城门，中门为正门洪武门，正北对宫阙御道，距承天门遗址1185米，距午门1620米，南经凤阳桥跨涧水，西南直达皇陵。东门称南左甲第门（今称老人桥），西距洪武门1525米，正北830米至鼓楼，与北左甲第门相对。西门称前右甲第门，东距洪武门1585米，正北865米至钟楼，与后右甲第门相对。南城墙西端与西城墙之间，有一海拔66.5米的凤凰嘴山向西南突出两里余，城墙在此处亦向南突出将其包容在内。西城墙筑于月华峰（马鞍山）西麓，开一门，称涂山门，门在月华峰之阳。涂山门与禁垣皇城之西安门、西华门大致在东西一条直线上，东距西安门约2325米，距西华门约2720米。西城墙南段略东偏，城墙缘山而上筑到凤凰嘴山的山腰上，将凤凰嘴山体包容在内。西城墙以山为险，诸山在西城墙外形成天然屏障（图7-1-1、图7-1-2）。中都外城的十八座水关，除独山大水关外，其余十七座水关文献未记载其名称和位置，加之遗址破坏，故难以考证。

（二）外城周长和平面形制

中都外城东南隅在朝阳门南1150米，今五里庙东北700米，东北隅在长春门北1400米，东城墙长6170米。中都外城西北隅在后右甲第门西1625米，今大青营西北800米，北城墙长7760米。中都外城西南隅在涂山门南3135米，今凤凰嘴山西南麓，西城墙全长7470米。自中都外城西南隅拐东至大牛营西南折北，到大牛营西北复折东，南城墙包括突出西南一角的凤凰嘴全长8965米。其周长为30365米，合53.16里（明初一里合571.14米）。此里程与明袁文新纂《凤阳新书》卷三所记中都"土城一座，周五十三里"相合，故53明里大概应是中都外城的实际周长。外城平面呈东西横长方形[2]，西南隅凤凰嘴向外突出。

---

[1] 明中都部分主要依据王剑英《明中都研究》撰写，中国青年出版社2005年版，文中不再逐一作注。

[2] 《明中都研究》认为，明中都原规划为正方形，周长45里，与《明太祖实录》所记中都城周长相合。后来东城墙外移近3里，将独山包容在城内，又将西南隅凤凰嘴纳入城中，周长变为53里，与《凤阳新书》记载中都城周长53里相合。中都城原规划12座城门，实建9座城门。上述变化，似发生在洪武八年罢建中都以后。

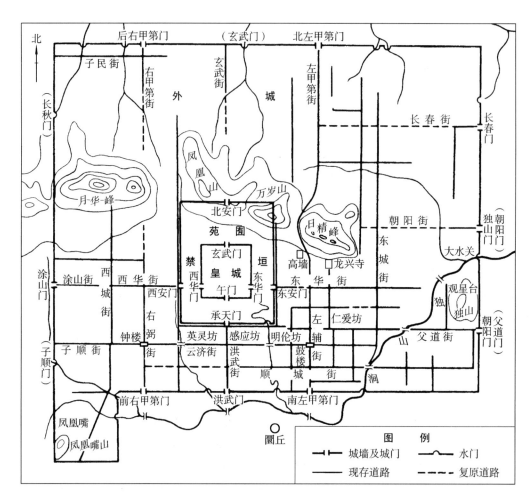

图 7-1-2　安徽凤阳明中都的形制及部分街坊复原示意图
（引自王剑英《明中都研究》，中国青年出版社 2005 年版，略变化）

三　明中都外城的主要配置

（一）街和坊

洪武五年正月甲戌，"定中都城基址"时，有"街二，南曰顺城，北曰子民"。天顺、成化年间的《中都志》记有 24 街，万历末《凤阳新书》记有 28 街。洪武门内顺城街、云济街、洪武街、东华街和西华街等重要大街，在洪武八年罢建中都前应已存在（图 7-1-2），其余大街当在此后陆续形成的。洪武五年"定中都城基址"时，规划"坊十六，在南街者八；东曰德辅、善庆、崇德、中和；西曰顺成、新成、里仁、太和。在北街者亦八，东曰钦崇、德厚、恭让、淮阳；西曰从善、慎远、修齐、允中"。此后，《中都志》记有 104 坊，《凤阳新书》记 94 坊。

综上所述，洪武八年罢建中都之前，中都主要是营建皇城、禁垣、主要衙署和主要官方建筑及与其有关的主要街道和坊，城内的全面规划设计似尚未完备。上述 24 街和 28

街，104 坊和 94 坊，绝大多数都是在罢建中都后逐渐形成的。这些街和坊，虽然与罢建中都前的规划可能有内在联系，但是罢建后不可能再按都城模式规划设计营建这些街和坊。因此，这些街和坊的真确情况，尚待今后发现新资料再做深入的研究。

（二）钟鼓楼、国子监、观星台和衙署

禁垣之南第一条横街称云济街，钟楼位于街之西端，南对前右甲第门；鼓楼在街之东端，南对南左甲第门。钟鼓楼位置对称，两者与禁垣的距离相等（各距禁垣 1.5 里，图 7 - 1 - 2）。两楼"制度宏大，规模壮丽"，在明中都城的总体形制布局中占有重要地位。明末鼓楼被起义军焚毁，崇祯十二年重建，清咸丰三年焚毁，台基遗址尚存（图 7 - 1 - 3）。钟楼，康熙《凤阳府志》记载"已圮，其址犹存"。1961 年地面尚存 3 米左右废墟，1975 年平遗址，在地基中发现密集的木桩。国子学在鼓楼西云济街明伦坊（图 7 - 1 - 2、图 7 - 1 - 4），洪武八年三月置，"规制之盛，实冠天下"。

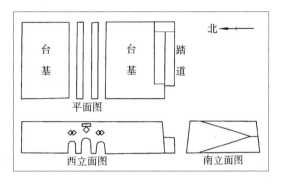

图 7 - 1 - 3　安徽凤阳明中都鼓楼台基示意图
（引自王剑英《明中都研究》，中国青年出版社 2005 年版，略变化）

洪武十五年"改国子学为国子监"，二十六年"革中都国子监，以其师生并入国子监"，二十七年改为凤阳府学，遗址尚可确指（现改为县委党校址）。

观象台即钦天监观星台，在独山顶（图 7 - 1 - 2），洪武五年置，罢建中都之后废。观星台遗址为一南北长方形平台，南北长 65 米，东西宽 45.5 米，四周有高 50—80 厘米、宽 1—2 米的边沿，南部突出 7.5 米，最南端有半圆形平台。观星台主体在平台中心的圆形山顶，顶高出平台 10 米，海拔 93.789 米。顶上有直径约 5 米的圆形平面。

会同馆在万岁山前仁爱坊，洪武八年罢建中都后，凤阳府治在八年十月从临淮旧城迁至会同馆，即将会同馆改为凤阳府治。凤阳县治初在山前鼓楼东都察院西激扬坊，洪武十三年迁山后北兵马司。凤阳府治位于山前，在皇城东南方，其东对朝阳门，南对南左甲第门。凤阳县在山后北左甲第门内，东对长春门。此后终明之世，遂成为山前凤阳府，山后凤阳县的格局。

（三）庙、寺、仓和高墙

历代帝王庙，《明太祖实录》卷八六记载：洪武六年十一月癸丑，"命建历代帝王庙于中立府皇城西"，其具体位置文献未明载。大龙兴寺为皇家寺院，简称龙兴寺，在盛家山（日精峰）南，府治北，县东南二里许。洪武十六年撤中都宫室名材建，规模宏壮。寺内有御制"龙兴寺碑"和御书《第一山碑》，均不存。龙兴寺建成后屡遭焚毁，现仅存遗址（在今安徽农学院、农业机械学校之北）。

《中都志》卷三记载："洪武五年立百万仓。十一年改为广储仓"；"广储一仓、二仓、三仓、五仓，俱在（凤阳）府治西北二里"；"广储四仓，在（临淮）旧城涂山门（西门）内"。诸仓大都临水道，以便沿濠、淮运输。广储仓明末焚毁，后来清代在府治东北修的"凤储仓"，府治东南建"仓巷"，或与明代旧址有关。诸仓遗址位置不明。

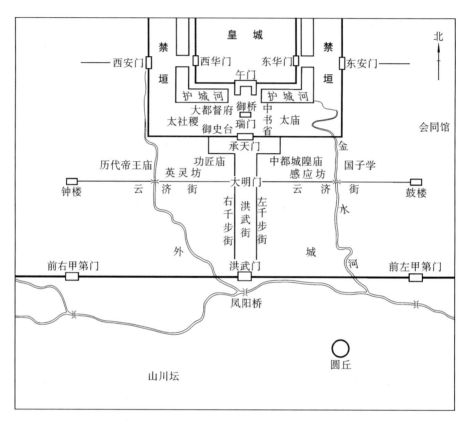

图 7-1-4　安徽凤阳明中都午门与洪武门之间形制和配置示意图
（引自王剑英《明中都研究》，中国青年出版社 2005 年版，略变化）

凤阳修筑高墙"禁锢罪宗"，最早见于宣德二年。"五高墙俱在县东南。墙各有宅，宅多寡不同。"高墙存在直至明末，今遗址已无存。

（四）城外置圆丘、方丘和公侯第宅

圆丘在中都洪武门外东南二里，今凤阳县城南公社桥南大队龙蟠南队区域内。《明太祖实录》卷六〇记载洪武四年正月庚寅建，《寰宇通志》卷九、《中都志》卷三记载建于洪武三年。圆丘遗址在圆丘岗上，呈圆形，南北长 238 米，东西宽 234 米，外有周长 1824 米一圈深沟，西南为水塘，西北、东北、东南三面除南端外已成水田。圆丘中心未见坛址，高岗北部呈长方形高台状，南北长约 30 米，东西宽约 65 米，高约 2 米，台南侧下见城砖基，南距中心点约 30 米。又中心点南 10 米余有整齐排列的石础，可能即康熙时所建圆丘寺遗址。圆丘遗址内地面散布碎琉璃瓦片，均为绿色。此外，还有碎石础和城砖等。

方丘在后甲第门外东北三里，今凤阳门门台子东北二里，营建时间同圆丘。方丘斋宫殿台遗址呈长方形，四周有濠，濠内较四周高，形成高平台。正中有道，偏北有祭殿遗址。祭殿台址高出地面约 2 米，东西宽 63.5 米，南北长 29.5 米。台址上石础仍在原位，三排柱础，每排六个柱础，共 18 个，柱础间距南北长 9.2 米，东西 6.6 米，殿面阔五间，进深三间。台址上散布黄、红、绿色琉璃瓦。方丘坛址已没入湖中。

洪武五年十一月癸亥，"诏建公侯第宅于中都"，除原建的六公二十七侯第宅，以及信国公汤和新第外，以后又陆续建黔宁王沐英、梁国公胡显、武定侯郭英、凤翔侯张龙、航海侯张赫、东胜伯刘谦、怀远侯曹兴、永平侯谢成、崇山侯李新、全宁侯孙恪等第宅。这些第宅主要分布于皇陵两侧，以及东城墙外北部。

四　明中都选址、营建和形制布局特点

（一）明中都选址和营建的特点

第一，首次立都于帝乡，建都于淮河流域。在中国统一王朝中，明中都是首次立都帝乡，也是唯一建于淮河流域的都城。由于明中都选址主要着眼于帝乡，忽视了都城所必备的根本条件，故其营建之始，就为尔后罢建埋下了伏笔。

第二，中都城选在山地与诸水之间，尽包险要。中国古代都城依山带水者不乏其例，然而像明中都这样诸山在城内外，山地基本横亘城内东西，山体制高点在城中央，东西枕山筑城墙，尽包险要，南、北介于湖、河（水）之间者，却绝无仅有（其特点与南京相类，但又有很大区别）。如此，一是突出了朱元璋"以险可持，以水可漕"的主导思想，二是明显受到明南京城与山水关系的影响，同时也是总结了南京城紫金山这个制高点在城外所造成严重威胁的教训之结果。

第三，中都和南京交替营建，中都在欲立的营建过程中半途而废。中都和南京交替营建的具体情况，见本节和下面第二、三节的相关介绍。在中国历代王朝中同时兴建两都，在两都地位尚未最后确定的情况下，两都交替营建并联系和连接如此紧密者，尚无先例。而明中都又在主体工程大体就绪之时宣布罢建，并正式立都南京。所以明中都乃是中国首座欲立而未立，实建而未最终建成就宣布罢建废弃的都城。

第四，中都罢建后工程不止，长期使用。洪武八年罢建中都，只是废除其都城地位，但该城并未废弃，仍为皇家重地，续建工程不止。此后，在中都置留守司，驻军屯田；命皇太子和诸王驻凤阳讲武练兵；遣列侯还乡，就第凤阳；筑高墙，禁锢罪宗；仍在城中置凤阳府治和凤阳县治，改国子监为凤阳府学。如此等等，直至明末（清至现代仍置凤阳县）。

第五，漕运工程以利用自然河流为主。明中都的漕运，以利用自然河流和水道为主，辅以闸河和水关工程，其漕运工程量是此前历代都城漕运工程中最少，而又最具有实效的。

第六，皇陵在城南近旁，公侯第宅拱卫。龙凤十二年即元至正二十六年（1366 年），朱元璋在中都城西南十里太平乡修父母陵。此外，又在皇陵两侧以及中都东城墙外北部修诸公侯第宅，形成拱卫之势，这也是中都特点之一。

(二) 明中都形制布局的特点

明中都的形制布局已如前述，下面仅指出其形制布局的主要特点。

第一，明中都的形制是明代三都各自三城环套的标准模式。禁垣受山体局限，位于外城中间偏西南，皇城在禁垣中间。

第二，明中都外城平面形制呈横长方形，西南突出一角，东、西城墙以山为险，南、北城墙以自然水道为阻，无完整的护城河。外城四面辟九门，开一代新制（明、清北京城亦九门），但西城墙仅辟一门，较特殊。此外，外城水关多，也是一大特色。

第三，城内包容山体，从外城东中部直至西城墙横亘诸山，将外城分为南北两部分，并以万岁山主峰为全城的制高点和中心点。这种现象在此前历代都城中是绝无仅有的孤例。

第四，明中都外城内的街和坊，就现有资料来看，似仍采取传统的较规整的街坊布局模式，只是在山体附近略有变化，坊的具体形制和布局不明。

第五，明中都钟楼在禁垣外西南一里半，鼓楼在皇城禁垣外东南一里半，钟鼓楼在云济桥两端对称配置，体量高大，与皇城禁垣呈鼎足之势。这样不仅衬托出群山环抱中的皇城禁垣之宏伟壮丽，而且也突显皇家整体建筑群在城内的稳定、均衡和崇高地位。因此，钟鼓楼独特的配置方位，乃是颇具匠心而刻意安排的。

第六，明中都城市规划与周围自然地理环境结合紧密，较充分地利用了城址区的地形、山地和水面，使之浑然一体，因而创造出独具特点的内、外景观和氛围。

第七，明中都在布局艺术上，以轴线布局艺术、对称和对景布局艺术，利用自然景观与主要建筑和建筑群之间的关系相互衬托的布局艺术，以及鸟瞰（巧妙利用诸制高点，在不同部位合理配置高大建筑）布局艺术等为主。

第二节　明南京应天府城

南京在中国的东南部，位于北纬31°14′—32°36′，东经118°22′—119°13′。地处宁镇山脉西部丘陵河谷地带，偎依长江下游中心大转弯（弧顶向北）的怀抱之中。"龙蟠虎踞"，长江天堑，秦淮、玄武等河湖萦绕，尽得山川形势之利。自古以来这里就是"吴头楚尾"的重镇，大江南北的要津，连接中国东部和西部、南方和北方的重要纽带（图7-2-1）。上述情况，是影响明初南京城营建规划的主要地理因素。明南京是明代立国后营建的第一座都城，也是中国首座规模宏伟的砖石结构的都城。该城经过明初的周密规划，成功地利用改造旧城，营建新城区和外郭，由此所形成的四城环套的形制和城内布局，在中国古代都城中独树一帜。该城倾全国之力，精心设计施工，所构筑的内外墙、城门、瓮城、水关和涵闸等设施，无论是材质、构筑技术、形制结构，还是形体美学上，均堪称中国古代筑城史之最。明南京的宫城和皇城，依托礼制规范，集历代之大成，推陈出新，形成此前最完整、最完备的形制布局，从而成为明北京规划建设紫禁城的蓝图，并使之演变成中国古代宫城和皇城的终结模式。鉴于上述情况，明南京城在中国古代都城史，特别是明清都城史中，占有十分重要的地位。

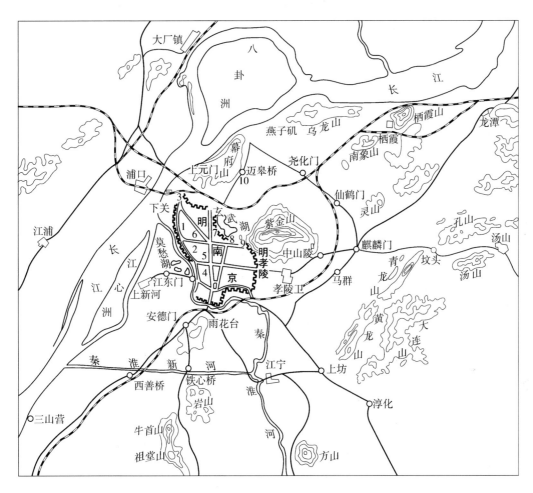

图 7－2－1　明南京地理形势示意图

1. 石头城　2. 清凉山　3. 狮子山　4. 朝天宫　5. 五台山　6. 鼓楼岗　7. 北极阁　8. 九华山　9. 富贵山　10. 小红山

（引自杨之水等编《南京》，中国建筑工业出版社 1989 年版，略变化）

一　明南京城的营建

（一）明初营建大南京城的原因

　　文献对明初营建南京城的规划缺载。从南京山川形势、明代之前城内历代城址情况、明南京城形制等方面相互关系进行分析的结果来看，显而易见，朱元璋占据集庆后营建南京城，起码要解决四个问题。第一，南京周围负山带江，长江天险、"龙蟠虎踞"（周围诸山及城内岗阜），在营建南京城时处于什么地位，其与城的关系应如何安排？第二，从东吴以来，城市一直在玄武湖至聚宝山这一轴线上发展。北部是六朝都城故址，南部是南唐至元一直繁荣的原南唐故都（图7-2-2）。营建南京城时对上述旧有城市基础的利用和改造，应采取何种对策？第三，将皇权象征、都城核心的宫城和皇城置于何处？第四，面对南京的山川形势和旧有的城市基础，合乎统一王朝都城规模和规制的形制应如何规划？明初营建南京城的规划，主要就是围绕解决上述四个相互关联的问题。

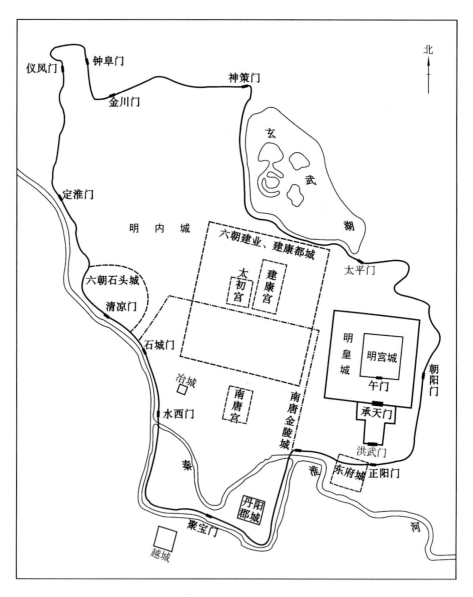

图7-2-2　明南京城内历代诸城位置示意图

（引自潘谷西主编《中国古代建筑史》第四卷"元明建筑"，中国建筑工业出版社2001年版，略变化）

我们认为，明初营建南京城解决上述四个问题，主要是与朱元璋的主导思想和因地制宜有关。首先，朱元璋出身行伍，起于元末农民起义的战争之中，因而极为重视都城的防卫功能，"高筑墙"是其筑城的指导思想之一。六朝都城和南唐都城均在周围高山之下，离长江较远，舍弃天险，乃防卫之大忌。有鉴于此，新筑南京城必须革除这个弊端。但是，墙再高也高不过山，所以最后圈山据岗垄之脊筑城，并将城的范围推到长江之滨。其次，若明代南京完全利用旧城，宫城将无立足之地。因为北部六朝宫城故址虽然空旷，但朱元璋忌"六朝国祚不永"。中部南唐宫城亦较空旷，然其较狭小并距闹市区较近。如果将宫城置于南部闹市区，既不合规制，又需大量拆迁而浪费财力，失去民心。而且无论中部还是南部，同样都有"国祚不永"之忌。除此之外，还应指出，不管将宫城置于东吴以来玄武湖至聚宝山这条轴线哪一点上，都无法摆脱旧城形制的束缚，难以达到明初营建宫城和皇城规划的要求。此外，内城西北部位置偏狭，山岗密集，地域不阔，且濒临长江，不利于宫城防卫，亦不能置宫城。在这种情况下，迫不得已才在旧城之东卜地填燕雀湖筑宫城。这个决定对明南京城的形制布局产生了至关重要的影响。

此外，作为统一王朝的都城，自汉以来都城周长大多在40—50里左右，新南京城的规模当与此相应。然而，旧有的城市规模狭小，不仅六朝都城故址和南唐都城加起来也达不到新南京城规模的要求，而且其所形成的平面呈南北竖长条形，亦与都城规制不合。但是，旧城乃是已有的基础，属南京繁荣之区，居民众多，又必须予以利用。这是明初筑南京城的规划不可回避的前提之一。以此结合前述诸点，最后才出现利用旧城，在东部卜地建新宫和皇城，将西北部临江之地纳入城内，周边圈山围筑大南京城的城建规划。此规划基本上较好地解决了前面提出的四个问题，并达到了"以应山川之王气"的目的。

除上所述，应当指出上述规划实是面对旧城和诸山态势，从防卫角度和都城要求出发，因时因地制宜，不得已而为之的结果。其一，朱元璋营建的明中都表明，他心目中的都城仍是传统的平面方正，宫城居中的模式。其二，南京城建成后，朱元璋依然打算迁都，迁都原因之中即包含着按照上述规划所建南京城的不满成分（参见朱元璋敕太子朱标巡抚陕西，经略建都事。以及朱元璋《祭光禄寺灶神文》中所言"本欲迁都"等）。但是，"木已成舟"，只能沿着此路走下去。其三，从防卫角度出发，圈入内城之外诸制高点，加筑外郭。因而明南京城就形成了外郭城、内城（京城）、皇城和宫城四城环套的形制（图7-2-2、图7-2-3），完成了大南京城的总体规划。

（二）营建概况

自1356年改集庆路为应天府到1365年间，除在应天府筑龙湾城和虎口城外，无大规模的营建活动。此后的主要营建活动，大致可分四个阶段。

第一阶段，元至正二十六年（1366年）八月至次年九月。元至正二十六年开始筑城，并"命刘基等卜地定作新宫于钟山之阳"，"命有司营建庙社，立宫室"，次年九月新宫成，称吴王新宫。该阶段时间短，工程量大，突击性强。主要是筑城墙50余里，筑宫城，建太庙、社稷坛、天地坛等礼制建筑。此时吴王新宫规模较小，较简朴，制度也不完备。这次营建虽属草创阶段，但已为尔后的南京城奠定了初步基础。

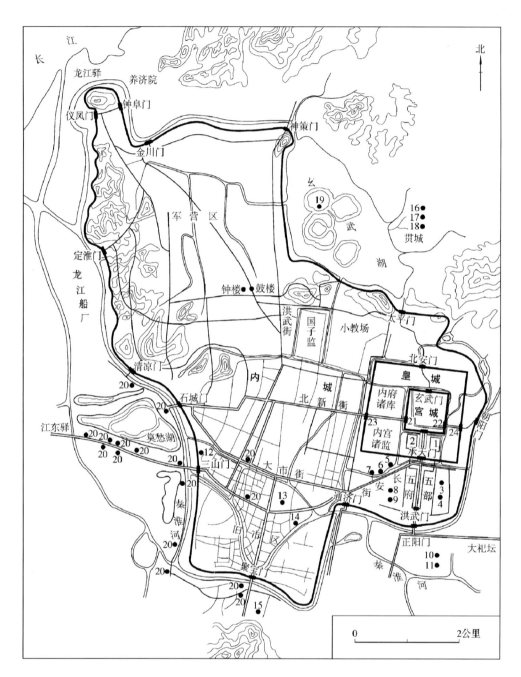

图 7-2-3　明南京城复原图

1. 太庙　2. 社稷　3. 翰林院　4. 太医院　5. 鸿胪寺　6. 会同馆　7. 乌蛮驿　8. 通政司　9. 钦天监　10. 山川坛
11. 先农坛　12. 净觉寺　13. 吴王府　14. 应天府学　15. 大报恩寺　16. 大理寺、五军断事官署、审刑司　17. 刑部
18. 都察院　19. 黄册库　20. 市楼　21. 西华门　22. 东华门　23. 西安门　24. 东安门

（引自潘谷西主编《中国古代建筑史》第四卷"元明建筑"，中国建筑工业出版社 2001 年版，略变化）

　　第二阶段，元至正二十八年正月朱元璋建大明，从洪武二年九月到八年四月（1369—1375 年）转入第二阶段。该阶段以营建中都为主，南京无大规模的营建活动。其中除修部分地段城墙，洪武六年六月诏留守卫指挥司筑皇城（当时称"内城"）外，余者多是单座殿或建筑的兴建、维修和改造工程。

　　第三阶段，洪武八年七月至十年十月，朱元璋罢建中都后，决定建都南京，遂将营建重点移到南京。于是在洪武八年七月改作太庙，九月"诏改建大内宫殿"。洪武十年十月"改作大内宫殿成"。此外，洪武九年还陆续建成一批坛庙（如太岁、风云、雷雨等诸坛壝，重建奉先殿成，新太庙成等），十年八月令改建南郊圆丘为合祀天地的"大祀殿"，改建社稷坛于午门之右，革幕府、金陵二门等，这些工程完成之后，洪武十一年即将南京改称京师。

　　第四阶段，洪武十二年至三十一年。此阶段主要是城墙加高增厚、部分新筑工程，以及其他一些续建工程。如洪武十二年拓广东北城（凡八百余丈）；十三年改作街衢及军民庐舍，市区布局基本定型；十四年改建国子学（国子监）和孔庙于鸡鸣山下；十五年建钟鼓楼于城中高地；十七年甃后湖城垣（凡四百四十三丈），修筑京城仪凤门；十八年甃京师街道和城垣；十九年造通济、聚宝、三山、洪武等门（包括内瓮城），新筑后湖城、六部围墙及廊房街道；二十年改建京师城隍庙，建武成王庙、北极真武庙等十庙于鸡鸣山下；二十三年筑外郭城；二十五年改造宗人府、五府、六部等官署，改建大内金水桥，建端门、承天门楼和东、西长安门；二十六年改建翰林院于宗人府之后，詹事府居其次，太医院又次之，建銮驾库于东长安门外等。至此一代都城的外城、内城、诸城门和瓮城，宫阙及坛庙制度形成完整体系。此后直至洪武之末，仍有一些续建和改建工程，最终完成南京的形制布局，达全盛阶段。

　　"靖难"之后，明成祖留南京 18 年。在此期间主要营建活动是新建一些庙宇，重建建文年间毁于战火的宫殿，修缮破旧建筑，以及疏浚河道，修茸城墙等。

二　明南京城墙的结构和设施

（一）内外城墙概况及其围合的平面形制

　　明南京内城城墙由三部分构成，一是利用南唐以来旧城东、南和西三面原有的城墙，从东水关经聚宝、三山、石城门到石头山一带，对旧城墙进行增筑、加高和甃面。二是围护宫城，在朝阳、正阳至通济门段筑城墙。三是将西北地区纳入城内，从石城门向北逶迤，直到太平门一带筑城墙，围建"后湖城"，使之与前述城墙连为一体。如此筑城，"东尽钟山之南岗，北据山控湖，西阻石头，南临聚宝，贯秦淮于内外"，各段城墙或依山（如石头、马鞍、卢龙、鸡鸣、九华、富贵等山）据岗垄之脊，或因旧堤（玄武湖南岸十里长堤），或傍湖（玄武湖、莫愁湖）、沿河（外秦淮河）、临江，或利用旧城墙，均按照地形地貌随势而筑，尽控制高点和险要之地。因而内城城墙的轮廓很不规整，内城的中部南北狭长，西北、南和东部向外突出，形成周长 67.3 里（33.676 公里），平面呈多角不等边的粽子形（图 7 - 2 - 3）。

　　内城城墙均砖石砌筑，高 14—21 米，上宽 4—9 米，下宽 14.5 米，城墙辟 13 座城门，有 13616 个垛口，200 座窝铺（战棚）。城墙范围之内囊括六朝都城故址、南唐都城（直至宋元）旧址，以及此前的冶城、石头城、东府城、西州城等历代诸城故址（图 7-2-2）。城墙之外南和西面以宽阔的外秦淮为"护城河"，西面临近长江；北面来自金川河（营建西北城防区，使金川河中、上游几乎成为城的内河）之水、玄武湖（湖体即起护城河作用）和燕雀湖的残留部分形成"护城河"。东城墙外护城河"引钟山水入壕，南径平桥（今中山门外），又南径夔角桥（今光华门外），再南至九龙桥（通济门外）入于淮（淮水又西流至东水关入城）"（图 7-2-1、图 7-2-3）。唯此段护城河北端"龙脖子"（在太平门外地堡城与天堡城之间）一小段未与北面护城河贯通，留下隐患。

明南京内城城墙历 600 余年沧桑，几经战火，又遭人为和自然因素的破坏，现已残缺不全。据 1983 年南京市文物部门普查，实测完好的城墙尚存 19.80 公里，半损坏的有 1.55 公里，共计 21.35 公里。2000 年 3 月再次普查，又初步认定南京明内城城墙仍存 23.743 公里。目前南京明城墙大致被分割成七段：（1）中华门—东水关，长 3231.5 米；（2）后标营南—太平门，长 5636.2 米；（3）九华山—台城，长 1662.2 米；（4）解放门—神策门，长 4070 米；（5）中央门西—定淮门，长 5362.7 米；（6）石头城—汉西门，长 1688.7 米；（7）西水关—中山南路，长 2111.7 米[1]。现在南京明城墙于 1988 年被定为全国重点文物保护单位，并设专门机构负责管理，南京明城墙的保护和维修已走上法制化的轨道。

除上所述，明南京内城墙筑完之后，还有靠近城池的钟山、幕府山和聚宝山（雨花台）等制高点留在城外，对城防非常不利。于是洪武二十三年又下令筑外郭。外郭城主要是利用城外黄土丘陵岗垄建筑而成，除险要之处砖砌城墙开城门外，其余大都是土筑，故俗称土城头。外郭城号称周长 180 里，实际只有 120 里，各段砖筑部分加起来约 40 里左右，平面略呈菱形。其西北据山带江，东南依山控野，连绵起伏，蔚为壮观（图 7-2-4）。

（二）内城墙的结构

明南京内城城墙墙体的结构，可分为墙基、墙身、墙顶、墙顶之上的女墙和雉堞；以及城门、瓮城、水关和涵闸等几大部分。由于城墙所经地段的不同（山体、湖河之滨，利用前代城墙等），各段城墙的结构和砌筑技术也有一定的差异。

墙基结构和砌筑技术大致有四种情况。其一，在临湖近河地段深挖基槽筑墙基。如 1970 年在三山门（水西门）至石城门（汉西门）墙段挖防空巷道，深至地表下 5 米尚未到最底层的条石[2]。1980 年在覆舟山西至解放门墙段挖防空巷道，发现用长 1.39 米，宽 0.7 米，厚 0.4 米的条石筑墙基，挖深至 12 米时仍未见最底层条石（基槽深当在 12 米以上）[3]。其二，以山体岩石为墙基，不挖基槽。即将修整后的山体岩石（裸或未裸露）

[1] 明南京城墙之现状，参见杨新华、卢海鸣主编《南京明清建筑》，南京大学出版社 2001 年版，第 542—543 页。
[2] 季士家：《明都南京城垣略论》，《故宫博物院院刊》1984 年第 2 期；杨国庆：《南京明代城墙》，南京出版社 2002 年版，第 134 页。
[3] 季士家：《明都南京城垣略论》，《故宫博物院院刊》1984 年第 2 期；杨国庆：《南京明代城墙》，南京出版社 2002 年版，第 134 页。

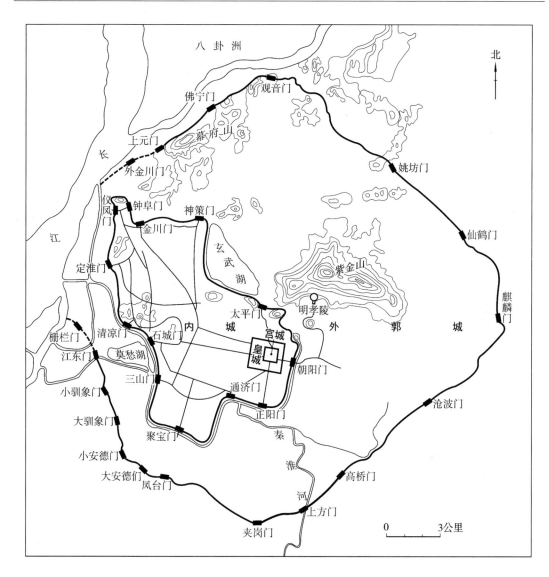

图 7 - 2 - 4　明南京外郭城平面图

（引自潘谷西主编《中国古代建筑史》第四卷"元明建筑"，中国建筑工业出版社 2001 年版，略变化）

作为墙基，如 1981 年在新建城西干道时于龙盘（蟠）里至汉中门段，发现城墙以地表下岩石为基础直接起筑，内外砌条石，中间分层平铺块石，最大者重达三吨，石缝用黄土拌石灰填塞，加夯[1]。石头城附近墙段，墙基在赭红色砂岩之上砌筑。马鞍、四望、卢龙诸山墙基亦属此类。其三，以土墩或堤埂为墙基。如城东所谓王安石故居（即金陵又一处"谢公墩"），因"筑土"为墩，"明太祖筑城，劈墩之半，以为城基"（《嘉庆新修江宁府

〔1〕　季士家：《明都南京城垣略论》，《故宫博物院院刊》1984 年第 2 期。

志》卷八）[1]。玄武门左右一段城墙，则因六朝堤埂（十里长堤）筑城墙[2]。其四，在地势低洼土质松软地段，采用井字形木框架结构处理墙基。如20世纪60年代在城西南棉毛纺织厂区城墙内壁开探沟，探沟中地表下4米左右，长约10米的地段发现直径15—20厘米的圆木，以50—60厘米的间距呈井字形交叉的三重木排[3]。1991年在集庆门墙段发掘中，发现六层圆木，其中第五层厚约80厘米，圆木上下两层，呈井字形。其他如正阳门（光华门）东，城墙即将拐角处，城西南京茶场之南等墙段，亦属这种情况。此外，这些地段为防止墙基下沉和向外滑斜，有的还在墙基外侧每隔50厘米左右，用直径约30厘米的圆木打桩[4]。城墙基槽之上的墙基砌条石。

墙身上窄下宽，剖面呈梯形。总的来看，墙身用砖，或条石，或条石城砖混砌内外壁，壁中间填层层碎砖、砾石和黄土，夯实。若具体到不同的墙段，墙身的结构又可分为四种类型。

城砖墙，墙体内外部全部城砖砌筑。墙心筑法有二，一是墙心为黄土、块石，层层夯实，如金川门附近墙体[5]。二是墙心全部用城砖层层错砌，在墙体内壁各1米以上处用黏汁和石灰浆浇灌黏合，其余部分城砖则用黄泥浆黏结，如太平门小九华山一带墙体[6]。又从朝阳门到太平门西一线环绕皇城两侧约5公里的墙体，由于这一带无任何凭借，重在保护皇城，所以在石条墙基之上全部用城砖实砌[7]。

条石墙，墙体内外全部用大条石砌筑，墙心筑法大致有三种。一是墙心或砌条石，或填大石块，用黏汁和石灰灌浆。下部条石与石块共厚约3米，其上一层黄土一层块石，夯实呈弧形（中间高，两侧略低）。条石一般长60—120厘米，宽90厘米，厚35厘米，大者重千余斤，小的也在250—300公斤以上，如城南东水关一段，聚宝门和西水关等段城墙。二是墙心全部用黄土夹石块（不砌大石块）夯实，或用砖垒砌，灌注石灰浆，如武定门附近墙体。三是墙心全部城砖砌筑，一皮好砖，一皮次砖，用黏汁和石灰浆砌筑，如聚宝门附近上部墙体[8]。

条石、城砖混砌墙，大致有三种情况。一是墙体外壁用条石砌筑，内壁城砖砌筑，内外壁间填土、石和砖，夯实，用石灰浆砌筑。二是墙体外壁地表以上2—4米条石砌筑，余者全用城砖砌筑，内外壁各厚约1米，用黏汁和石灰浆砌筑。墙心用城砖，以泥浆砌筑，如"台城"、小九华山、太平门段墙体。三是墙体外壁地表以上2—4米砌条石，其上和内壁砌城砖（一砖厚），用黏汁或石灰浆砌筑。两壁之间底部填块石，石灰浆灌注（地表上1—2

〔1〕　杨国庆：《南京明代城墙》，南京出版社2002年版，第133页。
〔2〕　季士家：《明都南京城垣略论》，《故宫博物院院刊》1984年第2期。
〔3〕　季士家：《明都南京城垣略论》，《故宫博物院院刊》1984年第2期。
〔4〕　杨国庆：《南京明代城墙》，南京出版社2002年版，第133—134页。
〔5〕　杨国庆：《南京明代城墙》，南京出版社2002年版，第135—136页。工程兵工程学院"中国建筑史研究"课题组：《中国筑城史》，军事谊文出版社1999年版，第102页说："砖砌墙，内壁的砖约厚1米，用石灰胶结，内部为夯土墙。"
〔6〕　杨国庆：《南京明代城墙》，南京出版社2002年版，第135—136页。
〔7〕　潘谷西主编：《中国古代建筑史》，中国建筑工业出版社2001年版，第23页。
〔8〕　杨国庆：《南京明代城墙》，南京出版社2002年版，第135页。

米），上面用城砖，泥浆砌筑，或用干土叠砌，如解放门至神策门（和平门）段墙体[1]。

包山墙，外壁全部用城砖包砌，或以条石、城砖混砌，内壁仅筑较矮的护土坡。这类城墙，一般内侧有土丘或山体，基本无内壁墙，或仅有较矮的内壁墙，如中山门内两侧墙体，狮子山段墙体，清凉门、石头城和富贵山段等墙体[2]。

除上所述，明南京内城墙还有"墙中墙"现象。自20世纪50年代以来，在明南京内城北和东城墙中，先后发现"隐藏"有小墙，即所谓墙中墙。如小东门—金川门段城墙内发现小砖"墙中墙"，1998年在东城墙前湖段（今中山门北侧）城墙内发现明城砖"墙中墙"（在"墙中墙"距地表1米左右墙体上，发现"临江府新淦县洪武四年均工夫砖"），2000年在"月牙湖"南侧城墙内发现石砌"墙中墙"，太平门东侧城墙断面附近也有块石"墙中墙"[3]。此外，在北城墙一带，1952年新开解放门工程中发现用六朝砖砌城墙，1958年在钟阜门西自城顶向下4.10米处发现用六朝至隋唐砖筑一段高6米的墙身；1975年在此段城墙内又发现用六朝砖砌筑的墙身[4]。对以上现象，研究者有多种解释。其中一种意见认为，"墙中墙"是1366年最初建造的城墙，以后对明南京内城墙的修筑，主要是对1366年城墙加高、增厚，故形成"墙中墙"。而前湖段"墙中墙"中发现洪武四年砖，则是洪武四年以后经过修缮所致[5]。另外明南京内城墙还有些值得注意的现象，如1970年在中华门（聚宝门）西段，特别是水西门（三山门）至汉西门（石城门）地段挖防空洞时，发现明城墙将南唐城墙包在里面[6]。2001年5月维修武定门段城墙时，在江宁路3号附近明城墙东南隅发现南唐建筑遗址（伏龟楼遗址？），明城墙在此处向外突出避开该建筑遗址[7]。如此等等，不再枚举。

明南京内城墙的高度和厚度，不同时期和不同城段差异较大。如前述1366年新建城墙（即"墙中墙"），高约10米左右，厚约5米左右[8]。此后经不断增高加厚，多数墙段才达到高14—21米，上宽4—9米，下宽14.5米（或说高12—24米，最宽处18米[9]）。又如西北城墙据马鞍、四望、卢龙诸山"岗垄之脊"筑城，今玄武湖左右以堤埂为墙基筑城墙，两者城墙高度的反差很大[10]。因此，城墙据"岗垄之脊"与否，是产生城墙高差的重要原因之一。而三山门至聚宝门之间，有一段城墙高仅10余米（俗称"矮城"），此高度与一般城墙高20余米（如太平门至今解放门城墙）相差几近一半。城墙的厚度，个别墙段厚仅3—4米（如今解放门至明神策门墙段），与一般城墙厚10余米亦差距很大。

〔1〕 杨国庆：《南京明代城墙》，南京出版社2002年版，第136页。
〔2〕 杨国庆：《南京明代城墙》，南京出版社2002年版，第136页。
〔3〕 杨国庆：《南京明代城墙》，南京出版社2002年版，第27、37页。
〔4〕 季士家：《明都南京城垣略论》，《故宫博物院院刊》1984年第2期。
〔5〕 杨国庆：《南京明代城墙》，南京出版社2002年版，第38—39页。
〔6〕 季士家：《明都南京城垣略论》，《故宫博物院院刊》1984年第2期。
〔7〕 杨新华、卢海鸣主编：《南京明清建筑》，南京大学出版社2001年版，第724—727页。
〔8〕 杨国庆：《南京明代城墙》，南京出版社2002年版，第28页。
〔9〕 杨国庆：《南京明代城墙》，南京出版社2002年版，第133页。
〔10〕 季士家：《明都南京城垣略论》，《故宫博物院院刊》1984年第2期。

上述差异除与据"岗垄之脊"与否和不循旧制有关外，似与有些墙段未最后完工有关[1]（如前述的矮城等）。

城墙整体砌筑方法，早期始建的城墙多使用小砖，平砖丁砌错缝（又称"玉带墙"）；使用石料，其不规则石块表面找平。此后修筑的城墙（加高，增厚为主），主要使用基本统一的大城砖和条石，砌筑方法约有以下几种：（1）不用顶斗砖，全部平砌；（2）平砌几层后砌一层一丁一平，或平铺数块后，再加一丁；（3）将城砖侧立并排砌筑[2]；（4）采用"梅花丁"式砌法（每皮一顺一丁式），这种砌法适于外皮整砖里面用土坯或碎砖填充，可节省用料[3]，使用较多。总的来看，墙体内、外壁上下的厚度不一，如基底厚1—1.5米左右，顶面沿口厚0.6—0.8米左右。此外，也有个别墙段上下仅用一皮砖。黏结材料，内、外壁使用黏汁和石灰浆，墙心主要使黄泥浆（或用生黄土干垒）[4]。

城墙顶部排水设施与女墙和雉堞。城墙顶部为防雨水，据称用桐油和黄土封顶，厚约1—2米，并以30厘米左右为一段，分段夯实。其上铺砖，顶部竖铺一层砖，砖面向内微坡，再以一定间距砌自外向内的明沟，城墙内壁靠边沿处砌石质水平明沟，汇城顶之水。又每隔60米左右，在墙身内壁砌出跳50—70厘米石质滴水槽，其下城墙基对应处有略高出地表的石槽承接下泻之水，流向通往河流的窨井，这种设施在今中华门仍可见到[5]。此外，城墙基每隔一定距离设排水涵洞，将城墙内侧积水排出城外[6]。由此可见，明南京内城墙防雨排水设施较前代已有较大改进。

城墙顶部内侧砖砌女墙（女儿墙、宇墙），高约1米。城墙外侧砖砌雉堞（垛口）13616座，间距大致在2.47—2.63米之间[7]。此外，城墙上还有窝铺200座。

内城墙城砖砖文。明代是我国砖石建筑步入高潮的时期，而砖石建筑的发展又是与大量大规模筑城密不可分的。入明以后，由于攻城火器的发展，要求城墙不仅能防火，还必须坚固，以抗火器的攻击，故砖石砌筑高厚坚固的城墙应运而生。明南京内城墙就是在这个背景下，所筑中国第一座全砖石的城墙。明南京内城规模宏伟，再加上营造宫城、皇城、外郭城以及其他重要建筑，其用砖量极大[8]，质量要求很高，规格必须基本统一。为适应上述情况，明南京筑城用砖由官方督造，统一规格、尺寸、收购、运输、调配和使用。砖的规格基本在长40—44厘米，宽20—22厘米，厚11—13厘米之间，砖的长、宽、厚的比例大致为4:2:1，重多在10—20公斤左右，开创了城砖的规制。城砖的质料绝大多数为黏土，以细密的青灰砖为主，少量呈褐黄色，质地坚硬；另有小部分高质量的瓷砖（白色为主，少量呈米黄色），至今几乎无风化痕迹。筑城所需的大量城砖，分摊有关各地

〔1〕 杨国庆：《南京明代城墙》，南京出版社2002年版，第51—52页。
〔2〕 杨国庆：《南京明代城墙》，南京出版社2002年版，第138页。
〔3〕 潘谷西主编：《中国古代建筑史》，中国建筑工业出版社2001年版，第461页。
〔4〕 杨国庆：《南京明代城墙》，南京出版社2002年版，第138页。
〔5〕 季士家：《明都南京城垣略论》，《故宫博物院院刊》1984年第2期；杨国庆：《南京明代城墙》，南京出版社2002年版，第137页；杨之水等编：《南京》，中国建筑工业出版社1989年版，第173页。
〔6〕 蒋赞初：《南京史话》（上），南京出版社1995年版，第109页。
〔7〕 杨国庆：《南京明代城墙》，南京出版社2002年版，第111—120页。
〔8〕 杨国庆：《南京明代城墙》，南京出版社2002年版，第145页，估算明南京全城营建约耗砖上亿块。

烧造，为保证城砖的质量，砖文铭记产地和各级责任人，以此作为验收和赏罚的根据。

明南京城砖砖文，是我国现存最多的砖文资料，其中绝大部分属记名砖文。砖文有模印、刻划、书写三种。其中以模印砖文为主（阳文），此类砖文有的模印较小的戳印砖文，也有大量印面儿乎与砖面大小相同的砖文。刻划类砖文（阴文）有的相当精致，如"总甲刘□才甲首孙□□□小甲□□窑匠尤□一造砖人夫□九四"砖文，为在砖坯未干时刻划的双线砖文。此外，也有些刻划砖文较粗糙和随意（多为行或草体），字数较少。书写的砖文发现不多，主要用于城砖运至南京后的收发，如"留守中卫常州府无锡县□长江□壹千伍佰□"（高岭土砖上墨书）。砖文的字数，少则一个字，甚至一个笔画，多者70余字，一般多在30—50字左右。大致是字数由少到多再到少，有较明显的时代特点。如洪武元年（1368年）前后的砖文（小砖砖文），一般在10字以内，少数砖文略多。此时以南京本地军工夫（稍后有"均工夫"参与[1]）烧造的城砖为主，砖文如"建昌府""吉安府泰和县造"等，此类砖文很少出现烧砖人员上级机构的名称。洪武二年开始向各地推派烧造城砖，洪武八年罢筑中都前后砖文开始逐渐增多，并出现各级官府提调官等的名字。洪武二十六年后城砖主要集中于南京烧造，砖文简化，如永乐中后期工部统一烧造的城砖，有"正前丁酉□□造""丙午年黑前"之类砖文等[2]。

从现在所知砖文来看，南京城砖的烧造分布在今江苏、江西、安徽、湖北和湖南（当时两湖合为湖广）五省。具体产地的统计差异较大[3]，目前统计的产地有32府、148州县、4镇，还有行省造砖、系统造砖的共190个不同署名单位[4]，有的研究者又提出造砖单位已达近300个[5]。其中的瓷砖主要是（今江西省）袁州府宜春县、萍乡县、万载县、分宜县；临江府清江县、新淦、新喻县烧造的。

上述砖文对明南京城墙考古学研究有重要价值，它可以帮助我们了解和确定不同墙段的接合部位[6]。此外，明南京城砖砖文丰富的内涵，还可为探讨砖文所涉及地域洪武时期农村基层组织状况和建置变化情况提供重要线索。为研究明初姓氏文化、简化汉字和异体字、民间书法篆刻艺术等方面，提供可贵的文化信息。所以明南京城砖砖文，乃是一座尚待深度开发的宝库。

（三）城门、瓮城、水关和涵闸

1. 内城门、瓮城和外郭城门

明南京内城一改城门基本等距离对称配置的传统，从实际需要和实战角度出发，因地

---

〔1〕 "均工夫"，《明太祖实录》记载，洪武元年二月"上（朱元璋）以立国之初，经营兴作，比资民办，恐役及贫民，乃命中书省验田出夫。于是省臣奏议，田一顷，出丁夫一人，不及顷者，以别田足之，名曰均工夫"。从南京城砖砖文来看，均工夫参与造砖，如"临江府新淦县洪武四年均工夫造"等。此类砖文，目前仅发现于洪武七年以前。

〔2〕 王克昌等编著：《明南京城墙砖文图录》，南京出版社1999年版。

〔3〕 季士家：《明都南京城垣略论》，《故宫博物院院刊》1984年第2期。

〔4〕 王克昌等编著：《明南京城墙砖文图录》，南京出版社1999年版。

〔5〕 杨国庆：《南京明代城墙》，南京出版社2002年版，第146—150页。加上了近年新发现的滁州全椒县，工部、军队卫所砖文。其中统计的军卫所有50余个单位，工部及其他单位近50个。

〔6〕 杨国庆：《南京明代城墙》，南京出版社2002年版，第162页。

制宜开十三门。其中南面正门聚宝门（今中华门）[1]、西面南数第一门三山门（今水西门）[2]、南数第二门石城门（又称大西门，今汉西门，或称旱西门），是在南唐城门基础上改建或扩建的。又新建十门，南面东数第一门正阳门（今光华门）、第二门通济门（13城门中占地面积最大），东城墙中间为朝阳门（今中山门稍南）[3]、北面东数第一门太平门[4]、其西为神策门（今和平门）[5]、再西依次为金川门[6]和钟阜门（俗称小东门）、西面北数第一门为仪凤门（今兴中门）[7]、向南依次为定淮门（又称怀远门）和清凉门（又称清江门）[8]。清末以后又陆续开十门[9]。现在明代十三座城门，只留下聚宝门、石城门（大部损坏）、神策门、朝阳门（重修）、清凉门五座。

明南京内城城门均有城楼[10]，城门有木门和千斤闸（又称闸门）各一道。具有战略地位或重要的城门有1—3道瓮城，如正阳、朝阳、神策门一道瓮城，石城门二道瓮城，聚宝、通济、三山门各三道瓮城并有藏兵洞[11]。现在只有聚宝门瓮城保存较好，聚宝门南有雨花台为天然屏障，城外有120米（或说128米）宽的外秦淮河和长干桥，城内有28米宽的内秦淮河和镇淮桥，正处交通要道，控扼咽喉，战略地位十分重要。该城门是在南唐都城正南门基础上扩建的，外壁用石条砌成，极为坚固。聚宝门东西宽128米，南北长129米，总面积16512平方米，高20.45米（不同资料所记尺寸略有出入）。有四道城门，三道内瓮城（第一道瓮城长达75米），27个藏兵洞，瓮城两侧各有两条礓磋和一条马道礓磋、马道共宽11米。城门外侧有"千斤闸"，内侧为两扇包铁皮的木门。第一道瓮城门上下三层，上层有木结构城楼，1937年12月被日军烧毁。中层砖石结构，长65.15米，宽47.2米，高9.1米，面北并列筑藏兵洞7个。下层正中为券顶瓮城门，通第二道瓮城。第二道瓮城长52.6米，宽5.333米，券高8.7米，左右各筑坐南朝北藏兵洞3个。第二道瓮城门距第一道瓮城门10.14米，第三道瓮城门距第二道瓮城门15.18米，第四道瓮城门

〔1〕 聚宝门为南唐至元金陵城南门，地处内、外秦淮河之间，城外不远为聚宝山（今雨花台），地位最为重要。
〔2〕 三山门，南唐至元称"龙光西门"，水陆交通方便，设西水关。其规模气势仅略逊于聚宝门和通济门。
〔3〕 朝阳门，为去明孝陵必经之路。
〔4〕 太平门，建在富贵山和覆舟山之间的丘陵上，城外左湖右山，扼守钟山通向城内最便捷之路，地势非常险要，是历代兵家必争之地。
〔5〕 神策门，该门突出在玄武湖滨，北边不远就是幕府山和长江，具有重要战略地位。
〔6〕 金川门，在今萨家湾以北，因金川从此出城而得名。靠江边，地势险要，明成祖的"靖难之师"即从此进城。
〔7〕 仪凤门，在狮子山西南侧，是明代出入长江的必经之路，地位比金川门更为重要。
〔8〕 定淮门，因城外就是秦淮河的入江口，故名。
〔9〕 为便利交通，自清末起，在定淮门与清凉门之间开草场门，神策门与太平门之间开丰润门（今玄武）；1921年开海陵门（今挹江门）；1929年开武定门，改朝阳门为中山门，改石城门为汉西门；1931年开汉中门和中央门，改聚宝门为中华门；1934年开新民门；国民政府时期开雨花门；1952年在玄武湖东南开解放门；1991年在三山门（水西门）以南开集庆门。
〔10〕 季士家：《明都南京城垣略论》，《故宫博物院院刊》1984年第2期，说：明城门上城楼均已无存。现在仅存的神策门上歇山顶重檐城楼，经专家鉴定，为清末建筑。前人影集中歇山顶三重檐的聚宝门城楼，亦为清嘉庆年间重修。
〔11〕 目前所知，明南京13座城门中，仅此7座城门有瓮城。其中神策门为外瓮城，余6座均为内瓮城。杨国庆：《南京明代城墙》，南京出版社2002年版，第115页指出：《南京建置志》称正阳门为外瓮城，是因"月城"之误，实为内瓮城。此外，有人说南京13座城门都有瓮城，此说尚待证实。瓮城以清凉门内瓮城最小。

距第三道瓮城门 10.3 米。瓮城东西外侧马道之下，各筑坐东向西和坐西向东藏兵洞 7 个，瓮城共有藏兵洞 27 个。藏兵洞最大者长 44.34 米，宽 6.84 米，高 6 米左右，面积 303.3 平方米，一般藏兵洞约 150 米平方米左右，藏兵洞外侧有券门。藏兵洞可储存战备物资和居住守城士兵。据估算，在无任何外来粮草情况下，藏兵洞藏兵 3000 人可守城一个月，藏兵 1000 人可坚守三个月。聚宝门瓮城布局严整，构造精巧，匠心独具，是古代瓮城中的杰作（图 7-2-5、图 7-2-6）。此外，明南京城城门砖拱券技术也有发展，门洞拱券跨度增大。明南京城实例中多用半圆拱（施工，放样较方便，故使用较多），但聚宝门藏兵洞券门，则出现较合理的双心拱，拱券三券三伏。

外郭城共开十六座城门，南有上方门、夹岗门、凤台门、大安德门、小安德门、大驯象门、小驯象门；东有姚坊门（今尧化门）、仙鹤门、麒麟门、沧波门、高桥门；西有江东门；北有上元门、佛宁门、观音门。明晚期又在北面辟外金川门，在西面辟栅栏门，共 18 门[1]。现在外郭城墙和城门均已无存，但人们仍然使用这些城门名称作为当地的地名。

2. 水关和涵闸

明洪武年间筑南京城墙时，根据当时城墙内外水系设置了水关和大小不等的涵闸，以便对城内各河道水源进行适时和适量的调控。水关可以通船，涵闸只能通水。当时在内秦淮河与护城河连接的城墙处，设通济门和三山门（水西门）东西两座水关。东水关（又称上水关）的作用是保持内秦淮河水位的高度，及时补充新水源，确保水质。三山

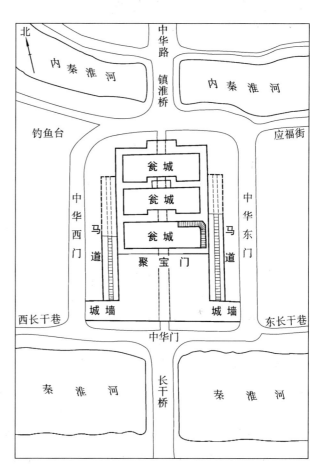

图 7-2-5　江苏南京市中华门（明南京聚宝门）平面示意图

（引自王兆春《中国科学技术史·军事技术卷》，科学出版社 1998 年版，略变化）

[1]　蒋赞初：《南京史话》（上），南京出版社 1995 年版，第 111 页认为，金川门和栅栏门是晚明所开；季士家：《明都南京城垣略论》，《故宫博物院院刊》1984 年第 2 期；潘谷西主编：《中国古代建筑史》，中国建筑工业出版社 2001 年版，第 24 页，以及其他一些论著，认为外金川门和栅栏门为清代增辟。

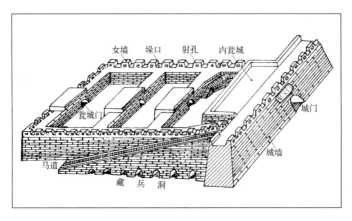

图 7-2-6　明南京聚宝门瓮城示意图

（引自王兆春《中国科学技术史·军事技术卷》，科学出版社 1998 年版，略变化）

门南侧的西水关的作用，在于排泄城内污水，防止长江水通过外秦淮河（即护城河）向城内倒灌。东水关在通济门南测，由水闸、桥道和藏兵洞构成。水闸前后两道，第一道在内秦淮河水入口，第二道在城墙内。在半圆形拦水坝中间安装木质水闸（闸已无存，闸槽尚在），由绞关启动。两道水闸之间的上方，置桥道，桥道上筑城墙。桥道宽于城墙 7 米左右，城外留约 2 米宽的便道，城内留 4 米

多高的桥面为人行道。桥道下面的巷道有石筑 9 孔拱券，用铁扒钉嵌入巷道条石之间增固。为防止敌人潜水进城，每孔进水巷道分别安装固定铁栅，中间一孔可进船只。此外，根据守闸防御需要和减轻对桥身的压力，还在城墙墙体中建藏兵洞，分上、下两层，每层各有 11 个坐东向西的藏兵洞。西水关结构与东水关基本相近。

涵闸以武庙闸最著名，该闸位于玄武湖南岸；与解放门毗邻，是玄武湖主要泄水口之一，也是湖水通过闸口进入城内珍珠河的主要源头。闸口流量可达 4 立方米/秒左右，此闸对南京城区的水系起着一定的调节作用。早在东吴宝鼎二年（267 年）开城北渠，引湖水入城时就在这里修了"北水关"。刘宋大明三年（459 年）又在此开"大窦"，引水入华林园的玄渊地，流贯宫城。明修南京城墙时，将原有水关扩建成大闸，称"通心水坝"。该闸闸身呈方形，边长 25 米，方井深 85 米，穿城而过的涵管称"灵福洞"。1954 年修闸时测知其总长度为 1432.90 米，洞中残存铜管 103 米（每节长 0.85 米）、铸铁管长 37 米（每节长 0.82 米），管径均 0.95 米。该闸原有两个进水口，闸口水道建成"之"字形，以减缓湖水流速。在闸口下方安装两套双合铜水闸，每套闸方形，边长 1.30 米，厚 0.25 米，上下合各呈子母状。下合装在条石砌成的方框内，下合内凹部分有直径 1.10 米的圆槽，槽内穿五孔，中孔直径 0.28 米，四边四孔直径为 0.21 米。上合内面呈与下合槽孔对应的"凸"字形，上下合相合即合闸断流。上合正中有一直径 9 厘米带绳孔的铜纽，以铁链连接地面上的绞关启动。两处闸口都安装了绞刀，刀随水流运转，用以切碎随湖水而来的湖草，防止闸口堵塞。在下合闸的下方，铺有铜制或铁制的涵管，内径 0.95 米，用以启闸后进水。又对涵洞所通过城墙内部进行调查，发现隐藏于城墙内的瓮室一座。瓮室砖砌，拱顶，高约 4.50 米，南北走向，长 9.70 米，南北被堵之门底宽各 6.50 米，初步认

定是"武庙闸护管隧道"[1]。

除武庙闸外，1958 年在朝阳门南明故宫外五龙桥东之御河入口的城根，也发掘出两套铜闸的下合。1979 年春在太平门内钢锉厂地下室工地，于地表下 4 米处，发现连接后湖之水的南北走向的砖砌涵洞，高约 3 米，宽约 2.5 米。明南京城铜水闸都发现于城北和城东，这是与南京城的水流均由北和东流入城内有关[2]。

（四）明南京城在建材和建筑技术方面的发展

从建筑材料和建筑技术上看，明南京城也有许多重要的发展。据前所述，明南京城内城墙以砖石砌筑，黏合剂使用三合土，并传说添加糯米汁等多种成分，建成"高坚甲天下"的中国第一座砖石城墙的都城。城内重要建筑亦以砖石为主要建筑材料，宫殿和重要寺院等大量使用各色琉璃构件和饰件。砖和琉璃的烧造技术空前提高，质量上乘。在建筑技术方面，除根据地理情况，合理利用自然条件之外，对松软地基的处理（密打地钉、置井字形框架、填石、三合土分层夯实，以及增大城墙基底面积，分散力点等多种方法并用）、"梅花丁"式砌砖技术的普遍应用，大跨度砖（石）拱券技术的成熟、城墙结构及其防雨排水设施的完备、水关和涵闸新技术新设备的出现，水关部分为减轻墙体压力筑藏兵洞的方法等，均远超前代。此外，大规模填燕雀湖造地，并较好地处理地基在其上建宫城，更是中国建筑史上的创举。

三　明南京城的功能区划及与之连接的水陆交通线

明南京城的功能分区，大体可以不同时期所形成的特定区域为准，并结合相关内涵进行划分。据此将其分为五个不同的功能区划。

（一）城中、北和东面分四区

东城区，是皇城、宫城和主要中央衙署区。西北城区的"后湖城"是明初新扩建的，这里西和北面濒长江，山岗起伏，地形险峻，利于防守（明初南京城的主要威胁来自江北），故成为主要城防区。在城防区内有各卫营房、军贮仓库、教场及相关的军事设施等。北城区以六朝宫城范围为主，西以鼓楼为界，北依鸡鸣山和玄武湖，南至今珠江路，东临明皇城。这一带自隋"荡平"六朝宫城以后，遂成为空旷之地，明初则辟为文教和祠庙区。如建于鸡鸣山下的国子监，建于鸡鸣山巅的"钦天台"，建于鸡鸣山的功臣庙、历代帝王庙、关羽庙（武庙）、城隍庙、真武庙等十庙。中城区指北城区（六朝宫城区）之南，大市街（今白下路）以北区城。这里北部是已荒废的六朝都城城区，南部是杨吴和南唐宫城区，宋元时期为军营、官署和寺院所在地，并有部分邸宅。入明以后，这个地区的大建筑多拆毁或迁走，遂成为明南京城名门望族、富贵之家和高官的邸宅区之一。这些邸宅主要分布

---

〔1〕 杨新华、卢海鸣主编：《南京明清建筑》，南京大学出版社 2001 年版，第 219—220 页；季士家：《明都南京城墙略论》，《故宫博物院院刊》1984 年第 2 期。

〔2〕 季士家：《明都南京城垣略论》，《故宫博物院院刊》1984 年第 2 期；杨国庆：《南京明代城墙》，南京出版社 2002 年版，第 141 页。

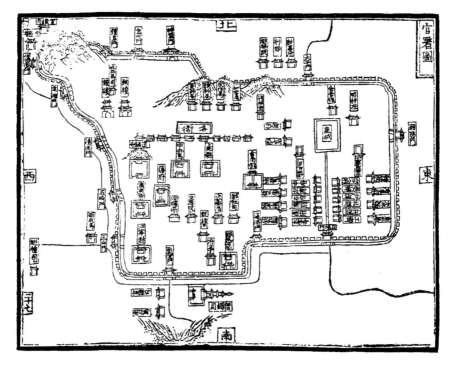

图 7-2-7　《洪武京城图志》所示明南京城官署分布图

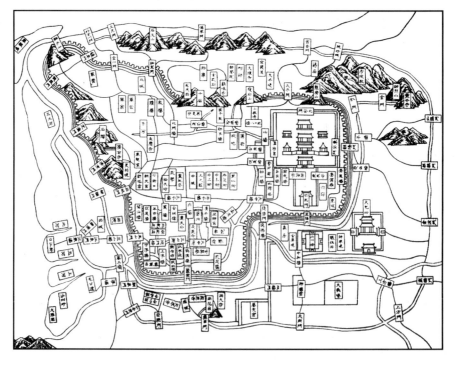

图 7-2-8　《洪武京城图志》所示明南京城图

于明南京城大市街至北新街两侧,其中高官府第多靠东,以便于朝觐[1]。此外,上元县衙也设在大市街北[2],负责铸造钱币的"宝源局"则置于今新街口南的娃娃桥一带。太仓(今长江人民大会堂一带)、虎贲仓(今汉中路牌楼巷附近)亦置于中城区。又明洪武十七年(1384年)在前代道观基础上改建的朝天宫,在该区西南部冶城山上(今水西门内)。朝天宫为朱元璋赐名,是皇室贵族礼拜道教诸神的道场,为当时南京最大、最著名的道观。另一方面也是在三大节(春节、冬至、皇帝诞辰)前作为文武百官演习朝拜天子礼仪的场所,有时亦作为官僚子弟袭封前学习朝觐礼仪的地方,所以又有礼制建筑的性质。除上所述,应当指出,大市街仅仅是中城区与南城区的大体分界,具有过渡性质。

(二)南城区与"十里秦淮"

南城区在大市街以南(含大市街两侧及北侧附近一带),即南唐宋元以来的旧城区。这里是历代延续的繁华之区,入明以后仍是主要工商业区、主要居民区和地方衙署区,位于该区的"十里秦淮"则浓缩了明南京城的市井百态。城内主要居民大都住在南城区,人口密度很高。

洪武十三年二月,明太祖令"改作在京街衢及军民庐舍"。洪武十四年一月,"命天下郡县编赋役黄册,其法以一百一十户为里,一里之中推丁粮多者十人为之长,余百户为十甲,岁役里长一人。……城中曰坊,近城曰厢,乡都曰里。……每里编为一册"。此后南京城的居民则按职业而居,并调整居住分区,推行"定民之居,成民之事"政策,强化对居民的管理和控制,突出职业世袭化,从而提高了工商业的专业分工水平。南城区下面分三项略作介绍。

南城的手工业及匠户在南城的聚居区。明初南京手工业发达,新行不断产生,专业化程度较高。元代时手工业约有120行,到明初则达360行。各行中分工日益细化,手工业者在南京居民中所占比例很大。各行手工业者按行业分类而居,"百工各有区肆",主要居于南城区18坊内。其中以镇淮桥一带最为集中,如镇淮桥西有鞍辔坊、银作坊、铁作坊、弓匠坊、毡匠坊、箭匠坊、皮作坊等;镇淮桥东有三个织锦坊;一些杂役户,则分布于镇淮桥西和北部的杂役坊内。此外,"习艺街""广艺街"等地也是手工业者聚居之处(图7-2-9)。上述诸坊是按作坊工种分类的作坊区,不是编户单位的坊。一个作坊区中可能包括几个编户坊,如前述弓匠、铁、皮、银等四作坊在洪武年间编户为18坊,近2000匠户。这些坊既是专业匠户的生产基地,又是他们的聚居区,手工业区就是由这些专业化作坊小区组成的。至于居住于杂役坊的杂役户,包罗行业很多,其居住与工作场所是分离的,为便于管理才将他们归于杂役坊内。此外,为修建宫城皇陵而集结于京师的轮班

---

[1] 如汉王府(陈友谅之子陈理投降后,被封为汉王。后又封朱棣次子朱高煦为汉王),即位于今长江路292号。此外,朱元璋养子西平侯沐英死后被追封为黔宁王,其王府亦建于这里。清成为两江总督署、太平天国天王府、民国时期为总统府。其他如常遇春开平王府(今太平南路扬公井以东)、邓愈的宁河王府(今中山东路之北"邓府巷")、郑和第(今太平东路马府街)等,也在此区域之内。

[2] 上元县衙旧址在今白下路101号。明、清时南京城均为上元,江宁两县同城分治。自洪武到清末,上元县衙均设在这里。南京城以内桥为界,北为上元,南属江宁县。

匠人最多时达 20 万户，其居住形式和地点史籍缺载。

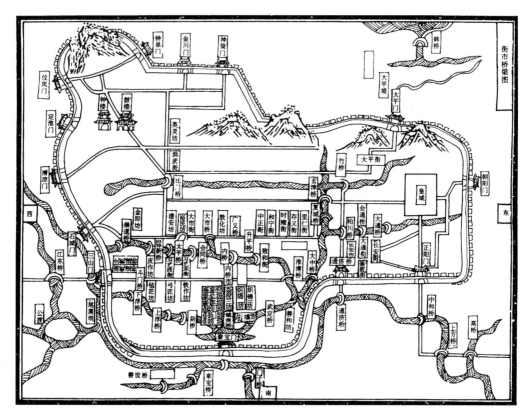

图 7-2-9　《洪武京城图志》所示明南京城街市、桥梁图

手工业作坊配置的地点，有的需要考虑周围的环境，如染坊因"漂丝必于青溪、东水关、北铜管三水合流之间，其色乌亮"，同时染坊污水还可直接排入长江，所以多置于柳叶街船板巷附近。而丝织业"多聚于城之西南隅，以地多岗阜，无潮湿之气，丝经不致霉烂也"。除上所述，明南京城官营手工业规模很大，如丝织业中有"南京司礼太监"掌管的"神帛堂"专门生产皇帝的龙衣和蟒袍，还有"提督织造官"和"供应机房"与"织造局"等负责生产官府所需各种丝织制品。此外，手工业作坊在南京城内外其他地区也有零星分布。由于许多匠户自产自销，又与商业联系在一起。

南城的商业街市。商业的兴旺发达是明初南京繁华的重要标志，也是南城区的重要特色。当时仅江宁县就有 104 种铺行，当铺 500 家。经营"铺行"的大商人"多非土著"，他们大都租用政府专为外地商人修筑的"廊房"居住，其铺行则沿官街两侧的"官廊"按类分段配置，进行交易。今南京不少旧地名仍以这些廊来命名，如聚宝门内有糖坊廊、三山街一带有裱画廊、书铺廊、绸缎廊和毡货廊，朝天宫附近有红纸廊（城中部有明瓦廊，北城区北门桥附近有估衣廊）等。当时最繁华之地是南唐和南宋的御街，以及三山街一带，并以承恩寺（今内桥东南，王府园东南）附近最热闹。这里行业齐全，百货云集，同时又是游艺杂耍的中心。著名的十六楼（官办大型酒楼兼妓楼）中的"南市楼"（斗门桥附近，三山街皮作坊西）、"北市楼"（在南干道桥东，建成后不久焚毁）和叫佛楼（三山街北，即陈朝进奏院故址，宋改报恩光孝观，明建叫佛楼），以上三楼也在此范围内（图7-2-10）。南京还是当时的雕版印刷业的主要中心之一，这类店铺亦大都集中于三山街和内桥一带。

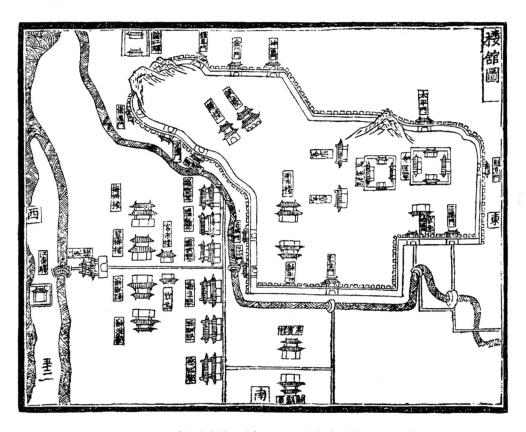

图7-2-10 《洪武京城图志》所示明南京城市楼、客馆分布图

除上述规模较大的铺行外，本城居民还多在居住区内开设小店或设摊。一些小手工业者和匠户的住宅和作坊混在一处，并多自产自销，故在作坊区内又形成一些专业的市，如"铜铁器则在铁作坊，皮市则在笪桥南（皮作坊），……盖国朝建立街巷，百工货物买卖各有区肆"[1]。此外，还有一些供应日常所需，定时集中的市，如三山街市（时果所聚）、内桥市（多聚卖羊只牲口）、新桥市（鱼菜所聚）、大中桥市，以及长安市（大中桥东）等。

内桥、夫子庙和"十里秦淮"。前述情况表明，从聚宝门到内桥这条中轴线两侧及其附近和内秦淮河一带，乃是南城区和南京城工商业繁荣的中心区和一般居民密集区。除此

---

[1]（明）顾起元撰：《客座赘语》，中华书局1987年版。

之外，这里还是地方衙署、部分政府机构、学校，达官和豪富邸宅，以及回民的主要分布区之一，同时也是风华烟月、金粉汇聚之区。

明代南京城地方衙署中的应天府衙在内桥西南，江宁县衙在应天府衙之南（图7-2-7）。朱元璋初到集庆所居的吴王府（元御史台衙），也在内桥附近（今内桥附近王府园一带）。南城的文教区以内桥之南，御路东侧位于秦淮河畔的夫子庙为中心，夫子庙即孔庙，前庙后宫（学宫），东为贡院。上元和江宁二县设县学（各坊厢还设社学一所，社学同时是坊厢举行各种礼仪活动的场所），明代宝钞库（国家金库）也在夫子庙文德桥附近的钞库街。

从东水关至西水关的内秦淮河沿岸称"十里秦淮"，又从今中华门到水西门的内秦淮沿岸，东吴时称横塘，自那时起这里就是繁华的商业区。到了明代，从内秦淮河中段偏东向西的沿岸，主要为达官富户府第区（如徐达府邸、西园和东园、汤和府、俞通海府、胡大海府等），今中华门内西南隅凤凰台一带是私园的集中区。此外，秦淮河沿岸所居富户也较多（如沈万三、王彩帛第）。除上所述，明南京城十里秦淮两岸河房密布，雕栏画槛，绮窗珠帘，入夜灯船与两岸交辉，为"风华烟月之区，金粉荟萃之所"。所谓"河房"，系指十里秦淮两岸的一种特殊建筑。其前门临街，后窗面水，正厅对河开大窗，以便欣赏秦淮风光。这种河房或为富户宅第，或为名妓居所。

（三）水陆交通线及其与功能分区间的连接

明南京城内河流较多，交通属水陆复合型，其中在南城区的内秦淮河是城内水路交通的主体（地处繁华之区，因而也是游览观光水道）。城内西北军事区金川河水系流经各卫、仓，多属军事专用航线，东城区皇城宫城护城河属防卫性质，位于北城区和中城区诸河大都可以通航。除西北军事区水系外，其余诸河均与内秦淮河相通，东城区、北城区和中城区诸河也相通，从而将东城区、北城区、中城区和南城区连接起来。西北军事区金川河上游直抵鼓楼岗，并通玄武湖，可与北城区连接。城内诸河与主要街道交汇处均有桥（图7-2-9、图7-2-11），桥多是南京城交通的重要特点之一。通过这些桥又将城内水陆交通连为一体。

明南京城内的街道，由于受到内城形制、城门位置、五个城区先后形成于不同时期，城内地形地势和诸河道等因素的制约，并受到前代街道"纡曲"传统的影响，故未形成规划整齐的街道体系。其特点是五个城区各有一套不同的街道系统，南北向无纵贯全城的大街，东西向的大市街、三山街和北新街仅横亘于市区的南部和中部，无真正横穿全城的大街。主要大街仅聚宝门至内桥原南唐的御街，正阳门至皇城宫城的御街是直线，余者多"纡曲"。各城门直接通向城内的街道多较短，主要大街以横街为主，斜街次之，纵街除前述者外大都是横街间的区间路段。

南京城内的主要大街称官街[1]，其次还有小街和巷道。官街"极其宽廓（阔），可容九轨，左右皆缭以官廊，以蔽风雨"。以南京现存与官道相关的桥梁来看，大中桥宽

---

[1] 杨国庆：《南京明代城墙》，南京出版社2002年版，第91页。

14.6 米，玄津桥宽 19.1 米、淮青桥宽 14 米、内桥宽 17.3 米[1]。据此"估计当时路面不窄于 20 米，加上两侧官廊和廊外道路，其总宽当在 30 米以上"[2]。夫子庙附近与小街相关的文德桥宽 6.7 米[3]，看来小街的宽度比官街要窄一半以上。洪武十八年曾大规模铺设街道路面，主要街道路面或铺砖或铺石，如三山街从"三山门至通济门，长街几及十里，铺石皆方整而厚"。

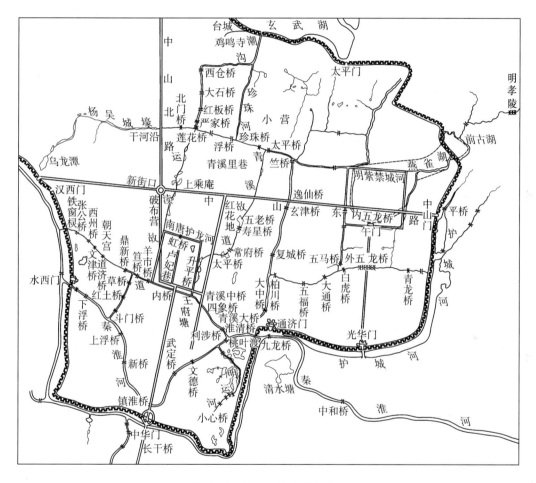

图 7 - 2 - 11 金陵水道示意图

(引自朱偰《金陵古迹图考》，中华书局 2006 年版，略变化)

南京城内五个城区的连接以官街为主，小街为辅。如东城皇城、宫城区从承天门斜向西南的斜街长安街与南城区的大市街和三山街连接，进而可直通江边。皇城西华门向西的北新街通中城至石城门，达江边。皇城向北至太平门、向东至朝阳门，向南至正阳门均有大街

〔1〕 杨新华、卢海鸣主编：《南京明清建筑》，南京大学出版社 2001 年版，第 168、169、172、176 页。

〔2〕 张泉：《明初南京城的规划与建设》，载《中国古都研究》第二辑，浙江人民出版社 1986 年版。

〔3〕 杨新华、卢海鸣主编：《南京明清建筑》，南京大学出版社 2001 年版，第 174 页。

（官街，南面为御街）通向城外，其北太平街向西又连接北城区和西北军营区，北新街通过小街亦可与北城区和西北军事区相连接。西北军事区往南有洪武街与北城区、中城区连通，进而可与南城区和东城区相通。北城区西与西北军事区，东与皇城区毗邻，南有成贤街等连接中城区。中城区为其他四城区相接的枢纽地段，区内除前述东西横街外，横街间南北纵街较多，近乎"阡陌条畅"。南城区是南唐以来形成的旧城区，街道网络密布，主要街道为前述的南唐御街，以及三山街和大市街两条横街，横街间密布纵街，以及众多的巷道。

四　明南京城形制布局的特点

明南京城具体的形制布局已如前述，从中可明确看出其形制布局打破传统，破旧立新，别具一格。现将明南京城及其形制布局的主要特点，简要略作归纳。

（一）明南京城形制的宏观特点

第一，规模宏大，气势雄伟。明南京城内城周长 67.35 里（33.676 公里），外郭城周长120 里（60 公里）。仅就内城周长而言，明南京城的规模既是我国古代最大的都城之一，也是当时世界上最大的城池（巴黎城周 29.5 公里，次之）。明南京城以其宏大的规模立于浩荡长江之滨，"龙盘虎踞"；城墙耸立山巅，逶迤起伏，"高坚甲天下"，气势十分雄伟。

第二，山、川、城融为一体，天工人力相辉映。明南京圈山建城，城内也有低山岗地。长江贴身而过，秦淮河与历代所开诸河在明南京城内纵横交错。城据山纳水，江山雄峙，层林尽染，山、水、城、林融为一体（此特点与南宋临安城近似），又使之于雄伟之中寓有灵秀之气，成为天工人力相辉映的"美善之区"。

第三，城的轮廓屈曲多变。由于前述第二点的原因，明南京城的城墙随山水的走向，地形的起伏，因地制宜，因势而筑，故明南京城的平面轮廓不拘一格，屈曲多变，内城平面呈不规则多角不等边的"粽子形"，外城平面略呈菱形。这种不规整的形制，打破了此前中国古代都城追求平面长方形或方形的方整模式，与春秋时管仲所说立国都"因天材就地利，故城郭不必中规矩"的主张不谋而合。在中国汉代以后的主要都城中，只有明南京和南宋临安城属于此例。

第四，四城环套，尽包历代诸城。明南京城外郭城、内城、皇城、宫城四城依次环套，内城尽包前述历代诸城，并将这些历史遗产进行有效的利用改造，消化吸收，使之与新城融为一体。上述现象，在中国古代都城中是绝无仅有的。

第五，护城河以天然河流为主。明南京城的护城河，与历代都城护城河人工开凿（或以人工开凿为主）不同，其护城河依托长江天险，充分利用了秦淮河、玄武湖和燕雀湖的残余部分，仅个别地段人工开凿沟通。故明南京城护城河之宽，水量之充足，护城和航运作用之强，以及由此构成内城之外的河流生态圈，在中国古代都城中是十分突出的。

（二）明南京城形制的规划特点

第一，旧城居中，新建东和西北城区，新旧有机结合，整体性强。明南京城六朝建康城和南唐金陵城地段居中，并将旧城北、东（明初称之"通济水关"以北一段）两面城墙拆除，使之与东侧新建的宫城和皇城，西北新建的城防区连为一体。上述三大区块同在长江、外秦淮河与玄武湖和诸山的围合之中，位于内城城墙之内，并有干道和诸河相连，新旧三大区块的构成有机结合，故其整体性很强。

第二，突出防卫功能，城墙高坚，布控所有制高点。如前所述，明南京内城圈山据岗垄之脊筑城墙，外郭城圈地 2000 余平方公里，尽占制高点围筑外郭城墙。内、外城墙占据了涉及的所有山体和制高点，内城墙之高、营建时间之长和全部砖石结构为历代所仅见，故言"高坚甲天下"。因此，明南京城依托内、外城墙两道坚固防线，即可居高临下，俯击攻城之敌，又可在内外城间广大的腹地屯重兵，机动作战。以此结合诸城门、内瓮城、藏兵洞，城内中心制高点所建钟鼓楼，以及依托长江天险和宽阔的护城河，并与江北浦口城互为犄角，南京城的防卫体系可谓"固若金汤"。突出防卫功能，是明南京城的重要特色之一。

第三，城门据险扼要冲，数量多，不对称，建内瓮城和藏兵洞。为进一步加强防卫，明南京内城城门的配置，打破了历代都城城门对称配置的传统。其城门的配置从防卫角度出发，在所有险扼要冲之处置城门。环城采取不对称方式共建十三座城门，并一反过去传统，在一些重要城门内建一或多重内瓮城，创建藏兵洞（似从北宋开封城墙防城库发展而来），同时还在城内和瓮城设闸楼（有可上下启闭的闸门）。从而形成依托城墙的多种永备工事结合体，可厚集兵力，构成坚固的防御阵地。以此结合前述第二点，清楚地表明南京城在防卫上已形成多层次，大纵深城防体系。

第四，内城墙无角楼和马面。在宋以后的都城中，只有明南京城墙未建角楼和马面。这个情况当与明南京城墙屈曲多变，城墙高坚、宽阔雄伟，墙顶建女墙、雉堞和窝铺，且据岗垄之脊和险扼有关。

第五，发扬传统，以宫城为主体，采用多轴线结合中心点进行城内规划，结构严谨。明南京城以宫城为全城规划的主体，宫城虽在内城东侧，但却位于外郭城内之中部略偏南。同时还通过主要衙署、坛庙、国子监等机构，以及王公显贵第宅等在不同方位围绕皇城进行配置，并延伸至旧城区，以此强调宫城皇城的主体地位和旧城区的从属性质，主次分明。这样宫城南北向中轴线就成为全城规划的主轴线，其西六朝至南唐宋元时期旧城区从鸡鸣山至聚宝山的中轴线与宫城中轴线大体平行，这条轴线既是重新规划旧城区的中轴线，也是使旧城区与宫城皇城区和西北城防区在结构上紧密相连的全城规划的辅轴线（图 7-2-12）。此外，又从皇城东华门、西华门向西至石城门辟东西向的北新街，使之成为全城横向（东西）规划的辅轴线。这条轴线与前两条轴线相结合，将旧城区与宫城全城区连为一体，从而在结构上使旧城区成为宫城皇城区外延的有机组成部分。同时这条东西向的辅轴线，对全城规划也有重要的协调和均衡的作用。除上述三条轴线之外，在明南京城内处于南北分水岭和城内几何中心（地理中心、自然中心）与制高点的鼓楼岗，还分别建鼓楼和钟楼。鼓楼岗处于西北城防区与旧城区结合部，实际上也是城西北城防区，旧城区和东城区（皇城之北有路向西通鼓楼）相连接的关节点，从而将三大城区连为一体。在这个关节点的高地上建钟鼓楼，除报时外在防卫上也有重要意义。众所周知，以宫城作为都城规划的主体，采用中轴线作为具体规划的重要手段，是明以前都城规划的传统。明初面对南京城的具体情况，将上述传统变通为以宫城为主体，采用三条轴线进行城内规划（与前述元大都规划有全城中轴线、宫城中轴线和全城南北中分线的情况类似），同时还将元大都在全城几何中心点建钟鼓楼变成城内规划的手段之一，并赋予其更多的意义。总之，前述情况表明，明南京城创造性的因地制宜地地发扬了此前历代都城规划的优良传统，因而使看似结构颇为错综复杂的明南京城，实为新旧城区联系紧密，结构严谨，井然有序，整体性很强的一座新城。所以明初对南京旧城区的利用和改造是很成功的。

图 7－2－12　明南京内城主要轴线示意图
（引自杨之水等编《南京》，中国建筑工业出版社 1989 年版，略变化）

　　第六，街道网络独特，河道纵横交错，形成较完备的水陆复合型交通体系。明南京城的街道情况前面已经介绍，其独特的街道网络模式，在中国古代都城中是绝无仅有的。此外，从前面介绍的明南京城诸河与水路交通情况来看，江、河、湖与历代所开诸河相辅相成，城内水路交通纵横交错，并以诸桥将河流与城内街道衔接，形成较完备的城内水陆复合型交通体系，进而又使全城紧密连为一体。这种情况，与南宋临安城有些近似。

第七，城内分区新旧结合，呈块状分割，功能明确。明南京城内的分区，有两大要素。一是六朝、南唐、宋、元的旧城区与新建区是分区的重要标准之一。二是将功能作为城内分区的主要标准。两大要素相结合，遂使明南京城内分区呈块状分割形式，各区块功能明确（此情况与南宋临安城类似）。即东城新建的宫城皇城区，西北新建的城防区；位于城中间的旧城区又依历史形成的状况及其新规划功能的差异，以北部为文教和祠庙区，中部则以王公贵族邸宅等为主，南部为主要工商业区和居民区（与南宋临安城商业和手工业区的情况有类似之处）。上述五大分区简洁明确，新与旧和功能分工上的差异显著，块状分割即界限清楚又有机相连。至于居民分类而居则应是南宋临安城功能分区类型的延续、变化和发展。

第八，外郭城重在防御，内城外缘山水拱卫，西、北和南面近郊与内城融为一体。明南京的外郭城与其他都城的外郭城明显不同，其功能主要不在于容纳大量居民和工商业成为主要的生活区，而是重在防御。因此，明南京外郭城依高地据险而筑，外缘轮廓很不规则。其东和北面圈入主要山体，故面积较大。西北和西面沿近在内城边的长江筑外郭城，南面仅将距内城较近的聚宝山（雨花台）圈入外郭城内，所以较窄。如此修建的外郭城，遂使内城处于山水环峙的拱卫之中，造就了内城外缘十分壮丽的景观。内城与外郭城间可以称为内城外的近郊，四面近郊功能各不相同。东郊以孝陵和功臣墓为主，属禁区。正阳门南，在秦淮河中和桥之北，有山川坛，坛西有玄真观和象房等，坛东南有先农坛，坛东有牺牲所、神乐观。神乐观东，在城角转角处之东有大祀坛。东郊和北郊诸山，以及内城外北部和西北部沿江一带为重点城防区范围（与内城西北城防区连为一体）。北城区近郊以玄武湖和三法司最重要。玄武湖在内城北城墙之外，与城区关系十分密切。除前述湖水为城内主要水源之一外，朱元璋在洪武十四年（1381年）又下令在玄武湖建“黄册库”。为保护黄册库，还圈占湖滨土地，建墙立石，“以断人畜往来樵牧，窥伺册库”[1]。鉴于上述情况，有明一代玄武湖遂成禁地。此外，在玄武湖还设有织造局。除上所述，在太平门外，玄武湖之东置三法司（刑部、大理寺、都察院、五军断事司等），称“贯城”。可见玄武湖一带是与城区密切相关，并连为一体的。南郊和西面清凉门、石城门、三山门外的近郊，是六朝南唐以来逐渐形成的繁华之区。到明南京时南郊已成为主要寺院区（如报恩寺、天界寺等）和商业区，西面则成为与江外大宗贸易的重要商业区，两者已与南城工商业区有机地融为一体，形成内城外的关厢地区。所以外郭城在此范围内，也具有保护这些繁华区的重要功能。上述情况表明，明南京城外郭城的功能，青山绿水环绕内城的生态圈及所呈现之外缘景观，内、外城间近郊明确的功能区划，均有独到之处。这些与其他都城的明显区别，也是明南京城总体规划的重要组成部分。就明南京城的具体情况而言，此种规划也是很成功的。

---

[1]（明）顾起元撰：《客座赘语》，中华书局1987年版。

综上所述，最后再指出两点。第一，前已指出明南京城与山水的关系，城的平面形制、城内水陆复合型的交通网络，城内功能分区状况，在坊厢内安排社学，工商业配置和组合情况等，与南宋临安城有很多相似之处。所以明南京城的城内布局和规划很可能与南宋临安城有较密切的关系。看来这两座同在江南的都城，在自然地理环境相近的情况下，形成宋以后江南都城的共性，也未必纯属偶然。第二，明南京城将特定的地理环境、自然条件，原有的城市基础与明代都城在政治、礼制、军事防御，水陆交通、文化教育、宗教、工商业和居民区等诸多方面的综合要求有机结合；在总结历代都城和明中都规划建设经验的基础上，依托于传统又打破传统，不拘泥外在形制而追求功能的尽量完美，精心规划，合理安排，锐意创新，将明南京城建设成一座合乎礼制要求，符合时代精神，功能齐备而又有别于前代独具一格的大都城。因此，明南京城形制布局中的许多特点，继往开来，在中国古代都城形制布局发展演变史中占有非常重要的地位。

第三节　明中都与明南京的宫城和皇城

一　明中都宫城的形制

明初将宫城称皇城（以下均称宫城），中都宫城在外城内制高点和中心点万岁山之南偏西，位于凤凰山之阳，筑于海拔 36—43 米较平缓的山坡上，"席凤凰山以为殿"，平面呈长方形[1]。

（一）宫城城墙、城门、角楼、涵洞与护城河

文献记载，皇城（宫城）周六里，高三丈九尺五寸，女墙高五尺九寸五分，共高四丈五尺四寸五分。中都宫城城墙，1958 年以后陆续被破坏，仅西城墙和南城墙西段残存部分遗迹。据调查北城墙东段有一处在地面下 18 米时仍见大城砖（120×50×20 厘米），西城墙外侧北端一深坑内可见城砖立于方石之上，南城墙西段保存较好部位墙基有高约 1 米花岗岩大条石。墙体青砖砌筑（砖 40×20×11 厘米），黏结牢固，墙体内仅下部中间有很小的土芯。西城墙保存较好部位，城墙残底宽 6.9 米，残顶宽 6.4 米，残高 13.17 米，女墙（已坍塌）残高约 1.98 米（合计高 15.15 米）[2]。宫城墙的长度，据残迹测量的数据有三种，其周长大体合 6.5 明里左右[3]。

---

[1]　明中都宫城和禁垣，依据王剑英《明中都研究》（中国青年出版社 2005 年版）一书刊布的资料撰写，书中不再逐一作注。1982 年 2 月，中都宫城列为全国重点文物保护单位。

[2]　王剑英：《明中都研究》，中国青年出版社 2005 年版，第 298 页。按：所言高 13.17 米，女墙高 1.98 米，共高15.15 米，较文献所记宫墙高 39.5 尺（39.5 尺×0.3173 米＝12.53 米），女墙高 5.95 尺（5.95 尺×0.3173 米＝1.879 米），共高 45.45 尺（45.45 尺×0.3173 米＝14.42 米），高出 0.87 米（15.15 米—14.42 米），故调查资料共高 15.15 米似误。明初一明尺＝0.3173 米，见后注。

[3]　王剑英：《明中都研究》，中国青年出版社 2005 年版，第 290 页；傅熹年：《中国古代城市规划建筑群布局及建筑设计方法研究》（上册），中国建筑工业出版社 2001 年版，第 50 页。

宫城有四门，午门正南，东华门正东，西华门正西，玄武门正北。四门有城楼，午门为五凤楼，东南、西南、东北、西北四角有角楼（图7-3-1）。

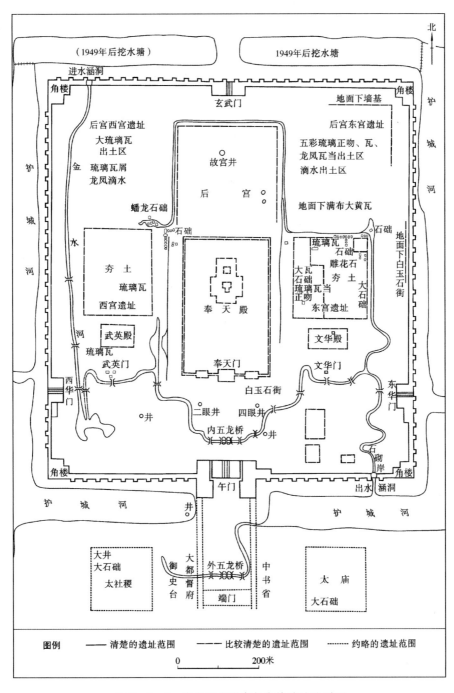

图7-3-1 安徽凤阳明中都宫城遗址踏测图
（引自王剑英《明中都研究》，中国青年出版社2005年版，略变化）

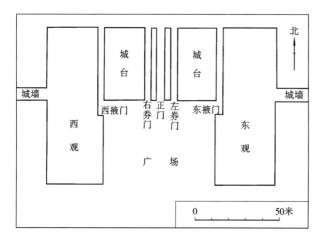

图 7-3-2　安徽凤阳明中都午门遗址平面图

（引自王剑英《明中都研究》，中国青年出版社2005年版，略变化）

宫城正南门称午门、三券门，两侧有东西掖门，其前翼以两观，平面呈倒"凹"字形，现仅残存城台（墩台）[1]。城台东西宽140.30米，南北深41.35米，残高12.70米，两观各东西35.10米，南北48.10米（图7-3-2）。午门三券门之间的城台全部砖砌（砖40×20×11厘米），其余部分的包砖之内有夯土芯（一层碎砖一层夯土间筑），包砖厚约2米（一顺一丁梅花式砌法），砖间黏结材料呈乳白色（极少数略带黄色）。城台顶部有厚约1米的三合土层，其上原似墁砖，城台上的女墙已残毁。城台券门间的地基结构为原生土上夯三合土，其上平列错缝平铺四层方石板（宽32厘米、36厘米、37厘米、42厘米，厚8厘米、10厘米、11厘米数种），石板上为高约1.61米的石须弥座，再上为城砖墙体。午门四周外侧石板上置宽约四五十厘米的大石条，再上为石须弥座（图7-3-3）。

午门正门券洞高8.6米，宽5米，双心拱券，五券五伏，正门与左右券门间距3.22米，左右券门宽4.48米（图7-3-4）。午门券门券顶的面砖内有铁扒锔子铆固（长五六十至八九十厘米），午门券门北端破坏约3米，南端破坏约9米。左右掖门宽约4.15米，高约7.93米。券门内地基（仅见左券门地基），原生土上为棕色黏土层，十分坚实，其上铺一层原木（径约20厘米，已朽），原木用密集的铁扒锔子铆固（锔子宽约12厘米，长约35厘米），原木上砌四层城砖（其上未见石板）。此外，午门正券门内有两道闸门，第一道闸门已残毁无存（约距第二道闸门4.9米）。第二道闸门距午门前墙约8.85米，仅残存闸门石槽口（宽54厘米，深18厘米），每块闸门槽石高26—28厘米，闸门顶部残毁。午门顶部城楼（俗称五凤楼），未见遗迹。午门上下马道在东侧，

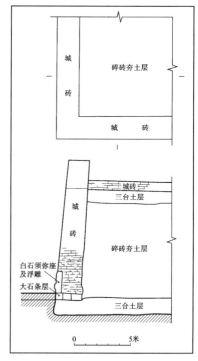

图 7-3-3　安徽凤阳明中都午门遗址台基结构平剖面图

（引自王剑英《明中都研究》，中国青年出版社2005年版，略变化）

---

[1]　王剑英：《明中都研究》，中国青年出版社2005年版，第257—280页；夏玉润：《朱元璋与凤阳》，黄山出版社2003年版，第281页。

马道与宫城墙体相连。马道宽约 24 米，东西长约 30 米，北距午门东北角约 20 米，坡度约 30°（现已成坡地）。午门正门三券洞两壁、午门城台和两观前后及东西两侧的白石须弥座上有连续不断的浮雕。

东华门为宫城东门，南距宫城东南隅 202.5 米，北距东北隅 762.5 米，三券门，1974 年拆除，仅存土台遗迹。西华门与东华门相对，南北宽 70.40 米，东西长 36.15 米，其南端有宽 8.15 米、长 35.60 米的马道与墙体相连。三券门，正券宽 5 米、高 7.6 米，正券与左右券相距 2.50 米；左右券宽 4.20 米、高 6.6 米。三券门均五券五伏，券门内基部各镶嵌长 28.5 米、高 30 厘米的花卉与方胜相间的砖雕（深度约 3 厘米）。砖雕之上有一排共 11 个灯龛，灯龛宽 37 厘米、高 39 厘米、深 70 厘米；灯龛间距一般为 2.60 米，短者 2.35 米，长者 3.20 米。城楼无存，仅存土丘。此外，在西华门正券门洞南侧墙根发现砖砌泄水道穿过西华门出宫城。玄武门 1974 年拆除。

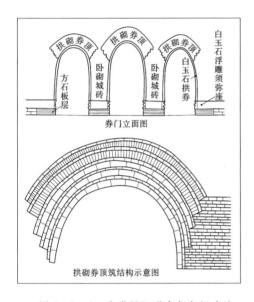

图 7 - 3 - 4　安徽凤阳明中都午门遗址
券门立面结构示意图
（引自王剑英《明中都研究》，中国青年出版社
2005 年版，略变化）

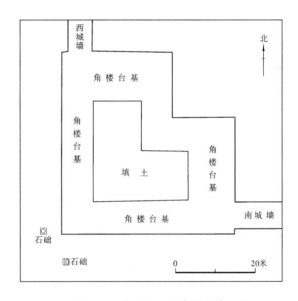

图 7 - 3 - 5　安徽凤阳明中都宫城西南
角楼遗址平面示意图
（引自王剑英《明中都研究》，中国青年出版社 2005 年
版，略变化）

角楼，建于宫城四隅，东北和西北角楼略高于东南与西南角楼，东南、东北、西北三角楼已拆除。仅西南角楼存台基遗址（图 7 - 3 - 5），平面呈曲尺形，东西长 44.05 米，南北长 43.85 米，东北隅内缩部分东西长 16 米，南北长 15.8 米，角楼西侧面较西墙向外突出 1.15 米。遗址中间有一曲尺形角楼遗迹，仅存土堆，长 24 米，宽 12 米。

宫城西北角楼东侧 95 米处，有金水河入城进水涵洞，砖砌，五券五伏，内径和高各 3 米，现已拆除。出水涵洞在东南角楼西侧 91.5 米处，砖砌，四券四伏，内径 1.90 米，高约 2 米（图 7 - 3 - 1），1973 年拆除。此外，西华门正券门内南侧墙根地下约 50 厘米处，曾发现砖砌泄水道，宽约六七十厘米。

护城河已非明代原状，河底曾发现大量木桩。《明太祖实录》卷八三记载：洪武六年六月辛巳，"中都皇城成……，城河坝砖脚五尺，以生铁镕（熔）灌之"，坝的具体位置不明[1]。护城河的具体情况，尚待考古发掘研究。

（二）宫城内的宫殿配置与内金水河遗迹

1. 宫殿配置概况

洪武八年罢建中都后，洪武十六年拆宫城宫殿建龙兴寺，此后又屡遭破坏，现仅存少量宫殿基址。关于中都宫城宫殿的具体情况，明代文献缺载[2]。于是研究者遂与关系极为密切的吴王新宫和改建后的明南京宫城的宫殿等比对，而将所存遗迹冠以相应的殿名和门名。宫城内宫殿配置概况，大致如图7-3-1所示。

奉天门和奉天殿等三大殿台基遗址。奉天门遗址在内金水桥北111.8米处，遗址东西宽约72米，南北长约23.3米，遗址台基现已无存。奉天门前约15米处为东、西华门间大街，地面铺白石板（现已砸成碎石路）。

奉天殿遗址仅存被清代儒学大成殿和儒学崇圣祠破坏的残台基，残台基南缘距奉天门遗址165米，残台基平面呈十字形，东西宽约76米，南北长约101米。奉天殿所在前朝院落东西宽约205米，南北长约335米。台基残迹已远非明代原貌，很可能是三大殿台基残存的部分遗迹[3]。

文华殿、武英殿和后宫遗址。明中都遗址考察报告所比定的文华殿和武英殿遗址，仅发现一些石础。后宫遗址位于皇城北部正中，南与前朝相连。后宫遗址东、西和北墙现为高出地面的道路，墙外围金水河。后宫北墙东西长约236米，距宫城北墙约107米；东墙和西墙各距宫城东墙和西墙约310米。后宫内地面上散布琉璃瓦残件，地面下有的地方露出五层夯土层，发现有井。

后宫遗址之东，位于东北角楼附近的遗址，考察报告称为"后宫东宫遗址"，约相当于明北京宫城仁寿宫一组建筑的位置。后宫遗址之西至宫城西北角楼范围的，考察报告称为"后宫西宫遗址"，约相当于明北京宫城隆德殿、咸安宫一组建筑的位置。上述遗址地面均散布大量琉璃瓦残件和石础，"后宫东宫遗址"发现墙基，遗址南部地下有许多大黄瓦；"后宫西宫遗址"发现成排竖码的大黄瓦[4]。

在文华殿遗址北约150米处，考察报告称为"东宫遗址"，约相当于明北京宫城慈庆宫一组建筑的位置。遗址平面呈长方形，东西宽约131米，南北长约225米，距后宫院墙约45米，东距宫城东墙约150米。遗址地面散布一些琉璃瓦残件和一些石础，并残存部

---

〔1〕 王剑英：《明中都研究》，中国青年出版社2005年版，第304—315页。

〔2〕 明代文献仅《凤阳新书》记有"兴福宫""广安宫"；《明史》卷一一八《列传第六》记载将惠帝少子朱文圭"幽之中都广安宫"。兴福宫和广安宫的情况不明。

〔3〕 王剑英：《明中都研究》，中国青年出版社2005年版，第321—324页。

〔4〕 后宫之东、西宫遗址的大黄瓦，特别是西宫有整齐码放的大黄瓦，这些大黄瓦是建筑备料还是拆建后的遗存尚不明晰。从"西宫"大黄瓦情况来看，很可能属于建筑备料，如是，说明"东、西宫"似尚未建成。

分台基遗迹。有的地方发现地下夯土厚约 1.80 米，夯土层厚约 30 厘米。

在武英殿遗址北约 150 米处，考察报告称为"西宫遗址"，约相当于明北京宫城慈宁宫一组建筑的位置。遗址平面呈长方形，东西宽约 165 米，南北长约 235 米，东距前朝院墙约 85 米，西距宫城西墙约 85 米。遗址有高平台遗迹，地下发现夯土层，地面散布琉璃瓦残件和一些石础。

2. 内金水河与诸桥遗址

宫城北城墙外挖水沟，蓄万岁山麓雨水为内金水河水源[1]。内金水河道已填平，但河迹可辨。内金水河从宫城西北隅进水涵洞入城后，在距宫城西墙约 35 米左右直下至西华门桥，又折东经武英殿桥、奉天门西桥、内金水桥、奉天门东桥、文华殿桥、东华门桥；又南折流至宫城东南隅的出水涵洞出城入护城河。内金水河始入城河段较直，宽达 9.3 米，至桥处缩至 7.2 米，南部河段曲折。在出水涵洞北西侧，有一段约百米的金水河岸早年尚存石泊岸。此外，围绕后宫墙外的金水河，沿东、西墙南下与南面内金水河合。

内金水河上诸桥或残毁或无存，其中内金水桥（御桥，内五龙桥）在午门北 31 米，该桥正对左右掖门的二桥 1949 年前扒拆。正对午门的三桥相连，南北长 17 米，东西宽 23 米，桥基下有密集的木桩（地钉），1974—1975 年间扒拆。西华门内桥距西华门 42 米，桥东西长 14.7 米，宽 20.5 米，1974 年拆除。东华门内桥距东华门约 41 米，桥东西长 15 米，宽 16 米，调查时桥券顶部尚露出水面。文华殿桥在东华门内 165 米处偏北，桥南北向，桥宽 17.7 米，调查时可见部分桥体。武英殿桥在西华门内 140 米处偏北，南北向，三券，宽约 18.5 米。奉天门东桥在奉天门中心线东 150 米处偏南，东西向，正对东华门，长 13.5 米，宽 22 米。奉天门西桥在奉天门中心线西 140 米处偏南，东西向，正对西华门，长 12.8 米，宽 12 米。

（三）明中都皇城的形制

《凤阳新书》卷三记载：皇城（原书记为禁垣），砖石修垒，高二丈，周九里三十步。开四门，砖券。承天门、正南；东安门，正东；西安门，正西；北安门，正北。清乾隆二十年拆除禁垣墙体，经考古调查，禁垣南墙长约 1680 米，北墙西段现为路基，长度较南墙少 10 米[2]，东和西墙各长约 2160 米，周长约 7670 米，平面呈南北长方形。周长 7670 米约合 13.42 明里，《凤阳新书》所记周九里三十步，误[3]。

皇城南墙遗迹仅存于承天门之西，遗迹长约 245 米，宽约 3—4 米，高约米余，现为砖砾土埂。皇城东墙靠近东安门处现为公路基，发现皇城东南拐角，有一层夯土一层碎砖的墙基。北墙和西墙仅能辨别出少量残迹。

承天门遗址北对午门，相距 435 米；南对洪武门，相距 1185 米，在外五龙桥（俗称马王桥）南约 200 米。仅存部分残迹，在承天门遗址西侧地下有砖构上压石板的泄水涵洞。

〔1〕 按，金水河用水量较大，终年不息，仅靠皇城外之北水沟蓄雨水似不足以供水。因此，内金水河水源问题是今后考古工作值得注意解决的问题之一。
〔2〕 夏玉润：《朱元璋与凤阳》，黄山书社 2003 年版，第 238 页。
〔3〕 王剑英：《明中都研究》，中国青年出版社 2005 年版，第 255 页。

　　东安门遗址正对东华门，相距约 395 米。遗址残迹呈南北长方形，较四周略高。遗址中部为台状土台，东西宽约 19 米，南北长约 52 米，大道从此穿过形成南北二土台。南土台高约 2 米，北土台高约 3 米。北土台临大道边处露出东西长约 19 米，宽约 3.96 米的三合土层（内含小卵石）。往北约 4.33 米，又有一条宽约 3.57 米的三合土层。三合土层表面平整，厚约 50 厘米，1973 年曾在三合土层表面发现一枚“绍圣元宝”钱。

　　西安门遗址正对西华门，相距约 395 米。1973 年调查时仅存平缓土丘，1974 年挖排水沟穿过西安门遗址，沟层断面露出碎砖夯土层和黏土木桩层。碎砖大都发红（似为废砖），黏土层青灰色，极为细腻，该层紧密排列木桩（地钉）。木桩松木，长约 1.60—2.07 米，径多在 12—15 厘米，木桩下部全部砍削成锐三角形，其上用毛笔写有“□□所赵景玉”“昌陵阑石”“晏百户”“百户陈王”等字样。调查时丈量，西安门遗址东西约 36.5 米，南北约 56 米，南部有突出部分，可能是马道。此外，在西安门遗址周围还发现城墙基部有蟠龙石栏柱的白石浮雕，在土层中发现有五彩凤瓦和大量琉璃瓦碎片。

　　北安门在凤凰山主峰背后，在凤凰山主峰西麓散布大量黄、绿琉璃瓦残件和砖砾，门址尚未能确认。

（四）午门之南的配置与宫廷广场

　　午门之南的配置，仅《凤阳新书》卷三、四记载较详，即午门，正南。左右阙门，午门东西。端门，午门之南。承天门，端门之南。大明门，承天门南。左右长安门，承天门之东西。左右千步街，大明门南东西。御桥五座，在午门南。太庙在皇城内，太社稷在皇城内。大社坛在阙门之右，大稷坛，在大社坛之右。中书省在午门左。大都督府在午门右。御史台在大都督府西，俱洪武三年建。据考古调查资料，午门之南约 235 米外五龙桥（俗称马王桥），又南约 60 米至端门，再南约 140 米至承天门[1]。太庙在禁垣内阙门之左，太社稷在禁垣内阙门之西，两者左右对称配置。

　　根据《凤阳新书》的记载，大明门在承天门南，承天门外之东西有左右长安门，大明门之南有左右千步廊，南至洪武门，左右千步廊间为洪武街。在总体上形成凸字形宫廷广场[2]。在大明门稍北东西两侧，东置中都城隍庙，西置功臣庙，两者左右对称布置。

　　除上所述，明中都现存遗物以石雕、砖雕、琉璃瓦件和城砖为主。具体情况参见王剑英《明中都研究》一书的记述及所刊布的图版。

二　明南京的宫城和皇城

（一）洪武元年新宫的形制

　　燕雀湖（前湖）在旧城东二里的钟山西南方的钟山之阳，与玄武湖（后湖）隔山相对。朱元璋调集几十万民夫和士兵填湖（民间有“迁三山填燕雀湖”的传说），采用铺垫

---

〔1〕　王剑英：《明中都研究》，中国青年出版社 2005 年版，第 242 页。

〔2〕　参照元大都宫廷广场情况，千步廊从洪武门至大明门后应“折而左右”与禁垣相接，这样在承天门与洪武门间就形成了凸字形宫廷广场。王剑英：《明中都研究》，中国青年出版社 2005 年版。

巨石，打密集的地钉（木桩）及用三合土分层夯实等办法，筑宫城地基[1]。元至正二十六年十二月己未"命有司营建庙社、立宫室"，次年（1367年）九月新宫大体落成，洪武元年（1368年）正月朱元璋建国号大明，迁入新宫。

洪武元年宫城明代文献记载十分简略。《明太祖实录》卷二五记载："吴元年九月癸卯，新内成。正殿曰奉天殿、前为奉天门、殿之后曰华盖殿，华盖殿之后为谨身殿，皆翼以廊庑。奉天殿之左右各建楼，左曰文楼，右曰武楼，谨身殿之后为宫。前曰乾清宫，后曰坤宁宫，六宫以次序列焉。周以皇城（宫城），城之门，南曰午门，东曰东华，西曰西华，北曰玄武。制皆朴素不为雕饰。"形成了三朝二宫制度和主要门制，奠定了明代宫城的基本模式。《明太祖实录》卷三六上，记载洪武元年建大本堂。《明太祖实录》卷四四记载，洪武二年置门官时，除前述奉天门和午门等四门外，还提到左右顺门、左右红门、皇宫门、坤宁门、宫左门、宫右门、东宫门（春和门和东宫后门），可见东宫亦同时建成。《明太祖实录》卷五九记载，洪武三年建奉先殿，洪武四年建成。此外，在洪武六年"开文华、武英二堂"，以宋濂为教官，"择国子生年少聪明者说书"。同年又修筑内城（即后来的禁垣）。上述情况表明，所谓"吴元年新内成"可能只是包括主要宫殿在内的大体框架而已，洪武元年以后又陆续完善之。

（二）洪武十年改建后的宫城

洪武八年四月诏罢中都役作，八年九月"诏改建大内宫殿"，十年十月"改作大内宫殿成"。八年七月改作太庙，十年八月"命改建社稷坛"。主要改建工程完成之后，十一年即将南京改称京师。此后，工程主要在宫城之外，如二十五年改造宗人府、五府、六部等官署；改建大内金水桥，增建端门、承天门楼各五间，复于承天门外建东西长安门；二十六年改建翰林院于宗人府之后，詹事府居其次，太医院又次之，建銮驾库于东长安门外等。"靖难"之后主要是重建建文年间毁于战火的宫殿。

明南京皇城（洪武六年修内城，改建后为宫城外禁垣，相当于皇城）和宫城已残毁，仅存极少遗迹。皇城和宫城位于明南京城东侧钟山西趾之阳，背倚富贵山。皇城在今中山门西，逸仙桥东，光华门北，佛心桥南，其范围现在多言东西4里，南北5里；文献记载周长2571.9丈，十四明里，平面略呈长方形[2]。皇城南门称承天门，东、西和北门分别称东安门、西安门和北安门[3]。皇城内除宫城外，主要配置内宫诸监、内府诸库、驻扎御林军。承天门南是"T"字形宫廷广场，承天门前有"外五龙桥"（外金水桥，桥址在

---

〔1〕　季士家：《明都南京城垣略论》，《故宫博物院院刊》1984年第2期。

〔2〕　皇城周长说法不一。现在一般说皇城东西4里，南北5里，周长9公里，约合15.75明里（9000米÷571.14米）。潘谷西主编：《中国古代建筑史》第四卷《元明建筑》，中国建筑工业出版社2001年版，第25页说：皇城周长2571.9丈（《明太祖实录》卷二一），和今天测量遗址周长7.4公里略相等。25719尺约合8160.63米（25719尺×0.3173米），14.28明里（8160.63米÷571.14米）。7.4公里约合12.956明里（7400米÷571.14米）。李燮平：《明代北京都城营建丛考》，紫禁城出版社2006年版，第341页说：以洪武六年修筑的内城改建的南京外禁垣，"为步五千一百四十三，为里十有四"。以此证之，皇城周长2571.9丈是正确的，其测量周长7.4公里，误。而东西4里、南北5里则过长。

〔3〕　杨新华、卢海鹏主编：《南京明清建筑》，南京大学出版社2001年版，第8页。

今光华门内御道街中段，桥是明代原物，栏杆是后加的），承天门前的横街左右分设长安左门和长安右门。其南部中间千步廊南端有洪武门（初称广敬，约在洪武二十五年八月以后，二十八年以前改称洪武）[1]，洪武门与正阳门间为东西横街。千步廊外两侧分置主要衙署，东侧从北向南依次为宗人府、吏部、户部、礼部、兵部、工部；其东从北向南依次为翰林院、詹事府、太医院、东城兵马司。千步廊西侧从北向南依次为中军都督府、左军都督府、右军都督府、前军都督府、后军都督府、太常寺；其西从北向南依次为通政司、锦衣卫、旗手卫、钦天监，以及军府前卫等，再西还有接待外国使臣的"会同馆"，接待使臣随从人员的乌蛮驿等。《洪武京城图志》序说："六卿居左，经纬以文；五府处西，镇静以武。"据上所述，可知洪武门实际上是进入皇城的大门。

宫城在皇城内中间偏东北，位于今南京博物院、午朝门北，光华门内御道街南北一线（即原宫城中轴线），平面略呈方形。《大明会典》记载："内紫禁城（宫城），起午门，历东华、西华、玄武三门，南北各二百三十六丈九尺五寸，城高三丈，垛口四尺五寸五分，基厚二丈五尺，顶收二丈一尺二寸五分"；宫城周长约6明里[2]。宫城形成五门、外朝三殿，内廷三宫和左右六宫，外朝和内廷东西各置宫殿的三路配置形制。万历《大明会典》卷一八一记载改建后的明南京宫城说："洪武十年，改作大内宫殿。阙门曰午门，翼以两观，中三门，东西为左右掖门。午门之内曰奉天门，门之左右为东西角门。门内正殿曰奉天殿，御以受朝贺。殿之左右有门，左曰中左门，右曰中右门；两庑之间、左曰文楼，右曰武楼；奉天殿之后曰华盖殿，华盖殿之后曰谨身殿，殿后则后宫正门。奉天门外两庑之间有门、左曰左顺门，右曰右顺门。左顺门之外为东华门，内有殿曰文华殿，为东宫视事之所。右顺门外为西华门，内有殿曰武英殿，为上斋戒时所居。"文中缺内廷宫殿具体配置情况。

根据文献记载和残存的遗迹，改建后的明南京宫城形制大致如下（图7-3-6）。进入皇城承天门后有端门，又北为宫城正南门午门，午门翼以两观，中三门，东西为左右掖门，午门平面呈倒"凹"字形[3]。从承天门经端门到午门的御道两侧建隔墙，端门东西隔墙外分置太庙和社稷坛。宫城东和西墙南部分开东、西华门，并与皇城东、西安门相对，宫城北面正门称玄武门[4]，北通皇城北安门。玄武门、午门、端门、承天门、洪武门、正阳门一线，为宫城中轴线，其中洪武门、承天门、端门、午门和奉天门即习称的五门之制。进午门经内五龙桥（金水桥）[5]抵"前朝"，"前朝"院落正门称奉天门（遗迹尚存），门两侧有东、西角门。进奉天门后在中轴线上依次建奉天、华盖和谨身三座大殿，两侧有廊庑（奉天殿遗址在今中山东路午朝门公园对面马路北侧）。奉天殿为前朝正殿，

〔1〕 千步廊遗址，参见《南京明清建筑》，南京大学出版社2001年版，第7页千步廊遗迹照片。
〔2〕 杨国庆：《南京明代城墙》，南京出版社2002年版，第78页；潘谷西主编：《中国古代建筑史》，中国建筑工业出版社2001年版，第102页；潘谷西、陈薇：《明代南京宫殿与北京宫殿的形制关系》，载《中国紫禁城学会论文集》第一辑，紫禁城出版社1997年版。
〔3〕 杨新华、卢海鸣主编：《南京明清建筑》，南京大学出版社2001年版，第3—6页。
〔4〕 杨新华、卢海鸣主编：《南京明清建筑》，南京大学出版社2001年版，第8、9页；杨国庆：《南京明代城墙》，南京出版社2002年版，第8页。
〔5〕 杨新华、卢海鸣主编：《南京明清建筑》，南京大学出版社2001年版，第7页。

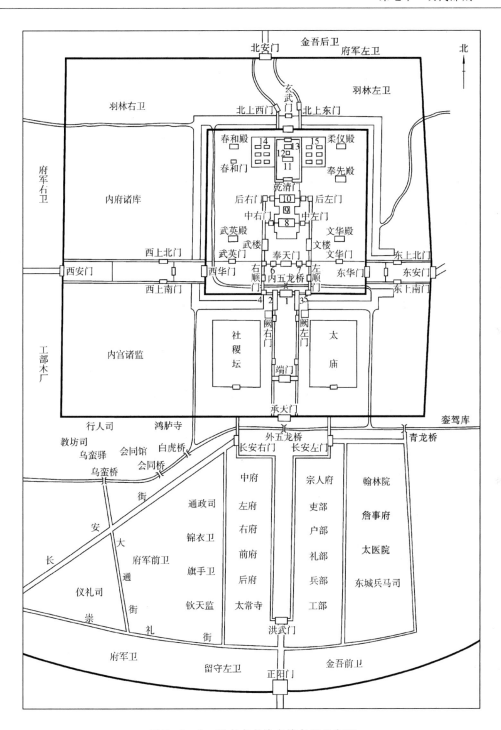

图 7-3-6　明南京宫城皇城复原示意图

1. 午门　2. 右掖门　3. 左掖门　4. 西角门楼　5. 东角门楼　6. 西角门　7. 东角门　8. 奉天殿　9. 华盖殿
10. 谨身殿　11. 乾清宫　12. 省躬殿　13. 坤宁宫　14. 西六宫　15. 东六宫

（引自潘谷西主编《中国古代建筑史》第四卷"元明建筑"，中国建筑工业出版社 2001 年版，略变化）

重檐庑殿顶，三层白石台基，面阔十一间。殿前左廊庑置文楼，右廊庑置武楼。三大殿廊庑外两侧，东有文华门和文华殿，西有武英门和武英殿。谨身殿后为内廷即后宫，在中轴线上依次置乾清门，乾清宫（左右立"日精门""月华门"），省躬殿和坤宁宫，两庑外侧，东为东六宫，再东为奉先殿（内廷祭祀祖先之所）和柔仪殿（北）；西为西六宫，再西为春和殿，西北角似有御园[1]。此外，在宫城外又加一道禁垣，各开上门通皇城。皇城和宫城还各有护城河，大体上皇城护城河以清溪为水源，宫城护城河以被填塞的燕雀湖余水为水源，宫城内的金水河与之相通，皇城和宫城护城河水均流入秦淮河。除上所述，明故宫遗址还残存照壁、石刻、石和琉璃建筑构件和石础等[2]。

（三）明南京与明中都宫城配置的差异

明南京宫城虽然以明中都宫城为蓝本进行改建，但两者之间在配置上也还是有一定的差异。如在宫城之内，明中都宫城内廷如吴王新宫只建二宫，明南京宫城则在二宫之间增筑省躬殿。明中都宫城在文华殿和武英殿后各有一组宫殿建筑遗址，改建后的明南京宫城则无（明北京宫城有）。明中都宫城内廷两侧各有宫殿建筑遗址，改建后的明南京宫城内廷之西有奉先殿、柔仪殿，其东有春和殿，情况略如中都宫城之制，但中都宫城无奉先殿。前述南京宫城外设小禁垣和诸上门，明中都无。其次，在午门之南二都有关设施配置位置多有不同。如明中都外五龙桥（外金水桥）在端门之后，明南京宫城外五龙桥在承天门南。明中都千步廊在大明门与洪武门之间；明南京宫城将明中都大明门改称洪武门，并向南延伸，又将明中都的洪武门位置改称正阳门，千步廊在洪武门北与承天门之间，洪武门与正阳门间有东西横街。明南京宫城南千步廊两侧置五府六部，亦不同于明中都午门南的配置。明南京午门南配置较明中都变化的情况，基本为明北京宫城所承袭。此外，《明太祖实录》记载：洪武八年九月辛酉"诏改建大内宫殿。上谓廷臣曰：唐虞之时，宫室朴素，后世穷极侈丽，习尚华美，去古远矣。朕今所作，但求安固，不事华丽，凡雕饰奇巧，一切不用，惟朴素坚壮，可传永矣"[3]。洪武十年十月"改作大内宫殿成"，十一月乙亥朔，"上以大内宫殿新成，制度不侈，甚喜"[4]。前已介绍明中都宫城所有外露的石构件均有精美的雕刻，宫殿和主要宫城门规模宏伟，大殿石础巨大，各种建筑用材皆采用高标准，凡此都远在明南京宫城之上。

除上所述，前面已经介绍明南京宫城和明中都宫城在都城内的位置不同，二宫城与都城内的布局和结构关系不同。其中特别是明中都宫城在都城中部偏东，"席凤凰山以为殿"，彻底改变了明南京宫城在都城东南隅，填湖造地建宫城，致使出现宫城前昂后洼，形势不称的情况。

---

[1]　蒋赞初：《南京史话》（上），南京出版社 1995 年版，第 107 页。
[2]　杨新华、卢海鸣主编：《南京明清建筑》，南京大学出版社 2001 年版，第 11—18 页。
[3]　《明太祖实录》卷一〇一。
[4]　《明太祖实录》卷一一六。

三 明南京、明中都二都宫城在明代宫城史中的地位

（一）洪武元年新宫是明中都宫城的原型，是明代宫城的祖型

洪武元年新宫（即吴王新宫）建于明南京，是洪武元年至八年的明代首座宫城。这座宫城周约六明里，宫城四门，宫城和内城（皇城）以富贵山为背屏，宫城内前方有金水河，宫城和内城（皇城）有护城河。在宫城中轴线上外朝院落建奉天门和三殿，翼以廊庑，奉天殿前之左右建文武楼。其后内廷院落建二宫，左右六宫以次序列。上述宫城的情况，宫城的主要构成要素和布局，乃至宫殿名称和金水河的流向，几乎均被明中都宫城承袭下来。显然，明中都宫城是以吴王新宫为原型进行规划设计的，只是在此基础上又有所增筑和变化而已。在这之后，按照明中都宫城改建的明南京宫城和新建的明北京宫城，也未脱离吴王元年新宫的基本框架模式。即吴王新宫后依山，配置金水河，皇城环套宫城，宫城有护城河，宫城的主体架构，主要宫殿的配置方位等，在明代三都三宫中是一个基本不变的恒定因素（在一定程度还可包括主要宫殿名称和宫城的规模）。因此，可以说吴王新宫乃是明代宫城形制布局演变序列中的祖型。

（二）明中都宫城是明代宫城发展演变过程中的里程碑

洪武二年诏建中都"宫阙如京师之制"，当时明朝尚未定京师，由于朱元璋立中都意在以中都为京师，故"如京师之制"应是指中都宫城要像此前历代京师的宫城那样，其规制和形制必须与京师的地位相称。

洪武元年宫城在一年内大体建成，只形成宫城主体架构，规制很不完备。因此，中都宫城要符合京师之制，必须在洪武元年宫城基础上重新规划。这就是明中都宫城以洪武元年宫城为原型，又多有增益和变化的重要原因。洪武元年宫城明代文献记载十分简略，明中都宫城的形制明代文献亦无具体记载，目前只残存部分遗迹，所以明中都宫城与洪武元年宫城无直接比较的基础。不过据明代文献，并结合明中都宫城遗址和明南京宫城的复原研究成果，对比明南京宫城改建后较改建前的差异部分，大体就是明中都宫城以洪武元年宫城为原型增益的部分。换言之，即是明中都宫城"如京师之制"重新进行规划的实态。

由于洪武八年罢建中都，中都宫城并未彻底建成，也未正式启用，其唯一的作用就是成为洪武八年改建明南京宫城的蓝本，而明南京宫城又成为营建明北京宫城的范本。从这个意义上说，明中都宫城乃是明代三都三宫不断探索完善宫城规制进程中的实验场，是明代北京宫城标准模式逐步形成过程中的里程碑。

（三）改建后的明南京宫城开一代新制

洪武八年诏改建明南京大内宫殿，洪武十年十月"改作大内宫殿成"，"制度皆如旧，而稍加增益，规模亦阔壮矣"[1]。所谓"制度皆如旧"，系指在吴元年新宫基础上改建的明南京宫城，未脱离吴元年新宫的基本框架模式。"而稍加增益"是指明南京宫城按明中

---

[1]《明太祖实录》卷一一五。

都宫城模式改建后较吴元年新宫增筑部分，同时也包括少量较明中都宫城的增益之处。"规模亦阔壮矣"主要是与吴元年新宫相比而言，其次也不排除与明中都相比较的成分。

　　明南京宫城按明中都宫城模式进行改建，现已成为学者的共识。从《大明会典》所记吴元年新宫和洪武十年改建明南京大内宫殿的记载来看，改建后的明南京宫殿较吴元年新宫增益的部分有：（1）午门"翼以两观，中三门，东西为左右掖门"。（2）奉天门左右，增筑东西角门。（3）奉天殿左右，增筑中左门、中右门。（4）奉天门外两庑之间增筑左顺门、右顺门。（5）增筑后宫正门〔1〕。从明南京宫城复原图来看（图7－3－6），较吴元年新宫增益部分还有：（1）谨身殿左右的后左门、后右门。（2）奉天门前内五龙桥。（3）乾清、坤宁二宫间的省躬殿。（4）春和门、春和殿。（5）柔仪殿。（6）东角门楼、西角门楼。（7）午门之外的社街门（太社稷南左门）、庙街门（太庙右门）。（8）庙左门、社右门。（9）［东上门］、东上北门、东上南门、［东中门］；［西上门］、西上北门、西上南门、［西中门］、［北上门］、北上东门、北上西门、［北中门］；亲蚕之门〔2〕。以上除（6）—（9）外，余者基本上都是按明中都宫城模式增筑的；换言之，也可以认为是明中都宫城以吴元年宫城为原型所增筑的部分。改建后的明南京宫城，还将吴元年新宫在洪武六年建的文华、武英二堂改建为文华殿和武英殿；将洪武六年修筑的"内城"改为宫城外禁垣，并在宫城与外禁垣间增建一道"小禁垣"，各开"上门"；将"大本堂"改建为文渊阁；增建承天门和端门（此时无门楼）〔3〕，两长安门初具规制；将太庙和社稷坛移建于午门前之两侧。此外，洪武二十五年增建端门和承天门楼各五间，改建大内金水桥，复于承天门外建长安东、西二门。以上除"小禁垣"、诸上门和文渊阁外，余者均属以明中都宫城为蓝本所增益部分。除上所述，改建后的明南京宫城在午门之南，除左祖右社之外，多与明中都有别。

　　总之，上述情况表明，明南京宫城是以明中都宫城为蓝本进行改建的，同时在此基础上也有一定的变化。因而改建后的明南京宫城的形制布局较明中都宫城更加全面和系统，宫城的规制更加完整。由于作为中国古代宫城终结模式的明北京宫城之形制布局以明南京宫城为范本，其规制均肇始于明南京宫城，故可以说明南京宫城开一代形制。

〔1〕　王剑英：《明中都研究》，中国青年出版社2005年版，第123页。
〔2〕　王剑英：《明中都研究》，中国青年出版社2005年版，第123页。
〔3〕　李燮平：《明代北京都城营建丛考》，紫禁城出版社2006年版，第338—342页。

第八章　明北京顺天府城与明北京皇城和紫禁城

第一节　明北京顺天府城

一　明北京城墙的营建及明北京的平面形制

(一) 明北京城墙在元大都基础上改建和增筑概况

明洪武元年 (1368 年) 八月二日大将军徐达克元大都，诏改为北平府。同年八月丁丑 (九日)，"大将军徐达命指挥华云龙经理故元都，新筑城垣，北取径直，东西长一千八百九十丈"，己卯 (十一日)"督工修故元都西北城垣"[1]，"缩其城之北五里，废东西之北光熙、肃清二门"。同年九月，"戊戌朔，大将军徐达改故元都安贞门为安定门，健德门为德胜门"，其余九门依旧，各门仍建月城，城内缩后"周围四十里"，城墙"创包砖甓"[2]。洪武二年三月，置北平等处行中书省，治北平府。洪武三年朱棣封为燕王，十三年燕王就国。

"靖难"之后朱棣登帝位仍都南京，同时又为迁都北平进行积极准备。于是永乐元年 (1403 年) 正月诏"以北平为北京"，称"行在"，二月"改北平 (府) 曰顺天府"。永乐四年诏以明年五月建北京宫殿，四年和七年略修城池。永乐十四年十一月，"复诏群臣议营建北京"。永乐十七年十一月，拓北京南城墙，计二千七百余丈，十八年北京郊庙宫殿成，十九年正月永乐帝正式迁都北京。永乐二十二年永乐帝薨。

永乐之后，北京城墙及相关设施继续大规模营建。宣德九年 (1434 年) 修北京城墙，正统元年 (1436 年) 修建京城九门城楼，四年完工。计建九门城楼和月城 (瓮城)、城四隅建角楼，修城濠和桥闸。正统十六年六月，城墙内壁开始全部砌砖。此外，正统七、九和十三年也有些营建城墙的活动。正统之后，城墙仍续有修建，其中最重要的是增筑外城问题。由于北方蒙古瓦剌部和俺答部先后对北京造成很大的威胁，故增筑外城问题亟待提到日程上来。成化十二年 (1476 年)，定西侯蒋琬上言仿南京之制，加筑外城。嘉靖二十一年 (1542 年) 掌都察院毛伯温等又上言宜筑外城，于是嘉靖二十

---

〔1〕　李燮平：《明代北京都城营建丛考》，紫禁城出版社 2006 年版，第 16 页。
〔2〕　《日下旧闻考》卷三八引《洪武北平图经志书》。

九年命筑正阳、崇文、宣武三关厢外城，即而停止。嘉靖三十二年又"相度京城外四面宜筑外城"，约七十里。后"上又虑工费重大"，"宜先筑城南"，并将南面已筑成的外郭由二十里改为十三里，两端折而向北至内城东南角和西南角，"转抱东西角楼止"。因此，北京城形成外城在南，内城在北的"凸"字形平面。此平面从1553年（嘉靖三十二年）至1949年保持了近四百年，可以说北京城的形制最终完成于嘉靖时期。嘉靖之后虽对城墙等续有修缮，但已与城的形制无关。

（二）明北京内城墙的周长与内城的平面形制

徐达内缩元大都城北五里后，明北平城周长四十里。元大都城周长28600米，明代一里合571.14米[1]，28600米合50.075明里。缩元大都北城五里后，城周为40.075明里（50.075里－5里－5里＝40.075里）。明初内缩元大都城北五里大体以钟楼为界，钟楼至元大都北城墙深约相当于元宫城深615步的3倍，即1845步，约合2855.13米（宫城深615步×3＝1845步，1845步×1.5475米＝2855.13米）[2]，约合4.99明里（2855.13÷571.14米＝4.99明里），四舍五入为5明里。此外，明初新筑北城墙长2232.45丈，约合7083.56米。北城墙西北抹角，城墙直线长1890丈，约合5996.97米[3]，是北城墙抹角斜长1086.59米（7083.56米－5996.97米）。明初北城墙较元大都北城墙6730米长353.56米（7083.56－6730米），约合0.619明里（353.56÷571.14）。据此可知，明初内缩元大都城北五里后，实际周长为40.6明里左右。上述情况表明，内缩元大都城北五里后的明北平城，概言其周长40里是可信的。

永乐十七年拓南城后，文献记载内城周长合四十三里余。《日下旧闻考》卷三八引《工部志》记载："永乐中定都北京，建筑京城，周围四十里"，"城南一面长一千二百九十五丈九尺三寸（1295.93×3.173＝4111.985米），北二千二百三十二丈四尺五寸（2232.45×3.173＝7083.56米），东一千七百八十六丈九尺三寸（1786.93×3.173＝5669.92米），西一千五百六十四丈五尺二寸（1564.52×3.173＝4964.22米）"。按上述南城墙尺寸明显有误，城南1295.93丈似应为2195.93丈（2195.93×3.173＝6967.68米）[4]，以此为准，上述尺寸之和为7779.83丈，合43.22明里（7779.83÷180＝43.22里[5]，明尺按0.3173米计算亦为43.22明里）。此应为文献所记永乐十七年拓南城后的内城周长。因此，拓南城后

---

[1] 傅熹年：《中国古代城市规划建筑群布局及建筑设计方法研究》（上册），中国建筑工业出版社2001年版。书后附表，明前期一尺为31.73厘米。是明初一步合1.5865米（0.3173×5），一里合571.14米（1.5865米×360步）。以下据此换算。

[2] 本卷第五章第二节"元大都"，已论证元一步合1.5475米。

[3] 傅熹年：《中国古代城市规划建筑群布局及建筑设计方法研究》（上册），中国建筑工业出版社2001年版，注728。

[4] 清代官修书记载《京城》多言南垣长2295.93丈。《长安街的改建及其历代沿革》记载："东起今内城东墙故址，西至今内城西墙故址，全长6.7公里"，合2111.56丈（6700米÷3.173米＝2111.56丈）。又以北城墙尺度证之，南城墙所记应是2195.93丈之误。目前一些论著中所用北京内城长宽数据多为概数，尚未见到精准的实测尺寸数据。参见孟凡人《宋代至清代都城形制布局研究》第九章，中国社会科学出版社2019年版。

[5] 若按《明成祖实录》卷二一八记载，永乐十七年"拓北京南城，计二千七百余丈"进行换算论证，亦可证明永乐十七年拓南城后，其周长为43里有余。具体论证参见孟凡人《宋代至清代都城形制布局研究》第九章"明北京城的形制布局"，中国社会科学出版社2019年版。

仍称周围四十里是不能成立的。

总之，明初内缩元大都城北五里后，内城周长 40 里；永乐十七年拓南城后，北京内城周长 43 里余。明北京内城平面呈东西较长，南北稍短，西北抹角的横长方形（图 8 - 1 - 1、图 8 - 1 - 2）。

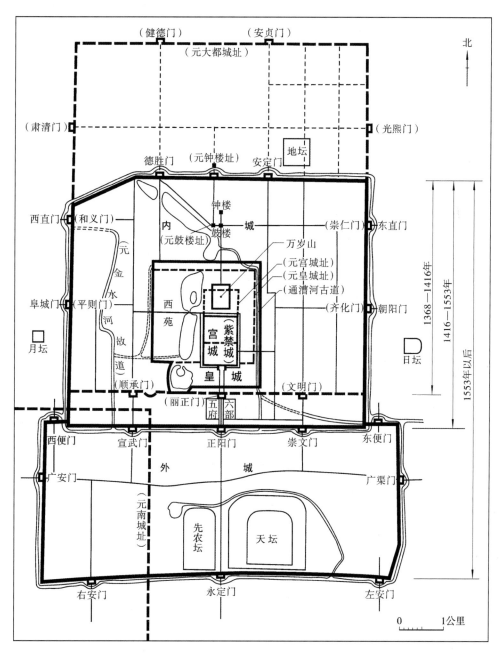

图 8 - 1 - 1　金元明都城位置及明北京发展三阶段示意图（元南城即金中都）

（引自潘谷西主编《中国古代建筑史》第四卷"元明建筑"，中国建筑工业出版社 2001 年版，略变化）

（三）　明北京外城的周长与明北京城总体平面形制

嘉靖三十二年（1553 年）初，计划"相度京城外四面宜筑外城，约七十余里"[1]。同年"闰三月十九日兴工"，但开工后 20 余日（四月丙辰，十一日），因外城"西南地势低下，土脉流沙，难于施工"，"上又虑工费重大，成功不易，以问严嵩等"。严嵩等调查后，"还言宜先筑南面，俟财力裕时，再因地计度，以成四面之制"，于是决定"重城包京城南一面，转抱东西角楼止，长二十八里。为门七，南曰永定、左安、右安，东曰广渠、东便；西曰广宁、西便。城南一面长二千四百五十四丈四尺七寸，东一千零八十五丈一尺，西一千零九十三丈二尺"[2]。据上所述，再加上内城南城墙两侧至"转抱东西角楼止"的长度进行验证，外城周长 28 里是基本可信的[3]。这样，明北京外城的平面呈东西长、南北短的"凹"字形（东南抹角），形似内城之帽，故俗称"帽子城"。由于外城北城墙与内城南城墙基本合一（除至两侧角楼部分），亦可概言呈东西横长的长方形。外城与内城的总平面，则呈"凸"字形（图 8-1-2）。

二　明北京城墙的形制和结构

（一）　调查所见内城墙的形制和结构

据前述喜仁龙《北京的城墙和城门》一书刊布的调查资料[4]，东城墙长 5330 米，东直门至朝阳门间，城墙外壁高 11.10 米、内壁高 10.70 米、顶宽 11.30 米、基厚 16.90 米。朝阳门以北，外壁高 11.40 米、内壁高 10.48 米、顶宽 12.30 米、基厚 18.10 米。又概言东城墙顶宽约 12 米或不到 12 米，外壁高约 10.40 米、内壁较外壁低几十厘米。东城墙保存状况很差，其中东直门附近及其以北墙段较南段城墙保存得好，基石和三合土筑的宽阔便道尚存，内壁收分不很大，砖面平整。城墙外壁马面，朝阳门以南 23 座，朝阳门以北 17 座，东直门以北 7 座。西城墙长 4910 米，距阜成门不远处城墙外壁高 10.30 米、内壁高 10.10 米、顶宽 11.50 米、基厚 14.80 米。阜成门近处城墙外壁高 10.5 米、内壁高 9.40 米、顶宽 11.30 米、基厚 15.20 米。阜成门至西直门之间，城墙外壁高 10.95 米、内壁高 10.40 米、顶宽 14 米、基厚 17.40 米。又概括说，西城墙外壁高 10.40 米，内壁比外壁低几十厘米，城墙平均厚度为 11.50 米。西城墙内壁西北角两段城墙未以直角相交，北城墙向西南略偏折，城隅呈抹角状。城隅至西直门间城墙长不足 300 米，是由一系列衔接很不规则的墙段组成。西城墙北半部比东城墙北半部更为"古旧"，阜成门以北城墙不仅有筑女墙的城墙，还有与城墙相连的三合土便道。阜成门以南的城墙"似重修于明末"，比北段城墙显得较为统一，高大陡峭、宏伟，内壁较平滑，不像北城墙那样可以攀缘而上。外壁马面，西直门以北 2 座，西直门至阜成门间 17 座、阜成门南 24 座。北城墙长 6790 米，城墙近

〔1〕《明世宗实录》卷三九六。

〔2〕《明世宗实录》卷三九七；《日下旧闻考》卷三八引明《工部志》。

〔3〕外城周长 28 里换算验证，参见孟凡人《宋代至清代都城形制布局研究》第九章"明北京城的形制布局"，中国社会科学出版社 2019 年版。

〔4〕［瑞典］奥斯伍尔德·喜仁龙：《北京的城墙和城门》，许永全译，北京燕山出版社 1985 年版。

东北角处外壁高 11.92 米、内壁高 9.20 米、顶宽 17.60 米、基厚 22.85 米。安定门以东城墙外壁高 11.90 米、内壁高 10.40 米、顶宽 17.63 米、基厚 21.72 米。德胜门与西北隅之间，城墙外壁高 11.60 米、内壁高 11 米、顶宽 19.50 米、基厚 24 米[1]。北城墙内壁不直接受北风吹蚀，包砖保存较好。内壁收分较东和南城墙大，安定门至北墙中部马道间城墙保存较好，城壁坡度徐缓，层层叠砌呈阶梯状，其宽度足可攀登（其他三面城墙不可能）。德胜门与西北隅间城墙呈连续的不规则曲折状，衔接处参差不齐。城墙外壁马面，安定门以东 7 座，安定门至德胜门间 6 座、德胜门以西 6 座。北城墙外壁在四面城墙中规制最大、墙体最庞大、马面最雄厚、雉堞最高，因而也最有气势。南城墙长 6690 米，水门以东城墙内外壁高均为 10.72 米、顶宽 15.20 米、基厚 18.48 米。往东近崇文门处，高度未变，顶宽略窄为 14.8 米、基厚 18.08 米。往西近宣武门处，外壁高 11.05 米、内壁高 10.15 米、顶宽 14.80 米、基厚 18.40 米。又概括说，南城墙外壁高约 10.70 米，内壁略低几厘米，顶宽平均为 15 米。城墙外壁马面，宣武门以西 13 座，宣武门至前门间 19 座、前门至崇文门间 16 座、崇文门至东便门间 12 座。

　　张先得《明清北京城垣和城门》中说，文献记载各面城墙的高度和厚度不一致，实际上调查所见四面城墙的大小和外观也有差别[2]。其中东、西城墙高和厚相似，细看西城墙略低和薄些。南城墙比东、西城墙厚 3 米（或更多），但高度基本相同。北城墙雄厚、高大，比南城墙厚 3—4 米，外壁收分也比其他三面城墙大得多。新建的北和南城墙，比在元大都土城基础上扩建而成的东、西城墙远为坚固和雄厚。文中认为，明初时东、西、南三面城墙的厚度，仅及调查时所见城墙的一半，高度也略低，而北城墙的高大雄厚则是 16 世纪时营建的结果。城墙厚度的逐渐增加，应视为一系列营建时期的标志。城墙外壁比内壁"更巍峨、更险峻"，城墙外壁以不同倾度从墙基处挺立。"北城墙的倾度，为 3 米与不到 10 米的高度之比"，其余各面城墙的倾度"则为 1.5—2 米与其高度之比"。城墙的"表面无非是由一系列修补和重筑部分组成"[3]。墙体内外包砖，内壁包砖"是一段一段衔接起来的，各段的修筑年代、质量和作法均有不同"。内壁"城砖层层叠砌，状如梯形。收分最大的北墙上，这种情形自然最为明显"，"简直（顺阶梯）能使人直登城头"。外壁包砖比内壁平整，多采用一顺一丁砌法。外壁包砖有好几层，表层内的砖结构，"或多或少是粗糙和不平整的，灰泥用量很大，砖砌的也很不规则"。调查发现明、清包砖的用材和做法不同，区别明显[4]。明初小砖标准尺寸平均为长 29 厘米、宽 14.5 厘米、厚 4 厘米；明代大砖标准约为长 48 厘米、宽 24 厘米、厚 13 厘米[5]。清代乾隆时工部监造的砖，平均尺寸为长 48 厘米、宽 25 厘米、厚 12.5 厘米，标准重量应为 48 斤。明代大城

〔1〕　孔庆普：《北京明清城墙、城楼修缮与拆除纪实》，《北京文博》2000 年第 3 期。
〔2〕　张先得：《明清北京城垣和城门》，《北京文博》2000 年第 2 期。
〔3〕　[瑞典] 奥斯伍尔德·喜仁龙：《北京的城墙和城门》，许永全译，北京燕山出版社 1985 年版。
〔4〕　[瑞典] 奥斯伍尔德·喜仁龙：《北京的城墙和城门》，许永全译，北京燕山出版社 1985 年版。
〔5〕　傅公钺：《明代的北京城垣》，《北京文物考古》1983 年总一辑。

砖，多认为由山东临清烧造（实际上也不尽然[1]）。砌城砖的粘结材料，盛传使用石灰浆与糯米汁掺和浇灌，经化验无糯米成分。

城墙由墙基、墙体（墙身）、女墙、雉堞、马面、马道及一些附属建筑构成。文献记载，内城东、西、南三面城墙，"高三丈五尺五寸，垛口五尺八寸，基厚六丈二尺，顶收五丈"[2]，是城墙总高应为四丈一尺三寸（35.5 尺 +5.8 尺）。明一尺按 0.3173 米计算，约分别为 11.264 米、1.84 米、19.67 米、15.86 米。北城墙新筑，因防元代残部侵袭，故比其他三面城墙高厚，即"北面高四丈有奇，阔五丈"，约合 12.69 米和 15.86 米。四面城墙"下石上砖"，"城垛一百七十二，旗炮房九所，堆拨房一百三十五所，储火药房九十六所，雉堞一万一千三十八，炮窗二千一百有八"[3]。此外，在城墙内壁还设有马道，外壁筑与面（城垛）172 座[4]。

城墙基，《北京的城墙和城门》中说，城墙以低矮的沙石板为基石（有时是两层），其下有 2—3 米的三合土地基。保存较好的墙段，可见三合土地基皆伸出墙外 1.5 米许，在城墙内侧形成一条质量颇佳的便道（东直门附近城墙"基石和三合土筑的宽阔便道迄今尚存"）。城墙外侧脚下的地面或多或少坡向护城河。实际上各面墙基略有不同。

城墙顶部，《北京的城墙和城门》中说，城墙顶部大砖海墁，大多向内侧倾斜，仅个别地方从中间向两侧微倾。墙顶内侧边缘筑女墙，高 88—90 厘米、厚 60 厘米，上部呈圆形。外侧边缘筑雉堞，高 1.80 米，间距 0.5 米。女墙和雉堞的尺寸，有的研究者说"女儿墙高约 1.2 米，厚约 0.75 米，以白灰浆、大城砖沿城垣形制砌成，连贯通长，上顶一般砌成馒头顶或是泥鳅背顶"；"内城雉堞高为 1.9 米，宽为 1.5 米，厚为 0.75 米，其间距在 0.5—0.8 米之间"，"雉堞都是用白灰浆、大城砖砌成，非常牢固。平顶、四侧四棱见角"[5]。"甬道两侧均设有'漏眼'，'漏眼'下口设在雉堞和女墙下部。城顶积水可通过'漏眼'排到城下"，漏眼有不长的石排水道。此外，在城墙顶部还有铺舍[6]，清代时城墙上有"旗炮房九所，堆拨房一百三十五所，储火药房九十六所，雉堞一万一千三十八，炮窗二千一百有八"[7]。清承明制，上述设施明代在名称和数量上或有不同，但仍有重要参考价值。

马道即登城的坡道，是与城墙内侧平行连接的重要结构，其纵剖面可视为直角三角形。马道一般为相对的两条，呈"八"字形，或倒"八"字形，坡度约为 15°—30°。内城马道宽约 4.8 米，长约 32 米。马道一侧紧贴城墙内壁，其土心与城垣土心连为一体；另一侧以白灰浆、大城砖砌成一米厚的砖层，为马道外包皮层。在其外包皮砖上与马道斜面平行，砌一道矮墙，长同马道斜面，宽约 0.75 米、高约 1.2 米，称马道扶手墙。马道

［1］ 傅公钺：《明代的北京城垣》，《北京文物考古》1983 年总一辑；［瑞典］奥斯伍尔德·喜仁龙：《北京的城墙和城门》，许永全译，北京燕山出版社 1985 年版。

［2］ 《日下旧闻考》卷三八引《工部志》。

［3］ 陈宗藩：《燕都丛考》，北京古籍出版社 2001 年版，第 19 页。按：此为记述清代情况，清代与明代大体相近。

［4］ 陈宗藩：《燕都丛考》，北京古籍出版社 2001 年版，第 19 页。

［5］ 傅公钺：《明代的北京城垣》，《北京文物考古》1983 年总一辑。

［6］ 杨秀敏：《中国筑城史》，军事谊文出版社 1999 年版，第 110 页。

［7］ 陈宗藩：《燕都丛考》，科学出版社 1998 年版，第 19 页。

土心黄土夯成，其上夯筑一层约 50 厘米的三合土，再上大城砖立砌一层，呈"蹉磋"式马道路面。北京内城马道共 27 对，除九座城门内侧各有一对马道，四座角楼内侧各有一对马道之外，北城墙三对马道（一对在德胜门至西北角楼正中偏东处，即今新街口外豁口处；一对位于德胜门与安定门之间，即北城墙正中处，此对马道两者相距较远；一对在安定门至东北角楼之间，即现在雍和宫后豁口处），东城墙三对马道（一对在东直门与朝阳门之间正中处；一对在朝阳门南，即禄米仓大街所对东城墙偏南处；一对在今建国门立交桥处），西城墙三对马道（一对在西直门与阜成门之间正中处；一对在阜成门南养马营街道对之西城墙，即今社会路豁口处；一对在今复兴门立交桥处）、南城墙五对马道（一对在西南角楼与宣武门之间正中处；宣武门与正阳门间等距离分筑两对马道；正阳门与崇文门间等距离分筑两对马道）。以上合计共 27 对马道[1]。

城墙外壁从城门向左右两侧延伸，按一定间距筑马面（又称敌台，明末以后称墩台或城垛）。马面是城墙墙体之外最主要的防御设施，是战时守备的重点。马面突出于城墙墙体之外，一面与墙体连为一体，突出于城墙外的三面墙体均有收分，最外侧墙面与城墙平行。马面高同城墙，马面顶上三面雉堞与城墙雉堞连接。四面城墙马面尺寸不尽相同，各面城墙的马面尺寸之间也有一定差异。其中以北城墙马面规制最大，其他三面城墙马面尺寸，一般而言，马面与城墙连接的两面之顶和底长均约 14—15 米，与城墙平行的一面顶宽约 13 米，底宽约 18 米[2]。四面城墙的马面，文献记载共 172 座。前述喜仁龙调查资料，记北城墙马面 19 座，南城墙马面 60 座，东城墙马面 47 座，西城墙马面 43 座，共 169 座。以此与明北京城复原图、清和民国时期北京城图对比[3]，可知喜仁龙在东直门至朝阳门间多记一座马面，马面总数实为 168 座，较文献所记少 4 座。除一般马面外，还有大马面（中心台），主要筑于登城马道顶部或瓮城附近，尺寸为顶长约 20 米，宽约 35 米，底长约 20 米，宽约 39 米[4]。根据前述明北京城复原图来看，东、西城大马面各三座，均位于三对登城马道顶部。南城墙宣武门至西南隅中间马道顶部一座大马面，宣武门瓮城两侧各一座大马面，宣武门、正阳门间登城马道顶部二座大马面；正阳门瓮城两侧各一座大马面，正阳门崇文门间登城马道顶部两座大马面；崇文门瓮城两侧各一座大马面，崇文门东至东南隅中间登城马道顶部一座大马面，南城墙共 12 座大马面。

（二）内城城门、瓮城、箭楼和角楼

城门是城池的门户，属城墙重点防御部位，因而内城九门上筑城楼，外筑瓮城、箭楼和闸楼（图 8-1-3、图 8-1-4）。城墙四隅为城池防线的突出部，又是两面防御的接合

---

〔1〕　傅公钺：《明代的北京城垣》，《北京文物考古》1983 年总一辑。

〔2〕　王兆春：《中国科学技术史·军事技术卷》，科学出版社 1998 年版，第 180 页；〔瑞典〕奥斯伍尔德·喜仁龙：《北京的城墙和城门》，许永全译，北京燕山出版社 1985 年版，第 84 页；傅公钺：《明代的北京城垣》，《北京文物考古》1983 年总一辑。

〔3〕　侯仁之主编：《北京历史地图集》，北京出版社 1998 年版，第 32 页明北京城复原图，第 42 页清乾隆十五年北京城图，第 48 页清宣统年间北京城图，第 73、75 页民国北平城图。

〔4〕　傅公钺：《明代的北京城垣》，《北京文物考古》1983 年总一辑。

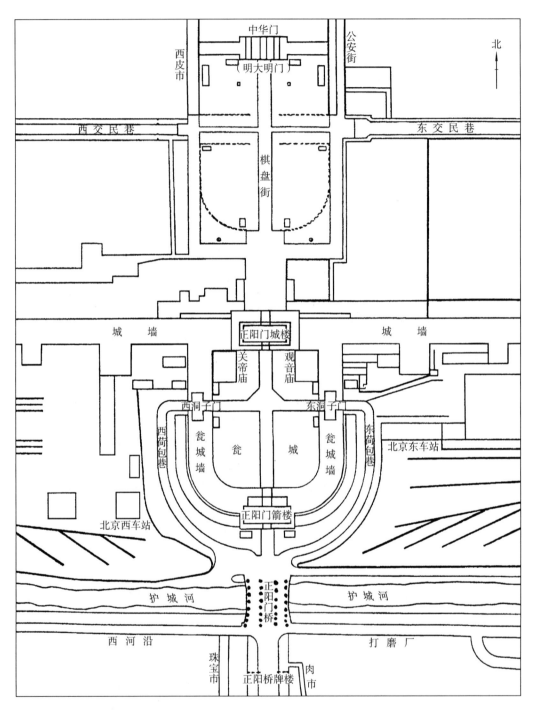

图 8-1-3　北京内城正阳门总平面图（改建前）

（引自张先得《明清北京城垣和城门》，《北京文博》2000 年第 2 期，略变化）

部，故筑角楼，以便在瞭望和射击上从两个方面控制敌人。上述设施自明代建成后迄清代，屡有修缮或重修，进入民国之后又有较大变化[1]。现今所知的形制和外观，大都是清末及其以后的情况。但是，清承明制，从中亦可窥见上述设施明代时形制之概况。

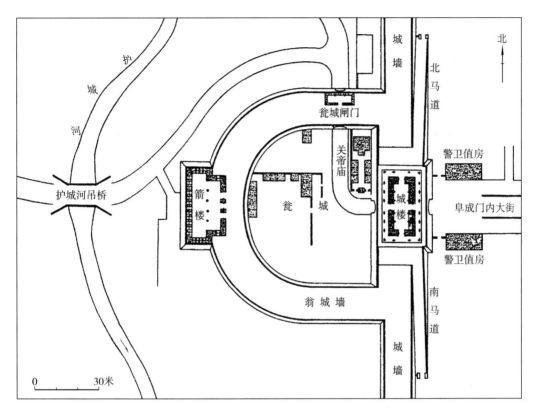

图 8-1-4　北京内城阜成门总平面图
（引自张先得《明清北京城垣和城门》，《北京文博》2000 年第 2 期，略变化）

内城九门由城门、城台（城楼台座）和城楼构成（图 8-1-5、图 8-1-6）[2]。城台平均高 12 米左右，下宽上窄，剖面呈梯形。城台顶部城砖海墁，与城墙顶甬道相通，城台内侧左右有马道达城台内地面。城台中心夯实黄土层与城墙土心连接，前后均砌六进大城砖。城台下部正中辟券门，内券比外券高和宽。内、外券顶均用砍细城砖，发五伏五券。城门双扇一合，向内开启。城门用福山寿海五面包锭铁钉，安锭泡钉，连楹两头。横栓中间，两头包锭铁叶，装钉锏，曲须鼻头，以备上锁。城台之上建城楼，除正阳门城楼面阔七间、进深三间外，其余八门均面阔五间、进深三间（图 8-1-7、图 8-1-8）。城楼高大致在 24—28 米，楼顶重檐歇山三滴水式，铺灰筒瓦，绿琉璃瓦剪边，饰绿琉璃脊兽，下为红垩墙身，朱楹彩绘。

---

[1]　九门修建、重修、改建和拆毁情况，参见张先得《明清北京城垣和城门》，《北京文博》2000 年第 2 期。
[2]　本节主要依据傅公钺《明代的北京城垣》撰写（《北京文物考古》1983 年总一辑）。

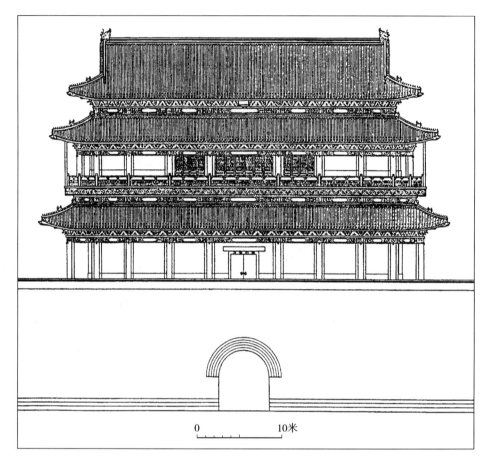

图 8-1-5 北京内城正阳门城楼正立面图

（引自张先得《明清北京城垣和城门》，《北京文博》2000 年第 2 期，略变化）

瓮城在城门之外围蔽，将城墙、城楼、箭楼、闸楼（瓮城门楼、谯楼）连为一体。瓮城墙与城墙同高，略窄。瓮城墙内夯筑土心，外甃大城砖，顶海墁城砖，外侧筑雉堞，内侧筑女墙。瓮城平面或呈长方形，或略呈方形，大小不一。东直门和西直门瓮城四角皆直角，其余瓮城与城墙相接为直角，外侧两角抹角。正阳门瓮城分别在三面辟左、中、右三瓮城门，其余瓮城均辟一门（图 8-1-3、图 8-1-4）。正阳门左右两座城门的瓮城门东西对开，与正阳门左右瓮城门对峙。东、西城墙两座瓮城门南北对开。北城墙两座瓮城门均东向。城门瓮城门与城门的方向均成曲尺形，瓮城门为券门，内有千斤闸。券门上筑闸楼，面阔三间，单檐硬山式顶。闸楼外侧正面辟两层箭窗（箭孔），每层六孔。内侧门两侧各开一小方窗。瓮城与城门相对墙垣正中，均筑守卫者居栖三间小屋一所。瓮城内均建庙，正阳门瓮城内西北角建关帝庙，东北角建观音庙，二庙与门相平行，均坐北朝南。安定门和德胜门在箭楼下正中建真武庙（真武大帝，祀太上老君，九门只安定门祀真武大帝，明清出征后回师皆进安定门）。东直门、朝阳门在瓮城内西北角，西直门和阜成门在瓮城内东北角，崇文门在瓮城内西南角，宣武门在瓮城内东南角分别建关帝庙。

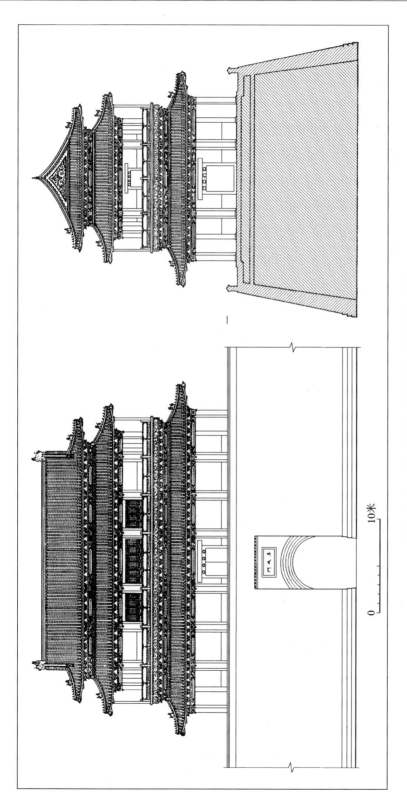

图 8-1-6 北京内城阜成门城楼正立面和侧立面图

（引自张先得《明清北京城垣和城门》，《北京文博》2000 年第 2 期，略变化）

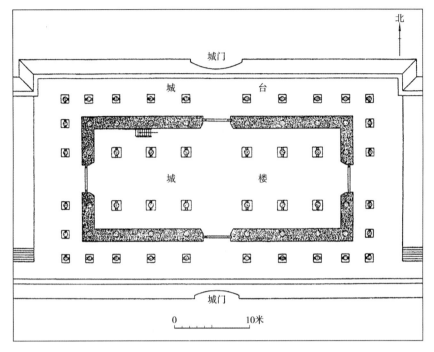

图 8-1-7　北京内城正阳门城楼平面图

（引自张先得《明清北京城垣和城门》，《北京文博》2000 年第 2 期，略变化）

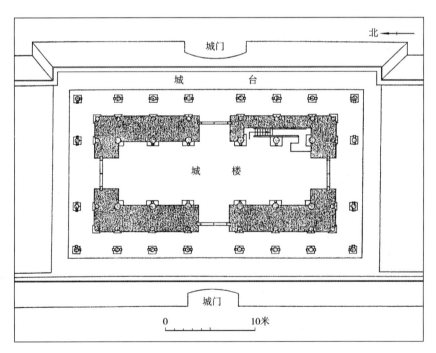

图 8-1-8　北京内城阜成门城楼平面图

（引自张先得《明清北京城垣和城门》，《北京文博》2000 年第 2 期，略变化）

　　瓮城与城门相对之墙垣正中均筑箭楼（图8-1-9，图8-1-10），其形制基本相同，唯正阳门箭楼规制最大，余者尺寸相差不多。箭楼城台突出瓮城墙之外，箭楼重檐歇山顶，瓦和脊兽略同城楼，其高度稍低于城楼。正阳门箭楼面阔七间，宽62米，进深20米。北出抱厦（庑座）面阔五间，宽42米，进深12米。箭楼四层，正面（南）每层13孔箭窗，东、西两侧每层4孔箭窗，抱厦两侧上方各辟箭窗1孔，共有箭窗86孔（图8-1-9）。其余各门箭楼小于正阳门箭楼，箭楼前、左、右墙体四层箭窗，前面每层12孔，侧面每层4孔，抱厦两侧各辟箭窗1孔，共有箭窗82孔（图8-1-10）。关于内城门城楼、瓮城、箭楼和闸楼，不同资料记载尺寸互有出入。

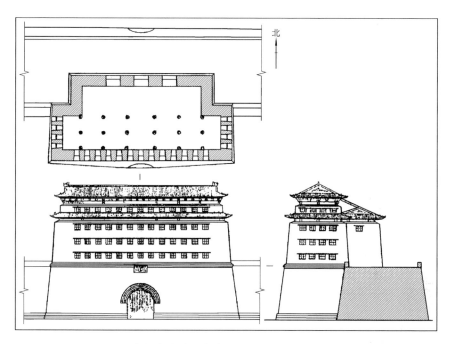

图8-1-9　清末改建前北京内城正阳门箭楼平面、立面示意图
（引自工程兵工程学院中国筑城史研究课题组《中国筑城史》，军事谊文出版社1999年版，略变化）

　　城四隅的角楼建于城角墩台上，平面呈曲尺形，重檐歇山顶。楼高17米，通高平均29米，向外两面宽分别为35米左右，面对城墙两窄面分别为12米左右，朝城内之两背面分别为23米左右。角楼内并列二十根金柱，上铺楼板三层。两背面各辟一门，向内开启。两宽面和窄面墙体上分别辟四层箭窗。宽面每面56孔，窄面每面16孔，共有144孔箭窗[1]（图8-1-11，图8-1-12）。以保存较好的东南角楼为例[2]，角楼位于东、南城墙交角处，

〔1〕　傅公钺：《明代的北京城垣》，《北京文物考古》1983年总一辑。

〔2〕　角楼建成于明正统四年，之后屡有修缮。东南角楼，1900年被八国联军炮火破坏，清末修补，1935年维修，1981年后又多次全面整修，保留至今。东北角楼，1915年修铁路，将东北角楼与城墙分开，1920年拆除角楼，1953年拆除城台。西北角楼，1900年毁于八国联军，仅存墩台，1969年拆除。西南角楼，1920年楼顶残破，20世纪30年代拆除角楼，1969年拆除角楼城台。

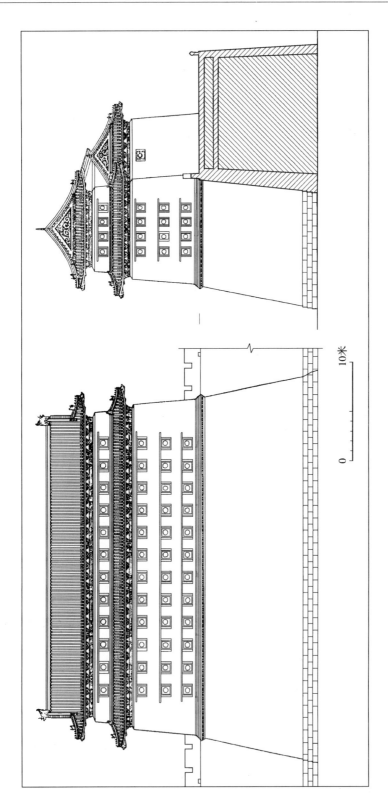

图 8－1－10　北京内城阜成门箭楼正立面和侧立面图

（引自张先得《明清北京城垣和城门》，《北京文博》2000 年第 2 期，略变化）

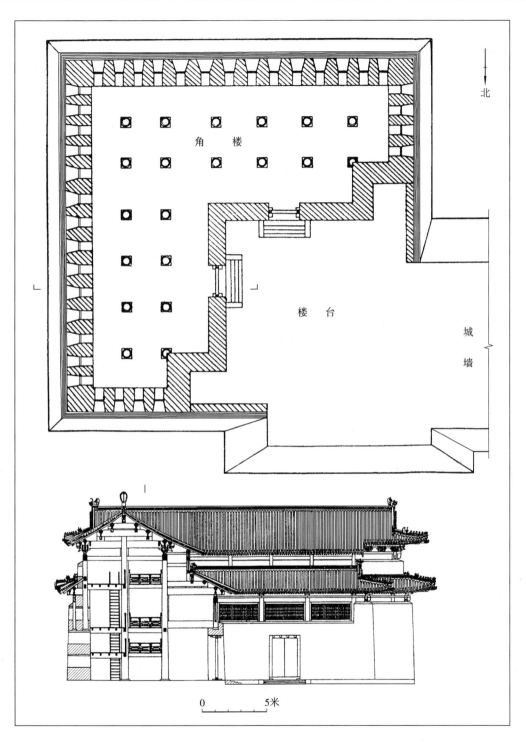

图 8-1-11　北京内城东南角楼、楼台平面图和角楼立面图
（引自张先得《明清北京城垣和城门》,《北京文博》2000 年第 2 期,略变化）

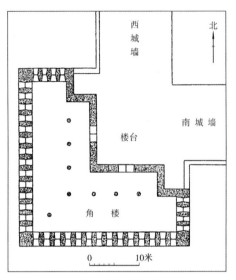

图 8-1-12　北京内城西南角楼平面图
（引自张先得《明清北京城垣和城门》，《北京文博》2000 年第 2 期，略变化）

城台方形，台高 12 米，城台西北角与内城在南城墙角相接，台底基长 39.45 米，顶长 35 米，角箭楼交角正楼平面曲尺形，正楼背面有交角抱厦亦呈曲尺形。正楼外侧两长面各 35 米，中辟过木方门，抱厦两窄面各 2.75 米。角楼顶重檐歇山式，铺灰筒瓦，绿琉璃瓦剪边，饰绿琉璃脊兽。屋顶两条正脊相交处，起东、南两个歇山结构，使正脊相交处呈十字交叉，中间装火焰宝珠式绿琉璃宝顶，宝顶高 1.3 米。东南角箭楼通高 29 米，有箭窗 144 孔。角楼城台内侧筑马道一对[1]。

（三）调查所见外城墙概况

外城墙与内城墙一样，均由墙基、墙体（墙身）、女墙、雉堞、马面、马道及一些附属建筑构成。文献记载，外城墙"计高二丈，垛口四尺，基厚二丈，顶收一丈四尺"[2]，或言外城墙"下石上砖，共高二丈，垛高四尺，址厚二丈，顶阔一丈四尺"，"城垛六十三，堆拨房四十三所，堆垛九千四百八十七，炮窗八十八"[3]。这个结果较最初的议案有较大变化[4]，文中的二丈约合 6.346 米，四尺约合 1.27 米，一丈四尺约合 4.44 米。上述尺寸与喜仁龙实地调查结果有较大出入。

据喜仁龙对外城墙的调查资料，外城东北城角附近北段，城墙外侧高 7.15 米，内侧高 5.8 米。顶宽 10.40 米，基厚 13.30 米。垛口高 1.72 米，女墙高 1 米。外城东南角附近的东城墙，外侧和内侧高均为 5.8 米，顶宽 10.30 米，基厚 12.40 米，垛口和女墙高度各处相等。外城东城角附近的南城墙，外侧高 5.80 米，内侧高 5.05 米，顶宽 9.82 米，基厚 12.20 米。永定门附近的南城墙，外侧高 6.18 米，内侧高 5.62 米，顶宽 9.90 米，基厚 11.80 米。西城墙规制与东城墙相同。东、西、南三面城墙的平均高度，与文献所记 20 尺基本相合，但北城墙则高得多。外城墙基厚在 41—47 尺，顶宽为 34—36 尺左右。

外城墙的规制小于内城墙，但构筑技法与永乐时期内城墙的构筑方式相同。外城墙内

---

〔1〕　张先得：《明清北京城垣和城门》，《北京文博》2000 年第 2 期。

〔2〕　万历《明会典》卷一八七。据此记载，外城墙较内城墙低一丈五尺五寸，厚也相差三倍余。又明《工部厂库须知》卷四记万历时对修城所做的会估：重城砌筑"每阔一丈，计高四十五层，每层须用砖七个，进深四层"，"每砖用灰三斤"；而内城修缮用工计算，仅包砖一项就"一丈约抵重城四丈砖灰"。由此可见，内外城墙有巨大差异。

〔3〕　陈宗蕃：《燕都丛考》，北京古籍出版社 2001 年版，第 20—21 页。

〔4〕　《明世宗实录》卷三九六记兵部尚书聂豹等上言说：外城"其规制，臣等议得外城墙基应厚二丈，收顶一丈二尺，高一丈八尺，上用砖为腰；墙垛口五尺，共二丈三尺。城外取土筑城，因以为濠"；"城外每面应筑敌台四十四座，每座长二丈五尺，高（广）二丈，收顶一丈二尺。每台上盖铺房一间，以便官军栖止。四面共计敌台一百七十六座，铺一百七十六所。城内每面应筑上城马道五路，四面共马道二十路"。

为黄土夯筑土心，夯层厚约 20 厘米，夯窝直径约 18 厘米，夯窝相互叠压。每隔四五层黄土夯层，夹夯一层碎砖头瓦片和土的杂土层，厚约 10 厘米。土心无二次夯筑现象。外城墙基全部以黄土夯筑于生土层上，墙基随地势高低深浅不同，有的墙段墙基深达 2.5 米，有的仅 1 米左右。城墙内外壁用白灰浆甃大城砖，外壁砖层厚近 1 米，内壁砖层厚约 0.7 米。内外壁砖层下衬垫 2—3 层大条石，城墙顶夯厚约 20 厘米的三合土，其上海墁一层大城砖。上述情况结合后文拆除北京内城墙的情况，可知明北京城墙夯筑和砌筑包砖方法在永乐十七年拓南城墙时已成定式。[1]

据文献记载，外城于嘉靖三十二年三月十九日开工，同年十月辛丑（二十八日）"新筑京师外城成"[2]。从喜仁龙调查所见城砖情况看，外城墙内侧几乎未见纪年砖文，除明末崇祯时和清代修补者外，明代城砖以 16—17 世纪初的薄砖为主，仅城台、瓮城和马道下部有少量嘉靖年号城砖。外侧壁砖层保存较好，所见明代纪年城砖嘉靖三十二年相对较多，但此前的纪年砖的总数远在嘉靖三十二年砖之上。此外，还有嘉靖三十三年、三十四年、三十六年砖，以及少量万历纪年砖[3]。据上所述，可指出三点。第一，外城墙内侧壁包砖以 16—17 世纪初薄砖为主（砖平均长 30 厘米、宽 15 厘米、厚 5 厘米），似乎表明成化之前可能无纪年砖（内城墙最早纪年砖在成化时期），此后早期形制的小薄砖在相当长的时期仍与纪年砖混用（由此再次证明，内城墙内侧壁正统十年甃砖时使用的是小薄砖，当时甃砖任务并未完成）。第二，外侧壁砖文纪年表明，嘉靖年号纪年砖与内城墙嘉靖年号砖大多相同，应同时烧造。所以嘉靖三十二年筑外城墙时，仍使用为内城墙烧造的砖，并在嘉精三十二年和稍后与内城墙同步甃砖。第三，文献记载外城墙完工于嘉靖三十二年十月，但嘉靖三十三年、三十四年、三十六年砖文表明，外城墙外壁甃砖的年代下限当在嘉靖三十六年或其后不久。

外城墙内侧壁的主要结构是马道，外城墙的马道或成对，或仅筑一条。其配置情况如下：东便门东侧，西便门西侧各筑一条马道；东北角楼南侧贴东城墙处，西北角楼南侧贴西城墙处各筑一条马道；东南角楼西侧贴南城墙处，西南角楼东侧贴南城墙处各筑一条马道。广渠门、广宁门各筑一对马道；广渠门与东南角楼之间正中处，广宁门与西南角楼正中处各筑一对马道；左安门、右安门、永定门各筑一对马道；西南角楼至右安门之间，右安门至永定门之间，永定门至左安门之间各筑一对马道。外城除东、西便门各筑一条马道外，余五座城门有五对城门马道，四角楼四条马道，城墙有五对马道，总计有六条单马道，十对双马道[4]。

外城墙外侧壁的主要结构是马面，其马面"间距约为 200 米"，马面"疏密程度与内城北墙情况极为相似"，南城墙马面 30 座，东和西城墙分别有 14 座和 13 座马面。北城墙

〔1〕　外城墙内、外壁包砖厚度与内城墙内、外壁包砖厚度有差异。这可能由于外城墙外壁仅包大城砖，故较厚。

〔2〕　《明世宗实录》卷四〇三。

〔3〕　［瑞典］奥斯伍尔德·喜仁龙《北京的城墙和城门》第六章"北京的外城墙"，许永全译，北京燕山出版社 1985 年版；张先得：《明清北京城垣和城门》，《北京文博》2000 年第 2 期；陈宗藩：《燕都丛考》，北京古籍出版社 2001 年版，第 23 页。

〔4〕　傅公钺：《明代的北京城垣》，《北京文物考古》1983 年总一辑。

东、西墙段各有马面 3 座，与文献所记"城垛六十三"之数相合。马面底部长约 10 米，宽 15 米左右；顶部长约 10 米，宽约 12 米。外城墙顶部的主要结构为雉堞和女墙，至于铺舍等则仅见于文献记载。

《明世宗实录》卷四〇三记载："嘉靖三十二年十月辛丑，新筑京师外城成。上命正阳外门名永定，崇文外门名左安，宣武外门名右安，大通桥门名广渠，彰义街门名广宁"；"嘉靖四十二年十二月乙巳朔，工部尚书雷礼请增缮重城，备规制。谓：'永定等七门添筑瓮城，东、西便门接都城止丈余，又垛口卑隘，濠池浅狭，悉当崇甃深浚'"；"嘉靖四十三年正月壬寅，增筑瓮城于重城永定等七门"。是嘉靖三十二年仅命永定等五门名，嘉靖四十二年才见东、西便门名，并于同年筑外城门瓮城，嘉靖四十三年竣工。

外城门规制小于内城门，其城台、城门、城楼构筑技法和形制与内城门大同小异。外城七门以永定门规模最大（乾隆三十一年改建重修永定门，提高了城楼规制），最重要（图 8－1－13）。七座外城门除永定门城楼面阔七间外，均面阔三间，进深一间。东西便门城门为过梁式，余者均为券门。七座城门的规模和形制有一定差异。1952 年拆除西便门时发现，城台基础地面上无基石，地面下有两层青石板，其下为石灰土。城台外面砖墙底部较厚，顶部较薄，其内筑黄土，门洞方形，过木为黄松木，断面正方形。过木上外墙部位砌城砖，内部过木上铺城砖，上面填黄土。门掩处两壁上各有一块青石制成的门闩插口。

外城瓮城门对城门，明代无瓮城门楼和箭楼[1]，瓮城内皆无庙宇。外城四隅建角楼，角楼筑于城角墩台上，为十字脊单檐建筑，墙体辟箭窗。

（四）拆除北京内城墙时所见明城墙构筑概况

从 1962 年开始，考古工作者配合北京内城墙拆除工程，对其中部分墙段进行了清理发掘，首次了解到明北京内城的构筑概况[2]，兹略作介绍。

东、西城墙是在元大都东、西土城墙基础上补筑包砖而成，两者的关系及明城墙构筑的情况，以西直门南 100 米处，官园南北、东直门至建国门南 40 米处等重点调查墙段，反映得比较清楚。以西城墙剖面图为例（图 8－1－14），图中间为元代土垣，被削成圆锥状的土心。土心高约占明城墙墙身的 9/10[3]，纯黄土夯筑，墙基深入自然地层约 2 米（直达生土层），宽约 25 米。墙基夯层厚约 15 厘米，墙身夯层厚 6—11 厘米，夯窝圆形，直径 7 厘米，夯窝深 4 厘米，夯窝间距 2—3 厘米，呈梅花状分布[4]。土心外包筑明代夯土层，外壁一层、内壁两层，包筑夯土层上宽下窄。土心外第一层包筑黄色夯土，内外壁

〔1〕 傅公钺：《明代的北京城垣》，《北京文物考古》1983 年总一辑；张先得：《明清北京城垣和城门》，《北京文博》2000 年第 2 期。

〔2〕 本节主要依据以下二文撰写，北京市文物研究所编：《北京考古四十年》第四章第一节"明代北京城垣建筑结构"，北京燕山出版社 1990 年版；傅公钺：《明代的北京城垣》，《北京文物考古》1983 年总一辑。

〔3〕 傅公钺：《明代的北京城垣》，《北京文物考古》1983 年总一辑。

〔4〕 杨秀敏：《中国筑城史》，军事谊文出版社 1999 年版，第 107 页；张先得：《明清北京城垣和城门》，《北京文博》2000 年第 2 期。

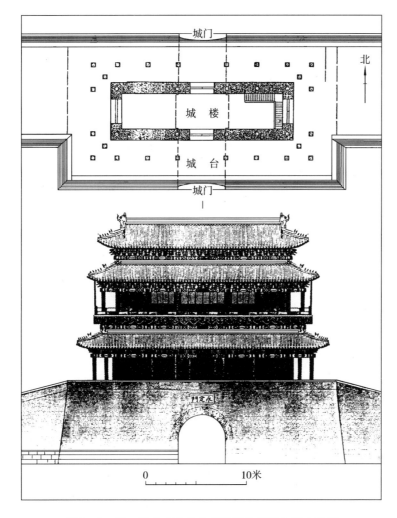

图 8 - 1 - 13 明北京外城永定门城楼平面和正立面图
(引自张先得《明清北京城垣和城门》，《北京文博》2000 年第 2 期，略变化)

相同（同时夯筑），夯层厚 18—25 厘米[1]，夯窝直径 15—20 厘米，夯窝较浅，呈相互叠压的半圆形，排列整齐（其间距较元代土垣夯窝稍宽）。在黄土夯层之间，夹一层厚约 10 厘米的含有碎砖、陶瓷片和垃圾土的杂土层。内壁第二层包筑夯土压在前述包筑夯层中上部，剖面略呈小三角形，该层夯土为掺杂大量砖头瓦片和明代瓷片的灰渣土，夯层疏松（图 8 - 1 - 14，7），显然是内壁包砖时填筑的。明代夯土层外包砖，城墙外壁包砖三层。里面第一层用元代小砖，泥浆砌筑，砖块码放凹凸不平，参差不齐，砖层厚薄不均（有的地方厚仅 40—50 厘米），平均厚约 70 厘米。其外第二层包砖，用白灰泥浆砌筑小砖，厚

---

〔1〕 参见北京市文物研究所编《北京考古四十年》，北京燕山出版社 1990 年版；傅公钺：《明代的北京城垣》，《北京文物考古》1983 年总一辑。

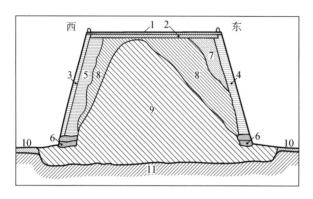

图8-1-14　北京内城西城墙墙体断面示意图

1. 上顶甬道铺地砖　2. 城墙顶三合土　3. 外壁包皮大砖层　4. 内壁包皮大砖层　5. 外壁小砖层　6. 墙基石　7. 明代堆积夯层　8. 明代夯层　9. 元大都土城垣夯土心　10. 地表堆积层　11. 生土层

（引自傅公钺《明代的北京城垣》，《北京文物考古》1983年总一辑）

约60厘米，薄厚较一致。第一、二层包砖间，有明显的通缝[1]。最外层包砖，用纯白灰浆砌明代大城砖，其厚薄随小砖层薄厚而变化，外表较平直，砖层平均厚70厘米左右。大砖层与小砖层间亦有明显的通缝，上述二道通缝表明三层包砖是分次包筑的。城墙内壁包砖一层，用纯白灰浆砌筑明代大城砖，厚约1米。内外壁大砖层所用砖、灰相同，壁均较平直，每层都比下层内收1—2厘米左右，其一致性表明内外壁外皮包砖的砌筑或同时或时差较短。城墙内外皮大砖层之下的墙基，均垫2—3层衬基石，使城墙形成"下石上砖"结构。城墙顶部在明代夯土层之上，平铺厚约50厘米的三合土，其上海墁一层大砖。东、西城墙外壁筑马面，马面土心与城墙土心连为一体，三层包砖均周绕马面砌筑。

北城墙是明初最早新筑的城墙，因其在短期内拆毁元代建筑，平地起筑，故墙身二米以下压有元代房址、建筑材料，或木料腐朽后留下的土洞遗迹。其中除桦皮厂以西发现的是原木料外，其他墙段如雍和宫豁口，德胜门东等处发现的全部是木料（如檩、椽、额枋、柱子等，有的尚存彩绘），这些木料大都是东西向顺置叠压数层。在德胜门东西两侧，安定门东西两侧30—40米范围内，及东北角墙体夯层中，于墙身高度6米以下发现木料横、顺放置呈方格层次，并在上下层间加立柱，四个侧面也呈方格形，整组木料形成正方体框架，上下方格层和立柱的间距均为1.5—2米。但从整个北城墙来看，木料或木料遗迹的放置均不甚规则，料身粗细、长短不齐。显然，这是就近使用拆除木料加固墙体而采取的一种应急措施。

北城墙的构筑情况与东、西城墙大体一致，但也有不少独特之处。从北城墙剖面图来看，墙体内夯土心（图8-1-15，9）为纯黄土，略呈馒头状，仅稍加夯筑，较松软，夯层厚薄不均。以德胜门东墙段为例，夯窝为大小不等的圆形，其夯窝直径和夯窝深多在7厘米左右[2]。土心外侧包筑夯土（图8-1-15，8B），夯土层次不规则，夯土中不仅夹杂元代各类瓦件，而且有的墙段内还包含有未拆除的房址、帐柱和棋子；在桦皮厂墙段甚至还有福寿兴元观遗址的石碑和观前的旗杆等。夯土心内侧包筑夯土（图8-1-15，7B），

〔1〕　傅公钺：《明代的北京城垣》，《北京文物考古》1983年总一辑。

〔2〕　杨秀敏：《中国筑城史》，军事谊文出版社1999年版，第107页说：北城墙土心"夯层8—27厘米，夯径7、10、15—20厘米几种"。

其夯筑方法与北城墙马面土心，德胜门东、西，安定门东、西的城墙土心，以及北城墙东西两角墙体土心的夯筑方法均相同。即夯层皆在18—27厘米，夯层间夹一层厚约10厘米的碎砖头，夯窝相互叠压呈半圆形，圆径在15—20厘米左右。上述情况表明，这些墙段大致是同期夯筑的。其夯筑方法不同于北城墙其他墙段，但却与南城墙夯筑方法完全相同。据此似可认为，北城墙上述墙段可能与整个南城墙同期或在其前后不久重筑。也就是说，北城墙的部分墙段在永乐十七年前后应经过改筑。此外，由于土心内侧包筑夯土叠压土心外侧包筑夯土（图8－1－15，7B、8B），所以内侧夯土包筑时间晚于土心外侧包筑夯土。土心内侧第二层夯土压在前述内侧夯土上部，剖面略呈上大下小的三角形

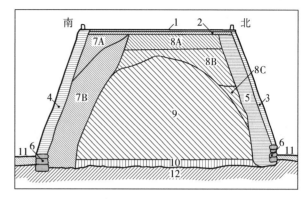

图8－1－15　北京内城北城墙墙体断面示意图

1. 上顶甬道铺地砖　2. 城墙顶三合土　3. 外壁包皮大砖层　4. 内壁包皮大砖层　5. 外壁包皮小砖层　6. 墙基石　7A. 明代堆积夯层　7B. 明代夯土层　8A. 明代堆积夯层　8B. 明代夯土层　9. 明代夯土心　10. 夯土下压元代建筑堆积　11. 地表堆积　12. 生土层

（引自傅公钺《明代的北京城垣》，《北京文物考古》1983年总一辑）

（图8－1－15，7A），该层夯土夯层不明显，为包含大量碎砖瓦和明代瓷片等物的灰渣土，因而该夯土层显系整内壁砖皮时填筑的。北城墙外壁包砖亦为三层，第一层紧贴夯土，用泥浆砌筑小砖，厚约1.1—1.3米。第二层用白灰泥浆砌小砖，厚约0.6—1米，两层之间有明显的通缝。两层小砖的总厚度，平均为2.2米左右。第三层用纯白灰浆砌筑大城砖，厚约0.7米。上述三层包砖，第一层泥浆砌筑小砖层从城墙土心与马面土心之间穿过，第二层小砖和第三层大砖则围绕马面砌筑。这个现象反映出，北城墙土心夯筑在先，马面土心夯筑在后，且晚于第一层泥浆小砖。外壁墙基垫五层衬基石，露出地表2—3层。内壁用纯白灰浆包砌大砖一层，厚约1米左右，其下垫3—5层衬基石，露出地表1—2层。北城墙顶部夯厚约50厘米的三合土，其上海墁大砖一层。

南城墙是永乐十七年拓南城时开始修筑的，其东西一线有些部位处于流沙地带，故使用木料加固墙基（图8－1－16）。如崇文门至宣武门一线，发现多处在墙基下深达5米的流沙层中，纵横交错相互叠压原木15层，每层原木60—70根，原木直径20—30厘米，长6—8米，彼此间用铁扒钉连接，形成高约3—3.5米的木垛，其间空隙用沙填实。木料多为红松和黄花松，间有几根硬杂木，原木出土时未损，仍很完整。木垛之上起筑夹杂砖头瓦片的黄土夯层。此外，在崇文门以东500米处，在一个马面的东西与墙身相交的转角处，发现起筑夯土墙体时用横木夹夯的遗迹，即采用传统的横木夹夯法。

南城墙无东、西和北城墙那样的夯土心，而是直接起筑夯土墙体，其外侧紧贴夯土墙体用白灰泥浆砌筑小砖，厚约1米；小砖层外用纯白灰浆砌筑大城砖，厚约0.7米。

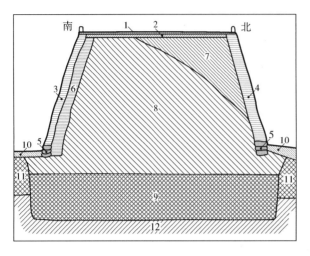

图 8-1-16 北京内城南城墙墙体断面示意图

1. 上顶甬道铺地砖 2. 城墙顶三合土 3. 外壁包皮大砖层 4. 内壁包皮大砖层 5. 墙基石 6. 外壁小砖层 7. 明代夯土 8. 明代永乐时夯土 9. 木质基础结构 10. 地表堆积 11. 流沙层夹黄土层 12. 流沙层

（引自傅公钺《明代的北京城垣》，《北京文物考古》1983 年总一辑）

夯土墙体内侧，从其顶部 4/5 处起，斜向墙体中腰靠下部位补筑夯土（图 8-1-16）。补筑夯土与夯土墙体夯筑方法相同，两者夯层厚均在 18—25 厘米，夯窝直径 15—20 厘米左右，夯窝相互叠压呈半圆形。夯层间均夹一层厚约 10 厘米的砖头瓦片等杂物。这层补筑夯土，显系内壁甃大城砖时所为。城墙内壁在夯土墙体外用纯白灰浆砌筑大城砖，厚约 1 米。城墙顶部夯厚约 50 厘米的三合土，其上海墁大城砖一层。城墙基下均垫三层衬基石，外壁墙基露出 1 层基石，内壁墙基露出 2 层基石。

明北京内城墙的构筑情况，文献仅记北城墙和南城墙的始筑年代，完工的年代缺载。东、西城墙除南部新拓部分外，余者利用元大都土城。东、西和北城墙外壁甃两层小砖的年代，四面城墙内外壁甃大砖的年代，马面筑于何时，均不甚清楚。有鉴于此，下面拟结合拆除北京城墙时所见构筑情况，并结合喜仁龙的调查资料和文献记载，对四面城墙构筑的相对早晚关系略作分析。

夯筑墙体的相对早晚关系。夯筑墙体，北和东、西城墙由土心、包筑土心夯土和补筑夯土构成。其补筑夯土均在夯筑墙体内侧中上部，属甃内壁大砖时的填筑部分，故两者应为同期所筑。北城墙夯筑墙体是明初最早建成的，夯土心稍加夯筑，结构松散，夯层厚薄不均，夯窝深和直径均在 7 厘米左右。土心上部和外侧包筑夯土，为夹杂大量砖头瓦片的杂土，夯层不规则。以上两部分应为同期先后筑成，其夯筑特点与前述东、西城墙元代土心相近，并突显急就草成特色。北城墙土心内侧包筑夯土上部叠压土心顶部和外侧相连的夯土层，年代晚于顶部和外侧包筑夯土。北城墙土心内侧包筑夯土的夯筑方法和特点，同于前述东、西城墙土心外包筑夯土，并同时表现于马面土心，德胜门和安定门各自东西城墙土心，以及北城墙东西两角城墙土心部分。上述情况似乎表明，北城墙土心和顶部及外侧包筑夯土完成于北城墙初筑之时，时代最早。北城墙土心内侧包筑夯土同于东、西城墙土心包筑夯土，两者应大致同期。但是，由于城墙内壁包砖晚，所以北城墙约与内壁始包砖同时完成的土心内侧包筑夯土，应晚于东、西城墙土心外包筑的夯土（该层夯土大致与外壁包砖同时）。进而或可认为，在北城墙草就之时（即尚未包筑内侧夯土以前），东、西城垣似仅利用元大都土城，并未进行较大的整修。由于北城墙土心内侧包筑夯土继承了东、西城墙土心包筑夯土的方法，故此时已形成明代特色的夯筑方法。

南城墙始筑于永乐十七年（1419 年），其夯筑墙体和甃内壁大砖时补筑夯土的夯筑方法完全相同，并同于东、西城墙土心外包筑夯土和北城墙土心内侧等部位夯筑方法，反映出筑南城墙时明代夯筑方法已形成定式。此外，还应指出，不仅元明两代夯筑方法有别，而且加固墙体措施也有差异。前述元代墙体内使用永定柱和纤木，明代城墙则乏见。明代城墙多使用木料和木框加固方法，仅个别部位采用了横木加夯法。在墙基的做法上各墙也有差异，北城墙外壁墙基衬五层基石，露出地表 2—3 层；内壁墙基衬 3—5 层基石，露出地表 1—2 层。东、西城墙基衬 2—3 层基石（未见露出地表层数资料）；南城墙衬基石内外壁均 3 层，外壁露出地表 1 层，内壁露出地表 2 层（一些墙段衬基石下用木构加固）。上述现象，若按城墙营建早晚来看，可能衬基石 3 层，露出地表 1—2 层逐渐成为定式（元大都土城墙未见衬基石资料，此点与明城墙不同）。

城墙外壁甃两层小砖早晚关系和马面出现的相对年代。前已说明北城墙土心及顶部和外侧包筑夯土不同于内侧包筑夯土，时代最早，内侧包筑夯土则同于比其较早出现的东西城墙土包筑夯土。北城墙外壁泥浆砌筑小砖层从城墙土心与马面土心间穿过，而东西城墙泥浆砌筑小砖层则包筑马面。上述现象表明，北城墙外壁泥浆砌筑小砖层早于东、西壁同类砖层，并与北城墙土心及外侧包筑夯土大致同时完成。南城墙始筑于永乐十七年，外壁无泥浆砌筑小砖层，故东、西城墙外壁泥浆砌筑层年代下限应在永乐十七年之前。又永乐四年"霖雨坏北京城五千三百二十丈"，"命发军民修筑"；"永乐七年六月，修北京安定门城池"；"永乐十三年三月丁巳，修北京城垣"[1]。因此，北城墙安定门东、西墙段土心内侧包筑夯土的夯筑方法应出现于永乐七年或其后不久。据此推测，东、西城墙与安定门东、西墙段内侧夯土夯筑方法相同的土心包筑夯土，似出现于永乐七年之前，即东、西城墙外壁泥浆砌筑小砖层抑或在永乐七年之前。

永乐十七年始筑南城墙，外壁仅用白灰泥浆砌小砖层，是为此种砖层的年代下限。然而，从东、西城墙外壁的白灰泥浆小砖层厚约 0.6 米，北城墙外壁的灰泥浆小砖层厚约 0.6—1 米，有的城墙外壁白灰泥浆小砖层厚约 1 米看，不排除永乐四年、七年和十三年修城墙时已在东、西和北城墙采用白灰泥浆砌小砖方法，并将这种逐步成熟的技术运用于南城墙。

关于马面出现的年代，东西城墙应与元大都东西城墙马面有承袭关系，但由于明北京东西城墙马面数和间距密度均大于元大都[2]，所以其马面应为新筑。此外，又因泥浆小砖层包砌马面，故东西城墙马面最终定型的年代下限，当与泥浆小砖层同步，即永乐七年之前。南城墙马面应与夯土墙体同时，下限与白灰泥浆小砖同步。很可能夯土墙体、马面夯土心和白灰泥浆小砖层是大体先后同期完成的。北城墙马面晚于外壁泥浆小砖层，早于白灰泥浆小砖层或与该层同步。与东、西城墙马面相比较，北城墙马面出现的上限应在东、西城墙外壁泥浆小砖层包筑马面后不久。下限在永乐十七年，并很可能在永乐四年、七年和十三年修城墙之时。

〔1〕《明太宗实录》卷四五、六四、九六。

〔2〕侯仁之主编：《北京历史地图集》，北京出版社 1998 年版，元大都和明北京城复原图马面。

城墙内壁甃大城砖的年代。根据前述情况，北京内城四面城墙外壁白灰泥浆小砖层，城墙内外皮大砖层的砌筑方法基本一致，四面城墙顶部和墙基的做法也大同小异。因此，四面城墙最后完工期应相距不远，各城墙内外皮大砖亦应在同期先后完成。文献记载，正统十年（1445 年）城墙内壁始包砖。但调查资料表明，尚未发现正统年间纪年砖文。喜仁龙调查资料未提供外壁大砖砖文资料，内壁所见大城砖砖文纪年略为表 8 - 1 -1[1]。

表 8 - 1 - 1　　　　　　　　　　　　　内城墙内壁所见砖文概况

纪年		东壁	西壁	南壁	北壁	备注
成化			十九年	十八年	十三年	东壁未见成化、正德纪年
正德			二年	六年	四年	
嘉靖	早	四[2]、十年	十六年	七年	七[3]、十一年	东壁还有十五、十六、十八、二十、二十一、二十三、二十四、二十七年；西壁还有二十三、二十七、三十二、三十三、三十六、三十九年；南壁还有二十九、三十三、三十四年；北壁还有二十一、二十八年
	中	二十八、三十二、三十三年	二十二、二十四、二十六、二十九、三十一年	二十八、三十一、三十二年	十四、十七年	
	晚	三十八年	三十九年	三十四年	三十一年	
万历	早	三十年	三年	三十二年	二十九年	东壁三十二年较多，还有三十一年；西壁三十二年最多，三十年次之，还有二十三、二十六、二十九年；南壁仅见三十二年；北壁三十二年最多，还有三十一年
	晚	三十三年	三十三年	三十二年	四十六年	

据表 8 - 1 - 1 可知，明北京内城墙砖文纪年最早是成化十三年，主要集中在嘉靖时期，下限在万历四十六年。喜仁龙在《北京的城墙和城门》一书中，将嘉靖年号称中期，成化及其以前称初期。喜仁龙判定的明初期内城墙部位，除个别的有成化十三年、十八年、十九年城砖外，余者均无砖文，且剥蚀残毁严重，墙段较短（以 20 米以下墙段居多）。嘉靖时期纪年砖文最多，前后延续 36 年左右，所见墙段长，多相连[4]，是内城墙大规模整修时期。万历时期砖文纪年主要集中于三十年之后，纪年砖文数量远少于嘉靖时期，所见墙段多较短。据此似可认为，正统十年内城墙只是开始包砖，但远未完成，前述明初无砖文纪年的墙段可能即砌筑于该阶段。此后不久，正统十四年发生"土木堡之变"，遂转入代宗、英宗皇位变动时期。宪宗即位后，文献记载成化六年修理"安定、西直二门城垣"，武宗时正德九年"修理京城都城垣"，前述所见成化、正德纪年砖文应是该阶段

〔1〕　参见［瑞典］奥斯伍尔德·喜仁龙《北京的城墙和城门》，许永全译，北京燕山出版社 1985 年版，内城墙内壁调查部分。

〔2〕　［瑞典］奥斯伍尔德·喜仁龙：《北京的城墙和城门》，许永全译，北京燕山出版社 1985 年版，第 9 页。

〔3〕　［瑞典］奥斯伍尔德·喜仁龙：《北京的城墙和城门》，许永全译，北京燕山出版社 1985 年版，第 68 页。

〔4〕　［瑞典］奥斯伍尔德·喜仁龙：《北京的城墙和城门》，许永全译，北京燕山出版社 1985 年版，第 57 页。

续包内壁城砖的反映。而大量嘉靖纪年砖文则表明，内城墙包砖似最终完成于嘉靖中期至晚期（文献记载，嘉靖三年修德胜门城垣，四年修都城，三十九年"修理都城兴工"），这个阶段所用城砖和砌筑质量在明代均属上乘。至于万历晚期少量纪年砖文，当为补筑的反映。总之，明北京内城墙内外壁包砖从正统十年开始，延续的时间很长。

三　城内街坊胡同与给水排水系统

（一）城内街坊胡同概况

明北京城以永定门向北经正阳门、大明门、承天门、端门、午门，外朝三殿后廷两宫、万岁山直至鼓楼、钟楼长约 8 公里的中轴线为准，将全城中分为东、西两大部分。中轴线为全城中间主干大街。内城纵贯全城大街两条，东城从崇文门开始的崇文门里街笔直向北与东长安街相接处有（东）单牌楼，又北至与朝阳门大街和双碾街十字相交处有（东）四牌楼，再北接集贤街抵北城墙。西城从宣武门开始的宣武门里街向北至与西长安街相接处有（西）单牌楼，又北至与阜成门街十字相交处有（西）四牌楼，再北笔直接新开道街抵北城墙。以上两条主要南北向大街抵北城墙处均无出口，须沿城下大街（顺城街）分别出安定门和德胜门。这两条大街的牌楼是长街上道路分段的标志，同时又可增加长街的节奏，并美化街景。另一条南北向主要大街，从安定门开始的安定门大街向南，至钱堂（钱粮）胡同西口偏西南处向东略折拐，然向南过灯市、东长安街、经台基厂西侧南行过东江米巷至红厂胡同抵南城墙。经城下大街（顺城街）可东出崇文门，西出正阳门。此外，从德胜门向南的德胜门大街过积水潭与什刹海之间的德胜桥，又从崇国寺街和定府大街之间穿过，直抵皇墙北大街，这条南北向大街中间略曲。

东西向大街，东城朝阳门大街西行经前述崇文门里街—集贤街过（东）四牌楼接双碾街，向西与安定门大街"丁"字形相交。东直门大街西行过集贤街、安定门大街接顺天府街抵鼓楼前。从此向南经鼓楼下大街（中轴线）抵皇城北安门，又从鼓楼前向西经斜街达德胜门。西城阜成门街东行经宣武门里街—新开道街，过（西）四牌楼向东抵皇城西大街。西直门大街东行与新开道街呈"丁"字形相交。此外，还有皇城北大街，西抵太平仓附近南折接皇墙西大街；东至皇城东北隅南折接皇城东墙外火道半边街夹道。皇墙北大街不起连接内城东西交通的作用。

皇城北安门经鼓楼下大街达鼓楼，西安门从西安门大街西行与南来的宣武门里街"丁"字形相交；东安门东出与北来安定门大街相接，东通金鱼胡同。承天门前东长安街东过玉河北桥，东行过前述安定门南向大街，又东与崇文门里街"丁"字形相交，此处有（东）单牌楼；西长安街西行与宣武门里街"丁"字形相交（西接胡同），此处建（西）单牌楼。大明门和正阳门间有棋盘街，其东东江米巷过前述红厂胡同北口又东至崇文门（东江米巷东部略向南斜）；西江米巷较短，约止于细瓦厂南门东口。

以上内城主要大街态势，是由于内城南北城门位置相错，东西四座相对城门间被皇城和湖泊阻断所致。故任何相对两城门之间均无贯通的直街，内城无横贯东西的大街。这些大街除德胜门大街须过德胜桥外，余者均与元大都北缩五里后其尚存的大街基本相同（皇城和外界连接的街道与元萧墙对外交通状况略有区别）。上述南北和东西大街或"十"字或"丁"

字形交叉所形成的横、竖长方形区间（有的平面形状不太规整）内，配置诸坊，坊内均排列东西向的胡同（小巷），胡同内两侧安排居民住宅，其模式基本仍元大都之旧[1]。此外，其他南北和东西向街道均属区间性的短街道。

外城以笔直的正阳门大街为主干道，并将外城中分为东、西两大部分。东西向门与广渠门间大街为东西主干道，这条大街从广宁门东行经广宁门大街、菜市大街、骡马市街，过虎坊桥至万明寺附近（陕西巷南口）较直，向东略北斜过正阳门大街接西三里河（街），又略斜向南经东三里河（街）东行，经抽分厂大街、揽杆市等又东曲折抵广渠门。崇文门大街和宣武门大街较直，向南与前述东西横街"丁"字形相交。外城西部原属金中都范围，前述广宁门大街至骡马市街原为金中都彰义门与施仁门间东西大街东段，故较直。外城内仅崇文门大街之东，神木厂大街以北胡同排列较整齐（崇北坊北半部），余者无规划，多是一些走向不正的斜街和胡同。这些斜街或胡同与元代时元大都和金中都（元代称"南城"）的居民不断走近道交往，以及后来随着商业的兴盛，街道顺势逐渐发展起来的情况密切相关。

明初将元大都北部内缩五里，随之亦将元大都50坊减为33坊。明初北平府下仍设大兴、宛平二县，二县辖区以中轴线为界，城东大兴县20坊，城西宛平县13坊[2]。33坊名多沿用元大都中部和南部坊名，个别的坊名新定（如崇教坊因国子监、文庙定新名；教忠坊因纪念南宋文天祥在此被囚杀而定新名）。永乐迁都之后，又于坊下分牌，牌下设铺，铺设总甲。嘉靖时期修筑外城之后，内外城共分36坊，分属中、东、南、西、北5城。中城"在正阳门里，皇城两边"，共9坊。东城在崇文门里，街东往北，至城墙"，共5坊。西城"在宣武门里，街西往北，至城墙"，共7坊。北城"在北安门至安定、德胜门里"，共7坊。南城"在正阳、崇文、宣武三门外"，共8坊。

以上内城共28坊，较明初33坊少5坊，两者之间的坊名约1/3发生变化，坊界也有部分调整。如元萧墙灵星门南的五云坊、万宝坊，因永乐后皇城南扩而取消；时雍坊因南城墙扩展面积增大，故分为大小两个时雍坊；昭回、靖恭合为一坊，等等。上述诸坊内各辖若干胡同，城内居民即居住在皇城以外五城各坊的胡同内。明初北平城内居民很少，永乐迁都后人口迅速膨胀。至弘治中，北京"生齿日繁，物货益满，坊市人迹，殆无所容"。到明中后期嘉靖、万历之时，北京城市四方辐辏，"生齿滋繁，阡陌绮陈，比庐溢郭"，南城人口繁盛，"殆倍城中"。五城中人口数量排序为南城、东城、西城、北城、中城[3]。据天启元年资料，五城之中人口密度大小依次为西城、东城、中城、南城和北城[4]。

---

[1]　元大都胡同宽约6米，胡同与胡同之间的距离约77米。今东直门与朝阳门间排列东西向胡同22条，考古钻探从元大都崇仁门（东直门）至齐化门（朝阳门）间亦探到22条东西向胡同。从考古钻探全部结果来看，不仅明代而且直至"文化大革命"之前东西长安街以北的街道和胡同，基本上仍承袭元大都的情况。

[2]　大兴县20坊：五云坊、南熏坊、保大坊、昭回坊、靖恭坊、云椿坊、金台坊、澄清坊、明照坊、仁寿坊、教忠坊、崇教坊、蓬莱坊、湛露坊、明时坊、黄华坊、思诚坊、居贤坊、贤良坊、寅宾坊。宛平县12坊：万宝坊、时雍坊、安富坊、半储坊、发祥坊、阜财坊、咸宜坊、鸣玉坊、太平坊、金城坊、日中坊、西城坊。

[3]　侯仁之主编：《北京城市历史地理》，北京燕山出版社2000年版，第278页，统计明嘉靖后期五城人口为：中城37400人，东城107250人，西城66000人，北城49500人，南城135850人。

[4]　侯仁之主编：《北京城市历史地理》，北京燕山出版社2000年版，第332—334页。

明北京城内居民"五方杂处"，各行各业各类居民众多。在居民之中因其阶级地位、职业和经济实力等方面的差异，虽"五方杂处"，但亦略呈各自分片相对集中之势。五城之中人口密度的差异，与城内主要配置、功能区划和相应的人口构成性质有较密切的关系[1]。

（二）护城河、水门与给水排水系统

明初新筑北城墙，又从西直门（元和义门）以北斜向东北，穿过积水潭上游水面最窄处转向正东接北城墙东段，导致元大都和义门南金水河入城水门与和义门北瓮山泊水入城进积水潭的水门废置，改由德胜门西水门（关）引水入城，于是元大都金水河上游断流。其次，明营建北京皇城，将元大都萧墙北墙和东墙外移，萧墙外一段通惠河道被包入皇城内。而明北京向南展筑内城南城墙，又将元大都文明门外一段通惠河道包入北京内城之中，鉴于上述情况，元通惠河上游被完全截断，城内漕运遂绝。此外，明初北平尚未建都，无漕运之需，运道失修，白浮断流，丧失主要水源，因而积水潭淤垫，湖面逐渐缩小，完全失去了城内水上交通中心和漕运中心的作用和地位。北京建都后曾欲引白浮泉水开漕运，但引白浮泉水必须经昌平明陵域之前，堪舆家认为于地脉不利，遂罢。因此，明北京城的水源只有玉泉山水[2]。

玉泉山水"经高梁桥，抵都城西北而派为二：一循城之左而东而南，一循城之右而南而东"[3]。前者为北支，水入北护城河，至德胜门西水关处引水入城，流经积水潭和什刹海后又分两支。一支经西不压桥注三海（北海、中海和明代新凿的南海），为内、外金水河的水源。内金水河水源从北海分流经万岁山（今景山）西墙外南流注紫禁城护城河。然后水从紫禁城西北角附近墙下地沟入紫禁城内，沿紫禁城西墙南流，又转东流经奉天门前、会极门北、文华殿西，而北而东，自慈庆宫前徽音门外蜿蜒而南，从紫禁城墙下地沟入护城河（筒子河），然后经太庙之东流入玉河。外金水河从太液池南端的南海引水向东，沿皇城西南角曲折东流，又经皇城南墙过承天门前，东流与内金水河合，东流入玉河，然后南流出正阳门东水门入南护城河。水从德胜门西水关入城后另一支从什刹海流经海子桥（今地安门桥）后入皇城，沿皇城东墙南下称玉河，水流出皇城合内外金水河，南流出正阳门东水关入南护城河。又前述北支除过德胜门西水关分水入城外，继续东流经德胜、安定二门（北护城河），绕东北角楼南流为东护城河，经东直、朝阳二门至东便门汇内城南护城河与外城东护城河，又东流入通惠河。

前述"循城之右而南而东者"为西支，水入内城西护城河南行，经西直、阜成二门至西便门外，又合西来望海楼一带诸水，复分为二小支。一支入内城南护城河，经宣武、正阳、崇文三门至东便门外合东护城河后，注入通惠河。另一支入外城西护城河南行，过广宁门，合西北莲花池之水；又折而向东入外城南护城河，经右安、永定、左安三门；再沿

〔1〕　侯仁之主编：《北京城市历史地理》，北京燕山出版社2000年版，第336—337页。

〔2〕　元大都金水河直接从玉泉山引水，自和义门南水关入城。元引白浮泉水入瓮山泊后，水通过渠道从大都和义门北水关入城，注积水潭，从而达到济漕目的。明代白浮泉断流，只靠玉泉山水入瓮山泊，沿旧水道从明北京德胜门西水关入城注积水潭。因而玉泉山水成为明北京城金水河、护城河与城内水道的唯一水源。

〔3〕　《日下旧闻考》卷三八引《明熹宗实录》。

外城北折入外城东护城河，过广渠门至东便门外，汇内城东、南护城河，流入通惠河，直达通县运河。明北京宫苑和内外城与城郊运河给水同出一源，合为一流，至清末变。

明北京内、外城墙之外均有城濠，即护城河。护城河与城墙是筑城的主体工程，护城河的功能重在防御，同时又是城市给水排水系统的重要组成部分。

内城墙外的护城河距城墙约50米，环城护城河各部位深浅宽窄有差，德胜门以西一段，深达3米余，正阳门至崇文门等河段宽达30—50米，其余河面较窄，东直门至朝阳门河段宽仅10余米[1]。外城护城河普遍较内城护城河窄而浅。明正统四年进一步完善内城濠，于是"深其濠，两崖悉甃以砖石。九门旧有木桥，今悉撤之，易以石。两桥之间各有水闸，濠水自城西北隅环城而东，历九桥九闸，从城东南隅流出大通桥而去（通惠河又名大通河）"。护城河的水源及其与城内给水的关系已如前述，石桥除正阳门外并列三座石桥外，其余各门外均为一座石桥，各桥仅崇文门外为三孔石桥，余者皆为单孔石桥，各门外石桥都与箭楼对置。此外，德胜门瓮城西侧尚有一座单孔石桥。外城门外之桥，《大清会典》记载，雍正七年时永定门外为木吊桥，所以明代外城门外可能均为木吊桥[2]。除上所述，为保证护城河之畅通，到一定阶段尚需疏浚[3]。

水门又称水关、水窦，建于城垣墙体下部，券顶，底夯三合土，其上铺砌多层石板、石块，再砌数层大城砖。内城有5座水门，其中最重要者是德胜门西水关（门），为三孔券洞，是城内给水之水关。其余水门为宣武门西水门（一孔券洞）、正阳门西水门（一孔券洞，约在今和平门处）、正阳门东水门（又称水津门、三孔券洞）、崇文门东水门（又称出水门，三孔券洞）。至于东直门南水门和朝阳门南水门（二水门均为过梁式涵洞），则是清代构筑的[4]。上述4座水门主要功能是向城外排水入护城河。外城东便门东、西，西便门以东各辟一座水门，均为三孔券洞。西便门东、东便门西水门的主要功能是使内城西、东护城河穿过外城墙与内城南护城河沟通。内、外城水门内外均置铁栅栏二至三层，派专职军人守护。

明北京城排水系统与元大都有承袭关系，但元大都城内排水系统记载简略，情况不明。

到明代北京城，护城河既起城内给水、又起排水作用，德胜门西水关是从护城河供水入城的上游，前三门外护城河是城内主要沟渠排洪泄污的下游。据《明史》卷八八《河渠志六》记载：正统四年"设正阳门外减水河，并疏城内沟渠"，内城沟渠已知者主要有三条。一为大明濠（又称河槽），北从西直门大街横桥（又称虹桥、红桥、洪桥）南下至南城墙下的象坊桥，经宣武门西水门排入南护城河。二是东沟和西沟，分别从西长安街南下，然后合一，继续向南（沿今北新华街）至化石桥，经正阳门西水门排入南护城河。三是东长安街御河桥下沟渠（今北河沿与南河沿大街），沟渠上接积水潭为通惠河故道，下经正阳门东水门排入南护城河。以上所述，均是顺自然地势自北而南的明沟，其中以大明

〔1〕 傅公钺：《明代的北京城垣》，《北京文物考古》1983年总一辑。
〔2〕 傅公钺：《明代的北京城垣》，《北京文物考古》1983年总一辑。
〔3〕 《日下旧闻考》卷三八引《藏密斋集》。
〔4〕 《日下旧闻考》卷八九。

濠与通惠河故道最为重要。此外，全城大小街道还有许多支沟。

外城排水明沟亦主要有三条。一今称龙须沟，沟从山川坛（先农坛）西北隅外一大苇塘东流，穿过正阳门大街的天桥和天坛北侧，又绕天坛之东，蜿蜒曲折，经左安门西水关排入外城南护城河。该明沟大约是永乐年间兴建天坛和山川坛时，利用原有低洼地带疏导而成。龙须沟一名是后来才见于记载的。二是虎坊桥明沟，从宣武门以东护城河南岸的响闸开始，南经虎坊桥至山川坛西北隅外的苇塘。三是正阳门外三里河，正统初年修浚护城河时，从正阳门以东护城河南岸开渠，东南经三里河，下游入龙须沟。以上三条明沟，均直接或间接起着排泄前三门城濠余涨的作用，故实际上是内城排水系统的组成部分之一。

到了清代，北京城内沟渠又有增加。主要是新开两条明沟，一在内城西城墙内侧从西直门经阜成门至城西南隅太平湖。二是从安定门以东的北城墙内侧开始，至城东北隅转而南下，沿东城墙内侧经东直、朝阳二门到城东南隅接泡子河[1]。该沟水经东直、朝阳二门时，水分别从东直门南水门和朝阳门南水门排入东护城河，泡子河水则从崇文门东水门排入南护城河。此外，据清光绪《会典事例》卷九三四记载：乾隆五十二年北京内城"大沟三万五百三十三丈"，"小巷各沟九万八千一百余丈"，其中绝大部分为埋于地下的暗沟网。清代完全承袭了明北京城的形制布局，其排水沟渠虽有增加，但乾隆之世距明末仅一百余年，估计排水沟渠不会有大的变化。也就是说，上述情况，大体可作为明末北京城沟渠长度的重要参数。

四　城内重要建筑的方位与主要配置概况

（一）重要建筑的方位

明北京城内的主要建筑，除宫城、皇城外，拟择要简略介绍鼓楼、钟楼、文庙和国子监、观象台、天坛等诸坛的配置方位和概况[2]。

鼓楼在北京城中轴线北端，永乐十八年建，嘉靖十八年毁于雷火，二十年重建，以后历经修缮，保存至今。鼓楼构造近似城楼，下砌砖墩台，中间开门洞，台上建重檐歇山顶城楼，楼身面阔五间，进深三间十椽，四周加一圈回廊，构成下檐。由于墩台顶部未建垛口，而做出一圈腰檐和平坐，鼓楼外观遂成为二层三滴水的楼阁形式。鼓楼下层墩台，自下脚计，面宽48.73米，进深29.19米，墩台之高，自下脚计至上层砖铺地面为19.19米。鼓楼上层楼房面阔42.61米，进深22.93米。鼓楼上部楼身东西宽38.11米，进深18.45米，高度从上檐大额枋下皮距楼内地平9.78米（图8-1-17）。

钟楼在鼓楼之北约百米，两者前后相重，永乐十八年建，后毁于火灾。清乾隆十年重建，十二年建成。明代钟楼上部可能是木构建筑，乾隆重建时改为砖券结构。钟楼现存形制，平面方形，下为墩台。墩台上建重檐歇山屋顶钟楼楼身，形制近似于明清各陵的碑

---

〔1〕　侯仁之：《历史地理学的理论与实践》，上海人民出版社1979年版，第202页。

〔2〕　参见孟凡人《宋代至清代都城形制布局研究》第九章，中国社会科学出版社2019年版。

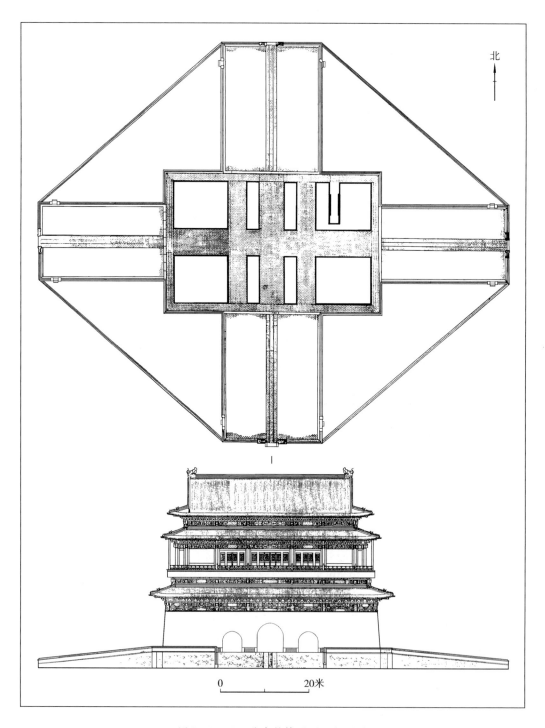

图 8 - 1 - 17 北京鼓楼平面、立面图

（引自傅熹年《中国古代城市规划、建筑群布局及建筑设计方法研究》，中国建筑工业出版社 2001 年版，略变化）

亭。墩台每面 31.36 米左右，正中各开一宽 6.08 米券顶门洞，在墩台内部形成一十字交叉的券顶通道。在二方向券道交叉处做成一方井，向上穿过墩台通到楼身地面。墩台之高、约是墩台宽度的一半。墩台顶建楼身，平面正方形，下有高 3.30 米须弥座式台基。楼为砖砌拱券结构，墙身平面高 22.26 米，各面开一宽 4.81 米券洞门。门内为宽 6.10 米，高 7.68 米的筒壳，在中心十字相交处升高，形成高 14.40 米东西向筒壳，其下建木架悬挂铜钟，楼身外轮廓，自地面至下檐檐口高 11.64 米；自此下檐檐口上至檐正脊当沟瓦处高 11.31 米，二者共高，即自地面至屋顶正脊底部高为 22.95 米。由于钟楼是正方形，故其下的墩台和台上的楼身都由四个或八个立方体组成，设计巧妙（图 8－1－18）[1]。

国子监在崇教坊方家胡同北（今国子监胡同），元建，明宣德四年重修，正统八年再重修。现存建筑为清代所建（图 8－1－19）。文庙又称孔庙，在国子监东，即元文宣王庙，明永乐九年重建，宣德四年（1429 年）修大成殿，嘉靖九年改大成殿为先庙，大成门为庙门，以后又历经重修，现存孔庙为清代建筑（图 8－1－20）。

观象台在东城明时坊，初称观星台，又称瞻象台。明初观星台设在朝阳门城门上，正统七年在元大都东南角楼上建观星台，正统十一年造晷影堂，嘉靖时期续有建设，其晚期曾对观象台进行大修，此后迄明末基本无变动。根据考古调查资料，明代废除元司天台，在其南原元大都东南角楼建观星台。即将原角楼基础改成长、宽 40 米，元夯土墙心外补筑后，内包砌小砖外包砌大城砖。观象台曾经过几次修缮，所见最晚砖文为“嘉靖三十六年”。从观象台与城墙叠压关系判断，其始建年代不会早于正统年间，清代又有改建[2]（图 8－1－21、图 8－1－22、图 8－1－23）。该观象台在世界现存古代观象台中，保持着在同一地点连续观测最久的历史纪录。

天坛在永定门内大街东侧，隔街与先农坛对峙。天坛是圆丘和大享殿的总称，占地面积很大，内外两重坛墙环绕。外重墙南北 1650 米，东西 1725 米，内重墙南北 1228 米，东西 1043 米；围墙平面南方北圆，象征天圆地方（图 8－1－24）。永乐十八年按历代传统，将天地坛建于都城之阳七里略偏东处（南属阳位、故祭天于南郊），并依洪武时期南京大祀坛规制合祀天地，其主殿大祀殿即在今祈年殿处。嘉靖九年以为合祭天地于殿内不合古制，改为分祀天地。于是在大祀殿正南方新建祭天圆丘（图 8－1－26），改天地坛为天坛[3]，并在北京城北、东、西郊另建地坛、日坛和月坛，又将原在大祀殿建筑群下大台基两侧和前方的山川、太岁、镇、岳、海、渎诸坛迁至大道西侧的山川坛内。嘉靖十九年在圆丘之北建皇穹宇（初建时称“泰神殿”，嘉靖十七年改称“皇穹宇”）（图 8－1－27），形成圆丘一组建筑群。嘉靖二十四年在拆大祀殿的基址上建成仿古代明堂之制的大享殿（又称泰享殿，清乾隆十六年改称祈年殿），形成大享殿一组建筑（图 8－1－28、图 8－1－29）。嘉靖三十二年建外城后，天坛形成内外二重坛墙形制，从此形成定制。入清

〔1〕　鼓楼和钟楼的形制结构，参见傅熹年《中国古代城市规划、建筑群布局及建筑设计方法研究》，中国建筑工业出版社 2001 年版，第 168—170 页。

〔2〕　参见蒋忠义《北京观象台的考察》，《考古》1983 年第 6 期；伊世同《北京古观象台的考察与研究》，《文物》1983 年第 8 期。

〔3〕　《日下旧闻考》卷五七引《嘉靖祀典》。

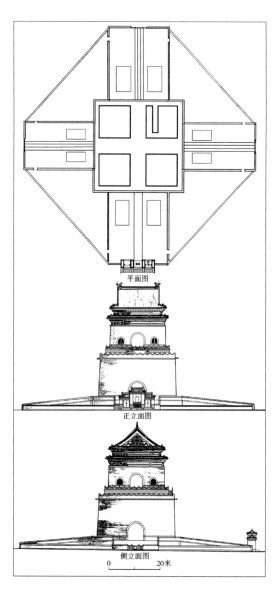

图 8-1-18　北京钟楼平面、立面图

（引自傅熹年《中国古代城市规划、建筑群布局及建筑设计方法研究》，中国建筑工业出版社 2001 年版，略变化）

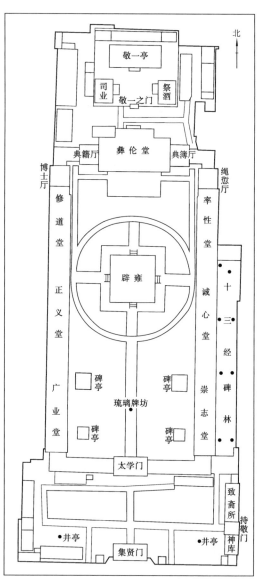

图 8-1-19　北京国子监平面示意图

（引自国家文物局主编《中国文物地图集·北京分册》，科学出版社 2008 年版，略变化）

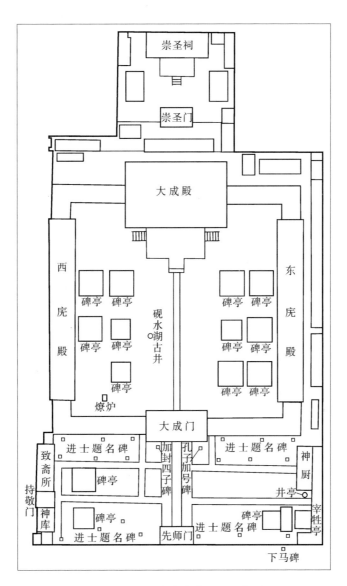

图 8 - 1 - 20 北京孔庙平面示意图

（引自国家文物局主编《中国文物地图集·北京分册》，科学出版社 2008 年版，略变化）

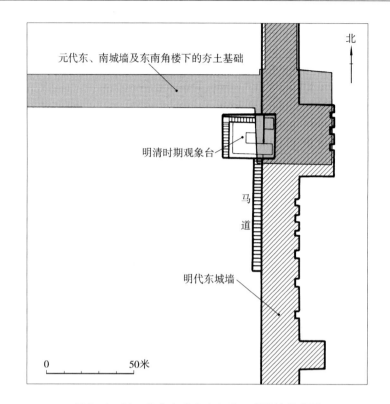

图 8 - 1 - 21　北京古观象台与元、明城墙关系图
（引自蒋忠义《北京观象台的考察》，《考古》1983 年第 6 期，略变化）

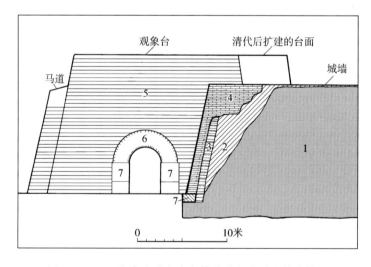

图 8 - 1 - 22　北京古观象台与城墙叠压关系及其结构图

1. 元代夯土（元代城墙及东南角楼下夯土基础）　2. 明代夯土（一层夯土一层砖）　3. 明永乐时期城墙包皮小城
砖　4. 明正统时期城墙包皮大城砖　5. 明代砖石结构观象台　6. 券顶　7. 石条

（引自蒋忠义《北京观象台的考察》，《考古》1983 年第 6 期，略变化）

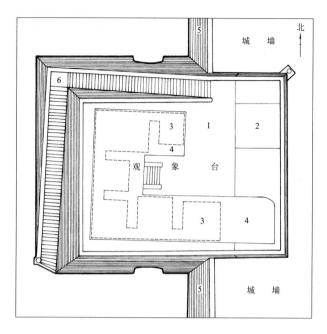

图 8 - 1 - 23　北京古观象台平面示意图

1. 明代砖石结构观象台　2. 清代扩建的台面　3. 清康熙时期台面上置仪器的基座（虚线范围）　4. 清乾隆时期台面上置仪器的基座（实线范围）　5. 明正统时期城墙包皮大城砖　6. 马道

（引自蒋忠义《北京观象台的考察》，《考古》1983 年第 6 期，略变化）

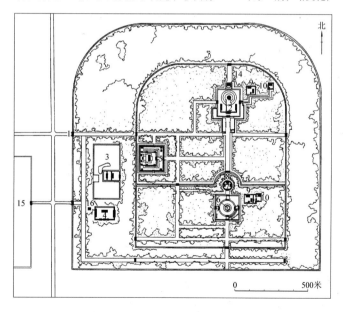

图 8 - 1 - 24　北京天坛总平面图

1. 坛西门　2. 西天门　3. 神乐署　4. 牺牲所　5. 斋宫　6. 圆丘　7. 皇穹宇　8. 成贞门　9. 神厨神库　10. 宰牲亭　11. 具服台　12. 祈年门　13. 泰享殿　14. 皇乾殿　15. 先农坛

（引自傅熹年《傅熹年建筑史论文集》，文物出版社 1998 年版，略变化）

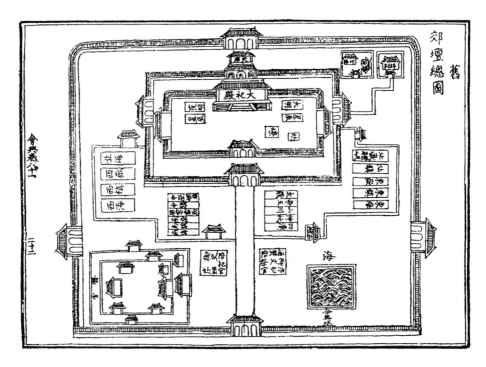

图8-1-25　《大明会典》载永乐十八年北京天地坛图

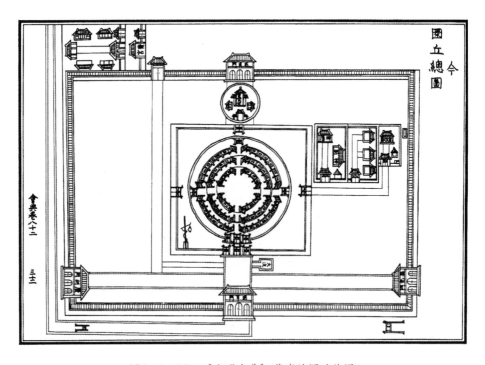

图8-1-26　《大明会典》载嘉靖圆丘总图

图 8 - 1 - 27　《大明会典》载嘉靖皇穹宇图

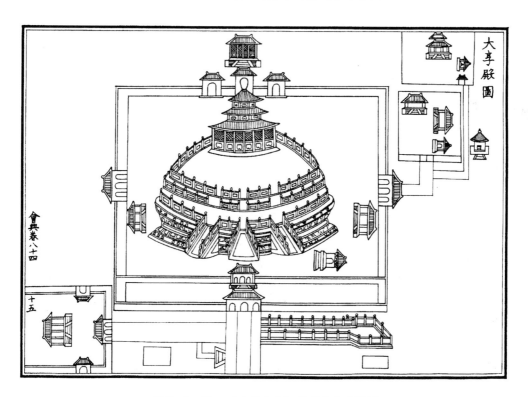

图 8 - 1 - 28　《大明会典》载嘉靖大享殿图

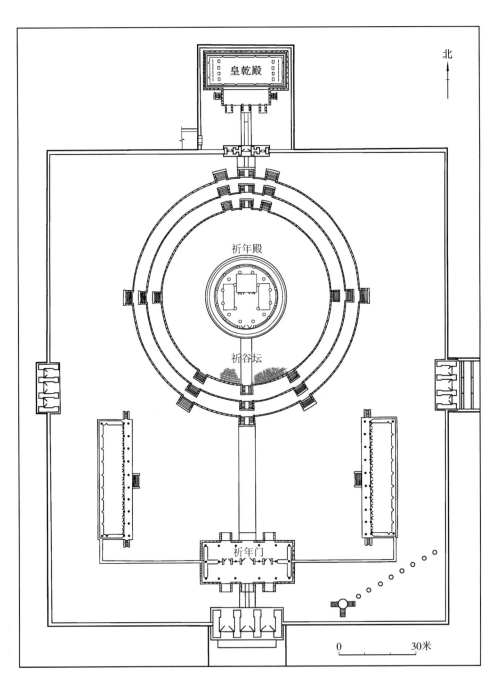

北

0 ____ 30米

图 8 – 1 – 29　明嘉靖二十四年创建大享殿图

（引自傅熹年《中国古代城市规划、建筑群布局及建筑设计方法研究》，中国建筑工业出版社 2001 年版，略变化）

之后虽经几次大修和改建，但规制未大变〔1〕（图8-1-24）。天坛的形制布局和建筑形制结构从总体到细部都极力施展各种建筑艺术手段，并将中国古代对天的理解和想象转化为建筑语言，终于使天坛成为我国历史上思想性最强和艺术性最高的建筑群之一。天坛是明北京城内除皇城、宫城外，最重要的皇家建筑，也是中国现存古代祭祀建筑中，最能代表中国古代祭祀建筑和中国古代建筑群规划布局水平的完整实例。

山川坛、先农坛和太岁坛等共在一处，位于永定门内大街西侧，与天坛相对，现统称为先农坛（图8-1-30）。山川坛，永乐十八年建，"缭以垣墙，周回六里"，"嘉靖十一年，即山川坛为天神地祇二坛"。同年建神祇坛于"先农坛内垣外之东南"，"东为天神坛"，"西为地祇坛"（图8-1-31）。太岁坛在山川坛内，先农坛之东北，嘉靖十一年改建。先农坛在山川坛内西南隅，太岁坛西南，先农坛东有旗纛庙〔2〕（图8-1-30）。

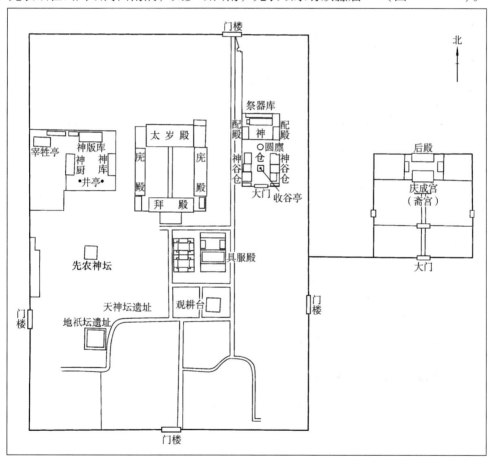

图8-1-30　北京先农坛平面示意图

（引自国家文物局主编《中国文物地图集·北京分册》，科学出版社2008年版，略变化）

---

〔1〕 天坛的形制布局、结构及明代营建，清代改建概况，参见傅熹年《傅熹年建筑史论文集》，文物出版社1998年版。

〔2〕 《日下旧闻考》卷五五。

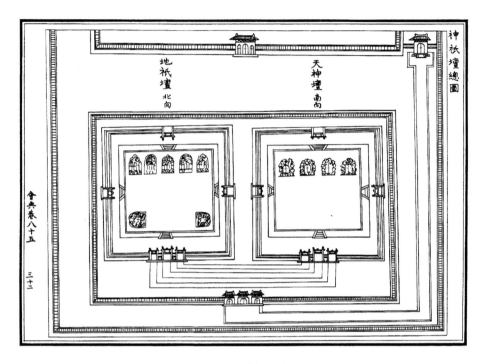

图 8 - 1 - 31　《大明会典》载嘉靖神祇坛总图

地坛又名方泽坛，在安定门外东隅，坐南面北，嘉靖九年建[1]，清代又有较大扩建和改建（图 8 - 1 - 32）。朝日坛（日坛）在城东朝阳门外（图 8 - 1 - 33），夕月坛在城西阜成门外（图 8 - 1 - 34），均建于嘉靖九年[2]。

此外，还建有历代帝王庙，位于阜成门内大街 171 号。庙始建于明嘉靖九年，清康熙四年、雍正七年和乾隆二十九年重修（图 8 - 1 - 35）。

除上所述，寺观，明初至宣德间有所限制，新建寺观较少，寺观以前留存者为主。正统以后，除皇家兴建的大寺观外，宦官和达官显贵私建寺观逐渐增多，到成化中"京城内外寺观已至六百三十九所，仅西山就有三百七十寺"[3]。

（二）衙署仓厂（场）、邸第园林配置概况

"明永乐时，吏、户、兵、工四部及鸿胪寺、钦天监、太医院诸署皆仍旧官舍为之，

〔1〕 地坛的形制、结构和相关情况，参见《日下旧闻考》卷一百七"方泽坛"条；潘谷西主编《中国古代建筑史》，中国建筑工业出版社 2001 年版，第 130—131 页。

〔2〕 日坛和月坛的形制、结构和相关情况，参见《日下旧闻考》卷八八"朝日坛"条，卷九六"夕月坛"条；潘谷西主编《中国古代建筑史》，中国建筑工业出版社 2001 年版，第 126—127 页。

〔3〕 寺观，参见《日下旧闻考》卷四三至六一"城市"条；徐苹芳《明清北京城图》，地图出版社 1986 年版，第 81—108 页，《明北京城复原图建置资料表》寺观项所收 248 所寺观；（清）张爵《京师五城坊巷胡同集》，北京古籍出版社 2001 年版；（清）朱一新《京师坊巷志稿》，北京古籍出版社 2001 年版，所记之 248 所以外寺观。

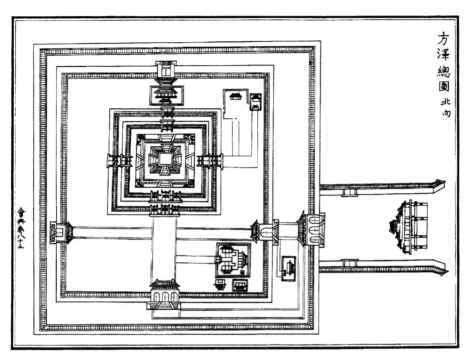

图 8 - 1 - 32　《大明会典》载嘉靖方泽总图

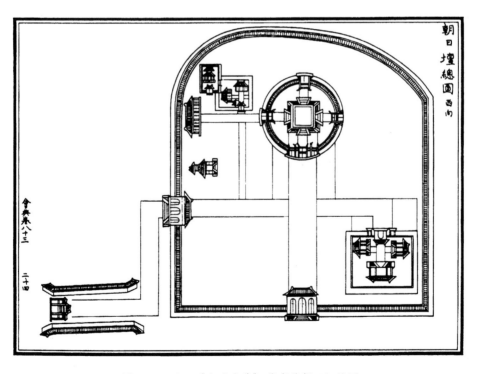

图 8 - 1 - 33　《大明会典》载嘉靖朝日坛总图

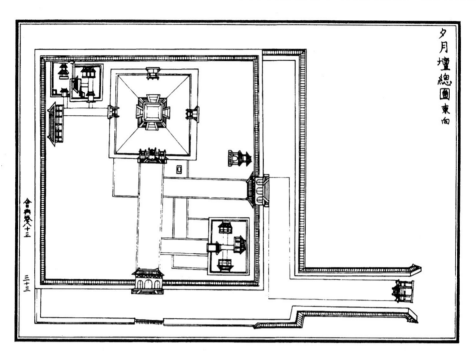

图 8-1-34 　《大明会典》载嘉靖夕月坛总图

散处无序。正统七年，始各以行列方位，次第改建。"[1]即正统七年在三大殿和两宫重建工程完成之后，便在皇城承天门前"T"字形宫廷广场千步廊两侧，按南京之制置主要中央衙署，其情况详见"皇城和紫禁城"一节所述。此外，还有一些中央官署，仓库、厂场和地方官署，以及邸第园林和一些相关机构散置于各坊。以上配置情况，请参见《京师坊巷志稿》《京师五城坊巷胡同集》《明清北京城图》等的介绍[2]，并参见后文功能区划的论述。

（三）商业和商市[3]

明初正当战乱之后，北京人口锐减，漕运断绝，百废待举，故是时"商贾未集，市廛尚疏"，商业萧条。定都北京之后，为改变这种状况，政府在皇城四门之外、钟鼓楼、东四和西四牌楼及各城门附近，修建几千间民房和店房（廊房），以充实居民、招揽客商，繁荣经济。以后随着运河的沟通，"帝都所在，万国梯航，鳞次毕集"，于是客店和塌房业（存商货的货栈）也发展起来。明代中叶随着国力的恢复和发展，北京的商品生产和商业则日渐活跃。至弘治年间，北京已是"生齿益繁，物货益满，城市人迹，殆无所容"，市

---

[1] 《日下旧闻考》卷六三。
[2] （清）张爵：《京师五城坊巷胡同集》，北京古籍出版社 2001 年版；（清）朱一新：《京师坊巷志稿》，北京古籍出版社 2001 年版；徐苹芳：《明清北京城图》，地图出版社 1986 年版，之《明北京城复原图建置资料表》。
[3] 参见孟凡人《宋代至清代都城形制布局研究》第九章第八节，中国社会科学出版社 2019 年版；侯仁之主编《北京城市历史地理》，北京燕山出版社 2000 年版，第 224—232 页。

场走向繁荣。列市贸易不仅有各种日用百货，而且"器具充栋与珍玩盈箱，贵极昆玉、琼珠、滇金、越翠，凡山海宝藏，非中国所有，而远方异域之人，不避间关险阻，而鳞次辐辏，以故畜聚为天下饶"，因而形成全国最大的消费市场和商业中心。

明北京城店铺林立，分一百三十余行（少数是手工业作坊）。较大的铺行有绸缎、珠宝、玉器、生药、布行、茶食、冠帽、颜料、茶叶等。铺行分为三行九则，"上三则，人户多系富商，资本数千；中三则，也不下三、五百金；独下三则，委系资本不一"，万历时全城店铺约万户左右。

明初北京城内各坊几乎都有店铺，并且大都在百户店铺以上，其配置的主要特点，一是各城门附近位于入城大街两侧的坊，中等以上店铺相对较多。二是店铺数量多，上等店铺比例大，分布密度高，资金较雄厚的商市主要分布在皇城周围，并在皇城四门之外形成主要商业区。以这些主要商业区为核心，向周边辐射或延伸，又形成若干次要商业区。

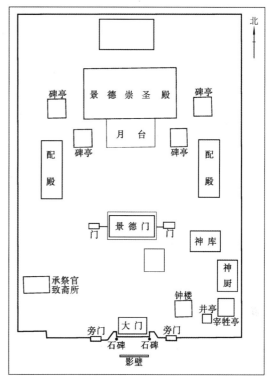

图 8-1-35　北京历代帝王庙平面示意图
（引自国家文物局主编《中国文物地图集·北京分册》，科学出版社 2008 年版，略变化）

城内主要商市：（1）以棋盘街为中心的朝前市。皇城千步廊南部大明门至内城正阳门之间的东西横街称"棋盘天街"，俗名"棋盘街"。这里"四围列肆"（《宸垣识略》）、"百货云集"，称"朝前市"。是时"天下士民工贾各以牒至，云集于斯，肩摩毂击，竟日喧嚣"，足现国门之繁荣（朝前市还是著名的图书市场）。朝前市的主体在大明门与正阳门之间，其宏观范围向东过崇文门里街将明时坊包括在内，向西则抵宣武门里街。（2）东安门外的皇店、灯市和内市。皇店在戎政府街（今灯市口大街），所谓皇店系指皇帝所开宝和、和远、顺宁、福德、福吉、宝延六店，"商贩杂货"，所攫取的利润专供皇室和官府消费所需。灯市与宝和等六店同在戎政府街。这里"凡珠玉宝器，以逮日用微物，无不悉具"。此外，"又有内市者，东华门内，月三日市，今移灯市张矣，犹称内市也"[1]。又南熏坊和保大坊之间的奶子街，以及黄华坊等，属灯市外延部分。除上所述，从店铺统计表来看，灯市之北的东四牌楼一带；再北，南、北居贤坊、教忠坊、崇教坊四坊相接的今北新桥一带，也是较重要的商业区。（3）西市和安富坊商业区。西市在西四牌楼，元代为

〔1〕　（清）朱一新：《京师坊巷志稿》，北京古籍出版社 2001 年版，第 111 页引《帝京景物略》；（清）孙承泽：《天府广记》，北京古籍出版社 2001 年版，第 56 页。

羊角市，亦称西市。西市正当安富坊、积庆坊、鸣玉坊和咸宜坊交接之处，永乐时宛平县所盖十六间半"召商居住"的廊房，均在西四牌楼。其中特别是安富坊在皇城西安门之外，其店铺分布密度为全城之冠（198 户/平方里），显然与服务皇城有较大关系。（4）鼓楼下大街商业区。主要分布在日忠坊、金台坊和昭回靖恭坊，店铺密度较大，以中等以上店铺居多。（5）城隍庙庙市商业区。城隍庙在金城坊，是城内最大的庙会市场，庙市向西还涉及阜财坊。（6）南城商业区。前三门外的正东、正西、宣北、崇北四坊店铺最多，中等和上等店铺所占比例很大，是明北京最大的商业中心。而前述四坊更是中心的中心。其与朝前市连为一体，它们共同构成了明北京城最大、档次最高的商业中心区。而内城的东城明时坊，外城的宣北坊和崇北坊又是与其紧密相连的外延部分。此外，正阳门大街两侧市较多，并以市为地名，有些还流传至今。除上所述，南城还有庙市。

（四）手工业作坊

明北京城的官府手工业主要置于内城，以东城居多，如工部五小厂有四厂在东城，东城又以明时坊较集中。工部五小厂中有三厂（营缮所、文思院、皮作局）在明时坊，此外还有盔甲厂等。工部五小厂中的宝源局在东城黄华坊。其次，中城也较多，如工部五大厂之一的台基厂在南熏坊，保大坊有惠民药局，积庆坊有红罗厂、战车厂等。北城有兵仗局外厂（昭回靖恭坊）、宝泉局（教忠坊），酒醋局外厂和枪局（金台坊）。西城有王恭厂（工部五小厂之一，阜财坊），后改安民厂移到朝天宫西坊。南城有工部五大厂中的琉璃厂（正西、宣北坊间）和黑窑厂（正南坊）。

明代中叶以后，北京城的民营手工业也有较大的发展，酒坊、磨坊、染坊、铜铁作坊、油坊、酱坊、糖坊、纸坊等小作坊很多。其中特别是酒业较为突出，"京师之市酒者，不减万家"。各种民营手工业作坊散置，且往往手工业作坊与商肆交错，难以明确界定手工业区。总的来看，民营手工业作坊大都在南城，南城中又以宣北坊占的比重较大，白纸坊则以造纸业为主。内城民营手工业则以东城居多，北城日忠坊也较多。

五　明北京城形制布局的特点

（一）内城三城环套，外城南面冠套的平面形制

前已介绍明北京内城、皇城、宫城三城环套，外城冠套内城之南，内城西北抹角与外城东南抹角遥遥相对。紫禁城位于内城中南部，在皇城内略偏东南，平面呈南北竖长方形。紫禁城外套皇城，皇城在内城中间略偏西南，平面略呈南北竖长方形（西南缺一角）。皇城之外的内城平面东西略长，南北稍短，呈西北抹角的横长方形。因此，明北京城的内城是"择中立宫"，比较标准的三城环套的平面形制。

明嘉靖时期增筑外城，原计划环套内城，因财力不足等原因，改为只"包京城南一面，转抱东西角楼止"。故外城平面呈东西长、南北短的"凹"字形（东南抹角），形似内城之帽套于内城南端（故又称南城），因而俗称"帽子城"。外城北城墙除两翼外，余者即是内城南城墙，据此若将外城作为一个完整建筑单元来看，其平面则呈东西横长的长条形（东西长 7950 米，南北宽 3100 米，两者之北为 2.6∶1）。内外城结合起来从南向北

看，北京城的总平面遂呈"凸"字形，并且内城西北抹角与外城东南抹角遥遥斜对。明北京城上述四城的结合形式，及其所呈现的平面形制，在中国历代都城中是独一无二的。

（二）完美的中轴线布局艺术

明北京城择中立宫，以贯穿奉天殿宝座正中子午线为紫禁城的中轴线，并向南延长至永定门，向北延伸至钟鼓楼，全长约8公里（或说7.5、7.8公里）。修外城后，内外城的几何中心点移到午门，因而该中轴线则成为全城的中轴线（图8-1-36、图8-1-37、图8-1-38）。在这条中轴线上配置了体量巨大的各种建筑，紫禁城内象征国家最高权力的主体建筑均置于中轴线上，并以万岁山为内城的中心点，以万岁山之巅为内城的制高点，又使之成为全城完整的政治礼仪轴线。在这条中轴线上的建筑，依其位置、性质和功能的不同，有节奏地有等差地安排各建筑群的体量和空间。因而中轴线上建筑的体量、形体轮廓、结构和装饰各异，不同建筑群间的高低、疏密，不同空间的转换、开合收放有序，形成了抑扬顿挫的、鲜明节奏与和谐统一的艺术效果，突显神韵之美。

明北京城的中轴线，集全城最主要的建筑形成大纵深的线型空间中心景观序列，以此为本，"辨方正位"，使之成为紫禁城和内城规划、设计和布局的主脊和基准。明北京城正是以中轴线为准，分成东西对称的两大部分，并将紫禁城、皇城、内城和外城纵贯串联起来，使之形成了有机结合的整体。明北京内城主要大街、诸坊和重要建筑配置等，亦以中轴线为准，在对元大都原有布局进行调整的基础上，重新进行规划设计，才形成规整、均衡和规律性的布局模式。总之，明北京城的中轴线，对规划统领全城建筑布局起到了至为重要的作用。

都城的中轴线，自邺城和北魏洛阳城以来，一直是都城设计者孜孜以求的重要规划目标，并在长期的探索实践中不断发展。到了明代北京城，其中轴线继承传统，全面创新。宫城、内城、外城中轴线合一，纵贯全城。这条中轴线之长，各种配置之多、规格之高、结构之完整、鸟瞰效果之强、气势之雄伟，与全城形制布局关系之密切，均堪称历代都城中轴线之最。这条中轴线，将所要表达的理念渗透到建筑形体和诸建筑间的关系之中，将严格的礼制秩序、严谨的布局逻辑、高超的布局艺术融为一体，充分地体现出皇权至上的最高境界，达到了前所未有的完美地步，从而成为中国古代都城中轴线布局艺术的终结模式。

（三）水面成为制约内城形制布局的关键要素之一

元大都时积水潭之北尚约有全城1/3的面积，水面在全城中所占比例较小，到明代北京城时，由于较元大都城内缩五里，又扩中海，新凿南海，所以积水潭等水面几乎纵贯全城。这个变化遂导致积水潭等水面对明北京内城形制布局的影响远胜于元大都。但是，鉴于元大都时积水潭等水面对该城形制布局的影响，到明北京城时仍大都存在，故下面拟仅谈两者有别之处。

首先，积水潭等水面直接影响到北京内城北城墙和南城墙的位置。明北京新筑的北城墙选定在积水潭北岸，并截去原积水潭西部上游河段，北城墙西端顺河势抹角接西城墙，

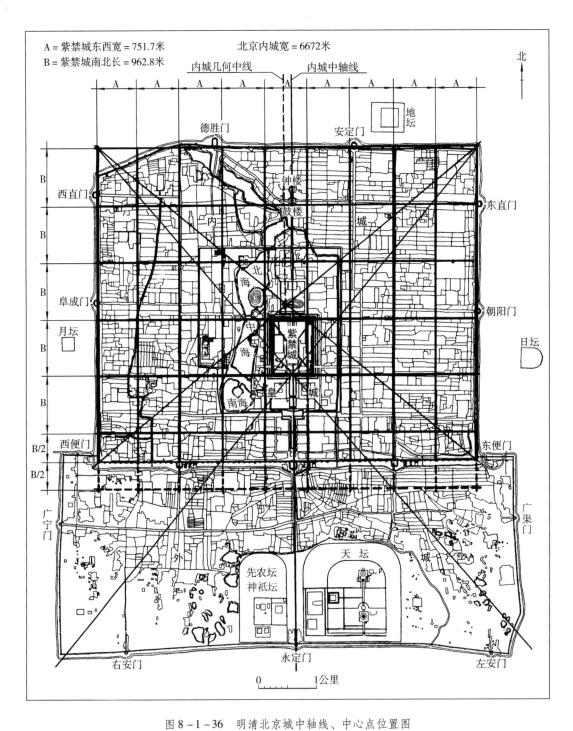

图 8-1-36 明清北京城中轴线、中心点位置图

(引自傅熹年《中国古代城市规划、建筑群布局及建筑设计方法研究》，中国建筑工业出版社 2001 年版，略变化)

这样又影响到明北京内城西城墙的长度。明初扩中海凿南海，南海南岸已临近元大都南城墙（今东西长安街一带）。在这种情况下，为使内城南部具备应有的空间，就成为永乐十七年外扩南城墙的主要原因之一。由此可见，积水潭等水面直接影响到明北京内城北南城墙的位置、西城墙的长度和北城墙形成抹角的形状，所以明北京内城平面形制的形成与积水潭等水面是密不可分的。

其次，积水潭从德胜门之西向东偏南斜流接什刹海至海子桥后，又略西折而南直下至南海，其南北直线流程约占内城北南城墙（指南扩后的南城墙）间距的86%。什刹海海子桥附近水面邻近内城中分线，其南水面大体与城内中轴线并行，可以说水面之主体基本位于城内东西之间中部偏西。这样水面与前述的中轴线及中轴线上主要建筑紫禁城、万岁山、海子桥、鼓楼和钟楼等就形成了相辅相成之势，共同成为内城平面构图的中心。因而在都城传统的中轴线布局之西，又增加了一条水面辅轴。使中轴线的凝重、稳定和庄严寓于秀水温柔敦厚氛围的衬托之中。从而拓宽了内城中部空间组织的控制要素，丰富了内城中心的景观艺术，达到了天人合一、情景交融的美学意境。

此外，总体上南北纵长的水体，对内城东西横长也起到了重要的中和作用，使内城平面构图趋于均衡，取得了良好的视觉效果。同时水面还是美化内城景观的重要手段。这条位于内城西北和中南部的水面，碧波荡漾，形状如带，岸线弯、直、宽、窄多变，岸边绿树成荫，南部皇城因它而增辉，内城西北部因它而形成片片园林，内城规整的布局也因它而有了灵秀之气。这些颇具园林化的特色，以及由此所

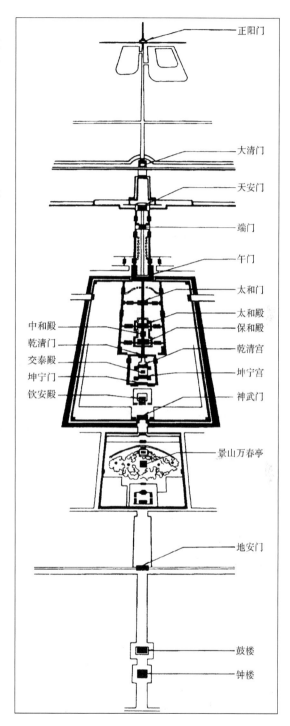

图 8-1-37 北京城中轴线上主要建筑位置示意图
（引自于倬云《中国宫殿建筑论文集》，紫禁城出版社 2002 年版，略变化）

形成的和谐之美，是明北京内城布局艺术的点睛之笔和独到之处。

如前所述，明北京内城的水面除失去漕运功能外，其总体态势远胜于元大都。这些水面从内城北城墙西部几乎直抵南城墙，主要水体大致位于内城东西向的中间，其位置之显要，流程之长，形状之多变，沿岸景色之秀美均寓于水体一系之中。此种状况，在中国古代都城中是绝无仅有的孤例。明北京城正是利用元大都旧有的水面条件，又匠心独运重新规划，将水面作为控制内城形制布局的关键要素之一，使之与内城的规划布局融为一体，创造出新的意境。从而将中国古代都城形制布局与城内水面的关系提高到一个新的发展阶段。

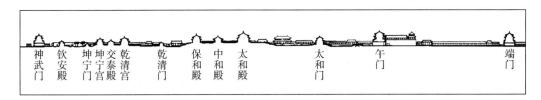

图 8 - 1 - 38　北京紫禁城中轴线建筑剖面示意图
（引自于倬云《中国宫殿建筑论文集》，紫禁城出版社 2002 年版，略变化）

（四）首次在皇城之外形成较完整的层级空间结构的布局模式

明代北京的内城在紫禁城和皇城之外，其行政区划分为中城、东城、西城和北城。内城的总体布局即大体以上述四城为准而略有交叉，四城诸坊依其与皇城位置近或远，分别配置重要性有差、性质不同的官方机构和权贵邸宅等，据此形成以紫禁城皇城为核心，对皇城层层相护的格局。其情况大致如下。

皇城之外的中城，南、东、西三面包围皇城，中城东部纵列双坊。中城诸坊置中央衙署区，内官署和部分地方官署、戎政府、诸卫、厂场、王府和权贵邸宅（权贵邸宅在中城不仅有就近上朝之利，而且在客观上对皇城也有一定的保护作用），以及皇家大兴隆寺和少量其他寺庙等[1]。在皇城大明门、东安门和西安门外置内城三个最主要的商市（重在服务于皇室贵族和中央衙署区等权贵）。皇城东墙北部之外的保大坊，西墙外西北角的积庆坊置内官署、仓、厂场和诸卫等，实际上就是皇城东北和西北部配置的外延。上述情况表明，中城在四城之中与皇城关系最为密切，并与皇城有内在联系，因而在皇城之外形成第一道重要的保护圈。

皇城北安门外临什刹海，故中城北安门外仅积庆坊向东延伸一段，使中城北部未能闭合。但是，在行政区划上属于北城的日忠坊，其范围从北安门外之西直到德胜门内之西，坊内除水面外，主要为权贵园林、邸宅、内官署和寺观等占据。该坊控扼从皇城北至明十三陵的通道和出入口（德胜门），并对保护皇城三海上源德胜门西水关、积水潭和什刹海

---

[1]　参见《日下旧闻考》卷四四、四八、四九、五三、五四、五九、六二、六三、六四；（清）张爵《京师五城坊巷胡同集》，北京古籍出版社 2001 年版；（清）朱一新《京师坊巷志稿》，北京古籍出版社 2001 年版；徐苹芳《明清北京城图》，地图出版社 1986 年版，之《明北京城复原图建置资料表》。

水面之安全至关重要。北安门外之东的昭回靖恭坊有北城兵马司、兵仗局外厂、显佑宫和部分第宅。该坊与日忠坊夹鼓楼下大街东西对峙，在北安门外共同形成皇城四门外四大商市之一，并对保卫该段中轴线和鼓楼的安全有重要作用。因此，上述二坊的位置、配置状况和功能与中城诸坊有近似之处，应算作皇城之北第一层保护屏障。

西城靠内侧（东）的阜财坊、咸宜坊和鸣玉坊的位置，与中城东部外侧（东）的澄清、明照和仁寿坊近似。阜财坊为三法司和地方衙署区，有王恭厂、象房和诸卫等；咸宜坊有西城兵马司，鸣玉坊有帝王庙等。在咸宜、鸣玉、安富、积庆四坊之间的西四，于西安门外形成与皇室关系密切的西市，为皇城四门外的商市之一。所以上述三坊与中城东部外侧三坊的作用近似，应为皇城西部第二层保护屏障。

北城东部的教忠坊有大兴县署、顺天府学、文丞相祠、宝泉局和园林邸宅等，其位置和作用可看作仁寿坊向北、昭回靖恭坊向东的延伸。同样，北城西部发祥坊（坊内有大隆善护国寺等）的位置和作用，亦可看作积庆坊向北，日忠坊向西南、鸣玉坊向东的延伸。上述二坊在位置和作用上具有过渡性质，教忠坊似可算作皇城东部第二层保护屏障，发祥坊则为皇城北部第二层保护屏障。

东城南部明时、黄华二坊官署、厂场、园林邸宅和卫等较多；北部思诚、南和北居贤坊以诸仓和诸卫为主，为内城东部城墙内侧屏障。西城外侧（西）诸坊寺庙等很多，南部金城坊有地方官署、厂、都城隍庙和庙市；北部朝天、日中与河槽三坊则以仓场为主，为内城西部城墙内侧屏障。北城金台坊（有钟鼓楼和厂）、灵椿坊（有顺天府署和厂）、崇教坊（有国子监），则在安定门内两侧形成保护屏障。

上述情况表明，内城四城行政区划和诸坊的配置情况，是与内城总体布局密切相关的。四城和诸坊以紫禁城和皇城为核心，向外形成层层相护的保护屏障。即（1）皇城之外第一道保护屏障为中城西部诸坊、东部内侧诸坊（大时雍、南熏二坊同时保护皇城南部）、北城日忠和昭回靖恭坊。（2）皇城外第二道保护屏障，中城东部外侧（东）诸坊和北城教忠坊，西城内侧（东）诸坊和北城发祥坊。（3）皇城外第三道保护屏障，也是城墙内侧保护屏障，即东西城墙内侧诸坊。而沿内城北城墙内侧，则由东城北居贤坊与北城崇教、灵椿、金台、日忠坊及西城日中坊共同形成保护屏障。上述布局状况，实际上乃是以皇权和权力结构作为组织空间次序的主导思想，所形成的层级空间结构（权力之表现从皇城向外层层减弱）。这种层级空间结构既是封建礼制秩序和皇权至上思想的物化形态，又突出了内城空间布局艺术的层次，并在功能上将从外向内层层保护皇城的作用发挥到极致。这是中国古代都城布局中，首次较完整地出现这种层级空间结构的布局模式。

（五）内城主要配置点状集中，功能区划分片聚合，小区化

明北京城在宫城、皇城之外，内城各种主要配置散布于各坊。其中除千步廊两侧的中央衙署区、内城北部的文教区，以及内城东西侧的仓库区外，基本上无较大面积的、彼此分工明确而专一的功能区划。但是，由于内城散布于各处的主要配置，在不同部位大体是以一种配置为主呈点状集中，或相类相成，有一定的规律，故内城又形成分片聚合、相互交叉的各种功能小区。有鉴于此，下面择其要者，将各功能小区和相关配置的分布规律和

特点略作介绍。

1. 中央衙署区

在中城千步廊两侧。

2. 中央衙署（三法司）和地方衙署混合区

以西城阜财坊为主，并延伸至毗邻的金城坊。该区可看作中央衙署区向西的延伸。此外，在中城和东城还有一些散置的中央官署机构，其中东城明时坊相对较多，亦可看作中央衙署向东之延伸。

3. 仓库区和草场的分布情况

仓库区主要在东城的南居贤坊和思诚坊，向南延伸至黄华坊。西城朝天宫西坊与河槽西坊次之（积庆坊太平仓与之靠近）。以上两个仓库区基本东西对应。

草场主要散置于西、中、东三城（北城未见草场资料）。分布于西城阜财坊、金城坊、朝天宫西坊和日中坊的草场，在内城西城墙内侧大体南北错位相对。分布于中城保大坊和积庆坊的草场，大体东西相对。东城的草场主要在明时坊。

4. 官府手工业区

以诸厂、局、所为主的官府手工业区主要在东城的明时坊，并向北延伸至黄华坊（宝源局等），向西延伸至南熏坊东部（台基厂，初为木构件厂）。所以内城东南角一带是主要的官府手工业区。在中城积庆坊，西城朝天宫西坊和河槽西坊，北城日忠、金台、灵椿、昭回靖恭和教忠坊，也有散置（有的相对集中）的官府手工业，因而或可将内城西北和北部视为另一个官府手工业区。上述两个官府手工业区，大体略呈东南—西北向斜对。

5. 诸卫及相关机构的分布

诸卫主要在中城，围绕皇城，约占诸卫数的1/3[1]，其中以南熏坊、大时雍坊、保大坊和积庆坊较多。剩余诸卫散置于内城各处，以仓场等重要机构附近较多。就西、东和北城来看，东、西城的京卫数大体相差不多，北城相对较少。但是，位于东城最北的北居贤坊（内城东北角）诸卫较多，可补北城之不足。此外，中城东部还有戎政府（明照坊）、外东厂（保大坊）和内东巡捕厅等（澄清坊）。

6. 地方衙署和文教区

地方衙署除前述在三法司附近者外，均散置，个别坊相对集中。顺天府署在北城灵椿坊，大兴县署在教忠坊，并置有顺天府学和顺天府文庙；以上二坊斜向相连。宛平县署在积庆坊北部之东，东与大兴县署斜对。从宏观布局来看，顺天府署、大兴和宛平县署均在内城北部中间，三者的位置略呈斜向鼎足之势。此外，国子监和文庙在崇教坊，南与教忠坊又形成文教区。

兵马司除西城兵马司外（在咸宜坊），北城兵马司（昭回靖恭坊）、中城兵马司（仁寿坊）、东城兵马司（思诚坊）所在三坊斜向相邻，三兵马司相距很近，形成兵马司小区，似有联防护卫皇城之势。

---

[1]　侯仁之主编：《北京城市历史地理》，北京燕山出版社2000年版，第149页。

7. 邸宅园林区及其分布态势

王府和大邸宅主要散置于中城区，并有部分较重要的园林。此外，最重要的园林邸宅区在北城日忠坊，其次是东城明时坊，两坊共同的特点是环绕或沿水面（日忠坊在积水潭周围，并延伸至什刹海一带；明时坊在泡子河沿岸）建邸宅园林。上述二坊略呈城西北角—东南角斜对，而在二坊之间的昭回靖恭坊、教忠坊、仁寿坊和黄华坊也散置园林邸宅，从而又将日忠、明时二坊斜向相连起来。也就是说，邸宅园林带除中城外，从内城西北角的日忠坊向东偏南经前述诸坊到内城东南角的明时坊，又形成一个斜向的园林邸宅分布带。此外，宣武门一带也是官僚邸宅较集中之地。

8. 寺观庙庵宫等的分布情况

内城寺观庙等散置，未形成大的寺观区，但其分布也有一定的规律和特点。比如：（1）沿内城西和北城墙内侧诸坊寺观庙等较多和集中。（2）内城四隅城角的坊寺观庙等数量多，如北城日忠坊28所[1]，在内城诸坊中名列第一。其西相邻的日中坊11所，两者之和近40所，或可称为寺院小区。（3）四城之中寺观等数量排序为西城（78所）、北城（56所）、东城（39所）、中城（34所）。（4）佛教之外的天主堂（大时雍坊）和清真寺（金城坊），均在内城西部。（5）重要的庙宫，如城隍庙（金城坊）、帝王庙（鸣玉坊）、朝天宫（朝天宫西坊）均在西城，其位置大体南北错位相对。（6）皇家重要的大寺，隆福寺（仁寿坊）、大兴隆寺（小时雍坊）均在中城，且东北—西南斜对。另一大寺护国寺（发祥坊）在北城，上述三大寺的位置略呈鼎足之势。（7）两座舍饭寺，即旛竿寺（保大坊）和蜡烛寺（阜财坊）亦东北、西南斜对。（8）寺院与主要园林邸宅相结合，如最大的园林邸宅区日忠坊，同时也是内城寺观庙等最多的寺院区。东城的明时坊是东城的园林邸宅区，其寺观庙等在东城也属最多之例。

9. 主要商市的分布状况和规律

内城的主要大商市分布于皇城四门之外。其中大明门外朝前市，北安门外海子桥北鼓楼下大街商市，两者在内城中轴线南北相对。东安门外东北的灯市，西安门外西北的西市，两市隔皇城东西相对。上述内城四大商市均环皇城而置，只有金城坊城隍庙商业区远离皇城（较小的商业区不计）。

总之，明北京内城的功能区划以分片聚合的功能小区为主。各功能区划除中央衙署区和环皇城的商市外，余者大都近北、西、东城墙的附近诸坊，内城四城功能小区和相关机构与设施的分布，总的来看大体还算均衡，并与后文所述的层级空间结构布局模式有一定的对应关系。其中有些功能小区，显然也是以皇权至上和权力结构为中心进行配置的（如中央衙署区和环皇城的四大商市等）。

除上所述，后建的南城情况较为特殊。如所周知，南城兴建之后，基本承袭前代遗留下来的现状，未进行规划。除永定门内大街两侧新建的天坛和先农坛外，前三门外四坊主

---

[1] 本章寺观数量统计，共收351所。资料以徐苹芳《明清北京城图》，地图出版社1986年版，第81—108页寺观项所记248所为主，兼及《日下旧闻考》卷四三至六一"城市"条；（清）张爵《京师五城坊巷胡同集》，北京古籍出版社2001年版；（清）朱一新《京师坊巷志稿》，北京古籍出版社2001年版，所记248所以外寺观。

要商业区，宣北坊的寺庙、手工业，以及其他各坊的情况，均是在前代基础上，自发地发展起来的。其中前三门是内外城有机结合的枢纽，前三门外四坊主要商业区与内城朝前市连为一体，是明北京城最大的商业中心区。

六　明北京城的形制布局承前绝后，定型收结

（一）明北京城的形制布局以元大都为基础，推陈出新

明北京内城以元大都为基础，元大都东、西城墙的位置和东、西城墙南面二门的位置未变；北城墙和南城墙北缩南扩，城墙和城门较元大都北、南城墙和城门平行南移。皇城、紫禁城的总体方位未变（亦南移），宫城中轴线未变，积水潭等水面位置未变。城内主要干道和胡同配置格局基本未变，城内各种主要配置的方位大多与元大都有一定的承袭演变关系。上述情况表明，制约北京内城形制布局的基本要素，均源于元大都，故明北京内城形制布局的总体框架仍元大都之旧（指内缩元大都后的部分）。

明北京内城以元大都为基础推陈出新的主要表现：

第一，改变了内城平面形制的几何形状。明北京内城较元大都北缩南扩，重新确定了内城北和南城墙的位置，新凿南海，将积水潭西北部截于城外，水面面积比元大都大为缩减。因而明北京内城的平面形制的几何形状，从元大都的南北竖长方形变为西北抹角的东西横长方形，城内构图框架也随之发生了相应的变化（加筑外城后，总平面则呈"凸"字形）。

第二，重新确定全城规划中轴线。本卷第六章已经论证，元大都以东西中分线为全城规划中轴线，南北中分线与东西中分线相交处建鼓楼为全城的几何中心点。其全城规划中轴线除以鼓楼和钟楼为标志外，余者均呈隐形特征。元大都宫城的中轴线在全城东西中分线之东129米，向北向南分别延伸至中心台和丽正门，仅位于南半城，对元大都全城起不到规划中轴线的作用，故这条显性存在的宫城中轴线不是元大都全城的规划中轴线[1]。

明北京城内城较元大都城北缩南扩后，平面形制的几何形状较元大都发生根本改变，导致内城东西中分线与宫城中轴线合一（较元大都东西中分线即全城中轴线平行东移129米），全城几何中心点和制高点也随之移到万岁山（今景山山体，元大都全城制高点在万寿山，即今北海白塔山）。从此元大都全城几何中心点和东西中分线则失去作用，作为全城规划中轴线主要标志的鼓楼和钟楼也被取消而改建于今北京的钟鼓楼位置。

明北京宫城中轴线与元大都宫城中轴线相重[2]，宫城中轴线向北延伸至临北城墙处，在端点分建鼓楼和钟楼。修筑外城后中轴线又向南延伸至永定门，内外城的几何中心点则移到宫城的午门，中轴线全长约8公里，成为内外城共同的中轴线。本章前述"完美的中轴线布局艺术"中，已对这条中轴线就是明北京全城的规划中轴线进行论述。明北京城正是以这条中轴线作为全城规划中轴线，对元大都原有布局进行调整或重新进行规划设计，

〔1〕　孟凡人：《元大都的城建规划与元大都和明北京城的中轴线问题》，《故宫学刊》2006年总第三辑。

〔2〕　徐苹芳：《元大都的勘查和发掘》，载《中国历史考古学论丛》，台湾允晨文化事业股份有限公司1995年版。

才使明北京城在元大都城的基础上推陈出新，旧貌换新颜。

综上所述，应当指出，明北京城只是宫城中轴线与元大都宫城中轴线重合，明北京中轴线即宫城中轴线也是全城规划中轴线，元大都城以东西中分线为全城规划中轴线，二者的中轴线即全城规划中轴线并不重合。

第三，明北京紫禁城之宽是内城宽的模数，深不是内城深的模数。前面第六章已论证元大都宫城之宽深是大都城宽深的模数，明北京内城较元大都北缩南扩后，其城宽同元大都，明北京紫禁城建于元宫城旧址，紫禁城东西宫墙较元宫城东西宫墙略平行外移，二宫城中轴线重合，故紫禁城之宽仍大体为明北京内城宽的模数（紫禁城宽大体是内城宽的 9 倍，同元大都），模数关系基本未变。但是，当明北京内城和紫禁城分别较元大都及其宫城北缩南扩后，北京内城之深已不是紫禁城深的整倍数，所以紫禁城之深不是明北京内城的模数。

第四，除上所述，明北京内城与元大都相比较，还有其他一些较大的变化，下面略举数例。（1）中轴线直对钟鼓楼。元大都宫城中轴线直对万宁寺，规划中轴线直对钟鼓楼。明北京宫城中轴线与规划中轴线合一后，直对钟鼓楼。（2）无横贯东西的大街。元大都在光熙门与肃清门间有横贯东西的大街。明北京城较元大都内缩后则无横贯东西的大街，因明北京皇城基本位于内城中间，其阻碍内城东西交通的缺点较元大都更为明显。（3）水面发生变化。明代积水潭等水面在内城中的位置，与内城的比例关系及其与内城布局的关系，均较元大都发生明显变化。此外，明代积水潭的面积较元代缩小，形状有变，并扩中海，新凿南海，也是重要的变化。（4）内城主要配置和布局变化为主，相因为辅。明北京内城以紫禁城皇城为核心，向外层层相护的总体布局，改变了元大都城内的总体布局模式。明北京内城在皇城之外的主要配置较元大都多，其主要配置的方位、特点和规律较元大都大多发生变化，并集中体现在城内的功能区划方面。元大都的城内功能区划略呈自然区片化，明北京内城功能区划则各种相关配置略呈点状集中，功能区划分片聚合，有的形成大片的功能区划，如千步廊两侧的中央衙署区，但多数功能区划形成小区化。其中有些功能小区在位置上与元大都有相因关系，如元大都路总管府明代改为顺天府，元代的国子监和文庙明代因之，元代在明时坊设太史院和司天台，明代在此设贡院和观象台。此外，商市也有类似情况。（5）商市中心南移。元大都的商业中心区在斜街钟楼一带，入明以后漕运废止，因而商业中心区移到棋盘街和前三门四坊之地。元代一些规模不大或较小的市，到明代演变成为环皇城的大市。如元代海子桥一带市的规模校小，明代逐步变成夹鼓楼下大街规模较大的商市。元代的羊角市较繁荣，到明代发展为规模较大并与皇室有关的西市。元代枢密院角市，明代在其附近形成皇家直接介入的大规模的灯市商业区。此外，明代还以西城都城隍庙庙市为主形成较大的商业区。（6）坛庙制度和配置方位变化。元代对传统的礼制建筑不甚重视，并无日、月坛和地坛（合祀于南郊圆丘）。明代北京革除了元代继承宋代以来的传统而建的原庙、太乙神坛和云仙台等，规范了历代以来的诸坛配置方位和规制，形成完整配套的坛庙制度，以后遂成定制。（7）在寺观庙等方面，明北京基本上承袭了元大都旧有的寺观，同样集中于西城。明北京所修大寺明显少于元大都，元大都盛行的藏传佛教，明北京时则呈衰落之势。

　　总之，上述情况表明，明北京城既以元大都城为基础，又有很大的变革。在一定程度上可以说，明北京城对元大都城进行了成功的、脱胎换骨的改造。所以明北京城虽然与元大都城相因，但却形成了不同于元大都的全新的形制布局。

（二）明北京城形制布局与明中都和明南京城的关系

　　明中都和明南京城对明北京城形制布局的影响，主要表现在中都和南京的皇城紫禁城对明北京皇城紫禁城的影响上。由于新建的中都所处的自然环境和地貌状况，以及在六朝、南唐、宋、元旧城基础上改造增筑而成的南京城与明北京城之间，在自然环境、人文地理、城市历史背景和原有基础等方面存在很大的差异，明北京城可效法者寡，所以明中都和南京城对明北京城形制布局的影响有限。

　　明中都对明北京城形制布局的影响主要有三，一是九门之制源于中都，但明北京内城九门配置情况与中都略有差异（中都西墙一门、东墙三门）。二是明中都以万岁山主峰为全城的制高点和中心点（中心点与皇城中轴线相错），明北京仿中都人工堆垒万岁山，同样以万岁山为内城的几何中心和制高点。三是明中都城外之南置圆丘，城外之北置方丘；城内东南独山置观象台，对明北京天坛、地坛和观象台位置的选择或有影响。此外，明中都权贵邸第环绕皇陵和外城东西两侧，这个现象也可能对明北京邸第多环皇城配置有某种影响。

　　明南京城四城环套，明北京计划筑外城时拟仿南京之制四面筑外城[1]，但后来发生变化，仅在南面筑外城，其有外城、内城、皇城和紫禁城四城略如明南京城。明南京城千步廊两侧置中央衙署区，三法司另置他处；承天门前置长安街，洪武门与正阳门间置东西横街（明北京称棋盘街）等，均为明北京所承袭。明南京城主要坛庙配置的方位直接影响明北京城，在此基础上明北京城坛庙制度和配置方位更加完善和规范。此外，明北京还仿明南京建历代帝王庙、朝天宫、关羽庙、真武庙以及忠臣祠（如文天祥祠）等，但两者的配置方位多不相同。明南京权贵邸第在不同方位围绕皇城配置，南城十里秦淮和城隅多园林等，明北京亦变通相因。至于明南京和北京繁荣的商业中心区和手工业区均主要在南城，既与两城商业中心区形成的历史背景近似有关，又是一种巧合。

（三）明北京城是中国古代都城的终结模式

　　综上所述，明北京城的形制布局以元大都城为基础，推陈出新；同时又吸收了明中都和南京城形制布局中可借鉴之处。此外，从明北京城的形制布局之中，亦可窥见自北魏洛阳城以来，历代都城在规划都城布局时对都城中轴线、城内中心点和制高点、中央衙署区配置的形式和方位及其与皇城的关系，坛庙制度和配置方位，都城功能区划的模式，各种不同布局艺术手法的组合或相辅相成形式等等方面的处理，及其前后演变和发展过程中的一些因素，对明北京城的形制布局也有某种潜移默化的影响。因此，在一定程度上可以说，明北京城的形制布局乃是此前历代都城经验的总结，并集其大成。在此基础上，进而

---

［1］《日下旧闻考》卷三八引《明宪宗实录》《明世宗实录》。

又将前述形制布局中的一些理念，设想和探索化为现实，重新规划。因此，明北京城的形制布局达到了体现皇权至上和封建礼制，以及传统布局艺术的最高境界，形成了完整的全新的布局模式。这种模式入清以后基本未大变[1]，明北京城的形制结构几乎被完全承袭下来。所以明北京城作为中国古代最后建成的一座都城，其形制布局也是承前绝后，定型收结，以中国古代都城形制布局的最终定式而载入史册。

第二节　明北京皇城和紫禁城

明代北京的皇城和紫禁城，是中国时代最晚（其形制清代未大变）和唯一遗存下来的皇城与紫禁城；也是中国现存规模最大、规制最高、人文信息最丰富、科技含量最高、保存最完整，并在世界同类性质的建筑中独步天下的古建筑群。该建筑群集历代宫城规制、规划、设计、建筑技术和艺术之大成；以封建社会儒家的天命观和礼制秩序为灵魂，以传统美学为标准，以劳动人民的血汗为代价，倾当时全国之力，营建琼楼玉宇，其宫殿之宏伟、辉煌和壮丽无与伦比。该建筑群上承几千年的文化积淀，凝聚着先人智慧的精髓，继承和发扬了此前历代的精神文化和物质文化成果，海纳百川，开拓创新，内涵无比丰富。因而成为中华民族的瑰宝，人类的重要文化宝库。明亡，清承明制，清紫禁城在大格局不变之中求变化，继续走向辉煌。其形制布局已被今故宫完整地保存下来，具体情况早已众所周知，故下面对紫禁城的形制布局和主要配置仅略作概括介绍。除此之外，还拟介绍一些现在可视部分之外的考古调查情况，以及紫禁城形制布局和配置所反映出来的主要问题。最后，再指出清代紫禁城在明代基础上的主要变化和清代紫禁城有别于明代的特点。

一　皇城和紫禁城的营建

文献记载，永乐四年（1406 年）闰七月，遣工部尚书宋礼等分赴各地督民采木，烧造砖瓦，并征发各地工匠、军士、民丁，"以期明年五月俱赴北京听役"[2]，"诏以明年五月建北京宫殿"[3]。此后永乐十四年十一月"复诏群臣议营建北京"，十五年二月"命泰宁侯陈珪董建北京，柳升、王通副之"，"永乐十五年六月兴工"，永乐十八年十二月建成[4]，现在多主此说。但是，"以工程量计之，亦非永乐十五年到十八年仅三年时间即能完成"，所以一些学者对其始建于十五年产生怀疑。有的学者认为《明太宗实录》回避紫禁城始建时间有难言之隐，经对有关史实分析后断言"北京宫殿的正式动工，开始于永

[1]　参见孟凡人《宋代至清代都城形制布局研究》第十一章第一节"清北京城在明北京城基础上的主要变化"，中国社会科学出版社 2019 年版。
[2]　《明太祖实录》卷五七"营建北京诏"。
[3]　《明史》卷六《成祖二》"永乐四年闰七月壬戌"条。
[4]　《明太宗实录》卷一八二、卷二三二。

乐五年五月这一'诏'定的时间"，我们基本认同此说[1]。

（一）永乐时期奠定紫禁城的基本格局

永乐时期营建紫禁城工程浩大，"以百万之众，终岁在官供役"，为确保施工进度，还采用场外加工办法设五大厂（即神木厂、大木厂、台基厂、黑窑厂和琉璃厂）。至永乐十八年紫禁城墙、左祖右社、中轴线上所有主体建筑（包括文华殿、武英殿）均已建成。"凡庙社、郊祀、坛场、宫殿、门阙，规制悉如南京，而高敞壮丽过之"[2]，从而奠定了明北京紫禁城宫殿的基本格局。

（二）永乐之后紫禁城的营建概况

洪熙元年（1425年）建弘文阁。宣德七年（1432年）移东华门于玉河之东，迁居民于灰厂西之隙地；宣德十年置六科文书所于承天门外。正统元年（1436年）作公生门于长安左右门外之南；正统五年重建外朝三殿后廷两宫，次年建成。正统十四年文渊阁灾，藏书悉为灰烬。景泰六年（1455年）增建御花园，天顺元年（1457年）承天门灾，天顺三年建南内，天顺四年营建西苑，至此紫禁城宫殿及御苑基本完备。此后营建规模较小，成化元年（1465年）造承天门，成化十年乾清门灾。弘治三年（1490年）缮南海子垣墙，弘治十一年清宁宫灾，次年重建；弘治十二年后廷两宫灾。正德四年（1509年）西苑文渊阁灾，正德九年乾清宫灾，正德九年十二月重建后廷两宫，正德十年重修太素殿，正德十六年重建乾清宫。此期的营建以英宗正统、天顺时期为主。

世宗嘉靖一朝是明代重建、扩建和创建宫苑的盛期（包括皇城），其中创建者近20处，重建扩建者十余处。现择其要者略述如下。属创建的有嘉靖四年作玉德殿、景福、安喜二宫，后又改建奉先殿。嘉靖十三年建皇史宬于重华殿西。嘉靖十五年在西苑建金海神祠、建慈庆宫与慈宁宫、建献帝庙于太庙之巽隅。嘉靖十七年作圣济殿于文华殿后，嘉靖二十一年建大高玄殿，嘉靖二十二年建佑国康民雷殿于太液池西、新建雷霆洪应殿，嘉靖二十六年作圆明阁阳雷轩、嘉靖三十六年建大光明殿、嘉靖四十四年建万法宝殿、建玉芝宫，嘉靖四十五年作御憩殿朝元馆、建真庆干光等殿。属重建扩建的有嘉靖元年修建文华殿，嘉靖四年重建仁寿宫（四年三月灾，八月重建，十九年诏修仁寿宫），嘉靖十年修建西苑宫殿，嘉靖十一年建清馥殿前丹馨门锦芳、翠芳二亭，嘉靖十四年建乾清宫左右小殿，左曰端凝，右曰懋勤，嘉靖十四年改十二宫制（后文有说），嘉靖十六年拓文渊阁制，嘉靖十九年修仁寿宫。嘉靖三十七年重建奉天门、更名大朝门，嘉靖三十八年重建三殿（三十六年三殿灾），四十一年三殿成，三殿分别改称皇极、中极和建极，左右阁改曰文昭、武成，左右东西角门改曰会级、归级，左右阁改曰弘政、宣治；同年重作万寿宫（四十年灾），嘉靖四十三年重建惠熙、承华等殿。

---

[1] 李燮平：《永乐营建北京宫殿探实》，载《紫禁城建筑研究与保护：故宫博物院建院70周年回顾》，紫禁城出版社1995年版；孟凡人《明代宫廷建筑史》第三章，紫禁城出版社2010年版。
[2] 《明太宗实录》卷一八二、卷二三二。

嘉靖之后明朝日渐衰落，大规模的营建不多。其中以万历朝的营建活动较重要，如万历五年（1577年）重修乾清等宫，万历十三年重建慈宁宫，万历二十五年重建乾清、坤宁二宫（二十四年灾），次年建成，并建交泰殿、暖房、披房、斜廊、乾清、日精、月华、景和、隆福等门及廊庑一百一十间；以及神霄殿、东裕库、芳玉轩等，至此内廷形制和配置已臻完备。又万历二十五年三殿灾，万历四十三年开始重建，至天启七年（1627年）才建成。此外，还有少量其他营建活动，兹不赘述。

二　皇城和紫禁城的平面形制

（一）皇城位置、周长、诸门和平面形制

明初沿南京之制，将宫城和禁垣统称"皇城"，正统以后始分"内皇城"（宫城）和"外皇城"（禁垣），万历朝重修《大明会典》时才将宫城称"紫禁城"，禁垣称皇城。文献记载"皇城在京城之中"，实则在内城中间略偏西南。皇城较元大都的萧墙略外扩，其南墙在今东、西长安街北侧，北墙在今地安门东西大街南侧（北皇城根），东墙在今东皇城根，西墙在今西皇城根[1]。皇城西南因有元代大慈恩寺，东为灰厂，中有夹道，"故皇城西南一角独缺"。皇城诸门和周长，文献先后记载略有差异。皇城和宫城清承明制，明清关于皇城周长的记载大体可分前后两组。第一组，万历《大明会典》卷一八七记载："皇城起大明门，长安左右门，历东安、西安、北安三门。周围三千二百二十五丈九尺四寸。"3225.94丈约合17.92明里。《明史》卷四〇《地理一》："宫城之外为皇城，周一十八里有奇。门六，正南曰大明，东曰东安，西曰西安，北曰北安，大明门东转曰长安左门，西转曰长安右门。"康熙《大清会典》卷一三一，雍正《大清会典》卷一九七所记周长同万历《大明会典》（六门中仅大明门改大清门，北安门改地安门），其前后记载有承袭关系。第二组，乾隆《国朝宫史》卷一一："皇城外围墙三千三百四丈三尺九寸，有天安、东安、西安、地安四门。又，天安门外东、西、南三面围墙四百七十一丈三尺六寸，正南门曰大清门。"文中明确记载3304丈3尺9寸是天安、东安、西安、地安四门间的周长，约合18.45里。又记471.36丈是天安门至大清门（包括长安左、右门）间的周长，约合2.63里。天安门及其两侧墙垣长约364米[2]，约合114.71丈。因此，大清门，长安左、右门，东安、北安、西安六门间周长为3661.04丈，约合20.4里。此外，乾隆《大清会典》卷七〇记载："正阳门内为大清门"，大清门"东接长安左门，西接长安右门"，"两门之中南向者天安门，为皇城正门。皇城之制广袤三千六百五十六丈五尺"，"城四门，南即天安、北曰地安、东曰东安，西曰西安"[3]。文中首次明确天安门为皇城

---

[1]　皇城东西墙在东、西皇城根，是宣德朝外扩的结果。即汉王高煦谋反，拘于西苑，故拓展西部皇墙。又宣德七年"上以东安门外缘河居人，逼近皇墙，喧嚣之声彻于大内，命行在工部改筑皇墙于河北"。参见李燮平、常欣《明清官修书籍中的皇城记载与明初皇城周长》，《北京文博》2000年第2期；宋大川主编《北京考古发现及研究》（下册），科学出版社2009年版，第398页。

[2]　李燮平、常欣：《明清官修书籍中的皇城记载与明初皇城周长》，《北京文博》2000年第2期。

[3]　乾隆《大清会典》卷七〇、嘉庆《大清会典》卷四五等记载皇城墙"高一丈八尺，下广六尺五寸，甃以砖，涂朱，覆黄琉璃瓦"。嘉庆《大清会典》卷四五记载皇城墙"上广五尺三寸"。光绪《顺天府志·京师志二·宫禁上》记大清门"门三阙"，左右长安门"门各三阙"。

正门，并说大清三门与天安四门间周长为 3656.5 丈，约合 11664.2 米，合 20.42 明里。该周长减去前述大清门三门间周长 471.36 丈之差为 3185.14 丈，加上天安门及其两侧墙垣长 113.75 丈之和 3298.89 丈为天安等四门间的周长，约合 18.43 明里。上述结果与前述《国朝宫史》所记大清等六门及天安等四门间的周长是吻合的。又现代实测天安等四门间的距离南北为 2750 米，东西为 2500 米[1]，周长为 10500 米，约合 18.38 里。从民国《北平实测图》上计量，北城墙长约 2506 米，东城墙长约 2756 米，西城墙总长度（曲折较多）约 3274 米，南城墙（未计两长安门内所夹天安门及其两侧墙垣长度）约 1701 米，合计 10237 米[2]，约合 17.92 明里。加上两长安门内所夹天安门及其两侧墙垣长 364 米为 10601 米，约合 18.56 明里，亦与前述清代文献记载大体相合。

　　据上所述，可指出四点：第一，前述资料互证，可知万历《大明会典》所记皇城周长虽然以大明门等六门为起止，实则为天安门等四门间的周长。第二，皇城周长有以承天（天安）门等四门和大明（大清）等六门两种计算方法，但清代文献总结概括明、清两代的情况，已明确天安门为皇城正门，皇城有天安门等四门，故皇城周长一般应以该四门间周长为准。又《明史》完成于乾隆四年，所记皇城周十八里有奇，约合 10358.28 米（清前期一里合 575.46 米），合 18.13 明里，亦合于 18 明里有奇。以此结合前述换算结果，可概言皇城天安门等四门间周长为 18 里有奇。第三，现代对皇城天安门等四门间周长的实测，或据实测图的计量，其周长与清代《国朝宫史》、乾隆《大清会典》所记基本相合。以《国朝宫史》所记 3304.39 丈为准，则比万历《大明会典》记载多出 78.45 丈。其原因是万历《大明会典》记载的为宣德朝拓展皇城前的尺度，而《国朝宫史》和乾隆《大清会典》记载的是清代继承皇城拓展后的尺度[3]。第四，承天门在建筑结构和功能上均属皇城正门，同时又是出入紫禁城的八门之一。位于承天门南"T"字形宫廷广场前封闭长廊南端的大明门，虽长时不启，但也是重典时出入皇城的南大门，故明清文献均将其作为皇城六门之一。因此，皇城的主体在天安门等四门之间，其平面略呈南北竖长方形，而西南缺一角。大明门与长安左、右门围成的"T"字形宫廷广场，则是皇城主体的附属结构（或称为皇城之"外郭"），所以在总体上亦应视为皇城的有机构成之一（图 8 - 2 - 1）。也就是说，皇城是由北部主体结构和南部附属结构共同组成的。

（二）紫禁城位置、周长、城墙、城门、角楼与护城河

　　紫禁城北墙外皮至北城墙内皮 2904 米，紫禁城南墙外皮至南城墙内皮 1448.9 米[4]；紫禁城在内城的东西位置略偏东，大致位于内城中南部。若将外城考虑在内，则位于内外城的中部偏北。紫禁城外朝内廷主体建筑位于紫禁城中轴线上，该中轴线与北京城中轴线相合。因此，紫禁城基本符合"择国之中而立宫"的传统。紫禁城在皇城中的位置略偏东南（图 8 - 2 - 1）。

〔1〕 傅熹年：《北京古代建筑概述》，载《傅熹年建筑史论文集》，文物出版社 1998 年版，第 388 页。
〔2〕 李燮平、常欣：《明清官修书籍中的皇城记载与明初皇城周长》，《北京文博》2000 年第 2 期。
〔3〕 李燮平、常欣：《明清官修书籍中的皇城记载与明初皇城周长》，《北京文博》2000 年第 2 期。
〔4〕 傅熹年；《傅熹年建筑史论文集》，文物出版社 1998 年版，第 358 页。

　　紫禁城的周长，万历《大明会典》卷一七八记载："紫禁城，起午门、历东华、西华、玄武三门。南北各长二百三十六丈二尺，东西各三百二丈九尺五寸。城高三丈，垛口四尺五寸五分，基厚二丈五尺，顶收一尺二寸五分"。2362 尺合 749.4626 米，3029.5 尺合 961.2604 米，分别合 1.3122 明里和 1.683 明里，宫城周长为 5.99 明里。《春明梦余录》指出，2362 尺和 3029.5 尺为紫禁城内围墙之长，是紫禁城城墙外皮周长应加上基厚 25 尺。城墙基厚 25 尺合 7.93 米，宫城墙内皮长加墙基厚即加 50 尺，这样南北宫墙外皮长为 765.3276 米，东西城墙外皮长为 977.1253 米，其周长为 6.10 明里。0.10 明里合 36 步，即明紫禁城外皮周长为 6 里 36 步。《明史》卷四〇《地理一》记载："宫城周六里一十六步"，《明史》修于清顺治时期，乾隆四年完成，清前期一尺合 0.319 米[1]，是一步合 1.5985 米，一里合 575.46 米。6 清里合 3452.76 米，16 步合 25.576 米，6 清里 16 步合 3478.336 米，合 6.09 明里。0.09 明里合 32.4 步，即 6 明里 32.4 步，与《大明会典》所记仅差 3.6 步。据上所述，明紫禁城的平面呈南北竖长方形（图 8-2-1、图 8-2-2）。

　　紫禁城四周筑高 9.5 米的城墙，墙基用灰土和碎砖层层夯实，基厚 7.9 米，墙身有夯土心，内外磨砖对缝包砌"细泥澄浆砖"，砖干摆灌浆粘固。墙顶夯筑一层灰土，上面海墁城砖，其外缘砌"品"字形垛口，内侧砌女墙。城墙下宽上窄，断面呈梯形。紫禁城四面各开一门，南正中称午门，北正中称玄武门（门上置夜间更鼓。清改称神武门），东、西分称东、西华门，各开于紫禁城东、西墙南部。城门均有扩大人工地基，采用砖层与夯土层石层作为地基垫层。在近地表 1—2 米，砖层厚度不很大，多为 0.2—0.5 米的数层；在一定的深度垫入厚近 1 米的砖层。如午门内扩大基础约 3.5 米，午门外的扩大基础宽约 2.8 米。砖层基础深约 3.5 米，其中在 2—3 米间垫厚砖层。玄武门内扩大基础宽约 2.8 米，门外约 2—2.5 米。砖层基础深 3.5 米左右，厚砖层在深 2—3.5 米间，厚约 1.5 米。东华门内扩大基础宽约 2 米，门外扩大基础 2—2.5 米，南北两侧宽，中间窄；基础深达 5—5.3 米，厚砖层在深 3.8—5.2 米，厚达 1.5 米[2]。四门均为红色城台，下建白石须弥座，玄武门和东、西华门下开三门，上建五间重檐庑殿顶城楼。位于南墙的午门是正门，规制最高，形制与前述诸门不同。除上所述，紫禁城四座城门中，除东华门外，余者每扇大门都是九路门钉（门钉铜铸、鎏金），每路九颗，共 81 颗。东华门及左右侧门，午门的左右掖门每扇门钉只有八路，每路九颗，共 72 颗。

　　午门是紫禁城南面正门，始建于永乐十八年（1420 年），嘉靖三十七年（1558 年）重建，清顺治四年（1647 年）再次重建。该门在紫禁城中轴线上，居中向阳，位当子午，因称午门。午门高 37.95 米（自城台地平到脊吻），午门城台为倒"凹"字形，砖砌墩台，高约 13 米，正面墩台下中部开三门，两翼内转角处在东西墙上各开一掖门（门明三暗五）。墩台为明初建筑，其上建筑是清代重建的。正面墩台上正中面阔九间、进深五间，重檐庑殿黄琉璃瓦顶的城楼。门楼东西夹明廊各三间，在墩台转角处建方形重檐攒尖

〔1〕　傅熹年：《中国古代城市规划设计方法研究》（上册），中国建筑工业出版社 2001 年版，附表记载清前期一尺为 0.319 米。

〔2〕　于倬云主编：《紫禁城建筑研究与保护》，紫禁城出版社 1995 年版，第 283 页。

顶的钟亭、鼓亭。前伸的两翼南端建方形重檐攒尖顶的东西两观（与钟鼓亭形式相同），两观与钟鼓亭之间连以长 13 间的阁道。鉴于上述情况，又将午门俗称为"五凤楼"或"雁翅楼"（图 8 - 2 - 3）。其形制是中国古代门阙制度演变的最终形态，同时也是这种制度最晚、保存最完整的唯一遗例。

紫禁城"四维"的四角城墙顶上各建一座角楼（图 8 - 2 - 2），形制相同，始建于永乐十八年，以后虽历经修缮，但无重建的记录。角楼平面呈"十"字形，四面分别出深浅不同的抱厦，面向城外两面抱厦较浅，顺城身的两面较深，故其平面大轮廓又略呈曲尺形。其上的角楼为三重檐十字脊（正中安鎏金宝顶）四面歇山四面抱厦，曲折多角形。角楼每一角出现上下各三个并列的翼角，加上主体顶层四个屋角，在每一角上都上下攒聚 7 个翼角，总数为 28 个翼角，充分展现了中国古代木构建筑翼角翚飞之美。此外，角楼有 72 条脊，其构造中线与空间组合中线不在一个角度，十字脊为子午酉卯正方位的垂直交叉，对称的轴线则为城墙转角的分角线，以突显"四维"的特点（图 8 - 2 - 4）。上述形制是中国古代角阙演变为金元宫城角楼后的重大发展，展现出极具特色的全新形象。

紫禁城墙外有护城河一周，俗称筒子河。护城河距城墙 20 米，河宽 52 米，周长 3840 米，水深 5 米，平均蓄水量 542880 立方米。护城河断面呈"∪"形，河底夯筑灰土，两边用长 120—200 厘米的花岗岩条石灌白灰浆砌陡直的泊岸。其后金刚墙宽 1.5 米，用长 44 厘米、宽 22 厘米、厚 11 厘米城砖砌筑，岸上有护河矮墙，平均高 1.5 米、宽 0.5 米，用前述同样城砖，采用糙淌白十字缝做法砌筑。根据现场勘查结合文献记载，可知护城河除东北、西北角外侧泊岸有下河口并筑有澡马用礓磋及石栅外，其余泊岸均立有矮河墙，河墙兀脊压砖，顶上扣琉璃脊瓦。明代在护城河与城墙之间，沿紫禁城四周设红铺 36 处（守卫值房，清代改为围房或称连房）。河面自明天启年间至清嘉庆之时种荷花。

（三）紫禁城的地基基础与给水排水系统

紫禁城内建筑物下的基础是建筑施工的重要组成部分，具体到紫禁城的建筑基础则又是明代建筑考古学的研究对象。紫禁城内的地基基础，"均属满堂红夯土基，深一般达二米多，古代之三合土夯基，其坚硬经镐锹亦难削其平"[1]。下面根据对故宫地基基础的勘探与调查资料[2]，略作介绍。

今故宫内的地面标高为 44.46—46.50 米，地形平坦，地层土质较好，属对抗地震有利地段。故宫内最高水位标高 29.62 米，最低水位标高 27.4 米，水位自西北向东南逐渐降低，地下水总体流向自西北向东南流动，地下水动态变化较稳定，水量较大，水质较好，可作为供水水源。因此，故宫之内为一良好的建筑场地。

---

[1] 单士元《故宫札记》语，转引自李燮平《永乐营建北京宫殿探实》，载《紫禁城建筑研究与保护：故宫博物院建院 70 周年回顾》，紫禁城出版社 1995 年版。

[2] 本部分根据以下资料撰写：石志敏：《故宫地基基础综合勘察》，载《紫禁城建筑研究与保护：故宫博物院建院 70 周年回顾》，紫禁城出版社 1995 年版；白丽娟、王景福《故宫建筑基础的调查研究》，载《紫禁城建筑研究与保护：故宫博物院建院 70 周年回顾》，紫禁城出版社 1995 年版；白丽娟、王景福《北京故宫建筑基础》，载《中国紫禁城学会论文集》第一辑，紫禁城出版社 1997 年版。

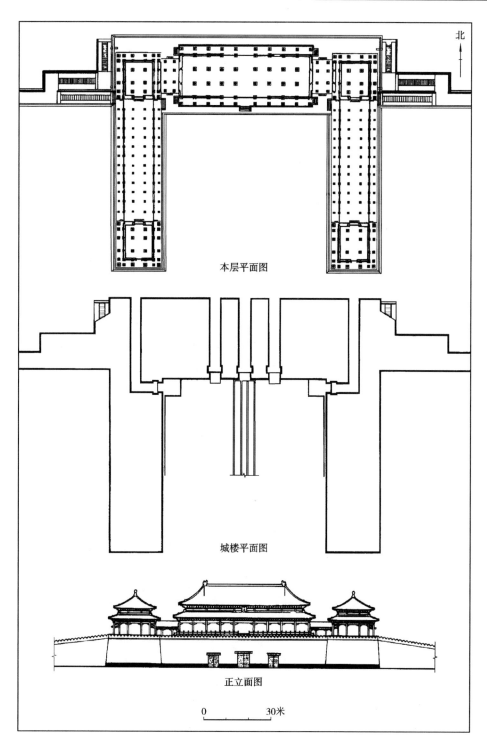

本层平面图

城楼平面图

正立面图

0　　　　　30米

图 8-2-3　北京紫禁城午门平面、立面图

（引自潘谷西主编《中国古代建筑史》第四卷"元明建筑"，中国建筑工业出版社 2001 年版，略变化）

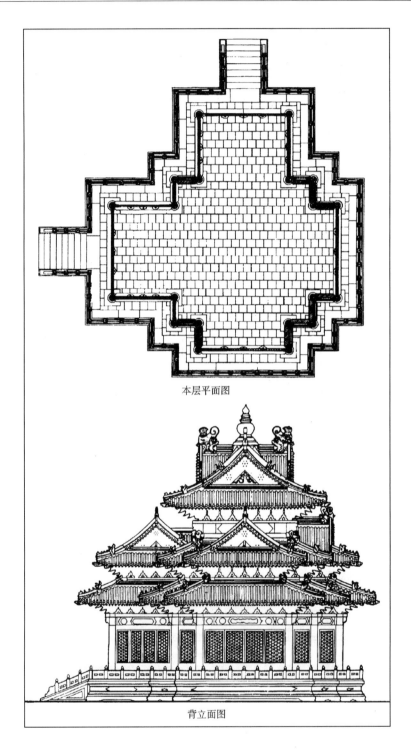

本层平面图

背立面图

图8-2-4 北京紫禁城角楼平面、立面图

(引自潘谷西主编《中国古代建筑史》第四卷"元明建筑",中国建筑工业出版社2001年版,略变化)

　　故宫内普遍分布人工构筑的地基垫层，即紫禁城是建筑在一个完整的人工地基垫层之上，垫层最浅处 3—3.5 米，最深处达 8—8.5 米。三大殿及其周围垫层较厚，其他地段相对较薄。垫层底面不完全平整，个别地段有一定起伏。人工垫层为多层结构，大层中可分若干小层，不同部位夯筑多少不一，重要部位夯筑精细，故薄夯层多。夯土层分块夯筑衔接，各夯层连续性较差，一般仅能延续 30—50 米。月台基础下的垫层，为砖层与夯土层交互构筑，砖层填入深度与月台高度相对应（如三大殿月台下 11 米多深有 20 余层砖层，乾清宫月台下有 10 余层砖层，其范围往往超出月台之外）。总的来看，故宫内的地基基础可分两大类。一是《营造法式》所记的换土法，即将基础部位软弱老土挖出，换填无侵蚀性、低压缩性的散土（以粉质黏土为主），上面用黏性土、砖灰渣土等交互夯筑，使之成为稳定性和承载力安全可靠的持力层。故宫建筑之下大面积的碎砖黏土层，实质上就是换土。这种换土不是独立柱下换土，而是满堂换土。二是对软弱土层、流沙层采用木桩加固法。以木桩挤压密实土层，为防止高大建筑产生不均匀沉降，还使用了木筏，即木承台。

　　故宫内所见地基基础，较重要者有三种类型。第一，碎砖黏土基础。故宫内所见明代和部分元代建筑基础均属此类，分布很广。如东华门内徽音门遗址、南三所大门下原建筑遗址，保和殿东庑下的基础层，其砖层厚 8—10 厘米（合营造尺 2.5—3 寸），黏土层厚 10—12 厘米（合营造尺 3—4 寸）。东一长街顶管中见到的碎砖层厚 5—6 厘米，黏土层厚 13 厘米。永康左门外一座小型三开间建筑遗址，碎砖层厚 4—5 厘米，黏土层厚 13—14 厘米。上驷院西南部碎砖层厚仅 2—3 厘米，黏土层厚 8—10 厘米。上述碎砖层厚度变化，或是建筑施工时代不同的反映。目前所见碎砖层与黏土层厚度之比有 1:4、1:3、1:2、1:1、1:1.2 等数种（《营造法式》中碎砖层与黏土层厚度之比为 1:2），从中可看出徽音门、保和殿东庑等明代建筑基础的碎砖层加厚，骨料增多的变化。第二，灰土基础。出现于明代中叶以后，如景运门外以南所见灰土层在地面灰土层下，灰土层呈白色（白灰含量大），厚薄不匀，厚度自上向下分别为 10、15、18、40 厘米，每层灰土层上面还有 2 厘米厚呈灰白色（较主体灰层略暗）的灰浆层（主要成分是白灰，间有胶黏土、砂、碎砖等颗粒）。该灰浆层细腻，有弹性、硬度大，与灰土黏结紧密，整体性和防水非常好，很可能属泼洒江米汁做法，其时代属明代还是清代，尚不清楚。第三，桩基和承台基础。故宫内实例较多，在城墙下、墩台下和雨水沟帮下均有木桩。如箭亭西侧一南北向雨水沟，其沟帮条石砌筑，下有木桩（为五六尺短桩，又称"地钉"）。此外，粗大桩木多与排木筏即承台基础同时出现，如东华门墩台和西华门墩台等，均为明代做法。

　　故宫内建筑物下的基础实例也多有发现。比如：（1）城墙基础，由碎砖黏土层与木桩共同构成，"黏土层每层厚 12—15 厘米，碎砖瓦片层厚 5—8 厘米，总计 27 层。往下见到木桩，桩长不清楚，都是柏木的"（这样的木桩在西城墙内亦有发现）[1]。（2）三台基础，由碎砖黏土相隔分层夯筑，在地面灰土下为黄黏土层—碎砖层—黄黏土层—卵石层—黄黏土层—碎砖层—黄黏土层—卵石层。卵石层与碎砖层隔层使用（即用卵石代替了一层碎砖），三台下所见卵石层在灰土地面下 1.1 米，若以三台平面起算其深度为 9.17 米，三

〔1〕　白丽娟：《浅谈故宫建筑基础》，《故宫博物院院刊》1993 年第 3 期。

台的底部也有卵石层。三台基槽边缘，距三台边约 7 米。（3）保和殿东庑基础，在东庑 2 米多高的砖台下，其基础总深度也有 2 米余，由碎砖黏土分层夯筑。（4）北上门建筑基础（景山南门），基槽内全部碎砖黏土分层夯筑。柱基内夯层 29 米、27 米、26 层，房厢中明间夯筑 18 层，次间夯筑 15 层，稍间夯筑 12 层。凡柱位处在夯土层上用城砖砌磉墩，其上置柱顶石。

　　除上所述，故宫的地面、庭院、通道地面砖层下为墁砖灰泥层，再下为垫砖层（1—2 层居多，个别的 3 层），最底部垫砖层的灰泥下有一层灰土（其下为夯筑素土，重要庭院或甬路下也夯筑碎砖黏土层）。这层灰土有规律地分布于地面下约 50 厘米，在地下时灰土呈深黄褐色（潮湿黄土色），很坚硬。挖出见空气后呈白色泛白霜，自然干燥后呈不规则的土层，黄白相间，松散。经观察其黄色部分为黄胶泥土，间有细小的碎砖渣和石渣；白色者为白灰层，很薄并包在土块外面。从挖出的灰土观察，其厚度 10 厘米、15 厘米、21 厘米、23 厘米、30 厘米不等，其下面是黄土夯层，黄土层上再筑这种灰土。研究结果表明，此类灰土不是白灰与土的掺和，而是泼洒的白灰浆。这种灰土层是紫禁城内地面构造中不可或缺的一层，它起到地面下隔水层和加固层的作用。故宫历经 600 余年沧桑、地面不下沉、不变形，并保存完好，与这层灰土的作用是分不开的。

　　紫禁城给水系统，一是前已介绍的护城河，二是金水河，两者相通，水源相同。护城河之水源来自西郊玉泉山，流入积水潭和什刹海后经今北海入濠涧，"自北闸口分流，经内官监、白石桥、大高玄殿之东，北上西门之外半边石半边桥入（沿今景山西墙外南流）"护城河（从紫禁城北墙西北角附近入护城河，图 8-2-1）。然后，从紫禁城西北角附近护城河再经城墙下地沟流入紫禁城内，是为内金水河。其流向走势，《芜史》记载："紫禁城内之河则自玄武门之西从地沟入，至廊下，南过长庚桥里马房桥，由仁智殿西，御酒房东，武英殿前，思善门外，归极门外，皇极门前，会极门北，文华殿西，而北而东，自慈庆宫前之徽音门外，蜿蜒而南，过东华门里古今通集库南，从紫禁城墙下地沟，亦自巽方出，归护城河，或显或隐，总一脉也"[1]，然后经太庙之东流入御河。

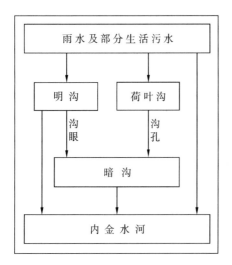

图 8-2-5　北京紫禁城排水系统示意图（引自《中国紫禁城学会论文集》第二辑，紫禁城出版社 1997 年版）

　　外金水河，从太液池南端的南海引水向东，沿皇城西南角曲折而流，又经皇城南墙过天安门前东流入御河（图 8-2-1）。护城河与内金水河是宫内主要给水系统。此外，宫内饮水与日常生活用水，皇帝和后妃用水从城外玉泉山运来，其他人员则使用宫城内的井水（约有 80 口井）。

　　紫禁城内金水河是宫内的最大排水渠，宫内地

[1]　《日下旧闻考》卷三五引《芜史》。

势北高南低，形成自然坡降，为排水创造了条件。紫禁城内排水系统是营建规划的重要组成部分，有完整的体系（图8-2-5），排水以雨水为主[1]，其具体情况略[2]。

三　皇城和紫禁城内的主要配置概况

（一）皇城内的主要配置

皇城之内，略偏东南置紫禁城，紫禁城北，在紫禁城中轴线上置万岁山，紫禁城西为太液池。明初在元大内太液池、琼华岛和圆坻基础上，扩中海，新凿南海，其与金鳌玉蝀桥北的北海统称为太液池，太液池与岛上和岸边建筑合称西苑。中海之西万寿宫建筑群称西内，紫禁城东华门之外东南称东苑（后又称小南城、南内，皇史宬建于此）。皇城东北部和北部，皇城西北部，紫禁城之西、西苑中和南部之东，置内府诸衙。

在皇城承天门前辟"T"字形宫廷广场。承天门前横街称"天街"，承天门前东西长安门间宽约356米，外建宫墙，东西各建长安左门和右门。"天街"向南凸出部分止于"大明门"，门内两侧建宫墙，北端东西折分别接长安左、右门。大明门内有石板御路直抵承天门，长约672米。御路两旁沿宫墙内侧建联檐通脊东西向廊庑，南北长一百一十间，北端又分转东、西外侧各长三十四间，俗称"千步廊"（千步廊背向御路，在御路上只能看到它的后檐墙）。承天门前"T"字形广场即皇城之"外郛"，所围宫墙长四百七十一丈三尺六寸[3]。上述情况表明，大明门可视为皇城的南大门。千步廊两侧置主要中央衙署（图8-2-6）。承天门内有端门，端门内东西庑置六科直房，东庑外之东置太庙，西庑外之西置社稷坛。

（二）紫禁城内主要配置

紫禁城内的中轴线上，前为外朝三大殿，其左右配置文华殿和武英殿两组建筑群。外朝之后为内廷，在中轴线上置三宫和御花园，其东西路分置东、西六宫和乾东、西五所，东、西六宫之南略偏分置奉先殿和养心殿。外东路有端本宫（慈庆宫）、仁寿宫建筑群；外西路有慈宁宫、隆德宫、咸安宫、英华殿等建筑群。沿宫墙内侧配置有廊下家和内监诸房库等。紫禁城内占地72万平方米，现存院落上百座，建筑980余座（其中90余座基本保持明初的风格），房屋8700余间，建筑面积163000平方米[4]，是中国现存规模最大，保存最完好的古建筑群，也是中国硕果仅存的统一王朝的宫城[5]。

外朝是礼仪和行政办公之区，其范围指以三大殿为核心的诸建筑群所形成的南北深437米（南起故宫太和门前檐柱，北至乾清门前檐柱），东西宽234米（以东、西崇楼外

〔1〕（明）刘若愚：《明宫史》，北京古籍出版社1983年版。

〔2〕石志敏、陈英华：《紫禁城护城河及围房沿革考》，载《紫禁城建筑研究与保护》，紫禁城出版社1995年版；蒋博光：《紫禁城排水与北京城沟渠述略》，载《中国紫禁城学会论文集》第一辑，紫禁城出版社1997年版。

〔3〕乾隆《国朝宫史》卷一一记载："天安门外东、西、南三面围墙四百七十一丈三尺六寸。正南榜曰大清门。"嘉靖《会典事例》卷六六二记为"东西南三面垣周四百七十二丈三尺六寸"。

〔4〕于倬云：《古代建筑六题》，载《中国宫殿建筑论文集》，紫禁城出版社2002年版。

〔5〕1925年10月10日紫禁城改为故宫博物院，1961年定为全国重点文物保护单位。1987年被联合国教科文组织列为世界文化遗产保护名录。

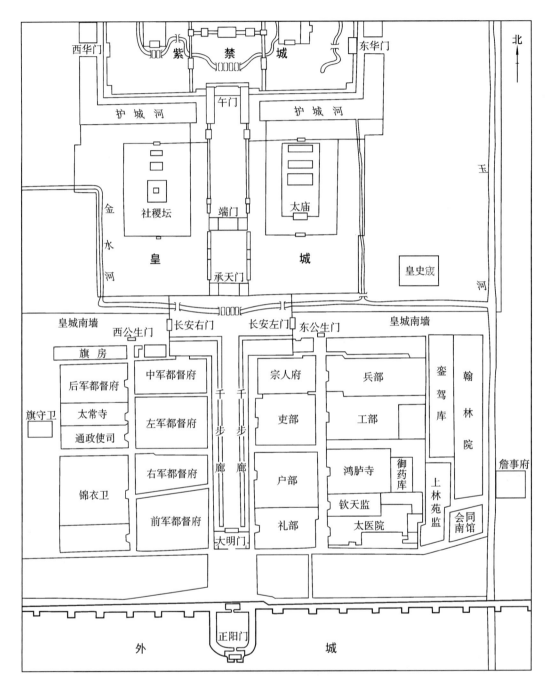

图 8 - 2 - 6 北京皇城 "T" 字形宫廷广场与中央衙署配置方位示意图
（引自杨宽《中国古代都城制度史研究》，上海古籍出版社 1993 年版，略变化）

皮计算)[1]，形成紫禁城内最大的平面呈南北长方形的宫院，其建筑组合可分两大部分。即前面（南）是外朝的主体，以三大殿为核心，三大殿之外四周由四崇楼，廊庑，文、武楼，奉天门和诸侧门围成南北 348 米（以南北崇楼外墙皮计算），东西 234 米封闭的三大殿庭院[2]。其后（北）为东西狭长的乾清门外院（约占三大殿庭院的 1/5，整个外朝宫廷的 1/6）。三大殿庭院有 26 座建筑，其中有 9 座殿宇式大门，数量之多，规制之高，堪称古代建筑中的孤例（即三大殿及其台基，奉天门和两侧东、西角门，奉天殿的两厢和两侧的中左、中右门，谨身殿两侧的后左、右门，文武楼及其北的左、右翼门，奉天殿的南庑和东西庑，谨身殿的东西庑，四隅四崇楼），可分为九个等级[3]。该庭院从平面布局来看，实际上是两进四合院的变体。南为广阔的奉天殿庭院，北为谨身殿庭院，两院以中左、右门连通。前院雄伟的奉天殿耸立于三台之上，三台前面的庭院中央用巨石板铺墁甬道，左右磨砖对缝海墁砖地，四周廊庑，文武楼和诸门等辅助建筑与奉天殿形成恰到好处的权衡比例，节奏和谐，烘托出至高无上的大朝氛围。后院前有华盖殿立于三台的中腰，后有谨身殿，两侧的东西庑与前院相连。由于两院严格掌握并灵活运用一正两厢合为一院的原则，再加上地跨两院的三台承托连续配置的三大殿主体建筑，使三殿形体大小高低错落，中心地位十分突出，故两院既各有特点，又相互统一，在视觉上毫无两进四合院变体之感，取得了完美的效果。最北部东西狭长封闭的乾清门外院，东西分别有景运门和隆宗门，又有后左、右门与谨身殿庭院相通。这座庭院是外朝与内廷紧密相连的过渡空间，谨身殿后三台御路则起到了意境上的联系纽带作用，使外朝与内廷之间达到和谐统一的效果[4]。

在三大殿之南的午门与奉天门之间，为深约 130 米，宽约 200 米的东西横长方形的外朝前庭庭院。庭院中间有内金水河与金水桥，院内东西庑分置左顺门（会极门，清改协和门）和右顺门（归极门，清改熙和门），该庭院是从午门至三大殿建筑群的过渡庭院。

此外，外朝奉天门外东、西两侧分置文华殿和武英殿建筑群，有左、右顺门与奉天门庭院相通。二殿均建于明永乐年间，文华殿清康熙二十二年重建，武英殿无重建记录（晚期曾修缮）。又在文华殿院落之南，沿午门东紫禁城南宫墙内侧还有内阁（内阁辅臣办事之处）、佑国殿（供玄武大帝）、古今通集库（储藏古今君臣画像及典籍）等。武英殿院落之南有南熏殿（今存，殿内彩画为明代原物），该殿是徽号册封大典时，内阁大臣率官员在此篆写金宝、金册之处。

内廷是皇帝处理日常政务及帝后和眷属的居住区，位于紫禁城外朝之后，分五路配置。即位于中轴线上的中路为后两宫和御花园，东路为东六宫和乾东五所，西路为西六宫和乾西五所，再外为外东、西路。其中后两宫是内廷的主体。

---

[1] 傅熹年：《中国古代城市规划建筑群布局与建筑设计方法研究》（上册），中国建筑工业出版社 2001 年版，第 24 页。

[2] 傅熹年：《傅熹年史论文集》，文物出版社 1998 年版，第 359 页。

[3] 于倬云：《故宫三大殿形制探源》，载《中国宫殿建筑论文集》，紫禁城出版社 2002 年版。

[4] 外朝三大殿及其附属建筑建成后，历经嘉靖、万历和天启诸朝多次重建，入清后又大修或重建。因而外朝诸建筑绝大部分已非明初原物，现在的遗存主要是清代的遗迹。但是，外朝的占地范围，三大殿下的"工"字形台基，四周廊庑、体仁和弘义二阁，四崇楼、太和门和诸侧门的基础仍为明代之旧。故据此尚可窥见明代外朝的形制布局。

　　后三宫位于中轴线上，在前三殿之后，以一门三殿为主体建筑（明代中叶又在乾、坤二宫之间建交泰殿，成为三宫）[1]，四周以廊庑围成纵长矩形院落。院落南北深218米（由乾清门前檐柱列至北端坤宁门后檐柱列），东西宽118米（以东西庑后檐墙计算）[2]，现存建筑均为清代重建。乾清门为南面正门，乾清门内接高甬道直达乾清宫前露台（月台），三宫南北依次建于高2.5米的“工”字形台基上（算前面的月台，台基平台呈“土”字形）。乾清宫建于“工”字形台基前部，有前后檐廊，东西稍间是过道。乾清宫院东西庑南部分辟日精门和月华门。二门之北，东有端宁（凝）殿，西有懋勤殿。二殿之北，东小门曰龙光，西小门曰凤彩。乾清宫东廊后有昭仁殿，西廊后有弘德殿。宫后披檐，东曰思政轩，西曰养德轩。明代殿两旁有斜廊与两庑相接，后有穿堂连接交泰殿。交泰殿位于“工”字形台基的中腰，现存形制为面阔三间单檐攒尖顶的方殿，明代为圆形，“渗金圆顶”（形制如中极殿），故又称“中圆殿”。坤宁宫位于之“工”字形台基后部，环设斋轩，坤宁宫庭院东、西庑南部东辟景和门，西辟龙德门，二门之后分别有永祥门和增瑞门。宫两侧有斜廊和东西暖殿。宫后东庑开基化门，西庑开端则门，北宫墙正中有广运门，嘉靖十四年（1535年）改称坤宁门。现存坤宁宫清代改建，其使用功能较明代有很大变化。总的来看，“后三宫”的形制布局与前三殿相似，只是规模、台基尺度和建筑体量缩小而已（图8-2-7）。

　　东、西六宫位于乾清宫、坤宁宫之东西两侧，中隔东一长街和西一长街，占地30000余平方米。东、西六宫布局相同，对称配置[3]。其平面均呈南北长方形，中间分别为东二长街和西二长街。东二长街南北端分开麟趾门和千婴门，西二长街南北端分开螽斯门和百子门。东二和西二长街两侧南北向三宫重复纵列，隔长街两宫横向并列，各宫间以巷道分隔。十二宫院各占地2500平方米，平面方形，边长约50米，周围高墙，正面辟琉璃砖门。门内前为殿（除永寿宫外，殿均位于院落中心），后为室（后室两侧有耳房），两侧各有配殿，形成三合院式二进院落[4]。现存西六宫改变了明和清初的格局，东六宫则基本保持了明代的布局（图8-2-7）。

　　东、西六宫北隔一东西向巷道，各建五所并排的院落，每院内各建前后三重殿堂，各有厢房，供皇子、皇孙居住，分称为乾清宫东五所，乾清宫西五所。自东西六宫南墙外皮至北面乾东、西五所后墙，总深为216米；东西向自后两宫东西庑后墙至东西六宫外侧的外墙，共宽119米[5]。乾东、西五所，清代变化较大。

　　〔1〕　明代称“两宫”，清代又称“后三宫”，俗称中路。
　　〔2〕　傅熹年：《中国古代城市规划建筑群布局及建筑设计方法研究》（上册），中国建筑工业出版社2001年版，第24页。
　　〔3〕　明代东、西六宫妃嫔所居。其中承乾宫为东宫贵妃所居，钟粹宫曾是皇太子所居，后改为龙兴宫。翊坤宫为西宫贵妃所居。
　　〔4〕　明代东、西六宫名称，嘉靖十四年改十二宫名。即长宁改景仁、永宁改承乾、咸阳改钟粹（崇祯为太子居时改兴龙宫）、长寿改延祺（后又改延禧）、永安改永和、长阳改景阳、长乐改毓德（后又改永寿）、万安改翊坤、寿昌改储秀、未央改启祥（嘉靖之父生于此宫，后又改太极）、长春改永宁（后又改长春）、寿安改咸福。其中钟粹宫、储秀宫、太极殿虽经清代重修，但仍为明代建筑。
　　〔5〕　傅熹年：《中国古代城市规划建筑群布局及建筑设计方法研究》（上册），中国建筑工业出版社2001年版，第24页。

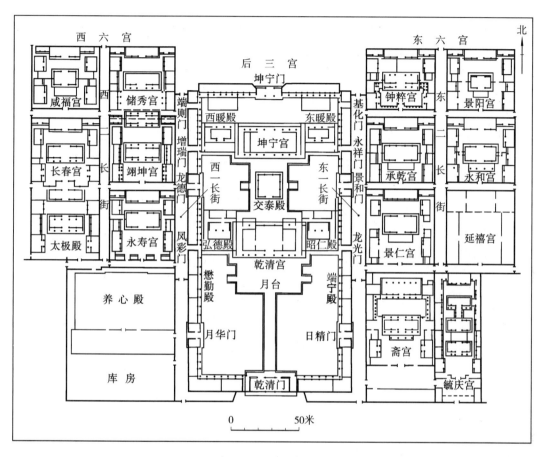

图 8 - 2 - 7　北京明代紫禁城后三宫及东西六宫平面图

（引自《紫禁城建筑研究与保护：故宫博物院建院 70 周年回顾》，紫禁城出版社 1995 年版，略变化）

御花园又称宫后苑，在坤宁宫之北，建于明初，建筑多属嘉靖万历时期，清代仅略有改作。御花园是宫内最大的宫廷园林，东西 130 余米，南北 90 余米，占地 12000 平方米（约占紫禁城面积的 1.7%）。园内建筑分三路配置，中路建在中轴线上，自南而北有坤宁门、天一门、钦安殿、承光门和顺贞门。钦安殿在中轴线上正中偏北，殿内供玄天上帝（道教真武大帝），殿面阔五间，重檐盝顶，正中设鎏金宝顶，南面正中为天一门。御花园东西两路建筑对称配置，分置假山、亭、轩、阁、斋、池、桥和水法等景（图 8 - 2 - 8）。总的来看，御花园营造出所需的不同空间和景深层次，形成灵活多变、动静结合、对景、借景、对比烘托、曲折环带、小中见大和抑扬顿挫的艺术效果。使御花园即有自然情趣的园林秀色，又有严整、富丽、含蓄、幽雅、深邃的宫廷园林的意境。因此，可以说御花园乃宫廷园林中匠心独具的杰作。

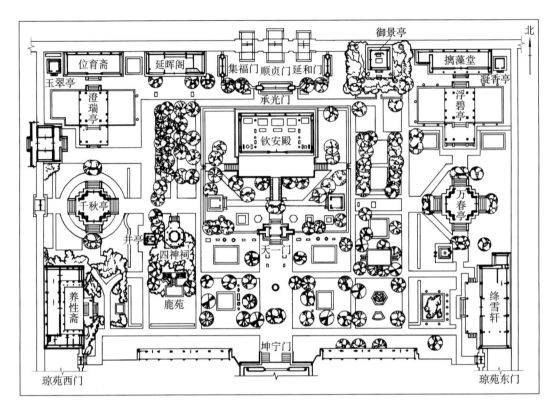

图 8-2-8 北京紫禁城御花园平面示意图

（引自《紫禁城建筑研究与保护：故宫博物院建院 70 周年回顾》，紫禁城出版社 1995 年版，略变化）

内东路南部宫殿，系指东六宫之南以奉先殿为主的建筑群。朱偰《明清两代宫苑建置沿革图考》概言之："日精门之东，曰崇仁门，门内稍南曰内东裕库，曰宏（弘）孝殿、神霄殿，即崇先殿也。再东曰奉先殿，即内太庙也。殿外西与景运门相对者，曰隆祀门，其内则外东裕库也"。

内西路南部宫殿，指西六宫之南养心殿一组建筑群。"过月华门之西曰遵义门，向南者养心殿也。向北则司礼监掌印秉笔之直房。祖制，宫中膳房原在隆道阁后，魏忠贤移于怡神殿，而以其房为直房。养心殿之西南曰慈宁宫，宫前向北者曰无梁殿，世庙炼丹药之所也。月华门西南岿然者，隆道阁也。"[1]清代雍正时将内廷中心从乾清宫移到养心殿以后，进行了一些改建，变化较大。

外东西路宫殿，是紫禁城主体建筑完成后陆续形成的。外东路南有慈庆宫，北有仁寿宫。慈庆宫在奉先殿之南，文华殿、圣济殿之北；仁寿宫在奉先殿之东，二宫东邻紫禁城东墙。慈庆宫、仁寿宫在明、清时期先后变化较大。外西路为慈宁宫，位于武英殿北，西六宫之西。慈宁宫初称仁寿宫，嘉靖四年三月仁寿宫灾，十五年重建，十七年七月完工，

---

[1]《日下旧闻考》卷三四引《芜史》。

改称慈宁宫。慈宁宫之北西六宫西侧有隆德殿（供三清上帝诸神），后更名中正殿。隆德殿院落之西，北有英华殿，又称隆禧殿（供西番佛像），南有咸安宫院落。

除上所述，紫禁城内其他建筑和设施的配置，略。

四　三台的形制与三大殿的形制和时代

（一）三台的形制

三台即三大殿所在的台基，明代修建。台由三层重叠的白石须弥座构成，故俗称"三台"。三台地基垫层在紫禁城中最厚，如今太和殿、保和殿三台人工夯层深达 16—16.5 米；从太和殿南丹墀地面算起，其地基达 8—8.5 米（8.5 米深见卵石，11 米深见地下水。保和殿深 9.8 米时见地下水）；太和殿前台丹墀北半部，夯层底深 6.5—7 米，太和殿南丹墀其余部分深为 5.4—6 米。三台人工垫层采用碎砖层和黄土层交互夯筑方法，如太和殿、保和殿三台表面以下 11 米多深有 20 余层砖层，台基下基础中垫砖层深达丹墀地面下 5 米多，太和殿南紧靠月台处砖垫层深近 7 米。三台丹墀夯筑薄层多，夯筑精细。三台附近地面的灰土之下是黄黏土层、碎砖层、黄黏土层、卵石层、黄黏土层、碎砖层、黄黏土层、卵石层相互叠压。地面下最高一层碎砖层边缘距三台边 7 米，由此可见三台的基槽很宽[1]。

地基之上，三台台边距地平 7.12 米，台心高 8.13 米[2]，三台基底东西宽 130 米（南端），南北长 227.7 米（不计踏步，中轴线处量的数据）[3]。三台本身平面呈"工"字形，若加上南部月台，平面则呈"土"字形。三台每层做法均按习惯法式分为：圭脚、下枋、下枭、束腰、上枭、上枋六部分。惟下层须弥座高大，上下枋各边出一层线条，圭脚的下面一层又加出像《营造法式》中的"单混肚砖"。在上枋上放勾栏的地栿，上立望柱，柱头雕云龙和云凤。望柱间安栏板，每段栏板中间地栿下面刻出小沟为辅助排水口。在望柱下刻槽伸出龙头"螭首"，每当雨天，三台千龙喷水（龙头上下唇间有排水孔），蔚为壮观。

（二）奉天殿的形制和时代

奉天殿永乐十八年（1420 年）底建成，十九年四月火灾；正统五年（1440 年）重修，六年修成。嘉靖三十六年（1557 年）灾，四十一年重建竣工，更名皇极殿。万历二十五年（1597 年）灾，四十三年重建，至天启七年（1627 年）完工。入清以后，顺治二年（1645 年）修奉天殿，并改称太和殿。康熙八年（1669 年）重建太和殿，康熙十八年灾，三十四年重建太和殿，三十七建成（即现在的太和殿），乾隆三十年（1765 年）又进行大修[4]。

---

〔1〕 石志敏：《故宫地基基础综合勘察》，载《紫禁城建筑研究与保护：故宫博物院建院 70 周年回顾》，紫禁城出版社 1995 年版；白丽娟、王景福：《故宫建筑基础的调查研究》，载《紫禁城建筑研究与保护：故宫博物院建院 70 周年回顾》，紫禁城出版社 1995 年版。

〔2〕 于倬云：《中国宫殿建筑论文集》，紫禁城出版社 2002 年版，第 53 页。

〔3〕 傅熹年：《傅熹年建筑史论文集》，文物出版社 1998 年版，第 364 页。

〔4〕 奉天殿（皇极殿）是行大朝会及策士等重典之处，殿前广庭为文武大臣序班次以及陈列仪仗之处。清代太和殿为元旦、冬至、万寿三大节庆典，大朝会、燕飨、出师、策士、除授谢恩之所。太和殿后东西二庑为内库。

今太和殿位于"工"字形三台的前端，下有长 63.96 米、宽 37.17 米、高 0.98 米的须弥座台基。殿面阔 11 间（通面宽 60.01 米）、深 5 间（通进深 33.33 米），重檐庑殿顶，从庭院地平到正脊高 35.05 米，加上鸱吻卷尾通高 37.44 米（比正阳门城楼高 1 米多）。殿身共 72 根柱子（柱高 12.7 米，径 1.06 米），按四柱间计共 55 间（前檐有进深一间的前廊，殿内东西端有墙隔开的夹室各一间，图 8-2-9）。明间六柱用沥粉金漆蟠龙，环绕中间的镂空透雕宝座，其上为八角蟠龙藻井，下垂宝珠。殿内柱网三环布局（古代最高等级结构类型），地面用 64 厘米见方的金砖铺墁。下部槛墙用琉璃镶砌；门窗隔扇都是三交六椀的棂花格，绦环，裙板突起金龙，边梃与抹头接榫处采用金扉、金锁窗，装饰彩画用金龙和玺（最高等级），极为精美。殿之下檐用单翘重昂七踩鎏金斗拱，上檐用单翘三昂九踩鎏金斗拱。殿顶用三样黄琉璃瓦，正脊和正吻为二样，檐角走兽 10 个（一般走兽成单，最多 9 个），即龙、凤、狮子、海马、天马、押鱼、狻猊、獬豸、斗牛（吼）、行什（猴），其中用"行什"太和殿是个孤例。太和殿前露台宽广，三台南丹陛通深 33 米，台上层南边阶条至太和殿通深 29 米，太和殿台明通深 35 米。露台上陈列铜鼎 18 座，铜龟、铜鹤各一对，日圭和嘉量各一。总之，太和殿不仅是紫禁城内，而且也是中国现存规格最高、规模最大的木构建筑。

上述太和殿的形制和规模，乃是清康熙三十四年（1695 年）重建后的情况。此次改建，将明代皇极殿两侧的斜廊改为阶梯状封火墙，将殿的面阔九间改为十一间。至于明初奉天殿的形制，则不闻其详。据有关研究称，嘉靖之前奉天殿"原旧广三十丈，深十五丈"[1]，即面阔 95.4 米，进深 47.7 米。嘉靖朝重建奉天殿时说："我思旧制固不可违，因变少减，亦不害事"。当时严嵩力主"基址（指台基）深广似合仍旧，若木石围圆，比旧量减或可"[2]，加之"三殿规制，自宣德再建，诸将作皆莫省其旧"[3]，嘉靖朝重建三殿时三台按原来基础修复，奉天殿则"比旧量减"而变小了[4]。至天启时修皇极殿又再度"简约"，所以奉天殿自永乐初建被毁后，经正统到天启几次重建，不仅其风格和规制有变，而且材料等第和建筑体量也变小了[5]。到清代康熙三十四年重建太和殿，一般认为将面阔九间改为十一间（因缺良材巨木，故改面阔十一间，以缩短桁条的跨度）。但有的研究者认为，重建的太和殿仍为九间，东西两边各一间不在正身间数。重建太和殿利用明代旧基，就原有地盘而起，基本沿袭明代规模，是明天启所建皇极殿的旧有规制又一次翻新而已[6]。所变主要是拆斜廊改封火墙，以及殿内金柱径比原来加大，并以松木代替楠木。

---

〔1〕《明世宗实录》卷四七〇。

〔2〕《明世宗实录》卷四七〇。

〔3〕《日下旧闻考》卷三四"世庙识余录"。

〔4〕李燮平：《从明代的几次重建看三大殿的变化》，载《紫禁城建筑研究与保护：故宫博物院建院 70 周年回顾》，紫禁城出版社 1995 年版，第 107—120 页。

〔5〕李燮平：《从明代的几次重建看三大殿的变化》，载《紫禁城建筑研究与保护：故宫博物院建院 70 周年回顾》，紫禁城出版社 1995 年版，第 107—120 页。

〔6〕王璞子：《清初太和殿重建工程》，载《紫禁城建筑研究与保护：故宫博物院建院 70 周年回顾》，紫禁城出版社 1995 年版，第 255—264 页。

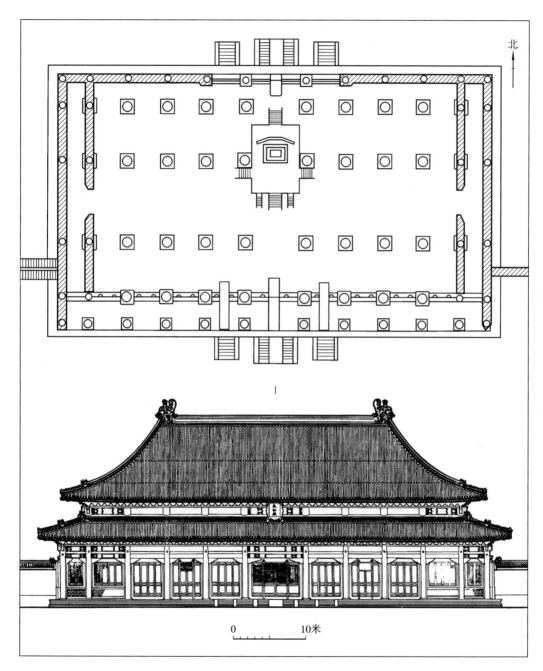

图 8 - 2 - 9　北京紫禁城太和殿平面、立面图

（引自孙大章主编《中国古代建筑史》第五卷"清代建筑"，中国建筑工业出版社 2008 年版，略变化）

除上所述，奉天殿前两侧的文武楼（嘉靖四十一年更名文昭阁、武成阁，清顺治二年称体仁阁、弘义阁）等，入清后也有变化。清康熙三十四年重建太和殿时，将太和殿前东西联庑在加封火墙的同时，又将左、右翼门，体仁阁和弘义阁等门阁独立出来，两侧联庑

至此中断，改为厚墙连接。体仁、弘义二阁清代重建[1]。二阁青砖台基，石栏用二十四气望柱，御路为云雕饰，楼阁形式，单檐庑殿顶，阁高 23.8 米。

（三）华盖殿与谨身殿的形制和时代

嘉靖三十六年（1557 年）前，三大殿中、后二殿分别称华盖殿和谨身殿，嘉靖四十一年改称中极殿和建极殿，清顺治二年（1645 年）改中和殿和保和殿。

现存中和殿位于"工"字形三台中腰中后部[2]，太和殿北丹陛至中和殿丹陛 31 米，中和殿台明通深 23 米，中和殿北至保和殿南台明 33.8 米[3]。中和殿平面方形，殿身纵横各三间；算四周出廊，深广各五间。四面无墙，满设格扇，单檐四角攒尖顶，铜质镂花鎏金圆宝顶，殿中设宝座。台基边长 24.15 米，前后石阶三出，左右各一出，踏垛、垂带均浅刻花纹，殿高 27 米[4]（图 8－2－10）。

现存保和殿位于三台后台基的中后部[5]，是外朝最后一座大殿。该殿面阔九间，46.41 米；进深五间，21.25 米[6]。重檐歇山顶（比太和殿低一级），殿高 29.5 米（从庭院地平到屋脊，比太和殿低 5.55 米），殿中设雕镂金漆宝座。殿下台座长 49.68 米，宽 24.97 米。保和殿台明通深 25 米，北面丹陛通深 30 米。殿后下台基的御路，中间为一整块艾叶青石，长 16.57 米，宽 3.07 米，厚 1.7 米，重 200 余吨，是宫内最大的石材。石上雕云龙等图案，该石选质之佳，用材之巨，雕刻之精，图案之生动，艺术处理之妙，堪称国宝。

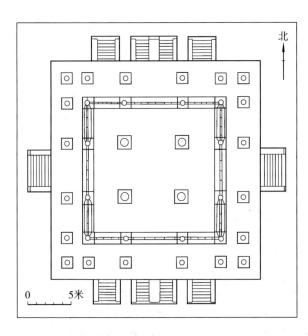

图 8－2－10　北京紫禁城中和殿平面示意图
（引自于倬云《中国宫殿建筑论文集》，紫禁城出版社 2002 年版，略变化）

---

[1]　孙大章主编：《中国古代建筑史》，中国建筑工业出版社 2008 年版，第 46 页。

[2]　华盖殿（中极殿），是皇帝到太和殿上朝时小憩之所，也是召见群臣、赐宴亲王和召对之处，并在此与内阁大学士商定一、二、三甲进士名榜等，又相当于前后两殿间的过厅，原有穿堂联系三殿。清代中和殿，为大朝时准备，宫内耕耤之礼，阅玉牒等处。

[3]　于倬云主编：《紫禁城建筑研究与保护：故宫博物院建院 70 周年回顾》，紫禁城出版社 1995 年版，第 99 页。

[4]　于倬云：《中国宫殿建筑论文集》，紫禁城出版社 2002 年版，第 25、45、253 页。

[5]　谨身殿（建极殿），是明代皇帝大朝时在此更衣、做准备之处。清代为赐宴外藩、经筵大典、御试博学鸿词科，殿试大考之所。清初曾为寝宫，改称位育宫，有左、右配殿，康熙八年才拆毁配殿。

[6]　傅熹年：《中国古代城市规划建筑群布局及设计方法研究》（上册），中国建筑工业出版社 2001 年版，第 150 页。

　　中和与保和二殿，过去多认为是"清顺治二年重建"，实际上清代重建时主要是将保和殿两侧的斜廊改为阶梯状封火墙，又将保和殿前东西庑中加设封火山墙七道，将联庑分割成六段（图8-2-11），中和及保和二殿的主体梁架仍为明代建筑。中和殿有"中极殿

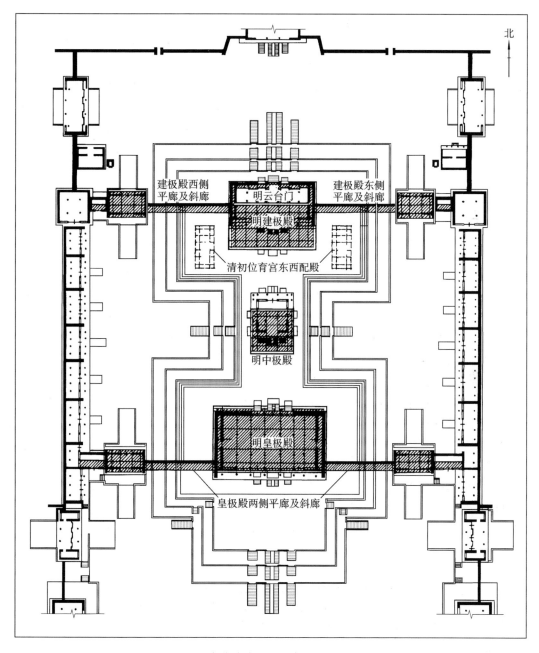

图8-2-11　明代北京紫禁城三大殿在三台上位置关系变化示意图

（引自孙大章主编《中国古代建筑史》第五卷"清代建筑"，中国建筑工业出版社2008年版，略变化）

桐（童）柱"题记，保和殿有"建极殿左一缝桐柱""建极殿右二缝桐柱"等题记[1]。二殿梁架大都是楠木，梁架结构也是明代特点，保和殿是万历四十三年（1615年）重建而成，中和殿直至天启七年（1627年）最后建成[2]。

（四）三大殿在三台上位置关系的变化

现在故宫三大殿与三台的比例失调，台大殿小，殿与台面位置不对称。具体言之，三台上层最宽处108米，三台前突出部分丹陛宽约66米，今太和殿面阔不仅远小于台面宽度，而且还小于丹陛的宽度。今中和殿位于"工"字形台基中腰中线之北，殿两侧与台基踏步中心不对中。明建极殿后台基上原有云台门（见前述），今保和殿后已无可置此门的位置，殿前的实际空间比用于"大礼"的正朝丹陛还大。所以主张三殿为清朝重建者认为，这种改动三殿平面构图严整性的变化，应发生在清康熙三十四年重建之时[3]。实际上前已说明三殿的变化在嘉靖"比旧量减"和天启再度"简约"之后，后两殿是明万历一天启间重建，太和殿清代比明皇极殿而重建，所以上述三殿体量变小，位移，其平面配置与三台关系的变化，应在明嘉靖重建之后[4]。

五　明北京紫禁城规划设计理念和方法及其布局艺术

（一）规划设计理念

中国古代建筑讲究创造境界（意境），境界属意识形态范畴，是凝聚于建筑实体内的精神内涵。所以建筑的境界，是借助于建筑形象与布局或命名的启迪和诱发，而形成的某种思想意境和形象思维。也就是说，这种"识中之境"是在规划设计理念的指导下，靠有关的各种规划设计手段和方法，以形成特定的规划设计模式之有序组合来实现的。就秦汉以后的宫城而言，虽然都各有自身的规划设计理念和由此形成的规划设计模式，但是在历代宫城形制布局的传承、发展和演变规律之中，如何更好更准确地表现象天立宫和风水格局，体现儒家天命观和封建礼制秩序，则是宫城不变的规划设计理念。这种理念在明代营建北京紫禁城的过程中，更是发展、升华到极致。

1. 象天立宫的宇宙图式，是紫禁城规划设计理念的最高境界

皇帝自称"受命于天"，并被尊为天子，故自秦汉以来天子多择国之中象天立宫。这种传统在明代营建北京紫禁城时，则发展得淋漓尽致。据文献记载永乐之时，"皇上受天明命"肇建北京"实当天地之中"[5]，"上应北辰以象天极"（"营此北京，象彼北极"）[6]，于

---

[1] 于倬云：《中国宫殿建筑论文集》，紫禁城出版社2002年版，第11、47页。

[2] 于倬云：《中国宫殿建筑论文集》，紫禁城出版社2002年版，第11—12、24、45—50页。

[3] 孙大章主编：《中国古代建筑史》，中国建筑工业出版社2008年版，第49页。

[4] 李燮平：《从明代的几次重建看三大殿的变化》，载《紫禁城建筑研究与保护》，紫禁城出版社1995年版；傅熹年：《中国古代城市规划建筑群布局与建筑设计方法研究》（上册），中国建筑工业出版社2001年版，第25—26页。

[5] （明）杨荣：《圣德瑞应颂》，载《中国明朝档案总汇》（一），广西师范大学出版社2001年版。

[6] 《日下旧闻考》卷五引《治平略》；《钦定古今图书集成·方舆汇编职方典》引（明）邓林《皇都大一统颂》，中华书局巴蜀书社1985年影印版。

是"北平易名以顺天（顺天府），旋坤轴以正干"[1]。他们认为北极星"独居天轴"，"独为天下之枢纽"[2]，而北京则是与之对应为"地轴"[3]。"地轴"贯穿南北的中央子午线，即为明北京城和宫城的中轴线，宫城位于轴心，犹如天上的紫微大帝居住于天的中心紫微垣一样[4]，故将宫城称为紫禁城。

在天空中，环绕北极和比较靠近头顶天空的星象，中国古代天文学将其定名为紫微、太微、天市三垣[5]。明代营建北京宫城，将其九门（正阳门、大明门、承天门、端门、午门、奉天门、乾清门、玄武门、北安门）比之于天之九重和九门[6]，将宫城比拟于三垣。如内廷乾清宫，坤宁宫取《易》乾坤之文，乾之象为天，坤之象为地，故乾清宫与坤宁宫法象天地为紫微正中，符合紫微垣"天子之常居也，主命主度也"。又乾清宫东门称日精门，西门称月华门，后两宫左右东西六宫象征十二星辰。后来在两宫之间增建交泰殿，使之与东西六宫合于紫微垣十五星之数。而东西六宫与其后的乾东、西五所，又合于天干地支之数。这样内廷如同以天、地、日、月为中心，左右则众星拱卫。其次，以外朝象征太微垣（太微垣"天子之正朝也，帝听政则居焉"），三大殿象征太微垣"明堂三星"（天子布政之宫）。三大殿下之三层台基象征太微垣下的"三台"星。以太微垣南藩二星间的端门，东藩二星间的东华门，左执法之东的左掖门，右执法之西的右掖门，分别命名紫禁城的端门，东华门和左右掖门。承天门、奉天门之命名均系于天，进午门后在奉天门前有内金水河和内金水桥，将其比作银汉[7]。又三大殿以奉天殿（奉天承运）为首，中轴线从殿内宝座中心穿过，以比帝星。华盖殿亦源于星名，《晋书》卷一一《天文上》说："大帝上九星曰华盖，所以覆蔽大帝之座也"。此外，以宫城之北比作天市垣，紫禁城神武门外设后市，明朝每月逢四开市，听商贸易，称"内市"。除上所述，紫禁城又处于以四象为代表的二十八宿的围合之中[8]。这样，上述诸种情况相结合，则使紫禁城宛若天宫。

总之，紫禁城外朝和内廷的布局以命名和象征性的手法，按"体象乎天""方位在天""象天法地""象天立宫"而配置，精心安排了中轴线上核心主体建筑的架构，形成了"象天立宫"的宇宙图式。从而使紫禁城体现了天、地、人三才齐备，实现了"天人合一"，突

[1]　《钦定古今图书集成·方舆汇编职方典》引（明）黄佐《北京赋》，中华书局巴蜀书社1985年影印版。

[2]　（南宋）黎靖德：《朱子语类》，中华书局1986年版。

[3]　《钦定古今图书集成·方舆汇编职方典》引（明）陶望龄《帝京篇》。

[4]　北京位于星象分野的东北方，属艮位。"天之象以北为极，地之势以东北为极"，故北京"体乎天极之尊"，上应天时，下得地势，中得人和。又《日下旧闻考》卷三八引（明）陈政《正疏（统）癸亥管建纪成诗》中说：紫禁城三殿二宫"日月光三殿，乾坤辟两宫"，"帝业垂天极，人心仰建中"。表明紫禁城与天极即天轴对应，是人心仰望的地方。

[5]　三垣是环绕着北极和比较靠近头顶天空的星象，分紫微、太微、天市三区，又称三垣。《钦定古今图书集成·历象汇编》引（东汉）张衡《灵宪》《管窥辑要》；《晋书》卷一一《天文上》。

[6]　古人认为天有九重，有九门。见《山海经·海内西经》，屈原《天问》，杨荣《皇都大一统赋》。

[7]　王三聘：《古今事物考》，载《国学基本丛书》，商务印书馆1937年版。

[8]　按方位风水称万岁山为玄武，其南即紫禁城玄武门；南西午门称凤门，可比作朱雀；外朝西侧武英殿明朝又称白虎殿；外朝东侧文华殿在东方，西与白虎殿对置，可比作青龙。上述玄武、朱雀、青龙、白虎即为四象。四象象征四方，又代表二十八宿，其与"三垣"相结合，是隋唐以后划分天区的标准。紫禁城在四象围合之中，不仅处于四方之中，而且也显示在天垣之中，因而成为风水格局和象天立宫的重要表现形式之一。

出了皇权和神权合一，君权神授，达到了"皇权至上""唯我独尊"的最高境界。[1]

　　2. 礼制秩序是紫禁城规制设计理念的核心和基石

　　紫禁城是国家政权和皇权的象征，是国家的权力中心。所以必须采取规划设计手段，使紫禁城的建筑和布局最充分、最集中地体现出封建社会的礼制秩序，以达到最大限度地突出皇权至高无上绝对权威的目的。历代宫城均按当时的情况为此而尽心竭力，到了明代的紫禁城则发展到最高峰。

　　明北京紫禁城将封建社会的礼序（礼制秩序以下简称礼序）思想作为规划设计理念的核心和基石，以统帅其规划设计。在此基础上，以各类建筑的不同形象并结合象征的手法，使紫禁城的建筑和布局反映出封建社会的天命观和等级森严的贵贱尊卑之分，从而营造出皇权至上的最高境界。关于天命观，最主要的是体现于前述的象天立宫方面。但是，作为人间君主居住的宫城，仅止于此显然不行，还必须将"方位在天"与"礼序从人"紧密结合起来，在两者相辅相成的基础上，以"礼序从人"为核心规划设计紫禁城有关部位的具体安排。只有这样才能使紫禁城最完整、最有效、最大限度形象化地显示出皇帝"君临天下"的威严。

　　所谓礼序，主要是指自周代以来形成的君权至上，以皇帝为中心的"大一统论"，"三纲五常"区分尊卑贵贱的森严等第制度等。其表现于紫禁城，主要是以礼序思想统帅规划设计，使各个建筑（包括建筑群和其中的单体建筑）和空间形成不同的等差，在按功能和需要有机组合的过程中，又使之形成所需的主从，衬托和拱卫等关系，借此营造出各种必需的氛围，从而创造出以天子为尊的礼序境界。比如，在承天门内中轴线两侧配置左祖右社，在中轴线上沿纵深方向配置五门三朝、前朝后寝，内廷两侧配置东西六宫。这是中国古代最接近《周礼》《礼记》《仪礼》所记的宫城礼仪制度的布局，同时又与象天立宫相结合，稽古创制，具有时代特征，使紫禁城成为中国古代宫城礼仪制度最为完备者。采用数学比例，以象征性手法表现"九五"之尊。如皇城正门承天门是发布政令、举行庆典和颁诏仪的外朝之所，是皇权的象征，所以承天门不仅高大，而且其面阔和进深之比体现"九五"之尊，五个门洞有御门、王门、品级门之别，等差严格。承天门前的外金水桥，亦有御桥、王桥和品级桥之别，其中御桥桥身最长，用雕龙望柱，御桥栏板跨河九块，两岸各出五块，恰为"九五"之数。王桥和品级桥桥身依次递减，使用"二十四气"望柱。午门是宫城正门，地位崇高，采用庑殿顶，翼以两观，城台上的门楼，面阔、进深之比为"九五"之制，门洞明三暗五，中间三门，正中御门，两侧王门；两掖门在观与墩台夹角处，供官员入朝和出宫行走，门钉较中央三门各少一路，等差严格。中轴线上的午门正楼、奉天殿、乾清宫均为九五之尊的大殿。在外朝宫院长宽与三台的比例上，连续使用了两个9∶5；后两宫宫院长宽之比，其与台基之比均为9∶5（以上后文有说）。显然，外朝和内廷是在刻意突出天子九五之尊的至高无上的地位。又入午门在午门与奉天门之间为外朝前庭，中间偏南为形如弓的内金水河与桥（同样分为御桥、王桥、品级桥）。以内金

---

[1]　象天立宫的规划设计理念，目前研究尚不够充分和具体，诸家所言也不尽相同，故本书仅略作介绍，以供读者参考。

水河与桥为界，将外朝前庭分为南北两个广场。奉天门是紫禁城内规模最大、最雄伟、规格最高的宫门，为"御门听政""常朝御门"之所，故又称大朝门，常朝典礼则在内金水桥北广场举行。午朝和晚朝的地点，在内金水桥南广场左顺门或右顺门举行。所以内金水河与桥乃是划分常朝与午朝、晚朝区域的界河，由于有事须横穿广场者必须绕道桥南广场，故内金水河与桥也是捭划内外、严肃礼制的分界。此外，紫禁城内表现礼序的手法还有多种。比如，每座宫院的主体建筑一般都布置在院落地盘的几何中心，以强调主从关系，突出主体建筑的重要性。在各建筑和建筑群及空间上，以建筑大小高低（在体量上在中轴线上的大、两旁小，各院落内正殿大、配殿小），建筑的不同面阔和进深，不同屋顶和吻兽，不同的彩画和装修，建筑群的各种不同的组合形式，利用不同建筑和建筑群间的衬托和对比关系，以及门（门贯穿于整体序列之中，起着空间限定、转换上渗透作用，门的形制包括门钉数量也是体现等差的标志）和墙等的不同形制和结构；左辅右弼对称部位的不同配置方法等，来明确等差，区分主从和尊卑。此外，在尊祖孝亲（如奉先殿、慈宁宫、慈庆宫的配置情况）、夫妇之位（如内廷和东西六宫）、长幼之序（如文华殿和乾东西五所）等等方面，也均按礼序配置有定。凡此种种情况，都是将礼制规范寓于建筑的规划设计之中，采用建筑语言和象征手法构成与寓意相关的建筑形式和空间，将礼序与紫禁城建筑的形制布局融为一体，使人自然意会到其中的礼序内涵，从而达到其预期之目的。此外，风水格局（包括阴阳、五行、四象、八卦等）也是宫城规划设计理念的重要构成要素，限于篇幅，不赘述[1]。

综上所述，紫禁城的规划设计理念，在集古代宫城规划设计理念之大成的基础上，已发展到完备之至。其所涉及的象天立宫、礼制秩序、风水、阴阳、五行、四象、八卦等规划设计理念，即各自独立，又相互渗透，相辅相成，互证互补，形成了不可分割的整体。如此，紫禁城象天立宫的"宇宙图式"，不仅以风水、阴阳、五行、四象、八卦等所布置的方位架构为承托，以其寓意进一步强化和完善了紫禁城的"宇宙图式"，而且还以礼制秩序为核心和主轴，突出"礼序从人"，皇权至上，并将上述所有规划设计理念贯穿连接为完整的体系。使紫禁城成为体现"天、地、人三才"齐备，天道人道相通，"天人合一"，和谐而统一的皇权理想境界的建筑群。

（二）规划设计方法

风水形势说是规划设计宫城外部空间的理论基础和重要方法。风水形势说之形，有形式、形状、形象之意，指近观的、小的、个体性的、局部性的、细节性的空间构成及其视觉感受效果。势有姿态、态势等意，指远观的、大的、群体性的、总体性的、轮廓性的空间构成及其视觉感受效果。风水要籍记载："远为势，近为形；势言其大者，形言其小者"；"势可远观，形须近察"；"形者势之积，势者形之崇"；"驻远势以环形，聚巧形而展势"；"势为形之大者，形为势之小者"。由此可见，形势说的核心，是建立在远近两极的视觉感受及景观处理上，同时形与势又相辅相成，可以互相转化。形与势空间构成的平

---

〔1〕　孟凡人：《明代宫廷建筑史》第九章第一节，紫禁城出版社 2010 年版。

面（进深和面阔），立面（高度）及观赏视距等的基本控制尺度是"千尺为势，百尺为形"。这是建筑外部空间构成的尺度权衡基准，即"外部空间模数"。明北京紫禁城建筑的整体立意和外部空间序列设计同样遵循该模数标准，因而紫禁城群体性空间序列展现出连续性并富于戏剧性的变化，从而使其规模恢宏的建筑群产生了震撼人心的气势和魄力，并保证了近观、远观以及移行其间在形与势的时空转换中获得最佳视觉感受效果。这个理论与现代建筑视线设计原则是一致的，其贯彻于明代紫禁城建筑实践之中，就是下面要介绍的模数网格的设计方法[1]。

1. 模数化

在规划紫禁城宫殿时，其主要建筑群院落之长宽都是后两宫院落宽深的倍数。也就是说，后两宫院落之宽深为规划紫禁城主要建筑群占地面积的模数（图8-2-12）。比如后两宫院落宽深各增至一倍即为"前三殿"之宽深，它的宽度增至三倍即为天安门外"外郛"之宽，它的深度增至三倍则为"外郛"之深；东西六宫与乾东西五所合起来又与它的面积相等。因而后两宫院落之长宽，即是规划设计紫禁城宫殿主要建筑群院落时使其各部分之间保持一定关系所采用的模数。后两宫是皇帝的家宅，代表一姓皇权，前三殿代表国家政权，后两宫扩大四倍即为前三殿（即前三殿面积是后两宫的四倍），就是用建筑手法表现一姓皇权，"化家为国""君临天下"的意思。故这种手法是有一定象征意义的[2]。模数是紫禁城控制规划设计的主要手段之一，以使紫禁城各主要部位之间在规模、体量和比例上有明显或有一定的关系，这样不仅利于表现建筑组群、建筑物的个性，而且还可达到统一协调、浑然一体的整体效果。此外，使用模数也有简化规划设计过程，加快规划设计的作用。

2. 方格网化

具体到规划紫禁城各建筑群则用方格网作为面积的模数[3]。但是，因为各建筑群（单元）规模大小不一，不能共享一个模数，故以10丈、5丈和3丈方格网为基准，分别规划设计不同规模和等级（10丈、5丈、3丈为三个等级）建筑群院落内各座房屋的相对位置和尺度关系。比如，外金水桥至乾清门中轴线上全部采用10丈网格（图8-2-13），后三宫和太庙与社稷坛采用5丈方格网（图8-2-14），东西六宫和其他宫殿采用3丈网格（图8-2-14）。上述各种网格，近似选用大小不同的比例尺，是中国古代建筑组群布局使用最具特色、最有效的方法。这样就使院落内各建筑及它们之间所形成的庭院空间有一个共同参照的尺度标准，利于控制建筑物的尺度、体量和庭院空间的关系；同时也有控制不同建筑群之间关系的作用。所以采用各种不同的方格网，无论在局部还是整体上，对控制紫禁城大量建筑组群间的关系，使大量各种建筑物规整有序，主次分明，各安其分，相互衬托，比例适当，协调统一，形成完整一体的布局有极其重要的作用。

---

〔1〕 王其亨：《风水理论研究》第七章，天津大学出版社 2005 年版；孟凡人：《明代宫廷建筑史》第九章第二节，紫禁城出版社 2010 年版。

〔2〕 傅熹年：《傅熹年建筑史论文集》，文物出版社 1998 年版，第 359—364 页；《中国古代城市规划建筑群布局及建筑设计方法研究》（上册），中国建筑工业出版社 2001 年版，第 24 页。

〔3〕 傅熹年：《中国古代城市规划建筑群布局及建筑设计方法研究》（上册），中国建筑工业出版社 2001 年版，第 25—29 页。

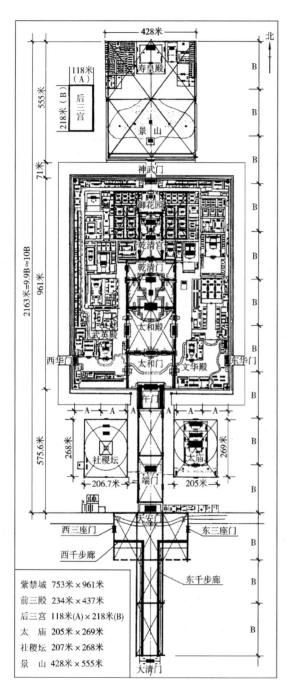

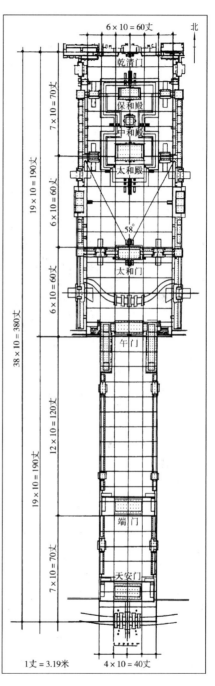

图 8-2-12　明清北京紫禁城以后三宫宽、
深为模数分析示意图

（引自傅熹年《中国古代城市规划建筑群布局及建筑设计
方法研究》上册，中国建筑工业出版社 2001 年版，略变
化）

图 8-2-13　明清北京紫禁城乾清门至
天安门 10 丈网格分析图

（引自傅熹年《中国古代城市规划建筑群布
局及建筑设计方法研究》上册，中国建筑工
业出版社 2001 年版，略变化）

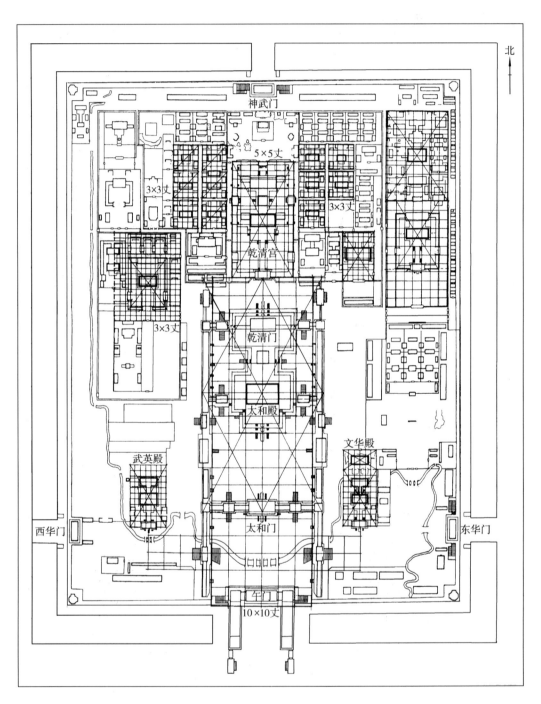

图 8-2-14　明清北京紫禁城平面 10、5、3 丈网格分析示意图

（引自傅熹年《中国古代城市规划建筑群布局及建筑设计方法研究》上册，中国建筑工业出版社 2001 年版，略变化）

3. 娴熟运用数学比例

除上所述，须娴熟运用数学比例规划设计宫城建筑的体量和空间。建筑三维空间尺度和各部分的比例，以及各建筑组合相互配合的空间尺度，都是以数学比例为基础的，这是建筑规划设计和建筑美学内涵的基本要素之一。具体到紫禁城，通过分析研究，可以看出紫禁城正是在前述的模数和方格网的控制下，并辅以其他手法，娴熟地运用数学比例手段，来规划设计建筑的体量和空间的。即采用适当比例，控制同一院落内的建筑尺度、体量和庭院的空间关系，使之互相对比，相互衬托，突出主体建筑，并在整体上达到和谐统一。同时又对不同院落用不同的比例，使各院落之间从建筑尺度、体量和空间上拉开档次，形成反差和对比，在更大的范围内相互衬托，突出主体，以求宏观上的和谐统一，营造出应有的美学意境。下面略举四例。

（1）午门前庭院

午门、端门间进深 350 米，街宽 110 米，形成 3:1 的窄长御街。端门前庭院与午门前庭院同宽，但午门前庭院的长度是端门前庭院之长的三倍，从而使午门前庭更加深邃，以此结合午门三面围合的空间（图 8-2-13），成功地突出了午门的森严气势[1]。

（2）奉天门庭院

奉天门庭院进深 130 米，宽约 200 米，形成宽阔的扁方形平面。其庭院长宽之比为 130:200 = 0.65，是面积中最美的比值（很接近现代所用的黄金分割率）。为显示庭院疏朗宽阔，又不使两庑过于低矮，则将两庑的台基相应地增高 2.43 米，使脊高达到 10.71 米，为庭院宽度的 5.4%；将东西两侧建筑高度与房屋间距之比定为 1:19。这个巧而得体的尺度，即不使两点的对景过于低矮不衬，又不超过主体奉天门的尺度，取得了庭院广阔疏朗的效果。这样，该庭院与午门前庭院就形成了鲜明的对比，所以从午门前狭长的空间一过午门，进入紫禁城后便达到了豁然开朗的效果[2]（图 8-2-13）。

（3）外朝三殿宫院

外朝三殿宫院所采用的各种比例最多（图 8-2-15）。三殿宫院东西宽 234 米，南北 353 米（以墙外皮计），两者之比约为 2:3.004，考虑施工误差，可认为原设计为 3 与 2 之比。三台东西宽 129 米，南北长 195 米（不计南面月台），两者之比为 1:1.5，与宫院比例相同。宫院宽 234 米与三台宽 129 米之比为 9:5（234:129 = 1.81:1 = 9.07:5 ≈ 9:5）[3]。三台自中轴线处测量，南北为 227.7 米（不计南北踏步），其长与宫院之宽基本相同，可认为设计时是以宫院总宽为三台南北之长。由于三台南北长与宫院宽基本相同，所以台基长宽之比亦为 9:5[4]。上述两个 9:5，均为"九五之尊"之意。奉天殿庭院，是中轴线上最重要的布局部位，所以其规划设计与中轴线密切相关。中轴线从大明门至万岁山长 2.5 公里，

〔1〕　王璞子：《中国古代宫殿建筑论文集》，紫禁城出版社 2007 年版，第 16 页；郑连章：《紫禁城宫殿总体布局的继承与发展》，载《中国紫禁城学会论文集》第一辑，紫禁城出版社 1997 年版。

〔2〕　于倬云：《中国宫殿建筑论文集》，紫禁城出版社 2002 年版，第 16、89 页。

〔3〕　傅熹年：《中国古代城市规划建筑群布局及建筑设计方法研究》（上册），中国建筑工业出版社 2001 年版，第 25 页；《傅熹年建筑史论文集》，文物出版社 1998 年版，第 359、364 页。

〔4〕　傅熹年：《傅熹年建筑史论文集》，文物出版社 1998 年版，第 364 页。

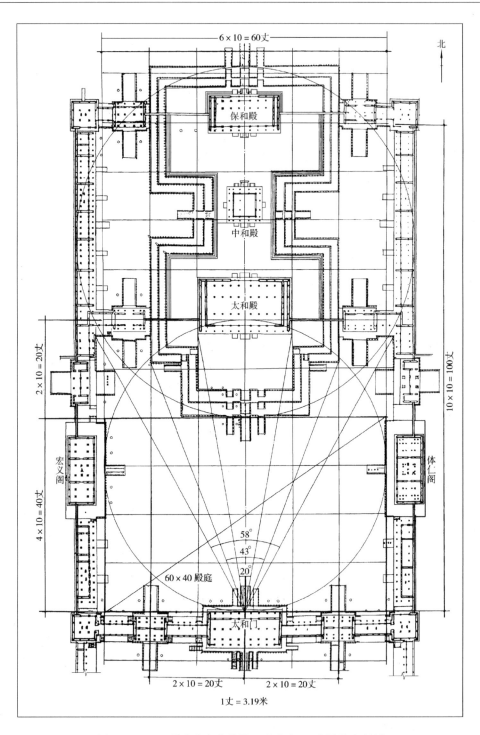

图 8-2-15　明清北京紫禁城三殿庭院 10 丈网格分析图

（引自傅熹年《中国古代城市规划建筑群布局及建筑设计方法研究》上册，中国建筑工业出版社 2001 年版，略变化）

大明门到奉天殿庭院中心 1.5045 公里，两者比值为 0.6018，正与现代黄金分割线（最理想的分割线）比值相同，可见当时在建筑中运用数学的娴熟和巧妙。又奉天殿庭院内，两厢文楼和武楼用庑殿顶，其高度与庭院宽度比值为 23.8:200≈11.4%。但它的高度比太和殿通高还低 11.25 米，只相当于太和殿高度的 68%。从而衬托出太和殿宏伟壮丽的大朝气氛，其艺术上的奥妙即在于数学渗透在建筑艺术之中，形成了优美的权衡比例[1]。此外，在庭院内太和殿殿宽与院宽和院深之比均为 2:6。殿宽与院宽之比决定庭院空间开阔的程度，殿宽与院深之比决定着看正殿的视角[2]。上述比例，使过奉天门后，从一个扁方的空间进入到非常开阔的空间，更加衬托出奉天殿（太和殿）的崇高地位。

（4）内廷宫院

内廷宫院东西宽 118 米（以东西庑后墙皮计），南北长 218 米（南北庑外墙皮计），长宽之比为 1.85:1 (218÷118≈1.85) 近似于 9:5 (9÷5=1.8)，形成南北长的矩形院落。后两宫"工"字形台基长为 97 米（不计前面月台）、宽 56 米，长宽之比亦近似于 9:5 (97÷56≈1.73)[3]。乾清宫殿宽与乾清宫庭院院宽之比为 3:6，殿宽与院深之比为 3:5[4]。紫禁城诸院落长宽与主体建筑长宽均有一定比例。这种比例表明，主殿宽与院落宽深的比值与其重要性成反比，即愈重要其比值愈小，宫院愈开阔。同时也表明，这种比例乃是规划设计和改变各相关院落几何形状的重要手段，使各殿平面和空间形式呈现明显的差异。这种差异即有礼序意义，也是布局上区分主次和等第的重要标志之一。

综上所述，紫禁城的规划设计方法是以其规划设计理念依托的。规划设计方法重在突出表现礼制秩序规划设计理念，并使之具体化和形象化。

（三）布局艺术

前述紫禁城规划设计理念、规划设计方法，是紫禁城布局艺术的基础。紫禁城的布局艺术，几乎囊括了中国古代所有建筑布局艺术的表现形式，而前面在对明紫禁城建筑和形制布局的介绍及所述紫禁城规划设计理念、规划设计方法之中，实际上已经涉及紫禁城布局艺术的许多问题，涵盖面较广。有鉴于此，下面仅略述其布局艺术中最突出、最具特色的中轴线和院落布局艺术。

1. 形成完美的中轴线规划设计布局艺术

《吕氏春秋·慎势》说："古之王者，择天下之中而立国，择国之中而立宫"，这是中国古代规划都城和宫城的主导思想和传统。但是，在历史上真正将其表现得尽善尽美、淋漓尽致者，则是纵贯北京和明紫禁城的中轴线。这条中轴线从大明门向北经承天门、端门、午门、奉天门，穿过奉天殿宝座中心点，又北直到万岁山长 5 公里；万岁山再北过北安门达钟鼓楼；大明门向南达正阳门，修外城后直抵永定门全长约 8 公里（或说 7.5、7.8公里）。这条线之长几乎纵贯全城，与紫禁城和北京城中轴线完全相合，宫城（紫禁城）

〔1〕　于倬云：《中国宫殿建筑论文集》，紫禁城出版社 2002 年版，第 17 页。
〔2〕　傅熹年：《中国古代城市规划建筑群布局及建筑设计方法研究》（上册），中国建筑工业出版社 2001 年版，第 17 页。
〔3〕　傅熹年：《傅熹年建筑史论文集》，文物出版社 1998 年版，第 364 页。
〔4〕　傅熹年：《中国古代城市规划建筑群布局及建筑设计方法研究》（上册），中国建筑工业出版社 2001 年版，第 17 页。

居内城之中间，均为中国古代都城所仅见。

　　紫禁城中轴线的布局艺术富于韵律和节奏，从皇城紫禁城中轴线来看，当人们沿中轴线漫步观赏时，从低沉旋律的大明门到外金水桥豁然开朗，此段犹如宫殿建筑的序曲，从承天门到午门则成为高昂旋律的第一乐章；从内金水桥到三大殿是乐典旋律的第二乐章；从乾清门至御花园是乐曲的第三乐章；从玄武门到万岁山则为乐曲的尾声。这条中轴线将序幕、外朝、内廷和后屏连成一体，在步移景迁的过程中，体现出抑扬顿挫，错落起伏，富于变化的韵律美，宛若一曲凝固的音乐。其高超的布局艺术，是古代建筑师们深厚美学造诣的结晶[1]。

　　中轴线是宫城和都城"辨方正位"之本，更是宫城（紫禁城）规划设计与布局的主脊和基准。因而宫城中象征最高权力的主体建筑和标志性建筑均安排在这条轴线上，如五门（大明门、承天门、端门、午门、奉天门）、外朝三殿、内廷二宫一殿等。从前面介绍的情况可以清楚地看出，在这条中轴线上的建筑，依位置、性质和功能的不同有节奏有等差地安排建筑群的体量和空间，对不同建筑的体量、形体轮廓、结构和装饰等方面也采取了不同的处理手法。总的来看，自正阳门以北，中轴线建筑的体量和疏密起伏的变化逐渐加大，其不同空间的转换、收放、开合有序，形成抑扬顿挫的鲜明节奏与和谐统一的艺术效果，体现出无与伦比的美学意境。如此完美的中轴线布局艺术，以及其在紫禁城布局中的主导作用，代表了中国古代宫城中轴线规划设计和布局的最高水平。

　　2. 众多庞大院落纵横有机组合，形成严格对称配置布局艺术的典范

　　紫禁城以中轴线为主脊，形成中路建筑群。中轴线上外朝三殿两侧，在与中轴线平行的短辅轴上，分置文华、武英两殿建筑群，形成外朝两侧东、西路左辅右弼的格局。中轴线上内廷二宫一殿两侧，东、西六宫以与中轴线平行的短轴线为准横向双路展列，其后分置乾东、西五所，形成内东、西路拱卫内廷之势。东、西六宫外侧之南，向南延伸至文华、武英两殿之北，以与中轴线平行的轴线方式，分置慈庆、仁寿和慈宁宫等，形成紫禁城内建筑左右两翼的外东、西路。上述态势，就是紫禁城内总体的宏观布局。这种布局乃是明代以前的宫城逐渐出现二路或三路布局以来的发展和升华，并一举形成最完整的模式。而此种体现封建统治阶级最高营造法式的完成，则正是以各种不同院落巧妙地有机组合为基础的。

　　中国古代建筑，间为基本建筑单位，数间为座，数座为院，数院构成建筑组群；各种建筑小自住宅，大到寺庙、衙署和宫殿都是由院落构成的。其间的差异，主要表现在院落的形制、规模、多少及其组合方式上。具体到紫禁城其宏大而严密的布局就是由上百所大小不一的院落，经精心规划，巧妙有机组合起来的。

　　如前所述，紫禁城中轴线上外朝三殿，内廷二宫一殿等纵深排列的诸院落所构成的中路建筑群，是紫禁城内建筑的主体。其外侧的建筑群，则以中路建筑群为基准，诸院落分路纵深排列，横向展开，严格对称配列。在其组合过程中，又按其性质和使用功能分区，依其位置、用途和重要程度的不同，有等差、有节奏地安排所需院落建筑群的体量和空间

---

[1]　于倬云：《中国宫殿建筑论文集》，紫禁城出版社2002年版，第16页。

形式，并由此呈现出各种差异和变化。

紫禁城内的每座院落，其建筑都有主有从，以从衬主；建筑"取正"，主体建筑均坐落在院内几何中心点上，次于主体的主要建筑也布置在中轴线上，其他建筑则以中轴线为准对称布局。院内空间的形式和大小，以及建筑的高矮和体量之间比例十分讲究，并照顾到与人视觉间的适度关系。在院落和建筑群有机组合的过程中，墙和门对其所形成的空间序列和韵律有特殊的作用。墙是围合出不同封闭空间的主要手段，又是不同建筑单元之间的分隔体。院落之间以院墙分割，主要建筑组群的院落间以宫墙分隔，从而在宫城内形成各种不同的院落，以及各种分布有致的夹道，"更道"和长街等通道，构成宫城内不同区域的交通线（在防火上也有重要作用）。门既是院落内不同部位建筑相互串通的手段，又是连通各个封闭空间，完成紫禁城内的空间转换，构成空间层次，形成空间变化韵律的主要手段。可以说紫禁城的规划设计，正是利用不同形制的墙和门，分割出不同的院落，组合成不同的建筑组群；区划出大小、横竖、宽窄不等，有收有放，高低错落的变化空间。正是利用墙和门，并辅以廊庑，将相关的各个院落紧密相连，鳞次栉比，形成结构严谨的整体。正是利用各种墙和门的特点，运用"欲扬先抑""隔则深，畅则浅"等传统布局方法，左右人的视线，加强了紫禁城建筑组群在整体上的纵深感和神秘感，营造出紫禁城各种所需的应有氛围。

总之，中国古代建筑就是在平面上纵深配置，横向展开所形成的建筑群与庭院空间变化的艺术。对此的形成和发展，明代以前历代宫城均做出了各自的重要贡献。明北京紫禁城正是在前代的基础上，对宫城的院落组合进行了新的探索，并有重大发展。因而明北京紫禁城在院落有机组合方面，就成为现存规模最宏伟，气势最磅礴，对称布局结构最完整，组合方式最讲究，空间变化最丰富，营造水平最高，整体性最强，最能代表院落式布局特点的杰作。所以明北京紫禁城，乃是集中国古代宫城院落式布局之大成，带有总结性，并加以发展和完善的典型文化遗产。

六　明北京紫禁城继承传统、稽古创新

（一）明北京紫禁城形制布局与明南京、明中都宫城一脉相承

1. 明北京紫禁城形制布局以明南京宫城为范本

《明太宗实录》记载："初，营建北京，凡庙社、郊祀、坛场、宫殿、门阙，规制悉如南京，而高敞壮丽过之"；《明会典》记载："营建北京，宫殿门阙悉如洪武初旧制"。具体言之，明北京紫禁城与明南京宫城以相同的礼序和规制统帅宫城布局，故两宫在中轴线上的五门三朝、前朝后寝（包括奉天门前左右的文武楼，其外侧的文华殿和武英殿）、诸殿的配置方位和名称；门制和名称（明南京洪武门后改大明门）；午门前左祖右社的配置；承天门前"T"字形宫廷广场，千步廊及其两侧中央衙署配置情况（按明北京紫禁城中央衙署配置于千步廊两侧，主要完成于正统时期）；乾清宫前左右设"日精门""月华门"；东、西华门的位置；宫城围护城河，内外金水河和桥等等，均几乎毫无二致。明北京紫禁城"规制悉如南京"言之凿凿。此外，明北京紫禁城与皇城的关系，紫禁城中轴线的态势，堆万岁山以像富贵山（明南京宫城北山）以及大明门与正阳门间置东西横街的情

况等，与明南京宫城也极为相似。所以明北京紫禁城的形制布局乃是以明南京宫城为范本的。

明北京紫禁城与明南京宫城相比"高敞壮丽过之"。

第一，明北京紫禁城基本上在全城中间（偏南），位于全城中轴线上，宫城建于开敞的平地，背倚万岁山，前有金水河，西连西苑，在周围环境和景观的强力衬托下，气势恢宏壮观，其总体景观效果远胜于明南京宫城。

第二，第七章明南京宫城部分已指出南京宫城中轴线较短，仅是明南京城规划的主轴线之一。明北京紫禁城中轴线与全城中轴线相重，几乎纵贯全城，总长约 8 公里。中轴线上的万岁山是内城的制高点和几何中心，紫禁城中轴线上高大的主体建筑群形成全城的中脊，其雄伟壮丽之势远非南京宫城可比。

第三，据考古调查，南京宫城城壕内侧，东西相距约 859 米，自午门内侧至北壕南北相距约 807 米。明北京紫禁城前已论证，南北宫墙长约 765.327 米，东西宫墙长约 977.125 米（以宫墙外皮计）。明南京宫城若减去城墙与城壕间的隙地，其宽度与北京紫禁城约略相当[1]，而深则少 170 余米，明北京紫禁城规模较明南京宫城略大，平面形状较明南京宫城严整。

第四，明北京紫禁城在强化礼制秩序、突出皇权和建筑规范化方面也胜于明南京宫城[2]。

第五，明北京紫禁城建筑数量多，上百所院落有机结合，外朝三路配置，内廷五路配置，布局严谨有序，凡此都是明南京宫城所不及的。

第六，明北京紫禁城内建筑高大宏伟，装饰绚丽多姿。明南京宫城筑于建国初期，财力有限，故要求宫城"但求安固，不事华丽，凡雕饰奇巧一切不用。惟朴素坚壮，可传久矣"[3]。比如，明南京宫城午门遗址城台东西长 93.70 米，明北京紫禁城午门长 126.90 米。明南京承天门和端门门楼均五间，北京紫禁城承天门和端门门楼则为九间[4]，故明南京宫城与明北京紫禁城相比，可见一斑。

第七，北京紫禁城承天门至大明门间"T"字形宫廷广场和千步廊较南京宫廷广场和千步廊既加长又加宽。又明南京宫城承天门前长安街因地势与河流限制，西长安街斜向西南，东长安街则很短，而北京紫禁城长安街则横贯直街。此外，北京紫禁城从大明门至奉天门在建筑和布局艺术上营造出抑扬顿挫的变化旋律，形成三个高潮，其建筑美学效果也远在明南京宫城之上。

第八，明北京紫禁城出现御花园、西苑和慈宁宫花园，旁有太液池大片水面，其与各种建筑相辅相成，使紫禁城于庄严肃穆之中又增加了生活情趣和秀色之美，凡此都是明南

---

〔1〕 明南京宫城调查资料和论述，参见潘谷西、陈薇《明代南京宫殿与北京宫殿的形制关系》，载《中国紫禁城学会论文集》第一辑，紫禁城出版社 1997 年版。

〔2〕 李燮平：《五门三朝与明代宫殿规划的若干问题》，载《中国紫禁城学会论文集》第二辑，紫禁城出版社 2002 年版。

〔3〕 《明太祖实录》卷一〇一。

〔4〕 李燮平：《五门三朝与明代宫殿规划的若干问题》，载《中国紫禁城学会论文集》第二辑，紫禁城出版社 2002 年版。

京宫城所缺的。总之，上述情况清楚地表明，明北京紫禁城确实是"规制悉如南京，而高敞壮丽过之"。

2. 明中都宫城是明北京紫禁城形制布局的蓝本之一

明成祖朱棣少年时代曾两次去凤阳祭祀皇陵，看到营建中都的工程。青年时代（在洪武八至十三年）奉命与诸王驻凤阳城讲武练兵，住在罢建的宫城内。永乐七年和十一年，又两次到中都谒皇陵。上述情况表明，明成祖对中都宫城的情况是很熟悉的。洪武八年四月"诏罢中都役作"，同年九月辛酉下诏"改建（南京）大内宫殿"。这次改建，均准中都宫城样式（在此基础上仅略有变化和发展）。所以明北京紫禁城"规制悉如南京"，实际上是明中都宫城翻版的再版，追本溯源，根在明中都宫城（明北京紫禁城在文华殿、武英殿北，外朝两侧分置慈庆宫和慈宁宫建筑群，完全按明中都宫城模式配置，明南京城无。这也是根在明中都宫城的标志之一）[1]。因此，有学者总结说：明"中都宫殿是将几千年来奴隶社会和封建社会帝王宫殿规模，作了概括地总结，制定出一套完备的封建帝王宫殿的蓝本。从此，我们可以说营建中都是为洪武十年改建南京都城宫城和永乐年间修建北京都城宫殿绘制了蓝图，制作了样板模式"。又说："北京宫殿布局和中都相同，如午门、紫禁城四角楼，三大殿、东西六宫，左祖右社，内外金水河，都比拟临濠（中都）。凤阳宫殿在万岁山之南，北京则在宫殿之后筑一土山以为紫禁城屏障，亦取名万岁山（按，万岁山，万历三十八年命名）。凤阳宫殿左右有日精峰、月华峰，北京紫禁城左右虽无日精峰、月华峰，但在宫殿中则有日精门、月华门以象征之（按，亦受元大都宫城两门名的影响）。所以中都宫殿应是北京紫禁城最早的蓝本，南京宫殿是一座不完整的中都宫殿的摹本。"[2]这个总结已将明北京紫禁城与明中都宫城形制布局的关系讲得较明确，故无须赘言。

（二）明北京紫禁城形制布局与元大都、金中都宫城的承袭关系

1. 明北京紫禁城形制布局与元大都宫城相因而变异

明代拆除元宫城，在元宫城旧址上建紫禁城。明北京紫禁城较元大都宫城北缩约500米，南扩约400米[3]。经考古勘查可知，元大都宫城南门崇天门，约在今故宫太和殿位置，北门厚载门约在今景山公园少年宫前（已发现夯土台基）。东、西两垣约在今故宫的东、西垣附近[4]。但据明、清文献记载紫禁城的尺度换算，可知明紫禁城南北宫墙

---

〔1〕　王剑英、王红：《论从元大都到明北京宫阙的演变》，载《中国紫禁城学会论文集》第一辑，紫禁城出版社1997年版。

〔2〕　单士元：《〈明中都〉序》，载王剑英《明中都研究》，中国青年出版社2005年版。

〔3〕　侯仁之：《元大都与明清北京城》，载《历史地理学的理论与实践》，上海人民出版社1979年版；王剑英、王红：《论从元大都到明北京宫阙的演变》，载《中国紫禁城学会论文集》第一辑，紫禁城出版社1997年版，中说：明宫城北门玄武门比元宫城厚载门南移约400米，明宫城午门比元宫城崇天门南移约300米。按：据侯仁之主编《北京历史地图集》，北京出版社1998年版，所收明、清皇城图比例，1厘米为实际90米，量图，明紫禁城午门约较元宫城崇天门南扩约370米，明紫禁城玄武门较元宫城厚载门南移约540米。也就是说，与此有关的数据均是仅供参考的数据。

〔4〕　徐苹芳：《元大都的勘查和发掘》，载《中国历史考古学论丛》，台湾允晨文化实业股份有限公司1995年版。

（宽）按内皮计算较元宫城南北宫墙长 22.76 米；明紫禁城东西宫墙（深）较元宫城东西宫墙长约 25.75 米；若按宫墙外皮计算元宫城周长较明紫禁城周长少 97 米[1]。虽然如此，但明北京紫禁城之周长仍与元大都宫城周长九里三十步大体相合（北宋宫城、金中都宫城周长亦九里三十步[2]），上述情况表明，明紫禁城的规模较元大都宫城略大，元大都宫城东西垣应在明紫禁城东西垣的内侧。也就是说，明北京紫禁城东西垣较元大都东西垣各平行外移约 11.38 米[3]，因而二宫城中轴线相重[4]。此外，明北京皇城较元大都皇城（萧墙）略外扩，皇城环套紫禁城，同元大都。

明紫禁城和元宫城中轴线相重，两宫城朝寝主要建筑均在中轴线上沿纵深方向配置。其对应关系，一般认为午门约相当于棂星门位置（前者属明紫禁城，后者为元大都宫城，下同），内金水桥相当于周桥，其后奉天门、外朝三殿相当于崇天门至大明门位置，内廷两宫约在大明殿旧址上，万岁山下压延春阁旧址[5]。从性质上看，外朝三殿约相当于元大明殿，内廷两宫约相当于元延春阁。如果将明建于"工"字形大台基（与元相同[6]）上的外朝三殿分解，奉天殿约相当于大明殿，谨身殿约相当于大明殿后的寝殿，华盖殿则相当于大明殿后的柱廊（柱廊又称穿堂，《明宫史》说华盖殿"南北连属穿堂"，可证其由"工"字殿柱廊演变而来），取消大明殿之后两侧的文思殿和紫檀殿。前三殿东、西庑上建文昭阁（文楼）、武成阁（武楼），其位置、形制、名称均与元宫城大明殿东西庑上的楼阁全同。上述情况表明，前三殿的基本形制、布局是从元大明殿演变而来的（谨身殿用途改变，故左右无东西夹室和香阁）[7]。甚至皇极殿的面阔、进深、高度也与大明殿极为接近，乾清宫的面阔和进深亦与延春阁略同（内廷二宫一殿与延春阁、寝殿、柱廊的对应关系同前）[8]。

[1] 前已论证，明北京紫禁城按宫城内皮计，宫城东西宽 749.4626 米，南北长 961.2603 米；按宫墙外皮计，宫城东西宽 765.327 米，南北长 977.1253 米。前面第五章第二节已说明元大都宫城周长为（742.56 米 + 951.4 米）×2 = 3387.92 米，合 9.128 元里（3387.92 米÷371.42 米）。0.128 元里合 30.72 步（0.128 元里×240 步），与文献记载的元宫城九里三十步相合。以上明北京紫禁城宫墙按内皮计，周长较元宫城多 33.5 米 [（961.2603 米 + 749.4626 米）×2 − 3387.92 米 = 33.52 米]。南北宫墙较元大都宫城南北宫墙长 22.76 米（765.327—742.56 米）；东西宫墙较元大都宫城东西宫墙长 25.75 米（977.1253—951.4 米）。若按外皮计其周长则少 97 米 [（977.125 米 + 765.327 米）×2 − 3387.92 米 = 96.98 米]。

[2] 据前换算，明北京紫禁城宫墙内皮周长 3421.4458 米，合 9.21 元里（3421.4458 米÷371.42 米 = 9.21 元里），宫墙外皮周长 3484.90 米合 9.38 元里（3484.90 米÷371.42 米 = 9.38 元里）。0.21 元里合元 50.4 步（0.21 元里×240 步 = 50.4 步），0.38 元里合 91.2 步（0.38 元里×240 步 = 91.2 步）。上述结果与元宫城九里相同，步数略多。

[3] 据前述换算，明紫禁城宫墙外皮东西宽 765.327 米，减元宫城宽 742.56 米为 22.767 米，即明北京紫禁城东西墙较元大都宫城东西墙各平行外移 11.38 米。

[4] 徐苹芳：《元大都的勘查和发掘》，载《中国历史考古学论丛》，台湾允晨文化实业股份有限公司 1995 年版。

[5] 侯仁之：《元大都与明清北京城》，《历史地理学的理论与实践》，上海人民出版社 1979 年版，文中还说：崇天门相当于今太和殿位置。按，本书上述诸种论述和换算仅供参考。事实上，明紫禁城与元宫城的准确位置对应关系，迄今仍不明晰。

[6] 姜舜源：《论北京元明清三朝宫殿的继承和发展》，载《紫禁城建筑研究与保护：故宫博物院建院 70 周年回顾》，紫禁城出版社 1995 年版。

[7] 傅熹年：《傅熹年建筑史论文集》，文物出版社 1998 年版，第 356 页。

[8] 姜舜源：《论北京元明清三朝宫殿的继承和发展》，载《紫禁城建筑研究与保护：故宫博物院建院 70 周年回顾》，紫禁城出版社 1995 年版。

午门和角楼的建筑形式，则与元宫城崇天门和角楼大体相近[1]。从整体上看，紫禁城和元宫城的平面形制及尺度，宫墙的高度均十分接近[2]，紫禁城与内城、皇城和苑的关系，基本上是从元宫城承袭而来。此外，两宫城在廊庑的使用和形制（主体建筑周围均用庑房环绕）上，以及延春阁、日精门、月华门之类名称的沿用等局部问题上，也多有相同之处[3]。总之，明北京紫禁城的形制布局在很多方面都打上了元宫城的烙印。

除上所述，应当指出，元宫城乃是蒙古人以其草原文化和生活习俗为底蕴，又结合"汉法"的产物，因而与明北京紫禁城又有很大差异。试略举 7 例。

第一，明紫禁城中轴线与元大都宫城中轴线相同，但明紫禁城中轴线与全城规划中轴线相合，并纵贯全城，则不同于元大都宫城中轴线。

第二，在象天立宫问题上，元大都以钟楼之西的中书省居紫微垣，六部置于中书省周围为紫微垣众星。元宫城在钟楼之西，地当太微垣，以崇天门东南的御史台对应太微垣正门天门南端的左右执法，故可将元宫城称为"太微城"[4]。明紫禁城则以外朝三殿象征太微垣，以内廷二宫象征紫微垣。

第三，从朝寝相混到朝寝严格区分，布局从松散走向严谨，面积从朝小寝大到朝大寝小。元代大明殿称"大内前位"，延春阁称"大内后位"，两者之间有东、西华门间横街相隔。虽然如此，但前朝后寝仍相混。元代帝后并尊，同御大明殿并坐受朝贺，大明殿周围有帝后妃嫔寝宫。大明殿周庑共 120 间。在延春阁寝宫区皇帝也理政，大内前后位（朝寝）区别不大，但延春阁一区周庑 172 间，较前朝多出 52 间，反映出延春阁更重于大明殿一区建筑[5]。明北京紫禁城则不然，其特点是严格按照礼序区分外朝和内廷。外朝三殿（相当于大明殿一组）和内廷两宫（相当于延春阁一组）之间既有扁条形的乾清门外庭院相隔，成为前朝后寝之间一条不可逾越的界限，同时在布局上又以乾清门为门户使外朝内廷连为一体，形成严谨和谐统一的布局。此外，在面积上外朝是内廷的四倍，朝远大于寝，这是重在突出外朝代表国家的皇权至上权威的必然结果。

第四，宫殿从环水散置到以礼制为统帅的集中配置。元宫城与隆福、兴圣二宫散置于太液池东西两侧，这与蒙古人逐水游牧、擅长建离宫作为夏季游猎休息场所的习俗有关

〔1〕　姜舜源：《论北京元明清三朝宫殿的继承和发展》，载《紫禁城建筑研究与保护：故宫博物院建院 70 周年回顾》，紫禁城出版社 1995 年版。

〔2〕　姜舜源：《论北京元明清三朝宫殿的继承和发展》，载《紫禁城建筑研究与保护：故宫博物院建院 70 周年回顾》，紫禁城出版社 1995 年版。文中说：在平面尺度上，明代与元代是一致的。《辍耕录·宫阙制度》载："宫城周回九里三十步，东西四百八十步，南北六百五十步。"元代一步合 1.55 米，一里为二百四十步，合今 372 米，则大内周长为 3394.5 米，东西宽 744 米，南北长 953.25 米。明紫禁城周长 3428 米，东西宽 753 米，南北长 961 米。二者几乎是相同的。明代城墙高度与元代基本一致。《辍耕录》："（城）高三十五尺。"元代一尺合今 0.31 米，则城高 10.85 米，明代城墙也多在 10 米左右。按上述元、明尺度合米制，以及明紫禁城长度与本书略有出入。

〔3〕　姜舜源：《论北京元明清三朝宫殿的继承和发展》，载《紫禁城建筑研究与保护：故宫博物院建院 70 周年回顾》，紫禁城出版社 1995 年版。

〔4〕　姜舜源：《论北京元明清三朝宫殿的继承和发展》，载《紫禁城建筑研究与保护：故宫博物院建院 70 周年回顾》，紫禁城出版社 1995 年版。

〔5〕　郑连章：《紫禁城宫殿总体布局的继承与发展》，载《中国紫禁城学会论文集》第一辑，紫禁城出版社 1997 年版。

（元上都亦环水配置建筑）。此种布局的特点是疏散、开阔、豁达，开放性强防守性差。到明代恢复重礼制的传统，以礼序为核心营建紫禁城，将诸宫殿集中于紫禁城内，突出中轴线上的配置和布局，形成结构紧凑，布局严整，防守性很强的格局。

第五，明紫禁城东、西华门较元宫城南移至距南城墙二角楼约 100 米处，远离内廷。这样既加强了内廷的严密性和隐秘性，强化了宫廷整体布局的统一、协调和严整性，利于宫城防卫，又便于大臣入宫直趋外朝。

第六，明北京城较元大都北缩五里，为使紫禁城在中轴线上占据中心位置，以及开护城河（元宫城西北距太液池太近，无法开护城河）、凿南海和内外金水河的需要而将元宫城和元大都原南城墙南移。护城河、内金水河与桥和南海为元宫城和萧墙内所无，其在紫禁城布局，以及防卫、给水排水、防火等方面有重要意义，这也是明紫禁城有别于元大都宫城布局的特色之一。

第七，明紫禁城前区较元宫城变化大。元宫城前区空间有限，明紫禁城扩大了前区空间，增建了端门和承天门，将左祖右社纳于宫城总体规划，置于午门前之左右（元左祖右社远离宫城，散置）。承天门前外金水桥五座，较元周桥（三座）多出两座。其前面的"T"字形宫廷广场较元代加大，千步廊加长，且两侧置中央衙署（元千步廊两侧不集中配置中央衙署），并在大明门与正阳门间辟东西向棋盘街以为东西信道（元"T"字形宫廷广场前无通道，断绝交通）。由此可见，元明宫城前区的形制布局同中有异，差别明显。

总之，上述情况表明，明北京紫禁城因元大都宫城故址，其规模、紫禁城与苑和皇城的位置关系，午门和角楼的形制，外朝三殿内廷三宫的形制布局等，均与元大都宫城有一定的相因关系。但同时两者之间的形制布局又有很大区别，故言明北京紫禁城与元大都宫城相因而变异。

2. 明北京紫禁城主体框架因金中都宫城而变化

前面介绍了元大都宫城形制布局与明北京紫禁城的关系，以及两者间的主要差异。其实从宫城规制来看，位于明北京南面近旁的金中都宫城之形制布局，对明北京紫禁城的影响比元大都更为关键。对此，下面略指出六点。

第一，中轴线。金中都宫城中轴线向北延伸到外城北城墙通玄门，向南延伸至外城丰宜门，中轴线不居皇城和外城之中。明北京紫禁城中轴线几乎纵贯全城，同金中都。其变化是明紫禁城中轴线与全城规划中轴线相合，从而成为中国古代都城和宫城最完整最理想的中轴线。

第二，三路配置。金中都宫城内按中、东、西三路配置宫殿和其他主要建筑。明北京紫禁城外朝按中、东、西三路配置，内廷按中、内东、西路、外东、西路五路配置。上述情况，应是金中都宫城三路配置的延续和发展。

第三，金中都在中路大安殿大安后门与仁政殿前宣明门之间有封闭性的东西狭长小院相隔（小院东西墙设门）。明紫禁城在外朝谨身殿（建极殿）之后与内廷乾清门之间亦有东西狭长小院相隔，院东西墙设门，情况同于金中都。

第四，内廷和东路。金中都宫城仁政殿后为后宫（内有皇帝正位和皇后正位），后宫之西即西路北部为妃嫔所居之十六位。明紫禁城内廷及东西六宫的配置形式，或从此演变而来。又金中都东路南部为东宫（太子宫），其北为太后所居之寿康宫。明紫禁城外朝东路文华殿和其北太后所居之慈庆宫的态势，同于金中都宫城。

第五，宫廷广场和千步廊。前已介绍金中都在宫城应天门与皇城宣阳门间形成真正的"T"字形宫廷广场和千步廊，并将尚书省、六部、太庙、会同馆、来宁馆等整齐配置于千步廊两侧，同时又将宣阳门南辟为街市。明北京紫禁城宫廷广场位置在皇城承天门南同元大都在萧墙棂星门南，南部至皇城大明门同金中都至皇城宣阳门。千步廊形态略如金中都和元大都，千步廊两侧置中央衙署则是金中都千步廊两侧配置的延续和发展。又明北京紫禁城在大明门与正阳门间辟棋盘街为东西通道并形成街市（元大都千步廊至丽正门封闭），亦源于金中都宣阳门至丰宜门间的情况。

第六，金中都宫城周长9里30步，元大都宫城周长亦9里30步，大体以北宋皇城总周长9里13步为基准而略有变化。前已说明，明北京紫禁城周长合元9里，仅步数略多。由此可见，北宋金元明宫城周长是一脉相承的。

上述前五点直接影响到明北京紫禁城和宫廷广场形制布局的主体框架结构，以此结合金中都宫城对元大都宫城的一些影响又传导至明紫禁城来看，可以说金中都宫城对明北京紫禁城形制布局的影响较重于元大都宫城。

（三）明北京紫禁城形制布局集前代宫城之大成，稽古创新

如前所述，元大都宫城的形制布局是以蒙古人草原文化和生活习俗为底蕴，并结合"汉法"而规划设计的，故其总体形制布局和很多具体配置与汉族宫城传统相悖，与汉族宫城规划设计理念也不甚相合。因此，明灭元后，营建宫城非改变元大都的宫城模式不可。在这种情况下，明初营建宫城，除参照元大都宫城外还必须参照以前历代主要宫城的形制布局。事实上，早在朱元璋攻下金陵之时，建都之议就已提到日程上来，金陵（南京）、开封（北宋都城）、元大都、长安（唐代都城）、洛阳（唐之东都）均是建都的后备地点，这些城市的宫城遂成为主要的考察对象[1]。

本书第一章介绍了北宋开封宫城改变了唐代宫城的模式，开一代新制。第四章介绍了金中都宫城"依汴京制度"，阐述了金中都宫城形制布局与北宋宫城的承袭关系及其变化和发展。第六章介绍了元大都宫城与金中都宫城的承袭演变关系，以及元大都宫城形制布局的主要特点。据此可以较清楚地看出，自北宋开封宫城开一代新制以后，直接影响到辽金宫城的形制布局，并间接影响到元大都宫城的形制布局。可以说南宋临安宫城、辽代宫城、金中都宫城、元大都宫城的形制布局，均是沿着北宋开封宫城新制的轨迹而发展和变化的。就明代三都宫城来看，前已介绍了明初营建宫城便已参考了"北平宫室图"（即元大都宫室图），介绍了明南京明中都宫城的相互承袭关系，前面又介绍了明北京紫禁城与金中都和元大都宫城间的承袭关系，并明确了明代三都宫城的形制布

---

[1]　徐达攻下元大都后，即上"北平宫室图"供御览和研究，当时在元大都南面近在咫尺的金中都宫城遗址尚存。此外，朱元璋曾亲自到开封考察，后又派太子考察长安和洛阳。可见汉唐以来的主要都城和宫城均在其考察范围之内。

局是一脉相承的。上述情况表明，明北京紫禁城的形制布局除可直接参考位于当地的金中都和元大都的宫城之外，更主要的则是通过明中都明南京宫城的传导作用而受到金中都和元大都宫城的影响。由此可见，明代欲改变元宫城的模式，首先是建立在继承的基础之上。通过这种继承关系，以金中都和元大都宫城为中介，明北京紫禁城形制布局之源则可上溯至北宋宫城新制。而北宋宫城新制，前面有关章节已指出其与北魏洛阳、隋唐长安和洛阳宫城也存在一定的承袭演变关系。这样就使金中都、元大都宫城直到明北京紫禁城的形制布局也与北魏洛阳宫城以后的宫城演变序列搭上了关系。因此，明代紫禁城形制布局的形成和发展绝不是无本之木、无源之水，而是有着深厚的渊源基础的。这种深厚的渊源基础，即植根于明代以前历代宫城形制布局发展规律和演变轨迹之中，并以宋至元代宫城最为重要。

从本书前面各章节所述北宋至元代宫城形制布局发展规律和演变轨迹来看，其间的发展和变化主要是围绕以下诸方面进行的：（1）如何更好地解决宫城居中问题。（2）如何确定宫城、皇城、外城之间的位置关系，以及皇城功能问题。（3）如何确定宫城中轴线，及其与全城规划中轴线的关系问题。（4）宫城规模和规范宫城框架结构。（5）宫城正门和主要门制，东西华门的位置和功能。（6）宫城前朝后寝的配置和形制布局。（7）宫城内的配置分几路布局。（8）内廷妃嫔宫室，太后、皇太子及诸皇子宫室的配置。（9）宫城内的主要附属建筑、苑和宗教设施如何配置。（10）如何安排宫内给水排水系统。（11）祖、社的配置方位。（12）宫廷广场和千步廊的位置与形制，以及中央衙署的配置方位等。

上述诸点，正是明初营建紫禁城时为改变元大都宫城模式所要解决的主要问题。但是，解决这些问题乃是一项难度很大的系统工程。为此，明初经历了三都三次营建宫城的过程。即先是以明南京洪武元年新宫为试验场作为营建明中都宫城的原型，又以经过改进的明中都宫城为试验场改建明南京宫城，再以明中都和明南京宫城积累起来的较成熟的经验和模式，进一步规划明北京紫禁。这种按照当时当地的实际情况和需要，经过实践再实践的不断改进和完善宫城形制布局的过程（此过程在中国古代宫城营建史上是独一无二的），虽然不是事先设定的，但客观上却做到了在总结发扬明代以前历代宫城形制布局成功经验的基础上，更好地继承传统，结合实际情况取其所需，以使明代紫禁城的形制布局逐次改进，逐步升华，达到不断创新和完善的目的。这样到明北京紫禁城时则水到渠成，以集中国古代宫城形制布局之大成的大手笔，稽古创制。从而完成了此前历代宫城形制布局发展演变的进程，形成了中国古代宫城中最符合传统规划设计理念和最完备的形制布局。自此明北京紫禁城就作为中国古代都城终结模式的一座丰碑，而屹立于中国的大地上。其后清军入关，基本承袭了明北京紫禁城的规制，因而清北京紫禁城的变化和发展，仅是明北京紫禁城形制布局的流变而已[1]。

---

〔1〕　关于清北京紫禁城，请参见孟凡人《明代宫廷建筑史》第十章第四节，紫禁城出版社 2010 年版。

第九章　北宋帝陵

北宋王朝（960—1127 年）九帝中，除徽宗、钦宗被金兵俘获客死在五国城外（五国城在今黑龙江省依兰县境内），其余七帝加上被追封宣祖的赵弘殷（赵匡胤之父），共七帝八陵均在今河南省巩义市北宋陵区。北宋灭亡后，宋陵屡遭破坏。金初遭两次官盗，金末又遭到民间盗贼洗劫，元代宋陵再度遭劫。明清两代较重视宋陵保护，使宋陵残迹得以留存。民国以后由于陵区土地转入私人手中，在扩大耕地过程中或削挖台基，或将石像生埋于地下。中华人民共和国成立后，宋陵始受到妥善保护。1963 年 6 月河南省人民政府将宋陵列为省级文物保护单位，1982 年 2 月国务院公布为第二批全国重点文物保护单位，此后又成立了宋陵文物保管所，国家文物局拨专款进行维修保护，现在北宋陵区地面遗迹保存基本较完整。

对北宋帝陵的调查，最晚不迟于元人纳新《河朔访古记》[1]，明代有关的地志中较普遍记有宋陵情况。20 世纪初日本人关野贞等曾到宋陵调查[2]。中华人民共和国成立后，对宋陵做过多次调查，其中以 1992 年 7 月至 1995 年 9 月在国家文物局和河南省文物局主持下，对陵区的调查和试掘最为重要[3]，此后调查、试掘和维修工作仍在进行之中。

第一节　陵区概说

一　位置与地理环境

北宋帝陵在今河南省中部的巩义市（原名巩县，1991 年 6 月撤县建市），该市北有邙山，南有嵩山，伊洛河蜿蜒其间，四面以虎牢关、里石关、石关、轩辕关为天然门户，向称"东都锁钥"；同时也是北宋东京（今开封市，西距巩义约 122 公里）和西京（今洛阳市，东距巩义约 55 公里）来往必经之地。

北宋帝陵位于巩义市南部偏西，南依嵩山北麓，北傍伊洛河黄土岗地。陵区东接青龙山，西至回郭镇柏峪南岭，南达芝田镇八陵村，北临孝义镇，东西长约 13 公里，南北宽

---

[1]　纳新：《河朔访古记》卷下（影印文渊阁四库全书第 593 册），上海古籍出版社 1989 年版。

[2]　河南省文物考古研究所编：《北宋皇陵》，中州古籍出版社 1997 年版，第 2 页引关野贞《支那の建筑と艺术》，关野贞、常盘大定《支那文化史迹》。

[3]　参见河南省文物考古研究所编《北宋皇陵》，中州古籍出版社 1997 年版。

约 12 公里，总面积达 156 平方公里。这里海拔高度在 160—222 米，地势南高北低，东穹西垂，四面环山，向阳聚气，黄土深厚，水位较低，附近盛产石料，适于建陵区。

二　帝陵分区

北宋自乾德二年（964 年）改卜安陵于巩县（原葬于开封府开封县，即今奉先资福禅院）至北宋亡，经营帝陵达 160 余年。陵区葬 7 位皇帝和赵匡胤之父赵弘殷，祔葬 22 位皇后，有上千座皇室陪葬墓，形成庞大的北宋陵区。北宋 8 座帝陵保存较好，祔葬的后陵现存 18 座（表 9 - 1 - 1）。下面依皇帝世系和各陵位置，将其分布范围划为四个陵区。

（一）西村陵区（3 陵）

该陵区南距西村镇 1.5 公里，东北距巩义市区 10 公里，处于西村镇的常封（东）与滹沱村（西）之间。陵区东邻红石山，东南依金牛山，坞罗河与天波河（季节河）分别从陵区东、西侧流过，至陵区西北汇合后北注伊洛河。这里地势南部略隆起，北部较平坦，俗称"龙洼"，诸陵依坡地而建。自东南向西北依次排列有宋宣祖永安陵、宋太祖永昌陵和宋太宗永熙陵。由于山洪的冲刷，陵区西北部逐渐没入河谷，现有两座皇后陵园已近河岸（图 9 - 1 - 2）。

（二）蔡庄陵区（1 陵）

蔡庄陵区大致处于北宋诸陵中部，位于芝田镇蔡庄村北岭上，南距蔡庄村 1 公里，北距巩义市区 5 公里，西至芝田镇（宋永安县城）2.5 公里，310 国道穿过陵区南端。陵区正南对少室山主峰，东南接青龙山（嵩山余脉），西北陵坡下即伊洛河。这里地势高亢，形胜气佳，宋时称"卧龙岗"。宋真宗永定陵建于岗地顶部偏西，地势东高西低（现呈阶梯形台地），远离现代村庄。岗地北坡有永昭和永厚陵，南遥望西村三陵（图 9 - 1 - 3）。

（三）孝义陵区（2 陵）

孝义陵区在巩义市区南部黄土岗地上，地属孝义镇外沟、二十里铺和孝南村。岗地东南接青龙山，陵区依岗地北坡，南高北低，落差很大，从东南向西北建宋仁宗永昭陵和宋英宗永厚陵，两陵上宫东西间距约 300 余米，陵区西南距永定陵约 4.5 公里（图 9 - 1 - 4）。

（四）八陵陵区（2 陵）

陵区在巩义市西南 12 公里芝田镇八陵村南，南依白云山（嵩山余脉），北望伊洛河，岗坡平缓，地形开阔，自东南向西北建宋神宗永裕陵和宋哲宗永泰陵（图 9 - 1 - 5）。其东隔天坡河与西村陵区相望，两者相距约 2.5 公里。

三　陵园构成要素

北宋诸帝陵各称山陵，诸后陵各称园陵，其中皇太后或皇后称制者之陵亦称山陵。各个帝陵和祔葬的后陵等均独占一个特定的陵域，这个特定的陵域习称陵园。

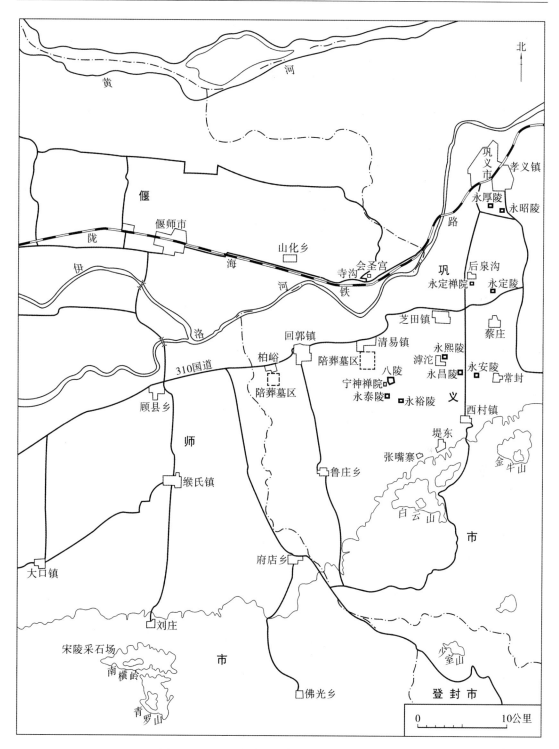

图 9 - 1 - 1 河南省巩义市北宋帝陵地理环境图

（引自《北宋皇陵》，中州古籍出版社 1997 年版）

北宋帝后陵一览表

表9－1－1

陵	谥号	名讳	世系	年龄	在位时间	崩	殡	营陵	掩皇堂	祔葬	祔庙	备注
永安陵	宋宣祖	赵弘殷	翼祖子，母刘氏		追封	显德三年七月		乾德元年（963年）十二月二十三日诏改卜安陵	乾德二年四月			安陵原葬京城东南隅
	昭宪杜太后		宣祖妻，太祖母	60			建隆二年（961年）六月二日			乾德二年四月九日合祔安陵	建隆二年十一月四日（五个月）	建隆二年六月六日葬原安陵
	孝惠贺后		太祖妻	30			显德五年			乾德二年四月九日祔葬安陵西北	四月二十六日祔于别庙	建隆三年四月祔追封为皇后
	孝明王后		太祖后	22			乾德元年十二月七日			乾德二年四月九日祔葬安陵西北	四月二十六日，后祔于别庙，升祔太祖室（四个半月）	陵位不明
	淑德尹后		太宗尹义妻							孝惠贺后陵西北		太宗即位追封为皇后
	懿德符后		太宗越国夫人	34			开宝八年（975年）十二月			祔葬安陵西北		太宗即位追封为皇后，陵位不明
永昌陵	宋太祖	赵匡胤	宣祖第二子，母昭宪杜太后	50	17	开宝九年十月二十日			太平兴国二年（977年）四月二十五日（六个月）		同年五月十九日（七个月）	
	孝章宋后（开宝皇后）		太祖后	44		至道元年（995年）四月二十八日				至道三年正月二十日祔葬昌陵北	二月二日祔神主于别庙	至道元年六月权殡普济佛舍；或言权攒于赵村沙台
	章怀潘后		真宗营国夫人	22		端拱二年（989年）五月				至道三年正月祔葬昌陵之侧，陵名"保泰"		真宗即位追册为皇后

续表

陵	谥号	名讳	世系	年龄	在位时间	崩	营陵	掩皇堂	祔葬	祔庙	备注
永熙陵	宋太宗	赵炅	宣祖第三子，母昭宪杜太后	59	22	至道三年三月二十九日	定山陵制度四月十七日	十月十八日（六个半月）		十一月二日（七个月）	
	元德李后		太宗夫人	34		太平兴国二年三月十二日	咸平二年（999年）四月选园陵址		咸平三年四月八日祔葬永熙陵		真宗追封贤妃，又尊为皇太后。初葬普安院
	明德李后		太宗后	45		景德元年（1004年）三月十五日	五月，祥定园陵		景德三年十月二十九日祔葬熙陵	景德六年十月七日祔葬神主太宗	景德元年九月二十二日，迁座于沙台攒宫，至道三年四月尊为皇太后
	章穆郭后		真宗后	32		景德四年四月十五日	四月二十一日详定园陵	十月十三日（近八个月）	六月二十日，祔葬熙陵西北	七月（三个月）	真宗即位册为皇后
永定陵	宋真宗	赵恒	太宗第三子，母元德李后	55	26	乾兴元年（1022年）二月十九日	选址，三月十六日度皇堂地六月五日定皇堂制六月十六日	十月十三日（八个月）		十月二十三日（八个月）	
	章（庄）李后		真宗婉仪	46		明道元年（1032年）二月二十六日，进位宸妃			明道二年十月五日祔葬定陵西北		初葬洪福禅院之西北。明道元年四月，追册为庄懿皇太后。庆历中改谥章懿

续表

陵	谥号	名讳	世系	年龄	在位时间	崩	殡	营陵	掩皇堂	祔葬	祔庙	备注
永定陵	章献明肃刘后		真宗德妃	64			明道二年三月二十七日	四月十日，详定山陵制度		十月五日祔葬定陵西北	十七日祔神主于奉慈庙	真宗崩，遗诏尊为皇太后，称制11年
	章惠杨后		真宗淑妃	53			景祐三年（1036年）十一月五日			景祐四年二月六日祔葬定陵西北	二月十六日，升祔奉慈庙	真宗崩，遗制为皇太后，称制
永昭陵	宋仁宗	赵祯	真宗第六子，母章懿李后	54	42	嘉祐八年（1063年）三月二十九日		选址五月十二日	十月十七日（六个半月）		十一月二十九日（八个月）	
	慈圣光献曹后		仁宗后	64			元丰二年（1079年）十月二十日	十一月二十日选山陵		元丰三年三月十日祔葬昭陵	三月二十二日，祔太庙（五个月）	英宗即位尊为皇太后，哲宗即位尊为太皇太后，称制
永厚陵	宋英宗	赵曙	太宗曾孙，濮安懿王允让十三子，母仙游县君任氏	36	4	治平四年（1067年）正月八日			八月二十七日（七个半月）			
	宣仁圣烈高后		英宗后	62			元祐八年（1093年）九月三日	九月十四日审山陵陵园		《宋史·礼志》绍圣元年（1094年）四月一日祔葬永厚陵，误。按《宋史·哲宗本纪》等，为二月七日		神宗即位尊为皇太后，哲宗即位尊为太皇太后，称制九年

续表

陵	谥号	名讳	世系	年龄	在位时间	崩	殡	菆涂	掩皇堂	祔葬	祔庙	备注
	宋神宗	赵顼	英宗长子，母宣仁圣烈高后	38	19	元丰八年三月五日			十月二十一日（七个半月）		十一月五日祔庙（八个月）	
永裕陵	钦圣宪肃向后		神宗后	56		建中靖国元年（1101年）正月十三日		二月		五月六日祔葬裕陵	二十六日祔神宗庙室（四个半月）	徽宗即位，称后，称制六个月
	钦慈陈后		神宗美人，生徽宗	33		元祐四年六月				建中靖国元年五月祔葬裕陵		建中靖国元年追册为皇后
	钦成朱后		神宗德妃，生钦宗	51		崇宁元年（1102年）二月				五月祔葬裕陵	五月祔神主于神宗室	哲宗即位，尊为皇太妃，薨，追册为皇后
	显恭王后（惠恭）		徽宗皇后，生钦宗	25		大观二年（1108年）九月二十六日		十月二十四日园陵斩草，十一月十三日斥土		十二月二十七日祔裕陵之次		
永泰陵	宋哲宗	赵煦	神宗六子，母钦成朱后	25	16	元符三年（1100年）正月十二日			八月八日（近八个月）		九月一日，以升祔毕	
	昭怀刘后		哲宗皇后	35		政和三年（1113年）二月九日				五月祔葬泰陵	五月祔葬神主于哲宗庙室	徽宗即位册为元符皇后，次年尊为皇太后

注：（宋）王称：《东都事略》卷十四（上海古籍出版社1989年版）记载：徽宗明达刘后"陪葬恭皇后园"，明节皇后"与明达并园立祠"。《宋会要辑稿》第六册"后妃一之五""后妃一之六"说：明达刘皇后"葬昭先积庆院。九月二十日追册为皇后，止以明达为园陵，即空所为园庙，祭别庙"；明节皇后"奉诏明达，明节皇后陵椟瘗葬内攒动土，许人告补"。看来二后当祔葬永裕陵。又《宋会要辑稿》第三册礼三七之九记载："奉诏明达、明节皇后陵椟瘗葬永裕陵，但其陵位不明。

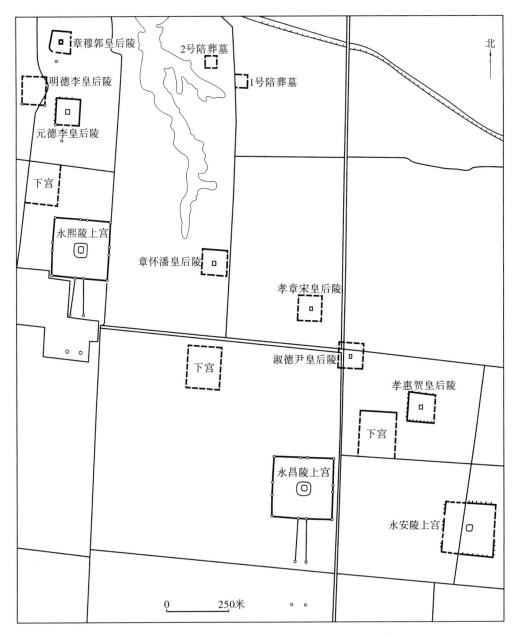

图9-1-2　河南省巩义市北宋帝陵西村陵区陵墓分布图
（引自《北宋皇陵》，中州古籍出版社1997年版）

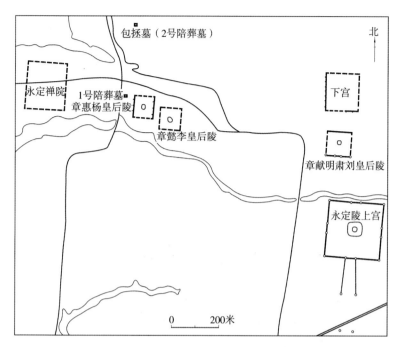

图9-1-3 河南省巩义市北宋帝陵蔡庄陵区陵墓分布图

（引自《北宋皇陵》，中州古籍出版社1997年版）

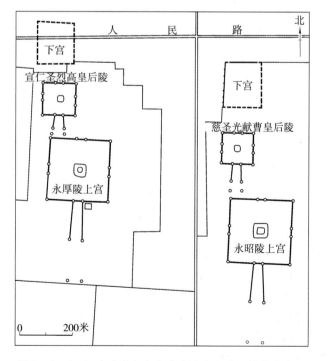

图9-1-4 河南省巩义市北宋帝陵孝义陵区陵墓分布图

（引自《北宋皇陵》，中州古籍出版社1997年版）

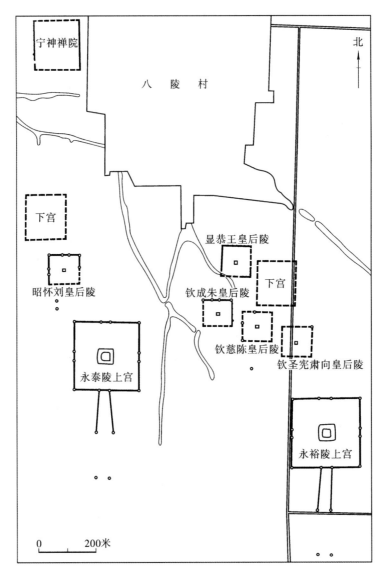

图 9 - 1 - 5　河南省巩义市北宋帝陵八陵陵区陵墓分布图

（引自《北宋皇陵》，中州古籍出版社 1997 年版）

（一）帝陵上宫、下宫和皇后陵宫城

北宋各帝陵的规制相同，平面布局整齐划一，其区别和差异主要表现在诸陵的规模和相关部位尺度略有微量变化。

北宋诸帝陵皆坐北朝南，方向 185°—190°；均由上宫、下宫、皇后陵和陪葬墓四大部分构成。其中前三者是帝后陵构成的主体，上宫和后陵宫城是帝后陵构成主体之重，陵台及其下面的皇堂则是帝后陵构成的核心。

上宫位于各帝陵陵园的中心，是陵园总体布局的主体，其规模在帝陵中最大，布局和配置在帝陵中最复杂。皇帝的墓室称皇堂，其上高大覆斗形的封土称陵台，陵台前置一对宫人，再往南设祭祀的献殿。在前述配置之外，以陵台为中心，四面等距离围筑神墙，神墙四隅有角阙，四面神墙中间各开神门，神门两侧有门阙，形成宫城。宫城神门外各置一对门狮，南神门外有阙庭并置一对上马石（此外还有铺屋），南神门内左右各立一身宫人。南神门外对笔直的神道，两侧置石像生，石像生系列之南置一对望柱，望柱南置一对乳台，乳台南置一对鹊台。鹊台上有楼阁式建筑，乳台、门阙和角阙上有三出阙式楼阁式建筑（四神门应有门楼建筑）。以上布局和配置总称为上宫（图9-1-6）。

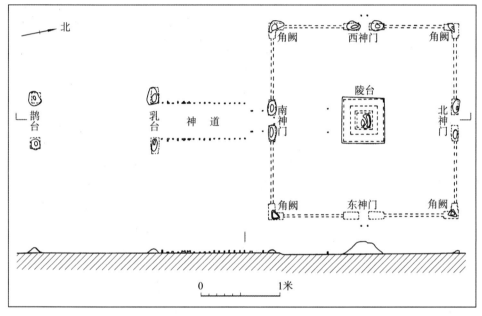

图9-1-6 永定陵上宫平面复原图

（引自《北宋皇陵》，按，上图比例尺有误，不应是1米，疑为100米之误标）

　　上宫西北供奉陵主魂灵和日常衣食起居之所称下宫（图9-1-7）。下宫亦由神墙围筑成宫城，南面开门，门外置一对门狮。其内中轴线上置正殿、影殿，此外还有斋殿、浣濯院、神厨和廨舍等附属建筑。下宫规模小于上宫宫城，各陵下宫与上宫宫城的间距不等。

　　宋制规定，凡生前册封为皇后或薨后追封为皇后或皇太后者，须祔葬于帝陵。在诸皇后和皇太后中除昭宪杜太后与宣祖赵弘殷合葬于永安陵外，其余皇帝和皇后均"同茔合葬"（不同穴）。皇后单独营建园陵，祔葬于帝陵上宫的西北隅。皇后陵的宫城形制布局与帝陵上宫基本相同（图9-1-8），但是较帝陵上宫宫城规模小，配置规格低，两者有明显的等差。其中临朝称制的皇太后或皇后，山陵较一般皇后的园陵规模略大，所有的后陵均不营建下宫（与皇帝共用下宫）。此外，皇室陪葬墓均相对集中埋葬于皇后陵的西北部。以上就是北宋各帝陵的主体构成之概况。

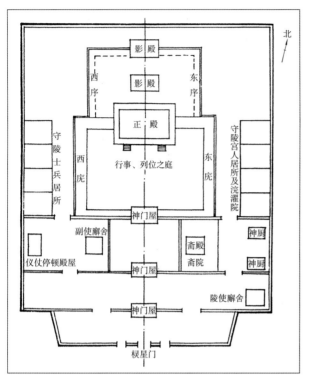

图9-1-7　北宋帝陵下官平面示意图
（引自冯继仁《北宋皇陵建筑构成分析》）

（二）兆域与封堠篱寨

兆域，又称茔域、封域、禁地等，系指帝陵主体构成之外，陵园总体占地范围和区域。在该区域内不准"阑入"（擅自闯入），不准擅自动土，"禁止公私樵采"，按照"兆域条制"严格管理。因此，兆域必有特定的标志，所以宋代丧礼的有关记载中，屡见"将修兆域""修垒兆域""封域以定""合封禁地""标禁""封禁"之语。

兆域范围的标志物即界标，一是封堠。封一字多义，既表示疆界、范围，又有封闭和堆土之义（如封树、封殖）。堠是古代记里程的土堆（如五里只堠，十里双堠），所以封堠系指兆域外围边界线上以相隔一定距离的土墩作为界标，"封堠界内"即是兆域禁地。其二是篱寨（又称棘寨，或言"周以枳橘"），即在一个个相隔一定距离的封堠之间植以多刺的灌木或乔木，由此将封堠连接围合成兆域，这样兆域又形成篱寨。

除上所述，一些史料还反映出皇后陵围以棘寨[1]，由是则可推知帝陵上宫（包括神道）外亦应有棘寨。在兆域篱寨的范围内，不仅兆域篱寨与帝后陵宫城篱寨（南宋时称内篱寨）之间遍植松柏，"种植成道"，"柏林如织"，诸陵间"森森柏城"，"拱木相望"，"柏林相接"；而且神墙内，陵台上也植"枳橘柏株"。故诸陵兆域内又称"柏城"，为此还配有专门植树种柏的柏子户。

四　陵邑、禅院和陪葬墓区

（一）陵邑

乾德二年（964年）改卜安陵于巩县，同年以河南府巩县令孔美兼陵台令，掌陵寝公事。真宗景德四年（1007年），"析巩县、偃师、缑氏、登封县地，置县曰永安，以奉陵寝"，为陵邑。永安县城内设专供皇帝朝陵时使用的行宫，徽宗政和三年（1113年）三

---

[1] 《宋会要辑稿》第三一册礼三七之三九，宣和三年九月十七日条："明达、明节皇后陵棘寨内，擅动土，许人告捕。"二后陵祔葬于永裕陵。

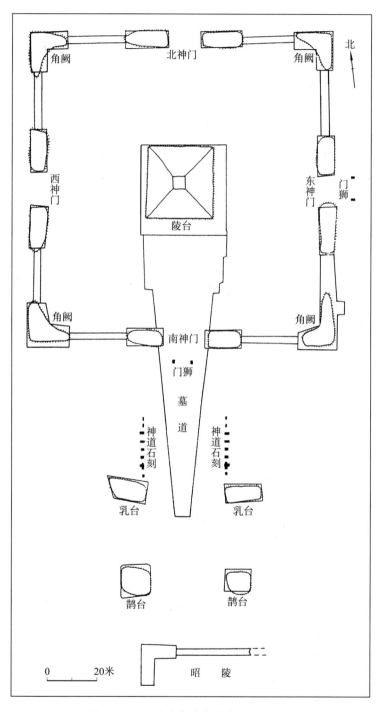

图 9 - 1 - 8　北宋帝陵曹后陵平面复原图

（引自《河南巩县永昭陵区的考察》）

月，永安县升为永安军。金贞元元年（1153年）更名芝田县，元废县为镇，入巩县。永安县城即今巩义市芝田镇镇政府所在地，北宋遗迹基本无存。

（二）帝陵四大禅院

北宋帝陵四个陵区分建禅院，"以修梵福"。即"永安陵、永昌陵、永熙陵，以上系永昌禅院；永定陵系永定禅院；永昭陵、永厚陵，系昭孝禅院；永裕陵、永泰陵，系宁神禅院"。此外，陵区附近还有永安院（永安寺）和净惠罗汉院等。

永昌禅院又名三陵永昌院，其始建应晚于营建永昌陵的太平兴国元年（976年），具体位置无考。永定禅院始建于乾兴元年（1022年）四月，位于今芝田镇后泉沟村西（当地俗称"丁香寺"），东南距永定陵上宫约1000米，东距章惠杨皇后陵西门石狮280米。禅院与永定陵上宫、下宫同时修建，属永定陵区组成部分，遗址尚存。昭孝禅院始建于神宗熙宁初，熙宁五年（1072年）建成，徽宗政和年间曾改名寿圣寺。禅院位于今伊洛河北岸的康店镇寺沟，东南距永厚陵约3公里，遗迹无存。宁神禅院，约建于哲宗元祐初年，位于今芝田镇八陵村西，东南距永裕陵上宫约1300米，南距永泰陵上宫约850米，遗址在"文化大革命"期间被毁。

永安院约建于乾德五年（967年）三月，初应为永安陵而设，其后永昌禅院似由永安院更名而来。净惠罗汉院建于仁宗天圣年间，"令充永昌院下院"，天圣五年（1027年）九月赐额曰"净惠罗汉院"。该院位于今夹津口乡丁沟村，西北距永安陵约8公里，北距永定陵约11公里，迄明清香火不断。

（三）陪葬墓区

北宋帝陵皇室陪葬墓，均葬于八座帝陵西北隅陪葬区。"卑丧别置"的"兆域"，目前仅知清易镇墓区和柏峪岭墓区[1]。每座帝陵的集中陪葬墓区，所葬者主要是皇子、皇孙、未出阁的公主，以及与诸王合葬的夫人等。陪葬墓自成墓园，封土和墓园规模按等有差[2]。各墓多夫妻同穴合葬，早年夭折的殇子、殇女则先火葬然后陪葬帝陵。上述皇室成员死后多先集中殡于京城寺院，待皇帝驾崩、皇后或某王薨后安葬时才一并运至帝陵陪葬墓区陪葬[3]。

---

[1] "卑丧"，系指皇室中三代以下的旁系子孙及其夫人，未成年夭折的殇子殇女。这些成员无陪葬帝陵资格，只能葬于另外的陪葬区，如清易镇和柏峪岭陪葬区。清易镇在巩义市区西南约10公里，陪葬区在回郭镇的清西和清中村南岭上，向南连接八陵陵区，历年收集到的墓志达56方。该陪葬区约始于真宗景德三年（1006年）十月。柏峪村属回郭镇，在巩义市区西南约15公里，陪葬墓在柏峪村南岭上，东距清易镇墓区5公里。以上两陪葬区具体情况，参见《北宋皇陵》，中州古籍出版社1997年版，第461—462页。

[2] 陪葬墓的葬制有明确规定，比如亲王一品为坟高一丈八尺，墓田方九十步；三品为坟高一丈四尺，墓田方七十步。墓前石雕像的数量和大小也有区别，北宋勋戚大臣坟所有石羊虎、望柱各二，三品以上加石人二人"，此规定同样适用于皇室陪葬墓。参见《北宋皇陵》，中州古籍出版社1997年版，第463页，及其所引《宋会要辑稿·礼三十七》之四八，《宋史》卷一二四《礼二十七》。该书同页："从这次勘查情况看，身份贵为亲王和未出阁公主的陪葬墓，除循例在墓室内随葬墓志外，还普遍在地面上立有追封记碑。"

[3] 参见《北宋皇陵》，中州古籍出版社1997年版，第463页。

《宋史》卷一二三《礼志二十六》记载：真宗景德四年，永安、永昌、永熙"其三陵陪葬皇子、皇孙、公主之未出阁者，及诸王夫人之早亡者，各设位次诸陵下宫之东序。安陵百二十一坟，量设三十位，男子、女子共祝版二；昌陵十五坟，量设十位；熙陵八坟，量设五位，并祝版一以致祭焉"。从现存史料中查到皇室陪葬墓有323座，而实际上陪葬墓总数可达千座以上。关于陪葬墓的具体情况，请参见《北宋皇陵》一书的有关记载。

除上所述，在陵区之外还有宋陵砖瓦窑场（芝田镇坞罗河北岸）、永裕陵防洪堤（西村镇西白云山下）、会圣宫（偃师市山化乡寺沟村）、宋陵采石场（偃师市大口镇白瑶村）等。

第二节　试掘和调查所见帝后陵地面建筑各构成部位的形制和尺度

《北宋皇陵》记述了对部分帝后陵地面建筑主要构成部位试掘的情况，较详细地记述了对诸陵有关部位的调查资料[1]。据此并结合文献记载，下面对帝后陵地面建筑主要构成部位的形制略作介绍。

一　鹊台、乳台和神道

（一）永定陵、永昭陵试掘所见鹊台和乳台的构筑形制[2]

永定陵试掘了东鹊台和西乳台。东鹊台南部遭破坏，经试掘确知台基黄褐土夯筑，夯层厚12—15厘米，夯窝圆形圆底，排列密集，夯土坚硬。台基四周包砖，包砖基槽宽约0.45米，深约0.1米。西和中东部所开探沟中的基槽内尚残存少量包砖，西部有一段包砖还残存5层。砖长条形，一般长35—37厘米，宽17—19厘米，厚5—6厘米。包砖两砖顺砌，外用整砖，白灰勾缝，向上逐渐内收0.7—1厘米。里层多用半头砖，用泥勾缝或干填。据包砖基槽遗迹，可知东鹊台底部东西长13.3米（据北壁），南北残宽8（西）—9.5（东）米。在包

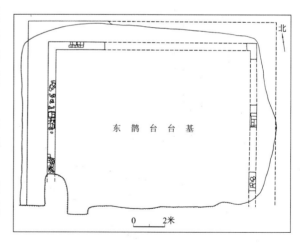

图9-2-1　北宋帝陵永定陵东鹊台台基平面图
（引自《北宋皇陵》，中州古籍出版社1997年版）

---

〔1〕　文中凡提到《北宋皇陵》的试掘和调查资料，均参见《北宋皇陵》原报告。
〔2〕　永定陵试掘，参见《北宋皇陵》，第290—307页。永昭陵试掘，参见《宋仁宗永昭陵上官考古获丰硕成果》，《中国文物报》1998年10月14日。

砖基槽外，还有宽约1.26米，厚0.4米的夯土，为夯土台基外缘地基范围（图9-2-1）。

西乳台南和西部保存较差，仅清理了乳台东壁、北壁西段和西边两个拐角（图9-2-2）。东壁包砖南北残长6.7米，东西残宽0.5米。基槽内隐砌两层，露出地坪约2—7层，高0.12—0.42米。砖之长宽和砌法同东鹊台，外层整砖向上逐层内收0.4—1.2厘米（平均约0.8厘米）。包砖内夯土台下大上小，壁面向上斜收，所露夯土层厚12—16厘米。北壁西段包砖两次内收，第一次内收约距东壁10.9米，第二次内收约距东壁15.2米，每次内收0.2米。在两次内收的拐角处，皆有边长约50—55厘米，深15厘米的方形凹坑（或为角石遗迹）。在两次内收之间残存包砖1—4层，一、三层丁砖横砌，二、四层两顺砖并砌。第三层向上表砖始用白灰勾缝，基槽内的两层砖基和三、四层里砖（半头砖）用泥勾缝。砖长36—37厘米，宽17—18厘米，厚6—6.5厘米。乳台西壁包砖无存，仅余夯土边线。据上所述，复原实测西乳台底部东西长约19.7米，乳台东壁宽约9.9米，西壁宽约9米（均加包砖厚度），即靠近神道的东壁宽，西壁稍窄。包砖以外台四周底部，有宽约1米，厚约0.8米的夯土地基范围，地基东西长约21.7米，南北宽约11.85米。据西乳台东壁较之西列望柱偏东0.45米推算，东、西乳台间距约41.8米。乳台南距鹊台140米，北至南神门140米。

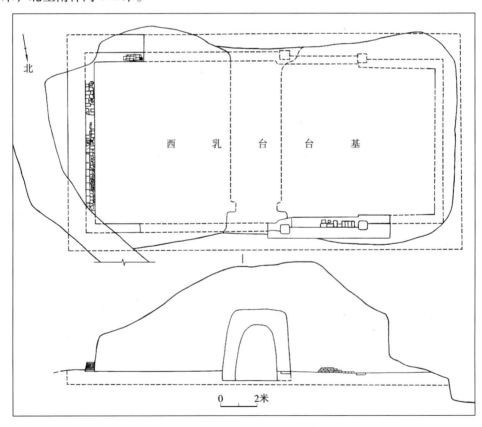

图9-2-2　北宋帝陵永定陵西乳台台基平面图、立面图

（引自《北宋皇陵》，中州古籍出版社1997年版）

永昭陵试掘了鹊台和乳台，二台均黄褐土夯筑，内置木骨，外包长条形青砖。残存的包砖外面白灰勾缝，逐层向上内收，表面红灰粉饰。鹊台基址平面呈横长方形，东西长13.40米，南北宽12.15米，现高4.50米。乳台基址平面呈双"凸"字形，东西长19.70米，南北宽9.25—10.30米，即靠神道一边宽、另一边较窄。南北壁面均作两次内收，每次内收约0.22米。据上述情况推断，乳台上应建有错落有致的三出阙楼阁，且两两对称布局。

综上所述，可知鹊台、乳台构筑技法相同，均黄褐土夯筑，内置木骨，包青砖，向上逐层内收，红灰粉饰。鹊台平面东西横长方形，东西长13.3（永定）—13.4（永昭）米，南北宽12.15米（永昭。永定南北残），永昭陵鹊台残高4.5米，顶部有建筑。乳台靠神道一侧宽、另一侧较窄，平面略呈东西向楔形。东西长19.7米，南北宽9—9.9米（永定）—9.25—10.30米（永昭）。南北壁均作两次内收，每次内收0.2（永定）—0.22（永昭）米。乳台顶部似有三出阙楼阁式建筑。永定陵神道宽41.8米，鹊台至乳台，乳台至南神门的神道长均140米。

（二）调查与文献所记鹊台、乳台和神道的尺度

帝陵鹊台、乳台底边长宽尺度除前述试掘资料外，余者见《北宋皇陵》调查资料的记述。其中，《北宋皇陵》记述帝陵鹊台和乳台的残高，以定陵鹊台残高7.6米，乳台残高6.3米为最。《宋会要辑稿》第三一册《礼三七》之二记载，安陵鹊台高29尺（8.99—9.28米，宋一尺分别按0.31米和0.32米，下同），乳台高25尺（7.75—8米），鹊台高于乳台4尺（或是宋陵鹊台、乳台高度之比）；其他帝陵鹊台、乳台高度文献缺载。由于昌陵以后诸陵规制高于安陵，对照安陵情况，其他帝陵鹊台原高很可能在10米左右，约合31—33尺。按鹊台比乳台高4尺计算，其他帝陵乳台原高似在27—29尺。可见定陵鹊台、乳台的残高已较原高低2米余。

《北宋皇陵》后陵调查资料记述，临朝听政的慈圣光献曹后陵西鹊台底边残长13×14米，两乳台底边残长分别为17×8米（东）和18×10米（西），尺度与前述帝陵试掘所见尺寸相差无多。其他后陵鹊台、乳台残存尺寸很小，已难判断形制和结构。

《宋会要辑稿》第二七册《礼三一》之八、之二〇记载，孝明王后陵、孝惠贺后陵、孝章宋后陵的乳台高均23尺，若仍按鹊台比乳台高4尺的比例计算，其鹊台高应为27尺。《宋会要辑稿》第二八册《礼三二》之四、第三一册《礼三七》之八记载，章献明肃刘后陵鹊台高23尺，乳台高19尺，二者高差仍为四尺，但已较前者规格低一等。又《宋会要辑稿》第二九册《礼三三》之二五"钦圣宪肃向后陵"条记载有"鹊台二座，各大办高二丈七尺，次办二丈三尺，小办高一丈九尺"，"乳台二座，各高二丈七尺"之语。据此可知，前述27尺与23尺，23尺与19尺之比例关系属次办和小办之列。唯前述所记乳台高27尺与鹊台大办27尺相同，不合比例关系，似误。《北宋皇陵》后陵鹊台、乳台调查资料中，鹊台以宣仁圣烈高后陵残高5.7米，乳台以慈圣光献曹后陵残高6.3米为最。二后陵均在章献明肃刘后陵"详定山陵制度"之后，二后陵鹊台和乳台之高似分别按23尺和19尺之制。如是，慈圣光献曹后陵乳台残高6.3米接近原高。然而，以曹后陵乳台残高6.3米来看，其原高或在7

米以上。这样，二后陵鹊台和乳台的原高或分别为 27 尺和 23 尺。

神道之宽，一般以二鹊台、二乳台之间距为准，神道长以乳台至南神门的间距为准。前述永定陵试掘资料表明，永定陵神道宽 41.8 米，鹊台至乳台，乳台至南神门的神道长均 140 米。以此结合《北宋皇陵》调查资料来看，自熙陵开始神道宽大都在 42 米左右，神道长 140 米左右（调查资料有或长或短的误差）。其中安陵神道长 147.25 米，昌陵神道长 165 米为特例[1]。

皇后陵神道，元德李后陵调查资料记述鹊台至乳台、乳台南神门各为 70 米[2]，恰为帝陵标准神道长 140 米之半。《宋会要辑稿》第二八册《礼三二》之四、第三一册《礼三七》之八记载：章献明肃刘后陵鹊台至乳台、乳台至南神门各 45 步。史籍明记刘后时"详定山陵制度"[3]，故此应为后陵神道长之定制。45 步约合 70 米，亦相当于帝陵标准神道长之半。据此似可认为，昌陵之后诸帝陵神道之长，大体以鹊台至乳台、乳台至南神门各 90 步为定制而略有变化。

二　上宫宫城

（一）永定陵试掘所见上宫宫城的构筑形制[4]

南神门现存东、西二阙台基址，两阙台间石雕宫人仍立于原位。在东阙台东南部、北壁东段、西南和西北角开探沟，又在阙台西南拐角处向西开一个探方。东北和西北两个拐角处仅余包砖基槽，宽约 0.5 米，深约 0.15 米。西南角保存较好，基槽内砌砖二层，地坪上残存 9 层，高 0.56 米。砌法与前述鹊台和乳台相同，表砖向上逐层内收 0.5—1 厘米。西壁包砖宽 0.45 米，南壁包砖宽 0.5—0.6 米。北壁东段包砖残存部分两次内收，第一次内收距西壁 11.2 米，第二次内收距西壁 15.3 米，每次内收均为 0.2 米。第一次内收拐角处残存包砖 15 层，高 0.9 米，包砖宽 0.4—0.58 米。包砖底层一丁砖横砌，底层以上一顺一丁或两顺砖并砌，包砖外壁每层向上内收 0.5—1.2 米。所用条砖长 35.5—37 厘米，宽 16.5—17.5 厘米，厚 5.5—6.5 厘米。据试掘资料复原实测，东阙台底部东西长19.3 米，西壁南北宽 9.85 米（邻门道的西壁较东壁宽），东壁南北宽约 9 米。东西两阙台间距约 12.5 米。

---

[1] 据《北宋皇陵》调查资料，昌陵鹊台间距 42 米，乳台在鹊台北 155 米，乳台间距 42 米；神道宽 42 米（二鹊台、二乳台之间距），神道长 165 米（乳台距南神门 165 米）。熙陵鹊台间距 45 米，乳台在鹊台北 140 米，乳台间距 45 米；神道宽 45 米，长 142 米。定陵鹊台间距 42 米，乳台在鹊台北 140 米，乳台间距 41.8 米；神道宽41.8—42 米，长 140 米。昭陵鹊台间距 42 米，乳台在鹊台北 134 米，乳台间距 43 米；神道宽 42—43 米，长134 米。厚陵，鹊台间距 44 米，乳台在鹊台北 143 米，乳台间距 45 米；神道宽 44—45 米，长 137 米。裕陵鹊台间距 40.3 米，乳台在鹊台北 140 米，乳台间距 42 米；神道宽 40.3—42 米，长 135 米。泰陵鹊台间距 40 米，乳台在鹊台北 136 米，乳台间距 42 米；神道宽 40—42 米，长 134 米。《宋会要辑稿》第三一册礼三七之一记载：永安陵"南神门至乳台、乳台至鹊台，皆九十五步"，中华书局 1957 年版。宋 1 尺约合 0.31 米或 0.32 米。95 步合 475 尺（95 步×5 尺），合 147.25 米（1 尺＝0.31 米），或 152 米（1 尺＝0.32 米）。神道略短于永昌陵的 165 米，熙陵至泰陵神道长不等长，但较相近。

[2] 孙新民：《试论北宋陵园建筑及其特点》，载《河南文物考古论集》，河南人民出版社 1996 年版。

[3] 《宋会要辑稿·礼三七》之五七，明道二年"四月十日，太常礼院言：'准诏同司天监详定山陵制度。'"

[4] 参见《北宋皇陵》，中州古籍出版社 1997 年版，第 291—297 页。

西神门（图9-2-3）残存南、北二阙台基址，仅对南阙台南、北部进行试掘。阙台西北和东南拐角包砖无存，只残存包砖基槽，基槽宽0.55米，深0.1米，槽内有大量被扰乱的半头砖和白灰块。在东南拐角以北3米处发现一段残墙基，长1.7米、宽0.48米、高0.19米，残存三层顺砌条砖，外面白灰勾缝，向上逐层内收约0.8厘米。东南拐角以北4.1米处向外突出0.2米，其情况与前述南神门东阙台两长壁内收规律相同。该阙台东、西壁面第一次内收处距北壁约11.1米，第二次内收处距北壁15.2米。

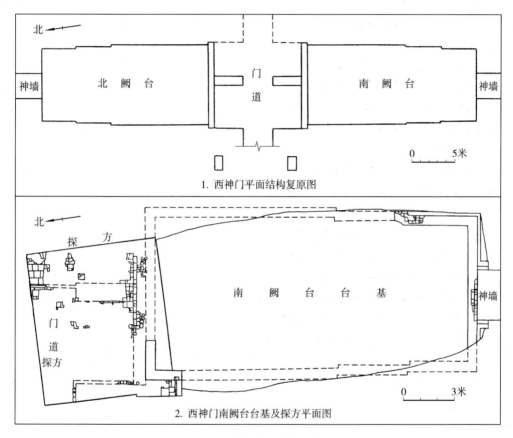

图9-2-3　北宋帝陵永定陵西神门平面图
（引自《北宋皇陵》，中州古籍出版社1997年版）

东南拐角以西3.1米处发现与阙台连接的西神墙一段，神墙用纯净黄褐土夯筑于阙台包砖之上，包砖上部被破坏，两者之间现存0.55米的空隙。神墙残高1.5米，上宽2.7米，底宽2.8米。墙体表面刷红色，红色灰皮厚0.5厘米。墙体的东西两侧底部现存宽0.2米、高0.25米的小土台，土台外低内高，台上有一顺置的长条砖（似起保护墙基作用）。

在阙台北部探方中发现砖墙和铺地砖。砖墙二道，一是东西向依阙台北壁而建的西神门南墙，残长4.5米、宽0.7米、高0.35米，外侧（北）条砖顺砌，里用半头砖干填。另一道墙南北向，建于东西向砖墙中部，西距阙台西北角4.4米，东距阙台东北角4.3米。墙残长

0.45 米、宽 1 米、高 0.4 米，东西两边条砖顺砌，墙内填半头砖。从其位置判断，其南北长约 3.3 米，南向北有一宽 10 厘米、深 5 厘米的凹槽。凹槽内侧（东）砌一排立砖，外侧（西）砌一行平砖。凹槽应是西神门安置门槛的基槽。在前述中隔墙两侧，除西侧靠墙处有一行长条砖立砌作边外，其余部位均方砖铺地。方砖素面，边长 35 厘米，厚 5 厘米。在中隔墙之西 4.6 米处，有一道条砖顺砌的边墙，残长 0.85 米，高 0.1 米。边墙南与南阙台西北角相接，北连西神门外踏道。踏道现呈斜坡状，两侧边残存顺砌的条砖。

根据试掘资料，可知该阙台南北长 19.3 米，北壁东西宽约 9.7 米，南壁东西宽约 8.9 米。试掘结合门狮位置，可推知西神门南北面阔三间，东西进深两间。门址建于两阙台之间，底部为一高 0.65 米的夯土台基，台基东、西两边用砖包砌，南北两侧依门阙台包砖砌砖墙。门址两侧中部，各砌一道南北向的中隔墙，隔墙长 3.3 米，中间门道宽约 3.3 米。中隔墙东西两侧进深均为 4.6 米，在西门外中部有登门斜坡道，其宽度约与中间门道宽度相同。

东南角阙（图 9 - 2 - 4）夯筑，现略呈三角形，内侧破坏严重。试掘部位在角阙西南、东南和东北三个拐角及内拐角的南壁。东南角包砖无存，仅余宽 0.5 米、深 0.1 米的基槽。西南角包砖残存 2—4 层，宽 0.4 米，残高 0.12—0.22 米。东北角包砖残存 4—12 层，宽 0.5—0.65 米，残高 0.24—0.7 米。角阙包砖除底层和第三层丁砖横砌外，余均条砖顺砌。包砖外侧白灰勾缝，向上逐层内收，每层内收 0.7—1.2 厘米；内侧砌半头砖，用泥勾缝。东壁北段包砖壁面两次内收，每次内收 0.2 米。第一次内收处北距东北角 8.2 米，底部铺砌方青石，边长 50 厘米，厚 15 厘米。青石面上中部凿直径 16 厘米、深 6 厘米的圆窝。第二次内收处距东北角 3.8 米，底部未见铺砌青石。

南神墙在角阙西南拐角以北 2.8 米，西至南神门东阙台长约 76 米。神墙用黄褐土直接夯筑于角阙西壁包砖上，神墙底宽 2.8 米，上宽 2.7 米，残高 1.35 米。墙体两侧刷红色，灰皮厚约 0.4 厘米。神墙外侧（南）底部砖铺散水，宽 1.5 米，外低内高，从墙角向外逐渐坡降约 5 厘米。东神墙东距阙台东北角 3 米，直接叠压在角阙北壁包砖上。神墙底宽 2.8 米，上宽 2.7 米，残高 1.45 米。墙体表面刷红色，灰皮厚约 0.4 厘米。神墙外侧（东）底部砖铺散水、宽 1.6 米，散水面略向外倾斜，墙角处高于外边约 5 厘米。角阙内拐角南壁清理出一段包砖，包砖一般宽 0.45 米，高 0.5—0.9 米。包砖壁面亦作两次内收，第一次内收处距角阙内拐角约 2.2 米，第二次内收处距第一次收处约 4 米（与平面图南壁外侧内收位置对应，图 9 - 2 - 4）。据上述试掘资料，可知东南角阙南侧外边东西长 19.5 米，东侧外边南北长 19.4 米，两个内边长约 10.2 米。角阙与神墙连接部分宽皆为 8.4 米，南神墙位于角阙西部中间，东神墙位于角阙北端中部略偏西。宫城边长 240 米[1]。

---

[1] 《北宋皇陵》正文未记永定陵上宫边长具体尺度。据上宫试掘资料可知：第一，据正文所述，南神门东阙台底部东西长 19.3 米（西阙台东西亦以此长度为准），东西二阙台间距 12.5 米。东南角阙外边长 19.5 米（西南角阙外边长也以此为准），东南角阙西至南神门阙台 76 米（西南角阙东至南神门按此标准），上述数字相加为 242.1 米（19.3 + 19.3 + 12.5 + 19.5 + 19.5 + 76 + 76 米）。第二，下面正文将说明陵台方形、底边长 51.7 米，距四神门均 85 米。南神门阙台南北最宽 9.85 米（北神门阙台南北最宽亦按此计算），其总和为 241.4 米（51.7 + 85 + 85 + 9.85 + 9.85 米）。上述两点结合永定陵上宫试掘复原实测图的比例量得边长为 240.7 米来看，减去前面换算误差，永定陵上宫边长当为 240 米余。

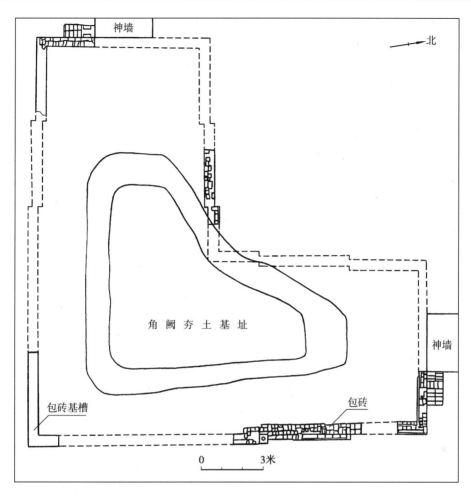

图 9-2-4　北宋帝陵永定陵东南角阙平面图

（引自《北宋皇陵》，中州古籍出版社 1997 年版）

（二）永昭陵试掘所见上宫宫城的构筑形制[1]

永昭陵上宫试掘的结果：（1）神门门阙基址临门道一侧宽，另一侧较窄，横向两侧壁各二次内收，其平面形制和尺寸同前述的乳台。门阙和乳台一样，其台基上应建有三出阙楼阁，且两两对称布局。（2）角阙基址平面曲尺拐角状，一般两外边长 19.70 米，两内边长 9.70 米。角阙夹角处台基明显增宽，与神墙相接的两端变窄，内、外壁面亦作两次内收（与乳台门阙基址相似）。角阙台基上，原应建有两个三出阙楼阁的复合式建筑。（3）东、西和南神门形制相同，北神门与之有别。南、东、西神门在夯土台基上建面阔三间、进深两间门楼，门址两侧依门阙阙台而建，内、外两边中部置斜坡形踏道。如东神门遗址，门址台基横宽 14.40 米，进深 11.40 米，高 0.63 米。台基上柱础坑，东西向 3 排，南北向 4 个，共 12 个。西南角尚有一方柱础石在原位，础石边长 70 厘米，厚 30 厘米。神

---

〔1〕　参见《宋仁宗永昭陵上宫考古获丰硕成果》，《中国文物报》1998 年 10 月 14 日。

门两侧中部砌一道砖隔墙，隔墙长 4.80 米，宽 1.10 米。门道横宽 5.60 米，长 3.05 米，全部用莲花纹方砖铺砌。北神门中间为一过道，两侧间建于台基上，侧间中部也东西向砌一道隔墙，墙面和地面铺砖磨光。（4）神墙连接神门和角阙，长 75.75—76.60 米，宽 2.50 米，与北神门阙台相连的一段神墙残高 2.5 米。神墙夯筑，面抹草泥刷红灰，每层厚约 1 厘米。神墙内外砖铺散水。神墙顶部两面坡，上覆瓦件（附近发现大量板、筒瓦和瓦当）。

上述永定陵和永昭陵上宫宫城试掘的门阙、门址、角阙、神墙的形制结构，构筑技法、包砖砌法等相同，仅具体尺度略有差异。两者相互补充，基本可窥见北宋帝陵上宫宫城的形制结构之概况。

（三）调查与文献记载所见帝后陵宫城的尺度及构筑情况

《北宋皇陵》调查上宫宫城资料记述诸陵上宫宫城边长 240 米或约 240 米，宋李攸《宋朝事实》卷十三记载，永厚陵"上宫方百五十步"，约合 240 米。以上与永定陵上宫试掘结果相同。

后陵宫城未试掘，《北宋皇陵》后陵调查资料记述后陵宫城正方形，其中边长较明确者约 80 米或 80 米余的 2 座（章穆郭后陵、章惠杨后陵），约 100 米的 3 座（章懿李后陵、钦成朱后陵、显恭王后陵），约 105 米的 3 座（孝惠贺后陵、明德李后陵、昭怀刘后陵），约 110 米的 3 座（章怀潘后陵、元德李后陵、章献明肃刘后陵），约 115 米的 1 座（钦圣宪肃向后陵），约 120 米的 2 座（慈圣光献曹后陵、宣仁圣烈高后陵）。《宋会要辑稿》第二七册《礼三一》之二〇、第二八册《礼三二》之四记载孝章宋后陵、章献明肃刘后陵宫城边长 65 步（100—104 米）。《宋会要辑稿》第三一册《礼三七》之六三、六四记载临朝听政的慈圣光献曹后陵、宣仁圣烈高后陵宫城边长 75 步（约 120 米）。钦圣宪肃向后亦临朝听政，其山陵依"慈圣光献曹后故事"，故宫城边长也应为 75 步（前述调查资料推断其宫城边长 115 米是值得商榷的）。综上所述，《北宋皇陵》调查资料记述后陵宫城边长在 100—110 米，其规制应属边长 65 步范畴。宫城边长 120 米的后陵宫城，规制属边长 75 步范畴。宫城边长 80 米左右者，规制当属 51 步范畴。即后陵宫城边长可分为 51 步、65 步、75 步三等。

永定陵和永昭陵试掘证明，门阙和乳台底部及角阙外边的形制结构相同，尺寸相近。后陵宫城山门，《宋会要辑稿》第二九册《礼三三》之二五，钦圣宪肃向后陵条记载：宫城"山门、角阙、各大办高二丈七尺，次办高二丈三尺，小办一丈九尺；鹊台二座，各大办二丈七尺，次办二丈三尺，小办一丈九尺；乳台二座，各高二丈七尺"。山门系指宫城城门下部土石建筑，主要指神门两侧阙台遗址。上述记载表明，宫城门阙、角阙、鹊台的高度基本相同，而乳台高度只有与门阙、角阙和鹊台大办高度相同的一种。

《北宋皇陵》调查资料记述永泰陵东北角阙发现木柱和柱础，可作为前述永定陵上宫宫城试掘时在东南角阙发现青石柱础的补充，为研究此类建筑地基构筑方法提供了重要线索。

永定陵宫城西神门试掘为面阔三间，与《宋会要辑稿》第二九册《礼三三》之二六所记神门"每座三间"相合，试掘揭示的神门台基规制，可补史之缺。

据上述试掘资料可知，帝陵上宫宫城每面宫城墙加角阙、门阙底部之长，再加上二门阙间距之和约 240 米，即为每面宫城之边长。《宋会要辑稿》第二七册《礼三一》之八、二〇，第二八册《礼三二》之四，分别记述孝惠贺后陵、孝明王后陵、孝章宋后陵、章献明肃刘后陵宫城神墙高为 7.5 尺（2.3—2.4 米）。《宋会要辑稿》第三一册《礼三七》之六九记钦成朱后陵宫城神墙高 11 尺（约合 3.41—3.52 米），《宋会要辑稿》第二八册《礼三二》之一五记载章惠杨后陵宫城神墙高丈余，或属 11 尺之类。《宋会要辑稿》第三一册《礼三七》之六三，第二九册《礼三三》之一八、二六分别记载慈圣光献曹后陵、钦圣宪肃向后陵宫城神墙高一丈三尺（约合 4.03—4.16 米）。其中神墙高 7.5 尺和 11 尺与宫城边长 65 步对应，13 尺与宫城边长 75 步对应。《宋会要辑稿》第三一册《礼三七》之一记载安陵上宫宫城神墙高 9.5 尺（约合 2.94—3.04 米），低于后陵神墙高 13 尺。由于安陵之后诸陵规制提高，规模加大，故似可认为安陵之后诸帝陵神墙之高或似 15 尺（4.65—4.8 米）为基数而略有变化。

总之，由于《北宋皇陵》宫城调查资料均是现存残毁情况的反映，只能作为研究宫城形制、结构和尺度的参数。所以帝陵上宫宫城的形制、结构和尺寸，均应以永定陵、永昭陵上宫宫城试掘资料为准。

三　陵台

（一）永定陵试掘所见陵台的构筑形制[1]

永定陵的陵台（图 9-2-5），位于宫城中部，距宫城四神门阙台均 85 米，陵台呈三层台阶状。陵台的试掘选在陵台东南、东北和西北三个拐角处，均发现有包砖基槽，包砖无存，基槽宽 0.6 米，深 0.3 米。基槽内多填满砖块，并有大量白灰颗粒，底部残留条砖被揭取后的印痕。东南角包砖基槽外侧，残存部分砖铺散水。散水围绕陵台底部四周，宽 1.2—1.3 米，外侧用两条砖立砌作边，内侧条砖横向平铺。陵台南部散水与东部散水相交处，分别抹角，两抹角间加一排条砖接合。陵台底部呈方形，边长约 51.7 米。

陵台四面斜坡的腰部，均有明显的红灰土遗迹。试掘了陵台下腰部西南、东南和东北三个拐角，以及上腰部西北、西南两个拐角。陵台第二层东南、东北角包砖无存，仅余基槽宽 0.44—0.48 米，东南角基槽的外侧壁面上残留有从包砖上脱落的红灰皮遗迹。西南角残存包砖 1—3 层，两条砖顺砌，宽 0.45 米。包砖外侧白灰勾缝，向上逐层内收，每层内收约 1 厘米。包砖内侧用泥勾缝，包砖外堆积大量红灰土（应是包砖表面红灰土脱落后形成的）。实测陵台第二层包砖底边长 35.6 米，高出陵台散水面约 5.4 米（垂直高度）。第三层底部西南和西北拐角无包砖，在夯土外壁直接刷红灰。其中西南角红灰皮达 11 层（多次维修形成的），灰皮厚 1.5—4 厘米，均是先抹一层灰白色细泥后再刷红灰。第三层底边长约 23 米，其夯土底部高出第二层包砖底部约 5.5 米。由第三层底部向上至今陵台顶部，现存高度 4.4 米，顶部呈覆斗状。

（二）永昭陵试掘所见陵台的构筑形制

永昭陵陵台周边进行了试掘，可知陵台夯筑，平面呈正方形，立面作三层台阶状，台

---

[1]　参见《北宋皇陵》，第 299 页。

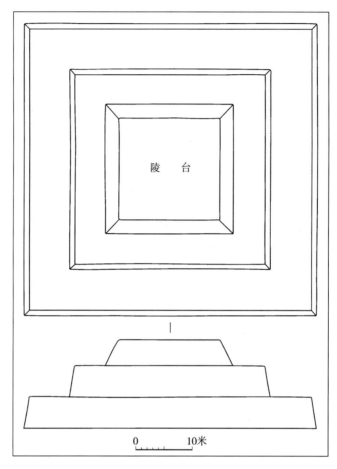

图 9 - 2 - 5　北宋帝陵永定陵陵台平面、立面复原图

（引自《北宋皇陵》，中州古籍出版社 1997 年版）

面红灰粉饰。下层底部边长 52.60 米，中层底部边长 36.15—37.45 米，上层底部边长 23.30—24.55 米，每层垂直高度约 5 米左右。陵台四面各修 9 个砖砌排水道[1]，即每面上层 2 个、中层 3 个、下层 4 个。陵台底部四周铺散水，一般宽 1.25—1.50 米[2]。

（三）调查与文献所记陵台的尺度

《北宋皇陵》调查资料记载帝陵陵台残高，熙陵 16.4 米，定陵 15.3 米，昭陵 14.7 米、裕陵 15 米，余者均在 14.4—14.8 米（安陵不计，下同）。其中定陵陵台残高与试掘资料同，永昭陵略有差异。《宋朝事实》卷十三记载：永厚陵陵台高 53 尺（16.43 米，或

〔1〕　傅永魁、刘洪淼：《河南巩县宋永昭陵区的考察》，载《考古学集刊》第 8 集，科学出版社 1994 年版，引南宋绍兴九年六月，丙辰，签枢密院事楼照至永安军，谒昭陵时看到的情况说，神台"最下约广十五丈，为水道者五"。此说与试掘资料不同。

〔2〕　参见《宋仁宗永昭陵上宫考古获丰硕成果》，《中国文物报》1998 年 10 月 14 日。

16. 96 米≈17 米）。据此似可认为帝陵陵台高度或以 53 尺为基数而略有增减[1]，现存陵台残高较原高已低 0.5—2 米余。

《北宋皇陵》调查资料记述帝陵陵台现存边长，永昌陵 48×45 米、熙陵 51×53 米、定陵 52×53 米、昭陵 58×56 米、厚陵 55×57 米、泰陵 51×49 米。试掘资料，定陵陵台边长 51.3 米，昭陵陵台边长 52.6 米。据此可知，现在一般据文献记载认为熙陵陵台底边长 250 尺（77.5 米，或 80 米）、定陵陵台底边长 140 尺（43.4 米，或 44.8 米）是不对的[2]。总的来看，诸帝陵陵台底边之原长，应大体与试掘结果相近[3]，陵台底边之长与陵台高 53 尺之间似有一定比例关系（约 3∶1）。

《北宋皇陵》调查资料记述的后陵陵台底边残长，除曹、高、向和昭怀刘后陵外，其他诸后陵陵台底边残长绝大多数在 20 米以下，少数可达 22 米（章懿李后陵 22.5×23.5 米）、23 米（钦成朱后陵）和 24 米（显恭王后陵 24×22 米）。陵台残高绝大多数在 8 米以下，少数可达 8 米（章穆郭后陵）、8.1 米（元德李后陵）和 8.7 米（钦慈陈后陵）。凡此，均在《宋会要辑稿》第二七册《礼三一》之六，《宋史》卷一二三《礼志二十六》孝明王后陵、孝惠贺后陵所记陵台边长 75 尺（23.25 米或 24 米），陵台高 30 尺（9.3 米或 9.6 米）以下。上述诸后陵宫城边长均 65 步，说明此类后陵陵台原边长和高，应大率以 75 尺（边长）和 30 尺（高）为准而略有变化。

曹、高、向和昭怀刘后陵陵台残边长在 25—28 米，陵台残高 10 米以上两座（曹、高后陵）、9.7 米一座（刘后陵）、8.4 米一座（向后陵）。其中除昭怀刘后陵外，其余三后陵陵主均临朝听政，为宫城边长 75 步之后陵。据前述，宫城边长 65 步，陵台边长与高 75 尺和 30 尺之比例，求宫城边长 75 步之陵台边长为 325 尺（65 步）∶375 尺（75 步）=75 尺∶x，x=86.53 尺，四舍五入则为 87 尺。同理求其陵台之高为 65 步∶75 步=30 尺∶x，x=34.6 尺（10.7 米或 11.07 米），四舍五入为 35 尺。因此，宫城边长 75 步的临朝听政后陵陵台底边原长和高，或以 87 尺和 35 尺为准而略有变化（宋 1 尺=0.32 米，合 27.84 米和 11.2 米）。

四　献殿与阙亭铺屋

（一）发现献殿遗迹

北宋帝陵有无献殿及其位置问题，长期悬而未决，20 世纪 90 年代中后期终有发现。一是在永昭陵上宫内清理出明、清时期祭祀宋陵的"献殿"遗迹，宋代献殿已被毁坏。二是在永昭陵祔葬的曹后陵陵台前发现宋代献殿遗址。献殿遗址坐落在夯土台基之上，台基

---

[1] 据文献记载，定、昭、厚、裕、泰诸陵陵台尺寸应大同小异，参见冯继仁《巩县宋陵献殿的复原构想》，《文物》1992 年第 6 期。

[2] 《宋史》卷一二二《礼志二十五》，熙陵条记载："皇堂深百尺，方广八十尺，陵台方二百五十尺"，定陵条记为"皇帝之制，深八十一尺，方百四十尺"，并未明言"陵台方百四十尺"。

[3] 《宋会要辑稿》第三一册《礼三七》之九，永昭陵条："山陵一用永定陵制度。"《宋史》卷一二二《礼志二十五》，永昭陵条："并用定陵制度。"《宋会要辑稿》第三一册《礼三七》之一三，永裕陵条："大行皇帝山陵宜依治平四年故事。"指依永厚陵故事。《宋会要辑稿》第三一册《礼三七》之一五，永泰陵条："山陵制度并依元丰八年例施行。"《宋史》卷一二二《礼志二十五》，永泰陵条："诏山陵制度，并如元丰。"元丰和元丰八年，均指永裕陵。据上述记载，可知永定、永昭、永厚、永裕、永泰诸陵陵台尺寸应大同小异。

的南和北面中部均有斜坡状砖砌踏道[1]。从而证实了北宋帝陵确有献殿。

　　除上所述，考古调查在永熙陵南神门宫人以北22米，陵台之南64米处，发现青石板一方。石板平面呈长方形，长5.96米、宽2.78米、高1米。石板上面磨光，东西向横置于陵台前中线上，四壁外露高0.1米凿平，其余石体埋于地下[2]。其次，20世纪60年代以前，定陵尚存同类青石板[3]。又永泰陵陵台南部中线东侧，南距南神门由东列宫人25.6米处发现一青石座。石座倒置，上面向西，埋于地下0.4米深处。石座平面呈方形，边长115厘米，厚41厘米，上面周边磨光，中部有直径55厘米的圆形凿痕，似用以祭祀的石香炉底座[4]。

　　此外，史料也明确记载北宋帝陵有献殿，如祔葬定陵的章惠杨后陵，宋《修奉园陵之记》中有"献殿敞以独□"之语[5]。《宋会要辑稿》第三一册《礼三七》之三三记载：神宗熙宁"九年五月十四日，同知太常礼院林希言：'伏见陵宫奉祀牙床祭器等，祀毕，但置于献殿内暴露，日久易致腐剥。况诸陵宫门各有东西阙庭，请以东阙庭专藏牙床祭器，遇行礼毕即收藏"。可见献殿是祭祀之所，且封闭性较差（与前述"献殿敞以独□"相应）。《宋会要辑稿》第二九册《礼三三》之一七，钦圣宪肃向后条记载："献殿一座，共深五十五尺，殿身三间，各六椽五铺下昂作事，四铺（转）角，二厦头，步间修盖，平柱长二丈一尺八寸。副阶一十六间，各两椽四铺下昂作事，四转角，步间修盖，平柱长一丈。"又徽宗政和年间"奏告诸陵上宫"中记载："前一日，都监常服帅其属诣陵，辟宫殿门，升殿行扫除于上，降扫除于下，设神御座于殿上，当中，南向，……陈香案及供奉之物于座前。讫，阖宫殿门。"[6]文中所提之殿即献殿，据此似可认为，熙陵、定陵陵台前发现的青石板，泰陵陵台前发现的石香炉底座等，均应是在献殿祭拜"行礼"时的祭祀用具。总之，上述情况表明，熙陵时或已置献殿；而《修奉园陵之记》则可确证定陵时已有献殿。

（二）上宫阙庭遗迹与铺屋问题

　　文献记载帝陵上宫门外置阙庭（或称闒亭），功能似以"专藏牙床祭器"等祭器和供物为主[7]。其遗迹在永昭陵上宫南神门外已被发现。阙庭遗址位于南神门两侧，对称配置。阙庭台基高0.63米，平面呈正方形而缺北部外侧一角。靠近神道的一面和南面设有门道，砖铺散水，每边长13.90米；与神道相对的一面和北面边长为10.20米。从台基上柱础坑分布位置看，该遗址由南向北和在神道一侧观察为面阔三间，从另外两个方面观察则作面阔两间[8]。

[1]　参见《宋仁宗永昭陵上宫考古获丰硕成果》。

[2]　参见《北宋皇陵》第84页。

[3]　参见《北宋皇陵》第453页。

[4]　参见《北宋皇陵》第256页。

[5]　参见《北宋皇陵》第510页；《奉修园陵之记》，载《民国巩县志》卷一八。

[6]　参见冯继仁《巩县宋陵献殿的复原构想》引《政和五礼新仪》卷十。

[7]　《宋会要辑稿》第三一册《礼三七》之三三。

[8]　参见《宋仁宗永昭陵上宫考古获丰硕成果》；《宋会要辑稿》第二九册《礼三三》之二五、第三二册《礼三九》之四。

除上所述，文献记载帝陵上宫还有铺屋[1]。铺屋为巡陵铺兵处所，遗址尚未发现，位置不明。阙庭和铺屋帝后陵宫城均置。

第三节　调查清理与文献所记帝后皇堂的形制

一　元德李皇后陵皇堂清理概说

元德李后陵位于永熙陵下宫之北，宋陵仅清理了元德李后陵的墓道、甬道和皇堂。

（一）墓道和甬道

墓道位于陵台南部正中，方向185°。墓道南北水平长34米，南距南神门内两身宫人2.4米。墓道分南北两段，南段为斜坡墓道，长33米，开口上距地表0.4—1米，南端口宽3.8米，北端底宽2.85米。斜坡墓道自上而下挖土台阶，台阶一般横长1米，宽0.5米，高0.2米。墓道前端两壁上部，挖有两对对称的上大下小呈斗状的缺口。南边的一对缺口，口宽1.9米，底宽1.4米，进深1.5米，高1.75米。北边的一对缺口，口宽2.6米，底宽2.15米，进深2.5米，高1.8米。缺口填土早于墓道填土，推测是挖墓道时为方便取土而设，墓道修完即回填。斜坡墓道后端的两壁上部外扩2—2.3米，南北长14.1—14.2米，下部留二层台。二层台似为方便取土，运送建材和防止塌方而设。

墓道北段与甬道底部平接，长4.3米，宽2.5—2.6米，上距地表15米。该段墓道底部发现两处加固墓道两壁的方木痕迹，南北相距1.1米，每处用方木三根。即两壁各竖置一根，底隐进一根，用作横向支撑。西壁两根松木尚存，竖直隐于壁内的方木，在南者宽0.18米，厚0.2米，高2.25米；在北者宽0.16米，厚0.2米，残高1.7米。东壁仅存嵌木凹槽，南边的凹槽宽0.2米，深0.2米，高0.9米；北边的凹槽宽0.2米，深0.2米，高0.56米。与两壁立木对应，墓道底部亦有两道口宽0.25米，底宽0.16米，深0.2米的凹槽，用作嵌木以支撑两壁方木。

墓道表层填土夯筑，夯窝圆形，直径4—6厘米。填土自上而下有三种情况，其一墓口至地表下3米用红褐土夯筑，夯层厚0.1—0.2米。其二地表下3—5米为红褐土与青石片分层间筑，即上层为厚0.2—0.25米红褐土，下层为厚约0.05—0.1米青石片，两者交替回填夯筑。其三地表5米以下至底部为红褐土与碎砖分层间筑，即上为厚约0.2—0.3米红褐土层，下为厚约0.3—0.5米的碎砖层，两者交替回填夯筑。此外，在近底部的砖层内，还杂有卵石和有修整痕迹的残青石块。

甬道南接墓道，长9.1米，宽4.3米。甬道两壁平砖顺砌，厚0.9米，壁面敷草泥刷青灰，券顶已毁，甬道高约6米。从残迹看，甬道两壁起券处砌立砖一层，砖间用泥勾缝。砖长38—39厘米，宽18—19厘米，厚5—6厘米。甬道顶起五券，厚约1米。甬道口

---

[1]　《宋会要辑稿》第二九册《礼三三》之二五。

南端残存封门砖1—2层，封门砖南端与甬道口平齐。东部残存立砖一层，南北向四排，长0.95米，宽0.8米。中部残存卧砖两层，东西向两排，长1.6米，宽0.78米；西部残存卧砖一层。在封门砖之北，两壁各有一砖砌壁龛。东壁龛宽1.5米、深0.9米、高2.8米。西壁龛宽1.4米、深0.9米、高2.4米。壁龛内壁敷草泥，厚1—2厘米，表面粉饰厚约0.5厘米的青灰。壁龛底部平铺一层条砖，在西壁龛口部置一层卧砖。

墓门在甬道中部偏南，南距甬道口3.6米。墓门由门砌、门挟、直额、越额、门砧、门扉和檐锁柱等构件组成，皆青石质，表面磨光。门砌三石，露出地坪0.25米；两侧门砌石较大，长1.7—1.9米、宽0.6米、厚0.55米；中间一石长0.42米、宽0.6米、厚0.55米。门挟二石，方柱状，立于门砌上之两侧，间距2.66米。二石皆高3.75米、宽0.51米、厚0.6米。东门挟距东壁0.38米，西门挟距西壁0.3米，空隙处填砖。直额一石，平置于门挟之上，两端各嵌入墓壁内0.5米。石长4.88米、宽1.02米、厚0.6米。直额两侧各凿一对方孔，方孔边长均0.12米，间距0.28米。直额正面磨光，阴线刻两身飞天和祥云，左飞天上部阴刻"任木""束奇"四字[1]。越额一石，半月形，置于直额中部之上，长3.85米、厚0.26—0.43米、高1.23米（发现时倒在门后积土中，下距墓底3米）。越额正面有墨绘痕迹，未雕刻。门砧二石，位于门挟内侧，长0.88米、宽0.6米、高0.5米。门砧上部两外边斜刹，中间凿有长0.3米、宽0.25米的孔洞，上承门扉。在门挟外侧与门砧相对称，置两块门脚石，长0.86米或0.88米、宽0.44米、高0.5米，形制同砧石，但无方孔。檐锁柱一石，长方体，宽0.51米、厚0.44米、高4米。该柱竖立于门外中部稍偏西处、面粗磨，有凿痕。两门扉皆长3.96米、宽1.65米、厚0.29—0.34米（发现时门扉向后倒于甬道北部，东门扉断为两段，门轴在墓室东南隅，距门扉2.6米）。门扉上端有门轴，东门轴径0.34米、高0.5米；西门轴径0.32米、高0.33米。两门扉中部偏内侧各凿一圆孔，直径6—7厘米，似用于安装门环。二门扉正面磨光，各阴线刻一身武士（图9-3-2）。门扉背面略粗糙，雕仿木构门撑装饰，上下共七排，长1.2米、宽0.17—0.18米、高0.03米，分别间隔0.37—0.38米[2]。

（二）皇堂[3]

宋代文献将帝后陵的地宫称皇堂[4]，李后陵皇堂南接甬道，平面近圆形，穹顶，直径7.95米、高12.26米（图9-3-1）。壁用砖平砌，以泥勾缝，壁厚0.95米。周壁砌抹角倚柱10根，柱高2.65米、宽0.19米，隐出壁面0.05—0.07米，柱间距1.65米。柱间有阑额，柱头上水磨砖砌仿木四铺作斗拱，为不出跳的扶壁重拱，仅在栌斗口内出一假昂头，在第二层泥道拱处又出一耍头（图9-3-3）。"耍头锋面刻人首、人身、两手合掌、鸟腹、鸟脚、背有翅之迦陵频伽之一。"斗拱和素方均用红白两色刷饰，拱眼壁有墨线勾勒的盆花图案。斗拱以上砖雕椽及望板两重，其上砖雕屋檐之筒瓦、瓦当和重唇板瓦；瓦

---

[1]　参见《北宋皇陵》第315页图二八三，上；316页图二八四。

[2]　墓道、甬道和墓门，参见《北宋皇陵》第308—311页。

[3]　参见《北宋皇陵》第311—318页。

[4]　《宋会要辑稿·礼二九》之二六，乾兴元年七月"七月礼仪院：'玄宫上字理合回避，请只以皇堂为名'，从之"。

当饰莲瓣纹，板瓦唇部线刻枝蔓。屋檐以上砌砖逐层内收至顶部，顶部中心有边长0.1
米、深约0.3米的近方形孔，东和北部各有一个盗洞。屋檐以上2.4米的高度内，绘壁
画。"最下接近屋檐处用红、黑、青灰色绘宫室楼阁，线条粗率，但可辨版门（门钉可
数）、直棂窗、挟屋、四注屋顶及鸱尾等形，惜剥落过半，漫漶不清。宫殿楼阁之间，绘
有粉白朵云，云气以上则为青灰色之苍穹，混然一片直至于顶。"楼阁图之上直至穹顶，
表面涂青灰，上绘5—8厘米的白粉圆点，象征星辰[1]。自穹顶东南隅向上斜贯穹顶至西
北隅，用白粉绘宽0.25—0.4米的银河一道。皇堂立柱之间壁面宽1.51—1.71米，北壁
最宽达2.02米。壁面上残存砖雕三组，第一组在皇堂北部三个壁面上，雕出假门和假窗。
第二组在皇堂西部两个壁面上，雕出桌、椅和灯檠。第三组在皇堂东壁两个壁面上，雕出
衣架、盆架和梳妆台（图9-3-3）。砖雕表面刷白粉、衣架、桌、椅和灯檠上涂红色。
北部三壁的边框涂暗红色，梳妆台的盒面上和衣架两端龙首上施金粉。皇堂南端为券门，
券四重，券门外重毁。券门内侧突出壁面，形成门框。券门内顶部，置一虎形之雕刻物。
门框经白粉刷饰，门外接甬道。

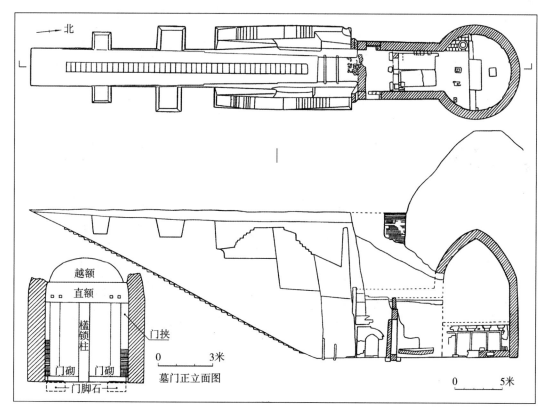

图9-3-1　北宋帝陵元德李后陵地宫平面、剖视、墓门立面图
（引自《北宋皇陵》，中州古籍出版社1997年版）

---

[1]　参见《北宋皇陵》第510—511页。

1. 西门扉　　　　　　　　　2. 东门扉

0 ————————— 50厘米

图 9－3－2　北宋帝陵元德李后陵石门画像拓本
（引自《北宋皇陵》，中州古籍出版社 1997 年版）

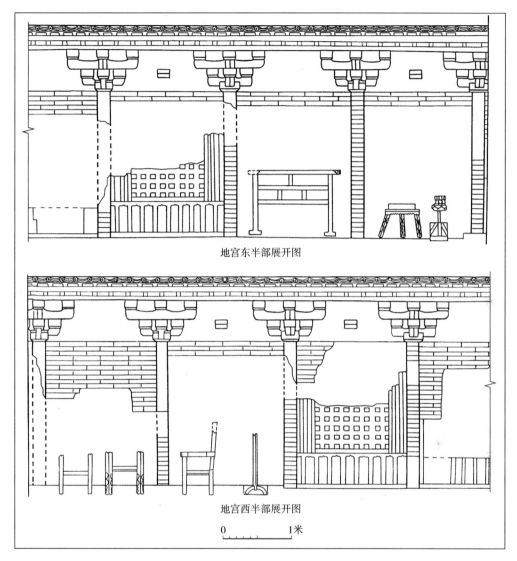

地宫东半部展开图

地宫西半部展开图

0　　　　　1米

图9-3-3　北宋帝陵元德李后陵地宫壁展开图

（引自《北宋皇陵》，中州古籍出版社1997年版）

皇堂底部南端与甬道平接，铺边长36厘米、厚5厘米的方砖（多被拆去）。皇堂底部之中偏北置石棺床，南北长4.7米、东西宽7.9米，高出皇堂底面0.62米。棺床南部四块条石砌成（东侧第二块最大，长3.2米、宽1.3米、厚0.75米；西端一块最小，长0.6米、宽0.3米、厚0.75米），皆隐入皇堂底面0.13米。棺床南面呈须弥座式，方涩上线刻二方连续缠枝花卉，束腰上饰剔地卷草纹，合莲上线刻小瓣覆莲。以上单组连续花卉，组成一横长画面[1]。棺床北部上面铺长方石块，仅存中间一块，长0.82米、宽0.7米、

────────────

〔1〕　参见《北宋皇陵》第317页图二八五。

厚 0.45 米。皇堂内填土厚达 7 米，上部杂有大量宋代砖块和近现代瓷片。其底部 2 米厚的积土内散见玉册、瓷片和石函盖等遗物；西南隅平置一石蜡烛座[1]，棺床南约 1 米处发现人的肋骨和肢骨数段。

　　皇堂顶部之上填土夯筑，夯层厚 12—24 厘米，夯窝直径 4—6 厘米，夯土内置木骨。木骨分两种，下部三层置圆木，南北向平置，直径 0.06—0.12 米，间距 0.8—1.4 米。底层 5 根，在地表下 4.2 米；第二层 7 根，在第一层之上 0.95 米；第三层 7 根，在第二层之上 0.9 米；圆木无，仅余孔洞。另一种为方形松木，残木尚存。在最上一层圆木之上约 0.6 米处，有三层相互叠压的方形松木。最下一根方木东西置，长 12 米，边宽 0.35 米。方木下垫三或四层平砖，砖间距 0.1—0.8 米，方木两端嵌入南北向砖墙内。砖墙 13 层，高 0.82 米，宽 0.38 米，平砖南北向顺砌，向北一直延伸至陵台内（似专用承托方木）。该方木之上叠压 4 根南北向松木，这层松木宽 0.15 米，高 0.25 米，间距 1.85—2.05 米。再上又叠压一层东西向松木，松木宽 0.2 米、高 0.35 米，南北向间距 1.1 米。在陵台南面的封土断崖上，仍见有多层松木孔洞，未再直接叠压，似间隔使用。松木一般 0.15 米见方，间距 0.6—1.2 米，较下层松木略小（图 9 - 3 - 4）。此外，清理者在陵台外围1.5—3 米处，还发现挖建皇堂时的长方形口，南北长 25 米，东西宽 22.5 米，据此清理者对皇堂营建顺序做了初步推测[2]。

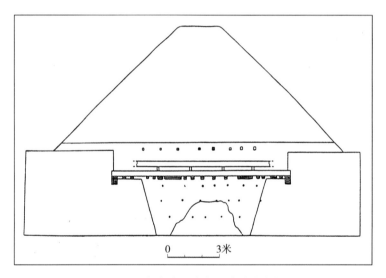

图 9 - 3 - 4　北宋帝陵元德李后陵陵台南部立面图
（引自《北宋皇陵》，中州古籍出版社 1997 年版）

二　调查与文献所记帝后皇堂的形制

（一）墓道钻探资料

　　永定陵墓道。经考古钻探，确定永定陵墓道在陵台南部中线上，从神道石像生南数第

---

〔1〕　参见《北宋皇陵》第 318—337 页。

〔2〕　参见《北宋皇陵》第 314 页。

二身武官，北至陵台，南北长 135 米。墓道口南窄北宽，底部斜坡状。最南端宽 6.1 米、深 1.7 米；向北 10 米处宽 7.2 米、深 3.5 米；向北 20 米处宽 8.2 米、深 5.7 米；向北 75 米处深 16.5 米。大致测出墓道至陵台处东西宽 27.5 米，根据墓道底部斜坡的延伸线，可推知墓道北端深达 25 米以上。此外，在陵台东南部还钻探出另一处墓圹和墓道遗迹，即史籍所载"皇堂为允恭擅移向东南二十步"所开之墓圹[1]。

永昭陵墓道[2]。据考古钻探资料，墓道在陵台南部正中，南北长 127 米，南端已出南神门外 40 米。墓道南窄北宽，两侧壁作五次外扩，南端入口处宽约 6 米，北端接近陵台处宽约 42 米，探铲只探至深 16 米（遇石无法再探）。根据墓道南段坡度推测其总深度约 28 米。

永泰陵墓道[3]。据考古钻探资料，墓道在陵台前之中线上，南北长约 76 米，东西宽约 6—31 米。南起南神门内东列宫人以北 13 米，宽 6 米。向北约 33 米后，两侧外扩 1—1.8 米；又向北 20 米后，两侧又外扩 1.5 米。再向北 23 米至陵台，东西宽约 31 米。只钻探至深 1.5—2 米，墓道深度尚未究明。

慈圣光献曹后陵墓道[4]。据考古钻探资料，墓道在陵台前正中，南北长 111 米，墓道南端已达两乳台之间[5]。墓道南端入口处宽 6 米，北端近陵台处宽 34.5 米。据已探知的墓道坡度推算，墓道北端深度约 15 米。

（二）皇堂平面形制及从砖结构转向石结构

元德李后陵皇堂平面圆形，除此之外，余诸陵皇堂平面文献记载多呈方形。从陪葬永厚陵的魏王赵頵墓和燕王赵颢墓为砖结构，墓室平面圆形[6]来看，在元德李后陵之后，圆形墓室或仅用于王墓。

皇堂的结构，考古调查证实，熙陵及祔葬熙陵的元德李后陵皇堂均砖砌，而祔葬永厚陵的宣仁圣烈高后陵皇堂则石砌[7]。但是据《永定陵修奉采石记》记载：营建永定陵时采运砌皇堂石 27377 段[8]，其皇堂显然已经石砌。《代富弼上神宗皇帝永昭陵疏》记载，永昭陵"以巨木架石为之屋"，"圹中又为铁罩"。程大昌《演繁露》记载，永厚陵初亦如昭陵"垒石为四壁，积柴木于上，以卷石覆之"，后改为"于平地垒石为椁"。至祔葬裕陵的钦圣宪肃向后、钦成朱后时，又改为石地宫（石地穴）。据《宋会要辑稿》第二九册

---

[1]　参见《北宋皇陵》第 107 页。又《宋会要辑稿》第二五册《礼二九》之二四、第三一册《礼三七》之七记载，永定陵始建之时，任山都监的雷允恭和司天监邢中和曾擅移皇堂于东南地。"开筑之际，土石相伴，兴作逾月，皇堂内东北隅石脉通泉，夏守恩（思？）停役。"此后，宋廷两次派员"按视"，仍用原"按行地"，"元按地止占新移处西北一角"。雷允恭被杖死。钻探出此处墓圹，与史籍所记"皇堂为允恭擅移向东南二十步"相合。

[2]　参见《北宋皇陵》第 137 页。

[3]　参见《北宋皇陵》第 256 页。

[4]　参见《北宋皇陵》第 166 页。

[5]　参见《北宋皇陵》第 453 页。

[6]　参见《北宋皇陵》第 198、199 页，第 200 页图一七八。

[7]　熙陵、高后陵皇堂结构，参见《北宋皇陵》第 458、459 页。

[8]　参见《北宋皇陵》第 506 页，附录一，1。

《礼三十三》之二五、四五记载，二后陵皇堂下深 69 尺，填筑 6 尺（明用 63 尺，原文 36 尺，误），石地宫深 1 丈，明高二丈一尺。以此证之，裕陵和泰陵亦应采用石地宫。上述情况表明，北宋帝后陵皇堂从砖结构过渡到石结构约始于永定陵和永昭陵，永厚陵及其以后则形成较规范的石结构。

（三）皇堂从砖结构转为石结构后所引起的主要变化

《宋史》卷一二二《礼志二十五》记载，熙陵"皇堂深百尺，方广八十尺"（分别合 32 米、25.6 米）；定陵"皇堂之制，深八十一尺，方百四十尺"（分别合 25.92 米、44.8 米）。两者的差异，应与永定陵皇堂向石结构转化有关。《宋朝事实》卷十三记载，永厚陵"皇堂方三丈，深二丈三尺"，"自平地至深六十三尺"（63 尺约合 20.06 米），这个变化应与永厚陵改用石椁有关。看来帝陵皇堂由深变浅，规模由大变小的较大转折应在永厚陵之时。

《宋史》卷一二二《礼志二十五》、卷一二三《礼志二十六》记载，祔葬安陵的孝惠贺后、孝明王后，祔葬昌陵的孝章宋后，祔葬定陵的章惠杨后的皇堂深均 45 尺（约合 14.4 米），与元德李后皇堂深 15 米基本相合。祔葬定陵的章献明素刘后陵皇堂深 57 尺，自此临朝听政诸后山陵皇堂深度加深。而向后和朱后陵，由于皇堂内建地宫，又使皇堂加深至 69 尺，明用 63 尺。

据前述墓道钻探资料，墓道均在陵台前中线上，墓道长者起于南神门之外，短者墓道口在南神门内宫人之北。其中定陵墓道长 135 米（约合 422 尺）、昭陵墓道长 127 米（约合 397 尺）、泰陵墓道长 76 米（约合 238 尺）。《宋朝事实》卷十三记载，厚陵鹿巷（甬道）长 83 尺（约 26.56 米），隧道（墓道）长 470 尺（约 150.4 米），其总长 553 尺，约合 176.86 米。上述情况表明，厚陵之前墓道很长，而厚陵墓道更长则似与其采用石椁有关，即将石椁运至皇堂，墓道坡度当缓，故墓道加长。泰陵墓道短又可能与采用石地宫有关。后陵皇堂资料少，有迹象表明元德李后陵之后墓道加长，后陵改为石地宫之后墓道又可能缩短。

前已指出，元德李后陵平面圆形，穹庐顶，其上堆土夯筑陵台。熙陵皇堂方形，下方上尖（穹顶），顶绘天象图，其下绘宫殿楼阁[1]。其后大致以定陵、昭陵为界，此前为穹顶，以后则石壁架木覆石为顶。

除上所述，《宋史》卷一二二《礼志二十五》、《宋会要辑稿》第二五册《礼二九》之二〇、二一，第二九册《礼三三》之二四，还记载了安陵、定陵和钦圣宪肃向后陵的随葬品（法物）概况。《宋朝事实》卷十三，以及前述法物中还涉及明器（即冥器，或称盟器）神煞问题。《宋会要辑稿》第二五册《礼二九》之二五，记载乾兴元年"内降镇墓法，五精石镇墓法"，第三一册《礼三七》之一二记载元丰四年详定"镇土事"等。凡此，均不赘述[2]。

---

〔1〕　参见《北宋皇陵》第 458 页。

〔2〕　参见孟凡人《宋代至清代帝陵形制布局研究》第一章第五节，中国社会科学出版社 2021 年版。

第四节 调查所见下宫的形制

下宫又称寝宫，北宋帝陵下宫置于上宫的西北部，其中安、昌、熙三陵下宫位于上宫西北，祔葬的后陵之南；永定陵以下五陵下宫则后移于祔葬的后陵之北。下宫为供奉陵主灵魂和日常起居之所，置殿陈设陵主御容衣冠，守陵宫人朝暮上食，四时祭享，驻卫兵护奉。同时下宫也是大行皇帝下葬前灵驾（棺车）及仪仗临时停顿之所，以候吉日吉时发赴葬地。皇帝上陵祭祖还有下宫之祭，所以下宫是北宋帝陵的重要组成部分。诸帝陵下宫大都残存南神门狮，地面遗迹多已无存。下面根据考古调查钻探、试掘资料结合文献记载，略作介绍。

一 永昭陵下宫钻探试掘概说[1]

1986 年 6—8 月，曾对永昭陵下宫遗址进行调查、钻探和试掘。下宫在永昭陵上宫北335 米，慈圣光献曹后陵北神外约 90 米处。地面仅存一对南门狮，余者遗迹无存。经钻探，除下宫北墙基外，其余三面均见残墙基，下宫平面呈长方形，南北长约 163 米，东西宽约 130 米，方向 185°。钻探出来的形制，如图 9-4-1 所示。

经考古钻探，东墙中间 61 米长一段墙基明显，宽约 4.5 米。西墙南端 77 米一段有明显砖基界线，其中长 25 米、宽 2 米墙基尚可见三竖一横砌砖。南神门狮间距 9.3 米，其南 1.5 米处发现二方上马石，间距 13 米。门狮北 10 米余有三块青石块，西侧两块 1 米见方，南北对置，相距 2 米；东侧石块呈"L"形，边长 1 米，距西侧石块 7 米。残存三块青石处，似为宫门遗址。

在宫内中轴线上，从南神门狮向北约百米发现一东西长 25 米，南北宽 11 米的夯土殿基，夯土厚 1.3 米左右，夯层下垫石渣层。在台基中间偏北和近东南角处各发现一方青石柱础，在夯土台基石渣层也发现柱础。台基南约 9 米，深 1.8 米处发现一 2.5×2 米的青石板，或是殿前踏步石。

上述殿基之北 14 米，发现第二座殿基。殿基东西长 20 米，南北宽 10 米，夯土坚硬，台基厚 1.7 米，夯层下垫河卵石。台基东端和南侧偏西处发现五方 1 米见方的青石柱础。殿基南 4 米处两侧，有砖铺地面残迹，铺砖残迹东西间距 13.5 米，此处似连接南北殿基的柱廊残迹。总的来看，南北殿基总体平面呈"工"字形。

上述二殿基东西两侧各与南北向夯土台基相连。东侧台基南北残长 67.5 米，宽 9.5米，北部与南部殿基相连处宽 17 米。西侧台基南北残长 111 米，宽 10—36 米不等。台基南端东折，与东侧夯土台基南端相呼应，如此在殿基之南则形成庭院。而东西两侧南北向夯土台基，似为殿基两侧东西廊庑基址。廊庑基址与东西宫墙之间，发现有不规则的夯土

---

〔1〕 傅永魁、刘洪淼：《河南巩县宋永昭陵区的考察》，《考古学集刊》第 8 集，科学出版社 1994 年版。

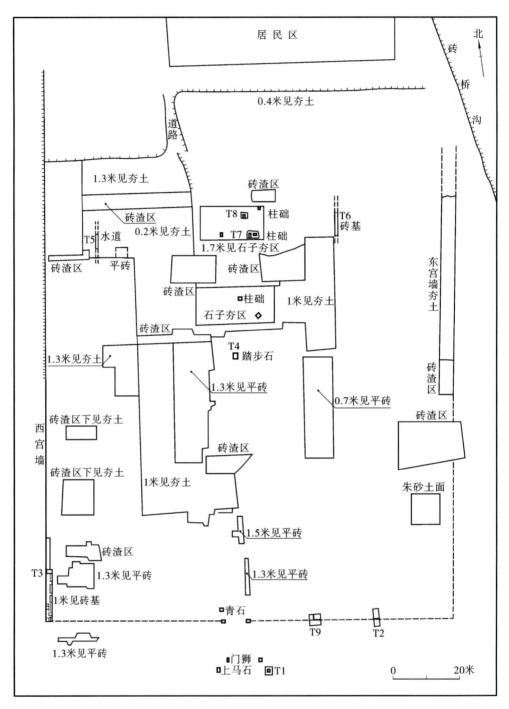

图 9-4-1　北宋帝陵永昭陵下宫钻探平面图

（采自《考古学集刊》第 8 集，科学出版社 1994 年版，第 149 页）

区、砖瓦区、平铺砖地面等残迹，上述区域应是下宫东西两侧院之所在。

此外，宫门内中轴线上向北 7 米，又往北 4.5 米处，均发现铺砖道路残迹。

在南宫门东，东距东神墙 20 米处开探方（T9），发现方砖铺地、散水和砖墙基。该探方向东开探方（T2），清理出宫墙一段，长约 2 米，残宽约 0.57 米，残高 0.3 米，墙外有方砖散水坡。在宫内西北角距北崖线 22.5 米，距西宫墙 17 半处开探方（T5），清理出地下水道。水道残长 2 米余，小砖砌壁，平砖铺底，横顺砖砌水道盖。水道为 0.2×0.2 米，南高北低的地下水道。宫门狮南 1.5 米处开探方，清理出完整上马石一件。

试掘所出遗物，除前已提到的上马石、柱础外，还有万字勾栏栏板[1]，瓦当、羽人残件、吻兽残件、铭文瓦片（正面有阴文"范文""张玉"字样），三彩枕片，木雕龙头、透雕铜饰和铜钱（锈蚀）等。

二 下宫的形制

《宋朝事实》卷十三记载："英宗梓宫至永厚陵，馆于席屋。从韩公下视，宫有正殿，置龙辂，后置御座。影殿置御容，东幄卧祉帛，后置御衣数事。斋殿旁，皆守陵宫人所居；其东有浣濯院，有南厨、厨南陵使廨舍，殿西副使廨舍……灵驾至，仪仗转趣园西殿中。"正殿为皇帝拜谒诸陵时"下宫备膳馐，内臣执事，百官陪位"之"行事"所在。前述南部殿基即为正殿遗址，后面殿基则为影殿遗址。《政和五礼新仪》卷十"奏告诸陵下宫"陈设条说："又设告官席位于阶东，陪位官席位又于其南，并西向，北上设太祝位于庭中之南。"所谓庭就是前述殿基南之庭院，即供百官列位拜祝之用的院庭。下宫遗迹无存，目前研究较少。有的学者根据前述记载，并结合有关文献，曾对下宫作出平面复原示意图（图 9–1–7），可供参考[2]。

第五节 北宋帝陵石雕

一 北宋帝陵石雕概说

（一）种类与数量

北宋帝陵是宋代石雕的宝库，数量巨大。但是，北宋灭亡后，北宋帝陵屡遭劫难，石雕被破坏和流失者较多，已难精确统计宋陵石雕数量。此处所言石雕，以石像生为主，还包括上马石、柱础等各种有纹饰的雕刻构件。《北宋皇陵》一书，在实地调查基础上，最新的统计为帝陵现存石像生 395 件，另有上马石 12 件，其中残缺不全者 33 件；后陵现存石像生 336 件，其中残缺不全者 51 件。陪葬墓尚存石像生 69 件，其中残缺不全者 19 件。

---

[1] 《宋会要辑稿·礼三七》之三〇记载：大中祥符五年十月，三陵副使言："山门、角阙、乳台、鹊台勾栏损腐，宜用柏木制换，帝以用木为之不久，命悉以砖代之。"

[2] 冯继仁：《北宋皇陵建筑构成分析》，载北京大学考古系编《考古学研究》（二），北京大学出版社 1994 年版。

此外，书中还收集帝陵碑刻少许，统计的墓志 75 方，墓记碑 41 通（少数已散失），仅上所述总数已近千件（928 件）。

北宋帝陵的石雕，数量、组合和规制较明确者，只有帝后陵的石像生及相关的上马石等。帝陵上宫石雕永昭陵之前（永安陵除外）完整者均为 60 件[1]，其中神道石像生 46 件，从南向北依次为望柱 2、象 2、驯象人 2、瑞禽石屏 2、角端 2、马 4、控马官 8、虎 4、羊 4、客使 6、武官 4、文官 4、武士 2 件。若加上南神门外上马石二则为 48 件。此外，南神门内和陵台前各有两身宫人，宫城四神门外各置一对石狮，加在一起共 60 件。帝陵下宫南神门外置一对石狮，与前述相加为 62 件[2]。自仁宗永昭陵以下，又在下宫南神门外加置一对上马石[3]，这样帝陵石雕总数又达 64 件。后陵石雕总数为 30 件，尺寸也较帝陵变小。

帝后陵石像生的结构，可分为像体、连座、底座和土衬四大部分。其中望柱两层石座，上马石为单层石座，余者均三层石座。上层石座与像体连为一体，故暂称连座。中间和下层石座可称底座和土衬。像体与连座中部往往有方形卯榫，使两者稳固结合。连座和底座表面磨光。土衬石当时埋入地下，其四侧面保留粗加工时的凿痕。石像生所用石材，均取自今偃师市大口镇白窑村"粟子岭"采石场。

（二）雕镌技法[4]

《营造法式·石作制度》规定，对石料有六道加工工序。即"一曰打剥——用錾揭剥高处"，用錾子凿去石面上的突起部分。"二曰粗搏——稀布錾凿，令深浅齐均"，用錾凿粗凿石面，去掉凹凸不平之处。"三曰细漉——密布錾凿，渐令就平"，进一步细加工，使石面平整。"四曰褊棱——用褊錾镌棱角，令四边周正"；"五曰斫作——用斧刃斫作，令面平正"，"如素平及减地平钑三遍，然后磨礲；压地隐起两遍，剔地起突一遍"。"六曰磨礲——用沙石水磨，去其斫文"，使石面平整光滑，至此雕刻前的成型加工告成。然后，《营造法式》又说"并随所用描华文"，"磨礲毕，先用墨蜡，后描华文钑造"。从"粟子岭"采石场发现的情况判断，其上述六道工序当在采石场完成，"描华文钑造"的半成品亦主要在采石场完成[5]，运到陵区后才正式雕刻细部，完成作品。在永定陵下宫出土两件柱础，形制大小相近，一件雕刻精细完整，另一件则粗糙尚未完工，即是上述情况的反映。

关于雕镌技法，宋陵主要石雕的形体为圆雕，其细部雕镌《营造法式·雕镌制度》记载有四种。一是"剔地起突"，即雕刻部位或纹饰在石面上突起较高，雕刻的最高点参差

〔1〕　（宋）李攸：《宋朝事实》卷十三，中华书局 1957 年版。

〔2〕　参见《北宋皇陵》第 454 页。

〔3〕　郭湖生、戚德耀、李容淦：《河南巩县宋陵调查》，《考古》1964 年第 11 期。

〔4〕　雕镌技法以下部分，主要参考张广立《宋陵石雕纹饰与〈营造法式〉的"石作制度"》一文，载《中国考古学研究》二，科学出版社 1986 年版。

〔5〕　中国社会科学院考古研究所洛阳汉魏故城考古队、偃师县文物管理委员会：《河南巩县宋陵采石场调查记》，《考古》1984 年第 11 期。

错落，不在一个平面上。雕刻的各部位或突起，或重叠交错，或透雕，有空间感和立体感。这种方法现代称为高浮雕或半圆雕。北宋帝陵人物和动物的局部表现形式，望柱柱础和柱顶的宝装莲花，仰覆莲、联珠纹、摩尼珠纹；雕龙的上马石，石像生的带形边饰等均采用此种雕镂手法。瑞禽石屏则是"剔地起突"技法的代表作。

二是"压地隐起"，此法相当于现代的浅浮雕。雕刻纹饰突起较低，各部位最高点不超过边框的高度或与装饰面轮廓线大体平齐。北宋帝陵石像生局部构件的纹饰和边饰，常用这种方法雕刻出各种深浅相差少许，互相重叠穿插，有一定深度感，隐起圆润的立体花纹。如永熙、永厚陵象背鞯褥上的怪兽纹（图9-5-1，1）和小熊纹[1]，两陵武士绣抱肚（捍腰）上的卷云狮兽纹和云鹤纹等（图9-5-1，3）[2]。

三是"减地平钑"，相当于现代的平雕或平浮雕。其特点是凹、凸的雕刻面都是平的，且两个雕刻面各自处在不同高度的平面上。此法可派生出丰富的变体，如将"地"斫砟成小麻点或带状纹，有的在凸起面的纹饰上加刻阴线纹，有的将装饰面各部位的纹饰外轮廓线均刻成如剪影般的棱角，突出立体感，故又称"剪影式"凸雕。如北宋帝陵望柱柱身和底座的纹饰，多采用以刀笔在纹饰上加刻阴线的"剪影式"凸雕方法。形成阴影整齐而有规律，明暗效果显著而又简练的特殊风格。又如永熙、永昭、永厚、永裕、永泰陵等石像生的纹饰，均以近似线雕的方法雕成，即在由地纹衬托出的主纹的外轮廓线周围，向主纹所在方向以斜坡状刀法，钑去地子，以清晰突出主纹。这种雕法似有若无，粗看像线刻图，细看才知是减地平钑的一种。

四是"素平"，相当于现代的线雕。其特点为饰物表面平滑，无大的起伏，上面雕有粗细相等、深浅一致的，或粗细不等、深浅不一的阴纹。阴纹线条类似绘画中的铁线描，纹饰即由这些线刻组成，是一种介于绘画与雕刻之间的雕刻形式。其效果类似绘画中的白描，素雅恬淡。如永熙陵上马石东、西侧的缠枝牡丹和翼马[3]，望柱基部的团龙、团凤（图9-5-1，2、4）[4]，明德李后陵石香炉外壁的忍冬纹边饰及宝相莲瓣等[5]。

总之，北宋帝陵的石像生，人物和动物的体部以圆雕为主，各局部纹样则根据部位和需要以上述之一种方法为主，或两种或多种方法相互配合雕刻而成，其雕刻技法已相当纯熟。

（三）主要纹饰题材

宋陵石雕的纹饰题材，大体而言，主纹有龙、凤、珍禽、瑞兽、怪兽、人物，各种宝相花和各种牡丹花等。地纹有水浪、宝山、花卉和各种云纹等。角饰有宝相花、折枝牡丹、小

〔1〕　参见《北宋皇陵》第67页图四六之1，第179页图一五八；《宋陵石雕纹饰与〈营造法式〉的"石作制度"》图八。

〔2〕　参见《北宋皇陵》第80页图六二，第153页图一三一、第154页图一三二；张广立《宋陵石雕纹饰与〈营造法式〉的"石作制度"》图四。

〔3〕　参见《北宋皇陵》第81页，第86页图六九。

〔4〕　参见张广立《宋陵石雕纹饰与〈营造法式〉的"石作制度"》图九。

〔5〕　参见《北宋皇陵》第91页，第99页图八三。

云纹等。边饰有忍冬、蕙草、缠枝牡丹、宝相花、宝山、云纹和条带纹等。宋陵石雕纹饰凡主纹简素者，边饰多华丽；反之主纹华丽者，边饰则多简单。《营造法式·石作制度》规定："其所造花文制度有十一品：一曰海石榴花，二曰宝相花，三曰牡丹花，四曰蕙草，五曰云纹，六曰水浪，八曰宝阶（原注曰：'以上并通用'），九曰铺地莲花，十曰仰覆莲花，十一曰宝装莲花（原注曰'以上并施之于柱础'）。或于花文之内，间以龙、凤、狮、兽及化生之类者，随其所宜，分布用之。"上述题材在宋陵石雕纹饰中均多有反映，看来宋陵石雕纹饰与《营造法式》的华文制度的规定是有密切关系的。宋陵石雕纹饰主要表现在望柱、象、上马石及一些石像生的连座和底座上，现将其主要纹饰题材简述如下。

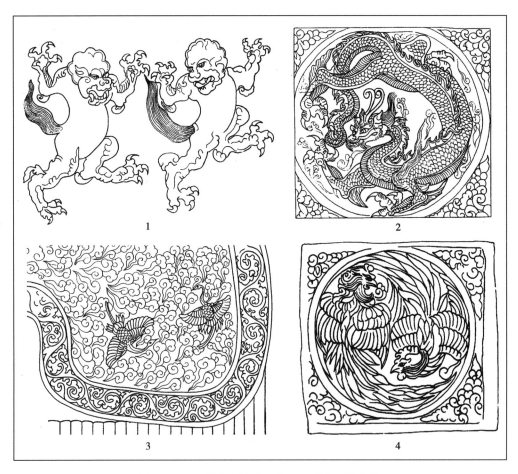

图 9-5-1　北宋帝陵永熙陵、永昭陵石雕纹饰

1. 永熙陵象背鞯褥上的怪兽纹　2. 永熙陵望柱基部的团龙纹　3. 永昭陵武士后甲右侧云鹤纹　4. 永熙陵望柱基部的双凤纹（团凤纹）

（引自张广立《宋陵石雕纹饰与〈营造法式〉的"石作制度"》，《中国考古学研究》二，科学出版社 1986 年版）

北宋帝陵石雕纹饰以龙纹为主要题材，集中表现在各陵的望柱上。如永昌陵望柱，八个棱面花纹皆平浮雕（"减地平钑"），各面纹饰题材分三组。第一组四个棱面雕刻云龙纹，其

中两面为一构图单元。每单元有两条龙，龙三爪、双角、鳞身、长尾，下面为一条向上的攀龙，上面一龙回首观望（图9－5－2，2）[1]。永熙陵望柱八个棱面，每一棱面为一构图单元，皆以缠枝海石榴花作地纹，每隔一个棱面雕刻两条攀龙。龙三爪，长唇直角，鳞身蛇尾（图9－5－2，1）[2]。望柱基部刻团龙纹，龙齐唇卷角（图9－5－1，2）[3]。永昭陵望柱八个棱面为一完整构图单元，以卷云纹为地，主纹为张口、长唇、舌在獠牙间上扬，三爪的飞龙。保存较好的三个棱面上刻三身完整的龙纹，下面的两龙身向下，龙尾向上，龙首昂起，长鬣在双角之后飘动（图9－5－3，1）[4]；上面一龙头上尾下；柱基壶门内刻折枝牡丹或折枝菊花。永厚陵望柱八个棱面为一完整构图单元，现在保存的三个棱面于卷云地纹上刻三身完整的龙，龙首分别向上或向下，有三爪五爪之别，非常生动（图9－5－3，2、3）[5]。永裕陵望柱每面为一构图单元，地纹为繁缛硕大的宝相缠枝牡丹花，主纹为三身头上尾下的攀龙（上面二龙一足四爪，一足三爪）（图9－5－4，1、2）[6]。除望柱外，永熙、永裕、永泰陵上马石也雕龙纹[7]。永昭陵柱础上雕龙水纹，侧面雕宝山纹和海涛纹（图9－5－4，3）[8]。

风纹少于龙纹，亦主要雕于望柱上，造型较优美。如永昌陵望柱的云凤纹（图9－5－5，1）[9]，永熙陵望柱八个棱面间隔雕双攀龙纹和双翔凤纹，望柱基部亦间隔雕团凤纹（图9－5－1，4）[10]。永定陵与永熙陵大同小异，其区别一是永定陵望柱基部雕单凤，下面加一条横忍冬纹带，永熙陵则为双凤纹无忍冬纹带；其二永熙陵望柱棱面上雕攀龙纹，基部雕团凤纹，若棱面雕翔凤纹，基部则雕团龙纹[11]。永定陵望柱棱面雕翔凤纹，基部雕团龙纹；棱面雕攀龙纹，基部雕凤纹。此外，永熙陵祔葬的两李后陵亦雕凤纹（尾呈梭状树叶形）[12]。

珍禽瑞兽纹，以各帝陵的瑞禽石屏雕刻的最精彩。其他如永熙陵上马石一侧雕翼马[13]、

［1］　参见《北宋皇陵》第36页图一七，第37页图一八；张广立《宋陵石雕纹饰与〈营造法式〉的"石作制度"》图七之1。

［2］　参见张广立《宋陵石雕纹饰与〈营造法式〉的"石作制度"》图九，1。

［3］　参见张广立《宋陵石雕纹饰与〈营造法式〉的"石作制度"》图九，2。

［4］　参见《北宋皇陵》第137页，第139—141页图一一七、一一八、一一九；张广立《宋陵石雕纹饰与〈营造法式〉的"石作制度"》，图一〇。

［5］　参见《北宋皇陵》，第173—174页文，第176—178页图一五四、一五五、一五六；张广立《宋陵石雕纹饰与〈营造法式〉的"石作制度"》图一一。

［6］　参见《北宋皇陵》第209页文，第212—214页图一九〇、一九一、一九二；张广立《宋陵石雕纹饰与〈营造法式〉的"石作制度"》第264页文，图一二。

［7］　参见《北宋皇陵》第87页图七〇；第224页文，第227—231图二〇五、二〇六、二〇七、二〇八、二一〇；第245页文，第247—248页图二二四、二二五，第250页图二二七、二二八；第271—272页文，第273页图二五〇，第274页图二五一，第276页图二五三、二五四。

［8］　参见张广立《宋陵石雕纹饰与〈营造法式〉的"石作制度"》图一三。

［9］　参见《北宋皇陵》第35页文；张广立《宋陵石雕纹饰与〈营造法式〉的"石作制度"》图七，2。

［10］　参见《北宋皇陵》第58页文；张广立《宋陵石雕纹饰与〈营造法式〉的"石作制度"》图九。

［11］　参见《北宋皇陵》第107页；张广立《宋陵石雕纹饰与〈营造法式〉的"石作制度"》第258—262页文。

［12］　参见《北宋皇陵》第89、91页，图七六—七九拓本漫漶。

［13］　参见《北宋皇陵》第81页，第86页图六九。

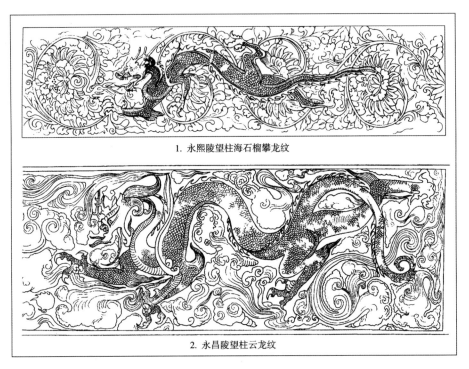

1. 永熙陵望柱海石榴攀龙纹

2. 永昌陵望柱云龙纹

图 9-5-2　北宋帝陵永熙陵、永昌陵望柱纹饰

（引自张广立《宋陵石雕纹饰与〈营造法式〉的"石作制度"》,《中国考古学研究》二，科学出版社 1986 年版）

1　　　　　　　　　2　　　　　　　　　3

图 9-5-3　北宋帝陵望柱龙纹

1. 永昭陵望柱云龙纹　2.3. 永厚陵望柱的两个云龙纹

（引自张广立《宋陵石雕纹饰与〈营造法式〉的"石作制度"》,《中国考古学研究》二，科学出版社 1986 年版）

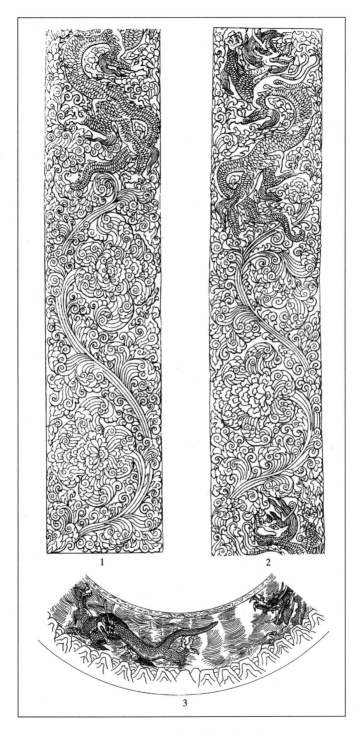

图 9 - 5 - 4 北宋帝陵望柱及柱础龙纹
1. 2. 永裕陵望柱的缠枝宝相牡丹攀龙纹 3. 永昭陵柱础的龙水纹
（引自张广立《宋陵石雕纹饰与〈营造法式〉的"石作制度"》，《中国考古学研究》二，科学出版社 1986 年版）

象背鞯褥上雕怪兽（见前述）、武士抱肚上雕狮兽纹[1]、元德李后陵望柱基部雕奔鹿[2]。永定陵像底座正面缠枝牡丹花中雕一对瑞兽（身似鹿，头顶肉芝）（图9-5-5，2）[3]，永厚陵像背鞯褥上雕小熊（见前述）等。此外，永熙陵武士后背革带的带銙上雕形态各异的人物形象[4]。

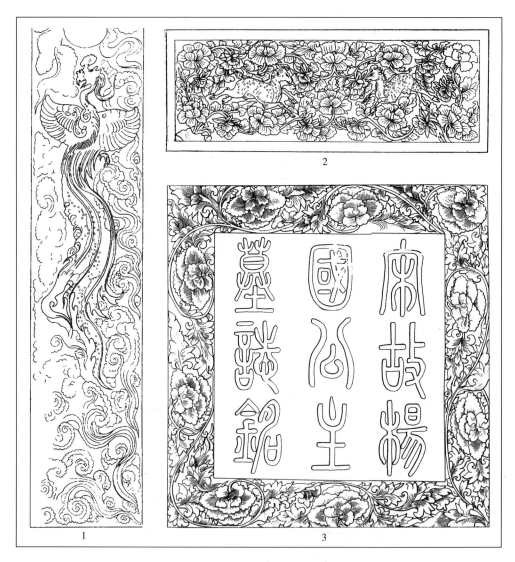

图9-5-5　北宋帝陵石雕纹饰

1. 永昌陵望柱的云凤纹　2. 永定陵像座正面缠枝牡丹瑞兽纹　3. 永泰陵宋故杨国公主墓志铭盖

（引自张广立《宋陵石雕纹饰与〈营造法式〉的"石作制度"》，《中国考古学研究》二，科学出版社1986年版）

[1]　参见《北宋皇陵》第75页，第81页图六三、第80页图六二、第83页图六五。
[2]　参见《北宋皇陵》第89页。
[3]　参见张广立《宋陵石雕纹饰与〈营造法式〉的"石作制度"》图一四，1。
[4]　参见《北宋皇陵》第75页，第80页图六一。

　　宋人喜爱牡丹，故宋陵中牡丹花纹较多。可分缠枝牡丹、折枝牡丹、宝相牡丹等数种，其构图均较灵活。如永熙上马石东西两侧面雕缠枝牡丹[1]，永熙陵象底座四面雕缠枝牡丹[2]，永定陵东列石象座正面雕缠枝牡丹[3]。缠枝牡丹有的是一条缠枝，一缠到底。如永泰陵的宋故杨国公主墓志铭盖的边饰，左下方生出一枝，依次向上、向左、向下、向右蔓延，直至首尾相接（图9-5-5，3）[4]。有的是两条、三条或四条分别缠绕。如永定陵象底座上的牡丹左右各生出两枝，以基本对称的图形，分别向中间缠绕（图9-5-5，2）[5]。折枝牡丹，如永裕陵望柱基部壶门内雕有折枝牡丹[6]，永裕陵上马石四角以压地隐起法雕四朵折枝牡丹（图9-5-6，1）[7]。在宋修奉园陵记碑座的三面，莲瓣壶门内雕牡丹纹（图9-5-8，5）。宝相牡丹下文有说。

　　宝相花的特点是将某些自然形态的花朵，进行综合性艺术处理，使之更加丰满壮实，璀璨繁丽，是我国较普遍使用的一种传统纹样。宝相花的种类较多，在宋陵中有数种。其一，宝相海石榴花，如永昌陵望柱基部雕宝相海石榴花（图9-5-7，1）[8]，永定陵望柱上则以缠枝海石榴花作地纹[9]。其二，宝相花，如永昌陵望柱基部宝相花（图9-5-7，3），永昭陵下宫出土柱础四角雕四朵不同的宝相花（图9-5-6，2）[10]，曹后陵望柱上雕有缠枝宝相花（图9-5-8，1、2）[11]。其三，宝相牡丹花，如永昭陵望柱基部雕有宝相牡丹（图9-5-7，5）[12]，永厚陵祔葬的高后陵望柱上雕宝相牡丹[13]，永裕、永泰陵望柱上雕有宝相缠枝牡丹花等[14]。其四，宝相莲花，如永昌陵望柱基部宝相莲花（图9-5-7，2）[15]。其五，宝相菊花，如永昭陵望柱基部的宝相菊花（图9-5-7，4）[16]；永厚陵望柱基部宝相菊花（图9-5-8，4），昭陵祔葬曹后陵望柱基部宝相菊花等（图9-5-8，6）[17]。

〔1〕　参见《北宋皇陵》第81页。
〔2〕　参见《北宋皇陵》第58页。
〔3〕　参见《北宋皇陵》第107页，文中称"缠枝花卉"；张广立《宋陵石雕纹饰与〈营造法式〉的"石作制度"》称缠枝牡丹。
〔4〕　参见张广立《宋陵石雕纹饰与〈营造法式〉的"石作制度"》图一五。
〔5〕　张广立：《宋陵石雕纹饰与〈营造法式〉的"石作制度"》图一四，1。
〔6〕　参见《北宋皇陵》第209页，第215页图一九三。
〔7〕　参见《北宋皇陵》第224页，第228—230页图二〇六、二〇七、二〇八；张广立《宋陵石雕纹饰与〈营造法式〉的"石作制度"》图三，2。
〔8〕　参见《北宋皇陵》第35页文；张广立《宋陵石雕纹饰与〈营造法式〉的"石作制度"》图二，1。
〔9〕　参见张广立《宋陵石雕纹饰与〈营造法式〉的"石作制度"》，《北宋皇陵》第107页称"缠枝宝相花"。
〔10〕　参见张广立《宋陵石雕纹饰与〈营造法式〉的"石作制度"》图三，1。
〔11〕　参见张广立《宋陵石雕纹饰与〈营造法式〉的"石作制度"》图一。
〔12〕　参见张广立《宋陵石雕纹饰与〈营造法式〉的"石作制度"》图二，5。
〔13〕　参见张广立《宋陵石雕纹饰与〈营造法式〉的"石作制度"》图一六。
〔14〕　参见《北宋皇陵》第209、256页。
〔15〕　参见张广立《宋陵石雕纹饰与〈营造法式〉的"石作制度"》图二，2；《北宋皇陵》第35页只提到望柱柱础"刻宝相牡丹和海石榴花纹图案"。
〔16〕　参见张广立《宋陵石雕纹饰与〈营造法式〉的"石作制度"》图二，4；《北宋皇陵》第137页称"折枝菊花"。
〔17〕　参见张广立《宋陵石雕纹饰与〈营造法式〉的"石作制度"》第278页图一九；《北宋皇陵》第174页称永厚陵望柱基部花卉为折枝菊花或折枝牡丹，第166页曹后陵望柱基部花卉称缠枝牡丹或缠枝菊花。

　　各陵望柱基座雕刻宝装莲花，望柱柱头多雕仰覆莲花纹。此外，还有铺地莲花。云纹较多，有些前面已经提到，不赘述。另外还有蕙草纹（图9-5-6，3、4)[1]、水波纹和宝山纹等[2]。除上所述，个别石人像还见有着色痕迹[3]。

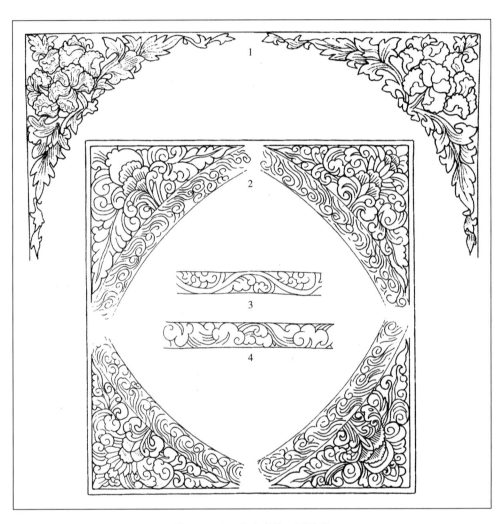

图 9-5-6　北宋帝陵石雕纹饰
1. 永裕陵上马石的折枝牡丹角纹　2. 永昭陵柱础的宝相花角纹　3.4. 宋陵墓志的蕙草边饰
（引自张广立《宋陵石雕纹饰与〈营造法式〉的“石作制度”》，《中国考古学研究》二，科学出版社1986年版）

---

〔1〕　参见张广立《宋陵石雕纹饰与〈营造法式〉的“石作制度”》图三之3、4。

〔2〕　参见张广立《宋陵石雕纹饰与〈营造法式〉的“石作制度”》图一三。

〔3〕　《河南巩县宋陵调查》说："在永厚陵石人像上残留有朱红及石绿等色彩，可能石人物原皆曾着色。"

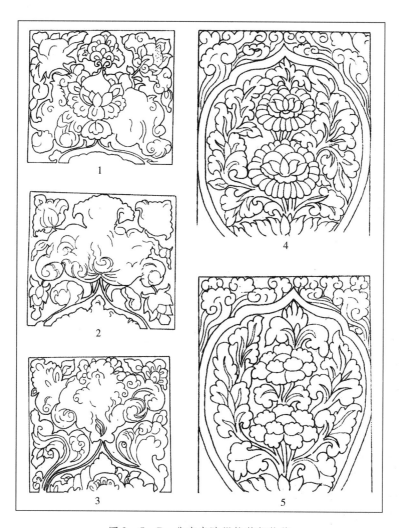

图 9 - 5 - 7　北宋帝陵望柱基部纹饰

1. 永昌陵望柱基部的海石榴花　2. 永昌陵望柱基部的宝相莲花　3. 永昌陵望柱基部的宝相花　4. 永昭陵望柱基部的宝相菊花　5. 永昭陵望柱基部的宝相牡丹

（引自张广立《宋陵石雕纹饰与〈营造法式〉的"石作制度"》，《中国考古学研究》二，科学出版社 1986 年版）

图 9 - 5 - 8　北宋帝陵石雕纹饰

1.2. 仁宗曹后陵望柱的缠枝宝相花　3. 英宗高后陵望柱的缠枝宝相牡丹　4. 永厚陵望柱基部的宝相菊花　5. 宋奉修园陵记碑座侧面莲瓣壶门的牡丹纹　6. 仁宗曹后陵望柱基部的宝相菊花

（引自张广立《宋陵石雕纹饰与〈营造法式〉的"石作制度"》,《中国考古学研究》二,科学出版社 1986 年版)

二　北宋帝陵石像生的艺术特色

（一）帝陵石像生是从属于陵寝规制的独立石雕艺术体系

帝陵石像生及其雕镌艺术是帝陵的主要构成要素之一，自其产生之日起，就是与帝陵共生、共存、共荣的一种特殊的石雕艺术。因此，石像生的题材构成模式，石像生的艺术表现形式和特点受帝陵性质强力制约。首先，帝陵石像生必须绝对服从帝王的灵魂观念，丧葬礼仪和宗法秩序。所以帝陵石像生强调造型庄重、内涵准确，要求石像生的造型、装饰和表现手法体现的理念必须完全符合帝陵这个主题，必须与帝陵的庄严、肃穆、沉郁和神秘的氛围协调一致，并重在烘托此种氛围。故帝陵石像生不仅要形似，更要神似之中的深厚底蕴。其次，帝陵石像生必须服从帝陵整体布局的需要。因此，帝陵石像生必须按照要求逐步规范化，题材构成程式化，其造型、规格、姿态、数目、配列有定，使之完全被控制在程序化、模式化的框架之内。此外，帝陵石像生均置于空旷的原野上，属于大地艺术范畴。这种特定的场所就要求帝陵石像生必须达到远视效果与近前仰视效果，以及石像生群与周围景观、所在部位和场景的协调统一。因此，帝陵石像生必须突出组合阵容的宏大，突出配置的对称和错落有致的序列，突出石像生个体的体量，突出石像生轮廓的准确、简洁和概括，突出雕刻线条的表现力，突出石像生不同部位不同题材的特点。这样就要求雕刻家和雕刻工匠在特定的框架和限定的时间内，运用各种雕刻技法和表现手法，在整体和细部上做相应的艺术处理，从而又为帝陵石像生艺术的发展提供了一定的创作空间。上述情况，是帝陵石像生艺术与宫苑和一般世俗石雕艺术的相异之处。由此而形成的帝陵石像生艺术的独特理念、表现手法、审美取向和艺术标准，使帝陵石像生发展成为独立的石雕艺术体系。北宋帝陵石像生雕镌艺术，正是沿着上述规则和轨迹发展到空前的高度。

（二）北宋帝陵石像生雕镌艺术的特色[1]

帝陵石像生在唐陵已初步形成较完整的序列和体系，北宋帝陵石像生在此基础上，又有新的重要发展。唐陵石像生浑厚、雄壮、豪迈，注意大的形体关系，不拘于局部细微变化，讲求结构、线条，注重体量，追求阳刚之美，用总体的动态设计表现出宏大的气魄和健美的神韵。就此而言，北宋帝陵石像生远逊于唐陵石像生。但是，北宋帝陵石像生根据需要既继承了唐陵石像生的某些优良传统，又勇于开拓创新，形成了具有时代特点的新的艺术风格，将中国帝陵石像生艺术推向更高的发展阶段。北宋帝陵石像生的艺术特色，概言之，大致有以下诸点。

第一，北宋帝陵石像生已经序列化，形成完整的体系。其中特别是神道两侧石像生雕刻，较好地体现出群体和整体美，突出了秩序、韵律与和谐美的艺术效果。

第二，把握石像生整体与局部的关系较到位，重视局部艺术处理与整体艺术效果相辅相成的关系。

第三，石像生构图造型较准确，较注意不同题材不同部位石雕间的尺度和比例关系。

---

[1]　孟凡人：《北宋帝陵石像生研究》，《考古学报》2010 年第 3 期。

第四，石像生镌刻技法较纯熟，刀法洗练，线条准确流畅，表现手法多样、细腻。以不同的视角不同的透视方法，表现不同题材不同部位的石雕，形成较好的视觉效果。

第五，石像生的装饰纹样题材丰富，并与相关的石雕题材融为一体，构图严谨生动，表现力强。

第六，石像生突出了写实风格，各种人物雕像和虎羊等，犹如真实人物和动物的写生；神化的动物也可看到某些动物原型的影子；大量的花卉、纹饰和图案，亦撷取于现实生活中的形象加以变化。

第七，石像生寓动于静，其形象的情和势，神韵和内在气质相融相通，形神兼备，一些精品栩栩如生。

第八，合理运用艺术夸张手法。比如人物加大头部的比例。横立的动物加大身长或身高的比例。以人物而论，若人物头部按人体正常的 7∶1 制作，那么参拜者在狭长的神道中近前仰视，就须用很大的视角才能将全像包括进去，由于视点距头较远，头显得很小。为改变这种强烈的透视视差，当时的雕刻家们自觉或不自觉地应用了透视规律，利用视觉的错觉，将头的比例夸大（北宋帝陵石人像身高与头的比例一般在 4.2—4.8∶1；永熙陵最大，为 3.7—4.1∶1；永裕陵最小，为 5—6.92∶1）。这样在狭长神道中看到的人物就显得比例匀称，视觉舒适，效果和谐。这是北宋帝陵石像生雕镌艺术的重要成就之一。

但是，在前述八点之外，应当指出北宋帝陵为"七月葬期"所限，时间紧迫，加之雕刻工匠众多，技术水平差距很大，所以北宋帝陵石像生优劣不同，即使同一陵内的石像生水平也参差不齐。总体而言，北宋帝陵石像生在造型浑厚、力感强烈、气势雄伟上，与唐陵石像生还有较大的差距，这是北宋帝陵石像生艺术的美中不足和主要的缺憾。

（三）各陵石像生的特点

除上所述，北宋七帝八陵的石像生又各有特点，其情况概述如下[1]。

永安陵。宋初全国尚未统一，石像生无定制。从永安陵和祔葬的后陵残存的石像生来看，石像生瘦小、质朴、不注重细部刻画。残存的马、虎、狮等雕像腹部不透雕，石座不磨光。总的来看，有晚唐五代石像生艺术遗风。

永昌陵。开宝八年宋灭南唐，次年太祖崩。太祖永昌陵石像生奠定了北宋帝陵石像生的规范、序列和体系，宋代石像生艺术特色已露端倪。永昌陵石像生形体大于安陵，但在七陵中其形体仍属最瘦小者。在雕刻技法上，昌陵石像生刀法简练，纹饰疏朗，开写实和注意细部雕刻之先河，石像生连座和底座开始磨光。石像生有凝重感，但缺乏生气，神韵不足，较呆板。

永熙陵。石像生体量加大（在七陵中占第二位），较粗壮浑实。人物雕像头大身粗，服饰质感较强，面部丰腴，突出表情刻划，在静穆肃立之中透出威严和哀戚之情。宫人眉清目秀，表现出女性之美。动物体量较大，轮廓简洁清晰，面部刻划有神有情，富于活力，有动感。石雕刀法细腻，线条流畅，既着力把握整体，又注意精雕细刻；纹饰题材较

---

[1] 参见孟凡人《北宋帝陵石像生研究》，《考古学报》2010 年第 3 期。

多（出现动物纹），富于变化，写实性增强，注意突出神韵。该陵石像生在七陵中雕工最精，石望柱、石羊、武士等均为上乘之作。

永定陵。永定陵石像生是永熙陵石像生的延续和发展，体量小于永熙陵，人物的身材和脸型较永熙陵瘦，表情于呆板中露出哀戚之情。石像生风格与永熙陵相近，但刀法简洁，线条疏朗。

永昭陵。永昭陵石像生在七陵中体量最大，人物雕像高大，有的略显臃肿，脸型较长，表情呆板，衣纹表现力强，可显示出体态的变化。动物雕像体较长，雕像石座均不刻花纹。总的来看，石像生缺乏力度，雕工较糙。

永厚陵。永厚陵石像生体量小于永昭陵，石像生形态较永昭陵发生变化。人物雕像体态修长，面容清瘦，表情含蓄而呆板。动物雕像身长体瘦，有动感（如角端），较注意细部刻画，象和角端可分出雌雄，动物纹饰生动。总的来看，永厚陵石像生在风格上仍有永昭陵遗风。

永裕陵和永泰陵。永裕和永泰陵石像生特点很接近，永裕陵石像生体量大于永厚陵，永泰陵石像生体量小于永厚陵，在七陵中仅略大于永昌陵。二陵石像生在七陵中最为精细，雕刻技法娴熟，形神兼备。动物雕像造型、姿态、细部刻画，神韵和动感的表达俱佳。人物像体态修长、苗条，面相俊秀，五官刻划准确，衣纹与体形相结合；表情各异，着重刻画各种人物的精神状态和风度，生动传神。除瑞禽神兽外，余者突出写实、逼真。永泰陵在细部刻画、写实和表现动感方面更胜永裕陵。二陵石像生与永熙陵石像生相比，缺乏力度、壮健和豪迈气魄。但是，从雕刻技法和表现手法上看，二陵石像生则为宋陵石像生艺术的精彩总结。

综上所述，可指出以下六点。（1）七帝八陵石像生各有特色，各有时代特点。（2）永熙陵石像生是北宋早期三陵（安、昌、熙）的代表作，也是北宋七帝八陵石像生中的精品。（3）永定陵石像生是上承永熙下启永昭的过渡类型。（4）永昭陵石像生在七帝陵中体量最大，雕工糙，缺乏力度，石像生水平远逊于永熙，也不如永定陵。（5）永厚陵与永昭陵埋葬时间仅差4年，永厚陵石像生也有永昭陵遗风，但从石像生体量、人物和动物形态上看，已较永昭陵发生明显变化，其体量和动物形态（如石屏、角端）有向永裕陵过渡之势。（6）永裕陵、永泰陵石像生风格和特点极为接近。在七帝八陵中，二陵的石像生是仅次于永熙陵的精品。

第六节　北宋帝陵陵园形制布局的特点

一　在"五音姓利"主导下的陵园特点

晋代郭璞《葬书》、唐代由吾公裕之《葬经》和僧一行《葬经》，至北宋初仍颇为流行。到仁宗朝时，王洙等又奏敕撰《地理新书》[1]。这是北宋唯一官修的阴阳堪舆术书，

---

[1]　（宋）王洙等：《地理新书》，集文书局影抄金明昌三年本，1985年。

它汇录了前代以来诸多葬俗葬术，对北宋皇室和民间影响很大。因而司马光说："今人葬不厚于古，而拘于阴阳禁忌则甚焉。"[1]其中尤重"岁月"之利和"方位"之吉与否，所以《地理新书》中的"五音姓利"和"昭穆贯鱼葬法"与宋陵的关系最大。其中的"昭穆贯鱼葬法"以及帝后陵各构成部位"据阴阳，用吉尺"等问题，因为迄今仍有许多不明之处，故在此不予涉及[2]。

所谓"五音姓利"，《地理新书》卷一记载，人的姓氏可分为宫、商、角、徵、羽五音，以此分别对应土、金、木、火、水五行，据此以定所需的阴、阳宅应处的风水地理形势[3]。宋室皇帝姓赵为角音，宋代又称"国音"。"东方木，其气生，其音角，其虫苍龙"，即角音对应木行，木主东方，阳气在东。因此，角姓宜选东来之山地，在东山之西作茔域。角姓之地宜"西有江河水，北来南去"[4]，或言

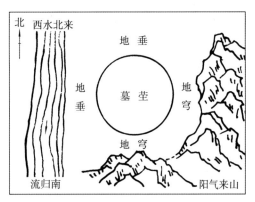

图 9-6-1　角姓木行所利地理形势图
（引自冯继仁《论阴阳勘舆对北宋皇陵的全面影响》，《文物》1994 年第 8 期）

"其水北来西过，流归南是也"。角姓之地势，应是东高西下为最佳，南高北低亦好，即"东高西下为之角地"，"南高北下为之征地，角姓也可居之"。若同时具备这两种地势，则必是西北低垂，东南仰高（图 9-6-1）。《地理新书》卷七又说五音各有五向，角音大利向（最吉）为壬向，安坟坐丙穴；小利向（次吉）为丙向，安坟在壬穴；自如向（再次吉）为庚向，安坟坐甲穴（图 9-6-2）；粗通向（不佳）为乙向；凶败向（最凶）为甲向，后二者属不吉之向，不宜安坟穴。故角姓之穴安在茔地的丙、壬二地为佳，而壬向（丙位）则为最上吉。由于北宋皇室笃信于此，故宋陵的形势和布局产生了许多与前代有别的重要特点。比如：

陵址选在巩县，陵园位于山阴，地势南高北低。宋初太祖曾有迁都洛阳之意，后来洛阳一直是北宋的西京。将宋陵选址在巩县，正在西京之东偏南，符合"国音"有利方位。而巩县"永安诸陵，东南地穸，西北地垂，东南有山，西北无山，角音所利如此。七陵皆在嵩少之北，洛水之南，虽有岗阜，不甚高，互为形势。自永安西坡上观，安、昌、熙三陵在平川，柏林如织，万安山来朝，遥辑嵩少。三陵柏林相接，地如平掌"（具体山川形势和其他因素，见前述陵区"位置与地理环境"）[5]。上述情况正合宋室赵姓的最佳茔域条件。

各陵地面均南高北低。各陵地面均南高北低，从鹊台、乳台，经神道至上宫宫城高度逐渐斜降，陵台则置于全陵低凹处。其中永定陵位于岗地顶部偏西，陵园形势起伏不大，其余诸陵陵园从南向北均有数米至十余米的落差，有的陵陵台顶面甚至不高于鹊台地面。

〔1〕《温国文正司马公文集》卷七一"葬论"篇。
〔2〕参见孟凡人《北宋至清代帝陵形制布局研究》第一章，中国社会科学出版社 2021 年版。
〔3〕（宋）王洙等：《地理新书》卷一"五行定位"篇。
〔4〕（宋）王洙等：《地理新书》卷七"五音利宜"篇"五音地脉"条。
〔5〕（南宋）赵彦卫：《云麓漫钞》卷九，《丛书集成初编》，商务印书馆 1935—1937 年版。

上述按"五音姓利"南高北低说建陵于倒坡地形上，致使从神道鸟瞰上宫，一览无余，毫无气势和深远之感。这种反传统，违背常识的做法，不仅是中国古代帝陵中的孤例，而且在中国古代建筑选址上也极为罕见。为弥补这种严重的缺欠，宋陵的设计采取了从南向北建筑体量逐渐增大加高（如南神门、献殿）、神墙内陵台四周广植松柏，使之成为全陵绿化重点（故称柏城）等措施，以烘托上宫宫城和陵台的尊崇地位。将陵台下面两层包砖，陵台各立面修排水道，来减轻雨水倒灌冲刷，雨潦淤积之弊。

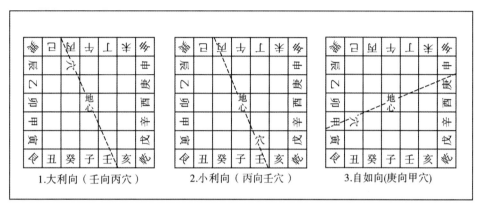

图 9-6-2　角音尚向

（引自冯继仁《论阴阳勘舆对北宋皇陵的全面影响》，《文物》1994 年第 8 期）

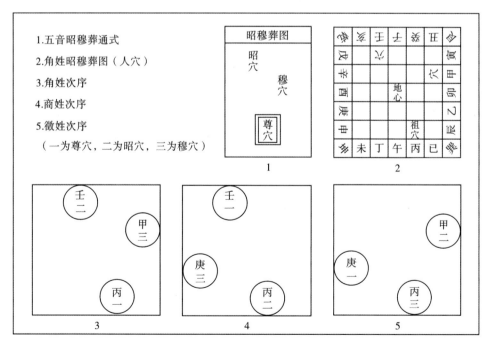

图 9-6-3　昭穆（贯鱼）葬图解及穴位尊卑次序示意图

（引自冯继仁《论阴阳勘舆对北宋皇陵的全面影响》，《文物》1994 年第 8 期）

择吉地，下宫、后陵和陪葬墓依次置于上宫西北，尊卑有序。宋真宗崩，司天监与"京城习阴阳地理者三五人偕行"，选陵址"相度皇堂"[1]。此后，乾兴元年"八月六日，司天监言：'太宗梓宫先于丙地内奉安，按经书：壬、丙二方皆为吉地。今请灵驾先于上宫神墙外壬地新建下宫奉安，俟十月十二日申时发赴丙地幄次，十三日申时掩皇堂'"[2]。以此结合宋陵调查资料，可知宋陵下宫均建于上宫西北壬地。从而在方位和制度上更加突出了以祭祀朝拜为主题的仪礼（皇帝先入上宫，在献殿举行隆重祭奠仪式，而后帝遣官竭下宫），降低了日常供奉陵主的下宫在礼仪制度中的地位，这是中国帝陵陵寝制度的一次重要的变革。

"既得吉土，须尊卑有序"[3]，帝陵尊于后陵，故所有后陵均葬于上宫的西北部，或上宫、下宫之西北，只是不同时期位置略有变化而已。皇后不管何姓，均按皇帝角音布穴（君权至上，夫为妇纲封建传统之体现）。同一兆域内，晚建的后陵在首建后陵西北部。皇室陪葬墓集中葬于后陵西北部，陵区内寺院亦建于帝陵上宫西北部。即各陵兆域内以上宫为准，其余设施从东南（丙地）向西北（壬地）依次排列。

七帝八陵相对集中，布局整齐划一。北宋七帝八陵均葬于东西约13公里，南北约12公里的帝陵陵区之内，并集中配置在四个相邻的较小的陵区，内在联系较密切。诸陵的朝向、建制、形制布局、各构成部位的方位关系，在"五音姓利"的制约下，达到了统一的效果。

二　北宋帝后陵的主要特点

北宋帝后陵与阴阳堪舆相关的主要特点，已如前述。除此之外，其他主要特点拟据前面介绍的情况，简略归纳如下。

第一，如前所述，北宋七帝八陵陵名皆以"永"字打头，诸陵集中分置，各陵建置、朝向、布局相同，规模相近，八陵共享一个陵邑，有四座禅院，形成了一个内在联系密切、完整的帝陵陵区体系。因而七帝八陵在特定的范围内，从宏观鸟瞰，在统一、规整的定式之中，突显出诸陵纵横排列有序，错落有致的效果，充分体现出七帝八陵在总体上的群体美、秩序美、韵律美与和谐之美。这是北宋帝陵总体布局的重要特色。

第二，北宋诸陵未依山而建，但仍依前代传统称山陵（以四方覆斗状陵台比附山陵），后陵称园陵，听政称制的皇后陵亦称山陵。

第三，各帝陵自有兆域，兆域以"封堠"为界标，其间围以篱寨，帝后宫城又分围棘寨。

第四，各陵帝、后陵和陪葬墓之间的方位，各主要构成部位的规模、体量、尺度，石像生（包括相关的石雕）的种类和数量等，有严格的规定，等差明显，尊卑有别，充分体现出森严的封建等级制度。

---

[1]　《宋会要辑稿》第三二册《礼三九》之二三。
[2]　《宋会要辑稿》第二五册《礼二九》之二七。
[3]　（宋）王洙等：《地理新书》卷三"冈原吉凶"篇。

第五，诸陵帝、后同茔而葬，不同穴。陪葬墓仅限于皇子、皇孙、未出阁的公主及与诸王合葬的夫人等。

第六，诸陵神道南端设鹊台和乳台，乳台三出阙。神道较短，其两侧的石像生各陵间在体量、尺度和细部形象上有变，但石像生的种类、数量和位置有定，配置程式化，高低起伏有致，排列紧凑，整体性强，因而营造出神道应有的庄严、肃穆和神秘的氛围。

第七，帝后陵宫城方形，四面开神门，门外置双狮，南神门外有阙庭和铺屋。宫城四隅有角阙，神门有门阙；角阙和门阙均三出阙，其上有楼阁式建筑。

第八，帝后陵陵台在宫城正中，方形覆斗状，帝陵陵台三层（奇数为阳）、后陵陵台再层（偶数为阴）。帝陵陵台下两层包砖，台体涂朱，设排水道，台底周缘有散水（后陵陵台大致相同），陵台前置献殿。

第九，各陵兆域内植柏种树，层层绿化，形成完整的绿化体系，故陵区又称"柏城"。

第十，北宋诸陵遵循《周礼》所谓"天子七个月而葬"的传统，生不营圹（不营寿陵），帝崩后为"七月葬期"所限（个别的超过七个月）[1]，这可能是诸陵规模较小的原因之一。诸帝、后陵皇堂，熙陵及其以前砖筑，木梓宫；定陵、昭陵过渡到皇堂石筑，至厚陵皇堂石筑用石椁，尔后则改为石地宫。

总之，北宋帝陵以上宫为主体，以陵台为核心，上宫制如宫城之朝，下宫制如宫城之寝。神道前置乳台如阙，其前又置鹊台。神道两侧石像生前段以象为首，后置瑞禽神兽；中段以马为首，后置去邪的虎羊；后段则如帝生前出行仪仗行列。后陵和陪葬墓则严格按照宫中等级制度配列。凡此，均"事死如事生"，其陵寝制度皆拟如皇帝生前宫禁之制。

第七节 北宋帝陵与前代帝陵的比较

前面介绍了北宋帝陵形制布局的主要特点，这些特点有其独特之处，但并非全是独创。为明确北宋帝陵形制布局与前代帝陵的关系，有必要将其纳入秦汉至隋唐帝陵形制布局体系之中略作比较。

一 陵址、陵区、陵名、陵邑与禅院

自秦陵至唐陵，陵址的共同特点是距都城较近，各陵散置，相距较远；主要帝陵多在都城之北，除唐陵外余者均有二或三个陵区。但是，应当指出这种陵区是指诸陵所占的一片很广的地区而言，实际上并未形成相对集中、较紧凑、具有整体性的陵区。

北宋帝陵与上述情况相比迥然不同。其一，北宋只有一处帝陵陵址，帝陵远离都城开封府，选在陪都洛阳之东偏南的巩县。其二，北宋七帝八陵及祔葬的皇后陵，均集中在东西长约 13 公里，南北宽约 12 公里的范围内。其三，北宋七帝八陵相邻或毗连，排列有

---

[1]《宋会要辑稿》第二七册《礼三一》之三一。

序，组合明确，在整体之中又分成四个小陵区。其中除永定陵自为一个小陵区外，其余三个小陵区二或三座帝陵（西陵陵区）为一组合，陵位均按昭穆贯鱼式排列。其四，七帝八陵区域内有共同的禅院和陵邑。其五，七帝八陵朝向和形制布局相同。因此，北宋帝陵在中国帝陵史上首次真正形成了完整的陵区体系，这个特点对明、清帝陵有较重要的影响。

战国晚期仅个别国君陵墓有专名。入汉以后，帝陵始有专名。西汉多以地名为陵名（如长陵、安陵因长安得名，阳陵因位于弋阳县得名，平陵因位于平原乡得名，茂陵因位于茂乡得名，霸陵因灞水得名等），到唐朝则据皇帝尊号、谥号选与之相应的吉利、祥顺、平和、美好的褒义词做陵名。如高祖"献"陵、太宗"昭"陵、中宗"定"陵、睿宗"桥"陵、玄宗"泰"陵、德宗"崇"陵、穆宗"光"陵等，后世历代帝陵取陵名多遵此原则。由于汉唐及其以后帝陵几乎皆以单字名陵（其间魏晋南北朝宋齐陈诸陵有双字陵名），因此后世历代诸陵与之同名者较多。

北宋初宣祖改卜陵于永安镇附近，其陵称"安陵"，太祖时陵名起用复字，自此以后诸陵名皆以"永"字打头，称"永某陵"。从宣祖安陵与汉惠帝安陵，太祖永昌陵与汉成帝昌陵陵名相同来看，宋初起陵名似参照了西汉帝陵陵名，并仍遵循以地名为陵名的原则。此后，真宗定陵、仁宗昭陵、哲宗泰陵又与唐之定、昭、泰陵同名，反映出自太宗起诸帝陵名似与唐代定陵名传统有关。当然，宋代诸帝陵名无论与汉代还是唐代帝陵同名，其取义均不尽相同。但是，从中仍可看出北宋诸帝陵起陵名的原则，乃是汉唐定陵名传统之滥觞。

秦始皇置园邑，如秦始皇十六年"置丽邑"。西汉宣帝及其以前诸陵均置陵邑，成帝后罢置陵邑。西汉总共置11座陵邑，陵邑多分布在帝陵北部或东部。西汉之后直至唐代不置陵邑，唐代仅规定"每陵取侧近六乡以供陵寝"[1]。前已介绍，北宋"永安镇特建为县"，"营建城邑，充奉山园"为陵邑。可见北宋又恢复了秦汉建陵邑的传统，其差异是北宋诸陵共享一座陵邑。

帝陵置寺院始于东汉明帝，《洛阳伽蓝记》卷四说："明帝崩，起祇洹于陵上。自此从（以）后，百姓冢上或作浮图焉。"最早的实例见于北魏文明太后冯氏永固陵前建造的"思远浮屠"[2]。唐代十八陵未建寺院，北宋帝陵则遵循东汉北魏之先例，在陵区建七帝八陵分别共享的四大禅院。

二　上宫宫城

战国时期陵墓外已由环隍壕逐步过渡到围墙垣，秦统一中国后，始皇陵有双重城垣。入汉以后，诸帝陵外围墙垣一重，称"陵园"，平面近方形。陵园四面开门，景帝阳陵以后四门外十米余置双阙。汉承秦制，陵园坐西朝东，以东门为陵园正门。

唐代诸陵，除献、庄、端、靖四陵建于平地外，余者均"依山为陵"。其共同特点是陵园封土台外围筑墙垣，平面大体呈方形，坐北朝南。据考古资料，墙体一是以石条

［1］《旧唐书》卷二五《礼仪五》。
［2］　大同市博物馆、山西省文物工作委员会：《大同方山北魏永固陵》，《文物》1978 年第 7 期。

为墙基，其上夯筑，高似在 5.7—8 米，墙顶覆双坡式板瓦，墙身涂白或朱。二是墙体全部夯筑，仅在四角和四门处加石条墙基，墙基处砖砌散水。墙四隅自乾陵起用角阙，平面方形或圆形，角阙上有建筑（如乾陵角阙周围残存有砖、瓦、瓦当和石渣等）。四面围墙各开一神门（分以朱雀、玄武、青龙、白虎名之），"依山为陵"者，神门不完全对称，乾陵出现阙楼式门[1]。四神门外置石狮一对（献陵置虎，自乾陵起狮取代了前代的天禄、辟邪和虎），玄武门外加置石马，乾陵南神门附近加石人二身[2]，四门石狮外较远处立双阙。诸陵围墙范围称"上宫"，上宫南门内置献殿[3]。文献记载陵墓外有二重墙垣，《长安图志》所载《唐昭陵图》《唐乾陵图》均墙垣两重。现已在乾陵上宫内城垣外发现外城垣遗迹[4]。此外，前述《唐乾陵图》在上宫外城垣西墙外，略对青龙门还标有"乾陵铺"。

据上所述，唐代诸陵上宫的形制是由秦汉帝陵陵园发展而来的。北宋帝陵上宫的方向同于唐代帝陵上宫，形制则与之大同小异。上宫、神门、角阙、献殿等称均取自唐代帝陵。宋代帝陵上宫形制的主要变化：（1）规模远小于唐陵上宫。（2）北宋帝陵上宫四角阙已改为曲尺形并三出阙，上有楼阁式建筑。（3）北宋帝陵四神门有三出阙阙台，据前述永定陵西神门发掘资料看，该陵神门形制很可能是从唐代阙楼式神门直接发展而来。（4）北宋帝陵上宫神墙涂朱，尚未见涂白者（唐陵神墙已出现涂朱）。（5）北宋帝陵上宫东、西、北三神门外置一对蹲狮，南神门外置一对走狮。（6）北宋帝陵将唐乾陵南神门附近石人，移到南神门内。（7）北宋帝陵四神门外无土阙，南神门外置两阙庭，阙庭或由唐陵南神门外双阙演变而来。（8）北宋帝陵上宫宫城外围棘寨，棘寨应是唐陵上宫外城垣的简化形式。（9）北宋帝陵上宫宫城外也有铺，位置不详。上述情况表明，北宋帝陵上宫宫城的形制结构，在唐代已形成了完整的模式，北宋帝陵宫城只是在此基础上稍有取舍，一些部位的形制结构略有变化和发展而已。因此，可以说北宋帝陵上宫宫城的形制结构与唐陵上宫宫城是一脉相承的。

三　陵台

殷周时期墓葬"不封不树"，无坟丘。春秋晚期孔子之世已出现坟丘，至战国时期则普遍流行。由于当时"以大为贵"，所以坟丘越修越高大。自赵肃侯十五年（前 335 年）"起寿陵"[5]，君主之墓始称陵。所谓陵即坟丘堆成高阜，时人将其比作高山，故又称山陵[6]。由于特别高大的封土是君主独尊的特权，所以陵和山陵就成为国君墓葬的专称，甚至将国君去世也讳称"山陵崩"。"山陵"秦汉时又称山，如始皇陵直称"骊山"，汉高祖长陵别称长山等。

---

〔1〕　陈安利：《唐十八陵》，中国青年出版社 2001 年版，第 27 页。
〔2〕　傅熹年主编：《中国古代建筑史》第二卷，中国建筑工业出版社 2001 年版，第 421 页。
〔3〕　《新唐书》卷二〇〇《韦彤传》；陈安利《唐十八陵》，第 44 页。
〔4〕　参见《唐十八陵》第 52 页。
〔5〕　《史记》卷四三《赵世家》。
〔6〕　见《墨子·节葬下》《吕氏春秋·安死》《续汉书·礼仪志》。

封土的形状最初较多[1]，后来坟丘以方为贵，"堂"形（覆斗形）成为陵之封土的主流，少数为"坊"形（长方形）。秦惠文王陵（公陵）和秦悼武王陵（永陵）封土已呈高大的覆斗形。始皇陵文献记载高 50 余丈，周回五里余，为帝陵封土体量之最。其现存形状呈覆斗形，中腰部有一缓坡状阶梯，顶部为一平台。汉代帝陵封土底和顶部近方形，立体呈覆斗状，汉代又称"方上"。其中个别帝陵封土呈长方形，少数帝陵封土上中部内收成台、似仿"山"形所致[2]。西汉时帝后陵封土，以及王侯和庶人封土均有等差。唐代高祖献陵、敬宗庄陵、武宗端陵、僖宗靖陵，"封土为陵"（余者"依山为陵"）。四陵封土覆斗状，献陵封土高 19 米，底边东西 130 米，南北 110 米；其余三陵封土高15—20 米，底边 40—60 米。此外，陪葬乾陵的懿德太子李重润墓和永泰公主墓，两者均"号墓为陵"，其封土覆斗形有二层台。

据上所述，可知北宋帝陵陵台依秦汉和唐代帝陵封土方形覆斗式，只是规模小，立面有三层台。此三层台式似由战国平山中山王墓封土三级台阶状[3]，以及前述始皇陵封土中腰缓坡状阶梯、汉陵少数帝陵封土上中部内收成台、唐代懿德太子墓和永泰公主墓封土二层式逐步演变而来。北宋帝陵陵台"涂丹"，修排水道，下两层外皮包砖，陵台底部砖铺散水等则为新发展。北宋后陵陵台规模和高度与帝陵陵台的等差，诸王大臣等封土的差别，亦遵循汉唐之传统。此外，北宋帝陵陵台前南神门内置献殿，也同于唐代。唯陵台前置二身宫人，则前所未见。

四　鹊台、乳台、神道和石像生

唐乾陵最南端置鹊台二，对峙；其北约 2350 米在对峙的乳峰上筑双阙，后来称为乳台。此后唐陵多置鹊台和乳台，基本成为定制。以鹊台作为进入封域的标志，乳台双阙为陵园之门阙，其内为柏城。乳台北至朱雀门长约 650 余米，称神道，两侧置石像生。上述规制的宏观框架和乳台三出阙的结构，均为宋陵所承袭。

所谓神道即陵园宫城正南门之南的大道，神道的特点是置华表（石柱、望柱）和石像生。战国时期燕昭王陵前已置华表，西汉亦有之，至东汉时才形成以华表作为神道之标志。在这之后经南北朝之延续和发展，到唐乾陵时华表（石柱）柱身八棱形，通体雕卷草纹饰，此后遂成为帝陵和少数太子、公主墓才能使用的神道标志物。北宋承袭唐制，称望柱，其形制在唐代基础上又有发展和变化。

帝陵石刻出现较晚，西汉帝陵无石刻，东汉只光武帝陵前有少量石刻。魏晋南北朝陵墓的石刻较少。总之，南北朝及其以前陵和墓的石刻数量少，无定制，帝王和人臣石刻种类无严格区分。入唐以后，自乾陵起神道石刻基本形成定制。其神道石像生排列自南而北（乳峰双阙间起）为华表 2、翼马 2、鸵鸟 2、石马 10、牵马人 10、柱剑石人 20、无字碑1、述圣记碑 1、王宾像（又称蕃酋像）61，共百余件[4]，中晚唐帝陵石像生又有变化。

---

[1]　《礼记·檀弓上》。

[2]　刘庆柱：《西汉十一陵》，陕西人民出版社 1987 年版，第 160 页。

[3]　《中国大百科全书·考古卷》，中国大百科全书出版社 1986 年版，第 366—367 页。

[4]　按乾陵神道原有石像生数说法不一，若去掉石碑，应为 107 件。

北宋帝陵神道石像生在乳台之后为望柱 2、象 2、驯象人 2、瑞禽石屏 2、角端 2、马 4、控马官 8、虎 4、羊 4、客使 6、武官 4、文官 4、武士 2，共 46 件。唐乾陵石像生若不计碑和蕃酋亦为 46 件。唐宋帝陵神道石像生之间主要差异在种类上。宋陵石像生比唐陵多象 2 和驯象人 2、虎 4、羊 4、武士 2 件；无碑。以上诸种石刻东汉至唐代之前已经出现〔1〕，宋陵石像生以瑞禽石屏代鸵鸟，角端代翼马并与唐代桥陵代替翼马的獬豸相近，以客使代蕃酋，上述替代与被替代者意义大体相同。北宋帝陵马减为 4，控马官减为 8 人（一马二控马官），文武大臣（乾陵时为柱剑石人）减为 4 人。从石像生排列上看，唐代帝陵华表之后分两组，即翼马、鸵鸟、神兽、瑞禽为前组，石马即仗马之后为仪仗行列的文武大臣（或柱剑石人）。北宋帝陵望柱后分为三组，一以卤簿居先的象与驯象人为首，后置瑞禽、神兽性质的石屏和角端（如唐之翼马、鸵鸟，但位置已互换）；二以仗马或仪马为首，后置有去邪作用的虎和羊（唐无）；三为传统仪仗行列的客使、文武官和武士。据上所述，拟指出五点：第一，帝陵神道石像生的组合与序列，至唐陵才形成较完整的体系。但此时诸陵石像生并未统一和规范化，各陵石像生的种类和数量也有一定差异。第二，北宋帝陵石像生在总数上大体同唐陵，在种类上较唐陵有增，有置换，在同类同种石像生的数量上较唐陵减少。总体而言，宋陵石像生与唐陵基本仍属同一范畴。第三，北宋帝陵石像生的种类范畴，在宋代以前均已出现。就此而言，北宋帝陵石像生与秦汉以来是一脉相承的。第四，北宋帝陵神道较唐陵大为缩短，石像生的间距也变小。第五，宋陵以唐代神道石像生为基础，使其神道石像生在内涵上更加完整，组合更加丰富而明确，对称布局更加规整，排列更加有序和紧凑。综上所述，可以说宋陵神道石像生既是唐代模式的承袭和发展，也是自汉代以来石像生演变过程的总结和完善化，故其在中国帝陵神道石像生发展史中占有重要地位。

五　下宫与后陵宫城

商周墓葬"不封不树"，在墓上建"享堂"（如妇好墓）。墓葬起高大封土之后，逐渐将"享堂"性质的建筑移到墓侧称"寝"。秦东陵已发现寝便殿遗址，始皇陵在封土北侧偏西发现寝殿遗址。西汉帝陵因秦建寝殿，将秦之寝殿、便殿、食官合而为一，在陵北建"寝园"。约从汉景帝起寝园移到陵园之外，一般在帝陵东南，西汉皇后陵亦有寝园，东汉时明帝节陵、章帝敬陵、和帝慎陵、顺帝宪陵的寝殿均在帝陵之东。由于东汉明帝"率百官而特祭于陵"，实行上陵礼，确立了以朝拜祭祀为主要内容的陵寝制度〔2〕。至魏晋南北朝因当时特殊的历史背景，陵寝制度则属衰退期。到了唐代，因昭陵寝宫失火而移到山下南偏西 18 里重建，改称"下宫"（在山下，相对上宫而言）〔3〕。唐陵下宫在陵南偏西，多数距陵五里，也有距陵三、四、七、八、十里者〔4〕。

据上所述，可知北宋帝陵下宫之制可溯源至秦之寝殿和汉之寝园，但下宫之称和形制

---

〔1〕　参见杨宽《中国古代陵寝制度史研究》，第 79—86 页。

〔2〕　参见杨宽《中国古代陵寝制度史研究》，第 38—44 页。

〔3〕　《唐会要》卷二十一；（宋）宋敏求《长安志》（《说郛》卷六，商务印书馆本）卷十六。

〔4〕　（宋）宋敏求：《长安志》卷十六、卷十八、卷十九、卷二十。

则源于唐，宋帝后陵共享一座下宫亦源于唐（因唐多帝后合葬）。唯北宋帝陵下宫位置不同于前代，而位于上宫之北偏西处。

古代夫妻不合葬，到西周时一些大墓已出现夫妻异穴合葬，春秋战国时期夫妻异穴合葬则较普遍，一些王公陵墓亦采用此制。西汉帝陵承袭战国王陵夫妻合葬同茔不同穴制[1]。西汉初高祖陵和吕后陵同一陵园，从文帝开始帝后在同地各筑一相邻的陵园，一般帝陵在西，皇后陵在东，分称"西园"和"东园"。皇后陵封土形状同帝陵，景、昭、宣帝时皇后陵封土规模小于帝陵封土，西汉晚期后陵封土较帝陵明显变小。皇后陵陵园小于帝陵陵园，其形制同帝陵陵园。此后到隋文帝陵则帝后"同坟异穴"[2]，至唐代基本上实行帝后合葬制。一般而言，唐代皇后先薨皇帝后崩，多合葬；反之，皇后晚于皇帝去世，与皇帝合葬的机会就较小。北宋帝后陵采用战国秦汉以来"同茔不同穴"合葬制（宣祖与杜太后合葬的安陵除外），后陵同西汉后陵另立陵园（宫城），陵台二层与汉皇后陵封土同样低于帝陵陵台和封土的规制，陵园（宫城）也均与帝陵陵园（上宫）形制相同而较小，等差明显。其差异主要是北宋后陵不另立陵名，与帝陵名称相同，并统称为"园陵"（临朝称制的后陵亦称山陵），在宫城外围棘园；后陵不另立下宫（与帝陵共享一个下宫），后陵位于帝陵上宫之西北部，在形制布局上完全从属于帝陵。

六 其他

（一）陪葬墓

国王君主死后陪葬之风由来已久，秦统一中国后帝陵均有陪葬之制。始皇陵陪葬墓分布在封土之东侧、西侧及西北角，陪葬者以皇帝宗室成员为主。西汉帝陵陪葬墓数量多，规模大，已趋制度化。多数陪葬墓分布在帝陵之东，少数在帝陵之北。陪葬者为重臣、皇亲国戚和妃嫔宫人等。唐代帝陵陪葬墓初唐时遵循汉代制度，如献陵陪葬墓均在帝陵之东或东北方向，陪葬者宗亲多于大臣。太宗昭陵陪葬墓约187座，创帝陵陪葬墓数量之最，也是初唐陪葬制度集大成者。昭陵将陪葬墓改在帝陵东南方，此后诸陵多遵此制，陪葬者以功臣墓为主。乾陵是唐代陪葬制度的重要转折点，此后陪葬制度走向衰落。乾陵现存17座陪葬墓中，宗室墓显著增多。乾陵之后的定、桥、泰、建诸陵，陪葬的几乎都是宗室墓，至晚唐陪葬墓则基本废除。诸陪葬墓只有该帝子女（太子、王、公主）可在柏城内陪葬，一般陪葬墓只能葬在柏城之外封域内。各陪葬墓封土规模、石刻种类和数量等，亦有严格的等级制度。

北宋帝陵沿袭秦汉以来的陪葬制，陪葬者仅限于"皇子、皇孙、公主之未出阁者，及诸王夫人之早亡者"。这个规定与始皇陵和唐乾陵以后的情况相近，但更严格。陪葬者自有墓园，其封土和石刻种类与数量按严格等级制度执行，陪葬墓均以一个帝陵为一区集中埋葬，凡此均与前代基本相同。但陪葬墓葬于帝陵西北的后陵西北部，

---

〔1〕《史记》卷四十九《外戚世家》。
〔2〕《隋书》卷二《高祖下》。

无大臣墓和外戚墓〔1〕，皇后以下妃嫔等不陪葬，出阁公主郡主葬其夫祖茔，皇室中三代以下旁系子孙及其夫人等称"卑丧"另有陪葬区等，则形成了与前代有别的陪葬制度。

（二）兆域与柏城

宋以前诸帝陵兆域范围很广，如东汉诸帝陵周围堤封多在十余顷以上，大者二三十顷，明帝甚至堤封七十四顷五亩〔2〕。唐代诸陵封内多在 40 里左右，太宗昭陵达 120 里〔3〕。唐代诸陵区最外立界标称"立封"，封内即封域〔4〕。北宋帝陵所占地域远小于前代诸帝陵，但其兆域封堠界，植篱寨当从唐代帝陵"立封"演变而来。

中国墓葬自古就有植树传统〔5〕，始皇陵文献记载"树草木以象山"〔6〕，"山成山林"〔7〕，"龙盘虎踞树层层"〔8〕。西汉帝陵则广为种柏〔9〕，唐代诸陵同样种柏，故又称柏城〔10〕。宋代诸陵植树种柏，亦称柏城，显然是前代传统之延续和发展。

（三）营陵时间与北宋帝陵的规模

北宋遵《周礼注疏·冢人》："天子七月而葬"之法，帝生不造寿陵，崩后以"七月葬期"为限建陵入葬，故陵的规模小，远逊于唐陵，这是目前主要的看法。但是，也不尽然。从唐陵来看，唐十八陵中，高祖献陵是李渊崩后才营建的，至其入葬约 5 个月〔11〕。乾陵以下诸陵史籍大都未记载开始营建时间，从崩至葬大致 4 个月（睿宗）、5 个月（中宗、宪宗、武宗）、6 个月（代宗、宣宗）、7 个月（顺宗、敬宗、文宗、懿宗、僖宗）、9 个月（德宗）、10 个月（穆宗）、11 个月（玄宗、肃宗）数种〔12〕，其陵园规模均远超过宋陵。所以"七月葬期"并非宋陵规模较小的唯一原因。其实际情况是北宋七帝八陵所在区域范围和地形地貌限定了北宋帝陵不可能像汉唐帝陵那样大面积铺开；加之北宋以阴阳堪舆主导帝陵布局，在北宋帝陵区域内，符合各陵兆域、陵址落位等条件者少，从而也限定了帝陵的规模。面对上述情况，北宋诸陵形制布局整齐划一，大小相近，表明北宋依据具体情况是有统一帝陵规制的，因而限定了帝陵的规模。此外，北宋与强大的汉唐王朝无

---

〔1〕 宋陵无大臣墓、外戚墓陪葬，似与宋建国后加强封建专制主义中央集权有关，其宗旨即是强君弱臣，"分化事权"，"以防弊之政，作立国之法"，因而才出现上述情况。只有昭宪皇太后之妹，被"追封齐国太夫人，陪葬安陵"，这是北宋帝陵中唯一陪葬的皇亲墓，仅此特例而已。又《北宋皇陵》第 460 页结语中说："所谓'包拯墓'、'寇准墓'等现存墓碑晚至清代，有关史料最早见于《明一统志》和明嘉靖《巩县志》等志书。"
〔2〕 参见杨宽《中国古代陵寝制度史研究》第 238—240 页，附表二东汉陵寝规模表。
〔3〕 参见杨宽《中国古代陵寝制度史研究》第 245—248 页，附表四唐代陵寝规模表。
〔4〕 《唐会要》卷二十一。
〔5〕 《商君书·境内》："小夫死，以上至大夫，其官级一等，其墓树级一树。"《吕氏春秋·安死》："世之为丘垄也，其高大若山，其树之若林。"
〔6〕 《史记》卷六《秦始皇本纪》。
〔7〕 《汉书》卷五一《贾山传》。
〔8〕 徐卫民：《秦公帝王陵》，中国青年出版社 2002 年版，第 364 页。
〔9〕 参见刘庆柱《西汉十一陵》第 217 页。
〔10〕 《唐会要》卷二十一。
〔11〕 参见《唐十八陵》第 36 页引《通鉴纲目》。
〔12〕 参见《唐十八陵》第 20—21 页。

法比拟，北宋仅占据中国半壁江山，财力有限，外患不断，也不允许其大规模地营建帝陵。所以，"七月葬期"仅是宋陵规模较小的原因之一。

（四）堪舆

堪舆（"堪天道"，"舆地道"）俗称风水[1]，其源于商周时期的卜地相宅，春秋战国时期产生了"卜其宅兆而安厝之"的做法，与选择墓地联系起来[2]。秦汉时期堪舆说兴起，魏晋南北朝时期堪舆说逐渐形成体系至唐代又有很大发展[3]。现在研究者多认为始皇陵至汉唐帝陵遗址、落位均与堪舆有很密切的关系[4]。但是，从已知资料来看，秦汉至唐代帝陵与堪舆的关系，受堪舆制约的程度，堪舆对帝陵形制布局的主导作用，均远不如北宋帝陵。可以说北宋帝陵在前代帝陵利用堪舆术的基础上，对堪舆术已迷而不返，走火入魔，使堪舆术成为北宋帝陵选址落位和布局的决定因素，已达空前绝后之地步。

综上所述，通过北宋帝陵与前代帝陵的比较，最后可指出二点：第一，通过上述比较，明显可见北宋帝陵有一部分是依据汉代帝陵制度，也有少量魏晋南北朝帝陵之遗风。但是，总体来看，北宋帝陵各主要构成部位，以及其名称和形制结构，神道石像生的种类、数量和配列形式等，均承袭唐代帝陵。上述情况表明，北宋帝陵乃是与秦汉至隋唐帝陵一脉相承，共处于一个帝陵发展体系之中。就此而言，北宋帝陵并无独创之处。第二，通过上述比较，显而易见，北宋帝陵的独特之处主要在于阴阳堪舆术主导了帝陵的布局和陵台、皇堂及各主要相关部位的丈尺，因而才形成了一些与前代帝陵迥然不同的特点。这些特点前已说明有违反科学、违背常识和影响气势之处，产生了一些弊端。故至此秦汉隋唐以来的帝陵体系已走入末路，这是明代改弦更张，另辟蹊径，创新帝陵体系的重要原因之一。

---

〔1〕 风水还有"风角""青乌""形法""地理"等称。

〔2〕 春秋战国时期，堪舆选墓地重在地理环境功能上。如《墨子·节葬》认为，理想的墓地是"下毋及泉，上毋通臭"。《吕氏春秋·节丧》说："葬浅则狐狸担之，深则及于水泉。故凡葬必于高陵之上，以避狐狸之患，水泉之湿。"

〔3〕 汉代将堪舆说中的望气观象与选择墓地相结合，如《汉书》卷二五上《郊祀志第五》记载："长安东北有神气，成五彩，若人冠冕焉，或曰东北神明之舍，西北神明之墓地。"因而汉帝陵在长安城西或西北部。东汉时又与世俗目的相结合，如《后汉书》卷四五《袁安传》记安为其父选墓地，书生乃指一处云："葬此地，当世为上公"，"于是遂葬其所占之地，故累世隆盛焉"。魏晋南北朝时期，墓地堪舆说发展成"生气说"和"地形说"，至唐代则形成理气派和形势派。

〔4〕 参见《秦公帝王陵》第10、11页；《西汉十一陵》第143、145页。

第十章　南宋帝陵攒宫的形制布局

南宋九帝（1127—1279 年），其中恭帝赵㬎 1276 年降元，同年恭帝兄益王赵昰即帝位于福州，是为端宗，1278 年殂于碙州。此后恭帝弟卫王赵昺立，1279 年蹈海死。余六帝均权厝于会稽上亭乡上皇村宝山（宝山又称上皇山，因南宋攒宫所在，亦称攒宫山，在今绍兴市东南约 18 公里），统称攒宫[1]。由于徽宗也攒于宝山，故宝山共有七座帝陵攒宫，此外还有部分皇后攒宫。

第一节　宝山攒宫概说

一　诸帝攒宫陵名

宝山北有雾连山，南有新妇尖山，山势雄伟，风景秀丽，陵区即坐落在二山呈合抱之势的较平坦之地（图 10 - 1 - 1）。这里面积不大，故"陵域相望，地势殊迫"[2]。

绍兴元年（1131 年）四月，哲宗皇后孟氏（隆祐太后）薨，原拟仿北宋旧制营建山陵，但因金人南侵，高宗暂避越州，因而太后以遗诰，"择近地权殡，俟息兵归葬园陵。梓取周身，勿拘旧制，以为他日迁奉之便。六月，殡于会稽上亭乡"[3]；"上尊号曰昭慈献烈皇太皇"，"三年，改谥昭慈圣献"[4]。此为南宋攒宫之始和攒宫名称之由来。

绍兴五年四月，徽宗崩于五国城，"十二年八月乙酉，梓宫还临安"，"十月掩攒，在昭慈攒宫西北五十步，用地二百五十亩。十三年，改陵名曰永祐"[5]。徽宗显肃郑皇后柩与徽宗梓宫同还，"与徽宗合攒于会稽永祐陵"[6]。高宗宪节邢皇后崩于五国城，高宗闻

---

[1] 参见《宋会要辑稿》第三十一册《礼三七》之七二"显仁皇后园陵"条。攒、欑通用。《宋会要辑稿》攒、欑两用，《宋史》亦攒、欑两用。

[2] 周必大：《思陵录》卷下。

[3] 《宋史》卷二百四十三《后妃下》。

[4] 《宋史》卷二百四十三《后妃下》。

[5] 《宋史》卷一百二十二《礼二十五》，文中前记绍兴九年正月，"宰臣秦桧等请上陵名曰永固"。《宋史》卷二十二《徽宗四》记载：赵佶崩于五国城后，"遥上尊谥曰圣文仁德显孝皇帝，庙号徽宗"。绍兴"十三年正月己亥，加上尊谥曰体神合道骏烈逊功圣文仁德宪慈显孝皇帝"。

[6] 《宋史》卷二百四十三《后妃下》。

后谥懿节，"绍兴十二年八月，后梓宫至，攒于圣献太后梓宫之西北"[1]。徽宗贤妃韦氏（高宗之母）与徽宗梓宫同归，绍兴二十九年九月崩，谥曰显仁，"攒于永祐陵之西"[2]。

图 10-1-1　浙江省绍兴市南宋帝陵攒宫陵区示意图
（引自康熙《会稽县志》）

赵构于淳熙十四年（1187年）十月乙亥崩，"谥曰圣神武文宪孝皇帝，庙号高宗"。十五年三月攒于永祐陵篱寨之外正西北，显仁皇后攒殿近上正西南，称永思陵[3]。光宗绍熙二年，加谥"受命中兴全功至德圣神武文昭仁宪孝皇帝"[4]。庆元三年（1197年）十一月六月宪圣慈烈吴皇后崩，攒祔于永思陵正北偏西[5]。

赵眘于绍熙五年（1194年）六月戊戌崩，十月丙辰"谥曰哲文神武成孝皇帝，庙号孝宗"，十一月乙卯攒于永思陵下宫之西[6]，陵名永阜。庆元三年十一月辛丑，"加谥绍

〔1〕《宋史》卷二百四十三《后妃下》。
〔2〕《宋史》卷二百四十三《后妃下》；《宋会要辑稿》第三十一册《礼三七》之六九、七〇。
〔3〕《宋会要辑稿》第三十一册《礼三七》之二三；《宋史》卷二十三《高宗九》。
〔4〕《宋史》卷三十六《光宗》。
〔5〕《宋史》卷二百四十三《后妃下》；《宋会要辑稿》第三十一册《礼三七》之七四。
〔6〕《宋史》卷一百二十二《礼二十五》。

统同道冠德昭功哲文神武明圣成孝皇帝"[1]。开禧三年（1207 年）成肃谢皇后崩，攒祔于永阜陵正北[2]。

赵惇于庆元六年（1200 年）八月辛卯崩，十一月丙寅"谥曰宪仁圣哲慈孝皇帝，庙号光宗"[3]。同年十二月攒于永阜陵西，永思陵下宫空闲地段，陵名永崇[4]。嘉泰三年十一月壬申，"加谥循道宪仁明功茂德温文顺武圣哲慈孝皇帝"[5]。

赵扩于嘉定十七年（1224 年）八月丁酉崩，宝庆元年正月己丑"谥曰仁文哲武恭孝皇帝，庙号宁宗"。宝庆元年（1225 年）三月癸酉攒于泰宁寺山，称永茂陵[6]。宝庆三年九月，"加谥法天备道纯德茂功仁文哲武圣睿恭孝皇帝"[7]。绍定五年（1232 年）十二月壬午，恭圣仁烈杨皇后崩，六年四月壬寅攒祔于永茂陵[8]。

赵昀于景定五年（1264 年）十月丁卯崩，咸淳元年（1265 年）三月甲申，攒于永穆陵；咸淳二年十二月丙戌"谥曰建道备德大功复兴烈文仁武圣明安孝皇帝，庙号理宗"[9]。赵禥于咸淳十年（1274 年）七月癸未崩，八月己酉"谥曰端文明武景孝皇帝，庙号度宗"；德祐元年（1275 年）正月壬午攒于永绍陵[10]。

二　诸帝陵攒宫相对方位

上述七座帝陵攒宫中，理宗和度宗攒宫方位不见于载籍，高、孝、光、宁四宗攒宫方位《宋史》和《宋会要辑稿》虽有记载，但多简略含混，致使论者仁智各见，言人人殊。此外，上述七座帝陵攒宫，据《癸辛杂识》《南村辍耕录》等文献记载，元至元二十二年（1285 年）在丞相桑哥授意之下均遭盗掘，山陵被毁。明代虽曾重修，但已面目全非。今帝陵攒宫遗迹基本无存，更导致诸帝陵攒宫方位难定。在这种情况下，下面只能依据《宋会要辑稿》有关诸帝及其帝陵的记载，对理宗、度宗之外诸帝陵攒宫的相对方位略作探讨。

昭慈圣献皇后攒宫邻泰宁寺，在泰宁寺之西。这座营建最早的攒宫，是探讨其他帝陵攒宫方位的基点。徽宗永祐陵攒宫，在昭慈圣献皇后攒宫北壁偏西五十步。显肃皇后攒宫在永祐陵篱寨内，位于徽宗攒宫神围之西。懿节皇后攒宫于昭慈圣献皇后攒宫西北，永祐陵下宫之东。显仁皇后攒宫于显肃皇后神围正西一十九步。以上为一组位置关系紧密的攒宫群[11]，连用五穴（图 10-1-2），故《朝野杂记》叹曰："山势渐远，其地愈卑矣。"

〔1〕《宋史》卷三十七《宁宗一》。
〔2〕《宋史》卷二百四十三《后妃下》；《宋史》卷一百二十三《礼二十六》。
〔3〕《宋史》卷三十六《光宗》；卷三十七《宁宗一》。
〔4〕《宋会要辑稿》第三十一册《礼三七》之二五、二六。
〔5〕《宋史》卷三十六《光宗》。
〔6〕《宋史》卷四十《宁宗四》；《宋会要辑稿》第二十六册《礼三〇》之八三，第三十一册《礼三七》之二六、二七。
〔7〕《宋史》卷四十《宁宗四》。
〔8〕《宋史》卷二百四十三《后妃下》；《宋史》卷四十一《理宗一》。
〔9〕《宋史》卷四十五《理宗五》。
〔10〕《宋史》卷四十六《度宗》。
〔11〕《宋会要辑稿》第三一册《礼三七》之一八、一九、二二、四〇、七〇；《宋史》卷二四三《后妃下》；《宋会要辑稿》第二六册《礼三〇》之三八，第三一册《礼三七》之二六。

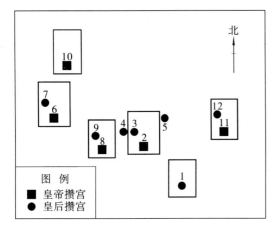

图 10-1-2　浙江省绍兴市南宋帝陵
攒宫相对位置示意图

1. 昭慈圣献皇后陵　2. 徽宗永祐陵　3. 显肃皇后陵
4. 显仁皇后陵　5. 懿节皇后陵　6. 高宗永思陵　7. 宪圣
慈烈皇后陵　8. 孝宗永阜陵　9. 成肃谢皇后陵　10. 光
宗永崇陵　11. 宁宗永茂陵　12. 恭圣仁烈杨皇后陵

高宗永思陵神穴地段位于徽宗皇帝攒殿篱围之外正西北，显仁皇后攒殿近上正西向北[1]。宪圣慈烈皇后陵神穴在永思陵正北偏西，神围紧靠永思陵铺屋[2]。

孝宗永阜陵神穴，在永祐陵下宫之西南，永思陵下宫之东南[3]，成肃谢皇后攒祔永阜陵正北[4]。

光宗永崇陵神穴，在永阜陵西，永思陵下空闲地段[5]。宁宗永茂陵"至泰宁寺山标建"，似位于昭慈圣献皇后陵东北仅一里[6]。恭圣仁烈杨皇后陵，似攒于永茂陵宁宗攒宫之西或西偏北[7]。

南宋帝陵攒宫与北宋帝陵同样遵"五音姓利"说，以壬向（正北偏西）、丙向（正南偏东）最佳，丙地尊于壬地，实行昭穆（贯鱼）葬法。但是，由于南宋陵区狭小，因地势"迫隘""迫溪""低怯""窄狭""土肉浅薄""与国音相妨"等情况，攒宫方位时有变化，且相距较近。就帝陵而言，高宗永思陵位于徽宗永祐陵篱围之外正西北，在昭位，如制。南宋诸陵应以高宗永思陵为祖穴，孝宗永阜陵当在永思陵之西偏北的昭穴，但因永思陵之西地段"土肉浅薄""窄狭""与国音相妨"，而陵攒于永祐陵下宫之西南[8]、永思陵下宫之东南的"穆穴"，且距永祐陵下宫很近。光宗永崇陵在永阜陵西（实为西偏北），永思陵下空闲地段，"委是国音王气秀聚之地，依得尊卑次序"[9]，如制。宁宗永茂陵按制应在永崇陵之下，因"迫溪无地可择"而改攒于泰宁寺山[10]。从后陵来看，显肃皇后陵攒于徽宗神围之西北，显仁皇后陵攒于显肃皇后神围正西约一十九步，二后同在昭位，高宗懿节邢皇后陵则攒于永祐陵下宫之东的穆位；宪圣慈烈皇后陵攒于高宗永思陵之西北，以上均"依得昭穆次序"，如制。总而言之，南宋陵区在条件允许的情况下，基本上还是按当时卜穴规制实行的。

〔1〕《宋会要辑稿》第三一册《礼三七》之二三。
〔2〕《宋会要辑稿》第三〇册《礼三四》之三〇，第三一册《礼三七》之七四。
〔3〕《宋会要辑稿》第二六册《礼三〇》之一〇、一七、二三，第三一册《礼三七》之二五。
〔4〕《宋史》卷一二三《礼二十六》。
〔5〕《宋会要辑稿》第二六册《礼三〇》之六二，第三一册《礼三七》之二六。
〔6〕《宋会要辑稿》第二六册《礼三〇》之八三，第三一册《礼三七》之二六、二七。
〔7〕恭圣仁烈杨皇后陵攒于永茂陵之方位史籍无载，按惯例应攒于永茂陵之西或西偏北。
〔8〕《宋会要辑稿》第三一册《礼三七》之二五。
〔9〕《宋会要辑稿》第三一册《礼三七》之二六。
〔10〕《宋会要辑稿》第三一册《礼三七》之二六、二七。

第二节 永思陵的平面形制

"思陵发引"，周必大"摄太傅，为山陵使"，其所记《思陵录》真实地叙述了永思陵主要构成部分的形制和结构，成为后人了解永思陵，研究南宋诸帝陵攒宫形制布局的最重要最珍贵的资料[1]。下面结合《思陵录》的记载，试对永思陵的平面形制略作初步的复原研究[2]。

一 攒宫建筑主要构成要素与下宫的方位

《宋会要辑稿》确指皇堂石藏为攒宫，同时又将各帝陵总称攒宫。攒宫建筑主要构成要素为皇堂石藏，又称神穴和攒宫；攒殿或称献殿，攒殿皇堂之外有神围。神围外环套内篱寨（或称内篱），再外有外篱寨（或称外篱、大篱、篱寨、篱围）、封堠，封堠外禁地种果木[3]。凡此，总称上宫。上述构成要素与《思陵录》所记完全对应，即神穴、皇堂石藏为《思陵录》之龟头殿内的神穴、皇堂石藏子；攒殿《思陵录》称"殿一座"；神围、内篱、外篱即《思陵录》的红灰围墙、里篱和以外篱门为代表的外篱。《思陵录》记载的附属建筑和下宫建筑构成情况，《宋会要辑稿》缺载（图10－2－1）。

除上所述，还有外篱寨、封堠与禁地的关系问题。从《宋会要辑稿》相关记载来看，外篱寨与封堠相连，封堠即隔一定距离置夯土墩，在封堠间置篱寨，外篱寨封堠又称"封堠界内"，或"外篱寨封堠地"，或"外篱寨封堠禁地"[4]。此外，在外篱寨封堠地外还有禁地或

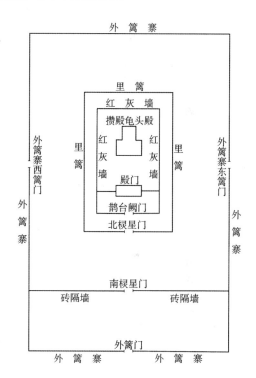

图10－2－1 南宋帝陵攒宫永思陵上宫
平面想象复原示意图

〔1〕 周必大：《思陵录》，《文忠集》卷一七三，《四库全书》本，台北商务印书馆1985年版。此外，陈仲箎：《宋永思陵平面及石藏子之初步研究》，《中国营造学社汇刊》第六卷第三期，1936年9月，《中国古代建筑史》第三卷，第210—212页，均有《思陵录》录文。
〔2〕 复原研究略去了《思陵录》所记有关部位的具体结构，这个内容请参见孟凡人《南宋帝陵攒宫的形制布局》《故宫博物院院刊》2009年第6期。
〔3〕 《宋会要辑稿》第二六册《礼三〇》之一〇、一一、一七、一八、三五、六四、九〇，第三〇册《礼三四》之二九、三〇，第三一册《礼三七》之一六、一九、二〇、二二、二三、三四、二五、二六、三九、四〇、四二、四三、四五、四六、七〇、七一等。
〔4〕 《宋会要辑稿》第三一册《礼三七》之四〇、七〇。

称禁止界，禁止界内不准动土斫果木，其范围大致在外篱寨封堠地外百步左右，禁止界内种果木[1]。

《宋会要辑稿》第三一册《礼三七》之二六"光宗永崇陵"条记载：庆元六年（1200年）十一月六日，"攒宫修奉司言：今来修奉攒宫所有下宫，俟标定上宫地段毕，依永阜陵礼例于上宫之后随宜修盖，从之"。据此可知，下宫当在上宫之后（北）。又《思陵录》记载："上下宫东壁札缚打立实竹篱七十余丈，西壁展套茨篱一百余丈"，似表明上下宫前后相连，并在南北同一轴线上[2]。这样，《思陵录》所记"绰楔门一座，安卓门二扇，并矾红油造"，则似位于上下宫之间，成为连接上、下宫的相通之门。

二　永思陵上宫的平面形制

殿门系攒殿前面的正门，《思陵录》记载，殿门三间入深 20 尺，心间阔 16 尺，两次间各阔 12 尺，面阔共 40 尺。攒殿《思陵录》简称殿，记殿三间，入深 30 尺，心间阔 16 尺，两次间各阔 12 尺。"龟头一座"，三间，入深 24 尺，心间阔 16 尺，两次间各阔 5 尺，面阔共 26 尺。记红灰墙周回 635 尺，红灰墙长宽按 1.5 : 1 计算[3]，面阔为 125 尺，合 25 步（125 尺 ÷ 5 = 25 步，125 尺 × 0.32 米 = 40 米）；进深为 192.5 尺，合 38.5 步（192.5 尺 ÷ 5 = 38.5 步，合 192.5 尺 × 0.32 米 = 61.6 米）。面积为（25 步 × 38.5 步）÷ 240 方步 = 4 亩；周长为（125 尺 + 192.5 尺）× 2 = 635 尺（合 635 尺 × 0.32 米 = 203.2 米）[4]，平面呈竖长方形（图 10 - 2 - 1）。

《思陵录》记载，里篱砖砌，周回 870 尺（278.4 米），按长方形进深与面阔之比 1.5 : 1 计算，其面阔为 174 尺（合 34.8 步，55.68 米），进深为 261 尺（合 52.2 步，83.52 米），平面呈竖长方形，面积为 7.56 亩。红灰墙南北壁两端距里篱东西壁各 4.9 步（（174 尺 - 125 尺）÷ 5 尺 = 9.8 步，9.8 步 ÷ 2 = 4.9 步）；红灰墙东西壁两端距里篱南北壁 6.85 步（（261 尺 - 192.5 尺）÷ 5 尺 = 13.7 步；13.7 步 ÷ 2 = 6.85 步）。

《思陵录》记载：里篱"东壁隔截砖墙系中城砖绕檐垒砌长四十丈"，该墙应为外篱东西壁间隔截墙，行文"东"字后缺"西"字，"壁"后缺"间"字，当位于外篱内南部[5]，并成

[1] 《宋会要辑稿》第三一册《礼三七》之一九、三九、三一，第三〇册《礼三四》之三一。

[2] 杨宽：《中国古代陵寝制度史研究》，上海人民出版社 2003 年版，第 67—68 页；刘敦桢主编：《中国古代建筑史》，中国建筑工业出版社 1980 年版，第 222 页。对上下宫串联在同一轴线上，也有不同意见，如刘毅：《宋代皇陵制度研究》（《故宫博物院院刊》1999 年第 1 期），在引用《宋会要辑稿》的记载后说："可见下宫是在上宫之后，即位于上宫之北，结合北宋诸陵实例来看，出于'五音姓利'的考虑，南宋诸陵下宫仍应在上宫之北偏西。"又郭黛姮：《中国古代建筑史》第三卷（中国建筑工业出版社 2003 年版）第 210 页说："至于上、下宫之间相对位置，未见记载，但南宋陵寝规则仍以北宋为蓝本，因此下宫也应位于上宫之西北，择取丙壬方位。"上述二说，仅供参考。

[3] 红灰墙周长 635 尺，按方形计算每边长为 158.75 尺，合 50.8 米。殿门和殿总进深为 74 尺，合 23.68 米，以此加上殿门与殿之间距，殿门与殿分别与南、北墙的间距综合考虑，进深 158.75 尺显得较短，安排较挤，故以平面长方形较合适。长方形平面以通常的 1.5 : 1 计算，下同。

[4] 本节均以一宋尺合 0.32 米换算。面阔 40 尺即为 12.8 米，面阔 26 尺即为 8.32 米，进深 20 尺即为 6.4 米，进深 30 尺即为 9.6 米，进深 24 尺即为 7.68 米。

[5] 参见《中国古代建筑史》第三卷，中国建筑工业出版社 1980 年版，第 205 页。

为外篱面阔之标准[1]。按长宽之比 1.5：1 计算，其面阔 400 尺，合 80 步（128 米），进深当为 600 尺，合 120 步（192 米），平面呈竖长方形，面积为 40 亩（80 步 × 120 步 ÷ 240 方步 = 40 亩）。里篱南北壁两侧距外篱东西壁分别为 22.6 步（400 尺 − 174 尺 = 226 尺，226 尺 ÷ 5 尺 = 45.2 步，45.2 步 ÷ 2 = 22.6 步），里篱东西壁两端距外篱南北壁分别为 33.9 步（600 尺 − 261 尺 = 339 尺，339 尺 ÷ 5 尺 = 67.8 步，67.8 步 ÷ 2 = 33.9 步）。考虑到南部置附属建筑，故外篱和里篱北壁间的距离，以及里篱南壁与隔截墙的间距亦以 22.6 步计之。这样里篱和外篱南壁间的距离即为 45.2 步（33.9 步 + （33.9 步 − 22.6 步） = 45.2 步），隔截墙与外篱南壁的间距亦为 22.6 步。

据上所述，永思陵上宫平面呈南北长方形。据《思陵录》记载，上宫建筑外层称外篱寨，外篱寨南面正中有外篱门，东西篱墙各有一座篱门。外篱于封堠间打立实竹篱，文献又称篱寨封堠禁地。外篱内南部有砖砌横隔墙，墙中间有南棂星门。外篱砖横隔墙内套内篱（里篱），内篱南壁正中有北棂星门。内篱环套神围红灰墙，红灰墙南墙正中有鹊台阙门。神围内中轴线上前后分置殿门，攒殿（献殿）龟头殿，龟头殿内地下为皇堂石藏。前述外篱门，南、北棂星门，鹊台阙门之间的通道，实际上可起神道作用，上述诸门与殿门和攒殿均在同一条南北中轴线上。上宫各部位的丈尺和面积已如前述，上宫总面积约 40 亩。

上宫的附属建筑，《思陵录》所记火窑子和水缸应置于攒殿前两侧。土地庙一组附属建筑似置于里篱南墙与外篱砖横隔墙之间的空间内，巡铺屋似于外篱寨四壁内或外各置一所[2]。除上所述，《思陵录》还记上宫有"条砖砂阶东西路道，阔四丈，长四十尺"，以及"上下宫诸处，白石板安砌路道长一百八十余丈"，其具体位置不明。

三　永思陵下宫的平面形制

《思陵录》记载，下宫殿门三间，各间面阔 14 尺，东西挟各一间，各间阔 16 尺；入深 20 尺。前后殿均三间，间阔 14 尺，入深 30 尺。后殿两侧东西挟屋各一间，间阔 16 尺，入深 30 尺。东西两廊各 18 间，入深 16 尺，间阔 11 尺。据上述记载，殿门总面阔为 74 尺（14.8 步，23.68 米），殿面阔与之相同。两侧东西廊进深 16 尺（3.2 步，东西向尺度），两廊进深之和为 32 尺，是庭院总面阔为 106 尺（32 尺 + 74 尺 = 106 尺，21.2 步）。后殿入深 30 尺，殿门入深 20 尺，东西廊与殿和后殿相接后，殿门和后殿外露部分按其进深之半计算，即为 25 尺，故庭院总进深为 223 尺（44.6 步，71.36 米）。据上所述，殿庭院落平面呈竖长方形，其面积为（44.6 步 × 21.2 步） ÷ 240 方步 = 3.94 亩，周长（106 尺 + 223 尺） × 2 = 658 尺，210.56 米。

《思陵录》记载，白灰围墙周长 1036 尺（207.2 步，331.52 米），按长宽 1.5：1 计算，其面阔为 206 尺（41.2 步，65.92 米），进深为 312 尺（62.4 步，99.84 米），平面呈

---

〔1〕《思陵录》记外篱门两壁各扎缚打立实竹篱二十余丈，亦可作为外篱面阔的参考。

〔2〕《宋会要辑稿》第二六册《礼三〇》之一七记载："攒宫按行使司言：相视到分立神穴，神围，所有永祐陵西篱寨铺屋及果木等有碍打量索路。"同书，第三一册《礼三七》之七四、七五记载：宪圣慈烈皇后"神穴系在永思陵正北偏西祔葬"，"按行使司言，攒宫地段分立神围，缘永思陵铺屋果木等有碍，乞行奏告，去拆，从之"。上述情况表明，铺屋应在外篱寨墙内外，且四面皆置铺屋。

竖长方形，面积为（41.2 步 × 62.4 步）÷ 240 方步 = 10.7 亩。庭院南北壁两侧，分距白灰围墙东、西壁 10 步（（206 尺 – 106 尺）÷ 5 尺 = 20 步，20 步 ÷ 2 = 10 步）；庭院殿门和后殿之南壁和北壁，分距白灰围墙南北壁各 8.9 步（（312 – 223 尺）÷ 5 尺 = 17.8 步，17.8 步 ÷ 2 = 8.9 步）。

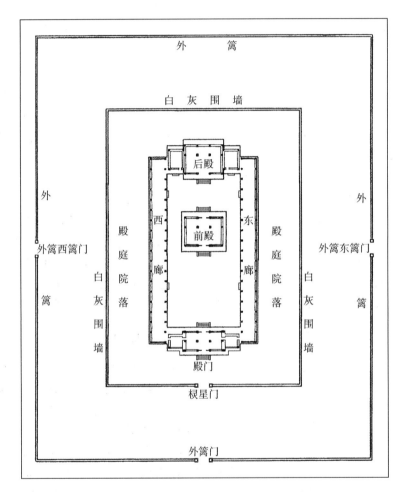

图 10 - 2 - 2　南宋帝陵攒宫永思陵下宫平面想象复原示意图

外篱按前述上宫外篱规制，面阔 400 尺，进深 600 尺[1]，平面呈竖长方形，面积 40 亩。白灰围墙南北壁两侧距外篱东西壁 19.4 步（（400 尺 – 206 尺）÷ 5 尺 = 38.8 步，38.8

[1]《思陵录》记载："上下宫东壁各扎缚打立实竹篱七十余丈，西壁展套茨篱一百余丈"；"上下宫东西两壁各打实竹篱长二十九丈六尺，并竹篱门二座"。上述记载的 70 余丈和百余丈，应为上下宫共打立竹篱长度，以此加上东西壁各打实竹篱 29.6 丈，上下宫东、西壁总长分别为百余丈和 130 余丈。上述记载表明，上下宫的规模应基本相同。本书取百余丈和 130 余丈之平均值 120 丈为复原标准，即上下宫东、西壁长各 600 尺，这个长度亦合 1.5∶1 的比例。

步÷2＝19.4 步）；白灰围墙南北壁与外篱南北壁之间各 28.8 步（（600 尺－312 尺）÷5
尺＝57.6 步，57.6 步÷2＝28.8 步）。因白灰围墙南壁与外篱南壁间置附属建筑较多，故白
灰围墙北壁与外篱北壁间距也按 19.4 步计算，这样白灰围墙南壁与外篱南壁之间距则为
38.2 步（28.8 步－19.4 步＝9.4 步，28.8 步＋9.4 步＝38.2 步，合 61.12 米）。

下宫位于上宫之后，两者规模相同，上下宫间有绰楔门连通，其平面亦呈南北长方
形。下宫外篱寨南墙正中有外篱门，东西寨墙各有一篱门。外篱寨内环套白灰围墙（相当
于内篱），白灰围墙南壁正中有棂星门。白灰围墙内环套殿庭院落，院落南部正中有殿门，
其后置前、后殿，在殿门和后殿两侧有东、西廊，形成殿庭封闭院落。上述绰楔门、外篱
门、棂星门、殿门和前后殿均位于下宫总体建筑的中轴线上。下宫各部位丈尺和面积已如
前述，下宫总面积亦为 40 亩。

下宫的附属建筑，大体是前后殿间置水缸四座，殿门与前殿间置火窑子一座，棂星门
内置水缸四座。其余的神厨和神厨过廊、奉使房、香火房、潜火屋、库房、换衣厅、庙
子、神游亭等似置于外篱门与棂星门所在的空间内，各附属建筑配置的具体方位，目前尚
难以考证。

四　皇堂石藏子的形制结构

皇堂在龟头殿地面之下。《思陵录》记载："皇堂开通长三丈七尺六寸，通阔三丈二
尺，深九尺，系里明。用擗土石五层，周回用一百六十段双石头，各长四尺、阔二尺、厚
一尺垒砌"（另一处记载"擗土石一重，厚一尺"）。皇堂底部，"已将神穴心桩土末起折
讫，又用底板石铺砌了"，"底板石三十段，内六段各长一丈二尺，阔三尺二寸（石藏子
底部）；二十四段各长四尺，阔二尺五寸，厚八寸"。

石藏子在皇堂中间。《思陵录》记载："龟头皇堂石藏子一座"，四壁"白石箱壁二
重，共厚四尺"。箱壁"系九层双石头，各长四尺，阔二尺，厚一尺，用三百二十四段垒
砌，并神穴心口已铺砌了，当用过石一段"。"用石板安砌打筑圆备，其皇堂里明深九尺，
（南北）长一丈六尺二寸，（东西）阔一丈六寸"。在石箱壁与皇堂擗土石间置"胶土各阔
四尺四寸"。

石藏内"椁长一丈二尺二寸，高七尺一寸，阔五尺五寸。将来四壁若下神煞并椁底及
进梓宫，次进椁身并安设天盘囊网，委得并无妨碍"。"纳梓宫于中，覆以天盘囊网"后
即掩攒。石箱壁上有"青石子口一十四段，石藏上压栏使用，各阔一尺九寸五分，厚八
寸，长短不等"。青石压栏上铺"承重柏木枋二十二条，阔狭不等，折合阔一丈六尺二寸，
长一丈二尺二寸，各厚八寸"；次铺毡条"两重，长一丈六尺，阔一丈二尺，用八六白毡
四领，四六白毡八领两重，共约厚二寸"；次铺竹箴，然后用青石条掩攒讫（"青石盖条
用一十条，各长一丈五尺、阔二尺，厚一尺"），上用香土二寸，（香土上用）客土六寸。
然后以方砖砌地（面），其实土不及尺耳[1]。又说："安砌盖条青石十条，高一尺，打筑
铺砌砖土共厚一尺，通深一丈二尺。箱壁石用铁古字（鼓卯），并铅锡浇灌。"

---

[1]　据《思陵录》淳熙十五年三月戊午记事载。

　　按《思陵录》记载龟头殿三间，入深二丈四尺，心间阔一丈六尺，两次间各阔五尺，显然小于皇堂的进深和面阔。故皇堂施工应先于龟头殿，且皇堂石藏子外周边胶土和擗土石有相当部分被压在龟头殿壁之下，其南侧则部分深入攒殿之内。

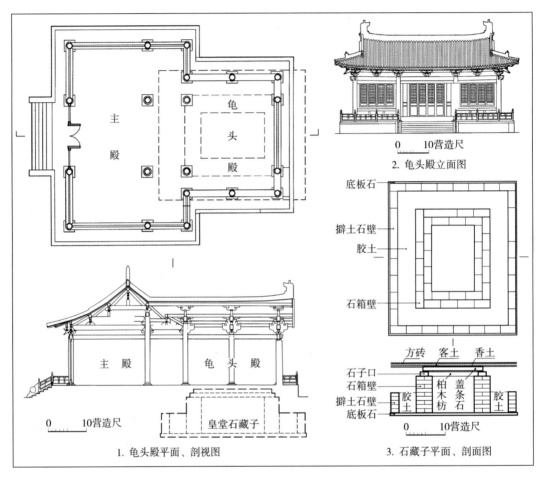

图 10-2-3　南宋帝陵攒宫永思陵上宫龟头殿复原示意图

1.2. 龟头殿想象复原平面、剖视和立面图　3. 石藏子想象复原图

（引自《中国古代建筑史》第三卷，中国建筑工业出版社 1980 年版）

　　《宋会要辑稿》所记皇堂结构远不如《思陵录》全面而具体，但有三点可作补充。

　　第一，皇堂石藏尺度。光宗"皇堂石藏照得高宗皇帝、孝宗皇帝石藏里明长一丈六尺二寸，阔一丈六寸，深九尺"修奉施行[1]。此后宁宗、理宗和度宗皇堂石藏尺度无载。宁宗庆元三年寿圣隆慈备福光祐太皇太后（宪圣慈烈吴皇后）崩，原拟"修奉攒宫并依显仁皇后体例施行。所有皇后石藏，省记得显仁皇后石藏里明长一丈四尺八寸八分，阔一

––––––––––––––––

〔1〕《宋会要辑稿》第二六册《礼三〇》之六四，第三一册《礼三七》之二六。

丈三寸，深九尺。若依此辅砌，窃恐至期安下神杀，外椁空分窄狭，事属利害。照得高宗皇帝石藏里明长一丈六尺二寸，阔一丈六寸，深九尺……，从之。"[1]以此证之，庆元三年之前皇后皇堂石藏尺度与显仁皇后皇堂石藏尺度相同，均小于高宗永思陵皇堂石藏尺度。其次，该条史料也间接地证明宁宗皇堂石藏尺度同高宗永思陵。即南宋诸帝陵攒宫皇堂石藏尺度应相同，具体尺度《宋会要辑稿》与《思陵录》所记也完全相同。皇后皇堂石藏尺度，除庆元三年宪圣慈烈皇后皇堂石藏尺度同永思陵外，此后其他皇后皇堂石藏尺度或亦如是。上述皇堂石藏里明均深九尺，属阴阳堪舆说之吉尺[2]。

第二，石藏别置石壁，打筑胶土。高宗永思陵石藏打筑胶土，"攒宫修奉使司言，攒宫石藏利害至重。二浙土薄地卑，易为见水，若不措置，深恐未便。谨别彩画石藏图子一本，兼照得厢壁离石藏外五尺，别置石壁一重，中间用胶土打筑，与石藏一平，虽工力倍增，恐可御湿。从之"[3]。其他诸帝陵石藏结构，亦如是[4]。上述史料阐明了石藏别置石壁、打筑胶土的原因，从而弥补了《思陵录》记载之不足。此外，南宋帝陵石藏打筑胶土之做法，对后代江南墓葬结构也产生了重要的影响。

第三，椁和梓宫进皇堂程序。除前述《思陵录》记载外，其他记载如高宗永思陵，"二十二日诏，皇堂内椁，令有司用沙版随宜修制，候将来掩皇堂时，先下椁底版，俟进梓宫于椁底版上，定正讫，然后安下椁身，次将天盘囊网于椁上安设[5]。梓宫已有牙脚，止用平底，可就修奉攒宫处制造"[6]。其他帝后陵亦如是[7]，较《思陵录》所记更为详细和具体。此外，《宋会要辑稿》还记有"皇堂隧道"[8]，其位置和结构不明。

除上所述，永思陵以外诸帝陵攒宫的平面形制和规模，根据《宋会要辑稿》所记诸帝陵攒宫建筑主要构成要素相同，并与《思陵录》记载完全对应；《宋会要辑稿》记载永思陵和诸帝陵攒宫皇堂石藏丈尺相同，并与《思陵录》的记载完全一致（皇堂石藏是攒宫规划设计的基准）来看，南宋诸帝陵攒宫的平面形制应与永思陵基本相同。关于诸陵攒宫规模（用地面积），亦当与永思陵相似。但是，由于南宋陵区狭窄，选择合适陵位较难，故诸陵多有相侵和随宜营建现象[9]。所以诸陵攒宫用地面积也有微调或缩小的变化[10]。

〔1〕《宋会要辑稿》第三〇册《礼三四》之二九，第三一册《礼三七》之七四。

〔2〕参见冯继仁《论阴阳堪舆对北宋皇陵的全面影响》，《文物》1994年第8期。

〔3〕《宋会要辑稿》第三一册《礼三七》之二四。

〔4〕《宋会要辑稿》第二六册《礼三〇》之一一，第三一册《礼三七》之二四、七一。

〔5〕《宋史》卷一二二《礼志二十五》记载：宣祖安陵"进玄宫有铁帐覆梓宫"。《宋朝事实》卷十三记载：永厚陵"梓宫升石椁西首……巳时一刻，乃下置珠网花结于上"。"天盘囊网"似与上述置物相似。《宋会要辑稿》第二六册《礼三〇》之三五、三六记载了掩攒仪式。掩攒又称掩皇堂，其中以孝宗条记载最详。

〔6〕《宋会要辑稿》第三一册《礼三七》之二四。

〔7〕《宋会要辑稿》第二六册《礼三〇》之六二，第三〇册《礼三四》之二八，第三一册《礼三七》之七四。

〔8〕《宋会要辑稿》第三一册《礼三七》之一六。

〔9〕《宋会要辑稿》第二六册《礼三〇》之一七，第三〇册《礼三四》之三一，第三一册《礼三七》之七〇。

〔10〕《宋会要辑稿》第三一册《礼三七》之一九，第二六册《礼三〇》之一七，第三〇册《礼三四》之三一，第三一册《礼三七》之七〇等。

第三节　南宋和北宋帝陵形制布局的比较

一　南宋和北宋帝陵形制布局相异之处

南宋帝陵攒宫与北宋帝陵的形制布局，从表象上看明显不同。比如，南宋帝陵上宫无北宋帝陵上宫式的神道，神道上的鹊台、乳台和神道两侧的石像生；无北宋帝陵上宫式的神墙、神门、门阙、门狮、宫人、阙亭，无陵台，无北宋帝陵式的皇堂。南宋帝陵攒宫由北宋帝陵上宫宫城的方形变为长方形，宫城内从北宋帝陵献殿与陵台分置变为献殿与龟头殿和皇堂连为一体，龟头殿取代了陵台的位置；并出现火窑子、水缸、土地庙、棂星门和服务设施。南宋帝陵上宫实际上是以中轴线上的外篱门、横隔墙和内篱南北棂星门、神围鹊台阙门间的通道为神道，改变了此前历代神道的模式，（此种神道形式为中国古代帝陵中的孤例，但与西夏王陵神道有相似之处）。南宋帝陵下宫改变了北宋帝陵下宫在上宫西北并截然分离，下宫规模小于上宫的传统，而将上下宫置于同条中轴线上（下宫在上宫之北），形成规模基本相同，南北以绰楔门连通的建筑群。在具体形制上，下宫出现东、西廊庑并形成封闭式的殿庭院落；服务设施多于北宋帝陵下宫，名称亦有所变化，此外还新出现了土地庙、神游亭、火窑子和水缸等设施。北宋帝陵内、外篱寨为棘寨（或言"周以枳橘"），现地面上已无反映，文献记载也不清楚；而《思陵录》则明确记载南宋攒宫外篱寨为竹篱（南北方之差异），内篱砖筑，并变成上下宫形制、布局和结构必不可少的有机构成部分。北宋帝陵规模远小于唐陵，南宋帝陵攒宫又较北宋帝陵规模小许多。以永思陵为例，其上宫的面积还不及北宋帝陵上宫面积之半[1]，因而南宋帝陵攒宫乃是中国古代规模最小的帝陵（不包括小的地方割据王朝之陵墓）。此外，南宋帝陵无北宋帝陵的陪葬墓、陵邑和会圣宫之类的建筑，佛寺设置情况也不同于北宋帝陵。

除上所述南宋帝陵选址风水理念较北宋帝陵有一定的发展和变化。比如，南宋帝陵选址提出了与风水有关的主山（帝陵背屏）、山势的拱卫、环抱（"龙虎掩抱"，即龙砂、虎砂抱卫）、朝揖（"朝揖分明"）之势；提出了"林木郁茂""土色黄润"和土肉厚薄问题；提出了"王气秀聚""气脉隐藏"，以及"形势起伏""天造地设"的自然环境等。凡此，已初步达到了攒宫选址外观山形，内察地脉，景物天成的境地。这是北宋帝陵选址所未见的新现象（开明代帝陵选址标准之先河），值得注意。

二　南宋攒宫与北宋帝陵的营建理念和规制一脉相传

（一）同以国音制约帝陵选址和神穴定位

南宋卜选陵区和各帝陵神穴，一如北宋重"五音姓利"，皇室赵姓属角音，角音所利为壬（正北偏西）、丙（正南偏东）两向。赵姓角音又称国音，陵区与神穴均按"国音之

---

[1]　北宋帝陵上宫方形，边长150步，合240米。面积为93.75亩，永思陵上宫面积仅40亩。

利"进行卜选。南宋人赵彦卫在评述北宋帝陵"协于音利"之后说，"今绍兴攒宫朝向，正与永安诸陵相似，盖取其协于音利，有上皇山新妇尖，隆祐攒宫正在其下"〔1〕。在具体选址过程中，《宋会要辑稿》记述南宋诸帝攒宫选址均与国音有关，下举五例。(1) 徽宗攒宫选址，"道士潘道璋所献会稽山龙瑞宫地，即与国音姓利相达"；又按视"昭慈圣献皇后攒宫西北地段，寿命主山三男子孙之位，形势高大，林木郁茂，土色黄润，一带王气秀聚，宜于此地卜穴，修制攒宫"，这里"山岗顺于国音，风水便于地里，乃为圣来万世之利"〔2〕。(2) 孝宗攒宫选址，"相视神穴，合在永思之西，缘其地土肉浅薄，虽民有献者又皆窄狭，与国音相妨，乞于永思之西向南近上安建"〔3〕。(3) 光宗攒宫选址，"相视得大行太上皇帝神穴，系在永阜陵西永思陵下空闲地段，委是国音王气秀聚之地，依得尊卑次序，可以安建"〔4〕。(4) 宁宗攒宫选址，"相视得泰宁山，形势起伏，龙虎掩抱，依经书于此并建大行皇帝神穴，亦合"；这里有泰宁寺，"素擅形势之区名，名为绝胜之境，岗峦怀抱，气脉隐藏，朝揖分明，落势特达，是乃天造地设，储之数百年，以俟今日之用"，"今此神穴坐壬向丙，亦与国音为利"〔5〕。(5) 安恭皇后攒宫近旁山坡危，"太史局言，山破开裂处，正是国音天柱山主山及连接青龙阳气之位，依经止宜补治，不当开掘，从之"〔6〕。此外，甚至梓宫发引路线也要"协于音利"〔7〕。

此外，两宋帝陵神穴配置尊卑有序，均实行昭穆葬。南宋帝陵陵域号称回环二十里，亦比拟北宋帝陵陵域〔8〕。南宋帝陵与北宋帝陵均将诸帝葬于同一陵域内，陵域内又分区埋葬〔9〕；南、北宋帝陵各陵陵名均以"永"字打头，葬期均以七个月为限，均帝后同茔合葬，皇后单独起陵葬于帝陵之西北〔10〕；各陵的形制布局均整齐划一，随葬品的种类与北宋帝陵基本相同〔11〕。各陵均有上、下宫，帝后共用一个下宫。上宫均以献殿皇堂为主体建筑，下宫均以前后殿为主体建筑，上下宫均配置巡警铺屋；各陵均有内外篱寨封堠禁地，禁地广植林木〔12〕；陵域内均配置佛寺〔13〕，诸陵均未见陵碑，如此等等，不一而足。

〔1〕 (南宋) 赵彦卫：《云麓漫钞》卷九，《丛书集成初稿》，商务印书馆1935—1937年版。

〔2〕 《宋会要辑稿》第三一册《礼三七》之一八。

〔3〕 《宋会要辑稿》第三一册《礼三七》之二五。

〔4〕 《宋会要辑稿》第三一册《礼三七》之二六。

〔5〕 《宋会要辑稿》第三一册《礼三七》之二六、二七。

〔6〕 《宋会要辑稿》第三一册《礼三七》之四六。

〔7〕 《宋会要辑稿》第二六册《礼三〇》之二三。

〔8〕 《宋会要辑稿》第三一册《礼三七》之七二、七三记载："惟攒宫之地，旧占百步。去冬新立四隅，四隅之内回环不啻二十里"，并将"回环二十里"之内称"陵域"；赵彦卫《云麓漫钞》卷九说：北宋帝陵"计一百一十三顷，方二十里云"。按，二者对比，可知前者比附于后者。但北宋帝陵陵域远大于方二十里。参见《北宋皇陵》第3页。

〔9〕 昭慈陵、永祐、永思、永阜、永崇陵基本为一区，永茂陵单独一区，永穆陵、永绍陵陵位不明。

〔10〕 南宋帝陵，后葬者多葬于先葬帝陵之西北或北偏西，后陵攒祔亦如是。个别陵位有变化。

〔11〕 从《宋会要辑稿》以及《宋史》等所记南宋诸陵的部分随葬品来看，南宋帝陵随葬品的种类大体如北宋帝陵，只是品种和数量远少于北宋帝陵。

〔12〕 北宋帝陵广植松、柏，故称柏城。南宋攒宫则植果木。

〔13〕 《宋会要辑稿》第三一册《礼三七》之四〇。

（二）攒宫形制与北宋帝陵有内在关联

北宋皇帝崩至陵建成入葬的七个月左右暂厝，暂厝称攒，暂厝之殿称攒宫[1]，南宋帝陵攒宫即因此而名之。其攒宫上宫的神围（《思陵录》红灰墙），相当于北宋帝陵上宫宫城的神墙，攒殿即北宋帝陵上宫宫城内之献殿，龟头殿则相当于北宋帝陵上宫的陵台，皇堂石藏子即相当于北宋帝陵的皇堂。北宋帝陵献殿，地面遗迹无存，文献记载简略，形制不明。《思陵录》则较明确地记载了攒殿的形制布局和结构，《宋会要辑稿》又较详细地记载了在攒殿举行迁奠礼等丧礼仪式[2]，凡此均可弥补北宋帝陵这方面之不足。至于皇堂石藏子，虽然相当于北宋帝陵皇堂，但其与北宋前期帝陵皇堂的形制结构完全不同。实际上南宋帝陵皇堂与石藏子是指四石厢壁里明深九尺，长一丈六尺二寸，阔一丈六寸部分[3]，规模很小。按北宋帝陵仁宗永昭陵已"以巨木架石为之屋"，"圹中又为铁罩"；英宗永厚陵"始为石藏"[4]，作为石藏的"石椁高一丈，其凿长一丈二尺，深阔七尺，盖条石各长一丈，阔二尺，十四板"，并在梓宫上"置珠网花结"；石椁之外有"皇堂方三丈，深二丈三尺"[5]。其后钦圣宪肃向后和钦成朱后则用石地宫[6]。又北宋帝陵永厚陵陪葬墓中的燕王赵颢墓，墓室上下两层，上层砖筑，墓室平面呈圆形，穹形顶，直径近8米，高约6米。下层墓室石砌于上层墓室内之下的中部，平面方形；室内东西两侧各立一方形石柱（边长0.47米、高2.6米），柱上横架方形过梁（边长0.9米），其上覆盖条石。条石南北两排，每排7块，每块长2米、宽0.8米、厚0.4米，有的条石上刻有"寿堂"字样。条石既为下层盖顶，又为上层墓室的铺地石[7]。据上所述，可知南宋帝陵皇堂石藏乃是因袭北宋永厚陵"石藏"之称，其形制则是在将北宋永厚陵"石藏"形制的"石椁"和燕王赵颢墓室下层石墓室形制相结合的基础上，又按照其暂厝的目的和当地自然环境的要求而发展形成的一种特殊的形制。至于南宋帝陵椁上安设天盘囊网，大概是从北宋帝陵"铁帐覆梓宫"[8]，"圹中为铁罩"，梓宫上"置珠网花结"之类情况逐步演变所形成的一种新的形式。又南宋帝陵红灰墙即神围之门称鹊台，北宋帝陵鹊台位于神道乳台之南陵区入口处，南宋帝陵无北宋帝陵式的神道和石像生，神围之外为内、外篱寨，故将象征正式进入神围（相当于北宋帝陵上宫宫城）之门筑成鹊台式阙门。

南宋帝陵的下宫，一如北宋帝陵下宫仍以前后二殿为主体建筑（正殿和影殿），并配置诸服务性的附属建筑。其主要变化是在后殿与殿门间以东西廊围合成完整的庭院，

〔1〕《宋史》卷一百二十二《礼二五》，卷一百二十三《礼二十六》。

〔2〕《宋会要辑稿》第二六册《礼三〇》之三五、三六。

〔3〕皇堂石藏子之外筑胶土，且龟头殿又不将其完全覆盖。《宋会要辑稿》第二十六册《礼三〇》之六四，则仅将石厢壁内里明部分称皇堂石藏。

〔4〕程颐：《代富弼上神宗皇帝论永昭陵疏》，《二程文集》卷四，《丛书集成初编》，商务印书馆1935—1937年版。

〔5〕（宋）李攸：《宋朝事实》卷十三，《丛书集成初编》，商务印书馆1935—1937年版。

〔6〕《宋会要辑稿》第二九册《礼三三》之二五、四五。

〔7〕参见《北宋皇陵》第199页。

〔8〕《宋史》卷一百二十三《礼志二十五》。

出现棂星门[1]和外篱门。此外，附属建筑较北宋帝陵下宫增多。

　　总之，南宋帝陵攒宫的外在形制布局与北宋帝陵形制布局相异，但其内在的营陵理念和规制却与北宋帝陵一脉相承，攒宫上、下宫的主要构成要素也与北宋帝陵相同。故可认为，南宋帝陵攒宫的形制布局乃是沿着北宋帝陵的轨迹，在新形势下突出了攒宫特质、适应当地自然条件，同时又以宋代帝陵"祖制"为主线，创造性地进行巧妙安排设计的结果[2]。从而在中国古代帝陵史中独树一帜，并对明代帝陵的形制布局产生了重要的影响[3]；其皇堂打筑胶土和石藏对后代江南大墓也有较大影响[4]。因此，那种认为南宋帝陵攒宫昙花一现，无足轻重的看法是毫无根据的。其在中国古代帝陵史中的地位和作用，随着今后研究的深入发展，必将会作出重新认定和恰当的评价。

---

[1]　文献未明确记载北宋帝陵下宫有棂星门。但是，《宋史》卷一百二十三《礼志二十六》，濮安懿王园庙条记载庙中有棂星门。

[2]　南宋帝陵攒宫的形制，与西夏陵陵园形制有某些相似之处。参见孟凡人《宋代至清代帝陵形制布局研究》，中国社会科学出版社 2021 年版，第 174—175 页。

[3]　对明代帝陵形制布局的影响。参见孟凡人《宋代至清代帝陵形制布局研究》，中国社会科学出版社 2021 年版，第 174—175 页。

[4]　参见孟凡人《宋代至清代帝陵形制布局研究》，中国社会科学出版社 2021 年版，第 174—175 页。

第十一章　辽代庆东陵

第一节　辽陵概说

　　辽代共五陵，其中辽祖陵、怀陵、显陵和乾陵考古工作较少，情况不甚清楚。辽庆陵三陵（庆东陵、庆中陵、庆西陵）均被盗掘，地面遗迹残存无几，地宫破坏。但是，庆东陵在已出版的《庆陵》报告中，对地宫的形制和残存的壁画有较详细的记述，庆中陵和庆西陵则资料很少，故本章主要介绍庆东陵。

　　辽代九帝五陵，除本节将重点介绍的庆东陵外，其余四陵概况如下：（1）祖陵，葬辽开国皇帝耶律亿（阿保机，在位于916—926年）。天显元年（926年）阿保机病逝于扶余城，享年55岁，天显二年葬祖陵[1]。祖陵在今内蒙古自治区赤峰市巴林左旗林东镇（辽上京故址）西偏北约20公里祖州故城（哈达英格乡赛勒木格山前石房子林场内，俗称石房子）之西北约2.5公里的山谷中，以祖州城为奉陵邑，置天城军节度使以奉陵寝。辽亡陵寝被金兵破坏，20世纪初以来日本人和当地军阀多次试图盗掘，未果。祖陵附近曾发现契丹大字碑文残片，2005年曾经对祖陵进行考古调查和测绘[2]。（2）怀陵，葬太宗和穆宗。太宗耶律德光于大同元年（947年）四月崩于栾城，九月葬于凤山，称怀陵[3]。穆宗耶律述律于应历十九年（969年）二月遇弑，祔葬怀陵[4]。怀陵在今内蒙古自治区巴林右旗岗岗庙村（怀州故址）北六里床金沟内，以怀州为奉陵邑，置怀州奉陵军[5]。床金沟山谷内以石墙围成陵园，沟口设陵门，陵园中部横砌石墙将陵园分为内外二区。山谷北端为内陵区，区内西山脚下较平缓的台地上建二陵，陵前东南约300米处分建享殿。靠南端的陵墓封土圆形，现高约5.2米，直径约32米，顶部有一大坑，直径约13米，深

---

〔1〕《辽史》卷二《太祖下》，卷三七《地理志一》，卷七一《后妃》；闵宣化：《东蒙古辽代旧城探考记》，载冯承钧译《西域南海史地考证译丛》第三卷，商务印书馆1999年版；贾州杰：《内蒙古昭盟辽太祖陵调查记》，《考古》1966年第5期；中国社会科学院考古研究所内蒙古第二工作队、内蒙古文物考古研究所：《内蒙古巴林左旗辽代祖陵陵园遗址》，《考古》2009年第7期；中国社会科学院考古研究所内蒙古第二工作队、内蒙古文物考古研究所：《内蒙古巴林左旗辽代祖陵陵园黑龙门址和四号建筑基址》，《考古》2011年第1期。
〔2〕《辽代祖陵建筑钻探、测绘》，载《中国考古学年鉴2005》，文物出版社2006年版，第154—155页。
〔3〕《辽史》卷四《太宗下》。
〔4〕《辽史》卷七《穆宗下》。
〔5〕《辽史》卷三七《地理志一》。

约 0.7 米，其对应的享殿残存柱础和花纹方砖。该陵之北约 800 米之陵不见封土，只残存
一深约 2.1 米，直径约 27 米的大坑，附近残存汉白玉莲花纹柱础和牡丹纹方砖[1]。辽亡
二陵遭金兵破坏，其何为太宗陵和穆宗陵已不清楚。20 世纪 70 年代以后曾对二陵进行多
次考古调查，1990 年还发掘了陵区内的陪葬墓。（3）显陵，葬东丹人皇王耶律倍及其子
世宗耶律兀欲（947—951 年在位）[2]。陵在今辽宁省北镇市医巫闾山董家坟和龙岗村一
带山谷中，置显州奉先军[3]，陵的具体情况不明。（4）乾陵，葬景宗耶律贤（969—983
年在位），统和元年（983 年）入葬[4]。金皇统五年（1145 年）天祚帝耶律延禧
（1101—1123 年在位）祔葬于乾陵旁[5]。乾陵亦在医巫闾山，在显陵附近，置乾州广德
军[6]，陵之具体情况不明。

　　庆陵位于今内蒙古自治区赤峰市巴林右旗庆州故城（察干索博罗嘎，俗名白塔子）西北
约 25 里的黑岭东南麓（图 11 - 1 - 1），今名王坟沟（蒙语称"瓦尔漫哈"，有砖瓦的沙丘之
意）。这一带属大兴安岭南行正干余脉，辽代称黑山、黑岭、缅山等[7]。当年圣宗驻跸黑
岭，爱羡曰："吾万岁后，当葬此。"兴宗遵遗命，建永庆陵[8]。圣宗太平三年（1023
年）赐名永安山[9]，太平十一年（1031 年）六月己卯帝崩于行宫，景福元年（1031 年）
十一月葬于庆陵，永安山改名庆云山[10]。仁德皇后死于重熙元年（1032 年），祔葬太祖
陵附近，大康七年（1081 年）迁祔于永庆陵[11]。钦爱（哀）皇后死于清宁三年（1057
年）十二月，翌年五月祔葬于永庆陵[12]。重熙二十四年（1055 年）八月兴宗崩于行宫，
清宁元年（1055 年）十一月"葬兴宗于庆陵"，名为永兴陵[13]。仁懿皇后崩于大康二年
（1076 年）三月，祔葬于永兴陵[14]。道宗崩于寿昌七年（1101 年），[15]宣懿皇后崩于大
康元年（1075 年）十一月，乾统元年（1101 年）六月与道宗同葬于永福陵[16]。上述永
庆陵、永兴陵、永福陵三陵名称见于哀册文[17]，《辽史》则统称葬于庆陵，是庆陵又是

[1]　张松柏：《辽怀州怀陵调查记》，《内蒙古文物考古》1984 年第 3 期。

[2]　《辽史》卷七二《宗室》，卷五《世宗》。

[3]　《辽史》卷三八《地理志二》。

[4]　《辽史》卷九《景宗下》。

[5]　《辽史》卷三〇《天祚皇帝四》。

[6]　《辽史》卷三八《地理志二》。

[7]　《辽史》卷三七《地理志一》；《契丹国志》卷五《穆宗天顺皇帝》；（宋）沈括：《梦溪笔谈》卷二四；巴林右
　　　旗博物馆：《辽庆陵又有重要发现》，《内蒙古文物考古》2000 年第 2 期；曹建华、金永田主编：《临潢史迹》，
　　　内蒙古人民出版社 1999 年版。

[8]　《辽史》卷三十七《地理志一》。

[9]　《辽史》卷十六《圣宗七》。

[10]　《辽史》卷十七《圣宗八》，卷十八《兴宗一》；［日］田村实造、［日］小林行雄：《庆陵》，京都大学文学部
　　　1953 年版，第 216 页。

[11]　《辽史》卷十八《兴宗一》；《续资治通鉴长编》卷一一〇；《契丹国志》卷八。

[12]　《辽史》卷二一《道宗一》。

[13]　《辽史》卷二〇《兴宗三》，卷二一《道宗一》。

[14]　《辽史》卷二三《道宗三》。

[15]　《辽史》卷二六《道宗六》。

[16]　《辽史》卷二三《道宗三》。

[17]　［日］田村实造、［日］小林行雄：《庆陵》，京都大学文学部 1953 年版。

上述三陵的总称。永庆、永兴、永福三陵分别为圣宗、兴宗和道宗陵[1]，现在俗称为庆东陵、庆中陵和庆西陵，1988 年庆陵被列为全国重点文物保护单位。

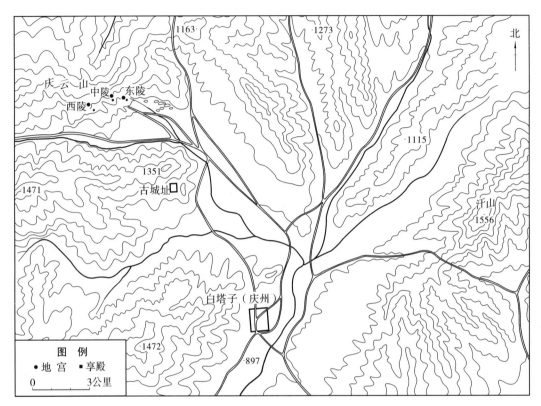

图 11 - 1 - 1　内蒙古赤峰市辽庆陵地理位置图
（引自《中国古代建筑史》第三卷，中国建筑工业出版社 1980 年版）

三陵的具体位置。庆云山顶标高 1489 米，其南斜面标高约 1420 米，南斜面有三道山脊，山谷间泉水出露成溪。这里属沙丘草地，三陵所在山麓一带溪水下流合于沙丘平地后从西向东流入白河。庆云山生长着柏树、榆树、桦树和野芍药等灌木，植被较好。东侧山脊下山麓标高 1199 米处置东陵地宫（后面山头与地宫水平距离约 600 米）；其西约 640 米山脊下山麓标高 1270 米的缓坡处置中陵地宫（后面山头与地宫水平距离 270 米）；再西距中陵约 1400 米的山脊下山麓标高 1324 米较陡峻处置西陵地宫（图 11 - 1 - 2）。三座帝陵地宫之上今均未见封土或其他标志物，东陵因盗掘露后室顶部破坏洞口和其前面的土坑，由此可窥见地宫部分结构。中陵遭盗掘，地宫前面残存盗掘深沟，露券顶，有盗洞。西陵残存盗坑，地宫顶部塌落，露出直径约 2.5 米的圆洞。

辽亡，金人焚庆陵，掘宝物，陵寝遭严重毁坏[2]。近代以来，又遭多次盗掘，下面

〔1〕　［日］田村实造、［日］小林行雄：《庆陵》，京都大学文学部 1953 年版。
〔2〕　（宋）徐梦莘：《三朝北盟会编》卷一二一，江苏广陵古籍刻印社 1987 年版；（金）王寂：《拙轩集》卷三。

据《庆陵》一书所述略作介绍。

据传闻早在 19 世纪末（闵宣化 1920 年调查庆陵前约 30 年），当地百余人曾盗掘庆陵中之一陵。

刘振鹭《辽代永庆陵被掘纪略》（《辽陵石刻集录》卷六）记载："民国二年（1913年）林西县长某，以查勘林东垦地，道出其地，读碑文，识为辽圣宗陵，意其必富宝藏，遂于民国三年秘密发掘。"发现"比诸骸骨有委于地面者，有陈于石床者，更有用铜系罩护其全体者"。

1920 年五六月间，法国天主教神父闵宣化（Jos. Mullie，又译作牟里。1909—1930 年在当时的热河省内传教），到白塔子（庆州故址）附近踏察。其成果以《巴林蒙古大辽帝国的故都》为题（"Les anciennes villes de l'empire des grands Leao au royaume Mongol de Barin"），发表于 1922 年的《通报》上（*T'oung Pao*，Vol. XXI，pp. 177－201，1922）。文中将白塔子附近的辽陵比定为庆陵，但未提出是庆陵的证据。

1922 年 6 月，住在白塔子南方浩珀都部落的法国天主教神父梅岭蕊（R. P. L. Kervyn，1905—1939 年在当时热河省内传教），盗掘了兴宗的中陵。在陵内发现汉字哀册碑石二面，契丹文字哀册碑石二面。碑文临摹发表于《北京天主教会公报》（*Le Bulletin de Catnorique de Pekin.* Vol. 118）上。契丹文哀册文发表后，引起国际东方学界的重视。

传闻在梅岭蕊调查的同一年，当时任林西县县长的王士仁（铁栅）亦盗掘兴宗陵，将仁懿皇后哀册篆盖盗至林西县城隍庙存放（王士仁与梅岭蕊两次盗掘是共同进行，还是先后进行，情况不明）。

1930 年夏，受命于当时热河省主席汤玉麟之子汤佐荣，大肆盗掘东陵和西陵（中陵内水深，未盗）。这次盗掘有巡警介入（当时赤峰警务局长郭子权指挥），将东、西陵内木椁门割开。最终将圣宗、仁德皇后、钦爱皇后、道宗和宣懿皇后的汉文哀册 5 合 10 面，契丹文哀册 2 合 4 面（共 14 面），以及许多随葬品和明器，用牛车和骆驼运至承德。

1930 年 10 月，日本鸟居龙藏调查庆陵，看到汤佐荣盗掘后遗于陵内的零散木片和一些遗物（鸟居《满蒙を再び探る》，104—120 页"ワール·マンハ陵墓の调查"，1932年）。此次鸟居对东陵壁画和建筑装饰图案进行了拍摄和记述（鸟居《辽代の壁画に就て》，《国华》，第四一编第九·一○·一一·一二册，1931 年）。1933 年 10 月，鸟居再次调查庆陵（《辽の文化を探る》，1936 年）。

1931 年 7 月，日本东亚考古学会派遣内蒙古调查团。其中江上波夫、田村实造和摄影师田中周治一行调查了庆陵，仅对东陵进行概测和调查，未发现遗物。

1934 年 10 月，日本关野贞到庆陵调查。1935 年在关野贞的倡导下，日满文化协会决定对东陵壁画进行摄影，但此项工作着手前关野贞猝逝。此后，这项工作在黑田源次和竹岛卓一指导下，于 1935 年 9 月 1 日完成摄影工作。

日本学者为介绍庆陵遗迹、壁画和遗物，委托京都大学羽田亨编著调查研究报告。为此，需补充摄影资料和制成精确实测图，所以 1939 年 8 月又组成田村实造、小林行雄等人（包括中国的李文信）为主的调查团。这次调查以东陵为主，中陵和西陵仅进行了地面调查。其成果见田村实造、小林行雄共同撰写的《庆陵——东蒙古辽代帝王陵及其壁画考古学的调查报告》共二册（京都大学文学部，1952 年、1953 年）。本章即依据该报告进行介绍。

除上所述，1949 年以后内蒙古考古工作者又多次到庆陵进行考古调查。

第二节　庆东陵陵园遗迹与地宫的形制

一　庆东陵陵园遗迹

庆东陵陵园仅残存享殿，陵门和神道等部分遗迹，其情况简述如下。

（一）享殿遗址群

享殿遗址群（图 11－2－1）在地宫之南偏东约 200 米地势较平缓的丘陵上，此处方约 300 米的范围内残存 20 余个台基遗址。享殿建筑群的台基遗迹形成面阔约 68 米，进深约 90 米的长方形平面。北部中央享殿台基面阔约 29 米，进深约 42 米，台基面平坦。其上有 6 列柱础石，6 列柱础石除南数第 4 列中间少两个柱础石（减柱），余者每列均 6 个柱础石。此外，南数第三列中间四个柱础石及第四列两端的柱础石，又置副础石；第五列中间二柱石之前和左右各加一比前述副础石小一半的小础石（图 11－2－1、图 11－2－2）。第二、三列柱础石间距 5.33 米，其余为 4.73 米，开间基本间距 4.73 米。享殿台基面阔五间，进深五间，方约 24 米（外侧柱心之间距离），享殿内似为面阔三间，进深二间，周围为回廊（前面二间，余者一间）；享殿之前为面阔 24 米，进深 12 米的月台。上述柱础石为方形花岗岩，一般边长约 80 厘米，最大的主础石为 89×82 厘米，最小的为 54×56 厘米。柱础石面平，仅第二列西数第二个较小的础石（边长约 68 厘米）面上有直径约 28 厘米、高约 1 厘米的覆盆。础石面与享殿地面平，享殿用边长 36 厘米、厚 6 厘米的方砖铺地面。由于础石大小不一，故有时又随机用边长 36 厘米、宽 24 厘米长方形砖铺设地面。此外，有迹象表明，前述第四列中间缺础石部位及其附近似有砖筑和木结构结合的坛类设施。

在享殿东西两侧有朵殿遗迹，从两侧朵殿遗迹残存的柱础来看，似为面阔三间，进深二间（图 11－2－1 左上）[1]。东西朵殿之南各为三段廊房台基遗迹，从西廊房残存柱础判断，从北向南数第一段三间，第二段四间，第三段六间，南部东折接门址（图 11－2－2 左上）。东朵殿发现辅地砖。

享殿遗址群的门址北与享殿相对，门址台基 12 个柱础排列情况表明为面阔三间，进深二间。中间一列柱础的中间两个柱础有置门槛的缺口（图 11－2－2，4、5），应是门的位置。在柱础石面向下约 20 厘米处残存部分辅地砖。[2]门址两侧台基柱础排列同廊房，

---

[1]　《庆陵》，第 119 页记述，西翼殿（朵殿）柱间室内平面似为正方形。又说由于享殿外侧柱与西翼殿台基间残缺约 9 米，故两者如何连接情况不明。

[2]　《庆陵》，第 120 页记述，门址础石一般边长 80 厘米左右，其中大者 81×86 厘米，小者 76×70 厘米。

东西廊房南端又各有向南突出的短台基。[1]

　　除上所述，在门址前约 30 米的土台基有砖结构，又前约 40 米偏东，有宽约 27 米，进深 21 米的长方形台基，以上台基具体情况不明[2]。

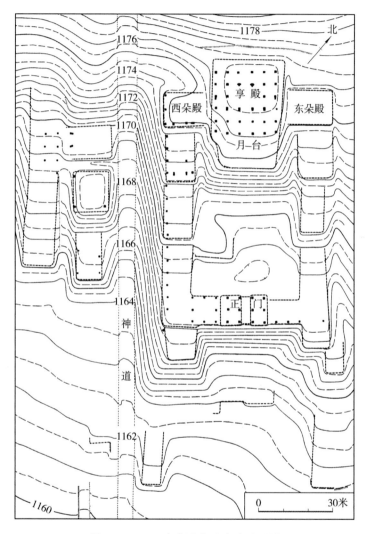

图 11 - 2 - 1　庆东陵享殿遗址平面图
（引自田村实造《庆陵调查纪行》）

〔1〕《庆陵》，第 120 页说：东西廊房的南端各有向南突出的短土台基（图 11 - 2 - 2），未发现础石；秦大树：《宋元明考古》，文物出版社 2004 年版，第 173 页说：陵门"两侧有角楼，边上为回廊"，文中的角楼或指此而言。按：二台基突出于回廊之外，角楼说似值得商榷。从二台基态势来看，似为二阙，即陵门翼以二阙。该形制值得注意，很可能享殿建筑群是按辽宋宫城形制营建而成。

〔2〕门址之南台基情况，参见《庆陵》，京都大学文学部 1953 年版，第 121 页。

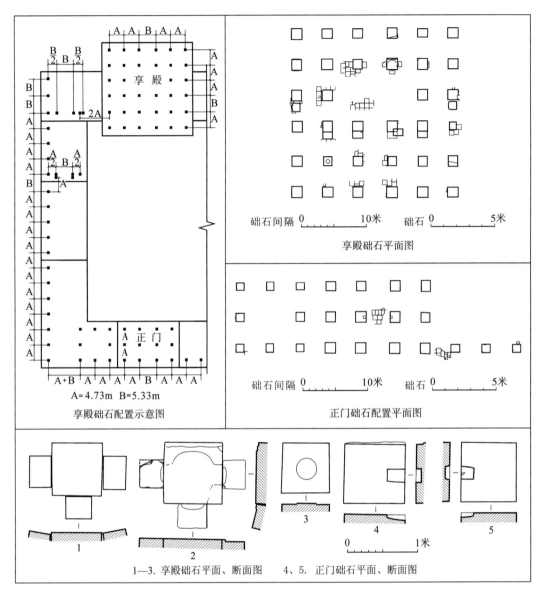

图 11-2-2　庆东陵享殿础石平面、断面图

（引自《庆陵》，京都大学文学部 1953 年版）

（二）享殿之西夹道西侧台基群

享殿建筑群之西隔夹道与之相对为西侧台基群，该台基群沿夹道的南北方向有东、西二列台基群。东列台基群有前中后三个台基，前面台基宽约 10 米，南北长约 18 米；中间台基最高，顶部平坦，方约 15 米；后面台基东西长约 20 米，南北宽约 12 米。西列台基宽约 12 米，南北长约 70 米，北端与东侧后部台基西侧相连接。该台基群发现少量柱础石，础石较小，一般为边长 60 厘米左右，柱网情况不明。西侧台基群当为陵园附属建筑遗迹。

（三）陵园门址和神道

陵园门址在享殿东南约1300米，有四个台基。中间二个小台基对置，平面呈南北长方形，台基基宽约7.2米，南北长约17米，高约3.3米；顶部宽约1.4米，南北长约4米。两侧各有一大台基对置，平面略呈内宽外窄的梯形，东西基宽约30米，南北进深约22米，高约5.7米；顶部东西宽约14.7米，南北进深约4米。大台基分上下两段，高差约0.5米，外侧有约40度的坡度（图11-2-3）。

陵门前后地势较平坦，陵门北与神道相隔一段距离，此处或为陵门内广场。神道自享殿建筑群西侧前端从西北向东南沿丘陵斜长约1300米，神道中段两侧有护砂[1]。神道在享殿建筑群之西部分宽约三、四米其余路段宽度不明，结构也不清楚。

二 庆东陵地宫的形制

（一）地宫平面形制

东陵地宫纵轴线上配置墓道、甬道、前殿、中殿、后殿，三殿之间以甬道连通；前殿和中殿各配置左右配殿，其间以甬道连通，总平面呈"丰"形（图11-2-4，1）。墓道纵长方形，无顶；前、中、后殿间甬道纵长方形，前、中殿两侧甬道横长方形，各甬道均为券顶，前殿券顶。前殿和中殿的左右配殿平面圆形，中殿和后殿平面分呈准八角形和圆形，均为穹隆顶。

地宫从墓门至后殿北壁全长21.2米，中殿左右配殿间距最宽，约15.5米。地表下距中殿地面深约11米，地表下至墓门处地面深约9米。地宫各部位尺度如下：墓道口宽2.86米、底宽2.58米，东侧壁残长6.50米，西侧壁残长约4.70米，墓道原长推测在20—30米。墓道后之甬道长2.21米、宽2.36米、高3.21米。前殿长3.27米、宽2.40米、高4.08米。前殿东甬道长2米、宽1.74米、高2.48米；前殿东配殿径3.27米、东西径2.90米、高3.48米。前殿西甬道长2.08米、宽1.77米、高2.48米；前殿西配殿径3.36米、东西径3米、高3.67米。前殿北甬道长1.98米、宽2米、高2.74米。中殿径5.60米（南北5米、东西5.30米）、高6.38米。中殿东甬道长2.09米、宽1.61米、高2.47米；东配殿径3.27米、东西径2.94米、高3.64米。中殿西甬道长2.12米、宽1.63米、高2.48米；西配殿径3.30米、东西径3米、高3.68米。中殿北甬道前窄后宽，前段长2.06米、宽1.94米、高2.80米；后段长1.85米、宽2.10米、高3.20米。后殿径5.14米、南北径4.82米、高约6.50米[2]。

庆东陵地宫残存壁画，分布于墓道、甬道、前殿与东西配殿及其间的甬道，中殿与东西配殿及其间甬道（图11-2-5）。

地宫均用长36厘米、宽18厘米、厚6厘米长方形砖砌筑。地宫各殿墙壁顺丁垒砌，即从地宫地面向上顺序为长边卧砖平砌二层、短边立砖砌一层、长边卧砖平砌五层、短边

[1]《庆陵》，京都大学文学部1953年版，第123页。
[2]《庆陵》，京都大学文学部1953年版，第16页。

立砖砌一层、长边卧砖平砌三层、短边立砖砌一层、长边卧砖平砌四层、短边立砖砌一层，共18层（图11-2-6），形成高1.6米的直壁，为地宫各殿统一的直壁形制和高度（图11-2-4，2、3，图11-2-7）。

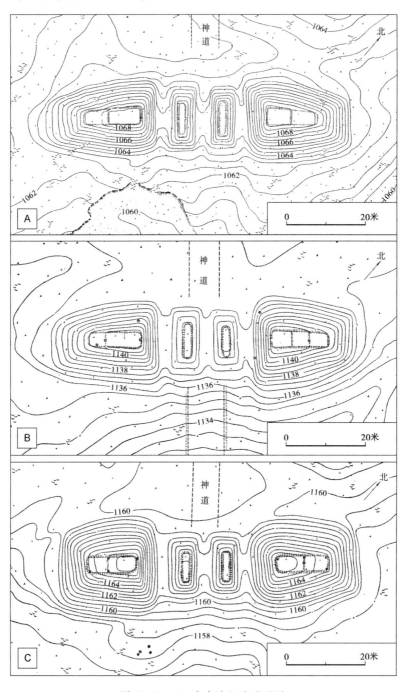

图11-2-3　庆东陵门址平面图

（引自《庆陵》，京都大学文学部1953年版）

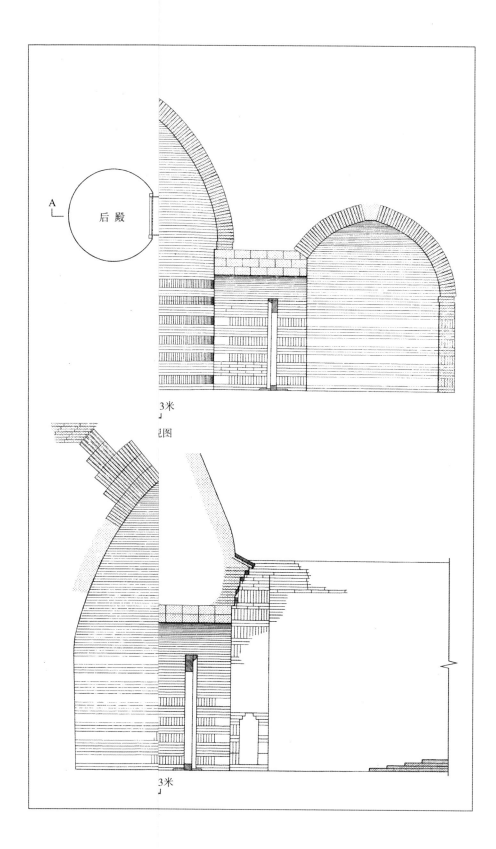

A

后殿

3米

图

3米

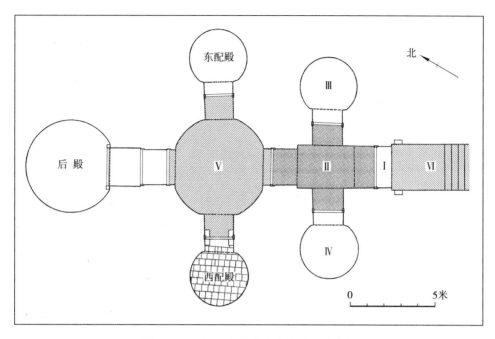

图 11 - 2 - 5　庆东陵地宫残存壁画分布图

（引自《庆陵》，京都大学文学部 1953 年版）

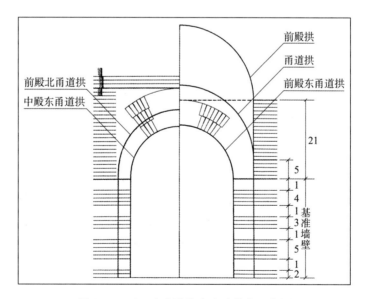

图 11 - 2 - 6　庆东陵地宫砌砖结构示意图

（引自《庆陵》，京都大学文学部 1953 年版）

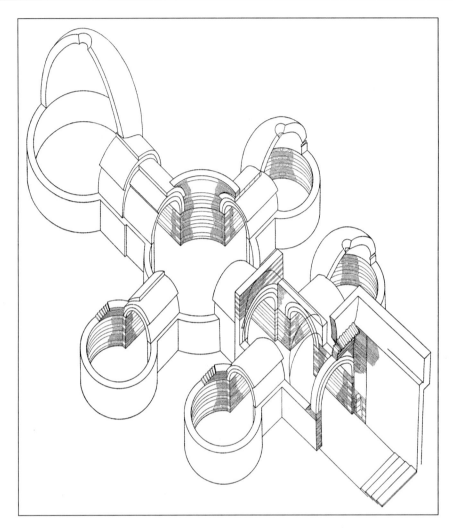

图 11 - 2 - 7　庆东陵地宫砌砖基准壁构造透视图
（引自《庆陵》，京都大学文学部 1953 年版）

　　地宫圆形各殿，大多以窄（短）边平砖代替长边平砖。各殿券顶以立砖起券，除墓门，前殿东、西甬道两层立砖起券外，其余券顶均三层立砖起券。穹隆顶均用平砖，顶部厚度为三层平砖。但是，从后殿穹隆顶部破坏孔断面观察，孔南北缘厚五层立砖，其上置平砖数重，上部填砖（图 11 - 2 - 4)[1]，情况较特殊。

（二）墓道和地宫甬道结构

　　墓道南部残毁，墓门之南长约 85 厘米的墓道两侧壁顺丁砌筑大型砖（36 × 24 × 6 厘

---

[1]　《庆陵》，京都大学文学部 1953 年版，第 30 页说：后室穹隆顶部破坏孔，孔北缘三层立砖厚，孔南缘五层立砖厚，此情况与图 11 - 2 - 4 不合，按图 11 - 2 - 4 破坏孔处均五层立砖厚。

米）。该段之南墓道两侧壁上部约 1.5 米部位，用普通砖（36×18 厘米）平砌，壁抹两层白灰面。墓道两侧壁顶平，宽约 20 厘米，壁顶之外有宽约 7—8 厘米的圆凹形沟，沟内抹灰泥[1]。墓道与墓门相接处之南的下部，两侧各有一个大型砖砌的小龛。龛高 112 厘米、宽 42 厘米、深 27 厘米；龛顶呈"凸"字形，顶内收，宽约 18 厘米，龛内抹灰泥，绘纹样，无遗物[2]。墓道底部地面，在墓门南约 3 米处残存方砖（边长约 40 厘米、厚 6.7 厘米）砌的向北面墓门斜下的台阶（图 11 - 2 - 4）。

甬道侧壁在前述 1.6 米高的基准墙壁上平砌五层卧砖后起券，券顶两层立砖（图 11 - 2 - 4）。甬道与前殿间平面上无分界，仅以甬道券顶低于前殿券顶为界。

地宫门前 20 厘米处残存三重封门砖（因盗掘被破坏），残存部分里层最低，外层最高 2.2 米，均以砖的窄边立卧（以立砌为主）间筑。

地宫门位于甬道口（图 11 - 2 - 4，3），券门立砖起券两层，其上为砖制仿木建筑屋顶（图 11 - 2 - 8）。券门顶上有门楣（砌三层平砖），门楣上有三朵斗拱（砌三层平砖，下层呈圆角），斗拱上承托圆桁木，再上砖制仿椽檐，椽檐上砖雕筒瓦、瓦当、板瓦和滴水。斗拱之上表现圆形椽的部位砌三层平砖，表现方形椽的部位砌二层平砖。瓦顶为宽 24 厘米的砖制构件组合，瓦件间的接缝在板瓦中心。即板瓦、滴水和瓦当下半部之上，扣合筒瓦和瓦当上半部形成完整的瓦件。瓦当雕刻六瓣莲花式样，滴水雕刻出多重弧线纹。瓦顶檐凸出于壁面，最上层砖雕瓦当比券门壁面突出约 40 厘米。砖雕抹白灰、彩绘。砖雕房顶之上，于顶的两端的壁上绘鸱尾、鳞身、涂黄色，两鸱尾呈 24 度角斜对，鸱尾高 2.9 米。从地面至券门鸱尾高约 7.6 米，券门宽略同甬道。

地宫门原有彩绘，多剥落（图 11 - 2 - 8）。券顶中间绘云纹托火焰宝珠，两侧为双龙纹（图上无显示），云纹涂绿和青色，从采集的龙纹残片判断，龙纹为金色。门楣之下，券顶两隅饰云纹。其他残存彩绘有朱、赤、青、绿、褐等色，纹饰漫漶。

木椇门，入地宫门后约 80 厘米，在甬道两侧壁残存第一道木椇门门框残迹。此外地宫内在前殿北甬道有第二道椇门，中殿至后殿有第三至第五道椇门，前殿和中殿左右甬道各有一道椇门，地宫共 9 道椇门（图 11 - 2 - 4）。木椇门均被盗掘者破坏，仅存嵌入壁内的木框等残迹（在地宫中发现少量木椇门残件）。据此可大体复原出立颊（门框）、直额（门楣）、地栿（门槛）、门砧、门簪等（图 11 - 2 - 9）。立颊、直额、地栿、门砧均嵌入壁内（壁上有四砖厚的纵沟）或在铺地砖内。木门髹黑漆，门簪全长 70 厘米，头部长 16.4 厘米，尾部长 53.3 厘米，头部和尾端髹黑漆。在椇门与券顶之间半圆形部分空缺，相对应的券顶位置有 9 厘米宽白灰带状痕迹，该半圆形部位原应置越额[3]。

（三）前殿与甬道和配殿的结构

前殿于东西壁 1.6 米高的基准墙壁之上平砌 21 层卧砖后起券顶（3 层立砖），由于前

---

[1]《庆陵》第 24 页：圆沟似在地宫封闭前泄雨水，以保护墓道壁画。
[2]《庆陵》第 24 页：小龛用途不明，据传中陵出土的木狗推测，小龛可能与放置此类物品有关。
[3]《庆陵》，京都大学文学部 1953 年版，第 36 页。

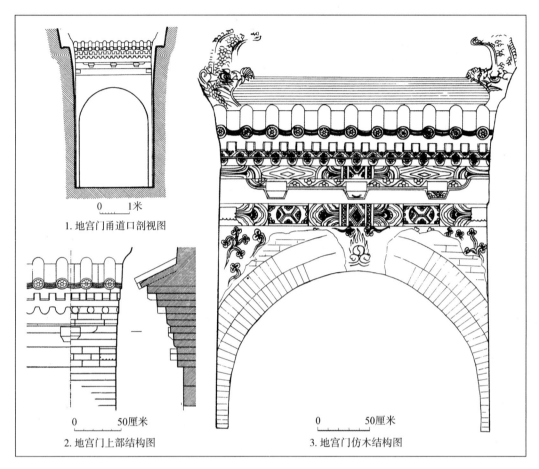

1. 地宫门甬道口剖视图

0   1米

2. 地宫门上部结构图

0   50厘米

3. 地宫门仿木结构图

0   50厘米

图 11 - 2 - 8   庆东陵地宫门剖视图、结构图和立面图
（引自《庆陵》，京都大学文学部 1953 年版）

殿南北壁高于南、北甬道，故前殿南北壁上部各有一新月形的月光壁。前殿东、西、北三面甬道平面均呈长方形，东西甬道均在 1.6 米高的基准壁上起券顶（2 层立砖），北甬道在 1.6 米高的基准壁上平砌两层卧砖起券顶（3 层立砖）。前殿北壁与券顶无关部位一顺（长边卧砖）一丁（短边立砖）砌筑。前殿东西甬道各距东西配殿 80 厘米处置木楄门（向配殿方向开启），北甬道距中殿 56 厘米处置木楄门。

前殿和中殿的东西配殿平面均呈圆形，其形状、大小和结构基本相同。即各配殿皆在 1.6 米高的基准壁上再平砌 6 层卧砖，其上砌两层砖厚约 12 厘米的凸带，凸带突出于壁面 3 厘米，再上短边卧砖层层内收形成穹隆顶，各配殿穹隆顶 37—40 层砖不等，高度也略有差异[1]，顶部正中圆孔不用盖石而封砖。

〔1〕《庆陵》，京都大学文学部 1953 年版，第 37 页。

（四）中殿与甬道和配殿的结构

中殿直径 5.6 米，平面东西径略大于南北径。穹隆顶半径约 2.7 米，高约 3.1 米。上述情况表明，中殿平面不是规整的圆形，穹隆顶也不是真正的半球体（图 11-2-4，3）。中殿平面和周壁被四甬道口区划为四区，殿内从 1.6 米的基准壁上以长卧砖和窄口立砖顺丁砌至高 3 米处起厚约 17 厘米（约 3 砖厚），突出于壁面约 3 厘米的凸带，其上起穹隆顶。穹隆顶以 69 层，每层长边砖和窄口砖相间，层层收缩而成。顶部以八九块砖围成不规则圆孔，于墓外在圆孔上封堵圆石，封石盖底面有自中心向外不规则的射线划槽。

中殿有四甬道口，各甬道券顶均三券，内侧二券皆立于基准壁上端，最上一层券位置较高，前述凸带的下端正好是中殿四甬道券顶的上缘。中殿东西甬道与前殿各甬道构造相同，东西甬道内木榻门设于距配殿约 85 厘米处。但中殿北甬道则有所不同，一是中殿北甬道长约是其他甬道的一倍，二是以该甬道中间为界分为前后两部分，后半部分比前半部分宽 15 厘米，券顶比前半部分券顶高 40 厘米，高出部分形成月光壁。三是北甬道设三道木榻门，一道距中殿北甬道口中约 40 厘米，二道榻门在前半部甬道末端，三道榻门在后半部分甬道末端。

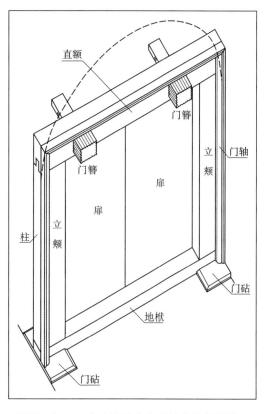

图 11-2-9 庆东陵地宫木榻门结构复原图
（引自《庆陵》，京都大学文学部 1953 年版）

中殿东西配殿的规模和构造与前殿东西配殿基本相同。西配殿铺方 36 厘米的方砖，南北九列，第九列的一半已进入甬道地面，铺地砖行列方向略偏移室内中轴。在铺地砖中还混有边长 30 厘米或更窄的砖，故地面铺砖不规整。西配殿流沙较少可见铺地方砖，[1] 其他各室铺地砖情况不明。

（五）后殿的形制和结构

后殿平面圆形，顶部中央塌落，土石埋没周壁。据周壁上部推测其平面直径为 5.14 米，据其他殿内地面高度计算，地面到穹隆顶破坏处边缘高约 6.3 米。此外，穹隆顶北侧中央偏西还有一高 66 厘米、宽 45 厘米的长方形孔[2]。

---

〔1〕《庆陵》，京都大学文学部 1953 年版，第 20 页。

〔2〕《庆陵》，京都大学文学部 1953 年版，第 21 页说，长方形孔，"或许属于从墓室砖壁通往外部的孔道"。第 32 页记载：若砖墓室完工后，"建造木质内壁并封顶，那么施工的匠人从哪里出去？是不是可以使用前面曾经提到的后室券顶方孔呢"。按，若此为出入口，似偏小。

后殿穹隆顶仍用窄口卧砖层层内收而成，《庆陵》报告说从顶部破坏洞口断面可见顶部北侧为3砖厚度，南侧有5砖厚度[1]，其外还用平砖填充，非常坚固。后殿周壁未见白灰壁面，《庆陵》报告说，据传有木护壁，但周壁被埋于土石无法详细了解，从殿内残存木构件可略知其情况。例如，其中一弧形木构件长约80厘米，宽约15厘米，厚11厘米，两端分别做榫和卯，上下有卯槽，据其曲率推算出半径约为2.5米。木构件外侧有石灰，原应紧贴于壁面上。木弧形构件内侧可见红、白等彩绘痕迹。木弧形构件左右和上下以卯榫连接形成护壁[2]。

第三节　庆东陵地宫壁画

一　墓道和甬道壁画

（一）墓道壁画

在东壁残长约6.6米的壁面上，残存六身与真人等身立像和一匹马（图11－3－1，1编号57—63，《庆陵》所记马夫，画面缺），北数第一身立像（图11－3－1，1编号57）距墓门约70厘米，位于墓道东壁小龛之南，着青袍，束赤革带，矩形鎏金带扣，带左侧吊小刀，穿黑色长靴，双手于胸前合持侧立蒜头骨朵头之下部（左手在上），像高1.76米。北数第二身立像（图11－3－1，1编号58），面部淡褐色，双手合持斜立蒜头骨朵上部，像高1.77米，余同北第一身立像。第三身立像至第六身立像（图11－3－1，1编号59—62）面部漫漶，均双手合持斜立蒜头骨朵。其中北数前三身立像（图11－3－1，1编号57—59）间隔而立，后三身立像中二身在前（图11－3－1，1编号60、62），一身在两者身后中间（图11－3－1，1编号61）。六身立像均斜向北，注目陵内[3]。壁画南端残存一匹马（图11－3－1，1编号63），马头向南尾向墓门，马身长2.37米、高1.6米（近实大），毛浓褐色，垂束尾，马具俱全，体态风神俊骨（以上又见图11－3－1，3）[4]。

在残存长约5米的墓道西壁，残存8身等身人物立像（图11－3－1，1编号64—71）[5]。北数第一身立像距墓门58厘米，在墓道西壁壁龛南，北数第一至第四身立像（图11－3－1，1编号64—67）相间而立，余四身（图11－3－1，1编号68—71）为群像[6]。壁画漫漶，北数第一身立像大致可复原[7]。

除上所述，在墓道壁画剥落处，发现还有一层白灰面壁画，即现存墓道壁面为第二次

[1] 此处所言穹隆顶北侧厚度与图11－2－4之3似有别。

[2] 《庆陵》，京都大学文学部1953年版，第32页；内蒙古自治区文物考古研究所、哲里木盟博物馆：《辽陈国公主墓》，文物出版社1993年版，第14页。

[3] 《庆陵》，京都大学文学部1953年版，第43页。

[4] 马具包括络头、衔、镳、缰、胸带（攀胸）、鞍、障泥、蹬、蹀躞带、鞧带。

[5] 《庆陵》，京都大学文学部1953年版，第56页。

[6] 《庆陵》，京都大学文学部1953年版，第43页。

[7] 《庆陵》，京都大学文学部1953年版，第57页。

补绘[1]。现存墓道人物壁画的风格与地宫内人物画不同，其中墓道图 11 - 3 - 1，1 编号 59、62、69 号人物立像衣纹描绘方法和着色为墓道人物画特有的画风。

（二）甬道人物壁画与装饰纹样

地宫门至第一道楄门间约 75 厘米的位置，东、西壁各绘一等身立像（图 11 - 3 - 1，1、3）。东壁像头戴半球形胡帽，有髭须，穿圆领窄袖袍束革带（下身漫漶），双手于胸前握蒜头骨朵，左肩上部有契丹文题记（图 11 - 3 - 1，3）。西壁立像髡发，右肩上部有契丹文题记，其余装束同东壁立像。从地面至两立像头顶高 2.16 米[2]。

甬道从地面向上 2.4 米于壁面上绘宽 14 厘米的牡丹花纹带（图 11 - 3 - 1，3，上下两个五瓣花，左右叶形，形成椭圆形的一个单元），花纹带褐地，花瓣红、花蕊青、叶绿色，上下缘白色联珠纹，花纹带之下有淡青色垂幔。花纹带之上券顶绘大六角形与小三角形相间图案，格椽带绿色、其椽浓青色、中间白色。各格椽带交点绘圆形四瓣花（轮廓线红褐色，红瓣青蕊），格内红地，六角形格内绘花草（牡丹、菊之类变形纹饰，近墓门处绘莲花莲叶）。甬道楄门内外装饰纹样色调有别，楄门外装饰纹样似补绘[3]。

二　前殿、甬道和配殿壁画

（一）地宫甬道后部和前殿前部人物壁画

地宫甬道木楄门北至前殿两侧通道口，在长约 1.8 米的壁面上绘汉装群像。东壁残存六身（图 11 - 3 - 1，1 编号 3—8，图 11 - 3 - 1，3），西壁残存四身（图 11 - 3 - 1，1 编号 9—12）[4]。人物像均头戴平直脚幞头，11、12 号人物有髭须。人物像皆穿汉服，10、11、12 号人物见黑上衣，12 号人物见红色中衣，3—8 号和西壁 12 号人物见白下衣。6—8 号人物束双重革带，12 号人物束双重红革带。其中 10 和 11 号人物像胸部露四弦四柱曲颈琵琶的上半部。7 号人物右肩上，8 号人物头上，10—12 号人物左肩上部书契丹文题记，漫漶。上述人物像应是奏唱汉乐的乐人像。

（二）前殿两侧壁后部和北甬道人物壁画

前殿两侧壁东西甬道口之北长约 85 厘米的壁面上，各绘两身立像。东壁绘两身契丹人立像（图 11 - 3 - 1，1 编号 13、14，图 11 - 3 - 1，3），戴半球形黑色胡帽，右手置于胸前。在南者（13）面部约 1/3 剥落，双目残缺，有髭须，似老人。在北者（14）与南面立像重肩而立，较南部立像略高，穿浓褐色契丹服，上衣圆领间露中衣红色直领和下衣白直领，均束红革带，饰金具。二人左肩上部有契丹文题记，漫漶。

西壁绘两身戴幞头立像（图 11 - 3 - 1，1 编号 15、16），在南者（15）戴平直脚黑幞头，面褐色、丰满，有髭。穿浓褐色圆领窄袖袍，束红色二重革带，双手叠于胸前（左手

〔1〕《庆陵》，京都大学文学部 1953 年版，第 57—58、230 页。

〔2〕《庆陵》，京都大学文学部 1953 年版，第 44 页。

〔3〕《庆陵》，京都大学文学部 1953 年版，第 84—85 页。

〔4〕《庆陵》，京都大学文学部 1953 年版，第 44 页。

在上）。在北者（16）戴幞头，面褐色，长须髯，袍和带同前，双手叠于胸前。两身右肩上部书契丹文题记，漫漶。上述东西壁人像，应表示北面官和南面官群臣侍立。

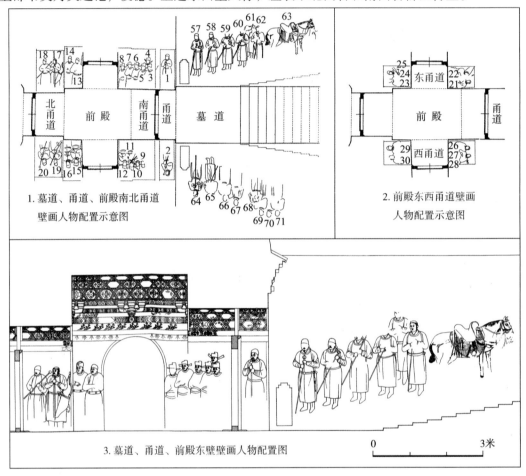

图 11-3-1　庆东陵地宫墓道、甬道、前殿壁画人物配置图
（引自《庆陵》，京都大学文学部 1953 年版）

前殿北甬道木榍门之南，东西壁各绘二身立像。东壁在南者（图 11-3-1，1 编号 17，图 11-3-1，3），髡发，两鬓垂黑发，有髭。穿淡褐色契丹服，中衣红色，下衣白色，束茶褐色带，带扣饰金。手直握蒜头骨朵，左侧挎短弓和弓囊，形象威武雄壮，在北者（图 11-3-1，1 编号 18，图 11-3-1，3），面较长，面部左上半部剥落，戴胡帽，少许髭须。穿淡褐色契丹服，露白色下衣，束红革带，斜持蒜头骨朵。两身左肩上部有契丹文题记，漫漶。

西壁在南者（图 11-3-1，1 编号 19）戴胡帽，面较长（少许剥落），高颧骨，面相冷峻。穿褐绿色契丹服，露白色下衣，束红革带，斜持蒜头形骨朵，右腰挎箭筒和箭（矢束，其上有镞，图 11-3-3）。在北者（图 11-3-1，1 编号 20）略低于前者，戴胡帽，浓眉大眼，有髭须，肩较宽。穿褐色契丹服，露白色下衣，束红革带，斜持蒜头骨朵。在南者左肩上部，在北者右肩上部有契丹文题记，漫漶。上述四身立像，推测为侍卫官。

（三）前殿东甬道和东配殿人物壁画

从通道口至木楄门约 1.9 米壁面上，南壁绘两身立像，北壁绘三身立像。南壁在西者
（图 11-3-1，2 编号 21，图 11-3-2，1）画面剥落，仅见面向东配殿，髡发，穿褐色

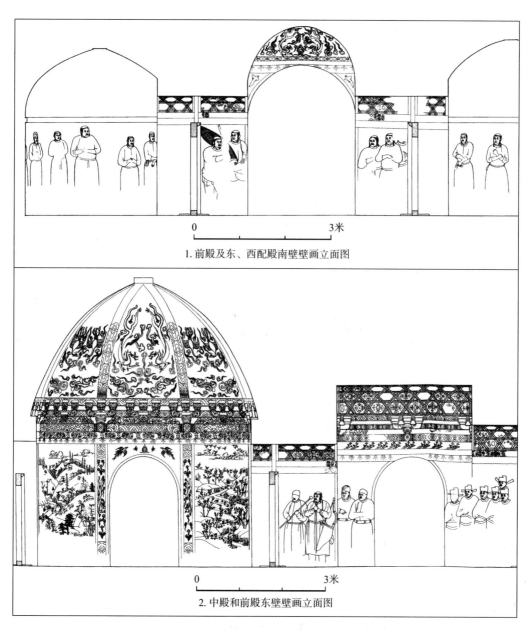

0   3米

1. 前殿及东、西配殿南壁壁画立面图

0   3米

2. 中殿和前殿东壁壁画立面图

图 11-3-2 庆东陵中殿、前殿及东西配殿壁画立面图

（引自《庆陵》，京都大学文学部 1953 年版）

契丹服。在东者（图 11 – 3 – 1，2 编号 22，图 11 – 3 – 2，1）髡发，曲鼻，有髭须，穿青色契丹服。左肩扛卷成筒状的渔网，左手下托，右手上扶，穿黑色高靿靴（表示在水中）。北壁三身立像剥落，漫漶。在西者（图 11 – 3 – 1，2 编号 23）仅见绿色契丹服，右肩上部有契丹文题记残痕。居中者（图 11 – 3 – 1，2 编号 24），仅见胡帽，绿色契丹服。在东者（图 11 – 3 – 1，2 编号 25）残存部分上半身，戴胡帽，有髭须，穿绿色契丹服。左手握扁平桨状物斜倚于左肩上（图 11 – 3 – 3，2）。从渔网和桨状物来看，表现的应是渔猎的捺钵生活。

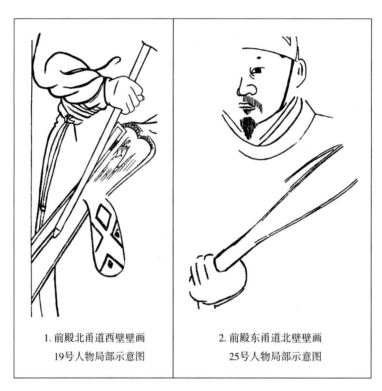

1. 前殿北甬道西壁壁画
19号人物局部示意图

2. 前殿东甬道北壁壁画
25号人物局部示意图

图 11 – 3 – 3　庆东陵前殿北甬道、东甬道壁画人物局部示意图
（引自《庆陵》，京都大学文学部 1953 年版）

东配殿平面圆形，在周壁长 8.3 米的壁面上绘 10 身立像（可辨出 8 人），人像以相间 30 厘米至 1 米不等的距离而立（图 11 – 3 – 2，1，图 11 – 3 – 4，2、3）。10 人中除中间者（图 11 – 3 – 4，2、3 编号 35）头戴无檐帽外，余均髡发，两侧垂鬟发。31 号立像，髡发，有髭，穿绿色契丹服，露红色中衣、白色下衣，束白绢带。32 号立像，髡发，有髭，穿褐色契丹服，束黑革带。33 号立像，髡发，有髭，穿绿色契丹服，露红色中衣，束红革带。34 号立像，髡发，有髭须，穿绿色契丹服，露红色中衣、白色下衣，束红革带。35 号立像，戴无檐帽，有髭须，穿褐色契丹服，束红革带。36 号立像，髡发，有髭、须、髯，穿绿色契丹服，束褐革带。37 号立像，髡发，有髭，穿绿色契丹服，露白色下衣，右肩上部有契丹文题记。38 号立像，髡发，有髭须，穿绿色契丹服，露红色中衣和白色

下衣，右肩上部有契丹文题记。39号立像，髡发，穿绿色契丹服，束红革带。40号立像，髡发，有少许髭须，穿浓褐色契丹服，露红色中衣和白色下衣，束红革带，左肩上部有契丹文题记。

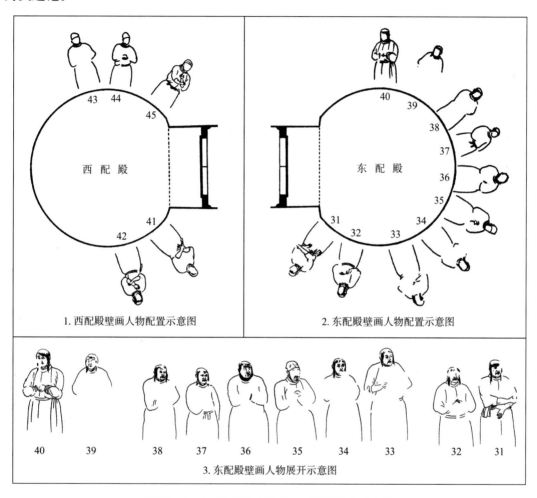

1. 西配殿壁画人物配置示意图

2. 东配殿壁画人物配置示意图

3. 东配殿壁画人物展开示意图

图 11 – 3 – 4　庆东陵前殿东、西配殿人物示意图

（引自《庆陵》，京都大学文学部1953年版）

（四）前殿西甬道和西配殿人物壁画

从甬道口至木椁门长约1.1米的壁画上，南壁绘三身立像，北壁绘二身立像。南壁在东者（图11 – 3 – 1，2编号26），髡发，两侧鬓发垂肩，自然流畅，有少许髭须，面容沉着威严。穿绿色契丹服，绿色上衣和红色中衣色调协调，双手叠于胸前。27号像居中，髡发，穿绿色契丹服，露白色下衣，双手平置胸前。在西者（图11 – 3 – 1，2编号28）立于27号像斜背后，仅见上半身，面部剥落，髡发，穿绿色契丹服。北壁在东者（图11 – 3 – 1，2编号29），戴胡帽，右手在颚下，左手平伸，穿绿色契丹服，左肩上部有契丹文题记。在西者（图11 – 3 – 1，2编号30），髡发，穿绿色契丹服，两手平置于胸前。

西配殿内有流沙，仅见部分残迹。图11-3-4，1编号41号立像，髡发，有髭，穿绿色契丹服，露红色中衣和白色下衣，束红革带，左肩上部有契丹文题记。42号立像，髡发，有髭，穿褐色契丹服，露红色中衣和白色下衣，束黑革带。43号立像，戴胡帽，穿褐色契丹服，露红色中衣和白色下衣，束红革带，左肩上部有契丹文题记。44号立像，戴胡帽，有髭，穿绿色契丹服，露红色中衣和白色下衣，束红革带，左肩上部有契丹文题记。45号立像，戴胡帽（帽后垂幞头软脚样的纽），有髭，穿褐色契丹服，露红色中衣和白色下衣，束绿革带。面部和手有黑和红褐二重轮廓线，绘法较特殊。

（五）前殿、甬道和配殿装饰纹样

前殿券顶和所通各甬道券顶装饰纹样同前述地宫甬道券顶。东西壁从地面向上约2.6米处，在券顶天井纹样之下与东西甬道口之上宽约60厘米处绘鸟纹带和仿木建筑斗拱。下方鸟纹带，二羽凤凰为一组共九组，鸟墨线勾绘、红地，羽毛泛白，东西壁鸟纹各飞向墓门。鸟纹带上下饰白色联珠纹，联珠纹下绘绿色条带，再下为黄色垂幔（带下缺弧形）。鸟纹带之上绘三朵斗拱（一斗三升），斗拱和仿木结构彩绘（图11-3-1、3、图11-3-5）[1]。

图11-3-5　庆东陵地宫前殿东西壁上部
建筑壁画局部装饰纹样
（引自《庆陵》，京都大学文学部1953年版）

前殿南北壁，在前殿券顶和南北甬道口券顶间的月光壁上绘双龙纹（北壁略低），下距室内地面约3.3米。画面下部绘宽约11厘米的七宝系纹带，带上下缘为白色联珠纹，其下缘带，再下黄色垂幔（延至甬道口两侧）。七宝系纹带之上，月光壁朱地，中间绘火焰宝珠，宝珠下绘双云纹，宝珠两侧各绘一龙头相对，龙身上举双尾相对的龙纹。龙体线描涂黄彩，宝珠之上和龙体外侧绘青绿色云纹（图11-3-6）。通甬口顶部两隅各绘一鸟，鸟头相对向甬道口券顶。南壁之鸟绿色，小钩喙；北壁之鸟青色，长喙[2]。

前殿东、西甬道从地面以上2米，北甬道从地面以上2.27米，绘宽约13厘米（东西甬道）和17厘米（北甬道）牡丹纹带，下垂青幔，上部券顶绘格形天井，情况大体同前述地宫甬道天井装饰。

东西配殿顶部装饰纹样大都剥落，在周壁下距地面1.94米凸带之上宽约70厘米部位绘斗拱之类，其上穹隆顶分六区绘纹样，具体情况不明。

[1]　参见《庆陵》，第86页。
[2]　参见《庆陵》图版9。

图 11-3-6 庆东陵地宫前殿南壁的双龙纹饰

（引自《庆陵》，京都大学文学部 1953 年版）

三 中殿、甬道和配殿壁画

（一）中殿周壁的壁画和彩绘

中殿从穹隆顶到周壁的装饰图案、影绘和壁画通盘构思，整体布局，环视室内仿佛置身于立体画面之中。

中殿四甬道门两侧各绘一壁柱，共八柱。柱宽约 17 厘米，左右浓褐色缘带各宽约 5.6 厘米。柱内中间深红色地上绘一黄色降龙（头下、尾上），龙身上下和身侧绘蓝色晕染的朵云纹（图 11-3-7，3）。柱上下端各绘一整二破花瓣，花瓣用红、绿色晕染[1]。四甬道券门顶部中央绘火焰宝珠（宝珠青色，火焰红色），宝珠下有一对绿色朵云承托，宝珠两侧各绘一蝴蝶，向宝珠对飞。甬道券门上两隅各绘一青鸟，向宝珠对飞。

四甬道券门相邻两壁柱间壁面分绘四季山水壁画，用淡彩青绿山水和"平远山水"画法表现春、夏、秋、冬四季景色[2]。

春图绘于东甬道券门和南甬道券门壁柱之间（后文将论证四季图位于四正方向，四甬道券门位于四隅），壁画下部被埋于砂土，壁画在垂幔之下，右端高 2.36 米，左端高 2.60 米，宽 1.77 米。壁画构图以山丘坡地溪水为场景，以花草树木和水鸟为主题。在低山丘和坡地之间溪水蜿蜒流淌，白花（杏花）盛开，溪水边花草和灌木丛生。在潺潺的溪水中水鸟和水禽成群，水禽（野鸭?）浮游，白鸟（天鹅?）戏水，悠然自得。天空飘着彩云（红绿黄三色），大雁成列飞向东北（北方）。画面展现出一派春意盎然景色。

夏图绘于南甬道券门和西甬券门壁柱之间，画面宽 1.85 米，从垂幔向下至地面上堆积的冻土层高约 2.40 米，全高不明。构图以并列的山丘，以及山丘上鼎立的三株硕大的牡丹花为场景，以鹿和野猪为活动主题。山坡下有一条蜿蜒流动的溪水，溪水边长着灌

---

[1] 参见郭黛姮主编《中国古代建筑史》第三卷，中国建筑工业出版社 2003 年版，第 216 页。

[2] 孟凡人：《宋代至清代帝陵形制布局研究》第三章，中国社会科学出版社 2021 年版。

木，山坡上下有芍药等各色花朵。在溪水边两株大牡丹花和花草丛中，牝鹿和仔鹿或吃草，或哺乳，或卧于地上，左侧隔牡丹花外侧有三头野猪正在觅食，山上牝鹿正在行走或攀登，天空飘着云朵。以盛开的牡丹和芍药及鹿育仔等喻义夏季[1]。

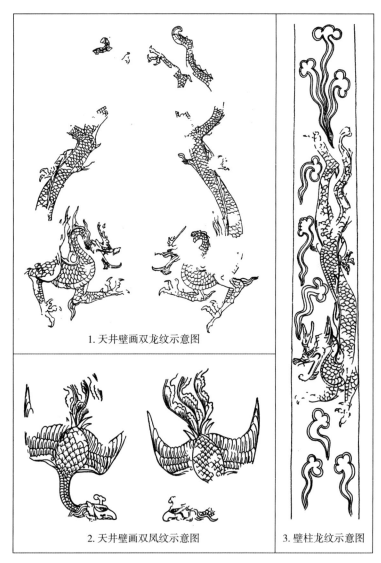

1. 天井壁画双龙纹示意图

2. 天井壁画双凤纹示意图

3. 壁柱龙纹示意图

图 11-3-7 庆东陵地宫中殿壁画局部示意图
（引自《庆陵》，京都大学文学部 1953 年版）

秋图绘于西甬道券门与北甬道券门壁柱之间，画面宽 1.90 米，下部埋于沙土，右端露出高度约 1.90 米，左端露出高度约 2.27 米。画面以群山、树木和山间溪水为场景，以

---

[1] 《庆陵》，京都大学文学部 1953 年版，第 82 页。

鹿和野猪为活动主题。山上山下树木丛生，山顶上树木落叶仅余树干，山下树木除少数有半绿色叶外，多数为黄叶或红叶，有的树上还挂有紫色或红色果实，左手绘三棵青松。在树丛中山坡间，牡鹿追逐牝鹿群[1]，或牡鹿引颈长鸣；下面野猪或觅食或奔跑。天空飘着彩云，大雁成列飞向西南方（南方）。画面表现出一派萧瑟的深秋景象。

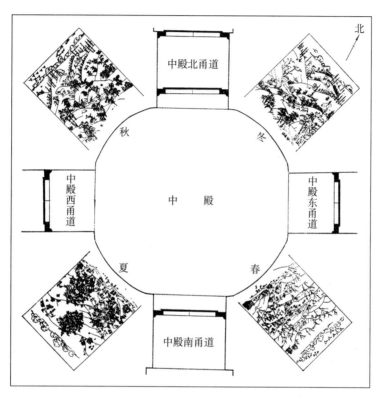

图11-3-8　庆东陵地宫中殿壁画四季山水配置示意图

（引自《庆陵》，京都大学文学部1953年版）

冬图绘于北甬道券门与东甬道券门壁柱之间，画面宽约1.80米，右端露出高度约2.09米，左端露出高度约1.80米。构图同样以山、树、灌木和溪水为场景，以鹿和野猪为活动主题。画面树落叶，溪水有冻感，鹿群作行走观望状，野猪卧于溪水边，天空飘云朵，一派寒冬景象。

（二）中殿顶部装饰图案

中殿周壁的上部，画影绘重幔、阑额、斗拱和桁等。四甬道券门两侧壁柱顶端和四季山水图顶端，接穹隆顶部下端一周宽约12厘米带赭色皱纹的黄色垂幔。垂幔之上接宽约17厘米、红线描的彩色牡丹纹带，再上以周壁上部凸带表示阑额，阑额上置斗拱（均一

---

[1]　《庆陵》，京都大学文学部1953年版，第82页。

斗三升），共十六朵斗拱。斗拱之上为桁（图11 – 3 – 10）。

春

夏

秋

冬

图 11 – 3 – 9 庆东陵地宫中殿壁画四季山水图

（引自《庆陵》，京都大学文学部 1953 年版）

图 11 - 3 - 10　庆东陵地宫中殿周壁上部建筑壁画局部纹样装饰

（引自《庆陵》，京都大学文学部 1953 年版）

　　自穹隆顶中心向下呈放射状绘八条象征支撑穹隆顶的骨架，今称阳马；阳马下接各柱头斗拱上面之桁。阳马下端图案是在横长方形内绘椭圆形，椭圆形内以变形 H 字形四分，各填半花形，长方形之上绘二破花瓣。端饰之上，阳马在黄地上绘青、绿相间带弧的菱形〔1〕。八条阳马将穹隆顶分为八区，八区上部浅红地，中间赭红地，下为深红地。八区中与四甬道券门对应部位绘双降龙纹和云纹（图 11 - 3 - 7，1），与四季山水图对应部位绘俯冲的双凤纹和云纹（图 11 - 3 - 7，2），八区下端均绘朵云纹，所有云纹皆用蓝色或绿色晕染。

---

〔1〕　参见郭黛姮主编《中国古代建筑史》第三卷，中国建筑工业出版社 2003 年版，第 216 页。

（三）中殿甬道壁画和装饰

中殿东甬道木槅门之前，南北壁各绘二身立像。南壁二身立像靠前者（图 11 – 3 – 11，46），髡发、垂鬓发，面部剥落，穿绿色契丹服，露白色下衣，束褐革带，带扣镏金，红靴。靠后者（图 11 – 3 – 11，47）残存轮廓，髡发，穿淡褐色契丹服，束绿革带，黑靴。北壁二身妇人立像，靠前者（图 11 – 3 – 11，48）年长，额垂双髻，穿左衽绿直领窄袖（袖较短）上衣，露红色中衣和白色下衣，有白帔肩，束白绣带，穿黑靴。其后妇人像（图 11 – 3 – 11，49）在前者背后，大半剥落，头戴黑纱帽，穿直领左衽绿衣，有白帔肩，黑靴。二立像均面侧向中室，后者似为前者侍女（？）。

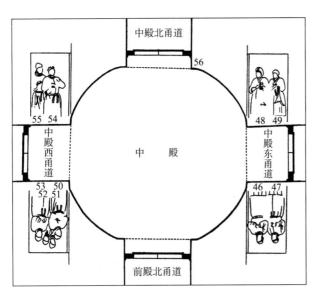

图 11 – 3 – 11　庆东陵地宫中殿东西甬道
壁画人物配置示意图
（引自《庆陵》，京都大学文学部 1953 年版）

中殿西甬道木槅门之前 1.2 米的壁面上，南壁绘四身，北壁绘二身立像。南壁壁画剥落严重，四身立像错落而立，均头戴胡帽，前者（图 11 – 3 – 11，50）穿绿契丹服，露白色下衣，束红革带。其身后立像（图 11 – 3 – 11，51）剥落严重，该立像后像（图 11 – 3 – 11，52）有长须，穿淡褐色契丹服，露红色中衣。最后立像（图 11 – 3 – 11，53），有髭，长须，穿淡褐色契丹服，露白色下衣，束绿革带。北壁二身立像在前者（图 11 – 3 – 11，54）戴胡帽，面相气质高贵。有髭和稀须，双手拱于胸前，穿绿色契丹服，露红色中衣和白色下衣，束红革带，有金饰。其身后立像（图 11 – 3 – 11，55）戴胡帽，面部漫漶，可见高鼻，髭须，穿淡褐色契丹服，露红色中衣和白色下衣，束黑革带，右腰前佩觿。

中殿北甬道壁画漫漶，仅在第一道槅门前东壁见一身立像（图 11 – 3 – 11，56），残存四分之一的面部和胸部。

东、西、北甬道券顶装饰同前述券顶，但西甬道格纹花瓣有复瓣与前述情况稍异。又北甬道前后段甬道间上部有中间高约 40 厘米的月光壁[1]。

（四）中殿东西配殿壁面和装饰

东西配殿湿度极大，白灰壁面严重剥落，仅顶部残存少量装饰图案，但无法推断周壁

[1]《庆陵》第 94 页认为：该月光壁似与前室南北壁一样绘有双龙纹。

是否有人物壁画。

第四节 庆陵墓志形哀册和石幢及庆东陵遗物

一 哀册

(一) 数量

前已介绍汤荣佐盗掘的圣宗、仁德皇后、钦爱皇后、道宗和宣懿皇后汉文哀册各一合，道宗和宣懿皇后契丹文哀册各一合，共14面。此外，还有王士仁盗掘的仁懿皇后汉文哀册篆盖，上述共15面哀册，现藏于辽宁省博物馆。梅岭蕊盗掘的汉文哀册一合2面，契丹文哀册一合2面，后来闵宣化《辽之庆陵》介绍了其中的兴宗和仁懿皇后契丹文哀册文（册身），以及仁懿皇后汉文哀册文（册身）[1]。此三石下落不明，据此推测，理应有兴宗汉文哀册，圣宗、仁德皇后、钦爱皇后，则应有契丹文哀册。这些哀册当置于中殿[2]。由于在庆东陵、庆中陵和庆西陵发现的哀册很重要，所以在此一并略作介绍。

(二) 形制

墓志形哀册白色大理石制成，册盖和册身上下相扣为一合。哀册方形（图11-4-1），册盖和册身的边长多在1.3米左右，厚约20—33厘米。哀册雕凿成形后，表面水磨抛光镌刻文字，周边和侧面线刻纹饰。册盖盝顶（覆斗型），四边斜杀，盝顶面方区内篆刻谥号，四边斜杀面中间线刻十二生肖（每面3体）。十二生肖方位固定，以上方中央为子神，据此顺时针排列各像，生肖着汉族风格衣冠执笏板，头冠之上分别卧十二生肖。册盖斜杀面间四隅线刻牡丹或龙纹等，册盖和册身侧面亦线刻纹饰。册身下部斜杀，石背面糙凿置于地上。

(三) 现存哀册简况

圣宗汉文哀册（图11-4-1，1），篆盖边长1.33米，高28厘米，盝顶方区边长60厘米，侧面垂直高16厘米。盝顶线刻双勾谥号"文武大孝宣皇帝哀册"，3行，每行3字。谥号周边线刻双凤（12羽，2羽双凤为一组）和云纹，四隅配双蝶纹（图11-4-2，3）。斜杀侧面线刻十二生肖（图11-4-3上，图11-4-4，1），每面三体，各体间边栏双竖线。此十二生肖是庆陵诸哀册中最大的，部分兽形制作时经修正。斜杀面间的四隅雕大朵牡丹纹饰。篆盖四侧立面线刻四神图（青龙、白虎长体形，头向南，朱雀、玄武体型较小，朱雀为正面像），地纹为云纹和唐草纹（图11-4-2，1、2，图11-4-4、

[1] Jos Mullie, "Les sépultures de k'ing des Leao", *Toung Pao*, Vol. XXX, 1933；金毓黻：《辽陵石刻集录》上下册，奉天图书馆，1934年。上册收录庆陵哀册碑石拓本，下册收罗福成对契丹文的释读和解说，其中包括兴宗和仁懿皇后契丹文哀册文。
[2] 庆陵哀册石发现时已不在原位。《庆陵》第194页。

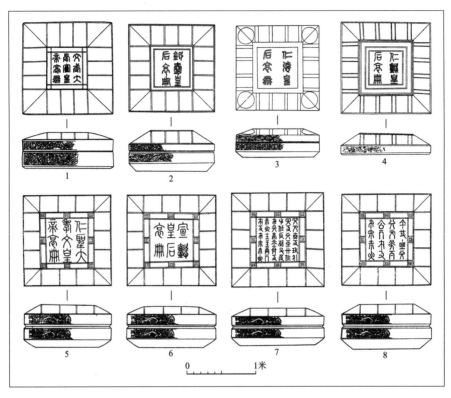

图 11-4-1　庆陵哀册碑石实测图

（引自《庆陵》，京都大学文学部 1953 年版）

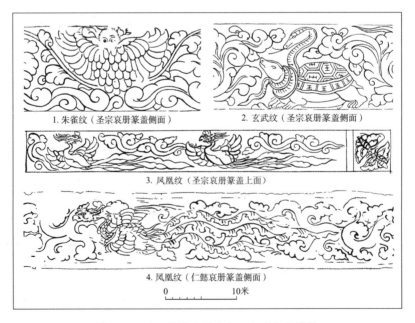

图 11-4-2　庆陵哀册朱雀、玄武和凤凰纹

（引自《庆陵》，京都大学文学部 1953 年版）

图 11 - 4 - 5，2）。册身边长 1.33 米，高 24 厘米，侧面上端窄缘，下端斜削棱角，立面高 21 厘米。册身面刻哀册文，共 35 行，满行为 36 字，周边线刻窄缘。册身立面线刻牡丹唐 草纹（图 11 - 4 - 5，1）。

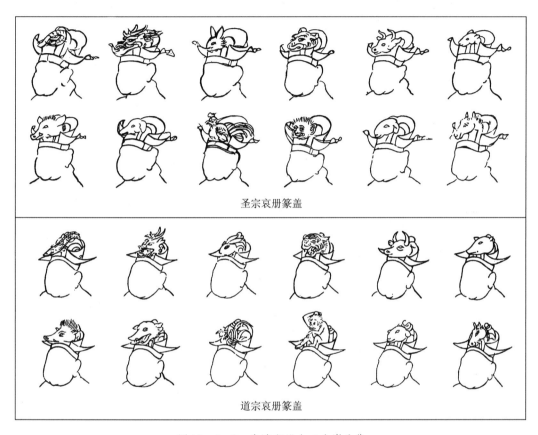

图 11 - 4 - 3 庆陵哀册十二生肖头像
（引自《庆陵》，京都大学文学部 1953 年版）

仁德皇后汉文哀册（图 11 - 4 - 1，3），篆盖边长 1.23 米，盝顶方区边长 75 厘米，高 20 厘米，盝顶侧面垂直高 10 厘米。盝顶线刻双勾谥号"仁德皇后哀册"，2 行，每行 3 字，谥号周边线刻牡丹唐草纹带（图 11 - 4 - 6，4、5）。斜杀侧面线刻十二生肖，每面三 体（图 11 - 4 - 4，4、5），均右向，其中南边中央午马像身右向首左向（图 11 - 4 - 4，4）；十二生肖间以唐草纹纵纹带相隔（图 11 - 4 - 7，6、7）。斜杀面相间四隅各线雕团龙 （图 11 - 4 - 8，3），左右隅二团龙相对，四龙中二龙同形。盖侧立面刻牡丹唐草纹带（图 11 - 4 - 6，6），册身边长 1.23×1.24 米，高 21 厘米，侧立面高 13 厘米，下面斜杀粗面 置于地上。册身面边缘线刻窄直线，连续涡纹带（图 11 - 4 - 7，9），哀册文 26 行，满行 27 字，册身立面线刻四瓣花纹（图 11 - 4 - 6，13）。

钦爱皇后汉文哀册（图 11 - 4 - 1，2），篆盖边长 1.27 米，盝顶方区 62×64 厘米，高 30 厘米，侧面垂直高 9 厘米。盝顶线刻双勾谥号"钦爱皇后哀册"，2 行，每行 3 字。谥号周边线刻牡丹唐草纹带（图11－4－6，11，S状构图），其内外线刻细云纹唐草纹带（图11－4－7，1、2、3）。斜杀侧面线雕左向十二生肖（图11－4－4，2），像间隔云纹唐草纹带。斜杀面间四隅线雕团龙纹（双龙，图11－4－8，1）。册盖立面线雕牡丹唐草纹（图11－4－6，9、10）。册身边长1.25米，高28厘米，侧身立面高15厘米，下方呈45度斜杀。册身面哀册文25行，满行25字，周边线雕半四瓣花纹（图11－4－6，12），其外缘线刻云纹唐草纹带（图11－4－7，4）。册身立面线刻牡丹唐草纹（图11－4－6，7、8）。

图11－4－4　庆陵哀册十二生肖图像

（引自《庆陵》，京都大学文学部1953年版）

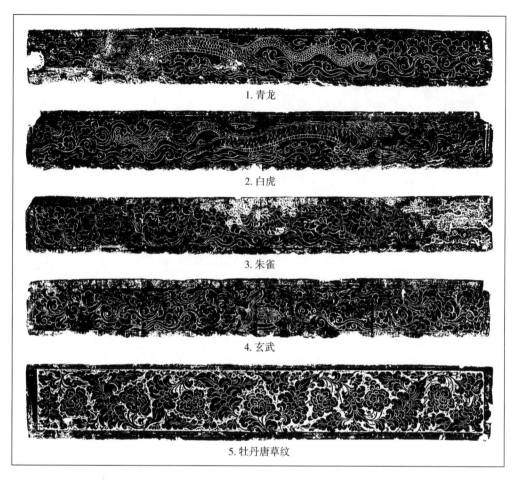

1. 青龙

2. 白虎

3. 朱雀

4. 玄武

5. 牡丹唐草纹

图 11 - 4 - 5 圣宗哀册篆盖四侧立面四神图像及碑石侧面的牡丹唐草纹样
（引自《庆陵》，京都大学文学部 1953 年版）

仁懿皇后汉文哀册篆盖（图 11 - 4 - 1，4），篆盖边长 1.32 米，盝顶方区 76×78 厘米，高 32 厘米，侧面垂直高 13 厘米。盝顶面刻谥号"仁懿皇后哀册"，2 行，每行 3 字。其周围内侧刻云纹唐草纹带，外侧刻牡丹唐草纹带（图 11 - 4 - 6，3）。斜杀侧面线刻左向十二生肖，生肖有圆形项光（图 11 - 4 - 4，3），生肖之间隔云纹唐草纹带（图 11 - 4 - 7，5）。斜杀面间四隅饰双龙纹（头尾相对，图 11 - 4 - 8，2），篆盖侧立面饰云纹双凤纹（每面二羽长尾飞凤，图 11 - 4 - 2，4），册身面哀册文 33 行，满行 30 字。

道宗汉文哀册（图 11 - 4 - 1，5），篆盖边长 1.30 米，盝顶方区 80×82 厘米，高 32 厘米，侧面垂直高 14.5（15）厘米。盝顶面刻谥号"仁圣大孝文皇帝哀册"，3 行，每行 3 字。谥号周边刻牡丹唐草纹（图 11 - 4 - 7，8）和八卦图形（图 11 - 4 - 1，5）。乾兑离震巽坎艮坤八卦各如方位，每面各隅和中央为八卦图形，将牡丹唐草纹带分为二区。斜杀面地纹为云纹，刻左向十二生肖像（图 11 - 4 - 3 下），其中申像头上之猴为坐像（图 11 - 4 - 3 下第二排右 3），生肖之间隔窄缘带。斜杀面间四隅雕双龙纹，云纹地（图 11 - 4 - 8，4）。篆盖立面雕双龙纹，每面二龙，中间宝珠，龙头相对（图11-4-8，5）[1]。册身边长1.31米，高30厘米，侧立面高16厘米，下方斜杀。册身面镌刻哀册文36行，满行37字，外缘双竖线册身立面双龙宝珠纹同篆盖。

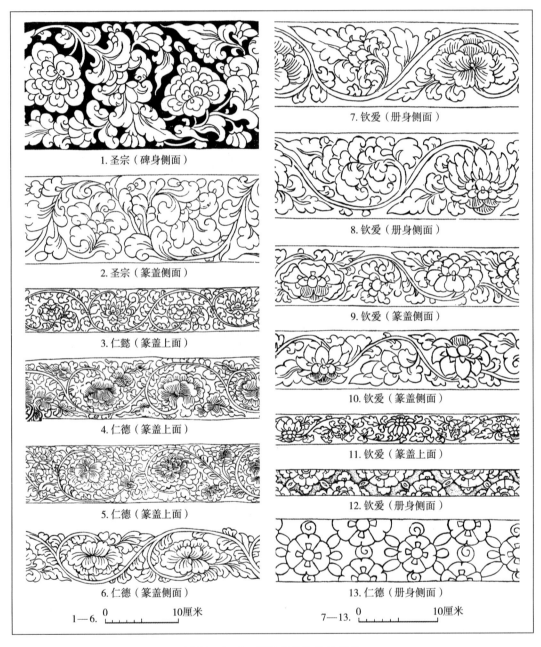

1. 圣宗（碑身侧面）

2. 圣宗（篆盖侧面）

3. 仁懿（篆盖上面）

4. 仁德（篆盖上面）

5. 仁德（篆盖上面）

6. 仁德（篆盖侧面）

7. 钦爱（册身侧面）

8. 钦爱（册身侧面）

9. 钦爱（篆盖侧面）

10. 钦爱（篆盖侧面）

11. 钦爱（篆盖上面）

12. 钦爱（册身侧面）

13. 仁德（册身侧面）

1—6. 0　　　　　10厘米

7—13. 0　　　　　10厘米

图11-4-6　庆陵哀册牡丹唐草纹

（引自《庆陵》，京都大学文学部1953年版）

[1]　汉文、契丹文哀册石篆盖十二生肖，龙纹形像相同。

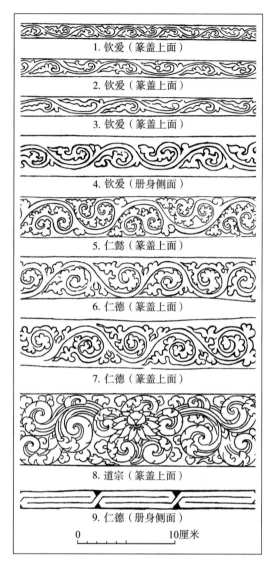

图 11 - 4 - 7 庆陵哀册纹饰

（引自《庆陵》，京都大学文学部 1953 年版）

宣懿皇后汉文哀册（图 11 - 4 - 1，6），篆盖边长 1.30 米，盝顶方区边长 82 厘米、高31 厘米，侧面垂直高 15 厘米。盝顶面刻谥号"宣德皇后哀册"，3 行，每行 2 字。册身边长 1.31 米，高 31 厘米，侧身立面高 16 厘米，面刻哀册文 34 行，满行 32 字。哀册盖和册身纹饰同道宗汉文哀册盖和册身。

道宗契丹文哀册（图 11 - 4 - 1，7），篆盖边长 1.35 米，盝顶方区边长 83（82）厘米，高 27 厘米，侧面垂直高 13 厘米。盝顶面刻契丹文谥号，6 行，每行 6 字。册身边长 1.35 米，高 28 厘米，立面高 14 厘米，下方斜杀。册身面刻契丹文哀册文 37 行，其中 12、13、15、23、24、25、31、36、37 行有重刻现象，去掉重刻重复的字，实有 1135 字。册文以契丹小字为主[1]。哀册盖和册身纹饰同道宗汉文哀册。

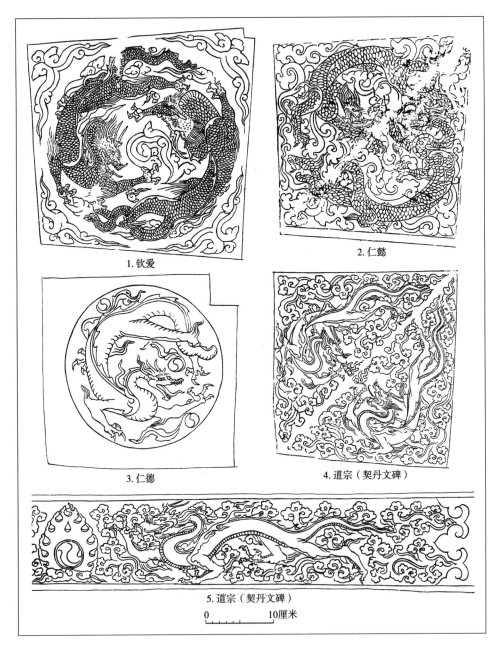

1. 钦爱　　　　　　　　2. 仁懿

3. 仁德　　　　　　　　4. 道宗（契丹文碑）

5. 道宗（契丹文碑）

0　　　　　10厘米

图 11-4-8　庆陵哀册上的龙纹
（引自《庆陵》，京都大学文学部 1953 年版）

---

[1] 契丹哀册文考释见罗福成《契丹国书哀册释文考证》，载《辽陵石刻集录》卷三、四、五，1934 年；《辽宣懿皇后哀册释文》，《满洲学报》1933 年第 2 期；王静如《辽道宗及宣懿皇后契丹国字哀册初释》《契丹国字再释》，分别收在《历史语言研究所集刊》第三本四分 1933 年，第五本四分 1935 年。

　　宣懿皇后契丹文哀册（图11-4-1，8），篆盖边长1.32×1.31米，盝顶方区边长80厘米，高32厘米，侧面垂直高14厘米。盝顶面刻契丹文谥号，4行，每行4字。册身边长1.31米，高33厘米，侧立面高17厘米，下方斜杀。册身面刻契丹字哀册文，30行，共621字[1]。册文以契丹小字为主，哀册盖和册身纹饰同道宗汉文哀册。

　　以上所述汉文哀册各部位纹饰和简况，可概括为下面"庆陵汉文哀册纹饰简表"。

表11-4-1　　　　　　　　　　庆陵汉文哀册纹饰简表

宣懿	道宗	仁懿	钦爱	仁德	圣宗	部位	编号	区位
宣懿皇后哀册	仁圣大孝宣皇帝哀册	仁懿皇后哀册	钦爱皇后哀册	仁德皇后哀册	文武大孝宣皇帝哀册	盖铭	A	篆盖·篆盖方区
3行行2字	3行行3字	2行行3字	2行行3字	2行行3字	3行行3字			
同道宗哀册	八卦纹牡丹唐草纹	主纹牡丹唐草纹内云纹唐草纹	主纹牡丹唐草纹，外云纹唐草纹内，云纹唐草纹	牡丹唐草纹	双蝶纹双凤纹	周缘	B	篆盖·四边斜杀面
	生肖十二支	有项光生肖十二支	生肖十二支	生肖十二支右向	生肖十二支	主纹	C	篆盖·四边斜杀面
	双竖线	草纹云纹唐	草纹云纹唐	草纹云纹唐	双竖线	界缘		篆盖·四边斜杀面
	双龙纹	双龙纹	团龙（二龙）	团龙纹	牡丹花纹	四隅方区	D	篆盖·四边斜杀面
	双龙纹	双凤纹	唐草纹牡丹	唐草纹牡丹	四神纹	盖立面	E	篆盖·盖立面
34行满行32字	36行满行37字		25行满行25字	26行满行27字	35行满行36字	铭文	F	册身·册身面
	双竖线		半四瓣花纹，外云纹唐草纹	直线连续涡纹	窄缘带	四周缘带		册身·册身面
同道宗	双龙宝珠纹		牡丹唐草纹	四瓣花纹	牡丹唐草纹	册身立面	G	册身·册身立面

　　表中A、B、C、D、E、F、G的位置见图11-4-9。

---

[1]　契丹哀册文考释见罗福成《契丹国书哀册释文考证》，载《辽陵石刻集录》卷三、四、五，1934年；《辽宣懿皇后哀册释文》，《满洲学报》1933年第2期；王静如《辽道宗及宣懿皇后契丹国字哀册初释》《契丹国字再释》，分别收在《历史语言研究所集刊》第三本四分1933年，第五本四分1935年。

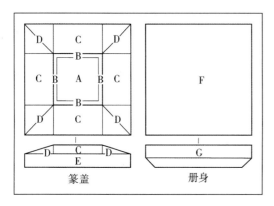

图 11 - 4 - 9　庆陵哀册纹饰位置示意图
（引自《庆陵》，京都大学文学部 1953 年版）

二　陀罗尼经幢和其他遗物

（一）陀罗尼经幢

前已介绍陀罗尼石幢散倒于中陵享殿遗址西北部，残存石幢座、幢身、宝盖、上部幢身，幢顶和宝瓶无存。庆陵残存重要遗物，除哀册外，以此最重要，故略作介绍。

幢座，八角形，高 34.5 厘米，宽 120.6 厘米，上下二层（图 11 - 4 - 10，4）。下层立面每面有长 38.5 厘米，高 13 厘米的长方形框，八面相间分别浮雕兽（马、羊、犬等）和花纹。幢座上层圆形，径 74.2 厘米，周边雕 16 个花瓣（左右二弧形叶，中抱小圆形花纹，似宝装莲瓣，图 11 - 4 - 10，8）。中央有径 17 厘米，深 13 厘米圆形卯口。

幢身，八角形，高 244 厘米，宽 75.8 厘米，上方有高 10.6 厘米，径 24 厘米的石榫头；下方有高 12 厘米，径 30 厘米的石榫头，通高 2.67 米（图 11 - 4 - 10，3）。八角形幢身由宽 38.5 厘米和 26.7 厘米的宽面和窄面相间构成，各面上下端有高约 11 厘米的唐草纹带。每面刻梵文陀罗尼经，宽面 9 行，窄面 6 行，每行 54 字。

宝盖，位于上下幢身之间，扁平八角形，高 30.3 厘米，宽约 102 厘米，各面宽 42—43 厘米。八角形各棱角高浮雕兽头，向外突出约 10 厘米；八个面浮雕花纹和垂幕纹等。底面中央有径 30 厘米，深约 13 厘米的卯口（图 11 - 4 - 10，2、6）。

上部幢身，八角形，高 97.6 厘米，宽 65.7 厘米，各面宽 26—27 厘米，上部径 12 厘米，深 9 厘米，下部有径 18 厘米，深 7 厘米的卯口。幢身下原有仰莲座，已无存。八面各有火焰尖拱形小龛，龛之上下线刻云纹，八龛相间浮雕 4 佛 4 菩萨。四佛在宝盖下结跏趺坐于八角圆形叠涩台座上，偏袒右肩，从手印判断为东面阿閦，南面宝生，西面阿弥陀、北面不空成就佛，属金刚界四佛。四菩萨宝冠、天衣璎珞，足立于小莲踏上，左右侍立（图 11 - 4 - 10，1、5）。上述四件组合起来可达 4.6 米，若加上上部幢身下仰莲座，以及幢顶和宝瓶复原其高度应达 6 米左右。

（二）庆东陵遗物

庆陵遭多次盗掘和毁坏，地宫随葬品无存，陵园建筑全部残毁，《庆陵》一书仅收集少量无关紧要的采集品。下面据此仅将东陵遗物略作简要介绍，详细情况请参见原书的描述和图版[1]。

东陵享殿遗址群采集的遗物以瓦类居多，瓦均残，可分为筒瓦、板瓦、瓦当、滴水和条形瓦五类；此外，还有残鸱尾。其中筒瓦、板瓦、条形瓦分为有釉和无釉两种，釉多为

[1]　东陵遗物，参见《庆陵》，第 127—154 页。

绿釉，少数为褐色釉，无釉瓦均呈黑灰色。

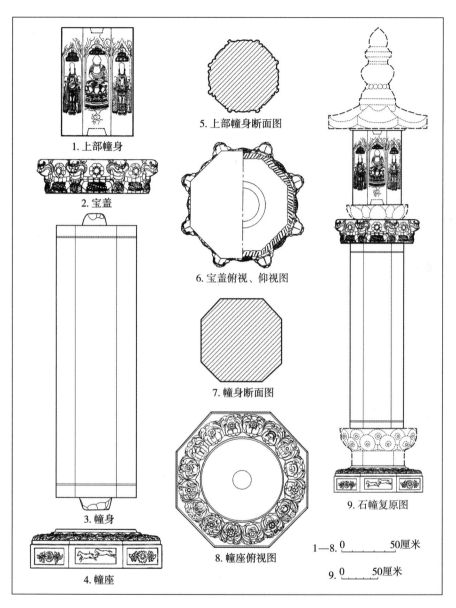

1. 上部幢身

5. 上部幢身断面图

2. 宝盖

6. 宝盖俯视、仰视图

3. 幢身

7. 幢身断面图

4. 幢座

8. 幢座俯视图

9. 石幢复原图

1—8. 0 _____ 50厘米

9. 0 _____ 50厘米

图 11 - 4 - 10　庆中陵陀罗尼石幢构件图和复原图

（引自《庆陵》，京都大学文学部 1953 年版）

享殿遗址群采集的瓷片有白瓷、青白瓷和青瓷片。大体可分为定窑白瓷、仿定窑白瓷、林东窑白瓷，青白瓷推测是景德镇窑产品，青瓷推测是余姚窑系产品。此外，还有白釉陶片（釉色似林东窑瓷片）、黑釉陶片、褐釉陶片等。除上所述，还发现有残铁钉、铁片、残铁釜足，在享殿遗址附近采集两枚"祥符元宝"（宋真宗大中祥符年间 1008—1017 年）。

地宫内主要是采集到少量小木构件，均残。比如，在中殿西配殿采集到斗拱、檩材、屋顶残件等约 20 件，这些构件均髹黑漆，有的残存金箔。据此，可复原其斗拱组合；可知有家具残件，有的髹黑漆，其中似有胡床残件；有的似为槅门的门板，龙纹雕版残件（两面髹黑漆，一面残存金箔）推测是槅门与甬道间的槅板。此外，在中殿北甬道前部还采集到残木俑，其中之一残高 46.7 厘米，宽 14.5 厘米，木雕立像，宽袖长衣，双手置于胸前，细部残毁。

第五节　庆东陵形制布局略析

一　陵园

（一）陵址注意到风水要素

东、中、西三陵以高大的庆云山为主山作背屏，在庆云山主山前较低平的山麓点穴置地宫。三陵陵侧有溪水，诸溪水合流后横于三陵之前从西向东流。三陵所在的沙丘草地树木林立，灌木丛生，植被良好。各陵侧有低山夹峙，神道似有护砂。上述情况，基本符合帝陵选址的"觅龙、察砂、观水、点穴"原则（案山和朝山情况未见记载）。也就是说，庆陵三陵选址已注意到唐代以来帝陵选址所应具备的"负阴抱阳，背山面水"等风水要素。由于上述要素不同于宋陵以"五音姓利"为准的风水要素，故辽庆陵选址所注意的风水要素显然是受唐代影响，并有所发展（如水和护砂等）。

（二）陵园形制布局的特点及其与唐宋帝陵的关系

东、中、西三陵陵园建于山麓地带的缓坡上，现仅残存陵园门、神道、享殿建筑群基址和地宫。由于契丹人尚东[1]，故陵门、神道和享殿皆东南向[2]。从残存遗迹来看，地宫、享殿、神道和陵园门不在一条直线上。东、中陵享殿遗址群在地宫偏东南约 200 米，西陵则达 400 米，地宫脱离享殿建筑群独立存在。神道介于享殿建筑群前端西侧与陵园门之间，东陵神道长 1300 米，线型折曲；中陵神道长约 700 米，西陵神道水平距离约 660 米，中和西陵神道线型较直。享殿建筑群分东西两组，中间隔夹道。东陵神道与享殿东西建筑群间夹道连通，中陵神道与享殿建筑群前略折拐与东西建筑群间夹道相通，西陵享殿东西建筑群间夹道较宽并向前延伸后与神道相接。上述情况，均为庆陵在中国古代帝陵陵园中独有的特点。

庆陵陵园未发现任何标志陵园范围的遗迹，未发现望柱和石像生[3]。虽然如此，但现存的陵园遗迹仍可明显看出中原地区的影响，比如陵园门三门道，两侧大台基里宽外窄呈倒梯形，此形制不排除陵园门前两侧有三出阙的可能性。神道长似唐陵神道，但其长度

〔1〕《契丹国志》卷一。
〔2〕 李逸友：《辽代契丹人墓葬制度概说》，《内蒙古东部区考古学文化研究文集》，海洋出版社 1991 年版。
〔3〕 据传辽祖陵发现石羊、狻猊、麒麟、石人等。李逸友：《辽耶律琮墓石刻及神道碑铭》，载《东北考古与历史》第一辑，文物出版社 1982 年版。

长于唐陵（唐乾陵神道长 650 余米），神道斜或曲折又不同于唐陵神道。庆陵无唐陵的陵园（宋陵称上宫）和下宫，而建享殿东西两组建筑群。东侧享殿建筑群享殿平面方形（庆东陵享殿出现减柱造，是辽代的特点），前出月台，两侧设朵殿，朵殿侧出回廊围成南北长方形院落，回廊前正中辟门，门前翼以两阙（即东西廊前突出之小台基），此种形制显然源于唐宋的建筑形式。享殿建筑群，应是从唐宋帝陵上宫内的献殿演变而来，即将唐宋帝陵上宫的献殿独立出来形成功能较齐全的院落形式。享殿建筑群西侧建筑群似相当于唐宋帝陵的下宫建有御容殿[1]，东西建筑群之间以夹道相隔。从中陵来看，东西两建筑群后部似相连接。也就是说，辽庆陵将唐宋帝陵上宫献殿和下宫基本合而为一，这是中国古代帝陵陵园的重要创举。在一定意义上可以说，这个创举乃是开明代帝陵陵园取消下宫，将下宫部分职能并于陵宫的形制之先河。庆陵依山为陵，帝后同穴合葬仿唐陵。庆陵地宫在享殿之后独立存在，又似对明陵宝城宝顶在方城明楼之后的形制有一定的影响。庆陵陵号以"永"字打头，陵区内有陪葬墓，在陵区之外设奉陵邑（庆州城）均仿宋陵[2]。此外，中陵享殿西侧建筑群外发现经幢，这是辽陵的特点之一，经幢的出现也不排除是受到宋陵陵区设佛寺的一定影响。总之，上述情况表明，庆陵陵园的形制，当是在唐宋帝陵陵园影响下，又根据其自身的情况因地制宜加以变化的结果。

二 地宫形制

（一）辽代墓葬与帝陵地宫

目前学者大体将辽墓分为三期，即建国之初的太祖、太宗、世宗、穆宗、景宗五朝为早期（916—983 年），圣宗和兴宗两朝为中期（983—1055 年），道宗和天祚帝两朝为晚期（1055—1125 年）。并认为契丹大贵族墓墓室的形状早期以方形墓室为主（延续至中、晚期）；中期以圆形墓室为主，中期后半段始出现八角形墓室；晚期以八角形、六角形墓室为主，同时仍有少量圆形墓室[3]。并进而认为，庆东陵地宫（1031 年）中殿、后殿和各配殿呈圆形（按此说不确，见后文），庆中陵地宫（1055 年）与西陵地宫（1101 年）中殿、后殿和各配殿呈八角形，三陵地宫形制完全符合上述演变规律。以上大体就是现在有代表性的看法。

契丹人居毡帐（类似今之蒙古包），宋人称"穹庐"。1973 年巴林左旗哈达英格乡哈达图村出土一件契丹早期鹿纹穹庐式灰陶骨灰罐（图 11 - 5 - 1），罐体圆形立壁中间开单扇门，门两侧各开一方窗。立壁与顶衔接处饰堆纹一周，穹庐顶中空，其上有圆饼形盖，此形制乃契丹人毡帐真实写照。宋人彭大雅记载契丹人穹庐说：上如伞骨，顶开一窍，谓

---

[1] 庆陵享殿建筑群西侧建筑群似为置御容殿和影堂之所，其功能略似于唐宋帝陵之下宫。

[2] 见第九章"北宋帝陵"。

[3] 辽墓分期和各期墓室形状，参见王秋华《辽代墓葬分区与分期的初探》，《辽宁大学学报》1982 年第 3 期；杨晶《辽墓初探》，《北方文物》1985 年第 4 期；前引李逸友《辽代契丹人墓葬制度概说》；秦大树《宋元明考古》，文物出版社 2004 年版，第 176—184 页；内蒙古自治区文物考古研究所、哲里木盟博物馆《辽陈国公主墓》结语第一节，文物出版社 1993 年版。

之天窗；体用柳木织成硬圈，经用毡挽定[1]。现代蒙古包顶部用许多细木条支撑住中间环形的"套脑"，形成形如伞盖的顶部骨架，中间的环形"套脑"用以通风、采光，上面盖可调解"套脑"圆孔闭合程度的毡片。今新疆哈萨克族大型毡房，圆形周壁顶部有一向内凸出的圈梁，其上架伞骨状撑木，顶部圆孔如蒙古包，有的毡房圆壁开窗。

图 11-5-1　鹿纹穹庐式陶骨灰罐

开泰七年（1018 年）陈国公主墓，后殿平面圆形砖砌周壁，穹庐顶中部有九边形孔，盖一圆锥体石块，白灰灌缝[2]。前述庆东陵各圆形配殿圆形立壁顶部砌向内凸出的缘带，其上内收成穹隆顶，顶部圆孔封砖。中殿周壁绘画影作壁柱，周壁顶部向内突出缘带上托穹隆顶；顶部中央不规则圆孔上盖封石，封石底面有自中心向外不规则射线刻槽；自穹隆顶上部圆孔向下绘画影作八条放射状支撑圆顶的木骨（阳马）。后室结构同中殿，穹隆顶部圆孔破坏，在顶部北侧有长方形孔。庆中陵和西陵八角形各殿顶部皆盖封石，中陵后殿北壁上有矩形孔。上述情况表明，辽墓和庆陵地宫圆形和八角形各殿的形制结构与前面介绍的穹庐和蒙古包几乎毫无二致，因而其均是模仿契丹毡帐营建而成的。

现在多认为庆东陵中殿平面呈圆形，其实是呈准八角形。据《庆陵》报告记述，庆东陵中殿南北径 5 米，东西径 5.30 米，周壁不是正圆形。[3]中室四甬道券门和四季山水图八分中室周壁，四季山水图所在壁面略呈弧形，四甬道券门处呈直线形；从《庆陵》报告刊布的四季山水图画面观察，画面无弧面感觉，故四季山水图所在壁面的弧度应很小。鉴于上述情况，中殿不应称圆形，而是呈准八角形。从庆东陵四季山水画配置图来看，四甬道似位于正方向，而春、夏、秋、冬图不在正方向上。但是，若按所标地宫方向，则东、南、西、北大致分别指向春、夏、秋、冬图。此现象说明，庆东陵地宫营建时方向误差较大，其设计思想应是将四季山水图置于东、西、南、北四正方向，四甬道券门分别置于东南、西南、西北和东北四个方向，中殿准八角形平面的八边则与之分别对应。此外，中殿穹隆顶亦八分，并与周壁八分对应。其中与四甬道券门对应部分在云纹上绘云间双龙，与四季山水图对应部分在云纹之上绘云间双凤，穹隆顶顶部中央有天窗[4]。庆东陵平面呈准八角形，显然是处于圆形向庆中、西陵各殿平面呈八角形的过渡阶段。

---

[1]　转引自政协巴林左旗委员会编《临潢史迹》，内蒙古人民出版社 1999 年版，第 99—100 页。

[2]　参见《辽陈国公主墓》，文物出版社 1993 年版。

[3]　参见《庆陵》第 17 页庆东陵墓室尺度表及 20 页正文。

[4]　孟凡人：《宋代至清代帝陵形制布局研究》第三章，中国社会科学出版社 2021 年版。

契丹大贵族墓以前后双室，前室左右出耳室为主。如，赤峰发现的耶律羽之墓，为前室长方形，后室方形，前室两侧出方形耳室[1]。法库发现的970—977年叶茂台七号墓，由甬道、方形前室两侧出圆形侧室、前室后有甬道连接圆形后室组成[2]。哲里木盟奈曼旗发现的陈国公主墓，前室长方形两侧出圆形耳室，后室圆形[3]。赤峰发现的驸马赠卫国王墓，平面形制为方形前室，长方形中室（置棺床），横长方形龛式小后室，三室直接相通，前室左右出方形耳室[4]。此外，北京南郊发现的北平王赵德钧墓为前、中、后三圆室，三室两侧各出圆形耳室，共九室，属特例[5]。

上述情况表明，辽代帝陵之下的王、公、公主、驸马等人墓葬均前后二室，前室左右出耳室（驸马赠卫国王墓，只多一个龛形小室置遗物，不是真正的三室墓）。逾制的赵德钧墓则前、中、后三室，三室左右各出耳室。据此似可认为，前后三室和二室乃是辽代帝陵和帝陵之下王、公等墓葬最大的区别。庆陵地宫只是使驸马赠卫国王墓后龛室变成真正的墓室，去掉赵德钧墓后室的左右耳室，在王公等二室墓的基础上增加中殿和左右配殿，并将其进一步规范化，而成为辽墓系列中的最高等级。实际上庆东陵地宫乃是仿皇帝捺钵牙帐而建，下面即谈此问题。

（二）庆东陵地宫形制仿皇帝捺钵牙帐

辽代皇帝四时捺钵，《辽史》卷三二《营卫志》详细记载了皇帝春捺钵、夏捺钵、秋捺钵和冬捺钵的概况，辽代不同时期四时捺钵的地区是有变化的。庆东陵中殿四时山水画的画面内容，即是概括表现皇帝四时捺钵的场景。但是四季山水画并不是某处捺钵之地的对景写生，而是综合了四季捺钵之地的特点和内涵，重在表现四时捺钵之地场景特色的艺术创作。

《辽史·营卫志》记载："皇帝四时巡守，契丹大小内外臣僚并应役次人，及汉人宣徽院所管百司皆从。汉人枢密院、中书省唯摘宰相一员，枢密院都副承旨二员，令史十人，中书令史一人，御史台、大理寺选摘一人扈从。"又在夏捺钵和冬捺钵时还要举行北、南臣僚议事会议。由此可见，皇帝捺钵时从各级官员到"应役次人"有一套完整的随员班子。

庆东陵人物壁画，均是与真人等身的立像，所有人物画皆斜侧面向地宫之内，依同一顺序一字排列。墓道人物画靠北者相间而立，靠南者前后两排站立，形成较长队列以衬托地宫之外空间的景深效果。墓道南部残断，墓道两壁残存侍卫群像，东壁侍卫群像南绘一匹马（《庆陵》文中说有马夫，图像无），西壁侍卫群像南或绘驼车[6]。墓道壁画属地宫

〔1〕　内蒙古文物考古研究所：《辽耶律羽之墓发掘简报》，《文物》1996年第1期。
〔2〕　辽宁省博物馆、辽宁铁岭地区文物组发掘小组：《法库叶茂台辽墓记略》，《文物》1975年第12期。
〔3〕　参见《辽陈国公主墓》，文物出版社1993年版。
〔4〕　热河省博物馆筹备组：《赤峰县大营子辽墓发掘报告》，《考古学报》1956年第3期。
〔5〕　北京市文物工作队：《北京南郊赵德钧墓》，《考古》1962年第5期。
〔6〕　张鹏：《辽代庆东陵壁画研究》，《故宫博物院院刊》2005年第3期。

仪卫性质，亦象征皇帝捺钵牙帐前的仪卫[1]。墓门至甬道木楣门间，两壁各绘一身前室侍卫像，地宫南北向甬道内侍卫由一人增至二人并立，禁卫逐步森严。前殿甬道券门南，两壁各绘汉装散乐群像[2]；券门之北，东壁绘着国服的北面官契丹官员二身，西壁绘着汉服的南面官汉官二身[3]。东西甬道门与木楣门间及东西配殿，绘持渔网、桨等和体态、手势、动作各异的"应役次人"群像。前殿北甬道券门与木楣门间，两壁各绘重装（有弓箭）中殿侍卫二身。中殿东西甬道券与木楣门间似绘皇室成员[4]，东西配殿壁画漫漶。上述情况表明，前殿和东西配殿重在表现跟随皇帝捺钵的北面和南面主要官员，以及各种应役人等扈从的盛况。中殿则重在表现皇帝四时捺钵场景，以及随从皇帝捺钵的皇室成员的情况。

庆东陵地宫人物画面容的共同特征是头短、脸宽、颊大颧高、鼻梁直鼻翼沟较深、瞑目、眼外皆有蒙古皱襞（俗称蒙古眼）、唇厚、发黑直，近似现代蒙古人的特征。在此基础上，庆东陵残存的70余身人物画的面部均逐一刻画，以肯定的线条勾勒人物面部的轮廓和造型，以细线条精心描绘五官特征和肌肉的起伏变化，重在刻画各个不同部位的人物所应有的，并能够反映其当时内心世界状态的神情和性格。因而所绘人物的眼神和面部表情极具力度，似真人留影，各有特点，而非"千人一面"。人物画的身体部分，则以墨线大胆描绘各具特色的体态。在赋彩方面，大体言之，面部平涂浅黄色或浅褐色或深褐色，帽子黑色。身体部分平涂色彩浓重，上衣用绿、深褐、浅褐、黄和青等单色，中衣红色，下衣白色，革带配以红、褐、绿、黑等色。总的来看，70余身人物画的身材高矮、容貌、胖瘦、神态、服饰不一，持物种类和姿势有别，凡不持物者或双手置于胸前或作不同手势，由此而显示出不同部位的不同人物之不同身份。上述特点结合人物肩上有契丹文题记（漫漶或剥落）判断，这些人物画当以真人写实性为基础，然后"法形其貌"加以概括提高，并"署其官爵姓名"，因而庆东陵的人物画类似署名的肖像画[5]。也就是说，这些人物画乃是皇帝生前臣僚近侍等的"写照"，以此代替真人，并以特定的位置、特定的形象和相应的题记，栩栩如生地再现了皇帝生前捺钵行宫中各种扈从人员的种种状态[6]。由此可见，庆东陵地宫不同部位人物画配置的数量和排列方式，是与其所在的空间、部位的功能和性质及其含义密不可分的，即应是参照皇帝捺钵行营（牙帐）并按照地宫有关规

---

[1]《新五代史》卷七二《四夷附录第一》："德光胡服视朝于广政殿。乙未，被中国冠服，百官常参，起居如晋仪，而毡裘左衽，胡马奚车，罗列阶陛，晋人俯首不敢仰视。"墓道两壁壁画情况，似即反映契丹侍卫，胡马奚车，罗列阶陛的情况。《文物》1972年第7期第34页，礼泉郑仁泰墓墓道两壁仪仗队列图，前有2人牵马和驼（另一壁绘牛车），后5人挎刀持旒旗，又4人侍立，腰挎箭槲和弓鞴。与此类似者还有《考古》1963年第9期496、497页咸阳苏君墓道线图等。庆东陵墓道两壁画构图与上述情况略同，唯无持旒旗者，以此结合前述可认为庆东陵墓道壁画属仪卫性质。

[2]《辽史》卷五十四《乐志》。

[3]《辽史》卷四五《百官志一》。

[4]《辽史》卷三二《营卫志中》及《程氏演蕃录》卷第三，记载捺钵时有皇族和虏主母等，说明皇帝四时捺钵有皇室成员随从，庆东陵中殿东西甬道壁画有妇人图和气质高贵的人像，结合中殿四时捺钵图和顶部龙凤图案等，可认为东西甬道和配殿所绘人像应为皇室成员。

[5]参见前引《庆陵》，第58—59页；张鹏《辽代庆东陵壁画研究》，《故宫博物院院刊》2005年第3期。

[6]参见前引《庆陵》，第109页；张鹏《辽代庆陵壁画研究》，《故宫博物院院刊》2005年第3期。

范而刻意安排的。总之，庆东陵残存 70 余身的人物画像，乃是皇帝捺钵随员构成状况的缩影。

《辽史》卷三二《营卫志中》行营条记载："皇帝牙帐以枪为硬寨，用毛绳连系。每枪下黑毡伞一，以庇卫士风雪。枪外小毡帐一层，每帐五人，各执兵仗为禁围。南有省方殿，殿北约二里曰寿宁殿，皆木柱竹榱，以毡为盖，彩绘韬柱，锦为壁衣，加绯绣额。又以黄布绣龙为地障，窗、槅皆以毡为之，傅以黄油绢。基高尺余，两厢廊庑亦以毡盖，无门户。省方殿北有鹿皮帐，帐次北有八方公用殿。寿宁殿北有长春帐，卫以硬寨。"据此可看出皇帝捺钵牙帐三殿南北向排列，庆东陵地宫与之相比，大体可认为庆东陵地宫三殿分别相当于皇帝捺钵牙帐三殿。即地宫前殿相当于省方殿，东西配殿和甬道约相当于两厢廊庑；准八角形中殿相当于八方公用殿，前殿与中殿间甬道相当于省方殿北鹿皮帐；后殿相当于寿宁殿，唯将寿宁殿两厢廊庑移到地宫中殿两侧，又将寿宁殿北长春帐移至地宫和后殿之间形成两殿间甬道而已。总之，以此结合前述地宫人物群像是皇帝捺钵随员构成的缩影，四季山水画是皇帝四时捺钵的写照，以及地宫前殿和中殿等彩绘情况来看，完全有理由认为庆东陵地宫的形制乃是仿皇帝捺钵牙帐并略作变通的结果[1]。

三 墓志形哀册形制源于晚唐五代的墓志

盝顶形墓志，盝顶中间方区题额以 9 字三三排列呈九宫图式的形制在北魏后期已基本定型。其中盝顶九宫图式与四神相配在北魏时已出现，与十二生肖相配至少不晚于北周时期。此后到隋唐和五代，盝顶墓志九宫图式题额与四神、十二生肖相配则成为墓志的主流形制（约占一半以上）；同时也有少数与天干地支名称和八卦符号相配的墓志。据前所述，庆陵墓志形盝顶哀册的形制及其所配九宫、四神、十二生肖和八卦符号的含义与隋唐五代墓志相同。只是隋唐五代墓志四神主要配置于盝顶四斜面，呈上朱雀、下玄武、左青龙、右白虎配列形式；十二生肖主要配列于志石四侧立面，上面正中午马、下面正中子鼠、左正中卯兔，右正中酉鸡，这种情况与庆陵哀册盝顶方区外四斜面所刻十二生肖子上午下，卯东（右），酉西（左）；圣宗哀册四神刻于盝顶四侧立面，上玄武下朱雀，左白虎右青龙的配列形式不同。但是，应当指出，从隋开始，尤其在盛唐之后有相当一部分墓志十二生肖刻于盝顶四斜面上，并或与八卦符号匹配，或与四神匹配[2]，就此而言，庆陵哀册盝顶图像与之相同。因此，我们认为庆陵哀册的形制源于唐代墓志。此外，据研究，自北朝到唐代墓室与墓志在形制和观念上是有对应关系的[3]。从庆东陵来看，位于中殿的墓志形哀册，其形制和图像同样也与中殿的形制和殿内壁画的配置有一定的对应关系。

契丹族自兴起之日就与中原紧密相连，特别是与唐朝的关系尤为密切。辽建国后疆域逐渐拓展至燕云等汉族地区，境内汉契人口杂居者也日渐增多，与五代各王朝和北宋交往

〔1〕 参见孟凡人《宋代至清代帝陵形制布局研究》第三章，中国社会科学出版社 2021 年版。
〔2〕 参见李星明《唐代墓室壁画研究》，陕西人民出版社 2005 年版，第 197、202 页。
〔3〕 参见前引李星明《唐代墓室壁画研究》，第 221—222 页。

频繁，辽国统治者为自身的发展则顺势利导，大力提倡汉文化。在这种情况下，契丹与汉文化的交流不断扩大，融合不断加深，最终使汉文化全方位地渗透到其社会肌体之中，成为辽代文化不可分割的重要组成部分。庆陵的形制布局、规制和绘画等，正是在这种大背景下形成的。

前面已经较全面和具体地介绍了庆东陵的情况，从中可以清楚地看出，庆东陵的陵园、地宫之形制布局和结构，地宫内的绘画和图案，乃是目前已知的辽陵和辽墓系列中等级最高，绘画艺术水平最高而寓意又最深邃者。庆东陵地宫的形制布局与绘画、图案和哀册图像融为一体，是辽代皇权和捺钵毡房牙帐内宫殿式"朝廷"的象征，是辽代捺钵文化体系的"写照"。在庆东陵地宫内绘画、图案和哀册图像的辽代风格中，不仅可明显看出晚唐五代和宋初的影响，而且其分布位置，构图布局和象征意义也明确反映出与中原帝王有共同的丧葬观念和礼仪规制，同样都是以艺术形象来描绘皇帝地宫内的精神世界状况，表现皇帝在冥府所追求的最高境界。因此，这些绘画和图案又成为一种政治性很强的标志和符号。凡此种种情况，我们也只有在上述的大背景下去分析研究，才能深刻理解庆东陵的全部内涵乃是以契丹传统为体，以汉文化为魂，两者有机融合为一体进行再创造的真谛。只有这样，才可以大体得出较正确的结论。

第十二章　金中都大房山金陵

第一节　金陵概说

《金虏图经·山陵》说："虏人都上京，本无山陵。祖宗以来，止卜葬于护国林之东，仪制极草创。"天辅七年（1123 年）八月，太祖阿骨打（讳旻，本讳阿骨打）崩于部堵泺西行宫。"九月癸丑，梓宫至上京。乙卯，葬宫城西南，建宁神殿（今黑龙江省阿城会宁府遗址以西几百米处，陵冢遗迹尚存）"，无陵号。"天会三年三月，上尊谥曰武元皇帝，庙号太祖"，"天会十三年二月辛酉，改葬和陵（上京西北约 50 公里胡凯山，俗称老母猪顶子山）"，"皇统四年，改和陵曰睿陵"[1]。"天会十三年（1135 年）正月太宗（原名吴乞买，改名完颜晟，太祖之弟）崩于明德宫"，"三月庚辰，上尊谥曰文烈皇帝，庙号太宗。乙酉，葬上京胡凯山和陵。皇统四年，改号恭陵"[2]。熙宗（讳亶，本讳合剌）天会十四年八月，"追尊九代祖以下曰皇帝、皇后，定始祖、景祖、世祖、太祖、太宗庙号皆不祧"；皇统四年（1144 年），"先世诸藏皆称陵号"[3]，始祖以下十帝陵亦葬于上京附近（具体位置不明）。皇统九年十二月，海陵王（原名迪古乃，名亮）弑熙宗，"降帝为东昏王，葬于皇后裴满氏墓中"[4]。

贞元元年（1153 年）海陵王完颜亮正式迁都燕京，改名中都。贞元三年三月，"命以大房山云峰寺为山陵，建行宫其麓"，于是将上京诸陵迁至金中都大房山新陵区（图 12 - 1 - 1）[5]，所迁诸陵陵号均未变。

金亡后金陵状况无载。明朝时疑金陵与后金（1636 年改号大清）"王气相关"，天启元年（1621 年）"罢金陵祭祀；二年，拆毁山陵劂断地脉。三年，又建关帝庙于其地，为厌胜之术"[6]，金陵被彻底摧毁。清入关后，在金陵遗址上略加修葺，并予保护[7]。清

---

[1]《金史》卷二《太祖本纪》。
[2]《金史》卷三《太宗本纪》。
[3]《金史》卷四《熙宗》；"先世诸藏皆称陵号"见卷一《世纪》。
[4]《金史》卷四《熙宗》。
[5]《金史》卷五《海陵纪》。
[6]《日下旧闻考》卷一三二引清世祖"御制金太祖世宗陵碑"、清圣祖"御制金太祖世宗陵碑"；又《北京金代皇陵》，文物出版社 2006 年版，第 154 页。
[7]《日下旧闻考》卷一三二。

末民国初年，以及"文化大革命"时期，金陵再遭破坏，几成废墟。

中华人民共和国成立后，即对金陵进行初步调查，历年来不断发现零星文物。1986年北京市文物研究所正式对金陵进行考古调查，2001—2003年又对金陵主陵区进行了考古勘察、试掘和清理。2006年被列为全国重点文物保护单位。

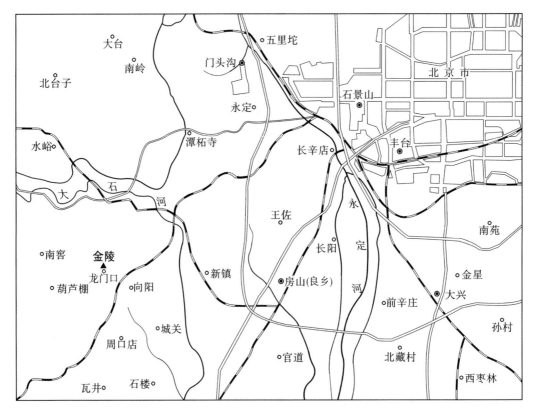

图 12 - 1 - 1　北京大房山金陵地理位置示意图
（以《中华人民共和国地图集》"北京市"地图为底本绘制）

第二节　大房山金陵封域、风水形势与分区

一　封域

金中都大房山金陵，经海陵王、世宗、章宗、卫绍王、宣宗五世六十余年的营建，形成规模宏大的陵区，封域面积达60平方公里。海陵王初建大房山金陵时无陵界，其后陆续增建各陵，遂固定封域，陵域边界沿途"封堠"（每隔一定距离立一土墩），并在封域内形成不同陵区。《大金集礼》记载，世宗大定二年（1162年）界内"周围计地一百六十五里"，卫绍王大安元年（1209年）又缩为"周围计地一百二十八里"。关于大房山金陵

的封域，诸家据《大金集礼》卷十七至二〇中，关于金陵四周方位的记载，考证其与今地的对应关系不尽相同[1]，具体情况可参考图 12-2-1、图 12-2-2。

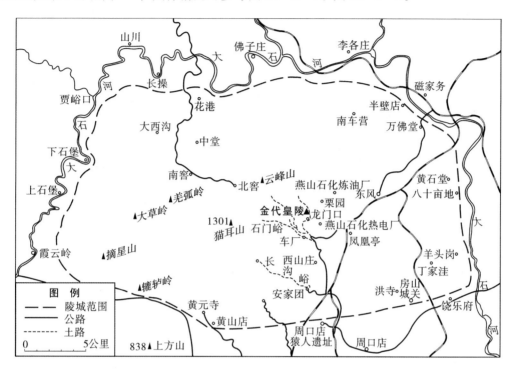

图 12-2-1　北京大房山金陵陵域范围图

（引自《北京金代皇陵》，文物出版社 2006 年版，略变化）

二　主陵区的风水形势

大房山金陵，主要指位于周口店镇龙门口村的主陵区。《金史》卷三五礼八记载：大房山"西顾郊圻，巍然大房，秀拔混厚，云雨之所出，万民之所瞻"；其地"峰峦秀出，林木隐映"，乃"真筑陵之处"（《大金国志》）。所谓"真筑陵之处"，除上述宏观环境外，关键是主陵区具体的风水形势使然。

金陵主陵区在大房山区，大房山主峰茶楼顶（猫儿山）海拔 1307 米，地接太行山，处于所谓"中华北龙"的主龙脉上。大房山主峰东行北折为连三顶（连泉顶，海拔 1150 米），其下是低于连三顶并与大房山主峰相连分九脉而下的九龙山，状若"行龙"。金陵主陵区即坐落在山前海拔约 500 米，占地约 6.5 万平方米的开阔的缓坡台地上。上述情况表明，金陵以处于龙脉的连三顶和九龙山为背屏（风水术语称主龙、主山、大帐、玄武）。连三顶符合"华盖三台，尊极帝位"之说，九龙山低于连三顶，又符合"玄武垂头"而"受葬"说，金陵的位置也符合取穴于"形止脉尽"，地"平夷如掌"的风水要求。

〔1〕 于杰、于光度：《金中都》，北京出版社 1989 年版，第 126—128 页；杨亦武：《大房山金陵考》，《北京文博》2002 年第 2 期。

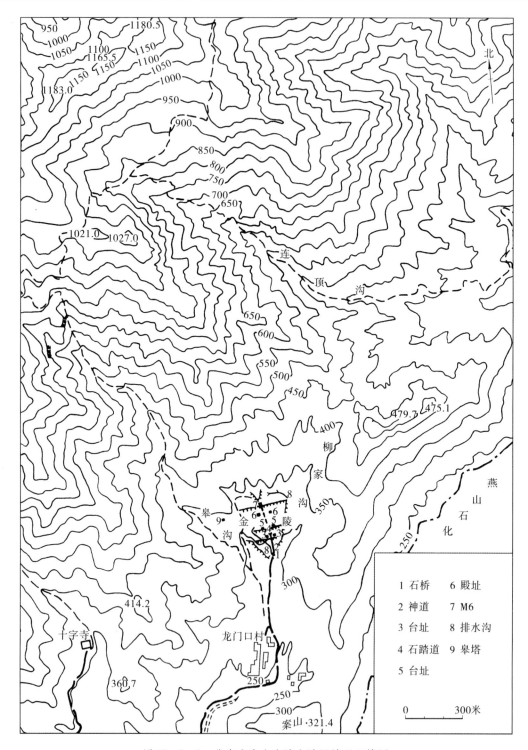

图 12 - 2 - 2   北京大房山金陵主陵区地理环境图

（引自《北京金代皇陵》，文物出版社 2006 年版）

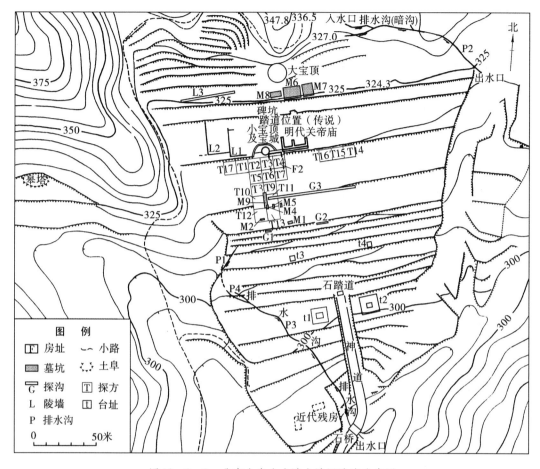

图12-2-3　北京大房山金陵主陵区遗迹分布图
（引自《北京金代皇陵》，文物出版社2006年版）

主陵区两侧的小山形成左右护砂（左青龙，右白虎），起到"山脉环护"以"藏风"的作用。同时又以九龙山对面的石壁山为"案山"，太祖陵即坐落在九龙山主脉与"案山"凹陷处的罗盘子午线上，形成"龙虎环抱，近案当前"的内明堂（陵穴前平坦地块，风水术语称明堂）之佳境。此外，九龙山西北侧山谷中的泉水东南流至陵前，形成水流界穴，以防生气流逝的"水砂"。总之，上述情况表明，金陵主陵区之所以选在九门口村，正是因为这里的山水形势完全符合帝陵在风水上专注的龙、穴、砂、水与陵址相配的要求，故成为"真筑陵之处"。

三　封域内陵墓分区

大房山金陵，按皇帝、追封为帝者、始祖以下十帝、后妃、削去帝号降为王者和诸王六种情况，分别葬于不同的区域。

（一）九门口主陵区

九门口主陵区有太祖睿陵、太宗恭陵、世宗（完颜雍）兴陵。世宗父宗尧（初讳宗辅）被追尊为帝，庙号睿宗，亦葬于主陵区，称景陵。此外，海陵王篡位后，追谥其父完颜宗干为睿明皇帝，庙号德宗，葬于主陵区，称顺陵[1]。大定二十二年（1182年）将宗干降为王，迁出顺陵，改名为墓。除上所述，海陵王还将叔父梁王宗弼（太祖四子，即金兀术）葬于九龙山西侧皋儿沟[2]。主陵区具体情况，后文有说。

（二）显宗裕陵和章宗道陵陵址

显宗名胡土瓦，大定二年立为太子，赐名允恭。大定二十五年亡，时年三十九岁，葬于大房山。章宗（允恭子）即位，追谥为帝，庙号显宗，陵曰裕陵（祔葬皇后徒单氏）。章宗（完颜璟）死后葬道陵（祔葬皇后蒲察氏），位于裕陵东侧。上述二陵位置不明，有人推测连三顶（连泉顶）东侧山沟有花岗岩古堡（金守陵军事设施），俗称大楼，其东侧约一公里有小楼，裕陵和道陵似在大楼和小楼之间的大楼沟内[3]。这里凭大房山主龙脉，前有九龙山，后有北岭，两山夹峙，二水分流，山前直望平川，为风水胜地。

此外，金宣宗完颜珣葬汴京（开封），哀宗完颜守绪葬蔡州（河南汝南县），不在大房山金陵区。

（三）始祖以下十帝陵区

始祖以下十帝陵，即始祖光陵、德帝熙陵、安帝建陵、献祖辉陵、昭祖安陵、景祖定陵、世祖永陵、肃宗泰陵、穆宗献陵、康宗乔陵。十帝陵于正隆元年（1156年）十月迁葬于大房山，葬所无载。光绪《顺天府志·地理八》"冢墓"条引《房山县志》："十王冢，在县西北十五里石门峪"。"十王冢"即十王陵，石门峪在龙门口村西南约2.5公里，与龙门口隔一道山梁。石门峪有小石门和大石门，过大石门里余发现石墙和石构件等。现在多以此处即十王陵区[4]。

---

〔1〕宗干本名斡本，太祖庶长子。海陵篡位，追谥其父宗干为宪古弘道文昭武烈章孝睿明皇帝，庙号德宗，贞元三年十一月迁于大房山太祖陵区。世宗即位，太定二年（1162年）除德宗庙号、改谥明肃皇帝。大定二十二年（1182年），追削明肃帝号，封皇伯、太师、辽王。《大金集礼》卷四记载：将宗干"迁出顺陵，改名为墓"。据此其墓应迁入诸王兆域。

〔2〕梁王宗弼即金兀术，太祖四子。前引杨亦武《大房山金陵考》认为，宗弼墓是唯一以王爵陪葬太祖陵的陪葬墓。并说太祖陵西侧九龙山西峪阁儿沟沟口北侧有古坟，旁边残存汉白玉残件，花岗岩阶石和金代砖瓦，为宗弼墓所在。按，该陪葬墓已超出主陵区的范围。

〔3〕前杨亦武引《大房山金陵考》说：连泉顶明嘉靖八年《重修连泉古刹碑》中提到此处有金章宗古墓。1986年以来，这一带发现一些金代勾纹瓦、绿琉璃瓦、汉白玉栏杆、柱顶、花岗岩柱础，在山脊上有一条石板古路，宽达2.5米。1988年、1989年在此钻探，考证认为第一地点为裕陵，第二地点为道陵。并说"有人猜测，章宗道陵当是大房山帝陵中最富丽堂皇的一座"。前引《北京金代皇陵》说：金陵主陵区东侧柳家沟发现大量石质建筑构件，包括鸱吻、斗拱、台基石条等。根据现场遗迹现象和昭穆制度推测，这一带也应属于金代皇陵的范围。裕陵、道陵是否在此区域，有待今后的考古发掘。

〔4〕杨亦武：《大房山金陵考》，《北京文博》2002年第2期。

（四）坤厚后妃陵区

坤厚陵是世宗昭德皇后乌林荅氏陵，并祔葬世宗之妃张氏、元妃李氏、贤妃石抹氏、德妃徒单氏、柔妃大氏[1]。坤厚陵具体方位，史无明载。1972年12月长沟峪煤矿断头峪工地，于断头峪西山坡发现一组石椁墓。五具石椁呈十字排列，主墓及两侧二墓东西向，主墓东西两侧石椁为南北向。每具石椁均由六整块两面磨光汉白玉石板单榫咬合构成。正中石椁长2.9米、宽1.38米、高1.26米；其余四具石椁长2.45米、宽1.1米、高1.26米。主墓石椁内有一具红漆柏木棺，棺长2.2米、宽1.25米、高0.95米。棺外髹红漆并用银钉嵌錾花银片，前壁图案为四角云纹，中嵌云龙卷草，云龙上部在红漆表面贴绿织锦圆片。后壁及棺盖为卷草纹图案。主墓中出青白玉双股玉钗1件、白玉镯1件、白玉环1件、长方形白玉饰1件、三角形白玉饰1件、凤鸟形白玉饰2件、透雕折枝花白玉锁1件、透雕折枝花白玉饰2件、透雕竹枝形白玉饰1件、透雕双鹤卷草纹白玉饰1件、"政和通宝"玉钱1枚。此外，主墓淤土中残存松香棒，以及织锦残片等，残骨中残存用于尸体防腐的水银。清理者认为，断头峪石椁墓即坤厚陵陵穴，五具石椁为乌林荅氏迁出祔葬世宗陵后之遗存，正中红漆柏木棺葬元妃李氏，余四椁分葬四妃[2]。

（五）诸王兆域

贞元三年从上京所迁诸王墓，葬于大房山蓼香甸。海陵王初葬于鹿门谷诸王兆域中，故蓼香甸与鹿门谷属同一兆域。鹿门谷多认为在今车厂村西北十字寺沟[3]，诸王墓具体位置不明。据文献记载，宿王矧思阿补、海陵王太子光英、荣王完颜爽等也葬于诸王兆域。海陵王之父宗干削去帝号从顺陵迁出，亦改葬在诸王兆域。

（六）熙宗思陵与海陵王和卫绍王墓

《金史》卷四《熙宗》记载：熙宗于"贞元三年（1155年）改葬于大房山蓼香甸，诸王同兆域。大定初，追谥武灵皇帝，庙号闵宗，陵曰思陵"；"二十七年（1187年），改庙号熙宗。二十八年以思陵狭小，改葬于峨眉谷，仍号思陵"。峨眉谷大致介于康乐峪（其南为断头峪）和石门峪（北）之间，悼平皇后裴满氏祔葬思陵，思陵具体位置不明。

海陵王完颜亮，于正隆六年（1161年）十一月被杀。大定二年降为海陵郡王，葬于大房山鹿门谷诸王兆域。大定二十一年废为庶人，改葬于山陵西南四十里，"瘗之闲圹，不封不树"[4]，因而其墓不知所在。

〔1〕《金史》卷六四《后妃下》。

〔2〕参见前引《北京金代皇陵》，文物出版社2006年版，第158—160页，图版五六之3、4、5。

〔3〕《金史》卷四《熙宗》记载：熙宗葬皇后裴满氏墓中后，又于"贞元三年，改葬于大房山蓼香甸，诸王同兆域"。《金史》卷五《海陵》记载：海陵王"葬于大房山鹿门谷诸王兆域中"。可见蓼香甸与鹿门谷相连，似为同一区域。又《大金国志》卷三十三记载："惟熙宗葬山阴"，故鹿门谷在九龙山太祖陵区之西侧。前引杨亦武《大房山金陵考》认为，"鹿门谷乃是今十字寺沟确凿无疑。鹿门峪在今车场村西北，北倚三盆山，东隔一岭与九龙山太祖陵区相邻，西南为凤凰山陵区，由南而北绵延数里"。

〔4〕《金史》卷五《海陵》、卷七六《宗干传》，《大金集礼》卷四《追加谥号下》。

卫绍王墓位置不明[1]。

除上所述，大房山金陵在山陵东端入陵处建磐宁行宫，章宗时在茶楼顶建离宫崇圣宫和白云亭。章宗大定二十九年，在山陵陵园下不远处设"万宁县，以奉山陵"，明昌二年（1191年）改称奉先县（元至元二十七年，改名房山县）。

第三节　主陵区残存的遗迹

金陵主陵区在九门口村之北，位于九龙山南侧坡地[2]，陵区南北长约350米，东西宽约200米。在该范围内经考古勘探和试掘，发现和清理了仍然残存的主要遗迹。在主陵区可以确认为金代遗迹的仅有石桥、神道、石踏道、碑亭残基址和排水沟[3]。

一　石桥

花岗岩石桥位于神道南端，南北长5.8米，东西宽10米。桥面平铺双层花岗岩石板，仅残存北部32块大小不等的长方形或方形石板，以及栏板和望柱下的地栿石，桥面下即排水涵洞（图12-2-3、图12-3-1）。

二　神道和石踏道

石桥北接神道，全长残存200余米，方向170°（图12-2-3）。神道顺地势而上，仅石桥至石踏道长107米地段保存较好。其中石踏道南长49米地段路面残毁，49米以上至石踏道长58米地段残存一层汉白玉石渣路面（图12-3-2），厚约1—2厘米，路面上路土厚约3—7厘米。此外，在石踏道北80余米探沟G3（图12-3-1）之北，发现铺砖神道残迹。

石桥向北107米处的石踏道[4]，残长约3米，宽5.4米，通高1米，八级台阶（图12-3-3）。每级台阶由3—4块汉白玉石条构成，长4.4米，宽0.3米，高约0.13米，逐次向上错缝砌筑。台阶平面和立面浮雕缠枝花卉图案（图12-3-4，A），台阶两侧立汉白玉石雕栏板，西侧残存一块栏板，东侧残存两块栏板。栏板高0.6米，长1.4米，厚约0.2米。栏板内侧浮雕双龙追逐图案（图12-3-4，B）[5]，外侧浮雕牡丹花卉图案（图12-3-4，C）。东侧两块栏板间石望柱与栏板榫卯相接，望柱长0.24米，宽0.16米，内

---

[1] 卫绍王讳永济，世宗七子。泰和八年（1208年）十一月，章宗崩，承章宗遗诏即帝位。至宁元年（1213年）被弑于故邸。贞祐元年（1213年）降封东海郡侯，贞祐二年四月葬。贞祐四年，诏追复卫王，谥曰绍。其葬地不明，前引杨亦武《大房山金陵考》推测，葬于康乐峪。1994年康乐峪峪口北侧出土一具金代石椁，或与卫绍王墓有关。

[2] 参见《北京金代皇陵》，文物出版社2006年版，附录三。

[3] 参见《北京金代皇陵》。

[4] 参见《北京金代皇陵》彩版四、五。

[5] 双龙风格与兴陵石椁龙纹图案相同。

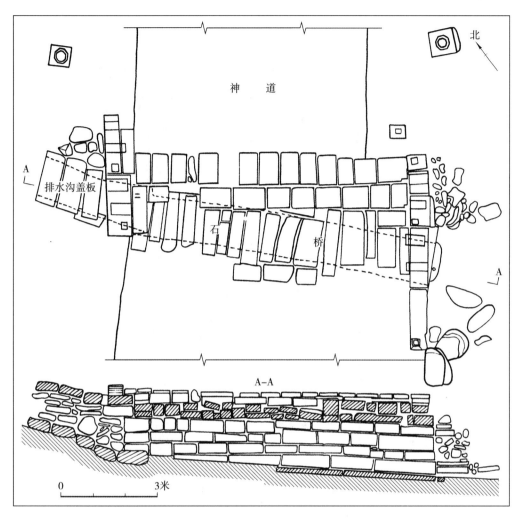

图 12 - 3 - 1　北京大房山金陵石桥平面、剖视图

（引自《北京金代皇陵》，文物出版社 2006 年版）

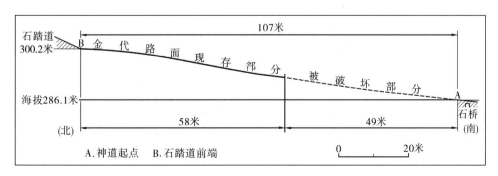

图 12 - 3 - 2　北京大房山金陵神道南段纵剖面图

（引自《北京金代皇陵》，文物出版社 2006 年版）

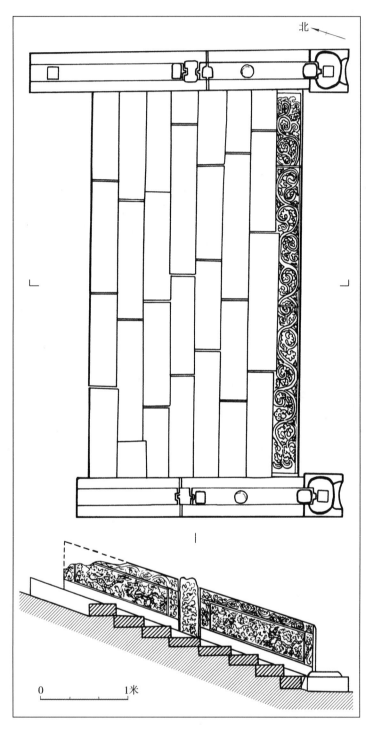

图 12 – 3 – 3　北京大房山金陵石踏道平面、剖视图

（引自《北京金代皇陵》，文物出版社 2006 年版）

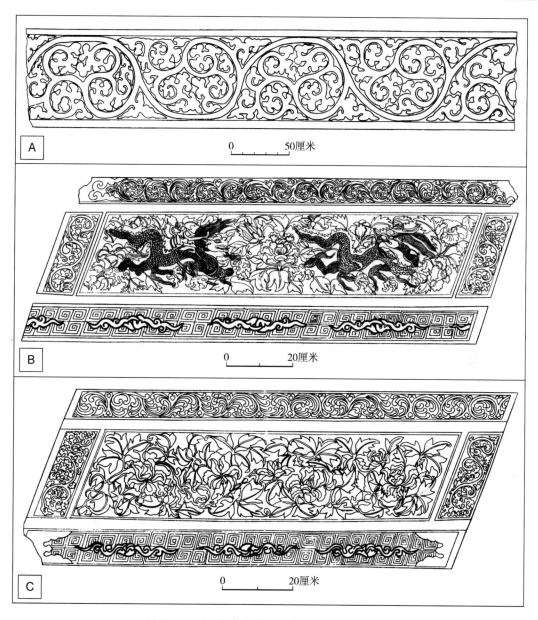

图 12－3－4　北京大房山金陵台阶、石栏板图案
A. 石台阶缠枝花卉图　B. 石栏板内侧双龙图　C. 石栏板缠枝花卉图
（引自《北京金代皇陵》，文物出版社 2006 年版）

外两侧浮雕花纹漫漶。栏板和望柱立于汉白玉地栿之上，在西侧栏板南侧置坐龙。坐龙底座（报告称覆盆式柱础）与两侧栏板相接，底座长 0.5 米，宽 0.44 米，孔径 10 厘米，深10 厘米。两件坐龙均卧于底座前，残高皆 67 厘米左右[1]。

[1]　参见《北京金代皇陵》，文物出版社 2006 年版，图版三中、下。

除上所述，神道南端与石桥相接处之东西两侧各残存一神道柱础（望柱柱础？）。东侧方形花岗岩柱础长 0.75 米、宽 0.7 米、厚 0.35 米，中心凿八棱形凹槽，直径 0.4 米、边长 0.15 米、深 0.1 米；内槽圆形，直径 0.3 米、深 0.18 米。西侧方形青石柱础，边长 0.6 米，中心凿八棱形凹槽，直径 0.4 米、边长 0.15 米、深 0.12 米；内槽圆形，直径 0.3 米、深 0.16 米[1]。

三　碑亭残基址[2]

在石踏道近北端的东西两侧各有一碑亭残基址，残基址 t1 在石踏道北端西南侧，残基址 t2 在石踏道北端东南侧，两者对置，相距 35 米（两基址中心相距 57 米）。二碑亭残基址的原状基本相同，碑亭最下为夯筑方形台基，边长 22 米左右，其上挖槽再夯筑方形碑亭台基，边长 13.5 米左右，台基四面有四出陛残迹（《报告》称墁道），碑亭台基四角残存角石基础，四角内对称残存曲尺形坚硬的夯土遗迹（原报告称护角，似为内墙墙基之遗迹）。碑亭台基中间条石铺砌长方形碑基，东西长 5 米左右，南北宽近 4 米。在西侧碑亭（t1）石碑基上发现碑身和鳌腹残块，东侧碑亭石碑基上（t2）发现鳌首和鳌背残块。从碑亭台基遗迹来看，碑亭似为面阔进深各三间，副阶周匝，四出陛的形制[3]。

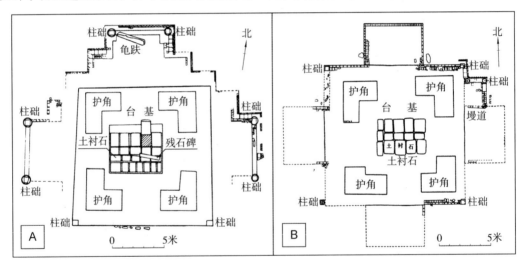

图 12-3-5　北京大房山金陵 1、2 号碑亭残迹址平面图
（引自《北京金代皇陵》，文物出版社 2006 年版）

四　排水沟

主陵区有东西两条排水沟，东侧排水暗沟，在 M6 东北 60 米，三个入水口汇于主干沟

---

〔1〕　参见《北京金代皇陵》图版三上。

〔2〕　参见《北京金代皇陵》，第 41—48 页对 t1、t2 形制的描述，结合报告第 46、47 页 t1、t2 碑亭台基平面图，彩版六、图版四、五、六，以及该报告所收王世仁《北京房山金陵碑亭原状推测》来看，金陵报告对 t1、t2 的文字表述，不明之处较多。因此，对 t1、t2 的形制难以准确介绍，详见原文及其图版。

〔3〕　参见前引王世仁《北京房山金陵碑亭原状推测》。

内，依山势由西北向东南排水，全长约 120 米，暗沟用巨型花岗岩垒砌，保存完好[1]。西侧排水暗沟，在石踏道西北约 90 米，由入水口小排水沟、明沟及过水暗沟构成，水从西北向东南依山势经石桥向外排水。小入水口排水沟沟槽由花岗岩和石板构成，北端残断，沟上堆积中发现绿釉迦陵频伽和瓦当等大量建筑砖瓦。明沟西北东南流向，花岗岩石板及花岗岩条石铺砌。暗沟西北东南流向，全长 160 余米，部分毁坏，花岗岩条石和石板垒砌，西北段暗沟中有"乾元重宝""天禧通宝""崇宁重宝"等遗物。暗沟出水口在石桥下，花岗岩暗沟盖之上承托石桥桥面[2]。

第四节　主陵区诸陵地宫概况

一　金太祖睿陵地宫（M6）

金太祖睿陵地宫位于大宝顶东南约 15 米处，2008 年 8 月 31 日至 10 月发掘。地宫石圹竖穴，平面呈长方形，方向 356°。地宫口东西长 13 米，南北宽 9—9.5 米；地宫底长 12.1—12.4 米，宽 8.3—9.4 米；地宫深 3.6—5.2 米。地宫东壁略内倾，余三壁向外略有缓坡。地宫底较平，地宫口北高南低，呈缓坡状，南北落差 1.3 米（图 12 - 4 - 1）。地宫底夯筑黄土，夯层厚约 0.2 米，夯土总厚 2.5 米，夯土厚超过石椁顶板，其上平铺巨石。巨石有规律地码放四层，共二百余块，每层巨石间填纯黄土夯实，回填第一层黄土厚约 80 厘米，上铺一层朱砂，其上再铺巨石（图 12 - 4 - 1）。地宫回填，乃清代所为[3]。

地宫内置四具石椁，（图 12 - 4 - 1，M6 - 1、2）青石素面石椁南北向并置于地宫西侧，（图 12 - 4 - 1，M6 - 3、4）汉白玉凤纹、龙纹石椁东西向并置于地宫中部偏北，（图 12 - 4 - 1，M6 - 3）邻（图 12 - 4 - 1，M6 - 2）。（图 12 - 4 - 1，M6 - 4）为太祖汉白玉雕龙纹石椁，残存底部和部分椁盖及东椁板，椁底长 3.12 米。椁盖盝顶长方形，残存东部约三分之二，残长 1.1 米，宽 1.55 米，厚 0.6 米。椁盖内部呈凹槽状，外部剔刻团龙，盝顶坡面剔刻缠枝花纹（图 12 - 4 - 2）。东椁板高 1.22 米，宽 1.52—1.54 米，厚 0.22 米。外壁敷松香，有火烧痕迹。椁壁正面剔刻描金团龙流云纹（图 12 - 4 - 2、图 12 - 4 - 3），内壁墨线朱地彩画，漫漶。其余三面椁板无存，椁内木棺毁，残存木棺痕迹长 2.1 米，宽 1 米，石椁底残存墨地朱纹金线勾双龙戏珠纹，漫漶。石椁被砸毁后，碎片堆积在石椁周围，未见遗物，仅在石椁上层东南角填土内发现残头骨一件[4]。

---

〔1〕　参见《北京金代皇陵》，第 59 页东侧水沟 P2 平剖面图以及图版一四。

〔2〕　参见《北京金代皇陵》，第 61 页东侧水沟 P1 平剖面图，第 62 页 P3 与 P4 关系图，图版一四，彩版九 P2 排水沟出口，第 40 页 P2 排水沟出水口立面图。

〔3〕　参见《北京金代皇陵》，第 154 页。

〔4〕　参见《北京金代皇陵》，第 154 页。

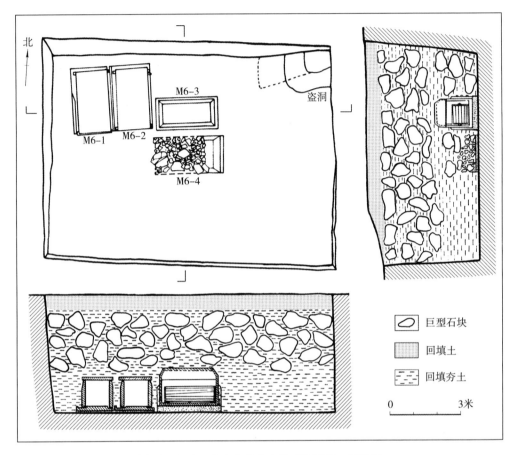

图 12-4-1 北京大房山金陵 M6 平面、剖视图

（引自《北京金代皇陵》，文物出版社 2006 年版）

M6-3 为钦宪皇后纥石烈氏汉白玉凤纹石椁，南距 M6-4 龙纹石椁约 50 厘米，保存完好（图 12-4-1）。长方形石椁通长 2.48 米，宽 1.2 米，高 1.52 米，东西向 56°。椁盖长方形盝顶，东西长 2.48 米，南北宽 1.2 米，厚 0.46 米，内凿凹槽，外壁陡直（图 12-4-4）。盝顶长方形，长 2.16 米，宽 0.92 米，坡厚 0.09 米，顶中间雕双凤纹，四角雕卷云纹，四坡刻云纹（图 12-4-5），椁盖上贴一层薄金箔，已斑驳脱落。椁身东西长 2.48 米，南北宽 1.2 米，高 1.06 米。内壁高 0.92 米，壁厚 7—8 厘米。椁外四周以松香匝敷松香高 0.7 米，厚 0.1—0.15 米（图 12-4-4）。椁壁四框雕缠枝忍冬纹，东、西两端挡板正中雕团凤及卷云纹（图 12-4-6），南北两侧椁壁中间雕双凤及卷云纹[1]。石椁周边"剔地起华"，描金线。椁内壁墨线勾绘纹饰，然后阴线刻并描金粉。前后两挡板雕团凤和卷云纹，南北两壁雕双凤和卷云纹，有金线痕迹[2]。椁内置柏木棺一具，棺长方形，长

〔1〕 前引《北京金代皇陵》图四四、四五。

〔2〕 前引《北京金代皇陵》，第 80 页图四六、第 81 页图四七。

2.1米，宽0.75—0.78米，高0.68米。棺盖残落棺内，棺底残，仅木棺四壁尚立樿内。东木棺挡板四块横向木板榫卯咬合拼成，西端木棺挡板七块木板榫卯咬合拼成；北和南侧木棺挡板分别由六块和七块木板榫卯咬合拼成（图12-4-7）。棺底仅存前、中、后三条横向穿带，穿带宽5厘米，厚3厘米，并遗有细小铁钉。木棺外鬃红漆，漆外饰银片鎏金錾刻凤鸟纹，南北两侧银饰件上对称铆两个铁质棺环。棺内头骨处发现一件金丝凤冠，一件金丝帽盛子，三件凤鸟玉饰件，十枚金丝花饰（图12-4-7、图12-4-8）[1]。

M6-1青石樿由六块石板拼合而成，通高1.4米，樿身南北通长2.63米。樿盖长方形，长2.6米，宽1.4米，厚0.14米，碎裂，樿盖中心部分落入樿内。南壁樿板高1.1米，宽1.08米，厚0.1—0.18米，打磨规整，两侧榫头与东西樿板咬合。北壁樿板高1.1米，宽1.1米，厚0.1—0.13米，打磨规整，两侧与东西樿板榫卯咬合。东樿板长2.38米，高1.1米，厚0.1—0.14米，与南北樿板榫卯咬合。西樿板长2.38米，高1.1米，厚0.1—0.14米，榫卯咬合同东樿壁。樿底板长2.78米，宽1.6米，厚0.16米，底板凸起高约4厘米的平台为棺床，长2.1米，宽1米，高0.04米。樿内置木棺一具，已坍塌，棺内残存大量漆片，棺外四件

0　　　　　　50厘米

图12-4-2　北京大房山金陵M6-4石樿龙纹图
（引自《北京金代皇陵》，文物出版社2006年版）

八角形铜环铺首落入棺内，棺内正中有骨灰，发现玉雕海东青饰件两件[2]。

M6-2石樿距M6-1石樿0.5米，形制与M6-1相同。樿内木棺一具，已坍塌，棺内残存大量漆片，木棺东、西壁各有两个铜质棺环，形制同M6-1铜环。棺内西南角遗有人头骨和残缺的下颌骨，棺内北侧发现肢骨。头骨东侧发现两件环形竹节状金饰件[3]。

---

[1] 参见前引《北京金代皇陵》，彩版一四，M6-3石樿、金丝帽盛子、玉雕凤鸟饰件、金丝花纹。图版二〇，M6-3木棺出土情况。

[2] 参见前引《北京金代皇陵》，彩版一三。

[3] 参见前引《北京金代皇陵》，彩版一三，M6-2竹节状金饰。按，据《金史》卷六三《后妃上》记载，太祖皇后有四位。即圣穆皇后唐括氏，天会十三年追谥。光懿皇后裴满氏，海陵王祖母，天会十三年追谥。钦宪皇后纥石烈氏，天会十三年尊为太皇太后，宫号庆元，十四年正月丁丑卒于庆元宫，二月癸卯祔葬睿陵。宣献皇后仆散氏，睿宗之母，世宗之祖母，大定元年追谥。M6-3石樿主人为钦宪皇后纥石烈氏。

0   20厘米

图 12-4-3　北京大房山金陵 M6-4 石椁东壁龙纹图

（引自《北京金代皇陵》，文物出版社 2006 年版）

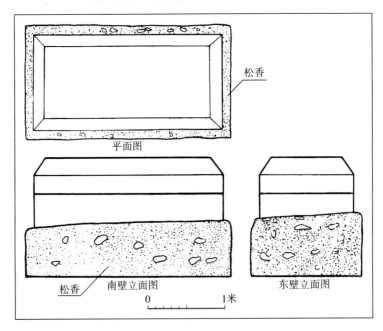

松香

平面图

松香　　　南壁立面图　　　　　　　东壁立面图

0　　　　　　1米

图 12-4-4　北京大房山金陵 M6-3 石椁及外壁贴敷松香平面、立面图

（引自《北京金代皇陵》，文物出版社 2006 年版）

图 12－4－5 北京大房山金陵 M6－3 石椁椁盖凤纹图
（引自《北京金代皇陵》，文物出版社 2006 年版）

0　　　　　20厘米

图 12 -4 -6　北京大房山金陵 M6 -3 石椁东壁凤纹图

（引自《北京金代皇陵》，文物出版社 2006 年版）

二　世宗兴陵地宫墓道（M9）

世宗兴陵地宫（M9）位于太祖陵（M6）西南约七八十米[1]，在 T2、3、5、6、8、9、10、11、13 之中。清理（T11）南侧石圹墓（M4）时，在（M4）墓底偏北叠压东西向青白石条[2]。向下清理发现南北向石条构筑的台阶墓道，其构筑是先在墓道两侧挖土坑，残长 17.5 米，宽 5 米。墓道上口两侧横卧木板和石板护墙[3]，然后在偏北部用青白石垒砌墓道两壁和下部台阶。墓道全长 12.8 米，方向 350°。墓道内口宽 2.9 米，深 3.3 米。墓道东西两壁用长 85—94 厘米，宽 60 厘米，厚 25 厘米的青白石平铺错缝垒砌，最深处 3.3 米，共 15 层。台面石接口处凿出元宝形石槽浇灌铁水，形成元宝形铁锭（腰

---

[1]　参见《北京金代皇陵》，第 88 页。

[2]　参见前引《北京金代皇陵》，图版二三，2。

[3]　参见前引《北京金代皇陵》，图版二三，3、4。

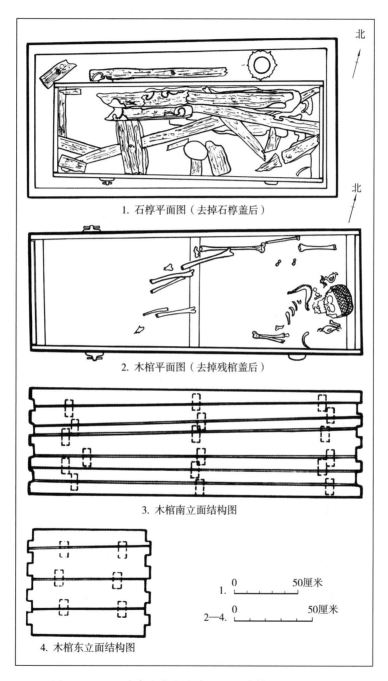

1. 石椁平面图（去掉石椁盖后）

2. 木棺平面图（去掉残棺盖后）

3. 木棺南立面结构图

4. 木棺东立面结构图

图 12 - 4 - 7　北京大房山金陵 M6 - 3 木棺平面、立面图
（引自《北京金代皇陵》，文物出版社 2006 年版）

图 12 - 4 - 8 北京大房山金陵 M6 - 3 出土饰件
1. 木棺外壁装饰银片鎏金錾刻菱形纹饰 2、3. 玉雕凤鸟纹饰件
（引自《北京金代皇陵》，文物出版社 2006 年版）

铁），长 18 厘米，宽 8 厘米。台阶石长 65 厘米，宽 23—25 厘米，台阶共 19 层，每层石台阶錾刻菱形图案。向北最底部接墓门处，用青石铺砌一段长 3.3 米的平底。墓门仿木结构，青白石雕刻门楼，残存三分之一，通高 4.5 米。屋顶雕刻瓦垄、屋檐、椽、瓦当，瓦当头雕梅花图案。垂脊前端雕昂首龙头，龙头与垂脊榫卯相接[1]。椽下双杪五铺作斗拱三朵，其下为栏额、门框和抱柱。栏额无纹饰，残长 1 米，宽 0.3 米；门框宽 0.15 米，正面及两侧剔刻缠枝牡丹纹。门框两侧有倭角方形抱柱，高 2.3 米，宽 0.35 米，上面雕高浮雕腾龙和云纹（图 12 - 4 - 9），墓门无存。墓门前用长 2.5 米，0.15 米见方的 18 根方木铺底，其上纵铺两层，然后在北端横放两层长条形方木，其南侧又纵铺三层。墓门前端用纵排方木封门，火烧，已炭化。墓道南端东侧被（M4）打破，墓道内第一、二级台阶被破坏。在（M4）西侧 1.6 米处和（M4）西南隅 10 厘米处，发现两块长 280 厘米，宽 32 厘米，厚 8 厘米的铸铁板，二者形制和大小相同[2]。又在墓道外西南侧发现一条西南向东北并向下倾斜的石槽，长约 9 米，用花岗岩单体石槽拼接而成，每节石槽长约 1.8 米，宽 0.5 米，厚 0.4 米。中心凿刻宽 0.2—0.3 米，深 0.15 米左右的沟槽[3]。墓道内石槽直至墓门，揭开个别石槽上残存的石盖板，发现石槽内有铁水浇铸凝成的铁锭（图 12 - 4 - 10）[4]。

[1] 参见前引《北京金代皇陵》，图版二四，1、2。
[2] 参见前引《北京金代皇陵》，图版二五，1。
[3] 参见前引《北京金代皇陵》，图版二五，2。
[4] 参见前引《北京金代皇陵》，图版二五，4、5。

1. 西侧抱柱云龙图　　　　　　　　2. 东侧抱柱云龙图

0 ⊢——⊣ 20厘米

图 12 - 4 - 9　北京大房山金陵 M9 墓门抱柱云龙纹图
（引自《北京金代皇陵》，文物出版社 2006 年版）

　　地宫未发掘，2001 年钻探时，发现地宫护墙痕迹，由夯土夹杂木炭筑成，并在明代扰乱层下发现地宫内夯土。夯土上层素土夯成，厚约 0.2 米，其下铺一层石块，石块下铺素土和木炭，共发现 8 层素土，8 层木炭，至 7.8—8 米深时见石条层面。

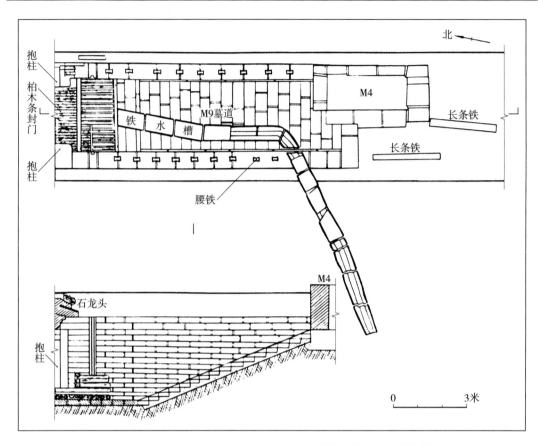

图 12 - 4 - 10　北京大房山金陵 M9 墓道及铁水槽平面、剖视图

（引自《北京金代皇陵》，文物出版社 2006 年版）

三　恭陵、顺陵和景陵地宫的方位

《金虏图经·山陵》记载，海陵王毁云峰寺，"遂迁祖宗、父、叔改葬于寺基址之上，又将正殿元位佛像处凿穴，以奉安太祖旻、太宗晟、父德宗宗干，其余各随昭穆葬焉"。经考证太宗吴乞买恭陵地宫位于太祖地宫（M6）东侧 1.5 米处（M7），方向 170°。2002年 11 月 20 日，在太祖地宫东侧钻探出东西长 9.5 米、南北宽 9 米的地宫坑口，四壁石圹，凿穴而成。地宫内回填纯黄土夯实，夯层厚 0.18—0.2 米，夯窝直径 0.06—0.08 米，深0.15 米，每层间夹碎石块。其南部发现一个盗洞，直径约 4 米，坑内发现石龟趺残件和刻有"皇""帝"等字的残石碑。地宫未发掘。

太祖地宫（M6）西侧 1.5 米处，钻探发现一东西长 9 米、南北宽 5 米的地宫口（M8），内填素土夯实，无盗洞等扰动痕迹，地宫未发掘。现在多认为此即德宗宗干顺陵地宫[1]，大定二十二年（1182 年）改封宗干为皇伯、太师辽王，迁出顺陵，改名为墓。

景陵地宫位置尚未确定。一种意见认为，在太祖地宫（M6）东南侧约 50 米，西距兴陵

---

[1]　参见《北京金代皇陵》，第 85 页。

地宫（M9）70米处，用三维电阻率观测法发现一处异常，其范围长6米、宽5米、深6.5米，似为墓葬，按昭穆制度推测似为睿宗景陵地宫。另一种意见认为，1986年5月在太祖地宫西侧约10米处出土景陵碑。碑通高2.1米，宽0.86米，厚0.25米。碑阳双勾楷书"睿宗文武简肃皇帝之陵"，字口内填朱砂，镀金粉。碑首四龙吐须，龙爪托火焰珠[1]。景陵碑出土位置北侧即原顺陵地宫（M8），故很可能宗干迁出顺陵后，世宗又将睿宗完颜宗尧葬于原顺陵地宫之内[2]。

第五节　金陵形制布局承前启后的重要地位

如前所述，金陵残毁，考古钻探和发掘所见遗迹有限，故在此仅谈点初步看法。

金陵形制布局的主要特点：

第一，金陵选址改变了北宋的风水理念。北宋帝陵选址以《地理新书·五音姓利》说为标准，陵园选在山阴，地势南高北低，陵台置于全陵低凹处。金陵改变了这种反传统、违背常识的做法，而专注龙、穴、砂、水与陵址相配的要求，使之成为"真筑陵之处"。

第二，陵域广阔，整体封堠，形成完整的帝陵体系，设奉陵邑。

第三，金陵分主陵区，追谥为帝者的葬区，始祖以下十帝陵区，后妃陵区，诸王兆域五个葬区，主次和等级分明。

第四，神道长于宋陵，略曲，不直对主陵。神道出现铺石或砖砌，出现桥、碑亭、石踏道。应置石像生，但情况不明，或出现石牌坊[3]。

第五，主陵区狭小，诸陵地宫置于被毁的云峰寺旧基址之上。各陵昭穆葬制较严格，地宫的间距小，排列密集。

第六，地宫凿山为圹，石圹不甚规整，有的地宫无墓道。帝后合葬，用石椁木棺，石椁雕精美的图案，尸体用水银防腐[4]，木棺用松香密封。地宫门楼仿木结构，墓道灌铁水（M9），睿陵前有享殿遗址[5]。

第七，金陵迁葬现象较多。海陵王迁上京诸陵至大房山金陵，此后因政治原因又有多陵迁葬。

第八，金陵残存大量精美的石雕，主陵区设排水渠。

金陵形制布局与唐宋帝陵的承袭关系：

---

[1] 参见《北京金代皇陵》，第94页，又第88页说，碑发现于M8前4米左右，碑见该书彩版一七。

[2] 参见《北京金代皇陵》，第94—95、156—157页。

[3] 参见《北京金代皇陵》，第168页记述："上世纪60年代中期，山道两旁还遗有石牌坊、石羊、石马等石像生"，现已无存。前引杨亦武《大房山金陵考》，记石门峪陵区发现望柱底座、残石兽。《续通典》卷七十九《礼三十五》"金石例"："金制诸葬仪一品官石人四事，石虎、石羊、石柱各二事。"上述情况表明，金陵神道应置石像生，金陵主陵区神道石桥两侧所谓"神道柱础"，似为望柱底座。

[4] 参见《北京金代皇陵》，第159页。

[5] 参见《北京金代皇陵》，第168页。

第一，金陵选址的风水理念，延续唐代传统。

第二，金陵依山为陵，凿山为圹，同唐陵和辽庆陵，用石椁木棺同唐陵。此外，与宋陵厚陵以后改用石砌地宫，用石椁，南宋攒宫用石藏和石藏子亦不无关系。

第三，金陵地宫坐北向南，同唐宋帝陵，帝后合葬同唐陵。金兴宗兴陵墓道壁石砌，筑石台阶，浇铸铁水，此现象与唐乾陵在墓道与墓门间填砌石条，用锡铁熔化灌缝相似。兴宗陵地宫有仿木结构门楼，似宋陵和辽庆陵。金陵发现鎏金面具[1]和尸体用水银防腐现象，似辽代高等级墓葬。

第四，金陵分区而葬似宋陵，但两者的分区标准和分区情况不同。金陵始祖以下十帝陵迁葬，宋陵亦有迁葬，北宋四祖陵只永安陵迁葬巩县宋陵，并与宋太祖永昌陵、宋太宗永熙陵同葬于西村陵区。金太祖睿陵，太宗恭陵（太祖四子）、德宗顺陵（太祖庶长子，追谥为帝）葬在同一区域，近在咫尺；世宗兴陵（太祖孙）葬于太祖之侧。其情况与宋陵西村陵区有些类似。金陵主陵区狭小，诸陵地宫相距很近，密度较大，此情况有些类似南宋攒宫。金陵有诸王兆域，类似宋陵陪葬墓区。

第五，金陵神道较长似唐陵，神道置望柱和石像生同唐宋帝陵。神道两侧置碑亭同唐乾陵[2]。地宫前有献殿同唐宋帝陵。

第六，金陵陵域封堠似宋陵和西夏陵，但两者均各陵单独封堠，不同于金陵陵域整体封堠。

第七，金陵残存大量精美的石雕，类似北宋帝陵。金陵设奉陵邑同宋陵和辽陵。

金陵形制布局对明、清帝陵的影响：

第一，金陵选址风水理念为明清帝陵承袭，并有重要发展。

第二，金陵陵域整体封堠，明清帝陵则发展为陵区整体筑陵墙（风水墙）。

第三，金陵依山为陵，帝后合葬，明清帝陵因之。此外，金太祖与多位皇后合葬，明清帝陵亦有类似者。

第四，金陵妃单建陵区，明清帝陵亦然。又金陵有的皇后与妃同葬一区，明清帝陵也有此类现象。

第五，金陵有诸王兆域，清东西陵附近也有王墓。

第六，金陵主陵区地宫建于被毁佛寺基址之上，明孝陵与之相似。金陵地宫门楼仿木结构，明清地宫门楼亦然。

第七，金陵神道较长，略曲，神道铺石，并出现桥、碑亭、牌坊和石五供。按清修金陵有关记载，未提到修牌坊，并有"其原有祭台（石五供）、甬路、阶砌等项并加修治"之语[3]，是金陵发现之石牌坊残件和石五供遗迹[4]，原应为金陵所旧有。这样，在中国古代帝陵中，神道上出现桥、牌坊，地宫前出现石五供的重大变化即出现于金陵，而发展于明、清帝陵。此外，从《北京金代皇陵》记述来看，大房山主陵区只有一条共用的神

---

〔1〕 参见《北京金代皇陵》，第24页。

〔2〕 陈安利：《唐十八陵》，中国青年出版社2001年版。

〔3〕 《大清会典·礼部·中祀》引《东华续录》。

〔4〕 参见《北京金代皇陵》，第196—197页。

道。这个现象又开明、清帝陵陵区共用一条主神道之先河。

第八，明、清帝陵陵区与金陵同样设有排水沟。明、清帝陵与金陵同样建先祖陵，但未迁葬（明祖陵有迁葬，但未迁至明皇帝陵区）。

综上所述，金在迁至中都前本无山陵，因而其在营建中都大房山金陵时必然要参照唐宋帝陵以创新制[1]。前述金陵形制布局与唐宋帝陵的因袭关系以及不同于唐宋帝陵的特点，正是上述情况的真实写照。逮至明代，由于元代帝陵不明，所以明代建陵就要参照唐宋辽金帝陵的形制布局，其中尤以距明最近的金陵对明陵的影响较大，这种影响通过明陵又间接地传导至清陵。比如，在前述八点之中，金陵选陵址的风水理念，陵址整体封堠，陵区共用一条主神道。神道出现桥、牌坊、碑亭、地宫前出现石五供，以及帝后合葬等，均对明、清帝陵产生了深远的影响。总之，金陵虽遭严重破坏，所见遗迹有限，但仅从已知的现象来看，仍较清楚地显示出其在唐宋和明、清帝陵形制布局之间正处于承上启下的过渡阶段。因此，金陵在中国封建社会晚期帝陵形制布局的演变史中，无疑应占有较重要的地位。

〔1〕金在天会年间曾修缮唐乾陵，可见金对唐陵是较熟悉的，参见前引陈安利《唐十八陵》，第59页。金迁中都后，巩县北宋帝陵在其控制区内，金与宋的交往频繁，金对宋陵也是熟知的。又金灭宋进入开封后，获取宋大量典籍。《金史》卷二八《礼一》记载，金世宗时命官参校唐宋故典沿革，开“详定所”以议礼。其中就包括“吉、凶二仪卤簿十三节，以备大葬”。以上就是金承袭唐宋帝陵形制的背景和基础。

第十三章　西夏王陵

第一节　西夏陵概说

　　西夏，是以党项族为主体建立的国家。党项族是羌族的一支，原居今青海省东南部黄河曲一带（史称析支）。南北朝末期始见于史籍，隋末唐初活动范围逐渐扩展，与唐朝关系密切，并被唐朝两赐李姓。入宋以后，党项首领屡受宋封。如宋太祖时李彝殷（后改殷为兴）死后赠封为夏王；太宗时赐李继捧姓名赵保忠，任定难军节度使，赐李继迁姓名赵保吉，任银州观察使；真宗时封李德明为西平王，任定难军节度使。虽然如此，但西夏却与宋朝"和""战"不断反复，西夏甚至联辽抗宋，故辽亦先后封李继迁为夏国王，封李德明为大夏国王。

　　西夏在与宋的战争中不断拓地，如 1002 年李继迁攻陷北宋灵州（今宁夏灵武），升为西平府；1020 年李德明西迁怀远镇（今宁夏银州），改称兴州。1032 年李德明死，子李元昊即位后废宋所赐赵姓，改姓嵬名氏，发布秃发令，升兴州为兴庆府。1034 年始建年号开运，继改广运，攻宋府州（今陕西府谷），又在环州（今甘肃环县）、庆州（今甘肃庆阳）击败宋军，1036 年颁行新制西夏字。天授礼法延祚元年（1038 年），嵬名元昊，以兴庆府为都城，正式称帝，国号大夏，又自称"邦泥定国兀卒"（"邦泥定国"意为"白上国"，"兀卒"意为"青天子"）。这时夏国的领域，"东尽黄河，西界玉门，南接萧关，北控大漠"，即今宁夏绝大部分、甘肃大部、陕西北部、青海和内蒙古部分地区已为其所有。西夏建国后改用自己的年号，建都城、立官制、定兵制、改仪服、制礼乐、造文字、设蕃学。其典章文物制度多采自宋朝，即所谓"得中国土地，役中国人力，称中国位号，仿中国官属，任中国贤才，读中国书籍，用中国车属，行中国法令"，此后西夏不断发展壮大。

　　元昊在称帝之初的天授礼法延祚三、四、五年，在三山口（今陕西延安西北）、好水川（今宁夏隆德东）、定川寨（今宁夏固原西北）大败宋军，七年与宋媾和。是时元昊以夏国主名义称臣，北宋每年给予西夏丰厚的"岁赐"，改所赐敕书为诏而不名，许夏国自置官属。同年，夏辽关系激化，辽兴宗亲率大军征夏，辽军溃败，夏辽议和，从此直至崇宗李乾顺之末，形成北宋辽和西夏三足鼎立局势。仁宗仁孝即位前后直至西夏亡前不久，又形成南宋、金和西夏鼎立的局面。从 1205 年开始，蒙古成吉思汗不断攻夏，1227 年即位仅一年的李睍在赴降蒙古时被执杀，随之蒙古军队攻陷都城中兴府（桓宗时改兴庆府为中兴府），西夏灭亡。

西夏自元昊建国迄亡，立国约190年。其间《宋史》称"夏国"，《辽史》和《金史》
称"西夏"，共传十帝，并追谥李继迁、李德明为皇帝。所谓"皇帝"乃西夏自称（宋和
辽仅封其为王），诸帝死后葬所亦自称"陵"。实际上西夏只是割据的地方民族政权，其
自称的"皇帝"和"陵"均不属正统王朝序列。但是，从西夏陵来看，其形制布局不仅
比拟于帝陵，而且还多有创制，并与唐宋帝陵形制布局有承袭演变关系，进而又对后代帝
陵形制布局有一定的影响，所以也在此一并介绍。

（一）西夏陵的位置和保存状况

西夏陵位于宁夏回族自治区银川市西35公里，地处贺兰山中段南部东麓山前洪积扇上。
该洪积扇属老年性堆积，结构紧密，承载力强，适于开凿陵墓。陵区以贺兰山为背屏，东依
都城兴庆府（今银川市），远眺黄河，俯视银川平原，属"上吉之地"（图13-1-1）。

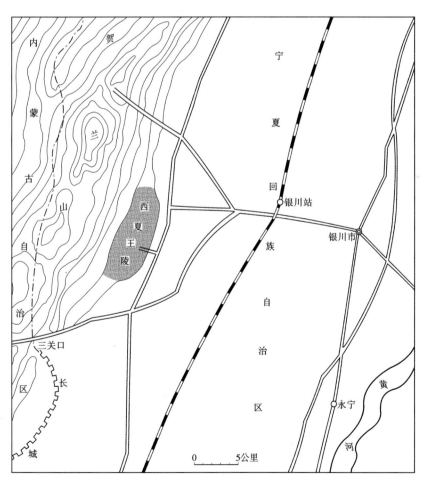

图13-1-1 宁夏银川西夏陵区位置图

（引自《西夏三号陵》，科学出版社2007年版）

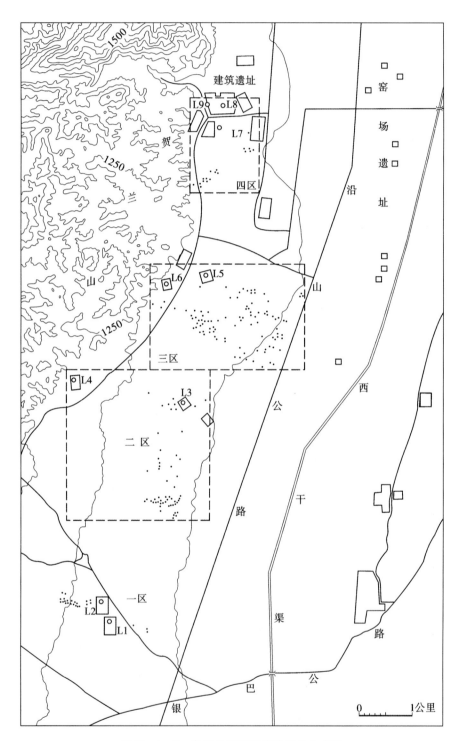

图 13 - 1 - 2　宁夏银川西夏陵陵墓总分布图

（引自《西夏陵》，东方出版社 1995 年版）

蒙古征西夏，贺兰山下是重要战场之一，使西夏陵遭到严重破坏。蒙古灭西夏后，又有组织地彻底摧毁了西夏陵。破坏后大量的砖瓦等建筑构件和夯土，在建筑物周围形成原生的倒塌堆积。此后再遭盗掘和自然破坏，部分原生堆积层被盗扰，形成二次再生堆积，西夏陵终成废墟[1]。现在西夏陵上面覆盖一层风积沙，大多数陵园只见露出地表的陵塔残迹和断断续续的残垣断壁，陵园形制大体尚能依稀可辨。

（二）西夏陵陵区的构成

西夏陵所在地段，地势平坦开阔，西高东低，海拔高度 1100—1200 米，有榆树沟、山嘴沟、甘沟、泉齐沟四大沟谷。西夏陵南起榆树沟，北迄泉齐沟，东至西干渠，西抵贺兰山下，东西宽 4.5 公里，南北长 10 公里余，总面积近 50 平方公里。上述四大沟形成四个自然区域，各为一陵区，从南向北编号为一至四区[2]。

一区在最南端，占地面积约 0.2 平方公里，有 L1、L2 二陵。L2 在 L1 西北，二陵位置南北相错。二区在一区之北，占地面积约 1.3 平方公里，有 L3、L4 二陵。L3 居东，L4 在 L3 西北，紧临山脚，二陵相距约 3 公里。三区在二区之北，占地面积约 3 平方公里，有 L5、L6 二陵。L5 居东，南大致与 L3 相对，二陵相距约 4 公里，L6 在 L5 之西略偏南，紧临山脚，L5 与 L6 相距约 1.5 公里。四区在最北端，有 L7、L8、L9 三陵。三陵被现代建筑严重破坏。L7 大半被毁，仅余陵塔和西南角部分建筑遗迹。L8、L9 除陵塔残迹外，地面建筑遗迹基本无存。L7 在南面，L8 在 L7 之北，二陵相距约 500 米。L9 在 L7 西北、L8 之西，三陵相距分别为 400 米和 280 米。

西夏四个陵区九座帝陵都有陪葬墓，据已知资料，第一陵区陪葬墓分布在 L1、L2 东西两侧，发现 65 座。第二陵区陪葬墓主要分布在 L3 之西和南面，发现 62 座。第三陵区陪葬墓分布在 L5、L6 之南并向东南散布，有陪葬墓 108 座。第四陵区已知的陪葬墓 18 座。陪葬墓可分为大型、中型、中下等墓和小型

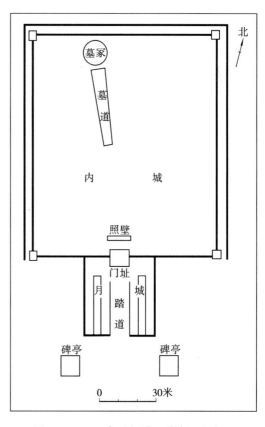

图 13-1-3 宁夏银川西夏陵区北端
建筑遗址平面图
（引自《西夏陵》，东方出版社 1995 年版）

〔1〕 （明）胡汝砺编纂：《嘉靖宁夏新志》，宁夏出版社 1988 年版。
〔2〕 四个陵区概况，参见前引《西夏陵》，东方出版社 1995 年版，第 6—12 页。

墓四个类型[1]。

　　除上所述，在西夏陵区北端有一处建筑遗址，遗址平面为长方形，东西宽160米，南北长350米，遗址内残存遗迹十余处（图13-1-3）。其次，在陵区东侧中部有一处建筑遗址，已被破坏。此外，在陵区东部，西干渠西面一片高岗上，曾发现十余处西夏砖瓦窑址和石灰窑址。

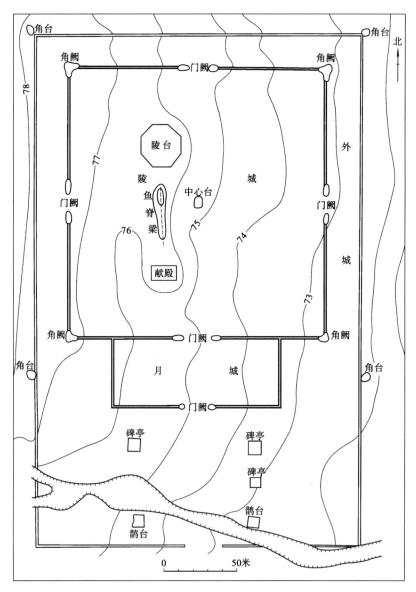

图13-1-4　宁夏银川西夏陵一号陵平面图
（引自《西夏陵》，东方出版社1995年版）

---

[1]　陪葬墓的情况，参见前引《西夏陵》，东方出版社1995年版，第38—72、151页。

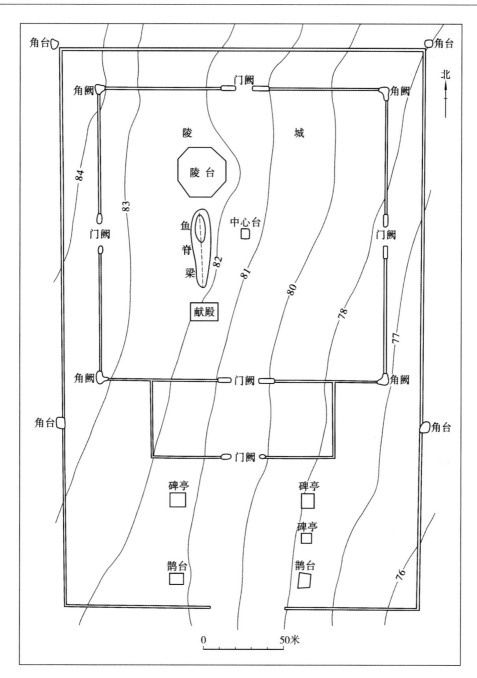

图 13－1－5　宁夏银川西夏陵二号陵平面图

（引自《西夏陵》，东方出版社 1995 年版）

（三）西夏陵陵园的形制布局

西夏陵的九座帝陵，形制大同小异。各陵主体配置和布局相同，即均由月城和陵城相连形成凸字形平面。月城南面中间有门和门阙，北与陵城南神门间为神道后段，其两侧置石像生台座。陵城四面神墙中间开门，有门阙，四隅有角阙。陵城内中轴线略偏西，从南向北分置献陵、鱼脊形墓道、地宫和陵塔。月城之南，神道两侧依次置二或三碑亭和二阙台。陵园外围四隅置四角台，其中有的陵以四角台为准设外城（L1、L2、L7），或在四角台之内陵城之外设夹城（L5、L6）。在西夏九陵中，八、九号陵毁，七号陵仅有部分残余，三号陵陵园经正式考古发掘[1]。

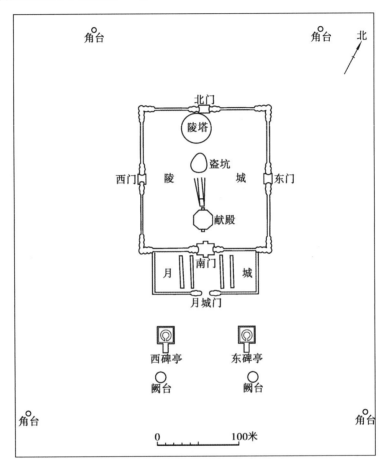

图 13－1－6 宁夏银川西夏陵三号陵平面图

（引自《西夏陵》，东方出版社 1995 年版）

西夏陵墓道和地宫，仅墓道可见地表之上呈鱼脊梁式，墓道和地宫的形制不明。由于三号陵墓道曾进行部分发掘，六号陵墓道和地宫做过考古清理，从中可窥知西夏陵墓道和地宫形制结构的概况。

三号陵地宫在陵塔前，南北总长 70 余米。地宫被盗，其上有一椭圆形盗坑（南北长 26 米，东西宽 21 米，深 3.3 米）。地宫之前墓道平面呈长条形，南北长约 46 米，墓道口南端宽

---

[1] 除三号陵外，其余诸陵情况，参见前引《西夏陵》的考古调查资料。

5.6 米，北端宽 13.7 米。墓道封土隆起土岗南北长约 42 米，顶宽约 1 米；土岗北宽南窄（北端宽 9 米，南端宽 8 米），北高南低（北端高约 2 米，南端高约 0.4 米），由北向南逐渐倾斜降低，俗称"鱼脊梁式"封土。该墓道只发掘清理了墓道南端和北端墓道口。

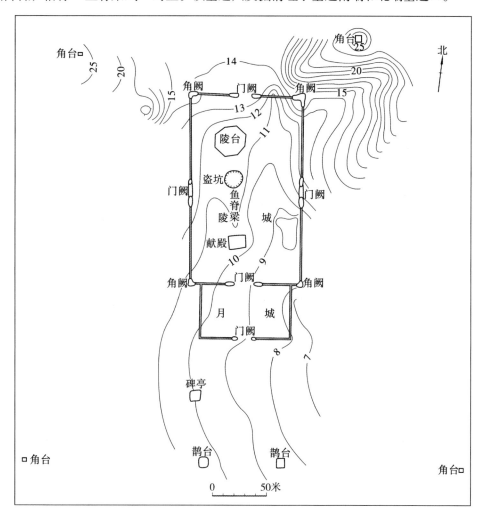

图 13-1-7 宁夏银川西夏陵四号陵平面图

（引自《西夏陵》，东方出版社 1995 年版）

三号陵的墓道，挖在原生碎石沙土地层中，墓道填土和封土均为碎石沙土。墓道南端与献殿北面斜坡墁道相对，两者间距 1.5 米。南端墓道底距地表 5.1 米，已发掘的部分，只有斜长 11 米的墓道底。墓道斜坡 24°，在斜坡墓道底横置 9 根椽木，其两端插进墓道壁中。椽木无存，仅余印痕，椽木印痕径 15 厘米，间距 0.6—0.8 米，高差 0.25—0.45 米，墓道底坡两壁各有一行洞眼，深 0.1—0.4 米。墓道北端墓道口宽 13.7 米，只向下挖 2 米深，墓道宽 12.5 米。墓道收分较大，每深 1 米墓道壁面约内收 20 厘米。三号陵地宫被盗，未清理。

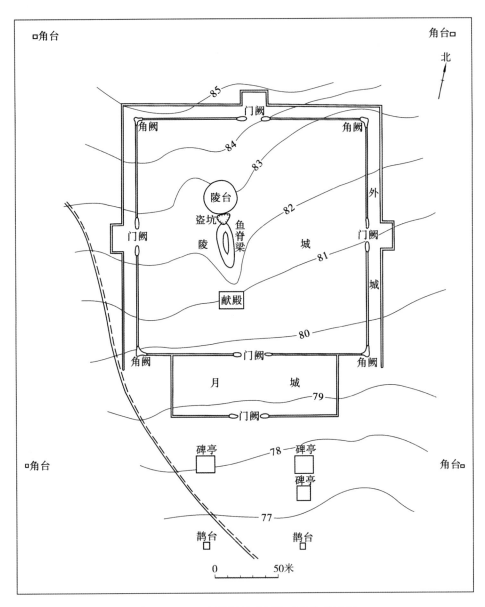

图 13 - 1 - 8 宁夏银川西夏陵五号陵平面图

(引自《西夏陵》,东方出版社 1995 年版)

六号陵 (原编为八号陵)[1] (图 13 - 1 - 9) 墓道和地宫进行了考古发掘清理。墓道
北端有一不规则的圆形盗坑 (在灵塔前 18 米,另一盗坑在陵塔前),墓道封土呈鱼脊梁
式,斜坡墓道长 49 米 (水平长度),方向南偏东 20°。墓道南端上口宽 4 米,北端上口宽

―――――――――――――

[1] 参见宁夏回族自治区博物馆《西夏八号陵发掘简报》,《文物》1978 年第 8 期。

8.3米（以未被破坏的最宽处计），南端下口宽3.9米，北端下口宽4.9米，墓道底距地表24.6米。墓道从入口处起，东西墓道壁各有上下二列南高北低与墓道底平行的椽洞。上下二列椽洞垂直距离2米，同列椽洞水平间距0.8米，相邻二椽洞上下间距0.4米。椽洞直径0.17—0.3米，深0.29—0.6米，椽洞内向下一侧洞壁填石块或碎砖，有的洞内残存朽木。在甬道前9米的墓道两壁下部抹草泥，其外抹一层白灰，未见壁画。

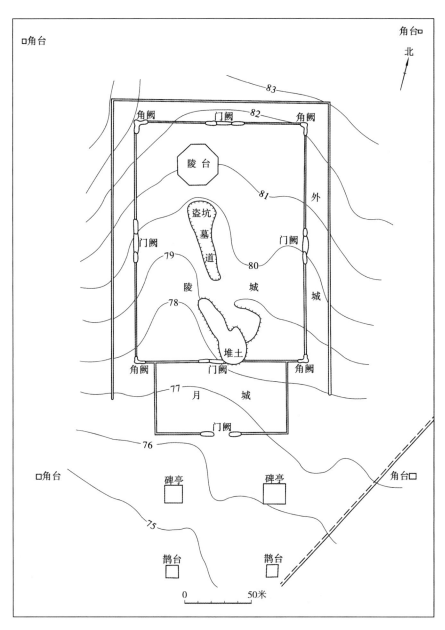

图 13 – 1 – 9 宁夏银川西夏陵六号陵平面图

（引自《西夏陵》，东方出版社 1995 年版）

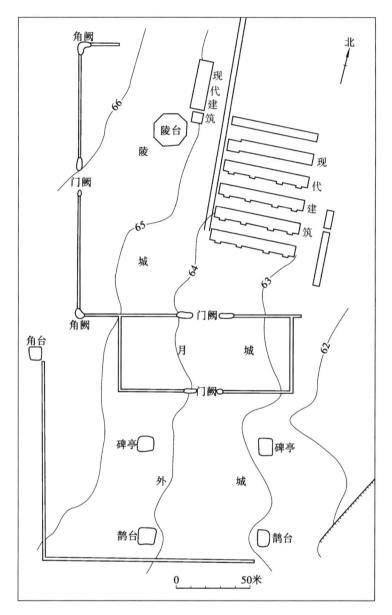

图 13-1-10　宁夏银川西夏陵七号陵平面图

（引自《西夏陵》，东方出版社 1995 年版）

　　甬道壁上部被盗坑破坏，在高 5.7 米以下残存少量土坯（甬道壁原似土坯砌筑），甬道壁下部抹草泥和白灰面。甬道门前 1.2 米的范围内，发现竖立或已散乱的圆木和朽木板，圆木为松木，直径 9—22 厘米，有的圆木长达 4 米[1]。在甬道门前 1.6—2.3 米范围内，有三块侧立断裂的红色砂岩石板，长 1.35—1.85 米，一面平整，一面有凿痕，或有

〔1〕　韩兆民、李志清：《关于西夏八号陵墓主人问题的商榷》，《考古学集刊》（5），中国社会科学出版社 1987 年版。

圆孔。另有两块石板，一块在甬道门前，侧立于墓道东壁；一块距甬道门 4.2 米，平置。上述五块石板从断痕来看，似由两块断裂而成，石板可能用于封闭甬道口。甬道门和甬道前墙已塌毁，只在靠近东西甬道壁处残存少许。在残存部分的白灰面上绘武士像，西侧武士面向甬道口，头顶绘火焰，身着战袍，手叉腰，佩剑，着护臂甲，后绘飘带，下部漫漶。武士像以蓝色线条绘轮廓，以赭红和绿色晕染。东侧武士像大体与西侧相同，画面漫漶（该壁画有内外两层，即在原壁画上又敷一层白灰面重新绘制，似二次葬时重绘）。

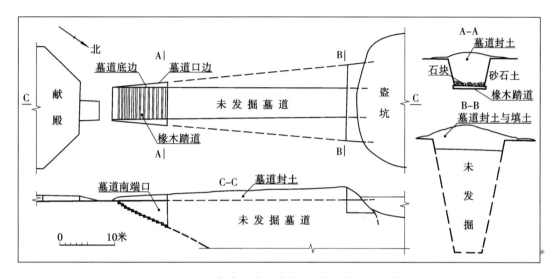

图 13-1-11　宁夏银川西夏陵三号陵墓道平面、剖面图

（引自《西夏三号陵》）

甬道门以北至主室被盗坑破坏，故地宫平面只能以残存的铺地砖情况略作推测。即甬道长 6.2 米，有边长 36 厘米的青灰色素面铺地方砖，甬道口宽以铺地砖范围估计可能在 2.3 米左右。甬道后半部铺地砖比前半部低一平砖。地宫主室比甬道低 24 厘米，主室与甬道之间铺地砖间断 26 厘米，间断处残存朽木板，个别木板上有绿色漆皮，此处原似有木门。主室地面上距地表 24.86 米，铺素面方砖，大部分保存完整。主室前端宽 6.8 米，后端宽 7.8 米，南北长 5.6 米，未见葬具，主室壁和顶无存。

主室两侧各有一配室。东配室地面比主室高 16 厘米，地面铺方砖，配室与主室间有长宽各 1.8 米的短甬道。配室宽约 2 米，长约 3 米，除西壁外，其余三壁残存，有穹窿顶。配室东北、东南两转角处残存竖立的转角木柱，东壁下部有木板印痕。西配室地面比主室高 8 厘米，方砖铺地，短甬道长 1.8 米。西配室宽约 2 米，长约 3 米。西壁残高约 2 米，残存护墙木板痕迹，板宽 28 厘米，厚 4 厘米。

综上所述，六号陵地宫有二次葬迹象，又经多次盗掘，地宫被毁。地宫被盗后零星遗物散见于墓道、甬道、主室和配室。因此，六号陵完整的形制和遗物不明。仅可大致看出地宫有斜坡墓道，墓道似有两层阶梯，甬道壁抹草泥和白灰面，绘壁画。甬道与主室相接处似有门，地宫土圹，穹窿顶，有主室和左右配室，似有护壁木板。

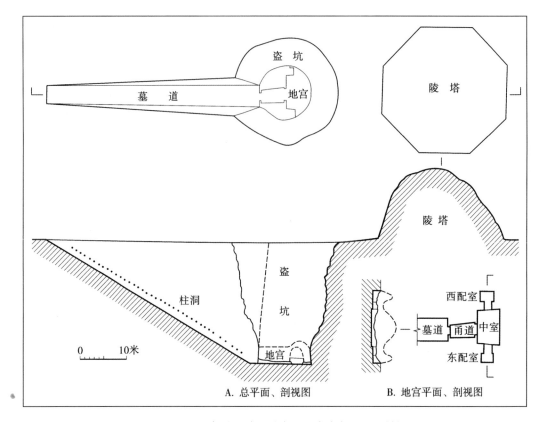

图 13－1－12　宁夏银川西夏陵六号陵地宫平面、剖视图
（引自《西夏陵》）

（四）西夏陵的考古工作

西夏陵的考古工作始于 20 世纪 70 年代。1971 年宁夏博物馆在贺兰山下调查，发现今九号陵，并对碑亭进行了简单清理，出土力士碑座 4 个和许多残碑块。其次，还对九号陵较大的陪葬墓进行了编号。此后于 1972—1975 年，发掘了六号陵（原编号为八号陵[1]），以及 M77、M78 两座陪葬墓；1973 年发掘七号陵碑亭[2]，1975 年发掘陪葬墓 M182（原编 M 一〇八）[3]，1976 年发掘缸瓷井两座砖瓦石灰窑址[4]，1977 年发掘陪葬墓 M177（原编号 M 一〇一）[5]、发掘五号陵碑亭；1986—1987 年发掘陵区北端建筑遗址[6]，1987 年发掘三号陵东碑亭[7]。

除上所述，在 1987 年、1990 年和 1991 年还对整个陵区进行了较全面的调查和测绘，绘

---

〔1〕　宁夏回族自治区博物馆：《西夏八号陵发掘简报》，《文物》1978 年第 8 期。

〔2〕　参见李范文《西夏陵出土残碑粹编》，文物出版社 1984 年版。

〔3〕　宁夏回族自治区博物馆：《西夏陵区一〇八号墓发掘简报》，《文物》1978 年第 8 期。

〔4〕　宁夏回族自治区博物馆：《银川缸瓷井西夏窑址》，《文物》1978 年第 8 期。

〔5〕　宁夏回族自治区博物馆：《西夏陵区 101 号墓发掘简报》，《考古与文物》1978 年第 5 期。

〔6〕　宁夏文物考古研究所：《西夏陵区北端建筑遗址发掘简报》，《文物》1988 年第 9 期。

〔7〕　宁夏文物考古研究所：《银川三号陵园东碑亭遗址发掘简报》，《考古与文物》1993 年第 2 期。

制了陵区地形图和陵墓分布图。1998 年发掘三号陵西碑亭。2000 年 5 月、10 月至 11 月、2001 年 4 月 27 日至 6 月 2 日、9 月 4 日至 10 月 27 日，对三号陵陵园进行了全面发掘。

第二节　三号陵陵园角台、阙台至月城的形制布局与结构

三号陵位于西夏陵区中部偏南第二陵区内，坐落在贺兰山前洪积扇滩地上，海拔 1161—1165 米，地面西高东低。该陵南距一、二号陵 3500 米，西距四号陵 1800 米，北距五、六号陵 2000 米。三号陵陵园是西夏诸陵中唯一经正式考古发掘，资料翔实，故拟对三号陵陵园从外及内，分部位做重点介绍[1]。

一　角台和阙台的形制与结构

三号陵陵园外缘四隅各置一角台，东北角台至西北角台 272 米，东南角台至西南角台

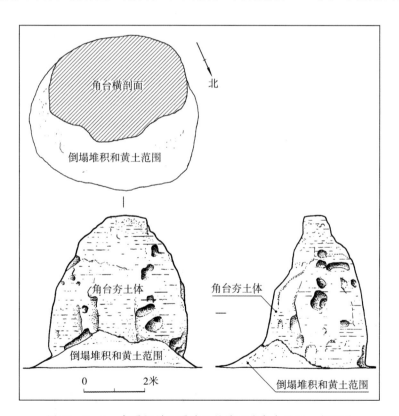

图 13-2-1　宁夏银川西夏陵三号陵西北角台平面、立面图
（引自《西夏三号陵》）

---

〔1〕　本文对三号陵陵园形制布局和结构的介绍，均依据前引《西夏三号陵——地面遗迹发掘报告》。

407.4 米，东北角台至东南角台 463 米，西北角台至西南角台 457.6 米，四角台连线呈南宽北窄的梯形平面。在四座角台中，东北和西北角台高出地面，东南和西南角台残毁，发掘后仅见基址。下面以保存较好的西北角台为例，略作介绍。

西北角台现呈锥状椭圆形，台底南北径 3.4 米、东西径 4 米，台体自下向上内收，顶端形成圆柱状小平台，台残高 4.85 米[1]。经考古发掘，可知角台平地起筑，夯筑前在原生砂石地面上铺垫一层黄土，略加夯打，其上用稍含细沙的黄黏土夯筑台体，角台直径 7 米余。角台基础夯土泛白，薄夯层（每层厚 5—7 厘米），夯窝密集（夯窝直径 4—5 厘米），夯土坚硬。基础之上用土色较深的黄灰土夯筑，夯层较厚（每层厚约 8—12 厘米）。在夯层中发现上下间距约 85 厘米的 4 层横向桩木痕，其直径约 7 厘米。从保存较好的东南边缘来看，角台基础呈圆形，残存壁面垂直，高 20 厘米。角台台体外抹一层厚约 2—2.5 厘米草泥，其外抹一层厚 1—1.5 厘米赭红泥墙皮，残长 19.5 厘米，高 6.3 厘米。根据发掘现象推测，现存基础壁面较原建壁面缩进约 20 厘米，所以台基直径不小于 7 米。

陵园南神门外最南端神道始点两侧对置二阙台（《西夏陵》称鹊台，下同），间距约百米，现状呈截顶圆锥体，东阙台腹径 8.8 米，西阙台腹径 10.5 米。二阙台平地起筑，下垫黄土，情况同角台。东阙台基础夯土厚 55 厘米，土质黏细，泛白，夯层薄（约 5 厘米），夯窝密集（夯窝直径 3—4 厘米），夯打坚实。基础之上夯土质较粗，含沙量大，土色浅黄，夯层厚 8—12 厘米。台体版筑，自下而上约夯筑 10 余版，每版内收约 5—10 厘米。台体露出很多桩木眼，圆形桩木眼内或残存朽木。经考古发掘确认，阙体底径 10.8 米，现存东西最大径 10.6 米，南北最大径 9 米，残高 8.35 米。从阙台底部向上 6.7—7 米处，内收一环形二层台，二层台外缘东西最大径 6.8 米，南北径 5.1 米。二层台中央凸起一上小下大的圆柱体，柱体上面直径 2.8 米，下面直径 4.6 米。柱体顶部中心有一圆形柱洞，径 29 厘米，残深 13 厘米。凸起的圆柱，

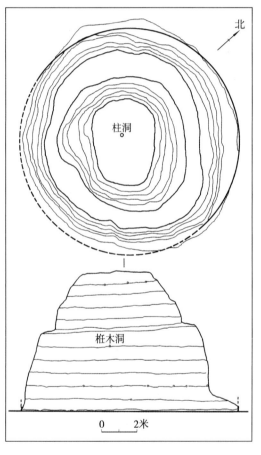

图 13-2-2　宁夏银川西夏陵三号陵
西阙台平面、立面图
（引自《西夏三号陵》）

〔1〕 西北角台照片，参见《西夏三号陵》图版二。据考古调查资料，20 世纪 80 年代中期，该角台残存底径约 5 米、高约 5 米，角台周围遍布密集的碎砖瓦和建筑构件等遗物。现在角台逐年缩小，已不见砖瓦等遗物。

似覆钵塔顶上的塔刹。清理发现台体东北侧保存较好，平面呈圆弧形，壁面垂直，残高约10厘米，壁面残存草泥和赭红色墙皮。

　　西阙台形制和构筑方法与东阙台基本相同[1]。经考古发掘，清理出西阙台台基圆形，直径12米，残高7.35米。从基底向上4.75米，台体内收成二层台，台宽0.6—1.4米，台面略呈坡状。二层台以上呈覆钵形，二层台中央凸起一圆柱体，顶面直径2.4—2.5米，呈椭圆形，柱体下面直径约7米，高约3米。台顶较平整，顶面中央偏西有一圆洞，径20厘米，残深18厘米，洞内有少许杉木块。

二　碑亭的形制与结构

　　阙台向北35米，神道两侧二碑亭对置，间距80米。碑亭下有方形高台基，其上建圆形碑亭。现仅存夯土台基和碑亭墙基，以及亭室内圆形铺地砖和力士碑座。

　　东碑亭台基方形覆斗状，底边长21.5米，台顶边长约16米，高2.25米（图13-2-3）。

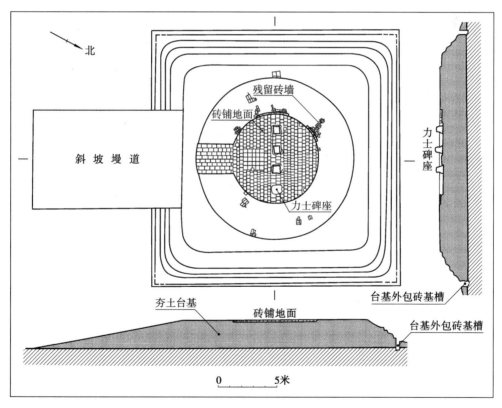

图13-2-3　宁夏银川西夏陵三号陵东碑亭平面、剖面图
（引自《西夏三号陵》）

---

〔1〕　东阙台照片，参见前引《西夏陵》图版三。西阙台具体情况，参见前引《西夏三号陵——地面遗迹发掘报告》，第29—30页。

台基平地起筑，四壁边缘残，台基呈五级内收，第一级高 0.45 米，第二级高 0.3 米，三至五级高均 0.45 米，每级立面不垂直而内收 8—15 厘米，从台底至台面共内收 40—75 厘米。台基四角损坏严重，由底边的直角形至台面已变成方圆角形。四边台壁仅两侧台壁南段残存包砖，第一级台阶包砖壁残长 4.1 米，高 0.35 米，5 层砖。第二级台阶包砖壁残长 3.25 米，高 0.2 米，3 层砖。用长 40 厘米、宽 21.5 厘米、厚 6.5 厘米绳纹砖错缝顺砌，每砌一层内收 1—1.5 厘米，砌砖黄泥勾缝，包砖与夯土台壁间空隙填充黄泥、碎砖（以下简称填缝物）。台基南侧正中有斜坡墁道，南北长 12 米，东西宽 8.2 米，北端高 2.25 米，坡长 13 米，坡度 10°。墁道铺莲花方砖，两侧壁用长方砖平铺错缝顺砌。包砖均仅存痕迹，包砖下有宽约 20 厘米的包砖基槽（以下简称基槽）。台面用长 32—33 厘米方砖磨砖对缝平铺，现仅存痕迹。

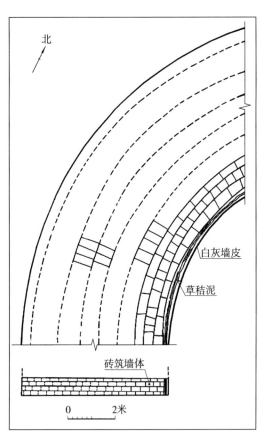

图 13-2-4　宁夏银川西夏陵三号陵东碑亭
西侧圆形砖墙结构图
（引自《西夏三号陵》）

碑亭在台面中央，砖结构被毁，仅存圆形亭基，直径 13.5 米，环形墙基厚 3 米。其南面辟亭室门，门宽 2.5 米，门道长 3 米，门道南向正对斜坡墁道，方向 150°。环形墙壁仅在门道两侧墙基内残存部分用长方砖和梯形砖平铺错缝顺砌或丁砌的壁砖，砖的摆放和砖间顺直接缝呈放射状（图 13-2-4）。又在西北面残存 10 厘米高的墙基，内外砖墙壁面上有白灰墙皮，部分墙面有二次修补墙皮痕迹。亭室平面圆形，直径 7.5 米，地面用方砖磨砖对缝平铺，仅存砖痕。在门口内以北 1 米处中间（碑亭内南侧），用 25 块花纹砖，按每行 5 块，对缝平铺出一块方整地面。4 个碑座在室内中线上横向东西排列，从西向东分别编为 1—4 号，4 号碑座无存。碑座石质立方体，露出地表 45—50 厘米，正面剔地起凸半浮雕力士像。1 号碑座距西壁 0.93 米，距 2 号碑座 1.05 米，1、2 号碑座并排相齐。3 号碑座与 4 号碑座坑间距 1 米，4 号碑座坑距东壁 0.92 米，3、4 号碑座（坑）并排相齐，并较 1、2 号碑座向南凸出 5 厘米，高矮也相差 5 厘米，2 号碑座距 3 号碑座 0.92 米。碑座坑均长方形，长 2.5 米、宽 0.75 米、深 0.25—0.4 米，坑之间距 0.7 米。碑座附近出土残碑 360 块，绝大多数无文字。

　　西碑亭形制与东碑亭基本相同（图 13-2-5），台基底直角方形，至台顶逐渐变成圆弧角方形台面。四个碑座从东向西编号1—4号，4号碑座无存。1号碑座下或垫碎砖和木块，碑座坑内南边横置一段松木，4号碑座坑内有三根圆木（已朽）。碑座排列与东碑亭略有差异，即整体排列偏居东侧，碑座间距也不同。碑座灰砂石立方体，正面宽74—80厘米，侧面长（厚）77—86厘米，高105厘米，正面雕力士像(图13-2-6)[1]。

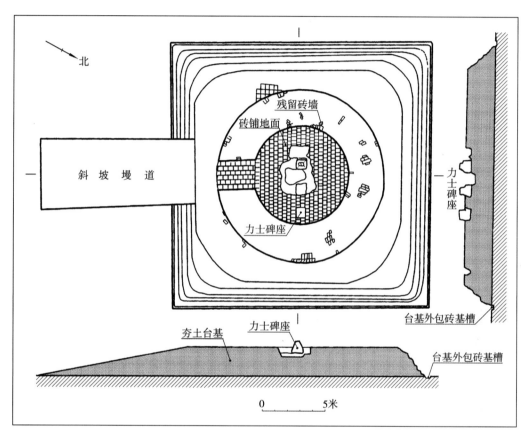

图13-2-5　宁夏银川西夏陵三号陵西碑亭平面、剖面图
（引自《西夏三号陵》）

三　月城的形制与结构

月城在碑亭北40米，建于陵城南神门外，北接陵城。平面长方形，东西长130米，南北宽52米。由门、门阙，东、西、南墙和月城内神道两侧共四排石像生台座组成（图13-2-7）。

〔1〕　东碑亭和西碑亭照片，参见《西夏三号陵》图版四、五。西碑亭力士碑座照片，参见《西夏三号陵》图版六。西碑亭具体情况，参见前引《西夏三号陵——地面遗迹发掘报告》，第53—56页。

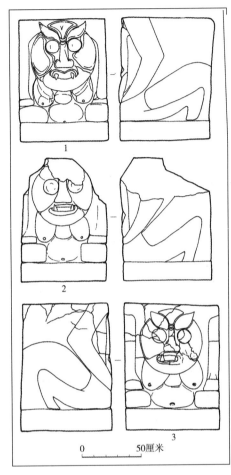

图 13 - 2 - 6　宁夏银川西夏陵三号陵
西碑亭出土力士碑座
（引自《西夏三号陵》）

（一）门阙和门

在月城南墙中间月城门两侧对置门阙，每侧门阙均由 3 个相互连接的圆弧形阙体（《西夏三号陵》称墩体，下同）组成，以靠近门一侧的阙体最大，以后依次减小，总体平面呈三节葫芦形。阙体均被破坏，周围砖瓦等堆积厚约 1 米。每侧门阙 3 个阙连体夯筑，基础部位夯层薄（厚约 6 厘米），上部夯层厚（厚约 15 厘米），夯窝密集，夯窝直径 3—5 厘米。夯筑阙体残存零星桩木，阙体包青砖，单砖平铺错缝顺砌。包砖壁面大都无存，壁面下有宽约 20 厘米，深 6 厘米的包砖基槽。包砖壁与夯筑阙体间空隙处填充黄泥和碎砖瓦。

东侧门阙东西总长 12.6 米，残高约 1.5 米。东 1 阙体底平面近圆形，南北直径 6.5 米，东西宽 5.3 米，残高 1.5 米。东 2 阙体两侧呈圆弧形，南北最大径 6.1 米，南北两侧圆弧面长 4.3 米，与 1、3 号阙体连接处宽 2 米，残高 1.4 米。3 号阙体南北最大径 5.4 米，南北两侧圆弧面长 3.8 米、宽 3.4 米，残高 1.2 米。西侧门阙东西总长 12.9 米，其形制结构与东侧门阙基本相同，唯尺寸略有差异[1]。

东西门阙之间为月城门，长方形，方向 150°。门内外地面持平，在门道东西两侧发现 2 个柱洞痕迹，柱洞间距 9 米，柱洞径 23 厘米，内残存圆木朽柱。门道内地面用黄土和碎砖平铺，厚 10 厘米[2]。

（二）月城墙

月城北依陵城南神墙，有东、南、西三面墙体，露出地表部分很少。墙基保存较好，夯土壁面平整，略有收分。墙基大都残存草泥和赭红细泥壁面，三面墙壁内外两侧立排叉柱（仅存柱痕），内外壁排叉柱两两对立，共发现柱槽 112 个。柱槽形制有方形、长方形、圆角方形，以及圆形与方形或长方形套合的复合型。月城墙两侧铺垫一层厚约 10 厘米，宽 1—1.5 厘米的黄土，其上原应建有散水。

---

〔1〕　西侧门阙具体情况，参见《西夏三号陵——地面遗迹发掘报告》，科学出版社 2007 年版，第 75 页。
〔2〕　《西夏三号陵——地面遗迹发掘报告》第 73 页判定，二柱洞应是乌头门（棂星门）两侧挟门柱栽入地内的柱洞痕迹。按，仅靠两个柱洞，就判定月城门为木结构乌头门，证据似嫌不足。

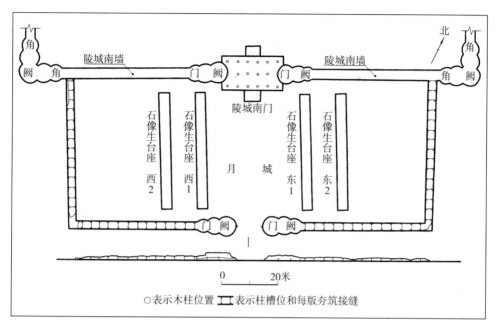

图 13 - 2 - 7　宁夏银川西夏陵三号陵月城平面、立面图

（引自《西夏三号陵》）

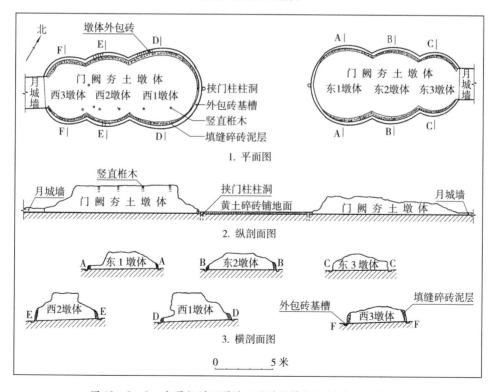

图 13 - 2 - 8　宁夏银川西夏陵三号陵月城门门阙平面、剖面图

（引自《西夏三号陵》）

　　月城东墙长 52 米，墙基宽 2.45—2.5 米，残高 0.4—1.2 米，夯层厚 7—11 厘米。墙基两侧多残存高 13—25 厘米的赭红色壁面，墙基内外两侧距墙基 45—50 厘米有清晰的滴水线痕迹（散水部位），靠近墙基处出土大量板瓦、筒瓦、瓦当和砖等残件（墙顶应起脊覆瓦）。东墙两侧有排叉柱槽 30 个（每侧 15 个），墙两侧内外柱槽间距 2.1—2.3 米，左右柱槽间距 3.15—3.5 米。柱槽间距多是一版墙体夯筑的长度，版筑墙体接缝大都在左右对称的柱槽之间。月城西墙长 52 米，墙基宽 2.45 米，残高 0.5—1.1 米。共清理出柱槽 30 个，多数柱槽以砾石为础，个别槽底垫瓦片或土坯。在西墙外侧发现 6 个赭红泥浆颜料坑，用砖块砌成六角或五角形，坑口长 0.45 米，深 0.5 米，坑内淤满颜色鲜艳的赭红色矿物颜料。月城南墙以月城门为界分东、西两段，东段长 47 米，墙基宽 2.45 米左右，残高 0.4—0.9 米，发现 26 个柱槽（每侧 13 个）。西段长 52 米，墙基宽 2.45 米，残高 0.5—1.1 米，共清理出 30 个柱槽[1]。

（三）后段神道和石像生台基座

　　在月城门与陵城南神门之间长 42 米，宽约 8 米之路即后段神道。神道铺厚约 10 厘米的黄土，路面略经夯打，与月城内地面持平。神道东西两侧各有两条竖排石像生台基座，台基长条形，黄土夯筑，四周长方砖围砌，台基大部分被洪水冲毁。

　　东 1 排台基仅残存南、北两端，据遗迹判断，台基座南北长 40 米，东西宽 3.6 米，残高 8—10 厘米，最高残存 3 层包砖，台基座距神道 16.8 米。东 2 排台基座距东 1 排台基座 9 米，距月城东墙 29 米，北端和中部被洪水冲毁，其形制结构同东 1 排台基座。在东 1、2 排台基座及周边，共发现石像生残件 194 块。西 1 排台基座中部被洪水冲毁，据遗迹判断，基座南北长 41.5 米，宽 3.8 米，南端残高 0.05 米，北端残高 0.2 米。西 2 排台基座东距西 1 排台基座 8.9 米，距月城西墙 29.6 米，仅残存南端，残高 0.03—0.05 米。据遗迹判断，该台基南北长 40 米，宽 3.6 米。在西 1、2 排台基座及其周边发现石像生残件 290 块。

第三节　三号陵陵城的形制与结构

　　月城北连陵城，陵城平面长方形，东神墙全长（含门道、门阙和角阙，下同）180 米，西神墙长 180.5 米，南神墙长 163.7 米，北神墙长 164 米，方向 150°。四神墙中间各辟神门，门两侧置门阙，陵城四隅置角阙。陵城内中线偏西，从南向北依次置献陵、墓道、地宫和陵塔。

---

〔1〕　月城西墙和南墙具体情况，参见前引《西夏三号陵——地面遗迹发掘报告》，第 78—79 页。

一　神门和门阙

（一）南神门和门阙

南神门与月城门相对，门址全长 40 余米，方向 150°。该门在四神门中保存最差，台基高度已被削去 1/3。南神门台基夯筑于两侧门阙之间，平面长方形，夯筑台基东西长 20.8 米、宽 11.7 米，残高 0.9 米。台基残存 6 层夯土（每层厚约 10—15 厘米），夯窝密集（夯窝径 3—5 厘米）。台基外包砖（用长方形或扁梯形砖，单砖平铺错缝顺砌），包砖台基东西长 21.5 米，宽 12.2 米，残高 0.95 米。包砖多无存，仅台基西北角包砖保存较好，余者只存宽深各约 20 厘米的包砖基槽。由于台基构筑晚于门阙，所以台基两侧将相接阙体约 1/3 包进台基之内。

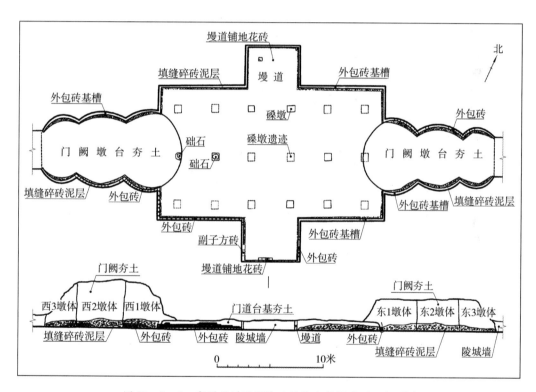

图 13-3-1　宁夏银川西夏陵三号陵南神门平面、立面图
（引自《西夏三号陵》）

台基之上残存三排柱础残迹，每排六个，个别柱础坑内尚存础石或礎墩。从柱础坑来看，南神门面阔五间，进深两间，当心间面阔 3.7 米，两次间和两稍间面阔皆 3.5 米，进深约 4.3 米。台基当心间两侧各建斜坡墁道，南侧墁道长 3.73 米、宽 5.5 米；北侧墁道长 3.6 米、宽 5.2 米。墁道与台基一起夯筑，墁道两侧包砖结构同台基。南侧墁道面铺莲花方砖（砖边长 33 厘米，厚 6.5 厘米），墁道前端与地面相接处，用立砖半埋地下砌出单线道。墁道两侧副子大长方砖（长 50 厘米、宽 33 厘米、厚 6 厘米）压边。

南神门两侧对置门阙，二门阙最近距离17.1米，每侧均由三个相连的弧形阙体组成，其形制和构筑方法同月城门阙。东侧门阙全长12.6米（含被台基包进部分），与南神门台基相接的东1阙体南北最大底径6.9米，包砖弧壁内外侧长均3.5米，其与东2阙体相接面宽4.5米，阙体残高1.5—3米余。东1阙体仅北壁底部残存包砖1—10层，填缝物残高0.4米，阙体西侧发现竖向枋木洞一处，朽木尚存。东2阙体南北最大底径6.4米，包砖弧壁内侧长4.6米，外侧长4.5米，与东3阙体连接面宽4.2米，阙体残高4.4米。阙体仅北壁底部残存包砖3—6层，填缝物残高0.8米。南壁中部露出两处横向枋木眼，径分别为6和10厘米。东3阙体南北最大底径5.5米，包砖弧壁内侧长3.6米，外侧长3.9米，残高4.4米。阙体仅北壁底部残存包砖3层，填缝物残高0.8米。西侧门阙全长13.1米，形制和结构同东侧门阙[1]。

（二）东、西、北神门和门阙

东神门遗址长37.6米（含两侧门阙），方向60°，仅存夯土台基。台基东侧底边长13.5米，西侧底边长13.58米，东西宽9.4米。台基上有前、后檐柱和中间隔间柱位痕迹，东门面阔三间，进深二间，总面阔10.5米，当心间面阔3.7米，两次间面阔皆3.4米，进深二间共7米，每间进深均3.5米。东神门无斜坡墁道，门道全部用土坯封堵，西和北神门情况相同。

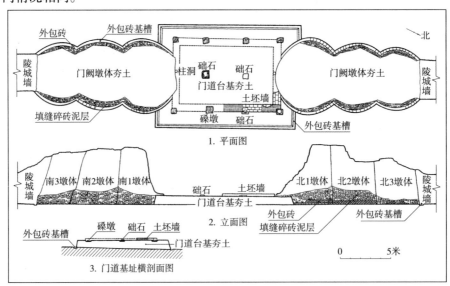

图13-3-2　宁夏银川西夏陵三号陵东神门平面、立面、剖面图
（引自《西夏三号陵》）

二门阙最近距离9.7米，南门阙总长13.9米，北门阙总长13.9米。

---

[1] 西侧门阙具体情况，参见前引《西夏三号陵——地面遗迹发掘报告》，第97页。

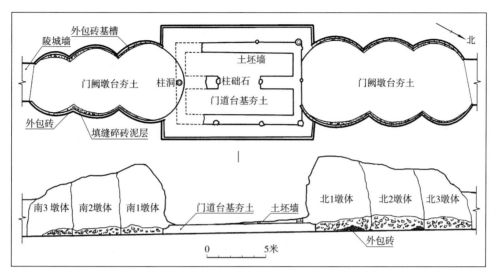

图 13 - 3 - 3　宁夏银川西夏陵三号陵西神门平面、立面图
（引自《西夏三号陵》）

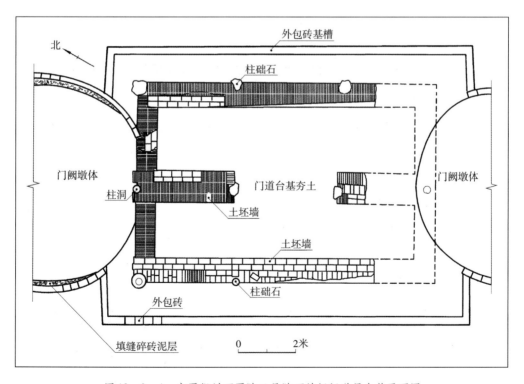

图 13 - 3 - 4　宁夏银川西夏陵三号陵西神门门道屋台基平面图
（引自《西夏三号陵》）

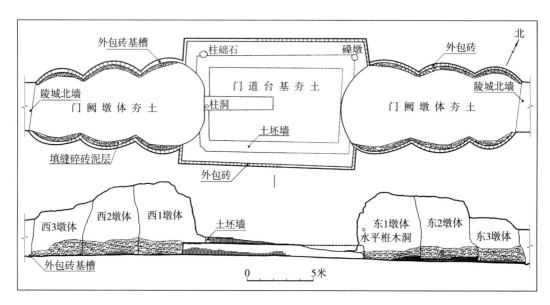

图 13 - 3 - 5　宁夏银川西夏陵三号陵北神门平面、立面图
（引自《西夏三号陵》）

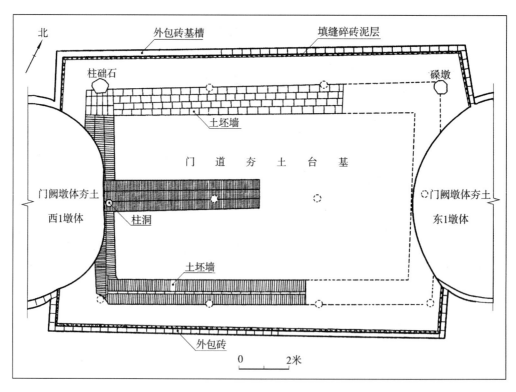

图 13 - 3 - 6　宁夏银川西夏陵三号陵北神门平面图
（引自《西夏三号陵》）

西神门台基南北长 13.1 米，东西宽 9.5 米。所在地面西北高东南低，台基东南高 0.8 米，西北高 0.55 米。台基上残存东、西檐墙，北山墙和隔墙，残存三排柱础遗迹，有的尚存柱础和磉墩。西门面阔三间，进深二间，通面阔 10.55 米。当心间面阔 3.75 米，北次间面阔 3.5 米，南次间面阔 3.3 米，进深 3.5 米。

二门阙间距 10.4 米，南侧门阙总长 11.4 米，北侧门阙总长 13.9 米。

北神门全长 38.2 米，方向 330°。神门台基北侧边长 13.7 米，南侧边长 13.45 米，东侧台基宽 9.6 米，西侧台宽 9.2 米。台边北长南短，东宽西窄，东南角和东北角以及东侧台边南北不对称，台角大于 90°。西南角高 0.9 米，东南角高 0.4 米，北壁高约 0.6 米。台基上残存后檐墙、西山墙和隔墙，以及部分柱础和磉墩。北神门通面阔 11.4 米，亦面阔三间，进深二间。东侧门阙全长 13.4 米，西侧门阙全长 13 米。

东、西、北神门和门阙的形制和结构，与南神门和门阙大同小异，其间具体部位和尺寸则有差异，具体情况请参见原发掘报告[1]。上述三神门门道土坯墙封堵，无出入功能。

二　角阙

（一）东南角阙与西南角阙

东南角阙露出地表高 3—4.8 米（图 13-3-7），损坏严重。角阙平地起建，平面呈曲尺形，转角阙体最大，北 1、北 2 阙体和西 1、西 2 阙体分别向北向西折拐，阙体依次减小。以转角阙体外侧最远点分别向北向西实测，其东西长 14.1 米，南北 15.1 米，角阙与门阙夯筑结构基本相同。角阙用直版夯具夯筑，夯层厚 0.07—0.14 米，下部与上部夯层较薄，中部夯层显厚。阙体由里而外，自上而下分版、分层夯筑，各阙体相接处版缝较直。夯筑后阙体两侧略加切削，使之形成较规整的弧状壁面。阙体内有横向和竖向木骨，木骨径 0.05—0.1 米。此外，还发现有桩木眼。角阙内侧无包砖基槽，而是先垫平均厚约 6 厘米的黄土，然后在其上砌砖。又角阙内侧原碎石地表铺厚约 20 厘米的黄土作为陵城内地面（向陵城内黄土层渐薄），此层黄

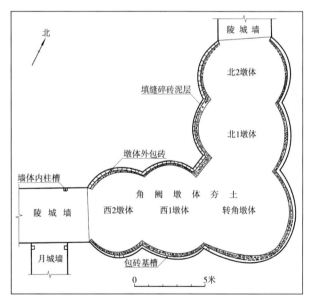

图 13-3-7　宁夏银川西夏陵三号陵东南角阙平面图
（引自《西夏三号陵》）

---

[1]　东、西、北神门和门阙的形制结构具体情况，参见前引《西夏三号陵——地面遗迹发掘报告》，第 121—126、140—146、162—168 页。

土将角阙内侧包砖底砖掩埋。在与角阙西端、北端相接处的陵城南神墙和东神墙内侧基部残存赭红墙皮，墙皮自角阙内侧包砖底部四层之上开始涂抹。角阙内外两侧以长方形和梯形砖围砌，用砖以梯形砖居多，短边向内长边向外，砌成规整的弧形壁面。包砖层层向上叠涩内收，每层砖收分 1.2—1.5 厘米，1 米高内收分在 0.2—0.25 米之间。包砖与夯筑阙体间缝隙用黄泥和砖瓦块填充砌实。填缝物厚 0.1—0.4 米，从填缝物残存高度来看，角阙包砖高至 2 米余，是否通体包砖尚不清楚。角阙外侧有包砖基槽，角阙 5 个阙体概况如下。

转角阙体外侧残高 5.5 米，内侧残高 5.2 米，内外地面高差 0.3 米。以两侧残存包砖壁计，东西最大底径 8.3 米，顶面残宽约 2 米。包砖弧壁内侧长 1.1 米，外侧长 11.6 米。内侧包砖残存 26 层，高 1.65 米，包砖底垫黄土。阙体外侧平面近圆形，包砖无存，其下残存宽 25 厘米，深约 8 厘米的包砖基槽。填缝物内侧残高 2.35 米，厚 0.2 米，外侧仅西部残存一段长 3.2 米，高 0.3—0.7 米，厚 0.3 米的填缝物。

西 1 阙体最大底径 6.6 米，包砖弧壁内侧长 4 米，外侧长 4.7 米，残高 5.2 米。顶部剥蚀严重，东西残宽 1.3 米，顶部有不甚明显的圆柱状凸起。内侧包砖残存 32 层，高 1—1.6 米，包砖中有大量断砖，砌筑粗糙，每层收分 1.5—2 厘米。外侧包砖无存，仅存宽 20—25 厘米，深 5—8 厘米的包砖基槽。内侧填缝物残高 1.6 米，厚 0.25—0.6 米，外侧无存。西 2 阙体最大底径 6.1 米，残高 5.1 米。包砖弧壁内侧长 4.3 米，外侧长 4 米，阙体西端坍塌。内侧残存包砖 17 层，高 1.6 米，外侧仅中部基槽中残存两块包砖，其余部分仅存宽 25 厘米，深约 5 厘米的包砖基槽。内侧填缝物残高 1.67 米，厚 0.2—0.43 米，外侧无存。

北 1 阙体最大底径 7 米，残高 5 米。包砖弧壁内侧长 4.2 米，外侧长 4.7 米。阙体内侧剥蚀严重，已不显弧壁。内侧基部残存 25 层包砖，高 1.5 米。外侧包砖无存，包砖基槽宽 20 厘米，深约 8 厘米。填缝物内侧残高 1.6 米，厚 25—45 厘米，外侧无存。北 2 阙体损毁严重，基部最大底径 6.5 米，残高 4.7 米。包砖弧壁内侧长 4.5 米，外侧长 5.1 米。内侧残存包砖 7 层，高 0.42 米，外侧包砖无存。内侧填缝物残高约 1.5 米，厚 20—45 厘米，外侧无存。

西南角阙部分露出地表，风化严重。角阙南侧面东西总长 15.8 米，西侧面南北总长 15 米，5 个阙体的形制

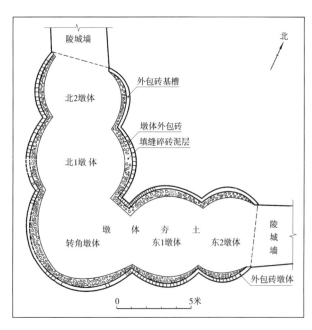

图 13-3-8　宁夏银川西夏陵三号陵西南角阙平面图
（引自《西夏三号陵》）

和结构与东南角阙大同小异（图 13 – 3 – 8）[1]。

（二）东北和西北角阙

东北角阙内侧露出地表不足 1 米，由 7 个阙体组成，西 1 至 3 阙体和南 1 至 3 阙体分别自转角阙体向西向南折拐，平面呈曲尺形。角阙外侧东侧面南北长 22.1 米，北侧面东西长 21 米（图 13 – 3 – 9）。7 个阙体概况如下。

转角阙体底部平面呈不规整的椭圆形，最大底径 8.7 米。内侧包砖壁面呈下窄上宽的长梯形，阙体残高 5.75 米，底部残宽 3 米。包砖弧壁内侧长 0.6 米，外侧长 14.5 米。阙体夯层较规整，夯窝直径约 5 厘米。阙体基部残存 1 层包砖，内侧包砖残存 14 层，高 0.8 米，内侧转角处包砖实测每升高 1 米内收 0.2 米。外侧仅靠近南 1 阙体处残存两层包砖，高 0.13 米，其他部分包砖基槽宽 0.2 米，深约 0.15 米。填缝物内侧残高约 1.3 米，外侧残高约 1 米。

南 1 阙体最大底径 6.5 米，包砖弧壁内侧长 5.2 米，外侧长 5.7 米，残高 5.35 米，阙体东西残宽 1.53 米。内侧包砖最多残存 14 层，高 0.9 米，其中有大量断砖，每层收分 1.5—2.5 厘米。外侧只局部残存两层包砖，最高不过 0.15 米。填缝物内侧残高 1.65 米，外侧残高 0.65—1.15 米，厚 0.2—0.8 米。南 2 阙体最大底径 6 米，残高 5.25 米。包砖弧壁内侧长 5 米，外侧长 4.7 米。内侧包砖无存，包砖基槽宽 0.2 米，深约 0.15 米。外侧包砖最多残存 3 层，高 0.15 米。填缝物内侧残高 1.2 米，外侧残高 0.8—1.1 米，厚 0.2—0.45 米。南 3 阙体最大底径 5.6 米，残高 4.4 米，顶部残存二层圆台。包砖弧壁内侧长 5.1 米，外侧长 6 米。内侧包砖无存，包砖基槽宽 0.2 米，深约 0.15 米。外侧残存 3 层包砖，高 0.15 米。填缝物内侧残高 0.45 米，外侧残高 0.8 米，厚 0.25—0.35 米。

西 1 阙体最大底径 6.5 米，残高 5.75 米，顶部残存凸起的圆形平台，底径 1.2 米，高 0.3 米。包砖弧壁内侧长 6 米，外侧长 5.2 米。阙体基部残存包砖高 0.05—0.9 米，内侧近转角处残存 14 层包砖，高 0.9 米。外侧近西 2 阙体处残存 7 层包砖，高 0.5 米，其他部位仅存包砖基槽。填缝物残存高度 0.85—1.1 米，厚 0.2—0.35 米。西 2 阙体最大底径 6 米，残高 4.55 米，顶部南北残宽约 1 米。包砖弧壁内侧长 4.3 米，外侧长 4.2 米，现存通高 4.55 米。内侧残存包砖 2—3 层，高 0.1—0.15 米，外侧残存包砖 5—7 层，高 0.3—0.5 米。填缝物残高 0.7—1.8 米，厚 0.25—0.4 米。西 3 阙体最大底径 5.5 米，残高 4.4 米。包砖弧壁内侧长 4.8 米，外侧长 5.5 米。阙体基部残存包砖高 0.05—1 米，内侧仅近西 2 阙体处残存包砖 2—3 层，高 0.17 米。外侧包砖最多残存 13 层，高 1 米。填缝物残高 0.6—1.7 米，厚 0.18—0.3 米。

西北角阙的形制和结构与东北角阙基本相同（图 13 – 3 – 10），详见原发掘报告[2]。

〔1〕　西南角阙具体情况，参见前引《西夏三号陵——地面遗迹发掘报告》，科学出版社 2007 年版，第 198—202 页。

〔2〕　西北角阙具体情况，参见前引《西夏三号陵——地面遗迹发掘报告》，第 232—236 页。

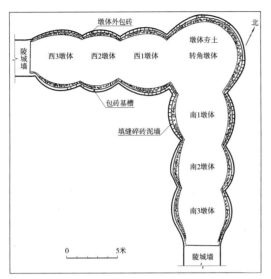

图 13 - 3 - 9　宁夏银川西夏陵三号陵
东北角阙平面图
（引自《西夏三号陵》）

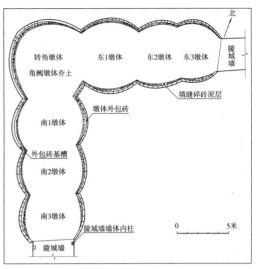

图 13 - 3 - 10　宁夏银川西夏陵三号陵
西北角阙平面图
（引自《西夏三号陵》）

三　神墙

陵城神墙露出地表部分风蚀严重。神墙均平地起筑，底垫黄土，夯层厚 8—10 厘米，夯窝径 4—5 厘米，夯筑墙基宽 3.5 米左右。四面神墙版筑，共夯筑 124 版，露出桩木槽 130 余个，墙基内外排叉柱槽 218 个。四神墙以神门为界各分二段，残存草泥和赭红墙皮，有多次修补痕迹。

南神墙宽约 3.6 米，共夯筑 28 版，每版长度不一。神墙西段全长 45.4 米，残高 1.1—3.2 米，顶残宽 0.9—1.6 米，两侧共夯筑 14 版[1]。神墙东段全长 46 米，残高 1.2—2.3 米，墙体保存很差，版筑 14 版。南神墙发现 12 根竖立桩木槽，并发现几处水平桩木眼，内侧有排叉柱 26 个，外侧 25 个。排叉柱槽长方形 40 个、方形 2 个、圆形 2 个，椭圆形 7 个。柱槽内套合有圆形柱洞的 6 个，柱槽底部残存有封闭外口所用填充物和墙皮的共 22 个。

北神墙东段全长 43.2 米，残高 1.1—2.1 米，共夯筑 13 版；西段全长 42.5 米，残高 0.4—2.2 米，共夯筑 12 版。北神墙有 44 个排叉柱槽（内外各 22 个），18 个竖直桩木槽和几处水平桩木眼。东神墙南段全长 55.8 米，残高 0.2—3.4 米，共夯筑 15 版；北段全长 49.8 米，残高 3—3.3 米，共夯筑 15 版。神墙内侧排叉槽 30 个，外侧 29 个。西神墙北段全长 50.6 米，残高 2.8—3.3 米，共夯筑 15 版；南段全长 56.6 米，残高 1.6—3 米，共夯筑 17 版。西神墙内外排叉柱槽各 32 个，发现竖直桩木槽 75 个和几处水平桩木眼。上

---

〔1〕　四神墙每版夯筑情况，参见前引《西夏三号陵——地面遗迹发掘报告》第七节，科学出版社 2007 年版。

述三面神墙具体结构，请参见原报告[1]。

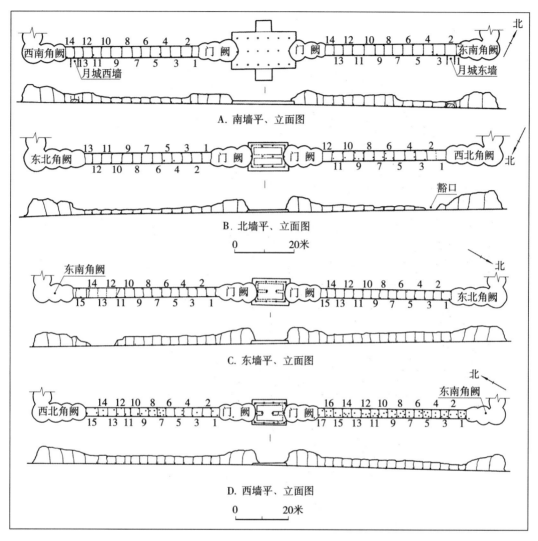

图13-3-11 宁夏银川西夏陵三号陵陵城墙平面、立面图

（说明：墙体中数字为夯筑墙体的版筑编号）

（引自《西夏三号陵》）

四 献殿和陵塔

（一）献殿

献殿在陵城南神门北10余米，方向145°。发掘前遗址呈缓坡圆丘状，高约1.6米，四周坡长3—4米，其周围散布残砖瓦，以及琉璃瓦和脊饰套兽等残件。献殿遗址由八角形台基、南北墁道和台基上的殿址组成。

---

[1] 东、西、北三面神墙具体结构，参见前引《西夏三号陵——地面遗迹发掘报告》第251—262页。

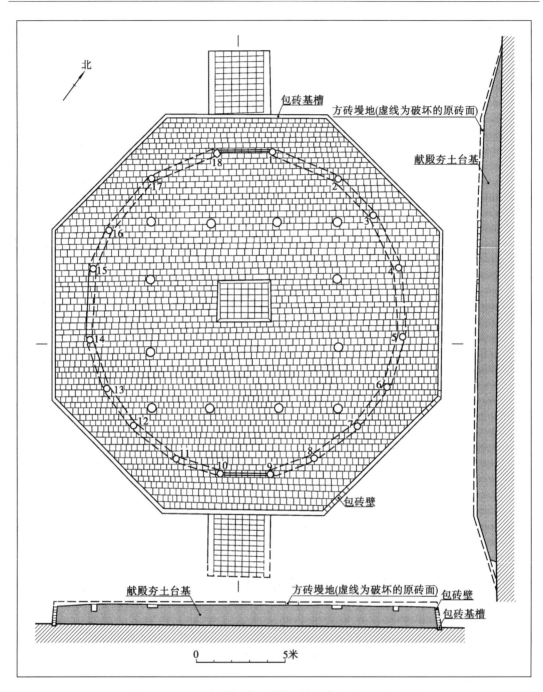

图 13－3－12　宁夏银川西夏陵三号陵献殿平面、立面图
（引自《西夏三号陵》）

　　八角形台基高 1.1—1.2 米（台基地面西北高东南低），八个台角均 135°，相对应的台
边距离为 21.75 米，对角距离皆 23.5 米。台基平地起建，黄土夯筑 11 层（每层厚约 10—

12厘米），夯窝密集（夯窝径4—5厘米）。台基呈不甚规整的八角形，八条边之边长8.5—8.9米，台壁自下而上略有收分，内收倾角约5°。台体外表抹草泥，泛白（似掺白灰），台边青砖砌出八角形（长方砖和扁梯形砖），砖壁厚约20厘米。台基边角单砖平铺错缝顺砌，即将砖的一角砍磨形成与台基角135°相同的台角砖，每砌一层台角用两块台角砖，使内侧拐角处也成135°（具体砌法，见图13-3-13）。包砖与夯筑台体间空隙填充土坯、碎砖瓦和泥灰砌实。包砖多无存，仅东侧台边和北侧台边各残存一段包砖，最高处残存三层。

台基南北两侧相对各筑一斜坡墁道，墁道不居中，均向西偏25厘米（正对墓道）。南墁道宽3.6米，残长2—2.6米，北墁道长宽均3.5米；墁道按北墁道计算，阶基高1米，底长3.5米。二墁道形制相同，黄土夯筑，包砖无存，仅在南墁道东侧发现三块大型长方砖，似为铺墁道两侧的副子，墁道面应铺莲花方砖。

台基上建献殿，殿毁于火，台面上残存铺地砖和内外两重柱洞。外圈柱洞共18个，径约30厘米，排列一周的直径17.8米。柱洞在献殿中线两侧各有9个，以北侧墁道东边相对柱洞为编号1，按顺时针方向，柱洞间距为：1、2号柱洞间距3.97米，2、3号柱洞间距为2.72米，3、4号柱洞间距为3.05米，4、5号柱洞间距为3.75米，5、6号柱洞间距为2.8米，6、7号柱洞间距为2.66米，7、8号柱洞间距为2.95米，8、9号柱洞间距为2.65米。中线西侧9个柱洞与东侧柱洞基本对称，但个别柱洞间距达

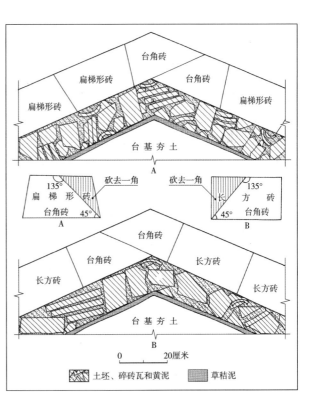

图13-3-13 宁夏银川西夏陵三号陵
献殿台角砌砖结构图
（引自《西夏三号陵》）

4米余，因而有的柱洞间距仅为2米。在与北墁道相对的1和18号柱洞内，分别以石雕像残块和不规则的青石块为石础，余者不见石础。柱洞均在台面上向下挖成，洞底坚硬。在18个柱洞所在的地面上残存赭红色墙皮，表明柱洞间原应有墙壁并抹赭红色墙皮。

在上述外围柱洞内侧有一组较大的方形柱洞（图13-3-12柱洞为圆形），每面4个，共计12个。柱洞直径50—55厘米，深5—10厘米。东南角柱、东北角柱、西北角柱的柱洞内都以未加工的石块为础石，础石下有长宽约60厘米，深20厘米的磉墩，西北角柱洞内还发现已炭化的木柱。上述12个柱洞形成东西面阔三间，总长10.4米；南北进深三间，总宽

10.2 米；当心间面阔 3.8 米，两次间面阔各 3.3 米，平面略呈方形，即献殿呈外圆内方形制。前述 12 个柱洞，应立承重献殿顶的柱子，外侧一周 18 个柱洞应立支撑殿檐的柱子。

台基面铺方砖，砖多无存。从铺地砖印痕来看，有花纹砖和素面砖两种。花纹砖仅在殿中心铺东西长 3 米，南北宽 2.3 米地块，周边用长 35 厘米、宽 13 厘米的忍冬纹条砖围砌成方框。框内用边长 32.6 厘米的莲花纹方砖平铺东西向 7 行，南北向 6 行。长方形花纹砖地面仅见于献殿西北角，其余部位用边长 32 或 33 厘米素面方砖铺砌。

（二）陵塔

陵塔在陵城内北端，北距北神门 0.6 米，东距东神墙 67.8 米，西距西神墙 47.4 米，偏离陵城中线之西 10 米余，陵塔现存高度 21.5 米。

陵塔塔基呈圆形，直径 37.5 米，周长 118 米。塔身毁坏严重，但仍可看出有 7 层，每层均呈斜坡状台面，其中 1—5 层较清晰，台面上有板瓦、筒瓦、瓦当和滴水等残件。从塔基向上，大体量出第一层高约 3.7 米，斜坡台面宽 1.7 米；第 2、3 层高约 3.7 米，斜坡台面宽 2 米；第 4、5 层高约 2.7 米，斜坡台面宽约 2 米（5 层以上未量）。该塔似为 7 层实心塔，塔顶有一东西 6 米，南北 4 米的不规则圆形小平台，中央有一径约 0.23 米的圆柱（似与安装塔刹有关）。

陵塔平地起建，黄土夯筑。塔基夯土经筛选，土质纯净细腻，掺白灰，薄夯层（厚约 5 厘米），夯窝密集（窝径 4 厘米），夯土结构紧密。台基夯土边呈规整的圆形，夯土壁面上抹一层草泥（厚 3—4 厘米），再抹一层赭红泥墙皮（厚 0.5 厘米），压光，墙皮残高 11—30 厘米（据推断，塔基高或为 30 厘米）。从残存墙皮剖面观察，墙面曾经两次以上的修补。塔基之上塔身夯土较粗，土色灰暗，夯层厚多在 6—11 厘米，并采用夹筑桩木技术。桩木有圆形和半圆形、竖直和横向水平桩木之别。水平桩木距地表 1 米左右开始起用，左右间距 1—1.8 米，上下间距约 1 米，桩木径 6—15 厘米。竖直桩木大多在距塔身近外壁的夯土内，左右间距 2.4—2.8 米，桩木径 10—16 厘米。桩木多无存，仅个别桩木眼内有朽木遗痕。

陵塔 7 层，每层都遗有瓦件，塔檐结构不明。但是，从九号陵陵塔残破处可看到塔体内有一层层的横贯长枋木，每层横木均通到塔体表面。据此推断，陵塔每层横木即表示一层塔檐，横木露出塔体的端头可挑撑塔檐。未坍塌的陵台，相当于每层塔檐处都有 25—30 厘米较大的孔洞，当为

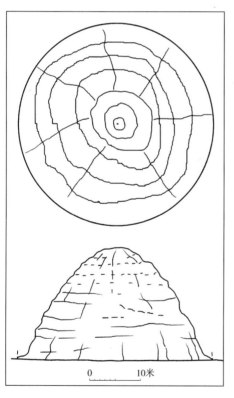

图 13－3－14　宁夏银川西夏陵三号陵陵塔平面、立面图
（引自《西夏三号陵》）

挑檐长枋木的遗痕。此外，在距塔基25—35厘米处，有一圈滴水坑，其位置应是原来散水的标志。

第四节　三号陵陵园的建筑技术、建材和建筑装饰材料

三号陵陵园经正式考古发掘，故建筑技术显示较清楚，所用建材和装饰构件和种类、出土位置及分布状况较准确，凡此均胜于其他诸陵有关的调查资料。关于三号陵园的建筑技术、所用建材和装饰构件，前面已略有涉及。由于这些情况对其他诸陵亦有重要参考价值，所以再简单归纳如下。

首先，在建筑技术方面，最重要的是夯筑技术。三号陵各建筑实体均夯筑，建筑基础用精选黄土夯筑，这种黄土质纯细腻，掺入一定量的细沙土和较多的白灰（类似三合土），夯筑的夯层薄、夯窝密、夯土坚硬。基础以上部分夯筑用一般黄土，未精选加工（有时亦掺少量沙土和白灰），质较粗，土色发灰，夯层较厚，硬度较差。建筑均版筑，每版约长3.5米，版高约0.6—0.7米，夹版用圆木，直径约10厘米，由6—7根圆土相叠组成。墙体分段版筑，各段有明显的竖直接缝，墙体内夹筑横、竖桩木，月城墙和陵城神墙两侧壁立排叉柱。夯土台基外凡不包砖部位，均抹草根和赭红墙皮。以上情况，各陵应大同小异。三号陵的建筑，较特殊的是在圆形建筑方面。圆形建筑仍采用版筑方法，但版筑很难筑出较规整的圆形，一般先筑成六角或八角状的多边形，经修整后再用包砖砌出规整的圆形。除上所述，建筑的包砖技术，参见前面对三号陵有关遗址的介绍。至于木构技术，由于木结构基本无存，情况不明。

其次，三号陵所用建材，以砖瓦为大宗。从砖来看，长方砖和梯形（楔形）砖主要用于包砌夯土台和建筑台基外壁，方砖铺墁地面，大方砖用于墁道垂带。方砖背面多压印手掌纹，花纹方砖出土较少，大致有联珠重层八瓣覆莲纹方砖、重层八瓣覆莲纹方砖、重层四瓣莲纹方砖、联珠龟背菱格纹方砖、凸棱龟背格纹方砖五种（图13-4-1）。在长方砖中有忍冬纹、菱格纹、虫草纹等花纹砖（图13-4-1）。瓦类有板瓦、筒瓦、瓦当和滴水。其中瓦当有少量釉陶，纹饰有联珠叉角长眉兽面纹、联珠立角短眉兽面纹、平角卷眉兽面纹和花卉纹等（图13-4-2）；滴水纹饰有窄缘四连弧兽面纹、宽缘三连弧兽面纹（图13-4-2）、花草纹，重唇滴水，即重唇板瓦等。

此外，在建筑装饰构件方面，套兽发现较多，种类有直筒方颈套兽（图13-4-3）、直筒长方颈套兽、敞筒方颈有须套兽、敞筒方颈无须套兽等。次之，还有五角花冠嫔伽、四角叶纹花冠嫔伽（图13-4-4），鸱吻（图13-4-5），摩羯（兽首鱼身、鱼首鱼身）和海狮等（图13-4-6）[1]。

―――――――――――――

[1]　嫔伽，梵语音译为迦陵频伽，意为"妙音鸟"，《营造法式》脊饰有嫔伽，佛教神鸟。摩羯为梵语音译，佛教中的神灵，海狮为佛教中的神兽。

图 13－4－1　宁夏银川西夏陵三号陵东碑亭出土花纹方砖、条砖

1. 凸棱龟背菱格纹方砖　2. 重层八瓣覆莲纹方砖　3. 联珠龟背菱格纹方砖　4. 联珠重层四瓣覆莲纹方砖　5. 联珠重层八瓣覆莲纹方砖　6. 忍冬纹长方砖　7. 虫草纹长方砖　8. 菱格纹长方砖

（引自《西夏三号陵》）

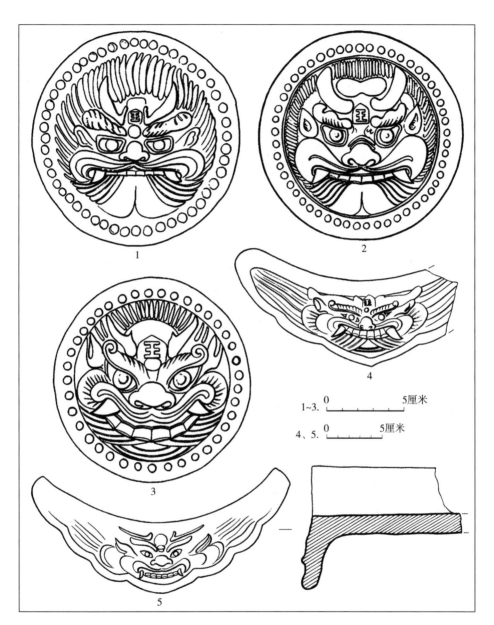

图 13 – 4 – 2　宁夏银川西夏陵三号陵出土瓦当和滴水

1. 联珠叉角长眉兽面纹瓦当（东门）　　2. 联珠立角短眉兽面纹瓦当（东门）　　3. 平角卷眉兽面纹瓦当（东门）

4. 宽缘三连弧兽面纹滴水（西阙台）　　5. 窄缘四连弧兽面纹滴水（西阙台）

（引自《西夏三号陵》）

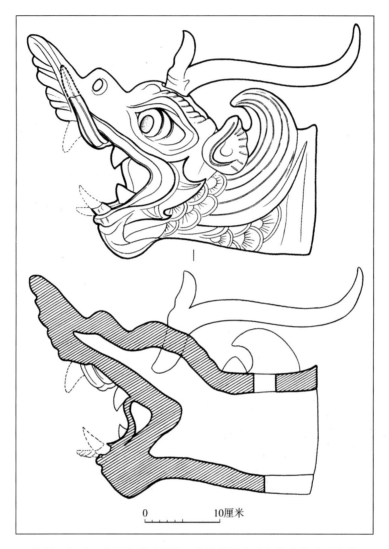

0   10厘米

图13-4-3 宁夏银川西夏陵三号陵月城出土红陶直筒方颈套兽
（引自《西夏三号陵》）

上述建材和建筑构件的出土位置大致有定，比如：（1）砖类以东西碑亭周围出土最多，神门址和角阙次之，四角台、两阙亭和陵塔很少出土砖类；方砖主要出于碑亭、南神门和献殿。（2）瓦类中的板瓦有红陶和灰陶两种，红陶数量很少；筒瓦有红陶、灰陶和釉陶三种，以红陶居多，灰陶和釉陶次之。两座碑亭周围未见瓦类，其他建筑遗址附近均出土大量瓦类，尤以月城墙和陵城神墙两侧分布密集（墙应起脊出檐，有瓦作结构）。釉陶瓦只见于南神门、献殿和陵塔等重要建筑遗址。（3）建筑装饰构件中，套兽和嫔伽有红陶、灰陶和釉陶三种，鸱吻有釉陶和灰陶两种，摩羯和海狮只有釉陶，装饰塔顶的构件有红陶和釉陶两种。各单体建筑遗址周围所出装饰构件有别，如两座碑亭出土装饰塔顶构件较多，并出土一件完整的陶相轮，以及铜风铃等塔刹上的遗物。鸱吻只出于四神门遗址，

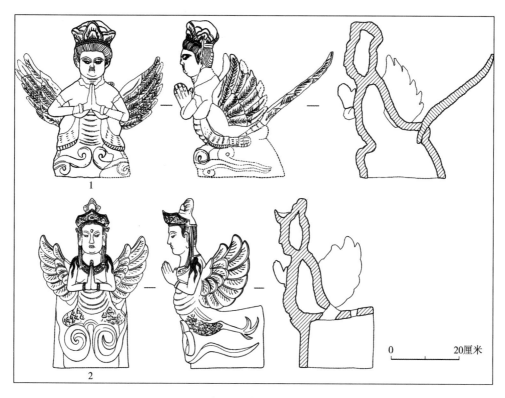

图 13 – 4 – 4　宁夏银川西夏陵三号陵出土嫔伽

1. 月城出土灰陶四角叶纹花冠嫔伽　2. 陵塔出土釉陶五角花冠嫔伽

（引自《西夏三号陵》）

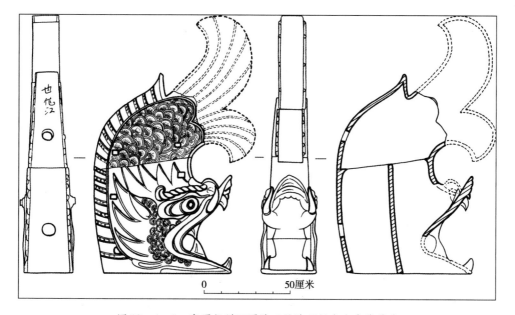

图 13 – 4 – 5　宁夏银川西夏陵三号陵西门出土灰陶鸱吻

（引自《西夏三号陵》）

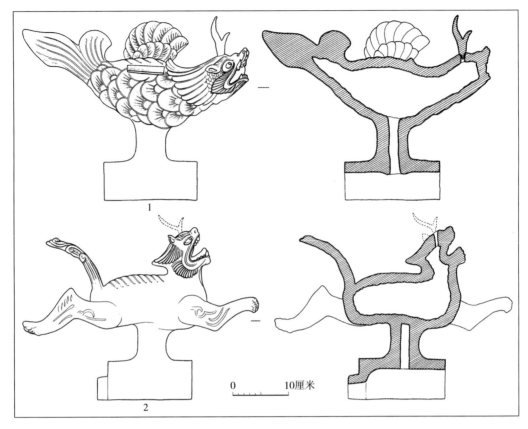

图 13-4-6　宁夏银川西夏陵三号陵南门出土釉陶摩羯和海狮
1. 南门出土釉陶摩羯　2. 南门出土釉陶海狮
（引自《西夏三号陵》）

共出 5 件（南神门出釉陶鸱吻残件，余 4 件出于其他三神门，其中西神门出土一件较完整的暗灰色鸱吻。此外，六号陵曾出土一件釉陶鸱吻），摩羯和海狮仅见于南神门和献殿，套兽、嫔伽和塔顶装饰构件各地点大都出土。总的来看，角台和阙台周围出有板瓦、筒瓦、瓦当、嫔伽和塔刹构件等。门阙和角阙周围出板瓦、筒瓦、瓦当、滴水、套兽、塔刹构件，角阙周围还出嫔伽，东北角阙下出一件铜风铃。四神门出鸱吻、瓦当、滴水、套兽、嫔伽等，南神门还出摩羯和海狮。南神门全用绿琉璃瓦构件，其余三神门用灰、红两色陶瓦构件。献殿周围出土大量的板瓦、筒瓦、瓦当、滴水、套兽、摩羯、海狮和嫔伽；少量瓦件施绿琉璃釉。陵塔每层台面上均出板瓦、筒瓦、瓦当、滴水，以及嫔伽等。上述砖瓦和建筑装饰构件的出土位置，为判断三号陵各单体建筑的建筑形制和结构及其建筑装饰状况等提供了重要的依据。

综上所述，三号陵陵园发掘所呈现的诸单体建筑以圆形为主的形制和结构，及其所见构筑技术之清晰，所用各种建筑材料和建筑装饰构件出土位置之明确、数量之多、种类系列化构成之全面，远较其他诸陵考古调查资料准确、丰富和翔实，令人耳目一新。这些空前的重要发现，对今后全面深入研究西夏陵陵园的形制布局、陵园单体建筑构筑技术、形制、结构和建筑装饰样式，并进而展开西夏陵陵园形制布局和结构的复原研究等方面，无疑都是有极其重要参考价值的。

第五节　西夏王陵略析

一　西夏王陵的年代与陵主问题

（一）陵号与年代

《宋史·夏国传》记载，西夏共有十二帝，九个陵号。即李继迁（赵保吉）宋"景德元年（1004 年）正月二日卒，年四十二"，宋大中祥符五年（1012 年），"德明追上继迁尊号曰应运法天神智仁圣至道广德孝光皇帝（另一处又记追尊继迁'庙号武宗'）。元昊追谥曰神武，庙号太祖，墓号裕陵"。李德明（赵德明），卒于宋天圣九年（1031 年）十月，"时年五十一，追谥曰光圣皇帝，庙号太宗，墓号嘉陵"。元昊（改姓嵬名，更名曩霄，始称皇帝），宋庆历八年（1048 年，即西夏天授礼法延祚十一年）正月卒，"年四十六"，"谥曰武烈皇帝，庙号景宗，墓号泰陵"。谅祚卒于宋治平四年（1067 年，即西夏拱化五年）十二月，年二十一，"谥曰昭英皇帝，庙号毅宗，墓号安陵"。秉常卒于宋元祐元年（1086 年，即西夏天安礼定元年）"秋七年乙丑"，"时年二十六"，"谥曰康靖皇帝，庙号惠宗，墓号献陵"。乾顺卒于南宋绍兴九年（1139 年，即西夏大德五年）六月四日，"年五十七"，"谥曰圣文皇帝，庙号崇宗，墓号显陵"。仁孝卒于南宋绍熙四年（1193 年，即西夏乾祐二十四年）九月二十日，"年七十"，"谥曰圣德皇帝，庙号仁宗，陵号寿陵"。纯祐南宋"开禧二年（1206 年，即西夏天庆十三年）正月二十日废，遂殂，年三十"，"谥曰昭简皇帝，庙号桓宗，陵号庄陵"。安全于南宋嘉定四年（1211 年，即西夏皇建二年，光定元年）八月五日卒，年四十二，"谥曰敬穆皇帝，庙号襄宗，陵号康陵"。遵顼（光定十三年，即 1223 年让位于子）卒于南宋宝庆二年（1226 年，即西夏乾定四年）春，年六十四，"谥曰英文皇帝，庙号神宗"。德旺卒于南宋宝庆二年丙戌七月，年四十六，"庙号献宗"。睍即位后仅一年，于 1227 年国亡被蒙古军队执杀。

上述十二帝中，李继迁、李德明卒于元昊建夏国之前，其庙号和陵号为元昊追谥。最后三帝中遵顼和德旺有庙号无陵号，末帝睍庙号陵号皆无。遵顼、德旺死于亡国前一年，时值蒙古成吉思汗率大军进攻西夏，国难当头，形势危急，已无力为其建陵，睍为亡国之君并被杀，当然更无陵可言了。因此，现在所发现的西夏九陵即为继迁至安全九帝之陵，其情况与前述史籍记载相符。

清吴广成《西夏书事》卷八记载：宋"景德元年春正月，保吉（继迁）卒"，"秋七月葬保吉于贺兰山，在山西（东）南麓。宝元中，元昊称帝，号为裕陵"。卷十一载，宋"明道元年（1032 年）……冬十月，夏王赵德明卒，年五十一"，"葬于嘉陵，在贺兰山，元昊称帝后追号"。以此结合前述情况可知，德明虽然追尊继迁为帝，但当时尚未建国，故无陵号。其墓应为德明所建，元昊称帝才追谥庙号和陵号。德明卒年，《宋史·夏国传》记载在天圣九年（1031 年），《续资治通鉴长编》和《西夏书事》记载卒于明道元年（1032 年）。由于《宋史·夏国传》记载德明景德元年继位，年二十三，卒年五十一，据此推算德明应卒于明道元年。1032 年，德明死元昊即位，元昊随之废宋所赐赵姓和拓跋旧姓，改姓嵬名，自称"兀卒"（"青天子"之意）。这个背景与前述《西夏书事》记载德明死始有陵号是一致的，即嘉陵似应始建于 1032 年或其后不久，而德明的帝号与庙号则是元昊建国自称皇帝后追谥的。也就是说，西夏陵有完整的帝号、庙号和陵号，均应始于 1038 年元昊正式建国称帝之时。但是，应当指出 1032 年德明卒，元昊即位自称"兀卒"，因而德明葬后加陵号，所以西夏正式建陵应当始于 1032 年或其后不久。至于西夏陵营建年代的下限，显然是止于 1211 年的康陵。

（二）西夏九陵陵主问题

在西夏九陵中，只有七号陵因出土"大白上国，护城圣德，至懿皇帝，寿陵志文"碑额，可确定为仁宗仁孝之寿陵[1]。其余八陵陵主，由于目前八陵的考古调查或部分发掘资料，尚不能提供准确断定年代的证据，使之无法与八帝卒年相对应，给判断陵主问题造成极大的困难，所以八陵陵主迄今不明。在这种情况下，求其次，只能根据一些线索，对陵主问题略作推测。

前已介绍西夏九座帝陵分为四区，除第四区破坏严重，情况不甚清楚外，余三区从有无外城或夹城及其相关结构来看，乃是每区各为一个类型。这种类型上的差异，既显示出其间有早晚之别，又表明每区二陵的年代应是前后相接的。其次，从已发掘的六号陵（原编八号）所出钱币来看，除"光定元宝"（神宗遵顼所铸）出于"陵台（塔）盗坑"不计外，余者都是北宋钱币，其中最晚的宣和年号钱铸于宣和年间（1119—1125 年），正当崇宗李乾顺时期[2]。属于六号陵的 182 号（原编一零八号）陪葬墓[3]，所出汉文和西夏文残碑碑额有"梁国正献王之神道碑"字样，残碑中又记有"龙老至正德三（年）/谥曰忠毅公"（1129 年），并出现"毅惠两朝"（毅宗谅祚，惠宗秉常），"崇宗践位"（崇宗乾顺）等字样。据此判断，梁国正献王生存的年代应在惠帝乾道年间至崇宗正德三年（1068—1129 年）之间，梁国正献王很可能是乾顺母梁氏家族中的一位显贵[4]。以此结合前述六号陵的情况，可进一步推测六号陵陵主似为崇宗乾顺。而与六号陵同在第三区的五号陵是该区中的尊穴，故五号陵的陵主则可能是崇宗之前"毅惠两朝"中的惠宗秉常。又前引《西夏书事》记载，继迁葬贺兰山西（东）南麓（第一区），前述七号陵（仁宗陵）在北端第四区，五、六号陵在四区之南的第三区，这种情况表明，西夏九陵四区应是从南向北，按诸帝卒年序列依次而建的。依据这个序列，葬于贺兰山西（东）南麓第一区的一、二号陵有外城和三座碑亭，在九陵中只有一、二号陵陵塔九级，地位最高，以此结

---

[1]　参见《西夏陵》148 页；前引《西夏三号陵——地面遗迹发掘报告》第 324 页。
[2]　韩兆民、李志清：《关于西夏八号陵墓主人问题的商榷》，《考古学集刊》（5），中国社会科学出版社 1987 年版。
[3]　参见《西夏陵区一零八号墓发掘简报》；前引《西夏陵》第 138 页。
[4]　参见《西夏陵区一零八号墓发掘简报》；前引《西夏陵》第 138 页。

合《西夏书事》的记载，一、二号陵处于尊穴的一号陵应为太祖继迁陵，二号陵则为太宗陵（一、二号陵因在西夏建国之前，是西夏名义上的祖陵）。前已指出七号陵为仁宗陵，五、六号陵似为惠宗和崇宗陵，这样处于第四区的八、九号陵应为纯祐和安全之陵，第二区的三、四号陵就应是景宗元昊陵和毅宗谅祚陵。三号陵在二区中处于尊穴，陵园规模在九陵中最大，陵园单体建筑均呈圆形，上置佛塔式建筑，在九陵中形制和结构最特殊，其位置又在一、二号陵之北，这种情况完全符合元昊是建国之君和西夏佛教事业发展的奠基者，并是西夏陵实际上的祖陵的地位。总之，上面所述有据可依，逻辑合理，故对九陵陵主的推测当大体不误[1]。

二　西夏诸陵陵园形制布局的比较

西夏诸陵形制布局的共性，前面已做介绍，在此主要谈西夏诸陵陵园形制布局的差异。西夏诸陵陵园形制布局在共性为主的前提下，各陵园（八、九号残毁不计）在陵园面积，有无外城或夹城和中心台，碑亭数量，月城内石像生台座数量，陵塔层级，单体建筑形制和结构等方面又存在一定的差异，下面拟就此略述之。

西夏陵根据陵城外围护情况，可分为三种，每种情况内又有一定的差异。第一种情况（图 13 - 1 - 4、图 13 - 1 - 5、图 13 - 1 - 10），L1、L2、L7 有封闭式外城结构。L1、L2 形制几乎完全相同，即以陵园外围四角台为准建封闭式外城，南面开门。北面二角台在外城东北和西北隅，南面二角台在外城东西墙三分之一与三分之二分界处，并与月城东西墙中间偏南处相对。外城东西墙过南面二角台后向南延伸，二陵园外城南墙北距陵城南神墙137 米，余三面墙距陵城东、西、北神墙均 22 米，陵园方向皆 175°，面积同为 8 万平方米，陵塔都是 9 级。L7 仅存外墙残迹，陵园方向 170°，陵园面积亦为 8 万平方米，陵塔 7级，形制与 L1 和 L2 有一定差异。第二种情况（图 13 - 1 - 8、图 13 - 1 - 9），L5 和 L6 在陵城外有南面敞口的夹城，夹城在四角台之内，南面二角台与碑亭相对，北面二角台在夹城外并与夹城西北隅和东北隅斜对，向南则与南面二角台直对。二陵园方向均 175°，陵园面积都是 10 万平方米，陵塔皆 7 级。L5 夹城墙距陵城东、西、北三面神墙 10 米，东西夹城墙南面止于陵城南面二角阙略偏南处。夹城东、西、北三面墙与陵城东、西、北三神门对应处向外突出，突出部分长 23 米，宽 10 米，形制略呈瓮城式，但无通向外部的出入口。L6 夹城三面墙呈直线，与陵城东、西、北三神墙相距 16 米，夹城东西墙向南止于与

---

[1]　一些研究者认为西夏九陵的位置与北宋帝陵一样，都是按《地理新书》所载角姓贯鱼葬法堪舆取穴的。在此类研究中，有以一至六号陵为一组，七至九号陵为一组；或以一至四号陵为一组，从五号陵起再附昭穆葬图；或说一至五号陵与《地理新书》昭穆贯鱼葬角姓取穴法相合，而六至九号陵并不符合昭穆关系。上述诸说之间差异较大，且无一说能将九陵纳入西夏陵完整的贯鱼葬法之中，并据此较准确地断定各陵陵主，故是很值得商榷的。我们认为，北宋虽然赐西夏王赵姓，但元昊建国已废赵姓，改姓嵬名，所以西夏陵在元昊三号陵之后是否按赵姓角音贯鱼葬法取穴，是有很大疑问的。最后，应当指出除七号陵外，余八陵陵主是谁均无确凿实证支撑，本文所论也仅限于推测，说到底西夏陵八陵陵主（七号陵除外）问题仍为悬案。由于西夏陵九陵陵主的确定，事关西夏陵的整体研究，所以此问题就成为今后西夏陵研究领域亟待解决的主要任务之一。

月城东西墙中部相对处[1]，L5 和 L6 形制亦有一定差异。第三种情况（图 13 - 1 - 6、图 13 - 1 - 7），L3 和 L4 陵城外无外城和夹城，二陵城北面二角台相距较短，东西不在一条直线上，南北与南面二角台亦不在一条直线上。南面二角台与阙台相对，距离较宽，二角台东西基本在一条直线上，四角台连线略呈梯形。L3 陵园方向 150°，陵园面积 15 万平方米，陵塔 7 级。L4 陵园方向 160°，陵园面积 10 万平方米，陵塔 5 级，L5 和 L6 形制差异较大。在上述七陵中，L1、L2、L5、L6 陵园方向均 175°；陵园面积 L1、L2 和 L7 为 8 万平方米，L5 和 L6 为 10 万平方米；陵塔层级，L1 和 L2 为 9 级，L3、L5、L6 和 L7 为 7 级。L8 和 L9 残毁，形制不明。

从诸陵有无中心台、碑亭数量、石像生台座数量，陵城平面形制和尺度来看，也有一定差异。L1 的 L2 陵城有中心台，其他陵城无。碑亭 L1、L2 和 L5 三座，L4 仅发现一座，L8 和 L9 破坏，余陵皆两座碑亭。月城内石像生台座，L1、L2 和 L5 六条台座，L3 和 L6 四条台座，L4、L7、L8、L9 破坏。陵城平面形制，L1、L2 和 L5 平面近方形，L3、L6 和 L7 平面长方形，L4 平面窄长方形，陵城尺度各异。

西夏诸陵单体建筑形制特殊者，只有三号陵。其单体建筑平面大多呈圆形（碑亭基座方形，但亭仍为圆形），台基上置塔式建筑。门阙和角阙呈弧形三出阙样式（南面二角阙，两侧二弧形阙体结合转角阙体呈三出阙，北面二角阙在转角阙体两侧各出三弧形阙体，呈三出阙样式）。献殿台基八角形，其上建外圆内方形献殿（余陵献殿平面长方形）。如此等等，参见前面对三号陵园的介绍。

此外，正式发掘的三号陵在地宫之上还发现有圆形建筑基址（图 13 - 5 - 1）。圆形建筑基址在盗坑北缘，北距陵塔 6.2 米。圆形基址直径 4.8—5 米，残高 0.1 米，黄土夯筑，周边有宽 0.3 米、深 0.25 米的包砖基槽，槽内铺垫一层灰泥，其上印有砖痕。圆形夯土基残厚 0.3 米，夯筑于原生地表下 0.2 米深的砂石层上。由于除三号陵外，其余诸陵未正式考古发掘或清理，是否也有类似现象，情况不明。但是，无论如何，上述现象都是应当引起重视的[2]。

综上所述，从西夏陵保存较好的一、二、三陵区来看（四陵区被破坏），前面已根据三个陵区诸陵城外有无外城或夹城，外城或夹城维护陵城的形制，四角台与外城或夹城的位置关系，以及四角台间的位置关系将其分为三种情况。这三种情况按其所在位置排序可区分为三种类型，即一陵区 L1 和 L2 陵城外有封闭式外城围护为第一类型，二陵各配置碑亭 3 座，月城内石像生座 6 条，陵城平面近方形，陵城内有中心台，陵塔 9 级，陵园面积 8 万平方米（参见西夏陵形制表，下同）。二陵区 L3 和 L4 陵城外无外城和夹城，为第二类型。三陵区 L5 和 L6 陵城外有南面敞口的夹城，为第三类型。从第二类型的 L3 开始，以后诸陵园的配置较第一类型有较大变化，陵园内的碑亭从 3 座改为 2 座（L5 除外），月城内石像生台座从 6 条减为 4 条（L4 残无，L5 除外），陵城形状从近方形改为长方形

---

[1]　参见《西夏三号陵——地面遗迹发掘报告》，科学出版社 2007 年版，第 326 页图二一六西夏六号陵平面示意图，夹城城南端各内折与月城东西墙相接，不知何据？如是，夹城则完全封闭，无出入口。

[2]　西夏陵三号陵地宫之上圆形建筑基址的性质，参见孟凡人《宋代至清代帝陵形制布局研究》，中国社会科学出版社 2021 年版。

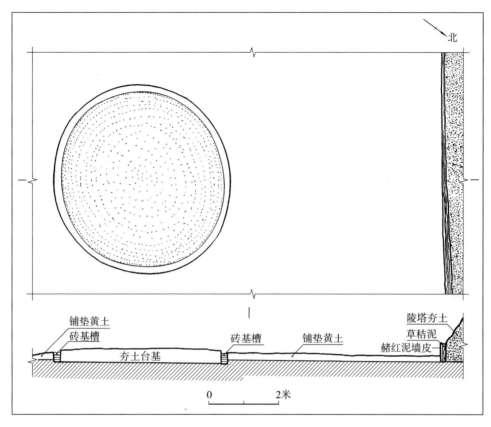

图 13 - 5 - 1　宁夏银川西夏陵三号陵圆形夯土基址与陵塔南侧边的平面、剖面图
（引自《西夏三号陵》）

（L4 呈窄长方形），陵城北、东、西三门多不能通行，陵塔从 9 级降为 7 级（L4 残存 5 层，
L5 残存土丘），陵城内无中心台，陵园面积从 8 万平方米增至 10 万平方米（L3 除外，四
陵区 L7 残甚，不计）。上述诸陵中，L3 和 L5 号陵较特殊，L3 号陵在西夏诸陵中规模最大
（陵园面积达 15 万平方米），碑亭、阙台、门、阙、角阙呈圆形，其上有塔式建筑，门阙
和角阙三出阙，献殿台基八角形，其上建外圆内方形献殿。凡此，因 L3 以外诸陵园尚未
正式发掘，具体情况不明，故目前尚无法比较研究。L5 号陵园内置碑亭 3 座，月城内石
像生台座 6 条，陵城平面近方形。上述情况中，据本文的分析，L1 和 L2 号陵为西夏建国
前的先祖陵，其形制和配置与二、三类型有较大差异，自为一个类型。L3 号陵是西夏建
国皇帝元昊陵，是西夏王朝建立后的祖陵，此后诸陵园的形制布局基本以 L3 号陵为准而
变化，大体形成定制，共性较强（L3 号陵之后诸陵在规模和建筑形制结构上则逊避祖
陵）。L5 号陵碑亭和石像生台座数量，以及陵城形状同 L1 和 L2 号陵，在局部上归复先祖
陵规制，这个现象值得注意。总之，上面根据现有资料对西夏诸陵陵园形制布局仅能作简
单的粗略比较，大体区分出三个类型，并指出西夏陵诸陵园形制布局在共性中的差异。但
是，对这些差异现象产生的原因及所反映的深层次问题，目前限于资料尚难确指。因此，

这些问题只好留待将来西夏陵全面正式发掘之后，资料较完备时再作探讨和研究。

三　西夏陵陵园形制布局溯源

（一）关于西夏陵仿宋陵说

明《万历宁夏志》卷上（二十三）陵墓条记载："贺兰山之东，数冢巍然。传以为西夏僭窃时，所谓嘉裕陵者。其制度、规模，仿巩县宋陵而作。"现在研究西夏陵者，几乎均持此说。但是，从西夏陵陵园形制布局来看，只有角台、阙台、陵城前置石像生，陵城有神墙、神门、门阙和角阙，陵城内建献殿和地宫等主要构成要素及其部分配置情况，大体与北宋帝陵相同或近似。

首先，西夏陵陵园外围置四角台，其性质和作用约相当于北宋帝陵的兆域封堠篱寨。北宋帝陵陵园总体占地面积称兆域，兆域范围以"封堠"为标志。即在陵园外围边界上以相隔一定距离的土墩（封堠）为界标，并在封堠之间植以多刺的灌木或乔木，由此将封堠连接围合成兆域，故兆域又称篱寨。西夏陵在形制较清楚的一至六号陵中，一、二号陵在四角台间筑墙（七号陵残，情况亦应如此），形成外城（与宋陵有别）。其余诸陵园四角台间均无墙，角台间或如宋陵植篱寨（角台，可补宋陵封堠无存之阙）。其次，西夏陵城的位置、形制和性质如宋陵上宫，陵城内献殿的位置如宋陵（宋陵尚未发现较完整的献殿遗迹）。西夏陵无鹊台，其最前面的阙台相当于宋陵之乳台（后文有说）。至于献殿、墓道、地宫、陵塔南北一线，偏置于陵城中线之西，则是西夏陵独有的特点。此外，西夏陵分四个陵区，陵区内有陪葬墓，在西夏陵东部有砖瓦窑和石灰窑址等态势，亦大体如宋陵。

除上所述，还有下宫问题。西夏九陵均无下宫，故现在都认为西夏陵无下宫。但是，在西夏陵北端发现的一座建筑遗址，却很值得注意。该建筑遗址位于第四陵区之北，西距九号陵210米，西南距七号陵400米。遗址平面长方形，南北长350米，东西宽160米，有三进院落，中院和后院各有殿址，中院两侧有跨院[1]，其形制布局与北宋帝陵下宫相似[2]，故遗址的性质很可能即是下宫。也就是说，西夏陵各陵未建下宫，可是在西夏陵基本形成四陵区之后，即在仁宗仁孝七号陵之时或其后不久，则在陵区北端修建了一座为各陵所共用的下宫。下宫的位置虽然与北宋帝陵下宫在上宫西北略有区别，但却与南宋攒宫的下宫在上宫之北较相似（仁宗时与南宋有较多交往）[3]。

综上所述，西夏陵陵园形制布局的一些主要构成要素确如北宋帝陵，配置情况也较相近。但是，西夏陵陵园形制布局与北宋帝陵最大的差别，是出现了北宋帝陵所无的双碑亭和月城，并将石像生置于月城内两侧。双碑亭和月城的出现，是西夏陵陵园形制布局最突出的重要特点之一。就这个较宋陵的巨大变化来看，很难断言西夏陵陵园形制布局均仿宋陵。因此，下面将进而追溯西夏陵陵园形制布局之源。

---

[1]　宁夏文物考古研究所：《西夏陵园北端建筑遗址发掘简报》，《文物》1988年第9期；前引《西夏陵》，第77—81页。
[2]　参见本书《北宋帝陵》对下宫的介绍；冯继仁《北宋皇陵建筑构成分析》，《考古学研究》（二），北京大学出版社1994年版。
[3]　参见本书"南宋攒宫"中对下宫的介绍。

（二）西夏陵陵园形制布局源于唐陵

现在几乎都认为西夏陵陵园形制布局"仿巩县宋陵而作"，其实北宋帝陵陵园形制布局是在唐陵基础上演变而来的[1]。因此，西夏陵与宋陵在陵园形制布局上相同或近似之处，归根结底还是与唐陵的关系问题。下面拟分部位略述之。

文献记载，唐陵上宫有两重墙垣，《长安图志》所载《唐昭陵图》《唐乾陵图》均墙垣两重，现在乾陵上宫神墙外二百余米处已发现外城垣遗迹，其南面开门[2]。因此，西夏陵有的陵园设外城或夹城，应与唐陵有一定关系。

唐乾陵陵园南端置二鹊台，鹊台是进入封域的标志。在鹊台之后有乳峰双阙（图13-5-2），乾陵之后唐陵建乳台，乳台双阙（三出阙）是陵园门阙，其后为神道和两侧石像生行列。西夏陵陵园二阙台后接神道，置碑亭和石像生，阙台性质如唐（宋）陵之乳台，故西夏陵无鹊台（有的将西夏陵阙台称鹊台）。又唐乾陵在上宫南神门（朱雀门）南21.6米处，东面立"无字碑亭"，西面立"述圣碑亭"，碑亭为面阔进深各三间的方亭。上宫四神门外各筑二阙，并在南门朱雀门外双阙之北，朱雀门南两侧置六十一王宾石像（东29尊，西32尊）[3]。西夏陵阙台（乳台）、双碑亭（少数三碑亭）、月城及月城内两侧石像生的配置形式大体如唐乾陵。即西夏陵缩短了阙台至月城间神道的距离，在阙台后置二（或三）碑亭，将唐陵置于乳台后的石像生改置于唐乾陵六十一王宾石像处，又将唐乾陵南神门外双阙变成月城门阙，并在相当于六十一王宾像的外围砌墙，仿瓮城形制营建月城。月城内神道位置及东西两侧配置石像生的态势，亦如乾陵朱雀门前神道两侧六十一王宾像。

唐陵上宫平面大体呈方形，四面夯筑神墙，

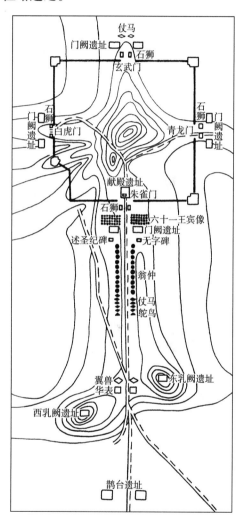

图13-5-2 唐乾陵平面示意图
（引自《西夏三号陵》）

---

[1] 参见本书《北宋帝陵》的有关论述。
[2] 参见陈安利《唐十八陵》，中国青年出版社2002年版，第5页，《长安图志》所载"唐高宗乾陵图"，第52页记述在乾陵内城之外发现外城遗址。
[3] 参见前引陈安利《唐十八陵》，中国青年出版社2002年版，第51页。

墙顶双坡铺板瓦，墙身抹白灰和朱浆，下砌散水[1]。四面神墙各开神门，两侧有门阙，其中唐乾陵门阙三出阙，门楼楼阁式。有的唐陵上宫侧面门为过殿式，如唐桥陵上宫东、西门未探出路土，在东门洞内断面处见到白灰墙皮[2]，四周应有围墙。这种门实际上是一座殿，无通行功能[3]。唐乾陵之后各陵上宫四隅置角阙，角阙平面多为方形或圆形，阙上有建筑[4]。上宫内献殿置于南神门内，平面呈方形或长方形[5]。西夏陵陵城平面方形或长方形，夯筑神墙，墙顶覆瓦。神墙四面开神门，两侧有门阙（三号改三出阙）；有的陵城东、西、北三门或东、西二门不通行。上宫四隅置角阙（三号陵角阙为三出阙变体，上有建筑）；献殿在南神门内，平面呈长方形（三号陵八角形方台基上建外圆内方形献殿）等，均与唐陵相似。此外，唐陵南神门门楼楼阁式，余三面不通行的神门过殿式，对西夏陵城四城门迄今不明的形制，也有较重要的参考价值。

上述情况表明，西夏陵陵园除陵塔之外的主要构成要素及其形制和配置状况几乎都与唐陵有关。其中特别是构成西夏陵主要特色的外城、夹城、阙台、双碑亭、月城及月城内石像生的配置形式均脱胎于唐陵。前述西夏陵仿宋陵，除角台和下宫等外，余者均与唐陵相同[6]。因此，西夏陵陵园的形制布局，实际上是以唐陵模式为基础，并吸收宋陵一些因素而发展变化的，说到底其形制布局是源于唐陵。这种状况，应是西夏与唐朝长期的密切的政治关系和文化交流在西夏陵上的反映。

（三）西夏陵陵园形制布局在唐宋陵基础上变异的原因

关于西夏陵陵园形制布局在唐宋陵基础上的变异，在此主要谈西夏陵前区独特布局形式，以及献殿、墓道、地宫、陵塔南北一线并偏置于陵城中线之西的两个问题。

第一，西夏陵陵园前区形成独特布局的原因。

西夏是地方割据的小王国，故其帝陵的规模不可能比拟于唐宋帝陵。由于西夏帝陵规模较小，所以陵园前区神道和石像生行列不宜过长，其长度必须与陵园和陵城规模保持适度而恰当的比例关系。在这种情况下，西夏陵陵园的神道不仅较唐陵神道大为缩短，而且在依循宋陵缩短神道之制时，又较宋陵神道略短。石像生行列（调查资料估计，西夏陵石像生约30件左右）是缩短神道的最大障碍。为解决这个问题，遂仿唐乾陵六十一王宾像配置形式，将石像生行列分段置于南神门外神道两侧，并在其外围护月城，从而改变了宋陵石像生行列拥挤在乳台与南神门间短神道上的状况。此外，石像生行列分段置于南神门外神道两侧之后，从阙台至月城门间神道则过于空旷，所以又仿唐乾陵在阙台之后置二碑

[1] 参见陈安利《唐十八陵》，中国青年出版社2002年版，第25页。

[2] 按，西夏陵墙体等施赭红色，仅三号陵碑亭见白灰墙皮，西夏陵陪葬墓墙体等施白色。唐陵墙体抹白灰和朱浆，唐桥陵上宫东门洞内见白灰墙皮；宋陵墙体等施红色。看来西夏陵施色主要是仿宋陵。

[3] 参见陈安利《唐十八陵》，中国青年出版社2002年版，第27—28页。

[4] 参见陈安利《唐十八陵》，中国青年出版社2002年版，第29页。

[5] 参见陈安利《唐十八陵》，中国青年出版社2002年版，第30—31页。

[6] 本卷第九章《北宋帝陵》，已论述北宋帝陵上宫神墙、神门、门阙、角阙和献殿的配置均脱胎于唐乾陵。又唐陵下宫在陵南偏西，多数距陵五里（有三、四、七、八、十里者），前述西夏陵下宫的位置在北，而与陵区有一定的距离，此点与唐陵相似。

亭（有的置三碑亭）。

上述情况表明，西夏陵前区的独特布局形式，乃是在陵园规模较小，必须较已往帝陵缩短神道的前提下权变的结果。而这种权变又恰有唐乾陵碑亭和六十一王宾像配置模式可以借鉴，因而就形成了将神道按前后相连的两段设计，前段置阙台和碑亭，后段置月城和石像生的独特布局形式。这种布局形式，既达到了神道长度与陵园和陵城规模比例合宜的要求，又使神道空间序列层次疏密结合，错落有致。而神道以月城石像生组群凝重收尾，并与陵城相依，使二者相辅相成，则更增强了神道、月城和陵城应有的庄严、肃穆的纪念氛围。

第二，献殿、地宫、陵塔南北一线偏置的原因。

西夏陵献殿、墓道、地宫、陵塔南北一线偏置于陵城内中线之西（以三号陵来看，偏5°，方向为145°），此现象为历代陵园中的孤例。沈括《梦溪笔谈》卷十八《技艺》中记载："西戎用羊卜，谓之跋焦，卜师谓之厮乩。以艾灼羊髀骨，视其兆，谓之死跋焦。其法：兆之上为'神明'，近脊处谓之'坐位'，坐位者主位也；近旁处为'客位'。盖西戎之俗，所居正寝，常留中一间，以奉鬼神，不敢居之，谓之'神明'，主人乃坐其旁，以此占主客胜负。"在佛教传入西夏以前，党项人一直崇信鬼神，所谓跋焦占卜法，就是西夏人信奉的炙勃焦占卜法。按照这种占卜信仰，居中处皆为鬼神位，凡人事皆不可当此禁忌之位（西夏一、二号陵陵城中心台，或即表示鬼神之位）。故西夏陵献殿至陵塔南北一线均偏置于陵城中线之西，现在西夏陵的研究者多持此说[1]。

四　三号陵是西夏陵体系中真正的祖陵

现在多认为一、二号陵是西夏陵的祖陵。但是，在西夏九陵中，只有位于一、二号陵之北第二陵区的三号陵规模最大，形制和结构最复杂。前已推定，三号陵陵主是西夏建国之君元昊，一、二号陵陵主是西夏建国前的李继迁和李德明，三号陵以北四至九号陵陵主是元昊之后诸帝的陵园。这样，西夏陵就以三号陵为界，分为建国前后两大部分。即卒于西夏建国前葬于三号陵之南第一陵区的一、二号陵，是元昊建国后追谥的帝陵，其对西夏王国来说只是名义上的祖陵。西夏建国后，以三号元昊陵为首陵，故是西夏王国事实上的祖陵。元昊之后的四至九号陵陵园规模和形制均在三号陵之下，也意在"逊避祖陵"（开明十三陵"逊避祖陵"即长陵之先河），所以三号陵才是西夏王国正式的真正的祖陵。由于三号陵是祖陵，地位崇高，陵园形制结构最复杂，因而在西夏诸陵中形制寓意最完备，表现得也最充分。

五　关于西夏陵陵园形制寓意问题

西夏陵陵园的形制布局有别于传统的帝陵形制。比如，西夏陵在地宫之后均有佛塔式的陵塔，三号陵陵园更是诸塔林立，陵城和陵园形成"塔院"和"塔林"，凡此均与西夏

---

〔1〕　参见前引《西夏陵》，东方出版社1995年版，第153页。

王室笃信佛教是密不可分的。西夏陵陵城的形制，以及外城、夹城、四角台的配置，又似与西夏宫城和都城的形制有一定关系。而三号陵陵园的规划设计则基本上是方形与圆形的结合，更体现出中国传统的"天圆地方"规划理念。以上种种现象，自当有其本身的深层次的寓意。对此，目前尚属于深入探讨的阶段[1]，故不赘述。

---

[1]　参见孟凡人《西夏陵陵园形制布局研究》，《故宫学刊》第八辑，2012年。

第十四章　明代帝陵（上）
——明皇陵、明祖陵与明孝陵

第一节　明皇陵

一　位置、营建与保存状况

明皇陵遗址，在安徽省凤阳县城之西南，明中都城遗址南偏西约十里（图 14 - 1 - 1）。明皇陵是朱元璋为其父仁祖淳皇帝朱世珍，母淳皇后陈氏修建的陵寝，并祔葬朱元璋大哥、大嫂、二哥、二嫂、三哥、三嫂和两个侄子。皇陵"虑泄山川灵气"，仍建于原葬地，"未复起葬"，未建地宫，此种情况，前所未见。

元至正二十六年（1366 年）三月，朱元璋命故臣回濠州，对父母坟"姑积土厚封，势若岗阜，树以名木，列以石人、石兽，以备山陵之制而已"[1]。洪武二年（1369 年）二月乙亥（十日）"诏立皇陵碑"；二月丁丑（十二日）"上乃定曰英陵"，五月甲午朔（初一日）"更英陵曰皇陵"[2]；同年"命临濠府加修寝园，厚封广植"，并置皇陵卫守护。此外，洪武二年五月以后似曾"将筑围垣"，但因同年九月诏建中都城而停建。现在有些研究者认为，这个阶段明皇陵已粗具规模[3]。

洪武八年四月诏"罢中都役作"，同年十月乙未"筑凤阳皇陵城"[4]，"洪武十一年夏四月，命江阴侯吴度督工新造皇堂"[5]，并"督建殿宇、城垣、植冢木、立华表，树石人、石兽，勒石建亭"[6]，同月朱元璋"亲制文"，"重建皇陵碑"[7]。洪武十二年闰五月，丁巳，"皇陵祭殿成，命称曰'皇堂'"[8]，至此皇陵工程告竣。此后，嘉靖十年

---

[1]　郎瑛：《七修类稿》卷七，上海古籍出版社 2001 年版。
[2]　《明太祖实录》卷三九、卷四二；王剑英：《明中都》，中华书局 1992 年版，第 107—108 页。
[3]　参见前引王剑英《明中都》，第 52 页；孙祥宪《朱元璋与明皇陵》，载陈怀仁、夏玉润主编《洪武六百年祭》，南方出版社 2001 年版。
[4]　《明太祖实录》卷一〇一；（明）谈迁：《国榷》卷六，中华书局 1988 年版。
[5]　"大明皇陵之碑"碑文。
[6]　（明）袁文新：《凤阳新书》（北京图书馆藏重印本）卷四。
[7]　《明太祖实录》卷一一八；前引王剑英《明中都》，中华书局 1992 年版，第 105 页。
[8]　《明太祖实录》卷一二五。

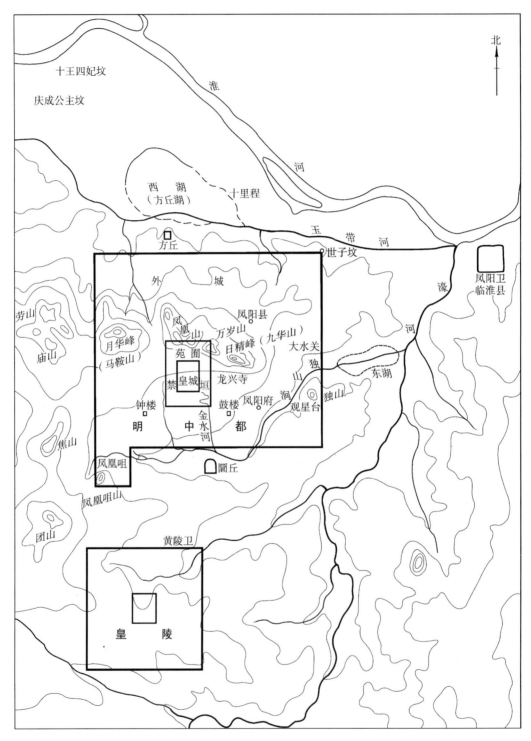

图 14－1－1　明皇陵位置示意图

（引自《明中都研究》，中国青年出版社 2005 年版）

（1531年）二月丙寅，明世宗朱厚熜，又"追号皇陵山名"为翔圣山，并立碑建亭[1]。

皇陵自洪武十二年竣工后，又曾多次修缮。明成祖永乐时四次亲祀皇陵，并修缮之。正统、景泰、天顺年间续有修缮。到成化末，皇陵已逾百年，"陵垣陵宇，年久圮坏"，于是进行重修。至嘉靖十四年和二十三年再次重修。

有明一代对皇陵甚为重视，将其视为龙脉、皇脉、宗社万年基本和祖宗肇基之地。朱元璋曾多次遣太子、皇子、王子祭礼皇陵，将其作为抚今追昔，教育子孙的圣地。此后朱棣、朱高炽（仁宗）即帝位后，亦仿效之。皇陵每年按时祭祀，规定"凡官员以公事经过者，俱谒陵"。皇陵除前已述及设皇陵卫守护，祠祭署供祭祀外，还设陵户、守备太监等，建立一整套管理机构和制度。

明崇祯八年（1635年）正月，农民起义军攻占凤阳，焚皇陵享殿，至清初更遭到严重破坏。抗日战争时期，皇陵树木被日军砍伐殆尽。1949年后建皇陵农场。1982年皇陵石刻被国务院公布为第二批全国重点文物保护单位。

二　皇陵的形制布局

皇陵除石像生外，地面建筑无存。现据《凤阳新书》的记载和《中都志》皇陵总图，将其形制布局略述如下。

皇陵坐南面北，三城相套，主体建筑建于中轴线上。皇陵最外称土城，周长28里，四面居中各开一座三开间单檐顶的大门。北门为皇陵正门，称正红门，建门处北城墙折成"Z"字形，门斜向东北的中都城，门侧两边城墙展直，东西各辟一座角门。正红门前有长三里的神路，旁植松柏，直达中都。门前两侧对称配置皇陵祭祀署官厅两座，再前置一对下马牌。东、西、南三门外置一对下马牌和值房。土城周围置十三座铺舍，土城东角门外置外值房和各衙陪祭官驻马处。土城东北角内有大水关，其北置皇堂桥，小水关四面共19座[2]。

土城之内偏南筑砖城，城墙内外砖筑，高二丈，周长六里一百一十八步。城四向开门，城台三道券，台上为五开间重檐歇山顶城楼。东、西、南门称东明楼、西明楼和南明楼。北明楼为正门称红门，红门城台两侧各开一座角门。红门之前（外）向北围成矩形平面的瓮城，其北面居中置棂星门，门为三座并列的单檐琉璃门，门两旁随墙开角门。棂星门与正红门间有跨渠红桥5座，棂星门外左右值房各11间，砖城四门左右值房各5间。瓮城前面有具服殿、膳厨和官厅；其东有神厨、斋宫和混堂。砖城红门内中轴线为神道，两侧置石像生，从北向南依次对置獬豸（有的称麒麟）2对、石狮8对、望柱2对、石马与左右控马官各2对、石虎4对、石羊4对、文臣2对、武官2对、宫人2对，共28对（以一马二控马官为一组计算）。其中狮、虎蹲姿，羊卧姿，余者均为立像。石像生群南端横隔金水河，河上五座神道桥，居中的三座称御桥，两侧者称左、右旁桥，过桥向南即达皇城[3]。

---

[1]　以皇陵南约10公里小山善山为陵山，嘉靖十年被封为翔圣山。该山与祖陵基运山，长陵天寿山山神同祀方泽坛，位列五岳之前。
[2]　（明）袁文新：《凤阳新书》卷四。
[3]　（明）袁文新：《凤阳新书》卷四；（明）柳英：《中都志》（万历四十一年本）所记与之略有差异。

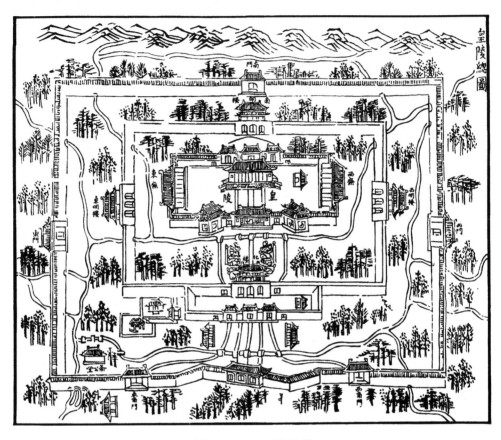

图 14 - 1 - 2　明皇陵图

（摹自《中都志》）

　　皇城又称内城，城墙砖筑，抹饰红泥、高二丈，周长七十五丈五尺。皇城南北居中开门，北门称金门，单檐五开间（两侧随墙开角门）。金门为皇城正门，前对神道石像生，门前对峙东西碑亭。碑亭方形，三间重檐歇山顶，四向开门，亭内各置一龙首龟趺碑。东面碑身空白，称无字碑，西面碑额篆书"大明皇陵之碑"，碑身镌刻朱元璋"亲制"碑文。称御制皇陵碑[1]。进金门入皇城内，南面居中建皇堂（祭殿、享殿、大殿），皇堂九开间单檐庑殿顶，三层台基上安设石雕望柱栏板，为皇陵内最恢宏的主体建筑。皇堂左右建东西庑，各十一开间，单檐；皇堂西设燎炉。皇堂后皇城南墙居中开后红门，门三座

<hr />

[1]　孙祥宪：《朱元璋与明皇陵》（载《洪武六百年祭》，南方出版社 2001 年版）说：皇陵碑与无字碑形制相同，均由碑首、云盘、碑身、驼峰、鳌坐组成，通高 6.87 米，皇陵碑全文 1105 字。王剑英：《明中都研究》，中国青年出版社 2005 年版，第 423、424 页说：皇陵碑碑额宽 217 厘米，厚 70 厘米，中下部篆刻"大明皇陵之碑"，宽 71 厘米，高 61 厘米。顶部雕蟠龙和云纹。皇陵碑碑文刻石宽 189 厘米，高 420 厘米，厚 63 厘米。碑文 26 行，行 56 字，字径 6 厘米，楷书，共 1101 字。碑座宽 195 厘米，高 135 厘米，厚 70 厘米，与龟趺相连。石龟高约 2 米，宽 2 米，长近 4 米。皇陵碑总高 7.37 米。

单檐琉门并置，两旁随墙开角门。后红门外与砖城南明楼之间耸立高大的覆斗形陵台[1]。

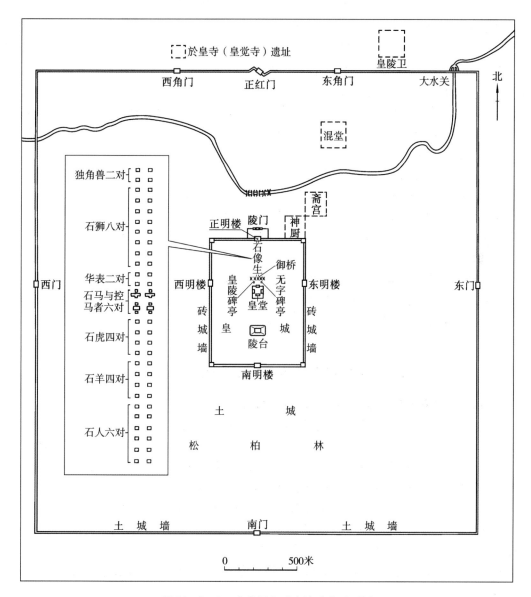

图 14 - 1 - 3 安徽凤阳明皇陵遗址平面图
（引自《明中都研究》，中国青年出版社 2005 年版，略变化）

[1] 陵台尺度有关记载不一，前引孙祥宪《朱元璋与明皇陵》说：陵台"为一椭圆覆斗式土丘，东西宽 50 米，南北长 35 米，高约 10 米"。中国建筑艺术全集编辑委员会编：《中国建筑艺术全集·明代陵墓建筑》，中国建筑工业出版社 2001 年版，第 14 页，陵为台"宽 50 米、深 30 米、高 5 米的权覆斗形封土"。潘谷西主编：《中国古代建筑史》第四卷，元、明建筑，中国建筑工业出版社 2001 年版，第 189 页说：陵台"方形覆斗式，长约 140 米，宽约 90 米，高约 10 米"。

三 考古调查草测皇陵三城的周长

1973 年，王剑英先生对皇陵进行了调查[1]。当时皇陵土城墙尚有部分残迹可辨，据此草测，土城呈方形，周长 14.4 公里。明一里按 576 米计算，约合 25 明里，较文献所记"周二十八里"少三里。皇陵砖城，据部分城墙残存土埂草测，砖城平面呈长方形，东西长 750 米，南北 1100 米，周长 3.7 公里。文献记载砖城"周六里一十八步"，明一里为 180 丈，即周长为 6.65 明里。3.7 公里约合 6.42 明里，两者基本相合。皇堂遗址残存部分遗迹，皇堂中心位置在砖城正门内 395 米，离石碑中心点南 240 米，距砖城北门 635 米，距后门南门 465 米。

此外，凤阳县文化局、文物管理所在考古调查基础上，亦对皇陵进行了草测。即皇城正方形，周长 420 米；砖城平面长方形，周长 3600 米；土城方形，周长 15540 米[2]。文献记载皇城"周七十五丈五尺"，420 米约合 132.075 明丈（明一营造尺 = 0.318 米），较75.5 丈多 56.5 丈。砖城 3600 米较前述 3700 米少 100 米。土城周长 15540 米，约合 26.97明里，较"周二十八里"少一明里。

上述情况表明，图 14－1－2 明皇陵图将三城绘成横向矩形是不符合实际情况的。文献所记三城周长，土城和皇城与考古调查结果相差较大，只有砖城周长与考古草测结果大体相同。有鉴于此，皇陵三城准确周长，尚待于考古钻探和发掘才能最终解决。

四 皇陵形制布局承袭唐宋帝陵，推陈出新

（一）皇陵形制布局有较明显的唐宋帝陵烙印

1127 年北宋灭亡后，南宋未正式建帝陵，只建攒宫；元代帝陵情况不明。因此，明初重建帝陵时面对前代帝陵营建上的如此大的断层，必然要参照宋代帝陵的形制布局[3]。但是，宋陵的形制布局又是在唐代帝陵基础上发展演变而来的，所以明代最早营建的皇陵，在形制布局上自然会有唐宋帝陵的烙印。其主要表现大致如下。

第一，皇陵三城环套。唐代帝陵陵台外围上宫宫城，有的陵上宫之外出现外城[4]，最外"立封"[5]。北宋帝陵上宫之外围棘寨，兆域立"封堠界"，其间植篱寨[6]。南宋攒宫龟头殿外围土筑红灰墙，南开殿门和棂星门；红灰墙外砖筑里篱，再外为外篱[7]。上述情况表明，明皇陵的三城环套形制，应是在唐宋帝陵陵台外三重结构基础上发展演变而来的。

〔1〕 参见王剑英《明中都研究·明中都遗址考察报告》，中国青年出版社 2005 年版，第 408—428 页。

〔2〕 安徽省凤阳县文化局，邸金强、孙祥宽：《试述明皇陵的营建规模及管理》，载十三陵特区办事处《世界文化遗产——明清皇家陵寝保护与发展研讨会论文集》，北京燕山出版社 2007 年版。

〔3〕 前引《中国建筑艺术全集·明代陵墓建筑》，第 14 页。

〔4〕 参见陈安利《唐十八陵》，中国青年出版社 2001 年版，第 52 页。

〔5〕 《唐会要》卷二十一。

〔6〕 《宋会要辑稿》第三十一册《礼三七》之四四、三九、一九、二九。参见本书第九章"北宋帝陵"。

〔7〕 （清）徐乾学：《读礼通考》卷九十二收（宋）周必大《思陵录》。参见本书第十章"南宋攒宫"。

第二，土城、砖城四向开门。皇陵土城内仿南宋攒宫建砖城，土城、砖城四向开门，显然是承袭唐宋帝陵上、下宫四向开四神门之制。

第三，陵台的位置和形状。皇陵陵台在皇堂（享殿）之后，陵台呈覆斗状。唐宋帝陵献殿在陵台之前，秦汉唐（唐代指平地起建的帝陵）和北宋帝陵陵台呈覆斗状，明皇陵陵台与皇堂的位置关系和陵台的形状因袭之。

第四，皇堂（享殿）和神厨的形制借鉴宋陵的献殿和下宫。皇堂的位置和作用相当于唐宋帝陵的献殿，由于皇陵取消了唐宋帝陵的下宫[1]，故将其主要功能亦集于皇堂。在皇堂内偏后设三间暖阁，称皇帝神寝，布置神床、帷幔、寝具、衣冠和册宝等，安奉朱元璋父母神主牌位；神寝前设御座和御案供神主，享纳日常馐膳和各种吉日的祭拜。皇堂左右有东西庑，皇堂前之西置燎炉。以上大体相当于宋陵下宫主体建筑之功能，即皇陵皇堂将宋陵献殿和下宫主要功能合二为一，并保留了南宋攒宫之下宫的东西庑和火窑子（燎炉）。北宋帝陵和南宋攒宫之下宫附属建筑的功能，则移到土城、砖城间棂星门两侧。前已说明棂星门东侧有神厨库（有神厨、神库等、大体相当于两宋帝陵下宫的神厨）、斋宫（相当北宋帝陵斋宫，又称斋殿、斋院），混堂（供辅助管理用，或大体相当于南宋下宫之奉使房）等。棂星门之西有具服殿（南宋称换衣厅），官厅（大体相当于北宋下宫之陵使廨舍）等；棂星门则与两宋下宫棂星门同名。

第五，神道和石像生。据前所述，明皇陵土城、砖城、皇城大体相当于北宋帝陵之兆域、棘寨和上宫宫城，宋陵神道在棘寨内乳台与上宫南神门之间，神道两侧置石像生。明皇陵神道在砖城、皇城两南门之间，两侧置石像生，态势略同于北宋帝陵。其差异，一是明皇陵神道较北宋帝陵神道缩短，略窄；石像生较北宋帝陵石像生数量增多。种类有变（如较北宋帝陵神道石像生减少了象、瑞禽、角端、客使、武士，新增麒麟并将宋陵上宫南门外石狮、门内宫人改置于神道，皇陵武官改为宋陵武士形象，以麒麟代替角端），华表位于石狮与石马之间，石像生配置较北宋帝陵密集[2]。

第六，皇陵碑和无字碑。皇陵皇城金门前东置无字碑，西置"大明皇陵之碑"。此制似应源自唐乾陵之朱雀门前两侧的无字碑和"述圣纪碑"，明代其他诸陵无无字碑。

第七，仁祖陵加陵号。《明太祖实录》卷三十九记载："初礼部尚书崔亮，以为历代诸陵皆有名号，令仁祖陵宜加以尊号"。于是洪武二年二月丁丑"上仁祖淳皇帝陵名曰英陵"，同年五月甲午朔"更英陵曰皇陵"（《明太祖实录》卷四十二）。由此可见，仁祖陵加陵号亦遵前代传统。

第八，皇陵中轴线上主要配置大体仍如北宋帝陵。皇陵中轴线上的主要配置与北宋帝陵上宫组群相比较，土城正红门约相当于宋陵鹊台位置，砖城红门约相当于宋陵乳台位置。皇陵正红门与红门间较长，也可与宋陵鹊台乳台间距比附。皇陵金门约相当于北宋帝陵上宫南神门；红门金门间为神道，两侧置石像生，约相当于北宋帝陵乳台与上宫南神门

---

[1]　参见本卷第九章"北宋帝陵"关于北宋帝陵重视上宫献殿的殿祭，降低了下宫在礼仪制度中的地位的论述。这个情况很可能是导致明皇陵取消下宫的主要原因之一，此后明陵因袭之。

[2]　明皇陵石像生保存基本完好，是研究明代初期石雕艺术的宝库。石像生图版参见前引《明中都研究》，第416—423页；《中国建筑艺术全集·明代陵墓建筑》图版——五。

间神道和石像生群。皇陵皇城约相当于北宋帝陵上宫，皇堂约相当于北宋帝陵献殿，陵台在皇堂之后同于北宋帝陵陵台在献殿之后，唯皇陵将陵台与皇堂分开置于皇城南墙之外有别于宋陵。上述情况表明，皇陵中轴线的主要配置，乃是比附北宋帝陵上宫组群配置情况，并加以变通发展而来。

（二）推陈出新，继往开来

前述皇陵形制布局有较明显的唐宋帝陵烙印，说明皇陵的形制布局仍植根于唐宋帝陵传统。下面则指出皇陵形制布局拟于中都，才是其推陈出新之本，从而使皇陵在明代诸陵中起到了继往开来的作用。皇陵形制布局的新特点，除前所述，大致还主要表现在以下几个方面。

第一，皇陵建于原葬地，未"复启葬"建玄宫。前已说明因"恐泄山川灵气"，仁祖陵仍建于原葬地，"不复启葬"，未建地宫，此种情况为前代所无。由于不建地宫，故皇陵重在地面建筑。

第二，皇陵与中都城统一规划。凤阳是朱元璋的故乡，所以在此建中都城。中都城选址落位于仁祖原葬地北十里，是因为这里是距朱元璋老家和父母葬地最近的形胜之地。两者近在咫尺，从一开始就密不可分。这样既可使朱元璋父母的在天之灵依附于中都，以应淳皇帝和淳皇后之称；又可使中都城更好地护佑仁祖陵。如此定位，乃是朱元璋封建思想和尽孝道最集中的体现，具有重要的含义。

如前所述，皇陵大规模的营建是在洪武八年罢中都之役以后。这时朱元璋以建中都的工匠为主体，重新规划营建皇陵。其有关问题，在此仅指出三点。（1）将皇陵的方向改为坐南向北，皇陵正门在北与中都城南门斜向相对[1]。使皇陵和中都城在总体规划上融为一体，从而改变了以往陵墓坐北向南的传统。（2）皇陵形制布局拟于中都。唐宋帝陵只在局部和意念上模仿都城，皇陵则基本上全方位地模仿中都城，此种情况在中国古代帝陵中是空前绝后的。这样在形式上就呈现出一个现实世界的大都城（中都）和阴间世界的"小都城"（皇陵）北南对峙的格局。从而使未做过皇帝的仁祖之尸身既仿佛置于似若"都城"的皇陵之中，又可北望中都，以达皇脉相连，阴阳相通之目的，可谓用心良苦之至。（3）前两点是皇陵与中都城统一规划的具体体现，因而开都城与陵墓基本同步营建之先河，并为尔后孝陵和长陵所仿效。特别是明孝陵亦建都城（南京）之旁，这个情况恐怕与中都和皇陵的位置不无关系。

第三，三城、中轴线、五门、明楼、金水河、御桥等拟于中都之制。皇陵三城环套虽然源于唐宋帝陵，但其形制布局和结构已发生根本变化，这种变化主要是皇陵形制布局拟于中都所致。下面将皇陵与中都城略作些比较。（1）皇陵外城称土城，方形。中间砖城竖长方形，里面皇城砖筑、方形（土城和砖城代替了宋陵的篱寨和棘寨）。其形制基本同于中都城（中都外城原为方形，后改呈长方形，土筑。禁垣即相当于皇城，皇城即宫城，后改为紫禁城。禁垣竖长形，皇城方形，均砖筑），两者皇城之称和位置相同。（2）皇陵三

〔1〕 参见王剑英《明中都研究》，中国青年出版社 2005 年版，第 428 页。

城虽然已不见唐宋陵的角阙和门阙，但是，外城、砖城四向居中开门，砖城四门建四明楼，却略如都城之制。特别是皇陵皇城正门（金门），三个门道，两侧随墙开角门，门前左右峙立碑亭。这个形制与中都城皇城午门三个门道两侧辟掖门，左右翼以两观基本相同（皇陵金门前以两侧碑亭代替两观）。（3）皇陵砖城正门前的突出部分略如中都禁垣承天门前的宫廷广场[1]，并以五座御桥代替了左右千步廊。（4）皇城金门前有金水河与御桥五座，桥与砖城红门间为神道，两侧配置文武官员像等石像生。其态势似中都城午门前御桥与承门间的部分中央衙署区（图14－1－3）。[2]（5）明南京城宫城最后形制布局之完成，亦在洪武八年罢中都之役以后。明南京城宫城承天门前有封闭式宫廷广场，前有外五龙桥（外金水桥），午门有内五龙桥（内金水桥）。前述（3）和（4）的御桥态势与之相近，由于明中都仅午门前有御桥，无外五龙桥，所以上述形制应仿明南京宫城。（6）皇城中间为皇堂，其位置和形制乃仿中都奉天殿之制。（7）皇陵从外城正红门向南直至土城南门为全陵中轴线（皇陵中轴线居中，胜于中都城中轴线略偏西），主体建筑均置于中轴线上，并在中轴线上按《周礼》"天子五门"之制置五门（正红门、棂星门、红门、金门、后红门），以上均略如中都城。（8）皇陵主体建筑皇堂和陵台按宫城前朝后寝之制配置。（9）皇陵广为采用琉璃建筑构件（北宋帝陵调查和试掘未见琉璃构件），皇城和皇堂有丹陛，用黄琉璃瓦，青碧彩绘，其制略如宫城。（10）皇陵设大水关和小水关19座，数量略多于中都城。通过上述简单的比较，清楚可见皇陵的形制布局与明中都城很相似。在中国古代帝陵中与都城形制布局如此近似者，尚无二例。

第四，皇陵以恢宏的皇堂为中心。皇城内南面居中，以最高等级建面阔九间庑殿顶皇堂（明北京宫城正殿奉天殿，即皇极殿亦面阔九间），皇堂遗址残存最大的柱础1.6米见方，一般柱础为1.3米见方，据此估计其柱径当超过一米（明北京奉天殿柱径1.06米，明长殿祾恩殿最大的金柱径1.124米，一般柱径1米左右）[3]，可见皇堂之宏伟。皇堂是皇陵的主体建筑，其位置和规格均拟于明代宫城正殿奉天殿，因而成为皇陵构成的核心。上述情况表明，皇陵突出皇堂的核心地位，并将唐宋帝陵上、下宫主要祭祀功能集于一身，实际上是突出了皇陵以殿祭为中心，这是皇陵与唐宋帝陵的主要区别之一（唐宋帝陵以陵台为中心）。此外，皇陵突出皇堂，也是对皇陵未建玄宫，陵主朱五四未做过皇帝的一种弥补，更重要的则是借此突出朱元璋的祭祀和孝道，突出朱元璋的地位和形象[4]，为朱元璋树碑立传。

第五，皇陵创新功能分区。总观皇陵的形制布局，主要有三个功能分区。一是陵寝辅助空间，或称外陵区。该区在土城和砖城之间，主要配置为祭祀活动服务的各类辅助建筑和绿化区。二是谒陵展祭的引导空间，或称内陵区。该区在砖城和皇城之间，区内主要置神道、石像生和碑亭。三是祭祀空间，即祭祀区，以皇堂为核心，包括其后的陵台（在此举行"负土盖陵"的负土礼或上陵礼）。皇堂与陵台在建筑布局上分开，在祭祀上又连为

---

〔1〕　参见前引王剑英《明中都研究》，中国青年出版社2005年版，第121页。
〔2〕　参见前引王剑英《明中都研究》，中国青年出版社2005年版，第121页。
〔3〕　陈怀仁：《试析明皇陵的特点》，载《洪武六百年祭》，南方出版社2001年版。
〔4〕　参见前引《试析明皇陵的特点》，载《洪武六百年祭》，南方出版社2001年版。

一体。

除上所述，皇陵的重要特点还有在皇陵外两侧建王府[1]，并将皇陵作为教育皇室子孙的圣地。

综上所述，明皇陵的砖城结构、明楼、棂星门、碑亭、皇城与皇堂、皇堂与陵台的位置关系，石像生组合、望柱位置、内外金水河与桥、水关的设置与陵区的划分等，均对明孝陵产生了较重要的影响[2]。因而前述诸种情况表明，明皇陵的形制布局在明陵发展演变进程中，具有继往开来的重要地位和作用。

第二节　明祖陵

一　位置、营建和保存状况

祖陵建于朱元璋祖父朱初一、祖母王氏的葬地，其位置在今江苏省盱眙县城之北，古泗州城北十三里淮河之滨孙家岗（朱初一居地）后的杨家墩（洪泽湖西岸），西距今管镇约 10 公里（图 14－2－1）。

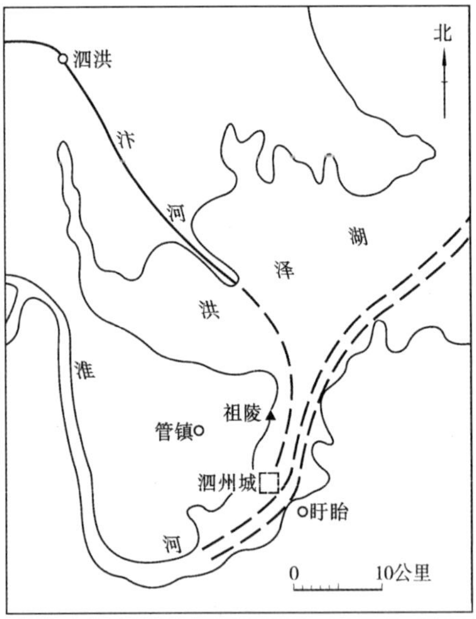

图 14－2－1　江苏盱眙县明祖陵位置图
（引自《考古》1963 年第 8 期）

祖陵营建的时间，一般认为在洪武十九年（或说十八年），是朱元璋继皇陵、孝陵之后营建的第三座明代陵墓。据史籍记载，洪武元年春正月乙亥，朱元璋追尊四代，"皇高祖考尊号曰玄皇帝，庙号德祖，皇高祖妣曰玄皇后；皇曾祖考尊号曰恒皇帝，庙号懿祖，皇曾祖妣曰恒皇后；皇祖考尊号曰裕皇帝，庙号熙祖，皇祖妣王氏曰裕皇后；皇考尊号曰淳皇帝，庙号仁祖，皇妣陈氏曰淳皇后"[3]。洪武十七年十月十二日，朱元璋找到祖父的葬地后，十一月即"诏大修祖陵"。由于德、懿二陵"失其处，故止于熙陵寝殿行望祭焉"。洪武十九年八月甲辰，"命礼部制德祖玄皇帝玄皇后、懿祖恒皇帝恒皇后、熙祖裕皇帝裕皇后衮冕服，命太子至泗州盱眙县修缮祖陵，葬衣冠"[4]。"葬衣冠"的祖陵玄祖陵玄宫三室在朱初

[1]　参见前引王剑英《明中都》，中华书局 1992 年版，第 123—124 页。
[2]　明孝陵的主体建筑孝陵殿组群和宝顶宝城，相当于明皇陵的皇城皇堂和陵台，其位置关系一如明皇陵。其他部分依据地形和当时的具体情况，较明皇陵做了较大的调整。
[3]　《明太祖实录》卷二九。
[4]　《明太祖实录》卷一七九。

一坟墓之西北，并封杨家墩为万岁山。永乐元年（1403年），明成祖朱棣曾下旨将祖陵建筑上的黑瓦更易为黄琉璃瓦，"如皇陵制"[1]。嘉靖十年（1531年）二月戊寅追封祖陵山（杨家墩，万岁山）为基运山，立"基运山碑"和碑亭。嘉靖十三年（1534年）十月己卯，"用故所积黄瓦更正殿庑，及增设陵前石仪与凤阳同制"。有明一代，视祖陵为"肇基帝迹，发祥走运"，"承天命"的"龙脉"和"吉壤"，故很重视。

自明朝中叶起，祖陵和泗州城就一直在洪水威胁之下，常被水淹没。清康熙十八年（1679年），十九年大水，"泗州城陷没"，"明祖陵亦被水淹没"。此后约过近300年，至1963年春旱，洪泽湖水位下降，湖边大片土地露出水面，祖陵也随之重见天日。由于被大水近300年的浸泡，祖陵地面建筑已荡然无存，仅余石像生而已。1977—1982年，江苏省考古文物工作者对石像生进行了全面整修复位，并先后被定为省级和全国重点文物保护单位，现已由文管所对祖陵石像生群和遗址进行妥善保护。

二　祖陵的形制布局

据明曾惟诚：《帝乡纪略》卷一"帝迹志·兴建"记载，祖陵规制参照皇陵，亦置外罗城、砖城和皇城三城环套。"皇城正殿五间，东西两庑六间，金门三间，左右角门二座，后红门一座，燎炉一座。砖城一座，内四门四座各三间，红门、东西角门两座，门外有先年东宫具服殿六间，直房十间，东、西、北三门直房十八间。（棂）星门三座，东西角门二座。内御桥一座，金水河一道，石仪从卫侍俱全。天池一口，井亭一座，神厨三间，神库三间，酒房三间，宰牲亭一所，斋房三间"；"周四里十步"。外罗城周长九里三十步，"外罗城内磨房一所，角铺四座，窝铺四座，砖桥一座"；"城外下马牌一座，东、西面御水堤一道，自下马桥起，至施家岗止，共长六百七十五丈五尺。外金水河堤添闸一座。城内东祠祭署一所，堂、厅、门、廊、斋房悉备，颇为完美。又署官私宅一区"。陵正南下马牌后有碑亭二，一为"基运山碑"，一为"祭告碑"（图14-2-2）。据上所述，祖陵规模远逊于皇陵，如外罗城周长九里三十步，砖城四里十步，均小于皇陵土城周长二十八里，砖城周长六里一百一十八步；其正殿和东西庑间数也较皇陵显著缩减，砖城四门单檐三券洞门，不作皇陵明楼形制；祖陵的布局和配置亦较皇陵有

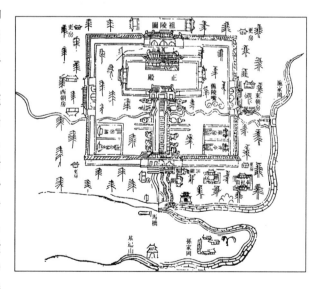

图14-2-2　《帝乡纪略》载明祖陵图

---

[1]《明太宗实录》卷二四。

些变化。

据考古调查资料[1]，祖陵方向190°，残存的遗迹均在南北长约 250 米的中轴线上（图 14-2-3）。石像生和华表对称配置于长约 50 米的神道两侧。神道终端（即宫人

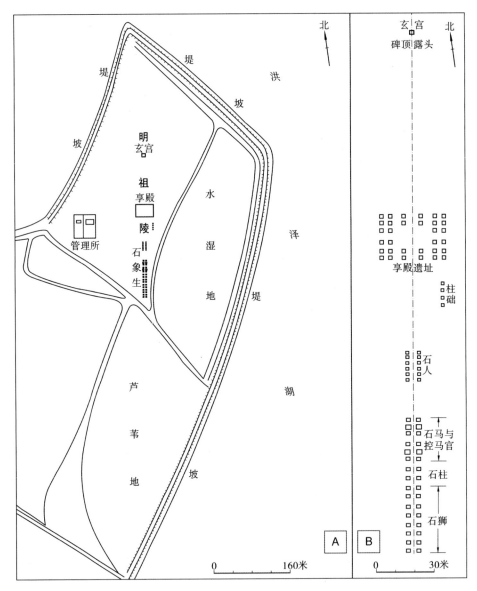

图 14-2-3　江苏盱眙县明祖陵平面图与步测示意图
（引自《考古与文物》1984 年第 2 期，《考古》1963 年第 8 期）

---

[1] 考古调查资料，参见陈琳《明祖陵的营建及其特色》，载十三陵特区办事处编《首届明代帝王陵寝研讨会、首届居庸关长城文化研讨会论文集》，科学出版社 2000 年版；张正祥《明祖陵》，《考古》1963 年第 8 期；刘聿才、刘新《明祖陵述略》，《考古与文物》1984 年第 2 期。

处）北 4 米至棂星门遗址（残存 4 个柱础），再北约 40 米至皇城正殿（享殿，残存 28 个石柱础），又北约 90 米至玄宫券顶。正殿遗址柱础位移，柱础覆盆式，大柱础方 1.24 米，厚 0.5 米；覆盆直径 0.95 米，高 0.17 米。小柱础方 0.81 米，厚 0.5 米；覆盆直径 0.62 米，高 0.14 米。其中一柱础上残留柱痕，直径 0.76 米。根据柱础的排列，似有减柱；可知正殿面阔五间，约 33 米，进深约 18 米。正殿遗址东北和西南两隅各有方形短石柱一根（角柱?），地面上残存黄、蓝色琉璃瓦片，东西两庑遗址上也残存许多琉璃瓦片。正殿遗址北 90 米处有水塘（1967 年农民挖土取砖所致），水塘下 2 米有砖券（三圹，每圹三券）和石门（高 2 米，宽 1.2 米），即玄宫所在。

三　石像生

祖陵石像生（包括望柱）现已复位对称配置于神道两侧，从南向北依次为麒麟 2 对、蹲狮 6 对，望柱 2 对、控马官 1 对、马及牵马者 1 对（连体）控马官 1 对，腹下刻云纹马 1 对，马北 4 米石人 1 对（宫人）。向北 18 米金水桥遗址（?），过桥文臣 2 对，武将 2 对，宫人 2 对（图 14-2-3）。祖陵石像生较皇陵少虎、羊，总数亦少于明皇陵，但其配置形式仍基本同皇陵，大体"与凤阳同制"。

如前所述，祖陵石像生立于嘉靖十三年，时代较晚，因而比皇陵石像生有较突出的特点。例如：（1）神道缩短，石像生布局严谨。祖陵规模小于皇陵，石像生数量减少。在这种情况下，祖陵通过适当处理东西列石像生和各列石像生间的间距，加大个体尺度等手法，强化了石像生空间布局严谨的整体效果。（2）石像生组合推陈出新。前已说明祖陵石像生组合与皇陵同中有异，与孝陵（孝陵较祖陵多出獬豸、骆驼、象，望柱减为 1 对）和长陵（长陵除勋臣外，基本同于孝陵）也有差异，在明陵石像生组合中独树一帜。（3）石像生形体较皇陵石像生高大，气势恢宏。祖陵石像生的体量明显大于皇陵，如马与牵马者（二者相连）重达 24.14 吨，麒麟和石狮的重量也在 12 吨以上[1]，石像生的尺度也大于皇陵同类石像生。如此造就了祖陵石像生群恢宏的气势。（4）石像生造型精美生动。比如祖陵的麒麟和石狮，造型雄壮浑厚，在艺术处理上巧于程式化的概括和夸张，透出神兽和雄狮的凛然气势。（5）石像生雕镂技法娴熟细腻。比如石马题材源于皇

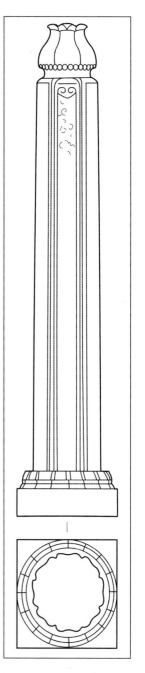

图 14-2-4　江苏盱眙县明祖陵神道东侧石望柱（引自《考古》1963 年第 8 期）

---

[1]　参见刘聿才、刘新《明祖陵述略》，《考古与文物》1984 年第 2 期。

陵，但雕镌技法和艺术效果远胜于皇陵石马。祖陵的石马体态稳重，表情肃穆，雕镌细腻。马头五官、鬃毛，体态和肌肉刻画栩栩如生。特别是马的装具，采用浮雕、浅浮雕和线雕多种手法，写实性地细腻雕出鞦鞯、衔辔和缨饰；披于鞍上的鞯褥，底端呈弧状垂至马腹，周边精雕富于动感的流苏，褥面上精致的祥云龙凤等图案近乎刺绣般的轻盈飘逸；马腹下充满升腾的祥云，承托整个马身，呈整装待发的"天马行空"之势，点化的意境独到，堪称明陵石雕艺术中的佳作之一。(6) 人物像拟于生人。祖陵的文臣、武将等人物像立于须弥座之上，比例修长，刻画细腻，好像活人一样于眉宇间自然流露出各异的悲戚之情，恰到好处地融入神道的庄重肃穆的氛围之中。（7）望柱形制别具一格（图 14 - 2 - 4）。祖陵石望柱基本形制略似北宋帝陵望柱，柱身棱状浅雕纹饰，两根望柱柱头各异，前后配置与皇陵望柱的情况相近。其前面望柱柱头略呈石榴状是新出现的形制，后面望柱柱头略呈桃状乃是北宋帝陵和明皇陵同类望柱柱头形状演化而来。总之，明祖陵石像生的雕镌技术精湛，艺术水平较高，是明代中叶陵寝石雕艺术的杰作之一。

第三节　明孝陵

　　明孝陵陵园的形制布局开一代新制，这是明初开国皇帝朱元璋继承传统，不拘成法，以宏大的气魄革旧立新的创举；是明初政治、礼制和丧葬观念的体现，同时也是明初科学技术，建筑规划设计理念和综合国力的结晶。由于明孝陵新制具有鲜明的时代特点和典范意义，故成为中国古代帝陵晚期阶段的转折点，成为中国古代帝陵陵园从秦始皇陵至北宋帝陵模式转化为明、清帝陵陵园模式的里程碑，因而成为明清 500 余年营建帝陵的主要范本之一，影响深远。因此，明孝陵陵园的形制布局深受学术界的瞩目。

一　明孝陵的位置、选址、营建与保存状况

（一）位置与选址

　　明孝陵是明太祖朱元璋和马皇后的陵墓，位于今南京市中山门（明南京朝阳门）外钟山之阳玩珠峰下独龙阜（北纬 32°4′，东经 118°5′），东邻中山陵。孝陵东侧约 60 米处祔葬太子朱标，俗称"东陵"[1]，孝陵西侧建明太祖诸妃园寝。钟山之阴葬徐达、常遇春、李文忠等明代开国功臣，为陪葬区，孝陵之南有东吴大帝孙权墓（图 14 - 3 - 1）[2]。

　　风水（堪舆）起源甚早，到唐代之后以风水术指导选择陵或墓的位置、确定穴位，上自帝王下至百姓已形成风气，故朱元璋亦热衷于此道。南京玩珠峰下独龙阜一带，自古堪称"风水宝地"。吴大帝孙权陵在独龙阜前小岗上（今梅花山），独龙阜有梁代名刹开善寺（明初称蒋山寺）和高僧宝志的舍利塔，以及刘宋北郊坛等。元至正二十一年（1361

---

〔1〕　中山陵园管理局、南京孝陵博物馆：《明孝陵志新编》，黑龙江人民出版社 2002 年版。
〔2〕　参见《明孝陵志新编》，黑龙江人民出版社 2002 年版，第 6 页。

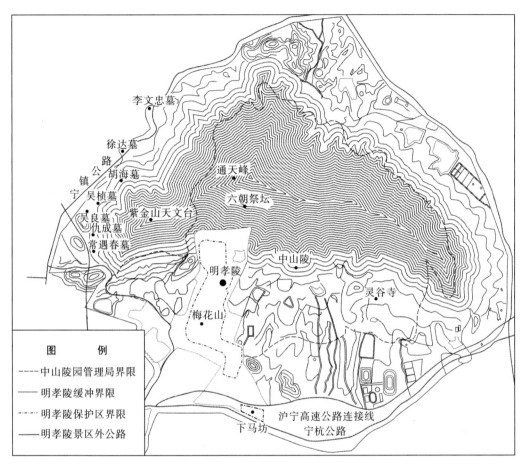

图 14 - 3 - 1 南京明孝陵位置与地理环境示意图

（引自国家文物局《明清皇家陵寝——明孝陵》）

年）二月，宋濂和刘基曾赴钟山独龙阜考察，特别推崇钟山"为望秩之所在"。洪武二年五月，刘基等又侍从朱元璋巡幸钟山，将独龙阜定为陵址[1]。刘基对独龙阜（岗）的"王气"深为称赏。所谓"王气"，简言之，即陵址具有与君主相称的祥瑞之气。钟山龙蟠，有金紫之气（云气"浮浮冉冉，红紫间之"），陵址处于四灵（青龙、白虎、朱雀、玄武）俨卫和青山绿水环绕之中，即是王气的重要表现之一。对此，朱元璋赋诗《钟山云》赞咏道："踞踞千古肇豪英，王气葱葱五色精。岩虎镇山风偃草，潭龙嘘气水明星。天开万载与王处，地辟千秋永联京……"[2]，得意之情溢于言表。此后，孝陵"禁约碑"中则说：孝陵"祖脉发自茅山，鲜原开于钟阜。龙蟠凤翥，属万年弓剑之藏。虎踞牛眠，

---

[1] 中国建筑艺术全集编辑委员会：《中国建筑艺术全集·明代陵墓建筑》，中国建筑工业出版社 2000 年版，第 9、16 页。

[2] 参见《中国建筑艺术全集·明代陵墓建筑》，中国建筑工业出版社 2000 年版，第 16 页。

衍千载园陵之祚"。李东阳在《重谒孝陵有述》中又说陵址是"龙虎诸山会","地涌神宫出","王气绕江东","云树郁葱葱"[1]。他们都点出了龙、虎、凤（按凤指朱雀，玩珠峰为玄武，在此未言）和优越的自然山水形态与陵址"王气"的关系。凡此，具体到风水理论，即是当时流行的"形势宗"（即江西之法）专注的龙、穴、砂、水等与陵址相配的种种情况，其主要表现如下（图14-3-2）[2]：（1）紫气钟山呈龙蟠之势，其东、中、西三峰，中峰最高。明孝陵以钟山为背屏（风水术语称主龙、主山、大帐），属龙脉之干龙，其前又有近案梅花山，上述态势符合"华盖三台，尊极帝位"之说。玄宫定在钟

图14-3-2　南京明孝陵风水形势模式图

（引自《明孝陵志新编》，黑龙江人民出版社2002年版）

---

〔1〕　参见《明孝陵志新编》，黑龙江人民出版社2002年版，第119页。

〔2〕　参见贺云翱、廖锦汉《明孝陵规划设计思想蠡测》，载《明孝陵志新编》，黑龙江人民出版社2002年版。

山之阳独龙阜玩珠峰前山麓间，亦合于吉穴在"形止脉尽"，地"平夷如掌"之处说[1]。
（2）按郭璞《葬书》要求，穴（玄宫）两侧须"龙虎抱卫"。孝陵宝城左右不仅有远近群山拱卫，内侧还有龙虎护砂。独龙阜之东的小山称龙山，为左砂（砂指主山周围小山），呈青龙象；独龙阜之西小山称虎山，为右砂，呈白虎象。由于"龙砂"高于"虎砂"（龙砂海拔96米，虎砂海拔89米），故陵穴略偏左（左穴）[2]。（3）孝陵所倚玩珠峰（海拔98.8米）为玄武象。郭璞《葬书》有"玄武垂头"之说，元郑谧注："垂头，言自主峰渐渐而下如欲受人之葬也。"玩珠峰在钟山主峰之下，山势垂伏，符合"玄武垂头"而"受葬"说。（4）独龙阜南偏西有前湖，呈朱雀象，正合"玄武低头，朱雀翔舞"之势。以此结合上述情况完全符合陵址（阴宅）在左（东）青龙、右（西）白虎、前（南）朱雀、后（北）玄武四象俨卫之中的风水要求[3]。（5）独龙阜正前方梅花山（海拔55.1米）为"近案"（即案山，特指陵前对景的山峦，形家又称前案；案，亦称客山、朱雀）。梅花山低于龙砂和虎砂，正合风水"平低似揖，拜参之职"说。（6）梅花山以远相对有天印山（江宁县境内，又称东山），呈俯伏拜揖之状，称"远朝"[4]。"近案"和"远朝"与陵后主山呈相迎之势。三山南北相望则形成陵寝建筑的风水主轴线。（7）孝陵除前述的朱雀水外（前湖），陵之东、西两面还有"冠带水"，自东北向西南流淌（陵两侧之水，风水术称虾须水）。形成"小水夹左右，大水横其前"的"界穴"之势，可防生气流逝[5]。（8）陵穴前平坦地块，风水术称"明堂"，凡"龙虎环抱，近案当前"属内明堂。孝陵不仅完全符合此说，而且还南向无际的秦淮平原，形势更佳。

综上所述，孝陵以风水术作为选陵址的指导方针，"取象于地"，"外观山形，内察地脉"，故所选陵址"王气葱葱"，"景物天成"，"来龙有势，发脉悠远"，"屏帐圆列，相宜有致"，"山环水绕，活力充沛"，使孝陵在自然景观和人文景观浑然一体之中，营造出风水术所要求的拱卫、环抱、朝揖之势，恰"容规制取具"[6]。

（二）营建概况

孝陵具体营建情况，文献记载不详。大体言之，洪武二年卜选陵址后，因大规模营建中都，孝陵营建工程未正式起动。洪武八年罢中都役作后，洪武九年动迁蒋山寺，可看作是孝陵筹建之始[7]。此后何时正式营建孝陵，史无明载。洪武十五年（1382年）八月丙

---

[1] （晋）郭璞：《葬书》，上海古籍出版社1994年版。

[2] 黄妙应《博山篇·论砂》："左护的多必为左穴，右护的多必为右穴。"按，孝陵玄宫左穴（偏左），已为GPM资料证实（详见后文）。又孝陵宝城左右远处群山拱卫，内侧又有龙砂和虎砂，则反映出紫微垣星局中上相、上将等左辅右弼的星辰位置和星峰形态。

[3] 参见贺云翱《明孝陵规划设计思想蠡测》，载《堪舆集成》，重庆出版社1994年版。

[4] "近案"和"远朝"，又相当于"紫微垣星局"中的太乙、天乙等星。

[5] 参见胡汉生《明十三陵》，中国青年出版社1998年版，第27—36页。

[6] 明孝陵与北宋帝陵同样重视以风水指导选择陵址，但明孝陵选址完全摈弃了北宋帝陵的"五音姓利"说，因而彻底避免了北宋帝陵选址的弊端，使孝陵址选出"万年吉壤"，突显孝陵气派。梅花山作为孝陵的案山，在风水术中是不可或缺的，所以保留梅花山绝不仅是留孙权"守门"的问题。此外，孝陵址乃是按风水术选陵址的成功范例，故此后明十三陵诸陵均按此模式变通选陵址。

[7] 《明太祖实录》卷一三九。

戌（初十日）马皇后薨，九月"庚午发引，是晚仍遣醴馔告谢于钟山之神，以复土故也，命所葬山陵曰孝陵"[1]。此后，洪武十五年十二月己卯（初五日），李新"以营孝陵封崇山侯"[2]，据此似可认为以玄宫为主的工程应竣工于洪武十五年八月之前，其正式营建应在洪武十四年。[3]

马皇后入葬孝陵后，续建工程仍在进行。洪武十六年五月孝陵殿落成（似不包括其配套工程)[4]，洪武二十五年四月丙子皇太子朱标病故，葬孝陵之东。《大明会典》规定："凡陵寝禁例。洪武二十六年（1393 年）令车马过陵者及守陵官民入陵者，百步外下马，违者以大不敬论"[5]，并在陵区东南神道起点附近立"诸司官员下马"牌坊（下马坊）。在孝陵未全部建成之时，洪武三十一年（1398 年）闰五月乙酉（十日）朱元璋驾崩，遗诏说"孝陵山川因其故，毋改作"，当月辛卯（二十五日）葬于孝陵，谥曰高皇帝，庙号太祖[6]。"靖难"后，永乐元年，谥"圣神文武钦明启运俊德成功统天大孝高皇帝"[7]，永乐十一年（1413 年）立"大明孝陵神功圣德碑"，建碑亭[8]。至此，孝陵工程基本告竣，前后营建孝陵共 30 余年。

孝陵自永乐至崇祯，代有修葺。此外，世宗嘉靖十年（1531 年）二月戊寅，追号孝陵山为神烈山，在下马坊东立"神烈山碑"，建碑亭[9]。嘉靖十七年，复增谥太祖为"开天行道肇纪立极大圣至神仁文义武俊德成功高皇帝"[10]。思宗崇祯十四年（1641 年）又在"神烈山碑"东立"禁约碑"，铭刻保护孝陵的诸项规定[11]。

（三）保存状况

明代时孝陵主要是各种自然灾害导致损坏，各朝随之进行修葺。明亡清初，孝陵遭战火破坏。清朝政权稳定后，设守陵监、陵户负责日常管理，命灵谷寺僧人主持修葺工作。是时，康熙六巡江南，五次亲谒孝陵，立碑禁樵，命曹寅（江宁织造）等监修孝陵，亲书"治隆唐宋"铭刻；乾隆六次南巡均亲谒孝陵，因而孝陵得到一定程度的保护。太平天国时期，清政府"江南大营"驻孝陵卫，在与太平军交战过程中，孝陵殿宇木构建筑大多毁于战火。据战后"金陵善后总局"的《禀复估勘孝陵绘具图折呈》说："旧时基址，仅存

〔1〕 《明太祖实录》卷一四七、一四八。
〔2〕 《明史》卷一三二《李新传》。
〔3〕 南京博物院编：《明孝陵》，文物出版社 1981 年版，王前华：《明孝陵历史与文化价值初探》，载《明代文化研究·南京专辑》，中国文史出版社 2003 年版。文中说："孝陵的主体工程约从洪武十四年九月开始，到洪武十五年八月马皇后卒，九月葬入孝陵"，"其间不过一年时间"。
〔4〕 《明史》卷六〇《礼十四·凶礼三》。
〔5〕 《大明会典》卷九十。
〔6〕 《明史》卷三《太祖三》。
〔7〕 《明史》卷三《太祖三》。
〔8〕 "大明孝陵神功圣德碑"记："永乐十一年九月十八日孝子嗣皇帝棣谨述。"
〔9〕 神烈山碑嘉靖十年立，碑额篆刻"圣旨"二字，碑身中刻"神烈山"三个大字，碑东侧刻"嘉靖十年岁次辛卯秋九月吉旦"，西侧刻"南京工部尚书臣何诏侍郎臣张羽立"。后碑毁，崇祯十四年重立。
〔10〕 《明史》卷三《太祖三》。
〔11〕 "禁约碑"落款为"崇祯十四年五月"。碑文参见《明孝陵志新编》，黑龙江人民出版社 2002 年版，第 255—257 页。

台门寝门一座，其陵之御碑亭、享殿、前后厦门、屋宇墙垣概行倾毁。"此后同治三年估勘修理，八年和十二年又陆续修或重建御碑亭、享殿、神道大石牌坊、围墙等[1]，然"已非昔日之观"。清末，宣统元年（1909 年）两江洋务总局道台和江宁府知府会衔立"特别告示"碑，铭刻日、德、意、英、法、俄六国文字，告示保护孝陵。进入民国以后，初期保护不善。民国十八年（1929 年）明孝陵划入中山陵区后，情况才有所好转，但也只能大致维持清代原状而已。

中华人民共和国成立以后，对明孝陵进行多次全面的文物普查、维修整治，进行了必要的清理或发掘，建立了科学记录档案，制定了《明孝陵保护规划》。1961 年明孝陵被列入第一批全国重点文物保护单位，以后又陆续成立了中山陵园管理局文物处和明孝陵博物馆，具体负责管理与日常维护工作，明孝陵得到了妥善的保护。2003 年 7 月联合国教科文组织 27 届世界遗产大会审议决定，将明孝陵列入"世界文化遗产名录"、明清皇家陵寝——明孝陵扩展项目。

二 明孝陵的形制布局[2]

明孝陵从下马坊至宝顶全长 2.62 千米，原围绕陵区的外郭城红墙周长 22.54 千米（相当于明南京内城墙长度的 2/3，红墙已不存）[3]。陵区内有完整配套的各种建置和排水系统，"植松树十万株，养鹿千头"（鹿颈悬"长生鹿"银牌，牌上书"盗宰者抵死"）。孝陵的形制布局，拟从南向北分地段略作介绍。

（一）下马坊至大金门

下马坊是孝陵入口处标志性建筑，位于今孝陵卫镇附近卫岗东麓下（东距孝陵卫镇 1 公里）宁杭公路旁（图 14 – 3 – 1、图 14 – 3 – 3）。牌坊石雕，高 9 米，宽 6 米，呈一间两柱冲天式。柱横截面抹角方形，两柱前后及外侧抱以碑石（抱鼓石），柱端饰云版、云罐，内侧雕梓框，镶入大额坊，其上横刻楷书"诸司官员下马"六字（图 14 – 3 – 5）[4]。下马坊东 36 米处有"神烈山"碑和碑亭，[5]该碑东去 17 米立"禁约碑"[6]，再东为孝陵卫卫所（约在今孝陵卫镇附近）。

从下马坊向西再折北行约 755 米，至陵园外郭城正门大金门。大金门宽 26.66 米，进深 8.09 米，券门三洞，中门较高（高 5.24 米），左右侧门较低。门下部石造须弥座，束

〔1〕 参见《明孝陵志新编》，黑龙江人民出版社 2002 年版，第 84—101 页。
〔2〕 明孝陵的形制布局，主要参考了中华人民共和国国家文物局，"世界遗产公约申报文物遗产"，"明清皇家陵寝——明孝陵扩展项目"《明孝陵》，2001 年 12 月，北京（未正式发行）。其他参考书目另注。
〔3〕 康熙《江宁府志》记载：沿山周围，缭垣四十五里，王门、西红门、后红门、东西黑门、神宫监、孝陵卫环之。查询：《明孝陵的布局及主要文物内涵》，载《明孝陵志新编》，黑龙江人民出版社 2002 年版。
〔4〕 罗宗真：《明孝陵》，《东南文化》1997 年第 1 期。
〔5〕 神烈山碑，高 4 米、宽 1.4 米、厚 0.73 米，坐北朝南。石碑亭方形，底宽 6 米，方向南偏西 15°。亭残毁，仅残存石柱础四个，柱础方形，边长 1.6 米、高 0.8 米。
〔6〕 禁约碑，坐北朝南，卧式，碑高 1.41 米、宽 5.21 米、厚 0.43 米；碑额高 0.40 米、宽 5.31 米、厚 0.52 米；碑须弥座高 0.65 米、宽 5.52 米、厚 0.74 米。碑额雕二龙戏珠，碑面镌刻禁约条款。

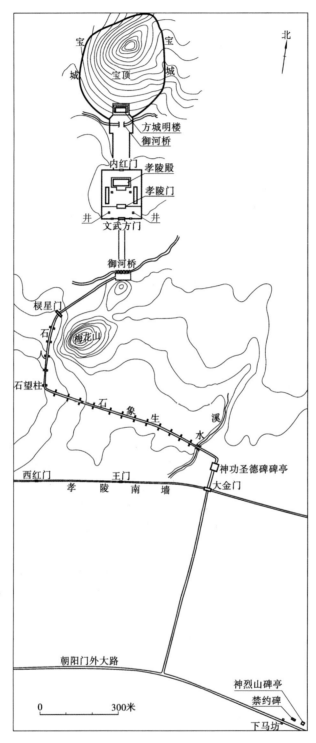

图 14-3-3　南京明孝陵总平面图

（引自《中国古代建筑史》第四卷，中国建筑工业出版社 2001 年版）

图 14－3－4　南京明孝陵陵园建筑复原示意图
（引自国家文物局《明清皇家陵寝——明孝陵》）

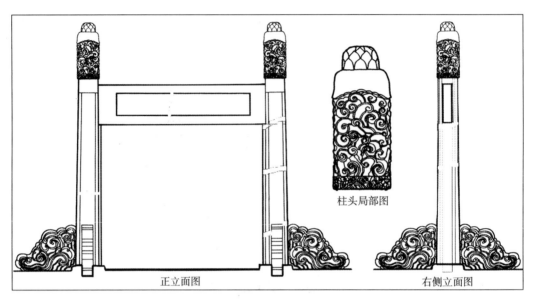

柱头局部图

正立面图　　　　　　　　　　　右侧立面图

图 14-3-5　南京明孝陵下马坊

（引自国家文物局《明清皇家陵寝——明孝陵》）

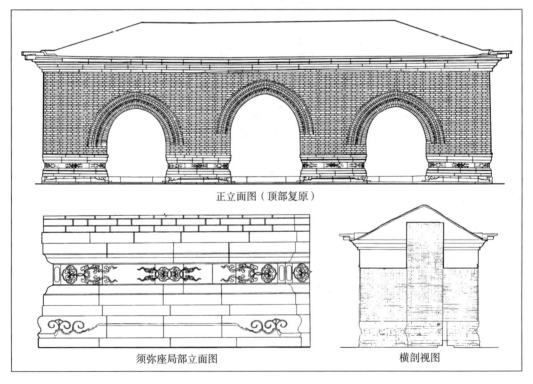

正立面图（顶部复原）

须弥座局部立面图　　　　　　横剖视图

图 14-3-6　南京明孝陵大金门立面、剖视图

（引自国家文物局《明清皇家陵寝——明孝陵》）

腰浮雕椀花，须弥座之上砖砌。从须弥座至挑檐石下皮，高4.91米，上部建筑残毁无存（图14-3-6）[1]。据1964年清理发现情况来看，大金门原似为单檐歇山顶[2]，覆黄琉璃瓦，椽子用绿琉璃，大门朱红双扉。大金门东西两侧残存连接外郭红墙的痕迹。

　　大金门正北行约70米，有"大明孝陵神功圣德碑"。碑高6.7米，龟跌座高2.08米，碑额雕九条龙，雕镌精湛，碑文为朱棣亲撰，记述朱元璋生平事迹，楷书阴刻，共2746个字，书法优美[3]，该碑为南京明碑之最大者。碑亭（或称碑楼）平面呈方形，面阔和进深均26.86米，方向南偏西20°。碑亭顶部毁（清咸丰年间烧毁），仅余四壁，故俗称"四方城"。四壁下部石造须弥座，束腰雕碗花，上部砖砌，四面各开一券门（图14-3-7）。从须弥座至残壁顶高8.84米，推测原顶为重檐歇山式，覆黄琉璃瓦。此外，碑亭南面正门外残存石阶一块，长2米，宽1.95米，其上浮雕精细的云龙狮球纹。石阶前有石栏杆一段，龙凤柱头，高1.90米，宽6.97米。

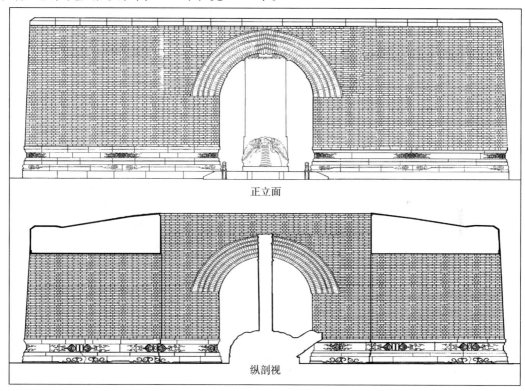

正立面

纵剖视

图14-3-7　南京明孝陵碑楼立面、剖视图
（引自国家文物局《明清皇家陵寝——明孝陵》）

[1]　前引罗宗真《明孝陵》说："残留的大金门长30米、宽8米、高9米，门共三洞，每洞宽8米，方向为南偏西20°，门的砌法和结构以及门底础石的雕琢装饰，与明故宫的午门相似。"
[2]　参见查瑃《明孝陵的布局及主要文物内涵》，推测大金门应是重檐歇山顶。按现有单檐、重檐歇山顶两说，复原图亦有两种。
[3]　王前华整理：《孝陵石碑碑文及刻石文字》，载《明孝陵志新编》，黑龙江人民出版社2002年版。

（二）神道和石像生

从碑亭向北折西行约 80 米至外御河桥[1]，桥下之水通霹雳沟，斜注东洞，称御河。过桥约 30 米至神道起点，神道中折分为前后两段。前段自御河桥起呈东南—西北走向，长 618 米，地势略有起伏。神道两侧依次置狮 4、獬豸 4、骆驼 4、象 4、麒麟 4、马 4，共 24 件，均蹲坐与站立相间配置（每种 4 件，两蹲两立，图 14 – 3 – 8、图 14 – 3 – 9）。两列石兽的间距 4.88—6.9 米，各列石兽的间距 29.8—52.5 米，以间距 50 米左右者居多。从石兽尽处又前行约 50 米，神道折向正北为后段神道，长约 250 米。在神道折拐点上置石望柱 1 对，其后依次立武将 4、文臣 4 身。望柱高 6.28 米，两柱间距 5.2 米。两对武将，一对有须，一对无须，各高 3.23—3.36 米（图 14 – 3 – 10）；两对文臣亦一对有须一对无须，各高 3.18—3.23 米（图 14 – 3 – 11）；两列东西间距 4.3 米[2]。

在文臣之后 18 米至棂星门，门南向，偏西 20°，门毁，残存 6 个石柱础，8 块砷石。石础侧面雕花草纹，砷石两侧浮雕云纹。推测其结构为三间两垣，面阔 15.73 米[3]。过棂星门，东北—西南向行 275 米至内御河桥。桥石构单曲拱桥，原有石桥 5 座（称五龙桥），现存三桥。桥身起券，两侧有螭首和护栏望柱（桥面栏杆后配）[4]。桥下之水亦称御河，西注于前湖。其北 200 米至陵宫门。

（三）陵宫区

1. 文武方门（图 14 – 3 – 12）

陵宫呈长方形院落，南北两进。从御河桥（五龙桥）北行 200 米至陵宫文武方门（或称金门，陵宫入口，故又称陵宫门）。文武方门五门道，中间正门单檐歇山顶覆黄琉璃瓦，高 8.9 米，宽 27.65 米，有三个券顶门洞，券顶高分别为 4 米（中间）和 3.77 米（两侧门道）。距正门东西各 27.3 米开掖门，称左右方门，平顶，高 3.5 米。门之东西砖砌陵宫围墙，高 5.9 米，墙身红色，上覆琉璃瓦。该门现仅残存中间正门一个门洞，上嵌青石门额，宽 1.99 米，高 1.07 米，门额阴刻填金楷书"明孝陵"三个大字，边饰云龙纹，相传为清代同治以后重修[5]。门外东侧红墙下立前述"特别告示"碑（高 149 厘米、宽 63 厘米、厚 15 厘米），左右方门俱毁。

1998 年 7 月 8—26 日，考古工作者对文武方门正门三个门洞和左右方门（东西掖门）进行了清理和发掘。五个门道均北偏东 5°，残存砖砌路面、门道边墙基、门枕石、门栓洞、掏当槛垫和过门石等遗迹。门道内门臼和门槛处青石铺砌，余者用砖竖砌。门道基础下为厚 10 厘米左右的纯黄黏土，其上砌七层砖，砖间以白灰浆黏结。中间三孔正门洞结构大致相同，平面呈"凹"式，券顶。比如，西门洞宽 3.07 米，深 3.8 米，门道两壁城

---

〔1〕 参见罗宗真《明孝陵》，《东南文化》1997 年第 1 期。

〔2〕 参见罗宗真《明孝陵》，《东南文化》1997 年第 1 期。

〔3〕 参见《中国建筑艺术全集·明代陵墓建筑》第 17 页。

〔4〕 参见罗宗真《明孝陵》，《东南文化》1997 年第 1 期。

〔5〕 参见南京博物院编《明孝陵》，文物出版社 1981 年版，第 3 页。

图14-3-8 南京明孝陵神道复原示意图
（引自国家文物局《明清皇家陵寝——明孝陵》）

图 14-3-9　南京明孝陵石像生图
1. 石狮　2. 石狮　3. 石獬豸　4. 石骆驼　5. 石象　6. 石马　7. 石麒麟　8. 石麒麟
（引自国家文物局《明清皇家陵寝——明孝陵》）

砖磨砖对缝，砖为 0.43×0.17×0.098 米。两壁中部有深 0.26 米的门槽，门道外侧三块石板上有门槛残迹，门槛原宽约 0.24 米。门枕石长 0.93 米、宽 0.29 米，出露地面部分高 0.12 米，其中部开槽置门槛。门枕石上臼窝平面方形，门枕石以上 0.98 米处壁面上有长 0.32 米、宽 0.35 米、深 0.42 米的门栓插孔。左右方门平面呈"〕〔"式，平顶（此前一直认为是券顶）。以左方门（东）为例，门宽 3.33 米、深 2.22 米，两壁平直，其余做法同上述情况。门枕石中部开槽置门槛，槽口内侧墙面上亦开出高 0.4 米、宽 0.26 米、深 0.6 米的门槛槽。

五个门洞均有向陵宫内延伸的路面遗迹，中门正门门洞路面为后代重修，其西侧门洞和右方门（西）门洞外路面仅余少量黄土路基和砌砖。正门东侧门洞外路面无存，基础保存较好，城砖铺砌，用白灰浆黏结。左右方门外路面一直延伸至孝陵殿前门基址一线，路面铺砖之下黄黏土厚 15—20 厘米。左方门（东）路面保存较好，路面双层青石板铺砌，石

图 14 – 3 – 10　南京明孝陵石像生武将

（引自国家文物局《明清皇家陵寝——明孝陵》）

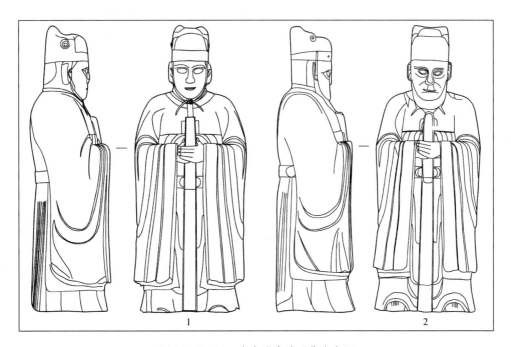

图 14 – 3 – 11　南京明孝陵石像生文臣

（引自国家文物局《明清皇家陵寝——明孝陵》）

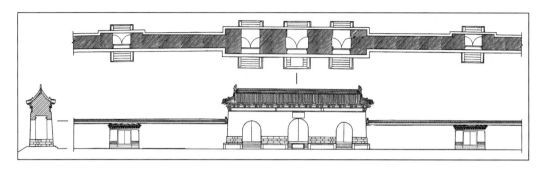

图 14-3-12 南京明孝陵陵宫门（文武方门）
（引自国家文物局《明清皇家陵寝——明孝陵》）

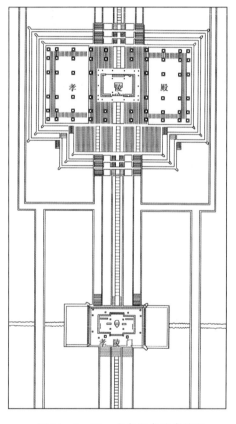

图 14-3-13 南京明孝陵孝陵门、
孝陵殿平面图
（引自国家文物局《明清皇家陵寝——明孝陵》）

板下两层城砖平砌，砖下垫黄土。残存石板路宽2.92米，已清理部分长1.5米。此外，在左方门（西）内侧发现散水遗迹，长约4米，用斜面特型砖砌成。散水顺墙延伸，距墙基宽约0.8米。

清理发掘所出遗物以琉璃构件为主，如脊瓦、板瓦、筒瓦、龙纹瓦当、斗拱、椽、檩等，黄、黑、绿色琉璃构件。在左方门外探沟内还出土有唐代青瓷片，唐宋陶瓦当、筒瓦和板瓦，宋代青白瓷、黑瓷、青瓷（可证明丌善寺之存在），明清青花瓷片等。

2. 陵宫

文武方门内为陵宫第一进院落，其东西宽144米，南北深41.45米。院内两旁对称配置神厨、库、六角井亭和具服殿等，为服务于祭祀活动的两组辅助建筑。其中除西井亭保存较好外（井栏、井亭六角形亭毁，仅存柱础），余者仅知东井亭和具服殿东向（具体位置不明），宰牲亭西向（残存少量遗迹）。1999年3月至2000年4月，经在东侧进行考古勘查[1]，发现神厨基址在孝陵享殿前门基址（现为碑殿）东南部，基址坐东朝西，建于高台基之上，台基上部局部破坏。经清理可知该建筑宽11.3米，面阔五间，两稍间地面上发掘出大方砖建筑遗迹；此外，神厨灶底有火烧痕迹。

〔1〕 南京市文物研究所、南京孝陵博物馆：《明孝陵陵宫内东侧建筑基址勘掘记》，载《明孝陵志新编》，第190—195页图34—39。

东井亭基址在神厨基址前方左侧，平面呈六边形，每边长3.8米，井亭柱础内外两重，保存完好。井周围铺青砖并有石板台阶通神厨。井亭中间砖井一口，井口直径0.8米，深17.5米，清理出木桶、石望柱头、栏板等遗物。此外，在神厨东侧还发现两件石雕"雀池"（贮水、食、供雀饮食），雀池由四块石料拼合而成，池长3.1米，宽1.2米，高0.25米。

文武方门之北34.15米与之相对者为孝陵门（图14-3-13），其两翼横墙各有一座角门。孝陵门面阔五间，单檐歇山顶，门下有须弥座台基，台基雕栏围绕，前后三出陛（三座踏跺），正面踏跺为丹陛（墀道），左右作垂手踏跺[1]。门已毁，仅存石须弥座台基，东西通阔40.1米，南北进深14.6米，台基上原有面阔22.3米的门庭，清代咸丰年间毁于战火，同治年间改为碑殿，陈列清碑五通[2]。在碑殿外东南侧，立"特别告示"碑复制碑一通。

孝陵门内为陵宫第二进院落，宽同第一进院落。从孝陵门经宽1.59米的石砌御道，北行55米至孝陵殿（图14-3-13）。殿面阔九间，进深五间，重檐庑殿顶，顶覆黄琉璃瓦，殿外门楣上高悬金榜曰"孝陵殿"。殿坐落在平面呈"凸"字形，前出月台的三层石雕须弥座台基上。殿内正中供奉朱元璋和马皇后神主[3]。孝陵殿清咸丰三年（1853年）毁于战火，清同治四年（1865年）和十二年（1873年）重建，规模已大为缩小。原孝陵殿三层须弥座台基尚存，通高3.3米，底层台基东西面阔63米，进深48米；二层台基东西面阔57.8米，进深43米；上层台基东西面阔52米，进深37.5米。每层台基周匝石雕栏杆、望柱和螭首，台基前后出踏跺三道，中间为丹陛，上陛雕"二龙戏珠"，中陛雕"日照山河"，下陛雕"天马行空"。左右为垂手踏跺，月台两侧有抄手踏跺。大殿内尚存56个大石础，孝陵殿前东西各有神帛炉1个，东西配殿（庑）各15间，俱毁。

1956年清理西配殿时发现柱础42个，其中6个柱础仍在原位。1999年除清理西配殿门道外，主要是清理东配殿。东配殿基址在孝陵殿基以东约5米处，坐东朝西，建于高台基之上。台基由纯净黄土和鹅卵石或块石分层间筑，每层厚约10—14厘米。台基残存最高处约12米，最低处已至地表。台基原用城砖筑台明，其下砖础尚存。台基南北长66.84米，东西宽10.3米，面阔15间。进深方向有前、后檐柱和前后金柱，柱间进深分别为2米、3.3米、2米。台基上下保存全部64个柱础基坑和部分柱础及磉墩、角柱石、墙、路面、门道、散水、排水沟等。金柱柱础石95×95厘米、鼓径分别为58厘米和64厘米。东配殿仅设一个门道，门道基址位于配殿基中部明间之前，基础砖构，上铺石板。清理发现，东配殿清代早期有过重建，规模小于明代。神帛炉基址位于东配殿前约18米处，下面基础城砖砌成，其上置石雕炉基，炉基南北长2.95米，东西宽2.22米（规格大于十三陵诸陵）。考古清理还发现了一些建筑构件。[4]

此外，在孝陵殿东侧还发现地下排水道，排水道从孝陵殿东侧绕过东配殿后墙，直达神

〔1〕《中国建筑艺术全集·明代陵墓建筑》，第18页；南京博物院编：《明孝陵》，第3页。
〔2〕参见前引《明孝陵志新编》，第264—269页。
〔3〕参见《明孝陵志新编》，第14页。
〔4〕《明孝陵志新编》，第185页图28、第186页图29、第187页图30、31、第188页图32、第189页图33。

厨西北，顺神厨北墙、东墙而行，最后到达陵宫东南角，通过一地下石雕涵洞穿出陵宫[1]。
孝陵殿正北行20.4米至陵宫第三道门陵寝门，又称内红门，门三道券门，单檐歇山顶
（图14-3-14），门两侧向北与后面建筑相接。

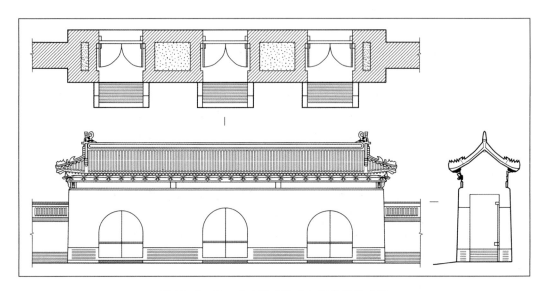

图14-3-14　南京明孝陵内红门复原示意图
（引自国家文物局《明清皇家陵寝——明孝陵》）

出陵寝门入一南面缩窄，北端变宽的狭长院落，平面略呈长"凸"字形。现多将其称
为陵宫第三进院落，实则是连接陵宫与宝城的过道性质（在建筑结构和功能上与陵宫无直
接关系）。从陵寝门北行133.3米抵大石桥（宝城御河桥，俗称"升仙桥"），石桥单券，
长57.5米，宽26.6米，两侧有石栏，螭首多残毁。桥北行约7.8米至方城，从文武方门
至方城共375米。

（四）方城和宝城宝顶区

1. 方城和明楼（图14-3-15）

方城是明楼的台基，大条石垒砌，平面呈长方形。正面通高16.25米，面阔60米，进深
34.22米。方城下部为石造须弥座，束腰部分雕饰绶带和方胜纹等。方城两翼有高7米，长
20.66米八字形砖影壁墙[2]，墙尽端向南对接前述过渡空间两侧墙壁。八字墙下部呈须弥
座式，束腰及壁面四角砖雕花卉（石榴、万年青、牡丹等）。方城中间为券门，高3.86
米。券门纵贯方城，券门内两壁作须弥座式，门洞内有向上的踏跺54级。出门洞北口抵
方城与宝顶间宽5.6米的夹城（哑巴院）[3]，由此向东、西有登上方城顶部明楼的台阶。

---

[1]　参见《明孝陵陵宫内东侧建筑基址勘掘记》。
[2]　参见《中国建筑艺术全集·明代陵墓建筑》，第18页。
[3]　参见《中国建筑艺术全集·明代陵墓建筑》，第19页。

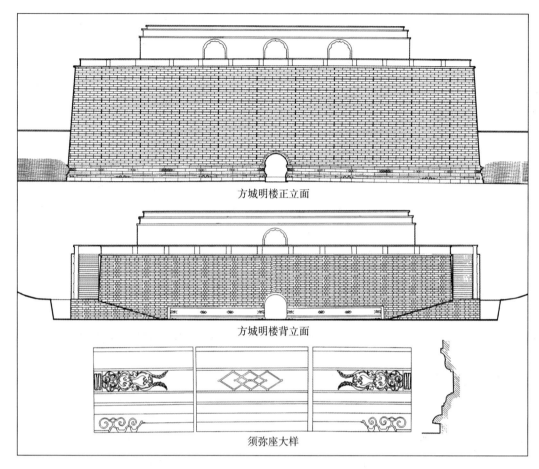

方城明楼正立面

方城明楼背立面

须弥座大样

图 14 – 3 – 15　南京明孝陵方城明楼立面及须弥座大样
（引自国家文物局《明清皇家陵寝——明孝陵》）

明楼建于方城顶上，面阔 39.25 米，进深 18.4 米，南面开三座拱门，东、西、北各有一座拱门，方砖墁地。明楼清咸丰三年毁于战火，现仅余四壁。明楼是孝陵诸砖石土木建筑中的最高点。

2. 宝城宝顶

向北出方城门洞，面对宝顶南墙（13 层条石垒砌）[1]。宝顶为圆形土丘，直径 325—400 米，高约 70 米，宝顶上树木参天。宝顶下为玄宫，葬朱元璋和马皇后。宝顶四周砖筑平面呈圆形的城墙，称宝城；宝城墙基条石垒砌，城墙长 1000 余米，高 6.7 米，宝城填土与宝城顶面大致持平。

明孝陵地下玄宫结构不明，据磁测（GPM）资料分析，可指出 6 点。（1）以明楼中心为界，东西两侧的基岩物性有明显差异，东侧为砂岩，西侧岩性尚未确定。据此，不排

---

〔1〕　在宝顶南石墙上，横刻"此山明太祖之墓"。据说刻于民国初年，是用以回答游人询问的。

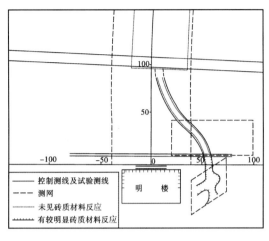

图 14 - 3 - 16　南京明孝陵玄宫探测
网分布及推断结果

（引自《明孝陵志新编》，黑龙江人民出版社 2002 年版）

除当年工程主持者已注意到本地岩性差异界面比较有利于施工的特点，而特意将方城明楼中心恰好对着基岩物性界面的可能性。（2）在明楼东侧发现一向北斜弯的隧道状构筑物，经追踪，推断其长度大于 120 米。同时判断，该隧道状构筑物的入口之一位于明楼东侧的宝城墙之下（图 14 - 3 - 16）。（3）据现有资料分析，可能属于玄宫构筑体的异常分布范围限于 90 × 50 米以内，其界限约起于明楼北 100 米左右（自方城北侧石坎起算），终于宝顶南沿。（4）若以方城明楼为中心，则属于"玄宫"异常范围明显偏向东侧，呈北北东走向。（5）调查发现，独龙阜体表至少 60% 的地方是经人工修补、堆填的，宝顶上遍布的巨大卵石是当年造陵工匠搬上去的。（6）勘测证明，玄宫就在独龙阜下，前述偏于宝城一侧的隧道当为墓道[1]。

（五）完整配套的排水系统

南京地区雨量充沛，钟山岩层由北向南倾斜，主峰的雨水主要经过独龙阜陵宫和宝城区排泄，为防水患，确保安全，因而孝陵建成了完整配套的排水系统。孝陵排水系统以外御河，内御河和宝城御河为主，地面上配套建有明沟，建筑周围砖砌散水，砖石挡土墙（陵宫外挡土墙），台基上广置排水螭首；地下建巨大的泄洪涵道和排水管道等。

三　明孝陵构成要素与配置序列源于前代帝陵

自秦汉以来，帝陵的形制布局虽然几经变化，但是其主要内涵和构成要素是大体相通的，各代帝陵形制布局间内在联系密切，发展演变关系一脉相承。具体到明孝陵，由于其形制布局较前代帝陵发生很大的变化，故论者多着眼于此，特别强调孝陵创帝陵新制，或说与前代帝陵陵园形制布局完全不同。其实明孝陵的形制布局并非凭空创新，它同样也是在承袭前代帝陵主要构成要素和配置序列的基础上发展而来。换言之，即明孝陵的形制布局乃是根据当时当地的具体情况，对前代帝陵主要构成要素和配置序列，与时俱进地重新进行排列组合，并予以变通或变化的结果。有鉴于此，下面拟将明孝陵与前代帝陵的主要构成要素和配置序列略作比较。

（一）明孝陵在唐宋帝陵的基础上"稽古创制"

唐宋帝陵坐北朝南，在中轴线上从南向北依次置鹊台、乳台、神道和石像生，其后唐

---

〔1〕　江苏省地震工程研究院、南京文物研究所：《明孝陵地下宫殿勘测记》，载《明孝陵志新编》。

陵有陵墙围成的陵园（即上宫），内置封土和献殿，山下有下宫。北宋帝陵有上宫，上宫内中间置陵台，其前建献殿，上宫之北偏西建下宫，在上宫之西北单置皇后陵上宫。明孝陵与上述唐宋帝陵中轴线上的构成要素和配置序列相比，明孝陵下马坊相当于鹊台位置（两者同为进入陵区的标志），大金门相当于乳台位置（乳台双阙为进入陵园之门，大金门作用与之相同。又下马坊至大金门与鹊台、乳台间距长亦相同），神道与石像生在大金门后相当于在乳台之后，陵宫相当于献殿，宝顶宝城相当于陵台。由此可见，明孝陵主要构成要素与唐宋帝陵相同，只是名称和形制有别而已。在配置序列上亦大同小异，其主要差异是明孝陵神道中间折拐，石望柱置于石像生群中间；陵宫与宝顶宝城分成两个建筑单元。陵宫约相当于唐宋帝陵献殿，同时将唐宋帝陵下宫的服务功能纳入陵宫第一进院落，从而将唐宋帝陵献殿与下宫的功能合一。明孝陵陵宫与方城、宝城连为一体，似由南宋攒宫龟头殿演变而来。即将南宋攒宫龟头殿之殿变成竖长方形，将龟头屋面阔减小，进深加长，龟头屋内石藏子移到加长部分之外形成宝顶[1]。

　　除上所述，明孝陵有外郭城，陵宫一组建筑有围墙自成院落单元，宝城有城墙围绕。上述情况，可看作是唐宋帝陵陵台外三重围护经明孝陵分解后的一种新的表现形式[2]。孝陵和东陵共在同一陵区，应是北宋帝陵集中分置的延续和发展；而二陵共用一条神道，则似受金陵影响。此外，其他诸如因山为陵（同汉文帝霸陵和唐代多数帝陵）、帝后合葬（同唐昭陵、乾陵等）、功臣陪葬（同汉唐帝陵）、广植松柏（同唐宋帝陵柏城）、陵号取单名（同汉、唐和宋代帝陵），立碑（同唐陵）、设棂星门（两宋下宫有棂星门，南宋攒宫上宫有棂星门）、陵宫有东西庑和燎炉（见于南宋攒宫之下宫）等，亦与前代帝陵多有相同之处。上述情况表明，明孝陵的构成要素和配置序列均源于唐宋帝陵，其所创新制，乃是在前代帝陵的基础上演变发展而来的。因此，应将其称为"稽古创制"。

（二）明孝陵的形制布局是明皇陵的延续和发展

　　明皇陵较明孝陵营建略早，均建于朱元璋之世，所以明孝陵的创新部分与明皇陵的关系更为密切。试举八点：（1）明皇陵在中都城外南偏西，大体与中都城统一规划。明孝陵在明南京内外城间，更靠近内城垣和宫城，与明南京内城和宫城的营建大致同步，并成为明南京内外城间的重要组成部分。（2）中国古代帝陵陵园三城环套始于明皇陵（明皇陵三城环套亦从宋陵陵台外三层围护发展而来），明孝陵承袭之。明皇陵砖城和皇城砖筑，明孝陵外郭城墙、陵宫和宝城城墙亦砖筑。明皇陵最外土城正门称正红门，孝陵最外入口处称大红门。大金门一称亦与明皇陵金门有关。（3）明皇陵砖城出现四明楼之制，正门前设棂星门。明孝陵的明楼、棂星门即在此基础上演变而来（位置有变）。（4）明皇陵神道石像生群以望柱为界分两段配置，明孝陵神道石像生群总体态势亦如是（具体情况有变化，后文有说）。（5）明皇陵皇城正南门前立碑和碑亭（宋陵无），明孝陵同样立碑和碑亭

〔1〕　南宋攒宫龟头殿的形制，参见陈仲篪《宋永思陵平面及石藏子之初步研究》，载中国营造学社编《中国营造学社汇刊》第六卷第三期；郭黛姮主编《中国古代建筑史》第三卷，中国建筑工业出版社2003年版。

〔2〕　参见本书第九章"北宋帝陵"、第十章"南宋帝陵攒宫的形制布局"。

（位置有变，缺无字碑）。（6）明皇陵皇城竖长方形，将唐宋帝陵献殿和下宫主要功能（不含辅助功能）合一；皇堂仿中都宫城奉天殿，两侧有东西庑，西有燎炉。孝陵基本承袭上述模式，并进一步完善化，形成陵宫（参见前述形制布局部分）。（7）明皇陵陵台方形覆斗状，被隔在皇城后红门之外，明孝陵将陵台改为圆形宝顶，置于陵宫后过渡空间之北，其位置之态势同皇陵。（8）明皇陵设内外金水河与桥，明孝陵则增为三。

综上所述，明显可见明孝陵神道石像生群的配列形式，陵宫主体建筑形制布局模式，陵宫与宝顶的位置关系等核心部分，基本上是按照明皇陵的模式发展形成的。其他诸如明楼、棂星门、陵立碑、金水河与桥等，亦先出现于明皇陵。因此，明代帝陵形制之变化应始于皇陵，而孝陵则基本完成了这种变化的转化，形成较完整而规范的模式，此乃明孝陵创帝陵新制之关键所在。总之，通过上面的介绍，清楚地表明，我们在谈明孝陵创帝陵新制时，是不能将其与前代帝陵传统截然分开的。否则，明孝陵创帝陵新制就会成为无源之水，无本之木，这是不符合事实，也是不符合中国古代帝陵形制布局发展演变规律的。

四　孝陵新制的主要特点与布局艺术特色

（一）孝陵新制的主要表现和特点

1. 孝陵新制概述

明孝陵是中国现存古代帝陵中规模最大者之一，其有别于前代帝陵的主要特点有二。一是，明孝陵位于明初都城南京的内外城之间，邻内城垣，建于独龙阜的孝陵与富贵山下的宫城龙脉相连，孝陵与大规模营建南京城和宫城基本同步，统一规划（甚至孝陵外郭城墙亦与明南京内城墙同样沿地形山势修建），因而孝陵属南京城的重要组成部分，这个特点在中国古代都城和帝陵中尚无二例。二是，明孝陵废去唐宋帝陵的鹊台、乳台、上下宫（同时废去宋陵皇后陵上宫）和献殿，将这些帝陵构成要素改头换面，重新排列组合配置，形成相应的下马坊、大金门（其后为神道置石像生，同唐宋帝陵）、陵宫（将唐宋帝陵献殿和下宫功能合一），将唐宋帝陵方形覆斗状陵台改为圆形宝顶和宝城（皇帝和皇后合葬于宝顶下玄宫内）置于最后，宝城之前建方城明楼；孝陵前区自由配置，后区规整，对比强烈。这就是与前代帝陵形制布局迥然不同，并成为以后帝陵范本，在中国古代帝陵发展史晚期阶段具有里程碑意义的孝陵新制。对此，下面拟分部位略述孝陵新制的特点。

2. 孝陵总体配置呈"体象乎天"的北斗七星之形

封建皇帝自认为"君权神授"，"受命乎天"（孝陵神功圣德碑有"受上天之成命"，"天命皇考，诞降发祥"，"后考神圣，与天同运"之语），自称"天子"，故又极力推崇"天人合一"中的"天道"与"人道"的相通、相类和统一（天人感应）。因此，明朝开国皇帝朱元璋，无论营建都城、宫城还是陵墓，均强调"取法于天"，"方位在天"，"体象乎天"[1]。具体到明孝陵，空中垂直航拍的照片可清楚看出明孝陵陵园宝顶前的主体建筑（即从正式进入陵园的外郭城大金门开始）的总体规划布局略呈北斗七星状。其与北斗七星的对应关系大致是明孝陵的大金门（碑亭为后立不计）约位于天枢，望柱约位于天

---

〔1〕　杨国庆：《南京明代城墙》，南京出版社 2002 年版。

璇，棂星门约在天玑，金水桥约在天权，陵宫门约在玉衡，孝陵殿约在开阳，宝城和宝城内的宝顶约在摇光[1]。上述情况显示出明孝陵陵园从大金门至宝顶主要配置的关节点，大致各占北斗七星之一的位置，其总体配置呈北斗七星之形，同时二十八宿又分围其外四方（前述青龙、白虎、朱雀、玄武四象即代表二十八宿）[2]。这样，孝陵陵园宝顶前的总体平面形制则似北斗七星之形，并与中国古代二十八宿（以四象为代表）和北斗星拴在一起的特点相合[3]。古代墓葬中也不乏北斗与四象的资料[4]，说明此乃是古代以来的传统。上述情况表明，孝陵址在精心选择之后，宝顶前陵园的规划布局的总体态势确实是"取法于天"，"方位在天"，"体象乎天"。关于这一点，古人早已指出明孝陵"龙虎诸山会"，"星躔环斗极"[5]，其说与我们现在通过航拍照片所看到的情况是一致的。

除上所述，宝城之后的宝顶略呈圆形，喻意为天，其下面的地宫深置地下；大金门至宝城略呈北斗七星状，凡此无疑就是朱元璋早年"天为罗帐地为毡，日月星辰伴我眠"之憧憬在孝陵的再现[6]。从而充分表达了其"天人合一"，死后"魂归北斗"灵魂升天的理念。这个现象在明代藩王坟地宫中也较普遍存在[7]。

3. 陵园前区呈多次折拐的独特线型结构

第一，下马坊至棂星门四次折拐，曲折幽深、配置稀疏，寓意"取法于天"。从下马坊至神道棂星门后第二道御桥属孝陵前区，全长 2086 米，占孝陵全长（2620 米）的 3/4强。该区有梅花山，地形复杂，因而从下马坊进入陵区后随地形绕梅花山而行，形成下马坊至大金门和碑亭、碑亭至神道望柱、望柱至棂星门、棂星门至第二道御桥四处大折拐。道路沿途树木葱郁，曲径幽深，除神道两侧置石像生外，其他部位配置稀疏。上述情况，为中国古代帝陵前区独有的线型结构。此外，应当指出孝陵前区大金门至第二道御桥，正处于前述北斗形的斗勺部位（其曲折之状亦如斗勺）。因此，这部分的曲折，除随地形而行外，还有特意保留梅花山使之成为案山，形成斗勺的深层次的含义。

第二，神道中间折拐，石像生种类、组合与配置序列别具一格。神道及神道上所置石像生的种类、数量、组合，体量、形制、配置序列和神道线型之异同，乃是各个时期帝陵陵园特点的重要标志之一。

---

〔1〕　参见贺云翱《明孝陵规划设计思想蠡测》，载《明孝陵志新编》，黑龙江人民出版社 2002 年版。

〔2〕　四象所代表的星宿是：东方苍龙之象包括角、亢、氐、房、心、尾、箕；北方玄武之象包括斗、牛、女、虚、危、室、壁；西方白虎之象包括奎、娄、胃、昴、毕、觜、参；南方朱雀之象包括井、鬼、柳、星、张、翼、轸。参见冯时《中国天文考古学》，社会科学文献出版社 2001 年版，图 6 - 3 "中国二十八宿北斗星图"。

〔3〕　参见冯时《中国天文考古学》，图 6 - 4 北斗拴系二十八宿示意图。

〔4〕　参见冯时《中国天文考古学》图 6 - 5 战国曾侯乙墓漆箱示意图；图 6 - 6 河南濮阳西水坡 45 号墓平面图等。明代藩王坟地宫北斗资料见后文注释。

〔5〕　参见前面注释所引李东阳《重谒孝陵有述》。

〔6〕　诗句写于朱元璋初起之时，载《九朝谈纂》引《冶城客记》。

〔7〕　"魂归北斗"之理念在明代藩王坟茔中也有明确表现。比如：明益定王朱由木次妃王氏棺下用金钱排列呈北斗星座形，参见《南城县明益定王朱由木墓发掘纪实》，《江西历史文物》1982 年第 4 期；明益宣王朱翊鈏墓，棺下笭板上透雕七个圆孔，孔内镶金、银钱，排成北斗星座形，参见《江西南城明益宣王朱翊鈏夫妇合葬墓》，《文物》1982 年第 8 期；鲁荒王朱檀墓，笭板上雕北斗七星圆孔，参见《发掘明朱檀墓纪实》，《文物》1972 年第 5 期。

　　孝陵神道一改唐宋帝陵神道直对上宫南神门的模式，也不同于明皇陵神道介于砖城和皇城间的直线模式。孝陵神道中间折拐，以棂星门收尾，神道斜向陵宫，石像生亦随神道折拐分两段配置。此种情况，为前代帝陵所未见。

　　孝陵神道石像生的种类和组合较明皇陵石像生少虎、羊，控马官和宫人；狮由8对减为2对，望柱由2对减为1对，较皇陵增加了骆驼、象和麒麟。孝陵石像生除望柱1对以外，其余各类石像生均为4件（不同于以前所有帝陵，更为规范化），石像生的数量由皇陵28对减为17对。在配置序列和形式上，皇陵以獬豸为首，望柱置于狮马之间，石像生群呈直线配列。孝陵石像生群以狮为首，望柱置于石兽与石人（武将）之间，并处于神道折拐点上。

　　明孝陵石像生群与唐乾陵石像生群相比（乾陵具代表性），同种类者只有华表（望柱）1对相同，乾陵5对石马孝陵减为2对，乾陵石人10对孝陵减为4对（文武官各2对）[1]；孝陵去掉了乾陵的翼马、鸵鸟、牵马人；乾陵石像生46件（不计王宾和碑），多于孝陵。在配置形式上，乾陵石像生直线配列，神道（650余米）短于孝陵神道（但是，乾陵鹊台至乳台约2350米，其与神道长之和大于明孝陵下马坊与神道长之和），两列石像生间距（约25米）宽于明孝陵，各列石像生间距则短于明孝陵，乾陵石像生体量多大于明孝陵。乾陵石像生配置以华表为首，其后为一组神兽瑞禽，一组石马石人（唐泰陵已出现文武官），中间无明显分界，石碑置于石像生群之后（孝陵碑置于石像生群之前）。明孝陵石像生的组合与之差异很大，配列则与之完全不同。

　　明孝陵石像生与北宋帝陵石像生相比，望柱1对、马2对、武官和文官各2对相同；象北宋帝陵1对，孝陵增为2对；孝陵去掉了北宋帝陵的训象人、瑞禽石屏、角端、控马官、虎、羊、客使和武士，数量由北宋帝陵46件减为34件。在配置形式上，北宋帝陵石像生直线配置，神道（长150米左右）短于明孝陵，石像生两列间距（40余米）宽于明孝陵，各列石像生间距（4—5米左右）短于明孝陵，石像生体量小于明孝陵。北宋帝陵石像生配置以望柱为首，其后相继配列象和神兽瑞禽，马、虎、羊，客使、文武官和武士三组石像生，其间无分界，情况不同于明孝陵。此外，再指出两点。第一，唐宋帝陵石狮只置于上下宫神门之外，明皇陵和孝陵则将其列入石像生序列。第二，东汉时期人臣墓已出现狮、獬豸、骆驼、象、麒麟和马等[2]。金元时期《大汉原陵秘葬经》中记载[3]，帝陵石像生中有骆驼。所以明孝陵石像生中的石兽种类均非原创，只是将已出现过的石兽种类进行筛选，重新组合而已。

　　总之，明孝陵石像生将1对望柱置于神道折拐的关节点上，前段置石兽，后段置武将文臣（武将在文臣之前亦有别于前代，并为明长陵所承袭），前后两段各类石像生种类和数量不一；前段神道长约是后段神道长的2.5倍，两列石像生间距窄，各列石像生间距长，使石像生的配置于疏朗之中显出密集的效果，从而更加突出了神道深邃神秘的氛围。

---

〔1〕　按，唐代桥陵以獬豸代替翼马与明孝陵同。

〔2〕　参见杨宽《中国古代陵寝制度史研究》，上海人民出版社2003年版，第78—85页；李毓芳《唐陵石刻简论》，《文博》1994年第3期。

〔3〕　《大汉原陵秘葬经》载《永乐大典》九十一册，中华书局1959年影印版。

这种情况通过与前代诸陵石像生群的比较，显而易见，明孝陵石像生群无论是种类、数量、组合、配置序列和形式，还是石像生的体量，石像生两列和各列间的间距均发生很大的变化，别具一格，因而形成一种新的类型。

4. 陵园后区突出皇权至上，仿宫城前朝后寝之制

第一，陵园后区仿宫城前朝后寝之制，布局规整、建筑密度大、规模宏伟。清代《康熙江宁府志》说：明孝陵的"宝城、明楼、御桥、孝陵殿、廊台、墀道、戟门、文武方门、大殿门、左右方门、御河桥、棂星门、华表、多同大内制"。即明孝陵的规划布局乃是以南京宫城为原型。由于孝陵在地位上和礼制上比拟宫城，故孝陵陵宫和宝城实如大内之前朝和后寝。在建筑布局上，从文武方门至宝城后墙只占孝陵南北总长1/3的地段内，却几乎集中了孝陵的全部建筑，其密度之大，各建筑单元衔接之紧密，布局之规整，规模之宏伟，前朝后寝配置之明确，均为前代帝陵所不及（首开帝陵此种配置形式之先河）。这种情况与陵园前区折拐的线型结构、配置稀疏形成鲜明对比。

第二，陵宫象征皇权，布局仿宫城前朝之制。陵宫位于孝陵后区的中间部位，是孝陵举行祭祀活动之所，也是孝陵规模最大的土木结构的主体建筑。其建筑呈院落式纵向布局，第一进院落为祭祀辅助空间。北面第二进院落孝陵门如大内奉天门之制，门内正面孝陵殿面阔九间，进深五间，表示"九五"之尊；大殿庑殿顶覆黄琉璃瓦，殿下石须弥座台基，前后出丹陛，殿前左右置配殿（如奉天殿前左右之文武楼）。上述布局完全拟于大内奉天殿一组建筑，是大内前朝之制在孝陵的再现。这是孝陵突出殿祭，也就是突出皇权，重在表现皇权至上的必然结果。

第三，方城宝城与陵宫有机相连，制如宫城之后寝。孝陵殿后开内红门，内红门与方城明楼间以南向长"凸"字型院落连接，其态势犹如明北京紫禁城（仿明南京大内，明南京大内无规范的平面图，故以紫禁城代替之）内廷之乾清门至后寝乾清宫的御道，形成陵宫与方城间的过渡空间。方城明楼约相当于紫禁城乾清宫前月台部位，宝城宝顶则相当于紫禁城后寝一组宫殿的位置。帝陵是皇帝安息之所，故在宝顶之下葬朱元璋和马皇后的玄宫之形制恰如宫城之后寝[1]。玄宫之上的宝顶和宝城则是帝陵的标志，因而成为孝陵体量最大的核心构筑物。

5. 陵园功能区划开新篇

第一，以三河三桥为界标，将陵园分为四个功能区划。三河三桥为孝陵创制（皇陵为二河二桥，位置与孝陵不同），是巧妙利用自然小河与孝陵形制布局有机结合的成功之作。从孝陵总体规划来看，棂星门北第二道御河和桥是南部导引区和北部主体建筑区的分界。从功能上看，孝陵恰以三河三桥为界标，将陵园分为四区。即下马坊至第一道御河御桥是进入陵区的前导部分；第一、二道御河御桥间为神道石像生区，是正式进入陵区的导引部分（略如明北京紫禁城从承天门至午门）；第二、三道御河御桥间置孝陵主体建筑陵宫，相当大内之前朝，属孝陵常规祭祀区；第三道御河御桥之北建方城明楼、宝顶宝城，相当于大内之后寝，属孝陵核心祭祀区。孝陵三桥仿大内之内外金水桥，并根据实际情况增建

---

〔1〕　参见《中国建筑艺术全集·明代陵墓建筑》，中国建筑工业出版社2001年版，第31页。

最后一座御桥。上述情况表明，第一道御桥直至宝顶宝城，三道御桥所分三区实比大内（这也是孝陵在礼制上拟于宫城的表现之一）。总之，无论从哪个方面来看，三道御桥都是孝陵总体规划布局的分区界标。此外，由于孝陵总体规划有意将三座御桥置于孝陵结构的关节点上，所以三座御桥又成为将陵域空间有机相连的锁钥。可以说三桥在孝陵总体规划布局中的分割和连接作用是不可替代的，因而使孝陵形成独具特色的完整布局序列。

前面已经介绍了孝陵四个功能分区的概况，其与唐宋帝陵功能分区最大的区别是多出一个陵宫区。陵宫区始出现于皇陵，孝陵则将其规范化和体系化，这是明代帝陵在礼制上重视和突出殿祭的必然结果。其次，孝陵后区若细分，尚可分为紧密相连的陵宫主体建筑区，陵宫后的过渡区，方城明楼及其前两侧略作扩展的小院和方城之后的哑巴院区，宝顶宝城区。孝陵上述功能分区状况，是前所未见的崭新的功能分区模式。

第二，方城明楼、哑巴院和宝顶宝城是孝陵新制的标志。前述孝陵陵园功能区划分四区，方城明楼、哑巴院和宝顶宝城为孝陵所独创，是孝陵最具特色之处，也是孝陵创新制主要的标志性建筑，并为此后明、清帝陵所承袭。关于方城明楼，哑巴院和宝顶宝城出现的原因，史无明载，故历来猜测颇多[1]，这些猜测大都有一定道理。除此之外，我们认为上述情况出现的原因大致有六：第一，宝顶因独龙阜之势而筑。玄宫建于独龙阜地下，独龙阜自身高度远在前代帝陵陵台高度之上，若在独龙阜上建方形陵台，既不好把握高度标准，又难以营建，故在玄宫上因独龙阜就势堆土和卵石，形成圆形（前已介绍宝顶约60%的地方是在独龙阜体表上堆填的）。第二，在南京多雨地区，封土呈圆形，利于排雨水，防止雨水对陵的冲刷。同时圆形又便于在其上覆大量卵石以防盗陵。第三，明代有"负土"盖陵之礼（又称敷土礼或上土礼），若在独龙阜上筑方形高陵台则难以攀顶盖土（似接受了明皇陵覆斗形陵台难以盖土的教训）。同理，哑巴院也是因"负土"礼而设，方城明楼作为宝城宝顶前的标志除增加壮观效果外，亦是与"负土"礼登宝城宝顶相关的结构。第四，符合"天人合一"和北斗说。玄宫是朱元璋魂归北斗升天之所，宝顶呈圆形既与"天人合一"和北斗说相呼应，又实现了朱元璋孜孜以求的"天为罗帐"，"伴我眠"的宿愿。此外，也可理解为玄宫为天子灵魂升天之处，呈圆形以象天；陵宫是在世皇帝祭陵之所，呈长方形，配置如大内前朝之制以象地，所以两者呈"象天法地"的"天圆地方"的形式。第五，宝顶圆形与周围山脉形势有关。宝顶呈圆形合于周围山势氛围，且更像"山陵"。陵宫呈长方形乃是承袭皇陵，同时在布局上又与左右砂（龙山、虎山）和孝陵后区风水主轴线相适应。第六，前代圆形封土屡见不鲜，可能有一定的借鉴因素。总之，前述诸点综合起来，相互作用，遂在形制上形成这种独具匠心的特点。

6. 其他

孝陵后区主轴线不是孝陵的中轴线。起于棂星门后第二道御桥的孝陵主轴线，是孝陵风水的主轴线。孝陵后区主要建筑和构筑物均位于这条主轴线上，这是风水主轴线的功能

〔1〕　胡汉生：《明朝帝王陵》，北京燕山出版社2001年版，第30页；胡汉生：《明十三陵》，中国青年出版社1998年版，第245页；前引《中国古代陵寝制度史研究》第49、74页；前引《明孝陵规划设计思想蠡测》；贺云翱、王前华：《明孝陵文化价值点评》，载《明孝陵志新编》；刘敦桢：《明长陵》，《中国营造学社汇刊》1933年第4卷第2期。

和作用使然。陵宫左右配殿等既可看作以主轴线为准对称配置，也可看作以孝陵殿为准对称配置。陵宫之后基本上不存在左右对称配置问题，特别是宝顶形制不甚规则，其中分线和中心点也不在主轴线上。所以孝陵后区主轴线虽然可看作是陵宫的中轴线，但它并不是后区真正的中轴线。就孝陵整体而言，孝陵后区主轴线与孝陵前区和外郭城无关，与传统意义上的中轴线迥异，故不宜将其称为孝陵的中轴线。

孝陵开明清陵区共用一条神道之先河。前已介绍皇太子朱标陵墓在孝陵陵宫东垣之东约 60 米处，与孝陵在同一陵域内，朱标东陵无单独的神道，而是与孝陵合用一条主神道（包括与神道相连的御河桥），并为明十三陵、清东、西陵承袭之。

（二）孝陵形制布局的艺术特色

1. 形制布局与自然景观高度和谐，"一体于青山"

明孝陵规模宏伟，气势磅礴，形制布局特点独具，由此又产生了许多艺术特色。前已说明，明孝陵以堪舆（风水）山水之术指导选择陵址，在营陵理念上浸透了"天人合一"的哲学观和文化精神，因而明孝陵最大的艺术特色就是与自然景观的和谐统一，浑然一体。至于其他艺术特色，则大都是在此基础上派生或演化而来的。

明孝陵静卧于青山绿水环绕拱卫之中，陵址所在地"郁葱巍焕，雄胜天开"，充满了无限的生机与活力（孝陵植松树十万株，养鹿千头，亦可看作是与此相匹配之举）。如此的胜景，均被纳入明孝陵的规划设计和布局，使之融入了生态建筑学和景观建筑学的精髓，"一体于青山"，形成了陵在景中，陵即是景的全自然之势。在孝陵人文建筑美与自然山水之美的相互渗透和交相辉映之中，尽善尽美地营造出孝陵的环境氛围。

具体言之，孝陵空间序列的各个部位，均是与自然景观完美结合的典范。比如，神道充分利用梅花山体的形状和象天法地的景象，依势创造出幽深曲折的神道与山体合一的形态；同时置于神道上的石像生形象写实，配列蹲立交替，并按神道的走势控制相应空间的坐标，使神道既庄严肃穆，又栩栩如生，而成为巧夺天工的杰作。陵宫建筑群正选在青龙（山）白虎（山）左辅右弼之间的平地上，其前接御桥和神道，后以独龙阜为背屏。如此完整而独立的空间，恰为陵宫所需。这样，周围的景观态势，不仅与陵宫协调一致，烘托出陵宫"居中为尊"，达到了突显陵宫殿祭和皇权至上的目的，而且还使方正、宏大的陵宫主体建筑群在孝陵总体规划布局中起到了稳定、均衡的重要作用，因而成为点睛之笔。孝陵的陵穴，选择在群山簇拥之下的独龙阜凿山为陵，这座在群山中的山陵体量庞大而高耸的宝顶，以"比德"山水之势雄峙于孝陵之末端，俯瞰整个陵域，臻向《诗经》所赞颂的"高山仰止，景行行止"的伟大，永恒而崇高的境界。此外，宝顶之前又建方城明楼，周建宝城，在孝陵之中形成了独立的封闭的核心构筑单元。其建筑布局的隐秘性，外观的高大、神圣和威严的气势，均达到了明孝陵形制布局的最高潮。朱元璋就安息在这样的宝顶之下，完全回归自然之中。至于三条自然小河，孝陵规划者更是独具匠心地在三河上建三桥，这样就使原本被三河切割打破的陵域空间的有序性和完整性，又以三桥为锁钥使之相互连接为有机的整体；同时又使河与桥成为孝陵形制布局的重要结构和景致小品，将孝陵装点得更加完美，更富于生机。

　　上面所述，实际上是孝陵的营建者精确地把握住了陵域山水景观之真谛，将自然景观与孝陵规划设计准确结合，熟练地运用节点布局艺术，把孝陵布局结构中的关键部位置于特定的自然景观之中的结果。这样，相关的自然景观不仅极大地增强了对孝陵形制布局的烘托作用，变成了孝陵规划布局艺术的特色；而且孝陵各相关部位又可依托和配合这些自然景观，考虑形制布局和借景、造景等问题，以形成所需的环境氛围。就此而言，可以说孝陵是成功的。

　　2. 孝陵呈现出"形势相异""远近行止不同"的布局艺术效果

　　孝陵在规划设计中，采用了风水意义上的"形"与"势"及其辩证关系来组织处理陵园的外部空间。《管氏地理指蒙》指出："千尺为势，百尺为形"（起模数作用），"远为势，近为形；势言其大者，形言其小者"，"远以观势，虽略而真；近以认形，虽约而博"；并强调"形者势之积，势者形之崇"，"驻远势以环形，聚巧形而展势"，"于大者远者之中求其小者近者，于小者近者之外求其远者大者，则势与形胥得之矣"，"形以势得。无形而势，势之突兀；无势而形，形之诡忒"。具体到孝陵陵域来说，周围远山为势，近山为形；周围诸山为势，孝陵本体为形（孝陵与自然景观的关系）。对孝陵本体而言，孝陵全部建筑组群及其远观效果为势；孝陵单体建筑、局部和细节建筑空间构成及其近观效果为形。"势"要求重视整体立意，结合自然环境，以连贯的程序，多视点地进行"形"的组合（全景布局艺术），孝陵的总体规划布局正是按此原则进行设计的。因而孝陵的全景布局气魄宏大，性格鲜明，时空序列转换流畅，并展现出"移步换形，相生为用"的特色。"形"重在单体建筑和局部空间构成的尺度宜人（不采用超人的尺度夸张），造型精美，艺术形象既符合性质要求，又丰富多彩，气韵生动，并求取"聚形而展势"。也就是说，单体建筑或某一建筑组群也有"势"与"形"和"积形成势"的问题。比如，孝陵陵宫至方城明楼一组建筑的纵深即是按"千尺为势"来确定的。而陵宫及其各单体建筑的面阔、进深、高度、轴线的起止点，庭院的围合，左右对称配置的位置等，则是按"百尺为形"来确定的。这些"形"组合起来，就成为该建筑组群之势。上述"势"与"形"及其辩证关系，就使孝陵在时空序列转换中呈现出大小、高低、长短、远近、离合、主从、虚实、动静等连续有致的变化，并使孝陵总体和局部与周围自然景观形成交相辉映和相辅相成的密切关系，产生"形势相异"，"远近行止不同"的完整艺术效果[1]。

　　除上所述，孝陵还辅以其他一些布局艺术手法。比如，在孝陵本体之外以四灵（即青龙、白虎、朱雀、玄武）对景烘托的布局艺术；以曲线为辅（神道）直轴线为主（即陵宫所在的风水主轴线）前后有机结合的线型布局艺术；多点鸟瞰布局艺术（陵宫、方城明楼、宝顶宝城）等。凡此，也都是孝陵布局艺术的重要特色。

　　3. 孝陵形成时代特征鲜明的严整布局体系

　　明孝陵的形制布局乃是其营陵理念的物化形式，是陵墓的性质、内涵和形式与周围自然景观的高度和谐统一，是科学性、艺术性与工匠高超技术和创造精神的完美结合，因而形成了具有鲜明时代特征的严整布局体系。这套严整体系，以"陵制与山水相称"为原

〔1〕　参见前引《中国建筑艺术全集·明代陵墓建筑》，中国建筑工业出版社2001年版，第10—11页。

则，有力地烘托出孝陵的神圣、肃穆和庄严；在突出陵宫主体建筑和宝顶宝城核心至尊地位的前提下，形成了空间序列复杂的建筑组群，以及由此演变而来的风格迥异、对比强烈的功能分区。这套严整的体系，空间序列各个环节前后呼应，互为表里，丝丝入扣、紧密结合，在统一中求变化，于共性中充分展示个性，特点独具。这套严整体系，在建筑空间和体量上从南向北，自外而内，先疏后密，疏密有间，从低到高、错落有致；使孝陵整体布局流畅、宏伟、节奏抑扬、起伏跌宕，主次分明，尊卑有别，出神入化，张弛有度，层层递进推向高潮。因此，这套严整体系具有强烈的纵深感和雄伟的气势，充分地营造出孝陵各部位所需的活力、明快、幽静、深邃，崇高、至尊，庄严、神圣、永恒和隐秘的种种氛围，令人叹为观止。所有这一切，都是与孝陵规划设计和营建者准确地把握住陵寝礼制纪念性建筑的性质，发挥聪明才智，在孝陵大规模建筑组群中创造性地运用各种布局艺术所取得的非凡成就密不可分的。

4. 石像生的艺术特色

孝陵神道石像生体量较大（如石象重可达 80 吨），造型厚重，风格粗犷、简朴，注重写实。石像生圆雕，线条流畅，间用减地法，装饰或无或较少，仅个别部位精雕细琢。具体言之，石狮造型逼真，肌肉、鬣毛表现突出，神态栩栩如生，是石像生中的精品。石象，写实，造型浑厚，既形似又略显神似，憨态可掬；象的耳部雕刻精细，在鼓起的耳轮内耳脉出露，若隐若现，亦是石像生中的精品。麒麟和獬豸，麒麟鳞甲和鬣毛雕刻较细，獬豸雕刻粗糙，两者均未充分表现出神兽应有的神态。驼与马，骆驼写实，造型较好，无装饰无细部雕刻。卧马雕塑相对较好，立马各部位不太合比例，仅马鬃雕刻较细，神态呆滞，是石像生中的败笔之作。武将和文臣，写实（对研究明初武将文臣之服饰有重要参考价值），武将甲胄雕刻精细，文臣重在表现衣纹；但人物面部形象较差，未能真切地表现出肃穆而哀戚之情。望柱，柱础六角形须弥座，柱身六棱形，满雕祥云纹，柱上部双层云盘束腰，其上承托柱状云墩（云纹柱头）。望柱造型有别于前代帝陵望柱，雕刻精细，纹饰富于韵律感，也是神道石刻中的精品。该种形制是以后帝陵望柱之原型。

孝陵神道石像生的体量小于唐代乾陵，大于北宋帝陵石像生。在艺术风格上，与唐代乾陵石像生相比[1]，粗犷近似，但不如唐乾陵石像生有气势、活力和动感；与北宋帝陵石像生相比[2]，孝陵石像生的雕刻技法、精细程度，造型、精神内涵和动感等皆逊之。孝陵石像生略晚于明皇陵石像生[3]，两者风格较相近，只是孝陵石像生的体量、雕刻精细程度胜于皇陵石像生。此外，应当指出，明皇陵石像生的风格，较接近北宋帝陵石像生的风格（如羊、武官、望柱、马和控马官等），而孝陵石像生则与北宋帝陵石像生的风格明显不同。上述情况表明，明皇陵石像生的艺术风格乃是北宋帝陵石像生发展到明孝陵石像生的过渡阶段，即明孝陵石像生是沿着明皇陵石像生已初步形成的自身特点而向前发

---

〔1〕　参见程征、李惠编《三百里雕刻艺术馆——唐十八陵石刻》，陕西人民出版社 1988 年版。

〔2〕　参见河南省文物考古研究所编《北宋皇陵》，中州古籍出版社 1997 年版。

〔3〕　参见《中国建筑艺术全集·明代陵墓建筑》，中国建筑工业出版社 2001 年版，图版一、二、三、四、五。

展，并形成完全摆脱北宋帝陵石像生艺术风格影响，而真正具有明初石像生艺术特色的石像生体系。总的来看，孝陵神道石像生整体宏大与局部精细为一体，是明初石雕艺术的代表作。但是，由于孝陵形制布局表现出极高的水平，相比之下其神道石像生的艺术水平只算差强人意而已。

第十五章　明代帝陵（下）
——明十三陵与明显陵

第一节　明十三陵概况

明十三陵在北京城之北约 50 公里，昌平城之北约 10 公里。明十三陵是明朝迁都北京后 13 位皇帝陵墓的总称。陵区内共葬 13 位皇帝、23 位皇后、1 位皇贵妃以及数十位殉葬皇妃。此外，陵区内还有皇妃坟 7 座，太监墓 1 座，以及行宫、神宫监、祠祭署等附属建筑。

一　陵区边墙山口、防卫与陵区内的设施、管理和陪葬墓

（一）南面边墙山口与敌楼水关

自永乐七年于天寿山营建长陵时起，就在其周围因山筑城（时称边城），以后直至天启年间陆续建成总长约 12 公里的边墙[1]。周围设二门、十口，十口原"皆有垣"，"水口垒水门，山口砌城堞"[2]；十口中只有东山口内未建城垣。此外，沿边墙内外骡马可通之处，俱发本路主客军兵种植榆柳桃杏杂树以固边险。在难于防守之处铲削偏坡，边外山坡平漫，势可驰骤，难为守者，随其高下铲成壕堑以限骡马。居庸路灰岭口起至软枣顶止土石偏坡一万三千三百六丈。下面简介二门、十口概况。

1. 南面大、小红门

大红门是陵区入口，为皇帝、皇戚和文武大臣谒陵出入之路；小红门是陵区管理人员出入之路。二门所在地域山口较宽，川地较平，筑黄瓦红墙，墙体高大，俗称皇墙。大红门段红墙分别从大红门向西面虎山和东面龙山笔直延伸，全长约 1000 米。小红门段红墙，建于云彩洼山与凤凰山之间，全长约 800 米。墙已残毁。

---

[1]　边墙长度说法不一。（清）梁份《帝陵图说》："永乐七年营天寿，又因山为城，周遭缭贞砥设重险，络绎不绝者可六七十里"；"天寿环山数十里，山口多以十数。"（国家图书馆藏本《稀见明史史籍辑存》第 30 册，线装书局 2003 年版。）刘敦桢《明长陵》（《中国营造学社汇刊》第四卷第二期）："周围八十里，明时设十口，四水门，便出入。"胡汉生《明朝帝王陵》（北京燕山出版社 2001 年版，第 47 页）：明十三陵"陵域面积约 120 平方公里"。中国社会科学院考古研究所、定陵博物馆、北京市文物工作队《定陵》（上）（文物出版社 1990 年版，第 2 页）："陵区周围因山势筑有围墙，总长达 12 公里。"

[2]　《帝陵图说》；《明世宗实录》卷三四〇；《大明会典·礼部》。

2. 南面边墙山口及相关设施

南面边墙西南起自小虎峪山山腰，过五峰（云彩洼山、凤凰山、虎山、龙山、汗包山）和四座山口（西山口、榨子口、中山口和东山口），终于东南蟒山之上，全长约11000米。其中除去前述大小红门段皇墙外，余者分建于云彩洼山、凤凰山、虎山、龙山和汗包山的山脊和山腰上，全长约7899米。现大都残毁，个别地段残高尚可达2米余。

西山口在思陵南，今小宫门村北，山口正南北，宽755.35米，沿山脊石砌边墙。西侧边墙残长893米，东侧至榨子口长1151米。西山口内小红门一道，穴墙置门。口内之东残存两座水关（间距14.35米），水关之上原建边墙。山口内西侧残存拱桥一座，桥南6.85米残存水关一座。

榨子口在西山口东约1公里，东偏南距大红门约1.5公里（或说约1865米），山口方向正东西，口宽24米。墙河卵石垒砌，灌白灰浆。南侧墙宽2.8米，残高3米；北侧墙宽2.25米，残高3.1米，墙保存较好，榨子口清代拆通以过行人。

中山口又称伽蓝口，俗称"钱粮口"（昔日陵区百姓去昌平交税纳粮之通道），西距大红门1.5公里，位于龙山与汗包山间，口南向，宽9米。大红门东约200米处边墙上残存水关（涵洞）一座，山口西边墙山石垒砌灌白浆，残墙最高2米，宽1.5米，西山口至大红门边墙长2053.5米。山口以东边墙山石平砌，灌白浆，较坚固，中山口至东山口边墙长2885米。中山口清代拆通以过行人。

东山口在大红门东北约3公里，遗址在今十三陵水库大坝位置。东山口在陵区东南角，地势较低，是天寿山水系总出口（老君堂口、灰岭口、贤庄口、锥石口、德胜口之水汇于七孔桥下，出东山口经巩华城东北入沙河）。故山口内未建墙[1]，边墙筑于敌楼外侧。山口宽1198米，山口东侧敌楼残基方形，边长16.6米，花岗岩条石砌筑，1958年在原址上建十三陵水库展览室。山口西侧敌楼遗址压在今水库大坝下（二敌楼间距364米）。二敌楼外侧边墙，1958年建十三陵水库时拆除。此外，东山口内，水库大坝之西水中有圆形小山，名平台山，成祖朱棣曾在此驻跸。嘉靖十五年命在此建亭，御题"圣迹"。万历十一年（1583年）闰二月，万历帝谒陵之际择寿宫，曾登"圣迹"亭。亭清初毁，今存基址。

（二）东、北和西面边墙山口与相关设施

陵区北部，"山列东、西、北三面，山石陡峭，险不可升"，所以"因山为城，水口垒水门，山口砌城堞"。

老君堂口在长陵东北约2公里，景陵北约1公里（今老君堂村北至沙岭一带），口宽78米。山口由河谷和台地构成，台地建敌楼，关城伸向山腰（城关遗址在东水峪沟口南约100米处），边墙基保存不好。山口外地势险要，有两条通道，一条向东南通东水峪，一条向东北通黄花镇，山口内西北约200米处有老君堂遗址。

灰岭口在泰陵北约4.5公里（今上口村北），口宽81米，进深11.3米。西北通永宁，

---

[1] （明）谈迁：《国榷》卷七十二；《明神宗实录》卷一四一。

东北通黄花镇。永乐年间建旧城一道，敌楼一间，嘉靖十六年（1537年）改建增筑，城墙下砌水门，增筑东西敌楼各一座、官厅一座。自嘉靖四十五年（1566年）开始，灰岭口外设鹿角榨木5层，猱头榨木南北100丈，拗马品字浮石南北100丈（浮石下有坑），水口顺河荆囤10层。灰岭口在陵区正北，在十口中军事设施最全，驻军最多。现边墙残存，水门无存，门洞拆成豁口，关城遗址保存较好。1990年6月，在上口村内发现"灰岭口"石刻匾额，旁刻"大明嘉靖十六年八月二十日立"题款。

贤庄口又称贤张口，在泰陵北2.7公里处（下口村西），口窄仅15米，方向350度。嘉靖十五年（1536年）建正城一道，水门一空（孔）、西山墩一座。嘉靖四十五年以后，贤庄口外设鹿角榨木5层，猱头榨木南北14丈，荆囤5层，拗马品字浮石南北14丈。边墙保存较好，水门无存，关城遗址尚在。山水自东北流经贤庄口西侧峭壁下，合灰岭口水，经泰陵桥而入七孔桥。

锥石口在泰陵西北约1公里，今锥石口村北约0.5公里。口宽22米，西北通永宁南山及白龙潭。嘉靖十五年建正城一道、水门一空、西山墩一座。锥石口外设鹿角榨木5层，水口外设鹿角榨木4层，猱头榨木南北20丈，荆囤5层，拗马品字浮石南北20丈。锥石口山石壁立，口内一巨石拔地而起，锥刺长空，或因此得名。山口西侧山势陡峭，未建边墙。东侧边墙建至山腰，总长约130米。这里是陵区水源丰沛之处，山水西北来经山口西侧，流经康陵桥下，合灰岭、贤庄二水入七孔桥。

灰岭、贤庄、锥石三口在天寿山北，山口狭窄，形势险要，有"灰岭险特倍于长城"之誉。这里既是守护陵寝的主要关口，也是保卫北京的重要门户。故上述三口边墙规整坚固，远胜其他山口。明末清兵即由此而入，继而下昌平陷北京。

雁子口又作雁门口，康陵西南约1公里余，在今雁子口村之西北。口宽9米，西北向，嘉靖十年（1531年）建正城一道、水门一空、东山墩一座。山口两侧残存边墙，水门毁，城遗址尚存。水西南流，合德胜口水，入七孔桥出东山口。

德胜口又名得胜口，在定陵西约3公里，昭陵西约2.6公里，今德胜口村西北。口宽25.7米，嘉靖十五年建正城一道、水门一空、拦马墙一道，东西山墩各一座。口内今有两座小型水库，南面水库大坝坝基即原德胜口关城基址。现边墙残存少许，德胜口水合雁子口水，经昭陵南下七孔桥，会天寿山诸水出东山口。

除上所述，陵区内还有行宫（旧和新行宫）、殿、池、亭等建筑，以及神宫监、祠祭署等管理机构。陵区内有皇妃、太子坟和太监墓[1]，如明成祖皇妃坟东西二井，明宪宗皇贵妃万氏坟，明世宗沈、文、卢三妃坟（悼陵），明世宗四妃太子坟，世宗贤妃郑氏坟，神宗郑贵妃及二李、刘、周四妃坟，崇祯皇贵妃田氏坟等（图15-1-1）。此外，在陵区之外还有驻扎陵卫官军的昌平城，在巩华城（今沙河镇）建行宫等。总观上述情况，可指出五点。其一，明十三陵总体之四周筑边墙，设十口围护，是中国帝陵史中的创举（金陵总体四周封堠，未筑墙，其周长大于十三陵）。其二，陵区内设监、署、卫（包括各陵），

---

〔1〕　崇祯帝崩，司礼监秉笔太监王承恩自缢殉节。清顺治二年四月，为旌表王承恩"殉难从死"，将其葬于思陵之旁。或言将其"葬归迁安祖茔"。

管理防卫机构之全和严密前所未见。其三，陵区内建行宫、殿和苑囿等，亦始于明十三陵。其四，陵区近旁建昌平城，容纳各卫营房和指挥机构，为明十三陵首创之制。其五，陵区内陪葬部分贵妃和太子坟不见于明孝陵。此现象与北宋帝陵陪葬区的态势有些近似，但陪葬者又不相同（北宋帝陵除皇子、皇孙外，皇后以下诸妃不陪葬皇陵）。

二　陵区诸陵简况

（一）诸陵选址与陵穴配置规制

诸陵建陵前均须先卜选陵址（参加者有礼部官员、钦天监官员、辅臣、工部官员、内官、通晓风水术的其他官员等），卜选人员"外观山形，内察地脉"，所选"风水吉壤"上奏皇帝最后裁定（有的须"画图贴说，恭候圣驾亲阅钦定"），卜选陵址的基本原则同于长陵（后文有说）。如《万历起居注》记载，辅臣们将勘选陵址二处呈奏圣鉴说："看得形龙山吉地一处，主山高耸，叠嶂层峦，金星肥圆，水星落脉，取坐乙山辛向，兼卯酉二分，形如水出莲花，案似龙楼凤阁，内外明堂开亮，左辅右弼森严，且龙虎重重包裹，水口曲曲关阑，诸山皆拱，众水来朝，诚为至尊至贵之地。又看见大峪山吉地一处，主势尊严，重重起伏，水星行龙，金星结穴，左右四辅，拱顾周旋，六秀朝宗，明堂端正，砂水有情，取坐辛山乙向，兼戌辰一分。以上二处尽善尽美，毫无可议"[1]。以后神宗亲赴二地考察，钦定在大峪山营建寿宫（当时大峪山称小峪山，神宗讳小，改大峪山）。以此为例，其余诸陵卜选陵址情况不再枚举。

十三陵诸陵虽分别配置于长陵之左右，但并未按《周礼》左昭右穆排列，其宗法礼制关系是通过各陵主山的主从关系来体现的。长陵右侧的献、裕、茂、泰、康五陵，左侧的景、永、德三陵，右前方的昭、定二陵，均体现了这个原则。如定陵所在大峪山在长、昭二陵间，似"僭分"父陵（昭陵）之前。但从山势主从关系看，定陵主山大峪山（原称小峪山）乃是昭陵主山大峪山的余脉，故合于礼制。此外，陵址还要考虑到土质、取穴"中正"，以及是否便于营建等因素。

（二）诸陵概况

除长陵另有专节介绍外，下面介绍其余十二陵之概况。

1. 献陵

陵主朱高炽，成祖长子，洪武十一年（1378 年）七月初一日生于安徽凤阳。洪武二十八年闰九月二十一日，册立为燕王世子，永乐二年（1404 年）四月四日立为皇太子。永乐二十二年（1424 年）八月十五日即皇帝位，次年改元洪熙。洪熙元年（1425 年）五月十二日崩于钦安殿，享年48 岁。谥"敬天体道纯诚至德弘文钦武章圣达孝昭皇帝"，庙号仁宗。九月六日葬献陵。正统七年（1442 年）十月十八日诚孝昭皇后张氏薨，祔葬

---

[1]　文中主山指陵寝倚托之天然屏障的山峰；金星、水星是按五行观念来表示峰峦的圆、曲形态；辅弼、龙虎喻指主山左右环护陵寝的丘阜，也统称砂或砂山；案即案山，特指陵寝前面呈现为天然对景的山峦；明堂指山水环抱，用来安排陵寝地宫的场地。

献陵。

献陵在长陵西侧，黄山南麓（天寿山西峰下）。仁宗临终遗诏："朕既临御日浅，恩泽未浃于民，不忍重劳，山陵制度务从俭约"。宣宗朱瞻基即位，遵遗昭建献陵。洪熙元年七月兴工，八月玄宫建成，九月初葬仁宗（先后仅三个月）。此后续建门楼、享殿、左右庑（配殿）和神厨。正统七年十二月建明楼，次年三月陵寝全部完工。陵宫面积4.2万平方米。献陵神道从长陵神道北五空桥北向西北分出，长约1公里。近陵处建神功圣德碑亭，亭前建单空石桥一座。陵寝建筑俭朴，有十三陵"献陵最朴"之说。献陵的特点是陵恩殿与方城明楼不连属，中隔小土山。

2. 景陵

陵主朱瞻基，仁宗长子，建文元年（1399年）二月三日生于燕王府。永乐九年十一月十日，立为皇太孙。二十二年仁宗即位，十月十一日立为皇太子。洪熙元年六月十二日即皇帝位，次年改元宣德。宣德十年（1435年）正月初三日崩于乾清宫，享年37岁。谥"宪天崇道英明神圣钦文昭武宽仁纯孝章皇帝"，庙号宣宗。六月二十一日葬景陵。天顺六年（1462年）九月四日，孝恭章皇后孙氏薨（时追封为太后），祔葬景陵。

景陵在长陵之东，黑山西南麓（天寿山东峰下）。宣德十年正月十一日陵寝动工兴建，六月二十一日葬宣宗。天顺七年三月十九日，陵寝全部完工，前后断续营建28年。景陵神道从长陵神道北五空桥南向东分出，长约1.5公里，途中建单空石桥一座，近陵处建神功圣德碑亭。陵寝遵献陵俭制，因地势宝城修成前方后圆形状，十三陵中"景陵最小"。陵宫面积2.5万平方米。

3. 裕陵

陵主朱祁镇，宣宗长子，宣德二年十一月十一日生。宣德三年二月六日立为皇太子，十年正月十日即帝位（时方9岁），次年改元正统。正统十四年八月"土木堡"之变被瓦剌俘虏，景泰元年（1450年）八月被放回，被景泰帝幽居于东苑崇质宫（小南城）。景泰八年正月十六日发动"夺门之变"复辟，改景泰八年为天顺元年。天顺八年正月十七日崩，享年38岁。谥"法天立道仁明诚敬昭文宪武至德广孝睿皇帝"，庙号英宗。英宗临终遗诏止殉，结束了宫人殉葬制度。孝庄睿皇后钱氏，成化四年（1468年）六月二十六日薨，九月四日祔葬裕陵。孝肃皇后周氏、宪宗生母（原为贵妃，宪宗即位尊为皇太后，孝宗即位尊为太皇太后），弘治十七年（1504年）三月一日薨，四月十八日祔葬裕陵。

裕陵在天寿山西峰石门山南麓，天顺八年二月二十九日动工兴建，著名工匠蒯祥和陆祥参与工程。两个月左右建成玄宫，天顺八年五月八日奉英宗梓宫入葬，六月二十日陵寝全部完工，前后仅用近四个月的时间。裕陵神道从献陵神道碑亭南石桥之前向西分出，长约1.5公里，途中建单空石桥两座，近陵处建神功圣德碑亭，亭北建并列单空石桥三座。陵宫面积2.62万平方米。

4. 茂陵

陵主朱见深，初名见浚，英宗长子，生于正统十二年十一月二日。正统十四年八月二十二日立为皇太子，景泰三年五月二日废为沂王。天顺元年三月六日复立为皇太子，改名见深。八年正月二十二日即皇帝位，次年改元成化。成化二十三年八月二十二日崩，享年

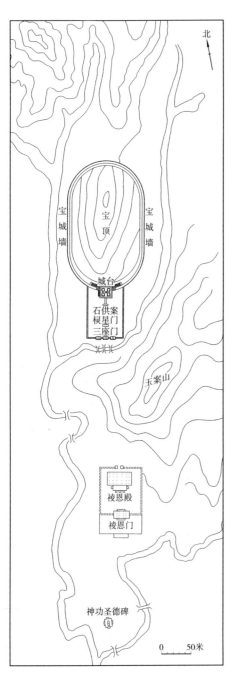

图 15-1-2 明十三陵献陵平面图
（以下诸陵平面图引自国家文物局《明清皇家陵寝扩展项目——明十三陵》，略变化）

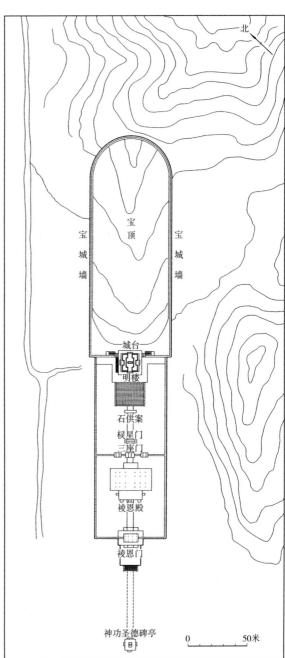

图 15-1-3 明十三陵景陵平面图

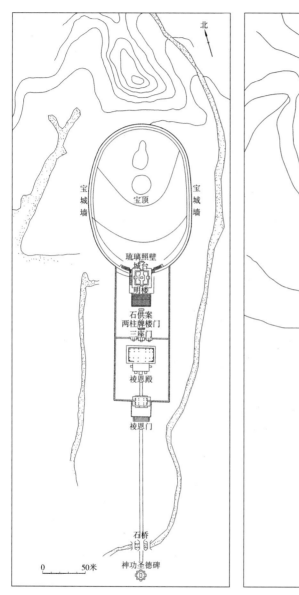

图 15-1-4　明十三陵裕陵平面图

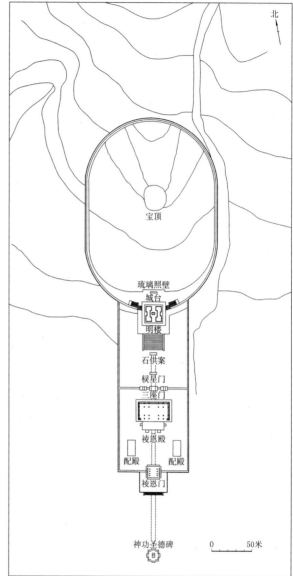

图 15-1-5　明十三陵茂陵平面图

41 岁。谥"继天凝道诚明仁敬崇文肃武宏德圣孝纯皇帝"，庙号宪宗。孝贞纯皇后王氏（第二位皇后，第一位皇后吴氏天顺八年废）孝宗时被尊为皇太后，武宗时被尊为太皇太后。正德十三年二月十日薨，六月十六日祔葬茂陵。孝穆皇后纪氏（广西少数民族土官之女，成化南征俘入宫中），孝宗生母，成化十一年六月二十八日暴死，葬京西金山。孝宗即位追谥其母为皇太后，迁葬茂陵。孝惠皇后邵氏（宪宗时为贵妃），世宗时尊为皇太后，嘉靖元年（1522 年）十一月八日薨，嘉靖二年二月二十五日祔葬于茂陵。

茂陵在裕陵之西聚宝山南麓，成化二十三年九月十九日动工兴建，十二月十七日葬宪宗和孝穆太后；弘治元年四月二十四日竣工（共七个多月）。陵寝制度大体如裕陵。茂陵神道从裕陵神道碑亭前向西分出，长约1.8公里，途中建单空石桥一座，近陵处建神功圣德碑亭。陵宫面积2.56万平方米。

5. 泰陵

陵主朱祐樘，宪宗三子，生于成化六年七月三日。成化十一年十一月八日立为皇太子，二十三年九月六日即皇帝位，次年改元弘治。弘治十八年五月七日崩于乾清宫，享年36岁。谥"达天明道纯诚中正圣文神武至仁大德敬皇帝"，庙号孝宗。孝康敬皇后张氏，嘉靖二十年八月八日薨，十月九日祔葬泰陵。

泰陵在茂陵西北笔架山南麓（又称"施家台"或"史家山"），弘治十八年六月五日正式兴工，玄宫建成后，十月十九日葬孝宗。正德元年（1506年）三月二十二日，陵园地面建筑完工。泰陵神道从茂陵神道碑亭前向西分出，长约1公里，途中建五空石桥一座，近陵处建神功圣德碑亭，亭后建并列单空石桥三座。陵宫面积略同裕陵。

6. 康陵

陵主朱厚照，孝宗长子，生于弘治四年九月二十四日。五年三月八日立为皇太子，十八年五月十八日即皇帝位，次年改元正德。正德十六年三月十四日崩于豹房，享年31岁。谥"承天达道英肃睿哲昭德显功宏文思孝毅皇帝"，庙号武宗。孝静毅皇后夏氏，嘉靖十四年正月二十五日薨，同年三月二十八日祔葬康陵。

康陵位于泰陵西南，莲花山东麓（八宝莲花山，又称金岭）。陵始建于正德十六年四月三十日，九月二十二日武宗入葬康陵。嘉靖元年六月十七日，陵园竣工，制度一如泰陵。康陵神道从泰陵神道五空桥南向西南分出，长约1公里，途中建五空石桥、三空石桥各一座，近陵处建神功圣德碑亭。陵宫面积2.7万平方米。

7. 永陵

陵主朱厚熜，正德二年八月十日生于兴王府（朱祐杬长子），十六年四月二十二日即皇帝位，次年改元嘉靖。嘉靖四十五年十二月十四日崩于乾清宫，享年60岁。谥"钦天履道英毅圣神宣文广武洪仁大孝肃皇帝"，庙号世宗。孝洁肃皇后陈氏，嘉靖七年十月二日病薨，葬天寿山祔儿峪，穆宗即位后迁葬永陵。孝烈皇后方氏，嘉靖二十六年十一月十八日薨，祔葬永陵。孝恪皇后杜氏，穆宗生母（当时为妃），嘉靖三十三年正月十一日薨，葬金山。穆宗即位尊谥为皇太后，迁葬永陵。

永陵在阳翠岭南麓（原名十八道岭，世宗更名阳翠岭），是朱厚熜在位时营建的寿陵。卜选陵址始于嘉靖七年陈皇后去世之时，嘉靖十五年四月二十二日申时兴工，世宗亲自主持祭告长陵典仪[1]。此后，经若干年才最后竣工[2]，其规模和规制仅次于长陵。永陵

---

[1]　永陵动工之际，同时开工的还有其他七陵修缮工程，长陵神道甃石以及石像生加护石台等工程。
[2]　永陵竣工日期，史籍无确载。《明世宗实录》卷二五六记载，永陵工程曾暂停，嘉靖二十年（1541年）十二月又再度兴工。其具体竣工日期不明。

神道从长陵神道七空桥北向东北分出，长约 1.5 公里，途中建单空石桥一座，近陵处建神功圣德碑亭，亭前建并列单空石桥三座。陵宫面积 25 万平方米。

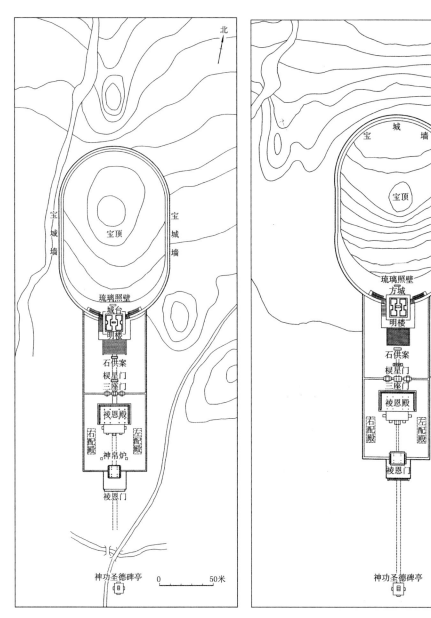

图 15-1-6　明十三陵泰陵平面图　　　　　图 15-1-7　明十三陵康陵平面图

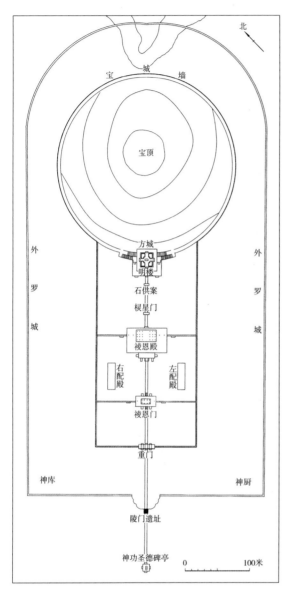

图 15-1-8　明十三陵永陵平面图

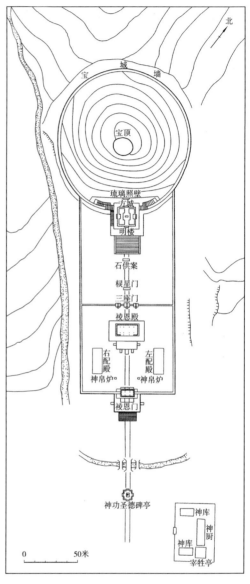

图 15-1-9　明十三陵昭陵平面图

8. 昭陵

陵主朱载垕，世宗三子，生于嘉靖十六年正月。嘉靖十八年二月封裕王，四十五年二月即皇帝位，次年改元隆庆。隆庆六年五月二十六日崩于乾清宫，享年 36 岁。谥"契天隆道渊懿宽仁显文光武纯德弘孝庄皇帝"，庙号穆宗。孝懿庄皇后李氏（裕王妃），嘉靖三十七年四月十三日病故于裕王府，同年七月葬京西金山丰裕口。穆宗即位追谥为孝懿皇后，隆庆六年七月神宗将其迁葬昭陵。孝安皇后陈氏，隆庆元年册立为皇后。万历二十四年七月十三日薨，祔葬昭陵。孝定后李氏（神宗生母），隆庆元年（1567 年）三月封为皇贵妃，万历元年尊为皇太后，万历四十二年二月九日病故，享年70岁，祔葬昭陵。

昭陵位于大峪山东麓，利用世宗为其父朱祐杬在天寿山营建显陵旧玄宫[1]，隆庆六年八月二十二日迁孝懿李后棺椁祔葬昭陵，九月十九日穆宗葬陵内。隆庆六年六月十五日，神宗下诏在大裕山建陵园，约一年建成。万历二年发现地基沉陷，万历三年（1575年）正月再修昭陵，七月竣工。昭陵神道从长陵神道七空桥北向西分出，长约2公里，途中建五空、单空石桥各一座，近陵处建神功圣德碑亭，亭后建并列单空石桥三座。陵宫面积3.46万平方米。

9. 定陵

陵主朱翊钧，穆宗三子，生于嘉靖四十二年八月十七日。隆庆二年三月十一日立为皇太子，六年六月十日即帝位（年10岁），次年改元万历。万历四十八年七月二十一日崩于宏德殿，享年58岁。谥"范天合道哲肃敦简光文章武安仁止孝显皇帝"，庙号神宗。孝端显皇后王氏，万历六年二月册立皇后，万历四十八年四月六日薨，十月三日祔葬定陵。孝靖皇后王氏（光宗生母），册立为皇贵妃。万历三十九年九月十三日病故，万历四十年七月十七日葬东井左侧平岗地。光宗即位，追谥其母为皇太后，迁葬定陵。

定陵在昭陵西北大峪山东麓，为生前所建寿陵。万历十一年初卜选寿宫址，十二年十一月六日辰时寿宫始动工，十三年三至八月间全面铺开，十八年六月竣工（神宗时年28岁）。该陵朱翊钧亲自选址，"钦定寿宫式样、丈尺"，三次现场视察，陵规模宏大，坚固华丽。定陵神道从昭陵神道五空桥西向北分出，长约1.5公里，途中建三空石桥一座，近陵处建神功圣德碑亭，亭前建并列单空石桥三座。陵宫面积18万平方米。

10. 庆陵

陵主朱常洛，神宗长子，生于万历十年八月十一日。二十九年十月十五日立为皇太子，四十八年八月初一日即皇帝位，九月一日崩于乾清宫，年39岁（在位一个月）。谥"崇天契道英睿恭纯宪文景武渊仁懿孝贞皇帝"，庙号光宗。孝元贞皇后郭氏，万历二十九年册立为皇太子妃，四十一年十二月二十四日去世，在宫中停尸二年。万历四十三年十二月十二日葬天寿山泰陵园后长岭之前，熹宗即位上尊谥为孝元贞皇后，祔葬庆陵。孝和皇后王氏（熹宗生母），始封才人，万历四十七年三月二十三日去世，熹宗即位上尊谥为孝和皇后，祔葬庆陵。孝纯皇后刘氏（崇祯帝生母），淑女，万历三十八年十二月死于冷宫，秘葬京西金山。光宗即位，追封贤妃。崇祯帝即位，上尊谥为孝纯皇太后，迁葬庆陵。

庆陵在裕陵东南，黄山寺二岭南麓，又称"景泰洼"（曾建过景泰帝寿陵）[2]。庆陵于天启元年（1621年）三月定穴营建，七月二十九日玄宫建成，九月四日葬光宗及孝元与孝和二皇后。天启六年六月，陵园全部竣工。陵制参酌献陵，排水系统独具一格。庆陵神道从裕陵神道小石桥西向北分出，长约20米，近陵处建神功圣德碑亭，亭前建单空石桥一座。

---

[1] 武宗死无子，由兴献王世子朱厚熜即帝位。此后，正德十六年十月，追尊其父为兴献帝。嘉靖十七年十二月，下诏在天寿山为其父营建显陵。建好后未迁葬，玄宫遂空。

[2] 该陵陵墙呈前方后圆状，面阔方向含陵门在内共52米，进深方向最大尺度为78米。1979年列为北京市重点文物保护单位。

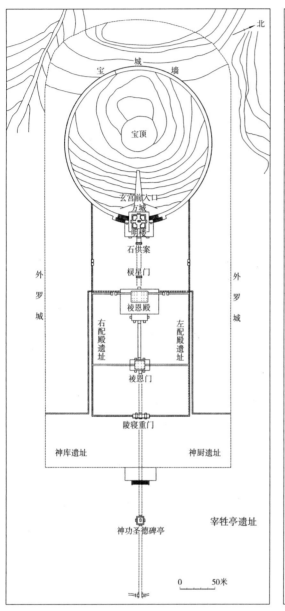

图 15-1-10　明十三陵定陵平面图

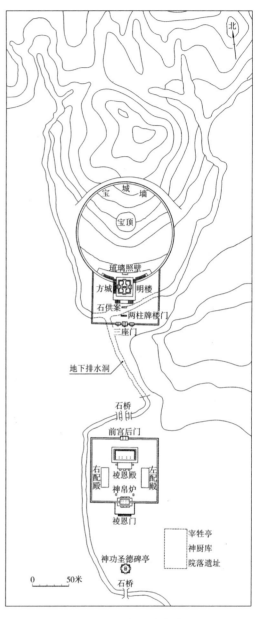

图 15-1-11　明十三陵庆陵平面图

11. 德陵

陵主朱由校，光宗长子，生于万历三十三年十一月十四日。泰昌元年（1620 年）九月六日即帝位，次年改元天启。天启七年八月二十二日崩，年 23 岁。谥"达天阐道敦孝笃友章文襄武靖穆庄勤悊皇帝"，庙号熹宗。懿安皇后张氏，天启元年四月册立为后。崇祯十七年（1644 年），李自成起义军攻入北京，自杀，清朝将其葬入德陵。

德陵在永陵之东，潭峪岭西麓。陵始建于天启七年九月，崇祯元年三月八日熹宗入葬德陵。德陵工程至崇祯五年二月才最后竣工。德陵神道从永陵神道碑亭前向东北分出，长约0.5公里，途中建五空石桥一座，近陵处建神功圣德碑亭[1]。陵宫面积3.1万平方米。

　　12. 思陵

　　陵主朱由检，光宗第五子，生于万历三十八年十二月二十四日。天启二年九月二十二

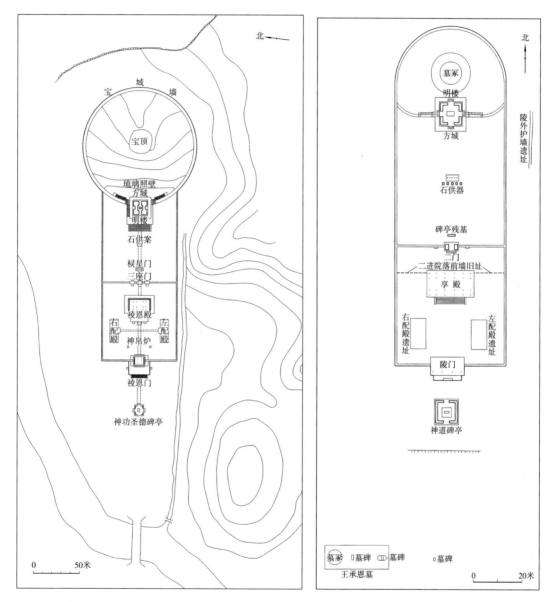

图15-1-12　明十三陵德陵平面图　　　　图15-1-13　明十三陵思陵平面图

---

[1]　诸陵神道形制不一，献、景、裕、茂、泰、康陵，中间御道以城砖墁砌，两侧砌小河卵石。永、定二陵御道铺石条，两侧墁砖。庆陵御道墁方砖，两侧墁城砖。碑亭均重檐式，四出陛，亭内神功圣德碑均螭首龟趺，无字，土衬石上刻海浪；永、定、庆、德四陵土衬石上四角处分刻鱼、鳖、虾、蟹四水生动物。

日封信王，七年八月二十四日即位于中极殿，次年改元崇祯。崇祯十七年三月十九日自缢身亡，年35岁，四月四日入葬。南明弘光政权（福王），谥为"烈皇帝"，庙号思宗，后又改庙号为"毅宗"，隆武（唐王）时又定庙号为"威宗"。清军入关，初定崇祯庙号为"怀宗"，谥"端皇帝"；顺治十六年（1659年）十一月去其庙号，改谥为"庄烈愍皇帝"。孝节皇后周氏，崇祯帝即位册立为皇后，遵旨自缢身亡。南明政权上尊谥为"孝节烈皇后"，清朝上谥号为"大明孝敬贞烈慈惠庄敏承元配圣端皇后"，顺治十六年十一月改谥为"庄烈愍皇后"。皇贵妃田氏，崇祯十五年七月去世，十七年正月二十三日葬入坟园内。

思陵在陵区西南隅鹿马山（又名锦屏山或锦壁山）南麓。原为田贵妃坟，李自成大顺政权将崇祯帝后葬入田贵妃坟中。清初改称思陵，顺治元年五月改葬崇祯帝后，营建了地上园寝建筑。陵宫面积0.65万平方米。

以上诸陵陵名（又称陵号），明朝均由皇帝钦定。凡帝后停灵待葬，定陵名一般在玄宫落成之时。若待葬者为皇帝，又有玄宫始建就定陵名的。皇帝生前所建寿宫，营建时又无皇后待葬，陵名到帝或后入葬前才拟定。明代十三陵的各陵名，均与前代陵名不忌相犯，陵名单字，取义于褒扬和吉祥。

第二节　明长陵

一　卜选陵址与营建长陵

（一）以"形家"风水术指导卜选陵址吉地[1]

《明太宗实录》卷九二记载："永乐七年（1409年）五月……己卯，营山陵于昌平县。时仁孝皇后未葬，上命礼部尚书赵羾以明地理者廖均卿等择地，得吉于昌平县东黄土山。车驾临视，遂封其山为天寿山。"

所卜黄土山陵址，完全符合帝陵风水要求。如梁份《帝陵图说》称颂天寿山风水形势："崇高正大，雄伟宽宏，主势强，力量全，风气聚，水土深厚，穴道正，昆仑以来之北干王气所聚矣。内则蟒山盘其左，虎峪踞其右，凤凰翥其南，黄花城、四海冶拥其后；外则西有西山，东有马兰峪。群峰罗列，如几如屏，如拱如抱，如万骑簇拥，如千官侍从。其东、西山口，一水流伏，如带在腰；近若沙河、白水，远若卫、漳，河江若大若小，莫不朝宗。"上述乃长陵风水之大势，下面拟再具体简略言之。

长陵陵后主山有中、东、西三峰，万历《顺天府志》称"三峰并起，回出诸山"。三峰中以中峰最高（海拔760余米），合于紫微垣星局中"三台"的星峰形象。中峰前的小山，为长陵的来山，峦头浑圆，形如覆釜，合于紫微垣的华盖峰峦形态。陵前左右两翼，大峪山、虎峪山居西，阳翠岭、蟒山居左，包括陵园两侧的蝉翼护砂等，又反映了紫微垣

---

〔1〕　明代"江西法"形势宗成为风水术的主流，风水术士将其称为"形家"。

中上相、上将等左辅右弼的星辰位置和星峰
形态。陵前有水流曲折而过，如紫微垣的
"御沟"〔1〕。再前有宝山（天寿灵山）、昌
平城后山等朝案山遥相呼应（朝案山下文有
说），又分别相当于紫微垣中的太乙、天乙
等星。此外，长陵主山主峰由高及低，山势
倾斜角度越来越趋于平缓，垂伏而不高昂。
郭璞《葬书》有"玄武垂头"之说，元郑
谧注："垂头，言自主峰渐渐而下如欲受人
之葬也"，长陵主山之势与此正合。

　　位于陵园左侧之山称龙砂，右侧小山称
虎砂。元耶律楚材《玉弹子·审砂篇》"龙
虎"条说："真气之钟，抱护蝉翊，一龙虎
也；正形之止，拱揖股肱，二龙虎也；大势
之中，外阳环抱，三龙虎也"。长陵"西有
西山，东有马兰峪，群峰罗列，如几如屏，

图 15-2-1　北京明十三陵长陵风水格局示意图
（引自胡汉生《明十三陵》，中国青年出版社 1999 年版）

如拱如抱，如万骑簇拥，如千官侍从"，这些山构成了长陵"大势"龙虎。陵区群山"蟒
山盘其左，虎山踞其右"，则是其"正形之止，拱揖股肱"的龙虎。陵园宝城两侧从背后
主山伸展而来的层层余脉，则又是其"蝉翊"龙虎。

　　长陵右侧虎砂的层数和脉身之长胜于左侧龙砂，故宝城处于偏右方向的来脉脉止之
处，左有老君堂水经陵前北五空桥（空＝孔）过宫锁断；其宝城中心所在地势较平坦，凡
此均合风水术取"穴"之要求〔2〕。

　　穴前平坦地块风水术称明堂。明堂有内外之别，凡"龙虎环抱，近案当前"属内明
堂，献、庆二陵属此类。凡"山势来急，垂下结穴，龙虎与穴相登，前案高远"，为外明
堂，献、庆二陵之外的长陵和其他诸陵属此类。

　　陵前山脉形家称"客山"（与主山对）、"朱雀"（与主山玄武相对）。根据离穴之远
近，远者称"朝"或"前案"，近者称"案"或"近案"。长陵正对朝案宝山（天寿灵
山），两者呈"相迎"之势，与后面天寿山主山（中峰）形成长陵风水南北主轴线。

　　形家要求葬处要有水流"界穴"，防止生气流逝。长陵内各条水流在七空桥西北汇合
后经陵前东南流，形成"外气横形"（郭璞《葬书》）的朱雀水。陵园两侧天寿山余脉左
右伸展，与来龙之间形成小山谷，山间谷水又形成陵园两侧的虾须水〔3〕。这些水流在陵
前和两侧随自然地势呈弯环曲折形态，符合风水术"小水夹左右，大水横其前"与诸水
"每一折潴而后泄"的要求。

〔1〕　胡汉生：《明十三陵》，中国青年出版社 1999 年版，第 30 页。
〔2〕　参见胡汉生《明十三陵》，中国青年出版社 1999 年版，第 31—32 页。
〔3〕　虾须水，形家又称"小八字"。

总之，长陵"四势完美""山川大聚"的风水形势与"外藏八风，内秘五行"的风水理论相合，在明十三陵中风水最佳。此外，还有一些与长陵风水有关的问题，后文有说。

（二）长陵营建概况

永乐四年（1406年）闰七月壬戌诏"以明年五月建北京宫殿"，但永乐五年七月甲戌仁孝皇后（徐达之女）薨于南京（享年46岁，暂权厝南京。谥"仁孝慈懿诚明庄献配天齐圣文皇后"），因而改为全力营建长陵（永乐十四年长陵殿落成后，才"复议营建北京"）。

如前所述，永乐七年"择地得吉于昌平县东黄土山"。同年五月己卯朱棣驾临考察，改封山名为天寿山，遣武安侯郑亨祭告兴工，武义伯王通等督建陵寝。永乐八年九月朱棣驾临天寿山视察山陵修建情况，以后又多次予以关注。永乐十一年正月玄宫建成，荐名长陵，遂令汉王朱高煦护送徐皇后梓宫北行（正月十七日离南京），二月二十七日葬徐后于长陵玄宫。永乐十四年三月癸巳长陵殿落成[1]，赵王朱高燧奉命将徐皇后神位安奉殿内。永乐二十二年七月辛卯，朱棣病崩于亲征漠北之役途中榆木川（今内蒙古乌珠穆沁附近，享年65岁），十二月庚申葬长陵，谥"体天弘道高明广运圣武神功纯仁至孝文皇帝"，庙号"太宗"。

洪熙元年（1425年）四月丙辰，仁宗朱高炽御制《大明长陵神功圣德碑》。英宗宣德二年（1427年）三月，陵园殿宇大体告竣（从兴建至此近18年）。宣德十年十月己酉始建碑亭（正统三年，即1438年落成），并在碑亭四隅添建华表，神道上配置望柱和十八对石像生。此后，成化元年（1465年）正月乙亥增建斋房；嘉靖十五年（1536年）四月神道北段铺筑石板，石像生加护石台；嘉靖十七年二月，世宗朱厚熜更天寿山诸陵殿名为"祾恩殿"，殿门名为"祾恩门"（祾取"祭而受福"意；"恩"取"罔极之恩"意）；嘉靖十九年神道南端建石牌坊（距初营长陵131年）；嘉靖二十一年五月陵门东侧建小碑亭。万历三十二年（1604年）五月癸酉长陵明楼雷火烧毁，翌年正月辛丑兴工重建，六月乙巳完工，并重建圣号碑为"成祖文皇帝之陵"[2]。

二 长陵形制布局

《大明长陵神功圣德碑》记述："皇考遗命：山陵悉遵洪武俭制"，实则其规模仅略逊孝陵，而其总体规模和形制则居天寿山诸陵之首。下面拟从南向北分段介绍长陵的形制布局。

（一）石牌坊至大红门

石牌坊位于长陵和十三陵的起点（图15-1-1），建于嘉靖十九年，白石和青白石构筑，呈五间六柱十一楼式，通阔28.86米，主楼正脊顶部至地面高约12米，是中国现存营建时间最早、规模最大（尺度最大）、造型最精美、等级最高的大型仿木结构石牌楼之

---

[1] 傅熹年：《中国古代城市规划、建筑群布局及建筑设计方法研究》上册，中国建筑工业出版社2001年版，第132页。

[2] 参见《明世宗实录》卷二一七；《明神宗实录》卷四〇七。

一。其体量宏伟，通透空灵，雕饰华丽，雍容端庄，作为陵寝建筑空间序列的引导标志，极富艺术魅力。

石牌坊之北明时有石桥三空，桥左右植松柏各六行；坊北行约1.25公里至龙山和虎山间高岗上的大红门（陵区总入口处，图15-1-1、图15-2-2）。大红门经历代修葺，保存基本完好。门单檐庑殿顶，黄琉璃瓦，下承石雕冰盘檐（无斗拱，结构略同明孝陵四方城）。檐下门垛面宽37.95米，进深11.75米，红墙，辟三门洞（中券门高6.15米，宽5.37米，侧券门高5.87米，宽5.04米）[1]。门洞左右各有门砧和管扇窝，门外左右两侧墙体仅各存土岗上的红墙一段。明代时红门两侧红墙随岗地坡度三次递减高度，并与龙、虎二山连成一体，红墙下辟左右掖门。大红门前左右两侧立下马石碑，碑通高5.32米，下为三层石条方基座，其上碑身高4.45米、宽1.04米、厚0.38米，正反两面刻"官员人等至此下马"八个大字（陵区入口警戒标志），上下两端雕如意绦环图案；碑身下四角支护戗鼓石（又称石抱鼓，曾经后代补配）。

（二）大红门至陵宫前之神道

大红门内路东是"拂尘殿"遗址[2]，大红门北约0.6公里至碑亭（图15-1-1、图15-2-2）。碑亭平面呈正方形，重檐歇山顶，四面各辟一券门，亭壁下部有石雕须弥座，再下承以陡板式台基，台基边长各26.51米，四面各设礓礤台阶，亭高25.14米[3]。

碑亭内立长陵神功圣德碑，碑顶至亭内地面8.1米，碑白石雕成，通高7.91米。"螭首"（6条高浮雕交龙），中部篆额"大明长陵神功圣德碑"，碑身正面刻明仁宗朱高炽撰文，翰林学士程南云书丹的碑文[4]，落款为"洪熙元年（1425年）四月十七日孝子嗣皇帝高炽谨述"。"龟趺"，龟趺下长方形土衬石台上刻水波漩流。

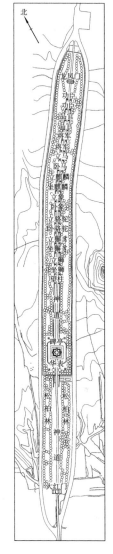

图15-2-2　明十三陵长陵神道平面图

（引自国家文物局《明清皇家陵寝扩展项目——明十三陵》）

---

〔1〕　胡汉生：《明朝帝王陵》，北京燕山出版社2001年版，第64页。

〔2〕　（清）朱孔阳辑：《历代陵寝备考》卷四十六引《燕都游览志》，江苏广陵古籍刻印社1990年版。

〔3〕　碑亭内石条券顶为清乾隆五十年（1785年）修葺时所增。民国及中华人民共和国成立后，曾对残坏构件进行更换或加固。其外部形制，每面各显三间。明间上下两檐各施以单翘重昂平身科斗拱八攒；次间上檐各施三攒，下檐各施五攒。

〔4〕　碑文录文见前引《明朝帝王陵》，北京燕山出版社2001年版，第66—73页。碑其他三面原无刻文，至清代，背面刻清高宗御制诗《哀明陵三十韵》；碑身左侧刻乾隆五十二年（1787年）御制诗，右侧刻清仁宗嘉庆九年（1804年）御制文，以上录文载《明朝帝王陵》，北京燕山出版社2001年版，第73—77页。

　　碑亭四隅各置一华表，汉白玉雕成，各高 10.81 米。华表，明代文献又称"擎天柱"，四华表形制相同。下为平面呈八角形的仰覆莲须弥座，上下枋和束腰镌刻行龙。八棱柱身下端雕山崖，一条蟠龙绕柱穿云升腾而上。柱上部贯出云版，顶部为仰覆莲圆盘，束腰雕联珠，盘上圆雕蹲龙[1]。华表质地洁白，雕饰精美，造型轻灵，为上乘佳作。

　　碑亭北为神道石像生行列，长达 800 米，从南向北依次排列石望柱 1 对，石兽 12 对，石人 6 对。望柱（约在碑亭北半里许）高 7.16 米，柱身六边形，雕云纹，上有云龙纹柱形柱头，下有六边形须弥座式基座。石兽 6 种，前后依次置狮、獬豸、骆驼、象、麒麟和马。每种各两对，均前者坐（或卧），后者立，相对列置于神道两侧。坐狮高 1.88 米，身长 2.1 米，宽 0.92 米；立狮高 1.93 米，身长 2.5 米，宽 0.78 米。獬豸，坐者高 1.9 米，身长 2.15 米，宽 0.96 米；立者高 1.9 米，身长 2.5 米，宽 0.8 米。骆驼，卧者高 2.6 米，身长 4.4 米，宽 1.85 米；立者高 2.9 米，身长 3.9 米，宽 1.1 米。象，卧者高 2.6 米，身长 4.4 米，宽 1.85 米；立者高 3.25 米，身长 4.3 米，宽 1.55 米。麒麟，坐者高 1.95 米，身长 2.2 米，宽 0.9 米；立者高 2 米，身长 2.63 米，宽 0.8 米。马，卧者高 1.9 米，身长 2.8 米，宽 1 米；立者高 2.2 米，身长 2.9 米，宽 0.8 米。石兽之后置石人，前者将军像（武臣）四躯，各高 3.2 米，宽 1.2 米。其后四躯文官像和四躯勋臣像，各高 3.2 米，宽 1.15 米（各石像生不同部位稍有残损，均经粘补）[2]。

　　石像生尽端置龙凤门（因帝后入葬山陵，必经此门，故名），即棂星门。门总宽 34.65 米，进深 4.21 米，高 8.15 米，为石像生终端标志。龙凤门三门并列南向，其间缀以琉璃照壁。各门呈牌坊式，两根方柱抹角，底部嵌进照壁下的石雕须弥座，前后设戗鼓石。柱间石刻梓框门簪，其上依次置小额枋，绦环板，大额枋。大额枋上部正中置火焰宝珠，故又称火焰牌坊。两柱上部凌空，两侧展出云版，顶部云墩及须弥座，其上圆雕朝向宝珠的蹲龙（图 15-2-3）。

　　过龙凤门北行约 0.8 公里处有南高北低的大土坡，称芦殿坡[3]。其西南有旧行宫遗址，北一里有南五空（孔）桥，又北约二百步有七空桥（南距芦殿坡约 0.8 公里），石桥东北有新行宫[4]，七空桥北约 1.6 公里为北五空桥，桥北约 1.2 公里抵陵宫[5]。

　　神道随地形略呈弯曲状，明时神道两侧栽松柏各六行（明亡砍伐殆尽）[6]。明嘉靖十五

---

[1]　华表外明朝时有白石栏，后毁，仅存栏板一块，残望柱两根。栏板，寻杖之下雕三幅云及净瓶。净瓶下盘子两侧雕云龙纹的盒子心。望柱，柱身雕龙，其中一柱头残存狮尾及狮爪。1994 年修葺神路时依原式配置了栏板石，望柱头雕为二十四气朱式。四华表上蹲龙，南面两柱蹲龙朝南，民间称"望君出"（企盼君王走出深宫，体察民情，关心百姓疾苦），北面华表蹲龙朝北，民间称"望君归"（希望君王及早回朝理政）。由于华表蹲龙呈引颈嘶鸣状，故又称之为"望天吼"。

[2]　刘敦桢：《明长陵》，载《中国营造学社汇刊》第四卷第二期，1933 年。

[3]　朱孔阳《历代陵寝备考》卷五十记载："棂星门北，五空桥南山坡号芦殿坡，当时祭陵以芦席作殿，以息群工执事者。"

[4]　参见徐乾学《读礼通考》卷九十三引《昌平山水记》。

[5]　参见胡汉生《明十三陵》，中国青年出版社 1999 年版，第 151 页；《明朝帝王陵》，北京燕山出版社 2001 年版，第 88—89 页；刘敦桢《明长陵》，载《中国营造学社汇刊》第四卷第二期，1993 年。

[6]　参见徐乾学《读礼通考》卷九十三引《昌平山水记》。

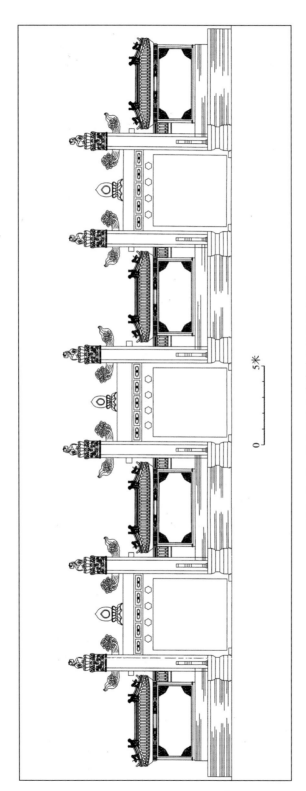

图 15－2－3　明十三陵长陵神道龙凤门正立面图
（引自国家文物局《明清皇家陵寝扩展项目—明十三陵》）

0　　　　5米

年（1536 年）所甃石路，仅存北五空桥以北一段，系青白石及汉白玉石条铺砌，路面宽4.7 米，两侧阴刻内侧牙线，御路两侧砌砖无存。神功圣德碑亭前至龙凤门后的路面，旧制中间御路铺砌城砖，两侧铺碎卵石[1]。

（三）陵宫

陵宫建筑南偏西 9°，由前后相连三进院落组成，平面呈南北长方形，左侧墙长 343米，右侧墙长 327 米（因宝城呈不十分规则圆形，故两侧墙长不一），墙高 4.5 米，厚 1.2米（下碱部分）。墙体上身部分红墙，下碱部分磨砖对缝砌筑。墙檐采用自下而上由出檐砖组成砖砌冰盘檐（两侧墙体在修葺时改为灰色布瓦）。三进院落横墙，均为大式琉璃瓦顶。陵宫占地面积 12 万平方米。

南面第一进院落东西横长方形，面阔 141 米，进深 58 米。南墙正中设陵门，门单檐歇山顶，檐下额枋、飞椽、单昂三踩斗拱为琉璃构件。门面阔显五间，墙体红色，辟三券门（今对开板门，为后改）。门垛下台基陡板式，面宽 25.44 米，进深 5.52 米，高 0.47米。台阶三道，中间一道前面有御路石雕（刻宝山、海水江芽及云纹，周栏以浮雕串枝式卷草图案）。陵门前月台面宽 66.54 米，进深 13.26 米，高 1.22 米，前存礓磋路，陵门左右有随墙式角门（已拆除砌为红墙）。院内建有神厨（左）、神库（右）各五间（均毁于清代中叶），神厨之前建小碑亭。碑亭（图 15-2-5，1）落成于嘉靖二十一年五月，南向，重檐歇山顶，正脊顶部距地面高 14.42 米。亭身平面正方形，四壁红色各辟券门，门前设垂带式踏跺，台基四面边宽各 10.48 米。亭顶，上檐四面各显一间，施单翘重昂七踩斗拱；下檐四面各显三间（明间面阔同上檐），施重昂五踩斗拱；内为木构架，井口天花。亭内立石碑（图 15-2-5，2），碑首雕（近于圆雕）一盘龙，龙头居中南向探出碑外，碑趺仿龟趺式雕卧龙（明陵中独有的规制，清代称"龙趺碑"），碑身无字又称无字碑[2]。

第二进中院是该组建筑群的主体，面阔 141 米，进深 151.2 米。南面横墙中间设"祾恩门"，门单檐歇山顶，面阔五间（通阔 31.44 米），进深二间（通深 14.37 米），正脊顶部距地面高 14.57 米（一说 14.37 米）。檐下斗拱为单翘重昂七踩，其平身科斗拱耍头后尾作斜起的杆状（与宋代和清代做法不同）。门内明间（面阔 8.3 米）、次间（面阔 6 米）各设板门一道，稍间（面阔 5.57 米）封以墙体。明间板门之上安华带式榜额，书"祾恩门"三金字（"棱"系后代修葺时误写）。门下为汉白玉栏杆围绕的须弥座式台基（无月台，台基面宽 35.76 米，进深 18.66 米，高 1.57 米），栏板雕宝瓶、三幅云式，望柱雕龙凤，台基四角及各栏杆望柱之下置石螭首。台基前后各有三出踏跺式台阶，中路台阶间御路上有精美的浅浮雕图案，下雕海水江芽、宝山和海马；上雕宝山、云和二龙戏珠[3]。祾恩门两侧各有一座随墙式琉璃花门掖门。

---

[1]　参见胡汉生《明十三陵》，中国青年出版社 1999 年版，第 151—152 页。

[2]　参见胡汉生《明朝帝王陵》，北京燕山出版社 2001 年版，第 90、92—94 页。

[3]　刘敦桢《明长陵》：祾恩门"建于白石台上，前后陛三出，栏楯望柱亦白石制，琢龙凤颇工整。门东西五间，广 31.44 公尺，南北深 14.37 公尺，中辟三门。斗拱单翘重昂，单檐歇山顶"；"各部彩画，经清代修理，已非原状。檩题脊兽，亦颇毁不堪"；"门两肋，有长垣，区限南北，辟左右旁门各一"。

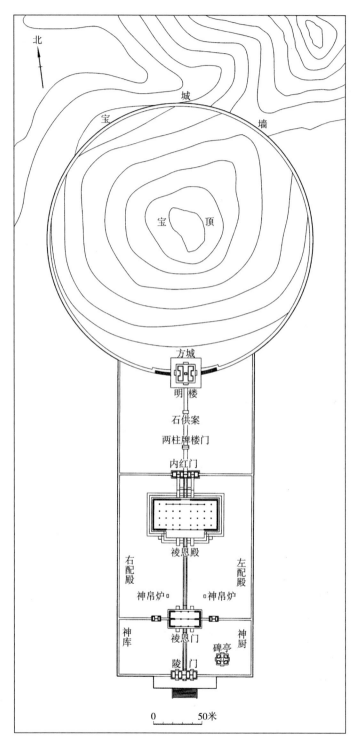

图 15－2－4　明十三陵长陵平面图

（引自胡汉生《明十三陵》，中国青年出版社 1999 年版）

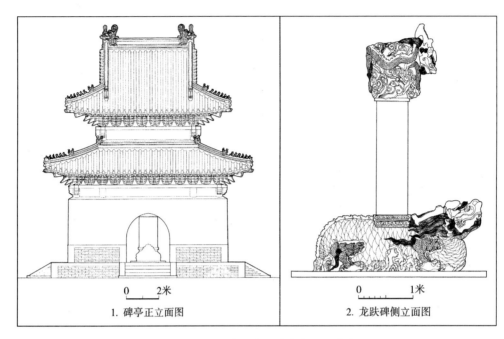

1. 碑亭正立面图　　　　　　　　　　2. 龙趺碑侧立面图

图 15-2-5　明十三陵长陵龙趺碑亭及龙趺碑立面图
（引自国家文物局《明清皇家陵寝扩展项目——明十三陵》）

第二进院落平面呈南北长方形，院内后部正中与祾恩门相对是巨大的主体建筑祾恩殿[1]。殿面阔 9 间（66.56 米），进深 5 间（29.12 米），以象征皇帝"九五"之位。殿内柱网总面积 1938 平方米，正脊至台基地面高 25.1 米。殿仿明紫禁城奉天殿（皇极殿），是我国现存最大的木构殿宇建筑之一（也是明陵中唯一保存较好的明代陵殿）。殿重檐庑殿顶，不推山，覆黄琉璃瓦（历代修葺有更换），正脊两端置十品大龙吻。上檐施重翘重昂九踩斗拱，下檐施单翘重昂七踩鎏金斗拱。殿内大木结构为叠梁式构架体系，具有典型的明代早期特色。殿内"金砖"铺地[2]，前后六排柱网排列规整，梁柱均为金丝楠木（采自四川和湖广一带深山），整材加工而成，用材粗壮。殿内 32 根金柱各高 12.58 米，柱径在 1 米以上。其中明间（明间面阔 10.3 米，次间面阔 7.19 米，次次间面阔 7.12 米）四柱最粗，左一缝前金柱底径达 1.124 米。殿内各木件除天花彩绘外，均露楠木本色。殿堂前檐之下，中央五间各安四抹槅扇门（明间六扇，余四间各四扇），稍间（面阔 7.12 米）、尽间（面阔 6.68 米）各于槛墙之上安装窗扇（每间四扇），门、窗格心均作正方格式。后檐之下，仅明间安装对开式板门一道，左右各置余塞。其余八间及两山各砌为红墙。檐下斗拱、额枋彩画屡经重绘，已失原貌。殿正面上下檐间有华带式榜额，书"祾恩殿"三字（1935 年修葺时重新制作）。殿下有三层汉（又作旱）白玉石栏杆围绕的须弥座式台基

---

[1] 殿内日常陈设神榻（灵座、龛帐），帝后神牌、册宝、衣冠、御座、香案以及各种乐器，致祭时再增置陈设祭品用的正案、从案、三牲案匣等。

[2] 金砖，指细料方砖，又称澄浆砖，由苏州等地专门烧制的铺地砖。

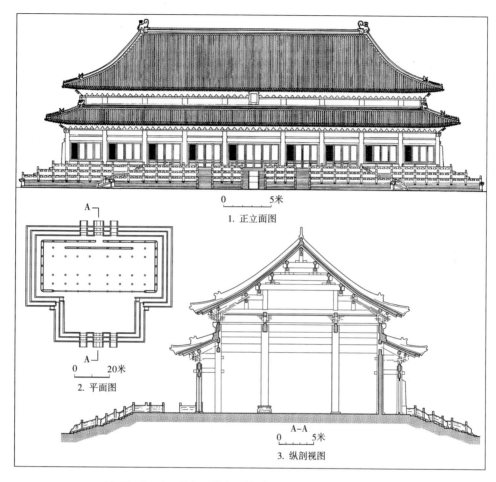

图 15-2-6　明十三陵长陵裬恩殿立面、平面、纵剖视图
（1. 引自《中国古代建筑史》第四卷，中国建筑工业出版社 2001 年版；2、3. 引自傅熹年《中国古代城市规划、建筑群布局及建筑设计方法研究》，中国建筑工业出版社 2001 年版）

（面阔 82.56 米，进深 45.12 米），其上殿本身有一层小台基，总高 3.215 米[1]。台基之前三层月台（面阔 25.28 米，进深 10.05 米，高 3.11 米）与台基连成一体，三层台基、月台均有石雕护栏。望柱雕龙凤，栏板雕宝瓶、三幅云式（多破裂，有铁锔固定）。台基和月台角隅有角石及石螭首（较完好），每根小望柱下置小石螭首（风化严重，有残断情况）。三层月台前的三出踏跺式台阶（三出陛）保存完好，中间御路石雕（稍有裂痕）由上中下三块组成。下面一块雕宝山、海水江芽、海马（二匹）及双龙戏珠（左升龙，右降龙）；中间及上面一块各雕双龙戏珠（亦左升右降），三块石雕四周各栏刻串枝式卷草纹。月台左右两面三层旁出踏跺（二出陛，祭祀时供执事人员上下）。台基后三路台阶中间御路石雕同月台

---

[1]　刘敦桢《明长陵》："台上下计三层，每层栏楯围绕，颇庄严。第一层高 1.15 公尺，二、三层各高 0.98 公尺，其上复有殿本身阶台一级，高 0.105 公尺，故自地面起，共高 3.215 公尺。"

前中间御路雕刻图案（保存较好）[1]。总之，祾恩殿的形制和做法均属最高等级，与紫禁城皇极殿、太庙享殿相类似[2]。

图15－2－7　明十三陵长陵神帛炉正立面图
（引自国家文物局《明清皇家陵寝扩展项目——明十三陵》）

祾恩殿前（南）两侧有左右配殿（又称廊庑），各十五间（清代中叶毁坏并拆除），配殿之前（祾恩门内御道两侧）各有神帛炉一座（用于焚烧祭祀所用神帛和祝版）。神帛炉各高3.8米，台基面宽2.91米，进深1.94米，保存基本完好（西帛炉因地基沉陷，炉座略有开裂）。炉单檐歇山顶，檐下施单翘三踩斗拱，再下有平板枋和阑额。炉身四角各立圆柱及马蹄磉。正面开一券门，券门饰落地式花罩，券门内砖砌小券室。花罩左右两侧各嵌两扇仿木四抹菱花格心式槅扇；其余三面砌实。炉体基座呈须弥座式，上下枋有花卉图案；束腰四角为玛瑙柱[3]，中部和两侧饰碗花结带图案。上下枭、上冰盘涩（位于上枭上）、下肩涩（位于下枭下）及土衬部分均为素面；圭角饰卷云图案（图15－2－7）。神帛炉通体琉璃构件组装，除少量绿琉璃外，均为黄琉璃（在历次修葺中，琉璃有部分已补换）。

祾恩殿后东西横墙中间开券门称陵宫门（又称内红门），形制如陵门。门内即陵宫第三进院落，平面略呈南北长方形（面阔141米，进深131米），后与宝城相接。院内中间御道上前置二柱门（图15－2－8），后置石五供。二柱门又称棂星门（面阔7.84米），二白色石柱立于石鼓座上（石柱高6.98米），柱下端支护戗鼓石（在石鼓座上），柱头雕出须弥座和东西相对的仰天蹲龙。柱间木构部分是民国二十四年（1935年）仿景陵制增构的。门后方城前置白石几筵（又称石祭台），俗称石五供。供案长条形须弥座式（案长7.05米，高1.03米），上下枋浮雕串枝花卉，上下枭刻仰覆莲瓣，束腰雕碗花结带图案，四角刻出玛瑙柱形。案上置石五供，中间石香炉三足鼎形（高1.18米），炉身和炉盖各用一整石雕成。炉身腹部浑圆（腹径0.87米），三足外侧雕云纹饕餮；炉耳、沿雕回纹；沿下束颈有乳钉，上刻图案。炉盖形如高装馒首，雕海水江芽、宝山、盘龙。两侧烛台形如"豆"（高0.61米，底径0.51米），烛盘下

〔1〕　参见刘敦桢《明长陵》；胡汉生《明朝帝王陵》，第101页。
〔2〕　胡汉生：《明十三陵》，中国青年出版社1999年版，第406页。
〔3〕　玛瑙柱，指在须弥座转角处做成马蹄柱形式，俗称玛瑙柱子。

雕仰莲瓣一周，下雕云纹。外侧二花瓶（高
0.58 米，腹径 0.53 米），小口、鼓腹、实圈
足，颈腹间饰环。

（四）方城明楼和宝城宝顶

方城建于中间御路末端（石五供之后），
与宝城连为一体，南面大部分突出于宝城之
外。方城平面正方形，底边长 34.86 米[1]，
顶边宽 31.96 米，高 12.95 米[2]，砖砌，
下有石须弥座式墙基。方城正面中间开券
门，宽 3.35 米，券门内北向坡道尽端置黄
琉璃影壁（已无）[3]，两旁分辟券门折向东
西（三门仅存门砧石和石门限，门扇和管扇
无存），称扒道券。从券内踏跺往上，穿过称
为上券门的出口达方城两旁[4]。从此向北
可升至宝顶，向南过转向踏跺则登明楼。

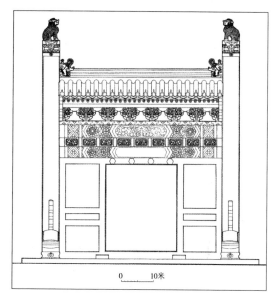

图 15-2-8　明十三陵长陵棂星门正立面图
（引自国家文物局《明清皇家陵寝扩展项目——明十三
陵》）

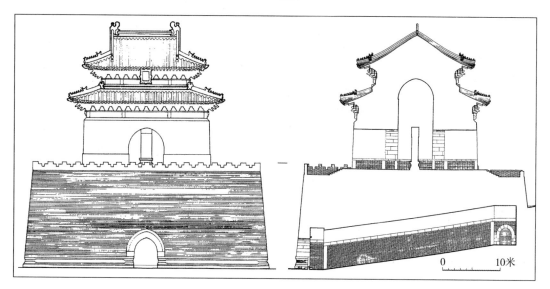

图 15-2-9　明十三陵长陵方城明楼正立面及剖视图
（引自《中国古代建筑史》第四卷，中国建筑工业出版社 2001 年版）

---

［1］　前引刘敦桢《明长陵》记 34.76 米。
［2］　参见胡汉生《明朝帝王陵》，第 103 页；胡汉生《明十三陵》，第 417 页附表二，记方城高 10.95 米；刘敦桢
　　　《明长陵》："自基至女墙顶，高 14.78 公尺"。
［3］　刘敦桢《明长陵》：琉璃"屏后为羡道入口，下通地宫，今只存砖壁"。
［4］　胡汉生：《明十三陵》，第 154 页。

图 15 - 2 - 10　明十三陵长陵明楼
圣号碑正立面图
（引自《中国古代建筑史》第四卷，中
国建筑工业出版社 2001 年版）

方城之上前筑垛口，后筑宇墙，城台中央筑明楼。明楼方形，明楼台基高 0.94 米，边宽 21 米，楼高 20.06 米，楼壁每边宽 18.06 米[1]，重檐歇山顶，覆黄琉璃瓦（历次修葺有补换）。上、下檐四面各显三间，上檐单翘重昂七踩斗栱，下檐重昂五踩斗栱（斗栱后尾砌于砖体内）[2]。正面上下两檐之间有华带式榜额，书"长陵"二金字。墙体涂红，四面辟券门。楼内正中立"圣号碑"（图 15 - 2 - 10），碑高 5.79 米[3]，龙首，须弥座式长方形趺，正面篆额"大明"二字，碑身正面双钩楷书"成祖文皇帝之陵"，字大径尺（明时填金、碑身以朱漆阑画云气，故又称"朱石碑"）。现明楼东西券门已封塞[4]。

宝城（明代文献又称"宝山城"）与方城联成整体，略呈不规则圆形，纵深最大尺度 264 米，面宽最大尺度 306 米[5]。城高 7.15 米，周长近千米，城墙顶部外筑垛口（雉垛，高 1.5 米），内筑宇墙（高 0.95 米），中间马道宽 1.9 米（或说 2 米）。宝城内为宝顶（封土，下为玄宫），又称陵山，直径约 300 米[6]。宝顶封土外周填筑与宝城马道相平，马道内侧宇墙将宝城与宝顶分隔开来。邻近方城两旁的宇墙分别开石栅栏门，是登上宝顶的入口。在宇墙内侧环宝顶周边，有宽大的砖砌排水明沟、断面呈八字形，又称荷叶沟。明沟汇集宝顶上和通过宇墙下水沟门流进的马道上的雨水，再由分布在荷叶沟中的水簸箕引入埋在马道下的暗沟，从悬布在宝城垛口下的琉璃挑头沟嘴泄出，或从布置在荷叶沟中的几个吊井

沟桶（排水竖井）引出宝城。

（五）附属建筑

除上所述，长陵还有一些为陵园祭祀服务和管理陵园的附属建筑。主要有陵门外左前方的宰牲亭（祭祀时宰杀牛、羊、豕），亭内有放血池[7]。陵门外右前方有具服殿（帝

---

〔1〕　见胡汉生《明十三陵》，第 417 页表二；刘敦桢《明长陵》记明楼边长 18 米。
〔2〕　刘敦桢《明长陵》：明楼"斗栱下层七踩，上层九踩"。
〔3〕　刘敦桢《明长陵》：朱石碑"广 1.62 公尺，厚 0.94 公尺，碑首交龙，下承矩形之台"。
〔4〕　胡汉生：《明朝帝王陵》，第 104—105 页。
〔5〕　《大明会典》卷二〇三。
〔6〕　参见傅熹年《中国古代城市规划、建筑群布局及建筑设计方法的研究》上册，中国建筑工业出版社 2001 年版，第 62 页。
〔7〕　胡汉生：《明十三陵》，中国青年出版社 1999 年版，第 162 页。

后谒陵更换服装或临时休息之所），殿面阔五间，东向，周围筑墙[1]。墙南有五个长方形白石槽，贮水饮雀，称"雀池"。神宫监约在宰牲亭东约 0.5 公里处[2]，神宫监之左有祠祭署[3]。此外，还有果园（在今长陵村），朝房（供祭祀官员歇宿，又称斋宿房）、长陵卫，以及神马房等。上述附属建筑均已无存，准确方位大都无考。

三　长陵与孝陵形制布局的比较

朱棣钦定陵寝"悉遵洪武俭制"，即长陵仿孝陵规制。但是，长陵依据所在地域的山川形势，以及为使长陵建筑功能和空间艺术效果更为完备，在仿效孝陵规制的同时又进行了局部调整和创新，所以二陵也有较大的差异。下面拟从南向北依次略作比较。

第一，长陵将孝陵下马坊改为石牌坊，坊由二柱式变为五间六柱十一楼样式，坊后增设三空桥。

第二，长陵将孝陵大金门改为大红门，大红门前左右立下马石碑（孝陵下马坊功能移到陵区入口），与明皇陵相似[4]。

第三，长陵与孝陵同样在大红门（大金门）门后立圣德碑，建方形碑亭，但长陵在圣德碑亭四隅添建四个华表。

第四，神道石像生，长陵较孝陵增加勋臣 4 件，将孝陵位于中间的石望柱移到首位（与唐宋帝陵相同）。

第五，孝陵龙凤门（棂星门）后有内御河桥，长陵龙凤门后有南五空桥。其差异是明孝陵三御河桥分置（圣德碑后、龙凤门后，方城前），长陵则将南五空桥、七空桥和北五空桥集中置于龙凤门与陵门中间位置。同时长陵在龙凤门北还增设了芦（坡）殿和行宫。

第六，陵宫的形制和配置长陵有较大变化。（1）长陵陵宫入口改称陵门（孝陵称文武方门），并将孝陵在第一进院内所置具服殿，宰牲亭等移于陵门外之左右，院内增设龙跌无字碑和碑亭（皇陵有无字碑[5]）。（2）第二进院落，与孝陵配置相同。孝陵第二进院落之后，为狭长呈长"凸"字形，后与方城有八字墙连接的过渡空间。长陵则将该部位加宽与前两院相同，取消八字墙而与宝城直接，形成真正第三进院落。院内取消孝陵方城前的御桥，增置二柱牌楼门和石五供。

第七，方城明楼的变化，（1）长陵方城改为正方形（孝陵长方形），面阔仅及孝陵方城的一半，方城大部分突出于宝城墙之外（孝陵方城缩进宝城之内）。（2）方城券门通道改孝陵的直通式设哑巴院为"T"字形的信道，取消哑巴院。（3）长陵方城上明楼亦正方形，悬"长陵"榜额，有"圣号碑"。（4）长陵宝城与方城连为整体，墙顶前有垛口后有宇墙、中为马道，有排水设施，方城两侧宇墙开石栅栏门通宝顶。宝顶在结构上与宝城连为整体，有排水设施。以上均与孝陵有别。

---

[1]　胡汉生：《明十三陵》，中国青年出版社 1999 年版，第 162 页。
[2]　胡汉生：《明十三陵》，第 162 页；《明朝帝王陵》，第 106 页。
[3]　胡汉生：《明十三陵》，第 124 页。
[4]　明皇陵在外城（土城）正红门前置一对下马牌。
[5]　明皇陵在皇城正门金门（相当于长陵陵宫陵门）前左右置碑亭，东面为无字碑。

除上所述，在风水方面，二陵总体原则相同，长陵除无孝陵北斗之形外，风水形势均强于孝陵。其次，长陵至陵宫前之神道弯曲，神道石像生均在南北一线上，无孝陵多次大折拐之势。孝陵龙凤门后御河桥直至方城前有主轴线，长陵主轴线则仅纵贯陵宫三进院落而已。以上长陵与孝陵的主要差异，则构成了长陵形制布局的重要特点。

四　长陵形制布局的主要特点和艺术特色

长陵形制布局的主要特点和艺术特色，重在与陵址所处的自然山水景观和风水形势融为一体，主要表现在对"长陵新制"（指在孝陵规制基础上的变异部分）独具匠心的规划和巧妙的艺术表现形式上。下面就此略从六个方面简述之。

（一）自然景观风水堂局气势宏大

长陵兆域南起石牌坊，北至天寿山主峰，纵深达 10.4 公里；东起蟒山之脊，西至虎峪之巅，横跨约 12 公里。可以说后来明十三陵范围内所有自然景观和风水堂局之优势，均尽收长陵兆域之中。就此而言，长陵自然景观和风水堂局气势之宏伟不仅远在明孝陵之上，而且堪与千古一帝秦始皇陵和唐十八陵中最雄伟的干陵相媲美[1]。因此，长陵尽"先取地理之形势，生王脉络"，以环护之妙，"紫微垣"式的风水堂局，以及"精而合宜"，"巧而得体"的规划设计，使长陵形成"帝王真宅"，达到了封建伦理道德和礼制的最高境界。

（二）形制布局与自然山水融为一体

明嘉靖朝工部尚书赵璜强调说："陵制当与山水相称，恐难概同。"这是因为各陵所在位置的自然景观和风水形势不同，所强调和重点利用的方面必然有别。长陵和孝陵依据不同的山水形势，在与自然山水融为一体方面均各领风骚。

前面梁份《帝陵图说》所言长陵自然山水大势，以及所介绍的长陵风水具体形势，都成为长陵规划设计和艺术创作的底蕴。所以外国著名学者说："皇陵在中国建筑形制上是一个重大的成就"，"它整个图案的内容也就是整个建筑部分与风景艺术相结合的最伟大的例子"，在十三陵的门楼上，"可以欣赏到整个山谷的景色，在有机的平面上深思其庄严的景象，其间所有的建筑都和风景融汇为一体，一种人民的智慧由建筑师和建筑者的技巧很好地表达出来"。所以形成中国人"由友好的大自然来引导他谒见上天与祖坟"的态势，并赞叹道："没有任何一个地方，风景会这样真正成为建筑艺术的材料"；"建筑上最宏伟的关于'动'的例子就是北京明代皇帝的陵墓"，其"气势是多么壮丽，整个山谷之内的体积都利用来作为纪念死去的君王"[2]。上述的赞颂，其实看到的还只是表象，若将其全部集于长陵则犹嫌不足。下面拟就此再进而言之。

〔1〕　参见徐卫民《秦公帝王陵》，中国青年出版社 2002 年版；陈安利《唐十八陵》，中国青年出版社 2001 年版。
〔2〕　参见《中国建筑艺术全集·明代陵墓建筑》，中国建筑工业出版社 2000 年版，第 8 页。

（三）长陵前区"因山增筑，庶称尽美"

长陵前区，在此系指从石牌坊直至陵宫之前地段。从图 15 - 1 - 1 和图 15 - 2 - 1 可以看出，陵宫之前的风水主轴线（即天寿山、陵宫、昌平后山连线）上，大都被山体占据。因而长陵将陵宫之前路段置于风水主轴线之西山体较少较小之处，并对山体间空地进行了重点规划设计和艺术创作。

首先，在最南第一重砂山龙山和虎山外延未连部分之间建石碑坊。石碑坊呈五间六柱十一楼样式，其宏伟、壮观、华丽之姿，既补上了龙、虎山未联之阙[1]，又使之作为长陵建筑空间序列引导标志，极富艺术魅力，更具陵寝纪念气氛。其次，在龙、虎山相对第一重砂山间形成自然山口，内外均无山体障护。于是在此建大红门，门两侧筑红墙沿龙、虎山蛇蜒而上；并在大红门前两旁立下马碑。大红门在龙、虎山间高地上拔地而起，气势雄浑，以此结合下马碑警示标志，使陵区入口的空间氛围更加庄严。大红门内地较空旷，于是在第二重砂山间（即康陵园村南与南新村南的两座小山）立神功圣德碑建碑亭，碑亭四隅添建四个华表。凝重的圣德碑和碑亭与造型轻灵、雕刻精美、充满向上动势的华表对比强烈，两者相合"聚巧形而展势"，从而在空旷的大地上扩展了该组构筑物的心理体量。碑亭之后的空地上置整体连续的石像生行列，加大了间距的石像生群布局在左右砂山之间并东偏于较小的山峦，即呈现出《管氏地理指蒙》所说"左崇而右实，右胜而左股"之态势，从而使两旁砂山的体量，在视觉感受效果上得到了巧妙的均衡。此外，在石像生行列末端，于第三重砂山间（汗包山、蒋山与长岭之间）建龙凤门，"以络绎如门之楗（插门的木棍子）钥"[2]，而成为石像生行列的底景。这样石像生行列和龙凤门既形成了"驻远势以环形，聚巧形而展势"的效果，又使神道石像生空间更显深邃和舒展。在风水术中，"龙喜出身长远，砂喜左右回旋"，龙虎砂山重重包围，才更具吉意。上述诸构筑物，在如此环境之中"因山增筑"，其艺术创作形式将周围环境与相应的寓意紧密结合，既弥补了砂山缺口之不足，使风水意境更加完整，又取得了极佳的景观效果，"庶称尽美"。此外，在龙凤门与陵宫前的山体空地之间，又恰当地安排了南五空桥、七空桥和北五空桥，三桥不仅实用、美学效果强烈，而且还与前面石像生行列（纵向）、龙凤门（横向）形成纵横相间（三桥纵向）虚实相接的组合形式，立体感强烈，高低起伏，层次分明，错落有致。因而使神道"移步换景"，构成连续不断的有机整体。

综观上述，可见在前面国外学者所说的表象之中，实则有着风水术的丰富内涵，并充分反映出帝陵规划设计和建设者对"陵制与山水相称"有着极其深刻的理解和悟性，在景观建筑学和建筑外部空间设计理论方面有很深的造诣，因而在此基础上的智慧创作深刻地体现出"天造地设""天人合一"的理念，取得了杰出的艺术成就。

---

[1]　梁份《帝陵图说》指出："天寿山势层叠环抱，其第一重东西龙砂欲连未连，坊建其中以联络之，从青鸟家言，非直壮观美也。"

[2]　梁份《帝陵图说》指出：龙凤门"黄琉璃甏瓮如屏也。形家言天寿山龙砂，此第三重，为门于中，以络绎如门之楗钥也"。

（四）陵宫宝城形制创新，布局艺术匠心独具

前面已经说明长陵在孝陵基础上，形制布局有所创新，因而较孝陵又形成一些新的特点。比如，长陵陵宫第一进院落将孝陵所置宰牲亭、具服殿等移至陵门之外，使第一进院落功能和空间布局更为庄重、严谨、利落。第三进院落加宽与前二进院落相同，取消孝陵的八字墙和桥，增置二柱门和石五供。从而使陵宫平面构图严整统一，强化了空间氛围，丰富了陵宫中轴线空间序列层次。方城明楼改成正方形平面，面阔减小，突出于宝城之外。这样就使之与陵宫第三进院落在形体和尺度上形成鲜明对比[1]，更加烘托出方城明楼的雄伟气势，并使陵宫整个祭祀空间充满了庄严崇高的氛围。方城 T 字形瓮道取代孝陵直通瓮道，增加了瓮道的神秘色彩，而明楼内置"圣号碑"则更突出了明楼的陵墓标识作用。宝城墙体宽厚，置马道、垛口和宇墙，具有实战性，加强了防卫功能（似与陵区"切近边关"有关）。宝顶在宝城内封土填满与宝城连为一体，既突出了宝顶的巍峨气势，又可与宝城相辅，在防卫上起到一定的辅助作用。前述陵宫在总体上呈南北纵长方形，其内又横长方形纵长方形相间，方城明楼正方形，宝城宝顶圆形，宝顶崇高，上述形体的变化又产生了"静"（方和长方的视觉感受是"静"）"动"（圆的视觉感受是"动"）相生的美学效果。

长陵与孝陵一样，陵宫和宝城宝顶均拟于宫城的前朝后寝之制。孝陵明代陵宫已毁，从长陵来看，其陵宫的规划设计也是按照宫城的规制。陵宫（祾恩殿）与明紫禁城奉天殿（皇极殿）同样都置于整体院落的几何中心，并以方格网（长陵以 5 丈方格网为准）为基准进行布置[2]。在建筑艺术上，陵宫最突出的就是充分利用"框景""夹景"的透视效果，由前及后依次突出陵寝主体建筑正立面的完整形象，这种"于小者近者之外求其远者大者"的艺术处理方式被称为"过白"[3]。比如，在祾恩门中部，以明间两根后檐柱、额枋、雀替、台明为景框，透视祾恩殿时，就可看到祾恩殿的完整形象及殿宇上空的蓝天白云。由此可见，长陵的规划设计在处理建筑物大小、远近及视觉对比感受上，充分考虑到了景观效果。

（五）布局自由与规整结合，配置疏密高低变化，节奏跌宕

长陵前区从石牌坊至陵宫前为线型布局，线路长而弯曲，总体配置稀疏，局部密度加大。后部陵宫宝城布局规整，配置密度大，体量宏伟。前区布局自由，后区布局规整，这个特点与明孝陵是一脉相承的。

从长陵前区来看，石牌坊作为陵寝最前面的标志，形体高大，雕刻精美，牌坊夹柱石高浮雕极富动感，与牌坊及其雕刻的静穆形成鲜明对比。石牌坊至大红门 1.253 公里，中

---

[1] 从陵宫入口到方城明楼，是按"千尺为势"确定的，各单体建筑则按"百尺为形"确定。

[2] 参见傅熹年《中国古代城市规划、建筑群布局及建筑设计方法研究》上册，中国建筑工业出版社 2001 年版，第62 页。

[3] 王其亨：《风水形势说和古代中国建筑外部空间设计探析》，转引自何建祺《潮汕民居研究》，载王其亨等《风水理论研究》，天津大学出版社 2005 年版。

间只建三空桥，该路段的配置表现为"大""高""远""离""疏"，态势显"静"，这种情况适合陵寝起始路段的特点要求。大红门是陵区的入口，门体量大，宏伟；门前置二下马碑，门内不远建拂尘殿。该组配置表现为"大小""高低""主从"的相辅相成，密度较大，态势庄严，形成第一个高潮。从大红门至龙凤门1.658公里，是前区重点路段，形成第二个高潮。该路段前有此区最高的圣德碑，四隅立四华表，局部配置表现为"密"和"主从"（碑主、华表从）"动静"（华表动、碑静）相依。后段配置石像生行列，表现为"高低错落"有致（望柱、龙凤门高，石像生低；石像生蹲立相间、立高、蹲低），"远近""动静"相宜（石像生间距相近，寓动于静，望柱显静，龙凤门显动）。从龙凤门至陵宫前4.393公里，中间仅置三桥。配置表现为"远""离"和"虚实"结合，态势属"静"，这是进入陵宫前必需的氛围。

　　陵宫和宝城是陵寝的主体，布局规整，体量大，气势雄浑。其建筑从南向北逐步增高，体量逐渐加大，陵宫以祾恩殿最高大，到宝城明楼达到最高潮，宝城宝顶则以其庞大近似圆形的形体凝重收尾。在配置上，陵宫"主从""大小""高低"有机结合；陵宫和宝城又以长方形、方形、圆形相互烘托；其整体态势庄严、肃穆，祭祀和纪念氛围强烈。上述诸种情况，既合礼制，又符合美学要求。

　　综上所述，长陵在与山水融为一体的前提下，本身建筑和构筑物也形成了完整的体系。这个体系以整体立意为主线，前区自由布局，后区陵宫和宝城布局规整，两者有机结合为一体。在具体的布局和配置上，则结合自然环境，多视点、多角度地按照礼制要求进行"形"的组合。这些"形"的组合，在陵区的时空序列中，坐标有定，程序连贯，其大小、高低、主从、疏密、远近、离合、动静、虚实和各异的外部形态转换流畅，节奏抑扬顿挫，体现出了"建筑是凝固的音乐"之真谛。因而陵区的不同部位，在"移步换形，相生为用"之中，营造出所需的各种氛围，产生了极强的艺术感染力。使谒陵者在领悟各个不同部位的鲜明特色和性格之中，得到美的享受。在这种连续变化有致的各种景观的引领下，谒陵者不仅形成了"至哉！形势之相异也，远近行止不同，心目中之大观也"的丰富完整而深刻的审美体验，而且其心理感受也随之不断跌宕升华，最终以极大的震撼走到帝陵礼制的最高境界，在庄严雄伟、肃穆、至尊、至大的陵宫、方城明楼、宝城宝顶之下行祭祀大礼。

（六）石像生等石雕的艺术特色

　　长陵神道石像生在望柱之后有狮、獬豸、骆驼、象、麒麟、马、将军、文臣和勋臣[1]。望柱前已介绍，诸石像生体量较大，如石象包括基座体积近30立方米（石像生等的石料采自房山县独树石厂和大石窝）。石像生的艺术特色大致有二。其一，写实性强。除神兽獬豸、麒麟和经过艺术创作的石狮外，其余石兽均属写实性质。石兽中仅石狮雕颈饰和缨铃，余无任何装饰。其二，雕工精细，造型大方，多数形神兼备。石兽中五官神情、体态、鬃毛和鬣毛、麟甲、四肢和蹄，石象的耳轮（内露筋脉）等均雕刻精细，栩栩如生。

---

[1]　参见胡汉生《明朝帝王陵》，北京燕山出版社2001年版，第86页。

将军、文臣和勋臣完全写实，将军的盔甲、文臣的衣饰雕镂逼真而细致；面部五官，髭须与真人无二，哀戚之情深沉有度，恰到好处。总的来看，长陵石像生代表了明陵石像生雕刻艺术的最高水平，并超过了前代帝陵石像生的雕刻艺术水平（细部雕刻和内涵上不如北宋帝陵石像生，但从总体上又超过北宋帝陵石像生；在气势上则逊于唐陵石像生）。

除石像生之外，还有石牌坊、下马石碑、圣德等碑、御路墀道、龙凤门、二柱门、石五供，以及栏板、望柱、螭首等石雕。其情况前已介绍，这些石雕与石像生组成了长陵石雕的完整系列，各种石雕的高超雕刻水平和不同的艺术表现形式对突出相应的主题，烘托陵寝氛围起到了重要作用。

总之，长陵是明十三陵首建之陵，其规模宏大[1]，选址审慎，典制完备，规划设计独具匠心，施工精到，用材考究，完善了孝陵开创的陵寝建筑制度。此后十二陵大多建于长陵左右，尊长陵为"祖陵"，并"逊避祖陵"，降低规制，缩减建筑规模，使长陵成为承上启下最具典型意义的明代帝陵。

第三节　长陵之后诸陵"逊避祖陵"及其局部形制的嬗变

长陵之后诸陵，陵宫方城明楼宝城宝顶建筑群自成一体，不再另建神道完整的配置序列。其谒陵展祭均必须通过长陵前区神道石牌坊、大红门、华表、石像生和龙凤门，以此作为各陵共享的"总神道"。嘉靖朝以后，这些帝陵虽然在祾恩门前由长陵神道直接或间接引出的神道上分别添建了功德碑和碑亭（神道碑亭）[2]，但碑亭尺度仅及孝陵和长陵神功圣德碑亭之半（大体相当于长陵门内小碑亭），功德碑也缩小尺度，且无碑文。各陵陵宫宝城宝顶建筑群的形制，则在遵长陵规制的前提下，分别程度不等地缩小规模，或变化局部形制，或简化结构。上述情况，均意在"逊避祖陵"。从而突出了长陵作为"祖陵"的主体地位，强化了各陵间的内在有机联系，使陵区形成了"统于长陵"的、尊卑有序的完整帝陵体系。总的来看，在长陵之后的诸陵中（思陵不计），献陵最简朴，景陵最小，永、定二陵规模仅次于长陵，豪华精致则过之。这些帝陵因时代、陵域自然环境、当时政治背景和财力，以及有关皇帝个人因素的不同，其陵宫、宝城、宝顶、建筑群的形制和结构在大体相同之中又各有特点和差异，下面拟就此分不同部位略述之（图15-3-1）。

一　陵宫

（一）陵宫院落类型

长陵以后的11陵（不计思陵），陵宫院落可分为三个类型。第一，献、庆二陵陵宫两个

---

[1]《大明会典》卷二○三《工部·山陵》。
[2]诸陵神道形制不一，献、景、裕、茂、泰、康陵，中间御道以城砖墁砌，两侧小河卵石。永、定二陵御道铺石条，两侧墁砖。庆陵御道墁方砖，两侧墁城砖。碑亭均重檐式，四出陛，亭内神功圣德碑均螭首龟趺，无字，土衬石上刻海浪；永、定、庆、德四陵土衬石上四角处分刻鱼、鳖、虾、蟹四水生动物。

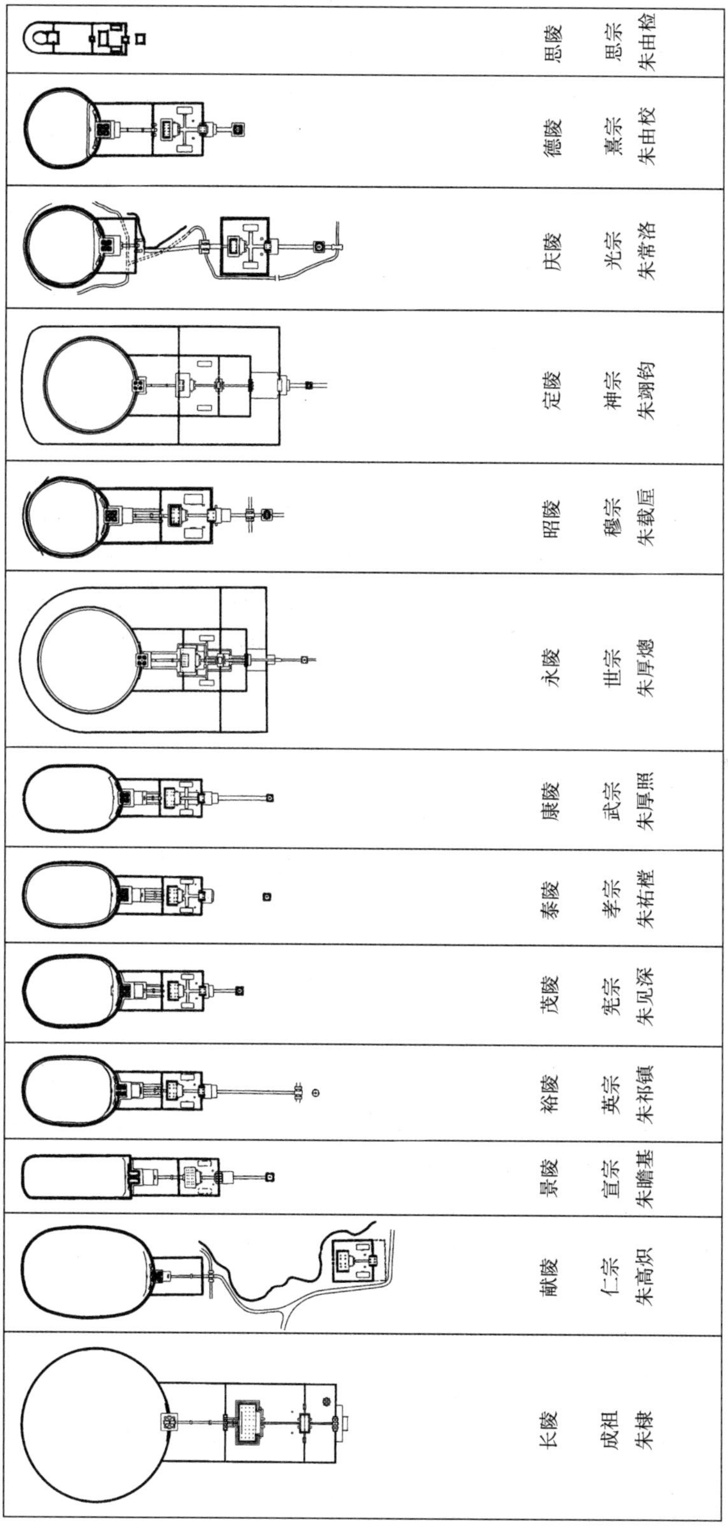

图 15 - 3 - 1　明十三陵各陵平面比较示意图
（引自《中国古代建筑史》第四卷，中国建筑工业出版社 2001 年版）

长陵	献陵	景陵	裕陵	茂陵	泰陵	康陵	永陵	昭陵	定陵	庆陵	德陵	思陵
成祖	仁宗	宣宗	英宗	宪宗	孝宗	武宗	世宗	穆宗	神宗	光宗	熹宗	思宗
朱棣	朱高炽	朱瞻基	朱祁镇	朱见深	朱祐樘	朱厚照	朱厚熜	朱载垕	朱翊钧	朱常洛	朱由校	朱由检

院落分离型。该型去掉了长陵陵宫的陵门和第一进院落，献陵因宝城前有小山（玉案山、龙砂），而将陵宫两个院落隔小山前后对置；庆陵陵宫仿献陵[1]。两者相同之处是第一进院落后墙置一门，第二进院落左右墙接宝城，前墙建琉璃花门（一字门）三座。差异是献陵两个院落平面呈竖长方形，庆陵前院和后院略呈横长方形；献陵玉案山之西置前后单孔石桥两座，庆陵第一进院落后建并列单孔石桥三座。第二，景、裕、茂、泰、康、昭和德陵陵宫两个院落连体型。该型亦去掉了长陵的陵门和第一进院落，陵宫总平面均呈纵长方形。第三，永、定陵"量仿长陵之规"陵宫呈三进院落连体形，有陵门，较长陵少内红门，陵宫总平面呈纵长方形，规模略大于长陵陵宫三进院落[2]。陵宫和宝城外加外罗城（定陵仿永陵），外罗城坚厚或雕纹饰[3]。

（二）祭祀等辅助建筑配置的方位

前述第一、二类陵宫，宰牲亭、神厨、神库具在棱恩门前左侧同一院中。其中献陵未设神库，余者神库各两座。永、定陵外罗城门内左侧建神厨，右侧建神库（神库一座同长陵）。以上与长陵均设于第一进院落不同。具服殿除长陵外，其他各陵未设。祠祭署，献、裕、茂、泰、康、永、昭、定、德九陵建于宰牲亭左，景陵建于宰牲亭右，庆陵建于陵前石桥南。神宫监，景、永、昭、德四陵位于陵园左前方（同长陵），献、裕、茂、泰、康、定、庆七陵在陵右前方。

（三）永、定陵陵门和各陵棱恩门

永、定陵有陵门，陵门左右设角门，制如长陵，规模缩小。永、定陵棱恩门五开间，形制似长陵，规模则大为缩小[4]。其他各陵均以棱恩门作为陵宫入口，棱恩门缩为三间，取消两侧随墙角门，台基均改成普通台明，前后仅设三间连面踏跺，门的规模也较长陵大为缩小。永、定陵陵宫第一进院落无建筑设施。

（四）棱恩殿院落

永、定陵棱恩殿由长陵的九间减为七间，尺度缩小[5]，殿内的装饰似长陵的"中四柱饰以金莲，余皆髹漆"之制。永、定陵和其他诸陵殿宇台基从长陵的三层减为一层，永、定陵殿前御道雕"左龙右凤"，殿后不设左右垂手踏跺。其他诸陵棱恩殿均减为五间，平面尺度不到长陵之半。殿前中间御道，庆、德陵雕"左龙右凤"，景陵雕双龙戏珠，余均雕云纹。永、定陵两院间的隔墙改移到棱恩殿两侧，以随墙琉璃门连同棱恩殿后檐明间

---

[1]　参见胡汉生《明朝帝王陵》，北京燕山出版社2001年版，第271页。

[2]　长陵陵宫第一进院落面阔141米，进深58米；第二进院落面阔141米，进深151.2米；第三进院面阔141米，进深131米；宫墙高4.5米，厚1.2米。定陵陵宫规模略大于永陵，其陵宫第一进院落面阔145.2米，进深74米；第二进院落面阔145.2米，进深103米；第三进院落面阔145.2米，进深140米；宫墙高5.31米，厚1.42米。

[3]　梁份《帝陵图说》卷二。

[4]　参见胡汉生《明十三陵》，中国青年出版社1999年版，第421—422页表四。

[5]　参见胡汉生《明十三陵》，中国青年出版社1999年版，第423—424页表五。

开设的槅扇门替代了陵寝门（内红门）。其余各陵祾恩殿除景陵设内红门外，余诸陵祾恩殿均无内红门，而在殿后设三座琉璃花门。祾恩殿顶，永、定陵与长陵一样均重檐，献陵单檐，余者不详[1]。永、定陵之外其他各陵殿内装饰，庆、德陵"柱饰金莲"，泰陵天花为五色板，余各陵殿内"柱皆朱漆"。陵寝门各陵均改成三座并列的单檐琉璃门（琉璃花门、花门楼或一字门）。祾恩殿的左右配殿，永陵从长陵各十五间改为九间，定陵改为七间，余者均五间。

最后再指出两点。第一，长陵以后诸陵的形制布局，基本遵长陵规制。但各陵形制和结构又多有变化，因而明十三陵各陵的形制布局又是丰富多彩的。第二，永、定二陵局部规模和结构有僭越长陵之处，但总体上还是逊避长陵的。其他各陵，因均为皇帝死后在短期内营建，规模皆较小。不仅逊避长陵，而且较永、定二陵也小得多。

二　宝顶宝城和方城明楼

（一）献至康六陵

献、景、裕、茂、泰、康前六陵（不计长陵），宝城和宝顶均"宝城小，冢半填"，填土只及宝城里的墙根，宝顶呈自然隆起形，较矮小。景陵宝城平面大体呈长方形，仅后部略呈弧形，其他五陵宝城呈纵长椭圆形。宝城上前设城垛，后设宇墙，中间为马道，均砖砌。方城，景陵方城下有高达四米的月台，前有宽大的礓磜坡道，改变了孝陵以来平地起建的传统，成为后来明代各陵及清陵方城明楼下建月台和礓磜的原型。前六陵方城均中间开券门有瓮道（甬道）通向宝城之内，瓮道直通，前后"平而不坡"，瓮道前后各一门（长陵方城券门瓮道"T"字形，"北高南下，如升坡拾级，"设三门道）。在方城内侧两边与宝城相接处建两折而上的转向蹬道（礓磜坡道），以登临方城明楼和宝城马道。

（二）永陵和定陵

永、定二陵宝顶基本呈圆形（定陵纵径略长），仿长陵宝城内满填黄土与宝城马道相平（中部夯筑，上小下大呈圆柱形）。方城和宝城联为一体，宝城规模仅次于长陵而大于其他诸陵[2]。二陵宝城和方城垛口都用磨光花斑石砌成，明楼全以砖石拱券构筑，外檐的柱、枋、斗拱、椽望和斗匾等均用青白石仿木作雕制，并敷以彩绘（其他诸陵明楼内外梁架斗拱等均为木结构）。明楼内的圣号碑，碑座呈上小下大五级的坛式（其余诸陵碑座均须弥座式），其中定陵前四级分别雕双龙戏珠、云、宝山、海浪等图案。城台实心（其他诸陵城台中心开券门），无瓮道，故于城台外左右两侧贴宝城外壁砌筑达于宝城和城台之上的礓磜路，其起始前端各砌石门楼一座。同时在方城内侧，于方城与宝城结合部位两侧，分别从宝城宇墙上各开出一座石栅栏门以升宝顶。

---

〔1〕　参见胡汉生《明十三陵》，中国青年出版社1999年版，第122页；中国建筑艺术全集编辑委员会编《中国建筑艺术全集·明代陵墓建筑》，中国建筑工业出版社2000年版，第25页。

〔2〕　长陵宝城长径264米，宽径306米；永陵宝城长径252米，宽径243米；定陵宝城长径230米，宽径224米。

（三）昭、庆和德陵

后三陵宝城内满填黄土[1]，与宝城顶面相平，宝城规模较小，平面呈近似圆形的短椭圆形。宝城和方城明楼之制如前六陵，唯德陵明楼内圣号碑碑趺雕饰图案较特殊。其碑趺上枋雕二龙戏珠，下枋雕佛、道两家吉祥宝物（其他诸圣号碑趺一般以云龙为主）。

三　哑巴院与宝城内排水设施

（一）前六陵

献至康陵前六陵，"宝城小，冢半填"，宝顶和方城之间围合成平面呈月牙形的哑巴院。即院内正对方城洞券各建一琉璃影壁，影壁后面顺宝顶封土前缘，围砌一道两翼向后弯曲成弧形平面的砖墙，（用以栏挡和围护宝顶封土），小院形如月牙，周围墙体称"月牙城"，城内院落称"哑巴院"。进升宝顶的入口，设在月牙城两翼弧线的尽端，建石栅栏门和踏跺。其中茂陵较特殊，月牙城中段内凹，凹口两侧各建一石栅栏和踏跺以升宝顶。

前六陵月牙城两端均未与宝城连接，被环砌在宝顶和宝城墙根之间的排水明沟隔开。水沟断面呈倒"八"字形，宽米余，汇集宝顶雨水从宝城下的涵洞向外排出。其中献陵涵洞达22个，城砖砌券，环列于宝城墙根。其他五陵均一对涵洞，分设于哑巴院左右两边的宝城下，用大料花岗石砌成方孔。宝城马道上的雨水，都从宝城内侧宇墙下向里悬列的挑头沟嘴泄出，落到宝顶周围砖砌明沟中向外排出。

（二）后三陵

昭、庆、德后三陵从昭陵开始，三陵宝顶封土填到与宝城顶面相平，故宝顶前面的护墙的墙体也加高到和宝城相平，封土前部呈弧形的砖砌拦土墙之两端与宝城连为一体，正对方城券洞的琉璃影壁则部分砌在护墙之内，形成哑巴院，这种哑巴院的形制较前六陵有所改进，形制略有差异。从哑巴院两边的转向蹬道登宝城马道（同前六陵），在宝城和月牙城顶面结合部，两侧各在宝城宇墙上开一石栅栏门以升宝顶。

宝顶宝城排水系统，同样在宝顶和宝城之间砖砌排水明沟（断面亦呈倒"八"字形），左右两侧各设方井两眼，井上覆盖有漏水孔的水箅子，井下有暗沟前通哑巴院两侧的排水孔道。哑巴院内砖石地面中部高，两旁低，以利排水。其中庆陵还在明楼前筑平面呈"T"字形的排水涵洞，大块条石起券，券顶高3米，券宽3.5米，总长200余米。宝城两侧汇水从左右宝城墙下涵洞流入，在明楼前地下汇流排出，从地下躲过环抱于前的龙砂，然后注入砂前的排水明沟。

（三）永、定二陵

永、定二陵与长陵一样，无哑巴院。其宝城排水采用墙外排水螭首与墙内设排水方井结合的方式（墙内排水方井略似前述之昭陵）。

---

[1] 参见胡汉生《明朝帝王陵》，北京燕山出版社2001年版，第204—205页。

除上所述，还应指出在研究明十三陵陵寝建筑规制时，应注意清乾隆五十至五十二年修缮明十三陵后，陵寝建筑规制发生局部改变的情况[1]。

第四节　定陵玄宫

定陵是明朝第十三位皇帝朱翊钧（万历，神宗）和孝端王皇后，孝靖王太后的合葬陵寝，地处大峪山东麓，东与嘉靖帝永陵遥遥相对，永陵、定陵之规模仅次于长陵，并与长陵呈鼎足之势。定陵是朱翊钧亲选陵址予建的寿陵，正式启建于万历十三年（1585 年）八月，至万历十八年六月竣工[2]，历时五年（万历皇帝时年 28 岁），耗银八百万两。万历四十八年七月二十一日朱翊钧驾崩，终年五十八岁，同年十月初三日葬定陵。

安厝帝后灵枢的地宫，明代文献称玄宫或玄寝、玄堂、幽宫、地中宫殿等。定陵玄宫于 1956 年 5 月至 1958 年 7 月进行发掘，是中国首次也是迄今唯一大规模发掘的帝陵玄宫（割据小王朝陵不计）。因此，定陵玄宫对研究明代帝陵玄宫制度具有重要学术价值。

一　定陵玄宫的形制

定陵宝城圆形，内径 216 米，中间为掺白灰黄土夯筑的宝顶。从宝顶到玄宫地面深达 31.5 米（约合明营造尺百尺），自明楼至玄宫后殿呈斜坡状，玄宫地面低于明楼宝城台面 15.8 米（图 15 - 4 - 1）。玄宫纵深（玄宫连同甬道）87.34 米，横展 47.28 米，总面积 1195 平方米，方位角 125°。定陵玄宫由隧道、甬道、前殿、中殿、后殿和左、右配殿构成。玄宫内除甬道和部分殿铺地砖外，全部为石结构。

（一）隧道

帝后棺椁进入宝城之入口设隧道门，在宝城南侧偏西，位于陵宫墙与宝城交接点稍西，外通外罗墙内陵院，内接宝城内隧道达玄宫（图 15 - 4 - 2）。隧道门在宝城墙内由两道起券门洞组成，外券洞即宝城墙的券洞，其内侧加内券洞，无扇门（发掘前二门均封砌）。券洞高 4.4 米，横跨 3.8 米。宝城墙内侧在内券洞顶部正中石条上刻"隧道门"三字[3]。隧道券洞中有石碣一座，通高 1.14 米，碣身高 0.58 米、宽 0.48 米。（图 15 - 4 - 3），上刻"宝城券门内石碣一座城土衬往里一丈就是隧道棕绳绳长三十四丈二尺是金刚墙前皮"（《定陵》下 图版一八）。内券洞两侧各砖砌一道大墙，即砖隧道。

砖隧道从隧道门内侧开始，略有弯曲，向东北延伸，通向明楼后面。从已发掘的砖隧道南段看，隧道上距封土 1.5 米，墙面宽 2.7 米，两墙间距 8 米，高 4.5 米（31 层砖）。

---

[1]　参见《明十三陵》，第 26 页。
[2]　《明神宗实录》卷一三二，卷一五四，卷一六四，卷二一三。
[3]　在宝城城墙内侧石条上发现浅刻"隧道门""金墙前皮""宝城中""右道""左道""大中"等字。

墙外部用大鹅卵石加灰土垒砌，隧道内上层用鹅卵石、残砖加黄土填实，下层黄土夯实
（夯层0.25米左右），底为黄土，不铺砖石（图15-4-4）。砖隧道近末端中部有小石碑
一通（图15-4-5），上刻"此石至金刚墙前皮十六丈深三丈五尺"（《定陵》下 图版一
七）。砖隧道末端止于一道矮墙（四层城砖砌成），南端接隧道西壁，北端延伸较长，止
于四块石条[1]。矮墙以西为石隧道，石隧道与砖隧道不衔接也不完全相对。

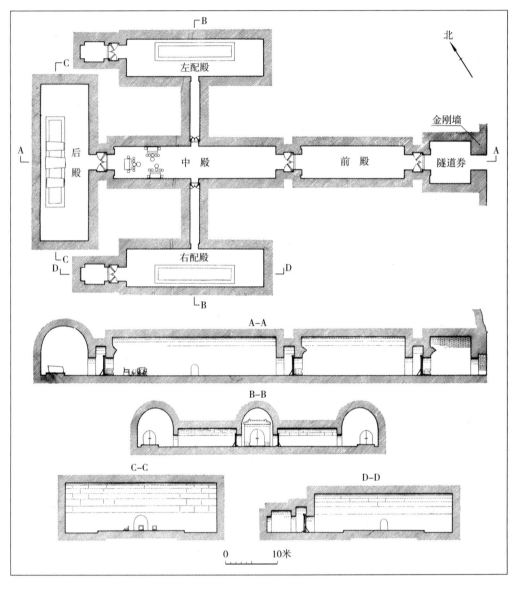

图15-4-1　明十三陵定陵玄宫平面、剖视图

〔1〕 中国社会科学院考古研究所、定陵博物馆、北京市文物工作队：《定陵》，文物出版社1990年版。

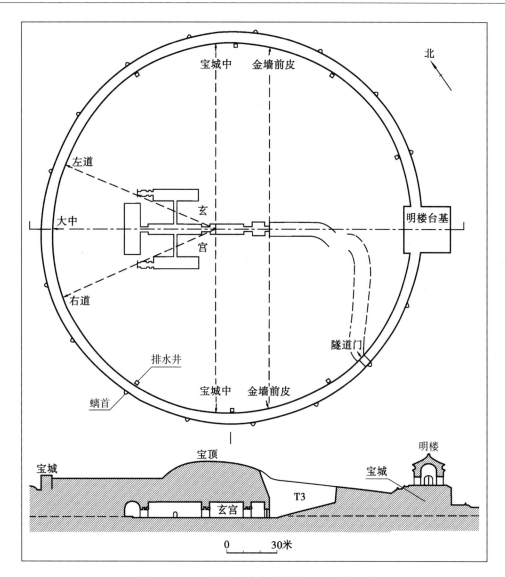

图 15 - 4 - 2　明十三陵定陵宝城平面、剖视图

石隧道略呈东西向，西段正直，与金刚墙对接。隧道两墙用花斑石（砾岩）垒砌，顶部及西端接近金刚墙部分用城砖。石隧道长 40 米，两墙间距 8 米。隧道上顶平，下部斜坡，自东向西，由浅入深直抵金刚墙。隧道内全以黄土平夯分层夯实，夯土中有孤立的砖垛。隧道底黄土，不铺砖石（图 15 - 4 - 6）。隧道两侧石条上，留有陵工墨书字迹。

横在石隧道末端一堵大墙称金刚墙（图 15 - 4 - 6），墙通高 8.8 米、厚 1.6 米，墙基铺砌石条四层，墙用城砖施灰浆砌就。墙顶出檐，檐施黄琉璃瓦，金刚墙前皮与宝城两侧石块上所刻 "金墙前皮" 正好相对。金刚墙开口（进入玄宫孔道）上窄下宽，呈 "圭" 字形。金刚墙内侧即玄宫甬道墙，设券门，城砖封砌（不加灰浆）。

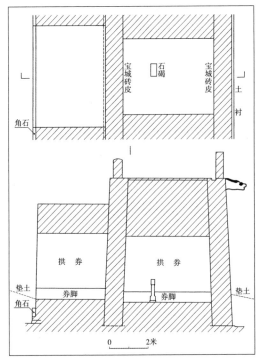

图 15-4-3 明十三陵定陵宝城
券门平面、剖视图

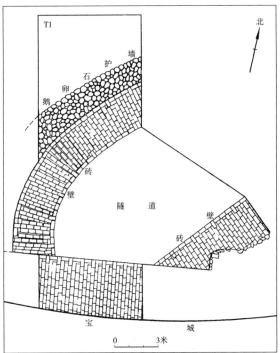

图 15-4-4 明十三陵定陵第一探沟
中砖隧道遗迹平面图

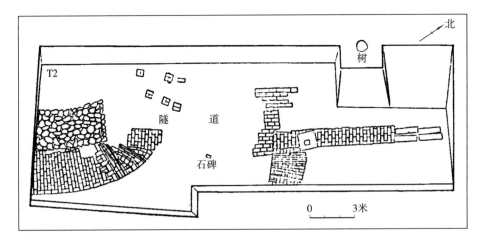

图 15-4-5 明十三陵定陵第二探沟中砖隧道遗迹平面图

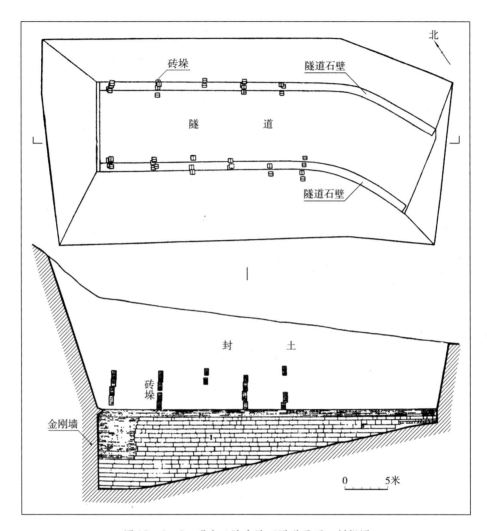

图 15 - 4 - 6　明十三陵定陵石隧道平面、剖视图

（二）甬道

甬道在金刚墙内侧，玄宫石门之前，砖券，长宽各7.9米，南北两壁（两侧壁）下面各9层条石铺砌，上通墙起券。青石铺地，地面至券顶通高7.3米，双交拱券券脚高3.06米，拱跨7.9米，矢高4.84米，平面7.9米见方。甬道东壁（前壁）与金刚墙并列，墙下铺石条四层，上部砌砖，墙厚0.16米（同金刚墙）。墙有券洞门与金刚墙"圭"字形开口相通，券洞门通高3.33米，双交券拱跨2.74米，矢高1.58米，券脚高1.75米（图15 - 4 - 8）。甬道西壁（后壁）即玄宫石门。

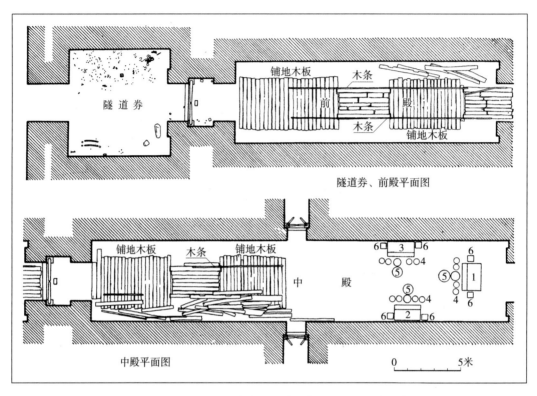

图 15 - 4 - 7　明十三陵定陵玄宫前、中殿遗迹、遗物分布图

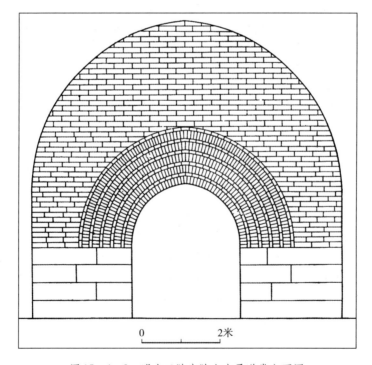

图 15 - 4 - 8　明十三陵定陵玄宫甬道券立面图

（三）前殿

甬道与前殿之间以券洞石门相通。券洞串联三道石券，头道石券（罩门券）通高3.33米，宽2.77米，双交券拱心石弧度稍尖，券脚高1.75米，拱跨2.77米，矢高1.58米。券石上有门楼，出檐，雕出檐、枋、脊和吻兽。檐下雕榜额，无字。门楼两边下脚雕作仰覆莲须弥座。中间一道石券较大，容纳门扇启闭（闪当券）。通高5.28米，宽3.56米，双交券券脚高3.53米，拱跨3.56米，矢高1.75米。双扇石门各高3.3米，宽1.7米，石门连上下门轴。石门上纵横乳状门钉各九排，共81枚[1]，两门相对处置衔环铺首。石门上部背面横置扁方形铜管扇（宽0.84米，厚0.3米，重约9吨），管扇两端嵌入券洞两侧壁内，露出部分长3.56米。管扇两端穿圆孔（转身眼）以套石门上轴，石门下轴半球形，置于左右门枕石的圆槽（海窝）内。石门门轴一侧厚0.4米，铺首一侧厚0.2米，这样可使重量减轻而重心偏向门轴，由此减少了门轴的力矩。石门背面还雕出凸梗，称自来石磕绊。掩闭石门时用自来石（通高1.6米，图15-4-9）上端顶住磕绊，下端落在地面凹槽内，将石门顶死（图15-4-10）。内券石尺寸同头道石券，无门楼和须弥座。

玄宫前殿平面长方形，东西长20米，宽6米，高7.2米。墙体（九层石条）和拱顶石构，双交券券脚高3.97米，拱跨6米，矢高3.23米。地面方形澄浆砖平铺（砖长、宽各0.66米），殿西端（后墙）即中殿石门，形制同前。前殿地面有南北横铺一层黄松木板，其上又东西顺铺木条两行，用钉钉

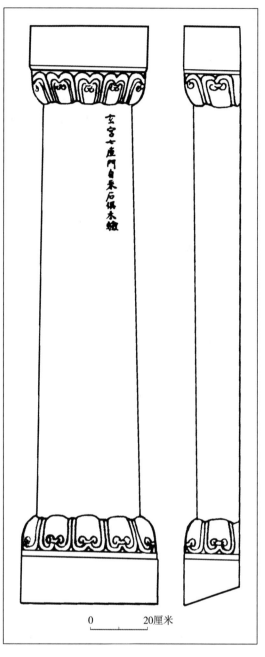

图15-4-9　明十三陵定陵玄宫前殿自来石正、侧立面图

---

[1]　古代"九"是阳数中最大的数，又称"极数"，天子之制以"九"为大。故皇家建筑门钉一般都是每扇九路，每路九颗。

住，内侧有车轮辙迹。

（四）中殿

中殿宽、高、墙体、拱顶，以及后墙上第三座门楼做法均与前殿相同，唯纵深（长）达32米（玄宫内最长者）。地面铺方澄浆砖（同前殿），南北两墙均平铺九层石条（高约3.96米），然后起券，情况同前殿。中殿殿门至两侧配殿券门处铺木板，情况同前殿。中殿西端（后殿大门前）呈"品"字形置三座椅形石雕神座（图15-4-11），居中为皇帝神座，靠背和扶手均雕出龙头；两侧皇后神座则雕凤头（左孝端、右孝靖，图15-4-12）。各神座前横列五件束腰圭角石雕圆座，置黄琉璃五供（香炉，《定陵》下 彩版九〇、九一；烛台和香瓶各二，《定陵》上 图二九三）。各五供前置一口储存香油和灯芯的青花云龙大瓷缸，安放在圆形石雕仰覆莲须弥座上，称为长明灯（万年灯，《定陵》上 图二九三）。各神座两侧设一对方形石雕仰覆莲须弥座，以置随葬器物。万历帝神座后即后殿石门。

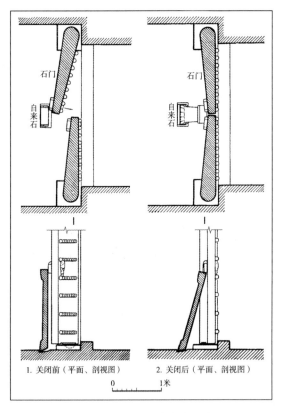

1. 关闭前（平面、剖视图）　　2. 关闭后（平面、剖视图）

0　　　1米

图15-4-10　明十三陵定陵玄宫石门
关闭示意图

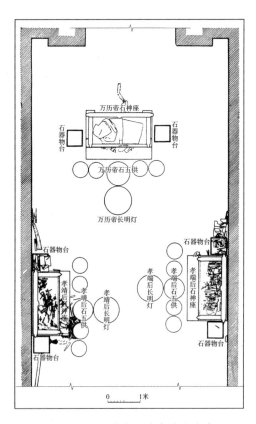

0　　　1米

图15-4-11　明十三陵定陵玄宫中殿
神座分布图

（五）后殿

后殿亦称皇堂，为南北向横长方形石室，长30.1米，东西宽9.1米，自地面至券顶高9.5米。墙体（两山各由21层石条砌成）和拱顶石造（拱券石均纵横联砌，计15路），双交券券脚高4.44米（十层石条），拱跨9.1米，矢高5.06米。地面铺花斑石，磨制平整，砌工整齐。后殿中部偏西设宝床（棺床），床四周作束腰仰覆莲须弥座，床面铺花斑石。棺床长17.5米，宽3.7米，高0.4米，上置棺椁三具。中为万历皇帝，左侧（北）孝端皇后，右侧孝靖皇后（各距万历帝棺椁1.2米）。万历帝椁下凿南北长0.4米、宽0.2米长方形孔，中填黄土，称"金井"（传说"金井"为棺椁安放之后以接"地气"，两后椁下无"金井"），宝床前铺设木板。

万历帝棺楠木，盖、底、挡头、侧壁板均为整块板材，棺内外髹朱漆，无纹饰。棺前高后低，前宽后窄，头足两挡上窄下宽。头挡通高1.42米，足挡通高1.35米。平板棺盖长3.34米，头端宽1.48米、厚0.22米，足端宽1.35米、厚0.19米；头端下缘作半圆弧形，足端略呈斜面。棺底平板长3.33米，头端宽1.7米、厚0.22米；足端宽1.5米、厚0.21米，四周出缘。棺内另有重底，厚0.05米。棺两侧壁板上缘长3.1米，下缘长3.2米，头端厚0.22米，足端厚0.20米；前后略有弧度，头端上部前倾，足端下部后倾，头端内侧呈半圆弧形。前后内侧各作沟槽，头足两挡板作半榫插入，外侧加铁钉，横向钉住，每侧前后各三钉。棺盖前端长出壁板，两侧与壁板平齐，足端斜齐。盖上用铁钉钉住两侧壁板，每侧二钉。棺底两侧壁板，用铁钉钉住，自上而下，每侧三钉（图15-4-13，2）。

万历帝木椁（部分倒塌）略呈长方形，前高后低，前宽后窄，头端平齐，上部略

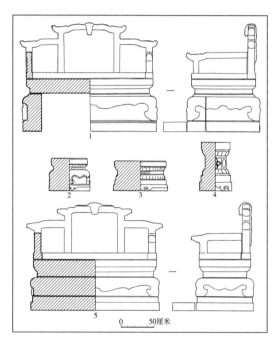

图15-4-12　明十三陵定陵石神座及石座
1. 万历帝神座　2. 万历帝香炉石座　3. 万历帝长明灯石座　4. 万历帝方形器物座　5. 孝端后神座

前倾，足端平齐，下部稍后倾。头足两端上部略窄、下部稍宽。椁盖、底、两侧板及头足挡头皆以松木平板拼接，无弧度。内外朱漆，无纹饰，椁板内有织锦残迹，可知椁内原有织锦衬里。椁板面粗糙，似未经加工直接施漆，漆面薄而无光泽。椁头端通高1.82米，足端1.74米。椁盖长3.9米，头端宽1.8米，足端宽1.66米。头挡上缘与椁盖齐，下缘宽1.88米。足挡上缘与盖的足端齐，下缘宽1.77米。两侧板上缘分别与椁盖平齐，下缘长3.65米。盖、挡头、侧板厚均为0.065米。椁底宽厚，四周出缘，长

3.9 米、头端宽 2 米、足端宽 1.84 米、厚 0.2 米。椁底两侧又各装有两个大铜环。椁两端挡头木榫榫端外宽内窄，每侧六榫；两侧板前后相应作卯，卯外窄内宽，两者相互卯合，个别木榫加铁钉。椁两侧板各三板拼接，前后挡头各用五板。板间各凿长方孔，插入木条为"暗带"联结，每板间两带，又用两端尖的铁钉钉于两板之间，每板间各四钉。木条、铁钉隐于板内，椁底四周作沟槽，使横头与侧板落于沟槽内，用铁钉从侧面斜向钉住（图 15－4－13，1）。

孝端后棺楠木，朱漆无纹饰。棺的形制结构与万历帝棺大体相同，惟棺盖二板拼成，以三木条为"暗带"联结，棺盖下与棺侧壁板相接处有错口，棺内无重底。棺较万历帝棺略小，棺盖长 2.76 米，头端宽 1.2 米，厚 0.13 米；足端宽 1.05 米，厚 0.12 米。棺底长 2.75 米，头端宽 1.38 米，厚 0.16 米；足端宽 1.15 米，厚 0.15 米。头挡通高 1.26 米，足挡通高 1.22 米（图 15－4－14）。椁杇槆，从残迹看，其形制结构与万历帝椁相同，惟尺寸略小。椁盖长 3.48 米、底长 3.48 米，头挡通高 1.76 米，足挡通高 1.61 米。椁内外朱漆，无纹饰，椁底两侧各装两个铜环。

孝靖后棺松木，朱漆无纹饰，腐杇，棺盖板、底板、头挡与北侧棺壁均倒塌。棺的形制结构和尺寸与孝端后棺基本相同。椁腐杇倒塌，从残迹看，其形制结构与孝端后椁亦大致相同。

上述棺内万历帝及二后尸体保存状况，见《定陵》上的介绍。

（六）左、右配殿

同中殿平行，左右两路对称配置一座券室，即左右配殿（亦称左右圹或左右侧穴），各有一道同玄宫中轴线十字相交的甬道及石门（券门不出檐，平墙起券）联通中殿。甬道门双交券通高 2.21 米、宽 1.43 米，券脚高 1.31 米，拱跨 1.43 米，矢高 1.9 米。券内两扇青石门，有铺首，无门钉，门高 2.2 米，宽 0.9 米，结构同前、中和后殿石门，惟尺寸较小。门内是一道石券甬道，甬道末端石券门之结构、尺寸与中殿北壁券同，无石门。券洞甬道宽 1.88 米，高 3.46 米，双交券，连同两端券门通长 13.38 米。

左右配殿结构相同，平面呈竖长方形，各东西长 26 米、宽 7.1 米，地面至券顶高 7.4 米。券脚高 3.54 米，拱跨 7.1 米，矢高 3.86 米。近侧壁对甬道置汉白玉须弥座宝床，宝床长 16 米，宽 3.5 米，高 0.35 米。宝床面用澄浆砖平铺，中央部位有"金井"一个（长 0.39 米，宽 0.19 米）。此外，两座配殿后墙（西）各设有门洞券石门、隧道及金刚墙，外面还各有隧道，称左道和右道（通向玄宫外的隧道）。青石门尺度稍小，向配殿内开，自来石自内向外顶住石门。石门不出门楼，无门钉，其他做法都和中路石门大体相似。左右配殿无随葬品。

总的来看，玄宫以大小三十二个双心圆券（双交券）形成的筒拱构成诸殿、甬道和门户等。除甬道（隧道券）外，前、中、后三殿和左右配殿，每殿一门，加上左右配殿之"左道""右道"二门，共有"三遂"和七座石门，恰与前殿自来石墨书"玄宫七座门"之数相合。惟三殿石券门各有门楼，配殿门无门楼。

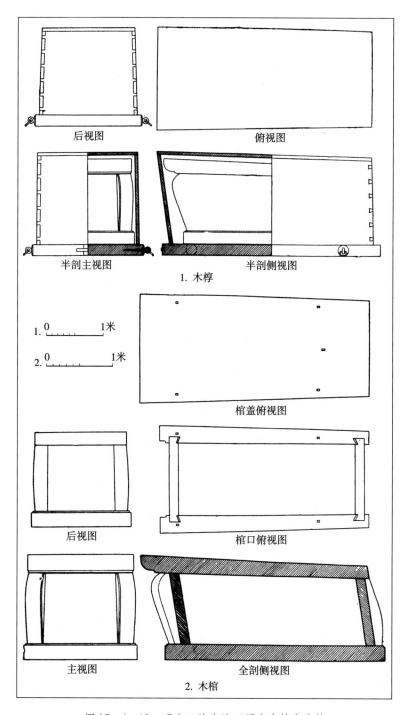

后视图 　　　俯视图

半剖主视图 　　　半剖侧视图

1. 木椁

1. 0　　　1米

2. 0　　　1米

棺盖俯视图

后视图 　　　棺口俯视图

主视图 　　　全剖侧视图

2. 木棺

图15－4－13　明十三陵定陵万历帝木椁和木棺

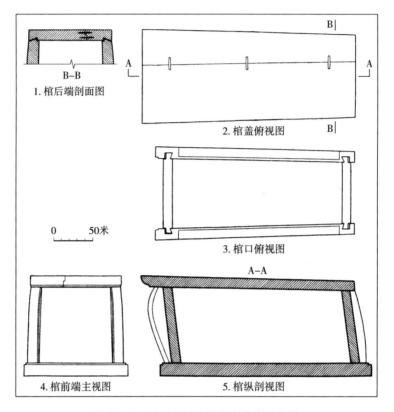

1. 棺后端剖面图

2. 棺盖俯视图

3. 棺口俯视图

0　　　50米

4. 棺前端主视图

5. 棺纵剖视图

图 15-4-14　明十三陵定陵孝端后木棺

二　定陵玄宫与明陵玄宫规制

据文献记载，定陵玄宫肇自永陵[1]。永陵，据《世宗实录》记载，其地宫制度是"量依长陵规制"，对长陵以来"旧仿九重法宫为之"的"地中宫殿"，"稍存其制"确定的[2]。所谓法宫指路寝正殿[3]，明朝法宫或指宫城[4]，或指皇帝日常所居之乾清宫为代表的宫城内廷建筑[5]。从明定陵玄宫来看，其居中的前、中、后三殿的配置与明紫禁城乾清宫、交泰殿、坤宁宫之布局相合，左右配殿又恰如对称配置于交泰殿两侧的东西六宫，故定陵玄宫的布局应仿紫禁城之后寝制度，而形成法宫。至于"九重"作何解释？尚无准确答案。有的研究者认为"九重法宫"源于"九宫"图[6]，但对"九重"却无解释。其实，"九重"即指天（传说天有九重），又泛指宫禁；此外，还指宫门九重而喻宫城。明代帝陵玄宫仿宫城内寝；玄宫内七门，加上隧道门和甬道券洞门共九座，恰如宫城

〔1〕《明史》卷二九《朱赓传》。

〔2〕《明世宗实录》卷一八七。

〔3〕《汉书》卷四九《晁错传》。

〔4〕《明臣奏议》卷十三辑，正德九年（1514 年）张原《时政疏》；《明熹宗实录》卷十五。

〔5〕《明神宗实录》卷二九五，卷二一二。

〔6〕胡汉生：《明十三陵》，中国青年出版社 1999 年版，第 97—103 页。

"门以九重"，同时玄宫还是皇帝灵魂升天之所，故称"九重"恰如其分。

关于玄宫外部结构，万历四十三年（1615年）工科给事中何中晋《工部厂库须知》卷五，记载琉璃黑窑厂烧制各陵玄宫所用琉璃构件时说："各陵地宫上伏檐、下伏檐共九座。每一座吻五对，兽头八个。共吻四十五对，兽头七十二个。"其配置情况，略如图15－4－15所示。据此结合前述情况，可知从长陵至定陵的玄宫规制均为"九重法宫"。而长陵"大明长陵神功圣德碑"等记载，朱棣钦定陵寝建"悉遵洪武俭制"，由此可见，明陵玄宫按"九重法宫"之制应创于孝陵[1]。

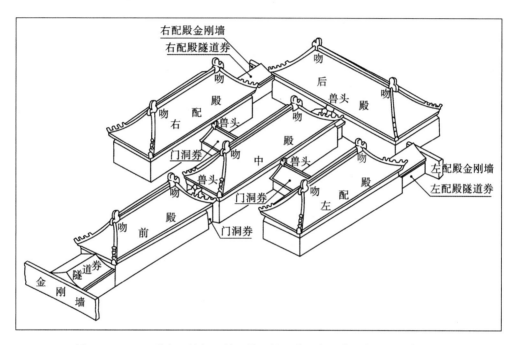

图15－4－15　明十三陵长、献、景、裕、茂、泰、康、永、昭、定十陵
玄宫殿室吻、兽头分布想象图
（引自胡汉生《明十三陵》，中国青年出版社1999年版）

定陵玄宫左右配殿空置，但亦设棺床。这个现象，据研究左右配殿原供殉葬妃嫔之用，自英宗遗诏止殉之后，诸陵左右配殿遂空置[2]。到明代庆陵时，清朱孔阳《历代陵寝备考》，引明万爆《陵工纪事》：庆陵"陵寝有后殿、中殿、前殿、重门相隔"，据此庆陵或已撤去形同虚设的左右配殿。据此似可认为，庆陵、德陵（德陵仿庆陵）和明代亡国之君朱由俭思陵之玄宫规制，则不在"九重法宫"之列。

---

〔1〕 因明陵除定陵地宫外，均未发掘，但定陵地宫顶部并未揭露。所以孝陵、长陵至定陵之前诸陵地宫"九重法宫"说，还只是一种推测而已。其真实情况，尚待发掘验证或订正之。

〔2〕 参见胡汉生《明十三陵》，中国青年出版社1999年版，第105—107页；《中国建筑艺术全集·明代陵墓建筑》，中国建筑工业出版社2000年版，第31页。

三 定陵玄宫内随葬品概况[1]

定陵玄宫的随葬品，以帝后殓衣、帝后尸体上下覆盖和铺垫的物品、棺内填充物为主，其次为棺椁之上和侧旁置物、棺床上的器物箱，后殿前壁和左右壁下置物等。定陵玄宫内随葬的丝织匹料、袍料、衣服、冠、带、佩饰、首饰、梳妆用具、金银器、玉石器、瓷器和琉璃器、金银锭和各种钱币、铜锡明器、漆木器和木俑、武器和仪仗、谥册、谥宝和圹志等（随葬位置见注释），初步统计约 2648 件[2]。

（一）丝织品和衣物、被褥等

丝织品约 644 件，其中龙袍料 53 匹，整卷匹料 124 匹[3]。种类有妆花（包括妆花缎、妆花纱、妆花罗、妆花䌷）、缎、织金、锦、缂丝、纱、罗、绫、䌷、绢、改机、绒等[4]。

丝织品主要出于棺内，少数置于椁上，部分鞋、袜和袱皮出于器物箱内。万历帝椁上置丝绸袍料和匹料 8 匹。棺内置袍料 51 匹，匹料 42 匹，衮服 5 件，龙袍 61 件，衬褶袍 1 件，大袖衬道袍 8 件，中单 40 件，裳 1 件，蔽膝 2 件，裤 15 件，膝袜 20 双，大带、绶各 2 件，靴 55 双，云履毡袜 2 双，袜 10 双，被 8 件，褥 5 件，以及珠宝袋 1 件、香袋 2 件。孝端后椁上置匹料 3 匹，棺内置袍料 2 匹、匹料 42 匹、纱袍 1 件、女单衣 15 件、女夹衣 35 件、女丝绵袄 16 件、裙 35 件、被 1 件、褥 4 件。孝靖后椁上置匹料 3 匹，棺内置匹料 33 匹、女单衣 14 件，女夹衣 46 件、女丝绵袄 7 件、裙 12 件、被 5 件、褥 11 件[5]。

---

[1] 随葬品详细情况见《定陵》（上）第五章"出土遗物"。定陵遗物的分析探讨，参见孟凡人《宋代至清代帝陵形制布局研究》第九章，中国社会科学出版社 2020 年版。

[2] 本节所述，据《定陵》（上），不同章节对遗物的归纳资料。本节遗物使用《定陵》原报告编号（其中 W 代表万历帝棺内遗物，D 代表孝端后棺内遗物，J 代表棺外遗物，X 代表随葬衣物箱）。由于玄宫内随葬品数量众多，部分随葬品腐朽难辨，很难进行精确统计。《定陵》（上），第 43 页说："殿内出土各类器物共二千六百四十八件。"按这个数字，不包括 1712 枚万历通宝和纽扣等；木俑大都残朽，这部分木俑未统计在内；此外，还有些零星小件未进行统计。故 2648 件，仅是个概数。总的来看，玄宫内各种随葬品总数当不少于 5000 件。除上所述，还应指出《定陵》（上），正文中不同部位对同类物品的数字，以及其与附表之间的数字，个别遗物出土位置，相互矛盾之处较多。

[3] 龙袍料全是织成形式，匹料保存较好的 95 匹有装裱。袍料和匹料出土时是成卷的，以厚草板纸作芯，卷好后用合股粗绳捆扎三道，中间一道作"人"字形。多数在匹料中间贴有腰封，也有将腰封卷入匹料中间的。腰封白棉纸，长 30 厘米、宽 15 厘米左右。腰封上下印有栏框，框内有云龙图案，中间为一正面龙，两侧流云纹，或饰卷草纹。腰封内容因类而异，袍料墨书题记分记颜色、纹饰、质地、用途、长度等；匹料题记分记名称、产地、长度、织造年月，以及各类匠作姓名。

[4] 织物种类，妆花（在传统的织锦基础上，吸收了缂丝通经断纬技术，采用局部挖花盘织的织造方法而形成的一种丝织新品种，是明代丝织工艺的重大成就）89 匹，占出土匹料的一半。其中妆花缎 16 匹（袍料 15 匹、匹料 1 匹），妆花纱 39 匹（均为匹料）、妆花罗 30 匹（袍料 28 匹、匹料 2 匹）、妆花䌷（均袍料）4 匹。缎 26 匹，其中花缎 24 匹、素缎 2 匹。织金（为五枚缎纹组织，用金线或金银两色线织成）12 匹，其中袍料 2 匹、匹料 10 匹。缂丝 11 匹，多用作褥面。锦 2 匹、纱 8 匹、罗 10 匹、绫 2 匹（均织成袍料）、䌷（分别出自二后棺内）、改机（为经二重组织的提花织物）4 匹。

[5] 玄宫内共出衣物 467 件，其中各种衣物 385 件，被褥 34 件，用品 48 件。参见《定陵》（上）第五章。

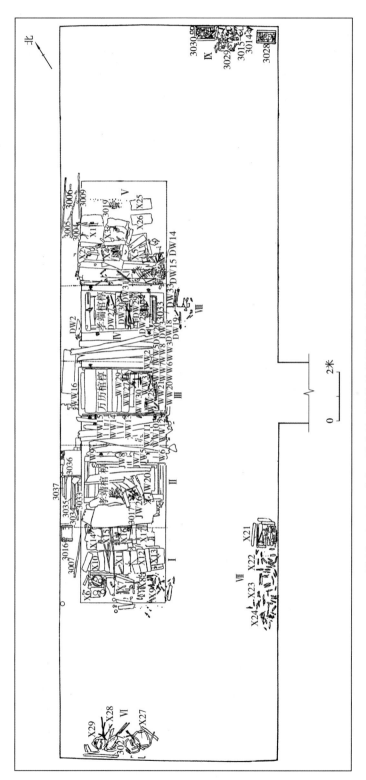

图 15－4－16　明十三陵定陵后殿棺椁放置情况及随葬器物分布总图

（Ⅰ—Ⅸ为分图编号）

（二）冠、带和佩饰等

冠 10 顶，其中冕冠 2 顶（W32、X13：5）、金翼善冠 1 顶（W11）、乌纱翼善冠 2 顶（W167、帝头上，W49）、皮弁 1 顶（W32：1）；三龙二凤冠 1 顶（X14：22，孝靖后），九龙九凤冠 1 顶（X1：2，孝端后）、十二龙九凤冠 1 顶（X15：6，孝靖后）、六龙三凤冠 1 顶（X2：19，孝端后）。

革带 12 条，帝尸体衮袍上系 1 条，帝棺内中部南北侧各 3 条，余置于器物箱内。其中玉革带 10 条（X2：21 孝端后，X13：2 孝靖后，X17 玉革带 2 条，分属二后，余属万历帝）、大碌带 1 条（W38）、宝带 1 条（W162）。镶珠宝金带饰 14 件，均出自帝棺内西端，大多在北侧、少数在南侧。镶宝金版 2 件（W192、193），帝棺内西端南北两侧。带钩 5 件，置帝棺内西端南北两侧，其中玉带钩 2 件（W48、187）、玛瑙带钩（W186）1 件、木带钩 2 件（W40、W188）。

佩饰 7 副 14 件，除 4 件出于帝棺内之外（W45，45：1；W238，238：1），余均置器物箱内（分别装匣，与玉带同置，每副 2 件，交互重叠放置。即 X2：11、12 孝端后；X13：3、X13：3：1 孝靖后；X14：5、6 孝靖后；X17：4、X17：4：1；X17：5、X17：5：1 分属二后）。

玉圭 8 件，其中 4 件出自帝棺内西端胸前，即镇圭（W43）、脊圭（W44）、谷圭（W42）、素面圭（W244），与镇圭同出的有丝织玉圭垫 3 件、玉圭套 1 件、套手玉圭套 5 件、玉圭袋 1 件。与脊圭同出的有丝织玉圭垫 2 件、玉圭套 1 件、套手玉圭套 3 件、玉圭袋 1 件。余者出自器物箱内（谷圭 X2：8 孝端后，X14：10 孝靖后，X17：7 孝端后；素面圭 X13：6 孝靖后）。

金累丝珍珠霞帔 2 件，分别出自 X2、14 箱内，与凤冠、佩饰等同出，二后各 1 件。

（三）梳妆用具

共 23 件，其中铜镜 2 件（W6：1，置漆盒 W6 内；D3，置漆盒 D6 上边，同出镜架 D2）、梳 4 件（牛角梳 2 件，D6：8、10，出自漆盒 D6 内；木梳 2 件，W8：1、2，出于漆盒 W7 内）、篦 8 件（玉篦 1 件，W8：3；竹篦 7 件，竹篦 D6：9 出于漆盒 D6，其余均出于漆盒 W7 内）、抿子 7 件（骨抿子 1 件，J114；竹抿子 5 件；木抿子 1 件 W8：5，分出于漆盒 D6、漆盘 W7 和孝靖后棺内）、圆刷 1 件（W8：11）。

（四）首饰

首饰共 248 件，其中簪 199 件、钗 5 件、耳坠 10 件、耳勺 3 件、金环 8 件、火焰形金饰 1 件、围髻 1 件（D112：50）、抹额 1 件（D112：48）、棕帽 4 顶（D112：51、J124、J125、J136）、网巾匣 1 件（W164）、素网巾 12 条（W164：1）、纱巾 2 条（二后各一件）、纱带 1 件（J136：14）。上述首饰属于万历帝的有 73 件簪钗，主要出于帝棺内西北角首饰匣（W14）内，少数插在帝的发髻上，绝大多数镶嵌宝石或珍珠，以 W15：12—25、39、40、64、65 等镶嵌猫眼石者为上品。此外，还有玉簪（W15：62、63）和嵌玉金簪（W15：13、36 等），琥珀簪（W15：64、65 等）和镶琥珀金簪（W15：55 等），紫晶兔金簪（W15：26、27），玳瑁簪（W15 共 10 件）等。属孝端后的首饰共 49 件，有簪、钗、耳坠、围髻、抹额，其中簪 44 件，金簪多镶珠宝，还有银簪 1 件、铜簪 3 件、镶珠乌木簪 2 件；首饰出于头顶后部。属孝靖后的首饰共 94 件，有簪、钗、耳坠、耳勺、火焰形金饰等，首饰两副，以簪为主，质料除金外，还有鎏金银首饰，银首饰和铜首饰，均出于头部及其附近。除上所述，另有 32 件首饰出于器物箱内。

（五）金银器（含金银锭等）

金器共 289 件，多数出自帝后棺内尸体上下覆盖和铺垫层及尸体四周，少数在器物箱内。其中万历帝 133 件，孝端后 130 件、孝靖后 6 件、X6 箱 18 件、X2 和 X14 箱各 1 件。计有酒注、爵、尊、执壶、壶瓶、匙箸瓶、提梁罐、带柄罐、盆、盒、漱盂、唾壶、盘、镶花梨木金碗、杯、盏、香熏、肥皂盒、匙、箸、枕顶、金锭、金饼以及"吉祥如意"和"消灾延寿"金钱等二十五类。

银器 271 件，计有尊、把壶、提梁罐、盆、漱盂、盘、碗、勺、肥皂盒、器盖、银锭、银饼、鎏金银钱等十三类。其中属于生活用具的前十类均出自孝靖后棺内南、北两侧[1]。

（六）铜器和锡器

铜器共 65 件，其中鎏金铜勺 2 件、鎏金铜油漂 3 件为实用器[2]。铜明器 60 件，分出于 X7、27、28、29 器物箱内，与之同出者还有大批锡明器。铜明器共 21 种，计水罐 2 件，水桶、水勺各 3 件，水盆、唾盂、唾壶各 2 件，盘 6 件，勺、漏勺、笊篱各 3 件，箸 3 双，香盒、香炉各 2 件，香靠、香匙各 3 件，烛台 6 件，油灯 3 件，剪刀 2 件、火炉 3 件，交椅、脚踏各 2 件。其中 X7 箱出水罐、水盆、香盒、香炉、唾盂、唾壶、交椅、脚踏各二件；余者均出自 X27、28、29 圆盒内。

锡器共 371 件，计有酒注 3 件、爵 1 件、瓶 43 件（花瓶 16 件、香瓶 2 件、柱瓶 3 件、酒瓶 4 件、凉水瓶 1 件、凉浆瓶 1 件、汁瓶 3 件、茶瓶 3 件、杏叶茶瓶 1 件、油瓶 2 件、水瓶 1 件、匙箸瓶 6 件）、壶 11 件（杏叶茶壶 2 件、唾壶 9 件）、酒缸 3 件、酒瓮 3 件、罐 13 件（水罐 7 件、盖罐 6 件）、盂 13 件（酒盂 3 件、漱口盂 3 件、唾盂 7 件）、水桶 3 件、水盆 5 件、茶钟 4 件、碗 6 件、汤鼓 15 件、盘 79 件（盘 73 件、圈足盘 3 件、托盘 3 件）、碟 43 件（茶碟 14 件、果碟 13 件、案酒碟 14 件、碟 2 件）、盏 7 件（酒盏 3 件、爵盏 1 件、台盏 3 件）、托子 6 件、香盒 10 件、粉子 1 件、鉴妆 3 件、印池 2 件、宝池 1 件、宝匣 2 件、香炉 10 件、烛台 18 件（烛台 14 件、小烛台 4 件）、灯台 6 件、宝顶 1 件、宝盖 20 件（宝盖 16 件，宝纛宝盖 3 件、红缨头宝盖 1 件）、红节葫芦宝珠 4 件、海棠花 6 枝、荷叶 6 件、莲蓬 6 件、慈姑叶 6 件、菖兰叶 6 件、交椅 4 件、马杌 1 件（以上共 36

---

[1] 前十类银器，见孝靖后棺内随葬品。银锭 65 锭，其中帝 30 锭、孝端后 30 锭、孝靖后 5 锭。除帝与二后棺盖东端各置一锭外，余均在棺内。银饼 1 件（D178）、鎏金银钱 192 枚，分出于帝和孝端后尸体下。

[2] 鎏金铜勺 2 件出于 X2、X14 箱内（X2：2、X14：15），鎏金铜油漂 3 件，分别出自中殿帝后神座前三个油缸内。

类）。上述器物分别出自 X7 箱和 X27、28、29 三圆盒内。X7 箱所出唾盂、唾壶、水盆、水罐、香炉、香盒、宝匣、宝盖、交椅、马机属仪仗明器，其他为日常生活用具。X27、28、29 三圆盒内所出锡明器种类、数量相同，多为生活用具，也有些陈设用器如花瓶、海棠花、荷叶、莲蓬等。这批锡明器分属于帝与二后。

（七）瓷器和琉璃器

瓷器 16 件，其中青花梅瓶 8 件（出自帝后樟外之两侧）、青花油缸 3 只（置于中殿帝后神座前）、青花碗 1 只（帝棺内 W10）、青花胭脂盒 1 件（D6∶4）、三彩瓷觚 2 件（帝棺内）、三彩香炉 1 件（W5）。

琉璃器 15 件，其中香炉 3 件、烛台 6 件、香瓶 6 件，均置于中殿帝后神座前（五供）。

（八）玉、石器

玉器 51 件，其中金托玉爵 1 件（W3）、金托玉执壶 1 件（W20）、盆 1 件（W30）、花丝镂空金盒玉盂 2 件（W5、W41）、金盖金托玉碗 1 件（W4）、鎏金银托双耳玉杯 1 件（W18）、皂盒 1 件（W234）、璧 6 件（帝后三具樟顶东端各置玉璧 2 件）、礼器 1 副 3 件（X11∶8）、玉坠 1 件（X17∶8）、八角形玉饰件 1 件（X17∶9）、玉料 32 件（帝棺内 W195、余在帝后三樟外两侧及东西置 27 件，孝端后棺内两侧放 4 件）。

石器 36 件全部出于中殿。其中神座 3 件、神座石脚踏 3 件、方形器物座 6 件、香炉石座 3 件，烛台、香瓶石座共 12 件、长明灯石座 3 件、石器物台 6 件[1]。

（九）宝石和珍珠

宝石 12 包 313 块，内有猫眼石 19 块，分别出自帝后棺内头部。宝石放置似有一定规律，如 W233 出于帝棺内西端南侧，长方形木匣内（匣朽）置红、黄、白、蓝、绿宝石各 5 块，宝石部分穿孔、按不同部位分别放置，匣盖外壁贴墨书纸标签"御用"二字。出于孝端后头部的五色宝石，放置次序为黄（D179，20 块）、红（D181，46 块）、白（灰白，D182，18 块）、蓝（D183，61 块）、绿（D185，20 块），各色宝石数量不等。孝靖后头部仅置红（J122，71 块）、蓝（J123，27 块）宝石，无一定规律。D182 猫眼石 18 块似装在纸袋内，W194 猫眼石出于帝棺内北侧。上述宝石大多未经加工，最大的绿宝石重 25.2 克、蓝宝石 19.2 克，小的不到 1 克。

珍珠四包、多残朽、难以计数。D180 出于孝端后棺内西端南侧，D184 出自孝端后棺内西端北侧。X20∶7、X14∶25 出自器物箱内。

（十）漆木器

漆器 84 件，其中盒 4 件（帝和孝端后棺内）、木漆雕盒 1 件（D6∶1）、盘 1 件（W7）、金扣漆托盂 4 件（其中 3 件见金扣）、衣箱 26 件、匣 23 件（帝棺内 3 件，孝端后

---

[1]　参见《定陵》（上），第 189 页说石器 30 件，少石器物台 6 件。

棺内 1 件，余者出器物箱内）[1]，抬杠 25 件。木器较多[2]。

（十一）木俑

木人俑出自 X8、9、22、23、24、25、26 7 个器物箱内（占全部器物箱的 1/4），大都腐朽，比较完整者只有 248 件，其中 X26 保存较好，内置俑约 1000 件以上。马俑 57 件，其中 10 件出于孝端后东端棺床下，其余 47 件出自 X21 箱，多腐朽。

（十二）武器和仪杖

武器共 40 件，其中铁刀 1 件（X20：2）、箭 34 支（X20：9 箭袋 30 支，X20：10 箭袋内 4 支）、盔 1 顶（X20：6）、铁铠甲 1 领（X20：11）、弓袋 1 件（X20：8）、箭袋 2 件。

仪仗 37 件，其中铭旌 3 件、幡架 3 件、仪仗架 10 副、仪仗（戟、钺、立瓜等，未计数内）、龙幢 5 件、玄武幢 1 件、幡 10 件（其中包括黄麾一件）、仪仗罩 1 件、车明器 1 辆、轿明器 3 乘。

（十三）谥册、谥宝和圹志

谥册 7 副，其中木谥册 4 副、锡谥册 3 副。木谥册帝、孝靖后各 1 副，孝端后 2 副。木谥册置器物箱内，孝靖后册、宝共一箱，余者册宝各一箱。锡谥册 X7：12 属孝端后，X7：113 和 X11：10 属孝靖后。其中 X11：10 谥册已氧化成碎块，《定陵》报告认为是孝靖后死时随葬，而后迁祔于定陵。

谥宝 4 件，其中 X19：1 属万历帝谥宝、X3：10 属孝端后谥宝、X12：13 属孝靖后谥宝。另一件 X10：2 谥宝残，或属孝靖后。出土时分置于器物箱的盝顶匣内，孝靖后谥宝、谥册同置一箱，其余三件各置一箱。

圹志，1 件（3016），孝靖后死时"皇贵妃"圹志。

（十四）铜钱及其他

万历通宝共计 1712 枚，其中残破者 302 枚，孝端后棺内 95 枚，孝靖后棺内尸下垫褥内 491 枚，余者均出自万历帝尸下垫褥及衣服之间。

念珠 6 串，3 串在万历帝尸体左手处，3 串出自孝端后头部北侧漆盒 D5 内。其中菩提子念珠 4 串（W169：3、W169：2，数珠均 108 颗，D5：2，数珠残存 101 颗，D5：1，数珠残存 78 颗），琥珀念珠 2 串（W169：1、D5：3）。

圣发和指甲 3 件，夹在棉纸本里，分置于帝棺内头部及左右两侧。W306、W322 纸层间夹小束头发，W325 在纸中间夹小束头发和指甲。

蜡烛，4 支，插在帝与孝端后神座前五供的烛台上。

---

[1]　参见《定陵》（上），第 300 页附表二七，漆匣及铜什件登记表。
[2]　参见《定陵》（上），后殿北壁下小型木明器的介绍。

檀香，3 根，插在帝与二后神座前五供的香炉内。

白木香，出自孝端后棺内东、西两端，形状不规整，大小不一，共重 11954.5 克。

木炭，出自孝靖后头部，圆棒形，大小不等，共重 2511.5 克。

纸钱，孝靖后尸下第三层垫褥上，大量纸钱与"万历通宝"杂置。

第五节　明显陵

明显陵位于湖北省钟祥市东北 7.5 公里的纯德山（北纬 31°12′20″—31°13′00″，东经 112°37′50″—112°38′09″之间），是嘉靖皇帝之父朱佑杬和母亲蒋氏的陵寝。该陵是明朝唯一由藩王坟改建而成的帝陵。

一　从兴献王坟到明显陵

朱佑杬是明宪宗朱见深的第二子，明孝宗朱佑樘的异母弟，明武宗朱厚照的叔父。朱佑杬生于成化十二年（1476 年）七月初二日，生母为朱见深的宸妃邵氏。成化二十三年七月十一日封为兴王，弘治七年（1494 年）九月十七日就藩湖广安陆州（今钟祥市）。正德十四年（1519 年）六月十七日辰时，朱佑杬去世，享年四十四岁，明武宗嘉谥为"献"，史称兴献王。坟园建在松林山。

正德十六年三月十四日，明武宗朱厚照崩，无嗣。于是按照明太祖"兄终弟及"的遗训，将刚袭兴王不久的朱厚熜迎往北京入继大统，同年四月二十二日登基，是为嘉靖皇帝。朱厚熜即帝位后，不顾群臣反对，在正德十六年十月初一就迫不及待地尊其父为"兴献帝"，嘉靖二年（1523 年）二月二十五日，兴献王坟原覆黑瓦改换黄瓦，并修神道桥等。紧接着嘉靖三年三月初一，又尊其父为"献皇帝"，母为章圣皇太后，三月十二日王坟正式更名显陵。

二　明显陵的营建

嘉靖三年更名显陵后，即着手议修显陵事。嘉靖四年四月九日，改原兴献王坟司香署为神宫监，改安陆卫为显陵卫，并添建红门和神厨。嘉靖六年十二月初四，"命修显陵如天寿山七陵之制"，开始大规模的改建工程。《大明会典·工部·山陵》记载："兴都显陵，嘉靖六年特敕修理，各项规制，俱照天寿山，添设石像生、碑亭。八年，工完"。嘉靖十年八月，尚书李时在奏文中说：显陵"园寝已经建造，殿宇巍峨，规制壮丽，视天寿诸陵无异"。其间修葺宝城宝顶，重建享殿，增建方城明楼，并在龙凤门（棂星门）前神道两侧置望柱和石像生。嘉靖十年二月二十三日，将松林山敕封为"纯德山"，建碑亭。直至嘉靖十一年十月，改建工程告一段落。

嘉靖十七年十二月初四，章圣皇太后病逝，嘉靖帝亲赴昌平天寿山，在长陵西南大峪山下卜定吉壤，营建新陵，"欲启迎皇考梓宫遣祔于此"。但是，自嘉靖三年以来，显陵北迁之议，一直遭到朝臣反对，章圣皇太后也认为"陵寝乃根本重地，不可轻动"，故朱厚熜夙存顾忌。所以从大峪山回宫后，又决定奉母后棺椁南下合葬显陵，并"躬自往视之"。嘉靖十八年三月十三日，帝亲谒显陵，"骑登陵山，立表于皇考陵寝之北"，亲卜吉兆，并钦定"图式"，决定在旧宝城北建新玄宫和宝城。三月十九日，启土动工祭告显陵及纯德山之神，敕工部左侍郎顾璘同内宫监袁享督理显陵事物。三月二十一日显陵正式兴工，七月十五日新玄宫建成。闰七月二十五日，朱佑杬和蒋氏一并葬入新玄宫。

显陵玄宫建成后，续建工程仍在进行。嘉靖二十一年九月，命修显陵祾恩殿，嘉靖三十三年四月，又命改建祾恩殿"如景陵制"。嘉靖三十五年七月，诏修显陵二红门左角门，便路及御桥、墙等，扩建工程至嘉靖三十八年九月才竣工。嘉靖四十五年九月，又重修祾恩殿，十一月十八日更新圣号碑为"大明"，"恭睿献皇帝之陵"。明末显陵地面建筑大多被李自成起义军焚毁。明显陵1988年公布为全国重点文物保护单位。

三　明显陵的形制[1]

显陵陵园占地面积约183.15公顷，其中陵寝部分占地52公顷。陵寝配置从南向北依次如下。

纯德山碑亭：嘉靖十年敕封而建，亭平面方形，四出陛，亭毁。亭内供汉白玉石碑一通，通高3.59米，宽1.15米，下为须弥座，碑首篆刻"敕封"二字，碑阳刻楷体"纯德山"三个大字。

敕谕碑亭：在纯德山碑北偏东侧天子岗脚下，俗称"山曲碑"。平面方形，四出陛，内立龙首龟趺碑，坐南向北。主要记载陵区占地范围和皇庄收租田亩及管理人员姓名、人数等。

下马碑：敕谕碑北165米，新红门前左右各立一碑。汉白玉碑身两面刻"官员人等至此下马"八个楷体大字。碑身下部四隅有抱鼓石倚戗。

新红门：嘉靖十八年建，东依纯德山，西邻外明塘，两侧与外罗城相连，为进入陵园之门户。门单檐歇山顶，面阔18.5米，进深8米，有券门三洞，左右各有掖门和门房。门琉璃、砖、石结构，红墙黄瓦。

外明塘：嘉靖十八年建，位于新红门外西侧，明塘内侧与外罗城连接，北面为九曲御河出水口，明塘略呈椭圆形。

九曲御河：俗称九曲河，河从陵区东北向西南蜿蜒，贯穿整个陵区，全长1687米，砖石结构。河道宽4米，上游深约2米，下游深近3米，河床平底壁直，河底铺青石板或青砖。河道根据高差建九道拦水坝，该河是陵区内的主要排水设施。

一号御桥：入新红门沿神道弯曲前行102米，至第一座御桥，为三座并列汉白玉单孔桥。

〔1〕　明显陵形制撰写，主要依据中华人民共和国国家文物局《明清皇家陵寝·明显陵》，中国大百科全书出版社1999年版；李斌：《明显陵建筑规制与其特点》，载十三陵特区办事处《世界文化遗产——明清皇家陵寝保护与发展研讨会论文集》，北京燕山出版社2007年版。

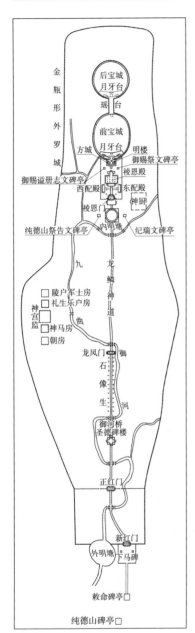

图 15-5-1　湖北省钟祥市明显
陵平面示意图

（引自《世界文化遗产——明清皇家陵
寝保护与发展研讨会论文集》，北京燕
山出版社 2007 年版，略变化）

正红门（旧红门）：嘉靖三年建，南距一号桥 38 米。门单檐歇山顶，琉璃、砖、石结构，红墙黄瓦。面阔 18 米，进深 7.8 米，券门三洞，左右有掖门和门房。

二号御桥：在正红门北 55 米处，青石三座并列单孔桥。

睿功圣德碑亭：南距二号桥 41 米，嘉靖七年建，俗称御碑亭。平面方形，面阔进深约 18.3 米，占地 334 平方米，汉白玉台基，下设石须弥座，重檐歇山顶，四面各开券门（碑亭明末兵燹）。正中立龙首龟趺"睿功圣德碑"。碑首为四条高浮雕首尾交盘，头部下垂的蛟龙，龟趺石台上刻水波漩流。

三号御桥：御碑亭北 41 米处，形制同二号桥。

望柱和石像生：三号桥北即望柱和石像生群。汉白玉望柱通高 6.5 米（低于长陵望柱 7.16 米），方形须弥座，柱身六棱形，二层束腰云盘托圆柱形浮雕云龙纹柱头。望柱后依次置石像生狮 1 对、獬豸 1 对、骆驼 1 对、象 1 对、麒麟 2 对、马 2 对、武臣（将）2 对（图 15-5-2 上）、文臣 1 对（图 15-5-2 下）、勋臣 1 对（石像生建于嘉靖六年）[1]。

龙凤门（图 15-5-3）：石像生群后置龙凤门，门六柱三门四楼冲天式牌楼，方柱上悬出云版，上覆莲座，其上各雕一尊朝天犼。门正身立火焰宝珠，石礅，坊身有仿木额枋、花板、抱框，上额枋设门簪，方柱前后夹抱鼓石，影壁墙下设须弥座，上盖黄琉璃瓦。

四号御桥：置于龙凤门后，形制同二、三号桥。

后段龙形神道：进新红门后神道全长 1368 米，其中四号御桥后后段神道长 290 米。龙形神道中间铺石板谓"龙脊"，两侧铺鹅卵石谓"龙鳞"，外边有石牙子，俗称"龙鳞神道"。

五号御桥：龙形神道后为五号御桥，并列三座汉白玉单孔拱桥。

内明塘：五号桥后为内明塘，塘圆形，直径 33 米，内垣五级台阶驳岸，青石压面。

记瑞文碑亭：置于内明塘东侧，建于嘉靖十一年，平面方形，西向居中开设券门，前出台阶。亭内立碑，有束

---

〔1〕　参见李斌《明显陵建筑规制与其特点》引顾璘《兴都志》。

1. 武臣

2. 文臣

图 15-5-2　湖北省钟祥市明显陵石像生

（引自国家文物局《明清皇家陵寝·明显陵》，中国大百科全书出版社 1999 年版）

图 15 – 5 – 3　湖北省钟祥市明显陵龙凤门（棂星门）正立面图
（引自国家文物局《明清皇家陵寝·明显陵》，中国大百科全书出版社 1999 年版）

腰形须弥座。

纯德山祭告文碑亭：置于内明塘西侧，建于嘉靖十一年，形制同记瑞文碑亭。

陵宫：内明塘后为陵宫，二进院落。第一进院落前为祾恩门，门面阔三间，进深二间，有月台，前后三出陛（云龙丹陛），门两侧有八字形琉璃影壁，正面绿琉璃蟠枝图案，背面双龙图案（图 15 – 5 – 4），喻意藏龙护生。祾恩门外东侧置神厨、神库、宰牲亭、奉祀房、旗台等。祾恩门外西侧置神宫监一所，司香内官住房二十一间，陵户、军户直房一所，礼生、乐户直房一所，朝房一所，巡山铺一所。祾恩门内有东西配殿及左右焚帛炉（又称燎炉，仅存基址），东西配殿面阔五间，进深二间，前出廊。后面正中置祾恩殿[1]，殿重檐歇山顶后抱厦宫殿式，建于嘉靖四年，现仅存基址。殿面阔五间，进深四间，四周有宽约 2 米的回廊及汉白玉雕的栏板和龙凤望柱，须弥座台基上浮雕排水龙头 60 个，四隅各有螭首 4 个，前出月台，两隅各有螭首 2 个。祾恩殿后为陵寝门，面阔三间，砖石琉璃结构，陵寝门内即第二进院落。陵寝门后为二柱门，现仅存石柱（通高 6.65 米），蹲龙戗鼓，木构无存。再后为石五供，现存供案和部分石雕供器。供案东侧置皇明御赐祭文碑亭，西侧置御赐谥册志文碑亭，均建于正德十四年（1519 年），皆坐南面北，前出阶，亭内立龙首龟趺碑。

方城明楼（图 15 – 5 – 5）：供案后为方城明楼，建于嘉靖六年。方城面阔进深皆 22.2 米，设券门一道，门前有御道踏跺，方城左右各设上下坡道。方城之上东、西、南缘三面建雉堞，背面砌女墙。方城上建明楼[2]，重檐歇山顶，下有石须弥座，面阔进深均 17 米，四面有券门，明楼南向双檐之间悬挂楷体"显陵"二字匾。明楼内圣号碑，通高 4.69 米，碑额篆刻"大明"二字，碑身镌刻"恭睿献皇帝之陵"。

前宝城：方城两侧连着前宝城，城椭圆形，东西 112 米，南北 125 米，高 5.5 米。宝城环道宽 2 米，外侧建雉堞，内侧砌女墙。宝城内为宝顶封土，其下为正德十四年所建玄

---

〔1〕　李斌《明显陵建筑规制与其特点》引顾璘《兴都志》。

〔2〕　李斌《明显陵建筑规制与其特点》引顾璘《兴都志》：明楼"虎座重檐歇山转角，方梁斗科俱碾玉点金，天花顶板俱金莲水藻，檐设铜丝罘，下设白玉石须弥宝座"。

宫。宝城与方城之间有月牙城（哑巴院），内有琉璃影壁一座。前宝城据城砖题刻，重建于嘉靖四年至七年。

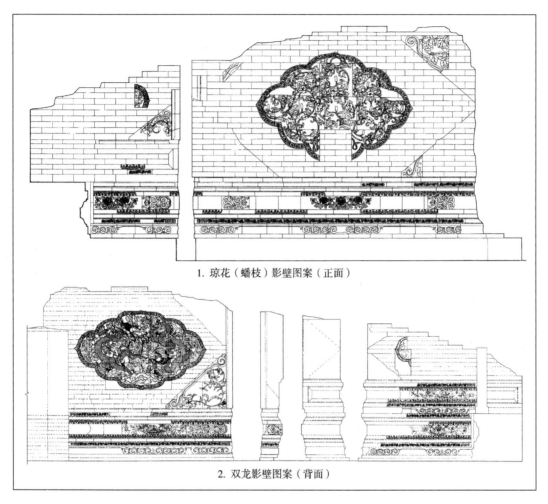

1. 琼花（蟠枝）影壁图案（正面）

2. 双龙影壁图案（背面）

图 15－5－4　湖北省钟祥市明显陵琉璃影壁图案

（引自国家文物局《明清皇家陵寝·明显陵》，中国大百科全书出版社 1999 年版）

瑶台和后宝城（图 15－5－6）：瑶台连接前后宝城，建于嘉靖十八年。瑶台长方形，面阔 11.5 米，进深 40.5 米，外侧各置 20 个雉堞及 4 具散水龙头。后宝城圆形，直径 110 米。宝城内宝顶下为嘉靖十八年所建玄宫。宝顶前有月牙城，内有琉璃影壁一座。两座宝城各有向外悬挑的螭首 16 个[1]。

─────────

〔1〕　李斌《明显陵建筑规制与其特点》引顾璘《兴都志》："后宝城一座，周围一百有三丈，崇一丈有八尺，基厚一
　　　丈有一尺，巅厚九尺有九寸，四面向外出水龙头十有六，据白玉石为之，即二圣玄宫所在地也。宫前照壁一座。
　　　城南联以瑶台，延十有五丈，广四丈三尺奇。台南为前宝城一座，周回一百有二十丈，崇厚如前，即先帝玄宫
　　　旧所在也。前亦照壁一座"。

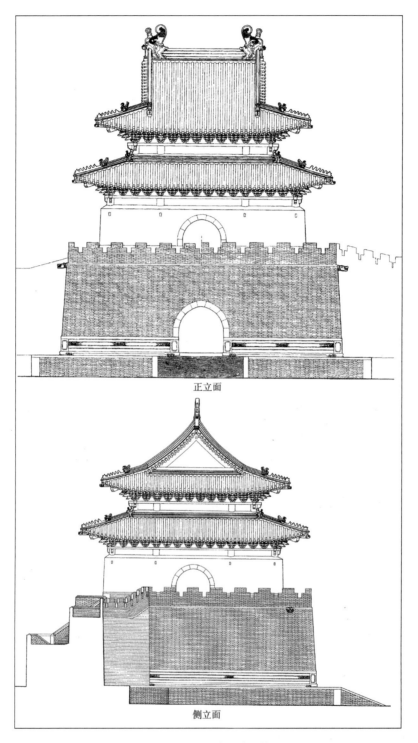

正立面

侧立面

图 15 - 5 - 5　湖北省钟祥市明显陵方城明楼正立面、侧立面图
（引自国家文物局《明清皇家陵寝·明显陵》，中国大百科全书出版社 1999 年版）

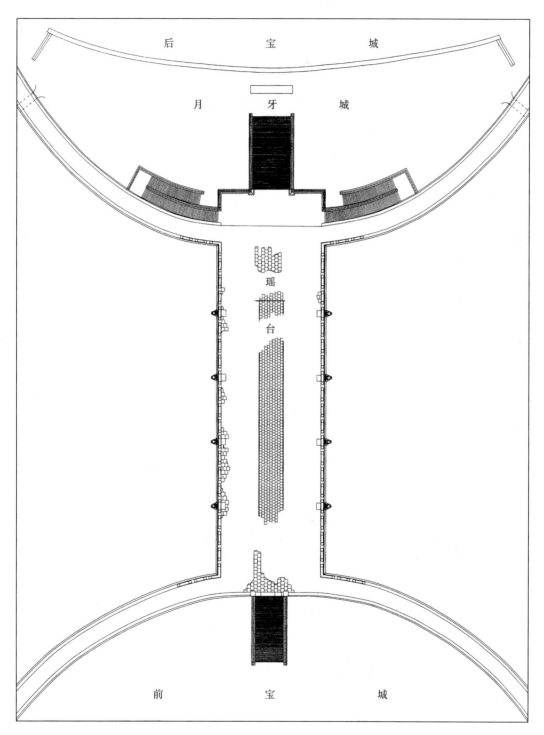

图 15-5-6 湖北省钟祥市明显陵瑶台及后宝城月牙城平面图
（引自国家文物局《明清皇家陵寝·明显陵》，中国大百科全书出版社 1999 年版）

外罗城：建于嘉靖十八年，红墙，琉璃墙顶，高6米，厚1.6米，长4730米[1]。城南北两端较窄，宽约300米，中间最宽处达464米，南北进深1656.5米。城随山势蜿蜒起伏，平面呈"金瓶"状。

此外，还有其他一些附属建筑[2]，位置待考。

四 明显陵陵园形制布局特点

朱佑杬只是位藩王，未做过皇帝，死后建藩王坟。在其子即帝位后，朱佑杬被追尊为皇帝，因而才将原藩王坟按帝陵规制改建为显陵。上述背景，遂导致了显陵既承袭了前代明陵的规制，又保留了原藩王坟的一些特点，并在改建过程中形成了新的特点。所以显陵无论从陵主身份地位的变化、陵址位置，还是从藩王坟向陵寝的转换，以及其营建过程和最终的形制布局来看，在明陵中都是一座非常特殊的帝陵。

（一）显陵规制与前代明陵一脉相承

明显陵陵园的下马碑、红门、圣德碑亭、望柱、石像生、龙凤门、陵宫、二柱门、石五供、方城明楼、宝城宝顶，以及御河御桥和碑等配置要素同前代帝陵，其配置序列也基本相同。

明显陵根据"负阴抱阳""背山面水"原则，以松林山左峰为宝顶和玄宫依托的背屏（祖山，玄武），以左右山脉为环护的砂山（左青龙，右白虎），以前沿天子岗为案山（朱雀），九曲御河则形成陵宫两侧的虾须水，并横于陵宫之前呈环护之势，以达到"界穴"和"藏风聚气"的目的。明显陵上述风水要素所形成的风水堂局之态势（图15-5-7）同前代明陵。

此外，明显陵进而将上述风水堂局作为陵园不可或缺的构成要素和陵园布局的主要依托，使陵园完全处于山水环抱和松林掩映之中。陵园内的建筑布局则利用松林山间台地，依次配置下马碑、红门、圣德碑亭、望柱、石像生、龙凤门和桥，顺缓缓升高的山势逐步引导至方城明楼和宝顶，其间的各种配置疏密相宜，层层递进，错落有致，尊卑有序，充分体现出封建礼制秩序感和庄严、肃穆的氛围。总之，明显陵的建筑配置和建筑艺术与环境美学完美结合，如同"天设地造"，和前代明陵同样都是"陵制当与山水相称"的杰作。

综上所述，明显陵的风水堂局，主要构成要素和配置序列，以及布局艺术原则之总体态势，是与前代明陵一脉相承的。

（二）显陵形制既承袭前代明陵又有变化，特点独具

1. 陵寝前区

陵寝前区系指从新红门至陵宫前的神道部分。

---

[1] 参见李斌《明显陵建筑规制与其特点》引顾璘《兴都志》。
[2] 参见李斌《明显陵建筑规制与其特点》引顾璘《兴都志》。

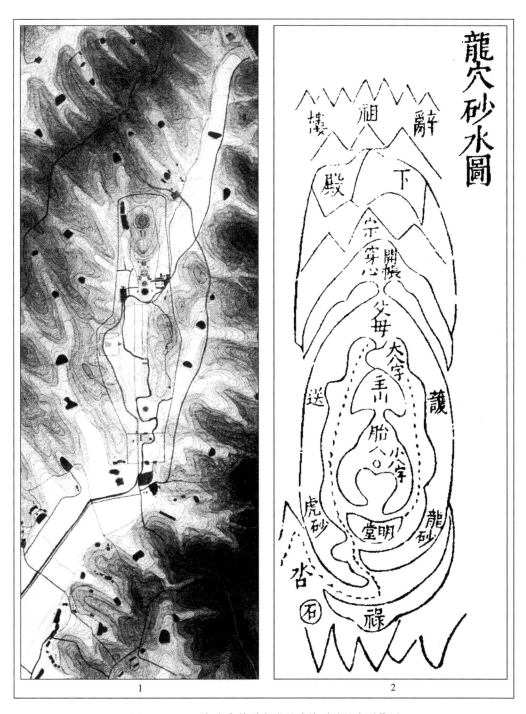

图 15－5－7　湖北省钟祥市明显陵地形及风水形势图

1. 明显陵地形图　2. 明刻本《三才图会》中表示明显陵风水意向的龙穴砂水图

（引自国家文物局《明清皇家陵寝·明显陵》，中国大百科全书出版社 1999 年版）

第一，神道构成要素与配置序列。

在明长陵以后的明代诸陵中，只有显陵神道建有红门（门前置下马碑）、睿功圣德碑亭、望柱、石像生和龙凤门等完整配置，其配置要素与明孝陵和长陵相同，配置序列则在明皇陵、孝陵和长陵基础上有所变化。首先，明显陵下马碑、新红门、桥、正红门与明皇陵下马碑、正红门（土城）、桥、红门（砖城）的配置序列相同（显陵新红门和正红门，分别相当于皇陵正红门和红门）。显陵正红门和桥后较皇陵多圣德碑和桥，石像生后多龙凤门。其次，显陵新红门位置大体相当于孝陵下马坊（显陵新红门前置下马碑），正红门和圣德碑亭相当于孝陵大金门和圣德碑亭，其后两者均置桥、望柱和石像生（两者望柱位置不同，石像生少于孝陵的16对）、龙凤门和桥。其中除孝陵神道前曲后直，显陵神道前直后曲外，显陵和孝陵神道主要配置和态势相同。此外，与长陵相比较，显陵正红门、桥、圣德碑亭、望柱和石像生、龙凤门的配置序列如长陵（显陵龙凤门后较长陵多一桥）。显陵望柱置于石像生前同长陵，显陵石像生种类同长陵，只是狮、獬豸、骆驼、象、文臣和勋臣由长陵的2对减为1对，麒麟、马和武将各2对同长陵。显陵龙凤门后置二桥，较长陵少一桥。显陵神道后段龙形与长陵后段神道略曲相似。

上述情况表明，显陵新红门、正红门的名称和二座门的配置位置似源于明皇陵。显陵正红门至龙凤门和桥的配置序列似参考了明孝陵和长陵，望柱和石像生的种类及其配置序列则本于明长陵，显陵后段龙形神道似脱胎于明长陵后段神道略曲的形式。总之，明显陵新红门后神道的构成要素和配置序列，乃是参考了上述三陵，并以长陵和孝陵为主要参考对象，在此基础上进一步创新，最终形成了上述别具一格的形式。

第二，神道主要配置之形制变化。

新红门三孔拱门，门单檐歇山顶仿长陵门（陵宫门）而非大红门，顶部饰以黄绿琉璃的柱头额枋上未置斗拱（长陵门有斗拱），用冰盘檐承挑单檐歇山顶，整体尺度也较长陵陵宫门小，以"逊避祖陵"。但新红门下为石须弥座，不同于长陵门门垛下台基陡板式。在"逊避"之中又抬高了规格，以示尊崇。新红门南如长陵大红门置一对下马碑，表明新红门的位置和作用取代了正红门（旧红门）并相当于长陵大红门。正红门形制类似新红门，龙凤门和御桥后直抵祾宫门前"如天寿山七陵之制"，但此段神道呈龙鳞状称龙鳞道，这种有别于历代明陵的形制意在突显其神圣而尊崇。

睿功圣德碑亭形制仿长陵神功圣德碑亭（亭外无华表）而规模略小，亭中立龙首龟趺碑，圣德碑改长陵"神功圣德碑"为"睿功圣德碑"，碑阳刻世宗皇帝御制碑文。碑亭四面拱门券脸白石上浮雕精美的龙云图案（孝陵和长陵圣功碑亭未曾采用），该碑是长陵以后诸陵中功德碑亭最宏伟隆重的。

石像生12对，少于孝陵16对和长陵18对，体量也相应减小。显陵石像生是长陵以后诸陵中唯一特置的，石像生中的瑞兽神态肃穆温顺，臣工情貌庄重祥和（图15-5-2），造型精美，镌刻细腻，堪称明代中期陵寝石雕艺术的佳作。

龙凤门形制仿长陵龙凤门，但形制简化，尺度缩小。

2. 陵寝后区

陵寝后区指神道之后陵宫至宝顶部分。

祾恩门面阔缩减为三间（长陵祾恩殿面阔五间），其残存的台基向南伸出月台，月台前后三出陛（献陵以后诸陵采用前后各设连面踏跺的普通台明），居中为丹陛，台基呈望柱雕栏石须弥座式样，须弥座四角各挑出石螭首，各望柱下分别悬出小螭首，形制略似长陵祾恩门。祾恩门两旁仿孝陵方城置"八"字形琉璃照壁，为明陵中仅有的特例，也是明代同类照壁的重要遗存，具有很高的艺术价值。

祾恩殿仅存基址，其特点是殿内遗有嘉靖七年的"加上尊谥记文碑"，嘉靖三十三年"如景陵制"在殿后加建的抱厦（仅存残迹）。台基石雕须弥座式，前置月台丹陛并周匝寻栏望柱，悬布大小螭首。

显陵琉璃花门内二柱门、石五供，方城明楼，以及宝城、宝顶、哑巴院（月牙城）、琉璃影壁、磴道、水沟和涵洞等，均是裕陵以来的基本做法。唯方城前院落纵深缩减，石五供两旁各置一座碑亭，较前代明陵发生变化。

显陵在嘉靖十八年改建时，形成瑶台连接前后宝城形制，该形制在明陵中绝无仅有。此外，前后两座宝城外侧各有 16 个白石精雕龙头，挑头沟嘴，不同以前诸陵内侧排水形式。

3. 其他

显陵建外罗城，十三陵前七陵无，外罗城呈"金瓶"形，为明陵之孤例。

内外明塘，其他明陵无。有的研究者认为，内外明塘，瑶台连前后宝城，金瓶形罗城的出现，似与睿宗和世宗崇信道教有关。

神厨神库以九曲河为界分置，不同于其他明陵神厨神库同置在一院之中。

碑亭数量多，从敕封纯德山碑亭起，已发现或文献记载的还有敕谕碑、睿功圣德碑、纪瑞文碑、纯德山祭告文碑、加上尊谥记文碑、御赐祭文碑、御赐谥册志文碑、圣号碑等共九通。其中除置于祾恩殿内的加上尊谥记文碑无碑亭外，余者均建碑亭，碑亭数量之多远非明代其他帝陵可比。

陵园内九曲御河形制特殊，是陵园内主要的给水排水设施。九曲河建有九道拦水坝，分区保留了明净的水面，净化了陵区环境。其次，九曲河又将松林山主脉（祖山）流下的水，巧妙地从陵区排出。九曲河给水排水功能之完善，体现风水理论之完美，在陵区布局艺术中的地位和作用，均远在其他诸陵之上。此外，显陵九曲河上的桥，也属明陵最多之例。

五　显陵在明陵中的地位和影响

（一）世宗尊崇抬高显陵，地位比拟长陵

朱厚熜即帝位后，为使皇室旁支变成皇室正统，除尊其父为皇帝，以高压手段取得长达三年"皇考"之争（史称"大礼议"之争）的胜利外，还在营建显陵的过程中，极力推崇显陵，刻意将显陵尊崇为自身昭穆体系的首陵，并用尽心思，想办法将显陵比拟于长陵，以及孝陵和皇陵。例如：（1）敕封纯德山。长陵所在的黄土山，成祖之世已封为天寿山。嘉靖二年，几乎同时将显陵、祖陵、皇陵、孝陵的祖山敕封为纯德山、基运山、翔圣山和神烈山，使纯德山与上述诸山呈并列之势。（2）新红门后神道的配

置仿长陵之制。在此前的明陵中仅祖陵、皇陵、孝陵和长陵神道配置望柱、石像生、龙凤门等全部序列（祖陵、皇陵无龙凤门）。显陵神道不仅仿长陵之制配置上述全部序列，而且还仿皇陵在陵园前区配置双门（新红门、红门）。从而将显陵的地位置于祖、皇、孝和长陵之列，使显陵的规格凌驾于明十三陵长陵之外诸陵之上。（3）置睿功圣德碑亭。在营建显陵之前，仅孝陵和长陵置圣德碑亭。营建显陵时亦仿孝陵和长陵之制置圣德碑亭，以示显陵如同孝陵和长陵一样尊崇于其他诸陵。上述三点表明，朱厚熜实际上已将显陵置于比拟皇陵、孝陵和长陵之列，这是朱厚熜在陵寝制度上完成自己昭穆体系的重要步骤和至为关键的举措。

朱厚熜在亲撰的显陵圣德碑文中说：显陵"经营设置一如祖宗之制"[1]。"一如祖宗之制"，上述三点及前述情况表明，显陵主要是遵长陵之制，并兼及孝陵和皇陵，实际上是以长陵为祖陵。但是，在明陵必须"逊避祖陵"的规制下，显陵也只能比拟长陵规制而简化形制，缩减尺度。所以朱厚熜又使显陵营造出有别于其他诸陵的许多特点，这些独有的特点（见前述情况）结合上述三点，更加突出了显陵在形制上的特殊性，并以此确立了显陵在自己昭穆体系中首陵的尊崇地位。

（二）显陵形制独有特点对明十三陵的影响

显陵之后，明十三陵形制的一些变化大都与显陵有较直接的关系（图15-5-8）。一是显陵之前的明代帝陵，因显陵的变化，而在嘉靖十年敕封祖陵、皇陵和孝陵祖山；嘉靖十五年长陵北段神道铺筑石板；嘉靖十六年，长陵之后的献、景、裕、茂、泰和康陵增置圣德碑亭；嘉靖十七年，改称诸陵享殿和殿门为祾恩殿和祾恩门；嘉靖十九年，长陵增筑石牌坊（因显陵有新红门和红门之故）；嘉靖二十一年，在长陵祾恩门前增建碑亭。此外，万历三十二年（1604年）五月长陵明楼被雷火烧毁，重建后明楼内原刻"太宗文皇帝之陵"圣号碑，也按朱厚熜在位时改尊的庙号如显陵之式镌成"成祖文皇帝之陵"。二是对显陵之后明陵形制的影响。显陵之后十三陵所建诸陵置圣德碑亭，永陵和定陵建外罗城，宝城向城外排水，如显陵之制。显陵前宝城略呈长椭圆形，形制如其前的献、裕、茂、泰、康陵。后宝城呈圆形，此后明陵宝城均呈圆形。由此可见，显陵前后宝城的形状，乃是明十三陵康陵前与永陵后宝城不同形状的过渡，并成为明十三陵宝城长椭圆形与圆形的分野和界标，这是事关明陵宝城形状规制的重要变化。

综上所述，显陵规制在地位上比拟长陵，以及孝陵和皇陵，其形制独有的特色，有的还影响到明陵局部形制和某些配置的变化，并影响到永陵之后宝城形状规制的改变。因此，显陵这座特殊的帝陵，在很大程度上已经达到了朱厚熜的目的，即不仅树立了显陵对明十三陵长陵之外其他诸陵的尊崇地位，而且也起到了朱厚熜一支陵寝昭穆体系的首陵作用。

---

[1]　显陵圣德碑文，参见胡汉生《明朝帝王陵》，北京燕山出版社2001年版，第375—377页。

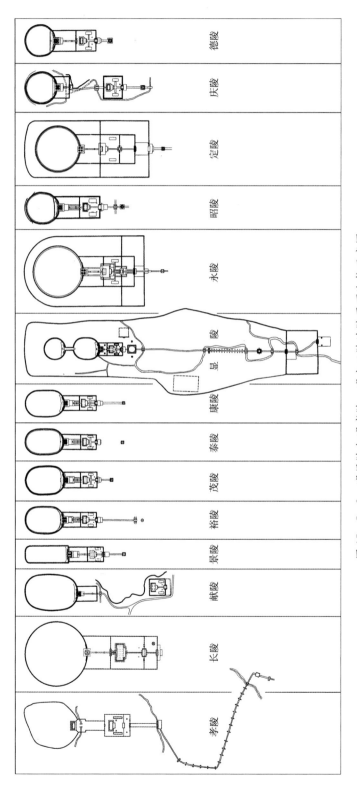

图 15－5－8　明显陵与明孝陵、明十三陵诸陵平面比较示意图

（引自国家文物局《明清皇家陵寝·明显陵》，中国大百科全书出版社 1999 年版）

考 古 学 专 刊

甲种第四十三号

中国考古学

宋辽金元明卷

下册

中国社会科学院考古研究所　编著

中国社会科学出版社

2023

目　　录

（下册）

第十六章　宋代墓葬

　　辽代至明代是多元一体中华民族形成的重要时期。唐帝国灭亡以后，中国出现新的南北分治局面。先是五代、北宋和辽朝的对峙，略晚有西夏介入；后有金朝、西夏和南宋的三足鼎立。直到1279年，元朝灭亡南宋，结束分裂局面，建立了第一个少数民族统治的统一帝国，扩大和并基本确定了中华民族国家的版图。明帝国灭元后，又恢复汉族统治200多年，直到清帝国的建立。

　　纵观中国考古学的研究历程，宋辽金元明时期考古学一直是个薄弱环节，缺乏全面系统的研究。就墓葬而言，《新中国的考古发现和研究》和《中国大百科全书·考古卷》[1]曾对20世纪80年代中叶以前30年的考古学发现进行了较为系统的梳理和总结。以后出版的大学讲义[2]也多以此为蓝本，略做增减。但所占比例与现有资料的数量完全不相称。20世纪90年代以来，一些学者开始对墓葬时空框架、墓葬壁饰、丧葬制度和习俗等进行探索。特别是一些大学的研究生论文，持续关注这一时期的墓葬专题研究，出现了一组较有深度的论著，推进了这一时期墓葬的考古学研究[3]。

　　总的来说，这一时期墓葬考古学的基础研究较为薄弱，综合研究水平也还不够深入。其中辽代和宋代墓葬的考古学研究论著较多，金代、元代和明代的考古学论著可谓凤毛麟角。从资料积累看，辽代至明代的考古发现已经相当丰富，初步具备了综合研究的条件。

　　本文依据50多年考古发掘的资料，在现有研究的基础上，重点构建宋辽金元明时期

---

〔1〕　中国社会科学院考古研究所编：《新中国的考古发现和研究》，文物出版社1984年版；《中国大百科全书·考古学》，中国大百科全书出版社1986年版。

〔2〕　宿白：《汉唐宋元考古——中国考古学》（下），文物出版社2010年版（此为宿白先生早年讲义稿）；张之恒主编：《中国考古学通论》，南京大学出版社1991年版；秦大树：《宋元明考古》，文物出版社2004年版；冉万里：《汉唐考古学讲稿》，三秦出版社2008年版。

〔3〕　参阅北京大学和吉林大学等诸多研究生论文。本文仅引用正式出版的论著。刘未：《辽代汉人墓葬研究》，《汉学研究》2006年第24卷第1期；刘未：《辽代契丹墓葬研究》，《考古学报》2009年第4期；李清泉：《宣化辽墓：墓葬艺术与辽代社会》，文物出版社2008年版；张鹏：《辽墓壁画研究》，天津人民美术出版社2008年版；刘毅：《明代帝王陵墓制度研究》，人民出版社2006年版；袁泉：《从墓葬中的茶酒题材看元代丧祭文化》，载《边疆考古研究》第6辑，科学出版社2007年版；《政治动因下的"蒙古衣冠"：赤峰周边蒙元壁画墓的再思》，《边疆考古研究》第12辑，科学出版社2012年版；《物与像：元墓壁面装饰与随葬品共同营造的墓室空间》，《故宫博物院院刊》2013年第2期；《循古适今：洛渭地区蒙元墓随葬明器所见之政治与文化考》，《中国国家博物馆馆刊》2013年第10期；《略论"洛渭"流域蒙元墓葬的区域与时代特征》，《华夏考古》2013年第3期；袁泉：《蒙古时期中原北方地区墓葬研究》，文物出版社2020年版；吴敬：《南方地区宋代墓葬研究》，社会科学文献出版社2015年版；郑承燕：《辽代贵族丧葬制度研究》，文物出版社2014年版；刘未：《辽代墓葬的考古学研究》，科学出版社2016年版。

墓葬考古研究的基本框架。我们希望通过对各个朝代墓葬时空框架的构建（分期与分区）、墓葬形制的类型学分析、墓葬壁饰、墓葬制度和葬俗的探讨等几个基本问题的研究，来了解各个时期墓葬考古研究的基本概况；并在此基础上，对墓葬所反映的相关问题略做探讨（帝陵前文已有专论，这里不再涉及）。

宋代墓葬是指从北宋太祖（960 年）到南宋最后一个皇帝赵昺末年（1279 年）的遗存。主要地域是淮河以南的广大地域（不包括今云南和西藏地区，当时属于大理和吐蕃诸部的墓葬），在北宋时期还包括河北省高碑店白沟镇以南的中原和关中地区为重心的区域。宋朝先后与辽朝、金朝长期对峙，形成中国历史上第二次南北朝的局面。北宋墓葬承袭了晚唐和五代形成的历史文化传统，表现出不同区域的地方性文化特色。南宋时期的区域文化与北宋相比，略有变化。

第一节　发现与研究

20 世纪 30 年代以来，中国学者开始对宋墓有所关注，福建、山东、四川等地都有发现[1]。但是，相关的考古学研究尚未展开，学者关注的是宋墓出土的墓志材料，并进行传统史学的著录和考释[2]。真正意义上的考古发掘与研究是从 50 年代以后开始的。大体可以分为三个阶段。

一　考古资料积累阶段

从 1950 年到 1981 年。这一阶段对宋墓的发掘资料不断增多，但考古学研究成果极少。

这一时期主要考古发现有：1951 年 12 月在河南禹县白沙镇北发掘北宋元符二年（1099 年）赵大翁及其家属的 3 座墓葬，习称白沙宋墓[3]。赵大翁墓为仿木结构双室墓，前室呈长方形，后室为六角形，穹窿顶（图 16 - 1 - 1）。墓室四壁彩色壁画保存完好，有侍者图、散乐图、"开芳宴"图、妇人启门图等内容。这种仿木结构建筑的雕砖或壁画

---

〔1〕　金云铭：《邵武协和大学校地南宋墓发掘研究报告》，《福建文化季刊》1941 年第 1 卷第 2 期；潘悫：《山东藤县下黄沟村宋代墓葬调查记》，载《中央研究院历史语言研究所集刊》第 11 集，1944 年 9 月；莫宗江：《宜宾旧州坝白塔宋墓》，《中国营造学社汇刊》1944 年第 7 卷第 1 期；王世襄：《四川南溪李庄宋墓》，《中国营造学社汇刊》1944 年第 7 卷第 1 期。

〔2〕　柯昌泗：《宋尚书礼部郎中上护军范阳县开国伯祖士衡墓志铭》，《辅仁学志》1930 年第 2 卷第 1 期；孟森：《宋许州长史孙君墓志铭跋尾》，《国学季刊》1934 年第 4 卷第 2 期；张希鲁：《跋楚雄新出土南宋高公墓志》，《考古社刊》1936 年第 4 期。此外，黄永年对宋代明器制度进行了研究，参见《宋代的明器制度》，《文物周刊》1947 年第 50 卷。

〔3〕　宿白：《白沙宋墓》，文物出版社 1957 年版。此书运用二重论证法，将文献考据和考古实物相结合，对白沙宋墓作了深入的研究，对以后宋元时期墓葬研究产生了深远的影响。

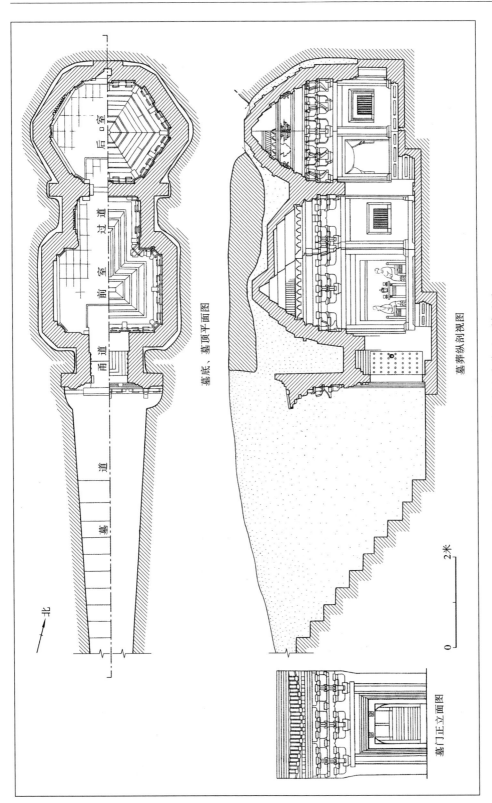

墓底、墓顶平面图

墓葬纵剖视图

墓门正立面图

北

0　　2米

图 16-1-1　河南禹县赵大翁墓平、剖面图
（引自《白沙宋墓》，文物出版社 1957 年版，改绘）

墓是北宋时期中原及北方区最主要的墓葬形制，可称为"类屋式墓"[1]，白沙宋墓是这类墓葬的典型代表。

1959年12月，江苏省文物管理委员会等单位在淮安县杨庙镇发掘以绍圣元年（1094年）杨公佐墓（M2）为代表的5座北宋墓[2]，为砖筑或砖木混筑（图16-1-2）。较为重要的是M1、M2墓室内有壁画，内容有备宴图、散乐图和侍寝图等内容，壁画在长江中下游地区发现极少；这批宋墓共出土较完整的漆器75件之多，为研究中国漆器制作工艺提供了珍贵的资料。1975年，镇江市博物馆等单位发掘江苏金坛南宋周瑀墓[3]（图16-1-3），

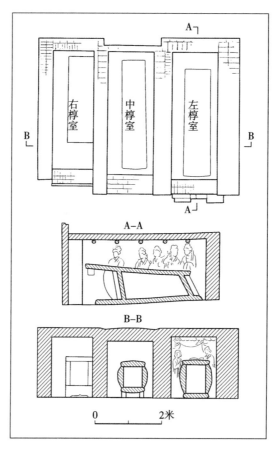

图16-1-2　江苏淮安杨公佐墓平、剖面图
（引自《江苏淮安宋代壁画墓》，《文物》1960年第8、9期合刊，改绘）

---

〔1〕　本文的类屋式墓通常为砖筑或石筑，也有砖石混筑者，是指有墓门、高穹窿顶或券顶的大墓，通常有斜坡式墓道，整体建筑较为高大，多室墓呈纵向排列，主墓室内高通常在2米以上。这类墓应是模仿现实生活中居住房屋的形式。墓室有明显类似房屋的特征。许慎《说文解字》云："屋，居也。从尸。尸，所主也。一曰尸象屋形。从至。至，所止也。室屋皆从至。"

〔2〕　江苏省文物管理委员会、南京博物院：《江苏淮安宋代壁画墓》，《文物》1960年第8、9期合刊。

〔3〕　镇江市博物馆、金坛县文管会：《江苏金坛南宋周瑀墓发掘简报》，《文物》1977年第7期；《金坛南宋周瑀墓》，《考古学报》1977年第1期。

在这座墓中发现了一份牒文抄件，记载死者姓名、籍贯、家庭出身以及补中太学生的经历，是研究宋代手卷装裱形式和官方文件程序难得到实物资料；所出大量的衣物丝织品保存良好，以纱罗为主要特色，图案绘制技艺高超，是考察中国宋代丝织技术宝贵的实物资料；墓主人周瑀的尸体比马王堆一号墓女尸保存得还要好，为医学史、古病理学、尸体防腐技术等方面的研究提供了十分珍贵的科学资料。杨公佐墓为连体并列三椁室合葬墓，周瑀墓为砖筑长方形券顶单椁室墓，二墓均称为"类椁式墓"[1]，是淮河以南地区流行的墓葬形制。

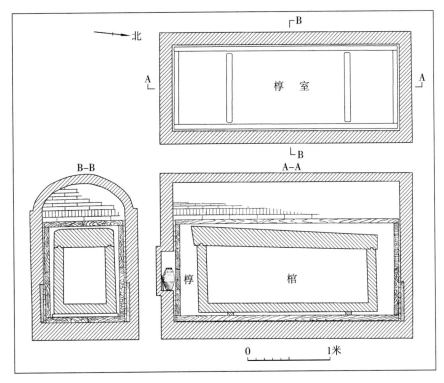

图 16 - 1 - 3　江苏镇江周瑀墓平、剖面图

（引自《江苏金坛南宋周瑀墓发掘简报》，《文物》1977 年第 7 期，略变化）

　　川贵地区的宋墓有自己特点。主要有两类。一类以四川华阳县三圣乡上河村曹氏墓[2]为代表，属于淮河以南常见的"类椁式墓"。1956 年发现的上河村曹氏夫妇墓（图 16 -

---

〔1〕 本文的类椁式墓通常为砖筑、石筑或砖圹石盖墓，个别为木构椁式墓。是指没有严格意义上的墓门和甬道，平顶或券顶的墓葬。这类墓通常修筑在土圹竖穴内。整体建筑较为低平，讲究密封，多室墓大都呈横向并列，墓室内高不到 2 米，与一般意义上的"椁室墓"一致。许慎《说文解字》云："椁，葬有木郭也。从木郭声。"段玉裁《说文解字注》云："木郭者，以木为之。周于棺，如城之有郭也。《檀弓》曰'殷人棺椁。'注：'椁，大也。以木为之。言郭大于棺也。'"

〔2〕 四川省文物管理委员会：《四川华阳县北宋墓清理简报》，《文物参考资料》1956 年第 12 期。原报告的 M2、M3，实为曹氏夫妇并穴合葬墓。根据买地券和敕告文记载，M2 葬于宋神宗熙宁二年（1069 年），M3 葬于宋英宗治平四年（1067 年）。

1－4），为砖筑并列双椁室墓（二椁室间隔0.5米），南向。南侧有砖砌假墓门，砖椁室呈长方形，长2.48米、宽约1.12米，券顶。墓室内有桥梁形砖铺棺台，上置木棺。棺台中部的平砖下挖一个腰坑，内置一个灰陶罐。墓室南壁中央置买地券，后壁竖立两块六边形敕告文。这种买地券和敕告文共存墓室内的情况，具有鲜明的区域特点。另一类以重庆市沙坪坝区井口墓[1]和贵州遵义市杨粲夫妇墓[2]为代表。1959年发掘的重庆井口宋墓，平地起建，地表有封土丘，为石筑并列双室墓，东向，由墓门、墓室和后龛组成，叠涩顶。墓门用2或3块石板封堵。墓室平面呈长方形，东西进深3.6米、南北宽1.28米、高3米。墓室后壁正中设一后龛，进深0.46米、宽0.83米、高1.42米（图16－1－5）。墓室内做仿木结构石雕和浮雕石刻。1957年发掘南宋播州安抚使杨粲夫妇墓，有直径14.2米的封土堆，为条石砌筑并列双室，均包括墓门、前室、主室和腰坑等部分，两主室间有过道相通，主室最高为5.02米。主室墓底各有圆形腰坑，内藏铜鼓一面。墓室内有浮雕190幅，技术精湛，为宋代石刻的佳品。重庆井口宋墓和杨粲夫妇墓有别于淮河以南地区的"类椁式墓"，规模较大，设墓门，平地起建，地表有高大封土丘，石筑墓多见，也有砖筑者，属于类屋式墓，但与中原及北方地区"类屋式墓"也有所不同，是西南地区特有的墓葬形制。

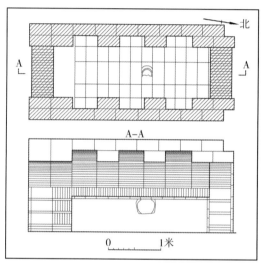

图16－1－4　四川华阳上河村曹氏墓（M2）
平剖面图

（引自《四川华阳县北宋墓清理简报》，《文物参考资料》
1956年第12期，改绘）

1956年，山西省文物管理委员会在太原小井峪村东先后两次发掘58座宋墓[3]，除四座为砖筑外，其余均是土洞墓，以M36、M61为代表（图16－1－6）。依据土洞墓出土的买地券、墓志和铜钱等纪年资料可知，这是一处北宋时期规模较大的墓地。土洞墓形制多样，有尸骨葬，也有火葬，特别是有用石质人像代替墓主人的特殊葬仪，为研究宋代的墓葬形制和葬俗提供了重要资料。土洞墓是中原及北方地区常见的墓葬形制。

1973年在山东嘉祥钓鱼山晁氏墓地[4]，清理了形制特殊的M2，为石筑三层阁楼式墓，墓门向南，墓道与中室接通，上室为八角攒尖顶，下室为并列二椁室（图16－1－7）。此墓

〔1〕　重庆市博物馆历史组：《重庆井口宋墓清理简报》，《文物》1961年第11期。
〔2〕　贵州省博物馆：《遵义杨粲墓发掘报告》（初稿），1965年油印本。参阅贵州省博物馆《〈遵义杨粲墓发掘报告〉摘要》，载《贵州田野考古四十年（1953—1993）》，贵州民族出版社1993年版。
〔3〕　解希恭：《太原小井峪宋、明墓第一次发掘记》，《考古》1963年第5期；代尊德：《太原小井峪宋墓第二次发掘记》，《考古》1963年第5期。考虑到两次发掘宋墓编号有重复，所以本文叙述时用Ⅰ、Ⅱ分别代表第一、第二次发掘。
〔4〕　山东嘉祥县文管所：《山东嘉祥县钓鱼山发现两座宋墓》，《考古》1986年第9期。

为夫妇合葬，随葬有 12 尊石雕像。墓主人祖籍南方。这种墓葬形制在四川成都等地也有发现[1]。这类阁楼式墓是南方地区较为特殊的墓葬形制。

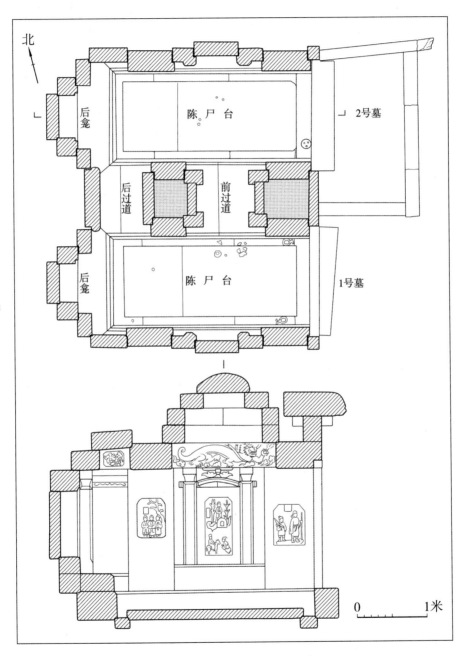

图 16－1－5　重庆井口宋墓平、剖面图

（引自《重庆井口宋墓清理简报》，《文物》1961 年第 11 期，改绘）

---

[1]　陈建中：《成都市郊的宋墓》，《文物参考资料》1956 年第 6 期。

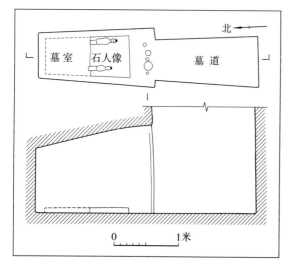

图 16-1-6　山西太原小井峪村
M61 平、剖面图

（引自《太原小井峪宋、明墓第一次发掘记》，《考古》1963
年第 5 期，略变化）

1961 年，河南省文化局文物工作队对巩县魏王赵颢夫妇合葬墓进行发掘[1]，此墓属于皇陵陪葬墓，由斜坡式墓道（长 13.5 米）、墓门、长甬道和砖筑墓室组成，入门两侧各有一个砖券耳室，主室呈圆形，直径为 6.54 米、高 6.48 米。此墓地表上原来有石像生，残存石虎 1、石羊 2、武官 1。是目前除帝陵外正室面积最大、级别最高的墓葬。

1973 年安徽省博物馆在合肥东郊大兴集发掘北宋包拯家族墓地[2]，共清理 12 座墓，包括祖孙三代。墓地范围东西长 64 米、宽 52 米。墓地地表原有石翁仲、石马、石羊各一对，有封土堆。其中 M8 最大，推测是包拯的原葬墓。

1975 年 10 月，福建省博物馆在福州第七中学（北郊浮仓山）发掘南宋时期黄昇墓[3]，为砖石混筑长方形类椁式墓，平顶。并列三椁室各长 2.94 米、宽 1.44 米、高 1.46 米，两圹相距 0.16 米。双重椁室，内椁为砖砌，外椁为大石板合榫砌成，不设墓门。两层椁之间灌注松香或细砂等，石椁外用三合土等填实，密封严密，建筑讲究。此墓最为重要的是出土一大批保存完好的丝织品，为研究中国丝织业发展史和当时的社会经济发展水平提供了重要的实物资料。

1978 年镇江市博物馆等单位发掘江苏溧阳李彬夫妇墓[4]，此墓为砖筑并列双椁墓，夫人椁室长 5 米、宽 1.97 米、高 2.65 米。随葬品 93 件，尤以精美的 8 件琉璃建筑模型（楼、水榭 3、凉亭、大门、台形建筑、仓）和 31 件神像瓷俑（四神俑 7、五行星神像 5、二十八宿神像 8、佛像 1、金刚神像 2、力士俑 8）最具特色，陶质肩舆与舆夫一组 3 件也较为少见。这些建筑和家具模型实物，为研究中国的建筑史和家具史等提供了不可或缺的重要资料。

这一时期各地区的宋墓资料还较为零散，综合研究薄弱。学者所做研究主要涉及以下在几个方面。

〔1〕　周到：《宋魏王赵颢夫妻合葬墓》，《考古》1964 年第 7 期；河南省文物考古研究所：《北宋皇陵》，中州古籍出版社 1997 年版。
〔2〕　安徽省博物馆：《合肥东郊大兴集北宋包拯家族墓群发掘报告》，《文物资料丛刊》1980 年第 3 期。
〔3〕　福建省博物馆：《福州市北郊南宋墓清理简报》，《文物》1977 年第 7 期；《福建南宋黄昇墓》，文物出版社 1982 年版。
〔4〕　镇江市博物馆、溧阳县文化馆：《江苏溧阳竹簀北宋李彬夫妇墓》，《文物》1980 年第 5 期。1987 年发掘的四川广汉雒城镇张承贵夫妇合葬墓（《考古》1990 年第 2 期）出土了一组陶质家具模型和俑，制作精美程度显然不如李彬墓，表明了二墓之间的等级差异。

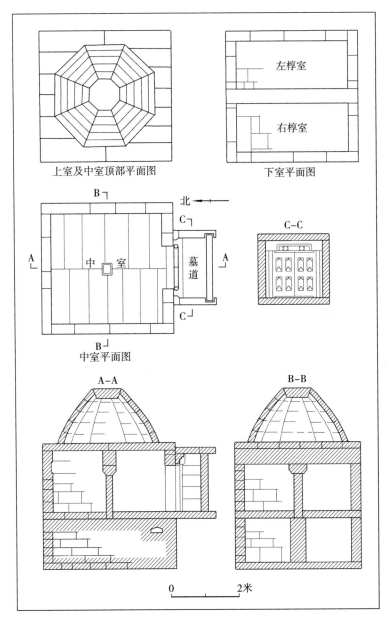

图 16 - 1 - 7　山东嘉祥钓鱼山 M2 平剖面图
（引自《山东嘉祥县钓鱼山发现两座宋墓》，《考古》1986 年第 9 期，略变化）

第一，对墓葬形制和随葬品特征的初步归纳。这类研究仅局限在某个较小的地区[1]。

第二，对墓葬制度和习俗的研究。宿白结合《地理新书》等，对宋代墓葬制度和习俗

[1]　陈建中：《成都市郊的宋墓》，《文物参考资料》1956 年第 6 期；洪剑民：《略谈成都近郊五代至南宋代墓葬形制》，《考古》1959 年第 1 期；周世荣：《略谈长沙的五代两宋墓》，《文物》1960 年第 3 期。

进行了研究，特别是对墓葬遗物和壁画题材的文献考释，对后来宋元墓葬考古研究产生了重要影响[1]。徐苹芳依据当时有限的唐、宋墓葬考古发现[2]，对非官修的地理葬书《大汉原陵秘葬经》有关"明器神煞"和"墓仪"等有关记载进行了详细的考察，对于后来的唐、宋墓葬考古学研究具有重要的指导意义。对于葬俗的认识仅局限于对宋代的火葬墓[3]的初步考察。

第三，有关墓葬雕砖的研究。以白沙宋墓等一批宋墓的发表为契机，一些学者开始对墓葬雕砖所反映的内容结合文献进行了探讨，主要集中于宋代杂剧内容的研究上[4]。这为戏剧史研究开辟了一条新路。这是本阶段的研究焦点。

二　资料初步研究阶段

从 1982 年至 2000 年。这一阶段发表的宋墓考古资料大增。这一时期宋墓发掘仍处于无学术意识的被动清理状态。这一阶段的考古重要发现有些是 70 年代所做的工作，依据发表的时间归入此段。

1987 年 4 月，江西省文物工作队在乐平县（今乐平市）九林村石榴花尖山北麓发掘一座壁画墓[5]，墓前有斜坡神道，原应有享堂建筑，紧靠墓北壁有一石砌长方形护碑槽墙。石椁室长 3.01 米、宽 1.33 米、高 1.52 米。椁室南、东、西三壁分别绘有屏风、交椅及其仪卫、侍从人物彩画等，色彩鲜艳，在闽赣地区壁画墓中具有一定的代表性。1991 年安阳文管会在安阳小南海水库发掘一座壁画墓[6]，该墓为砖筑长方形单室墓，墓室四壁有仿木结构建筑，拱眼壁中间绘有朱雀、玄武、青龙、白虎四神图；南壁绘有杂剧图和"备马图"；东壁为墓主人夫妇开芳宴，具有较强的动态感；北壁绘有妇人启门图和直棂窗、衣箱、案、猫等；西壁绘有庖厨图和轿舆图。此墓壁画保存好，内容丰富，特别是脸谱化的杂剧图，颇具研究价值，是北宋壁画墓的重要发现。

雕砖墓是中原及北方地区特有的墓葬壁饰，发现较多。其中较有代表性的有河南温县前东南王村墓[7]和温县西关三街砖厂墓[8]等。

宋代画像石墓有浮雕和线刻两种。浮雕画像石主要分布在四川地区。1982 年发掘彭山县南宋虞公著夫妇合葬墓[9]，室内浮雕大部保存完好。浮雕主要内容有武士图、四神图、

〔1〕　宿白：《白沙宋墓》，文物出版社 1957 年版。
〔2〕　徐苹芳：《唐宋墓葬中的"明器神煞"与"墓仪"制度——读〈大汉原陵秘葬经〉札记》，《考古》1963 年第 2 期。
〔3〕　徐苹芳：《宋元时代的火葬》，《文物参考资料》1956 年第 9 期。
〔4〕　徐苹芳：《宋代的杂剧雕砖》，《文物》1960 年第 5 期；《白沙宋墓中的杂剧雕砖》，《考古》1960 年第 9 期；周贻白：《北宋墓葬中人物雕砖的研究》，《文物》1961 年第 10 期；刘念兹：《宋杂剧丁都赛雕砖考》，《文物》1980 年第 2 期。
〔5〕　江西省文物考古研究所、乐平县文物陈列室：《江西乐平宋代壁画墓》，《文物》1990 年第 3 期，另见《江西文物》1987 年第 2 期。
〔6〕　李明德、郭艺田：《安阳小南海宋代壁画墓》，《中原文物》1993 年第 2 期。
〔7〕　张思青、武永政：《温县宋墓发掘简报》，《中原文物》1983 年第 1 期。
〔8〕　罗火金、王再建：《河南温县西关宋墓》，《华夏考古》1996 年第 1 期。
〔9〕　四川省文物管理委员会、彭山县文化馆：《南宋虞公著夫妇合葬墓》，《考古学报》1985 年第 3 期。

蓬莱仙境图、出行图、备宴图、奔马图、狮子戏绣球图等，内容丰富，技艺高超，是研究宋代石刻艺术的重要资料。此墓为石筑分体并列双室墓，有墓门、享堂和墓室，墓室底部有腰坑。线刻画像石主要发现在中原地区。1992 年在河南洛宁县大宋村发掘的北宋乐重进石棺墓[1]较有代表性。乐重进画像石棺为单线阴刻，主要内容有 22 幅孝悌故事图、散乐图、妇人启门图、天女散花图、鹿和麒麟等祥瑞图等。画面清晰，工艺娴熟，是研究宋代绘画艺术、戏曲、服饰及生活习俗等的重要资料。

河南省三门峡市向阳村东发现的北宋陕州漏泽园墓地[2]，有上千座小型土坑墓，现发掘 849 座，出土了一大批题铭砖。这批墓葬为深入了解漏泽园制度提供了重要资料。《宋史》卷十九《徽宗一》有崇宁三年二月"丁未，置漏泽园"的记载。

1976 年，湖南省博物馆在常德县（今常德市）河洑镇发掘北宋张颙夫妇合葬墓[3]，地表有封土，为石筑连体并列双椁室墓，墓门上有彩绘武士像。较为重要的是张颙墓志内容丰富，为研究北宋中期的政治、经济提供了非常重要的资料。张颙在《宋史》中无传，墓志详细记载他历任的官职以及兴修水利设施，反对王安石变法等重要事件，弥补了史料不足。1981 年河南省文物研究所等单位发掘的河南密县五虎庙冯京夫妇合葬墓[4]，墓葬形制特殊。冯京墓为石筑类椁式墓，连体四室并列，是淮河以南的宋墓形制。但是此墓修有长斜坡式墓道，又带中原及北方区墓葬形制的特色。此墓出土一批珍贵的瓷器，提供了重要的瓷器纪年标本。所出冯京和诸夫人的四方墓志，是研究宋代政治、经济和文化难得的资料。1990 年，福建省博物馆在福州茶园山发掘南宋许峻墓[5]，为砖石混筑连体并列三椁室墓，所出三合墓志，记载诸多重要史实，对史籍记载有所增补；所出为数众多的金银器物，运用了模压、捶打、錾刻、鎏金等多种工艺，制作精美，对于研究宋代金银制造工艺和社会经济等具有重要的参考价值。

江阴至和二年（1055 年）孙四娘子墓[6]是一座木筑的"类椁式墓"，十分注重密封。讲究密封是南方宋墓重要葬俗之一。此墓先挖一个长 5.6 米、宽 3.3 米、深 2.4 米的竖穴坑，墓室不用砖石，只是用素面楠木搭构成长 3.7 米、宽 1.59 米、高 161.5 米的木椁。木椁外用浇浆固封（通常用三合土），坚硬如石。椁盖上有一层 5—10 厘米厚的白胶泥，与上部浇浆体相隔。因此椁内遗物保存完好。木椁内四角分别置一个四系陶瓶（所谓韩瓶）。四壁中、下层钉有两套木俑，左右壁各 4，前后壁各 2。中层为 12 生肖俑，下层为侍俑。椁内中央置一具圆角长方形黑漆木棺，棺盖上散有近百枚铜钱。棺前左置一木靠椅，右置一木供桌，桌上有桂圆、枣、葡萄等果品。棺两侧和后部也有木俑。棺前还有一木质墨书买地券。棺内尸体左前方，出土了 11 卷保存较完好的佛教和道教经卷，有《金刚般若波罗蜜经》《佛说观世音经》《般若波罗蜜多心经》《金光明

〔1〕 李献奇、王丽玲：《河南洛宁北宋乐重进画像石棺》，《文物》1993 年第 5 期。
〔2〕 三门峡文物工作队：《北宋陕州漏泽园》，文物出版社 1999 年版。
〔3〕 湖南省博物馆：《湖南常德北宋张颙墓》，《考古》1981 年第 3 期。
〔4〕 河南省文物研究所、密县文物保管所：《密县五虎庙北宋冯京夫妇合葬墓》，《中原文物》1987 年第 4 期。
〔5〕 福建省博物馆：《福州茶园山南宋许峻墓》，《文物》1995 年第 10 期。
〔6〕 苏州博物馆、江阴县文化馆：《江阴北宋"瑞昌县君"孙四娘子墓》，《文物》1982 年第 12 期。

经》《佛说北斗七星延命经》和《太上老君说常清净经》。有写经和刻经两种，分 9 卷轴装和 2 梵夹装（经折装）两式。这是研究佛经版本和版式重要的资料。其中《金刚般若波罗蜜经》用银书，个别用金字。《佛说观世音经》有大中祥符六年（1013 年）题记，是目前最早的梵夹本刻经。墓中出土的桌椅，腿上附雕侍俑，较为特殊，是认识苏式家具的重要资料。

1973 年发掘的湖南衡阳县何家皂北宋墓[1]，在石椁和木棺之间填充石膏，密封较好。棺内男尸浸泡在褐色棺液中，保存完好，为医学和古病理学提供了难得的第一手资料。死者所穿盖的二百余件丝织品保存较好。1988 年在江西德安桃源山南宋周氏墓[2]也出土达三百余件比较完好的衣物丝织品，纹样繁多。这两座墓葬所出土丝织品，为研究宋代纺织技术和服饰艺术提供了重要的实物资料。

这一时期的考古学发掘资料已经相对丰富，具备了综合研究的条件。最为重要的综合研究体现在《新中国的考古发现和研究》[3]一书中。徐苹芳对 1949 年以来 30 余年所发现的宋墓进行了归纳和总结，初步构建了宋墓研究的时空框架。这为以后的宋墓综合研究奠定了很好的基础。20 世纪 90 年代以来，一些学者开始对资料熟悉的地区进行考古学分期等基本问题的探讨；另有一些学者继续进行有关的专题研究。主要涉及以下几个方面。

第一，区域性考古学框架的构建。林忠干对福建宋墓形制和分期进行了探讨，这是首次对福建宋墓进行系统研究[4]；陈朝云对北方地区宋代砖室墓类型和分期做了有益的探索[5]；陈云洪分析了四川宋墓形制、随葬品分期和区域特点[6]；黄义军探讨了湖北宋墓形制和分期[7]。这些初步研究虽然不够完善，但无疑是促进了不同区域的宋墓研究。这为对全国宋墓进行整体时空框架的研究提供参考。

第二，随葬品的类型学研究。在 20 世纪 80 年代后期，一些学者对个别特征鲜明的器物进行了综合研究[8]，其中包含具有典型特征的宋代器物，为该地区器物和墓葬断代提供了标尺。可以说，这是一项很有意义的研究。

第三，有关埋葬制度和葬俗的研究。这方面的研究是第一阶段研究的继续。一方面有学者对福建地区宋代的明器神煞进行了考证[9]；也有学者在探讨宋代助葬制度和厚葬的

〔1〕 湖南省博物馆、衡阳市博物馆：《衡阳县何家皂北宋墓》，《文物》1984 年第 12 期。

〔2〕 江西省文物考古研究所、德安县博物馆：《江西德安南宋周氏墓清理简报》，《文物》1990 年第 9 期。

〔3〕 中国社会科学院考古研究所：《新中国的考古发现和研究》，文物出版社 1984 年版，第 597 页。参见第六章·二（一）"宋代墓葬和窖藏的发掘"。此书资料收集到 1981 年，故本文以此作为一个阶段的节点。

〔4〕 林忠干：《福建宋墓分期研究》，《考古》1992 年第 5 期。

〔5〕 陈朝云：《我国北方地区宋代砖室墓的类型和分期》，《郑州大学学报》1994 年第 6 期。

〔6〕 陈云洪：《试论四川宋墓》，《四川文物》1999 年第 3 期。

〔7〕 黄义军：《湖北宋墓分期》，《江汉考古》1999 年第 2 期。

〔8〕 周世荣：《湖南出土盘口瓶、罐形瓶和牛角坛的研究》，《考古》1987 年第 7 期；陈定荣：《论堆塑瓶》，载《中国古陶瓷研究》创刊号，紫禁城出版社 1987 年版；杨后礼：《江西宋元纪年墓出土堆塑长颈瓶研究》，《南方文物》1992 年第 1 期；俞永炳：《宋辽金纪年墓葬和塔基出土的瓷器》，《考古》1994 年第 1 期；黄汉杰等：《福建谷仓明器初论》，《福建文博》1997 年第 1 期。

〔9〕 林忠干：《福建五代至宋代墓葬出土明器神煞考》，《福建文博》1990 年第 1 期。

问题[1]；另一方面有学者对火葬墓做了进一步的探讨[2]，深化了这方面的研究。冯继仁从阴阳堪舆角度对北宋皇陵的布局、选址，以及建筑特点等进行了全面考察[3]，对于研究贵族墓地也有一定的启示。朱瑞熙对宋代丧葬习俗进行了概述[4]。

第四，关于壁画和画像石的研究。宋代的壁画墓主要集中发现在黄河流域和福建江西的部分地区。近年来，已有学者对壁画的题材、分期特征以及艺术风格等进行了初步的探索[5]，丰富了宋墓的研究领域。宋代画像石主要发现在四川，中原地区也有一定发现。目前有关的研究还较少[6]。徐苹芳从北宋仙岩寺塔基出土的泗洲大圣像入手，探讨了唐、宋时期的僧伽崇拜及其宋元时期世俗化的僧伽崇拜盛行一时的情况，为认识墓葬壁画的僧伽形象提供了重要参考[7]。

第五，有关墓葬雕砖的研究。由于宋代雕砖墓大量发现，又有金、元时期雕砖墓可供比较，这时期有关墓葬雕砖的研究较多，探索的范围广，有些文章也颇有深度[8]。还出现了相关的研究专著[9]。

三　主动地发掘和深入研究阶段

从 2001 年至今。这一阶段，有诸多重要的宋墓资料陆续发表。这一阶段的重要标志是，虽然还有诸多配合性发掘，但是主动性考古发掘工作越来越多，考古学者对宋墓的考古发掘工作的学术性明显增强，考古发掘水平有较大提高，推进了学术发展。诸如浙江宋墓之地面建筑[10]和陕西吕氏家族[11]墓地的清理等。

1999 年发掘的河南登封市黑山沟壁画墓[12]，是一座砖筑类屋式墓。根据买地券题记

[1]　史继刚：《宋代助葬制度述略》，《青海师范大学学报》1994 年第 3 期；徐吉军：《论宋代厚葬》，《浙江学刊》1992 年第 6 期。

[2]　张邦炜、张敏：《两宋火葬何以蔚然成风》，《四川师范大学学报》1995 年第 3 期；陈小锦：《火葬与社会文明的进化：兼论宋代火葬》，《广西师范学院学报》（哲学社会科学版）1996 年第 1 期。

[3]　冯继仁：《论阴阳堪舆对北宋皇陵的全面影响》，《文物》1994 年第 8 期。

[4]　朱瑞熙：《宋代的丧葬习俗》，《学术月刊》1997 年第 2 期。

[5]　杨琮、林玉芯：《闽赣宋墓壁画比较研究》，《南方文物》1993 年第 4 期；杨琮：《福建宋元壁画墓初步研究》，《考古》1996 年第 1 期；王矩：《浅谈洛阳北宋墓室壁画的题材及艺术风格》，载《洛阳考古四十年——一九九二年洛阳考古学术研讨会论文集》，科学出版社 1996 年版。

[6]　廖奔：《广元南宋墓杂剧、大曲石刻考》，《文物》1986 年第 12 期；吕品：《河南荥阳北宋石棺线画考》，《中原文物》1983 年第 4 期。

[7]　徐苹芳：《僧伽造像的发现和僧伽崇拜》，《文物》1996 年第 5 期。

[8]　李家瑞：《苏汉臣五花爨弄图说》，载《李家瑞通俗文学论文集》，台湾学生书局 1982 年版；周到：《温县宋墓中散乐形式的研究》，《戏曲艺术》1983 年第 1 期；廖奔：《温县宋墓杂剧雕砖考》，《文物》1984 年第 8 期；张新斌、王再建：《温县宋代人物雕砖略》，《考古与文物》1988 年第 3 期；李献奇、王兴起：《洛宁县宋代杂剧雕砖试析》，《中原文物》1988 年第 4 期；赵超：《山西壶关南村宋代砖雕墓砖雕题材试析》，《文物》1998 年第 5 期；廖奔：《宋金元仿木结构砖雕墓及其乐舞装饰》，《文物》2000 年第 5 期。

[9]　廖奔：《宋元戏曲文物与民俗》，文化艺术出版社 1989 年版；景李虎：《宋金杂剧概论》，广东高等教育出版社 1996 年版。

[10]　浙江省文物考古研究所：《浙江宋墓》，科学出版社 2009 年版，第 182 页。

[11]　陕西省考古研究院：《蓝田吕氏家族墓园》，文物出版社 2018 年版。

[12]　郑州市文物考古研究所、登封市文物局：《河南登封黑山沟宋代壁画墓》，《文物》2001 年第 10 期。

可知，宋哲宗绍圣四年（1097年）李守贵墓为砖筑类屋式墓，南向。八角形单室径长2.45米，通高3.3米，八角攒尖顶。墓室内绘有影作仿木结构，为重拱单抄双下昂六铺作斗拱，墓顶砖砌垂花饰。以斗拱建筑为框架，墓室壁画由下而上分为三部分。下面墓壁有6幅，有"开芳宴"等反映墓主人日常生活情形，是壁画的主体；拱眼壁间有8幅壁画，为孝悌故事等内容；墓顶垂花饰与斗拱间也有8幅壁画，为求道升仙的内容。该墓雕梁画栋，壁画内容具有一定的代表性，是宋代壁画墓的重要发现。2009年在陕西韩城发掘的盘乐M218，是一座内容独特、保存很好的壁画墓[1]。此墓为砖筑类屋式墓，南向，长方形墓室长2.45米、宽1.8米、高2.25米。墓室西北部有砖砌棺床，上有木榻围栏，内有毯子覆盖的2具尸骨。夫妇合葬。不见木棺。墓室东、西、北壁均有彩绘壁画。东壁为佛祖涅槃图；西壁为杂剧图；北壁则是墓主人端坐图和服侍图等。壁画独具特色。

砖雕壁画墓有诸多重要的新资料。1988年发掘的山西长治故县村两座壁画墓[2]，均为砖筑仿木结构砖雕壁画墓，墓室呈近方形，有多个小龛，壁画色彩鲜艳，是重要的宋墓资料。其中M2出土的墓志铭砖，题有"元丰元年岁次戊午十月一日壬寅五日正午下寿"。在长治地区流行这类砖雕壁画，如山西壶关下好牢宣和五年墓[3]等，形成了区域特色。

2009年在洛阳关林庙发掘的仿木结构砖雕类屋式墓[4]，为八角形单室。墓室东北壁雕乐舞图和备宴图，西北壁雕有杂剧图，保存较好。门窗之上还雕有23幅孝子故事图。甘肃天水王家新窑大观四年墓[5]是目前甘肃地区罕见的纪年宋墓，具有重要的标尺作用。雕砖主要为以二十四孝为代表的孝悌故事图、散乐图、杂剧图和妇人启门图等内容。

1991年发掘的陕西洋县南宋彭杲夫妇墓[6]为砖筑类椁式墓，并列三室，中室后带一个耳室，券顶。南向，有墓门，用条石和小砖封堵。墓室内均有砖砌棺床。东室和中室有漆木棺，未发现人骨。中室随葬有三彩俑、假山、动物模型等；东室北侧有金钗1，中部有荷叶盖罐1。后耳室有2铁牛。西室不见棺和随葬品。类椁式墓墓室外用三合土和白膏泥加固，是典型的江南地区宋墓葬俗；而墓室内有仿木结构砖雕，有武士、文吏、侍女、乐伎等，以及设墓门的风格，则是关中地区固有的习俗。这反映了南宋时期南方类椁式墓葬制北传的情况。根据石质墓志可知，墓主人彭杲官至兴元府驻扎御前诸军副都统制，赠吉州刺史，卒于南宋光宗绍熙二年（1191年），绍熙三年正月葬。彭杲在《宋史》无传，其墓志文近3800字，记录其生平事迹，可弥补史料之阙。

陕西蓝田五里头北宋吕氏家族墓地[7]是宋代考古的重要发现之一。墓地背依骊山，面向灞水。东西两侧各有小河注入灞河。墓地东、西、北三面有兆沟，正南方轴线有家庙遗址，北面为墓葬群。已发掘29座墓，成人墓20座，余为婴幼儿墓。均为竖穴墓道、平

〔1〕　孙秉君等：《陕西韩城盘乐宋代壁画墓》，载《2009中国重要考古发现》，文物出版社2010年版。
〔2〕　朱晓芳、王进先：《山西长治故县村宋代壁画墓》，《文物》2005年第4期。
〔3〕　王进先：《山西壶关下好牢宋墓》，《文物》2002年第5期。
〔4〕　洛阳市文物工作队：《洛阳洛龙区关林庙宋代砖雕墓发掘简报》，《文物》2011年第8期。
〔5〕　甘肃省文物考古研究所：《甘肃天水市王家新窑宋代雕砖墓》，《考古》2002年第11期。
〔6〕　李烨、周忠庆：《陕西洋县南宋彭杲夫妇墓》，《文物》2007年第8期。
〔7〕　陕西省考古研究院：《陕西蓝田县五里头北宋吕氏家族墓地》，《考古》2010年第8期；陕西省考古研究院：《蓝田吕氏家族墓园》，文物出版社2018年版。

顶或拱顶土洞墓室，墓道东、西两壁设三角形踏窝各一排。成人墓平面形制有单室、单主室带侧室、前后双室、并列双室、前单室后双室等。出土有陶瓷、玉石、铜铁、金银、漆木、骨器等随葬品达 655 件（组）。其中砖、石墓志共 24 合。墓志提供了吕氏家族起源、迁徙和家族演变等信息，为研究北宋政治制度、社会生活等提供了重要资料。第一代墓主吕通葬在墓地轴线最南端，其北侧葬二子吕英等；再北侧葬孙辈，其中包括著名人物吕大临等。依此类推。这是迄今发现保存最好的北宋家族墓地，具有重要学术价值。

安阳韩琦家族墓地[1]是在配合南水北调的基建工程中发现的重要宋代墓地。墓地共发现 9 座，发掘 5 座，南部还有一处长条形的建筑基址。韩琦夫妇墓（M1）地表有墓上建筑，地下为砖筑类屋式墓，南向。由墓道、门楼、甬道、单墓室和石椁室组成。圆形墓室为砖筑，内径 6.5 米、高 8.1 米。比较特殊的是，墓室内的地面以下，用条石砌筑了东西向并列二长方形椁室，做法特殊。椁室顶面用 16 块青石板覆盖，用铁榫固定。椁室由南北两室组成，东西长 3.83 米，南椁室宽 1.98 米，北椁室宽 2 米，深 1.9 米。韩琦及崔氏夫人墓志出土在墓门后面和墓室东南角石椁盖上。韩琦为北宋三朝元老，被封为魏国公，曾官拜门下侍郎兼兵部尚书、右仆射、司空侍中，赠尚书令。其墓志长宽达 1.53米，有 6000 多字，记录其生平事迹，增补了《宋史》之不足。

2003 年在西安市长安区茅坡村发现了李唐王朝后裔的三座墓[2]，都是土洞墓，东向，各墓均出土墓志铭。葬俗依稀可见唐代遗风。

2007 年发掘的合肥电力修造厂墓[3]是典型的砖筑类屋式墓，南向。由墓道、甬道、墓门和单墓室组成。墓室平面呈长方形，长 4.13 米、宽 2.87 米、内高 3.4 米。墓室东、西和北壁上有仿木结构砖雕。东壁为 2 破子棂窗中间立一个灯台，上面有 2 立砖，其一倒挂 1 条鱼；西壁"一桌二椅"，桌上置一执壶和 2 盏托；北壁雕一双扇假门，上有 2 门簪。棺床上置二具南北向楠木棺，东侧男性尸骨仰身直肢，头南脚北。随葬 32 件瓷碗，2 件莲瓣形漆盏托，1 枚铜镜，3 件灰陶瓶，500 余枚铜钱（宋仁宗"天圣元宝"最晚）。此外，在江苏省南京市太新路[4]也发现了宋代类屋式墓。这两例是目前发表资料中北宋时期地域最南的两例典型类屋式墓。

1996 年在四川华蓥县（今华蓥市）昭勋村发掘南宋安丙及其家族墓葬 5 座[5]。这是四川地区发现身份最高、墓内雕刻工艺水平最佳的宋墓。安丙曾是南宋资政大学士，著名的抗金人士。被封为少师、鲁国公。安丙及其家族墓坐东朝西，由北至南向排列。墓地及地面附属物规模宏大。前为九层护坎，后枕山坡。墓葬均为石筑类屋式墓，券顶。由墓室及墓道两部分组成，并设有排水系统。主墓（M2、M1）为安丙及福国夫人

〔1〕　安阳市文物考古研究所等：《河南安阳市宋代韩琦家族墓地》，《考古》2012 年第 6 期；河南省文物局编著：《安阳韩琦家族墓地》，科学出版社 2012 年版。
〔2〕　西安市文物保护考古所：《西安长安区郭杜镇清理的三座宋代李唐王朝后裔家族墓》，《文物》2008 年第 6 期。
〔3〕　合肥市文物管理处：《安徽合肥市北郊宋代仿木结构砖墓清理简报》，载《文物研究》第 16 辑，黄山书社 2009年版。
〔4〕　南京市博物馆：《南京市太新路宋墓发掘简报》，《东南文化》2011 年第 6 期。
〔5〕　四川省文物考古研究院、广安市文物管理所、华蓥市文物管理所：《华蓥安丙墓》，文物出版社 2008 年版。

之墓，风格、大小相同。安丙墓规模宏大，墓室雕刻精美，形象逼真，具有极高的历史、科学和艺术价值，对研究南宋时期四川地区的政治、经济、军事、文化等方面提供了珍贵实物资料。川贵地区流行浮雕画像石墓，是这一地区的特色。四川泸县的一批宋墓[1]，是研究画像石等的重要资料。

1998 年在四川成都保平村发掘北宋宋京夫妇墓（M1 和 M2）[2]为类椁式墓，东西向，为同坟异穴合葬墓，M1 打破 M2，形制独特（图 16-1-8）。M1 为砖筑长方形单室墓，由墓门、甬道、壁龛、后龛和椁室组成。墓室长 2.9 米、宽 1.2 米、高约 1.8 米；M2 为砖石混筑的双层墓。由墓道、墓门和上下层墓室组成（图 16-1-9）。上墓室为砖筑券顶，长 3.16 米、宽 1.04 米、高 0.82 米。地面铺砖。上墓室外侧有八字形斜坡墓道，残存 3 米、宽 1.4 米、深 0.12 米。砖封门。下墓室平面呈长方形，长 3.8 米、宽 1.86 米、高 1.14 米。墓壁砖砌，地面铺砖，中央置一方墓志铭，其下垫有砖台。墓顶为平石板封盖。椁室内置有一具木棺。墓葬所用平砖上均有小篆“宋仲宏父”印记，方砖底印两个交叉圆圈。M1 残存 43 件随葬品，有陶俑、瓷器、银筷、陶模型、墓志、镇墓真文券、买地券等；M2 上室残存 14 件遗物，下室有 45 件，有陶俑、铜器、锡器、石镇墓真文券、墓志等。该墓的文字资料对于研究四川地方史有重要价值。宋京墓（M2）葬于宣和六年（1124 年）以后；而宋京妻蒲氏墓（M1）葬于绍兴二十一年（1151 年）。

1997 年在浙江建德市大洋镇政府所在地发掘的下王村宋墓[3]，为一座砖筑类椁式墓，券顶。墓地由墓园和墓前建筑组成（图 16-1-10）。墓向朝东南。墓地总长 11.92 米、宽 7.78 米。墓园由封土丘和椁室、砖铺地坪和圆形园墙构成。封土丘地表近方形，向上收为拱形顶，“若馒首形”。封土残厚约 1 米。封土下为椁室。椁室呈东西向，为并列连体双室，每个椁室呈长方形，椁室长 3.03 米、宽 1.2 米、高约 1.34 米。封土丘以外为

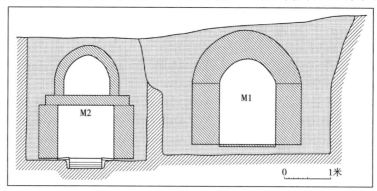

图 16-1-8　四川成都宋京夫妇墓剖面图
（引自《四川成都北宋宋京夫妇墓》，《文物》2006 年第 12 期，略变化）

---

〔1〕　四川省文物考古研究所、成都市文物考古研究所、泸州市博物馆、泸县文物管理所：《泸县宋墓》，文物出版社 2004 年版。
〔2〕　成都市文物考古研究所：《四川成都北宋宋京夫妇墓》，《文物》2006 年第 12 期。
〔3〕　北京大学中国考古学研究中心、杭州市文物考古所：《浙江省建德市大洋镇下王村宋墓发掘简报》，《考古与文物》2008 年第 4 期。

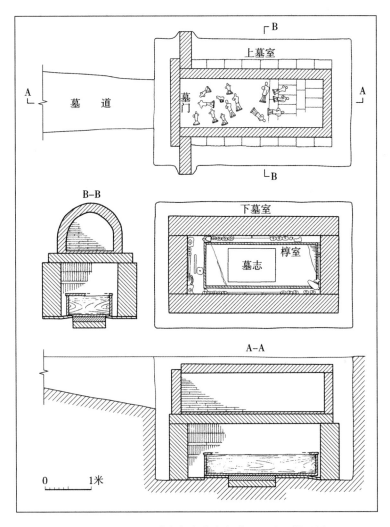

图 16 - 1 - 9　四川成都宋京夫妇墓 M2 平、剖面图
（引自《四川成都北宋宋京夫妇墓》，《文物》2006 年第 12 期，略变化）

砖铺地坪，再往外为砖砌的大半圆形的园墙。墓园外径约 5.24 米。在封土丘前部（东南侧），即园墙圆形的约三分之二处，用双层条砖砌出一道笔直的辟土墙，用作整个墓园的前挡。辟土墙正面须弥座上有雕砖装饰。墓前建筑主要指封土丘前部的砖砌设施。圆形的墓园墙在前部没有封口，在约四分之一处砌出"八"字形外敞的摆手，东侧的摆手尚保存完好。摆手两侧底部还保存有砖砌排水沟。摆手的前端有用卵石砌成的辟土墙，与排水沟之外的砖铺地面构成稍高于周边的土台，范围不明，但大体可见其整体为一长方形。推测其外围可能还有某些标志做为界标，以括出一个更大一些的范围。根据文献记载，这个范围应称为"墓田"。在两侧摆手之间形成高度不同的两个平面。在这个平面北端两侧靠近摆手墙的地面各有一块正方形的石柱础，推测与立建牌坊式建筑有关。在这个平面的南端残存一道石条，残长约 2.44 米、高 0.5 米。面上还有近方形的槽孔，可能与墓田的大门

建筑有关。门外东西两侧各有一条石砌辟土墙，略呈弧形，总体呈"八"字形。墓田大门内至"牌坊建筑"之间形成一个封闭的低凹砖铺地面，可能是举行祭奠活动的场所。这是首次较为全面报道宋墓地上建筑的考古资料。

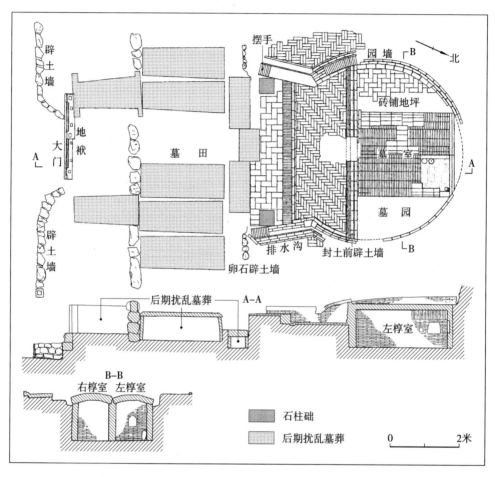

图 16-1-10　浙江建德下王村宋墓和墓园平剖面图
（引自《浙江省建德市大洋镇下王村宋墓发掘简报》，《考古与文物》2008 年第 4 期，略变化）

2004 年发掘的浙江桐庐象山桥南宋墓[1]为砖筑类椁式墓，有并列三椁室，均为长方形拱顶。左（东）、中二椁室相连，有壁龛相通。右（西）椁室单独凿一竖穴坑埋葬。地表设有茔园，自后而前，依次为石砌围墙、环道、圆形砖砌墓墙（原文称环塘）和坟丘封土及其下方墓室、砖铺地坪、前端入口的长方形地坪、墓前祭祀建筑等。中室墓内残存文官等陶俑 15、陶仓 1、残陶瓷器 11 件（鬲式炉、粉盒 3、蓝釉盖罐 2、绞釉罐 1、白釉盘 1、灯盏 1、灰陶罐 1、韩瓶 1）、桃形"湖州"铜镜 1、铜钱 28 枚。左室内也有陶俑、陶

---

[1]　浙江省文物考古研究所、桐庐县博物馆：《桐庐象山桥南宋墓》，载《浙江宋墓》，科学出版社 2009 年版。

仓、韩瓶和铜钱。右室仅存白釉碗、韩瓶和铜钱。此墓建筑使用了宋元常见的"香糕砖"（长25.6—27厘米、宽8—8.6厘米、厚4厘米），规格较普通青砖略小。从茔园规模看，其墓主人应是家境富裕者。宋墓地面茔园的确认，是长江中下游地区宋墓考古的重要收获，对于研究宋代丧葬习俗有着重要的意义。

2005年发掘的绍兴二十九年（1159年）温州赵叔仪夫妇墓[1]是砖圹石盖类椁式墓，二椁室东西并列。每室设有头龛、侧龛和脚龛。竖穴墓坑深凿在基岩层中，长2.62米、宽2.6米、深约3.41米。随葬品有褐釉瓷罐2、褐釉瓷壶2、铜洗1、铜唾盂1、六曲葵花形素面铜镜、"湖州南庙前街西石家念二叔真青铜照子记"方形镜、鎏金银钗1、玉石饰件1组和铜钱284枚。此外在墓室头端有2方石墓志，即仇氏墓志（西）和赵叔仪墓志（东）。根据墓志可知，此墓始建于绍兴十七年（1147年）。武翼大夫赵叔仪是宋皇族后裔、魏王赵光美五世孙。

2006年发掘的绍兴二十六年（1156年）金华郑刚中墓[2]为砖筑类椁式墓，双椁室南北并列，券顶。墓室凿在基岩中，前面有墓道。椁室呈"凸"字形。椁后壁上有小壁龛。设有排水沟。墓上有茔园，由南而北为神道（原有石像生）、享堂、砖铺地坪、八边形须弥座圆顶坟丘封土及其地下墓室、环道、圆形砖砌墓墙（原文称环墉）、四角阙式建筑，以及茔园内砖铺地坪等部分。南椁室墓主人郑刚中曾任川陕宣抚副使和资政殿学士，文官散阶为朝奉大夫（正五品），爵号为郡侯，食邑一千二百户。墓志内容与《宋史》记载基本吻合[3]。此墓茔园与平民茔园不同之处，在于有神道石像生。

2007年发掘的南宋淳祐八年（1248年）云和正屏山墓[4]为石筑类椁式墓，双椁南北并列，偏北位（南侧存一椁空位）。地面茔园保存完好，坐西朝东，沿中轴线布局，西高东低，呈阶梯状（图16-1-11）。从后到前，茔园依次由圆形石砌围墙、环道、半圆形坟丘封土及其下方墓室、坟丘正面的砖雕须弥座、坟丘前方拜坛、台阶及其方形平台、长方形墓祠堂（墓前祭祀建筑）及两侧排水沟和道路、三瓣蝉翅墁道和最下方的平台等。这是目前发现结构最为清楚的宋代茔园，为研究宋代墓葬习俗提供了重要资料。

这一时期发表的宋墓资料，有不少重要发现。区域考古学研究和综合研究数量大幅增多，研究水平有了很大提高，出现宋墓研究的第一个高潮。综合研究集中反映在各大学博士或硕士学位论文中。重要论著集中探讨以下几个方面。

（一）区域考古学研究和综合研究

秦大树对宋墓进行了较为全面的概述，并提出一些新认识[5]。吴敬对南方宋墓进行

〔1〕　温州市文物保护考古所：《浙江温州南宋赵叔仪夫妇墓的发掘》，《东南文化》2006年第4期。

〔2〕　浙江省文物考古研究所、金华市金东区文物管理委员会：《金华南宋郑刚中墓》，载《浙江宋墓》，科学出版社2009年版。

〔3〕　《宋史》卷三百七十《郑刚中列传》。

〔4〕　浙江省文物考古研究所、云和县文物管理委员会办公室：《云和正屏山南宋墓》，载《浙江宋墓》，科学出版社2009年版。

〔5〕　秦大树：《宋元明考古》，文物出版社2004年版。

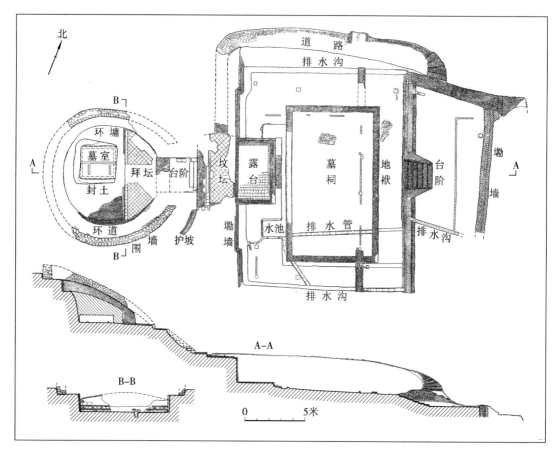

图16-1-11　浙江云和正屏山墓墓地平剖面图

（引自《云和正屏山南宋墓》，载《浙江宋墓》，科学出版社2009年版，改绘）

较为系统的研究[1]，并对宋墓研究方法提出自己的认识[2]。沈如春对长江下游宋墓进行探讨[3]。董新林对赣闽地区宋墓和长江下游地区宋墓进行时空框架的构建[4]。陈云

[1]　吴敬：《南方地区宋代墓葬研究》，社会科学文献出版社2015年版。另参见《江西地区宋代墓葬的分期研究》，《南方文物》2009年第4期；《成都地区宋代砖室墓的分期研究》，《四川文物》2009年第4期；《峡江地区宋代墓葬初论》，《江汉考古》2010年第1期；《福建宋代葬俗的考古学观察》，《福建文博》2010年第4期；《宋代川陕四路墓葬特征的区域性研究》，《考古与文物》2011年第3期；《华南地区宋墓初探》，《四川文物》2011年第6期；《秦岭—淮河南沿线地区宋代墓葬的初步研究》，《中原文物》2011年第3期；《赣江流域宋代葬俗的考古学观察》，《东南文化》2009年第2期；《试论南方宋墓的群体差异》，载《宋史研究论丛》第十辑，河北大学出版社2009年版；《以考古材料为视角的贵州地区宋代葬俗研究》（第一作者），载《贵州民族研究》2011年第2期；《长江下游地区宋代墓葬的分期》，载《南京博物院集刊》（12），文物出版社2011年版；《南方宋墓的发现简史和研究综述》，载《宋史研究论丛》第十二辑，河北大学出版社2011年版。

[2]　吴敬：《宋代墓葬年代学研究方法初探》，《南方文物》2010年第4期。

[3]　沈如春：《长江下游地区五代两宋墓葬研究》，硕士学位论文，北京大学，2009年。

[4]　董新林：《赣闽地区宋墓形制类型与分期初探》，载《21世纪中国考古学与世界考古学》，中国社会科学出版社2002年版；《长江下游地区宋墓初探》，载《中国考古学会第十四次年会论文集（2011）》，文物出版社2012年版。

洪对四川地区宋墓做了专题研究[1]。罗丹根据随葬品和墓葬形制将淮南地区宋金墓葬分为四期。并将淮南分为 4 个小区,归纳出墓葬特征;还探讨了唐、宋之间淮南葬俗的变迁[2]。

(二) 随葬品的类型学研究

扬之水对南方宋墓出土的金银首饰做过类型划分[3]。丁翠萍对宋代首饰进行综合研究[4];黄义军对南方宋墓中的盘口瓶、多角坛进行分区和分期[5]。孙琳则探讨宋代纪年墓中的青白瓷器类型和分期等问题[6]。韩倩对宋代漆器工艺进行探讨[7]。陈章龙对宋代铜镜进行分期研究[8]。

(三) 关于有壁饰墓的研究

黄河流域的壁饰墓成为这一阶段的研究热点。韩小囡对宋墓装饰进行综合研究,陈章龙对北方宋墓壁饰进行系统探讨[9];杨远对河南北宋壁画墓做分期研究[10]。牛加明对宋墓壁画进行研究[11]。此外,还有一些论著中,也对宋墓壁画进行了探讨[12]。

赵明星对宋代仿木构墓葬形制进行了专门的研究[13]。易晴从美术角度对河南登封黑山沟北宋砖雕壁画墓进行细致的分析和研究[14]。有学者从宋墓壁饰等入手,探讨宋代孝文化[15]及二十四孝的版本和流传[16]。还有人对开芳宴、妇人启门等进行专门的探讨[17]。

---

[1] 陈云洪:《四川地区宋代墓葬研究》,载《南方民族考古》第七辑,科学出版社 2011 年版。

[2] 罗丹:《淮南地区宋金墓葬研究》,硕士学位论文,中央民族大学,2011 年。

[3] 扬之水:《南方宋墓出土金银首饰的类型与样式》,《考古与文物》2008 年第 4 期;《奢华之色——宋元明金银器研究》,中华书局 2010 年版。

[4] 丁翠萍:《考古出土的两宋时期首饰研究》,硕士学位论文,吉林大学,2009 年。

[5] 黄义军:《南方宋墓出土盘口瓶和多角坛的分区研究》,《考古与文物》2008 年第 4 期。

[6] 孙琳:《宋代纪年墓葬出土青白瓷器的类型与分期》,硕士学位论文,吉林大学,2008 年。

[7] 韩倩:《宋代漆器》,硕士学位论文,清华大学,2006 年。

[8] 陈章龙:《宋代铜镜分期初探》,硕士学位论文,吉林大学,2007 年。

[9] 韩小囡:《宋代墓葬装饰研究》,博士学位论文,山东大学,2006 年;陈章龙:《北方宋墓装饰研究》,博士学位论文,吉林大学,2010 年。

[10] 杨远:《河南北宋壁画墓的分期研究》,《考古与文物》2007 年第 3 期。

[11] 牛加明:《宋代墓室壁画研究》,硕士学位论文,华南师范大学,2004 年。

[12] 刘凤君:《美术考古学导论》,山东大学出版社 2002 年版;董新林:《幽冥色彩:中国古代墓葬壁饰》,四川人民出版社 2004 年版。

[13] 赵明星:《宋代仿木构墓葬形制研究》,硕士学位论文,吉林大学,2004 年;赵明星:《宋代仿木结构墓葬形制及对辽金墓葬的影响》,载《边疆考古研究》第 4 辑,科学出版社 2005 年版。

[14] 易晴:《登封黑山沟宋墓图像研究》,文物出版社 2012 年版。

[15] 江玉祥:《宋代墓葬中出土的二十四孝图像补释》,《四川文物》2001 年第 4 期;卢青峰:《宋代孝文化述议——从宋代墓葬体现的孝文化因素谈起》,《安阳师范学院学报》2007 年第 1 期。

[16] 董新林:《北宋金元墓葬壁饰所见"二十四孝"故事与高丽〈孝行录〉》,《华夏考古》2009 年第 2 期。

[17] 薛豫晓:《宋辽金元墓葬中"开芳宴"图像研究》,硕士学位论文,四川大学,2007 年;张鹏:《勉世与娱情——宋金墓葬壁画中的一桌二椅与夫妇共坐》,《美术研究》2010 年第 4 期;李清泉:《空间逻辑与视觉意味——宋辽金墓"妇人启门"图新论》,载《古代墓葬美术研究》,文物出版社 2011 年版。

（四）有关埋葬制度和葬俗的研究

秦大树对宋代丧葬习俗的变革及其体现的社会意义进行了较为深入的探讨[1]。黄义军探讨湖北宋墓的葬俗和地域差异[2]。郑嘉励根据考古新发现，对浙江南宋墓葬的地表茔园制度做了有益的探索[3]，并认为南宋墓葬茔园制度对于明代皇陵制度产生了重要影响[4]。这些研究在一定程度上推进宋墓考古学研究的进展。张勋燎、白彬对宋代墓葬中的道教因素做了较为全面的考察[5]。冉万里归纳宋代丧葬习俗中所包含的佛教因素[6]。漏泽园是宋代特有的现象，也见于南方地区[7]。宋代丧葬制度是较为重要且很复杂的问题，吴敬从考古学视角探讨了厚丧薄葬和葬期的问题[8]。此外，还有对明器俑[9]、铁牛、铁猪[10]，以及仿木结构墓葬宗教意义[11]的探讨。

本章在上述考古发现和研究的基础上，尝试结合新的考古资料，重新对宋代墓葬进行梳理归纳。下面首先对宋墓进行分区，然后再探讨不同区域内墓葬形制、分期特征、壁饰、墓葬制度和葬俗等方面时代特点。

第二节　墓葬分区、墓葬形制和分期

纵观中国历史时期诸朝的墓葬形制，宋元明时期与汉唐诸朝的墓葬形制相比，相对规范，有着较好的一致性。本文通过对宋代至明代墓葬进行全面的综合考察和分析，确定这一阶段墓葬形制的分类标准，即根据墓葬建筑材料质地（砖、石、土质）和整体形制结构（平面和立面相结合）的差异[12]。以此标准划分，宋辽金元明诸王朝墓葬形制可统一分

---

〔1〕　秦大树：《宋代丧葬习俗的变革及其体现的社会意义》，载《唐研究》第十一卷，北京大学出版社2005年版。
〔2〕　黄义军：《湖北宋墓反映的宋代丧葬习俗》，《考古与文物》2002年增刊；《湖北宋墓的地域差异及其产生的原因》，《江汉考古》2008年第3期。
〔3〕　郑嘉励：《浙江南宋墓葬的地表茔园制度述略》，载《浙江宋墓》，科学出版社2009年版。
〔4〕　郑嘉励：《明代皇陵制度的历史渊源刍议》，载《浙江宋墓》，科学出版社2009年版。
〔5〕　张勋燎、白彬：《中国道教考古》第6册，线装书局2006年版。
〔6〕　冉万里：《宋代丧葬习俗中佛教因素的考古学观察》，《考古与文物》2009年第4期。
〔7〕　张新宇：《试论我国南方地区的宋代漏泽园遗迹——附论江苏丹阳大泊公共墓地出土的唐墓铭砖》，《江汉考古》2008年第3期。
〔8〕　吴敬：《宋代厚丧薄葬和葬期过长的考古学观察》，《贵州社会科学》2010年第8期。
〔9〕　白彬：《四川五代两宋墓葬中的猪首人身俑》，《四川文物》2007年第3期；《关于成都地区宋代墓葬出土陶俑的几点认识》，《四川文物》2010年第6期。
〔10〕　孟原召：《唐至元代墓葬中出土的铁牛铁猪》，《中原文物》2007年第1期；程义、程惠军：《汉中宋代镇墓神物释证》，《四川文物》2009年第5期。
〔11〕　裴志昂：《试论晚唐至五代仿木构墓葬的宗教意义》，《考古与文物》2009年第4期。
〔12〕　本章确定墓葬形制的分类标准，是根据墓葬建筑材料质地（砖、石、土质）和整体形制结构（平面和立面相结合）的差异。这与以往学者仅过多关注墓葬平面不同。本文的划分，能反映出墓葬形制的区域特点。

为类屋式墓[1]、类椁式墓[2]、土洞墓、土坑竖穴墓和阁楼式墓五类。此外，在川贵地区等处的山区，还存在一类特殊的悬棺葬[3]。

宋代墓葬类型齐全，其地域性特点较突出。从墓葬形制结构到墓壁装饰，从殓葬方式到随葬器物的组合，都存在着明显的区域性差异。

依据墓葬建筑材料质地和整体形制结构的差异，宋代墓葬可划分为类屋式墓、类椁式墓、土洞墓、土坑竖穴墓、阁楼式墓五类。墓壁装饰有壁画、砖雕和画像石等；有些区域不见墓壁装饰。殓葬方式可以分为无葬具和有葬具之别。葬具有石质、木质和陶质等。随葬器物根据质地和特征的差异，可以归纳为四类：一是陶瓷器；二是盟器神煞雕塑；三是纸竹木质明器；四是铜铁等金属器及其他。

类屋式墓通常用砖或石块垒砌，还有部分砖石混筑的墓葬。目前学术界对类屋式墓中的多室墓的各室名称缺乏明确的界定，因此，本文把位于类屋式墓中轴线上的墓室称为正室；正室中有尸床且面积最大的墓室称为主室；墓道或正室两侧，及墓室后侧的小墓室称耳室或侧室。

综合墓葬形制结构、墓壁装饰、殓葬方式和随葬器物组合等基本特征的差异，大体以淮河和秦岭一线为界，可将宋墓分为中原及北方区和南方区两大区。总的来看，中原及北方区流行类屋式墓，墓室内流行壁面装饰等；还多见土洞墓。南方区流行类椁式墓，墓室较小，极少见墓内壁饰；偶见阁楼式墓。但是地处西南的川贵地区较为特殊，流行类屋式墓，墓室内流行画像石等；还有一些悬棺墓。南方区根据宋墓表现出的区域特征，再细分四区。这样两宋墓葬共可分五个区域[4]。

（一）中原及北方区，主要指淮河以北的北宋地域，南宋时期为金朝所控制。

（二）长江中下游地区，主要包括湖北、安徽、江苏、浙江、上海等省市。

（三）赣闽地区，主要指江西和福建两省。

（四）湖广地区，主要指湖南、广东、广西和海南等省。

（五）川贵地区，包括贵州、四川、重庆等省市。

由于目前各地区所发表的宋墓资料不均衡，所以，对不同地区的墓葬形制和分期的认识深入程度也有差异。现按分区来介绍宋代墓葬形制类型和分期等概况。

[1] 参见前注。本文的类屋式墓通常为砖筑或石筑，也有砖石混筑者，是指有墓门、高穹窿顶或券顶的大墓，通常有斜坡式墓道，整体建筑较为高大，多室墓呈纵向排列，主墓室内高通常在2米以上。这类墓应是模仿现实生活中居住房屋的形式。墓室有明显类似房屋的特征。许慎《说文解字》云："屋，居也。从尸。尸，所主也。一曰尸象形。从至。至，所至止。室屋皆从至。"

[2] 参见前注。本文的类椁式墓通常为砖筑、石筑或砖圹石盖墓，个别为木构椁式墓。是指没有严格意义上的墓门和甬道，平顶或券顶的墓葬。这类墓通常修筑在土圹竖穴内。整体建筑较为低平，讲究密封，多室墓大都呈横向并列，墓室内高不到2米，与一般意义上的"椁室墓"一致。许慎《说文解字》云："椁，葬有木郭也。从木郭声。"段玉裁《说文解字注》云："木郭者，以木为之。周于棺，如城之有郭也。《檀弓》曰：'殷人棺椁。'注：'椁，大也。以木为之。言郭大于棺也。'"

[3] 参见陈明芳《中国悬棺葬》，重庆出版社2004年版。

[4] 参见徐苹芳《宋元明考古》，载《中国大百科全书·考古卷》，中国大百科全书出版社1986年版。

一　中原及北方区墓葬形制和分期

主要指淮河以北的北宋区域，后来基本为金朝所控制。主要包括山东、河北、山西、陕西和河南大部分、安徽和江苏北部、甘肃东部等地区，湖北西北部的襄樊和十堰地区[1]也应纳入此区。北宋时期隶属京东东路、京东西路、河北东路、河北西路、京西北路、京西南路、河东路、永兴军路、秦凤路等[2]。

（一）墓葬形制

此区墓葬最为丰富，其中以河南省发现最多。墓葬以仿木结构类屋式墓为主体，以壁画墓和雕砖墓为特色，构成本区的鲜明风格。本区有类屋式墓、类椁式墓、土洞墓、土坑竖穴墓和阁楼式墓五类。其中类屋式墓和土洞墓为本区的文化传统和特色。

甲类：类屋式墓。这类墓通常有一个或一个以上正室，有的带耳室。此类墓葬在本区发现最多，基本为砖筑，以单室墓为主。根据主室平面形状的不同，分为三型。

A型：圆形主室。仅见单室墓。

河南巩县魏王赵頵墓[3]为砖筑长甬道单室墓，墓道长13.5米，墓室直径6.54米、高6.48米，穹窿顶。山东栖霞慕仉墓[4]为仿木结构砖筑单室墓。圆形墓室直径3.38米、高3.6米，穹窿顶。棺床上原有木棺和尸骨已朽（图16－2－1，1）。

B型：长方形主室。依据墓室多寡的差异，分三亚型。

Ba型：多室墓。

山西壶关南村元祐二年（1087年）墓[5]为雕砖砌筑的单主室带耳室墓，正方形主室边长1.82米、高3.03米，穹窿顶；主室两侧各有一个方形耳室，长1.1米、宽0.98米。主室内出土有纪年的陶经幢。墓室后壁中间有柱头斗拱将其分隔成面阔二间形式，即砌成2个耳室，均长1.08米、宽0.9米、高1.21米。形制特殊（图16－2－1，2）。

河南洛阳邙山墓[6]为仿木结构砖筑单室带耳室墓，方形主室边长约3.3米、高约3.98米，两侧各有一个方形耳室，东耳室长1.56米、宽1.4米、高1.86米；较为特殊的是，其竖井式墓道东壁有一土洞式耳室，进深1.45米、宽0.84米、高1.78米。砖棺床上有木棺一具，有女性仰身直肢骨架一具。墓室有壁画和雕砖。

河南林县一中墓[7]前室为八角形，直径约2.27米、高2.39米，两侧各有一个八角

〔1〕 通过比较研究可知，湖北襄樊和十堰地区的宋墓主要是类屋式墓，应该属于本区的传统，而不同于长江中下游地区类椁式墓，故划此区。

〔2〕 谭其骧主编：《中国历史地图册·宋辽金时期》第六册，中国地图出版社1989年版。依据北宋政和元年（1111年）的《辽·北宋时期全图》。

〔3〕 周到：《宋魏王赵頵夫妻合葬墓》，《考古》1964年第7期；河南省文物考古研究所：《北宋皇陵》，中州古籍出版社1997年版。

〔4〕 李元章：《山东栖霞市慕家店宋代慕仉墓》，《考古》1998年第5期。

〔5〕 长治市博物馆、壶关县文物博物馆：《山西壶关南村宋代砖雕墓》，《文物》1997年第2期。

〔6〕 洛阳市第二文物工作队：《洛阳邙山宋代壁画墓》，《文物》1992年第12期。

〔7〕 林县文物管理所：《林县一中宋墓清理简报》，《中原文物》1990年第4期。

形的耳室，大小与前室相仿，后主室为长方形，东西长 1.56 米、宽 1.02 米、高 1.9 米（图 16 - 2 - 1，3）。在东耳室、西耳室和后主室内分别有 3 具、2 具、3 具人骨架。男性为仰身直肢，女性为屈肢葬，其中有 1 男 2 女只存头骨。正室和耳室均有壁画。此外，陕西丹凤商雒镇宣和元年（1119 年）墓[1]为砖筑双正室带耳室墓。六角形前室南北长 2.9 米、东西宽 3.1 米、高 4.5 米；方形后主室南北长 1.94 米、宽 2.08 米、高 3.2 米，前室有四个方形侧室，面积同后主室。四个方形侧室和主室均有砖棺床，主室和西北侧室各有一人骨架，形制较特别。

Bb 型：双正室墓。

山西晋城南社墓[2]为砖筑正方形双室墓，前室边长 1.9 米、高 3.37 米，后主室边长 2.5 米、高 4.45 米。主室北壁有砖棺床，为夫妇合葬墓。墓室内壁有仿木结构雕砖和壁画（图 16 - 2 - 1，4）。

Bc 型：单正室墓。

山西长治马预修墓[3]为仿木结构雕砖墓，长方形墓室长 2.66 米、宽 2.1 米、高 3.2 米，穹窿顶。砖棺床上尸骨已扰乱（图 16 - 2 - 1，5）。

需要指出的是，陕西商县金陵寺僧人墓[4]是一座形制特殊的墓葬。砖筑方形单室长 2.15 米、宽 2.17 米、高 3.06 米，墓室四面砌有高 0.86 米、宽 0.49 米的坛基，坛基上有 11 个壁龛，共放置 25 个葬具，有玻璃棺、瓷棺、陶棺和陶骨灰罐等，此外还有 4 大堆骨灰。依据题记，确证这是一座僧人从葬墓。

C 型：多角形主室。根据墓室多寡的差异，分二亚型。

Ca 型：双正室墓。

河南禹县白沙赵大翁墓为砖筑墓[5]，有阶梯墓道，方形前室长 1.84 米、宽 2.28 米，后主室为六角形，内部每面长 1.26—1.30 米，高 2.6 米。为夫妇合葬墓。墓室和甬道壁面都有彩色壁画（图 16 - 2 - 1，6）。

Cb 型：单正室。墓葬有六角形和八角形之别。

山西忻州田子茂墓[6]为八角形砖筑墓，地表有石翁仲、石虎、石羊各一对。墓室南北长 3.5 米、宽 3.4 米，后部有六角形棺床，原有木棺，残存二头骨和部分骨架（图 16 - 2 - 1，7）。河南禹县白沙第二号墓为六角形砖筑墓，墓室内部每面长 1.2—1.26 米不等，高 3.79 米。为夫妇合葬墓，墓室内壁有彩色壁画。

乙类：类椁式墓。仅见数例。是本区的特殊现象。根据建筑材料的不同，分三型。

A 型：石筑墓。

〔1〕　陕西省文物管理委员会：《陕西丹凤县商雒镇宋墓清理简报》，《文物参考资料》1956 年第 12 期。

〔2〕　晋东南文物工作站：《山西晋城南社宋墓简介》，载《考古学集刊》第 1 辑，中国社会科学出版社 1981 年版。

〔3〕　王进先、石卫国：《山西长治市五马村宋墓》，《考古》1994 年第 9 期。

〔4〕　山西省文物管理委员会：《陕西商县金陵寺宋僧人墓清理简报》，《考古》1960 年第 6 期。

〔5〕　宿白：《白沙宋墓》，文物出版社 1957 年版。

〔6〕　冯文海：《山西忻县北宋墓清理简报》，《文物参考资料》1958 年第 5 期。

　　河南密县冯京夫妇墓[1]为石筑连体并列四椁室墓。椁室呈东西向，不设墓门。四椁室南北排列，但南面有长斜坡式墓道，与一般多椁室墓不同。椁室间有龛洞使四椁室贯通，每个椁室均长 3.4 米、高 1.78 米。墓椁室顶上各有墓志一合。南侧第一室宽 1.56 米，为冯京续妻富氏；第二室宽 1.38 米，为冯京再续妻富氏；第三室宽 1.8 米，葬冯京；第四室宽 1.46 米，葬冯京原配夫人王氏（图 16 - 2 - 1，8）。

　　B 型：砖筑墓。

　　河南郏县三苏坟宣和五年（1123 年）苏适墓[2]为砖筑长方形并列双椁室墓，券顶。东西向，椁室西侧辟券门，门外西侧有 12 米长墓道。北侧苏适墓椁室长 3.98 米、宽 1.35 米、高 1.74 米；黄氏墓椁室长宽同，仅略低 0.04 米（图 16 - 2 - 1，9）。

　　C 型：砖圹石盖墓。

　　河南方城范致祥墓[3]为砖石结构单椁室墓。长方形椁室四壁为砖筑，东壁有雕砖假门。7 块石板封顶，其中西起第三、四、五号石板上刻有墓志文。椁室长 4.58 米、宽 2.75 米、高 1.9 米。木棺已朽，葬式不详（图 16 - 2 - 1，10）。

　　丙类：土洞墓。发现较多。根据葬具不同，分二型。

　　A 型：石棺。用画像石棺做葬具，是本区洛阳左近地区的特色之一。

　　河南巩县西村宣和七年王二翁墓[4]为长方形单室土洞墓，东西向，南侧有墓道。墓室长 2.8 米、宽 1.95 米、高 1.85 米。拱形顶。墓室中央置画像石棺一具。石棺内有仰身直肢葬骨架。墓室东壁和石棺后挡之间存放两具儿童骨骸。河南宜阳坡窑村墓[5]也是土洞内放置石棺。

　　B 型：木棺。

　　陕西西安淳于广墓[6]（90M2）有竖井墓道，东西向。不规则梯形墓室长 3.35 米、宽 1.46—2.66 米、高约 2.3 米，拱形顶。东壁有一个小龛，放有随葬品。墓室南北并列二木棺，分别放置男、女骨架 1 具，皆头东脚西，仰身直肢（图 16 - 2 - 1，11）。

　　丁类：土坑竖穴墓。有的用葬具。

　　山东牟平北头 92M1[7]墓圹挖在沙土上，四壁直接用天然石板围成，无底无盖。平面呈长方形，长 2.38 米、宽 0.64 米、深 0.64 米，木棺和人骨架已朽，出土瓷碗 1、石砚 1、铜钱 1（图 16 - 2 - 1，12）。

　　漏泽园墓均属于此类，多有葬具。如在河南南阳发现的两座铭文砖盖罐葬墓，罐内装人骨[8]。

　　戊类：阁楼式墓。是十分特殊的类型，仅一座。

〔1〕　河南省文物研究所、密县文物保管所：《密县五虎庙北宋冯京夫妇合葬墓》，《中原文物》1987 年第 4 期。

〔2〕　李绍连：《宋苏适墓志及其他》，《文物》1973 年第 7 期。

〔3〕　南阳地区文物队、南阳市博物馆、方城县博物馆：《河南方城金汤寨北宋范致祥墓》，《文物》1988 年第 11 期。

〔4〕　巩县文物管理所、郑州市文物工作队：《巩县西村宋代石棺墓清理简报》，《中原文物》1988 年第 1 期。

〔5〕　洛阳市第二文物工作队、宜阳县文物管理委员会：《河南宜阳北宋画像石棺》，《文物》1996 年第 8 期。

〔6〕　西安市文物管理处：《西安西郊热电厂基建工地清理三座宋墓》，《考古与文物》1992 年第 5 期。

〔7〕　林仙庭、侯建业：《山东牟平县北头墓群清理与调查》，《考古》1997 年第 3 期。

〔8〕　南阳市博物馆：《河南南阳发现宋墓》，《考古》1966 年第 1 期。

山东嘉祥钓鱼山二号墓[1]为石筑三层阁楼式墓,夫妇合葬,墓门向南。墓道与中室接通,上室为八角攒尖顶;中室近方形,南北长3.35米、宽3.22米、高1.8米;下室为并列二椁室,单椁室分别宽1.22米、宽1.3米(图16-2-1,13)。

(二)分期和分期特征

此区的墓葬发现数量多,随葬品却很少。本区墓葬壁饰材料丰富,仿木结构类屋式墓发展变化特征较为明显。为墓葬分期提供了线索。

1. 分期

以纪年墓为标尺,结合墓葬形制、仿木结构及装饰的变化、随葬品演变及其组合变化等[2],可将此区墓葬分为三期。

第一期:从北宋太祖建隆元年(960年)到真宗乾兴元年(1022年);

第二期:从仁宗天圣元年(1023年)到神宗元丰八年(1085年);

第三期:从哲宗元祐元年(1086年)到北宋钦宗靖康二年(1127年)。

2. 分期特征

第一期:发现材料较少。墓葬以长方形类屋式墓为主。仿木结构类屋式墓壁饰简单,其家具为一桌二椅的形式。有壁饰的砖筑类屋式墓多为品官墓。百姓使用的砖筑类屋式墓基本不见壁饰。山西太原小井峪刘方伸墓(M66)[3]等土洞墓沿袭唐代方形墓室,多有随葬品,塔式罐等有唐代遗风。有的土洞墓使用画像石棺,个别墓葬为品官墓。

第二期:墓葬以圆形或方形类屋式墓为主。以河北武邑龙店村墓[4]为代表的仿木结构类屋式墓的斗拱较为简单,多为一斗三升托替木或把头绞项造,有少量斗口跳式。墓室壁饰较前期略复杂,有家具和用具,通常在一桌二椅的桌面上摆放碗、盘、盏托、注壶等饮食器;桌下或旁边雕刻或绘制剪刀、熨斗、尺子、刀等生活用具。神宗后期壁饰开始出现墓主人夫妇像、伎乐、出行和家具的场面。砖雕板门、破子棂窗和直棂窗成为标志性图案。品官墓基本不再使用有壁饰的类屋式墓。

第三期:墓葬以多角形穹窿顶或方形多角形顶类屋式墓为主。河南禹县赵大翁墓是典型代表。墓室流行壁画和砖雕等壁饰,装饰华丽繁缛,仿木斗拱结构复杂,使用单抄单下昂重拱五铺作,还出现了琴面昂。壁饰题材丰富多样,流行墓主人开芳宴、墓主人对坐图、散乐图、杂剧图、二十四孝图、家居图等题材。砖雕假门窗多为较复杂的格子门和棂花窗。有壁饰的类屋式墓多为富裕的平民所用。品官墓使用无装饰的类屋式墓。土洞墓基本不出随葬品,反映墓主人身份的降低。在全国各地发现的漏泽园墓基本都在宋徽宗时期。

[1] 山东嘉祥县文管所:《山东嘉祥县钓鱼山发现两座宋墓》,《考古》1986年第9期。

[2] 参见秦大树《宋元明考古》,文物出版社2004年版。

[3] 戴尊德:《太原市小井峪宋墓第二次发掘记》,《考古》1963年第5期。

[4] 河北省文物研究所:《河北武邑龙店宋墓发掘报告》,载《河北考古文集》,东方出版社1998年版。

二　长江中下游地区墓葬形制和分期

主要包括湖北、安徽、江苏、浙江、上海等省市全部或大部分地区（不包括鄂西北地区），此外，湖南和江西的北部地区也可归入此区。北宋时隶属淮南东路南部、两浙路、江南东路、淮南西路、荆湖北路北部等。

（一）墓葬形制

长江中下游地区宋墓发现较多。墓葬形制有类屋式墓、类椁式墓、土洞墓、土坑竖穴墓和阁楼式墓五类。其中类椁式墓和土坑竖穴墓最为常见。

甲类：类屋式墓。数量很少，属本地区的特例。通常有墓道、墓门、甬道和墓室四部分。根据建筑材料不同，可以分为石筑墓和砖筑墓二型。

A 型：石筑墓。

合肥包拯家族墓地 M6 为条石砌筑的类屋式墓[1]，单墓室平面呈近方形，有封土堆（图 16－2－2，1）。由斜坡式墓道，甬道、墓门和墓室组成，墓室边长约 4.44 米、高 3 米，弧拱形顶。墓室内原有棺床和木棺，推测为董氏原葬墓。

B 型：砖筑墓。

合肥电力修造厂墓是用长方形砖筑的类屋式墓[2]，南向（图 16－2－2，2）。由墓道、甬道、墓门和墓室组成。单墓室平面呈长方形，长 4.13 米、宽 2.87 米、内高 3.4 米。墓室东、西和北壁上有仿木结构砖雕。棺床上置二具南北向楠木棺，东侧男性尸骨仰身直肢，头南脚北。

乙类：类椁式墓。这是长江中下游地区宋墓的主要形制。此类墓通常没有墓道，在竖穴土（或岩）圹中直接修筑一个或多个椁室，有些带壁龛。椁室以长方形为主，个别也有船形；多有平顶，也有券顶。根据建筑材料不同，椁室分为石筑墓、砖筑墓、砖圹石盖墓和木椁墓，共四型。

A 型：石筑墓。多是双椁并列墓。椁室平面通常为长方形。

浙江兰溪元符二年（1099 年）范惇墓[3]是条石砌筑的并列双椁墓，券顶（图 16－2－2，3）。椁室长 3.7 米、总宽 2.48 米、高 1.19 米。连体双椁室的隔墙前部，有弧形门相通。右室为范惇，左室为其夫人。包缋夫妇墓（M7）为条石砌筑，东西向，地表有封土[4]。南北并列 2 室。椁室呈长方形。北室大，长 4.24 米、宽 1.84 米、高 1.5 米，为包缋墓（早卒于仁宗年间）。内有黑漆木棺，有头骨碎片。南室略小，长 2.85 米、宽 1.1 米、高 1.5 米。木棺腐朽，西侧发现头骨，墓室西墙外立有崔氏墓志一盒。

〔1〕　安徽省博物馆：《合肥东郊大兴集北宋包拯家族墓群发掘报告》，《文物资料丛刊》1980 年第 3 期。

〔2〕　合肥市文物管理处：《安徽合肥市北郊宋代仿木结构砖墓清理简报》，载《文物研究》第 16 辑，黄山书社 2009 年版。

〔3〕　金华地区文化会：《浙江兰溪县北宋石室墓》，《考古》1985 年第 2 期。

〔4〕　安徽省博物馆：《合肥东郊大兴集北宋包拯家族墓群发掘报告》，《文物资料丛刊》1980 年第 3 期。

湖北麻城阎良佐墓[1]为条石砌筑，连体双椁合葬，券顶。椁室长3.62米、宽1.56米、高1.72米，椁室前有"享堂"，各有一个石祭台，二享堂间嵌一合墓志铭。椁室前部各有一双扇门（象征性地用两整块石头做成），后壁有小方龛（图16-2-2，4）。安徽怀宁龙王嘴墓[2]较为特殊，石筑平顶，分前后两个室。

B型：砖筑墓。这是常见的建筑材料。根据椁室平面形制的差异，分为二亚型。

Ba型：长方形椁室。根据椁室的多寡，有单椁室、并列双椁室和并列三椁室之别。分三式。

Ba I 式：单椁室。

江苏金坛南宋周瑀墓[3]为单椁室墓，券顶。长方形椁室长2.75米、宽1米、高1.6米。前壁有一个小龛，墓底铺砖。墓内有一棺一椁（图16-2-2，5）。湖北武汉任晞靖墓（武汉M541）[4]为长方形单椁室，北部带一长方形耳室，较为特殊。

Ba II 式：双椁室。

南京幕府山宋墓[5]为并列双椁室墓，券顶。南北向，墓底无铺砖。东室（男）长3.49米、宽1.2—1.25米、高2.01米。东、西、北壁各有一小壁龛，前壁设4假窗，东壁和西壁各有10个假窗。西室（女）长2.6米、宽0.9—1米、高1.76米。仅后壁有一龛。二椁不平齐（图16-2-2，6）。

Ba III 式：多椁室。

浙江桐庐象山桥南宋墓[6]为并列三椁室，均为长方形拱顶。左（东）、中二椁室相连，有壁龛相通，同在一个竖穴坑内。右（西）椁室单独凿一竖穴坑埋葬。比较特殊（图16-2-2，7）。

Bb型：船形椁室。根据椁室的多寡，有单椁室和并列双椁室之别。分二式。

Bb I 式：单椁室。

南京陆营朝奉郎□褒墓[7]为砖筑单椁室墓，券顶。椁室长3.8米、宽1—2.3米、高2.6米。有象征性墓门，木棺已朽，有一具男性尸骨。椁室前部有墓志一合（图16-2-2，8）。湖北孝感张黎家湾墓[8]椁室长3米、宽1.68米、高1.5米，券顶，内有木棺一具。湖北黄陂俊华药厂M1[9]椁室长3.2米、宽0.7—1.3米、残深1.05米，东壁砌一小龛，后部有棺床。此墓有斜坡墓道和墓门，较特殊。

〔1〕王善才、陈恒树：《湖北麻城北宋石室墓清理简报》，《考古》1965年第1期。

〔2〕怀宁县文物管理所：《怀宁县洪铺镇龙王嘴宋墓清理简报》，《文物研究》1999年总第12期。

〔3〕镇江市博物馆、金坛县文管会：《江苏金坛南宋周瑀墓发掘简报》，《文物》1977年第7期；《金坛南宋周瑀墓》，《考古学报》1977年第1期。

〔4〕湖北省文物管理委员会：《武昌卓刀泉两座南宋墓葬的清理》，《考古》1964年第5期。

〔5〕南京市博物馆：《南京幕府山宋墓清理简报》，《文物》1982年第3期。

〔6〕浙江省文物考古研究所、桐庐县博物馆：《桐庐象山桥南宋墓》，载《浙江宋墓》，科学出版社2009年版。

〔7〕李文明、李虎仁：《南京陆营宋墓清理简报》，《东南文化》1995年第2期。

〔8〕孝感市文化馆：《孝感市郊发现宋墓》，《江汉考古》1985年第4期。

〔9〕武汉市博物馆、盘龙城工作站、黄陂县文管所：《黄陂县滠口开发区俊华药厂工地宋代墓葬清理简报》，《江汉考古》1998年第4期。

BbⅡ式：双椁室。

浙江海宁东山 M19、M20 是一座并列双椁室墓[1]，南向，平面呈船形（图 16 - 2 - 2，9）。以 M19 为例，其长 5.3 米、宽 2.4 米、高 1.7 米。南侧有单层砖封堵的墓门。似乎可分前后二室。前室和后室前部的西壁各砌一个较大耳室，相应的东壁各砌一个较小耳室。后室西壁耳室至后壁间砌上中下三排小龛，上中两排各 4 龛，下排有 5 个小龛；北壁有 2 个小龛；东壁无龛。墓底中段有一个砖砌腰坑。M20 形制与 M19 同，耳室和壁龛位置相反。此墓形制较为特殊，有数个耳室和 30 个小壁龛，后室墓底中段还有砖砌腰坑，与长江下游地区的唐代和五代墓形制接近[2]。武汉柏泉农场祝冲村墓[3]为连体并穴墓，券顶，高约 1.65 米。东椁室长 3.1 米、中宽 1.46 米；西椁室长 3 米、中宽 1.34 米。木质葬具不存。

C 型：砖圹石盖墓。属于 B 型的变体。本地区较为常见。椁室平面呈长方形。根据椁室多寡，分三式。

CⅠ式：单椁室。

全椒张之纥墓[4]为平顶墓，砖圹单椁室长 2.6 米、宽 0.8 米、高 1.4 米，墓顶为青石板平封。内置一木棺，墓志在室外（图 16 - 2 - 2，10）。

CⅡ式：双椁室。

温州赵叔仪夫妇墓[5]是二椁室东西并列（图 16 - 2 - 2，11）。每室设有头龛、侧龛和脚龛。竖穴墓坑深凿在基岩层中，长 2.62 米、宽 2.6 米、深约 3.41 米。

CⅢ式：多椁室。

浙江安吉尼姑呑墓[6]（M1、M2、M3、M4）为并列四椁室墓（图 16 - 2 - 2，12）。四墓之间仅"用 12 厘米宽的排水沟相隔"，显然是一处家族合葬墓。四墓均为长方形砖筑平顶，有石盖，高 0.82 米，后壁均有一小龛。M1，长 2.52 米、宽 1.02 米，有黑漆皮划棺钉，出土青瓷盏一件；M2、M3 为品字形，有二前箱和一椁室，全长 1.23 米、宽 1.02 米，各出一骨灰罐和一瓷盒；M4 长 2.4 米、宽 1 米，出土一瓷盒，无封顶。

D 型：木椁墓。

江阴孙四娘子墓[7]是一座木筑的类椁式墓，十分注重密封。此墓先挖一个长 5.6 米、宽 3.3 米、深 2.4 米的竖穴坑，墓室不用砖石，只是用素面楠木搭构成长 3.7 米、宽 1.59 米、高 161.5 米的木椁。木椁外用浇浆固封（通常用三合土），坚硬如石（图 16 - 2 - 2，13）。木椁内四角分别置一个四系陶瓶（所谓韩瓶）。

丙类：土洞墓。主要分布在长江三峡附近地区。

[1] 海宁县博物馆：《浙江省海宁县东山宋墓清理简报》，《文物》1983 年第 8 期。
[2] 浙江省博物馆、杭州市文管会：《浙江临安晚唐钱宽墓出土天文图及"官"字款白瓷》，《文物》1979 年第 12 期。
[3] 武汉市文物管理处：《武汉市东西湖区柏泉北宋墓发掘简报》，《江汉考古》1983 年第 1 期。
[4] 滁县地区行署文化局、全椒县文化局：《安徽全椒西石北宋墓》，《文物》1988 年第 11 期。
[5] 温州市文物保护考古所：《浙江温州南宋赵叔仪夫妇墓的发掘》，《东南文化》2006 年第 4 期。
[6] 周亚乐：《浙江安吉尼姑呑宋墓清理简报》，《东南文化》1994 年第 5 期。
[7] 苏州博物馆、江阴县文化馆：《江阴北宋"瑞昌县君"孙四娘子墓》，《文物》1982 年第 12 期。

姊归庙坪 M78 为土坑半洞室[1]，弧形顶。墓底呈斜坡状，东高且宽，西低且窄，残长 2.5 米、宽 0.7 米。东侧墓口有石块封堵，为单圹单木棺，内有男性仰身直肢葬。头朝墓口（图 16－2－2，14）。

丁类：土坑竖穴墓。墓葬多有木棺作葬具。有并列三棺、并列双棺和单棺三种。也有用瓮罐做葬具。根据葬具的不同，分二型。

A 型：木棺为葬具。

合肥马绍庭夫妇墓为南北向，长方形土坑竖穴长 3.75 米、宽 2.1 米、深 2.89 米。圹内有并列双棺，左侧棺长 3.2 米、宽 0.72 米、高 0.94 米，有男性人骨架；右侧棺长 3.15 米、宽 0.64 米、高 0.91 米，有女性人骨架。墓志放于南端棺外（图 16－2－2，15）。

舒城三里村墓[2]为南北向，长方形土坑竖穴长约 4.3 米、宽约 3.7 米。坑内东西并列三具木棺。木棺周围积有石灰。2 号棺居中，长 3.25 米、宽 0.95 米、高 0.86 米。湖北黄陂铁门坎 M10[3]，土坑底长约 3.4 米、宽约 0.8 米、深约 1.1 米。单棺已朽，仅存铁棺钉。

B 型：陶罐为葬具。

上海曹杨新屯墓[4]为圆形土坑，直径约 0.65 米、深 0.4 米，用 5 块小砖平铺作底，上面用楔形砖围成 11 角的多面筒形壁，中央有一黄绿釉带盖小口陶罐，内置骨灰。砖壁外有 7 个长筒形小陶瓶，是一座特殊的墓葬（图 16－2－2，16）。

戊类：阁楼式墓。

上海南宋嘉定六年（1213 年）张珪墓[5]的墓室分上下两层，每层有两间。上层一间置木棺和墓志、铁牛、铜镜、影青瓷盒、钱币等随葬品。棺室下面一间，四角也有铁牛，正中置一尊石雕道教神像，神像后面有一块浮雕道教人物、松树等图案的砖刻插屏，神像前面置一件影青贯耳瓶。另两间均空无一物。

（二）分期和分期特征

通过对本地区墓葬形制类型、随葬品组合和葬俗等综合考察可知，此区宋墓总体面貌大致相似，但是存在一些区域性的差异。似可分为四小区。第一区是以巢湖为中心的区域；第二区是以太湖为中心的区域；第三区是以富春江流域为中心的区域；第四区是以长江中游为中心的区域。

此区有纪年的墓葬，绝大多数都属于仁宗以后的北宋时期，典型的南宋墓葬也有限。我们依据纪年墓资料，选择瓷带系执壶、青釉高足炉、影青釉碗、青釉香炉等典型器物进行排序，从而确认墓葬分期。

---

[1]　湖北省文物事业管理局、湖北省三峡工程移民局：《姊归庙坪》，科学出版社 2003 年版。

[2]　舒城县文物管理所：《安徽舒城县三里村宋墓的清理》，《考古》2005 年第 1 期。

[3]　武汉大学历史系考古专业、武汉市文物工作队、黄陂县文化馆：《湖北黄陂县铁门坎遗址宋墓》，《考古》1995 年第 11 期。

[4]　黄宣佩：《上海宋墓》，《考古》1962 年第 8 期。

[5]　沈令昕、谢稚柳：《上海西郊朱行乡发现宋墓》，《考古》1959 年第 2 期。

1. 典型器物排序

带系执壶　瓷质青白釉。颈部有对称的二系。

Ⅰ式：望江李氏二娘墓[1]。杯形口，长颈，流较短，弧鼓腹，最大径在肩部，矮圈足。口径6.6厘米、底径6厘米、高14.8厘米（图16－2－3，1）。

Ⅱ式：怀宁龙王嘴墓[2]M：1。盘口，短颈，流较长，圆鼓腹，圈足。口径5.8厘米、底径6.6厘米、高11.8厘米（图16－2－3，2）。

高足炉　青釉。根据形制变化，分二式。

Ⅰ式：望江李氏二娘墓[3]。上为钵形，侈口，口沿下有周凸棱，深腹，柄足较矮，上有两周凸棱，圈足。口径10厘米、通高11厘米（图16－2－3，3）。

Ⅱ式：无为胡士宗夫妇墓[4]。上为杯形，敞口，宽沿平折，深腹，圆底，高圈足。足柄有两周伞盖式凸棱，底座有竖凸棱，呈喇叭状，边缘上卷。通体黄釉，有小开片。口沿外径14厘米、底径10.5厘米、高15厘米（图16－2－3，4）。

斜直壁碗　影青釉。内壁无纹饰。分二式。

Ⅰ式：望江李氏二娘墓[5]M：碗2。敞口，尖唇，内平底，圈足略高。薄胎，白釉泛青。口径11厘米、底径3.3厘米、高5.2厘米（图16－2－3，5）。

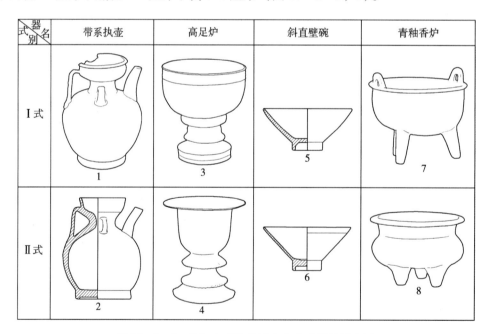

图16－2－3　长江中下游地区宋墓典型器物排序图

〔1〕　程霁红：《安徽望江发现一座北宋墓》，《考古》1993年第2期。

〔2〕　怀宁县文物管理所：《怀宁县洪铺镇龙王嘴宋墓清理简报》，载《文物研究》总第12辑，黄山书社1999年版，第123页。

〔3〕　程霁红：《安徽望江发现一座北宋墓》，《考古》1993年第2期。

〔4〕　巢湖地区文物管理所：《安徽省无为县发现宋代石室墓》，《文物》1987年第8期。

〔5〕　程霁红：《安徽望江发现一座北宋墓》，《考古》1993年第2期。

Ⅱ式：全椒张之纻墓 M：13。敞口，内底略凹，高圈足。釉色偏青，有开片圈足内无釉。口径 11.8 厘米、高 5.6 厘米（图 16－2－3，6）。

青釉香炉　分二式。

Ⅰ式：盘安安文寺口村 M2[1]。高足式炉。粉青釉，直口，卷沿，深直腹。口沿有对称双耳。三空足。口径 12.4 厘米、通高 11 厘米（图 16－2－3，7）。

Ⅱ式：咸淳四年（1268 年）德清吴奥墓[2]。矮足式炉。侈口，卷沿，高领，扁浅腹，三空足。为典型龙泉窑产品。口径 8.6 厘米、最大腹径 8.7 厘米（图 16－2－3，8）。

2. 墓葬分期

根据典型器物排序线索，再结合纪年资料归纳年代相近墓葬的器物组合，进而确定将墓葬分为四期。

第一期：北宋早期，即北宋太祖、太宗和真宗三朝（960—1022 年）；

第二期：北宋中期，即仁宗、英宗和神宗三朝（1023—1085 年）；

第三期：北宋晚期至南宋初。即哲宗、徽宗、钦宗和南宋高宗时期（1086—1162 年）；

第四期：南宋时期，即孝宗朝至南宋末（1163—1279 年）。

3. 分区和分期特征

长江中下游地区宋墓有共性，如墓葬形制等，但也存在一些区域性的差异。

第一区：以巢湖为中心的区域。墓葬形制较为普通化，流行长方形类椁式墓，北部区域有零星的类屋式墓，为其他二区所不见。流行多椁室或多棺并列合葬。随葬品中以竹节状高足炉最具特色，为本区所独有。

第一期：墓葬还没确认。

第二期：随葬品流行影青瓷，常见长方形抄手砚。随葬品常见的组合方式，是以肩带双系的盘口瓷执壶、影青釉高足碗、竹节状高足炉、瓜棱纹瓷执壶、陶瓶或罐、铜镜为基本组合。如嘉祐七年（1062 年）望江护城窑厂墓、望江青龙嘴宋墓[3]、繁昌象形山宋墓[4]。

第三期：以肩带双系的喇叭或直口瓷执壶、影青釉高足碗、熏炉、陶瓶或罐、铜镜为基本组合，如元祐七年（1092 年）全椒张之纻墓。或以影青釉高足碗、建窑碗或盏、陶瓶、铜镜为组合，如政和八年（1118 年）墓。

第四期：主要是长方形类椁式墓。可以确认的南宋墓葬很少。潜山彭岭南宋墓[5]除 2 枚铜钱外，随葬品均为锡器，较特殊，不具有代表性。

第二区：以太湖为中心的区域。墓葬形制流行砖筑长方形类椁式墓，多单室和双室墓。四系陶瓶较为常见。椁室内四角常见放铁牛、瓷瓶等压胜镇墓器皿。漆器也常见于一些中小型墓中。

第一期：墓葬未确认。

---

[1]　盘安县文管会：《浙江盘安县安文宋墓》，《文物》1987 年第 7 期。

[2]　袁华：《浙江德清出土南宋纪年墓文物》，《南方文物》1992 年第 2 期。

[3]　望江县文物管理所：《安徽望江县青龙嘴宋墓》，《考古》1991 年第 4 期。

[4]　陈衍麟：《繁昌县象形山宋墓清理简报》，载《文物研究》第七辑，黄山书社 1991 年版。

[5]　潜山县文物管理所：《潜山县彭岭宋墓清理简报》，载《文物研究》第十二辑，黄山书社 1999 年版。

　　第二期：以金扣或银扣高足影青釉碗、盏、盏托、影青釉执壶、酱釉小口瓶、青釉瓶等为组合，如熙宁四年（1071 年）镇江章岷墓。以白釉小口瓶、影青釉瓷盒、湖州铜镜、漆器、砚台、陶鸡腿瓶和铁牛等为组合，如江阴葛闳墓。

　　第三期：以影青釉银扣高足碗、盘、碟、青釉碗、盘、抄手石砚、铜镜、银器等为组合，如溧阳李彬墓。此墓还随葬有琉璃建筑构件和各类俑像，椁室内四角放力士俑代替铁牛，是特殊现象。

　　第四期：纪年墓残存器物组合多不完整。多见龙泉窑产品。以影青釉香炉、带系瓶等龙泉窑瓷器为特色。南京龙潭宋墓[1]为代表。

　　第三区：以富春江流域为中心的区域。墓葬形制流行砖筑长方形类椁式墓，多单室和双室墓。偶见船形墓[2]，如海宁东山 M19/M20[3]。流行随葬铜镜，南宋以湖州镜为主。金银器也较为常见。此区的地面茔园设施，罕见于其他二区。

　　第一期：以青白釉温碗和注子、青釉粉盒、碗、盂、盏托、釉陶四系瓶、银钗、铜镜等为组合，如海宁东山 M19/M20。

　　第二期：墓葬未确定。

　　第三期：以影青釉执壶、盏托、碗、碟和青釉小口韩瓶，以及金耳环和亚字形铜镜等为组合，如元符三年（1100 年）兰溪范惇墓[4]。

　　第四期：以青釉四系罐、影青釉矮罐、粉盒、湖州照子、圆形端砚、石雕犀牛镇纸、石雕笔架等为组合，如嘉定元年（1208 年）诸暨董康嗣墓[5]。以龙泉窑梅子青釉莲瓣碗、葵口碗、青白釉荷叶盖罐、石砚台、墨锭，以及银器、玉器、琉璃器为组合，如咸淳十年（1274 年）衢州史绳祖墓[6]。

　　第四区：以长江中游为中心的区域。以类椁式墓为主，还有土洞墓和土坑竖穴墓。陶瓷碗、罐、铜镜和石砚台（个别为陶瓷）等是为常见随葬器物。土洞墓发现在峡江地区，可能是北方人群南迁后修筑的墓葬[7]，使用时间较长。类椁式墓以砖筑为多，也有砖圹石盖墓和石筑墓。椁室多为长方形，二期以后船形墓发现略多。南宋少见石筑墓。三期石筑椁室前通常设有享堂，是较为特殊的现象。

　　第一期：墓葬不确定。

　　第二期：英山大屋宋熙宁十年（1077 年）田三郎夫妇墓[8]为砖筑类椁式墓，并列双室。残存器物有青釉矮足碗、白釉高足碗、陶香炉、陶砚台和陶执壶、铜钱、石买地券

〔1〕　金琦：《南京市郊区龙潭宋墓》，《考古》1963 年第 6 期。
〔2〕　船形类椁式墓是长江下游的传统，北宋中期后影响到长江中游地区。参见傅亦民《论长江下游地区的船形砖室墓》，《南方文物》2005 年第 1 期。
〔3〕　海宁县博物馆：《浙江省海宁县东山宋墓清理简报》，《文物》1983 年第 8 期。
〔4〕　金华地区文管会：《浙江兰溪县北宋石室墓》，《考古》1985 年第 2 期。
〔5〕　诸暨县文管会方志良：《浙江诸暨南宋董康嗣夫妇墓》，《文物》1988 年第 11 期。
〔6〕　衢州市文管会：《浙江衢州市南宋墓出土器物》，《考古》1983 年第 11 期。
〔7〕　参见孟华平《三峡地区土坑洞室墓初探》，《江汉考古》2004 年第 2 期；吴敬《三峡地区土洞墓源流与年代考》，《中原文物》2007 年第 3 期。
〔8〕　黄冈地区博物馆、英山县博物馆：《湖北英山三座宋墓的发掘》，《考古》1993 年第 1 期。

等。英山郭家湾宋熙宁十年（1077 年）谢文诣墓[1]石筑单室类椁式墓，以青白釉碗、青绿釉盏、碟、青白釉喇叭口执壶、酱色陶瓜棱罐、陶深腹罐、铜镜、铁镶斗、银手镯、石砚台、石买地券等为组合。

第三期：浠水宋元祐四年（1089 年）侯严墓[2]为石筑类椁式墓，并列长方形双室，椁前共有一个享堂。随葬品有 2 件黑釉碗、绿釉小缸、白釉钵、灰陶小罐、双耳陶罐、石砚台、4 枚铜镜、银盒盖、铜钱和石墓志铭等。麻城宋政和三年（1113 年）阎良佐墓[3]为石筑类椁式墓，并列长方形双室，券顶。椁室前各有一个享堂。出土影青釉缸、葵瓣形碗、茶碗配托盘、盏托、小碟等，还有陶缸、绿釉小碗、铜灯、铜镜、铁锁、石砚台、银钗、铜钱和石墓志。英山茅竹湾宋政和四年（1114 年）胡氏墓[4]为石筑类椁式墓，并列长方形双室，前有享堂，出土青白釉直壁小底碗、青白釉葵口碗、黄青釉葵口碗、青白釉碟、青白釉葵口盏托、盘口带系执壶等瓷器，还有黑灰陶罐、铁镶斗、铁罐、铁刀、铁锁等，以及铜镜、铜钱，银簪和一方石墓记。此墓执壶形制与巢湖地区同类器相似。此期石筑墓葬有带享堂的特点。

第四期：武昌卓刀泉宋嘉定六年（1213 年）任晞靖墓[5]是砖筑类椁式墓，朝南，北侧西壁有侧室，形制特殊。椁室内有木棺。随葬铜盂、"湖州真正石家无比炼铜照子"、双耳长腹黄釉陶坛（酒坛）、黑釉陶罐（钱罐）、豆青釉瓶、青白釉双凤碗、银碗、玉镯、石砚、铁剪、漆钵、铜钱和石墓志铭。淳祐三年（1243 年）武昌傅家坡墓[6]为石筑类椁式墓，内有木棺。出土 1 件绿釉堆塑龙虎瓶、2 件酱绿釉碗、2 件酱釉钵、3 件陶罐、青釉双耳壶、铜钱和石墓志等。此类堆塑龙虎瓶是赣闽地区南宋的典型器物。武汉青山宋宝祐四年（1256 年）任忠训夫妇墓[7]为砖圹石盖类椁式墓，并列双室。出土 2 件堆塑龙虎陶瓶、4 件釉陶碗、4 件黑釉碗、1 件黑釉罐、1 面铜镜、36 枚铜钱、4 件铁铺首和 2 方砖买地券。

三　赣闽地区墓葬形制和分期

主要指江西和福建两省，包括浙江的一部分。北宋时期隶属福建路、江南西路。江西和福建二省发现情况分布不均衡，确切纪年墓葬发现较少，而且大多数有纪年的墓葬被盗掘过，随葬品所剩无几，难以考察全面的器物组合关系。这些给我们进行墓葬类型、分期研究带来了困难。

（一）墓葬形制

此区墓葬形制不甚复杂，但是较为独特。墓葬通常在一个土圹内建筑单个、并列二个

〔1〕　黄冈地区博物馆、英山县博物馆：《湖北英山三座宋墓的发掘》，《考古》1993 年第 1 期。
〔2〕　浠水宋墓考古发掘队：《浠水县城关镇北宋石室墓发掘简报》，《江汉考古》1989 年第 3 期。
〔3〕　王善才、陈恒树：《湖北麻城北宋石室墓清理简报》，《考古》1965 年第 1 期。
〔4〕　黄冈地区博物馆、英山县博物馆、英山县文化馆：《英山县茅竹湾宋墓发掘》，《江汉考古》1988 年第 1 期。
〔5〕　湖北省文物管理委员会：《武昌卓刀泉两座南宋墓葬的清理》，《考古》1964 年第 5 期。
〔6〕　湖北省博物馆：《武昌傅家坡宋墓发掘简报》，《江汉考古》1988 年第 3 期。
〔7〕　武汉市文物处：《武汉市青山宋墓清理简报》，《江汉考古》1986 年第 4 期。

或多个椁室。砖石建筑墓葬中，多属于类椁式墓的范畴，个别属于变体的类屋式墓。依据墓葬建筑材料和形制结构的差异，可以分为三类。

甲类：类屋式墓。此地区特例。

福州胭脂山墓[1]为石筑方形单室墓，顶如覆斗状，石室边长4.7米，高4.2米。室内左右分置"工"字形石棺台两座，棺台之间靠后壁设石供桌，前部正门浮雕乳钉、铁铸花形门首贯拴铁锁，门枢套铁箍，朝外开启，有门额、门槛和倚柱，外侧伸出一堵用条石叠砌的尖形挡墙，墓室内有仿木结构特征（图16-2-4，1）。

乙类：类椁式墓。主要建筑材料有长方形砖、楔形顶砖、方形地砖和长方形板砖或条石。其中以砖筑墓为多。墓葬有券顶和平顶之别。有的墓为砖砌墓壁，直接用大石板封顶，如福建尤溪一中墓。一般墓室长约2—5米，顶高不足2米。此类墓偶见仿木结构建筑，如福建顺昌九龙山墓（M1）[2]。

根据椁室建筑材料的不同，分为三型。

A型：石筑墓。多平顶，个别为券顶。数量较少。先竖四壁，后封顶。依据椁室多寡的不同，分为三亚型。

Aa型：单椁室。

江西铅山元祐元年（1086年）金天宠夫人吴氏墓[3]（图16-2-4，2），长方形椁室墓壁用长条麻石块构筑，长3米、上宽0.86米、下宽0.75米、高1米。墓底铺石板，墓顶为九块石板盖合，接缝处上置三块平砖防渗。木棺置前半部。

江西乐平石榴花尖山墓[4]，墓前有斜坡神道，原应有享堂建筑，紧靠墓北壁有一石砌长方形护碑槽墙。椁室四壁用条石砌筑，椁室长3.01米、宽1.33米、高1.52米，东壁有二窗洞，墓顶用长条石横铺封盖，墓底铺双层砖，棺四周填石灰砂浆。东南西三壁有壁画。

Ab型：双椁室。此型墓为同坟异穴，平面呈长方形，每椁内各置一棺。两椁间共享一隔墙。

福建顺昌良坊村墓[5]为连体双椁室，四壁用长条石砌筑，顶部用条石砌筑成券顶。椁室后部发现有石板砌筑小平台（图16-2-4，3）。

Ac型：多椁室。此类墓也是同坟异穴合葬墓，每椁室各置一棺，为墓主人和其妻妾合葬墓。

[1]　福建省博物馆：《福州市北郊胭脂山宋墓清理简报》，《文物资料丛刊》第2辑。此墓虽没有发现墓道，但从规模上看，墓室顶较高，宽敞，有墓门，与北方类屋式墓形制相似，是先建筑好墓室，尸体从墓门放入。所以本文将其划为类屋式墓。

[2]　福建省博物馆：《福建顺昌宋墓》，《考古》1979年第6期。

[3]　江西省文物工作队、铅山县文化馆：《江西铅山县莲花山宋墓》，《考古》1995年第11期。

[4]　江西省文物考古研究所、乐平县文物陈列室：《江西乐平宋代壁画墓》，《文物》1990年第3期。另见《江西文物》1987年第2期。

[5]　顺昌县文管会、顺昌县文化局、顺昌县文化馆：《福建顺昌县北宋墓清理简报》，《考古》1987年第3期。

福州北郊浮仓山赵与骏与黄昇墓[1]（图 16－2－4，4），为双重椁室，内椁为砖砌，外椁室底、墓顶、四周均为大石板合榫砌成，不设墓门。由三个相同大小的椁室组成，每个椁室长 2.94 米、宽 1.44 米、高 1.46 米，两椁相距 0.16 米。两层椁之间灌注松香或细砂等，石椁外用三合土等填实，密封严密，建筑讲究。左椁室葬具朽烂，墓主为李氏；中椁室葬具也仅存红漆皮和铁棺钉；右椁室保存尚好，为黄昇墓，椁内置红漆木棺一具。

福建福州茶园山南宋许峻墓[2]为三椁室墓，各椁室之间用长石板分隔，墓顶用石板封盖。椁室内四壁再用青砖错缝顺筑（有"淳祐拾年"铭文），墓底铺双层青砖。男椁室居中较大，长 2.3 米、宽 1.2 米、高 1.15 米，左右椁室均为 2.3 米、宽 1.15 米、高 1.15 米。中室、左室有 2 根青铜棺垫棒。中室棺木、人骨架保存较好，各墓室前端紧靠棺床处放置墓志。

B 型：砖筑墓。依据椁室多寡的不同，分为二亚型。

Ba 型：单椁室。券顶。

江西南城李营嘉祐二年（1057 年）陈氏六娘墓[3]（图 16－2－4，5），长方形椁室长 3.3 米、宽 1.12 米、高 1.15 米，有铺底砖和棺床。棺床离后壁 0.77 米处有个浅腰坑，棺床后部有一小砖台，后壁中央和左右壁后部各有一壁龛。

此型中有较为特殊的墓例，如福建尤溪麻洋墓[4]分前后室。全长 5 米，前室较小，进深 0.84 米、宽 0.86 米，后室较大，进深 3 米、宽 0.75 米、高 1.5 米，有前后两个短甬道。地面铺方形青砖。后室左右两壁下部砌成须弥座，束腰部分有雕砖装饰，前后室两壁均绘壁画。

Bb 型：双椁室。此型墓为同坟异穴，平面呈长方形或正方形，每椁内各置一棺。有的两椁间共享一隔墙，开小门洞相通。墓顶有券顶和平顶之别。依据椁室分布情况的差异，可分二种。

BbI 型：连体双椁室。即同在一大墓圹内二椁中间共享一堵隔墙。此型墓较多，但具体情况有所不同。

福建尤溪城关公山壁画墓[5]（图 16－2－4，6），原有墓上建筑，该墓为长方形券顶砖墓，墓内筑墙隔成二椁室，两椁各长 2.9 米、宽 1 米、高 1.5 米，后壁中央各开一"凸"字形龛，隔墙上有一龛形洞沟通二室，室内设棺床，为二层方砖平铺而成。左室的左、右、后三壁及墓顶均绘壁画。

此外，有一种墓葬形制较特殊，即连体双椁室前加一横室。如江西金溪大观二年（1108 年）孙大郎夫妇墓[6]（图 16－2－4，7）。此墓内以砖墙隔为三室，北端为一宽 0.6

〔1〕　福建省博物馆：《福州市北郊南宋墓清理简报》，《文物》1977 年第 7 期；《福建南宋黄昇墓》，文物出版社 1982年版。
〔2〕　福建省博物馆：《福州茶园山南宋许峻墓》，《文物》1995 年第 10 期。
〔3〕　薛尧：《江西南城、清江和永修的宋墓》，《考古》1965 年第 11 期。
〔4〕　福建省博物馆、三明市博物馆、尤溪县博物馆：《福建尤溪麻城宋墓壁画墓清理简报》，《考古》1989 年第 7 期。
〔5〕　福建省博物馆、尤溪县文管会、尤溪县博物馆：《福建尤溪城关宋代壁画墓》，《文物》1988 年第 4 期。
〔6〕　陈定荣：《江西金溪宋孙大郎墓》，《文物》1990 年第 9 期。

米的横室，横室以南为并列的两个椁室，大小相同，长 2.1 米、宽 0.8 米、高 1.8 米。三室间有拱形小门相通，不见尸骨。

BbⅡ型：分体双椁室。即二椁室分开建筑，并列葬于一个墓穴中。此类墓较少见。

福建建瓯迪口象山墓[1]（图 16-2-4，8），为长方形券顶砖墓。二室大小相同，间隔约 0.56 米，墓室长 3.68 米、宽 1.18 米、高 1.36 米，墓室后各有一圆拱形龛，墓底以平砖和方砖相间平铺，券顶以平砖和楔形砖相间交砌封顶。

C 型：砖圹石盖或石圹砖顶墓。依据椁室多寡的不同，分为二亚型。

Ca 型：单椁室。

福建尤溪城关一中墓[2]为东西向。青砖筑起椁室四壁，石板盖顶。长方形椁室长 3.25 米、宽 1.08 米、高 1.15 米（图 16-2-4，9）。椁室内壁涂白石灰，上绘壁画。南北两壁有壶门壁龛，内有 12 时人像砖雕。壁画上部有瑞兽砖雕。

江西德安周氏墓[3]为双重椁室。即长方形砖椁内，用青石板搭成石椁。外椁长 3.34 米、宽 1.5 米、高 1.5 米。椁内红漆木棺。棺椁之间填满石灰。棺内表面盖有一幅彩绘星宿图。

Cb 型：双椁室。此型墓为同坟异穴，平面呈长方形或正方形，每椁内各置一棺。有的两椁间共享一隔墙，开小门洞相通。墓顶有券顶和平顶之别。

江西永新嘉祐六年刘沅墓[4]（图 16-2-4，10），为长方形砖石混筑椁室，四壁用麻条石砌，中央用麻条石隔开，将墓室分为东西两部分，无门道。椁室长 4.82 米、宽 2.4 米、高 1.58—2.18 米，砖券顶，墓底为红生土和石灰拌合而成。室内前部放木棺，后部放随葬品。此墓前有石狮、石羊、石马和石翁仲，坟左右两侧原立二碑，仅存东碑，即刘沅碑。

福建尤溪埔头村靖康元年（1126 年）壁画墓[5]为平顶砖筑，椁室长 3.1 米、宽 1.1 米、高 1.07 米，石板盖顶。内各有 12 个壁龛，龛内置人物陶俑。江西南丰桑田宋墓[6]为连体并穴，墓室用条石垒砌，中间用砖墙相隔，石板盖顶。每个椁室上面筑有砖拱券。东椁室内壁又砌一周砖椁，四砖壁开有两层的小壁龛。东椁室长 3.14 米、宽 1.16 米、高 1.26 米；西椁室长 3.4 米、宽 1.24 米、高 1.24 米。木棺内有尸骨。东室为男性。

丙类：竖穴土坑墓。这一地区的土坑墓数量较多[7]，但发表的较少。有些火葬墓或用陶棺者属此类。福建闽清大安村火葬墓[8]，此墓发现有陶棺。此外，还有江西九江绿豆山太平兴国墓[9]，江西瑞昌白杨镇墓也属此类[10]。

[1]　建瓯市博物馆：《福建建瓯市迪口北宋纪年墓》，《考古》1997 年第 4 期。

[2]　福建省博物馆、尤溪县博物馆：《福建尤溪发现宋代壁画墓》，《考古》1991 年第 4 期。

[3]　江西省文物考古研究所、德安县博物馆：《江西德安南宋周氏墓清理简报》，《文物》1990 年第 9 期。

[4]　江西省文物管理委员会：《江西永新北宋刘沅墓发掘报告》，《考古》1964 年第 11 期。

[5]　陈长根：《福建尤溪县城关镇埔头村发现北宋纪年壁画墓》，《考古》1995 年第 7 期。

[6]　江西省文物工作队、南丰县博物馆：《江西南丰桑田宋墓》，《考古》1988 年第 4 期。

[7]　杨琮：《福建宋元壁画墓初步研究》，《考古》1996 年第 1 期。注 16。杨琮文中称为土圹墓。

[8]　福建省文物管理委员会：《福建省古墓葬发掘资料汇编》，1959 年油印本，第 139 页。

[9]　江西省文物工作队、乐安县博物馆：《江西九江市乐安县发现宋墓》，《考古》1984 年第 8 期。另参见《江西文物》1983 年第 2 期。

[10]　周春香、何国良：《江西瑞昌白杨镇宋墓》，《南方文物》1993 年第 4 期。

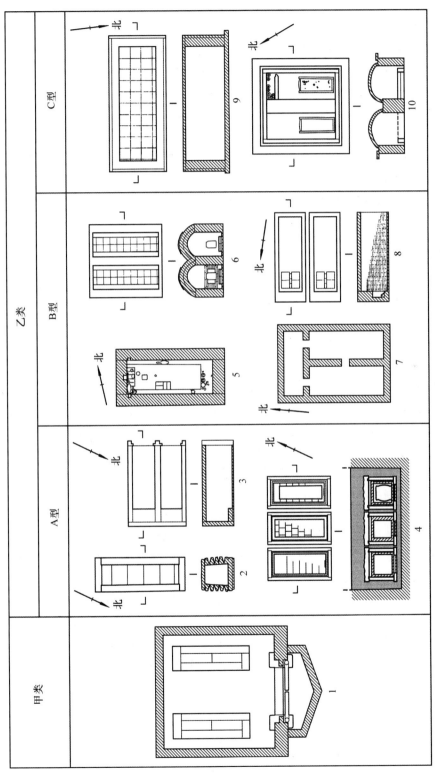

图 16－2－4　赣闽地区宋墓形制类型图

（二）分期和分期特征

尽管赣闽地区宋墓发表资料较多，但纪年墓较少，特别是有典型组合关系的纪年墓更少。总体上看，此区的墓葬随葬品有较为鲜明的特征，特别是有些陶质明器、瓷质生活用品等有着明显的阶段性变化，是进行分期的首选典型器物。因此，本章以典型纪年墓的器物和组合为标尺，结合考古类型学的方法，基本可以确定这一地区宋代墓葬的考古学分期。

该区有特色的随葬品有多角罐、蟠龙壶、堆塑龙虎瓶、仓廪模型等陶瓷明器，执壶、盏托、碗、洗、炉等日用生活瓷器，以及买地券、陶瓷俑、寿山石俑、铁牛、铁猪、铜镜、石砚等。其中多角罐、蟠龙壶、堆塑龙虎瓶等陶瓷明器和执壶、盏托、碗等生活用品形制演变序列较为清楚，可供断代参考。

1. 形制演变

（1）陶瓷明器

陶瓷明器主要是专门用来随葬的器物，器内多有稻谷等遗物，特别是陶器，变化敏感，是我们排序的首选器物。主要有多角罐、蟠龙壶、堆塑龙虎瓶等三种。

多角罐　有的称为多嘴罐、多角瓶等，内多盛有稻谷。整体略呈宝塔状，多有莲花宝顶盖，器身层次分明，突起的嘴角成行列分布，颇有特点。依据整体形制的变化，可分四式。

Ⅰ式：罐状，高体，矮领，多角上有嘴孔，即管状，宝珠钮，莲花状器盖，弧鼓腹。福建连江虎头山墓 M2 出土器[1]，陶质，器身分五层，每层凸出五个嘴角，较规律地排成五纵列，屋脊式器盖，较特殊。通高 45 厘米、底径 11 厘米（图 16 - 2 - 5，1）。此外，这类器还见于福建顺昌九龙山墓和建瓯迪口象山墓。

Ⅱ式：罐状，高体，矮领，角多为实尖突起，角较明显，有些陶质器仍有管状角，宝珠钮，垂腹。福建顺昌水泥厂墓出土器[2]，青釉下彩绘，宝珠钮器盖，器身分五层，每层贴塑 5 个角，角面印刻类似人首兽面纹，下腹内收，堆贴双重莲瓣作承托状座，底内凹，下附圈足。腹部在多角间绘变体莲花纹，盖、腹下部饰叶脉纹、卷叶纹。器高 49.5 厘米、口径 9.6 厘米、底径 14.2 厘米（图 16 - 2 - 5，2）。江西永新刘沆墓[3]有此器。

Ⅲ式：壶形，矮体，长颈高领，圆肩，鼓腹。角嘴逐渐萎缩，器身分层不明显。福建顺昌大坪林场墓出土器[4]，青灰釉，直口，圈足。器身贴塑四行四列实心的尖角。器高 18.6 厘米、口径 7 厘米、腹径 12.6 厘米、足径 7.5 厘米（图 16 - 2 - 5，3）。

Ⅳ式：壶形，矮体，长颈高领，鼓腹，器盖简单。角嘴多为象征性装饰，有些器身已不分层，有些器物的嘴角上下错落有致，打破成行成列的格局。福建福州新店猫头山朱著

〔1〕　曾凡：《福建连江宋墓清理简报》，《考古通讯》1958 年第 5 期。

〔2〕　林长程、陈建标：《福建顺昌出土宋代釉下彩瓷器》，《考古》1991 年第 2 期。

〔3〕　江西省文物管理委员会：《江西永新北宋刘沆墓发掘报告》，《考古》1964 年第 11 期。

〔4〕　曾凡：《福建顺昌大坪林场宋墓》，《文物》1983 年第 8 期。

墓出土器[1]，陶质，垂鼓腹，器身有六道弦纹，分六层，每层有四个管状嘴角成 4 列，角嘴较小。器高 20.6 厘米、底径 9.2 厘米（图 16 - 2 - 5，4）。

蟠龙壶　肩颈部或腹部堆塑缠绕龙体。依据整体形制的变化，分三式。

Ⅰ式：高体，长颈，有钮器盖，蟠龙在颈部。福建顺昌九龙山墓出土器[2]，青釉，釉不到底，盘口，斜直腹，下腹内收，平底，腹饰二周附加堆纹。口径 10 厘米、底径 9.6 厘米、高 35 厘米（图 16 - 2 - 5，5）。

Ⅱ式：高体，长颈，器盖无钮，蟠龙在颈部。福建顺昌大干墓[3]出土器，青灰釉，盘口，椭圆形腹，圈足，素面。口径 8.8—8.9 厘米、底径 8.7—9.5 厘米、高 27.4 厘米（图 16 - 2 - 5，6）。

Ⅲ式：矮体，矮颈，有些器盖为鸟头钮，蟠龙在腹部。福建邵武沿山茅阜墓出土器[4]，陶质，直口，椭圆形腹，平底。口径 6.4—6.7 厘米、底径 9.7—10 厘米、高 23.4 厘米（图 16 - 2 - 5，7）。福建南平西芹墓[5]和南平店口墓[6]也见此器。

堆塑龙虎瓶　多成对出土。依据整体形制的变化，可分四式。

Ⅰ式：粗矮体，矮颈，腹颈分明，肩有三条复系竖钮，堆塑简单，仅在颈部堆塑简体缠龙一条。江西余江黄土岭李大郎墓（大中祥符四年，1011 年）出土器[7]，仅出一件龙瓶，灰陶质，盘口，溜肩，椭圆腹，平底，宝珠钮器盖围塑上卷式荷叶边一周，与五代风格相近。口径 10 厘米、底径 8 厘米，通高 40 厘米（图 16 - 2 - 5，8）。

Ⅱ式：略高，细颈，鼓腹，腹颈分明，颈长和腹长基本相等，颈部堆塑简单，仅饰多道凸弦纹为地，再堆塑龙纹或虎纹，有三个半弧形把。江西南城李营墓（嘉祐二年，1057 年）出土器[8]，米黄色釉，盘口，弧鼓腹，圈足，肩上堆塑荷叶边形附加堆纹一周，飞鸟钮笠帽形盖。口径 6.8 厘米、底径 7.8 厘米，通高 46.2 厘米（图 16 - 2 - 5，9）。此类器还见江西金溪鹧鸪岭孙大郎墓[9]（大观二年，1108 年）。也有无把者，如江西南丰政和八年（1118 年）墓[10]。

Ⅲ式：略呈瘦高，弧腹，腹颈分界不明显，颈长于腹，颈部堆塑复杂，肩部一周普遍增加 12 个立俑，下为荷叶边附加堆纹承托，颈部满饰细弦纹为地。江西进贤南宋乾道六年（1170 年）墓出土器[11]，青白釉，盂形口，圈足外撇，肩上塑粗绳纹一周，有 12 个立俑。两瓶各以一鸡一犬相隔，颈部分塑龙虎各一，其首尾相交处饰流云一朵，分托日

〔1〕　福建省博物馆：《福建福州郊区清理南宋朱着墓》，《考古》1987 年第 9 期。
〔2〕　福建省博物馆：《福建顺昌宋墓》，《考古》1979 年第 6 期。
〔3〕　福建省博物馆：《福建顺昌宋墓》，《考古》1979 年第 6 期。
〔4〕　福建省博物馆：《福建邵武沿山宋墓》，《考古》1981 年第 5 期。
〔5〕　南平市博物馆：《福建南平市西芹镇宋墓》，《考古》1991 年第 8 期。
〔6〕　张文崟：《福建南平店口宋墓》，《考古》1992 年第 5 期。
〔7〕　倪任福、项进良：《余江县锦江纪年宋墓出土文物》，《江西文物》1990 年第 3 期。
〔8〕　薛尧：《江西南城、清江和永修的宋墓》，《考古》1965 年第 11 期。
〔9〕　陈定荣：《江西金溪宋孙大郎墓》，《文物》1990 年第 9 期。
〔10〕　杨后礼：《江西宋元纪年墓出土堆塑长颈瓶研究》，《南方文物》1992 年第 1 期。
〔11〕　杨后礼：《江西宋元纪年墓出土堆塑长颈瓶研究》，《南方文物》1992 年第 1 期。

月，飞鸟钮尖顶笠帽形器盖。口径 6.5 厘米、高 40.8 厘米（图 16 - 2 - 5，10）。

Ⅳ式：瘦高，弧腹，腹颈分界不明显，颈明显长于腹，颈部堆塑复杂，但体积变小，纹样模糊，布局稀疏，肩部立俑以凸弦纹承托，末期开始出现龙虎头部和日月纹悬空朵云承托的现象，颈部不见纹饰。江西新建南宋景定四年（1263 年）墓[1]出土器，平口，圈足外撇，肩上饰凸弦纹一周，上托 12 个立俑，中以伏听俑和云朵相隔，立俑头部连接带状弦纹一周。两瓶各立文武俑，左右各饰鸡、犬、鹿、马、玄武汉朱雀等，龙虎纹环绕其间，并有朵云托日月点缀其上，值得提出的是龙虎头和日月纹均悬空装饰，较特殊。口沿外凸，上塑荷叶边形附加堆纹一周，下置四个对称圆形系，中空能穿绳。立鸟钮高帽形器盖，盖顶有四圆形系，与口沿相应。此器堆塑纹饰较小，颈部空隙较多，布局稀疏。口径 9.7 厘米、底径 12.7 厘米、高 87.5 厘米（图 16 - 2 - 5，11）。

（2）日常生活瓷器

日常生活瓷器种类较多，窑口也有景德镇窑系、越窑或龙泉窑系、建窑系等之别。本章仅以影青瓷为主，选择执壶、盏托、碗三类作为典型器物加以介绍。

执壶　依据整体形制的变化，分三式。

Ⅰ式：釉色多带微黄，不纯。短流，矮颈，执把上系接在口沿处，腹明显大于颈长。江西德安景祐四年（1037 年）蔡清墓出土器[2]，敞口，矮圈足外撇，器内外均见施胎痕（图 16 - 2 - 5，12）。

Ⅱ式：釉色纯正，短流，矮颈，执把上系在口沿下，腹、略大于颈长。流行带狮钮盖的执壶座于瓜棱形注碗中合成碗注。江西南城嘉祐二年（1057 年）李营墓出土器，筒口，圆腹，矮圈足（图 16 - 2 - 5，13）。

Ⅲ式：釉色呈水青或浅绿，有较强的玻璃质感。细长弧流，长颈，腹、与颈长大体相当。多流行在执把上部和盖上有串孔系，为时代特征。如福建邵武沿山茅阜墓[3]出土器，敞口，圈足，薄胎，壶身作瓜棱形（图 16 - 2 - 5，14）。

盏托　依据整体形制的变化，分二式。

Ⅰ式：敛口盘足，深盘，圈足较高。江西南城李营墓出土器，影青釉，与侈口圈足杯合用（图 16 - 2 - 5，15）。

Ⅱ式：直口盘足，浅盘，圈足矮。如福建顺昌大坪林场墓出土器[4]（图 16 - 2 - 5，16）。

碗　依据整体形制的变化，分三式。

Ⅰ式：侈口，深鼓腹，厚底，高圈足。如江西德兴流口胡夫人墓[5]（元祐七年，1092 年），影青瓷（图 16 - 2 - 5，17）。

Ⅱ式：敞口，斜直壁，薄底，矮圈足。有称为"斗笠碗"，多刻花，也有印花。如江

[1]　杨后礼：《江西宋元纪年墓出土堆塑长颈瓶研究》，《南方文物》1992 年第 1 期。
[2]　彭适凡、唐昌朴：《江西发现几座北宋纪年墓》，《文物》1980 年第 5 期。
[3]　福建省博物馆：《福建邵武沿山宋墓》，《考古》1981 年第 5 期。
[4]　曾凡：《福建顺昌大坪林场宋墓》，《文物》1983 年第 8 期。
[5]　孙以刚：《江西德兴流口北宋墓》，《南方文物》1994 年第 3 期。

西吉水洞源村张宣义墓出土器[1]，白釉，芒口，内部印缠枝菊花，圈足底有釉（图16－2－5，18）。

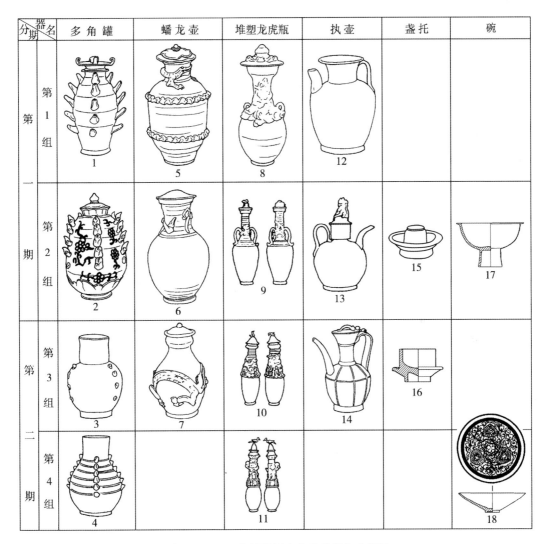

器名分期		多角罐	蟠龙壶	堆塑龙虎瓶	执壶	盏托	碗
第一期	第1组	1	5	8	12		
	第2组	2	6	9	13	15	17
第二期	第3组	3	7	10	14	16	
	第4组	4		11			18

图16－2－5　赣闽地区宋墓典型器物分期图

2. 分组与分期

我们依据典型器物形制演变序列和共存关系的变化，参照典型纪年墓葬器物及其组合关系的差异，将宋墓墓葬器物型式分为4组（如表16－2－1）。

1组：有Ⅰ式多角罐、Ⅰ式蟠龙壶、Ⅰ式堆塑龙虎瓶、Ⅰ式执壶等器物。器物多仿制唐、五代时期的同类器。铜镜、陶俑等也如此。

---

〔1〕　陈定荣：《江西吉水纪年宋墓出土文物》，《文物》1987年第2期。

表16-2-1　墓葬典型器物型式分期表

墓名	纪年	多角罐	蟠龙壶	堆塑龙虎瓶	执壶	盏托	碗	纪年资料	备注	分期（组）
江西余江黄土岭墓	1011			I				地契		一期（1组）
福建连江虎头山 M2		I								
江西德安蔡清墓	1037				I			墓志		
江西顺昌九龙山墓		I	I							
江西建瓯油口象山墓	1043	I			I*			罐盖内墨书	青黄釉	
江西南城李营陈氏六娘墓	1057				II*	I		地契	为碗注	
江西永新刘沅厂墓	1060	II		II			I*	神道碑和文献	白釉	
江西顺昌水泥厂墓		II								
江西莲花山墓	1086				II			墓志		一期（2组）
江西德兴流口墓	1092						I	墓志		
江西顺昌大子墓	1108		II		II*	I*	I	地券	青灰釉	
江西金溪孙大郎墓			II							
江西邵武山茅草墓			III		III					
江西进贤墓	1170		III	III				湖州镜子		
福建南平西芹墓			III							
江西景德镇纪年墓	1173				III			地券（无纪年）		二期（3组）
福建南平店口墓			III		III					
福建顺昌大坪林场墓		III	II*		III	II			沿用上组	
福建顺昌良坊墓		III	III		III*				白釉	
福建闽侯墓		III								
江西乐安洪觉顺墓	1204			III				墓志		

续表

墓名	纪年	多角罐	蟠龙壶	堆塑龙虎瓶	执壶	盏托	碗	纪年资料	备注	分期（组）
福州西郊洪塘墓	1209						Ⅱ			
福州新店宋肯墓	1226	Ⅳ						墓志		
江西清江筱市王宜义墓	1227			Ⅳ				地券		二期（4组）
江西永修赵时 合葬墓	1240			Ⅳ				墓志		
江西吉水张宜义墓	1254						Ⅱ	地券		
江西清江窑山韩氏墓	1260			Ⅳ				墓志		
福建长汀墓		Ⅳ								

注：* 表示备注内有说明。未注明 * 的瓷器均为影青瓷。

2组：Ⅱ式多角罐、Ⅱ式蟠龙壶、Ⅱ式堆塑龙虎瓶、Ⅱ式执壶、Ⅰ式盏托、Ⅰ式碗。出土器物逐渐形成宋代自身的特色。铜镜开始出现六曲镜，陶俑也有自身的风格。

3组：Ⅲ式多角罐、Ⅲ式蟠龙壶、Ⅲ式堆塑龙虎瓶、Ⅲ式执壶、Ⅱ式盏托等。流行"湖州镜子"铜镜，形成新的器物组合。

4组：Ⅳ式多角罐、Ⅳ式堆塑龙虎瓶、Ⅱ碗等。流行铭文铜镜，堆塑龙虎瓶已成为江西北部和闽西北的墓葬中必不可少的随葬品。

从上述图表中可以看出，这四组演变序列较为清楚，基本没有大的缺环。依据纪年墓葬的可比资料，可以推知第1组最早，第4组最晚。这样，我们将1、2组和3、4组分别合并，形成二期4组（表16-2-1）。

第一期：北宋时期和南宋初（960—1162年）。

　　第1组：太祖建隆元年—仁宗至和三年（960—1056年）；

　　第2组：仁宗嘉祐元年—高宗绍兴三十二年（1057—1162年）；

第二期：南宋时期（1163—1279年）。

　　第3组：孝宗隆兴元年—光宗绍熙五年（1163—1194年）；

　　第4组：宁宗庆元元年—赵昺二年（1195—1279年）。

3. 分期特征

赣闽地区宋墓基本可以分为北宋和南宋两大期。其分期特征如下。

第一期：北宋时期（包括南宋高宗时期）。

墓葬类型以乙类A型和B型为主，也有丙类，目前不见甲类和乙类C型。

墓葬随葬品以瓷明器、日常生活瓷器、陶俑、买地券为基本组合。个别墓葬随葬石俑[1]，或有壁画[2]，或有雕砖[3]，或有画像石[4]。晚段出现了有"湖州照子"铭文的铜镜，较少见。陶瓷器早段多仿制唐、五代器形，影青瓷的釉色不纯正；晚段多形成宋代风格，影青瓷色泽纯正，质感好。

明器主要有Ⅰ、Ⅱ式多角罐、蟠龙壶、堆塑龙虎瓶。多角罐的嘴角多较突出，蟠龙壶的塑龙多在颈部，堆塑龙虎瓶堆塑简单，堆塑部分所占比例小。日常生活瓷器有Ⅰ、Ⅱ式执壶、Ⅰ式盏托、碗等。其中执壶短流，身较高；盏托的盘较深，托多为封口，高圈足；碗多为侈口弧壁碗。陶俑有四神俑和十二生肖像、人物、动物俑。早段铜镜为唐、五代的遗型物。

第二期：南宋时期（孝宗隆兴元年以后）。

各种墓葬类型均见。

［1］　王吉允：《吉安发现一座北宋纪年墓》，《考古》1989年第10期。依据买地券可知，此墓主人为王氏二娘，死于
　　　　北宋开宝七年（974年），是江西纪年较早的宋墓，所出石雕明器23件，其中有石俑13件。
［2］　福建尤溪地区集中出土了一批壁画墓。参见《福建尤溪发现宋代壁画墓》，《考古》1991年第4期；《福建尤溪
　　　　麻洋宋壁画墓清理简报》，《考古》1989年第7期等。
［3］　唐昌朴、梁德光：《江西遂川发现北宋郭知章墓》，《文物资料丛刊》1982年第6期。
［4］　江西省文物考古研究所、樟树市博物馆：《江西樟树北宋道教画像石墓》，《江西文物》1991年第3期。

以陶瓷明器、日常生活瓷器、买地券为基本组合。陶瓷俑个别墓葬仍有[1]，但多数墓则为堆塑十二生肖、四神、人物、动物俑、堆塑龙虎瓶所取代，特别是江西中北部和闽西北，几乎每墓均有堆塑复杂的龙虎瓶。铭文"湖州"鉴子、照子较多见，特别是在孝宗时出现"湖州镜子"铭文镜，可谓标准断代器。瓷器以影青瓷为主，也有其他青瓷、白瓷、黑釉瓷等，种类较多，有宋代特色。福建地区新出现带柄铜镜，福州出现寿山石俑、铁牛、铁猪等，形成以陶灶、谷仓为特色的陶器组合。

明器以陶器为多，除Ⅲ、Ⅳ式多角罐，Ⅲ式蟠龙壶，Ⅲ、Ⅳ式堆塑龙虎瓶为基本组合外，新出现陶谷仓、陶灶等，蟠龙壶多为陶质。日常生活瓷器有Ⅲ式执壶、Ⅱ式盏托和碗。执壶执把上部有系，为北宋所不见；盏托盘变浅，托变低；碗流行景德镇影青瓷斗笠碗。

从整体看，闽赣地区具有很强的一体性。但是在不同时期也存在着一些地区性特征，如以福建尤溪为中心左近地区流行壁画墓，是南方地区宋代壁画墓最集中的地区，其文化内涵有待研究；在福州南宋时盛行随葬寿山石俑；福建地区出现随葬铁牛、铁猪，多见石砚等现象。在江西中西部和闽西北地区随葬堆塑龙虎瓶的现象则十分突出，这可能与这里发达的制瓷业有关，同时也体现出浓厚的宗教色彩。有较多的石筑墓，与身份地位关系不大，是本区的特点之一。

四　湖广地区墓葬形制和分期

此区主要指湖南、广东、广西和海南等省。北宋时期隶属光南东路、广南西路、荆湖南路等。

（一）墓葬形制

此区墓葬发现较少，集中在湖南和广州。墓葬形制比较简单，有类椁式墓、土坑竖穴墓和阁楼式墓三类。

甲类：类椁式墓。根据建筑材料的不同，可以分为二型。

A型：石筑墓。依据椁室多寡的不同，分为二亚型。

Aa型：单椁墓。

湖南衡阳何家皂墓[2]椁室长2.8米、宽1.4米、高1.35米，椁室中部的木棺内有仰身直肢男尸一具，棺椁间填石膏（图16-2-6，1）。

广东潮州乾道八年（1172年）刘景墓[3]朝南，地表有封土，正面树立一通明代重建的墓碑，前设方形石祭台。封土下有石椁，用一块花岗岩凿成，长3.07米、宽1.13米、高1.1米，大石板盖顶，上铺石灰砂，再铺7块石条封盖。椁内置木棺。海南琼山美秋M3也属此类[4]。

---

〔1〕　陈定荣、徐建昌：《江西临川县宋墓》，《考古》1988年第4期。

〔2〕　湖南省博物馆、衡阳市博物馆：《衡阳县何家皂北宋墓》，《文物》1984年第12期。

〔3〕　广东省博物馆：《广东潮州北宋刘景墓》，《考古》1963年第9期。

〔4〕　郝思德、王明忠：《海南琼山美秋宋代积石墓》，《南方文物》2003年第1期。

Ab 型：双椁墓。

湖南临湘陆城墓（65·临·陆 M1）[1]为连体并列双室墓，券顶，有封土达 3 米高，墓室长 2.6 米、宽 1.22 米、高 1.3 米，南北两室间有 3 个长方形孔眼相通，各有一个头龛，附近有随葬品（图 16-2-6，2）。

B 型：砖筑墓。依据椁室多寡的不同，分为二亚型。

Ba 型：单椁墓。

广东紫金县林天村高墩顶墓[2]为单室墓，长方形椁室长 3.88 米、宽 0.9 米，砖顶坍塌（图 16-2-6，3）。

Bb 型：双椁墓。

长沙杨家山乾道六年（1170 年）王趯夫妇墓[3]为砖筑类椁式墓，并列双室无过洞相通（图 16-2-6，4）。墓顶和南室均被破坏。北室略好，为砖圹木椁棺结构。砖圹与木椁间填石灰和砂子，木椁和木棺间填充松香。广东东莞篁村镇宋政和年间封公夫妇墓[4]为双椁室墓，券顶。长方形椁室长 4.44 米、总宽 4.44 米、高 1.73 米。没有发现葬具和尸体。

乙类：土坑竖穴墓。依据葬具的不同，分二型。

A 型：木棺为葬具。

广东深圳咸头岭 M2[5]为长方形土坑竖穴墓，长 2.3 米、宽 0.9 米、墓底到地表深 0.8 米，从残存的铁棺钉看，原来应有木棺，人骨已朽（图 16-2-6，5）。

B 型：瓮罐为葬具。

湖南耒阳城关 M293 为长方形土坑竖穴墓，有头龛，内置魂坛一件，墓长 2.4 米、宽 0.6 米、残深 0.5 米（图 16-2-6，6）。

广东佛山鼓颡岗一号墓[6]的土坑长 1.5 米、宽 1 米、深 2.1 米，墓底用三块灰砖排成十字形，正中心置一黑釉大陶罐，内置装骨灰和铜钱的黑釉小陶罐；在大罐四周放置 6 个内装稻谷的黑釉小陶罐。葬俗与上海曹杨新屯墓接近。

广东广州简家冈宋咸淳二年（1266 年）简公墓（第一号墓）[7]形制更为特殊，地面沙板台基上有一梯形祭台，后面为石筑长方形棺形建筑，坐落在 3 阶台基之上，建筑长 1.24 米、宽约 0.74 米、连基座通高 0.92 米。"宋故考君简公墓"石墓碑立于"石棺"建筑前，墓碑正下方有一个直径 0.48 米、深 0.92 米的土坑，内置陶坛一个，坛内装满烧过的骨灰（图 16-2-6，7）。

丙类：阁楼式墓。

〔1〕　湖南省博物馆：《湖南临湘陆城宋元墓清理简报》，《考古》1988 年第 1 期。

〔2〕　广东省博物馆：《广东紫金县宋墓出土石雕》，《考古》1984 年第 6 期。

〔3〕　高至喜：《长沙东郊杨家山发现南宋墓》，《考古》1961 年第 3 期；作铭：《长沙东郊杨家山南宋墓墓主考》，《考古》1961 年第 4 期。

〔4〕　广东省博物馆、东莞市博物馆：《广东东莞北宋墓清理简报》，《考古》1991 年第 7 期。

〔5〕　深圳博物馆：《广东深圳宋墓清理简报》，《考古》1990 年第 2 期。

〔6〕　曾广亿：《广东佛山鼓颡岗宋元明墓记略》，《考古》1964 年第 10 期。

〔7〕　广州市文物管理委员会：《广州河南简家冈宋元墓发掘简报》，《文物参考资料》1957 年第 6 期。

广东韶关宋墓（S.S.G.－M13）[1]为砖筑墓，分上下两层，即在长方形的墓椁室券顶上加砌一层椭圆形砖椁，上层类似长江中下游地区的"船形"。条石封门，椁室两壁各有壁龛3个，棺室内设有棺床，墓室后壁有壁画，绘一人穿长服，双手执笏（图16－2－6，8）。

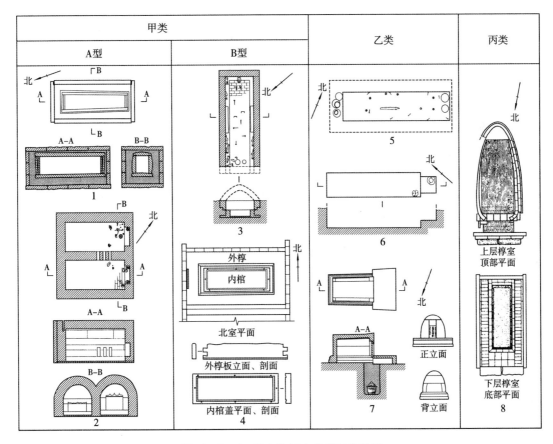

图16－2－6　湖广地区宋墓形制类型图

广东番禺小陵山M2比较特殊[2]，应属于双层墓。此墓有砖围的坟茔圈，直径3.5—10米不等，呈半封闭状，南向开口。坟茔圈中央掘出一个长方形墓室，内置棺，填土与地面平，再建一个与地下墓室相同大小的椁室。

（二）分期和分期特征

此区墓葬发现最少，可用于分期的纪年墓更少。现仅以纪年墓为线索，结合墓葬形制

〔1〕　广东省博物馆：《广东韶关市郊古墓发掘报告》，《考古》1961年第8期。
〔2〕　广州市文物考古研究所：《番禺小谷围岛小陵山宋代家族墓》，载《羊城考古发现与研究》（一），文物出版社2005年版。

和随葬品及其组合变化等，将此区墓葬分为两期[1]。即第一期：北宋时期；第二期：南宋时期。

第一期：墓葬有类椁式墓和土坑竖穴墓。堆塑瓶、多角罐等多见，较简单。青白釉瓷器较质朴，多为当地窑场烧造。东莞篁村镇宋政和年间封公夫妇墓[2]为砖筑双室类椁式墓，东室随葬陶堆塑瓶（坛）2、黑釉兔毫盏1、银手镯2、银钗1、亚字形铜镜1和若干铜钱；西室随葬陶堆塑瓶（坛）2、陶三足炉1、若干铜钱。堆塑瓶以人物形象为主，内装谷物。

第二期：墓葬多类椁式墓，单椁墓较多；堆塑瓶、多角罐造型变得复杂。出土一些湖州铜镜。青白釉瓷器多为景德镇窑类型产品。长沙杨家山乾道六年（1170年）王趯夫妇墓[3]为砖筑类椁式墓，随葬有白釉三足香炉、石砚、"湖州真石家二叔照子"、铜盆、小铜盘、铜器座、铜杯、鎏金弧形铜饰、铜扣、铜钱、方形木印和石墓志铭等。广东潮州宋乾道八年（1172年）刘景墓[4]为石筑单室类椁式墓，随葬有青白釉碗2（典型潮州宋窑产品）、黑釉碗1、"五谷龙"陶盒1、铜盂1、端砚1、铜"刘景印章"1、残铜器3、玉器1。广东广州简家冈宋咸淳二年（1266年）简公墓（第一号墓）[5]土坑墓内的黄褐釉陶坛，是本地南宋的典型器物之一。简家冈1—4号墓应都是简氏家族人员。

五　川贵地区墓葬形制和分期

此区包括贵州、四川、重庆等省市。北宋时期隶属夔州路、利州路、梓州路、成都府路。此区发现的墓葬主要集中在四川省，其他地区墓葬较少。此区墓葬很有特色，流行多龛和腰坑，还流行画像石和陶瓷俑。

（一）墓葬形制

此区的墓葬形制特征鲜明，独具特色。除了类屋式墓、类椁式墓、土洞墓、土坑竖穴墓和阁楼式墓五类墓葬形制外，本区流行独特的悬棺墓。悬棺葬和平顶类屋式墓构成了本区的特色。

甲类：类屋式墓。是本区最具特点的墓葬形制。此类墓通常有墓道或墓底与地表平齐，均有墓门，墓室高均在2米以上。其结构与中原地区类屋式墓相似，但通常双室并列，与南方地区类椁式墓有相通之处。根据建筑材料的不同，分为二型。

A型：石筑墓。数量较多，是甲类墓的主流。依据墓室的多寡，分二亚型。

Aa型：单室。

四川荣昌淳熙十二年（1185年）郑骥墓[6]有封土，朝西南向。长方形墓室长5.14

---

[1]　参阅吴敬《华南地区宋墓初探》，《四川文物》2011年第6期。

[2]　广东省博物馆、东莞市博物馆：《广东东莞北宋墓清理简报》，《考古》1991年第7期。

[3]　高至喜：《长沙东郊杨家山发现南宋墓》，《考古》1961年第3期。

[4]　广东省博物馆：《广东潮州北宋刘景墓》，《考古》1963年第9期。

[5]　广州市文物管理委员会：《广州河南简家冈宋元墓发掘简报》，《文物参考资料》1957年第6期。

[6]　四川省博物馆、荣昌县文化馆：《四川荣昌县沙坝子宋墓》，《文物》1984年第7期。

米、宽 2.78 米、高 3.85 米。墓门用 8 块石板封闭。墓室中央有一长方形石砌棺床，残存木棺遗迹和骨骸。东西两侧有对称壁龛 2 个，还有 1 个后龛。墓室内壁有石刻浮雕（图 16 - 2 - 7，1）。

Ab 型：并列双室。

四川彭山宝庆二年（1226 年）虞公著夫妇墓[1]为石筑分体并列双室墓，平顶，东西向。由墓道、墓门、享堂、主室和腰坑组成。两室之间有一定间隔。墓道是利用筑墓时的施工道路修整而成。墓门设有门柱和门楣，中间用三根石条竖立封门。前部的享堂地面低于后部的主室地面，享堂长 0.97 米、宽 1.9 米，东室高 2.64 米、西室高 2.82 米。享堂后部立置墓志。享堂和主室间砌有石门。主室均约长 3.35 米、宽 1.6 米、高 2.36 米，中央设有束腰形棺床。主墓室各有 1 后龛和 4 个侧龛。两个主墓室中央均有腰坑，内置一兽首衔环双耳铜瓶，其中东室腰坑前两侧岩石上用铜钱排成"千年万岁"四字。享堂和主墓室内壁饰有精美的浮雕石刻（图 16 - 2 - 7，2）。

B 型：砖筑墓。

四川洪雅元丰三年（1080 年）程文贤墓[2]为砖筑连体并列双室墓，券顶，南北向。由墓道、墓门和棺室组成。每室各有一墓门，共享一个斜坡式墓道，墓门用砖石封砌。两室均长 4.5 米、高 2.65 米，东室宽 2.66 米、西室宽 2.54 米。两室间砌有两个通道；各有 1 个后龛和 4 个侧龛。棺室中部有砖砌棺床，上原有木棺，各有仰身直肢尸骨一具，男居左，女居右（图 16 - 2 - 7，3）。

乙类：类椁式墓。此类墓相对较小，没有墓门或是设象征性墓门，室内通高远远不足 2 米（通常不足 1.5 米），故称为椁室。根据建筑材料的不同，分二型。

A 型：石筑墓。依据墓室多寡的不同，分二亚型。

Aa 型：单椁室。

四川绵阳罗家坟墓[3]为条石砌筑长方形单室墓，平顶，南北向。地表有积石封土堆，封土上栽柏树。长方形椁室长 2.5 米、宽 0.8 米、高 1.04 米。椁室前面设可开启双扇石门。椁室内置长 1.86 米、宽 0.58 米的石板棺床，上有已经腐朽的木棺和尸骨（图 16 - 2 - 7，4）。

Ab 型：双椁室。

四川浦江东北公社一大队五队果园墓[4]是一座并列双椁室墓，券顶，用不规则条石砌筑，南北向。椁室呈长方形，中部均有腰坑（图 16 - 2 - 7，5）。西椁室（M1）长 2.94 米、宽 0.94 米、高 1.1 米。腰坑内置双耳瓷罐 1；东椁室（M2）长 2.94 米、宽 0.63 米、高 1.14 米。腰坑内置覆盖瓷碗的双耳瓷罐 1，罐内装小瓷罐 1。椁室内有木棺。其中西椁室买地券的文末有"元祐"二字。

B 型：砖筑墓。依据墓室多寡的不同，分二亚型。

〔1〕　四川省文物管理委员会、彭山县文化馆：《南宋虞公著夫妇合葬墓》，《考古学报》1985 年第 3 期。
〔2〕　四川省博物馆、洪雅县文化馆：《四川洪雅宋墓发掘简报》，《考古》1982 年第 1 期。
〔3〕　何志国：《四川绵阳杨家宋墓》，《考古与文物》1988 年第 1 期。
〔4〕　四川省文物管理委员会（陈显双）：《四川省浦江县发现两座宋墓》，《考古与文物》1986 年第 5 期。

Ba 型：单椁室。

四川官渠埝绍兴二十八年（1158 年）墓（M5）[1]为砖筑券顶墓，墓室长 2.02 米、宽 0.69 米、高 0.93 米，两侧墓壁各有 3 个壁龛，后壁有 1 龛，墓底正中有一个砖砌腰坑（图 16 - 2 - 7，6）。

Bb 型：双椁室。

四川蒲江五星镇熙宁五年（1072 年）王氏夫妇墓[2]为砖筑连体并列双室墓，同建于一个竖穴土坑内，两室有两个通道相连，墓室均长 3.5 米、宽 1.8 米、高 1.46 米，中部有棺床，上置木棺，墓室东西壁各有 6 个侧龛（图 16 - 2 - 7，7）。

丙类：土洞墓。多见于重庆东部的峡江地区。

重庆奉节上关 M50[3]，为半土洞室，弧形顶。墓底呈斜坡状，长约 2.23 米、宽 0.77 米、深 1.2 米。内有侧身屈肢人骨一具（图 16 - 2 - 7，8）。

丁类：土坑竖穴墓。

发现极少，通常有石棺、木棺、瓮罐等葬具。

贵州平坝马场 M60[4]为长方形平顶石棺墓，墓底长 2.96 米、宽 0.93 米、深 1.24 米，为仰身直肢葬，出土熙宁元宝铜钱（图 16 - 2 - 7，9）。

戊类：阁楼式墓。

目前仅发现在成都地区。成都跳蹬河绍兴二年（1132 年）王宜人墓[5]，墓室分上下两层，中间用石条相隔，互不相通，下室为棺室，无门，上层建筑在石条上，墓底、墓壁均用砖砌。上下室均长 2.3 米、宽 0.92 米，下室高 0.92 米、上室高 1.1 米。墓室内有木椁和木棺，尸骨为仰身直肢。

四川成都保平村发掘北宋宋京夫妇墓（M1 和 M2）[6]为类椁式墓，东西向，为同坟异穴合葬墓。其中 M2 为砖石混筑的双层墓。由墓道、墓门和上下层墓室组成（图 16 - 2 - 7，10）。上墓室为砖筑券顶，长 3.16 米、宽 1.04 米、高 0.82 米。地面铺砖。上墓室外侧有八字形斜坡墓道，残存 3 米、宽 1.4 米、深 0.12 米。砖封门。下墓室平面呈长方形，长 3.8 米、宽 1.86 米、高 1.14 米。墓壁砖砌，地面铺砖，中央置一方墓志铭，其下垫有砖台。墓顶为平石板封盖。椁室内置有一具木棺。墓葬所用平砖上均有小篆“宋仲宏父”印记，方砖底印两个交叉圆圈。宋京墓（M2）葬于宣和六年（1124 年）以后。

己类：悬棺墓。

四川永川宋墓 M1[7]建在石岩壁上，墓口朝南。此墓无墓道，修筑门楣。墓室为岩壁上凿洞而成，内呈八边形，略圆。内壁设壁龛。内壁有浮雕图像和仿木结构建筑。其中第

〔1〕　四川省文物管理委员会：《四川官渠埝唐、宋、明墓清理简报》，《考古通讯》1956 年第 5 期。

〔2〕　四川省文管会、蒲江县文化馆：《四川蒲江县五星镇宋墓清理记》，《考古与文物》1986 年第 5 期。

〔3〕　重庆市文物考古所：《奉节上关遗址发掘简报》，载《重庆库区考古报告集·1998》，科学出版社 2003 年版。

〔4〕　贵州省博物馆：《贵州平坝县马场唐宋墓》，《考古》1981 年第 2 期。

〔5〕　陈建中：《成都市郊的宋墓》，《文物参考资料》1956 年第 6 期。

〔6〕　成都市文物考古研究所：《四川成都北宋宋京夫妇墓》，《文物》2006 年第 12 期。

〔7〕　王昌文：《永川发现宋代崖墓》，《四川文物》1989 年第 6 期。

3 柱正中阴刻"大宋开禧春造记匠",正中阳刻"南阴氏天凤郎寿堂"。

（二）分期和分期特征

此区墓葬数量较多,并且有着鲜明的区域特征。如形制独特的类屋式墓,是川贵地区明显有别于淮河以南地区的显著标志。此外还流行石筑墓,墓朝西南,墓室内设置腰坑习俗等。一些有纪年的墓葬为分期提供了重要线索。这里以纪年墓为参考标尺,结合墓葬形制和随葬品的演变等,将此区墓葬分为三期[1]。第一期:北宋初到真宗时期;第二期:仁宗到钦宗时期;第三期:南宋时期。

第一期:北宋早期,约为太祖(960 年)至真宗乾兴元年(1022 年)。这一时期没有发现纪年墓,墓葬沿袭唐、五代风格,随葬品基本不见陶俑。

第二期:北宋中晚期,约为仁宗天圣元年(1023 年)至钦宗靖康二年(1127 年)。

成都三圣乡花果村皇祐四年(1052 年)M6[2]为砖筑类椁式墓,长方形单椁室,破坏严重。残长 3.3 米、宽 1.74 米。墓室朝东,有封门墙。椁室后部有砖棺床,甬道内残存釉陶罐、买地券和真文券等。

成都龙泉驿嘉祐七年(1062 年)田世中夫妇墓(青龙村 M2)为砖石混筑类椁式墓,朝东,由封门墙、并列双墓室、壁龛等组成[3]。左右二墓室形制结构相近,大小相当。两室各自独立,中部有龛室相连。以左室为例,墓室呈长方形,长 3.8 米、宽 1.51 米。中部两侧壁各有一壁龛。墓室后部有砖砌棺床,长 3.4 米、宽 1.26 米、高 0.16 米。墓室中部棺床下设一边长 0.34 米的砖砌方形腰坑,深 0.3 米,坑内置 1 件四系罐。棺床上有木棺椁,内置仰身直肢葬人骨。随葬 25 件器物,其中左室出土 17 件。有罐、碗、砚、台座等釉陶瓷器,以及石座、买地券、华盖宫文券和敕告文券等石质遗物。根据买地券可知墓主人为田世中夫妇,葬于嘉祐七年(1062 年)。

四川蒲江五星镇熙宁五年(1072 年)王氏夫妇墓[4]为砖筑类椁式墓,朝北向,连体并列双室,券顶。同建于一个竖穴土坑内,有短甬道和象征性墓门。两椁室有两个通道相连,墓室均长 3.5 米、宽 1.8 米、高 1.46 米,中部有棺床,上置木棺,墓室东西壁各有 6 个侧龛。共出陶俑 86 件(武士俑、文吏俑、牵马俑、侍立俑、生肖俑、人面蛇身俑、"日"俑、"月"俑、鸟首人身俑、马首人身俑、猪俑,狗俑、娃娃鱼俑等),还有 11 石俑(武士俑、文吏俑、马俑、鸡俑),以及铜钱和 2 方石买地券等。四川洪雅元丰三年(1080 年)程文贤夫妇墓[5]为砖筑连体并列双室墓,券顶,朝西南向。每室各有一墓门,共享一个斜坡式墓道,墓门用砖石封砌。两室均长 4.5 米、高 2.65 米,

〔1〕 参阅陈云洪《四川地区宋代墓葬研究》,载《南方民族考古》第七辑,科学出版社 2011 年版;吴敬《成都地区宋代砖室墓的分期研究》,《四川文物》2009 年第 4 期。

〔2〕 成都市文物考古工作队:《成都市成华区三圣乡花果村宋墓发掘简报》,载《成都考古发现(2001)》,科学出版社 2003 年版。

〔3〕 成都市文物考古研究所:《成都市龙泉驿区青龙村宋墓发掘简报》,载《成都考古发现(1999)》,科学出版社 2001 年版。

〔4〕 四川省文管会、蒲江县文化馆:《四川蒲江五星镇宋墓清理记》,《考古与文物》1986 年第 3 期。

〔5〕 四川省博物馆、洪雅县文化馆:《四川洪雅宋墓发掘简报》,《考古》1982 年第 1 期。

东室宽 2.66 米、西室宽 2.54 米。两室间砌有两个通道，各有 1 个后龛和 4 个侧龛。棺室中部有砖砌棺床，上原有木棺，各有仰身直肢尸骨 1 具，男居左，女居右。随葬品有陶俑 10 件（武士俑、男女侍俑、伏地俑）、黄釉双耳陶罐、灰白釉 5 系大陶罐、酱釉陶执壶、豆青釉小陶罐、灰白釉陶碗、铁镰斗、银发笄、铁钱和 2 方买地券等。成都元丰四年（1081 年）赵德成墓[1]为砖筑类椁式墓，长方形单室，券顶。朝西北向。有墓道，无门。椁室两侧壁各有 1 个小龛。随葬品有黄釉陶器（双耳罐 4、四系罐 3 和碗 1）和 1 件石买地券。

成都元祐八年（1093 年）张确墓[2]为砖筑类屋式墓，朝西南向，有甬道、墓门和并列长方形墓室。2 墓室共享一个隔墙，两外侧壁各有 3 龛。墓室中部各有 1 腰坑，北壁各有 1 龛。随葬品有 2 合墓志，买地券 1、镇墓券 3（可识"华盖宫"文券 1、"天帝敕告"文券 1）、陶俑 17 件（武士俑 2、文官俑 3、文吏俑 2、立俑 4、女侍俑 1、女坐俑 1、人身有翼鸟足俑 1、人首蛇身俑 1、龙首 1、鸟俑 1）屏风等彩塑模型 10 件、釉陶 10 件（灰褐釉熏炉 2、五足炉 1、酱黄釉四系罐 2、双耳罐 2、残罐 2、褐釉碗 1）、青绿釉瓷碗 1。此外，还有 17 枚铜钱、16 枚铁钱。四川广汉大观元年（1107 年）张承贵夫妇墓[3]为砖筑类椁式墓，并列双室，西南向。夫人墓（一号墓）长方形，前宽后窄，两侧壁各有 3 个壁龛，后壁也有大龛。出土彩绘陶俑 24 件（武士俑、文吏俑、男侍俑、女侍俑、庖厨俑、兽面人身俑、兽面鸟身俑、狗俑、鸡俑等）、陶模型（仿木结构二层房屋建筑、轿子、男女卧床俑、床、踏、屏、桌椅、镜台、火盆、鼓等）、陶明器（温碗和执壶、杯、盏托、执壶、高领四耳罐）、铜钱和买地券。张承贵墓也出陶俑和石买地券。

本期纪年墓发现较多，流行类屋式墓和类椁式墓。随葬品流行随葬陶器，以双耳罐和四系罐为常见器类。瓷器多见邛窑器。流行随葬各类俑和镇墓券。这一时期各俑均刻划细致。

第三期：南宋时期，从高宗建炎元年（1127 年）至南宋末帝赵昺祥兴二年（1279 年）。

1998 年在四川成都保平村发掘北宋宋京夫妇墓（M1 和 M2）[4]为类椁式墓，东西向，为同坟异穴合葬墓，M1 打破 M2。宋京墓（M2）葬于宣和六年（1124 年）以后，而宋京妻蒲氏墓（M1）葬于绍兴二十一年（1151 年）。M1 为砖筑长方形单室墓，由墓门、甬道、壁龛、后龛和椁室组成。M2 为砖石混筑的双层墓。由墓道、墓门和上下层墓室组成。上墓室为砖筑券顶。地面铺砖。上墓室外侧有"八"字形斜坡墓道，砖封门。下墓室平面呈长方形，长 3.8 米、宽 1.86 米、高 1.14 米。地面铺砖，中央置一方墓志铭，其下垫有砖台。椁室内置有一具木棺。墓葬所用平砖上均有小篆"宋仲宏父"印记。M1 残存 43 件随葬品，有陶俑、瓷器、银筷、陶模型、墓志、镇墓真文券、买地券；M2 上室残存 14 件遗物，下室有 45 件，有陶俑、铜器、锡器、石镇墓真文券、墓志等。

[1]　王方：《成都市南郊北宋赵德成墓清理简报》，《四川文物》2001 年第 3 期。
[2]　成都市博物馆考古队翁善良、罗伟先：《成都东郊北宋张确夫妇墓》，《文物》1990 年第 3 期。
[3]　四川省文物考古研究所、广汉县文物管理所：《四川广汉县雒城镇宋墓清理简报》，《考古》1990 年第 2 期。
[4]　成都市文物考古研究所：《四川成都北宋宋京夫妇墓》，《文物》2006 年第 12 期。

广元宋庆元元年（1195 年）杜光世墓[1]是石筑类屋式墓，西南向，由墓道、墓门和并列双墓室组成。墓门有仿木建筑斗拱。二墓室相连，墓室均呈长方形，中央有石棺床，下有腰坑。腰坑内上部置一方买地券和铜钱；下部放一黑釉双耳陶罐，罐内放一对金耳环，罐口盖石板。墓室后壁有龛，左右壁和后壁面均有浮雕人物、四神、花卉和出行图、庖厨图等图像。随葬品有双耳黑釉陶罐、双耳白衣陶罐、黑釉小陶罐、白衣小陶罐、黑褐色陶碗、铜镜、铜钱、金耳环、金饰件和两方石买地券。

四川彭山宝庆二年（1226 年）虞公著夫妇墓[2]为石筑分体并列双室墓，平顶，东西向。由墓道、墓门、享堂、棺室和腰坑组成。两室之间有一定间隔。墓道是利用筑墓时的施工道路修整而成。墓门设有门柱和门楣，中间用三根石条竖立封门。前部的享堂地面低于后部的棺室地面，享堂长 0.97 米、宽 1.9 米，东室高 2.64 米、西室高 2.82 米。享堂后部立置墓志。享堂和棺室间砌有石门。棺室约长 3.35 米、宽 1.6 米、高 2.36 米，中央设有束腰形棺座。棺室各有一个后龛和四个侧龛。两室中央均有腰坑，内置一兽首衔环双耳铜瓶，其中东室腰坑前两侧岩石上用铜钱排成"千年万岁"四字。享堂和墓室内壁饰有精美的浮雕石刻。随葬品残存有陶龟钮盖罐、瓷罐、陶俑、铜镜、漆盒盖、石墓志铭和铜钱等。

四川华蓥南宋安丙夫妇墓[3]为石筑类屋式墓，券顶。墓前均有石构建筑遗迹和相关遗物。均有墓道，用巨石封门。安丙墓为天井式墓道，墓室内有大量的彩绘雕刻。雕刻分三部分。上部为仿木结构斗拱等建筑；中部两侧壁为持笏吏，后龛中为安丙及其夫人像；下部两侧壁和后龛台下均为驯兽内容。出土有石墓志一方，还有金币、玉质围棋子、铜钱、铜器、瓷器、陶器、陶俑等。李氏墓为斜坡式墓道，墓室内有大量的彩绘雕刻和少量的壁画。两侧壁还发现两幅壁画，棺台上发现有三彩陶俑。

本期墓葬多单券，有三面突出的棺台，还出现双层墓；火葬墓在淳熙时期以后盛行；绍兴时期没有无釉陶俑，淳熙年间无釉和带釉俑并存，其中鸡俑、狗俑和独角兽俑多见；陶双耳罐、小酒瓶、三足香炉等为组合特色。

在四川南部、长江三峡地区，以及贵州东南地区，发现了数以千计的悬棺葬，从宋代沿用到明代。悬棺葬是"以将死者的棺木放置在人迹罕至的悬崖绝壁之上为特征"。棺木的放置方式有的利用岩壁间的裂隙之处架设棺木；有的在岩壁上凿孔，嵌入木桩，以支托棺穴；或利用天然岩穴及人工凿穴，盛放棺木[4]。也有学者称之为"崖葬"[5]。宋元时期川贵地区的悬棺葬可能是仡佬族等族的葬俗。在贵州中部的乌江南岸地区，仡佬族还流行小型石筑类椁式墓。有些仅用 4 块或 2 块条石立砌，上盖石板，地面有小封土。如平坝马场墓。当地习称"仡佬坟"或"苗罐坟"。

〔1〕　四川省博物馆、广元县文管所：《四川广元石刻宋墓清理简报》，《文物》1982 年第 6 期。
〔2〕　四川省文物管理委员会、彭山县文化馆：《南宋虞公著夫妇合葬墓》，《考古学报》1985 年第 3 期。
〔3〕　四川省文物考古研究院、广安市文物管理所、华蓥市文物管理所：《华蓥安丙墓》，文物出版社 2008 年版。
〔4〕　童恩正：《悬棺葬》，载《中国大百科全书·考古卷》，中国大百科全书出版社 1986 年版；陈明芳：《中国悬棺葬》，重庆出版社 2004 年版。
〔5〕　林向：《中国悬棺葬学术讨论会纪要》，《文物》1981 年第 8 期。

第三节　墓葬壁饰

　　宋代墓葬壁饰主要指雕砖、壁画和画像石。根据目前的考古发现，墓葬壁饰存在明显的地区性差异。雕砖墓主要发现在北宋时期的中原及北方地区，尤其以河南西部和山西东南部最为集中。壁画墓集中发现在中原及北方地区，以及福建尤溪、将乐左近地区，其他地方仅有零星发现。画像石集中发现在四川东部和重庆的近山区，此外在河南西部等地区也有零星发现。关于墓葬壁饰的研究较多[1]，本章仅就壁饰的题材和内容进行概要梳理。

一　雕砖的题材和内容

　　雕砖的内容较多，有些很难准确定名。这里只选择主题明确的题材做些简述。

　　侍卫图。山西壶关南村元祐二年墓[2]南壁墓门两侧各有1个武士雕砖，东西两壁门侧各有1个侍女雕砖。

　　孝悌故事图。二十四孝人物故事是常见的题材。山西壶关南村元祐二年墓墓壁的19块雕砖（5—24号）上刻有"曾母教子"、"郭巨埋儿"、"孝孙原谷"、第9号砖不识、"睒子孝义"、"田真哭荆"、"董永别妻"、第13号砖不识、"老莱娱亲"、"丁兰刻木奉亲"、"蔡顺分椹"、"鲁义姑舍儿救侄"、"刘殷行孝"、"陆绩怀桔孝母"、"孟宗哭竹"、"王祥卧冰求鲤"、"杨香打虎救父"、"曹娥哭江寻父"、"鲍山救父"等内容[3]。山西晋城南社墓[4]后室南壁的彩绘雕砖孝悌故事图较为精美。山西长治五马村马预修墓[5]在墓室北壁和东、西壁角部刻有孝子故事雕砖，较为简单，共15幅，有"王祥卧冰求鲤"等内容。

　　杂剧图。河南温县西关墓[6]西北壁镶嵌杂剧人物（图16－3－1，B），都用浅浮雕手法阴刻出人物。杂剧人物5人，从右至左第1人头右扭，头裹软巾，后系成双结，右手执扇于左肩上，臂上系一条绦带下摆，左手长袖下垂，甩袖，作舞蹈状，似乎在做介绍表演，应是宋杂剧中的"末泥色"；第2人面左站立，头戴东坡帽，左手当胸，右手执骨朵，应为"引戏色"，也叫"竹竿子"；第3人面左站立，头戴花壳展脚幞头，双手相袖置于腹前，应为"装孤色"；第4人头戴浑裹软翅巾，腰后横担一木棍状道具，双手拱手胸前，作曲膝跨步状，在做滑稽表演，应为"副净色"；第5人头左扭，头裹高髻软巾，旁插一枝花，右手掐一节板（拍板），左手拇食指放入口中，吹口哨，右腿曲立，左腿向后提起，

〔1〕　参见本章第一节"发现与研究"中引述的相关论述。

〔2〕　长治市博物馆、壶关县文物博物馆：《山西壶关南村宋代砖雕墓》，《文物》1997年第2期。

〔3〕　参见赵超《山西壶关南村宋代砖雕墓砖雕题材试析》，《文物》1998年第5期。

〔4〕　晋东南文物工作站：《山西晋城南社宋墓简介》，《考古学集刊》1981年第1辑。

〔5〕　山西省考古研究所侯马工作站：《山西樱山马村4号金墓》，《文物季刊》1997年第4期。

〔6〕　罗火金、王再建：《河南温县西关宋墓》，《华夏考古》1996年第1期。

做跳跃状，应为"副末色"。这是研究宋代杂剧不可或缺的重要资料。

散乐图。河南温县西关墓东北壁有伎乐人物5人，从右至左所执乐器为觱篥、横笛、琵琶、腰鼓和大鼓，人物神态各异（图16－3－1，A）。河南温县前东南王村墓[1]东北壁左侧有伎乐人物6人，均戴展脚幞头，穿圆领长袍，似等待演出状，分二列。前列4人，左1手执长柄，作演奏指挥，左2拱手肃立，面前放置一古瑟，右边2名乐工均拱手执短棒一根，腰间袍下系长鼓各一个；后列2人，左者手持拍板，右者两手共执一短柄，柄上有小榔头，正准备敲击桌架上的悬磬。

庖厨图。河南温县前东南王村墓东北壁右侧刻有庖厨图。画面正中放置一厨案，案后3名侍女，左侧侍女正在将坛中美酒倒入温器中，中间侍女左手紧握温器的柄，正置在炉上温酒，右侧侍女正在烹饪；案前2名侍女，一侍女腰系飘带、玉佩，似乎是内婢，正手捧圆盘送到前厅，盘内置一高脚碗，另一穿短衣的奴婢在把一坛酒送到厨房。画面生动传神。

墓主人端坐图。山西汾阳北偏城墓[2]西壁的壁龛中有墓主人端坐图，男主人头扎巾，女主人发髻高昂。此外，一桌二椅图雕砖有一定数量，可能是墓主人夫妇端坐图的简化形式。河南上蔡城西"李伴叔"墓[3]北壁浮雕出土桌椅侧面，当中有一个圆脚方桌，两旁各置一把圆脚椅子。桌子正中放置一有钮盖的长柄高嘴注子，注子下有莲瓣注碗；注子两旁各有一个盘子，每个盘子上都放有桃形果品。

妇人启门图。河南禹县赵大翁夫妇墓（白沙第一号墓）[4]后室北壁砖砌一个双扇假门，一扇门微开，门间面南立一砖雕女子，右手作启门状。河南温县西关墓东壁雕成一门框，中间双扇版门，版门微启，有一妇人头束髻扶门欲出。

诵经图。河南安阳新安庄西地墓[5]西南壁雕有诵经图。左侧高灯架有高、低两个灯盏，盏与盏之间嵌双鱼雕砖，鱼头朝下，作摆尾入水状；中间为一曲足方形面低桌，桌上摆放"经书"七卷，其中六卷未展开，垒放于左，一卷展开在桌中间，桌右边还有1个擂钵；桌右侧有一把椅子，一人屈膝盘腿坐于椅上，此人扎头巾，穿交领宽袍，双手合什，神态安详。椅子后有1名侍女双手托盘，盘内置茶托和盏，作供奉状。

出行归来图。甘肃镇原王新村墓[6]发现胡人牵骆驼图和男仆牵马图，可能是出行和归来图的简化形式。暂归于此。

家居静物图。河南安阳新安庄西地墓东北壁上部砌破子棂窗一扇，窗左下砌有一方凳，凳上有花边状家具；窗下方近底部浮雕有交股剪1把、熨斗1把、细颈瓶1个等生活用品，似乎是象征居室。

祥瑞走兽和吉祥花卉图。通常绘在须弥座的壶门部分内。如山西晋城南社墓，壶门内

---

〔1〕 张思青、武永政：《温县宋墓发掘简报》，《中原文物》1983年第1期。
〔2〕 张茂生：《山西汾阳县北偏城宋墓》，《考古》1994年第3期。
〔3〕 杨育彬：《上蔡宋墓》，《中原文物》1978年第4期。
〔4〕 宿白：《白沙宋墓》，文物出版社1957年版。
〔5〕 中国社会科学院考古研究所安阳工作队：《河南安阳新安庄西地宋墓发掘简报》，《考古》1994年第10期。
〔6〕 庆阳地区博物馆：《甘肃镇原县出土北宋浮雕画砖》，《考古与文物》1983年第6期。

有狮子戏绣球、飞狮、麒麟、龙等瑞兽。

此外，还有河南上蔡城西"李伴叔"墓出土的"男女浣洗图""妇人娱婴照镜图"；河南南召云阳墓[1]"童戏图"；宁夏泾源墓[2]"挑夫图"等。

图 16-3-1　河南温县西关墓西北壁杂剧人物砖雕
（引自《河南温县西关宋墓》，《华夏考古》1996 年第 1 期）

[1]　南阳地区文物队：《南召云阳宋代雕砖墓》，《中原文物》1982 年第 2 期。

[2]　宁夏回族自治区博物馆考古组：《宁夏泾源宋墓出土一批精美雕砖》，《文物》1981 年第 3 期。

二　壁画的题材和内容

　　侍吏和门神图。多为单人像。如河南新安梁庄墓[1]墓门两侧东南、西南两壁画面上各绘一个侧身面朝墓门的侍吏，戴黑色软巾，双手持杖。门吏后各绘一盆景，盆内绘以太湖石假山点缀，山石上有繁茂的牡丹（图16-3-2）。侍吏图在福建尤溪壁画墓[2]中尤为常见。

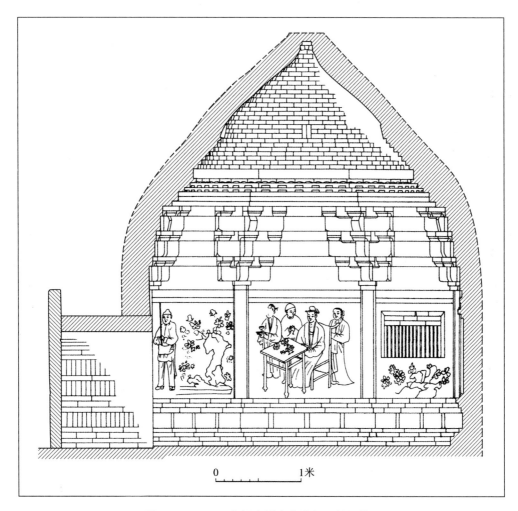

图16-3-2　河南新安梁庄墓墓门两侧门侍图

（引自《河南新安县梁庄北宋壁画墓》，《考古与文物》1996年第4期）

[1]　洛阳市文物工作队：《河南新安县梁庄北宋壁画墓》，《考古与文物》1996年第4期。

[2]　福建省博物馆、尤溪县博物馆：《福建尤溪发现宋代壁画墓》，《考古》1991年第4期。

出行图。描绘墓主人出行的情境。河南安阳小南海墓[1]南壁右侧绘有 2 人 1 马；西壁左侧绘有 3 人 1 轿。二者合在一起可能代表了男女主人出行的内容。

散乐图。河南禹县赵大翁夫妇墓（白沙第一号墓）[2]前室东壁散乐图绘有女乐 11 人。右侧 5 人分前后两排站立，后排 2 人：右者戴硬脚花额幞头，着圆领窄袖紫袍，面北，双手各持小杖作击鼓状；左者梳高髻，髻上戴白色团冠，面北，双手击拍板。前排 3 人：均戴硬脚花额幞头，右者面北，双手击腰鼓；当中者面南，侧身吹横笛；左者面东，吹觱篥。右侧立 5 人，后排 2 人：左者高髻方额，髻上戴白团冠，面南吹箫；右者冠同前，也面南吹箫。前排 3 人：左者髻上戴莲花冠，面南吹笙；当中者高髻方额，髻上戴白团冠，面南，吹十二管排箫；右者髻上戴花冠，面南，右手执拨，弹折项五弦琵琶。左右侧两组女乐之间，有 1 女子戴硬脚花额幞头，面东，欠身扬袖作舞。整幅画面形象生动，是散乐图的佳作。河南林县城关墓[3]南壁左侧散乐图绘有 5 人。中间 1 人戴插花幞头，足穿蓝高筒靴，上身着圆领长袖白衫，腰系带，下着白裤，作舞蹈状；两侧各有 2 司乐，均头戴深蓝色幞头，左外侧 1 人穿圆领窄袖白衫、白裤，双手拍击腰鼓；左内侧之人穿圆领蓝袍，腰系带，双手执觱篥吹奏；右外侧 1 人穿紫色圆领窄袖长衫，举椎击鼓；右内侧之人穿红色圆领窄袖长衫，双手持拍板。整个画面浑然一体。与墓主人夫妇开芳宴相对应。

墓主人夫妇"开芳宴"。河南禹县赵大翁夫妇墓（白沙第一号墓）[4]前室西壁正中有彩绘雕砖的男女主人对坐像和桌椅等物的侧面。男者袖手坐右侧，戴蓝帽；女者袖手坐左侧，梳高髻方额，髻插簪饰。二人皆面东观看东壁之乐舞。二人座椅均圆脚，椅前有脚床子。男女二人当中有一个圆脚桌，桌子上放置一注子、二盏托，桌下绘有一黑色高瓶，承以黄色小座。男女坐像后各有一屏风，右侧屏风左边立一女，露半身，面南，双手捧一盛有桃果的黑色盘子；其前一男子，童髻，双手捧清白色唾壶，面南侍立于男主人坐像之侧。左侧屏风右边一女，露半身，高髻插簪饰，袖手面北而立；其前一女子，高髻，面北，双手捧一绛色圆盒，侍立于女主人坐像之侧。河南安阳小南海墓东壁，画面正中为彩绘砖雕一方桌和二把椅子，桌上放有茶碗 2 个，墓主人夫妇分别袖手坐于左右，左侧为二男仆叉手恭立衣架前，右侧二女侍在托茶盘作进奉状。背景立有山水画屏风一座。与散乐图相对。

墓主人夫妇端坐图。此题材与"开芳宴"不同之处，在于墓主人对面无乐舞或杂剧表演。河南新密大观二年（1108 年）平陌村墓[5]西壁，上绘赭色幔帐，垂赭绿色组绶。帐下一桌，桌上有注子、盏托各一，注子置于瓜棱注碗内，注子有台形盖。桌裙呈红色。桌两侧各有一人，抄手端坐椅子上。左侧为老妇人，右侧为戴幞头男子。桌子内侧有男、女侍者各一，分立于主人身后。

〔1〕 李明德、郭艺田：《安阳小南海宋代壁画墓》，《中原文物》1993 年第 2 期。
〔2〕 宿白：《白沙宋墓》，文物出版社 1957 年版。
〔3〕 张增午：《河南林县城关宋墓清理简报》，《考古与文物》1982 年第 5 期。
〔4〕 宿白：《白沙宋墓》，文物出版社 1957 年版。关于"开芳宴"，参见该书注〔53〕。
〔5〕 郑州市文物考古研究所、新密市博物馆：《河南新密市平陌宋代壁画墓》，《文物》1998 年第 12 期。

　　妇人启门图。河南新安古村墓[1]北壁正面砖砌假门，立颊内有版门两扇，门两侧各砌成破子棂窗一扇。左扇门微启，右侧露出彩绘少女人像，身子半探出，右手作启门状。

　　庖厨图。河南安阳小南海墓西壁右侧的庖厨图有3男2女。前一人软巾诨裹，左手扶膝，右手执鹅毛扇，作煽火状，身旁有一长方形火炉，炉角有铁索，炉火正旺，炉口置一注子；后面有一个长方厨案，案右侧的三脚架上放置2个黑色酒坛，一个高脚杯内有勺；案左侧有浅圆盘7个，内盛有鱼、石榴、馒头、包子等。案后站立3人，右2人软巾诨裹，手抱瓷碗，左1女侍，头裹软巾，面右而立。河南新密下庄河墓[2]也有此内容。

　　杂剧图。河南安阳小南海墓南壁左侧杂剧图共有7人，前排4人为杂剧演员。右前为装孤，头戴展脚幞头，官员模样，坐太师椅，左手扶膝，右手半举，口有所语；右后为副末色，戴展脚幞头，站在方机上为装孤整理帽冠；左前为副净，头梳高髻偏坠，右手右指，口有所语，神态滑稽；左后为末泥色，带无脚幞头，站在方机上为副净整理发髻。前3人面部都有黑八字。演员身后为幔帐、书法屏风，屏风后还有3名侍女，从幕后探身观看。表现出私宅演出的特点。

　　驯狮图。山西晋城南社墓东、西、北壁顶部各绘有驯狮图一幅，北壁一驯狮人头戴软巾，穿圆领长袍，腰系带下垂，足登黑靴，右手持棍，左手藏在长袖中，正奔跑追赶黄狮（图16-3-3）。

图16-3-3　山西晋城南社墓北壁顶部驯狮图
（引自《山西晋城南社宋墓简介》，《考古学集刊》1981年第1辑）

〔1〕　洛阳市文物工作队：《河南新安县古村北宋壁画墓》，《华夏考古》1992年第2期。
〔2〕　郑州市文物考古研究所、新密市文物保管所：《新密下庄河宋代壁画墓》，《中原文物》1999年第4期。

　　相扑图。山西晋城南社墓[1]南壁墓顶绘有四个力士相扑，中间二力士头戴黑巾，身穿三角裤衩，双足登靴，左边力士左腿前弓，右腿后登，弯腰抱住右边力士的左小腿，右边力士抱住左边力士的头，右腿弓面向外，脊背上写有"深秋廉暮，落日楼台"8字。两边各有一力士，左者侧身叉腿，左手平伸，似乎在指挥；右者双腿叉开，双手交于胸前。很别致（图16-3-4）。

图16-3-4　山西晋城南社墓南壁墓顶相扑图
（引自《山西晋城南社宋墓简介》，《考古学集刊》1981年第1辑）

　　孝悌故事图。河南荥阳司村墓[2]墓室六壁绘19个榜题孝悌故事，主要是二十四孝的内容（图16-3-5，1-6）。南壁有"元觉行孝""姜诗行孝""郯子行孝"；西南壁有"老莱子行孝""田真行孝""韩伯榆行孝"；西北壁有"董永行孝""舜子行孝""鲍山行孝"；北壁有"曾参行孝""闵子骞行孝""王祥行孝"；东北壁有"孟宗行孝""丁栏行孝""鲁义姑行孝""刘殷行孝"；东南壁有"陆绩行孝""郭巨行孝""王武行孝"。

　　侍寝图。如河南安阳机床厂赵火粲墓[3]有侍寝图，画面以床褥、帷帐为主体，床周有花纹床围。两边有雕花隔板，二侍女各隐藏在隔板后，露半身，似在等候主人归来入寝。福建三明岩前村墓[4]左室西壁绘有一卧室陈设，可能也与此相关。

　　超度亡灵图。新密平陌宋墓[5]墓顶下半部的西北、北和东北壁上绘有一组壁画。北壁绘有四座前后、左右对称分布重檐歇山顶建筑，云雾缭绕，若隐若现，建筑后部金光四射。西北壁左侧为三人站立于祥云之上，中间一人为四洲大圣，头戴黑色兜帽，身着宽袖长袍，双手合拢，其右侧为一捧盒小童，左侧为一和尚手持长旌立于面前；画面右侧绘一男一女双手合十，跪于一方毯上，做礼拜状；其后一竖条偈语"四洲大圣度翁婆"。东北壁绘有一拱桥，云雾缭绕，其上绘有八人，表现诸女护送墓主人夫妇跨越奈何桥的情形。

〔1〕　晋东南文物工作站：《山西晋城南社宋墓简介》，《考古学集刊》1981年第1辑。
〔2〕　郑州市博物馆：《荥阳司村宋代壁画墓发掘简报》，《中原文物》1982年第4期。
〔3〕　魏峻、张道森：《安阳宋代壁画墓考》，《华夏考古》1997年第2期。
〔4〕　福建省博物馆、三明市文管会：《福建三明市岩前村宋代壁画墓》，《考古》1995年第10期。在福建尤溪地区的壁画墓中，表现卧室陈设的"寝室图"较为多见，是其地方特点。
〔5〕　郑州市文物考古研究所、新密市博物馆：《河南新密市平陌宋代壁画墓》，《文物》1998年第12期。

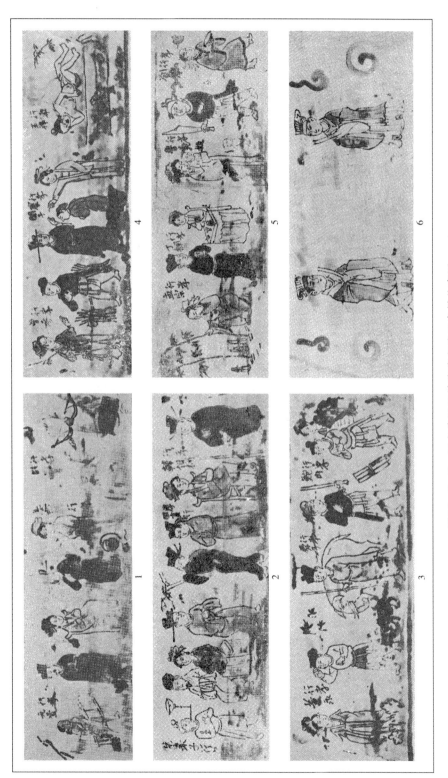

图16-3-5　河南荥阳司村墓墓室面孝悌故事图
（引自《荥阳司村村宋代壁画墓发掘简报》，《中原文物》1982年第4期）

从其分布情况来看，这三幅壁画应该是以北壁楼阁图为中心，组成一个关联的故事内容。即四洲大圣超度墓主人夫妇进入极乐世界的场景[1]。

四神祥瑞图。河南安阳小南海墓[2]墓室四壁拱眼壁中部为南朱雀、北玄武、东青龙、西白虎图案。河南荥阳司村墓六面墙壁上各绘有两个文史相对而立，双手持笏于胸前，是拟人化的十二时神形象。

星象图。江西德安吴畴妻周氏墓[3]棺内表面有一幅彩绘星宿图。河北曲阳南平罗墓[4]的墓顶绘有白色98颗星星，东侧绘红太阳，西侧绘有红彩月亮，周围有蓝色云朵。

其他。河南新密下庄河墓[5]斗拱以上的壁面绘有佛僧图，较为特殊。

此外，江苏淮安壁画墓[6]是长江中下游地区为数不多的重要墓葬，内容有备宴图、侍寝图、散乐图等。

三 画像石的内容

宋墓发现的画像石有两种，一是浮雕，这是四川、重庆和贵州地区的主要形式；一是单线阴刻，以河南洛宁乐重进石棺墓[7]等中原地区墓葬为代表。画像石的题材和内容与雕砖和壁画大同小异。主要有：

侍史和门神图。多为单人像，也有成对的侍者。四川彭县（今彭州市）亭子坡虞公著夫妇墓[8]东墓室门柱东西两侧各一武士，为半立体浮雕。戴战盔，穿虎头战袍，浓眉突目，腰挂弓囊箭袋，手持利剑，肃立门下。

出行图。描绘墓主人出行的情境。四川彭县亭子坡虞公著夫妇墓西室享堂西壁浅浮雕出行图。画面以墓主出行的乘轿为重心，前面有侍从仪仗。轿旁立一执伞侍者，轿前有一长须者面右拱手而立，左侧有两组侍从仪仗，上一组前4人佩剑，后4人拱手而立；下一组前4人扛剑于肩，后4人或持物或拱手，其中一人背负一交椅。

墓主人夫妇端坐图。河南宜阳坡窑村土洞墓[9]的石棺前挡线刻有墓主人夫妇端坐图（图16-3-6）。画面有6人，中间为一个四腿长方形桌，桌正中放注子1、果盘4、盏2，墓主人夫妇对坐于桌左右两侧靠背椅上，女主人居左面右，头戴冠，穿交领窄袖拖地裙，左足微露，双手捧杯。身后站立二侍女，右侧一人面左，右手执一扇子于胸前。男主人居右面左，头戴巾，穿圆领窄袖袍服，双手捧一杯。身后站立二侍女，右侧一人面向男主人，双手

[1] 参阅徐苹芳《僧伽造像的发现和僧伽崇拜》，《文物》1996年第5期。

[2] 李明德、郭艺田：《安阳小南海宋代壁画墓》，《中原文物》1993年第2期。

[3] 江西省文物考古研究所、德安县博物馆：《江西德安南宋周氏墓清理简报》，《文物》1990年第9期。

[4] 保定地区文物管理所、曲阳县文物保管所：《河北曲阳南平罗北宋政和七年墓清理简报》，《文物》1988年第11期。

[5] 郑州市文物考古研究所、新密市文物保管所：《新密下庄河宋代壁画墓》，《中原文物》1999年第4期。佛僧图仅依据线描图识别，是否可靠，有待证实。

[6] 江苏省文物管理委员会、南京博物院：《江苏淮安宋代壁画墓》，《文物》1960年第8、9期合刊。

[7] 李献奇、王丽玲：《河南洛宁北宋乐重进画像石墓》，《文物》1993年第5期。

[8] 四川省文物管理委员会、彭山县文化馆：《南宋虞公著夫妇合葬墓》，《考古学报》1985年第3期。

[9] 洛阳市第二文物工作队、宜阳县文物管理委员会：《河南宜阳北宋画像石棺》，《文物》1996年第8期。

捧一盘，上放二果盘，左侧一人双手捧一物。四川广元下西墓[1]后壁后龛中，上部刻有围帐，帐内正中女墓主人端坐椅子上，手持佛珠一串，正在念珠祷告，两侧各立一侍女。

图 16-3-6　河南宜阳坡窑村土洞墓石棺前挡的墓主人夫妇端坐图

（引自《河南宜阳北宋画像石棺》，《文物》1996 年第 8 期）

　　宴饮图。河南洛宁乐重进墓[2]石棺前挡线刻有墓主人宴乐图。画面中心背景为一个堂屋，正中一老者（应为墓主人）笼手端坐于靠背椅上，其两侧各恭立一侍女，左侧侍女双手捧一注子；老者面前有一长方形桌，桌前有莲花帷幔，桌上放有一台盏，两盘果品；桌前和两侧有乐伎 5 人，正中一人做舞蹈表演状，其余四人分别执觱篥、萧和二腰鼓。四川彭县亭子坡虞公著夫妇墓西室享堂东壁浅浮雕备宴图。画面上部正中放置一长方形桌，桌上有带温碗的注子和盏托各一对，桌前放置三酒瓶，其中一瓶有架。桌子周围有 5 个着长衫的侍者，除桌后一人外，均面向右侧，桌左一人正伸手整理桌上的酒具，桌右靠上一人肩负一琴。三酒瓶左右两侧，有两人拱手而立。下部正中放置一小方桌，桌上有四个小碗，桌左一人在整理桌上餐具，再左还有一拱手侍者，桌右侧有一人和一组挑担，左侧担子为温酒炉，炉火上有 2 注子，右侧担子为方形。

　　庖厨图。四川广元下西墓西室东壁右侧，画面下部刻有 2 女仆，均头挽髻，内穿长裳，外罩短衣，一人坐于灶前，用火筒吹火，一人肩挑水桶，担至灶前，锅内放有五格蒸笼；上刻一名穿短服的樵夫，用筐挑柴一担，筐边插有柴刀一把，形象逼真。

　　杂剧、大曲图。四川广元〇七二医院墓[3]男墓室左右两侧壁各有二图刻有杂剧图，图 1 有 2 人，左人戴展脚幞头，面左，以手绞袖向右一人作揖，右者曲肘折袖向左者；图 2 有 3 人，左者腰悬一杖鼓，右手执杖击打，中者戴展脚幞头，双手持觱篥，右者戴展脚幞头，立于一大鼓后，双手扬槌击鼓；图 3 有 2 人相背坐在一块大石上，左者以右手点指

〔1〕　四川省博物馆、广元县文管所：《四川广元石刻宋墓清理简报》，《文物》1982 年第 6 期。

〔2〕　李献奇、王丽玲：《河南洛宁北宋乐重进画像石墓》，《文物》1993 年第 5 期。

〔3〕　廖奔：《广元南宋杂剧、大曲石刻考》，《文物》1986 年第 12 期。

右者，右者右手握左脚，左膝置于右腿上，面露愤懑；图 4 有 2 人均戴展脚幞头，双手各持一笏板，相向作揖。

广元罗家桥墓[1]发现大曲石刻三幅，图 1 有 8 名女伎，其中 7 人各执一乐器，自左到右依次为拍板、笛、腰鼓、手鼓、架子鼓、笛、拍板，另一人正屈膝挥袖作舞；图 2 有 8 名女伎，其中 7 人奏乐，所执乐器自左到右依次为三弦、三弦、拍板、笛（右吹）、笛（左吹）、拍板、手鼓，另一人正扭腰扬手作舞；图 3 为 8 名男侍，右立 5 人正在演奏，所执乐器自右到左有笛、拍板、觱篥、手鼓、腰鼓，左立三人，一双手捧物，一叉手而立，一背一件囊状物。

孝悌故事图。重庆井口墓[2]左右两墓室都绘有二十四孝人物故事图。右墓室（1 号墓）主要有"王祥卧冰求鲤""姜诗汲水孝母""陆绩怀桔孝母"等和不识内容的故事1 则；左侧墓室（2 号墓）主要有"郭巨埋儿""仲由负米养亲""闵损单衣顺母""丁兰刻木奉亲"和不识内容的故事 1 则。此外，在墓间后穿道东壁和西壁分别刻有佛教故事孝悌图（"阿难孝双亲"和"目莲救母"）。河南洛宁乐重进墓有线刻孝悌故事图（图 16－3－7）。

妇人启门图。四川乐山城西 90M3 为石板墓[3]，其后龛中部，雕刻两扇门微开，一人站于左门前，头着双髻，穿交领窄袖开衫，腰间束带于腰后打结，右手弯曲于胸前，手扶左扇门缘，做启门状。四川荣昌沙坝子郑骥墓[4]墓室后壁后龛仿木结构建筑中，有双扇门，右扇微开，门前雕一人立像（报告称男子），头戴冠，穿圆领长袍，右手曲于腹前，手中握一绳状物，左手自然下垂。可归此类。

收获图。河南宜阳坡窑村土洞墓石棺后挡为线刻图案。画面正中为双扇大门，每扇门有 4 排门钉，每排 5 个，有铺首衔环，门两侧有破子棂窗。门前有三个神态各异的男子分别肩扛满袋粮食正欲进门。三人均头裹幞头，穿窄袖襦袄衫，腰系带，下穿裤。雇工和高大的门第表现了墓主人对财富的炫耀。

四神等祥瑞图。四川彭县亭子坡虞公著夫妇墓，东墓室门楣背面和北、东、西壁顶部分别刻有朱雀、玄武、青龙、白虎四神像；在后龛的壁上还有奔鹿图；西室后龛的龛台上为浅浮雕的狮子戏绣球图，后壁龛下有飞马图，一马的前肋有翼。

仙境图。四川彭县亭子坡虞公著夫妇墓，东墓室后壁正中仿木结构斗拱建筑下的壁龛内高浮雕"蓬莱仙境图"。下部为波涛翻滚动海潮，上部是蓬莱山，山下有石阶小径迂回向上，半山间刻凉亭，山顶丛林中筑一洞室，门刻"蓬莱"二字。山麓栖息一仙鹤，山下一长须长者拾阶而上。四川广元下西墓有"夜梦成仙，在天愿为比翼鸟"的内容。河南洛宁乐重进墓石棺上刻有三个天女散花图。河南孟津张君墓[5]石棺前挡上有墓主人夫妇升仙的内容。

〔1〕 廖奔：《广元南宋杂剧、大曲石刻考》，《文物》1986 年第 12 期。
〔2〕 重庆市博物馆历史组：《重庆井口宋墓清理简报》，《文物》1961 年第 11 期。
〔3〕 乐山市文管所：《乐山宋墓清理简报》，《考古与文物》1993 年第 6 期。
〔4〕 四川省博物馆、荣昌县文化馆：《四川荣昌县沙坝子宋墓》，《文物》1984 年第 7 期。
〔5〕 黄明兰、宫大中：《洛阳北宋张君墓画像石棺》，《文物》1984 年第 7 期。

图 16 - 3 - 7　河南洛宁乐重进墓孝悌故事图
（引自《河南洛宁北宋乐重进画像石墓》,《文物》1993 年第 5 期）

需要特别指出的是，在河南三门峡化工厂 M49[1]的墓道北壁和天井北壁均发现土雕，目前所知尚属罕见。

第四节　埋葬制度和丧葬习俗

探讨宋代埋葬制度和丧葬习俗，应该要置于"唐宋变革"的历史背景之下。政治上，宋代彻底摧垮士族门阀制度，形成皇权至上的中央集权为特色的官僚体制；经济上，宋代农业和手工业得以全面发展，商品经济促进了城市格局和社会结构的重大变化。思想文化上，宋代兼容并蓄，王安石新学、程朱理学、陆九渊心学等都对后世产生重要影响。形成以儒学为主体，以佛、道为辅翼的文化格局。释、儒、道相互融合，从王室权贵之间，走入百姓的日常生活之中。精神文化呈现明显世俗化的倾向。这些情况自然都对丧葬礼仪产生重要影响。可以说宋代埋葬制度和丧葬习俗，在一定程度上承袭了唐代的传统，又逐渐形成宋代特有的礼俗，埋葬制度和葬俗是有所不同的。埋葬制度通常是带有政府行为，有严格的等级规范。葬俗属于民间的习俗，约定俗成的礼仪，带有一定的随意性。

鉴于考古学研究的局限性，这里仅择要对宋代的埋葬制度和葬俗做些梳理。

一　埋葬制度

埋葬制度体现在政府的礼仪规章制度上。宋代的《开宝通礼》《政和五礼新仪》及司马光的《司马氏书仪》、朱熹的《家礼》等官私礼书，都对丧葬礼仪做了详细规定。《政和五礼新仪》记载，丧葬礼仪要分品官丧仪、庶人丧仪两个方面，在具体内容和细节中存在尊卑等级的差异。《政和五礼新仪》载，北宋丧葬仪式大致分为：初终、小敛、大敛、成服、吊膊、启殡、葬、祭后土、虞、小祥、大祥、禫、祔等内容。大体涵盖了死后报丧、葬前祭奠、殡葬、葬后祭祀等多种礼仪在内[2]。

考古学是以实物为依据进行研究的科学。一些丧葬过程中的礼仪只能依据有文字的资料记述。同时，考古发现的新资料，在一定程度上可以印证文献准确与否，甚至可以弥补文献等记载的不足。因此说，考古发掘的墓葬资料，无疑是探讨宋代墓葬制度的重要素材。

北宋时期堪舆术十分盛行。仁宗时曾有王洙等奉敕编纂《地理新书》，为当时的地理官书。郭璞《葬经》也被时人所推崇。《司马氏书仪》卷七中对此有所记述："世俗信葬师之说，既择年月日时，又择山水形势，以为子孙贫富贵贱，贤愚寿夭，尽系于此。"更有甚者，"世人惑璞之说，有贪求吉地未能惬意，至十数年不葬其亲者；有既葬以为不吉，一掘未已，至掘三掘四者；有因买地致讼，棺未入土而家已萧条者；有兄弟数人惑于各房

---

〔1〕　三门峡市文物工作队：《三门峡市北宋墓发掘简报》，《华夏考古》1993 年第 2 期。

〔2〕　参见《宋史》卷一百二十一至卷一百二十五《志·礼》凶礼条。

风水之说，至骨肉化仇雠者。凡此数祸，皆璞之书为之也"[1]。

《地理新书》卷十三《冢穴吉凶·步地取吉穴》条云："凡葬有八法，步地亦有八焉……八曰昭穆，亦名贯鱼，入先茔内葬者，即左昭右穆，如贯鱼之形……惟河南、河北、关中、垅外并用此法。"[2]《宋会要辑稿》详细记载宋代皇家选择陵地和墓仪制度的情况。赵宋的皇家陵园规划按照《地理新书》"五音姓利说"进行布局规划。赵姓属角音，为吉地之位，可以福祉子孙后代。皇帝和皇后等丧葬礼仪规定严格。北宋帝陵的考古调查、勘测和试掘，与文献相佐证[3]。

《政和五礼新仪》对品官墓葬规格做了明确说明：墓一品方九十步，二品方八十步，三品方七十步，四品方六十步，五品方五十步，六品方四十步，七品以下方二十步，庶人方十八步；坟一品高一丈八尺，二品高一丈六尺，三品高一丈四尺，四品高一丈二尺，五品高一丈，六品以下高八尺，庶人高六尺；墓域门及四隅四品以上筑网，六品以上立侯，七品以下（庶人同）封茔；碑螭首跌上高九尺，碣主首方跌上高四尺，兽四品以上六，六品以上四。

从考古发现看，不仅宋代帝陵有陵园，而且贵族墓地也多发现墓园。宋代贵族坟墓上有封土，墓前树立石刻的神道碑、经幢，以及羊、虎、翁仲等石像生。

包拯家族墓地[4]为北高南低的坡形地，略高于周边田地。范围东西64米、南北宽52米。南宋庆元五年（1199年）《重修孝肃包公墓记》记载此墓地"缭以周墙，方一百五十五步"，"祭享有堂"。墓地前面原有石人、石马、石羊各一对，以及石碑两通等。包拯生前为枢密副使，属正二品。这与《宋史》志第七十七《诸臣丧葬等仪》的规定大体符合。墓地地表分布10余座大小不等的土冢，多高2—3米不等。共清理12座墓，出土了包拯夫妇、大儿媳崔氏、二儿子儿媳包绶夫妇和孙子包永年的墓志铭。其中间的M6最高大，达5米左右（图16-4-1）。墓地大体以M8和M6为中轴线，居北。东南侧6墓分2排（由西而东）：上排位包绶夫妇墓（M5）和M9；下排为包缤夫妇墓（M7）和包永年墓（M4），以及M3、M2。由西向东排列。西南侧有2排：上排为包拯夫妇碑石葬墓M1；下排为M12、M11和M10。值得注意的是，M8和M6为变体类屋式墓，为中原葬制，而且规模最大，推测为包拯夫妇原葬墓是有道理的。其他墓则为类椁式墓和土坑竖穴墓。在此墓地西北约7、8里处，有包拯父亲包令仪墓[5]。据清代道光年间庐州《包氏支谱》上墓图，包令仪墓前有2石人、2石羊、2石虎，并有"宋故赠刑部侍郎包公神道碑"。

陕西蓝田北宋吕氏家族墓地[6]，背依潼山，面向灞水。东西两侧各有小河注入灞河。墓地东、西、北三面有兆沟，正南方轴线有家庙遗址，北面为墓葬群，已发掘29座墓，成人墓20座，余为婴幼儿墓。第一代墓主吕通葬在墓地轴线最南端，其北侧葬二子吕英

〔1〕　参见（南宋）罗大经《鹤林玉露》卷六《风水》，中华书局1997年版。

〔2〕　宿白：《白沙宋墓》，文物出版社1957年版，注释175条。

〔3〕　河南省文物考古研究所等：《北宋皇陵》，中州古籍出版社1997年版；参见孟凡人《北宋帝陵石像生研究》，《考古学报》2010年第3期。

〔4〕　安徽省博物馆：《合肥东郊大兴集北宋包拯家族墓群发掘报告》，《文物资料丛刊》1980年第3期。

〔5〕　程如峰：《北宋包令仪墓神道碑》，《文物研究》总第五辑，1989年。

〔6〕　陕西省考古研究院：《陕西蓝田县五里头北宋吕氏家族墓地》，《考古》2010年第8期；陕西省考古研究院：《蓝田吕氏家族墓园》，文物出版社2018年版。

等；再北侧葬孙辈，其中包括著名人物吕大临等。依此类推。这是迄今发现保存最好的北宋家族墓地，具有重要学术价值。墓葬均为竖穴墓道、平顶或拱顶土洞墓室，墓道东、西两壁设三角形踏窝各一排。成人墓有单室墓、单主室带侧室、前后双室、并列双室、前单室后双室等。出土陶瓷、玉石、铜铁、金银、漆木、骨器等随葬品达 655 件（组）。其中砖、石墓志共 24 合。

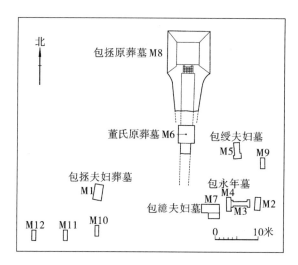

图 16 - 4 - 1　安徽合肥包拯家族墓地墓葬分布示意图

（引自《合肥东郊大兴集北宋包拯家族墓群发掘报告》，《文物资料丛刊》1980 年第 3 期，略变化）

在南方地区，有些大墓单设茔园。南宋绍兴二十六年（1156 年）郑刚中墓[1]的茔园，由南而北为神道（原有石像生）、享堂、砖铺地坪、八边形须弥座圆顶坟丘封土及其地下墓室、环道、圆形砖砌墓墙（原文称环墉）、四角阙式建筑，以及茔园内砖铺地坪等部分（图 16 - 4 - 2）。郑刚中墓为砖筑类椁式墓，双椁室南北并列，券顶。墓室凿在基岩中，前面有墓道。椁室呈"凸"字形。椁后壁上有小壁龛。设有排水沟。南椁室墓主人郑刚中曾任川陕宣抚副使和资政殿学士，文官散阶为朝奉大夫（正五品），爵号为郡侯，食邑一千二百户。墓志内容与《宋史》记载基本吻合[2]。贵族茔园与平民茔园不同之处，在于有神道石像生。

南宋淳祐八年（1248 年）浙江云和正屏山墓[3]的地面茔园保存完好，不见神道石像生。坐西朝东，沿中轴线布局，西高东低，呈阶梯状。从后到前，茔园依次由圆形石砌围墙、环道、半圆形坟丘封土及其下方墓室、坟丘正面的砖雕须弥座、坟丘前方拜坛、台阶及

〔1〕　浙江省文物考古研究所、金华市金东区文物管理委员会：《金华南宋郑刚中墓》，载《浙江宋墓》，科学出版社
　　　　2009 年版。
〔2〕　（元）脱脱等：《宋史》卷三百七十列传第一百二十九《郑刚中》。
〔3〕　浙江省文物考古研究所、云和县文物管理委员会办公室：《云和正屏山南宋墓》，载《浙江宋墓》，科学出版社
　　　　2009 年版。

其方形平台、长方形墓祠堂（墓前祭祀建筑）及两侧排水沟和道路、三瓣蝉翅墁道和最下方的平台等。这是目前发现结构最为清楚的宋代茔园，是研究宋代墓葬习俗的重要资料。

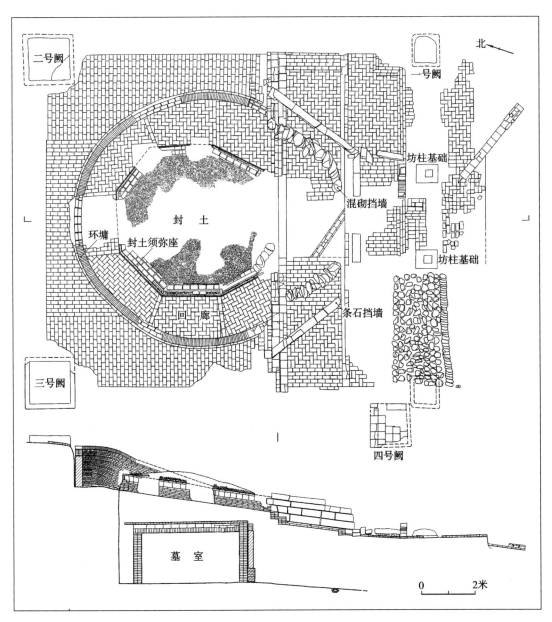

图 16-4-2　浙江金华郑刚中墓墓地总图
（引自《金华南宋郑刚中墓》，载《浙江宋墓》，科学出版社 2009 年版，改绘）

《宋史》卷一百二十四《凶礼三》载："诏葬。《礼院例册》：诸一品、二品丧，敕备本品卤簿送葬者，以少牢赠祭于都城外，加璧，束帛深青二、纁二。诸重：一品柱鬲六，五品已（以）上四，六品已下二。诸铭旌：三品已上长九尺，五品已上八尺，六品已上七尺，皆书某官封姓之柩。诸辒车：三品已上油幰、牛丝络纲施襈，两厢画龙，幰竿诸末垂六旒苏；七品已上油幰、施襈，两厢画云气，垂四旒苏；九品已上无旒苏；庶人鳖甲车，无幰、翼、画饰。诸引、披、铎、翣、挽歌：三品已上四引、四披、六铎、六翣、挽歌六行三十六人；四品二引、二披、四铎、四翣、挽歌者四行十六人；五品、六品挽歌八人；七品、八品挽歌六人；六品、九品谓非升朝者挽歌四人。其持引、披者，皆布帻、布深衣；挽歌，白练帻、白练裤衣，皆执铎、綍，并鞋袜。诸四品已上用方相，七品已上用魌头。诸纛：五品已上，其竿长九尺；已下五尺已上。诸葬不得以石为棺椁及石室。其棺椁皆不得雕镂彩画、施方牖槛。棺内不得藏金宝珠玉。"

上述文献提及不同等级的品官送葬规模不同，为考古学研究提供了重要参考。特别是最后提及的"诸葬不得以石为棺椁及石室。其棺椁皆不得雕镂彩画、施方牖槛。棺内不得藏金宝珠玉"的内容，应是政府对丧葬制度的重要规定。

宋朝政府明令丧葬中禁止使用石材，并且设有监葬官。一般的品官通常会遵循丧礼规定，不敢越制。从考古发现看，从北宋到南宋，在南方地区的平民墓葬使用石材构建的类椁式墓屡见不鲜[1]，但这些小型类椁式墓似乎不在违规之内。司马光曾谈道："今疏土之乡，亦直下为圹，或以石，或以砖为藏，仅令容柩，以石盖之。每布土盈尺实蹑之，稍增五尺以上，然后用杵筑之，恐土浅震动石藏故也。自是布土，每尺筑之至于地平，乃筑坟于其上。丧葬令：'不得以石为棺椁及石室，谓其侈靡。'……此但以石御土耳，非违令也。"[2]

宋代的品官墓确实极少见使用石材修筑墓室的。目前在长江以北地区发现的几座石筑品官墓，都是较为特殊的人物。河南密县元祐九年（1094年）冯京墓[3]的类椁式墓的椁室使用石材。无独有偶，洛阳元丰八年（1085年）王拱辰墓[4]，也用青石条砌筑墓室[5]。冯京和王拱辰为同僚，均是仁宗、英宗、神宗和哲宗四朝元老，同为保守派反对王安石变法的重要人物，为皇帝所倚重。其下葬之时又恰逢保守派执政期间，或许得到特殊的礼遇。安徽合肥嘉祐八年（1063年）包拯墓（M8）和熙宁元年（1068年）包拯夫人董氏墓（M6）为条石砌筑的类屋式墓[6]，上原有封土堆。包拯官拜枢密副使，为宋仁宗朝野所敬畏的名

---

〔1〕 参见本文宋墓各区的墓葬形制中，类屋式墓和类椁式墓下面的石筑墓举例。金华地区文化会：《浙江兰溪县北宋石室墓》，《考古》1985年第2期。湖南省博物馆、衡阳市博物馆：《衡阳县何家皂北宋墓》，《文物》1984年第12期。江西省文物考古研究所、乐平县文物陈列室：《江西乐平宋代壁画墓》，《文物》1990年第3期；另见《江西文物》1987年第2期。广东省博物馆：《广东潮州北宋刘景墓》，《考古》1963年第9期。四川省文物管理委员会、彭山县文化馆：《南宋虞公著夫妇合葬墓》，《考古学报》1985年第3期。

〔2〕 （北宋）司马光：《书仪》卷七《丧仪三》，文渊阁《四库全书》影印本第142册，台湾商务印书馆1986年版，第501页。

〔3〕 河南省文物研究所、密县文物保管所：《密县五虎庙北宋冯京夫妇合葬墓》，《中原文物》1987年第4期。

〔4〕 洛阳地区文物工作队：《北宋王拱辰墓及墓志》，《中原文物》1985年第4期。

〔5〕 报道称此墓被破坏。据追忆，此墓坐西朝东，中间为方形主室，南北两侧各有一个侧室，平顶。主室边长2.7米、高1.7米。若资料属实，其形制属于类椁式墓范畴。王拱辰是开封咸平人，其采用类椁式墓的原因值得探究。王拱辰官拜彰德军节度使、北京留守等职，曾出使大辽国，是北宋名臣。死后被赠开府仪同三司。

〔6〕 安徽省博物馆：《合肥东郊大兴集北宋包拯家族墓群发掘报告》，《文物资料丛刊》1980年第3期。

臣。以包拯为官清廉之家风，若不得到朝廷特许，当不会违规使用石材修筑墓室。

但是，川贵地区的石筑类屋式墓，却有相当多的达官显贵。如资中赵雄墓[1]（从一品）、华蓥安丙夫妇墓[2]（从二品）、遵义杨粲墓[3]（从四品以上）、彭山虞公著夫妇墓（从五品）等。川贵地区长期与黄土高原和北方长城地区有着较为密切的联系，形成了半月形地带[4]。这里流行石筑平顶的类屋式墓，可能与两宋之际，陕晋人口躲避战乱入川有一定关系[5]。川贵地区自古就是一个较为独立的自然地理和文化地理单元，远离中央集权的中心区域。一些品官墓使用石材，除了个别墓主人可能有朝廷特赐外，显然一些葬者是有意违规的。这或许表明南宋时禁止使用石材的规定已不严格，抑或另有缘故，尚有待进一步研究。

砖筑类屋式墓是中原及北方地区最流行的墓葬形制。砖筑类屋式墓分有壁饰和无壁饰两种。有壁饰砖墓有砖雕和壁画两种。通常是在墓门和墓室内壁面用砖砌出柱、枋、斗拱、檐椽和门窗等仿木结构建筑，将墓室装饰成居室和宅院的形式。仿木结构砖筑类屋式墓大体从晚唐开始，在冀北和北京地区开始出现，多是贵族品官墓，如北京翠微路唐大中元年（847 年）张氏墓[6]。北宋早期的一些达官显贵仍用这类墓。宋太宗元德皇后李氏墓为砖筑圆形单室墓[7]，墓室内壁雕有 10 根仿木结构倚柱，上承单下昂重拱四铺作斗拱。壁面砖雕桌、椅、灯檠、衣架、盆架和门窗等。砖雕屋檐以上彩绘宫室楼阁。而北宋晚期魏王赵頵夫妇合葬墓[8]也是砖筑类屋式墓，由墓道、甬道、甬道两侧各一耳室、墓门和圆形主室组成。仅墓门为仿木构门楼，门额上砌有一斗三升斗拱。墓室内壁没有任何装饰。政和四年（1114 年）河东路第六将正将田子茂墓为砖筑类屋式墓[9]，出土 29 件铜器等随葬品，但墓室内壁没有装饰。因此，推测北宋后期起，北方地区品官墓主要采用没有装饰的砖筑类屋式墓形式。这是反映了宋代丧礼规定的"棺椁不得雕镂彩画，施方牖槛"的葬制在品官和显贵中得到了较好的执行[10]。

宋代葬仪在考古发掘中可以窥见些端倪。有些墓有专门的享堂或家庙，如陕西吕大临家族墓地；有些墓在墓室内设有供台或供桌，供放鱼、肉、果品、茶、酒等祭奠物品。如湖北麻城阎良佐墓[11]享堂长 0.78 米、宽 1.76 米，堂中横置一块长方形的石质祭台（右

---

〔1〕　杨祖垲：《资中宋右丞相赵雄墓纪实》，《四川文物》1995 年第 6 期。

〔2〕　四川省文物考古研究院、广安市文物管理所、华蓥市文物管理所：《华蓥安丙墓》，文物出版社 2008 年版。

〔3〕　参见《杨粲墓发掘报告摘要》，载《贵州田野考古四十年》，贵州民族出版社 1993 年版；《中国大百科全书·考古卷》第二版"杨粲条"，中国大百科全书出版社 2009 年版。

〔4〕　童恩正：《试论我国从东北至西南的边地半月形文化传播带》，载《文物与考古论集》，文物出版社 1987 年版。

〔5〕　吴松弟：《北方移民与南宋社会变迁》，台湾文津出版社 1993 年版。

〔6〕　洪欣：《北京市近年来发现的几座唐墓》，《文物》1990 年第 12 期。张氏墓是砖筑圆形单室墓，南向。墓室内壁用朱砂影作木结构，有斗拱、直棂窗、门等。张氏是唐左金吾卫大将军纪制之妻。

〔7〕　河南省文物研究所、巩县文物保管所：《宋太宗元德李后陵发掘报告》，《华夏考古》1988 年第 3 期。

〔8〕　周到：《宋魏王赵頵夫妇合葬墓》，《考古》1964 年第 7 期。赵頵葬于元祐九年（1094 年）；夫人合葬于大观元年（1107 年），属于北宋晚期。

〔9〕　冯文海：《山西忻县北宋墓清理简报》，《文物参考资料》1958 年第 5 期。

〔10〕　参见秦大树《宋元明考古》，文物出版社 2004 年版。

〔11〕　王善才、陈恒树：《湖北麻城北宋石室墓清理简报》，《考古》1965 年第 1 期。

堂祭台为两块重叠），台上摆置不少随葬瓷器（图16－4－3）。左右两堂之间镶嵌一合墓志铭。可以说葬时祭奠是必不可少的葬仪。

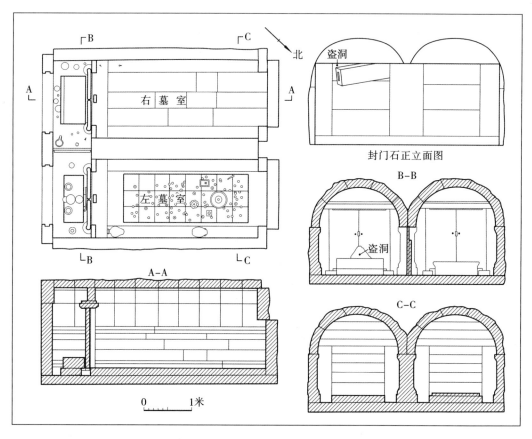

图16－4－3　湖北麻城阎良佐墓享堂中石质祭台和祭品
（引自《湖北麻城北宋石室墓清理简报》，《考古》1965年第1期，改绘）

漏泽园是宋代官设的墓葬制度之一。漏泽园设置始于北宋神宗元丰年间[1]，盛于徽宗年间，延续到南宋，是官办用以集中埋葬贫苦人民和无主尸骨的公共墓地。《宋史》卷一五本纪第十五《神宗二》载，（元丰二年三月）"辛未，诏给地葬畿内寄菆之丧，无所归者官瘗之。"《宋史》卷一九本纪第十九《徽宗一》也有（崇宁三年二月）"丁未，置漏泽园"的记载。考古发现最早的漏泽园是在山西吕梁县（今吕梁市）石楼中学，刻铭砖盖在骨灰罐上[2]。后来在河南洛阳、南阳、三门峡、华县、河北磁县、陕西岐山、江苏丹阳、四川绵

---

〔1〕　徐度的《却扫编》记载："漏泽园之法，起于元丰间。初予外祖以朝官为开封府界使者常行步宿陈留佛祠，夜且半，闻垣外汹汹，若有人声，起烛之，四望积骸遍野，皆贫无以葬者。委于此，意恻然哀之，即以所见闻请斥官地数顷以葬之，即日报可。神宗仍命外祖总其事，凡得遗骸八万余，每三十为坎，皆沟洫，什伍为曹，序有表，总有图，规其他之一隅以为佛寺，岁轮僧寺之徒一人使掌其籍焉。"
〔2〕　杨绍舜：《吕梁县发现了罐葬墓群》，《文物》1959年第6期。

竹和郫县、重庆市郊和云阳等地都有发现。目前有纪年的漏泽园墓砖主要是在徽宗年间。漏泽园主要是官府负责，也有寺庙开设的。收葬死者时都有记录，并刻铭于墓中。据《宋会要》载，漏泽园是按千字文编号，由小保长兼理此事。死者身份都是宋代社会的底层群体，有军人（包括厢军中的士兵、下级军官及其家属）、劳动密集地区的雇工及其家属、安济坊人、居养坊人、狱中罪人，以及客死异乡者和路倒者等。此类墓多是用陶或瓷罐装骨灰，在罐或死者身上盖一块砖，砖上一般刻有死者编号、籍贯、身份、死因和收葬时间等。各地葬式有所不同，如山西吕梁采用骨灰罐上盖铭砖的方式；河南洛阳漏泽园的墓葬是在土坑内置铭砖[1]；河北磁县观台窑附近墓葬[2]采用木棺和刻字填朱的专用墓志；河南滑县则是土坑内死者身上放铭砖的方式[3]。这反映出区域特点和死者境遇的不同。

二　丧葬习俗

从考古发现看，宋代墓葬等级差异较为模糊。从墓葬形制规模、随葬品种类和数量上，都很难识别品官和平民墓葬之间的差异。从北宋开始，一些传统的丧葬习俗发生了很大的变化。

墓志曾是等级身份的重要标志。自墓志出现以来，一直多是达官显贵的专利，一般平民不能使用墓志。北宋时期，这一制度遭到严重的破坏。手工业者和商人成为平民社会中一支不可忽视的重要群体。一些富裕的工商业者使用墓志来记录生平事迹。江苏溧阳李彬夫妇墓[4]出土一合墓志，盝顶形盖，上篆书"宋故李府君墓志铭"。墓志记载，墓主人李彬是一位一生未仕，"赀积巨万"，"平时诵佛书日数卷"的地方富豪。北宋元祐五年（1090 年）李从生墓墓志记载，其子李吉在潭怀宁邑开煤矿，"吉乃以地为主，夜以计日，役工匠数百人，自赡千余口。获山泽之厚利者，皆出乎吉之分，而莫知其数焉"。[5]

有些地方豪绅商人使用墓志，而个别品官不用墓志，却使用买地券。平民使用买地券的情况更为普遍。买地券是由买地契约演变而来，其内容多带迷信色彩，起压胜避邪之物，同时也反映了宋代土地私有制的发展以及流行土地买卖等社会状况[6]。

归葬故里的丧葬习俗是中国传统的儒家思想文化。陕北东汉墓中的铭文刻石上明确记录汉人归葬的习俗[7]。唐代墓志也有很多归葬的记载[8]。宋代官员虽为官在外，死后

〔1〕 贺官保：《西京洛阳漏泽园墓砖》，载《文物资料丛刊》第 7 辑，文物出版社 1983 年版。

〔2〕 磁县文物保管所：《磁县发现北宋漏泽园丛葬墓地》，《文物春秋》1992 年第 2 期。

〔3〕 顿维善：《河南滑县发现宋代墓群》，《史学月刊》1986 年第 4 期。

〔4〕 镇江市博物馆、溧阳县文化馆：《江苏溧阳竹箦北宋李彬夫妇墓》，《文物》1980 年第 5 期。1987 年发掘的四川广汉雒城镇张承贵夫妇合葬墓（《考古》1990 年第 2 期）出土了一组陶质家具模型和俑，制作精美程度显然不如李彬墓，表明了二墓之间的等级差异。

〔5〕 转引自秦大树《宋代丧葬习俗的变革及其体现的社会意义》，载《唐研究》第十一卷，北京大学出版社 2005 年版。

〔6〕 参阅李裕群《宋元买地券研究》，《文物季刊》1989 年第 2 期；高朋《人神之契：宋代买地券研究》，中国社会科学出版社 2011 年版。

〔7〕 姬翔月：《从陕北汉画看汉代丧葬习俗》，《榆林学院学报》2008 年第 18 卷第 3 期。

〔8〕 陈忠凯：《唐代人的生活习俗——"合葬"与"归葬"》，《文博》1995 年第 4 期；裴恒涛：《唐代的家族、地域与国家认同——唐代"归葬"现象考察》，《河南科技大学学报》2011 年第 6 期。

仍多归葬故里，如包拯等[1]。

根据考古发现的墓葬及其墓志资料可知，一些宋代官员死后直接葬在异乡，但采用原籍或家乡的墓葬形制，可视为一种特殊的葬俗。在中原及北方区，宋墓流行类屋式墓，与辽代墓葬形制相一致，与北方唐墓有关联。但是在黄河流域曾发现几座特殊墓例。河南密县元祐九年（1094年）冯京墓[2]，是一座石筑类椁式墓，长方形并列四椁室，南北排列，无墓门，南面有长斜坡式墓道，与一般多椁室墓不同。椁室间有龛洞使四椁室贯通，椁室均长3.4米、高1.78米，墓室顶上各有墓志一合，南侧二室为冯京续妻；第三室葬冯京；第四室葬冯京原配夫人王氏。冯京官拜宣徽南院使，太子少师致仕，追封太子太保。冯京虽然祖籍河朔，死后葬河南府密县义台乡南朱村之祖茔。但是他随父母生长在鄂州江夏。因此，冯京采用鄂州（今湖北地区）流行的类椁式墓也是可以理解的。河南方城的范致虚家族墓，清理了盐店庄村范致虚继母墓[3]、金汤寨范致虚父亲墓[4]和弟弟范致祥墓[5]等。范致虚父亲墓为带墓道的砖筑类屋式墓，有铭文砖嵌在墙壁上，出男女石俑和石雕家具等。范致虚继母墓是砖筑类椁式墓，券顶，坐西朝东，有墓道。椁室内出土男女石俑、银器和铁器。崇宁三年（1104年）范致祥墓是典型的类椁式墓。坐西朝东。椁室用砖砌圹，石板封盖。椁室东壁雕有假门。石盖板7块，其中3、4、5板上刻有墓志铭，较为特殊。范致祥为南安军判官，福建建阳人。因其兄范致虚两次知邓州，随父母到此地，殁于方城。但范致祥和其继母的墓葬形制使用了福建地区流行的样式。河南郏县宣和五年（1123年）苏适墓[6]，为砖筑类椁式墓，并列双椁室，券顶。东西向，墓室西侧辟券门，门外西侧有12米长墓道。承议郎苏适是著名文学家苏轼侄儿，苏辙之次子，祖籍四川眉山。其墓形制与四川地区宋墓形制相似。山东嘉祥钓鱼山晁无咎家族墓地[7]中，二号墓为石筑阁楼式墓，墓门向南，墓室分三层。墓道与中室接通，上室为八角攒尖顶，下室为并列二椁室。墓内发现有12尊石雕像。晁无咎官拜知齐州、达州、泗州事，济州巨野人[8]。一号墓为其父母合葬墓；二号墓位于茔园内，主人应为晁氏家人。这种阁楼式墓在四川成都和广州也有发现[9]，是南方地区的墓葬形制。

在山西太原小井峪墓地[10]中发现一种较为特殊的葬俗。在6座土洞墓内埋葬有石质人像。根据埋葬位置推测，这很可能是象征墓主人真身。成都金鱼村南宋吕忠庆墓（M9）[11]也发现一个石质人像。根据镇墓券载，"今有奉道男弟子吕忠庆……预造千年吉

〔1〕　安徽省博物馆：《合肥东郊大兴集北宋包拯家族墓群发掘报告》，《文物资料丛刊》1980年第3期。
〔2〕　河南省文物研究所、密县文物保管所：《密县五虎庙北宋冯京夫妇合葬墓》，《中原文物》1987年第4期。
〔3〕　河南省文化局文物工作队：《河南方城盐店庄村宋墓》，《文物参考资料》1958年第11期。
〔4〕　方城县文化馆：《河南方城出土宋代石俑》，《文物》1983年第8期。
〔5〕　南阳地区文物队等：《河南方城金汤寨北宋范致祥墓》，《文物》1988年第11期。
〔6〕　李绍连：《宋苏适墓志及其他》，《文物》1973年第7期。
〔7〕　山东嘉祥县文管所：《山东嘉祥县钓鱼山发现两座宋墓》，《考古》1986年第9期。
〔8〕　《宋史》卷四百四十四列传第二百三《晁补之》。
〔9〕　陈建中：《成都市郊的宋墓》，《文物参考资料》1956年第6期。
〔10〕　解希恭：《太原小井峪宋、明墓第一次发掘记》，《考古》1963年第5期。
〔11〕　成都市文物考古工作队：《四川成都市西郊金鱼村南宋砖室火葬墓》，《考古》1997年第10期。

宅，百载寿堂……今将石真替代，保命延长"。在辽代也有类似的葬俗。在宣化下八里张世卿墓[1]中，其木棺内有一躯木雕偶像，偶像内有火化骨灰。墓志记载张世卿是一名佛教信徒。《梦粱录》卷一五在记载南宋葬俗时提到："蔡汝拔庶母沈氏卒，汝拔尚幼，父用火葬，汝拔伤母无松楸之地，常言之辄泣。自后长成，以木刻母形，以衣衿棺椁择地葬之……"文献记载的情况与小井峪宋墓的情况或许属于相似的葬俗。小井峪墓地出石质人像墓多是火葬墓。这种火葬墓中置雕刻人像的习俗，也可能与墓主人的宗教信仰有关。

宋代火葬墓因不合礼俗，宋初就有禁止火葬的诏令。王偁《东都事略》卷二："（建隆）三年（962年）……三月丁亥，诏曰：'王者设棺椁之品，建封树之制，所以厚人伦而一风化也。近代以来，遵用夷法，率多火葬，甚愆典礼，自今宜禁之。'"但是，根据考古发现可知，在全国各地，民间的火葬墓似乎一直没有绝迹，特别是在南宋时期，一度较盛。实行火葬的人群较为复杂[2]。其一，《司马氏书仪》卷七《丧仪三》记载，一些外地为官的士大夫，不幸病死在任上，子孙可以火焚其枢，带骨殖回到故乡安葬。其二，《宋史》卷一二五礼二十八云，在河东路的平民，因为"地狭人众，虽至亲之丧，悉皆焚弃"。[3]《宋朝事实类苑》卷第二十三"禁焚尸"条引《倦游杂录》载"河东人众而地狭，民家有丧事，虽至亲，悉燔爇，取骨烬寄僧舍中。以至积久，弃捐乃已，习以为俗"。[4]其三，宗教信仰也助长了火葬墓之风。宋代一些佛寺宣传信徒火化，并为平民百姓办"化人亭"，即火葬场。佛教信徒的火葬墓较多。同时一些道教信徒也用火葬墓，如成都金鱼村南宋吕忠庆墓（M9）[5]。吕忠庆墓是一座砖筑类椁式墓，并列双椁室，椁室内除了较多陶瓷器和铜钱等，在左室后龛内还放置一个石质人像和石质镇墓券，在左室墓门后置一方石质买地券。其四，土坑竖穴墓和小型土洞墓的火葬现象突出，其主人多属于贫民或客死他乡之人囿于财力。漏泽园内火葬也属于此类。有些较大的火葬墓通常用陶罐或者木棺为葬具。

宋代墓葬尸骨一次葬形式远多于火葬。尸骨一次葬最常见于砖筑类屋式墓和类椁式墓中。这两类墓分别是北方地区和南方地区最具代表性的墓葬形制。南北方地区的丧葬习俗各具特色。北方地区的类屋式墓建筑体量大，墓室内流行仿木结构建筑、彩绘壁画和砖雕等，随葬品很少。南方地区类椁式墓罕见装饰，建筑体量不大，但是十分注意密封防腐，采用石灰糯米浆、三合土等浇筑封固椁室，随葬品较为丰富。

砖筑类屋式墓是中原及北方地区最流行的墓葬形制。约在北宋中期，仿木结构砖筑墓出现了变化。北宋品官显贵修造的砖筑类屋式墓，基本不再雕绘仿木结构建筑，多修建无壁饰的墓葬。前文已有论述，这应与政府葬制规定相关。恰恰相反，平民百姓开始越来越多地修筑有壁饰的类屋式墓。河北武邑龙店村庆历二年（1042年）墓（M2）[6]是纪年较

〔1〕　河北省文物考古研究所：《宣化辽墓》，文物出版社2001年版。

〔2〕　徐苹芳：《宋元时代的火葬墓》，《文物参考资料》1956年第9期。

〔3〕　朱瑞熙：《宋代的丧葬习俗》，《学术月刊》1997年第2期。

〔4〕　（宋）江少虞：《宋朝事实类苑》，上海古籍出版社1981年版。

〔5〕　成都市文物考古工作队：《四川成都市西郊金鱼村南宋砖室火葬墓》，《考古》1997年第10期。

〔6〕　河北省文物研究所：《河北武邑龙店宋墓发掘报告》，载《河北省考古文集》，东方出版社1998年版。

早的平民墓例。有壁饰的砖筑类屋式墓在北宋晚期已经很流行，并且装饰较为繁缛，以河南白沙赵大翁墓[1]为典型代表。这种习俗在金代也十分盛行，直到元代晚期衰落。壁饰通常将墓室装饰成居室或庭院的形式，有的多室墓会同时表现厅堂、居室或庭院的场景，并通过壁面上的门窗，暗示其空间的延伸。具有很强的写实色彩，是当时日常社会生活和思想观念的真实反映，表现出明显世俗化的倾向。

在壁画和砖雕墓中，北宋中晚期流行一种墓主人夫妇"开芳宴"题材。河南禹县宿白赵大翁夫妇墓前室西壁正中有彩绘雕砖的男女主人对坐像和桌椅等物的侧面。男者袖手坐右侧，戴蓝帽；女者袖手坐左侧，梳高髻方额，髻插簪饰。二人皆面东观看东壁之乐舞。二人座椅均圆脚，椅前有脚床子。男女二人当中有一个圆脚桌，桌子上放置一注子、二盏托，桌下绘有一黑色高瓶，承以黄色小座。男女坐像后各有一屏风，右侧屏风左边立一女，露半身，面南，双手捧一盛有桃果的黑色盘子；其前一男子，童髻，双手捧清白色唾壶，面南侍立于男主人坐像之侧。左侧屏风右边一女，露半身，高髻插簪饰，袖手面北而立；其前一女子，高髻，面北，双手捧一绛色圆盒，侍立于女主人坐像之侧。将夫妇端坐图和对壁伎乐图合观，宿白认为这与文献所说"厅前歌舞，厅上会宴"的"开芳宴"相符，体现夫妻恩爱的场景[2]。这种题材是由北宋早期的"一桌二椅"装饰题材演变而来[3]。从表现简单的"一桌二椅"到复杂的"一桌二椅"，即桌面上雕绘注壶、盏托、碗、盘等饮食器，桌下或旁边雕绘熨斗、剪刀、尺、刀等生活用具；最后演变为夫妇"开芳宴"。近年秦大树对所谓夫妇"开芳宴"题材提出了新认识[4]。认为墓中所雕绘的墓主人夫妇像是在墓中设置的墓主人夫妇的灵位，桌上桌下的器物更接近一组祭祀用具。而对面的伎乐场面是为了"乐丧"和"愉尸"。山西侯马金天德三年（1151年）墓在墓主人龛上方书写"永为供养"四字[5]，山西稷山马村金墓（M7）[6]内《段楫预修墓记》明确指出"修此穴以为后代子孙祭祀之所"。我们认为对这种题材不能简单地一概而论。墓葬壁饰题材有着双重性，一方面是墓主人现实生活的再现；另一方面可能也带有生者祭祀墓主人的性质。这与下葬死者的人们思想观念密切相关。

宋朝丧葬观念的变化，还体现在墓内随葬品明显减少。特别是中原及北方地区随葬品有时仅有数件。虽然"孝莫重乎丧"的观念在宋代深入民心，但是处理丧葬的方式发生了变化。学界通常认为宋墓随葬品减少，主要有两个方面的原因。一方面，人们在修筑雕梁画栋的带壁饰墓葬时，充分利用壁饰表现的空间场景，直接借用彩绘或砖雕的器物来代替日常实用器物[7]，如剪刀、熨斗、尺子、刀、罐等。另一方面，更多的是使用纸钱、纸质明器来代替实钱、陶瓷明器等实物。文献载"古之明器神明之也。今之以纸为之，谓之

[1] 宿白：《白沙宋墓》，文物出版社1957年版。
[2] 宿白：《白沙宋墓》，文物出版社1957年版。关于"开芳宴"，参见该书注[53]。
[3] 张鹏：《劝世与娱情——宋金墓葬壁画中的一桌二椅到夫妇共坐》，《美术研究》2010年第4期。
[4] 秦大树：《宋元明考古》，文物出版社2004年版。
[5] 山西省考古研究所侯马工作站：《侯马两座金代纪年墓发掘报告》，《文物季刊》1996年第3期。
[6] 山西省考古研究所：《山西稷山金墓发掘简报》，《文物》1983年第1期。
[7] 宿白：《白沙宋墓》，文物出版社1957年版。

冥器，纸曰冥财"[1]。纸钱源于汉代的瘗钱。"魏晋以来，始有（纸钱）其事"。唐代，丧葬使用纸钱已经在民间流行。宋代时，丧、葬、祭时烧纸钱已在全社会蔚然成风。不仅出现了"凿纸钱为业"的工商业者，而且在北宋开封和南宋临安都有专门出售纸质明器的商店，称为"纸马铺"。这种丧葬习俗或许是人们更注重现实中生者的炫耀，而不再是"事死如事生"的阴间世界财富的展示。实际上也是世俗化的反映。

南方地区流行砖筑类椁式墓（有些为砖圹石盖墓），讲究密封，与当地文化传统和特殊的地理条件密切相关。当然也离不开现实中人们的思想观念的左右。北宋中叶江休复在《邻几杂志》中曾记载"江南王公大人墓莫不为邨人所发，取其砖以卖者，是砖为累也。曰：近江南有识之家不用砖葬，唯以石灰和筛土筑实，其坚如石"。考古发现的类椁式墓有些是用糯米汁和石灰搅拌成浆灌注在椁室外；有的用砂石和石灰混填在椁室外；有的还在椁室和棺之间添加水银、木炭或松香等以防腐。这种以防潮防腐为特征的葬俗，确实有效地保护了墓葬本体，为学术研究提供了很珍贵的实物资料。在江苏金坛南宋周瑀墓[2]中，墓主人周瑀的尸体比马王堆一号墓女尸保存得还要好，无疑是研究医学史、古病理学、尸体防腐技术等的珍贵资料。所出大量的衣物丝织品，以纱罗为主要特色，图案绘制技艺高超，是考察我国宋代丝织技术的宝贵实物资料。江西德安吴畴妻周氏墓[3]棺内表面有一幅彩绘星宿图，保存大量的丝织品和衣物，达300余件。主要有冠帽、衣袍、靴鞋、佩饰、腰带、衾被、枕头等丝织品。福州第七中学（北郊浮仓山）发现的南宋黄昇墓[4]，在两层椁之间灌注松香或细砂等，石椁外用三合土等填实，讲究密封，也出土一大批保存完好的丝织品。这些为认识南方地区宋人的葬服提供了难得的资料。

儒释道相互融合是宋代社会思想文化的一个显著特征。援佛入儒，理学形成对儒学复兴产生了重要作用。宋初几位君主均推崇儒学，确立倚重儒学雅士治国的方略，提升儒者的社会政治地位，致使有志之士形成"以天下为己任"的群体意识。同时，大多宋代皇帝又兼信佛、道二教[5]，促进了三教合流。甚至在南宋孝宗时提倡"以佛治心、以道治身、以儒治世"[6]。从考古资料看，不仅帝王权贵阶层，而且在民间也越来越表现出儒释道三教合流的世俗化倾向。

儒家的孝道思想，在民间还是根深蒂固的。北宋时期的墓葬壁饰中，孝悌故事的内容屡见不鲜。特别重要的是，北宋时期的崇宁五年（1106年）张君墓[7]和宣和七年（1125

〔1〕（宋）赵彦卫：《云麓漫钞》，中华书局1996年版。

〔2〕镇江市博物馆、金坛县文管会：《江苏金坛南宋周瑀墓发掘简报》，《文物》1977年第7期；《金坛南宋周瑀墓》，《考古学报》1977年第1期。

〔3〕江西省文物考古研究所、德安县博物馆：《江西德安南宋周氏墓清理简报》，《文物》1990年第9期。

〔4〕福建省博物馆：《福州市北郊南宋墓清理简报》，《文物》1977年第7期；《福建南宋黄昇墓》，文物出版社1982年版。

〔5〕陈振：《宋史》，上海人民出版社2003年版。

〔6〕《文史知识》编辑部：《道教与传统文化》，中华书局1992年版。

〔7〕黄明兰、宫大中：《洛阳北宋张君画像石棺》，《文物》1984年第7期。同出成套24个"二十四孝"人物故事题材的墓葬，目前当以张君墓为时代最早。

年）巩县西村墓[1]都发现有带题记的完整"二十四孝"故事题材。这套"二十四孝"故事组合为金、元时期的壁饰墓所承继，如金天会十三年（1135 年）屯留宋村墓[2]、金明昌六年（1195 年）崔忠墓[3]和元代时期宪宗六年（1256 年）潘德冲墓[4]等。这表明北宋金元时期在中原及北方地区，存在着较为固定的"二十四孝"故事版本。最迟从北宋晚期开始，"二十四孝"故事在民间已经广为流传，在丧葬习俗上也充分表现出现实生活中的道德观念和意识形态。

有意思的是，在中原及北方地区，北宋金元时期墓葬壁饰所见"二十四孝"故事题材，与大家熟知的福建人郭居敬编《全相二十四孝诗选》[5]内容有较大差异，而与高丽流行的《孝行录》[6]完全吻合。这或许不是巧合，而是说明在中国北方的广大地区，北宋金元时期应该存在自成体系的"二十四孝"人物故事版本，与南方地区的《全相二十四孝诗选》版本有所不同。换而言之，在中国民间广为流传的"二十四孝"人物故事，在元代实际上有着南、北传统各异的不同版本。《全相二十四孝诗选》和《孝行录》是各自传统版本的代表[7]。

"二十四孝"故事，是我国古代社会晚期几乎家喻户晓的伦理道德教育题材。它的形成，有一个较长的过程。在汉代的墓葬壁饰中，多次发现有孝悌故事的内容。在敦煌石窟残存经卷中，曾发现有《故圆鉴大师二十四孝押座文》，这应是目前文献所见"二十四孝"一词的最早记载，似乎表明至少在唐代应有了"二十四孝"的提法[8]。北宋金元时期，在墓葬壁饰中屡次发现成套的"二十四孝"故事，说明这一时期正是中国传统"二十四孝"大体定形的阶段。

墓葬壁饰不仅有儒家伦理道德的内容，而且也有祈求菩萨保佑的题材。新密平陌宋墓[9]墓顶下半部的西北、北和东北壁上绘有一组壁画。北壁绘有四座前后、左右对称分布重檐歇山顶建筑，云雾缭绕，若隐若现。建筑后部金光四射；西北壁画面左侧为三人站立于祥云之上，中间一人为"四洲大圣"。他头戴黑色兜帽，身着宽袖长袍，双手合拢。其右侧为一捧盒小童，左侧为一和尚手持长旌立于面前。画面右侧绘一男一女双手合十，跪于一方毯上，做礼拜状。其后一竖条偈语"四洲大圣度翁婆"（图 16－4－4）。东北壁绘有一拱桥，云雾缭绕，其上绘有八人，表现诸女护送墓主人夫妇跨越奈何桥的情形。从其分布情况来看，这三幅壁画应该是以北壁楼阁图为中心，组成一个关联的故事内容。即四洲大圣超

〔1〕 巩县文物管理所、郑州市文物工作队：《巩县西村宋代石棺墓清理简报》，《中原文物》1988 年第 1 期。
〔2〕 王进先、杨林中：《山西屯留宋村金代壁画墓》，《文物》2003 年第 3 期。
〔3〕 长治市博物馆：《山西长治安昌金墓》，《文物》1990 年第 5 期。
〔4〕 山西省文物管理委员会、山西省考古研究所：《山西芮城永乐宫旧址宋德方、潘德冲和"吕祖"墓发掘简报》，《考古》1960 年第 8 期。
〔5〕 （元）郭居敬：《全相二十四孝诗选》，明代洪武刊本，北京图书馆藏。
〔6〕 （高丽）权准、权溥编、权近注：《孝行录》（木刻本），影印明永乐三年刊本，韩国首尔国立大学中心图书馆藏。
〔7〕 董新林：《北宋金元墓葬壁饰所见"二十四孝"故事与高丽〈孝行录〉》，《华夏考古》2009 年第 2 期。
〔8〕 王重民等：《敦煌变文集》，人民文学出版社 1957 年版。这里提到的"二十四孝"包含大量的佛教题材，与本章论述的民间流传的"二十四孝"内容有所不同。另见黄征、张涌泉《敦煌变文校注》，中华书局 1997 年版。
〔9〕 郑州市文物考古研究所、新密市博物馆：《河南新密市平陌宋代壁画墓》，《文物》1998 年第 12 期。

度墓主人夫妇进入极乐世界的场景。所谓"四洲大圣"（即泗洲大圣）是中亚何国人，名叫何僧伽[1]。唐代早期来中国，在临淮（今江苏省泗洪县境内）建普光王寺。到北宋前期（988 年以前）民间对僧伽崇拜已达到神化。《宋高僧传》卷十八《唐泗州普光王寺僧伽传》载"天下凡造精庐，必立伽真相，牓曰：大圣僧伽和尚。有所乞愿，多遂人心"。可见，僧伽从唐代高僧逐渐演化为北宋神僧，传为观音化身，能为百姓消灾免祸。宋代僧伽崇拜等和佛教有关的丧葬习俗充分反映出中国佛教信仰世俗化的情况[2]。江苏溧阳李彬夫妇墓[3]随葬一件绿釉陶佛像，为一尊结跏趺坐施禅定印佛的形象，同时还有 2 件金刚神像和七宝香炉等。李彬生前"平日诵佛书日数卷"，是一位虔诚的佛教徒，所以死后墓中葬有与佛教有关的法器。此外，墓中还有力士俑、四神俑和二十八宿神像等道教遗物。江苏江阴宋至和二年（1055 年）孙四娘子墓[4]的木棺内尸体左前方，出土《金刚般若波罗蜜经》《佛说观世音经》《金光明经》等 10 卷佛教经卷和一卷《太上老君说常清净经》的道教经卷。浙江衢州南宋咸淳十年（1274 年）史绳祖墓[5]随葬了文房四宝、瓷观音像和八卦纹银杯等。根据墓志铭可知，朝议大夫石绳祖为著作颇丰的儒学者。这些墓例或可说明北宋民间信仰的多元性和儒、释、道三教合流的世俗化现象。

图 16 - 4 - 4 河南新密平陌宋墓之"四洲大圣"图
（引自《河南新密市平陌宋代壁画墓》，《文物》1998 年第 12 期）

〔1〕 参阅徐苹芳《僧伽造像的发现和僧伽崇拜》，《文物》1996 年第 5 期。
〔2〕 参阅冉万里《宋代丧葬习俗中佛教因素的考古学观察》，《考古与文物》2009 年第 4 期。
〔3〕 镇江市博物馆、溧阳县文化馆：《江苏溧阳竹箐北宋李彬夫妇墓》，《文物》1980 年第 5 期。
〔4〕 苏州博物馆、江阴县文化馆：《江阴北宋"瑞昌县君"孙四娘子墓》，《文物》1982 年第 12 期。
〔5〕 衢州市文管会：《浙江衢州市南宋墓出土器物》，《考古》1983 年第 11 期。

在南方道教盛行的地方，墓葬中的道教因素也显得突出。唐、宋以来，江苏常州西部的茅山一直为道教圣地之一。并以茅山为祖庭而形成上清派茅山宗。茅山宗在北宋晚期尤盛，南宋以后有所衰微。在茅山周边地区，发现了一些道教信徒或相关的墓葬。上海南宋嘉定六年（1213 年）张珪墓[1]的墓室分上下两层，每层有两间。上层一间置木棺和墓志、铁牛等随葬品。棺室下面一间，四角也有铁牛，正中置 1 尊石雕道教神像，背后刻字"石若烂，人来换"，属于道教代人"石真"。神像后面有一块浮雕道教人物、松树等图案的砖刻插屏，神像前面置一件影青贯耳瓶。浙江德清南宋咸淳四年（1268 年）吴奥墓[2]出土一件青白釉道士像，通高 24.8 厘米、宽 12 厘米。江阴葛闳墓[3]随葬数枚铜镜，其中一件铭文镜上刻有"轩辕维法造丹药，百炼成得者身昌"等铭文。而且墓志铭由"百陵道士周型芝刊"。江浙地区常见在墓室四角放置铁牛和陶瓶，应是道教压胜之用[4]。唐、宋元时期，江西清江县合皂山、贵溪县龙虎山等地都是道教兴盛地。这一地区的墓葬流行随葬俑、买地券、堆塑龙虎瓶等与道教相关的遗物。江西樟树北宋绍圣元年（1094年）墓[5]为石筑类椁式墓，石椁壁雕刻墓主人和道教教仪的内容。墓主人是道教名人"灵宝大师"。四川都江堰市的青城山也是道教的发源地之一。唐末，著名道士杜光庭在青城山将天师道传统与上清道结合，道教更盛。在川贵地区，北宋中期以后的墓葬中道教因素十分流行，无疑与北宋时期道教盛行密切相关。这里流行随葬"天帝敕告"文券、"华盖宫"文券、"消灾真文"券、"炼度真文"券和"镇墓真文"券等道教石刻。南宋淳熙年间以前多单独使用"天帝敕告"文，此后多与"华盖宫"文券配套使用[6]。元祐八年（1093 年）张确夫妇墓[7]出土有"华盖宫"文券、"天帝敕告"文券，并随葬三彩陶俑。宋徽宗崇尚道教，崇道之风到达顶峰，雅俗共享。川贵地区民间火葬之风，有一部分与道教传播有关。成都金鱼村南宋吕忠庆墓（M9）[8]墓室较小，采用火葬，但放置一个石质人像，而且随葬品丰富。根据镇墓券可知，墓主人是"奉道弟子"。[9]

宋代葬俗的区域性较为突出。南方地区流行随葬墓主人夫妇像、男女侍俑和神煞俑等各类俑。这些俑在《大汉原陵秘葬经》之《盟器神煞篇》多有记载，徐苹芳较早进行了考释[10]。赣闽地区在宋代常见墓中随葬盟器神煞俑。在江西临川发现的南宋庆元四年（1198 年）朱济南墓[11]出土了 70 件瓷俑。均为单体圆雕侍立状，模印贴塑而成，多中空。难能可贵的是在大部分瓷俑底座下有墨书题记，为我们认识这批盟器神煞俑提供了难

〔1〕　沈令昕、谢稚柳：《上海西郊朱行乡发现宋墓》，《考古》1959 年第 2 期。

〔2〕　袁华：《浙江德清出土南宋纪年墓文物》，《南方文物》1992 年第 2 期，图三。

〔3〕　江阴县文化馆：《江阴夏港北宋墓发掘简报》，《文博通讯》第三十一期，1980 年。

〔4〕　孟原召：《唐至元代墓葬中出土的铁牛铁猪》，《中原文物》2007 年第 1 期。

〔5〕　江西省文物考古研究所、樟树市博物馆：《江西樟树北宋道教画像石墓》，《江西文物》1991 年第 3 期。

〔6〕　陈云洪：《试论四川宋墓》，《四川文物》1999 年第 3 期。

〔7〕　成都市博物馆考古队翁善良、罗伟先：《成都东郊北宋张确夫妇墓》，《文物》1990 年第 3 期。

〔8〕　成都市文物考古工作队：《四川成都市西郊金鱼村南宋砖室火葬墓》，《考古》1997 年第 10 期。

〔9〕　参阅张勋燎、白彬《中国道教考古》，线装书局 2006 年版。

〔10〕　徐苹芳：《唐宋墓葬中的"明器神煞"与"墓仪"制度——读〈大汉原陵秘葬经〉札记》，《考古》1963 年第 2 期。

〔11〕　陈定荣、徐建昌：《江西临川县宋墓》，《考古》1988 年第 4 期。

得的资料。有常见于买地券中的张坚固俑和李定度俑，二者在地券中充当"书契人"和
"知见人"。有主堪舆的张仙人俑，有引导死者升入仙界的王公俑、王母俑、指路俑和引路
俑。还有童子俑、仰观、伏听、四神俑、十二辰俑、金鸡、玉犬、大小二耗等神煞俑。广
东紫金县林天村高墩顶墓[1]为砖筑长方形类椁式墓。随葬品出土一组石雕像，有生肖俑
6、仰观俑1、伏听俑1、龙1、凤1、虎1、狗1、鸡1。四川地区在北宋中期以后，墓葬
也流行随葬俑。但基本不见四神俑和十二辰俑，除与赣闽地区大体相似的盟器神煞俑外，
以墓主人像和鸟首人身和人面鸟身俑为特色。此外，朱济南墓还有4件淡青釉堆塑龙虎
瓶，是较为复杂的样式。瓶盖呈笠帽状，施弦纹，顶部蹲伏一鸟。瓶体修长，盂形口，细
颈施弦纹，椭圆腹，圈足略外撇。颈部有四灵、12武士等堆塑，还有日、月、青龙、白
虎、蛇、龟、仰观、伏听、金鸡、玉犬等围塑。通高61.5厘米。随葬堆塑龙虎瓶是赣闽
地区十分流行的丧葬习俗。最早的龙虎堆塑瓶仅单个随葬。江西余江大中祥符四年（1011
年）李大郎墓[2]所出龙瓶是目前所知纪年最早的一例。北宋中期以后开始成对随葬。最
早的墓例当属江西南城嘉祐二年（1057年）李营墓[3]出土器。到了南宋和元代，成对的
堆塑龙虎瓶几乎在每座墓葬中必出，成为断代典型器。

---

[1] 广东省博物馆：《广东紫金县宋墓出土石雕》，《考古》1984年第6期。
[2] 倪任福、项进良：《余江县锦江纪年宋墓出土文物》，《江西文物》1990年第3期。
[3] 薛尧：《江西南城、清江和永修的宋墓》，《考古》1965年第11期。

第十七章 辽代墓葬

　　大辽国[1]是契丹人建立的由多民族组成的王朝，它以西拉木伦河和老哈河流域为中心，一度占据北抵克鲁伦河流域和外兴安岭一线，东临日本海，西到阿尔泰山附近，南达河北高碑店白沟一线的广大地区[2]。辽代存在的主要时限可从太祖耶律阿保机登基做皇帝（907年）起至天祚帝保大五年（1125年）为金国所灭止，历时219年，大体与南部中国的五代和北宋时期相当，形成中国历史上第二次南北朝对峙的局面。

　　契丹族是中国北方地区古老的民族之一，属于东胡系。契丹原来是东部宇文鲜卑的一支。公元344年，因鲜卑慕容部建立的前燕攻破宇文部，契丹遂从鲜卑宇文部中分裂出来。后游牧于潢河与土河一带，附属于"库莫奚"。北魏鲜卑族拓跋珪登国四年（389年）又大破奚和契丹[3]。此时，契丹为"奚"族的附属之一。唐太宗贞观二年（628年）契丹首领摩会率其部族脱离突厥控制，归附唐朝。契丹人形成了统一的大贺氏部族联盟。当时北方草原突厥称雄，契丹酋长就辗转臣服于唐朝和突厥之间。唐太宗贞观廿二年，契丹君长窟哥再次率部内属，唐置松漠都督府，授窟哥为使持节十州诸军事松漠都督，赐姓李。唐玄宗开元十八年（730年）后，契丹部族联盟君长由遥辇氏取代大贺氏。契丹人建立了遥辇氏部族联盟，首领称"可汗"，多附于后突厥汗国。以"可突于"为代表的遥辇氏抵制臣属唐朝。契丹八部或许形成于这个阶段。745年，后突厥汗国为回纥所灭。此后

---

〔1〕 "辽代"和"大辽"国是中国史学界传统的叫法。关于辽朝国号的演变，学术界最通行的观点是：辽太祖耶律阿保机称帝建国（916年），国号"契丹"；太宗大同元年（947年），改称"大辽"；圣宗统和元年（983年），又改称"大契丹"；道宗咸雍二年（1066年）复称"大辽"。最近有学者研究指出，辽朝建国之初建号"大契丹"，太宗时一度实行双重国号，在燕云汉地称"大辽"，在草原地区仍称"大契丹"，后来圣宗和道宗时又两次改变国号。而在契丹文和女真文中，始终称辽朝为"哈喇契丹"或"契丹"。参见刘浦江《辽朝国号考释》，《历史研究》2001年第6期。

〔2〕 《辽史·地理志一》记载大辽国的疆域"东至于海，西至金山，暨于流沙，北至胪朐河，南至白沟，幅员万里"。《辽史》本纪第二《太祖下》记载辽太祖功绩时，谈到"而太祖受可汗之禅，遂建国。东征西讨，如折枯拉朽。东自海，西至于流沙，北绝大漠，威信万里……"文中的金山应是现在的阿尔泰山，胪朐河是现在的克鲁伦河，白沟是现在河北高碑店白沟，即南拒（巨）马河一线。文献记载的辽国疆域与目前所知的国内辽代考古发现基本吻合。本章论述的墓葬限定在这个范畴。杨树森先生等学者对《辽史》记载的北界提出质疑，认为"凡是臣服于辽朝的内属诸国，'人民皆入版籍'，都是辽朝的疆土范围"。辽朝鼎盛时期的版图最北界已到外兴安岭和贝加尔湖一线。谭其骧先生主编的《中国历史地图集·辽北宋时期全图》采用此观点。杨树森等的观点应指的是广义上的辽国疆域。从考古学发现看，实际上包括了所谓"五国部"墓葬和室韦部落墓葬等辽代属国属部的遗存。

〔3〕 《魏书·库莫奚传》云："契丹国，在库莫奚东，异种同类，俱窜于松漠之间。登国中，国军大破之，遂逃逸，与库莫奚分背。经数十年，稍滋蔓，有部落，于和龙之北数百里，多为寇盗。"

百年间，契丹人一直为回纥（788 年后称回鹘）汗国所统治。9 世纪中叶回鹘亡，契丹又归顺唐，唐赐以"奉国契丹之印"。西安曾发现唐开元年间，松漠府都督兼幽州节度副使北平郡王李过折墓志[1]。唐天复元年（901 年），遥辇家族的痕德堇继为联盟可汗，软弱无为。迭剌部耶律阿保机始为本部夷离堇。903 年，耶律阿保机以军功授契丹部族联盟的于越，总知军国事，集军政大权于一身。在对外征战中，阿保机逐渐掌控了契丹八部。907 年，耶律阿保机被拥戴为契丹部族联盟的可汗，耶律阿保机被尊称为"天皇帝"，其夫人为"地皇后"。迭剌部取代遥辇部，是契丹发展史上的重要界标。契丹部族联盟开始走向君主专制的帝国。神册元年（916 年），耶律阿保机正式建国，开启其王朝的统治。

辽代考古学伴随着墓葬考古新发现的不断涌现，逐渐引起国内外学者的关注。目前辽代墓葬已经发现上千座，主要集中分布在内蒙古、辽宁、北京、河北和山西北部的较小区域内，黑龙江、吉林、天津等地区也有零星发现。其中内蒙古赤峰驸马赠卫国王墓[2]、库伦前勿力布格壁画墓[3]、奈曼陈国公主墓[4]、阿鲁科尔沁耶律羽之墓[5]、宝山壁画墓[6]、辽宁法库叶茂台辽墓[7]、阜新萧和家族墓[8]、河北宣化下八里墓地[9]等重要发现及其资料的发表，为国内外学术界所瞩目，使辽代考古学成为汉学研究中的新热点之一。

第一节　发现与研究

1912 年和 1920 年，法国传教士闵宣化（Joseph L. Mullie）依据《辽史》等文献记载，首次对辽祖陵及祖州、怀陵及怀州、庆陵及庆州遗址进行了实地踏查，并对三处帝陵地望进行了考证，还提及了数处被盗掘的墓地[10]。这可算是辽代陵墓调查研究的序篇，具有重要的学术意义。此后，比利时传教士梅岭蕊（R. P. L. Kervyn）[11]和一些日本学者对辽

〔1〕　葛承雍：《对西安市东郊唐墓出土契丹王墓志的解读》，《考古》2003 年第 9 期。

〔2〕　热河省博物馆筹备组：《赤峰县大营子辽墓发掘报告》，《考古学报》1956 年第 3 期。

〔3〕　王健群、陈相伟：《库伦辽代壁画墓》，文物出版社 1989 年版。

〔4〕　内蒙古自治区文物考古研究所、哲里木盟博物馆：《辽陈国公主墓》，文物出版社 1993 年版。

〔5〕　内蒙古文物考古研究所等：《辽耶律羽之墓发掘简报》，《文物》1996 年第 1 期。

〔6〕　内蒙古文物考古研究所、阿鲁科尔沁旗文物管理所：《内蒙古赤峰宝山辽壁画墓发掘简报》，《文物》1998 年第 1 期。

〔7〕　辽宁省博物馆、辽宁铁岭地区文物组发掘小组：《法库叶茂台辽墓记略》，《文物》1975 年第 12 期。

〔8〕　辽宁省文物考古研究所：《关山辽墓》，文物出版社 2011 年版。

〔9〕　河北省文物考古研究所：《宣化辽墓》，文物出版社 2001 年版。

〔10〕　Joseph L. Mullie, "Les anciennes Villes de L' Empire des grands Leao au royaume Mongol de Bārin", T'oung Pao, Vol. XXI, No. 1, June 1922, pp. 105–231；Joseph L. Mullie, "Les sépultures de K' ing des Leao", T'oung Pao, Vol. XXX, No. 1, June 1933, pp. 1–25；闵宣化：《东蒙古辽代旧城探考记》，冯承钧译，载《西域南海史地考证译丛》第三卷，商务印书馆 1999 年版。

〔11〕　Louis Kervyn, "Le Tombeau de l'empereur Tao-Tsong（1101）：une découverte intéressante", Le Bulletin Catholique de Pékin, No. 118, 1923, pp. 236–243；（比利时）梅岭蕊：《道宗皇帝陵：一个有意义的发现》，法文版《北京天主教会公报》1923 年第 118 期。

庆陵和庆州城等进行了多次考察和研究[1]。对帝陵以外墓葬的考古学调查与发掘工作是从1925年左右开始的，考古研究工作也相继展开。大体可以分为三个阶段。

一　初创阶段

1925年前后在辽宁阜新发现的萧德温壁画墓[2]，是发现最早的纪年贵族墓葬。这段时间，主要是日本学者的考古调查和发掘工作，侧重在辽宁和内蒙古东南部。清理的辽墓主要有沈阳孙允中墓[3]、辽阳石嘴子壁画墓[4]、鞍山峦峰画像石墓[5]、叶柏寿满铁医院墓[6]、喀喇沁郑恪墓[7]、巴林左旗乌尔吉村辽墓[8]等。李文信曾参加了日本人组织的考古发掘。

这一阶段，中国学者还多是根据墓志铭等资料进行史学考释[9]，并开始对契丹小字进行破译。刘铭恕曾对契丹民族丧葬制度的变迁及其特点进行了探讨[10]。而考古研究则散见于日本学者的论著中[11]。

二　零星重要发现和初步研究阶段

中国学者开始了对辽墓考古对清理和发掘。重要的契丹墓葬有：义县清河门萧慎微族墓地[12]、赤峰大营子驸马赠卫国王墓[13]、锦西西孤山萧孝忠墓[14]、以一号壁画墓（罕见的大型出行图和归来图）为代表的库伦奈林稿前勿力布格墓地[15]、以 M6（出土保

〔1〕　［日］古松崇志：《东蒙古辽代契丹遗址调查的历史——1945年"满洲国"解体前》，姚义田译，载《辽宁省博物馆馆刊（2009）》，辽海出版社2009年版。

〔2〕　李文信：《辽瓷简述》，《文物参考资料》1958年第2期。

〔3〕　金毓黻：《辽金旧墓记》，《东北丛刊》第7期。

〔4〕　［日］高桥匡四郎编：《辽阳发现的辽代古墓壁画》，《满洲史学》第1卷1号，1938年。

〔5〕　［日］Ryuzo Torii（鸟居龙藏）：Sculptured Stone Tombs of the Liao Dynasty. Peking：Harvard-Yenching Institute，1942。

〔6〕　［日］三宅宗悦：《鸡冠壶を出土せる最初の古坟》，《国立中央博物馆时报》5号，1940年；李文信：《叶柏寿行纪》，《国立中央博物馆时报》9号，1941年；［日］三宅宗悦：《满洲国热河省叶柏寿附近の遗迹に就て》，《考古学杂志》32卷1号，1942年。

〔7〕　李文信：《汐子行纪》，《国立中央博物馆时报》12号，1941年。

〔8〕　［日］岛田正郎：《辽墓》，《考古学杂志》（日文）三九卷3号，1954年；李文信：《辽瓷简述》，《文物参考资料》1958年第2期。

〔9〕　《辽彭城郡王刘公墓志铭并跋》，《历史博物馆丛刊》1927年第1卷第3期；奉宽：《辽彭城郡王刘继文墓志铭》，《燕京学报》1930年第7期，等等。

〔10〕　刘铭恕：《契丹民族丧葬制度之变迁及其特点》，《中国文化研究汇刊》1941年第1期。

〔11〕　［日］鸟居龙藏：《从考古学上看契丹的文化》，《东方学报》1936年第6期；《考古学上所见之辽文化图谱》，1936年；Ryuzo Torii，Sculptured Stone Tombs of the Liao Dynasty，Peking：Harvard-Yenching Institute，1942；［日］岛田贞彦：《论满洲国出土的鸡冠壶》，《考古学》1937年第8卷第1期。此外，还有岛田贞彦对金属面具的调查和研究，如《满洲国新出的古银铜面及二三的青铜遗物について》，《考古学杂志》28卷2号，1938年。

〔12〕　李文信：《辽西省义县清河门西山村"辽佐移离毕萧相公"族墓发掘工作报告》，《文物参考资料》第二卷，1951年第9期；《义县清河门辽发掘报告》，《考古学报》第八册，1954年。

〔13〕　热河省博物馆筹备组：《赤峰县大营子辽墓发掘报告》，《考古学报》1956年第3期。

〔14〕　雁羽：《锦西西孤山辽萧孝忠墓》，《考古》1960年第2期。

〔15〕　王健群、陈相伟：《库伦辽代壁画墓》，文物出版社1989年版。

存完好的女尸）为代表的察右前旗豪欠营墓地[1]、法库叶茂台墓地[2]等；重要的汉人墓有北京南郊赵德均墓[3]、宣化下八里张世卿墓[4]等。其中应历九年（959 年）驸马赠卫国王墓（图 17 – 1 – 1）的随葬品一时成为早期契丹墓的断代标尺。

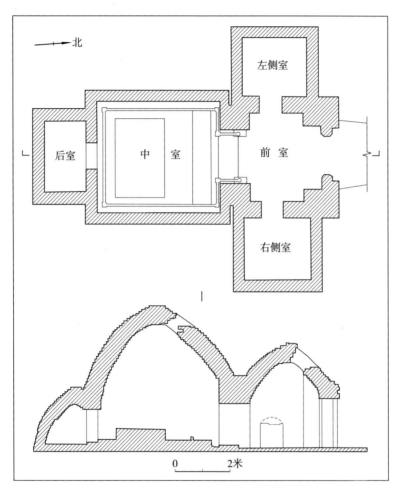

图 17 – 1 – 1　赤峰驸马赠卫国王墓平面图
（引自《赤峰县大营子辽墓发掘报告》，《考古学报》1956 年第 3 期，改绘）

20 世纪 80 年代以前的研究，历史学者尚延续史料学的墓志考释[5]。李文信《辽瓷

〔1〕　乌兰察布盟文物工作站：《察右前旗豪欠营第六号辽墓清理简报》，《文物》1983 年第 9 期。
〔2〕　辽宁省博物馆、辽宁铁岭地区文物组发掘小组：《法库叶茂台辽墓记略》，《文物》1975 年第 12 期。
〔3〕　北京市文物工作队：《北京南郊辽赵德钧墓》，《考古》1962 年第 5 期。
〔4〕　河北省文物管理处、河北省博物馆：《河北宣化辽壁画墓发掘简报》，《文物》1975 年第 8 期。
〔5〕　厉鼎煃：《义县出土契丹文墓志铭考释》，《考古学报》1954 年，第 8 册；金毓黻：《辽国驸马赠卫国王墓志铭考证》，《考古学报》1956 年第 3 期；罗继祖：《〈辽国驸马赠卫国王墓志铭考证〉商榷》，《吉林大学社会科学学报》1963 年第 1 期。

简述》[1]一文，"开创了综合研究辽陶瓷器的先例"，对后来辽墓考古研究的影响颇大。20世纪80年代初期，一些学者开始对辽代墓葬进行初步研究。其中涉及墓葬分区与分期[2]、墓葬壁饰[3]和随葬品[4]，以及铜丝网络、火葬等丧葬制度[5]等。其中王秋华将辽墓划出长城内外的南北两大区，并以公元983年和1055年为截点，分为三期[6]。这是第一篇关于辽墓时空框架考古学研究论文。

三　被动考古发现和专题研究阶段

这一阶段的辽墓大多还是处于被动的考古发掘阶段。尽管清理的是被盗墓，但是有较多重大发现，得到了国内外学者的广泛关注。其中契丹墓有内蒙古奈曼陈国公主墓（图17-1-2)[7]、阿鲁科尔沁旗宝山壁画墓[8]和耶律羽之墓[9]、巴林右旗耶律弘世墓、耶律弘本墓[10]等；引人注目的汉人墓有北京八宝山韩延徽家族墓地[11]、河北宣化下八里张文藻墓（图17-1-3）及其家族墓地[12]等，以及在赤峰和大同等地区还有一批无纪年但较重要的壁画墓。需要指出的是，1993年河北宣化下八里辽代墓地的主动性发掘，反映了考古学者对考古发掘工作观念的转变。

这一阶段专题研究，是以"一会二书"为标志而开始的。一是1983年7月在赤峰召开的契丹考古学术会议。会议就"早期契丹文化""辽代城市制度""辽代墓葬制度"和"其他辽代文物发现和研究"等进行了研讨，总结以往的研究成果，明确了研究方向，标志辽代考古学研究开始进入一个新阶段[13]。徐苹芳在会议上指出辽代墓葬研究的3个重点是分期、分区和分类型；通过墓葬研究，总结出比较系统和完善的规律[14]。二是中国

〔1〕　李文信：《辽瓷简述》，《文物参考资料》1958年第2期。

〔2〕　项春松：《昭盟地区的辽代墓葬——兼谈辽墓分期及其随葬器物的断代问题》，《内蒙古文物考古》1981年创刊号；王秋华：《辽代墓葬分区与分期的初探》，《辽宁大学学报》1982年第3期。

〔3〕　王泽庆：《库伦旗一号辽墓壁画初探》，《文物》1973年第8期；郑隆：《库伦辽墓壁画浅谈》，《内蒙古文物考古》1982年第2期；杨仁恺：《叶茂台辽墓出土古画的时代及其它》，《文物》1975年第12期。

〔4〕　[日]长谷川道隆：《辽代鸡冠壶式样的演变——以辽墓出土资料为中心》，《古代文化》1978年第238期；梁淑琴：《辽代鸡冠陶的类型编年及演变》，载《辽宁省考古博物馆学会成立大会会刊》1981年。

〔5〕　温丽和：《辽宁省法库叶茂台出土契丹民族铜丝网罩》，《文物》1981年第12期；马洪路：《契丹葬俗中的铜丝网衣及其有关问题》，《考古》1983年第3期；景爱：《辽金时代的火葬》，载《东北历史与考古》第一辑，文物出版社1982年版；贾洲杰：《契丹丧葬制度研究》，《内蒙古大学学报》1979年第2期。

〔6〕　王秋华：《辽代墓葬分区与分期的初探》，《辽宁大学学报》1982年第3期。

〔7〕　内蒙古自治区文物考古研究所、哲里木盟博物馆：《辽陈国公主墓》，文物出版社1993年版。

〔8〕　内蒙古文物考古研究所、阿鲁科尔沁旗文物管理所：《内蒙古赤峰宝山辽壁画墓发掘简报》，《文物》1998年第1期。

〔9〕　内蒙古文物考古研究所等：《辽耶律羽之墓发掘简报》，《文物》1996年第1期。

〔10〕　巴林右旗博物馆：《辽庆陵又有重要发现》，《内蒙古文物考古》2000年第2期。

〔11〕　北京文物工作队：《辽韩佚墓发掘报告》，《考古学报》1984年第3期。

〔12〕　河北省文物研究所等：《宣化辽代壁画墓群》，《文物春秋》1995年第2期；《河北宣化张文藻壁画墓发掘简报》，《文物》1996年第9期。

〔13〕　本刊记者：《契丹考古学术会议纪要》，《内蒙古文物考古》1984年第3期。

〔14〕　本刊记者：《契丹考古学术会议纪要》，《内蒙古文物考古》1984年第3期。

社会科学院考古研究所编著的《新中国的考古发现和研究》[1]和《中国大百科全书·考古卷》[2]的出版。徐苹芳在这两部重要论著中汇总分析了新中国30年的辽墓资料，探讨了辽墓类别、分布和分期，特别强调按族属研究辽墓的观点，成为后来辽墓考古学研究的指导性意见。

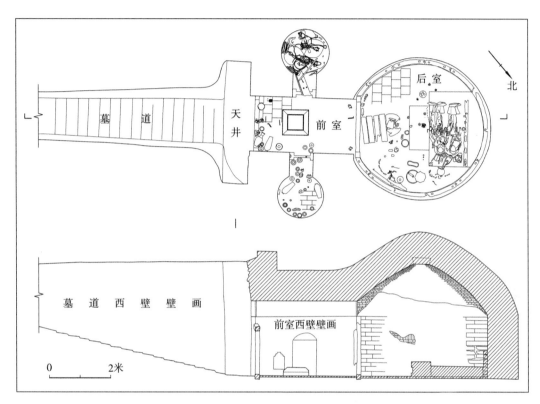

图 17 - 1 - 2　奈曼陈国公主墓平剖面图

（引自《辽陈国公主墓》，文物出版社 1993 年版，改绘）

这期间，由于辽墓被盗情况日趋严重，考古工作者进行了较多的被动性的考古清理，获得了一批重要的原始资料。1985 年出版了中国第一部辽墓考古发掘和研究报告[3]。陈国公主墓是 20 世纪唯一没被盗掘的高等级契丹贵族墓，其资料的刊布引起了国内外学者的关注。伴随辽代墓葬资料的积累，专题研究明显增多，研究水平有较大的提升。归纳起来有以下几个方面。

第一，墓葬时空框架的构建。将契丹人和汉人墓葬区分开进行研究，逐渐成为常识。

〔1〕　徐苹芳：《辽墓的发掘和契丹文墓志的新发现》，载《新中国的考古发现和研究》，文物出版社 1984 年版。

〔2〕　徐苹芳：《辽代墓葬》，载《中国大百科全书·考古学》，中国大百科全书出版社 1986 年版，第 274—276 页。

〔3〕　乌盟文物工作站等：《契丹女尸——豪欠营辽墓清理与研究》，内蒙古人民出版社 1985 年版。

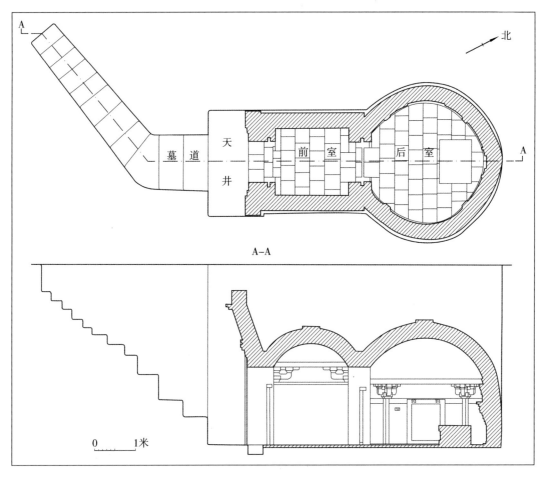

图 17 - 1 - 3　宣化张文藻墓平剖面图
(引自《宣化辽代壁画墓群》,《文物春秋》1995 年第 2 期, 改绘)

　　杨晶[1]、李逸友[2]和冯恩学[3]、彭柯[4]、刘鹏[5]、刘耀辉[6]等都对辽墓的分区分期问题提出了自己的认识。尽管学者研究的侧重点有所不同, 但是结论则大同小异。
　　第二, 关于丧葬制度和金属网络、面具等葬俗。这是辽墓研究的重要内容之一。李逸友较早对辽代契丹人的墓葬制度进行过概述[7]。宿白对宣化辽墓的分析, 对认识汉人墓

[1]　杨晶:《辽墓初探》,《北方文物》1985 年第 4 期;《辽代汉人墓葬概述》,《文物春秋》1995 年第 2 期。
[2]　李逸友:《略论辽代契丹与汉人墓葬的特征和分期》, 载《中国考古学会第六次年会论文集 (1987)》, 文物出版社 1990 年版;《内蒙古辽代契丹人墓葬的形制和分期》,《昭乌达蒙族师专学报》(汉文哲社版) 1991 年增刊。
[3]　冯恩学:《辽墓初探》, 博士学位论文, 吉林大学, 1995 年。
[4]　彭柯:《蒙东、辽西地区辽墓分期与分区初探》, 载《文博研究论集》, 上海古籍出版社 1992 年版。
[5]　刘鹏、刘谦:《辽墓分期试论》,《辽宁工程技术大学学报》(社会科学版) 1999 年第 8 期。
[6]　刘耀辉:《北京辽墓初探》,《北京文博》1999 年第 4 期。
[7]　李逸友:《辽代契丹人墓葬制度概说》, 载《内蒙古东部区考古学文化研究文集》, 海洋出版社 1991 年版。

地的个案研究有着启发性的意义[1]。关于金属网络、面具等殓葬习俗的研究较多[2]，对其性质的认识目前莫衷一是，尚无定论。还有学者对火葬现象给予了关注[3]。

第三，墓葬壁画等壁饰的研究。包括考古学研究和美术史研究两个方面，研究目的、方法和内容各有千秋。考古学的研究又各有侧重，有些是对墓葬壁画分期和类型特征的研究[4]；有些是从社会生活史的角度对壁画的解读[5]，还有从文献角度对辽墓壁画题材的考证[6]。

第四，瓷器等重要遗物的类型学和分期研究。一些学者力求用典型器物的类型学研究，建立辽代陶瓷器的编年，进而进行分期等相关研究[7]。其中对鸡冠壶和提梁壶的探讨最为深入[8]，取得较大的进展。此外，墓葬出土的铜镜、钱币的研究也在深入[9]。

---

[1]　宿白：《关于河北四处古墓的札记》，《文物》1996 年第 9 期；《宣化考古三题——宣化古建筑·宣化城沿革·下八里辽墓群》，《文物》1998 年第 1 期。

[2]　杜承武、陆思贤：《契丹女尸的网络与面具》，载《契丹女尸》，内蒙古人民出版社 1985 年版；木易：《辽墓出土的金属面具、网络及相关问题》，《北方文物》1993 年第 1 期；侯毅：《辽代契丹族金属面具、网络等习俗的分析》，载《内蒙古文物考古文集》，中国大百科全书出版社 1994 年版；刘冰：《试论辽代葬俗中的金属面具及相关问题》，《内蒙古文物考古》1994 年第 1 期。

[3]　景爱：《辽金时代的火葬墓》，载《东北历史与考古》第 1 辑，文物出版社 1982 年版；杨晶：《辽代火葬墓》，载《辽金史论丛》第三辑，书目文献出版社 1987 年版；沈平：《辽南京火葬习俗浅议》，《首都博物馆国庆四十周年文集》。

[4]　王秋华：《近十年间刊的辽代墓葬壁饰研究》，《辽宁大学学报》1993 年第 1 期；《辽代契丹族墓葬壁画装饰分期》，《北方文物》1994 年第 1 期；李逸友：《论辽墓壁画的题材和内容》，《内蒙古文物考古》1993 年第 1、2 期；《论辽墓画像石的题材和内容》，《辽海文物学刊》1992 年第 2 期。

[5]　佟柱臣：《辽墓壁画反映的契丹人生活》，载《辽金史论集》第五辑，文津出版社 1991 年版；邵国田：《辽代马球考——兼述皮匠沟 1 号辽墓壁画中的马球图》，载《内蒙古东部区考古学文化研究文集》，海洋出版社 1991 年版；林沄：《辽墓壁画研究两则》，载《青果集——吉林大学考古专业成立二十周年考古论文集》，知识出版社 1993 年版；杨泓：《辽墓壁画点茶图》，《文物天地》1989 年第 2 期；郑绍宗：《河北宣化辽墓壁画茶道图的研究》，《农业考古》1994 年第 2 期；刘素侠：《从辽墓壁画看契丹人的生活》，《社会科学辑刊》1997 年第 3 期；冯恩学：《辽墓壁画中的车》，载《青果集——吉林大学考古系建系十周年纪念文集》，知识出版社 1998 年版；《内蒙古库伦六、七号辽墓壁画的人物身份》，《北方文物》1999 年第 3 期；《辽墓壁画所见马的类型》，《考古》1999 年第 6 期；周新华：《宣化辽墓壁画所见之茶具考》，《农业考古》2000 年第 2 期。

[6]　吴玉贵：《内蒙古赤峰宝山辽壁画墓"颂经图"略考》，《文物》1999 年第 2 期；罗世平：《辽墓壁画试读》，《文物》1999 年第 1 期；《内蒙古赤峰宝山辽墓壁画"寄锦图"考》，《文物》2001 年第 3 期。两篇文章关系密切，故将两者放一起。

[7]　杨晶、乔梁：《辽陶瓷器的分期研究》，载《青果集——吉林大学考古专业成立二十周年论文集》，知识出版社 1993 年版；梁淑琴：《辽瓷的类型与分期》，《北方文物》1994 年第 3 期；李红军：《试论辽宁出土的唐三彩与辽三彩器及相关问题》，《辽海文物学刊》1989 年第 1 期。

[8]　玛希、张松柏：《马盂考》，《松州学刊》1987 年第 4、5 期；张松柏：《论辽瓷鸡冠壶》，《美术史论》1995 年第 1 期；李宇峰：《辽代鸡冠壶初步研究》，《辽海文物学刊》1989 年第 1 期；杨晶、乔梁：《辽产陶瓷器的分期研究》，载《青果集》，知识出版社 1993 年版；杨晶：《略论鸡冠壶》，《考古》1995 年第 7 期；冯恩学：《辽代鸡冠壶类型学探索》，《北方文物》1996 年第 4 期；孙秀莲：《浅谈鸡冠壶的演变和越窑鸡冠壶》，《辽海文物学刊》1997 年第 1 期。

[9]　刘淑娟：《辽代铜镜的分类与分期》，《辽海文物学刊》1988 年第 2 期；刘凤翥：《从"神霄丹宝"到"开圣丹宝"：再谈辽钱研究问题》，《昭乌达蒙族师专学报》（汉文哲社版）1993 年第 4 期；郝思德：《黑河卡伦山辽代墓葬出土的漆器及其制作工艺》，《北方文物》1996 年第 4 期。

第五，墓志辑录和契丹文字研究。伴随墓志新发现的增多，向南对辽代墓志进行重新辑录，为研究提供方便[1]。同时契丹文字墓志不断涌现，为契丹文字学者的深入研究提供了可能[2]。

第六，人种学及相关科技考古的研究。辽代是个多民族王朝。根据墓葬资料，进行的传统人种学和现代DNA科学结合的研究，无疑对推进辽代考古学和历史学的研究有着重要的意义[3]。

第七，对契丹早期文化的探索。早在1983年，张柏忠就已利用墓葬资料，对1949年以前的早期契丹文化进行了探索[4]，向学术界提出了一个十分重要的辽代考古学课题。遗憾的是迄今学术毫无进展。

第八，国外学术界的研究状况。欧美等国外学者对辽代墓葬的研究，多侧重于艺术史，立论较多不同，更注重方法论[5]。夏南悉（Nancy Shatzman Steinhardt）和库恩（Dieter Kuhn）从建筑学角度研究辽代墓葬及其丧葬习俗[6]，视角独特，值得关注。

四　主动发掘和综合研究阶段

这一阶段的特点是有学术目标的主动性考古发掘逐渐增多。考古工作者越来越多地把被动清理变为主动性发掘，即从单个被盗墓清理，主动地转变为对墓地多座墓葬的发掘，以推进对墓地整体布局的研究。这反映出考古学发展的新态势。这一阶段重要的契丹人墓

[1]　向南编著：《辽代石刻文编》，河北教育出版社1995年版。

[2]　参阅清格尔泰、刘凤翥、陈乃雄、于宝林、邢复礼《契丹小字研究》，中国社会科学出版社1985年版；刘凤翥：《若干契丹小字的解读》，《民族语文》1987年第1期；《契丹大字中若干官名和地名之解读》，《民族语文》创刊100期专号，1996年第4期；《契丹大字六十年之研究》，香港中文大学《中国文化研究所学报》1998年新第7期；刘凤翥、于宝林：《中国八十年代契丹文字研究综述》，《民族古籍》1990年第3期；清格尔泰：《关于契丹小字的研究》，载《清格尔泰语言文字论集》，内蒙古大学出版社1997年版。

[3]　朱泓：《契丹人种初窥》，《辽海文物学刊》1990年第2期；《契丹族的人种类型及相关问题》，《内蒙古大学学报》（哲学社会科学汉文版）1991年第2期；《内蒙古宁城山嘴子辽墓契丹族颅骨的人类学特征》，《人类学学报》1991年第4期；《人种学上的匈奴、鲜卑与契丹》，《北方文物》1994年第2期；吴东颖：《契丹古尸分子考古学研究》，博士学位论文，中国协和医科大学、中国医学科学院，1999年。

[4]　张柏忠：《契丹早期文化探索》，《考古》1984年第2期。

[5]　Ellen Johnston Laing，"Patterns and Problems in Later Chinese Tomb Decration"，*Journal of Oriental Studies*，Vol. 16，1978；Linda Cooke Johnson，"The wedding Ceremony for an Imperial Liao Princess：Wall Paintings from a Liao Dynasty Tomb In Jilin"，*Artibus Aisae*，Vol. 44，1983；Robert Albright Rorex，"Some Liao Tomb Murals and Images of Nomads in Chinese Paintings of the Wen-chi Story"，*Ar tibus Aisae*，Vol. 45，1984；Ellen Johnston Laing，"Liao Dynasty（A. D. 907 –1125）Bird-and-Flower Painting"，*Journal of Sung-Yuan Studies*，Vol. 24，1994；Danielle Elisseeff，"Á propos d'un cimetière Liao：Les Belles dames de Xiabali"，*Art Asiatiques*，Vol. 49，1994；Tansen Sen，"Astronomical Tomb Paintings from Xuanhua：Mandalas？"，*Ars Orientalis*，Vol. 29，1999；Hsingyuan Tsao，*Differences Preserved：Reconstructed Tombs from the Liao and Song Dynasties. Porland：Douglas F. Coley Memorial Art Gallery*，Reed College，distributed by the University of Washington Press，2000.

[6]　Nancy Shatzman Steinhardt，*Liao Architecture*，Honolulu：University of Hawaii Press，1977；Dieter Kuhn，*Die kunst des Grabbaus*，Kuppelgräber der Liao-Zeit（907 – 1125），Heidelberg：Edition Forum，1997，Dieter Kuhn，*How the Qidan reshaped the Tradition of the Chinese Dome-Shaped Tomb*，Heidelberg：Edition Forum，1998，Nancy Shatzman Steinhardt，"Liao Archaeology：Tombs and Ideology along the Northern Frontier of China"，*Asian Perspectives*. Vol. 37，No. 2，1998.

有内蒙古科左前旗吐尔基山墓[1]、扎鲁特旗浩特花壁画墓（M1）[2]、辽宁阜新关山萧和墓地（图17－1－4）[3]、阜新平原公主墓[4]等；汉人墓除汇集以前资料的河北宣化下八里家族墓地[5]外，较重要的还有内蒙古巴林左旗韩匡嗣墓地[6]、辽宁朝阳耿崇美墓[7]、北京丰台刘六符墓[8]、山西大同许从赟墓[9]等。

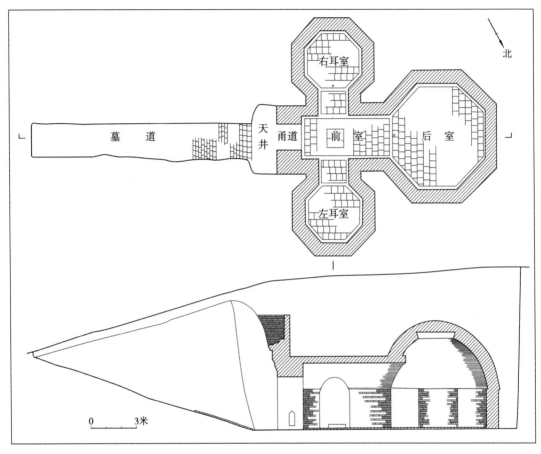

图17－1－4　阜新萧和墓平剖面图

（引自《阜新辽萧和墓发掘简报》，《文物》2005年第1期，改绘）

[1]　内蒙古文物考古研究所：《内蒙古通辽市吐尔基山辽代墓葬》，《考古》2004年第7期。

[2]　中国社会科学院考古研究所内蒙古工作队、内蒙古文物考古研究所：《内蒙古扎鲁特旗浩特花辽代壁画墓》，《考古》2003年第1期。

[3]　辽宁省文物考古研究所：《阜新辽萧和墓发掘简报》，《文物》2005年第1期；《关山辽墓》，文物出版社2011年版。

[4]　辽宁省文物考古研究所、阜新市考古队：《辽宁阜新县辽代平原公主墓与梯子庙4号墓》，《考古》2011年第8期。

[5]　河北省文物研究所：《宣化辽墓——1974—1993年考古发掘报告》，文物出版社2001年版；刘海文：《宣化下八里Ⅱ区辽壁画墓考古发掘报告》，文物出版社2008年版。

[6]　内蒙古文物考古研究所等：《白音罕山辽代韩氏家族墓地发掘报告》，《内蒙古文物考古》2002年第2期。

[7]　朝阳博物馆、朝阳市城区博物馆：《辽宁朝阳市姑营子辽代耿氏家族》，《考古》2011年第8期。

[8]　周瑜：《丰台云冈辽墓07 FHM1发掘简报》，载《北京考古》第1辑，北京燕山出版社2008年版。

[9]　王银田、解廷琦、周雪松：《山西大同市辽代节度使许从赟夫妇壁画墓》，《考古》2005年第8期。

董新林、彭善国曾对 20 世纪辽墓考古研究进行过综述[1]。进入 21 世纪以来，伴随大量重要的原始资料刊布，辽代墓葬综合研究的深度和广度明显加强。博士和硕士学位论文起到了推动作用。下面择要介绍主要的研究成果。

（一）关于辽墓时空框架的研究

霍杰娜将燕云地区辽墓分为 4 个小区，按区从墓葬形制、随葬品和壁饰进行分析，在此基础上将辽墓分为 3 期，并对辽墓源流等进行探讨[2]。秦大树将辽墓分为南北两区和 3 期，其中对南区的认识与霍文近似[3]。董新林将辽墓按族属分为 3 区。对契丹人和汉人墓葬形制进行了类型学分析，并通过墓葬形制和随葬品组合差异将辽墓分为 4 期[4]。刘未分别对契丹大型墓葬、中小型墓葬和汉人墓葬三类辽墓不同时期的变化和特点进行动态的考察，提出三类辽墓存在不完全对应的分期，是较为重要的认识。此外还对辽墓等级制度进行初步探讨[5]。

研究辽墓时，区分族属进行研究已是基本常识。契丹人汉化和汉人契丹化的情况，历史学者有过研究，这也应是考古学者关注的内容。冯恩学等从墓葬资料对契丹人汉化和汉人契丹化的探讨，是对辽墓考古研究的新推进[6]。吴敬从考古资料出发，对辽代契丹文化和汉文化进行了考古遗存辨析和考察[7]。万雄飞对辽宁阜新关山萧和家族墓地 9 座墓葬的发掘和研究概况、墓葬形制和墓室壁画、出土遗物等进行介绍，重点对关山辽墓年代、墓地选址和布局，墓室壁画特点等进行了初步研究[8]。孙勐根据墓葬形制和随葬品的分析，将北京地区辽墓分为四期，并对随葬器物中的契丹文化因素、墓室壁画和随葬器物反映的佛教信仰等进行了探讨[9]。

（二）关于墓葬制度和丧葬习俗的研究

这是辽墓研究的最重要内容之一。彭善国对辽代契丹贵族丧葬习俗进行了综合研究[10]。陈永志对金属网络和面具等进行了再探讨[11]。李伟敏对北京地区辽代火葬墓进

〔1〕 董新林:《中国古代陵墓考古研究》，福建人民出版社 2005 年版；彭善国:《二十世纪辽代考古的发现与研究》，《内蒙古文物考古》2006 年第 1 期。

〔2〕 霍杰娜:《燕云地区辽代墓葬研究》，硕士学位论文，北京大学，2003 年。

〔3〕 秦大树:《宋元明考古》，文物出版社 2004 年版。

〔4〕 董新林:《辽代墓葬形制与分期略论》，《考古》2004 年第 8 期。

〔5〕 刘未:《辽代墓葬研究》，硕士学位论文，北京大学，2004 年；《辽代墓葬的考古学研究》，科学出版社 2016 年版；刘未:《辽代汉人墓葬研究》，台北汉学研究中心《汉学研究》2006 年第 24 卷第 1 期；《辽代契丹墓葬研究》，《考古学报》2009 年第 4 期。

〔6〕 冯恩学:《辽墓反映的契丹人汉化与汉人契丹化》，《吉林大学社会科学学报》2011 年第 3 期；洪嘉露:《辽代汉人契丹化研究——以韩知古家族为研究案例》，《赤峰学院学报》2010 年第 4 期。

〔7〕 吴敬:《辽代契丹文化与汉文化的考古学观察》，《社会科学战线》2011 年第 5 期。

〔8〕 万雄飞:《关山辽墓的发现与研究》，硕士学位论文，吉林大学，2007 年。

〔9〕 孙勐:《北京地区辽墓的初步研究》，硕士学位论文，吉林大学，2012 年。

〔10〕 彭善国:《辽代契丹贵族丧葬习俗的考古学观察》，《边疆考古研究》2003 年第 1 期。

〔11〕 陈永志:《黄金面具、铜丝网络与祖州石室》，《中国国家博物馆刊》2002 年第 3 期；《契丹史若干问题研究》，文物出版社 2011 年版。

行了梳理[1]。郑承燕对辽代墓葬制度和丧葬礼俗进行了专题探讨[2]。

（三）瓷器等重要遗物的考古学研究

彭善国根据典型器物的类型学研究，对辽代陶瓷器进行了综合研究[3]。路菁根据考古调查和发掘资料，对辽代陶瓷进行了综合研究[4]。二人都在试图建立辽代陶瓷器的编年。佟柱臣对辽代瓷器进行了综论[5]。鸡冠壶作为辽朝的特有典型器物之一，研究关注度从来未减[6]，但常规探讨难有新意。乔梁对契丹最具特色的传统陶器进行了排序和编年研究，并指出了其与鲜卑遗存的联系[7]。张树范对辽代出土的陶瓷器进行了整理和研究[8]。此外，冯恩学探讨了墓葬等资料中的马具[9]。

（四）墓葬壁画等壁饰的研究

一部分是考古和历史学者对墓葬壁画的研究[10]；另一部分是美术史学者对墓葬壁画的解读[11]。如巫鸿、李清泉对宝山辽墓壁画的研究[12]。

---

[1] 李伟敏：《北京地区的火葬墓及相关问题研究》，《考古》2012 年第 5 期。

[2] 郑承燕：《辽代贵族丧葬制度研究》，博士学位论文，南开大学，2012 年；《辽代贵族丧葬制度研究》，文物出版社 2014 年版。

[3] 彭善国：《辽代陶瓷的考古学研究》，吉林大学出版社 2003 年版。

[4] 路菁：《辽代陶瓷》，辽宁画报出版社 2003 年版。

[5] 佟柱臣：《中国辽瓷研究》，社会科学文献出版社 2010 年版。

[6] 罗平：《辽瓷鸡冠壶研究》，硕士学位论文，中央民族大学，2011 年；刘辉、刘丹：《论鸡冠壶的实用性》，《北方文物》2010 年第 3 期；王胤卿：《试论辽瓷鸡冠壶是否实用的问题》，《北方文物》2005 年第 2 期；《契丹民族鸡冠壶的文化诠释》，《内蒙古社会科学》（汉文版）2004 年第 1 期；赵明星：《论鸡冠壶上的塑猴习俗》，《北方文物》2004 年第 3 期。

[7] 乔梁：《契丹陶器的编年》，《北方文物》2007 年第 1 期。

[8] 张树范：《辽宁出土辽代陶瓷初探——以近十年新出材料为中心》，硕士学位论文，吉林大学，2011 年。

[9] 冯恩学：《辽代契丹马具探索》，载《考古学集刊》第 14 集，文物出版社 2004 年版。

[10] 赵爱军：《辽墓壁画中的乐舞图》，《内蒙古文物考古》2001 年第 2 期；郑滦明：《关于辽墓"出行图"的考证》，《华夏考古》2004 年第 4 期；关剑平：《以宣化辽墓为中心的分茶研究》，《上海交通大学学报》（哲社版）2004 年第 1 期；吴敬：《从墓葬壁画看辽代契丹仪仗》，载《边疆考古研究》第 4 辑，科学出版社 2005 年版；冯恩学：《辽墓启门图之探讨》，《北方文物》2005 年第 11 期；袁泉：《宣化辽墓"备茶题材"考》，《华夏考古》2006 年第 1 期；杨星宇：《辽墓壁画的分期研究》，硕士学位论文，内蒙古大学，2009 年；薛豫晓：《宋辽金元墓葬中"开芳宴"图象研究》，硕士学位论文，四川大学，2007 年；孙建华：《内蒙古辽代壁画》，文物出版社 2009 年版；梅鹏云：《辽墓乐舞图像考古学观察》，硕士学位论文，吉林大学，2009 年；董新林：《辽墓壁画所反映的辽代社会生活》，载《考古学集刊》第 18 集，科学出版社 2010 年版；张国庆：《辽代佛教题材壁画考论》，《东北史地》2010 年第 1 期；陶宗冶、刘海文：《从宣化辽墓到草原茶叶之路》，《农业考古》2012 年第 5 期。

[11] 罗春政：《辽代绘画与壁画》，辽宁画报出版社 2002 年版；罗世平：《宝山辽墓壁画〈寄锦图〉与唐画的对读》，载《千年遗珍国际学术研讨会论文集》，2006 年；李清泉：《宣化辽墓：墓葬艺术与辽代社会》，文物出版社 2008 年版；张鹏：《辽代壁画研究》，天津人民美术出版社 2008 年版；张鹏：《妇人启门图试探——以宣化辽墓壁画为中心》，《民族艺术》2009 年第 9 期。

[12] 巫鸿、李清泉：《宝山辽墓：材料和释读》，上海书画出版社 2013 年版。

（五）墓志考释和契丹文字研究

向南和盖之庸等对墓志的汇集[1]，无疑为历史和考古学等研究提供了重要资料。新出墓志铭[2]成为补充史料的不断源泉。此外刘凤翥等为释读契丹文字而不懈地努力[3]。

（六）人种学及相关科技考古的研究

许月对契丹人群做了更为细致的分子遗传学研究[4]，不断更新我们对契丹人种的认知。

此外，一些日本中青年学者根据调查资料，发表一些概述性的文章，少有深度[5]。

通过对近一个世纪辽墓考古发现和研究的扼要回顾，我们感受到时至今日，辽代墓葬考古研究已经成为中国北方考古学研究的热点之一。由于有关辽代的文献史料十分有限，若要进一步深入地研究辽代的历史文化，较为全面地勾勒出辽代社会的立体画面，在很大程度上要依赖考古发掘实物资料所提供的信息。但是，相对于较为丰富的墓葬资料而言，高层次的考古学研究还不多。与文献相补充，解决重要历史问题的研究更是难得一见。因此说，辽墓的考古学研究尚有潜力可挖。这里仅是借助前人研究的成果，对辽代墓葬略做概论。

第二节　墓葬形制

从已知的材料看，辽代契丹人和汉人等不同民族，在墓葬形制上没有明显的差异。因此，为了便于宏观认识，我们对辽代墓葬进行统一的形制划分[6]。

根据墓葬建筑材料和方式，以及形制结构的不同，可以将辽墓划分为类屋式墓、类椁

---

[1]　向南、张国庆、李宇峰：《辽代石刻文续编》，辽宁人民出版社 2010 年版；盖之庸编著：《内蒙古辽代石刻文研究》，内蒙古大学出版社 2007 年版。

[2]　袁海波：《辽代汉文永清公主墓志考释》，《中国历史文物》2004 年第 5 期；万雄飞：《辽秦国太妃晋国王妃墓志考》，《文物》2005 年第 1 期；刘浦江：《辽〈耶律元宁墓志铭〉考释》，《考古》2006 年第 1 期。

[3]　刘凤翥：《最近 20 年来的契丹文字研究概况》，《燕京学报》2001 年新第 11 期；《辽代萧乌卢本等三人的墓志铭考释》，《文史》2004 年第 2 期。

[4]　许月：《辽代契丹人群分子遗传学研究》，博士学位论文，吉林大学，2006 年。

[5]　［日］今野春树：《内蒙古辽代契丹墓巡见记》，《博望》创刊号，2000 年；《辽代契丹墓出土陶器的研究》，《物质文化》72 号，2002 年；《辽代契丹墓出土马具的研究》，《古代》112 号，2002 年；《辽代契丹墓出土葬具に
ついて》，《物质文化》75 号，2003 年；《辽代契丹墓の研究——分布·立地·构造について一》，《考古学杂志》87 卷 3 号，2003 年。

[6]　墓葬形制实际上应该包括平面和剖面结构。其类型学划分可以有不同的层次。本章分三个层次：1）依据墓葬建筑材料和方式，以及形制结构的不同，分类屋式墓、类椁式墓、土洞墓和土坑竖穴墓；2）根据类屋式墓墓室的平面形状的不同，分圆形墓、长方形墓和多角形墓；3）依据类屋式墓墓室的多寡，分为三室墓、双室带耳室墓、单室带耳室墓、双室墓和单室墓。

式墓、土洞墓和土坑竖穴墓四类。

甲类：类屋式墓。有石筑和砖筑之别。根据墓葬主室平面形状的差异，分为三型。

A 型：圆形或椭圆形墓。依据墓正室多寡和耳室的有无，分五个亚型。

Aa 型：三正室。如北京赵德均墓[1]，前中后三室两侧各有一个圆形耳室，共9室（图17-2-1，1）。内蒙古巴林右旗庆东陵，即圣宗皇帝陵[2]，前室为长方形，中室、后室和耳室为圆形。前、中室两侧各有一个耳室，共7室。

Ab 型：二正室，前室两侧有耳室。前室通常为方形。多数墓葬前室两侧的耳室都是方形或圆形，如法库叶茂台七号墓（图17-2-1，2）、北票季仗子墓[3]等。敖汉沙子沟 M1[4]较特殊，前室两侧的耳室一方一圆（图17-2-1，3）。

Ac 型：单正室，长甬道两侧有耳室。如奈曼陈国公主墓[5]（图17-2-1，4），此墓规模较大。

Ad 型：二正室，无耳室。前室多为方形。如宣化张匡正墓（M10）[6]（图17-2-1，5）。

Ae 型：单正室，甬道两侧无耳室。有的带短甬道，如北京韩佚墓[7]（图17-2-1，6），有的墓室两侧有小龛，如喀喇沁上烧锅 M1[8]（图17-2-1，7）。有的甬道两侧有壁龛，如北京西翠路墓[9]。

B 型：长方形或方形墓。依据墓正室多寡和耳室的有无，分五个亚型。

Ba 型：二正室墓，带三个耳室。仅见赤峰驸马赠卫国王墓[10]一例，与五代王处直墓形制相似[11]，主正室后带一个小型方形龛室，中轴线前后形如三室。前室两侧各有一个方耳室（图17-2-1，8）。

Bb 型：二正室，前室两侧有耳室。有的前室带二个方形耳室，如耶律羽之墓[12]（图17-2-1，9）；有的前室只带一个耳室，如北票水泉一号墓[13]（图17-2-1，10）。

Bc 型：单正室，长甬道两侧有耳室。如朝阳前窗户墓[14]的长甬道两侧有圆形耳室（图17-2-1，11）。

〔1〕 北京市文物工作队：《北京南郊辽赵德钧墓》，《考古》1962 年第 5 期。

〔2〕 ［日］田村实造、小林行雄：《庆陵——东モンゴリアにおける辽代帝王陵とその 壁画に关する考古学的调查报告》，东京座右宝刊行会，1953 年。

〔3〕 韩宝兴：《北票季仗子辽代壁画墓》，《辽海文物学刊》1995 年第 1 期。

〔4〕 敖汉旗文物管理所：《内蒙古敖汉旗沙子沟、大横沟辽墓》，《考古》1987 年第 10 期。

〔5〕 内蒙古自治区文物考古研究所、哲里木盟博物馆：《辽陈国公主墓》，文物出版社 1993 年版。

〔6〕 河北省文物研究所等：《宣化辽代壁画墓群》，《文物春秋》1995 年第 2 期。

〔7〕 北京文物工作队：《辽韩佚墓发掘报告》，《考古学报》1984 年第 3 期。

〔8〕 项春松：《上烧锅辽墓群》，《内蒙古文物考古》总第 2 期 1982 年。

〔9〕 苏天钧：《北京郊区辽墓发掘简报》，《考古》1959 年第 2 期。

〔10〕 热河省博物馆筹备组：《赤峰县大营子辽墓发掘报告》，《考古学报》1956 年第 3 期。

〔11〕 河北省文物研究所、保定市文物管理处：《五代王处直墓》，文物出版社 1998 年版。

〔12〕 内蒙古文物考古研究所等：《辽耶律羽之墓发掘简报》，《文物》1996 年第 1 期。

〔13〕 辽宁省博物馆等：《辽宁北票水泉一号辽墓发掘简报》，《文物》1977 年第 12 期。

〔14〕 靳枫毅：《辽宁朝阳前窗户村辽墓》，《文物》1980 年第 12 期。

Bd 型：二正室，无耳室。前室多为方形。如宣化张世卿墓（M1）[1]（图17-2-1，12）。

Be 型：单正室，甬道两侧无耳室。有的为砖筑墓，如阿鲁科尔沁宝山 M2（图17-2-1，13）；还有雕砖墓，如宁城邓中举墓[2]。有的为石筑墓，内有画像石棺，如锦县（今凌海市）张扛 M2[3]（图17-2-1，14）。

C 型：多角形墓。通常为六角形或八角形，个别还见十角形墓等。依据墓正室多寡和耳室的有无，分五个亚型。

Ca 型：长甬道的二正室墓（相当于三正室墓），长甬道和前室两侧均各有耳室。仅见巴林右旗庆陵[4]中的中陵、西陵为代表。前后室都是八角形，长甬道和前室两侧均各有一个八角形耳室（图17-2-1，15）。目前除皇陵外，辽代贵族墓葬还不见这种形制。金代初期的契丹降将萧仲恭墓[5]据报道为三正室墓，可供参考。

Cb 型：二正室，前室两侧有耳室。一般前室为方形。有的前室两侧各有一个八角形耳室，如法库萧义墓[6]（图17-2-1，16）。

Cc 型：单正室，长甬道两侧有耳室。如法库萧袍鲁墓[7]的甬道两侧各有一个方形耳室（图17-2-1，17）。

Cd 型：二正室，无耳室。前室多为方形。如宣化韩师训墓（M4）[8]（图17-2-1，18）。还有较为特殊的十角形墓，如扎鲁特旗浩特花 M3[9]，后室护墙板上有彩绘画。

Ce 型：单正室，甬道两侧无耳室。有的墓不规范，或为圆角，或边长不等。有的为砖室墓，如宣化张恭诱墓[10]（图17-2-1，19）；有的为石室墓，内有多边形木护墙，如翁牛特解放营子墓[11]（图17-2-1，20）。还有画像石墓，如鞍山汪家峪墓[12]。

乙类：类椁式墓。为辽墓中特例。

此类墓均为砖筑或石筑。发现较少，规模较小。朝阳刘承嗣族墓地 M6[13]为砖筑长方形墓，南北长1.9米、东西宽1.3米、深1米（图17-2-1，21）。喀喇沁上烧锅 M3[14]为石筑长方形墓（图17-2-1，22）。

---

[1] 河北省文物管理处：《河北省宣化壁画墓发掘简报》，《文物》1975年第8期。

[2] 项春松、吴殿珍：《内蒙古宁城辽邓中举墓》，《考古》1982年第3期。

[3] 刘谦：《辽宁锦州市张扛村辽墓发掘报告》，《考古》1984年第11期。

[4] ［日］田村实造、小林行雄：《庆陵——东モンゴリアにおける辽代帝王陵とその壁画に关する考古学的调查报告》，东京座右宝刊行会，1952年。

[5] 郑绍宗：《兴隆县梓木林子发现的契丹文墓志铭》，《考古》1973年第5期。据介绍，萧仲恭墓为砖筑三正室八角形墓。中室最大，前后室狭小，穹窿顶，有壁画。因为无线图，所以不知其"前室"是长甬道还是正室。

[6] 温丽和：《辽宁法库县叶茂台辽萧义墓》，《考古》1989年第4期。

[7] 冯永谦：《辽宁法库前山辽萧袍鲁墓》，《考古》1983年第7期。

[8] 张家口市宣化区文物保所：《张家口宣化下八里辽韩师训墓》，《文物》1992年第6期。

[9] 中国社会科学院考古研究所、内蒙古文物考古研究所：《内蒙古扎鲁特旗浩特花辽代壁画墓》2003年第1期。

[10] 张家口市文物管理所、宣化区文物保管所：《宣化下八里辽、金壁画墓》，《文物》1990年第10期。

[11] 翁牛特旗文化馆、昭乌达盟文物工作站：《内蒙古解放营子辽墓发掘简报》，《考古》1979年第4期。

[12] 鞍山市文化局、辽宁省博物馆：《辽宁鞍山市汪家峪辽画像石墓》，《考古》1981年第3期。

[13] 王成生：《辽宁朝阳市辽刘承嗣族墓》，《考古》1987年第2期。

[14] 项春松：《上烧锅辽墓群》，《内蒙古文物考古》1982年总第2期。

丙类：土洞墓。根据墓道和墓室结构的差异，分二型。

A 型：竖穴式墓道侧室墓。如察右前旗豪欠营 M7[1]（图 17-2-1，23）。

B 型：带斜坡墓道的正室墓。如喀喇沁上烧锅 M2[2]（图 17-2-1，24）。

丁类：土坑竖穴墓。

此类墓发现较多，仅次于类屋式墓，但是发表的典型墓葬较少。代表墓例为巴林右旗巴彦琥绍墓[3]（图 17-2-1，25）。

第三节　墓葬分期与分区

确定辽代墓葬的时空框架，首先要进行墓葬分期与分区。这是我们进一步研究的基础。辽代"以国制治契丹，以汉制待汉人"的基本国策，反映出在现实社会中的民族差异。因此，对辽代墓葬的研究，必须也要考虑族属问题。

一　分期和分期特征

辽代墓葬中出土遗物较为丰富，为考古学和历史学研究提供了重要资料。对辽墓进行分期，除了将墓志铭和文献对照进行直接断代外，还应该考察典型遗物及其组合所表现出来的考古学逻辑序列。这是我们进一步对没有墓志等纪年资料的墓葬进行比较研究，确定其年代的重要依据。

（一）分类和排序

民族习惯的不同，导致人们生活方式的差异，因而表现出不同的葬俗，即表现为墓葬风格和随葬品组合的差异。契丹人和汉人墓葬随葬品组合存在较为明显的差异，不能统而言之。本章综合诸学者以往的研究成果[4]，分别从契丹人墓和汉人墓中选择具有一定分

〔1〕　乌盟文物工作站、内蒙古文物工作队编：《契丹女尸——豪欠营辽墓清理与研究》，内蒙古人民出版社 1985 年版。

〔2〕　项春松：《上烧锅辽墓群》，《内蒙古文物考古》1982 年总第 2 期。

〔3〕　苗润华：《巴林右旗巴彦琥绍辽墓和元代遗址》，《内蒙古文物考古》1994 年第 1 期。

〔4〕　［日］岛田贞彦：《论满洲国出土的鸡冠壶》，《考古学》1937 年第 8 卷第 1 期；李文信：《辽瓷简述》，《文物参考资料》1958 年第 2 期；［日］长谷川道隆：《辽代鸡冠壶式样的演变，以辽墓出土资料为中心》，《古代文化》第 238 期 1978 年；梁淑琴：《辽代鸡冠壶的类型、编年及演变》，载《辽宁省考古博物馆学会成立大会会刊》1981 年；阎万章：《辽的陶瓷》，载《中国陶瓷史》第七章第八节，文物出版社 1982 年版；玛希、张松柏：《马盂考》，《松州学刊》1987 年第 4、5 期；李宇峰：《辽代鸡冠壶初步研究》，《辽海文物学刊》1989 年第 1 期；杨晶、乔梁：《辽陶瓷器的分期研究》，载《青果集——吉林大学考古专业成立二十周年论文集》，知识出版社 1993 年版；梁淑琴：《辽瓷的类型与分期》，《北方文物》1994 年第 3 期；俞永炳：《宋辽金纪年墓葬和塔基出土的瓷器》，《考古》1994 年第 1 期；张松柏：《论辽瓷鸡冠壶》，《美术史论》1995 年第 1 期；杨晶：《略论鸡冠壶》，《考古》1995 年第 7 期；冯恩学：《辽代鸡冠壶类型学探索》，《北方文物》1996 年第 4 期；孙秀莲：《浅谈鸡冠壶的演变和越窑鸡冠壶》，《辽海文物学刊》1997 年第 1 期；彭善国：《辽代陶瓷的三个问题》，载《青果集——吉林大学考古学系成立十周年纪念文集》，知识出版社 1998 年版；［日］今野春树：《辽代契丹墓出土陶器の研究》，《物质文化》第 72 号，2002 年；彭善国：《辽代青白瓷器初探》，《考古》2002 年第 12 期；彭善国：《辽代陶瓷的考古学研究》，吉林大学出版社 2003 年版。

期意义的典型器物及其组合，进行分类排序，再结合其他资料对辽墓进行初步的分期。

1. 契丹人墓葬典型器物的分类和排序

所谓典型器物，是指常见的、具有一定组合关系的、自身演变序列清楚的器物。契丹墓葬中主要有鸡冠壶、提梁壶、瓜棱壶、鸡腿瓶、凤首瓶、长颈壶（瓶）等陶瓷器类。

鸡冠壶　又称仿皮囊壶。质地多为釉陶或瓷质，偶见金属制品和木制品。根据系提部位形态有单孔和双孔的差异，分为二型。

A 型：单孔式。上部穿孔部位扁平如鸡冠状，是典型的鸡冠壶形制。依据正视图整体形制的不同，分二亚型。

Aa 型：正视上窄下宽略呈梯形。器耳均为鸡冠形。依据耳、口、壁和底等形制的变化，分四式。

Ⅰ式：以阜新卧凤沟墓[1]（图 17 - 3 - 1，1）为代表。耳较小，口较粗，与耳大体等宽，微弧壁，口耳之间有纳绳的小穿，造型古朴。

Ⅱ式：以阜新海力板墓[2]（图 17 - 3 - 1，2）为代表。鸡冠形耳，粗口，略细于耳，斜壁近直，凹圆底，有仿皮条装饰，釉到底。

Ⅲ式：以小塘土沟 M1[3]（图 17 - 3 - 1，3）、驸马赠卫国王墓[4]（图 17 - 3 - 1，4）为代表。鸡冠形耳，细口略矮，口明显窄于耳，微弧壁，圈足，有仿皮条装饰，釉到底。

Ⅳ式：以清河门 M4[5]（图 17 - 3 - 1，5）、商家沟 M1[6]为代表。鸡冠形耳，细口较高，口明显窄于耳，弧壁，圈足，无仿皮条装饰，釉不到底。

Ab 型：正视上下相若成长方形。均有鸡冠形耳，细口。依据整体形状的高矮、壁、底的变化以及施釉的不同，分三式。

Ⅰ式：以驸马赠卫国王墓[7]（图 17 - 3 - 1，6）、沙子沟 M1[8]为代表。矮体，直筒壁，平底，有仿皮条装饰，釉到底。

Ⅱ式：以巴扎拉嘎 M1[9]（图 17 - 3 - 1，7）为代表。高体，弧壁，圈足，无仿皮条装饰，釉到底。

Ⅲ式：以道尔其格墓[10]（图 17 - 3 - 1，8）为代表。高体，弧壁，圈足，无仿皮条装饰，釉不到底。

B 型：双孔式。多有器盖。依据整体形制的变化，分三式。

〔1〕　李宇峰：《辽代鸡冠壶初步研究》，《辽海文物学刊》1989 年第 1 期。

〔2〕　李宇峰：《阜新海力板辽墓》，《辽海文物学刊》1991 年第 1 期。

〔3〕　内蒙古文物考古研究所：《宁城县小塘土沟辽墓》，《内蒙古文物考古》1991 年第 1 期。

〔4〕　前热河省博物馆筹备组：《赤峰县大营子辽墓发掘报告》，《考古学报》1956 年第 2 期。

〔5〕　李文信：《义县清河门辽墓发掘报告》，《考古学报》1954 年第 8 期。

〔6〕　邓宝学等：《辽宁朝阳辽赵氏族墓》，《文物》1983 年第 9 期。

〔7〕　前热河省博物馆筹备组：《赤峰县大营子辽墓发掘报告》，《考古学报》1956 年第 2 期。

〔8〕　敖汉旗文管所：《内蒙古敖汉旗沙子沟、大横沟辽墓》，《考古》1987 年第 10 期。

〔9〕　苏日泰：《科右中旗巴扎拉嘎辽墓》，《内蒙古文物考古》1982 年第 2 期。

〔10〕　丛艳双：《阿鲁科尔沁旗道尔其格发现一座辽墓》，《内蒙古文物考古》1992 年第 1、2 期合刊。

Ⅰ式：以叶茂台M7[1]（图17-3-1，9）、广德公墓[2]为代表。上部两孔一高一低，呈驼峰状，矮体，下身肥大，侧视近似等腰三角形，凹圆底。

Ⅱ式：以安辛庄墓[3]（图17-3-1，10）、囫囵村墓[4]为代表。上部两孔等高，矮体，下身肥大，呈"凹"字形，侧视近似等腰三角形，凹圆底。

Ⅲ式：水泉M1[5]（图17-3-1，11、图17-3-1，12）、二林场墓[6]、前窗户墓[7]为代表。高体，扁身，侧视略呈长方形，前后峰等同，前峰与流连为一体。

提梁壶　早期形态也是仿皮囊壶的作风，以往通常被划归为鸡冠壶类，我们认为应该单独列出[8]。质地多为釉陶和瓷器。依据流的形制以及流和梁关系的差异，分二型。

A型：粗短流，流口低于提梁。依据整体形态矮高的不同以及流、底的变化，分四式。

Ⅰ式：耶律羽之墓[9]（图17-3-1，13）为代表。矮胖体，矮流，圆梁较高，平底，有皮条装饰，侧视圆鼓腹。

Ⅱ式：巴扎拉嘎M1[10]（图17-3-1，14）、广德公墓[11]为代表。体较高，矮流，常见龙形提梁，凹圆底，多有皮条装饰，侧视垂鼓腹。

Ⅲ式：北岭M4[12]（图17-3-1，15）、西山村M4[13]为代表。高瘦体，流很矮，有明显颈部，多绞索形矮提梁，圈足，有简化的仿皮条装饰。釉不到底。

Ⅳ式：乌兰哈达墓[14]（图17-3-1，16）、柴达木墓[15]为代表。高瘦体，无流颈，多为捏环的高提梁，圈足，无仿皮条装饰，釉不到底。

B型：细长流，流口与提梁高度相近。为A型派生出来。依据整体形态矮高的不同以及流、腹、底的变化，分四式。

Ⅰ式：海力板墓[16]（图17-3-1，17）、后刘东屯M1[17]、白玉都墓[18]为代表。矮胖体，流较高，多宽扁梁，凹圆底，有皮条装饰，侧视斜鼓腹。

---

[1]　冯永谦：《叶茂台辽墓出土的陶瓷器》，《文物》1975年第12期。

[2]　项春松：《内蒙古翁牛特旗辽代广德公墓》，《北方文物》1989年第4期。

[3]　北京文物研究所：《北京顺义安辛庄辽墓发掘简报》，《文物》1992年第6期。

[4]　河北张家口地区文物保护管理所：《河北尚义囫囵村发现辽代石棺墓》，《文物春秋》1990年第4期。

[5]　辽宁省博物馆等：《辽宁北票水泉一号辽墓发掘简报》，《文物》1977年第12期。

[6]　张柏忠：《内蒙古通辽县二林场辽墓》，《文物》1985年第3期。

[7]　靳枫毅：《辽宁朝阳前窗户村辽墓》，《文物》1980年第12期。

[8]　张松柏：《论辽瓷鸡冠壶》，《美术史论》1995年第1期。此文已将鸡冠壶和提梁壶分开，将后者称为马镫壶。

[9]　内蒙古文物考古研究所等：《辽耶律羽之墓发掘简报》，《文物》1996年第1期。

[10]　苏日泰：《科右中旗巴扎拉嘎辽墓》，《内蒙古文物考古》总第2期1982年。

[11]　项春松：《内蒙古翁牛特旗广德公墓》，《北方文物》1989年第4期。

[12]　武家昌：《喀左北岭辽墓》，《辽海文物学刊》1986年创刊号。

[13]　孟建仁等：《突泉县西山村辽墓》，载《内蒙古文物考古文集》，中国大百科全书出版社1994年版。

[14]　王建国、马俊山：《阿鲁科尔沁旗乌兰哈达墓》，《内蒙古文物考古》总第4期。

[15]　齐晓光：《阿鲁科尔沁旗柴达木墓》，《内蒙古文物考古》总第4期。

[16]　李宇峰：《阜新海力板辽墓》，《辽海文物学刊》1991年第1期。

[17]　康平县文化馆文物组：《辽宁康平县后刘东屯辽墓》，《考古》1986年第10期。

[18]　袁海波：《辽宁阜新县白玉都辽墓》，《考古》1985年第10期。

Ⅱ式：以锦什坊街墓[1]（图 17 - 3 - 1，18）、木头营子 M1[2] 为代表。体稍高，流较矮，鼓腹，平底，有仿皮条装饰。

Ⅲ式：清河门 M1[3]（图 17 - 3 - 1，19）为代表。高体，流较高，垂弧腹，圈足，有仿皮条装饰。

Ⅳ式：清河门 M2[4]（图 17 - 3 - 1，20）、北岭 M3[5]、解放营子墓[6] 为代表。高瘦体，细长流，弧腹，圈足，无仿皮条装饰。

瓜棱壶　因器身呈瓜瓣状而得名。主要是泥质陶，多杯形或碗形口，凹圆底。大部分下腹部施篦纹，少数为素面。依据口部形态的变化，分二式。

Ⅰ式：以耶律羽之墓、大横沟 M1[7]（图 17 - 3 - 1，21）为代表。杯形口，口直壁，束颈，肩上移。

Ⅱ式：以沙子沟 M1[8]（图 17 - 3 - 1，22）为代表。碗形口，口弧壁，耸肩，弧腹。

鸡腿瓶　卷沿，器身瘦高，形如鸡腿，故得名。多为瓷器，也有陶器。依据器身肥瘦和口、腹部的变化，分三式。

Ⅰ式：以叶茂台 M7[9]（图 17 - 3 - 1，23）为代表。整体粗矮，双唇侈口，溜肩，弧鼓腹，凹圆底。

Ⅱ式：以陈国公主墓[10]、清河门 M4（图 17 - 3 - 1，24）为代表。整体粗高，侈口，耸肩，筒腹，直壁，平底。

Ⅲ式：以龟山 M1[11]（图 17 - 3 - 1，25）为代表。整体瘦高，敛口，上鼓腹，下腹内收，平底略内凹。

凤首瓶　因口下有张目曲喙之凤首而得名。多为釉陶，长颈，宽肩，瘦足，足底外展。依据整体形制和凤首风格的差异，分二式。

Ⅰ式：以水泉 M1[12]、前窗户墓（图 17 - 3 - 1，26）为代表。整体粗壮，凤首为写实风格，为张目曲喙衔珠、伸颈直立的全凤，颈肩之间印俯莲纹一周，颈、肩各饰两道弦纹。

〔1〕　北京市文物管理处：《近年来北京发现的几座辽墓》，《考古》1972 年第 3 期。
〔2〕　内蒙古文物工作队：《内蒙古哲里木盟奈林稿辽代壁画墓》，《考古学集刊》第 1 集。
〔3〕　李文信：《义县清河门辽墓发掘报告》，《考古学报》第 8 册 1954 年。
〔4〕　李文信：《义县清河门辽墓发掘报告》，《考古学报》第 8 册 1954 年。
〔5〕　武家昌：《喀左北岭辽墓》，《辽海文物学刊》1986 年创刊号。
〔6〕　翁牛特旗文化馆等：《内蒙古解放营子辽墓发掘简报》，《考古》1979 年第 4 期；项春松：《辽墓壁画选》，上海人民美术出版社 1984 年版。
〔7〕　敖汉旗文管所：《内蒙古敖汉旗沙子沟、大横沟辽墓》，《考古》1987 年第 10 期。
〔8〕　敖汉旗文管所：《内蒙古敖汉旗沙子沟、大横沟辽墓》，《考古》1987 年第 10 期。
〔9〕　辽宁省博物馆：《法库叶茂台辽墓纪略》，《文物》1975 年第 12 期。
〔10〕　内蒙古自治区文物考古研究所、哲里木盟博物馆：《辽陈国公主墓》，文物出版社 1993 年版。此墓的鸡腿瓶与清河门 M4 的同类器形制相近。
〔11〕　靳枫毅、徐基：《辽宁建昌龟山一号辽墓》，《文物》1985 年第 3 期。
〔12〕　辽宁省博物馆等：《辽宁北票水泉一号辽墓发掘简报》，《文物》1977 年第 12 期。

（二）墓葬分期

丧葬制度在一定程度上可以折射出人们当时的日常生活习俗或理念。每个朝代从兴起、强盛到衰败，其社会意识形态和物质文化方面都会有着明显的阶段性变化。社会重大历史事件的变故，对日常的生活习俗和观念有着较大的影响，特别是战争频繁时期。因此，在进行辽代墓葬的考古学分期时需要顾及这些因素。

我们以有墓志铭等纪年资料的典型甲类墓为线索，结合墓葬形制、典型器物排序和器物组合的变化，制成表 17 - 3 - 1、表 17 - 3 - 2、表 17 - 3 - 3。

表 17 - 3 - 1　　　　　　　　　　部分纪年墓葬形制和典型器物表

墓名	年代（年）	墓葬类型	典型器物型式	纪年资料来源	备注
耶律羽之墓	941	BⅡ	AⅠ式提梁壶、Ⅰ式瓜棱壶	墓志	契丹人
赵德钧墓	958	AⅠ	Ⅰ式罐、Ⅰ式瓮	墓志	汉人
驸马赠卫国王墓	959	BⅠ	AaⅡ式鸡冠壶、AbⅠ式鸡冠壶	墓志	契丹人
臧知进墓	969	AⅤ	Ⅱ式罐	墓志	汉人
叶茂台 M7	970—977	AⅡ	BⅠ式鸡冠壶、Ⅰ式鸡腿瓶、Ⅱ式长颈壶（瓶）	带干支纪年漆器	契丹人
韩佚墓	997—1011	AⅤ	Ⅰ式执壶、Ⅰ式釜、Ⅰ式鼎、Ⅱ式盆、Ⅰ式鸡腿瓶	墓志	汉人
商家沟 M1	1002	AⅤ	AaⅣ式鸡冠壶	墓志	契丹人
陈国公主墓	1018	AⅢ	Ⅱ式鸡腿瓶、Ⅲ式长颈壶（瓶）	墓志	契丹人
耿延毅墓	1020	BⅣ	BⅢ式鸡冠壶	墓志	汉人
清河门 M1	早于 1044	AⅢ	BⅡ式提梁壶、Ⅲ式鸡腿瓶	墓志	契丹人
清河门 M2	1057	CⅢ	BⅢ式提梁壶、Ⅱ式凤首瓶	墓志	契丹人
张恭诱墓	1117	CⅤ	Ⅲ式罐、Ⅱ式执壶、Ⅱ式釜、Ⅱ式鼎、Ⅱ式盆、Ⅱ式鸡腿瓶	墓志	汉人

从表 17 - 3 - 1 中可以看出，辽兴宗以前，甲类墓葬形制以圆形和方形主室为主；而兴宗以后则常见多角形主室墓。目前已知最早的多角形墓葬是太平八年（1028 年）宁城李知顺墓[1]，这是兴宗以前仅见的几例多角形墓葬之一[2]，较为特殊。

从表 17 - 3 - 1 中还可以看到，典型器物的各种类型中，式别的变化是与墓葬从早到

---

[1] 李逸友：《辽李知顺墓志铭跋》，《内蒙古文物考古》1981 年创刊号。据文中介绍，李知顺墓为石筑八角形墓，这是辽墓中迄今所知年代最早的一例八角形主室墓。

[2] 阜新萧仅墓为太平九年（1029 年）的砖筑八角形墓，也属于特例（见《辽宁阜新萧仅墓》，《北方文物》1988 年第 2 期）。从目前的考古发现看，多角形墓葬在兴宗重熙年间以后才大量出现，成为墓葬形制的主流。

晚的顺序相一致的。因此，我们根据典型器物的分类排序，结合器物的组合关系，将契丹人墓葬初步分为四期（如表17－3－2）。

表17－3－2　　　　　契丹人墓典型器物型式及组合变化和分期表

	鸡冠壶			提梁壶		瓜棱壶	鸡腿瓶	凤首瓶	长颈壶（瓶）
	Aa 型	Ab 型	B 型	A 型	B 型				
一期	Ⅰ			Ⅰ					
	Ⅱ			Ⅱ			Ⅰ		Ⅰ
二期	Ⅲ	Ⅰ	Ⅰ	Ⅲ			Ⅱ	Ⅰ	Ⅱ
			Ⅱ						
三期		Ⅱ	Ⅲ		Ⅰ				Ⅲ
	Ⅳ			Ⅳ	Ⅱ		Ⅱ	Ⅰ	
四期				Ⅴ	Ⅲ		Ⅲ	Ⅱ	Ⅳ

同样，汉人墓葬可以分为三期（如表17－3－3）。

表17－3－3　　　　　汉人墓典型器物型式及组合变化和分期表

	罐	执壶	釜	鼎	盆	鸡腿瓶
一期	Ⅰ				Ⅰ	
二期	Ⅱ	Ⅰ	Ⅰ	Ⅰ	Ⅱ	Ⅰ
三期	Ⅲ	Ⅱ	Ⅱ	Ⅱ	Ⅲ	Ⅱ

依据表17－3－1、表17－3－2和表17－3－3的资料，通过考古学的比较研究，可以确定契丹人墓葬的Ⅱ式、Ⅲ式鸡腿瓶分别和汉人墓葬Ⅰ式、Ⅱ式鸡腿瓶形制基本对应，期别年代相当。也就是说，汉人墓葬的一至三期大体与契丹墓葬的二至四期相当。这样，综合契丹人墓和汉人墓的情况，辽代墓葬可以归纳成四期，具体情况如下。

第一期：太祖、太宗阶段（907—947年）；

第二期：世宗、穆宗、景宗阶段（947—983年）；

第三期：圣宗、兴宗阶段（983—1055年）；

第四期：道宗、天祚帝阶段（1055—1125年）。

（三）分期特征

考察这四期墓葬形制结构，以及典型器物组合和演变的特点，可以看出各期时代特征较为明显。

第一期墓葬发现较少，以阿鲁科尔沁宝山1号墓、2号墓和耶律羽之墓为代表。墓葬形制秉承当地唐代流行的风格和特点[1]，以圆形类屋式墓为主，还有弧方形和方形类屋式墓。宝山1号墓有天赞二年（923年）墨书题记，是目前最早的纪年墓葬，其为弧方形类屋式墓，与北京清河唐墓[2]形制相近，应是沿袭了唐代流行弧方形墓葬的遗风。这种弧方形墓葬在辽代以后各期中很少见。这一时期墓葬还没有形成辽代自身的特点。

这个阶段仅明确认识出契丹人墓葬，以AaⅠ、AaⅡ式鸡冠壶、AⅠ、AⅡ式提梁壶、Ⅰ式瓜棱壶、Ⅰ式长颈壶为典型组合。这时期的鸡冠壶、提梁壶的仿皮囊壶的特征突出，整体形制粗矮。与此形制相近的仿皮囊器在唐代墓葬和窖藏中都有发现[3]。

第二期墓葬以驸马赠卫国王墓、法库叶茂台M7、赵德钧墓为代表。除驸马赠卫国王墓形制吸收了五代特点[4]外，辽代自身的墓葬形制初步确立，流行圆形和方形（或长方形）的类屋式墓。总体而言，这一期属于辽代墓葬特点初步形成阶段。

这个阶段契丹人墓葬中的典型遗物组合有AaⅢ式、AbⅠ式、BⅠ式、BⅡ式鸡冠壶、AⅢ式提梁壶、Ⅱ式瓜棱壶、Ⅰ式鸡腿瓶、Ⅱ式长颈壶。其中AbⅠ式、BⅠ式、BⅡ式鸡冠壶和鸡腿瓶都是本期新出现的器类。此外，这时期的贵族墓葬多随葬实用的成套马具，包括辔、鞍、鞯、衔、当卢、铃铛、镫等。汉人墓葬中陶器特点是粗矮。

第三期以陈国公主墓、韩佚墓为代表。墓葬形制仍然以圆形和方形（或长方形）类屋式墓为主，晚段发现了个别多角形类屋式墓。这是辽代的鼎盛时期。

这个阶段契丹人墓葬中的典型遗物组合有AaⅣ式、AbⅡ式、BⅢ式鸡冠壶、AⅣ式、BⅠ式、BⅡ式提梁壶、Ⅱ式鸡腿瓶、Ⅰ式凤首瓶、Ⅲ式长颈壶。其中鸡冠壶多为圈足，瘦高，时代特征明显；新出现细长流的提梁壶和凤首瓶；长颈壶出现了较大的变化，有些学者改称为长颈瓶。此外，这时期贵族墓葬随葬的马具不再成套，只见部分部件，个别特例如陈国公主墓也只是随葬成套明器马具。汉人墓葬流行成组的陶明器，如罐、执壶、釜、鼎、盆等。

第四期以清河门M2、法库萧义墓、库伦前勿力布格1号墓[5]和张恭诱墓等为代表。这时期墓葬通常为多角形类屋式墓，六角形和八角形居多，也见圆形和方形主室。

这个阶段契丹人墓葬中的典型遗物组合为AⅤ式、BⅢ式提梁壶、Ⅲ式鸡腿瓶、Ⅱ式凤首瓶、Ⅳ式长颈壶。最具契丹民族特色的鸡冠壶已经消失。贵族墓葬随葬马具通常只有铃铛、衔、马镫等几种；高级贵族多随葬从北宋进口的影青瓷等名贵瓷器，一般贵族则流行随葬辽三彩釉陶器，形成这一时期鲜明的断代标志。汉人墓葬仍流行成组的陶明器，器形以瘦高、深腹为特点。

---

〔1〕　齐东方：《中国北方地区唐墓》，载《7—8世纪东亚地区历史与考古国际学术讨论会论文集》，科学出版社2001年版。

〔2〕　北京市文物工作队：《北京市发现的几座唐墓》，《考古》1980年第6期。

〔3〕　李知宴：《唐代瓷窑概况与唐瓷的分期》，《文物》1972年第3期。文中论及西安唐墓出土有白釉皮囊壶；陕西省博物馆等：《西安南郊何家村发现唐代窖藏文物》，《文物》1972年第1期。何家村唐代窖藏中出土了一件舞马衔杯纹仿皮囊银壶。

〔4〕　河北省文物研究所、保定市文物管理处：《五代王处直墓》，文物出版社1998年版。驸马赠卫国王墓形制与王处直墓十分相似，应有一定的关系。

〔5〕　王健群、陈相伟：《库伦辽代壁画墓》，文物出版社1989年版。

二　墓葬分区

大辽国是以契丹族为主导，汉族居重要地位的多民族国家。《辽史·营卫志中·行营》载："长城以南，多雨多暑，其人耕稼以食，桑麻以衣，宫室以居，城郭以治。大漠之间，多寒多风，畜牧畋渔以食，皮毛以衣，转徙随时，车马为家。此天时地利所以限南北也。辽国尽有大漠，浸包长城之境，因宜为治。秋冬违寒，春夏避暑，随水草，就畋渔，岁以为常。四时各有行在之所，谓之'捺钵'。"

由于历史原因，以契丹为主的游牧民族一直占据长城以北的广袤地域，即辽国的上京道、中京道和东京道的西北；而汉族人除部分在塞北与契丹等族杂居外，主体则长期集居在长城以南，即南京道、西京道和东京道大部。依此，我们可以将辽代墓葬分为四个区域。

第一区：长城以北地区以赤峰和朝阳为重心的上京、中京道和西京道部分地区。这里是契丹族的发祥地和主要居住区，契丹民族特点突出。

第二区：长城以南地区的南京和西京道大部分地区。这里是汉族人民的主要居住地，汉族传统习俗和民族风格明显。

第三区：以辽阳、鞍山为中心的东京道地区。这里主要是渤海国故地，是渤海人和汉人的居住地。这里的墓葬以画像石为特色，具有一定的特殊性。

第四区：是今吉林、黑龙江、内蒙古东北部和中西部，以及蒙古国，属于辽代统治的边远地区。我们这里研究的对象主要是前三区。

第四节　墓葬壁饰

所谓墓葬壁饰，主要是指墓葬建筑的壁面绘画（壁画），也包括雕刻（画像石、画像砖和雕砖等）、木棺椁板画（含墓内木护墙绘画），以及砖雕或石雕的仿木结构建筑等。壁饰的装饰位置通常为墓道和天井的两侧壁面，墓门、甬道、耳室、墓室及其顶部的壁面上。砖或石雕的仿木结构建筑通常在墓门或棺椁上。

辽代墓葬壁饰以壁画居绝大多数，还有一定数量的画像石和雕砖。此外也见一些木棺椁板画和仿木结构建筑等。此类墓基本都是砖或石筑的"类屋式墓"。

辽墓壁饰内容十分丰富，而且具有很高的艺术价值，是人类珍贵的文化遗产之一。辽墓壁饰主要是承继了唐代和五代时期中原的绘画传统，同时也逐渐形成有自己民族特色的艺术风格。李逸友等曾对辽墓壁饰的题材和内容进行了初步的考古学研究[1]，而近年美

---

〔1〕　李逸友：《论辽墓壁画的题材和内容》，《内蒙古文物考古》1993年第1、2期合刊；《论辽墓画像石的题材和内容》，《辽海文物学刊》1992年第2期；郑绍宗：《辽代绘画艺术和辽墓壁画的发现与研究》，《文物春秋》1995年第2期。

术史学者的研究更为丰富[1]。

依据中国传统的美术分类法，辽墓壁饰内容可以分为人物画、山水画、花鸟画等三类。也有人综合考察辽墓壁画的题材和内容，分现实人物生活画、现实生活环境画和宗教信仰画三类。具体而言，主要有门侍（或门神）图、侍奉图、宴饮图、庖厨图、备茶图、备酒图、散乐图、出行（或归来）图、妇人启门图、家居陈设图、放牧图、狩猎图、马球图、花鸟竹林屏风画、历史故事图、孝子图、星象图、仙鹤祥云图等题材。就每个墓而言，绘画者依据墓主人生前喜好、墓室壁饰的布局等来设计不同的内容，常常是多种题材同时存在。

这里我们仅对不同区域内的契丹人、汉人墓葬壁饰的题材进行初步梳理，从中比较异同，而且也探讨区域性的差异和不同时期壁饰的主要特征。

一　长城以南的南京道和西京道大部分地区

这一地区主要是指后晋割让给辽朝的以燕云十六州为中心的范围[2]，即长城以南到白沟以北的区域。这里是唐和五代以来，汉人集聚的地区。这一地区的墓葬壁饰主要是壁画，也有少量的雕砖。南京道和西京道地区，分居燕山东西两侧，习称为山前和山后之地。

第一期：太祖、太宗阶段（907—947年）这一地区不见带壁饰的墓葬。

第二期：世宗、穆宗、景宗阶段（947—983年）；

这一地区目前发现最早的壁画墓，是南京道应历八年（958年）赵德钧墓[3]。其壁画题材有门吏图、观画图、庖厨图、生活侍奉图等。此墓壁画的画风类似唐代传统。其中观画图，画面上绘6人，有3名汉族官吏头戴展脚幞头，身穿交领宽袖长袍，正在欣赏1幅卷轴画，3名仆侍站在身后。这显然是在渲染墓主人较高的艺术品位和社会地位。

其次为西京道乾亨四年（982年）许从赟墓[4]。此墓壁饰属于仿木结构雕砖和壁画并存的形式。仿木结构砖雕门楼上有彩绘。门额上直接雕绘有三朵六铺作斗拱，不见普拍枋。墓室内壁画分三层：上层即穹窿顶，原绘星象图；中层即壁上端，绘仿木结构斗拱等；下层即墓室立面，是壁画主体。仿木结构立柱6根，将壁画分为六块。南侧墓门两侧有侍者和燃灯侍女。其他画面正中都设假门、直棂窗或大衣架，人物分立两侧。其中东北角侍女图中直棂窗有一只花猫（图17-4-1）。

〔1〕 李清泉：《宣化辽墓：墓葬艺术与辽代社会》，文物出版社2008年版；张鹏：《辽代壁画研究》，天津人民美术出版社2008年版。

〔2〕 《辽史》卷四《太宗本纪》，会同元年（938年）十一月"晋复遣赵莹奉表来贺，以幽、蓟、瀛、莫、檀、顺、女为、涿、儒、新、武、云、应、朔、寰、蔚十六州并图籍来献。于是诏以皇都为上京，府曰临潢。升幽州为南京，南京为东京。改新州为奉圣州，武州为归化州"。其中瀛洲和莫州被后周和北宋所收复，不在本章所述之列。

〔3〕 北京市文物队：《北京南郊辽赵德钧墓》，《考古》1962年第5期。

〔4〕 王银田、解廷琦、周雪松：《山西大同市辽代军节度使许从赟夫妇壁画墓》，《考古》2005年第8期；解廷琦：《大同新添堡辽代许从赟壁画墓》，载《大同文史资料》第14辑，1986年。

图 17－4－1　大同许从赟墓墓室东北壁之侍女图

第三期：圣宗、兴宗阶段（983—1055 年）；

西京道地区，略晚于许从赟墓的统和六年（988 年）臧知进墓[1]、统和十二年（994 年）姜承义墓[2]等，都是仿木结构雕砖墓。其题材有门窗图、桌椅图、灯檠或衣架陈设图、马球杖图等。

南京道地区，以统和十五年（997 年）韩佚墓[3]、开泰六年（1017 年）韩相[4]和重熙二十三年（1054 年）王泽墓[5]为代表，多是壁画墓，也有雕砖。其题材有门侍图、门窗图、桌椅图、灯檠或衣架陈设图、屏风图、生活侍奉图、启门图、墓主人端坐图、莲花图、门楼图等。

西京道和南京道壁饰题材以门窗图、桌椅图和灯檠或衣架陈设图为共性，反映了时代特点。

第四期：道宗、天祚帝阶段（1055—1125 年）。

〔1〕　张家口地区文管所、涿鹿县文管所：《河北涿鹿谭庄臧之进墓》，《文物春秋》1990 年第 3 期。

〔2〕　张家口地区文管所、宣化县文管所：《河北宣化辽姜承义墓》，《北方文物》1991 年第 4 期。

〔3〕　北京文物工作队：《辽韩佚墓发掘报告》，《考古学报》1981 年第 3 期。

〔4〕　河北省博物馆文物管理处：《河北迁安上芦村辽韩相墓》，《考古》1973 年第 5 期。

〔5〕　北京市文物管理处：《近年来北京发现的几座辽墓》，《考古》1972 年第 3 期。

这一阶段，西京道的典型壁画墓集中发现在辽归化州故地（今宣化地区）。以大安九年（1093 年）张文藻墓[1]和天庆六年（1116 年）张世卿墓[2]为代表的宣化下八里墓地，发现了一组壁画墓。主要题材有门侍图、散乐图、备茶图、女侍挑灯图、妇人启门图、生活侍奉图、门窗图、花卉仙鹤图、屏风图、星象图等，还有备酒图、备马出行图、驼车出行图、宴乐图、三老会棋图、儿童跳绳图、备打马球图等。

在下八里辽墓壁画中，备茶图和备酒图是较为常见的题材。我们从备茶图中，可以看到从贮茶、碾茶、煮茶到饮茶的整个流程，再现辽代茶道，丰富了中国北方地区茶文化研究的资料。

宣化下八里张匡正墓（M10）前室东壁绘有一幅备茶图，画幅宽 1.81 米、高 1.52米。画面由装束、性别和年龄都各异的 5 个人物组成，各执一事，相互关联，表现了中国传统茶事的不同程序。画面前边有二少年。左侧少年为一碾茶汉族女孩，头梳双抓髻，双手带镯子，穿红色交领窄袖短衫，白色带补丁的窄腿裤，圆口绊带鞋。女孩右腿支起，侧坐于一茶碾旁，身体前倾，双手紧握轴柄，作用力推拉状。其身旁有一个浅漆盘，上有一茶罗（白色小碗），用来盛放碾好的茶末。右侧少年为一吹火的契丹男孩，髡发，上穿蓝色交领窄袖长衫，足为圆口绊带鞋。少年双手扶膝，身体前倾，跪在风炉前，口中衔有一管状喇叭形物，正在鼓腮用力向炉火膛内吹风。风炉上有一黄色茗瓶（煮茶专用，形制如执壶），表现了煮茶的情形。风炉为煮茶专用，有底座和炉身两部分。在吹火少年后，有两只正在嬉戏的花斑狗，平添了不少生活情趣。

画面后边为三个成人侍者。左侧为二簪花女侍，均梳三高髻，短襦，长百褶裙，双手都捧有茶船，俗称盏托（下为朱色漆茶托，上为黄釉瓷茶盏）。偏前的侍女面向左侧，似乎已倒好茶，在准备为主人送去；偏后的侍女面向风炉，似乎在等待髡发男侍者倒茶。右侧为一髡发男侍，穿紫色圆领窄袖长袍，略躬身，右手扬起，左手向前做要取茶壶状，与右向的侍女相呼应，静中有动，形象生动。髡发侍者左后侧为一大一小二函盒，应是专门贮茶用的茶箱。大盒为五层，长方形，盝顶盖，两端有双提环；小盒为三层方形。髡发侍者右后侧为黄色方桌，上有各类茶具，有一带藤套的梅瓶、一黄釉执壶、三茶盏、一黄色四足小函盒等容器，还有一曲柄锯、一火钳、一棕刷、一铁链匕形器。其中曲柄锯可能是锯茶饼用的；弓形火钳是拨炉内炭火用的；棕刷是刷取茶沫用的；四足小函盒可能是茶罗子一类的物品。

从这幅构图讲究、内容丰富的备茶图中，我们可以看到有贮茶的茶箱，有加工茶叶的茶碾，有煮茶的风炉，有点茶的茗瓶，有端茶的茶船（或称盏托），有品茶的茶瓯（或称茶盏）等茶具。从中可以感受到从贮茶、碾茶、煮茶到饮茶的动态过程。这似乎反映在长城以南的辽朝汉人集居区，人们对茶道的热衷和讲究程度。

文献记载，在隋、唐以前，品茶还主要是江南人民的雅兴。根据唐代《封氏闻见记》描述，关于品茶，"南人好饮之，北人初不多饮"，"如今……殆成风俗，如于中地，流于

〔1〕 河北省文物研究所：《宣化辽墓——1974—1993 年考古发掘报告》，文物出版社 2001 年版。
〔2〕 河北省文物研究所：《宣化辽墓——1974—1993 年考古发掘报告》，文物出版社 2001 年版。

塞外"。可见，唐代中晚期以来，饮茶之风不仅风靡大江南北，而且远及塞外之地。辽朝境内备茶图的大量发现，说明辽朝的汉人品茶之风也比较兴盛。

通常而言，壁画的备茶图并不见碾茶的细节，而只是表现侍者围绕茶桌准备的情形。张世古墓（M5）后室西南壁备茶图描绘的就是这样的内容。画面中部为一红方桌，桌上摆有茶具：红盏托、小碗，白瓷盏、钵和勺，四足红函盒。桌前为一四足火炉，炭火旁有一温茶的白色茗瓶。桌后一女侍，戴莲瓣软冠，双手捧有一黑色托子和白盏；右侧为一年轻侍者，头饰特殊，穿交领窄袖长衫，双手持唾盂，侧身面向火炉而立；左侧有一老年妇女，裹皂色软巾，左手持团扇，右手扬起，食指指向当中女子，似乎在交代什么，神态较为逼真。与之相对的东南壁描绘的应是一幅备酒图，在褐色方桌后有二男侍，一戴幞头之人端有圆盘，上有一莲花碗，另一髡发之人手持执壶，正在往莲花碗中倒酒。旁边门框内有迎面二女子，作出入状。从现知的考古资料看，辽代墓葬壁画备茶图和备酒图成组出现的形式，对于后来金、元时期的墓葬壁画曾产生了较大的影响。

中国最早的星象图发现于湖北随州曾侯乙墓出土的漆箱盖上[1]，在西汉壁画墓中也有发现。但是将二十八宿和黄道十二宫合在一幅星象图上，当属河北宣化张世卿墓（M1）后室墓顶的彩绘星象图发现最早，是中国天文史上的重要发现，具有重要的意义[2]。

夏鼐认为，中国的二十八宿是将天球赤道附近的天空，划分为二十八个不等的部分。每个部分作为一宿。二十八宿分属四方，分别是：东方苍龙七宿，北方玄武七宿，西方白虎七宿，南方朱雀七宿。中国二十八宿成为体系，大约在东周时期。黄道十二宫则是随着佛经的翻译由西方传入中国的，至迟在隋代。印度天文学较早将黄道十二宫和二十八宿联系在一起[3]。

张世卿墓后室墓顶的彩绘星图，画在直径2.17米的圆形范围内。中心嵌有一面35厘米的铜镜，镜周围绘有两层九瓣莲花。环绕在莲花外围一周，绘有二十八宿和北斗七星等星宿，象征蔚蓝色的天空。这些星宿都作朱色圆点，每一星座的各星之间用红色直线相连。北斗星座在北方，斗柄东指。二十八宿中张在南，虚在北，昴在西，房在东，其余依次序排列。二十八宿与中心莲花之间有九颗较大的圆点：其中一颗最大的，为赤色，中绘金乌；其余八颗，朱、蓝二色各占一半。最外的一层，分布着黄道十二宫图形。各图形分别绘在直径21厘米的圆圈中。其中白羊宫和娄宿相对，其余各宫顺时针依次排列一周。这幅图的风格，明显受到印度天文学将二十八宿和黄道十二宫相对照特点的影响，同时构图以莲花为中心，也带有一些印度佛教的痕迹。这显然与墓主人笃信佛教有关。

宣化下八里张氏墓地中，这种星象图发现较多，但都不如张世卿墓复杂。张匡正墓后室墓顶的星象图，是以重瓣莲花藻井为中心，周围环绕星空，以顺时针方向排列，绘有二十八宿和太阳、太阴。每个红点代表一颗星，星间用红线相连成组。东方七宿为苍龙，南

［1］ 随县擂鼓墩一号墓考古发掘队：《湖北随县曾侯乙墓发掘简报》，《文物》1979年第7期。
［2］ 河北省文物考古研究所：《宣化辽墓》，文物出版社2001年版。
［3］ 夏鼐：《从宣化辽墓的星图论二十八宿和黄道十二宫》，《考古学报》1976年第2期。

方七宿为朱雀，西方七宿为白虎，北方七宿为玄武。没有黄道十二宫的内容。张文藻墓等也是这样。

散乐原指周代民间乐舞，包括俳优歌舞杂奏，因不在官乐之内，故称为散乐。汉武帝以后，成为民间及从西域传入的乐舞杂技表演的总称，又称百戏。《旧唐书》云："散乐者，历代有之，非部伍之声，俳优歌舞杂奏……如是杂变，总名百戏……散乐，用横笛一，拍板一，腰鼓三。"[1]

《辽史》卷五十四《乐志》记载有关辽朝音乐的情况。"辽有国乐，有雅乐，有大乐，有散乐，有铙歌、横吹乐。""今之散乐，俳优、歌舞杂进，往往汉乐府之遗声。晋天福三年（938年），遣刘昫以伶官来归，辽有散乐，概由此矣。"[2]其中散乐所使用的乐器有："觱篥、箫、笛、笙、琵琶、五弦、箜篌、筝、方响、杖鼓、第二鼓、第三鼓、腰鼓、大鼓、鞉、拍板。"

辽代的散乐多与俳优、歌舞相组合，在辽墓壁画中得到印证。散乐图是辽代中晚期墓葬壁画常见的内容，应是借鉴了五代和北宋的题材。

目前已经发现的辽代墓葬壁画中，契丹人和汉人均有各种散乐图。画面上的乐伎多穿官服，最多达12人，少则5人，通常为7—8人不等。每幅画中多是前面有舞蹈者1或2人，有的舞者兼击腰鼓，后面为奏乐者。所演奏的乐器主要有觱篥、横笛、箫、排箫、笙、琵琶、拍板、腰鼓、大鼓9种，5种属管乐，1种属弦乐，3种为打击乐。舞蹈者多为女童或女扮男装，而奏乐者则男女都有。散乐班子的构成和排序，可能与表演的曲目有关。所画人物与真人大小相仿。

宣化下八里张世卿墓（M1）前室东壁绘有一幅散乐图，画中人物是目前辽墓中最多的，有12人。乐队有11人，着汉人装束，头戴交脚幞头，多身穿圆领长袍（有个别人穿交领短衫），腰束革带，脚着高靴，分前后两排。从左到右，前排人物分别吹觱篥、吹笙、吹觱篥、打腰鼓、击大鼓；后排人物分别击拍板、弹折颈琵琶、吹横笛、吹横笛、打腰鼓、吹排箫。乐队前面正中有一舞者，戴花脚幞头，左肩耸起，双臂扬起，右腿前伸，足尖上翘，左腿微曲，做表演状，极富有动感。

这一阶段的大同府地区以十里铺M27[3]和卧虎湾M4[4]为代表。壁画题材有门侍图、牵马图、轿车图、女子执幡图、屏风图、启门图、假门图、散乐图、备宴图、驼车图和晾衣图等。

而南京道地区，以天庆三年（1113年）丁文道墓[5]为代表。题材有门侍图、门神图（武士图）、门窗图、庖厨图、门楼图等。

总的来看，在圣宗以前的汉人壁画墓，较少发现。目前仅见的两座墓葬都是高级官吏的墓葬。即使是圣宗、兴宗时期，在西京道地区，还多是仿木结构的雕砖墓；南京道则流

〔1〕　《旧唐书·志第九·音乐二》。
〔2〕　《辽史·乐志·散乐》。
〔3〕　山西省文物管理委员会：《山西大同郊区五座辽壁画墓》，《考古》1960年第10期。
〔4〕　大同市文物陈列馆：《山西大同卧虎湾四座辽代壁画墓》，《考古》1963年第8期。
〔5〕　北京市文物工作队：《北京西郊百万庄辽墓发掘简报》，《考古》1963年第3期。

行壁画墓。这似乎与前朝的地域文化习俗有一定的关系[1]。道宗时期，长城以南的辽境，普遍流行壁画墓。但从题材和内容风格上看，南京道和西京道之间略有差异。

根据壁饰题材的使用概率，我们可以大体归纳汉人壁饰墓葬的特点和典型题材。汉人墓葬壁饰中的人物几乎都是着汉装。生活场景多表现汉人居室内日常生活的细节，基本不见户外牧猎的画面。晚期汉人墓壁饰中出现驼车图（卧虎沟 M1、M2 有驼车图）[2]和契丹人物、胡人形象（韩师训墓等），或许是民族融合和特殊历史背景的产物[3]。西京道的宣化和大同地区，晚期墓葬壁画都出现程序化的题材和内容。汉人墓葬壁画典型题材主要有门侍图（晚期有门神图）、庖厨图、妇人启门图、散乐图、备茶图、备酒图、星象图、屏风图、灯檠衣架图、晾衣图、女子执幡图、门窗图、门楼图等。

二　长城以北以赤峰、朝阳为重心的上京道和中京道地区

这一地区是契丹人集聚的中心区域，同时也有大量的汉族等不同民族的人杂居。这一地区的墓葬壁饰主要是壁画，也有画像石，以及棺或椁壁画等。根据有题铭的墓葬资料，我们仅能从契丹人墓和汉人墓两个方面来考察其壁饰题材和内容。

（一）契丹人墓壁饰

这里所说的契丹人墓壁饰，是以出墓志的墓葬为主，也涉及一些被公认的契丹贵族墓葬资料。

第一期：太祖、太宗阶段（907—947 年）。

这阶段重要的壁画墓仅有宝山 M1、M2[4]和耶律羽之墓[5]。主要题材有门侍图、门神图、牵马出行图、侍奉图、人物故事图（有杨贵妃教鹦鹉图、苏若兰织寄迴文锦图、高逸图、汉武帝拜见西王母图）、妇人启门图、奏乐图、花鸟屏风图等。

宝山 M1 和 M2 中人物故事图，杨贵妃教鹦鹉图、苏若兰织寄迴锦文图、汉武帝拜见西王母图、高逸图都是中原地区汉唐时期流传的故事题材[6]；其石椁室后壁绘制妇人启门和花鸟屏风的风格，以及耶律羽之墓的门神图和奏乐图等，显然与晚唐五代时期中原和燕山南北地区的墓葬壁饰一脉相承[7]。可以说，这个阶段，契丹墓葬壁画还基本是承袭晚唐五代的风格特点，尚未形成自己的特色。

〔1〕 唐代晚期，晋北和冀西北地区，有一些仿木结构雕砖墓，如阳原金家庄墓（《考古》1992 年第 8 期）；北京地区已有壁画墓发现，如王公淑墓等（《文物》1995 年第 11 期）。
〔2〕 山西省文物管理委员会：《山西大同郊区五座辽壁画墓》，《考古》1960 年第 10 期。
〔3〕 宿白：《宣化考古三题》，《文物》1998 年第 1 期。
〔4〕 内蒙古文物考古研究所、阿鲁科尔沁旗文物管理所：《内蒙古赤峰宝山辽壁画墓发掘简报》，《文物》1998 年第 1 期。
〔5〕 内蒙古文物考古研究所、赤峰市博物馆、阿鲁科尔沁旗文物管理所：《辽耶律羽之墓发掘简报》，《文物》1996 年第 1 期。
〔6〕 吴玉贵：《内蒙古赤峰宝山辽壁画墓"颂经图"略考》，《文物》1999 年第 2 期；《内蒙古赤峰宝山辽墓壁画"寄锦图"考》，《文物》2001 年第 3 期。罗世平：《辽墓壁画试读》，《文物》1999 年第 1 期。
〔7〕 北京市海淀区文物管理所：《北京市海淀区八里庄唐墓》，《文物》1995 年第 11 期；河北省文物研究所、保定市文物管理处：《五代王处直墓》，文物出版社 1998 年版。

"杨贵妃教鹦鹉图"的画面以太湖石、鲜花、棕榈和修竹等花木竹石为背景，表现了宫中景色幽静秀美。整幅画面的中心就是杨贵妃和案上一鹦鹉。杨贵妃面部丰腴，眉清目秀，云鬟，鬓前上下对插两把扁梳，佩金钗。红色抹胸，外罩红地述路纹宽袖长袍，蓝色长裙，端坐在高背椅子上，面前为红框蓝面条案，上有展开的经卷，案左有一金盏托，右侧立有一只羽毛洁白的鹦鹉，面对贵妃。这只鹦鹉就是能诵读经文的雪衣娘。杨贵妃仪态端庄典雅，左手持拂尘，右手轻按经卷，专心诵读。贵妃身体右侧，前、后各有 2 名侍女。前边 2 侍女拱手而立；后边 2 侍女一持扇，一捧净盆。此四人当是贵妃的贴身侍女，除持扇者梳双髻外，余者发式和服装都与贵妃相近，但是女侍的衣饰颜色较暗，而贵妃服装色彩明亮鲜艳，主次可谓分明。另外，在画面左侧，还有 2 男吏，均戴展脚幞头，分别穿红色或褐色长袍，表情谦和，应为宫中太监。

在这幅壁画右上角竖框内，有墨书题诗，云："雪衣丹觜陇山禽，每受宫闱指教深。不向人前出凡语，声声皆（是）念经音。"根据吴玉贵先生考证，这首诗点明了这幅画的内容，这幅画表现的是杨贵妃在教鹦鹉——雪衣娘诵读《多心经》的场景。诸多文献都记载了与这首诗相近的内容。

唐代画家张萱和周昉都创作过有关杨贵妃教雪衣娘诵经的绘画，分别题为"写太真教鹦鹉图"和"妃子教鹦鹉图"。这两幅画一直流传到北宋时期。从宝山 2 号墓壁画的风格看，或许就是以上述作品为粉本的，反映了在辽代初期辽代显贵对唐文化的尊崇和继承。

"苏若兰织寄迴文锦图"的画面以修竹、芭蕉树、苍柏等为背景，景致秀美（图 17－4－2）。画面中部为一位雍容华贵的妇人，梳双鬟望仙髻，满插金钗，面庞丰盈，柳眉凤眼，樱桃小口。身穿红花蓝地交领窄袖衣，红色曳地长裙，外套蓝色腰裙，垂蝶结丝带，肩披淡黄色回文披帛。双臂微屈，右手前指，左手持披帛。在贵妇前方各有一名男童和一名女侍。男童身前放置挑担，两端分挂包裹或盏盒，面对贵妇，躬身拱手，神态恭敬，似在辞行；女侍站在男童前面，红衣蓝裙，右手前伸，左手捧一卷锦帛，侧身回视主人，似等主人吩咐，将锦帛交付男童。贵妇身后有 4 名侍女，前二人手捧笔、砚或包裹，侧身对视，做交谈状；后二人各端椅子或捧盒侍立。侍女发式、装束与贵妇相仿，只是服饰的色彩和花纹各不相同。

在壁画左上角竖框内也有墨书诗词，云："□□征辽岁月深，苏娘憔悴□难任，丁宁织寄回文锦，表妾平生缱绻心。"吴玉贵先生根据诗中提到苏娘和织寄回文锦之事，考证推定，这幅画表现的是苏若兰织寄迴文锦的故事。所谓迴文，是古代诗词的一种体裁，回旋往复，都可诵读成文。

苏若兰织寄迴文锦的故事，在两晋到隋、唐时代曾广为流传。《晋书·窦滔妻苏氏》记载："窦滔妻苏氏，始平人也，名蕙，字若兰。善属文。滔，苻坚时为秦州刺史，被徙流沙，苏氏思之，织锦为迴文旋图诗以赠滔。宛转循环以读之，词甚凄惋，凡八百四十字，文多不录。"这个故事流传中有所变异，后来成为闺怨的象征。

苏若兰织寄迴文锦的故事在唐代已有人创作成画，《宣和画谱》中有记载。根据宝山 2 号墓的风格，这幅"织锦迴文图"应该是以唐人传统绘画题材为粉本创作的辽代壁画精品。

图 17-4-2　阿鲁科尔沁宝山 2 号墓石椁室内南壁之赤若兰织寄洞纹锦
（引自《内蒙古赤峰宝山辽墓壁画"寄锦图"考》,《文物》2001 年第 3 期）

第二期：世宗、穆宗、景宗阶段（947—983 年）。

这一阶段的壁饰墓，以叶茂台七号墓[1]为代表。墓中有壁画、木椁壁画、卷轴绢画和画像石等多种壁饰，代表这一阶段壁饰特点。主要壁画（含木椁壁和卷轴绢画）题材有门侍图、狩猎图、侍奉图、深山会棋图、花鸟图；浮雕或线刻画像石题材有门侍图、妇人启门图、散乐图、四神图、十二生肖图、飞天图等。

法库叶茂台七号墓棺床小帐内东西壁悬挂深山会棋图（图版 17 - 5）和花鸟图两幅画轴。这是目前可以确定的辽代卷轴画的两幅真迹，价值重大[2]。

《辽史·食货志上》载，"契丹旧俗，其富以马，其强以兵。纵马于野，驰兵于民。有事而战，弓广骑介夫，卬命辰集。马逐水草，人仰湩酪，挽强射生，以给日用，糗粮刍茭，道在是矣"。

法库叶茂台七号墓木质葬具——棺床小帐右侧直棂窗棂板的内壁，描绘两名猎人策马驰骋，捕杀野兽的动态场面（图 17 - 4 - 3）。画面上绘有二人三马在追逐一只野兽。二骑手并驾齐驱，上方一人右臂架鹰，左手持一小旗策马奔驰；下方一人身背箭箙，拉弓搭箭，作瞄准前面一逃命野兽状。逃命的野兽身上已经中有二箭，仍在拼命逃亡。二人坐骑备有鞍鞯、障泥和马镫，马颈下系铃铛。画面右下角还有一未佩鞍鞯的裸马在奔跑。尽管壁画用笔较为随意，但场面刻划形象生动。这是了解辽代契丹民族狩猎习俗的重要资料。

图 17 - 4 - 3　法库叶茂台七号墓棺床小帐前壁右侧狩猎图
（引自《叶茂台辽墓出土古画的时代及其他》，《文物》1975 年第 12 期）

---

[1]　辽宁省博物馆、辽宁铁岭地区文物发掘小组：《法库叶茂台辽墓记略》，《文物》1975 年第 12 期。
[2]　杨仁恺：《叶茂台辽墓出土古画的时代及其他》，《文物》1975 年第 12 期。

克什克腾旗二八地一号辽墓的石棺右内壁上，描绘了一幅契丹逐水草放牧的逼真情形[1]。画面宽2.15米、高0.7米，以墨线勾勒为主，附以彩绘点缀。画面表现了在远山近丘，以及柳树之间，有成群的马、牛、羊在逐水草前行。最前面有两匹马，彩色鞍鞯齐备，红缨雉尾，可能是寻找水草的领牧者的坐骑。鞍马之后跟随有四匹散马，三白马，一黑花马；马群后面为一组牛群，共七头；再后为由山羊和绵羊组成的羊群，共17只；最后是扬鞭驱赶牲畜的牧人。画面形象真实，反映出墓主人的富有生活。

路振《乘轺录》记载："自通天馆东北行，至契丹国三十里。山远路平。奚、汉民杂居益众。……虏所止之处，官属皆从。城中无馆舍，但于城外就车帐而居焉。"[2]克什克腾旗二八地一号辽墓石棺的左侧内壁上，让我们看到了车帐毡屋驻地的真实情况（图17-4-4）。右侧绘有高大的花树，四只天鹅正在飞向花树。画面的主体为车帐和毡屋。右侧为三座并排的毡屋，穹窿顶，有半圆形的门；左侧为三辆并排的车帐，高轮长辕，并有木杈支撑。中间车帐下卧有一犬。前面有二牧民背有盘口长颈瓶，正走在取水的路上，伴有一犬前行。正如苏颂在《契丹帐》诗中所描述的情形："行营到处即为家，一卓穹庐数乘车，千里山川无土著，四时畋猎是生涯。"[3]

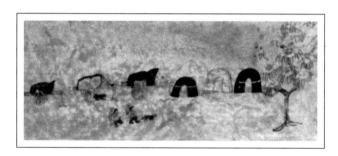

图17-4-4　克什克腾旗二八地一号辽墓石棺左侧内壁车帐毡屋图

此阶段的契丹壁饰主体似仍以承袭汉地文化的因素为主，如妇人启门图、散乐图、四神图、十二生肖图，以及直接使用卷轴挂画等，但显然有自己特色的题材，如狩猎图等。表现出发展契丹自身文化的态势。

第三期：圣宗、兴宗阶段（983—1055年）。

这阶段的重要壁饰墓较多，有陈国公主墓[4]、床金沟5号墓[5]、浩特花1号墓[6]等大型墓葬和部分中小型壁画墓，多为壁画，也有画像石。壁饰题材有门侍图、牵马（或

〔1〕　项春松：《克什克腾旗二八地一、二号辽墓》，《内蒙古文物考古》1985年总第3期；《辽宁昭乌达盟地区发现的辽墓绘画资料》，《文物》1979年第6期。
〔2〕　贾敬颜：《五代宋金元边疆行记十三种疏证稿》，中华书局2004年版，第59—60页。
〔3〕　（北宋）苏颂：《苏魏公集·契丹帐》，文渊阁《四库全书》本。
〔4〕　内蒙古自治区文物考古研究所、哲里木盟博物馆：《辽陈国公主墓》，文物出版社1993年版。
〔5〕　内蒙古文物考古研究所：《巴林右旗床金沟5号墓发掘简报》，《文物》2002年第3期。
〔6〕　中国社会科学院考古研究所内蒙古工作队、内蒙古文物考古研究所：《内蒙古扎鲁特旗浩特花辽代壁画墓》，《考古》2003年第1期。

备车）出行图、妇人启门图、散乐图、杂技图、侍奉图、庖厨图、放牧图、毡车行营图、鹰犬图、马球图、四神图和飞凤图等。

辽墓壁画中，经常可以看到契丹人放牧、驾鹰等画面。这正是辽代契丹人的民族风情和社会习俗的真实反映。

内蒙古扎鲁特旗浩特花一号墓是一座辽代圣宗前后的契丹贵族墓葬[1]。此墓壁画有里外双层，很有特色。前室东壁和西壁耳室上部都绘有放牧生活图。东壁分两层。外层有三人、牛羊和假山。南侧牧者面向西北，左手执牧杆，右小臂前伸。此人右后侧有一只黑山羊。中间牧者面向西南，双手斜执一牧杆，杆顶头挂有一套袋。北侧牧者穿圆领袍，下部残。在中间和北侧牧者间有至少五头牛，牛分黑、灰、白不同颜色。灰色假山写意性较强。里层仅存东耳室上部中间部分。南侧为三只羊和一些小草和小树，最下面的羊涂红色。北侧为一个牧童和数头牛，牧童面向西北，左手执牧具，右小臂前伸，牛在其北侧。以墨线勾勒为主。

架鹰是狩猎中不可或缺的重要内容[2]。前文谈及的皇帝春捺钵时，就是用海东青鹘去捕捉天鹅。有学者指出，“对大雁和天鹅之类的飞禽，则用训练有素的猎鹰扑杀。最好的猎鹰有两种，即海东青和玉爪骏，非贵族不能有”。[3]《文献通考》卷三百二十七《女真》记载：“先是女真岁以北珠、貂革、名马、良犬及俊鹰海东青，贡于契丹。海东青者，小而健，能擒天鹅，爪白者尤以为异，出于五国之东，契丹酷爱之。”浩特花一号墓后甬道西壁外层绘五名侍者。南侧第1人面向东，有小髭须，穿圆领紧袖束腰长袍，带有手套，左手微曲于胸前，右臂曲置右腰处，右手握拳提系带的圆形鼓状物，此物下方有蛇头，正面为鱼鳞纹环绕的葵花纹，镶边。右手背上立一只灰褐色海冬青。此外在前室北壁后甬道上部里外两层都绘鹰犬图，各有对称的一对海东青和一对猎狗，栩栩如生。海东青和猎狗都是猎人的好帮手，这幅鹰犬图充分表现出墓主人喜欢狩猎的民族嗜好。

架鹰，并不是契丹人特有的习俗。其实，北方游牧民族都喜欢鹰一类勇猛的禽类，女真人、蒙古人等也是这样。甚至早在盛唐，汉人贵族受胡人的影响，就有架鹰狩猎的嗜好。王昌龄在《观猎》中刻画了呼鹰逐兔的场景：“角鹰初下秋草稀，铁骢抛鞚去如飞。少年猎得平原兔，马后横捎意气归。”[4]在懿德太子墓第二过洞东壁壁画上，也有架鹰侍者的形象[5]。辽代的汉人高官显贵也同样附庸风雅，崇尚此俗。著名的韩匡嗣墓中有多幅架鹰的人物像，或许是其胡化程度较深的一种反映[6]。

这一时期的题材和内容，较为丰富。契丹民族风格的题材得以彰显。反映游牧生活内容

〔1〕 中国社会科学院考古研究所内蒙古工作队、内蒙古文物考古研究所：《内蒙古扎鲁特旗浩特花第一号墓发掘简报》，《考古》2003年第1期。

〔2〕 彭善国：《辽金元时期的海东青及鹰猎》，《北方文物》2002年第4期。

〔3〕 张正明：《契丹史略》，中华书局1979年版。

〔4〕 （唐）王昌龄：《观猎》，《全唐诗》卷一四三。

〔5〕 周天游主编：《懿德太子墓壁画》，文物出版社2002年版，第35页。

〔6〕 内蒙古文物考古研究所等：《白音罕山辽代韩氏家族墓地发掘报告》，《内蒙古文物考古》2002年第2期。

的壁画较多见，如浩特花一号墓的放牧图、鹰犬图、臂鹰侍奉图等；敖汉皮匠沟 1 号墓[1]契丹人赛马球场面等。庖厨图也表现契丹人切食动物（浩特花一号墓）等场景，与汉人同类题材明显有别。可以说这是辽代墓葬壁饰形成自身特色的阶段。这时期墓道开始出现壁画，多正室墓的主室仍有壁画；画像石墓多在石棺外壁雕四神像或凤像。

第四期道宗、天祚帝阶段（1055—1125 年）。

这个时期重要墓葬有库伦前勿力布格 1 号墓[2]和萧和墓[3]等。主要题材有门侍（或门神）图、出行图、侍奉图、散乐图、宴饮图、庖厨图、毡车图、旗鼓图、备茶图、备酒图、山林风景图、屏风图等。

这一阶段承袭上一阶段的传统，又有所发展。高级贵族墓葬壁画集中分布于墓道、天井和墓门过洞。比较流行表现仪仗旗鼓出行的场面，驼车和牵马多成组出行。较盛行在墓道两壁绘出行图和归来图，前勿力布格 1 号墓墓道的出行图和归来图规模最大（图 17 - 4 - 5）。同时，也出现了一些新的特点，如门神出现了持钺仗剑的武官像[4]（库伦前勿力布格 1 号墓门口），即秦叔宝和尉迟敬德的形象；还有备茶图和备酒图等汉化习俗。契丹游牧风格的壁饰在中下型墓葬仍然流行。萧和墓墓道北壁和南壁分别绘契丹人和汉人形象，较有特色。库伦一号墓墓道北壁的出行图，画幅长达 22 米，包括导骑、仪仗（突出表现五个旗鼓）和车骑侍从等 3 部分，形态各异的人物有 29 人，气势恢宏。这表现出辽代契丹贵族墓葬壁饰很高的水平。

（二）汉人墓壁饰

这一地区，还没有明确早于圣宗时期的汉人壁画墓。目前最早的是葬于统和三年（985 年）的韩匡嗣墓[5]，属于圣宗初年。

属于第三期的壁画墓较多，除韩匡嗣墓外，还有赵匡禹墓（1021 年）[6]、耿延毅墓（1027 年）等。这一阶段的壁饰题材有门侍图、生活侍奉图、臂鹰侍奉图、出行图、蟠龙图、四神图等。韩匡嗣是契丹化较深的汉人。其墓室壁画题材有臂鹰侍奉图等，与契丹贵族壁画风格接近。

第四期：道宗、天祚帝阶段（1055—1125 年），不见有题名的大型汉人墓葬，主要是

〔1〕 内蒙古赤峰市敖汉旗博物馆：《内蒙古敖汉旗皮匠沟 1、2 号辽墓》，《文物》1998 年第 9 期；邵国田：《辽代马球考——兼述皮匠沟 1 号辽墓壁画中的马球图》，载《内蒙古东部区考古学文化研究文集》，海洋出版社 1991 年版。
〔2〕 王健群、陈相伟：《库伦辽代壁画墓》，文物出版社 1989 年版。
〔3〕 辽宁省文物考古研究所：《阜新辽萧和墓发掘简报》，《文物》2005 年第 1 期；《关山辽墓》，文物出版社 2011 年版。
〔4〕 汉代郑玄注《礼记·丧大记》记载有门神。王充《论衡·订鬼》引古本《山海经》和应劭《风俗通义》都记载有神荼、郁垒二门神，"……黄帝乃作礼，以时驱之，立大桃人，门户画神荼、郁垒与虎，悬苇索以御凶鬼"。宋代曾慥《类说》引《荆楚岁时记》载，"岁旦绘二神贴户左右，左神荼，右郁垒，俗谓之门神"。秦叔宝和尉迟敬德为门神，当为唐以后的事。元代编撰《三教搜神大全》引传为宋人著的《搜神广记》记载："唐太宗不豫，寝门外抛砖弄石，鬼魅呼号……秦叔宝出班奏曰：'……愿同胡敬德（即尉迟敬德）戎装立门外以伺'，太宗可其奏，夜果无警……因命画工图二人之像……悬挂宫之左右门，邪祟以息。后世沿袭，遂永为门神。"
〔5〕 内蒙古文物考古研究所等：《白音罕山辽代韩氏家族墓地发掘报告》，《内蒙古文物考古》2002 年第 2 期。
〔6〕 邓宝学、孙国平：《辽宁朝阳辽赵氏族墓》，《文物》1983 年第 9 期。

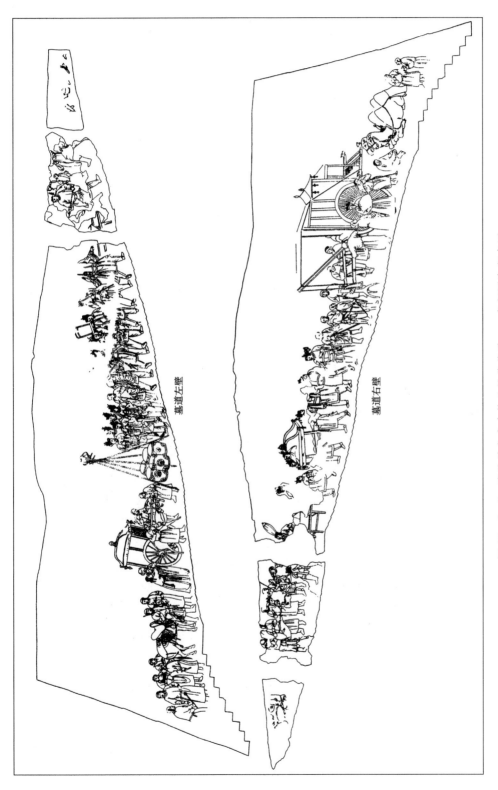

图 17-4-5　库伦前勿力布格 1 号墓墓道——出行图和归来图
（引自《库伦辽代壁画墓》，文物出版社 1989 年版）

墓道左壁

墓道右壁

以敖汉羊山 M2[1]为代表的一批中小型壁饰墓，有壁画和画像石，以及浮雕画像砖[2]等。主要题材有门侍图、门神图、出行图、侍奉图、散乐图、庖厨图、牵马出行图、驼车归来图、备茶图、备酒图、旗鼓图、墓主人端坐图、屏风画、四神图等。韩相墓有仿木砖雕的灯檠、门窗等。

内蒙古敖汉旗羊山墓地是汉人刘祐家族墓地[3]。一号墓为砖筑圆形单室墓，在墓室东部发现一幅宴饮图，为砖雕壁画，表现了墓主人品茶吃水果的情形。画面左侧为墓主人半侧身坐在砖砌浮雕的椅子上，右肘弯曲置于椅背上，左手搭于左膝，双脚下有榻。主人戴幞头，穿红色圆领窄袖长袍，腰束带，着红靴。其身后为一髡发侍者，双手捧一盂。右侧为二侍者，均穿圆领窄袖长袍，前者戴幞头，身体前躬，双手捧一内盛瓜棱小盏的海棠盘作恭敬奉献状，后者戴毡帽，双手捧一大方盘，内盛食物。特别有趣的是，在墓主人身前的砖砌浮雕黑色方桌上，放有两盘水果，一竹编式浅盘内放有石榴、桃子和枣子等水果，另一黑色圆盘内赫然盛有三个大西瓜（图 17-4-6）。

图 17-4-6　敖汉旗羊山一号墓墓室东壁—宴饮图
（引自《敖汉旗羊山 1—3 号辽墓清理简报》，《内蒙古文物考古》1999 年第 1 期）

〔1〕　邵国田：《敖汉旗羊山 1—3 号辽墓清理简报》，《内蒙古文物考古》1999 年第 1 期。
〔2〕　项春松、吴殿珍：《内蒙古宁城辽邓中举墓》，《考古》1982 年第 3 期。此墓有门神图、四神图等浮雕画像砖，
　　　　较为特殊。
〔3〕　邵国田：《敖汉旗羊山 1—3 号辽墓清理简报》，《内蒙古文物考古》1999 年第 1 期。

"西瓜图"的发现，具有重要的学术价值，这是目前我国已知时代最早的西瓜实物图像资料[1]。根据有关资料可知，西瓜属于葫芦科，原产于非洲，埃及有四五千年的栽培历史。大约在隋、唐时期，回纥人将西瓜引种到新疆地区。诚如明代徐光启在《农政全书》所说"西瓜种出西域，故名之"。

西瓜一词较早见于《新五代史》。（胡峤）"居房中七年。当周广顺三年，亡归中国，略能道其所见。云：'自幽州西北入居庸关，明日，又西北入石门关，……又行三日，遂至上京，所谓西楼也。……自上京东去四十里，至真珠寨，始食菜。明日，东行，地势渐高，西望平地松林郁然数十里。遂入平川，多草木，始食西瓜，云契丹破回纥得此种，以牛粪覆棚而种，大如中国冬瓜而味甘。'"[2]考古工作者在辽上京皇城内的试掘中发现了西瓜籽遗物[3]，证实了文献可信性。由此看来，在辽上京城附近地区，确实较早开始种植栽培西瓜。敖汉羊山1号墓的西瓜实物图像，表明在大辽中晚期，辽国境内西瓜种植较为普遍，应是不争的事实。

到了金代，南宋使者又将西瓜种带到了南方。南宋洪皓在《松漠纪闻》（下）中谈到："西瓜形如扁蒲而圆，色极青翠，经岁则变黄。其瓤类甜瓜，味甘脆，中有汁，尤冷。"南宋范成大在《石湖居士集》卷十五《西瓜园》云："碧蔓凌霜卧软沙，年来处处食西瓜。"并自注曰："味淡而多液，本燕北种，今河南皆种之。"表明南宋时期西瓜已经从北方向南方成功移种。湖北省恩施市发现的南宋咸淳六年（1270年）的"西瓜碑"，成为明证[4]。从此以后，中国的长城内外都种植西瓜。现在中国是世界上西瓜产量最多的国家。

刘祜家族墓地的壁画，除人物服饰多是汉服外，其题材与契丹人墓相类者较多。其中散乐图、备茶图和备酒图是燕山以南汉人和宋人常见的题材，墓主人形象的出现，也有汉人壁饰的特点。而旗鼓图、驼车图等内容与契丹人墓没有差别，而且庖厨图也接近契丹民族的风格。羊山3号墓天井西壁绘制的一幅庖厨图，表现的是，在一座四角攒尖顶的棚亭下，左侧一戴毡帽之汉人，双手插袖，端坐圆凳上；右侧有四个鼎锅（三小一大）、一个浅盆和三个髡发男侍。前面一人蹲在四个正在蒸煮的大锅旁，作折柴禾状，最大的锅口暴露有3个蹄肘；后面左侧一人又开两腿站立，口中衔一横刀，作挽袖状，右侧一人，面向衔刀之人，右手前指，似作吩咐状。整个画面人物多是契丹人装束，大块煮肉的方式显然也不是汉人的传统。

从上述资料中，可以发现，这一地区的汉人墓，有长城以南汉人壁饰的传统，同时也明显地表现出契丹化的现象。从韩匡嗣墓、耿延毅到羊山3号墓，似乎暗示我们，不仅汉

〔1〕 王大方：《敖汉旗羊山一号辽墓"西瓜图"》，《内蒙古文物考古》1998年第1期；邵国田：《敖汉旗羊山1—3号辽墓清理简报》，《内蒙古文物考古》1999年第1期。

〔2〕《新五代史·四夷附录第二》。

〔3〕 内蒙古文物考古研究所：《辽上京城址勘查报告》，载《内蒙古文物考古文集》第一辑，中国大百科全书出版社1994年版。

〔4〕《恩施发现南宋西瓜碑》，《中国文物报》1997年7月20日第1版；《位于湖北的恩施南宋西瓜碑急待加强保护》，《中国文物报》1998年1月7日。

人的高级贵族墓（如韩匡嗣及其家族墓葬）中有明显的契丹化习俗，而且长期和契丹人杂居的中下层汉人（如羊山墓地），其生活方式也在入乡随俗。

（三）上京道南部地区的无题铭壁画墓

在以赤峰和朝阳地区为重心的上京道南部地区，发现了一批重要的中下型壁画墓[1]，有壁画和木棺（或椁）板画等。这些墓葬多被盗掘，又没有碑铭资料[2]，因此其族属成为较棘手的问题。根据墓葬形制、随葬品等和壁画风格的比较分析，我们初步认为这批墓葬大体可以分为两组：少数墓葬属于第三期，多数墓葬属于第四期。

这批壁饰墓的题材有门侍图、门神图、侍奉图、牵马出行图、驼车归来图、散乐图、庖厨图、备茶图、备酒图、鸡犬图、马球图、臂鹰侍奉图、屏风画等，还有个别的人物故事图等。如敖汉北三家3号壁画墓[3]，绘有1名青年汉人和1位老者撕扯的场面。此2人身后榜题"此是刘三取钱""为□□送伍佰"等字。巴林右旗白彦尔登墓[4]出现门神形象，即传说中的神荼、郁垒二神。

这批壁饰墓中，从人物发式和服饰看，既有汉人，也有契丹人。从题材内容看，有些以契丹风格为主，如解放营子墓[5]、敖汉康营子墓[6]、北三家M3、敖汉七家M1、羊山M1等；有些以汉人风格为特色，如巴林左旗滴水壶墓、敖汉七家M2、羊山M3等。同一墓地内的墓葬同时出现不同民族风格的壁饰题材，是这个区域中小墓的突出特点之一。我们根据羊山M2可知，羊山M1和M3两种壁饰风格不同的墓葬都是汉人墓。木头营子墓、罕大坝墓根据有限的文字资料，可以推定其为汉人墓。其他墓主人的族属就很难说了。

三　以辽阳、鞍山为中心的东京道地区

这里主要是渤海国故地，是渤海人和汉人为主的地区。本区墓葬壁饰主要有画像石和壁画。其中画像石较多，集中在东京辽阳府南部和西部，具有区域性特点[7]。以鞍山汪

〔1〕 项春松：《辽宁昭乌达地区发现的辽墓绘画资料》，《文物》1979年第6期；敖汉旗文化馆：《敖汉旗白塔子辽墓》，《考古》1978年第2期；敖汉旗文物管理所：《内蒙古昭乌达盟敖汉旗北三家辽墓》，《考古》1984年第11期；邵国田：《敖汉旗七家辽墓》，《内蒙古文物考古》1999年第1期；《敖汉旗下湾子辽墓清理简报》，《内蒙古文物考古》1999年第1期；《敖汉旗喇嘛沟辽代壁画墓》，《内蒙古文物考古》1999年第1期；赤峰市博物馆、宁城县文物管理所：《内蒙古赤峰市宁城县铁匠营子砖厂辽墓》，《内蒙古文物考古》1997年第1期；王未想：《内蒙古巴林左旗滴水壶辽代壁画墓》，《考古》1999年第8期；韩仁信：《罕大坝辽"回纥国信使"壁画墓的抢救性清理报告》，《内蒙古文物考古》2001年第1期；辽宁省文物考古研究所、朝阳县文物管理所：《辽宁朝阳木头城子辽代壁画墓》，《北方文物》1995年第2期。
〔2〕 有些墓志等题铭资料不明确者，也暂归于此，以方便论述。
〔3〕 敖汉旗文物管理所：《内蒙古昭乌达盟敖汉旗北三家辽墓》，《考古》1984年第11期。
〔4〕 项春松：《昭乌达盟地区发现的辽墓绘画资料》，《文物》1979年第6期。
〔5〕 项春松：《解放营子辽壁画墓发掘报告》，《松州学刊》1987年第4、5期合刊。
〔6〕 项春松：《昭乌达盟地区发现的辽墓绘画资料》，《文物》1979年第6期。
〔7〕 本文将锦州和锦西（今葫芦岛）画像石墓暂归入东京道区。

家峪墓[1]、鞍山羊耳峪墓[2]、辽阳金厂墓[3]、锦西大卧铺 2 号墓[4]、锦县张扛 2 号墓[5]为代表。

辽墓画像石通常使用线雕、浮雕花半圆雕等工艺，在石门、石棺、石板壁上进行装饰。就目前的资料看，画像石墓最早发现于辽代中期圣宗统和年间以后，一直延续到辽代末年。

本区壁饰题材主要有门侍图、门神图（汪家峪墓为秦叔宝和尉迟敬德像）、散乐图、墓主人并坐图（锦西大卧铺 2 号墓）、夫妇宴饮图（锦西大卧铺 1 号墓北壁）、宴乐图、孝悌故事图（辽阳金厂墓）、狐狗图、牛驼图、狐兔图、马羊图、妇人启门图、生活侍奉图（锦县张扛 2 号墓）、牛车出行图（鞍山羊耳峪墓）、驼车出行图、云龙图（鞍山汪家峪墓）等。

其中门神图、夫妇端坐图、夫妇宴饮图和孝悌故事图，具有明显的汉族传统。特别是孝悌故事图的二十四孝题材，不见于辽墓壁画中，仅在画像石中出现，反映了东京道地区秉承当地汉、唐文化传统的情况[6]。

画像石是中原汉族人民的墓葬习俗，早在东汉时期，在北方地区的贵族墓葬中已蔚然成风。孝悌图等是中原画像石墓的重要装饰内容。辽代画像石墓雕刻直接承继汉唐文化的传统，同时将人物形象契丹化，形成自己的风格。

总的看来，辽朝是汉化程度较高的契丹民族政权，一些典章制度和礼俗都是效法唐朝，但是又有自己特点。这在辽代壁饰上也有较为清楚的反映。一方面，在辽代墓葬壁饰中，有相当一部分是沿袭中原地区汉族的题材，如出行图、归来图、宴饮图、散乐图、妇人启门图、杨贵妃教鹦鹉图、寄锦图、马球图、孝悌图等场景画和一些人物像，通常是仿效唐代、五代和宋代的传统题材。同时，依据民族的审美标准，有些壁饰人物服饰等又被契丹化，表现出自身的民族特色。另一方面，辽代墓葬壁饰中，有一些题材具有鲜明的民族风格，如游牧生活图等。从辽代墓葬壁饰的题材和内容中可以发现明显的民族文化交流和融合的印记。

从分布上看，在辽代五京地区均发现墓葬壁饰，多为壁画墓。画像石和画像砖墓较少，主要发现在东京道境内。在壁画墓中，上京左近地区多是契丹耶律氏的家族墓地；在中京偏南，多是契丹萧氏的家族墓地；而在南京和西京之间，主要是汉人家族墓地。

第五节　埋葬制度和丧葬习俗

大辽王朝是契丹人建立的、汉人居多数的一个多民族王朝。契丹族作为中国北方少数

[1] 鞍山市文化局、辽宁省博物馆：《辽宁鞍山市汪家峪辽画像石墓》，《考古》1981 年第 3 期。
[2] 张喜荣：《辽宁鞍山市羊耳峪辽代画像石墓》，《考古》1993 年第 3 期。
[3] 王增新：《辽宁辽阳县金厂辽画像石墓》，《考古》1960 年第 2 期。
[4] 雁羽：《锦西大卧铺辽金时代画像石墓》，《考古》1950 年第 2 期。
[5] 刘谦：《辽宁锦州市张扛村辽墓发掘报告》，《考古》1984 年第 11 期。
[6] 段鹏琦：《我国古墓葬中发现的孝悌图像》，载《中国考古学论丛——中国社会科学院考古研究所建所 40 年纪念》，科学出版社 1993 年版。

民族之一，有着自身的民族习俗。同时，汉族传统文化的不断渗入，以及在长城以南地区汉族传统文化的传承，致使大辽王朝表现出多元文化的特征。从政治经济到思想文化的多元特质，自然会对辽朝埋葬制度和丧葬习俗产生影响。

辽代的埋葬制度和丧葬习俗，有关文献资料极为有限。《辽史》卷一《太祖上》载：（耶律阿保机即皇帝位第七年，即913年）"十一月，祠木叶山。还次昭乌山，省风俗，见高年，议朝政，定吉凶仪。"这条文献若可靠的话，说明辽代初期，辽太祖已经制定了有关凶礼的规定。《辽史·礼志·凶仪》中对皇帝陵寝制度有所记载，一般丧葬习俗则散见于一些史籍中[1]。有关早期契丹葬俗的记载，与考古发现并不吻合。因此，考古发掘的墓葬资料无疑成为探讨辽代墓葬制度和习俗的重要素材。

埋葬制度和丧葬习俗是不同的。墓葬制度所包括的死后报丧、葬前祭奠、葬后祭祀等多种礼仪在考古学物质遗存上是无法全面体现的。这里主要是结合文献的记载，根据考古遗存来考察辽代墓葬地下和地上营建物的形制、布局特点，以及处置尸体的方式等内容。在分区考察的基础上，试图梳理汉人和契丹人在埋葬制度和丧葬习俗上的基本特征。

一　长城以南的南京道和西京道大部分地区

这一地区的汉人墓是我们了解辽朝汉人墓葬制度和丧葬习俗基本特征的重要资料。下面以典型墓葬为重点，按照分期进行初步考察，探讨汉人墓葬制度和习俗的基本特征。

（一）典型墓葬

第一期：太祖、太宗阶段（907—947年）本区不见太祖、太宗时期的纪年墓葬。

第二期：世宗、穆宗、景宗阶段（947—983年）；

目前发现最早的纪年墓，是南京道应历八年（958年）赵德钧墓[2]。乾亨四年（982年）许从赟墓[3]是目前西京道最早的纪年墓。二者都是砖筑圆形墓。

赵德钧墓位于辽南京城东南。为三正室带6耳室墓，东向，属于特例。赵德钧墓殓葬方式不详，推测有木棺，为合葬墓，即一具尸骨一次葬和一具火葬。随葬品多被盗掘，但可知墓中有砖灶台、铁锅、石锅、铜勺、玉碗等炊具（前右耳室），"官"或"新官"字款白釉瓷和青釉器，以及罐、盆等陶器（中左耳室），铜钱（后左耳室）和粮食（后右耳室）等。

---

〔1〕　有关契丹早期葬俗，最早见于《隋书·北狄·契丹》（列传第四十九）记载："父母死而悲哭者，以为不壮，但以其尸置于山树之上，经三年之后，乃收其骨而焚之，因酹而祝曰：'冬月时，向阳食。若我射猎时，使我多得猪鹿。'"《北史》列传第八十二《契丹》引述《隋书》的记录基本相同。这是一种先树葬后火葬的习俗。在《旧唐书·北狄·契丹》中仍记载树葬的习俗："其俗，死者不得作冢墓，以马驾车送入大山，置之树上，亦无服纪。子孙死，父母晨夕哭之；父母死，子孙不哭。"刘煦监修《旧唐书》已经是944年的事了，阿鲁科尔沁宝山1号墓（葬于923年）的发现，证明辽代早期已经有土葬。《旧唐书》记载若不悖的话，也只能是当时葬俗的一种而已。

〔2〕　北京市文物队：《北京南郊辽赵德钧墓》，《考古》1962年第5期。

〔3〕　王银田、解廷琦、周雪松：《山西大同市辽代军节度使许从赟夫妇壁画墓》，《考古》2005年第8期；解廷琦：《大同新添堡辽代许从赟壁画墓》，《大同文史资料》1986年第14辑。

许从赟墓为砖筑类屋式墓，有墓道、仿木结构门楼、甬道和圆形墓室组成。墓室后部置1具东西向木棺罩，四角有风铃。罩内地面铺砖下有一个长1.5米、宽1米、深0.6米砖砌坑，坑内置有一具石棺（长0.84米、宽0.36—0.48米、高0.32米），棺内有大量骨灰。随葬品22件，有陶器3（彩绘堆雕花纹喇叭口异形器、彩绘兽面纹塔式盖罐、长颈枭首壶），铁器15（铃铛6，三足釜2，圆底釜、錾、臼、碾、锁、灯盏、钩各1），铜镜、木俑和瓦当各1，还有1合石墓志。

第三期：圣宗、兴宗阶段（983—1055年）；

墓葬形制以砖筑圆形单室墓为主，长方形单室墓次之，也见土洞墓和土坑竖穴墓。

西京道地区，统和六年（988年）臧知进墓[1]和统和十二年姜承义墓[2]等，都是仿木结构雕砖圆形墓。南京道地区，统和十五年韩佚墓[3]、和重熙二十三年（1054年）王泽墓[4]都是砖筑圆形墓，有壁画，并配有影作木结构雕砖。王泽墓北部有砖棺床。有残骨。随葬品多为罐、碗、净瓶等瓷器，还有盆形鼎、罐、盆、碗等陶器，以及端石插手砚和铜钱。

开泰六年（1017年）韩相[5]为仿木结构雕砖墓，为东向。墓室西部有砖棺床，上置2南北向石棺，各有一仰身直肢尸骨（头南），腰部有铜钱。棺前有石墓志和随葬品，主要有绿釉BⅡ式鸡冠壶、白釉注子、浅黄白釉碗、盘、托盏等瓷器和铁马镫。

北京锦什坊辽墓为砖筑长方形单室墓，为2人尸骨一次葬，出土BI型黄釉提梁壶和龙首耳洗；海王村土坑竖穴墓为单人仰身直肢葬，出土BⅡ式绿釉鸡冠壶2、白釉罐和碗等瓷器、陶铃、带流铜器等[6]。

第四期：道宗、天祚帝阶段（1055—1125年）。

这一阶段，墓葬形制主要是砖筑八或六角形单室墓为主，也见圆形墓，其中也有一些双正室墓，如张世卿墓。此外还有土洞墓。

西京道的典型墓集中发现在辽归化州故地（今宣化地区）。以大安九年（1093年）张文藻墓、天庆六年（1116年）张世卿墓和天庆七年张恭诱墓[7]为代表。

大安九年（1093年）张文藻墓为前方后圆的双室砖筑壁画墓。后室北壁门楼前，砌有长方形棺床，棺床上置盝顶木棺（盖顶和四面都有墨书梵文或汉文佛经），棺内有两具“稻草捆扎的人体”，内填火化后的尸骨，外着衣冠佩饰。男子带幞头，女子戴珠锦小冠，头下有帛枕，足上有鞋；稻草人像下有石珠和簪花饰物，上面覆盖团花织锦等。木棺前放有一个大木桌（供桌），桌下放一盒石墓志（盖和志之间垫有8枚铜钱）；桌前有木制圆形盆架和黄绿釉洗；桌上放有白釉或黄釉的碗、盘、壶、单把杯（魁）等和漆筷、汤勺、

〔1〕　张家口地区文管所、涿鹿县文管所：《河北涿鹿谭庄臧之进墓》，《文物春秋》1990年第3期。

〔2〕　张家口地区文管所、宣化县文管所：《河北宣化辽姜承义墓》，《北方文物》1991年第4期。

〔3〕　北京文物工作队：《辽韩佚墓发掘报告》，《考古学报》1981年第3期。

〔4〕　北京市文物管理处：《近年来北京发现的几座辽墓》，《考古》1972年第3期。

〔5〕　河北省博物馆文物管理处：《河北迁安上芦村辽韩相墓》，《考古》1973年第5期。

〔6〕　北京市文物管理处：《近年来北京发现的几座辽墓》，《考古》1972年第3期。

〔7〕　河北省文物研究所：《宣化辽墓——1974—1993年考古发掘报告》，文物出版社2001年版。

铁雁足灯等器物。碗、盘内有栗子、梨、葡萄（？）、槟榔、豆、面点等食品；大木桌东墙壁下放有一个小木桌，上摆黄釉壶、白釉碗、碟和漆匕、漆筷等，小桌北侧还有陶仓、罐、盘等和一把木椅。棺床西墙壁下有彩绘陶仓多件，内储高粱和粟；还有执壶、灯碗、甑、匜、剪刀等陶器，以及绿釉鸡腿瓶（装有橘红色液体）等。西壁假门前有木镜架（上有铜镜一面），还有木衣架、木椅等。前室不见任何随葬品。

天庆六年张世卿墓是前方后六角形双室砖筑壁画墓，墓向为南偏西。前室门口左右各1大石狮，后室甬道门侧有小石狮，门口中央置一盒墓志铭，两侧有木器家具残片、三彩盘、黄釉执壶、碗、唾盂、托盏、陶器、铜碗等。墓志北为木棺，棺内有一躯木雕偶像，偶像内有火化骨灰。后室四壁辟长方形莲花龛，四角和后室甬道门上部辟长方形龛，共23个，内置1个木雕文官侍吏、武士、虎俑或人首蛇身俑。随葬瓷器有青白釉盏、青釉执壶、嗨釉鸡腿瓶，以及黄釉执壶、唾盂、碗、单耳杯（？）、托盏和三彩盘等；灰陶器24件，有执壶、碗、盆形鼎、三足铛、整子、炭盆、熨斗、筒形器、箕、单柄罐、盆2、水斗2、砚2、带盖罐8等。还有铁洗1、铜镜1、石狮3、石狮座4、木雕人俑23、人首蛇身俑1。天庆七年张恭诱墓是砖筑六角形单室壁画墓，墓向为南偏西。墓室门口有铁锁一把，推测原应有木门。墓室近北壁处木棺床上放置木棺，棺内有火化人骨。墓室中央（棺前）置木桌1和石墓志1，这里集中出土有白釉碗4、白釉碟10、白釉壶1、铜勺1、铜筷1双、陶灯和18枚铜钱；墓室东壁处除酱釉和绿釉鸡腿瓶各1外，都是灰陶器，有鼎2、罐1、唾盂、托盏2、碗2、水斗3、执壶、盆、盘、杯、簸箕、剪刀、砚等；西壁除铜洗1、白釉碗4外，也都是灰陶器，罐7、釜、整、盆2、镣斗、甑、熨斗、碗等。墓顶中央镶有铜镜1。

这一阶段的大同府地区以十里铺乾统七年（1107年）董承德妻郭氏墓[1]、十里铺M27[2]和新添堡天庆九年刘承遂墓（M29）[3]为代表。

董承德妻郭氏墓（M15）为砖砌近圆形单室墓，券顶，南向。墓室东西宽2.03米、南北进深1.9米、残高2.9米。北部有砖棺床，上置石棺，棺内有骨灰。棺盖刻梵文。随葬品有2件黄绿釉鸡腿瓶、3件白釉碗、石杵和白、铜钱等。出土墓志一方。十里铺M9和M10[4]并列，为竖穴土洞墓，南向，墓室内置石棺，棺内有骨灰。棺盖刻梵文（？）分别刻有"吕孝千妻马氏"和"吕孝遵妻陈氏"。

十里铺M27为砖筑圆形单室墓，南偏西，有彩绘壁画。墓室北部有砖棺床，中央置黄白釉刻花瓷罐，罐上覆扣白釉碟。罐内有骨灰。骨灰罐前陈列3块涂白朱绘莲花砖，中间长方形砖上放白釉碗和碟各1，碟上放1双竹筷。两侧各有1方形砖，上面有腐朽的纸灰两堆。

卧虎湾M1、M2都是砖筑圆形单室壁画墓，殓葬方式也是石棺火葬，棺盖有墨书梵文[5]。

---

〔1〕　山西云冈古物保养所清理组：《山西大同市西南郊唐、辽、金墓清理简报》，《考古通讯》1958年第6期。

〔2〕　山西省文物管理委员会：《山西大同郊区五座辽壁画墓》，《考古》1960年第10期。

〔3〕　山西省文物管理委员会：《山西大同郊区五座辽壁画墓》，《考古》1960年第10期。

〔4〕　山西云冈古物保养所清理组：《山西大同市西南郊唐、辽、金墓清理简报》，《考古简讯》1958年第6期。

〔5〕　大同市文物陈列馆：《山西大同卧虎湾四座辽代壁画墓》，《考古》1963年第8期。

M2 随葬品有白釉莲瓣纹小碟5、小碗2、注子1、盆1、黄白釉罐1；灰陶器有长方形盘1、高足漏孔器1、提梁水斗1、簸箕1等。

新添堡天庆九年刘承遂墓（M29）与十里铺郭氏墓形制结构相同，但有彩绘双层壁画，墓向南偏西。殓葬方式也是石棺火葬，棺内放铜钱。随葬品多放在棺床下。墓室西壁置墓志一方，东壁放一组灰陶器，有八角莲花纹盘1、长方形盘1、高足漏孔器1、提梁水斗（?）1、壶1、砂锅2等。值得注意的是，瓷器都有意摆放。棺床南前挡与东西两壁交接处各有1白釉碗和黑釉鸡腿瓶；石棺内（或上?）摆放3件白釉碗[1]，中间大，两侧小。此外，墓壁边还放四颗颜色各异的河卵石。

而南京道地区，以北京百万庄天庆三年丁文道墓（M1）[2]为代表。

丁文道墓为砖筑圆形双室壁画墓，前室中央有一个长方形棺床，上置木制骨灰盒。棺床前有一盒石墓志，棺床东西两侧有随葬品，残存有陶罐、铁灯碗、铁三足灯台、铁锁和瓷碗片等。后室中有一方石墓志，为丁文道儿子丁洪的志石。

天庆三年马直温夫妻墓[3]是砖筑圆形单室墓，沿内壁砌成八角形单层砖，上有木地栿（原有墓帐）。墓室正中有凹角方形砖祭台。残存影青釉托盏、香熏器盖、白釉小碟、小碗、13枚铜钱和11件彩绘十二生肖俑（缺狗），以及真容木雕像、石墓志和残经幢和幢顶。真容木雕人像有一男一女，是墓主人夫妇的葬具（胸腹内装有骨灰）。

（二）埋葬制度和丧葬习俗

根据现知考古资料，可以初步归纳出汉人的埋葬制度和丧葬习俗。

第一，汉人茔地的选择，有自己的传统。从目前的资料看，这一地区的墓葬多选择在背山面河风水较好的平地上，采取聚族而葬的方式，营建家族茔地，如宣化下八里墓地等。墓葬绝大多少为正南或西南向，有些为东向。

第二，汉人墓以砖筑类屋式墓为主，基本不用石筑墓。兴宗以前多为圆形主室，也有方形；兴宗以后多是多角形墓。这种变化与契丹人墓基本一致。

第三，从殓葬方式看，汉人墓流行火葬，也有尸骨一次葬。火葬中分有葬具和无葬具之别。无葬具的墓葬通常是将骨灰撒在棺床上或墓室中，如尚暐符墓；火葬的葬具有石棺、木棺和瓷棺。比较特殊的是，有些墓用木雕人像来盛骨灰作为葬具，颇有特色。如北京马直温墓、宣化张世卿墓等；张文藻墓为草骨人像，以草为骨，着衣冠，模拟真容像，都与信奉佛教有关。

第四，墓葬流行具有自身特色的壁画等壁面装饰。

第五，墓内祭祀情况较为普遍，这可能是葬前祭祀的仪式之一。宣化张文藻墓主室盝顶木棺前放有一个大木桌，桌下放一盒石墓志，桌前有木制圆形盆架和黄绿釉洗；桌上放有白釉或黄釉的碗、盘、壶、单把杯（魁）等和漆筷、汤勺、铁雁足灯等器物。碗、盘内

---

[1]　文中没有交代三件白釉碗是放在棺内还是棺外。若在棺内，可能是放骨灰用。若在棺上，则可能是放祭品用。

[2]　北京市文物工作队：《北京西郊百万庄辽墓发掘简报》，《考古》1963年第3期。

[3]　北京市文物工作队：《北京市大兴县辽代马直温夫妻合葬墓》，《文物》1980年第12期。

有栗子、梨、葡萄（？）、槟榔、豆、面点等食品等。大同十里铺 M27 棺床上的骨灰罐前，陈列 3 块涂白朱绘莲花砖，中间长方形砖上放白釉碗和碟各 1，碟上放 1 双竹筷。两侧各有 1 方形砖，上面有腐朽的纸灰两堆，应与焚烧纸明器等有关。北京马直温墓主室中央也有一个砖祭台。可见，墓内祭祀是汉人丧葬习俗的重要内容。

第六，汉人墓的随葬品，多成组有规划地放置。既有实用器，也有明器。其中最具特色的是，流行随葬一组灰陶明器，以盆形或罐形鼎、錾耳釜、执壶、罐、盆、整、熨斗、铫等为基本组合。从赵德钧墓到一般平民墓都见灰陶器随葬，反映了汉人的传统丧葬制度和习俗。

二　长城以北以赤峰、朝阳为重心的上京道和中京道地区

这一地区既是契丹人集聚的中心区域，也有大量的汉族等不同民族人群杂居。根据有题铭的墓葬资料，我们从契丹人墓和汉人墓两个方面来考察其埋葬制度和丧葬习俗。

（一）契丹人墓葬

1. 典型墓葬

第一期：太祖、太宗阶段（907—947 年）。

这阶段主要有以宝山 M1 与 M2[1]、耶律羽之墓[2]为代表的贵族墓地，海力板墓[3]、荷叶哈达墓[4]为代表的一些中小型墓。

宝山墓地位于一处北高南低的坡地上，有长方形茔墙，东墙和南墙各设一门，并有瓮城，南门略宽于东门。茔域中部以北至少有 10 座墓葬，大体呈三排；茔域内有享堂或献殿一类的建筑。M1 和 M2 都是单室壁画墓。天赞二年（923 年）的 M1 为砖筑圆角方形穹窿顶类屋式墓，呈正南向；M2 为石筑方形叠涩顶类屋式墓，呈东向。二者最具特色是殓葬器具：墓内中部或中后部都有一个绘有壁画的大石房（椁的性质），南面开石门。石房后部砌有砖棺床，床上原有彩绘木构小帐。墓主人为单人尸骨一次葬。二墓均在石房正面东西两侧与墓南壁间各设一道木门，形如前室；随葬品分别放置在不同的空间内，应有一定的寓意。M1 丝织葬服中残存银丝网络的迹象，或许反映辽初葬俗的情况。M1 的形制结构，与本地区唐晚期墓葬有明显的承袭关系[5]。

耶律羽之墓位于"裂缝山"东南的阳坡上，地表原有砖筑享堂类建筑，近正南向。其为砖筑双正室带二耳室的类屋式墓，设石墓门。主室为方形，用琉璃砖砌筑，为辽墓所罕

---

[1]　内蒙古文物考古研究所、阿鲁科尔沁旗文物管理所：《内蒙古赤峰宝山辽壁画墓发掘简报》，《文物》1998 年第 1 期。

[2]　内蒙古文物考古研究所、赤峰市博物馆、阿鲁科尔沁旗文物管理所：《辽耶律羽之墓发掘简报》，《文物》1996 年第 1 期。

[3]　李宇峰：《阜新海力板辽墓》，《辽海文物学刊》1991 年第 1 期。

[4]　哲里木盟博物馆：《内蒙古哲里木盟发现的几座契丹墓》，《考古》1984 年第 2 期。

[5]　齐东方：《中国北方地区唐墓》，载《7—8 世纪东亚地区历史与考古国际学术讨论会论文集》，科学出版社 2001 年版；《隋唐环岛文化的形成和展开——以朝阳隋唐墓研究为中心》，载《盛唐时代与东北亚政局》，上海辞书出版社 2003 年版，第 133—160 页。

见。在主室北部和东部各砌有一个琉璃砖棺床，棺床上原来有彩绘柏木小帐，内原来各有一具尸骨，分别为耶律羽之及其夫人重衮。二人都身着丝织衣物和佩饰。后甬道内近主室处放墓志；主室地面上有石供桌，还有诸多金银器等；东耳室放陶瓷器等生活用具；西耳室置车马器等。

阜新海力板墓是座砖筑方形单室墓，后部有砖砌棺床，上置木棺。随葬品依类别分别摆放。有瓜棱壶、长颈瓶、侈口罐等陶器，鸡冠壶、提梁壶、注壶、碗等瓷器为常见的器物组合。铁制生活用品、工具、兵器和马具等，形成较为固定的器物群。墓葬中随葬骨朵的现象，或许有一定的寓意。朝阳沟 M2 男墓主随葬有金耳坠、金丝球鎏金银项链（管串饰）、鎏金银蹀躞带（附银鞘铁刀）和鎏金银臂鞲等；女墓主随葬有银耳坠、玛瑙佩饰、鎏金手镯、鎏金戒指、金丝球玛瑙项链（管串饰）等。

扎鲁特荷叶哈达墓为南北向土坑竖穴墓。土坑底和四壁砌筑石板，盖不详。墓主为仰身直肢，头朝北。盘口瓜棱壶、长颈瓶和侈口罐置于头部，铁刀、铁矛放在骨架右侧，羊骨置于骨架左侧。

辽代初期，大贵族墓规制还不够明确。宝山 M1 单室墓到耶律羽之多室墓的变化，似乎反映出辽太宗时期墓葬规制初具规范。宝山 M1 的银丝网络，也表明太宗时期已经有了明确的金属面具和网络的葬制。中小型贵族墓表现出与大贵族墓相近的葬制。

这一时期发现的一组长方形土坑竖穴墓，有南北向，也有东南至西北向。有的墓口覆盖石板（霍林郭勒墓），有的为土坑底和壁砌石板（荷叶哈达墓），有的还有二层台（塔布敖包 M1 为石筑，五间房墓为生土二层台？）。多是单人仰身直肢葬。仅乌斯吐墓为火葬，骨灰上搭盖桦树皮。随葬品以瓜棱壶、长颈瓶、侈口罐、鸡冠壶等陶器和铁刀等为基本组合。反映了平民阶层的丧葬习俗。

第二期：世宗、穆宗、景宗阶段（947—983 年）。

这阶段高级贵族墓葬有应历九年（959 年）驸马赠卫国王萧沙姑墓[1]、代钦塔拉 M3[2]和叶茂台 7 号墓[3]为代表。中下型墓葬以二八地 M1[4]、巴扎拉嘎 M1[5]等为代表。墓葬形制有砖筑或石筑方形或圆形类屋式墓，土洞墓和竖穴土坑墓。

驸马萧沙姑墓为二正室带三个耳室的方形主室墓，设有石门，前室出有墓志。南耳室置成套的马具；北耳室放置瓷器等；后龛室内放有铁质生活用具、狩猎用具和供桌及桌上饮食器。主室内部有木护墙，主室后部有木制棺床小帐。

代钦塔拉 M3 为二正室带二耳室的方形主室墓。殓葬方面，主室内有木制棺床小帐，内置墓主人夫妇尸骨，均穿丝织衣物。男子佩戴金耳坠、铁腰带、腰刀和荷包；女子佩戴

〔1〕 热河省博物馆筹备组：《赤峰县大营子辽墓发掘报告》，《考古学报》1956 年第 3 期；参见罗平等《一篇不够真实的考古发掘报告——"赤峰县大营子辽墓发掘报告"读后》，《文物参考资料》1957 年第 5 期。
〔2〕 兴安盟文物工作站：《科右中旗代钦塔拉辽墓清理简报》，载《内蒙古文物考古文集》第 2 辑，中国大百科全书出版社 1997 年版。
〔3〕 辽宁省博物馆、辽宁铁岭地区文物发掘小组：《法库叶茂台辽墓记略》，《文物》1975 年第 12 期。
〔4〕 项春松：《克什克腾旗二八地辽墓》，《内蒙古文物考古》1984 年第 3 期。
〔5〕 苏日泰：《科右中旗巴扎拉嘎辽墓》，《内蒙古文物考古》1982 年第 2 期。

金耳坠、金镯、金戒指、金丝球琥珀水晶项链、珍珠项链和荷包。随葬品分类放置。左耳室放置成套的生活用具；右耳室放置成套的马具及部分铁制工具。主室内偏左前方有一套铁质生活用具，偏右前方有狩猎器具；小帐内棺床上放置盥洗梳妆用具，棺床前置一个小木桌，上放一套饮食器。此墓基本反映了当时丧葬制度的一些情况，大体是模仿生前居室的器用布置状态。

克什克腾旗二八地 M1 为砖筑圆形单室墓，叠涩券顶。有斜坡墓道和仿木结构墓门。墓室中部偏东放置一具南北向石棺，内葬仰身直肢男性尸骨一具，头北脚南。石棺内外壁白灰面上保存墨线勾勒画五幅，即石棺右侧内壁和左侧内壁，分别墨线勾勒有放牧图和毡车毡帐驻地图；石棺后挡内壁和前挡外壁面绘有天鹅花卉图；在石棺前挡内壁上部绘有牵马图，下部长方形浅龛内雕刻有一幅牛、狗动物图。随葬品有黑陶瓜棱壶、铁刀 2、铁马镫 4、铁凿、铁斧、铁熨斗；铜葫芦形器（铜柄上汉文楷书"匠孟文恭"）、铜镜、铜管、铜刀鞘、铜纽扣 8、金耳环 6、金龟饰、金泡 4、金丝环、金圈、长条形金饰 6、三角形金饰 3、银盏、银壶（器底錾刻汉字"大郎君"）、银錾耳杯、银杯、银碗 3、银托、银号角 6、银边扣、银首饰、银簪 2、鎏金铜耳勺、鎏金铜指套 5、水晶饰件 3、琥珀饰件、串珠饰件 56、鎏金铜鱼饰件、铜带钩、木鞍桥、鞍桥饰件、筒状铜铃 23、圆形铜铃 16、鎏金铜鞍辔饰件 300 多件。

科右中旗巴扎拉嘎墓（M1）为砖筑类屋式墓，方形单室，穹窿顶，东南向。墓室后部有棺床。殓葬方面，棺床上原来可能有木构小帐（现存木构龙头构件）。随葬品分类放置。棺床前有铁刀、铁镞和玛瑙、料珠等装饰品。墓室南侧以马具为主。北侧为生活用品。其中马具多为鎏金铜器，有马辔饰 62 件、带扣 3、带箍 13 件、铜铃 7 件等，此外还有铜带扣 12 件、铜铃 9 件、铜带具 67 件、铁马镫 5 等。生活用品有银碗 1、铜镜 1、白釉鸡冠壶 1、绿釉鸡冠壶 1、绿釉长颈瓶 1、灰陶篦点纹罐 1、铁长颈瓶 1、小木桌 1、磨刀石 1。

总的来看，这一时期高级贵族墓墓葬形制以方形主室为主，有些主室内壁设木护墙；殓葬多用木制小帐做葬具，有些在小帐内置石棺（如叶茂台 M7 等），棺内陈放尸骨一次葬，小帐前面设有供桌。随葬品以成套马具和生活用品分组放置为特点。中下型墓葬俗同于高级贵族墓，只是墓葬规制略小，随葬品精美程度逊色些。

第三期：圣宗、兴宗阶段（983—1055 年）。

这阶段重要的大贵族墓有陈国公主墓[1]、床金沟 5 号墓[2]、浩特花 1 号墓[3]。中下型墓葬也较多，主要有前窗户墓[4]、义县清河门 M4[5] 等。墓葬形制有砖筑或石筑圆形或方形类屋式墓，土洞墓和竖穴土坑墓。

陈国公主墓是砖筑壁画墓，为长甬道带 2 耳室的圆形主室墓。墓室后部有砖筑棺床，

[1] 内蒙古自治区文物考古研究所、哲里木盟博物馆：《辽陈国公主墓》，文物出版社 1993 年版。

[2] 内蒙古文物考古研究所：《巴林右旗床金沟 5 号墓发掘简报》，《文物》2002 年第 3 期。

[3] 中国社会科学院考古研究所内蒙古工作队、内蒙古文物考古研究所：《内蒙古扎鲁特旗浩特花辽代壁画墓》，《考古》2003 年第 1 期。

[4] 靳枫毅：《辽宁朝阳前窗户村辽墓》，《文物》1980 年第 12 期。

[5] 李文信：《义县清河门辽墓发掘报告》，《考古学报》1954 年第 8 期。

陈国公主夫妇尸骨直接陈放在铺设木板的棺床上，较为特殊。陈国公主棺床前，设有供桌，并陈设有金银漆玉玻璃日常生活器皿和一些弓箭武器。左耳室放置陶瓷生活用具；右耳室陈放马具和铁工具。随葬品分类陈放的方式承继前期。陈国公主墓展现这一时期完整的殓葬服饰。男女主人均以鎏金银冠、金面具、银丝网络、金带具、丝织衣服、錾花银靴和錾花银枕为基本组合，印证了《辽史》的记载。《辽史》卷五二《礼志五》记载公主下嫁仪，云"赐公主青幰车二、螭头、盖部皆饰以银，驾驼；送终车一，车楼纯棉，银螭，悬铎，后垂大毡，驾牛，载羊一，谓之祭羊，拟送终之具，至覆尸仪物咸在"。

前窗户墓是石筑甬道带 2 耳室的长方形单室墓，南向。墓内未设棺床，长方形石棺直接放在主室北半部，棺底四角垫石板。石棺四面浮雕有四神像，前挡朱雀下还雕有一门和 2 门侍图。单人葬，尸骨呈粉状，仅存 8 枚牙齿（推定墓主为女性），下铺棕榈编制垫，葬式不详。随葬 200 多件器物，有陶瓷器、鎏金银器、玛瑙饰件、象牙制品、铁器和铜用具等。石棺内出土有鎏金银冠 1、耳坠 2、镯子 4、童戏大带（带扣 1、銙 5、铊尾 1）、桃形饰件、银丝球、佩饰，以及玛瑙饰件；棺盖上有 6 枚铜钱，棺外还有象牙梳 1 和铜镜 1；棺南侧集中有铜镜、青釉粉盒、绿釉托盏、渣斗、杯、白釉碗、盘、影青注壶、温碗、铁灯、熨斗、剪刀等；主室东南角还有 1 枚铜镜；主室西南部随葬有水晶斧、铁镞、矛、剑、马衔镳、马镫、木质鞍桥残件、鎏金铜马具等。主室南口有一把铁锁，原应有木门。西耳室随葬有绿釉鸡冠壶 2、凤首瓶 2、注壶 1；东耳室随葬有绿釉洗 1、碗 1、鸡冠壶 2、铁勺 1、执壶 1、锛 1、铲 1，以及羊下颌骨等。

总的来看，这一时期大贵族墓墓葬形制以圆形主室为主，有些甬道设置对称的小壁龛，壁画墓流行；殓葬多用木制小帐和石棺做葬具，内陈放尸骨一次葬，小帐前面设有供桌。面具和金属网络较为盛行，质地的不同与身份地位密切相关。中小型墓也流行石棺和棺床小帐做葬具，棺椁前有供桌祭祀现象，敛服多有鎏金银冠和金属面具等习俗，都与大贵族墓葬制接近。

第四期：道宗、天祚帝阶段（1055—1125 年）。

这个时期大贵族墓有库伦前勿力布格 1 号墓[1]、耶律弘本墓[2]和萧和墓[3]等。中小型墓葬有萧孝忠墓[4]、清河门 M2、柴达木墓[5]、小刘仗子 M1 和 M2[6]等。墓葬形制多是砖筑或石筑多角形类屋式墓，还有土洞墓和竖穴土坑墓。

贵族墓葬多被盗掘，缺乏完整的考古资料。综合看，墓葬主室内多见木护墙，主室后部多筑有砖棺床，葬具有用木制小帐者（耶律祺墓[7]），有用叠涩棺座和木棺组合者

〔1〕 王健群、陈相伟：《库伦辽代壁画墓》，文物出版社 1989 年版。
〔2〕 巴林右旗博物馆：《辽庆陵又有重要发现》，《内蒙古文物考古》2000 年第 2 期。
〔3〕 辽宁省文物考古研究所：《阜新辽萧和墓发掘简报》，《文物》2005 年第 1 期；《关山辽墓》，文物出版社 2011 年版。
〔4〕 雁羽：《锦西西孤山辽萧孝忠墓清理简报》，《考古》1960 年第 2 期；刘谦：《辽宁锦西西孤山出土辽墓墓志》，《考古通讯》1956 年第 2 期。
〔5〕 齐晓光：《阿鲁科尔沁旗柴达木辽墓》，《内蒙古文物考古》1986 年第 4、7 期。
〔6〕 内蒙古自治区文物工作队：《昭乌达盟宁城县小刘仗子辽墓发掘简报》，《文物》1961 年第 9 期。
〔7〕 齐晓光：《近年来阿鲁科尔沁旗辽代墓葬的重要发现》，《内蒙古文物考古》1997 年第 1 期；参见《中国文物报》1994 年 4 月 24 日第 1 版。

（耶律弘世墓），还通常直接铺木板，上面陈放尸骨。萧义墓[1]不见棺床，直接用石棺，较为特殊。宁城鸽子洞墓[2]、萧和墓分别发现有铜丝或银丝网络，推测贵族墓仍流行金属面具和网络的习俗。随葬品的陈置方式大体同于上个时期，如萧孛特本墓[3]。

大安五年（1089年）萧孝忠墓为凿山为穴，东南向。为砖筑圆形单室墓（直径3.6米，高3.4米），有木护墙。墓室后半部有半圆形石棺床。上有木质葬具，存火葬碎骨。墓内出土有一方墓志，以及鎏金银冠、陶围棋子、绿釉凤首壶、黄釉提梁壶、三彩海棠盘和方碟、铁马镫等。

宁城小刘仗子M1是石筑八角形单室墓，东南向。墓室内壁有木护墙，原有彩绘壁画。葬具不详。为二人尸骨一次葬。残存随葬品有铜面具1、铜靴底2。墓室东部出土圆盘、海棠盘、碟、方碟等三彩器，白釉碗和碟，黄釉长颈壶和盂，铁火盆、火筷等；西部有铁马镫、铃，铜马具和珠子等。小刘仗子M2为砖筑方形单室墓，东南向。墓室北部有砖棺床，上置一具尸骨，头东脚西，仰身直肢，头带铜面具。腿骨间有9件铁镞。棺床下地面有三彩海棠盘、方碟，黄釉大碗、杯、凤首瓶、白釉盘、碟；铁镞、马镫、衔、铃铛和灰陶罐；墓门内还有一铜镜。

清河门第二号墓（M2）为砖石混筑类屋式墓，东南向，由墓道、甬道、甬道两侧左右耳室和八角形主室组成。甬道和耳室为青砖建筑，主室为石块砌筑，纵长4米。主室内有木护墙，后部有棺床，地面铺砖。墓室内有男女人骨各一具。墓葬被破坏，残存随葬品有绿釉提梁壶2、绿釉凤首瓶2、绿釉圆盘、绿釉小罐3、白釉莲瓣碗、白釉瓶、白釉小盖罐、白釉执壶、青白釉大碗8、青白釉盏托2、青白釉盖碗2、青白釉花口小碟2等瓷器，还有玻璃器、漆器、银器、铜器、铁器、水晶等和残契丹文石墓志。其中铜丝手套等，是契丹固有的随葬品。

柴达木墓为石筑类屋式墓，六边形单室，内壁有木护墙，穹窿顶。墓室后部有棺床，上铺木板，无棺等葬具。男尸为仰身直肢。铜面具和鞋垫基本原位，另有木柄铜饰件。棺床外侧东壁平置2件绿釉提梁壶，墓室中部偏西有一白釉小碗。

这一时期墓葬形制多是多角形墓，时代特点鲜明。契丹贵族墓葬主室内有木护墙，一般直接在砖或棺床上陈尸体，个别有石棺或木棺葬具。前一阶段的棺床小帐少见。葬服中的金属面具和网络仍流行，有些墓简化为仅随葬金属面具和靴底。高级贵族墓葬随葬品多是宋朝输入的影青瓷、白釉或青釉瓷器，多是精美的生活用器；一般贵族墓葬除陶瓷器外，流行三彩器，具有时代特点。

2. 埋葬制度和丧葬习俗

综合上述考古资料，并结合文献的记载，本章重点对契丹族埋葬制度和丧葬习俗大致做些梳理。

〔1〕　温丽和：《辽宁法库县叶茂台辽萧义墓》，《考古》1989年第4期。
〔2〕　塔拉等：《宁城县鸽子洞辽代壁画墓》，载《内蒙古文物考古文集》第2辑，中国大百科全书出版社1997年版。
〔3〕　吉平、塔拉：《宁城县埋王沟辽代墓地发掘简报》，载《内蒙古文物考古文集》第2辑，中国大百科全书出版社1997年版。

（1）朝向和茔园

契丹人墓地与汉人墓地一样，大都选择在山南水北的阳坡。从帝陵到一般契丹墓葬，几乎都选择东南向，仅有少数特例。契丹贵族家族墓地选择风景幽美的簸箕形缓坡或平岗上。背靠大山，两侧有山丘环卫，前方地势开阔，有河流或小溪横贯，远眺前山东尖顶。如耶律羽之墓地等。宋沈括《梦溪笔谈》载"契丹坟墓，皆在山之东南麓"，与考古发现一致。

契丹大贵族也建有茔园，有山地和平地两类。茔园通常有夯土或石筑围墙，设有茔域门，茔园内设有祭殿等建筑，形成完整的封闭式茔区。如阿鲁科尔沁宝山墓地[1]。在茔园附近通常建有城池，这些城池可能属于墓主人头下州的性质。如库伦前勿力布格墓地[2]。契丹化的汉人韩匡嗣家族墓地附近也有私城。

山地茔园的贵族墓地发表资料有限。就目前比较明确的资料可知，契丹贵族墓地流行由东南向西北，从低到高斜行排列墓葬的方式。如耶律羽之墓地、扎鲁特浩特花墓地等。平地类茔园发现较少，宝山墓地是其典型代表。因为墓葬发掘有限，墓葬排列方式不太清楚。而契丹化的韩匡嗣家族墓地，则采用由北向南，从高到低排列墓葬的方式。

（2）墓葬形制和殓葬方式

辽朝墓葬，无论是契丹墓葬，还是汉人等民族的墓葬，都是以砖筑类屋式墓为最主要形制。其次是土坑竖穴墓（因为主观原因，发现较少），还有一定的土洞墓。契丹人类屋式墓流行壁画墓，题材和内容多有契丹民族的特色。在兴宗以前，类屋式墓多为圆形或方形主室；此后则流行多角形主室。墓室的多寡与墓主人身份地位有关。

契丹墓葬讲究殓葬方式，并有鲜明的自身特色。类屋式墓内通常在后部建造砖或石质棺床，用来陈放尸体（耶律羽之墓用琉璃砖棺床，是仅见的特例）。在辽代晚期，主墓室内壁流行加筑木护墙的习俗，以石筑墓为多。其最有特色的葬具是棺床小帐，即模仿房屋而制的小型木作建筑。如辽法库叶茂台7号墓[3]，在主室后部安置棺床小帐，帐内东西向横置宽大的石棺一具（图17-5-1），墓主为老年妇女。这是目前发现具有棺床小帐和石棺等成套葬具保存最好的墓例。其次是带有须弥座的彩绘木棺，如内蒙古科左后旗吐尔基山辽墓（图17-5-2）[4]、翁牛特旗广德公墓[5]。此外，还有石棺等葬具。也有一些墓主人不用葬具，直接陈尸于棺床之上者。

契丹人墓流行尸骨一次葬，有单人葬，也有夫妻合葬。通常为仰身直肢，多头东脚西，如陈国公主墓等；也有头北脚南者，如克什克腾旗二八地1、2号墓。

契丹人注重尸体的保存，并有独特的保存尸体方法。南宋文惟简的《虏廷事实·丧葬》[6]记载："北人丧葬之礼，盖各不同。汉儿则遗体然后瘗之。丧凶之礼，一如中原。

〔1〕 内蒙古文物考古研究所、阿鲁科尔沁旗文物管理所：《内蒙古赤峰宝山辽壁画墓发掘简报》，《文物》1998年第1期。

〔2〕 王健群、陈相伟：《库伦辽代壁画墓》，文物出版社1989年版。

〔3〕 辽宁省博物馆、辽宁铁岭地区文物组发掘小组：《法库叶茂台辽墓记略》，《文物》1975年第12期。

〔4〕 内蒙古文物考古研究所：《内蒙古通辽市吐尔基山辽代墓葬》，《考古》2004年第7期。

〔5〕 项春松：《内蒙古翁牛特旗辽代广德公墓》，《北方文物》1989年第4期。

〔6〕 据明抄本《说郛》卷八，涵芬楼藏版。

女真则以木槽盛之，葬于山林，无有封树。惟契丹一种特有异焉，其富贵之家，人有亡者，以刃破腹，取其肠胃涤之，实以香药、盐矾、五彩缝之；又以尖苇筒刺其皮肤，沥其膏血且尽，用金银为面具，铜丝络其手足。耶律德光之死，盖用此法。时人目为'帝𦊆'，信有之也。"《资治通鉴·后汉纪一》和宋人刘跂《暇日记》都有类似记载。考古资料印证了文献记载的可靠性。内蒙古察右前旗豪欠营6号墓[1]出土一具完整女尸，内脏俱全，胃内含砷，罩有铜面具和铜丝网络。建平朱碌科墓[2]棺床上发现有许多水银；新民巴图营子墓[3]的棺床下发现有很多木炭，是用于防潮和防腐。

图 17-5-1　法库叶茂台七号墓棺床小帐和石棺出土情况
（引自《法库叶茂台辽墓记略》，《文物》1975 年第 12 期）

图 17-5-2　内蒙古科左后旗吐尔基山辽墓之须弥座彩绘木棺
（引自《内蒙古通辽市吐尔基山辽代墓葬》，《考古》2004 年第 7 期）

［1］　乌盟文物工作站等：《契丹女尸——豪欠营辽墓清理与研究》，内蒙古人民出版社 1985 年版。
［2］　冯永谦等：《建平、新民的三座辽墓》，《考古》1960 年第 2 期。
［3］　冯永谦等：《建平、新民的三座辽墓》，《考古》1960 年第 2 期。

契丹人仅在早期的部分小墓和其他时期个别墓葬中有火葬现象，可能与佛教的影响有关。火葬分有葬具和无葬具之别。无葬具的墓葬通常是将骨灰撒在棺床上或墓室中，如萧孝忠墓。葬具通常是石棺，还有木棺和瓮棺。

（3）葬服和随葬品

辽代盛行厚葬。契丹贵族入葬时，葬服考究丰厚，主要有冠帽、衣袍、靴鞋、佩饰、腰带、衾被、枕头等丝织品以及金属面具、网络。《辽史》卷五二《礼志·嘉仪上》，记载公主下嫁仪，皇帝要"赐公主青幰车二，螭头、盖部皆饰以银，驾驼；送终车一，车楼纯棉，银螭，悬铎，后垂大毡，驾牛，载羊一，谓之祭羊，拟送终之具，至覆尸仪物咸在"。覆尸仪物应当包括金属面具和网络在内。陈国公主与驸马墓中出土的鎏金银冠、金面具、银丝网络、金带具、丝织衣服、錾花银靴和錾花银枕等服饰，以及银制的鞍鞯等，都应是公主和驸马举行婚礼时，朝廷赐予的送终之物。可见，契丹大贵族死后的葬服等随葬品，生前就已经准备好。

目前葬服保存较好的墓有陈国公主墓、法库叶茂台7号墓和代钦塔拉墓[1]。丝织品葬服通常不好保存下来。考古发现往往多见金、银、玉、琥珀等饰件。金属面具和网络是契丹人特有的葬服之一。面具是指覆扣在死者脸部的假面，有金、银、铜和铅质，其中银质和铜质有采用鎏金工艺者；网络是指罩在死者尸体上的网衣，主要有银丝、鎏金铜丝和铜丝三种。考古发掘已经证实南宋文惟简在《虏廷事实·丧葬》中记载契丹人"用金银为面具，铜丝络其手足"这段史料是可信的，但并不全面，铜丝并不是仅仅络其手足。完整的网络通常是由头网、臂网、手网、胸背网、腿网和足网分别编缀组合而成，如陈国公主墓和豪欠营六号墓。面具和网络的主人男女均见，还有小孩的面具。从已经发现的资料看，中晚期较多，早期也见。

面具和网络的主要组合形式有：（1）面具与全身网络共存，如陈国公主墓和察右前旗豪欠营六号墓；（2）有手脚网络而无面具，如豪欠营二号墓；（3）有全身网络而无面具，如法库叶茂台18号墓；（4）有面具而无网络，如宁城小刘仗子二、三、四号墓[2]。如果考虑到被盗的情况，第（2）类似乎可以归入到第（3）类中。目前，学术界对于使用面具和网络的对象和特性认识不一，主要观点有：（1）使用铜丝网络覆尸的遗体均为女性，而且大都出自萧氏墓地，所以金属网络可能主要是嫁到萧氏家族的皇室女子覆尸所用，是一种特殊的礼仪葬俗[3]。（2）契丹死者用面具和网络可能与辽代萨满巫师的信仰或神职有关。网络中以手足网最为重要，生者也使用，如宣化下八里辽墓《散乐图》中的击鼓人（巫师）戴有臂网。"网络与面具，可能是契丹贵族阶层里以迎神驱鬼为职业的萨蛮巫师或特别崇信萨蛮巫师与如来菩萨者的特殊葬具。"[4]也有人将使用面具和网络的人笼统地说成是萨满教的忠实信徒[5]。（3）契丹人的面具和网络在形式结构上与中原地区

〔1〕　内蒙古博物馆等：《内蒙古兴安盟代钦塔拉辽墓出土丝绸服饰》，《文物》2002年第4期。
〔2〕　李逸友：《辽代契丹人墓葬制度概说》，载《内蒙古东部区考古学文化研究文集》，海洋出版社1991年版。
〔3〕　马洪路：《契丹葬俗中的铜丝网衣及其有关问题》，《考古》1983年第3期。
〔4〕　杜承武：《辽代墓葬出土的铜丝网络与面具》，载《辽金史论集》第一辑，上海古籍出版社1987年版。
〔5〕　杜晓帆：《试探辽墓出土的面具、铜丝网络与宗教的关系》，《辽金契丹女真史研究》1986年第2期。

发现的汉墓"玉衣"（或称"玉柙"）有惊人的相似之处。"契丹族的金属面具和网络，或许与汉族人'玉衣'的影响有关。结合辽代契丹人入葬时在手、口、鼻中塞物等情况，可见汉族的葬俗对契丹族的影响之深。"[1](4) 契丹人死后使用金属面具和铜丝网络是由契丹古老的丧葬习俗演化而来。为了保证置于山树之上的亲人尸骨不致失落，旧俗中会采取以绳结网或用渔网等物覆置尸上，戴上面具等保护措施。后来演变成使用金属网络和面具的特殊殡葬服饰[2]。(5) 契丹人兼采并容诸民族的习俗，将西汉之际传入东北一带的玉衣敛服制度和东北古族固有的覆面礼俗改造移植，演化成富有特色的金属敛具[3]。有些认识与考古发现相悖，显然是站不住脚的。

辽代贵族讲究厚葬，已为考古发现所证实。随葬遗物有金、银、铜、铁、玻璃、玉、玛瑙、漆木、陶瓷等质地，包括衣、食、住、行和文玩等诸方面[4]。契丹人除葬服外，随葬品中有一套有自身特色的器物组合。有鸡冠壶、提梁壶、鸡腿瓶、凤首瓶、长颈壶、瓜棱壶、侈口篦点纹罐等陶瓷器组合；也有金银、铜、铁或漆木质地的马镳、辔、鞍、鞴、鞽、镫、铃铛等马具和弓、弓囊、箭镞、箭囊等组合。随葬品种类、数量和精美程度，因墓主人的身份地位的不同而有所差异。贫贱者甚至没有随葬品。

（4）丧葬祭祀等葬仪

辽代贵族的葬仪[5]缺乏记载，考古发现的实物资料为我们提供了契丹人丧葬祭祀的情况。

抛盏和烧饭是北方民族的传统葬仪，各族的形式和含义有所不同。辽代的抛盏和烧饭也应有其特殊的含义[6]。胡峤《陷虏记》载，"会诸部人葬德光，……至大山门……曰陵所也，兀欲入祭，诸部大人惟执祭器者得入，入而门阖，明日开门，曰抛盏，礼毕。问其礼皆秘不肯言"。"抛盏"，简而言之，似可理解为在祭奠墓主人之后打碎器皿，寓意供死者到极乐世界享用，或是指断绝死者再回来食用人间烟火[7]。毁器的葬仪，在北方古代的各个民族中就一直流传。陈国公主墓从未被盗，却有一件木制鸡冠壶仅存半面，应是有意毁去器物的一半；在墓门外的墓道底部，发现有碗、盘等白瓷残片，似乎都与"抛

〔1〕 木易：《辽墓出土的金属面具、网络及相关问题》，《北方文物》1993 年第 1 期。
〔2〕 《赤峰市阿鲁科尔沁旗温多尔敖瑞山辽墓清理简报》，《文物》1993 年第 3 期；张郁、孙建华：《从陈国公主墓出土的银丝网络、金面具浅谈契丹族葬俗》，载《内蒙古文物考古文集》第二辑，中国大百科全书出版社 1997 年版。
〔3〕 田广林：《契丹礼俗考论》，哈尔滨出版社 1996 年版。
〔4〕 李逸友：《辽代契丹人墓葬制度概说》，载《内蒙古东部区考古学文化研究文集》，海洋出版社 1991 年版。
〔5〕 史籍中记载有皇帝的丧葬仪。胡峤《陷虏记》载，"会诸部人葬德光，……至大山门……曰陵所也，兀欲入祭，诸部大人惟执祭器者得入，入而门阖，明日开门，曰抛盏，礼毕。问其礼皆秘不肯言"。《辽史·礼志二·凶仪》载圣宗丧葬仪："圣宗崩，兴宗哭临于菆涂殿。大行之夕四鼓终，皇帝率群臣入，柩前三致奠。奉柩出殿之西北门，就辒辌车，藉以素裀。巫者祓除之。诘旦，发引，至祭所，凡五致奠。太巫祈禳。皇族、外戚、大臣、诸京官以次致祭。乃以衣、弓矢、鞍勒、图画、马驼、仪卫等物皆燔之。至山陵，葬毕，上哀册。皇帝御幄，命改火，面火致奠，三拜。又东向，再拜天地讫，乘马，率送葬者过神门之木乃下，东向又再拜。翌日诘旦，率群臣、命妇诣山陵，行初奠之礼。升御容殿，受遗赐。又翌日，再奠如初。"此外还有道宗丧葬仪的记载。这些文字表明，辽代皇帝的丧葬仪是比较讲究的。估计贵族的丧葬仪式与皇帝相近，只是规模较小而已。
〔6〕 陈述：《论辽金元烧饭之俗》，《历史研究》1980 年第 5 期。
〔7〕 李逸友：《辽代契丹人墓葬制度概说》，载《内蒙古东部区考古学文化研究文集》，海洋出版社 1991 年版。

盏"有关。敖汉范杖子 102 号墓的墓道也有类似现象。

《契丹国志》卷之二十三《建官制度》载"（其主）既死，则设大穹庐，铸金为像，朔、望、节、辰、忌日辄致祭，筑台高丈余，以盆焚食，谓之烧饭"[1]。《辽史·礼志二·凶仪》载圣宗丧葬仪："圣宗崩，兴宗哭临于菆涂殿。大行之夕四鼓终，皇帝率群臣入，柩前三致奠。奉柩出殿之西北门，就辒辌车，藉以素裀。巫者祓除之。诘旦，发引，至祭所，凡五致奠。太巫祈禳。皇族、外戚、大臣、诸京官以次致祭。乃以衣、弓矢、鞍勒、图画、马驼、仪卫等物皆燔之。"根据这两条文献推测，除"以盆焚食"外，焚烧送葬衣物和器具等，都可能在"烧饭"之列。无论是焚烧酒食，还是燔烧死者生前使用的衣物和牲畜，都是希冀这些东西可以让死者在阴宅地府里拥有和享用。皇帝如此，契丹贵族也应该有类似葬制。

契丹贵族墓内，通常都有供台或供桌，陈放鱼、肉、果品、茶、酒等祭奠物品。表明这是契丹贵族常用的墓葬规制之一。如法库叶茂台 7 号墓，石质供桌上放有瓷碗、钵、罐等十余件器皿，还有桃、李、松子等食品，桌下的壶中发现有红色液体，应为饮品。这无疑为我们提供了研究契丹贵族葬时祭奠情况的宝贵资料。这种祭祀习俗，与汉人墓相同，应该是接受了汉人的传统习俗。

辽代契丹人有杀牲以祭的习俗。丧葬祭奠所用的牺牲，主要有羊、马、牛、猪、犬等动物，其中以羊为多。葬羊头或羊骨是契丹族的葬俗之一[2]。库伦前勿力布格一号墓、敖汉北三家 3 号墓等均发现羊骨。在内蒙古扎鲁特水泉沟墓地，道宗时期的室鲁太师墓（M4）中发现有随葬马头骨和四肢骨的现象[3]。

或许因为厚葬之风越演越烈，辽圣宗统和"十年春正月丁酉，禁丧葬礼杀马，及藏甲胄、金银、器玩"[4]。兴宗也在重熙十一年十二月"丁卯，禁丧葬杀牛马及藏珍宝"[5]。或许是迫于某种压力，兴宗于次年更改禁令，"六月丙午，诏世选宰相、节度使族属及身为节度使之家，许葬用银器，仍禁杀牲以殉"[6]。从室鲁太师墓中得知，"禁杀牲以殉"的圣谕没有得到很好地执行。但厚葬之风或许有所收敛。从考古发现看，早期丧葬遗物多以实用器物为主，通常有成套的马具；中期后段开始，鎏金铜器和三彩釉陶器成为有特色的丧葬遗物，实用马具通常只有铃和镫，并出现明器马具。

（5）其他埋葬制度和葬俗

墓志是证明墓主人身份的标志。这是汉人贵族特有的墓葬规制。从目前的考古学资料看，辽代契丹人志石的使用界限比较清楚，基本上都是节度使以上的高官命妇。墓志以盝顶盖方形为主，个别为圭形，如北大王耶律万辛墓志和许王墓志等。契丹贵族墓志除用汉

〔1〕（宋）叶隆礼：《契丹国志》，上海古籍出版社 1985 年版，第 224 页。

〔2〕《辽史·礼志·凶仪》道宗丧葬仪载，"盖辽国旧俗，于此行殺羊以祭"。殺羊，黑色的公羊。《辽史·礼志·嘉仪上》公主下嫁仪记载，皇帝赐"载羊一，谓之祭羊，拟送终之具，至覆尸仪物咸在"。

〔3〕董新林：《辽代文化的历史画卷：扎鲁特辽墓》，《文明》2002 年第 4 期；中国社会科学院考古研究所、内蒙古文物考古研究所：《内蒙古扎鲁特辽墓》待刊。

〔4〕《辽史》本纪第十三《圣宗四》。

〔5〕《辽史》本纪第十九《兴宗二》。

〔6〕《辽史》本纪第十九《兴宗二》。

文外，有些墓用契丹大字或契丹小字镌刻墓志，体现其民族特色。辽朝皇帝和个别契丹贵族墓，同时有汉文和契丹文两种文字镌刻铭文，或许具有一定的象征意义。有些低级官吏墓中使用石棺题记，可以视为墓志的一种代用品。

辽代墓仪制度的资料不多。在内蒙古喀喇沁旗发现的耶律琮墓[1]，正前方有一座观世音经碑，上刻译写梵音的汉文。神道两侧树立石羊2对、石虎1对、武吏1对、文官1对。刻有汉文的神道碑立于墓室西北侧，碑身后螭首残，龟趺保存较好。这是目前记录最为清楚的辽代墓仪资料。这似乎表明一些契丹贵族墓应有墓仪制度，即在陵墓前树立石刻的神道碑、经幢，以及羊、虎、翁仲等石像生。这无疑也是借用中原汉人的葬制。

契丹墓葬中，发现有在手、口、鼻中塞物的葬俗。叶茂台7号墓主人手中握有水晶珠，鼻中塞银片卷成的短管；宁城小刘仗沟4号墓女主人双手各握玉竹节一块，口含铜钱。在陈国公主墓和萧袍鲁墓等，还曾发现有木俑、石俑和彩绘木雕俑。这些也都是中原汉人的故俗。

（二）汉人墓葬

1. 典型墓葬

这一地区目前较早的纪年汉人墓是保宁二年（970年）刘承嗣墓[2]。此墓为砖筑圆形墓，因被盗掘，具体情况不详。

第三期：圣宗和兴宗时期（983—1055年）。

代表墓葬有统和三年（985年）的韩匡嗣墓[3]、统和十八年（1000年）刘宇杰墓[4]、统和二十三年王悦墓[5]、开泰九年（1020年）耿延毅墓[6]、开泰十年赵匡禹墓、重熙八年（1039年）赵为干墓[7]等。

韩匡嗣墓是砖筑双正室的壁画墓，前室两侧各有一耳室。主室呈圆形，内壁有木护墙，内置木制小帐，帐内置石棺，馆内葬夫妇二人。可见其葬具有鲜明的契丹风格。韩匡嗣为秦王，赠尚书令，是韩知古之子，韩德让（耶律隆运）之父，是契丹化较深的汉人，故采用契丹贵族的葬制。其后人被赐姓耶律，列为皇族，墓志也改用契丹姓名，如韩德让侄儿耶律遂正等[8]。

户部使耿延毅墓是砖筑双正室的壁画墓，主室后部有砖棺床，上置木制方形椁室，内陈放一具石棺，内置木棺，为尸骨一次葬。敛服残存有铁骨纱帽翅、银丝手套（网络）、佩饰和石枕等。随葬品有瓷器、铁兵器、工具和生活用具。

〔1〕　李逸友：《辽耶律琮墓石刻及神道碑铭》，载《东北考古与历史》第一辑，文物出版社1982年版。
〔2〕　王成生：《辽宁朝阳市刘承嗣族墓》，《考古》1987年第2期。
〔3〕　内蒙古文物考古研究所：《白音罕山辽代韩氏家族墓地发掘报告》，《内蒙古文物考古》2002年第2期。
〔4〕　王成生：《辽宁朝阳市刘承嗣族墓》，《考古》1987年第2期。
〔5〕　辽宁省博物馆文物工作队：《辽宁喀左县辽王悦墓》，《考古》1962年第9期。
〔6〕　朝阳地区博物馆、辽宁第一师范学院辽墓发掘组：《辽宁第一师院建筑工地发现两座辽代古墓——出土了珍贵文物，为研究辽史提供了新材料》，《辽宁第一师范学院学报》（哲社版）1977年第3期；朝阳地区博物馆：《辽宁朝阳姑营子耿氏墓发掘报告》，载《考古学集刊》第3辑，中国社会科学出版社1983年版。
〔7〕　邓宝学、孙国平：《辽宁朝阳辽赵氏族墓》，《文物》1983年第9期。
〔8〕　盖之庸编著：《内蒙古辽代石刻文研究》，内蒙古大学出版社2007年版，第141页。

遂州观察使知临海军节度使事赵匡禹墓和其子沂州刺史赵为干墓，均为石筑圆形单室壁画墓，墓室内置石棺，棺内置火葬骨灰。石棺刻有四神像，前挡还有契丹侍者形象。

左千牛卫将军刘宇杰墓为砖筑圆形单室墓，甬道两侧各有一个圆耳室。墓室后部有砖棺床，上置一具石棺，墓内葬有一成人为刘宇杰，3个小孩头骨（1儿2女）。棺前有墓志一盒。随葬品残存铜、铁、陶、瓷器，以及玛瑙围棋子、铜钱等。其中有一组灰陶碗、壶、罐、瓶和鐎斗等明器。

宁远军节度副使王悦墓是砖筑近圆形单室墓，墓室内壁疑有木护墙。墓室内推测有木棺，陈放尸骨一次葬。随葬品除一盒墓志外，残存灰陶罐、盆、三足盘等明器和白釉碗等。此二墓与燕云地区汉人墓随葬陶器有相似习俗。

此期墓葬中，火葬和使用石棺现象较为突出。汉人贵族墓有些明显契丹化，葬俗与契丹人墓相近，壁画表现游牧习俗，使用银丝网络等。一些墓则随葬与燕云地区汉人一样的灰陶器组合。

第四期：道宗、天祚帝阶段（1055—1125年）。

不见有题名的大型汉人墓葬，代表墓有寿昌四年（1098年）邓中举墓[1]、寿昌五年敖汉刘祜墓（羊山M2）[2]为代表。

保安军节度使邓中举墓为砖筑方形单室墓，南向略偏东。墓室地面铺砖，北部左、右两侧各有一堆骨灰，分别属于墓主人夫妇。墓内壁半浮雕有四神像、门侍、侍者像，较特殊。除墓志一盒外，还残存白釉盘5，以及围棋子、铜钱等。

敖汉刘祜墓（羊山M2）为砖筑类屋式墓，八角形单室，穹窿顶。墓室内壁有木护墙，仿木结构墓门两侧砖雕破子棂窗。墓室内不见棺床，北部有骨灰痕，应为火葬。墓门外两侧、天井和墓道两侧，均有壁画。墓室内出土白釉印花碗2、白釉刻花碗1、白釉刻花盘2、石经幢（座、幢、盖组成）1、石墓志1。

此期墓葬仍流行火葬。墓道绘有壁画，与契丹人墓一样，应是时代特点。

2. 埋葬制度和丧葬习俗

从考古资料可以看出，本区汉族人墓葬除了沿袭与长城以南汉人相同的文化传统外，也不同程度地接受了契丹文化影响。有些契丹化较深的汉人墓葬，与契丹贵族葬制相差无几，如韩匡嗣墓。一些汉人贵族墓葬采用了契丹式的葬制，如用木制小帐、木护墙、金属网络、尸骨一次葬等；还有一些墓仍然保持与燕云地区汉人大体一致的葬俗，如用火葬，随葬灰陶明器等。辽圣宗和兴宗时期，汉人品官墓多使用石棺，成为较突出的丧葬特点。

三 以辽阳、鞍山为中心的东京道地区

这里主要是渤海国故地，是渤海人和汉人为主的地区。本区墓葬壁饰主要是画像石，集中在东京辽阳府南部和西部，具有区域性特点[3]。以鞍山汪家峪墓[4]、鞍山羊耳峪

〔1〕 项春松、吴殿珍：《内蒙古宁城辽邓中举墓》，《考古》1982年第3期。
〔2〕 邵国田：《敖汉旗羊山1—3号辽墓清理简报》，《内蒙古文物考古》1999年第1期。
〔3〕 本章将锦州和锦西（今葫芦岛）画像石墓暂归入东京道区。
〔4〕 鞍山市文化局、辽宁省博物馆：《辽宁鞍山市汪家峪辽画像石墓》，《考古》1981年第3期。

墓[1]、辽阳金厂墓[2]、锦西大卧铺 2 号墓[3]、锦县张扛 2 号墓[4]为代表。也有一些壁画墓。

鞍山汪家峪墓为八角形单室画像石墓,东南向。墓室内出土一长方形石桌面和 1 枚铜钱。画像石以孝子故事为主题,有驼车图。辽阳金厂墓是石筑长方形单室画像石墓,画像石以孝子故事为主题,墓内有一木棺,内葬一具尸骨。仅随葬粗陶罐 1 件。

本区墓葬的埋葬制度和丧葬习俗,与前述长城以南汉人墓基本一致。本区的特色是流行画像石墓,随葬品很少。画像石通常使用线雕、浮雕花半圆雕等工艺,在石门、石棺、石板壁上进行装饰。画像石上雕刻"孝悌故事"题材,为其他二区所不见。就目前的资料看,画像石墓最早发现于辽代中期圣宗统和年间以后,一直延续到辽代末年。

四　余论

纵观辽代墓葬资料,可以看出契丹人墓和汉人墓的埋葬制度和丧葬习俗是有一定差异的。这显然与各自不同的文化传统有着密切的关系。

辽代的埋葬制度包含着具有民族传统葬俗的契丹人(可能包括奚、渤海等)墓葬制度,同时也包括承袭中原文化传统的汉人的墓葬制度。在辽国不断的发展过程中,民族融合不断加强,富有特色的辽代墓葬制度逐渐形成。

检索发表的墓葬资料可知,有的墓葬出土墓志或带有题记等文字资料,这使我们可以较明确地识别出墓主的族属,并以此为标尺,进一步区分出无墓志的墓葬族属。需要指出的是,在辽代社会中存在契丹人汉化和汉人契丹化的现象,文化的融合特点在墓葬中有所表现,因此,要准确判断无墓志的墓葬族属还不是一件容易的事。或许以后通过建立辽代 DNA 族属的谱系后,这一问题的研究能够有所深入。所谓契丹人墓葬是相对于汉人墓葬而言。其实契丹人墓葬中可能还包含有与其习俗相近的奚、女真、室韦等民族的墓葬。

―――――――――

[1]　张喜荣:《辽宁鞍山市羊耳峪辽代画像石墓》,《考古》1993 年第 3 期。

[2]　王增新:《辽宁辽阳县金厂辽画像石墓》,《考古》1960 年第 2 期。

[3]　雁羽:《锦西大卧铺辽金时代画像石墓》,《考古》1950 年第 2 期。

[4]　刘谦:《辽宁锦州市张扛村辽墓发掘报告》,《考古》1984 年第 11 期。

第十八章　金代墓葬

金国是女真族人以中国北方地区为重心所建立的王朝，主要包括北起外兴安岭，南抵淮河，西达甘肃兰州西，东部濒于大海的广大地域。疆域面积大大超过南宋版图。金代统治的主要时限可从太祖完颜阿骨打建国（1115 年）到哀宗天兴三年（1234 年）为蒙古国所灭为止，大体与南部中国的南宋时代相当。

女真族是中国北方古老的民族之一，属于肃慎系民族。先秦时称为肃慎，汉晋时称挹娄[1]，南北朝时称勿吉[2]，隋唐时称靺鞨[3]，辽金元明时通称女真[4]。为现代满族之祖先。隋初，靺鞨形成七大部落。粟末靺鞨和黑水靺鞨后来较为强势。唐圣历元年（698 年），粟末靺鞨人大祚荣建立渤海国，于 926 年为辽所灭。粟末靺鞨并入辽国。女真源于黑水靺鞨，原生活在黑龙江和松花江合流后以下的黑龙江流域，后来部分南迁。曾隶属大辽国。辽代晚期，完颜部强大，逐渐统一女真各部。1115 年，完颜阿骨打称帝，建立了大金国。1125 年金朝灭亡辽朝，取而代之。

目前已发表的金代墓葬约近 400 座。在东北地区发掘的女真族平民墓葬较多，贵族墓葬较少；而在河南、河北和山西等中原地区的汉人贵族和富人墓葬发现较多，并且形成了地域性的特点。

第一节　发现与研究

有关金代墓葬的记载，至少可以上溯至清代。在康熙年间刊印的《盛京通志》中"陵墓"条，较早记载了著名的完颜希尹墓和完颜娄室墓[5]。当时已经在长春石碑岭发

---

[1]　《后汉书》卷八十五《东夷列传》载："挹娄，古肃慎之国也。"

[2]　《魏书》卷一百《勿吉列传》载："勿吉国，在高句丽北，旧肃慎国也。"

[3]　《旧唐书》卷一百九十九下《靺鞨列传》载："靺鞨，盖肃慎之地，后魏谓之勿吉，在京师东北六千余里。"

[4]　《文献通考·四裔考》载："女真，盖古肃慎氏，……五代时始称女真。"

[5]　（清）董秉忠等：《盛京通志》，清代康熙二十三年（1684 年）刻本。在卷二十二之十七"陵墓"条载："完颜希尹墓，即叶鲁谷神。金章宗以希尹始制国字，加封赠立庙上京纳里珲庄。岁时致祭。其墓应在乌喇界内。旧址无考。""完颜娄室墓，船厂之西二百里薄屯山上有金源郡王墓，有石碑一，石人三，石羊二。按碑为娄室墓。"长顺主修的《吉林通志》卷一二十"金石"条载："金完颜希尹碑，……额题'大金尚书左丞相金源郡贞宪王完颜公神道碑'，篆书。在吉林府东北二百里小城子。"金毓黻《东北文献征略》卷四《金石下》"金完颜希尹墓碑"条载："碑在今吉林省舒兰县东北小城子地方。《吉林通志》云小城子在吉林城东北二百里，盖其时舒兰尚未设治，……"

现了完颜娄室墓地[1]，墓地立有完颜娄室神道碑，石人、石羊、石虎、石望柱等石雕，清代后期石碑已经不见[2]。金代墓葬的考古工作大体分三个阶段。

一　草创阶段

金墓的考古工作是由日本学者开始的。他们根据清代文献的线索，较多地关注完颜娄室和完颜希尹两处墓地。1912 年前后，日本人滨田耕作曾在长春石碑地盗掘完颜娄室墓[3]。1936 年，园田一龟又对完颜娄室墓进行考古调查和发掘[4]；1937 年春，园田一龟还到舒兰小城子完颜希尹墓地进行实地调查和测绘[5]。此外，还有山田文英对吉林金代石棺的调查[6]，以及原田淑人、驹井和爱、关野贞等在辽阳玉皇庙对辽、金墓葬的清理[7]。1939 年，俄国人曾在阿什河上游地区进行过调查，发现几处墓葬[8]。这期间，中国学者只有金毓黻于 1931 年曾对金代墓葬进行调查[9]。总之，这阶段考古主要停留在考古调查和盗掘的层面，但园田一龟等人的研究报告保存了一些原始资料，具有较高的史料价值。

二　资料积累和初步研究阶段

中国考古学者开始金代墓葬的考古发掘与研究，始于 20 世纪 50 年代。以 1980 年为界分前后两个时段。前期发表资料和研究论著较少，后期重要发现和研究论著明显增多。主要发现分三个区域。

一是金源地区。主要有黑龙江绥滨中兴古城周围墓群[10]、松花江下游奥里米古城周

---

[1]　高士奇《扈从东巡日录》四月乙酉条。

[2]　长顺等《吉林通志》卷一百二十《金石》载："金完颜娄室碑，碑旧在伊通州北伊通边门南，地名石碑泡。……碑已佚，此从《柳边纪略》中录之，是康熙中尚存也，《满洲源流考》引已不全，则其佚当在乾隆时矣。"

[3]　《伊东工学博士の支那の古建筑に关する谈话》，《彙报·考古界第贰篇五号》；《彙报·考古界第贰篇第六号》。吴荣贵《双阳县乡土志》附《古迹考》载："古坟二：一座石碑岭上（五区小河台北），石碑已无，只存碑座，半埋土中。石棺有二，一露土外，业经残破；一埋土中。民国元年经日人掘出，于棺中得金龟、宝剑、玉佩之属。立庙留祠，题为女真仪同三司左副元帅完颜公之神位。距今八百余年。"

[4]　[日]岛田贞彦：《满洲吉林省石碑岭发现金代遗物について》，《考古学杂志》第二八卷第四号，1938 年；满洲国古迹古物调查报告书（四）：《吉林·滨江两省に於ける金代の史迹》第四章《双阳完颜娄室の墓地》，国书刊行会，1941 年；[日]三宅俊成：《新京の历史和史迹》第三章《新京史迹》。

[5]　[日]园田一龟：《金·完颜希尹の坟墓に就て》，《考古学杂志》第二九卷二号，1939 年；满洲国古迹古物调查报告书（四）：《吉林·滨江两省に於けゐ金代の史迹》第三章《舒兰完颜希尹の墓地》有完颜希尹墓地实测示意图，国书刊行会，1941 年。

[6]　[日]山田文英：《延吉郊外发现石器及石棺》，《满洲史学》第 1 卷 3 号，1937 年。

[7]　《九一八以来日人在东北各省考古工作纪略》，《益世报史地周刊》1947 年第 32、33 期。

[8]　[俄] L. M. 雅克弗列夫：《阿什河上游的金代墓葬》，《大陆科学院汇编》第 4 卷第 3 号，1940 年。佟希达的译文发表在《北方文物》1995 年第 1 期；斯塔里科夫：《哈尔滨附近金代墓地的最初发现》，《大陆科学院汇编》第 4 卷第 3 号，1940 年英文版。高晓梅译文刊在《黑龙江文物丛刊》1984 年第 1 期。

[9]　金毓黻：《辽金旧墓记》，《东北论丛》1931 年第 7 期。

[10]　黑龙江省文物考古工作队：《黑龙江畔绥滨中兴古城和金代墓群》，《文物》1977 年第 4 期；参见胡秀杰、田华《黑龙江省绥滨中兴墓群出土的文物》，《北方文物》1991 年第 4 期。

围墓葬[1]和绥滨永生平民墓群[2]等一组平民墓地；也有黑龙江阿城齐国王墓（图18-1-1)[3]、吉林舒兰完颜希尹墓地[4]、长春完颜娄室墓地[5]等女真族高等级贵族墓葬。

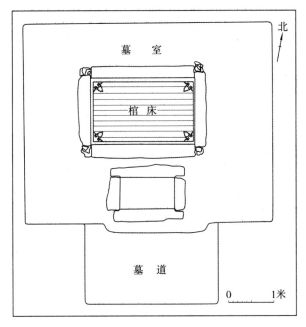

图18-1-1　黑龙江阿城齐国王墓平面图
（引自《黑龙江阿城巨源金代齐国王墓发掘简报》，《文物》1989年第10期，略变化）

　　二是原辽朝境内地区。以河北新城时立爱和时丰墓（图18-1-2)[6]、兴隆萧仲恭墓[7]、大同阎德源墓[8]和辽宁朝阳马令墓[9]等为代表，都是沿用辽朝的墓葬形制；此外还出现了以吉林扶余西山屯金墓[10]、北京通县石宗璧墓[11]和北京丰台乌古论元忠家族

[1]　黑龙江省文物考古工作队：《松花江下游奥里米古城及其周围的金代墓群》，《文物》1977年第4期；方明达等：《绥滨县奥里米辽金墓葬抢救性发掘》，《北方文物》1999年第2期。
[2]　黑龙江省文物考古工作队：《绥滨永生金代平民墓》，《文物》1977年第4期。
[3]　黑龙江省文物考古研究所：《黑龙江阿城巨源金代齐国王墓发掘简报》，《文物》1989年第10期；《"金源故地"发现金齐国王墓》，《北方文物》1989年第1期。
[4]　陈相伟：《完颜希尹家族墓地的调查和发掘》，《博物馆研究》1990年第3期；徐翰煊、庞治国：《金代左丞相完颜希尹家族墓调查试掘简报》，载《中国考古集成·东北卷》第18册，北京出版社1997年版。
[5]　刘红宇：《长春市郊完颜娄室墓地考古新收获》，《北方文物》1990年第4期；长春市文物管理委员会办公室：《长春市石碑岭金代墓地发掘简报》，《考古》1991年第4期。
[6]　河北省文化局文物工作队：《河北新城县北场村时立爱和时丰墓发掘记》，《考古》1962年第12期。
[7]　郑绍宗：《兴隆县梓木林子发现的契丹文墓志铭》，《考古》1973年第5期。
[8]　大同市博物馆：《大同金代阎德源墓发掘简报》，《文物》1978年第4期。
[9]　辽宁省博物馆：《辽宁朝阳金代壁画墓》，《考古》1962年第4期。
[10]　吉林省博物馆：《吉林省扶余县的一座辽金墓》，《考古》1963年第11期。
[11]　北京市文物管理处：《北京市通县金代墓葬发掘简报》，《文物》1977年第11期。

墓地[1]为代表的女真族墓葬形制。以内蒙古敖汉老虎沟1号金墓[2]、铁岭冯开父母合葬墓[3]等为代表，表明汉人和契丹人墓制出现分化态势：一些沿习辽代旧俗，一些则采用女真墓葬形制。

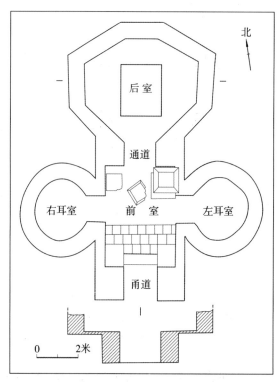

图18-1-2　河北新城时立爱墓平面图

（引自《河北新城县北场村金时立爱和时丰墓发掘记》，《考古》1962年第12期，改绘）

　　三是原北宋统治的区域。以河北井陉柿庄师氏墓[4]、山东高唐虞寅墓[5]、山西侯马董明墓[6]、稷山马村墓地[7]、侯马牛村墓和晋光药厂纪年墓[8]、侯马董海家族合葬

〔1〕　北京市文物考古队：《北京金墓发掘简报》，《北京文物与考古》1983年总1辑。

〔2〕　朱志民：《内蒙古敖汉旗老虎沟金代博州防御使墓》，《考古》1995年第9期。最为重要的是，石棺前出土一合汉白玉质契丹文墓志，110×95×10厘米。盝顶盖，无文字和花纹，志文为契丹小字，阴刻51行，现存1570字。是目前发现时代最晚（1170年）的契丹小字墓志。

〔3〕　铁岭市博物馆等、铁岭县文物管理所：《铁岭县前下塔子金墓》，《辽海文物学刊》1988年第2期。

〔4〕　河北省文化局文物工作队：《河北井陉县柿庄宋墓发掘报告》，《考古学报》1962年第2期。

〔5〕　聊城地区博物馆：《山东高唐金代虞寅墓发掘简报》，《文物》1982年第1期。

〔6〕　山西省文管会侯马工作站：《侯马金代董氏墓介绍》，《文物》1959年第6期。

〔7〕　山西省考古研究所：《山西稷山金墓发掘简报》，《文物》1983年第1期；山西省考古研究所侯马工作站：《山西稷山马村4号金墓》，《文物季刊》1997年第4期。

〔8〕　山西省考古研究所侯马工作站：《侯马两座金代纪年墓发掘报告》，《文物季刊》1996年第3期。

墓（64H4M102）[1]、山西沁县西林东庄壁画墓（图18-1-3）[2]和陕西千阳赵海墓[3]等为代表，墓葬习俗延续北宋当地的传统。

这阶段主要处于考古发掘资料的刊发状态，前30年罕见有关金墓的专题研究。零星仅见探讨墓中杂剧雕砖和瓷器的论文。周贻白利用文献首次对侯马出土的5个砖雕杂剧人物形象名称进行了考证，为后来研究之基础[4]。刘念兹对砖雕戏台进行了调查和研究[5]。赵光林等结合墓葬出土瓷器，对三个地区的早晚金代瓷器类型、纹饰、烧造工艺等进行了探讨[6]。

20世纪80年代以后，考古学者开始对墓葬形制进行分类，并构建金墓的时空框架。徐苹芳归纳了中华人民共和国成立30年金墓资料，提出简要的金墓分期和不同区域的分期特点[7]；秦大树对金墓进行了分区和分期，并探讨不同族属的墓葬类型特点等，勾勒出金墓研究的初步轮廓。他将金墓分为燕山以北的东北地区和内蒙古东北地区；河北、山西北部地区；河南、山东地区和晋南、关中地区。又以海陵王正隆年为界，将金墓分为前后二期；并且通过对不同民族风格墓葬类型的划分，将金墓分为四等：二品以上高级官吏；五品以下普通官吏、贵族；地主、商人；一般贫民[8]。

东北地区学者重点对金代女真墓葬进行了一系列研究。李健才对金代女真墓葬的演变进行专题分析，将东北地区女真墓分为四类[9]；刘晓东、杨志军等对金墓的分期、类型和演变规律进行了更为深入的探索，文章将金墓分为早期（金朝建国到海陵王迁都）、中期（海陵王迁都到明昌以前）和晚期（明昌以后到金亡）。女真贵族墓葬分二类：一类为无墓室建筑的墓葬，包括土坑木椁墓、土坑石椁墓、土坑石函墓；另一类为有墓室建筑的墓葬，即石室墓和砖室墓（包括砖、石合筑者）。女真贵族墓中，在金代早期，就出现了有椁墓。中期，有椁墓进一步流行，并开始向墓室墓过渡和演变。同时，土坑石函墓在部分女真贵族墓中开始流行。晚期，女真贵族墓中比较流行墓室墓，有椁墓则极为少见，土坑石函墓也逐渐为墓室石函墓所取代[10]。此文有些认识较有见地，成为金墓研究的亮点。陈相伟将石椁墓分为土圹石椁墓和砖圹石椁墓两类，并对石椁墓形制、相关葬俗和石椁墓的渊源等进行分析，认为"金代石椁墓当来源于辽代中晚期的石棺墓"，"金代石椁墓虽为女真勋贵所特有，但它却是民族与文化相互融合、影响的产物"；石椁墓可以分为早、中、晚三期，"构成棺室所用棺板的多寡，是反映墓主身份高低的一把标尺"，6块棺板者为普通贵族阶层，10块棺板为品官较高的女真贵族；金代墓向多为东西向，并普遍实行

〔1〕　山西省考古研究所侯马工作站：《侯马102号金墓》，《文物季刊》1997年第4期。
〔2〕　商彤流、郭海林：《山西沁县发现金代砖雕墓》，《文物》2000年第6期。
〔3〕　宝鸡市考古队、千阳县文化馆：《陕西千阳发现金明昌四年雕砖画墓》，《文博》1994年第5期。
〔4〕　周贻白：《侯马董氏墓中五个砖雕的研究》，《文物》1959年第10期。
〔5〕　刘念兹：《中国戏曲舞台艺术在十三世纪初叶已经形成——金代侯马董氏墓舞台调查报告》，《戏剧研究》1959年第2期。
〔6〕　赵光林、张宁：《金代瓷器的初步探索》，《考古》1979年第5期。
〔7〕　徐苹芳：《金元墓葬的发掘》，载《新中国的考古发现和研究》，文物出版社1984年版。
〔8〕　秦大树：《金墓概述》，《辽海文物学刊》1988年第2期。
〔9〕　李健才：《金代女真墓葬的演变》，载《辽金史论集》第四辑，书目文献出版社1989年版。
〔10〕　刘晓东、杨志军、郝思德、李陈奇：《试论金代女真贵族墓葬的类型及演变》，《辽海文物学刊》1991年第1期。此文是20世纪金墓研究最为深入的一篇文章。

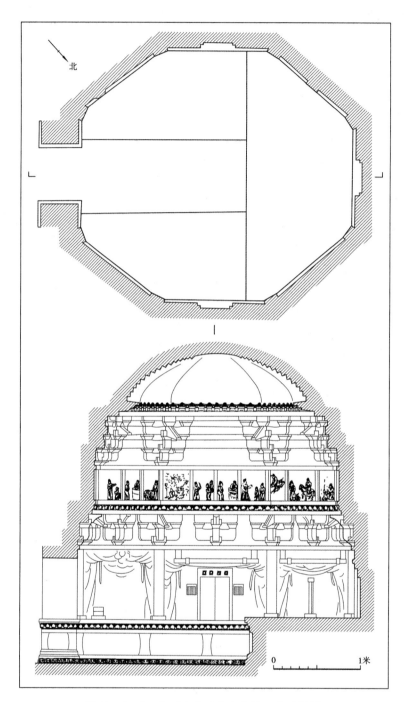

图 18－1－3　山西沁县西林东庄壁画墓平剖图

（引自《山西沁县发现金代砖雕墓》，《文物》2000 年第 6 期，略变化）

族葬[1]。刘晓东认为石椁墓的使用者主要是女真贵族,也认为10块石板组成的石椁比6块石板构成的石椁的等级要高,女真贵族墓葬中流行木椁墓和石椁墓首先应该是以其自身的承继渊源关系为主,也曾受到辽代石棺墓形制结构的某些影响[2]。景爱探讨了辽金火葬墓的情况,认为火葬墓盛行与佛教影响有关[3];庞志国指出石函墓与佛教火葬有关,并探讨了女真人流行石函墓的文化渊源[4]。张英对金代丧葬习俗进行了研究[5]。此外1997年,陈相伟对金代东北、河北墓葬类型和演变,以及金代壁画墓的内容、布局和分期等进行了有益的探讨[6]。

研究东北地区以外金墓的论著较少。除徐、秦二人的综合研究外,史学谦对山西地区金墓分类、分区和分期进行了探讨[7]。雷生霖将黄河中下游地区金墓分为7个小区,对每个区内金墓形制类型、分期年代和墓葬特点进行了较为深入的分析[8]。安文荣对长春地区金墓进行了初步探讨[9]。杨富斗对山西地区金墓进行了总结,将山西金墓分为四区[10]。陈朝云对黄河中下游金代砖室墓类型、建筑结构和壁饰等进行探讨[11]。

关于墓室壁画和砖雕的研究,既有考古学者,也有其他专业的专家。申云艳等将金代壁画墓分为南北两个区,并对壁画内容进行分类研究,通过比较研究探讨了壁画墓出现时间、原因及其相关问题[12]。杨富斗等对晋南地区的金墓杂剧雕砖等进行了专题研究[13]。廖奔对宋金元仿木结构砖雕墓及其乐舞装饰进行了长时段的考察[14]。景李虎对宋金杂剧雕砖进行较深入的综合研究[15]。此外,《金代服饰:金齐国王墓出土服饰研究》[16]和《平阳金墓砖雕》[17]二书为考古学、历史学、美术史和服饰史等研究提供了重要原始资料。

---

[1] 陈相伟:《试论金代石椁墓》,《博物馆研究》1993年第1期。

[2] 刘晓东:《金代土坑石椁墓及相关问题》,载《青果集——吉林大学考古专业成立二十周年考古论文集》,知识出版社1993年版。

[3] 景爱:《辽金时代的火葬墓》,《东北考古与历史》1984年第1辑。

[4] 庞志国:《略论东北地区金代石函墓》,《黑龙江省文物丛刊》1984年第4期。

[5] 张英:《金代丧俗考》(上),《博物馆研究》1992年第2期;《金代丧俗考》(下),《博物馆研究》1992年第3期。

[6] 陈相伟:《试论东北、河北等地金代墓葬的类型和演变》和《试论金代壁画墓》,均载于《中国考古集成·东北卷·金》(一)第17册,北京出版社1997年版。

[7] 史学谦:《试论山西地区的金墓》,《考古与文物》1988年第3期。

[8] 雷生霖:《黄河中下游地区宋金墓》,硕士学位论文,北京大学,1994年。

[9] 安文荣:《长春市金墓初探》,《长春文物》第7辑1994年。

[10] 杨富斗:《金代墓葬》,载《山西考古四十年》,山西人民出版社1994年版。

[11] 陈朝云:《黄河中下游地区金代砖室墓探论》,《郑州大学学报》(哲学社会科学版)1996年第1期。

[12] 申云艳等:《金代墓室壁画分区与内容分类试探》,《山东大学学报》1998年第2期。

[13] 杨富斗:《稷山、新绛金元金墓杂剧雕砖研究》,《考古与文物》1987年第2期;杨富斗、杨及耕:《金墓砖雕丛探》,《文物季刊》1997年第4期。

[14] 廖奔:《宋金元仿木结构砖雕墓及其乐舞装饰》,《文物》2000年第5期。

[15] 景李虎:《宋金杂剧概论》,广东高等教育出版社1996年版。

[16] 赵评春、迟本毅:《金代服饰:金齐国王墓出土服饰研究》,文物出版社1998年版。

[17] 山西省考古研究所:《平阳金墓砖雕》,山西人民出版社1999年版。

三　深入研究阶段

这一阶段的金墓发现虽然仍以配合基本建设和抢救性清理为主，但是考古学者的科研课题意识不断增强，带着学术目的主动性发掘逐渐增多，发掘水平有所提升，墓葬材料刊布更加详细和全面。这一阶段燕山以北的东北地区，金墓发现寥寥无几。而燕山以南地区的墓葬发现较多，区域特点更加突出。

这一阶段，燕山以北地区墓葬发现不多，仅以辽宁朝阳召都巴墓[1]为代表。

燕山以南的燕云地区，是原来辽朝辖区，海陵王迁都后，燕京地区成为京畿重地。墓葬礼俗呈现女真和汉人不同的规制。以北京石景山吕延嗣家族墓（图18-1-4）[2]、北京磁器口石椁墓[3]为代表，表现出女真人葬制；以大同徐龟墓[4]、北京石景山赵励墓[5]等为代表，仍是前朝汉人的葬俗。

在原北宋辖区的中原北方地区，重要的墓葬有山西屯留宋村天会十三年（1135年）墓[6]、长治魏村金天德三年（1151年）墓[7]、长子小关村大定十四年（1174年）墓[8]、山西汾阳市东龙观村宋金时期墓地[9]、陕西甘泉明昌四年（1193年）朱俊合葬墓[10]等为代表，葬制特点区域性突出。

董新林、秦大树曾对20世纪金墓考古研究进行过综述和总结[11]，为本阶段的深入研究奠定了基础。一些重要的考古学专刊，丰富了金墓的研究资料。《郑州宋金壁画墓》汇集并新刊发了一组宋金时期重要的壁画墓资料[12]。《徐水西黑山——金元时期墓地发掘报告》按墓葬单位详细介绍了20余座金代墓葬形制结构、人骨和随葬品，首次明确了平民墓坟丘和墓前祭台等遗迹现象，是认识金代平民墓地布局和埋葬习俗的重要资料[13]。《北京龙泉务辽金墓葬发掘报告》详细介绍了龙泉务平民墓地的22座墓的形制和随葬品等，是研究平民墓葬习俗的重要资料[14]。《鲁谷金代吕氏家族墓葬发掘报告》刊布了10

〔1〕　朝阳市博物馆、朝阳市龙城区博物馆：《辽宁朝阳召都巴金墓》，《北方文物》2005年第3期。

〔2〕　宋大川主编：《北京考古发现与研究》，科学出版社2009年版，第338页；北京市文物研究所：《鲁谷金代吕氏家族墓葬发掘报告》，科学出版社2010年版。

〔3〕　王清林、王策：《磁器口出土的金代石椁墓》，载《北京文物与考古》第5辑，北京燕山出版社2002年版。

〔4〕　大同市博物馆：《山西大同市金代徐龟墓》，《考古》2004年第9期。

〔5〕　王清林等：《石景山八角村金赵励墓墓志与壁画》，载《北京文物与考古》第5辑，北京燕山出版社2002年版；陈康：《石景山出土罕见金代壁画墓》，《北京文博》2002年第2期。

〔6〕　王进先、杨林中：《山西屯留宋村金代壁画墓》，《文物》2003年第3期；山西省考古研究所、长治市博物馆：《山西屯留宋村金代壁画墓》，《文物》2008年第8期。

〔7〕　长治市博物馆：《山西长治市魏村金代纪年彩绘砖雕墓》，《考古》2009年第1期。

〔8〕　长治市博物馆：《山西长子县小关村金代纪年壁画墓》，《文物》2008年第10期。

〔9〕　山西省考古研究所、汾阳市文物旅游局、汾阳市博物馆：《汾阳东龙观宋金壁画墓》，文物出版社2012年版。

〔10〕　王勇刚：《陕西甘泉金代壁画墓》，《文物》2009年第7期。

〔11〕　董新林：《中国古代陵墓考古研究》，福建人民出版社2005年版；秦大树：《宋元明考古》，文物出版社2004年版。

〔12〕　郑州市文物考古研究所：《郑州宋金壁画墓》，科学出版社2005年版。

〔13〕　河北省南水北调工程建设委员会办公室等：《徐水西黑山——金元时期墓地发掘报告》，文物出版社2007年版。

〔14〕　北京市文物研究所：《北京龙泉务辽金墓葬发掘报告》，科学出版社2009年版。

座金代墓葬，均为火葬的土圹石椁墓。根据墓志可知这是一处金代吕氏家族墓地[1]。
《汾阳东龙观宋金壁画墓》刊布了汾阳东龙观南区（17座）和北区（10座）发现的两个
家族的宋金砖雕壁画墓，壁画保存较好，还发现明堂类建筑，是近年宋金壁画墓的重
要发现[2]。

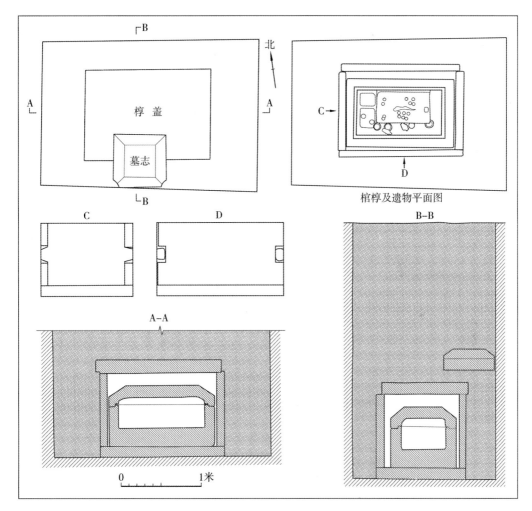

图18-1-4 北京石景山吕延嗣墓平剖面图
（引自《鲁谷金代吕氏家族墓葬发掘报告》，科学出版社2001年版，改绘）

　　这个阶段，伴随金墓材料的日益丰富，一些学者，特别是一些高校的研究生对金墓进
行了初步总结和专题研究。粗略归纳为以下几个方面。
　　一是金墓形制类型及其时空框架的研究。这方面研究最多。秦大树修正以前的认

〔1〕 北京市文物研究所：《鲁谷金代吕氏家族墓葬发掘报告》，科学出版社2010年版。
〔2〕 山西省考古研究所、汾阳市文物旅游局、汾阳市博物馆：《汾阳东龙观宋金壁画墓》，文物出版社2012年版。

识[1]，将金墓重新分为三期，即原来的前期为早期；将原来的后期，以明昌为界，分为中期和晚期[2]。刘耀辉将晋南地区宋金墓葬分为砖室墓、土洞墓、土圹墓和石棺墓四类，分早期（1127—1149 年）、中期（1150—1189 年）和晚期（1190—1219 年）。重点对墓葬反映的丧葬情况和仿木结构砖雕墓的壁饰题材及其反映的社会生活等进行了较深入的研究[3]。赵永军、姜玉珂将黑龙江金墓分为土坑墓、棺椁类墓、室类墓三大类。并对一些重要墓地资料进行分析，还探讨了其丧葬习俗[4]。卢青峰将金墓分为东北及内蒙古东部地区、燕云地区和中原地区；依据墓葬形制、随葬品和墓室壁饰内容和布局变化，将金墓分为三期，进而归纳了各区金墓的交流状况及其历史渊源，探讨了金墓所反映的社会生活等相关问题[5]。丁利娜将北京地区金墓分为砖石混筑墓、土圹石椁墓和土坑墓四类；其中圆形砖室墓和长方形石椁墓较多，前者流行于金前期，后者流行于金中期，墓主人多为女真贵族[6]。赵永军根据对金墓形制结构、随葬品和墓葬壁饰的分析，将金墓分为 6 区和三期（以 1152 年和 1189 年为界）。还对不同族别墓葬特征和葬俗做了归纳，进而探讨墓葬反映的等级与社会组织结构、民族构成和社会阶层等问题[7]。许若茜将山西金墓分为晋北、晋中、晋南和晋东南四个区域，根据墓葬类型、壁饰和随葬品对各个小区内金墓进行分期，并探讨了墓葬的渊源[8]。任林平将晋中南金墓分为晋中、晋南、晋东南三个小区。然后分别就墓葬形制、墓室装饰、随葬品等进行比较研究，并对仿木结构墓葬来源和盛行原因进行了探讨。还分析了三类墓主图像和所谓墓前"明堂"[9]。

　　二是墓地制度和丧葬习俗的探讨。顾聆博通过对完颜希尹墓的资料整理，概述了 5 个墓区的墓葬形制和部分随葬品；对完颜希尹墓位置进行了探讨；还对完颜希尹墓地的多种文化因素进行了分析[10]。吴敬对女真贵族墓的汉化问题进行了研究[11]。李伟敏介绍了北京地区金代火葬墓，并探讨了火葬习俗的演变[12]。商彤流等介绍了墓葬中发表图和守灵图，是研究丧葬习俗的重要资料[13]。

　　三是对墓葬壁饰的研究。考古工作者对北京地区发现的辽、金墓葬壁画的制作工艺、制作材料及其结构，以及壁画颜料、病害机理、保护和修复工艺等内容进行探讨[14]。马

[1]　秦大树：《金墓概述》，《辽海文物学刊》1988 年第 2 期。
[2]　秦大树：《宋元明考古》，文物出版社 2004 年版。
[3]　刘耀辉：《晋南地区宋金墓葬研究》，硕士学位论文，北京大学，2002 年。
[4]　赵永军、姜玉珂：《黑龙江地区金墓述略》，载《边疆考古研究》第 6 辑，科学出版社 2007 年版。
[5]　卢青峰：《金代墓葬探究》，硕士学位论文，郑州大学，2007 年；卢青峰、张永清：《试论燕云地区金代墓葬》，《文物世界》2008 年第 4 期。
[6]　丁利娜：《北京地区金代墓葬概述》，《文物春秋》2009 年第 4 期。
[7]　赵永军：《金代墓葬研究》，博士学位论文，吉林大学，2010 年。
[8]　许若茜：《山西金墓分区分期研究》，硕士学位论文，中央民族大学，2011 年。
[9]　任林平：《晋中南地区宋金墓葬研究》，硕士学位论文，南京大学，2012 年。
[10]　顾聆博：《完颜希尹家族墓地研究》，硕士学位论文，吉林大学，2012 年。
[11]　吴敬：《金代女真贵族墓汉化的再探索》，《考古》2012 年第 10 期。
[12]　李伟敏：《北京地区的火葬墓及相关问题研究》，《考古》2012 年第 5 期。
[13]　商彤流等：《长治市北郊安吕村出土金代墓葬》，《文物世界》2003 年第 1 期。
[14]　北京市文物研究所：《北京地区辽金墓葬壁画保护研究》，科学出版社 2008 年版。

金花归纳了山西金代壁画墓的特点[1]。袁泉对金墓壁饰中"猫雀"题材进行了考证[2];董新林对山西屯留宋村纪年墓壁饰内容和题材进行了专题分析,并结合文献对金墓壁饰所见"二十四孝"故事内容进行了探讨[3]。邓菲探讨了宋金墓壁饰中的孝行图出现的原因和意义[4];张帆对豫北和晋南宋金墓杂剧形象进行了对比研究[5]。

本章在这些研究的基础上,结合新的考古资料,重新对金代墓葬进行较为全面的梳理和研究。本文以金墓形制、分期与分区为基础,试图从不同族属的角度,探讨不同区域内墓葬形制、壁饰、墓葬制度和葬俗等方面的时代特点,进而对相关问题略做分析。

第二节　墓葬形制

金王朝占据辽代王朝的大部分版图和北宋王朝淮河以北的广大地区。金代女真人除拥有自身的文化传统外,在一定程度上也吸收了辽代和北宋的先进文化。不同文化传统的差异,决定了金代社会文化面貌和习俗的不同。金代墓葬形制较辽代更为复杂多样,民族和区域特色较为突出。

根据建筑材料和形制结构的不同,金代墓葬分可为类屋式墓、类椁式墓、土洞墓和土坑竖穴墓四类。

(一)甲类:类屋式墓

这类墓通常有一个或一个以上正室,有的带耳室。此类墓葬发现最多,以单室墓为主,建筑材料包括砖筑、石筑和砖石混筑三种。依据主室的平面形状差异,分为三型。

A型:长方形主室。依据墓室数量的不同,分四亚型。

Aa型:双正室,带耳室。

襄汾西郭村砖雕墓[6]由墓道、甬道、前正室和左右耳室、后正室(主室)组成。四个墓室均略呈正方形,主室(长2.64米、宽2.42米、高3.8米)有"凹"字形棺床,四壁为仿木结构建筑,为单抄四铺作斗拱,拱眼壁有童子牡丹雕砖。四壁还有双扇版门、灯檠、破子棂窗、童子牡丹和奔狮等雕砖(图18-2-1,1)。

Ab型:双正室,无耳室。

侯马董海家族合葬墓(64H4M102)[7]由墓道、甬道、墓门和前后正室组成(图18-

〔1〕 马金花:《山西金代壁画墓初步研究》,《文物春秋》2002年第5期。
〔2〕 袁泉:《宋金墓葬"猫雀"题材考》,《考古与文物》2008年第4期。
〔3〕 董新林:《北宋金元墓葬壁饰所见"二十四孝"故事与高丽〈孝行录〉》,《华夏考古》2009年第2期。
〔4〕 邓菲:《关于宋金墓葬中孝行图的思考》,《中原文物》2009年第4期。
〔5〕 张帆:《豫北和晋南宋金墓杂剧形象的比较研究》,《中原文物》2009年第4期。
〔6〕 山西省考古研究所:《山西襄汾金墓清理简报》,《文物》1989年第10期。
〔7〕 山西省考古研究所侯马工作站:《侯马102号金墓》,《文物季刊》1997年第4期。

2－1，2）。两个正室都呈方形，边长均为 2.3 米、高 3.92 米，均有"凹"字形棺床，前后墓室中共葬 11 人。墓壁砖雕有墓主人开芳宴、出行图，以及马球图和骑马交战图等题材，斗拱为五铺作。汉中王道池墓[1]也属此式。

Ac 型：单正室，带耳室，耳室明显小于正室。

长治故漳敦武校尉墓[2]，由竖井墓道、墓门、甬道、主室和左右耳室组成。主室近方形，东西长 2.75 米、南北 2.50 米、高 4.56 米；耳室呈长方形，长 1.85 米、宽 0.90 米、高 1.98 米。墓室四壁为影作仿木结构建筑，北壁为单抄单下昂五铺作斗拱。主室四壁有彩色壁画，南壁为门神，其余三壁为"二十四孝图"，墓顶为星象图（图 18－2－1，3）。此外，长治安昌崔忠父母墓[3]，主室带三个耳室，与五代冯晖墓[4]风格相似。长方形前正室（主室）较大，长 2.25 米、宽 2.1 米、高 4 米；后耳室和左右耳室一样也是长方形，明显小于主室；后耳室有大小不同的三个门与主室相通。在东西壁靠近墓门一侧和南壁甬道两侧各有 1 个壁龛（原报告称小耳室，不确）。主室北壁和东西壁彩绘有"二十四孝"壁画，北壁仿木结构建筑为五铺作斗拱（图 18－2－1，4）。

Ad 型：单室，无耳室。

这种形制的墓发现最多，通常为砖筑墓，也有石筑墓。大多有葬具，如木棺、石函、陶棺或瓮罐等。依据葬具的不同，分三种。

第①种：石函。

哈尔滨华滨金墓[5]为砖筑方形券顶墓，斜坡墓道长 1.15 米，用单砖砌成。墓室边长 2.79 米。墓室后方有长方形石函（原报告称石棺）1 具，系一块花岗岩雕成，长 1.12 米、宽 0.80 米、高 0.50 米。函盖与石函以子母口相合，内有木制骨灰盒，为火葬墓（图 18－2－1，5）。

第②种：木棺。

有些墓葬墓门居中，如侯马 65H4M104[6]有阶梯式墓道，方形墓室边长 2.3 米，通高约 4.24 米，有"凹"字形棺床，有 3 个头骨，1 夫 1 妻 1 妾，没有发现葬具。雕砖有墓主人开芳宴、杂剧图、儿童百戏图和交战图等，补间铺作有双下昂计心造五铺作。有相当部分墓葬的墓门偏于南壁东侧（墓室东南角），如稷山马村 4 号墓[7]（图 18－2－1，6）有阶梯式墓道，墓室南北长 2.64 米、宽 2.1 米，高约 3.88 米，棺床上有 3 具骨架，为 1

〔1〕　王玉清：《陕西汉中市王道池宋墓清理》，《考古》1965 年第 10 期。

〔2〕　长治市博物馆：《山西长治市故漳金代纪年墓》，《考古》1984 年第 8 期。

〔3〕　长治市博物馆：《山西长治安昌金墓》，《文物》1990 年第 5 期。

〔4〕　咸阳市文物考古研究所：《五代冯晖墓》，重庆出版社 2001 年版。报告称冯晖墓为一个墓室带三个侧室。我们认为北侧室应称为后室为宜。五代王处直墓和辽代驸马赠魏国王墓都有类似情况；河北省文物研究所、保定市文物管理处：《五代王处直墓》，文物出版社 1998 年版；热河省博物馆筹备组：《赤峰县大营子辽墓发掘报告》，《考古学报》1956 年第 3 期。

〔5〕　景爱：《哈尔滨王岗华滨金墓》，《黑龙江文物丛刊》1984 年第 4 期。

〔6〕　山西省考古研究所：《山西侯马 104 号金墓》，《考古与文物》1983 年第 6 期。

〔7〕　山西省考古研究所侯马工作站：《山西稷山马村 4 号金墓》，《文物季刊》1997 年第 4 期。文中的墓室高度据图三估算，不准确。

夫1妻1妾，原来有木棺。雕砖有墓主人开芳宴、杂剧表演和伎乐图，以及二十四孝故事雕塑。长子石哲正隆三年墓[1]（图18-2-1，7）为仿木结构方形砖筑墓，有墓道。墓室边长2.5米、高3.36米，有"凹"形棺床。在墓室北壁用砖雕和绘画分为三间，明间绘墓主人生活图，东西二次间下部各有一个壁龛（长0.7米、宽0.6米、高0.64米）。为多人合葬墓。壁画仍以墓主人开芳宴、二十四孝故事图为主要题材。

第③种：陶棺或瓮罐。

陕西韩城安居寨群僧墓[2]为长方形砖筑墓，覆斗形顶。墓道在南边正中，长1.90米，条砖封门。墓室南北长2.94米、东西2.05米、高1.80米。顶部外呈覆斗形，内有南北长1.26米、宽0.27米的长方形平顶，结构特殊。墓室共5副葬具（1—5号），除置于东侧的1件为木棺（5号）外，其余4件均为陶质棺（1—4号）置于西侧，用以盛骨灰，为多人合葬火葬墓。陶棺长在60—85厘米之间。此外，吉林偏脸城东四号墓[3]有骨灰罐。

B型：八角形主室。依据墓室的差异，分四亚型。

Ba型：三正室。

萧仲恭墓[4]为砖筑三正室。中室最大，前后室狭小，穹窿顶，有壁画。此墓是沿用辽代的旧制，金代目前的三室墓还仅此孤例。

Bb型：双正室，有耳室。

河北新城时立爱墓[5]为砖筑二正室墓。由斜坡墓道、长方形前室、圆形耳室（前室两侧）、八角形主室和短甬道组成。全长12.8米，前室南北长4.65米、宽3.8米，主室南北长4.75米、东西5.45米，穹窿形顶。墓室有仿木结构砖柱，墓壁原有壁画。主墓室中部有1个长方形坑（长2.4米、宽1.95米、深1.35米），四周砖砌，底无砖，为尸床所在，尸骨不存。前室有墓志两合（图18-2-1，8）。

Bc型：双正室，无耳室。

河南焦作西冯封金墓[6]为仿木结构双室砖雕墓。墓向坐北朝南。由墓道、甬道、前室、主室组成。前室平面呈正方形，边长约2米（据图推测），高6米，四角攒尖顶；主室为八角形，南北长和东西宽均为3米。有单昂四铺作转角铺作和补间铺作。前室和后室的壁面上均嵌人物和家具雕砖（图18-2-1，9）。

Bd型：单正室，无耳室。

以砖筑墓为多，也有石筑墓。葬具有木棺、砖棺、石棺和陶瓮罐之别，没有发现石函。分三种。

〔1〕　山西省考古研究所晋东南工作站：《山西长子县石哲金代壁画墓》，《文物》1985年第6期。

〔2〕　任喜来、呼林贵：《陕西韩城金代僧群墓》，《文博》1988年第1期。

〔3〕　吉林省文物管理委员会：《吉林梨树偏脸城址调查》，《考古通讯》1958年第3期。

〔4〕　郑绍宗：《兴隆县梓木林子发现的契丹文墓志铭》，《考古》1973年第5期。主室形状在文中没有交代，我们依据辽代晚期大墓的形制特点，暂归为多角形墓。

〔5〕　河北省文化局文物工作队：《河北新城县北场村金时立爱和时丰墓发掘记》，《考古》1962年第12期。

〔6〕　河南省博物馆、焦作市博物馆：《河南焦作金墓发掘简报》，《文物》1979年第8期。

第①种：石棺。

敖汉老虎沟博州防御使墓[1]（M1）为砖筑八角形墓，墓向148°。斜坡式墓道长7.5米，深6.5米。墓室直径4米、高4.4米，券顶。有石棺（长2.18米、宽1.43米、高1.2米），石棺前面中部，有双线阴刻假门。发现2头骨，此墓为夫妇合葬墓（图18-2-1，10）。

第②种：木棺或砖棺。

有些墓室为六角形，如汾阳北关M2[2]为砖雕墓，有墓道，穹窿叠涩顶，墓室南北长约2.5米、高约3.4米，有木质棺具，为夫妇合葬墓。雕砖有妇人启门图、居室图等（图18-2-1，11）。此外，武川乌兰窑子金墓M2[3]为石筑墓，长方形墓室东西1.8米、南北1.92、残高1.25米，后部尸床上有板灰，有2头骨等，为夫妇合葬墓。所出铜镜边缘凿刻官府验记和押记，应为金代独有特点。

有些墓室为八角形，如山西汾阳北关M5[4]为砖雕墓，有斜坡墓道，墓室直径约2.6米、高约3.6米，有木棺，为夫妇合葬墓。斗拱为四铺作。雕砖题材有墓主人开芳宴、妇人启门图和二十四孝故事等。

第③种：陶瓷罐。

河南三门峡崤山大定七年僧人墓（M1）[5]为砖筑八角形壁画墓，阶梯墓道长4.65米。墓室宽2.39米，有凹形棺床，上有一仰身直肢葬尸骨，没发现葬具。七面墓壁各设一砖龛，除东南壁龛外，余六龛内均有一或两个盛人骨烧块的陶盒（罐）。墓室内有壁画。

C型：圆形主室。目前此型墓发现很少，只见单室墓。根据墓中葬具的不同，分三种。

第①种：石函。

河北三河行仁庄74SJM1[6]为圆形砖筑单室墓。墓室直径约2米，无铺地砖。中部放南北向长方形石函一盒，函盖为盝顶式，函身长1.05米、宽0.95米，函内有碎骨，可能为火葬墓。

第②种：木棺。

山东高唐虞寅墓[7]为仿木结构砖筑圆形壁画墓，有墓道。墓室直径为5米、残高1.29米，墓室偏后发现木棺和1男3女头骨。壁画有出行图和生活起居图等题材（图18-2-1，12）。河北静海东滩头金墓（M10）[8]为椭圆形砖室墓，由斜坡式墓道、甬道和墓

[1]　朱志民：《内蒙古敖汉旗老虎沟金代博州防御使墓》，《考古》1995年第9期。

[2]　山西省考古研究所、汾阳县博物馆：《山西汾阳金墓发掘简报》，《文物》1991年第12期。墓室南北长和墓高是依据图上比例推定。

[3]　李兴盛、邢黄河：《内蒙古武川县乌兰窑子金墓清理简报》，《考古》1989年第8期。

[4]　山西省考古研究所、汾阳县博物馆：《山西汾阳金墓发掘简报》，《文物》1991年第12期。墓室南北长和墓高是依据图上比例推定。

[5]　三门峡市文物工作队：《三门峡市崤山西路发现三座古墓》，《华夏考古》1993年第4期。

[6]　河北省文物研究所、河北大学历史系、三河县文物保管所：《河北三河县辽金元时代墓葬出土遗物》，《考古》1993年第12期。

[7]　聊城地区博物馆：《山东高唐金代虞寅墓发掘简报》，《文物》1982年第1期。

[8]　邸明：《河北静海东滩头发现宋金墓》，《考古》1995年第1期。

室组成。墓向为北偏东22°。墓室南北径3.1米、东西径2.7米，穹窿顶。墓室北部砖砌半圆形棺床，棺床上有一女性骨架；棺床下有男性人骨一堆，应为二次葬。

第③种：瓮棺。

蔚县高院墙村金墓[1]为石筑圆形墓，墓室直径2.5米。两个泥质灰陶镂孔盖罐似乎盛有骨灰，为火葬墓。

（二）乙类：类椁式墓

建筑材料有石筑、砖筑和木构三种，其中石筑类椁式墓居多。依据椁室建筑材料的不同，分三型。

A型：石筑墓。基本都是单椁墓。依据椁内葬具的不同，分二种。

第①种：石棺或石函。

北京乌古论元忠夫妇墓[2]（图18-2-1，13）为长方形汉白玉石椁石棺墓，东西向。椁室长3.5米、宽2.64米、高1.91米。石棺置于用砖架起的石棺床上，石棺长2.74米、宽1.4米、高1.08米。该墓严重毁坏，两合墓志乱放于墓室西南角。

铁岭冯开父母合葬墓[3]（图18-2-1，14）为石椁石函墓，墓向为南北向。椁室为石板拼成，长3米、宽1.45米、高1.1米。椁室内由北向南依次放置墓志、石函、随葬品。石函正面有阳刻仿门窗图案，函槽为长方形，内盛骨灰。

第②种：木棺或砖棺。

阿城齐国王墓[4]（图18-2-1，15）为土坑石椁墓，墓圹平面略呈"凸"字形，墓向为255°。土圹南端中间突出部分为生土二层台（长2.9米、宽1.7米、深0.7米）。二层台以北的墓圹主体呈长方形，南部放有一个小型石椁（椁长1.78米、宽1.17米、高1.22米，内有碎骨），中部放置1具东西向大石椁（长2.8米、宽1.9米、高1.5米）。大石椁四壁各一块大石板，底部和顶部各3块，椁内放置长方形木棺。棺盖中央放1件有铭银牌"太尉开府仪同三司事齐国王"。木棺内葬夫妇2人，男左女右，仰身直肢，头西脚东。

北京乌古论窝论墓[5]（图18-2-1，16）为长方形石椁墓，东西向。椁室东西长3.33米、南北2.55米、高1.65米。椁底、盖均用3块青石组成，四壁由4块青石组成。在顶盖西部，立放墓志1合。椁室北部放置一块用砖架起的青石板棺床，上放长方形漆木棺，长2.3米、宽1.3米、高1.3米（残存黑红描金漆片、铁棺环3）。在棺底残存玉环、玉佩饰以及散乱的火化碎骨。

山东滕县苏瑀墓[6]为长方形石椁墓，墓向170°。椁室长2.2米、宽0.97米，椁内有木棺，尸骨一具，头骨保存较好，为年龄约35—45岁的男性。

〔1〕 蔚县博物馆：《河北蔚县高院墙村金墓》，《文物春秋》1991年第3期。
〔2〕 北京市文物工作队：《北京金墓发掘简报》，《北京文物与考古》总一辑1983年。
〔3〕 铁岭市博物馆等、铁岭县文物管理所：《铁岭县前下塔子金墓》，《辽海文物学刊》1988年第2期。
〔4〕 黑龙江省文物考古研究所：《黑龙江阿城巨源金代齐国王墓发掘简报》，《文物》1989年第10期。
〔5〕 北京市文物工作队：《北京金墓发掘简报》，《北京文物与考古》总一辑1983年。
〔6〕 滕县博物馆：《山东滕县金苏瑀墓》，《考古》1984年第4期。

B 型：砖筑石盖墓。

辽宁辽阳北园村墓[1]，为长方形砖圹石盖墓，椁室南北长 1.9 米、宽 1.55 米，墓底为夯土，墓顶上盖两块大石板，有仰身直肢人骨架一具。

C 型：木椁墓。

绥滨中兴古城金墓群 M3 为长方形土坑木椁墓[2]。M3 和 M4、M5 同在一个封土堆下，封土高 2—3 米，M3 最大，随葬品丰富，M4、M5 位于 M3 的东、西两侧。M3 为木椁木棺墓，有二层台，木椁坑长 4.6 米、宽 3.5 米、高 1.7 米。残存肢骨一段，棺底残存水银，位于尸体腰部。

（三）丙类：土洞墓

依据葬具的差异，分三种。

第 1 种：石函或石棺。

崇礼水晶屯李孝均墓[3]为圆角长方形单室墓。竖井式墓道，圆角长方形墓室长 1.7 米、宽 1.5 米、高 1.6 米，墓室内南北并列二石函，石函内盛有火烧的碎骨。

第 2 种：木棺或砖棺。

河南孟津麻屯金天德二年（1150 年）墓[4]（图 18－2－1，17）为不规则长方形单室墓。由墓道、天井、甬道、墓室组成，坐北朝南。斜坡形墓道长 12 米，墓道北端凿一天井，深 7.7 米，过洞式甬道长 1.6 米。墓室略成长方形，长 2.9 米、宽 1.9 米、高约 2 米，穹窿顶，墓底铺砖，尸骨不存。

河南荥阳城关 M7[5]（图 18－2－1，18）为近梯形单室墓，墓向为东西向。竖井式墓道长 3 米、深 6.1 米，砖封墓门。墓室略呈南窄北宽的梯形，东西长 2.7 米、南北宽 2.4—2.9 米，墓壁残高 1.4 米，骨架保存完好，头向东，棺木已朽，单人仰身直肢葬。

西安金明昌三年（1192 年）潘顺夫妇墓[6]（图 18－2－1，19）为梯形单室墓，墓向 178°。竖井墓道，土坯封门。梯形墓室位于北半部，墓室长 2.5 米、宽 1.15—1.35 米、高 1.4 米。有木棺葬具，仰身直肢葬，二人合葬，头向北。

第 3 种：瓮棺。

山西离石马茂庄王宣□墓[7]（图 18－2－1，20）为刀形单室墓，墓向 195°。竖穴式墓道置于土洞墓室一侧（相当于刀把），墓室呈刀形，长 2.94 米、宽 1.34—0.96 米，墓高 1.52—1.8 米。墓顶为两面坡状。有泥质灰陶彩绘魂塔（六件套组合而成），为盛骨灰用。

〔1〕 辽阳市文物管理所：《辽阳发现辽墓和金墓》，《文物》1977 年第 12 期。

〔2〕 黑龙江省文物考古工作队：《黑龙江畔绥滨中兴古城和金代墓群》，《文物》1977 年第 4 期。

〔3〕 贺勇：《河北崇礼县水晶屯发现一座金代石函墓》，《考古》1994 年第 11 期。

〔4〕 洛阳市文物工作队：《洛阳孟津县麻屯金墓发掘简报》，《华夏考古》1996 年第 1 期。

〔5〕 郑州市文物工作队、荥阳县文物保管所：《河南荥阳城关发现两座金墓》，《华夏考古》1990 年第 4 期。

〔6〕 倪志俊、韩国河、程林泉：《西安市北郊金代墓葬发掘简报》，《考古与文物》1991 年第 6 期。

〔7〕 商彤流、王金元：《离石马茂庄发现一座金墓》，《文物季刊》1994 年第 1 期。

（四）丁类：土坑墓

依据葬具的有无，分二型。

A 型：有葬具。依据葬具的不同，分三种。

第①种：石函。

朝阳大三家子金墓[1]为土坑竖穴盝顶石函墓（图 18-2-1，21）。土坑南北长 2.2 米、东西 1.9 米、距地表深 2.3 米。出土石函 1 座（盝顶函盖），石函内有骨灰、铜钱、玉环。为火葬墓。

第②种：木棺或砖棺。

四子王旗潮洛温克钦金墓 M2[2]（图 18-2-1，22）为长方形土坑木棺墓，坑长 1.7 米、宽 0.7 米、高 0.75 米。男性，仰身直肢，头向北偏西 55°。身上裹数层丝织品。乌兰胡洞金墓 M5 为土坑木棺墓。坑长 2.7 米、宽 1.2 米、深 0.7 米。老年女性尸体旁有骨灰一堆，推测为合葬。

黑龙江阿城双城村金墓群[3]属土坑竖穴墓。一些墓穴较大，有棺钉、棺环出土，并见头骨和胫骨，可能是土坑木棺墓。有些墓内有马骨，多数墓出马具，与文献记载女真人有殉马习俗相合。

山东沂水教师进修学校金墓[4]87M1 为长方形砖棺墓，墓向南北。残长 2.1 米、宽 0.45 米、人骨架已朽，为仰身直肢葬。沂水 91M3 为长方形砖棺墓，墓向南北。棺长 2.15 米、宽 0.74—0.55 米、高 0.7 米。石板封顶，人骨架已朽。

第③种：瓮棺。

黑龙江阿城双城村金墓群[5]，双城村墓葬属土坑竖穴墓。多数墓穴较小，多出陶罐，其中一些陶罐内可见小块人骨，可能与火葬墓有关。内蒙古四子王旗潮洛温克钦金墓和四子王旗乌兰胡洞金墓[6]均长方形土坑竖穴墓，均以大小不等的石块摆成长方形，平铺于每座墓葬的上部，作为标志。瓮棺葬用泥质灰陶罐作葬具。单人葬居多，多仰身直肢，头向为北偏西。乌兰胡洞金墓 M1 为同一墓穴（1.73×0.85—0.4 米）中葬有 3 个瓮棺，内有骨灰，为二次葬。

B 型：无葬具，土坑竖穴墓。

内蒙古察右后旗种地沟墓地 M3[7]为长方形土坑竖穴墓，坑长 2 米、宽 0.84 米、深 1.2 米（图 18-2-1，23）。黑龙江安达小南山墓群[8]，墓群呈东西排列，前后两排，

---

[1] 辽宁省朝阳县文物管理所：《辽宁朝阳县联合乡金墓》，《华夏考古》1996 年第 3 期。金墓剖面图深度为到地表的深度 2.3 米。文中认为墓葬开口在耕土下，有矛盾。实际墓葬深度要少些。

[2] 田广金：《四子王旗红格尔地区金代遗址和墓葬》，《内蒙古文物考古》1981 年创刊号。

[3] 阎景全：《黑龙江省阿城市双城村金墓群出土文物整理报告》，《北方文物》1990 年第 2 期。

[4] 孔繁刚、宋贵宝、秦搏：《山东沂水县金代墓葬》，载《考古学集刊》第 11 集，中国大百科全书出版社 1997 年版。

[5] 阎景全：《黑龙江省阿城市双城村金墓群出土文物整理报告》，《北方文物》1990 年第 2 期。

[6] 田广金：《四子王旗红格尔地区金代遗址和墓葬》，《内蒙古文物考古》1981 年创刊号。

[7] 乌兰察布博物馆、察右后旗文物管理所：《察右后旗种地沟墓地发掘简报》，《内蒙古文物考古》1997 年第 1 期。

[8] 安达县图书馆：《安达县昌德公社小南山墓群简介》，《黑龙江文物丛刊》1984 年第 2 期。

约有 30 余座，均为土坑竖穴墓，多为仰身直肢葬，头向西北，大部分墓出有铁镞，多数
应属无葬具者。

第三节　墓葬分期和分区

现有金墓的资料比较零散。我们参考已有的研究成果[1]，将金墓分为三期。早期，
从金太祖收国元年（1115 年）到海陵王天德五年（1153 年）；中期，为海陵王贞元元年
（1153 年）到世宗大定二十九年（1189 年）；晚期，为章宗明昌元年（1190 年）到金代灭
亡（1234 年）。

金国除了秉承辽国的大部分统治地域外，还占据了原北宋统治的黄河中下游地区和关
中地区。我们依据墓葬形制结构、随葬品组合和葬俗等特征，结合墓葬文化传统和地理环
境等因素，可以将金代墓葬大体分为三区。

第一区，燕山以北的东北地区、内蒙古中东部和河北承德左近地区。这里曾是原辽国
契丹人及其胡化汉人等的生活区域，是女真族的发祥地及其统治中心之一。地域很大，但
是发现的金墓却不算多。第二区，京津地区、河北西北部、山西北部地区。这里曾是辽代
汉人的主要居住区，民族文化融合较好。贞元元年以后，这里是金朝的政治文化中心。第
三区，河南、山西中南部、河北中南部和山东地区。这曾是北宋统治的汉人集聚地区，其
中包括北宋的统治中心两京。此外，还包括陕西、甘肃、宁夏的部分地区，这里曾是北宋
的西北边陲；江苏部分地区也属于此。

从文化传统看，第一、二区属于辽代的故地，第三区属于原来北宋的辖区。"金、元
取中原后，具有汉人、南人之别。金则以先取辽地人为汉人，继取宋河南、山东人为南
人；元则以先取金地人为汉人，继取南宋人为南人。"[2]由此可见，"在金人和蒙古人的
概念里，'汉人'与'南人'的分野是非常清楚的。"[3]这种地域和人群习俗的差异，与
本章分区基本一致。

需要指出的是，金泰和六年（1206 年），蒙古族首领铁木真在斡难河被推为蒙古部族
联盟大汗，尊称"成吉思汗"，建立"大蒙古国"。不久开始对金朝大举用兵。时至金宣
宗贞祐三年（1215 年），蒙古军已占领金中都。女真贵族多随宣宗于贞祐二年（1214 年）
迁往汴京城（今河南开封城）。因此，第一区和第二区晚期墓葬发现很少，晚期女真贵族
墓和纪年墓更是凤毛麟角。由此可知，第一、二区墓葬年代为 1115 年至 1215 年；而第三
区墓葬年代应为 1127 年至 1234 年。

---

[1] 刘晓东、杨志军、郝思德、李陈奇：《试论金代女真贵族墓葬的类型及演变》，《辽海文物学刊》1991 年第 1 期。
此外，徐苹芳《金元墓葬的发掘》（《新中国的考古发现和研究》，文物出版社 1984 年版）和李健才《金代女真
墓葬的演变》（《辽金史论集》（四），书目文献出版社 1989 年版）二文的分期与此接近；秦大树：《宋元明考
古》，文物出版社 2004 年版。

[2] （清）赵翼著，王树民校证：《廿二史札记校证》（订补本），中华书局 2001 年版，第 630 页。

[3] 刘浦江：《说"汉人"》，《民族研究》1998 年第 6 期。

第四节　墓葬壁饰

　　金代墓葬的壁饰主要包括雕砖和壁画两个方面的内容，也偶见画像石。黄河流域的墓葬雕砖最具特色，是北宋雕砖墓传统的延续。金代的壁画墓都是仿木结构砖筑墓，数量不是太多。壁画墓的装饰位置通常在墓门、墓室的壁面上。有些壁画就绘在仿木斗拱的拱眼间和雕砖版门的障水板上，与雕砖墓混为一体。

一　雕砖的题材和内容

　　雕砖的题材很多，内容丰富，有些很难准确定名。我们在此做些初步的归纳，以前五种较为常见。

　　二十四孝人物故事。这是金墓雕砖最为多见的题材。山西稷山马村 4 号墓[1]在墓室四壁回廊下，摆放一套完整的二十四孝故事雕塑，共计 57 个人物。这与山西长治安昌崔忠父母墓壁画[2]基本相似。这套雕塑，刻画细腻，生动传神，具有很高的艺术价值。

　　杂剧图[3]。这是金墓雕砖中颇具特色的题材，形式多样，是研究金代戏剧重要的资料。稷山马村 4 号墓[4]南壁雕有杂剧表演和伴奏乐队（图 18－4－1），为舞台表演场面（报告称"舞厅"）。

　　开芳宴。通常雕于墓室的北壁，南面墙壁往往有杂剧雕砖等，实际上是北宋墓[5]壁饰风格的延续。侯马晋光药厂金大安二年（1210 年）墓（95H12M1）[6]墓室北壁雕有仿木结构面阔三间的厅堂，正中间雕一张曲足大桌，上置一盆牡丹花。男女主人分坐在桌子

〔1〕　山西省考古研究所侯马工作站：《山西稷山马村 4 号金墓》，《文物季刊》1997 年第 4 期。雕砖题材有舜耕历山、闵损单衣顺母、郯子鹿乳奉亲、曹娥哭江寻父、郭巨埋儿、王祥卧冰求鲤、刘殷泽中哭芹、杨香打虎救父、赵孝宗舍己救弟、不识的故事、鲁义姑舍子全佺、董永卖身葬父、鲍山救母、田氏兄弟哭活紫荆树、丁兰刻木奉亲、孟宗哭竹、杨乙乞养双亲、韩伯愈泣杖、与韩伯愈泣杖故事相仿、不识、王武子妻割股奉亲、原谷谏父孝祖、曾参心痛感啮指、刘明达卖子孝父母、陆绩怀桔孝母等。
〔2〕　长治市博物馆：《山西长治安昌金墓》，《文物》1990 年第 5 期。
〔3〕　杂剧是宋朝的称谓，在金朝应称为"院本"。为了避免名称混乱，本文仍称杂剧图。
〔4〕　山西省考古研究所侯马工作站：《山西稷山马村 4 号金墓》，《文物季刊》1997 年第 4 期。杂剧图具体为：在舞台上，4 个演员在前排，左起第一人，带吏帽，穿交领窄袖长袍，腰束带，足着靴，双手拱胸，形似副末；第二人戴平顶圆帽，穿抹领长衫，腰束带，足着筒靴，双足叉立，双手拱胸，鼻大眼小，呆头缩脑，是个副净；第三人装扮为女角，头戴冠，顶露发髻，身穿圆领窄袖长衫，腰系布带，足着靴，左手置胸，右手搭腹，双腿扭怩作态，是为装旦；第四人头戴幞头，穿圆领宽袖长衫，双手捧笏，置于胸前，是个装扮官员的末泥。在演员后面，砌有高台"乐床"，其上浮雕 5 名伴奏者，左起第一人司大鼓，戴幞头，穿窄袖衫，敞衣坦胸，手执一扇，身前一鼓置于鼓架之上，鼓面上摆两根鼓槌，似在演出间隙歇息；第二人戴无脚幞头，穿圆领窄袖衫，身套腰鼓，左拍右击，形象生动；第三人戴展脚幞头，穿宽袖长袍，双手横握长笛，侧身斜首做吹奏状；第四人戴无脚幞头，穿宽袖长袍，双手持拍板；第五人戴短脚幞头，穿圆领宽袖长袍，双手握觱篥吹奏。
〔5〕　宿白：《白沙宋墓》，文物出版社 1957 年版。关于墓主人夫妇开芳宴有关考释参见此书注 53。
〔6〕　山西省考古研究所侯马工作站：《侯马两座金代纪年墓发掘报告》，《文物季刊》1996 年第 3 期。

图 18-4-1 山西稷山马村 4 号墓南壁—杂剧表演和伴奏乐队
（引自《山西稷山马村 4 号金墓》，《文物季刊》1997 年第 4 期）

图 18-4-2 山西侯马晋光药厂金大安二年墓墓室北壁之开芳宴
（引自《侯马两座金代纪年墓发掘报告》，《文物季刊》1996 年第 3 期）

东西两侧的凳子上，足下有脚踏。男主人头戴帽，手捻佛珠；女主人手捧经卷。男主人身后有男侍者抄手而立；女主人身后有女侍者双手捧物（图18-4-2）。墓室南壁东侧，在两个蹲坐在束腰台座上狮子间，雕有5个杂剧人物，有副净、副末、装旦、装孤和末泥。侯马牛村古城董海父子合葬墓（64H4M102）[1]后室北壁形似厅堂，正中间雕一红方桌，上雕莲瓣形大碗，并鱼柄汤匙，两盖碗置于托子上，桌下有两个黑色酒坛，其一倒置，一直立饰红盖。桌两旁设椅子与脚床子，墓主人夫妇分坐椅上，男者头裹巾，左手持盏欲饮，女者高髻方额插簪饰，袖手静坐。侍童（足下承榻、叉手而立）、侍女（足下承榻、手持铜镜）分列夫妇身后。南壁绘骑马交战图，似乎是"百戏"表演内容。可归入此类。

宴饮图。孝义下吐京金墓[2]东北壁雕有房屋一间，有二侍女一幼童。前者头梳髻，穿黄袍，双手捧瓶，侧头似乎与后面幼童说话；幼童左手持食物歪头对话前行；后侍女双手端一盘食物，同向主人方向走去。西北壁似乎为主人内室，左侧残，中间雕有一几，男主人在几后持杯欲引，右端几前有一侍女似乎在听候主人吩咐。

妇人启门图。侯马牛村古城董万墓（64H4M101）[3]北壁雕成一堂屋，中间砌版门一合，版门微启，有一妇人头挽髻、身着长裙套衫扶门欲出（图18-4-3）。版门两侧雕有檐帐及竹帘一卷，以及八角灯笼一对，下设花几两个，几上各置盛开的红牡丹花盆。济南大官庄M1[4]墓室北壁砖砌仿木结构楼阁，分上下两层，每层3间。其中上层当心间绘红色版门，一妇人探身于微启的双扇门之间。

出行归来图。侯马牛村古城65H4M102后室西壁雕有出行图，画面共4人。前面一名侍者头系皂巾，插饰雉尾，右手托一木棒，步行在前，其后父子二主人，分骑红、白高头大马，缓步而行，父子皆头裹巾，其子左手持簪，右手持鞭；其后一男侍肩挑拂尘随行。这幅雕砖画面显示了富裕地主的豪华气派和讲究排场的风气。

八仙图。侯马牛村古城65H4M102[5]八角形藻井墓顶上雕有八仙图。有铁拐李、钟离权、吕洞宾、蓝采和、韩湘子、张果老、曹国舅、徐神翁（徐守信）。此八仙中全为男性，用徐神翁代替了常见的"何仙姑"。砖雕线条流畅，造型优美。侯马牛村古城董玘坚墓[6]（一号墓）也有八仙图。

马球图。侯马牛村古城董海墓[7]前室西壁中间四扇障水板上，由4人组成一幅精彩的马球比赛的场面（图18-4-4）。分红黄二队，球手除一人髡发外，余皆头裹软巾，穿圆领窄袖长衣，脚蹬马靴，骑于马上，右手持月牙形球杖，左手执缰绳，或纵马驰骋，或勒马返身，或持杖击球，姿态各异，栩栩如生。襄汾曲里村金墓[8]也有此题材。

〔1〕　山西省考古研究所侯马工作站：《侯马102号金墓》，《文物季刊》1997年第4期。
〔2〕　山西省文物管理委员会、山西省考古研究所：《山西孝义下吐京和梁家庄金、元墓发掘简报》，《考古》1957年第7期。
〔3〕　山西省考古研究所侯马工作站：《侯马101号金墓》，《文物季刊》1997年第3期。
〔4〕　济南市博物馆、济南市考古所：《济南市宋金砖雕壁画墓》，《文物》2008年第8期。
〔5〕　山西省考古研究所侯马工作站：《侯马65H4M102金墓》，《文物季刊》1997年第4期。
〔6〕　山西省文管会侯马工作站：《侯马金代董氏墓介绍》，《文物》1959年第6期。报告称墓1为董玘坚墓，墓2为董明墓。但是，后来杨富斗等人的文章中谈及墓1时却称董明墓（《考古与文物》1983年第6期，《文物季刊》1997年第3期）。
〔7〕　山西省考古研究所侯马工作站：《侯马102号金墓》，《文物季刊》1997年第4期。
〔8〕　解希恭、陶富海：《山西襄汾县曲里村金元墓清理简报》，《文物》1986年第12期。

图 18-4-3　侯马牛村古城董万墓北壁之妇人启门图
（引自《侯马 101 号金墓》，《文物季刊》1997 年第 3 期）

图 18-4-4　侯马牛村古城董海墓前室西壁之马球图
（引自《侯马 102 号金墓》，《文物季刊》1997 年第 4 期）

百戏图[1]。有一种是表现当时农村文化娱乐生活的社火表演砖雕，很有特点。侯马牛村古城 65H4M102 须弥座束腰部分雕有儿童骑竹马打仗砖雕四幅（图 18－4－5）。庆丰收图等儿童乐舞砖雕四幅，均十分别致，具有很高的艺术价值。另外，还有一种坐骑交战图，有骑马、骑象、骑狮者。或许与戏剧表演有关。如后室南壁有两幅，东边一幅雕二武将头裹软巾，穿铠甲，一持刀，一持长矛，坐骑红马，且战且走；西边一幅雕二武将各骑一铠马，左者戴盔，着甲，手持大刀，右者头裹软巾，穿甲，双手执鞭，二马疾驰，二人迎面激战。此墓后室北壁两扇格子门的障水板上，也雕有骑马交战故事图。

图 18－4－5　侯马牛村古城 M102 须弥座百戏图
（引自《中国百戏史话》，浙江人民出版社 1985 年版）

马戏图。襄汾曲里村金墓[2]东西两壁须弥座上均有内容相同的马戏砖雕，有 2 块。均为总角童子，身穿短衣，斜披绸带，马僵系于鞍上，正腾空飞奔。其一人双腿并直立于马鞍上，双手各执一面三角旗挥舞；另一人成弓步立于马背上，双手各持一把短戟做挥舞状。

宅第环境和建筑装饰图。仿木结构建筑多表现墓主人生前宅院的情况。如侯马牛村古城 64H4M102 前后二室都施砖雕，整个墓门面饰以红色，门环和门钉饰以黄色，其为朱门金钉，宛如现实中的富豪宅邸，墓室砖雕以前厅后堂、左右厢房格局，除砖雕装饰外，遍施红地，其中斗拱红地勾以白边，拱眼壁各绘一支牡丹。整个建筑装饰富丽堂皇。

天象图。河北井陉柿庄 M2[3]墓顶有天象图。

〔1〕　叶大兵：《中国百戏史话》，浙江人民出版社 1985 年版。
〔2〕　解希恭、陶富海：《山西襄汾县曲里村金元墓清理简报》，《文物》1986 年第 12 期。
〔3〕　河北省文化局文物工作队：《河北井陉县柿庄宋墓发掘报告》，《考古学报》1962 年第 2 期。

祥瑞走兽和吉祥花卉图。通常绘在须弥座的壶门部分内。如稷山马村 4 号墓，壶门内二力士柱间绘有牡丹，两侧雕瑞狮、天马、仙鹿等。侯马牛村古城 65H4M102 有天女散花、孔雀牡丹、莲（连）生贵子等。

此外，侯马牛村古城 64H4M102 有双狮戏绣球、散财童子、仙女散花雕砖；山西襄汾曲里村有二女弈棋、教子学书等砖雕；甘肃静宁张家湾金墓[1]还有推磨图、春米图；孝义下吐京金墓有墓主人写字雕砖和梳妆雕砖等题材。

二 壁画的题材和内容

金墓中的壁画墓为数不多，尤其是晚期发现很少。其题材和内容主要有：

侍吏和门神图。多为单人像。山东高唐虞寅墓[2]北壁绘有影作仿木结构门楼，版门一扇关闭，一扇半开，墓门两侧各有一侍者叉手而立。北京时丰墓南壁正中绘双层门，门侧各立侍卫 1，左立者面朝内，戴黑冠，着圆领紫色外衣，皂色高筒靴，紫面，粗眉，八字胡，手执骨朵。右立者，头脚残缺，双手附于胸前，持物不明。

二十四孝故事图。山西长治故漳敦武校尉墓[3]主室东、西、北壁绘有二十四孝人物故事图中的 22 个故事（图 18-4-6）。山西长治安昌崔忠父母墓也见。

图 18-4-6 山西长治漳敦武校尉墓二十四孝故事图
（引自《山西长治市故漳金代纪年墓》，《考古》1984 年第 8 期）

〔1〕 平凉地区博物馆：《甘肃宁静发现金代墓葬》，《考古》1985 年第 9 期。

〔2〕 聊城地区博物馆：《山东高唐金代虞寅墓发掘简报》，《文物》1982 年第 1 期；李方玉、尤宝章：《金代虞寅墓壁画》，《文物》1982 年第 1 期；关天相：《对〈金代虞寅墓壁画〉一文的商榷》，《文物》1983 年第 7 期。

〔3〕 长治市博物馆：《山西长治市故漳金代纪年墓》，《考古》1984 年第 8 期。雕砖题材有元角拉笆劝父、田氏兄弟哭活紫荆树、王武子妻割股奉亲、舜耕历山、闵损单衣顺母、刘明达卖子孝父母；东壁有蔡顺分椹、曾参心痛感啮指、老莱子、王祥卧冰求鲤、曹娥哭江寻父、姜师婆、赵孝宗舍己救弟、陆绩怀桔孝母；西壁有丁兰刻木奉亲、董永卖身葬父、孟宗哭竹、梦见父面、杨香打虎救父、韩伯愈泣杖、郭巨埋儿、鲍山救父，共 22 幅。

墓主人夫妇端坐图。山西闻喜下阳村明昌二年卫氏墓[1]北壁在红花帐幔下和两个旗幡之间砖雕有一桌二椅,施红彩。桌上有红牡丹一、盆一、汤匙一。墓主人夫妇袖手端坐于椅子上,身后分别有一个男女侍童。陕西甘泉明昌四年(1193 年)朱俊合葬墓[2]东壁正中绘有一幅山水画屏风,前置黑色方桌,桌上有白釉碟盏等器皿;方桌右侧位老年男子坐于黄色圆墩上,其头部上方有墨书"朱俊";其身后侍立一个中年男子,头戴无檐帽,其头部上方有墨书"男朱孜"。桌左侧一老年妇人坐在浅黄色圆墩上,头梳高髻,其头部上方墨书"少氏";其身后侍立一位青年女子,其头部上方墨书"高氏"。山西汾阳 M6[3]和河北井陉柿庄第二号墓也见。

宴饮图。朝阳马令墓西壁以高悬的帷幔衬托出一间堂屋。堂中置二桌,一桌上摆有壶、瓶、盘、碗等器皿,以及十余只扣置的酒杯,盘内盛圆形食品。另一桌上有执壶、碗等,桌旁一器座上有 2 瓶。以左桌为中心,有 7 人在忙碌备膳。桌后一人头戴方巾,穿方领长袍,面向右,似乎在讲话,其左右各一老者,有须,软巾,长袍束腰,手捧盘碗在运送食物;桌左侧有 2 人,一黑巾,长袍束腰,一秃顶,脑后短发结辫下垂,长袍,着靴,腰后缠包裹,腰带下挂黑色皮囊,二人作相互拱手状;器座右侧 2 人,着长袍,束带,穿靴,上部残。大同南郊 M1[4]东壁有此题材。

散乐图。山东高唐虞寅墓右壁左侧,绘有由 4 人组成的伎乐队,一人居前,长裙曳地,抱板回视,3 人在后,分别持有笙、笛和鼓等。河北井陉柿庄第六号墓[5]西壁有由 7 人组成散乐图,前有一童,后有 6 人执乐器,有二腰鼓、一觱篥、一拍板、一大鼓、一横笛。

杂剧图。山西平定西关村 M1 墓室[6]东壁绘有杂剧图。有 5 人,左起第 1 人头裹白巾,面向后,右手执竿,左手前指,作呵斥状;第 2 人光头上勒一条黑色额带,右手握棒槌,左手伸食指,作戏耍状;第 3 人侧身面向前 2 人,头扎素巾,身躯微躬,抱拳行礼;第 4 人位于画面中央,头戴黑色硬脚幞头,双手捧笏于胸前;第 5 人戴黑色丫髻角幞头,站于鼓后,左手执双棰。

居室图。高唐虞寅墓有两幅,左壁一幅,中部绘一客厅,正中以砖雕彩绘格子窗为背景,其左有大幅草书中堂,下置方桌,桌上有花瓶、茶具和食品,右侧有一女婢侍立,左边有 2 奴婢在端茶传膳;窗前有一方桌,上有两摞扣碗;窗右有四足大花盆,上栽有植物,花盆右后方有一侍者双手端有一盏托。右壁一幅,似乎是一个寝室,仍以格子窗为背景,窗前有个方几(?),上书有 5 字"金银钱□□";窗右侧为床帐,床前两侧各有一家婢恭立两侧。北京时丰墓北壁画面保存较完整,大体是一幅阁室正面景象,上悬紫幔,下面所绘之物似一带有围栏之木床,正面有四幅画,床上放交股剪子、熨斗等,描绘了死者生前家务情况。

---

[1] 山西省考古研究所、山西省闻喜县博物馆:《山西闻喜县金代砖雕、壁画墓》,《文物》1986 年第 12 期。

[2] 王勇刚:《陕西甘泉金代壁画墓》,《文物》2009 年第 7 期。

[3] 山西省考古研究所、汾阳县博物馆:《山西汾阳金墓发掘简报》,《文物》1991 年第 12 期。

[4] 大同市博物馆:《大同市南郊金代壁画墓》,《考古学报》1992 年第 4 期。

[5] 河北省文化局文物工作队:《河北井陉县柿庄宋墓发掘报告》,《考古学报》1962 年第 2 期。

[6] 山西省考古研究所、阳泉市文物管理委员会、平定县文物管理所:《山西平定宋、金壁画墓简报》,《文物》1996 年第 5 期。

侍奉图。山西平定西关村 M1 墓室东北壁（图 18 - 4 - 7），画面有 4 位女子和 1 名老翁，左侧领头的女子正面站立，面向右，右手执一圆铜镜，左手前指，似乎在吩咐事情。中有 3 名女子神态各异，前左者双手捧一朱色圆食盒，前右者右手置于胸前，左手提一绿色扎包，后者双手捧一红色扎包，三人后有老翁，面向左，双手捧一红色包袱。

图 18 - 4 - 7　山西平定西关村 M1 墓室东北壁之侍奉图
（引自《山西平定宋、金壁画墓简报》，《文物》1996 年第 5 期）

放牧图。见于河北井陉柿庄第六号墓南壁。西侧为放牧图，有一牧童左手提袋，右手扬鞭，正赶 3 牛、1 驴、1 马向东徐行；东侧为牧羊图，有一牧童右手执鞭于肩后，左手前指，身前有一竹筐和一只牧羊犬，其侧前方有 10 只羊在觅食。

农耕图。见于河北井陉柿庄第二号墓东壁南侧普拍枋上。右侧一老者，系皂巾，裤脚上挽至膝，两手在膝前，俯身作收获状；中间是农作物；左绘有一男青年，右手执镰在割谷物，男子身后画一黄牛拉耧，上有耧斗。

饲马图。山西平定西关村 M1 西南壁的画面右侧有一副搁在木架上的鞍具，画面中部有一黄色长条形斗状马槽，马槽右侧站立 1 人，右手执水舀，左手提罐，抬头看对面一人；对面 1 人正右手提木桶，左手拿草叉走近马槽；画面左侧有 2 匹马，分别拴在 2 根木柱的吊环上，正低头于面前的马槽中食草。

捣练图。见于河北井陉柿庄第六号墓东壁。由担水、熨帛、晾衣三部分组成（图 18 - 4 - 8）。右侧为一青年男子在担水；居中三女子在熨帛，左右各一人拉平帛，中间一人右手按帛，左手执熨斗；左侧为二女子和一个高柜，一人正开柜取衣，一人席地而坐，两腿前伸，身前有一圆石砧，砧上有一黑衫，左手按衣，右手执木杵，正在捶衣，其身后挂有一长竿，上搭 9 件衣裳。

星象图。山西长治故漳敦武校尉墓墓顶用朱、白色绘有星象图。

田园风光图。河北井陉北孤台 M4 在东西北三壁均绘有芦雁图，一、二只大雁或在茂密的芦苇河中游弋，或在天空中翱翔，风光怡人。

　　此外，金墓还发现少量的画像石墓。如河南焦作王庄邹王复画像石墓[1]，刻划有杂剧图、墓主人生活图、二十四孝人物故事图等。河南荥阳插闾村墓[2]的石棺上也刻有二十四孝故事图。

图 18-4-8　河北井陉柿庄第六号墓东壁之捣练图
（引自《河北井陉县柿庄宋墓发掘报告》，《考古学报》1962 年第 2 期）

第五节　不同区域墓葬的分期特征

一　燕山以北的东北地区、内蒙古中东部和河北承德左近地区（第一区）

　　这里曾是辽代旧地和女真族的发祥地及其早期统治中心。金代隶属于上京路、咸平路、东京路、北京路和临潢府路[3]。

---

[1]　杨宝顺：《焦作金墓发掘简报》，《中原文物》1979 年第 1 期。

[2]　河南省文物考古研究所、荥阳市文物保管所：《河南荥阳金墓发掘简报》，《华夏考古》1997 年第 3 期。

[3]　谭其骧主编：《中国历史地图集》（宋·辽·金时期）第六册，中国地图出版社 1989 年版。以大定二十九年（1189 年）的区划为准。

（一）女真人墓葬

本区可归为女真人的墓葬或墓地，发现有完颜希尹家族墓地、完颜娄室家族墓地、阿城齐国王墓等一组大贵族的墓地或墓葬；还有黑龙江绥滨中兴古城西北金代墓地[1]、奥里米古城周围墓群[2]、绥滨永生平民墓地[3]、阿城双城村金墓群[4]、安达小南山墓地[5]、哈尔滨新香坊金代墓地[6]等一组中小型的墓葬。

1. 高级贵族墓

阿城齐国王墓[7]是本区目前最为完整的女真大贵族墓葬（图18－1－1）。齐国王墓为土坑石椁墓（乙类A型），墓圹平面略呈"凸"字形，墓向为255°。土圹南端中间突出部分为生土二层台（长2.9米、宽1.7米、深0.7米）。二层台以北的墓圹主体呈长方形，南部放有一个小型石椁（椁长1.78米、宽1.17米、高1.22米，内有碎骨），中部放置1具东西向大石椁（长2.8米、宽1.9米、高1.5米）。大石椁四壁各一块大石板，底部和顶部各3块，椁内放置长方形木棺，棺盖上放有团龙卷草纹织金丝织品，棺盖中央放1件有铭银牌"太尉开府仪同三司事齐国王"，木棺内四壁上悬挂鸳鸯纹织金绸帷幔。木棺内葬夫妇2人，男左女右，仰身直肢，头西脚东。服饰尚存。如若墓主人是完颜晏无误，则墓主卒于大定二年（1162年）。可将其作为金中期的大墓。

吉林舒兰完颜希尹家族墓地是本区发现墓葬最多的大贵族墓地。完颜希尹墓[8]墓前两侧立有石雕像，由北向南，有成组的石人、石羊、石虎。此墓有斜坡短墓道。墓道左上方，即墓南20米处有一方形台地，有著名的完颜公神道碑。此墓为大型方形石筑类屋式墓（甲类A型Ⅳ式），四阿穹窿式墓顶，墓门有巨石封闭，墓向为南向。墓室边长2.45米、高2.4米。从葬具看，墓室北壁陈放三合石函，正中最大，东西两壁还各有一合石函，计五具。大石函内有彩木匣，匣内有丝织品裹的骨殖。其他小石函内直接放骨殖，为火葬墓。大石函前放一长方形铁券，还残存有莲瓣竹节形铜蜡台一对，仿定白瓷瓶1对、仿定白瓷碗4个等。

〔1〕 黑龙江省文物考古工作队：《黑龙江畔绥滨中兴古城和金代墓群》，《文物》1977年第4期；胡秀杰、田华：《黑龙江省绥滨中兴墓群出土的文物》，《北方文物》1991年第4期。

〔2〕 黑龙江省文物考古工作队：《松花江下游奥里米古城及其周围的金代墓群》，《文物》1977年第4期；方明达等：《绥滨县奥里米辽金墓葬抢救性发掘》，《北方文物》1999年第2期。

〔3〕 黑龙江省文物考古工作队：《绥滨永生的金代平民墓》，《文物》1977年第4期。

〔4〕 阎景全：《黑龙江省阿城市双城村金墓群出土文物整理报告》，《北方文物》1990年第2期。

〔5〕 安达县图书馆：《安达县昌德公社小南山墓群简介》，《黑龙江文物丛刊》1984年第2期。

〔6〕 安路：《哈尔滨新香坊金墓发掘综述》，《黑龙江史志》1984年第2期；黑龙江省博物馆：《哈尔滨新香坊墓地出土的金代文物》，《北方文物》2007年第3期。

〔7〕 黑龙江省文物考古研究所：《黑龙江阿城巨源金代齐国王墓发掘简报》，《文物》1989年第10期。

〔8〕 陈相伟：《完颜希尹家族墓地的调查和发掘》，《博物馆研究》1990年第3期；徐翰煊、庞治国：《金代左丞相完颜希尹家族墓调查试掘简报》，载《中国考古集成·东北卷·金》（一）第17册，北京出版社1997年版；陈相伟：《试论东北、河北等地金代墓葬的类型和演变》，载《中国考古集成·东北卷·金》（一）第17册，北京出版社1997年版；吉林大学边疆考古研究中心、吉林省文物考古研究所：《吉林省舒兰市金代完颜希尹家族墓地及其私城的复查》，载《边疆考古研究》第11辑，科学出版社2012年版。

完颜希尹墓地第四墓区 1 号墓（丁类 A 型）[1]，为土圹石函墓，北偏东 20°。墓前立有石羊、石虎和石碑座各一个。土圹内有大小两座石函，南壁平齐。大石函为长方形，长 1.48 米、宽 1.05 米、高 0.90 米，盖长 1.47 米、宽 1.05 米。内有 2 座墓碑，均楷书阴刻，碑额均突出圆形。大碑高 68 厘米、宽 27 厘米。阴刻 4 行字，中题"昭勇大将军同知雄州节度使墓"，右边款为"乙卯命大定十六年丙申八月十五寅时故"；再右有一行女真字；左边题"大金大定廿六年四月廿六日长男广威将军袭济州路合字懒崖猛开国伯完颜璹选山礼葬"。小碑长 51 厘米、宽 26 厘米，上刻 111 字。"大金故昭勇大将军同知雄州永定军节度使，大定丙申八月十五日寅时故，昔年四十二。妻乌古论氏，正隆二年丁丑月十四日寅时故，昔年廿三。长男广威将军袭济州路合懒崖猛安完颜内剌命术人田选到干山为主，于大定廿六年四月廿六日乙时合葬立。"其中一碑身与墓前的石碑座相对合。表明墓碑原应立于墓前。石函底部有铁器残片。小石函位于大石函东 5 厘米处。石函身长 0.86 米、宽 0.60 米、高 0.38 米。屋脊式（盝顶？）盖。函内有大小两个松木匣相套，大匣长 60 厘米、宽 44 厘米；匣盖用锦包裹。小匣内红毡下有 5、6 层丝织品，上置烧过的人骨碎块。此墓为大定二十六年完颜璹为其父母建筑的合葬墓，属于中期末的墓葬。我们认为此墓可为金中晚期的女真贵族的典型墓例。

完颜希尹墓地的一区 1 号墓和三区 1 号墓也都是类椁式墓。从发掘和采集到的碑片看，墓葬多是葬于大定年间。因此，推定完颜希尹墓地年代应属于金代中晚期，是完颜守道为先祖改葬重建的墓地是合适的[2]。

敖汉英凤沟完颜公墓（M2）[3]为明昌七年（1196 年）再葬，墓葬形制不详。但葬具为石函墓。函盖为子母口，函身长 1.38 米、宽 1 米、高 0.94 米。还发现一块小石墓碑。正面载："镇国上（将）军侍卫（亲）（军）马军都指挥（使）宗室（完）颜之墓明昌三（年）壬子岁拾贰（月）（庚）申日志"。背面为"镇国上（将）军侍卫亲（军）马军都指挥（使）宗室完（颜）之墓明昌七（年）丙辰岁癸巳（月）贰拾壹日庚□甲时重□"（图 18-5-1）。推测这是二次火葬墓。表明金代晚期的女真贵族葬具多用石函。

2. 一般贵族和平民墓

绥滨中兴古城西北金代墓地，是一处贵富人的女真墓地。墓葬多有封土堆，并有同坟异穴的现象。M3、M4、M5 同在一个高 2—3 米的封土堆下（M3 组）。墓向不一致。M3 居中最大，随葬品丰富，M4 和 M5 分居 M3 东西两侧。M3 为长方形土坑木椁木棺墓，有二层台。二层台内坑长 4.6 米、宽 3.5 米、深 1.7 米。木椁紧贴二层台圹壁，椁外壁有描金和彩绘图案。木棺葬具形制大小不详。残存肢骨一段，棺底残存水银，位于尸体腰部。随葬品出土金玉腰佩（列蹀）1 套、金花、捏金丝耳坠、水晶嘎拉哈（羊距骨形）、银钏 2、铁匕首、定瓷小碟、定瓷盘、瓷坛、陶靴、水银、石"郎"字押印等。"郎"姓是女真人女奚烈氏改的汉姓。大定十三年，金朝禁止女真人改汉姓。故推测此墓应不晚期于大定十三年[4]。M4 和 M5 为土坑木棺墓，棺均长于 3.6 米。M4 为女性墓主，出土玉石飞

〔1〕 徐翰煊、庞治国：《金代左丞相完颜希尹家族墓调查试掘简报》，载《中国考古集成·东北卷·金》（一）第 17 册，北京出版社 1997 年版。
〔2〕 刘晓东、杨志军、郝思德、李陈奇：《试论金代女真贵族墓葬的类型及演变》，《辽海文物学刊》1991 年第 1 期。
〔3〕 邵国田：《内蒙古敖汉旗英凤沟金代墓地》，《文物》1987 年第 8 期。
〔4〕 刘晓东、杨志军、郝思德、李陈奇：《试论金代女真贵族墓葬的类型及演变》，《辽海文物学刊》1991 年第 1 期。

天、带鞘铁刀、小铁刀、璎珞 1 串、铜画押印等。M5 墓室呈曲尺形。四壁经火烧烤。墓穴西有一个长 7 米、宽 0.52 米的长道，内有 5 个柱洞。墓穴及棺木上面铺二、三层灰布纹瓦。随葬品出土三足铁锅 2、铁斧、铁马镫 2、铁马御（？）、铜鞍饰 9、陶罐、瓜棱形陶罐、定瓷碗 2、至道元宝铜钱 1。

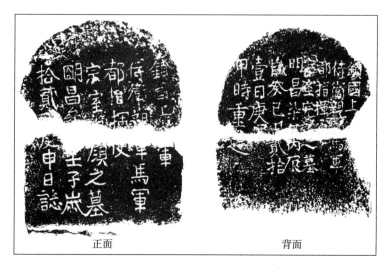

图 18-5-1　内蒙古敖汉明昌七年完颜公墓石墓碑拓片
（引自《内蒙古敖汉旗英凤沟金代墓地》，《文物》1987 年第 8 期）

M6、M7、M8 同在一个封土堆下（M8 组）。墓向均正西。M8 居中，M7 居南，M6 居北。三墓均为土坑木棺墓。M8 为火葬墓。墓主为男性。棺长 4 米、宽 2.2 米。随葬品有铁斧、铜带扣、银器残柄、银鞍饰件 10、漆碗和大定通宝铜钱。此墓年代不会早于大定年间。M6 棺长 3.8 米、宽 2.55 米。随葬品有三足铁锅、三足铜锅、瓜棱陶罐、陶壶、黑陶罐、银碗、白瓷盘、缸瓷碗、管状串珠 13 个。M7 木棺长 3 米、宽 2 米。内有骨灰和碎骨，为火葬墓。墓主为女性。棺外西部坑内，有成组的瓜棱形等陶罐 7、铁锅、铜锅、定瓷碗、耀瓷碗、白瓷盘、白瓷大碗、黑釉罐等瓷器；棺内多置于腰部和脚部，有簪、钗、钏 2、碗、指环等银器、铜镜、玉鱼、玉人、玉条、半月形玉饰、璎珞、桦皮桶、桦皮托等。

从墓葬规模、葬具和随葬品等方面看，此墓地的主人有一定的社会地位。比较 M3 组墓和 M8 组墓的随葬品，陶矮领罐和瓜棱罐、三足铁锅、定窑或仿定白釉盘等，都有较为明显的形制变化。推测 M3 组早于 M8 组是合适的[1]。但是，我们认为 M8 依出土大定通宝铜钱可定，为金代中期晚段或略晚；则 M3 组可能为中期早段或略早。直接将 M3 组定为金代早期还需要证据。

黑龙江绥滨永生墓地[2]西南—东北向成排，自西北而东南，整齐地排成五行。墓地内均无封土，多土坑木棺墓。以仰身直肢葬为主，还有二次葬和火葬墓。墓圹通常长 2 米、宽

〔1〕　刘晓东、杨志军、郝思德、李陈奇：《试论金代女真贵族墓葬的类型及演变》，《辽海文物学刊》1991 年第 1 期。该文认为 M3 组年代属于金代早期的证据很牵强。
〔2〕　黑龙江省文物考古工作队：《绥滨永生的金代平民墓》，《文物》1977 年第 4 期。

1米、深0.5米。最大M8墓圹长3.05米、宽1.4米、深0.95米（与中兴古城墓地小型墓相仿）。最小M1墓圹长1.8米、宽1.1米、深0.2米。所有墓葬均不见铁棺钉，木棺可能为榫卯结构，如M12棺盖板。或许这是墓主人身份较低的反映（中兴金墓和奥里米金墓中，几乎都有铁棺钉）。永生墓地随葬以实用陶器为主，轮制，多素面，也有拍印几何纹。器类主要是小口罐和筒形罐（其中有瓜棱罐），还有钵。有的器底有模印的符号。不见铁锅、铜锅和瓷器等。金银玉佩饰也较少见。从整体看，永生墓地应为一处平民家族墓地。

黑龙江阿城双城村金墓群[1]属土坑竖穴墓。一些墓穴较大，有棺钉、棺环出土，并见头骨和胫骨，可能是土坑木棺墓。有些墓内有马骨，多数墓出马具，与文献记载女真人有殉马习俗相合。多数墓穴较小，多出陶罐。其中一些陶罐内可见小块人骨，可能与火葬墓有关。

黑龙江安达小南山墓群[2]，墓群呈东西排列，前后两排，约有30余座，均为土坑竖穴墓，多为仰身直肢葬，头向西北，大部分墓出有铁镞，多数应属无葬具者。

3. 分期特征

早期女真墓葬尚待确认。完颜娄室墓应属这阶段，但墓葬被破坏殆尽，只能推测有可能是石筑类椁式墓。但可以肯定的是，墓葬地表有碑亭和神道，神道两侧原有石人、石羊、石虎、石望柱等石雕。阿城双城村金墓群有些墓随葬马骨和马具，推测可能多是金初，金国禁止以马殉葬以前（金天辅二年，1119年）的墓葬。土坑竖穴墓较小。

中期的女真贵族墓葬，已经形成自身的特色。从完颜希尹墓地可知，大贵族墓地多有墓仪制度，神道两侧多有石像生。有些墓地表有封土堆。墓葬形制以阿城齐国王墓和大定二十六年完颜璹父母合葬墓为代表，以石筑类椁式墓（乙类）和土坑石函墓（丁类A型第①种）为特色，与契丹大贵族的类屋式墓风格迥异。葬具以石函和石棺为特色，也有用木棺者。完颜希尹墓的类屋式墓是女真贵族墓中的特例，但仍使用石函做葬具。殓葬服饰仅见于齐国王墓。墓主人男左女右，仰身直肢，头西脚东。殓服保存较好，其中男性有8层17件，女性有9层16件，计有袍、衫、裙、裤、腰带、冠帽和鞋袜等。此外，男性腰佩玉柄短刀，身旁置竹杖1根，双手各执金锭1块；女性头裹多层丝织品和丝锦，颈戴金丝玛瑙管项饰，腰际有配饰。2人头后发现1块木牌。因为墓葬多被盗，随葬品情况不是很清楚。

晚期[3]的女真贵族墓葬类型仍然主要是类椁式墓（乙类）和土坑石函墓（丁类A型第①种）。仍然多用石函或石棺做葬具，较流行火葬墓。如敖汉英凤沟完颜公墓（M2）等。

中晚期的一般女真贵族和平民墓葬，以土坑竖穴墓（丁类）为主。葬具多是木棺，也有一些瓮棺墓。有尸骨一次葬，也有火葬和二次葬。规模大者，有木椁木棺墓；规模小者，没有葬具。随葬器物以瓜棱罐、矮领鼓腹罐等陶器和三足铁锅、桦树皮器、玉或水晶嘎拉哈等为女真族特色。还有矛、刀、斧、镞等铁质武器和工具，以及象征性的铜马具（鞍、衔、镳、辔等）等。具有明显的地域特色和民族风格。

〔1〕　阎景全：《黑龙江省阿城市双城村金墓群出土文物整理报告》，《北方文物》1990年第2期。
〔2〕　安达县图书馆：《安达县昌德公社小南山墓群简介》，《黑龙江文物丛刊》1984年第2期。
〔3〕　本区谈到的晚期，下限止于金宣宗贞祐三年（1215年）蒙古国占领金中都。此后本区很快沦为蒙古国占领区。

（二）汉人墓葬（含契丹人墓葬）[1]

本区明确的汉人墓葬有朝阳翟氏墓（甲类 B 型）和马令墓（甲类 A 型）、铁岭前下塔子冯开父母合葬墓（乙类 A 型）[2]；契丹人墓有兴隆萧仲恭墓[3]（甲类 B 型）、敖汉老虎沟博州防御使墓（甲类 B 型）。

朝阳翟氏墓为砖筑六角形单室墓（图 18－5－2）。墓室有砖雕和壁画。出土陶器 15、瓷器 14、鎏金银饰、铜面具、铜镜、铁灯檠、铜钱等。阴刻铭文砖字口涂朱砂，记载墓主人为皇统九年（1149 年）迁葬的翟氏，其夫李幹为"忠武军右都指挥使"[4]。

兴隆萧仲恭墓为砖筑类屋式墓，有三正室，中室最大，前后室狭小，穹窿顶，有壁画。萧仲恭为辽道宗驸马，降金后曾为尚书右丞相、太傅、燕京留守等，被封为开府仪同三司、兰陵郡王、曹王、越国王等。其死后仍沿用辽朝墓葬旧制。目前金代三室墓还仅此孤例。

敖汉金博州防御使墓（M1）为砖筑类屋式墓。地表无封土，由斜坡式墓道、墓门、甬道和八角形单墓室组成，券顶。墓向 148°。墓室内径 4 米、通高 4.4 米。地面铺方砖。墓室后部正中有砖砌棺床，长 2.25 米、宽 1.5 米、高 0.18 米。石棺横放于棺床之上。棺长 2.18 米、宽 1.43 米、高 1.2 米。石棺前挡中部，有双线阴刻假门。人骨已被盗扰，墓室内发现 2 头骨等，可知这是夫妇合葬墓。残存随葬品有白釉瓷盘 4、铜饰件、铜丝网络和一合汉白玉质契丹小字墓志。墓主人为辽末降金的契丹人，在金代曾任博州防御使，死于金代大定十年（1170 年）。

朝阳马令墓为仿木结构砖筑类屋式墓，方形单室，叠涩券顶，墓向为正南向。有墓门和短甬道。墓室南北长 1.99 米、东西宽 2 米、高约 1.75 米。墓室北部中间有砖筑棺床，上置石函，函身涂满白灰。石函盖作屋顶形，函身长方槽形，上宽下窄，总高 32.5 厘米。上口长 82 厘米、宽 52.5 厘米，槽内深 25 厘米。石函内放 2 件灰色陶罐，盛有骨灰。墓室四壁有仿木结构斗拱和彩色壁画。画用墨线勾勒轮廓，用红、绿、灰三色渲染。西壁为备宴图（原文为备膳图）。东壁为送客图（原文为出行图）。南壁和北壁都是侍者图。出土遗物残有：定窑白瓷碟 2 件，影青印花小瓷碗 1 件，影青菊花式瓷碟 2 件，灰绿釉鸡腿瓶（坛）1 件，翠绿釉长颈陶瓶 1 件（釉陶玉壶春），骨梳子 1 件，铜钱（新莽"大泉五十"）1 枚，铁钉 1 枚。此外，还有雕花小石柱 1 件，小石狮 2 件（石柱和石狮共存于距地表 1 米处）。根据墨书题记可知，墓主人为大定二十四年（1184 年）下葬的马令夫妇。

铁岭前下塔子冯开父母合葬墓为石筑类椁式墓。为南北向。椁室为石板拼成，长 3 米、宽 1.45 米、高 1.1 米。四壁由 6 块石板拼成，东西各 2 块，南北各一块。椁室内由南向北依次放置墓志、石函、随葬品。函内盛火葬骨灰。长方形石函由函身和平函盖组成。正面有阳刻仿门窗图案。长方形函槽长 46 厘米、宽 26 厘米、深 20 厘米。随葬品有白釉六瓣花口小碟 4 件，白釉花草纹圈足盘 4 件，铁带卡 1 件。依据墓志，这是泰和五年

---

〔1〕　"金、元取中原后，具有汉人、南人之别。金则以先取辽地人为汉人，继取宋河南、山东人为南人；元则以先取金地人为汉人，继取南宋人为南人。"参见《廿二史札记校证》（订补本），中华书局 2001 年版。

〔2〕　铁岭市博物馆等：《铁岭县前下塔子金墓》，《辽海文物学刊》1988 年第 2 期。

〔3〕　郑绍宗：《兴隆县梓木林子发现的契丹文墓志铭》，《考古》1973 年第 5 期。主室形状在文中没有交代，我们依据辽代晚期大墓的形制特点，暂归为多角形墓。

〔4〕　朝阳博物馆：《辽宁朝阳市金代纪年墓葬的发掘》，《考古》2012 年第 3 期。

（1205年）冯升父母合葬墓。

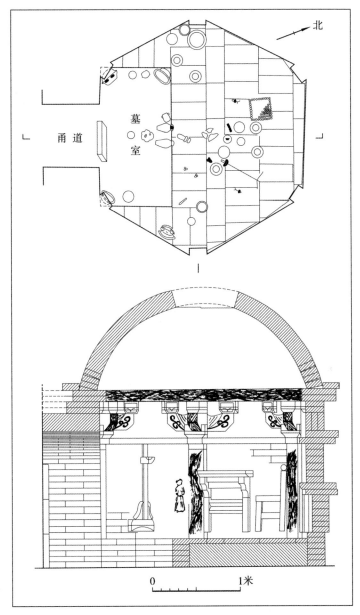

图 18 - 5 - 2　辽宁朝阳翟氏墓平剖面图
（引自《辽宁朝阳市金代纪年墓葬的发掘》，《考古》2012年第3期，略变化）

　　从这五座典型墓葬，参考其他墓葬资料，初步可以看出：金代汉族和契丹贵族，在早中期多是沿用类屋式墓的形制；到晚期汉人有的也使用类椁式墓。从大定年间起，葬具流行以石函和石棺为特色，与女真人的葬俗接近。马令墓的壁画和博州防御使墓的铜丝网络等，都是保持民族习俗的反映。随葬品多为瓷器、铜镜等日常用器。

（三）待定族属墓葬的分类

本区还有诸多无题铭的墓葬。主要分三类：

甲类：类屋式墓。

哈尔滨华滨金墓[1]是砖筑类屋式墓，券顶。由斜坡墓道、墓门和方形单室组成。墓室边长2.79米。墓室后方的石棺床上，有长方形石函1具，函盖与石函以子母口相合，内有木制骨灰盒，为火葬墓。巴林左旗林东镇第一号墓[2]为仿木结构砖筑类屋式墓，八角形单室，内长1.9米、宽1.88米，穹窿顶。墓向为北偏东20°。墓壁原来可能有壁画。有木棺，内盛骨灰。木棺有墨书2行"灵榇记吉""进义校"。随葬品8件，陈设木棺之南，仅白瓷钵在墓门附近。有印花陶瓶、印花陶香炉、白瓷大碗、白瓷印花碟2、白瓷杯、白瓷碟。"进义校"应是"进义校尉"阙文，是金、元武散官阶；仿古铜器不早于北宋后期。

乙类：类椁式墓。

扶余西山屯金墓[3]为石筑类椁式墓，墓向330°。地表有锥形封土。石椁用10块石板组成，盖和底各3块，四壁各1块。椁室东西长2.4米、南北宽1.4米。内有木棺，为单人仰身直肢葬，头向东。

朝阳重型机器厂墓[4]为并列双类椁式墓，二椁室东西并列，东墓圹（M1）打破西墓圹（M2）。墓向为西南—东北向。M1为石椁木棺墓。石椁平面呈长方形，顶部用大石条封顶，长2.70米、南宽1.07米，北宽0.95米，深1.38米。椁内置一具木棺，棺内葬一老年女性，仰身直肢，头向南。头西侧置皇宋通宝铜钱1枚。棺外随葬品8件。绿釉瓷瓶2、豆绿釉瓷盘2、墨绿釉瓷碗2、藏青釉瓷盂1件，盂内放有元丰通宝1枚。M2为砖椁石函墓。砖椁墓室长2.02米、宽1.32米、高0.75米。墓底铺砖，椁室中部偏北放置石函，函内盛有骨灰。石函外北端两侧各置1件铁器。为火葬墓。

丙类：土坑竖穴墓。

第①种石函墓。朝阳联合乡金墓[5]为土坑盝顶石函墓。土坑南北长2.2米、东西1.9米。石函长80厘米、宽80厘米、高50厘米。石函内有骨灰、大定通宝铜钱12、玉环2和石经幢1个。六边经幢中一面阴刻楷书汉字"大悲心陀罗尼经一卷"，余面阴刻梵文经文。这是一座佛教信徒的火葬墓。

第②种木棺墓。察右后旗种地沟墓地[6]，共清理9座墓，呈东西向"一"字排列，每座墓葬的地表都用自然石块垒砌有长方形或方形石框，以为地面之标志。均土坑竖穴墓，墓向呈东北或西北，均单人葬。均被盗。所出钱币有：开元通宝、北宋的至道元宝、元丰通宝2、景德元宝、崇宁通宝、崇宁重宝、咸平元宝、祥符元宝。铜镜为瑞兽镜和双凤镜。M6有木棺做葬具，仰身直肢一次葬。随葬品有桦皮冠（头左）、石珠2（胸腰部）、

〔1〕 景爱：《哈尔滨王岗华滨金墓》，《黑龙江文物丛刊》1984年第4期。
〔2〕 李逸友：《昭盟巴林左旗林东镇金墓》，《文物》1959年第7期。
〔3〕 吉林省博物馆：《吉林省扶余县的一座辽金墓》，《考古》1963年第11期。
〔4〕 辽宁省文物考古研究所：《朝阳重型机器厂金墓》，《辽海文物学刊》1990年第2期。
〔5〕 辽宁省朝阳县文物管理所：《辽宁朝阳县联合乡金墓》，《华夏考古》1996年第3期。
〔6〕 乌兰察布博物馆、察右后旗文物管理所：《察右后旗种地沟墓地发掘简报》，《内蒙古文物考古》1997年第2期。

铜管状器 2、铜饰件 2、铜钱 3（右股骨内）、铁剪（棺外）。金代汪古部族墓葬。

从上述墓葬可知，哈尔滨华滨金墓和巴林左旗林东镇一号墓等类屋式墓是前朝汉人和契丹人的葬制，而扶余西山屯墓、朝阳重型机械厂墓等类椁式墓和朝阳联合乡的土坑石函墓都是女真人的葬制。特别是大定年间以后，即使是类屋式墓内，其葬具也多用石函，实行火葬。这是本区的重要特点。这应与当时的历史背景有关。金朝建国伊始，就崇尚佛教。金世宗母贞懿皇后，为辽阳汉族人李氏。她不从女真宗族接续之旧俗，寡居后到辽阳出家，建清安禅寺；李后卒，便建浮屠塔于辽阳垂庆寺。金大定二年，世宗遵母遗命，"诏有司增大旧塔，起奉慈殿于塔前，敕礼部尚书王竞为塔铭以叙其意"[1]。世宗尚佛之举，无疑会对朝野产生重要影响。因此，中晚期墓葬大量使用石函做葬具，流行火葬就顺理成章了。

二　京津地区、河北西北部和山西北部地区（第二区）

京津地区、河北北部、山西北部和内蒙古中部地区。这里曾是辽代汉人的主要居住区，文化融合较好。金代隶属西京路、中都路。海陵王迁都到中都（今北京），这里又成为金朝中晚期的政治文化中心。

（一）女真式墓葬

本区明确的女真墓葬主要有北京乌古论窝论墓和北京乌古论元忠夫妇墓[2]。

北京乌古论窝论墓为石筑类椁式墓。东西向。长方形石椁东西长 3.33 米、南北宽 2.55 米、高 1.65 米。椁底、盖均用 3 块青石组成，四壁由 4 块青石组成。椁室北部放置一块用砖架起的青石板棺床，上放长方形漆木棺，长 2.3 米、宽 1.3 米、高 1.3 米（残存黑红描金漆片、铁棺环 3），被盗一空。仅在棺底存玉环、玉佩饰 3 以及散乱的火化碎骨。西南角的玉盆和木漆盒中放有一些器物：瓷器（绿釉鸡腿瓶 2、青白釉扳耳洗 2、青白釉碗 2、影青盘、白瓷小盅、浅青灰釉执壶）；玉器 4（花鸟玉佩饰、荷叶双龟佩饰 2、玉环）；石制品（盆 2、奁盒 2 套、小粉盒 9、汉白玉八卦炉、汉白玉瓜棱盒）；铁棺环 6。在顶盖西部，立放青石质墓志 1 合。盝顶形盖，上篆刻"大金故金紫光禄大夫乌古论公墓志铭"方形墓志，边长 93 厘米。依据墓志，墓主于大定二十四年（1184年）改葬。

北京乌古论元忠夫妇墓为汉白玉石筑类椁式墓。东西向（图 18-5-3）。长方形椁四壁各用 2 块汉白玉石板构成，四角用"亅"形石立柱来卡固椁壁。椁室长 3.5 米、宽 2.64 米、高 1.91 米。椁内有用砖架起的汉白玉棺床，长 3.05 米、宽 1.64 米、高 0.2 米。上有长方形石棺，由 6 块汉白玉石板组成。棺长 2.74 米、宽 1.4 米、高 1.08 米。该墓严重毁坏，遗物有：鲁国大长公主墓碑一合，碑身长方形，额去角，长 1.74×0.96 米，阴刻"世宗皇帝长女皇姊鲁国大长公主墓"，梯形碑座。另一墓碑仅存残角，应为元忠墓碑，碑座完整。此外，还有汉白玉石狮 1、碧玉质围棋状器 2；压胜钱（圆形方孔，正面有"长命富贵"，背面为一鹤一龟），以及戳印"官"字砖等建筑构件。两合墓志乱放于墓室西南角。元忠墓志 1 盒。

〔1〕《金史》卷六十四《后妃下》。
〔2〕 北京市文物工作队：《北京金墓发掘简报》，载《北京文物与考古》第一辑，燕山出版社 1983 年版。

盝顶形盖，汉白玉质，顶篆刻"大金故开府右丞相判彰德尹驸马都尉任国简定公墓志铭"，方形志石，边长1.11米、厚0.26米。鲁国大长公主墓志1盒。汉白玉盝顶形志盖，顶篆刻"大金故鲁国大长公主墓志铭"，方形志石，边长1.15米、厚0.21米。依墓志铭，鲁国大长公主卒于大安元年（1209年）；元忠卒于泰和元年（1201年）。

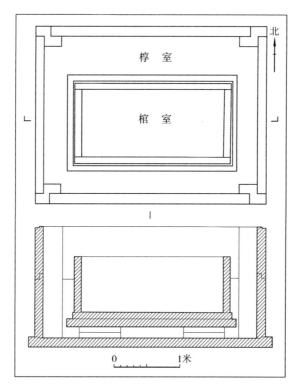

图18-5-3　北京乌古论元忠墓平剖面图
（引自《北京金墓发掘简报》，载《北京文物与考古》第一辑，燕山出版社1983年版，略变化）

无论是中期的窝论墓，还是晚期的元忠夫妇合葬墓，都是女真贵族典型的墓葬形制，即石筑类椁式墓。椁室都在3米以上，并设有石棺床。葬具不同，有汉白玉石棺，也有漆木棺。但都是火葬，与第一区女真贵族的葬俗一致。随葬品较为丰富，以瓷器为主，还有玉质器物、铜镜和铜钱等。

（二）汉人墓葬（含契丹人墓葬）

本区发现的汉人墓葬较多，墓葬葬俗较为多样化。我们按分期做些梳理。

1. 早期墓葬（1115—1153年）

主要有河北新城时丰墓（1127年）、皇统三年立爱墓（1143年）[1]和北京赵励墓

〔1〕　河北省文化局文物工作队：《河北新城县北场村金立爱和时丰墓发掘记》，《考古》1962年第12期。

（1143 年）〔1〕、郭仲谦墓（1150 年）〔2〕等。时丰墓是目前发现时代最早的纪年墓。

时丰墓为石筑类椁式墓。南北向。墓顶残有 0.6 米的封土。长方形石椁四壁各用 1 块大石板，墓顶用 2 块石板封盖，墓底也有石板。石椁壁外还砌一层砖加固。椁室南北长 1.72 米、宽 1.32 米、残高 1.5 米。椁室外东西两侧，近椁顶部铺有一层砖。东北角有木棺残片，葬式不明。推测原有木棺。椁室内壁上绘有彩色壁画。南壁正中绘双扇门，门侧各立侍卫 1；东壁绘侍奉图；西壁画残；北壁绘阁室图。随葬品除时丰和其妻张氏两合墓志外，仅在墓室西北角发现碗、盘、碟等白釉瓷片和纹饰不清的残铜镜 1。时丰曾任礼宾使，卒于金天会五年（1127 年）。

时立爱墓为砖筑类屋式墓，南略偏西。地表有宽 15 米，高 3 米的封土。墓前还有神道碑。由斜坡墓道、短甬道、长方形前室、前室两侧有圆形耳室和八角形主室组成，全长 12.8 米。前室长方形，南北长 4.65 米、宽 3.8 米；其两侧耳室为圆形，直径 2.8 米。主室为八角形，南北长 4.75 米、东西 5.45 米，穹窿顶。主墓室中部有 1 长方形坑，四周砖砌，表面涂白灰，坑长 2.4 米、宽 1.95 米、深 1.35 米，坑底无砖。这应是棺床的位置，原来结构不详。尸骨不存。墓室壁有仿木结构砖柱和壁画。随葬品残存较少，主室发现有碗、盘、碟等白瓷残片。左耳室有盆、盘、碟、镂空雕花器座等陶器；右耳室有绿釉粗胎的长瓶、盆、罐等。前室有墓志 2 合。依据墓志可知，此墓为时立爱和他的妻妾 3 人合葬墓。时立爱卒于皇统三年（1143 年）。其位居开府仪同三司、镇东军节度使兼中书令，被赐封为郑国公、钜鹿郡王。

赵励墓为砖筑类屋式墓，南向。由墓道、墓门、甬道和圆形单室组成。圆形墓室直径为 2.30—2.38 米、高 2.25 米，穹窿顶。墓室后部有独立的砖砌棺床，侧面呈"亚"字形，长 1.34 米、宽 0.91 米、高 0.36 米。为夫妻合葬墓。墓室南壁和墓门东西两侧各有一个壁龛，龛宽 0.12 米、进深 0.2 米、高 0.45 米。墓室内壁面有彩绘壁画。墓室内壁砌有 6 根仿木结构立柱，上托一斗三升斗拱，将壁画分为五部分。东边起，依次为备宴图、备茶图、墓主人寝室图、备酒图、散乐图。寝室图正对墓门。斗拱壁间有 12 生肖，缺虎和兔（可能是墓主人的属相）。墓顶为三朵花卉图案。依据墓志，男主人赵励壮年中进士，被金朝和北宋先后封为"将仕郎"。宣和五年（1123 年）卒，葬于开封长庆禅院。皇统三年（1143 年）女主人吴氏卒于燕城之私第。当年，其子孙将二人合葬于"燕城宛平县崇禄里黑山（即今石景山老山）之西南隅"。

郭仲谦墓为砖筑类屋式墓。方形单室南北长 1.5 米、东西 1.3 米、高 1.6 米，圆弧顶（？穹窿顶）。砖砌墓门，地面铺方砖。墓室西北角放陶棺一具，内置骨灰。陶棺长 64 厘米、前宽 37 厘米、后宽 30 厘米、高 40 厘米。前挡绘两扇门。棺盖坡形起脊，四角有脊吻。在墓口处放青砖朱文镇墓券 1 方。墓中央放置白釉瓷器 13 和铜钱 2（崇宁重宝）。白釉瓷器有牡丹花大碗 1、中碗 2、划花中碗 1、大盘 1、中盘 2、杯 1 和小碟 5。依据镇墓券可知主人为平民郭仲谦。此墓是其儿子于金天德二年（1150 年）为其改葬。

〔1〕 王清林等：《石景山八角村金赵励墓墓志与壁画》，载《北京文物与考古》第五辑，北京燕山出版社 2002 年版；陈康：《石景山出土罕见金代壁画墓》，《北京文博》2002 年第 2 期。

〔2〕 蔚县博物馆：《河北省蔚县元代墓葬》，《考古》1983 年第 3 期；荣孟源：《元大德墓为金天德墓》，《考古》1983 年第 7 期。

2. 中期墓葬（1153—1189 年）

这阶段墓葬主要有大同正隆四年（1159 年）陈庆墓[1]、大同正隆六年（1161 年）徐龟墓[2]、通县大定十七年（1177 年）石宗璧墓[3]、北京海淀南辛庄二号墓[4]、水晶屯大定十三年（1173 年）李孝均夫妇墓（M1）[5]等。

陈庆墓为砖筑类屋式墓。坐北朝南 185°。由斜坡式墓道、墓门、甬道和近方形墓室组成。近方形墓室南北长 2.07 米、宽 1.97 米、高 2.2 米，穹窿顶。墓室北部砌砖棺床，进深 90 厘米、高 25 厘米。棺床正中置一石棺（长 90 厘米、宽 56 厘米、高 53 厘米）。石棺内套一具无盖木棺，其大小恰好置于石棺内。木棺内骨灰用丝织品包成两具人形，南北并列放置，为夫妇合葬墓。火葬墓（用丝织品包裹成"服饰"，为交领窄领长袍，皂靴。北侧者戴黑纱巾，南侧者戴僧帽，头部也是用黄色丝织品内包骨灰形成的，面部用墨书勾画出五官，葬俗十分特殊）。随葬品 20 件，均位于石棺南侧，有：白瓷碟 4、白瓷盅、耀州窑青瓷盅、白瓷注碗（1 套）、白瓷碗、白瓷钵、折腹盘、白瓷单柄洗、黄绿釉陶烛台、铁熨斗、铁三足器、铁二系罐、铁勺、铁斧、"亚"字形铜镜、陶器座，以及石墓志一方。依据墓志可知，主人进义校尉、西京大同府定霸军左一副兵马使陈庆和妻子李氏，合葬于正隆四年（1159 年）。

与陈庆墓相距 5 米的云中大学 M1，也是砖筑类屋式墓，有壁画。墓向坐北朝南。由斜坡式墓道、墓门、甬道和近方形单室组成。墓室南北长 2 米、东西宽 1.92 米、内高 2.38 米，穹窿顶。地面铺砖。墓室北侧砌砖棺床，宽 0.86 厘米、高 20 厘米。棺床正中置长方形盒式木棺一具，长 80 厘米、宽 60 厘米。棺内盛有骨灰，还有一些丝织品。随葬品 14 位置不详。芒口白瓷碟 2、芒口白瓷盅、耀州窑青瓷盅、白瓷注碗（1 套）、白瓷钵、白瓷折腹盘、黑釉瓷鸡腿瓶 3、黄绿釉陶烛台（1 套）；铁熨斗、铁鏊、铁斧。M1 形制和随葬品与陈庆相似，推测它应是年代大体相当的陈氏族人的墓。

大同徐龟墓为砖筑类屋式墓，有壁画，南向。由墓道、甬道和方形墓室组成。墓室边长 1.68 米、高 2.18 米，穹窿顶。地面铺砖。墓室后部有砖棺床，上置一具石棺，长 0.85 米、宽 0.52 米、高 0.55 米。棺盖外侧阴刻墓铭。墓室内随葬品（追缴）现存有瓷器 11（白釉瓜棱注壶、注碗、葵口盏、绞胎钵、碟、刻花小碟 4、折腹罐、粗圆腹罐），陶器 9（灰陶罐、盆 2、釜、盘、簸箕、水斗 2 和红陶三足炉?），铁器 4（釜、熨斗、三足盘、有流有柄勺）等。根据墓铭可知，徐龟为平民。

通县石宗璧墓为石筑类椁式墓，墓向北偏东 10°。椁用 6 块青石板构成。长方形椁室长 1.78 米、宽 1.1 米、高 1.06 米，榫卯结构，石灰砌缝。椁内有骨灰，为火葬墓。石椁盖上平放墓志盖，志石立于石椁内南壁西侧。随葬品还有泥质灰陶明器（盆、鏊锅、仿铁器的釜和鼎、三足铛、小罐、钵）；瓷器（缸胎鸡腿瓶、耀州窑青绿釉单耳洗、定窑葵瓣刻花白瓷碗、定窑瓷瓶、定窑刻花盘、定窑小杯、定窑白瓷碗 2、定窑小碟）；还有金饰片、葵瓣素面"湖洲真正石念二叔照子"；铜钱 84（唐、宋铜钱和金代正隆元宝）。依据

〔1〕　大同市博物馆：《大同市南郊金代壁画墓》，《考古学报》1992 年第 4 期。
〔2〕　大同市博物馆：《山西大同市金代徐龟墓》，《考古》2004 年第 9 期。
〔3〕　北京市文物管理处：《北京市通县金代墓葬发掘简报》，《文物》1977 年第 11 期。
〔4〕　北京市海淀区文化文物局：《北京市海淀区南辛庄金墓清理简报》，《文物》1988 年第 7 期。
〔5〕　贺勇：《河北崇礼县水晶屯发现一座金代石函墓》，《考古》1994 年第 11 期。

墓志知，墓主石宗璧于大定十七年（1177 年）归葬于通州潞县。

通县三间房二号墓也为石筑类椁式墓。长方形石椁形制结构同石宗璧墓。椁底四角各有鹅卵石 1 块，椁内正中有木板痕和毛毯残片，疑为木制骨灰盒及其袱套。为火葬墓。在木板灰上有瓷盘、瓷罐、铜钱、鹅卵石等。在骨灰内发现银簪金饰。骨灰下还有几枚铜钱。推测骨灰盒前后都撒有铜钱，应是一种习俗。出土器物有：瓷器（黑釉瓷瓶 2、黑釉瓜棱小罐 3、黑釉小罐 2、定窑刻莲花纹盘 3、定窑玉壶春瓶、定窑素瓷碗 3、定窑素小杯、定窑素小盘）；还有风字形陶砚、银簪 2、鎏金小铜环 2、镶宝石金坠饰 2、铁剪刀、骨梳 7、铜钱 124 枚（唐开元通宝和北宋钱币 10 种）。此墓距石宗璧墓仅 5 米，应为大定年间其族人墓。

北京南辛庄二号墓为石筑类椁式墓。墓向为 266°。长方形石椁用 6 块青石板拼成，榫卯结构。椁室长 2.43 米、宽 1.36 米、高 1.2 米。椁底残存木棺残迹，木棺长 2.02 米、宽 0.66 米。棺内有尸骨 2 具，头西。为夫妇合葬墓。随葬品多数位于棺外南侧，少数在棺内头部。有白瓷碗 4、白瓷葫芦形注子、白瓷盒 2、白瓷盘 12、白瓷盆、白瓷小罐 6（3 件有盖）、黑褐釉瓷盏托、绿釉划花瓷枕、陶砚（汉代砖瓦模制）、红陶小罐、纸盒、圆形"卍"图案铜镜、小铜刀、木梳、木篦、小棕刷、铁棺环 4、北宋铜钱 55 枚。参考与此墓相邻 3 米的张□震墓（M1）形制和器物，可定南辛庄二号墓约在金代中期。

水晶屯李孝均夫妇墓（M1）为竖井式墓道偏土洞石函墓，东西向。长方形圆角竖井墓道长 2×1—3.3 米，壁面有脚窝；西侧洞室平面为圆角长方形，长 1.7×1.5—1.6 米。墓室内南北并列二石函，石函内盛有火烧的碎骨。石函 1 为长方形，盝顶盖，底长 58 厘米、宽 36 厘米、高 35 厘米，内深 20 厘米；石函 2 为长方形，盝顶盖，底长 51 厘米、宽 37 厘米、高 40 厘米，内深 23 厘米。随葬品均放置在石函的前方，有题记石 2、白釉瓷碗（M1:3）1、铜镜（M1:4）1、铜钱（开元、皇宋、天禧、祥符）4。依据题记石可知，此墓为大定十三年（1173 年）下葬的李孝均夫妇合葬墓。

大同西南郊十里铺村墓地[1]，是辽金时期的家族墓地。其中 1956M11—M14 四墓是大定年间墓。墓葬形制特殊，为土坑竖穴圆形墓，底部略呈土洞状，侧视呈喇叭形。4 墓深均超 7 米，直径在 1.8 米以上。墓底部中央置一长方形石函，函四周填鹅卵石，竖穴中间也填一层鹅卵石，较为特殊。除 M13 之外，其他棺内都置一木匣，木匣中盛放骨灰，为火葬墓。M11 墓向北偏东 27°。总深 7.2 米、竖穴深 5.4 米、直径 1.85 米。墓穴高 1.8 米、底径 2.2 米。内有石函，函长 1.1 米、宽 0.72 米、高 0.76 米，盖有收分。函内有木匣盛骨灰，骨灰内有 2 铜钱。墓内还有 2 件黑釉玉壶春瓶。石函盖内有竖写行书墨迹 6 行："大定四年四月六日西京警巡院吕愈次西多父君□□□……"可知，这是大定四年的吕姓墓葬。

山西朔县北旺庄周氏家族丛葬墓[2]，是 3 座土洞墓。由斜坡墓道、墓门和近圆形墓室组成，穹隆顶。用一块大石板封堵墓门。M105 为土洞墓。墓室直径 2—2.35 米、高 1.4 米。墓壁边留宽 0.1—0.36 米的生土二层台，以二层台面为底，向墓壁挖出 8 个壁龛，龛宽 0.3 米、高 0.5 米、深 0.1 米。各龛内均放置一个陶或瓷质骨灰罐。随葬品有 17 件，陶

---

〔1〕　山西云冈古物保养所清理组：《山西大同市西南郊唐、辽、金墓清理简报》，《考古通讯》1958 年第 6 期。

〔2〕　宁立新：《山西朔县金代火葬墓》，《文物》1987 年第 6 期。

罐 7、瓷罐 1、瓷盘 7、瓷碗 1、铜簪 1。此外还有 53 枚铜钱（汉唐宋和金代正隆元宝）。M106 墓室直径约 2 米，高 1.4 米。距墓底 0.2 米高处，墓壁挖有 9 个壁龛，龛高 0.4 米、深 0.45 米。其中从东 2 到东 6 龛内放有陶或瓷骨灰罐。随葬品 12 件，陶罐 5、陶盆 3、玉环 2、长方形铁板 2、唐宋铜钱 33 枚。M109 墓室直径 2.2—2.6 米、高 1.2 米。墓室内有二层台，不设壁龛。共有骨灰罐 10 个，9 个直接置于墓底，1 个放在二层台上。随葬品 20 件，有陶罐 8、瓷罐 2、陶盆 2、瓷碗 1、瓷盘 4，陶器盖 1、铜器 1 和骨簪 1，北宋铜钱 12 枚。这是大定年间或稍后的汉人丛葬墓。

3. 晚期墓葬[1]（1190—1215 年）

晚期汉人题铭墓很少，权以大同阎德源墓（1190 年）[2]为代表。

阎德源墓为仿木结构砖筑类屋式墓。墓向南偏西 3 度。由阶梯式墓道、墓门、甬道和单墓室组成。甬道和墓室连接处用 3 层砖封堵。墓室平面呈方形，南北长 3.12 米、东西 3.11 米、高 3.28 米，四角券尖圆锥顶，中心镶一素面大铜镜，镜周围绘莲花图案。墓壁斗拱为单抄四铺作。墓室后部砌长方形棺床，长 3.1 米、宽 1.23 米。棺床上横放木制棺椁，外椁长 2.32 米、宽 0.83 米，内棺长 2.01 米、宽 0.69 米。棺内有老年男性尸骨一具，头西脚东，仰身直肢。头枕白玉石枕，面覆罗纱（上画道符），身穿黄罗交领宽袖道袍，外包鹤氅，腰系丝带，里穿丝织棉、夹、单衣 10 余件，脚穿布袜和丝绣凤纹云头海桃口鞋。尸体上盖棉被，下置棉褥，褥下铺凉席，凉席下有镂孔木架 1。头部北侧放一漆制圆套盒，南侧有一漆盂，中部有一漆方盒（内装印章 5 方）和象牙戒板，足部南侧有竹节拐杖残段。另外在棺椁东头空隙间放有几本书，已朽。大部分随葬品置于棺床南侧。东西并列 3 张木供桌，桌上放小件随葬品多种。木器 20 件，放在中间大供桌上，有影屏、巾架、榻、茶几、盆座 2、蜡台、供桌 2、椅、地桌、炕桌 3、椸架、帽架等明器。在墓室东、西壁下部，各有一木制屏风，已破损。漆器 14 件（盂、套盒、方盒放在棺内，余放在棺床南侧东边的供桌上），有大漆碗 5、小碗 2、碟 2、圆盒 2。瓷器 16 件（主要置于供桌和其东侧；部分放在西屏风下）：豆青暗纹长颈瓶 2、白釉大碗、白釉罐 5、钧瓷小香炉、白瓷小碗、白釉刻花小笔洗、黑釉油点小碗 2、黑釉小碗、酱釉鸡腿瓶 2。除汉白玉枕和墓志外，还有石刻 3 件：香炉、狮子 2。棺床南侧还有铜镜 2（小型海兽葡萄镜、大素面镜）、铜带勾、铜花片 3；残锡瓶，陶方斗，牙簪 2，骨制长把刷，木梳，绒道冠，念珠 2 串，木筷 1 双（包银片），木勺（包银片）。根据墓志得知，墓主阎德源为道教的一代宗师，葬于明昌元年（1190 年）。

4. 分期特征

本区汉人墓既有高级贵族，也有中下层贵族墓，还有一般平民。总的来看，本区汉人墓有两套葬制并行。一是主体承袭辽朝本地的葬制。墓葬以类屋式墓为主，多绘有壁画。葬具有木棺、陶棺、木匣和石函等，流行火葬。土洞墓也是本区的传统墓葬形制。二是使用女真贵族葬制。以类椁式墓为特色，有时丰墓、石宗璧墓、通县三间房 M2、张□震墓（M1）和北京南辛庄二号墓等。

早期墓葬基本承袭前朝旧制，以类屋式墓为主要墓葬形制，墓室平面形制有圆形、方

---

[1]　本区谈到的晚期墓葬，下限止于金宣宗贞祐三年（1215 年）蒙古国占领金中都。
[2]　大同市博物馆：《大同金代阎德源墓发掘简报》，《文物》1978 年第 4 期。

形和多角形。钜鹿郡王时立爱墓为辽朝降将，死后采用辽朝晚期典型墓葬形制，即由斜坡墓道、短甬道、长方形前室、前室两侧有圆形耳室和八角形主室组成。其四室墓的规格，也符合其身份。低级官吏赵励和平民郭仲谦的墓葬也都是类屋式墓。墓室内流行壁画。葬具用木棺，还不见中晚期常见的石函或石棺。随葬品以白釉瓷器为常见。

时丰墓采用女真式的类椁式墓，较为特殊。时丰卒于金天会五年（1127 年），官任礼宾使。此时，其父时立爱刚降金仅 4 年。时立爱用女真葬制安葬其子，是否有政治考量，耐人寻味。但是时丰墓椁室绘壁画，又反映出当地汉人传统葬俗。

中期墓葬目前不见高级贵族墓，多是中下层贵族和平民墓。在北京地区类椁式墓较多，在大同地区仍是以类屋式墓为主。类椁式墓不见多角形，主要是圆形和方形墓。比较突出的特点，从大定年间起，葬具流行使用石棺和石函，流行火葬。陈庆墓用丝织品包裹骨灰成人形，或许是辽代张文藻墓"草骨人像"[1]的翻版。李孝均夫妇墓的土洞墓内，也是用石函做葬具，实行火葬。大同西南郊十里铺村 1956M11—M14 四墓都是竖穴土洞墓底部中央置一长方形石函，函四周填鹅卵石，竖穴中间也填一层鹅卵石，较为特殊。从大同十里铺 1956M15 辽墓[2]的情况看，石函在辽代晚期已曾在汉人墓葬中零星使用。本区汉人墓随葬品以瓷器为主，西京大同地区还随葬木器，多是本地的传统。

石宗璧被封宣威将军，属五品武散官；其夫人又是石烈氏的女真贵族，故石宗璧墓和相邻的通县三间房 M2（石宗璧夫人）都采用了女真贵族的墓葬形制，并采用火葬。张口震被封宣武将军，属从五品武散官。北京南辛庄二号墓与张口震墓（M1）相距仅 3 米，应是张姓的汉人墓。石宗璧和张口震等墓均采用类椁式墓和火葬，与大定年间以后女真贵族的葬俗一致。汉人品官使用女真葬俗多在北京左近，或许与这里是中晚期都城有关。本区类椁式墓内多随葬瓷器、铜镜等日常生活用器，同时还流行随葬陶制明器，鼎、釜、盆、锅、灶等配套使用，沿袭汉人葬俗。

晚期墓葬基本延续中期的葬制。阎德源墓提供了金代汉人道士敛服的实例。

三　河南、山西中南部、河北中南部、山东和陕西甘肃部分地区（第三区）

河南、山西中南部、河北中南部、山东和江苏部分地区，以及陕西、甘肃、宁夏部分地区。这曾是北宋统治的汉人集聚地区，其中包括北宋的统治中心两京（开封和洛阳）地区。金代隶属河北东路、河北西路、大名府路、南京路、河东北路、河东南路、山东东路、山东西路，以及京兆府路、凤翔路、鄜延路、庆原路、临洮路。这是金人所谓"南人"的生活区域。

本区汉人墓葬习俗的共性是主要的，但是也有一些区域特点。我们参考北宋的文化传统和墓葬形制等习俗的特点，可以嵩山、黄河和太行山为界，再细分二个小区。第一小区是晋南关中区。即晋南和晋东南地区，以及陕西、甘肃部分地区。这一地区墓葬形制以长方形类屋式墓为主；第二小区是中原地区。即以黄河下游地区为重心，包括河南大部、河北中南部和山东地区，山西中部的太原盆地可归入此区。这一地区的墓葬形制以多角形类屋式墓为多，也见圆形或长方形类屋式墓。下面按区略做分析。

---

〔1〕　河北省文物研究所：《宣化辽墓——1974—1993 年考古发掘报告》，文物出版社 2001 年版。
〔2〕　山西云冈古物保养所清理组：《山西大同市西南郊唐、辽、金墓清理简报》，《考古通讯》1958 年第 6 期。

（一）晋南关中区（即晋南和晋东南地区，以及陕西、甘肃部分地区）

晋南和晋东南地区，宋金时期经济文化相对稳定。墓葬壁画和砖雕在金代都沿袭北宋传统，十分盛行，同时也有少量的画像石墓。关中（陕西和甘肃）地区墓葬与晋南地区风格相近，是其辐射的区域。我们遴选一些纪年墓，结合一些重要的无纪年墓，对本小区墓葬按分期进行简单的梳理。

1. 早期墓葬（1127—1153 年）

纪年墓葬主要有天会十三年（1135 年）屯留宋村墓[1]、天德三年（1151 年）侯马牛村 94H5M1[2]等。

屯留宋村金墓是一座砖筑单室类屋式墓。墓室平面呈近正方形，攒尖顶。坐北朝南。由墓道、甬道和墓室组成。墓室东西长 2.4 米、南北宽 2.29 米、高 3.65 米。墓葬规模并不大，但砖筑墓室内雕梁画栋，有影作二层楼阁式仿木结构建筑。墓室四壁绘有精美的彩画，以红、黄色为主。壁画以影作额枋为界，分为上下两大组。额枋以上四壁绘有 24 孝人物故事内容，每壁 6 幅，拱眼壁间饰折枝牡丹图案；额枋以下四壁彩绘以反映现实生活的内容为主，形成对称式的布局，或许带有一定丧葬观念的寓意。墓室南壁正中有拱形门，与墓道接。墓室内壁的门上方及其两侧，由砖砌彩绘构成 3 扇破子棂窗。门洞两侧的破子棂窗之上，各绘一幅 5 人组成的乐舞表演题材（图 18－5－4）。破子棂窗以下分 2 组：靠近门洞各绘一名门神，为端坐祥云之上的武士形象；门神两侧各绘有一幅农具图（东侧有犁、耙和一只黑狗；西侧有耧和石滚）；再外分别绘有一个人牵马出行的形象。东壁和西壁中部均有假门，假门两侧绘有日常生活场景。东壁假门南侧为挑水图。画面绘有一男子肩挑水桶的形象，身后有水井架和辘轳，以及 2 个陶罐。北侧为庖厨图。画面左侧有一名妇女坐在地上淘洗物品；右侧为一个灶台，灶上有 7 层笼屉，旁边有一人在劳作。西壁假门南侧左上方绘有备粮图（?）。画面绘一妇人手持簸箕坐在地上，身旁放有石磨和木碓；右下方绘有饲牲畜图。画面绘有 2 马 3 牛立于食槽后，槽前站一人手持瓢具在添加饲料。北侧绘有 3 个侍女，手持物品侍立。北壁正中部砖砌彩绘一个门框，门额上有 4 枚方体四瓣蒂形门簪，门两侧各砌有一扇破子棂窗。门内绘有夫妇对坐图。即画面中央有一方桌，夫妇二人男左女右，分坐两侧椅子上。妇女头梳高髻，穿黄色开襟襦裙，双手拢于袖内，身后立一侍女；男子戴黑色高脚幞头，穿圆领长袍，手捧饮具。二人身后各有一个书有文字的屏风。屏风后的屋内悬挂带有团花图案的帷幔。门框两侧的窗下绘有居室家务图。东侧绘有一妇女坐着做针线活的场景。妇人身旁放有小方案、剪刀和编织篓等。西侧壁画内容不详。如果我们将墓葬形制和这些壁画内容合为一个整体来看，似乎绘制者赋予了这些壁画题材一定的顺序和含义。我们假设宋村金墓作为阴宅来设计，墓室除南门外，其他三面都砌出门框，似乎寓意着墓主人还有更多的房屋建筑和庭院，象征着主人的富裕[3]。东、西和北壁均有墨书题记，并有金太宗天会十三年（1135 年）纪年。这是宋末金初最为重要

---

〔1〕 王进先、杨林中：《山西屯留宋村金代壁画墓》，《文物》2003 年第 3 期。

〔2〕 山西省考古研究所侯马工作站：《侯马两座金代纪年墓发掘报告》，《文物季刊》1996 年第 3 期。

〔3〕 董新林：《屯留宋村金代壁画墓考论》，载《新果集——庆祝林沄先生七十华诞论文集》，科学出版社 2009 年版，第 582—592 页。

的墓葬资料之一。

图 18-5-4　山西屯留宋村金天会十三年墓墓室南壁壁画局部
（引自《山西屯留宋村金代壁画墓》，《文物》2003 年第 3 期）

　　侯马牛村 94H5M1 为仿木结构砖筑类屋式墓，长方形单室，墓向 189°。由墓道、墓门、短甬道和墓室组成。墓门居于南壁偏东侧，仿木结构，门额上有一对菱形门簪。板门砌于甬道内东西两壁，每扇门中央有铺首衔环，上下三排门钉，每排 4 个。甬道残长 0.67米、宽 0.44 米、高 1.32 米。墓室平面呈长方形，长 2.14 米、宽 1.91 米、高 2.32 米。地面也铺砖。四角各砌一个抹角倚柱。砖棺床位于墓室西侧，长 2.14 米、宽 1.33 米。原有木棺葬具，上有 2 具人骨。随葬品仅有黑釉灯盘 1，白釉双鱼碗 1。四壁有砖雕。北壁正中明间辟门，东西两次间内各阴刻一个男或女侍者像。板门置于两侧壁，门簪呈素面菱形。门内后壁砌一个壶门状龛，内阴雕一男子袖手端坐椅子上，头戴小帽，腰束带，内穿右衽衣，外罩圆领宽袖长衫。墓主人前置一个高直足方桌，上置 2 小碗和食物。桌前地上置一大瓷盆。门两侧槏柱上端各雕一刻字花幡，东侧竖行阴刻"香花供养"；西侧竖行阴刻"天德三年五月五日"。东壁砌四扇格子门，为四抹槅扇。南、北两侧上层壶门内雕一吹竽或吹觱篥乐俑，障水板内为瓶栽牡丹花；西壁中央辟双扇格子门，均四抹头。障水板上雕刘明达卖子行孝图。门额上有 2 长方形门簪，上阴刻"米"字形花瓣。两次间各雕 1格子门。南壁西侧，长条形破子棂窗下，砌一桌二椅。窗上砌一莲花灯檠，上有 1 黑釉盘；檠两侧的壶门内，分别雕仙女散花和童子散财。墓顶砌成开放的荷花形藻井。

2. 中期墓葬（1153—1189 年）

纪年墓葬主要有长子石哲正隆三年（1158 年）墓〔1〕、大定十三年（1173 年）侯马牛村古城（64H4M101）董万墓〔2〕、大定十四年（1174 年）长子小关墓〔3〕、大定二十一年（1181 年）稷山马村 M7〔4〕、大定二十九年（1189 年）长治故漳金墓〔5〕、陕西韩城安居寨僧侣墓（1178 年）〔6〕等。

长子石哲正隆三年墓为仿木结构砖筑类屋式墓，方形单室，八角攒尖顶。南向，183°。由墓道、墓门、甬道和墓室组成。甬道宽 0.66 米、进深 0.8 米、高 0.9 米。墓门用残砖封堵。墓室边长 2.5 米、高 3.36 米，有"凹"形砖棺床。棺床上尸骨被扰动。推测东北角有 2 头骨，西南角 3 头骨，共葬 5 人。后壁东西两侧各有一个壁龛，长 0.7 米、宽 0.6 米、高 0.64 米，内存二次葬尸骨。西龛内有 2 人，东龛内 1 人。另外在墓道内还有 2 具凌乱尸骨。随葬品很少，东壁龛内有 1 白地黑花瓷枕；东北角尸骨旁有 1 白釉碗；西南角尸骨旁有 1 黑釉碗；还发现宋代铜钱 2 枚。墓室内有简单仿木结构五铺作斗拱，无要头，施彩绘。壁面装饰以壁画为主，辅以雕砖。北壁分为三间，明间绘墓主人生活图，两红柱红帐间，上悬帷幔，中间置一长桌，上有茶杯和桃子，有 5 名男女坐在桌后，1 人坐桌侧。桌两侧各有一男或女侍。桌前有一犬和黑白 2 猫。东西二次间各设一门，红色门扉紧闭，门内各有一个壁龛。东壁和西壁均是一门二窗，门窗间各绘 1 侍女。中间为红色双扇半启门，上有 4 门簪，中间 2 长方形，外侧为"×"形。门两侧各有 1 个破子棂窗。东壁北侧窗上墨书题记"正隆三年二月十六日壁画匠崔琼程经"。墓顶彩绘有日、月图。东壁和西壁门窗上及窗外侧各有带题记的二十四孝悌故事图 10 幅，东壁有刘殷、丁兰、王祥、郭巨、王武子妻、韩伯瑜、田真、孟宗、曹娥、老莱子；西壁有舜子、刘明达、董永、鲍山、赵孝宗、杨昌（香）、元觉、姜师（诗）、鲁义姑、曾参。南壁门洞两侧各绘 1 株大树，旁绘 1 著甲持剑武士。武士外侧各绘二十四孝悌故事 2 幅。分别为蔡顺、闵子骞、目炎子、陆绩。

侯马牛村古城（64H4M101）董万墓为仿木结构砖筑类屋式墓，方形单室，八角叠涩攒尖顶。南向，北偏西 3°。由斜坡阶梯墓道、甬道、墓门和墓室组成。甬道进深 0.26 米、宽 0.54 米、高 1.48 米。墓门位于南壁偏东侧，上部雕仿木结构门，雕有柿蒂形铺首和门钉的板门贴砌于甬道两侧壁；门两侧各有一戴莲花冠抄手而立的侍者。墓室近方形，南北长 2.1 米、东西 1.96 米、高 3.05 米。墓室西侧砖砌须弥座棺床，高 0.37 米。棺床上有 2 具人骨，头北脚南，男东女西。男子头处有谷粒，女子头部有块青砖。原有带拦板的木床。随葬品仅见南壁灯檠上的 1 件黑釉碗。四壁上部有砖雕四铺作斗拱。北壁正中雕一合板门，上有 2 菱形门簪；板门微起，雕妇人启门形象。门两侧上方雕垂帘 1 卷和八角灯笼 1；下各设直足几 1，上置盆栽牡丹花。南壁门西侧上砌一扇破子棂窗，窗左雕一莲花灯檠，上置黑釉碗 1；下雕 1 桌 1 椅，均高直足。桌上雕 2 盖碗，桌下右雕 1 黑色酒坛，上扣红色盖碗。东壁檐帐下

〔1〕 山西省考古研究所晋东南工作站：《山西长子县石哲金代壁画墓》，《文物》1985 年第 6 期。
〔2〕 山西省考古研究所侯马工作站：《侯马 101 号金墓》，《文物季刊》1997 年第 3 期。
〔3〕 长治市博物馆：《山西长子县小关村金代纪年壁画墓》，《文物》2008 年第 10 期。
〔4〕 山西省考古研究所：《山西稷山金墓发掘简报》，《文物》1983 年第 1 期。
〔5〕 长治市博物馆：《山西长治市故漳金代纪年墓》，《考古》1984 年第 8 期。
〔6〕 任喜来、呼林贵：《陕西韩城金代僧群墓》，《文博》1988 年第 1 期。

雕四抹格子门一合，窗心合雕"大""吉"二字。门簪为菱形。西壁檐帐下雕两个格子门，障水板壶门内分别雕有水鸭戏莲和牡丹花。西壁仿木结构建筑上有墨书题记。

长子大定十四年小关墓是仿木结构砖筑类屋式墓，南向，334°。由墓道、墓门、甬道和单墓室组成，东、西和北壁正中均有壁龛。墓门居中，宽0.4米、高1.12米。门洞内有墨书题记"大定十四年三月初八日……"墓室平面为方形，高3.84米，有砖砌"凹"字形棺床。墓葬被盗掘，人骨和随葬品情况不详。阑额以上有影作仿木结构斗拱，墓顶下部为莲花牡丹花卉，券角绘有灵芝，仙鹤飞舞于彩云和花卉间。上部绘二十八星宿，东有金乌太阳，西有玉兔月亮，顶中心绘莲花藻井图。墓室四壁绘有孝子故事图和日常生活图。南壁门洞用青、白色绘回纹，左右两角绘仙鹤。其门洞两侧，各砌一扇破子棂窗（宽0.45米、高0.3米）。窗上下均有壁画。上层表现不同的送葬场景；下层日常生活图。东侧绘一木辕车和两只小狗；西侧绘一男子持盆准备喂食牛羊等场景。北壁上部绘通间边幕，幕下两边绘挂卷的帏幕。正中绘有门框，内为壁龛。门上绘莲荷及仙桃仙果。门两侧各有一砖雕破子棂窗。门和窗之间，东西两侧分别绘有墓主夫妇，相对而坐于椅上，脚下有矮榻，旁立侍从或侍女。墓主人夫妇身后各有一黑宽边插屏，屏上竖题诗文。男子为"青山只会磨今古，绿水何曾洗□□"；女主人为"青松映里□□□，柏树荫中花□□"。破子棂窗外侧，东侧绘2侍从，一人叉手而立，一人端一盘桃子；西侧绘2侍女，手捧盘碗等器具。窗下东西两侧分别绘1侍从或1侍女。东壁正中也有一门框，内有壁龛。门额上有4枚方体四瓣蒂形门簪。门两侧各有1砖雕破子棂窗。北侧破子棂窗两侧分别绘墓主人夫妇端坐图，女主人居北，梳髻，穿黄色开襟罗裙，手持念珠坐于椅上，脚下有长方形矮榻。身后黑色插屏上题，"春雨□□名利家，猛风吹破是非坟"。身旁有一桌，上置四格方盒。桌后立2侍女，一捧餐具，一怀抱幼儿。男主人居南，戴黑色幞头，穿白色圆领袍服，抄手端坐椅上，脚下有长方形矮榻。身后插屏题："雨后碧川净，春来杨柳青，谁家洗涤处，□到卖花□"。身旁桌上放一长方形盒，桌后立一捧物侍从。破子棂窗下绘有3人北行。前绘一孩童伸手做指路状，后跟1捧餐具侍女和1侍从。南侧破子棂窗两侧及窗下绘庖厨图。画面北侧绘有灶台、六层蒸笼、碗架和水缸。南侧绘一挑桶妇女和辘轳水井。井旁有一树。在门窗的上方，阑额下方绘有8幅带题记的孝子图（北至南）：丁兰、鲍山、郭巨、董永、曾叁、闵子骞、蔡顺、刘殷。西壁中部也是一门框，内有壁龛。门簪同东门。两侧有砖雕破子棂窗。门南侧破子棂窗两侧和下方，绘农作图。窗南边的一棵大树下拴一驴；窗北边绘1人坐于地上，面前有餐具，身后1人执团扇；窗下绘有石磨、石碌、耙等农具和一头牛。门北破子棂窗南侧绘有2侍从，手托茶具；窗北绘夫妇二人并坐椅子上；窗下绘有芭蕉。门窗之上，阑额下方绘8幅带题记的孝子图（南至北）：目炎子、王武子妻、舜子、韩伯瑜、曹娥、杨香、田真、王祥。

长治故漳金墓是仿木结构砖筑类屋式墓，南向，190°。由竖井墓道、墓门、甬道、单正室和两个耳室组成。墓门宽0.9米、高1.2米，上有迎风墙高4.5米。近方形墓室东西长2.75米、南北宽2.5米、高4.56米，攒尖叠涩顶。耳室呈长方形，长1.85米、宽0.9米、高1.98米。地面铺砖。墓室被盗扰，主室内发现3头骨。随葬品仅见黄绿釉瓷枕1、灰陶罐5、白釉碗1、黑釉碗1和89枚铜钱（北宋为主，南宋有绍兴元宝），以及棺钉6枚。墓室内有仿木结构四铺作和单抄单下昂五铺作。壁面以壁画为主。墓顶绘星象图。南壁门洞两侧各绘一持杖门侍。其余三面绘22幅二十四孝悌故事。北壁正中雕一门二窗，门为四抹格子门，门额有 4 枚 "×" 形门簪，门额上面有墨书题记。门两侧各有 1 破子棂窗。窗上下绘孝悌故事，有元角（觉）、田真、王武子妻、大舜、闵子骞、刘明达；东壁和西壁中间砌一门，通两侧的耳室。门两侧各有 1 破子棂窗。西耳室门上墨书题记 "大定二十九年三月二十八日用得此葬陈如日"。东壁绘有蔡顺、曹三（参）、老莱子、王祥、曹娥、姜师（诗）婆、赵孝宗、陆绩；西壁绘丁兰、董永、孟宗、"梦见父面"、杨香、韩伯俞、郭巨、鲍山。

陕西韩城安居寨僧侣墓是砖筑类屋式墓，正南向。由竖穴墓道、墓门、甬道和墓室组成。单墓室呈长方形，覆斗形顶。墓室南北长 2.94 米、东西宽 2.05 米、高 1.8 米。墓室内共有 5 副葬具，西侧 4 具陶棺，南侧 2 具呈东西向，北侧 2 具呈南北向；东侧有 1 具木棺。葬具均内有碎骨。在最南侧的 1 号棺南北两处，各有一堆骨灰。推测墓室内应为 7 个个体。陶棺顶或侧壁上有 "大定十八年" 等朱书题记，并题有大庆善寺僧人法号或姓名。墓室东北角出土 1 件白釉瓷枕，有 "大定十六年" 墨书题记。

3. 晚期墓葬（1189—1234 年）

纪年墓葬主要有和明昌四年（1193 年）陕西甘泉袁庄 M1[1]、明昌四年（1193 年）陕西千阳冉家沟赵海墓[2]、明昌四年（1193 年）襄汾侯村墓[3]、明昌六年（1195 年）长治安昌崔忠父母墓[4]、承安元年（1196 年）侯马董海墓[5]（64H4M102）、大安二年（1210 年）侯马董玘坚墓[6]、大安二年（1210 年）侯马晋光药厂墓 M1[7]（95H12M1）、大安四年（1212 年）侯马 M31[8]、明昌二年（1191 年）西安潘顺墓[9] 等。

甘泉袁庄 M1 为仿木结构砖筑类屋式墓，方形单室，叠涩攒尖顶。正南向。由竖井式墓道、墓门、甬道和墓室组成。甬道宽 0.5 米、高 1.13 米、进深 0.42 米。方形墓室东西长 2.17 米、南北 2.14 米，高 2.58 米。墓室东西两侧各有 1 砖砌须弥座棺床，分别宽 0.62 米和 0.71 米，高 0.35 米。地面铺砖。此墓被盗，残存 4 具人头骨和部分残骨，未发现葬具和随葬品。墓壁发现 13 处墨书题记，可知此墓是明昌四年（1193 年）朱俊及家人的合葬墓。墓室壁面阑额以上为仿木结构斗拱建筑；阑额以下的黄、黑彩砖框内绘有壁画。

东壁有 3 幅，中间为夫妇端坐图。画面正中绘一山水画屏风，前设黑色方桌，桌上置白碟盏，桌右有一留长须的老年男子坐于黄色鼓形墩上，头戴黑色无檐小圆帽，身穿方领小袖白色长袍，穿黑色软靴，双手拢袖中置于腹部，其头部上方有墨书 "朱俊" 2 字。老年男子身后立一留短髭的中年男子，服饰同老者，只是穿蓝袍，头部上方有墨书 "南朱牧"。方桌左侧有一老妇人坐于浅黄色鼓形墩上，头梳高髻，穿浅红色抹胸和蓝色长裙，

〔1〕 甘泉县博物馆王勇刚：《陕西甘泉金代壁画墓》，《文物》2009 年第 7 期。

〔2〕 宝鸡市考古队、千阳县文化馆：《陕西千阳发现金明昌四年雕砖画墓》，《文博》1994 年第 5 期。

〔3〕 丁村民俗博物馆李慧：《山西襄汾侯村金代纪年砖雕墓》，《文物》2008 年第 2 期。

〔4〕 长治市博物馆：《山西长治安昌金墓》，《文物》1990 年第 5 期。

〔5〕 山西省考古研究所侯马工作站：《侯马 102 号金墓》，《文物季刊》1997 年第 4 期。

〔6〕 山西省文管会侯马工作站：《侯马金代董氏墓介绍》，《文物》1959 年第 6 期。

〔7〕 山西省考古研究所侯马工作站：《侯马两座金代纪年墓发掘报告》，《文物季刊》1996 年第 3 期。

〔8〕 山西省文物管理委员会侯马工作站：《山西侯马金墓发掘简报》，《考古》1961 年第 12 期。

〔9〕 倪志俊、韩国河、程林泉：《西安市北郊金代墓葬发掘简报》，《考古与文物》1991 年第 6 期。

黑履，双手拢袖中置于腹部，头部上方墨书"少氏"2字。其身后立一青年妇人，高髻，朱唇，穿浅黄色对襟短襦，红衣襟露出抹胸，下穿蓝长裤，双手捧一盘置于胸前，头部上方墨书"高氏"。画面右上角有一竖行墨书题记"明昌四年十一月初一日工毕"。左右各有一幅孝悌故事图，左内容不详，右为曾参行孝。

北壁有3幅，中间绘有男女对坐，右侧绘王祥行孝，左侧内容不详。

西壁绘3幅，中间为夫妇端坐图，正中有一黑色高足方桌，上置碟、盏、碗等。右侧有一中年男子坐墩上，墨书题为"朱牧"；其身后立一青年男子，戴黑色无沿小帽，穿方领窄袖白地蓝花长袍，内露红衣领，穿黑软靴，双手拢袖中置于胸前。头部上方墨书"男喜郎"3字。桌左侧有2妇人坐于浅黄鼓形墩上，上首较年轻的少妇，高髻，朱唇，穿浅红色小袖背子，深红色衣襟，内露绛红抹胸和黄长裙，黑履，双手拢袖中置于胸前，头上方墨书"高氏"。下首处妇人高髻，朱唇，白地蓝色小袖背子，深红色衣襟，内露绛红色抹胸和白长裙，黑履，双手拢袖中置于胸前，头上方墨书"刘氏"。二妇人身后立一青年女子，高髻，朱唇，浅黄色对襟短襦，黄衣襟，露八色抹胸，穿红色长裙，腰系黑色飘带，双手拢袖中置于胸前，头上方墨书"郭氏"。画面右上角也有一竖行墨书"明昌四年十一月初一日工毕"。左侧为董永行孝图；右侧为孟宗行孝图。

南壁有2幅，门右侧为郭巨行孝图；左侧为闻雷泣墓。孝悌故事题材，与晋南地区略有不同。特别是东西壁的夫妇端坐图的人物题记，标明主人端坐后面的侍立者，是其子和子媳二人，具有重要的学术价值。这为我们认识开芳宴和夫妇端坐图中侍者的身份提供了一个全新的解读思路。

侯马董海家族合葬墓（64H4M102）为仿木结构砖筑类屋式墓，方形双室，八角叠涩攒尖顶。正南向。由墓道、甬道、墓门、前室和后室组成。墓门砌有门框，甬道内有可开合的板门。甬道进深0.96米、宽0.42米、高1.7米。两个正室都呈方形，边长均为2.3米、高3.92米。二室内均有砖砌"凹"字形须弥座棺床，高0.4米。前后墓室中共葬11人，骨架旁均有死者题记。前室7具骨架；后室葬4具骨架，为董海夫妇和长子董靖夫妇。唯有前室东侧骨架下原有木制葬具。前室南壁门上砌一方砖质地碣，上有阴刻文字；后室南壁门上有一方墨书砖质地券。二者均记载墓主人和丧葬纪年。可知此墓为明昌七年（1196年）迁葬的董海家族合葬墓。二墓室内均砌雕砖。前室南壁门洞两侧立颊各雕一花瓶，插有缠枝莲花环绕门洞；门额上砌砖地碣，两侧各砌1力士莲花灯台。门两侧各嵌1横幅牡丹和秋葵花；下部各雕1镇宅狮子，蹲坐在莲花台座上，足踏绣球，颈系铃铛。北壁门楼额板上墨书"庆阴堂"，门楼定型两角柱面有阴刻文字。门洞东西两侧各雕1孔雀牡丹图。东西两壁均是在帷幔下雕出6扇四抹格子门。西壁中间4扇障水板各雕一幅马球图，左起1、3匹马为红色，2、4匹马为黄色。最右骑手为髡发，余裹软巾。余者障水板均是壶门内雕牡丹或荷花。后室北壁倚柱内各雕一红色八角檐柱，隔为三间。明间宽大，上雕黄彩卷帘，悬挂红灯笼、双鱼和桃枝等；下雕墓主人端坐图。中间设一红长方形桌，上雕莲瓣形大碗、鱼柄汤匙，2托子上各置盖碗。桌下置2黑色酒坛，1倒置，1扣盖直立。桌两旁雕椅子和脚踏床。夫妇分坐东西椅上。二人身后各有1侍童或侍女。东西两次间仅各置2一扇格子门，障水板上雕人物故事图。右侧雕二人骑马交战场景，左者甲衣骑黑马双手持槊；右者甲衣铠马，右手持单鞭，左手抓住对方槊枪；左侧雕一骑白马将军，手持弓箭目视右方，似乎与右图相关。南壁正中门洞两侧立颊各雕一花瓶，插有缠枝莲和 2 童子嬉戏环绕门洞；门额上砌砖 1 地券，两侧各砌 1 力士莲花灯台，再外各砌 1 直棂窗。两窗下各雕一幅交战图，东侧雕 2 武将穿铠甲骑红马，一持大刀，一握长矛，交战状；西侧雕 2 穿铠甲武将各骑铠马激战状。左者持大刀，右者执双鞭。后室东壁雕 6 扇四抹格子门，东西两合格扇障水板雕荷花或芭蕉，有的枝头立黄雀；中间两扇障水板壶门内雕 1 披铠甲武士骑马。前者持枪回首做奔跑状，后者执双鞭做追击状。后室西壁雕人物出行图，老少 2 人骑马南行，前后各有 1 侍者。

侯马董玘坚墓为仿木结构砖筑类屋式墓，方形单室，八角藻井顶。南向。由墓道、墓门、甬道和墓室组成。墓门有门框，立颊上雕串枝莲；甬道内有两扇板门可开合。门上悬挂长方形匾额，上书买地券，有墨书题记。门左右六角形须弥座上各有 1 狮子；再外左右门廊内各置一方几，上置一盆莲花。甬道宽 0.43 米、进深 0.59 米。墓室南北 2.26 米、东西 2.08 米、高 4.2 米。北侧有砖棺床，高 0.55 米。棺床上有木质矮床（左右和后面有围栏），上置 2 仰身直肢尸骨，头东脚西。随葬品置于头部，有 2 白釉碗、1 印花白釉盘、1 印花青釉盘、1 白釉小碗、1 黑釉碟，以及竹筷子 1、木梳 1、木发簪 1、木橛 1。其中一个碗内还放有谷子。根据门额的买地券，得知这是大安二年（1210 年）董玘坚墓。墓室内是繁缛的仿木结构单抄单昂五铺作建筑和砖雕。北壁雕三间堂房。明间为中堂，中间设一大几，置一丛牡丹花，梁上悬贵子、绣球和双鱼。大几两侧的凳上，端坐墓主人夫妇，左男者戴巾长髯，长袍，手持念珠；右女者挽髻，着衣裙，左手捧经卷。东西次间各置一个大屏风，屏风外各有 1 侍童（叉手搭长巾）或 1 侍女（捧菱花铜镜）。东壁和西壁均为 6 扇四抹格子门。东壁中间 2 扇障水板内雕人物故事；西壁中间 2 扇障水板为小儿砌狮或虎相斗图，其余刻划将士战骑。四壁下部的须弥座也有小儿和花草装饰。八角形藻井墓顶雕有八仙人物和云鹤图像。北壁堂屋檐上，砌有一座舞台，台上有五个杂剧人物做表演状。

长治安昌崔忠父母墓为仿木结构砖筑类屋式墓，近方形单室带三个耳室，攒尖顶。墓向为 205°。由墓道、墓门、甬道、主室和 3 耳室组成。门洞宽 0.57 米、高 1.01 米。近方形主室较大，长 2.25 米、宽 2.1、高 4 米；三长方形耳室均长 1.76 米、宽 0.87 米、高 1.7 米，明显小于主室。墓被盗扰，主室内有部分尸骨。随葬品残存陶盖罐 1、铜簪 1、铁犁 1、铁镰 1、北宋铜钱 6 枚。墓壁以壁画为主，辅以砖雕。墓顶彩绘云鹤图。南壁正中为门楼式建筑，上有 4 枚柿蒂形门簪。门两侧上部各雕 1 破子棂窗，下面雕有 1 小门，内为壁龛（宽 0.26 米、进深 0.4 米、高 0.6 米）。北壁雕一大（中）二小门，与后耳室通，中门洞宽 0.59 米、高 0.8 米、进深 0.6 米，额上有 4 枚柿蒂形门簪。壁面彩绘 14 幅二十四孝悌故事，有曹娥、郭巨、赵孝宗、老莱子、孟宗、曾参、丁兰、舜子、韩伯俞、董永、鲍山、王武子妻、刘殷、姜师（诗）；东壁和西壁靠近墓门一侧和南壁甬道两侧各有 1 个壁龛（宽 0.27 米、进深 0.39 米、高 0.6 米）；东壁西壁的北侧各雕一破子棂窗。各彩绘 5 幅孝悌故事，东壁有杨香、鲁义姑、王祥、蔡顺、田真；西壁有刘明达、元角、陆绩、闵子骞、琰子。北壁有仿木结构五铺作斗拱建筑。南壁有墨书题记"时明昌六年二月十六日砌画工毕至十七日清明前日厚葬父母了当潞州潞城县安昌崔忠并男崔贤谨记"。

西安潘顺墓为土洞墓，梯形单室，墓向 178°。竖井墓道，土坯封门。梯形墓室位于北半部，墓室长 2.5 米、宽 1.15—1.35 米、高 1.4 米。有木棺葬具，仰身直肢葬，二人合葬，头向北。随葬品 11 件，分居尸骨的南北两侧。有泥质灰陶罐 3、泥质灰陶釜 5、铁猪1、铁牛1和一件方砖买地券。依据朱砂买地券可知：此墓是潘顺（死于明昌二年，1191年）和其妻李氏（死于明昌三年）的合葬墓。

4. 分期特征

从上述墓葬资料可知，此区墓葬类型主要都是长方形类屋式墓，也有土洞墓和土坑竖穴墓。晋南、晋东南和关中地区，墓葬类型和葬俗等也各有特色。

晋南地区，即侯马、临汾和运城地区。砖筑仿木结构类屋式墓占绝对优势，方形单室为主，偶见多室墓和八角形单室墓。还有土洞墓，如天马—曲村M6070[1]等。也见土坑竖穴墓，如侯马乔村M494[2]。砖雕墓为主，仅在闻喜发现个别壁画墓；墓室下部流行砖砌须弥座。流行"凹"字形棺床，少见棺椁等葬具，流行尸骨一次葬，也有二次葬，通常直接陈尸于棺床（有的铺有席类物）或木床葬具上。

早期墓葬沿袭北宋习俗。墓门多偏于东侧，墓室砖雕流行一桌二椅和版门，门簪多是菱形，也有长方形阴刻"米"字形花瓣。

中期形成时代特征。类屋式墓墓室壁面流行复杂繁缛的砖雕，开始出现雕刻杂剧舞台，有的在舞台上直接放置杂剧人物俑。仿木结构斗拱多做重拱，出现斜拱。墓门仍多偏于东侧，墓室砖雕流行二十四孝故事、一桌二椅和版门，出现妇人启门图，门簪仍是菱形。

晚期墓葬的墓门多居中，墓室砖雕流行墓主人夫妇端坐图、杂剧图和二十四孝人物故事。有分栏题写文字做装饰的形式。大安年间及以后，砖雕家具更美观，多带花牙的曲足大几。流行砖雕杂剧人物单体摆放于墓中戏台之上。仿木结构斗拱开始出现怪兽耍头和翼形拱。

晋东南地区，即长治和晋城地区，金墓主要是砖筑仿木结构类屋式墓，墓室平面多为方形，以多室墓和带多壁龛的单室墓为特色，流行多人合葬。墓内流行壁画，砖雕和壁画同饰一墓的情况，这与晋南金墓的壁饰风格不同。从早期到晚期墓葬形制变化不大，墓室壁饰都以一门二窗为基本构图，上下分层绘有二十四孝人物故事和日常生活的内容，其中墓主人夫妇端坐图和二十四孝人物故事图仍是最重要的壁画题材。门簪多为方体四瓣蒂形。

关中地区，即陕西和甘肃地区，墓葬形制和砖雕壁画风格与晋南地区大体相同，表现出较强的区域性特点。但是壁饰明显不如晋南和晋东南地区制作繁缛和精细，表现出辐射区域的特征。以甘泉袁庄金墓为代表，表明这一区域也有着鲜明的地方特色。

（二）中原地区（即河北中南部、山东和河南大部地区，山西中部的太原盆地可归入此区）

开封和洛阳是北宋的两京地区，是当时的政治经济文化中心。这里是墓葬壁饰（壁画和砖雕、画像石均见）较为流行的区域。金代承袭了北宋的文化传统。而晋中、河北和山东原是北宋和辽朝接境的地区，壁饰风格受到两京地区的影响。我们遴选一些纪年墓，结合一些重要的无纪年墓，对本小区的墓葬按分期进行简单的梳理。

---

〔1〕　北京大学考古学系商周组、山西省考古研究所编著：《天马—曲村（1980—1989）》，科学出版社2000年版。

〔2〕　山西省考古研究所：《侯马乔村墓地（1959—1996）》，科学出版社2004年版，第967—983页。

1. 早期墓葬（1127—1153 年）

纪年墓葬主要有天德二年（1150 年）河南孟津麻屯钱择墓[1]。

孟津麻屯钱择墓（C8M1159）为土洞墓，墓向为192°。由斜坡墓道、甬道和墓室组成。墓道长 12 米、宽 1.1 米，北端有天井，长 1.5 米、宽 1 米。过洞式甬道进深 1.6 米、宽 0.9—1.6 米、高 1.72 米。不见封门砖。长方形墓室长 2.9 米、宽 1.9 米、高 2 米，穹窿顶。墓底铺长方形砖。曾被盗掘，尸骨不存。随葬品残存 8 件。白釉瓶 3 位于西壁下；陶质方形买地券位于东壁中。墓室四角各放 1 鹅卵石。买地券为阴刻朱书，有"大金天德二年岁次庚午四月丁未朔二十四日庚午奉为殁故钱择等诸灵大葬立券"等题记。

2. 中期墓葬（1153—1189 年）

中期墓葬主要有正隆四年（1159 年）山西离石马茂庄王宣墓[2]、大定七年（1167 年）三门峡崤山西路僧人墓（M1）[3]、大定十五年（1175 年）太原义井墓[4]、大定二十九年（1189 年）焦作电厂金墓[5]、大定二十九年（1189 年）陕西甘泉袁庄 M3 和 M4[6]等。

离石马茂庄王宣墓是一座土洞墓，梯形墓室，南向，195°。竖穴式墓道偏于东侧，长梯形墓室，南北长 2.94 米、东西宽北侧 0.96 米、南侧 1.34 米；墓顶呈斜坡状，南侧高 1.8 米、北侧高 1.52 米。随葬品共 29 件。泥质灰陶彩绘魂塔 1（6 件罐、钵等搭套），黑釉梅瓶（玉壶春瓶？）1，白釉瓷碗 13，小陶罐 11，铁牛 1，缠枝牡丹纹铜镜 1，墓记砖 1。墓记砖为阴刻朱书，砖券额篆书"王君墓记"，上记载墓主人为王宣，下葬于正隆四年十月。

三门峡崤山西路僧人墓（M1）为仿木结构砖筑类屋式墓，八角形单室，叠涩藻井顶。墓向为 187°。由斜坡墓道、墓门、甬道、壁龛和墓室组成。阶梯墓道长 4.65 米，简单仿木结构墓门有 2 菱形门簪，开启的板门位于甬道两侧。甬道进深 0.68 米、宽 0.62 米、高 1.07 米。八角形墓室宽 2.39 米，内有"凹"形砖棺床，高 0.3 米。前部有砖供台，长 1.2 米、宽 0.48 米，高出棺床 0.32 米。供台正面题有"大定七年七月二十九日匠人刘一郎"。供台后棺床上有一仰身直肢葬尸骨，没发现葬具，头下有 1 瓷枕，东北脚处有一白釉瓶。棺床上七面墓壁各设一砖龛，宽 0.45 米、高 0.56 米，内宽 0.65 米、进深 0.53 米、高 0.76 米。壁除东南壁龛外，余六龛内均有一或两个盛人骨烧块的陶盒（罐）。壁龛上方刻 14 个僧人法号，以北壁正中"第一通师父"为序，向西依次为"嵩叔父、秀叔父""德慧""喜师""善宝、善□""师孙、祖照"等；向东为"兴大师""副正""善行""善玉、善录"。墓室内白灰壁面施红、绿、黑三彩，主要是荷花、缠枝牡丹、菊花等，绘于内门、斗拱和壁龛周围。正北"第一通师父"下壁龛门额上有菱形门簪。两侧门框上，彩绘男左女右二侍者，抄手而立。

太原义井墓是一座仿木结构砖筑类屋式墓，八角形单室，叠涩攒尖顶。墓向朝南略偏东。由竖穴墓道、墓门、短甬道和单墓室组成。墓室南北长 2.78 米、东西宽 2.16 米、高

〔1〕 洛阳市文物工作队：《洛阳孟津县麻屯金墓发掘简报》，《华夏考古》1996 年第 1 期。

〔2〕 商彤流、王金元：《离石马茂庄发现一座金墓》，《文物季刊》1994 年第 1 期。

〔3〕 三门峡市文物工作队：《三门峡市崤山西路发现三座古墓》，《华夏考古》1993 年第 4 期。

〔4〕 代尊德：《山西太原郊区宋、金、元代砖墓》，《考古》1965 年第 1 期。

〔5〕 焦作市文物工作队：《焦作电厂金墓发掘简报》，《中原文物》1990 年第 4 期。

〔6〕 王勇刚：《陕西甘泉金代壁画墓》，《文物》2009 年第 7 期。

3.23 米。砖铺地，不见棺床。墓室内有简单的仿木结构斗拱和壁画。北壁砖砌假门，门额上饰 3 枚长方形锯齿状门簪；假门左右各绘 1 人物，仅约 30 厘米高。东北壁和西北壁砖雕破子棂窗；东壁墨绘 2 妇人；西壁绘 1 男子牵马图；西南壁绘一文吏，戴展脚幞头，执笏；东南壁砌一灯檠。墓门甬道东壁有墨书题记 1 行，文为"大定十五年润九月十二日□平记耳"。

焦作电厂金墓是仿木结构砖筑类屋式墓，八角形单室，穹窿顶。墓向为南偏东 3°。由斜坡阶梯墓道、墓门、甬道和墓室组成。墓门宽 0.96 米、高 1.58 米。4 门簪，中间 2 枚为菱形，外侧 2 枚为正方形。甬道进深 1 米。东壁有朱砂题记"大定二十九年正月"。墓室呈不规整八角形，长宽均 2.88 米、高 3.45 米，地面铺砖。墓室内被盗扰，尸骨不详。残存随葬品白釉碗 1、酱褐色釉碗 1、绞胎黄褐色釉罐 1、残瓷瓶和盘等，以及天禧通宝铜钱 1 等。墓室有彩绘和雕砖。墓顶彩绘云鹤图。东南壁和西南壁均雕涂红直棂窗；西壁在红门框内，雕 6 扇四抹格子门，中间右侧门半开，有一长裙侍女立于门前。东壁已残，似雕 6 扇格子门。东北壁和西北壁均浮雕高直足方桌，上置瓶插花卉。北壁在红色长方形框内镶嵌 3 块正方形孝悌故事雕砖，即左为刘殷哭芹、中为郭巨埋儿、右为鲍山背母。

甘泉袁庄张忠墓（M3）为砖筑类屋式墓，方形单室，南向。墓室绘壁画 11 幅。东西壁中部均绘墓主人夫妇端坐图，并墨书题名"张忠"。两侧有孝悌故事图或山石花鸟图。北部中间为孝悌故事图，两侧为山水或树木图。甘泉袁庄 M4 形制结构同 M3。壁画内容有很大不同，人物以女性为主。有抚琴图、弈棋图、赏画图、诵书图等。

3. 晚期墓葬（1189—1234 年）

晚期墓葬主要有明昌三年（1192 年）济南商阜三十五中学李公墓（M1）[1]、明昌四年陕西甘泉朱俊墓[2]、明昌六年山西汾阳王立墓[3]、承安二年（1197 年）高唐虞寅墓[4]、承安三年山西孝义下吐京墓[5]、承安四年滕县苏瑀墓[6]、承安四年焦作邹王复墓[7]、泰和元年（1201 年）济南大官庄 M1[8]、泰和四年荥阳插阎村杨氏墓[9]等。

济南商阜三十五中学李公墓（M1）是仿木结构砖筑类屋式墓，六角形单室墓，南向。墓室壁面宽 1.93—2.1 米，顶残。近门内侧有 0.5 米的地面，其北为"凹"字砖棺床。棺床上有 2 具骨架。一具完整，一具零乱。随葬品残存白釉瓷碗 1，铜钱 51 枚，多为北宋钱，还有 2 枚开元通宝，一枚南宋"绍兴"年号钱。墓室南壁西侧墨书题记"大金明昌岁次壬子八月辛丑朔庚申日葬赞皇郡李公之墓"。壁面有简单的砖雕和壁画。北壁正中为 4 扇隔扇；东北壁雕一桌二椅，右椅后绘一男子，执一扇，面北而立；左椅后绘一女子，穿束腰长裙，手持杆（?），面南而立。东南壁雕一灯台架；西南壁中央雕一小桌，桌上置食

〔1〕 济南市博物馆：《济南市区发现金墓》，《考古》1979 年第 6 期。
〔2〕 王勇刚：《陕西甘泉金代壁画墓》，《文物》2009 年第 7 期。
〔3〕 山西省考古研究所、汾阳市文物旅游局：《2008 年山西汾阳东龙观宋金墓地发掘简报》，《文物》2010 年第 2 期。
〔4〕 聊城地区博物馆：《山东高唐金代虞寅墓发掘简报》，《文物》1982 年第 1 期。
〔5〕 山西省文物管理委员会、山西省考古研究所：《山西孝义下吐京和梁家庄金、元墓发掘简报》，《考古》1957 年第 7 期。
〔6〕 滕县博物馆：《山东滕县金苏瑀墓》，《考古》1984 年第 4 期。
〔7〕 杨宝顺：《焦作金墓发掘简报》，《中原文物》1979 年第 1 期。
〔8〕 济南市博物馆、济南市考古所：《济南市宋金砖雕壁画墓》，《文物》2008 年第 8 期。
〔9〕 河南省文物考古研究所、荥阳市文物保管所：《河南荥阳金墓发掘简报》，《华夏考古》1997 年第 3 期。

盒和碗等。桌左雕一小茶几，上放香炉（？）；桌右绘一女子，穿长裙，双手捧食物，面向南。

甘泉朱俊墓为砖筑类屋式墓，南向，方形单室，叠涩覆斗顶。由墓道、墓门、甬道和墓室组成。墓室东西两侧各有一砖棺床，残存 4 具头骨。葬具和随葬品被盗掘。墓室内有仿木结构砖雕和壁画。有 11 幅壁画，对称分布。东壁和西壁中间为墓主人夫妇端坐图，人物旁墨书题记人名，较为少见。左右两侧均有孝悌故事图，有墨书纪年题记。

山西汾阳王立墓（08FXM5）为仿木结构砖筑类屋式墓，八角形单室，穿窿顶，南向。由墓道、墓门、甬道和墓室组成。仿木结构砖雕门楼的门额上方，有"王立之墓"匾额。八角形墓室边长 2.8 米、高 5.24 米。棺床上原有葬具和人骨。墓室棺床后壁置一方砖买地券。甬道两侧和墓室壁面有砖雕和彩绘壁画，自题"香积厨""茶酒位"等。随葬有灰陶 7（小盖罐 2、钵 2、大罐 1、魂瓶 1 和澄泥砚 1），瓷器（碗、盘、盏、八角方枕）、铁牛和砖买地券 2。较为特殊的是，在墓道内有一个小坑，内置一大陶罐，罐内有泥钱、墨块、澄泥砚等，口盖一买地券和地心砖。

山东高唐虞寅墓为仿木结构砖筑类屋式墓，圆形单室，顶残。南向，北偏东 9°。由墓道、墓门、甬道和墓室组成。墓室直径为 5 米、残高 1.29 米。墓室偏后发现木棺和 1 男 3 女骨架。随葬品有 5 件，均在近墓门处，有白釉大碗 1、开片瓷盘 1、白釉瓷盘 3。此外，在墓门右侧，叠放 1 合碑形墓志。上盖用篆字题"金故信武将军骑都尉致仕虞公墓志铭"；下面墓志记载墓主人虞寅生平事迹和生卒年月。墓主虞寅卒于承安二年（1197 年），享年 83 岁。墓室壁画以立柱为界，分为 6 组绘出行图和生活起居图。北侧绘有一门楼建筑，下有半开乳丁纹版门，两侧各有 1 侍从，东侧还有 2 侍女持物而立；东南和西南两壁均以钱纹花窗为中心，分别绘有厅堂侍奉图和居室侍寝图；东南壁和西南壁分别绘有鞍马出行图和驾车出行图；南壁和甬道内壁壁画残。

孝义下吐京墓为仿木结构砖筑类屋式墓，八角形单室，叠涩圆顶。墓向为 357°。由墓道、墓门、甬道和墓室组成。墓门宽 0.88 米、高 1.58 米，甬道进深 1.12 米。墓室宽 2.66 米、高约 3.7 米。墓室地面铺砖，陈置人骨架 1 具。随葬品有菱形铜镜 1、铁牛 1、铁环 1、铁灯碗 1、残陶罐 1、黑釉瓷碗 1。墓壁阑额以上为仿木结构斗拱，以下为砖雕。北壁砖雕房屋建筑一间。两边为菱花形窗的版门，中间为敞开的两扇门。门额以上有红底团花，门额下垂帘。门内雕有墓主人夫妇和侍女。左男有须，黑幞头，穿黄袍，束腰，穿黑靴，袖手坐于椅上，脚下有矮榻。中间有桌，带红色桌帏，一妇女坐于桌后，梳髻，插双笄，戴红巾，穿黄袍，袖手。其右侧立一侍女，梳髻，黄色长袍，双手捧杯。东北壁是在一门下雕 2 侍女带 1 幼童。左侧 1 侍女双手执瓶，侧头似与身旁幼童说话；右侧侍女双手捧一盘食物。西北壁是在一门内雕男主人端坐桌后，做举杯欲饮状；左前侧立一侍女双手捧盒。东壁雕 4 扇版门，上悬垂帘。两侧版门窗眼为连锁钱纹，中间为"玉"字纹，障水板均为花卉。中间二门半开，有 1 妇女半露身于外，右手牵一幼童，做出门状。幼童右手执 1 鞭子。西壁雕主人居室。两侧为钱纹窗眼的版门，中间二门打开，雕花门内为居室。居室内横置一床，床前立 2 侍女，左者半露，右者右手执笤帚。东南壁雕为一打开的直棂窗，窗内有一男子伏在桌前做写字状。西南壁雕居室内梳妆图，即在雕花门内表现居室，居室内横置一床，一女子坐在床中央，右手执镜，左手梳头；其腿旁有一只黑猫，身后为带有衣服的衣架。门口立二侍女，一执团扇，一持圆镜。南壁墓门右侧上部雕砌一灯台，近弓券处墨绘1小人，在人和灯台间墨书"承安三年二月十五日汾州在城，抟匠史贵"。下部也绘1男侍。门左侧上部墨书"汾州北郭汾倪镇"，下部浮雕1卧犬。甬洞两侧壁分别绘1老者。西壁为老者双手扶弓坐在床上；东北残，大体同西壁。

滕县苏瑀墓为石筑类椁式墓，长方形单椁室。墓向170°。土圹长2.8米、宽1.5米、深1.22米。石椁室长2.2米、宽0.97米，三块石板封顶。此墓再利用了汉墓石材。椁内有木棺，尸骨一具，头骨保存较好，为年龄约35—45岁的男性。随葬品位于头部或胸部，有铜镜2、木梳1、骨笄1、残纸卷1、铁棺环1，铜钱41枚。还有一方墓铭石（原报告称"纪名石"，位于死者头部左上方）。加工粗糙，篆书26字："苏瑀之虚。大金承安四年岁次己未十月有八日故，男进副苏敬记"。

焦作邹王复墓为石筑类屋式墓，八角形单室，顶残。南向。由墓道、墓门和墓室组成。墓门宽1.05米、高1.32米。八角形墓室东西长3.1米、南北宽3.06米。墓室四壁和四隅均有仿木结构四铺作斗拱，下部为石砌束腰须弥座。墓室被盗扰，仅存部分骨骼，不见随葬品。此墓出土画像石23块。墓室西壁刻有散乐图，宽1.11米、高0.56米。线刻11人。中间2人形体矮小，做舞蹈状；余者为司乐。舞者右侧4人，前2人击腰鼓，后2人吹觱篥；舞者左侧5人，前4人中1执拍板，1吹觱篥和2击手鼓，后1人打鼓。墓室北壁线刻祭祀图，宽1.38米、高0.59米。正中刻"大金六月二十有三日天水郡秦氏谨修石墓一口葬故夫范阳郡邹王复功毕"题铭。两侧各有一幅同样的桌椅祭祀图，即刻一方桌，上置各种果肴食品，桌后置1椅子，左右有侍女和童仆各1。此外还有温酒图、侍奉图和孝悌故事图（均有题记：曹娥、丁兰、杨香、田真、蔡顺、董永、郭巨、元觉、王祥、孟宗、闵子骞）。

济南大官庄M1是仿木结构砖筑类屋式墓，圆形单室，莲花藻井穹窿顶。墓向为193°。由斜坡墓道、墓门、甬道和单墓室组成。仿木结构单檐楼阁式门楼高3.15米、宽2.06米，券顶门洞。门额上有2枚菱花形门簪。甬道宽0.95米、进深0.83米、高1.64米。圆形墓室直径约2.8米、高3.04米。"凹"字形砖棺床。棺床上原有木棺，2具仰身直肢葬，头东脚西。随葬品有青白釉大碗2、白釉小碗2、嘉祐通宝铜钱2枚。墓室壁饰以壁画为主，辅以砖雕。墓壁由6根雕花立柱，将墓室分为7部分。北壁正中砌一仿木结构二层楼阁建筑，面阔三间。台阶之上分上下两层。上层明间绘双扇版门，上绘衔环铺首和乳丁。东扇门半启，一妇人做欲出状；两次间绘隔扇，下部勾出边框和壸门，上部似为卷帘；下层明间和次间均各绘一戏耍的髡发儿童。其东壁和西壁各有两间居室建筑。东北间砖雕主体为一桌二椅，其后有悬幔，两侧有字画条幅。朱彩桌上有餐具，椅子上均有长椅披。彩绘男主人抄手坐在南侧椅上，穿圆领白色长袍，脚下有矮榻；东南间砖雕彩绘1个灯擎，后侧墨线绘有3侍女，北侧2人均双手托盘，南侧1人左臂前指，右手提壶。西北间砖雕两扇版门，有门额和立颊。门额上有2枚八边形门簪，内绘"十"字纹，涂黄彩。版门障水板上绘壸门。门两侧绘湖石翠竹、芭蕉等花卉。西南间南侧绘一红色方桌，上置带托的注子1、盏托1和一套侧置小碗（原报告称食品）；桌后立有一个挂有长巾的衣架。桌北侧立1女2男，男子有八字髭。靠桌者为一抄手而立的女侍；北侧男子双手托盘，面朝南，中间男子右手抱牛腿瓶，左手北指，似做吩咐状。南壁门洞两侧，各砖雕1个方亭，亭南各1男仆。东侧方亭内似放有发光的金银珠宝。亭南的男仆穿竖领长袍双手托盘，盘内有散光的珠宝。亭北侧墨书"西□三郡□宅大出□"。西侧方亭内绘一个龟跌圭形碑，上书"大吉"二字。亭南绘一男仆，留须，立领蓝衫，浅裤。双手持扫帚做打扫状。甬道东壁绘驾车出行图。绘有一匹驴驾一辆篷车，驴头有一车夫，左手抓缰绳，右手执鞭。车尾跟一男侍和一条黑犬。西壁绘牵马出行图。绘有一马夫左手抓缰绳，右手持鞭，牵一匹鞍鞯齐备的骏马做出行状。甬道拱券上墨书题记7行："泰和元年/九月十三日/葬毕祖田/政男三人□/南名淙□次男……"

荥阳插阅村杨氏□墓为砖筑类屋式墓，八角形单室，圆券顶。正南向。由斜坡阶梯墓道、墓门、甬道和墓室组成。甬道长0.62米、宽0.7米、高1.06米。用砖封堵墓门。八角形墓室边长约1米，高3米左右。7边墓壁浮雕一奔鹿和一走狮。墓室北半部有一块青石板棺床，上置1东西向石棺，长1.65米、宽0.6—0.7米、内最深0.33米。棺上有线刻或浮雕。北壁题铭"泰和四年岁次甲子丁卯月庚申日葬　杨进杨林杨清"。棺盖阴刻花草纹，前头中央为一丛牡丹花，两侧各有1对相向的奔鹿。前挡浅浮雕一座带屋檐顶的大门，两扇门间立一侍女做启门状；棺两侧挡各有4幅线刻孝子故事图。南侧为董永、大舜、杨香、王祥；北侧为蔡顺、孟宗、丁兰（？）、田真。

4. 分期特征

从上述墓葬资料可知，本区的墓葬形制以多角形类屋式墓为特色，还有一定的圆形类屋式墓和长方形类屋式墓。这与晋南及其以西地区的长方形墓有所不同，反映了文化传承的差异，有着明显的区域特点。此外，还有一些土洞墓和土坑竖穴墓，仅见一例类椁式墓。壁饰以壁画为主，辅以砖雕。中原地区壁饰流行，而在北部和东部，壁饰略显简单。

河南地区金墓主要是砖筑仿木结构类屋式墓，单室为主。墓室平面多是八角形（偶见六角形），也有方形者。墓内常见较为壁画和简单的砖雕，前者略多，也见画像石墓（焦作邹王复墓）。还有土洞墓（孟津麻屯钱择墓[1]）和土坑竖穴墓（新乡市南干桥东M1、M2为代表[2]）。有些墓使用木质、石质或陶质葬具，有的尸骨直接放在棺床上。尸骨一次葬居多，也有二次多人合葬，还有火葬现象。随葬品较少。

早期墓葬沿袭北宋风格。麻屯钱择墓墓室四角有置1鹅卵石的现象，并置砖买地券，随葬白釉鸡腿瓶。

中期墓葬出现金代特点。壁画墓和砖雕墓均见，出现高浮雕。门簪呈菱形或四瓣蒂形，有少量随葬品，以瓷器为多。

晚期墓葬不仅有壁画墓和砖雕墓，还有画像石墓。二十四孝故事和日常生活场景是常见题材。仿木砖雕有简化的现象。

山东地区和河北地区的金墓多见圆形类屋式墓，多角形和方形类屋式墓也较多，壁画多于雕砖。滕县苏琚墓是本区仅见的类椁式墓，较为特殊。山东沂水教师进修学校墓[3]是土坑竖穴墓的代表。砖雕一桌二椅和灯檠是常见的题材，山东地区不见杂剧人物砖雕的内容，而河北中南部仍见，如井陉柿庄四号墓[4]。壁画通常表现日常生活场景。多为夫妇合葬墓，尸骨直接置于棺床之上，有一次葬，也有二次葬。随葬品较少。

---

〔1〕　洛阳市文物工作队：《洛阳孟津县麻屯金墓发掘简报》，《华夏考古》1996年第1期。
〔2〕　张新斌：《河南新乡市宋金墓》，《考古》1996年第1期。
〔3〕　孔繁刚、宋贵宝、秦搏：《山东沂水县金代墓葬》，载《考古学集刊》第11辑，1997年。
〔4〕　河北省文化局文物工作队：《河北井陉县柿庄宋墓发掘报告》，《考古学报》1962年第2期。

　　晋中盆地以多角形类屋式墓为主，还有土洞墓。壁画和砖雕均见。壁饰流行妇人启门和夫妇端坐图。有的墓有木质葬具，有的尸骨直接置于棺床上。随葬品中有放置铁牛、铁猪现象，与当地文化传统有关。与其他地区略显不同。

第六节　埋葬制度和丧葬习俗

　　金朝虽是女真人建立的王朝，但是其政权的汉化程度很高。政治上，从熙宗时期的汉制改革，到海陵王迁都到金中都，标志着金政权从金初期的二元政治，已经实现了以汉文化为主导的政治一体化。文化思想方面，金熙宗以后的皇帝都崇尚汉文化。迁都中都以后，女真人汉化倾向越来越突出。女真人改汉姓，穿汉服的现象越来越普遍，朝廷屡禁不止。金政权以儒学为统治思想，兼收佛教和道教文化。与宋朝一样，民间也出现儒、佛、道三教合流的情况。金朝杂剧和戏曲得到很大发展。金朝院本为元曲的繁荣奠定了基础。这些因素对金代埋葬制度和丧葬习俗也产生一定影响。

　　金代的埋葬制度和丧葬习俗在古代文献中有所记载，为我们进行考古研究提供了线索和参考依据。同时由于文献记载简约，考古学资料又弥补了其不足。结合文献和考古学资料，这里择要梳理一些金代埋葬制度和丧葬习俗。

一　墓地和墓仪制度

　　金代墓地讲究风水。墓地多选择在风景秀丽的阴宅家地，家族成员合葬在同一墓地。墓向以南北向居多，也有东西向的。女真贵族墓地多选择在山区，如完颜希尹家族墓地。目前发现的汉人墓地多在低缓的平地上，如山西稷山马村段氏家族墓地、侯马牛村古城董氏家族墓地。金朝曾多次重刻《地理新书》[1]，是朝野流行堪舆术的真实写照。

　　金代女真墓葬较流行墓上封土。在金源地区发现的女真墓多有封树。还有几个墓同在一个封土堆下的情况，如黑龙江绥滨中兴古城的三、四、五号墓同为一个封土堆，六、七、八号墓同为一个封土堆，应该属于同坟异穴合葬墓。

　　金代女真贵族墓地流行墓仪制度，在陵墓或墓地前通常树立石刻的神道碑、经幢，以及成组的羊、虎、翁仲等石像生。大墓前树立的神道石碑，有圆首长方形和圭首长方形等形制。这种葬制显然是承继唐和北宋汉人传统。吉林舒兰完颜希尹家族墓地五个区都有墓仪。在完颜希尹墓前（向南）20米有一方形台地，立有著名的完颜公神道碑，由南向北依次有成对的石虎、石羊和石翁仲。就目前考古发现看，金代的墓仪制度要比辽代盛行得多。

　　金代的墓仪制度目前主要发现在原辽国统治的地区，而在原北宋的辖区则很少见到。

---

〔1〕　王洙等《地理新书》是北宋仁宗时奉敕编撰，是当时的地理官书。金代刻书中心平阳曾屡次增补重刻，元代又据金明昌间张谦刻本复刻，元以后无刻本，逐渐不传。按此书金、元间屡经重刻，可以说明它在当时的流行情况和影响。转引自宿白《白沙宋墓》，文物出版社1957年版。

河南省鹿邑涡河船闸墓地[1]前发现有石像生，有神道碑 1、石虎、石羊、石人各 2。这是黄河中下游地区十分罕见的墓仪现象。

金代使用墓志多是汉人，包括降金的契丹贵族萧孝恭等。女真贵族早期不见使用墓志的情况，中期以后所见用志的女真贵族增多，无品官的平民女真人不见使用墓志的现象。从考古发现看，墓志的大小与墓主人身份等级有一定对应关系，似乎有一定规制[2]。汉人除了品官外，个别富人和道士僧侣也有用墓志的现象[3]。但是更多平民百姓不用墓志，多代之以买地券，以及墨书或朱书题记。总的说来，金朝使用墓志者，基本还是品官和贵族阶层，用志制度较北宋略显严格。

二　墓葬形制和殓葬方式

金代墓葬有两大类：女真人流行类椁式墓和土坑石函墓，墓室内罕见壁饰。汉代等非女真族人流行类屋式墓，以砖雕和壁画为特色，承袭北宋和辽朝的传统。

金代墓葬的尸骨一次葬和二次葬都较常见，也见火葬，似乎没有明显民族差异和时代变化。从考古资料看，早期女真人的尸骨殓葬要多些，中期以后，随着佛教的盛行，火葬一度占据了重要地位。对于汉人而言，尸骨一次葬和二次葬常混见一个墓葬中，构成家族合葬墓；至于使用尸骨葬还是火葬，似乎只是其习惯或信仰上的差异。

金墓葬具形式多样，仅个别下层贫民不用葬具。女真人通常在尸床上放置石棺、木棺、瓮棺，以及独具特色的石函。女真贵族采用特有的石椁、石函作为葬具，民族丧葬特色鲜明，为宋墓所不见。汉人墓的墓内有些设木棺，也有石棺、石函和陶棺等；还有很多将尸骨直接置于棺床上的现象。金墓尸骨一次葬的葬式通常是仰身直肢，头东脚西，也有头西脚东、头北脚南者。

金代的火葬墓多有葬具。其一是石棺或石函，有的在其中再置骨灰木匣，如北京通县三间房墓；其二为木棺墓，有的是将骨灰放在木棺内，如北京乌古论窝论墓；有的将骨灰置于木棺内一起焚烧，再行掩埋，这是一种较为特殊的葬法，如绥滨中兴古城金墓群。其三是瓮棺，如梨树县偏脸古城金墓。金代火葬墓以单人葬为主，也有夫妇合葬，如铁岭前下塔子金墓和朝阳马令墓；还有家族丛葬墓，如梨树县偏脸古城 1 号墓，放置了 14 个骨灰罐，有 8 个盛骨灰，4 个盛尸骨，2 个骨灰和尸骨都有。山西朔县北旺庄 M105[4]在八个壁龛中放了 8 个骨灰罐。石函做葬具的习俗，是金代葬俗的特色之一。

三　随葬遗物

金代墓葬总体而言，讲究薄葬，特别是原北宋辖区的汉人仿木结构雕砖墓，发现随葬品很少。相对而言，在金源地区的墓葬，特别是有些女真贵族墓，随葬品仍然丰富，如阿城齐国王墓等。依据文献记载，金代贫富界限森严，《金史·舆服志上》载："王公以下车制。一品，辕用银螭头，凉棚杆子、月板并许以银装饰。三品以上，螭头不得施银，凉

〔1〕　河南省文物考古研究所：《河南鹿邑涡河船闸金墓发掘简报》，《华夏考古》1994 年第 2 期。
〔2〕　吴敬：《金代女真贵族墓汉化的再探索》，《考古》2012 年第 10 期。
〔3〕　秦大树：《金墓概述》，《辽海文物学刊》1988 年第 2 期。
〔4〕　宁立新：《山西朔县金代火葬墓》，《文物》1987 年第 6 期。

棚杆子、月板亦听用银为饰。五品以上，辕狮头。六品以下，辕云头。庶人坐车平头，只用一色黑油。亲王鞍，涂金银裹，仍以开花。障泥用紫罗，饰以锦。鞘以涂金银装，束用丝结。皇家小功以上、太皇太后皇太后大功以上、皇后期亲以上、并一品官、及官职俱至三品以上者，障泥许用金花。"

女真人"富者以珠玉为饰，衣黑裘、细布、貂鼠、青鼠、狐貉之衣，贫者衣牛、马、猪、羊、猫、犬、鱼、蛇之皮……死者埋之而无棺椁，贵者生焚所宠奴婢、所乘鞍马以殉之。"[1]在东北地区，最具民族特色的随葬品为玉质或水晶的"嘎拉哈"（羊距骨）和桦树皮桶。

关于金代葬服，文献记载不多，考古资料也很稀少。黑龙江阿城齐国王墓出土了一批精美的丝织品服饰，填补了中国金代服饰研究的空白。齐国王墓石椁内放置长方形木棺，棺盖上放有团龙卷草纹织金丝织品，棺盖中央放1件有铭银牌"太尉开府仪同三司事齐国王"。木棺内四壁上悬挂鸳鸯纹织金绸帷幔。木棺内葬夫妇2人，男左女右，仰身直肢，头西脚东。服饰尚存。其中男性有8层17件，女性有9层16件，计有袍、衫、裙、裤、腰带、冠帽和鞋袜等。此外，男性腰佩玉柄短刀，身旁置竹杖1根，双手各执金锭1块；女性头裹多层丝织品和丝锦，颈戴金丝玛瑙管项饰，腰际有配饰。2人头后发现1块木牌，上有墨书"太尉仪同三司事齐国王"10字。此外，大同阎德源墓的砖砌单室墓内有双重棺，棺内有一老年男性，头垫汉白玉石枕，面覆罗纱一块，上面画有道符，身穿黄罗交领道袍，外包鹤氅，腰系丝带，里面穿丝织锦、夹、单衣十余件，脚穿布袜和丝绣凤纹云头海桃口鞋，尸体上盖棉被，下置棉褥，褥下铺凉席。

四　丧葬祭祀等葬仪

金代贵族有杀牲以殉的习俗。史载"死者埋之而无棺椁，贵者生焚所宠奴婢、所乘鞍马以殉之。"[2]在一些墓葬中没有发现马骨架，但有马镫等器具，应是代用品。这可能是借鉴辽代经验，金政府于金天辅二年（1118年）就明令禁止以马殉葬。

金代仍有抛盏和烧饭葬俗，是沿袭北方诸民族的固有习俗。《大金国志》卷之九《熙宗孝成皇帝一》记载："……太宗崩，传位于亶，犹称天会十三年。天会十三年春，诸郡立太宗之灵，抛盏烧饭，吏民挂服，及禁音乐，一月而罢。国主上谥于大行。"

金代的抛盏应该与辽代大同小异。关于"烧饭"，文献有所记载。"尝见女真人初亡之时，其亲戚、部曲、奴婢设牲牢、酒馔以为奠祭，名曰烧饭"。[3]女真人死者埋之而无棺椁。贵者生焚所宠奴婢、所乘鞍马以殉之。其祀祭饮食之物尽焚之，谓之"烧饭"。[4]王国维认为"烧饭本契丹女真旧俗，亦辽金时通语。此俗亦不自辽金始……然烧饭之名，则自辽金始，而金人尤视为送死一大事。"[5]这种葬仪，在考古发掘中尚难找到充足的资料。金代墓葬实物随葬品较少，可能与盛行"烧饭"习俗有关。

---

〔1〕《三朝北盟会编》卷三。

〔2〕《三朝北盟会编》卷三。

〔3〕（宋）文惟简：《虏廷事实》，《说郛》明抄本，涵芬楼藏版。

〔4〕（宋）宇文懋昭撰、崔文印校证：《大金国志校证》之《初兴风土》，中华书局1986年版。类似记载也见于《三朝北盟会编》卷三。

〔5〕王国维：《观堂集林》卷十六《蒙古札记》，中华书局1994年版，第812页。

五 其他葬俗

从墓志资料可以明确得知，金代人客死他乡，通常要归葬故里。北京石景山赵励墓志铭记载[1]，石晋之乱后，赵励祖先世代居燕。赵励在金代做过提刑、贡举之官，老年被金朝授予"将仕郎、秘书省校书郎"。因为兵乱，举家迁到宋地，又被宋朝授为"将仕郎"。宣和五年（1123年）六月十四日卒于同文馆。死后葬于开封西部长庆禅院。天眷二年（1139年），其长子历经艰辛将其灵柩迁回燕地，先是内丘县，后是深州，最后于其夫人合葬在"燕城宛平县崇禄里黑山之西南隅"，即今北京石景山八角村。《太中大夫刘公墓碑》记载："公讳汝翼，字舜卿，姓刘氏，世为淄川邹平人……终于燕京开阳坊私第之正寝，实十一月之六日也。诸孤等以某年月日奉公之枢，归葬于邹平梁邹乡孙镇东原之先茔，礼也。"正史也有较多这方面的记载。《金史·纳合椿年传》载："正隆二年（1157年），椿年死……及归葬，再赐钱百万，仍给道路费。"

不仅汉人有归葬习俗，而且女真贵族也是这样。《完颜娄室碑》[2]载："完颜娄室卒于泾州回山之西原……太宗震悼，诏遣亲卫驰驿，护其丧归，葬于济州之东南奥吉里。"女真人采用归葬习俗大体也是其汉化的一个体现。

---

〔1〕 北京市文物研究所：《北京石景山发现罕见金代壁画墓》，《中国文物报》2002年4月26日第1版。
〔2〕 杨宾：《柳边纪略》卷4清康熙四十六年版。

第十九章　元代墓葬

蒙古王朝是由蒙古族贵族建立的，以汉族人为主体的多民族帝国。从成吉思汗于漠北建国（1206 年）开始到元顺帝退出中原（1368 年）为止，共 162 年。统治时间不长，却开启了中华民族历史发展的新纪元，疆域空前广阔。

本章研究的墓葬包括成吉思汗建立的蒙古国和忽必烈的元朝两个时期，统称为元代。所收集资料的地域主要局限在中国现有的版图之内。

第一节　发现与研究

元代考古学的调查、发掘和研究，可以上溯到 19 世纪中叶俄国人的工作。中国学者从 20 世纪 40 年代，开始对元代墓葬给予关注。万斯年先生于 1941 年对云南剑川元代火葬墓的清理[1]，是目前所见较早的考古资料。

中华人民共和国成立以后，元代墓葬的考古发掘逐渐增多，特别是 20 世纪 80 年代以后，新的考古发现剧增，研究范围逐渐增大，深度也逐渐加深。从总体考察，可以分为二个阶段。

（一）第一阶段：1950 年到 1980 年

这一时期重要收获之一就是发现了一组蒙古时期墓葬，其中多与道教有关，印证成吉思汗对道教高度重视的历史事实。如 1958 年发掘的山西大同冯道真墓（图 19 - 1 - 1）[2]；1960 年发掘的山西芮城永乐宫宋德方和潘德冲墓[3]；山西稷山县发现的道姑合葬墓[4]等。冯道真是龙翔万寿宫宗主，宋德方和潘德冲同为重建永乐宫的主要参与者。三人都是全真教的重要人物。冯道真墓中壁画内容多与其身份有关，有论道、观鱼、焚香、云鹤等题材，北壁还有大幅疏林晚照山水画。宋德方和潘德冲墓中石椁线刻画有开芳宴、二十四

[1] 万斯年：《云南剑川元代火葬墓之发掘》，《考古通讯》1957 年第 1 期。
[2] 大同市文物陈列馆、山西云冈文物管理所：《山西省大同市元代冯道真、王青墓清理简报》，《文物》1962 年第 10 期。
[3] 山西省文物管理委员会、山西省考古研究所：《山西芮城永乐宫旧址宋德方、潘德冲和"吕祖"墓发掘简报》，《考古》1960 年第 8 期。
[4] 畅文斋：《山西稷山县"五女坟"发掘简报》，《考古通讯》1958 年第 7 期。

孝人物故事图、杂剧图等题材，是元代墓葬壁饰题材的典型代表。另外，在江西贵溪市还曾发现至元三十年（1293 年）道教正乙派三十六代天师张宗演墓[1]，石筑类椁式墓，随葬 2 件青白釉堆塑龙虎瓶[2]和 2 件瓷碗、1 件瓷盘和石笏，以及一方石圹志。

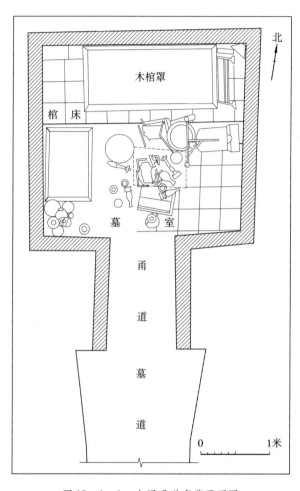

图 19 - 1 - 1　大同冯道真墓平面图

（引自《山西省大同市元代冯道真、王青墓清理简报》，《文物》1962 年第 10 期，改绘）

在北京发掘的佛教重要人物海云、可庵和尚墓塔[3]，出土棉僧帽、织金缎等珍贵的丝绵织品，具有重要的研究价值。1978 年发掘的山西户县贺胜等三墓[4]出土上百件黑陶俑，主要是侍从俑、马、骆驼，以及动物模型等，颇有特色。

〔1〕　《江西贵溪陈家村发现张天师墓》，《文物参考资料》1951 年第 8 期。
〔2〕　关于堆塑龙虎瓶，参见杨后礼《江西宋元纪年墓出土堆塑长颈瓶研究》，《南方文物》1992 年第 1 期。
〔3〕　北京市文化局文物调查研究组：《北京市双塔庆寿寺出土的丝绵织品及绣花》，《文物》1958 年第 9 期；张宁、刘树林：《大庆寿寺及其出土文物》，载《首都博物馆国庆 40 周年文集》，中国民间艺术出版社 1989 年版。
〔4〕　咸阳地区文物管理委员会：《陕西户县贺氏墓出土大量元代俑》，《文物》1979 年第 4 期。

南方的元代墓葬承袭南宋朝旧制，很注重墓葬的密封和防腐措施。棺椁之外多用石灰米汁灌注，所以随葬品保存较好。安徽安庆范文虎夫妇的类椁式墓[1]为并列双椁室，是南方地区元墓的典型形制。随葬品十分丰富，有金冠、金花、银钏、玉带、玉印、佛珠、铜佛以及丝绸织品，是元代墓葬重要的发现。江苏无锡钱裕夫妇墓[2]为并列双椁室墓，出土金银器（46件）、玉器（19件）、丝织品（28件）和纸币（33件）等随葬品154件，其中杯、簪、瓶、盒、匜、唾壶等金银器多有"邓万四郎十□赤金"或"条桥东陈铺造□"等压印文字；丝织品有袍、上衣、背心、裙、套裤、鞋等；纸币有"至元通行宝钞"伍伯文（15张）和贰伯文（18张）两种。这些重要文物为研究元代手工业经济和商品贸易等提供了资料。山

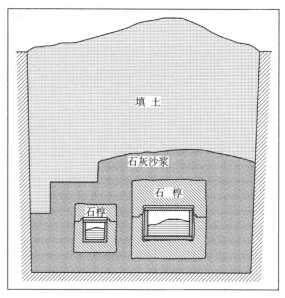

图 19-1-2　邹县李裕庵夫妇墓剖视图
（引自《邹县元代李裕庵墓清理简报》，《文物》1978年第4期，略变化）

东邹县李裕庵夫妇墓（图19-1-2）[3]男尸保存完好，夫妇墓中所出土的丝织品具有鲜明的地方特色，颇具学术价值。江西九江延祐六年（1319年）墓[4]中出土的青花塔式盖罐，是迄今发现纪年最早的青花瓷器。江西丰城凌氏墓[5]出土至元四年（1338年）铭的青花釉里红瓷器（有龙虎瓶和阁楼式堆塑人物五谷仓二件），这是目前年代最早的纪年青花釉里红瓷器，是元代考古的重要发现。

1964年发掘的江苏苏州吴王张士诚父母墓[6]是依照南宋帝陵攒宫制度建造成石藏子的结构（图19-1-3），形制特殊。在南宋皇陵没有发掘的情况下，作为石藏子的唯一实例，此墓的发现，为研究宋代陵墓制度提供了不可或缺的重要实物资料。母曹氏尸体保存较好，金冠、银奁、玉带和丝织品，以及雕龙凤纹象牙制哀册等都是难得的实物资料。1956年在青海诺木洪发现了一具元代武将干尸[7]，甲胄和丝织衣物保存完好，为研究元代武士的服饰等提供可靠的实物资料。

〔1〕　白冠西：《安庆市棋盘山发现的元墓介绍》，《文物参考资料》1957年第5期。
〔2〕　无锡市博物馆：《江苏无锡市元墓中出土一批文物》，《文物》1964年第12期。
〔3〕　山东邹县文物保管所：《邹县元代李裕庵墓清理简报》，《文物》1978年第4期。
〔4〕　九江市博物馆：《元代青花牡丹塔盖瓷瓶》，《文物》1981年第1期。
〔5〕　江西省博物馆、丰城县历史文物陈列室：《江西丰城发现元代纪年青花釉里红瓷器》，《文物》1981年第11期。
〔6〕　苏州市文物保管委员会、苏州博物馆：《苏州吴张士诚母曹氏墓清理简报》，《考古》1965年第6期。
〔7〕　青海省文物管理处考古队：《青海省文物考古工作三十年》，载《文物考古工作三十年（1949—1979）》，文物出版社1981年版。

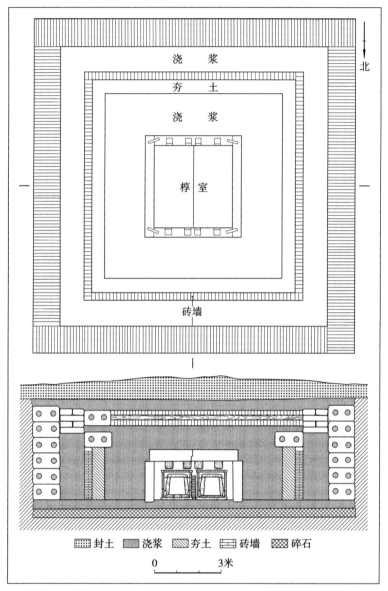

图 19-1-3　苏州张士诚父母墓平剖面图

（引自《苏州吴张士诚母曹氏墓清理简报》，《考古》1965 年第 6 期，改绘）

　　有关中外文化交流的墓葬资料主要是墓碑[1]，学术价值甚高。在泉州发现的阿拉伯文赛典赤杜安沙碑是元代著名的赛典赤家族在福建行省活动的实证[2]；1954 年在泉州发现的"管领江南诸路明教秦教等也里可温马里失里门阿必思古八马里哈昔牙"墓碑一半是

〔1〕　徐苹芳：《金元墓葬的发掘》，载《新中国的考古发现和研究》，文物出版社 1984 年版。

〔2〕　吴文良：《泉州宗教石刻》，科学出版社 1957 年版；陆峻岭、何高济：《泉州杜安沙碑》，《考古》1980 年第 5 期。

用叙利亚文字母拼写的突厥语，一半为汉文，是研究宗教史和语言学的重要资料〔1〕。1952 年在扬州南门水关附近发现两块拉丁文墓碑〔2〕，都是来中国经商的商人子女的墓碑。这两块墓碑的发现，在国内外引起广泛的关注。

这一时期有关元代时期墓葬的考古发掘尚属于被动清理阶段，并且没有得到重视。相关研究也是凤毛麟角。徐苹芳曾对元代时期墓葬进行了提纲挈领的概括，勾勒出元代时期墓葬发现和研究的主体构架〔3〕，奠定了元代时期墓葬考古研究的基础。此外，他还对宋元火葬墓进行过初步探讨〔4〕。

（二）第二阶段：1981 年到 2000 年

这一时期的重要发掘较多。1962 年、1963 年在北京吕家窑发掘的铁可父子墓〔5〕，墓主人是乞失迷儿（今巴基斯坦和印度的克什米尔）部人，姓伽乃氏，笃信佛教，都是元代时期的重要人物。元代西域人的墓葬罕见，铁可父子墓是有关西域人在元朝为官的珍贵实物资料。其墓志内容广泛，是研究元代历史重要的史料。

1990 年在北京朝阳区南豆各庄发现的元天历二年（1329 年）耿完者秃墓〔6〕，是为数不多的蒙古人墓葬之一。此墓为土坑石函墓，石函系一整块岩石凿成，平面近方形，长 0.8 米、宽 0.83 米、深 0.48 米，壁厚 0.13—0.17 米。石函内置骨灰木匣和一组陶质明器，用石板封盖。随葬陶器 14 件，有提梁罐 2、罐 5、盆 2，还有錾耳釜、盂、瓶、杯、灯各 1。石函南侧有一方石墓志，志文简单，载“大元故亚中大夫宣政院判官耿完者秃五十八岁唐兀氏天历二年四月十九日卒葬大都通路县青安乡窦家庄祖茔”。

1990 年在河南洛阳发掘的赛因赤答忽墓〔7〕也是重要的蒙古贵族墓葬（图 19－1－4）。墓主人系出蒙古伯也台氏。此墓形制特殊，是砖壁土顶的类屋式墓，墓道中部砌方形砖室专放铁箍捆绑的石墓志一合。墓葬深达 19.8 米，是蒙古贵族秘葬习俗的折射。随葬 50 多件黑陶仿古礼器，多属艺术精品，还有铁牛、铁猪和黑釉瓷梅瓶等。这是研究元代晚期墓葬习俗的重要资料。

这一时期淮河以北地区有壁饰的墓葬发现较多，特别是墓室壁画内容丰富，具有鲜明的时代特点。内蒙古赤峰元宝山壁画墓〔8〕和山西运城西里庄壁画墓〔9〕等壁饰题材丰富，秉承了北宋和金代的传统，是研究元代美术艺术史的重要素材。最具代表的是 1998 年在

〔1〕　庄为玑：《谈最近发掘的泉州中外交通史迹》，《考古》1956 年第 3 期；《泉州宗教石刻》，科学出版社 1957 年版；夏鼐：《两种文字合璧的泉州也里可温（景教）墓碑》，《考古》1981 年第 1 期。

〔2〕　《扬州城根里的元代拉丁文墓碑》，《考古》1963 年第 8 期；《扬州拉丁文墓碑和广州威尼斯银币》，《考古》1979 年第 6 期。

〔3〕　徐苹芳：《金元墓葬的发掘》，载《新中国的考古发现和研究》，文物出版社 1984 年版。此外，徐苹芳还写有《关于宋德方和潘德冲墓的几个问题》，《考古》1960 年第 8 期。

〔4〕　徐苹芳：《宋元时代的火葬》，《文物参考资料》1956 年第 9 期。

〔5〕　北京市文物研究所：《元铁可父子墓和张弘纲墓》，《考古学报》1986 年第 1 期。

〔6〕　北京市文物研究所：《北京地区发现两座元代墓葬》，《北京文物与考古》第三辑，北京燕山出版社 1992 年版。

〔7〕　洛阳市铁路北站编组站联合考古发掘队：《元赛因赤答忽墓的发掘》，《文物》1996 年第 2 期。

〔8〕　项春松：《内蒙古赤峰市元宝山元代壁画墓》，《文物》1983 年第 4 期。

〔9〕　山西省考古研究所：《山西运城西里庄元代壁画墓》，《文物》1988 年第 4 期。

陕西蒲城洞耳村发现一座至元六年（1269 年）壁画墓[1]，为砖筑类屋式墓。此墓甬道和八角形墓室均有壁画，绘有墓主人夫妇端坐宴饮图、出行图、归来图、莲生贵子图等，壁画保存较好，题材内容独具特色。其中女主人头戴顾姑冠，是富有标识意义的头衣，在墓葬壁画中罕见。墓室北壁彩绘屏风顶部，绘有一方形粉板框，上书墨书题记有"张按答不花系宣德州人""娘子李氏云线系河中府人"等。这座墓葬是 20 世纪元代墓葬的重要发现。1993 年在山西交城发现的至正十六年（1356 年）裴资荣墓为石筑类屋式墓[2]。八角形单室的石内壁雕有仿木结构建筑，还有夫妇端坐图、出行归来图、二十四孝人物故事图、侍奉图、花鸟图等。画面内容丰富，线条流畅。此墓是元代晚期画像石题材的代表。在晋南豫西地区，金代盛行的雕砖墓，元代发现较少，呈现没落之势[3]。

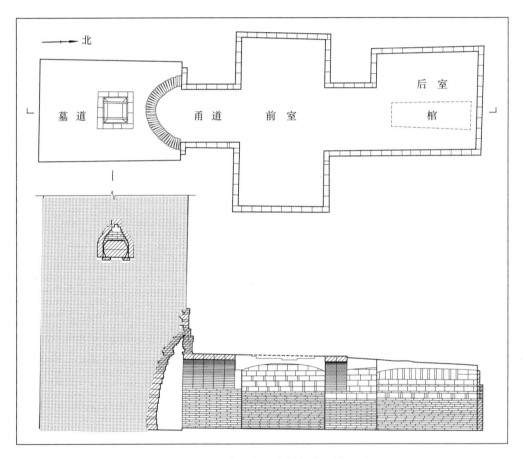

图 19 - 1 - 4　洛阳赛因赤答忽墓平剖面图

（引自《元赛因赤答忽墓的发掘》，《文物》1996 年第 2 期，改绘）

[1]　呼林贵、刘合心、徐涛：《蒲城发现的元墓壁画及其对文物鉴定的意义》，《文博》1998 年第 5 期。

[2]　商彤流、解光启：《山西交城县的一座元代石室墓》，《文物季刊》1996 年第 4 期。

[3]　山西省考古研究所侯马工作站：《侯马市区元代墓葬发掘简报》，《文物季刊》1996 年第 3 期。

在北京永定门外发掘的昭勇大将军张弘纲墓[1]为砖筑类椁式墓，主室内有二石函，火葬；侧室内有木棺，尸骨一次葬，较为特殊。张弘纲是忽必烈的重臣，其墓志由著名书法家赵孟頫书写，是不可多得的书法艺术珍品。河北石家庄后太保村发掘的元初中书右丞相史天泽家族墓[2]，是较为重要的发现。墓地现知有 9 座墓葬。其中 M4 为带墓道的并列多室的类椁式墓。出土墓志可知，墓主人史杠是史天泽四子，官至湖广等处行中书省右丞等，可补史料之阙。M1 出土的高丽青瓷梅瓶，国内罕见，反映墓主人特殊的身份。

在洛阳白马寺村发掘元代白马寺第一代住持龙川和尚墓[3]。墓志与白马寺《龙川和尚舍利塔志》《龙川大和尚遗嘱记》两方石刻相互补，是研究元代白马寺复修工程等相关历史的重要资料。

上海青浦县（今青浦区）任仁发及其家族墓[4]出土一批精美的官窑、景德镇枢府釉、龙泉窑等瓷器，以及漆器、金银器、铜器等。任仁发是元代著名的水利专家和画家，其孙媳钦察台守真为色目人。1974 年，在四川简阳东溪园艺场清理了一座小型石筑类椁式墓[5]，墓室长 2.84 米、宽 1.32 米、高 1.1 米。此墓棺床四角各有一枚压胜铁钱。墓室地面有石板棺台，棺台外有宽 0.06—0.18 米、深 0.06 米排水沟，沟前一条长 1 米、宽 0.25 米、深 0.1 米的横沟。在横沟和墓室西壁间，以及排水沟和墓室南、北壁间出土了龙泉窑、景德镇窑和定窑等窑系瓷器 525 件，以及汉代和宋元铜器 61 件、17 方石砚等。这是十分特殊的墓例。

19 世纪 70 年代在甘肃漳县徐家坪汪家坟发掘 27 座汪世显家族墓葬[6]。这是目前所发现规模最大的元代贵族墓地。相传墓地有封土堆 200 多座，共发掘 27 座。墓葬从蒙古时期（1243 年）一直到明代万历年间（1616 年），历经十四代。汪氏家族系出旺古族，属元代蒙古族的一支，是宋元时期陇西望族，一直是地方高官。所出墓志可补史阙。在云南大理出土的元大德三年（1299 年）白长善碑铭[7]，对于研究大理国和元代大理医学等有很高的史料价值。白长善八世祖白和原随北宋起义军领袖侬智高兵败逃到大理国，以行医为业。白长善因医术高超，被封为大师。

1998 年，在北京颐和园发现耶律楚材次子耶律铸夫妇合葬墓（图 19 - 1 - 5）[8]，出土银、铜、瓷、石、陶器等多类器物 180 余件，其中不乏精品，是近年元代墓葬考古的重要发现。该墓为砖筑多室，正南向，由墓道、前室和左右耳室、后室和左侧二耳室组成，前后室之间未有甬道相通，十分特殊，前后室穹隆顶外部有相对的两面砖砌护墙，为元代

〔1〕　北京市文物研究所：《元铁可父子墓和张弘纲墓》，《考古学报》1986 年第 1 期。

〔2〕　河北省文物研究所：《石家庄市后太保元代史氏墓群发掘简报》，《文物》1996 年第 9 期。

〔3〕　徐治亚、张剑：《元代龙川和尚墓的发现和白马寺内的有关石刻》，《文物》1983 年第 3 期。

〔4〕　上海博物馆：《上海市青浦县元代任氏墓葬记述》，《文物》1982 年第 7 期。

〔5〕　四川省文物管理委员会：《四川简阳东溪园艺场元墓》，《文物》1987 年第 2 期。

〔6〕　甘肃省博物馆、漳县文化馆：《甘肃漳县元代汪世显家族墓葬简报之一》；漳县文化馆：《甘肃漳县元代汪世显家族墓葬简报之二》，《文物》1982 年第 2 期。

〔7〕　大理市博物馆：《云南大理发现元代碑刻》，《考古》1994 年第 12 期。

〔8〕　北京市文物研究所：《耶律铸夫妇合葬墓出土珍贵文物》，《中国文物报》1999 年 1 月 31 日第 1 版；北京市文物研究所：《北京元耶律铸夫妇合葬墓》，载《1998 中国重要考古发现》，文物出版社 2000 年版；宋大川主编：《北京考古发现与研究》，科学出版社 2009 年版。

墓葬形制研究增添了新资料。所出墓志可补史之缺。墓葬发现处紧邻耶律楚材祠，推测这里可能是耶律楚材的家族墓地。

图 19-1-5　北京耶律铸墓全景
（引自《耶律铸夫妇合葬墓出土珍贵文物》，《中国文物报》1999 年 1 月 31 日第 1 版）

四川重庆明玉珍墓[1]是一座类椁式墓。即在长方形岩坑内，放置一木椁，椁长 3.6 米、宽 1.35 米、高 1.36 米。椁内有木棺。不见尸骨。棺椁四周三合土、木炭和黏土卵石加固密封。岩坑内的椁室南部有一长方形小坑，内竖立"玄宫之碑"，即"大夏太祖钦文昭武皇帝玄宫碑"，记载明玉珍事迹，有重要的史料价值。棺盖上覆盖青龙袍 1，铭旌 1，幡画 1。棺椁之间有整匹丝织品。棺内有被褥和龙袍等。墓中还见金盏和银锭等。明玉珍是元末义军领袖，割据巴蜀地区，建国称"大夏"。卒于大夏天统四年，即元至正二十六年（1366 年）。此墓号为"叡陵"。

20 世纪 80 年代和 90 年代，元代的墓葬资料已经有了一定的积累，但考古学研究却明显滞后，诸多基础研究尚没有进行。黄秀纯等曾对北京地区元墓进行概要论述[2]。孟凡

〔1〕　重庆市博物馆：《四川重庆明玉珍墓》，《考古》1986 年第 9 期。
〔2〕　黄秀纯、雷少雨：《北京地区发现的元代墓葬》，载《北京文物与考古》第二辑，北京燕山出版社 1991 年版。

峰等对史天泽家族墓地进行了初步研究[1]。杨后礼对江西宋元纪年墓出土的堆塑长颈瓶进行专题研究[2]。杨琮探讨了福建地区发现的宋元壁画墓[3]。叶新民根据元代石雕像和壁画探讨了元代社会生活[4]；申云艳等通过元墓壁画探讨了民间饮茶习俗[5]，申云艳对壁画艺术风格进行了研究[6]。杨哲峰和刘恒武根据新发现的蒲城壁画墓进行了专题研究[7]。李裕群对宋元时期买地券进行了考证[8]。

（三）第三阶段：2001 年至今

21 世纪以来，除新的考古发现外，突出的特点是元代墓葬专题研究和综合研究的快速提升。

这一时期的重要发现主要有：内蒙古正蓝旗元上都附近，发现了一系列重要墓地，有蒙古人墓地，也有汉人墓地。以正蓝旗一棵树墓地[9]和正镶白旗伊松敖包墓地[10]为代表，是蒙古族人墓地。一棵树墓地发掘 26 座墓，地表有堆石标记。有 7 座墓上砌筑规整的长方形石茔墙。都是长方形土坑竖穴墓，尸骨一次葬，15 座墓发现木棺。多数木棺使用三道铁箍和铁护角。随葬品以铁质箭镞等武器、成组马具、铜镜和纺轮为常见器物，殉牲现象普遍，随葬羊肩胛骨和胫骨等，表现出游牧文化特征的葬俗。而多伦砧子山西区[11]和南区[12]、正蓝旗卧牛石等墓地[13]，则体现出汉人的丧葬习俗。

1999—2003 年发掘的河北沽源县平定堡镇楼底村的梳妆楼墓地[14]，是元代墓葬考古的重要发现。墓地位于滦河上游闪电河西岸，分南北两区，各有砖石垒砌的墓区围墙。共发现 30 座墓葬，2 个祭台。北区位于南区北 100 米，为平民茔园。发现 14 座墓，已发掘 11 座墓，均为地上石块敖包，地下长方形土坑竖穴墓。葬具只有棺，不见椁。有些无葬具和随葬品。"梳妆楼"附近的南区为贵族茔园。发现 16 座墓和 2 个单独的地面祭台，发掘 13 座墓。根据地面建筑的不同，南区墓葬分三类：一是前为地上砖砌长方形祭台，后

〔1〕　孟凡峰、王会民：《关于史天泽家族墓群的几个问题》，载《河北省考古文集》，东方出版社 1998 年版。
〔2〕　杨后礼：《江西宋元纪年墓出土堆塑长颈瓶研究》，《南方文物》1992 年第 1 期。
〔3〕　杨琮：《福建宋元壁画墓初步研究》，《考古》1996 年第 1 期。
〔4〕　叶新民：《从内蒙古地区的石雕像和壁画看元代社会生活》，载《元史论丛》第七辑，江西教育出版社 1999 年版。
〔5〕　申云艳、齐瑜：《从元墓壁画看元代民间饮茶风俗》，台北《故宫文物月刊》1998 年 2 月。
〔6〕　申云艳：《元墓壁画的艺术风格》，台北《故宫文物月刊》2000 年 5 月；Jonathan Hay, "He Ch'eng, Liu Kuan-tao, and North-Chinese Wall-painting Traditions at the Yuan Court"，《故宫学术季刊》第二十卷第一期，2002 年秋季号。
〔7〕　杨哲峰：《从蒲城元墓壁画看元代匜的用途》，《中原文物》1999 年第 4 期；刘恒武：《蒲城元墓壁画琐议》，《考古与文物》2000 年第 1 期。
〔8〕　李裕群：《宋元买地券研究》，《文物季刊》1989 年第 2 期。
〔9〕　内蒙古自治区文物考古研究所、中国人民大学北方民族考古研究所：《元上都》，中国大百科全书出版社 2008 年版。
〔10〕　内蒙古自治区文物考古研究所、中国人民大学北方民族考古研究所：《元上都》，中国大百科全书出版社 2008 年版。
〔11〕　内蒙古文物考古研究所等：《元上都城址东南砧子山西区墓葬发掘简报》，《文物》2001 年第 9 期。
〔12〕　李逸友：《元上都城南砧子山南区墓葬发掘报告》，载《内蒙古文物考古文集》第一辑，中国大百科全书出版社 1994 年版。
〔13〕　内蒙古自治区文物考古研究所、中国人民大学北方民族考古研究所：《元上都》，中国大百科全书出版社 2008 年版。
〔14〕　《河北沽源"梳妆楼"元代墓地》，载《2002 中国重要考古发现》，文物出版社 2003 年版。

为地上享堂及地下墓室（4 座），享堂坐北朝南；二是地面垒砌方形砖圹，地下为土坑竖穴墓（8 座）；三是地面石块敷包为长方形土坑竖穴墓（1 座）。有类椁式墓和土坑竖穴墓两类，均有木棺。类椁式墓有砖椁和木椁两种。木棺椁多用铁板条纵横加箍。流行夫妇合葬，仰身直肢葬式。随葬品种类丰富，有具有民族特色的铜臂钏、桦树皮箭囊、织金锦饰卧鹿纹大红袍、姑姑冠等。特别重要的是在所谓"萧太后梳妆楼"，即享堂下面中央发现的大墓，并列三个椁室，中室葬一男性，为一块红松木做成的独木棺，死者安置其中。棺外饰三道金箍。左右两椁室各有一具女尸。三具棺内均出土有民族特色的服饰，如质孙服等。其用独木棺，棺外扣三道金箍的葬俗与《元史》所载帝王葬俗相似[1]，故有学者推测此男子应为汪古部蒙古族高级贵族[2]。若此不悖，这里应是元代汪古部的家族墓地。纠正了民间流行这里是辽朝萧太后梳妆楼的错误认识。

带壁饰的墓葬不乏重要发现。河北涿州至元五年（1339 年）李仪夫妇合葬墓[3]，其墓室东南壁和西南壁绘有"二十四孝"故事图，共有 18 幅。山西兴县红峪村元至大二年（1309 年）武庆夫妇墓[4]绘有夫妇端坐图、备茶图和备酒图等家居生活场景。在西壁墓主夫妇之间有一牌位，题有墓主名字，是元代壁画墓断代的重要资料。在山西屯留康庄工业园发掘的 3 座元代壁画墓均为砖筑方形的类屋式墓[5]，不仅有精美的壁画内容，而且其墨书题记也是值得重视的资料。在山东济南历城区埠东村发现的石筑圆形单室类屋式墓[6]，墓室壁面绘有身穿蒙古服饰的夫妇端坐图和孝子图等，是山东地区元墓壁画的重要资料。

2005 年在西安南郊发掘延祐三年（1316 年）王世英夫妇墓[7]，为长斜坡墓道土洞墓，纵列双室，穹窿顶，不用砖。前室出土 20 余件黑陶俑，有骑马俑、立俑、动物俑，以及彩绘鞍马俑和马拉轿车模型等，是一批陶塑精品。

元代平民墓地发掘较少。2006 年在河北徐水西黑山发掘的一处金、元时期平民墓地[8]，墓地面积约 2000 平方米，清理墓葬 62 座，大多墓出土成套的器物组合。发掘者还较好地清理出原始的坟丘和地面祭台，为研究当时平民社会生活状况和丧葬习俗等提供了重要资料。这是迄今发表的有关金、元时期平民墓葬最为丰富的一批资料。

21 世纪以来，一些学者有意识地关注元代墓葬的专题和综合研究。特别是大学的博

---

〔1〕　《元史》卷七十七志第二十七下《祭祀六》"国俗旧礼"条载："凡帝后有疾危殆，度不可愈，亦移居外毡帐房。有不讳，则就殡殓其中。""凡宫车晏驾，棺用香楠木，中分为二，刳肖人形，其广狭长短，仅足容身而已。殓用貂皮袄、皮帽，其靴袜、系腰、盒钵，俱用白粉皮为之。殉以金壶瓶二，盏一，碗碟匙箸各一。殓讫，用黄金为箍四条以束之。舆车用白毡青缘纳失失为帘，覆棺亦以纳失失为之。"

〔2〕　墓主人身份尚存争议。参见赵琦《河北省沽源县"梳妆楼"元蒙古贵族墓墓主考》，《中国史研究》2003 年第 2 期；周良霄《沽源南沟村元墓与阔里吉思考》，《考古与文物》2011 年第 4 期。

〔3〕　河北省文物研究所、保定市文物管理处、涿州市文物保管所：《河北涿州元代壁画墓》，《文物》2004 年第 3 期。

〔4〕　山西大学科学技术哲学研究中心、山西省考古研究所、山西博物院：《山西兴县红峪村元至大二年壁画墓》，《文物》2011 年第 2 期。

〔5〕　山西省考古研究所、长治市文物旅游局、长治市博物馆、屯留县文博馆：《山西屯留县康庄工业园元代壁画墓》，《考古》2009 年第 12 期。

〔6〕　刘善沂、王惠明：《济南市历城区宋元壁画墓》，《文物》2005 年第 11 期。

〔7〕　西安市文物保护考古所：《西安南郊元代王世英清理简报》，《文物》2008 年第 6 期。

〔8〕　南水北调中线干线工程建设管理局等：《徐水西黑山：金元时期墓地发掘报告》，文物出版社 2007 年版。

士和硕士论文逐渐增多，推进了元代墓葬的考古学研究。归纳为以下几个方面：

一是考古学区域研究和综合研究。谢明良从墓葬出土陶器入手，以新的视角，将北方地区元代墓葬分为三个区域文化圈，并探讨了区域传统特色[1]。秦大树将元代墓葬分为三期五区，并对各区特征做了梳理[2]。马晓光对长江下游地区元墓进行了分区研究[3]。侯新佳将元代墓葬分为三个区，分区探讨了墓葬形制类型、随葬品和分期，进而探讨了三区之间的关系，以及墓葬壁饰情况、墓主人族属和元代社会生活等[4]。袁泉从独特的研究视角，对长城以北和燕云地区、中原地区、山东为中心的地区和洛水渭水流域地区的元代墓葬形制与葬式、壁画题材与布局、随葬品组合变化等进行一系列专题研究，并对墓室空间的场景营造和功能等进行探讨，提出一些新认识。这是关于元墓综合研究难得一见的重要论著[5]。爱丽思对北方地区元代墓葬地表遗存、形制结构、壁饰进行了探讨，并将元代墓葬分为七个区，分析了区域特征[6]。李树国对内蒙古元代墓葬类型、年代与族属进行了分析，并对墓茔、蒙古贵族墓葬等进行了探讨[7]。张晓东确认的所谓元代时期蒙古人墓葬及其蒙古人壁画墓[8]，存在一定问题，其中大多应是身穿蒙古服饰的汉人墓葬[9]。

二是墓葬壁饰综合研究。这方面研究论文较多，角度各有不同。有的对壁画墓题材和布局等进行基础研究[10]；有的根据墓葬壁画内容，对某类题材进行专题研究[11]；有的从美术史角度研究墓葬壁画，探讨其艺术风格等[12]。也有学者根据对壁画墓时代特征的归纳和总结，将一些断代有误的墓葬识别为元代壁画墓[13]。

〔1〕 谢明良：《北方部分地区元墓出土陶器的区域性观察——从漳县汪世显家族墓出土陶器谈起》，《故宫学术季刊》2002 年第 19 卷第 4 期。
〔2〕 秦大树：《宋元明考古》，文物出版社 2004 年版。
〔3〕 马晓光：《长江下游地区元明墓葬》，硕士学位论文，吉林大学，2008 年。
〔4〕 侯新佳：《蒙元墓葬研究》，硕士学位论文，郑州大学，2009 年。
〔5〕 袁泉：《蒙元时期中原北方地区墓葬研究》，博士学位论文，北京大学，2009 年。
〔6〕 爱丽思：《中国北方地区蒙元时期墓葬形制研究》，硕士学位论文，内蒙古师范大学，2011 年。
〔7〕 李树国：《内蒙古地区蒙元时期墓葬的初步研究》，硕士学位论文，内蒙古大学，2011 年。
〔8〕 张晓东：《蒙元时期的蒙古人墓葬》，硕士学位论文，吉林大学，2006 年；张晓东等：《蒙元时期蒙古人壁画墓的确认》，《内蒙古文物考古》2010 年第 1 期；《蒙元时期蒙古人壁画墓的分期》，《华夏考古》2011 年第 2 期。
〔9〕 参见袁泉《政治动因下的"蒙古衣冠"赤峰周边元代壁画墓的再思》，载《边疆考古研究》第 12 辑，科学出版社 2012 年版。本章第五节也有相关论述。
〔10〕 董新林：《蒙元时期墓葬壁画题材及其相关问题》，载《二十一世纪的中国考古学——庆祝佟柱臣先生 85 岁华诞学术文集》，文物出版社 2006 年版；王博：《蒙元时期墓葬壁画题材与布局浅析》，硕士学位论文，吉林大学，2006 年；袁传申：《山东地区元代壁画墓研究》，硕士学位论文，东北师范大学，2009 年。
〔11〕 申云艳：《元墓壁画中的元代服饰》，台北《故宫文物月刊》2001 年 11 月；霍宇红、刘凤祥：《赤峰元墓壁画人物服饰研究》，《内蒙古文物考古》2001 年第 2 期；徐海峰：《涿州元代壁画墓孝义故事图浅析》，《文物春秋》2004 年第 4 期；薛豫晓：《宋辽金元墓葬中"开芳宴"图像研究》，硕士学位论文，四川大学，2007 年；袁泉：《从墓葬中的"茶酒题材"看元代丧祭文化》，载《边疆考古研究》，科学出版社 2007 年版。
〔12〕 Jonathan Hay, "He Ch'eng, Liu Kuan-tao, and North-Chinese Wall-painting Traditions at the Yuan Court",《故宫学术季刊》第 20 卷第 1 期，2002 年秋季号；李敏行：《元代墓葬装饰艺术》，博士学位论文，南开大学，2007 年。
〔13〕 冯恩学：《北京斋堂壁画墓的时代》，《北方文物》1997 年第 4 期；刘未：《尉氏元代壁画墓札记》，《故宫博物院院刊》2007 年第 3 期；董新林：《蒙元壁画墓时代特征初探——兼论登封王上等壁画墓的年代》，载《古代墓葬美术研究》，文物出版社 2011 年版。

三是随葬品专题研究。董杰对中原地区元墓出土的瓷器类型、窑口和产地、分期和特征等进行了初步研究[1]。彭右琴对江南地区宋元明时期魂瓶类型、分区和分期，以及出土环境和产地等进行专题研究，探讨了魂瓶堆塑符号和源流等[2]。扬之水对金银器进行了诸多考证和研究[3]。孟原召对元代墓葬出土的铁牛铁猪进行探讨[4]。

四是葬制和葬俗的专门研究。这是元代墓葬研究的难点和重点。专门的论文较少，多是在墓葬研究中有所论述。王大方对蒙古国元代时期蒙古人墓葬特点进行了概述[5]。袁泉从墓葬壁画内容，探讨了元代丧葬习俗[6]。

从总体上看，元代时期墓葬资料相对辽宋金墓而言，略显薄弱，局限了研究者的认识。目前元代时期墓葬研究的重点仍是时空框架的构建等基本问题的探讨。本章综合现有的考古学资料，仅对元代时期墓葬形制、墓葬壁饰、分期和分区、葬俗等做一初步的梳理和研究。

第二节　墓葬形制

元朝重新统一了全国，从文化传统上承袭了金朝和宋朝的礼俗，并结合自己的民族特色进行了融合和发展。元代时期的墓葬形制有些不甚规范。依据建筑材料和形制结构的不同，可以将墓葬分为类屋式墓、类椁式墓、土洞墓和土坑竖穴墓四类。

（一）甲类：类屋式墓

这类墓通常有一个或一个以上正室，有的带耳室。此类墓葬发现最多，以单室墓为主，包含有砖筑、石筑和砖石混筑三种建筑材料，多为砖筑。依据主室的平面形状差异，分为三型。

A 型：方形或长方形主室。依据墓室数量的不同，分四亚型。

Aa 型：双正室墓，带耳室。

山西新绛卫忠家族合葬墓[7]为双正室带二耳室，形制比较特殊，有长阶梯式墓道，后正室和左右耳室均长方形，明显小于前正室（主室）。前正室南北长 1.02 米、东西宽 2.1 米、高 3.42 米；后室南北长 2.04 米、东西宽 1.82 米、高 2.93 米，内有 3 棺床；耳

〔1〕　董杰：《中原地区元墓出土瓷器初步研究》，硕士学位论文，吉林大学，2009 年。
〔2〕　彭友琴：《宋元明时期江南地区魂瓶研究》，硕士学位论文，南京大学，2012 年。
〔3〕　扬之水：《奢华之色——宋元明金银器研究》，中华书局 2010 年版。
〔4〕　孟原召：《唐至元代墓葬中出土的铁牛铁猪》，《中原文物》2007 年第 1 期。
〔5〕　王大方：《蒙古国蒙元时期蒙古人墓葬的特点》，《内蒙古文物考古》2001 年第 1 期。
〔6〕　袁泉：《从墓葬中的"茶酒题材"看元代丧葬文化》，《边疆考古研究》，科学出版社 2007 年版。
〔7〕　山西省考古研究所：《山西新绛南范庄、吴岭庄金元墓发掘简报》，《文物》1983 年第 1 期。文章中没有发表吴岭庄卫忠家族合葬墓平面图。根据卫忠家族合葬墓"平面与南范庄金墓相同，但规模较小"的论述，本文图一，1 则用南范庄金墓图示意，作为一个类型的代表。

室偏南壁，各有一棺床。墓室壁饰有杂剧图、百戏图等雕砖和开芳宴等拱眼壁画。此外，北京颐和园耶律铸夫妇合葬墓为砖筑多室，正南向，由墓道、前室和左右耳室、后室和左侧二耳室组成，前后室之间未有甬道相通，前后室穹窿顶外部有相对的两面砖砌护墙，形制十分特殊。

Ab 型：双正室墓，无耳室。

河南洛阳赛因赤答忽墓[1]（图 19 - 2 - 1，1）为双正室砖壁土顶墓，深达 19.8 米，由竖穴式墓道、墓门、甬道、前室和后室组成。前室呈横长方形，东西长 4.8 米、宽 2.53 米、高 2.08 米，弧形土顶；后室为近方形，东壁与后甬道相连，南北长 3 米、东西宽 2.8 米、高 2 米，弧形土顶。长方形拱券式门楼为仿木结构。后室有木棺。墓志置于墓道填土中。

Ac 型：单室墓，带耳室。

发现的此类墓葬比较特殊，不具有典型意义。

西安曲江段继荣墓[2]（图 19 - 2 - 1，2）为仿木结构砖筑墓，有墓道，东西向。墓室为长方形，东西长 2.76 米、南北宽 2.96 米、高约 4 米，叠涩穹窿顶。墓室西壁近中部有一个土龛室，长 1.74 米、宽 1.56 米、高 1.68 米，内放部分随葬品。墓室内有一对木棺，为夫妇合葬墓。此墓土龛有着耳室的性质。

Ad 型：单室墓，无耳室。

这种形制墓葬较多。大同冯道真墓[3]为砖筑壁画墓（图 19 - 2 - 1，3），由墓道、甬道、墓门和墓室组成。近方形墓室南北长 2.64 米、宽 2.84 米、高 3.3 米，四角攒尖顶。墓室后部有石尸床，上置棺罩及一具男尸。陕西户县贺胜墓[4]为砖石混筑墓，有斜坡墓道。方形墓室边长为 4.1 米，可能为四角攒尖顶，有二具木棺，为夫妇合葬墓。

此外，凌源富家屯壁画墓[5]（图 19 - 2 - 1，4）为石筑，由墓道、翼墙甬道、墓门和主室组成，墓室平面为前部抹角方形，墓室南北长 2.2 米、宽 2.16 米、高 2.42 米，叠涩穹窿顶，后部有尸床，出土一具骨架。

B 型：多角形主室。目前仅见单室墓。根据耳室有无，分二亚型。

Ba 型：单室墓，带耳室。

石家庄后太保史氏 M1[6]为砖筑（图 19 - 2 - 1，5），带二个圆形耳室，有长斜坡墓道和短甬道。八角形主室对角线长约 5.6 米（对边长约 5.3 米），穹窿顶。耳室内径 3.3—3.35 米、高 3.4 米。墓室北部中央有棺床，有木棺，葬一男二女。

〔1〕　洛阳市铁路北站编组站联合考古发掘队：《元赛因赤答忽墓地发掘》，《文物》1996 年第 2 期。此墓为土顶洞室，较为特殊。
〔2〕　陕西省文物管理委员会：《西安曲江池西村元墓清理简报》，《文物参考资料》1958 年第 6 期。
〔3〕　大同市文物陈列馆、山西云冈文物管理所：《山西省大同市元代冯道真、王青墓清理简报》，《文物》1962 年第 10 期。
〔4〕　咸阳地区文物管理委员会：《陕西户县贺氏墓出土大量元代俑》，《文物》1979 年第 4 期。
〔5〕　辽宁省博物馆、凌源县文化馆：《凌源富家屯元墓》，《文物》1985 年第 6 期。
〔6〕　河北省文物研究所：《石家庄市后太保元代史氏墓群发掘简报》，《文物》1996 年第 9 期；《石家庄后太保村史氏家族墓发掘报告》，载《河北省考古文集》，东方出版社 1998 年版。

Bb 型：单室墓，不带耳室。

山西交城裴资荣墓[1]为石筑，由墓道、甬道和八角形主室组成（图 19 - 2 - 1，6）。墓室直径在 2.42—2.54 米、高 2.22 米，北部有石棺床。石壁上刻有出行归来图、开芳宴、二十四孝人物故事图等。山西潘德冲墓为砖筑[2]，由阶梯墓道、甬道和六角形墓室组成（图 19 - 2 - 1，7）。墓室南北长 2.99 米、东西对角宽 3.2 米、高 3.56 米。墓室后部有棺床，上置石椁，石椁内有木棺，内盛侧身屈肢尸骨一具，石椁上雕刻二十四孝人物故事图。

C 型：圆形主室。

山东济南郭店至正十年墓[3]（图 19 - 2 - 1，8）为仿木结构砖筑单室壁画墓，有墓道、门楼、甬道和墓室组成，墓室直径为 2.52 米、高 2.56 米。壁画有开芳宴、侍寝图、仓储图等。河北涿鹿祁家洼至元二年墓[4]为半圆形砖室墓，有墓道、穿窿顶，墓室东西长 2.8 米、宽 1.9 米，有二木棺，为夫妇合葬墓。此外，在墓门东侧发现一具小孩骨架。

（二）乙类：类椁式墓

依据椁室建筑材料的不同，可分石筑墓、砖筑墓、砖圹石盖墓和木椁墓四型。以石筑墓为多。

A 型：石筑墓。依据椁室的多寡，分三亚型。

Aa 型：单椁室。

苏州张士诚父母墓[5]地表有封土堆。正方形椁室四周用"三合土浇浆"、石板、青砖护固五层。大青石板筑成的椁室边长 3.79 米、高约 1.7 米（图 19 - 2 - 1，9）。椁室内并列放置二个双层木棺，外棺均长 3.04 米，为夫妇合葬墓。内棺前各有一部哀册。

辽宁喀左大城子墓[6]的长方形椁室长 2.9 米、宽 1.39 米。椁内有柏木棺一具，为单人仰身直肢葬。东南壁中部有一方形壁龛，放有随葬品（图 19 - 2 - 1，10）。

Ab 型：双椁室。

有的为连体并列双椁，即两个椁室共享一个隔墙。山东济宁张楷夫妇墓[7]，椁室四壁和墓顶均为青石砌筑，椁室均长 2.65 米、宽分别为 0.97 米和 0.94 米、高 0.93 米，墓室隔墙中间有一方形龛洞相通（图 19 - 2 - 1，11）。椁室内各有一具木棺。

有的是分体并列双椁，即两个椁室各自独立存在。山东邹县李裕庵墓[8]有封土。其石椁实际上是石函。右侧为大椁，长 2.6 米、宽 1.2 米，内有木棺，葬一具老年男性和一

〔1〕　商彤流、解光启：《山西交城县的一座元代石室墓》，《文物季刊》1996 年第 4 期。

〔2〕　山西省文物管理委员会、山西省考古研究所：《山西芮城永乐宫旧址宋德方、潘德冲和"吕祖"墓发掘简报》，《考古》1960 年第 8 期。

〔3〕　济南市文化局、章丘县博物馆：《济南近年发现的元代砖雕壁画墓》，《文物》1992 年第 1 期。

〔4〕　贺勇、陈信：《涿鹿发现一座元代纪年墓》，《文物春秋》1990 年第 4 期。

〔5〕　苏州市文物保管委员会、苏州博物馆：《苏州吴张士诚母曹氏墓清理简报》，《考古》1965 年第 6 期。

〔6〕　徐英章：《辽宁喀左县大城子元代石椁墓》，《考古》1964 年第 5 期。

〔7〕　济宁市博物馆：《山东济宁发现两座元代墓葬》，《考古》1994 年第 9 期。

〔8〕　山东邹县文物保管所：《邹县元代李裕庵墓清理简报》，《文物》1978 年第 4 期。

具女性骨架；左侧为小椁，长1.65米、宽0.7米，内放置一个简陋的木匣，内有一具老年女性。

Ac型：多椁室。是指有二个以上的单独椁室并列。同坟异穴。

北京铁可墓[1]为三个并列椁室（图19-2-1，12），整体平面呈长方形，南北长2.6米、三椁室总宽3.9米、高1.1米。东、中、西三椁室之间有石板相隔，隔墙北端有券形孔相通，椁室内各置一木棺。中室为铁可墓，另外二室为女性，即墓志文的"夫人冉氏、张氏"。

江苏建湖崔彬墓[2]较特殊，由外及内用石、砖、木三层套椁组成，南北长约6米、东西总宽约12米，中间用条石分成三椁室，夫妻有木棺，妾仅存一坛，或许为瓮罐火葬。男墓主居中，妻妾分居左右，为三人合葬墓。

B型：砖筑墓。依据椁室的多寡，分三亚型。

Ba型：单椁室。

江西乐平张孺人墓[3]为"凸"字形椁室墓，券顶。椁室长2.71米、宽0.84米、高0.95米，后壁有一半圆形龛，放有器物（图19-2-1，13）。

Bb型：双椁室。

福建将乐壁画墓[4]为券顶，墓室均长3.9米、宽1.16米、高1.17米，两室中隔墙的前段有龛洞相通，椁室后部各有二壁龛。壁画有人物图、庖厨图、出行图等内容。福建南平三官堂墓[5]为仿木结构券顶（图19-2-1，14），椁室均长3.84米、宽1.6米、高1.66米，二室间的隔墙后部有龛洞相通，前部有象征性墓门，后部有象征性的两进三开间小后室。

Bc型：多椁室墓。

石家庄后太保史杠墓[6]（M4）（图19-2-1，15）有斜坡墓道。在长方形土圹内东西并列五个长方形椁室（由西到东依次编号为A、B、C、D、E），其中C室无墓门，墓顶为大石板所封盖，南北长1.16米、宽1.28米、高1.75米，有竖箱式木棺，依据墓志，C室墓主为史杠。其他室形制相同，为券顶，有象征性券门，有木棺，墓主为女性。其中E室最小，为火葬，南北长1.48米、宽0.84米、高0.88米；A室最大，南北长2.54米、宽1.12米、高1.44米。

C型：砖圹石盖墓。依据椁室的多寡，分二亚型。

Ca型：单椁室。

浙江海宁贾椿墓[7]（图19-2-1，16）为砖石混筑墓，长方形椁室四壁砖砌，石板

〔1〕 北京市文物研究所：《元铁可父子墓和张弘纲墓》，《考古学报》1986年第1期。
〔2〕 叶劲：《元代新兴场典史崔彬古墓发现记》，《东南文化》1988年第6期。
〔3〕 乐平县博物馆：《乐平李家岭元墓清理简报》，《江西文物》1990年第1期。
〔4〕 福建省博物馆、将乐县文化局、将乐县博物馆：《福建将乐元代壁画墓》，《考古》1995年第1期。
〔5〕 张文崟、林蔚起：《福建南平市三官堂元代纪年墓的清理》，《考古》1996年第6期。
〔6〕 河北省文物研究所：《石家庄市后太保元代史氏墓群发掘简报》，《文物》1996年第9期；《石家庄后太保村史氏家族墓发掘报告》，载《河北省考古文集》，东方出版社1998年版。
〔7〕 海宁县博物馆：《浙江海宁元代贾椿墓》《文物》1982年第2期。

盖顶。椁室长 2.7 米、宽 1.4 米、高 1 米，内有木棺，葬仰身直肢男性个体一具。

Cb 型：双椁室。

江西抚州傅希岩夫妇墓[1]（图 19 - 2 - 1，17）为砖圹平石板顶，两椁室间有一甬道相通。椁室长 2.72 米、宽 1.1 米、高 0.9 米。椁室距北壁 0.42 米处有一封墙，将椁室分为前后二部分，前部置木棺，后部放随葬品和墓志铭。为夫妇合葬墓。

D 型：木椁墓。

山东嘉祥曹元用夫妇墓[2]为木椁墓（图 19 - 2 - 1，18），土圹东西长 5.8 米、宽 5.2 米，生土二层台长 3.4 米、宽 3.9 米。曹元用木椁长 2.3 米、宽约 0.9 米、高 0.76 米，椁内有木棺，为合葬墓。

（三）丙类：土洞墓。

多为单棺墓，个别发现有多棺墓。

西安沙乎沱墓[3]（图 19 - 2 - 1，19）由斜坡墓道、甬道、前正室、后正室组成，前室为长方形，东西长 2.4 米、南北宽 2、78 米，放有随葬品；后室明显窄于前正室，也呈长方形，东西长 2.13 米、宽 1.2 米，内有木棺一具，为单人葬。

河南三门峡元贞二年（1296 年）冯氏墓（83M1）[4]为竖穴墓道横室刀形墓（图 19 - 2 - 1，20），墓室平面略呈圆角梯形，南北长 3.25 米、宽 1.8—2.3 米、拱形顶高 1.3 米，木棺置于中部，有仰身直肢骨架一具，出土 23 件陶质随葬品，其中有买地券。内蒙古凉城后德胜[5]也发现此类墓。

洛阳王述墓[6]为土洞单室墓，有墓道，墓室为近正方形，长 3 米、宽 2.8 米，室内放置 3 具木棺，随葬 40 余件仿古陶器。

（四）丁类：土坑竖穴墓

依据葬具的有无，分为有葬具墓和无葬具墓。

A 型：有葬具墓。有木棺墓、石棺或砖棺墓、瓮棺墓等。

吉林扶余岱吉屯 M5[7]（图 19 - 2 - 1，21）土圹长 2.3 米、宽 0.65 米，内置木棺长 1.69 米、宽 0.52 米、高约 0.4 米。为单人仰身直肢葬。头前随葬品有青花双狮舞绣球纹瓷盘、龙泉窑青瓷盘、缸胎赭釉大口罐等。

---

〔1〕　程应麟、彭适凡：《江西抚州发现元代合葬墓》，《考古》1964 年第 7 期。

〔2〕　山东省济宁地区文物局：《山东嘉祥县元代曹元用墓清理简报》，《考古》1983 年第 9 期。

〔3〕　王九刚、李军辉：《西安南郊山门口元墓清理简报》，《考古与文物》1992 年第 5 期。

〔4〕　洛阳地区文物局文物科：《三门峡市上村岭发现元代墓葬》，《考古》1985 年第 11 期。此墓依据买地券可知，此墓地葬有冯政夫妇及其儿子夫妇 7 人。

〔5〕　内蒙古自治区文化厅文物处、乌兰察布盟文物工作站：《内蒙古凉城县后德胜元墓清理简报》，《文物》1994 年第 10 期。

〔6〕　洛阳市博物馆：《洛阳元王述墓清理》，《考古》1979 年第 6 期。

〔7〕　扶余市博物馆：《吉林扶余岱吉屯元墓第二次清理简报》，《文物》1996 年第 11 期。

云南宜良孙家山发现大量瓮罐葬[1]。有圆形或椭圆形土圹，如 M73，直径为 0.5 米、深 0.57 米，坑底置内外套罐一具，无葬品（图 19 - 2 - 1，22）；也有长方形土圹，如 M90，长 1.18 米、宽 0.8 米、深 0.99 米，坑底有内外套罐二具（图 19 - 2 - 1，23），为合葬墓。此外，在云南禄丰石龙镇后山[2]还发现圆形土坑瓮罐葬和长方形土坑火葬墓。

B 型：无葬具土坑竖穴墓。

吉林扶余岱吉屯 M8，为无葬具土坑竖穴墓，长 2.1 米、宽 0.5 米、深 0.6 米，骨架散堆在中部，似乎是二次葬。随葬品有变体梵文青花瓷碗、缸胎赭釉罐等。岱吉屯 M9 也属此类。

第三节　分期和分区

元代墓葬的资料比较零散，可供比较的纪年资料和典型墓葬有限。徐苹芳将元墓分为两期，即蒙古时期和元朝[3]。秦大树将元代墓葬分为三期，除蒙古时期外，将元朝分为两期，以至大到延祐年间（1308—1320 年）为分界[4]。本章依据现有的资料，初步将元代墓葬分为三期。早期，即蒙古国时期。从成吉思汗立国（1207 年）到元世祖至元十三年（1276 年）定国号为"大元"；中期，即元代前期，为至元十三年（1276 年）到英宗至治三年（1323 年）；晚期，即元代后期，从泰定元年（1324 年）到元代王朝退出中原（1368 年）。

忽必烈的元朝占据了原金朝、南宋、西夏、大理等国和吐蕃等部，以及大部分西辽的统治地域，建立了统一的国家。

元代统治者存在种族歧视，将国民分为四等。第一等级为元朝的"国族"蒙古人；第二等级为色目人，包括西北各民族、西域和部分欧洲人；第三等级为汉人，泛指原金朝境内各族人；第四等级为南人，泛指原南宋境内各族人。"金、元取中原后，具有汉人、南人之别。金则以先取辽地人为汉人，继取宋河南、山东人为南人；元则以先取金地人为汉人，继取南宋人为南人。"[5]由此可见，不同等级的人群有着相对固定的地域范围。

我们依据墓葬形制和随葬品组合等的差异，通过相关资料的比较研究，可以将元代墓葬大体分为四区。

第一区，燕山以北的东北地区、蒙古高原、内蒙古东部和河北承德左近地区和京津地区、河北北部、山西北部地区和内蒙古中部部分地区。这里曾是契丹族和女真族旧地，是蒙古族的

---

〔1〕　云南省博物馆文物工作队、昆明市文物管理委员会：《云南宜良县孙家山火葬墓发掘简报》，《考古》1993 年第 11 期。

〔2〕　葛季芳：《禄丰火葬墓及其青花瓷器》，《文物》1984 年第 8 期。

〔3〕　徐苹芳：《金元墓葬的发掘》，载《新中国的考古发现和研究》，文物出版社 1984 年版。

〔4〕　秦大树：《宋元明考古》，文物出版社 2004 年版。

〔5〕　（清）赵翼著，王树民校证：《廿二史札记校证》（订补本），中华书局 2001 年版，第 630 页。

发祥地及其统治中心之一。元代大体隶属于辽阳行省、陕西行省北部、中书省北部[1]。

第二区，河南大部、山西中南部、河北中南部、山东、安徽和江苏北部地区，以及内蒙古西部、陕西、甘肃、宁夏、青海北部等地区。这里曾是西夏的辖区和金代统治的汉人集聚地区。元代隶属于中书省南部、陕西行省南部、甘肃行省、河南江北行省北半部等。

第三区，淮河以南的南方地区，主要是原南宋、大理的辖区。元代隶属河南江北行省南半部、江浙行省、江西行省、湖广行省、四川行省、云南行省等。

第四区，新疆、青海南部、西藏地区。这里曾是西辽和吐蕃的统治区。

第四节　墓葬壁饰

元代已经处于中国古代墓葬壁饰发展的尾声，但是其时代特征和地方性特点仍十分鲜明，因此元代墓葬壁饰在中国古代美术和文化史上仍具有不可忽视的地位。明清时期的墓葬壁饰十分罕见。

元代墓葬壁饰主要是壁画，其次为雕砖，偶见画像石。壁画墓多发现在北方地区，墓葬雕砖则以黄河流域最具特色，画像石墓仅见于江苏和山西。

一　壁画的题材和内容

元代的壁画墓发现较多。壁画装饰位置通常在墓门、墓室的壁面上。有些壁画就绘在斗拱的拱眼间和雕砖版门的障水板上，与雕砖墓混为一体。元代的壁画题材除了秉承辽金和北宋的传统内容外，还形成了蒙古民族自身的特点和时代风格。以屏风画形式出现（即有明确边框）的隐逸图和孝悌故事图、山水画，以及独特的人物服饰等，构成了元代墓葬壁画鲜明的时代特征。

由于发掘者主观认识的差异等原因，目前关于元代的壁画题材称谓随心所欲，较为混乱。参考辽金二朝和宋代的壁画题材内容，可以确认元代的壁画题材主要是表现当时的现实生活场景和宗教信仰、道德观念等内容。具体而言，有仆侍和门神图、墓主人夫妇开芳宴、墓主人夫妇端坐图或端坐宴饮图、散乐图、戏剧图、侍奉宴饮图、庖厨图、出行图、归来图、游乐图、侍寝图、妇人启门图，以及孝悌故事图、隐逸图、水墨山水画、人物情节故事图、梅竹双禽图、祥瑞图（云鹤图、四神图等）、谷仓图等。

从现有资料看，元代时期各区的壁画题材和内容不尽相同，表现形式也各有特色。

第一区，燕山南北区。

门侍和门神图。多为单人像。内蒙古赤峰三眼井 M2[2] 墓室南壁门内侧各画一门神，

---

[1] 谭其骧主编：《中国历史地图集》（元明时期）第七册，中国地图出版社 1989 年版。以至顺元年（1330 年）的区划为准。

[2] 项春松、王建国：《内蒙昭盟赤峰三眼井元代壁画墓》，《文物》1982 年第 1 期。

头扎缠，穿短衣，腰系飘带，裹腿，高靴，手持长柄大斧，神态威严。内蒙古赤峰宁家营子89年墓[1]墓门两侧也有门神图。门神图是历代壁画墓均见的题材，通常是神荼和郁垒的形象。唐代以后出现了秦叔宝和尉迟敬德的形象。

　　墓主人开芳宴。开芳宴是元代墓葬壁画中较为常见的题材。内蒙古赤峰宁家营子82年墓[2]北壁（图19-4-1），在宽阔的帐幕下，男女墓主人左右相对而坐。男主人头戴圆顶帽，帽缨垂肩，耳后宽扁带上有缀饰，身穿右衽窄袖蓝长袍，腰围玉带，脚蹬高靴。左手扶膝，右臂搁在座椅的卷云形扶手上。女主人盘髻插簪，耳垂翠环，身穿左衽紫色长袍，外罩深蓝色开襟短衫，腰系带垂至膝下，脚穿靴，袖手端坐。男女主人身后立男女仆人各一，男仆头戴圆顶帽，腰间右侧挂一扁圆形荷包，双手捧一印盒。女仆梳双丫髻，双手捧印。左右两侧扎有紫色帐幕，正中悬一长方形垂饰，上绘花卉，将画面分隔成左右两半。与此相对的南壁绘有散乐图。开芳宴被识别为一类壁画题材始见于《白沙宋墓》[3]。

图19-4-1　赤峰宁家营子82年墓北壁"开芳宴"
（引自《内蒙古赤峰市元宝山元代壁画墓》，《文物》1983年第4期）

　　墓主人夫妇端坐图。这是元代时期常见的壁画题材，其与开芳宴的区别在于对面没有散乐图或杂剧等娱乐表演的题材。内蒙古凉城后德胜M1[4]北壁，在黑色边框内，画面正

〔1〕　刘冰：《内蒙古赤峰沙子山元代壁画墓》，《文物》1992年第2期。
〔2〕　项春松：《内蒙古赤峰市元宝山元代壁画墓》，《文物》1983年第4期。
〔3〕　宿白：《白沙宋墓》，文物出版社1957年版。关于开芳宴，参见该书注53。
〔4〕　内蒙古自治区文化厅文物处、乌兰察布盟文物工作站：《内蒙古凉城县后德胜元墓清理简报》，《文物》1994年第10期。

中为男主人戴钹笠冠端坐在扶手椅上，左手持一黑色木棍，右手置于胸前，穿黑色靴子。男主人两侧各端坐一位衣着华丽的妻或妾。男主人身后站立二名男侍，均戴钹笠冠，一持仪仗，一捧物状。妇人外层各有一女侍，均双手捧一盏托类饮具。两女仆后边各有一个方桌，桌上有器皿，桌后各有两名女侍，分别表现侍酒和侍茶的内容。

散乐图。内蒙古赤峰宁家营子82年墓的墓门东西两侧合绘一组散乐。东侧三人，第1人穿圆领窄袖红色长袍，腰围玉带，双手执杖；第2人浓眉大眼，穿圆领窄袖绿长袍，正吹奏横笛；第3人穿紫色长袍，左手执槌击鼓，大鼓置于架上。西侧三人，第1人双手执杖；第2人腰系横鼓，右手执一细槌做击鼓状，左手五指伸张，作拍击状；第3人腰系玉带，双手击拍板。东西两侧壁共同组成一幅散乐图。赤峰宁家营子89年墓西壁北段的乐舞图也别有特色。元代的散乐图应该是承继了辽金墓葬的传统。

侍奉宴饮图。主要是描绘侍者准备宴饮的情况。常见有备酒图和备茶图两种形式，对称分布在墓室壁面上。赤峰宁家营子89年墓[1]北壁东段画面中央绘有一长桌，罩绿色桌布，上面摆有碗、茶盏、双耳瓶和小罐。桌后有三人。右侧一女子右手托一茶盏，中间一人双手持执壶，向左侧女子手中的碗内注水，左侧一女子，左手端一大碗，右手持一双红色筷子搅拌。桌前一女子侧跪，左手持棍，拨动炭火，右手扶执壶。表现的是点茶场面。南壁东段，画面中央有一长条形桌，铺桌布，上有黄色注壶、托盘、四系罐及白色莲花碗和盏。桌后站立三人，左侧一人着男装，双手捧匜，侧身向西，中间一女子抱一个玉壶春瓶，右侧一女子双手端一托盘，盘内有盏。桌前站立一人，着男装，抱一黄色凤首瓶。此为备酒图。河北涿州李仪墓、山西大同齿轮厂大德二年毛氏墓壁画中也都有表现备酒和备茶的内容。这是辽金墓和宋墓中常见的题材，元代仍在流行。

出行图和归来图。描绘墓主人出行和归来时的情境。在元代，此类题材不常见，表现形式也有别于辽金和宋代壁画。内蒙古赤峰三眼井M2[2]墓室西壁以连环画的形式，实际上是用二幅侍饮图和一幅狩猎出行图组合而成，刻划了主人进食、出行和游猎的场面，带有浓重的民族特色，较为别致（图19-4-2）。

赤峰三眼井M2东壁也以连环画的形式，刻划了主人归来的场面。整个画面实际上由归来图、散乐图和妇人启门图和备宴图组合而成，形象地表现了墓主人逐猎归来，受到隆重欢迎的动态情节。

在壁画题材中，出行图和归来图通常共在同一墓中，具体表现内容有所不同。出行图在汉墓中就已经出现，但是出行和归来图同时出现的墓葬当属山西太原北齐娄叡墓[3]。辽墓十分盛行这类题材，内蒙古库伦前勿力布格一号墓的出行和归来图最为壮观[4]。而宋金时期墓葬则少见此题材，内容也很简单[5]。

〔1〕　刘冰：《内蒙古赤峰沙子山元代壁画墓》，《文物》1992年第2期。

〔2〕　项春松、王建国：《内蒙昭盟赤峰三眼井元代壁画墓》，《文物》1982年第1期。

〔3〕　山西省考古研究所、太原市文物管理委员会：《太原市北齐娄叡墓发掘简报》，《文物》1983年第10期；宿白：《太原北齐娄叡墓参观记》，《文物》1983年第10期。

〔4〕　王健群、陈相伟：《库伦辽代壁画墓》，文物出版社1989年版。

〔5〕　李明德、郭艺田：《安阳小南海宋代壁画墓》，《中原文物》1993年第2期。

游乐图。辽宁凌源富家屯墓 M1[1]东壁的壁画分两部分。右侧为 2 人和 4 马，右一人左手曲肘向前，立于马前，另一人手持三弦琴，二人身后四匹马姿态各异，立于原地。左侧为 3 人，墓主人端坐在太师椅上，头戴白沿绿色圆顶红缨帽，左手拄于膝间，右臂曲肘横于座椅扶手上，目视前方，身后一仆人腰系带，上挂一黑盒，墓主人左侧一琴师，右膝放置三弦琴，双手正在弹拨，前面有一个黑漆高腿长方桌，桌上一圆盘内有 2 玉壶春瓶，一方盘内盛 2 杯子，一高足盘内放有 3 只桃子。桌前站立一人，已残。此幅画有较强的民族特色。

图 19-4-2　赤峰三眼井 M2 墓室西壁狩猎出行图
（引自《内蒙昭盟赤峰三眼井元代壁画墓》，《文物》1982 年第 1 期）

侍寝图。辽宁凌源富家屯墓 M1 墓室北壁，画有一处敞轩，帷幔高悬，帐带低垂，内有精工雕镂的青灰色木床，床上已经铺放好红被和绿枕，床前放有 2 只小口梅瓶，左右两侧各有 3 人。右侧一行 3 侍女，最里者双手端一黑色圆盘，内盛桃子，中间者双手拱于胸前，外侧者袖手垂立。左侧 3 人鱼贯而上，前者为侍女，双手拱于胸前，中间者为女子，面朝外，似盼主人归来，其后者为侍女，执一把红色团扇。原报告称"探病图"，是不对的[2]。从整个画面看，这应是描绘等候主人归来就寝的情形。此图与东壁的游乐出行图合而观之，可以认为是出行图和归来图的特殊表现形式。在宋墓中已经有类似的内容。河南安阳机床厂赵火粲墓[3]已有侍寝图，画面以床褥、帷帐为主体，床下有花纹床围。两边有雕花隔板，二侍女各隐板后，露半身，似在等候主人归来入寝。

放牧图和行猎图。凌源富家屯 M1 西壁原绘有牛、羊、驼、马等，应是表现放牧的场景。西南壁则绘有射雁等内容。

妇人启门图。凌源富家屯墓 M1 墓门外上部的额墙上，绘有朱红色大门两扇，门上有兽首衔环铺首及排列整齐的门钉，大门左扇开启，其间上部可见左右分开的帷幔和垂带，其下 3 个侍女正在向外张望，右侧一人右手探出门外，中间一人双手端一黑色圆盘，内放

〔1〕　辽宁省博物馆、凌源县文化馆：《凌源富家屯元墓》，《文物》1985 年第 6 期。
〔2〕　宇峰：《关于凌源富家屯元墓壁画〈探病图〉》，《文物》1986 年第 1 期。
〔3〕　魏峻、张道森：《安阳宋代壁画墓考》，《华夏考古》1997 年第 2 期。

2 只杯子，左侧一人双手捧玉壶春瓶，身旁有银铤。在墓门外东西翼墙上都有仕女图，西侧 1 人，东侧 2 人。这种题材常见于辽金墓和宋墓中。

孝悌故事图。北京门头沟斋堂墓[1]墓室西壁彩绘孝悌故事图，用 4 株不同的树木将画面分成左中右三部分，分别为原谷谏父、赵孝宗舍己救兄和丁兰刻木奉亲。整幅画高 1.8 米、宽 1.5 米，是元代墓葬壁画的精品。河北涿州至元五年（1339 年）李仪夫妇合葬墓[2]，其墓室东南壁和西南壁绘有二十四孝故事图，共有 18 幅。根据画像内容推定，东南壁有郭巨、蔡顺、田真、姜诗、王武子妻、杨香、元觉（图 19-4-3）；西南壁有老莱子、刘明达、曾参、王祥、丁兰、孟宗、曹娥、鲁义姑、陆绩、赵孝宗和董永。这种题材从汉代壁画墓开始，一直是历代壁画题材的重要内容。

图 19-4-3　涿州李仪墓墓室东南部孝子故事图
（引自《河北涿州元代壁画墓》，《文物》2004 年第 3 期）

隐逸图。这是元代时期墓葬壁画的特色内容之一。山西大同齿轮厂大德二年毛公墓[3]西壁北半部为泛舟图，画面右侧为山石，山上有苍劲枯松，天空有一行大雁，画面左侧两

［1］　北京市文物事业管理局、门头沟区文化办公室发掘小组：《北京市斋堂辽壁画墓发掘简报》，《文物》1980 年第 7 期。原报告认为是辽墓，实际为元墓。
［2］　河北省文物研究所、保定市文物管理处、涿州市文物保管所：《河北涿州元代壁画墓》，《文物》2004 年第 3 期。
［3］　大同市博物馆：《大同元代壁画墓》，《文物季刊》1993 年第 2 期。

山之间绘有一条波浪起伏的大河，一条小船游弋其间，两头上翘，船左坐一儒士，船右立一撑船小童。北部西侧壁画为闲居图，画面左侧高山峥嵘，两条湍流从山上盘旋而下，天空一行大雁，画面右侧隐约可见一片山石，两山之间夹一绝壁平台，皓月当空，月中有玉兔捣药，平台上斜倚一株皓首苍松，树下立一小童，树左置一方桌，上有樽勺和盘盏，树右有一座四角攒尖顶茅屋，茅屋右侧有一老翁，手拄苍藤长杖，头戴屋形儒巾。老翁右侧立一四角弯曲的高足几，几上放置物品，几下有一花盆。此外还有出游图等内容。大同冯道真墓[1]也绘有论道图、观鱼图等。

水墨山水画。山西大同冯道真墓北壁绘有一幅水墨山水画，东西长2.7米、高0.91米，右上题"疏林晚照"，风景优美，在夕阳的映照下，远处丛林叠嶂，郁郁葱葱，近观碧波荡漾，花木繁茂；两叶扁舟荡漾其间（图19－4－4）。整个画面布局合理、错落有致，再现了自然山川的美丽风光。北京门头沟斋堂墓的北壁和西壁后部现存4幅山水画。这种题材在北宋晚期的山西壶关下好牢墓[2]也曾发现过，应该是承继辽代和宋金时期壁画的传统。

屏风梅竹图。河北涿州李仪墓墓室北壁绘有一幅水墨竹雀图，与东北壁和西北壁的侧屏翠竹图共同构成一个整体。北京密云太子务墓[3]北壁绘有三开屏风，屏风边框呈浅赭色，正中墨绘梅花竹石图，较有特色。

云鹤祥瑞图。这种题材通常见于墓顶。河北涿州李仪墓的墓顶，绘有神态各异瑞鹤，其间点缀祥云。内蒙古赤峰宁家营子89年墓墓顶绘有以莲花为中心的祥云瑞鹤图，在北部偏东绘有太阳，内有三足鸟；南侧偏东绘有月亮，内有桂树和捣药的玉兔。

此外，还见有招魂图、鬼怪图（凉城后德胜M1），以及宅第建筑图（赤峰三眼井M1）、器皿图等。

第二区，中原和关中区。

侍者图。不仅有守门仆侍，如山西长治郝家庄墓[4]南壁门两侧的侍者，还有日常生活的仆侍，如河南焦作老万庄冯三翁墓（M3）[5]墓室东北壁的执扇侍者和西北壁的抱印童子等。

墓主人夫妇开芳宴。河南伊川元东村墓（92YM5）[6]墓室北壁在黑色边框内绘一大

〔1〕　大同市文物陈列馆、山西云冈文物管理所：《山西省大同市元代冯道真、王青墓清理简报》，《文物》1962年第10期。

〔2〕　王进先：《山西壶关下好牢宋墓》，《文物》2002年第5期。下好牢墓于宣和五年（1123年）下葬。这是为数不多有山水画题材的宋墓，线条较简单，表明在宋代墓葬壁画中，绘山水画还是偶然现象。在内蒙古巴林右旗庆陵辽圣宗东陵中室绘有四季山水画，表现皇帝四时捺钵的情况（［日］田村实造、小林行雄：《庆陵》，1953年）；库伦前勿力布格二号墓墓道北壁也发现残存的山水画（王健群、陈相伟：《库伦辽代壁画墓》，文物出版社1989年版）；五代王处直墓（924年）前室北壁中央有屏风式山水画（《五代王处直墓》，文物出版社1998年版）；陕西富平县唐代壁画墓曾发现山水屏风画（井增利、王小蒙：《富平县新发现的唐墓壁画》，《考古与文物》1997年第4期），算是目前此题材墓葬壁画较早的实例。

〔3〕　张先得、袁进京：《北京市密云县元代壁画墓》，《文物》1984年第6期。

〔4〕　长治市博物馆：《山西省长治县郝家庄元墓》，《文物》1987年第7期。

〔5〕　河南省博物馆、焦作市博物馆：《焦作金代壁画墓发掘简报》，《河南文博通讯》1980年第4期。

〔6〕　洛阳市第二文物工作队：《洛阳伊川元墓发掘简报》，《文物》1993年第5期。

图 19-4-4　大同冯道真墓北壁水墨山水画
（引自《山西省大同市元代冯道真、王青墓清理简报》，《文物》1962 年第 10 期）

厅，帷幔下头戴宽沿圆帽的男主人和戴黑巾的女主人端坐在高背椅上，脚下有榻，二人前有一长方形桌子。男主人身后有 3 男侍，女主人身后有 2 女侍。主人夫妇身后为大幅中堂画，两侧各有一屏风画。元东村墓东壁和西壁的北部都绘有散乐图。此外，山西运城西里庄元墓[1]北壁也绘此题材。

墓主人夫妇端坐图。陕西蒲城洞耳村元墓[2]北壁绘有墓主人夫妇端坐在交椅上（图版 19-1），女主人头戴顾姑冠，为墓葬壁画所罕见。墓主人身后置一木框座屏，座屏上部绘有山水画。男女主人外层各有一男侍和女侍，侍者身后各有一方桌，上有饮食器，分别表现备酒和备茶的内容。山西平定东回村墓[3]墓室东北壁也绘有此题材，从服饰上可以看出，墓主人的族属显然与蒲城洞耳村元墓有所区别。山西兴县红峪村武氏夫妇墓[4]墓室西壁绘夫妇端坐图。男主人头戴四方瓦楞帽，穿交领右衽长袍，腰束绔带，坐于交椅之上；女主人身穿对襟直领短袖衫，内着左衽襦衫，腰系带，坐于方凳之上。夫妇之间置红色矮足小供桌，桌上放有立耳三足香炉、小盒等物。夫妇二人身后有一方形座屏，屏前有白色长条形供桌，红色裙板。桌上立有牌位，上饰莲叶，下作仰莲，中间题记："祖父武玄圭"，两侧分别为"父武庆""母景氏"。黄色宽边框内白色屏面上题字为"瘦藤高树昏鸦丨小桥流水人家丨古道西风瘦马丨夕阳西下已独不在天涯丨西江月"。

散乐图。山西运城西里庄墓东壁为 6 人组成的散乐图，从左到右，第 1 人为男童，身左侧，左手前指，右手持一物扛于右肩；第 2 人身右侧，左手甩袖，右手举一短竿（可能为箫）；第 3 人为女子背面，抱琵琶，左手按弦，右手在弹拨；第 4 人双手握横笛作吹奏状；第 5 人胸前挂一扁鼓，双手持槌作敲击状；第 6 人为女子，双手持拍板于胸前（图 19-4-5）。河南伊川元东村墓（92YM5）东壁的北部在黑色边框内绘有男乐伎 4 人，均戴幞头，分别击横鼓、吹横笛、持拍板、击圆鼓；西壁北部绘男乐伎 4 人，均戴幞头，分别弹琵琶、吹笙、吹横笛和击腰鼓。

戏剧图。山西运城西里庄墓西壁绘有此类壁画。自左向右，第 1 人身左侧，双手持戏折展开于胸前，戏折右首楷书"风雪奇"3 字，身后有 1 男童；第 2 人身左侧，右手执小扇于胸，左手置于腹部；第 3 人双手持笏板于胸前；第 4 人头右视，右手指第 3 人，左手背于身后，右脚迈向左方；第 5 人为女性，身左侧，右手持 1 黄色卷形物，左手折其上部（图 19-4-6）。在元代时期壁画中仅此孤例。

侍奉宴饮图。仍是描绘侍者准备宴饮的情况，以备酒图和备茶图为多。如陕西蒲城洞耳村元墓的西北壁和东北壁分别表现备酒图和备茶图。

〔1〕　山西省考古研究所：《山西运城西里庄元代壁画墓》，《文物》1988 年第 4 期。
〔2〕　呼林贵、刘合心、徐涛：《蒲城发现的元墓壁画及其对文物鉴定的意义》，《文博》1998 年第 5 期；陕西省考古研究所：《陕西蒲城洞耳村元代壁画墓》，《考古与文物》2000 年第 1 期。
〔3〕　山西省文物管理委员会：《山西平定县东回村古墓的彩画》，《文物参考资料》1954 年第 12 期。
〔4〕　山西大学科学技术哲学研究中心、山西省考古研究所、山西博物院：《山西兴县红峪村元至大二年壁画墓》，《文物》2011 年第 2 期。

图 19 - 4 - 5　运城西里庄墓东壁散乐图

（引自《山西运城西里庄元代壁画墓》，《文物》1988 年第 4 期）

图 19 - 4 - 6　运城西里庄墓西壁戏剧图

（引自《山西运城西里庄元代壁画墓》，《文物》1988 年第 4 期）

　　庖厨图。山西平定东回村元墓[1]西北壁，在一绣花帷帐下，有三人，左侧 1 人双手持杖，侧面看厨师；中 1 人戴围裙，右手托一个盛食品的圆盘，面向左侧；右侧 1 人两臂间系有"攀膊"，戴围裙，正在一长桌上操刀切食物（图 19 - 4 - 7）。形象生动传神。庖厨图在辽墓和宋墓中是常见的题材，在元墓中罕见。这似乎表明元代北方壁画墓已经不再表现这个题材。

　　出行图和归来图。陕西蒲城洞耳村元墓的出行图和归来图同时出现，具体表现内容较为特殊。西壁和西南壁的出行图中（图 19 - 4 - 8），右边树下拴两匹马，一红一白。主人身穿红袍准备出行，二位仆人端盘捧酒跪侍主人，好似现在蒙古族人敬上马酒的习俗。东壁和东南壁的归来图中（图版 19 - 2），绘主人归来，有一男仆搀扶，另一男侍一手持酒杯，一手持玉壶春瓶。主人前面有 3 人乐队，一人弹"火不思"四弦琴伴奏，一人击拍板，另一人跳舞。两匹马拴于树下。此墓的出行和归来图充分表现了蒙古族的风俗习惯。

---

〔1〕　山西省文物管理委员会：《山西平定县东回村古墓的彩画》，《文物参考资料》1954 年第 12 期。

内寝陈设图和侍寝图。山西长治郝家庄墓墓室北壁绘有内室陈设，上面悬挂幔帐和垂带，下置一有花牙子床，床上铺毯。毯上有两个椭圆形坐垫。床三面有围屏，左右侧面各一，后面两块，在黑色框架内绘水墨山水画。山东章丘西酒坞墓（M4）西壁似绘一女子在为主人铺设床具，表现侍寝的内容。

妇人启门图。山东章丘西酒坞墓（M4）[1]墓室北壁绘有此题材。山西长治郝家庄墓墓室东壁还出现侍童启门图。

家禽图和马厩图。济南郭店至正十年墓[2]西南隅绘一公鸡站在牡丹花前。山西平定东回村墓东南壁绘有牛、羊、猪、鸡等家禽，西南壁绘有马厩图。

图 19-4-7　平定东回村元墓西北壁庖厨图
（引自《山西平定县东回村古墓的彩画》，《文物参考资料》1954 年第 12 期）

图 19-4-8　蒲城洞耳村元墓西壁和西南壁出行图

---

[1]　济南市文化局、章丘县博物馆：《济南近年发现的元代砖雕壁画墓》，《文物》1992 年第 2 期。
[2]　济南市文化局、章丘县博物馆：《济南近年发现的元代砖雕壁画墓》，《文物》1992 年第 2 期。

　　孝悌故事图。山东济南柴油机厂墓[1]四壁及墓顶上绘有孝悌故事图。包括有郭巨埋儿、孟母教子、孟宗哭竹、鲁义姑舍子救侄、舜耕历山、王祥卧冰求鲤、（名称不详，前屋老少二男对坐，后屋坐一少妇）、韩伯俞泣杖（?）、杨香打虎救父、朱寿昌弃官寻母、刘明达卖子孝父母（?）、原谷谏父、尝粪忧心等。

　　隐逸图。此题材在本区不多见。河南登封王上墓[2]东壁绘有论道图，远绘高山飞瀑，近绘树木和山间小径。一白衣人牵一黄牛，左手前指，似向坐在石头上的黄衣人请教。西壁绘升仙图，远绘青山白云，近绘山溪古树。左下方绘黄衣人做拱手相送状，右侧白衣人足踏一道云气，升至半空中，左手置胸前，右手拂袖，回视黄衣人。

　　屏风式山水画和挂轴山水画。山西长治郝家庄东壁绘有屏风式山水画，其西壁绘有挂轴山水画，较有特色。

　　人物故事图。河南焦作老万庄 M2 木棺两侧有四幅，较为精彩[3]。木棺左侧壁前部一幅刺马盗血图，绘一个宅院的马厩，左上画一门庭台阶，中部二人在扭打一人，被打之人为一老者，作挣扎向后退状。打人者均裹头巾，打粉红色绑腿。前一人背向外，左手执一牛刀，提一小罐，罐内和刀尖鲜血淋淋，右手揪住老者衣领；后者面向外，双手扭着老者右臂，向门拖拉。右边画一淡青色大马，马左肩有一伤口，鲜血淌至地面；马侧有一马槽，槽前一人正双手握缰绳往柱上拴马。马槽前有一货郎担，箩筐内有小瓢和笊篱，筐旁有一摇鼓。左侧后部一幅"鱼精闹书馆"，绘近水楼台——书房，房内有一拱腿书案，案上摆经卷和笔墨纸砚。在廊下站一少年，梳"三搭头"，右臂前伸，手掌向外五指分张，左臂前曲，以袖掩口，面向左转，目视女"妖"，做惊恐欲逃状。阶前一人古铜面，裹皂色东坡巾，面对女妖，左手执一铁剑，右手扶剑，左腿前跨，右腿后蹬，做抢步追赶状。在其前方有一鱼尾女妖，脂粉涂面，披头散发，惊恐回顾，奔向水潭。画右为山间瀑布倾泻水潭之中。与此相对，木棺右侧壁也有两幅，为狩猎图和降妖图。四幅画的内容似乎有所本，有待认识。

　　梅竹双禽图。河南登封王上墓北壁画面中部绘一褐色山湖石，石后红梅绿竹交映，两侧各绘一只瑞禽，高冠浅羽，细腿长尾，似为孔雀。此外，王上墓的东北壁和西北壁还各绘一幅三鹤图。

　　祥瑞图。如山西平定东回村墓的四神图，河南登封王上元墓墓顶的云鹤图等。

　　第三区，南方区。

　　仆侍图。福建将乐光明乡元墓[4]右室右壁在彩云下绘白虎，白虎后面绘三侍女，捧物徐行，左侧一人双手捧多层食盒，中间一人抄手而立，右侧一人双手捧一荷叶盖小罐。

　　庖厨图。福建将乐光明乡元墓右室右壁上，表现的是厨房内生火做饭的日常设备，有案桌和餐具，有锅灶和柴禾，也有水桶、扁担和水缸等。是静态的庖厨图，平民生活气息浓厚。

〔1〕　济南市文化局文物处：《济南柴油机厂元代雕砖壁画墓》，《文物》1992 年第 2 期。
〔2〕　郑州市文物工作队：《登封王上壁画墓发掘简报》，《文物》1994 年第 10 期。
〔3〕　河南省博物馆、焦作市博物馆：《焦作金代壁画墓发掘简报》，《河南文博通讯》1980 年第 4 期。
〔4〕　福建省博物馆、将乐县文化局、将乐县博物馆：《福建将乐元代壁画墓》，《考古》1995 年第 1 期。

出行图和归来图。在壁画题材中，出行图和归来图通常一起出现在同一墓中，具体表现内容有所不同。在福建将乐光明乡壁画墓[1]中，是用人物鞍马伞盖图和人物轿舆图等来体现出行和归来的题材。

家禽图。福建将乐光明乡元墓左室左壁在花瓶下绘一雄鸡，右壁绘一家犬；右室右壁也绘有一家犬，左壁画残。

谷仓图。将乐光明乡元墓左室南龛壁中，绘一瓦顶木板仓房，中立二柱，仓门有锁。门上部墨书"五谷仓"三字。右室也有此类壁画。

福禄寿三仙图。福建将乐光明乡元墓左室绘有福禄寿三仙图，左侧为禄仙，双手持笏，身前有一梅花鹿；中间为福仙，左手持羽扇，戴冠巾；右侧为拱手捧卷的大额头寿仙，卷文墨书"注寿"，旁有口衔灵芝的仙鹤。这是墓葬壁画中最早出现的福禄寿三仙图。

祥瑞图。福建将乐光明乡元墓绘有青龙白虎图和七星北斗图等。

就目前发表的资料而言，元代的壁画墓以中原和关中区最多，燕山南北区次之，而南方区仅2座。大体反映了元代时期壁画墓流行的情况。

元代的壁画分布有深远的历史文化底蕴。以赤峰和大同为中心的北方地区在辽金时期一直是壁画墓较多的重要地区；晋南豫西北地区在宋金时期是社会文化和经济持续繁荣的地区之一，壁画和雕砖墓一直盛行；而福建尤溪和将乐左近地区在宋代就是江南地区一花独秀的壁画墓分布区，有着一脉相承的传统。

从墓葬壁画的发展历程看，在燕山南北地区，辽金时期是壁画墓的鼎盛时期，元代开始走向衰落，但是还有一定的自身特色；在中原地区，经过唐和北宋的繁荣后，金代壁画墓逐渐成为雕砖的附属，到了元代更加衰落；而在淮河以南的广大地区，壁画墓一直不太流行，两宋时期壁画墓仅在福建和江西的部分地区零星有所发现，到了元代基本走到了尽头。

元代时期的壁画题材主要有墓主人夫妇开芳宴、墓主人夫妇端坐宴饮图、散乐图、侍奉宴饮图（备茶图和备酒图）、出行归来图、侍寝图、孝悌故事图、隐逸图、仆侍图和门神图、祥瑞图等。各区的题材特点各有不同。只有仆侍图、出行图和归来图（形式不同）、祥瑞图三个区域中都使用。其中大多数题材还是沿袭了辽金和两宋时期的风格，而屏风画形式的孝悌故事图、隐逸图、水墨山水画等，构成了元代墓葬壁画的突出特点。内容独特的出行图（如赤峰三眼井墓、蒲城洞耳村墓）等，带有蒙古人浓厚的民族风情。

二　雕砖的题材和内容

元代墓葬雕砖在很大程度上是秉承了北宋和金代的文化传统，其基本特征是仿木结构的砖筑墓，在题材内容上没有什么进步，反倒出现了简化衰落的态势。主要分布在以豫西、晋南为中心的黄河中游地区，这里曾是金代雕砖壁饰的盛行地，文化发展水平很高，壁饰表现出来的内容在很大程度上是当时现实社会生活和观念的真实写照。

元代时期墓葬雕砖的发展演变大体可归为二个阶段。第一阶段为承继期；第二阶段为衰落期。这里选择主题明确的题材简述如下。

---

[1]　福建省博物馆、将乐县文化局、将乐县博物馆：《福建将乐元代壁画墓》，《考古》1995年第1期。

二十四孝故事图。元墓雕砖较为多见的题材。山西侯马至元十八年张□成墓[1]
（95M2）在墓室四壁雕塑二十四孝故事，有王祥卧冰求鲤、刘殷泽中哭芹、曾参心痛感啮
指等。

杂剧图。这是元墓雕砖中颇具特色的题材，形式不如金墓多样。山西新绛至元十六年
卫忠家族合葬墓[2]前后二室四壁都有砖雕壁饰，南壁中间墓门上雕有杂剧表演，周围有
框，框内上部有红色布幔，类似元代杂剧所谓的"帐额"。帐额下面共有7块砖雕，其中
5块各雕一位杂剧演员。左起第一人，类似短打武生角色；第二人形象似乎为装孤；第三
人形象为末泥；第四人形象为副末；第五人装扮为一个旦角。在杂剧砖雕两侧各有伎乐砖
雕一块，每块有二人，一人手执拍板，一人打腰鼓，是杂剧的伴奏者。这是研究中国戏剧
历史的重要资料。

散乐图。山西侯马延祐元年马姓家族墓[3]最精彩的砖雕就是墓室南壁的四幅伎乐俑，
构成一幅散乐图。每图各有一舞乐俑，外饰壶门，并施彩绘。左起第一图为一打鼓乐俑，
系女子模样，双手持一腰鼓，作侧耳倾听和演奏状；第二图为一正在表演的男舞俑；第三
图为一敲打编钟的乐俑，系女子模样，左侧雕一桌，编钟置其上，乐俑右手敲打编钟，弯
腰屈膝，作回首倾听状；第四图为一吹笙乐俑，装束也像女子模样。

百戏图[4]。有一种可能是表现当时农村文化娱乐生活的社火表演砖雕，很有特点。
山西新绛至元十六年卫忠家族合葬墓前后二室四壁的砖雕壁饰中，有跑毛驴、狮子舞、双
人舞、单人舞等百戏的内容。所雕人物多是儿童，颇有特色。此外，还有儿童击鼓图等。

墓主人端坐图。如甘肃漳县汪世显家族墓M11[5]西壁正中有一块砖雕人物坐像，可
能是墓主人。女主人没出现，是一种特例。金代也有类似情况，如侯马牛村94H5M1北壁
为男性墓主人一人端坐图[6]，两侧有侍从。

庖厨图。山西新绛寨里村至大四年墓[7]墓室南壁砖雕分上中下三层。中层左边雕刻
一厨房，内有四人。一人做饭，戴幞头，袒胸，露出右臂，立于条桌后面，手持面杖作饼
状，桌上放有已经做好的食物，其右侧的黑色条桌上放置各种食物；一人烧火，身着白色
窄袖长袍，足穿乌靴，戴幞头，坐在灶前，手持团扇煽火；灶台高大，上置蒸笼。另有两
名侍女，一个梳双髻，穿窄袖绿色上衣，双手捧杯；另一人穿窄袖红上衣，双手提壶。二
侍女面前各有绿裙红桌一张，桌上盘内放置有食物。其右边还雕有三侍女。

宅第环境和建筑装饰图。仿木结构建筑多表现墓主人生前宅院的情况。如山东济南大
官庄墓墓室北壁雕有一单檐歇山式建筑，建筑下砌基台，上有四柱，柱头上横施阑额和普
柏枋，普柏枋上柱头斗拱为双抄五铺作，形成面阔三间的格局。整个建筑装饰富丽堂皇。

〔1〕　山西省考古研究所侯马工作站：《侯马市区元代墓葬发掘简报》，《文物季刊》1996年第3期。
〔2〕　山西省考古研究所：《山西新绛南范庄、吴岭庄金元墓发掘简报》，《文物》1983年第1期。
〔3〕　山西省文管会侯马工作站：《侯马元代墓发掘简报》，《文物》1959年第12期。
〔4〕　叶大兵：《中国百戏史话》，浙江人民出版社1985年版。
〔5〕　甘肃省博物馆、漳县文化馆：《甘肃漳县元代汪世显家族墓葬》，《文物》1982年第2期。
〔6〕　山西省考古研究所侯马工作站：《侯马两座金代纪年墓发掘报告》，《文物季刊》1996年第3期。
〔7〕　山西省文物工作委员会侯马工作站：《山西新绛寨里村元墓》，《考古》1966年第1期。

此外，山东济南大官庄墓南壁墓门东侧砖雕一个灯檠，东壁雕一桌一椅，西壁雕一案一柜，柜子上放二盒子。似乎是象征居室陈设。

祥瑞走兽和吉祥花卉图。通常绘在须弥座的壸门部分内。如在壸门内二力士柱间绘有牡丹，两侧雕瑞狮、天马、仙鹿等。还有双狮戏绣球等。

三　画像石的题材和内容

元代画像石墓葬发现很少，但是题材和内容较为多样，雕刻也较为精美。有线刻，也有浮雕。其雕刻的题材主要有出行图、归来图、墓主人端坐图、侍宴图、楼阁建筑图、二十四孝故事图、杂剧图等。表现的内容与砖雕墓葬相似。

出行和归来图。山西交城裴资荣墓[1]甬道东壁线刻出行图，主人乘马策缰，一侍者持钱幡在前，一侍者担笼箱从后；甬道西壁线刻归来图，主人乘马缓行，神情疲惫，二侍者一抱盒，一担箱跟随其后。人物均戴钹笠帽，穿交领左衽衣。

墓主人夫妇端坐图。见于山西交城裴资荣墓墓室北壁。墓主人夫妇端坐在长榻前，身旁有榜题，男"裴资荣"、女"闫氏"，二人身后正面刻"宗祖之位"牌位。夫妇两侧分别有一男侍双手捧盏托，一女婢捧一奁盒（图19-4-9）。

侍宴图。见于山西交城裴资荣墓墓室东北壁和西北壁。东北壁背景刻有二勾栏，右侧松树一株，树下有灶，笼内置温酒壶。中间二侍女一端果盘，一执壶；西北壁背景亦刻二

图19-4-9　交城裴资荣墓墓室北壁墓主人夫妇端坐图
（引自《山西交城县的一座元代石室墓》，《文物季刊》1996年第4期）

---

〔1〕　商彤流、解光启：《山西交城县的一座元代石室墓》，《文物季刊》1996年第4期。

勾栏，左侧梧桐树一株，树下有曲足方桌，上置荷叶盖罐、瓶、碗、杯等器皿。中间二侍女，左侧执一壶，右侧右手前指，左手托一杯盘。

二十四孝故事图。山西芮城潘德冲墓[1]石椁两侧线刻有董永、闵子骞、舜子、王祥、王武子、杨香等二十四孝故事图。均有题记，是研究金、元二代二十四孝题材演变的重要资料。宋德方墓石椁后壁也线刻有董永别妻、郭巨埋儿、孟宗哭竹、王祥卧冰等四幅孝子故事图。

楼阁建筑图。见于山西芮城宋德方墓[2]石椁左壁。正面有一大庭，左侧有八角攒尖顶小亭一座，前面正中有一座两层三檐歇山顶楼阁，富丽堂皇。宅子外刻有男女主人手持龙头拐杖自外归来，女主人有女婢搀扶，前有一仆持大扇，后有二随从。前楼有一人在眺望，左亭内有二人在备宴，亭旁还刻有树和彩云。

杂剧图。芮城潘德冲墓石椁前面门上刻有一建筑，正殿中有四人，其中有官服纱帽双手执笏一人，其他三人神态各异，可能表现的是杂剧的内容。

此外，还有一些杂耍和花鸟的内容。

四　壁饰的时代特征

我们通过对一组时代明确的元代壁画墓题材和内容的研究，并与宋金壁画墓进行比较，大体可以归纳出元代墓葬壁画所具有的一些时代特征[3]。这些特征在砖雕和画像石多也适用。

第一，在燕山南北区以隐逸图居多，年代多属蒙古国时期或元代早期。隐逸图和山水画大量集中在此区[4]，一方面可能与现实生活中开始流行山水画有关，另一方面也与道教的兴盛，以及墓主人的身份和情趣有关。中原和关中区以墓主人夫妇开芳宴和夫妇端坐图为多，都居正位（正对墓门的位置）。这表明在中原和关中区壁画题材突出现实化，直接表现墓主人形象。也反映出与宋金时期较强的文化传承。

第二，出现时代特征鲜明的题材和表现形式。如屏风画形式（特指有边框的情况）的孝悌故事图、隐逸图、水墨山水画等，这在宋金时期基本不见，是元代墓葬壁画的突出特点。孝悌故事图是儒（理）学思想世俗化的产物，而隐逸图和水墨山水画等题材多与道教有关。宋金墓葬壁画常见的题材孝悌故事图，在元代时期有的也用水墨山水画的形式表现出来，具有鲜明的时代特征。

第三，壁画人物的冠服，如钹笠冠、四方瓦楞帽、顾姑冠、民族服装——比肩等，都

---

[1]　山西省文物管理委员会、山西省考古研究所：《山西芮城永乐宫旧址宋德方、潘德冲和"吕祖"墓发掘简报》，《考古》1960 年第 8 期。

[2]　山西省文物管理委员会、山西省考古研究所：《山西芮城永乐宫旧址宋德方、潘德冲和"吕祖"墓发掘简报》，《考古》1960 年第 8 期。

[3]　董新林：《蒙元壁画墓时代特征初探——兼论登封王上等壁画墓的年代》，载《古代墓葬美术研究》，文物出版社 2011 年版。

[4]　隐逸图和屏风山水画多分布在棺床的两侧壁和后部。一区墓葬壁画多分前后两部分，前部分为现实生活内容，如备酒图、备茶图等，而后部分则为隐逸图和屏风山水画的题材。

是元代时期墓葬壁画中的特有表现形式。另外，男子剃"婆焦"的习俗[1]，也是常见于元代壁画人物中。这些冠服和头式都是墓葬断代的标尺。

第四，同一墓内成组出现备茶图和备酒图。这种情况始见于辽代壁画墓中，一直沿用到元代。元代时期的备酒图有鲜明的时代特征，即玉壶春瓶和盘成为常见的固定组合，还有大碗内置勺子的情况。

第五，有些题材的表现形式更为情节化和民族化。如赤峰三眼井 M2 的出行图和归来图、蒲城洞耳村元墓的出行图和归来图等，都像连环画一样，表现出鲜明的动态情节，并带有浓厚的蒙古民族风格。

第六，以墓室为一个单元，表现墓主人的现实生活情况。南北有别。北方壁画墓多反映墓主人出现游猎和宴乐的场景；南方壁画墓则具体表现了墓主人家居生活的情况。北方壁画的出行归来图都是绘鞍马图，女主人也骑马；而福建壁画墓则用鞍马和轿舆表现出行和归来，似乎反映出生活习俗的差异。

第五节　不同区域墓葬的礼俗和特征

史料记载，元朝皇帝和蒙古宗室贵族死后，都实行"秘葬"。从考古发现来看，迄今为止不仅元代时期诸皇帝陵杳无踪迹，而且明确的蒙古族皇亲国戚的墓葬也寥寥无几。至于如何秘葬，文献又鲜有记述。《元史》卷七十七《祭祀六》"国俗旧礼"条载："凡帝后有疾危殆，度不可愈，亦移居外毡帐房。有不讳，则就殡殓其中。""凡宫车晏驾，棺用香楠木，中分为二，刳肖人形，其广狭长短，仅足容身而已。殓用貂皮袄、皮帽，其靴袜、系腰、盒钵，俱用白粉皮为之。殉以金壶瓶二，盏一，碗碟匙箸各一。殓讫，用黄金为箍四条以束之。舆车用白毡青缘纳失失为帷，覆棺亦以纳失失为之。前行，用蒙古巫媪一人，着新衣，骑马，牵马一匹，以黄金饰鞍辔，笼以纳失失，谓之'金灵马'。日三次，用羊奠祭。至所葬陵地，其开穴所起之土成块，依次排列之。棺既下，复依次掩覆之。其有剩土，则远置他所。送葬官三员，居五里外。日一次烧饭致祭，三年然后返"。

高等级蒙古贵族墓葬大概多效仿皇帝秘葬制度，现有考古资料中，可以明确的蒙古族贵族墓很少。本章试图根据墓志等题名资料，参考墓葬壁饰等研究成果，对不同区域内的蒙古等族人墓与汉族人墓略做区分，并梳理其墓葬分期特征。

一　第一区

第一区是指燕山以北的东北地区、蒙古高原、内蒙古东部和河北承德左近地区和京津地区、河北北部、山西北部地区和内蒙古中部部分地区。这里曾是辽朝辖区，也是蒙古族

---

[1]　赵珙：《蒙鞑备录》，《王国维遗书》本。"上至成吉思汗，下及国人，皆剃婆焦，如中国小儿留三搭头在囟门者，稍长则剪之，在两下者总小角，垂于肩上。"

的发祥地及其统治中心。元代大都、上都和中都皆在此区域内。元代大体隶属于辽阳行省、陕西行省北部、中书省北部[1]。这一地区的民族复杂，表现出不同的丧葬习俗。我们在前人研究基础上，根据墓志等碑铭资料，并结合丧葬习俗的不同特点等，初步将这一地区的元代墓识别为蒙古族人墓葬、"蒙古族化"人墓葬、色目人墓葬和汉人墓葬，共四类。

（一）蒙古族人墓葬

参照《元史》帝后丧葬制度中对元朝葬俗的记载，结合考古发现，推定以下墓葬其族属应为蒙古族人。因为没有明确纪年资料以及所发表资料有限，其墓葬期别尚需进一步比较确认。

河北沽源县楼底村梳妆楼墓地[2]，发现27座墓葬。分南北两区，各有砖石垒砌的墓区围墙。"梳妆楼"附近的南区为贵族茔园。墓葬有类椁式墓和土坑竖穴墓两类，均有木棺。类椁式墓有砖筑和木椁两种。木棺椁多用铁板条纵横加箍。流行夫妇合葬，仰身直肢葬式。北区共发掘11座墓，均为地上有石块敖包，地下为长方形土坑竖穴墓。随葬品种类丰富，有具有民族特色的铜臂钏、桦树皮箭囊，织金锦饰卧鹿纹大红袍、姑姑冠等。

"梳妆楼"下面中央发现一座大墓，并列三个椁室。中室有一男性，用一整块红松木做成的独木棺做葬具。棺外扣饰三道金箍。左右两椁室各有一具女尸。三具棺内均出有民族特色的服饰，如质孙服等。这种采用独木棺葬具，棺外扣三道金箍的葬俗与《元史》[3]和《草木子》[4]所载元朝帝王等葬制相似。结合墓碑和葬俗等资料，推测此墓男主人应为元代汪古部的蒙古族高级贵族[5]。地表所谓"梳妆楼"遗存疑似享堂类建筑。

一棵树墓地[6]位于内蒙古正蓝旗元上都古城西北约12公里处的一处山坡上。墓地分为两区，共发掘了26座，分有茔墙和无茔墙两种。其中7座墓是以自然石块垒砌方形（6例）或椭圆形（仅1例）茔墙。以M15为例，为平面呈长梯形的土坑竖穴墓。墓穴南北长2.4米、北端宽1米、南端宽0.8米，深1.4米。方向为355°。墓口地表堆有自然石块，墓底平铺一层长方形砖。砖上放置一具木棺，内葬一具男性尸骨。木棺外侧近头部、中部和近尾部各用铁棺箍加固。棺内随葬银扁壶1、银饰片1、珠饰38，以及大定通宝和元丰通宝等铜钱10枚。在棺外侧东壁偏北处葬有羊肋骨。总的说来，墓地中的墓葬为长梯形或长方形土坑竖穴墓，多用木棺，棺外用三道铁箍和铁护角加固。头均朝北。随葬品

[1] 谭其骧主编：《中国历史地图集》（元明时期）第七册，中国地图出版社1989年版。以至顺元年（1330年）的区划为准。

[2] 《河北沽源"梳妆楼"元代墓地》，载《2002中国重要考古发现》，文物出版社2003年版。

[3] 《元史》卷七十七《祭祀六》。

[4] 叶子奇：《草木子》，中华书局标点本1997年版。《草木子》卷三下《历代送终之礼》条载，"元朝官里，用梭木二片，凿空其中，类人形大小，合为棺，置遗体其中。加髹漆毕，则以黄金为圈，三圈定。送至其直北园寝之地深埋之，则用万马蹴平。俟草青方解严，则已浸同平坡，无复考志遗迹。"

[5] 墓主人身份尚存争议。参见赵琦《河北省沽源县"梳妆楼"元蒙古贵族墓墓主考》，《中国史研究》2003年第2期；周良霄《沽源南沟村元墓与阔里吉思考》，《考古与文物》2011年第4期。

[6] 内蒙古自治区文物考古研究所、中国人民大学北方民族考古研究所：《元上都》，中国大百科全书出版社2008年版。

有银扁壶、银牌饰、铁马镫、铁剑、铁镞等具有草原特色的器物。在死者头部或脚部普遍随葬羊肩胛骨或肋骨等。从葬俗看，此处墓地可能为元代蒙古族的平民墓地。

综上所述，考古资料所见蒙古族人的部分丧葬礼俗为：在殡葬方式上，以独木棺为特色葬具，木棺外用三周金箍或铁箍加固木棺。仰身直肢葬。随葬品流行铁质武器和马具等。常见用羊做殉牲或随葬羊肩胛骨等。

（二）"蒙古族化"人墓葬

内蒙古赤峰宁家营子1982年墓[1]、凉城后德胜墓M[2]、辽宁凌源富家屯墓M1[3]和赤峰三眼井M2[4]等几座墓葬壁画中，墓主人均穿蒙古服装，有些壁画还表现游牧骑猎的习俗。这几座元代墓葬缺乏可靠的断代资料，所以其所属期别待定。

内蒙古赤峰宁家营子1982年墓是一座砖筑方形单室类屋式墓，为夫妇合葬墓。其墓室北壁绘男女墓主人端坐图。男主人头戴圆顶帽，帽缨垂肩，耳后宽扁带上有缀饰。身穿右衽窄袖蓝长袍，腰围玉带，脚蹬高靴。左手扶膝，右臂搁在座椅的卷云形扶手上。女主人盘髻插簪，耳垂翠环，身穿左衽紫色长袍，外罩深蓝色开襟短衫，腰系带垂至膝下，脚穿靴，袖手端坐。男女主人身后立男女仆人各一，男仆头戴圆顶帽，双手捧一印盒。女仆梳双丫髻，双手捧印。

内蒙古凉城后德胜墓M1也是砖筑方形单室类屋式墓。墓室北壁，在黑色边框内，画面正中为男主人戴钹笠冠端坐在扶手椅上，左手持一黑色木棍，右手置于胸前，穿黑色靴子。男主人两侧各端坐一位衣着华丽的妻或妾。男主人身后站立二名男侍，均戴钹笠冠，一持仪仗，一捧物状。妇人外层各有一女侍，均双手捧一盏托类饮具。

凌源富家屯壁画墓为石筑类屋式墓，单墓室平面为前部抹角方形。单人葬。墓室东壁所绘主要人物均着蒙古族服饰。内蒙古赤峰市三眼井M2是一座砖筑方形单室类屋式墓，为夫妇合葬墓。墓室北部绘有夫妇端坐图。男主人着蒙古族服饰。

此四座墓葬，形制结构与汉人墓葬相同，也不见蒙古族人墓典型的殡葬方式，只是壁画中墓主人着蒙古服饰，并表现出一定的蒙古民族生活习俗。因此，我们认为这四座墓的主人很可能是蒙古族化的汉人官吏[5]。根据《元史》记载，元朝皇帝有赏赐质孙服给汉族功臣的习惯[6]。这样一些汉臣穿蒙古服饰入葬，应该是出于政治因素的考量。这种认

〔1〕 项春松：《内蒙古赤峰市元宝山元代壁画墓》，《文物》1983年第4期。

〔2〕 内蒙古自治区文化厅文物处、乌兰察布盟文物工作站：《内蒙古凉城县后德胜元墓清理简报》，《文物》1994年第10期。

〔3〕 辽宁省博物馆、凌源县文化馆：《凌源富家屯元墓》，《文物》1985年第6期。

〔4〕 项春松、王建国：《内蒙昭盟赤峰三眼井元代壁画墓》，《文物》1982年第1期。

〔5〕 参阅袁泉：《政治动因下的"蒙古衣冠"——赤峰周边蒙元壁画墓的再思》，载《边疆考古研究》第12辑，科学出版社2012年版。

〔6〕 《元史》卷一四七《张弘略传》载，（张弘略）"入朝宪宗，授金符，权顺天万户。""中统三年，李璮反，……朝廷惩璮叛逆，务裁诸侯权以保全之，因解弘略兵职，宿卫京师，赐只孙冠服，以从宴享。"《元史》卷一七五《张珪传》载，"成宗即位，……召珪拜金枢密院事，入见，赐只孙冠服侍宴，又命买宅以赐，辞不受。""（仁宗）既即位，赐只孙衣二十袭，金带一。帝尝亲解衣赐珪，明日复召，谓之曰：'朕欲赐卿宝玉，非卿所欲。'以帨拭面额，纳诸珪怀，曰：'朕泽之所存，朕心之所存也。'"

识是否符合历史的真实情况，还有待更多考古新发现的验证。

（三）色目人墓葬

明确的色目人墓葬很少，不见早期（即蒙古国时期）墓葬。

中期（即元代前期）墓葬。

铁可父子是乞失迷儿（今巴基斯坦和印度的克什米尔）部人，姓伽乃氏，笃信佛教，都是元代时期的重要人物。铁可卒于皇庆二年（1313 年），曾官拜宣徽使，领大司农司事；仁宗皇帝继位后，特授太傅，录军国重事，领太医院事。铁可之父斡脱赤于元太祖十七年（1222 年）大军西征时，与其弟那摩投奔蒙古，被封为万户，取汉人李氏为妻。那摩曾被蒙古国定宗尊为国师，总天下释教。元代时期西域人的墓葬罕见，铁可父子墓是有关西域人在元朝为官的珍贵实物资料。北京铁可墓（M1）[1]为石筑类椁式墓。此墓整体平面呈长方形，三个椁室并列。东、中、西三椁室之间有石板相隔，隔墙北端有券形孔相通，椁室内各置一木棺。中室为铁可墓，另外二室为女性，即墓志所载"夫人冉氏、张氏"。铁可墓随葬一组灰陶明器，具有一定的地方特色。斡脱赤墓（M2）为石筑类椁式墓，单椁室。内无木棺和人骨，出土"神道之位碑"，当为衣冠冢。

晚期（即元代后期）墓葬。

元天历二年（1329 年）耿完者秃墓[2]，为土坑石函墓。石函系一整块岩石凿成，平面近方形，长 0.83 米、宽 0.8 米、深 0.48 米，壁厚 0.13—0.17 米。石函内置骨灰木匣和一组陶质明器，用石板封盖。石函南侧有一方石墓志，志文简单，记载"大元故亚中大夫宣政院判官耿完者秃五十八岁唐兀氏天历二年四月十九日卒葬大都通路县青安乡窦家庄祖茔。"墓主人耿完者秃出身于唐兀氏，为色目人，有蒙古化倾向[3]。曾任宣政院判官，为从一品高官。

铁可墓和耿完者秃墓采用的是前朝女真贵族常用的类椁式墓或土坑石函墓形式，与汉人常用的类屋式墓不同。其随葬品与本区的汉人葬俗相似，没有明显的特殊性。

（四）汉人墓葬

这里的汉人墓是蒙古统治者所统称的广义"汉人"，即包括汉族人、契丹族人和女真族人墓葬。

汉人的纪年墓葬较多。以早中期为主，目前本区不见晚期的纪年汉人墓。

早期（即蒙古国时期）。以中统二年（1261 年）崔莹李氏墓、至元二年（1265 年）冯道真墓为代表。

中统二年（1261 年）崔莹李氏墓[4]是砖筑方形单室类屋式墓。墓室后部砌长方形砖棺床，正中并列放有 2 件陶桌，桌上置一具长方形石棺，内置绢裹骨灰和耳坠、戒指等。

---

〔1〕 北京市文物研究所：《元铁可父子墓和张弘纲墓》，《考古学报》1986 年第 1 期。

〔2〕 北京市文物研究所：《北京地区发现两座元代墓葬》，《北京文物与考古》第三辑，北京燕山出版社 1992 年版。

〔3〕 参阅张沛之《元代色目人家族及其文化倾向研究》，天津古籍出版社 2009 年版。

〔4〕 大同市文化局文物科：《山西大同东郊元代崔莹李氏墓》，《文物》1987 年第 6 期。

随葬品有 40 余件，主要是日用灰陶明器和桌、椅子等生活用具模型。还有铜钱和铁买地券。

至元二年（1265 年）冯道真墓[1]为砖筑方形单室类屋式墓。墓室后部砖棺床上，横放一块大青石做尸床，上置棺罩，内有男尸一具，头戴元宝形道冠，身穿道袍，足着平口短鞋。出土有玉壶春瓶、香炉等钧窑瓷器 11 件；棺罩、房屋、影屏、木巾架、盆架等木器 13 件；还有铜器、漆器、丝织品、石砚和铁器等。墓室壁面有彩色壁画。冯道真是蒙古时期著名的道官，为西京创建龙翔万寿宫宗主，被封为清虚德政助国真人。

中期（即元代前期）。以至元二十二年（1285 年）耶律铸墓、大德元年（1297 年）王青墓和大德五年（1301 年）张弘纲墓为代表。

耶律铸是耶律楚材次子，元初名臣，契丹人后裔。卒于至元二十二年（1285 年），曾被授光禄大夫，任监修国史、中书左丞相。耶律铸夫妇合葬墓[2]位于北京颐和园内，紧邻耶律楚材祠。此墓为砖筑类屋式墓，正南向，由墓道、前室和左右耳室、后室和左侧二耳室组成。前后室之间未有甬道相通，十分特殊。前后室穹窿顶外部有相对的两面砖砌护墙，为元代墓葬形制研究增添了新资料。随葬品有银、铜、石、瓷、陶器等，多达 180 余件，其中不乏精品。

大德元年（1297 年）王青墓[3]是砖筑方形单室类屋式墓。墓室后部砖棺床上存两具木棺，葬夫妇二人。随葬品以灰陶明器为主，还有陶桌、椅等，以及铜器、丝织品、木器和一方墓记碑。大德二年（1298 年）毛氏墓[4]是砖筑方形单室类屋式墓，墓室后部砖棺床上，有骨灰。随葬品有钧窑瓷器和铜镜等。四壁有彩色壁画。此二墓主人为平民。

大德五年（1301 年）张弘纲墓[5]为砖筑，由主室和侧室组成。墓顶被破坏。主室内有二石函，火葬；侧室内有木棺，尸骨一次葬，较为特殊。随葬品以灰陶明器为主，还有瓷器和铜器，以及一合墓志。张弘纲是忽必烈的重臣，曾任昭勇大将军，被授万户。

内蒙古凉城后德胜 M3[6]为土洞墓。洞室平面呈长方形，洞口已被破坏。残长 2.3 米、宽 0.96—1 米，高 0.65—0.95 米。墓底和四壁均不平整。墓室内有木棺残迹。出土有白釉罐、黑釉盏和铁犁铧等。

汉人墓主要是以类屋式墓为主，也见土洞墓。火葬和尸骨一次葬并行。墓室内流行装饰壁画，随葬品多见灰陶明器。张弘纲墓采用前朝常见的类椁式墓，使用石函为葬具，与平民墓不同。

---

[1] 大同市文物陈列馆、山西云冈文物管理所：《山西省大同市元代冯道真、王青墓清理简报》，《文物》1962 年第 10 期。墓葬形制原图比例尺有误。原来标 10 米处应为 0.4 米。

[2] 北京市文物研究所：《北京元耶律铸夫妇合葬墓》，载《1998 中国重要考古发现》，文物出版社 2000 年版；宋大川主编：《北京考古发现与研究》，科学出版社 2009 年版。

[3] 大同市文物陈列馆、山西云冈文物管理所：《山西省大同市元代冯道真、王青墓清理简报》，《文物》1962 年第 10 期。

[4] 大同市博物馆：《大同元代壁画墓》，《文物季刊》1993 年第 2 期。

[5] 北京市文物研究所：《元铁可父子墓和张弘纲墓》，《考古学报》1986 年第 1 期。

[6] 内蒙古自治区文化厅文物处、乌兰察布盟文物工作站：《内蒙古凉城县后德胜元墓清理简报》，《文物》1994 年第 10 期。

根据上述考古资料可知，本区确认的纪年墓多属于早期和中期，主要是汉人墓，而晚期纪年墓仅见天历二年（1329 年）色目人耿完者秃墓。考古发现还存在着一定的局限性。本区墓葬以方形单室类屋式墓为最主要形制，还有一定数量的类椁式墓、土洞墓和土坑竖穴墓。

本区墓葬有两个鲜明的区域特征。第一是汉人墓室内流行装饰壁画；如北京斋堂壁画墓[1]和赤峰三眼井 M2 等。此二墓壁画分别代表两种不同的风格，即以二十四孝故事为特色的汉式风格壁画和以游牧习俗、蒙古服饰为特征的蒙古风格壁画[2]。第二是流行随葬灰陶明器。从色目人铁可墓到汉族高官张弘纲墓，再到汉族平民王青墓，在早期和中期（即蒙古国和元代前期），各个阶层的墓葬都流行随葬灰陶明器。代表了一个区域性的时代特征。

从葬俗看，"梳妆楼"大墓用类椁式墓，葬具用独木棺，棺外饰三道金箍，随葬质孙服等；一棵树墓地多数木棺外有三道铁箍，随葬游牧特色的器物，都突显蒙古族丧葬礼俗的特殊性。北京铁可墓（M1）用石筑类椁式墓；耿完者秃墓用土坑石函墓等，似乎也反映出本区色目人的丧葬观念与汉人以砖筑类屋式墓为主的葬俗还是有所不同的。

元代时期的葬具形式多样。除了有些下层贫民没有葬具外，通常在尸床上放置石棺、木棺、瓮棺，有的为双重套棺。大同齿轮厂墓[3]没有棺，而是用榻为葬具，将墓主人骨灰用织物裹成人形，身下铺苇席一领，较为特殊。

二　第二区

第二区是指河南大部、山西中南部、河北中南部、山东、安徽和江苏北部、陕西地区，以及内蒙古西部、甘肃、宁夏、青海北部等地区。这里曾是金代统治的汉人集聚地区和西夏的辖区。元代隶属于中书省南部、河南江北行省北半部、陕西行省南部、甘肃行省等。

（一）　蒙古族人墓葬

河南洛阳至正二十五年（1365 年）赛因赤答忽墓[4]是一座元代后期墓。该墓为双正室砖壁土顶的类屋式墓，深达 19.8 米，由竖穴式墓道、墓门、甬道、前室和后室组成。墓道中部砌方形砖室专放铁箍捆绑的石墓志一合。随葬 50 多件黑陶仿古礼器，多属艺术精品，还有铁牛、铁猪和黑釉瓷梅瓶等。赛因赤答忽系出于蒙古伯也台氏，先祖后定居河南。赛因赤答忽曾拜太尉，曾任河南省平章政事、翰林承旨，知制诰同修国史等。这是目

---

〔1〕　北京市文物事业管理局、门头沟区文化办公室发掘小组：《北京市斋堂辽壁画墓发掘简报》，《文物》1980 年第7 期。此墓以往多被误认为是辽墓。

〔2〕　参见董新林《蒙元时期墓葬壁画题材及其相关问题》，载《二十一世纪的中国考古学——庆祝佟柱臣先生 85 岁华诞学术文集》，文物出版社 2006 年版。

〔3〕　王银田、李树云：《大同市西郊元墓发掘简报》，《文物季刊》1995 年第 2 期。

〔4〕　洛阳市铁路北站编组站联合考古发掘队：《元赛因赤答忽墓地发掘》，《文物》1996 年第 2 期。此墓为土顶洞室，较为特殊。

前国内发现级别最高的蒙古贵族墓之一。

汪世显家族墓葬位于甘肃漳县徐家坪汪家坟[1]，相传封土堆二百多座，共发掘 27 座。墓地从蒙古时期（1243 年）一直到明代万历年间（1616 年），历经十四代。这是目前所发现规模最大的元代蒙古贵族墓地。汪氏家族系出旺古族，属元代蒙古族的一支，是宋金元明时期陇西望族，一直是地方高官。汪世显在金朝曾官拜巩昌便宜都总帅，降蒙古国后，官从其旧[2]。卒于癸卯年（1243 年）。中统三年（1262 年）追封为陇西公；延祐七年（1320 年）后加封为陇右王。

赛因赤答忽墓深达 19.8 米，显示蒙古贵族秘葬的习俗。墓道中部砌方形砖室专放铁箍捆绑的石墓志，或许是木棺加箍习俗的延续。

（二）"蒙古族化"的墓葬

至元六年（1269 年）蒲城洞耳村壁画墓[3]是蒙古国时期的墓葬。该墓为砖筑类屋式墓，单室八角形墓室。墓室北壁壁画绘有一幅墓主人夫妇端坐图，二人身穿蒙古袍，女主人头戴蒙古妇女习见的"顾姑冠"，端坐于交椅上，后有屏风山水画，两侧有侍者和备酒图、备茶图。彩绘屏风顶部，绘有一方形粉板框，上墨书题记有"张按答不花系宣德州人""娘子李氏云线系河中府人"等。墓主人张按答不花出生的宣德州（即今宣化县），为金朝建制[4]。元初改宣德州为顺宁府[5]，宣化为顺宁府治所。虽然张按答不花其身穿蒙古服，其女主人戴典型的蒙古"顾姑冠"，但是，从汉姓和蒙古名合用这点看，张按答不花应是"蒙古族化"的汉人官吏。

济南埠东村壁画墓[6]，为石筑类屋式墓。圆形单室，穹窿顶结构。墓门洞（即短甬道）西壁绘牵马图，东壁残。墓室内下层壁画中，北壁绘墓主人夫妇端坐图，西北壁和东北壁分绘屏风画，西壁绘仓库和建筑，东壁绘启门图，西南壁绘建筑及家禽，东南壁绘建筑及女侍。此层壁画之上有两周壁画，上为缠枝牡丹，下为 11 幅孝悌故事图。埠东村墓墓主人形象和壁画整体风格，与内蒙古赤峰宁家营子 82 年墓[7]相近，因此，推测该墓主人可能也是"蒙古族化"的汉人。

（三）汉人墓葬

本区汉人墓发现较多。蒙古国时期墓葬有道教大师墓，也有一般官吏墓。

---

〔1〕　甘肃省博物馆、漳县文化馆：《甘肃漳县元代汪世显家族墓葬简报之一》；漳县文化馆：《甘肃漳县元代汪世显家族墓葬简报之二》，《文物》1982 年第 2 期。

〔2〕　《元史》卷一百五十五《汪世显》。

〔3〕　呼林贵、刘合心、徐涛：《蒲城发现的元墓壁画及其对文物鉴定的意义》，《文博》1998 年第 5 期。

〔4〕　《金史》卷二十四《地理志》载："宣德州，下，刺史。辽改晋武州为归化州雄川武军，大定七年更为宣化州，八年复更为宣德。户三万二千一百四十七。"

〔5〕　《元史》卷五十八《地理志》载，顺宁府，唐为武州。辽为德州。金为宣德州。元初为宣宁府。太宗七年，改山东路总管府。中统四年，改宣德府，隶上都路。至元三年，以地震改顺宁府。

〔6〕　刘善沂、王慧明：《济南市历城区宋元壁画墓》，《文物》2005 年第 11 期。

〔7〕　项春松：《内蒙古赤峰市元宝山元代壁画墓》，《文物》1983 年第 4 期。

山西芮城宋德方墓[1]，位于道教圣地之一的永乐宫西北峨眉岭上。墓冢坐北朝南，高约 7 米、宽 17.3 米，近似方锥形。冢前立一石碑，上刻"玄通弘教披云真人宋君之墓"。封土下为砖筑类屋式墓，为长方形单室。墓室内有一具石椁，椁上有石雕线刻画，椁内有一具木棺，棺内有一具仰身直肢葬尸骨。椁南有墓志，右侧题名"先师玄都至道披云真人宋天师真赞"，左侧题名"故玄通弘教披云真人宋公之墓志"。宋德方卒于蒙古宪宗二年（1252 年），墓志为乙亥年春（1275 年），应是其迁葬墓。宋德方是重建永乐宫的重要道教人物。

芮城潘德冲墓[2]距宋德方墓仅 200 米。墓冢塌毁，墓为砖筑类屋式墓，为六角形单室。北部棺床上有一具线刻石椁，椁内有一具木棺，棺内为一具侧身屈肢葬尸骨。依据"潘真人祠堂碑记"，潘德冲曾做过道教的河东南北两路提点，永乐镇纯阳宫住持，与宋德方都是重建永乐宫的重要人物。

河南焦作老万庄发现 3 座相邻的壁画墓[3]，均为仿木结构砖筑八角形单室墓，穹窿顶。都由墓道、墓门、甬道和墓室组成。三座墓彼此相距 3 米或 4 米，由东而西分别是曾祖冯三翁的三号墓、一号墓和棺盖有"父亲"墨书题记的二号墓。较为重要的是，三号墓出土了一件铜质"合同契券"。我们根据"合同契券"的记载可知，三座墓都是怀孟州长官冯汝楫为先人重修的茔坟。其中三号墓主人为曾祖冯三翁，二号墓主人是其父亲，推测夹在曾祖墓和父亲墓之间的一号墓，或许就是其祖父的墓。比较三墓的形制结构和壁画风格特点可知，三座墓建筑年代应大体同时。根据考证，冯三翁应葬于蒙古国宪宗八年（1258 年）[4]。

西安曲江池西村至元二年（1265 年）段继荣墓[5]是砖筑类屋式墓，由墓道、甬道、方形墓室和后龛组成，朝东向。墓室东西长 2.76 米、南北宽 2.96 米、高 4 米。中部有木棺，棺内有男女尸各一，头西。随葬品摆放基本原位。甬道中部偏后，有陶辕马驾车，辕马前还有三匹陶马（应合为驷马）；车的两侧还各有前后成行的两匹马，无鞍鞯。甬道两侧各立陶男女侍俑一排，面向中央。南壁 6 人，北壁 5 人。甬道内口外北侧置 1 铜牛；南侧置 1 铜猪。墓室东南角有 1 石洗，内置 1 铁灯；南面有 1 陶盆，2 石块；西北角有 1 陶灶，1 女俑；北面有 2 石块。棺内有 2 瓷枕，1 银簪、1 铜镜。在后龛前部集中放置碗、碟、盘、盆、勺、匜、罐、仓、瓶、炉等陶器，以及钫、铜镜等。段继荣为元朝京兆总管府奏差提领经历。

元代前期纪年墓，有高级官吏史天泽、贺胜等，也有平民墓。

————————

[1]　山西省文物管理委员会、山西省考古研究所：《山西芮城永乐宫旧址宋德方、潘德冲和"吕祖"墓发掘简报》，《考古》1960 年第 8 期。

[2]　山西省文物管理委员会、山西省考古研究所：《山西芮城永乐宫旧址宋德方、潘德冲和"吕祖"墓发掘简报》，《考古》1960 年第 8 期。

[3]　河南省博物馆、焦作市博物馆：《焦作金代壁画墓发掘简报》，《河南文博通讯》1980 年第 4 期。

[4]　徐苹芳：《金元墓葬的发掘》，载《新中国的考古发现和研究》，文物出版社 1984 年版；董新林：《蒙元壁画墓时代特征初探——兼论登封王上等壁画墓的年代》，载《古代墓葬美术研究》，文物出版社 2011 年版。

[5]　陕西省文物管理委员会：《西安曲江池西村元墓清理简报》，《文物参考资料》1958 年第 6 期。

河北石家庄后太保村发掘的元初中书右丞相史天泽家族墓[1]，是较为重要的发现。墓地现知有 9 座墓。其中 M4 为带墓道的并列多室的类椁式墓。出土墓志可知，墓主人史杠是史天泽四子，官至湖广等处行中书省右丞等，可补史料之阙。史杠于延祐三年（1316年）葬在真定县太保庄太尉兆次。史天泽卒于至元十二年（1275 年），其墓（M1）出土的高丽青瓷梅瓶，国内罕见，反映墓主人特殊的身份。陕西户县张良寨村发现了贺胜、贺仁杰、贺贲三代人的墓葬。均为砖石混筑的类屋式墓，方形单室。墓室四壁下部为条石砌筑，四壁上部和墓顶为青砖砌筑。贺胜墓（一号墓）墓道长 3.1 米，墓室边长 4.1 米、高 3.4 米。墓室内有南北向两具木棺，棺外有椁，棺内分别葬有男女主人。随葬品有 131 件，骑马俑和动物模型多集中在墓室西部，俑多放在门口内，灰黑色陶器置于墓室东部，出土墓志一合。贺胜于泰定四年（1327 年）归葬于此。贺胜是元朝重臣，《元史》有传。贺胜在元朝官拜开府仪同三司，任左丞相，行上都留守，兼本路都总管府达鲁花赤。被奸臣陷害而死。后追封秦国公，赠推忠宣力保德功臣，太傅。

山西侯马延祐元年（1314 年）马大和家族合葬墓[2]为坐北朝南，是砖筑类屋式墓，方形单室。墓室边长 1.75 米、高 3.68 米。四壁有伎乐和花卉砖雕。棺床上有 6 具骨架，东、西、北三面各 2 具。随葬品有 1 铜镜（墓顶）、1 黑釉瓷罐、1 蛋清釉瓷碗、2 黑釉碗和 1 带把铜灯。两块砖地券分别放于西北角和东南角。据买地券记载推定，马大和应为平民。

元代后期汉人墓多为平民墓，也有一般官吏墓葬。

官吏墓有：山东济宁张营村泰定元年（1324 年）张楷夫妇墓[3]是石筑类椁式墓。两椁并列相连，中间有一方形小洞相通。椁室外框长 4.03 米、宽 3.53 米、高 1.64 米。单椁室内长 2.65 米、宽 0.97 米、高 0.93 米。东室椁盖板南端放一合墓志。张楷曾拜朝列大夫，任曹州同知事，大司农丞。是元朝的低级品官。山东嘉祥石林村天历三年（1330年）曹元用墓[4]是类椁式墓，使用木椁。地表原有华表和石像生。此墓先挖倒"凸"字形方坑，有生土二层台。坑底径长 3.4 米、宽 3.9 米。坑底用石灰糯米拌合细土、沙粒和石块等浇垫铺底，厚 0.5 米。其上放两具木椁，椁外四洲均有浇灌混合土。东侧椁长 2.3米、宽 0.9 米、高 0.76 米。椁内有木棺，棺盖上的细绢上题记"翰林侍讲学士通奉大夫知制诰同修国史兼经筵官赠正奉大夫江浙等处行中书省参知政事护军追封东平郡公谥文献□□"。棺内有一具尸骨。随葬品较多，保存原位。西侧棺椁有尸骨，随葬品很少。根据两合石墓志，可知东椁内为曹元用，西椁内为其夫人郭氏。墓内出土的两件棉织锦等丝织品是重要的文物资料。

河南洛阳至正九年（1349 年）王述墓[5]，是一座土洞墓。竖井式墓道，近方形墓室长 3 米、宽 2.8 米。内放 3 具木棺。出土灰黑色陶明器 40 余件，还有一件瓷器和一方石墓

〔1〕　河北省文物研究所：《石家庄市后太保元代史氏墓群发掘简报》，《文物》1996 年第 9 期。
〔2〕　山西省文管会侯马工作站：《侯马元代墓发掘简报》，《文物》1959 年第 12 期。
〔3〕　济宁市博物馆：《山东济宁发现两座元代墓葬》，《考古》1994 年第 9 期。
〔4〕　山东省济宁地区文物局：《山东嘉祥县元代曹元用墓清理简报》，《考古》1983 年第 9 期。
〔5〕　洛阳市博物馆：《洛阳元王述墓清理》，《考古》1979 年第 6 期。

志。王述曾任怀庆路总管，是元朝的品官。

平民墓有：山东邹县至正十年（1350年）李裕庵夫妇墓[1]是一座石筑类椁式墓，地表还残有封土。在长3.7米、宽3.5米、深3.5米的土圹内，用石灰米汁拌合碎石块和沙砾等浇垫底面，厚0.3米。其上放置两具整块凿槽的石椁，右大，左小。有子母口椁盖。大石椁长2.6米、宽1.2米。椁盖上正中刻"有元裕庵李先生府君之墓"，右侧刻"至正十年（1350年）二月五日葬"。石椁四周都用灰浆浇筑，密封坚固。大石椁内葬有一老年男子和一女子；小石椁内有一简陋木匣，内有老年女性尸骨。椁内贮满棕红色液体。此墓男尸及其服饰保存完好，夫妇墓中所出土的丝织品具有鲜明的地方特色，颇具学术价值。

山西交城至正十六年（1356年）裴资荣墓[2]为仿木结构石筑类屋式墓，为八角形石室。石室内壁雕刻有夫妇端坐图、出行归来图、二十四孝人物故事图、侍奉图、花鸟图等。画面内容丰富，线条流畅，是元代晚期画像石题材的代表。裴资荣头戴圆顶拨笠冠，身穿蒙古服饰，反映了元代晚期汉人的丧葬心态。

西安曲江泰定二年（1325年）李新昭墓[3]，出土砖买地券，陶俑和灰黑陶器。西安东郊惠家庄至正甲申年（1344年）刘义世墓[4]，是长方形土洞墓。出土石墓志，以及灰黑色陶俑和陶器。此二墓随葬品都与贺胜墓相似，反映出地方特色。

总的来看，本区的墓葬形制最为齐全，以甲类墓为主，丙类墓次之。除了承继当地文化传统外，南方传统的类椁式墓也有一定数量，有多椁室或双椁室合葬墓等，表现出南北地区文化融合的现象。蒙古族或疑似蒙古族的墓葬多是类屋式墓，而汉人墓则形制多样。是否石椁或石筑墓，与墓主人身份地位没有关系，只是表现葬者的喜好而已。

此区墓葬类型有甲类Aa型墓，以山西新绛卫忠家族合葬墓为代表；甲类Ab型墓，以河南洛阳赛因赤答忽墓为代表；甲类Ac型墓，以西安曲江段继荣墓为代表；甲类Ad型墓，以陕西户县贺胜墓、山西侯马95M2墓为代表；甲类Ba型墓，以河北石家庄后太保M1为代表；甲类Bb型墓，以山西芮城潘德冲墓为代表；甲类C型墓，以山东济南郭店至正十年墓为代表。乙类Ab型墓，以济宁张楷夫妇墓、山东邹县李裕庵墓为代表；乙类Bc型墓，以石家庄后太保石杠墓为代表；乙类D型墓，以山东嘉兴曹元用墓为代表。丙类墓，以三门峡上村岭墓为代表。丁类A型墓，以山东沂水双河村M1墓[5]为代表。

本区墓葬数量最为丰富。从墓葬形制、壁饰和出土遗物等方面考察，可以清楚发现，还有不同的小区域特点。

河南和关中地区的元墓流行随葬黑色或深灰色陶俑（人物俑和动物俑）和各类明器，具有地方特色。墓葬中多见各种质地（铜、铁、陶）牛和猪等。墓室壁画时代特征鲜明。

山东、河北中南部元墓中，贵族墓多见类椁式墓。济南为中心的地区流行雕砖壁画墓。元代皇庆元年（1312年）到明代成化二十二年（1486年），在胶东半岛出现了一种

[1] 　山东邹县文物保管所：《邹县元代李裕庵墓清理简报》，《文物》1978年第4期。
[2] 　商彤流、解光启：《山西交城县的一座元代石室墓》，《文物季刊》1996年第4期。
[3] 　马志祥、张孝绒：《西安曲江元李新昭墓》，《文博》1988年第2期。
[4] 　陈安利：《西安东郊元刘义世墓清理简报》，《文博》1985年第4期。
[5] 　马玺伦：《山东沂水县清理两座元墓》，载《考古学集刊》第11集，中国大百科全书出版社1997年版。

变异的双层建筑墓[1]，即地上有方形墓塔，地下修筑石筑类屋式墓。多采用坐姿葬式，可能与佛教有关。这是个特殊现象。在河北徐水西黑山平民家族墓地[2]，原始坟丘高于地表，每个墓前通常设地面祭台，类屋式墓内随葬日用陶瓷器等，反映出金元时期民间的丧葬习俗。

晋南豫西地区元墓沿袭金代雕砖墓的习俗，墓室雕砖发现较少，呈现没落之势[3]。

三 第三区

第三区是指淮河以南的南方地区。主要是原南宋、大理的辖区。元代隶属河南江北行省南半部、江浙行省、江西行省、湖广行省、四川行省、云南行省等。

（一）蒙古族人墓葬

至正八年（1348年）傅希岩夫妇墓是一座元代前期墓，接近后期。此墓为砖石混筑类椁式墓[4]，长方形并列双室，砖圹，石板盖顶。两椁室间有一甬道相通，椁室距北壁0.42米处有一封墙，将椁室分为前后二部分，前部置木棺，后部放随葬品和墓志铭。傅希岩是蒙古族人，曾任江州译史、蒙古学谕和抚州路译史等。傅希岩不仅改用汉姓，而且其葬俗显然已经"南人"化。

（二）汉人墓葬

本区不见蒙古国时期的纪年墓。

元朝前期墓葬有道教大师墓，高级贵族墓，也有一般贵族墓和平民墓。

江西贵溪至元三十年（1293年）张宗演墓[5]是石筑类椁式墓。随葬青白釉堆塑龙虎瓶2、瓷盘1、瓷碗2、石笋1、石圹志1。张宗演是道教正乙派第三十六代天师。

安徽安庆大德九年（1305年）范文虎夫妇墓[6]为砖筑类椁式墓，并列双椁室。椁内有棺，棺内尸骨完整。棺椁之间用松香灌实。随葬品十分丰富，有金冠、金花、银钏、玉带、玉印、佛珠、铜佛以及丝绸织品，有随葬铁牛、铁猪的现象。东椁长2.5米、宽0.9米、高0.81米。椁前有石圹志一方。根据墓志可知，范文虎是元朝尚书省右丞，曾任商议枢密院事，提调诸卫屯田通惠河道漕运事。

江苏吴县延祐二年（1315年）吕师孟夫妇墓[7]是砖石混筑类椁式墓，砖圹石盖，并列双椁室。两椁间有小洞相通。椁室长3.8米、宽1.2米。椁室前后壁上砌有小龛。椁内有木棺，尸骨已朽。椁外用木炭、石灰等密封。吕师孟曾被授嘉议大夫，任漳州路总管，

[1] 林仙庭、侯建业：《山东牟平县北头墓群清理与调查》，《考古》1997年第3期。
[2] 南水北调中线干线工程建设管理局等：《徐水西黑山：金元时期墓地发掘报告》，文物出版社2007年版。
[3] 山西省考古研究所侯马工作站：《侯马市区元代墓葬发掘简报》，《文物季刊》1996年第3期。
[4] 程应麟、彭适凡：《江西抚州发现元代合葬墓》，《考古》1964年第7期。
[5] 《江西贵溪陈家村发现张天师墓》，《文物参考资料》1951年第8期。
[6] 白冠西：《安庆市棋盘山发现的元墓介绍》，《文物参考资料》1957年第5期。
[7] 江苏省文物管理委员会：《江苏吴县元墓清理简报》，《文物》1959年第11期。

行淮东道宣慰副使。

江西乐平延祐五年（1318 年）张氏墓[1]是砖筑类椁式墓，单椁室，券顶。墓室长 2.71 米、宽 0.84 米、高 0.95 米。长方形椁室，后壁有圆龛，放有随葬品。不见葬具和尸骨。随葬品有堆塑龙虎瓶 2、青釉碗 1、青釉碟 1、铜镜 1、铜钱 1 和墓志 1。江苏无锡延祐七年（1320 年）钱裕夫妇墓[2]为砖筑类椁式墓，并列双椁室。椁内有木棺，棺内有尸骨。西椁内尸骨未朽，口含水银。头罩和葬服尚存。随葬钱袋内有元通行宝钞一叠，有"至元通行宝钞"伍伯文（15 张）和贰伯文（18 张）两种。此墓随葬品达 154 件，有金银器（46 件）、玉器（19 件）、丝织品（28 件）、纸币（33 件）和墓志等。钱裕是当地的富裕绅士。

元代后期墓葬有效仿南宋皇陵的高级贵族墓，主要是一般贵族和平民墓。

至正二十五年（1365 年）张士诚父母墓[3]是依照南宋帝陵攒宫制度建造成"石藏子"的结构，形制特殊。为石筑类椁式墓，椁内有双重棺。石椁为正方形，边长 3.79 米、高约 1.4 米。男棺盖面用金粉题"皇考宣王之柩"。棺前各有一哀册。此墓建筑讲究，椁室四周用"三合土浇浆"，密封坚固。地面残有封土。曹氏尸体保存较好，出土有金冠、银奁、玉带，以及雕龙凤纹象牙哀册等珍品。张士诚是元末义军领袖之一，割据江浙一带，曾建国号"大周"；降元被封为太尉；后来又叛元自称吴王。葬其父母，用南宋皇帝葬制。

天顺元年（1328 年）刘藻墓[4]是砖石混筑类椁式墓，砖筑四壁，板石盖顶。椁外南侧砌有一砖龛。椁内葬具朽。椁长 2.47 米、宽 1.18 米、高 1.52 米。根据墓志知，刘藻是元朝通议大夫，江北淮东道肃政庶访使。至正十二年（1352 年）崔彬夫妇墓[5]是砖石混筑类椁式墓，并列三椁室。外圹用条石和石灰浆砌筑，内砌青砖椁，再内为木椁。三椁室用条石分界，内有木棺。石圹和木椁间用石灰填实；木椁和木棺之间填有松香。男主人居中，左妻右妾。妾室无棺和尸骨，仅放一坛。早年被盗，男主人尸骨在棺外，棺盖仅存一半。此墓讲究密封。随葬品以瓷器为主，还有铜撑和墓志等。崔彬曾任新兴场典史。后致仕。

广州简家冈至元四年（1338 年）梁文惠夫妇墓[6]是砖筑类椁式墓，单椁室。地表有祭台和石板筑的碑龛。石墓碑淹没在坟头填土中。地下墓室为砖筑，长方形，券顶。椁室长 2.28 米、宽 1.2 米、高 1.07 米。墓主人为一般平民。湖北罗田至正九年（1349 年）蔡家湾墓[7]是砖筑类椁式墓，并列三椁室，人字顶。东向。椁室东壁有壁龛。北室长 2.47 米、宽 0.83 米、高 0.78 米。椁地铺石灰和木炭，东北角残存头盖骨和牙齿等。东部随葬

〔1〕 乐平县博物馆：《乐平李家岭元墓清理简报》，《江西文物》1990 年第 1 期。

〔2〕 无锡市博物馆：《江苏无锡市元墓中出土一批文物》，《文物》1964 年第 12 期。

〔3〕 苏州市文物保管委员会、苏州博物馆：《苏州吴张士诚母曹氏墓清理简报》，《考古》1965 年第 6 期。

〔4〕 朱江、徐兴泉：《无锡章山元代刘藻墓的发掘》，《考古通讯》1955 年第 2 期。

〔5〕 叶劲：《元代新兴场典史崔彬古墓发现记》，《东南文化》1988 年第 6 期。

〔6〕 广州市文物管理委员会：《广州河南简家冈宋元墓发掘简报》，《文物参考资料》1957 年第 6 期。

〔7〕 湖北省文物考古研究所、罗田县博物馆：《罗田蔡家湾元代砖室墓发掘简报》，《江汉考古》2007 年第 3 期。

有魂瓶 1、瓷罐 1、瓷碗 2、陶碟 1、铁剪刀 1，东龛内有陶罐 1。中室长 2.6 米、宽 0.82 米、高 0.78 米。椁底铺石灰，未见葬具和人骨。东南角随葬陶罐、瓷碗各 1；东壁发现一块刻有兔子的画像砖。南室长 2.42 米、宽 0.81 米、高 0.78 米。壁龛间有竖砖刻"至正九年己丑六月其年风调雨"。东北有头盖骨碎片，不见葬具。随葬有铁剪刀 1、陶罐 1、瓷豆 1。东龛内有陶罐 2、瓷碗 2。浙江海宁至正十年（1350 年）贾椿墓[1]是砖石混筑类椁式墓，砖圹石盖，单椁室内有一具木棺，棺内有仰身直肢葬男尸。椁外长 4.28 米、宽 2.91 米、外高 1.17 米。墓葬讲究密封，葬服保存较好。根据石墓碑和志石可知，贾椿是一平民。

综合前述资料可知，南方地区元墓发现较少，发表资料有限。本区墓葬形制以砖筑、砖石混筑类椁式墓为主，长江中下游及其以南地区不见类屋式墓。墓葬最大特点，十分讲究密封，常见用糯米拌石灰浇筑，或用松香等密封椁室，沿袭了南宋的习俗。尸骨一次葬较多。元代后期，流行类椁式墓，内置骨灰的火葬习俗，随葬品多以日常陶瓷器和丝织品为主。一些墓葬随葬品丰厚，有金银器、玉器、漆器和精品瓷器等。

此区墓葬类型有乙类 Aa 型墓，以苏州张士诚父母墓为代表；乙类 Ab 型墓，以江苏建湖崔彬墓为代表；乙类 Ba 型墓，以江西乐平张孺人墓为代表；乙类 Bb 型墓，以福建将乐壁画墓为代表；乙类 Ca 型墓，以浙江海宁贾椿墓为代表；乙类 Cb 型墓，江西抚州傅希岩墓为代表；丁类 A 型墓，以云南宜良孙家山 M73 为代表。

南方地区仍存在不同的地区差异，多承继了南宋的区域特点。比如在赣闽地区，元代墓葬十分流行随葬成对的堆塑龙虎瓶[2]；仰观俑、伏听俑等"明器神煞"在这一地区时有发现，显然是已经衰落的现象，有些用铁猪、铁牛代替；福建将乐、尤溪一带的壁画墓从宋代沿袭到元代中期左右。四川、云南和贵州地区，墓葬发现很少，自成单元。元代火葬墓发现并不算多，多有葬具。其一是石棺或木棺，有的在其中再置骨灰匣；其二是瓮棺，如云南禄丰火葬墓[3]。在南方随葬猪、牛等动物俑的习俗显然是承袭前朝旧制。傅希岩墓或许反映了元代后期久居江南的蒙古族人汉化的情况。

四　第四区

第四区是指新疆、青海南部、西藏地区。这里曾是西辽大部分辖区和吐蕃统治区。元代属于总制院管辖，后属宣政院辖地，原西辽辖区的西部地区归入察合台汗国。目前考古资料匮乏。

新疆乌鲁木齐南郊盐湖 M1[4]，利用天然洞穴，东向。洞口高约 1 米，内置木棺。棺内尸体穿棉布中、单裤，外套黄色油绢织金锦边袄，足穿缚丝牛皮靴。随葬弓箭，箭箙，马鞍，铁马镫等物。《元史》卷七十九《舆服志》第二九载，宿卫骑士"皆角弓金凤翅幞

〔1〕 海宁县博物馆：《浙江海宁元代贾椿墓》，《文物》1982 年第 2 期。
〔2〕 杨后礼：《江西宋元纪年墓出土堆塑长颈瓶研究》，《南方文物》1992 年第 1 期。
〔3〕 葛季芳：《禄丰火葬墓及其青花瓷器》，《文物》1984 年第 8 期。
〔4〕 王炳华：《盐湖古墓》，《文物》1973 年第 10 期。

头，紫袖细褶辫线袄，束带，乌鞾……"墓主人所穿织金锦边袄即"辫线袄"[1]与此文献相吻合，也与元版《事林广记》卷十三《武艺类·射艺》"步射总法"条下，随绘人物以及元人《射雁图》中人物衣着大体相同[2]。据此推测此墓主人为元代时期的蒙古族武士。

---

〔1〕 《元史》卷七十八《舆服志》载，"辫线袄，制如窄袖衫，腰作辫线细褶"。
〔2〕 朱和平：《中国服饰史稿》，中州古籍出版社 2001 年版。

第二十章　明代墓葬

　　自从唐朝灭亡，历经辽、金、元三代北方民族王朝统治中国北方，乃至 460 多年以后，明代恢复了汉族的统治地位，文化礼俗与元朝相比有所变化。明代墓葬到目前为止，发现数以千计，其中主要是帝陵、藩王墓和贵族墓，在一定程度上反映了明代的埋葬制度。明代从太祖朱元璋洪武元年（1368 年）算起到思宗朱由检崇祯十七年（1644 年）为止，共计 277 年。

　　20 世纪上半叶，在一些地方志著录中有不少关于出土墓志的记载。零星也有墓葬资料的介绍[1]。但是，真正意义上的考古学发现与研究还是 20 世纪 50 年代以后的事。1951 年 8—9 月，中国科学院考古研究所在北京西郊董四墓村清理明熹宗三妃合葬墓，应是明代陵墓最早的科学考古工作[2]。此后明代墓葬不断发现，其中不乏重要资料，丰富了历史学研究。但是考古学研究却严重滞后，成为中国考古学研究中的薄弱环节。21 世纪以来研究情况略有改观。

　　明朝承接元代王朝，建立以汉族为主体的新帝国，在社会文化上表现出更强的一体性。我们依据历史文化传统，结合墓葬形制和随葬品组合的差异，以及相关资料的比较研究，可以淮河为界将明代墓葬初步分为两个大区。第一区，北方地区。第二区，南方地区。

　　第一区：北方地区。即淮河以北的东北地区、内蒙古局部、河北、京津地区、河南、山西、陕西、甘肃、宁夏部分地区和山东地区。这里曾是金国和西夏的统治范围，后为元代的辽阳行省、甘肃行省、陕西行省、中书省、河南江北行省[3]等。是金元时期的统治中心，也是明成祖以后的政治文化中心区。

　　此区墓葬形制以类屋式墓、土洞墓为主，还有类椁式墓、土坑竖穴墓，有一些壁画墓、雕砖墓的孑遗，具有明显的地方特点。

　　第二区：南方地区。即淮河以南的南方地区。主要是原南宋、大理的辖区，也包括原吐蕃诸部的地域。元代隶属江浙行省、江西行省、湖广行省、四川行省、云南行省等。此外还包括元代宣政院辖地（今西藏等地区）。本区主体承继南宋以来汉人的文化传统。在宣政院辖地有自己的文化特色。

---

〔1〕　黄仲琴、夏廷棫：《金门明监国鲁王墓》，《中山大学语言历史学研究所周刊》1929 年第 6 期。
〔2〕　考古研究所通讯组：《北京西郊董四墓村明墓发掘记——第一号墓》，《文物参考资料》1952 年第 2 期。
〔3〕　谭其骧主编：《中国历史地图集》（元明时期）第七册，中国地图出版社 1989 年版。以至顺元年（1330 年）的区划为准。

此区墓葬形制以类屋式墓、类椁式墓为主，还有土坑竖穴墓和上下双层阁楼式墓，墓葬形制较齐全。墓葬形制仍然盛行类椁式墓，流行并穴合葬墓，承继南宋习俗的痕迹仍较为明显。在四川地区，还存在浮雕画像石墓、墓室内有腰坑，以及前厢和棺室共同构成墓室的特点。

从考古学发现看，除帝陵外，明代诸藩王墓和一般贵族平民墓差异较大，反映出不同的丧葬制度和习俗。有必要分开进行探讨。

第一节　诸藩王墓

本节的诸藩王墓仅限于明朝分封的亲王、郡王和异姓王坟墓。藩王庶子墓，以及诸公侯等墓葬放在其他贵族和平民墓葬中介绍。明代藩王墓多有纪年。根据纪年墓资料，综合墓葬形制和随葬品组合等的变化，参考历史学的分期，初步可以将明墓分为三期。早期，从太祖洪武元年（1368 年）到宣宗宣德十年（1435 年）；中期，从英宗正统元年（1436 年）到世宗嘉靖四十五年（1566 年）；晚期，从穆宗隆庆元年（1567 年）到思宗崇祯十七年（1644 年）。

一　发现与研究

1955 年清理的山西榆次县明崇祯五年（1632 年）晋裕王朱求桂墓[1]，应是明藩王墓最早的考古发掘。迄今为止发现的皇族诸王墓有数十座，经过考古发掘的主要有：

早期：洪武二十二年（1389 年）鲁荒王朱檀墓[2]、洪武三十五年，即建文四年（1402 年）湘献王朱柏墓[3]、永乐八年（1410 年）蜀王世子朱悦燫墓[4]、永乐二十二年（1424 年）楚昭王朱桢墓[5]、洪熙元年（1425 年）辽简王朱植墓[6]、宣德三年（1428 年）晋广昌王朱济熇墓[7]、宣德十年（1435 年）蜀僖王朱友壎墓[8]。

1958 年，江西省文管会在新建发掘了正统十四年（1449 年）宁王朱权墓为砖筑前中后三正室带二耳室的五室类屋式墓。坐西朝东，全长 31.7 米。1987 年在湖北江陵发掘的洪熙元年（1425 年）辽简王朱植墓为砖筑三室墓，墓室建筑仅长 21.8 米，规模显得不够气派。

〔1〕　郭勇、杨富斗：《明晋裕王墓的清理工作》，《文物参考资料》1956 年第 6 期。
〔2〕　山东省博物馆：《发掘明朱檀墓纪实》，《文物》1972 年第 5 期。
〔3〕　荆州博物馆：《湖北荆州明湘献王墓发掘简报》，《文物》2009 年第 4 期。
〔4〕　中国社会科学院考古研究所、四川省博物馆成都明墓发掘队：《成都凤凰山明墓》，《考古》1978 年第 5 期。
〔5〕　付守平：《明代楚昭王朱桢墓发掘简讯》，《江汉考古》1992 年第 1 期；湖北省文物考古研究所、武汉市文物考古研究所、武汉市江夏区博物馆：《武昌龙泉山明代楚昭王墓发掘简报》，《文物》2003 年第 2 期。
〔6〕　荆州地区博物馆、江陵县文物局：《江陵八岭山明代辽简王墓发掘简报》，《考古》1995 年第 8 期。
〔7〕　山西省文物管理委员会：《山西太原七府坟明墓清理简报》，《考古》1961 年第 2 期。
〔8〕　成都市文物考古研究所：《成都明代蜀僖王陵发掘简报》，《文物》2002 年第 4 期。

　　1970 年在成都凤凰山发掘的永乐八年
（1410 年）蜀献王世子朱悦爏墓为纵列式砖筑墓
（图 20 - 1 - 1），整个墓室建筑全长 33 米。此墓
建筑平面布局应该是仿照当时的王府宫殿建筑，
更为富丽堂皇，仅釉陶仪仗侍从俑就有 500 余
件，为研究明代早期的墓葬制度、古代服饰制
度以及雕刻艺术史等提供了珍贵的资料。1979
年在成都大梁山清理的宣德十年（1435 年）朱
悦爏幼子蜀僖王朱友壎墓也是砖筑三室墓，全
长 27.8 米，后殿室有二耳室。

　　1970 年在山东邹县发掘的洪武二十二年
（1389 年）鲁荒王朱檀墓，为前后双室砖墓，全
长 20.5 米。墓中出土的珍贵遗物在明代诸侯王
墓中首屈一指。以九旒冕、乌纱折上巾、皮弁
和织金缎龙袍、棉织平纹被单等丝棉织品，都
是难得的珍品，代表了明代早期的冠服制度；
盝顶戗金漆箱、剔黄笔杆等各式各样的漆木家
具反映了明初我国漆器制造业的高超工艺和艺
术水平；以象辂为中心的木雕仪仗侍从俑再现
了明初亲王的仪仗场面，是研究仪仗制度的重
要标本；特别重要的是墓中保存较好的一张南
宋"天风海涛"古琴、七种元刻本书籍和三卷
绢本画，都是稀世珍品，为研究曲艺、版本和
美术等提供了难得一见的实物资料。

　　1990—1991 年发掘的湖北武昌永乐二十二
年楚昭王朱桢墓有内外两重长方形坟茔（昭
园）。内坟茔内有享殿，其轴线后侧为楚昭王
墓。朱桢墓为带墓道砖筑单室类屋式墓，地表
有圆锥体封土堆（即宝顶），高达 8 米。在土圹
内的砖墓室上面加筑三合土和木炭，密封较好。
墓道长约 11 米，墓室平面呈长方形，带三个小
耳室，券顶。南北进深 13.84 米、宽 5.8 米、高
4.78 米。南门设 3 道并列石门，墓室中部置石
供桌，桌前立石质"大明楚王圹志"。其后建有
石棺床，上置漆木椁，内置漆木棺。随葬器物
有 300 余件套。朱桢墓茔园较大，但是只有单
室墓，或许是早期亲王墓中玄宫规模最小的。

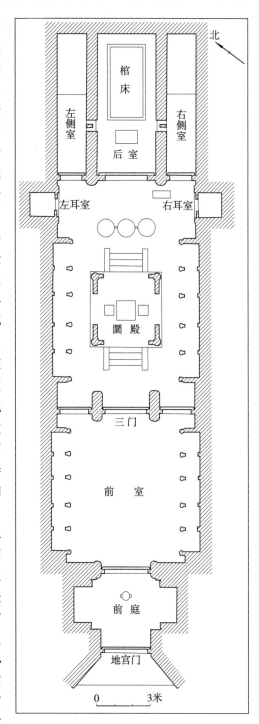

图 20 - 1 - 1　成都蜀王世子朱悦爏墓平剖面图
（引自《成都凤凰山明墓》,《考古》1978 年第 5 期,
改绘）

中期：正统六年（1441年）梁庄王朱瞻垍墓[1]、正统十四年（1449年）宁王朱权墓[2]、成化十二年（1476年）安僖王朱公铄墓[3]、正德十三年（1518年）德庄王朱见潾墓[4]、嘉靖十九年（1540年）益端王朱祐槟墓[5]、嘉靖三十六年（1557年）益庄王朱厚烨墓[6]。

2000年在湖北钟祥市发掘的正统六年（1441年）梁庄王朱瞻垍墓为砖筑前后双室墓（图20-1-2），地表原有内外茔园。墓道残长10.6米，地宫全长15.4米，墓室高5.3米，地表有封土堆。此墓为梁庄王和王妃的合葬墓，共出土随葬品5100多件，数量仅次于定陵，为明代亲王陵墓之最。其中有金、银、玉器1400多件，珠饰宝石3400多件保存完好。刻有"永乐十七年四月日西洋等处买到八成色金壹锭伍拾两重"金锭（图版20-2）。金佛像、嵌玉金冠顶、龙纹高足青花瓷碗等珍品较多。此墓未经盗掘，是研究明代中期王陵制度的重要资料，是世纪之交的重大发现。1993年在山东长清发掘的正德十三年（1518年）德庄王朱见潾墓（M4）[7]，为前后双室砖墓，地宫通长仅17.02米。提供了明代中期亲王陵墓制度的资料。

1972年发掘的南昌南城嘉靖十九年（1540年）益端王朱祐槟墓为砖筑单室类屋式墓，有墓门、甬道、二门、主室和左右后四个龛。主室进深5.2米、宽3.62米、高2.97米（图20-1-3）。其墓葬规模、仪仗俑数量等明显不及明代早期的亲王，但是金银器等贵重随葬品的质量和数量变化不大。朱祐槟墓反映了明代中期南方地区亲王的埋葬制度。

晚期：万历三十一年（1603年）益宣王朱翊鈏墓[8]、万历四十三年（1615年）潞简王朱翊镠墓[9]、崇祯五年（1632年）晋裕王朱求桂墓[10]、崇祯七年（1634年）益定王朱由木墓[11]等。

[1] 梁柱：《湖北钟祥梁庄王墓出土大批精美文物》，《中国文物报》2001年11月21日第1版；《梁庄王墓：钟祥明代梁庄王墓的发掘》，《江汉考古》2002年第1期；《5000余件珍宝大出土——明定陵以后的最大发现》，《文物天地》2002年第1期；《金玉满堂的明朝亲王墓》，《文明》2002年第9期；湖北省文物考古研究所、荆门市博物馆、钟祥市博物馆：《湖北钟祥明代梁庄王墓发掘简报》，《文物》2003年第5期；湖北省文物考古研究所、钟祥市博物馆：《梁庄王墓》，文物出版社2007年版。

[2] 陈文华：《江西新建明朱权墓发掘》，《考古》1962年第4期。

[3] 陕西省文物管理委员会：《长安四府井村明安僖王墓清理简报》，《考古通讯》1956年第5期。

[4] 济南市文化局文物处、长清县文物管理所：《山东长清县明德王墓群发掘简报》，载《考古学集刊》第11集，1997年。

[5] 江西省博物馆：《江西南城明益端王朱祐槟墓发掘报告》，《文物》1973年第3期。

[6] 江西省文物管理委员会：《江西南城明益庄王墓出土文物》，《文物》1959年第1期。

[7] 济南市文化局文物处、长清县文物管理所：《山东长清县明德王墓群发掘简报》，载《考古学集刊》第11集，1997年。

[8] 江西省文物工作队：《江西南城明益宣王朱翊鈏夫妇合葬墓》，《文物》1982年第8期；《南城明益宣王夫妇合葬墓》，《江西历史文物》1980年第3期。

[9] 河南省博物馆、新乡市博物馆：《新乡市郊明潞简王墓及其石刻》，《文物》1979年第5期；《新乡明潞简王墓调查简报》，《河南文博通讯》1978年第3期。

[10] 郭勇、杨富斗：《明晋裕王墓的清理工作》，《文物参考资料》1956年第6期。

[11] 江西省文物工作队：《江西南城明益定王朱由木墓发掘简报》，《文物》1983年第2期；《南城县明益定王朱由木墓发掘纪实》，《江西历史文物》1982年第4期。

图 20 - 1 - 2　钟祥梁庄王朱瞻垍墓后室局部
(引自湖北省文物考古研究所、钟祥市博物馆《梁庄王墓》，文物出版社 2007 年版)

1978 年在河南新乡发掘的万历四十三年（1615 年）潞简王朱翊镠墓有保存较好的坟茔，玄宫为砖筑双室墓，前室有二耳室，地宫通长约 19.65 米。提供了明代晚期北方的王陵制度的资料。

前文介绍的王墓模仿皇陵，其建筑平面布局应该也是仿照当时的王府宫殿建筑，规模宏大。在北方地区终明朝一代，诸王墓玄宫都属于类屋式墓，但是在南方地区，万历年间及以后出现类椁式墓，是一种新的重要变化。

1979 年末和 1980 年发掘的江西南城万历三十一年（1603 年）益宣王朱翊鈏夫妇合葬墓和崇祯七年（1634 年）益定王朱由木墓均为砖筑并列三椁室墓，属类椁式墓，不同于早中期的类屋式墓。但是这类墓特别讲究用石灰糯米浆密封，是南方地区明代晚期亲王墓葬形制的代表。墓中出土金银器、玉器、瓷器和冠服等遗物 450 余件，为研究明代晚期手工业技术和冠服制度等提供了珍贵的实物资料。

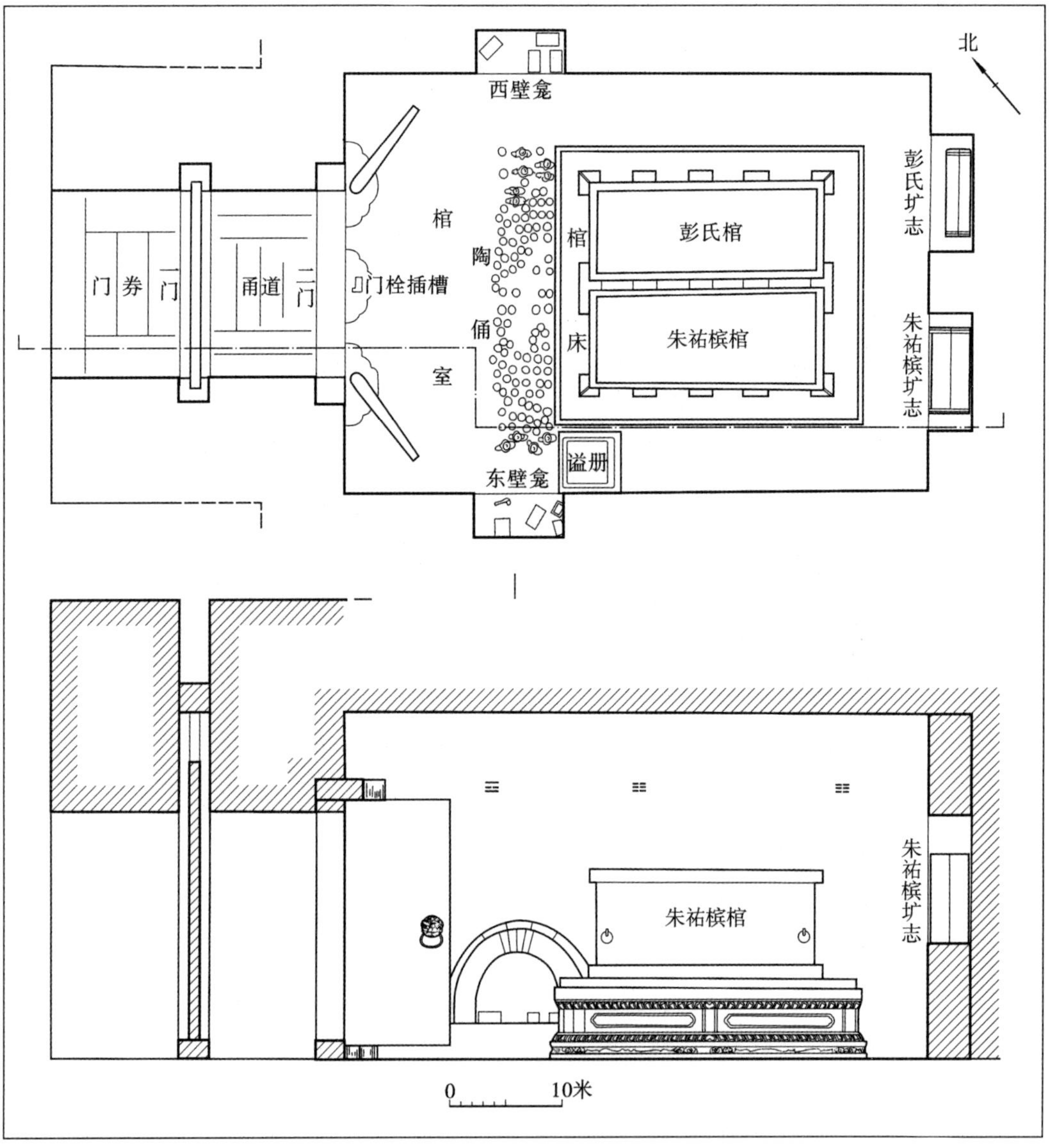

图 20－1－3　南昌益端王朱祐槟墓

（引自《江西南城明益端王朱祐槟墓发掘报告》，《文物》1973 年第 3 期，略变化）

此外，在陕西西安雁塔区发掘的郃阳惠恭王朱公镗之庶孙（第二子系）朱秉橘家族墓地〔1〕，有正德十四年（1519 年）辅国将军朱秉橘夫妇合葬墓（M14 父）、万历十三年（1585 年）奉国将军朱惟熠夫妇墓（M26 子）、天启元年（1621 年）辅国中尉朱敬鉍夫妇墓（M25 曾孙）。在江西新建发掘的宁献王朱权玄孙奉国将军朱宸浯夫妇合葬墓〔2〕，为

〔1〕 陕西省考古研究所、西北大学文博学院：《西安明代秦藩辅国将军朱秉橘家族墓》，《文物》2007 年第 2 期。

〔2〕 万为民：《江西新建朱宸浯夫妇合葬墓》，《南方文物》1992 年第 3 期。

砖筑类椁式墓，内葬三棺。在湖北武汉黄家湾发掘的明初楚昭王朱桢五世孙朱显杙和六世孙朱英即父子墓葬[1]是亲王庶子之远支皇亲的代表，按制被封为镇国中尉和辅国中尉，特别是朱显杙墓为土坑碗棺墓，是较特殊的葬制。这两处都是明代王室庶出王孙的墓例，其等级规制与《明史》记载基本吻合。

现今发掘过的明代异姓王侯墓主要有洪武二十五年（1392 年）江宁黔宁昭靖王沐英墓和正统四年（1439 年）定远忠敬王沐晟墓[2]、洪武二十八年（1395 年）东瓯王汤和墓[3]等。

南京江宁黔宁昭靖王沐英墓和定远忠敬王沐晟墓也都是砖筑三正室墓，沐英墓后室有三个并列葬所，中后室（沐英葬所）进深 5.5 米、宽 3.5 米、高 3.9 米；沐晟墓后室有两个并列葬所，左后室（沐晟葬所）进深 4.56 米、宽 2.71 米、高 2.74 米。《明史》列传十四记载沐英（1345—1392）"字文英，定远人。少孤，从母避兵，母死，太祖与孝慈皇后怜之，抚为子，从朱姓"。看来沐英如同亲王，受明太祖宠爱。故死后享受亲王待遇。

1973 年发掘的安徽蚌埠东瓯王汤和墓[4]为砖石混筑，有斜坡式墓道，墓室大门、前室、二门、后室和三个小龛、西侧单耳室等。这是目前所发现除沐氏外的唯一一座明初异姓王的墓葬。汤和虽然功高位重，但其墓葬的规模远远不能同明初亲王相比。

单独发现的王妃墓有弘治九年（1496 年）蜀定王次妃王氏墓[5]、弘治十七年宁靖王夫人吴氏墓[6]、正德十一年（1516 年）宁康王妃冯氏墓[7]、嘉靖三十九年（1560 年）荆端王次妃刘氏墓[8]、万历和天启年间嫔妃墓[9]等。此外还有一些考古调查的藩王墓。

考古调查和发掘的郡王墓[10]也有一些。其中广西桂林靖江王诸墓[11]保存较好，具有一定代表性。

从考古学研究看，关于明藩王墓的研究大体可分三个阶段。

第一阶段：从 1950 年至 1980 年。多见考古发掘简报中对明藩王墓和嫔妃墓的认识。仅见刘精义等初步分析了北京地区明代妃嫔葬所和葬制，并考释了妃嫔圹志[12]。总之，这一阶段考古学基础研究几乎空白。

第二阶段：从 1981 年到 2000 年。这一阶段虽然发掘资料已有相当的积累，但是考古

〔1〕 武汉市博物馆：《黄家湾明代楚王朱氏墓》，《江汉考古》1998 年第 4 期。
〔2〕 南京市文物保管委员会：《南京江宁县明沐晟墓清理简报》，《考古》1960 年第 9 期。
〔3〕 蚌埠市博物展览馆：《明汤和墓清理简报》，《文物》1977 年第 2 期。
〔4〕 蚌埠市博物展览馆：《明汤和墓清理简报》，《文物》1977 年第 2 期。
〔5〕 刘雨茂、刘骏、朱章义：《成都发现明蜀定王次妃王氏墓》，《中国文物报》1999 年 9 月 12 日第 1 版。
〔6〕 江西省文物考古研究所：《南昌明代宁靖王夫人吴氏墓发掘简报》，《文物》2003 年第 2 期；樊昌生、徐长青、赖祖龙：《明代王妃饰物：工艺精湛　金碧辉煌》，《中国文物报》2002 年 1 月 9 日第 1 版。
〔7〕 郭远谓：《南昌明宁康王次妃冯氏墓》，《考古》1964 年第 4 期。
〔8〕 小屯：《刘娘井明墓的清理》，《文物参考资料》1958 年第 5 期。
〔9〕 中科院考古研究所通讯组：《北京西郊董四墓村明墓发掘记——第一号墓》，《文物参考资料》1952 年第 2 期。
〔10〕 相关资料可参阅刘毅《明代帝王陵墓制度研究》，人民出版社 2006 年版，第 173—196 页。
〔11〕 桂林市文物工作队：《明靖江王十一陵述略》，《广西文物》1987 年第 2 期。
〔12〕 刘精义、鲁琪：《明代妃嫔陵园及圹志》，《故宫博物院院刊》1980 年第 2 期。

学研究论著依然罕见。徐苹芳对中华人民共和国三十年明藩王陵墓的重要发现和特点进行了总结[1]。这是首次对明藩王墓进行考古学研究。霍巍将江西明藩王墓分为大型的"地下宫殿"式墓和土坑砖（石）椁墓两种形制。认为明代早中期都是"地下宫殿"式墓，晚期则是土坑砖（石）椁墓，且用石灰糯米浆或三合土密封，可见中期和晚期之间发生了阶段性变化。晚期墓制是承继本地唐晚期以来流行的灰隔葬法，是民间保棺保尸的葬俗体现[2]。薛登等概述了明蜀王陵墓的考古资料[3]。孔繁峙认为梅瓶是皇帝、皇后、皇妃、公主和皇子得封的郡王所专用的一种随葬品，是一种风水瓶[4]。刘毅对梅瓶有不同的解读[5]。陈柏泉[6]和许智范[7]对江西明代藩王墓葬进行了介绍和考释。

第三阶段：从 2001 年至现在。21 世纪以来，一些学者开始关注明代诸藩王墓的专题和综合研究，考古学时空框架逐渐搭建。董新林将明代诸侯王陵墓分为三期和南北二区；并重点对陵墓形制及其反映的社会等级制度等进行了初步研究[8]；许智范概述了江西境内明代三藩王墓地，以及宁王朱权和 4 座益王墓的墓葬形制和考古发掘与文物出土情况[9]。王纪潮认为明初亲王墓葬形制大小并无定制；地上陵园规模、享堂和碑碣等决定亲王葬制。早期从俭，薄葬；中后期因经济状况好而随葬品较多。随葬品多寡不代表亲王身份[10]。金来恩等对赣地明藩王及其墓葬进行概述，并无新知[11]。刘毅对明代王陵陵园形态和玄宫形态进行了分析，探讨了明王陵的陵园制度和玄宫制度[12]。杨爱国分析了亲王陵园布局和墓葬形制，将明代藩王墓分为三期（以 1436 年和 1567 年为界），并产生了分期特点[13]。孟凡人对明代藩王墓茔园规制、亲王茔园形制布局、郡王茔园和地宫形制、亲王地宫葬制等进行了较为深入的探讨[14]。袁邦建梳理了明代丧葬制度规定，分析了江西明藩王墓的陵园建筑、墓室结构和随葬品等，剖析了藩王墓丧葬观念的演变等，探讨了墓葬选址、丧葬、祭祀等墓葬制度[15]。邹俊对 13 座明代沐氏家族墓葬进行了专题研究，通过对墓葬形制结构和随葬品的分析，探讨了 M15 年代和墓地布局等[16]。丁鹏勃根据 40 多座明代藩王墓中出土的 80 余件瓷器，进行类型、年代、产地分析，并探讨了墓中瓷器来源及其与

〔1〕　徐苹芳：《明代陵墓的发掘》，载《新中国的考古发现和研究》，文物出版社 1984 年版。

〔2〕　霍巍：《论江西明代后期藩王墓葬的形制演变》，《东南文化》1991 年第 1 期。

〔3〕　薛登、方全明：《明蜀王和明蜀王陵》，《四川文物》2000 年第 5 期。

〔4〕　孔繁峙：《试谈明墓随葬梅瓶的使用制度》，《文物》1985 年第 12 期。

〔5〕　刘毅：《"梅瓶"小考》，载《中国古陶瓷研究》第 6 辑，紫禁城出版社 2000 年版。

〔6〕　陈柏泉：《江西出土明代碑志综考》，《江西历史文物》1982 年第 2 期。

〔7〕　许智范：《江西明代藩王墓志综述》，《江西历史文物》1986 年第 S1 期。

〔8〕　董新林：《明代诸侯王陵墓研究》，《中国历史文物》2003 年第 4 期。

〔9〕　许智范：《江西明代藩王墓考古收获》，《中国历史文物》2003 年第 4 期。

〔10〕　王纪潮：《明代亲王葬制的几个问题》，《文物》2003 年第 2 期。

〔11〕　金来恩、田娟：《明朝赣地藩王及其墓葬》，《南方文物》2004 年第 3 期。

〔12〕　刘毅：《明代帝王陵墓制度研究》，人民出版社 2006 年版；《明代亲王陵墓玄宫制度研究》，《华夏考古》2010 年第 3 期。

〔13〕　杨爱国：《明代亲王陵墓的考古学研究》，《考古与文物》2007 年增刊（汉唐考古）。

〔14〕　孟凡人：《明代藩王墓的形制布局》，载《故宫学刊》总第 5 辑，紫禁城出版社 2009 年版。

〔15〕　袁邦建：《江西明代藩王墓葬文化探究》，硕士学位论文，江西师范大学，2011 年。

〔16〕　邹俊：《明代沐氏家族墓葬研究》，硕士学位论文，南京大学，2012 年。

其他随葬器物的关系[1]。

二　墓葬形制

根据墓葬建筑材料和形制结构的不同，诸藩王墓分为类屋式墓和类椁式墓二类。

甲类：类屋式墓。从建筑材料看，有砖室墓和砖石混筑墓二种。这类墓通常有墓道，正室前后成列，多为长方形，墓顶高达 2 米以上。依据正室的多寡等，可分为三型。

A 型：三正室墓。这种是仿明代皇陵建筑，规模宏大，有的中室两侧带耳室。有的后室分筑为三个单独葬所，这里作为一个单元处理。

江西新建宁献王朱权墓[2]（图 20-1-4，1）为砖筑，坐西朝东，全长 31.7 米，包括墓门外礓礤（墓道后部）、前门和前庭、二门和前甬道、长方形前室、三门和中甬道、方形中室、左右长方形耳室、后甬道、长方形后室及三个小龛等。后室进深 10.18 米、宽 4.58 米、高 4.3 米，室内后部置长方形棺床。其建筑平面布局应该是仿照当时的王府宫殿建筑。

湖北江陵辽简王朱植墓[3]（图 20-1-4，2）为砖筑，南向，有斜坡式墓道，整个墓室建筑长 21.8 米，包括墓室大门、前甬道、前室、中甬道、中室和左右耳室、后甬道、后室。后进深 5.28 米、宽 5.84 米、高 6.88 米。此墓相对朱权墓而言，结构简单较多。

成都凤凰山蜀献王世子朱悦燫墓[4]（图 20-1-4，3）为纵列式砖筑墓，南偏西 55°，有斜坡墓道，整个墓室建筑全长 33 米，包括墓室前门（用金刚墙封门）和前庭、二门和前甬道、前室、三门和中甬道、中室（正中设一座方形石圆殿、后甬道及两侧左右龛室、并列三后室（中间王室及两厢）等）。中间王室进深 7.6 米、宽 3.26 米、高 3.35 米，内置石棺床，棺床上有一套漆木棺椁。

南京江宁黔宁昭靖王沐英墓和定远忠敬王沐晟墓[5]也都是砖筑三正室墓，沐英墓后室有三个并列葬所，中后室（沐英葬所）进深 5.5 米、宽 3.5 米、高 3.9 米；沐晟墓后室有两个并列葬所，左后室（沐晟葬所）进深 4.56 米、宽 2.71 米、高 2.74 米（图 20-1-4，4）。

B 型：双正室墓。主室（葬尸体之室）的长径多在 5 米以上，高在 2.5 米以上。

山东邹县鲁荒王朱檀墓[6]（图 20-1-4，5）为砖筑，有斜坡式墓道，墓室建筑包括墓室前门（有红色金刚墙封堵）和前甬道、前室、二门和后甬道、后室。后室东西宽 8.2 米、南北进深 5.45 米、高 5.05 米。

陕西长安安僖王墓[7]（图 20-1-4，6）为砖筑，南向，有斜坡式墓道，包括墓室大

〔1〕　丁鹏勃：《明代藩王墓出土瓷器研究》，《中国历史文物》2008 年第 1 期。

〔2〕　陈文华：《江西新建明朱权墓发掘》，《考古》1962 年第 4 期。

〔3〕　荆州地区博物馆、江陵县文物局：《江陵八岭山明代辽简王墓发掘简报》，《考古》1995 年第 8 期。

〔4〕　中国社会科学院考古研究所、四川省博物馆成都明墓发掘队：《成都凤凰山明墓》，《考古》1978 年第 5 期。

〔5〕　南京市文物保管委员会：《南京江宁县明沐晟墓清理简报》，《考古》1960 年第 9 期。

〔6〕　山东省博物馆：《发掘明朱檀墓纪实》，《文物》1972 年第 5 期。

〔7〕　陕西省文物管理委员会：《长安四府井村明安僖王墓清理简报》，《考古通讯》1956 年第 5 期。

门、前室及左右龛、二门和甬道、后室及左右后三个龛。后室进深 9.15 米、宽 4.1 米、高 4.35 米。

C 型：单正室墓。

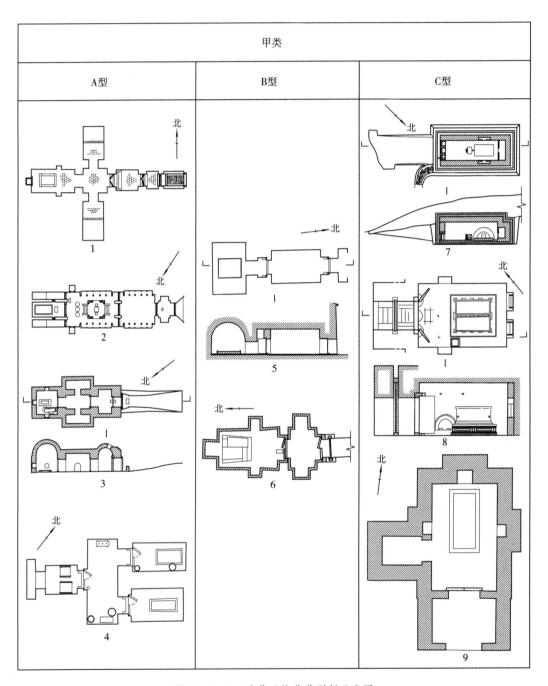

图 20—1—4　诸藩王坟墓葬形制示意图

武昌楚昭王朱桢墓[1]地表有圆锥体封土堆（即宝顶），高达8米。南向，墓道长约11米，砖筑墓室平面呈长方形，带三个小耳室，券顶（图20-1-4，7）。南北进深13.84米、宽5.8米、高4.78米。南面设3道并列石门，墓室内诸石棺床，上置漆木椁和棺。

江西南城益端王朱祐槟墓[2]（图20-1-4，8）为砖筑，南向，有墓道、前门和甬道、二门、主室及左右后四个壁龛。主室进深5.2米、宽3.62米、高2.97米。内筑近方形红石棺床，上置二漆木棺。

安徽蚌埠东瓯王汤和墓[3]（图20-1-4，9）为砖石混筑，有斜坡式墓道，墓室大门、前室、二门、后室和三个小龛、西侧单耳室等。后室进深6.2米、宽3.96米、高3.6米。

乙类：类椁式墓。椁室的多少主要取决于与墓主人同葬妻妾的数量。

江西南城益宣王朱翊鈏夫妇合葬墓[4]为砖筑分体并列三椁墓，每个椁室长2.4米、宽1.04米、高1.2米，在椁室前有砖砌墓志室，通宽3.4米、进深0.5米、高1.1米，放有朱翊鈏和二夫人的墓志。各椁室各有木棺一具。益定王朱由木墓也是砖筑并列三椁室墓[5]。

三 埋葬制度

明代藩王墓发掘数量不少，但是近年才有一些较好的综合研究论著。本章综合现有的研究成果，从几个方面对明代藩王坟墓埋葬制度略做梳理。

（一）藩王坟茔

洪武二年（1369年），明太祖朱元璋命令编制《祖训录》，定封建诸王国邑及官属之制，分封宗室，辅弼中朝，初步建立起明代的诸王分封制度[6]。朱棣继位之后，于永乐八年（1410年）曾制定亲王坟茔规制：

> 亲王坟茔，享堂七间，广十丈九尺五寸，高二丈九尺，深四丈三尺五寸。中门三间，广四丈五尺八寸，高二丈一尺，深二丈五尺五寸。外门三间，广四丈一尺九寸，高深与中门同。神厨五间，广六丈七尺五寸，高一丈六尺二寸五分，深二丈一尺五寸，神库同。东西厢及宰牲房各三间，广四丈一尺二寸，高深与神厨同。焚帛亭一，方七尺，高一丈一尺，祭器亭一，方八尺，高与焚帛亭同。碑亭一，方二丈一尺，高三丈四尺五寸。周围墙二百九十丈，墙外为奉祠等房十二间。[7]

[1] 付守平：《明代楚昭王朱桢墓发掘简讯》，《江汉考古》1992年第1期；湖北省文物考古研究所、武汉市文物考古研究所、武汉市江夏区博物馆：《武昌龙泉山明代楚昭王墓发掘简报》，《文物》2003年第2期。
[2] 江西省博物馆：《江西南城明益王朱祐槟墓发掘报告》，《文物》1973年第3期。
[3] 蚌埠市博物展览馆：《明汤和墓清理简报》，《文物》1977年第2期。
[4] 江西省文物工作队：《江西南城明益宣王朱翊鈏夫妇合葬墓》，《文物》1982年第8期。
[5] 江西省文物工作队：《江西南城明益定王朱由木墓发掘简报》，《文物》1983年第2期。
[6] 张德信：《明代诸王分封制度述论》，《历史研究》1985年第5期。
[7] （明）申时行等：《大明会典》卷二〇三《工部·王府坟茔》，影印本第5册，江苏广陵古籍刻社1989年版，第2730页。

　　正统十三年（1448 年）规定"亲王坟茔，地五十亩，房十五间；郡王，地三十亩，房九间；郡王之子……"[1]文献记载为我们认识明代藩王坟茔考古资料提供了重要参考。

　　保存完整的明代藩王坟茔并不太多。湖北武昌永乐二十二年（1424 年）楚昭王朱桢墓有内外两重坟茔（称昭园）。外茔园呈长方形，南北长 355 米、东西宽 335 米，石基砖墙宽0.9 米、残高 3.3 米，南墙正中设茔门；内茔园平面呈方形，位于外园的中部偏南，南、北墙正中均设门。内茔园正中偏后有享殿基址，前方两侧有配殿。中轴线内茔园后门之北侧有圆锥体封土堆（即宝顶），底径 24 米、高达 8 米。封土堆之下即为楚昭王墓。其西侧有王妃墓。较特殊的是，楚昭王的东西两侧的外茔园外，葬有 5 座夫人墓。外茔园南门外东南有"楚昭王之碑"和碑亭（图 20-1-5）。根据外茔园算，楚昭王坟茔占地至少有 178 亩。

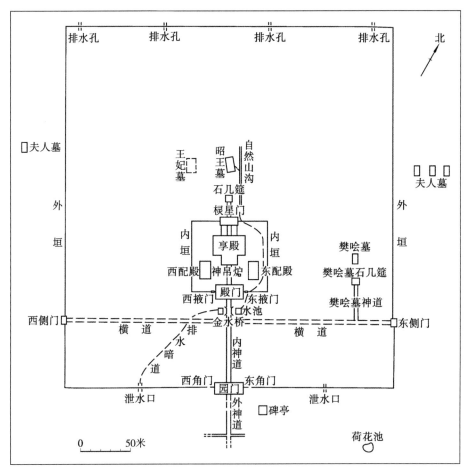

图 20-1-5　武昌楚昭王朱桢墓坟茔平面示意图
（引自《武昌龙泉山明代楚昭王墓发掘简报》，《文物》2003 年第 2 期，略变化）

〔1〕（明）申时行等：《大明会典》卷二〇三《工部·王府坟茔》，影印本第 5 册，江苏广陵古籍刻印社 1989 年版，第 2731 页。

　　湖北钟祥市发掘的正统六年（1441 年）梁庄王朱瞻垍墓也有内外茔园（应为前方后圆的长方形），南部残。外茔园南向，南北残长 200 米、东西宽 250 米。包石土墙残高 0.7 米。内茔园呈东南向，南北残存 75 米、东西宽 55 米。包砖墙宽 1 米。内茔园中部地表有圆锥形封土堆，底径 25 米、高约 9 米。封土堆之下为梁庄王和王妃的合葬墓。

　　德王是明英宗朱祁镇第二子朱见潾的封号。德王共传七世，第七代德王朱由枢于崇祯十二年被清兵俘虏。德王墓都葬在山东省长清县（今长清区）东马村的青崖寨山南麓，除 M5 外均有独立的坟茔，茔园神道两侧原有碑碣和石像生等[1]。正德十三年（1518 年）德庄王朱见潾墓（M4）坟茔最大居中，其西侧有 M5、M6，东侧自西向东依次为 M3、M、2M1、M7（图 20 - 1 - 6）。M6 坟茔保存较好。双重茔园平面呈前方后圆的长方形，朝西南。外茔园围墙长约 276 米，西南侧宽 103 米，中间设五开间茔门，外有八字墙。门内有两道隔墙。其后为围墙长 151 米的内茔园，前后两进院落。前院长 57.8 米、宽 68.3 米，院内正中有献殿，东侧有厢房基址。后院略窄于前院，长 92 米、宽 63 米，中央有封土冢。冢之下为玄宫（图 20 - 1 - 7）。

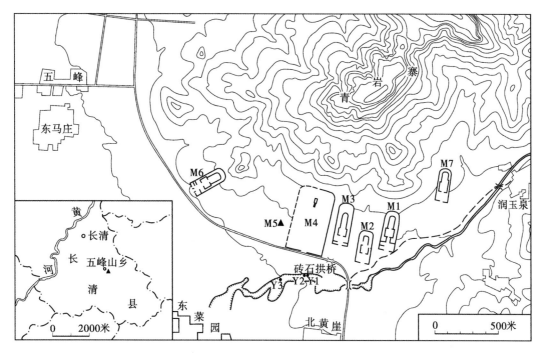

图 20 - 1 - 6　长清德王墓区平面布局图

（引自《山东长清县明德王墓群发掘简报》，载《考古学集刊》第 11 集，1997 年，略变化）

〔1〕　济南市文化局文物处、长清县文物管理所：《山东长清县明德王墓群发掘简报》，载《考古学集刊》第 11 集，1997 年。

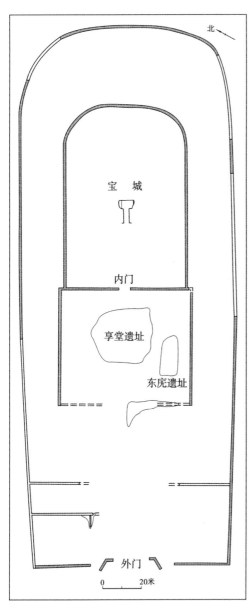

图 20-1-7　长清德王 M6 平剖面示意图
（引自《山东长清县明德王墓群发掘简报》，载《考古学集刊》第 11 集，1997 年，略变化）

河南新乡万历四十三年（1615 年）潞简王朱翊镠墓[1]有保存较好的坟茔，形制布局与皇陵相仿（图 20-1-8）。坟茔建筑南向略偏西，分两部分。第一部分为导引神道。最前面为一座石牌坊，上刻"潞藩佳城"，两侧并列两座浮雕龙纹的石望柱；牌坊后面（北面）的神道长 187.5 米，两侧排列文吏石翁仲两对，石瑞兽 14 对，有狮子、獬豸、狻猊、麒麟、骆驼、象、羊、马及其他瑞兽。神道的尽头为汉白玉石三孔券御河桥，桥后为茔园正门——南院门楼。第二部分为潞简王茔园。三进院落茔园平面呈长方形，南北进深 324 米、宽 147 米，围墙高 6 米，宽 1.5 米。第一进院落（南院）的正门为三门道门楼，院内有三间四柱的牌坊建筑，明间横额题刻"维岳降灵"。牌坊两翼接青石墙北折形成小院落。第二进院落（中院）的中门可能是面阔五间，进深 1 间的殿堂式门。中院后部正中为残高 1 米的"凸"字形台基，台基面阔 36.5 米、进深 18 米。台基上有 4 行 8 列石柱础，可知献殿建筑为面阔 7 间，进深 3 间。前方两侧有配殿；献殿月台前面两侧各置一石神帛炉。献殿前的神道两侧对称置 4 座碑亭等。第三进院落（北院）院门为石雕牌坊。门内为石祭台和石五供；之北原来有明楼（已毁），现存一通石碑立于方石台基中央，龙首方趺，碑身正面镌刻"敕封潞简王之墓"；之后即为圆形"宝城"（葬所）。宝城直径 40 米、高 9.35 米。宝城之下就是玄宫。潞简王坟茔是地面保存最好、规模最大的亲王葬地，堪比皇陵，严重僭越。与"下天子一等"的藩王坟茔礼制不合，是个特例。这或许与潞简王朱翊镠是明神宗同母胞弟的特殊关系有关。

---

[1]　河南省博物馆、新乡市博物馆：《新乡明潞简王墓调查简报》，《河南省文博通讯》1978 年第 3 期；《新乡市郊明潞简王墓及其石刻》，《文物》1979 年第 5 期。

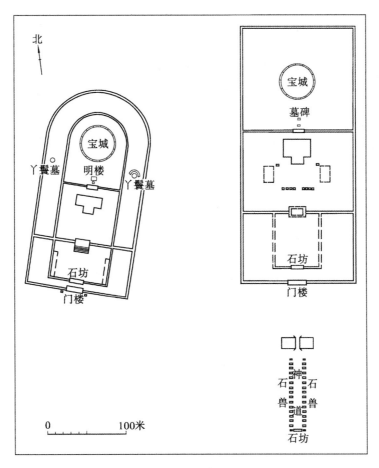

图 20 - 1 - 8 新乡潞简王坟茔平面图

（引自河南省博物馆、新乡市博物馆《新乡明潞简王墓调查简报》，《河南省文博通讯》1978 年第 3 期，略变化）

此外，江西南城益端王朱祐槟墓[1]封土堆前似有享殿遗址，南约一百米处依次有文吏、武将、马、狮、望柱、汉白玉碑各一对。明朝开国元勋汤和墓[2]前有神道长 225 米，前端立一座神道石碑，两侧分别有石马（有牵马士）、跪羊、坐狮、文臣（拱手执圭）、武士（佩剑）各一人。

从考古调查和发掘资料可知，明藩王坟茔形制规模与文献记载的"亲王坟茔规制"不合。其原因值得探讨。

（二）玄宫形制规模

藩王玄宫制度是其墓葬制度的重要内容之一。文献没有记载明藩王玄宫制度。从考古发现看，明藩王墓地表几乎都有仿帝陵"宝城"的圆形坟冢。但是玄宫形制规模没有体现

〔1〕 江西省博物馆：《江西南城明益王朱祐槟墓发掘报告》，《文物》1959 年第 1 期。
〔2〕 蚌埠市博物展览馆：《明汤和墓清理简报》，《文物》1977 年第 2 期。

出明确的礼制。

在明早期，江西新建正统十四年（1449 年）宁献王朱权墓地表有长约 50 米、宽约 15 米的封土堆（坟冢），其下玄宫为砖筑前中后三正室带二耳室的五室类屋式墓。坐西朝东，全长 31.7 米。湖北江陵洪熙元年（1425 年）辽简王朱植墓为砖筑三室墓，墓室建筑仅长 21.8 米。成都凤凰山发掘的永乐八年（1410 年）蜀献王世子朱悦燫墓为纵列式砖筑三室墓，仿照王府宫殿建筑，仅釉陶仪仗侍从俑就有 500 余件。江西鄱阳正统十一年（1446 年）淮靖王朱瞻墺墓为砖筑三正室（后室分三部分）带二个耳室的五室类屋式墓，全长 29 米[1]。

山东邹县发掘的洪武二十二年（1389 年）鲁荒王朱檀墓，为前后双室砖墓，全长 20.5 米。墓中出土的珍贵遗物在明代诸侯王墓中首屈一指。

湖北武昌永乐二十二年（1424 年）楚昭王朱桢墓为带墓道砖筑单室类屋式墓。在土圹内的砖墓室上面加筑三合土和木炭，密封较好。墓道长约 11 米，墓室平面呈长方形，带三个小耳室，券顶。南北进深 13.84 米、宽 5.8 米、高 4.78 米。南门设 3 道并列石门，墓室中部置石供桌，桌前立石质"大明楚王圹志"，其后建有石棺床，上置漆木椁，内置漆木棺。随葬器物有 300 余件套。或许是早期亲王墓中玄宫规模最小的。

明中期，湖北钟祥正统六年（1441 年）梁庄王朱瞻垍和王妃墓为砖筑前后双室墓。墓道残长 10.6 米，地宫全长 15.4 米，墓室高 5.3 米，地表有封土堆。共出土随葬品 5100 多件，数量仅次于定陵，为明代亲王陵墓之最。山东长清发掘的正德十三年（1518 年）德庄王朱见潾墓（M4）[2]，为前后双室砖墓，地宫通长仅 17.02 米。

南昌南城嘉靖十九年（1540 年）益端王朱祐槟墓为砖筑单室类屋式墓，有墓门、甬道、二门、主室和左右后四个龛。主室进深 5.2 米、宽 3.62 米、高 2.97 米。其墓葬规模、仪仗俑数量等明显不及明代早期的亲王，但是金银器等贵重随葬品的质量和数量变化不大。朱祐槟墓反映了明代中期南方地区亲王的埋葬制度。

明晚期，万历三十一年（1603 年）益宣王朱翊鈏墓[3]、万历四十三年（1615 年）潞简王朱翊镠墓[4]、崇祯五年（1632 年）晋裕王朱求桂墓[5]、崇祯七年（1634 年）益定王朱由木墓[6]等。

1978 年在河南新乡发掘的万历四十三年（1615 年）潞简王朱翊镠墓有保存较好的坟茔，玄宫为砖筑双室墓，前室有二耳室，地宫通长约 19.65 米。提供了明代晚期北方的王

〔1〕 孙家骅等主编：《手铲下的文明——江西重大考古发现》，江西人民出版社 2004 年版，第 522—523 页。
〔2〕 济南市文化局文物处、长清县文物管理所：《山东长清县明德王墓群发掘简报》，载《考古学集刊》第 11 集，1997 年。
〔3〕 江西省文物工作队：《江西南城明益宣王朱翊鈏夫妇合葬墓》，《文物》1982 年第 8 期；《南城明益宣王夫妇合葬墓》，《江西历史文物》1980 年第 3 期。
〔4〕 河南省博物馆、新乡市博物馆：《新乡市郊明潞简王墓及其石刻》，《文物》1979 年第 5 期；《新乡明潞简王墓调查简报》，《河南文博通讯》1978 年第 3 期。
〔5〕 郭勇、杨富斗：《明晋裕王墓的清理工作》，《文物参考资料》1956 年第 6 期。
〔6〕 江西省文物工作队：《江西南城明益定王朱由木墓发掘简报》，《文物》1983 年第 2 期；《南城县明益定王朱由木墓发掘纪实》，《江西历史文物》1982 年第 4 期。

陵制度的资料。

1979 年末和 1980 年发掘的江西南城万历三十一年（1603 年）益宣王朱翊鈏夫妇合葬墓和崇祯七年（1634 年）益定王朱由木墓均为砖筑并列三椁室墓，属类椁式墓，不同于早中期的类屋式墓。但是这类墓特别讲究用石灰糯米浆密封，是南方地区明代晚期亲王墓葬形制的代表。墓中出土金银器、玉器、瓷器和冠服等遗物 450 余件。

从唐朝开始，纵列式三正室带两侧耳室墓，应是皇帝陵的规制[1]。明神宗朱翊钧的定陵是迄今唯一科学发掘过的帝陵玄宫，也是三正室墓。其玄宫由墓道，前门和前庭，二门和前甬道，前殿，三门和中甬道，中殿，左、右配殿，四门和后甬道，后殿（葬所）构成。玄宫内除甬道和部分殿铺地砖外，全部为石结构。明代发掘过的明朝早期，以宁献王朱权墓、辽简王朱植墓、蜀王世子朱悦爌墓等为代表，仿帝陵采用纵列式三正室墓（A 型），最多者带 2 个耳室，基本符合亲王规制。但是鲁荒王朱檀墓（B 型）和楚昭王朱桢墓（C 型）却分别为前将后双正室墓和单正室墓，与其身份并不匹配。这或许表明从玄宫形制规模看，在明早期，诸藩王墓没有统一规制。纵观各个地区藩王墓的情况，可以看出各藩王玄宫形制规模自成体系的倾向明显，在楚、鲁、蜀、德、益、潞诸王墓中表现突出[2]。

值得注意的是，明中期开始，诸藩王基本不再使用三正室类屋式墓，大体采用二正室类屋式墓为主，建筑规模明显减小。最为重要的变化是在明代晚期，亲王陵墓形制结构出现了南北差异。淮河以北的北方地区仍然是二正室类屋式墓的模式，与中期变化不大。而淮河以南的南方地区则在万历年以后出现了类椁式墓的新形式，是亲王陵墓制度的重要变化。这种变化可能是墓主人融入当地传统葬俗的结果[3]。

（三）葬具和随葬器用

明藩王墓讲究堪舆术，注重坟茔的选址。鲁荒王朱檀葬于山东邹县东北 25 公里九龙山南麓。依山而建，坐北朝南，东有卧虎山，西有玉皇山，前方为开阔的原野，白马河由东向西流过，墓地遥遥与远处的朱山相望，地势壮观，风景秀美。

明藩王墓设有单独的坟茔，尽管形制规模略有不同，但总的说来，藩王墓基本都由神道、坟茔、享殿和封土坟丘（地下为玄宫）等建筑群组成。墓地流行墓仪制度，在坟前或坟茔地前通常树立石刻的神道碑、经幢，以及成组的羊、马、狮、虎、翁仲等石像生。洪武二十九年（1396 年）定公侯墓葬碑碣石兽之制："石碑螭首高三尺二寸，碑身高九尺，阔三尺六寸，龟趺高三尺八寸；石人二，石马二，石羊二，石虎二，石望柱二"[4]。考古发现与文献并不完全吻合。

---

〔1〕　宿白：《西安地区的唐墓形制》，《文物》1995 年第 12 期。

〔2〕　刘毅：《明代亲王陵墓玄宫制度研究》，《华夏考古》2010 年第 3 期。

〔3〕　两宋以来，南方地区就十分流行类椁式墓。南宋时期的帝陵"石藏子"实际上也是一种类椁式墓。这种陵墓不注重外在形式的大小，而讲究墓葬的密封和坚固。如 1964 年发掘的江苏苏州吴王张士诚父母墓就是依照南宋帝陵攒宫制度建造成石藏子结构的实例（苏州市文物保管委员会、苏州博物馆：《苏州吴张士诚母曹氏墓清理简报》，《考古》1965 年第 6 期）。

〔4〕　（明）申时行等：《大明会典》卷二零三《工部·职官坟茔》，影印本第 5 册，第 2733 页。

　　诸藩王除明代早期有亲王单葬（如鲁荒王朱檀）外，绝大多数藩王都是与妃嫔合葬。合葬形式有在同一个墓室（如益端王朱祐槟墓）和分成不同墓室（如德庄王朱见潾墓）的情况。使用石质须弥座棺床为多，棺床中间有长方形金井，井内填黄土，棺床上多以红漆木质大椁内置漆木棺为葬具（如辽简王朱植墓）；也有用砖筑棺床者（如鲁荒王朱檀墓）。基本都是尸骨一次葬。

　　洪武元年（1368 年）十一月，定亲王冠服之制：冕冠九旒，每旒玉珠九颗，用金簪。玉圭九寸二分五厘。冕服九章，青衣五章，画龙、山、华虫、火、宗彝；纁裳四章，绣藻、粉米、黼、黻。白纱中单，黼纹饰领。蔽膝纁色，织火、山二章；其余带、绶等与皇帝冕服之制略同[1]。永乐三年（1405 年）更定：亲王冕冠为玄表朱里，綖板前弧圆后方，九旒贯五采玉珠九颗，以赤、白、青、黄、黑相次，用玉衡金簪。衮服章，玄衣织五章，龙在肩，山在背，火、华虫、宗彝在袖，纁裳前三幅后四幅，不相属但共腰，织藻、粉米、黼、黻四章。纁色蔽膝亦织藻、粉米、黼、黻四章。另配中单及各式玉佩，余与皇帝冕服略同。玉圭九寸二分五厘，下有锦韬囊[2]。亲王常服，洪武时定以乌纱折上巾为冠。永乐三年（1405 年），定亲王常服与皇太子同，冠为乌纱折上巾，即"翼善冠"。服为赤色袍，盘领窄袖，前后及两肩各织金盘龙一团，带饰玉[3]。

　　明诸藩王墓和妃嫔墓的敛服资料较多。鲁荒王朱檀墓出土的九旒冕、乌纱折上巾、皮弁和织金缎龙袍、棉织平纹被单等丝棉织品。梁庄王朱瞻垍墓出土了九旒冕、金镶宝石帽顶、玉质或金镶玉革带等敛服。益宣王朱翊鈏墓的尸体保存较好，头部有九旒冕、玛瑙冠等，身穿龙袍，腰系玉带，项挂念珠，足穿黄锦高筒靴[4]。这三座王墓出土的敛服与文献记载的冠服和常服一致，大致可以代表了明代早期、中期和晚期的敛服制度。

　　江西南昌明宁靖王夫人吴氏墓[5]的墓主人仰身直肢，头戴凤冠，身穿 5 套 12 件衣物，穿缎面弓鞋。出土 40 余件丝麻纺织品。其中有一套皇家女眷礼服，包括妆金团凤纹鞠衣、素缎大衫、压金彩绣云霞凤纹霞帔、团凤纹缎地妆金凤纹云肩袖襕夹衣、织金云凤膝襕褶折裙等，是目前发现最完整的后妃礼服。吴氏大致相当于郡王妃，但其敛服与亲王妃相差无几。

　　关于诸藩王的随葬器用情况，彼此悬殊较大。最多的梁庄王墓随葬 5100 多件器物，数量仅次于定陵，为明代亲王陵墓之最。其中有金、银、玉器 1400 多件，珠饰宝石 3400 多件保存完好。而最少的王墓只有一百多件。造成差异的原因是多重的，与等级地位和时间没有绝对关系。从木雕或泥塑仪仗俑看，早期鲁荒王墓有 400 多件；中期益王墓不足 200 件；晚期少见甚至不见。锡明器也有类似变化。

　　诸藩王墓中普遍随葬谥册（记载墓主尊谥号的册文）、谥宝（刻墓主谥号的宝玺）和圹志，与文献记载一致。

---

〔1〕《明太祖实录》卷三六下，洪武元年十一月甲子，校印本《明实录》第 2 册，第 686 页。

〔2〕（明）申时行等：《大明会典》卷六零《礼部十八·冠服一》，影印本第 2 册，第 1042 页。

〔3〕（明）申时行等：《大明会典》卷六零《礼部十八·冠服一》，影印本第 2 册，第 1043 页。

〔4〕江西省文物工作队：《江西南昌明益宣王朱翊鈏夫妇合葬墓》，《文物》1982 年第 8 期。

〔5〕江西省文物考古研究所：《南昌明代宁靖王夫人吴氏墓发掘简报》，《文物》2003 年第 2 期。

第二节　贵族和平民墓葬

明代不仅对于帝王陵墓，而且对一般贵族埋葬制度也有较多记载。目前明代皇亲国戚、一般官吏和平民墓葬都发现很多，大多保存较好，出土大量珍贵文物。明代纪年墓的资料比较多，可供比较的典型墓葬也有一定的数量，为墓葬的分期提供了条件。根据纪年墓资料，综合墓葬随葬品组合和丧葬礼俗等的变化，参考历史学的分期，初步可以将明墓分为三期。早期，从太祖洪武元年（1368 年）到英宗天顺八年（1464 年）；中期，从宪宗成化元年（1465 年）到世宗嘉靖四十五年（1566 年）；晚期，从穆宗隆庆元年（1567年）到思宗崇祯十七年（1644 年）。

一　发现与研究

南京是明朝初期首都。除朱元璋孝陵外，南京附近发现了很多开国元勋的墓葬（诸王坟前面有介绍）。主要集中于三处。第一处是南京中华门外南郊。这里有沐英[1] 及其后人[2]、宋晟、俞通源、俞通海夫人、耿炳文夫人等。永乐五年（1407 年）西宁侯宋晟夫妇墓[3] 有封土堆，为夫妇异穴合葬，属于砖筑类屋式墓。宋晟墓居右，为前中后三室，拱顶。后墓室三壁砌有壁龛。总长 9.87 米、宽 3.48 米、高 3.92 米。叶氏墓居左，为前后二室，拱顶。后墓室三壁砌有壁龛。总长 8.15 米、宽 3.06 米、高 2.96 米。后室棺床上有木棺。二墓室内都随葬陶缸、金银器、瓷器、铁器、铜器、铜钱等。宋晟夫妇墓北面还有二封土堆，分别为其父母宋朝用夫妇墓和宋晟另外二夫人墓。南京洪武二十二年（1389 年）南安侯俞通源墓[4] 为砖筑类屋式墓，北向。无墓道，由石门、前室和后室组成（图 20－2－1）。前室长 1.96 米、宽 3.95 米、高 4.05 米，无铺地砖。前后室间有木门。后室长 4.95 米、宽 3.95 米、高 3.8 米。后室底部高起 0.3 米。后壁和两侧壁各有一壁龛。原有木质葬具。随葬品主要在后室，有金银器 6、玉腰带 1、铜铁器 13、瓷器 14。此外，俞通源墓附近还发现洪武二十一年俞通海夫人于氏墓，为砖石混筑类椁式墓，规格小很多。砖筑前室长 1.6 米、宽 2.2 米、高 1.55 米，券顶。后室砖圹石盖，长 4 米、宽2.2 米、高 1.7 米。随葬品仅白釉黑彩瓶 1、青釉梅瓶 2、青花瓶 1、"贵"字金片 1 和一方石墓志。南京洪武三十五年长兴侯耿炳文夫人陈氏墓[5] 为砖筑类屋式墓，分前后二室，券顶，西南向。前室西南方有封门墙，近长方形，长 2.55 米、宽 3.5 米、高 3.2 米；后室长方形长 4.65 米、宽 3.5 米、高 3.2 米。后室内中央有长方形棺床，三壁均有火焰形

〔1〕　南京市文物保管委员会：《南京江宁县明沐晟墓清理简报》，《考古》1960 年第 9 期。
〔2〕　南京市博物馆：《江苏南京市明黔国公沐昌祚、沐睿墓》，《考古》1999 年第 10 期。
〔3〕　南京市文物保管委员会：《南京中华门外明墓清理简报》，《考古》1962 年第 9 期。
〔4〕　南京市博物馆、雨花台区文化局：《江苏南京市戚家山明墓发掘简报》，《考古》1999 年第 10 期。
〔5〕　南京市博物馆：《江苏南京市南郊两座大型明墓的清理》，《考古》1999 年第 10 期。

壁龛。前后室之间设有两扇石门。后室有木棺和遗骨。

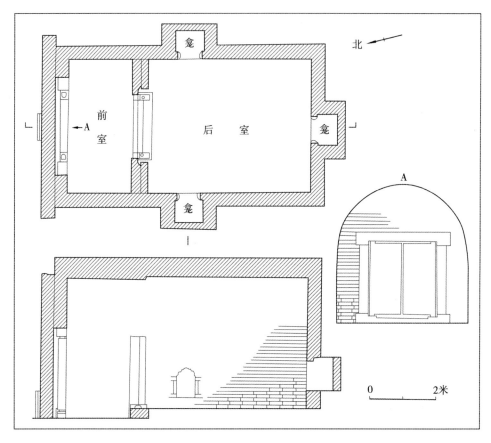

图 20-2-1　南京俞通源墓平剖面图
（引自《江苏南京市戚家山明墓发掘简报》，《考古》1999 年第 10 期，略变化）

　　第二处是在南京太平门外的钟山之阴。有吴祯、徐达、李文忠等。洪武十二年海国公吴祯墓[1]为砖筑券顶结构，朝西向。墓室通长 6.96 米、宽 2.87 米、高 2.82 米，前后室之间有门相通，前室长 2.04 米，西壁正中有一方龛，应是墓门的位置；后室长 4.4 米，南北两侧各有一个壁龛（图 20-2-2）。此墓没有墓门，是北方类屋式墓和南方类椁式墓的综合体。在南京太平门外板仓村陆续发掘中山王徐达家族 11 座墓葬[2]，有中山王徐达长孙魏国公徐钦夫妇墓和五世孙正德十二年（1517 年）魏国公徐俌夫妇墓等。徐达为生前封公，死后封王，所以长子长孙世系魏国公。这些墓中出土遗物丰富，对于研究明代的生产技术水平和探讨丧葬等级制度等具有重要研究意义。

---

[1]　南京市博物馆：《南京明代吴祯墓发掘简报》，《文物》1986 年第 9 期。
[2]　南京市文物保管委员会、南京市博物馆：《明徐达五世孙徐俌夫妇墓》，《文物》1982 年第 2 期；南京市博物馆：《明中山王徐达家族墓》，《文物》1993 年第 2 期。

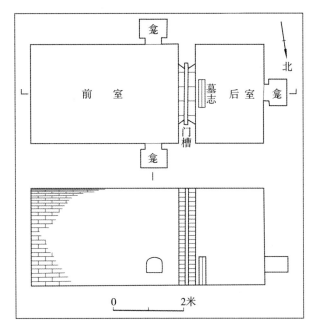

图 20 - 2 - 2　南京吴祯墓平面示意图

（引自《南京明代吴祯墓发掘简报》，《文物》1986 年第 9 期，略变化）

第三处在南京中央门外"幕府山"南麓一带，有汪兴祖、康茂才等。洪武四年东胜侯汪兴祖墓[1]为一座长方形楼阁式券顶砖墓，墓室分上下两层，每层又间隔成前后两室。墓室全长 8.39 米、高 4.51 米，下层为平顶式，前室长 4 米、后室长 3.9 米，宽 2.9 米、高 2.15 米，上层为券顶。形制较为特殊。洪武三年蕲国公康茂才墓[2]地面有坟丘，南侧有石马、石羊、石虎和石人各一对。坟丘南部下面有砖筑阁楼式墓。墓全长 9.87 米、宽 4、3 米、高 4.38 米。墓分上下两层（图 20 - 2 - 3）。上层墓室为砖砌券顶；下层墓室为砖圹石盖。下层墓室分前后两室，有仿木结构建筑，并镶嵌花砖。前室长 4.48 米，后室长 3.68 米，均宽 2.95 米、高 2.12 米。墓壁仅北侧无龛外，均设一个小龛。后室可能有葬具。下层墓室用 12 块条石封盖。上层墓室为砖筑，长宽同下室，仅一大间，高 1.43 米，拱券顶。随葬品残存金银器、铜铁器、玉器、陶器和木器，还有铜钱和石墓志。这几位公侯的墓葬，规模较大，形制也特殊。

北京作为明朝永乐十九年以后的首都，除十三陵外，周边也散布诸多达官显贵的墓葬。1957 年在北京右安门外关厢发掘成化十一年（1475 年）万贵夫妇墓[3]，为砖筑类椁式墓。椁内有木棺。棺椁之间加灌三合土密封。长方形砖椁顶上加盖石板。万贵椁内随葬有白玉双螭耳杯 1、装红宝石的金盒 1、金壶 1、金海棠盘、金锭 20。还有银壶 2、银盘

〔1〕　南京市博物馆：《南京明汪兴祖墓清理简报》，《考古》1972 年第 4 期。
〔2〕　南京市博物馆：《江苏南京市明蕲国公康茂才墓》，《考古》1999 年第 10 期。
〔3〕　郭存仁：《明万贵墓清理简报》，《北京文物与考古》第三辑，1992 年。

2、脸盆1、银元宝8等。万贵之女为明宪宗宠妃。万贵任锦衣卫都指挥使。1961年在北京南苑苇子坑发掘的正德十年夏儒夫妇墓[1]，是一座类椁式墓，砖圹内加木椁。方形圹边长10米，深4米，内置大木椁，椁内并列二木棺。木椁外包砌青砖，木椁盖上加盖条石。墓底和四壁均填有木炭，并加灌三合土，密封很好。这是宋代以来南方地区流行的葬式。随葬品多是丝织衣物。棺内83件丝织品保存完好，是研究明代丝织工艺和服饰史的重要实物资料。夏儒是明武宗岳父、庆阳伯。在北京西郊还先后发现了万历皇帝生母李太后的父兄墓。1977年在北京西郊慈寿寺塔西北发掘的万历十五年（1587年）武清侯李伟夫妇墓[2]为类椁式墓，土圹并列双木椁。椁内有木棺。李伟妻王氏椁内出土大量金银器，多为宫廷制品。其中银盆和银洗标有"慈宁宫""万历壬午年御用监造"等。李伟是明"神宗生母李太后父也……封武清伯，再进武清侯"[3]。2007年在北京西站南广场发现李文贵墓[4]，为类椁式墓，长方形圹木椁。木椁残长2.7米、宽1.29米、残高0.25米。椁内有长方形木棺。随葬有金银器、玉器、银元宝等。李文贵是明神宗生母李太后的兄长，武清侯李伟之子。官拜中军都督府左都督。这几座京郊的外戚贵族墓，都采用类椁式墓，多土圹木椁，讲究密封，反映了南方葬俗的北传现象。

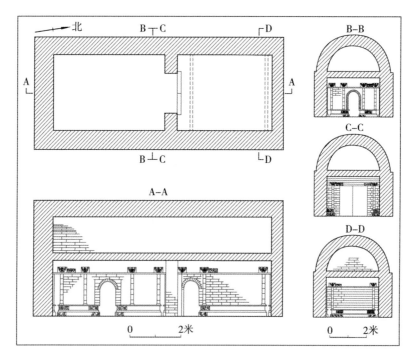

图20-2-3　南京康茂才墓平剖面图

（引自《江苏南京市明蕲国公康茂才墓》，《考古》1999年第10期，略变化）

[1]　北京市文物工作队：《北京南苑苇子坑明代墓葬清理简报》，《文物》1964年第11期。

[2]　张先得、刘精义、呼玉恒：《北京市郊明武清侯李伟夫妇墓清理简报》，《文物》1979年第4期。

[3]　《明史》卷三百《外戚》。

[4]　北京市文物研究所：《北京市丰台区明李文贵墓》，《文物》2008年第9期。

2005 年在北京朝阳区华能热电厂院内，发现了怀柔伯施聚家族墓地[1]。目前共清理 5 座墓，呈"人"字形分布，第一代怀柔伯施聚和夫人李氏墓（M2）在最北端，其东南（左下）为第二代怀柔伯施荣夫妇墓（M17），M2 西南（右下）为第三代怀柔伯施鉴和孙女合葬墓（M1）。M17 的东南为 M18，M18 的东南为 M12。其墓葬排列方式与文献所载"昭穆制度"相合。此五墓均为类椁式墓，土圹木椁，随葬品精美，有玉带、银币等。其三方怀柔伯墓志铭也有着重要的史料价值。2007 年在北京奥运村发掘成化二十三年昌宁侯赵胜夫妇墓[2]，为砖圹石盖墓，东向。并列三椁室组成（图 20 - 2 - 4）。中室木棺内葬赵胜，腰系玉带；北室为原配夫人，南室较小，放有骨灰。随葬有金银器、瓷器、玉器、铜器、铜钱和墓志等。其墓志用汉白玉雕刻。此外，在北京朝阳区十八里店还发现德清公主和驸马林岳合葬墓[3]。德清公主系明宪宗第三女。在南京发现驸马赵辉墓[4]等。

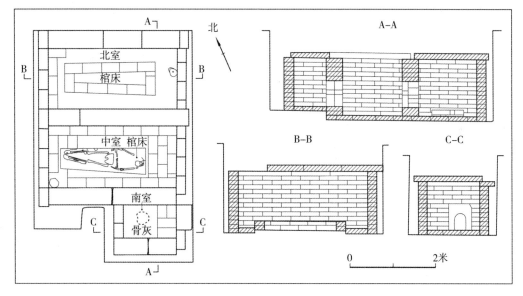

图 20 - 2 - 4　北京赵胜墓平剖面图

（引自《北京市朝阳区明赵胜夫妇合葬墓发掘简报》，《文物》2008 年第 9 期，略变化）

1982 年发掘的四川铜梁张文锦夫妇合葬墓[5]，墓中出土石质俑和家具明器 100 多件，有肩舆俑、仪仗俑、马、伞盖、书桌、交椅等（图 20 - 2 -5），为研究明代品官的随

[1]　北京市文物研究所：《北京华能热电厂明墓发掘简报》，《文物春秋》2006 年第 6 期；宋大川主编：《北京考古发现与研究（1949—2009）》，科学出版社 2009 年版。

[2]　北京市文物研究所：《北京市朝阳区明赵胜夫妇合葬墓发掘简报》，《文物》2008 年第 9 期。

[3]　宋大川主编：《北京考古发现与研究（1949—2009）》，科学出版社 2009 年版。

[4]　南京市博物馆：《江苏南京市南郊两座大型明墓的清理》，《考古》1999 年第 10 期。

[5]　铜梁县文管所：《四川铜梁明张文锦夫妇合葬墓清理简报》，《文物》1986 年第 9 期。

葬制度提供了重要的实物资料。1960 年在上海卢湾区发掘的三座潘氏墓[1]，是潘惠和他两个儿子的墓葬，都是类椁式墓，夫妻合葬，讲究密封。潘允澂出土了成组的木俑和木质家具模型，有轿、床、桌、椅、柜、榻等，制作精美，是研究明代家具不可多得的实物标本。四川铜梁张叔佩夫妇墓[2]出土从商代到明代的青铜器数件，表明张叔佩或许是个古董收藏家。

图 20 - 2 - 5　铜梁张文锦墓出土仪仗俑局部
（引自《四川铜梁明张文锦夫妇合葬墓清理简报》，《文物》1986 年第 9 期）

　　1981 年发掘的江苏泰州徐蕃夫妇墓[3]为典型的类椁式墓（图 20 - 2 - 6）。墓坑长2.9 米、宽 2.4 米、深 2 米。先在坑底垫 4 厘米厚石灰，再铺 4 厘米厚木板，后浇约 30 厘米厚的石灰糯米浆。其上居中置一木椁，椁内有 2 个木棺。安置棺椁后，四周再浇石灰糯米浆，顶上石灰糯米浆厚约 30 厘米。最后填土与地面找平。因为墓室密封严实，出土的80 余件丝织品和棉布色彩鲜艳（图 20 - 2 - 7），纹样的织造技术高超和配色方法新颖独特，反映了明代嘉靖年间中国刺绣和织造工艺的水平；两具尸体也保存完好，为古病理学

〔1〕　上海市文物保管委员会：《上海市卢湾区明潘氏墓发掘简报》，《考古》1961 年第 8 期；《上海明墓》，文物出版社 2009 年版。
〔2〕　叶作富：《四川铜梁明张叔佩夫妇墓》，《文物》1989 年第 7 期。
〔3〕　泰州市博物馆：《江苏泰州市明代徐蕃夫妇墓清理简报》，《文物》1986 年第 9 期。

和医学史等研究提供了实例。2002 年发掘的江苏薛鏊夫妇墓为土坑木椁墓[1]，灌浆密封，出土丝织品保存完好。在江苏江阴夏欢墓[2]中出土了一批外科医疗手术器械，有柳叶式铁质外科刀，平刀式铁质外科刀，专作外科疮痈手术用的木针，正骨按摩用的牛角柄铁质圆针、铁剪、铁镊，以及熏药瓷罐和淋洗瓷壶等。

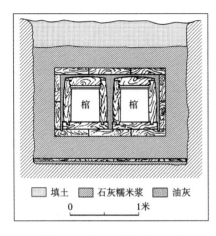

图 20 - 2 - 6　泰州徐蕃夫妇墓
剖面示意图
（引自《江苏泰州市明代徐蕃夫妇墓清理
简报》，《文物》1986 年第 9 期，改绘）

图 20 - 2 - 7　泰州徐蕃夫妇墓出土丝织品
（引自《江苏泰州市明代徐蕃夫妇墓清理简报》，《文物》1986 年
第 9 期）

上海嘉定县（今嘉定区）明墓[3]中所出 11 种明成化年间北京永顺书堂刻印的"说唱词话"和南戏《白兔记》，附有插图，竹纸裱背装。这些书籍无疑是中国文学戏曲史和版画史上的一次重要发现[4]。江苏吴县明墓[5]所出的文征明的书画，也是难得的珍品。1982 年发掘的江苏淮安王镇墓[6]中王镇的尸体和尸服都保存完好，特别是在尸体左右腋下发现了 25 幅元、明时期的书画，皆卷在木画轴上。这些画有 22 幅有名款，主要是明代前期著名的画家的佳作。这些书画无疑是中国美术史研究和书画鉴定不可多得的实物珍品。在上海宝山发掘的朱守城夫妇墓[7]中出土了 23 把木骨或竹骨扇子，扇面有泥金和漆骨贴金两种。其中"吴舜卿真金巧扇"的扇骨上书有泥金蝇头小楷《前出师表》，制作精美；此外墓中所出朱小松透雕的"刘阮入天台"竹刻香熏堪称稀世珍品。朱小松是明代竹

[1]　江阴市博物馆：《江苏江阴明代薛氏家族墓》，《文物》2008 年第 1 期。
[2]　江阴县文化馆：《江阴县出土的明代医疗器具》，《文物》1977 年第 2 期；益公：《明代医疗器械的初步考察》，《文物》1977 年第 2 期。
[3]　上海市文物管理委员会考古组：《上海发现一批明成化年间刻印的唱本、传奇》，《文物》1972 年第 11 期。
[4]　赵景深：《谈明成化刊本"说唱词话"》，《文物》1972 年第 11 期；赵景深：《明成化本南戏〈白兔记〉的新发现》，《文物》1973 年第 1 期；汪庆正：《记文学、戏曲和版画史上的一次重要发现》，《文物》1973 年第 11 期。
[5]　苏华萍：《吴县洞庭山明墓出土的文征明书画》，《文物》1977 年第 3 期。
[6]　江苏省淮安县博物馆：《淮安县明代王镇夫妇合葬墓清理简报》，《文物》1987 年第 3 期。
[7]　上海市文物管理委员会：《上海宝山明朱守城夫妇合葬墓》，《文物》1992 年第 5 期。

刻艺术中的代表人物之一，其作品世间罕见。2005 年在湖南望城蚂蚁山发掘的永乐十一年谷王乳母张妙寿墓[1]，为砖筑类屋式墓，南向，地表有封土。由墓道、甬道、前室、前室两侧耳室、后室组成。在竖井墓道填土中，发现一座圆形石砌建筑，内置石质喇嘛塔，塔内有方形经箱，箱内置 15 册保存较好的佛经和道经，有《金刚般若波罗密经》《太上洞玄灵宝高上玉皇本行集经》等。后室长 4.98 米、宽 3.24 米、高 3.06 米，有木椁，内置木棺。随葬金银器、铁器、铜器、（漆）木器、玛瑙、釉陶器、石墓志和经书等。

在四川平武县发掘王玺家族墓 6 座[2]，都是石筑夫妇合葬多椁室墓，有明显的宋墓遗风，如有浮雕石刻，墓室由前厢和棺室组成，部分棺室底部有腰坑等。墓室中精美的彩绘浅浮雕制作讲究，以出行和散乐为主题的人物精细等，在诸多明墓中独树一帜，是工艺美术研究等难得的实物资料。

壁画墓虽然在明代已接近尾声，但是实际上陆续有不少重要发现，只是为学界所忽略而已。这些壁画墓都是研究明代美术史和墓室壁画的重要资料。1960 年在河南陕县发掘的万历戊寅年（1578 年）王惟邦墓[3]，是目前发表最早的明代壁画墓资料。此墓为砖筑类屋式墓，墓室长 4.6 米、宽 2.9 米、高 2.1 米。室内置二棺。墓室东西两壁和墓顶绘有壁画。石家庄陈村弘治六年（1493 年）刘福通壁画墓[4]是砖筑类屋式墓，长方形单室，南向。由墓道、墓门和墓室组成。长方形墓室东西宽 2.87 米、南北进深 2.55 米。墓室铺地砖东侧有一木棺，内有 1 具尸骨。墓室壁面为仿木结构砖雕和壁画。北壁中央为板门等和题记砖雕，东侧绘戴覆盆式帽的墓主人刘福通，西侧为期妻妾 2 人。身后各有 1 侍者。西壁中部为板门等砖雕，两侧各为一幅孝悌故事图。东壁残。南壁西侧为持旌幡女子，后跟一持物童子。河南荥阳原武温穆王壁画墓[5]为砖筑类屋式墓，长方形单室，南向。有石门，墓室长 5 米、宽 4.1 米、高约 3 米，东西壁和后壁各有 1 壁龛。墓室后部有石棺床。墓室内绘彩色壁画。后壁正中绘释迦牟尼佛立像，左右各有 4 只护法灵禽。东壁绘释迦牟尼佛坐像。佛像头顶一道光带上，绘墓主人夫妇等 5 人像。佛像左边有 2 排菩萨和罗汉像。菩萨像上方祥云中有殿堂、楼阁和法器，以及仙鹤等。西壁布局与东壁大同小异。墓顶绘星象仙鹤图。根据墓志铭可知，此墓为万历三十五年原武温穆王朱朝坶夫妇合葬墓。河南获嘉县十里铺村壁画墓[6]，是小型类屋式墓，长方形单室。此墓室是用白灰加沙土夯筑而成，厚约 0.3—0.4 米。由墓道、墓门和墓室组成。墓室长约 1.8 米、宽约 1.2 米、高约 1.7 米。壁画绘于墓室四壁和顶部，采用线描手法墨绘而成，墓顶绘仙鹤图；南壁绘云纹；北壁绘有幔帐和无字牌位图；东壁和西壁均绘 2 服侍女仆和 1 捧盒男童等。河南登封卢店嘉靖年间李彪夫妇墓[7]，为砖筑类屋式墓，方形单室。由墓道、墓门、甬道和墓

[1]　长沙市文物考古研究所、望城县文物管理局：《湖南望城蚂蚁山明墓发掘简报》，《文物》2007 年第 12 期。
[2]　四川省文管会、绵阳市文化局、平武县文保所：《四川平武明王玺家族墓》，《文物》1989 年第 7 期。
[3]　河南省陕县文化馆：《河南陕县前塚王村明墓发掘简报》，《考古》1961 年第 2 期。
[4]　石家庄市文物保管所：《石家庄市郊陈村明代壁画墓清理简报》，《考古》1983 年第 10 期。
[5]　郑州市博物馆：《荥阳二十里铺明代原武温穆王壁画墓》，《中原文物》1984 年第 4 期。
[6]　李慧萍：《获嘉明代线描壁画墓》，《中原文物》2009 年第 5 期。
[7]　郑州市文物考古研究所、登封市文物局：《登封卢店明代壁画墓》，《中原文物》1999 年第 4 期。

室组成。墓室长2.6米、宽2.44米。甬道两侧和墓室四壁都绘有壁画，表现民居建筑形式。北壁壁画残，绘厅堂内墓主人端坐图；东西两壁绘厢房内侍者忙碌的场景（图20-2-8）；南壁门两侧各绘1捧物女侍者。墓主人端坐图和服侍图等，是宋元时期的传统题材。河南南阳市区南都领御壁画墓[1]，为砖筑类屋式墓，墓室长4.8米、宽2.2米。墓室彩绘壁画，反映墓主人生活场景。陕西彬县东关村万历四十二年纪泰夫妇壁画墓[2]，为石筑类椁式墓，朝北。有墓道，连体并列双椁室，拱券顶。椁室长2.98米、宽1.52米、高1.76米。椁室北侧有拱形门，双扇门，门额上嵌石质刻字匾额。西椁室正中横刻"父对阁"，并朱书题记"万历四十二年仲冬吉"。东椁室横刻"母幽堂"，左侧落款"不孝男纪中魁正孙纪于常等泣血上石"。墓门前有一合石墓志。西门墓志铭上立朱书镇墓砖。西椁室内还有室供桌，上置4件瓷器（香炉1、梅瓶2、碗1）。椁室中部各有双重木棺，内有仰身直肢尸骨。内外棺前挡有金粉题名"明先考对阁纪公之枢"；内棺上盖1铭旌，棺内除服饰外，还有竹折扇3、铜镜和铜钱等。棺底用草木灰防潮。东椁室情况相似。椁室东、西、南壁和顶部均有壁画。南壁绘牡丹花插瓶；东西壁绘瑞兽（狮子、麒麟、马）和男女侍者；墓顶绘花卉图。2009年在福建将乐发现了一座明代嘉靖二十年（1541年）壁画墓[3]，为砖筑类椁式墓，朝东南向。椁室平面呈长方形，长3.77米、宽3.04米、高1.62米。墓室弧形顶，后壁砌三个壁龛。四壁在白灰面上彩绘壁画。左壁绘公鸡；右壁绘侍女、飞龙和犬；后壁绘面阔三间门楼，中间门额上墨书"安乐堂"。中间龛内绘帷

图20-2-8　登封卢店李彪夫妇墓墓室西壁侍奉图
（引自《登封卢店明代壁画墓》，《中原文物》1999年第4期）

〔1〕　李宾、陈菲菲：《南阳出土一座明代壁画墓全国罕见》，《南阳晚报》2011年9月27日。
〔2〕　刘卫鹏：《陕西彬县东关村明代石室壁画墓的发掘》，《苏州文博论坛》2010年第1期。
〔3〕　将乐县博物馆：《将乐县明代壁画墓清理简报》，《福建文博》2011年第3期。

幔和供位。有墨书"明故显考朴庵周……妣孺人……"其前摆放有香炉、烛台和花瓶。左右两个龛内各绘一个人物。顶部绘有祥云飞鹤。重庆永川区青峰镇凌阁堂村家族墓地[1]，共发掘七座墓。其中 M1 是彩绘壁画墓（整个墓室内壁粉白彩绘，内容分别有仕女、仙鹿、骏马、三足鸟、牡丹、荷花、祥云瑞草、楼台亭阁、日、月等吉祥图案）。上述墓葬壁画依然主要发现在传统墓室壁画流行的地区内，反映出地方文化的传承和区域特色。

1982 年清理的山西永济韩楫墓[2]为石筑双室墓，规模较大，墓门和墓壁都有仿木结构石雕，建筑较为讲究。调查还发现了四块碑碣，其中《南山逸叟自志》石碣为韩楫自述生平的文章，较为别致。这些对于明代的历史和考古研究提供了丰富的信息。四川铜梁县丝厂石椁墓[3]（M3 和 M4）实为一座夫妇合葬墓，由墓室和随葬坑（实际应是前厢）组成。M3 椁室长 2.39 米、宽 0.88 米、高 1.14 米，M4 椁室长 2.5 米、宽 0.88 米、高 1.14 米。二椁室前面的随葬坑（前厢）比较特殊，分层埋藏。M3 陪葬坑长 1.33 米、高 1.34 米，用石板隔为三层，中下层放有肩舆、石俑等 50 余件器物；M4 随葬坑长 1.51 米、高 1.34 米，分上下两层，下层放石俑等 20 余件器物。

此外，1975 年在辽宁鞍山倪家台发掘崔源和其家族成员的 19 座墓葬[4]，这是目前东北地区最重要的明代考古发现。墓地有完整的茔园，崔氏父子都在辽东都指挥司任职，为地方高级军事长官。特别是所出墓志记载了与奴儿干都司有关的内容，具有较高的历史价值。1972 年发掘的贵州遵义"播州土司"杨氏家族墓地[5]，清理了 8 座大型石筑类椁式墓，从南宋延续到明代中后期。这是研究西南地区历史的重要资料。据谭其骧考证，播州土司杨氏祖先"杨保在唐末从泸（治今泸州市）、叙（治今宜宾市）二州的边徼羁縻州地区迁来播州的少数民族，这种民族应为罗族（今称彝族）的一支"。杨保也"可能是古代僰人后裔的一支"[6]。湖南湘西土家族苗族自治州凤凰县的田氏家族墓主[7]为明代五寨长官司。这些少数民族地区统治者墓志和遗物的出土，对于认识明代的民族关系大有裨益。

作为明代都城，在北京地区发现较多的太监墓是自然的事情[8]。1980 年在北京香山发掘御马监太监刘忠墓[9]为砖石混筑双室墓，第二道石门额上横刻"清虚紫府刘仙翁之洞"，墓室内彩绘、题刻和石雕陈设都具有浓厚的道教色彩。这是明世宗崇尚道教，太监大臣逢迎，造成嘉靖年间道教流行的真实写照。2002 年，在北京海淀区马神庙发现 3 座万

〔1〕 《永川区凌阁堂壁画墓发掘清理简报》，载《重庆公路考古报告集》，科学出版社 2010 年版。
〔2〕 张国维、李百勤：《山西永济祁家坡明代韩楫墓调查简报》，《文物季刊》1992 年第 1 期。
〔3〕 重庆市博物馆：《四川铜梁县明代石椁墓》，《文物》1983 年第 2 期。
〔4〕 辽宁省博物馆文物队、鞍山市文化局文物组：《鞍山倪家台明崔源族墓的发掘》，《文物》1978 年第 11 期；《明代管理奴儿干的历史新证》，《文物》1978 年第 11 期。
〔5〕 贵州省博物馆：《遵义高坪"播州土司"杨文等四座墓葬发掘记》，《文物》1974 年第 1 期；刘恩元：《遵义团溪明播州土司杨辉墓》，《文物》1995 年第 7 期。
〔6〕 谭其骧：《播州杨保考》《〈播州杨保考〉后记》，载《长水集》，人民出版社 1987 年版。
〔7〕 《湘西凤凰县五寨长官司彭氏墓调查》，《文物》1962 年第 1 期。
〔8〕 据称，在北京地区已发现了百余座明代中晚期太监墓。宋大川主编：《北京考古发现与研究（1949—2009）》，科学出版社 2009 年版，第 414 页。
〔9〕 北京市文物工作队：《北京香山明太监刘忠墓》，《文物》1986 年第 9 期。

历年间御用监的太监墓[1]，均南北向。东西排列，从东到西依次为董太监墓（M2）、赵芬墓（M1）和总理太监滑太监墓（M3）。万历十年赵芬墓为石筑类屋式墓，由砖砌挡风墙、甬道和长方形墓室组成。长方形墓室长 4.46 米、宽 2.6 米、高 2.8 米，券顶。形制与川贵地区宋墓类屋式墓相似。墓室东西壁各一壁龛，墓室中部有石棺床，上置木棺。随葬有大铜罍、茶末釉瓶、紫砂茶具、玉带和墓志等。赵芬为明嘉靖皇帝和万历皇帝倚重的太监。除了知名太监单独下葬外，在北京石景山北京射击场还发掘太监墓地[2]共有 163 座太监墓，有类椁式墓和土坑竖穴墓两类，为研究太监的葬俗提供了重要资料。

1955 年在成都白马寺发掘的太监魏本墓[3]，为石筑双室墓，墓门、壁龛和墓顶藻井都有彩绘，色彩鲜艳，所出彩绘瓷俑具有较高的艺术价值。魏本是明蜀王的宠信，其墓是明代中期宦官擅权写照的一个侧面。在广州发掘的太监韦眷墓[4]出土了金版和红珊瑚等，特别是发现了三枚 15 世纪的外国银币（威尼斯银币 1 和满剌加（今孟加拉国）国银币2），反映了明代广州对外文化交流的盛况。

从考古学研究看，大体可分三个阶段。

第一阶段：从 1950 年至 1980 年。考古学研究基本处于空白。

第二阶段：从 1980 年至 2000 年。徐苹芳概况了新中国三十年明墓的重要发现，其中论及与文学艺术、医学等相关学科资料甚是重要[5]。蔡华初对几座碗椁墓进行了初步探讨[6]。朱兰霞对南京地区明代梅瓶进行了研究[7]。

第三阶段从 2001 年到现在。半个多世纪的明墓资料已经很多，21 世纪以来还刊布了一些考古报告[8]。但总体而言，明墓研究仍严重滞后，与考古发现不成正比。贺云翔概述 20 世纪江苏地区明墓的发现和研究，并将明墓分为五种类型，探讨五类墓的时代、墓主身份及其特点[9]。何继英对上海地区明墓的分布情况、墓地布局、墓葬结构、葬具和精美的随葬品等进行了概述[10]。夏寒将南京地区明代大型砖室墓分为单室墓和多室墓两类，多室墓可以分为四型[11]。赵晓刚概述了沈阳地区明墓资料，并总结了沈阳明墓形制

〔1〕　北京市文物研究所：《北京工商大学明代太监墓》，知识产权出版社 2005 年版。
〔2〕　北京市文物局、北京市文物研究所：《北京奥运场馆考古发掘报告》，科学出版社 2007 年版。
〔3〕　四川文物管理委员会：《成都白马寺第六号明墓清理简报》，《文物参考资料》1956 年第 10 期。
〔4〕　广东省文物管理处：《广州东山明太监韦眷墓清理简报》，《考古》1977 年第 4 期。
〔5〕　徐苹芳：《明代陵墓的发掘》，载《新中国的考古发现和研究》，文物出版社 1984 年版。
〔6〕　蔡华初：《试谈明代碗墓》，《江汉考古》1987 年第 4 期。
〔7〕　朱兰霞：《南京地区出土宋、明梅瓶之研究》，《南方文物》2000 年第 4 期。
〔8〕　北京市文物研究所：《北京工商大学明代太监墓》，知识产权出版社 2005 年版；上海市文物管理委员会：《上海明墓》，文物出版社 2009 年版；江西省博物馆、南城县博物馆、新建县博物馆、南昌市博物馆：《江西明代藩王墓》，文物出版社 2010 年版；宁夏文物考古研究所：《盐池冯记圈明墓》，科学出版社 2010 年版；南阳市文物考古研究所：《南阳明墓》，大象出版社 2010 年版；吉林省文物考古研究所：《扶余明墓——吉林扶余油田砖厂明代墓地发掘报告》，文物出版社 2011 年版；北京市文物研究所：《昌平沙河——汉、西晋、唐、元、明、清代墓葬发掘报告》，科学出版社 2012 年版。
〔9〕　贺云翔：《江苏明代墓葬的发现及类型学分析》，《南方文物》2001 年第 2 期。
〔10〕何继英：《上海明代墓葬概述》，《上海博物馆集刊》2002 年第 9 期。
〔11〕夏寒：《南京地区明代大型砖室墓形制研究》，《东南文化》2007 年第 1 期。

结构和随葬品特点[1]。张琴将四川地区明墓分为石室墓、砖石混筑墓和土坑竖穴墓。认为石室墓多为官员与平民墓；砖石混筑墓或砖石墓主要是蜀藩王墓或太监墓。土坑墓发现少[2]。刘耀辉概述了北京、南京、成都和广州发现的明代太监墓，并对太监丧葬情况择要介绍[3]。龚巨平对南京宝庆公主墓形制结构和出土遗物进行了介绍，并探讨了明代公主墓葬制度[4]。此外，还有对墓葬考释[5]和瓷器[6]研究等论著。

学位论文越来越多对明墓进行专题研究。宋月从文献角度对以苏州府和松江府为代表的明代江南地区丧葬习俗的演变，特别是中后期再度出现奢侈违礼现象进行了分析，并对演变原因和影响进行了探讨[7]。马晓光将长江下游地区明墓分为三期（以 1425 年和 1522 年为界），对每期的墓葬形制和随葬品进行探讨[8]。谢浩将三峡库区明墓分为类屋式墓、类椁式墓和土坑竖穴墓三类，并结合随葬品将明墓分为三期（以 1464 年和 1521 年为界），并对墓葬习俗等进行了探讨[9]。

综上所述，明墓专题和综合研究还很不足。今后的研究重点仍然是考古学时空框架、墓葬形制类型、丧葬制度和习俗等基础研究。

二　墓葬形制

本章根据墓葬建筑材料和形制结构的不同，将明墓分为类屋式墓、类椁式墓、土洞墓、土坑竖穴墓和阁楼式墓五类。

甲类：类屋式墓。

从建筑材料看包含有砖筑墓、石筑墓和砖石混筑墓三种。这类墓通常有墓道，正室前后成列，多为长方形，墓顶高达 2 米以上。依据正室的多寡等，可分为三型。A 型：三正室墓；B 型：双正室墓；C 型：单正室墓。

A 型：三正室墓。

西宁侯宋晟夫妇墓[10]有封土堆，为夫妇异穴合葬，属于砖筑类屋式墓。宋晟墓居右，为前中后三室，拱顶。中室内有木构建筑，后墓室三壁砌有壁龛。总长 9.87 米、宽 3.48 米、高 3.92 米。叶夫人墓居左，为前后二室。

B 型：双正室墓。规模有大小之别。可以分为二亚型。

Ba 型：主室（葬尸体之室）的长径在 5 米以上，高在 2.5 米以上。

〔1〕　赵晓刚：《沈阳地区明代墓葬初探》，《东北史地》2012 年第 3 期。

〔2〕　张琴：《四川明代墓葬试探》，《学理论》2012 年第 14 期。

〔3〕　刘耀辉：《明代太监的丧葬》，《北京文博》2001 年第 3 期。

〔4〕　龚巨平：《明宝庆公主墓葬的清理及明代公主墓葬制度分析》，《东南文化》2011 年第 1 期。

〔5〕　刘少华：《明驸马赵辉墓志铭及明代驸马都尉制度考释》，《东南文化》2011 年第 1 期。

〔6〕　尹青兰：《江西明墓出土龙泉釉瓷器浅析》，《南方文物》2003 年第 1 期；彭明瀚：《江西纪年墓出土明代景德镇民窑青花瓷研究》，《故宫博物院院刊》2007 年第 1 期；霍华：《南京地区明代功臣贵族墓出土洪武瓷刍议》，《东南文化》2011 年第 1 期。

〔7〕　宋月：《明代江南地区丧葬习俗演变——以苏松为中心》，硕士学位论文，吉林大学，2007 年。

〔8〕　马晓光：《长江下游地区元、明墓葬》，硕士学位论文，吉林大学，2008 年。

〔9〕　谢浩：《三峡库区明代墓葬研究》，硕士学位论文，吉林大学，2012 年。

〔10〕　南京市文物保管委员会：《南京中华门外明墓清理简报》，《考古》1962 年第 9 期。

　　中山王徐达第三子徐膺绪墓（M9）为砖筑，墓室通长 7.95 米、宽 4.6 米、高 4.04 米，有墓室前门（用青砖和石条封堵，内置墓志 1 合）、前室（长 2.05 米）、中门（两室之间石门）、后室（长 5.3 米）。后室左右后壁各有一个壁龛，后部设 2 个砖棺床（图 20 - 2 - 9，1）。

　　山西永济韩楫墓[1]（图 20 - 2 - 9，2）为石筑，有仿木结构石雕门楼式墓门、前甬道、前室、左右耳室、后甬道、后室（主室和左右侧室），前室进深 3.42 米、宽 13.29 米、高 6.39 米，前室两侧各有一个长方形耳室；后室有主室和两个侧室，主室（韩楫葬所）进深 5.13 米、宽 3.16 米、高 3.7 米。主室两侧各有一小石门，分别通入两侧室。木质葬具为一棺一椁。

　　Bb 型：主室（葬尸体之室）的长径在 3—5 米之间。

　　湖南望城永乐十一年（1413 年）谷王乳母张妙寿墓[2]，为砖筑类屋式墓，南向，地表有封土。由墓道、甬道、前室、前室两侧耳室、后室组成（图 20 - 2 - 9，3）。长方形后室长 4.98 米、宽 3.24 米、高 3.06 米，有木椁，内置木棺。

　　河北涿县（今涿州市）太监牛玉墓[3]（图 20 - 2 - 9，4）为石筑，南向，有阶梯墓道（长 3.8 米）、天井、浮雕门楼式墓门（条砖灌浆封堵）、前甬道、前室、二门（两扇石门）、后甬道、后室组成。长方形天井叠摆一个象征性的龟形砖座，龟头放一圆形铜镜，镜两侧各放一黑釉瓷灯碗，焉西角处放铁犁头；前室长 3.46 米、宽 1.75 米、高 3.27 米，后室长 4.17 米、宽 3.02 米、高 3.17 米，中央有一汉白玉棺床。

　　C 型：单正室墓。发现较少，规模较小。主室的长径多在 3 米以下。

　　河南登封卢店李彪墓[4]为砖筑长方形单室墓，有墓道、墓门和墓室，墓室长 2.6 米、宽 2.44 米、高约 2.1 米，内部有壁画。天津宝坻菜园村[5]发现 5 座墓葬，其中 4 座为砖筑墓。其中 M1 为方形四角攒尖顶（图 20 - 2 - 9，5），墓门向南，边长为 2.6 米、残高 1 米。单木棺内葬有二人。M2 为圆形攒尖顶（图 20 - 2 - 9，6），有斜坡墓道，墓门向南，直径为 2.65 米，木棺东西向，单人葬。依据所出铜钱，推定为明墓。

　　乙类：类椁式墓。

　　根据建筑材料不同，分五型。

　　A 型：石椁墓。依据椁室的多寡，分三亚型。

　　Aa 型：多椁室墓。是指有三个以上的单独椁室并列。椁室的多少主要取决于墓主人妻妾的数量。有两种。一种是分体并列双椁，即椁室单独成室。一种是相连并列双椁，即相邻两椁室共享一壁。

　　四川平武王玺夫妇合葬墓[6]（图 20 - 2 - 9，7）为石筑分体并列五椁室墓，王玺墓居

〔1〕　张国维、李百勤：《山西永济祁家坡明代韩楫墓调查简报》，《文物季刊》1992 年第 1 期。
〔2〕　长沙市文物考古研究所、望城县文物管理局：《湖南望城蚂蚁山明墓发掘简报》，《文物》2007 年第 12 期。
〔3〕　保定地区博物馆：《明两京司礼监太监牛玉墓发掘简报》，《文物》1983 年第 2 期。
〔4〕　郑州市文物考古研究所、登封市文物局：《登封卢店明代壁画墓》，《中原文物》1999 年第 4 期。
〔5〕　天津市文化局考古发掘队：《河北宝坻菜园村明墓群》，《考古》1965 年第 6 期。
〔6〕　四川省文管会、绵阳市文化局、平武县文保所：《四川平武明王玺家族墓》，《文物》1989 年第 7 期。

中，妻妾分居左右，均由前厢和椁室组成，王玺墓前厢呈方形，边长 1.52 米、高 1.9 米、椁室长 3.12 米、宽 1.1 米、高 1.8 米。四川剑阁赵炳然夫妇合葬墓[1]为石筑连体并列三椁墓，三椁室内各有一木棺。赵炳然椁室居中，长 2.48 米、宽 1.2 米、高 1.26 米，红漆木棺上有金粉彩绘，棺底内绘有北斗七星图。

上海宝山朱守城夫妇合葬墓[2]为石筑连体并列三椁室墓，石椁内有木椁，椁长 2.4 米、宽 0.98 米、高 0.82 米，木椁内各有木棺一具（图 20-2-9，8）。

Ab 型：双椁室墓。是指二个单独并列的椁室而言。有两种。一种是分体并列双椁，即椁室单独成室。一种是相连并列双椁，即相邻两椁室共享一壁。

贵州思南张守宗墓[3]（图 20-2-9，9）为石筑连体并列双椁室墓，石椁内各有木质椁和棺各一做葬具。木椁室长 2.2 米、宽 1 米、高 1 米。

Ac 型：单椁室墓。又有两种，一是多棺；一是单棺。

甘肃兰州上西园太子太保兵部尚书彭泽墓[4]为有墓道的石筑单椁墓，呈正方形，边长 3.5 米、高 1.85 米，平顶（图 20-2-9，10）。大石椁内有并列两套葬具，各有双椁（石椁内套木椁）和单棺（木椁内有木棺）。建筑讲究。

B 型：砖椁墓。依据椁室的多寡，分二亚型。

Ba 型：双椁室墓。是指二个单独并列的椁室而言。

南京永乐十四年（1416 年）萧公夫妇墓[5]为砖砌连体双椁室墓，券顶。朝南向（图 20-2-9，11）。西室内长 4.15 米、宽 2 米、高 1.95 米。左右壁和后壁各有一壁龛。中部有砖棺床，前面设祭台。东室长 3.25 米、宽 2.45 米、高 2.4 米。仅后壁有壁龛。

南京尹西村 M3 为砖筑连体双椁室墓[6]。椁室长 1.45 米、宽 1.1 米，券顶。前面有石版门将椁室分为前后两部分。椁室左右壁和后壁均有壁龛。椁室后部有一个砖筑方台，中间有方孔。

Bb 型：单椁室墓。有多棺和单棺两种。

湖南芷江嘉靖四十四年（1565 年）张荃诰墓为砖筑类椁式墓[7]，券顶，南向（图 20-2-9，12）。椁室长 2.52 米、宽 1.37 米、高 1.2 米。北壁中部有壁龛，内置 2 陶堆塑盖罐。后部有垫砖，葬具无存。南壁内立墓志铭，发现生天元宝金币 1、宋代铜钱数枚。

C 型：砖圹石盖墓。依据椁室的多寡，分二亚型。

Ca 型：双椁室。

江苏无锡华师伊夫妇墓[8]，四壁用青砖砌成墓壁，中间有砖隔墙，为连体并穴。左椁室为华师伊墓（M1），右椁室为华妻张氏墓（M2）。二椁室均长为 2.9 米、宽 1.2 米、

[1] 四川省博物馆、剑阁县文化馆：《明兵部尚书赵炳然夫妇合葬墓》，《文物》1982 年第 2 期。
[2] 上海市文物管理委员会：《上海宝山明朱守城夫妇合葬墓》，《文物》1992 年第 5 期。
[3] 贵州省博物馆：《贵州思南明代张守宗夫妇墓清理简报》，《文物》1982 年第 8 期。
[4] 甘肃省文物管理委员会：《兰州上西园明彭泽墓清理简报》，《考古通讯》1957 年第 1 期。
[5] 南京市博物馆：《南京南郊明墓清理简报》，《南方文物》1997 年第 1 期。
[6] 南京市博物馆：《南京尹西村明墓》，《江汉考古》1989 年第 2 期。
[7] 芷江县文物管理所：《湖南芷江垅坪明墓清理简报》，《考古》1992 年第 3 期。
[8] 无锡市博物馆、无锡县文物管理委员会：《江苏无锡县明华师伊夫妇墓》，《文物》1989 年第 7 期。

高 1.02 米。椁顶用 2 块大石板封盖。墓壁四周和石盖板上均用三合土浇灌密封（图 20 - 2 - 9，13）。

Cb 型：单椁室。

夏儒夫妇墓[1]是在砖圹内加木椁。方形圹边长 10 米，深 4 米。圹内砌砖椁壁，内镶大木椁，椁内并列二木棺。木椁盖上加盖条石（图 20 - 2 - 9，14）。墓底和四壁均填有木炭，并加灌三合土，密封很好。

D 型：木椁墓。依据椁室的多寡，分二亚型。

Da 型：双椁室墓。是指二个单独并列的椁室而言。

江苏太仓黄元会夫妇合葬墓[2]（图 20 - 2 - 9，15）为分体并列双椁墓，木椁内各有一木棺。椁长 2.6 米、宽 0.9 米、高 1.1 米。

武清侯李伟夫妇墓[3]为并列双木椁。椁内有木棺。东椁室葬李伟，尺寸不详。西椁室为李伟夫人，椁长 2.67 米、宽 1.82 米。

Db 型：单椁室墓。又有两种，一是多棺；一是单棺。

江苏泰州徐蕃夫妇合葬墓[4]为木椁墓（图 20 - 2 - 9，16），椁长 2.3 米、宽 1.6 米、高 0.95 米，椁内有二具木棺。棺椁四周均有石灰糯米浆封堵。

北京西站南广场李文贵墓[5]为长方形圹内置木椁。木椁残长 2.7 米、宽 1.29 米、残高 0.25 米。椁内有长方形木棺。

E 型：灰沙土结构版筑。是明代新出现的结构。

山东昌邑嘉靖三十三年（1554 年）孙昂墓[6]，为灰沙土版筑，平顶，南向（图 20 - 2 - 9，17）。整体东西宽 4.05 米、南北进深 3.75 米、高约 2.07 米。内分隔三椁室。东椁室与中椁室用灰沙土墙相隔，中部有长方形小龛相同。中椁室和西椁室用木板相隔。中椁室长 2.35 米、宽 0.96 米、高 1.23 米，内置一具木棺，葬仰身直肢男性个体；东椁室长 2.16 米、宽 0.78 米、高 0.95 米；西椁室长 2.52 米、宽 0.9 米、高 1.14 米。东西椁室的木棺内各葬一具仰身直肢女子。在墓顶南端上方出土一盒墓志，中间用两道铁箍捆绑。

丙类：土洞墓。

陕西西安管楫墓[7]（图 20 - 2 - 9，18）为梯形洞室墓，斜坡式墓道长 10.1 米、深 5.75 米，靠近墓室处有天井，墓室长 2.2 米、宽 1.8—2.6 米，深不详。葬具为并列排放的两套石椁木棺。较大的椁长 2.34 米、宽 0.95 米、高 0.56 米。

山西襄汾丁村 M2[8]（图 20 - 2 - 9，19）为长方形竖井式墓道洞室墓，墓道长 2.6 米、深 4.5 米，墓室为弧边长方形，南北长 3.7 米、宽 3.56 米，墓室南北壁各有一龛，

〔1〕　北京市文物工作队：《北京南苑苇子坑明代墓葬清理简报》，《文物》1964 年第 11 期。
〔2〕　苏州博物馆考古组、太仓县博物馆：《苏州太仓县明黄元会夫妇合葬墓》，《考古》1987 年第 3 期。
〔3〕　张先得、刘精义、呼玉恒：《北京市郊明武清侯李伟夫妇墓清理简报》，《文物》1979 年第 4 期。
〔4〕　泰州市博物馆：《江苏泰州市明代徐蕃夫妇墓清理简报》，《文物》1986 年第 9 期。
〔5〕　北京市文物研究所：《北京市丰台区明李文贵墓》，《文物》2008 年第 9 期。
〔6〕　潍坊市博物馆、昌邑县图书馆：《山东昌邑县辛置二村明代墓》，《考古》1989 年第 11 期。
〔7〕　陕西省考古研究所配合基建考古队：《西安净水厂明清墓发掘简报》，《考古与文物》1990 年第 4 期。
〔8〕　马升、王万辉：《襄汾丁村明代墓葬发掘简报》，《文物季刊》1996 年第 1 期。

北龛放有买地券。墓室内有木棺两具。

丁类：土坑竖穴墓。

湖北武汉楚昭王五世孙朱显栻夫妇合葬墓[1]（图 20-2-9，20）为土坑竖穴并列双碗棺墓，是明代较为特殊的葬具。朱显栻夫人棺室长 2.1 米、宽 0.7 米、高约 1.02 米。

湖北宜城詹营村 M1[2]（图 20-2-9，21）为土坑木棺墓，木棺长 2 米、宽 0.6 米，无随葬品。

戊类：阁楼式墓。

这种墓葬形制在宋代墓葬就有发现，形制特殊。

东胜侯汪兴祖墓[3]为一座长方形楼阁式券顶砖墓，墓室分上下两层，每层又间隔成前后两室。墓室全长 8.39 米、高 4.51 米，下层为平顶式，前室长 4 米、后室长 3.9 米，宽 2.9 米、高 2.15 米，上层为券顶（图 20-2-9，22）。形制较为特殊。

洪武三年（1370 年）蕲国公康茂才墓[4]坟丘南部下面有砖筑阁楼式墓（图 20-2-9，23）。上层墓室为砖砌券顶；下层墓室为砖圹石盖。下层墓室分前后两室，有仿木结构建筑，并镶嵌花砖。前室长 4.48 米，后室长 3.68 米，均宽 2.95 米、高 2.12 米。下层墓室用 12 块条石封盖。上层墓室为砖筑，长宽同下室，仅一大间，高 1.43 米，拱券顶。

三　丧葬礼制和习俗

明朝结束蒙古族建立的元朝统治，重新恢复汉族主宰的王朝。为了维护其政权统治的长治久安，防御北方蒙古族的卷土重来，明初统治者在政治、经济、军事、法律等方面，都采取了一系列新的政策和措施，对巩固明朝统治起到重要作用。明初统治者为了加强封建君主专制统治，强化皇权，调整中央和地方官制，制定和颁布《大明律》等，建立皇权至上，等级森严的统治体系。在思想文化上，确立八股取士的科举制度，禁锢知识分子思想。在墓葬制度方面，明政府也制定了诸多制度和礼仪。在民间也形成了带有区域性的丧葬习俗。

《明史》中对士、庶人和品官的丧葬礼俗有明确区分。关于士、庶人丧礼，《明史》云，集礼及会典所载，大略仿品官制，稍有损益。洪武元年，御史高元侃言："京师人民，循习旧俗。凡有丧葬，设宴，会亲友，作乐娱尸，竟无哀戚之情，甚非所以为治。乞禁止以厚风化。"乃令礼官定民丧服之制。五年诏定："庶民袭衣一称，用深衣一、大带一、履一双，裙袴衫袜随所用。饭用粱，含钱三。铭旌用红绢五尺。敛随所有，衣衾及亲戚襚仪随所用。棺用坚木，油杉为上，柏次之，土杉松又次之。用黑漆、金漆，不得用硃红。明器一事。功布以白布三尺引柩。柳车以衾覆棺。志石二片，如官之仪。茔地围十八步。祭用豕，随家有无。"[5]

〔1〕　武汉市博物馆：《黄家湾明代楚王朱氏墓》，《江汉考古》1998 年第 4 期。

〔2〕　武、襄、宜：《宜城詹营村明墓清理简报》，《江汉考古》1988 年第 1 期。

〔3〕　南京市博物馆：《南京明汪兴祖墓清理简报》，《考古》1972 年第 4 期。

〔4〕　南京市博物馆：《江苏南京市明蕲国公康茂才墓》，《考古》1999 年第 10 期。

〔5〕　《明史》卷六十《礼十四》"士庶人丧礼"条。

考古发表的明墓中，平民墓葬较少。江苏淮安弘治九年（1496 年）王镇夫妇墓[1]与文献记载大体吻合。此为木椁墓典型的类椁式墓。即先挖边长约 3.5 米、深 3 米的土坑，在坑内底部铺垫石灰糯米浆厚约 0.3 米；其上并列放置二具木椁，椁内置木棺。棺椁间填油灰，木椁外四周浇灌石灰糯米浆，椁顶之上再灌厚约 0.3 米石灰糯米浆。其上放置两合石质墓志，每合外都有两道铁箍。最后填土到地表（图 20－2－10）。椁室长 2.9 米、宽 1.34 米、高 0.98 米。男棺长 2.36 米、宽 0.9 米、高 0.78 米。女棺略小。木棺内放仰身直肢尸体。男左女右。其中王镇尸体尚未腐朽和敛服保存完好。王镇墓志和盖均为正方形，边长 0.5 米、厚 0.04 米。夫人刘氏墓志和盖均为 0.5 米、厚 0.06 米。此外，在王镇木椁内还有内装纸灰的陶罐 1 和装粮食的篾篓 2，均置于木棺头端；在尸体头部左侧，有用白绫包扎的扣合二碗（绿釉刻花人物故事碗 1、绿釉莲瓣碗 1），碗旁有 1 双竹筷子；5 枚"千

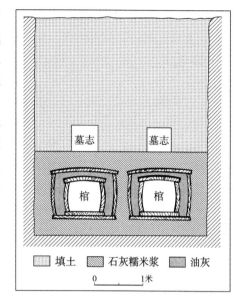

图 20－2－10　淮安王镇夫妇墓剖面示意图
（引自《淮安县明代王镇夫妇合葬墓清理简报》，
《文物》1987 年第 3 期，改绘）

秋古老"金厌胜钱分别钉在棉被正中和四角。还有金耳挖和 2 件木念珠。刘氏椁内有 1 件陶罐置于木棺头端；还有银簪和 2 枚"太平大吉"金厌胜钱。根据墓志可知，王镇虽然不是官吏，但是"家资颇为足用……古今图画墨迹，最为心所钟爱，终日披览玩赏……尤善识其真伪，收藏之顷不计价值"。可见，王镇是位家境殷实的收藏家。卒于弘治八年七月，弘治九年正月葬于祖茔。

《明史》："'古之丧礼，以哀戚为本，治丧之具，称家有无。近代以来，富者奢僭犯分，力不足者称贷财物，夸耀殡送，及有惑于风水，停柩经年，不行安葬。宜令中书省臣集议定制，颁行遵守，违者论罪。'又谕礼部曰：'古有掩骼埋胔之令，近世狃元俗，死者或以火焚，而投其骨于水。伤恩败俗，莫此为甚。其禁止之。若贫无地者，所在官司择宽闲地为义冢，俾之葬埋。或有宦游远方不能归葬者，官给力费以归之。'"

考古目前公布的资料，平民墓葬多是尸骨一次葬，或许与官府禁止火葬有关。山西襄汾丁村 M2[2]为长方形竖井式墓道洞室墓，朝南。墓道长 2.6 米、深 4.5 米，墓室为弧边长方形，南北长 3.7 米、宽 3.56 米、高 1.54 米。墓室北壁有上下二龛，方形下龛内放有方砖买地券，其上有一小圆龛；南壁门上方也有一圆形灯龛。墓室内有两具木棺。棺内置仰身直肢尸体，男东女西。头北脚南。头下枕有大木炭块，棺周围置有炭块。墓室内有朱

〔1〕　江苏省淮安县博物馆：《淮安县明代王镇夫妇合葬墓清理简报》，《文物》1987 年第 3 期。
〔2〕　马升、王万辉：《襄汾丁村明代墓葬发掘简报》，《文物季刊》1996 年第 1 期。

绘符号的青瓦。还随葬泥俑、黑釉瓷器等。湖北宜城詹营村 M1[1] 为土坑木棺墓，木棺长 2 米、宽 0.6 米，仰身直肢葬，头下置 6 块砖，无其他随葬品。

《明史》对"品官丧礼"[2] 记载较为详细。

> 凡初终之礼，疾病，迁于正寝。属纩，俟绝气乃哭。立丧主、主妇，护丧以子孙贤能者。治棺讣告。设尸床、帷堂，掘坎。设沐具，沐者四人，六品以下三人，乃含。置虚座，结魂帛，立铭旌。丧之明日乃小敛，又明日大敛，盖棺，设灵床于柩东。又明日，五服之人各服其服，然后朝哭相吊。既成服，朝夕奠，百日而卒哭。乃择地，三月而葬。告后土，遂穿圹。刻志石，造明器，备大举，作神主。既发引，至墓所，乃窆。施铭旌志石于圹内，掩圹复土，乃祠后土于墓。题主，奉安。升车，反哭。
>
> 坟茔之制，亦洪武三年定。一品，茔地周围九十步，坟高一丈八尺。二品，八十步，高一丈四尺。三品，七十步，高一丈二尺。以上石兽各六。四品，四十步。七品以下二十步，高六尺。五年重定。功臣殁后封王，茔地周围一百步，坟高二丈，四围墙高一丈，石人四，文武各二，石虎、羊、马、石望柱各二。一品至六品茔地如旧制，七品加十步。一品坟高一丈八尺，二品至七品递杀二尺。一品坟墙高九尺，二品至四品递杀一尺，五品四尺。一品、二品石人二，文武各一，虎、羊、马、望柱各二。三品四品无石人，五品无石虎，六品以下无。

明朝不仅达官显贵，而且社会贤达等多以家族墓地形式来构建坟茔。墓园通常都大于明王朝规定的茔地面积。如辽宁鞍山倪家台崔源家族墓地[3]、江苏无锡黄钺家族墓地[4]、四川平武王玺家族墓地[5] 等。这对进一步研究明代葬制和家族世系等有较为重要的价值。崔源家族墓地位于辽宁省鞍山市东郊倪家台村东的簸箕形山谷中，地势东高西低。崔源墓园平面呈前方后圆形，东西长 43.7 米、南北宽 44 米。茔墙用石块垒砌，最高现存 1 米。墓园朝西，在西侧直墙中间设茔门。门宽 1.8 米。门外有砾石铺设的神道。神道两侧有石人、石马等 8 件石刻，数量符合墓主身份规制。墓园内发掘 19 座墓，其中 7 座有墓志。崔源夫妇合葬墓位于墓园后部居中，是祖墓。其夫妇并穴合葬，地表各有封土坟丘。其他晚辈墓分葬左右和前方。在崔源墓和西门之间，还有享堂一类建筑。墓园始建于明景泰元年，沿用到明末。崔源父子等为辽东都指挥司高级官吏，多官至二品或三品（图 20-2-11）。黄钺家族墓园位于江苏省无锡市西郊西山湾的惠山南麓坡地上，北高南低，右屏璨山。墓园平面呈马蹄形，前方后圆，东南向。茔墙用青石砌筑，残存南北长约 22 米、东西宽 20 米。墓园东北部发现 3 块石碑座，南部破坏严重。墓园原有地面建筑。墓园现存

〔1〕 武、襄、宜:《宜城詹营村明墓清理简报》,《江汉考古》1988 年第 1 期。

〔2〕 《明史》卷六十《礼十四》"品官丧礼"条。

〔3〕 辽宁省博物馆文物队、鞍山市文化局文物组:《鞍山倪家台明崔源家族墓地发掘》,《文物》1978 年第 11 期。

〔4〕 无锡市博物馆:《江苏无锡青山湾明黄钺家族墓》,载《考古学集刊》第 3 集,中国社会科学出版社 1983 年版。

〔5〕 四川省文管会、绵阳市文化局、平武县文保所:《四川平武明王玺家族墓》,《文物》1989 年第 7 期。

10座合葬墓，其中8座在茔园内，2座在东墙外。黄钺夫妇墓（M1）居北部之中，其下为四子墓分3排排列（M2、M3、M4、M5）；再下为孙辈3墓（M6、M7、M8）；再下为重孙黄应明墓（M9）等（图20-2-12）。黄钺及其子孙都是低级官吏，反映了明代中晚期低级官吏的墓园情况。

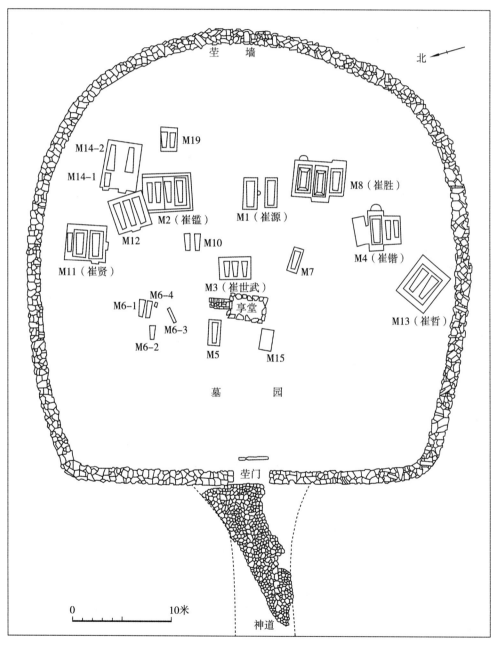

图20-2-11 鞍山崔源家族墓地茔园平面示意图

（引自《鞍山倪家台明崔源家族墓地发掘》，《文物》1978年第11期，略变化）

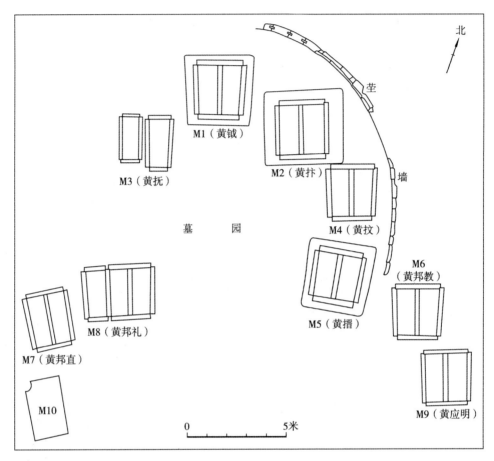

图 20 – 2 – 12　无锡黄钺家族墓地茔园平面示意图

（引自《江苏无锡青山湾明黄钺家族墓》，载《考古学集刊》第 3 集，中国社会科学出版社 1983 年版，略变化）

《明史》卷六十《礼十四》"碑碣"条对墓碑规格、墓地大小和坟高，以及墓仪制度等，做出具体规定。

明代统治者把墓碑形制作为体现墓主身份的重要标志。

　　明初，文武大臣薨逝，例请于上，命翰林官制文，立神道碑。惟太祖时中山王徐达、成祖时荣国公姚广孝及弘治中昌国公张峦治先茔，皆出御笔。其制，自洪武三年定。五品以上用碑，龟趺螭首。六品以下用碣，方趺圆首。五年复详定其制。功臣殁后封王，螭首高三尺二寸，碑身高九尺，广三尺六寸，龟趺高三尺八寸。一品螭首，二品麟凤盖，三品天禄辟邪盖，四品至七品方趺。首视功臣殁后封王者，递杀二寸，至一尺八寸止。碑身递杀五寸，至五尺五寸止。其广递杀二寸，至二尺二寸止。趺递杀二寸，至二尺四寸止。

礼俗规定庶人墓前不许立碑碣。但此项禁令并未严格遵行，所以一般人死后墓前大多立有石碑，只是体小制陋，无趺座而已。

湖北钟祥嘉靖年间范氏一品夫人墓[1]位于三面环抱的山丘间，南面开阔。范氏夫人墓南向，目前有 250 米神道。自南至北，在神道两侧依次排列石狮、石羊、石骆驼、石马、武士等石像生。石像生向北约 20 米，有一字排开三座石碑。中间一座石碑，螭首龟趺，碑身高 2.4 米。题为明嘉靖三十九年谕祭陆母范氏夫人碑。两侧仅存龟趺。石碑后 10 米有一口水塘。再北 25 米左右，有一对华表，东西相距 10 米。华表之后约 5 米，有一座牌楼，可能为庑殿顶。牌楼之后约 60 米是墓葬封土。封土残高 2.4 米，周长 192 米。封土下有砖筑墓葬。在封土堆前原有范氏一品太夫人墓碑，高 1.5 米。范氏一品夫人墓仪中比一般一品官吏石像生多出石狮和石骆驼各一对，这可能是母以子贵，因为她是嘉靖年间重臣陆炳之母，又曾为明世宗出生时的奶媪有关。石狮和骆驼通常是皇陵石像生。此处或许是皇帝恩典所致。

四川剑阁万历十三年（1585 年）兵部尚书赵炳然夫妇墓南向，没有发现石像生。在距墓室南端 15 米处，立一座石质墓碑，正面阴刻"诰赠太子少保兵部尚书赵恭襄共之墓"；左侧阴刻"诰封一品夫人王氏"，右侧阴刻"贡烈亚夫人杨氏"。墓前 2 米左右处有一合大理石墓志，方形墓志边长 0.65 米、厚 0.21 米，上有红砂石盖，用两匹铁条箍起。

福建漳浦万历四十年（1612 年）户工二部侍郎卢维桢墓[2]，位于犀丘山南坡，朝南向。地表以三合土封土起坟，坟前 4 米立墓碑，镌刻"明通议大夫户工二部侍郎赠户部尚书瑞峰卢先生暨诰封淑人肃惠赐祔葬张氏墓"，两边小字"万历四十年三月上瀚之吉奉旨敕造"。碑前有供桌。再前有慢道，长 50 米，两侧分列石马、石翁仲（文官）、石羊、石虎共四对八件。在坟丘和墓碑之间，埋有青石墓志一合。志盖镌刻"资政大夫户部尚书瑞峰卢老先生暨配封淑人肃惠张氏墓"。卢维桢墓碑和墓志上的文官散阶不一致。从石像生中有二石人的礼制看，他是按照正二品配置的墓仪。

《明史》在品官殓服、殓葬用具和随葬物品等方面也有明确规定[3]。

洪武五年定。凡袭衣，三品以上三，四品、五品二，六品以下一。饭含，五品以上饭稷含珠，九品以上饭粱含小珠。铭旌、绛帛，广一幅，四品以上长九尺，六品以上八尺，九品以上七尺。敛衣，品官朝服一袭，常服十袭，衾十番。"灵座设于柩前，作白绢结魂帛以依神。"棺椁，品官棺用油杉硃漆，椁用土杉。墙翣，公、侯六，三品以上四，五品以上二。明器，公、侯九十事，一品、二品八十事，三品、四品七十事，五品六十事，六品、七品三十事，八品、九品二十事。……志石二片，品官皆用之。其一为盖，书某官之墓；其一为底，书姓名、乡里、三代、生年、卒葬月日及子孙、葬地。妇人则随夫与子孙封赠。二石相向，铁束埋墓中。祭物，四品以上羊豕，

---

〔1〕　江边：《明范氏一品夫人墓考析》，《江汉考古》1984 年第 2 期。

〔2〕　王文径：《明户、工部侍郎卢维桢墓》，《东南文化》1989 年第 3 期。

〔3〕　《明史》卷六十《礼十四》"丧葬之制"条。

九品以上冢。

《明会典》载：

　　文武大臣，官为造墓者，夫故在先，并造妻圹；妻故在前，并造夫圹，后葬者止令所在官司起请夫匠开圹安葬。继室则附葬其旁，同享一堂，不许另造。[1]

　　兵部尚书赵炳然墓为石筑类椁式墓，并列三椁室。椁室长 2.56 米、中间椁室宽 1.2 米、两侧椁室宽 1.16 米、高 1.2 米。石椁室内各有一木椁，椁内有木棺。石椁外四周均有浇灌糯米浆拌石灰，其上填土。木棺和木椁之间浇灌松香；在中间赵炳然石椁室内，木椁底和四周都放松香，而两侧夫人椁室的木椁底放石灰。赵炳然的红漆木棺上施金粉彩绘。棺盖绘五圆图案，间以云彩，周边饰以"乾"卦纹带；两侧绘云鹤图；棺前挡绘火焰球；后挡绘灵牌，上有金粉题名。灵牌两侧绘龙。墓底为北斗七星。王氏夫人木棺后挡灵牌两侧绘有凤。赵炳然尸骨保存完好，仰身直肢，身穿 9 层衣，上面和周围堆放 19 件衣服，脚端放鞋 3 双。赵炳然和王夫人棺底有水银。随葬品以金银器为主。

　　户工二部侍郎卢维桢墓是砖筑类椁式墓，并列二椁室，椁室长 2.6 米、宽 0.8 米、高 1 米。卢维桢椁内有红漆楠木棺，棺前挡金篆字写"福禄寿"三字。棺底铺石。仰身直肢尸骨身穿 9 层衣服，盖一丝织品。棺椁四周均有糯米浆三合土密封，再外用糯米浆三合土和碎瓷片封盖。男椁内出土遗物有时大彬紫砂壶 1、黑木算盘 1、银耳挖筒（内含银耳挖、牙托、须夹连在一锁形铜片上）1、银带板 20、连弧"昭明"铜镜 1、木盒内盛铜戥秤 1、黄杨木印章 2（其中一枚为"卢维桢印"）、白玉印盒内盛朱砂印泥 1、翠玉笔架 1、砚台 1、漆木槌 1、角梳 2、铁剪刀 1、漆木衾 1、青花瓷瓶内盛谷物 1（椁室北端）等。女椁室随葬金银器、玉器等残存 68 件。此墓是南方明墓较为典型的葬制。

　　明代墓葬都十分注重棺椁密封和防腐措施。因此很多尸体和大量的丝织品、书画等珍贵遗物得以保存下来。常用方法就是像王镇墓一样，用石灰糯米浆或三合土浇筑墓室和椁室，使棺椁内完全密封起来。在南方地区，这种做法有着历史渊源，唐代已经有类似做法[2]，宋元时期更为普遍。到明代，这种墓葬做法已经遍布全国，尤其流行在长江中下游地区。明代王文禄在《葬度》[3]一书中谈到其为父母建墓开圹时"掘土深三尺三寸……糯米粥调纯石灰筑底一尺厚四，围墙一尺二寸厚，中端隔二椁亦一尺厚……糯米调纯石灰一横二纵层叠砌成墙，厚一尺二为圹底"。然后放棺和封盖，"先用干石灰铺圹底，后用二布悬棺而下，……棺外四周空隙俱用糯粥调石灰轻轻实筑之"，"盖石上筑纯灰一尺二寸又加三合土尺余，四围纯灰隔，外套下二尺余，又盖大黄石数十块，三合土挨之，碎黄石数十石覆砌之"。文献记载与前述考古资料十分吻合。

---

〔1〕《明会典·丧礼·职官坟茔》。
〔2〕 江西省博物馆：《江西南昌唐墓》，《考古》1977 年第 6 期。
〔3〕（明）王文禄：《葬度》，景明刻本《百陵学山》六。

一些明代贵族墓中，发现有随葬成套的仪仗俑。河北阜城吏部尚书廖纪墓[1]在分体并列合葬三椁室墓西南 1.1 米处，建造一个明器随葬坑，全长 8.7 米，坑内放置两组 60 余件仪仗侍从陶俑，以及厅堂、厨房等生活用具模型。四川铜梁张文锦夫妇合葬墓[2]是明代中晚期墓葬。张文锦墓中按六品官职随葬仪仗俑有 1 件四人肩舆俑、22 件仪仗俑、马 2 匹、伞盖 1、书桌 1、交椅 1；夫人沈氏墓中按四品官职随葬仪仗俑有 1 件八人肩舆俑、57 件仪仗俑、马 23 匹、伞盖 2、书桌 1、交椅 1。张文锦夫妇本人无官职，父以子贵，因为儿子的升迁而先后被诰赠不同官职进行安葬。这两套仪仗俑为研究明代品官的随葬制度提供了重要的实物资料。

在四川明墓多使用各种质料的俑随葬，但是平武王玺等墓不用俑而是在墓内雕凿大量浅浮雕石刻飞天、侍从、乐舞、文官、武士以及彩绘花卉等，较特殊。

明代墓葬形制南北方差别明显。在北方地区，类屋式墓占相当大的比例，从早期到晚期都有。中期以后，类椁式墓增多。而在南方地区主要流行类椁式墓，除藩王墓建成类屋式墓外，很少见北方流行的类屋式墓形制。南方地区明墓延续宋朝以来释儒道世俗化的传统，贵族和平民的丧葬活动中道士和僧人同时介入其中。"入殓以僧，停枢以道士，出殡及葬，亦如之。"[3]葬具形式多样，除了下层贫民有些没有葬具外，通常有石棺、木棺、瓮棺，棺外有椁。其中椁有木椁和石椁之分。

明代墓葬由于距今时间较近，墓葬密封措施较好，被盗情况相对较弱，因此，明墓为我们提供了大量的珍贵遗存。这不仅补充史料的不足和校正历史的讹误，而且也为社会科学和自然科学研究提供了大量素材和丰富信息。

---

〔1〕　天津市文化局考古发掘队：《河北阜城明代廖纪墓清理简报》，《考古》1965 年第 2 期。

〔2〕　铜梁县文管所：《四川铜梁明张文锦夫妇合葬墓清理简报》，《文物》1986 年第 9 期。

〔3〕　秦荣光：《上海县竹枝词》，上海古籍出版社 1989 年版，第 51 页。

第二十一章 宋至明代瓷窑址和瓷器的考古发现与研究

第一节 宋至明代瓷窑遗址考古调查、发掘概况

从调查和发掘的窑址资料来看，宋辽金元明时期窑址的发掘及研究情况并不平衡，有的窑址发掘面积比较大，能说明、能讨论的问题比较多，研究也比较充分；有的窑址发掘面积小或仅有调查，能说明的问题少、研究不是特别充分。所以，从现有研究情况来看，对于一些窑址不仅讨论了器物类型、分期，还对窑炉结构、装烧工艺等情况有所探讨。部分窑址只是停留在发现什么的初步研究水平。以下罗列各地区已调查、发掘的窑址。

一 瓷窑址的考古调查、发掘概况

宋辽金元明时期的古窑址在北京、内蒙古、辽宁、河北、山西、陕西、宁夏、山东、河南、江苏、浙江、安徽、江西、湖北、湖南、重庆、四川、云南、福建、广西、广东、海南及香港地区均有发现，主要窑址如下。

北京市龙泉务窑[1]。

内蒙古自治区赤峰缸瓦窑[2]，林东窑[3]。

辽宁省江官屯窑[4]。

---

[1] 北京市文物研究所编：《北京龙泉务窑发掘报告》，文物出版社 2002 年版；北京市文物管理处（鲁琪）：《北京门头沟区龙泉务发现辽代瓷窑》，《文物》1978 年第 5 期。

[2] 洲杰：《赤峰缸瓦窑村辽代瓷窑调查记》，《考古》1973 年第 4 期；王建国：《赤峰缸瓦窑辽代瓷窑调查记》，《松州学刊》1987 年第 4、5 期；王大方、郭治中：《赤峰松山区缸瓦窑遗址发掘获重大新成果》，《中国文物报》1996 年 4 月 28 日。

[3] 林东窑包括辽上京窑、南山窑和白音戈勒窑。中国硅酸盐学会编：《中国陶瓷史》，文物出版社 1982 年版，第 314—316 页；彭善国：《辽代陶瓷的考古学研究》，吉林大学出版社 2003 年版，第 57—62 页；李文信：《辽瓷简述》，《文物》1958 年第 2 期；李文信：《林东辽上京临潢府故城内瓷窑址》，《考古学报》1958 年第 2 期。

[4] 中国硅酸盐学会编：《中国陶瓷史》，文物出版社 1982 年版，第 316 页；彭善国：《辽代陶瓷的考古学研究》，吉林大学出版社 2003 年版，第 47 页；李文信：《辽瓷简述》，《文物》1958 年第 2 期；辽宁省文物考古研究所（梁振晶、郭明、肖新奇）：《辽宁辽阳江官屯瓷窑址考古发掘获得重要成果》，《中国文物报》2015 年 1 月 23 日第 8 版；辽宁省文物考古研究所：《辽宁辽阳市江官屯窑址第一地 2013 年发掘简报》，《考古》2016 年 11 期。

河北省邢窑[1]，定窑[2]，井陉窑[3]，磁州窑[4]。

山西省浑源窑[5]，平定窑[6]，盂县窑[7]，阳城窑[8]，霍州窑[9]，榆次窑[10]，介休窑[11]，长治窑[12]。

陕西省耀州窑[13]，旬邑安仁窑[14]。

---

[1]　内丘县文物保管所：《河北省内丘县邢窑调查简报》，《文物》1987年第9期；河北省文物研究所、内丘县文物保管所、临城县文物保管所：《邢窑遗址调查、试掘报告》，《考古学集刊》第14集，文物出版社2004年版；河北省文物研究所、临城县文物保管所：《临城山下金代瓷窑遗址试掘简报》，《文物春秋》1999年第6期。

[2]　河北省文化局文物工作队：《河北曲阳县涧磁村定窑遗址调查与试掘》，《考古》1965年第8期；刘世枢：《曲阳县定窑遗址发掘》，《中国考古学年鉴1987》，文物出版社1988年版，第107页；刘世枢：《曲阳定窑遗址》，《中国考古学年鉴1988》，文物出版社1989年版，第126页；河北省文物研究所、北京大学考古文博学院、曲阳县定窑遗址文保所：《河北曲阳县涧磁岭定窑遗址A区发掘简报》，《考古》2014年第2期。

[3]　郭济桥：《井陉窑的发现与研究》，《中国陶瓷》2001年第2期；孟繁峰等：《井陉窑遗址出土金代印花模子》，《文物春秋》1997年增刊；孟繁峰：《井陉县河东坡井陉窑址》，《中国考古学年鉴1999》；孟繁峰：《井陉窑调查发掘又有新进展》，《中国文物报》2000年3月12日；孟繁峰：《井陉窑发现独特戳印点彩戳模》，《中国文物报》2000年12月27日；孟繁峰：《井陉窑城关窑址及窑区墓葬》，《中国考古学年鉴2006》，文物出版社2007年版。

[4]　北京大学考古系、河北省文物研究所、邯郸地区文物保管所：《观台磁州窑址》，文物出版社1997年版；河北省文化局文物工作队：《观台窑址发掘报告》，《文物》1959年第6期；北京大学考古系、河北省文物研究所：《河北省磁县观台磁州窑遗址发掘简报》，《文物》1990年第4期；秦大树：《河北省磁县观兵台瓷窑遗址调查》，《文物》1990年第4期；李辉柄：《磁州窑遗址调查》，《文物》1964年第8期；郭学雷：《明代磁州窑瓷器》，文物出版社2005年版。

[5]　冯先铭：《山西浑源古窑址调查》，《中国古代窑址调查发掘报告集》，文物出版社1984年版；任志录：《山西浑源窑的考古成就》，《文物世界》2000年第4期。

[6]　中国硅酸盐学会：《中国陶瓷史》，文物出版社1982年版，第237页；山西省考古研究所编：《山西考古四十年》，山西人民出版社1994年版，第299、301页。

[7]　中国硅酸盐学会：《中国陶瓷史》，文物出版社1982年版，第238页；山西省考古研究所编：《山西考古四十年》，山西人民出版社1994年版，第301—302页；山西省考古研究所：《山西盂县古瓷窑（磁窑坡窑）遗址调查简报》，《文物季刊》1999年第2期。

[8]　中国硅酸盐学会：《中国陶瓷史》，文物出版社1982年版，第238页；山西省考古研究所编：《山西考古四十年》，山西人民出版社1994年版，第303页。

[9]　陶富海：《山西霍州市陈村瓷窑址的调查》，《考古》1992年第6期；山西省考古研究所编：《山西考古四十年》，山西人民出版社1994年版，第302页；冯先铭主编：《中国古陶瓷图典》，文物出版社1998年版，第307页；刘秋平：《霍州窑及其白釉瓷器》，《文物世界》2003年第6期。

[10]　杨芝荣：《盂家井瓷窑遗址》，《文物》1964年第9期；山西省考古研究所编：《山西考古四十年》，山西人民出版社1994年版，第301页；冯先铭主编：《中国古陶瓷图典》，文物出版社1998年版，第309页。

[11]　吴连城：《山西介休洪山镇宋代瓷窑址介绍》，《文物参考资料》1958年第10期；山西省考古研究所编：《山西考古四十年》，山西人民出版社1994年版，第302页；冯先铭主编：《中国古陶瓷图典》，文物出版社1998年版，第307页；孟耀虎：《山西介休窑出土的宋金时期印花模范》，《文物》2005年第5期。

[12]　山西省考古研究所：《山西长治八义窑试掘报告》，《文物季刊》1998年第3期。

[13]　陕西考古研究所：《陕西铜川耀州窑》，科学出版社1965年版；中国社会科学院考古研究所：《新中国的考古发现与研究》，文物出版社1984年版；陕西考古研究所：《唐代黄堡窑址》，文物出版社1992年版；陕西考古研究所：《五代黄堡窑址》，文物出版社1997年版；陕西考古研究所：《宋耀州窑址》，文物出版社1998年版；耀州窑博物馆、陕西省考古研究所、铜川市考古研究所：《立地坡·上店耀州窑址》，三秦出版社2004年版；禚振西、卢建国：《耀州窑遗址调查发掘新收获——兼谈对耀州窑的几点新认识》，《考古与文物》1980年第3期；陕西省考古研究所铜川工作站：《耀州窑作坊和窑炉遗址发掘简报》，《考古与文物》1987年第1期；耀州窑博物馆：《耀州窑遗址在基建中的新发现》，《考古与文物》1987年第5期；禚振西、杜葆仁：《耀州窑遗址陶瓷的新发现》，《考古与文物》1987年第1期；《铜川陈炉地区瓷窑址调查收获与相关问题》，《文博》2002年增刊。

[14]　咸阳地区文物管理委员会：《旬邑安仁古瓷窑遗址发掘简报》，《考古与文物》1980年第3期；铜川市、旬邑县文化馆、陕西省文管会：《陕西新发现两处古瓷窑遗址》，《文物》1980年第1期。

　　宁夏回族自治区灵武窑[1]，中卫下河沿窑[2]。

　　山东省淄博窑[3]，宁阳县西太平窑[4]，枣庄窑[5]。

　　河南省宝丰县清凉寺汝窑[6]，汝州张公巷窑[7]，临汝窑[8]，钧窑[9]，扒村窑[10]，鹤壁集窑[11]，辉县窑[12]，密县窑[13]，宜阳窑[14]，登封窑[15]，鲁山窑[16]，新安窑[17]，当阳峪窑[18]，内乡窑[19]。

[1] 中国社会科学院考古研究所编：《宁夏灵武窑发掘报告》，中国大百科全书出版社 1995 年版；中国社会科学院考古研究所内蒙古工作队：《宁夏灵武县磁窑堡瓷窑址调查》，《考古》1986 年第 1 期；中国社会科学院考古研究所内蒙古工作队：《宁夏灵武磁窑堡瓷窑址发掘简报》，《考古》1987 年第 10 期；宁夏回族自治区文物考古研究所等：《宁夏灵武市回民巷西夏窑址的发掘》，《考古》2002 年第 8 期。

[2] 张燕：《宁夏下河沿窑考察》，《文物春秋》2007 年第 1 期；麦玉华：《中卫发现元代瓷窑遗址》，《中国文物报》1998 年 8 月 26 日第 1 版。

[3] 山东淄博陶瓷史编写组：《山东淄博市淄川区磁村古窑址试掘简报》，《文物》1978 年第 6 期；淄博市博物馆：《淄博市博山大街窑址》，《文物》1987 年第 9 期；淄博市博物馆：《山东淄博坡地窑址的调查与试掘》，《中国古代窑址调查发掘报告集》，文物出版社 1984 年版，第 360—373 页。

[4] 山东大学考古专业、宁阳县文化馆：《山东宁阳西太平村古代瓷窑遗址试掘简报》，《考古与文物》1989 年第 4 期。

[5] 山东大学历史系考古专业等：《山东枣庄中陈郝窑址》，《考古学报》1989 年第 3 期；枣庄市文物管理站：《山东枣庄古窑址调查》，《中国古代窑址调查发掘报告集》，文物出版社 1984 年版。

[6] 河南省文物研究所：《宝丰清凉寺汝窑址的调查与试掘》，《文物》1989 年第 11 期；河南省文物研究所：《宝丰清凉寺汝窑址第二、三次发掘简报》，《华夏考古》1992 年第 3 期；河南省文物考古研究所、平顶山文物管理委员办公室、宝丰县文物保护管理所：《宝丰清凉寺汝窑遗址的新发现》，《华夏考古》2001 年第 3 期；河南省文物考古研究所：《宝丰清凉寺汝窑址 2000 年发掘简报》，《文物》2001 年第 11 期。

[7] 孙新民：《汝州张公巷窑的发现与认识》，《文物》2006 年第 7 期。

[8] 河南省文化局文物工作队：《汝窑址的调查与严和店的发掘》，《文物》1958 年第 10 期；河南省文物考古研究所：《河南临汝严和店汝窑遗址的发掘》，《华夏考古》1995 年第 3 期。

[9] 赵青云：《河南禹县钧台窑址的发掘》，《文物》1975 年第 6 期；北京大学中国考古学研究中心、河南省文物考古研究所：《河南省禹州市神垕镇刘家门钧窑遗址发掘简报》，《文物》2003 年第 11 期；北京大学中国考古学研究中心、河南省文物考古研究所：《河南省禹州市神垕镇下白峪窑址发掘简报》，《文物》2005 年第 5 期；赵会军：《河南禹州钧窑相关问题探索》，《中国文物报》2008 年 2 月 27 日第 7 版。

[10] 叶喆民：《河南省禹县古窑址调查记略》，《文物》1964 年第 8 期。

[11] 河南省文化局文物工作队：《河南省鹤壁集瓷窑遗址发掘简报》，《文物》1964 年第 8 期。

[12] 河南省文化局文物工作队：《河南辉县古窑址调查简报》，《文物》1965 年第 11 期。

[13] 河南省文化局文物工作队：《河南密县西关遗址发掘简报》，《考古》1995 年第 6 期；河南省文物局文物工作队：《河南省密县、登封唐宋窑址调查简报》，《文物》1964 年第 2 期。

[14] 河南省文物研究所：《河南宜阳窑调查简报》，《中国古代窑址调查发掘报告集》，文物出版社 1984 年版。

[15] 李景洲：《登封白坪钧瓷窑遗址调查简报》，《中原文物》2007 年第 4 期。

[16] 河南省文物研究所、鲁山县人民文化馆：《河南鲁山段店窑的新发现》，《华夏考古》1988 年第 1 期；李辉柄、李知宴：《河南鲁山段店窑》，《文物》1980 年第 5 期。

[17] 河南省文物考古研究所、新安县文化馆：《河南新安古窑址的新发现》，《中国古代窑址调查发掘报告集》，文物出版社 1984 年版。

[18] 陈万里：《谈当阳峪窑》，《文物参考资料》1954 年第 4 期；《修武县当阳峪瓷窑遗址》，《中国考古学年鉴 2005》，文物出版社 2006 年版，第 262 页。

[19] 河南省文物研究所：《河南内乡大窑店瓷窑遗址的调查》，《中国古代窑址调查发掘报告集》，文物出版社 1984 年版。

江苏省无锡窑[1]、宜兴窑[2]。

浙江省越窑[3]，鄞县窑[4]，婺州窑[5]，温州窑[6]，杭州乌龟山窑[7]，杭州老虎洞窑[8]，龙泉窑[9]，江山窑[10]，瑞安外三甲宋代窑址[11]，衢州元代窑址[12]。

安徽省繁昌窑[13]，萧县窑[14]，芜湖东门渡窑[15]，歙县竦口窑[16]，绩溪县霞间窑[17]。

[1] 冯先铭主编：《中国古陶瓷图典》，文物出版社1998年版，第299页。
[2] 冯先铭主编：《中国古陶瓷图典》，文物出版社1998年版，第299页；宜兴陶瓷公司《陶瓷史》编写组：《宜兴羊角山古窑址调查简报》，《中国古代窑址调查发掘报告集》，文物出版社1984年版。
[3] 慈溪市博物馆：《上林湖越窑》，科学出版社2002年版；浙江省文物考古研究所、北京大学考古文博学院、慈溪市文物管理委员会：《寺龙口越窑址》，文物出版社2002年版。
[4] 浙江省文物管理委员会：《浙江鄞县古瓷窑址调查纪要》，《考古》1964年第4期；李辉柄：《调查浙江鄞县窑址的收获》，《文物》1973年第5期。
[5] 金华地区文管会：《浙江兰溪嵩山北宋瓷窑址》，《考古学集刊》第2集，1982年版；贡昌：《浙江金华铁店村瓷窑的调查》，《文物》1982年第12期。
[6] 温州市文物管理会：《温州市宋代褐彩青瓷窑址调查》，《考古》1988年第3期；浙江省文物管理委员会：《温州地区古窑址调查记略》，《文物》1965年第11期；王同军：《浙江温州青瓷窑址调查》，《考古》1993年第9期；温州市文物处编：《温州古代陶瓷研究》，西泠印社1999年版。
[7] 中国社会科学院考古研究所等：《南宋官窑》，中国大百科全书出版社1996年版。
[8] 杭州市文物考古研究所：《杭州老虎洞南宋官窑址》，《文物》2002年第10期；杜正贤：《杭州老虎洞南宋官窑址的考古学研究》，《故宫博物院院刊》2002年第3期。
[9] 金祖明：《龙泉溪口青瓷窑址调查纪略》，《考古》1962年第10期；朱伯谦、王士伦：《浙江省龙泉青瓷窑址调查的主要收获》，《文物》1963年第1期；中国社会科学院考古研究所浙江工作队：《浙江龙泉县安福龙泉窑址发掘简报》，《考古》1981年第6期；李知宴：《浙江龙泉青瓷山头窑发掘的主要收获》，《文物》1981年第10期；孙维昌、郑金星：《浙江龙泉县安仁口古瓷窑址发掘报告》，《上海博物馆馆刊》第3期，1986年；李作智、李知宴：《浙江龙泉县上严儿村龙泉窑发掘报告》，《中国历史博物馆馆刊》1986年第8期；朱伯谦：《龙泉大窑古瓷窑遗址发掘报告》，《龙泉青瓷研究》，文物出版社1989年版；张翔：《龙泉金村古瓷窑址调查报告》，《龙泉青瓷研究》，文物出版社1989年版；浙江省文物考古研究所编：《龙泉东区窑址发掘报告》，文物出版社2005年版；沈岳明、秦大树、施效博：《龙泉窑枫洞岩窑址考古发掘学术座谈会纪要》，《文物》2007年第5期；浙江省文物考古研究所等编：《龙泉大窑枫洞岩窑址出土瓷器》，文物出版社2009年版。
[10] 姜江来：《江山古窑址调查》，《东方博物》2006年第3期。
[11] 俞天舒：《浙江瑞安市外三甲宋代青瓷窑址调查》，《考古学集刊》第13集，2000年版。
[12] 季志耀、沈华龙：《浙江衢县元代窑址调查》，《考古》1989年第11期；陆苏君：《浙江开化龙坦窑址调查》，《考古》1995年第8期。
[13] 张道宏：《试掘繁昌瓷窑遗址》，《文物》1958年第6期；杨玉璋、张居中：《安徽繁昌窑——2002年柯家冲窑址发掘的主要收获》，《华夏考古》2006年第2期；中国科学技术大学科技史与科技考古系、安徽省文物考古研究所、繁昌县文物管理所：《安徽繁昌县柯家冲瓷窑遗址发掘简报》，《考古》2006年第4期。
[14] 胡悦谦：《安徽萧县白土窑》，《考古》1963年第12期；中国硅酸盐学会编：《中国陶瓷史》，文物出版社1982年版，第328页；冯先铭主编：《中国古陶瓷图典》，文物出版社1998年版，第268页。
[15] 冯先铭主编：《中国古陶瓷图典》，文物出版社1998年版，第269页。
[16] 安徽省文物考古研究所：《安徽歙县竦口窑调查》，《考古》1988年第12期。
[17] 冯先铭主编：《中国古陶瓷图典》，文物出版社1998年版，第269页。

　　江西省景德镇湖田窑[1]、竟成铜锣山窑址[2]、丽阳碓臼山元代窑址[3]、丽阳瓷器山明代窑址[4]、明清御窑[5]，南丰白舍窑[6]，吉州窑[7]，赣州窑[8]，玉山渎口窑[9]，萍乡南坑窑[10]，铅山华家窑[11]，乐平窑[12]，上饶横峰、弋阳窑[13]，靖安窑[14]，全南县渡田坑窑、梅子山窑[15]，宁都县窑[16]。

　　湖北省鄂城窑[17]，武昌窑[18]。

[1]　刘新园、白焜：《景德镇湖田窑考察纪要》，《文物》1980 年第 11 期；江西省文物考古研究所、景德镇湖田窑陈列馆：《江西湖田窑址 H 区发掘简报》，《考古》2000 年第 12 期；江西省文物考古研究所、景德镇陶瓷历史博物馆：《景德镇湖田窑 H 区附属主干道发掘简报》，《文物》2001 年第 2 期。

[2]　江西省文物考古研究所、景德镇民窑博物馆：《江西景德镇竟成铜锣山窑址发掘简报》，《文物》2007 年第 5 期。

[3]　故宫博物院、江西省文物考古研究所、景德镇市陶瓷考古研究所：《江西景德镇丽阳碓臼山元代窑址发掘简报》，《文物》2007 年第 3 期。

[4]　故宫博物院、江西省文物考古研究所、景德镇市陶瓷考古研究所：《江西景德镇丽阳瓷器山明代窑址发掘简报》，《文物》2007 年第 3 期。

[5]　江西省文物工作队等：《景德镇龙珠阁遗址发掘报告》，《考古学报》1989 年第 4 期；炎黄艺术馆：《景德镇出土元明官窑瓷器》之《序》（刘新园），文物出版社 1999 年版；北京大学考古文博学院、江西省文物考古研究所、景德镇陶瓷考古研究所：《江西景德镇市明清御窑遗址 2004 年的发掘》，《考古》2005 年第 7 期；北京大学考古文博学院、江西省文物考古研究所、景德镇陶瓷考古研究所：《江西景德镇明清御窑遗址发掘简报》，《文物》2007 年第 5 期；刘新园、权奎山、樊昌生：《发掘景德镇明清御窑》，《文物天地》2004 年第 4 期；刘新园、权奎山、樊昌生：《江西省景德镇市珠山明、清御窑遗址考古发掘获重大成果》，《中国古陶瓷研究》第十辑，紫禁城出版社 2004 年版；北京大学考古文博学院、江西省文物考古研究所、景德镇市陶瓷考古研究所：《江西景德镇市明清御窑遗址 2004 年的发掘》，《考古》2005 年第 7 期。

[6]　江西省文物工作队等：《江西南丰白舍窑调查纪实》，《考古》1985 年第 3 期；江西省文物考古研究所、南丰县博物馆：《江西南丰白舍窑——饶家山窑址》，文物出版社 2008 年版。

[7]　何国维：《吉州窑遗址概况》，《文物》1953 年第 9 期；江西省文物工作队、吉安县文物办公室：《江西吉州窑遗址发掘简报》，《考古》1982 年第 5 期；江西省文物工作队、吉安县文物管理办公室：《江西吉州窑遗址发掘报告》，《江西历史文物》1982 年第 3 期；王吉允：《江西吉安地区唐至明代窑址调查》，《考古》1991 年第 11 期；江西省文物考古研究所、吉安地区文物研究所、吉安市博物馆：《江西吉安市临江窑遗址》，《考古学报》1995 年第 2 期；张文江、李育远、谢小林、罗辉：《江西吉州窑遗址调查勘探取得重要收获》，《中国文物报》2007 年 8 月 31 日第 2 版。

[8]　余家栋：《关于赣州七里镇窑几个问题的探析》，《南方文物》1992 年第 4 期；薛翘、罗星：《明代赣县瓷窑及其外销琉球产品的调查记略》，《江西历史文物》1983 年第 2 期。

[9]　江西省文物考古研究所、玉山县博物馆：《江西玉山渎口婺州窑址》，文物出版社 2008 年版。

[10]　江西省文物工作队：《江西萍乡南坑古窑调查》，《考古》1984 年第 3 期。

[11]　铅山县博物馆：《江西铅山县发现几处古瓷窑址》，《考古》1986 年第 11 期。

[12]　江西省文物管理委员会：《乐平窑上华家瓷窑址调查记》，《文物》1964 年第 1 期；陈柏泉：《江西乐平明代青花窑址调查》，《文物》1973 年第 3 期。

[13]　陈柏泉：《江西横峰、弋阳窑址调查》，《文物》1973 年第 2 期。

[14]　陈定荣：《江西靖安、奉新的古瓷窑》，《考古》1986 年第 4 期。

[15]　薛翘、刘劲峰：《江西全南县渡田坑、梅子山窑址调查》，《南方文物》1996 年第 2 期。

[16]　薛翘、刘劲峰：《宁都县古瓷窑址调查》，《江西历史文物》1982 年第 1 期。

[17]　鄂州市博物馆：《湖北鄂州市五处古窑址的调查》，《江汉考古》1995 年第 2 期。

[18]　湖北省文物考古研究所：《武昌青山窑窑遗址发掘简报》，《江汉考古》1991 年第 4 期；武汉市文物处文物普查队：《武汉市武昌县湖泗窑址的初步调查》，《中国古代窑址调查发掘报告集》，文物出版社 1984 年版；祁金刚：《江夏湖泗古代瓷窑综述》，《江汉考古》2007 年第 2 期；武汉市博物馆等：《湖北武汉江夏王麻窑址 1988—1996 年的发掘》，《考古学报》2000 年第 1 期。

湖南省衡阳窑[1]，衡山窑[2]，郴州窑[3]，洪江窑[4]，常宁窑[5]，益阳窑[6]，湘阴乌龙嘴窑[7]，怀化窑[8]，醴陵窑[9]。

重庆市巴县姜家窑[10]，涂山窑[11]，云阳窑[12]。

四川省成都市青羊宫窑[13]、金凤窑[14]、琉璃厂窑[15]，邛崃窑[16]，达州瓷碗铺窑[17]，广元窑[18]，彭县磁峰窑[19]，灌县玉堂窑[20]。

云南省玉溪窑[21]，禄丰窑[22]，建水窑[23]。

[1] 周世荣：《湖南衡阳窑调查纪要》，《中国古代窑址调查发掘报告集》，文物出版社 1984 年版；衡阳市文物工作队：《湖南衡阳市蒋家窑址的再调查》，《考古》1996 年第 6 期。
[2] 周世荣：《湖南首次发现独具彩瓷工艺风格的古窑址——衡山窑》，《中国古代窑址调查发掘报告集》，文物出版社 1984 年版。
[3] 郴州地区文物工作队：《湖南郴州宋代窑址发掘》，《考古》1992 年第 9 期。
[4] 湖南省文物考古研究所：《湖南洪江市宋代烟口窑址的发掘》，《考古》2006 年第 11 期。
[5] 周世荣：《湖南陶瓷》，紫禁城出版社 1988 年版；冯先铭主编：《中国古陶瓷图典》，文物出版社 1998 年版，第 298 页。
[6] 益阳地区文物工作队：《湖南益阳县羊午岭古窑址调查》，《考古》1983 年第 4 期；周世荣：《湖南陶瓷》，紫禁城出版社 1988 年版。
[7] 湖南省文物管理委员会：《湖南湘阴乌龙嘴明代窑址调查记》，《考古通讯》1957 年第 3 期。
[8] 周世荣：《湖南陶瓷》，紫禁城出版社 1988 年版；冯先铭主编：《中国古陶瓷图典》，文物出版社 1998 年版，第 298 页。
[9] 周世荣：《湖南陶瓷》，紫禁城出版社 1988 年版；冯先铭主编：《中国古陶瓷图典》，文物出版社 1998 年版，第 294 页。
[10] 陈丽琼：《巴县姜家窑址》，《四川古陶瓷研究》，四川省社会科学院出版社 1984 年版；重庆市博物馆、巴县市文物管理所：《重庆巴县清溪乡宋代瓷窑址》，《考古学集刊》第 13 集，中国大百科全书出版社 2002 年版。另，重庆市成立前为巴县，成立后为重庆市的巴南区。
[11] 重庆市博物馆：《重庆市涂山宋代瓷窑试掘报告》，《考古》1986 年第 10 期；重庆市博物馆、重庆市南岸区文管所：《四川重庆涂山锯木湾宋代瓷窑发掘简报》，《考古》1991 年第 3 期；重庆市博物馆：《重庆涂山窑小弯瓷窑发掘报告》，《四川考古报告集》，文物出版社 1998 年版；重庆市文物考古所：《重庆涂山窑》，科学出版社 2006 年版。
[12] 西北大学考古队、万州博物馆：《重庆云阳县乔家院子遗址六朝及明代窑址的发掘》，《考古》2006 年第 5 期。
[13] 江学礼、陈建中：《青羊宫古窑址试掘简报》，《文物》1956 年第 6 期；四川省文管会、成都市文管处：《成都青羊宫窑址发掘简报》，《四川古陶瓷研究（二）》，四川省社会科学院出版社 1984 年版。
[14] 成都市文物考古研究所等：《都江堰市金凤窑发掘报告》，《成都考古发现（2000）》，科学出版社 2002 年版。
[15] 陈德富：《成都琉璃厂古窑》，《四川古陶瓷研究（一）》，四川省社会科学院出版社 1984 年版。
[16] 成恩元：《邛窑遗址五十年》，《四川古陶瓷研究（二）》，四川省社会科学院出版社 1984 年版；陈丽琼：《邛窑新探》，《中国古陶瓷研究》第一辑，1982 年；耿宝昌主编：《邛窑古陶瓷研究》，中国科学技术大学出版社 2002 年版。
[17] 四川省文物考古研究院等：《四川达州市通川区瓷碗铺瓷窑遗址发掘简报》，《四川文物》2005 年第 4 期。
[18] 重庆市博物馆：《四川广元瓷窑的调查收获》，《考古与文物》1982 年第 4 期；重庆市博物馆：《四川广元瓷窑的调查收获》，《四川古陶瓷研究（一）》，四川省社会科学院出版社 1984 年版。
[19] 陈丽琼：《四川彭县磁峰窑的调查与试掘的收获》，《四川古代陶瓷》重庆出版社 1987 年版；晓闻：《彭县磁峰窑遗址》，《成都文物》1992 年第 4 期；成都文物考古研究所等：《2000 年磁峰窑发掘报告》，《成都考古发现（2000）》，科学出版社 2002 年版。
[20] 陈丽琼：《四川古代陶瓷》，重庆出版社 1987 年版，第 43 页。
[21] 葛季芳、李永衡：《云南玉溪古窑遗址调查》，《考古》1980 年第 3 期；苏伏涛：《云南玉溪元末明初龙窑的发掘》，《考古》1987 年第 8 期。
[22] 李康颖：《云南禄丰发现元明瓷窑》，《考古》1989 年第 9 期；葛季芳：《云南禄丰县元代罗川窑和白龙窑》，《考古》1990 年第 8 期。
[23] 葛季芳：《云南建水的调查和分析》，《考古》1987 年第 1 期；张建农：《云南省建水县碗窑村古窑址调查》，《考古》1991 年第 8 期。

福建省建阳窑[1]，德化窑[2]，松溪回场窑[3]，三明中村窑[4]，南平茶洋窑[5]，武夷山遇林亭窑[6]，浦城窑[7]，建瓯小松窑[8]，永春窑[9]，建宁澜溪窑[10]，泰宁新桥窑[11]，邵武四都青云窑[12]，光泽茅店窑[13]，柘荣青兰面窑[14]，福州窑[15]，莆田窑[16]，尤溪半山窑[17]，闽清义窑[18]，福清窑[19]，晋江磁灶窑[20]，

[1] 厦门大学人类学博物馆：《福建建阳水吉宋建窑发掘简报》，《考古》1964年第4期；建阳文化馆：《福建建阳古瓷窑址调查简报》，《考古》1984年第7期；中国社会科学院考古研究所、福建省博物馆建窑考古队：《福建建阳县水吉北宋建窑发掘简报》，《考古》1990年第12期；中国社会科学院考古研究所、福建省博物馆建窑考古队：《福建建阳县水吉建窑遗址1991—1992年度发掘简报》，《考古》1995年第2期；中国社会科学院考古研究所、福建省博物馆建窑考古队：《建窑遗址考古发掘主要收获》，《福建文博》1990年第1期。

[2] 栗建安：《德化甲杯山明代窑址的发掘与收获》，《福建文博》2004年第4期；厦门大学人类博物馆：《德化屈斗宫窑址的调查发现》，《文物》1965年第2期；德化古瓷窑址考古发掘工作队：《福建德化屈斗宫窑址发掘简报》，《文物》1979年第5期；宋伯胤：《华东文物工作队福建组调查晋江、德化等处古窑址》，《文物》1954年第5期；宋伯胤：《"建窑"调查记》，《文物》1955年第3期；梅华全：《德化窑考古发掘的新收获》，《福建文博》1979年第1期；福建省博物馆：《德化窑》，文物出版社1990年版；陈建中：《德化民窑青花》，文物出版社1999年版。

[3] 福建省文物管理委员会：《福建省最近发现的古代窑址》，《文物》1959年第6期；福建省博物馆：《福建松溪县回场北宋窑址试掘简报》，《考古学集刊》第2集，1982年版；林忠干等：《福建松溪唐宋瓷窑的探讨》，《中国古陶瓷研究》第三辑，紫禁城出版社1990年版。

[4] 李建军：《三明中村回瑶宋元青白瓷生产概述》，《景德镇陶瓷》1993年第1、2期合刊；福建省博物馆、三明市文管会、三明市博物馆：《三明中村回瑶元代窑址发掘简报》，《福建文博》1995年第2期。

[5] 福建省博物馆：《南平茶洋窑址1995年—1996年度发掘简报》，《福建文博》2000年第2期。

[6] 福建省文物管理委员会：《福建省最近发现的古代窑址》，《文物》1959年第6期；福建省博物馆：《武夷山遇林亭窑址发掘报告》，《福建文博》2000年第2期；中国国家博物馆水下考古中心、福建博物院文物考古研究所、武夷山市博物馆：《武夷山古窑址》，科学出版社2015年版。

[7] 林忠干、赵洪章：《福建浦城的宋元瓷窑》，《福建文博》1984年第2期。

[8] 福建省文物管理委员会：《福建省最近发现的古代窑址》，《文物》1959年第6期；建瓯县文化馆：《福建建瓯小松宋代窑址调查简报》，《福建文博》1983年第1期。

[9] 曾凡：《福建陶瓷考古概论》，福建省地图出版社2001年版；冯先铭主编：《中国古陶瓷图典》，文物出版社1998年版，第273页。

[10] 冯先铭主编：《中国古陶瓷图典》，文物出版社1998年版，第276页；余生富、曹建新：《建宁澜溪窑调查》，《福建文博》1995年第2期。

[11] 陈孝昭、宋良：《泰宁新桥窑址调查》，《福建文博》1991年第1、2期合刊。

[12] 傅宋良、王上：《邵武四都青云窑址调查简报》，《福建文博》1988年第1期。

[13] 曾凡：《光泽茅店宋代瓷窑址》，《文物》1958年第2期。

[14] 郑辉、游再生：《柘荣县青兰面宋代窑址》，《福建文博》2005年第1期。

[15] 冯先铭主编：《中国古陶瓷图典》，文物出版社1998年版，第270页。

[16] 李辉柄：《莆田窑址初探》，《文物》1979年第12期；柯凤梅、陈豪：《福建莆田古窑址》，《考古》1995年第7期；福建博物院：《莆田古松柏山窑址发掘报告》，《福建文博》2007年第2期。

[17] 尤溪县博物馆：《尤溪半山窑址调查简报》，《福建文博》1995年第2期。

[18] 福建省文物管理委员会：《福建省最近发现的古代窑址》，《文物》1959年第6期；闽清县文化局、厦门大学人类学系考古专业：《闽清县义窑和青窑调查报告》，《福建文博》1993年第1、2期合刊；羊泽林：《闽清义窑生产与外销》，《福建陶瓷与海上丝绸之路——中国古陶瓷学会福建会员大会学术研讨会论文集》，2016年；福建博物院：《闽清义窑考古调查发掘报告》，海峡书局2020年版。

[19] 福建省文物管理委员会：《福清县东门水库古窑调查简况》，《文物》1958年第2期；福建省文物管理委员会：《福建省最近发现的古代窑址》，《文物》1959年第6期。

[20] 陈鹏、黄天柱、黄宝玲：《福建晋江磁灶古窑址》，《考古》1982年第5期；福建省博物馆：《磁灶土尾庵窑发掘简报》，《福建文博》2000年第1期；栗建安、郑辉：《福建宋元考古概述》，《福建文博》2002年第2期；福建博物院：《晋江磁灶金交椅山窑址发掘简报》，《福建文博》2005年第2期；福建博物院、晋江博物馆：《磁灶窑址：福建晋江磁灶窑址考古调查发掘报告》，科学出版社2011年版。

惠安银厝尾窑[1]，厦门窑[2]，漳州窑[3]，同安汀溪窑[4]，安溪窑[5]，南安窑[6]，长汀南山窑[7]。

广西壮族自治区永福窑[8]，兴安窑[9]，桂平窑[10]，桂林窑[11]，藤县窑[12]，容县窑[13]，合浦窑[14]。

广东省广州西村窑[15]、番禺沙边窑[16]，潮州窑[17]，饶平窑[18]，石湾窑[19]，惠州窑[20]，

[1]　福建省博物馆：《福建惠安银厝尾古窑址发掘简报》，《考古》1993年第1期。

[2]　厦门市文物管理委员会：《厦门海沧宋代窑址发掘简报》，《南方文物》1999年第2期；福建博物院、厦门市博物馆：《厦门集美后溪碗窑窑址发掘简报》，《福建文博》2004年第2期；郑东：《厦门古代瓷业及其年代分期》，《福建文博》1999年增刊。

[3]　栗建安：《宋元时期漳州地区的瓷业》，《福建文博》2001年第1期；梅华全：《漳浦县古窑之考察》，《福建文博》1987年第1期；王文径：《福建漳浦县赤土古窑址调查》，《考古》1993年第3期；王文径：《福建漳浦宋元窑址》，《中国古代陶瓷的外销——中国古陶瓷研究会、中国古代外销瓷研究会1987年福建晋江年会论文集》1987年；福建省博物馆：《福建漳浦县古窑址调查》，《考古》1987年第2期；福建省博物馆、厦门大学人类学系：《福建诏安考古调查简报》，《福建文博》1987年第1期；汤毓贤：《福建云霄火田水头窑调查》，《福建文博——中国古陶瓷研究会1999年会专辑》，1999年增刊；福建省博物馆：《漳州窑——福建漳州地区明清窑址调查发掘报告之一》，福建人民出版社1997年版；福建省博物馆：《福建平和县南胜田坑窑址发掘报告》，《福建文博》1998年第1期。

[4]　福建省文物管理委员会：《同安县汀溪水库古瓷窑调查》，《文物》1958年第2期；福建省文物管理委员会《福建省最近发现的古代窑址》，《文物》1959年第6期；李辉柄：《福建省同安窑址调查纪略》，《文物》1974年第11期。

[5]　安溪县文化馆：《福建安溪古窑址调查》，《文物》1977年第7期；张仲淳：《明清时期的福建安溪青花瓷器》，《考古》1989年第7期。

[6]　黄炳元：《福建南安壁水库古窑址试掘情况》，《文物》1957年第12期；泉州海外交通史博物馆：《福建南安四都发现新石器时代遗址和宋瓷窑址》，《文物》1973年第1期。

[7]　邓木榕：《福建长汀南山发现宋代窑址》，《南方文物》1993年第4期。

[8]　广西壮族自治区文物工作队：《广西永福窑田岭宋代窑址发掘简报》，《中国古代窑址调查发掘报告集》，文物出版社1984年版。

[9]　李鸿庆：《兴安发现古窑址》，《文物》1962年第9期；李铧：《广西兴安县严关宋代窑址调查》，《考古》1991年第8期。

[10]　陈小波：《广西桂平窑址调查》，《中国古代窑址调查发掘报告集》，文物出版社1984年版；广西壮族自治区博物馆：《广西桂平宋瓷窑》，《考古学报》1983年第4期。

[11]　桂林博物馆：《广西桂州窑遗址》，《考古学报》1994年第4期；李桦：《"静江腰鼓"与桂林东窑的调查研究》，《考古与文物》2001年第1期。（"静江腰鼓"有文献记载是宋代的）

[12]　韦仁义：《广西藤县宋代中和窑》，《中国古代窑址调查发掘报告集》，文物出版社1984年版。

[13]　《广西容县城关宋瓷窑》，《考古学集刊》第5集，中国社会科学出版社1987年版。

[14]　广西文物队：《广西合浦上窑窑址发掘简报》，《考古》1986年第12期。

[15]　中国硅酸盐学会编：《中国陶瓷史》，文物出版社1982年版，第259页；广州市文物管理委员会等：《广州西村窑》，香港中文大学中国艺术研究中心1987年版。

[16]　广东省文物管理委员会：《佛山专区的几处古窑址调查简报》，《文物》1959年第12期。

[17]　李辉柄：《广东潮州古瓷窑址调查》，《考古》1979年第5期；广东省博物馆：《潮州笔架山宋代窑址发掘报告》，文物出版社1981年版。

[18]　何纪生、彭如策、邱立诚：《广东饶平九村青花窑址调查记》，《中国古代窑址调查发掘报告集》，文物出版社1984年版。

[19]　佛山市博物馆：《广东石湾古窑址调查》，《考古》1978年第3期。

[20]　惠阳地区文化局、惠州市文化局、广东省博物馆：《广东惠州北宋窑址清理简报》，《文物》1977年第8期；曾广义：《广东惠阳白马山瓷窑调查记》，《考古》1962年第8期。

梅县窑[1]，韶关窑[2]，廉江窑[3]，始兴窑[4]，高州窑[5]，新会官冲窑址[6]，大埔余里窑[7]，河源东埔窑[8]，五华县龙颈坑窑[9]。另外在中山[10]、博罗[11]、揭阳[12]等地也发现宋元明时期的窑址。

海南省澄迈窑[13]。

香港特区大埔碗窑[14]。

前述考古调查、发掘的瓷窑遗址迄今已超过140座，本书将选择其中的一些历史名窑和重要窑址的发掘与研究情况，略作介绍和论述。

二 宋至明代主要制瓷中心的分布与变化状况

据前面介绍宋至明代瓷窑遗址考古调查发掘情况，结合本书后面几章对宋至明代历史名窑遗址和重要窑址发掘研究的论述，可以清楚地看出以历史名窑为代表的宋至明代主要制瓷中心的分布状况。大体言之，北方和南方各有三个主要制瓷中心。北方三个制瓷中心即河北省以定窑、磁州窑为代表及其周边地区，河南省以汝窑、钧窑为代表及其周边地区，陕西省以耀州窑为代表，三个中心的时代以北宋和辽金为主，下至元代。南方三个主要制瓷中心以浙江龙泉窑和杭州南宋官窑为代表，盛期在南宋，延续至元明。福建以建窑和德化窑为代表，盛期在南宋，并可上溯至北宋，下到明清。第三个主要制瓷中心以瓷都江西景德镇为代表，景德镇郊区湖田窑盛期在宋元，景德镇市区以元浮梁瓷局、明御窑厂、清御器厂为代表，时代贯穿元明清。随着宋辽金元明的历史变迁和演变，主要制瓷中

---

〔1〕 杨少祥：《广东梅县市唐宋窑址》，《考古》1994 年第 3 期。

〔2〕 广东曲江县博物馆：《广东曲江白土下乡宋窑发掘简报》，《江汉考古》2003 年第 4 期；李衡华：《广东韶关南雄瑶山坪窑址抢救性发掘简报》，《客家文博》2020 年第 4 期。

〔3〕 曾广亿：《广东瓷窑遗址考古概要》，《南方文物》1991 年第 4 期；冯先铭主编：《中国古陶瓷图典》，文物出版社 1998 年版，第 280 页。

〔4〕 冯先铭主编：《中国古陶瓷图典》，文物出版社 1998 年版，第 281 页；申家仁：《岭南陶瓷史》，广东高等教育出版社 2003 年版。

〔5〕 钟绍益、刘明宽：《高州县"鬼窑"址调查发掘简报》，《景德镇陶瓷》总第 26 期，1984 年增刊（中国古陶瓷专辑第二辑）；冯先铭主编：《中国古陶瓷图典》，文物出版社 1998 年版，第 281 页。

〔6〕 冯先铭主编：《中国古陶瓷图典》，文物出版社 1998 年版，第 278 页；广东省文物考古研究所、新会市博物馆：《广东新会官冲窑址》，《文物》2000 年第 6 期。

〔7〕 广东省文物考古研究所、中国客家博物馆、大埔县文化广电新闻出版局、大埔县博物馆：《广东大埔余里明代窑址 2013—2014 年发掘简报》，《文物》2019 年第 10 期。

〔8〕 刘成基：《广东河源东埔古窑址调查》，《南方文物》1997 年第 3 期。

〔9〕 广东省文物考古研究所、五华县博物馆：《广东五华县华城屋背岭遗址与龙颈坑窑址》，《考古》1996 年第 7 期。

〔10〕 广东省文物管理委员会：《佛山专区的几处古窑址调查简报》，《文物》1959 年第 12 期。

〔11〕 曾广亿：《广东博罗、揭阳、澄迈古瓷窑调查》，《文物》1964 年第 10 期；广东省文物考古研究所博罗县博物馆：《广东博罗县园洲梅花墩窑址的发掘》，《考古》1998 年第 7 期。

〔12〕 曾广亿：《广东博罗、揭阳、澄迈古瓷窑调查》，《文物》1964 年第 10 期。

〔13〕 曾广亿：《广东博罗、揭阳、澄迈古瓷窑调查》，《文物》1964 年第 10 期。

〔14〕 区家发、周世荣、曾广亿、佟宝铭、马恩生：《香港大埔碗窑青花瓷窑址调查及研究》，香港区域市政局 1997 年版。

心不同时代亦有移动和变化。以主要制瓷中心盛期而论，南宋建立后，主要制瓷中心也随之转移到南方。北宋辽金制瓷中心主要在河南、河北、陕西，南宋制瓷中心主要在浙江和福建，元明主要制瓷中心在江西景德镇，瓷都景德镇成为中国古代主要制瓷中心的归宿。上述六大主要制瓷中心，构成了宋至明代瓷器考古学的主线，并形成了宋至明代瓷器考古学主体内涵的缩影。

第二节　宋至明代城址和遗址出土瓷器概况

城市遗址出土陶瓷器，对其层位及其基本形态的分析可为相关地层乃至遗址的时代判定提供重要证据。结合遗址周边墓葬出土陶瓷器、关联窑址的调查发掘研究资料开展综合研究，可从侧面反映出其所在地在某个历史时期的社会生活及商品往来情况，或可进一步深入推进当地历史、经济、文化等研究。

下面拟以扬州城遗址、元代都城遗址、明南京故宫遗址、内蒙古集宁路古城址和燕家梁遗址出土的瓷器为例，略作介绍。

一　扬州城遗址出土的宋至明代瓷器

（一）扬州南宋宝祐城西门遗址出土瓷器[1]

2013 年 11 月—2014 年 3 月，在扬州宋宝祐城西城门西侧清理出了始建于南宋时期的挡水坝遗迹，在发掘区第 3 层，出土了一定数量且较为完整的瓷器。为研究宋代以来扬州的瓷器贸易情况提供了重要资料。出土瓷器以两宋时期为主，少量唐代及元明时期产品，所涉及的窑口主要有吉州窑、建窑、景德镇窑、龙泉窑等。

（二）扬州蜀岗城址城内堡城村十字街西北隅夯土基础出土瓷器[2]

2011 年扬州蜀岗古代城址考古勘探调查，在堡城村十字街西北隅的方庄北和西河湾之间发现有南北成一线的数处夯土遗存。为了解明蜀岗上城址内西北部出现的大面积夯土遗存的性质，探寻隋江都宫城西墙或宫城内建筑遗存，2012 年 10—12 月、2013 年 4—6 月，选择了其间勘探出的夯土迹象 ER64 进行考古发掘，发掘面积 1600 余平方米。发掘出土了一定数量的建窑黑釉瓷、吉州窑黑釉瓷、景德镇窑系青白瓷、龙泉窑青瓷等。还有唐代其他窑口陶瓷器若干。

---

〔1〕　王小迎、王睿：《江苏扬州南宋宝祐城西城门外出土陶瓷器》，《中国国家博物馆馆刊》2015 年第 9 期。

〔2〕　中国社会科学院考古研究所、南京博物院、扬州市文物考古研究所编著：《扬州城遗址考古发掘报告 1999—2013 年》，科学出版社 2015 年版，第 112 页。

（三）扬州唐宋城东门遗址出土瓷器[1]

扬州唐宋城东门遗址位于扬州市东关街口古运河西，发现于2000年初。2004年8—11月、2005年5—9月，发掘了近2000平方米，基本了解了东门遗址的面貌。先后进行了5次发掘，发掘面积6000余平方米。遗址出土的瓷器以宋元时期的为多，种类有碗、盘、盂、罐、杯、炉、洗、器座、盏托等，其中以碗、盘为大宗。以龙泉窑烧造为主，少量为景德镇窑、繁昌窑、磁州窑和宜兴窑。还出土数件明青花瓷器，完整器有青花花草纹执壶1对、青花团龙团凤花草纹八棱盖罐等。

（四）扬州宋大城北门和北水门遗址出土瓷器[2]

扬州宋大城北门（YSB）和北水门（YSBS）遗址位于今江苏扬州市区北部的凤凰街和漕（潮）河路交叉口南侧，2003年4月在漕河路建设施工时发现。2003年4—6月，江苏扬州唐城考古队对其进行了初步发掘，2003年冬季、2004年春季对北水门遗址北段进行了抢救性发掘，2007年又对遗址的瓮城西区和水门北段、瓮城东区、主城门和水门南段等部分进行了发掘。河道内的明代和元代地层中出土了大量瓷片和一些较完整的瓷器，其时代为唐代至明代。元代地层中出土的瓷片以龙泉窑、景德镇窑、磁州窑的为主，也有吉州窑、钧窑、宜兴窑、寿州窑、越窑、长沙窑、巩县窑、繁昌窑以及釉里红和一些北方青白瓷。器形以碗、盘为主，也有壶、罐、杯、炉、盒、盂等。釉色较多，以白、青白、青、青黄釉为主，胎色有白、米白、灰白、青灰、灰黑、黑色等。明代地层中出土的瓷片以景德镇窑、龙泉窑、磁州窑的为主，还有宜兴窑、吉州窑、越窑、钧窑、寿州窑、长沙窑。器形以碗为主，也有杯、盘、炉、罐、壶等。釉色主要有白、黄、青等。胎色主要有白、灰、黄等。

二　元代都城遗址出土的瓷器

（一）元大都遗址出土瓷器

元大都遗址出土的不同类型的瓷器，为研究元代制瓷手工业发展、贸易往来提供了重要的实物资料。

1. 后英房元代居住遗址出土瓷器[3]

后英房元代居住遗址在今北京西直门里后英房胡同西北的明清城墙基下，是一处规模较大的居住遗址，发掘仅是它的一部分，在城基范围以外的部分，明初筑城时已被拆

---

[1] 中国社会科学院考古研究所、南京博物院、扬州市文物考古研究所编著：《扬州城遗址考古发掘报告1999—2013年》，科学出版社2015年版，第198页。

[2] 中国社会科学院考古研究所、南京博物院、扬州市文物考古研究所编著：《扬州城遗址考古发掘报告1999—2013年》，科学出版社2015年版，第213页。

[3] 中国科学院考古研究所、北京市文物管理处元大都考古队：《元大都的勘查和发掘》，《考古》1972年第1期；中国科学院考古研究所、北京市文物管理处元大都考古队：《北京后英房元代居住遗址》，《考古》1972年第6期。

毁。该遗址出土瓷器较多，基本上包括了当时在元大都所通用的各种瓷器，有青花瓷、影青瓷、白瓷、钧瓷、龙泉窑和汝窑青瓷、磁州窑黑（褐）瓷、白花瓷等。其中较重要的有：

青花葵花盘，底径 13.5 厘米、口径 16.4 厘米、盘深 1.6 厘米，盘口外折作八瓣葵花形。胎质细白而极薄，仅 0.15 厘米。釉色白中泛青。盘心用青料画松、竹、梅配成的圆形图案，青花的色泽淡雅。

影青印花云龙盘，口径 19 厘米，高 3.4 厘米，胎质细白，釉色莹润。影青的瓷观音龛像，高 19 厘米、宽 11 厘米，胎质坚密，灰白色。龛部褚色，盒内塑观音一尊，龛楣贴塑朵云与山峰，龛两侧贴塑缠枝花叶，龛座下部塑出两层波浪。釉色白中显青，小巧精致。

牙白色釉的双铺首瓶，瓶高 27.5 厘米、口径 8 厘米、圈足径 9.2 厘米，釉下有碎开片纹，比例匀称，造型优美。

青瓷中有龙泉窑的带盖瓷罐，高 18.7 厘米、口径 7.9 厘米、腹径 14.1 厘米、底径 8 厘米，胎呈灰白色，釉莹厚，青中带黄绿，底内施釉，口沿和底足均露出褚色。

蟹青釉的瓷罐，高 21 厘米、腹径 14 厘米，胎骨呈青灰色，蟹青釉，亮厚，下有碎开片纹，哥窑产品。

出土数量最多的还有磁州窑的瓷器。最大的一件是黑白花四耳大罇，高 67 厘米、口径 13.5 厘米、足径 17 厘米，颈、肩之间对称地附贴四个宽 7 厘米的耳。肩部绘卷草纹，腹部绘水波纹，腹下部至底施黑釉。

另外，还有白釉的经瓶，高 38 厘米、口径 5.4 厘米、腹 16.3 厘米、足径 13 厘米，肩部在釉下墨书“内府”二字。黑釉经瓶，高 31 厘米、口径 5.8 厘米、足径 11 厘米，肩部釉下阴刻“内府”二字。

2. 旧鼓楼大街豁口东窖藏出土瓷器[1]

1970 年在旧鼓楼大街豁口东发掘的另一处院落遗址中，发现了一个埋有 16 件瓷器的窖藏。内有 10 件青花瓷器，6 件影青瓷器。在两件影青瓷碗的底部都用墨笔写着一个八思巴字，译成汉文为“张”或“章”姓。这批青花瓷器不论是胎、釉的烧造，或者绘花的技法，都达到了相当高的工艺水平。这批窖藏的青花瓷器很有可能是景德镇的产品。例如：

青花凤头扁壶（图 21 - 2 - 1），高 18 厘米、口径 4 厘米、足径 4.5 × 8.3 厘米，壶身上部画一展翅飞凤，凤头昂起为壶嘴，凤尾卷作壶把，壶身下部画着一束茂盛的缠枝牡丹，造型生动，色彩清新。

青花带托盏（一对）（图 21 - 2 - 2），通高 9 厘米、口径 10 厘米[2]，盏里部画卷枝花纹一周，盏心画缠枝石榴花两朵、海棠花两朵，中心填海棠花一朵；托盘径 12 厘米，盘里部画缠枝石榴四朵，外部画宝相莲花瓣一周，高圈足上画蕉叶纹一周。

---

〔1〕　中国科学院考古研究所、北京市文物管理处元大都考古队：《元大都的勘查和发掘》，《考古》1972 年第 1 期。

〔2〕　赵光林：《从元大都出土的青花瓷器试探青花瓷的起源与特点》，《北京文物与考古》第三辑，1992 年。青花凤头扁壶口径、足径，青花带托盏高度出于此文第 224、225 页。

图 21 - 2 - 1　元大都遗址旧鼓楼大街　　　　　图 21 - 2 - 2　元大都遗址旧鼓楼大街
　　　　　　　出土青花凤头扁壶　　　　　　　　　　　　　　出土青花带托盏

（引自《元大都的勘察和发掘》，《考古》1972 年第 1 期，图版拾 3、2）

（二）元上都遗址和元中都遗址出土瓷器

1. 元上都遗址出土瓷器

元上都遗址位于内蒙古自治区锡林郭勒盟正蓝旗上都河镇东北 20 千米处。根据以往发掘资料可知在东关、南关、元上都皇城南门、元上都宫城 1 号基址等处均有瓷器出土[1]。这些瓷器有青瓷、白瓷、黑瓷、酱釉瓷、影青瓷、青花瓷，窑口涉及磁州窑、龙泉窑、钧窑等。以下略作介绍。

元上都东关地表采集 17 件瓷器，有龙泉窑、磁州窑、钧窑等名窑瓷器，也有附近地方窑系生产的白釉瓷器和黑釉瓷器。南关共采集 12 件瓷器，少量的釉陶器等，有龙泉窑、磁州窑、钧窑等名窑瓷器和青花、白釉、酱釉、红绿釉和无釉瓷器。西关共采集瓷器 18 件，有龙泉窑、磁州窑、钧窑等名窑产品和青花、黑釉、白釉、木叶纹瓷器[2]。

其中南关遗址试掘地层中出土瓷器以碗、盘类为主，有少量为瓮、敛口罐、筒形罐、高足杯、盏灯[3]。另南关房屋遗址中出土了一些瓷器。南关遗址中 LYNF1 出土黑釉罐、酱釉壶、白瓷碗 3 件瓷器；LYNF3 出土 8 件瓷器，有龙泉窑碗、钧窑碗等。LYNF4 出土16 件瓷器，有黑釉、酱釉、白釉、钧窑、青花瓷等[4]。

---

〔1〕　魏坚：《元上都》，中国大百科全书出版社 2008 年版。
〔2〕　魏坚：《元上都》，中国大百科全书出版社 2008 年版，第 207、211、227 页。
〔3〕　魏坚：《元上都》，中国大百科全书出版社 2008 年版，第 238—239 页。
〔4〕　魏坚：《元上都》，中国大百科全书出版社 2008 年版，第 238—242、248—249、254 页。

元上都皇城南门堆积中出土有龙泉窑、钧窑、磁州窑、耀州窑等瓷器，还有地方窑口的酱釉、白釉、黑釉、青瓷等；元上都皇城南门瓮城门出土瓷器以龙泉窑、钧窑及白釉瓷器为主，有少量的磁州窑、耀州窑和青釉、酱釉和绿釉瓷器[1]。元上都宫城 1 号基址上层殿址出土瓷器有龙泉窑盘、高足杯、月白釉碗、耀州窑和白釉盆、青花盘等；元上都宫城 1 号基址上层房址出土影青瓷碗、酱釉牛腿瓶、磁州窑器盖、白釉盘、青花碗等；元上都宫城 1 号基址下层建筑基址出土瓷器有龙泉窑、磁州窑和白釉、酱釉、茶绿釉瓷[2]。

2. 元中都遗址出土瓷器

元中都遗址位于河北省张家口市张北县县城西北 15 公里。根据发掘资料可知在元中都皇城西南角采集白釉褐彩瓷、影青瓷、酱釉瓷残片标本 23 件[3]。白釉点彩碗（ZYHC：2）[4]底弧壁圈足，内壁碗底残余 7 个支钉痕迹，中心 1 个，外围 6 个，也可能外围原有 7 个。底有两圈褐彩，圈外饰有褐色叶状点彩，再外又有两圈浅褐色纹道。胎白泛黄、质地稍粗，施白色化妆土，釉色白中泛黄。底径 7.2 厘米。影青刻花碗底（ZYHC：11）[5]，圈足，足底无釉，余部满釉，胎白质细，内刻花叶，刀法犀利。底径 5.6 厘米。另元中都宫城西南角出土白釉、酱釉碗 12 件[6]。其他宫城一号殿址、宫城南门等遗址仅零星发现出土瓷器。

三　南京明故宫出土瓷器[7]

1964 年，南京博物院在明故宫内宫墙的玉带河西段河底淤泥中发现大量明代瓷器残片，以明景德镇青花为最多。特别是在西段北首，发现一批洪武时期瓷器，民窑较多，官窑较少。与洪武青花同时出土的，还有青白釉瓷，也是白瓷胎骨，制作较粗，景德镇窑烧造。发掘出土了为数不多的官窑器，其中，白釉红彩云龙纹盘，敞口，圆唇，沿微撇，浅足，砂底，底面见挖足旋坯细螺旋纹，底足呈现十分匀净的淡赭红色。盘壁表里各画五爪红龙两条及云彩两朵，灯光透映，两面花纹叠合为一，盘心绘红彩流云三朵，云势走向，逆时针作品字式排列（图 21－2－3）。另有青花云龙纹盘、酱色釉碗、外酱色釉里雾青暗花凸云龙纹大碗、青花缠枝莲纹碗。这些瓷器标本，成为辨别洪武官窑和民窑瓷器的标准器[8]。

1995 年南京博物院在明故宫遗址玉带河西侧水井淤泥中清理出土一批瓷、石、银、木残器，其中有迄今仅见的洪武白釉铁红书"赏赐"梅瓶、洪武白釉瓷爵、瓷碗等均为景德

[1] 魏坚：《元上都》，中国大百科全书出版社 2008 年版，第 266—270、280—282、287—289 页。
[2] 魏坚：《元上都》，中国大百科全书出版社 2008 年版，第 310—311、316—317、323—324 页。
[3] 河北省文物研究所：《元中都 1998—2003 年发掘报告》，文物出版社 2012 年版，第 65—70 页。
[4] 参见《元中都 1998—2003 年发掘报告》图二五，2，彩版一六七。
[5] 参见《元中都 1998—2003 年发掘报告》图二六，6，彩版一六七。
[6] 河北省文物研究所：《元中都 1998—2003 年发掘报告》，文物出版社 2012 年版，第 142—145 页，图版六八、六九。
[7] 南京博物院：《南京明故宫出土洪武时期瓷器》，《文物》1976 年第 8 期；张浦生、霍华：《1995 年南京明故宫出土文物研究》，《东南文化》1997 年第 1 期。
[8] 陆明华：《明洪武官窑瓷器及相关问题——传世品视角的透析》，《东南文化》2011 年第 1 期。

镇珠山御窑厂生产的官窑器[1]。这是 1964 年以来的第四次重要发现。此外，同时出土的白釉盏也应为洪武时期的官窑产品，用于饮酒。

正面　　　　　　　　　　　　　　　背面

图 21-2-3　南京明故宫出土洪武釉里红残片

（引自《南京明故宫出土洪武时期瓷器》，《文物》1976 年第 8 期，图版壹）

四　内蒙古集宁路古城遗址出土瓷器[2]

集宁路古城遗址位于内蒙古自治区乌兰察布市右前旗巴音塔拉乡土城子村，西距乌兰察布市行政公署所在地集宁区 25 公里，东距张家口市 140 公里，南距大同市 90 公里，以北进入蒙古戈壁草原，处于草原游牧与农业耕作地区的结合地带，地理位置十分重要。集宁路为元代建置，金代为集宁县，建于金章宗明昌三年（1192 年），为金代西京路大同府抚州属邑。元代初年，升为集宁路，属中书省管辖，下辖集宁一县。集宁路古城位于蒙古草原南部边缘，成吉思汗统一蒙古高原后，蒙统治者曾三次西征，打通了东西方的交通要道。元朝建立后，元政府进一步加强对外贸易交流。集宁路古城正处于元朝的"腹里"行中书省、陕西行省的背部边缘地带，是与岭北行省及漠北各大城市进行贸易往来的纽带，是中原向漠北输出瓷器及其他手工业品的重要地点，是草原丝绸之路东端的重要起点。

集宁路古城从 1958 年至今有多次发掘，其中 2002—2003 年发掘出土了大量瓷器。纵观集宁路古城遗址出土瓷器，具有三个主要特点：一是窑系众多，种类丰富，数量很大。涉及景德镇窑、钧窑、定窑、磁州窑、耀州窑、龙泉窑、建窑等窑系。以磁州窑、定窑、钧窑、龙泉窑瓷器居多，耀州窑最少，还有一些不明窑口的瓷器。完整和可复原的瓷器 7000 余件，各类瓷器标本达上万件，堪称陶瓷考古史上的奇迹，为中国古陶瓷研究提供了不可多得的实物资料。二是出土瓷器保存完整，精品较多。这些瓷器多出土于房址、窖藏

---

[1]　张浦生、霍华：《1995 年南京明故宫出土文物研究》，《东南文化》1997 年第 1 期。

[2]　内蒙古自治区文物考古研究所（陈永志）主编：《内蒙古集宁路古城遗址出土瓷器》，文物出版社 2004 年版，图版 32、46、58、59、88、92、117、118、131、145、148、152。

中，保存较好，其他出土于沟、灰坑、地层中。三是这批瓷器具有明确的地层关系，集宁路古城初建于金，毁于元末农民起义与明军的灭元战争。所以，这批瓷器可以在时间上准确定位于金元时期。(图21-2-4、图21-2-5)

图21-2-4　内蒙古集宁路古城遗址出土　　　　图21-2-5　内蒙古集宁路古城遗址出土
　　　　　白釉黑花筒形盖罐　　　　　　　　　　　　　　白釉绿彩器
(引自《内蒙古集宁路古城遗址出土瓷器》，文物出版社2004年版，图版145、148)

五　内蒙古自治区燕家梁遗址出土瓷器[1]

燕家梁遗址考古发掘，是内蒙古自治区乃至中国继集宁路古城遗址发掘后元代考古的又一次重大发现。燕家梁遗址位于包头市九原区麻池镇燕家梁村南侧台地上，东西长650米、南北宽600米。20世纪70年代，燕家梁遗址曾征集到青花大罐等瓷器多件，20世纪80和90年代进行过小面积发掘，出土了一些重要遗迹、遗物。2006年第3次发掘，出土大量瓷器，分属磁州窑系、钧窑系、景德镇窑系、龙泉窑系、定窑系。磁州窑系器物最多，胎质较粗松，呈黄白色，釉面装饰丰富，有釉上彩与釉下彩之分。钧窑系器物数量次之，多胎质粗松，器体外壁多施半釉，一些器物釉面有棕眼或流釉现象，器形以碗、盘、碟、罐、钵、香炉为主。景德镇窑系器物胎质坚硬致密，白色略泛青，釉色丰富。在T0635第2层中出土的一件釉里红洗高9.5厘米、口径14厘米，内外壁装饰红斑各3块，成色鲜艳；JC13出土的青白釉狮舞绣球摆件，釉色莹润。龙泉窑系器物胎质坚硬致密，胎体厚重，釉色纯正，釉面光滑，部分釉内有析晶或气泡。JC2出土的一件盘，釉色青翠，碗外壁剔刻成莲瓣状，内底贴塑双鱼，双鱼首尾相逐。定窑系瓷器主要为霍窑器，胎质细腻较薄，釉色洁白，制作规整，多素面无纹，部分有印花装饰。

---

〔1〕　塔拉、张海斌、张红星：《内蒙古包头燕家梁元代遗址考古取得重要收获》，《中国文物报》2008年10月18日第2版。

图 21 - 2 - 6　辽宁绥中元代沉船出水婴戏纹罐

（引自《绥中三道岗元代沉船》，科学出版社 2001 年版，第 90 页）

第三节　宋至明代帝陵和墓葬出土的瓷器

各时代帝陵考古工作有限，但出土的瓷器普遍具有代表性，体现了当时瓷器生产的最高水平。

一　宋、辽、金、明各代帝陵出土瓷器概况

从文献记载并结合考古工作可知，北宋皇陵位于河南巩义，南宋时期的皇陵位于浙江绍兴。目前两处均有一定的考古调查、发掘和研究工作[1]，其中也有一定数量的瓷器出土。

（一）宋代帝陵出土瓷器

1. 北宋帝陵出土瓷器

宋太宗元德李后陵[2]随葬有瓷器，其可分为粗、细两类。细瓷为越窑青瓷、定窑白瓷，粗瓷为其他民窑的白瓷和黑瓷。越窑龙纹盘器形硕大，刻纹精湛，云鹤纹瓷盒多层相套，划纹纤细匀称。定器"官"字款 16 件，其中有定器珍品表刻莲纹内划凤纹碗、花式

〔1〕　北京市文物研究所金陵考古工作队：《北京房山区金陵遗址的调查与发掘》，《考古》2004 年第 2 期。

〔2〕　河南省文物研究所、巩县文物保管所：《宋太宗元德李后陵发掘报告》，《华夏考古》1988 年第 3 期。

口凤纹盘和薄胎透明碗等，除少部分盘和碗的口沿满釉外，绝大部分器物口沿无釉，代表了宋代早期定器覆烧工艺。这是继河北定县两座北宋塔基[1]、浙江临安五代钱宽墓[2]和陕西西安唐长安城安定坊遗址[3]出土定窑产品之后的又一次重大发现。

2. 南宋六陵出土瓷器[4]

南宋陵园出土遗物中，瓷器类碎片最多，均为绍兴县文物部门采集品。涉及的窑口有龙泉窑青瓷、景德镇窑青白瓷、越窑类型青瓷以及定窑白瓷、建窑黑瓷、钧瓷等；器形有碗、盘、碟、壶、洗、盒、罐、炉、钵、灯盏、凤耳瓶等，其中碗的品种最多，炉有三足炉、鬲式炉、樽式炉等。

（二）辽代帝陵出土瓷器

辽怀陵之奉陵邑怀州采集的瓷片有仿定白瓷碗残片，酱釉小口罐残片，茶绿釉鸡腿坛残片，铁锈花大口罐残片，三彩盘残片等[5]。辽祖陵陵园内1号陪葬墓随葬品中有龙纹青釉瓷洗、双凤纹青釉瓷洗、青釉瓷执壶、白釉瓷罐、白釉大瓷盆等[6]。

（三）金代帝陵出土瓷器

金陵遗址，神道西侧出土磁州窑龙凤瓷罐1件（M5：1），灰白胎，胎质坚硬。白釉黑花，肩部绘缠枝菊瓣纹，腹部绘龙凤纹。磁州窑瓷碗1件（M5：2），出土时扣于龙凤瓷罐上。

（四）明代帝陵出土瓷器[7]

明代帝陵中仅定陵经过考古发掘（1956—1958年）。定陵是神宗万历帝的陵墓，位于陵区中部偏西的大峪山下。出土瓷器16件，分为青花和三彩两类。

二　明代诸王墓出土瓷器概况[8]

迄今已发掘的明藩王墓共40余处，主要分布在山东、四川、湖北、江西、山西、陕西、河南、北京、广西等地。明代藩王墓出土瓷器早期以龙泉窑青瓷和影青釉为主，和当时墓葬情况相似。正统年间，青花瓷随葬增多。嘉靖、万历时期，青花占到了绝对优势。

---

[1]　定县博物馆：《河北定县发现的两座宋代塔基》，《文物》1972年第8期。

[2]　浙江省博物馆、杭州市文管会：《浙江临安钱宽墓出土"天文图"及"官"字款白瓷》，《文物》1979年第12期。

[3]　王长启、成生安：《西安火烧壁发现晚唐"官"字款白瓷》，《考古与文物》1986年第4期。

[4]　祝炜平、葛国庆、王帮兵、余建新：《南宋六陵考》，浙江大学出版社2014年版，第120页。

[5]　张松柏：《辽怀州怀陵调查记》，《内蒙古文物考古》1984年版。

[6]　中国社会科学院考古研究所内蒙古第二工作队、内蒙古文物考古研究所：《内蒙古巴林左旗辽代祖陵陵园遗址》，《考古》2009年第7期。

[7]　中国社会科学院考古研究所、定陵博物馆、北京市文物工作队：《定陵》，文物出版社1990年版，第183—185页。

[8]　丁鹏勃：《明代藩王墓出土瓷器研究》，《中国历史文物》2008年第1期。

万历以后再次流行龙泉窑瓷器。

从地域上看，随葬瓷器比较丰富的是江西、广西地区。湖北地区随葬品的整体水平较高，以金、银、玉器为主，瓷器少而精。山东、四川、山西、陕西、河南等地的王墓，出土瓷器的数量少，质量也大不如江西、广西、湖北三地。明藩王墓出土瓷器大都产自江西景德镇，有御窑产品，也有民窑产品；一部分是朝廷赏赐，一部分是王府购置。

三 其他墓葬出土瓷器概况

墓葬出土瓷器，尤其是纪年墓出土瓷器对于确定出土瓷器的绝对年代有重要的意义，同时结合窑址发掘出土相应的瓷器，可不断增加标准器的数量，从而推进陶瓷器时代判断，推进窑址和其他遗址的研究。目前，对于宋至明代发现墓葬的研究一方面集中于墓葬的形制和相关葬俗上，另一方面也不乏对这些墓葬出土瓷器的深入分析，本书择要略述。

（一）宋代墓葬出土瓷器

宋代墓葬出土瓷器及相关研究集中在南方地区的安徽、湖北、江西、福建等省，一方面是考古发掘资料的系统公布，另一方面主要从出土瓷器的分期、窑口和地区间交流等角度展开研究。

1. 安徽宋墓出土瓷器[1]

安徽出土瓷器的两宋墓葬共81座，其中纪年墓葬11座。出土完整瓷器735件，纪年墓出土的完整瓷器共164件，80%出土于北宋中晚期墓葬。主要有青白瓷、白瓷和黑瓷，还有部分素胎瓷。青白釉瓷器占大宗，多集中在皖南和皖中地区，窑口主要涉及繁昌窑、景德镇湖田窑、吉州窑、建窑等。出土瓷器不乏精品，如包公家族墓中出土的建窑兔毫盏和影青镂空香薰，绩溪宋墓出土带有"河滨遗范"款的龙泉窑青瓷碗，桐城市毛河乡出图的影青双凤朝阳碗，铜陵市火车站出土的繁昌窑影青执壶等。

2. 湖北宋墓出土瓷器[2]

湖北出土瓷器的宋墓有300余座，其中纪年墓13座，出土可辨形制的瓷器400余件。涉及窑口及主要品种有梁子湖窑、景德镇窑、定窑、耀州窑、吉州窑、涂山窑等。梁子湖窑瓷器分布最广泛，主要集中于武汉、孝感、安陆、黄陂一带，景德镇窑瓷器主要分布于英山、孝感、姊归、麻城一带，姊归、巴东一带也发现涂山窑产品，定窑白瓷只见于谷城，耀州窑青瓷分布于英山、麻城、黄陂和襄樊地区，吉州窑瓷器分布较为集中，分布于武汉、黄州一代。

3. 江西宋墓出土瓷器[3]

江西地区宋墓中的基本器物组合，以陶罐、瓷碗、瓷壶、铜镜、铜钱、地券或墓志最

---

〔1〕 张慧：《安徽地区宋墓出土瓷器的初步研究》，硕士学位论文，安徽大学，2016年，第8、47—52页。

〔2〕 白杨：《湖北宋墓出土瓷器探讨》，《东方博物》第五十四辑，2015年版。

〔3〕 金连玉：《江西宋墓研究》，硕士学位论文，中央民族大学，2010年，第25页、第40页。

为常见，变化主要体现在随葬青白瓷的组合。白瓷和青瓷在早期墓葬中发现较多，黑釉瓷不见，北宋中期以后，即仁宗、英宗朝后，青白瓷在墓葬中所占数量逐渐增多，器形涵盖实用器及明器；北宋晚期至南宋以后，黑釉瓷器在江西北部、中部地区多有发现，窑口包括吉州窑和建阳窑。

4. 福建宋墓出土瓷器[1]

福建出土瓷器的宋墓已发表的有 30 余座，其中青白瓷最多，其次陶器，再者则为青瓷器，黑、酱釉器相对较少。其中，青釉与青黄釉器多为龙泉窑系产品，或是被称为珠光青瓷的带蓖纹茶具，黑釉与酱釉器则是以瓷罐与建盏为主。

5. 陕西蓝田吕氏家族墓出土瓷器[2]

蓝田北宋吕氏家族墓园位于陕西省蓝田县五里头村之北，吕氏家族墓园内共包含 29 座家族成员墓葬，墓内出土大量不同质地随葬品，且以墓主生前实用瓷器为主。出土瓷器主要有碗、盘、碟、盏、盒、壶、瓶、钵、渣斗、罐、篦。釉色有青、白、黑、酱、青白、茶叶末，胎色以灰、深灰、米白、白四色为主。装饰主要有刻花工艺、模印工艺、划花工艺、刻花与模印混合工艺、刻花、模印、划花混合工艺及金银口装饰工艺。出土青瓷推测为耀州窑产品[3]，青白瓷产品质量则高于景德镇窑[4]。

（二）辽代墓葬出土瓷器

辽代墓葬出土瓷器及相关研究集中在北京、河北、辽宁、内蒙古等省市自治区，主要在产品种类、分期、产地等角度进行研究。

1. 北京辽墓出土瓷器[5]

北京地区辽墓出土瓷器 371 件，种类以白釉瓷占据绝大多数，另有黑釉、酱釉瓷、黄、绿釉瓷、青釉瓷、茶叶末釉瓷、青白瓷等。官僚贵族墓出土瓷器以定窑和龙泉务窑产品为主，早期定窑白瓷多，中晚期龙泉务窑白瓷占据主要地位，此外早中期亦多越窑青瓷及辽境内其他窑场生产的黄、绿釉瓷器；平民墓出土瓷器为本地自产粗瓷或素面细瓷，除龙泉务窑外另有部分窑口不明者，或为北京地区其他辽代窑场烧造；另有景德镇窑系、耀州窑系产品。

2. 河北宋辽墓葬出土瓷器[6]

河北宋辽墓葬中共出土瓷器 480 余件，包括白釉、黑釉、酱釉、青釉、青白釉、黄釉、绿釉、白地黑花等，瓷器种类有碗、盘、盏、瓶、罐、壶、唾盂、枕等。白瓷在河北宋辽墓葬瓷质随葬品中占比超过 50％，其他各釉色瓷器出土均不多。在河北省宋辽

〔1〕　雷皓天：《福建宋墓出土瓷器研究——以青白瓷为中心》，《福建文博》2022 年第 1 期。
〔2〕　张蕴：《陕西蓝田北宋吕氏家族墓出土瓷器综述》，《中国陶瓷》2017 年第 S1 期。
〔3〕　刘涛：《吕氏家族墓出土的北宋耀州瓷》，《收藏》2016 年第 3 期。
〔4〕　张蕴：《陕西蓝田北宋吕氏家族墓出土瓷器综述》，《中国陶瓷》2017 年第 S1 期。
〔5〕　孙雅頔：《北京地区出土辽金瓷器研究》，硕士学位论文，南开大学，2015 年，第 67 页。
〔6〕　于梦霞：《河北省宋辽墓葬出土瓷器研究——兼论澶渊之盟对河北的影响》，硕士学位论文，景德镇陶瓷大学，2019 年，第 4—5、38—44 页。

墓葬中发现的契丹造型器有白瓷方盘、白瓷凤首瓶、白瓷盘口长颈壶、黑釉鸡腿瓶、青釉鸡腿瓶、酱釉鸡腿瓶、黄釉鸡冠壶、黄釉长颈瓶、绿釉鸡冠壶、绿釉长颈瓶、绿釉鸡腿瓶、茶叶末釉鸡腿瓶、三彩方碟、三彩洗。均出土于辽墓之中，数量不多，通常一座墓葬仅出土一至两件契丹型器，故占比很低。窑口涉及邢窑、定窑、磁州窑、龙泉务窑、缸瓦窑、井陉窑、耀州窑、钧窑、景德镇窑等。日常实用类器皿为主，粗瓷为多，精瓷较少。

（三）金代墓葬出土瓷器

金代墓葬出土瓷器及相关研究主要集中在北京和东北地区。

1. 北京金代墓葬出土瓷器[1]

金墓出土瓷器 141 件，仍以白瓷为大宗，其他种类所占比重较辽墓更少，新出现磁州窑系白地黑花及钧釉瓷。主要出土瓷器窑口为定窑和磁州窑、耀州窑、钧窑等，其中定窑产品最多，龙泉务窑白瓷不再出现。

2. 东北地区金代墓葬出土瓷器[2]

东北地区金代墓葬共 37 处，集中发现于辽西地区，以朝阳为中心分布。其次分布于松辽平原的腹地，分布较稀疏。此外，在西辽河上游地区、松花江下游地区也有散布。出土瓷器以白釉和化妆白釉为主，可确定窑口的以定窑为多。

（四）元代墓葬出土瓷器

1. 河北、北京等五省二市元墓出土瓷器[3]

河北、北京等五省二市（包括北京市、天津市、河北省、河南省、山东省、陕西省、山西省）出土瓷器的墓葬共有 133 座，其中纪年元墓 32 座，共出土完整瓷器 609 件，共出土完整器 150 件，其中白瓷、青瓷、钧釉、青白、黑瓷数量最多，釉上红绿彩出土较少，青花、卵白釉、高丽瓷器出土最少。主要是龙泉窑青瓷、景德镇窑青白瓷、钧窑瓷器及磁州窑瓷器（白瓷、白地黑花瓷、黑瓷等）。

2. 东北地区元墓出土瓷器[4]

东北地区（包括黑龙江、吉林、辽宁三省和内蒙古自治区东部）元墓出土随葬品以瓷器为最大宗，钧窑、磁州窑、龙泉窑、景德镇青白瓷、吉州窑等品种为多。黑釉、茶末釉、褐釉等为磁州窑或磁州窑系产品的可能性较大，青釉多为龙泉窑产品，白瓷多为山西霍窑、赤峰缸瓦窑产品。

---

〔1〕 孙雅顿：《北京地区出土辽金瓷器研究》，硕士学位论文，南开大学，2015 年，第 67 页。

〔2〕 王安琪：《东北地区出土金代瓷器的考古学研究》，硕士学位论文，吉林大学，2021 年，第 3—4、11 页。

〔3〕 董杰：《中原地区元墓出土瓷器初步研究》，硕士学位论文，吉林大学，2009 年，第 10、38 页。

〔4〕 徐学琳：《东北地区蒙元墓葬文化因素分析》，《中国国家博物馆馆刊》2019 年第 5 期。

(五) 明代墓葬出土瓷

1. 江南地区 (江苏南部、浙江北部及上海) 明墓出土瓷器[1]

以做工精湛、工艺精美的高等级瓷器为主，窑口有龙泉窑、景德镇窑、磁州窑等。按照釉彩分为单色釉瓷、釉下彩瓷、釉上彩瓷三大类，其中单色釉瓷中的青釉瓷、白釉瓷数量最多，其次为青花瓷，釉上彩瓷数量较少。

2. 江西明墓出土瓷器[2]

江西明代墓中出土的瓷器绝大多数为景德镇烧造的青花瓷，同时还有龙泉窑青瓷。龙泉窑青瓷几乎都出自藩王、高官及其家族墓中，而在同时期的平民墓中较少出土。

第四节　宋至明代窖藏出土瓷器概况

一　宋至明代窖藏出土瓷器概况

宋辽金元明时期的窖藏出土瓷器，大体可以分为宋辽金时期、元代和明代三个时期，每个时期各有特点[3]。据不完全统计，北宋辽金时期的瓷器窖藏发现 40 余座，出土瓷器达到 1800 余件[4]，分布于 12 个省、自治区，即河南、河北、山东、陕西、甘肃、宁夏、青海、黑龙江、吉林、辽宁、内蒙古、江西。除了江西省外，其余均发现于北方地区。具体地点包括河南禹县[5]、长葛市[6]、洛阳安乐乡[7]、方城县[8]、登封市[9]、宝丰县[10]，河北承德县[11]、沧州[12]、曲阳[13]、怀安县[14]、滦平县[15]、

〔1〕 何华社:《江南地区明墓出土瓷器研究》，硕士学位论文，南京师范大学，2021 年，第 1 页。

〔2〕 尹青兰:《江西明墓出土龙泉釉瓷器浅析》，《南方文物》2003 年第 1 期。

〔3〕 各时代分布图参考如下:宋东林:《北宋金代窖藏瓷器考述》，《故宫学刊》2012 年第 1 期，北宋金瓷器窖藏分布示意图;黄阳兴:《天府遗珍——关于四川宋代窖藏文物的初步研究》，《荣宝斋》2015 年第 6 期，四川地区宋代窖藏分布及交通路线示意图;马健:《元代窖藏瓷器的初步研究》，硕士学位论文，吉林大学，2007 年，元代窖藏瓷器出土地点分布示意图;于婷:《明代窖藏瓷器初步研究》，硕士学位论文，吉林大学，2015 年，全国地区明代窖藏瓷器出土地点分布图。

〔4〕 宋东林:《北宋金代窖藏瓷器考述》，《故宫学刊》2012 年第 1 期。

〔5〕 教之忠:《禹县发现的一批窖藏宋元瓷器》，《中原文物》1983 年第 2 期。

〔6〕 河南省文物研究所:《长葛县石固发现窖藏钧瓷》，《中原文物》1983 年第 4 期。

〔7〕 张剑:《洛阳安乐宋代窖藏瓷器》，《文物》1986 年第 12 期。

〔8〕 刘玉生、马俨鹏:《河南省方城县出土一批宋代瓷器》，《文物》1983 年第 3 期。

〔9〕 杨爱玲:《登封发现一批宋代窖藏瓷器》，《中原文物》1986 年第 2 期。

〔10〕 赵青云、王黎明:《河南宝丰发现窖藏汝瓷珍品》，《华夏考古》1990 年第 1 期。

〔11〕 田淑华:《承德县三沟村发现辽金窖藏》，《文物》1986 年第 6 期。

〔12〕 卢瑞芳、卢河亭:《河北沧州出土的金代瓷器》，《收藏家》2004 年第 2 期。

〔13〕 妙济浩、薛增福:《河北曲阳北镇发现定窑瓷器》，《文物》1984 年第 5 期。

〔14〕 刘建华、徐建忠:《怀安县西坪山发现辽代窖藏瓷器》，《文物春秋》1990 年第 3 期。

〔15〕 承德地区文化局、滦平县文保所:《河北滦平县荃沟金代窖藏》，《文物资料丛刊》第 8 期，1983 年。

邯郸峰峰矿区[1]，山东淄博市临淄区 2 处[2]，陕西铜川市[3]、彬县[4]、旬阳县[5]，甘肃武威县[6]、华池县[7]、平凉地区[8]，宁夏灵武县[9]，青海互助土族自治县[10]，黑龙江双城市[11]、哈尔滨[12]，吉林省镇赉县[13]、前郭县[14]、农安县[15]，辽宁本溪市[16]、朝阳[17]、清原县[18]、西丰县[19]，内蒙古伊金霍洛旗 2 处[20]、准格尔旗[21]、林西县[22]，北京门头沟区[23]，上海奉贤市[24]，江西高安市[25]。

北宋金代瓷器窖藏涉及的窑口有北方的定窑、耀州窑、磁州窑、汝窑、钧窑、灵武窑和南方的景德镇窑，还有窖藏邻近地区的民窑等。瓷器的品种有青釉、白釉、青白釉、黑釉等。器类包括生活用瓷和祭祀用瓷。根据窖藏瓷器数量，有学者将窖藏分为大、中、小三类，大型窖藏出土瓷器 50 件以上，中型窖藏出土 20 件至 50 件，小型窖藏出土瓷器 20 件以下。其中上海奉贤县（今奉贤区）窖藏出土 800 余件瓷器，数量最多[26]。

南宋时期的窖藏则主要集中在四川地区，迄今已经发现 30 余处，其中遂宁市 2 处[27]，

---

[1] 秦大树、李喜仁、马忠理：《邯郸市峰峰矿区出土的两批红绿彩瓷器》，《文物》1999 年第 10 期。

[2] 淄博市博物馆、临淄区文管所：《山东临淄出土宋代窖藏瓷器》，《考古》1985 年第 3 期；张培德：《山东淄博出土宋代影青瓷器》，《文物》1982 年第 12 期。

[3] 周会英、郭文涛等：《陕西铜川市印台区发现瓷器窖藏》，《考古与文物》2005 年第 6 期。

[4] 陕西省博物馆编：《耀瓷图录》，中国古典艺术出版社 1957 年版。

[5] 旬阳县博物馆：《旬阳出土宋代名窑瓷器》，《文博》1998 年第 6 期。

[6] 甘肃省武威地区文化馆文物队：《武威出土一批西夏瓷器》，《文物》1981 年第 9 期。

[7] 庆阳地区博物馆、华池县文化馆：《甘肃华池县发现一批宋瓷》，《文物》1984 年第 3 期。

[8] 程晓钟：《晶莹隽秀的宋代瓷器珍品》，《丝绸之路》1996 年第 5 期。

[9] 钟侃：《宁夏灵武县出土的西夏瓷器》，《文物》1986 年第 1 期。

[10] 许新国：《青海互助土族自治县发现宋代窖藏》，《文物资料丛刊》第 8 期，1983 年。

[11] 陈家本：《双城县兰棱镇出土一批金代窖藏文物》，《北方文物》1990 年第 1 期。

[12] 刘丽、杨敏：《哈尔滨东郊和宾县发现的金代文物》，《北方文物》1997 年第 1 期。

[13] 刘雪山：《吉林镇赉县出土金代窖藏文物》，《考古》2000 年第 1 期。

[14] 洪峰、志立：《吉林省前郭县金代窖藏瓷器》，《北方文物》1991 年第 2 期。

[15] 吉林省博物馆、农安县文管所：《吉林农安金代窖藏文物》，《文物》1988 年第 7 期。

[16] 本溪市博物馆考古队：《辽宁省本溪市二道沟村金代窖藏文物调查整理简报》，《北方文物》2002 年第 2 期。

[17] 朝阳市博物馆：《辽宁朝阳南塔街出土的金代窖藏文物》，《北方文物》2005 年第 2 期。

[18] 王运至：《辽宁清原县二道沟出土定窑系统瓷器》，《文物》1980 年第 10 期。

[19] 张大为、王奇、邢杰：《西丰凉泉金代窖藏》，《辽海文物学刊》1997 年第 1 期。

[20] 高毅、王志平：《内蒙古伊金霍洛旗发现西夏窖藏文物》，《考古》1987 年第 12 期。

[21] 伊克昭盟文物工作站：《准格尔旗发现西夏窖藏》，《文物》1987 年第 8 期。

[22] 王刚：《林西县发现金代器窖藏》，《文物》1996 年第 8 期。

[23] 鲁琪：《北京门头沟区发现一处金代窖藏》，《文物资料丛刊》第 7 期，1983 年。

[24] 孙维昌：《上海奉贤县发现大批宋瓷》，《文物》1987 年第 9 期。

[25] 杨道以：《江西高安市发现北宋瓷器窖藏》，《考古》1999 年第 7 期。

[26] 宋东林：《北宋金代窖藏瓷器考述》，《故宫学刊》2012 年第 1 期。

[27] 遂宁市博物馆等：《四川遂宁金鱼村南宋窖藏》，《文物》1994 年第 4 期；四川宋瓷博物馆：《四川遂宁金鱼村二号南宋窖藏》，《文物》2011 年第 7 期。

成都市6处[1]，德阳市4处[2]，南充市2处[3]，眉山市2处[4]，巴中市1处[5]，乐山市2处[6]，绵阳市4处[7]，广安市3处[8]，雅安市2处[9]，广元市1处[10]，内江市1处[11]。出土器物中数量最多的是景德镇窑青白瓷，其次为龙泉窑青瓷，少部分为广元窑系黑瓷和四川磁峰窑系白瓷，耀州窑青瓷、定窑白瓷和钧窑青瓷数量则较少。器型多样，大多数为实用器，碗、盘、杯、碟，还出土大量陈设器。景德镇窑青白瓷和定窑白瓷口沿大多镶金属扣，龙泉青瓷可见部分陈设器皿，如凤耳瓶、三足炉等。根据窖藏出土器物的数量，大致可将它们分为大、中、小三类。大型窖藏以遂宁金鱼村南宋窖藏为代表，出土的瓷器成百上千件，中型窖藏出土瓷器一般为数十件，小型窖藏出土瓷器仅数件，质量也较为一般[12]。四川地区宋代窖藏出土的瓷器品种和装饰风格较为一致，集中代表了当时四川地区的时代特色[13]。

从宋辽金窖藏分布及出土瓷器窑口可见，定窑瓷器不仅在北方窖藏中占主流，而且还销售到了南方四川、浙江等地，南方开始出现仿烧定窑工艺的窑口，如四川彭县（今彭州市）磁峰窑、吉州窑、景德镇窑都有一定数量的仿定产品。南方景德镇窑青白瓷，在北方窖藏中有少量出土。

元代的瓷器窖藏分布于全国各地，北京、河北、山东、陕西、辽宁、安徽、江西、江苏、浙江、四川、湖南等省及新疆维吾尔自治区、内蒙古自治区、广西壮族自治区均有发现。其中黑龙

［1］　高凤慧：《金牛区发现南宋瓷器窖藏》，《成都文物》1984年第3期；翁善良：《成都市发现的一处南宋窖藏》，《文物》1984年第1期；梁文骏：《郫县出土的宋代瓷器窖藏》，《文物》1984年第12期；四川省文管会等：《崇庆县发现唐宋瓷器窖藏》，《考古与文物》1983年第5期；大邑县文化馆：《大邑县发现宋代窖藏》，《成都文物》1984年第1期；大邑县文化馆：《四川大邑县安仁镇出土宋代窖藏》，《文物》1984年第7期。

［2］　丁祖春：《四川省什邡县出土的宋代瓷器》，《文物》1978年第3期；王启鹏、吴梅：《四川省中江县出土宋元窖藏》，《四川文物》2005年第2期。

［3］　刘敏：《营山县发现宋代窖藏》，《四川文物》1985年第1期；张启明：《四川阆中县出土宋代窖藏》，《文物》1984年第7期。

［4］　帅希、彭方明：《彭山发现南宋窖藏》，《四川文物》1996年第1期；鲁树泉：《青神发现宋代窖藏瓷器》，《四川文物》1989年第4期。

［5］　程崇勋：《巴中县出土宋代窖藏》，《四川文物》1989年第4期。

［6］　四川省文物考古研究所等：《峨眉山市罗目镇宋代窖藏发掘简报》，《四川文物》2003年第1期；陈黎清：《峨眉山市罗目镇出土宋代窖藏》，《四川文物》1990年第2期。

［7］　景竹友：《三台出土宋代窖藏》，《四川文物》1990年第4期；何志国：《绵阳刘家乡发现宋代瓷器》，《四川文物》1989年第5期；冯安贵：《四川平武县发现4处宋代窖藏》，《文物》1991年第4期。

［8］　刘家同：《武胜县出土宋代窖藏瓷器》，《四川文物》1985年第1期；李明高：《广安县出土宋代窖藏瓷器》，《四川文物》1989年第3期；武胜县文管所等：《武胜县谷坝村宋代陶瓷器窖藏发掘简报》，《四川文物》2002年第3期。

［9］　李直祥：《雅安市发现元代窖藏瓷器》，《四川文物》1988年第5期；及康生：《石棉宰羊乡发现宋代窖藏》，《四川文物》1991年第2期。

［10］　母学勇：《剑阁宋代窖藏综述》，《四川文物》1992年第3期。

［11］　杨祖恺：《资中县亢溪乡宋代窖藏清理简报》，《四川文物》1997年第6期。

［12］　宋少辉：《四川窖藏宋元瓷器的初步研究》，硕士学位论文，兰州大学，2014年，第3、4页。

［13］　刘淼：《宋辽金元窖藏瓷器研究》，硕士学位论文，南开大学，2003年，第3页。

江省 1 处[1]，辽宁省 7 处[2]，内蒙古自治区 19 处（批）[3]，北京 5 处[4]，河北省 5 处[5]，

山西省 1 处[6]，河南省 3 处[7]，山东省 3 处[8]，安徽省 4 处[9]，江西省 6 处[10]，

---

[1]　黑龙江省博物馆（田华等）：《黑龙江哈尔滨市郊发现元代瓷器窖藏》，《考古》1999 年第 5 期。

[2]　许明纲：《旅大市发现金元时期文物》，《考古》1966 年第 2 期，2 处；王嗣州：《复县发现一处元代瓷器窖藏》，《辽宁文物》总第 4 期朝阳市博物馆：《朝阳市发现元代窖藏瓷器》，《文物》1986 年第 1 期；傅宗德、周成训：《辽宁喀左县孤山子出土一批元代器物》，《考古》1990 年第 4 期；李红军等：《辽宁义县出土的一批瓷器》，《考古》1988 年第 2 期；沈阳市文管所俊岩、林茂雨：《新民县东蛇山子发现一处元代窖藏》，《辽海文物学刊》1990 年第 1 期。

[3]　内蒙古博物馆（李作智）：《呼和浩特市东郊出土的几件元代瓷器》，《文物》1977 年第 5 期；李彩萍：《呼和浩特东郊保合少出土窖藏金元瓷器》，《内蒙古文物考古》1994 年第 1 期；王刚：《内蒙古林西县文管所收藏的文物》，《内蒙古文物考古》1997 年第 1 期；林西县文物县管理所：《内蒙古林西县元代瓷器窖藏》，《文物》2001 年第 8 期；内蒙古自治区文物考古研究所（宋国栋、陈永志）：《内蒙古地区出土元代瓷器的特点及相关问题》，《中国古陶瓷研究》第十一辑，紫禁城出版社 2005 年版；唐汉三等：《内蒙赤峰大营子元代瓷器窖藏》，《文物》1984 年第 5 期；刘幻真：《包头市燕家梁出土元代瓷器调查记》，《内蒙古文物考古》1981 年第 1 期；武亚芹、王瑞青：《开鲁县三义井元代瓷器窖藏》，《内蒙古文物考古文集》第二辑，中国大百科全书出版社 1997 年版，2 处；汤宝珠：《卓资山县元代窖藏》，《内蒙古文物考古》2001 年第 2 期，2 处；韩大明：《托克托县西白塔古城出土瓷器》，《内蒙古文物考古》1994 年第 2 期；内蒙古自治区文物工作队：《元代集宁路遗址清理记》，《文物》1961 年第 9 期；潘行荣遗作：《元集宁路故城出土的窖藏丝织物及其他》，《文物》1979 年第 8 期；陈永志：《集宁路古城发掘集中窖藏几千件瓷器囊括元代九大名窑》，《文物天地》2003 年第 11 期；塔拉、张海斌、张红星：《内蒙古包头燕家梁元代遗址考古取得重要收获》，《中国文物报》2006 年 10 月 18 日第 2 版；刘媛：《内蒙古包头市莎木佳元代窖藏》，《内蒙古文物考古》2004 年第 2 期；哲里木盟博物馆：《科左中旗珠日河金代窖藏》，《内蒙古文物考古文集》第二辑，中国大百科全书出版社 1997 年版，（原报告认为该窖藏的年代为金代，彭善国根据窖藏内出土的一件铜玉壶春瓶的形制认为其年代应为元代，马健硕士论文《元代窖藏瓷器的初步研究》也将其收入。参见彭善国《试论内蒙古地区出土的元代瓷器》注释12，见《中国古陶瓷研究》第十一辑，紫禁城出版社 2005 年版）；赵荣华：《探访新发现的元瓷》，《文物天地》2006 年第 9 期。

[4]　田敬东：《北京良乡发现的一处元代窖藏》，《考古》1972 年第 6 期；中国科学院考古研究所、北京市文物管理处、元大都考古队：《元大都的勘查和发掘》，《考古》1972 年第 1 期；赵光林：《北京市发现一批古遗址和窖藏文物》，《考古》1989 年第 2 期，2 处；赵光林：《北京地区的几处文物窖藏》，《中国考古学年鉴 1987》，文物出版社 1988 年版。

[5]　河北省博物馆：《保定市发现一批元代瓷器》，《文物》1965 年第 2 期；河北省文物研究所：《河北定兴元代窖藏文物》，《文物》1986 年第 1 期；宽城县文保所：《河北宽城县发现瓷器窖藏》，《考古》1994 年第 3 期；承德县文物保管所（刘朴）：《河北承德县发现元代窖藏》，《考古》1999 年第 12 期；遵化县文物管理所（黄慧勤）：《河北遵化县出土古钱币和元代文物》，《考古》1987 年第 7 期。

[6]　雨田、赵达：《朔州发现元代窖藏》，《中国文物报》1992 年 8 月 23 日第 1 版。

[7]　杨爱玲：《郾城县发现的元代窖藏瓷器》，《中原文物》1994 年第 4 期；牛金库、中伟：《登封发掘元窖藏钧瓷》，《中国文物报》1993 年 12 月 12 日第 1 版；教之忠：《禹县发现一批窖藏宋元瓷器》，《中原文物》1983 年第 2 期。

[8]　聊城地区博物馆（刘善沂、李盛奎、孙怀生）：《山东荏平县发现一处元代窖藏》，《考古》1985 年第 9 期；刘善沂：《山东荏平郝屯出土一批金元器物》，《考古》1986 年第 8 期；张光明、毕思梁：《山东淄博出土元代窖藏瓷器》，《文物》1986 年第 12 期。

[9]　叶涵鼙等：《安徽歙县出土两批窖藏元瓷珍品》，《文物》1988 年第 5 期；赵荣华：《探访新发现的元瓷》，《文物天地》2006 年第 9 期；胡悦谦：《安庆市出土的几件瓷器》，《文物》1986 年第 6 期。

[10]　杨后礼：《江西永新发现元代窖藏瓷器》，《文物》1983 年第 4 期；谢志杰、王虹光：《江西宜春市元代窖藏清理简报》，《南方文物》1994 年第 2 期；萍乡市博物馆：《江西萍乡发现元代青花瓷器等窖藏文物》，《江西历史文物》1986 年第 1、2 期合集；余家栋、梅绍裘：《江西乐安发现一批窖藏瓷器》，《文物》1989 年第 1 期；刘裕黑、熊琳：《江西高安县发现元青花釉里红等瓷器窖藏》，《文物》1982 年第 4 期；赵荣华：《探访新发现的元瓷》，《文物天地》2006 年第 9 期。

江苏省 2 处[1]，浙江省 3 处[2]，湖南省 3 处[3]，广西壮族自治区 3 处[4]，四川省 5 处[5]，陕西省 1 处[6]，新疆维吾尔自治区 2 处（批）[7]。

元代窖藏中出土的瓷器主要包括青釉瓷、白釉黑花与白釉褐花瓷、黑釉瓷、酱釉瓷、褐釉瓷、白釉瓷、青白釉瓷、钧釉瓷、卵白釉瓷、青花瓷，以及少量茶叶末釉瓷、孔雀蓝釉、宝石蓝釉瓷、釉里红瓷、三彩器、米黄釉瓷、绞胎瓷与绞釉瓷、白釉红绿彩瓷、红釉瓷等品种。景德镇窑类型和龙泉窑类型的产品在南方窖藏瓷器中占有主导地位，其品种包括了青釉瓷、青白釉瓷、卵白釉瓷、青花瓷、釉里红瓷等。和南方相比，北方地区窖藏瓷器的窑口类型多样，各大窑口及民窑甚至土窑都占有一定的比重。从数量上看，磁州窑类型和钧窑类型产品较多。

从 1955 年发现第一处明代瓷器窖藏发现至今，全国共发现明代瓷器窖藏 34 处，资料比较完整，出土瓷器数量大约 2600 余件[8]。这些窖藏分布于 11 个省、自治区，其中四川省出土数量最多，达 19 处[9]，其余的还有辽宁省 1 处[10]、山东省 1 处[11]、山西省 1 处[12]、陕西

[1] 刘兴：《江苏丹徒元代窖藏瓷器》，《文物》1982 年第 2 期；肖梦龙：《江苏金坛元代青花云龙罐窖藏》，《文物》1981 年第 1 期。

[2] 金柏东、夏碎香：《浙江泰顺元代窖藏瓷器》，《文物》1986 年第 1 期；青田县文物管理委员会（友王忠）：《浙江青田县前路街元代窖藏》，《考古》2001 年第 5 期；桑坚信：《杭州市发现元代瓷器窖藏》，《文物》1989 年第 11 期。

[3] 郑钧生：《衡阳市龙泉窑瓷器窖藏》，《中国考古学年鉴 1995》，文物出版社 1996 年版，2 处；张北超：《湖南桃江发现龙泉窑瓷器窖藏》，《文物》1987 年第 9 期。

[4] 广西文物工作队：《广西防城潭蓬出土唐、元、明代文物》，《考古》1985 年第 9 期；广西自治区博物馆（于风芝）：《广西出土元代瓷器探讨》，《中国古陶瓷研究》第十一辑，紫禁城出版社 2005 年版，2 处。

[5] 王启鹏、吴梅：《四川省中江县出土宋元窖藏》，《四川文物》2005 年第 2 期；刘平、王黎明：《成都发现一批元代瓷器》，《考古与文物》1985 年第 6 期；李直祥：《雅安市发现元代窖藏瓷器》，《四川文物》1988 年第 5 期；景竹友：《三台出土元代窖藏》，《四川文物》1993 年第 6 期，2 处。

[6] 陕西省铜川市耀州窑博物馆：《陕西铜川陈炉镇发现元代窖藏》，《考古》1988 年第 8 期。

[7] 新疆博物馆：《新疆伊犁地区霍城县出土的元青花瓷等文物》，《文物》1979 年第 8 期，2 处。

[8] 于小婷：《明代窖藏瓷初步研究》，硕士学位论文，吉林大学，2015 年，第 2—3 页。

[9] 张素芬：《阆中出土的明代青花八仙罐》，《四川文物》1992 年第 6 期；彭县文化馆：《四川省彭县南街酱园厂出土窖藏青花瓷器》，《文物》1978 年第 3 期；国家文物局：《中国文物地图集·四川分册下》，文物出版社 2009 年版，第 1016 页 129—G 人民路瓷器窖藏、第 253 页 G1 大地村瓷器窖藏、第 95 页 G 东二巷瓷器窖藏、第 908 页 231—G 八一街瓷器窖藏、第 440 页 38—G 农林文物窖藏、第 254 页 G2 洞口瓷器窖藏；刘畅：《南充县出土明代窖藏》，《四川文物》1985 年第 4 期；国家文物局：《中国文物地图集·四川分册中》，文物出版社 2009 年版，第 30 页 89—G 郎家桥瓷器窖藏；覃海泉：《南充县出土明代窖藏》，《四川文物》1993 年第 2 期；赵义元《北川县发现明代窖藏瓷器》，《四川文物》1989 年第 1 期；何志国：《绵阳市红星街出土明代窖藏》，《四川文物》1990 年第 2 期；刘敏：《营山县发现明代窖藏瓷器》，《四川文物》1988 年第 4 期；方建国：《简阳县发现明代瓷器窖藏》，《四川文物》1991 年第 2 期；卢引科：《四川崇州万家镇明代窖藏》，《文物》2011 年第 7 期；广汉市文物管理所：《四川广汉市南兴镇仁寿村明代瓷器窖藏》，《四川文物》2014 年第 5 期；什邡市文物保护管理所：《四川什邡市蓥华山佛寺明代青花瓷器窖藏》，《四川文物》2014 年第 5 期。

[10] 许明刚：《大连市发现的明代窖藏青花瓷器》，《辽海文物学刊》1987 年第 1 期。

[11] 于蓉：《文物与博物高都司巷遗址抢救性发掘》，《济南年鉴》，济南出版社 2002 年版。

[12] 雷云贵：《山西朔县出土明代法华》，《文物》1987 年第 8 期。

省2处[1]、河南省1处[2]、安徽省1处[3]、湖北省3处[4]、湖南省2处[5]、福建省2处[6]、广西壮族自治区1处[7]。

明代窖藏瓷器的品种多样，主要包括青花、法华彩、绿釉、青釉、白釉、青白釉、黑釉、酱（褐）釉、红绿彩、斗彩等。明代窖藏的分布范围大致可以分为四个大区域，分别为东北华北地区、华东地区、中南地区和西南地区[8]。其中以西南地区发现的窖藏数量最多，共19处，且均集中在四川省，其他窖藏各省份零星分布。总体来看，南方的窖藏多于北方。明代窖藏瓷器，多以碗、盘、杯、碟、罐等日常用器为大宗，另有陈设类器物，如炉、灯、壁瓶，还有人物、动物塑像等观赏类器物。南方地区的窖藏瓷器以景德镇民窑和德化窑的产品为主，品种主要是青花、青白瓷、白瓷、青瓷，北方地区的窖藏瓷器窑口主要是磁州窑，以黑瓷、红绿彩瓷为主，还有山西窑场的法华器。质量较差的瓷器可能为窖藏附近的当地窑场所产，例如生产青花瓷的窑口还有江西的乐平、吉安，云南的玉溪，福建的德化、屏南，广东的博罗、澄迈、揭阳和东兴等。

二　宋至明代窖藏出土瓷器研究阶段

综合以上发现情况并结合研究资料的积累，试将新中国成立以来对于窖藏瓷器的发现与研究分为三个阶段。

第一阶段，20世纪50年代末到80年代末，随着基本建设的开展，窖藏瓷器在全国各地不断被发现。本阶段主要以发掘资料积累为主，深入研究较少。元代瓷器窖藏发现略早于其他时代的窖藏，比较有代表性的发现有1964年河北保定窖藏[9]，1980年江西高安窖藏[10]和1984年安徽歙县窖藏[11]出土的瓷器精品，1958年集宁路古城遗址窖藏[12]的首次发现以及1977年的第二次发掘，这些发现都极大地丰富了学界对于元代制瓷业的认识。此时期窖藏瓷器的研究显得较为薄弱，多附于简报（报告）的结语之中，内容一般为

[1] 国家文物局：《中国文物地图集·陕西分册下》，西安地图出版社1998年版，第35页207—G14解放路瓷器窖藏；王长启：《西安城内出土一批明代窖藏文物》，《文博》1992年第1期。

[2] 郑州市博物馆：《郑州古荥发现一批窖藏青花瓷器》，《中原文物》1983年第3期。

[3] 程如峰：《合肥市发现明代瓷窖藏和唐代邢窑瓷》，《文物》1978年第8期。

[4] 罗家新：《湖北长阳发现明代窖藏瓷器》，《考古》1994年第6期；黄传懿：《中国文物地图集·湖北分册》，文物出版社2002年版，第202页白果树瓷器窖藏和第555页崔坝瓷器窖藏。

[5] 陈国安：《湘西浦市出土明末民窑窖藏青花瓷》，《中国古陶瓷研究》第五辑，紫禁城出版社1999年版；芷江侗族自治县文物管理所：《湖南芷江出土的明代窖藏瓷器》，《中国文物报》2008年8月27日第5版。

[6] 周翠蓉：《厦门发现明末清初景德镇瓷器窖藏》，《南方文物》2004年第4期；李建军：《福建三明窖藏青花瓷考述》，《中国古陶瓷研究》第五辑，紫禁城出版社1999年版。

[7] 韦仁义：《广西防城潭蓬出土唐宋明代文物》，《考古》1985年第9期；国家文物局：《中国文物地图集·四川分册中》，文物出版社2009年版，第296页解放街瓷器窖藏。

[8] 于小婷：《明代窖藏瓷器初步研究》，硕士学位论文，吉林大学，2015年。

[9] 河北省博物馆：《保定市发现一批元代瓷器》，《文物》1965年第2期。

[10] 刘裕黑、熊琳：《江西高安县发现元青花釉里红等瓷器窖藏》，《文物》1982年第4期。

[11] 叶涵鋆等：《安徽歙县出土两批窖藏元瓷珍品》，《文物》1988年第5期。

[12] 内蒙古自治区文物工作队：《元代集宁路遗址清理记》，《文物》1961年第9期；潘行荣：《元集宁路故城出土的窖藏丝织物及其他》，《文物》1979年第8期。

对瓷器窑口、年代的推断等。宋辽金时期的窖藏则主要发现在20世纪80年代，深入研究亦不多。四川窖藏宋元明瓷器，20世纪七八十年代开始大量发现，也处于资料积累阶段，相关研究很少。此时研究处于起步阶段，有的用窖藏资料佐证名窑某种工艺，如《从高安、乐安两处瓷器窖藏看元代景德镇的烧造工艺》[1]。

　　第二阶段，20世纪90年代至20世纪末。进入90年代以后，各时代的窖藏瓷器仍陆续发现，北方宋辽金时代的窖藏发现相对多些，研究开始走向深入。1990年，桑坚信《综谈元代瓷器窖藏》[2]一文发表，其首次系统论述元代窖藏瓷器，开创了元代窖藏瓷器系统研究的先河。1991年遂宁金鱼村南宋窖藏出土了985件瓷器，还有少量铜器和石器。据初步研究，出土瓷器以龙泉窑青瓷、景德镇窑青白瓷为主，另有北方著名的定窑白瓷以及当地彭县磁峰窑白瓷，少量吉州窑和耀州窑产品。这是中国陶瓷考古的一个重大发现，引起国内外学术界普遍关注。此后，学界开始深入研究四川窖藏瓷器，尤以遂宁金鱼村窖藏瓷器为主要研究内容，发表了一系列文章。如《四川遂宁金鱼村南宋窖藏》[3]《遂宁窖藏宋瓷浅议——兼谈成都附近县市窖藏瓷器》[4]《遂宁金鱼村窖藏宋瓷三议》[5]《遂宁市金鱼村南宋窖藏的发现与初步研究》[6]等以及对于高安元代窖藏出土瓷器的相关研究[7]。

　　第三阶段，21世纪初至今。窖藏瓷器少量出土，研究向纵深发展。对于窖藏出土瓷器进行深入研究的学者逐渐增多，归纳总结性专著、文章陆续发表。比如2002年开始，集宁路古城的考古陆续取得了重大成果，出土瓷器基本上涵盖了元代南北各个窑口的各种器形。以此为契机，学术界对于元代窖藏瓷器的研究也逐渐趋于深入，在继续探讨窖藏瓷器的窑口、年代和窖藏原因的同时，也开始着眼于探讨元代制瓷业的新成就以及元代贸易的繁盛，对于外销瓷的讨论也不断加强。《中国古陶瓷研究》第十一辑[8]中多位专家学者都针对元代窖藏瓷器的一些问题提出了各自的独到见解。本阶段重要的研究成果还有《内蒙古集宁路古城遗址出土瓷器》[9]《四川遂宁金鱼村南宋窖藏》[10]《高安元代窖藏之再研究——窖藏埋藏年代及其主人身份考》[11]《宋辽金元窖藏瓷器研究》[12]《元代窖藏瓷器的初步研究》[13]《四川地区宋元瓷器窖藏综述》[14]《北宋金代窖藏瓷器考述》[15]《四川

〔1〕　余家栋：《从高安、乐安两处瓷器窖藏看元代景德镇的烧造工艺》，《江西历史文物》1984年第1期。

〔2〕　桑坚信：《综谈元代瓷器窖藏》，《中国古陶瓷研究》第三辑，紫禁城出版社1990年版。

〔3〕　庄文彬：《四川遂宁金鱼村南宋窖藏》，《文物》1994年第4期。

〔4〕　李辉柄：《遂宁窖藏宋瓷浅议——兼谈成都附近县市窖藏瓷器》，《文物》1994年第4期。

〔5〕　陈德富：《遂宁金鱼村窖藏宋瓷三议》，《四川文物》1997年第5期。

〔6〕　庄文彬：《遂宁市金鱼村南宋窖藏的发现与初步研究》，《四川文物》1999年第6期。

〔7〕　赵曰斌：《高安元瓷窖藏与景德镇元瓷标本》，《江西文物》1990年第2期；刘裕黑、熊琳：《关于高安元瓷窖藏的几个问题》，《江西文物》1990年第2期。

〔8〕　中国古陶瓷学会编：《中国古陶瓷研究》第十一辑，紫禁城出版社2005年版。

〔9〕　内蒙古自治区文物考古研究所：《内蒙古集宁路古城遗址出土瓷器》，文物出版社2004年版。

〔10〕　成都文物考古研究所、遂宁市博物馆：《四川遂宁金鱼村南宋窖藏》，文物出版社2012年版。

〔11〕　刘金成、刘璟邦：《高安元代窖藏之再研究——窖藏埋藏年代及其主人身份考》，《南方文物》2013年第4期。

〔12〕　刘淼：《宋辽金元窖藏瓷器研究》，硕士学位论文，南开大学，2003年。

〔13〕　马健：《元代窖藏瓷器的初步研究》，硕士学位论文，吉林大学，2007年。

〔14〕　陈扬：《四川地区宋元瓷器窖藏综述》，《文物春秋》2011年第5期。

〔15〕　宋东林：《北宋金代窖藏瓷器考述》，《故宫学刊》2012年第1期。

窖藏宋元瓷器的初步研究》[1]《明代窖藏瓷器初步研究》[2]等。

宋辽金元明窖藏瓷器大部分是一般老百姓掩埋的，个别的是寺院、商贾、官吏阶层所掩埋的。每个窖藏出土瓷器的数量各有不同，有的窖藏仅出土几件，并与其他遗存并存，有的窖藏出土多达几百件。有的窖藏是直接埋藏在地下，有的则是将瓷器集中放置在大的容器中掩埋，再以石块或木板封顶。

总体上来看，宋辽金元明时期的窖藏在南方发现的多，尤以四川地区为最，这和四川地区的历史地理背景有一定的关系（多山地，战乱频繁）。北宋金代时期的窖藏大多形成于北宋晚期至金初和金代晚期。北宋晚期至金初窖藏主要集中于中原华北地区，金代晚期窖藏在北方地区均有发现。北宋晚期至金初，辽金与宋金之间不断地发生战争。西北地区窖藏的形成跟宋夏战争有一定的关系。金代晚期窖藏的出现可能与蒙金战争和蒙夏战争有关[3]。元代、明代窖藏的年代以各朝前期和后期居多，受战争影响明显。但同时，不排除战争以外的因素形成窖藏，如四川地区宋代窖藏瓷器风格的一致，似乎也从侧面说明了其埋藏所具有的某种宗教意义[4]。

综上所述，出土窖藏瓷器所蕴含的丰富历史信息，使其成为宋辽金元明瓷器考古的重要组成部分。与此同时，窖藏瓷器多无纪年，其时代的判断要基于同时期窑址和纪年墓研究成果的深入，性质的判断要与当时的地理环境、历史背景结合，不能孤立的讨论。所以，出土窖藏瓷器的研究必须走与窑址、墓葬出土瓷器研究相互依托，与古代历史背景、政治环境、经济发展等研究相关联的综合研究之路。

第五节　宋辽时期塔基出土瓷器概况

塔基地宫是宋至明代出土瓷器的遗址中较为重要的一类，宋代发现瓷器的塔基有河北定县静志寺塔（太平兴国二年墨书题记，977 年）和净众院塔基宋代地宫（北宋至道元年，995 年）[5]，河南密县法海寺塔基石函（北宋咸平二年，999 年)[6]，山东连云港海清寺阿育王塔地宫（北宋天圣元年，1023 年)[7]，山东兖州兴隆塔北宋地宫（北宋晚期)[8]，

[1] 宋少辉：《四川窖藏宋元瓷器的初步研究》，硕士学位论文，兰州大学，2014 年。
[2] 于小婷：《明代窖藏瓷器初步研究》，硕士学位论文，吉林大学，2015 年。
[3] 宋东林：《北宋金代窖藏瓷器考述》，《故宫学刊》2012 年第 1 期。
[4] 转引自宋东林《北宋金代窖藏瓷器考述》，《故宫学刊》2012 年第 1 期第 45 页注 5；谢明良：《探索四川宋元器物窖藏》，《区域与网络——近千年来中国美术史研究国际学术研讨会论文集》，台湾大学艺术史研究所 2001 年版，第 141—170 页；陈冲：《南宋元代窖藏瓷器研究》，硕士学位论文，北京大学，2006 年。
[5] 定县博物馆：《河北定县发现两座宋代塔基》，《文物》1972 年第 8 期。
[6] 金戈：《密县北宋塔基中的三彩琉璃塔和其它文物》，《文物》1972 年第 10 期。
[7] 连云港市博物馆：《连云港海清寺阿育王塔文物出土记》，《文物》1981 年第 7 期。
[8] 山东省博物馆、山东省文物考古研究所、兖州市博物馆：《兖州兴隆塔北宋地宫发掘简报》，《文物》2009 年第 11 期。

江苏涟水妙通塔宋代地宫（北宋治平四年，1067 年）[1]，山西临猗双塔寺北宋塔基地宫（北宋熙宁二年，1069 年）[2]，湖北当阳市玉泉寺塔基（不是地宫出的，在地宫外）（嘉祐六年，1061 年）[3]，浙江绍兴环翠塔塔基石匣（咸淳元年，1265 年）[4]。以青瓷为主，且随葬瓷器除河北静志寺和净众院塔基外，对比唐代和辽代种类和数量均不多[5]。主要器形有瓶、罐、盘、碗、盒、炉、杯。

辽代发现瓷器的塔基地宫和天宫有辽代北京顺义县（今顺义区）净光舍利塔基地宫（辽早期约相当于五代晚期）[6]，天津蓟县独乐寺塔覆钵内（上层塔室）和十三相轮底部（辽统和四年，986 年）[7]，北京密云冶仙塔基地宫（辽圣宗开泰年间，1012—1021 年）[8]，河北易县净觉寺塔基地宫（辽天庆五年，1115 年）[9]，内蒙古巴林右旗庆州白塔塔刹（辽重熙十六年，1047 年）[10]，辽宁朝阳北塔天宫、地宫（辽重熙年间，1032—1055 年）[11]，吉林农安万金塔基地宫（不早于辽圣宗时期，982—1030 年）[12]，北京房山县（今房山区）北郑村辽塔地宫石函（不早于辽兴宗时期，1031—1054 年）[13]等。主要有影青瓷和白瓷，器形主要有瓶、罐、盘、碗、碟、盏托、熏炉、坠。

下面以河北定县静志寺塔基地宫、净众院塔基地宫和北京密云冶仙塔地宫为例略述塔基地宫出土瓷器情况。

中原地区北宋早期窑业面貌集中反映于 1969 年河北定县静志寺塔基地宫和净众院塔基地宫[14]出土的瓷器上。两处塔基地宫出土瓷器 170 件，定窑白瓷 155 件，瓷器种类多、器形大、工艺精湛，"官"字款瓷 20 多件。此时定窑在造型、工艺上与越窑青瓷十分相似。另外，从出土瓷器特点上也可看出静志寺塔时代略早于净众院塔基，前者有仿金银器的情况，后者则少见。

静志寺真身舍利塔基，出土瓷器 115 件，为北宋早期的定窑产品。胎质平薄细腻，造型端庄优美，釉色柔和洁净。种类繁多，有杯、盘、碗、碟、洗、瓶、炉、盒、罐、托盏、净瓶等，而同一品种的造型也变化多端，如净瓶有绿釉波浪纹净瓶[15]、白釉刻花净瓶等，盒有桃形、石榴形、竹筒形、圆纽高足等多种形式，炉有平底、五足的差别。其中

〔1〕　淮安市博物馆、涟水县图书馆：《江苏涟水妙通塔宋代迪佛地宫》，《文物》2008 年第 8 期。
〔2〕　乔正安：《山西临猗双塔寺北宋塔基地宫清理简报》，《文物》1997 年第 3 期。
〔3〕　湖北省玉泉铁塔考古队：《湖北当阳玉泉塔塔基及地宫清理发掘简报》，《文物》1996 年第 10 期。
〔4〕　浙江省博物馆：《浙江两处塔基出土宋青花瓷》，《文物》1980 年第 4 期。
〔5〕　王睿：《6—12 世纪塔基地宫、天宫奉纳瓷器》，《南方文物》2021 年第 3 期。
〔6〕　北京市文物工作队：《顺义县辽净光舍利塔基清理简报》，《文物》1964 年第 8 期。
〔7〕　天津市历史博物馆考古队、蓟县文物保管所：《天津蓟县独乐寺塔》，《考古学报》1989 年第 1 期。
〔8〕　王有全：《北京密云冶仙塔塔基清理简报》，《文物》1994 年第 2 期。
〔9〕　河北省文物管理处：《河北易县净觉寺舍利塔地宫清理记》，《文物》1986 年第 9 期。
〔10〕　德新、张汉君、韩仁信：《内蒙古巴林右旗庆州白塔发现辽代佛教文物》，《文物》1994 年第 12 期。
〔11〕　朝阳北塔考古勘察队：《辽宁朝阳北塔天宫地宫清理简报》，《文物》1992 年第 7 期。
〔12〕　刘振华：《农安万金塔基出土文物》，《文物》1973 年第 8 期。
〔13〕　齐心、刘精义：《北京市房山县北郑村辽塔清理记》，《考古》1980 年第 2 期。
〔14〕　定县博物馆：《河北定县发现两座宋代塔基》，《文物》1972 年第 8 期。
〔15〕　参见《文物》1972 年第 8 期，图版壹。

一件形制独特的瓷海螺，上面刻以水纹，十分精巧[1]。另一件白釉刻花莲瓣碗，底部有墨书"太平兴国二年"题记[2]。石函中的黄釉鹦鹉壶，造型新颖，釉色鲜艳，上面的鹦鹉机警伶俐、生动逼真，表现了高超的工艺技巧[3]。这批瓷器的装饰多用贴塑，间有划花、刻花、印花等手法。许多瓷器在底部刻有"官"字。

净众院舍利塔塔基地宫，共清理出瓷器55件，全部是北宋早期的定窑瓷器，有盒、罐、瓶、壶、净瓶等多种。其中一刻花龙头净瓶全高60.7厘米，器身刻有莲花瓣图案，端庄优美，是罕见的大件定瓷。与静志寺塔基中的定瓷比较，这个塔基的瓷器制作更加精巧，釉色也更加莹润。塔基中的瓷器与金属器的关系显著减少，装饰多采用刻花、印花手法，器形较为高大，花纹也较复杂。据一瓷瓶上刻"至道元年四月日弟子……"等字样，推测这些瓷器是瓷窑专为寺院烧制的。

密云冶仙塔位于密云县城东北2.5公里的冶山上。据《密云县志》记载，此塔建于辽代。1988年对塔基地宫进行清理和发掘[4]。出土瓷器11件。绿釉净水瓶[5]，高24厘米、底径5厘米、最大腹径8.2厘米。瓶颈中部出檐，檐上饰六瓣莲花叶及十二道弦纹，下部为竹节状，共4节，瓶体上层饰七瓣莲花叶瓣，中间及下部交错饰璎珞瑞草垂纹，罐状注口，注口下方有"杜家"二字，此瓶釉色翠绿，间或绿中泛葱白，有细碎开片，竹节及十二道弦纹的凸棱处釉色为黑色，胎质致密，洁净，色白微褐。瓶底圈足，无釉，有旋痕及3个支钉印痕。秘色瓷碟[6]，耀州窑产品。高4.8厘米、底径7.6厘米、口径16.3厘米。圈足。釉色豆青，釉质细腻、润泽，碟内底饰团花纹。划花。方形白瓷碟[7]，定窑产品。高3厘米、底边长7.7厘米、口沿边长11厘米。釉色洁白，较细腻、胎极薄，花瓣式口沿、平底。造型极精美。碟内底饰四蒂叶纹。

第六节　宋至明代水下考古出水瓷器概况

1987年11月，中国历史博物馆成立了水下考古研究室，开启了中国水下考古的时代。此后，中国历史博物馆水下考古研究部门组织多地考古所、博物馆、大学历史系等单位相关人员，开展了一系列水下考古工作，取得了一批成果，出水了大量的陶瓷制品，时代以宋元明清时期居多。他们在渤海、黄海、东海、南海先后进行了多项水下沉船遗址的调查、发掘、研究工作。下面以辽宁绥中三道岗元代沉船、福建省平潭大练岛元代沉船、南

---

[1]　参见《文物》1972年第8期，图版柒：4。
[2]　参见《文物》1972年第8期，图版柒：1、3。
[3]　参见《文物》1972年第8期，图版壹。
[4]　王有泉：《北京密县冶仙塔基清理简报》，《文物》1994年第2期。
[5]　参见《北京密县冶仙塔基清理简报》图一、图二。
[6]　参见《北京密县冶仙塔基清理简报》图三、图四。
[7]　参见《北京密县冶仙塔基清理简报》图五、图六。

海 I 号沉船、福建连江定海湾沉船，以及西沙水下考古出水瓷器为例，略作介绍。

一　辽宁绥中三道岗元代沉船出水瓷器[1]

　　绥中县位于辽西走廊的最西端，渤海湾北岸，号称"关外第一县"。绥中海域位于渤海辽东湾的西南部，沙石海岸特点，近海浅滩、海底沙堤密布。"三道岗"就是绥中六股河河口外海底分布的三列与海岸斜交的水下沙脊，成为古今航行的障碍。1991 年当地渔民在第一道沙脊与海岸浅滩之间的沟底发现一艘古代沉船。随后，1992—1997 年，中国历史博物馆水下考古队对该沉船进行了五次调查和发掘，出水瓷器和铁制品 600 余件，瓷器主要有白釉褐花瓷，少量黑釉和青釉瓷，与元代磁州窑系产品完全一致。采集一件朽烂船板标本经 C^{14} 测定为距今 740±80 年，与器物时代吻合，可以肯定是一艘元代沉船。这是中国考古学者第一次独立开展的较大规模水下考古项目。

　　三道岗沉船出水的瓷器，造型规整，彩绘图案朴实、明快而浩方，画工细腻，还有潇洒、流畅的"风花雪月""寿"等题款，鱼藻纹盆、龙凤纹与婴戏纹罐等[2]，都可认为是磁州窑精品。龙凤纹罐在北京、天津、河北、内蒙古、辽宁大连、江苏扬州等地都有出土，在日本、韩国、美国的古代遗址也有同类器出土。对于此船性质，目前有沟通华北与东北海上交通线的内贸商船和通航朝鲜半岛、日本的国际贸易商船两种观点存在。

二　福建连江定海湾沉船考古[3]

　　福建连江定海湾是古代福州港的海上门户和船只进出闽江口靠泊、补给的第一个地点，是古代沿海贸易的中转站之一。

　　定海处于闽江口和敖口口交汇处，三面临海，自古就是闽江口连接外海的重要水道，素有"闽江北喉"之称。定海周围海域大小岛礁众多，其中一些礁屿退潮时方能露出海面，给古今航行造成了很大的困难，因此，定海湾及周边海域海底埋藏了不少古代沉船。1990、1995、1999—2000 年，中外海洋考古学者先后三次在定海湾海域开展了一系列水下考古调查、勘探与发掘工作，发现了白礁一号和二号、大埕渣、龙瓮屿、金沙等沉船遗址、地点，出水宋、元、明、清等不同历史时期的瓷器、铁器、铜器等沉船文物标本 4000 多件。海湾沉船考古是中国水下考古事业初创期的一项重要工作，不仅在学术上为中国东南沿海古代海洋社会经济史、中外海洋交通等研究提供了一组重要的实物资料，更推动了学科发展，定海湾沉船考古训练了中国最早的两批水下考古专业人员，为中国水下考古事业的健康、快速发展奠定了坚实的基础。

　　白礁一号遗址是定海湾水下考古工作的重点，1989—1990、1995、1999—2000 年度的

〔1〕　张威主编：《绥中三道岗元代沉船》，科学出版社 2001 年版；吴春明：《辽宁绥中三道岗元代沉船航路与性质的再认识》，《海洋遗产与考古》，科学出版社 2012 年版。

〔2〕　参见《绥中三道岗元代沉船》盆（图 6.3、图 6.4），罐（图 6.6、图 6.10、图 6.11、图 6.13、图 6.14、图 6.16），梅瓶（图 6.35、图 6.36），碗（图 6.37、图 6.44）。

〔3〕　赵嘉斌、吴春明主编，中国国家博物馆水下考古学研究中心、厦门大学海洋考古学研究中心、福建博物院考古研究所、福州市文物考古工作队、连江县博物馆编著：《福建连江定海湾沉船考古》，科学出版社 2011 年版。

定海湾考古，主要集中于此。白礁一号是一处以载有建窑系黑釉盏〔1〕、仿龙泉窑系青瓷为主要内涵的宋元时期的沉船遗址。黑釉盏是白礁一号遗址发现数量最多的瓷器类型，占全部瓷器总数的84.06%。黑釉盏器形变化很小，风格一致，一般口径10—11厘米，底径3—4厘米，高4—5厘米，胎体为灰色，釉色深浅不一，呈酱色、酱黑、酱褐等不同颜色，口沿釉层变薄，呈褐色。外壁施釉不到底，常见积釉现象，多有"泪痕"。制作较为粗率，器表多有橘皮眼。外壁近底处留有一周凸起的旋削痕。小圈足，无釉，中心有圆锥形突起。部分黑釉兔毫纹明显。青白瓷、青瓷器的数量少于黑釉盏，占所有出水陶瓷的15.5%，基本上都是碗类，分为青白瓷浅腹碗、青白瓷深腹碗、青釉深腹碗三类。青白釉浅腹碗，灰白胎，质粗糙，釉青白，釉层薄，烧结不好。由于叠烧方式而形成器内壁底部刮釉一周的涩圈，外壁施釉不及底。圈足浅挖，绝大多数器物圈足外壁底部刮去一周形成内折。制作粗率，具有典型的福建民窑产品特征。白礁二号遗址1990年调查、1995年复查，采集到青花瓷、青瓷等残片〔2〕。此外，还对大埕渣、龙瓮屿、金沙等水域沉船遗址或沉船线索进行了不同程度的水下调查。同时，定海湾其他水下文物征集到了黑釉盏、青白瓷、青瓷碗等文物，也在一定程度上反映了定海湾水下文化遗存的内涵。

黑釉盏与福建闽侯南屿窑、鸿尾窑、福清石坑窑和连江浦口窑所出的"仿建"产品非常相似，其来源于上述闽江口福建窑口的可能性较大。青瓷、青白瓷与连江几处宋元窑址产品更相近，也可能产于连江一带。

三　福建省平潭大练岛元代沉船遗址出土瓷器

大练岛元代沉船遗址〔3〕位于福建省平潭县海坛海峡的北端，2006年发现并开展水下考古调查，2007年进行抢救性水下考古发掘。发现了残存的船体遗存和遗物，遗物主要是龙泉窑青釉瓷器，少量陶器和铁器。推测大练沉船是从福州港（或温州港）出发、向南航行前往东南亚（或泉州港）的贸易船。平潭海域是中国古代海上丝绸之路的必经地之一，尤其宋元时期，海上丝绸之路达到鼎盛〔4〕。出水龙泉窑青釉瓷器均为船货，可能出自龙泉大窑窑区和查田溪口窑，器形主要有碗〔5〕、大盘〔6〕、洗〔7〕、小罐〔8〕等；大部分的碗、盘、洗等均有不同程度的变形，生烧的不少。施釉普遍较厚，大部分釉面有冰裂纹；釉色以青绿色为主，此外还有青黄、青褐、青灰等，釉色深浅不一。装饰主要有刻划、模

---

〔1〕　白礁一号出水黑釉盏参见《福建连江定海湾沉船考古》图4-7、图4-8、图4-11、图4-13。

〔2〕　白礁二号出水青花瓷参见《福建连江定海湾沉船考古》图5-4、图5-6、图5-8、图5-17。

〔3〕　中国国家博物馆水下考古研究中心、福建博物院文物考古研究所、福州市文物考古工作队编著：《福建平潭大练岛元代沉船遗址》，科学出版社2014年版。

〔4〕　福建省平潭县地方治编纂委员会：《平潭县志》，方志出版社2000年版。转引自中国国家博物馆水下考古研究中心、福建博物院文物考古研究所、福州市文物考古工作队编著《福建平潭大练岛元代沉船遗址》，科学出版社2014年版，第8页。

〔5〕　参见《福建平潭大练岛元代沉船遗址》图三九、四六、四七。

〔6〕　参见《福建平潭大练岛元代沉船遗址》图六四、六九、七七、八〇、八四、一五三、一六七、一九一、二三二、一五三、一六七。

〔7〕　参见《福建平潭大练岛元代沉船遗址》一九一、一九九、二〇三。

〔8〕　参见《福建平潭大练岛元代沉船遗址》二三二、二四一、二四六。

印、贴花等。纹饰主要有水波、卷草、花卉（荷花、牡丹、菊瓣等）、双鱼、龙纹、松鹤以及仕女等。

四　南海Ⅰ号考古试掘概况

1987 年考古工作者在广东阳江海域发现一艘南宋早期木质沉船，即"南海Ⅰ号"。1989—2004 年，国家文物局组织水下考古队对该沉船进行了 8 次考古调查、勘探。经过2002—2007 年的准备，于 2007 年 12 月将"南海Ⅰ号"整体打捞出水，并转移至广东海上丝绸之路博物馆实施后续的考古发掘和保护。2009 年，在海上丝绸之路博物馆对"南海Ⅰ号"进行了第一次考古试掘，2011 年，在海上丝绸之路博物馆对"南海Ⅰ号"进行了第二次考古试掘。第二次试掘出水器物共 120 件，以瓷器为主，有景德镇窑系青白瓷，德化窑系白瓷，福建磁灶窑、闽清义窑，浙江龙泉窑产品。[1]

截至 2016 年 1 月 5 日，总共出土文物 14000 余件套、标本 2575 件、凝结物 55 吨，其中瓷器 13000 余件套。瓷器主要是当时南方著名窑口的产品，大部分源自江西、福建和浙江三省。其中以江西景德镇青白瓷，福建德化窑白瓷、青白瓷，磁灶窑酱釉、绿釉瓷，闽南青釉，以及浙江龙泉系青釉瓷为主。根据出土铜钱、金页银挺铭文和瓷器特征判断，该沉船年代应属于南宋中晚期（13 世纪中早期）。出土瓷器中的景德镇窑"青白釉婴戏水纹碗"与江西出土的南宋嘉泰元年（1201 年）"青白釉婴戏水纹碗"相同。酱黑釉和绿釉器物大部分为福建晋江磁灶窑土尾庵、蜘蛛山等窑址的南宋晚期产品。部分器物也与南宋晚期的"华光礁Ⅰ号"等沉船出水品一致。虽然目前发现的瓷器都是民窑，但部分瓷器精美绝伦，在国内考古中十分罕见，如青白釉印花花卉纹瓜棱四系罐、4 件青白瓷釉长颈方流执壶等。[2]

五　西沙群岛水下考古

（一）1998—1999 年收获 [3]

居于古代"海上丝绸之路"要冲的南海诸岛，即东沙群岛、中沙群岛、西沙群岛、南沙群岛和曾母暗沙，自古以来就是中国神圣领土不可分割的一部分，有着丰富的水下文化遗产。1998 年，国家文物局报请国务院批准并征得外交部等相关部门同意后，批准开展了西沙水下考古工作。1998 年 12 月 18 日—1999 年 1 月 25 日，以西沙群岛北礁为主要工作地点。共发现五代、宋、元、明、清各时代水下文物遗存 13 处，近代遗存 1 处。大体可分两类：一类是确凿无疑的古代沉船遗址，以华光礁 1 号宋元沉船为代表；另一类是基本

〔1〕　广东省文物考古研究所编著：《南海Ⅰ号的考古试掘》，科学出版社 2011 年版，第 48、第 50、第 64 页图版。

〔2〕　贾昌明：《"南海Ⅰ号"保护发掘阶段性成果公布确定船体结构、出土文物 14000 余件套》，《中国文物报》2016年 1 月 12 日第 2 版；杨逸、毕式明：《"南海Ⅰ号"船内考古年内结束总共出土文物 1.4 万余件套、标本 2575件，以瓷器铁器为主，还原真面目或需 10 年》，《南方日报》2016 年 1 月 10 日第 1 版。

〔3〕　中国国家博物馆水下考古研究中心、海南省文物保护管理办公室编著：《西沙水下考古 1998—1999》，科学出版社 2006 年版。

不见沉船的遗迹，以散落的瓷器碎片为主。此次发掘顺利完成，是中国水下考古事业进一步发展壮大，走向成熟的标志。在此之前，中国水下考古工作主要是在近海沿岸海区进行。此次是中国水下考古首次在远海开展专项水下考古的调查发掘工作。

其中华光礁1号沉船遗址（编号：99XSHGW1）的试掘，共出水沉船遗物849件，以瓷器为主。青白瓷[1]居多，青瓷[2]次之，酱褐釉器[3]最少。器形主要有碗、盘、碟、盏、瓶、壶、粉盒、罐、钵、军持等。器物装饰手法有刻划、模印、堆贴、雕塑等；主要纹饰有荷花、牡丹、菊花、宝相花、缠枝花、折枝花、卷草、水波、乳钉、珍禽、瑞兽、人物以及吉祥文字。有的在底、足内发现有墨书题记，器底有模印铭文、纹样等。青白瓷大致分为两类：一类为灰白胎，胎体烧厚，施灰白釉，有刻划、篦划纹；另一类为白胎、胎体薄、施青白釉，也有刻划、篦划纹。前者与福建泉州地区宋代窑址（如德化窑、南安窑等）产品相同，后者则是典型的宋代景德镇窑产品。青瓷大致分为三类：一类为灰白胎，施青或青黄釉，釉不及底、足底部露胎，多以刻划、篦划纹装饰，画面疏朗、随意；另一类为灰胎，胎体稍厚，施青黄釉，一般施釉到底或裹足、仅底足露胎，也刻划、篦划纹，画面多繁缛、严谨。前者与福建泉州地区宋代窑址，如南安罗东窑产品相似。后者则见于福建、浙江宋代青瓷窑址，如福建松溪县的回场窑和浙江龙泉窑；第三类为灰胎，胎质粗糙仅陶，胎体厚，施青釉或青釉褐彩，是福建晋江磁灶窑产品。另酱褐釉瓷也应为晋江磁灶窑产品。西沙群岛水下考古调查另外还发现北礁1号沉船遗址、北礁3号沉船遗址、北礁1号遗物点等十多处遗存。

（二）2009—2010 年考古收获[4]

2009、2010 年，根据国家文物局全国水下文物普查要求和批复，中国国家博物馆、海南省文物局等单位联合组成西沙水下考古队，对西沙群岛的永乐群岛和宣德群岛海域进行了两次系统的水下考古调查，新发现50余处水下遗存地点，出水了大量瓷器标本，时代涵盖北宋、南宋、元、明、清；窑口包括龙泉窑、景德镇窑、德化窑、漳州窑、潮州窑、西村窑等，其中石屿2号沉船遗址发现了元代青花瓷器，是中国水下考古中首次发现元青花。

西沙水下考古所获成果，再次以无可争辩的事实向世人昭示，西沙群岛自古以来就是中国神圣领土不可分割的一部分。同时，它也为研究中国航海史、海外贸易史、陶瓷外销史、造船史等提供了非常宝贵的实物资料，具有重要的学术意义。

上述水下考古发掘出水瓷器反映了中国沿海地区对外贸易的基本情况，为海上丝绸之路、外销瓷等问题研究提供了较为丰富的资料。比如辽宁绥中沉船出水瓷器可能反映的是

---

〔1〕　参见《西沙水下考古 1998—1999》第 75、第 77、第 78、第 95、第 97、第 107 页图版。
〔2〕　参见《西沙水下考古 1998—1999》第 115、第 116、第 121 页图版。
〔3〕　参见《西沙水下考古 1998—1999》第 133、第 134、第 135 页图版。
〔4〕　赵嘉斌：《2009—2010 年西沙群岛水下考古新收获》，《海洋遗产与考古》，科学出版社 2012 年版。

元代中国与朝鲜半岛、日本的贸易情况[1]；福建连江定海白礁 1 号出水黑釉盏与日本福冈县博多遗址发现黑釉碗很相似，各式青瓷、青白瓷碗及罐、壶类也不同程度的见于福冈遗址群，基本可以确定宋元时期福建与日本的贸易交流[2]；西沙水下考古则在一定程度上反映了中国与东南亚等地区的贸易情况。

第七节　宋至明代瓷器考古发现与研究

在民国初期以前，瓷器仅限于传世品的收藏与鉴赏，靠"眼学"对传世瓷器进行"目鉴"以及依据文献资料对瓷器传世品进行相关的考证。进入 20 世纪 20 年代，瓷器研究开始迈出收藏家的书斋，而转向调查瓷窑遗址。自此以后，则逐渐走上对瓷窑遗址进行调查、发掘和研究，进而又对各类遗址和墓葬等所出瓷器进行研究的瓷器考古之路。这个历程迄今已达 90 余年，其发展大致可分为四个阶段。

一　20 世纪 20 年代至 40 年代的创始阶段

这个阶段涉及宋以后的部分瓷窑遗址。创始阶段的代表人物是陈万里、叶麟趾和周仁先生。陈万里从 1928 年起，先后调查了浙江龙泉窑、越窑、婺州窑、瓯窑等瓷窑址，他八去龙泉、七去绍兴，对龙泉窑和越窑调查尤为详细。在 1937 年、1946 年先后出版《越器图录》[3]、《瓷器与浙江》[4] 两部专著。其中《瓷器与浙江》是中国第一部以田野考古调查窑址资料为基础的研究专著，也是这个阶段瓷器考古研究的代表作，因而成为中国瓷器考古的里程碑。

叶麟趾早年留学日本，专攻窑业。归国后对北方的定窑等窑址进行了考古调查，1934 年出版了《古今中外陶瓷汇编》[5]。书中发表了关于定窑等窑址调查的研究成果，提出定窑遗址在"今河北曲阳县"等重要结论，为定窑等北方窑址的考古学研究做出了贡献。

周仁在 20 世纪 30 年代创办了陶瓷试验场，开展对中国传统制瓷工艺技术的研究[6]，成为中国瓷器科技考古的先驱。上述情况表明，在中国瓷器考古的创始阶段，窑址考古调查研究就与瓷器科技考古相伴共生，两者相辅相成的传统一直延续至今。

二　20 世纪 50 至 70 年代末全面起步阶段

这个阶段宋至明代窑址研究逐步增多，外销瓷、陶瓷之路和陶瓷科技研究处于初

---

〔1〕　吴春明：《辽宁绥中三道岗元代沉船航路与性质的再认识》，《海洋遗产与考古》，科学出版社 2012 年版。
〔2〕　吴春明：《福建连江定海沉船陶瓷的考察》，《福建连江定海湾沉船考古》附录，科学出版社 2011 年版。
〔3〕　陈万里：《越器图录》，中华书局 1937 年版。
〔4〕　陈万里：《瓷器与浙江》，中华书局 1946 年版。
〔5〕　叶麟趾：《古今中外陶瓷汇编》，文奎堂书店 1934 年版。
〔6〕　周仁：《陶瓷试验场工作报告》，《中国古陶瓷研究论文集》，轻工业出版社 1982 年版。原文发表于 1930 年南京中央研究院工程研究专刊。

级阶段。抗日战争和解放战争结束后，随着1949年10月新中国的成立，瓷器考古开始走上全面起步阶段。这个阶段对古代瓷窑遗址进行了普遍调查，经过30年的努力，在全国20余省、市、自治区内发现窑址"数以千计"[1]，基本掌握了古代窑址的分布状况，初步了解了各主要窑址的产品及其特征，为以后瓷窑遗址的发掘和研究奠定了基础。

这个阶段配合基本建设工程对30余座窑址进行了考古发掘。其中较重要的是1959年、1973年对陕西唐至元代的耀州窑进行的两次考古发掘[2]，1973—1975年对钧窑的发掘[3]，60—70年代对龙泉窑的发掘[4]，1976年对福建北宋至元代的德化窑进行的考古发掘[5]。瓷窑遗址的发掘，为全面研究瓷窑遗址及其制瓷工艺、研究相关窑址瓷器的分期和编年提供了可靠的依据，开创了瓷窑遗址发掘与研究的新局面。

此外，1972年北京后英房元大都遗址出土了一批瓷器[6]，基本包括了元大都当时常用的瓷器。1964年河北保定元代窖藏出土11件瓷器，其中青花釉里红开光镂空盖罐和青花八棱梅瓶为稀世珍品[7]。1970年内蒙古自治区呼和浩特元代窖藏出土6件瓷器，是元代钧窑系和龙泉窑的代表产品[8]。1969年河北定县北宋静志寺真身舍利塔基（建于927年）地宫出土瓷器115件（其中一件盘底外侧墨书"太平兴国二年"（977年）题记，多件瓷器底外侧刻"官"字款）；净众院塔（建于995年）地宫出土瓷器55件，一件罐外腹部刻有"至道元年"题记。这两座塔基地宫出土的白釉瓷器、黄釉鹦鹉形注壶、绿釉净瓶是定窑的精品[9]。1963年北京顺义辽代净光寺舍利塔塔基地宫（塔建于辽开泰二年，1013年）出土16件定窑白釉瓷器，一件罐，外底刻"官"字款；人形注壶，童子诵经状，是罕见的精品[10]。

除上所述，在研究方面，有的学者对该阶段瓷窑遗址调查发掘的收获做了总结[11]。有的学者对江西景德镇宋元芒口瓷器与覆烧工艺进行了研究[12]，还出版了《景德镇陶瓷

〔1〕 冯先铭：《三十年来我国陶瓷考古的收获》，《故宫博物院院刊》1980年第1期。

〔2〕 陕西省考古研究所：《陕西铜川耀州窑》，科学出版社1965年版；禚振西：《耀州窑遗址调查发掘新收获——兼谈耀州窑的几点新认识》，《考古与文物》1980年第3期。

〔3〕 赵青云：《河南禹县钧台窑址的发掘》，《文物》1975年第6期；河南省文物考古研究所：《禹州钧台窑》，大象出版社2008年版。

〔4〕 金祖明：《龙泉溪口青瓷窑址调查纪略》，《考古》1962年第10期；朱伯谦、王士伦：《浙江省龙泉青瓷窑址调查发掘的主要收获》，《文物》1963年第3期；朱伯谦：《龙泉大窑古瓷窑遗址发掘报告》，《龙泉青瓷研究》，文物出版社1989年版；张翔：《龙泉金村古瓷窑址调查报告》，《龙泉青瓷研究》，文物出版社1989年版。

〔5〕 福建省博物馆：《德化窑》，文物出版社1990年版。

〔6〕 中国科学院考古研究所等：《北京后英房元代居住遗址》，《考古》1972年第6期。

〔7〕 河北省博物馆：《保定市发现一批元代瓷器》，《文物》1965年第2期。

〔8〕 李作智：《呼和浩特市东郊出土的几件元代瓷器》，《文物》1977年第5期。

〔9〕 定县博物馆：《河北定县发现两座宋代塔基》，《文物》1972年第8期。

〔10〕 北京市文物工作队：《顺义县辽净光舍利塔基清理简报》，《文物》1964年第8期。

〔11〕 冯先铭：《三十年来我国陶瓷考古的收获》，《故宫博物院院刊》1980年第1期；李德金：《古代瓷窑遗址的调查和发掘》，《新中国的考古发掘和研究》，文物出版社1984年版。

〔12〕 刘新园：《景德镇宋元芒口瓷器与覆烧工艺初步研究》，《考古》1974年第6期。

史稿》〔1〕、《吉州窑》〔2〕、《中国的瓷器》〔3〕等专著。此外，这个阶段外销瓷与中外文化交流研究也提到日程上来，发表了一些涉及外销瓷品种、器类、窑口、输出路线、瓷器在域外发现的主要地点，以及制瓷技术交流和文化交流等问题的论文和专著〔4〕。在科技检测研究方面也较前阶段有明显进展，对一些名窑瓷器进行了测试、分析和研究，测试方法和设备也有所增加，研究成果较多〔5〕。

总之，20 世纪 50 年代至 70 年代是瓷器考古工作和研究的全面启动阶段，其成果为下阶段的发展作了有力的铺垫，并起到重要的支撑作用。

三　20 世纪 80 至 90 年代发展阶段

这个阶段以宋辽金元瓷器研究为主，西夏瓷首次发掘，明代瓷窑址研究被提到重要地位，外销瓷和瓷器科技考古研究均处于发展阶段。"文化大革命"结束后，瓷器考古迎来了兴盛的发展时期。这个阶段除对瓷器窑址进行常规调查外，还对一些名窑进行了全面细致的调查。在此基础上对 40 余座窑址进行考古发掘，其中一半以上是首次发掘。较重的窑址如河北磁县磁州窑、曲阳县定窑、北京龙泉务窑、河南宝丰清凉寺汝窑、杭州乌龟山南宋官窑、浙江龙泉窑、福建建窑、江西湖田窑、吉州窑、陕西耀州窑、宁夏灵武窑等，其中磁州窑、耀州窑、灵武窑、南宋官窑等均出版了正式发掘报告（福建德化窑报告亦在1990 年出版），以上详细情况均参见本卷对诸窑的介绍。对诸多重要窑址进行规模较大的发掘，并出版了一批发掘报告，是本阶段瓷器考古的重要特点。

中国古代瓷窑址发掘主要集中在这个阶段，除此之外，这个阶段遗址、墓葬、窑藏和塔基地宫以及沉船中也出土较多重要瓷器。比如，1995 年扬州宋大城西门发掘出土一批晚唐至元代瓷片，可复原 117 件〔6〕。1984 年和 1985 年发掘河南巩县宋太宗元德李后陵，出土瓷器 82 件，其中越窑龙纹青瓷盘和 16 件定窑白瓷"官"字款碗和盘尤为珍贵〔7〕。

〔1〕　江西省轻工业厅陶瓷研究所：《景德镇陶瓷史稿》，生活·读书·新知三联书店 1959 年版。
〔2〕　将玄怡：《吉州窑》，文物出版社 1958 年版。
〔3〕　江西省轻工业厅景德镇陶瓷研究所：《中国的瓷器》，中国财政经济出版社 1963 年版。
〔4〕　陈万里：《宋末—清初中国对外贸易中的瓷器》，《文物》1963 年第 1 期；陈万里：《再谈明清两代我国瓷器的输出》，《文物》1964 年第 10 期；叶文程：《晋江泉州外销瓷初探》，《厦门大学学报》（哲学社会科学版）1979 年第 1 期；日本东京国立博物馆：《日本出土的中国陶磁》，日本东京国立博物馆 1978 年版；尚善琼：《泰国发现的中国陶瓷》，《文博参考资料》1979 年第 3、4 期合刊；［菲］富斯：《菲律宾发掘的中国陶瓷》，许其田译，《中国古代外销瓷研究资料》第 1 辑，1981 年；欧志培：《中国古代陶瓷在西亚》，《文物资料丛刊》第 2 辑，文物出版社 1978 年版；［英］弗利尔曼：《考古发现看外销西方的唐宋瓷器》，《文博参考资料》1979 年第 1 期；朱杰勤：《中国陶瓷和制瓷技术对东南亚的传播》，《世界历史》1979 年第 2 期；夏鼐：《作为古代中非交通关系证据的瓷器》，《文物》1963 年第 1 期；［日］三上次男：《从陶瓷看东西方的文化交流》，贾玉芹译，《社会科学战线》1980 年第 1 期；T. Volker, *Porcelain and the Dutch East India Company*, Leiden, Holloznd: Rijksmuseum voor Volkenkunde, 1954；［日］三上次男：《陶瓷之路》，李锡经、高喜美译，文物出版社 1984 年版；其他论著，略。
〔5〕　这个阶段瓷器科技考古成果，以周仁、李家治等为代表，见周仁等著《中国古陶瓷研究论文集》，轻工业出版社 1983 年版。
〔6〕　中国社会科学院考古研究所等：《扬州宋大城西门发掘报告》，《考古学报》1999 年第 4 期。
〔7〕　河南省文物研究所：《宋太宗元德李后陵发掘报告》，《华夏考古》1988 年第 3 期。

1991 年四川遂宁南宋后期窖藏出土 985 件瓷器，其中青釉瓷器 357 件（以龙泉窑为主，少数为耀州窑瓷器），景德镇窑青白釉瓷器 598 件，白釉瓷器 28 件（定窑、四川彭县窑），江西吉州窑黑釉瓷盏 2 件[1]。1980 年江西高安元代窖藏出土瓷器 239 件，其中景德镇窑产品 67 件（以青花和釉里红瓷器最为珍贵），龙泉窑瓷器 168 件，河南钧窑系瓷碗 3 件，还有孔雀蓝釉梅瓶 1 件[2]。1988 年北京密云辽代冶仙塔地宫出土瓷器 11 件（其中绿釉净水瓶是难得的珍品）[3]。1990 年和 1994 年福建连江定海沉船出近 4000 件宋至清代瓷器[4]。

上述诸多瓷窑遗址的发掘和各类遗址与墓葬所出瓷器，为该阶段瓷器考古研究提供了大量科学资料，因而发表的论著较多[5]，并出现综合性和总结性的陶瓷史专著。如《中国陶瓷史》[6]《中国陶瓷史纲要》[7]《中国陶瓷简史》[8]《湖南陶瓷》[9]《福建陶瓷》[10]《河南陶瓷史》[11]《江西陶瓷史》[12]《中国古陶瓷图典》[13]等。在外销瓷方面，除单篇论文外[14]，还有《中国古瓷在非洲的发现》等研究外销瓷和陶瓷之路的专著[15]，以及《东亚窑业技术发展与交流史研究》[16]《明清陶瓷和

[1] 遂宁市博物馆：《四川遂宁金鱼村南宋窖藏》，《文物》1994 年第 4 期。

[2] 江西省高安县博物馆：《江西高安县发现元青花、釉里红等瓷器窖藏》，《文物》1982 年第 4 期。

[3] 王有泉：《北京密云冶仙塔基清理简报》，《文物》1994 年第 2 期。

[4] 吴春明：《福建连江定海沉船陶瓷的考察》，《福建文博》1996 年第 2 期。

[5] 研究文章较多，如任世龙：《龙泉青瓷的类型与分期试论》，《中国考古学会第三次年会论文集》，文物出版社 1984 年版；李德金：《乌龟山南宋官窑出土的产品及烧制工艺》，《庆祝苏秉琦考古五十五年论文集》，文物出版社 1989 年版；刘新园：《景德镇明御厂出土永乐、宣德官窑瓷器之研究》，《景德镇珠山出土永乐、宣德官窑瓷器展览》（图录），香港市政局 1989 年版；《景德镇珠山出土的明初与永乐官窑瓷器之研究》，《鸿禧文物》创刊号，台北，1996 年；《高岭土史考——兼论瓷石、高岭土与景德镇十至十九世纪的制瓷业》，《中国陶瓷》1982 年第 7 期（增刊）；权奎山：《试论南方古代名窑中心区域移动》，《考古学集刊》第 11 集，中国大百科全书出版社 1997 年版；秦大树：《论磁州观台窑制瓷工艺、技术的发展》，《华夏考古》1996 年第 3 期；刘凤君：《山东地区古代烧瓷窑炉结构和烧瓷技术发展序列初探》，《考古》1997 年第 4 期；栗建安：《明清福建漳州地区的窑业技术》，《福建文博》1999 年增刊；李民举：《陈设类钧窑瓷器年代考辨——兼论钧台窑的年代问题》，《考古学研究》（三），科学出版社 1997 年版；罗慧琪：《传世钧窑器的时代问题》，《美术史集刊》，台湾大学，1997 年第 4 期；余佩瑾《略谈宋钧窑瓷器》，《故宫文物月刊》第 130 期，1994 年。

[6] 中国硅酸盐学会编：《中国陶瓷史》，文物出版社 1982 年版。

[7] 叶喆民：《中国陶瓷史纲要》，轻工业出版社 1989 年版。

[8] 李知宴：《中国陶瓷简史》，外文出版社 1996 年版。

[9] 周世荣：《湖南陶瓷》，紫禁城出版社 1988 年版。

[10] 叶文程等：《福建陶瓷》，福建人民出版社 1993 年版。

[11] 赵青云：《河南陶瓷史》，紫禁城出版社 1993 年版。

[12] 余家栋：《江西陶瓷史》，河南大学出版社 1997 年版。

[13] 《中国古陶瓷图典》编辑委员会：《中国古陶瓷图典》，文物出版社 1998 年版。

[14] 这个阶段外销论文较多，比如：叶文程等：《中国古外销陶瓷的年代》，《江西文物》1991 年第 4 期；《明代我国瓷器销行东南亚的考察》，《景德镇陶瓷》1983 年总第 21 期；李德金：《8～14 世纪中国古外销瓷》，《中国考古学论丛——中国社会科学院考古研究所建所 40 年纪念》，科学出版社 1993 年版；张浦生：《元代景德镇青花瓷器的外销》，《中国古代陶瓷的外销》，紫禁城出版社 1988 年版；冯先铭：《元以前我国瓷器销行亚洲的考察》，《文物》1981 年第 6 期；[日] 长谷部乐尔：《日本出土的元明陶瓷》，王仁波、程维民译，《中国古代外销瓷器研究资料》第 3 辑，1983 年；秦大树：《埃及福斯塔特遗址出土的中国瓷器》，《海交史研究》1995 年第 1 期；陈克伦：《略论元代青花瓷器中的伊斯兰文化因素》，《上海博物馆集刊》第六期，上海古籍出版社 1992 年版；马文宽：《明代瓷器中伊斯兰因素的考察》，《考古学报》1999 年第 4 期。其他论文略。

[15] 马文宽、孟凡人：《中国古瓷在非洲的发现》，紫禁城出版社 1987 年版。

[16] 熊海堂：《东亚窑业技术发展与交流史研究》，南京大学出版社 1995 年版。

世界文化的交流》[1]等制瓷技术和文化交流方面的专著。在科技考古方面，这个阶段比较活跃，研究方法和手段显著进步，并采用核技术开展了无损分析，除继续常量元素分析外，还较多开展微量元素分析，拓宽了研究领域，将瓷器科技考古提高到一个新的发展阶段。科技考古研究，除单篇论文外[2]，还有总结性的专著，如《中国古代陶瓷科学技术成就》[3]《中国名瓷工艺基础》[4]《中国科学技术史·陶瓷卷》[5]等。

该阶段瓷器考古远远超过前两个阶段，在积累大量瓷器考古资料的基础上，对瓷器考古进行了阶段性的初步总结，解决了瓷器考古中的一些问题，并进而开始走向全方位多角度的研究，确立了新的研究课题，取得了令人瞩目的成绩。

四　21世纪以来至今提高阶段

进入21世纪以后迄今的十余年间，宋至明代瓷器考古的发现与研究已逐步走向深化发展、突出重点的提高阶段。其主要表现是瓷器考古研究以重点名窑遗址发掘为深化提高的前提，以出版和编写瓷窑遗址发掘报告为深化研究的基础，以传统瓷器考古与瓷器科技考古有机结合融为一体初步形成瓷器考古学构成和研究体系为标准（参见绪论有关论述），以不断研究瓷器考古主要学术课题、召开各种瓷器考古专题研讨会并出版相关的论文集和各种专著为深化提高的标志。下面就此略述之。

该阶段瓷器考古研究的重点，从宋辽金窑址发掘研究逐步转向元明窑址发掘研究，瓷窑遗址发掘以历史名窑和重点窑址为主，一些瓷窑遗址发掘报告陆续出版，或重点窑址发掘简报及时刊发是其主要特点之一。比如：北京龙泉务窑[6]，浙江越窑[7]、龙泉窑[8]、杭州乌龟山南宋官窑[9]，江西吉州窑[10]，陕西耀州窑[11]，福建德化窑[12]，广东潮州窑[13]，

〔1〕　朱培初：《明清陶瓷和世界文化的交流》，轻工业出版社1984年版。
〔2〕　科技考古论文较多，比如：陈显求：《宋代建盏的科学研究》，《中国古陶瓷研究》，科学出版社1987年版；张斌等：《南宋官窑着色机理的研究》，《古陶瓷科学技术1999年国际讨论会议文集》，上海科学技术文献出版社1999年版；刘振群：《中国历代陶瓷窑炉和烧成工艺考证》，《中国古陶瓷研究》，科学出版社1987年版。其他论文略。
〔3〕　李家治等：《中国古代陶瓷科学技术成就》，上海科学技术出版社1985年版。
〔4〕　李国桢等：《中国名瓷工艺基础》，上海科学技术出版社1988年版。
〔5〕　李家治等：《中国科学技术史·陶瓷卷》，科学出版社1998年版。
〔6〕　北京市文物研究所编：《北京龙泉务窑发掘报告》，文物出版社2002年版。
〔7〕　浙江省文物考古研究所、北京大学考古文博院、慈溪市文物管理委员会编著：《寺龙口越窑址》，文物出版社2002年版。
〔8〕　浙江省文物考古研究所：《龙泉东区窑址发掘报告》，文物出版社2005年版；浙江省文物考古研究所、北京大学考古文博学院、龙泉青瓷博物馆编：《龙泉大窑枫洞岩窑址出土瓷器》，文物出版社2009年版。
〔9〕　中国社会科学院考古研究所、浙江省文物考古研究所、杭州市园林文物局：《南宋官窑》，中国大百科全书出版社1996年版；邓禾颖、唐俊杰：《南宋官窑》，杭州出版社2008年版。
〔10〕　吉安市博物馆、中国国家博物馆：《吉州窑》，中国社会科学出版社2004年版。
〔11〕　耀州窑博物馆、陕西省考古研究所、铜川市考古研究所：《立地坡·上店耀州窑址》，三秦出版社2004年版；耀州窑博物馆编，薛东星、糕振西主编：《陈炉耀州瓷精粹》，文物出版社2007年版。
〔12〕　栗建安：《德化甲杯山明代窑址的发掘与收获》，《福建文博》2004年第4期。
〔13〕　李炳炎编著：《宋代笔架山潮州窑》，汕头大学出版社2004年版。

河南宝丰清凉寺汝窑[1]、禹州钧台窑[2]，重庆涂山窑[3]，河北曲阳定窑[4]，江西景德镇郊区湖田窑和市区御窑厂[5]，安徽繁昌窑[6]，辽宁江官屯窑[7]等发掘报告和发掘简报的出版。此外，还出版了一些水下考古报告，如《绥中三道岗元代沉船》[8]《西沙水下考古：1998—1999》[9]《福建连江定海湾沉船考古》[10]《2011年"南海Ⅰ号"的考古试掘》[11]（水下考古与瓷器考古有关）等。此外，故宫博物院出版了该院所藏中国古代窑址标本河北卷、河南卷[12]。

该阶段瓷器考古专题研讨会论文集和瓷器考古专题论著不断增多，以已出版研讨会论文集的为例，就有中国古代白瓷专题[13]、德化窑白瓷专题[14]、耀州窑专题[15]、钧窑专题[16]、越窑专题[17]、官窑专题[18]、元代制瓷专题[19]、红绿彩瓷专题[20]、瓷器科学考古专

[1] 河南省文物考古研究所：《宝丰清凉寺汝窑》，大象出版社2008年版。

[2] 河南省文物考古研究所：《禹州钧台窑》，大象出版社2008年版。

[3] 重庆市文物考古所编著，林必忠主编：《重庆涂山窑》，科学出版社2006年版。

[4] 河北省文物研究所、北京大学考古文博学院、曲阳县定窑遗址文保所：《河北曲阳县涧磁岭定窑遗址A区发掘简报》，《考古》2014年第2期。

[5] 江西省文物考古研究所、景德镇民窑博物馆编著：《景德镇湖田窑址——1988—1999年考古发掘报告》，文物出版社2007年版；刘新园、权奎山、樊昌生：《江西景德镇市珠山明、清御窑遗址考古发掘获重大成果》，《中国古陶瓷研究》第十辑，紫禁城出版社2004年版；北京大学考古文博学院、江西省文物考古研究所、景德镇市陶瓷考古研究所：《江西景德镇市明清御窑遗址2004年的发掘》，《考古》2005年第7期；北京大学考古文博学院、江西省文物考古研究所、景德镇市陶瓷考古研究所：《江西景德镇明清御窑遗址发掘简报》，《文物》2007年第5期；北京大学考古文博学院、江西省文物考古研究所、景德镇市陶瓷考古研究所编著：《景德镇出土明代御窑瓷器》，文物出版社2009年版；首都博物馆编：《景德镇珠山出土永乐官窑瓷器》，文物出版社2007年版。

[6] 安徽繁昌窑遗址考古队（杨玉璋、张居中、李广宁、徐繁）：《安徽繁昌窑遗址发掘与研究》，中国社会科学出版社2010年版。

[7] 辽宁省文物考古研究所：《辽宁辽阳市江官屯窑址第一地2013年发掘简报》，《考古》2016年11期。

[8] 张威主编：《绥中三道岗元代沉船》，科学出版社2001年版。

[9] 中国国家博物馆水下考古研究中心、海南省文物保护管理办公室编著：《西沙水下考古：1998—1999》，科学出版社2006年版。

[10] 中国国家博物馆水下考古学研究中心、厦门大学海洋考古学研究中心、福建博物院考古研究所、福州市文物考古工作队、连江县博物馆编著，赵嘉斌、吴春明主编：《福建连江定海湾沉船考古》，科学出版社2011年版。

[11] 广东省文物考古研究所编著，刘志远主编：《2011年"南海Ⅰ号"的考古试掘》，科学出版社2011年版。

[12] 故宫博物院编，冯先铭、李辉柄主编：《故宫博物院藏中国古代窑址标本：河南卷》，紫禁城出版社2005年版；故宫博物院编，冯先铭、李辉柄主编：《故宫博物院藏中国古代窑址标本：河北卷》，紫禁城出版社2006年版。

[13] 上海博物馆编：《中国古代白瓷国际学术研讨会》，上海画报出版社2005年版。其中包括宋以后白瓷和青白瓷的相关研究。

[14] 刘幼铮：《中国德化白瓷研究》，科学出版社2007年版；陈建中、陈丽华、陈丽芳：《中国德化瓷史》，上海交通大学出版社2011年版。

[15] 耀州窑博物馆编：《中国耀州窑国际学术讨论会文集》，三秦出版社2005年版。

[16] 河南省文物考古研究所、禹州钧官窑址博物馆编：《2005年中国禹州钧窑学术研讨会论文集》，大象出版社2007年版。

[17] 沈琼华主编：《2007'中国越窑高峰论坛论文集》，文物出版社2008年版。

[18] 北京大学中国考古学研究中心、杭州市园林文物局，秦大树、杜正贤主编：《南宋官窑与哥窑：杭州南宋官窑老虎洞窑址国际学术研讨会论文集》，浙江大学出版社2004年版；王光尧：《中国古代官窑制度》，紫禁城出版社2004年版；杭州南宋官窑博物馆编：《南宋官窑文集》，文物出版社2004年版；马亦超：《南宋杭州修内司官窑研究：灰胎、灰白胎、白胎及仿名窑系列瓷专题》，中国美术学院出版社2006年版；李家治编著：《简论官、哥二窑：科技研究为官、哥等窑时空定位》，科学出版社2007年版；邓禾颖、唐俊杰：《南宋官窑》，杭州出版社2008年版；邓禾颖主编：《南宋官窑》，浙江摄影出版社2009年版；谢明良：《北宋官窑研究现状的省思》，《故宫学术季刊》2010年第4期；吕成龙、丁银忠：《略谈宋代官窑瓷器研究中存在的问题》，《故宫博物院院刊》2010年第5期；沈岳明：《"官窑"三题》，《故宫博物院院刊》2010年第5期。

[19] 许明主编：《中国元瓷：元代瓷器国际学术研讨会（上海，2006）成果集粹》，上海社会科学院出版社2007年版；黄云鹏主编：《元青花研究：景德镇元青花国际学术研讨会论文集》，上海辞书出版社2006年版。

[20] 深圳博物馆编：《中国红绿彩瓷器专题学术研讨会论文集》，文物出版社2011年版。

题[1]等。《中国古陶瓷研究》第六辑关于汝窑的研究、第七辑关于广西靖江王陵墓群出土青花梅瓶研究、第十辑涉及景德镇瓷器研究、第十一辑元代集宁路古城遗址出土瓷器研究、第十二辑青瓷研究、第十三辑青花瓷研究、第十四辑外销瓷专题、第十六辑磁州窑研究、龙泉窑研究、越窑青瓷与邢窑白瓷研等[2]。

　　该阶段瓷器考古整体性、综合性和总结性的专著相继出版，如《中国陶瓷全集》[3]、《中国出土瓷器全集》[4]、《中国陶瓷史》[5]、《中国陶瓷》[6]、《古代陶瓷》[7]、《中国陶瓷艺术》[8]、《中国古陶瓷的科学》[9]、《中国陶瓷古籍集成》[10]、《宋元明考古》[11]瓷器手工业部分、《湖南陶瓷》[12]、《湖南古墓与古窑址》[13]、《海南古陶瓷》[14]、《河北陶瓷》[15]、《宋代青白瓷的历史地理研究》[16]、《中国辽瓷研究》[17]、《辽代陶瓷的考古学研究》[18]、《明代宫廷陶瓷史》[19]以及《翠色、琢玉、梅青：越窑、耀州窑、龙泉窑青瓷文化对比研究》[20]、《浙江纪年瓷》[21]、《宋辽金纪年瓷器》[22]等。

---

[1] 郭景坤主编：《2005 年古陶瓷科学技术国际讨论会论文集》，上海科学技术文献出版社 2005 年版。

[2] 中国古陶瓷研究会编：《中国古陶瓷研究》第六辑，紫禁城出版社 2000 年版；中国古陶瓷研究会编：《中国古陶瓷研究》第七辑，紫禁城出版社 2001 年版；中国古陶瓷学会编：《中国古陶瓷研究》第八辑，紫禁城出版社 2002 年版；中国古陶瓷学会编：《中国古陶瓷研究》第九辑，紫禁城出版社 2003 年版；中国古陶瓷学会编：《中国古陶瓷研究》第十辑，紫禁城出版社 2004 年版；中国古陶瓷学会编：《中国古陶瓷研究》第十一辑，紫禁城出版社 2005 年版；中国古陶瓷学会编：《中国古陶瓷研究》第十二辑，紫禁城出版社 2006 年版；中国古陶瓷学会编：《中国古陶瓷研究》第十三辑，紫禁城出版社 2007 年版；中国古陶瓷学会编：《中国古陶瓷研究》第十四辑，紫禁城出版社 2008 年版；中国古陶瓷学会编：《中国古陶瓷研究》第十六辑，紫禁城出版社 2010 年版；中国古陶瓷学会编：《越窑青瓷与邢窑白瓷研究》，中国古陶瓷研究辑丛第 19 辑，故宫出版社 2013 年版。

[3] 《中国陶瓷全集》，上海人民美术出版社 2000 年版。总计 15 册，其中 7—13 册为宋至明代部分。

[4] 张柏主编：《中国出土瓷器全集》，科学出版社 2008 年版。

[5] 叶喆民：《中国陶瓷史》，生活·读书·新知三联书店 2006 年版。

[6] 冯先铭主编：《中国陶瓷》，上海古籍出版社 2001 年版。

[7] 权奎山、孟原召：《古代陶瓷》，文物出版社 2008 年版。

[8] 李知宴主编，权奎山、贺利、李纪贤等著，李建、陆鹏亮、倪亦斌等译：《中国陶瓷艺术》，外文出版社、耶鲁大学出版社 2010 年版。

[9] 张福康：《中国古陶瓷的科学》，上海人民美术出版社 2000 年版。

[10] 熊寥、熊微编著：《中国陶瓷古籍集成》，上海文化出版社 2006 年版。

[11] 秦大树：《宋元明考古》，文物出版社 2004 年版。

[12] 周世荣编著：《湖南陶瓷》，中南大学出版社 2010 年版。

[13] 周世荣编著，湖南省文物考古研究所编：《湖南古墓与古窑址》，岳麓书社 2004 年版。

[14] 涂高潮：《海南古陶瓷》，海南出版社、南方出版社 2008 年版。

[15] 申献友编著：《河北陶瓷》，科学出版社 2010 年版。

[16] 黄义军：《宋代青白瓷的历史地理研究》，文物出版社 2010 年版。

[17] 佟柱臣：《中国辽瓷研究》，社会科学文献出版社 2010 年版。

[18] 彭善国：《辽代陶瓷的考古学研究》，吉林大学出版社 2003 年版。

[19] 王光尧：《明代宫廷陶瓷史》，紫禁城出版社 2010 年版。

[20] 杭州历史博物馆（吴晓力、沈芯屿）：《翠色、琢玉、梅青：越窑、耀州窑、龙泉窑青瓷文化对比研究》，中国美术学院出版社 2007 年版。

[21] 浙江省博物馆编：《浙江纪年瓷》，文物出版社 2000 年版。

[22] 刘涛：《宋辽金纪年瓷器》，文物出版社 2004 年版。

此外，重要的单篇论文层出不穷，汝窑相关研究有《汝州张公巷窑的发现与认识》[1]《百年寻青——二十世纪汝窑认识论的变迁》[2]《汝官窑的釉色、质感、斜开片及土蚀斑的形成原因》[3]《汝瓷成分的线扫描分析》[4]《汝瓷及其仿制品微观结构的初步研究》[5]《解析汝瓷釉层冰片形成机理》[6]。钧窑研究是在继续 20 世纪末对于钧窑相关问题的讨论基础上，21 世纪以来又发表了一些重要论文《钧窑瓷器源流及其年代》[7]《钧窑始烧年代考》[8]《钧窑研究、发掘与分期新论》[9]。定窑研究开始向纵深发展，也出现了一些专题和综合性的论文[10]。林东窑有了新认识[11]。

本阶段，除了窑址和水下考古外，明代藩王墓[12]、包头燕家梁遗址[13]、内蒙古集宁路古城遗址[14]、毛家湾明代瓷器坑遗址[15]都出土了重要的瓷器，并有相关学术研究成果发表[16]。除上所述，瓷器考古研究和探讨的一些学术基础课题，在进入 21 世纪以后大都取得了一定的共识，故对宋至明代瓷器考古加强了在总体上的把握和宏观认识。比如，通过对宋至明代瓷窑址进行较全面的考古调查，发现许多不见于载籍的新窑址，对历史名窑和主要窑址大多进行过考古发掘，迄今已基本摸清了宋至明代瓷窑的分布状况。通过考古发掘研究，现今已确认或基本确认了历史名窑和主要窑址的位置、内涵、时代、制瓷工艺和烧制工艺状况。其中尤以历史名窑的研究成果显著。通过考古调查、发掘和研究，将一些新发现的不见于载籍的窑址提到各代制瓷业应有的地位，丰富了各代制瓷业的内涵，初步形成了各代制瓷业瓷窑址的构成体系。通过考古发掘研究，基本明确了同代瓷

〔1〕 孙新民：《汝州张公巷窑的发现与认识》，《文物》2006 年第 7 期。

〔2〕 彭盈真：《百年寻青——二十世纪汝窑认识论的变迁》，《故宫文物月刊》第 287 辑。

〔3〕 张福康、陶光仪、阮美玲、袁海清：《汝官窑的釉色、质感、斜开片及土蚀斑的形成原因》，《'02 古陶瓷科学技术国际讨论会论文集》，上海科学技术文献出版社 2002 年版。

〔4〕 朱剑、毛振伟等：《汝瓷成分的线扫描分析》，《核技术》2002 年第 25 卷 10 期。

〔5〕 冯敏、王昌燧：《汝瓷及其仿制品微观结构的初步研究》，《中国古陶瓷研究》第八辑，紫禁城出版社 2002 年版。

〔6〕 张义：《解析汝瓷釉层冰片形成机理》，《09' 古陶瓷科学技术国际讨论会论文集》，上海科学技术文献出版社 2009 年版。

〔7〕 刘涛：《钧窑瓷器源流及其年代》，《文物》2002 年第 2 期。

〔8〕 秦大树：《钧窑始烧年代考》，《华夏考古》2004 年第 2 期。

〔9〕 秦大树、赵文军：《钧窑研究、发掘与分期新论》，《2005 年中国禹州钧窑学术研讨会论文集》，大象出版社 2007 年版。

〔10〕 喻姗：《定窑研究概述》，《文物春秋》2017 年第 3 期；黄信：《论定窑"尚食局"款瓷器的分期问题》，《文物春秋》2019 年第 4 期；秦大树、吴闻达、李鑫：《早期定窑研究》，《文物》2021 年第 1 期；李鑫、秦大树、安雨桐：《定窑考古发现与研究成果综述》，《文物春秋》2022 年第 1 期。

〔11〕 陈泽宇：《巴林左旗林东窑的发现与研究评述》，《北方文物》2021 年第 5 期。

〔12〕 江西省博物馆、南城县博物馆、新建县博物馆、南昌市博物馆编：《江西明代藩王墓》，文物出版社 2010 年版。

〔13〕 塔拉、张海斌、张红星主编，内蒙古自治区文物考古研究所、包头市文物管理处编著：《包头燕家梁遗址发掘报告》，科学出版社 2010 年版。

〔14〕 内蒙古自治区文物考古研究所编著，陈永志主编：《内蒙古集宁路古城遗址出土瓷器》，文物出版社 2004 年版。

〔15〕 北京市文物研究所：《毛家湾明代瓷器坑考古发掘报告》，科学出版社 2007 年版；北京市文物研究所：《北京毛家湾出土瓷器》，科学出版社 2008 年版。

〔16〕 丁鹏勃：《明代藩王墓出土器研究》，《中国历史文物》2008 年第 1 期；王霞：《元代集宁路古城遗址出土瓷器解读》，《北方文物》2008 年第 3 期；朱志刚：《前毛家湾 1 号院明代瓷器大坑成因考》，《北京文博》2005 年第 4 期。

窑址间横向的影响和被影响关系，不同时代瓷窑址间纵向的承袭演变关系。据此基本上可区划出同一地域或不同地域瓷窑址间采用相同或近似制瓷工艺、烧制工艺和装饰工艺，生产大致相同或类似瓷釉和瓷器的窑址群。陶瓷学者往往将这种窑址群冠以首先出现这些制瓷工艺和瓷种的窑口名，称为某某窑系，以示其间的内在关联和谱系。依托于瓷窑址的发掘研究，瓷器科技考古检测手段和方法已逐步完善，瓷器科技考古研究已初步自成体系。通过考古发掘研究，对北方和南方窑炉的种类、形制结构、演进状况，所用燃料，窑炉类型和形制结构与瓷器烧制工艺、瓷器种类和瓷器质量的关系，进行了较深入的探讨和研究。通过瓷窑址发掘研究、瓷器科技考古研究、瓷器传世品研究及三者的有机结合，可初步确认各主要窑口主要瓷种的制瓷工艺、装烧工艺、窑炉形制结构与瓷器生产的关系；对主要窑口的主要瓷种胎釉原料和来源、胎釉配方、各种瓷釉工艺、呈色机理和特点进行了初步总结。通过对宋至明代瓷器的全面考古研究，瓷器类型学研究有较大的进展，初步明确了各主要窑口瓷种构成状况、主要器形的形制演变规律和时代演变序列。瓷器考古长期以来探讨的一些课题，如贡瓷、官窑和"官"字款，汝窑和钧窑探源及两者的关系，龙泉窑、南宋官窑、哥窑三者的关系，所谓的"窑系"问题，瓷窑燃料用煤问题，覆烧工艺、支烧方法演进等瓷器烧制工艺问题，高岭土的使用与二元配方问题，青花始烧年代与青花进口料和国产料问题，各种瓷釉出现的年代、施釉工艺、呈色机理等，迄今大都有了共识性的认识（参见本书对有关各窑的具体论述）。通过景德镇湖田窑和御窑厂的发掘研究，已基本建立了此前不甚明晰的元明瓷器考古体系框架。此外，水下瓷器考古、外销瓷研究也都有长足的进展。总之，进入 21 世纪以来前述诸方面研究的进展，已为宋至明代瓷器考古学体系的形成奠定了坚实的基础，其与此前瓷器考古研究发展阶段相比，显然是处于深化发展的提高阶段。

第二十二章　北方主要瓷窑遗址的发掘与研究

第一节　河北省定窑遗址的考古发掘与研究

定窑是宋代著名瓷窑之一，遗址位于河北省曲阳县涧磁村、北镇村及野北村、燕川村一带，总面积约 10 平方公里，其中涧磁、北镇窑区保存最好、规模最大（图 22－1－1）。定窑烧造始于唐代，北宋中期白瓷烧制技术达到顶峰，开始用煤做燃料，发明了覆烧工艺，北宋晚期持续发展，至金代生产规模和产品数量空前，元代逐渐走向衰落。曲阳县宋代隶属于定州，故名"定窑"。定窑白瓷对当时及后世白瓷在釉色、装饰和装烧工艺等方面都有很大影响，宋代以来就开始有一些关于定窑的文献记载了[1]。定窑宋代以烧白瓷为主，兼烧黑釉、酱釉、绿釉等，白釉有印花、刻花、划花和素面几种，金代定窑继续生

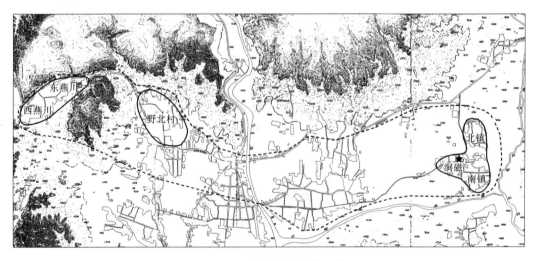

图 22－1－1　定窑窑址分布示意图

（引自《河北曲阳县涧磁岭定窑遗址 A 区发掘简报》，《考古》2014 年第 2 期，图一）

---

[1]　苏轼《东坡杂志》、陆游《老学庵笔记》、叶寘《坦斋笔衡》，元代刘祁《归潜志》、陶宗仪《辍耕录》，明代曹　昭《格古要论》，清代的《南窑笔记》等都有提及。

产白瓷，素面为主，印花装饰达到顶峰[1]，元代仅烧造磁州窑类型的粗白瓷，如白地黑花、白釉酱彩瓷和模印花器物[2]。

定窑研究大致可以分为四个阶段。第一阶段：20 世纪 20 年代以前，主要是古器物学的著录，代表作品有《格古要论》[3]等。第二阶段：20 世纪 20 年代至 20 世纪五六十年代，根据传世品和文献记载寻找定窑窑址，叶麟趾、小山富士夫、陈万里、冯先铭等先后四次调查[4]。第三阶段：20 世纪 60 年代至 20 世纪末，以窑址、墓葬、塔基等遗址发掘出土定窑瓷器为基础进行全方位的研究，涉及定窑的烧造历史、分期、字款、覆烧工艺、装饰，以及定窑与宫廷用瓷的关系，定窑与其他瓷窑的关系等等问题[5]。第四阶段：21 世纪开始至今，定窑研究开始向纵深发展，出现了一些专题和综合性的论文，同时，新的考古发掘得以开展[6]。

一 1951—1987 年定窑窑址的考古调查、试掘与发掘概况

（一）1951—1987 年定窑窑址的考古工作

定窑遗址的调查开始于 20 世纪 20 年代，1922 年叶麟趾前往调查，并于 1934 年在

〔1〕 秦大树、高美京、李鑫：《定窑涧磁岭窑区发掘阶段初探》，《考古》2014 年第 3 期。

〔2〕 秦大树：《论磁州窑与定窑的联系和相互影响》，《故宫博物院院刊》1999 年第 4 期。

〔3〕 桑行之：《说陶·新增格古要论（摘抄）》，上海科技教育出版社 1993 年版，第 363 页。

〔4〕 叶麟趾：《古今中外陶瓷汇编》，文奎堂书斋 1934 年版，第 10 页；陈万里：《邢越二窑及定窑》，《文物参考资料》1953 年第 9 期；冯先铭：《瓷器浅说》，《文物》1959 年第 7 期；冯先铭：《我国陶瓷发展中的几个问题》，《文物》1973 年第 7 期。

〔5〕 傅振伦：《承前启后的定窑白瓷器》，《河北陶瓷》1981 年第 3 期；李辉柄：《定窑历史以及与邢窑的关系》，《故宫博物院院刊》1983 年第 3 期；李辉柄、毕南海：《论定窑烧瓷工艺的发展与历史分期》；李辉柄：《关于"官""新官"款白瓷产地问题的探讨》，《文物》1984 年第 12 期；李辉柄：《略谈河北"三大名窑"》，《考古与文物》1984 年第 3 期；李国肖：《定窑考略》，《河北大学学报》1981 年第 4 期；赵光林、张宁：《金代瓷器的初步探索》，《考古》1979 年第 5 期；李国桢、郭演仪：《历代定窑白瓷的研究》，《硅酸盐学报》1983 年第 1 期；李文献：《宋代定窑的龙纹装饰》，《河北陶瓷》1989 年第 4 期；毕南海：《定窑造型艺术的探讨》，《河北陶瓷》1989 年第 3 期；郭宝琛：《宋代定窑印花陶范》，《河北陶瓷》1984 年第 5 期；张进、刘木锁、刘可栋：《定窑工艺技术的研究与仿制》，《河北陶瓷》1983 年第 4 期；河北省定窑研究组美术组：《定窑的装饰技法与造型艺术》，《河北陶瓷》1984 年第 2 期；蔡玫芬：《定窑瓷器之研究》，硕士学位论文，台湾大学，1977 年；台北故宫博物院：《定窑白瓷特展图录》，台北故宫博物院 1987 年版；谢明良：《有关"官"和"新官"款白瓷产地问题的探讨》，《故宫学术季刊》1987 年第 5 卷第 2 期；宿白：《定州工艺与静志、净众两塔地宫文物》，《文物》1997 年第 10 期；孙新民：《宋陵出土的定窑贡瓷试析》，《文物春秋》1994 年第 3 期；穆青：《早期定窑初探》，《文物春秋》1995 年第 3 期；江松：《再论越窑对定窑的影响》，《上海博物馆集刊》第八辑，2000 年版；刘毅：《定窑基本特征和仿定瓷的窑口鉴别》，《文物世界》1998 年第 4 期；秦大树：《论磁州窑和定窑的联系和相互影响》，《故宫博物院院刊》1999 年第 4 期；俞永炳：《宋辽金纪年墓和塔基出土的瓷器》，《考古》1994 年第 1 期。

〔6〕 刘涛：《依据纪年资料对宋金定窑的观察研究》，《中国古陶瓷研究》第七辑，2001 年版；穆青：《定瓷艺术》，河北教育出版社 2002 年版；刘淼：《金代定窑瓷器研究》，博士学位论文，南开大学，2006 年；刘淼：《考古发现的金代定窑瓷器初步探讨》，《考古》2008 年第 9 期；彭善国：《定窑瓷器分期新探——以辽墓、辽塔出土资料为中心》，《内蒙古文物考古》2008 年第 2 期；河北省文物研究所、北京大学考古文博学院、曲阳县定窑遗址文保所：《河北曲阳涧磁岭定窑遗址 A 区发掘简报》，《考古》2014 年第 2 期；秦大树、高美京、李鑫：《定窑涧磁岭窑区发掘阶段初探》，《考古》2014 年第 3 期。

《古今中外陶瓷汇编》[1]一书中第一次明确指出"定窑在河北曲阳县"。1941 年，日本学者小山富士夫依据叶麟趾提供的线索，对涧磁村和燕川村进行了实地考察，并采集了大量的瓷片标本，发表《关于定窑窑址的发现》一文。此后，1951 年陈万里的调查和 1957 年冯先铭的调查进一步确定了定窑址在河北曲阳县。20 世纪 50 年代前后，故宫博物院、河北省文物工作队等单位对定窑进行了多次调查和小规模的发掘[2]，加上河北省文物研究所在 80 年代先后进行的近 2000 平方米的发掘[3]，基本上对定窑的烧瓷历史以及与邻近地区瓷窑之间的相互关系有了一个较为全面的认识。

（二）1960—1962 年定窑窑址试掘发现的遗迹和遗物

20 世纪五六十年代调查发现的定窑址[4]主要是密集于涧磁村东与村北两个地区，村东区窑址 25 万平方米，时代为晚唐、五代、北宋时期；村北区窑址 20 万平方米，时代为

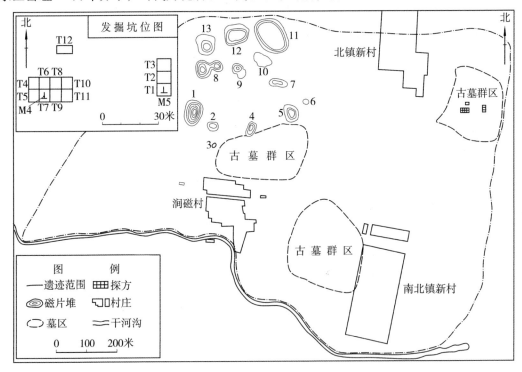

图 22-1-2 涧磁村定窑窑址附近地形及发掘坑位图
（引自《河北曲阳县涧磁村定窑遗址调查与试掘》，《考古》1965 年第 10 期，图一）

［1］ 叶麟趾：《古今中外陶瓷汇编》，文奎堂书斋 1934 年版，第 10 页。

［2］ 陈万里：《邢越二窑及定窑》，《文物参考资料》1953 年第 9 期；冯先铭：《瓷器浅说》，《文物》1959 年第 7 期；冯先铭：《我国陶瓷发展中的几个问题》，《文物》1973 年第 7 期；河北省文化局文物工作队：《河北曲阳县涧磁村定窑遗址调查与试掘》，《考古》1965 年第 8 期。

［3］ 刘世枢：《曲阳县唐、宋定窑遗址》，《中国考古学年鉴 1986》，第 90—91 页；《曲阳县定窑遗址发掘》，《中国考古学年鉴 1987》，第 106—107 页。20 世纪 80 年代以来，定窑发掘一直为继，但均未发表报告。

［4］ 河北省文化局文物工作队：《河北曲阳县涧磁村定窑遗址调查与试掘》，《考古》1965 年第 8 期。

北宋、金、元时期。1960 年底至 1962 年 3 月，在涧磁村东北 1.5 公里处试掘[1]了 420 平方米（图 22 - 1 - 2）[2]。试掘发现了代表三个不同时期的文化层堆积：北宋层、五代层和晚唐层。其中北宋层中发现了大量的北宋瓷片以及一些窑具和唐、宋铜钱等，以白釉带印、刻划纹饰的碗、盘碎片最多，很少黑、酱色釉，极少紫色釉和其他器形。试掘发现瓷器在造型、纹饰、胎质、釉色等方面与村东区窑址地表调查情况均相同。试掘还发现残墙、瓷泥槽等有关瓷窑生产的建筑遗迹（图 22 - 1 - 3）。

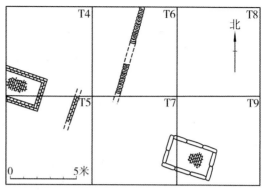

图 22 - 1 - 3 北宋层残墙与拌瓷泥残槽平面图
（引自《河北曲阳县涧磁村定窑遗址调查与试掘》，《考古》1965 年第 10 期，图五）

二 在 1951—1987 年定窑考古资料基础上的研究成果

研究者据 20 世纪 50 年代的调查、1960—1962 年发掘资料遗迹，以及从相关渠道获取的 1985—1987 年发掘的资料，对定窑窑址所作研究概况如下。

（一）定窑分期诸说

对于定窑的分期，以往有学者进行过一些研究。冯先铭根据考古资料和传世品对定窑进行了编年，在确定唐、五代等早期作品外，又细分为北宋前期、中期、后期和金代，共五期[3]。李辉柄、毕南海则根据调查并结合考古发掘材料，从工艺角度将定窑产品主要分为初创时期（唐高祖至唐代宗，618—779 年），发展时期（晚唐至五代，780—960 年），"独特风格" 形成时期（北宋至金哀宗，960—1234 年），衰败时期（金哀宗至元代，1234—1368 年）四期[4]。谢明良根据考古发掘资料和传世品，将定窑瓷器分为唐至五代、北宋早期至中期、北宋晚期至金代三期[5]。20 世纪 90 年代，张金茹提出唐代中期、晚唐五代、北宋早中期、北宋晚期、金代的分期[6]；穆青提出定窑创烧于唐中期，将晚唐、五代列为一期，其他期与谢明良相同[7]。

冯先铭最早提出定窑的上下限，此后的分期多以此为基础。李辉柄、毕南海的分期时代较为宽泛，上限到唐初、下限到元代。张金茹、穆青将定窑时间推至唐代中期。

[1] 河北省文化局文物工作队：《河北曲阳县涧磁村定窑遗址调查与试掘》，《考古》1965 年第 8 期。
[2] 河北省文化局文物工作队：《河北曲阳县涧磁村定窑遗址调查与试掘》，《考古》1965 年第 8 期。
[3] 冯先铭：《中国陶瓷——定窑》，《冯先铭中国古陶瓷论文集》，紫禁城出版社、两木出版社 1987 年版。
[4] 李辉柄、毕南海：《论定窑烧瓷工艺的发展与历史分期》，《考古》1987 年第 12 期。
[5] 谢明良：《定窑白瓷概说》，《定窑白瓷特展图录》，台北故宫博物院 1987 年版。
[6] 张金茹：《定窑瓷器分期初探》，《文物春秋》1995 年第 3 期。
[7] 穆青：《定瓷艺术》，河北教育出版社 2002 年版，第 95 页。

（二）定窑烧造工艺研究[1]

定窑的装烧方法与瓷器造型特征的形成关系是十分密切的，其发展是一个从简到繁，从粗到精的一个过程。定窑装烧工艺的发展经历了裸烧→匣钵装烧→半裸烧（叠烧），具体说来，是三岔形支钉垫烧法、漏斗状匣钵正烧法、支圈覆烧法（支圈仰烧的时间很短）、叠烧法四个不同发展阶段，其发展之初和衰落之际工艺都不甚精致。

定窑在支圈仰烧法的基础上，发明了支圈覆烧法，充分利用了窑位空间又最大限度地节省了燃料，是中国古代瓷器装烧方法上的一大革新。这种方法不仅对的定窑生产起到了相当大的推动作用，而且对全国其他瓷窑也产生了极大的影响。目前墓葬中发现的较早的比较可靠的由覆烧而形成的芒口定器，当推内蒙古哲盟库伦旗一号辽墓[2]（辽大康六年后，1080年以后）中出土的钵。而其大量的发现还是在北宋末和金代。这可能表明定窑覆烧法产生的时代或许应在神宗元丰年间（1078—1085年）及其以后。

1. 裸烧

三岔形支钉垫烧法。一个坯体垫一个三岔形支具，逐件叠置起来烧造。器物以碗为主，碗形浅矮，胎体厚重。碗内中心留有三个支钉烧痕。釉色以黄绿釉及褐绿釉者居多，也有外施黄釉、里面施白釉的，胎与釉之间常常施以化妆土。[3]（图22-1-4，1）

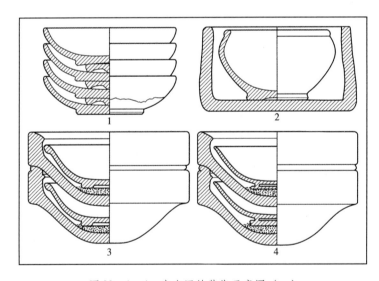

图22-1-4　定窑匣钵装烧示意图（一）
1. 三岔形支钉垫烧法　2. 筒状匣钵正烧法　3. 漏斗状匣钵正烧法　4. 漏斗状匣钵垫饼烧法
（引自《论定窑烧瓷工艺的发展与历史分期》，《考古》1987年第12期，图一）

〔1〕　李辉柄、毕南海：《论定窑烧瓷工艺的发展与历史分期》，《考古》1987年第12期。
〔2〕　吉林省博物馆、哲里木盟文化局：《吉林哲里木盟库伦旗一号辽墓发掘简报》，《文物》1973年第8期。
〔3〕　有些学者认为定窑瓷器生产开始于初唐时期，产品主要是粗黄釉瓷和青瓷。参见李辉柄、毕南海《论定窑烧瓷工艺的发展与历史分期》，《考古》1987年第12期；穆青《早期定瓷初探》，《文物春秋》1995年第3期。

2. 匣钵（装）烧

（1）单一匣钵装烧

筒状匣钵正烧。从三岔形支具发展到筒状匣钵，是定窑瓷器烧造工艺上的一大进步。用来烧制瓶、罐、炉等一些较大型的器物，和一些形制特殊的碗。这种筒状匣钵可以重复使用。（图22－1－4，2）

漏斗状匣钵正烧法。漏斗状匣钵是根据碗的形状而设计的一种专门烧碗的匣钵，故又名"碗笼"。采用这种匣钵烧制精致白瓷是从邢窑开始的。定窑受邢窑的影响烧制白瓷，也大量采此种匣钵，所烧的碗类器皿，在形制上也与邢窑大体相同。采用漏斗状匣钵烧制的碗在造型上较前发生了许多变化。碗均为浅形，器壁45°斜出，壁形底。碗口凸出一道边沿或唇口，器壁口沿薄，底渐厚，底足宽而矮。这些造型上的特征显然是与漏斗状匣钵相适应而形成的。这种装烧方法是一匣一器置起来烧制的，因此碗形浅，是为了在窑内尽量多装，虽然与三岔支钉烧的碗都为浅形，但碗壁受到匣钵体积的限制而变成直斜（基本上成45°），尽管均是迭烧，但采用匣钵时的叠压的重力是由匣钵来承担的，因而碗壁较薄，壁形底的成因，也是为了减少器底与垫渣的接触面积。碗足宽而矮，同样是为了减低碗的高度。（图22－1－4，3）

漏斗状匣钵垫饼烧。碗从壁形足演变到圈足，经过了由宽到窄、由矮到高的过程，碗壁从浅逐渐增高，胎体向更薄的方向发展。制瓷工匠根据瓷器造型上的需要，加大了这种漏斗状匣钵的高度，并为了适应圈足的需要在匣钵的底部加一圆形垫饼（图22－1－4，4），使其在烧造过程中避免变形和粘连。

（2）支圈匣钵组合烧

支圈是一种支具，它同支圈仰烧法一样必须与筒状匣钵配合起来使用，故取名支圈组合窑具。

支圈仰烧。在筒状匣钵内，先置一个高体支圈，上面放一个碗坯，其上再置一个支圈和一个碗坯，一直迭到适当高度为止，以充分利用了窑位空间，提高了产量。这种方法烧制的碗，在造型上的特征是碗口沿部位明显外撇，以便放置在支圈上，碗的重量又落在碗口部位，所以胎骨也稍厚。圈足较小，整个器体重量不大，而且为了避免与支圈粘连，碗口外沿留有较宽的无釉边。（图22－1－5，1）

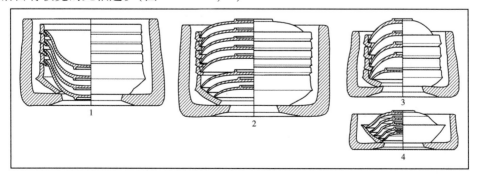

图22－1－5　定窑匣钵装烧示意图（二）

1. 支圈仰烧法　2. 盘形支圈覆烧法　3. 支圈覆烧叠置法　4. 碗形支圈覆烧法

（引自《论定窑烧瓷工艺的发展与历史分期》，《考古》1987年第12期，图三）

支圈覆烧。定窑的支圈覆烧法有支圈叠置法、碗形支圈覆烧法、盘形支圈覆烧法与钵形支圈覆烧法等多种。

支圈叠置法：在开底式筒状匣钵内，先放一个较厚的底圈，上面放一个或两个碗坯后，其上再放一个支圈和一个碗坯，然后再放一个支圈、一个碗坯。这样一圈一坯叠置到一定高度后，放入窑中烧制。自这种方法出现以后，由于它的多种优越性，便成了定窑的一个主要烧制方法。所以采用此种方法烧制的定窑瓷器就非常多。其特点是器口沿无釉，文献上称其为"芒口"，一般胎薄体轻，圈足矮浅为它的主要特征。（图 22 - 1 - 5，3）

碗形支圈覆烧法：在一个较浅的开底式匣钵内，放入一个碗状支圈，然后扣装上口径大小不等的器物坯体，放到一定高度时，即可入窑焙烧。因为这种碗形支圈无直边，可以肯定上面不会再放支圈，所以称它为碗形支圈覆烧法。这种装烧方法，适合于口径较大而器形较矮的盘状物，因为这种碗形支圈上大下小，承重力大，是烧制不同直径的盘状器物最理想的方法。因此，用此种方法烧制的大盘尽管直径大，胎体较薄，但也不易变形。（图 22 - 1 - 5，4）

盘形支圈覆烧法：一种是将一盘状支圈放入开底式筒状匣钵内，先在盘状支圈内扣一、二件不同口径的坯体，然后再在盘状支圈上端叠放一个支圈，圈口扣一坯体。这样一圈一坯交替叠到一定高度时即可入窑烧制。这种方法与碗形支圈覆烧法虽然大体相同，但适于烧体矮腹浅的盘类器皿为其独有特点。（图 22 - 1 - 5，2）另一种在盘形支圈上再加一盘（作 45°斜出），上面扣数个不同口径的深形器皿，为了多扣并防止器与器之间的粘连，不仅从小到大扣置，而且器底均不作圈足。扣烧时为避免变形和器体下塌，口沿外部均加厚，呈一带状唇沿。这类器皿，一般称之为圆洗。（图 22 - 1 - 6，1）

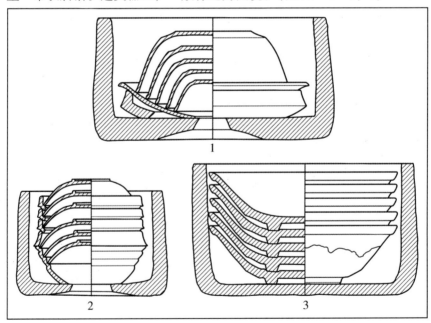

图 22 - 1 - 6　定窑匣钵装烧示意图（三）
1. 盘形支圈覆烧法　2. 钵形支圈覆烧法　3. 裸露法
（引自《论定窑烧瓷工艺的发展与历史分期》，《考古》1987 年第 12 期，图五）

钵形支圈覆烧法：在开底式筒状匣钵内，先放入一个钵形支圈，其上带有规则的锯齿形台阶，上大下小，扣置不同口径的碗形坯体数件（一阶一个，扣满为止），然后在钵形支圈上再放支圈，一圈一坯交替置放，到一定高度时为止（图22-1-6，2）。

3. 半裸烧—叠烧法

叠烧是将同样大小的碗坯一个个直接叠起来，放入筒状匣钵内烧制。为了避免上面的碗足与下面的碗心发生粘连，就将碗心釉刮去，形成比碗足稍大的无釉砂圈，由于叠烧，上面的坯体的重量全部落在下面的碗坯上，所以一般胎体较厚，除了放在最上面的碗无砂圈以外，其余全部碗心留有砂圈，既不实用又不美观。定窑采用叠烧法是一种衰败的表现（图22-1-6，3）。

（三）定窑瓷器成型与装饰工艺研究

定窑瓷器的成形方法，在漏斗状匣钵正烧阶段是手拉坯成形，不带花纹装饰。在支圈覆烧阶段是印花模具加轮制成形，即采用成型与装饰一次成功的新方法提高产量。印花模具既起装饰作用，又起到成形的辅助作用。其做法是先把模具放在制坯轮上，将湿度适宜的坯泥压紧在模具上印出花纹，然后用样刀轮制成粗坯，将模具取下，待坯体阴干后，再旋削外形。因此器外有时留有明显的旋削的刀痕。[1]

定窑白瓷装饰主要有刻花、划花、印花三种。刻花装饰是宋代早期瓷器的主要装饰手段，南北方瓷窑大都采用。定窑早期刻花方法吸取了越窑的浮雕技法，但由于工艺处于初创期，布局不甚协调。除莲瓣纹外，还有缠枝菊纹。刻花装饰之后，又盛行刻花与篦划纹结合的装饰，在折沿盘盘心部位刻出折枝或缠枝花卉轮廓线条，然后在轮廓内以篦纹工具划刻复线纹；以双朵花常见。刻花还常常在花果、莲鸭、云龙等纹饰轮廓线的一侧划以细线，以衬托突出主题。

定窑印花装饰始于北宋中期，成熟于北宋后期，纹饰多在盘碗的内底部。布局严谨，层次分明，线条清晰，密而不乱。定窑瓷器印花取材于定州缂丝，所以一开始就具有较高的艺术水平。定窑印花装饰同时还受到金银器装饰技法的影响。所以，定窑印花瓷器在宋代印花白瓷中最有代表性，对南北方瓷窑有较大的影响。其题材以各种花卉纹最多见，还有动物、禽鸟、水波游鱼纹等，少量婴戏纹。花卉纹以牡丹、莲花多见，菊花次之。布局采用缠枝、转枝、折枝等方法，讲求对称；在敞口小底碗中印三或四朵花卉，碗心为一朵团花，有四瓣海棠花、五瓣梅花和六瓣葵花；不同于北方青瓷只一种团菊。禽鸟纹的孔雀、凤凰、鹭鸶、鸳鸯、雁、鸭，多与花卉组合，精品如布局严谨的织锦图案。印花龙纹[2]盘多见。北宋晚期丝织品上盛行婴戏纹，定窑印花器中也有婴戏图案。窑址出土标本和传世品种有婴戏牡丹、婴戏莲花、婴戏三果和婴戏莲塘赶鸭纹。

北宋早期定窑盘、洗、瓶等有些在口沿或圈足部分镶金属扣的，即所谓"金装定器"。《吴越备史》卷六记："太平兴国五年九月十一日，王进朝谢于崇敬殿，复上金装定器二

---

〔1〕　李辉柄、毕南海：《论定窑烧瓷工艺的发展与历史分期》，《考古》1987年第12期。
〔2〕　有专文研究定窑龙纹装饰，参见李文献《宋代定窑的龙纹装饰》，《河北陶瓷》1989年第4期。

千事。"定瓷金属扣的出现，有学者认为一方面与当时瓷器仿金银器风尚有关，另一方面可能是为了提高瓷器价值和彰显物主身份，而与覆烧法所产生的"芒口"现象并无直接关系[1]。如法库叶茂台辽墓花口盘等，其"芒口"可能是便于镶金属扣而为之，与覆烧法无关。但后期定窑覆烧法流行，镶金属口的一些产品可能就是为了弥补覆烧时口沿无釉的缺陷了。

（四）定窑瓷器铭文与定瓷的性质

定窑白瓷铭文有15种，多与宫廷有关，数量最多的是刻"官""新官"字款。"官""新官"款白瓷一般均制作精工，胎洁白细薄。器形以盘、碗为最多，釉色纯白或白中闪青，有的釉色白中泛黄；有的光素无花纹，有的带有刻划花或印花装饰。除少数几件在露胎底部直接刻划"官"或"新官"款，绝大多数作品均是在施釉之后入窑装烧之前以阴刻手法将铭文刻划于器皿底部[2]。

另外，在辽宁、北京、河北、河南、湖南、浙江等地的墓葬和遗址中也出土不少"官""新官"款白瓷。特别是在陕西西安唐长安城的安定坊遗址范围内，"官"字款白瓷一次出土33件[3]。目前，虽然除了在定窑遗址有"官""新官"款白瓷残片出土外[4]，在赤峰缸瓦窑也发现了"官""新官"款的匣钵和窑柱[5]，但从各地出土此类白瓷的造型、胎釉等各方面特征来看，大多数属于定窑产品。

出土与传世定窑白瓷铭文还有"尚食局""尚药局""五王府""食官局正七字""定州公用""会稽""易定""长寿酒"。这八种铭文中，红彩"长寿酒"杯为出窑后书写再经烘烤，其余都是在装坯烧窑之前刻划的。[6]

传世定窑白瓷还有一些带宫殿名称的字铭，这些铭文是瓷器入宫后，经宫廷玉工所刻。这类铭文有"奉华""德寿""凤华""慈福""聚秀""禁苑"等，以"奉华"铭文最多，"奉华"为宫殿名，传世定窑完整器物有折腰盘、小碗各一件，均藏于上海博物馆，故宫博物院收藏一件盘残片；汝窑和钧窑也有带"奉华"铭的瓷器，收藏于台北故宫。"德寿""慈福"也是宫殿名，文献中多次提到它们。从汝窑纸槌瓶底所刻"当日奉华陪德寿"诗句看，奉华似乎是德寿宫的配殿。"凤华""聚秀""禁苑"虽未见文献，但恐怕也和宫殿等建筑有关。[7]

传世品和发掘出土品中有大量带有字款的定窑瓷器，推测当时定窑被官府直接管理或

---

[1] 刘涛：《依据纪年资料对宋金定窑的观察研究》，《中国古陶瓷研究》第七辑，2001年版。

[2] 谢明良：《有关"官"和"新官"款白瓷产地问题的探讨》，《故宫学术季刊》1987年第5卷第2期。

[3] 王长启、成生安：《西安火烧壁发现晚唐"官"字款瓷器》，《考古与文物》1986年第4期。

[4] 刘世枢：《曲阳县定窑遗址发掘》，《中国考古学年鉴1987》，第106—107页；河北省文物考古研究所、北京大学考古文博学院、曲阳县定窑遗址文物保管所联合考古队：《河北曲阳涧磁村定窑遗址》，《中国文物报》2010年6月11日特刊。

[5] 冯永谦：《赤峰缸瓦窑村辽代瓷窑址的考古新发现》，《中国古代窑址调查发掘报告集》，文物出版社1984年版。

[6] 中国硅酸盐学会编：《中国陶瓷史》，文物出版社1982年版。

[7] 冯先铭：《中国陶瓷——定窑》，《冯先铭中国古陶瓷论文集》，紫禁城出版社、两木出版社1987年版，第204—205页。

为官府定烧瓷器的可能。南宋叶寘的《坦斋笔衡》记载："本朝以定州白瓷器有芒不堪用，遂命汝州造青窑器，故河北唐、邓、耀州悉有之，汝窑为魁"[1]，说明在"本朝"之前可能有定州白瓷一度被朝廷命令烧造的阶段。结合定州白瓷芒口器产生于北宋后期[2]的情况，定窑可能在宋代中后期之前被朝廷定烧。

（五）定窑科技考古研究[3]

定窑白瓷胎中含有较高的氧化铝（Al_2O_3），具有中国北方白釉瓷的特征。定窑所在的河北曲阳的涧磁村和燕川村周围，优质高岭土的储备较多，因而在总体上瓷胎的化学组成变化不大，基本上可以根据胎中氧化铝（Al_2O_3）含量大于30%和小于30%分成两大类。定窑白瓷原料主要采用灵山黏土，少量混以可塑性好的紫木节土之类的黏土；釉中氧化镁（MgO）的含量以滑石或白云石或其他含镁原料引入。定窑白瓷的烧造温度一般在1300℃，宋代的烧成温度略高于金代；定窑在开创阶段，晚唐时烧成温度已经达到1300℃。

定窑白瓷胎的特点是氧化铝（Al_2O_3）含量高，氧化硅（SiO_2）、氧化钾（K_2O）和氧化钠（Na_2O）含量低，同时含有少量的氧化钙（CaO）和氧化镁（MgO）。氧化钙（CaO）和氧化镁（MgO）的存在既可以作助熔剂，促使瓷胎烧结，提高致密度、降低气孔率，又可以作矿化剂，促进胎中莫来石的生成，有利于提高定窑瓷胎的机械强度。

定窑白瓷釉的特点也是氧化铝（Al_2O_3）含量高，氧化硅（SiO_2）、氧化钾（K_2O）和氧化钠（Na_2O），同时含有少量的（CaO）和氧化镁（MgO）。氧化镁（MgO）的含量一般在2%左右，氧化钾（K_2O）和氧化钠（Na_2O）的含量一般在3%左右，属钙镁釉或钙镁碱釉，即 $MgO\text{-}CaO\text{-}Al_2O_3\text{-}SiO_2$ 系统的"镁—灰釉"。"镁—灰釉"，以氧化钙（CaO）和氧化镁（MgO）为主要熔剂，有利于于形成薄釉层（0.05—0.10mm），显现出牙白色和好透光，从而提高了定窑花纹的显花效果。

定窑白瓷釉的显微结构中很少见残留物及小气泡，属透明釉。但胎釉之间亦有钙长石反应层，所以外观上还有乳浊的感觉。晚唐和五代定窑白瓷多白中泛青，说明其在还原焰中烧成。北宋以后，定窑白瓷开始出现白中闪黄的釉色，有观点认为是北宋后改用氧化焰形成的，也有观点认为是改以煤做燃料形成的，因为煤中多少含有些硫化物[4]。

三　2009年定窑涧磁岭遗址A区的发掘收获和认识[5]

2009年定窑发掘，考虑到定窑巨大的窑场面积和不同区域在不同时期分别为生产核心

〔1〕（宋）叶寘：《坦斋笔衡》，《文渊阁四库全书》一〇四〇册，卷二九，第十三页。
〔2〕李辉柄、毕南海：《论定窑烧瓷工艺的发展与历史分期》，《考古》1987年第12期。
〔3〕李国桢、郭演仪：《历代定窑白瓷的研究》，《中国古陶瓷研究》，科学出版社1987年版，第141—148页；李家治主编：《中国科学技术史·陶瓷卷》，科学出版社1998年版，第165—166、174—175页。
〔4〕李家治主编：《中国科学技术史·陶瓷卷》，科学出版社1998年版，第165—166、168、174—175页。
〔5〕河北省文物研究所、北京大学考古文博学院、曲阳县定窑遗址文保所：《河北曲阳县涧磁岭定窑遗址A区发掘简报》，《考古》2014年第2期。

区域的特点，为获得完整的时代序列，采取散点布方，避免大面积揭露，分小区进行发掘（图22-1-7）。在北镇村、涧磁岭、涧磁西、燕川村4个地点布方23个，加上扩方，发掘总面积976平方米，清理各类遗迹94处，其中窑炉11座、作坊12座、房基3座、灰坑45个、灶7座、墓葬2座、沟6条、界墙8道。地面调查结果表明，涧磁岭地区创烧时间略晚于北镇村，但却是北宋时期定窑生产中心，也是金代定窑高质量产品生产的中心，尤其是供御产品的集中产地。20世纪80年代河北省文物考古研究所对定窑的大规模发掘，涧磁岭是发掘的主要区域。2009年发掘为获得晚唐至金代各时期的地层资料，验证上述发掘的地层，在涧磁岭地区三处布方，取得了较重要的成果。

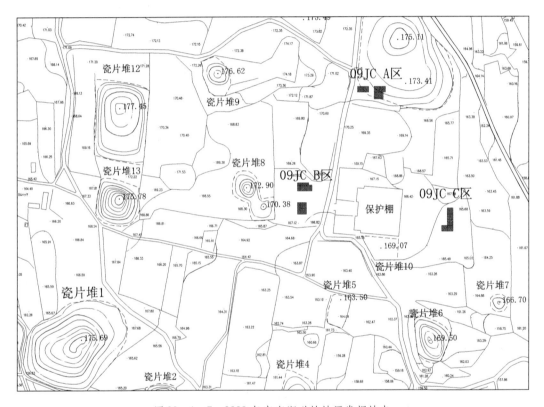

图22-1-7　2009年定窑涧磁岭地区发掘地点
（引自《河北曲阳县涧磁岭定窑遗址A区发掘简报》，《考古》2014年第2期，图二）

2009年发掘中涧磁岭分为A、B、C三个小区，A区发掘资料较为完整、清晰的反映了晚唐至金代定窑窑业生产的面貌，对于认识定窑各期贡御、装烧方法、装饰技法也具有重要价值。根据2014年涧磁岭A区的六组地层关系，遗物的器类组合、造型与胎釉特征、装饰技法与纹饰、装烧工艺等方面的特点和变化，发掘者将涧磁岭A区出土器物分为四期六段。

第一期前段，为唐末、五代时期，即10世纪前半叶或稍早，产品种类有青黄釉瓷、细白瓷、粗化妆白瓷和粗黑釉瓷。装烧方法上青黄釉瓷、粗化妆白瓷和粗黑釉瓷，采用三叶形支钉作为间隔具，明火裸烧法。细白瓷使用匣钵单烧法，碗、盘类使用漏斗形匣钵，匣钵内底垫砂，其上放置器物，器底可见粘砂痕；瓶、罐、注壶类主要使用直壁型匣钵装烧。

第一期后段，为北宋前期，即北宋建国至真宗天禧元年（960—1016 年）以前。与前段相比，青黄釉瓷碗的数量锐减，细白瓷数量占绝对优势。细白瓷均施釉不及底，足心无釉。粗黑瓷胎体厚重，但火候高，胎坚实。开始出现金属光泽的细酱釉瓷器（紫定），器形只有盏。代表器物有六曲花口直口深腹碗、侈口五曲花口斜曲腹圈足碗、竹节形长颈瓶。

装烧方法：瓶、罐、执壶类器除使用直壁形匣钵外，还开始采用两个漏斗型匣钵对扣的方法装烧。细白瓷中出现极少量内底带宽涩圈的碗盘残件，涩圈应是擦釉而成，是用于叠烧器物的简便方法。

第一期涧磁岭窑区的生产年代稍晚于北镇村窑区，其起始年代大致在唐末、五代初，表明定窑早期的生产中心从靠近通天河的北镇窑区向涧磁岭扩展。涧磁岭窑区产品创烧起点很高，并迅速进入第一个高峰期。在涧磁岭始烧时，定窑薄胎精品细白瓷已经成熟。这时期，定窑产品已经取代邢窑产品，成为北方地区精细白瓷生产的主要产地和代表性窑场。定窑产品已经定型，精品细白瓷从第一期前段占一半左右，到第二期后段成为主流产品。这种产品在全国范围内都有发现。

第二期为北宋中期，即真宗天禧元年（1017 年）至神宗元丰八年（1085 年）。遗物有重大变化。产品质量高，数量变少，但精细白瓷达 98.8%。中白瓷、青黄釉瓷消失，细酱釉瓷比例上升，细白瓷比例更大，粗化妆白瓷、粗黑瓷也有一定数量。本期最具代表性的器物为细白瓷直口深曲腹高圈足碗、侈口五花口斜曲腹高圈足碗、内底细线划花高圈足敞口盘。

第二期定窑北镇窑区处于停烧状态，燕川、野北窑区还没有创始，仅涧磁岭窑区在生产，而且遗存也不是很丰富，形成了定窑产量的低谷期和质量提升期。但本期是定窑有重大变化的时期，釉色出现了白中泛青向白中泛黄的转变，是使用煤作为燃料的开始；技术上开始变革，发明了覆烧法。此时，定窑产品是供北宋皇家使用的贡御品，并在辽代贵族墓中有发现。

第三期为北宋晚期，即哲宗元祐元年（1086 年）至钦宗靖康二年（1127 年）。细白瓷与前期相比有重大变化。胎不如之前细腻，火候仍高，但气孔和杂质多，釉色白中泛青转向白中泛黄。碗形支圈、匣钵等外壁常见红褐色火刺，推测是煤烧形成的。粗白瓷占一定比例，细酱釉不见，细黑釉不如第二期薄，釉无金属光泽，釉层较厚。

第三期是定窑器物种类、器形、装饰技法及纹样最丰富的时期。在产品中还出现了一些新的文化因素，比如涧磁岭 B 区地层中出有仿青铜礼器类器物。涧磁岭 A 区此时段发现了"尚食局"铭文直口碗，涧磁岭 B 区同时期地层中出土数件"尚药局"款识的盒，发掘者指出这与徽宗崇宁三年（1103 年）至靖康元年（1126 年）的"六尚局贡"有关。涧磁岭是这一时期的中心产区，质高量大。同时，十几里外的燕川、野北窑区开始创烧，质量比肩于涧磁岭窑区，北镇窑区则开始复兴，定窑开始走向繁荣的轨道。

第四期前段为金代前期，即北宋灭亡（1127 年）至金代海陵王正隆五年（1161 年）。

细白瓷胎质不及第二期以前各段细密，胎体气孔明显增多。胎仍薄而坚致。釉色白中泛黄，光亮度也不及第一、第二期（煤烧形成）。细白瓷器形有碗、盏、杯、钵、盘、碟、盒、器盖、小瓶等。比较有代表性的是敞口斜曲腹盘、薄唇碗、斜曲腹盘等。细黑釉瓷有碗、盘、罐、钵等，釉面不甚光亮，多泛木光，棕色、褐色间杂。新出现一种釉色灰青产品，胎比细白瓷略深，不施化妆土，直接施略带乳浊性的透明釉。装饰上，细白瓷仍以素面为最多，满印花装饰更加流行，有缠枝花卉、水禽、水波鱼纹等。刻、划装饰依然很多，但所占比例锐减。粗化妆白瓷开始流行白釉酱彩装饰，在内壁饰三个或五个褐彩点。

装烧工艺，细白瓷均为满釉芒口，即为环形支圈与筒形匣钵组合覆烧。粗化妆白瓷、粗黑瓷、灰青釉瓷采用的涩圈叠烧法，极少细白瓷也采用。

第四期是定窑制瓷业最为繁盛的时期，生产规模与产品数量皆达到最高峰。在涧磁岭区，多见这一时期的环形支圈；在涧磁岭 A 区、C 区最厚、最丰富的地层均为金代；北镇区再度繁荣，涧西区在金代后期出现了短暂而繁荣的窑业生产；燕川、野北区迅速达到生产顶峰，在发掘中清理了厚达 3 米，包含物高度密集的地层。

第四期后段为金代中后期，即金世宗大定元年（1161 年）至蒙古军队占领曲阳的兴定三年（1219 年）。

细白瓷为主，质量与之前比进一步下降。釉色黄白，釉面光亮度下降，多泛木光。但与涧磁西窑区，燕川区等其他定窑瓷区相比，涧磁岭 A 区产品质量仍属于上乘。灰青釉瓷出现一种胎体变厚，胎色泛灰，外施青灰色透明釉，釉色呈偏青绿色的品种。器类仍以碗、盘为主，另有少量杯、盏、盒等。本段代表性器物有敞口薄唇深曲腹碗、宽唇深曲腹钵。

装饰上，细白瓷仍以素面为主，印花装饰达到顶峰，并开始用于细黑釉上，但刻、划花绝对数量仍高于印花。器形主要为碗、盘，表现出与其他产品不同的特征，胎体较为精细，釉色洁白光亮，施釉规整，多在碗、盘内底或外壁刻划龙纹。在这类器物中发现了"东宫"款。表明此段定窑仍在生产贡御产品。这类产品比列很小，且与其他产品同出，表示贡御产品不存在单独的窑场。

装烧方法与前端大体相同，外壁带火刺的环形支圈比例增大，可见环形支圈组合覆烧法在此时占据主要地位。

四　小结

瓷器生产发展到唐代，出现了以越窑为代表的南方青瓷和以邢窑为代表的北方白瓷。定窑始于唐代，时代上晚于邢窑，由于原料情况相近，定窑制瓷业是从向邢窑模仿开始瓷业生产的。而越窑在唐五代时期作为当时极具影响的窑址，也对定窑产生了积极的影响，比如在造型、纹饰、技法上。

定窑制瓷生产形成自己独特风格后，影响非常广泛，如北京龙泉务窑、山西平定窑、盂县窑、霍州窑、阳城窑、介休窑等，四川彭城窑，河北磁州窑，陕西耀州窑，江西景德镇窑、吉州窑，安徽宿州窑、泗水窑等在宋金元时期也都有仿定产品。

地理位置相近的定窑与磁州窑制瓷曾在不同时期相互影响。定窑与磁州窑在北宋前期的联系表现为定窑对磁州窑的单向影响，北宋后期两窑技术互相影响。元代以后，定窑和磁州窑先后进入衰败期，定窑转向生产磁州窑类型瓷器，两窑的联系表现在磁州窑对定窑的单向影响。[1]

从目前窑址发掘的地层来推测，当时金代定窑的产量相当可观，确实是定窑的极盛期。但是，对定窑历代生产水平的整体认识，还需要更全面更多的发掘资料来证明。

第二节　河北省磁州窑遗址的考古发掘与研究

磁州窑，系指宋元时期河南彰德府磁州境内的窑场。该窑场是中国北方最大的民窑之一，中心区在今河北省磁县西南，距县城约 40 公里漳河流域的观台窑（南邻今河南省安阳县），其次还有冶子、东艾口和观兵台等窑址；至元代制瓷中心又逐渐移到滏阳河上游的彭城、临水、富田等窑址（诸窑址今大都被压在现代建筑之下，图 22 - 2 - 1）。其中今河北省磁县观台窑址位于观台二街村北，主体部分在一条南北向的舌形台地上，南高北低，坡度平缓。窑址南北长约 800 米，东西宽约 600 米，总面积约 50 万平方米。该窑址是漳河流域诸窑中创烧时间最早，延续时间最长，窑址面积最大，残存状况保存最好，内涵最丰富，最具典型的磁州窑址。1952 年观台窑址首次见于考古报道[2]，并于 1958年[3]、1960—1961 年[4]、1963 年进行过发掘或者调查[5]。1987 年 3 月至 7 月对观台窑址进行了较大规模的发掘，发现窑炉遗迹 10 座，出土瓷片 30 余万片，出土完整或可复原的瓷器及其他遗物 9870 件，并出版了《观台磁州窑址》发掘报告[6]。下面即据该发掘报告，对观台窑址及其研究成果略作概括介绍。

一　窑炉的形制与结构

在已发现的 10 座窑炉中，全部清理的 7 座[7]。其中 Y2—Y6 是一组联窑（图 22 - 2 - 2），形制结构相似，以 Y3 保存最好。Y8 在 10 座窑炉中规模最大，结构与 Y3 有别，下面以 Y3 和

〔1〕　秦大树：《论磁州窑和定窑的联系和相互影响》，《故宫博物院院刊》1999 年第 4 期。
〔2〕　陈万里：《调查平原·河北二省古代窑址报告》，《文物参考资料》1952 年第 1 期。宋代文献未提到磁州窑，最早记载磁州窑首见于明洪武年间曹昭的《格古要论》，此后磁州窑仍长期处于不明的状态。对磁州窑的新认识，发端于 1921 年北平历史博物馆对巨鹿故城发掘所见的"磁器"（《钜鹿宋代故城发掘纪略》，《国立历史博物馆丛刊》第一册，1927 年）。但是，直到 1951 年陈万里才在调查中发现了观台窑和冶子窑。
〔3〕　河北省文物局文物工作队：《观台窑址发掘报告》，《文物》1959 年第 6 期。
〔4〕　《发掘观台宋元民办瓷窑的收获》，《光明日报》1962 年 12 月 18 日。
〔5〕　李辉炳：《磁州窑址调查》，《文物》1964 年第 8 期。
〔6〕　北京大学考古系、河北省文物研究所、邯郸地区文物保管所：《观台磁州窑址》，文物出版社 1997 年版。
〔7〕　前引《观台磁州窑址》记述 Y1 窑址破坏严重，似为烧"釉灰"的窑，时代属二期后段（分期后文有说），出"崇宁重宝"和"政和通宝"，在北宋徽宗之时。Y2—Y6 是一组联窑，使用年代属二期后段偏早。Y2 时代最早，Y5 属北宋徽宗朝。Y4 窑室较小（出 12 枚宋钱，以"元祐通宝"最晚），炉栅低矮，后壁只有一排烟火孔，可能是烧低温釉的烤花窑；Y5 是诸窑中唯一为纵长方形的窑床。Y6、Y7、Y9、Y10 未清理或未全部清理，Y7 属二期前段稍晚，Y8 和 Y9 是一组联窑，时代为四期后段稍早（元后期），Y10 属二期前段。

Y8 为例略作介绍。

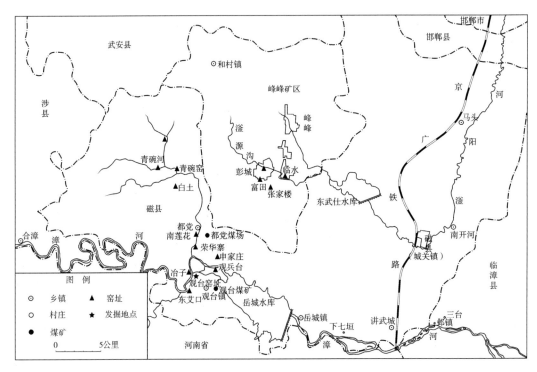

图 22 – 2 – 1　磁州窑窑址分布图

（引自《观台磁州窑址》，文物出版社 1997 年版，第 3 页）

（一）三号窑炉（Y3）的形制结构

Y3 为马蹄形馒头窑，总长 7.36 米、宽 4.17 米、残高（从火膛底至最高处）3.12 米，方向北偏东 25 度，由窑门、火膛、窑室、烟囱和护墙 5 部分组成（图 22 – 2 – 3、图 22 – 2 – 4）。窑门高 2.22 米、宽 0.45—0.7 米，侧壁平砖顺砌，顶部用两根粗大的废窑柱搭成"人字拱"起券。在距离火膛底 0.66 米处两边各向内凹 0.1 米，以便装窑后架上一块大型耐火砖，上边砌砖封门，其下形成 0.45×0.6 米的进风口。门前有一扇形凹坑，低于窑门前工作面 0.53 米，凹坑长 0.71 米、宽 0.98 米，与进风口相通，二者共同形成窑炉的进风道。

火膛呈半月形，长 1.98 米、宽 3.51 米，低于窑床面 1.38 米，卵石掺泥铺底，火膛炉栅保存较好。炉栅由废匣钵柱、砖和窑柱垒成，下面用废匣钵垒成四排匣钵柱，匣钵柱之间搭上砖和废窑柱形成密闭的炉栅网。炉栅下有大量煤灰渣，窑门处尚存未烧过的煤块。

窑室内的窑床呈长方形，长 2.3 米、宽 3.54 米，前高后底，窑床上铺一层厚 3—5 厘米白色和米黄色石英及碱石颗粒。窑床由碱石和石英砂粒烧结面，黄色砂粒和小块河卵石混合层，细腻的红烧土和河卵石夯层、褐黄色填土共四层构成。窑床前端平砖砌挡火墙，砖前抹耐火泥。炉壁用长方形耐火砖和近方形的楔形耐火砖顺砌，前部砌单层砖，后部砌双层砖，内壁抹耐火泥，从火膛起2.3米处开始发券内收。后壁有排烟孔两排，下边一排10个排烟孔较大，宽0.1—0.17米、高0.16—0.22米；上边残存4个排烟孔口较小，宽0.09—0.12米、高0.04米—0.06米。排烟孔中塞有碎砖和残匣钵，以控制排烟量。

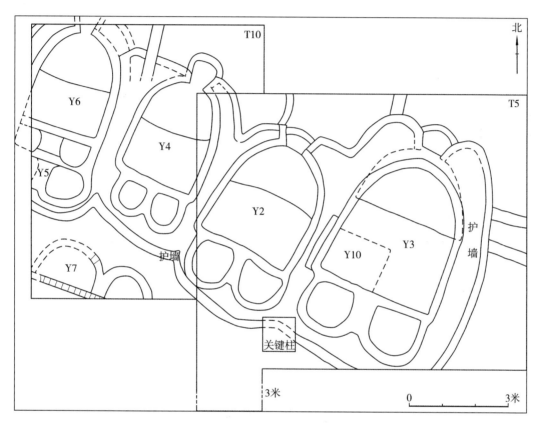

图 22 - 2 - 2　Y2—Y6 窑炉遗迹分布图

（引自《观台磁州窑址》，文物出版社 1997 年版，第 19 页）

　　窑炉后部有2个半圆形烟囱，各与下排的5个排烟孔相通。烟囱基部条砖顺砌，往上用废窑柱和匣钵片等废料砌筑。东烟囱顶部内径（下同）长1.15米、宽1.48米、残高1.31米。西烟囱顶部内径长1.27米、宽1.2米、残高1.38米。烟囱近底部最粗，向上渐细，径差0.27米。窑壁外用大块卵石和废窑具砌护墙以保护窑体和保温，窑壁与护墙间隔约1米之内填土。

（二）八号窑炉（Y8）的形制结构

　　Y8为马蹄形馒头窑，其形制与Y3基本相同，但具体结构有差异。Y8总长8.35米，宽6.5米，残高5.03米，方向北偏东20度（图22 - 2 - 5、图22 - 2 - 6）。

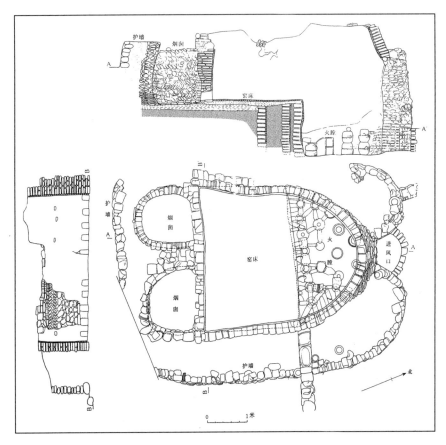

图 22 - 2 - 3　Y3 平剖面图

（引自《观台磁州窑址》，文物出版社 1997 年版，第 22 页后）

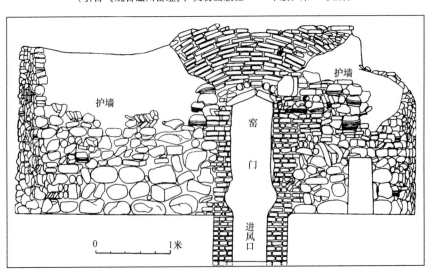

图 22 - 2 - 4　Y3 窑门正视图

（引自《观台磁州窑址》，文物出版社 1997 年版，第 23 页）

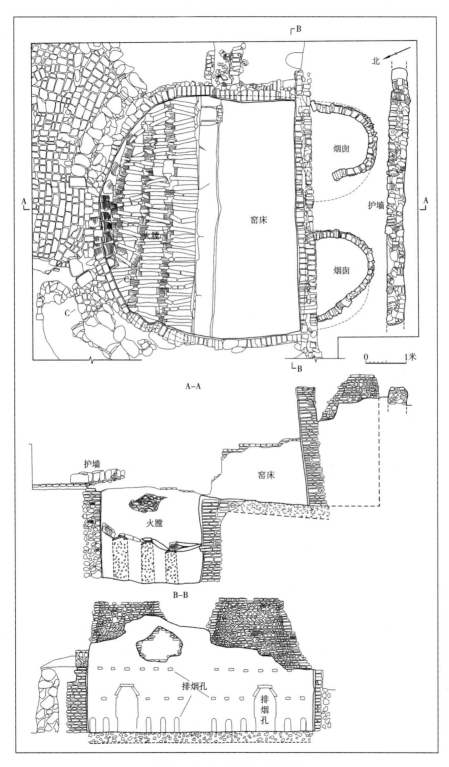

图 22 - 2 - 5　Y8 平、剖面图

（引自《观台磁州窑址》，文物出版社 1997 年版，第 32 页后）

图 22 - 2 - 6 Y8 进风道平、剖、正视图

1. 平面图 2. 正视图 3. 剖视图

（引自《观台磁州窑址》，文物出版社 1997 年版，第 33 页后）

　　窑门位于火膛顶端（已损坏），火膛呈半月形，长 2.73 米、宽 5.6 米、深 2.15 米、底部为一层褐色硬结面，略下凹，其下为卵石和红烧土构成的夯层。火膛中炉栅保存较好，其结构是在火膛中筑三道灰渣墙，墙中相隔一定距离有一匣钵柱支撑，灰墙上覆扣筒形匣钵残片，其上密置特制的炉条（炉栅）。火膛壁下部用大块卵石砌筑，中部用残筒形匣钵覆扣和叠砌，接近窑前地面处的上部用耐火砖平砌。进风道在火膛左前方，方向 240 度，砖砌券顶式，河卵石铺底，两侧壁条砖和卵石砌筑，宽 0.73 米、高 1.6 米[1]。

---

[1] 前引《观台磁州窑址》32 页记述：进风道向外延伸 1.7 米，与旁边的 Y9 风道合一后向东分三级升出 Y8 前的工作面。"火膛的出灰问题尚无法确定，也许需要拆去炉条清灰"。

窑室内的窑床长 2.73 米、宽 5.64 米，前高后低，高差 0.26 米。底部由米黄色碱石颗粒层，红褐色烧结层，碎卵石层三层构成。挡火墙高 2.1 米，条砖纵砌，上部砖两层，外部抹耐火泥，挡火墙中部凸出两排砖以搭放炉条。后壁中间有两个五边形大排烟孔，高 1.08 米、宽 0.5 米。旁边和上方有三排小排烟孔，下排 10 个排烟孔紧挨窑床，左右各 5 个，分别通向两个烟囱，排烟孔高 0.29—0.33 米，宽 0.11—0.15 米。中排 9 个排烟孔下距窑床 0.7 米，东侧 4 个，西侧 5 个，高 0.06 米，宽 0.1—0.12 米。上排 12 个排烟孔下距窑床 1.5 米，其大小与中排相同。排烟孔内都塞有砖头和残匣钵片，以调节排烟量。烟囱呈不规则半圆形，东侧烟囱长 2.04 米、宽 2.33 米、残高 3.07 米。西侧烟囱长 1.89 米、宽 2.35 米、残高 3.17 米。烟囱用废窑柱、匣钵、碎砖和大块炉渣砌成，厚 0.2 米。窑炉外有护墙，两者之间填土。

（三）Y3 与 Y8 窑炉形制结构略析

上述窑均为半倒焰式马蹄形馒头窑，其中 Y1 为烧釉灰的窑，余者皆为瓷窑。由于在 Y2、Y3 窑进风口底部和窑门旁皆残存未用之煤，Y2、Y3、Y6 炉栅下都有煤渣，说明诸窑已以煤作为燃料，是目前北方有相对准确年代的最早烧煤窑炉（磁州窑附近是煤产区）。由于燃料用煤，窑炉结构较柴窑也发生变化。即窑床由正方形改为横长方形，缩短了烧成距离，解决了燃煤火焰短、窑内前后温差过大的弊端，而窑内衬筑耐火砖则能耐高温烧成，保持窑内良好气氛，缩短烧成时间，提高产品质量。此外，窑炉燃料室（火膛）面积增大，出现炉栅（炉条），贮灰坑和通风道、排烟孔密集，烟囱加粗增大，以增加火力和抽力，使窑炉迅速升温并形成半倒焰。由于窑炉温度高，窑炉近火部位则使用耐火材料。

从窑炉结构来看，Y3 与 Y8 有较大差异。Y3 进风口与窑门连为一体，Y8 进风口与窑门分开，窑门在火膛之上，这样 Y8 窑更便于装窑和开窑，可增加专用通风道，并利于处理煤火和煤灰。Y3 炉栅用废料，形制不规范，出灰须拆炉条；Y8 出现专用的炉栅和进风道，从进风道亦可出灰，已是相当成熟的烧煤的窑炉。Y8 较 Y3 的火膛、窑床面积增大，窑室增高，火力和装烧量均大于 Y3。Y8 较 Y3 的烟囱粗大，排烟孔数量多，排烟面积大，可增加抽力，提高窑温。从时代来看，Y2—Y6 是一组联窑（图 22 - 2 - 2），各窑均压在二期前段（宋神宗、宋哲宗时期）地层上，正处于二期前、后段之间，其使用年代当居二期后段（宋徽宗、宋钦宗两朝至金海陵王时期）偏早的北宋晚期。由于二期前段尚处于柴窑和煤窑并用向煤窑过渡阶段[1]，以此结合 Y3 的形制结构判断，Y2—Y6 一组联窑仍属于观台煤窑的早期形态。但是，在 Y3①层的素胎佛龛上有"天德四年（金海陵王年号，1152 年）五月五日记杨家制"划刻铭文，故此应为 Y3 使用年代的下限[2]。Y8 的使用年代在四期后段（元后期），其形制结构属观台磁州窑残存窑炉的最后形态[3]。由于在二期后段地层中出土有零星的专用炉条，第三期地层中出土了专用炉箅和炉条[4]，据此结

〔1〕 前引《观台磁州窑址》第 474 页。
〔2〕 前引《观台磁州窑址》第 24 页。文中说 Y3 为最后一窑的遗存。
〔3〕 秦大树：《论磁州观台窑制磁工艺、技术的发展》，《华夏考古》1996 年第 3 期。
〔4〕 前引《观台磁州窑址》第 476、478 页。

合 Y3 年代下限，似可认为磁州窑的窑炉从 Y3 向 Y8 形制结构转化的苗头在金中后期，其完成则在金元之际或入元以后不久。

二　窑具、作坊、作坊具与成型工艺

（一）窑具

窑具，指器物施釉后入窑烧成阶段所用各种辅助用具和工具。其对于了解和研究各时期制瓷工艺技术的发展变化，以及器物的装烧方法，燃料构成等有重要意义。

观台磁州窑址出土的窑具，可分为匣钵类，包括匣钵、匣钵盖、匣钵圈、垫饼；支垫具，有支顶钵、窑柱、托座、支垫、垫片、垫环、支圈；间隔用具，有三足垫饼、三叉形支架、支钉、球形填料；试火器，有拉柱、火照；窑炉构件：炉箅、炉条、窑砖等。其中的匣钵、窑柱和炉条等用制作大缸的"缸土"，加石英和含铁、钛较高的自然风化的石沙粒，并添加一些熟料（即捣碎的烧成瓷器）制成，故胎质较粗硬，可承重。用于间隔器物与匣体及器物与器物的窑具，用瓷土制成。观台窑址所出窑具的具体情况，发掘报告有详细介绍[1]。下面所述装烧技术中还将具体涉及，故在此不赘述。

（二）作坊和作坊具

作坊发现 7 座，残迹保存不好。其中四号作坊（F4）似制坯作坊，五号作坊（F5）似施釉作坊。炉灶发现 8 座，残毁，完整形制不明。发现胎料堆 4 处，煤堆 1 处，颜料堆 1 处。

作坊具，系指制瓷窑场用于粉碎加工原料和瓷器成形的制坯、施釉、装饰，到入窑烧成以前使用的工具。作坊具中有母范 13 件[2]，完整或可复原的 8 件。计有枕母范、花盆母范、研磨杵母范、小鞋母范、菩萨头母范、蹲狮母范、小龙母范。模范发现 210 件[3]，可复原的 48 件，完整的 18 件。这些模范主要用于生产低温釉瓷器和少量白釉，黑釉瓷器。计有盘模范、器盖模范、盆模范、熏炉模范、枕模范、花盆模范、花瓶模范、器座模范、如意形把手模范、瓷塑人物模范、瓷塑动物模范、菩萨头模范、佛背光模范、罗汉模范、狮子莲花座模范、瓦模范、鸱吻模范、脊饰模范、塔形器模范等。工具有石碾槽（加工化妆土）、小碾槽、石杵、夯，以及小碾轮、方台和方砖工作台等。

（三）成型工艺

观台窑二期开始烧制仿定精瓷，胎体薄，因而对胎施削（"利坯"）要求较高。仿定瓷器拉坯后，在无承托物的情况下旋削成薄胎器物，这就要求胎泥经过特别的陈腐、炼制，使其有较高的强度和可塑性，同时也要求有精湛的利坯水平，这是观台窑成形工艺的重要进步。从第二期开始，观台窑出现大量的模制器物和模印花装饰，并在金代后期达到

---

[1]　前引《观台磁州窑址》第 417—452 页，对窑具的形制和型式有详细介绍。
[2]　母范指制作各种模制器物和模印花纹的样本或原型。其功用是翻制模范，模范再用于器物成形。均瓷土制作，制作规整，纹饰均阳文，实心，高温烧制而成。
[3]　模范用于脱制器物坯体和印制花纹的工具。使用时将瓷土泥片在模范内压贴，两范相合使器物成形。模范多有器物成形和印花的双重功能，即模印花，模范俗称模子。

繁荣时期。器物的种类突破了一般日常生活用瓷，开始生产一些陈设性艺术瓷、宗教用瓷和建筑用瓷，这是制瓷业高度发展的表现。同时器物的种类也突破了圆形的碗、盘、瓶、罐、盆类，由于许多器形的器物不能用拉坯来形成，故观台窑开始普遍使用模范制坯。观台窑主要采用半范脱模（几乎未见内范，说明还未出现用铸浆法模制器物），然后粘接的方法，采用泥片压印成形。观台窑发现的模具上多刻有很深的花纹，制出的花纹具有浮雕或半浮雕的效果。这种花纹模制成形后，须经过进一步的修整雕刻，这是观台窑在制瓷业中比较独特的一种技术[1]。

三　出土瓷器的釉色、器形和装饰

（一）白釉、黑釉、棕黄釉瓷器的器形和装饰

1. 白釉瓷器的器形和装饰

白釉瓷器胎体上施一层白色化妆土，罩透明釉，或加上各种装饰以后再罩一层透明釉，入窑烧成。白釉瓷有丰富多彩的装饰，如划花、刻花、珍珠地划花、剔花、黑剔花、白地黑花、白地绘划花、印花等。白釉瓷器在观台窑数量最多，出土比例最大。器形有碗、盘、钵、唾盂、盏托、注壶、盒、器盖、炉、瓶、罐、盆、钵形盆、枕、洗、盂、暖盘、瓮、花盆、轴顶碗、荡箍、器座、鼓凳、支架、玩具、坠、瓷塑人物和棋子。其中以碗数量最多（一些地层中其比例甚至超过95%），型式最复杂，变化最丰富；盘次之。

2. 黑釉瓷器的器形和装饰

黑釉瓷器出土数量仅次于白瓷，在最晚期的地层中甚至超过了白瓷。主要器形有碗、盘、钵、唾盂、盏托、注壶、盒、器盖、炉、瓶、罐、盆、钵形盆、枕、花盆、轴顶碗、荡箍、擂钵、急须、腰鼓、烛台、玩具、坠、瓷塑人物、瓷塑狮子、瓦钉帽等。黑釉瓷器由于含铁量高低及窑炉气氛、烧成温度等因素的影响，颜色有漆黑色、褐黑色、酱黑色、棕红色、酱红色和褐绿色等数种。其中较特殊者，是一类黑釉碗、钵、罐等器口加上一道白色口边，称为"黑釉白边"或"白覆轮"。另一类是一件器物上施二种不同色釉，常见的是内壁施白釉，有的还加划花、酱彩、剔花和白地黑花等装饰，外壁施黑釉或酱釉。观台窑黑釉瓷的装饰有酱彩、油滴、兔毫、黑釉刻花、黑釉花、黑釉凸线纹和模制器物等。

3. 棕黄釉瓷器的器形和装饰

所谓棕黄釉瓷器，外观上比较接近青瓷，但又不同于一般意义上的青瓷。其釉色多呈棕黄色、黄绿色和褐绿色，在器物的凹槽和转折处等釉厚处呈黑褐色，有大小不同的开片，晶莹玻璃化程度高，透明感强，在釉与胎交界处呈棕红色（见《观台磁州窑址》，以下简称报告，彩版二六、二七）。另一部分呈墨绿色或黄绿色，不开片、发木光或半木光，无透明感，称"芝麻酱釉"。其器形和装饰技法与白瓷接近，一般出于较早的地层中。器形主要是日用饮食器，如碗、盘、钵、盏托、器盖、炉、瓶、罐、钵形盆、荡箍、玩具等。装饰如白瓷的划花、珍珠地划花、刻花、外壁刻莲瓣纹和印花等，也有如黑釉瓷的仿

---

〔1〕　见前引《论磁州窑观台窑制磁工艺、技术的进步》。

黑釉白边的白口等。

（二）出土仿定瓷器的釉色和器形

仿定瓷器在造型、纹饰和釉色等方面及其基本特点均与定窑产品相似，故名。仿定瓷器是磁州窑生产的一种精细瓷器，可分为白釉、黑釉、酱紫色釉和绿釉。其特点是不施化妆土，器物转折等釉厚处可见大量微细的小气泡，釉层带有乳浊性，多有开片。胎土经特别淘洗加工，胎质细腻，胎色较浅，呈白色、白灰色、黄白色。不同胎色透过釉层呈现不同的颜色，多数呈淡雅的青灰色，略带影青色调；部分呈赭白色，极为雅致；少数呈米黄色，接近北宋中期以后定窑白瓷的色调。在较早地层中的仿定瓷器制作较精，胎色较白，胎质细腻，晚期地层的仿定瓷器变得粗糙，质量下降。仿定瓷器全部是日用食器和水器，以素面为主。仿定瓷器釉色和器形主要有以下三种。

1. 白釉仿定器

白釉仿定器（报告彩版二八）出现于中期（早晚期无），数量多，其比例在器物群中居第二位（超过黑瓷）。由于此类瓷器胎壁很薄，破碎严重，基本未出完整器，可复原的也寥寥无几。主要器形有碗、盘、钵、唾盂、盏托、注壶、注碗、盒、器盖、香熏盖、瓶、罐、器座和玩具等。

2. 黑釉仿定器

黑釉仿定器是黑釉中的精品（报告彩版二九），主要出于中前期地层，其兴盛早于观台窑白釉仿定器，但数量不多，器类也少于白釉，有碗、盘、器盖和罐等几种。黑釉仿定器多数釉色漆黑光亮（与定窑精品相似），也有棕色和棕红色的酱釉（与"紫定器"釉色相同）。多数器物往往外壁用酱釉，内壁用黑釉或外壁黑而内壁紫。还有一些外壁施黑釉或酱釉，内壁施白仿定釉。

3. 绿釉仿定器

绿釉仿定器大部分是在已烧成的白釉仿定器上再施绿釉，入烤花炉烧成，少量在仿定器素胎上施绿釉，因此其胎质、胎色、器形与白釉仿定器相同。绿釉仿定器的出现与低温绿釉的兴起和繁荣同步，均出现于中后期地层，数量不多，器形仅见于碗、盘、盒、器盖4种。

（三）低温釉瓷器

低温釉瓷器都是彩瓷，主要有绿釉、黄绿双色釉、黄釉、红绿彩（包括红彩、绿彩、红绿双色和红绿黄黑多色彩）、翠蓝釉（一般称翡翠釉）等。均以瓷土做胎或直接在已烧成的白釉瓷器上加彩釉（不同于唐三彩釉陶），用含铜、铁、钴、锰等元素的矿物作釉料的着色剂，同时在釉里加入铅或铅的氧化物作助熔剂，使表层彩釉在800°左右低温下即可烧成，并色泽鲜艳明亮，透明性强，富有流动感。观台窑低温釉瓷器的制作方法有二，一是用瓷土制成各种器物或瓷塑的坯件，在不施釉的情况下入瓷窑高温烧成各种彩瓷半成品——素胎器，然后施各种彩釉，入烤花炉用800°左右低温烧烤。二是在已烧成的白釉瓷器上，更多是在生烧白釉瓷器上施一层低温釉，或仅用彩釉在有关部分加点颜色（为人物五官或衣服的某些部分），入烤花炉烧成。低温釉胎质疏松，剥釉现象较多。绝大多数出于中期地层，器类除饮食器外，还出现陈设性艺术瓷器、佛像、佛龛等宗教用瓷，以及瓦件、脊饰等建筑用瓷。具体情况如下：

绿釉瓷器中的生活用具大多在生烧的白瓷器上施釉，装饰技法亦同于白釉瓷器。由于绿釉透明性较强，白釉瓷上的装饰可清楚显现，在绿釉下别具韵味。即形成了绿釉酱彩、绿釉划花、绿釉剔花、绿釉黑剔花和绿釉黑花等多种装饰。素胎上直接施绿釉大部分是建筑用瓷和陈设瓷器，大部分采用模制和模印花，造型复杂，花纹凸起或很紧密。

黄绿釉瓷器指在一件器物上施黄绿两种釉，几乎都在素胎上直接施低温釉，大多模制或带有印花装饰。黄绿釉瓷器一般以绿釉为主，黄釉作为点缀和装饰。绿釉瓷器在排除反铅的干扰后，可看出正烧的绿釉，大体有三种颜色。一为深绿色（直接在素胎上施釉，较深的胎上映上来，使釉色变得较深），二为翠绿色（在白瓷上施绿釉或在素胎上施化妆土，在洁白的化妆土和白釉映衬下，使釉色显得新鲜明亮），三为稍稍有些发黄的淡绿色，是一种独特配方，在窑址中发现不多。所出瓷器主要有以下四种。

生活用具。以单色绿釉为主，黄绿釉极少，在白釉瓷器上直接施绿釉的主要在此类中。绿釉生活用具有碗、盘、钵、盏托、注壶、器盖、烛台、炉、熏炉、熏盖、瓶、罐、盆、枕等。

陈设性艺术瓷。发掘中出土素胎陈设瓷较多，绿釉的较少且残碎，器形有花盆、花瓶和器座三类。

宗教用瓷。以民间使用的各种小件佛像、龛、塔类为主，寺庙中所用法器较少。绿釉和黄釉中宗教用器不多，在素胎坯件和模具中有较多发现。绿釉器中有狮子莲花座和力士两类。

建筑用瓷。主要有各种瓦、火焰宝珠、瓦钉帽、脊侧贴饰、鸱吻、脊饰和塔形器等。

四　出土瓷器胎釉成分、显微结构与化妆土和斑花石胎体成分、显微结构和烧成温度[1]

观台窑瓷器胎体的化学成分，以含硅（SiO_2）、铝（Al_2O_3）、铁（Fe_2O_3、FeO）和钛（TiO_2）为主，其化学成分与当地的大青土相合[2]，故胎料为大青土[3]。由于大青土中铁、钛含量较高，所以烧成的瓷胎色较深，多呈灰，灰褐或棕灰褐色。其中的仿定瓷不施化妆土，要求胎体较白，因而胎体铁、钛的含量很低，说明仿定瓷的胎体似经过特别的去铁、钛的处理加工。

---

[1]　见《观台磁州窑址》附录一《观台窑出土瓷片的组成、结构分析》，附录二《观台窑出土瓷片的 X 荧光分析法测定及其制造工艺探讨》。

[2]　《观台磁州窑址》第 546 页记述大青土化学成分组成变化范围是 Al_2O_3，22.52—39.75％；SiO_2，44.65—65.53％；Fe_2O_3，0.7—5％；灼烧减量 6.66—14.31％。

[3]　李家治主编：《中国科学技术史·陶瓷卷》，科学出版社 1998 年版。该书 402 页说：磁州窑制坯原料主要采用大青土和白土。青土和白土都为软质黏土，大青土含有较多的植物质和碳素之类的有机质，其塑性比白土好，但烧成时收缩率大，易变形。而白土中所含 K_2O 和 CaO 量较少，即含有熔剂量低，故两者配合制胎，以相互补配而制成更合用的瓷胎。其配合制胎的大致用量范围为：大青土用量为 70％—80％，白土则为 20％—30％。

胎体显微结构中存在大量玻璃相，说明观台窑瓷器的烧结较好，烧成温度较高，原料处理也比较精细。对胎体进行 X 射线衍射分析，发现大部分瓷胎中含有石英（Qu）、磷石英（Fri）、莫来石（A_3S_2）和 Fe_2O_3 晶体，还含有少量钙长石（CaS_2）晶体。用电子探针微区分析技术对胎体局部进行分析，发现胎体中有莫来石的团聚体。此外，胎体中还有一些气孔，气孔周围往往富集着一些亮度大的铁结晶颗粒[1]。对胎体进行物理性能测定，观台窑瓷片的吸水率和气孔率，在北方磁州窑系诸窑中较低，其瓷化程度和胎体致密度较高。瓷器瓷化程度，主要取决于胎体成分的硅铝比值，硅铝比值高（一期前段和四期后段硅铝比值较高），所需烧成温度低，在相同烧成温度下更易成瓷。一般而言，观台窑瓷片胎体 Al_2O_3/SiO_2 值较高，但熔剂（CaO、MgO、K_2O、Na_2O）含量较低，所以瓷胎烧结要求的温度较高。若实际烧成温度达不到其烧结温度，则出现生烧现象。按现代瓷器标准来看，观台窑多数样品的吸水率和显气孔率仍较高，烧成温度也低于标准瓷器。标准瓷器烧成温度当在 1200℃ 以上，观台窑瓷片样品测定的烧成温度多在 1140—1160 ± 20℃ 之间（个别高者达 1280 ± 20℃，低者仅 1070 ± 20℃），故观台窑瓷器多属生烧。总的来看，观台窑瓷片胎体的化学成分和物理性能并无明显的时代变化规律，其中第一期前段和第四期后段及第三期白地黑花瓷片胎质较好，主要是与制瓷原料硅铝比值有关。第三期个别标本胎体致密度较好，是由于烧成温度高和烧成时间较长造成的。瓷胎硅铝含量变化很小，表明观台窑从第一期到第四期其瓷胎的原料来源和工艺配方未发生过明显的变化，很可能是一元配方。观台窑瓷器都是在氧化或强氧化气氛中烧成的，其中第一期标本还原值比较高，这应与用木柴为燃料、窑内容易产生还原气氛有关。

（一）釉的成分和显微结构

1. 釉的成分

白釉瓷的釉为石灰（钙）碱釉，三、四期标本釉的化学成分与水冶白釉土相似，即使用水冶白釉土，又掺入一些添加剂作为釉料。早期釉料来源不明，其硅铝比值很高，故早期釉色晶莹光润。黑釉釉料是粉砂质伊利石黏土，即原生黄土。黑、白釉料分类中铁元素起主要作用，黑釉铁含量在 3.7—8.5% 之间，白釉铁含量仅 0.1—0.9%。

磁州窑白釉（钙系釉）随时代经历了一个由钙釉向钙—碱釉乃至碱—钙釉的进步过程。据研究宋以前主要用钙釉，宋时南方 50% 的青白瓷已进步为钙—碱釉，到明代景德镇出现碱—钙釉。而观台窑中期（二期中间，即 11 世纪后半叶）以后白釉已处于钙—碱釉与碱钙釉的交混地带，其釉的配方在当时是很先进的。

观台窑从第二期起生产低温釉，低温釉或施于素胎上，或施于白色高温釉上二次烧

---

[1] 前引《观台磁州窑址》第 548 页记述：瓷胎原料大青土在岩石学上称为水云母——高岭石黏土岩，黏土中常含有赤铁矿（Fe_2O_3）等铁矿物杂质。当高温烧结时，瓷胎中的碱金属和碱土金属氧化物，如 Na_2O、K_2O、CaO、MgO 等熔融形成液体，使烧结成为有液相参与的烧结，赤铁石通过液体向气泡处聚集，形成以气泡为中心的聚集体。

成。低温釉以绿色居多，低温绿釉以重量百分比约 50% 的 PbO（氧化铅）为助熔剂，以铜为着色剂，视 Fe_2O_3 含量的多寡分别呈草绿或翠绿。此外还有黄釉，若在白釉上施红绿彩[1]，则成观台窑釉上彩瓷，也有在釉上绘黑彩或褐彩的釉上彩瓷。又有少量在釉上彩绘后再施加一层面釉而制成釉中彩瓷器，釉绘往往在化妆土上面绘好后再施以透明无色或绿色彩釉，这是磁州窑釉下彩绘的特征。也有里面是褐色高温釉，外表为绿色低温釉，有的外表及口沿施化妆土，再施透明釉后，器物呈白及乳黄（胎色）两种颜色。各种黑釉（铁系釉）通过控制含铁量、烧窑气氛，特别是最高温度值和最高温度下持续的时间，可呈现黑、棕、棕黄、棕红、紫酱等各种颜色，在仿定薄胎碗的酱色釉上出现浅色似兔毫的结晶细末。当时已掌握了多种施釉装饰技术和生产高黏度釉的技术，利于随意变化而生产出现瑰丽多彩的釉饰。

2. 釉的显微结构

釉的断面结构，黑釉为胎和釉两层，釉面多有棕眼。白釉断面为胎、化妆土（弥补胎质白度不高的缺陷，化妆土呈白色粉状覆盖在胎体上）和釉三层。釉为透明白釉，玻璃化程度高，化妆土呈白色粉末状覆盖在胎体上，大部分白釉有开片。

观台窑瓷器釉层较薄，在光学显微镜下釉层厚度不一，釉层中存在大小不等的气泡，在胎和釉之间存在一层中间层。中间层主要是钙长石晶体和 $d—Fe_2O_3$、Fe_3O_4 晶体，釉层中都有大小不等的釉泡。黑釉标本中间层较明显，钙长石结晶发育较好，白釉标本中间层不太明显，钙长石结晶发育不好[2]。白釉瓷器胎釉之间都有一层粉状化妆土层，白地黑花装饰中的黑彩是带状分布的铁结晶颗粒。

（二）化妆土和斑花石

化妆土是磁州窑瓷器生产的一种特有原料，用在施于胎体外表，可使胎由灰白色变为净白色。化妆土在磁州窑俗称白碱，学名"高岭石黏土岩"或"高岭石泥岩"，属单矿黏土岩。其耐火度在 1770℃ 左右，由于含铁量很低，故烧成为白色。使用时将矿物研磨成乳白色混浊液，将其罩在坯胎上[3]。

斑花石为高温绘料，斑花石是一种含铁的天然化合物，由带一个结晶水的褐铁矿（$Fe_2O_3·H_2O$）和少量赤铁矿组成。使用时将斑花石研磨成细粉，成斑花料，呈棕红色，有一定悬浮性和黏性，用笔蘸其在瓷器上绘画。斑花石是磁州窑重要的装饰绘料，磁州窑瓷器装饰无论是刻划还是绘画，无论是白地黑花还是黑釉铁绣花等都离不开斑花

---

[1] 红绿彩的颜料为矾红。为从黄铁矿中提炼出来硫酸亚铁（$FeSO_4·7H_2O$），再加工制成矾红，经冷却、漂洗、烘干，再加入适量铅粉溶剂制成低温彩矾红颜料。由此诞生了低温彩绘瓷器，这是磁州窑的贡献之一。

[2] 《观台磁州窑址》第 549 页记述：釉的原料组成属于 $CaO—Al_2O_3—SiO_2$ 系。因为釉料的主要成分是长石，所以可断定钙长石是釉料的主要矿物组成之一。由于钙长石的熔化温度高（TM = 1550℃），熔融范围很小，所以釉层中不可避免存在着大量的钙长石。钙长石在高温烧结的冷却过程中容易从溶液中析晶，这样溶于玻璃相中的氧化钙和硅、铝等再冷却过程中又形成钙长石晶体，只是由于冷却速度不同等原因造成的生长条件不同，有的晶体发育良好，有的则发育不良，无明显结晶形态。

[3] 《观台磁州窑址》第 548 页记述：白化土原料组成与当地含铁量较低的白坩土接近，可能是用峰峰白坩土作化妆土。白坩土是一种高铝的脊性材料，是高温难熔熔融的矿物，即使釉已熔融，白坩土的化妆土层仍层粉状。

料。可以说若无斑花料就没有磁州窑瓷器装饰黑白对比的主要艺术风格和特征。

五　观台窑分期

（一）以地层分组及各组地层出土遗物为准构建分期框架

《观台磁州窑址》报告，对各探方内部地层的联系，各地层单位间的联系、各探方地层单位与遗迹内堆积的联系，各探方间相连探方间的联系、不相连探方地层间的关系进行了较详细的探讨和论证。在此基础上，将所有地层单位分为七组。进而对各组地层出土遗物的种类和型式，各组地层出土瓷器的釉色和主要装饰进行归纳和分析，又将七组地层中第一、第二组定位第一期，分前后两段。第三、第四组定为第二期，分为前后两段。第五组定为第三期；第六、第七组定为第四期，分前后两段，共四期七段[1]。

（二）四期七段的时限

在上述七组地层中，仅第一、第二组，第三、第四组有直接叠压关系。所出纪年遗物甚少，主要有第三期地层T5⑤层中出土一件有划刻有"天德四年（1152年）五月五日记杨家制"铭记的素胎龛，这个年代可作为第三期年代的上限。此外，在遗址附近采集一方有"大定二年（1162年）"墨书题记的白地黑花椭圆形瓷枕，枕面纹饰与T3⑤层出土的ⅦC型芦草仙鹤纹枕相同[2]。1958年第一次发掘观台窑址的第三层中出一枚"正隆元宝"钱[3]、四期前段T4④层中出土一件刻划"□元思念……家造"的大型垫饼，据研究□元为前至元四年（1267年）[4]。由于纪年资料太少，所以《观台磁州窑址》报告，又与各地收藏或出土纪年遗物进行了较详细的比较研究[5]，初步确定了四期七段的时限。

即第一期前段，大体从北宋初年到真宗朝以前，包括太祖、太宗两朝，10世纪后半叶（不早于后周，10世纪中期—至道三年，997年）。第一期后段，真宗朝至仁宗庆历年间（咸平元年，998年—庆历八年，1048年），八世纪前半叶。

第二期前段，神宗熙宁年间至哲宗元符年间（熙宁元年，1068年—元符三年，1100年）。

第一期与第二期之间有缺环，约从仁宗皇祐年间到英宗治平年间（皇祐元年，1049年—治平四年，1067年）。

第二期后段，北宋末徽、钦两朝至金海陵王朝以前（宋徽宗建中靖国元年，1101年—金熙宗皇统八年，1148年）。

第三期，金代中后期，从金海陵王朝到蒙古军队攻占磁州窑所在地彰德府（天德元年，1149年—金宣宗兴定三年，1219年）。

〔1〕　北京大学考古学系、河北省文物研究所、邯郸地区文物保管所：《观台磁州窑址》，文物出版社1997年版，第462—470页。
〔2〕　《观台磁州窑址》第481页。
〔3〕　《观台磁州窑址》第484页。
〔4〕　《观台磁州窑址》第484、485页。
〔5〕　《观台磁州窑址》第五章分期与讨论，第四节各期、段时代讨论。

第四期前段，金末，蒙古时期到元代前期，即金宣宗兴定四年（1220 年）到元成宗大德年间（大德十一年，1307 年）。

第四期后段，元后期，始于元武宗至大元年（1308 年），不晚于明建文年间（14 世纪末以前）。

总之，上述分期表明，观台窑始烧于五代末到北宋初，宋元金初迅速发展，盛于金代中后期，停烧于元末或明初。

（三）四期七段装烧工艺特点

《观台磁州窑址》报告，根据典型地层，出土瓷器组合等将观台窑址分为四期，各期或各期的前后段的装烧技术各有特点。装烧技术是窑场生产水平的重要标志，观台磁州窑各期装烧技术大致如下。

1. 一期

装烧方法主要有四种，其一窑柱与三足垫饼叠置裸烧，主要用于烧制碗、盘等大宗常用器物，器物内底都有三枚横向的支钉痕（图 22 - 2 - 7，3）。其二采用匣钵单烧，一个匣钵内置一件器物，属于圆器的则须搭烧较小的器物。其三匣钵对口套烧，制作费工的器物（琢器）多采用此法（图 22 - 2 - 7，1）。其四钵形盆对口套烧（图 22 - 2 - 7，2），亦烧琢器。这个时期的匣钵一般胎较细，器形小，胎壁较薄，外壁较白，匣钵外壁常有馏状的窑汗。器物外壁，尤其是净底钵形盆（扣在上边）外壁常有草木灰落砂，在釉层上与釉反应后呈黄绿色斑痕，说明一期是以柴为燃料。

2. 二期

（1）二期前段（图 22 - 2 - 8、图 22 - 2 - 9）

本段开始采用三角形支钉叠烧，其方法有多种。最常见的一种是底部用支顶钵支垫，其上置三枚或五枚三角形支钉，然后将碗覆扣叠烧，外部套装筒状匣体（图 22 - 2 - 8，1）。另一种是用筒状盆形匣钵，底部加垫片，将碗正置，碗间以三角形支钉间隔[1]（图 22 - 2 - 9）。此外，对口套烧和搭烧仍然流行。本阶段出现仿定器，这些器物大多无支烧痕，个别器物外底有锥形芝麻钉痕迹，其他器物则裹足刮釉，证明这些器物应采用漏斗形匣钵单烧或在其他大件器物中搭烧[2]（图 22 - 2 - 8，2）。本阶段窑具中的大个盆形匣钵和细长的筒形匣钵的外壁多呈焦黄色，胎体较一期粗厚，但与匣钵体积相比仍显得较细薄。此外，也有一些较大的垫饼和支垫。由于在一些瓷器表面既有黄绿色的草木灰落砂，又有焦黄色并粘有许多颗粒状物质的煤灰落砂，说明此时已开始用煤为燃料，属煤、柴并用时期。

---

[1] 前引《观台磁州窑址》第 474 页记述：本阶段地层中，仍出土许多采用三足垫饼支烧的碗和大量的三足垫饼，说明这个阶段三足垫饼与三足支钉并存。

[2] 前引《论磁州观台窑制磁工艺、技术的发展》中记述，漏斗形匣钵装烧始于二期后段，直至四期后段。

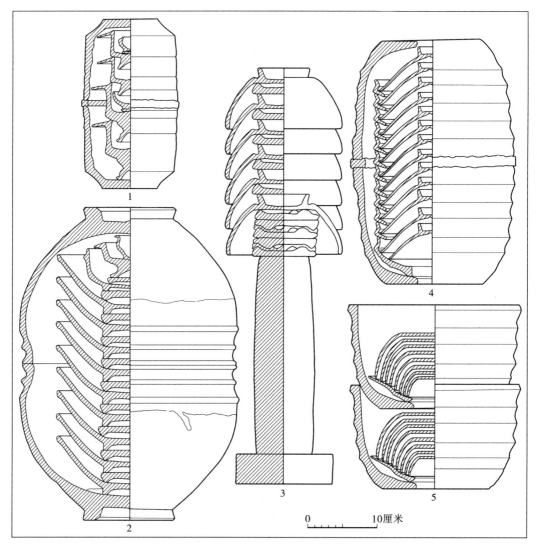

图 22 - 2 - 7　装烧方法复原图（一）

1. 匣钵对口套烧法　2. 钵形盆对口套烧法　3. 窑柱、三足垫饼配合裸烧法　4. 盘形支圈覆烧法　5. 盘形支圈覆烧法

（引自《观台磁州窑址》，文物出版社 1997 年版，第 472 页）

（2）二期后段

本段碗、盘类全部采用三角形支钉叠烧，三足垫饼被淘汰，废止裸烧，出现覆烧工艺[1]。这个阶段地层中出土大量各种支圈，支圈覆烧法主要用来承托口部无釉，覆扣着烧制的仿定器（图 22 - 2 - 7，4、5），这是装烧技术的重大进步[2]。仿定器也用匣钵单

---

[1]　前引《论磁州观台窑制磁工艺、技术的发展》记述，覆烧工艺始于二期前段。

[2]　前引《论磁州观台窑制磁工艺、技术的发展》中说：支圈叠烧法使薄胎瓷器避免变形，提高了成品率，提高了单窑装窑量，提高了产量。从而节约了窑位、燃料和耐火材料，降低了瓷器的成本。

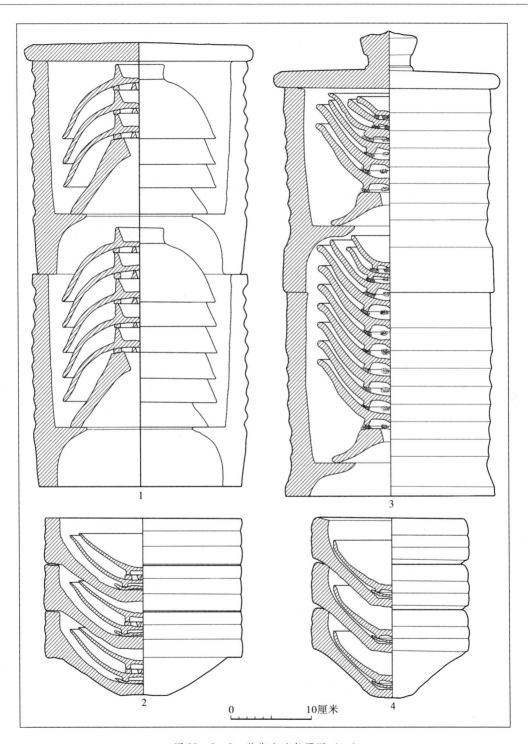

图 22 - 2 - 8 装烧方法复原图（二）

1. 支顶钵、三角形支钉配合叠烧法 2. Ⅵ型1式漏斗形匣钵单烧法 3. 石英砂堆叠烧法 4. Ⅵ型3式漏斗形匣钵单烧法

（引自《观台磁州窑址》，文物出版社 1997 年版，第 475 页）

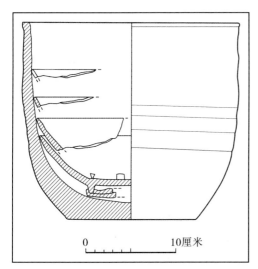

图 22-2-9　装烧方法复原图（三）

（引自《观台磁州窑址》，文物出版社 1997 年版，第 421 页）

烧和器物搭烧法，少数采用三角形支钉叠置对口套烧和支圈仰烧法。此外，还有少量涩圈叠烧的例子。本段匣钵种类较多，既有大小不同的盆形、筒形、漏斗形匣钵，也有烧制瓷枕等的异形匣钵。匣钵外壁呈焦褐色，并有较厚的一层砂粒胶结的物质。属于本段下层的 Y2—Y6 一组窑炉已用煤做燃料。本段地层中又出有专用炉条，说明至少从本段较晚时期起已全部采用煤为燃料。总的来看，观台磁州窑采用覆烧工艺，用煤做燃料，大体是与创制仿定瓷器相伴生的。

3. 三期

三期与二期后段装烧方法基本相同，主要有三角形支钉支垫叠烧，匣钵单烧、覆烧，器物搭烧。对口套烧钵形盆少见，支顶钵大量出现，并有大个的可装烧两三件器物的漏斗形匣钵（仿定器上三角形支钉痕即用此法，亦称匣钵单烧）。三角形支钉叠烧与匣钵单烧逐渐代替了对口套烧（匣钵外壁均粘有一层厚厚的褐色落砂）。仍有少量涩圈叠烧的器物，并有大批工字型支垫和三叉形支架等低温窑具[1]，以及烧制较大器物的个体较大的盘形支圈。本期地层中出土有专用炉箅和炉条，表明以煤为燃料的窑炉进一步成熟。

4. 四期

（1）四期前段

本段粗制瓷器用三角形支钉叠烧，较粗的瓷器用石英砂堆叠烧法（图 22-2-8，3）[2]，也有匣钵单烧，其中一些黑釉碗用漏斗形匣钵单烧（图 22-2-8，4），一些较粗的黑瓷（如内部有桃心或星形露胎的盘）则用砂堆间隔叠烧。最常见的窑具是粗厚的盆型匣钵，粗大的筒形匣钵和较小的漏斗形匣钵，还发现许多刻有年号和姓氏的大垫饼。

（2）四期后段

本段全部采用砂堆叠烧和匣钵单烧，三角支钉停用。白釉碗、盘类全部用砂堆叠烧，大宗产品黑釉碗全部采用漏斗形匣钵单烧，故本段地层中中小型漏斗形匣钵出土甚多。

---

〔1〕 前引《观台磁州窑址》第 478 页说：工字形支垫和三叉形支架用于支垫各种不同形状的器物在匣钵中放置，许多支垫、支架上存有流淌下来的低温黄、绿釉，似可说明其主要是一种低温窑具。

〔2〕 前引《观台磁州窑址》第 479 页说：石英砂堆叠烧法是将碗、盘覆扣于支顶钵上或仰置于匣钵内、器物之间以及几堆石英砂间隔，碗、盘的底部都有五、六块粉状的石英砂堆痕迹。这个烧制工艺上便捷但又粗率的一种表现。

（四）四期七段出土瓷器特点与典型器物组合

1. 第一期瓷器特点

观台窑第一期时只是以生产日常用品为主的普通民窑，窑场范围很小，尚未形成对周围地区产生影响的独特风格，属初创期。这时以生产最基本的日常生活用品为主，如碗、盘、钵、唾盂、盏托、注壶、炉、瓶、罐、盆、枕及各种小件玩具等，器形较少，个体较小，釉色单调，装饰手法简单。这个时期釉色非常晶莹光亮。白釉大都略泛黄绿色，器物转折等积釉处或釉厚处闪青绿色，大都有小块开片，使用化妆土。黑釉多漆黑光亮，釉面有极小棕眼，器物一般施满釉，大多采用"裹足刮釉"，器壁较厚，胎色较深，呈灰、灰褐色或灰黑色。胎质较细腻，烧结较坚硬，胎体常有小气孔，断碎处可见胎体呈层状。在初创期着力模仿先于观台窑烧造的其他各窑的工艺技术，如在装饰上模仿定窑的划花和刻莲瓣纹，一期最流行的半圆形团花图案则直接模仿定窑。早期棕黄釉瓷，以及葫芦形瓶、炉、擂钵和各种小玩具等器形似与耀州窑的影响有关，耀州窑在唐代流行的黑釉花装饰和五代时流行的刻花装饰在观台窑也有发现。观台窑流行的白釉绿彩和白釉酱彩装饰，或受到湖南长沙窑在器物上饰彩斑和唐代河南花釉瓷的影响。此外，还学习密县西关窑和邢窑，采用印花装饰；吸收金银器上鱼子纹地錾花装饰，金花银器的装饰手法，创造了珍珠地划花和剔花装饰（磁州窑创新装饰技法）。

一期前段以白釉为主，黑釉次之，另有少量棕黄釉瓷器和铁红釉。器物一般较规整，流行薄而矮的圈足，圈足内侧斜削厉害。由于使用三足垫饼叠烧，在碗、盘内底部都有一平坦的平面，器壁多斜直。主要装饰技法有白釉绿彩、白釉酱彩、划花、珍珠地划花、剔花、印花。在器物露胎部画花的黑釉花和在器物外壁刻莲瓣纹。在器口或器壁压槽的花瓣口和瓜棱腹，还流行在黑釉器的器口加施一道白釉"黑釉白边"装饰。纹饰图案主要有用绿彩、酱彩画的草叶纹，放射状纹，刻划的半圆形团花、云头状团花、连续忍冬纹和菊瓣纹，以及刻、印仰莲纹和缠枝菊花等。在器类上以碗、盘为主，罐、炉次之。最具代表性如白釉碗I型1式（图22-2-10，1、2）、Ⅲ型1式（图22-2-10，3）、Ⅶ型1式（图22-2-10，4）；白釉盘I型1式（图22-2-10，5）、Ⅱ型1式（图22-2-10，6）；白釉炉Ⅱ型1式（图22-2-10，7）；白釉枕I型1式（图22-2-10，8）。黑釉注壶I型1式（图22-2-10，9）、Ⅱ型1式（图22-2-10，10）；黑釉瓶I型1式（图22-2-10，11）。

一期后段主要在器物组合上较前段有所变化，出现Ⅱ型2式（图22-2-11，1）、Ⅲ型2式（图22-2-11，2）、Ⅶ型2式（图22-2-11，5）、Ⅻ型1式白釉碗（图22-2-11，7）；Ⅴ型（图22-2-11，8）、Ⅵ型白釉盘（图22-2-11，9）；Ⅲ型白釉注壶（图22-2-11，10）；Ⅱ型1式白釉钵（图22-2-11，11）。窄边浅腹Ⅲ型2式（图22-2-11，12）、3式黑釉炉（图22-2-11，13）。较多出现Ⅰ型2式白釉瓜棱罐（图22-2-11，14）；Ⅰ型2式黑釉罐（图22-2-11，15）、Ⅰ型2式白釉枕（图22-2-11，16）、Ⅱ型1式珍珠地划花叶形枕（图22-2-11，17）。器物圈足有变高、变直趋势，腹壁变得稍圆曲。总体上看，个体较大的Ⅰ型1式、Ⅲ型1Ⅰ式碗较少，代之以大量出土Ⅴ型1式（图22-2-11，3、4）、Ⅵ型1式（图22-2-11，6）、Ⅶ型1式、2式等个体较小的碗。装饰技法新出现黑釉刻花、棕黄釉瓷刻花装饰。流行在注壶的流、把和罐的系根部施褐绿色的彩斑。纹饰发生较大变化，连续忍冬纹变得自由、复杂。半圆形和云头状团花变得较尖，类似蕉叶纹。新出现大叶的连续蔓草纹，在叶形枕面上出现了大片叶子的莲花纹和动物纹饰。

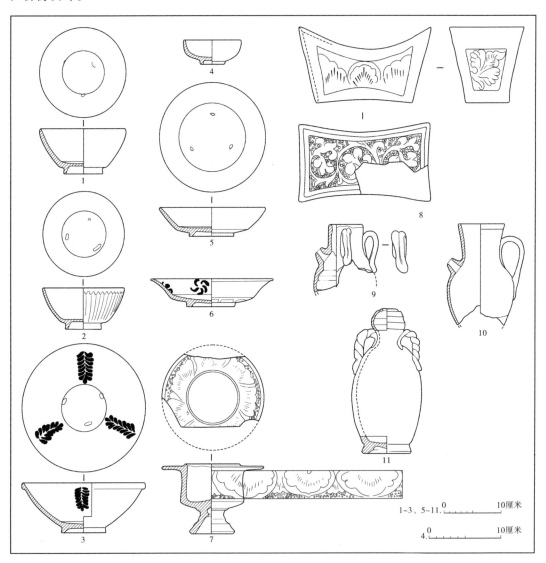

图 22 - 2 - 10　第一期前段典型器物

1、2. 白釉碗 I 型 1 式 （T8⑩：1、T8⑩：30）　3. 白釉碗Ⅲ型 1 式 （T8⑨：12）　4. 白釉碗Ⅶ型 1 式 （T8⑧：32）
5. 白釉盘 I 型 1 式 （T8⑧：46）　6. 白釉盘Ⅱ型 1 式 （T8⑩：40）　7. 白釉炉ⅡⅤ型 （T11⑧：81）　8. 白釉枕 I
型 1 式 （T11⑦：137）　9. 黑釉注壶 I 型 1 式 （T11⑦：178）　10. 黑釉注壶Ⅱ型 1 式 （T8⑩：80）　11. 黑釉瓶 I
型 1 式 （T8⑨：53）
（引自《观台磁州窑址》，文物出版社 1997 年版，图二二 1、2，图二三 7，图二四 2，图三〇 7、9，图八七，1、7；
《河北省磁县观台磁州窑遗址发掘简报》，《文物》1990 年第 4 期，图七 5、9、13）

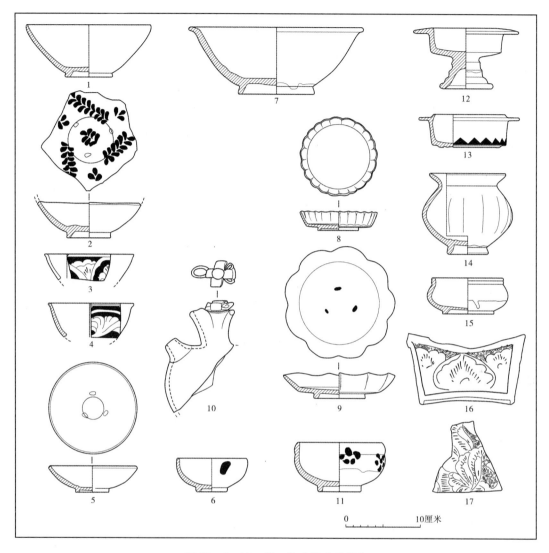

图 22 - 2 - 11　第一期后段典型器物

1. 白釉碗Ⅱ型 2 式（T8⑥：13）　　2. 白釉碗Ⅲ型 2 式（T11⑥：425）　　3、4. 白釉碗Ⅴ型 1 式（T8H1：15、T8⑥：442）
5. 白釉碗Ⅶ型 2 式（T8⑥：29）　6. 白釉碗Ⅵ型 1 式（T11⑦：25）　7. 白釉碗Ⅻ型 1 式（T11⑥：25）　8. 白釉盘
Ⅴ型（T11⑥：31）　9. 白釉盘Ⅵ型（T8⑥：71）　10. 白釉注壶Ⅲ型（T11⑥：80）　11. 白釉钵Ⅰ型 1 式（Y3 火③：
49）　12. 黑釉炉Ⅲ型 2 式（T8⑥：85）　13. 黑釉炉Ⅲ型 3 式黑釉炉（T11⑥：93）　14. 白釉瓜棱罐Ⅰ型 2 式（T8⑨：40）
15. 黑釉罐Ⅰ型 2 式（T8⑥：29）　16. 白釉枕Ⅰ型 2 式（T8⑥：427）　17. 白釉枕Ⅱ型 1 式（T8⑥：428）
（引自《观台磁州窑址》，文物出版社 1997 年版，图二二 12，图二三 2、15、16，图二四 7、3，图二五 11，图三一 4、
5，图三四 11，图九〇 4、8，图五九 11，图九三 2，图七二 1、3）

2. 第二期瓷器特点

第二期进入观台窑的发展期，器形增加，出现一些个体较大的器物，釉色增多，装饰
手法丰富。本期前后两段差别较明显。

(1) 第二期前段

这个阶段观台窑产品仍以日常生活用品为主，器类上以碗、盘占多数，瓶、罐、炉、盆次之，此外还有钵、注壶、盒、枕（种类和数量大增），以及各种小件玩具，出现少量围棋子，以及花盆等陈设用品。

釉色以白釉为主，黑釉、酱釉次之，棕黄釉瓷器少见（近于消亡），新出现低温烧制的绿釉彩瓷。素面施化妆土瓷器是主要产品，但已开始生产不施化妆土的仿定窑精细白瓷[1]。白釉瓷多呈粉白色或直白色，光润洁净，常见长条状开片或极细碎的米仔开片。本段是黑釉瓷发展的一个高峰，不少黑釉瓷器胎壁很薄，制作工整，很像黑定器或紫定器，器物均施薄釉，主要采用"裹足刮釉"，也有少量"裹足支烧"（制作精细的表现）的例子。胎色变浅，呈白灰、灰或浅褐色，胎质细腻、烧成温度高，致密坚硬，肉眼一般不见气孔，属观台窑胎质最好阶段。这个阶段黑釉瓷器大多釉色不纯，一件器物上往往黑色和酱色间杂，口、底部等釉厚处呈黑色，釉薄处呈酱色。在黑色与酱相交处常有兔毫状结晶，少量器物上也有油滴状结晶，许多器物在外壁施酱釉，内部施黑釉。黑釉上流行洒斑花石彩料的黑釉酱彩斑纹。

本段瓷器装饰较少，装饰技法以白釉酱彩最多，第一期的草叶纹变成七点梅花纹。珍珠地划花为主要装饰，但图案较第一期有较大变化，珍珠地占了画面的大部，配以稀朗的草叶纹，流行以双勾楷书文字书写的吉语作为主要装饰。出现了带有人物形象的图案和某种具有故事情节的画面。其他装饰技法还有划花、白釉绿彩（减少，并成为此种装饰之孑遗）、印花，在器物外壁刻莲瓣纹，很深的花瓣口和瓜棱纹装饰、黑釉白边等。新出现的装饰技法有以篦纹做地的划花装饰，以"沥粉"法制成的白釉凸线纹，在碗口刻出缺口的葵口和在腹部压印浅浅印痕的瓜棱腹及镂孔，半浮雕式的模印花，模制器物和黑釉酱彩斑纹。纹饰以各种卷草纹为主，仍有半圆形团花。新出现七点梅花纹、小碎叶的缠枝栀子花、"文"字纹、人物图案等纹饰。

本段典型器物有白釉碗Ⅱ型2式（图22-2-12，1）、Ⅱ型3式（图22-2-12，2）；白釉盘Ⅰ型2式（图22-2-12，3）、Ⅲ型2式（图22-2-12，4）、Ⅳ型2式（图22-2-12，5）；白釉钵Ⅳ型1式（图22-2-12，6）；白釉盒Ⅲ型（图22-2-12，7、8）；白釉炉Ⅷ型1式（图22-2-12，9），Ⅸ型1式（图22-2-12，10）；白釉瓜棱罐Ⅴ型（图22-2-12，11）；白釉枕Ⅳ型1式（图22-2-12，12）。黑釉注壶Ⅱ型2式（图22-2-12，13）；黑釉盏托（图22-2-12，14）。黑釉仿定碗Ⅰ型1式（图22-2-12，15、16）、Ⅱ型（图22-2-12，17）、Ⅲ型（图22-2-12，18）[2]。本段器物圈足一般较高、较小，内外均很直。由于采用三角形支钉叠烧，碗、盘的内底开始出现圜底。这个阶段观台窑尚未形成具有竞争力的独特风格。

---

[1] 仿定窑白瓷，是观台窑发掘的新发现。观台窑工对不适合生产不施化妆土的瓷土原料进行特别漂洗加工，使胎色比一般白化妆瓷还要洁白，胎质更细腻。又使用一种略带乳浊性的釉，在器物釉层较厚处可看到大量悬浮于釉中的细微气泡，使透明度低于普通白瓷外层的透明釉，在器物釉层较厚处可看到大量悬浮于釉中的微细气泡，使透明度低于普通白瓷外层的透明釉。仿定器制作精致，胎壁很薄，修坯工整，器形纤细挺拔。

[2] 黑釉仿定碗Ⅰ型1式，这种黑釉敞口碗与建窑黑釉碗器形相似，其中有一些釉兔毫状和油滴状结晶斑，亦仿建窑，但又不同建窑。这类黑釉器胎很薄，很似黑定或紫定器，黑釉碗中有兔毫、油滴结晶的极少，且多数是在黑釉上洒斑花彩料，在釉面形成无规律的赭色或酱色铁锈斑，即所谓的"黑釉酱彩"。这种创意的黑釉酱彩南宋江西吉州窑也十分盛行。

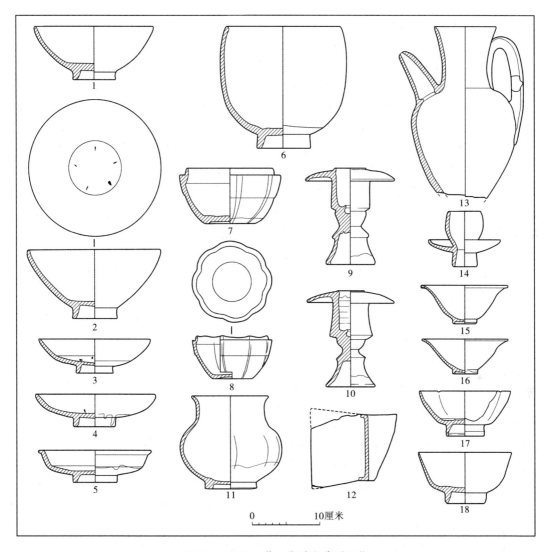

图 22－2－12　第二期前段典型器物

1. 白釉碗Ⅱ型 2 式（T5⑧：1）　　2. 白釉碗Ⅱ型 3 式（M1：2）　　3. 白釉盘Ⅰ型 2 式（T5⑨：12）　　4. 白釉盘Ⅲ型 2 式（T5⑨：17）　　5. 白釉盘Ⅳ型 2 式（T5⑨：20）　　6. 白釉钵Ⅳ型 1 式（T5⑨：52）　　7、8. 白釉盒Ⅲ型（T5⑧：55、T5⑧：54）　　9. 白釉炉Ⅷ型 1 式（T5⑨：32）　　10. 白釉炉Ⅸ型 1 式（T5⑨：33）　　11. 白釉瓜棱罐Ⅴ型（T5⑨：43）　　12. 白釉枕Ⅳ型 1 式（T2③：290）　　13. 黑釉注壶Ⅱ型 2 式（T5⑧：90）　　14. 黑釉盏托（T9④：36）　　15、16. 黑釉仿定碗Ⅰ型 1 式（T5⑨：14、T5⑨：15）　　17. 黑釉仿定碗Ⅱ型（T2③：5）　　18. 黑釉仿定碗Ⅲ型（T5⑧：12）
（引自《观台磁州窑址》，文物出版社 1997 年版，图二二 10、9，图三〇 2、14、6，图三六 7，图三九 6、10，图四五 5，图四六 11，图五九 10，图七一 4，图八七 10，图八六 11，图一一四 1、2、4、11）

（2）第二期后段

本段观台窑产品突破了仅限于日常生活用品的状况，开始出现一些艺术陈设用瓷、宗教用瓷和建筑用瓷。釉色仍以白釉、黑釉为主，酱色釉瓷器数量增加，白化妆瓷所占比例减少，大量出土白釉仿定器。低温釉类的绿釉器、黄绿釉器明显增加，开始出现单色的黄釉器、棕黄釉瓷器趋向消失。出现在器物外壁施黑釉，内壁施白釉并加装饰的做法。白釉和黑釉瓷器在胎、釉的质量方面稍逊于前段，一些器物开始施半釉。白釉仿定器在本段发展成熟，数量增加，造型丰富，质量精良。本段装饰技术有重大发展和变化。白釉绿彩基本消失，白釉酱彩、珍珠地划花和黑釉白边衰落。篦地划花成为最主要装饰方法，剔花达到鼎盛时期，模制器物也有发展，开始制作仿生形器物（如虎形枕、狮子莲花座、瓷塑人物和兽足等）。新出现黑剔花、深剔花、白地黑花、白地绘划花等磁州窑最具特色的装饰技法。其中黑剔花反差强烈，这种装饰方法配合此时开始流行的大朵的花朵结合连续变形枝叶的缠枝花图案，造成一种即工整，又不拘谨，即明快生动，又朴素典雅的效果，极具魅力。白地黑花装饰，即采用中国水墨画技法，成功地将中国的绘画和书法艺术应用于瓷器装饰，并成为磁州窑典型风格的标志。还出现了贴塑、锥刺纹、绿釉剔花、绿釉黑花、绿釉黑剔花等装饰，流行在器盖和瓶口做出花形口和花形钮。此外，还有白线凸线纹、葵口、花瓣口、深、浅瓜棱腹和刻花、模印花等。纹饰也有重大变化，本段开始出现磁州窑最具特色的各种形态牡丹花，牡丹、莲花成为最流行的题材。一般在大件器物上画小碎叶的缠枝牡丹，在小件器物上画大叶折枝牡丹或草叶纹。早期的各种团花消失，其他装饰还有草叶纹、七点梅花纹、动物形和人物形装饰。边饰有各种卷草纹等不同的边饰，最具特色的是所谓"富贵不到头"的连续回纹和花瓣边饰。

本段的主要产品有碗、盘、钵、注壶、盒、炉、熏炉、瓶、罐、盆、枕等日常用品，以及陈设用的瓷塑人物、花瓶、花盆及各种建筑脊饰；玩具类小件器物减少（三期基本消失）。器类上碗、盘仍占多数，瓶、枕、罐、盆的比例有较大增加。出现一些器形较大的器物，其中花口长颈瓶、矮梅瓶、梅瓶、筒形罐和各种枕等为具有磁州窑特色的器物。这个阶段的器物变高、变大，匀称丰满。本段典型的器物有白釉碗 XA 型 1 式（图 22－2－13，1）、2 式，XⅢ型 3 式（图 22－2－13，2），XⅤ型 3 式（图 22－2－13，3），XⅦ型 1 式（图 22－2－13，4）；白釉盘Ⅰ型 3 式（图 22－2－13，5）、Ⅲ型 3 式（图 22－2－13，6）；白釉钵Ⅲ型 2 式（图 22－2－13，7、8）、Ⅵ型 1 式（图 22－2－13，9）、Ⅶ型（图 22－2－13，10）；白釉炉Ⅺ型（图 22－2－13，11）、XⅤ型（图 22－2－13，12）、XⅥ型 1 式（图 22－2－13，13）；白釉瓶Ⅷ型 1 式（图 22－2－14，1、2）、2 式，Ⅸ型 2 式（图 22－2－14，3），Ⅺ型 1 式（图 22－2－14，4），Ⅻ型 1 式（图 22－2－15，1）、2 式（图 22－2－15，2）；白釉筒形罐Ⅰ型（图 22－2－15，3）、Ⅱ型 1 式（图 22－2－15，4）、白釉罐Ⅶ型 1 式（图 22－2－15，5）；白釉盆Ⅱ型 2 式（图 22－2－15，6），白釉划花叶形枕Ⅱ型 3 式（图 22－2－16，1）。黑釉碗Ⅶ型 3 式（图 22－2－16，2、3）、4 式（图 22－2－17，1）；黑釉盘Ⅰ型 2 式（图 22－2－17，2）；黑釉瓶Ⅰ型 3 式（图 22－2－17，3）、Ⅳ型 2 式（图 22－2－17，4）；黑釉双耳罐Ⅴ型 1 式（图 22－2－17，5、6）。白釉仿定碗Ⅰ型 2 式（图 22－2－17，7）、Ⅱ型 2 式（图 22－2－17，8）、Ⅻ型（图 22－2－17，9）；白釉仿定盘Ⅰ型 2 式（图 22－2－17，10）、ⅠA 型（图 22－2－17，11）、Ⅴ型（图 22－2－17，12）；白釉仿定盒Ⅰ型（图 22－2－17，13）、Ⅱ型 2 式（图 22－2－17，14）。本段器物圈足变矮，制作规整，呈玉环形，普通瓷器出现挖足过肩现象，内圜底器和曲口器增加。本段磁州窑逐渐形成自己独特的风格，磁州窑范围和影响扩大，在漳河流域以观台为中心，沿河形成观台、冶子、东艾口、观兵台等一系列窑场。

3. 第三期瓷器特点

第三期是观台窑的繁荣期，主要表现有五点。一、产品种类有重要发展。产品除日常生活用品外，还有大量的艺术性陈设用瓷、宗教用瓷和建筑用瓷。第三期各种类别和型式的器物、窑具是第一期前段的 2.3 倍，达到了最高峰。其中日常生活用品主要有碗、盘、钵、盏托、注壶、盒、炉、瓶、罐、盆、枕等。陈设用瓷主要有花盆、熏炉、花瓶，各种瓷塑人物等。宗教用瓷主要有佛像、佛龛、佛座、塔等。建筑用瓷主要有各类瓦件、正脊、垂脊、戗脊的吻、宝刹脊座、蹲兽类脊饰和贴饰等建筑构件[1]。在器类上碗盘的比

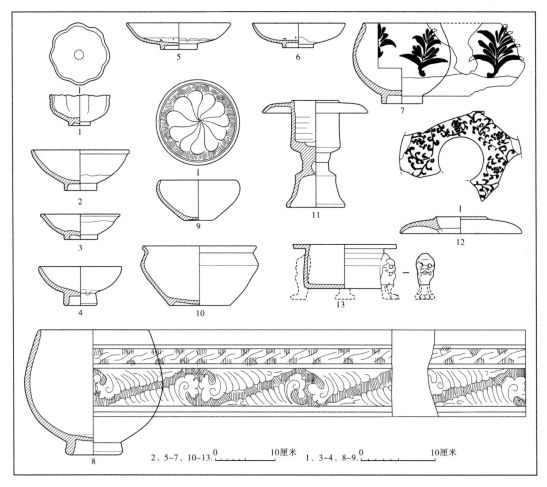

图 22 - 2 - 13　第二期后段典型器物（一）

1. 白釉碗 XA 型 1 式（T3⑦:2）　　2. 白釉碗 XⅢ型 3 式（Y6 火:19）　　3. 白釉碗 XⅤ型 3 式（T10⑤:37）　　4. 白釉碗 X
Ⅶ型 1 式（T10⑤:36）　　5. 白釉盘Ⅰ型 3 式（Y6 火:51）　　6. 白釉盘Ⅲ型 3 式（Y6 火:54）　　7、8. 白釉钵Ⅲ型 2 式
（Y1①:18、T9③:148）　　9. 白釉钵Ⅵ型 1 式（T9②:108）　　10. 白釉钵Ⅶ型（Y3 火②:75）　　11. 白釉炉 XⅠ型（Y6
火:428）　　12. 白釉炉 XⅤ型 T5⑥:56）　　13. 白釉炉 XⅥ型 1 式（Y3 火②:120）
（引自《观台磁州窑址》，文物出版社 1997 年版，图二四 17，图二五 14、10，图二六 2，图三〇 5、10，图三四 4，图三
五 1，图三六 4，图三六 6，图四五 7，图四八 1，图四七 5）

---

[1]　建筑构件这类产品过去不为人们所注意，这个现象在同期其他窑址中尚未见报道。发掘报告结合山西大型宗教
　　建筑、金代帝陵和西夏王陵等推测，观台窑建筑构件有一部分是贡御的。

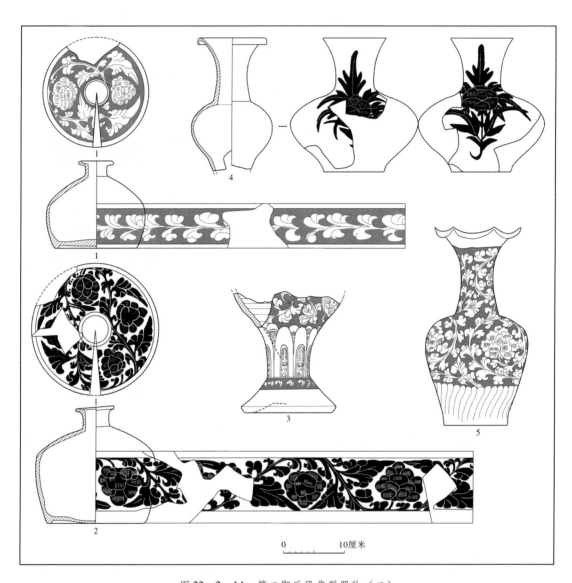

图 22 - 2 - 14　第二期后段典型器物（二）

1、2. 白釉瓶Ⅷ型 1 式（T5⑥：30、T5⑥：29）　3. 白釉瓶Ⅸ型 1 式（T5⑤：620）　4. 白釉瓶Ⅸ型 1 式（T10⑤：163）　5. 白釉瓶Ⅺ型 1 式（Y3 火①：23）

（引自《观台磁州窑址》，文物出版社 1997 年版，图五一 1、2，图五二 3，图五三 2，五四 6）

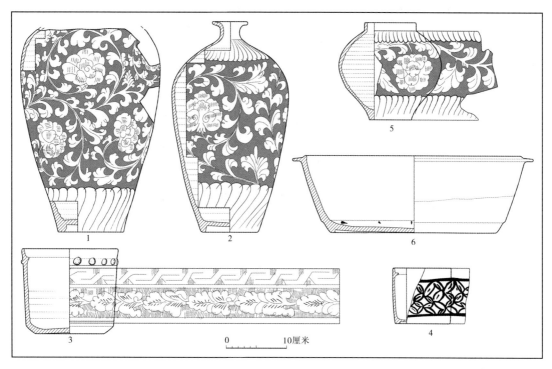

图 22 - 2 - 15　第二期后段典型器物（三）

1. 白釉瓶XⅡ型 1 式（T5⑥：46）　　2. 白釉瓶XⅡ型 2 式（T5⑥：23）　　3. 白釉筒形罐 Ⅰ 型（T9②：165）　　4. 白釉筒形罐 Ⅱ 型 1 式（Y3 火：52）　　5. 白釉罐Ⅶ型 1 式（T5⑥：28）　　6. 白釉盆 Ⅱ 型 2 式（T5⑥：24）

（引自《观台磁州窑址》，文物出版社 1997 年版，图五五 1、6，图六〇 1、5，图六五 5，图六七 7）

例下降，磁州窑典型风格的筒形罐、梅瓶、长颈瓶、盆、枕的数量大增，个体较大的器物出土较多。器形形态多姿多彩，总体上变得圆曲高瘦。二、釉色多样。釉色仍以白釉为主，普通白化妆瓷的比例低于 50%，仿定瓷器比例增加，已占第二位。低温釉的绿釉、黄绿釉大量出土，黄绿和红绿彩瓷主要在本期流行，黑釉比例下降。具体言之，白釉一般呈直白色或卵白色，开片少见，发半木光，绝大部分器物施半釉，有的仅施及器物外壁的口边。白釉仿定器质量下降，胎体变厚、变粗，釉色不够莹润，绝大部分使用三角形支钉叠烧。黑釉下降，除少量的饰以凸线纹以外，大部分釉色晦暗，以黑褐色和酱褐色为主，一般不再用酱彩斑装饰。本期胎色主要呈棕灰、棕褐和灰褐色，胎质一般较细，烧成温度大多不高，不少器物胎体疏松。素胎坯件均呈黄灰或棕色，十分疏松，证明其在第一步烧成的温度很低，基本达不到瓷器的标准。三、装饰技法最丰富。除划花仍流行外，白地黑花、白地绘划花、浮雕式的模印花、模制器物和镂孔等技法达到鼎盛时期。其中磁州窑最典型的白地黑花装饰本期数量最多，绘制最精美，图案最丰富。其他装饰还有剔花、深剔花、黑剔花、绿釉剔花、绿釉黑花、绿釉黑剔花、印花、刻花、白釉凸线纹、白釉酱彩、葵口、深、浅瓜棱腹、花形口和纽、贴塑等。新出现磁州窑最精美的黑剔花填刻装饰、白釉黑釉、划花填黑而成的黑底白花纹和仅用篦纹表示图案的方法，在化妆土以下的胎体上

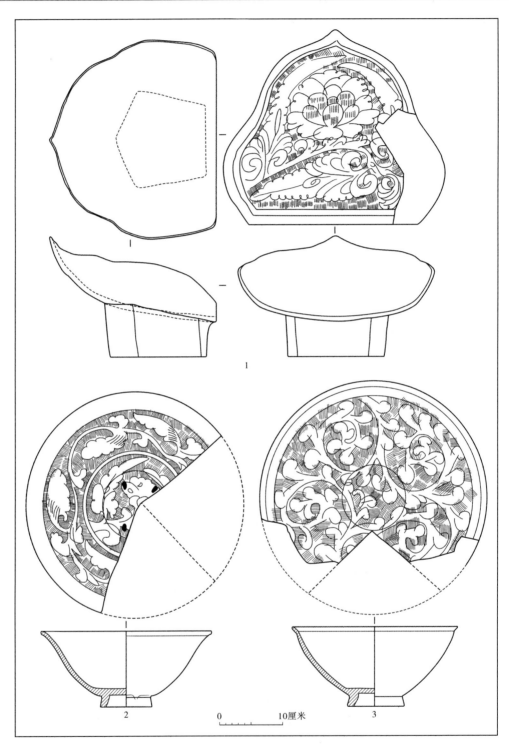

图 22-2-16　第二期后段典型器物（四）

1. 白釉划花叶形枕Ⅱ型 3 式（Y6②：49）　　2. 黑釉碗Ⅶ型 3 式（T9③：58）　　3. 黑釉碗Ⅶ型 3 式（T9③：55）

（引自《观台磁州窑址》，文物出版社 1997 年版，图七三 1，图八二 2、3）

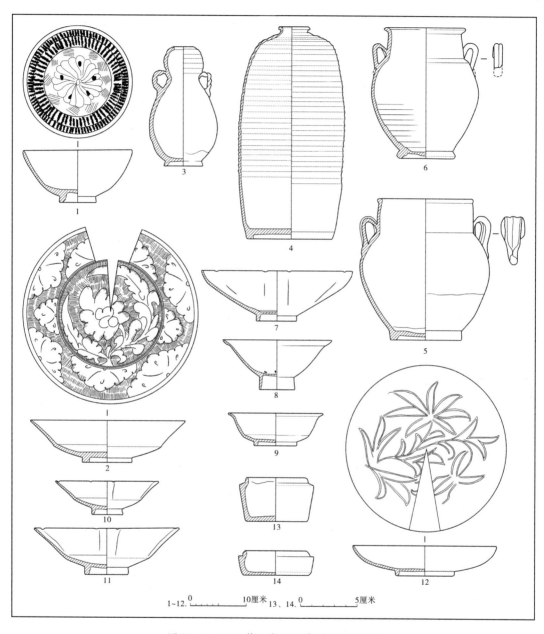

图 22－2－17　第二期后段典型器物（五）

1. 黑釉碗Ⅶ型 4 式（T2②：17）　　2. 黑釉盘Ⅰ型 2 式（T9③：97）　　3. 黑釉瓶Ⅰ型 3 式（T9②：163）　　4. 黑釉瓶Ⅳ型 2 式（Y6②：47）　　5. 黑釉双耳罐Ⅴ型 1 式（Y6②：46）　　6. 黑釉双耳罐Ⅴ型 1 式（T10⑤：82）　　7. 白釉仿定碗Ⅰ型 2 式（Y6②：16）　　8. 白釉仿定碗Ⅱ型 2 式（Y6 火：85）　　9. 白釉仿定碗Ⅻ型（Y6 火：159）　　10. 白釉仿定盘Ⅰ型 2 式（Y3 火③：10）　　11. 白釉仿定盘ⅠA 型（Y6 火：71）　　12. 白釉仿定盘Ⅴ型（Y6②：10）　　13. 白釉仿定盒Ⅰ型（Y6 火：173）　　14. 白釉仿定盒 Ⅱ型 2 式（T10⑤：12）

（引自《观台磁州窑址》，文物出版社 1997 年版，图八二 4、1，图九一 2，图九二 4，图九五 1、2，图一〇六 2、4，图一〇七 4，图一〇八 2、3，图一〇九 3，图一一一 2、3）

划花的有暗划花装饰、黑釉凸线纹、黑釉铁锈花、绿釉划花、绿釉酱彩、绿釉跳刀纹、黄釉黑彩以及釉上彩绘红绿彩瓷器。在器物总体中，带装饰的器物比重在各期中最高。四、纹饰图案和题材更加丰富。本期在大件器物上流行小碎叶的缠枝牡丹、芍药；小件器物上多用复杂的大叶折枝牡丹、缠枝莲花或很简单的单株草叶纹。边饰仍流行连续回纹、潇洒流畅的卷草纹、缠枝蔓草纹、连续忍冬纹、各种变形草叶、团花和花瓣纹。本期最重要的是突破了以花草类图案为主的格局，最有特色的是出现"福、寿、禄"题材的纹饰（多用于枕的侧墙和花盆及盘上，以"福"字、小鹿和两个寿星或松鹤、龟鹤表示）。其他还有婴戏、吉语、诗词、山水、荷塘、蕉叶、太湖石等，花鸟蜂蝶和各种动物纹饰（如鱼、兔、鸭、鹅、鹤、鸳鸯、芦雁、凤鸟、鹌鹑、鹿、狮、龙、凤和怪兽等）。五、本期磁州窑窑场范围进一步扩大，在漳河流域一方面沿河地区又出现了申家庄窑。同时在漳河支流上的白土、贾壁也开始烧造。

本期典型器物有白釉碗ⅨA型（图22-2-18，1）、ⅩⅡ型4式（图22-2-18，2）、ⅩⅦ型2式（图22-2-18，3）、3式（图22-2-18，4），ⅩⅩ型2式（图22-2-18，5），ⅩⅪ型1式、2式，ⅩⅫ型2式，ⅩⅩⅣ型1式（图22-2-18，7）、2式（图22-2-18，8）、ⅩⅩⅤ型1式（图22-2-18，9）；白釉盘Ⅲ型4式（图22-2-18，10）、Ⅺ型1式（图22-2-18，11）、Ⅻ型1式（图22-2-18，12）；白釉钵Ⅲ型3式（图22-2-18，13）、Ⅳ型2式（图22-2-18，14）；白釉炉ⅪⅤ型1式（图22-2-19，1、2）、2式（图22-2-19，3）、ⅩⅥ型2式（图22-2-19，4）；白釉瓶Ⅹ型（图22-2-19，5）、Ⅺ型3式（图22-2-19，6）、ⅩⅢ型2式（图22-2-19，7）、ⅩⅢ型3式（图22-2-19，8、9）、ⅩⅢ型4式（图22-2-20，1）、ⅪⅤ型（图22-2-20，2）；白釉筒形罐Ⅲ型1式（图22-2-20，3）、2式（图22-2-20，4），Ⅳ型（图22-2-20，5），Ⅴ型2式（图22-2-20，6），Ⅵ型，Ⅶ型1式（图22-2-20，7）、2式（图22-2-20，8）；白釉双耳罐Ⅴ型（图22-2-20，9）；白釉罐Ⅵ型1式（图22-2-20，10）；白釉盆Ⅰ型2式（图22-2-20，11）、Ⅲ型（图22-2-21）、Ⅶ型（图22-2-20，12）；白釉枕Ⅴ型2式、ⅦA型（图22-2-20，13）、ⅦB型（图22-2-20，14、15）、ⅦC型。黑釉盘Ⅰ型2式（图22-2-20，16）、Ⅵ型（图22-2-22，1）；黑釉瓶Ⅵ型（图22-2-22，2）、Ⅶ型3式（图22-2-22，3）；黑釉罐Ⅷ型1式（图22-2-22，4）；黑釉双耳罐Ⅴ型2式（图22-2-22，5）。白釉仿定碗Ⅵ型（图22-2-22，6）、白釉仿定盆Ⅴ型2式（图22-2-22，7）；白釉仿定钵Ⅳ型（图22-2-22，8）。绿釉瓶Ⅱ型（图22-2-22，9）、绿釉罐Ⅶ型（图22-2-22，10）；绿釉枕ⅢA型（图22-2-22，11），以及各种素胎婴儿捏塑、人物捏塑、建筑脊饰等。器物大部分内圜底，曲腹，仍有一些曲口器，胎壁较厚，仍流行玉环形圈足，挖足过肩，但不如第二期后段工整。

4. 第四期瓷器特点

蒙古军队占领磁州后，磁州窑走向衰落。

（1）四期前段

观台窑产品基本恢复单一日常生活用瓷，有少量陈设用瓷和建筑构件。器类有碗、盘、钵、盒、炉、瓶、罐、盆、枕、花盆和少量玩具。碗、盘比例回升，罐、瓶、盆次

图 22 - 2 - 18　第三期典型器物（一）

1. 白釉碗 IX A 型（Y4②：2）　　2. 白釉碗Ⅻ型 4 式（T5⑤：11）　　3. 白釉碗 X Ⅶ型 2 式（T10④：55）　　4. 白釉碗
X Ⅶ型 3 式（Y3①：10）　　5. 白釉碗 X X 型 2 式（T3H2：139）　　6. 白釉碗 X X I 型 2 式（T3H2：1）　　7. 白釉碗 X
X Ⅳ型 1 式（T3③：3）　　8. 白釉碗 X X Ⅳ型 2 式（T3②：4）　　9. 白釉碗 X X X 型 1 式（T3⑤：69）　　10. 白釉盘
Ⅲ型 4 式（T5⑤：129）　　11. 白釉盘 XI 型 1 式（T3H2：327）　　12. 白釉盘 Ⅻ型 1 式（T5⑤：105）　　13. 白釉钵 Ⅲ
型 3 式（T3H2：407）　　14. 白釉钵 Ⅳ型 2 式（T3H2：397）

（引自《观台磁州窑址》，文物出版社 1997 年版，图二四 18，图二五 8，图二六 13、3、10，图二八 7、5、2，图二九
7，图三〇 13，图三三 1，图三四 2，图三五 2）

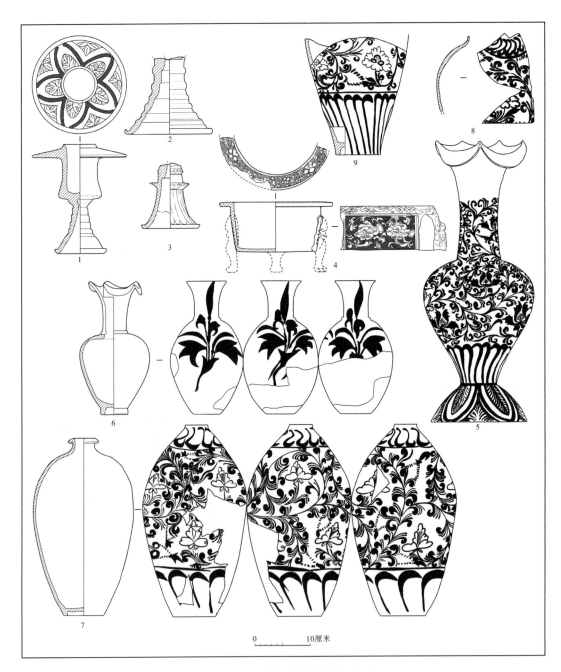

图 22－2－19　第三期典型器物（二）

1. 白釉炉ⅪⅤ型 1 式（Y2①∶52）　　2. 白釉炉ⅪⅤ型 1 式（T5⑤∶613）　　3. 白釉炉ⅪⅤ型 2 式（T5⑤∶559）

4. 白釉炉ⅩⅥ型 2 式（T5⑤∶614）　　5. 白釉瓶Ⅹ型（Y3①∶114）　　6. 白釉瓶Ⅺ型 3 式（Y3①∶115）　　7. 白釉瓶ⅩⅢ型 2 式（Y3①∶121）

（引自《观台磁州窑址》，文物出版社 1997 年版，图四七 2、3、7、6，图五四 4，图五三 1，图五七）

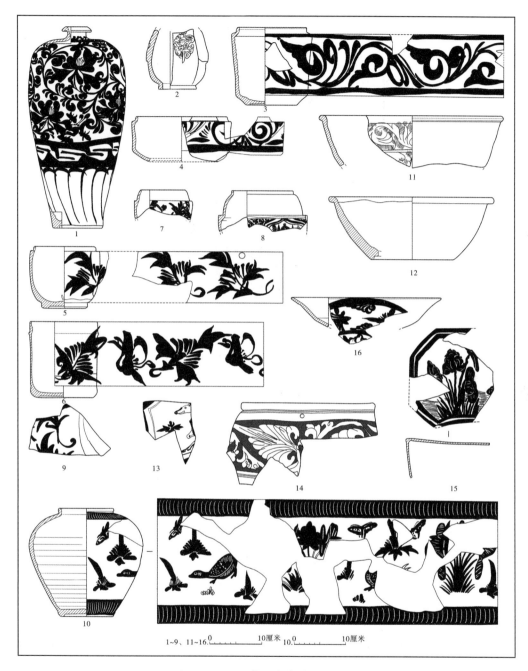

图 22 - 2 - 20 第三期典型器物（三）

1. 白釉瓶ⅩⅢ型 4 式（Y3①：120）　2. 白釉瓶ⅩⅣ型（Y3①：417）　3. 白釉筒形罐Ⅲ型 1 式（T3H2：373）　4. 白釉筒形罐Ⅲ型 2 式（T3H2：410）　5. 白釉筒形罐Ⅳ型（T3H2：374）　6. 白釉筒形罐Ⅴ型 2 式（T3H2：128）　7. 白釉筒形罐Ⅶ型 1 式（T5⑤：625）　8. 白釉筒形罐Ⅶ型 2 式（T5⑤：627）　9. 白釉双耳罐Ⅴ型（T5⑤：629）　10. 白釉罐Ⅵ型 1 式（Y4①：45）　11. 白釉盆Ⅰ型 2 式（T10④：276）　12. 白釉盆Ⅶ型（T6④：27）　13. 白釉枕ⅦA 型（T5⑤：634）　14. 白釉枕ⅦB 型（Y2①：139）　15. 白釉枕ⅦB 型（Y3①：419）　16. 黑釉盘Ⅰ型 2 式（Y4②：21）（引自《观台磁州窑址》，文物出版社 1997 年版，图五六 1，图五八 3，图六〇 6、2，图六一 5、1，图六三 11，图六六，图六七 5，图六八 6，图七二 14，图七一 9、11，图八四 5）

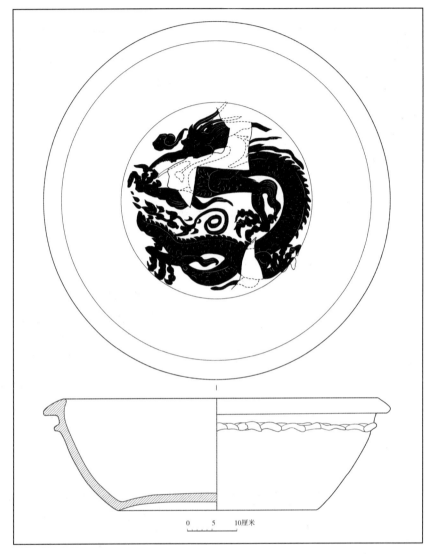

图 22 - 2 - 21　第三期典型器物（四）

（引自《观台磁州窑址》，文物出版社 1997 年版，图六九）

之，其他种类极少。器物体大胎厚，造型肥硕，但不乏圆润之美。白釉占绝大多数，黑釉次之，低温釉的黄、绿釉和红绿彩瓷釉有少量发现，仿定瓷基本消失。新出现少量翠蓝釉和钧釉瓷器。白釉一般明显泛黄或呈灰白色，不开片，多数发木光、半木光或无光泽，绝大部分施半釉。黑釉质量有所回升，釉色较杂，有黑、褐黑、酱紫色和墨绿色，光泽较好。与白釉相比，可明显看出黑釉瓷器是作为精品烧制。胎体粗而厚重，呈灰褐或灰色，露胎部分常见棕黄色的铁锈斑，胎质较粗，甚至可见小砂粒，多有大气孔。烧成温度很高，十分坚硬。装饰单调，划花、篦划花最多。白地黑花和白地绘划花次之，另有黑剔花、镂孔、模印花和模制器物。白釉凸线纹和黑釉凸线纹、釉上彩绘等技法衰落，只有少量残存；再次使用黑釉酱彩和黑釉铁锈花装饰。新出现翠蓝釉黑花和桃心露胎等装饰。纹饰除留第三期的牡丹、莲花和少量动物纹外，流行在碗、盘内壁画同心圆双环和草书文字、吉语等，还有一些白地黑花散草纹，在观台窑址发现了少量鱼藻纹和在圆形开光内的花朵纹，总体给人稍草率、单调的感受[1]。

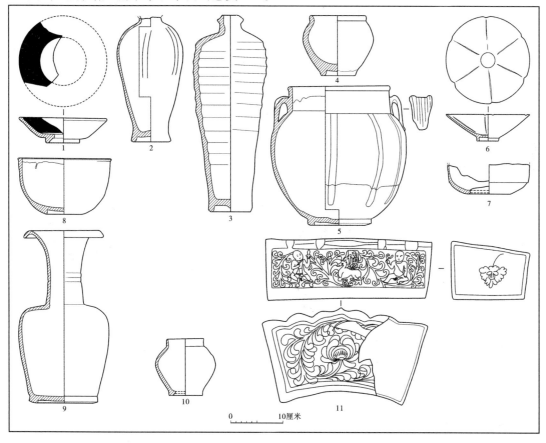

图 22－2－22 第三期典型器物（五）

1. 黑釉盘Ⅵ型（T6④：160） 2. 黑釉瓶Ⅵ型（Y3①：447） 3. 黑釉瓶Ⅶ型 3 式（采：2） 4. 黑釉罐Ⅷ型 1 式（Y3①：113） 5. 黑釉双耳罐Ⅴ型 2 式（T5⑤：306） 6. 白釉仿定碗Ⅵ型（Y5①：1） 7. 白釉仿定盒Ⅴ型 2 式（T10④：558） 8. 白釉仿定钵Ⅳ型（T5⑤：228） 9. 绿釉瓶Ⅱ型（Y3①：36） 10. 绿釉罐Ⅶ型（Y4①：49） 11. 绿釉枕ⅢA型（Y3①：321）
（引自《观台磁州窑址》，文物出版社 1997 年版，图八五 2，图九一 14，图九二 8，图九三 6，图九五 6，图一〇六 13，图一一二 6，图一〇七 8，图一一九 1，图一二〇 6，图一一二 2）

器物有白釉碗Ⅱ型 6 式（图 22－2－23，1）、ⅩⅧ型 2 式（图 22－2－23，2）、ⅩⅩⅢ型 2 式（图 22－2－23，3）、ⅩⅩⅤ型 2 式（图 22－2－23，4）、ⅩⅩⅦ型 1 式（图 22－2－23，5）；白釉盘Ⅲ型 5 式（图 22－2－23，6），Ⅺ型 2 式（图 22－2－23，7）、3 式（图 22－2－23，8），ⅪⅤ型（图 22－2－23，9），ⅩⅤ型 1 式（图 22－2－23，10）；白

---

[1] 本段瓷器质量虽然下降，但产量都有所增加，漳河流域各窑址以本段产品遗留最多。这时又增加了漳河支流上的南莲花、荣华寨、青碗窑等窑址，各窑址本身范围也有所扩大。观台窑这时的范围至少比一、二期扩大了 1—2 倍，窑址东部的日照寺一带和下部北河滩一带遍布第四期遗物。

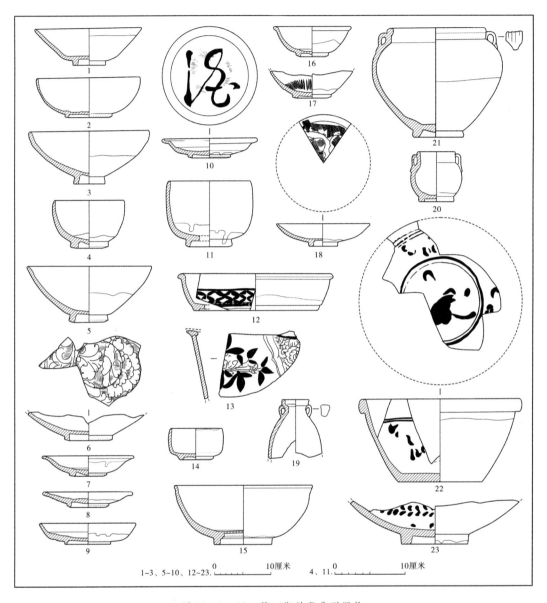

图 22 - 2 - 23　第四期前段典型器物

1. 白釉碗Ⅱ型6式（T5③：13）　2. 白釉碗ⅩⅧ型2式（Y8 火③：18）　3. 白釉碗ⅩⅩⅢ型2式（T4④：4）　4. 白釉碗ⅩⅩⅤ型2式（T5④：7）　5. 白釉碗ⅩⅩⅦ型1式（T4④：202）　6. 白釉盘Ⅱ型5式（T4④：447）　7. 白釉盘ⅩⅠ型2式（T11H1：55）　8. 白釉盘ⅩⅠ型3式（T11H1：54）　9. 白釉盘ⅩⅣ型（T10③：17）　10. 白釉盘ⅩⅤ型1式（T5③：33）　11. 白釉钵Ⅴ型3式（T4④：443）　12. 白釉盆Ⅰ型3式（T4④：453）　13. 白釉枕Ⅻ型（T8④：9）　14. 黑釉碗Ⅲ型4式（T11H1：33）　15. 黑釉碗Ⅶ型5式（T11H1：44）　16. 黑釉碗Ⅸ型2式（T8③：32）　17. 黑釉碗Ⅹ型（T8③：64）　18. 黑釉盘Ⅲ型1式（T4④：395）　19. 黑釉瓶ⅩⅠ型（T8④：11）　20. 黑釉双耳罐Ⅰ型3式（T8④：2）　21. 黑釉双耳罐Ⅹ型1式（T5⑨：43）　22. 黑釉盆Ⅰ型（T11H1：99）　23. 黑釉盆Ⅲ型（T8⑤：19）

（引自《观台磁州窑址》，文物出版社1997年版，图二二8，图二六2，图二七3，图二九4，图二八9，图三一2，图三二24、22、8、2，图三六5，图六七2，图七一6，图八〇10，图八一3，图八三4、7，图八五5，图九一13，图九四6，图九五5，图九六1，图九七4）

釉钵Ⅴ型3式（图22-2-23，11）；白釉盆Ⅰ型3式（图22-2-23，12）；白釉枕ⅩⅡ型（图22-2-23，13）。黑釉碗Ⅲ型4式（图22-2-23，14）、Ⅶ型5式（图22-2-23，15）、Ⅸ型2式（图22-2-23，16）、Ⅹ型（图22-2-23，17）；黑釉盘Ⅲ型1式（图22-2-23，18）、Ⅶ型；黑釉瓶ⅤⅪ型（图22-2-23，19）；黑釉双耳罐Ⅰ型3式（图22-2-23，20）、Ⅹ型1式（图22-2-23，21）；黑釉盆Ⅰ型（图22-2-23，22）、Ⅲ型（图22-2-23，23）。器物大多曲腹，较深，部分器物圈足底部内高外低，足心有旋突。黑釉碗的直口，开始内敛。

（2）四期后段

本段器类进一步减少，只有碗、盘、钵、盒、炉、瓶、罐、盆、枕等日常生活用品，其中以碗盘为主，罐、盆稍多。器物大小和厚度适中，釉色单调，只有黑白两种，白化妆瓷急剧减少，黑釉瓷占多数。胎、釉质量有所回升，白釉中泛黄减少，以白灰色和卵白色为主，多数发木光或半木光，无光泽者少见。黑釉质量好于前段，有漆黑色、酱紫色和墨绿色等，大多光亮润泽。胎色以灰褐色、棕褐色为主，坚致，略好于前段。装饰技法单调，只有白地黑花、划花、黑釉酱彩、黑釉铁锈花和黑釉凸线纹几种。有的窑场则变成以烧钧瓷为主。纹饰仅有双环和草书文字，个别的有一点极草率的散草纹和鱼藻纹[1]。

典型器物有白釉碗ⅩⅧ型2式（图22-2-24，1）、ⅩⅩ型4式（图22-2-24，2）、ⅩⅩⅦ型2式（图22-2-24，3）、ⅩⅩⅨ型2式（图22-2-24，4）；白釉盘ⅩⅤ型2式（图22-2-24，5）、ⅩⅥ型（图22-2-24，6）；黑釉碗Ⅲ型5式（图22-2-24，7）、Ⅸ型3式（图22-2-24，8）、Ⅹ型（图22-2-24，9）、Ⅺ型1式（图22-2-24，10）、2式（图22-2-24，11、12）；黑釉盘Ⅲ型2式（图22-2-24，13）、Ⅶ型（图22-2-24，14）；黑釉钵Ⅲ型2式（图22-2-24，15）；黑釉炉Ⅷ型（图22-2-24，16）；黑釉双耳罐Ⅹ型2式（图22-2-24，17）、3式（图22-2-24，18）、Ⅺ型（图22-2-24，19）；黑釉盆Ⅱ型（图22-2-24，20）。本段圆器变浅腹，器壁趋直，琢器变高瘦。碗盘类仍流行外高内低的矮圈足，足心有旋突，口部以敛口居多。

六　磁州窑瓷器独到的白地黑花装饰艺术

磁州窑瓷器以装饰取胜，因而装饰就成为磁州窑瓷器艺术的核心工艺，并成为磁州窑瓷器主要特点和特色的重要标志。磁州窑以化妆土白瓷为主体，所以化妆土白瓷的装饰也是磁州窑装饰艺术的主流。前已指出，磁州窑制瓷原料就地取自大青土，瓷胎质粗色陋。为改变这种状况，磁州窑的工匠"粗料细作"，采取在粗质瓷胎上施一层白色化妆土，再罩透明釉，烧制出化妆白瓷。然后，工匠们又利用化妆白瓷胎色与白色化妆土颜色的反差

---

[1] 元代以后位于滏阳河流域的彭城烧制瓷业迅速发展，漳河流域各窑场逐渐衰落消亡。入明以后，磁州窑在彭城一带又形成一个小高潮，正式成为向官府贡献的窑场（以笨重的酒缸、瓶和坛为主），传世的明代一些器物表明，其装饰曾又一度变得繁缛、华丽。

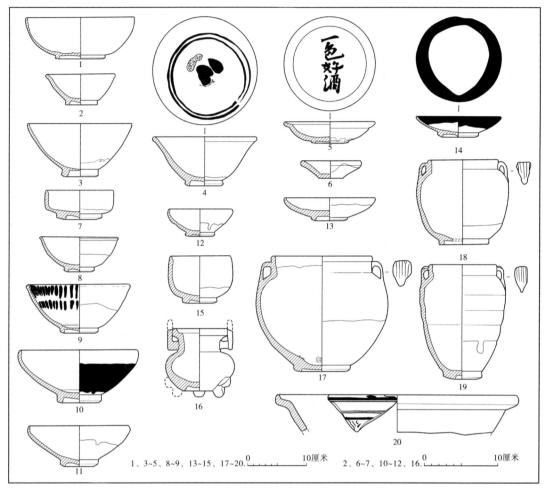

一色好酒

1、3～5、8～9、13～15、17～20.　0　10厘米

2、6～7、10～12、16.　0　10厘米

图 22-2-24　第四期后段典型器物

1. 白釉碗XⅧ型 2 式（Y8 火③：18）　2. 白釉碗XX型 4 式（Y8 火③：3）　3. 白釉碗XXⅦ型 2 式（Y9 风：24）　4. 白釉碗XXⅨ型 2 式（Y8：9）　5. 白釉盘XV型 2 式（Y8 火②：1）　6. 白釉盘XⅥ型（Y8 风内：129）　7. 黑釉碗Ⅲ型 5 式（Y8 风内：35）　8. 黑釉碗Ⅸ型 3 式（Y8 火③：134）　9. 黑釉碗X型（Y8 风外：28）　10. 黑釉碗XI型 1 式（Y8 火②：77）　11. 黑釉碗XI型 2 式（Y8 风内：48）　12. 黑釉碗XI型 2 式（Y8 火③：77）　13. 黑釉盘Ⅲ型 2 式（T8 ③：18）　14. 黑釉碗Ⅶ型（Y8 火③：182）　15. 黑釉钵Ⅲ型 2 式（Y8 火③：368）　16. 黑釉炉Ⅷ型（Y8 火③：124）　17. 黑釉双耳罐X型 2 式（Y8 火②：143）　18. 黑釉双耳罐 3 式（Y8 风内：155）　19. 黑釉双耳罐XI型（Y8 火②：142）　20. 黑釉盆Ⅱ型（Y8 火②：126）

（引自《观台磁州窑址》，文物出版社 1997 年版，图二六 16、12，图二八 6，图二九 1，图三三 4，图三二 18，图八○ 11，图八三 5、6、8、9、10，图八五 6、3，图八六 5，图九○ 12，图九五 3、13、10，图九六 4）

对比，发展了硬笔（以竹木或金属签刀为工具）白地刻花、白地划花、白地剔花等装饰艺术。进而在化妆白瓷上创造了用毛笔绘制白地黑花装饰艺术，并演化出白地黑绘划花[1]、

---

[1]　白地黑绘划花，采用白地黑花和刻划相结合技法完成。在白地绘画后，用硬笔刻划出图案的细部结构和层次。白地黑绘划花更多地强调笔绘图案的影像，更关注图案的整体效果，立体感突出，在一定程度上比白底黑花更具装饰效果。

白地黑剔花〔1〕、珍珠地刻划花〔2〕，以及白地红绿彩〔3〕等装饰艺术。磁州窑黑釉瓷器装饰技法与化妆白瓷大体雷同，其装饰除硬笔黑釉划花，黑釉剔花外，还出现用毛笔绘制的黑釉铁绣花〔4〕。总之，磁州窑瓷器的装饰，以硬笔刻划和毛笔绘制的高超技艺，对所生产的瓷种形成了一套题材广泛，形式多样，内容丰富多彩，构思巧妙、寓意深刻、风格独特，艺术水平较高，雅俗共赏的装饰艺术体系〔5〕。

在上述诸种瓷器装饰中，最重要最具代表性的是化妆土白地黑花装饰艺术。这种装饰有鲜明的特色和很突出的艺术成就，比如：（1）白化妆土和"斑花石"是磁州窑化妆白瓷装饰系列之本。白化妆土的使用，化妆白瓷的出现，才形成了磁州窑硬笔白地刻划花和剔花装饰系列；在化妆白瓷上采用"斑花石"为绘料，才创造出用毛笔绘制的白地黑花装饰系列（包括白地黑绘划花，白地黑剔花亦属广义的白地黑花系列），其他釉色的装饰技法亦与上述情况有关。因此，使用白化妆土和"斑花石"不仅是磁州窑化妆土白瓷装饰的物质基础，而且也是形成磁州窑白地黑花瓷器装饰风格和艺术特色的本源。（2）白地黑花装饰是在瓷器上成功移植中国传统文化艺术的里程碑。白地黑花装饰与中国传统艺术紧密结合，成功地将中国传统的国画和书法艺术及其技法移植到瓷器上〔6〕，这是磁州窑瓷器装饰技法和装饰艺术的重要创新，使瓷器装饰画面和意境别开生面，拓展了瓷器装饰的领域。从此开创了中国瓷器彩绘装饰的新纪元，并为而后青花乃至彩瓷的出现奠定了初步基础，因而具有划时代的里程碑意义。〔7〕（3）白地黑花装饰植根于民窑和民间艺术，是其影响深远的生命力之源。磁州窑白地黑花装饰主要来自民间工匠的创造，其装饰植根于民窑和民间艺术，大量采用民间喜闻乐见的题材和构图形式，大量吸取民间艺术的精华，重在表现当时人民群众的传统审美观念和情趣，这是磁州窑白地黑花装饰深受当时人们喜爱，影响深远，经久不衰的生命力之源。由于白地黑花装饰艺术主要源自民间，同时又不乏高雅之作，所以其装饰形式和内涵在一定程度上弥补了以往美术史瓷器装饰史之不足，开创了瓷器装饰艺术新纪元，使之形成了具有较高艺术价值及历史价值，并最能集中体现

---

〔1〕　白地黑剔花，是在施化妆土的瓷胎上，再施一层以斑花石为主料配制的黑化妆土，稍干后划出花纹图案，用平刀将花纹外的黑化妆土剔掉，留下白色化妆土，罩透明釉入窑烧成。白地黑剔花在磁州窑硬笔装饰中最具特色，其工艺复杂，技艺要求高，难度很大。白地黑剔花黑白对比强烈，有"黑白相映，浮雕感极强"的装饰艺术效果，属磁州窑风格独特的高档产品。

〔2〕　珍珠地，又称珍珠地刻划花或珍珠地镶嵌，该装饰为借鉴金银器錾花工艺而成。即用硬笔先在施白化妆土的胎体上划出图案，用特制的金属空圆工具在地子上布满截点。将调好的红棕高温色料镶嵌在刻划图案和圆点痕内，去掉地上多余的红棕色料。这种装饰工艺是难度最大的装饰方法之一，也是磁州窑著名的产品之一。

〔3〕　白地红绿彩，亦称"宋加彩"，为在烧成的化妆土白瓷上，用矾红高温颜料绘画，以低温绿釉等点涂，再第二次入窑低温烧成。因以红绿彩为主而得名（还用浅红、浅绿、黄、蛋青、黑等色），其集磁州窑瓷器多种工艺技法于一身，艺术特点是艳而不妖，丽而不俗，高雅动人。红绿彩釉上低温颜料矾红的发明和使用，开创了瓷器装饰史上低温颜料装饰的新纪元，在中国瓷器史上具有划时代的意义。

〔4〕　黑釉铁锈花，亦称黑釉铁绘。用毛笔蘸斑花料在黑釉坯上彩绘，入窑烧成后，器皿上闪现出带有金属光泽的铁锈红花纹。

〔5〕　磁州窑瓷器的装饰艺术，参见叶喆民主编《中国磁州窑》，河北美术出版社2009年版。

〔6〕　参见叶喆民主编《中国磁州窑》，河北美术出版社2009年版，第7、8、13—20页；李知宴《磁州窑瓷器的绘画艺术》，《考古与文物》1987年第3期。

〔7〕　叶喆民主编：《中国磁州窑》，河北美术出版社2009年版，第7页。

和代表磁州窑民窑瓷器风格和特色的装饰艺术。(4) 白地黑花装饰艺术是磁州窑瓷器装饰艺术之魂。白地黑花装饰,以毛笔为工具,以"斑花石"细粉水解汁为绘料,在施白化妆土的瓷胎上绘各种山野小景、山水人物,历史和文学名著故事、儿童嬉戏、珍禽异兽、花鸟鱼虫、各种图案,书写吉语和诗词等。绘制完毕罩透明釉入窑烧成后,这些简洁生动、写实传神、格调清新、意境深远的画面则形成黑白对比强烈,明快、质朴、潇洒而又豪放和粗犷的艺术风格,从此瓷器的装饰面貌为之一新,具有很强的感染力。以此结合上述几点可以说白地黑花装饰乃是磁州窑瓷器装饰园地中的奇葩,精华之所在,故成为统领磁州窑瓷器装饰艺术之魂。

上面将磁州窑瓷器白地黑花装饰的鲜明特色和突出艺术成就大体归纳为四点,这四点在当时的制瓷业乃至中国古代瓷器装饰发展史中均属首创,并以此为核心使磁州窑形成了较完整的瓷器装饰体系,从而使磁州窑成为最有代表性的民窑之一,并奠定了其强大影响的基础。磁州窑瓷器以白地黑花为代表的装饰艺术对其他地区窑口的影响,从其所处的时代来看,考古资料主要集中在金代和元代[1]。在观台磁州窑瓷器的四期七段中,少量白地黑花装饰出现于二期后段(宋徽宗建中靖国元年—金熙宗皇统八年,1101—1148 年)。第三期属金代后期,这时观台窑瓷器白地黑花装饰走向繁荣并达到巅峰阶段,第四期元代观台窑瓷器白地黑花装饰则逐渐走向衰落。由于金代主要控制中国北部地区,特别是金海陵王迁都于金中都(今北京)后,靠近金中都的观台磁州窑得到迅速发展,是时其以白地黑花装饰为代表的瓷器装饰艺术独领风骚,所以对金代辖境内诸窑以及西夏的制瓷业和瓷器装饰艺术产生很大的影响。据学者研究,其影响所及地域除与磁州窑邻近的河北、河南和山西三省外,还有东到山东淄博、枣庄一带,西到宁夏回族自治区西夏灵武窑、北到内蒙古自治区赤峰等地区。其实情况远不止于此,甚至江西吉州窑代表瓷种白釉彩绘瓷也是在磁州窑影响下形成的,此后白釉彩绘瓷又为青花瓷的出现开创了道路。元代统一中国后,其影响更对江南地区一些窑口产生了较大的影响,并远播东南亚、朝鲜和日本等国[2]。由于磁州窑以白地黑花为代表的瓷器装饰艺术在国内外产生巨大而深远的影响,对瓷器装饰艺术的发展和传承作出了突出的贡献,所以磁州窑在中国古代瓷器发展史中,无疑占有较重要的地位。

第三节　河南省汝窑遗址的考古发掘与研究

"汝窑"是文献记载中宋代五大名窑之一,它与官、钧、哥、定窑齐名于世。文献中记载的汝窑产品主要是指香灰色胎、天青釉的一类精致瓷器产品,且大多数时候,汝窑几乎是

〔1〕　秦大树:《磁州窑白地黑花装饰的产生与发展》,《文物》1994 年第 10 期。
〔2〕　叶喆民:《中国磁州窑》上卷,河北美术出版社 2009 年版,第 7、8 页;秦大树:《磁州窑的研究史》,《文物》1990 年第 4 期;李知宴:《磁州窑瓷器的绘画艺术》,《考古与文物》1987 年第 3 期。

汝官窑的省略说法[1]，即提到汝窑往往仅限于北宋晚期生产的那些供御产品。考古发现的汝窑窑址不单只生产汝官窑产品，而是从北宋即开始生产民用汝瓷，并历金代，一直持续生产至元代。也就是说，汝窑在北宋晚期的短暂时间里可能为朝廷烧造过"贡器"。

目前发现宋、金、元时期河南省属于古代汝州范围内的窑址主要有宝丰清凉寺汝窑[2]、宝丰清凉寺窑[3]，汝州张公巷窑[4]、临汝严和店窑[5]、鲁山段店窑[6]等（图22-3-1）。其中宝丰清凉寺汝窑、汝州张公巷窑址都发现了与传世品相似的汝官窑[7]产品。

汝窑相关问题的研究一直是古陶瓷研究、陶瓷考古的热点，2015年故宫博物院汝窑学术研讨会[8]、2017年中国古陶瓷学会2017年年会暨汝窑、鲁山窑学术研讨会等会议有力推动了汝窑研究的深入[9]。

一　汝窑的文献记载与传世汝窑

（一）文献记载

文献对汝窑的描写，随着时代推移内容不断增加。目前所见最早记录汝窑的文献是北宋徐兢的《奉使高丽图经》，文中记载："越州古秘色""汝州新窑器大概相类"[10]，指出汝窑生产青瓷。南宋时期，叶真的《坦斋笔衡》和顾文荐的《负暄杂录》记载："本朝以定州白瓷器有芒不堪用，遂命汝州造青窑器，故河北唐、邓、耀州悉有之，汝窑为魁……"这段文字指出宋代在汝州开始生产青瓷器。南宋文人笔记《清波杂志》[11]卷五

---

[1]　参见《宝丰清凉寺汝窑》第141页相关讨论：尽管在广义上北宋汝州辖地生产瓷器的窑场似可统称做"汝窑"或"汝州窑"，但为了将汝窑烧造区与其他窑址相区别，可以遵循考古惯例，按现在窑址所在地的地名命名各个窑口。如把宝丰清凉寺村内的汝窑烧造区称作"宝丰清凉寺汝窑址"，宝丰清凉寺村南至韩庄村南的瓷窑区称作"宝丰清凉寺窑址"，或改称"宝丰韩庄窑址"，其他有鲁山段店窑址、汝州严和店窑址等，各行其名，不必更改。

[2]　河南省文物考古研究所：《宝丰清凉寺汝窑》，大象出版社2008年版。

[3]　河南省文物考古研究所、宝丰汝窑博物馆：《宝丰清凉寺窑》，科学出版社2020年版。

[4]　郭木森：《河南汝州张公巷窑考古获重大成果》，《中国文物报》2004年5月21日第1版；郭木森：《河南汝州张公巷窑址》，《2004年中国重要考古发现》，文物出版社2005年版。

[5]　河南省文物考古研究所：《河南临汝严和店汝窑遗址的发掘》，《华夏考古》1995年第3期；河南省文化局文物工作队：《汝窑址的调查与严和店的发掘》，《文物》1958年第10期；洛阳专区文物管理委员会：《汝窑址调查简报》，《文物》1956年第12期。

[6]　赵青云、王忠民、赵文军：《河南鲁山段店窑的新发现》，《华夏考古》1988年第1期。

[7]　这里所说的汝官窑产品之官窑是指为进贡皇室而生产的产品，这些窑址是偶有生产官窑，而不是只生产御用瓷器的窑址。汝官窑产品最初是在宝丰清凉寺发现，具体情况可见后面正文。2000—2004年，在汝州张公巷发现天青釉瓷器，这批瓷器与传世汝窑即有相同之处，又有些许的差异。详见孙新民《汝州张公巷窑的发现与认识》，《文物》2006年第7期。

[8]　故宫博物院考古研究所：《故宫博物院九十华诞汝窑学术研讨会论文集》，故宫出版社2020年版。

[9]　中国古陶瓷学会：《汝窑瓷器与鲁山窑瓷器研究》，故宫出版社2017年版。

[10]　徐兢：《宣和奉使高丽图经》，商务印书馆1937年版。徐兢（1091—1153年），宋徽宗宣和六年（1124年），宋朝使者徐兢一行访问了高丽，后著《宣和奉使高丽图经》，但图已佚失，惟文流传。

[11]　周辉：《清波杂志外八种》，上海古籍出版社1991年版。周辉，宋钦宗靖康元年（1127年）出生。《清波杂志》是一部较为著名的宋代笔记，书中记载了宋代的一些名人轶事；保留了不少宋人的佚文、佚诗和佚词；记载了当时的一些典章制度、风俗、物产等。

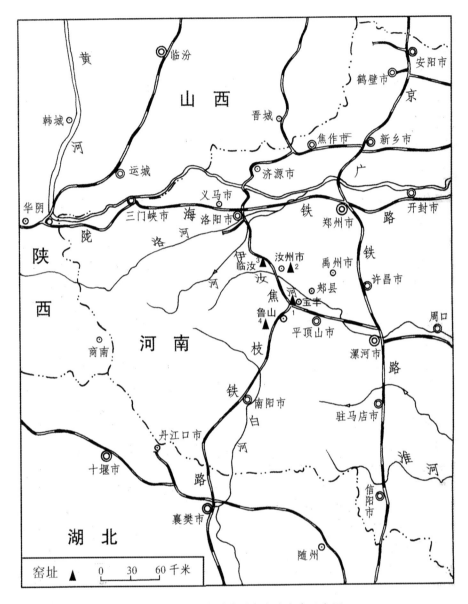

图 22 - 3 - 1　汝州范围内窑址分布示意图

云："辉出疆时，见彼中所用定器，色莹可爱……又汝窑宫中禁烧，内有玛瑙末为釉，唯供御拣退，方许出卖，近尤难得。"南宋时期的《武林旧事》[1] 卷九"高宗幸张府节次略"条记载，绍兴二十一年（1151 年）十月，高宗赵构……张俊进奉一批宝器、书画等珍品，内有汝窑青瓷 16 件，分别为，酒瓶一对、洗一、香炉一、香合一、香球一、盏四

〔1〕　（宋）周密著，李小龙、赵锐评注：《武林旧事》，中华书局 2007 年版。

只、盂子二，出香一对、大奁一、小奁一。

明代《格古要论》[1]记载，汝窑器出汝州，宋时烧者淡青色，有蟹爪纹者真，无纹者尤好，土脉滋润，薄亦甚难得。明代《瓶花谱》[2]记载："……窑则柴、汝最贵，而世绝无之。官、哥、宣、定为当今第一珍品，而龙泉、均州、章生、乌泥、成化等瓶亦以次见重矣。"此条，提到汝窑，并把柴、汝并列为最贵重的瓷器，因为从收藏角度来说，柴、汝的时代最早，市面上已经很少见了。《遵生八笺》[3]记载："汝窑，余尝见之，其色卵白，汁水莹厚如堆脂，然汁中棕眼隐若蟹爪，底有芝麻细小支钉。"《宣德鼎彝谱》[4]记载："内库所藏柴、汝、官、哥、钧、定各窑器典雅者，写图进呈……计二十有九种。"

清代蓝浦《景德镇陶录》[5]卷六"镇仿汝窑考"记："汝窑，汝亦汴京所辖。宋以定州白器有芒，不堪用，遂命汝州建青器窑。土细润如铜，体有厚薄，色近雨过天青，汁水莹厚若堆脂。有铜骨无纹、铜骨鱼子纹二种。"清《南窑笔记》[6]"汝窑"："北宋出汝州，有深、淡月白二种。有有纹片者，有无纹片者。紫泥骨子，釉水肥厚莹润，骨肉泛红色，间有橘皮棕孔。"清代朱琰《陶说》[7]卷二"宋汝窑"："时以定州白瓷器有芒，命汝州建青器窑，屑玛瑙为釉。"

民国时期许之衡《饮流斋说瓷》[8]"说窑第二"："汝窑在河南汝州，北宋时所创设也。土细润如铜，体有厚薄，汁水莹润，厚若堆脂。有铜骨无纹者，有铜骨鱼子纹者，有棕眼隐若蟹爪纹者尤佳。豆青、虾青之色居多，亦有天青、茶末等色。无釉之处所处呈之色，类乎羊肝。底有芝麻花细小挣钉，乃真物也。"

以上文献分别属于北宋、南宋、明代、清代和民国时期，不同时期汝窑及其窑器的记述大体相似，明清时的说法有很多是引用前代成说，有的是增加了当时仿制汝瓷产品的特征，需要具体分析。文献中提到汝窑的生产地点在河南汝州，生产产品为青瓷，生产时代是北宋，对"汝窑"产品的胎、釉色、工艺、器形等也有具体表述，如"宋时烧者淡青色，有蟹爪纹者真，无纹者尤好"。上述文献虽然多是从文物鉴赏的角度来记载和评述，但对于了解汝窑产品特征，探寻汝窑址提供了很重要的线索和依据。

————————————

[1]　（明）曹昭《格古要论》，刊于明洪武二十年（1388年）。见文渊阁四库全书本，台湾商务印书馆于1986年影印出版。此条实际上，是明代辨别瓷器传世品的指导性资料。

[2]　（明）张谦德《瓶花谱》版本较多，今采清顺治三年（1646年）委宛山堂刻本《说郛续》卷四十所收者。

[3]　（明）高濂著，王大淳校点：《遵生八笺》，巴蜀书社1992年版。高濂，明代文学家，钱塘（今浙江杭州）人，生活于万历（1573—1620）年前后。旷世奇才，笃志养生，参访隐士名医，积一生心血，编着出了《遵生八笺》，刊于1591年。

[4]　（明）吕震：《宣德鼎彝谱》，商务印书馆1936年版。吕震明代宣德年间礼部尚书。《宣德鼎彝谱》共八卷。该书是明代宣德年间礼部尚书吕震等人奉旨编辑的一本书，当时是为呈圣上的，并未颁行于世，直到嘉靖年间，这一本书才得以在世面上流传。

[5]　（清）蓝浦、郑希桂：《景德镇陶录》。此处引用来自《景德镇陶录图说》，山东画报出版社2004年版。蓝浦清代景德镇人，乾隆末年撰写《景德镇陶录》。

[6]　《南窑笔记》1911年收入黄宾虹、邓实《美术丛书》，神州国光出版社1937年版。此处引江苏古籍出版社影印本1997年版。

[7]　（清）朱琰著，杜斌校注：《陶说》，山东画报出版社2010年版。

[8]　许之衡：《饮流斋说瓷》，紫禁城出版社2005年版。

（二）传世汝窑的认识论[1]

在 20 世纪多处窑址发掘前，传世瓷器是陶瓷研究的唯一实物资料，汝窑研究也依此开展。汝窑只在北宋末期短暂生产，产品极少，南宋已为罕见。臣下有时把这种罕见的汝窑瓷器进贡给皇帝。比如南宋绍兴二十一年（1151 年），清河郡王张俊把 16 件汝窑瓷器进奉给高宗[2]，由此，南宋以后历代皇室成为最大的汝窑瓷器收藏机构。清宫档案载，雍正时期有 40 件分类为汝窑的瓷器。乾隆收集名瓷众多，也包括汝窑。乾隆常镌刻诗文于被咏之瓷器上，由是，可以了解其如何定位汝窑。但直接接触这种刻有乾隆咏瓷诗的瓷器和图册的人极少，可能是皇室、管理其收藏品的官员等，也就是说，以这类记载为基础认识汝窑瓷器实不可期。

1925 年 10 月故宫博物院设立，1924 年 12 月至 1930 年 3 月清室善后委员会进行清宫物品点查工作。其点查物品包括一些所谓传世汝窑瓷器，但点查人员并不认识它们属于所谓传世品汝窑瓷器。例如现在台北"故宫博物院"的纸槌瓶，乾隆帝也把它视为汝窑瓷器，而题诗镌刻，但点查人员把它列为仿钧窑瓷器。原因是只有诗文，没有题目与注释。一般乾隆御提诗收录于《御制诗集》中，有诗文，还有题目与注释；而器物上只刻诗文，只有找到《御制诗集》原文才能知道题目，也就是具体指哪个窑。但是有些乾隆咏瓷诗没有收录于《御制诗集》，就无法对比。有些即使有，也不太容易在 4 万多首诗文中找到，所以当时点查人员并没有对比。1929 年夏，郭葆昌从乾隆帝御制诗中拣选咏瓷诗编撰《清高宗御制咏瓷诗录》序文中说，乾隆帝的"考证、鉴赏不无疏误"，此时，郭葆昌已经逐步形成了自己对汝窑瓷器的认识论。到 1936 年出版的《参加伦敦中国艺术国际展览会出品图说》第 2 册瓷器表现了其对汝窑瓷器的认识——判定 10 件故宫藏品为汝窑瓷器——其中有 6 件留下了咏瓷诗，根据这些诗只有一件（4 号）乾隆帝视为汝窑，其余视为官窑[3]。实际上，此后这 10 件瓷器一般被认定为传世汝窑瓷器，也就是说今日对传世汝窑瓷器的一般认识论是以郭葆昌对汝窑瓷器的认识论为基础建立的。

二　汝窑的考古发现过程

汝窑[4]遗址的调查始于 20 世纪 30 年代。1931 年，日本人原田玄讷到河南临汝县调查诸窑址，采集到大量的所谓"北方青瓷"（耀州窑系青瓷、钧窑系瓷器、磁州窑系瓷器

---

[1] ［韩］李喜宽：《对汝窑瓷器的认识轨与所谓迹传世汝窑瓷器的研究》，《汝窑瓷器与鲁山窑瓷器研究》，故宫出版社 2017 年版。

[2] 参见前述文献南宋时期的《武林旧事》卷九"高宗幸张府节次略"条记载，绍兴二十一年（1151 年）十月，高宗赵构……张俊进奉一批宝器、书画等珍品，内有汝窑青瓷 16 件，分别为，酒瓶一对、洗一、香炉一、香合一、香球一、盏四只、盂子二，出香一对、大奁一、小奁一。

[3] 中国政府借给 1935 年 11 月 28 日至 1936 年 3 月 7 日在伦敦举办的中国艺术国际展览会的故宫博物院所藏的 352 件瓷器，1936 年出版了《参加伦敦中国艺术国际展览会出品图说》，其中瓷器名称由展览会筹备委员会确定。郭葆昌有一定的主导作用，同时《图说》中的《瓷器概说》部分作者也是郭葆昌。

[4] 这里所说的发现和调查是带着"寻找汝窑"这样的初衷进行的，即使发现的并非是文献及传世品中的汝窑产品，但同样把这些以往的工作的内容定义为汝窑的发现和调查范畴。

等），认为"汝窑就是北方青瓷产地"[1]。1950 年陈万里先后到河南临汝、宝丰和鲁山调查，最早发现宝丰清凉寺遗址。并于 1951 年发表《汝窑的我见》，给予清凉寺青瓷产品很高的评价[2]。1956 年洛阳地方文物管理委员会对严和店、枣园遗址进行调查[3]，采集到一些窑具，并发现有印花瓷片。1964 年故宫博物院冯先铭、叶喆民[4]等 4 人又重点复查了临汝县严和店、大峪店两个瓷窑遗址，按照采集遗物划分为 3 处汝窑系遗址和 8 处钧窑系遗址。冯先铭在调查总结报告中说："汝窑是由两个部分组成的，一部分是专为宫廷烧制的瓷器，烧制时间短，生产数量少，而质量则很精；一部分是为民间烧制的瓷器，现在称它为'临汝窑'，这是汝窑的主要部分，其烧造时间长，生产数量多，质量也比较好。1949 年前后对汝窑遗址进行过的几次调查，都是接触的后一个部分。"此次调查后，冯先铭表示同意陈万里关于汝州贡瓷的时间在北宋哲宗元祐元年（1086 年）至徽宗崇宁五年（1106 年）二十年间的推断，同时认为"汝州贡瓷是经耀州贡瓷之后，出现的一个新的制青瓷窑"，但窑址始终无法确认。受定窑发现的启发，文物考古工作者把目光投向古汝州辖区内其他地点来寻找汝官窑。1977 年冯先铭、叶喆民再赴豫南调查古瓷窑址，偶然拾到一件天青釉瓷片；经上海硅酸盐所化验与北京故宫所藏汝窑盘的化验数据基本相同。1985 年郑州古陶瓷年会上，叶喆民首次撰文提出宝丰清凉寺"未必不是寻觅汝窑窑址的一条重要线索"。1986 年西安古陶瓷年会，河南宝丰陶瓷工艺厂展示了在宝丰清凉寺采集的 1 件灰釉瓷洗，引起与会专家的重视。上海博物馆汪庆正即于当年底两次派人前往清凉寺窑址调查，并于 1987 年出版《汝窑的发现》[5]一书，认定宝丰清凉寺窑址为汝窑窑口。此后在宝丰清凉寺遗址的几次发掘中都发现了天青釉汝瓷产品。

从文献记载并结合汝窑传世品可知，汝窑产品的主要特征为胎质细腻致密，釉厚莹润，有的有开片。釉色以天青为主，胎色为香灰色（主要根据传世品），底部有芝麻挣钉的。

文献记载中所指的汝窑多指"汝官窑[6]"，同时根据考古发掘和研究情况，我们认识到，"汝窑"这个词有很多内涵，既可以指汝州地区一些窑址，也可以仅指"汝官窑"

[1] 转引自河南省文物考古研究所《宝丰清凉寺汝窑》，大象出版社 2008 年版，第 6 页注释 3。

[2] 陈万里：《汝窑的我见》，《文物参考资料》1951 年第 2 期。文中"青龙寺"和"清凉寺"应指同一个地理范围。近年出版的《宝丰县志》"文物古迹"专章中，列有"清凉寺"条目："亦名青龙寺。"但结合其他相关志书可知明清至 1947 年此处一直被称作清凉寺。叶喆民的《汝窑址发现经过与再考察记略》（《南方文物》2000年第 4 期）提到今日所谓清凉窑址的名称和与上列诸寺对比来看还值得认真探讨一番，至少也说明 30 年前村人的说法和我们的文章原来所记的"青龙寺"窑址是有一定根据的。那么，也就是说可能当地民间也有"青龙寺"的说法，所以陈万里、叶喆民两位学者称该地为"青龙寺"。详见河南省文物考古研究所《宝丰清凉寺汝窑》，大象出版社 2008 年版，第 5—6 页。

[3] 洛阳专区文物管理委员会：《汝窑址调查简报》，《文物》1956 年第 12 期。

[4] 冯先铭：《河南省临汝县宋代汝窑遗址调查》，《文物》1964 年第 8 期。

[5] 汪庆正等：《汝窑的发现》，上海人民美术出版社 1987 年版。

[6] 参见《宝丰清凉寺汝窑》第 141 页相关讨论：尽管在广义上北宋汝州辖地生产瓷器的窑场似可统称做"汝窑"或"汝州窑"，但为了将汝窑烧造区与其他窑址相区别，可以遵循考古惯例，按现在窑址所在地的地名命名各个窑口。如把宝丰清凉寺村内的汝瓷烧造区称作"宝丰清凉寺汝窑址"，宝丰清凉寺村南至韩庄村南的瓷窑区称作"宝丰清凉寺窑址"，或改称"宝丰韩庄窑址"，其他有鲁山段店窑址、汝州严和店窑址等，各行其名，不必更改。

产品。所以，在讨论"汝窑"性质的时候，对其不同的内涵要有所考虑。目前发现的汝窑窑址（河南宝丰清凉寺窑址的部分窑址），不是只生产汝官窑产品，而是从北宋即开始生产民用汝瓷，历金代一直持续生产至元代。具体地说，汝窑在北宋晚期的短暂时间里可能为朝廷烧造过"贡器"。器形主要有碗、盘、碟、洗、盆等。胎为浅灰白色，俗称香灰色，胎质坚致，釉色莹润；釉层很薄，有乳浊感，釉面有开片和不开片两种，开片隐若蟹爪、鱼子、冰裂纹。釉色有天青、粉青、豆青、虾青、天蓝、月白等，尤以天青为贵。支钉支烧中接触点为白色、无釉、状如芝麻，即"芝麻挣钉"。上述仅仅为汝官窑或者说贡器的特征，整个汝窑窑址生产的产品则有着更丰富的品种，如耀州窑类型产品、汝钧瓷等。

寻找汝窑之初找到的临汝窑，亦在汝州境内，产品主要为素面青瓷和印花青瓷，不生产传世汝窑产品，冯先铭最早把这类窑址称作临汝窑，即汝民窑产品[1]。现阶段，临汝窑已经成为汝州范围内非天青釉汝瓷的概括称谓。

目前故宫博物院和台北"故宫博物院"等机构收藏有传世汝窑70余件，但由于其大部分是各代朝廷从民间征集而来（仅仅凭釉饰、器型的艺术性征集），所以70余件汝窑传世品可能不是来自同一个年代同一个窑口。也就是说，今天所谓的汝窑传世品，完全有可能是清凉寺汝窑，甚至还可能是其他未被发现的汝官窑的产品[2]。

20世纪至今，人们对于"汝窑"所代表的瓷器类型不断地重新认识。正如彭盈真所说，百年来对于"汝窑"的认识论，是从确立本体开始发展，继而留意边界周围，寻找和其他窑的集合，使北宋汝窑在陶瓷史年表中的图形越发完整。首先是长达半个世纪以上的名词定义论战，历经青白瓷、北方青瓷甚至钧窑等阶段，直到宝丰清凉寺窑址的发现才逐渐有所共识[3]。

三　宝丰清凉寺窑址发掘

清凉寺瓷窑遗址位于宝丰县西20千米的大营镇清凉寺村。窑址区地势比较平坦，北、东、西三面环山，在遗址北部有东、西两河流经两侧。现存遗址长约1750米，宽300—550米，总面积70万平方米。1998年发掘时，将宝丰清凉寺窑址划分为三个区。其中，第一区位于清凉寺村南，东、西两河之间，南至西河东折与东河交汇处以北；第二区位于东、西河交汇处以南，响浪河以西，南至韩庄村东南响浪河两岸；第三区位于西河以西，马坡以南，韩庄矿务局以北。1999年发现汝窑中心烧造区，被编为第四区。该区位于烧造区以北，清凉寺村中部。（图22-3-2）

发掘大致分为三个阶段，第一阶段，1987—1998年，即第一至第四次考古发掘，在第一、二、三烧造区进行；第二阶段，1999—2002年，即第五次至第八次发掘，发掘地点集中在第四区域；第三阶段，2011—2016年，即第九至第十四次发掘，主要为配合汝窑遗址

〔1〕　冯先铭：《河南省临汝县宋代汝窑遗址调查》，《文物》1964年第8期。

〔2〕　目前已知汝窑传世品数量约为74件，分别有纸槌瓶、胆式瓶、玉壶春瓶、水仙盆、三足樽、莲花式碗、撇口碗、三足洗、平底洗、圈足洗、椭圆洗、浅腹盘、深腹盘、平底碟、花口盏托和圆口盏托等16种器类。详见河南省文物考古研究所《宝丰清凉寺汝窑》，大象出版社2008年版，第141—144页。

〔3〕　彭盈真：《百年寻青——二十世纪汝窑认识论的变迁》，《故宫文物月刊》第287辑。

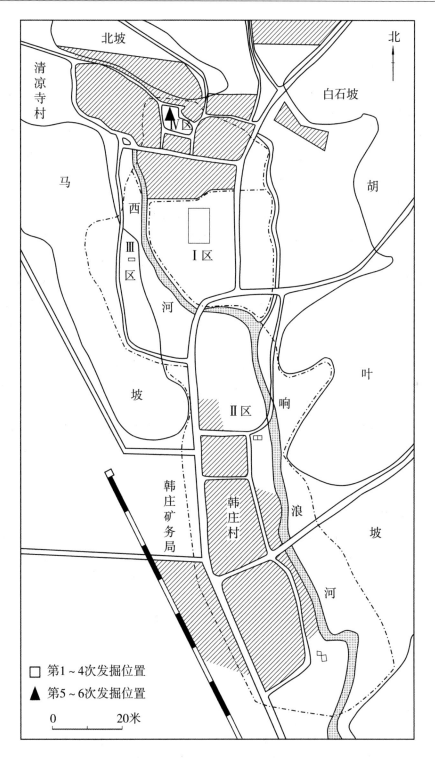

图 22 - 3 - 2　宝丰清凉寺发掘区分布图

（引自《宝丰清凉寺汝窑》，大象出版社 2008 年版，第 12 页）

展示馆建设进行，先后在汝窑中心烧造区进行了六次考古发掘。[1]

（一）第一至第四次发掘[2]

1987年10月至12月河南省文物考古研究所对宝丰清凉寺汝窑遗址进行了第一次发掘[3]，在200平方米的试掘范围内，发现窑炉2座、作坊2座、排水沟和灰坑各2个，出土了大批窑具、瓷片和各类较完整瓷器300余件，其中发现典型御用汝瓷10余件。1988年秋和1989年春进行了第二、三次发掘[4]，发掘面积1150平方米，发现作坊和房基5座、水井4眼、澄泥池1处和灰坑8个，出土各类完整或可复原的瓷器和窑具2100余件，瓷片上千包，均为民窑产品。前三次发掘都在清凉寺村南部。

宝丰清凉寺窑址第一至第三次发掘产品主要是民用器。除出土少量天青釉瓷器外，还发现有白釉绿斑、黑地白花、珍珠地划花、酱釉和兔毫瓷器。简报[5]以出土铜钱结合典型瓷器分北宋早、中、晚和金、元五期。其中，北宋早期为初创时期，以烧制白瓷为主，兼烧少量青瓷和黑瓷。北宋中期为发展期，仍以白瓷为主，青瓷数量明显增多。北宋晚期达到鼎盛，青瓷不仅在数量上超过白瓷，而且器类多样，花纹繁缛。金元时期走向衰落。由于仅在北宋晚期地层内出土少量天青釉汝窑瓷器，故发掘者推定汝窑瓷器的烧造年代约属哲宗、徽宗时期。

1998年春，清凉寺汝窑开展了第四次考古发掘。此次除在清凉寺村南部继续发掘，清理出作坊3座和灰坑等遗迹外，还在韩庄村东部揭露民用青瓷窑炉4座，同时选择靠近清凉寺村边发掘。继在2个10米×10米探方内出土御用汝瓷标本200余片后，又在清凉寺村内一居民宅院发掘3米×3米探方1个，在宋代地层包含的少量瓷器残片中发现御用汝瓷碗、器盖等。同年12月，又在一农家院内发现耐火砖墙、御用汝瓷，采集汝瓷片100余片。[6]

（二）第五至第八次发掘

1999年的第五次发掘，在清凉寺村居民住宅便道和院内分别进行了试掘，在宋代地层内出土的几乎全是御用汝瓷，在有限范围内发现了厚达10厘米的汝官瓷叠压层，出土汝官瓷瓷片上千片，同时出土的还有不同于民窑的匣钵、垫饼、支钉、试烧片等窑具和大型建筑构件，初步判定这里即是天青釉汝官瓷器烧造区，并探查出汝官窑址及作坊区面积约4800平方米。从而确认了汝窑烧造区的具体位置和范围[7]。

〔1〕 河南省文物考古研究所：《宝丰清凉寺汝窑》，大象出版社2008年版，第12页；孙新民：《序》，《宝丰清凉寺窑》，科学出版社2020年版。

〔2〕 第一至第四次发掘情况本书主要使用发掘简报材料。

〔3〕 河南省文物研究所：《宝丰清凉寺汝窑址的调查与试掘》，《文物》1989年第11期。

〔4〕 河南省文物研究所：《宝丰清凉寺窑址第二、三次发掘简报》，《华夏考古》1992年第3期。

〔5〕 河南省文物研究所：《宝丰清凉寺窑址第二、三次发掘简报》，《华夏考古》1992年第3期。

〔6〕 河南省文物考古研究所：《宝丰清凉寺汝窑》，大象出版社2008年版，第9页。

〔7〕 河南省文物考古研究所、平顶山文物管理委员办公室、宝丰县文物保护管理所：《宝丰清凉寺汝窑遗址的新发现》，《华夏考古》2001年第3期。

2000 年 6—10 月第六次发掘[1]，找到了汝窑中心烧造区[2]，揭露面积 500 余平方米，清理出烧制御用汝窑的窑炉 15 座（大型窑炉 7 座，小型窑炉 8 座），配釉、上釉作坊 2 座，过滤池、澄泥池各 1 处，排水渠 2 条，排列有序的陶瓮、缸 20 余个，釉料坑 4 个，灰坑 22 个和水井 1 眼，其中遗存比较完整的窑炉有 5 座，窑炉为三层叠压。在揭露的汝官窑窑址中，有一大批形制比较完整且品种比较丰富的汝官窑瓷器和匣钵、垫饼、垫圈、支烧等窑具，还有一处 2 米×2 米、堆积厚度达 20 多厘米的汝官瓷瓷片。出土了大量的汝窑瓷器，包括传世品中所未见的。能够确定的器类有瓶、盒、盆、樽、碗、洗、盘、盏、壶、钵、炉、盏托、套盒、器盖等。其中汝官瓷瓷片占 99% 以上，所见的民用瓷片不足 1%。窑址中出土遗物之丰富，也是历年来发掘所没有见过的，釉色是以汝官窑最具代表性的天青釉为主，约占出土量的 65.7%；淡天青釉次之，约占 16.8%；因受土壤腐蚀淡天青褪色成为接近白色或灰色的约占 11.7%；因火候过高接近豆青釉的约占 5.8%。出土的窑具有匣钵、支钉、垫饼、试火照饼、火照等。在已发现的器形中，绝大多数是满釉支烧，器底面上常见的支钉痕都比较小，一般都是 3 个、5 个，4 个、6 个的少见。仅部分碗、套盒、盏、圈足瓶、器盖等采用垫饼烧造工艺。更重要的是，发掘出土了古钱币 2 枚，1 枚为"元丰通宝"，该钱币铸行于宋神宗元丰年间（1078—1086 年），这枚钱币为汝官瓷器的上限提供了重要参考。另 1 枚为"元符通宝"，铸行于宋哲宗元符年间（1098—1100 年）。

2000 年 10 月，召开宝丰汝窑考古新发现专家研讨会，专家们参观了窑址后，一致认为宝丰清凉寺为汝窑烧造区[3]。2001 年 10 月在中国古陶瓷研究会汝州年会上，与会专家学者又对汝官窑遗址及相关问题做进一步的论证。汝官窑遗址的发现，解开了我国广大陶瓷研究者探索半个多世纪的"汝官窑遗址之谜"，它不仅为汝瓷的研究开拓了广阔的前景，而且对于进一步研究中国陶瓷史有着极其重要的学术价值，把对汝窑的研究引入崭新的阶段。

2001 年和 2002 年又进行了两次发掘，清理出椭圆形窑炉 5 座、灰坑 24 个[4]。2001 年 6 月，宝丰清凉寺汝窑遗址被国务院公布为第五批全国重点文物保护单位。

四次考古发掘在汝窑烧造区先后清理出窑炉 20 座，作坊 3 座，陶瓮 17 个，过滤池、澄泥池、烧灰池各 1 个，灰沟 3 条，水井 3 眼，灰坑 44 个。尤其是窑炉、作坊、陶瓮、过滤池、澄泥池等遗迹布局排列有序，叠压关系清楚。

1. 窑炉

20 座保存较好的 19 座窑炉分为两组：第一组，马蹄形窑炉 7 座；第二组，椭圆形窑

---

[1]　河南省文物考古研究所、平顶山文物管理委员办公室、宝丰县文物保护管理所：《宝丰清凉寺汝窑遗址的新发现》，《华夏考古》2001 年第 3 期；河南省文物考古研究所：《宝丰清凉寺汝窑址 2000 年发掘简报》，《文物》2001 年第 11 期。

[2]　即天青釉汝瓷烧造区。但是本区也生产其他产品，比如还生产白釉、黑釉及豆青釉产品，只是数量很少，或不足 1%。

[3]　河南省文物考古研究所：《宝丰清凉寺汝窑址 2000 年发掘简报》，《文物》2001 年第 11 期。

[4]　河南省文物考古研究所：《宝丰清凉寺汝窑》，大象出版社 2008 年版，第 9 页。

炉有 12 座。马蹄形窑位于发掘区的西北部。Y2、Y3、Y4、Y5、Y8、Y10、和 Y14 呈拐尺状分布（图 22－3－3、图 22－3－4）。

Y4 和 Y10（图 22－3－5）是马蹄形窑炉中唯一的一组并列连体窑，两者大小形制结构相同位于发掘区的中西部，其中 Y4 保存较好。Y4 位于 Y10 的右侧，坐西向东，方向105°。窑体东西长 3.48 米，南北宽 2.26 米，由工作面、窑门、火膛、窑室、隔火墙和烟囱六部分组成。工作面位于窑门的正前方（缓坡进入火膛），与左侧 Y10 的工作面连接，面积约 6 平方米。工作面上局部残留一层草木灰。窑门左侧墙体残缺，依据墙体印痕得知，内口宽 0.56 米，外口宽 0.66 米。火膛呈半圆形，位于窑门的内侧。左侧墙体残缺，右侧保存较好，现存墙体砖 8 层，高 0.50 米。火膛底面烧结面被破坏，外低内高呈缓坡状，进深 0.96 米，宽 0.89 米。依据火膛后墙和窑室后墙墙基印痕复原可知，窑室平面为横长形，南北长 1.90 米，东西宽 1.16 米，面积约 2.20 平方米。隔火墙墙体残缺，现存边长 0.18 米，砖墩 4 个，隔成 6 个烟道分别与后面的两个烟囱相通。烟道宽 0.12 米。烟囱 2 个，位于窑室后端，依据墙体印痕和墙体上残砖观察，两个烟囱分别作竖向并列，大小形制完全相同，东西长 0.82 米，南北宽 0.76 米。

Y5 位于发掘区的中北部 Y2 和 Y14 之间（图 22－3－6）是马蹄形窑炉中保存最好的 1座，也是马蹄形单体窑炉中最小的 1 座。坐北向南，方向 190°。窑体南北长 3.44 米，东西宽 2.14 米，由工作面、窑门、火膛、窑室、隔火墙、烟囱和护墙七部分组成。窑炉墙体皆用长方形耐火砖错缝平铺垒砌。窑前工作面与 Y2 相连，所在层位和出土遗物也完全一致。窑门呈扇面形，保存完好，内口宽 0.50 米，外口宽 1.60 米。火膛内出土遗物丰富，天青釉汝瓷占 99% 以上，釉色纯净。器形有裹足洗、平底深腹洗、碗、盘、盏、盏托、钵、套盒、盆、方壶、椭圆水仙盆、梅瓶、盘口折肩瓶、细颈瓶、鹅颈瓶等。窑室作横长方形，东西长 1.80 米，南北宽 1.25 米，面积 2.25 平方米，窑壁残存最高处尚有 8 层砖，高度为 0.50 米。窑床面外高内低，倾斜 9°。隔火墙位于窑室和烟囱之间，在墙体下分别有 3 个烟道与后部 2 个烟囱相连，烟道均宽 0.12 米，烟道之间用 4 层长宽均为 0.18米的耐火砖垒成高 0.24 米的砖墩，砖墩以上采用耐火砖错缝平铺砌成隔火墙，将窑室与后部的 2 个烟囱隔开。烟囱 2 个，横置于窑室后部，平面近方形，边长 0.70 米，两烟囱之间的隔墙宽 0.36 米。护墙位于火膛墙体的两侧和窑室左侧前段砖墙的外围，用大小不等的石块和河卵石砌成。西护墙较宽，石墙与火膛砖墙之间填土而成，并与 Y14 东护墙弧形相交北折，Y5 的形成要略晚于 Y14。该窑作半地穴式，窑床和烟囱在台地之上，火膛和窑室的西南角在台地之下，就地起建。

椭圆形窑炉位于发掘区北部 F1 的两侧，从北向南排列，Y1、Y6、Y7、Y9、Y12、Y13、Y15、Y16、Y17、Y18、Y19 和 Y20，共计 12 座，皆呈连体式布局（图 22－3－3、图 22－3－7）。除 Y1、Y6 和 Y19、Y20 坐北向南外，其余 8 座皆坐西向东。其中 Y1 和Y13 保存较好，其他均残破。

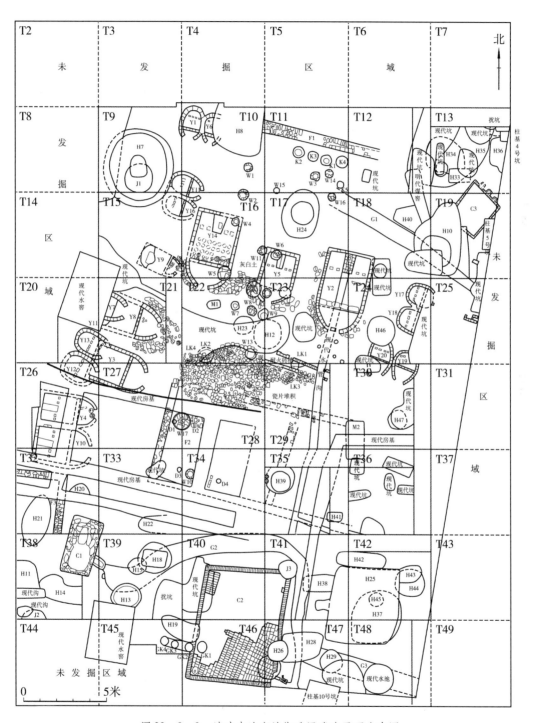

图 22 - 3 - 3　清凉寺汝窑址烧造区遗迹平面分布图

（引自《宝丰清凉寺汝窑》，大象出版社 2008 年版，第 20 页）

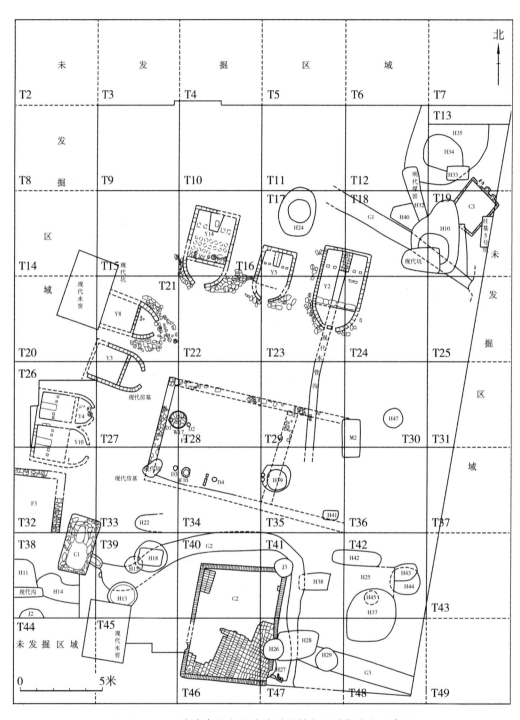

图 22-3-4 清凉寺汝窑址马蹄形窑炉与同时期遗迹分布图
（引自《宝丰清凉寺汝窑》，大象出版社 2008 年版，第 21 页）

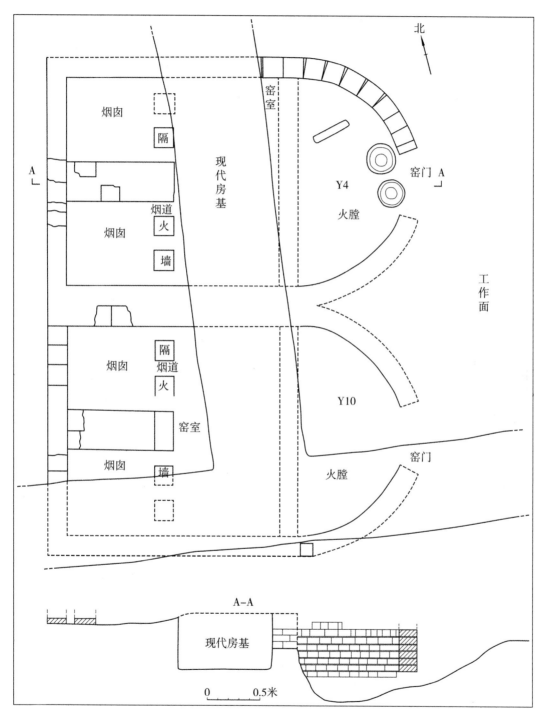

图 22 - 3 - 5　清凉寺汝窑址窑炉 Y4 与 Y10 平、剖面图
（引自《宝丰清凉寺汝窑》，大象出版社 2008 年版，第 25 页）

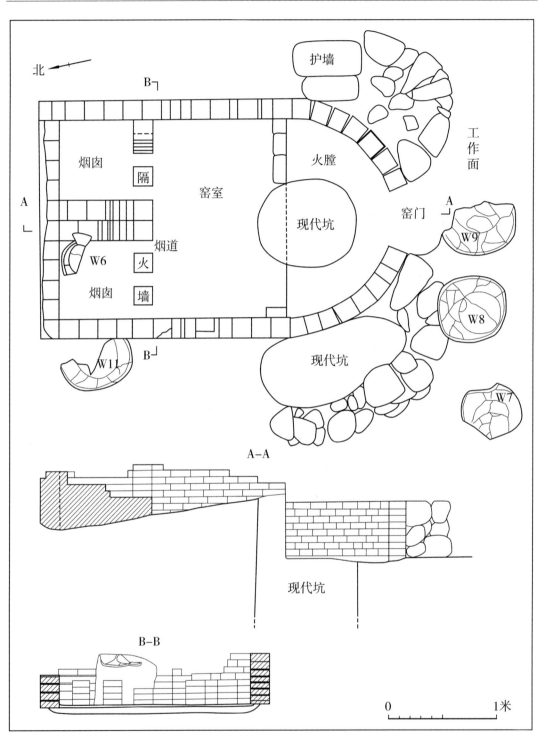

图 22-3-6　清凉寺汝窑址窑炉 Y5 平、剖面图
（引自《宝丰清凉寺汝窑》，大象出版社 2008 年版，第 26 页）

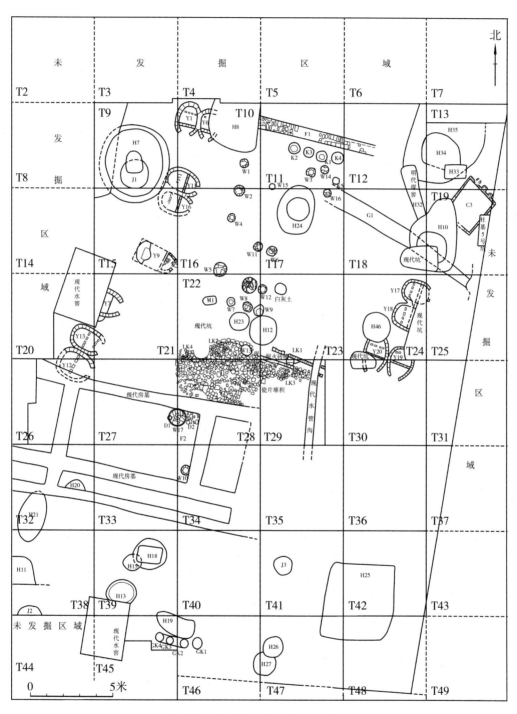

图 22 - 3 - 7　清凉寺汝窑址椭圆形窑炉及同时期遗迹平面分布图

（引自《宝丰清凉寺汝窑》，大象出版社 2008 年版，第 30 页）

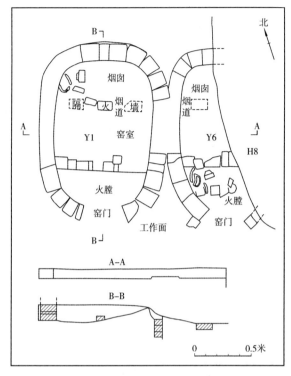

图 22-3-8　清凉寺汝窑址窑炉 Y1 与
Y6 平、剖面图

（引自《宝丰清凉寺汝窑》，大象出版社 2008 年版，第 31 页）

Y1 与 Y6（图 22-3-8）　位于发掘区的西北部，坐北向南，方向 195°。由工作面、窑门、火膛、窑室、隔火墙、烟囱六部分组成。窑壁用大小不等的残耐火砖顺砌而成。Y6 在 Y1 的右侧，东半部被 H8 打破。火膛内出土遗物有垫饼、匣钵、火照和天青釉汝瓷残片等。Y1 保存较好，整体长 1.89 米，宽 1.40 米，保存最好的一段墙体 3 层砖，高 0.20 米。工作面在窑门前方，两窑共用。窑门口宽 0.40 米，外口宽 0.52 米，残高 0.15 米。火膛在窑门的内侧，作半圆形。进深 0.34 米，宽 0.96 米，低于窑床 0.34 米。火膛底面四周高，中部凹，周壁烧结呈青灰色，质地坚硬。窑室位于窑炉的中部，墙体残缺，仅存窑床和墙下烧结痕，前高后低，倾斜 7°，平面呈横长方形，前窄后宽，东西长 0.96—1.07 米，南北宽 0.64 米，面积约 0.68 平方米。隔火墙在窑室和烟囱之间，墙体残缺，只能看到烟道之间中部砖墩一层和两侧的 2 个砖墩印痕。依据隔火墙下残存的砖墩印痕和烟道烧结情况判断，隔火墙下有 4 个排烟孔，左侧的两个宽 0.14 米，右侧的两个宽 0.12 米，分别与隔火墙后部的弧形烟囱相通。

2. 作坊遗址 2 座（图 22-3-3）

F1 位于发掘区的中北部，坐北向南，方向 166°。在北墙体的内侧活动面上堆积一层厚 0.02—0.10 米不等的较纯净灰、白、黄色釉料。釉料层内和地面上出土较多素烧器残片。在釉料层下，沿 F1 北墙体内侧清理出一组 4 座釉料坑（K1—K4）。K3 和 K4 的废弃时间略早于 K1 和 K2。依据 K1、K2 内保留完好的纯净黄、白色釉料，推测 F1 的废弃时间与 K1、K2 同时。陶瓮 17 个，除 W10 和 W17 与 F2 有关外，其余 15 个陶瓮都分布在 F1 内和 F1 的正前方，层位与第二组椭圆形窑炉、F1 完全一致。根据互相间的打破关系以及与 F1 北墙体的角度等可判断，这些陶瓮和 F1 都是第二组椭圆形窑炉的配套设施。

F2 位于发掘区的中部偏南，Y2、Y3、Y4、Y5、Y8、Y10 和 Y14 的正前方。因北墙延伸过东墙 1.34 米，推测 F2 是一座两间以上的并列房屋，坐向不明。东墙（中隔墙）最厚为 0.60 米，所存墙体皆采用大小不一河卵石和少量残匣钵垒砌。房内西半部地面保存较好，脚踏活动面最厚处 0.15 米左右。在中西部贴近墙体处有较多青灰土和极少细白土，可能是制坯的原料。出土遗物有天青釉三足洗、板沿盆、椭圆水仙盆、盘、碟等 10 件器物。在 F2 内出土 10 枚 "元祐通宝" 钱[1]。在房内的西南部清理出 2 个残陶瓮和 4 个柱洞，分别编号为 W10、W17 和 D1、D2、D3、D4。D1 和 D2 在一条直线上，D2 和 D3 在一条直线上，D3 和 D4 在一条直线上，整体布局呈 "Z" 字形。发掘者推测这些柱洞可能与凉坯架有关。

3. 过滤池 C1（图 22 - 3 - 9）

根据出土遗物和地层叠压关系，C1 属于天青釉汝瓷生产的前段。位于发掘区的西南部，平面呈长方形，方向 20°。其建造方法是：首先挖一南北长 3.40 米、东西宽 1.80 米的长方形土坑，然后四周用大小不等自然卵石砌成。北高南低，作斜坡状。北端用一块大石斜铺中部，两侧用不规则卵石填空，石面磨损光滑。池口东南部置一废弃残石碾槽作为排水口，槽内遗留有厚 2 厘米左右的青灰色洗泥。池内堆满过滤后的灰青色泥渣，质地坚硬，内含木炭颗粒和较多白土块。出土遗物较少，以白釉瓷为主，豆青釉瓷次之，天青釉汝瓷极少。同出的还有少量匣钵，其外壁多不涂抹耐火泥。

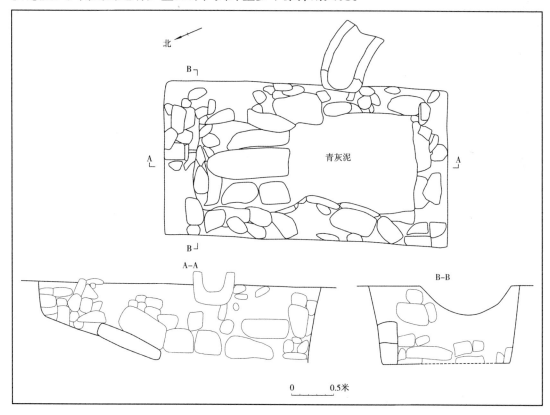

图 22 - 3 - 9　清凉寺窑址过滤池 C1 平、剖图
（引自《宝丰清凉寺汝窑》，大象出版社 2008 年版，第 38 页）

4. 澄泥池 C2

C2 使用时间在天青釉汝瓷的前段，与西侧的 C1 是同一时期的配套设施。位于发掘区

---

[1]　河南省文物考古研究所：《宝丰清凉寺汝窑》，大象出版社 2008 年版，第 121、140 页。

的中南部，西距 C1 有 6.70 米。平面呈长方形，南北长 6.40 米，东西宽 5.30 米，现存匣钵墙体最高处 0.60 米。其建造方法是：先挖一长方形土坑，然后用废弃的匣钵垒砌四壁。匣钵残面皆朝一个方向，摆放紧密。在池的东南角有一个用长方形砖、匣钵垒砌的排水槽，槽内积满青灰色细泥。池内堆积含土不多，出土遗物丰富。据不完全统计，出土的瓷器残片达数十万片，其中天青釉汝瓷占出土遗物的 99% 以上，白釉、黑釉、豆青釉瓷不足 1%。依据 C2 墙体垒砌的匣钵不见外壁涂抹耐火泥，表明这些匣钵完全是利用早期废弃的匣钵。清凉寺汝窑烧造区出土天青釉瓷片，绝大部分集中在 C2 和第③层内。C2 内出土"祥符通宝"（C2：714）一枚，早期钱币不代表下限。

5. 烧灰池 C3

C3 位于发掘区的东北角，位于 T13、T19 内，属于北宋晚期前段。该池为土坑，平面呈不规则长方形，东南壁长 2.36 米，西北壁残长 1.84 米，西南壁残长 1.02 米，东北壁长 2.14 米，深 0.70 米。在东北壁上设有 3 个长方形烟道。四壁及底面经高温烧结，厚 0.05 米。池内出土遗物不多，以白釉、黑釉和天青釉汝瓷为主。依据该池的烧结情况和池底面残留的炭粒和木灰推测，C3 是一烧炭或烧木灰的专用池，其用途可能有两种：其一，用于存放烧窑的燃料；其二，用于配制瓷土或配釉的原材料。

6. 灰坑 47 个

北宋时期的灰坑 17 个，分为两个阶段：第一阶段，以 T32H21 和 T13H36 为代表，是汝窑的初期阶段，此阶段灰坑出土的遗物以匣钵、垫饼等窑具为主，民用瓷多于天青釉汝瓷；第二阶段，以 T1H1、T39H15、T41H38 和 T18H40 为代表，是汝窑的鼎盛时期，灰坑中出土遗物皆以天青釉汝瓷为主，民用瓷极少。金元时期的灰坑 21 个，多数灰坑虽然不甚规则，但出土的遗物较丰富，其中天青釉汝瓷或窑具占总出土遗物的 80% 以上。明清时期灰坑 6 个，出土遗物较多，除少量明清和金元时期遗物外，绝大多数遗物为天青釉汝瓷残片和窑具。

7. 灰沟 3 条

G1 位于发掘区的东北部，和第一组窑炉（Y2、Y5、Y14）是同一时期遗存。发掘者推测主要用途是拦截窑址北坡雨水，排水保护窑区。出土遗物以匣钵为主，外壁不涂抹耐火泥的占大多数，此外还出土一定数量的白釉、豆青釉瓷和天青釉汝瓷。

G2 位于发掘区的中南部，依走向与西部 6.70 米处的过滤池排水口相连，东段沿 C2 北侧南折顺 C2 东壁与 C2 东南角排水沟交汇。第①层出土天青釉瓷片占 98% 以上；第②层出土有白釉和极少豆青釉、天青釉瓷片。第①层应是废弃后堆积，第②层是沟内本身遗存，与 C2 地面残存的青灰泥完全一样。从 G2 的去向以及沟内的遗存推测 G2 与 C2 是一个整体，经 C1 过滤，通过 G2 排出，然后将 G2 沉淀后的细泥转入 C2 陈腐。

G3 在发掘区的东南角（图 22-3-3），为金代遗迹。

8. 水井 3 眼

J1 为北宋晚期，在 Y15 之西，与御用汝瓷烧造有关，位于发掘区的西北部，出土遗物以天青釉汝瓷、豆青釉和白釉瓷为主，其中天青釉汝瓷约占三分之一，主要器形有碗、钵、洗、瓶、套盒等。窑具约占出土遗物的二分之一，计有各类匣钵、垫饼、垫圈、火照、五支钉支烧等。J2 元代，J3 近代。

　　9. 辘轳坑和缸坑

　　辘轳坑 4 个，分别开口在 T22、T23、T29 三个探方第②层下，打破第③层（天青釉御用汝瓷堆积层）。这 4 个辘轳坑所在层位与第二组窑炉、F1 完全一致，并位于第二组窑炉的中南部，与 F1 南北对应。由此，发掘者推测这些辘轳坑应当是另一个作坊内的遗存，即制坯、修坯作坊，与 F1（配釉、施釉作坊）同时代。

　　缸坑废弃时间为元代。

（三）第九至第十四次发掘[1]

　　第三阶段的发掘，除继续发现汝窑窑炉及汝瓷外，又出土了一批仿青铜的素烧器和不同于汝瓷的天青釉瓷器（类汝瓷）。发掘面积 3400 平方米，发现各个时期窑炉、作坊、池、灰坑等遗迹 220 多处，出土遗物数百万计，新发现主要有大型玛瑙石及其原料，素烧堆积和大量素烧器物，素烧窑炉、"类汝瓷"、明代窑炉及其遗物，汝窑生活用房和北宋晚期陶瓷器，椭圆形窑炉和元明时期坑道等。

四　制瓷和烧造工艺

　　宝丰清凉寺汝窑烧造区出土遗物，从种类上可分为模具、窑具、作坊具、瓷器和钱币五大类，天青釉汝瓷片绝大部分集中在 C2 和第③层内。出土器物的种类较丰富，也有不少器形、釉色、装饰在传世品中罕见，从而使我们对于汝窑产品有了新的认识。按照地层和遗迹的早晚关系，发掘者将宝丰清凉寺汝窑烧造区划分为初期（北宋中期和北宋晚期前段，下限或在元丰年间）和成熟期（哲宗、徽宗时期）两个阶段[2]。

（一）汝窑初期概述

　　出土遗物较少。可分为瓷器和窑具、作坊具两大类。瓷器以青釉瓷为主，同出的还有少量白釉和黑釉瓷，天青釉瓷极少。器形有碗、盘、洗、盆、瓶、尊、器盖和盏等，能复原的器物不多。在青釉瓷中有印花、刻花和划花装饰，常见的纹饰有菊花、牡丹、莲花、龙纹、鱼纹和鹿纹等。除了裹足洗、镂孔盆和个别的碗、盘、盏类器为满釉支烧外，绝大多数器物为垫烧而成，圈足的着地面露胎。

　　发掘中出土各种匣钵、支烧具和火照等。匣钵常见的以漏斗形匣钵为主。这一时期的匣钵 90% 以上外壁不涂抹耐火泥，绝大多数胎体呈褐黄色，灰胎体的极少。支烧具常见的有器座支烧、垫圈、垫饼垫烧和垫饼支烧等。火照出土数量较多，皆采用素烧器残片制成，片上有一规则圆孔。此阶段未发现有带插头的火照，说明这一时期火照插饼尚未出现。作坊具仅出 3 件盘头。[3]

---

〔1〕　河南省文物考古研究院、宝丰汝窑博物馆：《梦韵天青——宝丰清凉寺汝窑最新出土瓷器集粹》，大象出版社 2017 年版，第 253—274 页。

〔2〕　河南省文物考古研究所：《宝丰清凉寺汝窑》，大象出版社 2008 年版，第 53—124 页。

〔3〕　河南省文物考古研究所：《宝丰清凉寺汝窑》，大象出版社 2008 年版，第 53—61 页。

（二）汝窑成熟期的瓷器

据不完全统计，第五至第八次发掘资料共清理各类瓷片 50 多万片，其中天青釉汝瓷器占 99%，白釉、豆青釉、黑釉瓷和三彩器等仅占 1%。器类有碗、盘、洗、套盒、瓶、器盖、盆、盏、盏托、碟、钵、壶、薰炉、樽、杯、尊、罐、盒、三足筒形器、狮子、麒麟和器座等。釉色以天青、淡天青为主，淡青釉、青绿釉也占一定数量。

成熟期纹样题材有莲花纹、龙纹、菊花纹、弦纹、祥云纹、鱼纹、镂孔和仿青铜礼器兽面纹等。造型装饰有龙、鸳鸯、鸭、狮和麒麟等。装饰手法以模制为主，刻、划、堆塑和粘贴为辅，仅限于个别器物的局部装饰。[1]

（三）制瓷工艺与烧造工艺

1. 制瓷工艺

模具（图 22 - 3 - 10）是汝窑瓷器制作的主要工具之一，常见的以轮制为主，有纹饰的用手制，花纹较复杂的则为对合而成。内模以轮制为主，常见的为素面。素烧而成，胎呈黄色，表面涂一层白粉。常见有碗、盘、碟、盏、洗、盆等。外模皆手制，对合而成。除个别器形复杂的为素面外，绝大多数有纹饰。胎体有白色和粉红色。常见的有莲花薰炉、套盒、龙、鸳鸯、狮头装饰等。作坊具仅出土少量辘轳转盘附件、荡箍和工具。

汝窑瓷器无论素面还是有纹饰，多采用模制，如洗、盘、钵、盆、碟、薰炉和部分碗、盏、套盒等。器物外壁有纹饰的用外模，内外壁无纹饰者皆用内模。大型器物或不便使用模具的器物如各类瓶、壶、樽、器盖等，以手拉坯工艺为主。[2]

2. 烧造工艺

宝丰清凉寺汝窑天青釉汝瓷制瓷的烧造工艺，主要是原料的制备、成形、修坯、晾干、素烧、施釉、然后用各类匣钵一钵一器入窑二次烧成。[3]

初期用马蹄形窑炉，鼎盛期使用椭圆形窑炉，窑室平面可装烧器物 30 件左右。御用汝瓷鼎盛期使用椭圆形小窑炉。此类窑炉皆两窑并列连体，单体窑炉长 1.77 米，宽 1.40 米，窑室面积 0.70 平方米左右。主要以木柴为燃料。无论马蹄形窑还是椭圆形窑，火膛下不设渣坑和风道。[4]

---

〔1〕 河南省文物考古研究所：《宝丰清凉寺汝窑》，大象出版社 2008 年版，第 126 页。

〔2〕 河南省文物考古研究所：《宝丰清凉寺汝窑》，大象出版社 2008 年版，第 132—135 页；河南省文物考古研究所、平顶山文物管理委员办公室、宝丰县文物保护管理所：《宝丰清凉寺汝窑遗址的新发现》，《华夏考古》2001 年第 3 期。

〔3〕 河南省文物考古研究所：《宝丰清凉寺汝窑》，大象出版社 2008 年版，第 132—135 页；河南省文物考古研究所、平顶山文物管理委员办公室、宝丰县文物保护管理所：《宝丰清凉寺汝窑遗址的新发现》，《华夏考古》2001 年第 3 期。

〔4〕 河南省文物考古研究所、平顶山文物管理委员办公室、宝丰县文物保护管理所：《宝丰清凉寺汝窑遗址的新发现》，《华夏考古》2001 年第 3 期；河南省文物考古研究所：《宝丰清凉寺汝窑》，大象出版社 2008 年版，第 132—135 页。同一时期的民用瓷烧造区，窑炉火膛下一般都设有一个渣坑，窑前有风道与渣坑相通，这些窑炉都是用煤做燃料的。煤在燃烧时需要充足的氧气，不易烧造出还原焰，而御用汝瓷要求还原气氛。

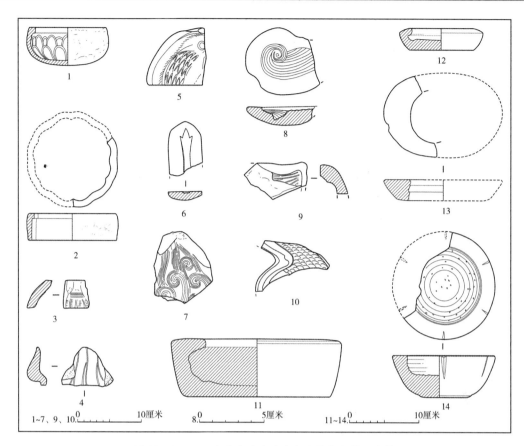

图22-3-10　清凉寺汝窑址出土成熟期内模、外模

1. A型熏炉外模（T36③：102）　2. A型套盒外模（C2：963）　3. 龙爪外模（C2：971）　4. B型熏炉外模（C2：965）　5. 鸳鸯头外模（C2：970）　6. 镞形外模（C2：280）　7. 卷鬚外模（T46③B：32）　8. 狮头装饰外模（C2：972）　9. 鸭尾外模（C2：973）　10. 龙身外模（C2：1027）　11. 盆内模（G3：7）　12. B型碟内模（C2：966）　13. 洗内模（T48③B：16）　14. B型碗内模（C2：485）

（引自《宝丰清凉寺汝窑》，大象出版社2008年版，第72页图四七1、2、7、14、4、9、10、11、12、13，第71页图四六3、8、12、2）

　　绝大多数采用满釉支烧工艺。碗裹足的皆支烧，高直圈足有支烧，也有垫烧，矮直小圈足支烧绝少，只有极个别的三个支钉见于圈足面上，葵式大圈足也有少数支烧。碟皆满釉支烧，以三个支钉支烧为主，器形略大者为五支钉支烧。洗以五支钉支烧为主。套盒常见的有六边形和圆形两种。六边形腹壁较深，以垫饼支烧为主，个别的满釉，五支钉见于圈足面上；圆形同样有垫饼支烧，圈足面上无釉，也有满釉五支钉在圈足面上，腹壁较浅的五支钉见于盒盘底面上。瓶有圈足、假圈足、平底三种。圈足和假圈足绝大多数底面无釉，垫饼支烧；平底皆满釉，五支钉支烧。盆器形较小，除唇口直圈足垫饼支烧和椭圆形水仙盆是六支钉支烧外，其余皆五支钉支烧。盏有垫烧，也有满釉三支钉支烧。模制盏分为假圈足、圈足两种，三支钉支烧极少，多垫烧。盏托三种形式。第一种盘心凸起，盘下高圈足，有纹饰的见于器腹四周，以垫饼支烧为主，还有满釉五支钉支烧；第二种花式盘，盘心凸起且与圈足相通，有支烧，也有垫烧；第三种制作工艺简单，作平底盘状，盘

心凸起一圆环，皆满釉五支钉支烧。器盖形制较多，以素面为主，不见有支烧。[1]

窑具有匣钵、支烧具、垫烧具、火照插饼、火照、支顶钵、支钉具和炉条等（图22-3-11、图22-3-12）。

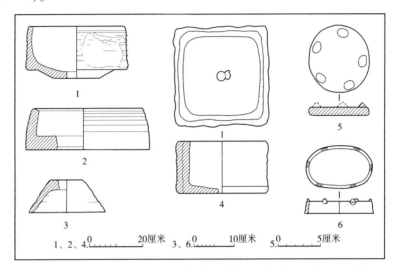

图 22-3-11　清凉寺汝窑址出土成熟期匣钵、垫饼、垫圈、支顶钵

1. 匣钵 Cb 型（Y2：7）　2. Cd 型（T9J1：42）　3. 支钉钵 A 型（C2：697）　4. 匣钵 Ce 型　5. 垫饼 Aa（T9J1：15-1）
6. Ab 型垫圈（C2：591）
（引自《宝丰清凉寺汝窑》，大象出版社2008年版，第63页图四一7、6，第69页图四五1，第63页图四一8，第65页图四二1，第66页图四三8）

五　汝窑相关科技考古研究

本部分主要以宝丰清凉寺第四至第八次发掘出土天青釉汝瓷，即汝官窑产品为研究对象，间或涉及非汝官窑汝瓷产品和其他窑产品，如临汝窑、钧窑等。

（一）胎釉特征与化学组成

1. 胎釉特征

汝窑瓷胎绝大多数为浅灰或灰白色，深灰色极少[2]，俗称"香灰胎"。胎色随烧成温度低到高，胎色由薄变重，胎体烧结程度差，质地疏松。

多数汝官窑胎有不同程度的微生烧，断面干涩而没有玻璃光泽，有时还可以看到大大小小的空洞和断层，有明显吸红现象。其造成原因有二，一是胎釉配方不匹配，二是当时偏爱玉质感。汝官窑胎 Al_2O_3 含量介于26%—31%之间，这种高铝低硅质胎至少要烧到1300℃才能完全致密化，但汝官窑釉属于高石灰釉，烧成温度不能超过1200℃，如果超过这个温度，就不会得到玉质感，同时釉会流淌，为了迁就釉，胎就不能完全致密化[3]。

[1]　河南省文物考古研究所、平顶山文物管理委员会办公室、宝丰县文物保护管理所：《宝丰清凉寺汝窑遗址的新发现》，《华夏考古》2001年第3期。
[2]　河南省文物考古研究所：《宝丰清凉寺汝窑》，大象出版社2008年版，第125页。
[3]　张福康、陶光仪、阮美玲、袁海清：《汝官窑的釉色、质感、斜开片及土蚀斑的形成原因》，《'02古陶瓷科学技术国际讨论会论文集》，上海科学技术文献出版社2002年版，第194—200页。

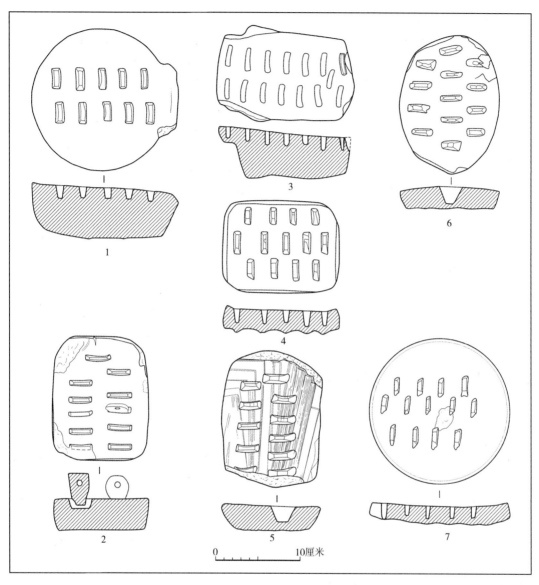

图 22 - 3 - 12　清凉寺汝窑址出土成熟期火照插饼

（引自《宝丰清凉寺汝窑》，大象出版社 2008 年版，第 68 页图四四）

　　釉色有天青和青绿两大类。以天青色为主的，釉色变化较大，薄釉包括粉青、月白、卵青等。其中粉青、月白、卵青为薄釉，半透明，乳浊感较强。厚汝瓷釉层较厚，多为0.4—0.6 毫米或二次施釉，以天青釉为多，有的呈天蓝色。釉面上开片为冰裂纹、网格纹、鱼鳞纹等。天青釉釉色的变化与烧制过程中停火时的温度和还原气氛有关，亦与施釉厚度有关。青绿釉瓷出土较多，青绿釉熔点高釉色变化较小，传世品绝少。[1]

---

〔1〕 河南省文物考古研究所：《宝丰清凉寺汝窑》，大象出版社 2008 年版，第 125 页。

2. 胎釉的化学组成

汝官窑瓷器的主要化学构成为 SiO_2—Al_2O_3—CaO—MgO—K_2O—Na_2O—Fe_2O_3—TiO_2—CuO—P_2O_5—MnO。汝官窑青瓷的胎釉和临汝窑青瓷等的胎釉既有联系又有区别。汝官窑青瓷和临汝窑青瓷胎的化学成分基本相近，其特征是 Fe_2O_3 和 TiO_2 的含量较高，Fe_2O_3 在 2% 左右，TiO_2 则大于 1.1%，Al_2O_3 含量亦较高。釉则两者有些差异，汝官窑青釉的 Al_2O_3 含量高于临汝青釉器，而 SiO_2 则低于临汝瓷釉，汝官青瓷釉的 CaO 含量约为临汝窑的两倍，而临汝窑青釉的 NaO_2 含量为汝官青釉的 2—3 倍，由此可见汝官窑青釉是一种高钙釉并含有 2% 左右的 MgO；而临汝青釉则是一种低钙高碱质釉。

从气孔率、吸水率和烧成温度看，汝官窑青瓷的烧成温度不高，约为 $1200 \pm 20\,^\circ\mathrm{C}$，胎中尚有 19.3% 的气孔率，呈未完全烧结状态。汝官青釉含 CaO、MgO 量高，熔点低，在 $1200\,^\circ\mathrm{C}$ 的温度下可以形成钙长石晶体比较多的釉，以增加其乳浊效果和玉质感。[1]

（二）显微结构与呈色机理

1. 钙长石与中间层[2]

用偏光显微镜对三种汝窑青瓷进行拍照，可以看出汝官窑青釉瓷釉中有大量钙长石存在；团聚分布在气孔之间，只有少量残留石英，主要是细小晶体团形成的散射源而使釉呈乳浊现象。

汝官窑青釉瓷在胎、釉之间均生成钙长石中间层。这种通过胎釉反应过程形成中间层，普遍存在于北方青瓷之中，以往人们常将这层由于胎、釉反应形成的白色中间层误认为是化妆土层。大多数胎、釉反应层均呈白色，有时因气氛关系而呈现土黄色或深黑色，如在釉层熔融前烧强氧化焰，胎往往由于其中的 Fe^{3+} 离子的存在而呈黄色；如在此阶段烧强还原焰，常因碳素的沉积而形成黑色的反应层，如果青瓷在弱还原气氛中烧成，则生成白色。

有部分学者认为汝窑瓷器的中间层形成与素烧工艺有关，中间层是在瓷胎经素烧、上釉后，在再烧制过程中瓷釉中的玻璃态物质渗入瓷胎表面而形成的[3]，中间层的元素含量与胎、釉存在很大差异。所谓素烧是在瓷器施釉前对瓷胎先入窑烧造，温度一般在 700—800℃。中国古代瓷器多为一次烧成，而似乎从汝窑开始出现了素烧、后上釉烧的两次烧成。在显微镜下看汝窑的釉层结构，可以发现釉层中的气泡并不来自内胎，这可能与汝瓷在施釉前已预先经过了相当温度的预烧（素烧）有关。素烧使胎内气泡基本外逸，当施釉后再次加热时，经过烧成的胎层表面由于熔融胎的釉料的渗入而较为致密，由此形成特殊的过渡层[4]。

2. 呈色机理与釉的质感

汝瓷釉层中存在大量纤维状雏晶，导致蓝色产生，雏晶数量越多蓝色越浓，雏晶越细

〔1〕 李家治主编：《中国科学技术史·陶瓷卷》，科学出版社 1998 年版，第 273—274 页。

〔2〕 李家治主编：《中国科学技术史·陶瓷卷》，科学出版社 1998 年版，第 274—275 页。

〔3〕 朱剑、毛振伟等：《汝瓷成分的线扫描分析》，《核技术》2002 年第 25 卷第 10 期。

〔4〕 冯敏、王昌燧等：《汝瓷及其仿制品微观结构的初步研究》，《中国古陶瓷研究》第八辑，紫禁城出版社 2002 年版。

小，温润感越强。釉层颜色主要缘自析晶对光线的作用，故控制降温梯度（控制析晶数量与大小）比控制烧制气氛更重要。[1]

釉中铁结构 Fe^{2+}/Fe^{3+} 比值决定汝瓷颜色，比值增大，釉色由豆绿色向天青色变化；汝瓷釉中 Fe^{2+} 浓度大于 Fe^{3+} 浓度，故汝瓷是在还原气氛中烧制的。天青釉——重还原气氛烧制，粉青——中还原气氛烧制，豆绿——轻还原气氛烧制。窑中各部位气氛是不同的。

对于汝窑釉色有一些专门研究，将汝窑的釉色大体分为月白、粉青、卵青、豆青、天青、灰青、虾青七大类，对釉色成因进行深入研究认为，这些不同色调的釉，质感也不一样，大体上有完全失透感、玉质感及玻璃质感三类。各种不同釉色和质感在化学组成上没有明显区别，烧成温度和显微结构对釉色和质感有决定性影响。铁是汝瓷釉中主要的着色元素，在烧成过程中，随着烧成温度的提高，釉料逐渐熔融，其中的含铁矿物逐步溶解于玻璃中，形成 $Fe^{2+}-O-Fe^{3+}$ 发色团，使釉着色。烧成温度高，釉的透明度就好，釉色就比较深。气氛的性质则能决定铁的价态，轻还原气氛，釉色青中带黄，得豆青；还原气氛逐渐加强，釉色就依次转变成天青、灰青和虾青。汝窑的各种不同釉色和质感，实际上是同一类型的配方在不同的升温阶段和不同烧成气氛条件下得到的结果。随着烧成温度的提高，釉的显微结构会发生明显变化，从而造成不同质感。[2]

汝官窑釉的显微结构与质感的关系大致有下面 4 种类型：（1）烧成温度介于 1050—1100℃的月白釉呈全失透感，这种釉里面存在大量钙长石晶簇，除此以外，还有很多未熔釉料和气泡。用实体显微镜观察，发现釉层中还有一团团云雾状的东西，再用电子显微镜放大 49000 倍观察，发现这些云雾状物实际上就是液相分离现象。表明，造成完全失透感有多方面的原因，除了大量未熔釉料、气泡和钙长石晶簇外，还有液相分离现象。（2）烧成温度介于 1100—1200℃的粉青釉呈玉质感——未熔釉料和钙长石比完全失透感的釉明显减少，但气泡没有明显减少，云雾状物也仍然存在，这是造成玉质感的主要原因。（3）烧成温度介于 1200—1230℃的天青釉开始出现玻璃质感——钙长石玉质感釉明显减少，云雾状物也明显减少，透明度提高，开始出现玻璃质感。（4）烧成温度超过 1250℃的釉出现较强玻璃质感——釉已完全玻化，钙长石和云雾状物基本消失。[3]

（三）"玛瑙釉"与开片

1. 关于"玛瑙釉"

宋人笔记中记述的汝窑产品"内有玛瑙末为釉"，在宝丰清凉寺窑址附近确实有丰富的玛瑙矿。古代人是否了解玛瑙矿在瓷器呈色中的作用，亦或许古代人只是认为汝窑釉色

---

[1] 河南省文物考古研究所：《宝丰清凉寺汝窑》，大象出版社 2008 年版，第 167—171 页。

[2] 张福康、陶光仪、阮美玲、袁海清：《汝官窑的釉色、质感、斜开片及土蚀斑的形成原因》，《'02 古陶瓷科学技术国际讨论会论文集》，上海科学技术文献出版社 2002 年版。

[3] 张福康、陶光仪、阮美玲、袁海清：《汝官窑的釉色、质感、斜开片及土蚀斑的形成原因》，《'02 古陶瓷科学技术国际讨论会论文集》，上海科学技术文献出版社 2002 年版，第 194—200 页；《古汝瓷着色机理和烧制技术的研究》，《'02 古陶瓷科学技术国际讨论会论文集》，上海科学技术文献出版社 2002 年版，第 201—205 页。

莹润与"玛瑙"相类,迄今我们并没有确实证据[1]。《中国陶瓷史》对此有简短分析,认为玛瑙的主要成分为二氧化硅,与一般石英砂作釉料并无区别;宫廷用器不计成本,以奢侈豪华为尚,汝州确也产玛瑙石,汝瓷釉中有玛瑙石也是可能的[2]。李家治《中国科技史·陶瓷卷》一书认为:玛瑙是一种 SiO_2 的隐晶矿物,作为配釉原料同石英性质相似。从成分上看,都是起骨架的作用[3]。

2. "开片"问题

很多瓷器产品的外观都或多或少的有细小的开片,这些开片并不影响釉面的光滑。把"开片"作为一种装饰,视为一种瓷器特殊效果的追求,是从汝窑开始的。开片的形成与釉的化学组成和显微结构有一定的关系,而釉的显微结构又与烧成温度、气氛、冷却制度等有直接关系。

在汝瓷釉层中,存在着大量的针状或柱状钙长石晶体除对光线产生较强的散射作用,它们之间的机械接触有起着短显微的补强作用,这种作用将会增加晶粒聚集体的抗断裂强度,与其周围的玻璃相相比,玻璃相的抗断裂强度要小得多,当釉层中的张应力足够大时,裂纹会首先从玻璃相的某个点开始,裂纹有一定长度时,其尖端部分出现应力集中,尖端的曲率半径愈小,则应力愈集中,小的负荷就会使裂纹扩展,一般情况下总是沿抗断裂强度较小的地方开裂,由于釉中晶相的非均匀分布,以及不规则气泡和未熔融石英的存在等,当裂纹在开裂过程中遇到晶体或气泡时,会改变裂纹的断裂方向,这种釉层的结构特征,将会对非直片纹的形成创造有利的条件,由此形成的断裂层表面也不会是平滑的,最终将造成开片斜长短形态不一的多样性结果。一般情况,釉层产生的片纹都会是直、斜混合型的,只是哪种纹片更明显,比例多少而已。坯釉收缩率是决定纹片形态的主要因素,坯体的膨胀系数由小到大,将引起某个组成范围内釉层片纹由直片纹向斜片纹转变。[4]

六 汝窑性质及张公巷窑址

有无类似于传世天青釉瓷的生产是判定是否为御用汝瓷生产地——官窑的重要标准之一。宝丰清凉寺窑址发掘中其地层、窑址、作坊等相关遗迹从早到晚出土的天青釉瓷从极少到逐渐占90%以上,可以看出天青釉瓷生产的发展过程。可视其为官窑性质。考古发现的火照插饼作为汝窑烧制汝瓷独有的一种窑具,与官窑烧制的精工细作、制作要求较高密切相关。所以宝丰清凉寺汝窑作为官窑在北宋晚期供御生产无可厚非。同时,还应该有更为全面的认识,即包括宝丰清凉寺汝窑在北宋、金、元时期,有很长时间生产民用瓷,只有北宋哲宗、徽宗、钦宗时期生产供御产品。

除宝丰清凉寺窑址发掘以外,在汝州还有汝州市区文庙、张公巷地区的发掘。1999年

〔1〕 张福康、陶光仪、阮美玲、袁海清:《汝官窑的釉色、质感、斜开片及土蚀斑的形成原因》,《'02 古陶瓷科学技术国际讨论会论文集》,上海科学技术文献出版社 2002 年版,第 194—200 页。

〔2〕 中国硅酸盐学会编:《中国陶瓷史》,文物出版社 1982 年版,第 286 页。

〔3〕 李家治主编:《中国科学技术史·陶瓷卷》,科学出版社 1998 年版,第 273 页。

〔4〕 张义:《解析汝瓷釉层冰片形成机理》,《09'古陶瓷科学技术国际讨论会论文集》,上海科学技术文献出版社 2009 年版,第 329—333 页。

夏，河南省文物考古研究所在汝州市区内的文庙附近获得少量汝官瓷片[1]。2000 年在汝州市区发现张公巷窑址，窑址中心区面积约 3600 平方米，其被居民住房和城区道路所压。2000 年春，第一次发掘。河南省考古研究所配合民房改建揭露面积 25 平方米，出土有青釉瓷片，还发现匣钵残块。2001 年秋，汝州市政府搬迁居民 1 户，河南省文物考古研究所又在张公巷东侧开挖 40 平方米，出土了一批青釉瓷片、素烧器和窑具。2003 年下半年，汝州市政府拨出专款，搬迁居民 7 户经报请国家文物局批准，河南省文物考古研究所于 2004 年 2—4 月开挖 2 个探方，发掘面积 124 平方米。清理出不同时期的房基 4 座、井 4 眼、灶 6 个、灰坑 79 个和过滤池 1 个，出土了一批完整或可复原的张公巷窑青瓷器。出土瓷器釉色分为卵青、淡青、灰青和青绿等。常见的以薄胎薄釉为主，釉面玻璃质感较强，有的器物表面布满细碎冰裂纹。胎色有粉白、灰白和少量浅灰色。器形有碗、盘、洗、瓶、壶、盏、盏托、熏炉、套盒和器盖等。工艺上，张公巷窑产品虽与宝丰清凉寺有诸如釉色浅淡、玻璃质感强、开片细碎，胎色灰白，支钉为圆形小米粒状，器形差异等区别，但整体上又有很多相似性，所以推测两者年代应该不会相距太远。从汝州张公巷窑产品釉色、器形、支烧痕迹、碎瓷挖坑掩埋方式来看，可能与北宋的官窑瓷器生产有关[2]。张公巷窑址确切年代有所争议，一些学者认为是北宋产品[3]，另有一部分学者则认为是金代官窑产品[4]，2018 年，后一种观点逐渐被更多的学者接受[5]。

七　汝窑与钧窑、耀州窑

（一）汝窑与钧窑

汝州、禹州地理位置相距不远，自然环境和气候也很相似。汝州市地处伏牛山东麓的浅山区，禹州市地处伏牛山余脉与豫东平原的过渡地带。汝州、禹州在宋代先后开始烧造瓷器，部分产品在胎、釉、器形等方面有很多相似之处。

北宋以来主要是钧窑模仿汝窑的青瓷。生产时间较长。钧台窑最早的钧瓷产品发现于汝瓷生产区。北宋到金元时期汝窑生产的部分产品具有钧瓷特征。

寻找汝窑之初，曾对河南省临汝县进行了大量调查和发掘工作，仅在调查中发现不少

〔1〕　朱文立：《汝州汝官窑瓷片、残器及配釉作坊的发现和研究》，《'99 古陶瓷科学技术国际讨论会论文集》，上海科学技术文献出版社 1999 年版，第 390 页。

〔2〕　孙新民：《汝州张公巷窑的发现与认识》，《文物》2006 年第 7 期。

〔3〕　"汝州张公巷窑及巩义黄冶窑考古新发现专家研讨会"，郑州，2004 年 5 月 20—22 日；郭木森：《浅谈汝窑、官窑与汝州张公巷窑》，《中国古陶瓷研究》第七辑，紫禁城出版社 2001 年版；孙新民：《汝州张公巷窑的发现与认识》，《文物》2006 年第 7 期；郭木森：《汝州张公巷窑的发掘与初步研究》，《汝窑与张公巷窑出土瓷器》，科学出版社 2009 年版，第 173—178 页。

〔4〕　秦大树：《宋代官窑的主要特点——兼谈元汝州青瓷器》，《文物》2009 年第 12 期；王光尧：《关于汝窑的几点思考》，《河南新出宋金名窑瓷器特展》，深圳雅昌印刷有限公司 2009 年版，第 14—20 页；唐俊杰：《汝窑、张公巷窑与南宋官窑的比较研究——兼论张公巷窑的时代及性质》，《故宫博物院院刊》2010 年第 5 期；〔日〕伊藤郁太郎：《北宋官窑的谱系——汝州张公巷窑的诸问题》，《宋代官窑及官窑制度国际学术研讨会论文集》，故宫出版社 2012 年版，第 35—50 页；李宝宽：《汝州张公巷窑的年代与性质问题探析》，《故宫博物院院刊》2013 年第 3 期。

〔5〕　丁银忠、孙新民、陈铁梅：《从陶瓷科技的角度探讨张公巷窑的时代》，《文物》2018 年第 2 期。

烧制印花青瓷和天蓝釉钧瓷的窑址，而以包括钧台窑[1]在内的几个窑址也生产汝窑青瓷，所以渐有"钧汝不分"的说法。临汝窑烧造钧窑系瓷器的窑址共发现八处[2]，其中宋代三处，元代五处。宋代三处窑址分布在大峪店区的有东沟和陈家庄各一处。东沟窑既有汝窑类瓷器，也有钧窑类瓷器。东沟窑生产的扳沿洗，具有典型宋钧窑特征。陈家庄在大峪店北四公里，烧盘、碗、洗、罐。另有蜈蚣山窑，距严和店0.5公里，这里烧制的扳沿洗也具有典型宋代特征[3]。

汝州可能早于禹州地区烧造青瓷的时间看，清凉寺窑址、段店窑、严和店窑等窑场，金、元时期都烧造钧瓷。北宋末年，汝州的天青、豆绿釉瓷烧造趋于衰落，但汝窑本身未停烧，"汝钧"与"磁州窑型"瓷器等逐渐成为主流。这从另一层意义上说明了"钧汝不分"的存在和原因。

钧窑除生产钧窑类产品外，同时生产汝窑类青瓷，天目瓷和白地黑花瓷。其中汝窑类青瓷生产的时间持续比较长，应该从北宋至初一直持续生产到金元时期[4]。钧瓷的产生、发展与汝瓷有着密切关系；它最初可能作为"民汝"的一部分或一个分支，在对汝窑的仿制过程中可能出现了"亦汝亦钧"的演变，最后逐步形成自己独特的品种[5]。其大量烧造并形成气候而成为北方地区有影响的瓷器品种，当在金、元时期。

可见，"钧汝不分"只是对于汝州和禹州部分窑址、某一时期有相同产品的一种表述，汝窑和钧窑的产品从总体上是可以区分的。

（二）汝州地区瓷窑与耀州窑

如前所述，宋、金、元时期，河南发现的窑址中汝州范围内有宝丰清凉寺窑，汝州张公巷窑、临汝窑等，其中与耀州窑关系最为密切的当属临汝窑。按照以往窑系[6]的说法，临汝窑属于耀州窑系范围。临汝县发现窑址11处，其中烧制耀州窑类型的印花刻花青瓷的有严和店、轧花沟和下任村3处，以严和店遗址范围较大。3处窑址以烧盘碗为主，烧造时间始于北宋中叶，盛于北宋后期，延续到金代。3处窑址不见宋代早期器形，绝大部分盘碗为北宋晚期样式，且刻花装饰很少见。临汝窑青瓷器大体分为两种：一种光素无纹饰，另一种为印花；盘碗胎稍厚，轮旋修坯较耀州窑草率，尤其表现在盘碗圈足部位，釉色青中闪绿较多见，与耀州窑的青中偏黄色调不同，施釉稍厚，气泡较多。[7]

冯先铭曾对临汝窑产品与耀州窑产品曾有详细的比较，同时认为"汝州贡瓷是经耀州贡瓷之后，出现的一个新的制青瓷窑"[8]。二者共同之处在于：第一，同形同纹。有几类碗，在两窑中都有烧造。第二，同纹。纹饰相同制法各异。如刻花莲瓣纹，汝窑莲瓣纹

[1]　河南省文物考古研究所：《禹州钧台窑》，大象出版社2008年版，第43—77页。
[2]　冯先铭：《河南省临汝县宋代汝窑遗址调查》，《文物》1964年第8期。
[3]　中国硅酸盐学会编：《中国陶瓷史》，文物出版社1982年版，第264页。
[4]　见钧台和刘家门发掘报告。
[5]　刘涛：《钧窑瓷器源流及其年代》，《文物》2002年第2期。
[6]　窑系的说法是在20世纪70年代以来以调查为主的考古工作基础上形成的，代表的是瓷器品种，而非地域。
[7]　中国硅酸盐学会编：《中国陶瓷史》，文物出版社1982年版，第255—256页。
[8]　冯先铭：《河南省临汝县宋代汝窑遗址调查》，《文物》1964年第8期。

布局与耀州窑相同，也采取浮雕手法，但雕得较浅，并在莲瓣的瓣尖部分划轮廓细线，立体感不及耀州窑。另外还有海水游鱼纹很相似。二者区别主要体现在三个方面：第一，造型上的区别。汝窑器皿以盘、碗为主，扳沿洗、罐、灯及炉等数量少，瓶、壶、枕等罕见。耀州窑器物以盘、碟、碗、洗为主，另有多种形式的瓶、壶、罐、盒、灯、炉、枕等等，凡宋代窑址中常见的器物，都有烧制。第二，纹饰上的区别。汝窑以印花为主，刻花极少；耀州窑则以刻花为主，同时也生产大量的印花。第三，胎釉上的区别。汝窑胎质厚，轮旋草率，釉色比较稳定，青中闪绿者多，多有气泡。耀州窑胎较薄，轮旋规整，对于圈足的处理比较注意，有一种底部凹入的（俗称卧足）。

耀州窑瓷器在北宋时期，以天青釉，极细香灰状胎，整齐而细小支钉等为特征的极高级瓷器很少烧造，汝瓷成为这一传统的接力者，同时或稍后还有钧瓷。而北宋汝、钧瓷的生产都包裹在浓重的耀州窑系的氛围之中[1]。汝窑系统青瓷在普通产品烧造上，耀州窑的影响可能更为直接和深刻。如豆绿釉瓷的刻花、印花装饰，无论题材、布局与技法，都明显带有学习和模仿耀州窑的印记。汝窑等（如清凉寺、段店、内乡大窑店、临汝严和店、宜阳锦屏山、新安城关和禹州钧台等）河南中西部窑场，烧制豆绿釉青瓷的时间主要是在北宋中后期。

八　小结

汝窑是文献记载相对丰富的一个窑址，但文献中的汝窑更多的是指狭义上的汝窑，即汝官窑，其特征主要是香灰胎、天青釉。而广义上的汝窑则可能包括汝州范围内的诸多窑址，其生产品种除了天青釉瓷外还有耀州窑类型青瓷，钧窑类型青瓷等，故其与耀州窑、钧窑有着非常密切的关系。汝窑是宋代官窑青瓷谱系中应该靠前定位的一处重要窑场，真正意义上的宋代官窑青瓷发端于汝窑。汝官窑器或仅在北宋后期短暂生产即昙花逝去，而广义的汝窑产品则从宋代一直持续生产到元代。目前发现生产汝官窑产品的窑址主要有宝丰清凉寺汝窑和汝州张公巷窑，两处产品既有相似性又有差异，宝丰清凉寺窑址的范围更大，内涵更丰富。两处窑址的发现对于传世汝窑产品的研究起到了积极的推动作用。

宋代是中国制瓷业承前启后的时期，各地民窑充分发展。河南中西部地区正是在北宋晚期到金代，先以汝州为中心，模仿生产汝窑青釉瓷，后以禹州为中心烧造钧窑器，形成了统一的瓷窑体系。钧窑在受汝窑影响生产青釉器，逐渐形成自身风格。汝窑青釉传统则被南宋官窑、哥窑、龙泉窑等继承。

第四节　禹州钧窑窑址的考古发掘与研究

钧窑所在地今属河南禹州市（民国时改钧州为禹县，1988 年改为禹州市），禹州市位

---

[1]　汪庆正等：《汝窑的发现》，上海人民美术出版社 1987 年版。

于河南省中部偏西地区。目前已发掘的窑址有钧台八卦洞[1]、刘家门[2]、河北地[3]、下白峪[4]等（图22-4-1）。

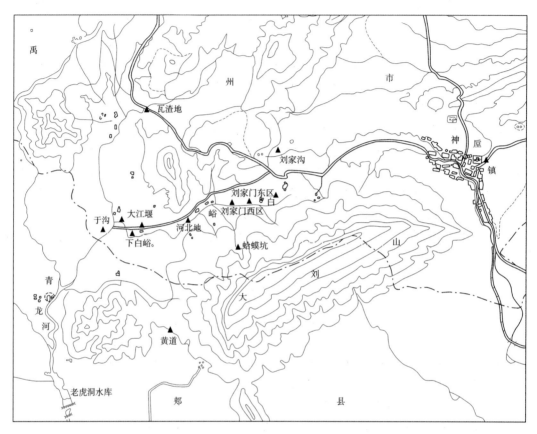

图22-4-1 河南禹州神垕镇西南部钧窑遗址分布图
（引自《钧窑研究、发掘与分期新论》，《2005中国禹州钧窑学术研讨会论文集》，大象出版社2007年版，第12页）

钧瓷器形最具特色的是出戟尊，还有各式大小不等的花盆、盆托等陈设器，日用器中有碗、盘、碟、香炉等。钧釉具有超强的遮盖能力，胎色几乎不受限制，常见有灰、灰白、浅黄、棕褐、灰褐等等。釉色有天蓝、月白、天青、玫瑰紫、海棠红等。釉面多有蚯蚓走泥纹、开片、兔丝纹，此外紫口铁足、芝麻酱底的特征也较常见，部分器物底部刻有"一"至"十"的汉字数码。钧瓷的绝佳艺术特色成为中国古陶瓷发展过程中第五个里程

〔1〕 河南省文物考古研究所：《禹州钧台窑》，大象出版社2008年版。
〔2〕 北京大学中国考古学研究中心、河南省文物考古研究所：《河南省禹州市神垕镇刘家门钧窑遗址发掘简报》，《文物》2003年第11期。
〔3〕 北京大学中国考古学研究中心、河南省文物考古研究所：《河南省禹州市神垕镇刘家门钧窑遗址发掘简报》，《文物》2003年第11期，见注释9，河北地窑址和下白峪窑址简报将另行刊发。
〔4〕 北京大学中国考古学研究中心、河南省文物考古研究所：《河南省禹州市神垕镇下白峪窑址发掘简报》，《文物》2005年第5期。

碑的重要组成部分[1]。蓝色乳光釉和铜红釉是钧窑瓷器的代表性产品。从考古发掘来看，出土的青釉瓷最多，比如刘家门窑址早期地层中就占 70—80% 左右[2]。与此同时，钧窑的大部分窑还生产白地黑花瓷。钧窑在创烧之初就掌握了覆烧、满釉和厚釉工艺[3]。

古代瓷窑址定名多以地名（州名）贯之，若按此说法，钧窑或应该在钧州，而宋代并无"钧州"建制。目前考古发掘的钧窑地点所处的河南禹州，在宋代为阳翟县，阳翟县宋代属京西北路颍昌府管辖。直到金代大定二十二年（1182 年）此处置颍顺州，二十四年改称钧州，以阳翟县为州治，才有"钧州"建制。目前所见记载钧窑的文献以明清时期的为多，宋代并无记载，所以"钧窑"的命名可能与明清时期记述者对钧窑时代的判断或钧窑所在地隶属的地名有关。

最早的记录文献可能是《宣德鼎彝谱》中所录宣德三年（1428 年）圣谕："……并内库所藏柴汝官哥均定各窑器皿款式典雅者，写图进呈，开冶鼓铸……"然而在以后诸卷详释所选鼎彝名称时，并不见仿钧窑款式[4]。书中并未明确指出钧窑时代为宋代，只是说内府藏有钧瓷，明后期的文献多将钧窑列为古窑或名窑，而明后期所指的古窑包含了从宋到元的不少窑口，表明当时人们对钧瓷的年代认识是模糊的，清朝前期的文献开始明确将钧窑记为宋窑。

钧窑的产品特征、烧造地点，传世钧窑产品的时代、钧窑遗址时代等是钧窑研究的主要内容。古文献多从宝物收藏角度记载钧窑，从对外观特征的认识，到其身价的不断提升，以至跨进名瓷的行列，主观因素似乎起了重要的作用[5]。而将钧窑推入五大名窑之中，则是由 20 世纪后半叶的学者完成的。《中国陶瓷史》一书在论及钧窑[6]时，明确指出："钧窑在后世被视作宋代五大名窑之一。"20 世纪后半叶的学者的思路[7]大体是，前人所说的柴汝官哥定五窑，将五代的柴窑去除后，钧窑递补入五代名窑之列。可见，钧窑进入宋代五大名窑的说法是一个历史不断变化叠加的结果。

依目前已出版的考古发掘报告和简报所述，钧窑钧台窑址的时代主要为北宋时代[8]，刘家门窑址的时代从宋末持续到元末明代以前[9]。

---

〔1〕 宋代到清代颜色釉瓷、彩绘瓷和雕塑陶瓷共同形成中国陶瓷科学技术史的第五个里程碑。李家治：《中国科学技术史·陶瓷卷》，科学出版社 1998 年版，第 6 页。

〔2〕 秦大树、赵文军：《钧窑研究、发掘与分期新论》，《2005 年中国禹州钧窑学术研讨会论文集》，大象出版社 2007 年版，第 32 页。

〔3〕 秦大树：《钧窑始烧年代考》，《华夏考古》2004 年第 2 期。

〔4〕 （明）吴中、吕震奉敕编：《宣德鼎彝谱》，载邓宝辑《美术丛书（二集第四辑）》，台湾国际文化出版公司影印道光癸卯刻本。

〔5〕 秦大树、赵文军：《钧窑研究、发掘与分期新论》，《2005 年中国禹州钧窑学术研讨会论文集》，大象出版社 2007 年版，第 9 页。此文详细记述了关于钧窑的文献记载等相关问题。

〔6〕 中国硅酸盐学会编：《中国陶瓷史》，文物出版社 1982 年版，第 260 页。

〔7〕 关于此思路代表为李辉柄《钧窑的性质及烧造年代》，《故宫博物院院刊》1982 年第 2 期。

〔8〕 河南省文物考古研究所：《禹州钧台窑》，大象出版社 2008 年版，第 150—153 页。

〔9〕 秦大树、赵文军：《钧窑研究、发掘与分期新论》，《2005 年中国禹州钧窑学术研讨会论文集》，大象出版社 2007 年版，第 17—31 页。

一　钧台窑址

（一）窑址概况

钧窑的调查开始于 20 世纪 50 年代，1950 年陈万里对禹县进行了调查[1]。1964 年，叶喆民、冯先铭对禹县神垕镇进行了踏查[2]。

1973 年 5—12 月、1974 年 10—12 月、1975 年 3—6 月、1986 年 7—12 月，河南省文物考古研究所对钧台、八卦洞（图 22-4-2）[3]窑址先后进行了四次考古钻探和重点发掘。对于窑址的规模、分布范围、地层堆积等有了进一步的了解，并获得了大量的实物标本和遗存资料，从而对该窑的烧造时代、历史背景、窑场的情况及烧造技术等都有了新的认识[4]。1973—1986 年发掘的钧台窑址东起禹州城墙边，西至古钧台，北靠城墙界，南达马号门街路南，东西长约 1100 米，南北宽约 350 米，总面积达 30 多万平方米。窑场大体可以分为四个不同类型的瓷器生产区域。第一，以梨园地（窑场的东北隅）为中心，东

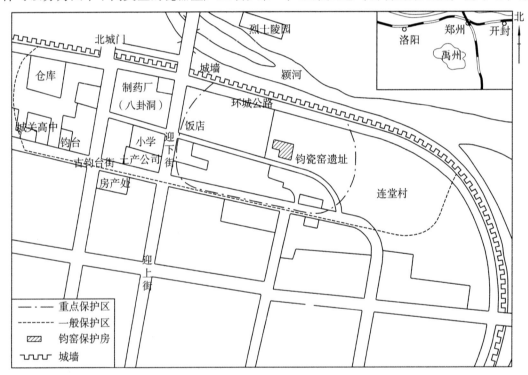

图 22-4-2　禹州市钧台窑址位置示意图
（引自《禹州钧台窑》，大象出版社 2008 年版，第 5 页）

〔1〕　陈万里：《禹州之行》，《文物参考资料》1951 年第 2 期。
〔2〕　叶喆民：《河南省禹县古窑址调查纪略》，《文物》1964 年第 8 期。
〔3〕　八卦洞在禹州城东北隅的钧台之东约 0.5 千米处。由于地理位置接近且生产品种相似，常常统称为钧台、八卦洞窑址，更多时候称为钧台窑址。
〔4〕　赵青云：《河南禹县钧台窑址的发掘》，《文物》1975 年第 6 期；河南省文物考古研究所：《禹州钧台窑》，大象出版社 2008 年版。

西长约 340 米，南北宽约 243 米，系钧瓷生产区。第二，以八卦洞为中心，西至钧台，南至马号门街，系汝窑烧造区，同时也兼烧钧瓷和扒村[1]类型的白地黑花民用瓷器。第三，从八卦洞以东至迎下街西侧南至康家拐为天目瓷的烧造区域。第四，窑场东南隅西至迎风阁，北临连堂村，钧台以北，北门以西的地区均为扒村窑类型的白地黑花瓷的烧造区，但也烧钧瓷和汝瓷，并兼烧天目瓷（图 22 - 4 - 3）。

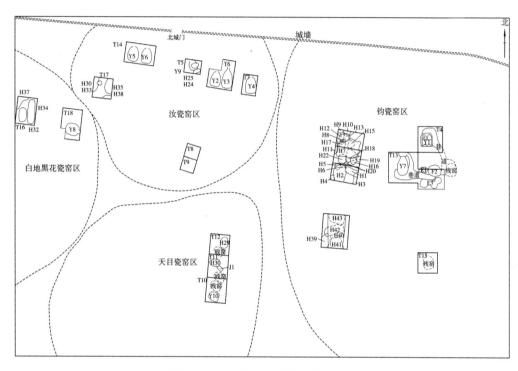

图 22 - 4 - 3　钧台窑址烧造区分布图
（引自《禹州钧台窑》，大象出版社 2008 年版，第 6 页）

2004 年 4—9 月，河南省文物考古研究所为配合禹州市区内"古钧花园"[2]（原禹州制药厂）住宅区的建设，再次对距禹州钧台窑址西侧数百米处八卦洞附近进行考古发掘。发掘面积约 3000 平方米，发现有窑炉、灰坑、水井、房基、灰沟、墓葬等遗迹；清理窑炉 4 座。出土瓷器种类繁多，既有唐代的黄釉瓷和花釉瓷器，也有宋元时期的钧釉瓷、豆青瓷、宋三彩和白地黑花瓷器。

---

〔1〕 扒村窑 1950、1964 年两次调查。扒村位于禹县城西约 25 公里，主要调查地点为老砦、边家坟、王家坟、瓦窑沟、猫耳朵等地。器物大多以白地黑花为主，其次为翠青地黑花、白釉、黑釉、绿釉、黄釉、宋三彩、宋加彩等。器形有碗、盘、盆、罐、瓶、枕等。窑具有匣钵、支具、渣饼、垫圈等。扒村窑受修武、汤阴、密县、特别是磁州窑影响较多，其时代约为宋元时期。

〔2〕 郭培育：《禹州钧台窑考古新发现与初步研究》，《2005 年中国禹州钧窑学术研讨会论文集》，大象出版社 2007 年版，第 44—50 页。

（二）主要遗迹

1. 窑炉遗迹

本书主要介绍1973—1986年发掘的钧窑钧台生产区，并略述2004年的发掘概况。

Y1（图22-4-4），就地挖筑，土壁。坐南向北，方向为5°。由窑门、通风孔、火膛、窑室、烟囱等组成。该较为有特色的都是双火膛，西侧火膛窑门呈长方形，高0.72米、宽0.53米，东边火膛不见窑门。通风孔位于东侧火膛北部，距地表0.24米。火膛在窑北低南高，两个平面呈乳状与窑室相连，呈横长方形。火膛底部低于窑室（窑床）0.71米。东侧火膛内长1.44米、宽1.70米；西侧火膛长1.40米、宽1.68米。火膛底部尚余灰烬，火膛顶、壁均被烧成琉璃状。窑室呈长方形，底部夯筑、平整，已火烧呈琉璃质。窑顶塌毁，窑壁最高处保留1.86米。窑壁整齐，基本垂直，窑室底部长3.61米、宽1.56米。在窑东部外侧残存较硬的路土面。烟囱4个。3个位于窑室后壁，另一个则位于西火膛顶部。

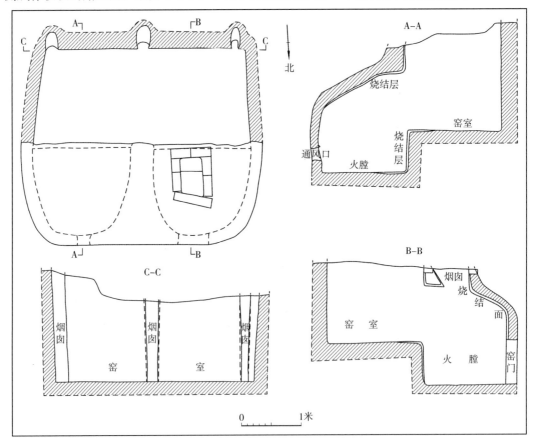

图22-4-4　钧台窑钧瓷窑区Y1平、剖图

（引自《禹州钧台窑》，大象出版社2008年版，第12页）

Y7（图22-4-5）位于Y1窑西南10米，两窑在同一层位上。就地挖筑，整体呈椭圆形，坐南向北，方向为357°。保存基本完好，由窑室、火膛、窑门、烟囱等组成。窑门位于

北端，就地挖筑，建成土圹，不太规则。门高 1.12 米、宽 0.75 米、进深 0.65 米，门额弧形顶。门底平面铺设有 6 块小砖。该窑门高仅 1.12 米，装坯和出窑有一定困难，似为通风和投燃料而设置。火膛位于窑门和窑室中间，由门向里伸展呈扇面形，在门坎和窑床之间向下挖有一个深坑作落灰渣用的炉坑，深 0.64—0.80 米、宽 0.68—2.12 米。火膛顶部前由门额拱起后与窑室顶部相连接，土券形成弧形顶。火膛南北长 1.60 米、东西宽 0.68—2.18 米、通高 2.55 米。炉坑低于窑门 0.64 米，低于窑室 0.80 米。窑室在火膛后，前后平整，两侧微向外弧，窑顶内收成弧形顶。窑室通高为 2.02 米、南北长 2.57 米、东西宽 2.18—2.50 米；窑室后壁距窑顶 1.59 米，向外倾斜 0.05 米，呈斜直状，整个窑室的体积约 7 立方米。窑底用黄砂土铺垫，比较平整，高出炉坑 0.76—0.80 米。这样便于使炉坑内的温度上升到窑室内充分利用其热能。烟囱 5 个，排列于窑室后壁，中间的烟囱高出地面，并直通窑顶，底部纵深 0.20 米、横宽 0.34 米，底部留有 0.34 米长方形烟孔。两侧的四个烟囱分别向上延伸，还向内弯曲成对称的弧线形，通向中直烟囱的上部，底部各留有长方形的烟孔，高 0.20—0.33 米、纵深 0.13—0.14 米、横宽 0.18—0.34 米。窑口在窑顶西南侧，洞口呈椭圆形，直径 0.44—0.53 米。洞口处与窑外作坊有路面相通。

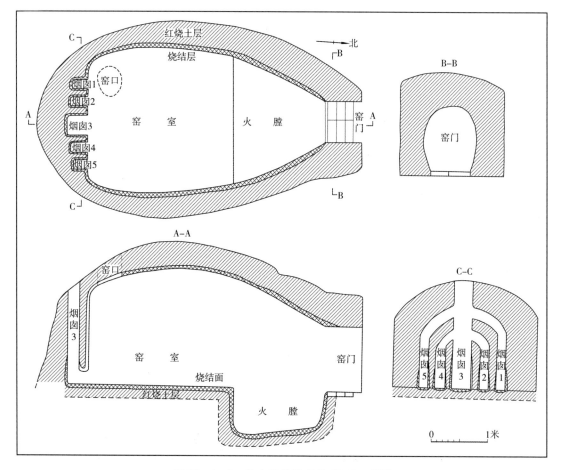

图 22-4-5　钧台窑钧瓷窑区 Y7 平、剖图
（引自《禹州钧台窑》，大象出版社 2008 年版，第 14 页）

横长形双乳状火膛窑和椭圆形窑的结构可造成充分的还原气氛,对铜、铁釉还原气氛的烧成有重要的意义。

另外,2004 年对禹州钧台窑址的发掘出土窑炉分为椭圆形和长方形两种,其中长方形 4 号窑保存较好。该窑坐南向北,现存长 6.50 米、宽 3.80 米、残高 1.70 米,半月形火膛现存长 1.48 米、宽 0.70 米、深 0.20 米。窑室平面呈南高北低的斜坡状,高差 1.15 米,窑壁残高 0.75 米。烟囱平面呈圆形,位于窑室南侧中部,直径 1.56 米、残高 0.10 米。长方形类窑炉的发现为窑炉发展史的研究提供了新的资料。

2. 作坊遗迹

作坊 Z1 内分布 3 个土龛以及连接作坊与窑炉之间的巷道(图 22-4-6)。Y1、Y7 和另一残窑基三窑鼎立,Y1 位于另外两窑中间之北,略偏东,与两窑相距各 10 米左右,东西两窑相距 11 米。三者之间由窑顶路面下斜变为的壕沟式通道相连。通道为硬土面,路面宽 3

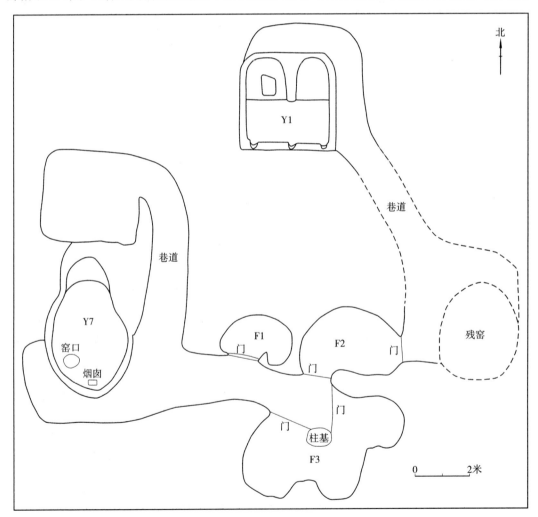

图 22-4-6　钧台窑钧瓷窑区 Z1 分布图
(引自《禹州钧台窑》大象出版社 2008 年版,第 18 页)

米左右。巷道南端两侧挖筑有 3 个不规则的土龛，龛与龛之间由土柱与墙壁，形成 3 个大小不一、形状不同的小单元作坊，最小面积 3—4 平方米，最大面积 15 平方米，分别编号为 F1、F2、F3。现有巷道及每个作坊小单元的墙壁上部早已塌毁，墙高仅保留 1.30 米左右，三个作坊单元分布在巷道的两侧，有的仅一墙之隔，有的两门相对，布局相连，每个小单元或为钧瓷成型、修坯、施釉等不同工序的工作间。此处虽分工有序，但设施却很简陋，作坊建于地下，与三窑相通，既便于操作与管理，又处于隐蔽状态，这可能与官窑性质有关。

　　3. 灰坑

　　七个探方内清理灰坑 26 座。其中唐代坑 1 个，北宋早期坑 2 个，北宋中期坑 8 个，北宋晚期坑 11 个，明代堆积坑 4 个。就其打破关系最复杂的 4 组灰坑而言，在同一区域内如此集中，又多相互打破叠压，应该说具有特殊的时代背景。26 座灰坑中，北宋中晚期灰坑 19 个，而且各坑内堆积瓷片品种又比较单一，皆为钧瓷花盆及盆奁儿碎片，是有意砸碎深埋地下的。这似乎暗示着这批东西的官窑性质。灰坑中的瓷片有的稍有变形，有的与匣钵粘连，有的火候不足，显然是因为某种缺陷，未选中而被砸碎深埋。这些残次品复原后，仍不失古朴典雅、庄重大方。

（三）出土瓷器

1. 1973—1986 年钧台窑发掘出土的瓷器[1]

　　1973—1986 年，钧台窑钧瓷窑区发掘出土瓷器多为残片，以钧瓷为大宗，同时也有少量的天目瓷和白地黑花瓷。其中钧瓷产品中，能够辨出器形的有花盆、盆奁（盆托）和出戟尊等，不见生活日用品。花盆造型有方形、长方形、葵花式、莲花式、仰钟式、盂式、海棠式、六角形及鼓钉式（亦称鼓钉洗）等，且各类花盆均有同式样的盆托配套，并且分别刻有"一"至"十"的汉字数字，这些数字有其含义，即"一"号最大，而"十"号最小。

　　钧台窑钧瓷区 H7 内出土的葵花式花盆及盆托、莲花式花盆及盆托、仰钟式花盆、盂式花盆、鼓钉洗等各类花盆与盆托的残片，具有一定的钧窑釉色多变之代表性。葵花式花盆与盆托在 H7 发现的葵花式花盆残片，窑变美妙，釉色主要有：天蓝、茄皮紫、淡天蓝、玫瑰紫、酱釉泛蓝、月白釉紫斑点缀等诸多色彩。同灰坑所出盆托，釉色更为复杂，计有酱釉泛蓝、米黄、茄皮紫、天青、蓝色花釉及月白釉等。造型为敞口，口呈葵花形，折沿，口沿起边，弧壁深腹，腹呈瓜棱状，下有圈足，圈足与壁相连，与瓜棱对应。底有五孔呈梅花式，即周边四孔，中间一孔。除足底刷酱色护胎釉，余施满釉，釉层光亮，匀净细腻，釉色内青外紫，或内青外蓝，或内外皆青，釉色出现不同的窑变色。花盆大小不同底部分别刻有不同的号码，一般"一"号者形体最大，"十"号最小。现发现的编号有"三""五""八""九"等。除此外，也发现有素烧盆底，标本 H7∶601，胎质细腻，修坯规整，胎色浅黄泛红，底有小圆孔。残长 8.5 厘米，宽 4.5 厘米，高仅 2.4 厘米。在 H7 内发掘出土的大量莲花式花盆的残片中，釉色主要有天青、天蓝、酱釉泛蓝、蓝中带红泛蓝、玫瑰紫、海棠红、蓝紫花釉和茄皮紫泛蓝等多种釉色。莲花式花盆同类盆托的残片，其釉色也非常美观，窑变丰富，色彩多样，有月白、淡天蓝、蓝中透紫、茄皮紫、酱黄、黄中泛蓝等。（图 22-4-7）

---

[1]　河南省文物考古研究所：《禹州钧台窑》，大象出版社 2008 年版。

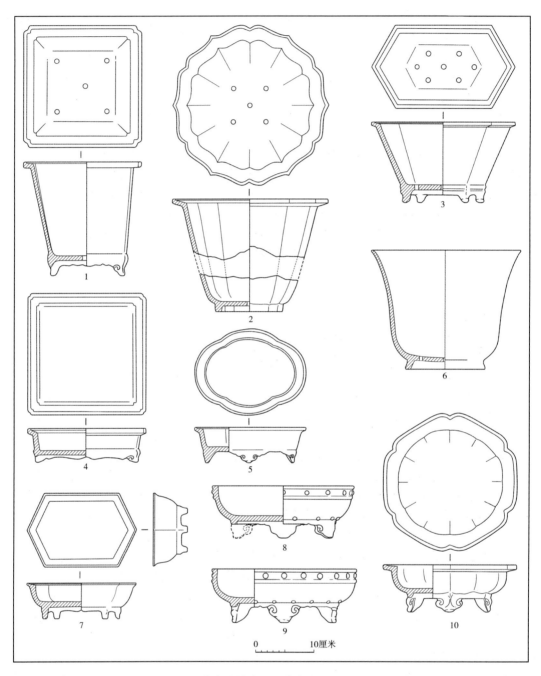

图 22－4－7　钧台窑钧瓷窑区钧瓷花盆、盆托、鼓钉洗

1. 方形花盆（H7：275）　2. 莲花式花盆（H7：28）　3. 六角形花盆（H7：215）　4. 方形盆托（H7：114）　5. 海棠式盆托（H7：162）　6. 仰钟式花盆（H7：61）　7. 六角形盆托（H7：369）　8. 鼓钉洗（H7：282）　9. 鼓钉洗（H7：38）　10. 葵花式盆托（H7：256）

（引自《禹州钧台窑》大象出版社 2008 年版，第 21 页图一三 1、9，第 25 页图一四 5，第 21 页图一三 3 图 25 页图一四 3，第 21 页图一三 10，第 25 页图一四 9、6、8，第 21 页图一三，4）

另外还有盂式花盆、仰钟式花盆等。除 H7 出土的各类花盆及盆托残片，其窑变釉色美妙外，在 H18 内也出土数量较多的各类花盆及盆托残片，其釉面呈橘皮纹和蚯蚓走泥纹，釉色也相当美观。H41 内出土的各类花盆残片，釉色也相当丰富。

2. 2004 年发掘情况分析[1]

（1）与之前相比 2004 年新发现如下：

大量孔雀蓝釉陈设类器物标本出土。如鼓钉洗、花盆等。

白釉花口出戟尊标本出土。（口部和底部两块）

酱釉花盆标本出土。（底部两块）

大量盘碗类器物标本出土。（少量白釉、孔雀蓝釉，大量钧釉）

大量钧釉高足杯、高足碗标本出土。

素胎高浮雕如意纹长方形花盆标本出土。

钧釉方形壶嘴，桃形壶器物标本出土。

钧釉大罐标本出土。

（2）与 1974 年发掘品主要在填埋方式、制作工艺、制釉工艺上不同。

填埋方式。1974 年发现的数个小坑集中填埋，且无日常用器同坑；2004 年发现为同一大坑填埋，伴有大量日常用器，包括以上发现的同属于一个大坑。

制作工艺。造型上 1974 年发掘的器物比例适中，口径大小、器物高低、口沿制作、鼓钉厚薄、足宽窄肥厚、底码数字刻制等等均精工细作；2004 年发掘的器物，形大者如鼓钉洗、出戟尊，口径或高超过 30 厘米，形小者只有 15 厘米左右。鼓钉洗口沿双线及鼓钉大小随器物大小的比例差别不大，鼓钉高高突起，近乎球形。足大多窄而薄，底码字基本刻于足内侧，且用笔草率随意。更有甚者圈足浅而薄厚不均，无刻数码字，显然制作粗糙、水平高低参差不齐，对工艺要求没有严格控制。

制釉工艺。1974 年出土的器物无孔雀蓝、蓝、白釉等釉色；2004 年出土的器物除少量白、酱釉外，大量的孔雀蓝釉出现，这在钧窑中几乎是最大的变异。高温窑变釉和低温釉形成强烈反差，孔雀蓝釉无论是陈设和实用都与瑰玮雅丽的窑变官钧极不相符。

（3）窑具与装烧工艺

1973—1986 年，钧台窑发掘出土窑具主要有匣钵、窑塞、锯齿状支烧、鹿角捂子、铜捂子、坩埚以及釉药等原料。另在 T1H2、T3H16 和 T4 内，均发现有成堆的矸子土块。2004 年钧台窑发掘出土窑具有支圈、匣钵和垫圈。

（四）分期

绝大多数器物出土于灰坑中，灰坑中出土的钧瓷以北宋晚期 H7 最具代表性[2]。钧瓷窑区灰坑位于窑炉和作坊遗迹的西侧，三者之间没有直接的叠压打破关系。发掘区内出

---

[1] 郭培育：《禹州钧台窑考古新发现与初步研究》，《2005 年中国禹州钧窑学术研讨会论文集》，大象出版社 2007 年版，第 44—50 页。

[2] 可参考河南省文物考古研究所《禹州钧台窑》，大象出版社 2008 年版，第 16 页。钧台钧瓷窑区灰坑叠压打破关系表反映了个灰坑的早晚叠压关系。

土钧瓷、汝瓷及青白瓷、黑釉天目瓷和磁州窑系的白地黑花瓷、宋三彩、绞胎与绞釉等各类瓷器。北宋早期的钧瓷烧造，仅在烧制汝窑的窑区内有所发现；北宋中、晚期遗物相对集中且较多，钧瓷专门生产区形成。（图 22 - 4 - 3）

北宋早、中、晚三期器物特征如下[1]。

第一期（北宋早期）：钧台窑汝瓷烧造区内发现的早期钧瓷碎片很少，品种单调，仅复原钧瓷盘一种。敞口凸腹，弧壁浅盘，平底下有矮圈足，底有五支钉痕，全满釉裹足支烧。釉层光亮，匀净细润，开片密布，釉色天蓝。工艺讲究，釉层莹润，釉色纯正，具有早期钧瓷特征。

第二期（北宋中期）：据现有发掘出土的碎瓷片观察，数量增多，造型种类日趋复杂，其中主要有碗、盘、钵等，碗分敞口弧壁和敛口弧壁两种，盘可分敛口浅腹、敞口弧壁、侈口浅腹、折沿浅腹、卷沿浅腹等五种不同的形式，钵可分为敞口浅腹、直口浅腹、敛口深腹等。皆为生活日用器，但造型讲究，施釉匀净，釉层光亮，坚固实用。

第三期（北宋晚期）：依据已发掘出土的残片统计，数量最多，而钧瓷种类仅限于花盆、盆奁儿（盆托）、鼓钉洗、出戟尊等，不见生活日用器。就已复原的花盆和盆托的造型，分为方形、长方形、葵花式、莲花式、仰钟式、盂式、海棠式、六角形及鼓钉洗等，各类花盆均有同式样的盆托配套，并分别在其底部刻有"一"至"十"的汉字号码。造型古朴，制作讲究，窑变美妙，釉色丰富。这表明钧瓷的烧制工艺达到了炉火纯青、技艺娴熟、工艺精湛的最高境界。结合窑区内没有发现民用生活器皿，表明了此时的钧台窑已为宫廷垄断，专为宫廷烧制陈设瓷。

另，2004 年钧台窑址发掘出土的遗物丰富，既有隋、唐时期的黄釉瓷器和花瓷，也有宋、金、元时期的钧窑瓷器、三彩、豆青瓷和白地黑花瓷。其中 T0417H1 出土遗物与 1974 年出土钧瓷进行细致比较，发现其所出出戟尊、鼓钉洗、花盆及盆托等器形较大，工艺、胎质、釉色均与 1974 年出土瓷器有所不同，与这批瓷器同一灰坑出土的还有孔雀蓝釉碗、盆、高足碗和钧釉高足碗等，进而，可确定此类产品时代为元代。另 T0501 下层发现灰坑 4 个，在灰坑 H125 内出土的白瓷碗的碗底和外侧墨书"县""崔""郭""祁""正隆元年四月初□□到□□"，碗底部有"祁"字、"……卖到祁宅记……"、"正隆元年三月初五……"；在灰坑 H200 内出土的白瓷碗底和外侧墨书"正隆元年三月初五日"，碗底部也有"祁"字。在灰坑 H68 内出土有钧瓷盆、钧瓷盘、钧瓷洗；在灰坑 H64 内出土有钧瓷碗；而且灰坑 H68 和 H64 分别打破 H125 和 H200。金代"正隆元年"即 1156 年，因此这四个灰坑废弃上限不会早于 1156 年，也就是说这批瓷器时代为元代[2]。冯小琦通过对 2004 年钧台窑址出土的瓷器和故宫博物院、台北"故宫博物院"收藏的钧窑瓷器对比，提出 2004 年出土器物的年代大部分为宋代，少部分器物为元代的说法[3]。张金伟则在对比 1974 年发掘品与 2004 年

---

〔1〕 河南省文物考古研究所：《禹州钧台窑》，大象出版社 2008 年版，第 150—151 页。

〔2〕 郭培育：《禹州钧台窑考古新发现与初步研究》，《2005 年中国禹州钧窑学术研讨会论文集》，大象出版社 2007 年版，第 44—50 页。

〔3〕 冯小琦：《浅谈故宫收藏的钧窑陈设瓷器的年代》，《2005 年中国禹州钧窑学术研讨会论文集》，大象出版社 2007 年版，第 51—57 页。

发掘品的填埋方式、制作工艺、制釉工艺等不同的基础上分析得出2004年出土的大量生活类和陈设类钧窑器可能晚于北宋，为金末至元代中期产品的结论[1]。

二　神垕镇刘家门窑址

2001年9月—2002年1月，北京大学考古文博学院与河南省文物考古研究所对禹州市神垕镇大刘山下的白峪河岸边分布着比较密集的钧窑遗址群[2]中的刘家门东区、刘家门西区、河北地窑址、下白峪窑址（时代为唐五代时期）进行了发掘，发掘中清理窑炉遗迹29座，石砌澄泥池3座、灶1座以及窑前工作场所5处。此次重点发掘了刘家门窑址，判定其时代是北宋晚期至元代，其延烧时间最长，产品质量最高，也最具有传统观念中钧瓷的特点。

（一）主要遗迹、遗物[3]

窑炉。共发现清理4座，以01SLY4为例略作介绍。01SLY4（图22-4-8）位于刘家门西区XT3北部，压在XT3第②层下，时代为金代后期，可能是烧造白瓷的窑址，马蹄形半倒焰馒头窑，以煤为燃料，由窑前工作面、火膛、窑床、烟室、护墙组成。南北残长4.8米、残宽3.81米、残高1.65米，方向25°。火膛仅存底部，椭圆形，东西2.38米、南北1.15米。窑室后壁已破坏，仅存最底部的砌砖痕迹，用耐火砖砌出烟火孔与烟室相通。可见烟火孔9个，分布较均匀，宽0.08—0.11米、长0.15—0.17米。烟囱保存较完整，为半月形一体的单室烟囱，长1.1米、残宽2.9米。壁面仅后壁保存较好，残高0.75米。窑壁破坏严重，仅存烟室后壁，呈弧状，壁面残存长3.65米、残高0.75米、厚约0.2米。从其断面看，是用耐火砖、残破匣钵及少量石块垒砌而成，表面涂一层厚约0.02米的耐火泥。从残存情况看，底部三层以长方形砖块为主，比较规整，砖长0.27米、宽约0.16米。其上残存部分主要由筒状、漏斗状匣钵的口部、底部残片叠砌而成，排列规则，夹杂少量砖块、小石块。后壁以外为护墙，仅存窑后部分。由大小不一、未加工的天然石块和匣钵残片、土块等堆成，距窑壁0.12—0.18米、厚约0.45米。

澄泥池。刘家门一号澄泥池01SLC1（图22-4-9），位于DT2、DT10东部，建于生土上，开口于③层下，打破④层。C1呈不规则长方形，东西向，口大底小，剖面呈梯形。残存部分北高南低，深1.58米。口部北边长3.2米、西边长1.8米、东边长2.18米、南边长2.8米；底部北边长2.76米、西边长1.7米、东边长1.8米、南边长2.5米。四壁皆

[1] 张金伟：《钧窑相关问题之我见》，《2005年中国禹州钧窑学术研讨会论文集》，大象出版社2007年版，第96—99页。

[2] 北京大学中国考古学研究中心、河南省文物考古研究所：《河南省禹州市神垕镇下白峪窑址发掘简报》，《文物》2005年第5期。

[3] 北京大学中国考古学研究中心、河南省文物考古研究所：《河南省禹州市神垕镇刘家门钧窑遗址发掘简报》，《文物》2003年第11期。

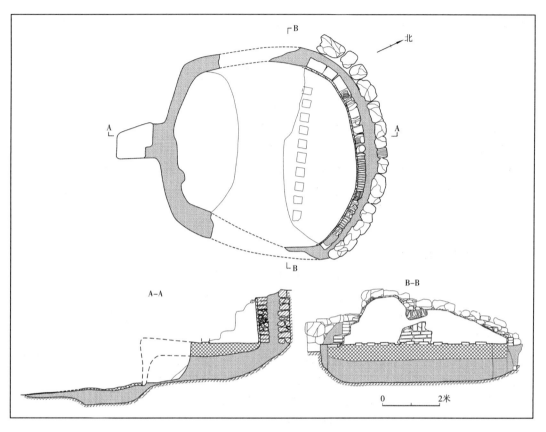

图 22 - 4 - 8　刘家门窑址四号窑 01SLY4 平、剖面图

（引自《钧窑研究、发掘与分期新论》,《2005 中国禹州钧窑学术研讨会论文集》,大象出版社 2007 年版, 第 13 页图二）

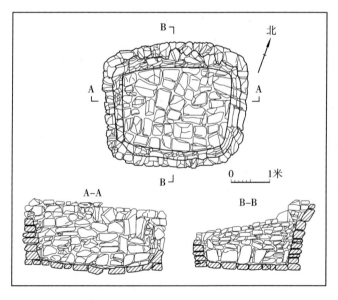

图 22 - 4 - 9　刘家门一号澄泥池 01SLC1 平、剖面图

（引自《文物》2003 年第 11 期, 图六）

用石块垒砌。池底用石块铺垫，铺砌平整。池的入水口应在现存高度以上，位置不明。出水口在东北角，高 0.44 米。C1 堆积分两层：第①层土质疏松，褐花色，全池分布，厚 0—1.4 米，出土大量素胎瓷片、青瓷片、钧釉瓷片、匣钵片等；第②层土质较硬，褐花色，厚 0—0.3 米，出土少量不同釉色的碎瓷片及料泥。C1 是生产钧瓷胎料的澄泥池，其与东侧 C2 相隔仅 2.3 米。C2、C3 相连，因此三个澄泥池应该是一体的，高差为 0.37 米，C1 底面高于 C2 底面 0.25 米，C2 底面高于 C3 底面 0.12 米，形成三级沉淀。三池同时修建和废弃。原简报认为 C1 周围属于第二期。

（二）遗物分期[1]

窑址出土器物有碗、盘、洗、盏托、香炉、盆、罐等，以窑变钧釉产品为主，还有天青釉、白地黑花产品。器物造型丰富，比如碗有敞口、折棱等。窑具发现支圈、垫环、匣钵、试釉片、戳模、碗模、碾轮、火照、荡箍、脚钵等。

刘家门窑址经历了两次发展的高潮和两次衰退。北宋末期，刘家门钧窑创烧，创烧伊始就具有很高的烧制水平。烧成了淡雅匀净的天青釉钧瓷，部分器物仿金银器造型。已经出现钧瓷，数量很少。靖康之变后，钧窑经历过一段衰退，产品种类减少，质量下降，突出表现是采用裹足支烧法和施满釉的器物大大减少，许多器物施釉不到底，但仍有一些精美器物。金世宗后，刘家门窑得到恢复、发展，产品丰富起来。天青釉瓷虽不及北宋末期精美，但比周边地区一些窑（如临汝窑）青瓷产品精美。除钧釉瓷、青釉瓷外，白釉和黑釉瓷器的数量开始增加。金末产品质量又有所下降，制作粗糙，产量却增大了。钧釉、青釉、白釉、黑釉瓷的产量都较多，还有红釉彩、三彩和绞胎等产品。器物种类除碗盘外，还有梅瓶、香炉等大件。元代后期钧窑走向衰落。

发掘中第一、第二组地层出土器为第一期，分前后两段。第三组地层中出土的器物为第二期。第四、第五组出土的器物为第三期，分前后两段。

第一期前段[2]，时代为北宋晚期徽、钦时期。此段是刘家门窑址产品最精美的时期。产品以青瓷器为主，其次是素胎器，钧瓷已出现，但数量较少，另有很少量的黑釉和白釉瓷器。青瓷占 57%、素胎坯件占 21%，钧釉瓷占 13%。器类比较丰富，有碗、盘、洗、盒、盆、注壶、罐、瓶、香炉、器盖、枕等。主要生产小件器物，但制作精良、规整。部分器物如圆洗、鋬耳洗、菱口折沿盘、海棠盘等明显是仿金银器的造型。碗盘的腹壁多呈有优美的圆弧形曲线，圈足通常较小，足壁较薄且制作十分规整。这个时期器物的胎色较浅淡，呈白褐色、灰白色或灰褐色（香灰色），胎质较细腻坚致。钧釉器物的釉层较薄，釉的流动性不强，釉色淡雅匀净，部分器物布满小块的开片。每件器物上仍有釉色差异。这时期钧釉器上带红彩的极少见，少数器物上有大片的红彩，几乎布满器表，红色较淡，而且与天青釉极好地交融。此期还发现了内施天青釉，外施红釉的产品。这时期的青釉器釉色以青绿色为主，釉色纯净，透明度高，玻璃质感较强，通体布满大小不等的开片，较橄榄绿浅，似翠绿而深。装烧工艺以此段最精，大部分碗盘类产品均施釉至足底，并在足心内施釉，成为此段的一个重要特征。部分器物采用裹足刮釉方法，还有部分产品采用了

---

〔1〕　北京大学中国考古学研究中心、河南省文物考古研究所：《河南省禹州市神垕镇刘家门钧窑遗址发掘简报》，《文物》2003 年第 11 期；秦大树、赵文军：《钧窑研究、发掘与分期新论》，《2005 年中国禹州钧窑学术研讨会论文集》，大象出版社 2007 年版，第 17—31 页。

〔2〕　DT3⑧出土一枚"元丰通宝"。

裹足支烧的方法,底部留下了支钉痕迹。不过,多数支钉痕较粗大,不如汝窑同期产品精美。采用厚釉工艺和裹足支烧法。从发现的窑具看,本段基本采用匣钵单烧法装烧,有各种不同形状的漏斗形匣钵。(图22-4-10)

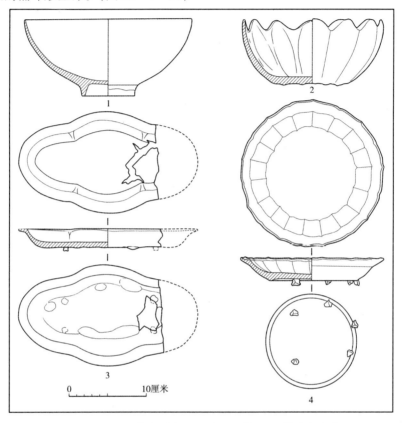

图22-4-10　钧窑刘家门窑址 DT3⑧、DT3⑨出土文物
1. 青釉敞口碗(DT3⑨:3)　2. 钧釉莲瓣洗(DT3⑨:69)　3. 钧釉海棠盘(DT3⑨:77)　4. 青釉折沿菱口盘
(DT3⑧:15)
　　(引自《河南省禹州市神垕镇刘家门钧窑遗址发掘简报》,《文物》2003年第11期,图一四1、4、6、3)

　　第一期后段,时代为金代前期,即金太宗天会五年(1127年)至金海陵王正隆五年(1160年)。器物质量出现某种程度的衰落。出土器物的数量、种类减少。青釉、钧釉比重较低,素烧器大量增加,表示二次烧成的器物作为成品,大部分被售出了。本段素胎最多,其次为青瓷,钧瓷只占很小的部分,还有少量白釉、黑釉器。青瓷占36.9%、钧瓷占4.5%、素胎器占52%。器类有碗、盘、盆、水盂、香炉、罐、瓶等。不再见前段的海棠长盘及各种精美的钧釉圆洗。器形变化不大,部分器物的圈足变得较宽厚。本段胎釉质量比前段下降。少量器物的胎质细密如前段,多数不如前,略粗。釉色上,青釉器中第一期那种"葱翠青"色的已很少见,较多见的是青绿稍泛黄色,较匀净温润。钧釉器的釉色变化较大,天蓝色不似第一期的匀净淡雅,开始出现较强艳的釉色,如较深的天青釉,浅淡近白的月白釉等,且一件器物上釉色差别很大。本段地层中仅发现少量红釉器,开始出现施于碗、盘内底,聚成物形的规整紫红斑,多呈规则的弯曲细条状。大部分器物仅施釉至足,足心无釉,部分足心有釉的呈釉滴状。白釉器的釉色多呈直白色,施半釉,有的通体

施化妆土，也有部分器物釉和化妆土均施一半。装烧上采用匣钵单烧。除少数器物外，不再用裹足支烧。（图22－4－11）

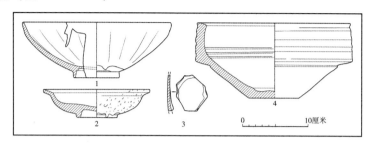

图22－4－11　钧窑刘家门窑址 DT2④、DT3⑦ 出土器物

1. 钧釉瓜棱腹碗（DT3⑦：20　2. 钧釉折沿盘（DT2④：12）　3. 试釉片　4. 匣钵（DT3⑦：47）

（引自《河南省禹州市神垕镇刘家门钧窑遗址发掘简报》，《文物》2003年第11期，图一六1、2、8、4）

第二期时代为金代后期，即金世宗大定元年（1164年）至金灭亡的哀宗天兴三年（1234年）。产品与第一期相比，发生了较大变化。出土器物较多，可能是由于成品率提高，窑址发现的素烧器大增，青釉和钧釉瓷相对减少。白釉和黑釉器数量都有所增加，还有少量的三彩器。瓷器种类的构成，据统计素烧器占79.5%、青釉占16.4%、钧釉占3%。器类有碗、盘、盆、水盂、香炉、罐、瓶等，又新增了盏托、高足杯等，出现了个体较大的香炉、洗、盆和梅瓶等器物。代表性器物有底印"朱家记"的菱口大碗、花口小盘、裹足支烧的大型洗。总体上，器形开始变得粗厚，表现在圈足上，不似以前薄细精致，普遍出现挖足过肩现象。碗盘类器物的腹壁常常是上部圆曲，下部变得斜直。胎釉质量比第一期后段有所下降。多数器物胎质较粗，部分夹杂较多杂质。青釉为常见的深绿色或黄绿色，较光亮，少量呈较浅淡的青绿色，较润泽。钧釉器釉色多为天青色，因烧成因素而形成深浅不同的天蓝、天青、灰蓝等色，此外还有部分灰赭色、月白色等。釉面仍较光洁、润泽。紫红斑比较多见，施于碗、盘等器壁上，呈块状或条状，边界分明，凝重呆滞。白釉器多呈卵白色稍泛灰，制作仍较规整。装烧方法变化不大，除了少量罐和洗类器物制作稍精，仍采用裹足刮釉或裹足支烧，其余绝大部分施釉不到底。（图22－4－12）

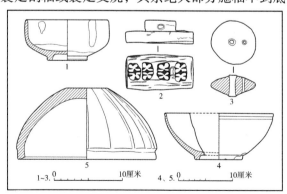

图22－4－12　钧窑刘家门窑址 DT2C1、DT2③扩、DT3⑤ 出土器物

1. 钧釉罗汉碗（DT2③扩：1）　2. 小印花戳模（DT2C1：17）　3. 碾轮（DT2C1：165）　4. 钧釉深腹洗（DT2C1：38）　5. 菱口碗模（DT2C1：156）（1、2、3为1/4，2、5为1/5）

（引自《河南省禹州市神垕镇刘家门钧窑遗址发掘简报》，《文物》2003年第11期，图一七10、8、9，图一八1、5）

　　第三期前段，时代为蒙古时期到元前期，即从蒙古太宗七年（1235 年）到元成宗大德十一年（1307 年）。第三期是本次发掘中出土物最多的一组地层，产品的数量和种类都是最丰富的，在继承第二期生产风格的基础上有所发展变化。素烧器仍是出土遗物中数量最多的品种。素烧器占 78%、青釉器占 14.5%、钧釉器占 2.2%、白釉器占 2.2%、黑釉器占 2%。白釉瓷器生产兴盛，有碗、盘、罐、瓶等；白地黑花器大量出现，以内壁饰一粗两细的三道环纹和草叶、游鱼、诗文等纹样的碗最多，还有一些红绿彩器。黑瓷数量大增，主要器物有碗、盘、罐、瓶等。代表性器物有带双耳的小香炉、带贴花的大香炉及个体较大的直领罐、梅瓶等。碗盘类器物的腹壁变得通体斜曲，弧度不大，使器形看上去比较瘦削，圈足变小，足墙多外撇，圈足大多变得宽厚且挖足较粗疏，足心出现脐底。器胎厚重，胎质比较粗糙，杂质多。钧釉器釉色变化丰富，天青釉的器物有所减少，月白色开始较多地出现，还有紫蓝色、褐绿色等，釉色变幻多端，釉的流动性很强，一件器物上不同部位也会因釉层的厚薄和烧成因素的不同而呈现出多种色彩，过渡部分还常有白色或灰蓝色的针状结晶，即所谓兔丝纹。釉层较厚且不匀，乳浊感强，釉面光亮，多密布小棕眼，器物流釉、积釉现象较多。在大中型香炉的颈部和腹部、大瓶的腹部等较大器物上开始出现堆贴花装饰。碗、盘的内壁和罐上带紫红斑的器物增多。青釉器的釉色多深绿中泛黄，光亮而不够温润。白釉器数量增加，但质量下降，釉色多呈白灰色或白中泛黄，还有很多黑色杂质，光泽暗淡。黑釉瓷器大多乌黑光洁，很多都带有密布的油滴结晶。此期沿袭第二期的烧制方法，生产粗率。除少量的洗和罐仍施满釉外，其余器物均施釉不到底，制作不够细致。本段筒形匣钵开始较多出现，应主要用于装烧白釉器。另外，由于许多钧釉碗盘有涩心，表明部分钧釉器物也采用筒形匣钵叠烧法烧制。（图 22 - 4 - 13）

　　第三期后段，时代为元武宗至大元年（1308 年）至元末（14 世纪中期）。产量依然较大，釉色组合变化不大。白釉、黑釉数量减少。素胎器占 61.4%、青釉器占 31.1%、钧釉器占 6.9%。器类变得单调，且主要是变化较小的碗盘类器物，另有少量大个的香炉、梅瓶和连座瓶等。代表性的器物有带较繁复贴花的大香炉、带铺首贴饰的连座瓶等。器形上，碗、盘的腹壁多数呈斜直稍外鼓的形态，圈足相对前段较规整，有脐底并不多，但大部分足底有一外高内低的斜面。器物胎质、胎色与前段大致相同。钧釉器的釉层厚，流动性强，普遍有垂釉、积釉现象。釉色以偏紫色的为多，有少量深紫蓝色釉。正天青色少见，且色泽较沉暗。有相当数量的月白釉，釉面有月白、天青色交融、流淌状。另有灰蓝、灰绿、灰赭等色。同一件器物上的釉色也深浅各异，釉面光亮但不够细腻，多有大大小小的棕眼。青釉器有两种，一种是深绿发黄，不开片，釉光晦暗。另一种呈浅淡的青绿色，透明度和玻璃质感都很强，色泽上仅稍差早期葱翠青色一等。香炉、瓶等大型器物上较多采用堆贴花装饰。紫红斑比前段减少。装烧方法与前段大致相同，白釉虽减少，但出了一些筒形匣钵，说明部分青釉和钧釉器也采用之。器物制作稍强于前段，但不再见足心施釉和裹足支烧，均施釉不到底，多较粗率，边缘亦不整齐。（图 22 - 4 - 14）

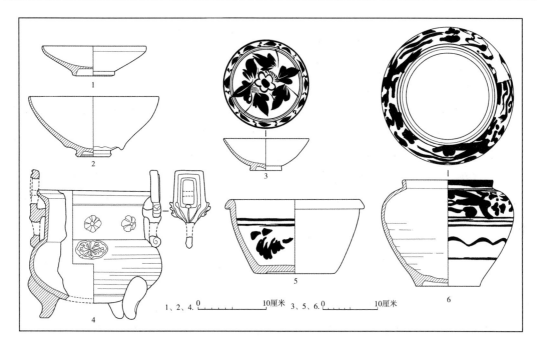

图 22 - 4 - 13　钧窑刘家门窑址 DT2③、DT4③出土器物

1. 青釉折口盘（DT4③：5）　2. 钧釉敞口碗（DT2③：48）　3. 白地黑花碗（DT2③：133）　4. 素胎香炉（DT2③：195）　5. 白地黑花盆（DT2③：146）　6. 白地黑花罐（DT2③：149）

（引自《河南省禹州市神垕镇刘家门钧窑遗址发掘简报》，《文物》2003 年第 11 期，图三四 2、3，图四五 1，图三四 6，五三五 2、3）

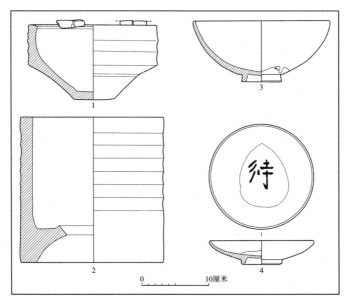

图 22 - 4 - 14　钧窑刘家门窑址 DT1G1、DT1⑤、DT4②出土器物

1. 漏斗形匣钵（DT1G1：57）　2. 筒形匣钵（DT1⑤：98）　3. 钧釉敞口碗（DT1⑤：25）　4. 青釉浅曲腹盘（DT4②：5）

（引自《河南省禹州市神垕镇刘家门钧窑遗址发掘简报》，《文物》2003 年第 11 期，图三七 7、8、1、4）

三 钧瓷胎釉组成、艺术特色与工艺

（一）钧瓷胎、釉的化学组成及显微结构

1. 钧窑出土瓷片化学组成[1]

钧窑瓷胎的主要化学成分为 SiO_2、Al_2O_3、CaO、K_2O、Na_2O、Fe_2O_3、TiO_2 等。通过光谱分析、化学分析、分光光度术、光学显微术、X 射线衍射以及复型电子显微术和扫描电子显微术等方法，对采集的北宋早期（民窑）、北宋晚期（官窑）和元代（民窑）[2]标本进行了测试。早期宋钧胎的化学组成波动范围很小，北宋晚期（官钧）胎的化学组成稳定，器外施紫红釉者，胎的 Al_2O_3 含量都在 25% 左右，内外都施青蓝色釉者，胎的 Al_2O_3 含量都在 27% 以上。北宋晚期（官窑）胎虽颜色很不相同，但是它们的 Fe_2O_3 和 TiO_2 含量几乎完全相同，可见胎体颜色变化。

钧窑釉的主要化学成分为 SiO_2、Al_2O_3、CaO、K_2O、Na_2O、Fe_2O_3 等[3]。SiO_2 和 SiO_2 与 Al_2O_3 的比值都比一般瓷釉高，含有少量的 P_2O_5。山东省硅酸盐研究设计院曾对早期宋钧、官钧和元钧釉进行化学分析[4]，结果与南宋龙泉青釉化学组成相比有显著不同。一是钧釉含有较多的 P_2O_5（五氧化二磷），二是含有较低的 Al_2O_3（三氧化二铝）和较高的 SiO_2（二氧化硅），三是钧釉的 Fe_2O_3 和 TiO_2 的含量较高，但并未影响釉的呈色。同时还要指出钧釉的助熔剂 CaO（氧化钙）[5]是形成优质铜红釉的关键。

钧窑瓷器烧成温度为 1250—1270℃[6]，以还原气氛烧成。早期宋钧（北宋早期）的吸水率为 0.25—2.17%，官钧（北宋晚期）为 0.23—0.34% 不等，而元钧的吸水率在 0.42—3.32% 之间。

显微结构中官钧（北宋晚期）釉[7]中清澈无晶体可见，胎釉界面处也未发现晶体存在。胎中石英颗粒较多，绢云母残骸较多；基质中可见到针状莫来石晶体；玻璃相中等；气孔较多。

2. 刘家门钧窑瓷器胎釉成分的 EDXRF[8]分析

对刘家门钧窑瓷器乳光釉或有铜红窑变釉的一类与青釉瓷器进行比较测试，分析二者胎釉之间的关系。钧瓷和青瓷瓷胎的 Al_2O_3、SiO_2、K_2O、CaO、TiO_2、Fe_2O_3 等主次元素

---

[1] 此处所用标本资料为中国社会科学院考古研究所李德金研究员在临汝、新安和安阳等窑址，采集的民窑（北宋早期）、官钧（北宋晚期）和元钧（民窑）标本等 40 余件。河南省文物考古研究所：《禹州钧台窑》，大象出版社 2008 年版，第 130—136 页。

[2] 对于钧窑产品物理化学性能研究的标本多为采集而得，时代从宋至元。

[3] 陈显求等：《河南均窑古瓷的结构特征及其两类物相分离的确证》，《硅酸盐学报》1981 年第 9 卷第 3 期。

[4] 刘凯民：《钧窑釉的研究》，《山东陶瓷》1981 年第 1 期；《钧窑釉的进一步研究》，《中国古陶瓷研究》，科学出版社 1987 年版，第 239—247 页。

[5] 李家治：《中国科学技术史·陶瓷卷》科学出版社 1998 年版，第 138 页。

[6] 有 1280—1300℃ 范围之说。见前引《河南均窑古瓷的结构特征及其两类物相分离的确证》一文。

[7] 李家治：《中国科学技术史·陶瓷卷》科学出版社 1998 年版，第 135 页。

[8] EDXRF（能量色散 X 射线荧光）是一种无损的元素定性、定量分析手段，是古陶瓷成分分析较为理想的方法之一。张茂林等：《刘家门钧窑瓷器胎釉成分的 EDXRF 分析》，《陶瓷学报》2009 年第 30 卷第 4 期。

含量十分相近，钧瓷和青瓷瓷釉组成则具有明显的不同。钧瓷瓷釉的 Al_2O_3 含量比青瓷的低，而其 SiO_2 含量则高于青瓷的，两者助熔剂含量相近。

乳光釉或有铜红窑变釉的钧瓷瓷胎中 Al_2O_3 含量介于 23—29% 之间，SiO_2 含量介于 62—70%；瓷釉中 Al_2O_3 含量介于 9—15%，SiO_2 含量介于 65—77% 之间；基本符合北方青瓷瓷胎高铝低硅、瓷釉高硅低铝的特征。瓷釉除了钧瓷红釉部分含有少量 Cu 元素外，较低的 Al_2O_3 含量和较高 SiO_2 含量应该是钧瓷釉料与青瓷釉料的主要区别。钧瓷瓷釉 SiO_2 与 Al_2O_3 摩尔比高达 12，正好落在 KNCMAS（$K_2O—Na_2O—CaO—MgO—Al_2O_3—SiO_2$）系瓷釉的分相区域内，这应该是钧瓷产生天蓝色乳光的关键。此外，对于刘家门瓷器难以从胎、釉的主、次量元素区分出其三期五段来，主、次量元素含量变化甚微，说明其在烧制过程中胎、釉的原料配方较为稳定。

（二）成型及装烧工艺

禹州钧台窑址发掘出土的钧瓷胎料淘洗精细，质地坚硬致密，制作规整，一般为红褐色或灰色。成型多为手拉坯成型或手工捏制而成，兼有轮制，也有少数如耳、錾、如意状足或其他附加堆纹，采用模印、附贴等手法。装烧采用匣钵、支架、垫饼相结合的方法。装入匣钵后在窑床上成排叠放，匣钵与匣之间需密封，最上层匣钵尚需封顶，匣钵柱之间则用窑塞加以固定，以防倒塌。烧成工序分素烧和釉烧两道工序。第一次素烧坯烧，一般温度较低，出窑后经冷却，然后在素烧坯上浸釉（底足多为刷釉）后，再入窑釉烧，釉烧时为覆烧。[1]

神垕镇刘家门窑址一期前段，部分器物采用裹足刮釉方法，还有部分产品采用了裹足支烧的方法。多数支钉痕较粗大，不如汝窑同期产品精美。基本采用匣钵单烧法装烧，有各种不同形状的漏斗形匣钵。一期后段，白釉器的釉色多呈直白色，施半釉，有的通体施化妆土，也有部分器物釉和化妆土均施一半。装烧上采用匣钵单烧。除少数器物外，不再用裹足支烧。二期装烧方法变化不大，除了少量罐和洗类器物制作稍精，仍采用裹足刮釉或裹足支烧，其余绝大部分施釉不到底。三期前段沿袭第二期的烧制方法，生产粗率。除少量的洗和罐仍施满釉外，其余器物均施釉不到底，制作不够细致。筒形匣钵开始较多出现，主要用于装烧白釉器。另外，由于许多钧釉碗盘有涩心，表明部分钧釉器物也采用筒形匣钵叠烧法烧制。三期后段装烧方法与前段大致相同，白釉虽减少，但出了一些筒形匣钵，说明部分青釉和钧釉器也采用之。器物制作稍强于前段，但不再见足心施釉和裹足支烧，均施釉不到底，多较粗率，边缘亦不整齐。也就是说北宋后期，钧窑开始大量使用裹足支烧和裹足刮釉的工艺，并一直延续到金元时期[2]。

（三）钧釉的特色和技术成就

钧瓷不同于以往青瓷的主要特征一个是生产出蓝色乳光釉，全面施乳光釉，呈鲜明的

---

〔1〕　河南省文物考古研究所：《禹州钧台窑》，大象出版社 2008 年版，第 42 页。

〔2〕　秦大树、赵文军：《钧窑研究、发掘与分期新论》，《2005 年中国禹州钧窑学术研讨会论文集》，大象出版社 2007 年版。

蓝色散射光，多称作"钧釉"。另一个是成功烧制出高温铜红彩和铜红釉，局部或全部以铜或其氧化物着色，产生红色斑块或全部为紫红色釉。

1. 乳光釉

钧釉诞生之后，人们对它颜色变异的天蓝色乳光釉感到神秘，称为"异光"或"奇光"。近代科学的发展和化学的进步，使人们开始运用科学手段研究钧釉。20 世纪 30 年代以来有一种说法认为钧瓷釉的天蓝色，和景德镇的天青釉和祭蓝釉一样，是因为加入了氧化钴。后经化学元素分析及胎釉显微结构研究得出钧釉中确实有氧化钴，但并非有意加入，而是原料中所含的杂质或污染带入，而且氧化钴的含量对钧瓷乳光蓝呈色不起作用。20 世纪 60 年代以前，科技上把钧釉的这类乳光性的产生归因于其中含有磷酸铁或磷酸钙甚至磷酸。1975 年用 Mössbauer 谱研究证实，浅蓝色钧瓷釉非磷酸铁矿物，也非磷酸盐玻璃[1]。

实际上，钧窑釉的蓝色乳光可能是由两种互不混溶的玻璃相分相所产生，在 20 世纪 50 年代已有所估计。随后用 20 世纪 50 年代的扫描电镜和 20 世纪七八十年代的复型法在电镜下[2]分别证实了钧瓷釉的分相结构。以下将对钧釉乳光的呈色机理、化学结构、烧成等方面进行分析说明。

（1）钧釉不同釉色呈色机理

从物理学角度讲，钧釉为液液分相乳光釉，是中国分相釉成熟的代表。瓷釉在高温下是一种均匀的熔体。化学组成有一定范围的某些高温熔体在给定的物理化学平衡条件下会分离成两种成分不同、互不混溶的液相。视两液相体积比的不同，它可以形成两液相的穿插结构或者形成分散于连续相中的无数小液滴的结构。其中一相以无数的孤立小液滴分散于另一连续相中，称为二液相分离。瓷釉具有这种不混溶性质的，称为分相釉[3]。这种分相使得入射光线在多相的界面上产生复杂的散射、折射、漫反射等光学现象，造成光线透不过釉面而达到乳浊。也可以说是分相中悬浮的相异颗粒造成的乳浊。如果这些悬浮颗粒尺寸大于投射光的波长，粒子浓度较高则外观呈乳白色。相异颗粒的尺寸与白光入射的连续光谱的波长相近，因而产生瑞利（Rayleigh）散射效应[4]，使瓷釉呈现蓝色乳光。但要达到宋钧这样艳丽的釉还需要一些条件：其分相小滴的尺寸大部分应该符合瑞利散射定律的要求，而其浓度则要适中，以保持既能散射强烈的蓝色乳光，又要保持一定的透光率，使其外观产生动人的宝石感。如果孤立小滴的尺寸过大甚至大于入射光的波长，致使其散射光的强度与入射波长基本无关而成为米（Mei）散射。加之其浓度过大，即使很小部分的小液滴尺寸接近于入射光的波长，产生蓝色散射，也会被米散射主流所掩盖，而微弱的天蓝乳光不是看不见，就是因为太微弱而在观感上不起作用况且虽然大部分的小液滴尺寸都符合瑞利散射要求，但若浓度太高，分相釉也以呈乳白色为主，蓝色乳光仍然是微

〔1〕 李家治：《中国科学技术史·陶瓷卷》科学出版社 1998 年版，第 428 页。

〔2〕 李家治：《中国科学技术史·陶瓷卷》科学出版社 1998 年版，第 429 页。

〔3〕 陈显求、黄瑞福、陈士萍：《中国古代瓷釉中液相不混溶性研究的进展》，《中国古陶瓷科学技术成就》，上海科学技术出版社 1985 年版，第 197 页；李家治：《中国科学技术史·陶瓷卷》，科学出版社 1998 年版，第 418 页。

〔4〕 尺度远小于入射光波长的粒子所产生的散射现象。根据英国物理学家瑞利（Lord John William Rayleigh，1842—1919）研究指出，分子散射强度与入射光的波长四次方成反比，且各方向的散射光强度是不一样的。

弱的或局部的[1]。

（2）化学组成与分相结构[2]

钧釉在化学组成上的特点是 Al_2O_3 的含量低，而 SiO_2 的含量高。尤其重要的是钧釉中含有多种微量元素，其中最主要的是磷、钛、铜、锡四种。从釉的液液分相理论看，分相与否首先决定于釉的化学组成和烧成冷却制度，也就是钧釉的液液分相所引起的乳光蓝色是由钧釉化学组成上的特点和特定的烧成冷却制度决定的。釉中较低的 Al_2O_3 和一定数量的 P_2O_5 的存在是引起钧釉分相的内因。P_2O_5 比 Al_2O_3 的比值和 SiO_2 比 Al_2O_3 的比值是控制钧釉分相发生的两个最敏感的化学因素，也是控制钧釉乳光和窑变效果的两个关键因素。

（3）烧成与纹饰

钧瓷在1270—1280℃强还原气氛下烧成，其烧成过程中要经过氧化气氛、还原气氛的转化，才能烧出钧瓷的色彩。钧瓷烧成温度上升和冷却较为缓慢，这对于冷却过程液液分相现象有利的，但是产品烧成时间长，增加了烧成控制的难度。钧釉的主要着色剂对于窑内气氛变化特别敏感。窑炉的结构、还原时间、气氛的浓度和纯度，燃料的选用，窑工的操作，甚至气候、天气等都会对钧釉的成色产生直接的影响。[3]

钧瓷的胎质一般较为厚重，这是为了适应厚釉层。钧瓷坯体成型后，先低温素烧（950℃）一次，而后再上釉烧（1280℃左右）二次烧成。素烧也主要是为了保证厚釉工艺。[4]

在釉中加入含有磷化物的草木灰，就可以使釉发生二液分相。但分相釉的形成还需要特定的烧成曲线，对升温方式、保温时间、撤火过程、使用氧化气氛与还原气氛等均有特定的要求，因此窑炉的结构、使用的燃料和烧制工序均会影响分相釉的烧制。只有各方面条件均达到特定的要求，才能够烧出呈现乳光蓝色的分相釉。[5]

实验证明蓝色乳光釉是由长石、石灰石、草木灰或骨灰等组成由铁呈色（氧化铁），适当火候（1260±20℃）时烧出的美丽色彩。蓝色乳光釉基本上是还原焰烧成。蓝色乳光钧釉在化学组成上变化较大，倾向于多一点碱金属，"一般含硅量与含铁量较高，含铅量较低，还有少量的磷和钛"属于高硅低铝富含磷玻璃相的石灰碱釉。由于高温黏性大，因而可以看到釉浊性，并呈现绿中微现蓝色光彩。红斑部分的氧化铜含量在0.33—0.4%之间。釉中引入草木灰也有助于乳浊、乳光效果的产生。在化学组成中 Al_2O_3 和 P_2O_5 的含量是决定其外观效果最重要的因素，很小的变动，都可使釉完全丧失乳光效果。

2. 铜红釉和铜红彩

中国传统高温色釉主要是以氧化亚铁着色的青釉系统。宋代钧窑创用铜的氧化物为着色

〔1〕　李家治：《中国科学技术史·陶瓷卷》，科学出版社1998年版，第432页。
〔2〕　苗长强、张春伟：《试论钧瓷窑变艺术》，《2005年中国禹州钧窑学术研讨会论文集》，大象出版社2007年版，第130页。
〔3〕　苗长强、张春伟：《试论钧瓷窑变艺术》，《2005年中国禹州钧窑学术研讨会论文集》，大象出版社2007年版，第130页。
〔4〕　丁建中：《略论钧官窑的工艺创新》，《2005年中国禹州钧窑学术研讨会论文集》，大象出版社2007年版，第135页。
〔5〕　李欣营：《对于早期宋代天青钧釉的初步探讨》，《2005年中国禹州钧窑学术研讨会论文集》，大象出版社2007年版，第117—127页。李文中所指天青釉即为蓝色乳光釉，本书行文中为了避免误解，将其天青釉处替换为天蓝乳光钧釉叙述。

剂，在还原气氛下烧制成功铜红釉和铜红彩，为中国陶瓷工艺、陶瓷美学开辟了一个新的境界。钧瓷中红紫或蓝紫，亦呈乳光，由紫、红到紫蓝是由于加入适量的铜使钧釉产生红色色彩。钧釉与明代铜红釉在结构上有本质的不同，后者虽也加入铜，但无乳光，结构也不同，是明代新创制的一种颜色釉[1]。钧釉中红彩、红斑器较多，且由于钧釉的含铁量和北方青瓷相当，所以即使釉中有铜呈色，铁的呈色因素还在，故多为紫红色，而纯红色少见。

中国对铜的使用由来已久，但在钧窑以前，对铜呈色的控制主要限于烧造绿釉陶瓷器。两汉时期山西河南地区大批量生产的低温绿釉陶器，就是以铜为主要着色剂的。而高温绿彩最具代表的产品则来自长沙窑和邛崃窑。在长沙窑产品中，偶见少量红色斑点和流纹，但具有极大的偶然性，其未为能充分掌握铜红彩呈色的工艺。

钧窑的铜红釉和铜红彩与以往不同，是以铜为着色剂在还原气氛下烧成的红釉。这种红釉，因在不同色调的蓝色乳光釉面上分布呈现出大小不等的红色斑块与紫色斑纹而极富美感。红色斑块与紫色斑纹分别是由铜离子着色的液相小滴和赤铜矿晶体，以及灰蓝色灰铜矿多晶小珠穿插分布所形成的。钧窑不同时期铜红釉的使用特点不同[2]。早期阶段使用红釉的瓷器很少，施用者红彩面积很大，彩斑有着自然的流动性，是具有泼彩式的红釉。元代的红彩可施用于指定部分，且红彩与釉面其他色彩分界清晰，极为规整，甚至可以用红彩在器物上写字。另外元钧还有"聚成物形"的红斑装饰。可见，钧窑的铜红呈色，既有泼彩式红釉、红斑，也有单纯的红彩。泼彩式红釉和红斑是釉中铜呈色，而后来发展到用红彩写字则为釉下红彩装饰了。[3]

铜红釉的呈色与着色剂的加入量，基础釉的化学组成以及温度和气氛等因素都十分敏感，条件稍稍偏离规定要求，就得不到正常的红色，技术难度比较大。

从施釉的角度来看，紫红釉[4]上釉一般下层施青蓝釉、上层施铜红釉，烧后釉色呈玫瑰紫或海棠红。这种施釉工艺，以里蓝外红的花盆为代表。上釉时花盆里外先同施一种青蓝釉，干燥后花盆外面再上一层铜红釉，而里面不上釉（也可在上一层青蓝釉，该釉可与第一层相同，也可不同），烧成后花盆就呈现里蓝外红的效果。

3. 中间层

在高温下，由于釉与胎的 Al、Na 和 K 离子含量的悬殊，Al 从胎扩散到釉而补充 Al 含量，K、Na 从釉扩散到胎而提高胎中熔剂含量使该处玻璃相量增高。靠近胎的釉处 R_2O 含量下降。所以在胎、釉交界处这种离子交换使其成分达到了钙长石（Ca_2O）成分过饱和而析晶。析晶过程中，钙长石析出时发生排 Fe_2O_3 作用，析晶后的钙长石层比较纯，含铁量很少，在肉眼看来就形成了胎、釉之间的一条白线，这就是中间层结构。以往曾被认为是化妆土。这种中间层也说明了钧瓷在高温下烧成。

4. 厚釉工艺

青瓷的厚釉工艺是宋代北方制瓷业在北宋晚期的一项重要的技术创新。此工艺要求将

〔1〕 李家治:《中国科学技术史·陶瓷卷》科学出版社 1998 年版，第 416 页。

〔2〕 丁雨:《宋代钧窑的工艺创新》，《许昌学院学报》2010 年第 3 期。

〔3〕 见《禹州钧台窑》图版——四，3，白釉红彩书字碗。

〔4〕 丁建中:《略论钧官窑的工艺创新》，《2005 年中国禹州钧窑学术研讨会论文集》，大象出版社 2007 年版，第 134 页。

器物坯体先进行素烧，然后再多次施釉，使釉层变厚，再入窑进行烧制。这一工艺据现有材料，可认定其是汝窑首创，大约出现于北宋徽宗时期（1100—1125 年）[1]。使用这一工艺的还有南宋的修内司官窑和郊坛下官窑。钧窑是北方地区唯一一直坚持使用厚釉工艺的窑场，禹州刘家门窑址在创烧之始的北宋末期就采用了这种工艺，且宋金战争后仍继续使用[2]。

钧窑中的蚯蚓走泥纹的形成与这种工艺有关系[3]，同时也是这种工艺的发展。这种纹路的上釉方法有二。一是先上底釉，底釉产生裂纹，干后在其上再抹一种钧釉，这种釉颜色最好与底釉有差异，烧成后纹路就显现出来。二是同时施两种不同颜色的釉，干燥厚釉面产生裂纹，烧后形成蚯蚓走泥纹。这种纹路形成的关键，在于施釉后釉面必须出现裂纹，无裂纹的话纹路是绝对烧不出来的。也就是说，这种纹路是产生于施釉阶段，而不是产生于入窑烧造阶段。

以上虽然用较大篇幅记述了钧瓷乳光蓝釉和铜红釉的情况，但实际上，这两类产品在多数钧窑窑址中发现比例并不高，除了钧台八卦洞附近发现较多外，其他如刘家门各期仅有百分之几的比率。毕竟乳光蓝釉和铜红釉是创新产品，在当时的条件下产量并不会太高，往往只是倾其所有的偶得，大批量的或许只有官窑性质的窑址才有可能实现。

四　关于钧窑创烧年代和性质的再探讨

（一）钧窑创烧年代

1. 钧窑创烧年代诸说

关于钧窑的创烧年代说法不同，唐代说、宋代说、金代说、元代说等，以下略说。

唐代说。20 世纪六七十年代，在河南鲁山、禹县和郏县发现了唐代的花瓷窑址，由于这些黑瓷上的彩斑主要呈蓝灰色和灰白色，与后来发现的钧釉瓷颇有相似之处，因此被称为唐钧，认为是钧窑的源头。然而此观点并不为一些学者认同[4]。

宋代说。冯先铭最早提出宋代说[5]，1964 年发表的调查文章中，他把钧窑与汝窑、耀州窑一起归纳为始于北宋。在传世宫廷用官窑类钧瓷问题上，冯先铭沿袭了清代《南窑笔记》《景德镇陶录》等众多文献中"钧窑为北宋之物"的记述，将其烧造年代定为北宋。《中国陶瓷史》一书在论及钧窑时明确指出："钧窑在后世被视作宋代五大名窑之一"，该书以六大瓷系的方式概括宋代陶瓷手工业的生产状况，以河南禹州为中心的钧窑被列为一个重要的窑系[6]。1974 年，河南省文物工作队对禹县钧台窑址进行了考古发

〔1〕　河南省文物考古研究所：《宝丰清凉寺窑址 2000 年发掘简报》，《文物》2001 年第 11 期。

〔2〕　秦大树、赵文军：《钧窑研究、发掘与分期新论》，《2005 年中国禹州钧窑学术研讨会论文集》，大象出版社 2007 年版。

〔3〕　丁建中：《略论钧官窑的工艺创新》，《2005 年中国禹州钧窑学术研讨会论文集》，大象出版社 2007 年版，第 134 页。

〔4〕　2002 年初秦大树先生曾在禹州市神垕镇调查古窑址，在于沟村大白堰窑址发现了唐花瓷和早期钧窑的地层叠压剖面，两地层间竟间隔近两米厚的自然土层，可见二者有相当长时间的间隔。故认为唐花瓷发展到早期钧窑的观点是不正确的。

〔5〕　冯先铭：《河南省临汝县宋代汝窑遗址调查》，《文物》1964 年第 8 期。

〔6〕　中国硅酸盐学会编：《中国陶瓷史》，文物出版社 1982 年版，第 260—264 页。

掘。发掘者主要依据以往的观点和文献材料，并根据出土的一件瓷泥制作的"宣和元宝"钱范，指出钧窑始烧于宋初，兴盛于北宋末期[1]。钧窑钧台窑起源于北宋早期，且将各类器物分为北宋早、中、晚三期[2]。钧窑刘家门窑址的时代始于北宋末年[3]，主要出土了器皿类钧瓷[4]。21世纪以来，多位学者对"宣和元宝"钱范有所研究，比如陆明华、出川哲朗等的文章都对"宣和元宝"钱范的可信度提出怀疑[5]。

金代说。20世纪50年代陈万里、关松房等提出钧窑始于金代的观点[6]。20世纪90年代，余佩瑾将钧瓷陈设类和器皿类器物作为两类器物分别进行排比，认为陈设瓷生产于14世纪前半叶，而器皿类器物则始烧于金代后期[7]。21世纪以后，刘涛将钧窑统一作为一个概念广泛收集了全国的考古材料，将钧窑的始烧时间定在金代前期，盛于金后期[8]。

元代说。元代说，开始最早，民国时期钧瓷几乎是元瓷的代表称谓，欧美学者持续坚持[9]。20世纪90年代李民举对钧窑陈设瓷进行了考证，重点排比了文献资料，认为其时代为元，甚至明初[10]。罗慧琪对钧窑陈设瓷和钧台窑址的发掘资料进行整理排比，特别是对1974年发掘钧台窑址时清理的双火塘窑炉和发现的宣和元宝钱范的问题进行了详细的考证，将陈设瓷的时代排定为14世纪晚期，即元末明初[11]。

上述诸观点从传世品的时代出发，但传世品的时代却未必是钧窑始烧年代。对于钧窑明确的始烧年代尚有讨论的空间，从目前发掘情况来看，钧窑在宋元时期已经是相当发达的窑场了。随着考古材料的增多，有明确地层叠压关系和确切纪年材料的出现将推进钧窑始烧年代的研究。

（二）钧窑性质

从禹州钧台窑址情况来看，北宋中、晚期遗物相对集中且较多，钧窑的烧制已独立出来，形成专门的钧瓷生产区。禹州钧台窑第三期（北宋晚期）出土的残片数量最多，而钧瓷种类仅限于花盆、花奁儿（盆托）、鼓钉洗、出戟尊等陈设瓷，不见生活日用器。造型

〔1〕 赵青云：《河南禹县钧台窑址的发掘》，《文物》1975年第6期。

〔2〕 河南省文物考古研究所：《禹州钧台窑》，大象出版社2008年版，第150—153页。

〔3〕 北京大学中国考古学研究中心、河南省文物考古研究所：《河南省禹州市神垕镇刘家门钧窑遗址发掘简报》，《文物》2003年第11期。

〔4〕 秦大树：《钧窑始烧年代考》，《华夏考古》2004年第2期；秦大树、赵文军：《钧窑研究、发掘与分期新论》，《2005年中国禹州钧窑学术研讨会论文集》，大象出版社2007年版，第34页。

〔5〕 陆明华：《钧台官窑烧造时代考证》，《2005年中国禹州钧窑学术研讨会论文集》，大象出版社2007年版，第73页。

〔6〕 陈万里：《中国青瓷史略》，《异军突起的瓷器》，上海人民出版社1956年版；关松房：《金代瓷器和钧窑问题》，《文物参考资料》1958年第2期。

〔7〕 余佩瑾：《略谈宋钧窑瓷器》，《故宫文物月刊》总第130期，1994年。

〔8〕 刘涛：《钧窑瓷器源流及年代》，《文物》2002年第2期。

〔9〕 出川哲朗：《关于官窑类钧瓷器的制作年代》，《2005年中国禹州钧窑学术研讨会论文集》，大象出版社2007年版，第87页。该文详细记述了英国、美国等欧美学者的观点。

〔10〕 李民举：《陈设类钧窑瓷器年代考辨——兼论钧台窑的年代问题》，《考古学研究》（三），科学出版社1997年版，第138—145页。

〔11〕 罗慧琪：《传世钧窑器的时代问题》，《美术史集刊》，台湾大学，1997年第4期。

古朴，制作讲究，窑变美妙，釉色丰富。此时，钧台窑可能已为宫廷垄断，专为宫廷烧制陈设瓷。而在此之前则仅发现生活日用器，推测其当时只是生产一般的民用瓷的民窑。钧台窑的宋代钧瓷窑区发现了 21 个宋代灰坑，其中北宋早期 2 个，北宋中晚期 19 个，各灰坑内堆积瓷片品种比较单一，多为钧瓷花盆及盆奁碎片，是经人工有砸碎深埋。掩埋方式亦具有"官窑"特征。各种瓷片，有的稍有变形，有的与匣钵粘连，也有的火候不足，这些当年的残次品，经复原却不失其古朴典雅、庄重大方、窑变美妙、艳丽绝伦的精美品质。同时发现了目前已知世界上唯一的双乳状火膛窑，充分说明了其当时所具有的官窑性质。

刘家门窑址出土器物有碗、盘、洗、盏托、香炉、盆、罐等民用瓷，以窑变釉钧釉产品为主，还有天青釉、白地黑花产品。刘家门窑址经历了两次发展的高潮和两次衰退。早期不少器物是高档产品，靖康之变后一度衰落，金世宗后，得到恢复，金末产品质量又有所下降，元代后期钧窑走向衰落。也就是说，钧窑整体上是以民窑生产为主，有少数窑址在一定的历史时期生产过官窑产品。

五　小结

古代名窑的考古发掘，多以寻找传世品产地为目标，发掘中若找到与传世品同类的产品烧造遗存，则可确定其为某个窑址。考古发掘在河南禹州的刘家门窑址出土了器皿类钧瓷，即天蓝、玫瑰紫、海棠红等釉色的日常用器，河南禹州的钧台则出土了天蓝、玫瑰紫、海棠红等釉色的陈设类钧瓷，表明传世钧窑产品产地得以确认。除了生产钧瓷外，两窑还生产青釉瓷、白地黑花瓷等产品。钧窑的时代讨论主要集中于传世钧窑时代的判断上，并影响到对钧窑遗址时代的判断和思考。

第五节　北京市龙泉务窑及北方其他辽代窑址的考古发掘与研究

辽瓷为辽政权（907—1125 年）控制范围内生产的陶瓷器，其主要生产区域为今天的内蒙古与东北地区、华北地区、北京及周边地区。区域内窑址以调查资料为主，其中北京龙泉务窑、赤峰缸瓦窑、辽宁江官屯窑经过发掘。龙泉务窑的瓷器具备自身特色，同时也具有明显汉文化的特征，是辽代制瓷业重要代表性窑址之一。本章内容以龙泉务窑为主，兼及其他辽代窑址。

一　北京龙泉务窑的发掘与研究

龙泉务窑址位于今北京城西门头沟区龙泉镇西北 5 公里左右的龙泉务村北，俗称"窑火筒"。其东南距北京西直门内 23.4 公里，距金代金中都城址西北角 22.3 公里（图 22 - 5 - 1）。

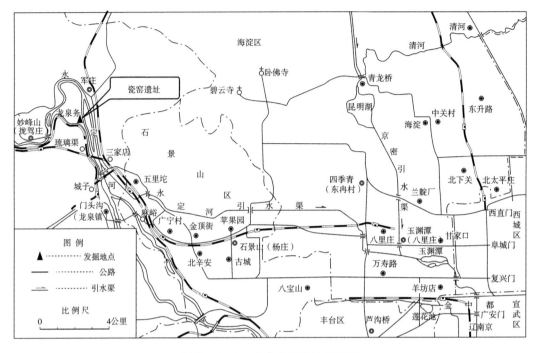

图 22 - 5 - 1 龙泉务窑遗址位置图

（引自《北京龙泉务窑发掘报告》，文物出版社 2002 年版，第 32 页图一）

龙泉务窑址发现于 1958 年，1975 年复查确认，窑址面积 27600 平方米。1991—1994 年北京市文物研究所、中国文物研究所、门头沟区文物保管所等单位组成考古队对其进行正式考古发掘，发掘面积 1270 平方米，发现窑炉 13 座、作坊 2 处，出土窑具及各类可复原器物 8000 余件。2002 年《北京龙泉务窑发掘报告》[1]出版，本书主要采用此报告的分期和观点。

（一）遗迹

北京龙泉务窑遗迹和遗物可分为四期[2]，各期器物形制及特点，由辽至金发展脉络清晰，一期器物胎、釉较粗糙，其他各期差别不甚明显，有继承关系。

第一期为辽代早期，时间大约在辽太宗耶律德光会同元年（938 年）至辽圣宗耶律隆绪太平十一年（1031 年）。此时为龙泉务窑的创烧时期，器物胎质、釉色明显粗糙，胎体厚重，内含杂质较多。胎体多不施化妆土，釉色白中泛青灰者多。器物以大盘、大碗为主，小型器物较少。虽然一期未发现纪年器物，也未发现年号铜钱，但从出土遗物上可以看出其五代定窑遗风。一期地层较厚，多处为匣钵堆积层，其上限可能早到会同年间或稍晚。

〔1〕 北京市文物研究所编：《北京龙泉务窑发掘报告》，文物出版社 2002 年版。

〔2〕 北京市文物研究所编：《北京龙泉务窑发掘报告》，文物出版社 2002 年版，第 412—413 页。

第二期为辽代中期，时间大约为辽兴宗耶律宗真重熙元年（1032 年）至辽道宗耶律洪基清宁二年（1056 年）。辽中期以后是龙泉务窑发展时期，此时器物较第一期器物制作精细，产品种类增加，纹饰及装饰手法繁缛。胎土淘练较细，除个别器物，大多数器物外壁仍不施化妆土。釉色呈白色、牙白色或牙黄色，白中泛青者明显减少。本期出土时代最晚的年号钱为"嘉祐通宝"（1056 年），其下限最晚至辽道宗耶律洪基清宁九年（1063 年）前后。

第三期为辽代晚期，时间大约从辽道宗耶律洪基咸雍元年（1065 年）至金代初期太宗完颜晟天会五年（1125 年）。此期产品制作较早期更为精致小巧，胎质洁白坚硬，瓷化程度较高，釉白腻莹润，玻璃感较强。器物种类多、花纹繁缛是此时期的特点。本期地层中普遍出土宋代铜钱，最晚的铜钱为"宣和重宝"（1125 年）。本期采集品中发现有辽"寿昌五年"（1099 年）三彩琉璃器座及彩绘佛、三彩琉璃菩萨等。

第四期为金代，时间从金初太宗完颜晟天会年间（1123—1135 年）至 13 世纪前半叶，此期产品仍以盘、碗居多，但莲瓣口、荷花口盘、碟已经不多见。本期地层中出土最晚的铜钱为两枚"大定通宝"，其中一枚背文带"申"字。应为金大定二十八年（1188 年）所铸。

1. 窑炉遗迹

龙泉务窑址发现的 13 座窑炉中除 Y12 为土窑外，其他均为半倒焰窑，分别为长方形、马蹄形、葫芦形等[1]。结构上，主要由火膛、窑床、烟道、护窑墙等部分组成。这些结构与大部分北方窑炉既相似又有所区别。

13 座窑炉中 Y2、Y8、Y9、Y10、Y13 保存较好。

一期窑炉 2 座（Y14、Y2），保存较差。二期窑炉 3 座（Y13、Y10、Y11），选介 Y13。

Y13（图 22 - 5 - 2）坐东朝西，方向 275°。平面为马蹄形，由火膛、窑床、排烟孔、烟囱、护窑基等构成。全长 5.44 米、通宽 5.8 米。窑门无存。火膛壁经过两次修复改造。原火膛呈半月形，东西宽 1.03 米、南北长 3.2 米、深 0.84 米，用耐火砖平铺错缝垒砌。第一次修改的火膛近似梯形，前长 1.7 米、后长 1.3 米、宽 0.88 米、深 0.095 米在此后又经过一次小的修改，即在北墙向北又移一砖之宽，用黏土和残砖垒砌，此时火膛南北为 1.6—1.95 米。火膛内壁窑汗十分坚硬，并保存厚 0.95 米的灰烬。可分四层，第一层厚 0.2 米，灰黄色，较松软。出土有残敞口碗、刻莲瓣纹小罐残片。第二层厚 0.5 米，青灰色，夹杂着碎石块。第三层厚 0.15 米，黄褐色灰土，出土四件柱形支烧具。第四层为黄白色草木灰，厚 0.1 米，内夹杂着少量的黑灰。火膛底部为纯净的红褐色烧土，极坚硬。

火膛外圈墙南北两侧的护窑基石之间，为保持窑温用坩子土填实。窑室平面呈横长方形，东西长 3.12 米、南北宽 3.44 米，面积 10 余平方米。窑壁用长 0.32 米、宽 0.1 米、厚 0.06 米的长方形残耐火砖平铺错缝垒砌，残高 0.12—0.18 米，窑尾部分残缺，仅保留

---

[1] 北京市文物研究所编：《北京龙泉务窑发掘报告》，文物出版社 2002 年版，第 405—406、419 页。按，从报告 53 页图版六之 1、2，结合报告文字描述来看，6 号窑的形制是否呈葫芦形，尚难确定。

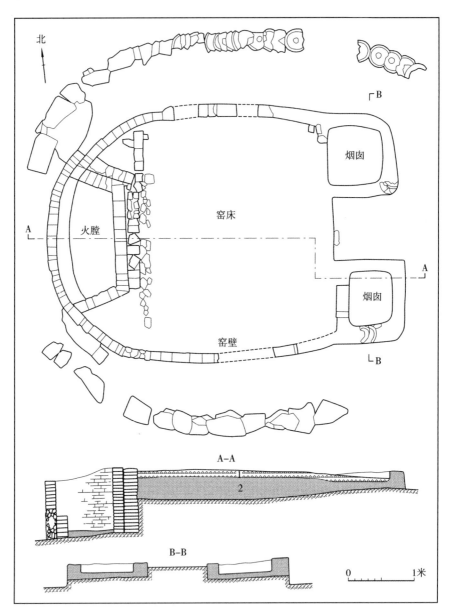

图 22-5-2 二期文化 Y13 平、剖面图

(引自《北京龙泉务窑发掘报告》，文物出版社 2002 年版，第 43 页图六)

一砖。窑床上铺一层耐火砂，东高西低呈缓坡状，最厚处为 0.18 米，表面呈灰褐色，底部耐火砖纯净洁白。窑床的北壁中部以下 0.3 米处，揭露出一段长 1.26 米、厚 0.07 米的淡黄色窑渣层，疑又一层窑床面（未揭露）。

排烟孔已残，从残迹分析，南北两侧应各有两个排烟孔，每个排烟孔宽 0.2 米。砌法如下：先用残耐火砖在窑尾端平铺错缝砌两层基砖，基砖正中砌砖，两侧各留出宽 0.2 米的空隙为排烟孔。北侧排烟孔仅残留一块基砖。烟囱 2 个，略呈方形，北侧烟囱东西长

1.15 米、南北宽 1.25 米、残高 0.16 米，系残匣钵片垒砌。南侧烟囱与北侧烟囱形制相同。长 1.07 米、宽 1.2 米、残高 0.15 米。护窑基石沿火膛南北两侧及窑床两侧，用青石及匣钵混用垒砌弧形护窑基。烧窑时为保持窑内温度，在护窑基以内培土至窑室顶部。北侧护窑基全长 6.9 米、宽 0.32 米、残高 0.17 米，前半部用大小不等的石块垒砌，后半部用较完整的匣钵倒扣或匣钵片立砌。南侧护窑基全长 5.1 米、宽 0.19 米、残高 0.13 米，均为大小不等的青石块垒砌。

三期窑炉 5 座（Y2、Y3、Y4、Y5、Y9），选介 Y9。

Y9（图 22－5－3）平面呈马蹄形，坐西朝东，方向 278°。全长 6.4 米、宽 3.3 米。

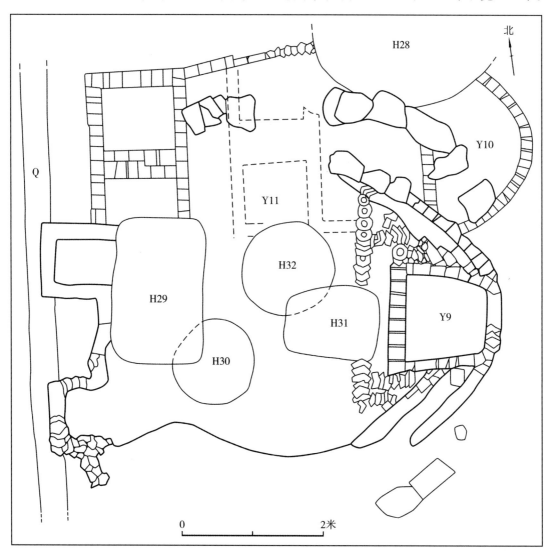

图 22－5－3　三期文化 Y9、Y10 及 Y11 三窑叠压关系图
（引自《北京龙泉务窑发掘报告》，文物出版社 2002 年版，第 51 页图九）

其北侧打破 Y10、Y11。结构由火膛、窑室、窑床、烟囱、护窑基等部分组成。除窑壁外，其余大多保留。火膛向东，经三次修改利用，最后形成梯形，前宽 0.96 米、后宽 1.2 米、进深 1.1、高 0.5 米。火膛用半头耐火砖平铺错缝垒砌，前脸微弧，正中有通风孔，高 14 厘米、宽 25 厘米，通风孔上覆盖残匣钵片。火膛南北两壁较薄，厚 16 厘米，为单砖顺砌；西壁为单砖横砌，略厚，为 25 厘米。火膛内残留的木炭已板结，较硬。Y9 最早的火膛是半圆形，南北长 4 米、东西宽 1.2 米，平地挖筑，地基内填坩子土，其上用残长 18 厘米、宽 17 厘米、厚 6 厘米的耐火砖平铺错缝垒砌，砖与砖之间用坩子土粘合，火膛内遗存厚 4 厘米渣土及草木灰。第二次修缮的火膛略向西移 0.2 米，亦是半圆形，南北长 3.2 米、东西宽 0.9 米。第三次修缮火膛时将其改造为梯形，因此连续打破两个半圆形火膛。

窑室平面为长方形，长 3.7 米、宽 3.3 米，南北两侧窑壁破坏无存。与火膛交接处用残匣钵立砌，保存两层，深 0.4 米。下层匣钵半圆心向南，上层匣钵半圆心向北，使匣钵相互吻合而坚固。窑床呈缓坡状，由东而西渐高，略有倾斜。烟囱 2 个。北侧保存略好，东西长 0.8 米、南北宽 0.6 米、残高 0.3 米。用坩子土及残砖垒砌，壁厚 0.2 米。南侧烟囱形制与北侧相同，间隔 1.1 米。烟囱内遗存厚 0.3 米的青灰色渣土，底部呈褐色，略坚。两个烟囱的排烟孔全部毁坏。护窑基石顺火膛南北两端及窑床两侧，用长 0.5—0.8 米、宽 0.3—0.4 米、厚 0.2—0.3 米不等的大石块夹杂着匣钵垒砌护基，北护窑基全长 5.25 米、宽 0.4 米、残高 0.35 米，南护窑基全长 5 米、宽 0.3 米、残高 0.2 米，窑室与护窑基之间相距 0.3—0.6 米，内填坩子土或杂土，待烧窑时可堆积至窑室顶部。另外在烟囱后边有一道横贯南北的黄土墙，与 Y10 烟囱后边的黄土墙连为一体。此墙亦起护窑作用，同时可能是东、西两侧的隔断墙。

四期窑炉 3 座（Y6、Y7、Y8），选介 Y6。

Y6（图 22 – 5 – 4） 平面呈葫芦形，坐东朝西，方向 255°。残长 5 米、残宽 2.2 米。火膛、窑室、窑床、窑壁等遗迹均有残存。窑室分为前室及后室两个部分，后室遗迹大部分被破坏。

火膛 平面呈圆形，前段被扰坑打破。南北残长 2.5 米、宽 1.05 米。火膛底低于窑床面 0.6 米，内填满草木灰。底部火膛壁为坩子土堆砌而成，经火烧结，呈红褐色，火膛内有两段东西向隔墙，相距 0.84 米、残高约 0.2 米，皆耐火砖砌成。前窑室在火膛后面，底面即窑床，铺有厚约 0.1 米的耐火砂。窑床面东高西低，略有倾斜。沿窑床面南侧砌有壁砖，壁厚 0.17 米、残高 0.2 米、长 2.2 米，呈弧形，向外凸出。窑室那侧留有窑壁残基一段，残长 1.4 米，亦呈向外凸起状，并与前室南壁互相衔接。衔接处形似葫芦腰，说明该窑原来是葫芦窑。

2. 作坊、炕、灶、灰坑遗迹

发现作坊 9 座，炕 9 座，灶 14 座，灰坑 33 个。火炕分睡人和烘坯炕两种，大部分在作坊内发现。灶发现 14 座，5 座发现于作坊内，余为单独发现。

二期（辽代中期）作坊。F2、F3、F4（图 22 – 5 – 5）同属二期文化。平面呈长方形，坐西朝东，方向 89°。F4、F2 共用一道后檐墙，与 F3 有叠压关系，F4、F2 略早，F3 是借助 F2 的南山墙搭建的。F2、F4 出土大量三叉形支烧具及素方碟模具等，故这两间房子应当是制作窑具或捏模压坯的作坊。

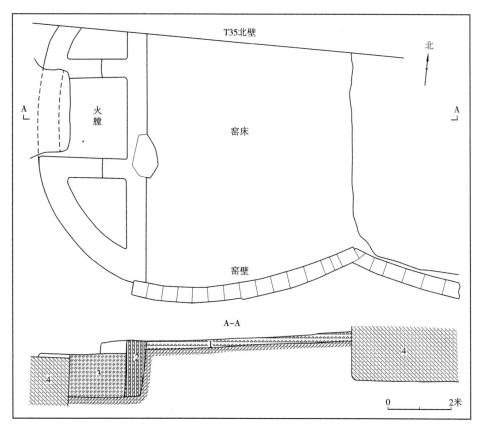

图 22 - 5 - 4　四期文化 Y6 平、剖面图

（引自《北京龙泉务窑发掘报告》，文物出版社 2002 年版，第 52 页图一〇）

　　三期（辽代晚期）作坊。F1 及其周围是一处方砖铺墁的晾坯场。F1 平面呈长方形，东西长 8.6 米、南北宽 5.4 米。四壁为匣钵残片垒砌的坎墙，残高 0.08—0.3 米。四角未见柱础和柱洞。匣钵墙垒砌前先挖宽 0.3—0.4 米的基槽，填碎匣片略夯实，然后再斜立砌"人"字形匣钵片。以北壁保存较好，残长 8.4 米、残高 0.3 米。东、南两壁各保存两段，宽 0.3 米，墙体拐角处均遭破坏。南、北两壁各设有门道，北壁门道在西北角，宽 1.5 米，门道外为平地，无任何设施南壁门道辟在西南角，宽 1.2 米，门道外平铺数块青石板及长条石。

　　F1 西南侧另一处建筑遗迹发掘时在牙砖内堆积大量经淘洗过的坩子土，且距此不足 2 米的东南隅有一座窑炉，所以估计这里是一处制坯作坊。F1 北 5.4 米处，建有一道东西向隔墙，东西残长 9.6 米、宽 0.7 米、高 0.15 米。此墙可能是南北相隔的院墙。

　　F6（图 22 - 5 - 6）平面呈长方形，仅保留东侧墙基，部分北墙垣及室内火炕。东墙全部用匣钵片垒砌，残长 3.4 米、宽 0.4 米、残高 0.1 米。北墙用匣钵片和砖混合垒砌，残长 1 米、宽 0.38 米、残高 0.1 米。室内东北角残存火炕一座（K7），炕前小灶破坏无存。坑长 1.8 米、宽 1.1 米、残高 0.1 米。坑沿及内侧坑边均用残砖垒砌，中间残留三条烟道系用匣钵片相隔，每条烟道宽 0.1—0.18 米，其东北角残留烟囱亦为匣钵片垒砌，直径 0.6 米。此为烘坯火炕。该作坊东北角出土一件长、宽各 0.5 米、深 0.38 米的大石臼。据此判断可能是一处粉碎原料的作坊。

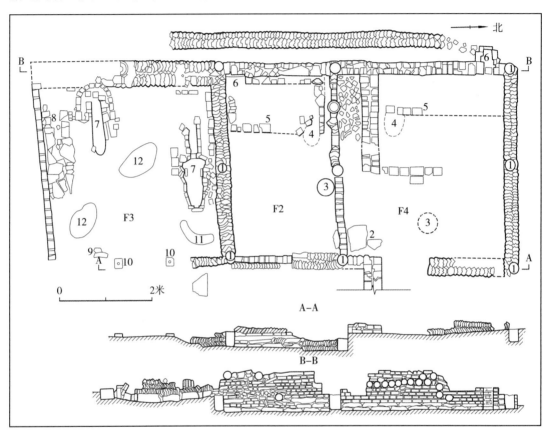

图 22－5－5　二期文化 T43F4、F2、F3 作坊平、剖面图
（引自《北京龙泉务窑发掘报告》，文物出版社 2002 年版，第 61 页图一三）

四期（金代）作坊、火炕及灶。F7 位于 T5 的中部偏西，建在第三层，属于第四期文化。该处遗迹保存极差，仅遗存两处东西向的匣钵墙，烘坯炕、灶等遗迹。

烘坯炕（T5K2）平面呈长方形，东西向，由火膛、火道等结构构成。炕面及烟道破坏无存。此炕是烘坯炕。在该炕南侧发现两个相连的小灶，分别编为 T5Z8、T5Z9。

T5Z8 破坏较甚，仅保留火膛部分。平面呈椭圆形，南北长 0.25 米、东西宽 0.2 米。火膛呈袋状，口小底大，火膛口用三块砖围砌，直径 0.22 米、深 0.4 米，四壁烧结略硬，呈淡红色。清理时遗存有未烧透的煤渣。

T5Z9 位于 Z8 南侧 0.2 米，平面呈马蹄形，方向 18°。砖石结构，火膛口三面围砌砖块及石板，长 0.15 米、宽 0.1 米。火膛向下深 0.42 米，略呈袋状，四壁红烧土烧结坚硬。由于长期使用，火膛口外凸起红烧土，高约 0.1 米，与火膛口形成一个马蹄形凹槽。

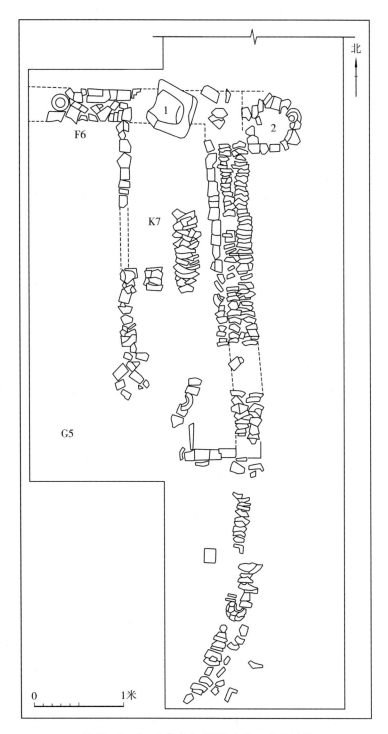

图 22－5－6　三期文化 G5F6 作坊遗迹平面图

（引自《北京龙泉务窑发掘报告》，文物出版社 2002 年版，第 64 页图一五）

室内位于南侧匣钵墙稍北的地方于地面放置 2 件陶釜，直径 38 厘米、残高 10 厘米，泥质灰陶，破坏较甚。两件陶釜内均装黄色硬土块，疑是釉料。

灰坑。有的灰坑发现瓷器较为丰富。如二期 T37H33 椭圆形，长 3.11 米、宽 1.5 米、深 0.7 米，出土大量碗、盘等生活用品。三期 T19H21，平面呈不规则圆形，最长 5 米、宽 4.5 米、深 0.9—1.3 米，土质为灰色渣土，较疏散。出土大量的白瓷盘、碗、炉、罐、壶等不同类型器物 500 余件，是该窑址出土最集中精致的器物群。

（二）出土瓷器

龙泉务窑瓷器未见契丹风格，以中原风格为主。造型有碗、盘、瓶、罐、碟、钵、枕、炉、盒、执壶、盂等，围棋子、象棋子、砚、玩具、埙、铃等也较为常见。碗、盘的数量最大，造型变化也最为丰富。花口器物为仿金银器造型，花口下部作出仿锤揲的凸棱效果，是龙泉务瓷器中生产数量最多、最具特色的器物。

白釉瓷最多，烧造时间长、产品数量大、造型丰富，并分为精粗两类。粗白瓷，胎体厚重，呈灰白色，外部施釉不到底，底心支钉痕迹明显，素面为主，碗、盘、钵最常见。细白瓷胎体薄，呈白色，釉面光泽多数较洁白，器外满釉，造型丰富，多刻有精美花纹，以连瓣纹最具代表性。另外有黑釉、酱釉、茶叶末、三彩、白釉点黑彩、褐彩产品。三彩，为中、晚期出现的新品种，色彩以绿、黄为主，其黄色中泛赭红色，具有明显的地区特征。制品主要有佛像、器物和建筑构件。

分为辽早、辽中、辽末金初、金代四期。第三期是辽代晚期，其瓷器制作工艺成熟，最能代表龙泉务窑风格。

生活用具共计 4642 件，有碗、盘、碟、罐、钵、盆、瓶、盒、水盂、器盖、枕、炉、盏托、杯、灯、臼、洗、壶、研磨器、唾盂、渣斗、釜、缸、器座、香插等。

除了生活用具外还出土了文房用具的水盂、镇纸，娱乐用具的棋子、瓷埙、铃铛，雕塑品，佛教用具佛像、菩萨像等，以及瓦当、板瓦、筒瓦、砖等建筑构件。窑具出土有匣钵、支烧具、垫烧具、试火棒等，另外还出土了模子、凿、铲、研磨杆等工具。

（三）制瓷工艺

1. 原料制备

从发掘出土的沤泥区、釉料区、储泥筒、成堆的坩子土等迹象观察，龙泉务窑工匠把瓷土矿（煤坩石）采回后，首先在大石臼中粉碎，然后将粉碎的瓷土矿放在淘洗池内注入水沉淀。龙泉务窑沉淀池用匣钵片及砖垒砌，池底铺砌鹅卵石。储泥筒无底，有的在作坊内用陶水管制作（T43F2）埋在地下，有的在院内用砖垒砌（T7、T10）。经过再蒸发渗漏，水分减少，储泥筒内的泥浆就成为胎泥。使用时在作坊内的石板上锤炼摔坯，即可用于成型。

2. 器物成型

以轮制、模制、捏塑为主，同时辅以粘接工艺。早期器物胎壁厚而粗糙，晚期器物胎壁较薄，表明利坯工具在不断改进，技术在逐步提高。从龙泉务窑 2 号（T43F2）作坊、4 号（T43F4）作坊内出土的放碟模具和大量三角形支钉观察，此处应是以制作三彩方碟为主的作坊，表明其有在制坯、器物成型阶段有较为明确的分工。晾坯是成型后的主要工序。在龙泉务窑既有室外棚架晾坯，也有室内火炕烘坯。一号作坊的大面积铺地砖所在处应是室外棚架式晾坯场。T43K9、T22K4、T8K1 等应属于室内烘坯火炕遗迹，此类火炕与宁夏灵武窑西夏时作坊内的烘坯炕和陕西耀州窑宋代作坊的烘坯炕类似。

圆器轮制，如盘、碗、钵、盆等器形上均有轮制痕迹。罐、执壶等的流、耳、把手等尚需另作附件，待烧干后用泥浆粘接于器上，然后利坯（修坯）成型。大多数盘、碗底足均为平底，个别小碗、小盘底足中心部形成凸尖（刀具靠足边部分下刀深，靠近中心部分刀浅）。

模制包括人物、动物雕塑品及印花围棋子、象棋子、佛像座、枕帮、三彩方盘等。坯模瓷泥制成。制法两种，一种为单模制，即在瓷模坯上雕刻花纹，然后入窑烧成，如放盘、枕帮及简单的印花围棋子、象棋子、花饰、瓦当，贴花饰件的模子。另一种为复合模，即先塑原形，再用瓷泥翻成模坯烧成，如瓷塑人物、狮子、瓷枕等。瓷枕一类器物除直接在模具上挤压，还需要粘接成型。龙泉务窑发掘中出土了一些模子。

捏塑手法多用于动物玩具类和器物嘴、把手、系等附件。

3. 装饰技法

装饰技法有刻、印、点三种，刻花最为流行，印花次之，点彩有一定的应用，彩绘少见。装饰题材以植物花卉纹为主，人物、动物、几何纹图案较少。早期器胎壁厚且粗糙，晚期器物胎壁较薄。圆器轮制，人物、动物雕塑品及印花围棋子、象棋子、佛像座，枕帮、三彩方盘等均为模制，动物玩具及器物附件为手制。

早期品种简单，中期以后品种渐多，产品质量有很大提高。一期多素面，二期开始出现黑釉、茶叶末釉、三彩器，装饰技法的压印、剔刻、模印等出现，三期又出现了点彩、贴塑等。四期制作工艺一脉相承，一期产品粗糙。二期至四期装饰手段在继承中有所创新。三、四期细白瓷占主导地位，且釉色、胎质都有所提高。

花卉纹常见于罐、枕等器物。一期以素面为主，仅见莲瓣纹。二、三期以后渐有蕉叶纹、树叶纹、荷叶纹、蔓草纹、牡丹纹、野芍药、宝相花、三角形草叶纹等。莲瓣纹和花叶纹是龙泉务窑最为流行的装饰题材，在窑址出土物中占有绝对优势。莲瓣纹有菱形和三角形两种，在辽代早期地层已有发现。中期以后出现并延续到辽代晚期的花叶纹，纹饰由叶片和花瓣纹组合而成，并以中间部位的叶纹为主。

几何装饰纹有方格纹、圆点纹、串纹、水波纹、羽毛纹、海水宝珠纹、串珠开光纹等，亦出现在二、三期以后。人物题材除立俑、瓷佛，多见于枕侧边装饰。动物装饰题材有蜂纹、碟纹、鱼纹、鹭鸶、龙纹、狮头纹等；一般见于枕、注壶、三彩盘等器物上。雕塑品中常见有马、牛、羊、猪、狗、猴、熊、骆驼等。

在龙泉务窑发现遗物中一些工具，比如铁制的镢头、凿、锥、铲等，可能用于上述装饰工艺。

（四）烧造工艺

1. 窑炉与烧成工艺

龙泉务窑址共发现辽、金时期窑炉 13 座，除 Y12 为土窑外，其他均为半倒焰窑，分别为长方形、马蹄形、葫芦形等。与宁夏灵武窑、陕西耀州窑、陕西旬邑安仁窑、山东淄博坡地窑、河北磁县观台窑等窑炉既相似又有区别。首先，龙泉务窑火膛前不设出灰道，火膛一般低于窑床0.9—1.4米，平面呈半圆形或梯形，中间不置炉栅。底部用匣钵或柱形窑具支撑木柴，以达到通风的目的。其次，为了保持窑温，在窑室周围用匣钵或青条石垒砌护窑基，然后在窑基范围内培土至窑顶。这是北方瓷窑少见的形式。

由于龙泉务窑炉的火膛低于窑床，而且没有炉栅及通风口，因此通风出灰的条件很差，火焰控制亦较困难，全凭经验，用"试火棒"试查火度进行控制。此法仅见于龙泉务窑及陕西耀州窑使用[1]。

2. 窑具与装烧工艺

龙泉务窑大多采用匣钵叠烧，金代初年出现极少的涩圈支垫烧法。早期在匣钵内装烧5—7件。匣钵与匣钵之间用泥条密封，最上层匣钵用圆形匣钵该封盖。中、晚期器皿胎壁较薄，装烧工艺随之改进。每件匣钵最多可装盘、碗7—9件。为充分利用空间、提高产量，在大罐内或钵的底部又放小器皿，或在碗、钵的空当处放小型玩具搭烧。三彩器多采用二次烧成，先素烧成坯，再施黄、绿、赭等色釉低温烧成[2]。

龙泉务窑除少量产品用支柱裸烧外，大量使用筒形匣钵、漏斗形匣钵及少量的平底匣钵和钵形匣钵。筒形匣钵最大高20—22厘米、口径30—34厘米，最小的高17厘米、口径20厘米。漏斗形匣钵最大的高34厘米、口径30厘米。一般高20—25厘米、口径18—26厘米之间。平底匣钵高9厘米、口径25—32厘米。钵式匣钵随器物大小而定，也有根据特定器物专门制作的匣钵。

匣钵胎料均为耐火土、黏土夹砂轮制而成，大多粗糙坚硬，胎壁厚约1.5—2.5厘米之间，呈土黄色或铁灰色。个别的匣钵还施有很薄的"护胎釉"，表面光滑细腻。较大的匣钵在腹壁下开3—4个透气孔。龙泉务窑的装烧方式，归纳起来有如下几种。

（1）裸烧法

大型支柱裸烧法。龙泉务窑辽早期普遍使用。大型支柱高约50厘米，直径14—16厘米。使用时首先在窑床上立起大形支柱，底部埋于耐火渣土内。然后向上叠放碗、盘等同类同大小的器物，器间垫支钉间隔。此法成品率较低。（图22－5－7，1）

垫托裸烧法。将束腰形托座或盘式托座放置在窑床上，然后叠放器物。在高大器物的肩部用"工"字形支具支撑以防倒塌。此法是支柱裸烧的延续。（图22－5－7，2）

（2）单件匣钵装烧

一器一匣钵，如罐、注壶等琢器多用此法。有的器物高出匣钵，其上盖一浅腹匣钵。（图22－5－8，2）

（3）套烧法

大件器物内套小件器物。分仰烧套烧和覆烧套烧。（图22－5－7，3、4）

---

[1]　陕西省考古研究所铜川工作站：《耀州窑作坊和窑炉遗址发掘简报》，《考古与文物》1987年第1期。
[2]　北京市文物研究所 编：《北京龙泉务窑发掘报告》，文物出版社2002年版，第406—409页。

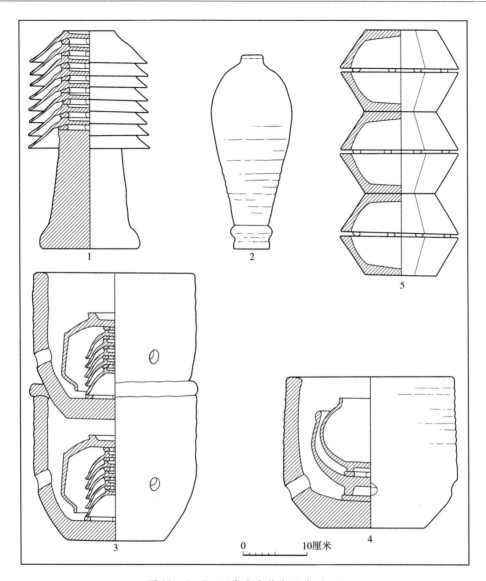

图 22－5－7　四期文化装烧工艺（一）

1. 支柱裸烧法　2. 垫托烧法　3、4. 套烧法　5. 对口成组裸烧法

（引自《北京龙泉务窑发掘报告》，文物出版社 2002 年版，第 408 页图一四三）

（4）对口烧

同形器物，相扣且内套一件小罐或碗。此法，外边的器物实际上起到了匣钵的作用，因此烧成后釉色灰黄无光泽。也见两件匣钵口对口相扣的烧法。（图 22－5－8，1）

（5）摞烧

对口成组摞烧。即两件器物口对口摞叠，另两件器物亦口对口，如此多组器物底与底叠摞在一起烧成。烧制盆、洗等，胎体多较厚重，口沿处不施釉并垫有支钉，一般裸烧。这种方法在龙泉务窑址辽代中期以后常见。（图 22－5－7，5）

匣钵摞烧。此方法在龙泉务窑最普遍，是把碗、盘、碟等制品叠摞在匣钵内，每件器物之间用支钉或三叉形支具相隔。一般一个匣钵内装7—10件左右。入窑时，筒状匣钵的第一层用窑床上的耐火渣掩埋稳固；漏斗状匣钵则在第一层匣钵下用残匣钵片及瓷泥平稳后掩埋耐火渣（图22-5-8，3），然后向上叠摞匣钵，上层匣钵底为下层匣钵的盖，依次向上，最后顶端匣钵口匣钵盖。匣钵间垫泥条封闭防止漏气，为了避免倾倒或倾斜，在每摞匣钵之间用"工"字形支具支垫或塞垫瓷泥。此法使器物受火均匀，釉色洁白光润，从而提高成品率。

涩圈叠烧。第四期金代典型烧造方法。碗与碗之间叠摞时不用支钉，而是在碗内底刮去一圈釉，使底足与碗内底接触时不粘边。（图22-5-8，4）

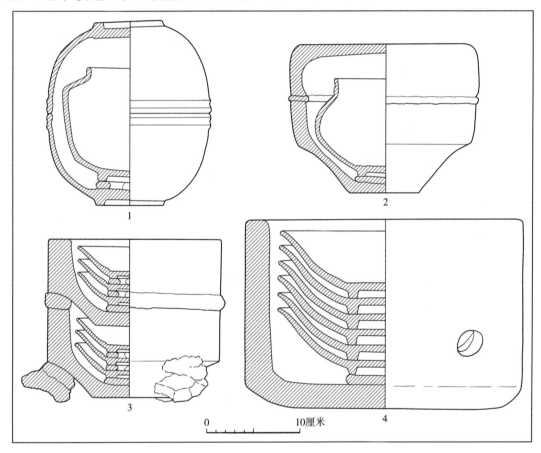

图22-5-8 四期文化装烧工艺（二）

1. 对口烧法 2. 单件烧法 3. 匣钵摞烧法 4. 涩圈叠烧法

（引自《北京龙泉务窑发掘报告》，文物出版社2002年版，第409页图四四）

（6）搭烧

充分匣钵内空间，创造搭烧法。如在匣钵内叠烧的碗下面空间放一小玩具等。此法是辽代中、晚期工艺进步的标志。

（五）龙泉务窑瓷器科技考古研究

1. 白瓷[1]

经过科技测试，可知龙泉务窑白瓷胎组成与北方名窑白瓷有明显差别，应为当地原料制造，其烧成温度在 1240—1270℃。从外观看辽代早期白瓷釉白中泛黄（氧化焰烧成），辽代中期釉色开始出现洁白釉（还原焰烧成），辽末和金代洁白产品有增加。龙泉务窑白瓷可分为细瓷和粗瓷。

（1）胎

与北方名窑定窑、邢窑、巩县窑细白瓷相比较，龙泉务窑细白瓷胎有较大差异。龙泉务窑历代细白瓷的氧化铝（37.4—39%）、氧化钠（2.7—4.3%）和氧化钛（1.2—1.7%）含量高于定窑、邢窑和巩县窑，特别是氧化钠的含量如此高，是北方古代白瓷中尚未见过的。龙泉务窑细白瓷胎中氧化硅含量（52.4—54.9%）一般要低于北方名窑白瓷，因此龙泉务窑辽、金代细白瓷组成中含高铝、钠、钛、和低硅成为区别于其他北方窑口的重要特征。

另外龙泉务窑细瓷胎中的氧化铁含量（0.2—0.3%）一般比定窑（0.59—2.58%）、邢窑（0.61—2.59%）和巩县窑（0.5—1.3%）低，因此龙泉务窑细瓷胎较白。

从显微结构分析，可知细白瓷胎中原料是用颗粒较细、含铁量较低的高质量铝黏土加少量长石配制。从显微镜观察龙泉务窑细白瓷胎中石英颗粒少而细（约 25μm），有莫来石晶体。胎中的气孔率很低（0.08—0.79%），其中气孔率低于 0.5% 的样品占细白瓷样品总数的 76.5%，这说明大多数细白瓷样品已达到现代瓷标准（气孔率 <0.5%），其瓷胎的烧成质量很高。

粗白瓷所用为原料含铝量变化较大、颗粒较粗的可塑性黏土加少量的长石配制。粗白瓷大多数气孔率较高（6.2—20.3%），属正烧外，大多数胎气孔率较高（6.1—20.3%），属生烧。烧成质量比细瓷样品差。

（2）釉

龙泉务窑辽代早期白瓷釉（LB8、LB11）为钙质釉（RO：0.79—0.9），辽中期（LB14）为钙碱釉（RO：0.73），辽末金初（LB1、LJB2、LJB4）为碱钙釉（RO：0.4—0.45）。在已分析过的大量北方古代白瓷釉 RO 分子数低于 0.5 的碱钙釉只有一例，即隋代邢窑细白釉瓷（YN6：RO 为 0.42）。在科技测试中标本 LB19 的氧化钙和氧化镁含量很低，RO 只有 0.19，R_2O 达 0.81，具有碱质釉特征，在中国南北方古瓷釉中还没有出现过，是中国古陶瓷工艺发展史上的一项发明。釉中钙镁含量的高低由白云石的加入量决定，而钠钾含量由长石的加入量决定，因此可以认为辽代早期龙泉务窑白瓷釉料中白云石加入量较多，而长石量较少；而辽中期至金代，瓷釉配方有了很大的进步，其长石加入量增加，白云石量减少。

---

[1]　陈尧成：《北京龙泉务窑辽金白瓷研究》，《北京龙泉务窑发掘报告》附录1，文物出版社 2002 年版，第 444—450 页。原载于《陶瓷学报》1997 年第 2 期。

将龙泉务白瓷胎的 SiO_2/Al_2O_3 与釉的 SiO_2/Al_2O_3 比较，发现釉的硅、铝比高出 2—3 位，说明釉料不是用胎泥配制。釉组成中 MnO 和 P_2O_5 含量都比较低，可知釉料可能不加草木灰。

2. 黑瓷[1]

黑瓷烧成温度 1200—1300℃。也分细瓷和粗瓷两类。

（1）胎

细瓷胎的化学组成是以含高铝（38.2—39.1%）、钠（3.1—4.9%）、钛（1.2—1.5%）和低硅（52.0—54.4%）、低氧化铁（0.2—0.3%），胎中的石英颗粒很细（10—50μm），有莫来石晶体和长石残骸，胎的气孔率很低（0.14—0.47%），其烧成质量很高。龙泉务窑粗黑瓷胎的颗粒胶粗，其化学组成氧化铝含量高低变化大（24.1—34.8%），胎中气孔率较高（3.92—23.44%），其烧成质量比细瓷差。龙泉务窑黑瓷粗、细胎用原料分别与白瓷粗、细胎相同，当时在制作瓷坯时是不分黑瓷白瓷的，只是涂釉不同。

（2）釉

龙泉务窑黑釉外观包括油滴黑釉、茶叶末釉、酱色釉和普通黑色釉，它们釉的含铁量在 3.3—7.8%。釉滴黑釉组成特征是含高硅（74.1%）、低铝（12.1%）和低铁（3.3%），其釉属钙碱釉（RO：0.57），釉较厚，釉表面有磁铁矿微晶，使外观呈银色小油滴。茶叶末釉大多数施加在粗瓷上，属钙质釉（RO：0.76—0.8），釉中生长较多的钙长石和普通辉石晶体，还有残留石英和磁铁矿结晶，所以形成茶叶末釉的外观。黑釉属钙质釉（RO：0.81）或钙碱釉（RO：0.56），氧化铁含量在 4.8—7%。

酱色釉（RO：0.48—0.54），属于碱钙釉和钙碱釉之间，氧化铁含量较高（6.6—7.8%），其釉面生成一层赤铁矿晶体，其烧成温度较高（约1300℃），这说明酱色釉是由部分含铁量较高、碱土金属氧化物（RO）含量较低的黑釉，在较高的烧成温度和较强的氧化气氛下烧成，从而使釉面铁离子进一步氧化生成赤铁矿晶体层，故外观表面呈酱红色，面下仍为黑色。

3. 三彩器与建筑琉璃[2]

（1）日用三彩

龙泉务窑三彩陶的胎吸水率高达 16—20%，唐三彩在 12% 左右；龙泉务窑三彩陶的胎很白，不必施加化妆土，唐三彩需要施加化妆土；龙泉务窑的三彩有绿、黄、白三种色调，其中白彩较少见，实际是无色透明釉，由于白胎的衬托而显示白色。与唐三彩比较，龙泉务窑没有蓝彩，而唐三彩在少数器物上存在蓝彩。辽三彩的釉，在化学组成上属于典型的 $PbO-SiO_2-Al_2O_3$ 系统，和唐三彩十分接近。

同时，龙泉务窑出土三彩近年来发现一种硼釉，地层学断代表明，是辽末金初时期的产品。其氧化硼占 10—12%，钾钠氧化物含量为 8—12%，钙的含量在 4—6% 左右，而氧

〔1〕 陈尧成、张筱薇、黄秀纯、刘兰华、齐鸿浩：《北京龙泉务窑辽金代黑瓷的制作工艺和显微结构研究》，《北京龙泉务窑发掘报告》附录2，文物出版社 2002 年版，第 452—458 页。原载于《中国陶瓷》1999 年第 6 期。

〔2〕 北京市文物研究所编：《北京龙泉务窑发掘报告》，文物出版社 2002 年版，第 420 页；张福康等：《龙泉务窑辽金三彩器和建筑琉璃的研究》，《北京龙泉务窑发掘报告》附录3，第 459—461 页。

化铝的含量极少（0.4—1.36%），说明其是碱钙的硼酸盐釉。中国古代低温釉多含铅，但铅毒人体吸入后难排出。为了取代铅，又能使釉在低温下烧成，一般会在釉料中加入对人体无害的硼和钾、钠等强溶剂氧化物。而龙泉务窑在1000年前就开始利用硼元素，是非常了不起的发明。龙泉务窑三彩含硼酸盐釉的琉璃釉的发现，证明中国是最早发明 $SiO_2 - B_2O_3 - R_2O$（RO）系低温釉的国家。查证现有资料，比国外出现硅酸盐珐琅釉至少早500年。

（2）建筑琉璃

建筑琉璃胎和三彩日用陶器相比，存在很大差别。主要表现在胎体厚重，器形很大，吸水率在3—10%之间，比三彩日用器的吸水率（16—20%）要低得多，致密度、硬度和强度也都明显比三彩陶高，适合于用作建筑构件。胎含铁量较高，一般呈浅土黄色。有的胎色较深的琉璃制品，胎面上还施有化妆土。建筑琉璃的釉有黄、绿两种，以绿色为常见，其化学组成也属于 $PbO - SiO_2 - Al_2O_3$ 系统，与日用三彩陶器使用同一种釉。

二 北方其他辽代窑址概述

除了北京龙泉务窑以外，辽代瓷窑址还有内蒙古赤峰缸瓦窑，内蒙古巴林左旗林东窑、巴林左旗林东南山窑、巴林左旗林东白音戈勒窑、阿鲁科尔沁旗东沙布尔乡诸窑[1]，辽宁辽阳江官屯窑、抚顺大官屯窑[2]，北京密云小水峪窑、房山磁家务窑[3]，浑源介庄窑[4]等。以下择要略述。

缸瓦窑[5]位于今内蒙古自治区赤峰市西南50多公里处。时代为辽金元时期。窑址面积2平方公里。1964年、1975年、1977年、1978年调查[6]。其中1975年调查采集一件"官"字款匣钵，1977年、1978年调查采集标本中有一件"新官"款残窑具。据此，调查者结合辽代墓葬、遗址出土"官"字款瓷器器形多不见于中原窑场、辽代遗址中发现有"官"字款白瓷碗已严重变形、历史文献记载、缸瓦窑地理位置及窑场规模和所发现的产

---

〔1〕 彭善国：《辽代陶瓷的考古学研究》，吉林大学出版社2003年版，第47页。

〔2〕 李文信：《关于抚顺大官屯古窑址的资料》，《李文信考古文集（增订本）》，辽宁人民出版社2009年版，第653—659页。

〔3〕 赵光林：《近年北京地区的几处古代瓷窑址》，《中国古代窑址调查发掘报告集》，文物出版社1984年版，第408—415页。包括密云小水峪窑、房山磁家务窑等窑资料。

〔4〕 冯先铭：《山西浑源古窑址调查》，《中国古代窑址调查发掘报告集》，文物出版社1984年版，第416—421页；李知宴：《山西浑源界庄窑》，《考古》1985年第10期；任志录、孟耀虎：《浑源古瓷窑有重要发现》，《中国文物报》1998年2月25日第1版；任志录：《山西浑源窑的考古成就》，《文物世界》2000年第4期。

〔5〕 洲杰：《赤峰缸瓦窑村辽代瓷窑调查记》，《考古》1973年第4期；王大方、郭治中：《赤峰松山区缸瓦窑遗址发掘获重大新成果》，《中国文物报》1996年4月28日；辽宁省文物考古研究所：《辽宁辽阳市江官屯窑址第一地点2013年发掘简报》，《考古》2016年第11期。

〔6〕 洲杰：《赤峰缸瓦窑村辽代瓷窑调查记》，《考古》1973年第4期；冯永谦：《赤峰缸瓦窑村辽代瓷窑址的考古新发现》，《中国古代窑址调查发掘报告集》，文物出版社1984年版，第393—407页。另李文信在《辽瓷简述》，（《文物参考资料》1958年第2期）中提到赤峰缸瓦窑处有梵文经幢。辽式宽边兽面纹瓦当及砖瓦，辽代鸡冠壶残器发现，故可确定古窑的时代为辽代。

品有别精粗等情况，推测缸瓦窑是辽代官窑[1]。缸瓦窑以生产白瓷为主，发现少量的黑釉，辽代生产单色釉及三彩陶器，茶绿釉鸡腿瓶用专窑烧造，口外肩上每刻划有"孙""徐"等汉字。白瓷明显受到定窑技术的影响，同时又有自身特色。

1944年发掘[2]，揭露两处馒头窑、一处龙窑，在第二处窑址发现了用煤痕迹。1994年发掘[3]，面积为180平方米，清理窑炉5座，作坊遗址1处，灰坑20座，出土瓷器和窑具标本数百件。根据文化层叠压关系和器物组合情况，以及出土的金"泰和拾年"墨书题记和金"大定通宝"铜钱分析，以金代文物层堆积最厚，出土文物也最丰富。金代窑炉规模较大，窑室长5—6米，宽近4米，现存残高1.2米。发掘出土金代瓷器种类繁多，有白釉、黑釉、茶绿釉和白釉黑花，器形有瓮、罐、瓶、钵、盘、碟、盏、器盖、玩具等。白釉黑花图案以花草纹为主，画面疏朗，技法纯熟，颇具代表性。黑釉工艺水平在传世的金代产品中罕见。白釉钵造型雄深庄重，非一般民用器可比。发掘中还发现了辽代瓷器，有盘、碟、碗、水盂、鸡冠壶、印模等，以白釉为主，另有少量的黄釉、绿釉和三彩。纹饰以印花为主，也有少量的"胡人驯狮"半浮雕。发掘还清理了一座元代残窑，元代遗存分布于遗址外围，在地表调查中，还发现了元代大型龙窑一座，所处器物与金代有密切承袭关系。装烧工艺上发现了涩圈（金代）叠烧和沙粒支钉支烧法（辽代）。[4]

辽阳江官屯窑[5]位于今辽宁省辽阳市东30公里太子河南岸的江官屯。辽代晚期始烧，盛于金代。以裸烧粗白釉器为主，白釉黑花和黑釉瓷器较少，也烧少量的三彩器。产品均施化妆土。白釉产品主要有杯、碗、盘、碟、瓶、罐等。黑釉多粗糙大器。玩具类黑白釉均有。在窑场中曾出土过北宋铜钱和带有"石城县"刻款的金代陶砚。2013年发掘[6]，共发掘瓷窑址10座、灰坑6个、房址残迹1座，出土大量窑具、日常生活用具、生产工具、玩具、建筑构件等遗物，不仅丰富了辽金陶瓷史的文化内涵，也填补了中国陶瓷史关于江官屯窑记载的空白。

林东窑[7]位于今内蒙古自治区巴林左旗林东镇辽上京故城的皇城内。1943年调查、试掘，1944年发掘[8]。窑场的规模很小，面积约4000平方米。产品质量很好，在技术上受定窑影响。以烧制白釉和黑釉瓷器为主，兼烧绿釉陶器。白瓷产品，多杯、碗、盘、碟、瓶、罐、盂、壶、盒等，黑瓷仅瓶、罐、壶、盂、瓦等。绿釉陶有瓶、罐等。同时出

〔1〕 冯永谦：《赤峰缸瓦窑村辽代瓷窑址的考古新发现》，《中国古代窑址调查发掘报告集》，文物出版社1984年版，第393—407页。

〔2〕 佟柱臣：《赤峰缸瓦窑发掘纪要》，《中国辽瓷研究》附录三，社会科学文献出版社2010年版。

〔3〕 王大方、郭治中：《赤峰松山区缸瓦窑遗址发掘获重大新成果》，《中国文物报》1996年4月28日。

〔4〕 王大方、郭治中：《赤峰松山区缸瓦窑遗址发掘获重大新成果》，《中国文物报》1996年4月28日。

〔5〕 中国硅酸盐学会：《中国陶瓷史》，文物出版社1982年版，第316页；彭善国：《辽代陶瓷的考古学研究》，吉林大学出版社2003年版，第47页；李文信：《辽瓷简述》，《文物》1958年第2期。

〔6〕 熊增珑：《东北三省2013年度考古业务汇报会在沈阳举行》，《中国文物报》2014年1月15日第2版；辽宁省文物考古研究所：《辽宁辽阳市江官屯窑址第一地2013年发掘简报》，《考古》2016年第11期。

〔7〕 中国硅酸盐学会编：《中国陶瓷史》，文物出版社1982年版，第314页；彭善国：《辽代陶瓷的考古学研究》，吉林大学出版社2003年版，第57—62页；李文信：《辽瓷简述》，《文物》1958年第2期；李文信：《林东辽上京临潢府故城内瓷窑址》，《考古学报》1958年第2期。

〔8〕 李文信：《林东辽上京临潢府故城内瓷窑址》，《考古学报》1958年第2期。

土两片黑釉瓦，与祖州辽太祖祭殿上的瓦胎、釉相似。新中国成立前日本人操纵挖掘时打探沟三条，虽未见明显的窑迹，但出土了为数颇多的窑具和瓷片。探沟甲的东端发现一枚"元丰通宝"（1078—1085年），说明窑址年代不会早于此时。由于上京窑所处的地理位置在辽上京皇城内非常重要，有学者认为窑场时代或是辽上京城废弃后的金代[1]。2020年，中国社会科学院考古研究所内蒙古第二工作队和内蒙古自治区文物考古研究所联合组成的辽上京考古队对此处遗址进行了发掘，确认窑炉3处[2]。

林东南山窑[3]位于今内蒙古自治区巴林左旗林东镇南约8公里处，据辽上京遗址西南仅1公里，东南不远有当地称作南塔的砖塔。始烧年代为辽代晚期辽道宗大康年间或其前后。窑场规模不大，以烧三彩釉陶器为主，质量较差。所烧三彩、单色和低温白釉陶器，胎质细软，均淡红色。胎上皆施化妆土后再施黄、绿、白三色釉或单色釉，化妆土及外釉仅至口沿处，釉层易脱落。多小器的盘、碟等。

林东白音戈勒窑[4]位于今内蒙古自治区巴林左旗林东镇约2.5公里的白音戈勒村。始烧于辽代中期，景宗至圣宗年间。窑场规模很大，专烧茶叶末绿釉和黑釉大型粗瓷器。茶叶末绿釉，釉色灰绿而闪黄，釉层厚而光泽较差。黑釉釉色纯黑而欠光润，以鸡腿瓶为最多。黑釉器则多瓮、罐，其中以双耳小罐为最多。装烧方法简单，为裸露叠烧。

在近40年墓葬和窑址资料积累的基础上，辽瓷研究渐趋深入。对辽代制瓷工艺、装饰技法、器型分期等方面有了一些深入细致的研究，同时在对辽代官窑问题有所涉及，对具体一个墓、一个地区、一个窑址出土的瓷器有一些个案研究[5]。此外，还对辽境内输入的其他窑口的陶瓷器进行了初步的研究。随着考古工作的进一步推进，辽瓷综合研究必将有所推进。

三　小结

1. 辽代陶瓷技术是在唐、五代、北宋时期陶瓷技术高度发展的格局下形成的，其特别受到唐三彩釉、邢窑和定窑白瓷系统、磁州窑白釉绘花技法的深刻影响，这些充分表现在辽境内发现的绝大多数窑场的遗存上。比如龙泉务窑的仿定特色，缸瓦窑的仿定、仿磁

〔1〕　彭善国：《辽代陶瓷的考古学研究》，吉林大学出版社2003年版，第61—62页。

〔2〕　陈泽宇：《辽代林东窑初步研究》，硕士学位论文，中国社会科学院大学，2022年版，第12页。

〔3〕　中国硅酸盐学会编：《中国陶瓷史》，文物出版社1982年版，第315页；李文信：《辽瓷简述》，《文物》1958年第2期；李文信：《林东辽上京临潢府故城内瓷窑址》之附录，《考古学报》1958年第2期。

〔4〕　中国硅酸盐学会编：《中国陶瓷史》，文物出版社1982年版，第316页；李文信：《辽瓷简述》，《文物》1958年第2期；李文信：《林东辽上京临潢府故城内瓷窑址》之附录，《考古学报》1958年第2期。

〔5〕　中国硅酸盐学会编：《中国陶瓷史》，文物出版社1982年版，第312—323页；冯先铭主编：《中国陶瓷》，上海古籍出版社1995年版，第359—374页；冯永谦：《辽代陶瓷的成就与特点》，《辽海文物学刊》1999年第2期；《中国大百科全书·考古学》"辽代官窑"条，中国大百科全书出版社1985年版；《中国大百科全书·文物博物馆》"辽金瓷器"条，中国大百科全书出版社1993年版；冯永谦：《法库叶茂台辽墓出土的陶瓷器》，《文物》1975年第12期；彭善国：《谈耶律羽之墓出土的几件瓷器》，《文物春秋》1998年第1期；刘兰华：《龙泉务窑址的窑具及其装烧工艺》，《文物天地》1995年第6期；黄秀纯：《龙泉务窑窑具及装烧工艺》，《文物春秋》1997年增刊；彭善国、郭治中：《赤峰缸瓦窑的制瓷工具、窑具及相关问题》，《北方文物》2000年第4期；李红军：《辽瓷的造型、装饰艺术及其美学特征》，《辽海文物学刊》1995年第1期。

州窑特色等等。

辽代瓷窑遗址大多从辽代中期开始生产，而这些瓷窑经过辽代晚期，多到到金代出现制瓷高峰，比如龙泉务窑、缸瓦窑、江官屯窑等等。可见辽金时期的瓷窑生产并未受到政权更替的影响，制瓷业前后关系十分密切。很多瓷窑在辽代前期积累的基础上，后期金代达到了制瓷业的鼎盛时期。

2. 龙泉务窑地处辽代南京附近，所烧造瓷器具有明显的汉文化风格。辽南京是燕云十六州的故地，汉文化发达。从地理位置上看，是辽与宋政治、经济及文化交流的中心、辽与周围地区往来的集散地，也是辽、宋使节往来南北的必经之地。当时，辽南京人文荟萃、经济雄厚（辽南京是五京中最富庶之地）、各种技艺先进。长期以来汉文化的历史积淀和风土人情，对龙泉务窑瓷器的制作风格产生了至关重要的影响。

契丹人主中原后，实行了"以国治契丹，以汉制待汉人"的南北两院制度，使得龙泉务窑所处的南京一带长期以来形成的高度发达的汉文化及汉人的传统习俗受到尊重，得以延续和发展，进而使得龙泉务窑瓷器得以保持汉文化风格。契丹人主中原的过程中，曾俘获大批俘虏，其中部分为有陶瓷生产专长的工匠。北京龙泉务窑很可能就是辽代为所掠河北曲阳县龙泉镇[1]的人口而置。所以，龙泉务窑出土大量具有定窑风格的瓷器。

3. 从内蒙古赤峰缸瓦窑、巴林左旗林东窑、巴林左旗林东南山窑、巴林左旗林东白音戈勒窑，辽宁辽阳江官屯窑所处的地理位置、产品特征分析，它们的制瓷更具有地方色彩和民族风格。这些瓷窑生产的鸡冠壶、凤首瓶、盘口穿带瓶、长颈瓶等器物与契丹民族生活习俗和审美文化紧密相关，几乎不见于中原窑场，也不见于辽境内的龙泉务窑。在大多数辽代窑场中发现了匣钵，个别窑场发现了三角支钉等窑具，有的窑场仅见支托、支垫，暗示各地主要制作的辽瓷精粗不同[2]。

4. 辽代制瓷技法在中原制瓷传统的影响，逐渐形成自身特色，丰富的陶瓷产品一方面体现了辽瓷的工艺水平和烧成技术，另一方面也充分反映了契丹族人民的创造力、想象力和艺术表现力。辽瓷同整个中国陶瓷一样是实用性与艺术性完美结合的产物。

辽瓷注重形体美的同时，追求辽瓷的装饰美。把自己生活空间的花草、虫鱼、蜂蝶、犬马、池塘、流云等自然景物顺手拈来，根据自己的理解和认识进行艺术加工，利用印、刻、划、剔、锥刺、塑贴等多种胎、釉装饰技法，装饰器物，抒发情怀，美化生活。具体有用烘托发突出主题纹饰，用大面积留白使画面疏密有致，用不同色彩的变化和反差，获得奇特的艺术效果，此外还有纹饰与造型重叠、模糊构图、打破时空界限、纹饰图案化等

---

[1]　孙机：《摩羯灯——兼谈与其相关的问题》，《文物》1986 年第 12 期；莫家良：《辽代陶瓷中龙鱼形水注》，《辽海文物学刊》1987 年第 2 期；中国社会科学院考古研究所：《新中国的考古发现与研究》宋辽金元部分（徐苹芳撰），文物出版社 1984 年版；李宇峰：《辽代鸡冠壶初步研究》，《辽海文物学刊》1989 年第 1 期；梁淑琴：《辽瓷的类型与分期》，《北方文物》1994 年第 3 期；杨晶：《略论鸡冠壶》，《考古》1995 年第 7 期；俞永炳：《宋辽金纪年墓葬和塔基出土的瓷器》，《考古》1994 年第 1 期；陈泽宇：《巴林左旗林东窑的发现与研究评述》，《北方文物》2021 年第 5 期。定州所辖的今河北曲阳涧磁村为著名的定窑产地，村东 1 公里处为北镇，北镇与其南 1 公里的南镇古城龙泉镇。清光绪《曲阳县志》（光绪三十年版，第 12 页）卷六载："龙泉镇唐宋以来旧有瓷器，五代后周瓷务税吏，宋时有瓷器商人，今废。"

[2]　佟柱臣：《中国辽瓷研究》，社会科学文献出版社 2010 年版，第 125 页。

手法。[1]

5. 辽代有无官窑是辽代陶瓷研究中的一个重要的问题。多数学者认为辽代确有官窑，其地点则可能是内蒙古赤峰缸瓦窑、内蒙古巴林左旗林东窑、北京龙泉务窑等窑场中的一处或几处。龙泉务窑被认为是官窑，原因有二，第一，龙泉务窑曾设有瓷窑官。第二，龙泉务窑曾为官府烧造过瓷器。内蒙古赤峰缸瓦窑被认为是官窑，则有诸如窑址采集到一件"官"字款匣钵、一件"新官"款残窑具、历史文献记载、缸瓦窑地理位置及窑场规模和所发现的产品有别精粗等依据。内蒙古巴林左旗林东窑则是以所处地点的重要和发现瓷器的精良为由。

6. 新中国成立以来，在黑龙江、吉林、河北、山西、辽宁和内蒙古地区都发现了大量辽代墓葬和遗址，在大量出土的遗物中，有一大部分是陶瓷器。对于这些陶瓷器多有简报发表，据此对辽瓷类型学、分期和纪年研究形成了一个小高潮。但是，辽代窑址除了北京龙泉务窑、内蒙古赤峰缸瓦窑、辽阳江官屯窑进行过发掘外，其他窑址仅有调查资料，使得大量出土的陶瓷器窑口判定出现困难。因此，今后对辽代瓷窑遗址的发掘研究应是重点加强的领域。此外，对于辽境内制瓷受定窑、磁州窑影响方面的比较研究，宋辽制瓷业的交流，宋金制瓷业的承袭，官窑问题等，也将随着发掘工作的进一步展开而或得到新的认识和证明。

---

[1]　李红军：《辽瓷的造型、装饰艺术及其美学特征》，《辽海文物学刊》1995 年第 1 期。

第二十三章　西北地区主要窑址的发掘与研究

第一节　陕西省耀州窑遗址的考古发掘与研究

耀州窑位于今陕西西安市北 70 公里的铜川市，铜川旧称"同官"，五代后唐同光元年（923 年）至民国均属耀州，故名耀州窑。窑场以黄堡为代表，包括陈炉、立地坡、上店、玉华和塔坡等 6 处（图 23 - 1 - 1）。耀州窑产品以青瓷为主，兼烧黑、白、茶、黄、酱、花釉瓷、素胎黑彩和多种釉上或釉下彩绘瓷，以及唐三彩和低温单彩等。从唐代创烧，耀州窑历经了近 1400 年的历史，至今仍在烧造，是中国烧造时间最长的窑址之一。耀州窑在唐、五代、宋、金时期是我国北方地区规模最大，影响力广泛的窑场之一，是继唐代越窑之后，中国青瓷发展中最具代表性的窑场，北方青瓷的代表。

古代史籍、文人笔记诸如《清异录》《元丰九域志》《宋史·地理志》《老学庵笔记》《清波杂志》《坦斋笔衡》《南村辍耕录》[1]等对于耀州窑有所记载，有的提到耀州窑产品的特征，有的提到其使用感受等，《宋史·地理志》中还记载耀瓷曾进贡朝廷。

20 世纪 30 年代，在修建咸榆公路时，从耀州窑"十里窑场"穿过，出土了很多瓷片和瓷器。因而耀州窑和耀瓷为古董收藏者所知，也影响了近代学者的看法，叶麟趾于 1934 年刊出的《古今中外陶瓷汇编》中记述了这个情况。

对于耀州窑址的实地考察开始于 20 世纪 50 年代。1954 年，陈万里、冯先铭、李辉柄到黄堡窑实地考察，发现了窑址和北宋元丰七年（1084 年）镌刻的《德应侯碑》。[2]陕西考古研究所分别于 1958—1959 年、1973 年、1976 年、1984—1998 年、2002—2005 年进

---

〔1〕 （宋）陶榖：《清异录》，上海古籍出版社 2012 年版；（宋）王存主编：《元丰九域志》，中华书局 1984 年版；（元）脱脱等：《宋史·地理志》中华书局 1985 年版；（宋）陆游撰，杨立英校注：《老学庵笔记》，三秦出版社 2003 年版；（宋）周辉著，刘永祥校注：《清波杂志》，中华书局 1994 年版；（元）陶宗仪：《南村辍耕录》，中华书局 2004 年版。

〔2〕 陈万里：《我对耀瓷的初步认识》，《文物参考资料》1955 年第 4 期。

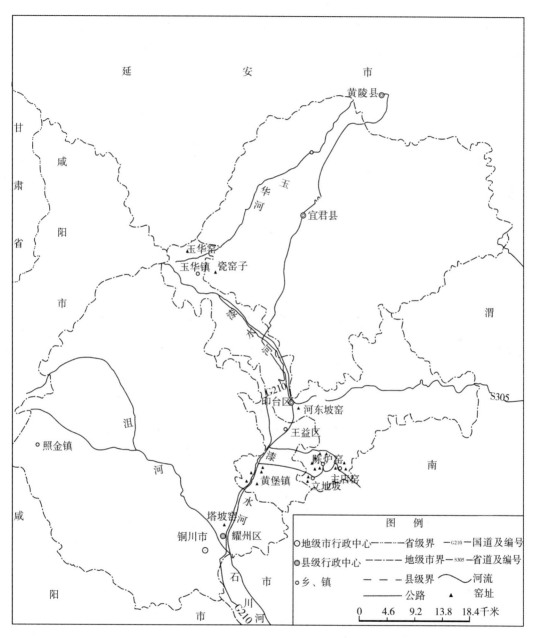

图 23 – 1 – 1　耀州窑址分布图

（引自《中国古瓷窑大系——中国耀州窑》，中国华侨出版社 2014 年版，第 14 页）

行了不同规模的考古发掘工作。在 1949 年以来的陶瓷考古工作中，耀州窑的考古发掘时间最长，规模最大，所获遗迹和遗物最丰富并最具序列性。[1]

近年来，在耀州窑遗址调查、发掘简报和发掘报告[2]的基础上，耀州窑的相关研究逐步推向深入，研究涉及耀州窑制瓷历史[3]、鉴赏[4]、窑炉和作坊结构[5]、分期[6]、

[1] 禚振西：《前言》，《中国古瓷窑大系——中国耀州窑》，中国华侨出版社 2014 年版。

[2] 陕西考古研究所：《陕西铜川耀州窑》，科学出版社 1965 年版；中国社会科学院考古研究所：《新中国的考古发现与研究》，文物出版社 1984 年版；陕西考古研究所：《唐代黄堡窑址》（上、下），文物出版社 1992 年版；陕西考古研究所：《五代黄堡窑址》，文物出版社 1997 年版；陕西考古研究所：《宋代耀州窑址》，文物出版社 1998 年版；耀州窑博物馆、陕西省考古研究所、铜川市考古研究所：《立地坡·上店耀州窑址》，三秦出版社 2004 年版；禚振西、卢建国：《耀州窑遗址调查发掘新收获——兼谈对耀州窑的几点新认识》，《考古与文物》1980 年第 3 期；咸阳地区文物管理委员会：《旬邑安仁古瓷窑遗址发掘简报》，《考古与文物》1980 年第 3 期；陕西省考古研究所铜川工作站：《耀州窑作坊和窑炉遗址发掘简报》，《考古与文物》1987 年第 1 期；耀州窑博物馆：《耀州窑遗址在基建中的新发现》，《考古与文物》1987 年第 5 期；禚振西、杜葆仁：《耀州窑遗址陶瓷的新发现》，《考古与文物》1987 年第 1 期；禚振西、薛东星：《铜川陈炉地区瓷窑址调查收获与相关问题》，《文博》2002 年增刊。

[3] 叶麟趾：《耀州窑》，《古今中外陶瓷汇编》1934 年；陈万里：《我对耀瓷的初步认识》，《文物参考资料》1955 年第 4 期；商剑青：《耀窑撷遗》，《文物参考资料》1955 年第 4 期；冯先铭：《略谈北方青瓷》，《故宫博物院院刊》1958 年第 1 期；陈万里：《中国瓷器史上存在的问题》，《文物》1963 年第 6 期；冯先铭：《新中国陶瓷考古的主要收获》，《文物》1965 年第 9 期；冯先铭：《三十年来我国陶瓷考古的收获》，《文物》1980 年第 1 期；杨东晨：《宋代耀州窑》，《陕西师范大学学报（哲学社会科学版）》1984 年第 4 期；杨东晨：《论耀州窑的历史地位》，《中国陶瓷》1985 年第 1 期；杨东晨：《耀州窑的研究与新发现》，《河北陶瓷》1985 年第 2 期；李辉柄：《耀州窑及其有关问题》，《中国古陶瓷研究》第一辑，1987 年；王长启：《金元时期的耀州瓷器》，《文博》1988 年第 2 期；薛东星：《陕西铜川陈炉镇发现元代窖藏》，《考古》1988 年第 8 期；庄文彬：《四川遂宁金鱼村南宋窖藏》，《文物》1994 年第 4 期；黄风昇：《耀州窑耀瓷在长安的新发现》，《文博》1996 年第 3 期；禚振西：《中国古代北方青瓷的代表耀州窑》，《文博》1996 年第 3 期；卢建国：《耀州窑研究二题》，《文博》1996 年第 3 期；宋冶清：《耀州窑初探》，《文博》1996 年第 3 期；张世英：《试述耀州窑塔坡窑址》，《文博》1996 年第 3 期；兰德省：《宜君县柴家沟煤矿工地出土耀瓷灯文物》，《文博》1997 年第 4 期；仵录林：《从出土窑炉看耀州窑元代陶瓷生产》，《文博》1998 年第 2 期；段双印：《试论金元时期耀州窑系的兴旺与普及》，《文博》1999 年第 4 期；陕西省铜川市考古研究所：《陕西铜川市发现耀州窑纪年陶范》，《考古》2003 年第 2 期；黄卫平：《关于耀州窑金代贡瓷》，《中国耀州窑国际学术讨论会文集》，三秦出版社 2005 年版；禚振西、薛东星：《陈炉地区瓷窑遗址考古调查的发现与收获》，《铜川日报》2006 年 1 月 10 日；薛东星：《耀州窑陈炉窑窑址的考古调查与研究》，《铜川日报》2006 年 6 月 13 日；陕西省考古研究院隋唐考古研究部：《陕西南北朝隋唐及宋元明清考古五十年综述》，《考古与文物》2008 年第 6 期；阎帅：《浅论耀州瓷》，硕士学位论文，中央民族大学，2009 年。

[4] 刘良佑：《耀州窑：丰丽华美的北方青瓷》，《故宫文物月刊》1985 年第 11 期；梁管登：《对耀州窑发展史的几点看法——与杨东晨同志商榷》，《河北陶瓷》1986 年第 3 期；田海峰：《北来的牡丹——耀瓷在湖北》，《江汉考古》1986 年 S1 期；罗雨林：《巧夺天工的耀瓷艺术》，《中国文物世界》1988 年第 1 期；陈华莎：《耀州窑青瓷辨识》，《收藏家》1994 年第 6 期；刘志国：《耀州窑的鉴定与鉴赏》，《陶瓷研究》1995 年第 2 期。

[5] 祝秀玲：《浅谈耀州窑唐宋时期的窑炉》，《文博》1996 年第 3 期；杜葆仁：《耀州窑的窑炉和烧成技术》，《考古与文物》1987 年第 2 期；袁西成：《耀窑的马蹄结构及烧成技术》，《文博》1999 年第 4 期。

[6] 易立：《北方地区出土晚唐至宋initial陶瓷器的类型与分期》，硕士学位论文，吉林大学，2007 年；易立：《试论五代宋初耀州青瓷的类型与分期——以墓葬、塔基出土物为中心》，《考古与文物》2009 年第 2 期。

各种釉色瓷研究[1]、与其他窑口关系[2]、科技考古[3]、装饰工艺[4]、装烧工

[1]　禚振西：《黑釉耀瓷》，《景德镇陶瓷》1983 年第 1 辑；禚振西：《耀州黑彩瓷初探》，《陕西省考古学会第一届年会论文集》，1983 年；禚振西：《略谈唐宋金时期耀州窑的黑釉茶具》，《福建文博》1996 年第 2 期；薛东星：《耀州窑月白釉瓷的初步探讨》，《文博》1996 年第 3 期；王芬：《耀瓷黑釉系列瓷的研究》，《文博》1999 年第 4 期。

[2]　禚振西：《宋代北方的橄榄釉青瓷——浅析耀州窑与河南临汝诸窑之烧瓷》，《故宫文物月刊（台湾）》1991 年第 6 期；李恩敬：《高丽青瓷起源技法研究——以耀州窑之关系为主兼论其他中国窑系之关系》，硕士学位论文，台湾文化大学，1995 年；周晓陆：《秘色瓷、耀瓷和汝瓷——思考与手记》，《文博》1995 年第 6 期；李桦：《也谈广西仿耀青瓷与耀州窑之间的关系》，《文博》1999 年第 4 期；陈丽琼：《达州窑的调查及其与耀州窑的关系》，《'05 古陶瓷科学技术 6：国际讨论会论文集》，上海科学技术文献出版社 2005 年版；杨建军：《耀州窑天青釉瓷与景德镇窑青白瓷的比较》，《中国陶瓷工业》2009 年第 4 期。

[3]　李国祯：《耀州青瓷的研究》，《硅酸盐学报》1979 年第 8 期；郭演仪：《宋代汝、耀州窑青瓷的研究》，《硅酸盐学报》1984 年第 2 期；刘中夏：《耀州窑遗址黏土及其古瓷的初步研究》，《文物保护与考古科学》1990 年第 1 期；高力明、孙洪巍等：《历代耀州窑古陶瓷的胎釉的化学组成及其显微结构的若干特征》，《'95 古陶瓷科学技术 3：国际讨论会论文集》，上海科学技术文献出版社 1995 年版；张志刚、李家治、禚振西：《耀州窑历代青釉瓷器器工艺研究》，《'95 古陶瓷科学技术 3：国际讨论会论文集》，上海科学技术文献出版社 1995 年版；孙荆、陈显求、周学林、禚振西等：《耀州窑素胎黑花和黑花白釉瓷的研究》，《'95 古陶瓷科学技术 3：国际讨论会论文集》，上海科学技术文献出版社 1995 年版；杨钟堂、李月琴、王志海、徐培苍：《古代耀州青瓷和黑瓷釉玻璃相的分子网络结构特征研究》，《'95 古陶瓷科学技术 3：国际讨论会论文集》，上海科学技术文献出版社 1995 年版；Robert P. Anderson、郭演仪：《仿制宋代耀州窑青瓷：陶瓷工作者的透析》，《'95 古陶瓷科学技术 3：国际讨论会论文集》，上海科学技术文献出版社 1995 年版；禚振西：《耀州窑遗址出土历代青瓷的时代特征》，《'95 古陶瓷科学技术 3：国际讨论会论文集》，上海科学技术文献出版社 1995 年版；杨钟堂、李月琴、王志海：《金代耀州窑月白釉瓷的研究》，《'99 古陶瓷科学技术 4：国际讨论会论文集》，上海科学技术文献出版社 1999 年版；张志刚、郭演仪、陈士萍、禚振西：《耀州窑具剖析》，《'99 古陶瓷科学技术 4：国际讨论会论文集》，上海科学技术文献出版社 1999 年版；李国霞：《古耀州瓷胎起源的模糊聚类分析》，《科学通讯》2002 年第 23 期；赵维娟等：《用指纹元素散布分析研究古耀州瓷胎的起源》，《原子核物理评论》2004 年第 3 期；李国霞：《历代耀州窑釉料渊源关系的初步分析》，《文物保护与考古科学》2004 年第 3 期；杨大伟：《核技术核数据库技术在古耀州耀研究中的应用》，硕士学位论文，郑州大学，2007 年；凌雪：《耀州窑青瓷的能量色散 X 射线荧光光谱分析》，《西北大学学报（自然科学版）》2008 年第 1 期；凌雪：《耀州窑青瓷白色中间层和化妆土的 EDXRF 光谱分析》，《文物保护与考古科学》2008 年第 1 期；凌雪：《耀州窑青瓷白色中间层和化妆土的微观结构》，《武汉大学学报（理学版）》2008 年第 4 期；董军领：《核分析技术在耀州窑唐三彩和黑瓷的研究》，硕士学位论文，郑州大学，2009 年；朱铁权：《宋代西村窑和耀州窑青瓷胎釉化学组成特征》，《岩矿测试》2010 年第 3 期。

[4]　卢建国：《耀瓷装饰艺术》，《考古与文化》1980 年第 1 期；王兰芳：《耀瓷装饰纹样浅析》，《文博》1996 年第 3 期；杨敏霞：《试谈耀州窑的瓷塑》，《文博》1996 年第 3 期；董彩琪：《宋代耀州窑茶盏》，《文博》1996 年第 3 期；任超：《耀州窑陶瓷的审美价值》，《文博》1996 年第 3 期；王小蒙：《试析耀瓷形制变化之动因——从造型设计的角度谈起》，《文博》1996 年第 3 期；徐巍：《耀州窑的艺术特色》，《故宫博物院刊》1998 年第 1 期；刘子健：《论耀州窑古陶瓷的造型与装饰设计》，《西北轻工业学院学报》1998 年第 2 期；薛东星：《耀瓷的龙纹装饰》，《文博》1999 年第 4 期；董彩琪：《耀瓷婴孩纹饰》，《文博》1999 年第 4 期；陈晓捷：《耀窑陶瓷铭文析》，《文博》1999 年第 4 期；王兰芳：《宋代耀瓷人物瓷塑概述》，《文博》1999 年第 4 期；杨敏霞：《耀州窑的龙纹瓷器》，《文博》1999 年第 6 期；王小蒙、加藤瑛二：《黄堡窑装饰工艺的发展演变——兼谈黄堡窑与越窑、汝窑及高丽青瓷的关系》，《'05 古陶瓷科学技术 6：国际讨论会论文集》上海科学技术文献出版社 2005 年；刘谦：《耀州瓷装饰艺术研究》，硕士学位论文，西安美术学院，2007 年；刘训立：《宋代耀州窑青瓷的刻花装饰艺术》，硕士学位论文，西安美术学院，2007 年；赵春燕：《试论耀州窑陶瓷装饰纹样的民俗风格》，硕士学位论文，西安美术学院，2008 年；王小蒙：《耀州窑青瓷的美学理念及风格变迁》，《四川文物》2009 年第 5 期；王晓娜：《宋代青瓷刻划花莲纹特征的演变规律研究》，硕士学位论文，景德镇陶瓷学院，2011 年；李晓宇：《宋代景德镇窑与耀州窑装饰比较研究》，硕士学位论文，景德镇陶瓷学院，2011 年；邓坤：《简述耀州瓷的绘画装饰艺术》，《中国陶瓷》2011 年第 11 期；贺丹：《耀州窑青瓷刻花艺术衰落原因研究》，硕士学位论文，景德镇陶瓷学院，2012 年；苏文堂：《耀州窑纹饰之美》，《历史博物馆馆刊（台湾）》2012 年第 4 期；刘谦：《耀州窑装饰纹样的构图特征》，《陶瓷学报》2012 年第 4 期；乔会荣：《宋代瓷器鱼纹艺术风格研究》，硕士学位论文，景德镇陶瓷学院，2012 年；汪东：《巧如范金 精比琢玉——宋代耀州窑陶瓷造型与纹饰研究》，《池州学院学报》2013 年第 1 期；赵亚利：《耀州窑白地黑花瓷的装饰艺术》，《文物世界》2013 年第 2 期；刘训立：《浅谈宋代耀州窑青瓷刻花装饰的美学特征》，《陶瓷科学与艺术》2013 年第 4 期。

艺[1]、历史文献[2]、外销[3]、与佛教文化关系[4]以及窖藏、墓葬、遗址出土的耀州窑瓷器[5]等多个方面。

一　耀州窑的发展阶段和主要特点[6]

黄堡窑是耀州窑的中心窑场和代表，也是考古发掘和研究的重点。耀州窑场位于铜川市老市区（现名王益区）南15公里的黄堡镇漆水河谷。黄堡窑创烧于唐代，五代成熟创新，宋代鼎盛繁荣，金代延续发展，金末元代衰落，明中期停烧。初唐时期，先烧黑、白、茶叶末釉和唐三彩、低温单彩、琉璃建材，后又烧黄褐釉瓷和青瓷，中晚期青瓷烧造日渐加强，水平逐步提高。除黑、白、茶、青瓷外，中晚唐还烧制花釉瓷（黑地白斑、褐地白斑）、素胎黑彩、黑釉剔花填白彩、白釉绿彩、白釉褐彩、青釉白彩等。五代以青瓷为主流。宋代是黄堡窑的鼎盛时期，整体工艺流程等方面是当时国内最为先进的，特别是装饰工艺中的刻花和印花工艺，被誉为"宋代青瓷刻花之最"。此一时期，青瓷为赵宋宫廷"贡瓷器"，且外销至韩国、日本、波斯湾和东非。金代继续烧造精美青瓷，创烧月白釉瓷器，仍然为"贡窑"。金末元代时，黄堡窑日渐衰落，由五代、宋、金的高档产品，转向民众需求的大路产品。生产重点转向扩大窑炉体积，增大产品数量上，青瓷由青釉变为青黄和姜黄色。同时，增加了黑釉、白釉瓷器的生产。明代中期，创烧了800多年的黄堡窑停烧。

陈炉、立地坡、上店是今陈炉地区的三大窑场。陈炉窑场位于铜川市老市区东南15公里，距耀州窑黄堡窑场东偏北20公里。陈炉创烧于金代晚期，其经由立地坡、上店而全面引入黄堡窑的青瓷工艺。陈炉窑虽创烧晚，但发展规模最大，烧造时间也最长。金代晚期和蒙古时期，烧瓷区域和规模较小，元代迅速发展。明清进入鼎盛期，代替黄堡窑成为耀州窑后期的代表。金晚期至蒙古期，烧制与黄堡窑相同造型和风格的刻花和印花青瓷，只是较为原始粗糙。元代迅速发展，生产青釉耀瓷，多为类似黄堡窑，以碗、盘、碟多见，有印花和素面者。纹饰以莲花、牡丹、小菊花为多。青釉有青绿、青黄和姜黄色。元代晚期创烧出了一种简笔刻花青瓷。明清时期以白地黑花、白地赭彩等绘画花为主，兼烧黑、白、酱釉和琉璃建材。同时还有地点烧造明代孔雀蓝釉琉璃瓦。耀州窑青瓷传统明

---

[1]　贾麦明：《宋耀州窑具——匣钵》，《故宫文物月刊（台湾）》1993年第5期；王芬：《耀州窑窑具及装烧方法》，《文博》1996年第3期；杨瑞余：《耀州窑陶范及相关问题》，《文博》1999年第4期。

[2]　傅振伦：《跋宋德应侯庙碑记两通》，《文献》第15辑，1983年；杜葆仁：《宋耀州太守阎公奏得应侯之碑》，《考古与文物》1987年第2期；杜文：《金代耀州窑陶瓷文献新读》，《收藏界》2006年第9期；李裕民：《宋耀州窑得应侯碑考》，《三秦文史》2007年第1期；杜文：《对〈老学庵笔记〉记载耀州青瓷的新思考》，《文博》2007年第6期。

[3]　禚振西：《耀州窑外销陶瓷初探》，《中国古代陶瓷的外销——一九八七年福建晋江年会论文集》紫禁城出版社1988年版；倪新安：《宋代耀州窑与中外文化交流》，《文博》1996年第3期。

[4]　杨瑞余：《论佛教文化对耀州窑的影响》，《文博》1996年第3期。

[5]　赵光林、张宁：《金代瓷器的初步探索》，《考古》1975年第5期；冯永谦：《叶茂台辽墓出土的陶瓷器》，《文物》1975年第12期；汉中地区文化馆略阳县文化馆：《陕西略阳出土的宋瓷》，《文物》1976年第11期；韦仁义：《广西宋代青绿釉瓷及其与耀州窑的关系》，《中国古陶瓷研究》第一辑，1987年。

[6]　禚振西：《前言》，《中国古瓷窑大系——中国耀州窑》，中国华侨出版社2014年版。

代衰亡，但在陈炉又新衍生一种被称为"香色"的黄青或黄褐釉瓷一直流传至今。晚清光绪年间由景德镇引进被当地称为"蓝花花"的青花瓷，具有强烈的地方乡土气息，是民国以来当地瓷器生产的重要品种。

立地坡窑在黄堡窑场东约15公里，陈炉西南5公里，是陈炉地区三大窑场距离黄堡最近的窑场，也是陈炉地区最早的一个窑场。立地坡古代曾为立地镇，现镇废为村。立地坡窑创建于北宋晚至金初，元代时期迅速扩大，是其兴旺发展期。明清时期继续发展，窑场集中到镇。金代以青釉耀瓷为主，器物多为盘、碗，有素面也有印花装饰，纹饰有折枝菊花、并蒂莲等，也烧黑釉和茶叶末釉瓷。元代大量烧制青黄和姜黄釉耀瓷，器物以碗、盘、钵、洗类最多见。装饰以印花为主，纹样有折枝牡丹、缠枝菊花、并蒂莲等。

上店窑在陈炉镇东北2.5公里处，上店古代曾为上店镇，现镇废为村。上店窑创于金代，盛于元代，明中期停废。金代以类黄堡的耀州青瓷为主，也烧少量黑釉瓷。元代时期，以制作青瓷碗、盏、盘、碟为主，器物多采用印花装饰，有莲花茨菰纹、并蒂莲纹，还发现有鸿雁衔草、海东青逐雁纹，此类纹饰具有明显的辽金民族特色，在黄堡窑尚未见到。还兼烧黑釉、酱釉和茶叶末釉瓷。

玉华窑场在今铜川市老城区西北约45公里的玉华村，其创烧于北宋早期，金元时期范围未增，但规模增大。以耀州青瓷为主。早期多素面，后增加刻花和印花工艺。纹饰多为缠枝菊花、折枝牡丹和缠枝蔓草等。器物以碗、盘、碟为多。还兼烧黑釉、茶叶末釉和白釉瓷器。元代还烧制白瓷。

塔坡窑场位于今铜川市耀州区城北寿塬下的半坡上。该地因宋代建有神德寺塔，故称为塔。塔坡窑时代为宋代，仅生产宋代耀州窑青瓷，多为刻花和印花碗、盘，也有素面无纹饰青瓷。

二　北宋耀州窑以黄堡窑场为中心达到鼎盛期

（一）遗迹

1. 北宋时期作坊遗迹

黄堡窑发掘的宋代35座作坊大致分三种：第一种是窑洞，依自然地势在土崖上挖成土洞，或在平地上挖筑半地下基槽，其上用砖石砌券，这是大多数作坊的建筑形式。第二种是房屋或工棚式建筑，如第29号作坊（90ⅥT8③Z29）。第三种是露天作坊，占地大，无法安置在室内。如大型石碾槽（86ⅣT4②Z76）和泥料淘洗池（86ⅢT6②Z78）。

第一种，窑洞式作坊，以第1号作坊为例。

第1号作坊由两孔窑洞组成。它们有所分工，第2孔窑洞是拉坯成型场所；第1孔窑洞用于施釉、烘坯，而门外的第1号瓷窑（84ⅠT1③Y1）则负责烧成瓷器。第1号作坊是具有一定规模且比较完整的宋代耀州窑制瓷作坊。

第1号作坊（84ⅠT2③Z1）为窑洞式建筑，由两孔并列的窑洞组成（图23-1-2），84ⅠT2③Z1—1在南，84ⅠT2③Z1—2在北，门向漆水河岸。第1孔窑洞（84ⅠT2③Z1—1）平面呈长方形，方向157°，门向南开。门宽1.05—1.25米、门道长1.45米。门道两侧残墙高0.5—1.5米。门道北有三级砖砌踏步。室内低于门外地面0.4米、南北残长7.8米、东西宽0.8米，面积21.84平方米。室内墙壁用砖、石、匣钵砌筑，残高1.6—1.9米，顶部用方砖错缝券顶。具体做法是，券顶往下与竖砖相接处用三排平卧砖错缝砌成，再往下用十六层残匣钵垒成墙壁，高度为0.85—0.9米，再往下，为0.2—0.5米的石砌墙。砖的规格为0.18米×0.18米×0.06米。在东西墙的三排平卧砖上，发现三个可架横板的砖洞，东墙2个，西墙1个。每个洞长、宽各0.17米×0.17米。

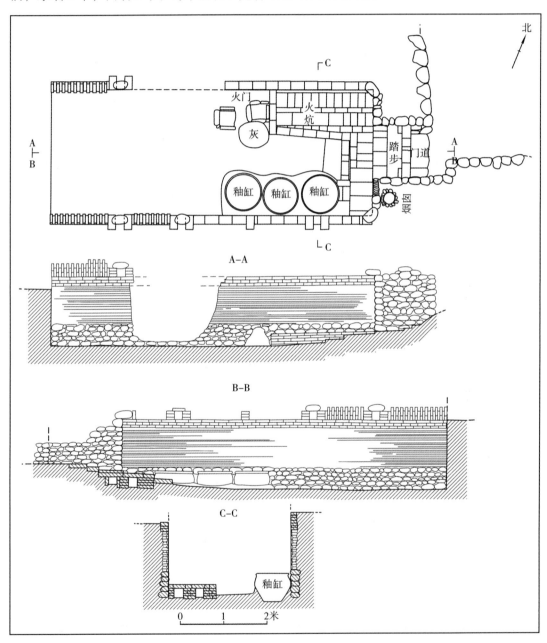

图 23 – 1 – 2　第 1 孔窑洞 84ⅠT2③Z1 – 1 平、剖面图
（引自《宋代耀州窑址》，文物出版社 1998 年版，第 18 页，略变化）

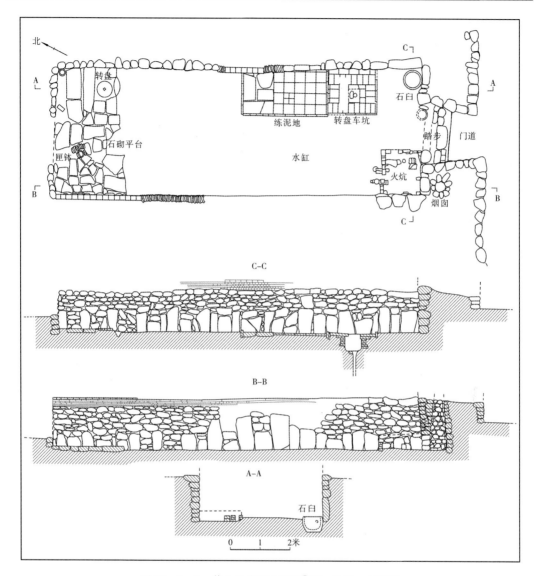

图 23－1－3　第 1 孔窑洞 84IT2③Z1－2 平、剖面图
（引自《宋代耀州窑址》，文物出版社 1998 年版，第 20 页，略变化）

　　室内东南角有火炕一个，长方形，长 2.5 米、宽 1—1.2 米、高出室内地面 0.23 米，炕体用砖、石混合砌成。烧火的炕口设在北面，出烟口设在南面门外西侧。室内西侧壁下并列放置三个大陶缸，自南往北：第一个陶缸口径 95 厘米，第二个口径 85 厘米，第三个口径 90 厘米。三个陶缸形体较大，应是用于盛装釉汁的。出土器物形制、釉色种类繁多，2000 余残瓷片中有青釉碗、碟、瓶、盒、罐、盏、器盖等，还有范及工具等。

　　第 2 孔窑洞位于第 1 孔窑洞东，距 2.7—3.35 米，方向 153°。平面呈长方形，长 15 米、宽 4.55—5.1 米，面积 72.38 平方米。门开在南面，门宽 1.35 米。门道东壁长 2.07 米，残高 0.45—0.9 米；门道西壁长 2.25 米、残高 0.57—1.1 米。门道宽 2 米。门道有三级石砌踏步，自上而下；第一级宽0.42米、高0.2米；第二级宽0.2米、高0.17米；第三级宽0.2米、高0.2米。室内地面比室外地面底0.57米。室内东墙长12.65米、残高1.2—1.55米；西墙长12.8米、残高0.65—1.6米；北墙长4.2米、残高0.35—0.67米。东西两墙先垒立石或卧石，其上在垒废匣钵和砖块。室内有大量从窑顶塌下的砖块，证明原先是券顶。砖的规格为0.19米×0.19米×0.06米。

在第三级踏步下紧贴门道东侧置一水缸，口径34厘米、底径28厘米、高51厘米，东南角置一石臼，直径65厘米、高52厘米，半截埋入地下。门内西侧有一火炕，近方形，东西长1.5米、南北宽1.35米、残高0.1—0.25米。烧炕的口设在北面，炕口宽0.25米、长0.3米、残高0.22米。烟囱设在门外西侧，口径0.32米、底径0.65米、残高1.32米，用卵石砌成。

室内东侧有转盘车坑和练泥池。转盘车坑距东壁0.8米、距南壁2.1米，坑口长0.43米、宽0.4米，坑底有安装转盘立柱的柱孔，柱孔径0.2米。在转盘车坑周围用平砖铺地，范围长1.7米、宽1.5米。这里应是拉坯者活动的场地。练泥池位于转盘坑的北面，两者紧密相连，呈长方形，南北长3米、东西宽1.35米、高出室内地面0.14米。练泥池是一个浅池，用砖铺地，砌边。清理时池内空无一物，只遗留少量胎泥。窑洞后部，在南北宽2.5米、东西长4.2米的地方用石块铺平，高出地面0.09米。清理时发现十个漏斗形匣钵，大概这里是堆放胎泥或存放匣钵的工作平台。

整个窑洞内地面上有一层灰白色胎泥，厚0.04—0.09米，已被踩踏得十分坚硬。窑洞内出土有碗范、青瓷及匣钵等残片。

第1孔窑洞室内发现有釉缸、火炕，表明其是1号作坊施釉和烘干坯体的场所。第2孔窑洞内有水缸、石臼、转盘车坑、练泥池、工作平台等，从整个布局推测，应是专门用作拉坯成型的场所。

第二种，房屋或工棚式建筑，以第29号作坊为例。

第29号作坊（90Ⅵ T8③Z29）（图23-1-4）为地面上棚式建筑，从遗留下来的设施看，具有原料制备、成型等多种功能的综合制瓷作坊。

漆水河东岸原铜川市炼油厂南，大部分用石块砌成，局部残。作坊规模较大。方向245°。南面围墙用石块砌成，残长25米、残高0.95—1.4米、宽0.4米，上距地表0.25—0.9米。围墙内建筑可分为东西两个部分。东部有房基两处：东房基东西宽2.6—4.5米、南北残长4.75米，现存东、南、西三面墙。东墙残长5.28米、宽0.7—1米、残高0.5—1.02米；南墙长2.6米、残高0.32—1.2米、宽0.7米；西壁残长4.6米、宽0.7—1.02米、残高0.52—0.94米。西面房基长方形，东西宽3—3.3米、南北长4.2米。其北墙长3米、残高0.36—0.4米；西墙长4.42米、残高0.14—0.18米；南墙和围墙共用，长3.32米、残高1.4米；东墙长4.22米、残高0.3—0.74米。北墙西头有门槛，用五块砖铺成，宽0.8米、长0.13米、高0.06米。

围墙内西部又分为南北两个部分。南部有房基一处，水池一座。房基东西长4米、南北宽2.45—3.6米。其南墙长6.8米、残高1.08米；东墙长2.45米、厚0.4—0.5米、残高0.35—0.45米；北墙长4.1米、残高0.4—0.45米。房基东面有一水池，砖石砌成，东西长 2.25—2.3 米、南北宽 2.3—2.5 米、深 0.3—0.4 米。池中用宽 0.4—0.45 米、高 0.37—0.4 米的隔梁将池分为两半。

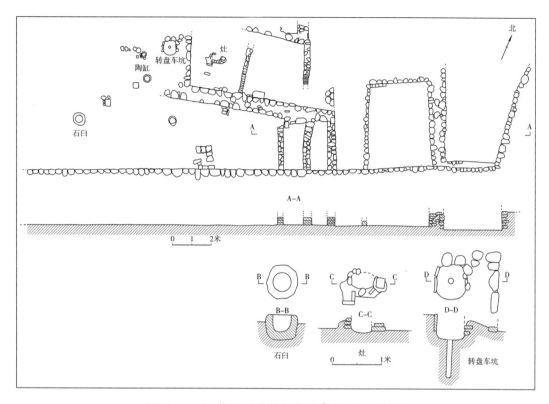

图 23-1-4　第 29 号作坊 90 ⅥT8③Z29 平、剖面图

（引自《宋代耀州窑址》，文物出版社 1998 年版，第 34 页，略变化）

北部又有房基两间。从残留踏步看，房门均向南。靠东边一间，东西宽 3 米、南北长 3.2 米。踏步长 0.6 米、宽 0.3 米。室内面积 9.6 平方米。靠西边一间，东西 2.5—3 米、南北 3.2 米，面积 8.8 平方米。门开在南面偏东，踏步长 0.7 米、宽 0.2 米。室内正中有一灶坑，口径 0.28—0.42 米，灶门宽 0.32 米，内有柴灰及火烧痕迹。西墙外面 0.7 米处有安装陶车转盘的车坑，用石块和砖砌成。车坑坑口直径 0.65 米、深 0.5 米；坑底有轴孔孔迹，孔径 0.1 米，孔深 0.74 米。车坑西放有两个陶缸，南北排列，均残。靠北边的陶缸底径 0.2 米、残高 0.07 米；靠南边的陶缸底径 0.3 米、残高 0.08 米。两个缸内均留有很细的坩子泥，厚 0.05 米。再往西靠南边有一个石臼，外直径 0.68 米、高 0.5 米；内口径 0.38 米、深 0.34 米。出土主要是青瓷碗、盘、灯等残片，东部较多，西部较少。

第三种，露天作坊，以大型石碾槽（86ⅣT4②Z76）和泥料淘洗池（86ⅢT6②Z78）为例。

第 76 号作坊（86ⅣT4②Z76）内主要设施是一个直径 7.2 米的圆形石碾槽，专用以粉粹瓷土矿石。这样大型的石碾槽，当以畜力牵动。（图 23-1-5）

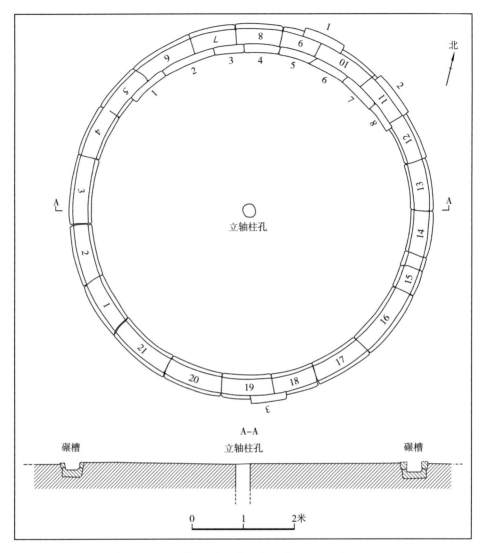

图 23 - 1 - 5　第 76 号作坊 85ⅣT4②Z76 平、剖面图
（引自《宋代耀州窑址》，文物出版社 1998 年版，第 52 页）

位于铜川市第四中学院内，为一大型石碾槽。用特制弧形石条砌成，平面呈圆形，直径 7.2 米。石条有两种规格。放在下面的石条弧形，上面凿有凹槽，槽宽 0.3 米、深 0.1 米、边宽 0.05 米；为了加深槽的深度，在槽两边向上还砌有一层石条，这种石条上未早凹槽，呈弧形。碾槽下面用 21 块石条砌成，石条的尺寸不一，修砌十分平整。底层石条外侧残存有三块弧形石条，底层石条内侧残存八块弧形石条。砌成后，槽宽 0.3 米、深 0.2 米。碾槽中心保留有立轴轴孔痕，孔径 0.25 米、残深 0.1 米。

第 78 号作坊（86ⅢT6②Z78），泥料淘洗池位于铜川市灯泡厂院内。东西长 30 米，南端深入灯泡厂院墙，无法清理，现南北宽是 10—12.5 米。作坊内发现有泥料淘洗池、沉淀池、坩泥池和陶缸群。作坊地面距现地表 0.4—0.6 米。（图 23 - 1 - 6）

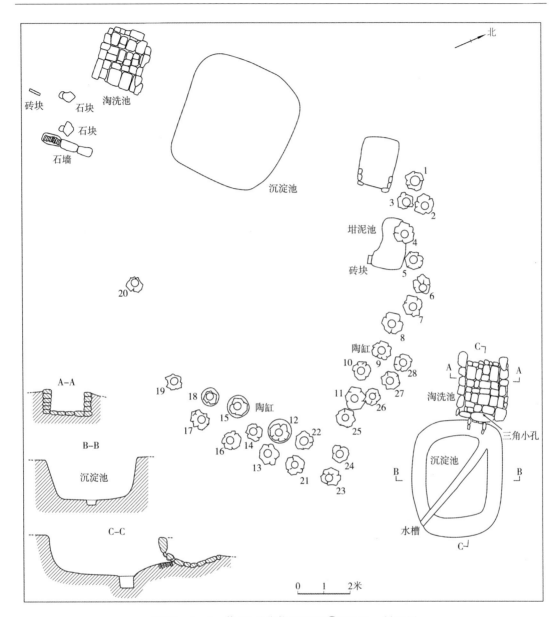

图 23 - 1 - 6　第 78 号作坊 86ⅢT6②Z78 平、剖面图

（引自《宋代耀州窑址》，文物出版社 1998 年版，第 55 页，略变化）

泥料淘洗池东西各一个，平面呈长方形，用青石砌成。东面一个，东西长 1.95 米、南北宽 1.2—1.3 米，弧形底，最深 0.95 米。北、南、东三面有壁，形如簸箕，东壁下有一小洞，洞底用匣钵残片砌成，通入沉淀池内。西边还有一个淘洗池，两边相距 16.5 米。

沉淀池也有两个，东面的位于淘洗池东南，二者紧密相连。平面呈圆角方形，口大底小。口径东西 4.4 米、南北 3.55 米；底径 3.15 米、南北 2.4 米，深 1.7 米。淘洗池东壁下的小洞进入沉淀池后，底部用匣钵残片砌实，通入池内水槽，从淘洗池的出口一直通向沉淀池的东南角。水槽宽0.25米、深0.18米。西边还有一个沉淀池,但它和相邻的淘洗池的关系被破坏。

在作坊的中部,发现28个陶缸,均被破坏,无法复原口径大小。残存口径0.8—1米、深0.3—0.6米。缸的底部部分埋入地下,或周围用胎泥加固,如编号12、15、18号陶缸。大量的陶缸放置于泥料淘洗池和沉淀池旁边,无疑是瓷土加工的设施之一。

清理时发现泥料淘洗池底部存有少量瓷土渣,沉淀池和每个陶缸内都有比较细腻的胎泥,可见第78号作坊时一座专门制备瓷料的设施。作坊内出土有"皇宋通宝""熙宁元宝"等钱币。

黄堡窑发掘所获的35座宋代作坊,功能上分别用于原料制备、成型、施釉、烘干、储藏,及制瓷工居住,据此或可复原宋代耀州窑的制瓷工艺流程。

2. 北宋时期瓷窑遗迹

黄堡窑发掘了22座宋代瓷窑,其多数于平地用耐火砖砌成,个别的依自然地势在土崖中挖筑,如第46号窑(90ⅥT55④Y46)。瓷窑由通风道、窑门、燃烧室、窑床、烟囱等构成,而在通风道和燃烧室的结构,烟囱数目和排烟口位置上有所不同。通风道多建于地下,长短不一。通风道和燃烧室内落灰坑功能有分开和紧连一体两种。燃烧室面积大小不一,一般占室内面积的三分之一。燃烧室内落灰坑有靠前和稍靠后的。烟囱一般两个,设在窑床后面左右两侧,也有设一个或三个烟囱的。排烟孔均设于与烟囱相隔的窑室后壁下部,一般为六个,也有四、七、八个的。22作瓷窑,其中3座太残破,根据19座特征,均为馒头型半倒焰窑,具体可分三型。以下各型举一例介绍。

Ⅰ型,一个通风道,长而狭小。13座。

第1号窑(84IT1③Y1)(图23-1-7),平面呈马蹄形,方向152°。坐西北朝东南,紧邻漆水河岸。由窑门、燃烧室、落灰坑、窑床、烟囱几部分组成。窑门位于窑的最前面,宽0.85米,上部已残,下部铺一块石板,石板下为通风道。通风道石块砌成,宽0.85米、东壁残高2米、西壁高2.2米、残长1.2米,向西北通入燃烧室下面的落灰坑。燃烧室呈扇形,前宽0.85米、后宽2.4米、长0.95米。燃烧室内炉桥、炉栅已毁,下面和落灰坑相通。落灰坑深2米,用耐火砖砌成。坑底存有炉渣和未燃烧尽的煤炭碎块。窑床位于燃烧室的后面,前宽2.4米、后宽2.8米、长2米。窑室周壁耐火砖砌成,残高0.85米。窑床地面上铺垫有耐火材料,上面有放置过匣钵的痕迹,中部偏东残存一漏斗形匣钵,直径0.25米。烟囱位于窑室的后部,用耐火砖砌成,东西各一个,中间以墙相隔。隔墙宽0.45—0.5米、残高0.85米。西侧烟囱宽1.35—1.4米、长1.7米。东壁残高0.85米、西壁残高0.95米,大部分用废匣钵残片垒砌,靠前部分用耐火砖砌成。前侧烟囱壁下部有三个排烟孔,每个排烟孔宽0.15—0.18米、高0.35米、深0.2米,直接通入烟囱内。东侧烟囱和西侧烟囱相距0.5米,也用耐火砖和废匣钵残片砌成,宽1.35—1.4米、长1.85米、残高0.7—0.85米。靠前面烟囱壁下也有三个排烟孔,大小间距和西侧一样。所用耐火砖宽0.15米、长0.18米、厚0.06米。从遗迹观察,窑砌成后内壁曾用耐火泥抹平,泥厚0.02米,已被烧结。出土有素烧的带"卒"字的象棋子等。第1号窑东距1号作坊仅2.8米,和1号作坊应是一个整体,是1号作坊所用的窑。

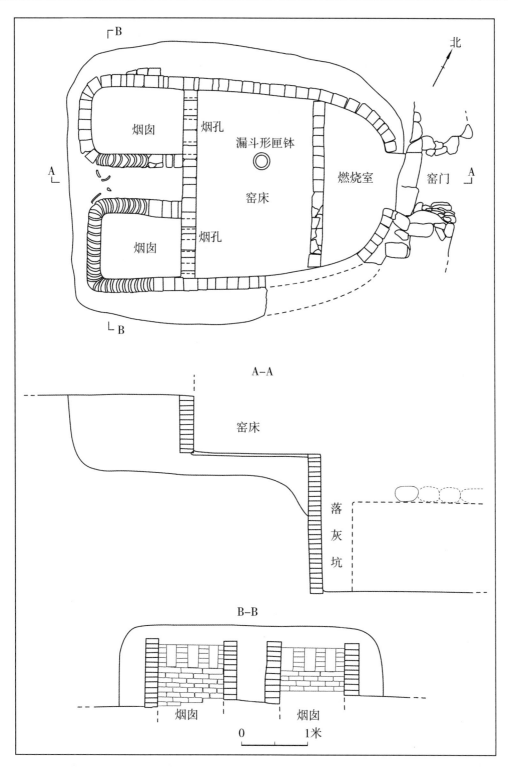

图 23－1－7　第 1 号窑 84 I T1③Y1 平、剖面图

（引自《宋代耀州窑址》，文物出版社 1998 年版，第 62 页，略变化）

Ⅱ型，三条通风道，比Ⅰ型有一定改进，年代应晚于Ⅰ型。1座。

第36号窑（90ⅥT37④Y36）（图23-1-8），位于漆水河东岸，平面呈马蹄形，方向338°。由窑门、燃烧室、通风道、窑床、烟囱等部分组成。窑门位于窑的前面，宽0.02米。两侧门框火砖砌成，左侧门框残高0.64米、右侧残高0.56米、进深0.18米。燃烧室位于窑门里面，平面呈扇形，前宽1.82米、长0.86米。落灰坑位于燃烧室后部，长方形，宽0.3米、长1.54米、深0.4米，用耐火砖砌成。落灰坑内用耐火砖砌成三个砖柱，柱高0.34米。柱顶上架设炉桥，炉桥长1.32米，上面安置八条炉栅。炉栅用耐火材料烧成，呈等腰三角形，腰长0.25米、底边长0.3米、厚0.06米，安装式尖端朝下卡牢。从左往右，炉栅之间的距离是0.1米、0.14米、0.12米、0.16米、0.13米、0.14米、0.13米。清理时发现落灰坑内有煤渣，厚0.1米。

通风道有三条，燃烧室内落灰坑直通窑外，可以起到通风道的作用。另外，落灰坑的左右两侧各有一个圆洞也通向室外，与燃烧室相连通，烧窑时也能起到通风道的作用。左侧通风道距窑门0.7米、高0.2米、宽0.24米、深0.5米；右侧通风道距窑门0.8米、宽0.22米、高0.24米、深0.5米。窑床位于燃烧室后面，比燃烧室高出0.12米，前宽1.81米、后宽2.12米、长2.02米，两侧窑室窑壁残高0.4—0.5米。窑床地面上铺垫一层坩土矿渣，厚0.03米，已烧成橙黄色，下面红烧土厚0.13米。烟囱位于窑的最后面，下部大致城长方形，依自然地势在生土崖上挖成，前宽2.14米、后宽2.18米、长0.5—0.65米、残高0.12—0.5米。烟囱前边用方形耐火砖砌成六个方形柱，柱宽0.16米、残高0.12—0.24米，中间形成七个排烟孔。出土有青瓷三足炉、黑釉罐等瓷器。

Ⅲ型，与Ⅰ型、Ⅱ型的主要区别在于通风道和落灰坑不同，Ⅲ通风道和落灰坑没有明显分界。5座。

第5号窑（85IT13③Y5）（图23-1-9），平面呈马蹄形，方向160°。由通风道、窑门、燃烧室、窑床、烟囱等部分组成。通风道位于窑的最前面，用砖石构筑与地下，长4.4米、宽0.26米、高0.18米，两壁用砖垒砌，顶用石板棚盖。进风口处呈喇叭形，摆有两块石头，外面有一个四方形浅池，池长1.06米、宽0.98米、深0.34米，似为烧窑时有人在此从事某种操作的工作场地。通风道接近燃烧室处又分为四个通风眼，通入炉栅下面，进风眼高0.12米、宽0.1米、间距0.08米。窑门位于窑的前面，宽0.68米、残高0.75，用耐火砖砌成。燃烧室位于窑门内，平面呈扇形，前宽0.68米、后宽2.3米、长1.35米。落灰坑位于中部，长方形，距窑门0.25米、长1.06米、宽0.25米、深0.88—1米，用耐火砖砌成。进风眼通入落灰坑的上部，落灰坑的口上有0.04米的棱角，上面棚架炉栅，炉栅由两块方形耐火砖加工对接而成，耐火砖长0.16米、宽0.16米、厚0.05米，现存五条炉栅，按位置推算曾有九条。

窑床在燃烧室的后面，比燃烧室高0.14米，前宽2.3米、后宽2.4米、长1.6米，前部比后面稍微高一点，倾斜4°。窑床上垫一层0.1米的坩土矿渣，上面再垫一层0.05米的沙子，已被烧成橙黄色。周围窑室壁用耐火砖平铺错缝砌成，然后用耐火泥抹平，已被烧结。砌墙所用耐火砖近方形，长宽为0.17—0.18米、厚0.06米、窑室壁残高0.65米。

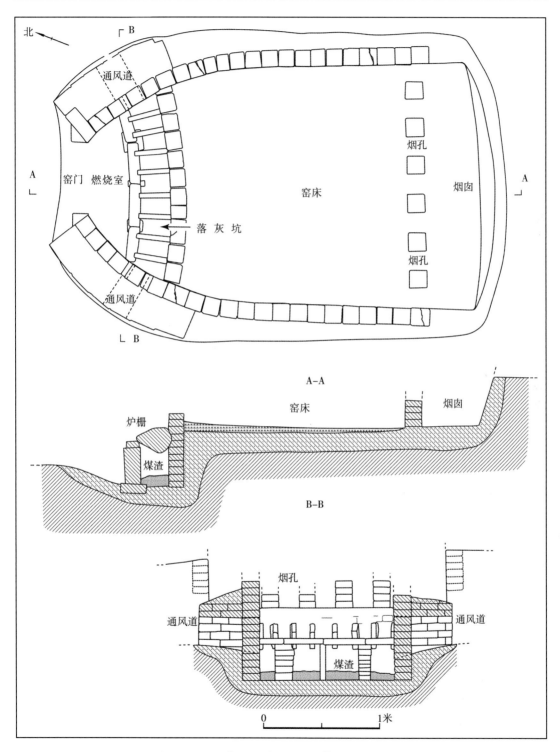

图 23 - 1 - 8 第 36 号窑 90ⅥT37④Y36 平、剖面图
（引自《宋代耀州窑址》，文物出版社 1998 年版，第 76 页，略变化）

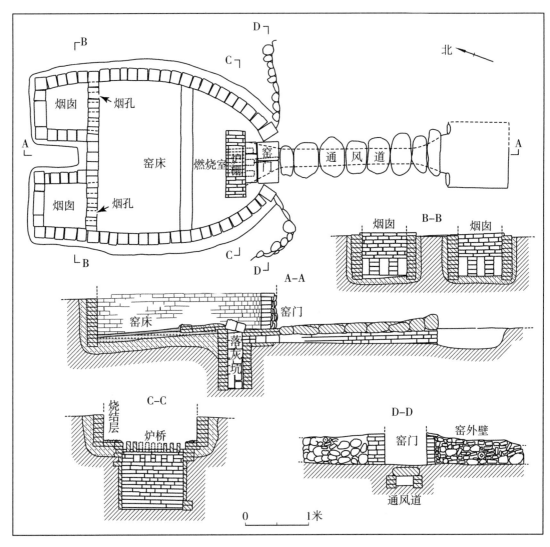

图 23-1-9 第 5 号窑 85IT13③Y5 平、剖面图

（引自《宋代耀州窑址》，文物出版社 1998 年版，第 68 页，略变化）

两个烟囱位于窑床后面东西两侧。两侧烟囱方形，宽 0.7 米、残高 0.6 米，用耐火砖砌成。靠近窑床一侧烟囱壁的墙下有三个排烟孔。自左而右：第一个宽 0.18 米、高 0.32 米、深 0.18 米；第二个距第一个 0.14 米，宽 0.12 米、高 0.32 米、深 0.18 米；第三个距第二个 0.16 米，宽 0.17 米、高 0.32 米、深 0.18 米。发掘时发现第一个排烟孔被用砖堵住，第二个排烟孔用砖堵住一半，第三个排烟孔完全通畅。东侧烟囱也呈长方形，距西侧烟囱 0.8 米，宽 0.65—0.7 米，残高 0.68 米。靠近窑床一侧烟囱壁的下部有三个烟孔。自左而右：第一个宽 0.17 米、高 0.28 米、深 0.18 米；第二个距第一个 0.15 米，宽 0.15 米、高 0.28 米、深 0.18 米。清理时发现第三个排烟孔完全被堵塞，第二个排烟孔用砖堵住一半，和西侧烟囱下的排烟孔相对称，似当时窑工有意所为。在两个烟囱后面烟囱壁上各有一个长方形孔，西侧

烟囱窗孔宽 0.24 米、高 0.45 米、深 0.18 米；东侧烟囱窗孔宽 0.28 米、高 0.44 米、深 0.18 米。这种烟囱下部的窗孔，作用有二：一是利用它进行清理除烟囱内的落灰；二是通过它调整排烟孔烟的排放量，控制室内的燃烧气氛。第 5 号窑建筑认真，除用耐火砖砌筑窑室外，外面还有用石块做的帮儿，耐火砖外红烧土厚达 0.15—0.25 米，证明当初窑内温度很高。5 号窑使用很长一段时间。清理时出土有大量漏斗形匣钵和青瓷残片。

3. 金代作坊遗迹

85THZ6 坐北面南，方向北偏西 35°，与宋代作坊基本相似，为半地穴明券窑洞式建筑。平面呈长方形，由门道、洞室、烟囱三部分组成。门道被晚期灰坑打破，现存长度 0.52—0.88 米、宽 1.3 米、残高 0.5 米，自上而下设阶梯踏步。门道西侧有石砌烟囱，砌在门道右侧的矮墙中，下宽上窄，直径 0.18—0.38 米、残高 1.06 米，与室内西南角的火炕相同。洞室长 10.05 米、宽 2.65 米、残高 1.1—1.2 米，也是砖石结构，但耐火砖采用平放错缝砌筑。该作坊西壁有内外两重砖砌窑壁，外壁的砖墙自前至后一通到底，内壁的砖墙只通到中部，与室内增设的一道中隔墙相连，将原来的通室隔出前半部。表明此作坊曾前后两次使用，第一次是通室，此后作坊后半部倒塌，在中部另砌了后墙，西壁也作了改筑。在该作坊出现文化层中层发现刻有"贞元"年款的瓷片和"大定"年款的造型印模，还出土了一批金代瓷器，表明该作坊金代作坊。

（二）遗物

1. 北宋至金代控制之前耀州窑（黄堡窑）器物分期[1]

根据地层堆积的先后和不同地层、作坊和窑址中所出宋代纪年铜钱的早晚，对比分析了北宋各时期的器物造型、纹样和胎釉特征，还比较了各时期的成型制作工艺，采用的装饰技巧，以及装烧工艺和烧成气氛的区别，将宋耀州窑产品，划分为北宋早、中、晚和北宋亡至金代控制之前四期。主要以宋代耀州窑址的发展历史为依据，具体分期划分如下：北宋早期，自宋太祖赵匡胤建隆元年（960 年）至宋真宗赵恒乾兴元年（1022 年），共 62 年。北宋中期，自仁宗赵祯天圣元年（1023 年）至神宗赵顼元丰八年（1085 年），共 62 年。北宋晚期，自哲宗赵煦元祐元年（1086 年）至钦宗赵桓靖康二年（1127 年），共 41 年。北宋亡至金代控制之前，自南宋高宗建炎元年（1127 年）至高宗绍兴十二年（1142 年），共 16 年。

（1）北宋早期

产品表现出与五代时期明显联系，以及五代向北宋过渡的特征。本期瓷器以青瓷为主，瓷胎大致有两种色调：一种为铁黑色的黑胎；另一种为淡灰色的白胎。两种胎质已比五代细，但仍具有与五代相近的粗松、含气孔和铁质黑色小颗粒的特征。黑胎产品使用化妆土。青瓷色调较多，有五代时期常见的淡天青、灰青、青绿等，大多数器物为青中泛灰和泛黄的色调。

器类有碗、温碗、钵、小盏、盏托、盘、供盘、碟、洗、杯、盅、渣斗、唾盂、壶、小水盂、罐、瓶、灯、灯盏、漏斗、炉、枕、盒等。各器类造型较少。纹样较少，以素面

---

[1]　陕西考古研究所、耀州窑博物馆：《宋代耀州窑址》，文物出版社 1998 年版，第 541—548 页。

为主。

（2）北宋中期

产品胎呈浅淡灰白色，胎土的颗粒非常细小均匀，器胎内不含有黑色铁质小颗粒，胎质致密，是耀瓷器胎最精致时期。胎质表面不施化妆土，胎与釉之间有一层较薄的白色界面。产品无脱釉现象。中期青瓷，瓷釉的色调相当稳定，几乎都呈现典雅深沉的橄榄青。此期还生产黑釉、酱釉和黑釉酱斑瓷器。中期器物的种类与早期大体相同，但各大类中出现了不少小类，且各种造型大量增加，如碗类为侈口和敞口深、浅腹碗，还有直口斜腹碗和直口直腹盖碗。

北宋中期器物，具有胎细密、釉纯净、制作精致、造型优美、装饰华丽等特点。造型方面的显著特征是底足多为高窄圈足，且在施釉之后又经过二次刮坯修足。此种工艺，在北宋晚期和金代的个别精品中尚还出现，但主要用于北宋中期，是鉴别北宋中期器物的一个重要特征。中期的耀瓷，有纹样居多。纹样的装饰手法以具有浅浮雕特征的刻花为主，同时开始出现与刻花风格相似的印花工艺，纹样多种多样，以牡丹、菊、莲等花卉为主，还有龙、凤、狮、鸭、鱼等瑞兽、珍禽和水族组成的各种图案。中期的装饰手法，还有贴花行龙、海马，以及镂空图案。

（3）北宋晚期

耀瓷器胎多呈灰白色和浅灰色，还发现有土灰色器。胎土的颗粒仍很均匀，胎质也相当细密。但与中期相比，胎土的颗粒要大一些，反映出此时对坯泥的粉碎加工不如以前精细。青瓷釉色仍然以橄榄青为主要特征，但宋末有些瓷釉出现了较暗的色调，有些又呈现翠绿色调，还出现了釉色浅淡的月白色青釉。此外，也生产一些黑釉、酱釉、黑酱釉斑和结晶釉瓷。

晚期的器类和造型比中期有所增加。代表器物中，碗类有侈口削腹、敞口削腹、短颈削腹，以及侈口宽折沿几种。温碗和盖碗增多。钵类多见敛口鼓腹型。洗类多见花口和折口。杯以龙首八棱杯和单把杯为代表。尊多见荷叶翻卷口鼓腹矮圈足型。盆多见侈口宽折沿圈足型。执壶只见流曲长、小口长颈鼓腹型。罐类常见内凹圈足的各种造型和扁鼓腹双系罐。瓶以大口梅瓶和腹下凹收后再撇出的内凹圈足花口瓶为代表，且（瓶）以宽折沿筒腹高圈足外翻型为特征。炉新出现复古的平沿束颈鼓腹三足型鼎炉。北宋晚期耀瓷，以胎骨较薄，造型小巧消瘦为特征，底足往往中心凸起鸡心底，器足比中期矮，二次修足的现象少见。

晚期耀瓷仍然以有纹样的居多，其中具有浅浮雕特征的刻花工艺仍然继续采用，但以其为主的状况已逐步改变，其地位渐被相同风格的印花工艺所替代，晚期还有先印后刻的情况。少数器物上还发现在印花后在用白色化妆土绘彩的装饰工艺。纹样丰富多样，当时国内各重要窑口所采用的各种装饰纹样，在耀瓷装饰纹样中几乎多有所见。除中期所见纹样，又增加了梅、竹、松、蕉纹，鹤、雁、鸳鸯、鹿纹以及钱纹、云雷纹等。

（4）北宋亡至金代控制之前

耀窑处于宋金交错占领的历史背景下，制瓷业则处于从北宋向金过渡的特殊时期。瓷胎有浅灰、灰白、土灰几种颜色。胎土的颗粒比较粗大，但很均匀致密。器胎的特点大体与北宋晚期相似。釉色上，少见北宋耀瓷传统的橄榄青，多见较翠的青绿色，还有较暗的灰青色和较浅的月白色。此外，也有少量的黑釉和酱釉瓷器。器物所见比北宋少，种类和造型也很少。其代表器，碗有侈口翻唇削腹、敞口斜腹和敞口圆弧腹几种。温碗有小侈口翻唇削腹型。盖碗只见直口直腹矮型。钵只见敛口鼓腹型。小盏有连口型和斗笠型（与北宋晚期相近）。盘有侈口和敞口浅腹圈足造型，还有宽折沿圜底造型。罐有小直口鼓腹内凹足型。灯出现了浅盘灯盏下带有卧狮底座的造型。上述出土的各器表明，北宋亡至金代控制之前产品少见陈设器，多为日常生活所必需的实用器，还有部分宗教供器。其造型一改北宋晚期的精巧、秀美、华丽的风格，转向了实用和质朴的新风尚。北宋亡至金代控制之前的青瓷，有素面和带纹样两类。纹样以印花和刻花为主，图样与北宋晚期相比大为减少，而且风格也从原来的秀丽转向两个极端，或简洁洗练或繁缛多层，为此后的金代耀瓷装饰另辟了新路。

2. 金代[1]

铜川黄堡窑1984年的发掘，找到了金代作坊和灰坑，出土了一批金代瓷器，有些瓷片上有金代年款，有些范上刻有金代年号，它们成为金代耀州窑的标准器。在此之前，耀州窑发掘面积较小，金元时期笼统称之，而后，以金代标准器区别于元代，对瓷器断代很有利。

目前很多学者认识到，金代耀州窑在工艺水平和生产规模并不亚于宋代，出现了青白玉釉一类新品种，装饰上也有所创新。金代以青瓷生产为主，兼烧酱釉瓷、窑变天目瓷和黑瓷。青瓷釉色有青翠、姜黄和月白等。青瓷有碗、盘、碟、瓶、壶、盒、枕、炉、灯、盏等。以碗、盘为主，造型改变了北宋时期的轻、巧、薄风格，以浑厚耐用为特征，刻花、印花工艺继续应用。青白玉釉瓷亦称作月白釉瓷，釉色以青和白为主，釉层较厚，釉色滋润，多素面，有玉石效果。器形有碗、盘、盏、钵、罐、瓶、炉、洗、杯等。出土了一些刻花梅瓶等大件青瓷产品。（图23-1-10）

3. 元代[2]

耀州窑产品显著变化，青瓷的姜黄釉成为典型釉色。出现白地黑花瓷，其器型有碗、盆、杯、碟、罐等；图案有花、鸟、鱼、枝叶、蔓草等。（图23-1-11）

三　金元时期耀州窑中心转至立地坡和上店窑场继续发展

（一）遗迹

在20世纪50年代以来调查工作的基础上，2002年3月—2004年5月，对立地坡古瓷窑遗址进行了发掘，清理出5做窑炉，金代2座，元代1座，清代2座；半坡清理1座金代窑炉。[3]

---

[1]　禚振西：《耀州窑遗址陶瓷的新发现》，《考古与文物》1987年第1期；陕西省考古研究院隋唐考古研究部：《陕西南北朝隋唐及宋元明清考古五十年综述》，《考古与文物》2008年第6期。

[2]　禚振西：《耀州窑遗址陶瓷的新发现》，《考古与文物》1987年第1期。

[3]　耀州窑博物馆、陕西省考古研究所、铜川市考古研究所：《立地坡·上店耀州窑址》，三秦出版社2004年版，第4、13—16、240页。陈炉发掘报告尚未出版。

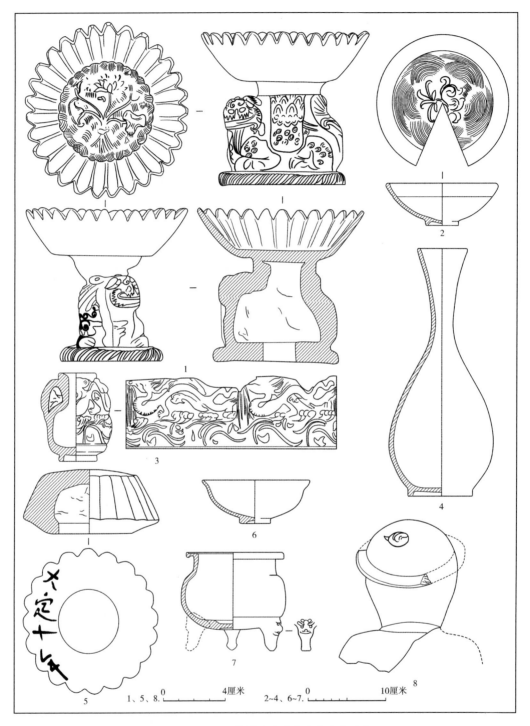

图 23-1-10　耀州窑遗址出土的金代遗物

1. 青瓷卧狮印花盏　2. 落花流水纹刻花青瓷碗　3. 贴塑双龙青瓷瓶　4. 素面青白玉釉玉壶春瓶　5. "大定十年"盏范　6. 素面青釉碗　7. 素面青白玉釉三足炉　8. 陶俑

（引自《耀州窑遗址陶瓷的新发现》，《考古与文物》1987 年第 1 期）

图 23 - 1 - 11　耀州窑遗址出土瓷器
1. 白釉黑花瓷碟　2. 白釉黑花把足碗　3. 白釉黑花鱼纹盆　4. 黑釉花盘
（引自《耀州窑遗址陶瓷的新发现》，《考古与文物》1987 年第 1 期）

1. 金代窑炉遗迹

两座窑炉位于立地坡村南约 2 公里处的马鞍桥（南山）山梁东侧，隔沟与立地坡村相望。两窑坐北面南，并排排列，由东向西，编号为 02LMY1 和 02LMY2。

立地坡马鞍桥一号窑炉 02LMY1（图 23 - 1 - 12），平面呈圆形，内直径 3.8 米，由窑门、燃烧室、窑室和烟囱四部分组成。窑门残，宽约 0.8 米，东壁残缺，西壁用耐火砖砌成，残高0.2—0.5米，进深残长0.5米。燃烧室呈半圆形，宽3.4米、进深0.8米，室内残留有柴灰、耐火砖、匣钵等，底面红烧土层厚约0.1米，与窑门外处于同一水平面，上距窑室底平面1.2米。窑室近似长方形，宽3.8米、进深1.8米，两侧壁残高0.3—0.65米，厚0.2米，后壁残高0.86—1.16米，厚0.3米。窑室底面铺有一层0.1米厚的细小耐火土粒，耐火土粒上前后放置五排、每排三至八个匣钵不等，其中一匣钵内放置一件素烧厚施釉的大碗坯。窑室后壁下方设置出烟孔14个，出烟孔高0.14—0.18米，宽0.08—0.12米，间距0.16—0.18米，部分出烟孔用细小耐火土粒堵塞。窑室东南角底面略残。烟囱略呈半圆形，宽3.4米、进深0.9米，残高1.2米，底部略低于窑室平面，铺有细小耐火土粒，厚约0.1米，其下为红烧土，厚约0.1米。烟囱东北部有一侧门，宽0.46米，残高0.36米，门下方距烟囱底部约0.5米。发掘清理时发现烟囱底部残留有素烧后施釉的盆、罐、碟、盏、砂埚等器坯及碎片。该窑炉为单烟囱，以柴为燃料，平面近似圆形，用耐火砖砌成，耐火砖外侧填以坩土和黄土，再外侧为生坩，无通风道。从窑内出土器物均具有金代特点来判断，该窑为金代窑炉。

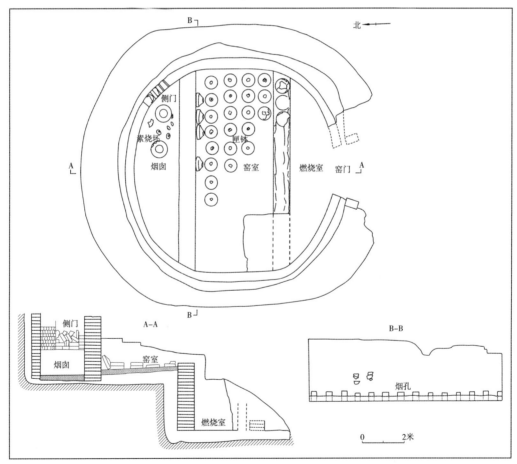

图23-1-12　02LMY1平剖面图

（引自《立地坡——上店耀州窑址》，三秦出版社2004年版，第13页，略变化）

　　立地坡马鞍桥二号窑炉 02LMY2（图 23 - 1 - 13），位于 02LMY1 西侧 1 米处，平面近似圆形，由燃烧室、窑室、烟囱三部分组成。燃烧室残存底部，残宽 0.8 米、残进深 0.4 米，底面铺有耐火砖，砖下红烧土厚 0.1 米，燃烧室内残留有柴灰及少量碎瓷片，其底部距窑室底面 2.15 米。窑室近似圆形，直径 3.6—3.8 米。窑壁为坩土，表面烧结，土色红黄，厚 0.1 米，烧结层外侧为生坩土，土色泛白，致密坚硬。窑壁残高 0.6—1.4 米，有大量窑裂缝，窑室地面有坩土踩踏层，厚约 3—5 厘米。室内北侧保存有耐火土砖坯两排，

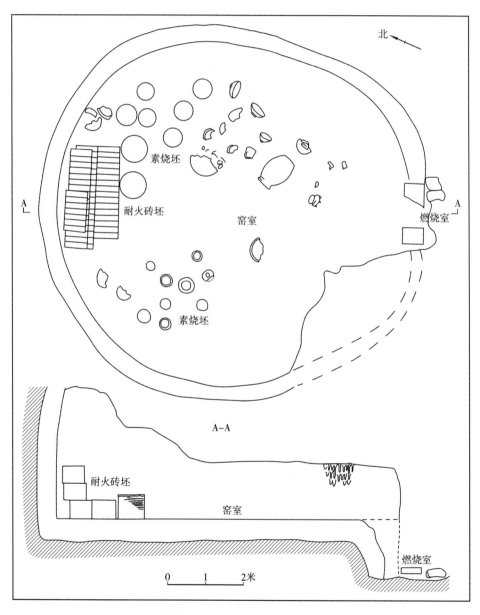

图 23 - 1 - 13　02LMY2 平剖面图

（引自《立地坡——上店耀州窑址》，三秦出版社 2004 年版，第 15 页，略变化）

前排一层，后排三层，筒形匣钵4个，还有大量生烧器和素烧施釉器坯，器形以碗、盘为主，另外有盏、钵、盆、罐、炉等。釉色以青瓷未主，有少量黑瓷。从窑室保存状况看，窑室下部无出烟孔和烟囱，烟囱应位于窑壁上部或顶部。从坍塌的窑顶烧结断面看，窑顶为黄土。该窑应是利用地势，直接在坩土断崖上挖筑修建，早期可能用来素烧器坯，后期用作存放器坯，其年代亦为金代，但较1号窑略早。

上店半坡一号窑炉02SBY1（图23-1-14），在20世纪50年代以来调查工作的基础上，2002年3月至2003年10月，对场半坡等烧造区进行了发掘，清理出金代窑炉1座。

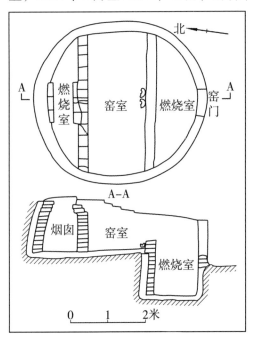

图23-1-14 02SBY1 平剖面图
（引自《立地坡——上店耀州窑址》，三秦出版社 2004年版，第241页，略变化）

该窑位于半坡村东北康子窑山梁上，南面临沟。坐北面南，窑门方向南偏东20°。窑炉平面近似圆形，由窑门、燃烧室、窑室和烟囱四部分组成，无通风道。通长4.65米、宽4.2米。窑门宽0.7米、残高0.7—0.85米。燃烧室呈半圆形，底部铺耐火土，已烧结，土色泛灰，底部遗留有柴灰、木炭渣及少量瓷片。燃烧室长3.4米、宽0.8米、深1.45米。窑室呈长方形，长3.7米、宽1.55米。底面铺有一层细小耐火土粒，厚约0.1米，其下为一层红烧土，厚约0.12米。前面挡火墙用耐火砖砌成，窑室前部粘结有残匣钵2个。窑室底面后部略低。后壁用耐火砖砌成，长3.5米、残高1.4米，底部设置11个出烟孔，其中7个用匣钵片堵塞。烟囱平面呈半圆形，底部略低于窑室，铺有一层细小耐火土粒，厚约0.1米，其下部有一层红烧土，厚0.12米，顶部逐渐内收。烟囱底面长3.3米、宽0.95米、残高1.45米。烟囱后部有一长方形侧门，用耐火砖堵实，门宽0.32米、残高0.33米。该窑为以柴作燃料的单烟囱窑，窑壁用耐火砖砌成，外侧用坩土、黄土及石块填充夯实。从窑内填土中出土的瓷片标本看，以金代青瓷为主，有零星的明代瓷片。结合金代窑炉结构特征，确定是一座金代窑炉。

2. 元代窑炉遗迹

立地那坡一号窑炉02LNY1（图23-1-15），该窑位于立地坡村东南那坡，坐北面南。平面呈马蹄形，由通风道、燃烧室、窑室、烟囱四部分组成。通风道叠压于路下，未做清理，从与落灰坑相连一端内口看，通风道内口高1.28米、宽0.7米。窑门残，燃烧室平面呈半圆形，炉栅已毁，宽3.9米、进深1.58米、深0.68米，落灰坑位于燃烧室下方，宽3.9米、进深1.58米、深1.36米，坑壁用耐火砖及匣钵片砌成，保存较完整。窑室底平面呈长方形，宽44米、进深2.4米，底面烧结厚度0.1米，下面红烧土厚约0.15米，上面残留有细小的耐火土粒，窑室底面靠近燃烧室一端略残。底面前高后低，窑室两壁用耐火砖砌成,有裂缝一条,残高 0.5—2.5 米。窑室后壁残高 3.2 米、厚 0.2 米,底部两侧各有 4 个长方形出烟孔与烟囱相通。烟囱残高 3.2 米,底平面呈半圆形,低于窑室平面 0.08 米、宽 1.58 米、进深 1.38 米。烟囱壁用耐火泥筑抹而成,已烧结,厚 0.2 米,外侧为红烧土,厚 0.15 米,再外侧为生黄土。烟囱壁自下而上逐渐内收。双烟囱。窑室内填充物有青瓷、黑瓷、白瓷、砂埚、匣钵残片及耐火砖块、煤灰等,遗物以元代后期为主,亦有部分明代遗物。从窑炉形制和出土物判断,该窑建于元代后期,毁于明代初期。

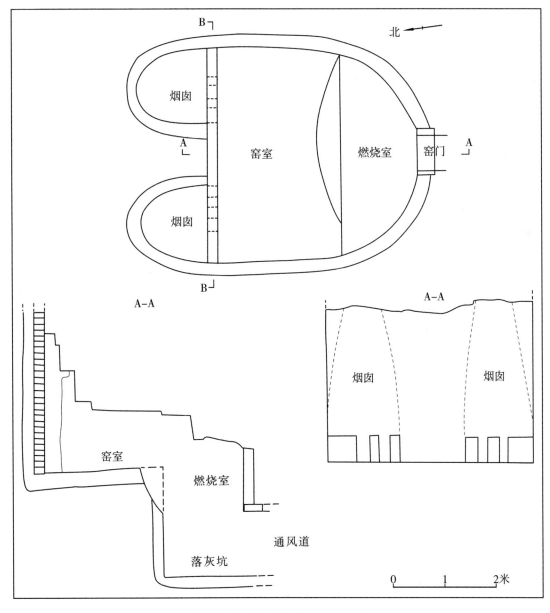

图 23 - 1 - 15 02LNY1 平剖面图

(引自《立地坡——上店耀州窑址》,三秦出版社 2004 年版,第 16 页,略变化)

（二）立地坡、上店耀州窑址出土器物分期[1]

立地坡、上店耀州窑址出土器物根据地层关系和纪年器物，并参考相关考古报告和简报将出土器物略作分期。在金、元、明、清四个时代基础上将金代又分为前后两期，元代时期分为蒙古、元代前期、元代后期三期。明代分三期。清代分为两期。金代前期为立地坡窑和上店窑初创阶段，金代后期二窑有一定发展，但规模不大；元代是立地坡窑和上店窑的黄金时期；明代上店窑停烧；明清时期立地坡窑继续发展。

金代前期，自金太宗天会五年（1127 年）到金世宗大定二十九（1189 年）共 62 年。金代前期是立地坡窑和上店窑的初创，窑工来自黄堡镇，产品明显受黄堡影响。以青瓷为主，黑瓷极少。以白胎为主，与黄堡窑有明显区别。薪柴为燃料，窑炉结构发生变化，产品中青釉釉色滋润。上店窑金代瓷器胎釉结合不好，有脱釉现象。素面较多，刻花器不见，纹饰多见印花有折枝菊、牡丹、蝴蝶、凤鸟、婴戏等。器物种类多，有碗、钵、盏、盘、碟、洗、器盖、罐、盆、灯、鼎炉、釜。碗有圆弧腹、深斜腹、浅斜腹等。钵为直口钵。盏为敞口斜腹。盘有折沿、翻沿、八角菱花形。碟仅有平沿浅腹一种。洗为折沿。器盖为子口盖。罐为厚圆唇和子口罐。盆为卷沿盆。灯为敞口平底。鼎炉为直口、平沿、鼓腹。釜则为敛口、圜底。

金代后期，从金章宗明昌元年（1190 年）至金哀宗天兴三年（1234 年），共 44 年。仍以青瓷为主。器物素面多，有纹饰者烧，纹饰有菊花、荷花、婴戏等。装饰以印花为主，刻划少见。青釉釉色多青中泛黄，胎质致密坚硬，胎色浅灰白色最常见。器物种类较多，有碗、钵、盏、盘、碟、枕、灯、鼎炉和瓶。碗又新出现了重唇口碗。钵仍为直口钵。盏有敞口和曲口两类。盘有直口、折沿两类。枕仅见底座，腰形。灯为敞口斜腹、圈足，鼎炉为浅盘口、直颈。瓶则为花口。

蒙古时期，自蒙古太宗窝阔台六年（1234 年）灭金至元世祖至元七年（1270 年），共 36 年。此期代表性烧造点有立地坡阳湾、立地坡后洼等地。以青瓷为主，多素面，器类仅见碗，胎、釉及造型与金代晚期形似，惟外壁露胎较金代后期略多。

元代前期，自元世祖至元八年（1271 年）建国号大元至元宁宗至顺三年（1232 年），共 62 年。1959 年，陕西省考古研究所曾在立地坡采集到一件内底刻"至元廿九年十四日记笔。寿"铭[2]。代表性烧造点有立地坡东山、立地坡东山王家，店上、后凹、阳湾、上店陵坡等。青瓷为主，黑釉瓷增加。青瓷多印花，纹饰以荷花、牡丹等见常。釉色多青中泛黄，胎色以浅灰白和土黄胎较为常见。器物种类较多，有碗、盏、钵、盘、洗、盆、罐、鼎、炉和灯。碗有敛口、直口两类。唇多为方唇。盘则为敞口斜弧腹。洗为平折沿，直弧腹。盆为直口圜底。罐为双耳罐。鼎多为浅盘口、双耳、圆鼓腹。有直口和敛口两类。

〔1〕　耀州窑博物馆、陕西省考古研究所、铜川市考古研究所：《立地坡·上店耀州窑址》，三秦出版社 2004 年版，第 319—321 页。

〔2〕　陕西考古研究所：《陕西铜川耀州窑》，科学出版社 1965 年版，第 50 页。铭文盘之铭文另见于《立地坡·上店耀州窑址》，三秦出版社 2004 年版，第 320 页，略有差别，采集有"至元二十九年六月十四日记笔，口（花押）"纪年铭盘。

元代后期，自元顺帝统元年（1333 年）至至正二十八年（1368 年），共 35 年。2002年、2003 年的调查解剖中，出土有"……□正拾年拾……"纪年铭残碗和"至正拾……"纪年铭残盘。此期代表烧造点有立地坡阳湾、立地坡南洼、那坡、后凹。以青釉和黑釉为主，其他釉色占少数。青釉以印花常见，纹饰以牡丹、菊花、荷花、水草、鸿雁为主，还有少量龙、凤及狮纹。刻花则以简化莲纹最常见。青釉瓷多为青中泛黄、姜黄及青绿最常见。胎色以浅灰白较常见。器类有碗、小碗、温碗、盏、盘、洗、盆、瓶、罐、鼎炉、盒、灯、烛插、枕、器盖、臼和釜。碗为敛口碗，胎体厚重。小碗为浅斜腹和深斜腹两类。温碗为弇口。盏为圆唇和尖唇两大类。盘有敞口、直口两类。洗为折沿。盆有平折沿和弇口两类。瓶有梅瓶和玉壶春瓶以及双耳瓶。罐有直筒形及鼓腹罐。鼎炉与前期相似。盒为子口卧足。灯有敛口灯，还有省油灯。烛插为"工"字形。器盖有子口、母口两类。臼为敞口微收。釜为子口、圈足。

明代早期，自明太祖洪武元年（1368 年）至明英宗天顺八年（1464 年），共 96 年。代表烧造点有立地坡桑树园。明代早期产品以黑釉瓷、茶叶末釉瓷和酱釉瓷为主，另外有少量姜黄色青釉和青中泛白的釉色。早期偏晚还出现了白地黑花瓷。青釉瓷釉少量印花装饰，纹饰有缠枝花和婴戏纹。其他釉色多素面。胎色多浅灰白和土黄色，胎质不及早期坚硬致密。器类有碗、小碗、盏、盘、碟、罐、高足杯、器盖、臼。碗为敞口、侈口及翻沿三种造型。小碗为敞口。盏为直口。盘为侈口。碟为敞口。罐为子口。高足杯足较低。盖为子口挑沿。

明代中期，自明宪宗成化元年（1465 年）至明穆宗隆庆六年（1572 年），共 107 年。2002 年、2003 年的调查解剖中曾出土景德镇成化时期青花麒麟纹盘，而在陈炉也曾出土有"嘉请（靖）拾年"款白地黑花罐残片。代表烧造地点有立地坡七亩地、立地坡马家科。产品种类和早期基本相同，白地黑花渐多，青釉占比例小。还出现了少量白釉黑箍瓷。胎色土黄。器类新出现了钵、盆、瓶、灯、釜。碗多直口，有台形圈足。小碗为敞口深腹。盏为敛口。钵为重唇口。盘有卧足盘。碟为翻沿。罐有双耳罐和鼓腹小罐。高足杯渐高。盆多卷沿。瓶有环口、敞口两类。灯为敛口。釜为敛口圜底。

明代晚期，自明神宗万历元年（1573 年）至明思宗崇祯十七年（1644 年），共 71年。代表性烧造点有马家科和立地坡瓷瓦坡。青瓷基本不见。黑釉瓷、茶叶末釉瓷、酱釉瓷所占比例最大，白地黑花瓷也有一定比例。白釉瓷也有生产。白釉略泛青，釉下施化妆土。胎色有浅灰白和土黄两类。胎质较细。产品有碗、罐、盆、海缸、灯、烛插、盒。碗多为敞口。罐为鼓腹小罐。盆有叠唇、折沿、斜沿等。海缸为厚方唇。瓶为撇口。灯为敞口灯。烛插残。盒为直腹和鼓腹两类。

四　明代耀州窑以陈炉窑场为代表瓷种发生重要变化

2002—2005 年，曾对陈炉地区窑址进行了深入的考古调查和试掘工作，本书仅对公开发表的情况略作记述[1]。陈炉窑的历史大体可以概括为金末元初的初创期，元代的快速

〔1〕　禚振西、薛东星：《概述》，《陈炉耀州瓷精萃》，文物出版社 2007 年版。

发展期，明代的鼎盛期，晚清、民国的转变期。明代以前的情况，在前述耀州窑概说中有所交代，下文以陈炉窑明代情况为主。

明代陈炉窑场的范围和规模大增，渐趋鼎盛，形成、完善了以"社"来划分地域，以"行"来分类制作，以"户"来分工生产和销售等一整套生产经营体系。

陈炉窑明代的主流产品是黑釉、白地黑花、白釉、白釉黑箍瓷。其中白地黑花最具特色，在施有白色化妆土的胎体上，以疾速的笔触，绘出写意花卉，再罩透明釉烧成，画风与宋代耀州窑青瓷刻花一脉相承。白釉黑箍瓷，出现在明代中期以后，其特点是器内满施白釉，器外腹以上施白釉，腹以下部分再施黑釉，犹如白釉器下加一圈黑釉箍，此类双色瓷朴实、简约、耐用，明代以降成为陈炉窑场的传统瓷品，并延续至今。明代瓷器以日用器皿为主，碗、盘、碟为大宗。还有，短颈玉壶春、直口鼓腹罐、多层塔形罐、侈口高足杯、卷沿斜腹盆、宽折沿斜腹盆等。器足由早中期的根部平削逐渐向台形足转变，明末器足变低。传统的耀州窑刻花和印花青瓷出现衰落态势，釉色由姜黄色变为黄褐色，纹饰由犀利洒脱的刻花变为板滞生硬的凸线纹。在陈炉中心区外的水沟一带，出现了青釉白彩瓷。

明代陈炉窑的艺术性体现在三个方面，第一，器物造型的朴拙，平实。比如塔形罐、帽盒、高把子老碗等。第二，采用淳朴、平实的瓷釉装饰，与中原和景德镇有很大区别。多采用黑、白、黄三种釉，未见红、绿紫等颜色。三种瓷釉或单独使用或结合使用，还可配合彩绘。第三，彩绘纹样题材比耀州青瓷更加丰富和民俗化。

在陈炉地区发现了明代烧造琉璃瓦和琉璃构件的窑炉和作坊，窑炉结构与元代类似，但通风道明显增高。其中出土的带有龙凤纹的琉璃瓦当，表明陈炉和立地坡曾共同为明秦王府烧制过琉璃瓦。琉璃瓦有孔雀蓝釉、黑釉和素三彩，说明陈炉窑还烧造过此类产品。根据考古遗存可知，陈炉是比立地坡更为重要的明代琉璃窑址。另外，在陈炉的任家湾发现两件刻有"弘治十五年西安府造"字样的大型黑釉井圈，反映其在明代烧制大件器的工艺水平，当时官府曾在陈炉专门定制大型瓷制用品。

陈炉窑在康熙时代得到恢复和壮大发展，瓷釉品种比明代更加多样。民国时期进入近代发展期，新品种、新装饰均出现。

五　耀州窑制瓷工艺

（一）原料制备、成型与烧成工艺

1. 原料制备、成型

耀州黄堡窑所用瓷土，当地称为"坩土"，俗名"矸子"，在黄堡镇一带极其丰富，但都蕴藏在漆水河两岸黄土高原下的石岩内，而立地坡和上店的原料不仅储藏量大，而且矿层厚，距地表浅[1]。宋代耀州黄堡窑发明和使用了大型石碾槽进行原料的加工粉碎，

---

[1]　陕西省考古研究所、耀州窑博物馆：《宋代耀州窑址》，文物出版社 1998 年版，第 549 页；耀州窑博物馆、陕西省考古研究所、铜川市考古研究所：《立地坡·上店耀州窑址》，三秦出版社 2004 年版，第 322 页。

而且以畜力牵引代替了人力加工，增大了粉碎加工的数量和成效[1]。

宋代黄堡窑的成型方法主要承袭唐五代，有拉坯轮制、模制和捏塑几种，有时单一使用，有时几种结合。立地坡和上店窑场在成型制作方法上，大体继承黄堡窑传统。

2. 釉料与施釉法

宋代耀州工匠对釉料中易粉碎的成分，如瓷土和药碱，直接放入石碾槽中进行细加工。不易粉碎的釉料，如石灰石、料姜石和其他块状岩石矿料，采取先在煅烧小炉中进行加温煅烧，后再放入石碾槽或石臼中进行细粉。

宋代耀州窑青瓷釉与唐五代相比有了很大的进步。主要体现于两个方面：一方面是青釉熔融成玻璃相的效果相当成功，很少发现有唐五代流釉、堆釉、干釉现象，也很少见到釉面无光和出现"橘皮釉"的现象；另一方面是胎釉结合紧密，胎和釉之间还出现了中间层。这种中间层的出现，调解了胎与釉间不同的物质差异，增进了胎釉的结合。

宋代耀州窑不仅有了专设的施釉设置，而且还出现了专门的单间施釉场所。从作坊残留的遗迹看，此时的施釉方法有蘸釉（浸釉）、荡釉、刷釉几种，晚宋时还曾采用过浇釉法。

蘸釉法是宋代耀州窑施釉的主要方法。施釉后的器坯晾干或烘干，然后再刮去底足的釉。还有一种施釉后，再经二次修坯，刮削掉部分足内墙和器外底周围。荡釉主要用在琢器和大件器器内。刷釉多见于黑釉酱斑、酱釉黑斑、黑釉赭斑釉等窑变釉上。

3. 装烧与烧成

窑具有匣钵、垫支具、支烧垫柱座、泥垫塞、火标等。宋代多采用一匣一器方法装烧，匣钵有 M 形漏斗状和筒形两种。M 型漏斗状，承烧碗、盘、碟、钵、盏、洗等圆器类。筒形匣钵承烧壶、瓶、罐、灯、炉等。

垫支具主要有垫饼和垫环两种。垫饼圆形，在宋代早期，还采用过匣钵内底铺放石英沙的"托珠"支烧法在装钵中找平，此后废弃。

宋代耀州窑与唐、五代时期的相比，窑炉结构上发生了较大的变化，火膛改为适合烧煤的燃烧室，增设了炉栅和炉栅下的落灰坑，炉栅下还增设了能从窑外通到窑内进行通风助燃的设置——地下通风道。这种结构合理便于烧煤的窑的不断完善，是耀州窑对中国陶瓷烧成工艺的一大贡献。其在宋代早期发明、早中之交改进的窑炉，不仅在耀州窑场很快地推广和普及，而且在中国北方的其他窑场中也被逐步采用和推广。

宋代耀州窑烧造工艺中，广泛采用火标（火照）来掌握窑温和火候变化，也标志着耀州窑烧成工艺的日臻成熟。

（二）造型与装饰

1. 因形施饰、形饰和谐的造型艺术[2]

根据器物的高低形状选择不同的装饰，碗、碟类，多用印划的小花装饰，壶、罐类外

〔1〕　陕西省考古研究所、耀州窑博物馆：《宋代耀州窑址》，文物出版社 1998 年版，第 550 页。

〔2〕　宋伯胤：《耀州窑陶瓷艺术》，《收藏界》2008 年第 10 期。

部多刻、剔手法，且多大多花叶，重层次和明暗。器钮皆与器盖协调，如器盖扁圆或仿覆叶状，盖钮则做成扁圆葡萄状。用纹饰来强化器物功能，如器物肩部或口沿周边，用连珠纹或缀叶纹作带饰，取箍圈之意；瓶类器物一周瓜棱纹，周圈束缚之，水不外溢。特殊部位用雕塑手法突出形象，如在器咀、器把、器座，或颈周装饰虎、狮、盘兽，以虎口为器咀，以卧狮或犀牛作枕座、灯台。

2. 装饰

（1）装饰技法[1]

耀州窑的装饰手法多样，有划花、剔花、刻花、印花、贴花、戳花、捏塑、镂空、绘画化妆土等。在不同的发展时期，流行和主要使用的手法不尽相同。宋代耀州窑与同时代的其他著名窑场相比，最为突出和独特的装饰手法是刻花与划花相结合工艺，印花工艺。

划花最早见于唐代黄堡窑，五代时期成为主要手法，直至宋初。宋代中期以后较少单独使用，用作刻花花朵和叶脉轮廓内采用的辅助手法，并与之结合使用。宋代的划花，有单线条和并列多线条两种表现技巧。立地坡窑和上店窑金元明时期均有发现，清代不见。

剔花出现于五代时期黄堡窑，是借鉴汉唐石刻的"减地刻"手法而创新的一种方法。五代流行，宋初延续。宋代中期以后少见。

刻花在宋代早期偏晚出现在黄堡窑，是五代划花和剔花手法基础上，融两种装饰手法的特点而发展起来的。主要盛行于北宋中期，北宋晚期到金代，仍大量生产，但装饰主要被印花取代。立地坡窑和上店窑金元时期使用较少，纹饰简单。金代纹样写实，元代粗犷，写意手法突出。明清时期不见。

印花，局部和简单的戳印及模范印制工艺在唐代黄堡窑已经出现。宋代中期则整体使用。发掘中不见发现了大量较完整和残破的宋代印花范，而且还发现了不少将纹样图案刻在内壁的母体模具翻出印花内范。耀州窑还发明了用母体范模制作印花内范的工艺方法。立地坡窑和上店窑整个烧造历史均有印花装饰。金元最多见，纹饰也最丰富。明清时期渐少。贴花在唐、五代和宋代黄堡窑均有采用。所见纹样有仰覆莲瓣、人物、佛造像、力士、海兽、蟠龙和行龙等。多装饰在瓶、壶、尊、灯、炉、熏炉等琢器上。立地坡窑和上店窑见于金元时期，纹样有龙、凤、狮及花朵类。清代未见。戳花在晚唐、五代时期黄堡窑采用，宋代较少使用，仅见于戳制珍珠地纹样。

捏塑在唐、五代、北宋时期的黄堡窑都有采用。主要应用于无法拉坯轮制的艺术装饰。如，各类器物的葵式、海棠式、菱花式、荷叶翻卷式的器口；瓜棱式、出筋式、多折式、多曲式的器腹，以及某些动物和人物瓷塑小品等。立地坡窑和上店窑，金代瓶类的花口以及元明的瓷塑采用。镂空在唐、五代、北宋时期的黄堡窑也都有采用。主要用于装饰一些祭祀和陈设用品，以及高级生活用瓷，如熏炉、炉、灯、花插之类。绘画化妆土在晚

[1] 陕西省考古研究所、耀州窑博物馆：《宋代耀州窑址》，文物出版社 1998 年版，第 617—619 页；耀州窑博物馆、陕西省考古研究所、铜川市考古研究所：《立地坡·上店耀州窑址》，三秦出版社 2004 年版，第 352—379 页。

唐时期的黄堡窑出现，被称为青釉白彩。五代、北宋发现极少。

（2）装饰纹样[1]

黄堡窑装饰纹样丰富，唐代时期已经具有特点，五代时期进一步发展，北宋进入繁荣发展期。从黄堡窑发掘出土和传世的耀瓷观察，仅北宋的装饰纹样达到200多种。纹样以植物类各种花卉最为常见，动物类的瑞兽、珍禽、昆虫、水族大量出现，人物故事和佛道造像相对较少。山水类和文字款比较少见，几何纹样多做边饰。立地坡窑和上店窑装饰纹样也很丰富，包括植物、动物、人物、边饰和其他类。

植物类中花卉纹样题材有牡丹花、菊花、莲花、西番莲、葵花、梅花、鸡冠花、朵花；草木枝叶纹样题材有忍冬、柳枝、竹枝、蕉叶、茨菇叶、瑞草、芦苇；瓜果纹样题材有石榴、葡萄、瓜瓞、莲蓬。

动物类中瑞兽纹样题材有龙、狮、鹿、虎、象；珍禽纹样题材有凤、孔雀、鹤、鸳鸯、喜鹊、鸭、鹅、鸿雁；昆虫纹样题材有碟、蛾之类；水族纹样题材有鱼、摩羯、鱼龙、海马、螺、水虫。

人物类中婴戏人物纹题材有单婴戏牡丹、单婴戏梅、梅竹双婴、三婴荡枝、四婴戏把莲、五婴戏犬、群婴戏缠枝葡萄等。图案中嬉戏的童婴都是胖胖的大头圆脸形象，几乎都带有项圈、手镯和脚镯，或带裹兜裸四肢，或裸体缠飘带。婴戏纹是宋代耀瓷各类人物纹样中最常见的一种。人物生活纹样题材有母子蹴鞠、戏装男女、持物人物、山石人物、匍匐人物等。佛教造像纹样题材有维摩诘、飞天、罗汉、力士、供养人、化生人物、僧人。道教人物纹样题材有鹤驭仙游人物、着鹤氅人物、着华阳巾人物。此外还有瓷塑人物、外域人物等。

山石流云水波类题材有山石、流云、水波。还有几何形和其他类。文字类题材包括纪年、吉祥语、姓氏、数字、象棋文字、窑工姓名与花押等。边饰纹样题材包括缠枝忍冬、联莲瓣、蕉叶、蕉叶莲瓣、缠枝花卉、凤衔花卉、凤衔瓜果、小朵花叶、水波江牙、铜钱、几何纹、吉祥如意纹。

六　耀州窑瓷器科技考古

（一）胎、釉的化学组成和烧成温度[2]

耀州窑唐代瓷胎较粗，宋代中期胎釉的质量较高，胎变薄，釉中气泡排除，透明度较好，有利于表现刻、划花。元代，由于烧成气氛还不足，釉多呈姜黄色。

耀州窑青瓷胎色为灰白或浅灰色，Al_2O_3 含量在20—30%之间变化较大，胎呈灰色则与所含 Fe_2O_3 和 TiO_2 的着色有关。耀州窑优质青瓷釉色为青中显黄的橄榄色，若烧成气氛偏氧化则呈现姜黄色或茶黄色，釉中 CaO 含量在 5.58—16% 之间变化较大，CaO 含量低时，K_2O 的含量相应增高，可能在配釉中使用含钾高的草木灰。宋代青瓷的烧成温度高，其吸水率和气孔率低，致密者分别达 1—2.6% 和 0.44—1.12%，烧成温度达 1300—1320℃。

〔1〕　陕西省考古研究所、耀州窑博物馆：《宋代耀州窑址》，文物出版社1998年版，第619—677页。
〔2〕　李家治主编：《中国科学技术史·陶瓷卷》，科学出版社1998年版，第261—265页。

（二）胎、釉来源[1]

用中子活化分析法测定古耀州瓷的原料产地可知，历代耀州窑瓷胎样品有着长期稳定的、集中的原料产地，唐、五代时期产地接近，宋、金时期产地基本相同。历代耀州窑瓷釉样品的原料来源则比较复杂。其中黑色瓷釉、酱色瓷釉、兔毫瓷釉样品的原料来源比较集中；而青瓷釉、白瓷釉、月白瓷釉的原料来源相对分散。上述深色釉和青釉的原料来源明显不同。古耀州窑匣钵料与瓷胎原料来源接近。

（三）化妆土与中间层[2]

耀州窑在唐代、五代为了改善青瓷的质量，在瓷胎表面施加化妆土，北宋青瓷胎釉之间则存在明显的中间层。根据显微镜观察，化妆土与胎釉之间有较明显的界限，中间层主要位于瓷胎内，和胎釉之间无明显界限；偏光显微镜下可见化妆土，不见中间层；体视显微镜下二者均为白色。根据能量散色 X 射线荧光光谱分析，化妆土除 Fe_2O_3 的含量较低外，其他化学组成和瓷胎基本相似，而主要位于瓷胎内的中间层，其化学组成不仅 Fe_2O_3 的含量比胎釉低，而且 CaO 和 K_2O 的含量高于胎体，而向釉靠近。

七　耀州窑性质与外销

耀州窑的制瓷历史可以概括为 6 处窑场、3 个贡窑、8 个时期，6 处窑场即黄堡窑、陈炉窑、立地坡窑、上店窑、玉华窑、塔坡窑，3 个贡窑是指五代、北宋、金代耀州窑都曾生产贡瓷，8 个时期是指唐代、五代、宋代、金代、元代、明代、清代、清末民国，包括耀州窑从初创、繁荣、发展到转型、改良等的发展历程。[3]

宋代耀州窑既烧制宫廷用的贡瓷又烧民用商品瓷。在耀州窑制瓷业发展的同时或稍晚仿烧耀州窑青瓷的有河南省的临汝窑、宜阳窑、宝丰窑、新安城关窑、禹县钧台窑、内乡大窑店窑、广州西村窑和广西永福窑，形成了一个与越窑面貌、风格有别的北方青瓷窑系。

关于耀州贡瓷情况，文献中有过相关记载。《元丰九域志》有"耀州华原郡土贡瓷器五十事"之记载，当为北宋中期神宗熙宁至元丰年间（1068—1085 年）耀州向宫廷贡瓷的明证。《宋史·地理志三》（卷八十七）载："耀州，紧，华原郡。开宝五年，为感义军节度。太平兴国初，改感德军。崇宁户一十万二千六百六十七，口三十四万七千五百三十五。贡瓷器。"这是北宋晚期徽宗崇宁年间（1102—1106 年）耀州向宫廷贡瓷的明证。黄

[1]　李国霞等：《用中子活化分析研究古耀州瓷的原料产地》，《中国耀州窑国际学术讨论会文集》，三秦出版社 2005年版。
[2]　凌雪、姚政权、贾麦明等：《耀州窑青瓷白色中间层和化妆土的微观结构》，《武汉大学学报》（理学版）2008年第 54 卷第 4 期；凌雪、贾麦明、魏女等：《耀州窑青瓷的能量色散 X 射线荧光光谱分析》，《西北大学学报》（自然科学版）2008 年第 38 卷第 1 期。
[3]　禚振西：《前言》，《中国古瓷窑大系——中国耀州窑》，中国华侨出版社 2014 年版。除上述 6 处窑址外，《前言》还提到了建于晚清光绪年间的河东坡窑址。

堡窑金代仍然为"贡窑"，近年在耀州区药王山南庵碑廊发现了涉及金代大定年间耀州向金中都贡瓷的碑刻文献《耀州吕公先生之记》，该金代碑记提及了耀州曾向金代宫廷贡瓷的事迹[1]。

耀州窑及诸窑系产品，是唐宋时期外销瓷的重要组成部分。从 20 世纪 80 年代以来，在日本 11—12 世纪的一些古遗址中，多次发现耀州窑的外销青瓷残件。20 世纪 20 年代起，在朝鲜半岛就曾出土过精美的耀州窑外销青瓷[2]。位于印度洋、阿拉伯湾和波斯湾的交接地带的阿曼国的古城苏哈尔出土了耀州青瓷残片[3]。在埃及的福斯塔特[4]、坦桑尼亚基尔瓦岛[5]的古遗址都出土过耀州窑外销瓷。

八　小结

综上所述，黄堡窑唐代开始到北宋时期达到鼎盛，大规模的烧造了数百年。北宋改造窑炉结构用煤烧解决了木柴燃料缺乏的问题，但经金元时期 200 多年的续烧，制瓷原料匮乏，黄堡窑日渐衰落。立地坡窑场在黄堡窑制瓷工艺的影响下迅速发展，其地原料和燃料都很丰富，且地处黄堡镇东约 15 公里，有直通销售地的官道，交通比较便利，元代烧瓷中心逐渐东移至立地坡镇。再后，距立地坡 5 公里的陈炉窑场兴盛发展，其窑场规模和制瓷工艺均超过立地坡窑场。明清以降，耀州窑的中心窑场又从立地坡移到陈炉镇。直至近现代，陈炉镇成为耀州窑的最后继承者，一直延续烧造，成为西北地区最大的制瓷中心。立地坡和陈炉曾先后领先发展。而上店窑，因地理环境和交通相对较差，未能领先且是三处最早停烧的一个窑场。宋代耀州窑既烧制宫廷用的贡瓷又烧民用商品瓷。在耀州窑制瓷业发展的同时或稍晚仿烧耀州窑青瓷的窑场形成了一个与越窑面貌、风格有别的北方青瓷窑系。耀州窑及诸窑系产品，是唐宋时期外销瓷的重要组成部分。

第二节　宁夏回族自治区灵武窑遗址的考古发掘与研究

灵武瓷窑堡窑[6]位于灵武县城东 35 公里处的一个小山丘上，俗称瓦罐窑，南距磁窑堡镇（煤矿区）4 公里。窑址位于干沟（又称为回民巷）与大河子沟河之间（图 23－2－1），南北长 540 米，东西宽 450 米。灵武，唐代以后多称灵州，是西北重镇之一，西夏曾一度将首府迁于此地，元代始称灵武县。

---

〔1〕　黄卫平：《关于耀州窑金代贡瓷》，《中国耀州窑国际学术讨论会文集》，三秦出版社 2005 年版。

〔2〕　金英美：《韩国国立中央博物馆藏高丽遗址出土中国瓷器》，《文物》2010 年第 4 期。

〔3〕　[日]三上次男：《陶瓷之路》，李锡经、高喜美译，文物出版社 1984 年版；李辉柄：《阿曼·苏哈尔出土中国瓷器》，《文物天地》1983 年第 3 期。

〔4〕　马文宽、孟凡人：《中国古瓷在非洲的发现》，紫禁城出版社 1987 年版，第 25—26 页。

〔5〕　[日]三上次男：《陶瓷之路》，李锡经、高喜美译，文物出版社 1984 年版；马文宽、孟凡人：《中国古瓷在非洲的发现》，紫禁城出版社 1987 年版，第 25—26 页。

〔6〕　中国社会科学院考古研究所：《宁夏灵武窑发掘报告》，中国大百科全书出版社 1995 年版。

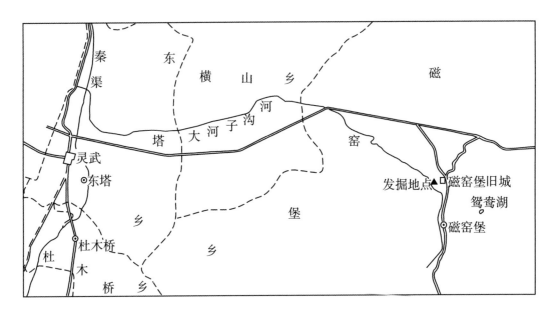

图 23 - 2 - 1　宁夏灵武磁窑堡窑位置示意图
（引自《宁夏灵武县回民巷瓷窑址调查》，《考古》1991 年第 3 期，图一，略变化）

　　1983 年，中国社会科学院考古研究所内蒙古队在内蒙古额济纳旗居延海地区进行考古调查中，发现不同于中原和华南地区诸窑产品的瓷片，推测不远处可能有窑址。1983 年 11 月，该队在宁夏博物馆的支持下，对磁窑堡窑址进行了调查[1]。1984 年 7 月、1985 年 7—9 月、1986 年 7—9 月，先后进行了三次发掘[2]。清理出西夏时代的窑炉 3 座、清代窑炉 1 座，西夏作坊 8 座、元代作坊 1 座；出土瓷器、工具、窑具等 3000 余件及大量瓷片。

　　灵武窑制瓷始于西夏中期，在元代继续烧造，明清时期衰落。出土瓷器及残片以白瓷和剔刻花经瓶、扁壶最具特色，一方面体现中原定窑系和磁州窑系的影响，另一方面在器物造型和纹饰上又具有西夏党项族风格。此外，在灵武县回民巷[3]、贺兰县苏峪口[4]也发现了西夏瓷窑址。目前，对宁夏地区窑址的发掘和研究主要是针对灵武窑展开，发表成果仅限于简报[5]和《宁夏灵武窑发掘报告》[6]。

〔1〕　中国社会科学院考古研究所内蒙考古队：《宁夏灵武磁窑堡瓷窑址调查》，《考古》1986 年第 1 期。

〔2〕　中国社会科学院考古研究所内蒙古工作队：《宁夏灵武县磁窑堡瓷窑址发掘简报》，《考古》1987 年第 10 期。

〔3〕　中国社会科学院考古研究所内蒙队：《宁夏灵武县回民巷瓷窑址调查》，《考古》1991 年第 3 期；宁夏回族自治区文物考古研究所、灵武市文物管理所：《宁夏灵武市回民巷西夏窑址的发掘》，《考古》2002 年第 8 期。

〔4〕　据发掘者柴平平介绍，苏峪口窑是 2020 年开始发掘的西夏窑址，产品均为不施化妆土的精细白瓷，典型器包括花口瓜棱罐、垂腹执壶等。

〔5〕　中国社会科学院考古研究所内蒙考古队：《宁夏灵武磁窑堡瓷窑址调查》，《考古》1986 年第 1 期；中国社会科学院考古研究所内蒙古工作队：《宁夏灵武县磁窑堡瓷窑址发掘简报》，《考古》1987 年第 10 期。

〔6〕　中国社会科学院考古研究所：《宁夏灵武窑发掘报告》，中国大百科全书出版社 1995 年版。

一　遗迹

（一）窑炉

考古发掘揭露出西夏时代的窑炉 3 座、清代窑炉 1 座。仅介绍 Y4[1]。

Y4（图 23 - 2 - 2）西夏中期窑炉。平面呈椭圆形，东西长 3.6 米、南北宽 1.84 米，方向 245°。窑门宽 50 厘米，两侧残存砖壁，错缝平砌，北壁残存四层，南壁残存三层。窑门前有一圈土坯，可能是用做窑前出炉灰的地方。火膛壁无存，根据底部的灰土硬面及其两侧面的红烧沙土，可知火膛范围长 1.08 米、宽 1.04 米。窑室墙壁无存，仅在底部保存有少量砖块。窑床仅在烟囱附近保存部分烧结面，高 36 厘米、厚 12 厘米。窑尾处保存一个砖砌的烟囱底部，后面呈梯形，残存 5 层砖，高 32 厘米。

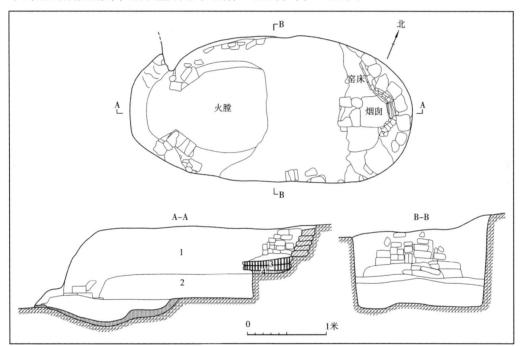

图 23 - 2 - 2　宁夏灵武磁窑堡窑 Y4 平、剖面图

（引自《宁夏灵武窑发掘报告》，中国大百科全书出版社 1995 年版，第 12 页图八，略变化）

（二）作坊

三次发掘共发现 9 个作坊，西夏中期作坊 5 座，西夏晚期作坊 3 座，元代作坊 1 座。仅介绍 T8F2（图 23 - 2 - 3）。

T8F2[2] 西夏晚期。东西长 8.25 米、南北残宽 3.5 米、距地表深 1.4 米，方向 168°。仅残存东、西、北面的墙、烘坯火炕和长方形土坯台等。西墙北段由砖砌成，残长 1.4

---

〔1〕　中国社会科学院考古研究所：《宁夏灵武窑发掘报告》，中国大百科全书出版社 1995 年版，第 11 页。

〔2〕　中国社会科学院考古研究所：《宁夏灵武窑发掘报告》，中国大百科全书出版社 1995 年版，第 24、25 页。

米、残高 0.45 米、宽 0.18—0.2 米，南段被 T8F1 火炕打破。北墙由砖石砌成，长 8.25
米、宽 0.1—0.3 米、残高 0.84 米。东墙由砖砌成，长 1.12 米、宽 0.12—0.18 米、残高
0.95 米，东墙南部与长方形土坯台相接。南墙全部遭到破坏。

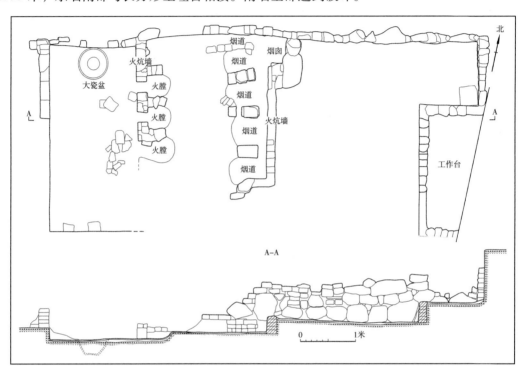

图 23 - 2 - 3　宁夏灵武磁窑堡窑 T8F2 平、剖面图

(引自《宁夏灵武窑发掘报告》，中国大百科全书出版社 1995 年版，第 25 页图二三，略变化)

烘坯火炕在 F2 中部，略呈方形，南北长 2.5 米、东西宽 2.4 米、残高 0.38 米。炕面
无存，仅剩三个火膛、部分烟道和烟囱。三个火膛均开在炕的西侧，呈椭圆形，用砖砌
成。北火膛口宽 0.2 米，中火膛口宽 0.18 米，南火膛口南壁残缺。火膛口及火膛均被烧
成红色。烟道的前部被破坏，仅存后部，分成 5 条砖砌的烟道，均通至炕的东壁。烟囱在
东北角，由大石块和砖砌成，火膛以后的地面、烟道及烟囱均被熏成黑色。从火炕的形
状、尺寸、有 3 个火膛和附近嵌埋地下的大盆来看，应是烘坯的场所。

火炕以西为硬土地面，在西北角即火炕前有一大瓷盆，嵌埋在地下 0.25 米。其口部
残径 0.48 米、残高 0.32 米、底径 0.23 米。此大盆应与烘坯火炕有密切联系，应是盛釉
浆用的。长方形台紧靠东墙的南部，用土坯砌成，长 2.3 米、宽 1.2 米、高 0.4 米。台侧
面涂泥，台面为硬土面。在台的北侧与东墙相接处有一方石，长 0.35 米、宽 0.33 米、厚
0.11 米。此台可能为工作台。

二　出土瓷器

出土遗物 3400 余件，以瓷器数量最多，计有生活用具、文房用具、娱乐用具、雕塑

品、宗教用具、兵器和建筑材料；工具、窑具的数量次之，亦多为瓷质；其他还有少量的铜器、铁器等。另外发现有大量的铜钱。[1]

根据遗址的文化内涵将其分为五期，第一期（西夏中期）遗物最为丰富，第二期（西夏晚期）发现遗物较少，第三期（约为元代）遗物也较为丰富。第四期（时代存疑）、第五期（清代）发现的遗物很少。前三期文化内涵有着密切的联系，通过类型学的研究，可对器物进行统一标型。[2]

第一期，瓷器以褐釉、青釉、白釉、黑釉较多，茶叶末釉、紫釉较少，姜黄釉有零星发现。白釉瓷施化妆土，碗、盘、钵等内底有沙圈，其他釉色者内地有涩圈。胎质坚密有少量细沙粒，胎色浅灰白色和浅黄色。纹饰以植物纹居多，另有动物纹和一些几何纹。装饰技法有刻花、剔划花、印花、点彩、镂孔等。日常生活用具1539件，成形工艺特点均挖足较深，俗称"挖足过肩"。[3]

第二期，与一期相比，器形变化不大，工艺略显粗糙，胎体略厚，纹饰趋向简单。本期出土器物不多（生活用具仅71件），但与一期紧密衔接，并看出向三期发展的趋势。[4]

第三期，器物较多，仅次于第一期，但与第一期有明显区别。主要表现在产品质量下降，胎质粗厚，器形单纯；种类减少，精致的白瓷和建筑材料不见；器外均施半截釉或施釉不到底；纹饰趋向简单，以带状纹饰为主。生活用具356件，工艺特点是"挖足过肩"尤为明显，个别器物烧出窑变釉。[5]

一、二、三期中，一期（西夏中期）是西夏瓷代表，出土数量、种类、型式最多，以扁壶和经瓶最具特色。

扁壶，分二型。

Ⅰ型　小口，束颈，腹扁圆，两面中间各有一圈足，腹侧有对称两耳或四耳。正面施釉，多有剔刻纹饰，背面仅周边施釉或施半釉。分三式。

1式：腹较鼓。口径3.4—6.8厘米、腹径24.5—39.2厘米、足径10.8—11厘米。标本T11③:190[6]，双耳。黑釉，正面剔刻开光折枝牡丹一朵，其外刻划花叶和弧线纹。残高26厘米（图23-2-4）。

2式：腹较平，口均残缺。腹径27—31厘米。标本T11③:189[7]，四耳。深褐釉，剔刻开光折枝牡丹，其外刻花水波涡纹。残高29.5厘米（图23-2-5）。

3式：腹边较尖。腹径24—33.3厘米。标本T11③:188[8]，四耳。褐釉，正面剔刻缠枝牡丹花四朵。残高33.5厘米（图23-2-6）。

〔1〕　中国社会科学院考古研究所：《宁夏灵武窑发掘报告》，中国大百科全书出版社1995年版，第29页。
〔2〕　中国社会科学院考古研究所：《宁夏灵武窑发掘报告》，中国大百科全书出版社1995年版，第29页。
〔3〕　中国社会科学院考古研究所：《宁夏灵武窑发掘报告》，中国大百科全书出版社1995年版，第29页。
〔4〕　中国社会科学院考古研究所：《宁夏灵武窑发掘报告》，中国大百科全书出版社1995年版，第98页。
〔5〕　中国社会科学院考古研究所：《宁夏灵武窑发掘报告》，中国大百科全书出版社1995年版，第112页。
〔6〕　中国社会科学院考古研究所：《宁夏灵武窑发掘报告》，中国大百科全书出版社1995年版，第39页。
〔7〕　中国社会科学院考古研究所：《宁夏灵武窑发掘报告》，中国大百科全书出版社1995年版，第39页。
〔8〕　中国社会科学院考古研究所：《宁夏灵武窑发掘报告》，中国大百科全书出版社1995年版，第39页。

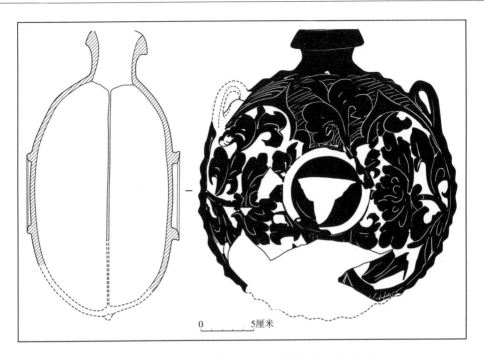

0　　　5厘米

图 23 - 2 - 4　宁夏灵武磁窑堡窑一期文化扁壶（一）
（引自《宁夏灵武窑发掘报告》，中国大百科全书出版社 1995 年版，第 39 页图三六）

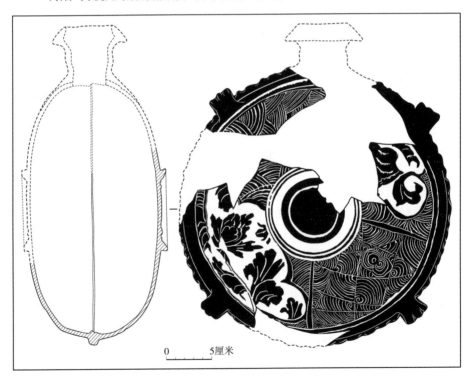

0　　　5厘米

图 23 - 2 - 5　宁夏灵武磁窑堡窑一期文化扁壶（二）
（引自《宁夏灵武窑发掘报告》，中国大百科全书出版社 1995 年版，第 40 页图三七 2）

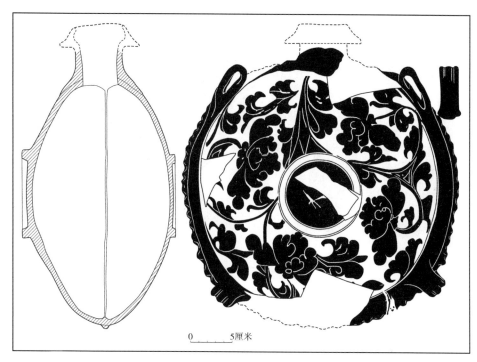

图 23 - 2 - 6　宁夏灵武磁窑堡窑一期文化扁壶（三）
（引自《宁夏灵武窑发掘报告》，中国大百科全书出版社 1995 年版，第 41 页图三九）

Ⅱ型　小口，斜唇，束颈，扁圆腹，背面有凹足，腹侧有对称两耳。正面施釉，仅有一件剔刻花。口径 2—3.9 厘米、腹径 9—18.7 厘米。标本 T11③：191〔1〕，深褐釉。正面剔刻三朵折枝牡丹花和花叶纹。残高 20 厘米。

经瓶，多数有剔刻纹饰，少量素釉，施釉均不到底。分二型。

Ⅰ型　平折沿，束颈，折肩，腹修长下收，暗圈足。分三式。

1 式：腹瘦长较斜。口径 6—9.2 厘米、足径 7—10.6 厘米、高 25.5—32.5 厘米。标本 T7③：232〔2〕，黑釉。剔刻开光折枝牡丹花等。残高 28.7 厘米（图 23 - 2 - 7）。

2 式：微曲腹。口径 8.5—9.5 厘米、足径 8—11.8 厘米。标本 T7③：230〔3〕，黑釉。剔刻开光折枝牡丹花，其下刻一周双线波浪纹。高 32 厘米（图 23 - 2 - 8）。

Ⅱ型：斜唇口，束颈，丰肩，深腹微曲，暗圈足。肩部有涩圈。T7③：164〔4〕，黑釉。剔刻开光折枝牡丹花等。高 33 厘米（图 23 - 2 - 9）。

---

〔1〕　中国社会科学院考古研究所：《宁夏灵武窑发掘报告》，中国大百科全书出版社 1995 年版，第 41 页。

〔2〕　中国社会科学院考古研究所：《宁夏灵武窑发掘报告》，中国大百科全书出版社 1995 年版，第 43 页。

〔3〕　中国社会科学院考古研究所：《宁夏灵武窑发掘报告》，中国大百科全书出版社 1995 年版，第 43 页。

〔4〕　中国社会科学院考古研究所：《宁夏灵武窑发掘报告》，中国大百科全书出版社 1995 年版，第 47 页。

图23-2-7　宁夏灵武磁窑堡窑一期文化经瓶及腹部纹饰展开图（一）

（引自《宁夏灵武窑发掘报告》，中国大百科全书出版社1995年版，第45页图四四）

图23-2-8　宁夏灵武磁窑堡窑一期文化经瓶及腹部纹饰展开图（二）

（引自《宁夏灵武窑发掘报告》，中国大百科全书出版社1995年版，第49页图四八3、4）

图 23 - 2 - 9　宁夏灵武磁窑堡窑一期文化经瓶及腹部纹饰展开图（三）
（引自《宁夏灵武窑发掘报告》，中国大百科全书出版社 1995 年版，第 51 页图五一3、4）

三　成型、装饰与装烧工艺

（一）成型工艺[1]

宁夏灵武磁窑堡窑的成形工艺包括轮制和模制两种。大量日常圆形用具均为轮制。瓶、罐、壶等的壶嘴、器耳、把手尚需用瓷泥另作附件，待其稍干用泥浆粘接器上，然后利坯（修整）成形。人物、动物等雕塑品及印花围棋子等多为模制，少数为手塑成形。

模子用瓷泥制成，制法有单模制、复模合制两种。一些较简单的器物如印花围棋子、花饰、瓦当、滴水、贴花饰件、器物附件为单模制烧成。即刻即烧，就是在瓷模坯上雕刻花纹，然后入窑烧成。复模合制是先塑原形，再用瓷泥翻成模坯入窑烧成。瓷人物、动物等模子即用此法。模子分前后（或左右）两片，制品称复模合制。

室内晾坯。西北地区气候干燥，室外晾坯易干裂，故这道工序可能在室内完成。发掘遗迹中T8F1、T8F2及T9F1内均有火炕的设置。此与陕西铜川耀州窑宋代作坊有相似之处[2]。

（二）装饰工艺[3]

灵武磁窑堡窑产品有褐釉、白釉、青釉、黑釉、茶叶末釉、紫釉、姜黄釉及复合釉。

装饰技法有刻釉、剔刻釉、刻化妆土、剔刻化妆土、刻花、印花、点彩和镂孔等。其中剔刻釉（化妆土）是灵武磁窑堡窑的一大特点，多用于开光内主题纹饰，开光外刻划密集的线纹和花叶作为地纹。

装饰纹饰有婴儿攀花（婴戏纹）、鹿衔花纹、送葬狩猎图等反映民间生活习俗的，有

〔1〕　中国社会科学院考古研究所：《宁夏灵武窑发掘报告》，中国大百科全书出版社 1995 年版，第 170 页。
〔2〕　陕西省考古研究所铜川工作站：《耀州窑作坊和窑炉遗址发掘简报》，《考古与文物》1987 年第 1 期。
〔3〕　中国社会科学院考古研究所：《宁夏灵武窑发掘报告》，中国大百科全书出版社 1995 年版，第 171—176 页。

牡丹、莲、梅、菊、石榴等植物花卉，有马、狗、鹅、兔、海东青、鹿纹、鱼纹等动物纹饰，雕塑品种以骆驼为最多，还有少量的马、狗、羊、狮、虎、豹、猪等。以图案作为主题纹饰的较少，经瓶上有剔刻藻井式图案，碗内壁由点彩菱形纹，碗底刻有古钱纹。以图案作为地纹的有水波涡纹和弧线纹。以图案作为边饰的有14种，多为缠枝花叶纹、几何纹二方连续次之，少量为波浪纹与水波纹。

此外，在瓷器上还发现有西夏文字、梵文悉昙字、汉文字及图案符号等。

（三）装烧工艺[1]

宁夏灵武磁窑堡窑产品多用匣钵装烧，可分平底桶状、开底式桶状两种。大小悬殊，大的高35.4厘米，小的仅高3.2厘米。有的匣钵还施有很薄的"护胎釉"，多数的近底部器壁有一周或两周圆孔，最大径5厘米。

装烧方法有顶碗覆烧、支圈正烧、工字形窑具支撑垛烧、垫条对烧、芒口对烧、器物搭烧、垫托扣烧、泥饼插烧等八种方法。下面则要介绍两种。

其中顶碗覆烧法（图23-2-10）使用的窑具是上口小、下口大的喇叭形顶碗或顶盘、顶钵。具体可分为两种方法，一种为顶碗涩圈覆烧法，一种为顶碗沙圈覆烧法。前者是碗、盘、钵的坯体施釉后，内底刮掉一圈釉（俗称涩圈），然后倒扣在顶碗、顶盘、钉钵上，如此依次倒扣十余件，最后罩以开底式桶状匣钵。后者是白釉碗、盘、钵的坯体在施釉后不刮涩圈，而在其圈足底部粘上沙粒，同时在顶碗、顶盘、顶钵的口部放置沙粒，然后罩以开底式桶状匣钵。此法在北方诸窑普遍使用[2]。发掘者认为涩圈瓷优于芒口瓷，顶碗覆烧法优于支圈覆烧法。

"工"字形窑具支撑垛烧，在"工"字形窑具中，个别的两侧有粘釉现象，证实它是作为器物两侧之间支撑用的。如经瓶多为芒口或肩部有涩圈，以便于垛烧，即在经瓶两侧用工字形窑具支撑。

四　磁窑堡窑瓷器科技考古初步成果

在灵武窑遗址东坡附近的矿洞中收集了一种黏土，进行化学分析和X射线衍射分析，结果表明其主要矿物组成为高岭土（与多水高岭）、白云母、石英及长石等。[3]

宁夏灵武窑瓷胎的化学组成，基本与原料的化学组成接近。瓷胎中Fe_2O_3、TiO_2的含量均高于定窑白瓷胎，但其瓷胎中Fe_2O_3的含量较磁州、当阳峪、扒村、鹤壁、浑源、平定等低。也就是说，灵武窑白瓷的白度低于定窑，但高于北方其他窑。灵武窑的吸水率比定窑高，但比北方其他窑低。烧成温度比定窑低，比北方其他窑高。

瓷釉方面，灵武窑白釉中CaO的含量高于定窑和磁州窑白釉，但与北方其他窑的白釉

[1] 中国社会科学院考古研究所：《宁夏灵武窑发掘报告》，中国大百科全书出版社1995年版，第170—178页。
[2] 顶碗覆烧法在山西金代诸窑普遍使用，另在陕西铜川耀州窑、旬邑安仁窑、太原孟家井窑、河南鹤壁集窑均发现有顶碗。参见中国社会科学院考古研究所《宁夏灵武窑发掘报告》，中国大百科全书出版社1995年版，第178—179页注释。
[3] 李国桢、马文宽、高凌翔：《灵武窑制瓷工艺总结和研究》，《宁夏灵武窑发掘报告》附录二，中国大百科全书出版社1995年版。磁窑堡窑瓷器科技考古初步成果一部分资料均自此。

较接近，说明灵武窑白釉为"石灰釉"，即 CaO – Al_2O_3 – SiO_2 系统范围。定窑、磁州窑的白釉为"灰—镁釉"，即属于 CaO – MgO – Al_2O_3 – SiO_2 系统范围。由于石灰釉较稀，故釉层较薄，胎上施化妆土的烧成后呈白色，不施化妆土的，因胎体较暗则呈青色[1]。

灵武窑黑釉，与北方主要的黑釉化学成分比较 Fe_2O_3 含量在 3.63—4.25% 之间，与北方其他诸窑黑釉的含铁量均较接近，是利用当地一种黑釉土制成[2]。黑釉剔刻花中的 CaO 含量比白釉剔刻花有所减少，增加了 K_2O、Na_2O，从而提高了高温下的粘度，避免了流釉现象，保证了剔刻釉技法的广泛应用。

偏光显微镜观察结果可知，在白瓷与白釉剔刻花样品的胎釉之间，很明显施有一层化妆土，胎体的石英莫来石的分布不均匀，胎釉之间呈毛发状析晶物，可能为钙长石。胎内组成亦不均匀，常看到有较大石英晶体和大小不规则的气孔，还不十分致密。

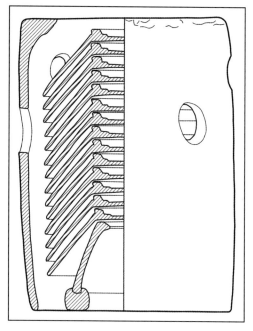

图 23 – 2 – 10　顶碗覆烧法示意图
（引自《宁夏灵武窑发掘报告》，中国大百科全书出版社 1995 年版，第 51 页图五—3、4)

X 射线衍射的结果表明瓷胎与匣钵的主要晶体矿物为石英、方石英和莫来石，它们不仅系由相同的原料制成，其烧成温度也较高（1260℃左右），胎体和匣钵都具有较好的机械强度。灵武窑的匣钵分为平底和开底两种，器壁多有圆孔，其化学成分与耀州窑、定窑匣钵基本相似，吸水率稍低，可能由于匣钵胎体耐火度较低之故。

五　小结

灵武窑以白釉瓷和剔刻花瓷最具特色，显示其工艺受到定窑与磁州窑两窑系的影响。但其直接影响更可能来自山西北部诸窑。西夏历史中，其势力范围没有到达过河北、陕西诸名窑产区，却曾到达山西境内。[3]

西夏灵武磁窑堡窑在西夏时大规模生产，产品有粗细之别。可能是西夏时期部分生产为官府生产，大量较粗的器物为民用；元代以后则主要是生产民用瓷。

磁窑堡窑址发掘出土的瓷器及遗物部分反映了西夏党项族的历史文化、宗教信仰生活与习俗，比如灵武窑发现扁壶一类具有民族特点的器物，带有西夏文字和佛教文物，围棋子、象棋子等等。此次灵武窑的发掘填补了中国瓷器史上的缺环和空白，为西夏瓷的研究

〔1〕　中国社会科学院考古研究所：《宁夏灵武窑发掘报告》，中国大百科全书出版社 1995 年版，第 171 页。
〔2〕　李国桢、马文宽、高凌翔：《灵武窑制瓷工艺总结和研究》，《宁夏灵武窑发掘报告》附录二，中国大百科全书出版社 1995 年版，第 214 页。
〔3〕　中国社会科学院考古研究所：《宁夏灵武窑发掘报告》，中国大百科全书出版社 1995 年版，第 181—182 页。

提供了丰富的资料，是中国瓷器考古学的一项重要收获。

磁窑堡窑址发掘证实，西夏王国有着发达的制瓷手工业，其生产规模、产品质量可与其先后并存的辽、金两朝相比。西夏制瓷业的建立和发展，从某种意义上说明西夏王国各代帝王在坚持传承自身民族传统的情况下，对于汉文化给予极大关注，并积极从中汲取菁华。

第二十四章　东南沿海地区主要窑址的
考古发掘与研究

第一节　浙江省杭州郊坛下与老虎洞官窑
遗址的考古发现与研究

南宋官窑有修内司老虎洞官窑和郊坛下官窑两处。郊坛下官窑设置晚于老虎洞修内司官窑，但其发现和发掘较早，出版了发掘报告[1]，资料较完整。老虎洞修内司官窑发现和发掘较晚，仅发表了发掘简报[2]，已刊布的资料有限。所以下面拟据"发掘报告"先介绍郊坛下官窑，然后据"简报"概括介绍老虎洞修内司官窑。此外，由于两官窑的生产工艺及相关问题共性较强，故拟一并论述。

一　郊坛下官窑遗址

（一）发现与发掘

郊坛（圆坛）下官窑址，位于浙江省杭州市江干区闸口乌龟山西麓，东距钱塘江北岸约500米，西为南宋籍田（八卦田），与高68米的桃花山接壤，北倚将台山，东北距南宋皇城2公里（图24-1-1）。乌龟山东西长300米，南北宽200米，海拔高度76米。山上有紫金土、瓷石等制瓷原料，四周林木茂盛，燃料资源丰富，距江不远，水源充足，瓷器生产的自然条件良好。自元代以后这一带逐渐荒废，成为墓葬区，解放战争时期国民党军队曾挖战壕，后又因建仓库等，使窑址遭到严重破坏。

20世纪20年代以后，中外学者纷纷到窑址调查，采集标本[3]，但因未进行科学发掘，对窑址的内涵不清楚。1956年浙江省文物管理委员会曾在窑址南部清理一座23.5米

---

[1] 中国社会科学院考古研究所、浙江省文物考古研究所、杭州市园林文物局：《南宋官窑》，中国大百科全书出版社1996年版。
[2] 杭州市文物考古所：《杭州老虎洞南宋官窑址》，《文物》2002年第10期。
[3] 参见邓禾颖、唐俊杰《南宋官窑》第61、62页对窑址有关文献记载和20世纪20年代以后中外学者对窑址的调查情况，杭州出版社2008年版。

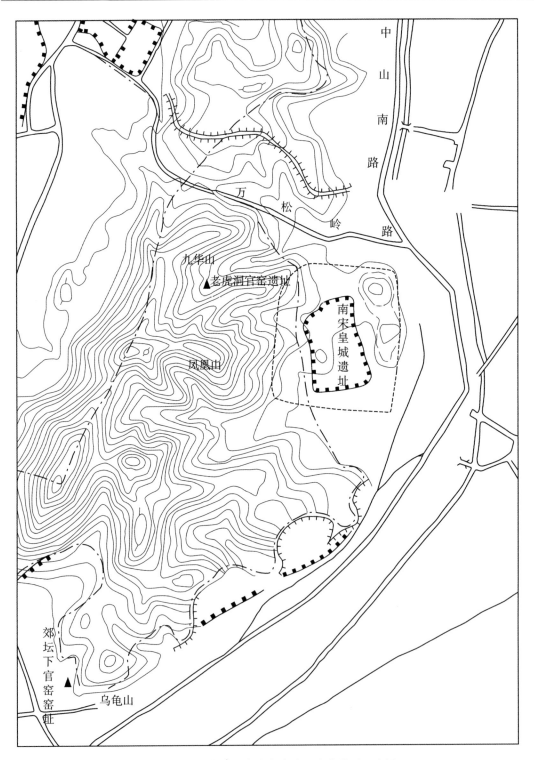

图 24 - 1 - 1　郊坛下官窑与老虎洞官窑位置示意图

（引自《南宋官窑文集》，文物出版社 2004 年版，第 171 页，略变化）

长的龙窑一座（Y1），并发掘了窑旁的部分瓷片堆积[1]。1980 年在窑址区建仓库时，发现窑址堆积，1984 年中国社会科学院考古研究所、浙江省文物考古研究所、杭州市园林文物局联合组成南宋临安城考古队，于 1985 年 10 月至 1986 年 1 月底对窑址进行正式发掘，1988 年冬又作补充发掘。共开探沟、探方 22 个，发掘面积近 1400 平方米。发现窑炉 1 座、作坊遗址 1 处。作坊遗址中包括房基 3 座、练泥池 1 个、辘轳坑 2 个、釉料缸 2 个、堆料坑 1 个、素烧炉 1 座，以及素烧坯堆、排水沟、道路等遗迹（图 24 - 1 - 2，24 - 1 - 3）。出土瓷片 3 万余片，窑具数千件。

（二）主要遗迹

1. 窑炉遗迹（Y2）

龙窑 Y2 在乌龟山缓坡西侧（图 24 - 1 - 2），北距 1956 年清理的龙窑 Y1 有 60 余米。窑炉自西南向东北，自下而上延伸，方向 235°（图 24 - 1 - 3）。斜坡长 37.5 米，宽 1.34—1.8 米，高差 7.2 米。窑炉前段较平缓，斜度 11.5 度；后端较陡，斜度 13.5 度。窑炉利用山坡原有地形稍加平整，根据窑炉所需面积和深度挖槽，然后用砖顺向错缝砌建两侧窑墙和窑炉结构，窑室地面平整后铺垫一层 5—10 厘米厚的石英砂。窑炉结构由火膛、窑室、出烟室组成，仅残存窑炉残墙和窑基等遗迹（图 24 - 1 - 4)[2]。

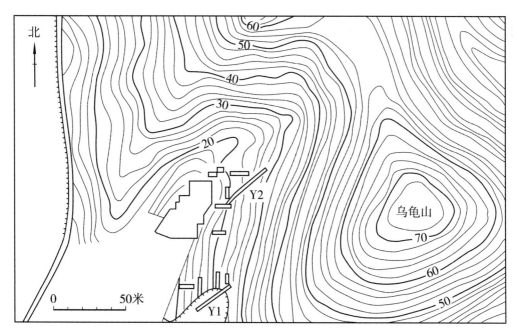

图 24 - 1 - 2　官窑遗址地形及遗迹、探方分布图

（引自《南宋官窑》，中国大百科全书出版社 1996 年版，第 2 页，略变化）

---

[1]　1956 年清理的龙窑（Y1）未正式刊布资料，仅在浙江省博物馆《三十年来浙江文物考古工作》一文中提及。收在浙江省博物馆《文物考古工作三十年 1949—1979》一书，文物出版社 1979 年版。

[2]　窑炉 Y2，参见前引《南宋官窑》发掘报告书后彩版一、二。

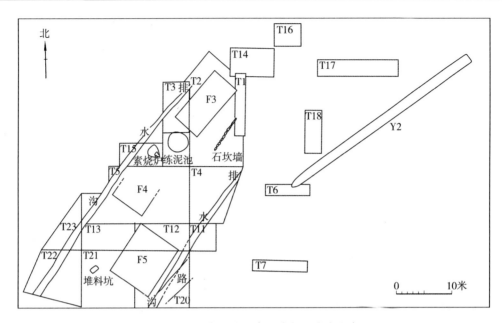

图 24-1-3　官窑遗址发掘坑位及遗迹分布图

（引自《南宋官窑》，中国大百科全书出版社 1996 年版，第 3 页，略变化）

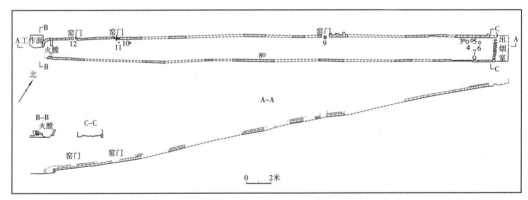

图 24-1-4　郊坛下官窑 Y2 平、剖面图

1-12. 皆为匣钵

（引自《南宋官窑》，中国大百科全书出版社 1996 年版，第 16 页，略变化）

火膛（图 24-1-4、图 24-1-5），在山坡最低处，位于窑炉南端。平面呈半圆形，火膛后部用长方形单砖东西向横排错缝砌隔墙，墙宽 1.34 米，残高 0.40 米，墙厚 0.13 米，南北半径约 0.45 米。两侧弧墙东侧残，仅存西部弧墙。火膛顶部及炉栅、火门、通风口、出灰道等残毁无存，火膛前有 1 平方米左右的平整地面，应是窑前工作面。

窑室（图 24-1-4、图 24-1-5），在窑炉中段，是窑炉主体结构，呈斜坡状，由窑墙、窑门、窑顶、投柴孔、窑底等结构组成。（1）窑墙，残高 13—65 厘米，厚 13 厘米。窑墙大部分用夹砂长方形耐火砖单层顺南北向平铺错缝叠砌，窑头起弧处及窑顶起券处以楔形砖垒砌，砖缝用黏土粘结。砖墙基础紧贴生土砌筑。（2）窑门，皆置于西侧窑墙，且

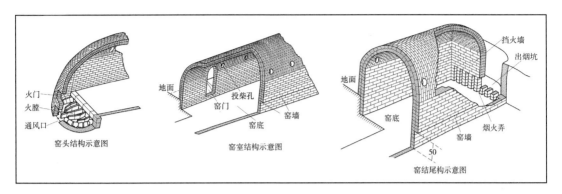

图 24－1－5　郊坛下官窑 Y2 窑炉结构示意图

（引自《南宋官窑》，中国大百科全书出版社 1996 年版，第 70、71 页，略变化）

集中于窑室的前、中段，残存窑门 3 处。自窑头往后，1 号窑门宽 50 厘米，2 号窑门宽 63 厘米，3 号窑门宽 49 厘米，4 号窑门被晚期墓葬打破，宽度不明。门道均破坏，推测为外高内低的斜坡门道，各门坎处均有残匣钵或窑具铺垫。其中 4 号门南侧墙与其他门的侧窑墙砌法不同，即以长方形单砖东西横向平铺垒砌，与窑室砖墙平面呈 90 度直角，形成曲尺形门道。（3）窑顶，坍塌无存，投柴孔的情况不明。从残迹观察，窑顶应是拱券式顶，估计高度在 1.70 米左右。（4）窑底，斜坡式，煅烧较硬，前段有红烧土及较厚的烧结层，中段和尾部铺石英砂。从局部剖面观察，底部红烧土厚在 10 厘米以上，烧结面呈深蓝绿色的釉质光泽，足以反映窑内燃烧温度之高。窑室底部有铺底匣钵，除 5 只零星完整匣钵外，余者均破坏无存，故匣钵的排列和位置情况不明。其中窑尾西侧的 1 只尚在原位，距西窑壁 10 厘米，是窑内"火路"或"火弄"的宽度，以利火焰流通。发现的匣钵最大直径 42 厘米，最小直径仅 10 厘米左右，一般为 20 厘米，高度 8—10 厘米，皆圆形，有直口平底和凹底两种。

出烟室，在山坡高处窑炉的尾部，呈东西宽、南北窄的圆角长方形（图 24－1－5），南侧有烟火柱 8 个，用长 25 厘米、宽 10 厘米、厚 14 厘米的砖，顺南北向直放平铺叠砌，残存一砖高。各砖柱间距 10 厘米左右，形成出烟孔，烟火柱上的挡火墙倒塌无存。烟火柱北侧为出烟室，东西长 1.8—2 米，南北宽 0.55 米，残高 0.3 米。窑壁均为橘红色烧土，外表有烟熏的灰或黑色灰痕。

综上所述，Y2 窑炉用材讲究，窑砖质地厚实细坚，砌筑规整。这个情况与宋代龙泉窑窑炉长一般在 50 米以上，坡度陡，窑身曲折或弯曲者多，用废弃匣钵甚至以生土为壁砌建相比，Y2 窑不但砌筑质量高，而且在窑室长度、坡度、火膛面积等方面均有适当的变化，从而更利于控制窑内火焰和还原气氛，以烧造出精美莹润的珍贵瓷器。

2. 作坊遗迹

（1）房基 3 处（图 24－1－3 之 F3、F4、F5）

F3 在发掘区北部（图 24－1－3、图 24－1－6），朝东南坐西北，三开间，方向 137 度，面向 Y2（相距约 18 米）。房基平面长方形，通面阔 10.45 米，明间稍大，面阔 3.55 米，两侧暗间各宽 3.45 米，进深皆 5.05 米，总面积 53 平方米。室内地面由红烧土、紫金土

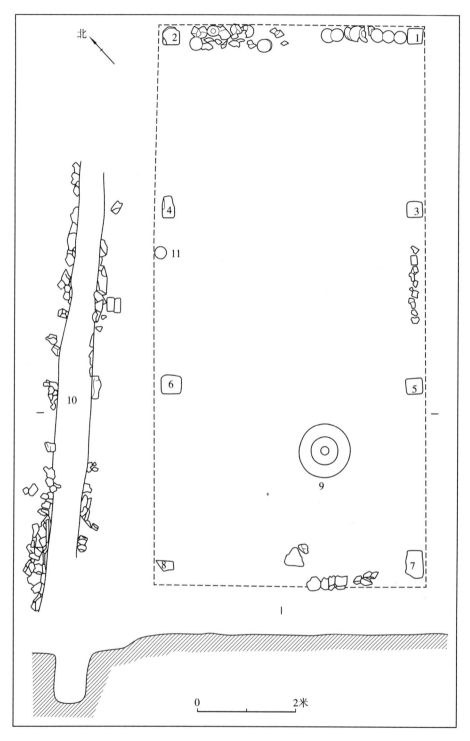

图 24 - 1 - 6　郊坛下官窑 F3 平、剖面图

1—8. 柱础石　9. 辘轳坑　10. 排水沟　11. 匣钵

（引自《南宋官窑》，中国大百科全书出版社 1996 年版，第 9 页，略变化）

和黄褐沙土铺垫而成，地面平整，略高于室外地面。柱石在房基四周，南北边墙各有前后两块，室内分间墙两端各 1 块，柱石共 8 块（柱石一种是加工的小方石，边长 32 厘米左右，另一类是较平整的自然石块）。北侧边墙残存一段，残高 0.28 米，用小石块、匣钵、青砖从地面起筑，其余三面墙基仅略存残迹；室内分间隔墙残毁。在叠压于房基上的第 2 层底部（房基发现于第 3 层），堆积较多的布纹瓦片。据上述情况推测，F3 是四周立柱，以瓦盖顶的工棚式建筑。屋前残存一段挡山土的墙基，屋后有排水沟（G1）。在 F3 室内发现一辘轳坑遗迹，在紧邻 F3 南墙外地面上发现一座大型练泥池。据此推测 F3 是一座制坯成型的工房。

F4 在 F3 之南，F4 与 F3 分布于一条直线上（图 24－1－3）。房基严重破坏，仅在南侧残存部分柱础石，推测建筑规模和结构与 F3 相似，唯进深略大于 F3（进深约 6.5 米），也是一座三开间工棚式建筑（图 24－1－7）。在 F4 前檐部位，有一条与其走向一致的小散水浅沟，深 20 厘米左右，靠房一侧的沟壁局部用石块垒砌。沟东有大片平整铺沙地面，推测是晒坯场。平地以东，接近窑炉下山脚处，有一条在山岩中开凿的排水沟（G2），在 F4 房后有由 F3 屋后延伸过来的排水沟 G1。在 F4 地面上发现大量已上釉或未上釉的素烧坯片，F4 内还发现辘轳坑 1 处，釉料缸 2 只、素烧坯堆一处，推测 F4 为修坯、上釉的工房。

F5 在 F4 东南方（图 24－1－3，图 24－1－8），朝东南坐西北，面向窑炉，方向 125 度。F5 建筑讲究，四周砖砌墙基，通面阔 9.35 米，进深 8.55 米，总面积 80 平方米。F5 室内地面用长 28 厘米、宽 8 厘米、厚 3 厘米；长 29 厘米、宽 12 厘米、厚 3 厘米；边长 29 厘米、厚 3 厘米，三种长方形和方形砖铺成。墙基多处被打破，房基东南角最高处有 7 层砖，最低处 1 层砖，地面砖仅东南侧残存一小部分。房内分间结构不明，推测亦为三开间。房基高出房外地面约 35 厘米，后檐下有与 F4 前檐下小散水浅沟相连的散水沟，房基北侧与 F4 屋前地面连接处有砖铺散水，呈圜底状明浅沟，与 F4 屋侧散水沟相通。房基南侧局部也残存砖铺散水，房内遗迹无存。推测 F5 为砖墙瓦顶建筑，可能是官窑匠师居住或储存产品的场所[1]。

（2）其他遗迹

练泥池（C1）在 F3 南墙外 2.5 米处，西距排水沟 3 米（图 24－1－3）。池为圆坑，池壁斜收，口大底小，口径 3.93 米，底径 3.8 米，深 0.32—0.44 米。池口和池壁用匣钵片和石块垒砌，池底铺石块和青泥色残砖，池壁和底部局部破坏。池内堆积两层，上层为夹杂大量瓦片、紫金土块的黄色黏土，下层为粗杂的紫金土渣，含少量南宋官窑瓷片、窑具、耐火砖块等。池底局部发现少量沉积的黄白色黏土，土质细腻纯净，经上海硅酸盐研究所化验为坯泥，故 C1 为练泥池。

辘轳坑。辘轳是用于拉坯成型、修坯、刮釉的一种工具，共发现辘轳坑 2 处。一处在 F3 室内南部，坑口开于室内地面，坑底深入至生土，坑口径 58 厘米，深 41 厘米。坑壁用黄黏土、紫金土、碎砖石堆砌夯实，厚 24 厘米。坑底平整，中心有一直径 9 厘米圆坑（木轴坑），内填黄色沙土。其与屋外练泥池结合来看，该辘轳应是用作制坯成型。另一处辘轳坑

---

[1] 吴晓力：《郊坛下官窑的新思考》，《南宋官窑文集》，文物出版社 2004 年版。该文认为 F5 的性质，与老虎洞窑址 F9 对比，F5 完全可能同样是生产用工房。

在 F4 南间中部，仅残存一装木轴的圆孔，口径 35 厘米，残深 5 厘米。孔壁用红色黏土筑成，厚 10 厘米。不远处有釉料缸及素烧坯堆等遗迹，推测 F4 辘轳用于修坯和刮釉。

釉料缸 2 只，并置于 F4 南间前部，两缸相距 45 厘米，西北距辘轳坑 1 米。缸下腹及底埋于地面以下，上部残破。缸陶质，从北至南编为缸 1、缸 2。缸 1 两缸相套（推测外缸破裂后，其内套一缸），两缸缝隙中填塞黄白色纯净泥料。内缸径 80 厘米，外缸径 96 厘米，残深 40 厘米，内底残存大量黄白色纯净细泥料。缸 2 直径 80 厘米，缸内亦残存同样泥料。经化验，泥料为青瓷釉料，故确定其为盛釉的釉料缸。

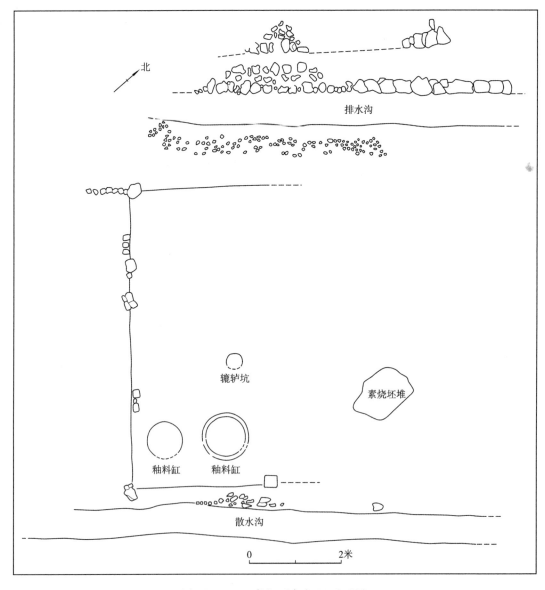

图 24-1-7 郊坛下官窑 F4 平面图

（引自《南宋官窑》，中国大百科全书出版社 1996 年版，第 10 页，略变化）

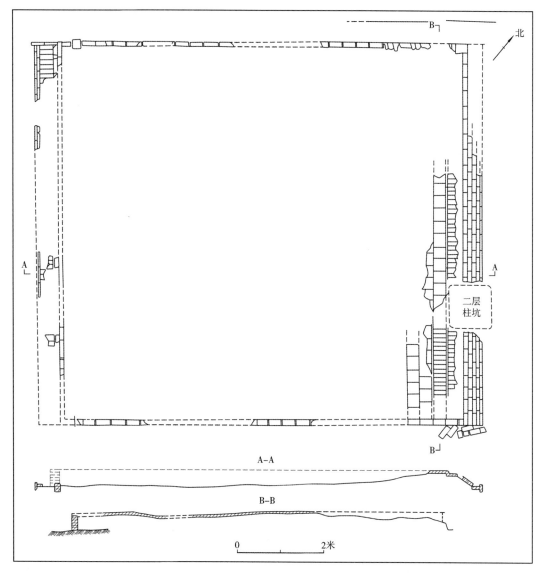

图 24 - 1 - 8 郊坛下官窑 F5 平剖面图

(引自《南宋官窑》，中国大百科全书出版社 1996 年版，第 11 页，略变化)

素烧坯堆与素烧炉。素烧坯堆在练泥池南、素烧炉前，F4 内外均有发现。以 F4 内一处最集中，范围较大。该堆积在釉料缸北面 2.5 米处，其北 3 米即素烧炉遗迹（图 24 - 1 - 3、图 24 - 1 - 9）[1]。该堆积略呈长方形，长约 1.2 米，宽 0.9 米。堆积为经过低温烧烤的坯体碎

---

[1] 素烧炉上部破坏，仅见低于 F3、F4 地面的火膛，平面略呈马蹄形，方向与 F3、F4 一致。通长 80 厘米、火膛宽 67 厘米、口宽 28 厘米、残深 16 厘米。火膛壁烧结，厚 3 厘米，火膛内堆积有红烧土、碎红砖、少量素烧坯碎片，火膛底有黑灰。在火膛周围 1.5 米直径范围内，有厚达 5—10 厘米的烧土层，推测可能为炉基范围，分布形状与火膛一致，略呈马蹄形。炉膛前方发现大量素烧坯堆积，故推定其为低温烧烤坯件的素烧炉。

片，部分已上釉，余者未上釉，由于烘烤温度高低不一，碎片呈土红、黄灰、黄白等不同颜色，质地较松软。可辨认有圆形器、圈足器，以及莲瓣和龙等纹饰。堆积底部略低于地面。

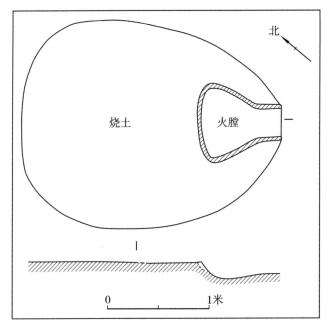

图 24-1-9　郊坛下官窑素烧炉残迹平、剖图

（引自《南宋官窑》，中国大百科全书出版社 1996 年版，第 14 页，略变化）

堆料坑 K1 在 F5 西南方 2 米处（图 24-1-3），坑口破坏，平面呈长方形，长 1.62 米、宽 1.02 米、残深 0.2 米左右。坑四壁规整，东南两面残存青灰砖或石片贴壁侧砌迹象，西北两面用青灰砖平砌成壁。底平，坑内堆积较纯净的小块紫金土，推测该坑为堆放原料的堆料坑。

排水沟位于整个工场区两侧山脚边（图 24-1-3），编号为 G1、G2。G1 自 F3 房后向西南延伸，与 F3、F4 走向一致，系场区西面排水沟。G1 为敞口明沟，北端被 F1、F2 晚期水沟交叉叠压，南端被第 2 层石墙基叠压，揭露部分全长近 50 米，沟口宽 0.7—0.8 米，底宽 0.6 米左右，北端深 0.5 米，南端深 0.8 米左右，呈口宽底窄、北高南低状，由东北向西南排泄山水。F3、F4 房后北段水沟，东西壁局部垒石块，南端水沟靠近山坡的西侧残留一段保护性石柱，以免山石滚入水沟（图 24-1-10）。沟内堆积物以南宋官窑瓷片、窑具为主。G2 在工厂区东侧山脚边，自东北流向西南，结构和宽度、深度与 G1 相同。流经 F5 前面的部分叠压在通往窑炉的道路上。

挡土墙和道路。挡土墙位于 F3 前方 2.3 米处（图 24-1-3），以及排水沟南段西侧一段，均残存墙基。F3 前檐的挡土墙南北向，残长 7 米，宽 0.4 米，残高 0.15 米。全部石块叠砌，其东南面紧挨高于墙基地面的窑炉下岩石坡地，用于挡山坡下流的土、石和水。

道路遗迹发现于 F5 东南前方近 2 米处（图 24-1-3），局部被 G2 叠压。路基用紫金土夹黄色砂石夯筑，路面用残匣钵片排列铺垫，靠近山坡一段路面有改用砖块铺垫迹象，仅保存长、宽在 1.5 米左右的匣钵、砖铺路面，路面中心呈弧突状。道路遗迹由下向上坡方向斜高，走向正对山坡上 Y2 窑头火膛前，当为工场通往窑炉的道路。

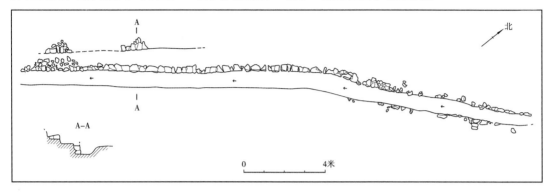

图 24 - 1 - 10　郊坛下官窑 G1 平、剖面图

（引自《南宋官窑》，中国大百科全书出版社 1996 年版，第 16 页，略变化）

综上所述，郊坛下官窑址的作坊遗迹反映出瓷坯入窑装烧前的练泥、成型、修坯、上釉、晾干到素烧等一套完整的工艺流程。其与山上窑炉相结合，又构成了直至正烧的官窑工艺流程的生产全景。所欠缺的只是采矿、粉碎、淘洗、沉淀等工艺流程环节尚未发现而已。

（三）瓷器与分期

1. 瓷器胎釉的特点

（1）胎体

胎体厚度一般在 0.2—0.3 厘米之间，胎的厚度随器物种类和器身部位的不同而有差异。器形中的碗、盘、碟、杯等小件器皿以薄胎居多，觚、炉、壶、瓶、花盆等大或高的器形以厚胎居多。从器身部位来看，口沿、腹壁较薄，底足较厚，器身的转折处较厚。薄胎厚度在 0.05—0.2 厘米之间，厚胎厚度在 0.3 厘米以上，个别厚胎厚度 0.6—1.1 厘米之间。其中厚胎占 65%，薄胎占 35%。

郊坛下官窑采用瓷石和紫金土的二元配方做坯，胎中氧化铁含量高，故胎色较深，以灰为基本色调。由于受温度及坯料中紫金土含量的影响，又呈现出不同的深浅，主要为深灰（包括黑灰、褐灰）、和浅灰，此外还有黄灰和少量紫色胎。其中深灰色（包括黑灰和褐灰）占全部烧成品的 40% 左右，深灰色及部分灰色胎胎质细腻致密，质地坚硬、气孔少，烧成温度在 1200—1270℃ 之间。其余色调的胎占全部烧成品的 60% 左右，这类胎体质地疏松，气孔多，孔隙度近 4%，烧成温度在 1150±30℃，大部分属生烧品[1]。

（2）釉

瓷器釉色以青色为主色调，具体表现有粉青、灰青和米黄三种色调。其色调受胎釉配方的不稳定、釉厚薄（施釉次数不同）、烧造温度高低，还原气氛控制等因素的影响，也

[1]　胎釉特点参见邓禾颖、唐俊杰《南宋官窑》，杭州出版社 2008 年版；唐俊杰《南宋郊坛下官窑与老虎洞官窑的比较研究》，《南宋官窑文集》，文物出版社 2004 年版。

会产生变化。如釉色中有青中偏绿或偏黄,有米黄中偏褐或偏灰,有的器物还出现上青下黄,左褐右绿或内褐外青等色泽。

郊坛下官窑瓷器有薄釉和厚釉之别。薄釉器一般施釉一次,在全部出土瓷器中约占65%,釉层厚度在0.1厘米以下,釉面光泽强,有的呈透明状,部分呈乳浊状,气泡多,裂纹细而碎。厚釉多施釉两次以上,多者达四次。厚釉器约占全部出土瓷器的35%,釉层厚度在0.1—0.25厘米,乳浊釉面"厚若堆脂",光洁润泽有玉质感。瓷釉的厚薄,对瓷釉色调也有重要影响。据出土瓷器主要釉色统计,在厚釉制品中,粉青色釉约占29%,灰青色釉约占51.1%,米黄色釉约占19.9%。在薄釉制品中,粉青色釉约占2.9%,灰青色约占51.1%,米黄色釉约占46%。釉色以粉青最佳,灰青釉次之。上述情况表明,粉青釉只是郊坛下官窑中精品瓷釉的色泽,在厚薄釉色中,以厚釉瓷器釉色质量最好,最能代表郊坛下官窑瓷釉的水平[1]。

除上所述,郊坛下官窑瓷釉还有"开片"和"紫口铁足"两个重要特征。郊坛下官窑出土瓷器釉面"开片"约占全部瓷片的85%,其中薄釉器开片细密者多,厚釉制品开片粗稀者多(少数细密);但也有釉面不开片或仅有稀疏裂纹。"紫口铁足"是南宋官窑瓷器的重要特征之一,对此后文有说。

2. 主要器形和分期

(1) 主要器形

郊坛下官窑出土3万余件瓷片,其中能看出器形的约1.5万片,已复原出300余件器物(有的系参照传世品复原)[2]。计有炉、尊、坛、觚、灯盏、瓶、罐、壶、器盖、器座、弹丸等23类70多种形式的器物。细分则有碗、盘、碟、盏、杯、壶等饮食器,罐、钵、坛等盛贮器,也有唾盂、薰炉、灯盏、盆、盒、水盂、洗、笔洗等日用瓷,还有一些仿照古代铜、玉器形的瓶、炉、花盆、尊、觚等陈设瓷和祭器,以及鸟食罐、象棋(模与范)、弹丸等等,品种齐全,可满足宫廷各种用瓷需要。在各类瓷器中,碗、盘、碟、杯的数量最多;碗、盘、洗、碟、簋式炉、穿带壶等形制与传世品吻合,而一些器物如花壶、杯、薰炉(盖)等形制在传世品中未见[3]。

(2) 分期

《南宋官窑》发掘报告结语指出,通过对瓷器分类排比,郊坛下官窑可分为早晚两期。比如:撇口、斜腹碗中Ⅰ型1式碗,斜弧腹,底较大,高圈足外撇,厚胎薄釉。胎色深灰,釉色灰青,釉面有细碎裂纹,外底满釉,支烧。2式碗,底比1式小,圈足矮而外撇,薄胎厚釉。胎色浅灰,釉色灰青,足底无釉,用垫饼垫烧。3式碗,敞口,斜腹,小底,圈足矮直,薄胎厚釉。胎色深灰,胎薄处仅1毫米,质细硬。釉色粉青,三次上釉,釉面有跳釉,足部流釉尤厚,足底刮釉露胎呈"铁足",垫烧(图24-1-11)。盘Ⅰ型1、2、

〔1〕 邓禾颖、唐俊杰:《南宋官窑》,杭州出版社2008年版,第74页;唐俊杰:《南宋郊坛下官窑与老虎洞官窑的比较研究》,《南宋官窑文集》,文物出版社2004年版。
〔2〕 吴晓力:《郊坛下官窑的新思考》,《南宋官窑文集》,文物出版社2004年版。
〔3〕 吴晓力:《郊坛下官窑的新思考》,《南宋官窑文集》,文物出版社2004年版。

3式（图24-1-12）。1式厚胎薄釉支烧，2、3式薄胎厚釉垫烧[1]。其演变是盘身由大变小，由深变浅，圈足由高变矮，由外撇变直，足底由圆到尖，胎由厚变薄，釉由薄变厚。I型洗1、2、3式（图24-1-13）的演变情况同I型盘[2]，其中1式洗为厚胎薄釉支烧，2式洗薄胎厚釉垫烧，3式洗为薄胎厚釉垫烧。在上述碗、盘、洗I型的大量标本中，1式均为厚胎薄釉，圈足高而外撇，用支钉具支烧，不见多次上釉的厚釉垫烧标本。在3式中器物造型优雅，圈足细巧，胎骨细薄，有的胎厚不到1毫米，厚釉垫烧。2式情况较复杂，釉层厚薄不一，有一次上釉，二次、三次和四次上釉的，出现厚胎薄釉垫烧、厚胎厚釉支烧、薄胎薄釉垫烧和薄胎厚釉垫烧等错综复杂的现象，在器型和工艺上都存在承前启后的过渡现象。其他如I型（鼎式）炉、IV型（簋式）炉、I型（玉壶春式）瓶等[3]，也都存在早晚器型的演变关系。而I型3式碗、II型3式碗、III型碗、I型3式盘、II型盘、III型盘、I型3式洗、II型2式洗、III型碟、III型盆等[4]，都是南宋晚期的典型器物。根据上述情况，《南宋官窑》发掘报告总结出：器型发展变化由大到小，由端庄大方演变成轻巧秀丽，圈足由高而外撇向圈足矮小，足壁垂直和足底纤细发展。胎由厚变薄，釉由薄变厚，装烧窑具由支具变为垫具。

上述厚胎薄釉瓷器属于早期，产品有碗、盅、碟、盆、洗、三足盘等饮食器和文具，还有鼎式炉、奁式炉、鬲式炉、葱管足炉、簋式炉、贯耳瓶、胆瓶、盘口长颈瓶、六棱瓶、八棱瓶、花口瓶和觚、尊等祭器和陈设瓷。其中觚、尊、炉、瓶等多数仿照古代铜

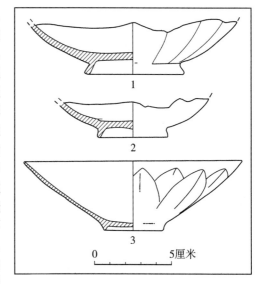

图24-1-11　郊坛下官窑瓷碗

1. 瓷碗I型1式（T12②A：37）　2. 瓷碗I型2式（T12②A：39）　3. 瓷碗I型3式（T12②B：26）

（引自《南宋官窑》，中国大百科全书出版社1996年版，第20页）

---

[1] 中国社会科学院考古研究所、浙江省文物考古研究所、杭州市园林文物局：《南宋官窑》，中国大百科全书出版社1996年版。第21页记述：1型1式盘，直口，高圈足，深灰色胎，质细硬，米黄色釉，釉面光泽强，釉层厚1毫米，有细碎裂纹，轮制贴足，底部有5个支钉痕。1型2式盘，敞口，矮圈足，厚胎薄釉，深灰色胎，质细硬。米黄色釉，略有光泽，釉层内气泡多，底部有5个支钉痕。1型3式盘，直口，矮圈足，足壁直。薄胎厚釉，深灰色胎，胎薄不到0.1厘米，质细硬。粉青色釉，釉厚于胎，内壁尤厚，二次以上施釉。垫烧，"紫口铁足"。

[2] 前引《南宋官窑》发掘报告24页记述：I型I式洗圆唇、斜弧腹，大矮圈足，足壁外撇，支烧。浅灰色胎，底胎尤厚，质较硬，有气孔。薄釉青灰色，釉面大裂纹。2式圆唇，直腹稍斜，下腹折收，大圈足，足壁外撇，垫烧，"铁足"深紫色薄釉，厚0.1-0.25厘米，质细松，有气孔。灰青色厚釉，釉面光润，大裂纹，有少量棕眼，有气泡。口沿下内外有一圈刮釉，呈灰白色。3式盘尖唇，矮圈足，足壁斜收，垫烧。深灰薄胎、粉青厚釉，垫烧，足底刮釉。

[3] 《南宋官窑》发掘报告，I型（鼎式）炉，第28-29页，图二六之1、2；IV型（簋式）炉，第31页，图二七之2、5；I型（玉壶春式）瓶，第32页，图二九之1、2。

[4] 《南宋官窑》发掘报告，II型3式碗，第20页，图一七之6；III型碗，第20页，图一七之7；I型3式盘，第21页，图一八之3；II型盘，第22页，图一八之5、7；III型盘，第22页，图一八之4；I型3式洗，第25页，图二二之3；II型2式洗，第25页，图二二之5；III型碟，第23页，图二○之4；III型盆，第28页，图二五之7。

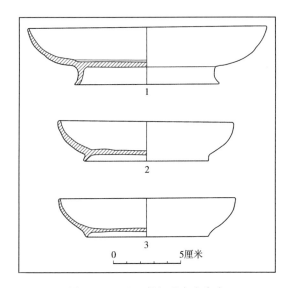

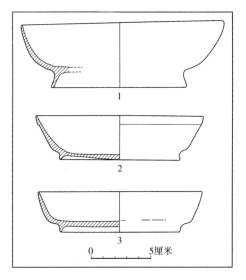

图 24-1-12 郊坛下官窑瓷盘

1. 瓷盘Ⅰ型1式（T14③：140） 2. 瓷盘Ⅰ型2式
（T14②：38） 3. 瓷盘Ⅰ型3式（T1③：16）
（引自《南宋官窑》，中国大百科全书出版社1996年
版，第21页）

图 24-1-13 郊坛下官窑瓷洗

1. 瓷洗Ⅰ型1式 T14②：46 2. 瓷洗Ⅰ型1式
T14②：89 3. 瓷洗Ⅰ型3式 T11 采：1
（引自《南宋官窑》，中国大百科全书出版社
1996年版，第25页）

器和玉器的形式。碗、盘、洗等圈足器的圈足高而外撇，用支钉支烧[1]。薄胎厚釉瓷器属于晚期，瓷器品种与前期基本相同，但前期常见的三足盘、六棱和八棱瓶等少见或不再生产。碗、盘、洗、鸟食罐等的花式品种增加，如杯有莲花杯、八角杯、把杯，鸟食罐有六角、八角、扁圆形和橄榄形等。此外，器物的形状也不断改变，式样更加优美。如把杯，直口弧腹，圈足矮直，旁按如意把手，优雅大方。又如笔洗，有的形如把杯，高仅2厘米，口沿细薄，圈足小巧，青釉丰厚如玉，文静典雅，是文房中的佳品[2]。薄胎厚釉，釉色粉青，乳浊釉面"厚若堆脂"，滋润如玉，开片较粗稀，紫口铁足，是晚期的典型特征。

除上所述，窑炉 Y2 位置偏北，窑体长，堆积中早期产品多为厚胎薄釉青瓷，是南宋官窑早期使用的窑炉。窑炉 Y1 位置偏南，窑身短、利于控制窑内烧成温度和气氛，可烧造高档精细青瓷，属晚期，是为烧造薄胎厚釉青瓷而建造的窑炉。

二 老虎洞修内司官窑遗址

（一）发现与发掘

老虎洞窑址在杭州市上城区凤凰山与九华山之间一条长约700米的狭长溪沟的西端。窑址位于一个约2000平方米的山岙平地，海拔高度90米，南距南宋皇城城墙不足百米，距南宋郊坛下官窑约2.5公里（图24-1-1）。

窑址因1996年9月被洪水冲刷而偶然发现，同年11—12月进行考古调查，并试掘约

---

[1] 朱伯谦：《釉质肥润，珍世瑰宝——南宋官窑》，《揽翠集——朱伯谦陶瓷考古文集》，科学出版社2009年版。
[2] 朱伯谦：《釉质肥润，珍世瑰宝——南宋官窑》，《揽翠集——朱伯谦陶瓷考古文集》，科学出版社2009年版。

100 平方米，在部分支钉上发现有"八思巴文"。1998 年 5—12 月，杭州市文物考古所对窑址北区进行正式考古发掘，共开 5 米×5 米探方 31 个，发掘面积 800 平方米。清理龙窑 3 座、素烧炉 3 座、瓷片堆积坑 3 个、房基 4 座，以及辘轳坑、釉料缸、排水沟、挡土墙等遗迹。初步证实该窑址始于南宋、终于元代，发掘获当年十大考古发现提名奖。1999 年 10 月至 2001 年 3 月，对窑址南区进行第二次发掘，布 5 米×5 米探方 57 个，发掘面积近 1500 平方米，较全面地揭露了老虎洞窑址。在南宋层发现采矿坑、澄泥池、房基、道路等遗迹；发现元代房基和素烧炉等遗迹；共清理瓷片坑 21 个，出土数以万计南宋瓷片和窑具。此次发掘被评为 2001 年度全国十大考古新发现之一。以上发掘，共发现龙窑窑炉 3 座，小型素烧馒头窑炉 4 座、作坊遗迹 10 座、澄泥池 4 座、釉料缸 2 个、瓷片坑 24 个、陶车基座 12 个，在遗址边缘还发现 2 处开采原料的矿坑。

老虎洞窑址正式发掘报告尚在整理编写之中，下面依据简报和相关论著[1]，对该窑址略作介绍。

（二）主要遗迹

1. 窑炉遗迹

（1）龙窑窑炉

以 98LYY1 号窑为例（图 24-1-14）[2]。Y1 号窑位于窑址西北部，T20 西北坡上，压在 T20②层下。该窑大部分被现代墓葬破坏，仅残存窑炉残墙和窑基。

Y1 为长条斜坡式龙窑，自东北向西南延伸，方向 55 度，前低后高，斜坡残长约 15 米，宽 1.35—1.98 米，高差 1.7 米。由火膛、窑室、出烟室三部分组成。火膛在窑炉东端山坡最低处，平面呈半圆形，东西长约 0.73 米。火膛后部隔墙宽 1.3 米，火膛壁用长 37 厘米、宽 17 厘米的长方砖错缝叠砌，南壁厚 0.17 米、残高 0.19 米；北壁厚 0.17 米、残高 0.35 米。火膛口宽约 0.34 米、低于窑室底部约 0.23 米，火膛内残存部分草木灰烬。

火膛后接窑室，窑室呈斜坡状，仅残存部分窑墙和窑底。窑墙用长方形砖错缝叠砌，残高 0.35 米、厚 0.17 米。窑墙内壁涂抹耐火泥，厚约 0.04—0.06 米。斜坡窑底已烧结，仅存前半段，烧结面呈深蓝绿色，有釉质光泽，烧结层厚约 0.06 米，其下红烧土层厚 0.1 米以上。窑底残存平底和凹底两种碎匣钵，其原支垫位置不明。出烟室在窑炉尾部，破坏严重，仅残存大量红烧土，结构不明。

Y1 号窑窑身较短（在同时代的越窑窑场中不多见），使烧成温度和气氛更易控制，适宜烧造高档瓷器。其相对较少的装烧量，反映出对产品的精益求精。另一座龙窑 Y2 亦遭破坏[3]。

〔1〕 杭州市文物考古所：《杭州老虎洞南宋官窑址》，《文物》2002 年第 10 期；邓禾颖、唐俊杰：《南宋官窑》，杭州出版社 2008 年版。本文所述，如与今后正式发表的发掘报告有出入，以正式发掘报告为准。

〔2〕 参见前引《杭州老虎洞南宋官窑址》图二三，老虎洞 1 号龙窑（98YY1）图版。

〔3〕 唐俊杰：《南宋郊坛下官窑与老虎洞官窑的比较研究》，《南宋官窑文集》，文物出版社 2004 年版。该文记述了 Y2 窑，文中说 Y2 窑位于南侧山坡上，破坏严重，仅存窑底岩石、窑尾出烟室及部分厚重的窑砖，因窑头破坏，故长度不明。该窑窑底斜坡式岩石上可清晰看到开凿痕迹，说明建窑时先将岩石凿成斜坡状，再用厚重的窑砖平地砌墙置窑，从窑尾残存的部分出烟室看，砌建十分规整，烟火孔间隔有序、方正，营建考究。

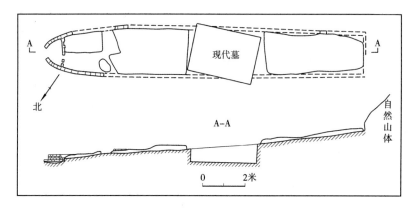

图 24 - 1 - 14　老虎洞官窑 98LYY1 平、剖面图

（引自《杭州老虎洞南宋官窑址》，《文物》2002 年第 10 期，图五，略变化）

（2）馒头窑窑炉

以 98LSY1 为例（图 24 - 1 - 15）[1]。SY1 位于 T18 东北部，T19 的东南与 T27 西北之间，北距 1 号龙窑的窑头约 2 米，南临 9 号作坊遗址。窑炉压在 T18、T19 的 2A 层之下。炉内堆积有大量倒塌的窑砖和渣土，以及少量素烧坯残件。

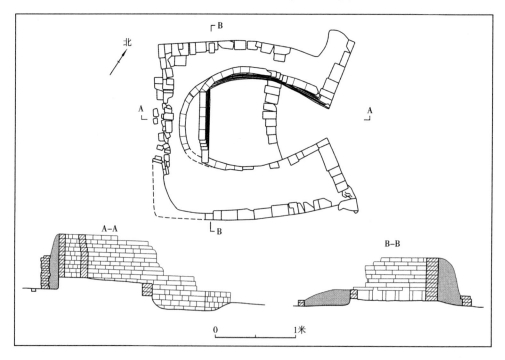

图 24 - 1 - 15　老虎洞官窑 98LSY1 平、剖面图

（引自《杭州老虎洞南宋官窑址》，《文物》2002 年第 10 期，图六，略变化）

---

[1]　参见杭州市文物考古所《杭州老虎洞南宋官窑址》，《文物》2002 年第 10 期。图二四老虎洞 1 号馒头窑（98LSY1）图版。

　　SY1 为马蹄形馒头窑，由火膛、窑床、出烟室和护墙组成。全长 1.8 米、宽 1.22 米、残高 0.89 米，方向 56 度。火膛呈半圆形，长 0.66 米，宽 0.92 米，低于窑床面 0.22—0.32 米，火膛口宽约 0.32 米。火膛底部发现大量木炭灰烬，窑门残。窑床横长方形，西壁略外弧，长 0.78 米，宽 0.99 米。窑壁砖砌，砖长 18 厘米、宽 8 厘米、厚 5 厘米，后壁有方形烟火口 5 个。窑底较平整，铺长方形砖，砖大多无存。出烟室长方形砖砌，呈半圆形，长 0.18 米、宽 0.82 米、残高 0.5 米，底部与 5 个烟火孔相通。部分烟火孔内塞有砖块，以调节排烟量。护墙在窑壁外，两者相距 0.3—0.4 米，用碎砖和废窑具平砌而成，厚约 0.16 米，火膛前端左右侧护墙呈"八"字形。护墙内侧填充黄黏土用以保温，窑门前有大量木炭灰烬。

　　SY1 马蹄形馒头窑，主要用于低温烘烤素胎坯件（窑床及窑炉周围发现大量素烧坯件残片），以提高坯件机械强度，减少器物变形，提高成品率。

　　2. 作坊遗迹

　　以 F9 号作坊为例（图 24 - 1 - 16）[1]。F9 位于窑址西部中间，跨 T16—T18、T25—T27、T35—T37 等 9 个探方，压在各探方第 3 层（2B 层）下，正面（西北）与馒头窑 SY1 相距 2 米，东北角与 F8 连接，背临 C1—C4 一组澄泥池。F9 总长 16.2 米，宽 6.8 米，残高 0.21 米，方向北偏西 48°。

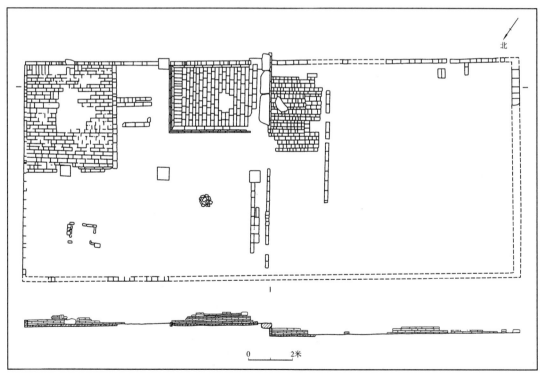

图 24 - 1 - 16　F9 号作坊

（引自《杭州老虎洞南宋官窑址》，《文物》2002 年第 10 期，图七，略变化）

---

〔1〕　参见杭州市文物考古所《杭州老虎洞南宋官窑址》，《文物》2002 年第 10 期。图二五老虎洞窑 9 号作坊（F9）图版。

F9 面向西北，北面保存较好，南面仅存痕迹[1]。在西北部残存六块灰白色柱础石，前墙 3 块，中间 3 块。前墙西侧一块础石长方形，长 0.3 米、宽 0.1 米；其余 5 块正方形，边长 0.45 米。础石位置表明，F9 面阔 6 间，进深 2 间。边墙用长 30 厘米，宽 12 厘米，厚 4 厘米褐色细泥青砖，即宫廷建筑用的香糕砖垒砌。从前端遗迹看，为 3 排平砖顺砌，在前墙中部残存 8 层，其上用较规整的石块砌筑，高 0.4 米（大约是墙体的高度）。

F9 室内地面顺山势西高东低，呈阶梯状下降，分为几个不同的功能区。西端前半部地面铺砖单层，平砖错缝铺砌，较规整，南北长 3.4 米、东西宽 3.18 米，似为堆放精熟料的场所。西端后半部四周用单砖立砌，中间平铺长方砖，低于地面 0.1 米，形成小池，池内用一层废匣钵封盖，似为堆放釉料的小池（为防干燥而用匣钵覆盖）。西北角建筑东侧为宽 1.7 米的通道，有深褐色路土。通道以东为另一个长 3.22 米、宽 2.2 米的建筑单元，其西、南两边用双层砖立砌，中间底部用砖错缝平铺，周边有一圈很浅的流水槽，东部用石条砌边。这个建筑较西端建筑在平面上低 0.16 米，推测为陈腐池。在该建筑之北（南）为一片土平面，其中部有一陶车基座（辘轳坑）。陶车基座坑开口于室内地面，以残砖平铺呈圆形坑口，坑直径 0.26 米，深 0.42 米，坑壁围砌瓦片。坑底深入生土，较平整，底部中心有一安装木轴的圆坑，坑直径约 0.1 米、深 5.5 厘米，内填黄色沙土（图 24-1-17）。在上述建筑之东，为较西面低 0.36 米的另一建筑平面，仅西北角残存南北长 2.9 米，东西宽 1.96 米砖铺地面。以上所有铺地砖均齐砖对缝，地面平整而精致。在 F9 的平面上有一层 0—0.7 米的板瓦和筒瓦，以及少量瓷片和窑具堆积。由于堆积以瓦件为主，砖少见，故推测 F9 是一座有柱和瓦顶，无边墙的棚式建筑。在这座长方形大棚内，有备料、陈腐、堆料、拉坯、晾坯等不同的功能分区，是一个完整的制坯作坊。

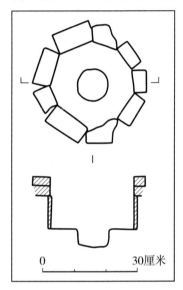

图 24-1-17　老虎洞官窑辘
轳坑平剖面图
（引自《杭州老虎洞南宋官窑址》，《文物》2002 年第 10 期，图八，略变化）

除上所述，F2、F3 位于发掘区中部。F2 东半部石砌墙基，西半部在地面上砌砖墙，东、南墙保存较好，北墙残存两个柱础石，四开间，门址在东南角，东西长 14.8 米，南北宽 4 米，地面铺一层经夯打的紫金土。F3 在 F2 之南，与 F2 平行，结构同 F2，二开间。F4 在 F2 的东北角（窑址东北角），朝向不明，是一座有柱子和屋顶无边墙的棚式建筑，面积 16 平方米。地面发现口径 0.64 米、腹径 0.72 米，南北并列的两口釉料缸。缸的北面有 4 平方米的素烧坯堆积，据此推测 F4 为施釉场所。F5 位于龙窑和素烧炉的前面，以石条或砖砌墙基，墙用长方形砖平砌，墙宽 0.15 米。东半部破坏，西半部保存较好，室内铺砖，房基外侧砖砌散水呈倒梯形。F5 南部发现多个辘轳坑，推测为拉坯场所。F6、F7 位于 F5 的西部（有叠

---

[1]　从《杭州老虎洞南宋官窑址》对 F9 的描述来看，其 F9 平、剖面图（图 24-1-16）的方向似标反了。如是，陶车基座应在陈腐池之南而不是在其北面。

压关系），均为拉坯用房。澄泥池在 F9 南侧，这是一组规整的石构建筑，中部为操作平台，东、西、北三面为澄泥池，编号 C1—C4。澄泥池长方形，以石块、残砖或废匣钵围砌，池底或铺砖石，或以原生土加以平整，池底残存白色瓷土。澄泥池 C4 在西侧，地势最高，东壁南北两端各有暗沟，分别通向 C2 和 C3，C3 东壁又有暗沟通向 C1，最大的澄泥池长 4.2 米、宽 2.5 米。采矿坑在窑址南侧山坡上（北距澄泥池约 5 米），残存断面宽 4.35 米，高 2.50 米，矿坑洞残深约 2 米，直径 1.8 米，紫金土与瓷石共生[1]。

（三）瓷器坑及其出土的瓷器

1. 瓷器坑的形制和性质

（1）瓷器坑的形制

老虎洞窑址周围未发现瓷片堆积，但在窑址东、南部边缘地带却发现 24 个大小不一的瓷片堆积坑，老虎洞窑址的瓷片几乎均出于此[2]。这些瓷片堆积坑的形制，大致可以分为三种类型。

第一类型为较规整的正方形或长方形。此类型在窑址东部，坑壁较规整，坑底平直，开挖于生土中。如 H2 正方形，边长 1 米；H3 长方形，长 2 米、宽 1.8 米、深 0.45 米。坑上部用纯净黄土掩盖[3]。

第二类型为不规整圆形或椭圆形。位于窑址南侧山坡上，自东向西一字排列。部分坑之间有打破关系，大部分坑上部被元代层扰乱，有的坑直接开口于生土层。坑较小，如 H7 坑口平面呈椭圆形，长约 1.06 米、宽约 0.7 米、坑底最深处 0.35 米。坑弧壁、底略呈圆状。

第三类型瓷器坑是直接倾倒于地势洼处，再予掩埋。此类型坑位于窑址南部偏西处。如 H20，平面近似长方形，长 2.2 米、宽 1.14 米、厚约 0.06—0.15 米，利用自然低洼处直接倾倒，再以碎瓦片和残砖掩埋。

（2）瓷器坑的性质

瓷器坑中绝大多数都是瓷片堆积，只有少量窑具。瓷片中有部分是烧裂的废品，余者都是人为打碎的瓷片，坑中瓷片基本可互相拼对，说明是就地砸碎，集中掩埋的。据此可知，瓷器坑掩埋的主要是次品，并有少量的废品[4]。

瓷器坑掩埋次品，是前所未见的现象，并开此后明代景德镇官窑瓷器拣选所剩瓷器打碎掩埋制度之先河。

---

[1]　杜正贤、马东风：《杭州凤凰山老虎洞窑址考古取得重大成果》，《南方文物》2000 年第 4 期；杜正贤：《杭州凤凰山老虎洞窑址考古发掘取得重大成果》，《文物天地》2001 年第 3 期；邓禾颖、唐俊杰：《南宋官窑》，杭州出版社 2008 年版。

[2]　邓禾颖、唐俊杰：《南宋官窑》，杭州出版社 2008 年版，第 42—44 页。

[3]　参见杭州市文物考古所《杭州老虎洞南宋官窑址》，《文物》2002 年第 10 期。图二二瓷片堆积坑 H2、H3 图版。

[4]　杭州市文物考古所：《杭州老虎洞南宋官窑址》，《文物》2002 年第 10 期。文中认为：瓷器坑是用来集中堆放生产中出现的残次品或未达到标准的器物，而且是放入坑中以后打碎的；秦大树：《老虎洞官窑性质刍议》，《南宋官窑与哥窑——杭州南宋官窑老虎洞窑址国际学术研讨会论文集》，浙江大学出版社 2005 年版。文中观点：瓷器坑是次品坑，不是废品坑，是有关官员拣选合格产品入京后，留下次品，然后打碎掩埋的。

2. 瓷器坑出土瓷器的种类及其胎釉特点

（1）瓷器坑出土瓷器的种类

瓷器坑中以第一类坑出土瓷片为最多，特别是 H3 出土瓷片达万余片，仅现在已知可以拼对成完整或可复原者就有 700 余件，20 余种器形。瓷器以日常生活用具为主，也有仿青铜器的礼器，并有少量窑具。瓷器胎色和釉色有多种，以厚胎厚釉为主，薄胎厚釉少见。H3 掩埋瓷片数量大，瓷器坑规整，说明这是将几次烧成瓷器中的次品集中于一处掩埋。又 H2 毗邻 H3，容积较小（方形、边长 1 米），H2 与 H3 中的部分瓷片可以拼对，推测 H2 是 H3 无法将瓷片全部掩埋的情况下，而临时增加开挖的坑。H20 出土物以仿青铜礼器的炉、觚、尊等为主，有的器型很大，也有日常生活用具，以薄胎厚釉为主。第二、三类瓷器坑出土瓷片和窑具数量较少，一般在百件左右，有的仅几十件，瓷器特点相同，掩埋方式较随意，可能是同一窑烧成，随烧随埋。

总的来看，瓷器坑出土瓷器器形的种类大致有：碗、盘、碟、洗、杯、盏、盏托、钵、盒、盆、花盆、罐、鸟食罐、箸架、笔山、瓶、琮式瓶、梅瓶、壶、灯盏、炉、尊式炉、鼎式炉、奁式炉、鬲式炉、薰炉、尊、双环兽耳尊、觚、筒形器、器盖和器座等，约 30 种（图 24－1－18，图 24－1－19，图 24－1－20）。

（2）瓷器胎体的特点

在老虎洞南边山坡上发现白瓷土矿，在北面山坡上发现紫金土和瓷石矿，又在南面窑场遗址发现紫金土和瓷石的共生矿；同时还发现开矿的矿坑。经科技测试，发现老虎洞附近矿料的化学组成与窑址出土瓷片胎体的化学组成十分相近，证明其制胎原料是就地取材[1]。从瓷片胎体化学成分分析来看，当地紫金土与瓷石共生的混合原料，具有单独制胎的化学组成和工艺条件。当地的紫金土矿和瓷石矿，按一定比例都能配制成青瓷黑胎并满足其化学组成的要求[2]。也就是说，老虎洞窑址制胎既采用一元配方（紫金土与瓷石共生混合原料），也采用二元配方（紫金土与瓷石按比例配制）。二元配方是青瓷制瓷技术走向成熟的标志，是中国青瓷生产工艺和技术发展史上的里程碑。

老虎洞胎体坯料中有紫金土，氧化铁含量较高，在还原气氛下，高含量的氧化铁使胎色呈深灰色和灰黑色（多泛称黑胎）居多，浅灰色较少[3]。由于坯体不同部位厚薄不同，在窑床中所处的位置不同，故在同样的烧成温度下，同一坯件上也会出现不同的胎色，或上部深灰，下部浅灰，或外侧胎体深灰色，内侧为浅灰色等。

〔1〕 承焕生、张正权、杜正贤、唐俊杰：《老虎洞窑瓷片的 PIXE 研究》，周少华、梁宝鎏、杜正贤、唐俊杰：《杭州老虎洞窑青瓷原料的研究》，以上二文均见于《南宋官窑与哥窑——杭州南宋官窑老虎洞窑址国际学术研讨会论文集》，浙江大学出版社 2005 年版；邓禾颖、唐俊杰：《南宋官窑》，杭州出版社 2008 年版。

〔2〕 周少华、梁宝鎏、杜正贤、唐俊杰：《杭州老虎洞窑青瓷原料的研究》，《南宋官窑与哥窑——杭州南宋官窑老虎洞窑址国际学术研讨会论文集》，浙江大学出版社 2005 年版。

〔3〕 唐俊杰：《南宋郊坛下官窑与老虎洞官窑的比较研究》，《南宋官窑文集》，文物出版社 2004 年版。文中说：老虎洞瓷器的胎体中以深灰胎居多，早晚都有，胎体相对较致密，但早期部分深灰胎中常见大小不一的气泡，胎体常见片状裂缝。黑灰胎主要出现在厚釉制品中，气孔较少。而灰、浅灰胎早晚均有发现，胎体较疏松，气孔多，尤以灰胎为甚。

老虎洞瓷胎早期胎体较厚，以后变薄，上述现象在一些个体较大胎体较厚的器形中表现尤为明显。此外，老虎洞瓷胎中含砂量较多，由于淘洗较为纯净，胎中其他杂质则较少见[1]。

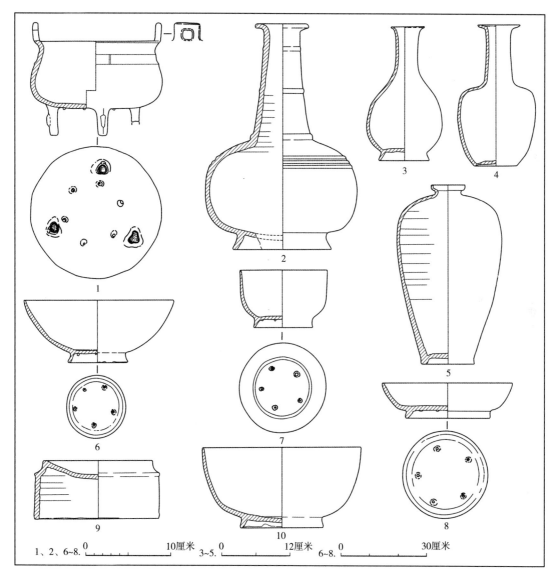

图 24 - 1 - 18　杭州老虎洞南宋官窑窑址出土瓷器

1. Ⅰ式炉（H20∶10）　　2. 瓶（H20∶22）　　3. Ⅱ式瓶（H3∶8）　　4. Ⅰ式瓶（H3∶50）　　5. Ⅳ式瓶（H3∶14）

6. Ⅰ式碗（H3∶33）　　7. Ⅲ式碗（H3∶59）　　8. Ⅱ式盘（H3∶80）　　9. 套盒（H3∶17）　　10. Ⅱ式碗（H3∶35）

（引自《杭州老虎洞南宋官窑窑址》，《文物》2002 年第 10 期，图九 2、5，图一一 1、2、5，图一〇 1、2、5，图一三 4，图一〇 9）

〔1〕　邓禾颖、唐俊杰：《南宋官窑》，杭州出版社 2008 年版。

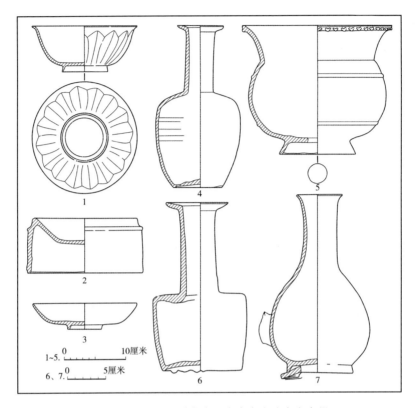

图 24 - 1 - 19 杭州老虎洞南宋官窑址出土瓷器

1. 碗（H4：21）   2. 套盒（H5：10）   3. 盘（H7：50）   4. 瓶（H7：54）   5. 花盆（H7：1）   6. Ⅱ式瓶（H5：

35）   7. Ⅰ式瓶（H5：37）

（引自《杭州老虎洞南宋官窑址》,《文物》2002 年第 10 期, 图一三 1、4, 图一五 2、1、3, 图一四 6、7）

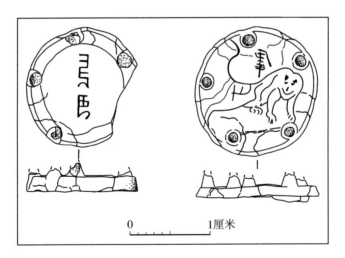

图 24 - 1 - 20 老虎洞官窑八思巴文支钉和虎纹支钉

1. 支钉（98LYT51①：30）   2. 支钉（98LYT51①：31）

（引自《杭州老虎洞南宋官窑址》,《文物》2002 年第 10 期, 图一九 2、4）

（3）瓷釉的特点

老虎洞瓷器釉色以粉青、米黄和灰青色为主，其中粉青最佳，灰青色釉占多数，釉的不同呈色主要取决于烧成时窑炉内的气氛和温度等多种因素（后文有说）。早期灰青色釉普遍较多，呈色不稳定（如上青下黄，或内黄外青等），色调复杂，产品也以早期产品表现特别明显。老虎洞瓷釉中含钙长石和小气泡，釉面有"开片"。一般薄釉开片较密，厚釉相对较疏（部分厚釉甚至开片极少或无开片）。具体到某件制品，口沿处釉易下流，釉层较薄，开片细密，腹部釉相对较厚，开片较疏。早期灰青色釉开片较密，晚期灰青色和粉青色釉开片相对较疏。由于受热不均，一般外壁开片较密，内壁相对较疏。开片的纹线和色调也有不同，灰青色薄釉纹线较细，色较浅，呈灰白色。灰青色厚釉和粉青色釉纹线有粗细之分，粗线色较深，呈黄褐或灰褐色，细线呈灰白色。米黄色釉薄釉者"冰裂纹"小而浅，层次不强，厚釉"冰裂纹"层次感强，略呈鱼鳞状。一般粗纹线出现较早，有些在出窑之初即已形成，由于土壤水浸等影响，渐渐变成灰黄、黄褐或灰褐等不同色泽，细纹线出现则相对较晚。总的来看，老虎洞的瓷器是由厚胎薄釉发展为薄胎薄釉，继而形成薄胎厚釉。釉的薄厚，是一次施釉和多次施釉的结果。

老虎洞瓷器早期一次施釉的釉层厚薄不一，有的釉薄如纸，有的釉层稍厚，有的上部釉很薄，下腹近底聚釉严重，局部厚度可达 0.1 厘米以上。其中釉薄者，釉面显胎色，青釉严重泛黄或泛灰，有的呈青灰色，品相极差。釉层较厚者则青釉较纯正，品相较好。据此可知，增厚釉层是为掩盖偏深的胎色，从而增厚釉层的"青度"。多次施釉有二次、三次，少数可达三次以上，其中二次和三次釉最多，个别的甚至达五次釉。多次施釉，主要有外二内一或内二外一，也有内外均为二次，或外三内二、外二内三、外三内三等不同组合，大部分断面上可见清晰的分层现象，多次施釉几乎涵盖老虎洞窑绝大部分产品。其中二次釉中胎体有厚（胎体深灰色）有薄（胎体深灰色或黑灰色），胎体厚者施釉不均匀，常出现流釉和聚釉，胎体薄者施釉较匀，无流釉、聚釉现象，厚胎器早于薄胎器。三次釉胎体薄，呈灰黑色，釉层厚度超过胎体厚度，有的胎体局部厚不到 0.1 厘米。釉层均有不同程度乳浊性，尤其是粉青厚釉，釉层滋润肥厚，极类美玉。部分产品有"紫口铁足"（后文有说）[1]。

（四）分期

《杭州老虎洞南宋官窑址》将所出瓷器与遗迹结合分为四期[2]。第一期为早期地层清理少，未发现重要遗迹。出土的少量越窑型青瓷器，简报认为不是本地生产的，属北宋时期生活遗存，与窑址生产活动无直接关系。

第二期瓷片集中出于 4 个瓷片坑中，以 H20 和 H3 有代表性（图 24-1-18）。器形以碗、盘、杯、碟、壶、洗、盏托、瓶、罐等日常生活用具居多，仿青铜礼器的炉、尊、

〔1〕　唐俊杰：《南宋郊坛下官窑与老虎洞官窑的比较研究》，《南宋官窑文集》，文物出版社 2004 年版。
〔2〕　杭州市文物考古所：《杭州老虎洞南宋官窑址》，《文物》2002 年第 10 期。简报分期描述简略，叙述不够全面、不够清楚，故其分期具体分析应以将来的正式发掘报告为准。

瓯、供碗等礼器和祭器所占比例也较大。胎体以灰褐色（香灰色）和褐黑色为主，少数呈黄白色。釉色有两类，一类呈粉青或曰灰青色，釉层较厚，釉色淡雅光洁，滋润如玉，釉面布满大小不等的开片。大开片多呈长条状，金黄色，小开片无色，部分呈鱼鳞状，露胎部分呈铁色；此类釉多为薄胎厚釉器物。另一类青灰色釉，以青色为主，略泛灰，釉色莹澈，釉面大多有长条状大开片。此类釉多厚胎厚釉器物，也有少量厚胎薄釉器物。这两种釉色器物都有在口部和器物转折处釉薄部分呈现黄褐色现象。总的来看本期几个瓷片坑出土的器物大多局部或大面积泛黄，泛黄的部分有较密集的鱼鳞状开片（应是烧制过程中出现氧化形成的废品）。烧造方法，碗盘类器物以裹足支烧为主，少量大型器物如盆形碗和盏托，采用裹足刮釉方法。大件的瓶、尊、瓯等礼器，在底部施釉后仔细地刮出一窄条露胎，即裹足刮釉。窑具中多见 5 头的片状支钉和垫饼，有少量垫圈等，外装具主要是较小的浅平匣钵。由于大部分器物有窨烟发黄现象，地层中还出土有支柱，推测一些大器可能采用裸烧方法。第二期的时代为南宋初年。

第三期瓷器主要出土于 20 个瓷片坑中，以 H4、H5 和 H7 为代表（图 24－1－19）。出土器物有碗、盘、洗、套盒、瓶、尊式炉和花盆等，以日用器物为主，第二期占相当比例的礼器少见，但出现陈设用的花盆。胎色以较深的褐色和黑褐色为主，总体上比第二期色深并稍粗。釉色以青灰色和青绿色为主，早期的粉青色少见。釉面常有疏朗的大块或长条状开片，鱼鳞状开片很少见，部分器物有短小而密集的釉裂形成的条纹，也有相当器物釉面无开片，因而釉面光洁匀净有玉质感。碗盘类器外壁流行刻出规整的莲瓣装饰。瓷器胎体变厚，以厚胎厚釉者居多，部分为厚胎薄釉，薄胎厚釉器物极少。烧造方法较第二期有较大变化，以垫圈支烧为多，只有少量小件器物仍采用裹足支烧方法，但支钉多从 5 枚变成 6 枚。裹足刮釉的方法在瓶和套盒中仍很流行，但刮去的部分变得大而不太规整，有些器物还在刮釉部分施黑褐色的护胎釉。窑具中以垫圈和垫饼等最常见，有少量 6 头片状支钉，外装具主要是漏斗形和筒形匣钵，个体较大，所有器物都应是匣钵装烧的。第三期瓷器与第二期瓷器有一定差异，如碗、盘装烧工艺从支烧变成垫烧，器足从外撇变成直足，但第三期与第二期在器物组合、装饰、釉色等方面没有明显区别，其烧造时间仍属于南宋修内司官窑的烧造活动。

第四期瓷器主要出于各探方第 2 层，未发现瓷器坑，有作坊遗迹（质量次于前两期）。地层多被现代墓葬破坏，出土器物较残破。主要器物有碗、盘、洗、瓶、炉、鸟食罐等，尤以洗、炉等文具和陈设瓷为多。器物形制变化较大，流行花瓣口和瓜瓣腹，器物大多是个体较小的日用品。胎色多呈较浅的褐色，还有相当部分呈黑褐色，少量呈棕色或赭褐色，胎质均较粗。釉色较早期变化大，以灰青色或青泛黄色为主，少量呈黄白色。总体上釉色较暗淡，釉色不够统一、匀净，釉的玻璃质感较强，釉层里攒聚着小气泡，釉的光泽度不太高。釉面多布满繁密的小块开片，也间杂一些较大块或长条状开片，小块开片多呈金黄色或淡黄色，有的大块和长条形开片呈褐黑色。器物胎体一般较厚，釉层较薄，以厚胎薄釉为主，厚胎厚釉少见，薄胎厚釉器物停烧。装烧方法以裹足支烧最常见，其与裹足刮釉法构成最主要的装烧方法（刮去的釉面较大，很规整）。碗盘类有些采用涩圈叠烧法，制作较粗率。窑具以 5 头或 4 头的片状支钉为主，支钉中多印有虎纹或八思巴文字（图24－1－20），外装具主要是粗大的漏斗形匣钵。第四期与第三期在地层上有明确的叠压关系，加之出土多件八思巴文支钉，其时代当为元代。

三　南宋官窑的制瓷工艺

根据前面的介绍，老虎洞和郊坛下官窑发现的制瓷遗迹，基本反映出采矿、（粉碎）、淘洗、沉淀直至练泥、成型、修坯、上釉、晾干、素烧和正烧全部制瓷工艺流程的主要环节。但是，由于这些遗迹只是局部的残迹，加之制瓷工具发现的很少[1]，故下面拟重点介绍装烧工艺，其他方面则略述之。

（一）制作工艺

1. "澄泥为范"与瓷器制作

《坦斋笔衡》记载，修内司官窑产品"澄泥为范，极其精致"。所谓"澄泥为范"系指南宋官窑瓷器模制而成，这是南宋官窑一大特征。"澄泥为范"在汝窑已经出现，南宋绍兴年间朝廷下令烧造陶瓷祭器，由于祭器仿古青铜器，必"制样须索"，所以这类产品基本上都是陶范成型。也就是说，生产陶瓷祭器是催生南宋官窑的主要原因之一，而生产青瓷采用"澄泥为范"则又是陶瓷祭器陶范成型的延续和发展。陶范成型的目的之一是获得薄胎，其与南宋官窑薄胎厚釉的特点关系非常密切。此外，陶范成型也是官窑产品规格化、规范化和产量的重要保障[2]。

老虎洞官窑和郊坛下官窑陶范发现很少，特别是老虎洞官窑发现的更少，只有圆饼形五足支钉陶范、一些残件中可看出是觚的喇叭形高足外范；器物的双耳、柱状足、蹄足、铺首及琮式瓶外部装饰等，是模制后再与器身粘接成型；贯耳壶的长方形口、方耳、椭圆腹等也是分段模制后再粘接成型的。此外，还普遍存在器身与圈足分别制作再粘接成型现象。总的来看，老虎洞窑同类产品造型特点、器形大小一致，如碗、盘等完全相同，这类产品亦属模制范畴[3]。

郊坛下官窑陶范发现较老虎洞窑多，陶范质地细腻，如花纹范（上下两段刻凤纹和夔纹，中间以两道弦纹相隔，中段刻篆文铭"无养颐之虑"）、象棋模范、圆饼形内模、圆窝外范等[4]。据此并结合作坊遗迹和出土工具，以及瓷器上残存的制作痕迹来看，制作工艺以轮制为主，兼有手制和模制。辘轳是轮制成型主要工具，一般圆器皆轮制。窑址出土的内膜和外范是模制工具，仿古器多模制。形制特殊或器物附件多模或手制。在器物成型过程中还有修坯工序，利用辘轳和研磨具反复修坯，在器物素胎上可见到规整的同心圆和磨光痕迹。器物形制精巧规整，棱角转折齐整分明，薄胎器能达到半透明程度，都是

---

[1]　郊坛下官窑仅发现数十件制釉、盛釉、拉坯成型、修坯等工具。如研钵、杵、研磨器、釉料罐、长方形穿孔器、釉顶碗、荡箍等。

[2]　[日] 小林仁：《"澄泥为范"说汝窑》，《故宫博物院院刊》2010年第5期。

[3]　邓禾颖、唐俊杰：《南宋官窑》，杭州出版社2008年版。

[4]　中国社会科学院考古研究所、浙江省文物考古研究所、杭州市园林文物局：《南宋官窑》，中国大百科全书出版社1996年版，第51—54页。

修坯的结果。此外，还有接胎工艺。器物的耳、铺首、器把、盖纽、流嘴及鼎足、盘足、部分圈足、腹壁等，都是先用模制或手制后粘贴于器身上的。一些仿古的特殊造型，也是采用分片或分段制作后粘接成型的[1]。

2. 装饰纹样与上釉

南宋官窑瓷器重在釉色，但部分瓷器也有装饰花纹。老虎洞官窑以浅浮雕莲瓣最常见。莲瓣双层或三层重叠，主要见于碗、盘、盆的外腹。有的与其他纹饰组合成为辅助纹饰，如镂空套瓶和镂空套炉，腹部以两组镂空的缠枝花卉为主题，上下两端以莲瓣纹为辅助纹饰。弦纹主要用于鬲式炉、奁式炉、渣斗式花盆的腹部及瓶的颈部等。此外，渣斗式花盆的唇下还装饰一周附加堆贴花边。

郊坛下官窑瓷器以造型、釉色取胜，除仿古器外，其他瓷器装饰少，纹饰简单，题材少。装饰以仿古陈设瓷居多，主要纹饰有以下几种：（1）植物类有莲花、莲蓬、莲子、莲瓣、菱花、牡丹花叶、蕉叶、竹叶、竹节、蔓草等。（2）动物类有夔、龙、凤、兽面、蹄足、象鼻等仿古动物纹饰，有鸭、蛙、鱼等动物形象和纹饰。（3）其他还有凸弦纹、凹弦纹、弧弦纹，有仿古的八卦纹、云雷纹、回形纹、重环纹、乳钉纹、锯齿纹，还有连弧纹、螺旋纹、绳纹等。这些花纹装饰分别采用刻划、模印、堆贴、捏塑、镂空、透雕、浮雕等技法。刻划皆采用"半刀泥"技术，多用于碗、盘等日用器皿上；模印技法使用较普遍，堆塑多使用于瓶、壶、炉、瓿等仿古器形上，雕镂多施于器盖、器座、炉等器形上。上述装饰纹样反映出官窑工匠的精湛技艺和对产品的精益求精[2]。

南宋官窑瓷器上釉，以浸釉和荡釉法为主。上釉有一次与多次釉之别，其具体情况前已介绍，不赘述。

（二）装烧工艺与烧成工艺

1. 匣钵

老虎洞和郊坛下官窑匣钵有 M 形、碗形、钵形、盆形、筒形。老虎洞官窑匣钵多以夹粗砂耐火土轮制，少数用瓷土轮制。其中 M 形匣钵及部分盆形匣钵粗厚笨重，碗形、筒形匣钵胎体轻薄。此外，还有少量异形匣钵。

装烧方法，碗、盘类常用钵形或 M 形匣钵，叠烧；瓶、炉等器身较高者常用盆形或筒形匣钵上下合扣，一般一匣一件。早期产品中，也有少量多件产品置于同一匣钵内，如一件盆形匣钵内装四件大小不一的器座，垫烧。在老虎洞早期产品中，器物与匣钵粘连、窜烟、熏燎等现象时有发现。

郊坛下官窑匣钵多用夹粗砂耐火土轮制，部分碗形、盆形小钵形匣钵用瓷土轮制。器物大多依匣、叠烧。有仰置（平底钵形匣钵）、扣置（M 形匣钵）和两件合置，以一件当盖用（盆形、碗形、筒形匣钵等）。郊坛下官窑器物粘连匣钵、窜烟、熏燎等现象很少，其装烧技术较高。

---

〔1〕　邓禾颖、唐俊杰：《南宋官窑》，杭州出版社 2008 年版，第 77—79 页。

〔2〕　邓禾颖、唐俊杰：《南宋官窑》，杭州出版社 2008 年版，第 79—81 页。

2. 支烧具

老虎洞官窑装烧工艺有支钉支烧、垫烧和支垫烧三种；郊坛下官窑以前两种为主，未见明确的支垫烧现象。老虎洞支钉支烧主要见于最早的 H3 瓷片坑，其他瓷片坑也有部分发现。以圆饼形支钉支烧为主，圆锥形支钉多为 5 枚（早期流行 5 枚支钉饼形支具，受汝窑影响），3 枚较少。支具绝大部分用淘洗后的瓷土制成，少数支饼以夹粗砂耐火土制成。个别支饼上模印"戍记"和"祥（粉）青"草体反书。其次，还有碗形、圈形或盘形等窑具口沿处切削成数个连弧形，用手捏成呈齿状圆形作支烧具。其中以敞口弧腹小平底的碗形，口沿处有 6 枚或 7 枚支钉的最常见。齿状支钉支烧具一般用瓷土制作，胎体较薄，支钉数有 3—13 枚不等，以 6 钉和 7 钉最常见。此类支钉支烧具的出现，解决了高支烧器物或大底器物垫饼支烧不足的缺陷。如一些器身较重的樽式炉和大底的折沿盆，采用两圈支钉支烧，少数平底器如板沿洗等采用支圈支烧，器物外底留有大小不一的涩圈或不规则圆形露胎处。此外，老虎洞官窑发现少量用"泥点"（托珠）支烧的器物，在早期夹层碗环形足上发现刮釉后用圆形泥点支烧的痕迹。又两件生烧的笔山底部发现用细长的泥条作支烧具。

郊坛下官窑亦以圆饼支钉支烧具为主，支钉有 3、5、7、9 枚不等，以 3、5 枚支钉较常见。支钉与支饼皆分制，然后模压成整体。圆锥形支钉瓷土制作，支饼有瓷土制作（约占 23%）也有用夹粗砂的耐火土制成的（约占 77%）。支饼面常模印阳文楷书"小""天、地、玄、黄""花、元、椀、木、青"及"一、二、三、四"等。此外，还有少量 4 枚支钉方形饼的支烧具；也有一部分是以饼形或碗形支托改制而成的；又有外缘布列一圈支钉，再于饼体中心置 1—3 枚支钉的。此外，郊坛下官窑也有圈形、盘形等，支钉呈齿状的支烧具，支钉数多为 5 枚。

3. 垫烧具

老虎洞官窑垫烧器数量最多，24 个瓷片坑和地层中均有发现。垫烧具大部分瓷土质，制作规整，粗砂土质的仅限于泥条等垫具。垫具种类有垫饼、垫圈、垫盆、垫盘、垫碗等。老虎洞窑除平底器外，几乎所有器物都使用垫烧法（除一件梅瓶底发现 5 枚支钉痕外，其余瓶类均垫烧），在圈足和三足器底部均留有较明显的垫烧痕迹。

郊坛下官窑从出土窑具比例上看，支钉型窑具占 45.5%，垫饼型窑具占 54.5%。从器物装烧痕比例来看，支烧具占 43.5%，垫烧具占 56.5%。垫烧具质地，瓷土质占 33%，粗砂土占 67%。垫烧具有垫饼、垫碗、垫盘、垫碟、垫托、垫圈、垫柱等。垫饼几乎全部为瓷土制作，使用最多，常用于瓶、盘、碗、盏托等器物，早晚都有。垫圈常用于部分底部刮釉一圈，留有一圈紫灰色胎的平底盆、樽式炉等大底器，并与支烧器同时出现，后因底部露胎太多，被支烧取代。T 型带孔垫托常见于多次刮釉制品中，垫盘可常见到与支烧具合用现象。

4. 支垫烧

在老虎洞官窑多次施釉产品中，将支烧和垫烧合一，出现支垫烧工艺。主要用于大底器的折沿盆、高足的鼎式炉、鬲式炉等。如盆以大圈足为垫烧部位，中部以 1 枚、7 枚或 8 枚支钉支烧；鼎式炉以足底部为垫烧部位，炉底另以 6 枚或 7 枚支钉支烧。采用支垫烧的目的是防止器物变形，是工艺上的进步。郊坛下官窑，只见一件樽式炉底有支烧痕，蹄足底无釉，应是支垫烧产品。

综上所述，再指出以下几点。（1）老虎洞官窑三种装烧方法似有早晚关系，最早的H2、H3 瓷片坑有支烧和垫烧两类产品，未见支垫烧产品，表明其出现要晚于支烧和垫烧。H3 有一类薄釉产品属老虎洞窑建窑之初的试烧品，全部垫烧。也就是说，老虎洞建窑之初未使用支烧法，故支烧应该晚于垫烧。但是，从数量最多的碗、盘来看，支烧仅见于H3 瓷片坑，其余 23 个瓷片坑几乎均为垫烧。又在深腹洗、鼎式炉等少量器类中，支烧法在绝大部分瓷片坑中有发现，显示支烧与垫烧之间并非简单的乙取代甲的关系，而是依器物的造型不同，随宜处置。就大多数器类而言，垫烧取代了支烧，但少数造型较特殊的器形仍保留支烧法。支垫烧出现较晚。（2）老虎洞官窑器类的差别也导致装烧工艺的差异。如瓶类器从薄釉到厚釉均垫烧；碗、盘类初以支烧为主，其后以垫烧为主；炉、盆类则支烧、垫烧、支垫烧兼有。（3）郊坛下官窑使用支烧具的器物都是薄釉器，使用垫烧具的器物厚釉、薄釉都有，厚釉器几乎全部垫烧。只是垫烧前在器足或底部进行一次刮釉（似用慢轮刮去），刮釉处非常整齐划一，垫烧处也不见垫具痕迹，只露出还原焰烧制后的胎色。（4）郊坛下官窑装烧水平相对稳定，除置窑之初外，大部分时间内选用何种装烧工艺无严格界限。（5）郊坛下官窑一件垫饼上刻有"大宋国物"铭记。[1]

南宋官窑烧制工艺，分坯件在素烧炉素烧，多次施釉在龙窑不同部位多次烧成（釉烧）。老虎洞窑烧成温度在 1150—1260℃，郊坛下窑烧成范围在 1200—1270℃，老虎洞官窑和郊坛下官窑的烧制气氛均为还原气氛[2]。其上釉和烧成情况参见本文其他处的介绍，不赘述。

四 南宋官窑瓷片胎釉科技测试研究的初步成果

南宋老虎洞官窑和郊坛下官窑发掘以后，利用多种科技手段对两窑址的瓷土、紫金土、瓷片的胎釉（包括窑具）等进行了大量的测试[3]。现将其研究的初步成果择要介绍如下。

（一）胎体

南宋郊坛下官窑和老虎洞官窑瓷片测试结果显示，瓷片中 SiO_2 在 61—71%，Al_2O_3 胎在 20—28%，釉在 10—17%；Fe_2O_3 胎在 2.0—4.5%，釉在 0.65—2.0%，实验结果证明用不同测试手段测定的结果是一致的[4]。对老虎洞官窑址瓷土和紫金土共生原料矿，瓷

---

[1] 装烧工艺与烧成工艺，参见邓禾颖、唐俊杰《南宋官窑》第 55—58、82—85、98—99 页；前引唐俊杰《南宋郊坛下官窑与老虎洞官窑的比较研究》。

[2] 邓禾颖、唐俊杰：《南宋官窑》，杭州出版社 2008 年版，第 96 页。

[3] 主要科技测试论文，大多收在秦大树、杜正贤主编《南宋官窑与哥窑——杭州南宋官窑老虎洞窑址国际学术研讨会论文集》，浙江大学出版社 2004 年版，以及杭州南宋博物馆《南宋官窑文集》，文物出版社 2004 年版。

[4] 周少华、梁宝鎏、杜正贤、唐俊杰：《杭州老虎洞窑青瓷原料的研究》，《南宋官窑与哥窑——杭州南宋官窑老虎洞窑址国际学术研讨会论文集》，浙江大学出版社 2004 年版。

土矿和紫金土矿分别测试，前者的化学组成可以满足老虎洞瓷胎在化学组成上对 Al_2O_3 和 Fe_2O_3 含量的要求，能单独制胎，为一元配方。而瓷土矿和紫金土矿原料，只有将两者按一定比例配制成胎，才能满足老虎洞瓷胎对 Al_2O_3 和 Fe_2O_3 含量的要求，属二元配方[1]。郊坛下官窑瓷胎的化学组成与老虎洞官窑处在同一区域或附近，郊坛下官窑未发现符合单独制胎要求的混合矿原料，瓷胎是由瓷土与紫金土二元配方而成[2]。上述情况表明，南宋官窑瓷胎二元配方应归功于老虎洞瓷土和紫金土共生矿原料的发现和使用，此后老虎洞和郊坛下官窑瓷胎采用二元配方则顺理成章，这是中国青瓷工艺发展史上的一个重大的突破（此前一直使用一元配方）。

在南宋官窑瓷胎中，含铁和钛的含量约为 4—5%，主要来自紫金土。胎体中 SiO_2 的含量高达 65%，来自瓷石或石英。胎体中 Al_2O_3 含量在 25% 左右，紫金土中 Al_2O_3 含量大多在 20% 左右，因而在使用紫金土时还必须配用其他含铝量高的黏土[3]。铁是胎的主要着色元素，Fe_2O_3 在还原气氛下产生官窑瓷器的黑胎，胎色与 Fe_2O_3 含量的高低直接相关。Al_2O_3 含量是决定胎体高温承受能力大小的主要指标，而胎体又是瓷器的骨架，其在高温阶段耐火能力的大小则是瓷器能否烧造成功的关键。总体而言，Al_2O_3 越高，碱金属、碱土金属氧化物 RO、R_2O（即熔剂）成分越低，胎体耐火度越高。南宋官窑通过调整胎体原料配方，增补一定数量高铝含量的黏土，减少瓷石含量以降低碱金属、碱土金属氧化物的含量，提高胎体耐火度，使之能在最高烧成温度下不变形，不软塌，从而为官窑薄胎的形成创造了物质条件[4]。上述情况表明，南宋官窑瓷器黑胎和薄胎的形成，皆源于官窑瓷胎采用的二元配方。

此外，从显微结构来看。老虎洞官窑瓷胎中，一般都含有较多大小不等的残留石英、少量莫来石、云母残骸、铁氧化物和一定量的玻璃相。郊坛下官窑胎中含有较多的云母残骸和残留石英及玻璃相。其胎体中的颗粒度不均匀，自然形成的颗粒及没有烧结的结构使胎体没有达到致密[5]。

[1] 承焕生、张正权、杜正贤、唐俊杰：《老虎洞窑瓷片的 PIXE 研究》，《南宋官窑与哥窑——杭州南宋官窑老虎洞窑址国际学术研讨会论文集》，浙江大学出版社 2004 年版。除文中的论述外，并参见该文表 1 老虎洞青瓷胎的化学组成，表 4 老虎洞矿料的化学组成；周少华、梁宝鎏、杜正贤、唐俊杰：《杭州老虎洞窑青瓷原料的研究》，《南宋官窑与哥窑——杭州南宋官窑老虎洞窑址国际学术研讨会论文集》，浙江大学出版社 2004 年版。参考文中论述及表二杭州南宋官窑遗址出土的原料瓷片样品的主量元素的化学组成。

[2] 周少华、陈全庆：《杭州乌龟山郊坛官窑原料的研究》，《古陶瓷科学技术 2 国际讨论会论文集》，上海古陶瓷科学技术研究会，1992 年。文中记述乌龟山黏土是一种能单独成瓷的瓷土，主要矿物为高岭石、石英和伊利石。但从化学分析推断，其瓷胎是由瓷土和紫金土二种矿物原料配成；中国社会科学院考古研究所、浙江省文物考古研究所、杭州市园林文物局：《南宋官窑》，中国大百科全书出版社 1996 年版。郊坛下官窑的练泥池和堆料坑中均发现紫金土。该窑址瓷胎经化学分析，胎中硅含量为 65% 左右，氧化铝含量在 23% 以上，最高达 28.6%，氧化铁在 2% 以上，最高达 4.4%，采用瓷石、紫金土二元配方。通过科技研究，发现老虎洞和郊坛下官窑瓷胎化学组成基本处在一个相互交差的区域内，说明南宋官窑制胎原料就地取材，从而改变了以前凭出土瓷片化学组成推论和预测制瓷原料的情况。

[3] 朱学斌：《南宋官窑青瓷工艺研究》，《南宋官窑与哥窑》，浙江大学出版社 2004 年版。

[4] 朱学斌：《南宋官窑青瓷特征的形成机理》，《南宋官窑文集》，文物出版社 2004 年版。文中叙述，官窑瓷胎的化学成分，Al_2O_3 含量在 24% 左右，最高达 28%，碱金属和碱土金属氧化物含量低于 5%。

[5] 邓禾颖、唐俊杰：《南宋官窑》，杭州出版社 2008 年版，第 96、97 页。

(二) 瓷釉

1. 官窑瓷釉的化学组成、显微结构和原料

南宋官窑的瓷釉为石灰—碱釉[1]，化学组成属 K_2O（Na_2O）- CaO（MgO）- Fe_2O_3 - Al_2O_3 - SiO_2 多元系统[2]。老虎洞官窑瓷片釉的化学组成点较分散，尚处于开创摸索阶段。郊坛下官窑瓷片釉的化学组成点较集中，化学组成分散较小，工艺较成熟，说明其建立当在老虎洞官窑之后。

南宋官窑瓷釉显微结构为析晶—分相釉[3]，老虎洞官窑瓷釉中含有大量微米级的钙长石针状或柱状晶体，比较均匀地分布于整个釉层中（此外，还残留少量石英和少量较大的釉泡）。郊坛下官窑瓷釉中存在的物相主要是粒状或针状的钙长石，残留石英及较大的气泡[4]。

南宋官窑瓷釉原料，为紫金土、瓷石、石灰石、长石和植物灰[5]。总之，南宋官窑石灰—碱釉结束了此前的单一石灰釉，为明清长石釉的出现奠定了基础，就此而言，其在中国陶瓷史上是占据重要地位的。

2. 瓷釉呈色机理与影响呈色的因素

铁是釉中最主要的着色元素，故影响釉面呈色因素主要是化学着色。Fe^{3+} 呈现黄、褐色（深棕黄色），Fe^{3+} 在还原介质子存在的状态下被还原成 Fe^{2+}，呈现青色（深绿色），在 Fe^{3+}、Fe^{2+} 之间的氧化还原反应是可逆的，所以 Fe^{3+}、Fe^{2+} 在反应平衡状态下，在釉中存在量的比值，决定着釉呈色。即铁物质在不同条件下呈现不同颜色，这就是官窑瓷器釉色丰富多样的化学原理[6]。

---

[1] 朱学斌：《南宋官窑青瓷特征的形成机理》，《南宋官窑文集》，文物出版社 2004 年版。文中记述从化学分析显示，釉中钙、镁氧化物（即碱土金属 RO）含量在 13—14.5%，而钾、钠氧化物（即碱金属 R_2O）则达 4—5%，这是典型的石灰—碱釉；中国社会科学院考古研究所、浙江省文物考古研究所、杭州市园林文物局：《南宋官窑》，中国大百科全书出版社 1996 年版。结语：青釉用竹木枝叶煅烧石灰石制成的釉灰配制釉料，釉内 K_2O、Na_2O 的含量增高，呈 "碱灰釉"。

[2] 《南宋官窑与哥窑——杭州南宋官窑老虎洞窑址国际学术研讨会论文集》，浙江大学出版社 2004 年版。第 201 页表三，杭州老虎洞遗址出土的原料的坯釉（矿）实验式及性能；第 231 页表 1，瓷片胎釉的化学组成，及续表 1；中国社会科学院考古研究所、浙江省文物考古研究所、杭州市园林文物局：《南宋官窑》，中国大百科全书出版社 1996 年版。附表五南宋官窑瓷片测试标本胎釉的化学成分统计表。参见下注。

[3] 李家治：《简论官哥二窑·科技研究为官、哥等窑时空定位》，科学出版社 2007 年版，第 139 页，老虎洞官窑瓷釉 "可以 K_2O（Na_2O）- CaO（MgO）- Fe_2O_3 - Al_2O_3 - SiO_2 多元系统表示，组成落在钙长石初晶区附近，具有很大的析晶倾向，而熔体析晶后晶体附近的玻璃组成 Al_2O_3 大量消耗，导致 SiO_2 与 Al_2O_3 的物质的量比上升而进入二液不混溶区，分相倾向激增，因而具备形成析晶—分相釉的物理化学基础"。

[4] 邓禾颖、唐俊杰：《南宋官窑》，杭州出版社 2008 年版，第 97 页。

[5] 朱学斌：《南宋官窑青瓷特征的形成机理》，《南宋官窑文集》，文物出版社 2004 年版；周少华：《从黑胎青瓷的工艺学研究入手探讨 "南宋官窑" 与浙江地区的 "类官窑" 关系》，《南宋官窑与哥窑——杭州南宋官窑老虎洞窑址国际学术研讨会论文集》，浙江大学出版社 2004 年版。

[6] 朱学斌：《南宋官窑青瓷特征的形成机理》，《南宋官窑文集》，文物出版社 2004 年版；李家治：《简论官哥二窑·科技研究为官、哥等窑时空定位》，科学出版社 2007 年版，第 143 页叙述物理着色（结构着色），是指纳米级分相结构对呈色的贡献。"釉熔体中和析晶伴生的晶间或晶体周边的纳米级不均匀分相结构的衍射和乳光行为是影响釉面呈色、乳浊程度和光泽的重要结构因素"。在 "微观上，由于着色离子和散射源在釉内的局部不均匀分布，使得色调、颜色的深浅、乳浊度和光泽的分布也在局部呈现出丰富的变化"。

影响瓷釉呈色变化的因素，大致如下[1]：

（1）釉必须是石灰碱釉，只有如此，釉面才能形成平整而釉层较厚的釉，这是南宋官窑粉青色釉形成的物质基础。

（2）釉中着色元素 Fe 的含量，对呈色起着至关重要的作用。铁含量在 1% 左右，呈现粉青色的概率大，小于 0.7% 呈色基本偏淡，多为月白等色，大于 1.2% 则呈色偏深，多为翠绿等色。

（3）烧制气氛是釉面呈色的决定因素，着色元素铁只有在 Fe^{2+} 态时才呈现青色。在紫金土中铁元素以 Fe^{3+} 态存在，故必须采用还原气氛烧制（1050—1250℃ 为还原焰）。通过还原介质使 $Fe^{2+}=Fe^{3+}$ 在高温烧造时达到相对平衡，还原比值（Fe^{2+} 和 Fe^{3+} 含量比值）的大小，决定了釉面的色调[2]。龙窑体积庞大，燃烧点分布不均匀，且是平焰烧制，窑内气氛差别很大，能形成强还原的区域不多，这是南宋官窑瓷釉呈色异常丰富的关键因素。

（4）釉料玻化程度对釉面呈色的影响没有烧制气氛明显，但对色调的调控却非常重要[3]。玻化程度高（烧成温度接近熔融温度，高温保温时间长），胎釉中间层反应充分，中间层的铁含量得以提高，且釉层因玻化程度较高，釉层因流淌而变薄，故釉面色调加深；玻化程度低，则釉面呈色偏淡。

（5）胎体着色元素铁含量，在一定程度上决定着釉面呈色。胎体铁含量变化，胎釉中间层铁含量亦随着变化，在胎、釉铁含量差值大时，甚至改变釉面层铁含量，使釉层呈色发生很大的变化[4]。胎体的铁含量低，釉面呈色偏淡；胎体铁含量高，釉面呈色加深。胎体铁含量在 3% 左右时，釉面易形成粉青色。

（6）在其他条件相同时，胎体厚度对釉面呈色亦有一定影响。胎体薄，釉面呈色淡，胎体厚，釉面呈色加深。当胎体厚度在 2mm 左右时，0.7mm 左右的釉层厚度就能使釉面呈现粉青色[5]。

（7）釉层厚度在很大程度上能减小胎体对釉面呈色的影响。厚釉层使釉面距中间层

---

[1]　朱学斌：《南宋官窑瓷粉青釉的工艺探讨》，《南宋官窑与哥窑》，浙江大学出版社 2004 年版；朱学斌：《南宋官窑青瓷特征的形成机理》，《南宋官窑文集》，文物出版社 2004 年版。

[2]　朱学斌《南宋官窑瓷粉青釉的工艺探讨》记述："温度一定时，在强还原气氛下，还原比值大，釉面呈现悦目的粉青色；还原气氛较弱时，还原比值小，釉面呈色偏灰，出现青灰色；在中性气氛和弱还原气氛下，还原比值很小，Fe^{2+} 基本上是 Fe^{3+} 高温分解所致，釉面色调偏黄、呈淡黄、蜜蜡、鹅皮黄等色。如在氧化气氛中烧制（1050℃ 以下为氧化焰），则呈现亮黄色。因呈色元素 Fe 在不同气氛下，呈现不同颜色，同一种颜色，因还原比值不同，其色调亦不同。"

[3]　朱学斌《南宋官窑瓷粉青釉的工艺探讨》记述："陶瓷釉料同玻璃一样，都是由玻化氧化物，即网络组织氧化物（如 SiO_2）和变性氧化物（如 CaO、MgO、Na_2O、K_2O）及中间性氧化物（如 Fe_2O_3、Al_2O_3）组成，其完全熔融时的温度是由其本身的化学成分决定的。一定铁含量的釉，其熔融温度的高低对色调的深浅（如 Fe 元素在还原气氛中呈色）影响很小，因此铁含量相同，但化学成分不同，即熔融温度不同的官窑青瓷釉能烧出非常相似的粉青色来。"

[4]　朱学斌《南宋官窑瓷粉青釉的工艺探讨》记述："陶瓷釉虽然类同玻璃，但因釉必须融合在坯体表面，所以釉的化学成分不像玻璃那样自由，它受到胎体化学成分的制约，釉和胎之间必须形成良好的中间层。中间层的化学组成比较复杂，受多种因素制约，其中胎体的化学成分起到非常重要作用。把同一种釉施在不同胎体上，烧制时会形成不同的中间层，而该中间层对釉面呈色的影响非常大。"

[5]　朱学斌：《南宋官窑瓷粉青釉的工艺探讨》，浙江大学出版社 2004 年版。

远，呈色受其影响减轻，且因厚釉能使光产生乳浊效果，故釉层厚度达1毫米以上时，釉易形成柔和、悦目的粉青色。太厚，达到1.5厘米以上则易形成月白色；太薄，小于0.7厘米，易泛灰，形成青灰色。

3. 厚釉工艺与玉质感的成因

南宋官窑瓷器以薄胎厚釉著称，釉的厚度一般都超过0.5毫米，最高达2毫米，大多数釉的厚度在1毫米以上，肉眼可见多层结构，多者可达四层。这种多层结构是多次上釉，在龙窑的不同窑位多次烧成实现的。据研究四次上釉制品的工艺过程为：第一次坯体素烧→上第一次釉→二次中温釉（中温釉估计在1000度左右）→上第二次釉→三次中温釉烧→上第三次釉→四次中温釉烧→上第四次釉，最后在龙窑中高温位本烧（高温本烧温度估计约在1220℃左右）。多层釉的烧造技术的要素，一是烧成温度（火候），即提供合适的高温烧成范围（温度高，釉完全熔融；温度低了，低于始熔温度，釉均不能形成多层结构）。二是烧窑时间，即高温保温时间，只有在特定的温度下保温一定时间，才能使新形成的微晶生长、发育（釉是一种硅酸盐玻璃，在烧成过程中，要使釉层中产生新的微晶[1]）。因此，烧成制度（包括烧成温度、烧成时间和烧成气氛）是烧制南宋官窑瓷器的关键[2]，而石灰—碱釉则是南宋官窑厚釉瓷器的物质基础，也是前述独创的上釉工艺的基础[3]。

南宋官窑瓷器玉质感极强，玉质感的强弱来自乳浊程度强弱。南宋官窑瓷釉是析晶—分相釉，它们粒度的大小和数量多少决定着乳浊程度，即决定外观上玉质感的强弱。也就是说，析晶—分相釉是关键，由此而产生的乳浊程度则是玉质感强弱的根源[4]。此外，前述的多层釉结构使青瓷釉厚若堆脂，亦能加强釉的乳浊性，因而直接影响到釉面的质感和色泽，也是形成滋润如玉效果的原因之一[5]。

4. 釉面气泡、纹片和紫口铁足

南宋官窑瓷片釉面有小气泡。气泡是在高温烧造过程中胎和釉释放出的水汽和化学反

---

[1] 周少华《从黑胎青瓷的工艺学研究入手探讨"南宋官窑"与浙江地区的"类官窑"的关系》，文中还记述：在高倍显微镜下能观察到釉中各层气泡，微晶分布是有规律的。还有残留晶体颗粒。析晶相主要是针状、柱状晶体，是釉中新析出的，多集中在层与层之间，形成一富析晶层。这种微晶主要是三斜六方钙长石的混合物。容易析晶的地方往往在二层界面处，这说明，多层釉的产生是经过多次高温焙烧而产生的。又指出过去认为，多次烧成是在素烧窑中实现的，这是错误的。素烧窑容积很小，只能满足生坯第一次素烧的要求，而不能与几十米长大容量龙窑配套实行多次烧成。"事实证明，工艺过程中多次釉烧都是在同一龙窑中烧造的，只是所处的窑位不同"，这是南宋官窑工艺技术一大发明；坯体素烧（素烧温度800度左右，温度范围只有30℃左右），在于提高坯体机械强度和对釉的吸附力。

[2] 朱学斌《南宋官窑青瓷工艺研究》记述，烧制南宋官窑瓷器，"在各温度段，对升温速率和气氛要求很严，稍有不慎，则很难烧成正品。在1050℃以下，强氧化气氛烧制，升温速率平均控制在3—4℃/分钟；在1050℃以上，强还原气氛烧制，升温速率平均控制在1.0—1.5℃/分钟"。

[3] 朱学斌《南宋官窑瓷粉青釉的工艺探讨》记述，"石灰—碱釉中的碱金属氧化物R_2O在高温时的粘度比碱土金属氧化物RO要大得多，这就使得厚厚的釉层在高温熔融阶段不会因流淌而使釉层变得很薄，瓷釉厚度能保持在1mm以上"。这就是厚釉的物质基础和工艺基础。

[4] 李家治：《简论官哥二窑·科技研究为官、哥等定窑时空定位》，科学出版社2007年版，第137、145、168页。其中141—143记述：微米级晶体、纳米级液相、气泡、未熔化的釉料团等对入射光线产生的全波段的反射和折射决定了釉的乳浊程度，是釉面呈现强或弱的玉质感的根源。

[5] 前引周少华《从黑胎青瓷的工艺学研究入手探讨"南宋官窑"与浙江地区的"类官窑"的关系》。

应产生的二氧化碳、一氧化碳和氧气等聚集而成的。其是在釉面降温时凝结的那一刻，刚浮到表面并放出内部气体的气泡的状态。它的中心有一个十分规则的圆孔，这只能是由高压气体冲出时造成，并且在釉面还未重新弥合时就因降温冻结而成的[1]。

釉面纹片又称开片，胎和釉不同的膨胀系数是产生裂纹的主要原因。釉面膨胀系数大于胎的膨胀系数，在停火冷却时釉产生较大幅度的收缩，于是使釉层出现裂纹。在冷却后期200℃左右纹片开始形成，100℃左右大量出现，直到室温时，仍有纹片产生。纹片大小同胎釉的膨胀系数差值有关，差值越大，纹片越小；差值越小，则纹片越大。在膨胀系数一定时，釉层厚度对纹片的大小起决定性作用，釉层厚，纹片大；釉层薄，纹片小[2]。此外，纹片还与施釉工艺、烧成温度及高温下冷却速度等因素有关。

南宋官窑瓷器有的呈现"紫口铁足"现象，胎中 Fe_2O_3 是产生紫口铁足的内因和根源。在最高温度烧成阶段，器物沿口部釉汁因高温熔融而向下流动，釉层变薄，隐见胎骨的灰紫色，名为"紫口"。紫口深浅与烧成温度高低无关，但过烧则明显，欠烧则不明显。最高烧成温度下保温时间长，紫口明显；反之，紫口较淡。南宋官窑后期窑具由支钉改成垫饼，为避免烧成时支钉尖被厚厚的釉层粘住，所以必须将器底或圈足底端的釉层刮去，烧成后无釉部分因经二次氧化（Fe^{2+} 氧化成 Fe^{3+}）变成铁灰色，通称铁足[3]。

五 比较研究

（一）老虎洞官窑南宋和元代瓷片胎釉的比较

前面分期部分已经介绍老虎洞官窑南宋和元代瓷器的釉色变化，这个情况在科技测试中也有明确的反映。南宋和元代瓷片胎的化学组成点分处在两个不能完全分开的区域，即分处于 SiO_2 较高和较低的区域。说明时代不同，所用的原料和配方已发生变化。两者的瓷釉组成虽然均可用 K_2O（Na_2O）－ CaO（MgO）－ Fe_2O_3 － Al_2O_3 － SiO_2 多元系统表示，并且都是析晶—分相结构，形貌也基本相似，但是两者却有较大差别。主要表现在元代瓷片釉组成中 CaO 含量比南宋瓷片低很多（试样显示低 3 个多百分点），而 K_2O 合 Na_2O 的含量则高很多（试样显示约高 2 个多百分点）。这个变化也影响到显微结构，南宋瓷片釉中存在数量相当多的微米级的钙长石针状或柱状晶体，比较均匀分布于整个釉层中；而元代瓷片釉中晶体稀少（即元代瓷片釉中钙长石析晶和晶间及其周边的分相也就少于南宋瓷片釉），晶体主要集中在胎釉交界区域。由于元代瓷片釉层中没有形成较多的析晶—分相区域，故其釉"玻璃质感强"，玉质感较弱。此外，元代瓷片釉中小气泡要比南宋瓷片釉中小气泡多很多[4]。

〔1〕 朱清时：《南宋官窑瓷鉴定的化学和物理学基础》，《南宋官窑文集》，文物出版社 2004 年版。

〔2〕 朱学斌：《南宋官窑青瓷特征的形成机理》，《南宋官窑文集》，文物出版社 2004 年版。文中指出，南宋官窑青瓷胎的膨胀系数比釉小，在冷却后期，因膨胀系数的差值而使釉面处于张应力作用下，釉面抗张应力强度远低于抗压力强度，由此而引发釉面龟裂，俗称"纹片"。不规整、随机的纹片宛若天成，起到了很好的装饰作用。

〔3〕 朱学斌：《南宋官窑青瓷特征的形成机理》，《南宋官窑文集》，文物出版社 2004 年版。

〔4〕 前引李家治《简论官哥二窑》第 121、122、123、127、134、135、139、141、187、188 页。

（二）老虎洞和郊坛下官窑瓷片胎釉之比较

唐俊杰在《南宋郊坛下官窑与老虎洞官窑的比较研究》一文中[1]，对两个官窑进行了较全面的比较研究。该文结语指出：通过以上对郊坛下官窑和老虎洞官窑在窑址选择、窑炉结构、胎釉特征、装烧工艺及器物造型等方面的比较研究，我们发现两窑在许多方面有着相同或相似的面貌，同时也存在某些差异。两窑在某些方面存在的差异也并非本质性的，而更多体现了各自烧造活动的时间差及继承性。关于差异性，文中提到"老虎洞官窑瓷器的胎体中含砂较多，用同类产品逐一比较也发现其胎色普遍偏深，这与郊坛下官窑有着较为明显的区别"。"老虎洞窑早期产品中呈色不稳定产品的大量出现"，是与其处于创始阶段有关。总体而言，"老虎洞官窑的釉色似乎普遍要比郊坛下官窑同类产品显得明亮，光泽较好，青度高，尤其是早期部分灰青釉制品，釉层极透明，光泽强，玻璃质感特别明显"。"而部分粉青色釉制品的色调也似比郊坛下官窑要淡，而后者常泛灰，色略显深"。文中还指出："老虎洞官窑一次釉产品中的最早形态在郊坛下官窑未见"，"郊坛下官窑的一次釉制品，施釉较匀，很少有聚釉和流釉现象，其胎体也较老虎洞官窑同类器要薄，故此类一次釉制品，无论是拉坯、施釉，装烧等技术水平已趋稳定和较为成熟的阶段"。"郊坛下官窑早期似曾以一次釉为主，此时老虎洞官窑虽已出现二次釉制品，但尚处于不稳定阶段"。此后"由于老虎洞官窑二次釉的渐趋成熟及所带来的釉层匀净滋润等产品质量的提高，促使郊坛下官窑也采用二次釉的办法。在多次釉制品中，郊坛下官窑已出现四次施釉，而老虎洞官窑最常见的为二次釉和三次釉，另有少量四次釉"。上述情况表明，老虎洞官窑的置窑时间要早于郊坛下官窑。

从科技测试来看，老虎洞和郊坛下官窑瓷胎的化学组成基本上处在一个相互交叉的区域内。在釉的化学组成上，老虎洞官窑南宋瓷片瓷釉较接近郊坛下官窑瓷片釉，说明郊坛下官窑是在继承老虎洞窑后发展起来的。但是，老虎洞南宋瓷釉化学组成比较分散，尚处于早期的摸索阶段。郊坛下官窑瓷釉的化学组成比较集中，说明其配方已比较成熟。以此结合前述情况，显然老虎洞置窑时间早于郊坛下官窑，郊坛下官窑与老虎洞官窑有承袭关系[2]。

（三）老虎洞官窑与汝窑间有承袭关系

南宋初皇室如北宋时期一样喜爱汝瓷，南宋临安城遗址中发现有汝瓷，其中有的发现地点与南宋皇室有关[3]。由于皇室酷爱汝瓷，故汝窑对南宋老虎洞官窑产生很大影响，其主要表现在以下三个方面。

---

[1] 唐俊杰：《南宋郊坛下官窑与老虎洞官窑的比较研究》，《南宋官窑文集》，文物出版社 2004 年版。具体的比较，请参见原文。

[2] 前引李家治《简论官哥二窑》第 122、127、177、178 页。又第 179 页记述：《坦斋笔衡》中"后郊坛下别立新窑，比旧窑大不侔矣"，有人曾把"大不侔"理解为"新窑"产品质量大不及"旧窑"。其实，郊坛下官窑产品质量高于老虎洞官窑，"大不侔矣"应理解为大不相同，而不是大不及。

[3] 唐俊杰：《汝窑、张公巷窑与南宋官窑的比较研究——兼论张公巷窑的时代及性质》，《故宫博物院院刊》2010年第 5 期。

1. 两窑瓷器形制和纹饰多相同或类似

在老虎洞早期瓷片坑 H3 曾发现 4 件白胎青瓷器，有碗、盘、梅瓶 3 种。盘圈足外撇，裹足支烧，外底有 5 个支钉痕；梅瓶小盘口，器身矮胖，均与汝窑同类器形非常相似。汝窑的撇口碗、侈口、曲腹、圈足外撇，外底有 5 个支钉痕；浅腹圈足盘，侈口、浅曲腹，大平底，圈足外撇，外底有 5 个支钉痕，老虎洞官窑与此相似的器形很多。总的来看，汝窑瓷器除少数类和器形外，大部分器类和器形如敞口浅腹碗，直口碗、撇口碗；深腹圈足盘、浅腹圈足盘；浅腹平底碟；斜腹盏、弧腹盏；圆盘形盏托、花瓣形盏托；六方委角套盒、圆形套盒、龙纹盒、唇口盆、板沿盆；圈足洗、三足洗；圈足杯；方壶；梅瓶、鹅颈莲纹瓶、盘口折肩瓶、细颈鼓腹瓶、弦纹瓶；莲叶座薰炉；捉手器盖、杯形器盖、鸭形器盖、镂空型器盖等，在老虎洞官窑早期均有相同或相似者[1]。

汝窑以釉色取胜，但也有较多的装饰，其中以莲纹最多，如碗的腹部模印仰莲，鹅颈瓶的腹部刻有折枝莲花，另有龙纹等装饰。南宋官窑也出土不少装饰莲瓣的碗和盘，龙纹主要模印在碗和洗的内底，两窑的刻、划、堆塑和模印的装饰手法也基本相同[2]。

2. 两窑瓷器釉色相似，釉的显微结构相同

老虎洞官窑和汝窑均烧造青瓷，汝窑釉色以天青色为主，也有粉青、天蓝色调；老虎洞官窑以粉青色和米黄色为正烧主流；二窑瓷器釉面均有开片[3]。前已指出老虎洞和郊坛下官窑瓷器显微结构为析晶—分相釉，玉质感很强，而此前南宋青瓷釉未见此种现象，在南宋之前只有北宋汝窑瓷釉为析晶—分相乳浊釉，具有极强的玉质感。老虎洞官窑和汝窑瓷釉同属钙釉系统，它们的化学组成点均位于 $SiO_2 - CaO - Al_2O_3$ 三元平衡相图中的钙长石初晶区内或附近的一个不大的区域内。这个组成有利于钙长石晶体的析出及随后在晶间和周边分相的发生。这是老虎洞官窑在釉的配方和显微结构上，继承汝窑瓷釉的一个最明显的例证[4]。

3. 两窑支钉支烧和素烧工艺相似

汝窑采用支钉支烧工艺，器物外底留很小的支钉痕，称"芝麻挣钉"。老虎洞官窑早期瓷器中，有一类圈足外撇，裹足满釉支烧（五足支钉支烧），器底留下较大支钉痕。这是因为汝窑瓷土 Al_2O_3 含量较高，具有耐高温和高温荷重软化点高的特点，用这种瓷土烧制成的支钉使瓷器烧成后底部留下细小支钉痕。而老虎洞官窑使用的瓷土含 Al_2O_3 较低，Fe_2O_3 较高，用这种瓷土制成的支钉耐火度较低，高温荷重软化程度较大，所以瓷器底部支钉痕较大。为解决支钉痕大的问题，在老虎洞和郊坛下官窑，均发现许多支钉垫饼中的支钉和垫饼用两种原料拼接而成。支钉中瓷土原料经精工淘洗，其中的 Al_2O_3 含量较垫饼中 Al_2O_3 含量

[1] 唐俊杰：《汝窑、张公巷窑与南宋官窑的比较研究——兼论张公巷窑的时代及性质》，《故宫博物馆院刊》2010 年第 5 期。
[2] 唐俊杰：《汝窑、张公巷窑与南宋官窑的比较研究——兼论张公巷窑的时代及性质》，《故宫博物馆院刊》2010 年第 5 期。
[3] 孙新民：《汝窑与老虎洞的对比研究》，《南宋官窑与哥窑——杭州南宋官窑老虎洞窑址国际学术研讨会论文集》，浙江大学出版社 2004 年版。
[4] 李家治：《简论官哥二窑》，科学出版社 2007 年版，第 173—175 页。

高出约 5 个百分点，而 Fe_2O_3 含量则低约 5 个百分点。这样就大大改善了支钉的耐火度和高温软化程度，使支钉痕虽不如汝窑的"芝麻钉"，但已大大缩小了支钉痕[1]。由此可见，老虎洞官窑创造性地继承了汝窑的支烧工艺，到郊坛下官窑时则已普遍使用。

汝窑采用素烧工艺，第一次用较低的温度在坯体未施釉前进行素烧。第二次在素坯上多次施釉后在高温下烧成，这是汝窑在烧制工艺上的独特工艺，南方在南宋以前未见使用。在老虎洞和郊坛下官窑，均发现采用北方馒头窑进行素烧（发现大量素烧坯），显然是继承了汝窑的素烧工艺，并有所改进和提高[2]。

除上所述，应当指出，两窑分别在北方和南方，其差异也较大。比如，两窑瓷胎主次量元素氧化物对比研究显示，老虎洞官窑瓷胎中 SiO_2 和 K_2O 的含量都比汝窑高，而 Al_2O_3 和 CaO 的含量则比汝窑低。说明两窑都是用当地原料制胎，故其化学组成不同，外观上也有差异。即汝窑瓷胎呈灰黄色（香灰色），老虎洞官窑瓷胎色较深，呈灰褐色。两窑在瓷釉方面的差异虽然不如胎质明显，但因原料亦皆就地取材，也有一定差异，即汝窑瓷釉呈较浅的青色，不见米黄色；老虎洞官窑瓷釉则呈较深的青色[3]。在瓷器器类和形制上，汝窑的莲式口碗、双鱼纹洗、荷叶座炉等不见于老虎洞官窑；而老虎洞官窑的觚、鼎式炉、鬲式炉、夹层碗、穿带瓶、镂孔套瓶、渣斗式花盆等，则为汝窑所不见[4]。汝窑使用馒头形窑，以煤为燃料；老虎洞官窑除素烧使用馒头形窑外，正式烧成则使用龙窑，均以柴做燃料。在烧制工艺上，汝窑采用支钉支烧和垫饼垫烧，支钉痕小，多为 3 枚或 5 枚。老虎洞官窑除使用上述烧制工艺外，还使用垫圈垫烧；支烧痕较大，呈圆形，支烧痕以 5 枚、6 枚居多，也有 7 枚、8 枚或更多；樽、洗、盆、钵等大件器物，则采用外底刮釉，用环形垫垫烧[5]。

总之，通过对老虎洞官窑与汝窑的比较研究，虽然可见其间有一定的差异，但是由于前述三个方面的相同或相似，并结合南宋皇室与北宋皇室一样酷爱汝瓷来看，显然老虎官窑是在承袭汝窑制瓷传统基础上而发展的。

（四）关于哥窑的问题

哥窑是在瓷器研究中争论较多的重要问题，最主要集中在时代和产地两个问题上。自明代《宣德鼎彝谱》将其列为宋代名窑后，多认为哥窑是宋代窑口，但宋代文献对此却无记载，故又出现元代说。哥窑瓷器的产地有杭州说、龙泉说、景德镇说和北方说等。现在的讨论大都集中在杭州说和龙泉说上，在讨论过程中又出现龙泉哥窑和传世哥窑的提法。上述探讨，在杭州老虎洞官窑发掘以后，主要集中在与老虎洞官窑元代地层出土瓷片进行

〔1〕 李家治：《简论官哥二窑》，科学出版社 2007 年版，第 175、176 页。

〔2〕 李家治：《简论官哥二窑》，科学出版社 2007 年版，第 176、177 页。

〔3〕 李家治：《简论官哥二窑》，科学出版社 2007 年版，第 135、136、173、174 页。

〔4〕 孙新民：《汝窑与老虎洞的对比研究》，《南宋官窑与哥窑——杭州南宋官窑老虎洞窑址国际学术研讨会论文集》，浙江大学出版社 2004 年版。

〔5〕 孙新民：《汝窑与老虎洞的对比研究》，《南宋官窑与哥窑——杭州南宋官窑老虎洞窑址国际学术研讨会论文集》，浙江大学出版社 2004 年版。

比较研究方面，取得较大进展。比如：

老虎洞官窑元代地层瓷片中，有一类釉色青灰或灰中泛黄，釉玻璃质感较强，釉面有较多开片和小气泡，直观上看与许多传世哥窑瓷器相同。又元代地层所出窑具上的八思巴铭文对音为"章记"或"张记"，似与传说中的哥窑有关[1]。

前已指出，老虎洞窑元代瓷片釉中 CaO 含量比该窑南宋瓷片釉中 CaO 含量低很多，而 K_2O（Na_2O）的含量又比南宋瓷片釉中 K_2O（Na_2O）含量高很多；同时该窑元代瓷片釉中小气泡也比南宋瓷片釉中小气泡多很多。据故宫博物院提供的一件传世哥窑瓷片和元大都出土的四件哥窑型瓷片的测试结果，其瓷片釉的化学组成点或处在，或靠近和接近老虎洞窑元代瓷片区域内，同样含有较低的 CaO 和较高的 K_2O（Na_2O）；在瓷釉的显微结构上，前述标本亦与老虎洞窑元代瓷片釉一样含有较多的小气泡[2]。以此结合明人高濂《遵生八笺》记载南宋官窑"窑在杭州凤凰山下，其土紫，故紫色如铁，时云紫口铁足。哥窑烧于私家，取土俱在此地"；结合迄今在宋代墓葬中未发现哥窑瓷遗物，而元代墓葬中却屡有发现；结合迄今未发现元至正以前文献中有关哥窑的记载，故有理由认为传世哥窑的窑址很可能就在元代的老虎洞窑[3]。退一步说，即使不是全部，至少也有一部分是在这里烧造的。当然，现在对上述看法也有不同意见，但是无论如何，老虎洞窑元代瓷片深入研究后的最终定位，都将为解决哥窑瓷的时代和产地问题，产生积极的作用。

（五）南宋官窑与龙泉窑黑胎青釉瓷的比较

在本书"浙江龙泉窑遗址的发掘与研究"中，指出龙泉窑生产的黑胎厚釉青瓷，薄胎，厚釉开片，多素面无纹饰，有的满釉支烧、紫口铁足，外观特征与郊坛下官窑瓷器非常相似。龙泉窑黑胎青瓷之胎采用发端于老虎洞窑的瓷土和紫金土的二元配方方法，但两者瓷胎的化学组成差异很大，说明两窑瓷胎均就地取材。在瓷釉方面，两窑瓷釉的化学组成非常接近，有的几乎相同。对郊坛下官窑和龙泉溪口瓦窑垟窑址瓷片的微量元素进行分析比较，发现瓦窑垟窑址似乎并非大规模地稳定生产，而是分批小量地在摸索大同小异的配方，但选料与郊坛下官窑很接近，个别样品的微量元素几乎相同。上述情况，在龙泉窑青瓷的内部发展脉络中找不到相应的发展轨迹，因而这种突然的转变显然是受到外界强烈影响所致。由于龙泉窑黑胎青瓷的时代大约在南宋后期，晚于南宋官窑置窑时间，加之上述诸点与南宋官窑关系非常密切，并显示出某种师承关系，所以现在大多数陶瓷学者认为龙泉窑黑胎青瓷是仿南宋官窑产品，这种龙泉窑仿南宋官窑产品不能称为龙泉哥窑瓷[4]。

———————————

〔1〕　秦大树：《杭州老虎洞窑址考古发现专家论证会纪要》，《文物》2001 年第 8 期。
〔2〕　李家治：《简论官哥二窑》，科学出版社 2007 年版，第 121、123、124、127、187 页。
〔3〕　李家治：《简论官哥二窑》，科学出版社 2007 年版，第 192 页。
〔4〕　李家治：《简论官哥二窑》，科学出版社 2007 年版，第 19、21、23、24、35、36、182—186 页；朱伯谦：《龙泉青瓷简史》，《朱伯谦论文集》，紫禁城出版社 1990 年版；本书"浙江龙泉窑遗址的发掘与研究"的作者对于龙泉黑胎青瓷与南宋官窑瓷关系的分析见正文所述，这个分析与现在多数学者意见一致，但其认为龙泉窑黑胎青瓷为龙泉哥窑，此外有少数学者也持此种意见。

六 南宋二官窑的性质和年代

郊坛下乌龟山窑发掘以后，老虎洞窑发掘之前，南宋官窑是一处还是两处，经长期讨论，正当郊坛下窑即修内司窑，南宋官窑只有一处说几成定论之时，发现并发掘了老虎洞窑。于是讨论的重点转移到老虎洞和郊坛下窑的性质和年代上来。

关于南宋官窑，在古文献中只有南宋叶寘《坦斋笔衡》和顾文荐《负暄杂录》的记录最早和最详细。两书关于南宋官窑的记载大同小异[1]，《坦斋笔衡》记载（《负暄杂录》有异处，在括号内注出）：中兴渡江，有邵成章提举后苑，号邵局，袭故京（徽宗）遗制，置窑于修内司，造青器，名内窑。澄泥为范，极其精致，釉色莹彻，为世所珍。后郊坛下（郊下）别立新窑，（《负暄杂录》"亦曰官窑比旧窑大不伴矣"）。在老虎洞窑和郊坛下窑发掘以后，经学者们反复论证，加之老虎洞窑发现"修内司窑"和"坤宁殿□"铭款，郊坛下窑发现"大宋国物"铭记[2]，现在绝大多数学者认可上述文献所记：即先在修内司置修内司窑，又称内窑和旧窑，后在郊坛下置郊坛下窑，又称新窑，"亦曰官窑"，两窑的性质是官窑。

关于老虎洞窑和郊坛下窑的年代，迄今仍众说纷纭[3]，莫衷一是，短期内尚无法达成共识。在此仅指出以下四点。

第一，据《中兴礼书》卷一〇《吉礼十·郊庙祭器二》记载：绍兴十九年五月二十五日，"窃见太庙陶器委临安府添修，伏乞朝廷指挥，一就令临安府添修制造"。据此，许多学者认为修内司窑置窑时间不早于绍兴十九年[4]。又《宋会要辑稿》礼一二之四至五引《中兴礼书》，绍兴二十六年（1156年）给赐中杨存中家庙祭器，由工部"行下所属依样制造"，是此时朝廷已自设窑烧造，故老虎洞官窑的设置不应晚于绍兴二十六年。此外，在老虎洞窑最早的 H3 瓷片坑发现一些制品外底刻有"戊记"，其应是干支纪年的省文，在绍兴十九年至二十六年之间，带"戊"字的干支纪年只有绍兴二十四年（1154年）的"甲戊"[5]。现在认为修内司窑置于绍兴年间几成共识，故上述"戊记"推断的绍兴二十四年虽然不一定是置窑的准确年代，但无疑应为推断置窑年代的极为重要的参数。

第二，一般认为郊坛始建于绍兴十三年（1143年），所以正式置郊坛下窑当在此后和绍兴十九年以后，并应在绍兴二十四年以后。在郊坛下窑发现一件灰青釉钵（位于探方下

---

[1] 郑建华：《关于修内司窑问题的思考》，《南宋官窑文集》，文物出版社 2004 年版。文中记述《坦斋笔衡》的有关记载收在陶宗仪的《南村辍耕录》"窑器"条，撰年不详。文中考证成书年代约在宁宗嘉定五年（1212 年）前后。《负暄杂录》收在元陶宗仪《说郛》中，其成书年代不会早于理宗景定庚申年（1260 年）。

[2] 老虎洞窑出土"荡箍"铭文："修内司窑置庚子年……□□□□□匠师造记"。该件出土于元代地层。崔剑锋、吴小红、唐俊杰：《杭州老虎洞窑址出土"修内司窑"铭款荡箍的化学成分分析》，《文物》2009 年第 12 期。该文论证为南宋时代产品；唐俊杰：《关于杭州老虎洞南宋窑址性质的探讨》，《南宋官窑文集》，文物出版社 2004 年版。文中记述，老虎洞窑 T72：（1）、T109：（1）和 T105：（2b）发现三件"坤宁殿□"铭款垫饼。文中考证该铭似为"坤宁殿宝"，年代约在淳熙十二年（1185 年）至庆元六年（1200 年）；"大宋国物"见邓禾颖、唐俊杰《南宋官窑》，杭州出版社 2008 年版，第 85 页。

[3] 邓禾颖、唐俊杰：《南宋官窑》，杭州出版社 2008 年版，第 59—60、85—87 页。

[4] 邓禾颖、唐俊杰：《南宋官窑》，杭州出版社 2008 年版，第 60 页。

[5] 唐俊杰《南宋郊坛下官窑与老虎洞官窑的比较研究》考证"戊记"应为绍兴二十四年，是年置修内司窑。

层），其底部阴刻"己亥山（岁）……春……"等字。"己亥"南宋只有孝宗淳熙六年
（1179 年）和理宗嘉熙三年（1239 年）两个纪年[1]。以此结合成书 1206 年的《云麓漫
钞》记载："近临安亦自烧之"来看，可确知钵上的"己亥"为孝宗淳熙六年，这个纪年
应是推断郊坛下正式置窑年代下限重要的参数之一。老虎洞窑与"戍"字款产品邻近的瓷
片坑内的侈口浅弧腹圈足盘有"巳"字款，应为绍兴三十一年（1161 年）的"辛巳"
年。该盘胎体较薄，施釉较均匀，与郊坛下官窑早期产品非常接近，故推测郊坛下官窑很
可能置于绍兴三十一年前后[2]。

第三，老虎洞和郊坛下官窑的年代下限问题，意见分歧，迄今无定论。由于老虎洞窑
四期元代地层与三期地层有明确的叠压关系[3]，故四期与三期间的文化遗存应是前后相
接的。发掘者根据四期碗、盘装烧工艺从支烧变为垫烧，器足从外撇变成直足等情况，曾
将其定为元代早期，后来改为南宋时期[4]。有的发掘者后来将老虎洞南宋时终烧的时间
定在南宋中期偏晚[5]，这个结论与四期和三期地层有明确叠压关系是矛盾的。根据下面
第四点分析，有理由认为老虎洞南宋终烧期当在南宋亡之前不久[6]。郊坛下窑结束时间，
《南宋官窑》报告将其定在南宋末年[7]。

第四，老虎洞窑与郊坛下窑正式置窑前后是并存的。首先，老虎洞窑一期地层出土少
量越窑青瓷器，因本期地层只清理了少部分，故不宜过早得出这些青瓷器不是本地生产的
结论[8]。郊坛下官窑在早期龙窑 Y2 附近最下面地层中，曾出土北宋晚期越窑风格的刻
花碗叠烧产品，因此存在北宋窑址[9]。以此证之，老虎洞出土越窑青瓷器亦应是北宋时
有窑址的反映。也就是说，两窑在正式置官窑前是有窑址存在，有瓷器生产基础的，这是
老虎洞和郊坛下先后置官窑的重要条件之一。其次，据唐俊杰先生研究[10]：（1）老虎洞
窑和郊坛下窑早期均有与汝窑胎釉和器形及烧造方法相近的"汝官样"产品。其中老虎洞
窑一次釉产品中最早形态如老虎洞窑外底刻"戍"字敞口弧腹圈足Ⅰ式碗[11]，郊坛下未
见。郊坛下窑一次釉制品，施釉较匀，很少聚釉和流釉现象，胎体也较老虎洞同类器要
薄，无论拉坯、施釉、装烧等技术已趋于稳定和较为成熟的阶段。老虎洞窑敞口弧腹圈足

〔1〕　唐俊杰《南宋郊坛下官窑与老虎洞官窑的比较研究》考证"己亥岁"定为淳熙六年，将"巳"字款定为绍兴三
　　　十一年"辛巳"年，并推断郊坛下官窑约置于绍兴三十一年前后。
〔2〕　唐俊杰《南宋郊坛下官窑与老虎洞官窑的比较研究》考证"己亥岁"定为淳熙六年，将"巳"字款定为绍兴三
　　　十一年"辛巳"年，并推断郊坛下官窑约置于绍兴三十一年前后。
〔3〕　杭州市文物考古所：《杭州老虎洞南宋官窑址》，《文物》2002 年第 10 期。
〔4〕　杭州市文物考古所：《杭州老虎洞南宋官窑址》，《文物》2002 年第 10 期。
〔5〕　唐俊杰：《南宋郊坛下窑与老虎洞官窑的比较研究》，《南宋官窑文集》，文物出版社 2004 年版。
〔6〕　李家治：《简论官哥二窑》，科学出版社 2007 年版，第 50 页。
〔7〕　中国社会科学院考古研究所、浙江省文物考古研究所、杭州市园林文物局：《南宋官窑》，中国大百科全书出版
　　　社 1996 年版。
〔8〕　杭州市文物考古所：《杭州老虎洞南宋官窑址》，《文物》2002 年第 10 期。文中认为，该窑址第一期出土少量越
　　　窑类型青瓷器，不是本地产品。
〔9〕　中国社会科学院考古研究所、浙江省文物考古研究所、杭州市园林文物局：《南宋官窑》，中国大百科全书出版
　　　社 1996 年版，结语部分。另邓禾颖、唐俊杰：《南宋官窑》，杭州出版社 2008 年版，第 87 页。
〔10〕　唐俊杰：《南宋郊坛下窑与老虎洞官窑的比较研究》，《南宋官窑文集》，文物出版社 2004 年版。
〔11〕　唐俊杰：《南宋郊坛下官窑与老虎洞官窑的比较研究》，《南宋官窑文集》，文物出版社 2004 年版。图一五，上。

Ⅱ式碗与郊坛下窑Ⅰ型Ⅰ式碗[1]在造型、胎釉和装烧工艺等方面较相似，但其中釉呈色不稳定产品郊坛下窑未见，故郊坛下窑置窑时间当略晚于老虎洞窑Ⅱ式碗。又老虎洞窑有"巳"字款的侈口浅弧腹圈足盘出于与"戌"字款产品相邻的瓷片坑中，年代当为绍兴三十一年（1161年）的"辛巳"年。"巳"字款盘胎体较薄，施釉较均匀，与郊坛下早期产品非常接近，但此时老虎洞窑已出现不太稳定的二次施釉制品。上述情况表明，郊坛下窑正式置窑晚于老虎洞窑，郊坛下窑无老虎洞窑一次釉早期阶段，其正式置窑是接续老虎洞窑一次釉稳定产品而生产的，时间大概在绍兴三十一年（1161年）"辛巳"年前后。而此时老虎洞窑已出现不稳定的二次釉制品，所以文献记载二窑置窑的先后只是相对早晚关系，而不是老虎洞窑废，被郊坛下窑取代的关系。（2）老虎洞二次釉较普遍渐趋成熟时（如老虎洞窑外底刻"亥"字的鹅颈瓶、二次釉，釉较匀，釉层较厚；底刻"亥"字款碗，二次釉，明显分层），郊坛下窑也采用二次釉方法。按前述"戌"字款为绍兴二十四年，"亥"字看瓷器情况表明不可能紧随其后，故很可能是下一轮的乾道三年（1167年）"丁亥"年。这个年代在乾道元年（1165年）正月孝宗在郊坛下举行盛大合祀天地活动后不久，应是大规模生产瓷器的最佳契机[2]。此时郊坛下窑与老虎洞窑瓷器生产工艺已趋同步。（3）唐俊杰文章指出，郊坛下窑二次釉之后出现四次釉，而老虎洞窑多二、三次釉（如文中所说的Ⅲ式和Ⅳ式碗[3]）。说明在多次釉阶段郊坛下窑在施釉工艺上的发展较老虎洞窑要快，但文中又指出老虎洞窑曾发现个别的五次施釉制品，反映出南宋中晚期以后老虎洞窑瓷器生产也是向前发展的。总之，上述情况表明，老虎洞窑和郊坛下窑正式置窑有相对早晚关系，但正式置窑前后二窑又是并存关系，老虎洞窑与郊坛下窑一样，其下限当在南宋亡前不久。两窑在南宋亡后，元代均继续生产。

七　小结

　　老虎洞官窑始创中国青瓷瓷胎二元配方，创烧黑色薄胎厚釉青瓷，以及老虎洞和郊坛下官窑瓷器坯体在素烧炉素烧，多次施釉后又在龙窑不同部位多次烧成的制瓷工艺，是中国青瓷发展史中的重大突破。由此而形成的南宋官窑瓷器黑胎青釉，薄胎厚釉，釉面呈不同色调的莹润如玉的乳浊釉，并有开片纹和紫口铁足等独特的外观特征，无不具有丰富的科学技术内涵。从利用多种科学技术手段对南宋官窑瓷器胎釉的大量测试结果来看，南宋官窑黑胎青釉瓷器无论在胎釉配方和烧制工艺的科技内涵，还是在瓷器的实用与美学相统一的艺术效果上，均达到了前所未有的高度，代表了当时制瓷业的最高水平。本文所述，即是概括介绍了现阶段与此相关的南宋二官窑考古发掘和研究（包括科技测试与研究）的初步成果。我们相信，今后随着南宋官窑考古发掘和研究的不断深入，必将会出现更新、更多和更重要的突破性进展。

---

[1]　唐俊杰：《南宋郊坛下官窑与老虎洞官窑的比较研究》，《南宋官窑文集》，文物出版社2004年版。图一五，上数第2图；中国社会科学院考古研究所等：《南宋官窑》图一七之1。

[2]　邓禾颖、唐俊杰：《南宋官窑》，杭州出版社2008年版，第86页。

[3]　唐俊杰：《南宋郊坛下官窑与老虎洞官窑的比较研究》，《南宋官窑文集》，文物出版社2004年版。图一五，上数3、4图。

第二节　浙江省龙泉窑遗址的考古发掘与研究

一　概述

龙泉窑主要分布在瓯江流域的上游地区，窑址所在地多山坡溪流，有着制瓷所需的优越的自然条件。通过 20 世纪 50 年代开始至今不断的调查表明，龙泉窑系的青瓷窑址在浙江的龙泉、庆元、云和、景宁、丽水、遂昌、松阳、缙云、武义、青田、永嘉、泰顺、文成、武义以及福建浦城、松溪等地均有发现，窑址数量达 600 余处，形成一个窑场众多、分布范围很广的瓷窑体系，其中以龙泉市窑址最为密集。就目前调查所知，龙泉市境内有窑址 395 处，其中又以大窑龙泉窑遗址最为密集，包括今龙泉市小梅镇大窑、金村、高际头、垟岙头和查田镇溪口村辖内的窑址共有 155 处，涵盖了从北宋到清代的青瓷窑址群，烧窑历史至少持续了 800 余年，是龙泉窑的制瓷中心地区。

（一）龙泉窑中心窑区的调查、发掘和研究

龙泉名始于唐，东晋太宁元年（323 年）置龙渊乡，属永嘉郡松阳县。唐武德三年（620 年），因避高祖李渊讳，改龙渊乡为龙泉乡。唐乾元二年（759 年），建立龙泉县，属浙江东道栝州，县治地黄鹤镇（今龙渊镇）。宋徽宗宣和三年（1121 年），诏天下县镇凡有龙字者皆避，因改名为剑川县。宋绍兴元年（1131 年），复名龙泉县。宋庆元三年（1197 年），析龙泉之松源乡及延庆乡部分地置庆元县。明洪武三年（1370 年），庆元县并入，洪武十三年十一月复置庆元县。1958 年，庆元县并入，1973 年复析出。

明代进士陆容在《菽园杂记》说："青瓷初出于刘田，去县六十里。次则有金村窑，与刘田相去五里余。外则白鹭、梧桐、安仁、安福、绿遶等处皆有之。然泥油精细，模范端巧，俱不若刘田。"刘田即今大窑村所在地区。根据龙泉窑窑址的分布情况，我们通常把龙泉境内的窑址分为南区和东区两部分。南区窑址是指龙泉县城（今龙泉市）以南（包括龙泉西部）区域的小梅、查田、兰巨、剑池 4 个乡镇 23 个行政村，共有窑址 187 处。其中属国保单位大窑龙泉窑遗址保护范围窑址有 155 处，包括小梅镇大窑 65 处，金村 52 处（含庆元县上垟 18 处）、高际头 4 处，垟岙头 16 处；查田镇溪口 16 处，上墩（墩头）2 处。这也即是龙泉窑的中心区域，这个区域中窑址烧造的产品，以供皇室及上层贵族使用为主。

东区窑址是指龙泉县城以东的龙渊、安仁、道太 3 个乡镇（街道）24 个行政村，共有窑址 208 处，实际上把属于与龙泉毗邻的云和县的部分窑址，也习惯冠以龙泉东区窑址的名称，这个区域以烧制民间用瓷为主，但在东南亚等海外有大量发现。

大窑村位于龙泉市西南 35 公里的琉华山下，明以前称琉田。琉华山森林茂盛，流水清澈，瓷土优质，为青瓷生产提供了十分有利的自然条件，在宋、元和明初时期都是龙泉青瓷的中心窑区。1988 年 1 月，被国务院列为全国重点文物保护单位。2009 年 9 月《龙泉青瓷传统烧制技艺》成功入选联合国教科文组织人类保护非物质文化遗产政府间委员会

的《世界人类非物质文化遗产代表作名录》，是世界首个陶瓷类项目纳入"人类非遗"。

近现代关于龙泉窑青瓷的研究可以追溯到 20 世纪 20 年代，陈万里从 1928 年开始作龙泉窑考古调查，之后他"九下龙泉、八上大窑"，通过多次实地考察，对龙泉窑窑场的分布、龙泉窑生产品种、文献中有关"章生一、章生二兄弟"的记载以及龙泉青瓷的原料产地、窑炉窑具、销售市场等问题[1]有了初步的认识。随后他在大窑村完成中国第一部瓷窑址田野考察报告《瓷器与浙江》。该书于 1946 年 10 月出版，是最早的关于龙泉青瓷的研究专著。

20 世纪 40 年代，徐渊若在担任龙泉县长期间[2]，曾"亲炙瓷片，翻阅载籍，亲历窑址，遍观藏家珍品，并与斯道之权威相往来"，终成其作——《哥窑与弟窑》[3]。内容共分为三部分：第一部分主要探讨哥弟窑生产的年代、哥弟窑生产地点、窑址瓷片发掘经过以及哥弟窑产品之鉴别等；第二部分分别从胎质、釉色、纹片、纹饰和款式等几个方面，对龙泉青瓷进行探讨；第三部分描述大窑龙泉窑遗址概况和文献中龙泉窑的相关记载。随后徐家珍对宋代龙泉窑作出简单叙述，发表《宋龙泉窑的青瓷》[4]一文。这些论著尚未脱胎于按传统金石学的角度对龙泉青瓷进行的研究。

新中国成立以后，周恩来总理对恢复我国历代名窑非常重视，指示首先恢复濒临绝迹的龙泉窑青瓷。1959 年至 1960 年，浙江省文物管理委员会组成龙泉窑调查发掘组，对龙泉古代瓷窑进行了反复的调查，并对大窑和金村两个地方数处窑址进行了发掘。1960 年大窑杉树连山等窑址的发掘是龙泉窑最早的建立在地层学基础上的科学性发掘，从此开始了真正的田野考古发掘活动[5]。其后《浙江省龙泉青瓷窑址调查发掘的主要收获》[6]一文发表，其概括了龙泉窑在不同时期的时代背景、产品特征、窑炉作坊和装烧技术等内容。中国科学院硅酸盐化学与工学研究所、国家轻工业部硅酸盐研究所、浙江省轻工业厅等部门对发掘所得的历代龙泉青瓷标本从原料、胎釉配方及其着色机理等方面进行科学了分析研究，并于 1964 年编辑出版了《龙泉青瓷》图录，1989 年又编辑出版了《龙泉青瓷研究》文集[7]，这是第一部从考古、艺术、科技等角度全面研究龙泉窑青瓷的文集。

20 世纪 60 年代发掘的一个重要成果是认为以溪口瓦窑垟为代表的窑场生产的一类黑胎青瓷制品，与文献上记载的哥窑的特征一致。但随即通过对发掘所得标本的测试，发现其与故宫博物院、上海博物馆等收藏的一类被定为哥窑的器物的胎釉化学成分分析结果不同，以至于各大博物馆收藏的原定为哥窑的器物，被改称为"传世哥窑"。

2006 年，浙江省文物考古研究所和北京大学考古文博学院、龙泉青瓷博物馆联合对大窑枫洞岩窑址进行了发掘，揭露出大规模的生产作坊遗迹，出土了数以吨计的瓷片，其中包括

〔1〕 陈万里：《龙泉青瓷史略》，上海人民出版社 1962 年版；紫禁城出版社编：《陈万里陶瓷考古文集》，紫禁城出版社 1997 年版。

〔2〕 徐渊若于民国三十二年至三十五年（1943—1946 年）间担任龙泉县县长。

〔3〕 徐渊若：《哥窑与弟窑》，龙吟出版社 1945 年版。

〔4〕 徐家珍：《宋龙泉窑的青瓷》，《文物周刊》1947 年 7 月。

〔5〕 对溪口窑址也进行了调查和小规模的试掘。参见金祖明《龙泉溪口青瓷窑址调查纪略》，《考古》1962 年第 10 期。

〔6〕 《浙江省龙泉青瓷窑址调查发掘的主要收获》，《文物》1963 年第 1 期。

〔7〕 浙江省轻工业厅编：《龙泉青瓷研究》，文物出版社 1989 年版。

了大量具有"官器"特征的器物残片，器类十分丰富，制作工艺和装饰技法多样，其烧成年代主要为元、明时期。这批从明确地层中出土的遗物，为龙泉窑的分期研究，提供了丰富的实物资料。2007 年，龙泉枫洞岩窑址学术研讨会的召开，再次引起学术界对龙泉窑的关注。专家们在会议上从不同角度谈论了对该次发掘的认识，并经过探讨达成一致意见：认为龙泉窑于明代达到又一个高峰。2009 年出版了《龙泉大窑枫洞岩窑址出土瓷器》[1]，发表了出土的部分瓷器和初步的研究成果，并对在民窑中生产的宫廷用瓷以"官器"称名。

（二）龙泉窑东区窑址的调查、发掘和研究

20 世纪 70—80 年代初，因紧水滩水力发电站修建的需要，文物部门对水库淹没区内的瓷窑址进行了专题调查，发现龙泉窑窑址近 200 处，因水库淹没区主要位于龙泉的东区，后把这一区域的窑址，包括与之连成一片的云和县境内的窑址，统称为龙泉东区窑址。1979—1981 年，国家文物事业管理局组织中国社会科学院考古研究所、中国历史博物馆、故宫博物院、上海博物馆和浙江省博物馆共同组成紧水滩工程考古队（后南京博物院加入），分组、分地区的对水库淹没区内的古窑址进行调查、发掘，主要有山头窑、大白岸[2]、安仁口[3]、安福[4]、上严儿[5]和源口林场[6]等地窑址，并先后出版了发掘简报和报告。通过这次大规模的发掘工作，对龙泉窑的窑场布局、地层堆积、产品类型及器物演变分期等有了较为深入的认识。2004 年 3—5 月，浙江省文物考古研究所对位于云和县的横山周元明窑址进行发掘[7]，发现元明窑炉及铭刻八思巴文字的瓷器等，为龙泉窑的断代研究提供了不可多得的明确材料。2005 年 6 月，浙江省文物考古研究所通过编写《龙泉东区窑址发掘报告》[8]一书，对以上一系列发掘成果作出重要总结。这些报告通过类型学的科学方法详细介绍了发掘所得，是龙泉青瓷分期研究和区域性研究的重要成果。

1998 年，龙泉窑青瓷国际研讨会召开，学者们报告了当时亲身参加龙泉窑考古调查发掘的经历以及掌握的第一手资料，他们或纠正原始资料记载上的某些偏差，或反思对某一学术问题的认识，这些对于科学全面地认识龙泉窑具有重要意义。海外学者主要报告和探讨龙泉青瓷的外销以及对周边国家和地区所产生的影响[9]。这是一次筹备充分、成果显著的专题学术研讨会，集中了当时国内外有关龙泉窑研究的最新成果，具有很高的学术意义，它进一步推动了龙泉青瓷的研究。

---

〔1〕 浙江省文物考古研究所等编：《龙泉大窑枫洞岩窑址出土瓷器》，文物出版社 2009 年版。

〔2〕 紧水滩工程考古队浙江组：《山头窑与大白岸——龙泉东区窑址发掘报告之一》，《浙江省文物考古研究所学刊》，文物出版社 1981 年版。

〔3〕 上海博物馆考古部：《浙江龙泉安仁口古瓷窑址发掘报告》，《上海博物馆集刊》第三期，上海古籍出版社 1986 年版。

〔4〕 中国社会科学院考古研究所浙江工作队：《浙江龙泉县安福龙泉窑址发掘简报》，《考古》1981 年第 6 期。

〔5〕 中国历史博物馆考古部：《浙江龙泉青瓷上严儿村窑址发掘报告》，《中国历史博物馆刊》总第 8 期，1986 年。

〔6〕 参见任世龙《浙江瓷窑址考古十年论述》，《浙江省文物考古研究所学刊》，科学出版社 1993 年版。

〔7〕 浙江省文物考古研究所等：《云和县横山周窑址发掘简报》，《东方博物》第三十三辑，2009 年第 4 期。

〔8〕 浙江省文物考古研究所编：《龙泉东区窑址发掘报告》，文物出版社 2005 年版。

〔9〕 相关文章参见《东方博物》第三辑，杭州大学出版社 1999 年版。

通过一系列的工作，从窑系需具备的生产工艺特点来看，龙泉窑形成具有自身特点的窑业生产体系，应是在北宋中期前后，明中后期以后到清代甚至到民国，龙泉地区仍有青瓷烧造，但生产规模很小，产品质量粗糙，所以从窑业生产工艺体系来讲，可以将龙泉窑的烧制历史在明晚期后画上句号。

二　作坊与制瓷工艺

《菽园杂记》"青瓷初出于刘田，去县六十里。次则有金村窑，与刘田相去五里馀。外则白雁、梧桐、安仁、安福、绿绕等处皆有之。然泥油精细，模范端巧，俱不若刘田。泥则取于窑之近地，其他处皆不及。油则取诸山中，蓄木叶，烧炼成灰，并白石末澄取细者，合而为油。大率取泥贵细，合油贵精。匠作先以钧运成器，或模范成形。候泥干，则蘸油塗饰，用泥筒盛之，真诸窑内，端正排定，以柴筱日夜烧变。候火色红馋无烟，即以泥封闭火门，火气绝而后启。凡绿豆色莹净无瑕者为上，生菜色者次之。然上等价高，皆转货他处，县官未尝见也。"这是龙泉窑业生产现状及窑场分布、生产工艺技术、烧变过程、产品评价和销售情况的生动反映。

在历年的发掘中，发现备料区留有粉碎原料用的水碓和淘洗原料的淘洗池、沉淀池、练泥池，还多次在成型区发现留有辘轳坑、储泥池，存货区有产品烧成后用于堆放的仓库，还有开烧前用于精神需求的窑神祭祀区等，为研究各时期的生产规模、窑炉和作坊等的相关布局、制瓷工艺等提供了不可多得的材料。

枫洞岩窑址窑炉北侧的房屋建筑，房址长22米、宽11.8米，该建筑由房基和院落组成，房基周边用卵石包边；院落地面多用卵石铺成，这些铺砌的卵石组合成精美的菱形方格图案，独运匠心。院落的东南角有一门与窑炉烧成区域相通。其考究的建筑设施和精心选择的地理位置，显示出窑场主人的富有和气派，在房屋地面出土的"顾间祠堂"瓷片的发现，暗示了其建筑的功用为祭祀，这是迄今为止龙泉窑仅有的，也是极为重要的发现。

而F4平面呈长方形，长45米、宽7米，墙壁由石块和匣钵垒成，在东西两个墙体上有规律排列的匣钵柱，应为单面坡顶建筑。地面铺以一层青胶泥和青灰土面用以防止渗水，其上发现大量碎瓦片，该建筑应为瓦房。西边石墙中间开有门道，门外有规整的石铺路面，如此大型的、通间的房屋，推测是居住存货用房。

龙泉青瓷工艺流程一般由配料、成型、修坯、装饰、施釉和素烧、装匣、装窑、烧成等环节组成，其中施釉和烧成两个环节极富特色，坯件干燥后施釉，可分为荡釉、浸釉、涂釉、喷釉等多种方式。厚釉类产品坯体通常要先素烧，后施釉数层，干后进窑正烧。素烧温度比较低，一般在800℃左右。而正烧则在1200℃以上，按要求逐步升温、控温，控制窑内气氛，最后烧成成品。

陶泥可开采矿石碾碎制成，也可以直接挖取，去除杂质后，便可使用。龙泉窑利用南方山区多水及高低落差的特点采用水碓粉碎瓷土，在枫洞岩窑址发掘中就有水碓遗迹发现，并且发现的地点现名双碓，在当时应该同时有两个水碓，碓窝及碓头一并齐全。离水碓不远，还发现有淘洗池。淘洗池一般成组出现，用石块或匣钵砌建成长方形结构。将粉碎后的瓷土放入池中淘洗。淘洗后将瓷土压滤、陈腐、练泥，然后制作成型。所以，在龙泉窑的考古发掘中，还发现练泥池、干燥池、储泥池等。枫洞岩窑址元代储泥池，平面呈不规则椭圆形，池口长 2.1 米，宽 1.5—2.1 米，深 1.95 米，池壁用卵石砌建。

练好的泥，利用辘轳进行成型。在发掘中，多次发现辘轳遗留下来的圆形基坑，在枫洞岩窑址发掘中，还发现与辘轳配套的，成型时用于堆泥的圆面，用卵石砌成。坯体干燥后，要进行修坯，在坯体上或瓷面上进行装饰，然后上釉。在枫洞岩窑址出土了一些生产工具，如碓头、碓柱、石磨、荡箍、轴顶碗、火照、火照钩、投柴孔塞、修坯刀等，很多都是极为难得的发现，对研究当时完整的制作生产过程具有较高的价值。

至少到南宋时期，由于厚釉制品的烧造，在坯体上釉以前，还经历了素烧这一工序。通过素烧，使坯体强度增加，并且坯体干燥，釉容易吸附，使多次施釉成为可能。

三　窑炉、装烧工艺、烧成工艺

（一）窑炉

1. 龙窑

龙泉窑青瓷使用龙窑烧造，从龙泉大窑杉树连山、枫洞岩、金村、安福、横山周等多处古窑址的发掘中所找到的窑炉遗迹，一般都是斜坡式龙窑，炉体狭长，前后高差较大，另外也发现有明代的分室龙窑[1]。龙泉窑的龙窑一般都建成半地穴式，窑门开口高于窑床底部，窑顶较高，窑内空间较大。窑炉结构分火膛、窑室和排烟室三大部分，火膛前一般有窑前工作面。20 世纪的大窑遗址发掘，共发现窑炉 7 座，其中南宋龙窑 4 座，元代龙窑 1 座，明代龙窑 2 座，其中 1 座为分室龙窑；紧水滩考古队龙泉东区的发掘，共发现窑炉多座；2004 年云和横山周窑址发掘，发现元明龙窑 2 座；2006 年枫洞岩窑址又发现明代龙窑 1 处。

在浙江，商代早期就有独立于生活遗址的龙窑烧成的原始瓷窑场，通过不断地摸索和改进，唐宋时期，龙窑的结构已基本定型。龙泉窑宋代龙窑长一般稳定在 50 米左右，也有长达 97 米的，坡度约 11—16°。元代龙窑明显缩短，坡度也大为减缓。

火膛是龙窑前端的点火烧造部位，平面呈半圆形，前面正中有风门和投柴孔。火膛的面积从宋到明越来越小，宋代火膛后壁宽 1.50—1.85 米，元代为 1.10—1.60 米，明代为 1.10—1.20 米，火膛的半径约为后壁宽度之半，说明烧窑技术的进步，也反映出建窑技术的改进。火膛后壁高约 30 厘米，风门中间竖置窑砖 2 块。元代以后常在通风口外有与之相连的灰沟。

炉算常常用半个匣钵圈竖置组成，沿火膛侧壁呈放射形放置，中间垂直于火膛后壁放置 1 个，弧面斜向在上，顶部辅以匣钵片。

火膛侧壁单砖错缝平砌，上部内弧。

窑室是产品烧成的地方，由窑床、窑墙、窑顶、窑门和投柴孔等组成。窑床宽 1.25—

---

[1]　明代分室龙窑位于大窑坳底牛头颈山。见朱伯谦《龙泉大窑古瓷窑遗址发掘报告》，《朱伯谦论文集》，紫禁城出版社 1990 年版，第 261 页。龙泉东区紧水滩水库发掘过程中，实际也有分室龙窑的发现，详见《龙泉东区发掘报告》。

2.25 米，窑顶一般都坍塌，窑墙下部早期多以砖坯砌成；晚期多见下部以窑砖错缝平砌 3—4 层，中部以废旧匣钵错缝平砌，上下层间和匣钵间缝隙以黏土填实，上部用砖错缝平砌。窑址发掘中经常可以看到，在窑床上还保留有排列规整的匣钵柱，匣钵柱由单个到 3 个匣钵组成，有的多达 6 个匣钵。云和横山周窑址，横向每排 7 个，竖向平均每米 4 个，排列均匀，匣钵与匣钵之间保持有 2 厘米的空隙；靠窑壁两边的匣钵距窑壁约 15 厘米，形成良好的通火条件，即龙窑内火焰流通的"火路"。

窑门一般设在窑室的一侧，开设窑门的一侧与作坊相连，同时也是废品堆积处，窑门间距 3—5 米，距窑底高 0.6 米，窑门外侧的门道有匣钵挡墙，略呈曲尺形。在窑顶和窑墙两侧设有投柴孔，投柴孔间距一般在 1 米左右，枫洞岩窑址投柴孔分布较密，在 0.6—0.8 米之间。

窑门附近经常有窑塞发现。

排烟室位于窑炉的尾部，在窑室和排烟室之间设有挡火墙，挡火墙上端与窑室连接，下部有烟道 5—8 个，火烟通过烟道进入排烟室，然后排出。烟道以砖柱或匣钵柱间隔，高约 30 厘米。宋代龙窑排烟室后壁多直接利用山坡断崖岩壁，或加砌匣钵墙或砖墙，与窑室两侧墙的延伸线构成扁狭的长方形空间。如枫洞岩窑址排烟室的进深 0.2 米，宽 2.4 米，残高 1.7 米，以匣钵错缝平砌。

通常窑炉两边还有进出的通道，窑炉上面还有窑棚，窑炉遗迹两侧有排水沟和挡墙。

目前发现的各时代龙窑长者有 97 米，短的仅有 30 多米，龙窑结构和长短在不同时期和不同地点都是有差别的。龙窑建筑所需的长短和龙窑的坡度有关，在烧制的过程中，有经验的窑工会通过火焰的颜色判断龙窑的实际抽力，然后对龙窑进行长短陡缓的调整。需要补充说明的是，龙泉窑龙窑都是采用分段式烧成的技术，通过密集的投柴孔，从窑头开始一段一段投柴烧成，前一段达到烧成温度后就不会继续投柴加温，而是转入后一段的加温烧造。在龙窑建成后，也并非所有的窑室空间都会完全利用烧造，有的时候可能仅利用前面一段烧制瓷器。在枫洞岩窑址发现的几条叠压的龙窑，稍晚的龙窑是利用稍早的龙窑缩短改制而成的，说明尺寸并非龙泉窑烧成技术的关键，有了合适的坡度，龙窑的长短只是与一次烧成的数量有关。

2. 分室龙窑

龙泉窑在元末明初出现分室龙窑，基本形制与龙窑同，其差别是把龙窑的窑室部分由直通型、一个窑室改为多个小窑室，窑室与窑室之间用砖坯或匣钵间隔，即每隔 5—6 米砌筑两道隔墙，前墙上部向前弧收与窑顶相连，利于火焰倒流，下部有吸火孔。后墙不到窑顶，使火焰翻越而过。这样，火焰从火膛直喷至隔墙，上窜倒焰，再次流经瓷胚，经下部吸火孔进入两堵隔墙之间，翻越第二堵墙进入下一室。1960 年在牛头颈山窑址发掘出分室龙窑一座，由于破坏严重，仅存尾部两室和排烟室。残长 10.88 米，壁残高 1.18 米。后室长 5.4 米，东壁有两个窑门，窑门宽 60 厘米。前后室之间、后室与排烟室之间各有两道墙，两道墙间距约 20 厘米，前墙下部有排烟孔 7 个，用耐火砖砌成，排烟孔高 48 厘米，宽 15 厘米，窑壁两侧两个较宽，30 厘米。

3. 素烧窑

除了产品烧成需要的龙窑以外，还有一种为特殊制瓷工艺需要而建的窑炉，在南宋以后的龙泉地区被广泛使用,即素烧炉。1982 年、1983 年龙泉源口林场元代窑址发掘,分别在二、三、四、六作坊区揭示出素烧炉遗迹,素烧炉的形制结构基本一致,可以分为火膛、炉室、出烟口等三大部分。其中三区的素烧炉,其总长 474 厘米,前段宽 138 厘米,中段宽 164 厘米,后段宽 156 厘米。拱顶已经坍塌,用长 10 厘米、厚 3.5 厘米、宽 7.5—9 厘米的楔形砖错缝侧砌,缝隙之间填以黏土。炉底铺一层 2—3 厘米的砂土,两侧墙先平砌两层匣钵,其上部再用与拱顶砖规格相同的砖平砌。头部设有火膛,火膛后壁宽 140 厘米,前后 70 厘米,火膛后壁高 25 厘米,并在火膛两侧铺弧曲形的通风道。尾端设排烟柱 5 个,柱高 29 厘米,排烟室后直接利用岩壁,在岩壁面与尾墙间嵌 6 个直径 22 厘米的匣钵圈,在素烧炉与作坊相连的一侧,即素烧炉北侧的中部设有进出口,即窑门。口宽 48 厘米,两侧门柱残高 22 厘米。

(二) 装烧工艺

装烧普遍使用的匣钵有 M 形匣钵和平底直筒形匣钵,也有部分器型使用方形的平底匣钵等。较特殊的器物同样制作使用特殊形状的匣钵装烧。不同时期也有不同时期的风格。宋代的匣钵比较小巧,而元明的匣钵相对粗大,直径大者达 1 米余。另外需要说明的是,因为泥坯收缩率的关系,小型的匣钵收缩幅度较小,一般出窑后若没有破损都能多次利用,而较大型的匣钵收缩幅度很大,一般较少多次使用。另外,受福建窑业技术的影响,使用少量的漏斗形匣钵。

器型的不同和胎釉配方的差异,导致了其装烧过程中使用窑具的不同,从最初的器物使用外底垫烧的垫圈和填烧的泥饼,到南宋时期薄胎器物使用器足垫烧的蝶形垫饼,再到元代中晚期以后厚胎器物使用外底托烧的垫钵垫柱等,垫烧方式的不同,使龙泉窑系各个时段的器物特征更加易于区别。

古代龙泉青瓷的烧造从胎釉配方到入窑烧成,都需要窑工不断的实践总结,才能提高成品率,烧制出高质量的瓷器,这是一个相当复杂的过程,技术高超的窑工师傅也难以保证每次都能烧出高质量的瓷器。特别是大型器物的烧制,制作收缩率接近的胎坯釉层,使用合适的装烧用具,控制窑室内火焰温度和还原气氛等,都是提高成品率的关键。

四 瓷器胎釉的化学组成、显微结构、胎釉原料和厚釉工艺

关于龙泉青瓷的胎釉原料,中国科学院上海硅酸盐研究所等单位对历代龙泉青瓷的原料、烧制工艺、呈色机理、造型装饰等作了专题研究。特别是对胎釉的化学组成、显微结构,以及釉层厚度、烧成温度、烧成气氛等因素对釉色变化的影响,进行了科学的测定和研究,并得出了科学的结论[1]。

(一) 瓷器胎釉从一元配方到二元配方

龙泉窑瓷器的胎,含有大量石英、高岭石、绢云母等矿物。北宋时都按照浙江的制瓷

---

[1] 周仁、张福康、郑永圃:《龙泉历代青瓷烧制工艺的科学总结》,《龙泉青瓷研究》,文物出版社 1998 年版。

传统由瓷土一种原料制成，胎内二氧化硅（SiO_2）含量高达74%以上，三氧化二铝（Al_2O_3）则在19%以下，属于高硅质原料，所以胎较厚。到南宋时改用瓷石和紫金土两种原料配成。紫金土中氧化铝的含量较高，内含三氧化二铝（Al_2O_3）28.59%、二氧化硅（SiO_2）50.03%、氧化铁（Fe_2O_3）15.21%。胎内铝含量的增加，能提高胎的抗变形能力，适宜于生产大件器物和薄胎器皿。所以在龙泉大窑、溪口的部分瓷窑中，能生产与官窑相同的胎厚仅1毫米的薄胎厚釉瓷器。龙泉青瓷胎釉经历了从一元配方到二元配方，从钙釉到钙—碱釉，从单次施釉到多次施釉的过程。

北宋早中期是龙泉窑的初创期，这一时期的作品在外观上釉色不纯，或绿中泛黄，或黄中带绿，釉面一般都有开片。在化学组成上，釉的氧比很低，只有2.3—2.6，溶剂主要采用CaO，青釉含钙量高达13—16%，而钾钠含量仅为3.8%左右，属于高钙质釉。

这种釉的特点是高温中黏度较低，易于流釉，釉层薄，透明度较高，釉面光泽强，外观如同玻璃一样。

龙泉青瓷发展到南宋时，有了创造性的巨大改进，运用紫金土配制胎釉，紫金土由石英、长石、含铁云母以及其他含铁矿物组成。所使用的釉是"蓄木叶烧炼成灰，并白石末澄取细者，合而为油"[1]，现在称之为钙—碱釉，多次施釉后入窑烧制而成，从而获得丰润柔和的独特艺术效果，粉青、梅子青是公认的青瓷釉色的巅峰。另外在氧化焰中烧成的蜜蜡、鹅皮黄、芝麻酱等黄色釉，釉层滋润如堆脂，釉面精光显露，别有一种风韵。

元明时期的釉色不如南宋时期，但在烧制工艺方面却有进一步发展，如大花瓶和大盘的生产，化学组成上胎的Fe_2O_3含量较过去有所降低，K_2O和Na_2O含量显著提高，釉的氧比从南宋的2.8—3.0提高到3.1—3.2左右，CaO被K_2O、Na_2O代替的更多。明代龙泉青瓷的釉层玻化程度较深，故透明度较高，表面光泽较强。釉的色调或绿中带棕，或黄中带灰。

（二）白胎和黑胎瓷器胎釉化学组成和显微结构

南宋时有黑胎和白胎两种厚釉制品共存，两者的共同点是在外观上，釉层大大增厚，釉色青翠，光泽柔和。和这些外观特定有联系的胎釉的化学组成也作了重大改变。胎的特点是SiO_2的含量较前有所下降，Al_2O_3和R_2O的含量较前显著提高。釉的氧比从过去的2.3—2.6提高到2.8—3.0，个别的甚至达到3.3。釉中钙的含量大为降低，钾钠含量明显提高，其中白胎厚釉青瓷中钾钠含量高达4.8—7.6%，使青釉厚而不流，气泡不致变大，从而获得一种丰满古雅的风格，这是釉料配方上的一个重大成就。同时采用素烧和多次上釉的先进工艺，釉层丰厚，滋润如玉，内外两面釉层的厚度大大超过胎的厚度。由于釉层中存在着不同量的钙长石，残留石英和小气泡等，使进入釉层的光线发生强烈的散射，釉的外表具有一种柔和淡雅、如同玉石一般的美感，瓷器的质量大大提高。

白胎厚釉瓷器与黑胎厚釉瓷器也略有差异，如两者的胎虽然都用瓷石和紫金土二元配方法，但白胎的紫金土的用量少，所以胎中二氧化硅的含量为63—74%，三氧化二铝的含

---

〔1〕　陆容：《菽园杂记》卷十四，明嘉靖年本。

量在 18.36—24% 之间，属于高硅质，故胎比黑胎青瓷厚，胎内铁的含量多数在 2—2.5%，胎色白中泛灰，圈足着地部分和塑像的脸、手等无釉处，呈朱红色。两者都采用钙钾釉和素烧多次上釉的厚釉工艺，但白胎厚釉瓷器釉中铝、钙的含量比黑胎青瓷釉低，胎釉的膨胀系数接近，多数釉层不开片。而黑胎青瓷胎较薄，釉面多数开片。由于胎的颜色对釉的呈色起衬托作用，白胎青瓷胎色白，所以釉色青翠，其中多数为粉青色釉。

（三）厚釉工艺及其变化

在《龙泉历代青瓷烧制工艺的科学总结》中，作者选取了北宋到明代的龙泉窑标本进行理化分析，并提到"均系素烧""它的釉层十分明显地分为四层""从分层的数目可以推知上釉的次数"[1]。釉层厚薄对青瓷釉的呈色有极大的关系。宋代龙泉青瓷优良产品的釉层，均较一般瓷器为厚，在 1 毫米左右，因而给人以浑朴晶莹的美感。因为青瓷釉层很厚，制品可能较易变形，为了尽可能地减少变形，制品就不宜正烧。[2]除了烧成时温度不宜过高外，其坯件还需先进行素烧，即将修好后的坯件阴干后，在施釉前进行焙烧。素烧的温度要低于正烧的温度，一般控制在 800 度左右。素烧的作用一是提高坯件的强度，使施釉时坯件不易变形，二是增大坯件的釉的吸附力，使多次上釉成为可能。由于正烧的温度低，使得在烧成时，釉层与釉层之间，没有达到完全熔融的状态，烧成后就显现出多层釉的情况，温度高了，釉达到完全熔融状态，釉中的多层结构就看不到了。

龙泉窑的厚釉技术至迟出现于 13 世纪前后，江西南昌"嘉定二年"（1209 年）墓出土被认定为龙泉窑厚釉青瓷的三足炉；浙江丽水下仓村南宋嘉定十五年（1222 年）墓，出土了 6 件龙泉窑青瓷，均施厚釉，只有 1 件香炉的釉层透明，其余的 1 件盖罐、1 件粉盒和 3 件象纽盖罐的釉层都呈乳浊状，在粉盒等器物的口部和足部，可见重复施釉的痕迹，制作甚为精美。

赵彦卫《云麓漫钞》云："今处之龙溪出者色粉青，越乃艾色。……近临安亦自烧之，殊胜二处。"《云麓漫钞》成书于开禧二年（1206 年），毫无疑问，这个时期龙泉窑厚釉技术已经达到较高水平。

厚釉素烧工艺并非龙泉窑制瓷工艺自身的传统特色，应是官窑工艺技术与龙泉制瓷工艺融合的结晶。

五　分期

（一）分期诸说

新中国成立以后，浙江省文物考古部门曾进行了多年的反复调查，尤其是 1959—1960 年，分别对丽水吕步坑、宝定和龙泉县大窑、金村等窑址的考古调查发掘，并依据金村、大窑两地发现的对应层位关系资料，把宋代龙泉窑青瓷器物明确地划分出早、中、晚三个时期，从而初步地确立起龙泉青瓷发展序列，纠正了以往认为龙泉窑厚胎薄釉刻花青瓷晚

---

〔1〕　周仁等：《龙泉历代青瓷烧制工艺的科学总结》，《龙泉青瓷研究》，文物出版社 1998 年版。
〔2〕　周仁等：《龙泉历代青瓷烧制工艺的科学总结》，《龙泉青瓷研究》，文物出版社 1998 年版。

于素面厚釉制品的谬误。紧水滩工程考古队以及 2004 年对龙泉东区进行的考古调查和大规模发掘，揭示了大批窑场遗址，获得了异常丰富的遗物标本。2006 年大窑枫洞岩窑址的发掘，揭露出元、明时期大规模的生产作坊遗迹，出土了数以吨计的包括了大量具有明初"官器"特征的器物。因为具有明确的地层，并明初宫廷用瓷的认定，为龙泉窑的分期研究，提供了丰富的实物资料。

《龙泉青瓷》和《龙泉青瓷简史》系统地阐述了龙泉窑发展始末，认为北宋时期属于开创阶段，此时的龙泉瓷业规模不大，处于就地销售的小规模生产状态，发展相当缓慢。南宋前期是龙泉瓷业迅速发展的时期，新的制瓷作坊不断涌现，产品有显著的变化，具有自己的独特风格，成为国内外的畅销品，龙泉瓷业出现了欣欣向荣的局面。南宋后期至元代是它的鼎盛时期，特别是南宋后期，青瓷制作工艺有了很大的改进和提高，大量地生产器形优雅、瓷胎洁白、釉层丰厚如美玉的瓷器，把青瓷的工艺技术提到前所未有的高度，致使龙泉窑名闻中外。到明代，龙泉瓷业逐渐衰落，产品渐趋厚重，釉色灰暗，到清代终于陷入绝境而停烧。这些观点中大部分在之后的考古发掘和研究中都得到验证并被不断引用，部分观点则有了新的发现。

1981 年底，在杭州召开的第三次中国考古学会年会上，"青瓷和青瓷窑址"被列入大会的两大主题之一。《龙泉青瓷的类型与分期试论》一文，通过对山头窑和大白岸等窑址出土青瓷的研究，对南宋至元代的龙泉青瓷作出分期，提出了"两路、三类、六期"的认识架构，并提出了龙泉窑区域性类型分析和瓷业文化层次分析的思路。两路是指白胎青瓷和黑胎青瓷；三类是指白胎青瓷中又可分为薄胎厚釉和厚胎薄釉两类，加上黑胎青瓷类为三类；六期则是将龙泉青瓷的发展延续分成六大期，即第一期五代至北宋早期，第二期北宋中晚期，第三期两宋之际到南宋中期，第四期南宋中期至元代早期，第五期元代中期到明代早期或稍晚，第六期明代中期。

2005 年出版的《龙泉东区窑址发掘报告》利用大白岸、山头窑和源口三个窑区发掘获取的实物资料，按照各窑场产品造型、纹饰、釉色和胎质等方面的不同，将各类产品划分为四期八段，其中第一期为北宋晚期和末期两段，第二期为南宋早期、中晚期、末期三段，第三期为元代中期和元代晚期至末期两段，第四期为明代中期。这些分期成果基本阐明了龙泉窑的发展变化，各期之间具有相对明显的区别特征。

1998 年，《龙泉窑青瓷》和《中国龙泉青瓷》两部著作出版发行，其中收集了国内外有关龙泉青瓷的窑址、墓葬和窖藏等遗迹出土的考古资料，结合历史文献，对龙泉青瓷作出了较为系统的论述，也对五代至清代的龙泉青瓷进行了分期。2007 年，《元明龙泉青瓷的若干问题》梳理了元明时期 69 个出土单位的墓葬、窖藏、城址以及故宫博物院收藏的龙泉青瓷的基本状况，根据出土龙泉青瓷的造型、装饰、烧造等方面的特征，结合伴随出土物和相关历史文献，将元明时期龙泉青瓷分四期加以讨论，总结出龙泉青瓷在元明时期的地区分布以及使用阶层的变化情况，同时推断变迁是传统儒家文化、外来文化及世俗商业文化共同作用的结果。[1]

---

〔1〕　徐学琳：《元明龙泉青瓷的若干问题》，《东方博物》2007 年第 2 期。

2009 年初出版的《大窑枫洞岩窑址出土瓷器》中，将枫洞岩出土瓷器分为四期即南宋晚期至元代早期，元代中晚期，明代早期和明代中期。明代早期主要包括明洪武、永乐两朝，明中期主要包括正统、成化两朝。出土的明代早期官器可以明确分为明洪武官器和永乐官器两个阶段。该分期成果主要是发现并补充了龙泉窑元明时期的分期，其中南宋晚期至元代早期的产品与龙泉东区同期产品有着较为明显的区别。

（二）龙泉窑的发展阶段

综合多年来龙泉窑考古发掘的材料，龙泉窑也经历了从初创、发展、繁荣到衰落的过程。

1. 北宋

龙泉窑北宋中期开始即已大规模生产，这一时期的代表性器物就是淡青釉瓷器。这种淡青釉瓷器，胎质较粗，器形规整端巧，胎壁厚薄均匀，底部旋修光滑，圈足高而规整，釉面光洁，透着淡淡的青色，釉层稍薄。这类产品在 1960 年和 1980 年调查金村窑址时被发现，器表遍饰繁缛花纹，器底大多满釉，采用加垫圈支烧。产品除碗、盘、壶、瓶、罐等日用品外，尚有专供随葬的冥器多管瓶及长颈盘口壶等。在装饰工艺上有刻花、纤细划花和篦纹。碗、盘类器壁内外常常施以繁缛的刻划花草并间以篦状器刻划而成的点线或弧线纹。纹饰题材有蕉叶、卷草、莲瓣、云纹、飞鸟、鱼虫和婴戏纹等，多为刻划花，以线勾图，十分生动。

北宋晚期窑址达百余处。生产的瓷器厚胎薄釉，胎体明显地增厚，胎色灰白，质地不够致密。底部厚重，圈足宽矮而挖足极浅，制作则反而不如前期规则工整，轻巧不足，凝重有余。烧造方式改用了粗制的泥饼填烧。胎色普遍发灰乃至深灰，圈足不施釉，釉薄，半透明，釉层常有裂纹，釉色青绿，不少泛黄或泛灰。产品种类颇显单调，一般窑场均以各式碗类器皿为大宗，盘类次之，主要产品有碗、盘、壶、炉、罐、瓶、碟和盅等，器物造型有了很多变化，碗类产品坯体厚薄较为均匀，口沿以外撇为主，圈足相对显小。盘类产品腹部多做成凸出的转折状，有假圈足。

器物的装饰手法以刻划占主导地位，双面刻划花，再辅以篦纹、锥刺纹。图案浑圆，布局对称，同时在同一平面上往往有主纹、地纹之分。装饰题材以折扇纹、团花、篦纹为主，并有少量荷花、荷叶、缠枝菊花、牡丹、蕉叶纹、水波纹、莲瓣等。

在龙泉、庆元一带的宋墓中常常是多管瓶、盘口壶和注子等成组出土，多管瓶制作精致，器形优美，直口、短颈、宽肩、瓜腹、圈足，也有是盘口、细长颈、肩颈间装饰四个菊花纹系。腹部用并行的双直线分成多格，刻划仰莲或覆莲，也有刻饰牡丹的，瓶上有盖。黏接在肩部的管，有五管、六管、七管或十管的，其中以五管为主。管作花口，外壁削成多道直棱，接着出现上腹分成二级形似三节葫芦的多管瓶，瓶的下腹刻多重仰莲，上腹两级分别刻莲瓣纹和斜线纹，也有完全刻直条纹的。

盘口壶为浅盘口、细长颈、深腹，肩腹部刻划缠枝牡丹、花卉、莲瓣和直条纹等。英国大维德博物馆收藏的一件北宋中期偏晚的带盖盘口壶，盘口较深，椭圆形深腹，颈较粗，肩颈交接处有双耳，是北宋中晚期交替时的代表性器物。

2. 南宋

北宋覆灭后，全国政治经济文化中心南移，北方人口大量南迁，北方的汝窑、定窑等名窑又被战火所破坏，其制瓷技术传入南方。这时的龙泉窑结合南北技艺，迅速走向成熟，并形成了自己的风格，进而形成一个较大的瓷窑体系。不仅胎釉配方、造型设计、上釉方法、装饰艺术及装窑烧成等都有了重大的改变和提高，器形种类更是大大丰富。由于熟练掌握了胎釉配方、多次上釉技术以及烧成气氛的控制，釉色纯正，粉青釉和梅子青釉，达到青瓷釉色之美的顶峰，在中国瓷器史上谱写下光辉的篇章。

这时期龙泉窑的品种除日用瓷外，新增陈设瓷，如瓶、炉、尊、塑像等，式样也丰富多彩。根据胎色的不同，大致可以把南宋龙泉窑分为白胎青瓷和黑胎青瓷两路产品，白胎青瓷中又可区分为厚胎薄釉和薄胎厚釉两类，而黑胎青瓷均为厚釉产品。白胎青瓷中的薄釉产品胎壁普遍比北宋中晚期厚重，胎色灰白，胎质更加致密坚实。釉层薄，透明，一般无裂纹，釉色青绿，亦有泛灰、泛黄的产品。用泥质垫饼填于外底烧制。碗类产品坯体自上而下迅速增厚，尤以内底为甚，形成垂腹；盘类产品造型多坦腹。碗、盘类口沿做成花口，多在内壁单面刻划花，有的用 S 形复线将内壁等分为四至六格，多为五格，并在各格内勾划云纹。纹饰与北宋明显不同，有莲花、荷叶、水波纹、云纹、焦叶纹、鸟禽等，刻划并用，以刻为主，线条流畅，画面生动活泼，有的碗盘的内底有图章式的文字，如"河滨遗范""金玉满堂"等。1955 年安徽省出土一件"河滨遗范"碗，外底墨书"庚戌年元美宅立"，结合窑址考古所得资料对比，此应是南宋绍熙庚戌年，即绍熙元年（1190年）[1]。

在厚胎薄釉产品基础上，龙泉窑吸收了北方汝窑、官窑等烧制技艺，改进了胎土配方，在瓷中掺入了适量的紫金土，使氧化铝和氧化铁的含量增加，提高了抗弯度，使器物在高温下不易变形，克服了"笨重粗厚"的特点使坯体变薄，器物造型轻盈秀美。并且改进了釉料的配方，由原来的石灰釉变成石灰碱釉，胎薄如纸，多层施釉，使釉色出现粉青、梅子青、豆青、米黄、蜜蜡黄、鹅皮黄、乌金等色。有黑胎厚釉青瓷和白胎厚釉青瓷两路，器型丰富多样，除供日用、陈设、文房等需要外，尚有祭器及冥器，并且仿造铜器、玉器等，如鬲、鼎、觚、琮之类的器形大量出现，品种式样可谓应有尽有。器物以造型与釉色取胜，修胎讲究，纹饰较少，多刻划于器物外壁，简洁明了，纹饰以莲瓣为主。底足刮釉，用瓷质垫饼垫于足底烧制，烧成后出现朱红色一圈细线，俗称"朱砂足"，黑胎类则显现"铁足"；也有用类似于汝窑、官窑的支钉支烧的，使青瓷显得特有韵味，瓷器的质量大大提高。

四川遂宁窖藏共出土龙泉瓷器 350 余件，这些瓷器造型精美，胎骨敦厚，釉色明丽。其中，荷叶盖罐、龙耳簋式炉、青釉梅瓶、三足蟾形水盂等文物更是稀世之珍，被誉为"国之瑰宝"。

青釉荷叶盖罐，过去一般被视为元代作品，而遂宁窖藏的出土，推翻了过去的定论，为目前国内仅见。高 31.3 厘米、宽 23.8 厘米、最大的腹围接近 1 米，是南宋龙泉青瓷中

---

[1]　浙江省文物考古研究所：《龙泉东区发掘报告》，文物出版社 2005 年版。

最大的一件瓷器。

青釉龙耳簋式炉，其釉色如翡翠。

青釉弦纹瓶，高 31.5 厘米，口径 10.5 厘米，底径 11.6 厘米。施梅子青釉。其烧成温度高，釉层略透明，釉面光泽较强。

青釉瓜棱瓶，高 15.6 厘米。这件瓜棱瓶为黑胎青瓷，其端庄典雅的形象体现了宋代民间窑场对文人雅致的迎合。浙江吴兴皇坟山宋墓中也出土过黑胎类青瓷把杯。

3. 元代

元代龙泉已是外销瓷的重要产地之一，元代先后在广州、泉州、杭州、庆元、上海、澉浦（今海盐）、温州设立市舶司，浙江占四处。

随着社会的稳定，社会生产力的发展，特别是海外市场的开拓，外销的兴盛，产品的供不应求，使龙泉窑产区不断扩大，由中心地龙泉向云和、丽水、武义、青田、永嘉等靠近江海的地方发展，数量大增。元代早中期的产品仍保持南宋晚期的风格，造型优美、线条流畅，釉色纯净、肥厚、滋润，胎体致密。晚期出现了一些变化，如胎体比以前厚重，器型显得高大、浑厚，釉色青绿，釉厚，成为厚胎厚釉产品。

元代龙泉窑创烧出了许多适应当时社会生活习俗和审美情趣的器物种类，同时专门为海外地区生产的产品应运而生。元代的产品有大盘、大碗、大瓶、菊口大碗、回纹刻花带盖碗、格盘、双鱼洗、蔗段洗、菱口盘、凹折沿盘、花尊、镂空器座、小口罐、菊纹盖罐、高足杯、带座琮式瓶、吉字瓶、鼎式炉、绳耳炉、八卦炉等，碗、盘底足较以前高，腹壁圆弧，挖足较深，有的外底中心呈鸡心点凸起。为加强观赏性，匠师们还采用刻、划、贴、镂、印、雕塑、露胎贴花等工艺，甚至把中断 800 余年的点褐彩技术也恢复使用，蒙古八思巴文出现在碗、盘等器皿上。纹饰题材广泛，山间花卉、水中游鱼、天上仙鹤、地下昆虫、人世尊宝、神界八仙等应有尽有。贴花装饰主要有龙纹、鱼纹、云纹、牡丹等；刻划题材主要有团花、莲叶、荷花、浪涛、鱼、莲瓣纹、牡丹、菊等；印花题材主要有龙、凤、鱼、家禽、金刚杵、八思巴文、中国结、牡丹、菊、荷花等，早期以阳文为主，晚期出现阴文。

同时装烧方式也有了很大的变革，一些器物由于胎体厚重，特别是大型盘类开始采用器物外底托烧的装烧方式，器物圈足内有赭红色的一圈刮釉后留下的痕迹，俗称"火石红"。与明代相比，其刮釉圈较窄，离圈足更近。多数器物匣钵单件装烧，有一些采用砂圈叠烧，内底出现一圈呈酱黄色的露胎涩圈，大型器物内套烧小型器物。窑具有柱形、饼形、钵形等多种样式。

1977 年，韩国新安发现的有"至治三年"（1323 年）铭的海底沉船中，出土龙泉青瓷 12000 余件，由此可以想象当时航运于各海域的货品数量是相当惊人的。

双鱼洗，是龙泉窑的大宗产品，宽沿，外壁刻莲瓣，内底贴或模印双鱼纹。

高足杯也是元代龙泉窑大量生产的产品，杯身多作敞口，垂腹，高足，有的在杯外腹饰数道旋纹，有的饰八吉祥图案。

2006 年大窑枫洞岩窑址的发掘，不仅丰富了对宋元龙泉青瓷的认识，更是因为大量明代青瓷的出土，纠正了对明代龙泉窑青瓷的错误判断，大量以前被认为是元代龙泉窑的产品现在可以更正为明代产品。

4. 明代

明代早期的龙泉窑生产，与同时期的景德镇青花瓷器的器物种类、造型和装饰等方面，均相类同。胎釉基本与元代相同，青瓷胎体仍十分厚重，胎呈灰白或灰色，大部分器物只施一次釉，釉层较薄，少数厚釉者，釉色深、有玉质感，釉色多数呈青绿或豆青色，黄釉比较少见。器物多数有装饰，装饰手法主要是戳印和刻花、剔地刻花，另外雕塑、镂空等手法也经常使用。多数器物可见内底使用戳印印花装饰，印花题材有龙、凤、飞马过海纹、双鱼纹、"福"字鹿纹、灵芝纹，以及不同样式的金刚杵纹、牡丹纹、葵花纹、荷花纹等。刻划花装饰多用于壶、炉、盖罐和大型碗盘，多数盘的内壁刻饰有较细的菊瓣纹，外壁莲瓣纹多刻划于器下腹。剔地刻花装饰仅见于大型的盖罐和炉，题材主要为牡丹、菊花及缠枝花纹。贴花方式已基本不见。装烧方式呈多样化，一般碗、盘、洗等圈足器外底刮釉托烧，大型盖罐、壶、高足杯等仍是足端垫烧，炉、小碗等则使用外底垫饼托烧。圈足器外底刮釉一圈垫烧已成为主流，器物刮釉部分较宽，刮釉部位相对距足壁较远。较大的器物仍使用瓷质的钵状托具，但其钵口部位多数较尖，较小的器物使用粗瓷质的钵状托具，另外还使用辅助用的泥质垫饼和垫圈等。

明代中期不仅规模比以前缩小，产品质量大不如前。所谓"化治以后，质粗色恶"。主要器形有碗、盘、钵、炉、盏、碟、盆、花尊、盖罐、执壶、梅瓶、玉壶春、福寿瓶、鱼耳瓶、方瓶、凤尾尊、爵杯、筒式炉、樽式炉、洗式炉、镂空器座、各种塑像等，产品丰富。器物胎体厚重，釉层有厚薄，釉层厚者相对较精，釉层薄者居多，以青绿为主色调，釉质的玻璃感强，透明度高，完全失去了宋、元时期瓷釉的失透状、玉质感。碗盘等圈足器足端多斜削并裹釉，外底心或有点釉，或全刮釉，大型盘外底仍刮釉涩圈，圈足足径变小，有些器物整体模制。题材丰富多样，以缠枝莲纹为最多，以及植物花果纹样和吉祥语"清香美酒""福如东海""寿比南山"等，并且出现了如"顾氏""王氏""石林"等很有商标性质的文字。有的在碗的内壁印有诸如姜太公钓鱼、牛郎织女、孔子泣颜回、韩信武之才、赵真女、蔡伯喈等历史人物故事和"惜花春来早""爱月夜眠迟"之类的诗句。装烧用垫具除沿用早期垫具外，碗盘等更多地使用一种带凹洞的泥质垫饼，这也是某些器物底心有点釉的成因所在。

除了生产日用陶瓷器外，在明代早期，龙泉窑还为宫廷烧制器物。据《大明会典》卷一百九十四载，洪武二十六年，"行移饶处等府烧造"，在枫洞岩窑址就出土了明代洪武和永乐两朝的官器。与民用器或外销瓷明显区别的是，龙泉窑官器刻划花纹遍布器身，刻工深邃、精细，布局严谨、繁缛。明洪武官器有大型刻花大墩碗、菱口盘、折沿盘、五爪龙纹盘、高圈足碗和刻花执壶、梅瓶、玉壶春等，厚胎厚釉，胎质细腻，釉色以竹青为正色调，外底涩圈规整，刻花工整。花纹题材同类器基本一致，仅碗盘内底刻划题材略有不同。特别是大墩碗，其内外沿下刻划卷云纹带饰，内腹壁刻缠枝菊纹和莲纹，内底两道凹弦纹内刻牡丹纹，外壁中腹刻划荷叶莲花水草纹，下腹刻划变形莲瓣，莲瓣内刻划变形荷叶纹，圈足外壁刻划回纹，器型装饰完全一致，可见其纹样确为定制。而盘的内外壁刻划分组的花卉纹饰，内底刻划松竹梅"岁寒三友"纹、牡丹纹、山石松树纹等。

明永乐官器有墩碗、斗笠碗、洗、五爪龙纹盘、高足杯、卧足盅、梅瓶、玉壶春、执壶等，基本都有刻花装饰。相对于洪武官器器型偏小，但仍是厚胎，釉更厚，足端裹釉圆润，外底涩圈规整，制作工整精巧，刻划花精细。题材也多用写实的花果枝叶，出土最多的是刻划花斗笠碗，其花纹题材组合也仅三种，主要是口沿外壁刻划卷草纹带饰，口沿内壁或是卷草纹，或是波浪纹带饰；外中腹壁刻划缠枝花纹，下腹壁刻划莲瓣纹；内中腹壁或刻划分组的花纹，或刻划缠枝牡丹纹；内底心双圈内刻划石榴纹、枇杷纹或桃纹等。

据文献记载：天顺八年（1464 年）正月，宪宗帝即位，下诏："上即帝位……以明年为成化元年，大赦天下……江西饶州府、浙江处州府，见差内官在彼烧造瓷器，诏书到日，除已烧完者，照数起解，未完者悉皆停业，差委官员即便回京，违者罪之。"由此可见，明成化以前龙泉窑仍在烧造宫廷用瓷，这是文献最后一次所见龙泉窑为皇家烧造瓷器。

六 龙泉窑黑胎青瓷与官窑和哥窑

黑胎厚釉青瓷的产品数量比较少，迄今只在龙泉大窑、溪口两地近十处窑址中发现这类瓷器，而且都是与白胎青瓷同窑同烧的，其中溪口瓦窑垟窑以生产黑胎厚釉青瓷为主，其他瓷窑以烧白胎厚釉青瓷为主，兼烧一部分黑胎青瓷。近年来，在龙泉小梅镇发现一烧黑胎青瓷的窑址。黑胎青瓷的特点是薄胎厚釉，釉层开片，多素面无纹饰，有些器物还采用支钉支烧。器类丰富多样，所见有碗、盘、盏、盒、壶、洗、瓶、盂、觚、灯、各式香炉等。除觚一类器物胎体较为厚重外，一般器类均系胎骨坚薄，色黑如铁，有部分烧成不佳产品，呈现为砖红或浅黄色的疏松状态。这类瓷器器形优雅，制作精细，由于胎色较黑，器物口沿部分坯体薄如蛋壳，高温下器物口沿釉汁流泻而隐显胎色，烧成后成为"紫口"；器足底则刮釉后，用瓷土制作的各种垫饼垫烧，在还原焰下烧成后形成"铁足"。这些在龙泉窑青瓷的内部发展脉络中都找不到相应的发展轨迹，尤其裹足满釉支烧的工艺对于龙泉窑来说可谓是前无古人后无来者。工艺风格上的骤变显然是受到外界制瓷技术冲击的结果，最有可能的就是朝廷的干预。现在高科技测试也表明，龙泉窑的黑胎、开纹片青瓷，其造型、纹片，以及化学组成和郊坛下官窑都有着诸多相似之处，对黑胎青瓷的判断也有哥、官和仿官之争。

从外观上看，龙泉黑胎青瓷的特征与郊坛下官窑产品非常相似，但釉比郊坛下官窑更透明，而对两处出土瓷器的工艺性质的测试结果表明其也有许多一致的方面，如显气孔率和吸水率都比较低，说明两者胎质都非常致密。由于各自使用的原料不同，郊坛下官窑与龙泉黑胎青瓷胎的化学成分有很大差异，在中科院上海硅酸盐研究所收集测试的 15 个郊坛下官窑瓷胎中，SiO_2、Al_2O_3、Fe_2O_3 的平均含量分别为 67.04%、23.90% 和 3.22%。20个龙泉黑胎青瓷胎的平均含量为 63.22%、25.53% 和 4.14%。与龙泉黑胎青瓷相比，郊坛下的 SiO_2 含量较高，而 Al_2O_3 和 Fe_2O_3 的含量相对较低。

经过对两窑釉的化学成分的测试发现，他们在釉的化学组成上却非常相近，有的几乎相同。在釉的化学组成因子载荷图中，郊坛下官窑瓷釉与龙泉黑胎青瓷釉的化学组成中的大多数处在一个共同区域，很难将其分开。在 SiO_2、Al_2O_3、Fe_2O_3、CaO、K_2O 等主要组成上，其平均含量之差大都不超过 0.5%，只有 CaO 为 0.77%。[1] 郊坛下官窑与龙泉黑胎青瓷釉中存在的物相主要是粒状或针状的钙长石、残留石英及比较大的釉泡，其中引起釉面产生散射效应的颗粒主要是钙长石，有时是残留石英，釉泡只能在界面上散射。通过物相体积百分率的定量测定结果表明，由于龙泉黑胎青瓷釉的物相含量低于郊坛下官窑，因此，比郊坛下釉显得更透明一些。[2]

龙泉所在的瓷土中 Fe_2O_3 的含量较低，用一种原料无法满足黑胎青瓷的工艺要求，只有在瓷土中掺入一定量的紫金土，才能烧制出官窑那样的黑胎青瓷。通过对龙泉白胎和黑胎两种青瓷的对比分析发现，黑胎中 Al_2O_3、Fe_2O_3、TiO_2 的含量均较白胎要高，且高很多，说明胎中有意加入了大量紫金土[3]。

用反应堆中子活化分析方法，对郊坛下官窑和龙泉溪口瓦窑垟窑址采集的黑胎青瓷标本的微量元素迹象比较分析研究，发现瓦窑垟窑址似乎并非大规模地稳定生产，而是分批小量地在摸索大同小异的配方，但选料与郊坛下官窑很接近，个别样品的微量元素几乎相同，表明两者之间可能存在密切的关系。[4]

从窑炉结构来考察，郊坛下官窑的龙窑，其门道走向与越窑的向两侧弧伸的"八"字形结构不同，是从下往上有一弧状进出的门道的结构（即曲尺形结构），而这一结构却与龙泉山头窑 BY13 的窑门门道形制结构相同。

从窑炉的坡度看，越窑寺龙口窑址南宋窑炉[5]，长 49.5 米，其坡度前中段 9—12 度，尾段 4—6 度，尾部的坡度比前段平缓。南宋官窑窑炉长 37.5 米，坡度前段 11.5 度，后段 13.5 度，其尾部坡度比前段陡升，两者显然不同。而龙泉的窑炉坡度情况，金村窑址 Y1 残长 50.35 米，前段坡度 13 度，后段 18 度。[6] 大窑的龙窑结构，其 Y2 和 Y3 均为南宋时期，Y2 坡度以中后段为大。[7] 龙泉山头窑 BY13 年代为北宋末到南宋中期，其窑炉坡度前后段为 15 度，中间为 12.5 度，其尾部坡度也比中部大。[8] 而龙泉山头窑 BY13 在时间上又早于郊坛下官窑，即郊坛下瓷器烧造工艺，至少其窑炉砌建技术有可能来自龙泉，或者带有龙泉元素。

在郊坛下官窑窑场，除生产官窑产品外，还有龙泉窑类型产品出土。这些现象，是否可以判断郊坛下官窑与龙泉窑黑胎青瓷之间的前后关系呢？

20 世纪 50—60 年代经过对龙泉窑黑胎青瓷的考古调查和发掘，认为龙泉窑黑胎青瓷产品为黑胎开片，釉色以粉青和灰青为主，单色纹线，应为入土所致，用垫饼垫烧（后来调查发现有少量支烧），其特征及烧造年代均与文献所述哥窑特征完全相符，因此认定龙泉黑胎青瓷即为历史上的哥窑，而综合各类文献资料，哥窑的特征即为：胎色黑褐，釉层

〔1〕 李家治、吴瑞：《科技研究为官哥等窑的时空定位提供新思路》，《文物保护与考古科学》2006 年第 4 期。
〔2〕 陈显求等：《南宋郊坛官窑与龙泉哥窑的陶瓷学基础研究》，《中国古陶瓷研究》，科学出版社 1987 年版。
〔3〕 周仁等：《历代龙泉青瓷烧制工艺的科学总结》，《考古学报》1973 年第 1 期。
〔4〕 李虎侯：《郊坛下官窑瓷中的微量元素》，《考古》1988 年第 11 期。
〔5〕 浙江省文物考古研究所等：《寺龙口越窑址》，文物出版社 2002 年版。
〔6〕 张翔：《龙泉金村古瓷窑址调查发掘报告》，《龙泉青瓷研究》，文物出版社 1998 年版。
〔7〕 朱伯谦：《龙泉大窑古瓷窑遗址发掘报告》，《龙泉青瓷研究》，文物出版社 1998 年版。
〔8〕 浙江省文物考古研究所：《龙泉东区窑址发掘报告》，文物出版社 2005 年版。

冰裂，釉色多为粉青或灰青，紫口铁足。

然而，不久后人们发现了一类与哥窑特征相符的，而与龙泉产的哥窑特征有别的器物。此类器物亦为黑胎开片，紫口铁足，但其釉色多为炒米黄，亦有灰青；纹线为黑黄相间，俗称"金丝铁线"；用支钉支烧，器型亦有所不同。一般来说，其胎质疏松，胚体较轻，釉质不透明，釉面裂纹特别细碎、密集。由于此类器物仅故宫博物院、上海博物馆、台北"故宫博物院"等有少量收藏，为有别于龙泉所产的"龙泉哥窑"，故被称为"传世哥窑"。

与哥窑相关的文字最早见于元至正二十三年（1363 年）孔齐的《至正直记》："乙未冬在杭州时，市哥哥洞窑者一香鼎，质细虽新，其色莹润如旧造，识者犹疑之。会荆溪王德翁亦云，近日哥哥窑绝类古官窑，不可不细辨也。"一般认为，这里指的哥哥洞窑和哥哥窑即为哥窑，"绝类古官窑"也正与以后的文献描述的哥窑特征相符。其后明代《宣德鼎彝谱》说："马祖之神供奉狮首马蹄炉，仿宋哥窑款式，炉高五寸六分……"此文多处提到"仿宋哥窑款式"，加之迄今只有在龙泉的地方志中提到哥窑是龙泉产的，龙泉民间也是代代口碑相传，因此哥窑被认为是龙泉生产的宋代名窑是顺理成章的。

现今发现的真正论及哥窑最早的文献当推明代陆琛《春风堂随笔》："哥窑，浅白断纹，号百圾碎。宋时有章生一、生二兄弟，皆处州人，主龙泉之琉田窑，生二所陶青器纯粹如美玉，为世所贵，即官窑之类，生一所陶者色淡，故名哥窑。"陆琛，弘治十八年进士，卒于嘉靖二十三年（1545 年）。文中明确了哥窑烧造于龙泉的琉田，琉田今名大窑，为龙泉窑的中心产区。宋应星也在《天工开物·陶埏》中明确指出其烧造地点在龙泉县琉华山下。

综上，龙泉生产的黑胎青瓷是宋代哥窑，其特征与官窑相近，产品为皇家生产的观点，是可以接受的。

七 龙泉窑的对外输出

龙泉窑是中国历史上生产规模最大、输出最多、影响最广的著名窑场，龙泉窑产生伊始，即与外销密不可分。龙泉窑青瓷的大量外销，促进了中外文化的交流。数十年来，在陶瓷之路经过的古代遗存，及古代沉船中，都发现了龙泉青瓷。北宋时期，龙泉窑还处在粗具规模的烧制阶段，但产品已经销往海外，不过数量很少，产品单一。南宋时期是龙泉窑的重要发展阶段，也是龙泉窑风格形成时期，其外销数量开始增多，但其产品的种类与内销产品没有多大的区别。泉州发现的宋代海船及南海一号沉船上均装载了大量的龙泉窑产品。从元代开始，瓷器大量输出，深受各国人民喜爱，并深入到当地人们的文化、生活和宗教等领域，产生了重大影响，同时外商还根据本国的生活习俗和民族习俗，在造型、纹饰等方面提出要求，订购所需瓷器；中国许多窑场也适应西方市场的需要，生产专供外销的瓷器，从而产生了真正意义上的外销瓷。龙泉窑中的一些大盘、小型罐、壶等器物就是迎合当地人民的饮食习惯和生活习俗，根据不同地区的需要，定向设计生产，同时对外来文化的器物特点加以吸纳和借鉴。因此元代的龙泉窑对外输出在数量和产品种类上都是前所未有的，使用的对象包括了各个阶层。据考古资料显示，元龙泉青瓷窑址已多达 200 余处，1977 年在韩国新安海底沉船打捞出的二万余件瓷器，龙泉青瓷占了大部分。汪大渊

《岛夷志略》记载，到泉州贸易的国家和地区有仅限于东南亚的 98 个，其中交易瓷器的诸条中，明确为处器、青处器、处瓷、处瓷器、处州瓷、处州瓷器以及青瓷、青器、青盘、青瓷器、青磁器、青碗的有麻里噜、苏禄、旧港等二十个地区，统称瓷器或粗碗的有彭坑等六个地区。伊本·巴图他说："中国人将瓷器转运出口至印度诸国，以达吾乡摩洛哥，此种陶器真是世界上最佳者也。"而在周达观之《真腊风土记》"欲得唐货"中说"其次如真州之锡镴、温州之漆盘，泉、处之青瓷器……"[1] 从一个侧面可以说明龙泉青瓷的需求量很大，所以在瓯江流域的龙泉、云和、丽水、缙云、遂昌、武义、泰顺、永嘉以及在闽江流域有大量龙泉青瓷窑烧造。甚至在江西境内也有大量的瓷窑烧造龙泉窑青瓷。近年，在宁波东门码头遗址发现一艘沉船，其中出土了许多龙泉青瓷，在宁波（庆元）元永丰库遗址所在地，出土了中国宋元时期各著名窑系的产品，其中包括大量龙泉窑青瓷，这里也可能是"海上陶瓷之路"外销陶瓷的集结地。

明代，龙泉窑的外输势头没有减弱，在早期，龙泉窑生产由于宫廷的重视而新生，因此对外销产生了影响，即使在明代中期，其外销的产品所占份额还是很大的。《明会典》曾载，明朝以大量的瓷器等商货，易换满剌加（今马来西亚马六甲）的各种高级奢侈品。

明初随郑和下西洋的马欢，在《瀛涯胜览》占城国条记载"买卖交易中国青磁盘碗"、锡兰国条"中国青磁盘碗甚喜"等。

在菲律宾海域曾发现一艘明朝弘治时期（1488—1505 年）满载龙泉窑盘、碗之类瓷器的沉船。而龙泉县志也记载："崇祯十四年（1641 年）七月，由福州运往日本的（龙泉窑）瓷器二万七千件，同年十月有大小九十七艘船舶运出龙泉青瓷三万件，在日本长崎上岸。"

16 世纪后，欧洲商人摆脱了阿拉伯商人对远东贸易的垄断，直接向中国商人大量订购龙泉窑青瓷，在今天欧洲的一些博物馆里人们可以看到，当时欧洲的王室都要用上千克的黄金白银打造宋龙泉青瓷碗的托座，以示其珍视程度。据佛尔克《瓷器与荷兰东印度公司》一书记载，从 1602—1682 年明末清初的 80 年间，仅荷兰人就贩运中国瓷器达 1600 万件以上，这里应包含龙泉窑青瓷。中国的陶瓷贸易，在制海权方面随着新航路的开辟和西方殖民势力的膨胀，由主动走向被动。

到清代，龙泉窑已很少有出口贸易的，外销的瓷器主要是以景德镇为首的其他窑业生产的，龙泉窑青瓷已经式微，但还有被称为"乍浦龙泉"的产品销往海外。

八 结语

龙泉窑是中国瓷业史上最后形成的一个青瓷名窑，其文化内涵丰富，生产规模极为壮观，是南北两大瓷业文化交流和融合的典范，是官民瓷业相互关联、相互激荡的结果，是中国青瓷工艺发展的历史总成。龙泉窑在社会上也是一个持续热点，世界各大博物馆基本上都有龙泉窑瓷器收藏，其在世界范围的影响非常大，龙泉窑的考古研究历来是古陶瓷研究的重点课题。

龙泉的窑业从其产生伊始，即与宫廷有着密切的联系。叶寘《坦斋笔衡》："本朝以

---

[1]（元）周达观：《真腊风土记》，夏鼐校注，中华书局 1981 年版。

定州白瓷器有芒，不堪用，逐命汝州造青器，故河北、唐、邓、耀州悉有之，汝窑为魁。江南则处州龙泉县窑，质颇粗厚。政和间，京师自置窑烧造，名曰官窑。"人们常以"质颇粗厚"四字来理解龙泉窑在北宋末时质量的差，可如果把整段文献通盘观察，就会发现，与龙泉窑做比较的都是非同一般的窑场，无论是"不堪用"的定窑，还是"命造青器"的汝窑，或者直接为宫廷服务的官窑，都与宫廷有着密切的联系，即这几个窑场在当时都为宫廷烧造瓷器，也就是说在北宋末的龙泉窑就已经进入皇家的视野，已经在为宫廷烧造瓷器了。在以后的这段时间里，特别是宋室南渡后，其他几大窑场均在金朝统治之下，宫廷在龙泉烧造瓷器，那是顺理成章的事。还有一段文献也常常被引用，即宋人庄绰的《鸡肋编》记载："处州龙泉县多佳树，地名豫章，以木而著也……又出青瓷器，谓之秘色。钱氏所贡，盖取于此。宣和中，禁庭制样需索，益加工巧。"[1]，人们往往因为有"又出青瓷器，谓之秘色。钱氏所贡，盖取于此"这样的记载而怀疑此书的真实性，而"处州龙泉县多佳树，地名豫章，以木而著也"却是实实在在的，"钱氏所贡"也用了一个"盖"字，说明其可信度是高的。如果把这一段记载与《坦斋笔衡》结合起来考察，时间符合，内容也一致。

第三节　福建省建窑遗址的考古发掘与研究

建窑位于今南平市建阳区水吉镇，水吉镇在古代属于建瓯。宋以前，建瓯称"建安郡"和"建州"。宋代，水吉镇建宁府瓯宁县管辖。所以"建窑"或得名于"建安""建州"或"建宁"。[2]建窑宋元时期以生产黑釉瓷为主，黑釉"茶盏"最具代表性，其胎釉均为黑色，胎骨极厚；部分建窑址还发现青瓷、青白瓷。

1996年11月，中国古陶瓷研究会在建阳市召开年会，中心议题是以建窑为代表的中国古代黑釉瓷系统瓷器[3]。

一　建窑概况

建窑窑址分布于武夷山支脉较低的山丘上，围绕池中、后井二村，东起大路后门山[4]，

〔1〕　（宋）庄绰：《鸡肋编》，中华书局1983年版。
〔2〕　吕成龙：《试论建窑的几个问题》，《文物》1998年第7期。
〔3〕　谢道华、梅华全：《中国古陶瓷研究会'96建阳年会暨学术讨论会》，《中国古陶瓷研究》，紫禁城出版社1997年版。
〔4〕　中国社会科学院考古研究所、福建省博物馆建窑考古队：《建窑遗址考古发掘主要收获》，《福建文博》1990年第1期；中国社会科学院考古研究所、福建省博物馆建窑考古队：《福建建阳县水吉北宋建窑发掘简报》，《考古》1990年第12期；中国社会科学院考古研究所、福建省博物馆建窑考古队：《福建建阳县水吉建窑遗址1991—1992年度发掘简报》，《考古》1995年第2期。

南至营长墘[1]、源头坑[2]，西迄牛皮仑[3]、庵尾山[4]，北至芦花坪[5]，总面积10万余平方米（图24-3-1）。遗址周围环绕着武夷山的支脉，在池中村西约1.5公里处有南北向的南浦溪，溪通向闽江出海，遗址东侧大路后门山往南约5公里的南山，有丰富的瓷土矿。窑场周围森林茂盛，泉水潺潺，这些优良的自然条件，为窑场的发展提供了充足的原料、燃料，以及外销的条件。

北宋以来对于建窑生产黑釉瓷，尤其兔毫盏有颇多记载。如北宋蔡襄《茶录》[6]："茶色白，宜黑盏，建安所造者绀黑，纹如兔毫，其坯微厚，熁之久热难冷，最为要用。出他处者，或薄或色紫，皆不及也。其青白盏，斗试家自不用。"

建窑自20世纪30年代以来，为中外学者关注。1935年美国的詹姆士·马歇尔·普拉玛（James Marshall Plumres，1889—1960年）在中国上海海关工作期间，曾考察过建窑遗址，也采集了很多标本运回美国，并著《天目瓷考察》一书。1972年此书由日本出光美术馆出版[7]。

1957年、1977年福建省博物馆和厦门大学人类学系联合对建窑遗址进行了调查并在芦花坪遗址发掘[8]（时代为晚唐、五代至宋代）。1989年4月在建窑牛皮仑发现了唐代窑址[9]。1989年5月—1990年5月，由中国社会科学院考古研究所和福建省博物馆联合组成建窑考古队，先后两次对建窑遗址进行了全面的调查和重点发掘[10]，发掘了庵尾山

[1] 中国社会科学院考古研究所、福建省博物馆建窑考古队：《福建建阳县水吉建窑遗址1991—1992年度发掘简报》，《考古》1995年第2期。

[2] 中国社会科学院考古研究所、福建省博物馆建窑考古队：《建窑遗址考古发掘主要收获》，《福建文博》1990年第1期；中国社会科学院考古研究所、福建省博物馆建窑考古队：《福建建阳县水吉北宋建窑发掘简报》，《考古》1990年第12期。

[3] 傅宋良：《福建牛皮仑唐代窑址调查》，《江西文物》1990年第4期。

[4] 中国社会科学院考古研究所、福建省博物馆建窑考古队：《建窑遗址考古发掘主要收获》，《福建文博》1990年第1期；中国社会科学院考古研究所、福建省博物馆建窑考古队：《福建建阳县水吉北宋建窑发掘简报》，《考古》1990年第12期；中国社会科学院考古研究所、福建省博物馆建窑考古队：《福建建阳县水吉建窑遗址1991—1992年度发掘简报》，《考古》1995年第2期。

[5] 福建省博物馆、厦门大学、建阳县文化馆：《福建建阳芦花坪窑址发掘简报》，《中国古代窑址调查发掘报告集》，文物出版社1984年版。

[6] （宋）蔡襄作于宋皇祐年间（1049—1053年），是宋代重要的茶学专著。《茶录》是蔡襄有感于陆羽《茶经》"不第建安之品"而特地向皇帝推荐北苑贡茶之作。计上下两篇，上篇论茶，分色、香、味、藏茶、炙茶、碾茶、罗茶、候茶、熁盏、点茶十目，主要论述茶汤品质和烹饮方法。下篇论器，分茶焙、茶笼、砧椎、茶铃、茶碾、茶罗、茶盏、茶匙、汤瓶九目。是继陆羽《茶经》之后最有影响的论茶专著。（明）曹昭《格古要论》，（清）朱琰《陶说》，（清）蓝浦，郑廷桂《景德镇陶录》，（清）陈浏《陶雅》，许之衡《饮流斋说瓷》等书中对建窑也有若干记载。

[7] 李旻、何玉洁：《普拉玛与建窑》，《福建文博》2009年增刊。

[8] 厦门大学人类学博物馆：《福建建阳水吉宋建窑发掘简报》，《考古》1964年第4期；福建省博物馆、厦门大学、建阳县文化馆：《福建建阳芦花坪窑址发掘简报》，《中国古代窑址调查发掘报告集》，文物出版社1984年版。

[9] 傅宋良：《福建牛皮仑唐代窑址调查》，《江西文物》1990年第4期。该窑烧制青釉、黑釉和白釉瓷，以青釉为主，黑釉瓷数量不多。黑釉呈酱褐或漆黑色，器型主要是盏和敞口碗。此窑兴盛年代为晚唐五代时期，这一发现或从考古上证实了唐五代建窑开始生产黑釉瓷。

[10] 中国社会科学院考古研究所、福建省博物馆建窑考古队：《建窑遗址考古发掘主要收获》，《福建文博》1990年第1期；中国社会科学院考古研究所、福建省博物馆建窑考古队：《福建建阳县水吉北宋建窑发掘简报》，《考古》1990年第12期。

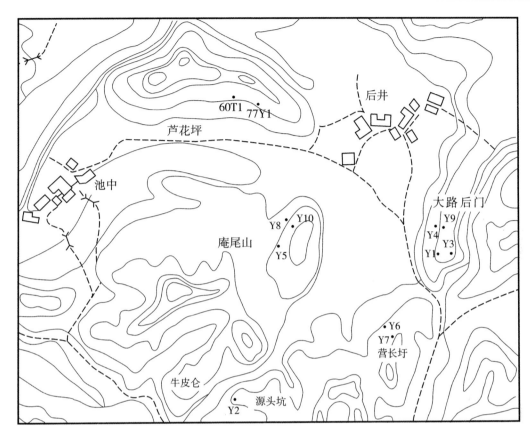

图 24 - 3 - 1　建窑窑址分布示意图

（引自《建窑考古新发现及相关问题研究》，《文物》1996 年第 8 期）

窑址、大路后门山窑址和源头坑窑址。1991 年 10 月和 1992 年 4—7 月，又进行了两次发掘[1]，除继续发掘了庵尾山、大路后门山窑址外，还发掘了营长墩窑址。1989—1990 年和 1991—1992 年共发现 10 条窑炉。

二　建窑窑址的发掘

（一）芦花坪窑址[2]

1. 遗迹

1977 年发掘芦花坪东部窑址，发现龙窑一座。依山而建，北高南低，分前后两段。前段倾斜为 12°，长 33.10 米，方向南偏东 10°，南部窑头已破坏无存；后段陡起，倾斜 18°，长 23 米，窑身向东偏转 10°，窑尾已塌，只残存红烧土硬面，未见烟囱痕迹。清

―――――――――――

[1]　中国社会科学院考古研究所、福建省博物馆建窑考古队：《福建建阳县水吉建窑遗址 1991—1992 年度发掘简报》，《考古》1995 年第 2 期。

[2]　福建省博物馆、厦门大学、建阳县文化馆：《福建建阳芦花坪窑址发掘简报》，《中国古代窑址调查发掘报告集》，文物出版社 1984 年版。

理窑基总长 56.10 米。窑顶已塌，从窑内所出较多的完整楔形砖（砖长 16—20 厘米、上宽 16—18 厘米、下宽 12—13 厘米、厚 4—6 厘米）分析，可以判断窑顶为拱形，窑顶生砖砌筑。

窑墙残高 25—140 厘米、厚 15—39 厘米，向内倾斜约 5°。窑墙内壁两次涂泥巴，有的地方泥巴上嵌有匣钵碎片或垫饼。两层泥巴都有明显的烧结面，每层厚 2.5—5 厘米。窑墙大部分用熟砖砌成，少数窑墙用生砖筑造，砌法为单砖平置叠砌。窑墙外还附着一层红烧土，上厚下薄，最厚处达 20 厘米。窑门总计有十个，东墙三个，西墙七个，门宽一般为 50—60 厘米。窑门均以砖块砌堵，外堆附匣钵、残砖。其中西墙中部一处窑门，内壁烧结程度与窑墙内壁一样，涂一层泥巴，并已烧结，说明此门废用已久。窑床一般宽 2 米左右，后段逐渐收敛，最窄处 1.80 米。窑床斜平不分级，上铺粗砂，厚 10 厘米左右，俗称"软底"。从剖面看，窑床底部在高温下烧烤成厚 11—13 厘米的硬层，呈红褐、灰黑、黄褐三种颜色，硬层中还夹有陶片、黑瓷片、垫饼等。

窑床大部分地方还摆放着排列整齐的空匣钵，匣钵叠放多者高达八个。未见匣钵的地方还残留小土窝。从匣钵与小土窝的排列情况看，前段窑床一般横排八个直壁中型匣钵（口径 16—18 厘米），有的匣钵内底或外底粘连有黑釉碗，说明此窑在废弃前是装烧黑釉器的。

这座龙窑系半地穴式，依山坡挖出斜状的地槽，然后用砖砌长条形拱顶和窑炉，墙外复加一层黏土维护。根据窑床的宽度和窑墙残存的高度，推测窑高约 1.60—1.70 米。根据前后两段窑床置放的匣钵密度计算，窑底可放置匣钵 200 行、1600 件以上，每匣钵高 6—8 厘米，估计全窑可烧瓷器三万件以上。发掘者认为，此龙窑与浙江龙泉北宋龙窑相同，应属同一时期。

2. 出土瓷器与窑具

芦花坪第三层出土的青黄釉器造型简朴，胎质粗松，釉易剥落，碗碟为支钉叠烧，与第二层出土的黑釉器、青釉器的烧法不同，其时代可早至晚唐或五代。第一层、第二层包含物基本相同，应为同时代的先后堆积。下面仅对芦花坪第一层、第二层（北宋—南宋）出土器物略作介绍。

（1）出土瓷器

黑釉为多。采集标本 780 件。碗为主，大口，小底，形如"漏斗"，圈足矮浅，胎骨灰黑，质地粗糙，釉水滋润莹亮。口沿釉层较薄，形成一道宽约 0.6—0.9 厘米的赭黄色边。底周露胎，多有垂釉，器内外壁呈现"兔毫斑"，少数釉黑似漆，不见"兔毫斑"。胎厚达 0.6—1 厘米。有的釉色呈黄、灰、绿等色。敞口碗，280 件，完整 56 件，窑内出 50 件。敛口碗，561 件，完整 155 件，窑内出 140 件，是此次出土最多的一种产品。I 式有的圈足内阴刻有"供御""进琖""张一""五七""中""天""4""件""廿""廿三""二五""片""合""心""二""三""七""九"等字。高足杯，1 件。

青釉器。采集标本 92 件。釉色以青釉居多，青白、青灰、米黄、青绿、青黄、影青等次之。釉水较莹亮，有的釉面有裂纹，胎为灰或灰白色，质硬。器型以碗为主，还有碟、盘、杯、盒、壶及器盖等。装饰花纹比较丰富，有缠枝花、莲花瓣、菊花、水草纹、卷草纹、卷云纹、篦点纹、水波纹、斜线纹等。技法以刻划居多，模印次之。青釉器圈足内常见有墨写文字，如"五七""五七家务""中宅""念捌""尖""尖记""长留念儿""九""大八"等。有的碗内底可见4个支钉痕。

（2）出土窑具、作坊具

采集标本110件，以窑具为多。

匣钵多为窑内出土，夹砂粗陶制成。有的器外壁凹刻"五七""大"等字。匣钵有直壁、斜壁二式。口径14.8—29厘米、高11—16厘米。

匣钵盖平顶、斜壁、呈覆盆状，夹砂粗陶制成。口径14.5—19厘米、高6.5—8厘米。

垫饼圆形，剖面近半圆状，黏土制成。饼面上多印有阳文反体"供御""进琖""有""大""四""三合""十""十三""二""三""小九""二合"等十余种字样。直径4.5—8厘米、厚1—3.5厘米。

垫柱处于窑内，呈不规则圆柱形，用粗泥手捏而成。直径4.4—6厘米、高4.5—11.5厘米。

黑釉瓷照子略呈方形，中穿一圆孔。

垫饼锤柄呈圆柱形，柱端凿一小孔，锤面呈半圆形凸起，上刻"金"字，器面呈褐黄色，用细泥制成。高5.8厘米。

另有车顶、套圈、拨手等转盘上的部件出土。

（二）大路后门山窑址[1]

1989年5月—1990年5月发掘选点主要在破坏较少的大路后门山与源头坑90SJY2两处[2]，共清理出龙窑窑炉3座，其中大路后门山的龙窑是两座窑炉叠压打破。晚期窑炉90SJY1打破叠压于早期窑炉90SJY3之上。1992年4—7月，大路后门山又发掘了两处宋代窑址91SJY4、92SJY9。其中Y4和Y9[3]的窑炉结构和出土遗物与Y1和Y3的基本相同，本文仅介绍Y1和Y3的基本情况。

1. 遗迹

（1）窑炉

Y1斜坡形龙窑，斜长123.6米，实测长115.15米，宽0.95—2.2米，高差25.70米，方向68°，坡度分别为10°、12°、14°、18°、21°不等，平均坡度为15°。窑室坡度以前段及尾段较平缓，中段较陡。

Y3窑炉的大部分窑室虽被Y1叠压打破，但前段2.7米长窑室和火膛，后段8.7米的窑室和出烟室尚存。斜长135.6米，实测长127米，宽1—2.35米，高差28.65米，前后段窑室坡度为10°。

---

[1]　中国社会科学院考古研究所、福建省博物馆建窑考古队：《福建建阳县水吉北宋建窑发掘简报》，《考古》1990年第12期。

[2]　源头坑和大路后门山皆为斜坡形龙窑，形制相似，简报仅记述了大路后门山龙窑。

[3]　Y4、Y9，见中国社会科学院考古研究所、福建省博物馆建窑考古队《福建建阳县水吉建窑遗址1991—1992年度发掘简报》，《考古》1995年第2期。

火膛皆为半圆形，半径0.6（Y3）—0.7（Y1）米，火膛后保存完整，皆以土坯砖平铺错缝横排砌建。Y1火膛宽0.95米，后壁高0.70米，共14层砖砌成。Y3火膛后壁宽1米，高1.25米，共23层砖砌成。火膛两侧弧形砖墙保存最高处，Y1为0.88米，Y3为1.4米。点火口、通风口、炉箅、炉栅等均已破坏。

窑室顶已坍塌无存，Y1残存窑墙最高处为1.03米，共20层单砖错缝竖排砌建，Y1窑墙紧贴Y3窑墙，形成双层砖墙。Y1的尾段利用Y3原有窑墙，未再另砌窑墙，Y3尾段部分窑墙因损坏曾作修补，系利用废窑钵代砖砌筑。Y1窑墙两侧有窑门16座，北侧9座，南侧7座。Y3后段窑室旁残存有2座窑门。门宽皆在0.6米左右，门外有斜坡门道及护门道墙、门道保存最好的长约1.1米，门道坡路上铺有匣钵片及垫饼、垫柱、瓷片等。护门道墙保存最高的是南侧5号门，高0.76米，砌有14层砖，弧形墙拐弯处用匣钵垫砌。除北壁4号门门道是往上通向窑尾外，其余各门道都是往下通向火膛前。

窑室底部铺砌匣钵，匣钵置于厚约5厘米的砂土层上，钵下有垫柱、垫饼及瓷片垫衬，匣钵直径15—20厘米不等。带"进琖"字铭的垫饼，带"鹧鸪斑"纹黑釉瓷碗等发现于窑室中部。

窑尾出烟室保存差，Y1只有一排7个烟火柱，柱以匣钵扣置叠砌或仰置叠砌，柱后为Y3之窑室及烟火室，有可能Y1仍利用Y3的烟火室，Y3烟火室仅存室底一片红烧土和黑灰土，两侧窑墙也仅有一、二砖高，南侧一段墙用匣钵补砌，烟火柱残存一排7柱，每柱仅2个或3个倒扣匣钵，柱间有出烟孔，宽0.05米。整个烟火室范围呈长方形，宽1.8—1.9米，长2.7—2.9米。此外，Y3火膛点火口处倒置两柱烧结在一起的匣钵，每柱4—5个，似为砌建点火口所用。

（2）窑外遗迹

在Y1北侧窑门外有上窑路，宽约1米。路面铺垫扣置摆放的垫饼，以防坡陡路滑。在Y3出烟室的东南侧发现一片经平整的场地，地面亦铺砌匣钵片及垫饼，此遗迹可能是存放瓷坯、瓷器场地，面积约10平方米。

2. 出土瓷器[1]

主要为黑釉瓷器，器形有碗、灯、罐、钵、瓶、碟等，碗占比99%。黑釉瓷胎质较粗，多黑色，亦有深灰、浅灰、灰白等色。厚胎多，一般胎厚0.3—0.6厘米，个别厚达0.8—1厘米。釉色有绀黑、蓝黑、深绿、酱褐等。黑釉中有兔毫纹占比60%，绀黑或纯黑色（又有称之为乌金釉）占比20%，其他釉色及纹饰占比10%，生烧品占比10%。

碗类可分为束口碗、撇口碗、敛口碗及盅式碗。束口碗是建窑黑釉器中的代表性器皿，又称"建盏"，出土数量占碗类总数26%，其造型特点是在口沿下内凹一圈。撇口碗流行于宋、元时期的典型器，在全国各窑址生产的青、白、影青等釉色中均有发现。建窑的撇口碗占碗类总数19%。敛口碗出土量最多的，占碗类总数的47%，器形矮小浑圆，呈半球形。其他釉纹以黑釉黄褐纹"鹧鸪斑"最为精美，其中出土的一件完整鹧鸪斑釉纹

〔1〕　中国社会科学院考古研究所、福建省博物馆建窑考古队：《福建建阳县水吉北宋建窑发掘简报》，《考古》1990年第12期。

碗，在有光泽的黑中透蓝的底釉上流淌着一道道鲜艳的黄色釉彩，两种釉色形成强烈的对比，耀眼美丽。（图24－3－2）

产品全部是轮制圆器，拉坯成形，然后挖足、修坯、上釉。器物胎体厚薄匀称，器形规整，施釉方法以蘸釉为主，施釉皆不到底。除瓷器外，出土的窑具有匣钵、垫饼、垫柱、火眼等，在匣钵及盖上刻有"陈七""廿""廿九"等姓名及数字，在垫饼上有反文"进琖"及"供御"铭。工具发现有轴顶碗、荡箍、拨手等。

（三）庵尾山窑址[1]

1. 遗迹

庵尾山窑址中Y8叠压并打破Y10。Y8前段约41米，是直接砌筑在Y10的窑室内，后段约32米，是将Y10的窑炉用废窑具、瓷片、窑砂等填平至一定高度，建于其上的。Y8的窑炉有三重窑壁。由内至外（由晚至早）暂依次编为Y8①、Y8②、Y8③。

Y8①斜长39.7米、实测长37.5米、宽1.1—1.5米、高差13.4米，坡度分别为21°、20°、19°，方向340°。火膛呈半圆形，长约0.8米、宽约1.26米，膛底弧形，后壁残高0.22—

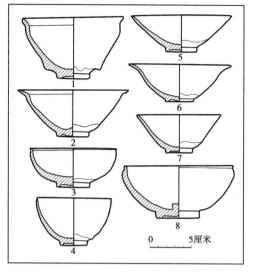

图24－3－2　大路后门山Y1出土黑釉瓷

1. 束口碗Ⅰ式（Y1②：1）　　2. 束口碗Ⅱ式（Y1②：2）
3. 束口碗Ⅲ式（Y1③：3）　　4. 小圆碗Ⅰ式（Y1②：4）
5. 撇口碗Ⅰ式（Y1②：5）　　6. 撇口碗Ⅱ式（Y1堆：6）
7. 盅式碗Ⅰ式（Y1③：7）　　8. 灯碗Ⅲ式（Y1堆：8）

（引自《福建建阳县水吉北宋建窑发掘简报》，《考古》1990年第12期）

0.24米，膛底表面为灰黑色烧烤面，两侧弧形护墙残高0.16米，与Y8②窑壁相接。窑墙紧贴Y8②的窑壁内侧，泥块砌筑，残高0.1—0.34米、后0.1—0.16米。窑门破坏。窑室底部铺有0.04—0.10米厚的砂层，上置匣钵。窑室前段的匣钵为每排5—6个，口径11厘米；中后段每排放置匣钵6—7个，口径大者16厘米。匣钵内残留均为黑釉碗。

Y8②斜长60.4米、实测长58米、宽1.23—1.43米、高差15.5米，坡度分别为20°、19°、21°、18°、方向340°。构筑方法同Y8①，窑墙残高0.11—0.35米、厚0.09—0.18米。底部砂层厚0.03—0.13米。

Y8③斜长96.5米、实测长90.2米、宽1.1—2米、高差22.8米，坡度分别为21°、20°、17°、11°，法相340°。前、中段较陡，后段较平缓。窑头火膛无存。窑室窑墙残高0.1—0.47米、厚0.03—0.13米。前段窑墙紧贴在Y10的窑壁而建，中、后段窑墙则建于Y10的窑墙或窑室之上。窑墙由红色土块、砖块、垫柱和白色土块组成。中段窑墙内残存

部分 1—2 厘米厚的泥质烧结面，还有五道直径约 1.5—3 厘米、间距约 20 厘米的圆形凹槽，方向与窑室走向平行。另有 60 多道与窑底大体垂直的圆锥状凹槽和孔槽，分列成上下的三至四排，上端多于水平状凹槽相交。由此推测，Y8 的窑墙可能是用竹木材料编结成栅格状，在外侧堆砌泥坯，在内面抹上泥层然后烧烤成的。窑门遗迹仅在西侧窑墙发现一处，宽 0.5 米。窑室底部铺砂，砂层厚达 27 厘米，分作三层，说明至少铺垫过三次。

2. 出土瓷器

Y8①内堆积全部为黑釉碗，直口微敛，直折腹，内底心稍隆起，矮圈足。胎呈黑灰色，釉色则有浅黑、酱黑等，外壁施釉不到底，底足露胎。Y8②堆积中仅见零星青瓷片。Y8③中出土青釉器，胎灰白，釉色淡青、青黄等，器型有碗、盘、罐、壶、执壶等。

（四）营长墩窑址[1]

1. 遗迹

1992 年 4—7 月，在营长墩山的北坡，清理出上下叠压的两座窑炉，上面一座编号 92SJY6，其下为 92SJY7。窑头及火膛部分保存较好。

Y6 窑炉斜长 41.9 米、实测长 40.5 米、宽 1.33—2.6 米、高差 8.45 米，方向 332°，坡度 7—12°。火膛平面略呈半圆形，后壁仅存两层砖，高 18 厘米，宽 1.26 米。后壁至出灰口深 0.61 米。两侧的弧形护墙是用楔形砖和匣钵砌成并在表面糊泥，残高 20—34 厘米。底部是厚 10—15 厘米的黄褐色硬面，用残砖竖置于膛底，高出底面 10 厘米，其排列方式是自出灰口向后壁分九排呈扇形，每排砖数为 1、2、4 块不等，每排间距最宽 10 厘米，此即是炉栅。在炉栅上较均匀分布着大小的垫钵、匣钵、匣钵盖及板瓦残片，相互之间有大小不等的孔隙，可能起炉算作用。出灰口宽 44 厘米，两侧有砖柱，残高分别为 13、20 厘米。出灰口通长 1.3 米，宽 0.42—0.62 米，表面为青灰色烧结面。

窑顶已坍塌，从窑室内局部保存较整齐的塌砖来看，顶砖排列的方向是与窑墙垂直的，表明其构筑方法是横排起券。楔形砖长 17.5—19 厘米、上宽 9—16.5 厘米、下宽 14.8—16 厘米、厚 4—5 厘米。残存窑墙最高位 55 厘米，共九层砖，以平砖上下错缝平砌。窑墙除用楔形砖外，墙根多用土坯砖，尺寸为长 40 厘米、宽 14 厘米、厚 14 厘米，部分窑墙的烧烤面向外或在侧面，说明利用旧砖较普遍。窑室内残存七道挡火墙遗迹，靠窑尾的最后一道挡火墙，是在窑室内横置一排倒扣的匣钵，计 8—9 柱，每柱 3 个匣钵，柱间距 5—10 厘米，匣钵柱上砌砖，残存 4 层上下错缝横排平砌的楔形窑砖。窑底铺垫 10—15 厘米厚的砂层，置放垫钵，垫钵横向每排 7 个，间距 5—10 厘米，最边上的垫钵距离窑墙 10—25 厘米，纵向每个垫钵之间紧密相接，没有较大的间隙。此外，也有置放垫柱的，横、纵间距为 10—12 厘米。窑门遗迹发现 8 个，均在窑室东侧，宽度为 42—57 厘米不等。门道保存最好的长 1.2 米，有的门道还残存护墙，最高的 36 厘米。门道路面上多铺垫支圈的残片，从其分布情况看，门道的方向似都朝向窑头。在窑尾距窑头 40 米处，

---

[1]　中国社会科学院考古研究所、福建省博物馆建窑考古队：《福建建阳县水吉建窑遗址 1991—1992 年度发掘简报》，《考古》1995 年第 2 期。

靠窑室西壁有横向排列紧密的 4 柱匣钵，最高的一柱有 4 个匣钵，皆斜直相叠，应是窑尾的后壁。后壁向前 0.75 米处有 3 排整齐排列的垫柱，二者之间未见遗物，底面是红烧土硬面，推测这里即是烟火室的位置，宽约 2 米。

Y7 窑炉结构与 90SJY1、90SJY3 基本相同。窑炉斜长 118 米、实测长 113 米、宽 1.1—2.25 米、高差 27.5 米，方向 332°，坡度分别为 8°、11—17°、10—14°，平均坡度 12°。火膛前的工作面尚残存高 1 米的护墙，匣钵垒砌，呈"八"字形，残长分别为 1.6 米和 1.2 米。Y7 的窑墙大多用砖砌，局部（窑尾）不用砖而利用山坡的土壁。窑尾出烟室保存较好，平面呈圆角长方形，后壁自底部向上略作弧形，残高 1.4 米、宽 1.7 米。后壁下横排 7 个烟火柱，柱间距 4—9 厘米，与后壁相距 8—13 厘米，与最末一排铺底匣钵相距 10—18 厘米。烟火柱由扣置的匣钵叠砌。除被 Y6 打破、叠压的窑室前段外，清理出窑门 13 座，东侧 10 座，西侧 3 座。窑门宽 50—68 厘米不等，窑门之间相距约 2—3 米，门道痕迹均朝窑头方向。窑底在距窑头 66.7 米、73.75 米、75.6 米处各发现有半埋入砂层的倒置匣钵一排，做法与 Y6 的挡火墙相似。铺地匣钵每排 8—9 个，匣钵口径 16 厘米和 18 厘米。窑外遗迹在窑头西侧有一道护坡墙，均用斜置匣钵叠砌，走向大致与窑头平行，残长 2.54 米、残高 0.1—0.6 米。

2. 出土瓷器与窑具

营长墘窑址 Y7 出土的皆为黑釉碗。小圆碗数量最多，撇口、束口腕数量次之，出土窑具为匣钵、钵盖、垫饼、垫柱等，另发现题名"供御""进琖"的垫饼。

Y6 堆积内出土皆为青白瓷（图 24 - 3 - 3），其胎体薄、胎质洁白细腻，釉色明亮莹润，呈色有青白、灰青、青黄等。品种有碗、盘、洗、炉、罐、壶、瓶、器盖等，其中碗、盘、洗多为芒口。器物装饰分模印和刻划两种，模印图案有莲、菊、向日葵、飞凤、水禽、孩儿攀花、勾连云雷、连珠纹等，刻划图案则有云气、篦纹及莲、菊花瓣等。Y6 出土碗的基本形制是撇口、弧壁、浅腹，有的口部作花口，也有的口沿有釉而碗底内一道涩圈，应是叠烧产品。盘可分为斜折腹平底和弧腹圈足两种。洗为直口，直折腹或弧腹，平底。炉多直口，直壁微弧，下折腹，浅矮圈足，外腹刻划莲瓣纹。另有直腹，平底，下有三云头形足，外腹有乳钉纹或莲瓣纹。

Y6 出土的窑具有垫钵、垫圈、支座、钵盖

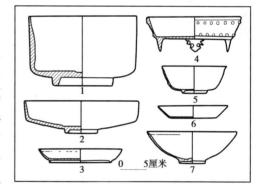

图 24 - 3 - 3　营长墘 Y6 出土青白瓷

1. 青白釉圈足炉（Y6③）　2. 青白釉大口洗（Y6③）　3. 青白釉撇口圈足盘（Y6③）　4. 青白釉三组乳钉（Y6③）　5、7. 青白釉碗（Y6③）　6. 青白釉平底盘（Y6③）

（引自《福建建阳县水吉建窑遗址 1991—1992 年度发掘简报》，《考古》1995 年第 2 期）

等。垫钵有大小两种，大的为敞口、弧腹、小平底，器壁厚重，口径 15.8—23.3 厘米、高 8—10 厘米。小垫钵为敞口，斜直腹，大平底，口径 12.3—14 厘米、高 3.7—5.8 厘米，其数量少于大垫钵。支圈为瓷质，素面，断面呈"Y"形，外侧常见竖向刻线二至三道，可能

是用于装烧时上下叠放对齐的记号。支座圆柱形略束腰，平底，顶端内凹，也见有少数不束腰、无内凹的。Y6出土的制瓷工具有荡箍、轴顶碗、刮刀等。荡箍外壁施青绿色釉，内侧釉不及底，外壁刻"洪□□""六"等字样，直径12.4厘米。刮刀上刻"下四二"字样。

三　建窑龙窑特征与时代

前述建窑窑址包括芦花坪、大路后门山、庵尾山、营长墘窑址，这些窑址的龙窑结构、产品特征和生产时期不尽相同，以下略作分析。

（一）建窑龙窑特征

1. 长度和坡度

建窑已经发掘的龙窑11条[1]，斜长30—60米的4处，70—100米的4处，100米以上的3处。龙窑坡度依山势而建，龙窑宽都在1—2米之间。几座百米以上的龙窑属于宋元时期。

如大路后门山Y1斜长123.6米，宽0.95—2.2米，高差25.70米，坡度分别为10°、12°、14°、18°、21°，平均坡度15°；大路后门山Y3斜长135.6米，宽1—2.35米，高差28.65米，前后段窑室坡度为10°。营长墘Y7斜长118米、宽1.1—2.25米、高差27.5米，坡度分别为8°、11—17°、10—14°，平均坡度12°。

超长龙窑的使用反映了福建地区古代工匠在充分利用自然环境的基础上在不断提高瓷器烧成技术。从大路后门山出土的欠烧品、生烧品数量较多的现象看，在烧造技术上尚有缺陷，可能和窑炉炉体过长，影响火候的控制有关。

2. 挡火墙

建窑部分龙窑窑室内部有挡火墙，如营长墘Y6窑室内残存7道挡火墙，Y7窑室内存三道挡火墙；庵尾山窑Y5窑室内距窑头39米处横砌一道砖墙，平砖单层错缝顺砌，残存5层，从隔墙倒塌的部分可看出有一块砖长的三排孔眼，在距窑头约56.75米处也有一道隔墙痕迹，这两道道砖墙，估计也是挡火墙。挡火墙在三国越窑已经发现[2]，主要是为了控制火焰流速而设计的结构。

营长墘Y6窑室内残存7道挡火墙遗迹，靠窑尾的最后一道挡火墙，是在窑室内横置一排倒扣的匣钵，计8—9柱，每柱3个匣钵，柱间距5—10厘米，匣钵柱上砌砖，残存四层上下错缝横排平砌的楔形窑砖。其高度从现存资料无法获得，但Y6长41.9米，有7道挡火墙的修建方式确实值得思考。德化窑屈斗宫窑址1976年发掘一条元代龙窑长57.10米，窑间室17间，是分室龙窑的代表[3]。

---

〔1〕　庵尾山窑址1992年发掘的Y5、Y8、Y10，大路后门山窑址1989年发掘Y1、Y3，1992年发掘的Y4、Y9，营长墘1992年发掘的Y6、Y7，源头坑窑址1989年发掘的Y2；芦花坪1977年的发掘。

〔2〕　越窑上虞鞍山龙窑，挡火墙是位于窑床和烟道之间的一堵黏土矮墙，高仅10厘米。中国硅酸盐学会编：《中国陶瓷史》，文物出版社1982年版，第152页。

〔3〕　福建博物馆：《德化窑》，文物出版社1990年版，第79、80、134页；德化古瓷窑址考古发掘工作队、《屈斗宫窑址发掘简报》编写组：《福建德化屈斗宫窑址发掘简报》，《文物》1979年第5期。

挡火墙垒砌至窑顶即可有分室的作用，所以挡火墙结构的发展为此后福建地区"分室龙窑"的形成奠定了基础，以致分室龙窑在 12 世纪的华南沿海的潮州地区普遍流行[1]。

3. 窑门

有的开于两侧、有的开于一侧。营长墘窑 Y6，窑门 8 座，均在窑室东侧，营长墘 Y7 有 13 座窑门，东侧 10 个，西侧 3 个，庵尾山窑 Y5 共 6 座窑门仅见于窑墙东侧。

此外，青瓷、黑瓷和影青瓷在不同的窑炉中烧造，少数烧造青瓷的窑炉也烧造黑釉瓷。如营长墘 Y6 仅发现青白瓷，Y7 仅发现黑瓷。Y6 的结构与 Y7 所不同，窑炉宽而短，隔间多，挡火墙下留有烟火孔，两侧窑壁下有火道，Y6 的结构与德化屈斗宫元代瓷窑有不少相似之处[2]。庵尾山窑 Y8①仅出黑釉瓷，Y8②、Y8③则仅发现青釉瓷。Y8 的窑炉有三重窑壁，由内至外（由晚至早）依次为 Y8①、Y8②、Y8③。庵尾山窑址发现了在烧青瓷的窑炉中也烧黑釉瓷[3]。

有的窑址烧造黑釉瓷使用匣钵。如大路后门山 Y1、营长墘 Y7 都有匣钵发现，它们仅发现黑釉瓷产品。

（二）建窑的时代

芦花坪窑址[4]第二层窑内及窑外出土了大量黑釉器，从造型、胎质、釉色及带有"供御""进琖"阳文的垫饼等看，属于宋代产品；窑外与黑釉器共存的少量青釉器也具有宋代作风。而第三层为第二层叠压并被窑基所打破，出土的青黄釉器造型简朴，光素无纹，胎质松脆，釉易剥落，碗碟为支钉叠烧，与第二层出土的黑釉器、青釉烧法不同。其时代可早至晚唐或五代。青黄釉碗及其共存的垫托等窑具的发现，充分说明"建窑"在烧造黑釉器前曾经烧造青黄釉器。所以，发掘者推测芦花坪窑址的年代，上限可至晚唐、五代，下限不晚于南宋。此后，有学者认为芦花坪黑釉器的年代应为北宋时期[5]。

庵尾山窑址出土青瓷的形制与福建地区的晚唐墓葬出土青瓷相似，结合窑炉筑窑方法与建阳将口唐窑的类似情况，加上窑炉残长均在 70 米以上（超过了将口窑），初步判断 Y8②、Y8③青瓷及其窑炉的时代上限可至晚唐，下限在五代。庵尾山窑黑釉器是用规范的匣钵单件装烧，其青瓷未使用匣钵。Y8①内发现黑釉碗，可推测其时代上限为五代。这些黑釉碗及匣钵均不同于芦花坪、大路后门山等窑址的黑釉碗，年代应早于后者。芦花坪窑址黑釉时代约为北宋中期或稍晚。宋初的《清异录》记载："闽中造盏、花纹鹧鸪斑

〔1〕　熊海堂：《华南沿海对外陶瓷技术的交流和福建漳州窑发现的意义》，《福建文博》1995 年第 1 期提到，华南沿海的潮州地区，独创分室龙窑，并在 12 世纪普遍流行。

〔2〕　中国社会科学院考古研究所、福建省博物馆建窑考古队：《福建建阳县水吉建窑遗址 1991—1992 年度发掘简报》，《考古》1995 年第 2 期。

〔3〕　中国社会科学院考古研究所、福建省博物馆建窑考古队：《福建建阳县水吉建窑遗址 1991—1992 年度发掘简报》，《考古》1995 年第 2 期。

〔4〕　福建省博物馆、厦门大学、建阳县文化馆：《福建建阳芦花坪窑址发掘简报》，《中国古代窑址调查发掘报告集》，文物出版社 1984 年版。

〔5〕　中国社会科学院考古研究所、福建省博物馆建窑考古队：《福建建阳县水吉北宋建窑发掘简报》，《考古》1990 年第 12 期。

点，试茶家珍之。"依此为据，则可能建窑著名的黑釉碗在宋初已经出现，庵尾山的黑釉碗应早于宋初。因此，Y8 的年代上限可至五代晚期，下限为北宋初期。[1]

庵尾山窑址 Y5[2] 内仅出土青瓷，其胎灰，釉色有青绿、青黄、酱褐色，主要器形是罐，时代上限可至晚唐，下限当在五代。

大路后门山窑址内未发现有绝对纪年的遗物。但黑釉器器形与芦花坪窑址[3] 出土器形有多处相似。芦花坪窑曾出土有陶牌一件。长 5.8 厘米、宽 4 厘米、厚 11 厘米。完整，呈长方形，正面阴刻楷书"黄鲁直书"四字（黄鲁直即黄庭坚，北宋著名诗人，曾写诗赞美建窑茶盏），背面阴刻"法一本"三字，发掘者推测时代属于北宋"熙宁"前后。另出土"至道"（995—997 年）、"元丰"（1078—1085 年）通宝年号铜钱。大路后门山的 Y1 中段窑室内还出土了几件带黄色釉彩的黑釉器，发掘者认为应是宋代文献中提到的"鹧鸪斑"纹器。故上述大路后门山、芦花坪窑址时代或都属于北宋时期。但大路后门山窑有"新窑"字样的垫饼，其相对年代当稍晚于芦花坪窑址新窑，约为北宋晚期至南宋初期[4]。

大路后门山发现的 Y1 与 Y3 二座窑炉，炉身长度在 120—130 米。长度达 100 余米的窑炉，是目前全国发现的龙窑中仅见的一例。在已发表的龙窑资料中，窑炉长度在 70 米以上的，都属于北宋时期。此二窑炉都是斜坡式龙窑，单砖窑墙，窑炉火膛前无挡风的工作面，窑后出烟室结构亦甚简陋，与常见的南方北宋龙窑结构相同。Y1 有可能延续使用到南宋时期，因为 Y1 打破 Y3，按照龙窑的使用寿命为 50 年计算（发掘者语），Y1 的时代可能为北宋晚期到南宋初期。

营长墩窑址[5] 的 Y6 结构不同于 Y7，和德化窑元代窑炉和相似，同时采用支圈组合式覆烧工艺等（景德镇南宋中后期至元代盛行），出土瓷器与江西宁都、金西里窑址出土青白瓷装饰有相似之处（江西这几处窑址的年代都是南宋晚期至元初）。所以，推测 Y6 的时代为南宋晚期至元初。Y7 中出现了多道挡火墙，火膛前工作面已有较高的护墙，可能是一种进步。Y7 被 Y6 打破，一部分窑炉材料为 Y6 所用，如 Y6 的挡火墙就用 Y7 的匣钵和窑砖，Y6 的出烟室就利用了 Y7 的窑室等。估计时代不会与 Y6 相距太远，故推测 Y7 年代为南宋中晚期。所以营长墩窑址年代为南宋中晚期至元初。

"供御""进盏"之年代。芦花坪窑址采集的 60 件垫饼，饼面上多印有阳文反体"供御""进琖""有""大""四""三合""十""十三""二""三""小九""二合"等十余种字样。芦花坪窑址采集的敛口碗圈足内阴刻有"供御""进琖""张一""五七""中""天""4""件""廿""廿三""二五""片""合""心""二""三""七""九"

〔1〕中国社会科学院考古研究所、福建省博物馆建窑考古队：《福建建阳县水吉北宋建窑发掘简报》，《考古》1990年第 12 期。

〔2〕中国社会科学院考古研究所、福建省博物馆建窑考古队：《福建建阳县水吉北宋建窑发掘简报》，《考古》1990年第 12 期。

〔3〕福建省博物馆、厦门大学、建阳县文化馆：《福建建阳芦花坪窑址发掘简报》，《中国古代窑址调查发掘报告集》，文物出版社 1984 年版，第 142、144 页。

〔4〕栗建安、郑辉：《福建宋元考古概述》，《福建文博》2002 年第 2 期。

〔5〕中国社会科学院考古研究所、福建省博物馆建窑考古队：《福建建阳县水吉建窑遗址 1991—1992 年度发掘简报》，《考古》1995 年第 2 期。

等字。大路后门山在窑旁堆积中发现"供御"铭的碗底残片，"供御""进琖"铭的垫饼。这些实物的发现，结合文献记载可以证实建窑曾经向宋朝皇帝进贡御用茶盏[1]。

建窑遗址发现较多的底署"供御""进盏"铭文的茶盏标本，印有这两种铭文阳文反体字的垫饼也有出土。同时发现，"供御""进盏"铭文的茶盏均放置于龙窑的最好位置。仔细观察可知，"供御""进盏"的字体并不规整化一，有的工整，有的草率。

在建窑遗址附近还有御焙遗址发现[2]，且史料记载宋太宗太平兴国初年，开始派贡茶使到北苑督造茶叶。从当时建窑附近生产茶叶的历史再结合"供御""进盏"铭文盏和垫饼发现并不多的情况，可以初步判断建盏曾作为民窑为宫廷搭烧贡瓷。根据记载并结合考古发现认为"供御""进琖"的年代为北宋大观二年至北宋政和二年（1112 年）始生产，到南宋乾道六年（1170 年）这六十年的时间[3]。

从目前发现的窑址情况来看，牛皮仑、庵尾山、芦花坪窑址在晚唐五代时期开始生产，均以生产青瓷为主，在五代末宋初开始生产黑瓷；大路后门山窑址时代从北宋至南宋早期，以生产黑釉瓷为主；营长墘窑址南宋中晚期生产黑釉瓷，南宋晚期至元代生产青白瓷。也就是说，建窑制瓷从晚唐五代开始一直持续到元代初年，其产品釉色上有一个从青瓷向青瓷、黑瓷兼烧再到黑瓷为主流，而后黑瓷衰落青白瓷为主流的变化过程。晚唐五代北宋时期，开始生产青瓷，但釉色不稳定，部分釉色偏黄，此后青瓷生产水平逐渐提高，同时开始有黑釉瓷的少量生产，随之出现专烧黑釉瓷的龙窑；南宋晚期至元初，青白瓷生产开始占据优势，也有单一生产青白瓷的龙窑，黑瓷逐渐走向衰落。元明时期有些窑址生产青瓷[4]。

（三）建窑的兴盛与衰落

1. 建盏器形和釉色纹饰

从考古发掘资料可知，建窑黑釉瓷器形以碗类为主。其中大路后门山窑址[5]时代为北宋至南宋早期，其主要产品为黑釉瓷器，器形有各种形式的碗，占器形总数的99%，包括束口碗、撇口碗、敛口碗[6]及盅式碗和灯盏。发掘简报中还提到，束口碗是建窑黑釉器中的代表性器皿，又称"建盏"，出土数量占碗类总数的26%，其造型特点是"在口沿下内凹一圈"。庵尾山 Y8①[7]时代为五代晚期至宋初，堆积中全部是黑釉碗，其形制为直口微敛，直折腹，内底心稍隆起，矮圈足。胎呈灰黑色，釉色有浅黑、酱黑等，外壁施

〔1〕　顾文璧：《建窑"供御"、"进琖"的年代问题〈宣和遗事〉"建溪异毫琖"正误》，《东南文化》第二辑，1986 年。

〔2〕　《中国考古学年鉴1996》，文物出版社1998 年版，第 151—152 页。

〔3〕　顾文璧：《建窑"供御"、"进琖"的年代问题〈宣和遗事〉"建溪异毫琖"正误》，《东南文化》第二辑，1986 年。

〔4〕　建阳文化馆：《福建建阳古瓷窑址调查简报》，《考古》1984 年第 7 期。源头仔窑址元代生产青瓷，碗窑、象山窑址明代生产青瓷。

〔5〕　中国社会科学院考古研究所、福建省博物馆建窑考古队：《福建建阳县水吉北宋建窑发掘简报》，《考古》1990 年第 12 期。

〔6〕　中国社会科学院考古研究所、福建省博物馆建窑考古队：《福建建阳县水吉北宋建窑发掘简报》，《考古》1990 年第 12 期。简报文字中写的是敛口碗，对应的图名是小圆碗。

〔7〕　中国社会科学院考古研究所、福建省博物馆建窑考古队：《福建建阳县水吉建窑遗址 1991—1992 年度发掘简报》，《考古》1995 年第 2 期。

釉不到底，底足露胎。芦花坪窑址〔1〕第二层时代具有宋代作风，第一层、第二层出土的瓷器以黑釉为多，也有青釉器。采集黑釉瓷器包括敞口碗、弇口碗和高足杯。其中弇口碗描为"口微敛，边唇与上腹壁交接处稍内凹，下腹壁内收明显，腹较深"。有的弇口碗圈足内阴刻"供御""进琖""张一"等字。营长墘窑址 Y7〔2〕时代为南宋中晚期，其出土皆为黑釉碗。小圆碗数量最多，撇口、束口碗数量次之，出土窑具若干，另发现题名"供御""进琖"的垫饼各两个。牛皮仑窑址〔3〕出土黑釉器主要为盏和敞口碗。

从上述考古发掘情况总结，今天被称作"建盏"的主要有两类产品。一类是口大、腹深、足小，形如漏斗的撇口碗（或称"敞口碗"）；一类为口沿下内凹一圈的束口碗（或称"弇口碗"）。建窑釉色纹饰特征，以兔毫斑釉和油滴釉最为著名。

2. 茶文化与建盏的兴衰

1976—1984 年韩国在新安海底沉船中打捞出大批文物。1976 年、1977 年的报告中记有 7 件建窑茶碗，其中内有一件"显德"年款的黑釉碗，该碗外反口沿微弯，胎骨黑色〔4〕。建窑发现带有年款的碗不少，目前所知的有"雍熙"（984—987 年）、"至道"（995—997 年）、"明道"（1032—1033 年）碗等。〔5〕而"显德"为五代末周世宗的年号（954—959 年），建阳五代末属后周。据此推测显德年款碗也可能是建窑的产品。〔6〕

据《记事珠》〔7〕有"建人谓斗茶为茗战"的记载唐代建安就有了斗茶习俗，同时《清异录》〔8〕载："闽中造琖，花纹鹧鸪斑点，试茶家珍之"。相关发现在牛皮仑窑址有晚唐五代黑釉器的发现，很可能就是唐五代建人用于斗茶之器。

《宣和遗事》和《上清楼特燕记》〔9〕都曾记载的"宋徽宗于京内苑燕蔡京"一事，字里行间显示了宋徽宗时惠山泉、建溪盏和太平嘉瑞茶三者同时用于宫廷的特燕之中。

20 世纪 80 年代在建瓯东风镇裴桥村的林垅山发现了一处和茶事有关的摩崖石刻，并在山下发现了一口古井。摩崖石刻阴刻楷书八十字：建州东凤皇山，厥植宜茶，惟北苑。太平兴国初始为御焙，岁贡龙凤上。……前引二泉曰"龙凤池"。庆历戊子仲春朔柯适记。水井 1995 年发掘，水井制作规整〔10〕、设计巧妙，井亭规格较高，在其旁边清理出宋元板

〔1〕　福建省博物馆、厦门大学、建阳县文化馆：《福建建阳芦花坪窑址发掘简报》，《中国古代窑址调查发掘报告集》，文物出版社 1984 年版，第 140、141 页。

〔2〕　中国社会科学院考古研究所、福建省博物馆建窑考古队：《福建建阳县水吉建窑遗址 1991—1992 年度发掘简报》，《考古》1995 年第 2 期。

〔3〕　傅宋良：《福建牛皮仑唐代窑址调查》，《江西文物》1990 年第 4 期。

〔4〕　郑良谟：《新安海域陶瓷器编年考察》，《中国古外销陶瓷研究资料》（一），转引自谢万日《建窑黑釉瓷创烧、兴盛和衰落的年代》，《东南文化》1992 年第 5 期。

〔5〕　耿宝昌：《浅谈建阳窑》，《景德镇陶瓷》第一辑，1983 年。

〔6〕　谢万日：《建窑黑釉瓷创烧、兴盛和衰落的年代》，《东南文化》1992 年第 5 期。

〔7〕　《记事珠》为晚唐五代时期冯贽作品，作品为具有文摘性质的反映唐朝生活的逸闻集。

〔8〕　《清异录》是唐末宋初人陶谷（卒于宋开宝三年即 970 年）于宋初采摭唐五代新之语而成。

〔9〕　前者提道"又以惠山泉、建溪异毫琖，烹太平嘉瑞茶饮之"，后文写道"又以惠山泉、建溪毫琖，烹新贡太平嘉瑞斗茶饮之"。对于二者不同之辨析，详见顾文璧《建窑"供御"、"进琖"的年代问题〈宣和遗事〉"建溪异毫琖"正误》，《东南文化》第二辑，1986 年。

〔10〕　详见顾文璧《建窑"供御"、"进琖"的年代问题〈宣和遗事〉"建溪异毫琖"正误》，《东南文化》第二辑，1986 年。

瓦、筒瓦、莲瓣纹圆瓦当、鱼龙脊兽等瓦饰，发掘者推测该井是北苑"御井"。[1]从摩崖石刻所记，在北宋初太平兴国初始（976—983 年）北苑已有御焙茶进贡朝廷了。随后，起源于福建的斗茶风俗也逐渐盛行起来，与斗茶配合使用的建盏也随之流行则属正常。

宋代留下了不少关于斗茶和兔毫盏的咏茶诗词。主要有：范仲淹《斗茶歌》："北苑将期献天字""紫玉瓯心雪涛起"。蔡襄《试茶·北苑十咏之六》："兔毫紫瓯新，蟹眼青泉意。"苏东坡《寄水调歌头·咏茶词》："旗枪争战建溪，春色占先魁""兔毫盏里，霎时滋味舌头回。"《送南屏谦师》："忽惊午琖兔毫斑，打出春瓮鹅儿酒"。苏辙《次韵李公择以惠泉答子厚新茶二道》"蟹眼煎成声未老，兔毛倾看色尤宜"。黄庭坚《满庭芳·茶》："兔毫金丝碗，松风蟹眼新汤"。杨万里《以六一泉煮双井茶》："鹰爪新茶蟹眼汤，松风鸣雪兔毫霜。"北宋仁宗至和元年（1054 年）蔡襄《茶录》"茶色白，宜黑盏，建安所造者绀黑，纹如兔毫……"和宋徽宗赵佶《大观茶论》记"盏色贵青黑，玉毫条达者为上，取其焕发茶采色也"也都有关于建盏的记载。

诗文中提到"北苑""建溪"等建窑附近地名，虽并未明确提出"建盏"，但根据地点和特征分析（兔毫金丝、兔毫），可以推知描写的是建窑兔毫饮茶用具（盏、碗、瓯）。上述诗人主要活动在仁宗或仁宗后各朝，可见仁宗朝前后宋代茶文化是非常发达的。

总结上述文献和考古发现，斗茶之风可能从晚唐五代已经开始，宋代初年已有供御的茶盏、茶叶专门为皇帝饮茶服务，宋仁宗至宋徽宗时期茶文化逐渐风靡于高层官员和文人之间，建盏成为当时茶文化流行的最重要的物质载体。

元初，建盏仍在流行。如有耶律楚材《西域从王君玉乞茶因其韵七首》："建郡深瓯吴地远，金山佳水楚江赊"的诗文。清代《景德镇陶录》有"建窑入元犹盛"的记载。而从常理推测，手工业生产并不会随着朝代的变化而突然中断，一则手工业生产有其自身的发展规律，二则新的统治者在立朝之初多会对各种经济文化生活因循之，不会贸然推广新风格，所以手工业生产的某些品种还会有一段时间的延续。但随着立朝日久，新风尚则逐渐出现并取代旧风尚。凝重简朴的宋瓷在元代中后期可能逐渐被追求奢华考究、丰富多彩的青花、釉里红所取代。这从《马可·波罗游记》中并未提及建窑，却提到了德化制瓷杯或碟或可见一斑。马可·波罗是经建瓯、福州、泉州而扬帆出海返回欧洲的，所以他的见闻参考价值极大[2]。

四　建盏科技考古研究

（一）制瓷工艺与装烧工艺

成型采用手工拉坯方法，广泛使用陶车。发掘中出土了车顶、拨手、套圈和瓷拍，皆为瓷土制成，表面施黑釉、青釉或酱釉。轮制技术，器形规整。施釉方法为内壁荡釉，外壁蘸釉结合。装烧法采用匣钵装烧，以芦花坪窑址出土物为例，一钵一盏，单件装烧，用垫饼托

〔1〕　福建省博物馆：《福建建瓯北苑遗址第一、二次发掘简报》，《福建文博》1996 年第 1 期；栗建安、郑辉：《福建宋元考古概述》，《福建文博》2002 年第 2 期。
〔2〕　谢万日：《建窑黑釉瓷创烧、兴盛和衰落的年代》，《东南文化》1992 年第 5 期。

住器底，黑釉未见叠烧现象。芦花坪窑址匣钵有直壁和斜壁两类。青釉器标则采用支钉支烧方法，内底均残留支钉痕迹。青黄釉器采用叠烧法，碗内底部留合 5—7 个支钉痕，与托座对应。青白釉器还采用支圈覆烧法，窑址中发现不少支圈粘着青白釉芒口器。[1]

实验证明，建窑兔毫釉在 1210℃ 下已开始成熟，一般在 1300—1350℃ 下烧成。[2]

（二）建盏胎釉特征、化学组成和显微结构[3]

1. 建盏胎的结构[4]

建盏胎并不特别，化学组成为 SiO_2—Al_2O_3—TiO_2—Fe_2O_3—K_2O—Na_2O—CaO—MgO—MnO。御用建盏和油滴釉建盏胎中还含有少量的 P_2O_5，同时御用建盏中含的熔剂和 SiO_2 的量稍多一些。根据《中国科学技术史·陶瓷卷》的测试数据，芦花坪建盏胎气孔率约 10%，吸水率 4% 左右。

建盏胎所用的原料为当地盛产的红色含氧化铁（Fe_2O_3）的黏土和粗、中、细颗粒的石英砂所组成。砂中有时也含有风化程度不高的斜长岩破碎颗粒。建窑地区产的红土属于高岭质，氧化铁以极细的亚微米颗粒细分散于其中。大多数和较典型的建盏胎都可以在偏光显微镜下看到粗、中颗粒、具有裂纹的石英与多量的席子状莫来石黏土残骸以及含铁的玻璃相基质组成了胎的整个基本结构。在偏光显微镜下可以看到高温时大颗粒的黏土团块已变为看不到鲜明边界、由三组不同方向相交成 60°的莫来石粗大针晶所形成的席子状晶团。由于原料矿物分布的不均匀，有时可以看到氧化铁微米尺度的团聚体。某些铁分在玻璃相中甚至析出较粗大完整的六方形氧化铁（Fe_2O_3）或"十"字形四氧化三铁（Fe_3O_4）晶体。同时，胎中分布着中、细尺度的气孔。

建盏胎还有另一种结构，即方石英的析出。石英颗粒受到细分散富铁团粒所包围，在其周边上形成富矿化剂的条件，在高温下经过溶蚀和反应，在冷却过程中析出了方石英。显微镜下，方石英整颗粒像一朵朵菊花。这种结构的形成，其温度比莫来石席状团粒略低。

建盏的胎釉界面上一般会生成一层钙长石微晶层。若釉中 CaO 含量不足，这一类微晶只在个别地方存在而黏土团粒中因 Al 离子往外扩散，生成了一身毛刺状的莫来石针晶，状如毛虫。这种结构在口沿上的釉中是常见的。由于口沿部总是暴露于高温空间。该处的碱金属氧化物易于蒸发，碱土金属氧化物随流淌而减少，造成该处富铝，其铝源当然为黏土团粒，故口沿的胎、釉界面多有莫来石刺毛虫状的结构。

2. 建盏釉的结构[5]

建盏除纯黑色釉以外，最为人称道的是兔毫斑盏、鹧鸪斑盏和曜变盏。建窑遗址中，兔毫盏标本为大宗，如 1989—1990 年建窑发掘出土黑釉盏标本中，兔毫盏占 60%，绀黑

[1] 叶文程：《"建窑"初探》，《中国古代窑址调查发掘报告集》，文物出版社 1984 年版；李家治主编：《中国科学技术史·陶瓷卷》，科学出版社 1998 年版，第 200—201 页。

[2] 李家治主编：《中国科学技术史·陶瓷卷》，科学出版社 1998 年版，第 203 页。

[3] 李家治主编：《中国科学技术史·陶瓷卷》，科学出版社 1998 年版，第 203—217 页。

[4] 李家治主编：《中国科学技术史·陶瓷卷》，科学出版社 1998 年版，第 217—219 页。

[5] 李家治主编：《中国科学技术史·陶瓷卷》，科学出版社 1998 年版，第 219—222 页。

或纯黑色占 20% ，其他釉色及纹饰占 10% ，生烧占 10% 。

（三）建盏兔毫斑和鹧鸪斑形成机理

1. 兔毫斑釉形成机理

兔毫斑釉是在黑色釉面上呈现竖向丝缕状的自然纹理，细密如兔毛，因而被称为“兔毛斑”或“兔毫斑”。兔毫纹花纹可能由三种情况引起。①由钙长石析晶引起；②由釉下近表面处到表面局部小区域液相分离引起；③由釉下近表面处的微粒集团所引起。根据毫纹是否反光及其反射色可分为金兔毫、银兔毫（强烈反射金色或银色）或黄兔毫、灰兔毫。微粒散射集团则会产生白兔毫。

2. 鹧鸪斑的形成机理

鹧鸪斑釉是建窑所生产的珍贵品种，其数量很少。鹧鸪斑即在黑色的釉面上，分布大大小小的具有银白色金属光泽的斑点，颇似鹧鸪鸟胸前羽毛上的斑纹。有学者根据明代朱琰[1]引《方舆胜览》“……是兔毫盏即鹧鸪斑……”认为“鹧鸪斑”也是指兔毫纹[2]。鹧鸪斑纹是一种“仿生”杰作，是效仿当时大量生活在窑址附近的鹧鸪鸟身上的斑纹，抽象地移植于建盏之上的。鹧鸪鸟胸前和后背的斑纹不同，胸前斑纹为圆点状，后背斑纹则为条纹状，或者这是造成认为兔毫即为鹧鸪斑的原因。

1960 年芦花坪窑址发现了银白色斑点瓷片[3]，1988 年在建窑遗址区内发现的那种在黑釉上人为施加白釉斑点的器物，这种器物之外底有阴刻“供御”二字[4]，1989—1990年在大路后门山窑址中出土的黑釉黄褐纹器物或为鹧鸪斑纹[5]。

鹧鸪斑盏中白斑、黑斑及黄斑，都是人工装点的。自然烧成的，目前在窑址中还未发现。根据现代试验可知，建盏鹧鸪斑的形成是配方和烧成两者恰到好处的结合。鹧鸪斑的形成与釉的化学组成有密切关系，釉中 P_2O_5 对斑点形成有促进作用。鹧鸪斑在还原气氛下烧成，烧成温度为 1300℃ ，温度稍低于兔毫釉。宋代建窑工匠在不知道鹧鸪斑准确配方和化学成分的情况下，之所以会生产出少量的鹧鸪斑，是因为宋代建窑黑釉属于灰釉，即草木灰和釉石配釉，如偶然某一灰釉配入，而化学组成与鹧鸪斑釉的化学组成刚好相同，施这种釉的建盏在龙窑中的位置又合适（包括温度、气氛），鹧鸪斑建盏就会烧成。鹧鸪斑是液相分离的产物，就是在烧成过程中，在特定的物理化学条件下，釉主体相分离出富铁的另一相，富铁相在温度、气氛作用下易浮在釉表面层，冷却时便会析出 $\gamma—Fe_2O_3$ 和 $\alpha—Fe_2O_3$ ，这种分离过程是逐渐进行的，开始时釉面的晶点细小，部分晶点逐渐靠拢，聚集成大晶点。所以建窑鹧鸪斑釉的斑点分布不规则，斑点的

〔1〕　桑行之：《说陶·陶说》“鹧鸪斑”条，上海科技教育出版社 1993 年版，第 29 页。
〔2〕　李家治主编：《中国科学技术史·陶瓷卷》，科学出版社 1998 年版，第 190 页。
〔3〕　厦门大学人类学博物馆：《福建建阳水吉宋建窑发掘简报》，《考古》1964 年第 4 期。
〔4〕　曾凡：《建盏的新发现》，《文物》1990 年第 10 期；陈显求等：《宋供御鹧鸪斑建盏的研究》，《古陶瓷科学技术国际讨论会论文集》，上海古陶瓷科学技术研究会 1992 年版。
〔5〕　中国社会科学院考古研究所、福建省博物馆建窑考古队：《福建建阳县水吉北宋建窑发掘简报》，《考古》1990年第 12 期。

大小差别较大。[1]

　　3. 天目釉、油滴釉、曜变釉

　　有一段时间中国学者把建盏和天目混为一谈。近些年来，随着中日考古不断有新发现，对这个问题有了新的认识。古代日本曾经引进过各种各样的唐物茶碗，据研究"天目"是区别建盏和玳瑁盏等某种茶碗的名称，"建盏"与"天目"是两种不同的黑釉茶碗，但本质上都是黑釉产品[2]。

　　油滴釉是低铁高硅配方，油滴的形成是气泡在釉面上未爆破和未完全平复之间析出镜面氧化铁微晶薄层所致。现代仿制来看，形成油滴斑是一些微粒散射作用。建窑至今发现的油滴釉瓷十分稀少，目前仅发现三块残片，其中1991年在芦花坪窑址发现一块油滴盏残片[3]，1986年在大路后门山窑址，1988年在营长墘窑址分别采集到一片油滴残片[4]。中国古籍中尚未发现关于油滴建盏的记载，日本古籍中则有关于油滴天目的记录。另有观点认为，鹧鸪斑也是一种油滴釉[5]。

　　"曜变"一词来源于日本。"曜变"是指光照之下而呈现的异彩。曜变盏内外黑色釉面上呈现大小不等的圆形或近似圆形的斑点，斑点的分布并不均匀，几个或几十个聚在一起，经光线照耀，斑点周围有炫目的晕彩变幻，呈现蓝、紫红、金黄等色。有研究者认为"曜变"即指"窑变"。曜变盏数量很少，传世品仅三四件，均藏于日本[6]。曜变釉盏虽极为罕见，也曾在1989—1992年建窑的发掘中有发现[7]。

五　建盏与福建黑釉瓷产区的形成

　　御用茶盏在建阳生产，引发了其他生产黑瓷的地方也生产茶盏，并仿制之。于是，在闽北、福州、闽南等地区形成了大规模的黑釉瓷窑群和产区。建阳周围及福建境内很多窑址都生产灰白胎黑釉的仿"建盏"产品，而其在工艺上往往优于建窑产品。其中较为重要的窑址有武夷山遇林亭、南平茶洋、建瓯小松、光泽茅店、浦城半路、闽侯南屿、鸿尾、福清东张、宁德飞鸾等。其他如顺昌、建宁、将乐、连江、罗原、闽清以及德化、晋江、漳浦、宁化、长汀等地窑址亦兼烧黑釉器[8]。

　　茶洋窑[9]1980年于福建南平市南10公里闽江北岸茶洋村的葫芦山发现，总面积约7

---

〔1〕　福建省轻工业研究所的李达在历时10年从事鹧鸪斑建盏仿制过工作中，发现了兔毫和鹧鸪斑的本质差别是在化学组成上。李达：《鹧鸪斑建盏仿制及形成机理探讨》，《福建轻纺信息》1994年第12期；吕成龙：《试论建窑的几个问题》，《文物》1998年第7期。

〔2〕　吕成龙：《试论建窑的几个问题》，《文物》1998年第7期。

〔3〕　李家治主编：《中国科学技术史·陶瓷卷》，科学出版社1998年版，第192页。

〔4〕　谢道华：《福建建窑发现油滴釉瓷片》，《考古》1994年第11期。

〔5〕　参见范冬青《鹧鸪斑考》，《上海博物馆集刊》第三期，上海古籍出版社1986年版。

〔6〕　吕成龙：《试论建窑的几个问题》，《文物》1998年第7期。

〔7〕　曾凡：《建窑考古新发现及相关问题研究》，《文物》1996年第8期。

〔8〕　栗建安：《福建古瓷窑考古概述》，《福建历史文化与博物馆学研究——福建省博物馆成立四十周年纪念文集》，福建教育出版社1993年版，第175—181页。

〔9〕　福建省博物馆、南平市文化馆：《福建南平宋元窑址调查简报》，《景德镇陶瓷》中国古陶瓷研究专辑第2辑，1984年，第144—151页；李家治主编：《中国科学技术史·陶瓷卷》，科学出版社1998年版，第225页。

万平方米。产品有青瓷、青白瓷、黑釉瓷和绿釉陶四类。其烧制年代始于北宋中、晚期而终烧于元末。福建考古学家认为其黑釉器中有些是仿建盏的产品。但是胎骨细腻坚硬，不含粗颗粒，气孔较少，已经瓷化。胎色灰白、浅白、灰色，具有瓷胎的特征。此外，它还生产其他黑釉器，不像建窑产品那样专门单一地生产茶盏。茶洋黑盏胎基本为灰白胎，含氧化铁量又比建盏胎低，加之施釉甚薄，故釉色多数呈棕黑色，更薄处呈酱褐而在口沿或弦纹突出之处则呈黄褐透明。用以斗茶显然不及建盏，但其工艺特别是瓷胎所用原料上则更先进。

建瓯县（今建瓯市）小松乡窑址[1]有4处窑址，烧制青白釉、灰白釉瓷并且兼烧黑釉瓷的。烧制的黑釉瓷数量可观，除烧制碗盏之外，其他器物有壶、碟、炉等。兔毫纹碗器形与釉色及纹样与建窑的兔毫盏相似。只是其胎骨灰白，质地坚硬细腻，口沿施淡青灰釉。在工艺上比建盏进步。

顺昌河墩窑[2]20世纪80年代中叶亦发现宋、元窑址，其一位于埔上乡，其二位于际会乡。皆为烧制青白瓷为主兼烧少量青釉瓷和黑釉瓷。各种釉器的胎皆为白胎或灰白胎。黑釉器有小盏、小碟等类。小盏口沿微放，外同曲折，斜弧腹，矮困足，浅挖实足，白胎。釉漆黑光亮，隐约现兔毫纹，有些则呈酱黑色。外釉不到底，厚者聚流成一圈。

光泽县茅店宋代窑址[3]烧制各类青釉瓷以及黑釉盏。黑盏全为弇口或敞口小碗。高5—6厘米，口径10—11厘米，足径4厘米，类似建窑兔毫盏，但胎为白瓷质。一些黑盏釉色漆黑光亮，无纹，外施半釉而口沿施白釉一圈，与茶洋葫芦山黑盏相似。另有黑釉上自然形成的酱色斑，因覆烧斑点流向碗口，成为放射状美观的花纹。又有外黑釉里褐黄灰毫纹的盏。覆烧的酱色纹黑盏为芒口，釉亮度不足。还有纯黑釉盏，亮度不高。该窑还有绛色调的黑盏，釉质不调、比较粗糙。

武夷山[4]的崇安县星村宋代窑址生产的黑釉盏外观亦似建盏。此外，闽侯之南的福清县（今福清市）石坑村窑亦出黑盏。崇安与福清二窑的碗盏式样与建盏相同。而光泽、福清与茶洋同为白瓷胎、光泽与茶洋又有白口沿，此点与建盏大不相同。

六　小结

从目前发掘和研究的情况来看，建窑从晚唐五代开始一直持续生产到元代初年，晚唐五代北宋时期，开始生产青瓷，釉色尚不稳定，同时开始有黑釉瓷的少量生产，然后出现专烧黑釉瓷的龙窑；南宋晚期至元初，青白瓷生产开始占据优势。牛皮仑、庵尾山、芦花坪、建窑大路后门山、营长墘等窑址的龙窑结构、产品特征和生产时期不尽相同。至今为止，发掘的建窑除牛皮仑、庵尾山窑址时代到宋初外，其余芦花坪、大路后门山、营长墘窑址都发现了宋代窑址，且各处均有建盏烧造。结合文献记载，北宋中后期至南宋前期应是建盏的兴盛时期。建盏有纯黑色釉、兔毫斑釉、鹧鸪斑釉等。御用茶盏在建阳生产，引

〔1〕　建瓯县文化馆：《福建建瓯小松宋代窑址调查简报》，《福建文博》1983年第1期。
〔2〕　林长程、陈建标：《福建顺昌发现宋代窑址》，《考古》1990年第2期。
〔3〕　曾凡：《光泽茅店宋代瓷窑》，《文物参考资料》1958年第2期。
〔4〕　福建省博物馆：《武夷山遇林亭窑址发掘报告》，《福建文博》2000年第2期；中国国家博物馆水下考古中心、福建博物院文物考古研究所、武夷山市博物馆：《武夷山古窑址》，科学出版社2015年版。

发了其他生产黑瓷的地方也生产茶盏并以建阳所出的茶盏为榜样而竞相仿制。随后，在闽北、福州、闽南等地区形成了大规模的黑釉瓷窑群和产区，很多窑址都生产灰白胎黑釉的仿"建盏"产品。

第四节　福建省德化窑遗址的考古发掘与研究

德化窑遗址位于福建德化县，故名。德化环城皆山，背为龙浔山，前临浐水，瓷土矿蕴藏量相当丰富。今德化县属泉州市，位于福建省中部，地近东南沿海，东与仙游、永泰县毗邻，北与尤溪县交界，西与大田县接壤，南与永春相连。德化窑是福建省最重要的窑址之一，从唐五代时期开始瓷器生产，宋元时期生产青白瓷、白瓷，明清时期形成具有自身特色的"猪油白""象牙白"产品，并走向国际，有"中国白"的美誉。

德化窑的调查研究始于新中国成立以后。1954 年 3—8 月，华东文物工作队对德化城关附近古窑址调查[1]，1963 年，福建省文管会和厦门大学人类学博物馆联合对德化一些重点窑址进行调查[2]，1976 年 5 月晋江地区文管会对杨梅公社古窑址进行了调查[3]，1976 年 11—12 月，晋江文管会和厦门大学历史系在全县进行古窑址调查[4]。1982 年文物普查调查，1984—1988 年德化县对重点窑址调查[5]。1976 年 4—10 月，由省、地、县、厦门大学历史系联合组织的"福建省德化县古窑址考古发掘工作队"分别对屈斗宫和碗坪仑窑址进行了发掘[6]，2001 年 5 月，发掘了屈斗宫保护范围内的甲杯山窑址[7]。1988 年国务院公布屈斗宫德化窑址为全国重点文物保护单位。1990 年《德化窑》出版。

截至 1997 年德化县已发现 238 处古窑址，分布在 17 个乡镇、68 个村，最早是唐至五代时期的。如按年代分，唐五代共 1 处，分布在 1 个村；宋元时期共 42 处，分布在 17 个村；明代 30 处，分布在 12 个村；清代 177 处，分布在 62 个村；民国时期 55 处，分布在 15 个村[8]（图 24 - 4 - 1）。

〔1〕　宋伯胤：《华东文物工作队福建组调查晋江、德化等处古窑址》，《文物》1954 年第 5 期；宋伯胤：《"建窑"调查记》，《文物》1955 年第 3 期。
〔2〕　厦门大学人类博物馆：《德化屈斗宫窑址的调查发现》，《文物》1965 年第 2 期。
〔3〕　徐本章、陈建中：《中国古代名窑——福建德化窑》，《泉州文博》1997 年第 5 期。
〔4〕　徐本章、陈建中：《中国古代名窑——福建德化窑》，《泉州文博》1997 年第 5 期。
〔5〕　徐本章、陈建中：《中国古代名窑——福建德化窑》，《泉州文博》1997 年第 5 期。
〔6〕　德化古瓷窑址考古发掘工作队、《屈斗宫窑址发掘简报》编写组：《福建德化屈斗宫窑址发掘简报》，《文物》1979 年第 5 期；福建省博物馆：《德化窑》，文物出版社 1990 年版，第 2 页。
〔7〕　栗建安、陈建中：《德化窑"中国白"明代窑址考古发掘新的重大发现》，《德化陶瓷研究论文集》，2002 年；栗建安：《德化甲杯山明代窑址的发掘与收获》，《福建文博》2004 年第 4 期。
〔8〕　徐本章、陈建中：《中国古代名窑——福建德化窑》，《泉州文博》1997 年第 5 期。

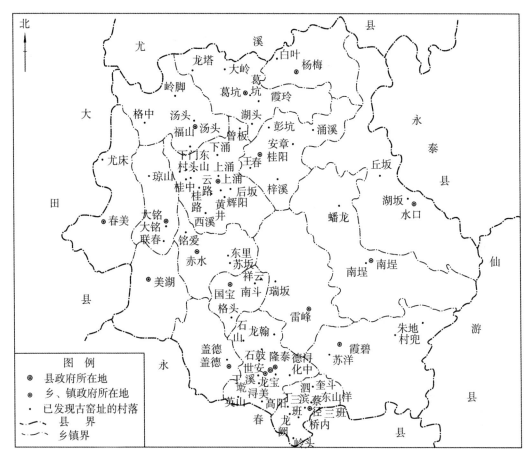

图 24 - 4 - 1　德化县古窑址分布示意图

(引自《德化窑》，文物出版社 1990 年版，第 1 页，图一，略变化)

德化古代窑址大多跨两三个时代，按照窑址分布及器物之间风格的密切程度，将其大致分为盖德窑址群、浔中窑址群、三班窑址群、水口窑址群、上涌窑址群及杨梅窑址群 6 个窑址群。其中盖德窑群以碗坪仑窑为代表，时代为宋元时期；浔中窑群中屈斗宫窑甲址和甲杯山窑址均有发掘，前者是南宋至元代制瓷的重要代表，后者是元明时期的重要代表。[1]

一　龙窑结构略析

（一）盖德碗坪仑窑址[2]

盖德周围皆为高山丛林，东距德化县城约 5 公里，碗窑溪由西向东穿过，碗坪仑窑址坐落在北岸高约 30 米的山坡上。另外，在公田仑、后坑垅、后垅等地，也都发现同时期的古瓷窑址，说明宋代盖德是一处具有相当规模的窑场。1976 年 4—10 月对盖德碗坪仑窑

---

〔1〕　陈建中、陈丽华、陈丽芳：《中国德化瓷史》，上海交通大学出版社 2011 年版，第 98、103 页。

〔2〕　福建省博物馆：《德化窑》，文物出版社 1990 年版，第 5—77 页。

址进行了发掘，揭露了两座龙窑窑床遗迹。

盖Ⅱ（DH76y 盖Ⅱ，北宋晚期）仅窑头保存尚完整，余者残毁无存。窑头和窑室的平面略呈船形，距地表深约 2.5 米，方向东偏南 39 度，残长 3.7 米、最宽处 1.4 米，从窑壁的起券情况推测，高约 1.5 米。火膛在窑室的前面，呈半圆形，约占窑室的六分之一。东西宽约 0.8 米、南北长约 0.45 米，为投柴燃烧处。火膛前设一火门，残高 0.75 米、宽 0.2 米。火门下面有砖砌灰池，呈半圆形，平底。长 0.53 米、宽 1 米、深约 0.2 米，低于火门 0.43 米。窑室在火膛后面，窑床前低后高，呈 10 度斜坡状，高于火膛 0.43 米。建筑在黄生土之上，黄生土上有红烧土一层，厚约 0.12 米。其上铺细沙一层，厚约 0.1 米，稍烧结，在沙层上放置匣钵。在靠近火膛的地方，有烧结在一起而倒置的空匣钵数行。在后部靠近隔火墙处，亦有倒置的空匣钵，还有烧坏而连接在一起的大型白釉碗盘等。挡火墙下面设有火道，前后两排，距离 0.2 米。每排有通火孔 9 个，间距约 0.05 米。排火孔之间，用松散的泥土䞇和碎瓷片做成长方形的柱。窑壁用耐火砖砌成，残高 0.2—0.7 米。砖长 0.35 米、宽 0.2 米、厚 0.06—0.1 米，窑壁呈褐绿色玻璃质烧结面。窑室后面打破坑深 0.85 米，坑内有大量支圈，白釉大碗、粉盒，以及影青瓷器等。窑顶用扇面状楔形砖砌筑，长 0.23 米、上宽 0.12 米、下宽 0.065 米、厚 0.05 米。（图 24 - 4 - 2）

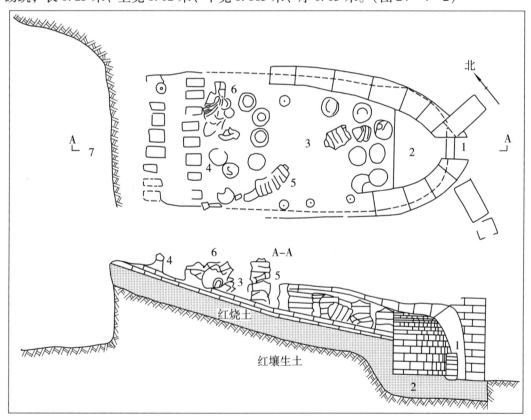

图 24 - 4 - 2　盖德碗坪仑 Y 盖Ⅱ平、剖面图

（引自《德化窑》，文物出版社 1990 年版，第 10 页，图六，略变化）

盖Ⅰ（DH76y盖Ⅰ，南宋时期）窑头和窑尾均被破坏，仅留窑身中间一段，距地表深0.2—0.3米，残长12米、宽2.6—2.8米，壁高0.25—0.3米。方向南偏东17°。窑门保留5个，均开在西壁。门洞宽0.4—0.55米，各门洞相距1.9米。窑壁用砖砌筑，并有玻璃质的烧结面，呈蜡泪痕状。从窑的结构上看，装坯与出窑时都从这里通过。窑床前低后高，呈10°的斜坡状。其上铺细沙一层，厚约0.2米。窑顶破坏。

（二）浔中屈斗宫窑址[1]

屈斗宫窑址位于德化县城东约1公里的浔中褒美村破寨山的南坡上，1953年由华东文物工作队调查发现[2]；1956年，北京故宫博物院陈万里等再次调查，认为是一处宋代窑址[3]；而后福建省、地、县又多次调查。1961年，颁布为省级重点文物保护单位。窑址南坡的小路有一座小庙，名叫"奎斗宫"[4]，当地人读"奎"为"屈"，遂以音传讹，称为"屈斗宫"。

清理出的窑炉窑基比较完整。此窑依山而建，北高南低，倾斜度12—22度。水平高度14.4米，方向偏西15度。全长（坡长）57.10米、宽1.40—2.95米，似一条长蛇，即龙窑[5]。此窑与现在通行的德化龙窑不同，主要在于它有间室。除窑顶坍塌、中部破坏严重外，窑门、火膛、窑床、火道、烟孔、窑壁、隔墙、护墙等结构都基本保存完好。（图24-4-3）

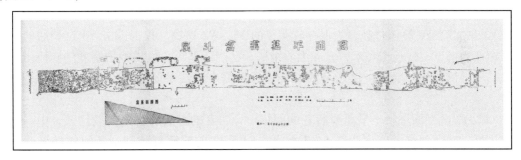

图24-4-3 屈斗宫窑基

（引自《德化窑》，文物出版社1990年版，第80页与81页之间，图六一，略变化）

窑室17间。窑体宽大，火膛狭小。火膛略呈半圆形，宽1.65米、深0.50米。窑室一般呈长方形，各室长短不一，第十间最长，3.95米；第四间最短，2.45米。窑门设在各窑室前端，门宽0.4—0.8米、残高0.1—0.55米。火膛位于窑头第一间的前面，略低于窑床，呈半圆形，东西宽1.65米、南北半径0.5米。火膛与窑床交界处残留五个通火孔，孔宽0.12—0.77米。火膛用砖券砌成，壁厚0.15米左右。火膛引火口呈"八"字

〔1〕 福建省博物馆：《德化窑》，文物出版社1990年版，第79、80页。
〔2〕 宋伯胤：《"建窑"调查记》，《文物》1955年第3期。
〔3〕 陈万里：《调查闽南古代窑址小记》，《文物参考资料》1957年第9期。
〔4〕 "奎斗"即北斗星的意思，也就是民间流行的"文昌帝君"。
〔5〕 1949年前，在德化把这类窑都叫作"蛇窑"，新中国成立后，改称"龙窑"，均为形容窑的形状。

形，前面有砖砌池一处，略呈不规则长方形，东西宽约 1.75—1.9 米、南北宽约 0.92—0.94 米、深 0.15 米。清理时，于扰乱层中发现熙宁通宝和道光通宝各一枚。窑床每间窑床呈斜坡状，底部铺石英细砂，厚约 0.1 米左右。从头至尾共有 17 间，各间大小不同。每间都有砖砌隔火墙。有的窑床上托座、垫钵与匣钵等还排列整齐保持着原来放置的位置。匣钵一般都排列于窑室的前部和中部，大小相间，横排 12 个，纵排 10 个，间距 0.05米。托座则都排列在窑室后部，纵行 3—5 个，横行 19—21 个。

火道和烟孔都设在挡火墙的下面，可知是倒焰窑，墙壁由底部直砌到窑顶，墙下的烟孔 5—8 个，每孔宽度 0.08—0.19 米、高 0.26 米，厚度与隔墙相同。窑室的两边墙壁下各有一条火道，从窑头直通到窑尾，窑尾后壁亦留有烟孔，而不设烟囱。窑壁均用耐火砖砌成，砖长 0.3 米、宽 0.2 米、厚 0.9 米。窑壁残存高度 0.13—0.6 米。一般在 0.5 米以上起券，因此推知窑室不甚高，约 1.4 米，俗称"鸡笼窑"。窑室外的两边有护窑墙，一般在窑门之间。

（三）德化甲杯山窑址[1]

屈斗宫德化窑址的保护范围，位于浔中镇宝美村东南、甲杯山的北坡。以往曾对其进行过多次考古调查，采集到象牙梅花杯等遗物。2001 年 5—6 月，对甲杯山窑址进行了抢救性发掘，发掘面积约 120 平方米，揭露出有叠压打破关系的窑炉遗迹三座。发掘揭露三座窑炉遗迹，自上而下分别为 Y1、Y2、Y3。

Y3 被 Y1、Y2 叠压打破，为保存较完整的 Y1、Y2 遗迹，仅揭露了 Y3 窑炉后的一小部分窑底和南壁，残长 1.6 米，为砂土质结构，已烧结呈灰青色，平均厚度约 6 厘米；紧贴底、壁外侧的是一层约 4 厘米厚的红烧土层，是由于窑炉内的高温烘烤形成的；窑底铺砂。

Y1、Y2 的平面形状略呈前窄后宽的倒梯形，二者的窑头和窑室前段均残，中、后段保存尚好，残存部分的宽度为 2.5—3.6 米。Y1、Y2 的窑室都分间，各间的进深差别不大，在 3.2—3.4 米之间；窑墙的结构基本上都是单砖平铺错缝顺砌；窑砖大部分为楔形，窑室墙为单砖平铺顺砌，残高 76 厘米；隔墙下通火孔 9—11 个，孔为竖长方形，高约 32厘米、宽 10 厘米，两侧的通火孔紧贴窑壁。

Y1 残长（水平长）约 20 米；Y1 叠压打破 Y2，现存 6 间窑室和 1 间出烟室。Y2 残长约 17 米，叠压打破 Y3。Y2 存 5 间窑室以及出烟室的底部遗迹。二窑窑底均为斜坡式砂底；各间窑室前端约 30 厘米的一段窑底，略低于通火孔的地面约一个匣钵的高度，放置着一排垫底匣钵；其后的垫底匣钵一般是后半部分埋于砂层中，前面露出；有的则是将碎窑砖在窑底摆成多个环形，用于垫放较大的匣钵；还有的是将碎窑砖或匣钵片垫塞在匣钵周围以稳定匣钵柱。匣钵均为直腹平底，未发现匣钵盖，但见到有两个匣钵上下相扣的。

Y1、Y2 的每个窑室都有一个窑门，均开在窑室前端的北壁，窑门宽度 40—60 厘米；窑门外有门道，门道两侧均有护窑墙。窑炉的南壁外未见护窑墙，有道路，路面南侧是用

〔1〕 栗建安：《德化甲杯山明代窑址的发掘与收获》，《福建文博》2004 年第 4 期。

石块和匣钵片垒砌的挡土墙，整齐的一面朝外。

Y1、Y2 窑室分间，隔墙与隔墙后的匣钵柱之间的间距很小，匣钵柱几乎是挨着通火孔，因此窑室的前部不能是投柴的位置；再从窑壁观察，有多处地方烧结程度较高，窑汗较厚，因此推测是从两侧投柴的。

Y1、Y2 虽有隔墙分间，但从窑底和窑顶的结构看，仍然是龙窑式的，与屈斗宫窑址的窑炉遗迹相似，都属于分室龙窑。以往多认为明代德化烧瓷用的是阶级窑，而从屈斗宫瓷窑址的发掘开始认识到分室龙窑的存在。甲杯山窑址 Y1、Y2 遗迹的发掘丰富了分室龙窑的资料，说明屈斗宫窑址范围内分室龙窑的普遍存在，它们共同填补了德化古代窑炉发展的一个空白，同时也补充了龙窑演变序列的一个重要环节。

（四）窑炉结构略析

盖德碗坪仑窑址发掘的北宋晚期和南宋时期的两座窑炉遗迹均已残破，其长度和坡度变化已无法获知。从屈斗宫窑址则保存了较好的龙窑窑基，可知该龙窑长 57.10 米、宽 1.40—2.95 米，坡度 12—22 度。甲杯山明代窑炉也未获得长度和坡度信息。但根据碗坪仑和甲杯山两处龙窑残留部分的形制和出土产品可以了解一些制瓷的基本情况。甲杯山窑址发掘的龙窑与屈斗宫窑一样为分室龙窑，每个窑室都有窑门。

从龙窑发展到分室龙窑，形式上表现为每间窑室都有隔火墙，墙下留有通火孔；本质上则是窑内火焰方向由以往龙窑内略带坡度的平焰式，改变为半倒焰式。由平焰式窑发展成为半倒焰式窑是窑炉发展史中一个突破。分室龙窑在节约燃料、提高温度、控制气氛和增加产量方面都比龙窑更为优越。它的出现对中国南方，特别是对德化白釉瓷质量和产量的提高起了非常重要的作用。

中国南方龙窑发展分室龙窑进而出现阶级窑，主要和其白釉烧成有着密切的关系。当釉的高温黏度增加，为了使釉面光滑均匀，要控制升温速度和保温时间，快烧快冷不易保温的龙窑不适合。福建德化的白瓷中胎釉中含钾量都比较高，更不适合在龙窑中烧成。所以出现了将龙窑和馒头窑两者有点结合起来的阶级窑，其最初形式即为分室龙窑。在龙窑内砌分隔墙，墙到顶，而下部留有一排通火孔。福建德化屈斗宫元代分室龙窑、广东潮安宋代分室龙窑、浙江龙泉明代分室龙窑都属于这种形式。后来逐渐演变，到了明代已经是一个个窑室单独砌筑，外形上看已非龙窑，就成了正式的德化阶级窑。[1]

二 各窑址出土瓷器与比较

（一）盖德碗坪仑窑址出土主要瓷器

盖德碗坪仑发掘的三个探方（沟）的地层关系和包含物可明显区分为上下两层，并分为两个不同的文化期：下层为北宋晚期，上层为南宋时期。两个时期的器物特点分明。以下依据《德化窑》报告简述之。

---

[1] 刘振群：《窑炉改进和我国古陶瓷发展的关系》，《中国古陶瓷论文集》，文物出版社 1982 年版，第 167 页。

1. 盖德碗坪仑下层出土瓷器[1]

盖德碗坪仑下层出土瓷器以白瓷和影青瓷为主。大多数不用匣钵而采用叠烧法。很多器皿由于瓷质软而烧变形，成功的器形胎薄质坚，釉色莹润无开片，有的有极细的鱼子纹。影青釉薄者近白色，深者呈淡绿色。纯白釉有洁白者，亦有白中泛青者。器形以特大的海碗、盘、果盒、粉盒、香炉、撇口矮圈足小碗和深腹带盖碗为特色。花纹刻印精致，种类繁多，如不同形式的牡丹、菊花、葵花、莲花、兰花、马兰花、芦苇、水波鱼纹等，尤以莲花最习见。其中种类最多的是碗类，数量最多、花纹最精美的为盒类。（图24 - 4 - 4、图 24 - 4 - 5）

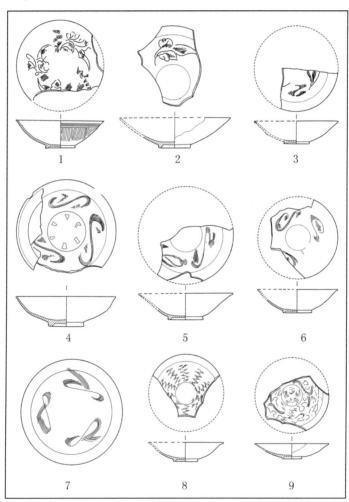

图 24 - 4 - 4　盖德碗坪仑窑址出土一类碗（北宋晚期）

草叶纹: 1. 标本 532 (1/8)　2. 标本 570 (1/6)　3. 标本 565 (1/8)　竹篦纹: 4. 标本 530 (1/6)　5. 标本 573 (1/6)　6. 标本 543 (1/8)　7. 标本 546 (1/6)　雷电纹: 8. 标本 553 (1/8)　雷电与云纹: 9. 标本 535 (1/10)

（引自《德化窑》，文物出版社 1990 年版，第 13 页，图一〇.1—3，图一一.1—4，图九 2 - 3）

[1]　福建省博物馆:《德化窑》，文物出版社 1990 年版，第 12—58 页。

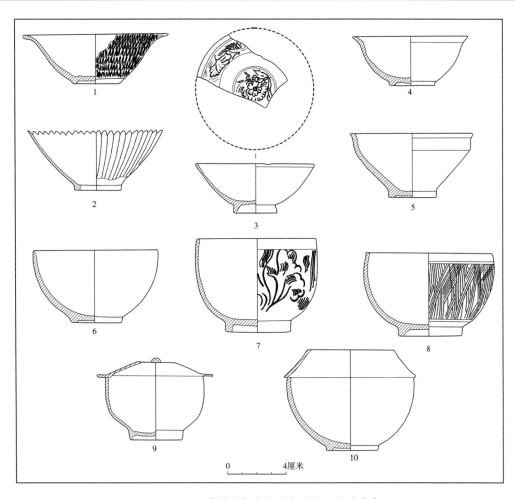

图 24 - 4 - 5　盖德碗坪仑窑址出土碗（北宋晚期）

1. 五类碗 标本 661　2. 六类碗　3. 七类碗 标本 1651　4. 八类碗 标本 690　5. 九类碗 标本 691　6. 十类碗Ⅰ型 标本 694
7. 十类碗Ⅱ型 云纹 标本 723　8. 十类碗Ⅱ型 交错莲瓣纹　9. 十类碗Ⅳ型 标本 746　10. 十类碗对口叠烧法 标本 695
（引自《德化窑》，文物出版社 1990 年版，第 22 - 23 页，图二一）

2. 盖德碗坪仑上层出土瓷器[1]

盖德碗坪仑上层出土瓷器以青灰釉为主，影青釉瓷次之。其余有酱褐釉、黑釉、黄釉等。器形主要是各式大小不等的碗、盘、碟为最多。其次有瓶、罐、壶、军持、器盖等。花纹很少，不如下层精致，多简单的荷花、莲瓣和卷草式的图案。

（二）浔中屈斗宫窑址出土瓷器[2]

浔中屈斗宫窑址出土瓷器主要是日常生活用品，器形有碗、盘、碟、壶、盅、高足

---

〔1〕　福建省博物馆：《德化窑》，文物出版社 1990 年版，第 58—76 页。

〔2〕　福建省博物馆：《德化窑》，文物出版社 1990 年版。

杯、罐、瓶、洗、粉盒等，质地好，火候高者，胎质洁白，细致坚硬。釉色主要是白釉或近于影青的青白釉。白釉细腻温润，与明代乳白釉相似。青白釉呈水清色，釉厚处呈淡绿色，光泽度很强，洁净莹润，花纹从釉层中映现，尤为淡雅。有一些或灰或黄或浅等不同的色调，都是生烧或火候未达到适当温度造成的废品。另外，各窑室内的堆积内发现几件比较特殊的器物，如印有"丁未年"的匣钵、类似八思巴文及汉文"天"字的三足小垫饼、"长寿新船""金玉满堂""卍"字盒盖等。（图24-4-6、图24-4-7）

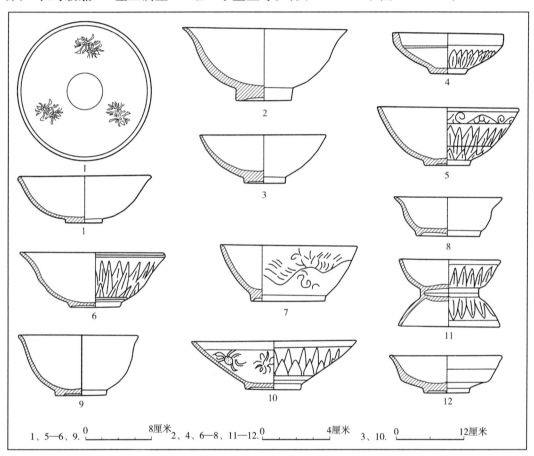

图 24-4-6　德化浔中屈斗宫窑址出土碗

1. 一类碗Ⅰ型 标本1　2. 二类碗Ⅰ型 标本10　3. 二类碗Ⅱ型 标本T7、3　4. 六类碗 标本25　5. 一类碗Ⅰ型 标本8
6. 一类碗Ⅲ型 标本9　7. 三类碗 标本14　8. 五类碗 标本24　9. 一类碗Ⅱ型 标本2　10. 一类碗Ⅳ型 7　11. 三类碗叠烧法 标本16　12. 四类碗 标本20

（引自《德化窑》，文物出版社1990年版，第82—83页，图六二）

（三）甲杯山窑址出土瓷器[1]

甲杯山窑址窑内和窑旁的废品堆积中出土的瓷器绝大部分是白瓷，釉色有白、乳白、

---

〔1〕　栗建安：《德化甲杯山明代窑址的发掘与收获》，《福建文博》2004年第4期。

青白等，以乳白为最多。器形有碗、盘、碟、盏、杯、洗、炉、瓶、罐、匙、灯、盒、砚、砚滴、执壶、水注、印模以及瓷塑的人物、动物等。

　　发掘者指出，这些出土器物普遍具有明代德化象牙白瓷的典型特征，应是德化白瓷的鼎盛之作，在德化同时期的窑址中具有代表性。其中有与国外的传世品相同的器物，证明德化甲杯山窑确曾有外销历史。

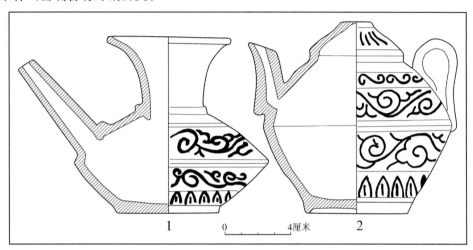

图 24 - 4 - 7　德化浔中屈斗宫窑址出土壶
1. 一类壶 标本 44　2. 二类壶 标本 45
（引自《德化窑》，文物出版社 1990 年版，第 88 页，图六四 1.2）

表 24 - 4 - 1　　　　　　　　　**德化窑各窑址出土器物比较**

窑址	项目	时代	器型	主要釉色	纹饰	备注
盖德碗坪仑窑	下层	北宋晚期	碗、盘、碟、钵、壶、瓶、器盖、洗、炉、盒、象棋子	白釉和影青釉	花纹刻印精致，种类繁多，如不同形式的牡丹、菊花、葵花、莲花、兰花、马兰花、芦苇、水波鱼纹等，尤以莲花最习见	特大海碗、盒为特色。碗盘花纹饰于内壁
	上层	南宋时期	碗、盘、碟、钵、罐、盆、壶、盅、瓶、器盖炉、砚等	以青灰釉为主，影青釉瓷次之。还有酱褐釉、黑釉、黄釉等	花纹少，不如下层精致，多简单的荷花、莲瓣和卷草式的图案	壶类中出现"军持"
浔中屈斗宫窑		元代	碗、盘、碟、壶、盅、高足杯、罐、瓶、洗、粉盒等	主要是白釉或近于影青的青白釉		屈斗宫窑址出土了不少"军持"和以"卍""般"为装饰的粉盒
甲杯山窑		明代	碗、盘、碟、盏、杯、洗、炉、瓶、罐、匙、灯、盒、砚、砚滴、执壶、水注、印模以及瓷塑的人物、动物等	白、乳白、青白等，以乳白为最多		"象牙白"烧成

（四）出土瓷器比较分析

盖德碗坪仑窑、浔中屈斗宫窑和甲杯山窑都是以生产日用瓷为主，都以碗类产品为大宗，其中盖德碗坪仑下层出土盒类器物比同时期的碗类还多，且纹饰非常精美；而盖德碗坪仑上层却未见盒类产品。盖德碗坪仑上层壶类中开始出现"军持"[1]，而浔中屈斗宫窑也有发现。军持的出现可能与德化窑产品大量外销有关。东爪哇出土的一件军持，从它的形制和花纹特征看，与德化屈斗宫的发掘物完全相同[2]。甲杯山窑除了出土日用白瓷外，还有瓷塑的人物和动物被发现，它是明代生产"象牙白"白瓷的地点之一。

屈斗宫窑址还出土了不少以"卍""般"为装饰的粉盒，与军持出现一样，这可能是受到了佛教的影响。而"卍"字象征吉祥的同时也象征着释迦牟尼，等于佛教的简化。至于"般"字可能是《大乘般若波罗密多心经》的省写。[3]

三 窑具与装烧工艺

1. 无匣钵烧成

在盖德碗坪仑窑址的北宋堆积层中，出现最多的是用耐火泥制的托盘和托柱，它是专用烧制各类盒子的[4]。使用时，将托盘和托柱相间叠放。碗坪仑的北宋堆积层中未发现匣钵，仅窑室内近火膛处发现少数空匣钵，这时多数器物在烧成时是直接与火焰相接触，仅少量是在匣钵中烧成的。

在浔中屈斗宫窑也有一些碗、碟、洗等是采用直接与火焰相接触的叠烧工艺，在窑址堆积中发现了许多用以放置这类器物的托座和垫饼等，这类碗、碟往往是口沿和平底都无釉，以便采用口对口和底对底的重叠放置。

2. 匣钵单独使用和组合使用

盖德碗坪仑上层（南宋时期），已不见托盘和托柱。大量出现的均为匣钵。

浔中屈斗宫窑址的匣钵种类增多。多呈直壁，底则有平底，凸底和圆底三种。后两者无法直接放置于窑床上，需要与垫钵配套使用。

甲杯山窑址[5]Y1、Y2的瓷器装烧，均使用直腹平底匣钵，规格多种，其直径为21—31厘米、高7—12厘米、深度6—10厘米不等。一部分匣钵的外侧刻划有符号或文字，常见的文字有"来""仁""盖"等，其他还有"申""林"，以"来"字数量最多，并且有楷、隶、行等几种不同的字体。装烧方法有一匣一件，如大盘，也有一匣多件，如杯、盏等；一般在匣钵的内底铺有一层稻谷壳的烧灰作间隔物，以防止瓷器与匣钵粘连。

---

〔1〕 军持是梵语"Knudika"的音译，是从印度的佛经中翻译过来的。译作"军持""君持""捃稚迦"，意思是"水瓶"为佛教僧侣携带的"十八物之一"。其实佛教僧侣用以饮水或洗手的器物。质地有铜、铁、瓷三种。

〔2〕 李辉柄：《关于德化屈斗宫窑的我见》，《文物》1979年第5期。

〔3〕 曾凡：《关于德化屈斗宫窑的几个问题》，《文物》1979年第5期。

〔4〕 福建省博物馆：《德化窑》，文物出版社1990年版，第54页。

〔5〕 栗建安：《德化甲杯山明代窑址的发掘与收获》，《福建文博》2004年第4期。

3. 芒口覆烧工艺的广泛应用

盖德碗坪仑窑上层（南宋时期）出现覆烧芒口碗的瓷质支圈，浔中屈斗宫窑址堆积中则大量发现了烧制各类芒口器的瓷质支圈。可见南宋时在德化窑出现芒口覆烧工艺，而到了元代已经广为流行了。

4. 模范工艺的流行

浔中屈斗宫窑址[1]发现主要瓷器模范 17 件，均为细泥轮制，经过低温煅烧，硬度不大，吸水性很强，呈褐红色。多数为外范，极少数祖范。

5. 窑址时代

碗坪仑窑址的下层烧制白瓷为主，上层则以烧制青釉粗瓷碗类和酱褐釉茶盏等为主，并伴出宋代货币，其中最晚的一枚钱币为"建炎通宝"，且没有发现太晚的遗物，这基本解决了两层的相对年代问题，明确了下层年代不会晚于南宋初期。[2]

德化浔中屈斗宫窑址只有一个时期的文化层。对于屈斗宫窑址的年代认识有一个变化过程，最早认为"时代早于明朝"[3]，此后又进一步肯定为宋代[4]，再确定为"宋至清代"，"或者较早的可能"[5]。以曾凡为代表的大多数人认为屈斗宫是一处元代窑址[6]。曾凡提出在窑床内的底部，发现了三件可资断代的遗物：（一）底部印有蒙古头像的洗；（二）印有文字和花押的三足小垫饼；（三）底部刻有干支"丁未年"的圜底钵。三件文物经过有关部门鉴定，一直认为是元代的。曾凡还通过史料论证得出"丁未年"当是元末至正二十七年的结论。同时，推测此窑建于元初。

甲杯山窑址 Y3 窑底出土的遗物皆青白瓷，造型与屈斗宫窑址相同，因此推测其时代为元代。Y1、Y2 虽然有相对时代的早晚，但都专烧象牙白瓷器，器形品种和装饰，都具有明代德化象牙白瓷的典型特征，因此时代都是明代的。

四　烧成温度和胎釉的理化测试[7]

（一）烧成温度

历代德化白釉瓷的烧成温度变化不大，都在 1250—1280℃ 之间。即使到现代其烧成温度也未超过 1300℃。实际上，只用瓷石作为制胎原料的瓷器其烧成温度大致就在这个范围。德化窑多数瓷器的吸水率不高，说明多数瓷器都是烧到了恰到好处的温度。由于德化窑原料较软，温度过高容易变形，所以德化窑在生产中，采取诸如窑炉结构改进、增加试火片等方式严格控制温度区间。

德化白釉瓷釉的色调在外观上主要可分为两类：一类是白中微泛青色，其甚者即为青

〔1〕　福建省博物馆：《德化窑》，文物出版社 1990 年版，第 112—123 页；李家治主编：《中国科学技术史·陶瓷卷》，科学出版社 1998 年版，第 361 页。

〔2〕　福建省博物馆：《德化窑》，文物出版社 1990 年版，第 133 页。

〔3〕　宋伯胤：《谈德化窑》，《文物参考资料》1955 年第 4 期。

〔4〕　陈万里：《调查闽南古代窑址小记》，《文物参考资料》1957 年第 9 期。

〔5〕　厦门大学人类博物馆：《德化屈斗宫窑址的调查发现》，《文物》1965 年第 2 期。

〔6〕　曾凡：《关于德化屈斗宫窑的几个问题》，《文物》1979 年第 5 期。

〔7〕　李家治主编：《中国科学技术史·陶瓷卷》，科学出版社 1998 年版，第 350—363 页。

白釉；另一类是白中微泛黄，其甚者即所谓"象牙白"。这种差别的形成主要取决于烧成时的气氛。一般在还原气氛中烧成，使得釉中的 Fe_2O_3 较多地转变成低价状态，则呈青色。反之，如在氧化气氛中烧成，釉中 Fe_2O_3 较少地转变成低价状态，则呈黄色。由于德化白釉瓷釉 Fe_2O_3 含量都极少，所以都呈极淡的青色或黄色，即所谓泛青或泛黄。一般说来，德化白釉瓷在宋代是在龙窑中烧成的。这种窑易烧还原焰，而且冷却速度也快，所以都泛青色。入元以后，由于使用了分室龙窑和阶级窑，这类窑可烧氧化焰，而且冷却速度也较慢，因而又使某些德化瓷白中泛黄而形成德化白釉瓷釉独具的"象牙白"和"猪油白"的风格。如果黄色再深一点而微微泛红，则被称为"孩儿红"，指其像婴儿皮肤的颜色，是一种极为珍稀的釉色。

（二）德化白釉瓷胎化学组成及显微结构

宋至清代的德化白釉瓷胎 SiO_2 的含量大致在 71.76—77.80% 之间变化，Al_2O_3 则大致在 16.76—21.76% 之间变化。德化窑近千年的制瓷历史中，SiO_2 或 Al_2O_3 含量随着时代的变化无规律可循。不像景德镇窑开始采用和逐渐增多高岭土用量而使胎中的 SiO_2 含量逐渐降低，Al_2O_3 含量逐渐升高，在德化窑整个烧制历史中始终只采用瓷土作为制瓷原料，也就是所谓一元配方。德化白釉瓷胎的化学组成的另一个特点，是 Fe_2O_3 含量都非常低，一般在 0.30—0.60% 之间。K_2O 的含量则较高，一般在 5% 左右。由于德化白釉瓷中去 SiO_2、Al_2O_3 和 K_2O 外，其他氧化物含量都很低，甚至可以忽略不计。因此，它们应属于较纯的 $SiO_2 - Al_2O_3 - K_2O$ 系统的石英、绢云母质瓷。

化学组成决定显微结构，德化白釉瓷瓷胎中均含有一定量带有熔蚀边的残留石英，另外也含有较多量的玻璃相，很少见长石残骸和发育较好的莫来石。从瓷胎的矿物结构来看属于中国南方典型的石英、绢云母质瓷。它和早期的景德镇白釉瓷胎的显微结构十分相似，而又不同于景德镇明、清时代的白釉瓷。

（三）德化白釉瓷釉化学组成及显微结构

与德化窑瓷胎化学组成不同，德化窑瓷釉随着时代化学组成变化有规律，即是宋、元时期多数为钙钾釉，CaO 的含量大于 10%，多数在 10—12% 之间波动；K_2O 的含量应小于 5%；明、清时期多数为碱钙釉（钾钙釉），CaO 含量小于 10%，多数在 6% 左右变化；K_2O 的含量大于 6%。甚至有些釉中 K_2O 的含量还超过 CaO 的含量。釉中 K_2O 含量增加和 CaO 含量减少可以增加釉的高温黏度，这对防止釉的流淌和增加光亮度十分有益。特别是对德化窑在明、清时期盛行的人物雕塑更是十分必要。

明、清时期德化白釉瓷胎和釉中 K_2O 含量几乎相等，甚至还有胎中 K_2O 含量超过釉中的含量。K_2O 含量的增加使得胎中生成多量的玻璃相而增加了胎的透明度，加上德化瓷釉层都十分薄，一般在 0.1—0.2 毫米之间，半透明洁白的胎加上一薄层光亮洁白的釉更显出整个瓷器通体半透明的玉石感。

德化白瓷釉属透明玻璃釉。釉中残留和析出的晶体都很少，釉泡亦不多。在早期的青白瓷釉中偶尔有钙长石析出，但在个别瓷釉中也发现有分相现象。

德化窑从商周时期开始生产陶器和原始青瓷，唐末五代时期生产青釉瓷。宋代开始生产白瓷和青白瓷。宋元时期德化窑以烧制日用器皿为主，包括碗盘、碟、盒、壶等。北宋晚期，出土数量最多也最为精美的是各类盒子。南宋至元代，产品中出现了"军持"一类适用于外销的壶类。入明以后，除上述器皿外，又增了佛像和人物雕塑，并以此著称于世。

由于德化白釉瓷胎仅用一种瓷土作为制瓷原料，而且其中 K_2O 含量甚高，烧成后含玻璃相亦多，故一般容易变形，因而胎壁都做得较厚。德化窑早期制品多施半釉，即口沿及上腹部有釉，余下均为露胎。有时口沿及平底都无釉。后期制品则施全釉，只底足处无釉。在装饰方面早期多采用划、刻、印等技艺，晚期又增加了贴花和雕塑等。

福建省北与浙江交界，西邻江西省，东南面靠海。当时大宗出口的浙江龙泉青瓷与江西景德镇的影青瓷都是经过泉州港出口的，因而它们对福建瓷器生产的影响很大。从德化盖德碗坪仑、浔中屈斗宫德化窑址出土的青白瓷约略可以看到景德镇白瓷的影响。同时，屈斗宫窑的覆烧方法，也有可能是南宋时代受江西景德镇瓷器影响而兴起的[1]。还有观点指出，碗仑坪下层和屈斗宫窑址产品与景德镇窑关系密切，而碗仑坪上层受到龙泉窑的影响[2]。

德化窑出土的有些瓷器是专门输出国外的"外销瓷"。如碗坪仑下层的"一类碗"和"一类盘"，型号之大为国内罕见。目前，根据外国考古发现在东南亚各国和日本有这类器物出土。碗坪仑和屈斗宫都有大量精美的瓷盒出土，形式和花纹装饰别具一格，国内尚未发现过[3]。与碗坪仑和屈斗宫相类似的产品，在德化县境内以及邻近的永春、安溪泉州等地也有烧造，并大量远销海外。

德化白釉瓷不仅与北方的邢窑、巩县窑、定窑 Al_2O_3 高含量的白釉瓷不同，而且也与南方景德镇白釉瓷不同，其得天独厚的优质原料（K_2O 含量高，Fe_2O_3 含量极低）和地处东南沿海便利的交通条件，使它在中国陶瓷史乃至世界陶瓷史中都占据非常重要的地位。

五　德化之特色——窑炉结构与釉色[4]

（一）分室龙窑、阶级窑——半倒焰窑

根据前述发掘资料可以认为德化在宋代使用龙窑，元代曾出现过分室龙窑（鸡笼窑），明代以后又出现阶级窑。阶级窑是从龙窑经过分室龙窑逐渐改进而形成的一种比较合理的半倒焰式窑形。它在节约燃料、提高温度、控制气氛和增加产量方面都比龙窑更为优越。它的出现对中国南方，特别是对德化白釉瓷质量和产量的提高起了非常重要的作用。当它在明末清初传入朝鲜和日本时，被称为串窑。因此对国外也产生过相当大的影响。

中国古代陶瓷炉窑都以外形取名，如北方的馒头窑，南方的龙窑，景德镇的蛋窑等。有人认为屈斗宫窑应称为鸡笼窑，而不应叫分室龙窑。如果这座窑外形未变，仍似龙窑，

〔1〕　李辉柄：《关于德化屈斗宫窑的我见》，《文物》1979 年第 5 期。
〔2〕　林忠干、张文崟：《宋元德化窑的分期断代》，《考古》1992 年第 6 期。
〔3〕　徐本章、苏光耀、叶文程：《略谈德化窑的古外销瓷器》，《考古》1979 年第 2 期。
〔4〕　李家治主编：《中国科学技术史·陶瓷卷》，科学出版社 1998 年版，第 350—363 页。

根据对古代陶瓷炉窑命名的传统，可称之为分室龙窑。如果这座窑的外形已不像龙，而是每间像一座鸡笼，多个鸡笼连接起来成为一条鸡笼窑，则可称之为鸡笼窑。但这座窑在发掘时，窑基以上全部无存，因而给命名造成一定困难。

德化历代所使用的炉窑不仅在外形上发生了变化，而且更重要的是在火焰的走向上发生了变化。中国历代龙窑尽管在大小和坡度上发生过许多变化，但其火焰走向一直属于平焰式。在屈斗宫发现的这座分室龙窑以及后来出现的阶级窑，由于有隔墙将窑分成多室，而且墙下留有通火孔，遂使火焰由略带坡度的水平走向，转变成半倒流走向而成为半倒焰式。由平焰式窑发展成为半倒焰式窑是窑炉发展史中的一个突破。中国南方各著名瓷区一般在早期都使用龙窑，然后逐步形成具有地方特色的窑。德化由龙窑经过分室龙窑发展成为阶级窑，景德镇由龙窑经过葫芦形窑发展成为蛋形窑都是这种进步和突破的具体表现。但阶级窑由于分室砌建，在具有一定坡度的斜坡上，保持后一室较前一室提高一定高度的多个窑室串联在一起的窑形，而且每个窑室都有各自的火门和火膛。这就使它较蛋形窑在火焰走向上和温度控制上更为合理。

中国南方龙窑发展分室龙窑进而出现阶级窑，主要和其白釉烧成有着密切的关系。当釉的高温黏度增加，为了使釉面光滑均匀，要控制升温速度和保温时间，快烧快冷不易保温的龙窑不适合。福建德化的白瓷中胎釉中含钾量都比较高，更不适合在龙窑中烧成。所以出现了将龙窑和馒头窑两者有点结合起来的阶级窑，其最初形式即为分室龙窑。在龙窑内砌分隔墙，墙到顶，而下部留有一排通火孔。福建德化屈斗宫元代分室龙窑、广东潮安宋代分室龙窑、浙江龙泉明代分室龙窑都属于这种形式。后来逐渐演变，到了明代已经是一个个窑室单独砌筑，外形上看已非龙窑，就成了正式的德化阶级窑。[1]

（二）窑炉环境与釉色

德化白釉瓷釉的色调在外观上主要可分为两类：一类是白中微泛青色，其甚者即为青白釉；另一类是白中微泛黄，其甚者即所谓"象牙白"。这种差别的形成主要取决于烧成时的气氛。一般在还原气氛中烧成，使得釉中的 Fe_2O_3 较多地转变成低价状态，则呈青色。反之，如在氧化气氛中烧成，釉中 Fe_2O_3 较少地转变成低价状态，则呈黄色。由于德化白釉瓷釉 Fe_2O_3 含量都极少，所以都呈极淡的青色或黄色，即所谓泛青或泛黄。一般说来，德化白釉瓷在宋代是在龙窑中烧成的。这种窑易烧还原焰，而且冷却速度也快，所以都泛青色。入元以后，由于使用了分室龙窑和阶级窑，这类窑可烧氧化焰，而且冷却速度也较慢，因而又使某些德化瓷白中泛黄而形成德化白釉瓷釉独具的"象牙白"和"猪油白"的风格。如果黄色再深一点而微微泛红，则被称为"孩儿红"，指其像婴儿皮肤的颜色，是一种极为珍稀的釉色。

---

〔1〕 刘振群：《窑炉改进和我国古陶瓷发展的关系》，《中国古陶瓷论文集》，文物出版社 1982 年版，第 167 页。

六　德化窑起源及外销

（一）德化窑起源

多数观点认为德化窑起源于北宋时期[1]，但1997年《泉州文博》发表的《中国古代名窑——福建德化窑》[2]一文提到发现了德化窑唐五代时期的一处窑址，将其起源时代提前至唐五代时期。德化县建置不等于有德化窑口。德化何时烧制瓷器的史料甚少。提到德化窑烧制白釉瓷最早的时代为元代的史料《安平志》。其中有"白瓷出德化，元时上供。"至于蓝浦的《景德镇陶录》则说得更迟，如"德化窑自明烧造，本泉州府德化县。"显然这些史料都与实际情况不符。《中国陶瓷史》根据近代发掘的资料，认为"德化窑创始于宋，元代有发展，碗坪仑及屈斗宫均烧青白瓷"。

到目前为止，在德化县范围内仅发现唐五代时期窑址一处。1976年在盖德乡碗坪仑发掘了一个窑址堆积。其产品主要是从宋代德化瓷的成熟情况来看，其之前有一个发展阶段是很可能的。

（二）德化窑与景德镇窑、龙泉窑之联系

福建省北与浙江交界，西邻江西省，东南面靠海。当时大宗出口的浙江龙泉青瓷与江西景德镇的影青瓷都是经过泉州港出口的，因而它们对福建瓷器生产的影响很大。德化屈斗宫窑的覆烧方法，也有可能是南宋时代受江西景德镇瓷器影响而兴起的[3]。碗仑坪下层和屈斗宫窑址产品与景德镇窑关系密切，而碗仑坪上层受到龙泉窑的影响[4]。

（三）德化窑产品的外销

德化窑出土的有些瓷器是专门输出国外的"外销瓷"。如碗坪仑下层的"一类碗"和"一类盘"，型号之大为国内罕见。目前，根据外国考古发现在东南亚各国和日本有这类器物出土。碗坪仑和屈斗宫都有大量精美的瓷盒出土，形式和花纹装饰别具一格，国内尚未发现过[5]。

德化窑瓷器在菲律宾、印度尼西亚、马来西亚等东南亚国家发现较多，在印度、日本、伊朗、阿拉伯以及非洲沿海等国家也有出土。德化瓷器在东南亚国家中，以菲律宾出土为最多。1964年以来，在菲律宾遗址与墓葬中发现了数千件较完整或能够复原的德化窑瓷器。其中以马尼拉圣安娜，贝湖西端的内湖，民都洛的加莱拉港等遗址最为集中。出土器物有壶、军持、罐、瓶、盖盒、碗、碟、高足杯等。釉色青白，也有白中闪黄，俗称"牙白"的。时代大体上是元代。另外，印度尼西亚全境内都发现有中国的青白瓷。德化瓷器在西里伯斯和爪哇也出土不少。东爪哇出土的一件军持，从它的形制和花纹特征看，

〔1〕　曾凡：《关于德化屈斗宫窑的几个问题》，《文物》1979年第5期。

〔2〕　徐本章、陈建中：《中国古代名窑——福建德化窑》，《泉州文博》1997年第5期。

〔3〕　李辉柄：《关于德化屈斗宫窑的我见》，《文物》1979年第5期。

〔4〕　林忠干、张文崟：《宋元德化窑的分期断代》，《考古》1992年第6期。

〔5〕　徐本章、苏光耀、叶文程：《略谈德化窑的古外销瓷器》，《考古》1979年第2期。

与德化屈斗宫的发掘物完全相同。位于加里曼丹岛北部的东马来西亚的沙捞越，也曾发现过大量的德化瓷器。[1]

德化外销瓷窑址的分布集中在县境北部和南部，几乎每个村庄都有生产，尤以南部最为密集。南部县城周围的浔中、三班、盖德三地，交通比较方便，离泉州港和厦门港较近，便于外销瓷出口。浔中和三班两地古瓷窑最为密集，已发现 74 处，其中发现有外销瓷的窑址有 31 处之多。盖德发现的外销瓷年代比浔中、三班还早，有北宋的产品，也有带五代风格的器物，还出土了唐代的青釉器。[2]

---

〔1〕　李辉柄：《关于德化屈斗宫窑的我见》，《文物》1979 年第 5 期。

〔2〕　徐本章、苏光耀、叶文程：《略谈德化窑的古外销瓷器》，《考古》1979 年第 2 期。

第二十五章　江西省主要窑址的发掘与研究

第一节　吉州窑遗址的考古发掘与研究

　　吉州窑位于今江西省吉安市。吉安古称庐陵、吉州，隋代到元代称吉州，元代1295年改为吉安路。吉州窑最早发掘于吉州永和镇，故名吉州窑或永和窑。永和镇从五代时的一座村落发展到宋代，水陆交通便利，自然资源丰富，方圆几十公里内都蕴藏着丰富的黏性白泥和柴草，具备瓷业生产的天然条件。瓷业兴旺也促进了永和镇的繁荣与发展，宋代元丰年间，永和镇已形成六街三市，成为"舟东一大都会"，"江南三镇"之一[1]。1937年英国人进行窑址调查[2]，20世纪50年代末第一次系统总结了吉州窑的概况[3]。

　　吉州窑窑址分布在赣江两岸数十公里范围内，现已发现的窑场主要有永和窑、临江窑、彭家窑[4]、吴家窑[5]等（图25-1-1）。1980年10月—1981年12月，首次调查24处窑址堆积，发掘面积1290平方米，揭露永和窑本觉寺岭龙窑1条和桐木桥作坊1处[6]。1990年9月—1992年1月，发掘临江窑，面积2400余平方米，揭露马蹄窑2座，作坊区内圆形淘洗池和陈腐池8个，"品"字形淘圹4组13个，蓄泥池等遗迹[7]。

---

〔1〕　吉安市博物馆、国家博物馆：《吉州窑》，中国社会科学出版社2004年版，第7页。

〔2〕　何国维：《吉州窑遗址概况》，《文物参考资料》1953年第9期。

〔3〕　蒋玄佁：《吉州窑》，文物出版社1958年版。

〔4〕　吉州彭家窑位于吉安市青原区彭家村对门岭上，与永和窑隔河相望，直线距离20公里。2003年9月，江西省文物考古研究所与吉安市博物馆联合对其试掘，发掘面积581平方米，揭露斜坡式龙窑一座，长33.5米（尚未发掘完整），南北窑壁最宽2.20米，最窄1.90米，窑底烧结达15厘米。窑床内发现有序排列的烧柱11个，出土窑具60件，碗、罐、钵、灯、砚等器物559件。彭家窑的始烧年代为唐末，终烧年代为五代，从地理位置和出土器物的烧造年代、烧造工艺判断，彭家窑为永和窑的源头。吉安市博物馆、中国国家博物馆：《吉州窑》，中国社会科学出版社2004年版，第7页。

〔5〕　吉州吴家窑位于崇仁新干吴家村，距新干县城42公里，距离永和窑约70公里。20世纪80年代文物普查时发现，未发掘。窑址堆积面积约6000平方米。发现青白瓷、黑瓷和少量仿龙泉瓷、土窑烧制的青花瓷。黑釉瓷釉色纯正，器沿及器身釉薄处呈棕红色，有少量兔毫、洒釉器。胎土淘洗精细，少见杂质。青白瓷胎质灰白，纯正坚密。黑瓷胎不如青白瓷。器外不及底，器内底有1—3厘米涩圈。器型有四系罐、执壶、瓶、炉、杯、碗、盏、碟等生活用瓷，未见大件器物。吉安市博物馆、中国国家博物馆：《吉州窑》，中国社会科学出版社2004年版，第8页。

〔6〕　江西省文物工作队、吉安县文物办公室：《江西吉州窑遗址发掘简报》，《考古》1982年第5期；江西省文物工作队、吉安县文物管理办公室：《江西吉州窑遗址发掘报告》，《江西历史文物》1982年第3期。

〔7〕　江西省文物考古研究所、吉安地区文物研究所、吉安市博物馆：《江西吉安市临江窑遗址》，《考古学报》1995年第2期。

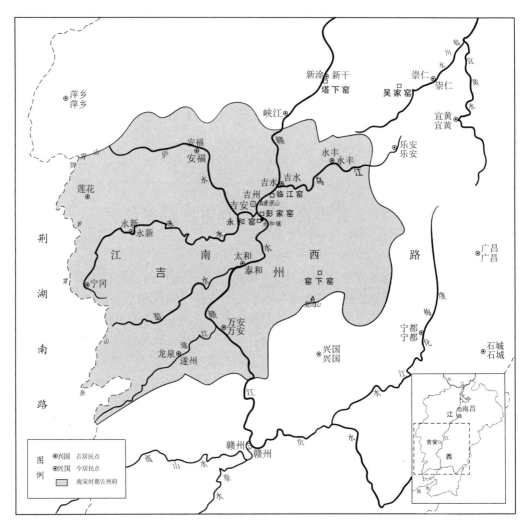

图 25-1-1　吉州窑窑址分布示意图

（引自《吉州窑》，中国社会科学出版社 2004 年版，第 13 页，略变化）

　　为配合吉州窑考古遗址公园的建设，2006—2007 年，考古工作者全面勘探永和窑、发掘永和窑茅庵岭窑址，选择在肖家岭、窑门岭、永和小学、茅庵岭、本觉寺塔北、本觉寺塔南、猪婆石岭、下瓦窑岭、鸳鸯街、瓷器街 10 处进行勘探，揭露面积 410.8 平方米，揭露龙窑遗迹 2 座、马蹄窑遗迹 1 座、灰坑 10 个、釉料缸遗迹 1 处、池子 1 个、路面 5 处、地面（或天井遗迹）2 处、墙基 13 条等〔1〕。2014 年 2 月—2015 年 1 月、2016 年 9—11 月、2017 年 3—12 月，发掘永和窑茅庵岭窑，面积 1750 平方米，揭露互相叠压 3 条龙窑，窑炉长达 60 米、宽达 1.8—5.55 米，是目前国内发现最宽的、保存最好的龙窑窑炉遗迹之

---

〔1〕　张文江、李育远、袁胜文：《吉州窑遗址近几年考古调查发掘的主要收获》，《中国国家博物馆馆刊》2014 年第 6 期。

一[1]。2016 年 4 月调查窑门岭南侧[2]。

吉州窑遗址在 1957 年由江西省人民政府公布为第一批江西省文物保护单位。临江窑遗址 2000 年被江西省人民政府公布为第四批江西省文物保护单位，同时归入"吉州窑"。吉州窑遗址 2001 年由国务院公布为第五批全国重点文物保护单位，2013 年被国家文物局列入第二批国家考古遗址公园立项建设名单，2016 年纳入国家文物局"十二五"期间全国 150 处大遗址保护名单。2017 年 12 月入选第三批国家考古遗址公园挂牌运营名单[3]。下面根据发掘简报略作介绍。

一　永和窑发掘概况

永和窑窑址在永和镇西侧，南北长 2 公里，东西宽 1.5 公里的范围内，窑址总面积 80500 平方米，现存窑址 24 处（图 25-1-2）[4]。

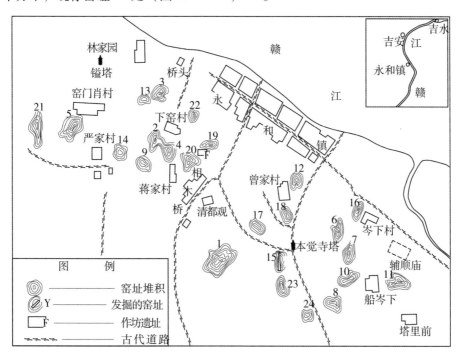

图 25-1-2　吉州永和窑 24 个窑址分布示意图

1. 窑岭　2. 茅庵岭　3. 牛牯岭　4. 后背岭　5. 窑门岭　6. 官家塘岭　7. 屋后岭　8. 猪婆石岭　9. 蒋家岭　10. 七眼塘岭　11. 松树岭　12. 曹门岭　13. 乱葬戈岭　14. 尹家山岭　15. 本觉寺岭　16. 上蒋岭　17. 讲经台岭　18. 曾家岭　19. 斜家岭　20. 枫树岭　21. 柘树岭　22. 肖家岭　22. 天足岭　24. 下瓦窑岭

（引自《江西吉州窑遗址发掘简报》，《考古》1982 年第 5 期，图二，略变化）

[1]　张文江、何江、温蓉珍：《吉州窑茅庵岭窑址考古的主要收获》，《中国国家博物馆馆刊》2019 年第 12 期。

[2]　张文江、王臻、李兆云：《吉安县窑门岭南侧吉州窑遗址调查简报》，《中国国家博物馆馆刊》2018 年第 6 期。

[3]　张文江、何江、温蓉珍：《吉州窑茅庵岭窑址考古的主要收获》，《中国国家博物馆馆刊》2019 年第 12 期。根据江西省人民政府官网江西省文物保护单位相关资料略有增减。

[4]　江西省文物工作队、吉安县文物管理办公室：《江西吉州窑遗址发掘报告》，《江西历史文物》1982 年第 3 期。

（一）遗迹

1. 本觉寺岭发掘[1]

发掘一条龙窑窑床（Y1）（图25-1-2、图25-1-3）。窑床建于晚唐五代堆积层之上，窑床三次修建，最上层似为宋代遗迹。平面呈船形，斜长36.8米、宽0.42—3.95米，方向25°，窑头至窑尾倾斜12度。窑头很窄，窑头至火膛部分保存较好，加砌两层窑砖，起加固作用，火膛狭小，窑口呈"⌣"形。窑床两壁用红砖横平错缝铺砌。窑尾呈"∩"形，后壁用红砖横平铺砌并间隔砌有三个砖柱，砖柱均凸出后壁0.04米，后壁宽2.74米、残高0.5米。倒塌下的窑顶是用红砖券拱，呈船棚状。窑砖长23厘米、宽15厘米、厚5厘米。窑底挖在地面以下。

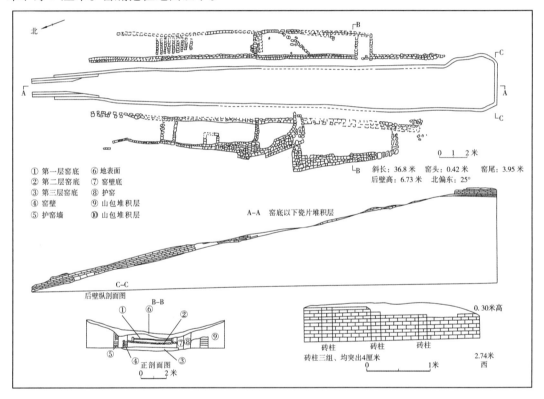

图25-1-3　吉州永和本觉寺岭窑Y1
（引自《吉州窑遗址发掘报告》，《中国古陶瓷研究》第一辑，第10页，略变化）

2. 桐木桥作坊区发掘[2]

位于桐木桥村东北隅，在斜家岭与枫树岭之间（图25-1-2），发掘200多平方米。

［1］　江西省文物工作队、吉安县文物办公室：《江西吉州窑遗址发掘简报》，《考古》1982年第5期；江西省文物工作队、吉安县文物管理办公室：《江西吉州窑遗址发掘报告》，《江西历史文物》1982年第3期。

［2］　江西省文物工作队、吉安县文物办公室：《江西吉州窑遗址发掘简报》，《考古》1982年第5期；江西省文物工作队、吉安县文物管理办公室：《江西吉州窑遗址发掘报告》，《江西历史文物》1982年第3期。

揭露散水槽、操作房、练泥池、储泥池等遗迹。

作坊内多用长方形或方形红砖铺地，构筑规整。铺地砖以下，采用大小匣钵（内多盛废弃之乳白釉碗）依次层叠，用以奠基。遗迹中段自北偏西南砌有散水槽两道（另说为一条南北向的道路，一条排水沟[1]）。散水槽以东为淘洗瓷土、练泥和拉坯的操作区。该区东北角，用砖铺砌有一簸箕形练泥池。池长 2 米、宽 1.82 米。池内有两圆形孔洞东西并列，东端孔洞 0.63—66 米、深 0.36 米。练泥池东南并排两个圆形淘洗池，其西南侧又砌设一组淘洗池。散水槽以西是一座制坯的大操作房，房内南墙东西残长 8.8 米、宽 0.24 米、残高 0.05—0.21 米，东墙南北残长 6.2 米。用红砖铺地，并留有三个方形柱基。在房子中部和西部地面上，砌有两个方形凹槽，长 0.34 米、宽 0.30 米、深 0.11 米，可能是盛水洗手或洗刷工具之用。操作房南面有两个长方形砖砌储泥池（长 1.66 米、宽 1 米、深 0.36 米和长 1.09 米、宽 0.96 米、深 1.03 米）。初步判断作坊建于五代或北宋初期，多次改建，上层遗迹属于元代。

（二）遗物

上述发掘出土一批宋元时期的青白釉、白釉、黑釉、绿釉、彩绘瓷、卵白釉瓷器残片[2]。同时，出土了晚唐五代时期的酱褐釉青瓷和乳白釉瓷（本文略）。

1. 北宋时期

北宋时期，酱褐釉青瓷停烧。乳白釉瓷有新的发展，器形有碗（图 25-1-4，3）、碟、器盖、盏和钵等。开始烧制独特风格的黑釉瓷，成为吉州窑有代表性的品种，主要纹样有木叶、剪纸、彩绘、洒彩、剔花和素天目釉等，主要器形有碗（图 25-1-4，2）、壶、罐。

2. 南宋时期

乳白釉和黑釉继续烧造。新出现的彩绘瓷与黑釉瓷同为当时的主要产品。乳白釉瓷有碗、碟、盏、粉盒和器盖等。碗内壁压印回字纹和凤采牡丹图案，高 7 厘米、口径 13.8 厘米、底径 6 厘米（图 25-1-4，5），是南宋至元代的盛行器物。有的为芒口，内底压印莲花和牡丹纹。

黑釉瓷有碗、罐、注壶、碟、杯、盘和鼎炉等。碗数量最多，形制和花纹繁杂。其中一类，颈有凹棱，矮圈足。装饰纹样有素天目、兔毫、鹧鸪斑、虎皮斑、木叶、鸾凤梅蝶、花枝、鹿树兔毫、散缀朵梅、彩绘月梅、月竹、旋涡、油滴和玳瑁斑等。碗高 4.4—6.5 厘米、口径 9.5—12.7 厘米、底径 3—4.2 厘米。鼎炉平折唇，三乳足，虎皮斑纹。

白地彩绘瓷属釉下彩，其与磁州窑彩瓷先在胎壁上涂化妆土不同，是直接在胎坯上彩绘，然后施一层淡薄的透明釉，烧成后彩绘呈酱褐或红褐色。比磁州窑红艳，不呈黑色。吉州窑运用 Fe_2O_3 铁质涂料，依靠釉的遮盖而显出明澈晶亮，红褐鲜艳，此为吉州窑烧造技术上的一大成就。主要器形有盆、枕、鼎炉、罐、器盖、玩具瓷鸭等；出现绿、黄釉等新品种。

---

[1]　陈定荣：《吉州窑作坊技法探讨》，《江西历史文物》1981 年第 4 期。

[2]　张文江、何江、温蓓珍：《吉州窑茅庵岭窑址考古的主要收获》，《中国国家博物馆馆刊》2019 年第 12 期；江西省文物工作队、吉安县文物办公室：《江西吉州窑遗址发掘简报》，《考古》1982 年第 5 期；江西省文物工作队、吉安县文物管理办公室：《江西吉州窑遗址发掘报告》，《江西历史文物》1982 年第 3 期。

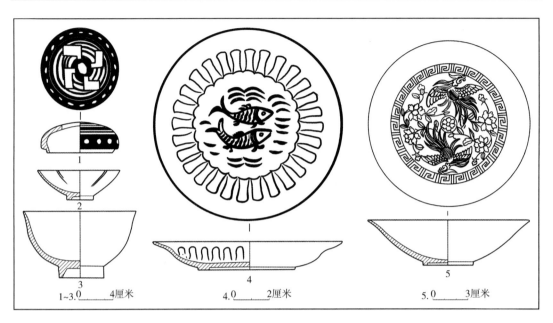

图 25 - 1 - 4　吉州永和窑出土瓷器

1. 元代彩绘香薰盖　2. 北宋菱口碗　3. 北宋乳白釉碗　4. 元代双鱼碟　5. 南宋乳白釉凤采牡丹纹碗

（引自江西省文物工作队、吉安县文物办公室：《江西吉州窑遗址发掘简报》，《考古》1982 年第 5 期，图六 3、4、2、6，第 486 页图七）

（引自《江西吉州窑遗址发掘简报》，《考古》1982 年第 5 期，第 485 页图六 3、4、2、6，第 486 页图七）

3. 元代

黑釉瓷仍是主要产品，彩绘瓷长足进展。乳白釉瓷主要有碗、杯、碟和瓶等。碗敞口，矮圈足几近大平底。芒口，内底压印缠枝牡丹纹。高足杯唇口外侈，深腹，高圈足。高 8.7 厘米、底径 3.6 厘米。碟折唇或微外卷，矮圈足几近平底。口沿印回字纹，内地为莲瓣和双鱼戏水图案。高 2 厘米、口径 11.5 厘米、底径 6 厘米（图 25 - 1 - 4，4）。玉壶春瓶，喇叭口，假圈足。印压缠枝牡丹和鸾凤纹图案。通高 25 厘米、口径 5 厘米、底径 8.4 厘米。

黑釉瓷有高足杯、盆、罐、托杯和器盖等。高足杯侈口，深腹，高圈足。高 9 厘米、底径 4 厘米。盆外折唇，矮圈足。内外饰虎皮斑纹，内底黄白地，勾绘酱褐彩石竹花卉。高 6.2 厘米、盆径 27 厘米、底径 13.5 厘米。鸟食罐内折唇，平底内凹，侧附一半环小钮。高 2.5 厘米、口径 2.5 厘米、底径 1.6 厘米。柳斗纹罐，外壁压印凹条纹，外施酱褐釉，内壁黑釉器盖。盖面弧拱，侧多附一半环或三角形小钮。通高 0.8—2.7 厘米、盖径 5—6.2 厘米。

彩绘瓷有罐、瓶、器盖、香薰、盆和枕等。其中香薰盖，圆形，子母口，盖沿环饰白乳钉纹。盖面有镂空图案（图 25 - 1 - 4，1）。高 1.5 厘米、外径 5.3 厘米。罐，一件筒腹，圈足，有盖，已失。白地酱褐彩八连弧开光。绘山花、海涛纹图案。通高 16.5 厘米、口径 10.5 厘米、底径 9.3 厘米。瓶，喇叭口，圈足。饰回字纹，腹部为四连弧开光，内绘荷池和双鸭戏水图案。高 17.5 厘米、底径 5.8 厘米。盆，外折唇，圈足。饰缠枝卷草和海棠花卉图案，花为凹线条。通高 8 厘米、口径 26.5 厘米、底径 16.2 厘米。绿釉彩有炉、盆、瓶、碗和枕等。有一件枕，底印有"元祖郭家大枕记号"款识。

除上所述，窑址出土的窑具主要有匣钵、垫圈、泥团支钉、托座、垫子、轮轴冒、辗槽、坩埚、瓷土、擂钵、网坠和铁削刀等。匣钵可分平底、凸底和圈状筒形覆烧器。匣钵均粗砂胎质。器底或口沿多刻划或压印有"大""太""王小"等款记。

二 临江窑发掘概况[1]

窑址位于吉安市青原区天镇石坑村簸箕岭上，距永和窑约 20 公里（图 25 - 1 - 1）。1990 年 9 月至 1992 年 1 月，江西省文物考古研究所和吉安市博物馆两次对其进行抢救性发掘，揭露面积 2400 余平方米，出土各类瓷器 16000 余件。揭露马蹄窑 2 座，作坊区内圆形淘洗池和陈腐池 8 个（C1—8），品字形淘圹 4 组 13 个（P1—13），灰坑、蓄泥池 16 个（H1—16），散水沟 5 条（G1—5），基座 4 处（R1—4），房基 5 座（F1—5），凉坯台 4 处（J1—4），擂釉缸 1 处（LG1），路基 1 条（L1）。其布局严谨、砌造精细、各项设施充分利用自然条件，由高到低连成一体。从瓷土釉料的白碾、淘洗、陈腐、练泥、拉坯、成型到入窑烧造，各道工序布局和工艺流程规范。各种遗迹保存较好，可以再现制瓷作业的全过程，为研究制瓷工序提供了重要的资料。发掘者认为作坊主要为宋代建造，元、明沿用或改建。出土的仿龙泉青瓷解决了江西元、明古墓出土的仿龙泉瓷的窑口问题，出土的大量青花瓷，澄清了学术界一直探讨的吉州窑是否烧造青花瓷的问题。（图 25 - 1 - 5）

（一）遗迹

1. 窑炉

在作坊区东南先后发现与作坊毗连的窑址 Y1、Y2（图 25 - 1 - 6）。Y1 在 T13 东北角，窑口火门被 G9 打破。宋代，平面呈马蹄形，立面似馒头状。东西向，窑口狭窄朝东。窑壁用青砖垒砌，布满一层青绿发亮的烧结面，窑壁从高 1.35 米处起券，窑顶倒塌。火膛呈扇面形，低于窑室 0.25 米。窑后壁砌烟囱，正中和两侧各设一烟道，两侧烟道向中间弯曲，从高 0.6 米处分别连通中间烟道，上接一个烟囱，烟道立面呈扇形。窑床内长 3.45 米、外长 4.2 米、内宽 2.4 米、外宽 3 米、残高 1.6 米。窑口宽 0.3 米、残高 0.6 米。火膛长 1.8 米、宽 0.9 米。Y1 内出土乳白瓷吉字款碗残片 5 件，黑釉碗残片 4 件。

Y2 位于作坊东南角，距作坊约 20 米，向北。结构与 Y1 基本类似，平面呈马蹄形。窑前有一工作面，呈不规则圆窝形。窑床上半部毁。窑床内有大量塌落的碎砖和乳白瓷、黑釉瓷、绿釉瓷片。窑壁用青砖垒砌，壁面有一层坚厚发亮的烧结面，窑底为黏土夯筑，与釉汁黏结，十分坚硬。窑壁残高 74 厘米，顶塌毁。顶由弧形子母榫砖券砌。窑口狭窄，紧连火膛，火膛呈扇面形，窑后壁砌有三个排烟道。窑内长 3.2 米、外长 3.7 米，宽 2.2—2.8 米，残高 0.74 米，窑口长 0.20 米、宽 0.5 米，窑壁厚 0.08—0.2 米。子母榫弧

[1] 江西省文物考古研究所、吉安地区文物研究所、吉安市博物馆：《江西吉安市临江窑遗址》，《考古学报》1995 年第 2 期。

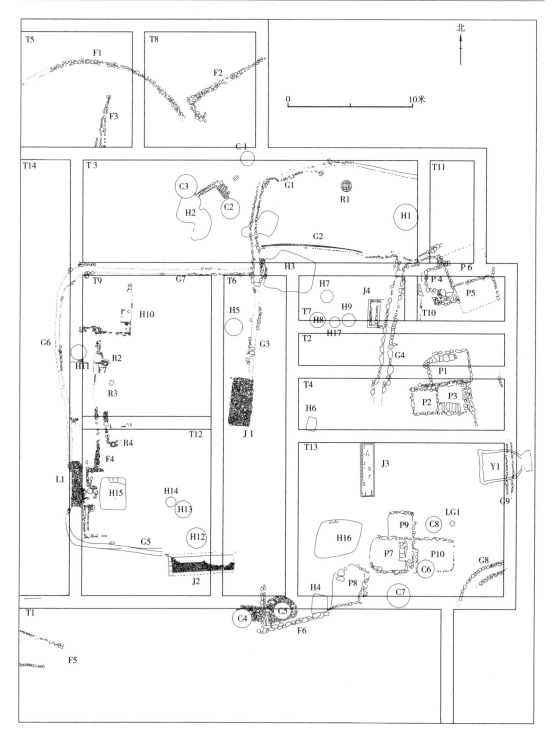

图 25 - 1 - 5　吉州临江窑遗址分布示意图

F. 房基　G. 沟　C. 池　H. 灰坑　J. 凉坯台基　P. 淘洗池　Y. 窑　R. 轮轴基座　LG. 擂釉缸　L. 路基

（引自《江西吉安市临江窑遗址》，《考古学报》1995 年第 2 期，图三，略变化）

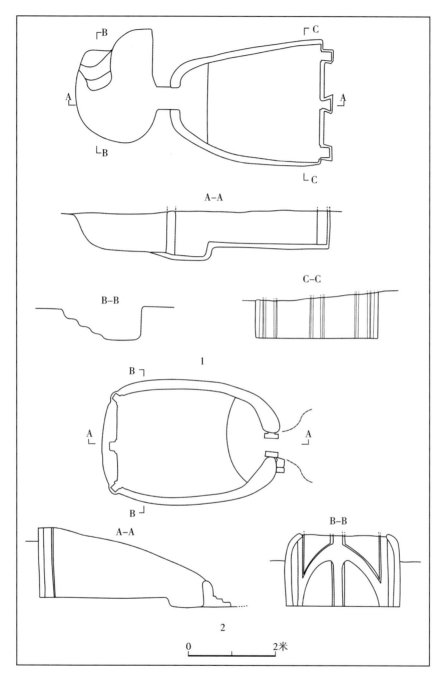

图 25 - 1 - 6 吉州临江窑窑炉 Y1、Y2 平、剖面图

1. Y2　2. Y1

（引自《江西吉安市临江窑遗址》，《考古学报》1995 年第 2 期，图一〇，略变化）

形砖长 26 厘米、宽 10 厘米、厚 6 厘米。东烟道孔长 22—27.5 厘米、宽 20 厘米，西烟道孔长 0.24 米、宽 0.2 米，中烟道孔长 0.26 米、宽 0.20—0.24 米（图 25 - 1 - 6，2）。两座窑位

于坡下低平地段，紧连作坊。从窑底残留木炭灰烬分析，两座窑均烧木柴。根据 Y1 和 Y2 均由弧形子母榫砖券顶，与附近北宋纪年墓券顶砌法一致，推测两座窑建于北宋时期。

2. 作坊及其外围设施

遗迹中部为凉坯区，东部为瓷泥陈腐和釉料配置区，西部为制坯场所。此次发掘对于临江窑作坊遗迹进行了比较完整的揭露。

（1）作坊外围设施（房基、墙基、散水沟）

作坊西边中部偏南有房舍墙基（F4），在 F4 西侧有建于元末明初的一段路基（L1）。卵石铺砌，残长 3.7 米、宽 0.8—0.9 米。路基沿场舍西侧由南向北延伸，路基内出土明代豆青釉瓷。

作坊外围的北部坡地上，有一道东西走向的残墙基（F1），呈弧形，长约 11 米。还有一段呈曲尺形的残墙基（F2），长约 7 米。F1 以南，又有一段南北向残墙基（F3），长约 4 米。西南角有残墙基（F5）两段，近东西走向，从迹象看，向北应与 F1 相连，往东与叠压在 C4、C5 之上的 F6 相接，围绕作坊南面，由高到低至东南坡地边缘。在东南角有一道自西南向东北和南北向的散水沟（G8、9），叠压在窑床（Y1）之上，并打破窑口向东北延伸至低洼地。墙基与水沟均采用青灰色片石、卵石和少量青灰砖垒砌。墙基宽 0.21—0.35 米，青灰砖长 24.5—30 厘米、宽 12.5 厘米、厚 6 厘米。从砖的形制分析，多为明代砌建。G8、G9 宽 0.52—0.56 厘米、残长 9 米，系明代改建。墙基和散水沟围绕作坊外沿，起着防雨水冲刷、排水和安全防范作用。

（2）淘洗池和陈腐池

淘洗池。围墙内部的各种遗迹自北向南，由高到低连成一体。釉料淘洗池及相关设施位于围墙内遗址北部，是一组釉料淘洗池和断面呈“凹”字形的流槽组成的（C1—C3）。釉土由高坡上的 C1 淘洗后，经流槽流入低坡的 C3 和 C2（图 25 - 1 - 7，1）。淘洗池平面圆形，池壁采用弧形子母榫青灰砖错缝围砌。池口上部叠压有多块厚重大石。C1 池内径 0.83 米、残深 0.5 米。弧形砖长 27—30 厘米、宽 5.5—9.5 厘米、厚 7.5—10 厘米。池内有豆青瓷、青灰瓷、青白瓷和青花瓷残片。C2 存有五层砖壁，池底用青砖纵横铺砌两层。内径 1.2 厘米、深 0.45 厘米、距地表深约 0.8 米。弧形砖长 27 厘米、宽 5.5—7 厘米、厚 7.5—10 厘米。铺底砖长 30 厘米、宽 15 厘米、厚 6 厘米。池内有乳白釉、黑釉瓷、青白釉瓷、豆青釉瓷、青灰釉瓷和青花瓷碗、盏、杯、碟和陶罐等 170 余件。C3 与 C2 之间，有一用青灰砖铺砌的凹槽，北高南低稍倾斜。槽沿用竖向砖砌成，槽底用纵向砖平铺，槽口大底小，断面倒梯形，顺地势由 C3 通向 C2。凹槽长 1.5 米、宽 0.8 米。推断 C2 以北还应有一个淘洗池经凹槽与 C1 相通。它们应是配套使用的，属于淘洗釉料的遗迹。

陈腐池。陈腐池在作坊南部，C4、C5 与 C7、C6 组成陈腐泥坯功能区，西高东低排于一线。C4、C5 在洗圹 P8 西侧，C6、C7 在 P8 东侧，均为宋代遗迹，沿用至明代。

C8 位于洗圹 P9 之东，P10 之北，似乎为 P7、P9、P10 洗圹共用之陈腐池，为宋代遗迹。

（3）“品”字形淘圹

在作坊东部，由北至南有三组共 11 个淘洗池。

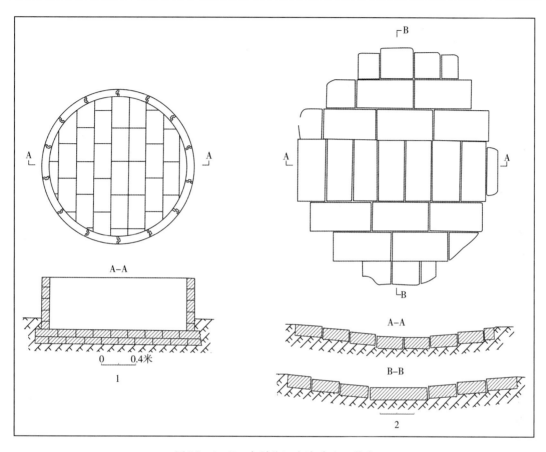

图 25 - 1 - 7　吉州临江窑淘洗池、基座

1. 淘洗池（C2）　　2. 基座（R1）

（引自《江西吉安市临江窑遗址》，《考古学报》1995 年第 2 期，图四 4、5，略变化）

北边一组 P4—P6，在 G4 之东 P5 破坏严重。西侧 P4（图 25 - 1 - 9，1）保存较完整，平面呈梯形，三池组成品字形，方向北偏东 10°。周壁用单层石灰岩大片石夹衬青灰砖，用纵、横或斜向三种形式垒砌，西南角稍残。池南面沿池壁用青石夹衬少许青砖，纵横错缝叠砌台阶四级，黄灰泥勾缝，由西向东逐级倾斜，直至池底，垒砌较粗糙。池高 0.55—1 米、宽 0.19—0.3 米、壁厚 0.20—0.3 米。片石长 1—9 厘米、宽 7—45 厘米、厚 5—35 厘米。台阶石宽 60—85 厘米。从出土瓷泥坯片分析，应属"干圹"池。P4 台阶上夹砌有半截青灰砖，灰白色，砖宽厚，一侧有阳文楷书"吉安府吉水县提调官主簿"款（似乎与官府有关），说明此池在明初曾作过大修，可能是明初的遗迹。其余两池，P6 可能属"淘圹"，P5（破坏严重）可能是"洗圹"。洗圹内淤积一层厚 20—50 厘米的砖石碎块和泥土，出土有乳白釉瓷、黑釉瓷、青白釉瓷、豆青釉瓷和青花瓷等。

中部一组为 P1—3，位于 P4—P6 之南，Y1 之西北，呈"品"字形。P1 为淘圹，P2 为洗圹，P3 为干圹。第三组洗圹 P7、P9、P10 位于 P1—P3 之南，Y1 之西南，亦呈"品"字形。P9 为淘圹，P10 为洗圹，P7 为干圹。

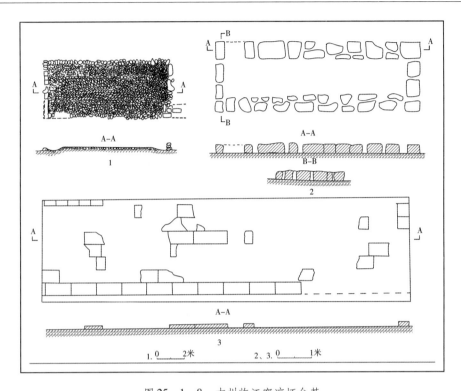

图 25 - 1 - 8　吉州临江窑凉坯台基
1. 凉坯台基 J1　2. 凉坯台基 J4　3. 凉坯台基 J3
（引自《江西吉安市临江窑遗址》，《考古学报》1995 年第 2 期，图五 1、4、3，略变化）

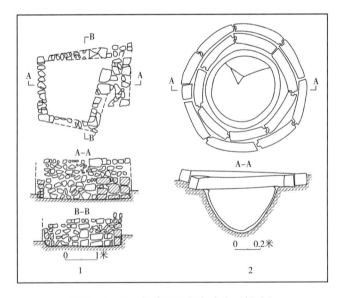

图 25 - 1 - 9　吉州临江窑淘洗池、擂釉缸
1. 淘洗池（P4）　2. 擂釉缸（LG1）
（引自《江西吉安市临江窑遗址》，《考古学报》1995 年第 2 期，图八 1、第 255 页图九 3，略变化）

P8 位于 P7 西南侧为单个洗圹，结构原始，比北部三组洗圹时代早，属元末遗迹沿用至明代。

（4）蓄泥池和其他灰坑

作坊遗址范围内发现的灰坑大部分是蓄泥池一类设施。如 H3、H4、H5、H6、H8、H9、H10、H16、H17 等均为蓄泥池。H10，北靠 G7 散水沟。池壁用大片石和单砖竖砌，黄灰泥勾缝，未见铺底砖，断面呈"凹"字形。池长 1.20 米、宽 0.86 米、残高 0.095—0.135 米，青砖长 18—32 厘米、宽 12—15 厘米、厚 5 厘米。池壁垒砌的片石和青灰砖接缝杂乱，显然是多次维修。为宋代遗迹，元、明沿用。池内及四周发现有瓷坯泥遗存。

其他灰坑如北部 H1、H2。H2 发现筒瓦和残砖各一件，砖侧有"吉安府吉水县……甲首……"铭文，吉安府是明洪武年间所设，吉州为宋、元时期的建制，所以 H2 的废弃时代不会早于明代。

（5）轮轴基座

作坊北部在 C2 东南有一大堆紫金土，呈紫褐色，系供洗池淘选釉料备用的釉土。在紫金土的东北侧，有一近圆形砖砌基座，直径 89 厘米，系用长方青砖横平铺砌，黄灰泥勾缝，四周高，中间部位稍凹下。铺砌方法首先在中部横平铺一排青砖，两侧再纵向平铺两排砖，边沿用半块砖横平铺砌，青灰砖长 25 厘米、宽 12 厘米、厚 5 厘米，垒砌工整对称。在基座面上残留一薄层细灰土和石灰，其中夹有两件酱釉瓷一件擂钵碎片。从基座 R1、R2 形制、垒砌特征和青砖色泽分析，时代与 C1—C3 相近，当为宋代砌建，沿用到明代。其西南距釉土不远，很可能是置放釉缸一类器物的基座。R2 位于作坊 H10 之南偏西，周沿用弧形子母榫青砖围砌，属于拉坯用的轮轴基座，形制与 R1 类似，也为宋代建沿用至明代。R3 位于 R2 正南方，青砖叠砌，为正方形的轮轴基座，时代与 R1、R2 相近。

（6）凉坯台

凉坯台基四座。中部凉坯台基 J1（图 25-1-8，1）平面呈长方形，用卵石夹少量半截青灰砖垒砌。中心部位用小卵石平砌，台面凸拱，四周围砌宽凹槽散水，槽内外为小卵石铺底。南北长约 3.9 米、东西宽约 1.7 米，四周沟沿高 0.20 米、宽 0.15 米。沟沿为较大的卵石垒砌，均用黄泥浆勾缝。卵石一般长 17 厘米、宽 6 厘米，最大者 40 厘米、宽 20 厘米。中心拱形部分长约 2.6 米、宽约 0.75 米、高 0.1 米。散水沟宽约 0.3 米，东北角开口与 G3 连接处，用青灰砖铺底，尚残存一横三竖青砖四块，垒砌坚实牢固。J1 出土青灰瓷、豆青瓷、白釉瓷和青花瓷等。其中一件底上有"长命富贵"款，外壁为山水人物，属明代中晚期作品。从 J1 东南面和往南的残断砖迹象分析，有可能与南部凉坯台基 J2 连通。J2 结构与 J1 基本类似。平面呈长方形，东西长 5.25 米、南北宽 2.05 米。中心部位用匣钵碎片嵌砌，四周边则用青灰砖叠铺。台面中心用匣钵片镶嵌成环形图案，沟槽为纵向青砖铺底。台凸拱面长约 4.5 米、宽 1.3 米，沟槽宽 0.25 米，匣钵片一般长 9 厘米、宽 5 厘米。西北角砌有开口与 G5 接通，向北经 G6、G7 流向 G1，最后注入低洼地。J1、J2 均为滤水凉坯台基。

作坊东部散水沟由南面的凉坯台基 J3（图 25-1-8，3）北沿开口，与 G4 连通，向北经凉坯台基 J4（图 25-1-8，2）和 P4—P6，由 G2 流向 G1 低洼地。J3 较 J1、J2 简单，四周无散水槽，全系青灰砖砌筑，台基上未发现遗物，似主要用于凉坯。J4 结构、作用与 J3 类同。

（7）擂釉缸（LG1）

擂釉缸（图 25-1-9，2），位于 C8 东侧，其东北邻近马蹄形窑 Y1。灰陶，口微敛，厚唇，斜弧腹，圜底，内壁乌黑发亮有研磨痕。缸置于土坑内，周围用弧形子母榫青砖砌两圈。缸沿有砖边遮护，外圈砖比内侧砖边高 1.3 厘米。缸外径 48 厘米、内径 40 厘米、深 28 厘米，砖沿边宽 7 厘米。砖长 30 厘米、宽 10 厘米、厚 8 厘米。弧形砖与 C1—C3 淘洗池相同，系宋代遗迹。

（8）散水沟

整个作坊的排、散水设施，除绕外围的 F1—F3、F5 和 G8、G9 等挡水墙和散水沟之外，还有一条排、散水沟槽（G1—G7）。它以作坊中部的天井式凉坯台（J1）为起点，连接 G3 和 G2，由南向北再拐向东，排水至东部低洼水圹。G1 和 G3 似一条中轴线，将作坊分成东西两部分。东部是瓷土臼碾、淘洗、陈腐、滤水、凉坯和釉土淘洗场所，西部为制坯场所。G4—G2 自南向北，经 J3、J4 和 P1—P3、P4—P6 两组"品"字形洗圹之西侧，与 G1 连通。作坊南部自 J2 起，经 G5—G7 由南往北再折向东，与 G1 相接。除作坊东南面散水不明外，整个作坊区的散水沟平面略呈"中"字形。

各散水沟均用片石砌筑，G4 有的部位发现用大石块覆盖，有的地为砖石混砌，黄灰泥勾缝。水沟明初建，明末废弃。

（二）出土瓷器

临江窑各类瓷器的烧造年代，大致可以分为五个时期。五代时期，仅烧造乳白釉瓷。北宋时期，乳白釉瓷有新发展；新出现的黑釉瓷成为临江窑的代表性作品，其形制、釉色、胎质及纹饰与吉州永和窑几乎相同；青白釉瓷仿景德镇窑风格。南宋时期，新烧制白地彩绘瓷和绿釉瓷，风格与吉州永和窑极相似。元代，临江窑处于兴盛发展阶段，青白瓷继续烧制，彩绘瓷和绿釉瓷水平更加提高，新烧制的有仿龙泉豆青釉瓷、青灰釉瓷和酱釉瓷等。明代，青灰釉和酱釉瓷仍盛烧不衰，成为临江窑产量最大的品种。明初，成功地仿烧出青花和白釉瓷，其青花瓷品种之多、纹饰之繁，成为临江窑晚期最具代表性的产品。从青花造型、纹饰、款识和烧造工艺特征推断，青花包括明宣德、景泰、天顺、弘治、正德、嘉靖、隆庆、万历、天启和崇祯等各时期，其中以明中、晚期为多。据此分析，临江窑的始烧时代当为五代至北宋，比永和窑略晚，终烧时间为明代晚期，比永和窑的延烧时间更长。

1. 乳白釉瓷

吉州临江窑乳白釉瓷从五代至宋烧造，器形有碗、盏、盘、碟。吉州临江窑五代时期已开始生产仿定窑乳白釉瓷器，并只生产乳白瓷。（图 25-1-10）

2. 青白釉瓷

见于北宋、南宋、元代。北宋时期，仿景德镇烧制，有碗、盘、碟、高足杯、器盖和香炉等；南宋时期，有碗、碟、鼎炉、器盖和盘等；元代有盘、高足杯和鼎炉等。

3. 白釉瓷

明代临江窑仿烧白瓷比较成功，为青花瓷的烧成奠定了基础。其胎薄质细，釉汁明净，器形有碗、盘、杯、碟和盅等。（图 25 - 1 - 11）

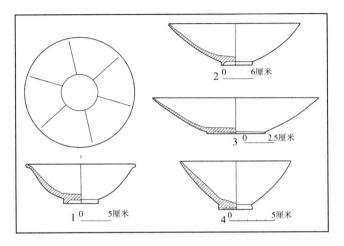

图 25 - 1 - 10 吉州临江窑两宋乳白釉瓷

北宋：1. I 式乳白釉碗（T13③：2） 2、3. I、II 式乳白釉盏（T2③：4、T10③：7） 南宋：4. 乳白釉碗（T13③：2）

（引自《江西吉安市临江窑遗址》，《考古学报》1995 年第 2 期，图一三 1、2、3，第 261 页图一四 3）

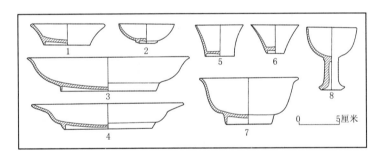

图 25 - 1 - 11 吉州临江窑明代白釉瓷器

1、2. I、II 式碟（T1①：6、T13①：4） 3、4. I、II 式盘（T3①：2、6） 5、6. I、II 式盅（F3：1、G4：1）

7. 碗（F1：1） 8. 高足杯（T13①：11）

（引自《江西吉安市临江窑遗址》，《考古学报》1995 年第 2 期，图一七）

4. 黑釉瓷

黑釉瓷是吉州临江窑的典型产品，见于北宋、南宋时期。北宋时器形比永和窑少，形制变化不大。有素天目、油滴和玳瑁斑为多，次之为兔毫、朵梅贴花和剔花，未见木叶贴花、鹿树兔毫等复杂纹饰。盘、碟多为一匣叠烧，内底有涩胎，碗、钵多釉不及底。南宋时期黑釉瓷烧造工艺提高，多一匣一器装烧，器内外满釉。有碗、碟、熏炉、小钮罐等。元代黑釉瓷仅见杯、盘等器物，处于衰退阶段。（图 25 - 1 - 12、图 25 - 1 - 13）

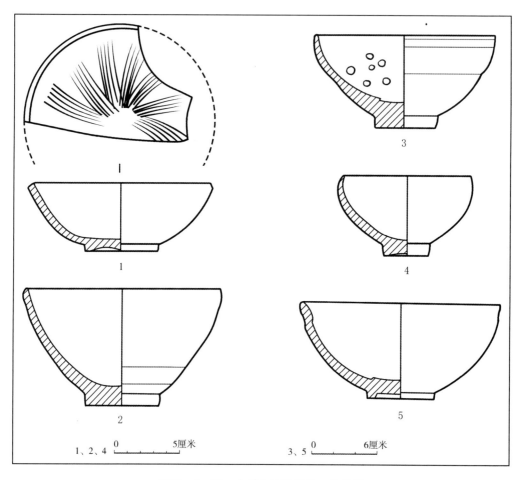

图25-1-12 吉州临江窑擂钵、黑釉碗

1. 擂钵 F4：1 2. I 式黑釉碗 G9：9 3. II 式黑釉碗 H16：2 4. III 式黑釉碗 H16：1 5. IV式黑釉碗 T4③：3
（引自《江西吉安市临江窑遗址》，《考古学报》1995 年第 2 期，图一一 1，图一三 4、5、6、7）

5. 酱釉瓷

酱釉瓷仅见于元代。有碗、盘、碟、壶、盏和高足杯等，烧造时间晚于吉州永和窑。永和窑发掘未见酱釉瓷。（图 25 - 1 - 14）

6. 青灰釉瓷

主要见于元明时期。泛称"土龙泉"，是赣、闽一带民窑仿制的一种龙泉釉青瓷。釉色有青黄、青绿、苍绿和青灰等，胎较厚，质量不及龙泉瓷。有碗、杯、碟、壶、高足杯等。明代青灰釉瓷处于衰退阶段，有碗、杯、碟和高足杯等。（图 25 - 1 - 15）

7. 仿龙泉釉瓷

临江窑仿龙泉瓷始烧于元，明末终烧。有碗、盘、杯、碟和盅等。（图 25 - 1 - 14、图 25 - 1 - 16）

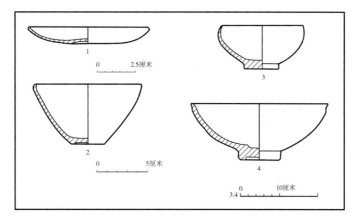

图 25 - 1 - 13　吉州临江窑南宋黑釉瓷器

1. Ⅰ式黑釉碟（T3①：2）　　2—4. Ⅰ—Ⅲ式黑釉碗（T10③：6、T3③：1、T13③：1）

（引自《江西吉安市临江窑遗址》，《考古学报》1995 年第 2 期，图一四 4、8、9、10）

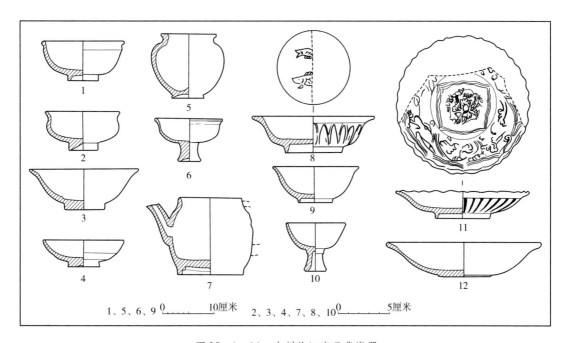

图 25 - 1 - 14　吉州临江窑元代瓷器

1. Ⅰ式青灰釉碗（T13②：1）　　2. 青灰釉杯（T1②：1）　　3. Ⅰ式青灰釉碟（G8：1）　　4. Ⅳ式青灰釉碟（T13①：3）
5. 酱釉罐（T14②：2）　　6. 酱釉高足杯（G9：6）　　7. 酱釉注壶（T14②：1）　　8. Ⅰ式龙泉釉碟（T14②：8）　　9. 龙泉釉碗（G4：1）　　10. 龙泉釉高足杯（T9①：4）　　11. Ⅰ式龙泉釉盘（C2：1）　　12. Ⅳ式青灰釉碟（T13①：3）

（引自《江西吉安市临江窑遗址》，《考古学报》1995 年第 2 期，图一五 1、5、6、9、11、12、13、16、17、18、19、7）

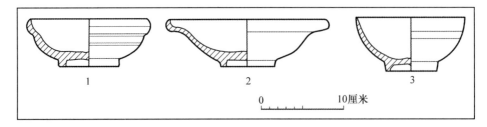

图 25 - 1 - 15　吉州临江窑元代青灰釉碗

1. Ⅱ式（T13②：2）　2. Ⅲ式（P7：4）　3. Ⅳ式（T10②：1）

（引自《江西吉安市临江窑遗址》，《考古学报》1995 年第 2 期，图一五 2、3、4）

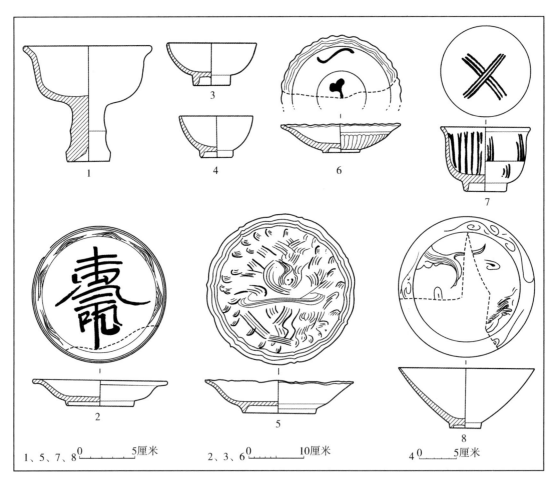

图 25 - 1 - 16　吉州临江窑明代龙泉釉瓷器

1. 龙泉釉高足杯（T8①：1）　2. Ⅱ式龙泉釉盘（P7：7）　3. 龙泉釉碗（P7：1）　4. 龙泉釉杯（C7：2）　5. 龙泉釉碟（T9①：1）　6. Ⅰ式龙泉釉盘（P7：6）　7. 龙泉釉盅（P7：2）　8. 龙泉釉盏（G9：5）

（引自《江西吉安市临江窑遗址》，《考古学报》1995 年第 2 期，图一六 9、10、7、11、13、12、15、14）

8. 彩绘瓷

仅见于南宋。彩绘瓷主要器形有盆、枕、炉等。盆，方唇或斜折唇，饰弦纹、水波纹、缠枝花草、开光荷花和水草纹等，略。

9. 绿釉

仅见于南宋。仅见枕和香炉等残片。

10. 青花

青花瓷仅见于明代。主要器形有碗、盘、碟、杯、高足杯和香炉等。（图 25 - 1 - 17、图 25 - 1 - 18）

图 25 - 1 - 17　吉州临江窑明代青花瓷（一）

1. Ⅰ式碗（P7：10）　2. Ⅳ式碗 T9①：2　3. Ⅲ式碗（C4：3）　4. Ⅱ式碗（J1：1）

（引自《江西吉安市临江窑遗址》，《考古学报》1995 年第 2 期，图一八 1、4、7、8）

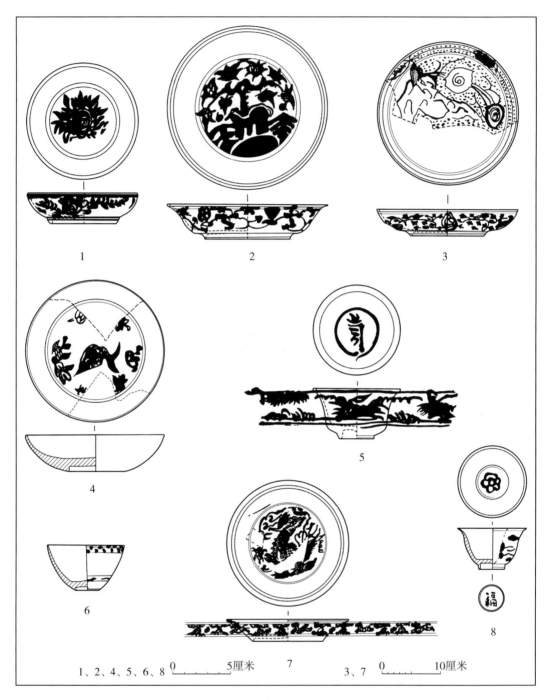

图 25-1-18　吉州临江窑明代青花瓷（二）

1. 碟（T1①：3）　2. Ⅱ式盘（H4：2）　3. Ⅲ式盘（T8①：3）　4. Ⅳ式盘（T12①：1）　5. Ⅰ式盅（P7：1）
6. Ⅲ式盅（T3①：5）　7. Ⅰ式盘（T9①：3）　8. Ⅱ式盅（T1①：8）

（引自《江西吉安市临江窑遗址》，《考古学报》1995 年第 2 期，图一九 1、5、6、7、9、8、10、2）

三　吉州窑宋元时期瓷器的装饰艺术[1]

吉州窑与磁州窑一样，均以瓷器装饰取胜。吉州窑乳白釉装饰以刻花、印花为主，其技法和装饰受定窑影响。临江窑生产的青白釉瓷和仿龙泉瓷也用刻划和压印装饰技法。吉州窑宋至元代装饰主要表现在白釉彩绘瓷和黑釉装饰上。进入明代以后，临江窑以生产青花为主，其装饰又发生了与宋元时期不同的变化，而与湖田窑青花瓷相近。下面主要介绍宋元时期瓷器的装饰艺术。

（一）白釉彩绘瓷

白釉彩绘瓷始于北宋永和窑，是典型的釉下彩绘，其胎质和釉色与薄釉乳白瓷相同。白釉彩绘瓷坯体烧成后，胎表面不施化妆土，用铁质彩料直接在胎体上绘画，然后施一层淡薄的透明釉，烧成后彩绘呈酱褐色或红褐色（不呈黑色），画面鲜艳明澈。

纹饰题材多取自民间习俗，如峡蝶、双鱼、鸳鸯、奔鹿（"禄"）、鹊（"喜"）、回纹等。绘画有折枝梅、梅竹、芦草，图案有蔓草、圈纹、弦纹、锦地纹、波涛纹、八卦、莲瓣、六边形、连弧形等。其中波涛纹和奔鹿纹别具一格。

白釉彩绘瓷，彩绘构图均衡对称，笔法挥洒灵动，线条流畅，刚柔相济；画面简洁明快，主次分明，动静相宜，生动优美，节奏感较强，装饰效果突出。彩绘内涵丰富，有浓郁的民间生活气息。白釉彩绘瓷是吉州窑承袭磁州窑彩绘瓷烧造技术基础上，成功创烧的新瓷种，并为而后青花瓷的出现开创了道路，这是吉州窑的突出成就和重要的贡献。

（二）黑釉瓷

黑釉瓷又称吉州素天目，是吉州窑宋元时期的主要产品，也是吉州窑黑釉瓷装饰的基础，有素黑、褐色等多种。吉州窑黑釉装饰是其最具代表性的釉装饰艺术，其具体情况大致如下：

1. 白釉绘花

在黑釉上绘白色彩料花纹图案，烧成后具有很强的写意画风格和清雅脱俗的艺术效果。除描绘白色直条纹外，还有用毛笔蘸釉大笔一挥三数下，绘出芦荻，兰竹，折枝等白色花纹。

2. 兔毫纹、玳瑁纹、鹧鸪斑纹、乳光釉小斑点纹等

兔毫纹、玳瑁纹等纹饰主要由涂绘和洒釉两种工艺技法获得。其中兔毫纹由洒釉工艺或涂绘（描绘白釉）工艺或二者结合形成，玳瑁纹则由洒釉结合涂绘（描绘白釉）工艺形成，鹧鸪斑纹和乳光釉小斑点纹由洒釉工艺形成。

涂绘是用涂绘不同颜色釉料的方法使釉面上形成人工的粗、细、长、短、曲、直的条纹。如果使用赭石料浆就可以制得从兔毫直至粗大锈斑块纹饰，如果使用乳浊白釉则可以

---

〔1〕　江西省文物工作队、吉安县文物办公室：《江西吉州窑遗址发掘简报》，《考古》1982 年第 5 期；江西省文物工作队、吉安县文物管理办公室：《江西吉州窑遗址发掘报告》，《江西历史文物》1982 年第 3 期；张会安：《吉州窑刻划花、印花装饰的工艺特征》，《中国陶瓷》2010 年第 46 卷第 2 期；余家栋：《试论吉州窑》，《景德镇陶瓷》总第 21 期，1983 年；李家治主编：《中国科学技术史·陶瓷卷》，第 236—238 页。

制成蛋黄色斑块或条纹的玳瑁斑或虎皮斑。洒釉是使用浓淡程度不同的乳白釉洒滴在黑釉之上，稀薄的釉因含水量高，喷洒于釉面上时逐渐流淌，产生条纹，烧后形成乳白色兔毫纹。较浓的釉喷成微滴，产生芝麻点，与黑釉反应，产生多彩的乳光小斑点。大的白釉滴与下面薄的黑釉反应，产生表面和边缘毛糙的白色鹧鸪斑盏。

吉州窑兔毫纹，是在黑色釉上添加白色釉，在窑内高温作用下两种釉互相交融渗透，富含铁质的黑釉浮出釉面并产生釉面流动，在冷却过程中呈灰白色的釉部分回到釉面，形成放射状的纤细灰白线条，形似兔子的毫毛。吉州窑一般不是在窑内自然烧成，而是采用洒釉甚至描绘白釉在窑内烧成。

玳瑁纹是指在黑釉上以另一种釉料滴上并连涂成形似玳瑁的几何形状，烧成后呈现蛋黄色斑，整体如玳瑁黄、黑相间的色彩。蛋黄釉为乳浊不透明，但有透光性。另一种比较差的玳瑁盏的黄釉斑处为黄色透明釉，实际上是在该处以釉滴涂后在烧成过程中与下部的黑釉反应而成。若描绘的黄色斑纹较宽并连成略向下的宽条纹，形状如虎皮，则称为虎皮斑。亦有蛋黄色或透明黄色两种。

鹧鸪斑纹是以乳浊白釉洒滴于黑釉之上，形成直径约5—10毫米的白色斑点，其边沿毛糙，使整个碗成为黑底白斑的鹧鸪斑盏，这是吉州窑独有的特色。另一种用乳白釉在黑釉瓷上人工点斑形成鹧鸪斑，与建窑人工装点的鹧鸪斑相似。不过建窑是不规则装点，吉州窑则一圈圈地从碗底点到内口沿附近，非常规则。

乳光小斑点纹是在黑釉瓷上洒较浓的白釉，形成1毫米以下微细密集的斑点，烧成时与下面的黑釉反应，按白釉斑点大小和浓度的不同，产生了呈白色、乳白、淡黄、蓝、绿、红、紫等微小的花斑，异常美丽，为其他各窑所无。

3. 剪纸贴花

此类纹饰使用剪纸蔽釉加洒釉工艺获得。利用民间成熟的剪纸工艺剪出龙、凤、鸾、鹊、花卉、折枝、吉祥语等，贴于黑釉之上，挡住洒釉。烧成后因剪纸处没有白釉而形成黑色花纹。

4. 木叶纹

木叶纹装饰是一种特殊的高超技法，其装饰工艺至今无确解，说法较多。其中以先将树叶制成仅存叶脉的网状叶片，仅使各条叶脉粘满白釉，贴于黑釉面上入窑烧成说，似较合适。木叶纹装饰有半叶、一叶或二叶三叶相重叠的，烧成后的上品叶脉线条分明，带有各色乳光，茶盏木叶纹在水中有飘浮感。这种装饰师法自然，有使人感受到超越自然的美好，其构思和装饰艺术均达到了高超的境界，从而成为社会共赏独创的珍贵品种。

5. 剔花、刻划花

剔花是在器物上施黑釉后，烧成之前，剔去部分黑釉，即用刀笔剔绘花纹，如梅竹、人像等，烧成后露胎之处即为花纹。吉州窑的刻划花和印花是主要是模仿定窑、磁州窑、耀州窑的装饰技法[1]，但其结合剪纸贴花工艺形成了自己独有的黑釉彩绘剔划花装饰。

在剪纸贴花工艺发展过程中，又加入了剔、刻、划、画等手法，进一步予以丰富和完

---

[1]　张会安：《吉州窑刻划花、印花装饰的工艺特征》，《中国陶瓷》2010年第46卷第2期。

善的。后在此基础上又出现黑釉彩绘剔花工艺装饰，这种工艺是先涂地黄色，在用铁质釉料彩绘，用于花纹大小相同的纸盖上，全面施黑釉后撕去盖纸，用利器勾勒花瓣，剔除花穗，对枝叶脉络深深刻划装饰，用细笔在刻划处填上白釉，再全面施加透明釉烧成。这种装饰纹样繁多，图案脉络清晰，美观大方，并有立体感，工艺水平达到较高境界。

四　吉州窑瓷种变化与其他窑口的关系[1]

吉州窑与其他窑口的关系，论者一般都提到曾受到定窑、磁州窑、耀州窑、龙泉窑、建窑、景德镇窑等窑的影响[2]。就吉州窑两宋至元代生产的乳白釉、黑釉、白地彩绘瓷而言，乳白釉瓷早期受定窑影响，黑釉与装饰受磁州窑和建窑影响，白地彩绘受磁州窑影响，总的来看，黑釉瓷和白地彩绘瓷受磁州窑影响较大。前永和窑在两宋至元代是吉州窑生产乳白釉、黑釉和白地彩绘瓷的代表，所以上述影响主要指对永和窑的影响。

吉州临江窑出土的"吉""记"字款的乳白釉瓷、黑釉瓷，以及绿釉瓷、白地彩绘瓷等，与吉州永和窑同类器物完全一致，表明临江窑是吉州窑系的窑址之一。临江窑各类瓷器的烧造年代，大致可以分为五个时期。五代时期，仅烧造乳白釉瓷。北宋时期，乳白釉瓷有新发展；新出现的黑釉瓷成为临江窑的代表性作品，其形制、釉色、胎质及纹饰与吉州永和窑几乎相同；青白釉瓷仿景德镇窑风格。南宋时期，新烧制白地彩绘瓷和绿釉瓷，风格与吉州永和窑极相似。元代，临江窑处于兴盛发展阶段，青白瓷继续烧制，彩绘瓷和绿釉瓷水平更加提高，新烧制的有仿龙泉豆青釉瓷、青灰釉瓷和酱釉瓷等。明代，青灰釉和酱釉瓷仍盛烧不衰，成为临江窑产量最大的品种。明初，成功地仿烧出青花和白釉瓷，其青花瓷品种之多、纹饰之繁，成为临江窑晚期最具代表性的产品。从青花造型、纹饰、款识和烧造工艺特征推断，青花包括明宣德、景泰、天顺、弘治、正德、嘉靖、隆庆、万历、天启和崇祯等各时期，其中以明中、晚期为多。据此分析，临江窑的始烧时间当为五代至北宋，比永和窑略晚，终烧时间为明代晚期，比永和窑的延烧时间更长。

临江窑新瓷种主要取向于景德镇窑和龙泉窑。临江窑北宋时已开始生产少量青白瓷釉，南宋、元代发现数量大体与北宋相同。元代青灰釉瓷（土龙泉）发现数量占第一位，仿龙泉青瓷次之，青白釉瓷再次之。明代发现的瓷种以青花瓷为大宗，仿龙泉青瓷次之，再次为青灰釉瓷，白釉也占有相当数量。景德镇宋元时期制瓷中心在湖田窑，湖田窑北宋创烧代表当时最高水平的名贵品种——青白釉瓷，产生了重要影响，所以临江窑从北宋始烧，南宋和元代发展的青白瓷应受湖田窑影响。

湖田窑元代晚期开始生产青花瓷器，明代青花成为主要产品。景德镇元代主要生产青花瓷，明御窑厂亦以青花为主，是时青花已经开始成为瓷器的主流产品。此外，景德镇明初还生产白瓷。临江窑大量生产青花瓷是受到湖田窑和景德镇窑的影响，而归入当时瓷器生产的主流。白釉瓷很可能在以前乳白釉的基础上又受到景德镇影响所致。

---

〔1〕　王睿：《吉州窑之永和窑与临江窑之初步比较》，《南方文物》2015 年第 2 期。

〔2〕　江西省文物考古研究所、吉安地区文物研究所、吉安市博物馆：《江西吉安市临江窑遗址》，《考古学报》1995年第 2 期。

青花瓷的发现，澄清了吉州窑是否烧造过青花的问题。临江窑"大明年造"款，景德镇明初也有发现，两窑或有一定关系。临江简报所述明代青花主要与景德镇湖田民窑青花相近，景德镇入明后御窑场主要生产御用瓷，与临江窑不同。湖田窑嘉靖后青花瓷很少见，景德镇晚明青花也较少。临江发现"宣德年造""隆庆年造""大明年造"民窑特征年款。临江晚明青花瓷的发现，或可补明末景德镇之不足。

临江窑元代大量生产青灰釉（土龙泉）和仿龙泉青瓷，其源头无疑是龙泉窑。元代青灰釉瓷（土龙泉）发现量几乎是仿龙泉瓷的4倍，到明代仿龙泉瓷则多于青灰釉瓷（土龙泉），说明临江窑仿龙泉瓷可能从青灰釉瓷（土龙泉）起步而走上仿龙泉瓷之路，到明代临江窑的制瓷水平整体提升。临江窑简报认为，大批仿龙泉瓷的出土，不仅将其仿龙泉产品的生产时代提至元代，而且解决了长期以来江西元明古墓出土仿龙泉瓷器的窑口问题。

五　吉州窑黑釉瓷胎釉测试研究初步成果

（一）吉州窑黑釉胎、釉的化学组成[1]

吉州黑釉胎的 Al_2O_3 含量最高达30%，一般在20%左右。SiO_2 含量也较高，在60—70%之间。比较吉州窑和建阳黑瓷釉后可知，吉州窑碱质和碱土质含量都比较高，Al_2O_3 和 Fe_2O_3 的含量较低，是其纯黑釉不易析晶的主要原因。但其 MgO 含量比建盏和黑定都高，黑釉中局部高 MgO 可以产生绿斑，而 Fe_2O_3 偏低时局部与白釉反应易产生红棕色或黄色小斑。吉州窑黑釉中 P_2O_5 含量高，这是来自当地原料的植物灰。

（二）绚丽多彩吉州窑黑釉的内在本质[2]

吉州窑黑釉多彩的装饰效果是以特殊的工艺施釉，由液相分离机理而形成的。在实体显微镜下可以判明吉州黑釉瓷是用白釉装饰的。因为在观察一些生烧的残片时，发现花纹表面还留下未烧透的白釉硬壳。不管是兔毫、麻点或玳瑁，在斑点的中部是浓度最高的白釉而呈乳白色，往外呈黄色、绿色直到蓝色的强烈乳光。

在透光显微镜下观察吉州窑的黑釉层时，总是呈现为黄色清澈透明的玻璃体，偶然有一些 Fe_2O_3 微晶，一些试样偶然含有少数残留石英颗粒，某些试样的这种颗粒周围还会析出方石英微粒。某些黑釉的局部地区呈现乳浊和分相现象。大多数试样的斑纹区都有透辉石针晶或球晶在局部地区析晶，而且不论兔毫、玳瑁、鹧鸪斑都呈液相分离结构。

在透射电镜下证实，不论兔毫、玳瑁、鹧鸪斑的斑纹区都发生液相分离。无数的分相孤立小液滴随机地分布于另一种成分的连续相中。其中兔毫小液滴最小，一般 ≤100 纳米，玳瑁则稍大，一般 ≤500 纳米，鹧鸪斑最大，约 500 纳米。孤立小液滴生长、粗化、互连时，其粒径甚至可大至光学显微镜能分辨的程度。某些鹧鸪斑试样的孤立小液滴甚至能够发生二次液相分离结构。

---

〔1〕　李家治主编：《中国科学技术史·陶瓷卷》，科学出版社1998年版，第238—241页。

〔2〕　李家治主编：《中国科学技术史·陶瓷卷》，科学出版社1998年版，第241页。

六　小结

综上所述，吉州窑是宋元明时期生产多种釉色瓷器的综合性民窑，是当时生产黑釉瓷的代表性窑场之一，并以别具一格的白釉彩绘瓷和黑釉瓷装饰艺术闻名于世。吉州窑与宋元明时期南北主要窑口如定窑、磁州窑、龙泉窑、景德镇窑等有密切的内在关联，说明当时与地跨南北和同地域间制瓷工艺的交流是吉州窑发展的重要原因之一[1]。永和窑与临江窑是吉州窑宋元时期并存的两个类型，两窑共性很强。永和窑主要与北方诸窑的关系密切，临江窑主要与南方诸窑关系密切。两宋至元代，以永和窑为代表，元明时期，以临江窑为代表；而元代是两窑瓷种分化的重要时期，此后临江窑逐渐取代永和窑的地位，明代只有临江窑。两窑在瓷种、装饰上相辅相成，又在时代和内涵上补充形成吉州窑较完整的构成系统。此外，永和窑和临江窑简报刊布的资料也提出了一些值得思考的问题。

1. 明代生产瓷器的作坊问题。宋至明代临江窑作坊遗址保存较完整，但现在已刊布的资料各代遗迹的对应关系不够明确，简报亦未作分析。若今后能对作坊遗址进行深入研究，理出作坊建立各种不同遗迹间的时代对应关系（包括延续使用的遗迹），基本复原出明代生产青花瓷作坊的概貌，则将以实证对研究明代生产青花瓷的工序和工艺有所贡献。

2. 关于"舒家记""元祖郭家大枕记号"款和匣钵符号。吉州永和尹家山窑出土的玩具和阳文楷书"舒家记"绿釉瓷枕片，与《景德镇陶录》所载："宋时吉州永和……唯舒姓烧者颇佳，舒翁工为玩具。翁之女名舒娇，尤善陶，其炉瓮诸色几与哥窑等价。花瓶大者值数金"相印证，尹家山窑就是文献中的"舒翁窑"[2]。1981年肖家岭出土有绿釉瓷枕片，上有"元祖郭家大枕记号"的铭文。"元祖"似乎是指宋吉州窑"五窑"之一的郭家，该制瓷工是其后裔，该窑晚于宋代；其二泛指元太祖（1206年）至元宪宗（1260年）这一段"不立年号"的时期。[3]

匣钵体外或底部文字、数目字和符号反映的问题。吉州窑有些匣钵外沿或底部刻划或压印文字、数目字符号。数字可能是制匣工用来计算所烧匣钵数量的，姓氏则反映了当时明确细致的专业分工。[4]

3. 吉州窑与景德镇窑关系密切，文献记载景德镇元初工匠多永和人[5]，由于吉州窑白釉彩绘瓷为青花瓷的出现开创了道路，故不排除湖田窑元代创烧青花瓷，景德镇明代青花瓷的发展与永和工匠有一定的关系。吉州窑所在的古庐陵境内产青料，青料是绘青花的

〔1〕　李辉柄：《略谈吉州窑》，《文物》1985年第8期；余家栋、刘杨：《吉州窑》，江西美术出版社，第38—43页。
〔2〕　江西省文物工作队、吉安县文物管理办公室：《江西吉州窑遗址发掘报告》，《江西历史文物》1982年第3期；余家栋：《试论吉州窑》，《中国古陶瓷研究》第一辑，1983年。
〔3〕　江西省文物工作队、吉安县文物管理办公室：《江西吉州窑遗址发掘报告》，《江西历史文物》1982年第3期。
〔4〕　张翼华：《从吉州窑匣钵上的文字探讨吉州窑的生产方式》，《江西历史文物》1984年第1期。
〔5〕　朱琰《景德镇陶录》引唐氏《肆考》云："吉窑颇似定器，出今吉安永和镇。相传陶工作器入窑，宋文丞相过时尽变成玉，工惧事闻于上，遂封而不烧，逃之饶。故景德镇初多永和陶工。按此亦元初事……"见傅振伦《景德镇陶录详注》，书目文献出版社1993年版。

主要彩料[1]。所以当湖田窑元代创烧青花瓷到明初发展之后，又影响到临江窑，以在景德镇的永和工匠为中介，临江窑利用当地原料也生产青花瓷，据前述临江窑在宋元时期烧青白瓷向湖田窑靠拢之后，到明代临江窑则与湖田窑和景德镇窑生产相同的青花瓷，并与景德镇窑一样生产白釉瓷。这个情况表明，是时临江窑已与之处于生产相同瓷种的体系之中。由此可见，进入南宋以后江西制瓷业似乎在生产瓷种方面有聚合重组现象。以临江窑为例，南宋和元代向生产青白瓷集中，到明代则向生产青花瓷集中，其发展轨迹与湖田窑——景德镇窑瓷种发展模式基本相同。故明代以生产青花瓷系列为主的景德镇成为全国的制瓷业中心，恐怕不全是景德镇本身条件所致，诸如临江窑等生产青花瓷的民窑辅助作用也是不容忽视的。

4. 临江窑作坊淘矿 P4 台阶夹砌半截砖侧有阳文楷书"吉安府吉水县提调官主簿"砖文，灰坑 H2 堆积中残砖一侧有"吉安府吉水县……甲首……"砖文[2]。吉安府设于明洪武年间，临江窑位于与今吉水县交界处附近，明代或属吉水县辖境。依明南京城修城墙时官方督造，在全国许多地方派烧城砖，征调到南京的城砖砖侧几乎都有某府或某县提调官，下列主簿以下甲首人名之例[3]，上述砖文似乎表明临江窑在明代修建作坊时或有地方官府介入。由于湖田窑南宋时期生产过贡瓷，元代是浮梁瓷局瓷器产地之一，明代在景德镇设御窑厂，据此也不排除上所述砖文是明代地方官府有某种程度或某种形式介入临江窑作坊工程的反映。

前已说明临江窑在明代与景德镇同处于生产青花瓷的体系之中，景德镇成为制瓷中心也不容忽视生产青花瓷的临江窑等民窑的辅助作用，所以明代江西很可能事实上已出现以景德镇为中心的生产青花瓷窑口有某种形式的组合关系，而官方的介入和永和工匠的纽带作用则分别是这种有形或无形组合关系的主线和辅线。所以明代江西以景德镇为中心的青花瓷生产窑口的配置和组合状况，以及其中官窑与民窑的相辅相成关系和官府的作用等问题，也是今后值得进一步探讨和研究的课题之一。

5. 吉州窑已将江西景德镇窑和浙江龙泉窑生产的瓷种和工艺集于一身，因而成为宋至明代江南主要瓷种生产状况和发展趋势的缩影。其间临江窑与龙泉窑和景德镇窑迄今尚不甚明晰的内在关系，则是今后应当探讨的重要课题之一，这种探讨对研究这个阶段江南地区瓷器史无疑有着较重要的参考价值。

第二节　瓷都景德镇湖田窑遗址的考古发掘与研究

一　湖田窑址概况

景德镇湖田窑址，位于景德镇市区东南约 4 公里竟成镇湖田村，地理坐标为东经 117°

---

[1] 参见容敬臻《吉州窑瓷器的特色及其外销》文中引用《陶说》的记载，《景德镇陶瓷》1983 年总第 21 期。
[2] 江西省文物考古研究所、吉安地区文物研究所、吉安市博物馆：《江西吉安市临江窑遗址》，《考古学报》1995 年第 2 期。
[3] 参见王克昌等编著《明南京城墙砖文图释》，南京出版社 1999 年版。

15″，北纬 29°10″（图 25 - 2 - 1）。遗址南面环有南山山脉，北面有南河，窑址主要分布在南山山脉缓坡地带及南河岸一级台地的狭长地带，面积约 40 万平方米（图 25 - 2 - 2）。窑址范围内窑包密布，窑业堆积遍地，瓷片随处可见。[1]湖田窑附近有丰富的制瓷原料资源，在南河、东河流域距湖田窑址数公里至数十公里的范围内，分布着瓷石、釉泥、釉灰、匣、模的原料产地。如瓷石产地的"进坑"在今景德镇市东 8.5 公里南安乡进坑村；"湖坑"即今之"三宝蓬"，"岭背"为牛角岭背；"界田"在景德镇东南 35 公里的界田村。在湖田窑西侧的"壬坑""马鞍山"的白土则为制匣原料。此外，湖田附近还盛产松、柏、杉、枫及各种可作薪炭的树种，为制瓷业提供了取之不尽的燃料。而直通昌江的东河与南河，又为制瓷技术交流和产品外销提供了便利。凡此，均为湖田制瓷业的发展创造了得天独厚的条件。

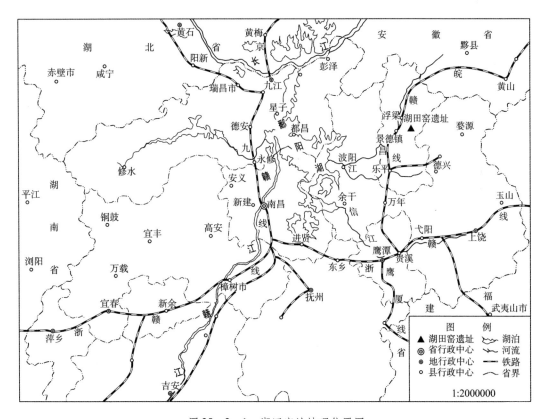

图 25 - 2 - 1　湖田窑址地理位置图

（引自《景德镇湖田窑址——1988—1999 年考古发掘报告》（上），文物出版社 2007 年版，图一）

---

〔1〕　南河与小南河流域已发现的宋元时期窑场达 136 处，在诸窑址中湖田窑则是最典型的一处（东河流域主要是明清民窑青花瓷业产区）。

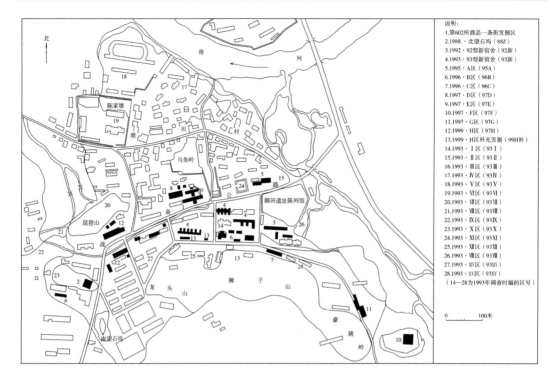

图 25-2-2 湖田窑址发掘区分布总图

(引自《景德镇湖田窑址——1988—1999 年考古发掘报告》(上),文物出版社 2007 年版,图三)

湖田窑业肇始于五代,主要生产青瓷和白瓷。北宋前期开始创烧青白瓷,北宋中期青白瓷生产步入发展阶段。[1]北宋晚期青白瓷烧造技术则达到炉火纯青的地步,并开始生产贡瓷,成为景德镇宋代诸窑之首。南宋初期青白瓷的品种型式最多,生产水平达到最高峰,南宋中期以后由于三宝蓬等制瓷原料产地上层瓷石枯竭,导致南河流域许多著名窑场停烧倒闭。但是,湖田窑采用了"支圈覆烧"代替垫饼支烧,提高了产品的烧成率,因此渡过难关而一枝独秀。元代是湖田窑业复兴的转折期,历次考古发掘以元代窑址遗迹最丰富,保存最好,故元代是湖田窑制瓷史上非常重要的时期,并达到湖田窑业生产的顶峰。元代出现卵白釉瓷和青花瓷,同时还烧造青白瓷和黑釉瓷,是元代"浮梁瓷局"重要的瓷器产地。至明代由于在景德镇设御器厂,遂导致制瓷业逐渐向景德镇城内聚集,此时湖田窑虽然仍生产青花等瓷器并生产青白釉瓷,但到隆庆、万历之际,湖田窑历 700 余年连续烧造之后最终没落而退出历史舞台。

总之,湖田窑不仅是宋元时期景德镇最典型、最具有代表性的窑场,而且也是景德镇瓷窑遗址中,历史最长,规模最大和当时全国最著名的窑场之一。鉴于湖田窑的重要性和

---

[1] 江西省文物考古研究所、景德镇民窑博物馆编著:《景德镇湖田窑址——1988—1999 年考古发掘报告》(上),文物出版社 2007 年版。该报告第 465 页记述:北宋中期(1023—1063 年)窑址非常多,总数大约 130 余处。南河沿岸更是"村村陶埏,处处窑火"。湖田窑址调查及发掘资料表明,绝大多数地点的地层都有北宋中期的青白瓷堆积。

历史地位，遂于 1982 年被定为全国重点文物保护单位。

湖田窑址的调查始于 20 世纪 30 年代，20 世纪 50 年代也进行过调查，20 世纪 70 年代开始进行小规模的抢救性发掘，20 世纪 80 年代以后开始进行较大规模的考古发掘。[1]其中最重要的是 1988—1999 年配合中国航空工业总公司第 602 所基建工程，前后共十次抢救性考古发掘，发掘面积共 6000 余平方米，出土了一批窑炉、作坊、生活等遗迹和"数十万件"瓷器（片）、窑具、制瓷工具等各类遗物，年代涵盖了五代、北宋、南宋、元、明时期，资料较系统。[2]据此，江西省文物考古研究所编写了《景德镇湖田窑址》发掘报告，下面即依据该报告，对湖田窑址宋至明代的考古资料和研究，略作介绍。

二　主要遗迹分布状况与作坊遗迹和制瓷工具

（一）主要遗迹分布状况

五代时期堆积主要沿南山北坡一带分布，遗存发现很少，窑炉目前仅发现一座。宋代堆积遍布今湖田窑保护区，最早堆积在东南部豪猪岭一带，并向外延伸至杨梅亭方向。其窑业生产出现相对集中区域，由东南边缘向中部、西北部发展，窑业中心区主要集中在南山东北（豪猪岭、狮子山）坡及乌鱼岭、琵琶山南缘一带。窑业堆积在豪猪岭、狮子山北坡厚达 2 米以上，中心区域则厚达 7—8 米。在宋代的窑业生产区，各种遗迹相当丰富，但经过考古发掘的作坊遗迹和生活遗迹很少，发现的窑炉遗迹也极其有限。

元代窑业生产基本上在宋代原址上进行，并逐步向中西部的琵琶山、望石坞一带及南河南北两岸发展，南河南北两岸已成为元代新的窑业重点区域。在此区域内已发现的龙窑、葫芦形窑，作坊遗迹密集，规模宏大，2001—2003 年还发现码头遗迹和瓷器集市交易场所遗迹。[3]其中现已发掘的规模最大、最完整的元代作坊遗迹群，主要分布在前述的湖田窑中心区域内。此外，根据考古调查，显示窑址中西部的龙头山、刘家坞、望石坞、琵琶山一带还是生产元代卵白釉、黑釉、青花瓷器的重要场所[4]。

---

〔1〕　江西省文物考古研究所、景德镇民窑博物馆编写：《景德镇湖田窑址——1988—1999 年考古发掘报告》（上），文物出版社 2007 年版。该报告第 5—6 页记述：1937 年英国学者普兰柯斯兰首次到湖田窑址考察，20 世纪 50 年代陈万里先生考察了湖田窑址，20 世纪 60 年代周仁、李家治等先生对湖田窑出土瓷器的胎、釉化学组成进行了研究。1972—1973 年在乌鱼岭东面，1976 年在刘家坞和龙头山，1977 年在乌鱼岭顶部，1978 年在豪猪岭，1979 年在南河北岸印刷机械厂内，1985 年在中国航空工业总公司第 602 研究所等处进行了抢救性发掘，详细情况见原报告。

〔2〕　1988—1999 年十次考古发掘，前引《景德镇湖田窑址——1988—1999 年考古发掘报告》第 6—7 页记述分别是：1988 年 11 月，配合第 602 所职工食堂建设，发掘 672 平方米。1992 年 11 月，配合第 602 所宿舍工程，发掘 94 平方米。1993 年 12 月至 1994 年 1 月，配合第 602 所宿舍建设，发掘 544 平方米。1992 年和 1993 年对湖田窑址保护范围重新调查，核定保护范围为 26 万平方米。1995—1996 年，配合第 602 所宿舍建设，发掘 1376 平方米。1997 年 5—8 月，配合第 602 所宿舍建设，发掘 384 平方米。1997 年 9 月，在第 602 所发掘 144 平方米。1997 年 10 月至 1998 年 1 月，配合第 602 所基建工程，发掘 810 平方米。1999 年 6—8 月，配合第 602 所基建工程，发掘 1356 平方米。1999 年 9 月，配合第 602 所基建工程，发掘 198 平方米。以上十次共配合 13 个基建项目进行考古发掘，各次发掘位置及具体发掘情况请参见原发掘报告。

〔3〕　2002—2003 年湖田窑考古发掘，见徐长青、余江安《湖田窑考古新收获》，《故宫博物院院刊》2004 年第 8 期。

〔4〕　江建新：《景德镇陶瓷考古研究》记述，湖田窑址遗物分布，"天门沟以南的豪猪岭、刘家坞、望石坞、龙头山和南河北岸的印刷机械厂院内多为五代至元代时期的遗物堆积；天门沟以北的窑岭上、乌泥岭、琵琶山、木鱼岑、何家墩等地多为元至明代时期的遗物堆积。"科学出版社 2013 年版，第 25 页。

明代窑业生产更加集中，此时放弃了窑址东部和东南部豪猪岭、张家地、南山北坡以及西部的月光山、竹坞里一带，并逐步移出湖田窑中心生产区，而转移到南河南北两岸和今战备公路以北的胡田村一带。考古发掘的多座明代葫芦形窑和作坊遗迹多集中于此（图25-2-2）。

（二）作坊遗迹

上述十次考古发掘，基本都在"窑包"以外的平地上，大多是当年的作坊区，故出土作坊遗迹较多，种类较全，作坊间的相互叠压打破关系明显。宋代作坊残迹，仅零星发现一些匣钵墙、练泥池和釉缸等。明代作坊所用材料较杂，普遍使用青砖、破匣、石块、卵石等砌建，在一些池子底部常用大块青石及青石板铺底。元代作坊发现较多，成片分布，工艺流程清晰，材料使用规范，大量使用相同规格的小砖砌建，多用支圈底或盖围砌墙体。元代作坊区以95A、96B区为代表，95A、96B区位于湖田窑中心区（图25-2-2），地表无近现代建筑，其作坊遗迹可相对判明平面布局关系。如在95A区较集中地发现元代房屋、路面、水沟、淘洗池、陈腐池、练泥池、蓄泥池、晾坯台、辘轳车、基座和釉缸等遗迹。96B·F33元代作坊遗迹，外有匣钵墙，其内由练泥池或蓄泥池或晾坯场所、水井、辘轳车基座（拉坯成型）等工作区组成（图25-2-3）。这些遗迹保存较好，连成一片，布局规整有序。其整体规模和制瓷工艺流程，在相当程度上再现宋蒋祈《陶记》所记："陶工、匣工、土工之有其局，利坯、车坯、釉坯之有其法，印花、画花、雕花之有其技，

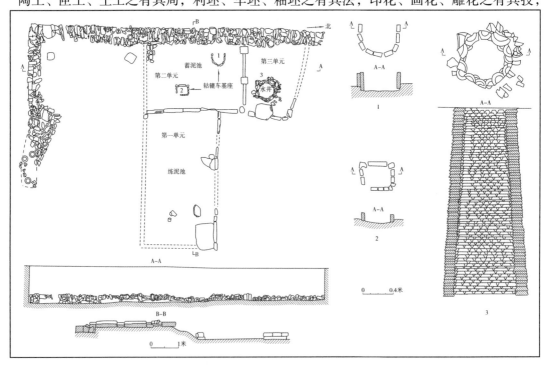

图25-2-3　96B·F33平剖面图

1、2. 辘轳车基座　3. 水井

（引自《景德镇湖田窑址——1988—1999年考古发掘报告》（上），文物出版社2007年版，图三〇）

秩然规制，各不相紊"的实况[1]。

（三）制瓷工具

制瓷工具[2]是指瓷器坯件入窑装烧前，从采矿到瓷坯成型过程中使用的工具，可分为原材料加工工具和坯件成型工具两类。

原材料加工工具，发现擂钵与研磨棒，碾槽和碾轮。坯件成型工具，发现辘轳车上的配件轴顶帽、轴顶碗、荡箍、轴顶板盏[3]和利头[4]。发现修坯压模时所用的拍，发现母范和子范[5]。此外还有凹墩和方盘等[6]。

三　窑炉遗迹与装烧窑具

（一）窑炉遗迹

窑炉发现较多[7]，已发现者有20世纪70年代清理的4座，1988年在北望石坞发掘时发现的1座残窑，1996年B区发掘清理1座，1997年E区发掘清理1座，截至1999年共清理窑炉7座。此外，2000—2003年又发现几座马蹄窑、葫芦窑和龙窑。

1. 宋代龙窑

（1）南宋初龙窑

97E·Y1于1997年发掘，位于97E区今第602所商品一条街后，乌鱼岭西南部（图25-2-2）。窑身残长25米，窑宽2.85米，局部残高2米，窑床倾斜12.56°，窑身方向340度，窑头南偏东。窑头被现代建筑叠压，未清理。窑壁青砖砌成，砖长25厘米，厚7厘米，宽12厘米，有明显呈黑褐色的烧结窑汗，未见护窑墙。窑炉前半段保存较好，

---

[1] 作坊遗迹具体情况见前引《景德镇湖田窑址——1988—1999年考古发掘报告》（上）第32—42页文及线图，以及《景德镇湖田窑址——1988—1999年考古发掘报告》（下）彩版二一五。

[2] 制瓷工具，见《景德镇湖田窑址——1988—1999年考古发掘报告》（上）第390—407页文及线图，以及《景德镇湖田窑址——1988—1999年考古发掘报告》（下）彩版一七八——一八六。

[3] 《景德镇湖田窑址——1988—1999年考古发掘报告》（上）第396、483页记述：轴顶板盏整体形制由一浅圆形盏与一扁平长条状底板相粘而成。瓷板底面不上釉，其他部位均施釉，盏内有明显旋转磨损痕。这种器形，长时间无人能识。此次发掘，经研究认为它是放置在辘轳车的中心车轴顶部，起固定稳定的作用，功能类似轴顶碗、轴顶帽，为辘轳车的配件之一。

[4] 《景德镇湖田窑址——1988—1999年考古发掘报告》（上）第398、483页记述："利头"可能为辘轳上的附件之一，为坯件进行修坯、利坯时使用。利头上部呈圆柱状，下部呈喇叭或圆锥状，瓷质，多素胎，中部有一个或一对穿孔，在器物的内外壁常刻有姓氏、纪年等铭文。过去将这类器物划归窑具，称"垫座""支座"或"支烧具"。此次发掘，参照景德镇古窑瓷厂的制瓷技术，考证其为放在利坯车转盘中间位置，用于利坯或挖足时承托器物之用，景德镇人称之为"利头"。

[5] 《景德镇湖田窑址——1988—1999年考古发掘报告》（上）第401—406页记述：发现的母范有碗母范、壶瓶母范、器座母范、佛母范、观音母范、妇人母范、戏婴母范、配饰母范、象棋子母范等。子范有配饰、象棋子、围棋子等子范。

[6] 《景德镇湖田窑址——1988—1999年考古发掘报告》（上）第406、407页记述：凹墩应是制瓷中加工原料的工具，功用不明。方盘可能是调和彩料之用。

[7] 窑炉遗迹见《景德镇湖田窑址——1988—1999年考古发掘报告》（上）第42—48页。2000—2003年发现的窑址不包括在内，但报告加入了20世纪70年代发现的窑炉遗址。

窑床仅剩底部，窑底为红色黏土，含细沙，烧结面明显，窑尾无存。窑两侧壁有明显的交叉叠压关系，因交接部位无明显打破现象，故应为局部修补所致。窑炉前半部残存高达 1 米的沙粒层，从下往上分别为灰沙粒、红色沙粒（含少量碎瓷片和窑渣）、灰青色沙粒相互叠压十余层。此现象表明，该窑炉至少有十余次不间断的烧造过程，最后因窑底积沙太厚而放弃（图 25-2-4）。从窑炉内出土瓷片分析，窑炉废弃应在南宋初。

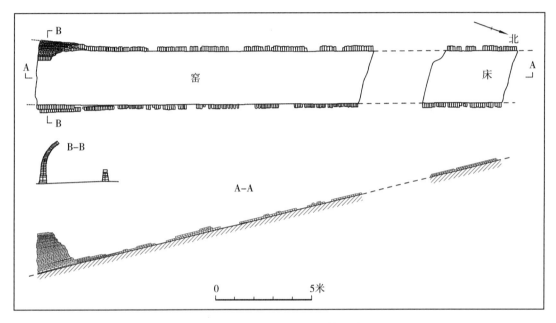

图 25-2-4　97E·Y1 平剖面图

（引自《景德镇湖田窑址——1988—1999 年考古发掘报告》（上），文物出版社 2007 年版，图四三）

（2）宋末元初龙窑

1978 年发现于乌鱼岭东坡，窑残长 13 米，宽约 2.9 米，窑底倾斜约 14.5°。窑壁楔形小砖砌成，残高 0.6 米。窑尾有一烟道，宽 0.45 米，残高 0.3 米，残长 0.4 米，坡度 25 度。窑内堆积 3 层，第 1 层出黑釉和白釉粗瓷片，第 2 层为窑顶塌落的楔形窑砖，第 3 层窑内废弃堆积，出土覆烧支圈和黄褐色芒口碗、盘等。据遗物分析，其废弃时代为宋末至元初。

除上所述，2002—2003 年在南河南岸第 602 所原子弟学校操场发现一座元代龙窑（Y2），窑址打破第②层（该层出土“至元卅（年）”铭款瓷质制瓷工具）。龙窑残长 22 米，宽 3.4 米，窑头和窑尾残，窑头朝东北，窑床坡度 15 度。窑壁局部残高 70 厘米，两侧用匣钵残片砌窑炉护墙，窑炉原有窑棚，并盖有棚瓦。窑底残存大量匣具，以及一处煅烧青料的小型煅烧炉。窑内堆积出卵白釉筒瓦、白釉瓦当、釉里红凤纹滴水、元青花瓷片，黑釉高足杯及较多的元代青白釉饼足碗等[1]。这是中国目前保存最完好的烧造元青花的龙窑。

---

[1]　徐长青、余江安：《湖田窑考古新收获》，《故宫博物院院刊》2004 年第 8 期。

2. 元代葫芦形窑

1979 年发掘，位于南河北岸的印刷机械厂内。窑平面呈葫芦形，全长 21.1 米，前后两室。前室长 4.1 米、宽 4.5 米，后室长 17 米，最宽 3.75 米，窑壁残高 0.61—1.2 米，窑床倾斜 12°。窑身用耐火土掺废弃的组合式支圈窑具建造，窑身有局部追加燃料的投柴孔（图 25 - 2 - 5）。全窑采用匣钵装烧，装匣时采用带砂渣的粗垫饼，未见覆烧器物。窑内废弃堆积高达 1.6—3.4 米，堆积中有卵白釉折腰碗、高足杯及约占 0.45% 的元青花瓷片。窑外北侧 3.7 米处，有一道残长 8.5 米，残高 2—0.7 米的挡土墙，由覆烧器物的支圈底、支圈盖砌成。根据遗物分析，窑炉废弃当在元代后期。

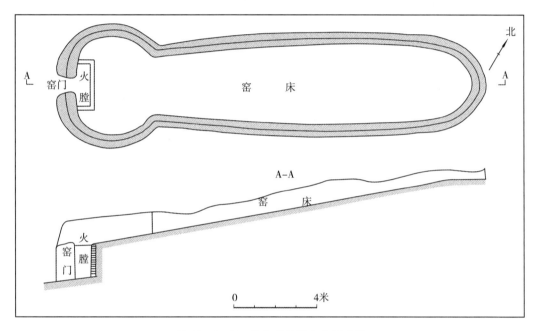

图 25 - 2 - 5　元代葫芦形窑平剖面图

（引自《景德镇湖田窑址——1988—1999 年考古发掘报告》（上），文物出版社 2007 年版，图四一）

3. 明代葫芦形窑

1972 年清理，位于乌鱼岭东边 90 米处。窑残长 8.4 米，窑身砖筑，由窑前储灰坑及前后两室组成，窑尾残。窑前储灰坑呈外"八"字形，最宽 1.58 米，底部低于窑门 0.78 米，窑门宽 0.52 米。燃烧室长方形，长 2 米，宽 0.5—0.6 米。燃烧室原应为弧线梯形，后来为了减少火力（燃烧室北壁窑床有明显烧裂和修补痕迹，说明确有火力太大现象），才在两侧各筑一道砖墙，形成长方形燃烧室。烧成室分前后两室，前室长 2.2 米，宽 1.9—3.7 米，后室长 4.86 米，宽 1.9—3.0 米，窑床长 7.06 米，倾斜 4—10°（图 25 - 2 - 6）。窑叠压在元代地层之上，窑内废弃堆积中有明代早期青花瓷器，时代当在明代早中期。

4. 明代马蹄形窑

1977 年清理，位于湖田窑中心区乌鱼岭山上，半倒焰式窑，保存较好。窑砖砌，全长 4.3 米，宽 3.6—3.2 米，坡度 7 度。东壁和后壁残高 2.3 米，窑壁厚 0.34 米。窑门正北，宽

0.7米，门前储灰坑呈"八"字形，底部低于窑室0.66米，最宽1.5米。火膛呈半月形，最长2.72米，深0.66米。窑床宽1.94米，长2.72—2.5米，清理时窑底尚存安放匣钵的"脚码"和少数略破的匣钵。窑尾有烟道6个，后烟囱2个，中间四个烟道长方形，高0.25米，宽0.16—0.18米，两侧烟道呈半椭圆形，高0.2米，宽0.18—0.2米。后烟道长方形，长0.4米，宽0.3米（图25-2-7）。窑址压在明初地层上，窑底出土物90%都是素面白釉高足杯，另有少量青花松竹梅弧壁残碗，据遗物推断窑炉应属成化、弘治时期。

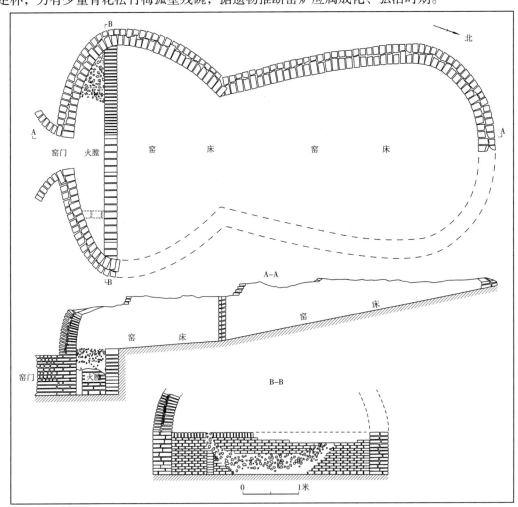

图 25-2-6　明代葫芦形窑平剖面图

（引自《景德镇湖田窑址——1988—1999年考古发掘报告》（上），文物出版社2007年版，图四六）

（二）装烧窑具

装烧窑具指坯件在窑炉内烧造过程中使用的辅助工具，已发现者有以下数种。

1. 火照

火照发现较多。即将残次的废弃碗、炉、枕等的残片切成长方形或不规则的扁平薄片，中间挖一圆孔，放置在一浅腹器内，作检测窑温火候之用[1]。

2. 匣钵

（1）匣钵盖

匣钵盖形状有圆饼形和半圆球形两种[2]。

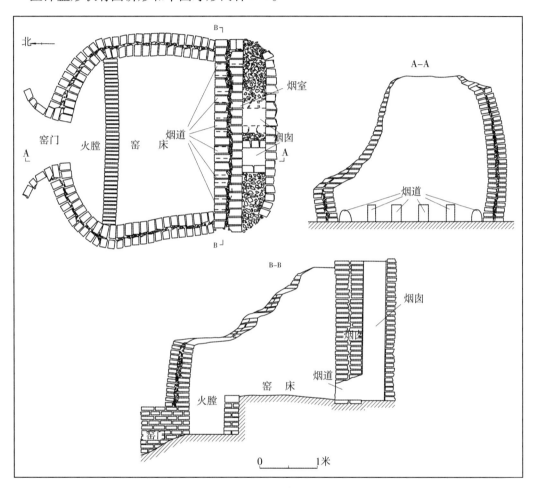

图 25 – 2 – 7　明代乌鱼岭马蹄形窑平剖面图

（引自《景德镇湖田窑址——1988—1999 年考古发掘报告》（上），文物出版社 2007 年版，图四〇）

（2）匣钵

匣钵有桶形和漏斗形两类。

桶形匣钵[3]，方唇，直腹壁、平底或平底微内凹。紫色、灰黄色粗砂胎。依直径与高度不同比例可分 3 型。A 型（图 25 – 2 – 8，1），直径小于高度，整体呈圆桶状，深腹。

[1]　见前《景德镇湖田窑址》（下）彩版一八七。
[2]　见前《景德镇湖田窑址》（上）第 409 页，图三五七。
[3]　见前《景德镇湖田窑址》（下）彩版一八八。

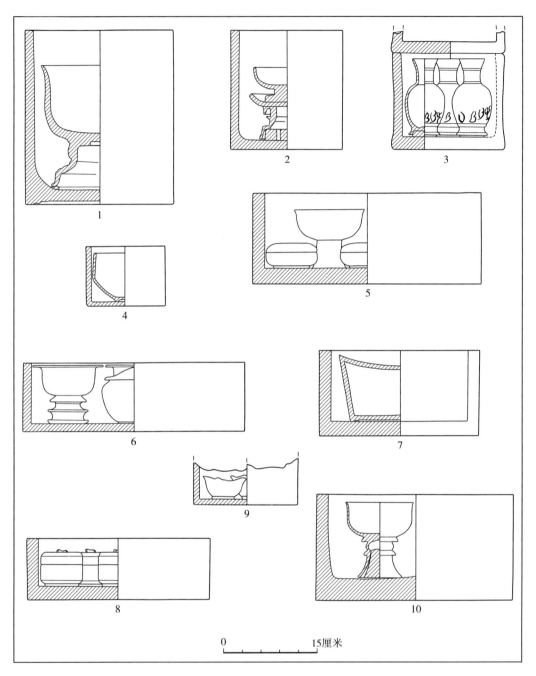

图 25-2-8 桶形匣钵

1. 桶形匣钵 A 型（93Ⅷ：50） 2. 桶形匣钵 B 型（97G·T3①：50） 3. 桶形匣钵 B 型（97G·T3③：216） 4. 桶形匣钵 C 型（97F·T1②：208） 5. 桶形匣钵 C 型（96B·T4③A：502） 6. 桶形匣钵 C 型（97G·T3④：200） 7. 桶形匣钵 C 型（99H 补·H5：30） 8. 桶形匣钵 C 型（99H 补·H5：243） 9. 桶形匣钵 C 型（97F·采：213）
10. 桶形匣钵 C 型（99G·T3④：201）

（引自《景德镇湖田窑址——1988—1999 年考古发掘报告》（上），文物出版社 2007 年版，图三五八、图三五九）

有的外壁施黑褐色釉，有的底面刻划符号。青白色釉高足炉、长方形枕、盖碗以及部分使用覆烧类垫钵装烧的器物采用此型匣钵。B 型（图 25 - 2 - 8，2、3），直径与高度大致相等。有的外壁施黑褐色、酱褐色、灰青色釉，个别的内壁施釉，一些器物外底有刻划符号或"丰""三"等铭文。主要装烧青白釉四系罐、温碗、浅圈足盒、小杯、小葫芦瓶等。C 型（图 25 - 2 - 8，4），直径大于高度，平底。有的外壁施黑褐色、酱褐色、灰青色釉。一些器物外腹壁和外底面刻划符号或"十""叶""李""余"等铭文。有的匣钵内底粘四系罐，罐内底粘五个支钉。青灰釉涩圈碗、青白釉马鞍形枕、四系罐、碗和酱褐色釉碗用此型匣钵烧造。青白釉浅圈足盒、高足杯、平底带座炉、外腹刻莲瓣纹的夹腹灯、莲瓣纹盒、菊瓣纹盒、褐彩圈足盖盒、花口圈足瓶、小盖罐、鸟食罐、砚滴、小杯、小葫芦瓶等也采用此型匣钵，但为多件并列置放装烧。

漏斗形匣钵[1]，整体呈漏斗形、方唇、凸底，紫色粗砂胎。依底部外凸的深度与器底高度的不同比例分为 4 型。A 型（Aa，Ab 图 25 - 2 - 9，1、2），底部微外凸，内底较宽。主要装烧青白釉小杯、小盏类器物。B 型（图 25 - 2 - 9，3、4），底部外凸的深度约为整器高度的三分之一。腹壁至器体下部三分之二处内折，弧凹内收至底，小平底或底外弧，内折处有一周凸棱。C 型（Ca，Cb 图 25 - 2 - 9，5—8），底部外凸深度约为整器高度的二分之一。腹壁至器体二分之一处内折，弧凹内收至底，小平底或底微外弧。其中 Ca 型（图 25 - 2 - 9，5、6）腹壁上部直或壁微内收。主要装烧各种釉色的碗，匣钵与器物间采用圆形垫饼间隔。残存标本表明，青白釉碗、盏、盘，黑釉碗，卵白釉碗、高足杯以及青釉大碗等采用此类匣钵装烧。Cb 型（图 25 - 2 - 9，7、8），腹壁上部较直，中间内折处有一周凸棱，小平底或底微外弧。青白釉、黑釉和青花等三类器物采用此型匣钵。D 型，底部外凸的深度超过整器高度的二分之一以上，腹壁至器体上部的三分之一处内折，弧凹收至底，小平底。其中 Da 型（图 25 - 2 - 9，9）腹壁上部较直，主要装烧青白釉瓷中的小杯、小盏以及圈足碗等。器物与匣钵之间用圆形垫饼间隔。Db 型（图 25 - 2 - 9，10），腹壁内折处有一周凸棱。青釉、黑釉、卵白釉、青白釉瓷均用此类匣钵，装烧器形有黑釉碗、卵白釉碗、高足杯、青釉碗、青白釉碗、大盘等，器物间用垫饼间隔。

3. 窑柱和间隔具

窑柱可分为器体呈喇叭形，器体呈不规则圆柱状，器体呈扁平长方体三种类型。间隔具可分为器体呈圆柱状、喇叭状、圆饼状、扁圆柱状、覆碟状、盘状六种[2]。

4. 垫钵

湖田窑北宋中期青白釉覆烧芒口器采用垫钵覆烧[3]，方法是将坯件翻转过来，覆置在垫钵上，从下到上依次由小到大，装烧器物 1—12 件不等，最后将垫钵置匣钵内入窑装烧。其中装烧的碗类开始改变高圈足特征，转向低矮圈足，腹壁外敞，腹壁变矮变

---

〔1〕　见前《景德镇湖田窑址》（下）彩版一八九。

〔2〕　见前《景德镇湖田窑址》（上）第 416 页，图三六三，第 417 页图三六四；《景德镇湖田窑址》（下）彩版一九〇。

〔3〕　见前《景德镇湖田窑址》（下）彩版一九一。

直。湖田窑垫钵有瓷质和硬陶质之分，依器物底部差异可分4型。Aa型（图25－2－10，1），平底内凹，腹壁较直，近底部圆弧内收，器体剖面外形似长方形。Ab型（图25－2－10，2—5），腹壁斜直，内收至底，有的上端较直，器体剖面外形似倒梯形。Ac型（图25－2－10，6），腹壁圆弧，近底急内收，器体剖面外形似括号状。B型，平底，其中Ba型（图25－2－10，7），腹壁较直，近底部圆弧内收、方唇、直口、大平底，器体剖面外形似长方形。Bb型（图25－2－10，8），腹壁斜直，内收至底，有的上端较直，器体剖面外形似倒梯形。Bc型（图25－2－10，9），腹壁圆弧，近底部急收，器体剖面外形似括号状。C型依腹壁变化分三亚型，Ca型（图25－2－10，10）腹壁较直，近底部圆弧内收，器体剖面外形似长方形。Cb型（图25－2－10，11）腹壁斜直，内收至底，有的上端较直，器体剖面外形似倒梯形。Cc型（图25－2－10，12、13）腹壁圆弧，近底部急内收，器体剖面外形略似括号状。D型（图25－2－10，14），高圆柱状实足。

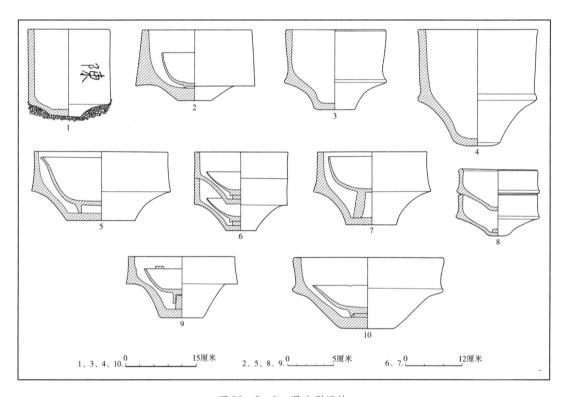

图25－2－9　漏斗形匣钵

1. 漏斗形匣钵 Aa 型（99H 补·H7：110）　　2. 漏斗形匣钵 Ab 型（96B·T1④C：502）　　3. 漏斗形匣钵 B 型（95A·T1④C：501）　　4. 漏斗形匣钵 B 型（96B·T1④B：505）　　5. 漏斗形匣钵 Ca 型（97G·T1①：207）　　6. 漏斗形匣钵 Ca 型（97F·T2②：209）　　7. 漏斗形匣钵 Cb 型（97G·T2①：517）　　8. 漏斗形匣钵 Cb 型（95A·T5④A：500）　　9. 漏斗形匣钵 Da 型（97G·T1①：208）　　10. 漏斗形匣钵 Db 型（97G·T2①：203）

（引自《景德镇湖田窑址——1988—1999 年考古发掘报告》（上），文物出版社 2007 年版，图三六〇、图三六一、图三六二）

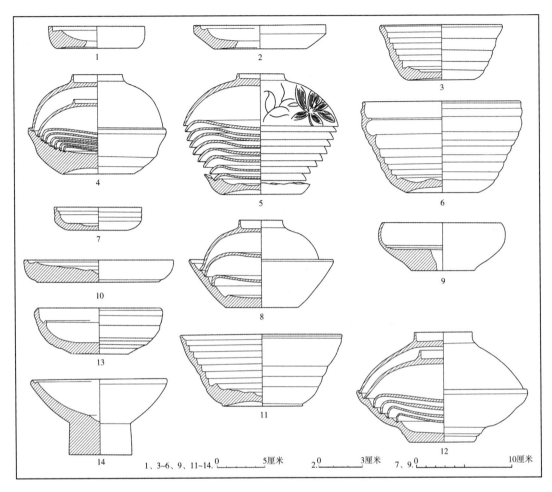

图 25 - 2 - 10　垫钵

1. 垫钵 Aa 型（95A・T2①：512）　2. 垫钵 Ab 型（95A・T2①：520）　3. 垫钵 Ab 型（95A・T4③：501）　4. 垫钵 Ab 型（95A・T4④A：521）　5. 垫钵 Ab 型（95A・T4⑤：500）　6. 垫钵 Ac 型（95A・T3④A：504）　7. 垫钵 Ba 型（95A・F9：510）　8. 垫钵 Bb 型（97G・T2③：202）　9. 垫钵 Bc 型（97F・T2③：20）　10. 垫钵 Ca 型（95A・F9：517）　11. 垫钵 Cb 型（95A・T4④A：515）　12. 垫钵 Cc 型（97F・T2②：205）　13. 垫钵 Cc 型（99H・T3①：201）　14. 垫钵 D 型（97F・H4：2）

（引自《景德镇湖田窑址——1988—1999 年考古发掘报告》（上），文物出版社 2007 年版，图三六五—图三六八）

5. 组合窑具

　　组合窑具由支圈、底和盖组成[1]。支圈，断面呈"L"状大小相同的支圈粘在一起，最多可达 12 级，外腹壁较直。支圈盖，依整体形状差异可分 5 型，A 型顶面中心下凹，沿下垂较矮，直腹壁近顶圆弧。B 型盖顶隆起，中间呈浅圆饼状。C 型顶面中间下凹，盖内面中间凸起，带子口。D 型上下两面均平，斜弧腹壁。E 型顶面内凹，中间

---

[1]　见前《景德镇湖田窑址》（下）彩版一九二。

上凸。（图 25 - 2 - 11）支圈底依整体形状差异分 2 型。A 型圆饼状，上下两面均平。B 型浅钵状，顶面内凹，依底足变化分 3 亚型。Ba 型平底内凹，Bb 型平底，Bc 型圆饼状足。（图 25 - 2 - 12）

采用支圈组合窑具装烧的坯件大小相同，主要是碗、盘类饮食器，残存组合窑具装烧复原情况，如图 25 - 2 - 13 所示。

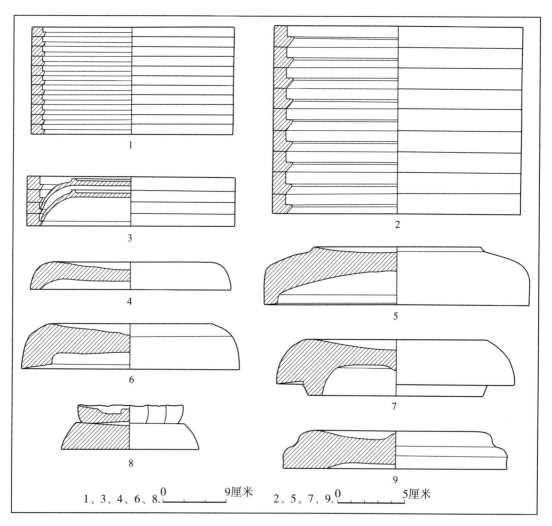

图 25 - 2 - 11　支圈、支圈盖

1. 支圈（97D·T7②：202）　　2. 支圈（95A·T2②：500）　　3. 支圈（95A·T4④：517）　　4. A 型支圈（95A·T5④：518）　　5. B 型支圈盖（95A·T1③：505）　　6. A 型支圈盖（95A·T3①：508）　　7. C 型支圈盖（97D·T7②：203）　　8. D 型支圈盖（95A·F3：500）　　9. E 型支圈盖（95A·F9：512）

（引自《景德镇湖田窑址——1988—1999 年考古发掘报告》（上），文物出版社 2007 年版，图三六九）

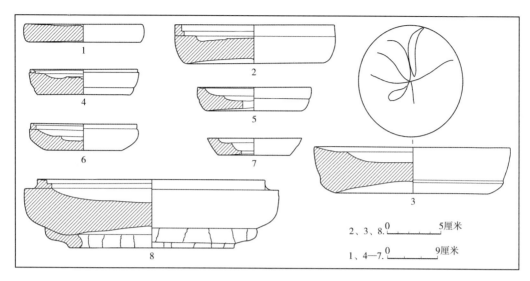

图 25 - 2 - 12　支圈底

1. 支圈底 A 型（95A·F3：503）　　2. 支圈底 Ba 型（95A·T2②：503）　　3. 支圈底 Ba 型（95A·T1①：509）

4. 支圈底 Bc 型（95A·T3①：509）　　5. 支圈底 Bc 型（95A·T3①：507）　　6. 支圈底 Bb 型（95A·F3：504）

7. 支圈底 Ba 型（95A·T2①：511）　　8. 支圈底 Ba 型（95A·F3：501）

（引自《景德镇湖田窑址——1988—1999 年考古发掘报告》（上），文物出版社 2007 年版，图三七○）

四　分期概述

　　《景德镇湖田窑》发掘报告，第二章第三节对典型地层 97G·T2、99H 补区、99H 区、97D 区、97F 区、95A 区作了介绍。第五章第一节地层和遗迹的分组，选择典型地层和典型遗迹 96B·Y1、99H 补·T6、97D·H16、99H 补·T1②层、97F 区、99H 区、95A 区、96B 区、95A·F16、96B·F20、96B·F46 进行分类和排比。然后又对典型地层和典型遗迹分组、排序，分为 11 组[1]。进而对典型地层、典型遗迹单位出土器物进行对比分析，又依地层关系与器物共存关系进行排队，并加入一些较重要的遗迹和地层，据此将整个湖田窑址的器物形制演变分为 11 组[2]。在此基础上，最后将已发掘的湖田窑址分为九期十一段[3]。下面即对九期十一段的年代，瓷器构成和特点，以及窑炉和装烧概况略作介绍[4]。

（一）第一期：五代时期

　　主要生产青瓷，采用半倒焰式马蹄形窑。坯件采用多件器物裸露叠烧，坯件之间用泥质椭圆形支钉间隔。叠烧器物直接置于窑柱之上，窑柱呈上小下大的喇叭形，由粗质匣钵土制成，窑柱顶面常见遗留的支钉痕。一期属五代时期，其他情况略。

---

[1]　11 组，见《景德镇湖田窑址》（上），第 445、446 页。

[2]　11 组，见《景德镇湖田窑址》（上），第 446、447 页。

[3]　九期十一段，见《景德镇湖田窑址》（上），第 447、448 页。

[4]　分期概述，主要据《景德镇湖田窑址》第五章，分期与年代进行介绍。各期介绍，详见《景德镇湖田窑址》（上），第 448—464 页。

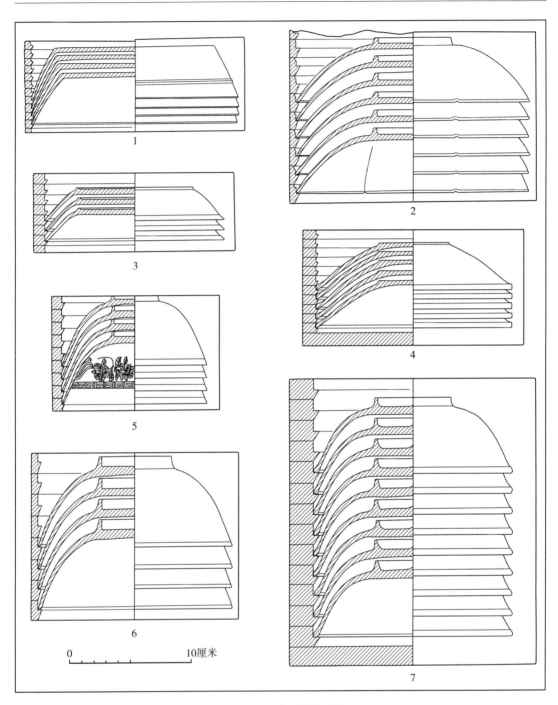

图 25 - 2 - 13　复原装烧类标本

1. 95A·T3②：500　2. 95A·F9：507　3. 95A·T1②：502　4. 95A·F9：514　5. 95A·T4④A：511　6. 95A·T5④
A：519　7. 95A·T1③：503

（引自《景德镇湖田窑址——1988—1999 年考古发掘报告》（上），文物出版社 2007 年版，图三七一）

（二）第二期：宋真宗景德元年至宋仁宗嘉祐八年

1. 二期前段：宋真宗景德元年（1004 年）至乾兴元年（1022 年）[1]

（1）瓷器形制特点

生产青白釉器。其中青白釉碗的总体特征是器形墩厚，个体较大，器身低矮，器足浅矮、宽大。器物胎体较厚，胎质较粗，胎色灰黄。碗类以墩式碗居多，均圆唇、弧腹、宽圈足。盘，圆唇、花口、浅腹、宽圈足。喇叭口瓜棱执壶，口外撇，颈部较短，鼓肩，瓜棱不甚明显。少量仿金属器的执壶，圆口，短直颈，平折肩，短流。瓶、壶、炉、枕、多管器等琢器均采用分段或分片单独制作，然后粘接成型。

（2）釉和装饰

施釉较薄，釉面微混浊不透。釉色青白泛土黄，少数青白泛绿。碗、盘等圈足器内外及足墙外多满釉，足墙内侧下半部分刷釉，仅内底及足墙上半部露胎。一些圈足盘圈足及底部露胎，下腹部有刮釉现象。

在装饰方面，碗、盘装饰较少，约有一半的碗、盘内壁无装饰，仅在外壁用刮刀刮出几瓣菊花（或称折扇纹）或荷瓣。在有装饰的碗、盘中，主要流行刻划折枝牡丹和折枝花果，少量刻划折枝菊。其中折枝花果为浅细线划纹，多饰于盘心。喇叭口瓜棱执壶，肩刻划团菊折枝纹饰。与碗、盘、壶同出的炉、温碗等的外壁，均为粗线刻划的缠枝菊或牡丹图案。

（3）窑炉和装烧窑具

本段未清理出窑炉遗迹。装烧具见漏斗状和桶状匣，多件垫饼和泥条垫圈等。圈足大盘、小圈足盏也见泥块或沿用五代时的支钉、支垫（支钉减少 3—7 个），垫具材料与匣具材料一致。器物单件仰烧，圈足及器物底部基本不见褐色的垫烧痕迹。

（4）青白釉典型瓷器的型式[2]

青白釉典型瓷器的型式有：B1 式仰烧墩式碗，AaⅠ、AaⅡ、Ab、CⅠ式仰烧圈足盘、Ba1 式、Bb 型仰烧碟、AaⅠ、AaⅡ式盏托，AaⅠ式仰烧盏，储钱罐，A1 式尊，Ⅰ式喇叭口执壶，A1 式、B 型直口壶，AⅠ式侈口壶，Ⅰ式子口壶，AⅠ式、BaⅠ式、Bb 型温碗，B 型水浇，A、B 型人物枕，C 型灯盏，B 型多管器，AaⅠ式、Ab 型香薰，C 型盒盖，B 型联子盖盒，Ba、Bb、Da、Dj 型壶瓶盖，AaⅠ、CaⅠ式盒，麒麟塑像。

2. 二期后段：宋仁宗时期（1023—1063 年）[3]

（1）瓷器形制特点

生产青白釉、青白釉褐色点彩和黄黑釉器。本段青白釉器造型高大饱满，枕、瓶、温

---

[1] 见《景德镇湖田窑址》（上），第 449—452 页。

[2] 青白釉瓷器型式具体描述，见前《景德镇湖田窑址》（上），第四章第一节之贰青白釉瓷器，以及所附瓷器型式图。本文二至五期，选青白釉中出土最多的碗和盘为代表，依据报告分期和所述典型器物，参照报告型式线图，列各期、段碗盘型式图。但报告线图对文中所述纹饰无全面显示。二期前段典型瓷器举例见报告图版六〇、八九—九一、九三、一一二、一一三、一一七、一二〇、一三七、一四九、一五〇—一五二、一五四、一五七、一六〇、一六一、一六四、一六九、一九六、一九七、一九九、二一四、二二〇—二二二、二三七、二四四、一六六。

[3] 见《景德镇湖田窑址》（二），第 450—452 页。

碗、壶、盏托、炉、香薰、折肩钵等，都是湖田窑各期同类品种中个体最大的。器形以碗、盘占多数，其器足变小变高，器身由矮浅向高深发展，碗壁由上而下逐渐加厚，形成直壁高足器形的型式明显增加。新出现的中高足圈足墩式碗，形体略小，胎质灰黄不精，釉色土黄，挖足草率，无纹饰。新出现的撇口碗，足部较高较细，腹部较弧，在口沿处先内凹，再外撇，形成流畅的弧度，口部都饰有葵缺。新出现的侈口碗，圈足较高，腹部较弧，多见花口，少见纹饰。此外，还新出现高足薄胎花口碗。盘仍以大件、厚胎为特征，但口部已由前段内勾式变成外侈式，尖唇明显，腹部变浅。

新出现狮形枕，分段模制成型。本段仿金属器的扁圆造型执壶，外表已无金属附件的作风和其他装饰。新见的盘口长颈执壶、喇叭短颈执壶等，外表均无纹饰，造型较单调。温碗外壁有少许纹饰，盏托造型多样，型式丰富。圈足有座炉，一般分两段制作，成型后粘结，造型丰富。新见一些小型动物捏塑及动物造型的熏炉，如龟背炉、鹭鸶背炉、牛背炉等。

（2）胎和釉

青白釉器物多数胎质较细，质坚胎薄，少量胎黄质粗。施釉稍厚于前段，但总体上仍显薄，有的可透见器胎，少见釉汁流动，无积釉和垂釉现象。色纯正、润澈，多青白泛土黄，少量青白泛绿。其中一些青白泛绿器物，表面光泽度较差。黄黑釉瓷器出土较少，器形有碗、钵、壶等。其中双系八棱小罐和双系喇叭口执壶是该阶段特有的器形，表明湖田窑黄黑釉瓷始烧于北宋中期。

黄黑釉器，施釉均匀，釉层较厚，往往呈黄黑色，但在器物的折肩、折腹和口沿折角部位，因釉层较薄，呈色赤黄。黄黑釉瓷器，此后在湖田窑并没有得到进一步的发展[1]。

（3）装饰

青白釉碗器表装饰较少，仅在外壁刻划尖状或圆状莲瓣或缠枝菊花纹饰；花口碗有"出筋"及葵口装饰，有的底心见花形戳印纹饰。圈足盘装饰丰富，盘心常刻划龙、水波、云气、牡丹、水草纹等，盘壁常刻划折扇纹，也见三组或四组开光水波纹饰。本段开始流行琢器装饰，使湖田窑的装饰逐渐形成自己的特点。如各类动物造型的枕、炉，使用了刻划、压印、雕塑、褐色点彩等多种技法装饰，圈足炉流行堆塑垂莲瓣装饰。

新见的青白釉褐色点彩装饰，是用一种含铁元素的矿物质在器物上饰绘图案，再罩以青白釉，其主体呈赤褐色，在图案的边缘有金黄色放射状纹样。成熟的褐彩，褐色纯正，周边显出赤褐色，并深入胎骨。未烧熟的褐彩呈浅褐色，浮于器表。褐彩图案以圆点为主，圆点不甚规则。圆点状褐彩主要饰于元宝形枕之侧面，虎形枕背部、瓶、壶的口沿及肩颈部位，饰点均匀，间隔较有规律。梅花形点也较多见，主要饰于枕面上。此外，在动物形琢器如虎形枕、狮形枕、龟背炉、狗背炉、鹭鸶背炉、鹭鸶粉盒、尊形供器上，则采用涂抹或特殊的点绘技法，既有平涂的渲染，又有对动物五官及须、羽、尾、趾等重点部位的刻意点绘，使之华美富丽，动物神态栩栩如生。

（4）窑炉和装烧窑具

本段未发现窑炉。出土漏斗状匣和桶形匣，支烧具见垫饼及垫圈，多为一匣一器单件

---

[1] 黄黑釉器多出于湖田窑 D 区。

仰烧。碗、盘等圈足器以圆形垫饼垫烧，有的底部残留有明显的褐色垫饼痕或垫饼残渣。圈足炉采用圆形垫圈或支钉垫烧。一些大件器物和多数琢器仍采用支钉作为间隔。由于垫饼置于圈足内支撑器身，故一般器物圈足增高，器底增厚。

（5）典型器物型式[1]

青白釉器，有 AⅠ、BⅠ、BⅡ、BⅢ 式仰烧墩式碗，Aa 仰烧撇口碗，Ⅰ式仰烧花口碗，Aa、型仰烧斗笠碗，AaⅠ型、AaⅡ型、Ab 型、BⅡ式、CⅠ式（除 BⅡ式外余同前段）仰烧圈足盘，Ⅰ式折肩钵，Aa 型、BaⅡ式、Bb 型仰烧碟，AbⅠ仰烧盏，AaⅡ式、AbⅠ式、Ac型、BaⅠ式盏托，BⅠ、BⅡ、CⅠ式仰烧杯，BⅠ式高足杯，Aa、Ba 型瓜棱罐，八棱罐，A型圆腹罐，A 型扁腹罐，Ⅰ式盘口瓶，B 型葫芦瓶，A 型净瓶，贯耳瓶，D 型小瓶，AⅡ、AⅢ式尊，AⅠ式、B 型直口壶，Ⅰ、Ⅱ、Ⅲ式喇叭口壶，AⅡ式、B 型侈口壶，A 型盘口壶，Ⅰ、Ⅱ式子口壶，凤首壶，AⅠ、BaⅡ式温碗，莲蓬头，B 型洗，Ba、Bb 型水盂，A型人物枕（同前段），A、C 型动物枕，元宝形枕，荷叶形枕，AaⅠ、AbⅠ、BaⅠ式、Bb、CbⅠ式有座炉，AⅠ、AⅡ、AⅢ、AⅣ、BⅠ、BⅡ式饼足炉，A、B、C、E 型兽背炉，AaⅠ式灯盏，A、B 型多管器（A 型同前段），Ba、Bb 型香薰，Aa、De、Dk、K 型壶瓶盖，C 型罐盖，B、C、F、G 型盒盖，AaⅠ、AbⅠ式及 Ba 型圆圈足盒，AaⅡ、AbⅠ式平底盒，AⅠ式子母盒，AaⅠ式、Ab 型植物形砚滴，B、C、D 型人物塑像，B、D 型狗塑像，Aa、Ab、B 型马塑像，牛、羊塑像。

黄黑釉器有 A 型碗、钵、执壶、葫芦瓶。

（三）第三期：宋英宗至宋钦宗

第三期即北宋中晚期，青白釉瓷制作规范，加工精细，器形丰富，烧造技术成熟，已完全掌握青白釉瓷的胎、釉与烧成温度之间的关系，使青白釉瓷达到了"薄如纸、明如镜、白如玉、声如磬"的"饶玉"标准。

1. 三期前段：宋英宗至哲宗年间（1064—1100 年）[2]

（1）瓷器形制特点

生产青白釉器及少量黄黑釉器。青白釉器以碗盘占多数，墩式碗中的中高圈足碗与二期后段相似。撇口碗高圈足，腹壁斜弧，口外张，有的内底心有一周平坦的内底。侈口碗明显增多，形制为尖唇、浅弧腹，内底心宽大（未见晚期小底心者），矮圈足，挖足仍较深。花口碗口部已无"葵缺"状，花口弧度自然流畅。深腹侈口盘较少见，折腹坦口盘代之而起。此类盘仍为矮圈足，但比早期盘的圈足稍高略窄，口部常呈花口式。小型斗笠式

---

[1] 青白釉典型瓷器型式具体情况，黄黑釉器型式具体情况，分别见《景德镇湖田窑址》（上）第四章第一节之贰青白釉器，之肆黄黑釉器，以及所附器物型式图。典型器物举例，见报告图五九一六一、六五、七二、八九、九一一九三、一〇九、一一一、一一三、一一七、一二〇一一二五、一二九一一三三、一四〇、一四二一一四四、一四八一一五二、一五四一一五八、一六一、一六五一一六八、一七〇、一七五、一七六、一七八、一七九、一八一一一八三、一八八、一九〇、一九四、一九七、一九九、二〇六、二一四一二一六、二二〇、二二二、二二七、二三五、二三七、二四二、二五〇、二五六、二五七、二六二、二六三、二六五、二六六、二八二、二八三。

[2] 第三期具体情况，见《景德镇湖田窑址》（上），第 452—453 页。

高足碗，斜直壁、细高小足、内底内常留小乳突。新见的卷沿、浅腹、细高圈足盏托，造型轻巧。温碗造型趋于简单，均直口直壁形。执壶造型趋于清瘦，多为瓜棱腹、喇叭口、长颈、颈部长度小于肩腹部长度。盘口瓶形体硕大，丰肩、瘦腹、平底。枕类新见一种长方形枕，其枕面中部稍凹弧。一些小型花口瓶，瓶口塑成花苞状、线条流畅。圈足炉造型丰富，制作精巧。前段的壶式多管器为盆式多管器取代。常见的各类器盖，总体特征是器形较大，器表无装饰，盖纽古朴（不见晚期的表面大量使用模印花纹的现象）。各类盒子仍流行，形体趋高，造型趋于简单。

（2）胎和釉

器物多数胎质较细，质坚胎薄。特别是一些新见的盏、杯等小件器物，胎薄几可透光，釉色青翠欲滴。有的胎质较粗，釉色土黄。此段青白釉釉面相对较厚，器物下腹及腹足交接处可见积釉和垂釉现象，一些积釉与垫饼粘接，垫饼无法取出。

（3）装饰

装饰纹样明显增多。开始流行"半刀泥"技法装饰，"半刀泥"技法使花纹凹凸明显，青白釉在纹理间积釉由薄到厚，釉色由青白到影青，花纹既显流畅又富有立体感。纹样的装饰仍集中于碗、盘内底及内壁。飞禽、海涛、折枝花纹开始流行。碗内壁刻划牡丹、荷叶、云气纹，外壁刻划菊瓣、变形莲瓣纹等。盘内装饰有较明显的分区，即内底与内壁常装饰不同的纹样。如有的内底刻双凤纹、内壁刻四团鸾纹；有的内底内壁均刻三团鸾凤纹；有的内底刻荷叶纹，内壁刻牡丹纹；有的内底刻朵花，内壁刻四团缠枝花；有的内底刻三团鸾凤纹，内壁三开光内刻饰朵花；有的内底戳印章款，内壁刻水波纹；还有的仅在内底刻篦地菊花、荷叶、三束莲、水菊、三团鸾凤、海涛纹等。缠枝菊花间饰以细密篦纹是本段新流行的纹饰，其线条细腻，篦纹流畅，是一种主纹与地纹相辅相成的纹饰，主次相间，与上述的"半刀泥"手法的刻划效果迥异。在枕、炉等琢器上采用雕刻、浅浮雕装饰技艺趋于成熟，线条流畅，工艺精湛。

除上所述，芒口器采用刻划或印花装饰。在盘、碟内底刻划规整的牡丹纹饰，深腹碗外壁刻划疏朗的缠枝莲花。印花装饰见于碗心，盘底或盒盖上模印鱼纹、朵花等。此段的印花技术刚开始出现，相对较少。长方形褐色点彩枕非常流行，品种丰富；并流行各类动物瓷塑。

（4）窑炉与装烧窑具

此段未发现窑炉。装烧具有漏斗状匣和桶状匣，新见少量多级垫钵。漏斗形匣钵用于装烧碗、盘等圈足类圆器，桶状匣用于装烧炉、枕、罐等琢器或小件器物，盏、杯、葫芦瓶等小件器物常多件置于一匣内装烧。垫烧具仍使用垫圈、垫饼及支钉（垫块）作间隔，小件器物用垫饼，大件器物多用垫圈，底大者或大圈足者用支钉等。器物足部的垫烧褐色痕迹十分明显，有的器物底部还残留有垫饼渣痕。芒口器使用多级垫钵烧制，此类垫钵口大底小，多采用瓷土做胎，少量用一般匣钵土，内壁常等距离留有数道凹槽，根据凹槽直径大小，可以同时覆烧大小不等的多件器物，大大提高了窑炉的装烧量。由于有两重匣钵具保护，故器物釉色莹润清澈，往往内外壁都有装饰。"垫钵覆烧"的应用，是湖田窑青白釉瓷烧造繁荣的重要表现之一。

（5）典型器物的形式[1]

青白釉器有 AI、BII、BIII 式仰烧墩式碗（同二期后段），Aa 型（同二期后段）、BI 式仰烧撇口碗，I（同二期后段）、II、III、IV 式仰烧花口碗，Aa 型（同二期后段）、AbI、AbII 式、B 型斗笠碗，AaI 式、AaII 式、Ab 型（以上同二期后段）及 BI、CI（同二期后段）、CII 式仰烧圈足盘，AI、AII 式平底盘，AI 式卷沿盆，I（同二期后段）、II 式折肩钵，Aa 型（同二期后段）及 AbI、BaI、CaI、CbI 式仰烧碟，Aa 型芒口碟，AaII、AbI 式（同二期后段）及 Ac 型（同二期后段）仰烧盏，AaII（同二期后段）、AaIII 式（同二期后段）、AbI 式、AbII 式、Ac 型、Ad 型及 BaI（同二期后段）、BaII、BbI、BbII 式盏托，A 型及 BI（同二期后段）、BIII、CII 式仰烧杯，Aa（同二期后段）、Ab 型瓜棱罐，八棱罐（同二期后段），A（同二期后段）、Ba、Bb 型圆腹罐，BI 式扁腹罐，子口罐，A、B 型直颈罐，A、C 型小罐，大口罐，I（同二期后段）、II 式盘口瓶，A、C 型长颈瓶，琮式瓶，A（同二期后段）、B、C 型净瓶，梅瓶，AII、AIII 式尊（以上同二期后段），AII、AIII 式及 B 型（同二期后段）直口壶，II、III（以上同二期后段）、IV 式喇叭口壶，AI、AIII 式及 B 型（同二期后段）侈口壶，A 型（同二期后段）盘口壶，II（同二期后段）、III 式子口壶，AI（同二期后段）、BaI、BaII 式（同二期后段）及 Bb 型温碗，Aa 型汤瓯，AI、AII 式及 B 型渣斗，A 型水浇，Bb 型（同二期后段）水盂，A（同二期后段）、B、D 型动物枕，A 型长方形枕，荷叶形枕（同二期后段）、元宝形枕（同二期后段），AaI、AaII、AbI、AbII、BaI、BaII 式及 Bb 型、CaI 式、CbI 式、CbII 式有座炉（AaI、AbI、BaI 式、Bb 型、CbI 式、同二期后段），Aa、Ab 圈足炉，B 型三足炉，A 型八棱炉，A（同二期后段）、D 兽背炉，AbI 式灯盏，A 型多管器（同二期后段），烛台，AaI 式、Ba 型、Bb 型（以上同二期后段）香薰，薰座，C、E 型器座，Aa（同二期后段）、Ab、Dc、Dg、Dh、Di、Dj、Gb 型及 HaI 式、I 型、K 型（同二期后段）壶瓶盖，A、B、C（同二期后段）型罐盖，B、E、F、G、H 型（B、F、G 型同二期后段）盒盖，BbI、BbII 式鸟食罐，AaI（同二期后段）、AaII、AbII、BbI 式及 C 型圈足盒，AaII（同二期后段）、AaIII、AaIV、AbII、CaI 式及 Cb、Cc、Cd 型平底盒，凹底盒，AI（同二期后段）、AII 式子母盒，A、B 型联子盒，A、B 型联子盒盖，C 型人物砚滴，AaI（同二期后段）、AaII 式植物形砚滴，I 式袋形砚滴，B 型围棋子，A、B（同二期后段）、E 型人物塑像，C 型人物头像，B、C 型猴塑像，A、B、C、D（B、D 同二期后段）型狗塑像，Ab（同二期后段）、B（同二期后段）、C 型马塑像，A 型象塑像，A、C 型狮塑像，鹿、牛（同二期后段）、猪、B 型鹭鸶、比翼鸟、鸡塑像。

---

[1] 青白釉典型器型式，黄黑釉典型器型式的具体情况，分别见《景德镇湖田窑址》（上）第四章第一节之贰青白釉器，之肆黄黑釉器，以及所附器物型式图。典型器物型式举例见报告图五九、六〇、六一、六四、六五、七二、七三、八九—九三、九五、一〇七、一〇九、一一一、一一二、一一四、一一五、一一七、一二〇—一二五、一三〇—一三二、一三四—一三七、一四〇、一四一、一四三—一四五、一四九—一五七、一六〇—一六四、一六六、一七〇、一七二、一七四—一七六、一七八—一八五、一八九、一九〇、一九四、一九七—二〇一、二〇四、二〇六、二一四—二一六、二一九—二二二、二二四、二二五、二二七、二三七、二三九—二四二、二四四、二四七、二五〇、二五一、二五五—二五八、二六一—二六七、二八、二八三。

黄黑釉器：B 型碗，八棱罐，净瓶，A、B、C、D 型器盖。

2. 三期后段：宋徽宗至钦宗年间（1101—1127 年）[1]

（1）瓷器形制特点

生产青白釉器及少量黑釉器。青白釉器中碗类形制变化较大，最大特色是尖唇、斜直壁，流行矮圈足碗。其中的墩式碗形体趋小，工艺较差。斗笠碗中，尖唇、斜腹、圈足缩小的形制增多，其工艺、胎釉均代表湖田窑青白釉瓷的最高水平。花口碗趋小，趋薄。盘类中多见斜壁浅腹敞口盘，腹部较前段更浅。前段流行的各类枕仍有出土，但数量减少；温碗则少见出土。执壶的总体特征是趋高趋瘦，腹部近似圆柱形，底径较大，长喇叭口与肩腹部基本等长。新见个体较大的扁腹形壶、盘口壶。圈足炉逐渐小型化、简单化，有的圈足部分甚至演变成小圆饼足。一些小型的八棱四系罐、竹节罐很有特色。瓶类新见兽耳瓶、凸弦纹长颈瓶、八棱喇叭口瓶等，具有仿铜器风格。盏托的托台变矮，逐渐低于盏托的沿面，足部常镂"心"形镂孔。盒子仍常见，造型方正，规整。子母盒变小，单盒似趋大，并出现八棱盒、菊瓣形盒等。器盖总体造型古朴，表面装饰较少。砚滴出土丰富，造型各异，有扁腹壶形、童子拜佛形、观音坐莲形、飞鸟形等，均采用合范模制成型。此外，还有抄手形砚台，象棋和围棋出土较多，一些大件的莲花座器、陈设瓷、人物雕塑等琢器发现较多。青白釉芒口碗、盘、碟出土较多。

（2）胎和釉

此段青白釉器逐渐走向湖田窑生产的最高水平，其器形大增，造型丰富多彩，制作规整。器物的胎质细腻洁白，坚硬致密，胎釉结合良好，少见脱釉及釉面冰裂现象。釉色青翠，多数显露出影青之色。这个阶段青白釉芒口碗、盘、碟等，口部刮釉，足内薄釉。

（3）装饰

碗盘类的装饰主要集中在内壁，除继续流行前段的装饰纹样外，又出现许多新的装饰纹样。碗大量刻划三团花、三团牡丹、三束莲、荷花、菊花、三团鸾、海涛纹、戳印"宋""占"等印章款识等。盘内壁刻有缠枝菊、缠枝牡丹、折枝花果、折枝菊、篦划三束莲、三团鸾、龙、云气、婴儿戏水、婴孩攀枝纹等；印花纹饰有三束莲、三团鸾、游鱼纹等。执壶器表有的刻弦纹或云气纹，执柄上常戳印铭款（如"李十哥男小四玄壶""李十哥削瓶"等，此时瓶、壶称谓不甚分别），盒子底部常戳印印记，如"陈家盒子记"等。青白釉芒口器中，芒口碗外壁刻划水草纹，内壁多模印水藻双鱼或凤穿牡丹纹饰。芒口盘主要在内底对称分组模印三、四组团花装饰或游鱼纹饰，不见繁密的印纹。

（4）窑炉与装烧窑具

此段未发现窑炉。据窑址内保护区的一些断面观察，可知采用龙窑烧制瓷器，窑底垫有砂层。多见漏斗状匣、桶形匣，以及较多的多级钵形或盘形匣等。碗类器物仍采用漏斗形匣装烧，以垫饼或垫圈作为间隔器。桶形匣用于装烧大件器物或小件筒形器物，常见数件小器物并列置于匣内烧制，大件器物使用泥钉作间隔器。多级钵形或盘形匣用于装烧芒口器物，有的匣内装烧十余件。采用这类匣装烧，通常所见的废弃状况是器物底心向口部

---

[1]　第三期后段情况，见《景德镇湖田窑址》（上），第453—455 页。

塌陷，造成多件器物相互粘结，显然是胎质较差，器底太重所致。

（5）典型器物的型式[1]

青白釉瓷有：AⅠ（同二期后段，三期前段），AⅡ、BⅡ、BⅢ（BⅡ、BⅢ同二期后段，三期前段）式仰烧墩式碗，Aa（同二期后段，三期前段），Ab 型和 BⅠ（同三期前段）、BⅡ式仰烧撇口碗，Ⅲ、Ⅳ式（Ⅲ、Ⅳ式同三期前段）花口碗，Aa、Ab、Ac、Ad 仰烧侈口碗，AbⅡ（同三期前段）、AbⅢ、AbⅣ式及 B 型（同三期前段）仰烧斗笠碗，AⅠ式覆烧碗，AaⅡ式（同二期后段，三期前段）、Ab 型（同二期后段，三期前段）及 BⅠ、BⅡ、CⅠ、CⅡ、CⅢ式（BⅠ式同三期前段，CⅠ式同二期后段，三期前段）仰烧圈足盘、仰烧大盘。A 型仰烧双腹盆，Ⅰ式仰烧直口盆，Ⅲ式折肩钵，Aa 型（同二期后段，三期前段），AbⅡ式、Bb 型（同二期后段）及 CaⅠ（同三期前段）、CaⅡ式仰烧碟，Aa 型（同三期前段）芒口碟，Ac 型（同三期前段）仰烧盏，AbⅠ（同二期后段）、AbⅡ（同三期前段）式、Ac 型（同二期后段，三期前段）及 BaⅠ（同二期后段，三期前段），BaⅡ、BbⅠ、BbⅡ式（以上三式同三期前段）盏托，Aa（同二期后段，三期前段），Ab（同三期前段），Ba（同二期后段，三期前段）、Bb 型及 BcⅠ、BcⅡ、BcⅢ式瓜棱罐，A（同二期后段，三期前段），Ba、Bb 型（以上二型同三期前段）圆腹罐，竹节罐，子口罐（同三期前段），B（同三期前段）、C 型直颈罐、C 型（同三期前段）小罐、双唇罐、AⅠ式柳斗罐，Ⅰ、Ⅱ式（以上同三期前段，Ⅰ式又同二期后段）盘口瓶，A 型葫芦瓶，C 型（同三期前段）长颈瓶，花口瓶，AⅢ式（同二期后段，三期前段）、B 型尊，B 型（同二期后段，三期前段）直口壶，Ⅳ（同三期前段）、Ⅴ式喇叭口壶，AⅢ式、B 型（以上二者同三期前段）侈口壶，B 型盘口壶，Ⅲ式（同三期前段）子口壶，BaⅡ式（同二期后段，三期前段）温碗，AⅡ式、B 型（以上二者同三期前段）渣斗，A 型孔明碗，A 型（同二期后段）人物枕，AaⅢ、AbⅡ（同三期前段）、AbⅢ、BaⅡ（同三期前段），BaⅢ式及 Bb 型（同二期后段，三期前段），CaⅡ式有座炉，Aa 型（同三期前段）圈足炉，D 型三足炉，四足炉，异形炉，AbⅠ式（同三期前段）灯盏，AaⅡ式香薰，F、H 型器座，Ba、C、Db、Df、Dm、F、Ga、Hb 型壶瓶盖，B（同三期前段）、F、G、L 型罐盖，G（同二期后段，三期前段）、H（同三期前段）、I 型盒盖，Aa 型鸟食罐，AbⅡ（同三期前段）、AbⅢ、BbⅡ式及 Bd、C 型（同三期前段）圈足盒，Bb 型、CaⅡ式、Cc、Cd 型（CaⅡ式，Cc、Cd 型同三期前段）平底盒，AⅡ（同三期前段）、AⅢ式子母盒，Aa、Ab 型砚台，C（同三期前段）、D 型人物形砚滴，D、E 型动物形砚滴，B 型植物形砚滴，F 型人物塑像，B 型（同三期前段），狗塑像，Ab 型（同三期前段）马塑像，鹿塑像（同三期前段），A（同三期前段）、B 型狮塑

---

[1]　青白釉典型器物型式，黑釉器典型器物型式的具体情况，见《景德镇湖田窑址》（上）第四章第一节之贰青白釉器，之伍黑釉器之一，以及所附器物型式图之五九、六〇、六一、六四—六八、七〇、七二、七三、七七、八九、九一—九四、九六、一〇七、一〇九、一一一、一一三——一五、一一七、一二一—一二三、一三〇、一三二、一三四——三八、一四〇—一四二、一四九、一五一、一五三——五七、一六一、一六三、一六四、一六八、一七八、一八〇—一八四、一八六、一八七、一九一、一九五、一九九、二〇二、二〇五、二〇八、二一〇、二一一、二一六、二一九、二二〇、二二二、二二四、二三二、二三五、二三六、二三八—二四〇、二四二、二四六、二四七、二四九、二五〇、二五七、二六二—二六四、二六六、二六七、二八五。

像，A 型鹭鸶塑像。

黑釉器有：B 型类建盏。

（四）第四期：南宋高宗至宁宗（1127—1224 年）[1]

1. 瓷器形制特点

生产青白釉器及少量黑釉器。本期青白釉器物达到湖田窑瓷器生产最高水平，器物品种骤增，造型丰富，装饰手法多样，制作规整，加工精细。其中仰烧类碗以矮圈足碗占多数，高圈足碗次之，墩式碗极少。矮圈足碗坦口、尖唇、斜直腹壁，圈足矮浅。高圈足碗整体趋小，少有装饰。新见一些胎厚、釉浊的撇口碗。执壶较少，个体趋于小型化，风格多样化。仍见侈口壶、盘口壶和扁腹壶等。扁腹壶肩部有立耳，明显具有金属器的风格特征。长方形枕逐渐演变成圆角，枕侧镂空成缠枝牡丹状。圈足炉、有座炉少见，并趋于矮小和简单，代之而起的是筒腹形和多边形圈足炉。一些炉（薰）盖镂空成分组的缠枝牡丹状。大瓶较多见，瓶腹部修长。新见一些肩带鼓钉的敛口小钵，似与围棋罐有关。盒子以单盒居多，均扁平。常见顶部模印成盛开菊瓣状的各式器盖，器盖多小巧，造型各异。新见四边形花盆。常见一些有座的大型雕琢器。各式砚滴出土较多，有扁腹形、八角形、动物形等，小巧玲珑。各式人物造型丰富，有的模印成型，有的雕刻成型。象棋、围棋也较多见。

本期覆烧芒口器大量流行。覆烧芒口深腹碗的形制较前期有变化，其口沿微坦，腹部由弧曲变成微弧，矮圈足，外壁素面。新见芒口大碗，敞口、圈足宽浅、斜壁。覆烧类盘出土较少，器物造型大致同前期。器形多为大盘，圈足宽大，足墙浅薄，釉底。芒口盏、碟出土较多。盏多为深腹杯形，小圈足。芒口碟较小，近平底。新见圆腹、八棱腹芒口杯。

黑釉器[2]多为盏类，其形制为尖唇、束口，圈足较矮小，造型规整，旋坯精细，露胎及圈足处旋削规范，外底心光滑。

2. 胎和釉

青白釉器胎质细腻洁白，坚硬致密，变形率低，胎釉结合良好，少见脱釉和釉面冰裂现象。釉色发色青翠，但由于使用了新的装饰工艺，也有的青白釉釉色泛黄，胎薄，质较疏松。黑釉器含铁量高，胎质坚硬，质地较粗，胎色黑褐。釉层较厚，釉的流动性大，从口沿到下腹越往下越厚，外壁垂流，在下腹形成一周唇边。釉的玻璃质感强，口沿多呈酱色。

3. 装饰

本期青白釉器物盛行装饰，主要在碗、盘、盏、碟等器物的内底及内壁或刻划或模印或戳印各类纹饰。在碗内壁刻划水波、水草纹继续流行，团鸾、双龙、婴儿戏水、婴儿攀枝尤其盛行，此外牡丹、三束莲、菊花、荷叶、唐草、三团鸾、四团鸾、芦雁、螭龙、刘海图、玄武、旋涡纹等也很常见。碗外壁有时刻划一些折扇纹、仰莲纹等。在"斗笠碗"、盏、碟、杯等的底心戳印芦雁、牡丹、荷叶、朵梅、折枝梅等纹样及"宋""吉""詹""酒""占""陆""黄""胡"等文字或灯笼图形。盒子底还见模印"陈家合子记""段家

---

[1] 第四期见《景德镇湖田窑址》（上）第 455—457 页。

[2] 具有南宋风格的黑釉器很少，大都是类建窑盏和类吉州窑黑釉盏，不粘渣不变形，难以断定是湖田窑的产品。

合子记"等款识。芒口碗、盘内底及内壁多模印各种纹饰，内底常印开光内饰折枝梅、凤穿牡丹、凤穿荷塘、盆景山石、双龙、双鱼纹等，内壁常印缠枝花、仰莲、如意、回纹等。刻划纹饰题材生动、布局繁密，粗犷流畅，是最成熟的"半刀泥"手法。模印纹饰布局疏朗，装饰严谨，印纹清晰。一些雕琢器物，采用浅浮雕、镂雕等技法装饰。黑釉器以兔毫纹最多，其他纹饰较少。

4. 窑炉与装烧窑具

本期采用龙窑，清理的龙窑均残，长20余米，一面有数个投柴口，窑底坡度13度左右。窑炉用特制的楔形砖砌成，窑内见厚厚的烧结砂层。使用漏斗状匣及组合式支圈覆烧具，后者是本期新见的窑具。"支圈覆烧法"是湖田窑窑业生产技术上最大的变革，它无需匣钵就能装烧同一规格的产品，增加了装烧密度，使器物的装烧量大增，器物的品种也因此开始相对单一化，产量批量化。但由于窑具本身的缺陷，器物烧成火候变低，釉色趋于米黄，并导致废品率明显上升。

5. 典型器物的型式 [1]

青白釉器有 Aa、Ab、Ac 型，BⅡ式（Aa、Ab、BⅡ同三期后段）仰烧撇口碗，Ⅲ、Ⅳ、Ⅴ式（Ⅲ、Ⅳ式同三期前、后段）仰烧花口碗，Aa、Ab、Ac、Ad、B 型（前四型同三期后段）仰烧侈口碗，AbⅣ式（同三期后段），B 型（同三期前、后段）仰烧斗笠碗，AI式仰烧饼足碗，AI（同三期后段）、AⅡ式覆烧碗，AI式覆烧小碗，AaⅡ、AeⅢ式，Ab 型，BⅢ、BⅣ、CⅡ、CⅢ、CⅣ式（AaⅡ式、Ab 型同三期前后段，CⅡ式同三期前段，CⅢ式同三期后段）仰烧圈足盘，B 型仰烧平底盘，仰烧大盘（同三期后段），Ba、Bb 型芒口圈足盘，B 型双腹盆，AbⅡ式、B 型仰烧卷沿盆，Ⅱ式仰烧直口盆，Ⅲ（同三期后段）、Ⅳ式折肩钵，AI式、B 型小钵，Aa 型，AbⅡ、BaⅡ、BaⅢ式、Bb 型、CaⅡ、CbⅡ式（Aa 型同三期前后段，Bb 型、CaⅡ式同三期后段）仰烧碟，Ab 型芒口碟，AaⅡ、AbI（以上二式同三期前段）、AbⅡ式仰烧盏，A 型覆烧盏，AbⅡ式、Ac 型、BaⅡ、BbⅡ式（以上同三期前后段）盏托，A 型（同三期前段）、BⅡ式仰烧杯，AI式、B 型芒口杯，AI式高足杯，Ba、Bb 型、BcⅡ式（三者同三期后段）瓜棱罐，竹节罐（同三期后段），D、E 型直颈罐，B、D 型小罐，AⅡ式柳斗罐，A、B、C 型瓜棱瓶，花口瓶（同三期后段），A、B、C 型（A 型同三期前段，C 型同三期后段）长颈瓶，B、C 型（二者同三期前段）净瓶，狮背瓶、蒜头瓶，Aa、B、D 型小瓶，AⅡ、AⅢ式（AⅡ式同三期前段，AⅢ式同三期前后段），B 型（同三期后段）尊，AⅢ式（同三期前段）、B 型（同三期前后段）直口壶，Ⅴ式喇叭口壶，B 型（同三期前后段）侈口壶，A、B（同三期后段）、C 型盘口壶，A、B 型扁腹壶，AⅡ、AⅢ式温碗，Aa（同三期前段）、Ab、B 型汤瓯，

〔1〕　青白釉典型器物型式，黑釉典型器物型式具体情况，见《景德镇湖田窑址》（上），第四章第一节之贰青白釉器之伍黑釉器，典型器物型式举例见报告所附器物型式图之图六三、六五、七一、七七、八七、九○、九二、九四、九五、一○二、一○三、一○七、一○九——一一二、一一四、一一六、一一七、一一九、一二四、一二六、一二九、一三五、一三六、一三八、一三九、一四一、一四三、一四八、一五○、一五三、一五六、一五八、一六○、一六二、一六四——一六七、一七二——一七四、一八五、一八八、一八九、一九二、一九四——一九六、一九八——二○○、二○七、二一○、二一二、二一五、二二○——二二四、二三二、二三三、二三五、二三六、二三八、二三九、二四二、二四六、二四八、二五一、二五四、二五五、二五八、二六○、二六一、二六五、二六八、二六九、二八八、二八九。

铫、B 型（同三期前后段）渣斗，B 型孔明碗，B 型洗，Ba、Bb 型水盂，A、B 型匜，C 型动物枕，镂空枕，B、C 型长方形枕，Bb 型、CaⅡ式（二者同三期后段）有座炉，Aa（同三期前后段）、Ab 型（同三期前段）圈足炉，A、C 型三足炉，BⅠ、BⅡ式饼足炉，B 型八棱炉，异形炉（同三期后段），AⅠ、AⅡ式（同三期后段）、D 型灯，AaⅡ、AbⅡ、AcⅠ式、Ba 型灯盏，烛台，AaⅢ式、Ba 型（同三期前段）香薰，B 型器座，Bb、C、Da、Dd、De、DⅠ、E、Gb、Gc 型壶瓶盖，B（同三期前后段）、E、F（同三期后段）、G、H 型罐盖，A、B、D、G、F 型（B、F 型同三期前段，G 型同三期前后段）盒盖，Ab 型、BaⅠ、BaⅡ、BaⅢ式，Cc 型鸟食罐，AbⅡ（同三期前段）、AbⅢ、AbⅣ式、Bc、Bd、Be 型（AbⅢ式、Bd 型同三期后段）圈足盘，Bc、Bd 型、CⅢ式平底盒，凹底盒（同三期前段），AⅣ式子母盒，Aa 型砚台，Ⅰ型动物砚滴，Ⅱ式袋形砚滴，C、D 型扁腹形砚滴，A 型长椭圆形砚滴，多边形砚滴，Aa、Ab、Ba 型象棋，A 型围棋，围棋罐，B（同三期前段）、F 型（同三期后段）人物塑像，A、B、E、H、F 型人物头像，A 型猴塑像，B 型（同三期前后段）狗塑像，牛塑像，鸡（同三期前后段）塑像，A 型佩饰、春宫、男根。

黑釉器有 A、B 型类建窑盏，A、D 型类吉州窑盏。

（五）第五期：南宋理宗至帝昺（1225—1279 年）[1]

1. 瓷器形制特点

生产青白釉器并有少量吉州窑和建窑黑釉器。青白釉器中仰烧器较少，主要有矮圈足碗和"斗笠碗"，不见高圈足碗。矮圈足碗深腹、大口，底径较小，内外壁可见旋坯时留下的凹凸痕。小型"斗笠碗"，小饼足，直壁，大口。新见一种近似饼足的宽圈足大碗。执壶较少，形制各异；见平口及矮直口扁腹壶，平底无釉，短流朝天，器上小下大。三足炉出土较多，有平口、直口和子口等多种，多为兽面形足，兽面模糊。新见一种广肩、宽圈足梅瓶，造型敦实、厚重。一些盘口长颈瓶或八棱颈玉壶春瓶也较多见。

青白釉覆烧芒口器占绝对多数，主要器形有碗、盘、碟、盆，以及少量"斗笠盏"、小碗、小杯、罐盖、盒子等，以芒口碗占多数。多数碗微弧腹，矮小圈足，足内满釉，足端露胎，泛火石红。芒口大圈足坦口碗最多，其形制与仰烧碗接近，仅圈足大些，釉底平坦，口部与腹部厚度相当。芒口盘有两种，一种方唇、浅弧腹、宽矮圈足，胎薄，外壁可见旋坯痕。另一种芒口盘，浅腹、卧足，胎壁厚薄均匀。碟浅腹、卧足，胎壁厚薄均匀。新见一种浅腹大盆，直径达 40 厘米，口部外撇，有芒。斗笠小盏、小碗等胎壁较薄，芒口部位白净。小杯造型较丰富，以芒口八棱杯独具特色。盒子多见单盒，扁平，宽大，外表素面。器盖趋于简单，多见大的荷叶形顶盖和平顶圆盖。马上封猴等动物塑饰及人物塑像出土较多。

类吉州窑的盏，制作工艺稍粗糙，外壁露胎处多留有旋削不平的痕迹。底足制作尤为粗糙，不专门做出底足，只在盏外壁近底约 5 毫米处向里多旋一周，出现一个"足"，然后再在外底旋去差不多厚度的坯泥，形成圈足。

---

[1] 第五期见《景德镇湖田窑址》（上），第 457—459 页。

2. 胎和釉

青白釉器，胎质相对疏松，胎体较薄，施釉稍厚，釉层较莹润，釉色青白闪绿或黄绿，微失透。器物芒口部位刮釉平齐，不见垂釉现象。

类吉州窑盏的黑釉稳定性好，釉层厚薄一致，基本无垂釉现象。盏的外壁有的施大半釉，有些则施釉近底。胎黄褐色或灰褐色，还有的呈灰白色，瓷化程度不高。

3. 装饰

青白釉器刻划花较少，印花类装饰则丰富多彩。刻划纹饰流行婴戏、团鸾、玄武、鱼藻、折枝梅、折枝菊纹等。印花类除继续流行芦雁、凤穿花、荷莲图案外，更多出现组合式印花纹样。如往往在碗、盘内底或下腹印凤穿牡丹、芦雁、游鱼等图案；在器物口沿内壁印钱纹、牡丹、盆景等图案、芦雁、凤凰、梅花、寿桃、荷花纹等成为装饰的主要图案，有的器物内底还印双鱼、荷莲、菊花纹、外壁刻仰莲纹，口沿印连续回纹。新见杯、盏类器物内底心戳印朵梅、朵花等装饰。

类吉州窑的黑釉盏，装饰除兔毫纹外，还有鹧鸪斑、剪纸贴花、油滴、木叶贴花等。

4. 窑炉与装烧窑具

本期仍采用龙窑。窑址内出土大量组合式支圈覆烧具碎片，以及与之配套的圆饼形垫具和盖具。由于覆烧器物空间太密，常见十余个器物连同支圈烧塌变形现象。桶形匣和漏斗形匣仍有出土，主要用于大件器物或仰烧器物的装烧。

5. 典型器物型式[1]

青白釉器有：Ab、Ac 型（同四期）仰烧撇口碗，Aa、Ab、Ac、Ad（以上四者同三期后段和四期）、B 型（同四期）仰烧侈口碗，B 型（同三期后段和四期）仰烧斗笠碗，AⅢ、BⅠ式覆烧深腹碗，AⅠ、AⅡ式覆烧浅腹碗，AⅡ式覆烧小碗，Aa、Ab、Ba、Bb 型（Ba、Bb 型同四期）芒口圈足盘，A、B 型芒口平底盘，A、B 型芒口大盘，芒口盆，AⅡ式、B 型（同四期）小钵，BaⅣ、BaⅤ式仰烧碟，Aa（同三期后段）、Ac 型芒口碟，AbⅡ式（同四期）仰烧盏，A 型（同四期）覆烧盏，CⅡ式仰烧杯，AⅡ、AⅢ式芒口杯，BⅠ式高足杯，BⅠ式扁腹罐，BcⅢ式瓜棱罐，AⅡ式（同四期）柳斗罐，六棱瓶，八棱瓶，梅瓶（同三期前段），琮式瓶（同三期前段），Ab、Ac 型小碗，尖底瓶，B 型（同三期后段和四期）侈口壶，AⅢ 式渣斗，C 型洗，镂空枕（同四期），B 型（同四期）长方枕，Aa（同三期后段和四期）、Ac、B 型圈足炉，D 型（同三期后段）三足炉，AⅡ式（同四期）、C 型灯，AbⅢ、AcⅡ式、Bb、Bc、E 型灯盏，烛台（同四期），A 型器座，Da、Ga、J、L、S 型壶瓶盖，E（同四期）、F（同三期后段和四期）、J、M、N 型罐盖，A、B、D

---

[1] 青白釉典型器物型式，黑釉典型器物型式具体情况，见《景德镇湖田窑址》（上），第四章第一节之贰青白釉器，之伍黑釉器之二、三，以及所附器物型式图之八〇、八二、八七、九七、一〇四—一〇六、一〇八、一一〇、一一三、一一六、一二五、一二六、一二九、一三〇、一三三、一四〇、一四三、一四七、一四八、一六三、一六五、一八四、一九三、一九五、一九六、一九八、二〇〇、二一一、二二一、二二四、二二六、二二八、二三〇、二三五、二三六、二三八、二四三、二四六—二四九、二五一、二五三—二五五、二六一、二六二、二六五—二六七、二八八、二九五。

（以上三者同四期）、G（同三期后段和四期）型盒盖，AbⅣ式、C型圈足盒，Ba型平底盒，B型子母盒，B型砚台，A、B型人物形砚滴，B、C、G型动物砚滴，Ⅲ式袋形砚滴，扁壶形，多边形砚滴，A、B型扁腹形砚滴，B型长椭圆形砚滴，Ab、Ba型象棋，Ac（同四期）、B、C型围棋，B型（同四期）人物塑像，G型人物头像，B、C型猴塑像，A、B（同三期后段和四期）型狗塑像，B型（同三期前段）狮塑像，B型象塑像，A型鹭鸶塑像，鹅塑像，A（同四期）、B型佩饰，春宫（同四期）。

黑釉器有：A型类建窑盏（同四期），B、C型类吉州窑盏。

（六）第六期南宋末至元延祐（1279—1320年）

本期出土青白釉、卵白釉和黑釉器等。[1]

1. 青白釉器

（1）胎、釉、器形与装饰

青白釉器多为覆烧芒口器，胎骨细薄，质较粗松，制作草率，底足中心常见泥突；釉薄，色泛黄，釉层乳浊，有细小开片。器形以碗、盘、盏为主，有少量高足杯、小罐、小盒、洗、匜、动物和人物瓷塑及砚滴等。

青白釉器装饰有刻划花、模印花和镂雕等。刻划花多为双鱼、莲瓣、荷叶纹等，刻纹较粗、简单。印花主要模印双鱼、双凤、双团鸾、荷叶、菊花、折枝花、牡丹、织锦、菊瓣纹以及回纹，印纹较粗犷，不甚清晰。

（2）瓷器形制特点

在芒口器中，深腹碗芒口部位形成厚圆唇，底心微现小圆突，内壁刻划简单水草纹，多数胎粗釉黄，底足满釉或刷薄浆水，开冰裂纹。浅腹碗坦口，圈足宽大。内壁模印鱼藻或花卉纹，有的刻简单水草纹。釉色泛绿，失透，几近卵白釉，但其胎薄及刻印风格又与前期青白釉一致。新见少量青白釉折腹碗，口部外张明显，近底折腹，宽足低矮，足端很薄，足内满釉，芒口处一线红胎（火石红）。内壁及底印折枝花及菊瓣纹，印纹不清，无明显凹凸感。釉色青白泛绿，微失透，此类器物具有青白釉器和卵白釉器的共同特征。新见一些饼足小碗、小杯、胎质较粗，釉色青绿，内外无装饰。青白釉盘形制有折腹盘、八棱盘、平底盘等，盘体趋浅。盘内多印折枝花及狮舞绣球纹，刻栀子纹等。盘总体胎薄，釉青白泛米黄，乳浊失透。仿金属的各式炉出土较多，有鬲式或鼎式，三足或四足。外壁印八卦或螭龙纹，足部印兽面纹，器形较小，胎粗釉黄，纹饰不清。仿玉器的琮式瓶出土较多，个体小巧，不甚精致。模制各式小扁腹罐、小瓶、小盒等常见，胎粗，纹饰不清。

新见两种饼足碗，一为侈口碗，胎厚质粗，釉厚并呈青灰色，内外薄釉，足部露胎，有的内底心有一周涩圈，内外无装饰。此类碗有的采用一匣一器仰烧，有的在一匣内采用涩圈多件叠烧。另一种为撇口碗，有沿，足端略有浅圈足，内底及壁粗线刻划花草纹饰或素面。厚胎，胎白釉厚，釉色青翠，接近仿龙泉釉青瓷的青绿。从底足残存的渣饼看，应是采用垫饼单件仰烧。

---

[1]　第六期见《景德镇湖田窑址》（上），第459、460页。

2. 卵白釉器

新见卵白釉器，釉面较清亮，釉色泛青，釉质流动性较好，在器物的口沿下常见一周流釉痕，尚有青白釉的遗风。与青白釉的差异主要表现在釉质的粘连度较强，不再是透明釉。所以釉面显肥厚、温润，大多数器物釉面上有黑色小棕眼，说明釉料淘洗较粗糙。器形主要有高足杯、小足浅盘和折腹碗三大类，尤以高足杯为多。高足杯造型规整，修胎精细，有的口沿部位极薄。器物装饰主要是模印各式花卉，碗、盘类常在器心模印四团莲、菊、牡丹纹等；在器壁模印与器心花卉相同的六方连续的缠枝花卉纹，偶见模印多层放射状的菊瓣纹。高足杯内壁模印云龙纹，作二龙同向内追逐状，杯心模印八大码、八吉祥或六瓣栀子花纹。此外，有的碗、盘内壁模印"枢府"款识，有的高足杯器壁还模印"玉"字款识。

3. 黑釉器

湖田窑元代一度兴烧黑釉器，器形有高足杯、大碗、小盏等。釉面多光素无纹，仅少量盏类有灰白色的釉滴形成梅花点装饰。高足杯体较深，柄部较短，无装饰。碗类多大碗，深腹、饼足；胎粗、厚釉，内外满釉，有的内底心刮釉一周（涩圈）。小盏内壁有凸弦纹，饼足。黑釉釉层较薄，釉色较淡，呈深褐色，釉面木涩无光。胎质有的瓷化程度高，有的则近陶质，差异较大。胎色也变化较大，从白色到灰色再到黑色，各种颜色都有。

4. 窑炉与装烧窑具

采用龙窑烧制瓷器。装烧窑具多见组合式支圈覆烧具。有少量漏斗形匣、桶形匣。组合式支圈覆烧具仍用于烧制芒口覆烧器物，漏斗形匣和桶形匣则烧制各种器物。青白釉饼足碗有的采用一匣一器单件仰烧，以垫饼为间隔；有的采用底心刮釉方式，局部有涩圈，多件叠烧（与黑釉器烧制方法一致）。卵白釉器采用瓷质垫饼做间隔器（有的直接置于匣底而无任何间隔器）。为防止器物坯胎与垫饼相粘，在垫饼上多撒谷壳等。此时窑业废弃物中，支圈和瓷质垫饼数量最多。

5. 典型器物型式[1]

青白釉器有：AⅡ式仰烧饼足碗，AⅣ、AⅤ、BⅠ（同五期）、BⅡ、BⅢ、BⅣ式覆烧深腹碗，AⅢ、AⅣ、AⅤ、BⅠ式，C型覆烧浅腹碗，Ⅰ、Ⅱ式覆烧折腹碗，覆烧斗笠碗，AⅢ、AⅣ、BⅠ、BⅡ式覆烧小碗，Aa、Ab、Ba、Bb型（以上同五期）芒口圈足盘，A型（同五期）芒口平底盘，A型（同五期）芒口大盘，Aa型（同四期）、BaⅤ式仰烧碟，Aa、Ab、Ac、Ba、Bb型（Aa、Ac型同五期，Ab型同四期）芒口碟，BⅢ、CⅢ、CⅣ式仰烧杯，AⅢ（同五期）、AⅣ、AⅤ、AⅥ是芒口杯，AⅡ、AⅢ、BⅡ式高足杯，BⅡ式扁腹罐，B型柳斗罐，狮背瓶（同四期），E型小瓶，A型洗，A、Bb型水盂，Aa、Ac型（二者同

---

[1] 青白釉、卵白釉和黑釉典型型式具体情况，见《景德镇湖田窑址》（上）第四章第一节之贰青白釉瓷，之叁卵白釉器，之伍黑釉器之一，以及所附器物型式图。本期所附六期典型器型图，青白釉以碗为主，盘的形制多同五期，新增卵白釉碗盘和高足杯型式图。典型器物型式举例，青白釉器见报告图七四、七九、八〇、八二、八四、八五、八七、八八、一一三、一一六、一二四、一二五、一二八、一二九、一三三、一三八、一四八、一六五、一六六、一八五、一八六、一九三、一九四、一九六、一九九、二〇〇、二〇七、二一一、二二四、二二八—二三〇、二三三、二三五、二四一、二四五、二四八、二四九、二五〇、二五二、二五四、二五七、二五九—二六一、二六三、二六七、二六八。卵白釉器见报告图二七一、二七三—二七五、二七七—二八〇。黑釉器见报告图二八五—二八七。

五期）圈足炉，B、C 型三足炉，AⅡ式（同五期）、B 型灯，AaⅡ、AbⅡ、AcⅢ式，B、C、D 型灯盏，Ba 型香薰，D 型器座，Gd、N、O、P、R 型壶瓶盖，D、E、F、（E、F 同五期）Ⅰ型罐盖，A 型（同五期）盒盖，Ca、Cb 型鸟食罐，AbⅤ式圈足盒，饼足盒，印章盒，B 型（同五期）砚台，A、B（同五期）、D、H 型动物形砚滴，B 型（同三期后段）植物形砚滴，Ⅳ式袋形砚滴，B 型（同五期）扁腹形砚滴，Ac、Ba（同五期）、Bb 型象棋，C 型（同五期）围棋，E 型人物塑像，A、D、I 型人物头像，A 型猴塑像，Aa、C 型马塑像，B 型（同五期）狮塑像，鹿塑像（同三期后段），青蛙塑像，比翼鸟塑像，佩饰。

卵白釉器有：AⅠ、BⅠ式，C、D、E 型碗，A、C 型盘，Aa、Ab、Ac、Ad、Ba、Bb 型高足杯，砖和瓦。

黑釉器有：A 型碗，B、C 型盏，B 型饼足杯，A 型高足杯，A、B 型罐、灯盏、灯、盆。

（七）第七期：元代晚期（1321—1368 年）

本期青白釉器物逐渐衰退，卵白釉器和青花瓷器则日益成熟，此外还生产黑釉器。[1]

1. 青白釉器

（1）总体特征

本期青白釉器的总体特征，是器物胎质普遍较粗松，胎色灰白或灰褐；坯料淘洗不精，或见较大颗粒；坯胎加工较粗，修坯痕明显。釉色青黄或青绿，釉面普遍浑浊，微失透。器物内外多无装饰，少量内壁模印缠枝牡丹、竹叶、带状回纹，纹样凹凸明显，纹理不甚清晰。

（2）仰烧器形制特征

本期仰烧器占一定数量。仰烧碗侈口，多内底带涩圈，饼足或圈足。厚胎，质粗，釉多灰黄，常见开片，外下腹不规则露胎，内外无装饰，凡此均与前期无明显差别。新见饼足折沿碗，个体硕大，胎体厚重，胎质细腻，制作规整。内壁剔刻大朵折枝花卉，流畅豪放。除足端外，内外满釉，釉色碧绿，釉层厚，有开片。

（3）覆烧芒口器特点

本期青白釉器多数为覆烧芒口器，以碗、盘、杯为主。芒口碗支圈覆烧，口部普遍外撇，微折沿。圈足较大、足沿较尖，少量圈足足沿宽扁，似卵白釉器的底足，外底心有小圆突。内外稍有装饰，少量印缠枝花，缠枝牡丹、竹叶、带状回纹等，纹样凹凸明显，纹理不甚清晰。施釉较薄，釉色青绿或青黄，微失透。足底有的露胎，有的满釉，有的刷一层浆水，刷浆水处多泛火石红。浅腹碗坦口，足小，内壁少量印鱼藻纹，釉色多泛青绿，足部特征与深腹碗一致。折腹碗有的芒口、口部较前期内收，圈足普遍趋高，趋宽，底心微有凸起，接近卵白釉器造型。胎质较粗，色黑褐，器壁的修坯痕迹清晰，芒口部位一线露胎。釉层较薄，釉色多泛青绿，有的缩釉或有棕眼。青白釉盘形制多样，盘腹更浅，盘内多印折枝花及狮舞绣球纹，刻栀子花纹等。胎体浑厚，釉青白泛黄，乳浊失透，有冰裂纹。高足杯深腹，撇口，尖底，饼足明显矮于腹深。足部无装饰，有的内壁模印开光，内

---

〔1〕　第七期见《景德镇湖田窑址》（上），第 460—462 页。

印文字。胎色灰黑，釉色多青绿。一些饼足小碗、小杯、胎质较粗，釉色青绿，内外无装饰，与前期无异。

2. 卵白釉器

本期卵白釉器大量出现，其釉面一般呈乳浊状，釉色偏白，白里透青。此时的釉质粘连度普遍较强，不见流釉痕迹，釉层肥厚，釉下印花模糊不清。釉面上常见棕眼，釉料淘洗粗糙。器形仍以折腹碗、小足浅盘和高足杯为主，另有大口弧腹碗、宽足盘、玉壶春瓶、连座瓶及建筑材料砖瓦等，器形较早期丰富。器物装饰除早期常见的印花外，还有刻花、贴花等多种装饰手法。碗、盘印花除早期常见的莲、菊、牡丹等花的团花和缠枝花纹外，还增加了八吉祥、祥云飞凤、云龙、云雁纹等图案。高足杯壁除印双龙纹外，也印单龙纹，印花图案普遍模糊不清。有模印"枢府"款，文字模糊不清。

3. 青花釉器

（1）釉与器形特点

新出现青花釉器，但 2000 年以前的发掘，元代青花瓷器出土较少。青花使用高铁低锰并含有微量砷的进口青料和高锰低铁的国产青料两种绘制。大盘主要使用进口青料，青花发色蓝中闪绿，浓重艳丽。由于青料打磨较粗，采用勾、拓画法时，笔触重复部分产生积料，烧成时积料出现褐色斑点。

元代青花器物形体硕大，厚重，朴实。器形以大盘为主，小件器有少量瓶和罐等。由于胎、釉的变化和将器物的圈足直接置于砂垫上仰烧，为防止承受重量的大盘圈足在焙烧时陷于砂渣中，所以增厚足壁、增大圈足，使足身呈外撇状（呈"八"字形）。

（2）装饰

在装饰技法方面，元青花装饰布局繁密，层次丰富，主次分明。大盘等圆器一般采用同心圆分布方法，多层次放射状地进行装饰，装饰分白地蓝花和蓝地白花两类。直接绘画、实笔画线，笔触干净利落，点、画、拓、染准确清晰。大盘综合使用点、画、拓、染笔法，即使较大块面的渲染也一笔而成。小型器物则用单笔勾勒涂拓或白描方法，辅助纹饰大多一次线描画成。

元青花装饰题材有莲池水禽、竹石、番莲、荷花、香瓜、麒麟、莲瓣绘杂宝、如意头、蕉叶纹等。以勾勒法绘出的荷花仅在瓣尖点染，呈麦粒状，花瓣留白边，叶显葫芦形。牡丹纹花叶粗壮饱满，勾叶脉后满色。竹石纹笔法沉着，枝叶多挺劲向上。蕉叶中的茎多实心满色。莲瓣纹各自独立，瓣内填绘杂宝或如意头纹。莲池水禽、竹石、香瓜、麒麟纹为大盘的主题纹样。蕉叶纹装饰于瓶颈部，如意云头莲瓣纹饰于瓶肩、腹部。其中装饰蕉叶，如意云头莲瓣纹，采用国产青料生产的瓶等小件器物，作为贸易瓷还销往菲律宾等东南亚国家。

4. 黑釉器

黑釉器有高足杯、饼足盏、弧腹碗等。高足杯杯体大于柄部，制作粗糙，胎质较粗松，釉面灰褐。饼足盏内壁饰多道弦纹，胎粗，釉面有缩釉，胎体有气泡，常见裂纹。弧腹碗深腹，大口，饼足，有的内底涩圈，常见器物变形现象。

5. 窑炉与装饰窑具

本期采用龙窑烧制瓷器，并出现葫芦型窑。青白釉器仍以覆烧为主，窑址内多见残断的组合式支圈，但一匣装烧一件器物的漏斗形匣也大量发现，主要用于装烧大型饼足碗、盘等器物，其足部有时以粗质垫饼间隔，有时直接置于匣内。内底带涩圈的青白釉碗为多件叠烧，黑釉器物与青白釉器物装烧方式相同。卵白釉器物除延续前期装烧方式外，从少量的器底迹象分析，有的可能还采用砂垫。青花器物可能采用一匣一器单件仰烧，垫烧方式与卵白釉器同。

6. 典型器物型式[1]。

青白釉器有：AⅢ、BⅠ、BⅡ式仰烧饼足碗，AV（同六期）、AⅥ、BⅢ、BⅣ（BⅢ、BⅣ同六期）覆烧深腹碗，AV、BⅡ式、C型（同六期）覆烧浅腹碗，Ⅱ式（同六期）覆烧折腹碗，AⅣ式（同六期）覆烧小碗，仰烧大盘，Ab、Ba型（同五、六期）芒口圈足盘，芒口盆（同五期），Aa、Ab、Ac型（Aa、Ac型同五、六期，Ab型同六期）芒口碟，Ba、Bb型仰烧盏，B型覆烧盏，AⅥ式（同六期）芒口杯，AⅢ式（同六期）高足杯，F型灯盏，A、D、E（D、E同六期）、K型罐盖，Dd、Q、T型壶瓶盖，A（同五、六期）、D（同五期）型盒盖，Ac型鸟食罐，B（同五六期）、C（同五期）、F型动物砚滴。

卵白釉有：AⅠ、AⅡ、BⅡ、D、F型（AⅠ式、D型同六期）碗，A（同六期）、Ba、Bb、C（同六期）型盘，Ad（同六期）、Ae、Af、Ba、Bb（Ba、Bb同六期）型高足杯、盏、连座瓶和炉（按，炉在报告中正文无文和图）等。

青花有：盘、瓶等。

黑釉器有：B型碗（按，报告正文碗未分型），A型饼足盏，A型饼足杯，B、C型高足杯，A型（同六期）罐，灯盏（同六期），灯（同六期）和水浇等。

(八) 第八期：明成化弘治间 (1465—1505 年)[2]

1. 大量出土明代青花瓷器

本期出土明代青花瓷最多，产品注重实用，器形简单。器形有碗、盘、碟、高足杯、杯、器盖、灯盏等。器物胎体较粗，白度不高，釉面泛灰或泛黄，部分产品因釉层微微加厚，青色加深，似湖水青。青花多淡雅，发色较沉。有的产品因釉层较厚，有微小气泡，使青花朦胧、松散、幽暗。绘画布局疏朗，笔法以勾、拓、涂染的一笔点划为主，笔触肥润，圆柔。纹样简率，题材有缠枝、折枝莲、缠枝牡丹、湖石牡丹、扁轮、螺旋菊瓣、水草、兰草、折枝果、石兰灵芝、月影梅、空心梅、岁寒三友、简花花卉、海马、海螺、蝴蝶、双鱼杂宝、云气、仙人乘槎、鱼藻、张骞出塞、十字宝杵、隶书、草书"福""寿""灯"字、龟背锦、十字菱形锦、回纹、卷草、海水边饰等纹样。本期缠枝莲花向里卷曲

---

[1] 青白釉、卵白釉、青花和黑釉典型器物型式具体情况见《景德镇湖田窑址》（上）第四章第一节之贰青白釉器，之叁卵白釉器，之玖元青花器，之伍黑釉器之一，以及所附器物型式图。本文所附线图，列青白釉碗盘和卵白釉碗盘。青花瓷器线图，报告乏见，故未列。典型器物型式举例，青白釉器见报告图七四、七五、七九、八三、九六、一○八、一一八、一一九、一九六、二○四、二一一、二三○、二三二、二四八。卵白釉器见报告图二七一—二七四、二七六、二七七、二七九、二八五、二八六。

[2] 第八期见《景德镇湖田窑址》（上）第 462、463 页。

呈螺旋形，花瓣做芒穗状，卷叶粗短，似桃实，豆荚，有的呈鸡爪形或三角"枫叶"状。缠枝牡丹卷叶呈螺旋状，有的葫芦形小叶似蚌壳。月影梅、岁寒三友中的梅花均为空心梅。云气纹卷云间装点亭台楼阁，有的作弹簧状。仙人乘槎中的仙人有刘海；鱼藻纹中的鱼为鳜鱼；海水边饰呈叠浪状。

2. 其他瓷种

本期还出少量青白釉、仿龙泉釉青瓷、蓝釉和白釉器。青白釉器物胎体较粗松，造型简单，器形少，釉色泛白失透，不见装饰。仿龙泉釉青瓷器胎质致密，胎色洁白，釉呈淡青色，釉质纯净，少数开冰裂纹。器形以碗、盘、碟、高足杯、罐居多，素面为主，少量刻划莲瓣或菊瓣纹。蓝釉器胎体洗白，致密。有的内壁青花，外壁蓝釉；有的内壁白釉，外壁蓝釉。器形有碗、碟、瓶等[1]。白釉器质地洁白细腻，釉色白中闪灰，微失透。主要器形有碗、盘、杯、高足杯、三足炉等。有的口沿施酱褐釉，多在外底心书青花方框花押款，方框内书"福""玉""口文自造"等字款。

3. 窑炉与装烧窑具

本期采用葫芦形窑和马蹄形窑，葫芦形窑前后室长度基本相等，窑炉结构紧密，窑砖制作规范，窑温控制良好。

装烧采用漏斗形匣钵，匣钵制作粗糙，体薄，多在器腹破裂，故废品较多。多采用砂垫，极少使用成本较高的瓷质垫饼装烧。器物底足露胎者多，满釉者少，并出现足沿粘砂现象，器物挖足也往往不过肩。由于将砂渣放在匣钵与垫饼之间，使在高温下收缩的垫饼与不收缩的匣钵之间形成一个滑动层，瓷器在焙烧过程中收缩自如，提高了成品率。

4. 典型器物与型式[2]

（1）青花釉器

Aa 型，AbⅠ、AcⅠ式，Ad、Ae、E、H、J、N、O、P、R 型墩式碗，Aa、C、D 型莲子碗，A、C 型，BaⅠ、BaⅡ、F1 式渣斗碗，A、B、C 型折沿盘，A 型侈口盘，Ba、Bb、C、D 型折沿碟，A、Cb、F 型侈口碟，A、B、C、D 型竹节形高足杯，A、C、E、F 型喇叭形高足杯，B 型侈口杯，A、B、C 型罐，B 型方碟，器座，B 型砚台，炉，计时器等。

（2）青白釉、仿龙泉釉和白釉器

青白釉器有 Aa 型（同六期）、AbⅢ式、Bb 型仰烧碟，AⅢ、BⅡ式（BⅡ式同六期，AⅢ式同六、七期）高足杯，Ca、Cb 型（二者同六期）鸟食罐。

仿龙泉釉器有：A、B、C 型碗，A、B 型盘，A、B、C 型碟，高足杯。

白釉器有：碗，A、B 型盘，三足炉，A、B 型高足杯，A、B 型杯。

---

〔1〕　蓝釉器见《景德镇湖田窑址》（上）第334页文和图。文中叙述蓝釉器仅在表土层与明代青花同出少量零星残片，难以判断是否为湖田窑产品。

〔2〕　青白釉、黑釉、蓝釉、仿龙泉青釉、青花和白釉典型器物型式具体情况，见《景德镇湖田窑址》（上）第四章第一节之贰青白釉器，之伍黑釉器之一，之柒蓝釉器，之捌仿龙泉釉青瓷器，之拾明青花器，之拾壹白釉器，以及所附器物型式图。典型器物型式举例，青花釉器见报告图二九五、二九九、三〇〇、三〇二、三〇四—三〇九、三一四、三一七、三一八—三二四、三二七、三三二—三三四、三三六。青釉见报告图一一一、一一三、一二九、二三三。黑釉瓷见报告图二八五、二八七。仿龙泉釉瓷见报告图二九二、二九三。蓝釉瓷见报告图二九一。白釉瓷见报告图三二八、三三九。

（3）黑釉和蓝釉器

黑釉器有：盏、罐。蓝釉器有碗、碟、瓶。

（九）第九期：明正德至嘉靖年间（1506—1566 年）

本期主要出土明代青花瓷器，由于青花瓷器出于表层，故其中有一部分可能属于外来的交换产品。[1]

1. 青花器形与变化

本期出土青花瓷器的器形，主要有碗、盘、碟、高足杯、杯、器盖、罐、方碟、器座、青花料照子、权、拍、砚、炉等。形制较八期略有变化，如胎体、足壁由厚变薄，挖足由不过肩到过肩，圆器圈足内由无釉到多有釉。本期早段有的器物相对精致，晚段总体质量逐渐下降。

2. 装饰与变化

本期早段青花瓷器装饰构图趋于疏朗，后段繁缛和简练与抽象布局都有，可分白地蓝花和蓝地白花两种。在画法上从勾、拓、涂染到本期早段出现勾线分水画法，分水有浓、淡两个色阶，但渲染不够均匀清晰；晚段双勾混水画法中的分水层次清晰，色阶发展到两个色阶以上。并出现一种分水成形，再划筋脉的"没骨画法"，以及按照山石的起伏皴染产生明暗变化自如，色阶丰富清晰的山石皴染分水法，具有中国画构图和中国写意画式的纹样开始出现并增多。在题材方面早段多流行缠枝莲、折枝果、菊瓣、扁轮菊瓣、螺旋菊瓣、折枝牡丹、折枝莲、水草、缠枝花、岁寒三友、海水蕉叶、山石、宝杵、月华、海马、海水奔马、海螺、简笔海螺、蝴蝶、草书"福"字、梵文、海水、卷草、重"十"字菱形、龟背锦边饰等纹样。晚段纹样笔触清晰，有轻重粗细变化。缠枝莲、缠枝莲捧杂宝、折枝莲、缠枝牡丹、缠枝牡丹杂宝、折枝牡丹、菊瓣、盆梅、月影梅、折枝花、团花、螺旋花卉、水草、桃、树石栏杆、花鸟、排点、喜报双元、乳虎、杂宝、灵芝菌伞，草书"福""玉"字、盆景竹石、寿山福海、岁寒三友等是湖田窑产品特有的纹样。此外，还有湖石牡丹、黄蜂花果、蝴蝶花果、鱼藻、通景山水、垂钓图、暮归图、江岸望山图，行书"寿"字等纹样，以及"大明年造"年款等。

在上述纹样中，缠枝莲卷叶、折枝牡丹花叶、岁寒三友中的梅花均呈舞蝶状。其中缠枝莲花头画成螺旋形，卷叶小；有的缠枝莲花瓣、卷叶形如西瓜子，细长，像飘动的彩带；莲瓣出现白描。缠枝牡丹叶子形似鸭掌，花瓣边沿画成弧线，瓣内勾筋线，似芍药、芙蓉画法；写实小尖叶和变形卷叶混用；锯齿边一类叶周围画成连弧线。缠枝牡丹杂宝中的祥云呈"壬"和"人"字形，较粗壮。杂宝中的伞盖画网格，岁寒三友中的竹子叶朝下。海水边饰中的波浪纹作二、三层叠浪击浪花状，有的呈三角形和串珠形击浪花状。海螺笔致严谨，形象秀丽，有的周围是鳞次栉比的水波。花鸟纹有的抽象工整，有的抽象草率。海马纹工整，周围点缀波浪，海草、水体动物。松鹤图分立鹤展翅欲飞状和飞鹤二种，松针为椭圆形。灵芝云纹内涵折枝花，鱼藻纹水中缀以白莲，水草纹具有中国写意画的画境。灵芝菌伞纹呈椭圆形如意状，顶部或两侧画竹叶四、五片。

---

[1] 第九期见《景德镇湖田窑址》（上），第 463、464 页。

3. 窑炉与装烧窑具

本期采用葫芦形窑，其前室较大且长，结构较前期简陋。窑砖较大，不如前期规范。窑底更平坦，窑壁更薄，窑炉外侧常用废弃窑业垃圾护窑，显得比较粗糙。火候控制相对较差，窑炉前段常常烧结，而窑尾多生烧。使用漏斗形匣钵，匣钵胎薄质粗，窑址内废弃匣钵堆积如山，说明此时废品率较高。除日用粗瓷继续使用砂垫烧造外，中上等瓷器，使用瓷质垫饼托足仰烧较常见，故器物底足多满釉，足底露胎或粘砂的现象逐渐减少。瓷器成品率和外观质量较前期有所提高。青花发色灰青沉滞，仅少量靛青雅丽、色泽青翠欲滴。

4. 典型器物和型式[1]

典型器物和型式有 AbⅡ、AbⅢ、AcⅡ 式，Ad、Ae（二者同八期）、B、C、D、E（同八期）、F、G、I、J（同八期）、K、L、M、N、O、P（N、O、P 同八期）、Q 型墩式碗，Aa、Ab、Ac、B、C 型（Aa、C 型同八期）莲子碗，A 型、BaⅢ 式、Bb、Bc、Bd、C、Da、Db、Dc、Dd、De、Ea、Eb、Ec 型（A、C 型同八期），FⅡ 式和 G 型渣斗碗，A、B、C 型馒头形底碗，Aa、Ab、Ac、Ad、Ba、Bb 型玉壁底碗，A 型砚台，A 型（同八期）折沿盘，B、C 型侈口盘，Aa、Ab、Bc（按，报告正文和图无 Bc 型）、C 型（C 型同八期）、BbⅡ 式折沿碟，A、Ba、Bb、Ca、Cb、D、E 型（A、Cb 型同八期）侈口碟，B（同八期）、E 型竹节形高足杯，B、D、E、F 型（E、F 型同八期）喇叭形高足杯，敞口杯，A、B、Ca、Cb、C（按，报告正文和图无 C 型）、D、E、F、G 型撇口杯，A、Ca、Cb、D、E 型侈口杯，Aa、Ab、Ba、Bb、Bc 型罐盖，A、Ba、Bb、Bc 型壶盖，A、B 型灯盏，A（同八期）、D 型罐，权、拍、钵、器座（同八期）。

五　湖田窑青白釉和卵白釉瓷胎釉科技测试的初步成果

（一）瓷胎的化学组成与配方及瓷胎的显微结构

景德镇附近盛产瓷石和高岭土，以瓷石为瓷胎原料称一元配方，若再加入高岭土（Al_2O_3 含量高）共同作为瓷胎原料称二元配方。从景德镇湖田窑青白瓷（包括卵白釉瓷）胎的化学组成来看[2]，宋、元、明时期青白釉瓷胎中 Fe_2O_3 的含量基本在 1—2% 之间，TiO_2 的含量基本在 0.1% 以下，故胎质较白[3]。宋和明代青白釉瓷胎中 SiO_2 的含量在 73—75% 之间，Al_2O_3 的含量在 17—20% 之间，与祁门瓷石成分特点一致，说明宋和明代瓷胎仅由瓷石一元配方作原料烧制成的。元代瓷胎中 SiO_2 的含量降到 70% 左右，Al_2O_3 的含量增加到 20—23%。瓷胎中 Al_2O_3 的含量大于 20%，无法从单一瓷石配方中制得的，必

---

[1] 明青花典型型式具体情况，见《景德镇湖田窑址》（上）第四章第一节之拾明青花器，以及所附器物型式图。明青花典型器物型式举例见报告图二九六、三〇〇、三〇一、三〇五、三〇六、三〇九—三一六、三一八—三三二、三三四—三三七。

[2] 见《景德镇湖田窑址》（上），附录一，489 页表 1，湖田窑瓷胎的化学组成；见李家治主编《中国科学技术史·陶瓷卷》第 327—329 页表 10 - 2 景德镇白釉（包括青白釉）瓷胎的化学组成。上述二表的瓷胎的化学组成为：SiO_2、Al_2O_3、Fe_2O_3、TiO_2、CaO、MgO、K_2O、Na_2O、MnO、P_2O_5，并包含各种成分的含量。

[3] 《景德镇湖田窑址》（上），附录一，吴瑞、李家治等《景德镇湖田窑青瓷与青白瓷的科学技术研究》。此外，该文还指出，湖田窑五代青胎中含有较高的 Fe_2O_3 和 TiO_2，使胎色呈灰白色。说明其制瓷历史也是从烧造青釉瓷开始的，后来发现当地储藏大量优质瓷石、高岭土和釉石，才逐步开始烧制青白瓷、白瓷，成为繁荣的瓷业中心。

须加入高岭土[1]，即采用二元配方。瓷胎中 Al_2O_3 的含量增加可提高瓷器烧成温度，减少烧成时的变形，增加瓷器的强度[2]。

景德镇湖田窑制瓷工艺何时采用二元配方，说法不一[3]。20 世纪 90 年代，通过对景德镇历代瓷胎化学组成数据的分析，得出高岭土配合瓷石制胎的二元配方始于元代，成熟于明末清初；在元、明时期，单一瓷石的一元配方与瓷石配合高岭土的二元配方同时并存[4]，后来相关的研究也得出同样的结论。此外，有的用中子活化分析（NAA）方法，进一步推论景德镇地区比较成熟地采用二元配方应在 1320 年前后[5]。

宋代青白釉瓷胎的显微结构中，在大量的玻璃基质连续相中含有许多折射率高的云母残骸和大量熔蚀边明显的残留石英，前者尺寸约为 40—50 微米，后者都在 40 微米左右。胎中长石残骸少见，由于不含高岭石，在长石边缘处熔入的 Al_2O_3 不多，致使残骸中的莫来石析出，全靠长石自身的 Al_2O_3 含量，故莫来石稀疏少见。

元代卵白釉（枢府）瓷胎显微结构与宋代青白釉瓷胎有较大不同。其一，石英含量较少，粒度也较小，一般为 20 微米左右，说明瓷石的用量减少和原料处理得更为精细。其二，长石残骸的含量较多，较易发现，长石残骸周围都是云母残骸。反映出所用瓷石含有较多的长石（不同于宋青白釉所用瓷石），这和它的化学组成以及景德镇瓷石原料存在的情况也是一致的。其三，卵白釉瓷胎中莫来石含量较多，发育较好，这可能和长石较多以及掺入少量高岭土有关。

瓷胎中引入越来越多的高岭土，使瓷胎中生成较多莫来石，其抗折强度亦随之逐步增加。由于瓷石用量减少，使瓷胎中石英的含量减少，其膨胀系数也越来越小。与此同时，由于烧成温度的提高和还原气氛的加强，以及原料的选择和处理的精益求精，使这些瓷器具有很高的白度和相当好的透明度。这些性能的提高，对景德镇瓷器内在和外观质量的提高，都起了非常重要的作用[6]。

（二）瓷釉的化学组成与显微结构[7]

景德镇瓷釉历来用釉石配以釉灰，釉石也是一种瓷石，其风化程度较浅，云母和长石等可作为熔剂的矿物含量比用于制胎的祁门瓷石高；釉灰则以石灰石与草木灰共同制得。宋、

---

[1] 《景德镇湖田窑址》（上），附录一，吴瑞、李家治等《景德镇湖田窑青瓷与青白瓷的科学技术研究》指出：高岭土的加入不会很多，因为高岭土中 Al_2O_3 的含量在 30% 以上，如果加入过多则瓷胎中 Al_2O_3 的含量将大大超过 20%。

[2] 湖田窑青白釉瓷胎化学组成与配方的分析，见上注《景德镇湖田窑青瓷与青白瓷的科学技术研究》。

[3] 李家治主编《中国科学技术史·陶瓷卷》第 331 页指出，景德镇制瓷工艺中加入高岭土的时间有三说。

[4] 罗宏杰、高力明、游恩溥：《对应分析在景德镇历代瓷胎配方演变规律中的应用》，《硅酸盐学报》1991 年第 2 期。

[5] 见《景德镇湖田窑址》（上），附录二，冯松林、程琳等《景德镇湖田窑古瓷元素组成的核分析研究》文中得出 1320 年前后的结论；刘新园、白焜《高岭土史考》，《中国陶瓷——古陶瓷研究专辑》，1982 年第 7 期（增刊）。文中认为二元配方确立的年代，至迟在元泰定年间（14 世纪 20 年代），但不会早前于元初。这个看法与 1320 年前后说相近。

[6] 李家治主编：《中国科学技术史·陶瓷卷》，第 333—335 页。其次，第 341 页还总结说：景德镇在制胎原料上从使用单一瓷石的一元配方到掺用高岭土的二元配方，高岭土的用量逐步增多。在化学组成上，SiO_2 逐渐减少，Al_2O_3 逐渐增高。在胎的显微结构上，石英的含量逐渐减少，莫来石的含量逐渐增多。从而使景德镇白釉瓷胎逐步接近现代硬质瓷的标准。

[7] 李家治主编：《中国科学技术史·陶瓷卷》，科学出版社 1998 年版，第 335—341 页。

元、明青白瓷釉和元代卵白釉的化学组成与胎相同，只是几种成分的具体含量不同而已[1]。瓷釉化学组成变化主要是其中 CaO 含量的变化，宋和明代青白瓷釉 CaO 含量高[2]，主要以 CaO 为熔剂，称钙釉。元代青白瓷釉 CaO 含量较前者低，卵白釉 CaO 含量更低，随着 CaO 含量的减少，K_2O 和 Na_2O 的含量随之增加[3]，并与 CaO 共同起熔剂作用，称钙碱釉或碱钙釉。上述变化是从使用较多釉灰到逐渐减少其用量（降低 CaO 含量），而增加釉石用量来实现的（增加 K_2O 和 Na_2O 含量）[4]。减少釉灰可提高瓷釉的烧成温度，由于釉灰中含有较多着色氧化物 Fe_2O_3，减少釉灰用量可减低 Fe_2O_3 含量以增加釉的白度。增加釉石的用量，遂使釉中 CaO 逐渐减少，K_2O 和 Na_2O 逐渐增加，从而由钙釉发展为钙碱釉。

瓷釉的显微结构与其化学组成揭示的规律一致。宋代青白釉 CaO 含量较高，系一种透明的玻璃釉。几乎找不到残留的石英和云母，只偶见少数 80 微米以下的釉泡。由于 CaO 含量较高，在胎釉界面有时可见到一层由釉中的 CaO 扩散到胎的表面，而与胎中的云母残骸发生作用逐渐生成的钙长石针状晶丛。少数青白釉外观上有轻微的乳浊感，可能就是这些钙长石反应层所起的作用。而青白釉的色调偏青或偏蓝，则主要取决于 Fe 离子在釉中的价态和结构。

元代的卵白釉，在显微镜下可看到釉中存在少量小于 40 微米的残留石英和直径在 10—40 微米之间的釉泡，以及一些钙长石的小晶丛。这些釉中的残留物就是导致卵白釉在外观上略带乳浊的原因（在其胎釉交界面未见钙长石的反应层）。卵白釉和它的瓷胎一样，均含有较高的 Na_2O。

（三）烧成温度[5]

根据《陶记》《天工开物》和《陶冶图编次》的记载，可看出景德镇白釉瓷的烧成时间为 24—36 小时之间，止火温度为 1300℃ 上下。景德镇的龙窑沿窑的长度温度分布不均匀，一般窑前部温度较高，约 1260—1320℃，窑后部温度较低，约低于 1260℃。所烧瓷器须根据器皿情况，置于不同的窑位上。以柴为燃料的龙窑，具有火焰长，发热量高，燃烧速度快，容易烧还原焰，以及不含硫等优点。由于不含硫，在胎、釉化学组成中 Fe_2O_3 含量较低的情况下烧成清亮透彻的白釉瓷，而含 Fe_2O_3 较高时则呈白里泛青的白釉瓷，从而形成了景德镇瓷的特色。

从景德镇历代各窑烧制的瓷片实测烧成温度来看[6]，五代和宋代使用单一瓷石作原料时，烧成温度在 1200℃ 左右。到元代使用二元配方，烧成温度则提高到 1250℃ 左右。明代青白瓷由于使用一元配方，烧成温度又降低，与宋代青白釉瓷烧成温度相似。烧成温

---

[1]　釉的化学组成及其含量，见李家治主编《中国科学技术史·陶瓷卷》第 336、337 页表 10-5 景德镇白釉瓷釉的化学组成；《景德镇湖田窑址》（上）第 487 页表 2 湖田窑瓷釉的化学组成。

[2]　参见《景德镇湖田窑址》（上）第 487 页表 2 湖田窑瓷釉的化学组成。

[3]　参见《景德镇湖田窑址》（上）第 487 页表 2 湖田窑瓷釉的化学组成。

[4]　釉石中往往含有一定量的长石，较制胎用瓷石含有较多的 Na_2O，当釉的配方中使用较多的釉石，或使用含有较多长石的釉石，则可能使釉中的熔剂改变以 CaO 和 K_2O（Na_2O）共同起作用，甚至以 K_2O（Na_2O）为主。

[5]　李家治主编：《中国科学技术史·陶瓷卷》，第 348、349 页。

[6]　李家治主编：《中国科学技术史·陶瓷卷》，第 349 页表 10-6 景德镇白釉瓷的烧成温度。

度的提高可使胎中产生更多的玻璃相，提高胎的致密程度，从而提高瓷器的质量。因此，可以说原料配方的改进和烧成温度是相辅相成的。

六　小结

除上所述，拟再指出以下几点。

1. 景德镇制瓷业的根基在湖田，其瓷器生产始于五代，兴于北宋，盛于元代，湖田窑瓷器产品以宋代青白釉瓷（影青瓷）、元代的卵白釉和青花瓷成就最高。景德镇城区宋元时期制瓷遗迹发现较少，所以只有湖田窑址区才是景德镇宋元时期制瓷业的基地和代表，才是研究景德镇宋元时期制瓷业最重要的窑场。

2. 明代在景德镇设御窑场后，制瓷中心转移到城区，但湖田窑在明代隆庆、万历之前仍生产青花和白釉等瓷器。《景德镇湖田窑址》报告将五代至明代湖田窑分为九期，其间几无缺环，较完整地展现了湖田窑的发展历程和演变脉络，初步建立了湖田窑的分期断代标准，从而奠定了湖田窑考古学和制瓷史的基础，凡此均有重要学术价值。

3. 北宋时期，湖田窑"弃仿、创新"，创烧青白釉瓷器（影青瓷），至北宋晚期和南宋初期达到鼎盛。青白釉瓷是中国瓷苑中的奇葩和名贵品种，代表了宋代瓷器烧造的最高水平，其影响所及形成了一个地域广阔、窑口众多的青白瓷产区。同时青白釉瓷还是元代卵白釉、青花和釉里红的母体，而卵白釉又是明代白釉瓷的前身。因此，宋代的青白釉瓷乃是宋代以后瓷器发展史中重要的里程碑。湖田窑影青瓷的特征，是釉汁在焙烧时因黏度小而易流淌，釉薄处泛白，积釉处带水绿色，釉中气泡大而疏，釉面光泽度强、透明度高。北宋早期釉色多带微黄，呈纯正青色的不多；晚期和南宋早期的则很少白里泛黄，绝大多数都具有晶莹碧透、色质如玉的外观效果。该时期独创的一边深一边浅的所谓"半刀泥"刻花法，以后遂成为景德镇独特的装饰手法之一。由于刻花线条深处积釉厚呈青绿色，浅处为白与青绿之间的中间色，故纹饰因积釉而显得更加清晰，釉色也因浅、深不同的线条而富于变化，具有强烈的艺术效果。元代卵白釉瓷，胎质坚硬致密，胎骨洁白，一般器壁较薄，据测试分析为"二元配方法"所制，其釉色一般色白微青，釉层失透，似"鹅卵"之色，因而称卵白釉。因有的器物内壁花卉或五爪龙纹间印有"枢府"字样，所以又称"枢府器"或"枢府窑"，是元代枢密院定烧的瓷器。元代青花胎质坚硬，胎体厚重，釉色白中微带青色，青色料多为"苏麻离青"型，色调凝重，颜色深蓝，色料多见有"铁钴绣"斑，这是该类产品的显著特征之一。产品以大盘为主，纹饰繁缛华丽，亦有蓝（青花）地白花，较晚以高足杯折腰碗、小酒杯为多[1]。元青花的烧制成功，且成为景德镇明清瓷器生产的主流，开辟了中国瓷器史的新纪元，具有划时代的重要意义。

4. 1997 年江西省文物考古研究所在 F 区 12 第三层堆积中，发现一件青瓷底刻"迪功郎浮梁县丞张昂措置监造"铭文，该瓷片为瓶或壶的底部，出土地层不晚于南宋，上限不早于北宋。据考证"张昂监陶"铭器大的烧造于绍兴八年至绍兴二十五年之间，说明湖田窑曾为南宋宫廷"制样须索"烧造过御用瓷器，是南宋烧造朝廷贡瓷的窑场之一[2]。

---

〔1〕　江建新：《景德镇陶瓷考古研究》，科学出版社 2013 年版，第 28、29 页。
〔2〕　江建新：《景德镇陶瓷考古研究》，科学出版社 2013 年版，第 93 页。

5. 2002—2003 年在南河南岸第 602 所原子学校操场发掘中，位于①层的 H8 出土青白釉、卵白釉、白釉、黑釉、釉里红和青花等瓷器。②层出土一件"至元卅□"款铭瓷质制瓷工具（至元三十年和三十一年分别为公元 1293 年和 1294 年）。龙窑 Y2 打破②层，窑内堆积同出卵白釉筒瓦、白釉瓦当、釉里红凤纹滴水、元青花瓷片、黑釉高足杯、青白釉饼足碗等。其中黑釉高足杯、青白釉饼足碗在湖田窑集中出现于元代早中期，青白釉书"寿"字小碗具有元瓷早期基本特征。上述层位打破关系、瓷器共存情况和瓷器的时代特点，结合元"浮梁瓷局"置于 1278 年和"至元卅□"款铭，发掘者认为元代卵白釉、青花和釉里红瓷器始烧的年代不会晚于元代中期，即 14 世纪 20 年代（不晚于元"延祐型"青花和新安海底沉船的年代）[1]。但是，实际上前述情况只是反映出这批瓷器的年代下限当在 1294 年后不久，尚难判断其始烧的年代。此外，发掘者还论证了 H8 和 Y2 所出瓷器为官窑产品，并有部分外销产品，Y2 就是浮梁瓷局的一座官窑。[2]

1999 年在湖田刘家坞发掘出一层单纯的元代卵白釉和"枢府"款及"玉"字款瓷器堆积。该层在宋代青白瓷层上，元代中期黑釉瓷层之下。所出瓷器以印花四爪和五爪龙纹高足杯为大宗，并有"枢府"款的印花折腰碗和小足盘。瓷器胎骨较薄，胎质较细，胎色洁白，釉色偏白，有的光洁度达到现代白瓷水平，釉质不显乳浊，流动性较强，具有从宋青白釉到卵白釉过渡阶段的特征，亦介于宋青白釉（影青瓷）与元中后期卵白釉（枢府瓷）的过渡阶段。出土瓷器模印的双角五爪龙和八吉祥图案，说明刘家坞应是元代定烧官府和宫廷用瓷的窑场，即元代"御土窑"所在地。而出土的三件印花云龙纹高足杯带"玉"字款，则应是元代早期设立于至元八年（1271 年）于至元二十年（1283 年）间玉宸院定烧的瓷器，其始烧的年代早于元青花[3]。

总之，湖田窑址的发掘证明，湖田窑是宋代生产贡瓷之地，是元代浮梁瓷局生产官方和宫廷用瓷的产地，也是宋元时期生产外销瓷的主要窑口之一[4]，地位十分重要。上述情况表明，景德镇的"瓷都"地位，实际上是奠基于宋元时期的湖田窑。

6. 据上所述，关于元青花的始烧年代似应进一步探讨。首先，前述南河南岸的 H8、Y2 所出青花，发掘者认为属于成熟型青花[5]，即已脱离了始烧阶段，所以其始烧的年代当早于前述的 1294 年后不久。其次，H8、Y2 元青花亦与卵白釉五爪龙纹高足杯和"枢

---

[1] 徐长青、余江安：《湖田窑考古新收获》，《故宫博物院院刊》2004 年第 8 期。

[2] 《湖田窑考古新收获》提到：H8 和 Y2 出土了大量的四爪、五爪龙纹卵白釉高足杯，印有"枢府"字样的折腰碗等；出土的釉里红滴水和白釉瓦当均有五爪龙纹或凤纹，这些都是为宫廷生产的瓷器。H8 和 Y2 出土的元青花有蓝地白花和白地蓝花之别，属成熟型青花，并且有典型的伊斯兰民族风格的瓷片出土，这是目前可以确认的烧制"伊斯坦布尔型"元青花的唯一地点和窑炉。"伊斯坦布尔型"元青花，是元代官窑依照作院提供的官样器形、纹饰专为西亚伊斯兰地区烧造的外销瓷（或赏赐品），属官窑垄断之物。此外，Y2 有特制窑砖，有宽厚的护窑墙，有护窑棚，这些特点为已发掘的其他窑炉中所未见，所以 Y2 就是浮梁瓷局的一座官窑。

[3] 肖发标、徐长青、李放：《湖田刘家坞"枢府窑"清理报告》，《南方文物》2001 年第 2 期；肖发标：《湖田窑发现元代"玉"字款卵白釉高足杯》，《南方文物》2001 年第 2 期；玉宸院，《中国历史大辞典·辽夏金元史卷》第 118 页"仪凤司"条说：玉宸院"至元八年由仙音院更名而来……至元二十年改仪凤司隶宣徽院。至元二十五年归隶礼部，大德十一年改升玉宸乐院……""大四年，复为仪凤司"。

[4] 参见《景德镇湖田窑址》第六章湖田窑发掘的主要收获，第 484、485 页。参见本节之 4 及其注释。

[5] 徐长青、余江安：《湖田窑考古新收获》，《故宫博物院院刊》2004 年第 8 期。

府"款碗共存〔1〕，故其年代的上限应与前述刘家坞所定的至元八年（1271 年）与至元二十年间靠近。由于发掘者判断 Y2 是官窑，H8、Y2 属浮梁瓷局的一处窑址，所出瓷器为宫廷用瓷〔2〕，以此结合前述情况，似可认为元青花始烧的年代当在浮梁瓷局设立的 1278 年后不久。此外，目前学界多认为已发现唐代和宋代青花〔3〕，有的认为宋代湖田窑已烧制青花〔4〕，说明元代以前青花是有一定线索可循的。因此，现在湖田窑址虽然尚未发现元代早期青花，但是据前述情况，元青花始烧于浮梁瓷局设立的 1278 年后不久是完全可能的。至于卵白釉和元青花始烧年代孰早孰晚，目前尚不宜过早下结论。

总之，元代卵白釉、青花和釉里红瓷器始烧的年代不明，学界意见不一，迄今仍为悬案。上述根据目前已有的考古学实证论述的始烧年代，虽然不能成为定论，但无疑已将此前据传世品和纪年元代青花探讨的结果向前推进了一大步。

7. 关于湖田窑的黑釉器〔5〕。在湖田窑址黑釉器出土数量仅次于青白瓷和青花瓷，此前都认为黑釉瓷在湖田窑始烧于南宋后期。1997 年在湖田窑乌鱼岭北坡山脚下（97D 区第 602 所基建工地），于遗址最下层出土一批碗、盏、钵、执壶、八棱瓶、净瓶、葫芦瓶等明显具有北宋时代风格的黄黑釉瓷。证明湖田窑黄黑釉瓷始烧于北宋中期。湖田窑南宋地层中出土的黑釉瓷，发掘报告认为不是湖田窑产品，而是建窑和吉州窑产品，目前尚无法判断南宋时期湖田窑是否烧造黑釉瓷。到了元代，湖田窑则大量烧造黑釉瓷。

8. 在湖田窑出土的青白釉瓷残片上，发现许多文字题刻，大体可分四类。一类是碗戳印带花边图案的姓氏题刻，发掘者认为是作坊主的姓氏，具有商标性质，反映当时名窑林立，商品竞争较为激烈。二类在粉盒底模印"段家合子记""许家合子记"等十余家作坊牌号，在注子（执壶）柄上模印"李十哥削瓶""李十哥男小四削瓶"等牌号。反映出当时湖田窑至少有 20 家作坊生产瓷器，且形成不同器形的生产分工。同时也反映出当时制瓷水平很高，有市场竞争力，故敢于以作坊主名号为品牌行销产品。三类是南宋时期有一批陶工姓氏名的文字题记，如"凌小七子黄泥""史小六泥""赤泥""进坑""郑家泥""试下项泥"等。这是陶工用于测试瓷泥或釉料的试验品，反映南宋时期湖田窑制瓷原料短缺危机后，陶工们为摆脱危机而进行了大量的瓷土试验。四类是年号文字，为北宋晚期至南宋中期是青白瓷生产的高峰期提供了直接证据。

9. 湖田窑址的发掘，发现较多成片和较完整的作坊遗迹，以及制瓷工具；发现了宋元明时期不同类型的窑炉和装烧窑具，再现了湖田窑瓷器生产较完整配套的场景。这些发现，对研究宋元时期制瓷工艺和工艺流程，窑炉形制结构演变状况，装烧工艺、烧成工艺，及其与不同阶段瓷器形制特点形成的原因等方面〔6〕，提供了重要的依据。上述情况，

〔1〕　湖田窑青白釉瓷胎化学组成与配方的分析，见上注《景德镇湖田窑青瓷与青白瓷的科学技术研究》。

〔2〕　湖田窑青白釉瓷胎化学组成与配方的分析，见上注《景德镇湖田窑青瓷与青白瓷的科学技术研究》。

〔3〕　李家治主编：《中国科学技术史·陶瓷卷》，第365—370 页，科学出版社 1998 年版。

〔4〕　李汝宽：《宋青花瓷的若干阐述》，《古陶瓷科学技术3·国际讨论会论文集 CISAC'95》，上海科学技术文献出版社 1997 年版。

〔5〕　《景德镇湖田窑址》（上），第485、466 页。

〔6〕　关于湖田窑宋元时期装烧工艺及其与瓷器形制和纹饰变化之间的关系，请参见刘新园《景德镇宋元芒口瓷器与覆烧工艺初步研究》，《考古》1974 年第6 期；《景德镇湖田窑各期碗类的造型特征及其成因考》，《文物》1980 年第 11 期；刘新园、白焜《景德镇湖田窑各期碗类装烧工艺考》，《文物》1982 年第 5 期。

在宋元时期的窑址中是比较突出的。

第三节　瓷都景德镇市区元明瓷器的发现与
御器厂遗址的发掘和研究

　　江西景德镇是中国封建社会后期享誉海内外的瓷都，其传世名瓷价值连城。但是，在20世纪80年代以前，对景德镇宋元明清瓷窑址的分布状况，元代"浮梁瓷局"、明代"御器厂"、清代"御窑厂"的确切位置及三者位置间的承袭演变关系，宋元明清各代瓷窑的形制结构和制瓷工艺的具体情况，宋元明清各代窑址生产瓷器的品种、主要器类及其形制等，均乏见相应遗迹的佐证，故不甚清楚。因此，是时对景德镇宋元明清瓷器的研究，一直以对传世瓷器的文物学研究为主，尚无真正意义上的考古学研究。只有当20世纪80年代开始对景德镇湖田窑和市区内瓷窑址正式进行较大规模的考古调查、发掘和研究以后，才逐渐揭开了瓷都景德镇的面纱，渐次露出了景德镇瓷都内涵的真容。据此才将瓷都景德镇的瓷器研究，从以文物学"目鉴"传世品瓷器为主，提到瓷器考古学研究的高度，并发展到以瓷窑址考古发掘研究为主体的阶段，从而彻底改变了已往瓷都景德镇瓷器研究的面貌。关于这方面的问题，前面第二节对瓷都景德镇湖田窑发掘研究的情况已略作介绍，下面则主要介绍瓷都景德镇市区内元明窑址发掘研究的概况。

一　从元代"浮梁瓷局"到明清"御器厂"和"御窑厂"

　　元代景德镇属浮梁县，元明清三代景德镇城区的瓷器生产均以御用瓷器为主，因而皆专设官方制瓷机构。《元史·百官四·将作院》记载："浮梁磁局，秩正九品。至元十五年立。掌烧造磁器，并漆造马尾棕藤笠帽等事"。《元史·百官四·将作院》又记："将作院，秩正二品。掌成造金玉珠翠犀象宝贝冠佩器皿……至元三十年始置"。元·孔齐《静斋至正直记》卷二记载："饶州御土，其色白如粉垩，每岁差官监造器皿以贡，谓之'御土窑'。烧罢即封，土不敢私也。或有贡余土，作盘、盂、碗、碟、壶、注、杯、盏之类，白而莹，色可爱，底色未着油药处，犹如白粉，甚雅"[1]。此外，明万历二十五年《江西大志·陶书》记载："宋以奉御董造，元泰定本路总管监陶，皆有命则供，否则止"[2]。据上所述，可知元代无常设的专烧御瓷的官窑，"浮梁瓷局"不是具体烧造御瓷的窑场或官窑。瓷局在至元三十年设将作院以前，似由"掌天下营造百工之政令"的工部管辖。

　　上面所说的"御土窑"，是指"浮梁瓷局"以"御土"掌烧御瓷，每岁"差官造器皿以贡，谓之'御土窑'"（这种瓷器当时又称御土窑器）[3]。具体烧造时选择条件好的优

〔1〕　（元）孔齐：《静斋至正直记》，粤雅堂丛书本。
〔2〕　（明）王宗林：《江西大志·陶书》，日本内阁文库本。
〔3〕　参见李民举《浮梁磁局与御土窑器》，《南方文物》1994年第3期。

秀民窑作为定期定点的窑场〔1〕，这种定期定点烧造御瓷的民窑，在其烧造御瓷之时则具有"官窑"特征〔2〕，但其性质与宋代和明代的官窑明显不同。景德镇定点烧造元代御瓷的民窑窑场，目前所知有二，一是景德镇市郊的湖田窑（见湖田窑遗址），二是景德镇市内珠山明御器厂北侧一带的元代窑场，元"浮梁瓷局"和明清"御器厂"与"御窑厂"均设在景德镇珠山（后文有说）〔3〕。

元亡，明代洪武二年（1369 年）至万历三十六年（1368 年）间在景德镇置御器厂〔4〕。厂址在景德镇珠山（后文有说），朝廷派"督陶官"管理窑务，多由宦官担任。御器厂初设时有窑 20 座，宣德年间增至 58 座。窑有六种，御器厂内分工计二十三作。嘉靖十九年时景德镇以陶为业者聚佣至万余人。御器厂烧瓷原料称"官土"〔5〕，产品称"厂官窑"。御器厂属工部营缮所管辖，每年工部颁发烧造瓷器的额定任务称"部限"，宫廷根据需要临时加派的烧造任务称"钦限"。御器厂一般只烧造部限瓷器，"钦限"则采用官搭民烧的办法分派给民窑。总的来看，御器厂烧造瓷器的数量很大，如宣德八年（1433 年）一次烧造龙凤瓷器就达四十四万三千五百件，嘉靖、万历年间有时每年要烧十万件左右。因而在明代景德镇已经成为名副其实的瓷都〔6〕。明亡，清代在珠山继续设御厂，改称为"御窑厂"，直至清亡，从明至清御厂前后延续约 542 年。

二 景德镇配合老城区基建出土的元代瓷器

20 世纪 80 年代以后，在景德镇市区的考古调查和配合基建工程的零星发掘过程中，在老城区北边的观音阁至南边小港嘴的中华路与中山路两街东西之间（街长十三里），陆续出土一些元代瓷器。如小嘴港、落马桥、电瓷厂—刘家弄、戴家弄、小黄家上弄—桂花弄、珠山、中渡口（珠山区政府基建工地）、曾家弄、四图里（半边街），以及薛家坞、艺术瓷厂、印刷厂等十余处（图 25-3-1）。其中以珠山和落马桥遗址最为重要，下面拟择要略作介绍〔7〕。

---

〔1〕 参见江建新《关于浮梁磁局及其窑场与产品》，《元青花研究·景德镇元青花国际学术研讨会文集》，上海辞书出版社 2006 年版。
〔2〕 参见前引《关于浮梁磁局及其窑场与产品》。
〔3〕 参见前引《关于浮梁磁局及其窑场与产品》。
〔4〕 刘新园、白焜：《高岭土史考——兼论瓷石、高岭与景德镇十至十九世纪的制瓷业》，《中国陶瓷》1982 年第 7 期。该文说明御器厂建立之年有六说，即洪武二年、洪武二十五年、洪武末、洪武三十五年（即建文四年）、宣德初、正德初，其中以主洪武三十五年说者较多；刘新园：《景德镇瓷窑遗址的调查与中国陶瓷史上的几个相关问题》，《景德镇出土五代至清初瓷展》，香港大学冯平山博物馆，1992 年。文中根据考古资料，认为御器厂可能建于洪武二年，下限在万历三十六年。后文引用的 2004 年御器厂发掘简报则明确记述御器厂建于洪武二年；中国硅酸盐学会编：《中国陶瓷史》，文物出版社 1982 年版，第 364—369 页，附明代景德镇御器厂大事年表。
〔5〕 前引刘新园《高岭土史考》认为，产于麻仓山的麻仓土，即元代的"御土"和明代的"官土"。麻仓土即现在所说的高岭土，始用于元代早期至明代嘉靖万历之际，此后直至清代乾隆年间采用高岭山的高岭土。
〔6〕 明代御器厂，参见前引《中国陶瓷史》，第 360—364 页。余家栋：《江西陶瓷史》，河南大学出版社 1997 年版，第 363—366 页。
〔7〕 据江建新《景德镇宋代窑址遗存的考察与相关问题的探讨》，刘新园《景德镇瓷窑遗址的调查与中国陶瓷史上的几个相关问题》二文介绍，在景德镇市内宋代窑址被近现代建筑叠压，仅在市区工人新村、珠山北侧、落马桥、红星瓷厂门口附近等处发现少数遗址，具体情况不甚明晰，故市内宋代窑址略。

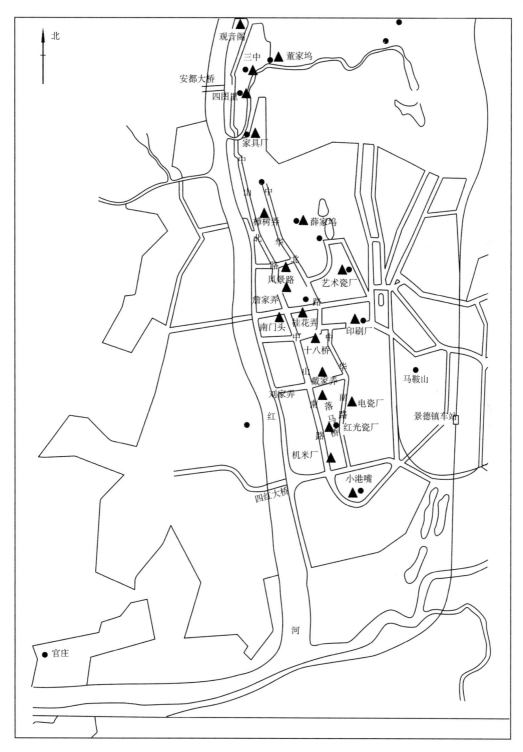

图 25 - 3 - 1　景德镇老城区元代青花窑遗址分布示意图

（引自《近年来景德镇元代青花瓷窑址调查与研究》，《故宫博物院院刊》2009 年第 6 期，图一，略变化）

（一）珠山遗址

1988 年 5 月配合基建工程，在珠山北麓风景路（图 25 - 3 - 1、图 25 - 3 - 9，A）马路中心宽约 1.5 米、长约 11 米、深约 1.5—1.8 米的沟道中发现一批元代瓷片[1]。瓷片种类有青花、蓝地白花、蓝地金彩、孔雀绿地青花、孔雀绿地金彩（少见）和卵白釉等。纹饰有双角五爪龙纹（约占总量 90% 以上）、变形莲瓣（八大码）、杂宝、十字杵、姜牙海水、凤穿牡丹等。这批瓷片的器底均未挂釉（景德镇宋元瓷器普遍特征），可复原出几件少见或罕见的器形。比如：

青花鼓形盖罐（围棋罐），有大小两式，大者口径 8.8 厘米、高 11.2 厘米；小者口径 7.2 厘米、高 9.8 厘米。盖顶绘十字杵，罐身绘双角五爪行龙[2]。

青花龙纹盖盒（辟水砚），直径 32 厘米、高 11.8 厘米，由底和盖组成。盖顶纽残（似蹲兽），盒下半部正中有一凸起圆柱体，柱体台面无釉。柱体与器壁之间沟道宽深，满釉。盖面绘双角五爪行龙，外壁或绘祥云或绘潮水或绘行龙。此外，盖盒除青花之外，还有蓝地白龙、蓝地金龙、孔雀釉金龙等[3]。

青花丰肩小足盖罐，盖顶纽残，盖绘莲瓣火珠，罐身绘龙纹或凤穿牡丹[4]。

青花平顶筒式龙纹盖罐[5]。

此外，还有不能复原的青花葫芦瓶和孔雀绿地青花盒等。

上述出土瓷器纹饰与《元史》记载禁止臣民使用双角五爪龙纹，《元典章》中禁止民间使用描金、贴金的法令相印证，可确认是元"浮梁瓷局"烧造的"御用器"[6]。由于出土的瓷器中以辟水砚和棋罐最多，据《元史》记载在元代诸帝中，只有元文宗擅书法、制拓片，并有围棋之好，故应为元文宗（1328—1332 年）时"浮梁瓷局"烧造的产品，这是迄今首次发现的景德镇最早的元代官窑瓷器[7]。有的研究者认为，上述遗物结合已往珠山出土的零星元青花靶盏和大量残片来看，元"浮梁瓷局"很可能设立在珠山，明御器厂当是在此基础上建立起来的。并认为元孔雀绿地金彩与孔雀绿地青花施化妆土，以及元青花瓷器纹饰繁缛、层次较多、空间较狭窄的构图风格，似受波斯孔雀绿釉陶瓷施化妆土，用黄金彩绘花纹和伊斯兰美术的影响[8]。

---

[1] 刘新园：《元文宗——图帖睦尔时代之官窑瓷器考》，《文物》2001 年第 11 期。

[2] 刘新园：《元文宗——图帖睦尔时代之官窑瓷器考》，《文物》2001 年第 11 期。图一、图二。

[3] 刘新园：《元文宗——图帖睦尔时代之官窑瓷器考》，《文物》2001 年第 11 期。图四、图九—图一二。

[4] 刘新园：《元文宗——图帖睦尔时代之官窑瓷器考》，《文物》2001 年第 11 期。图一六—图一八。

[5] 刘新园：《元文宗——图帖睦尔时代之官窑瓷器考》，《文物》2001 年第 11 期。图二〇。

[6] 刘新园：《元文宗——图帖睦尔时代之官窑瓷器考》，《文物》2001 年第 11 期。认为这批瓷器在工艺与器形上具有宋代特征，但八大码（变形莲瓣）、十字杵等纹饰，乃是元代吸取藏传佛教图案之后的产物。孔雀釉金彩龙纹砚盘（原文图二六）与孔雀绿青花龙纹盖盒残片类品种在永乐、宣德官窑经常出土，但明初官窑器都直接在白瓷胎上挂釉，而上述瓷器则先在胎上施白色化妆土，再挂釉。元代孔雀绿釉上用黄金彩饰龙纹，明人则只在孔雀绿釉下绘制青花或刻划龙纹。

[7] 前引刘新园《元文宗——图帖睦尔时代之官窑瓷器考》《景德镇瓷窑遗址的调查与中国陶瓷史上的几个相关问题》二文中认为，元文宗时代是浮梁瓷局取得辉煌成就的一个极其重要的历史时期。

[8] 刘新园：《元文宗——图帖睦尔时代之官窑瓷器考》《景德镇瓷窑遗址的调查与中国陶瓷史上的几个相关问题》。

（二）落马桥遗址

1980 年配合基建，在景德镇中山南路落马桥红光瓷厂（图 25 - 3 - 1）院内发掘近 700 平方米，于距地表 1.7 米处发现元代堆积层。出土有青花、青白瓷，以及少量卵白釉瓷、釉里红、釉上彩瓷和褐胎实足小碗。青白釉器有双耳瓶、葫芦形小注、小足盘、高足杯、八角杯、觚及人物塑像等。其中以双耳瓶种类较多，有天球瓶、葫芦瓶、扁瓶等，并分别饰 S 形耳、环形耳、兽形耳、鱼龙形耳。装饰除葫芦形小注为釉下褐彩外，余者均为印花和刻划装饰，纹饰有梅、桃、花鸟、瑞兽和缀珠等。青花瓷器形丰富，除常见的碗、盘外，还有劝盘、耳杯、匜、盖盒、鸟食罐、双系小罐、大口罐、铺首罐、双耳瓶、长颈瓶、梅瓶、玉壶春瓶等。纹饰有菊花、牡丹、梅花、灵芝、葡萄、蕉叶、龙、鹿、孔雀、鱼藻、人物故事等。此外，还出土一些书写文字的器物。如一研钵用八思巴文写姓，文字有"□宅端午置"字样；书写"头青"（上等青料）、"黄"、"吴"、"戴彩"等文字的瓷柱和"辛巳"二字的瓷片。元代"辛巳"纪年有两个皇帝使用，一在元世祖至元十八年（1281 年），一在元惠帝至正元年（1341 年）。由于在同一地层出土的青花标本中，有一件青花松竹梅纹平底碟，在元大都后英房后期居住遗址中也有出土，据此可确定落马桥的"辛巳"青花瓷为至正元年，早于著名的戴维瓷瓶烧造的年代。除上所述，釉里红器有荷叶形罐盖、玉壶春瓶和绘鹿纹的小瓶残片；红绿彩仅见绘莲或菊花的小碗[1]。

又 1998 年在红光瓷厂西门出土青花瓷，器型普遍较小，胎质较薄。器形有玉壶春瓶、小碗、折枝菱花口小盘、高足杯、匜、三足炉、小罐、盖盒、水滴、人物小雕塑等。纹饰有龙纹、莲池鸳鸯、牡丹、莲花、菊花、月梅、松竹梅等[2]。2001 年在落马桥红光瓷厂西侧的原太白园机米厂楼房基建工地，以及烟园口均出土过蓝地白花花口折沿大盘、青花折沿大盘、青花大罐、八棱形玉壶春瓶等[3]。太白园机米厂内出土青花瓷较多。器形多为折沿大盘、大罐，纹饰有莲池鸳鸯、双凤、瑞兽、四季花卉、芭蕉竹石、缠枝牡丹、缠枝莲花和葡萄等。大盘以折沿菱花口为多，装饰繁密，形式多样，往往白地蓝花、蓝地白花、模印相结合，呈色普遍浓艳深沉，有明显的结晶铁斑，这些特点均与外销西亚的青花大盘相似[4]。

---

〔1〕　李一平：《景德镇元代瓷窑遗址概述》，《元青花研究——景德镇元青花国际学术研讨会文集》，上海辞书出版社 2006 年。前引《景德镇窑址的调查与中国陶瓷史的几个相关问题》。李文指出，从书写"头青"器物上不仅可以看到上等青料是怎样的呈色，而且还能获悉景德镇用钴作彩料烧造的釉下彩装饰，在制造伊始就被人们称为"青花"。后文认为，由于青花与釉里红同时出现在落马桥窑，故那种认为"凡釉里红都是洪武瓷"的论断似须修正。

〔2〕　曾建文、徐华烽：《近年来景德镇元代青花瓷窑址调查与研究》，《故宫博物院院刊》2009 年第 6 期。文中指出，一件松竹梅纹青花折沿菱花口小盘残片与北京后英房元代居住遗址出土，首都博物馆收藏的元青花松竹梅纹菱花口盘很相似。出土的另一件松竹梅纹元青花玉壶春瓶胎质非常细薄，与一般常见的元青花玉壶春瓶差别很大（原文图四、图五）。原文图三为落马桥红光瓷厂西门出土元青花折沿菱花口小盘。

〔3〕　李一平：《景德镇元代瓷窑遗址概述》，《元青花研究——景德镇元青花国际学术研讨会文集》，上海辞书出版社 2006 年版。文中指出，这些器物与前些年在红海地区打捞的元青花相近。

〔4〕　曹建文、徐华烽：《近年来景德镇元代青花瓷窑址调查与研究》，《故宫博物院院刊》2009 年第 6 期。文中图七、图八、图九分别为出土莲池鸳鸯大盘残片、双凤大盘残片、蓝地白印花菱口盘残片。指出图八大盘双凤主题纹与日本东京松冈美术馆收藏的元青花双凤纹大盘构图一致。图九大盘的蓝地白牡丹印花装饰，在土耳其托普卡比博物馆和伊朗国家博物馆收藏的元青花大盘上均可以见到。

（三）其他遗址

除上所述，拟再略举几例[1]。

1. 小港嘴

小港嘴地处老城区南端（图25-3-1），在小港嘴原太白园消防中队、储运公司、陶瓷出口公司仓库等基建工地均发现元青花瓷片，器物多为高足杯、碗、盘等，纹饰有莲池鸳鸯、缠枝牡丹等。1999年原太白园消防中队处曾出土有内印五爪龙纹的卵白釉大碗[2]。

2. 电瓷厂—刘家弄

电瓷厂—刘家弄在中华南路与中山南路中段一带，今浙江路中部（图25-3-1）、南临落马桥窑址。2001—2005年建浙江路时出土较多元青花，器形主要有高足杯、碗、盘、匜、玉壶春瓶、出戟觚、梨式执壶、双耳三足炉和梅瓶等，纹饰有五爪龙纹、三爪龙纹、莲池鸳鸯、缠枝牡丹、蕉叶等。电瓷厂所出元青花出戟觚与元大都出土，首都博物馆收藏的元青花蕉叶纹出戟觚较为相似。此外，电瓷厂还出土两片绘有五爪龙纹和一片写有八思巴文的青花瓷片[3]。

3. 戴家弄

戴家弄位于今珠山区昌江街道与昌江区太白街道交界处（图25-3-1），2005—2008年配合基建，在戴家弄上弄及其两侧发现元青花瓷。主要器形有高足杯、碗、盘、匜、扁壶、双耳三足炉和盏托等。纹饰有人物纹、龙纹、麒麟、兔、莲池鸳鸯、牡丹、莲花、菊花、月梅、水草、芭蕉竹石和文字等，青花发色大多灰淡，少部分使用浓艳深沉的进口料[4]。此外，出土一件书写阿拉伯文字的缠枝青花残片[5]，一件青白釉直口束颈双耳大香炉的颈部残片，用进口青料书写"丙戌上元"等文字（至正六年，1346年)[6]，一件青白釉盏托残片上用浓黑青料书写"至正八年"等文字[7]。此外，小黄家上弄—桂花弄[8]和四

---

〔1〕 曾建文、徐华烽：《近年来景德镇元代青花瓷窑址调查与研究》，《故宫博物院院刊》2009年第6期。

〔2〕 曾建文、徐华烽：《近年来景德镇元代青花瓷窑址调查与研究》，《故宫博物院院刊》2009年第6期。原文中图二为小港嘴太白园消防中队出土瓷片。

〔3〕 曾建文、徐华烽：《近年来景德镇元代青花瓷窑址调查与研究》，《故宫博物院院刊》2009年第6期。原文中图十一—图十四。

〔4〕 曾建文、徐华烽：《近年来景德镇元代青花瓷窑址调查与研究》，《故宫博物院院刊》2009年第6期。原文中图十五、图十六。

〔5〕 曾建文、徐华烽：《近年来景德镇元代青花瓷窑址调查与研究》，《故宫博物院院刊》2009年第6期。原文中图十七。

〔6〕 曾建文、徐华烽：《近年来景德镇元代青花瓷窑址调查与研究》，《故宫博物院院刊》2009年第6期。原文中图十八。

〔7〕 曾建文、徐华烽：《近年来景德镇元代青花瓷窑址调查与研究》，《故宫博物院院刊》2009年第6期。原文中图十九。

〔8〕 曾建文、徐华烽：《近年来景德镇元代青花瓷窑址调查与研究》，《故宫博物院院刊》2009年第6期。上黄家上弄——桂花弄窑址。文中论述2000年前后发现元青花瓷片，其中有一件高足杯内心上绘李白醉酒图（原文中图二十）。另一件元青花擂钵残片有"己丑至正九年"（1349年）铭文（原文中图二十三）。

图里出土瓷器[1]略。

三　2000 年前明御器厂遗址出土的明代瓷器

2000 年以前在明御器厂遗址出土的明代瓷器，以配合基建局部清理为主，仅少数做过小规模发掘。所出瓷器的情况大都散见于各种文章中，故下面只能略作概括介绍。

（一）洪武窑瓷器

20 世纪 70 年代以前，洪武窑概念是不明确的。自明南京故宫遗址出土洪武瓷以后[2]，特别是 20 世纪 80 年代以来景德镇明御器厂遗址出土洪武瓷之后，才使洪武官窑概念逐渐明晰起来。[3]

1979 年冬，在龙珠阁（图 25 - 3 - 9）东墙外发现两件洪武瓷残件。即青花折沿盘残片，红釉高足杯残足，足正中刻折带云一朵。1988 年 4 月，在明御器厂东门（图 25 - 3 - 9）边一段沟道的早期第四层发现釉里红缠枝花折沿大盘残片、多棱大罐残片、红釉墩子碗残片（内壁印双角五爪龙，底心刻折带云一朵，外壁刻莲瓣）、釉里红四足辟水砚（仅用釉里红画两道弦纹，此器较罕见）等洪武瓷。其中红釉碗是景德镇目前发现最早成功的红釉器之一，釉红中偏黄是洪武红釉瓷的特征，而饰折带云纹也是洪武瓷的特点之一。

1990 年在珠山（图 25 - 3 - 9）东麓于距地表深 5 米处，出土大量建筑瓷（如青白釉水管、印有方胜纹与卷草纹的瓷砖）和部分瓷器。瓷器有卵白釉大足残盘，底心印十字杵纹（藏传佛教常见纹样）；白釉瓜棱蔗段高足杯一对，形制不同于元代和永乐时期同类器物，属首次发现，此外还有少量釉里红残片。出土残匣钵一件，外壁方框中印"官匣"二字，表明当时已设官窑。出土一件白瓷板瓦，凹面一端挂黑褐色釉，另一端用黑褐色铁料书写："寿字三号/人匠王士名/浇釉凡（樊字俗体）道名，风火方南/作头潘成，甲首吴昌秀/监工浮梁县丞赵万初，监造提举周成，下连都"。据发现者考证，赵万初任期在洪武早期，该层遗物的年代上限不早于洪武二年（该年始设县丞），下限当在洪武二十年前后。

（二）洪武·永乐窑瓷器

1. 洪武·永乐瓷出土概况

1988 年在御器厂东门（图 25 - 3 - 9）边沟道的第三层出土青花牡丹折沿大盘、青花折枝花纹罐盖等永乐瓷器，第四层出洪武瓷器（见前述）。1994 年 6—8 月，在御器厂东院故址发掘 360 平方米（图 25 - 3 - 9，B），堆积共九层（图 25 - 3 - 2），其中③层明嘉靖层、④层永乐填土层，⑤层明初和永乐瓷片层、⑥层明初填土层、⑦层洪武黄泥层、⑧

[1] 曾建文、徐华烽：《近年来景德镇元代青花瓷窑址调查与研究》，《故宫博物院院刊》2009 年第 6 期。四图里窑址。文中记述分别发现于 1995 年和 2000 年前后。其中在四图里第三中学发现的元青花莲池鸳鸯纹大碗，呈色浓艳深沉，装饰繁缛，特别之处是内心绘四只鸳鸯，较少见（原图三十一）。

[2] 南京博物院：《明故宫出土洪武时期瓷器》，《文物》1976 年第 8 期。洪武瓷器有青花、釉上矾红彩、釉里红、青白釉、卵白釉、孔雀绿釉、外酱釉内霁青釉等瓷器。

[3] 刘新园：《景德镇珠山出土的明初与永乐官窑瓷器之研究》，《鸿禧文物》1996 年创刊号。

层元代白泥层。洪武·永乐瓷片堆积集中在⑤层和⑥层。⑤、⑥层出土以青花最多，釉里红次之，白釉金彩较少，黑釉器和白釉绿彩器最少。其中青花瓷占90%以上，可分出洪武青花和永乐青花。前者胎体厚重，器形硕大，料色灰淡，画笔劲健，器底普遍呈橙黄色。永乐青花胎釉细腻，器形丰富，器壁薄腻，青料深蓝微有晕散，纹饰构图疏朗，画笔潇洒飘逸，器底粉白。洪武和永乐瓷混出[1]，其在永乐填土下层，洪武黄土层之上，该层出土洪武早期文字瓷瓦[2]，因而断定这批瓷器的年代上限在洪武二年，下限在永乐中期，并进一步考证洪武瓷的年代在洪武十年以后至洪武三十一年之间（1377—1398年）[3]。所出瓷片大都可以对合复原。

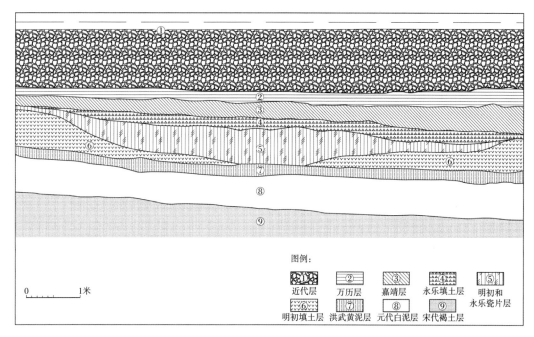

图 25-3-2　1994 年明御厂东院出土明洪武、永乐至万历器地层剖视图
（引自《景德镇珠山出土的明初与永乐官窑瓷器之研究》，《鸿禧文物》创刊号，第11页，略变化）

2. 洪武瓷

上述出土的洪武瓷仅 1996 年送到台湾鸿禧美术馆展出的复原瓷器就达 33 件（青花 29件，釉里红 4 件）。其中釉里红 4 件均为撇口碗，外壁绘红地白或白地红缠枝花，器底无

---

[1]　刘新园《景德镇珠山出土的明初与永乐官窑瓷器之研究》记述，洪武·永乐瓷混出，是因为永乐御器厂将积压在仓库中的洪武不合格瓷器一道销毁所致。文中还说明初官窑对有毛病贡品不马上处理，而是进行修补再烧，无法补救时才销毁。如湖石山茶纹盘有裂痕，裂痕上还有一层经打磨的积釉层，即属此例。

[2]　刘新园《景德镇珠山出土的明初与永乐官窑瓷器之研究》记述，第⑦层洪武黄泥层出土一件残瓦，上用含铁料书写题记："监工浮梁县丞赵万初，监造提举周成，作头潘成，甲首吴昌秀，浇色匠凡（樊）道名，风火匠方南，万字壹号，人匠羊（杨）远二，下长原都"。

[3]　刘新园：《景德镇珠山出土的明初与永乐官窑瓷器之研究》，《景德镇出土明初官窑瓷器》，台湾鸿禧艺术文教基金会 1996 年版，第 19—26 页。

釉，体大、足小、口撇，有秀美之感，为首次发现。所出青花，青料色泽偏灰或偏黑，略带蓝意[1]。器形有青花花口与平口大盘18件，盘直径一般在48厘米以上，最大的56厘米（迄今所见元盘最大直径为48厘米），瓷胎上均有一层橘红色"窑红"。如竹石灵芝盘、湖石山茶纹盘、锦地垂云莲纹折沿盘（首次发现）、芙蓉纹折沿盘等。青花碗10件，一种碗口径约40厘米，圈足20厘米，足大无釉（其他时代少见）。另一种碗口径20厘米左右，圈足内有釉，胎壁较厚，挖足极浅。其中深碗分直口和撇口，浅碗只有直口（缠枝四季花、莲子浅碗为首次发现）。盏与盏托一套，盏托边口厚，边壁绘一周回纹（不见于前后同类器皿）；盏为一青花缠枝灵芝纹环底直口小杯（罕见）。此外，还有珠顶荷叶多棱盖罐，执壶（壶柄里外双绘缠枝花为洪武窑特有）[2]。总的来看，洪武瓷以釉里红水平最高，青花也形成与元代有别的特色，红釉少见。

3. 永乐瓷

御器厂东院发现的永乐瓷器有青花、白釉金彩和白釉绿彩等。其中白釉金彩花卉纹钵和碗盘的图案用金箔贴出，白釉绿彩有器托（绘灵芝竹叶纹）和渣斗残片，单色釉上彩，为永乐早期遗物。这批瓷器仅1996年送台湾鸿禧美术馆展出的复原瓷器就有48件。如影青刻海浪青花龙纹罐，扁圆盖皿（首次发现的稀世之珍），青花海浪仙山双耳三足炉（工艺精湛），各式小碗（永乐宫中常用之器）等。此外，直径68厘米的青花缠枝牡丹纹大窝盘、岁寒三友大窝盘、湖石鸡冠花纹大窝盘为罕见的外销瓷[3]。

4. 洪武瓷胎、釉和纹饰的主要特点

（1）胎、釉

洪武瓷胎颗粒粗，器壁较厚。洪武青花色泽总体上不如元青花浓艳凝重，洪武青花一种近似元青花，色泽深蓝，有晕散感，但比元青花偏灰。另一种呈暗灰色，显一点淡蓝色。

洪武红釉一般呈色均匀，釉层较薄，透明度较好，但红中偏黄。偏黄似由于洪武红釉含铁量较高所致。

洪武釉里红呈色有两种，一位晕散、色泽浓艳带黑色；一偏灰，无晕散。

---

[1]　刘新园《景德镇珠山出土的明初与永乐官窑瓷器之研究》记述由于发现的洪武瓷青料色泽偏灰或偏黑，所以有人认为采用的是国产青料。经中科院上海硅酸盐研究所测试，认为洪武青花与元青花均采用高铁低锰的进口料。所见洪武青花或胎质疏松或釉色阴黄，不是正烧产品，这是造成呈色与元青花不同的原因。

[2]　刘新园《景德镇珠山出土的明初与永乐官窑瓷器之研究》记述：洪武传世青花极少，或说只有40余件，本次出土75件，远超前者；《中国出土瓷器全集·江西》，科学出版社2008年版。图录刊布1994年明御器厂出土的洪武瓷器有：图142青花缠枝四季花卉碗（口径28厘米、足径8.8厘米、高11厘米），图143青花花开开光牡丹纹折沿菱口盘（口径46.5厘米、足径28.3厘米、高8.6厘米），图144青花锦地垂云莲纹折沿盘（口径47.5厘米、足径28.5厘米、高9.3厘米），图145青花洞石芭蕉纹执壶（口径7.4厘米、足径11.2厘米、高38厘米），图146釉里红缠枝宝相花纹大碗（口径38厘米、足径15.8厘米、高18厘米）。

[3]　刘新园：《景德镇珠山出土的明初与永乐官窑瓷器之研究》记述了多种多样的盘、执壶与玉壶春瓶，证实了伊朗、土耳其传世的青花瓷就是这里永乐窑早期生产的。永乐时期生产的青花瓷主要用于外销；《中国出土瓷器全集·江西》刊布1994年出土永乐瓷器有：该书图150青花缠枝花卉纹扁壶（口径8厘米、足径14.4厘米、高44.7厘米）、图151青花折枝秋葵纹玉壶春瓶（口径9厘米、足径11.8厘米、高34厘米）、图152青花龙纹罐（口径13.8厘米、底径19.9厘米、高34厘米。海涛上用青花绘赶珠五爪龙纹）、图153青花双龙戏珠纹盖罐（口径17.4厘米、腹径29.7厘米、底径18.8厘米、通高31.5厘米）、图157白釉贴金彩花卉纹钵（口径24.5厘米、高13.8厘米，未见传世品）。

（2）纹饰

洪武青花与釉里红纹饰大体相同，总体上看青花纹饰有元青花意味，但比元青花构图简单，层次亦是疏朗。纹饰题材较元代大量减少，如元代流行的人物故事、鱼藻、瑞兽、鸳鸯莲池等均不见，而以花卉为主。

洪武瓷纹饰特点大体言之，第一，莲瓣纹每瓣的边框相互借用连接，大莲瓣内绘小朵宝相团花或如意纹为洪武首创。第二，回纹多数已成正反二回一组的结构，与元代同向回纹相异。第三，器壁起棱并在每瓣上饰小朵折枝花为洪武特有。第四，单独采用多方连续工整缠枝花作主体纹饰为洪武常见。第五，白釉及红釉器底刻一朵折带云与品字三朵折带云或五朵（二大三小）首见于洪武瓷上，并为永乐青花继承。第六，松竹梅纹有元末文人画意蕴。其常见的松树虬枝苍劲，松叶绘作扇形，与永乐树干挺枝秀和球形松叶相比则迥然大异[1]。

（三）永乐窑瓷器

1. 明御器厂南院东侧出土的永乐瓷[2]

1982 年在景德镇市政府南大门东墙边一个沟道中发现永乐款白瓷（图 25－3－9，B1），1983—1984 年在沟道南发掘 180 平方米。文化堆积共六层（图 25－3－3），其中②层出"大明宣德年制"款瓷片，④、⑤层出"永乐年制"四字篆文款（第⑤层盏心锥刻或印"永乐年制"篆文款 71 件），其中所出 98% 是永乐甜白瓷（另有极少淡青釉及黑釉残片）。器形主要有：盘口长颈瓶、扁肚撇口瓶、短头丰肩梅瓶、玉壶春瓶、荷叶形盖罐；撇口折肩长壶、方流扁肚执壶、四系扁圆大壶、梨形小注（小壶，刻五爪云龙纹），直口深腹碗、撇口圆腹碗、折沿盘、印花高足杯；仿伊斯兰金属器的单把水罐、直颈长壶、扁壶、敛口盂、钵、球形盖皿、盘座、八方烛台；爵、豆、军持、僧帽壶（刻藏文吉祥经文）、匜、顶珠双环盖皿、多棱洗、三足器等。发掘者将上述瓷器定为永乐早期产品。

2. 明御器厂南院西侧出土的永乐瓷

在景德镇市政府大门西 16—36 米的珠山路人行道上（公馆岭地段），1983—1984 年发掘 290 平方米（图 25－3－9，B2）。出土瓷器仍以甜白釉瓷为主（碗盘居多），其他还有红釉、红地白花瓷器、青花斗彩釉里红、甜矾红彩、孔雀绿彩、红绿彩、高温黄褐彩、绿地褐彩、黄地绿彩等，其中出土"永乐年制"四字篆文刻款高足杯残足两件。发掘者根据所出瓷器的总体特征，将上述瓷器定为永乐后期制品。

除上所述，1987 年 12 月在明御器厂西墙东司岭下发现两件釉里红盘口长颈瓶残片，一口沿用釉里红书"永乐元……供养"，另一书"永乐四年……供养"，这是迄今所见最早的永乐官窑釉里红。

3. 永乐瓷器略析

（1）甜白瓷

甜白瓷，胎细白、釉呈半木光，甜润如玉，精细而含蓄，与过去的白釉瓷有别。中国

---

〔1〕 洪武瓷胎釉和纹饰主要特点，见江建新《景德镇陶瓷考古研究》，科学出版社 2013 年版，第 160—162 页。
〔2〕 出土永乐瓷器见刘新园《景德镇珠山出土的明初与永乐官窑瓷器之研究》，《鸿禧文物》1996 年创刊号。

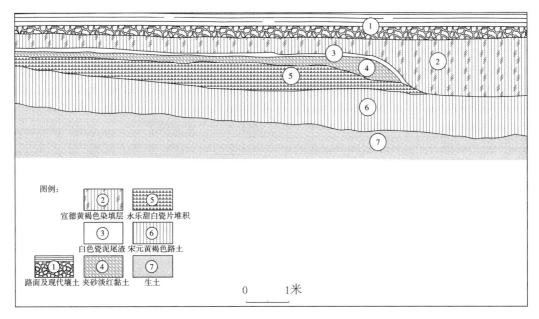

图 25 – 3 – 3 1983—1984 年珠山中路东段明宣德和永乐早期瓷片堆积地层剖面图
(引自《景德镇珠山出土的明初与永乐官窑瓷器之研究》，《鸿禧文物》创刊号，第 15 页，略变化)

科学院上海硅酸盐研究所测试，认为永乐甜白瓷特有的"光莹如玉"的质感，是因"釉中含有多量的细微的残留石英颗粒和一定量的云母残骸而形成的"，其"釉的组成、结构和外观"既不同于元代，又不同于明代其他时代的白瓷，而形成真正的"一代绝品"。永乐朝生产甜白瓷，与永乐帝认为甜白瓷"洁素莹然，甚适于心"有密切关系[1]。

甜白瓷器形，碗以墩子碗最多，外壁刻折枝花果，碗壁高于洪武碗，挖足比洪武碗深而薄，圈足小于宣德碗。盘早期多折沿锥花盘，晚期多敛口浅盘。高足杯与前期相比足部变矮、下腹缩小、口径增大，足内满釉，杯内壁有印花龙纹、八吉祥和花卉纹。并首次出现刻或印"永乐年制"四字篆文款，开明清官窑瓷器书写年款之先例。壶类中的刻五爪纹梨形壶、扁肚方流大执壶、长腹大壶、四系矮壶等均未见于传世品。各式爵豆的柱与足有高低之分，爵下腹外有环或无环，形式多样。豆上部为折腰碗，外壁有一凸起弦纹，足柱上缀珠四道，下端作半球状，外刻单线莲纹，内做臼形无釉，此种形制未见传世品。三壶连通器，器身刻鎏金花纹，为罕见孤品。佛教法器早期有僧帽壶（素面、刻花或藏文诸式），军持，晚期有写佛经青花梵文大杓（官窑中见写梵文第一例）。瓶类有梅瓶，玉壶春瓶，还有白釉荷叶盖罐和仿伊斯兰器型之白瓷等。

（2）青花瓷

永乐青花数量少于甜白瓷，永乐青花早期多外销[2]，晚期御用器增多。永乐青花渐

〔1〕《明太祖实录》永乐四年（1406 年）十月丁未条记：帝"谓尚书郑赐曰：'朕朝夕所用中国瓷器，洁素莹然，甚适于心……"

〔2〕刘新园《景德镇珠山出土的明初与永乐官窑瓷器之研究》记述永乐青花已出土的绝大多数集中在永乐早期，凡伊朗、土耳其收藏的盘、碗，在出土物中都能找到相互印证的实物。并指出伊朗、土耳其博物馆收藏仅见永乐早期之物，而无宣德时代产品。

成景德镇瓷器生产的主流，其胎体细、薄，器形精美典雅，为明清皇宫用瓷典范，其后各代多有仿制。洪武青花装烧时采用含铁量较高的匣钵泥作支垫，成瓷时底与支垫接触处二次氧化时形成一层薄薄的橘黄色。永乐青花采用纯高岭土作支垫，成瓷后露胎的器底洁白细腻。永乐青花之色调深蓝，有晕散，与元青花相似但比元青花浓丽鲜艳，晕散更明显。永乐青花纹饰仍以折枝和缠枝花为主，但比洪武时代丰富。如洪武青花花纹有花无果，永乐时大量使用瑞果，并新增牵牛、月季、秋葵、桂花、剪秋萝等花卉。边饰常见潮水纹和回纹，潮水纹潮头穿插在波纹之间，潮头留白少，水波留白少，疏密对比鲜明，与洪武时常用一起伏粗线画潮头，细线画水波不同。永乐时回纹连接环绕和谐，与洪武时由两个相反回纹一组再一组地排列在器物口沿不同。

永乐青花器形，碗类中有直口碗，口径 20 厘米，足径 10 厘米，比洪武碗小一倍。撇口碗、墩子碗亦如此，永乐直口浅碗薄而洪武碗粗，尖底莲子碗为永乐独创。盘类中折沿花口与平口盘最大直径 48 厘米，最小 34 厘米，小于洪武盘（最大 56 厘米，最小 48 厘米以上），较洪武盘小巧精致。窝盘最大直径 68 厘米，前所未见。其中湖石鸡冠花、转枝牡丹、松竹梅和水草双鱼纹大盘，则展示出永乐时代空前的成型水平。一种敛口（又称罄口）式盘，似为永乐独创。注壶壶柄画外不画内（洪武壶柄内外双绘），白龙纹扁壶、撇足梅瓶、扁肚盖皿、巨型香炉、珠顶盖罐为创新之作。永乐早期青花有御用器，如青花海水双角五爪白龙纹撇足梅瓶，青釉海水青花龙纹大罐（永乐时期至精至美之物，未见传世品）。永乐后期青花御用器有五龙纹玉壶春瓶、团龙纹锅式盘、行龙纹碗，以及青花海水仙山纹三足炉等。

（3）高温色釉、釉里红、青花斗釉里红和酱彩器

高温色釉常见红釉、翠青釉、影青釉、仿龙泉釉瓷等。《景德镇陶录》说："永器鲜红最贵"，红釉瓷是永乐瓷名贵品种。永乐红釉器造型精巧、胎薄、细腻，釉层细薄明亮，鲜红（宝石红）。器形有碗、盘、高足杯（刻"永乐年制"篆文款）。红釉器口足上都有一圈白而肥润的"灯草边"（永乐朝创烧），使纯红的釉色更醒目，这是当时在铜红釉的烧造技术上取得辉煌成就的标志。红地白龙纹碗、高足杯和梨形壶以祭红釉为地，再剔除部分红釉留出龙纹，并在龙纹上填白釉烧成，故地色深红均匀，白龙醒目（元代和洪武之红地用釉里红料画填）。翠青釉为永乐时新创，永乐影青釉与仿龙泉釉瓷也发展到很高水平。永乐釉里红比青花少，甜白釉里红三鱼盏为此时独创。永乐晚期地层出土的白釉釉里红龙纹盘胎薄彩精，梅竹纹腰圆形笔盒为仿伊斯兰金属器造型而产生的一件绝无仅有的釉里红器。青花斗釉里红器为永乐朝成功名品，青花海水红海兽或红海水青花龙纹高足杯故宫有传世品，而青花水波与釉里红三鱼小盏则为仅见的孤品。永乐瓷釉里红较少见。高温酱彩始见于永乐，同时还有罕见的酱彩龙纹填低温绿彩地装饰新品种。

除上所述，永乐窑瓷器重造型，突出造型美，在明朝历代官窑瓷器之上。在瓷釉方面，永乐窑所出各种釉上彩瓷（红、绿、黄、紫诸色纹饰彩瓷），奠定了宣德朝创造斗彩瓷的基础。以铅作溶剂的低温黄、绿釉成功用到瓷器装饰（"浇黄三彩"）也在永乐朝烧

制成功。上面介绍出土的永乐瓷器，在一些图录中有部分图版[1]。

（四）宣德窑瓷器

宣德官窑以产品量多质优而被称为历代官窑之冠。

1. 1982—1988 年出土的瓷器

1979 年在龙珠阁东北墙一带开四个探井，珠山东麓井二发现宣德地层，出土书"大明宣德年制"款白瓷碗、盘、靶盏等，以及两片青花[2]。

1982 年在珠山路中段明御厂前院，从清御厂东墙向西至公馆岭开 160 米长探沟（图 25 – 3 – 4、图 25 – 3 – 9，C1、C2），发现宣德窑炉一座，永乐堆积两处，宣德堆积四处[3]。该窑炉位于图 25 – 3 – 4 之 H 处，建于永乐地层上，窑炉南北宽 2 米，进深仅 60 厘米，平面约 1 平方米，可见窑床和烟道（图 25 – 3 – 5），其余结构毁。窑内堆积宣德瓷器，发掘者认为是宣德时的"色窑"。清御厂东墙地段宣德地层最厚，出土瓷器以红釉为主，青花和仿龙泉次之，再次为白釉和蓝釉器，釉里红、紫金釉、低温绿釉、洒蓝，孔雀绿仅见少量碎片。绝大多数器物用青料书"大明宣德年制"款，其中仿龙泉青釉的大件器皿外壁近口沿处多有青料横书的宣德年款。在明御厂仪门地段（图 25 – 3 – 4，F、G 处）出土的瓷器最精，如一件较完整的青花罐，高 44 厘米、腹围 167 厘米、底径 32 厘米，通体绘一条四爪衔芝草龙[4]；以及精致的海水五爪龙纹敞口碗和小靶杯等[5]。在公馆岭（图 25 – 3 – 4，C 处）出土两件双圈篆书"宣德年制"青花款残器[6]。公馆岭两侧灰坑所出以甜白占多数，红釉器次之。一件白釉侈口弧壁碗碗心书"官用供器"四字。发掘者认为，宣德元年至五年，御厂主要烧造龙凤纹白瓷。过去认为是永乐官窑的这类白瓷，应是宣德早期制品。而书有"大明宣

---

[1]　《中国瓷器出土全集·江西》图 148 青花云凤纹高足杯（口径 14 厘米、足径 4.1 厘米、高 11.6 厘米，1984 年出土）、该书图 149 绿地酱彩龙纹盏（口径 10.2 厘米、足径 5.4 厘米、高 4.3 厘米，1984 年出土。此器开启宣德青花填黄、填红装饰之先河）、图 158 白釉带盖豆（口径 7.4 厘米、足径 6.5 厘米、高 13.2 厘米，1983 年出土）、图 159 白釉三壶连通器（高 31.2 厘米，1983 年出土。该造型奇特、结构复杂、成型难度较大，器身七道弦纹间锥刻阿拉伯鎏金纹样，充分体现当时御窑的制作工艺水平）、图 160 白釉浮雕莲瓣纹束腰三足座（口径 12.3 厘米、高 19.3 厘米，1983 年出土）；陆明华《明代官窑瓷器》，上海人民出版社 2007 年版。该书第 178 页图 3—110 永乐青花龙凤纹盘（口径 21.8 厘米、足径 13.7 厘米、高 3.9 厘米），第 179 页图 3—111 永乐釉里红云龙纹盘（口径 19.2 厘米、足径 11.9 厘米、高 2.8 厘米）、图 3—112 永乐釉里红云龙纹碗（口径 17 厘米、足径 6.8 厘米、高 7.1 厘米）、第 180 页图 3—113 永乐釉里红云龙纹高足杯（口径 15.4 厘米、足径 4.5 厘米、高 10.2 厘米）、图 3—114 永乐白釉爵（高 12.6，最大直径 15 厘米）。以上均未注明出土时间；赵月汀主编《皇帝的瓷器——景德镇出土明"三代"官窑瓷器珍品荟萃上·永乐卷》所收永乐出土瓷器较全，中国出版集团·东方出版中心 2010 年版。

[2]　刘新园：《景德镇明御厂故址出土永乐、宣德瓷器之研究》，香港市政局 1989 年版。

[3]　白焜、谭际明、张中原、李一平：《景德镇明永乐、宣德御厂遗存》，《中国陶瓷》1982 年第 7 期。

[4]　白焜、谭际明、张中原、李一平：《景德镇明永乐、宣德御厂遗存》，《中国陶瓷》1982 年第 7 期。原文图版贰拾叁之图二十三。

[5]　白焜、谭际明、张中原、李一平：《景德镇明永乐、宣德御厂遗存》，《中国陶瓷》1982 年第 7 期。原文图版贰拾叁之图二十五（梵文小靶杯）。

[6]　白焜、谭际明、张中原、李一平《景德镇明永乐、宣德御厂遗存》记述"宣德年制"四字篆款与永乐靶盏上的四字款风格一致，有永乐遗风，其年代早于六字款宣德器。

德年制"款的青花等瓷器，应烧造于宣德五年以后〔1〕。此外，在图4之A点以西1米之内，紧贴永乐甜白瓷堆积出土一批无款青花瓷器，其中一件青花海怪纹大盘罕见〔2〕，发掘者将这批青花瓷器定为宣德早期。

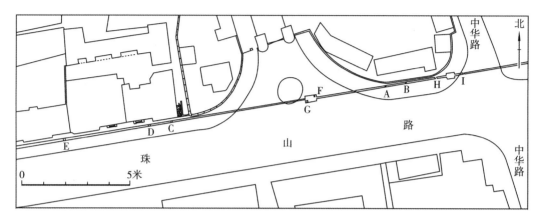

图25-3-4　永乐、宣德御窑遗迹、遗物出土地点
（引自《景德镇明永乐、宣德御厂遗存》，《中国陶瓷》1982年第7期，图一，略变化）

从1982年至1988年历年出土宣德瓷器来看，明御厂故址周围皆有分布，但主要集中在今珠山路与市政府围墙之间（即前述明御厂前院，图25-3-9，C1—C3、C5），堆积较分散较薄，呈窝状，总计出土宣德官窑瓷达数万片〔3〕。瓷器种类有甜白、鲜（祭）红、宝石蓝、影青、天青、仿龙泉青釉、茶叶末、紫金釉、青花、釉里红、甜白鲜红花（如红三

〔1〕　白焜、谭际明、张中原、李一平：《景德镇明永乐、宣德御厂遗存》，《中国陶瓷》1982年第7期。
〔2〕　白焜、谭际明、张中原、李一平：《景德镇明永乐、宣德御厂遗存》，《中国陶瓷》1982年第7期。原文图版拾玖之图九。
〔3〕　刘新园：《景德镇明御厂故址出土永乐、宣德瓷器之研究》，香港书政局1989年版；《中国瓷器全集·江西》刊布1983年、1984年、1988年明御厂故址出土的部分瓷器。该书图170青花藏文莲托八宝纹僧帽壶（1983年出土，通高23.4厘米、足径9厘米。外底书"宣德年制"四字双圈楷书款）、图171釉里红海怪纹盏（1983年出土，口径11.9厘米、足径4.3厘米、高7.3厘米。底以青料书"大明宣德年制"双圈楷书款）、图172洒蓝釉刻花龙纹钵（1983年出土，口径26.4厘米、底径13.2厘米、高13厘米。底以青料书"大明宣德年制"双圈楷书款）、图180蓝地白花鱼藻纹高足杯（1984年出土，口径15.3厘米、足径4.5厘米、高10.4厘米。足中空，底书"宣德年制"楷书款）、图173青花填红彩八边形花盆（1988年出土，口径40厘米、足径26.3厘米、高20.3厘米。外壁口下留白书青花"大明宣德年制"横款）、图174黄地青花牡丹纹盘（1988年出土，口径38.8厘米、足径28.1厘米、高5.5厘米。近口沿处青料书"大明宣德年制"横款）、图175孔雀绿釉青花鱼藻纹碗（1988年出土，口径20.3厘米、足径8.6厘米、高8.8厘米。底满白釉青料书"大明宣德年制"双圈楷书款）、图176孔雀绿釉鱼藻纹青花盘（1988年出土，口径21.3厘米、底径13.4厘米、高4.6厘米。器底白釉青料书"大明宣德年制"双行双圈款）、图177斗彩莲池鸳鸯盘（1988年出土，口径21.5厘米、足径13厘米、高4.6厘米。内口沿一圈青花藏文吉祥语。盘心以没骨法绘红莲、绿荷三组，其间穿插芦苇、红蓼、慈姑、浮萍、上下绘鸳鸯。鸳鸯用青料绘头、翅，身以红、紫色合绘。外壁绘莲荷四组。器底白釉，书青花双圈双行"大明宣德年制"楷款）、图178霁红桃形注（1988年出土，口径3.3厘米、底径6.1厘米、通高14厘米。外底青料书"大明宣德年制"双圈楷书款）、图179绿釉凤首执壶（1988年出土，口径3.8厘米、底径6厘米、高12.3厘米。底白釉，青料书"大明宣德年制"双行双圈楷书款）；赵月汀主编：《皇帝的瓷器——景德镇出土明"三代"官窑瓷器珍品荟萃下·宣德、成化卷》，中国出版集团·东方出版中心2010年版。图版64-116为宣德官窑出土瓷器。

鱼、红三果靶盏）、白釉酱花、白釉绿花、蓝釉白花、青花斗釉里红；浇黄、洒蓝（雪花蓝）、孔雀绿、瓜绿、黄地绿龙盘；黄地青花、青花填矾红彩、孔雀绿釉青花、孔雀绿彩、矾红红彩、青花斗彩等。其中洒蓝、斗彩为宣德独创，余者均与永乐窑一脉相承。较重要的发现，一是1988年11月在明御厂前院出土青花斗彩鸳鸯莲池纹盘，据此可证实斗彩创烧于宣德窑[1]。二是1987年出土用青料书写"宣德年制"四字篆款瓷片，这是迄今最完整的宣德四字篆款标本之一[2]。三是1988年11月明御厂前院西侧宣德地层上发现五座体积较小的马蹄形半倒焰式窑，其中有青窑和缸窑，可见宣德时期御窑已有明确分工[3]。

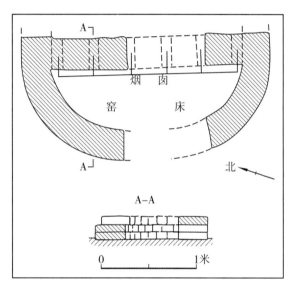

图25－3－5　宣德色窑遗迹（上）及其残存部分平面、剖面图（下）

（引自《景德镇明永乐、宣德御厂遗存》，《中国陶瓷》1982年第7期，图二，略变化）

　　1987年在珠山东北侧堆积的⑨层为宣德层（图25－3－6），出土宣德官款瓷片[4]。1988年4—5月，在明御厂故址东门附近宣德堆积中出土宣德天青釉盘等[5]。1988年11月在东司岭（图25－3－9）宣德堆积中出土青花斗彩盘、青花填红花钵、青花孔雀绿釉碗盘等[6]。

---

〔1〕　刘新园：《景德镇明御厂故址出土永乐、宣德瓷器之研究》，香港书政局1989年版。第47页记述青花斗彩鸳鸯莲池纹盘，纹饰用釉上彩，红、绿、黄、紫和青花线条合绘，有"大明宣德年制"楷书款，荷花以红线勾勒，荷叶水草等用没骨法绘出，鸳鸯采用青花与釉上彩合绘，见原文第47页图十七。另见《中国瓷器出土全集·江西》图177。

〔2〕　刘新园：《景德镇明御厂故址出土永乐、宣德瓷器之研究》及《景德镇瓷窑遗址的调查与中国陶瓷史上的几个相关问题》，《景德镇出土五代至清初瓷展》，香港大学冯平山博物馆1992年版。

〔3〕　刘新园：《景德镇明御厂故址出土永乐、宣德瓷器之研究》，香港书政局1989年版。

〔4〕　刘新园：《景德镇出土明成化窑遗迹与遗物之研究》，《成窑遗珍——景德镇珠山出土成化官窑瓷器》，香港徐氏艺术馆1993年版。

〔5〕　刘新园：《景德镇明御厂故址出土永乐、宣德瓷器之研究》，香港书政局1989年版。

〔6〕　刘新园：《景德镇明御厂故址出土永乐、宣德瓷器之研究》，香港书政局1989年版。

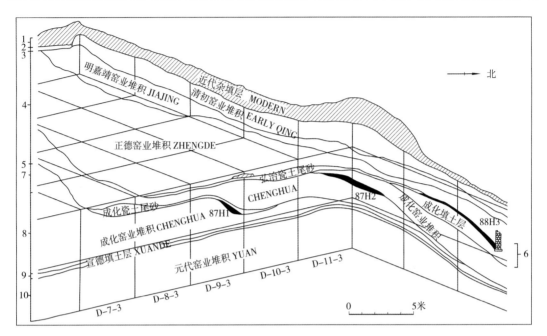

图 25 - 3 - 6　景德镇明清御窑遗址 1987—1988 年清理发掘的地层剖面示意图
（引自《江西景德镇明清御器（窑）厂落选御用瓷器处理的考察》，《文物》2005 年第 5 期，图八，略变化）

2. 1993 年出土的瓷器

1993 年春，在明御厂故址东门附近出土宣德瓷器较丰富（图 25 - 3 - 9，C4）。出土的红、白釉盘、碗多有刻款，仿龙泉釉带盖与座的梅瓶具有元代风格，属宣德窑早期制品。其中矾红龙纹高足碗（杯）与天青釉四字篆文款高足碗（杯）属宣德早期罕见制品。其他如蓝地白、白地蓝、黄地蓝花萱草纹盘，彩饰丰富的蟋蟀罐、花钵、鸟食罐、形体硕大的储酒器，各种食器，仿伊斯兰风格的烛台、仰钟式碗、长颈壶、单把水罐、扁壶等，均很精致[1]。

3. 永乐、宣德瓷器的比较

过去多认为宣德瓷器造型和纹饰大都从永乐官窑继承而来，故有永宣官窑不分之说。但是从明御厂故址已发现的永乐和宣德瓷器来看，两者还是有明显差异的。如：

---

[1]　梁穗：《景德镇珠山出土的元明官窑瓷器》，《景德镇出土元明官窑瓷器》，文物出版社 2000 年版；刘新园：《明宣宗与宣德官窑》，《景德镇出土宣德官窑瓷器》，台湾鸿禧美术馆 1998 年版；《中国出土瓷器全集·江西》刊布 1993 年明御厂遗址出土的宣德瓷器有：该书图 161 青花萱草纹带盖豆（口径 6.9 厘米、足径 6.5 厘米、高 12.5 厘米。器口部横书"大明宣德年制"六字楷书款）、图 162 青花缠枝牡丹纹军持（口径 6.6 厘米、底径 9.2 厘米、高 21.7 厘米。颈部书"大明宣德年制"横款）、图 163 青花蟾形贴五毒鸟食罐（口径 3.4、长 8.3、高 4.3 厘米。口沿处书"大明宣德年制"横楷款）、图 164 青花白鹭黄鹂纹蟋蟀罐（口径 13.5 厘米、底径 12 厘米、高 9.5 厘米。底书"大明宣德年制"竖款，盖后为六字横款）、图 165 釉里红三鱼纹高足碗（口径 15 厘米、足径 4.4 厘米、高 10.4 厘米。高足中空施白釉，内壁施白釉，外壁绘铁红三鱼纹）、图 166 矾红龙纹高足杯（口径 15.5 厘米、足径 4.5 厘米、高 10.6 厘米。杯心矾红书"大明宣德年制"六字双圈楷书款，此款罕见）、图 167 青釉带座梅瓶（口径 5.8 厘米、底径 11.3 厘米、高 43.1 厘米）、图 168 黄釉（"浇黄""娇黄"）梨形执壶（口径 4 厘米、足径 5.7 厘米、高 12.9 厘米）。此外，图 181 收一件 1994 年明御厂故址出土的蓝釉刻花执壶（口径 2.8 厘米、足径 7.1 厘米、高 10.6 厘米。器底书"大明宣德年制"六字楷书双圈双行款）。

第一，永乐窑以甜白瓷为主，宣德窑以青花数量最大，品种最全，彩饰精美，青花色调既有永乐青花的深厚浓丽，又带有成化青花的清新淡雅，在纯正蓝色中"略带紫色调"，故有青花以"宣窑为最"之誉。永乐、宣德瓷是中国古代青花瓷的高峰。宣德五年之前以生产素白瓷为主（与永乐甜白釉相比，宣德白釉较厚润，色调较温和，没有永乐白釉清亮和明丽），宣德五年之后大量烧造青花，并创烧斗彩、青花矾红、白釉酱花和洒蓝等釉，从而开创了中国瓷器以彩瓷为主的新局面。

第二，宣德红釉在永乐的基础上有所发展，或认为是明朝红釉的高峰。宣德红釉器敦实厚重，端庄大方，釉层加厚，红得深沉温润。

第三，永乐窑瓷器大件较少，特小件稀少，器型较轻薄，其特点为秀、巧、薄。宣德窑瓷器大件和特小件均多于永乐，器型较厚重，其特点大、厚、拙。同时，宣德器中的特小件则又开成化窑瓷器以小巧精致取胜之先河。在纹饰上，宣德瓷器龙纹比永乐的龙纹画得精彩，应龙、莲龙、衔花龙均首见于宣德。永乐花果一般有花无果或有果无花，宣德则始见花果并存。

第四，永乐瓷年款少，仅在靶盏上刻印四字篆书款。宣德瓷器无年款者极少，绝大多数用六字楷书款（早期有个别四字篆款，此外还有少量四字楷书款）。

总的来看，宣德窑瓷器无论在品种和质量还是数量上，均取得了空前的成就（唯釉里红水平不如洪武时期）。因而对宣德以后明御厂官窑，乃至全国各地民间窑场都产生了深远的影响。

（五）"空白期"正统瓷器之发现

明代正统、景泰、天顺三朝（1436—1464 年）烧造的瓷器不书年款，因而三朝瓷器多被划归宣德或成化期，致使三朝瓷器面貌不明，故瓷器史上将三朝瓷器称为"空白期"或"黑暗期"。[1]

1988 年 11 月在珠山以西明御厂西墙外东司岭一巷道堆积中（图 25 - 3 - 9，F），发现明代瓷器三叠层。第一层较薄，出土"大明成化年制"六字双圈款青花瓷片，由于无六字双方框款，因知其为成化早、中期制品。第三层在巷道底，较薄。出土宣德纪年款斗彩鸳鸯莲池纹盘，孔雀绿釉青花鱼藻碗、盘和黄釉堆雕绿龙纹盘等，以及永乐元年、永乐四年两块釉里红龙纹盘口瓶残片。第二层最厚，堆积中有许多硕大的青花大龙缸片，可复原 20 余口，最大直径 88.8 厘米，高 75 厘米，是明代形体最大的瓷器（大于定陵出土的嘉靖龙缸）。龙缸多饰青花赶珠龙，青料呈色深沉，属"苏麻离青"类型。此外，同出土的还有青花兽耳大器座、青花白瓷山子、花口多棱双耳瓶等罕见之物，以及青花、斗彩和白瓷刻花的碗、盘和靶盏等。

第二层无纪年遗物，所出瓷器青料色泽与宣德窑同，出土的兽耳器座与 1982 年宣德窑层出土同类器物基本一致。但是，该层还出土了较多的独具特色的瓷器。比如，花口多

---

〔1〕　刘新园：《景德镇瓷窑遗址的调查与中国陶瓷史上的几个相关问题》，《景德镇出土五代至清初瓷展》，香港大学冯平山博物馆 1992 年版。

棱瓶的造型为该层特有[1]，斗彩碗上的鸳鸯莲池纹之莲花画得特别大，鸟的形象也不同于宣德。常见的青花莲托八宝纹碗中的鱼纹，永、宣时画作双鱼，此作单鱼。青花草龙纹盘之龙与龙间夹绘一鹿形动物，亦为该层所特有（此前和以后均未见）。该层有出汹涌海潮、海兽、云气、福海仙山和球花纹等独有的纹样，由于二层位于一层（成化）与三层（宣德）之间，其时代显然应该在正统和天顺之时。以前述二层所出青花器座与宣德器相同证之，进而可将其定为靠宣德最近的正统时期。此外，据《明史·食货志》记载，正统六年焚毁于永乐时期的谨身、华盖、奉天三大殿建成，太监王振令景德镇御厂烧造青龙白瓷缸。这个资料与二层所出青花云龙纹大缸片相印证[2]，并结合前述情况，完全有理由将二层出土的缸片和独具特点的瓷器定为正统时期。从而改写了明代官窑"空白期"的历史。

除上所述，发掘者认为第一层出土的无纪年瓷片，很可能是天顺时制品。并指出1989年珠山成化层出土的无款青花印三红鱼莲蓬形大碗，形制特异（即红鱼纹处的碗壁内凹外凸，当用鱼形模具印压而成，该装饰方式目前仅此一例），其风格与成化和正统有别，亦可能是正统之后成化之前的天顺间遗物。此外，1993年6月在明御厂西侧（今市政府大楼西侧的食堂）工地发现一批宣德、成化纪年官款瓷片和无款青花瓷片。1995年在珠山龙珠阁成化早期地层夹杂着一些无款青花瓷片。上述两个地点无款青花瓷片青花色调多偏灰淡，既不如以前的正统青花厚重浓丽，也没有成化青花纤细淡雅，造型上（靶盏、碗、盘）多承正统形制，但盘、圈足矮而微内敛，挖足多不过肩。这些遗物可能是正统之后成化之前的景泰或天顺官窑制品[3]。

（六）成化窑瓷器

1973年以后成化窑瓷器陆续有少量发现[4]，1987年5月配合龙珠阁重建工程，在珠山东北侧（图25-3-9，D）建筑用地平整土地约500平方米，挖深9—11米，可见十层地层剖面（图25-3-6），其中③层为明嘉靖官窑堆积，④层为正德官窑堆积，⑤层弘治间白尾沙层，⑥层成化层沙层，⑦成化白尾沙层，⑧层成化窑业堆积，⑨层宣德填土层，⑩层元代窑业堆积。1987—1988年在该地进行考古清理发掘，发现三处成化时期纯瓷片堆积。即H1在⑧层与⑦层之间，堆积平面呈棱形，东西长12.9米，南北宽0.1—1.2米，厚约0.8—30厘米。H2北距H1 6.8米，在⑥层与⑦层之间，平面呈一三角形（仅发掘3平方米）。H3南距H2 2.6米，在⑤层和⑥层之间，堆积平面呈直角三角形，底边宽2.3米，斜边长7.1米，面积约8平方米。

---

[1] 《中国出土瓷器全集·江西》，该书图189青花缠枝莲纹双耳瓶（1988年出土，口径8.2厘米、足径4.1厘米、高26.5厘米），花口，长颈两侧对置长耳，瓶身瓜棱形，颈绘青花散点式球花，腹绘变形缠枝花卉，花色青翠。又图187收录一件1994年御厂故址出土的青花海水纹碗（口径17.6厘米、足径7.4厘米、高7.1厘米），外壁用青料单纯满绘青花海水纹，这是正统官窑器一大特征。

[2] 二层龙缸不见传世品，但其造型与今故宫三大殿前陈设的大铜缸一致。这个情况反映出，王振下令烧制的大龙缸并未烧成完全合格的产品，而成为二层大龙缸碎片堆积。正因为如此，三大殿前才以铜缸取代瓷缸。

[3] 江建新：《景德镇陶瓷考古研究》，科学出版社2013年版，第176页。

[4] 成化窑瓷器见刘新园《景德镇珠山出土的明初与永乐官窑瓷器之研究》，《成窑遗珍——景德镇珠山出土成化官窑瓷器》，香港徐氏艺术馆1993年版。

1. H1 出土瓷器

出土瓷器的品种有青花、青花填红、青花斗彩、低温黄绿彩、孔雀绿釉瓷片，以青花最多。器型碗盘占首位，其次还有靶盏、长方花盆、薰和炉、长腹罐等[1]。纹饰龙纹最多，如海水龙、穿花龙、闹海龙、云龙、赶珠龙、九龙、五龙等，还有缠枝莲托八吉祥、岁寒三友、折枝牡丹、莲池鸳鸯、庭院戏婴等纹饰，以上均与宣德窑器略同，当沿用宣德旧稿绘制。此外，青花斗彩莲池鸳鸯纹盘、青花撇口小团花盘与近年珠山出土正统窑器相似，似据正统旧稿仿制。款式，大都作青花"大明成化年制"六字款，直径30厘米大盘单行横款缀于盘外近口沿处，中小型碗盘作双行双圈款，青花云鹤纹三足小香炉底部六字双行款，款外无圈[2]。又 H1 出土青花双狮戏绣球纹碗、盘和靶盏，纹饰与宣德器同，其中碗盘分有款和无款两类，有款者不书成化，而作"大明宣德年制"双行双圈款。发掘者认为是成化官窑仿造的所谓"宣德器"，这是目前所见后代人在当代瓷器上书前代年款最早的实例。发掘者将 H1 出土瓷器烧造年代定在成化四年（1468年）后不久，称一期。

2. H2 出土的瓷器

瓷器仍以碗盘为主，除青花外还有祭红盘、黄地青花花果纹盘、黑地孔雀绿釉碗盘，纹饰有行龙与鱼藻两类；以及低温黄釉、黄地绿釉、黄地紫龙、瓜皮绿釉碗盘和宝石蓝地白凤纹碗等。以上黑地孔雀绿鱼藻和赶珠龙纹碗盘为创新之作，余者均见于永乐、宣德官窑，但又有些不同。比如：

宝石蓝釉白云凤纹碗。宝石蓝地白釉填花纹瓷器始于元代景德镇窑（底足无釉无款），宣德官窑也出蓝釉白鱼藻纹碗盘和靶盏（圈足内侧挂白釉，书青花双圈款）。H2 所出上述器形内外及圈足挂蓝釉，分有款和无款两类。有款者在圈足内用白釉书"大明成化年制"六字双行双圈款，是地道的蓝地白花白款器。

青花填黄花果纹盘。该类装饰创于宣德窑，上述器物之造型和纹样袭宣德旧稿而不同[3]。

铜红系列瓷器。有祭红、祭红地白花、釉里红三类，以永乐、宣德制品最精美，H2 所出土铜红器造型和纹饰均受永乐、宣德瓷器影响。其差异主要表现在呈色和用料薄厚与

[1]　刘新园：《景德镇珠山出土的明初与永乐官窑瓷器之研究》，《成窑遗珍——景德镇珠山出土成化官窑瓷器》，香港徐氏艺术馆1993年版。记述长方花盆胎极厚，盆内三分之一处作一"S"形隔板，外壁绘青花，有莲托八吉祥、折枝牡丹、松竹梅三种纹饰。该器应为成化内府种植盆景之物，此后极为罕见。薰炉类，一为三足鼓式薰，近口与近足处有一圈突起之鼓钉，中间绘青花莲托八吉祥。薰盖上有镂空古钱纹四个，为传世品中所不见。二为青花云鹤纹三足冲耳炉（发现三只）。上述二器都有六字双行款，款外无边框。长腹盖罐（缺盖），罐身绘云纹，云纹外留有较多空白，为半成品。

[2]　刘新园《景德镇珠山出土的明初与永乐官窑瓷器之研究》推定永、宣二窑年款为大书法家沈度书写的粉本，开启书家为官窑瓷器书写年款之先例。正统、景泰、天顺三朝瓷器不书年款，成化官窑恢复书年款，但款字特别，至弘治款字又恢复沈度笔意。成化年款特征，孙瀛洲总结为"大字尖圆头非高，成字撇硬直到腰；化字人匕平微头，製字衣横少越刀；明日窄平年应悟，成字三点头肩腰"。刘新园认为成化年款，极可能出自少年皇帝的手笔。

[3]　刘新园《景德镇出土明成化官窑遗迹与遗物之研究》记述说，在青花瓷器的空白处廓填铅质黄料，经低温烧成后，使青花出现在娇艳的黄地之上，谓青花填黄。宣德黄彩淡如柠檬，成化黄彩深如蜜蜡。宣德青花六字横款在黄地之上，成化六字横款在白框之内。宣德小者白釉底，大者白沙底，成化器仅沙底一种，底呈色橘黄有褐黑色斑点。这是因为宣德盘以杂质少、白度高优质耐火材料为支垫，成化时则用含铁量较高的耐火土，即因使用支垫材料不同所致。

发色上[1]。

低温二彩器。低温黄釉、低温绿釉、低温黄绿两彩器，宣德时内壁都有印花花纹，H2 所出者内壁则少有印花。

除上所述，应指出对于青花双狮绣球纹大盘的认识误区。H2 出土这个盘直径 41 厘米，底呈橘黄有褐黑色斑点，无款，是成化官窑瓷器中直径最大的瓷盘。过去受"成化无大器"说影响，往往将其当作宣德无款器。发掘者将 H2 所出瓷器的烧造年代定在成化四年以后至十七年之间，称二期。

3. H3 出土的瓷器

H3 所出瓷器的数量、品种、器形、纹饰、底款远较 H1、H2 丰富，是此次发现的最重要的遗存。

（1）青花、斗彩和红绿彩器

青花类。出土的青花器胎质细白，釉色白里微闪灰青或呈牙黄，玉质感很强。青料较深或较浅，较深者与宣德料近似。较浅者画线不晕不散，渲染处较均匀，无铁斑，呈色淡雅清新，似用"陂塘青"（青料来自邻县乐平县陂塘，今乐平市）。常见器形有碗、盘、碟、盏四类，器壁特别是碗类圈足壁较 H1、H2 所出器物稍厚，造型更显秀美圆润。靶盏较前缩小，以画八吉祥和杂宝者居多。深腹碗多画草龙，墩子碗小于永乐、宣德时期，多以海马为饰。宫碗画折枝花和婴戏图，婴戏图以画十六子者最生动。撇口碗多画莲托梵文、灵芝梵文、团龙、团凤、鱼藻、莲池纹和缠枝花等。窝盘多写梵字或藏文佛经文字。撇口盘画八吉祥、狮戏绣球和麒麟纹等。青花花鸟纹、包袱纹大盖盒，狮子绣球纹调色盒，长颈单环龙凤纹瓶为罕见之物。瓷器多用方框款，书写梵文、藏文和彩画八吉祥、金刚杵、草龙者均用方款，此外亦有圆款器。

斗彩器[2]。斗彩创烧于宣德，H1 所出斗彩盘仿自宣德窑，H3 出土的斗彩器数量多（300 余种，可复原 200 余件），并较宣德时期斗彩更为精美。主要器形和纹饰如下：①小碟，纹饰有如意云头、葡萄、朵花、水纹、灵芝，梵文、藏文等。②小杯，有莲子、撇口、卧足、浅腹、深腹诸式。纹饰有子母鸡、高士、三秋、团花、花鸟、凌云、流花、草

---

[1] 刘新园《景德镇出土明成化官窑遗迹与遗物之研究》记述说，成化铜红器，以祭红地白龙纹碗质量最好，颜色较鲜艳，祭红盘呈色灰暗，不如永乐、宣德纯正。釉里红龙纹盘，永、宣红彩用料薄，发色鲜，彩与釉无凹凸之感。成化釉里红彩高高凸起，用料较永、宣为厚，发色不如永、宣鲜艳。甜白红三鱼碗，宣德碗无刻花，成化碗外壁锥刻莲瓣，底心刻有折带云纹。

[2] 刘新园《景德镇出土明成化官窑遗迹与遗物之研究》记述：成化斗彩在明代称为"五彩"或称"白地青花间装五色"瓷。"斗彩"一词始见于 18 世纪《南窑笔记》一书。主要是强调"五彩"是用釉下青花和釉上五色凑合而成，"斗，凑也"。其次，目的是将其与 18 世纪纯用釉上色烧造的五彩瓷加以区分。自 1988 年 11 月在御厂故址西墙下发现两件宣德款斗彩莲池鸳鸯盘之后，证实斗彩创烧于宣德窑（以前认为是成化窑发明的）。成化斗彩继承宣德而来，但至后期已与宣德大异，如：1. 宣德斗彩用没骨法彩绘花纹，成化斗彩花纹全用青花料以双线勾勒。2. 宣德斗彩之釉上彩诸色堆填浓厚，古大绿与矾红用量极大，斗彩色重而浊。成化斗彩上色以苦绿（草绿）、水绿（淡绿）为主，廓填薄而均匀，故成化斗彩色淡而透明。3. 与釉上红绿诸色相配的青花，宣德料浓蓝发晕，散而不收，几乎画不出精细的线条，即宣德斗彩红绿多而青花少，视觉效果粗而艳。成化斗彩中的青花蓝中泛灰，不晕不散，纹饰线条如游丝，釉上诸色均被釉下游丝围绕，故成化斗彩青料分布广，视觉效果静而雅。4. 宣德斗彩绿色仅有大绿一种，紫仅有丁香紫一色。成化斗彩绿色有大绿（深绿）、苦绿（草绿）、水绿三种，紫色有茄花紫和丁香紫二色，其色域比宣德广。综观 H3 所出成化后期斗彩，90% 以上都只用青花、苦绿、古黄、矾红四色，以少用矾红忌用大绿为准则。故其画面因颜色的透明度、光泽度和冷暖、厚薄的不同而产生了既单纯又丰富，既高雅又华贵的色感，从而将创烧于宣德时期的斗彩推上明代彩瓷的顶峰。

龙、婴戏、供养、折枝栀子、折枝菊花、夔龙、绿龙、红龙、黄龙、紫龙等。以流花、绿龙和紫龙较罕见。③碗类，有撇口、深腹、折腹诸式。撇口大碗有的直径达 22.6 厘米，为迄今所见最大的成化斗彩器。纹饰有折枝花、莲托八吉祥、小团花、锦盆堆、升降团龙，其中升降团龙碗为首次发现。此外，还有瑞果斗彩墩子式大碗，造型和纹饰来自永乐官窑，只是将永乐窑甜白刻花改为斗彩而已。④盘类，撇口圈足盘彩画方胜、牡丹，撇口卧足盘画海兽。⑤茶盅类，有撇口、高矮二式。高者仅见绘缠枝花托梵字，浅者饰缠枝宝相花、宝相朵花、折枝葡萄、秋花夹蝶、团花花鸟等。⑥靶盏，形体极小，前所未见。有撇口、莲子二式。纹饰有缠枝宝相花、团牡（丹）、团荷，花鸟等。六字横款均书于足内之边壁，仅花鸟盏无青花边线。⑦"天"字罐，有大小七种，可分长腹和短圆二式，底部均书一青花"天"字。纹饰有瓜地行龙、香草龙、潮水龙、海兽、莲托八吉祥、缠枝等。罐盖有珠顶和平顶（传世品仅见平顶，珠顶似与长腹罐相配）。以上瓷器款式，除靶盏和"天"字罐外，均用六字双行双方框款。

红绿彩类。仅有香炉，三足炉双耳内卷，形制特别和小盖盒，均画红地缠枝绿灵芝，亦有白地绿灵芝者（似未填红地之半成品）。皆用青花双行双圈款，未见传世品。

（2）其他

仿宋官釉器。青釉大纹片瓷，胎灰白，紫口铁足，釉色粉青，有"蟹爪纹"，纹片较大。器形有扁肚长颈喇叭口瓶、瓠（罕见）、鱼耳圈足炉、环耳三足炉、折沿四足炉、大盘、八角靶盏、斗笠小盏、敛口三足洗、渣斗式大花盆、鼓钉洗及大盘等。均青花六字双行方款。

仿宋哥窑釉器。灰白釉纹片瓷，胎浅灰，釉呈半木光，纹片较为细碎。器形有双耳圈足炉、独角兽耳长颈瓶、齐箸小碟、小酒盅等。青料书六字双行方款。

仿宋青白釉器。影青海棠形水仙盆，器形小巧、釉色青白、釉泡大而疏朗，釉透明度较高，为成化仿宋青白瓷的成功之作。

甜白脱胎杯。胎薄如蝉翼，内壁印云龙纹，生动清晰，是明清官窑生产的最薄的脱胎瓷器。

青花长颈瓶，器高56.3厘米，绘龙和凤，有珠顶盖，颈特长、颈一侧有小系，其形制此前和以后均未见。

鸭薰，底座挂黄、绿、紫三色（素三彩），铅釉，鸭身有淡黄、深黑、翠绿诸色，嘴作鸣叫状。鸭形上半部为盖，下半部盛香料，底座有"大明成化年制"青花六字双线方款。这是一件受宋代影响，技术与艺术水平又远高于宋代的艺术珍品。

总之，H3 所出瓷片以青花、斗彩最多，青釉大纹片与灰白釉细纹片瓷次之，红绿两彩与甜白釉较少，影青与低温黄、绿、紫三彩瓷和贴金瓷片[1]亦有发现。H3 出土瓷器烧造的年代，发掘者定在成化十七年至二十三年（1481—1487 年），称三期。除上所述，

---

[1]　刘新园《景德镇出土明成化官窑遗迹与遗物之研究》记述：H3 出土一件贴金瓷片，金片斑驳，这是一件用青花描绘花纹，中间露出白龙的瓷盘。以此证之，过去所说青花白龙器，实是半成品，因龙身需贴一层黄金，应称青花金龙器。文中还指出，无论传世品还是此次出土物，成化时期生产壶类极少。梅瓶、玉壶春瓶几乎绝迹，斗彩中没有发现瓶类的残片。

1988—1990 年在龙珠阁台阶下，发现一些鸡缸杯和高士杯，有六字横款青花鹤颈瓶、挂孔雀绿釉小瓷爵等，但以一块白地绿龙碗片最重要。该碗片除绿彩外还在白瓷釉下刻划海潮和三山，与成化以后仅有绿彩不同，看来此种装饰始于成化。

4. 成化瓷的特点和主要成就[1]

（1）H1、H2、H3 瓷片为掩埋的落选贡瓷

H1、H2、H3 的堆积，几乎都是被锐器打破的瓷片，都是微有缺陷的贡瓷。H1、H2、H3 之上都盖有一层厚厚的尾沙，其上又盖有沉重的窑渣，是有意掩埋的落选贡瓷。所出贡瓷已复原千余件，但仍不及总量的百分之一，因而成为研究成化官窑瓷器的重要宝库之一。

（2）烧造成功质地最优的白瓷

H3 所出青花和斗彩的瓷胎比宣德瓷更洁白细腻，白度更高，光泽度和玉质感更强。中国科学院上海硅酸盐研究所对宣德、成化瓷器（H3 标本）胎、釉的测试表明，成化瓷胎中氧化铁的含量比宣德器少，三氧化二铝的含量比宣德器高，故成化瓷胎较宣德器外观效果更洁白致密，火候更高。在瓷釉中宣德器氧化铁的含量为 0.97%，成化为 0.82%；氧化钙（主要是釉灰）宣德器为 6.79%，成化器为 4.46%；两者在还原焰下烧成瓷器，溶于瓷釉中的氧化铁成化比宣德少，故成化瓷釉比宣德更细腻洁白[2]。成化斗彩和青花瓷的高度声誉，在一定程度上应归功于成化白瓷的精细。

（3）器形多小巧精致

成化窑特别是在后期烧造大件瓷器很少，仅以形体小巧的杯、碟、碗、盘等取胜。与宣德器相比，宣德器相对较大，成化器则多小巧精细。

（4）装饰纹样的继承和创新

H1、H2（一、二期）瓷器造型与纹样多沿用永乐、宣德两朝旧样。其中一期（H1）造型更类宣德青花，二期（H2）造型类似于永乐后期。三期（H3）彩画莲托八吉祥以及形形色色的缠枝莲、缠枝牡丹等都是元至宣德以来的规矩纹。只是成化前期青料用进口料，成化后期采用国产料，前后因青料不同而效果大异，各有千秋。

除上所述，还有独创纹样。如斗彩小杯上的子母鸡、高士、三秋（秋花夹蝶）、花鸟、葡萄，以及各式团花，宫碗上的青花湖石山茶、十六子、池塘莲荷等。这些独创的纹样形态优美，水路自由（景德镇艺人称青花瓷的空白处为"水路"），画意清新。又简化纹样，即成化时更改简化的前代纹样。如创于永乐时期的海兽纹，从宣德至成化早期一般多画九种，成化后期只画一种（如青花墩子碗只画海马，有的天字碗只画海象）。有如永乐、宣德扁壶上沿用伊斯兰金银器上的大朵花，结构非常复杂，成化后期则简化。

---

[1] 参见刘新园《景德镇出土明成化官窑遗迹与遗物之研究》中的论述；赵月汀主编《皇帝的瓷器——景德镇出土"明三代"官窑瓷器珍品荟萃下·宣德、成化卷》，中国出版集团东方出版中心 2010 年版。图版 117－152 为成化官窑出土瓷器。

[2] 刘新园：《景德镇出土明成化官窑遗迹与遗物之研究》引用郭演义《中国名瓷工艺基础》第九章的说法：成化青花瓷釉中的铁、钙含量不仅比元至明宣德低，而且比明嘉靖官窑也低。认为这种现象是由于成化官窑对胎、釉原料的选择与控制比元代明初乃至晚明官窑更为严格。故可知成化官窑后期瓷器的瓷质为明代官窑之冠。

（5）创造别具一格的"淡雅"型青花

元代至成化前期青花用进口料，呈色深蓝并有晕散。成化早（H1 如松竹梅长方花钵）、中（H2 如龙凤纹盘）和晚期（H3 如缠枝芙蓉盘）都用过进口料，彩绘似宣德青花。但晚期（H3）数量最多的是用国产料绘青花，呈色淡雅。此外，还有一些青花既与宣德青花相近，又无晕散和黑斑，这类青花所用青料采用的是"国产钴土矿和低锰高铁钴料（进口料，苏泥麻青）的混合物"[1]，说明成化时苏泥麻青料并未用尽[2]。在这种情况下，后期为何主要采用国产料呢？这是因为当时审美观念重淡雅，为此成化后期小巧瓷器用不晕不散国产青料，以避免用进口料出现线条晕散和渲染处出现黑斑，从而使成化小、薄和精细的瓷器避免粗糙。同时国产料呈色淡雅，和釉上的古绿、古黄、古紫等色较为调和（用深蓝浓丽的青料勾线反差大，不能与釉上色调合），可以真正达到淡雅的效果。

（6）将宣德、成化斗彩推上明代彩绘瓷的顶峰（见前文介绍）

（7）年款出现新款式

成化三期（H3）新出现六字双行方款和"天"字款。

（8）三期（H3）瓷器代表成化窑的水平

研究明代官窑瓷器者，认为宣德和成化官窑瓷器成就最高，宣窑以青花胜，成窑以斗彩最好，万历之后多认为成化在宣德之上，这个论断主要表现在前述成化窑三期瓷器的特点及此期所取得的主要成就上，学界对成化瓷器的高度评价即指此而言。

总之，上述 H1、H2、H3 所出成化瓷器，首次提供了全面了解景德镇成化官窑烧造的多数产品的品种和烧造工艺的实证，因而具有重要的学术价值[3]。

（七）弘治、正德窑及晚明瓷器

1. 弘治、正德窑瓷器

弘治及其以后诸朝瓷器在御厂故址出土情况，现在的报道多很简单，故下面略述之。

---

〔1〕 李家治等：《中国古代陶瓷科学技术成就》，上海科技出版社1989年版，第326页。

〔2〕 （明）王士性：《广志绎》，中华书局1981年版。书中指出：宣窑之青，真苏泥勃青也，成窑时皆用尽，故成不及宣。这也是目前学界的普遍看法。

〔3〕 《中国出土瓷器全集·江西》收录1987年景德镇御窑遗址出土成化瓷器有：该书图196青花婴戏纹碗（口径15.4厘米、足径5.2厘米、高7厘米，"大明成化年制"六字双圈款）、图197斗彩莲花纹碗（口径19.4厘米、足径7.5厘米、高9.4厘米，书"大明成化年制"六字方框款）、图198斗彩莲托八吉祥纹碗（口径16.6厘米、足径6.9厘米、高9厘米，书"大明成化年制"六字方框款）、图199斗彩高士杯（口径6.3厘米、高3.7厘米，书"大明成化年制"六字方框款）、图200斗彩缠枝西番莲纹高足杯（口径4.8厘米、足径2.8厘米、高6厘米，书"大明成化年制"楷书款）、图201斗彩龙纹盖罐（口径5.8厘米、足径8厘米、高10.5厘米，书"天"字款）、图202斗彩海怪纹盖罐（口径6.4厘米、足径8.7厘米、高14.9厘米，底书"天"字款）、图203青釉开片长颈瓶（口径6.6厘米、足径7.6厘米、高22.2厘米，书"大明成化年制"六字方款）、图204红地绿彩灵芝纹鼎式炉（口径13.6厘米、高14厘米，书"大明成化年制"六字双圈款）、图205素三彩鸭形香薰（底长8.5厘米、宽9厘米、通高25.3厘米，书"大明成化年制"六字方框款）、图206蓝釉白花云凤纹碗（口径20.8厘米，书"大明成化年制"六字双行双圈款）；陆明华：《明代官窑瓷器》收录御厂成化窑瓷器有：图3—124成化斗彩葡萄纹高足杯（口径8厘米、足径3.8厘米、高5.8厘米）、图3—125成化斗彩海兽纹盘（口径18.6厘米、足径10.8厘米、高3—126成化斗彩鸳鸯莲池纹盘（口径17.7厘米、足径10.6厘米、高3.4厘米）、图3—127成化斗彩八吉祥纹碗（口径16.7厘米、足径7.1厘米、高8.3厘米）、图3—128成化红绿彩灵芝纹盖盒（口径9厘米、足径6.8厘米、高4.7厘米）、图3—129成化蓝釉碗（口径7.8厘米、足径7.3厘米、高7.5厘米）、图3—130成化三彩鸭薰（身长15.5厘米、高25.3厘米）、图131成化青釉瓠（口径6.5厘米、足径6.5厘米、高15.5厘米）。以上均书"大明成化年制"款。

1982 年在御厂南院东侧发掘时，发现一个正德时期灰坑，出土一些弘治、正德年款的青花、孔雀绿、浇黄、釉里红、白釉器，器形有碗、盘和钵等[1]。1987 年在珠山东北侧发掘的以成化窑为主的十层堆积中（图 25 - 3 - 6），④层为正德官窑堆积，堆积有不少窑具和一些青花官款瓷片[2]。其中釉上彩的黄地青花紫彩龙纹碗、绿地青花黄彩碗、绿地黄彩碗、黄地红绿彩龙纹盘等，为传世品中少见或未见的。"正德年制"款釉里红梵文盘[3]，以及一件正德八思巴文款青花碗，更为罕见之物[4]。

1987 年在珠山东北侧发掘，在前述④层正德层下的⑤层为弘治间白尾沙层（图 25 - 3 - 7），出土少量弘治款青花瓷片，其中"弘治年款"篆书款较少见[5]。2000 年景德镇龙珠阁一侧民居下的发掘，出土弘治官窑瓷片达万片，烧造品种远多于传世品（仅青花盘就有好多种），资料尚未刊布，具体情况不明[6]。

总的来看，弘治、正德瓷器风格与成化后期大体相近，均属淡雅细巧一类。

2. 嘉靖及晚明瓷器

嘉靖和万历窑瓷在珠山有明确的堆积层，如 1994 年在明御厂东院发掘时，九层堆积中②层为明万历层（图 25 - 3 - 2），出万历官款青花碗及"金箓大醮坛用"六字款瓷片；③层嘉靖层，出土嘉靖款青花瓷片，以及黄釉爵残片等[7]。总的来看，嘉靖及晚期瓷器在御厂故址发现的不多，刊布的资料很少，故从略。除上所述，明代晚期还生产克拉克瓷，目前仅有一些调查资料[8]，不赘述。

四　2002—2004 年明御厂遗址发掘概况

（一）明初御器厂的位置和范围

清康熙二十一年《浮梁县志》有江宗鉉绘制的景德镇明御器厂图（图 25 - 3 - 7），清

---

〔1〕　白焜、谭际明、张中原、李一平：《景德镇明永乐、宣德御厂遗存》，《中国陶瓷》1982 年第 7 期。

〔2〕　刘新园：《景德镇出土明成化官窑遗迹与遗物之研究》，《成窑遗珍》，香港徐氏艺术馆 1993 年版。

〔3〕　陆明华：《明代官窑瓷器》，上海人民出版社 2007 年版。第 190 页文及图 3—132 正德釉里红梵文盘。

〔4〕　刘新园：《景德镇窑窑遗址的调查与中国陶瓷史上的几个相关问题》，《景德镇出土五代至清初瓷展》，香港大学冯平山博物馆 1992 年版；《中国出土瓷器全集·江西》图 211 青花海水龙纹碗（口径 22.8 厘米、足径 9.8 厘米、高 10.5 厘米，1987 年出土，外底以青料书八思巴文款）、图 212 绿地青花团龙碗（口径 16 厘米，1987 年出土，外底以青料书"正德年制"双圈四字楷书款）。

〔5〕　刘新园：《景德镇窑窑遗址的调查与中国陶瓷史上的几个相关问题》，《景德镇出土五代至清初瓷展》，香港大学冯平山博物馆 1992 年版。

〔6〕　陆明华：《明代官窑瓷器》，上海人民出版社 2007 年版，第 186 页。

〔7〕　刘新园：《景德镇珠山出土的明初与永乐官窑瓷器之研究》，《鸿禧文物》1996 年创刊号。

〔8〕　曹建文：《近年来景德镇窑址发现的克拉克瓷器》，《中国古陶瓷研究》第十辑。文中介绍克拉克瓷（Kraak Porcelain），原是 17 世纪初荷兰人对海上俘获的名为 Kraak 的葡萄牙货船所载中国外销瓷的一种称谓。由于这种外销瓷多为开光装饰的青花盘、盆、碗、杯，于是陶瓷史学界把 16 世纪中叶至 17 世纪生产的这类外销青花瓷统称为克拉克瓷。文中记述高质量的克拉克瓷产于景德镇，在景德镇老城区近十年来发现的生产克拉克瓷的窑址有观音阁窑址、莲花岭窑址、新华瓷厂窑址、人民瓷厂窑址、东风瓷厂窑址、电瓷厂窑址、刘家下弄窑址，这些窑址主要发现于 2001—2004 年。此外，20 世纪 80 年代还发现有南门头窑址、十八桥窑址、桂花弄窑址等。上述情况表明，明代晚期景德镇生产克拉克瓷作坊是较普遍存在的。其中观音阁、莲花岭、人民瓷厂、东风瓷厂窑址生产中高档克拉克瓷，尤以观音阁质量最高。克拉克瓷与内销瓷混烧，未发现专门生产克拉克瓷的窑址或作坊。观音阁窑址出土一"万历年"款瓷片，据此认为观音阁生产克拉克瓷在万历至天启时期，又结合荷兰白狮号沉船克拉克瓷资料，进而将时间定在 1602—1627 年的 25 年间，这个时间正是景德镇克拉克瓷生产的高峰期。景德镇御器厂在万历三十六年（1608 年）解体，所以可能有不少官窑工匠被民窑聘请生产克拉克瓷。关于景德镇生产克拉克瓷窑址具体情况，请参见原文。

嘉庆二十年《景德镇陶录》有蓝浦绘景德镇清御窑厂图（图25-3-8），两图的位置均在今景德镇市中心的珠山地区。其中江宗铉明御器厂图中的虚线表示道路，道路的态势与景德镇市区纵贯南北的中华路和中山路相似。据考证，明御器厂东面虚线相当于今中华路（景德镇人称后街），西面虚线相当于今中山路（镇人称前街），南面虚线相当于今珠山路，厂北界（珠山北麓）至斗富弄。进而又说其西界不越东司岭（岭下有祥集上衖三号明代民居），厂东门不越中华路（中华路东有明师主庙遗迹），北以斗富弄为界，厂南门不会越珠山路。上述勾画的大概轮廓范围呈南宽北窄的长梯形，周长约1145米，总面积约54300平方米（图25-3-9）[1]。

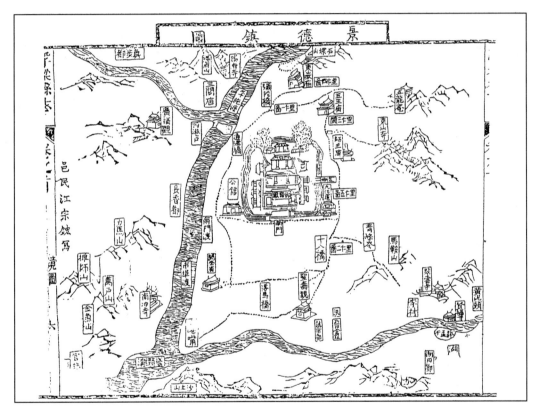

图25-3-7　清康熙二十一年《浮梁县志》木刻版书中的景德镇御器厂
（引自《景德镇珠山出土的明初与永乐官窑瓷器之研究》，《鸿禧文物》创刊号，第4页，略变化）

除上所述，2002—2003年在御厂遗址东北部发现清末"江西瓷业公司"房屋遗迹，据此确认该房屋遗迹在清代御窑厂北围墙外，其南墙应距清御厂北围墙很近。还发现一些围墙遗迹。初步判断2002—2003年发现的第一号墙在清末瓷业公司房屋遗迹的北部，即在清代御厂北围墙位置之北，可能是明初御厂的北围墙[2]。2004年发现十余道墙，其中

[1]　刘新园：《景德镇珠山出土的明初与永乐官窑瓷器之研究》，《鸿禧文物》1996年创刊号。第二章明御厂故址简介。
[2]　刘新园、权奎山、樊昌生：《发掘景德镇明清御窑》，《文物天地》2004年第4期。

位于04JYⅣT0501内的15号墙似明初御厂西围墙的一部分[1]。总之，上述十余道墙的发现，对今后研究明初御厂的四至范围及厂内布局有重要参考价值。

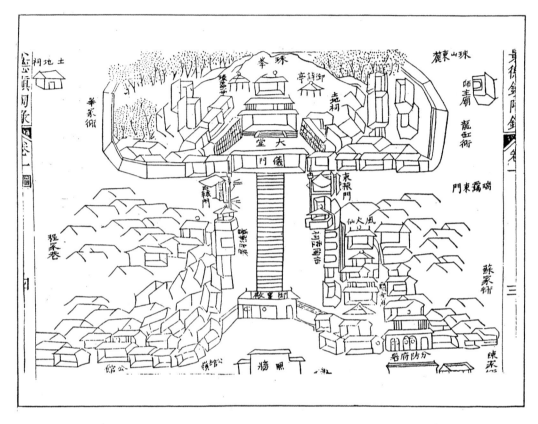

图25-3-8　清嘉庆二十年《景德镇陶录》中的清御窑厂图

(引自《景德镇珠山出土的明初与永乐官窑瓷器之研究》，《鸿禧文物》创刊号，第4页，略变化)

（二）发掘地点和地层堆积

1. 发掘地点

2002年10月至2003年1月，2003年10—12月，在珠山北麓发掘明御厂故址的东北部，发掘面积788平方米。2004年9月至2005年1月，除发掘御厂故址东北部外，又在珠山南麓发掘明御厂故址南部西侧（图25-3-9），2004年发掘面积755平方米，两次发掘均深达5米余[2]。

---

[1] 北京大学考古文博学院、江西省文物考古研究所、景德镇陶瓷考古研究所：《江西景德镇市明清御窑遗址2004年的发掘》，《考古》2005年第7期。

[2] 刘新园、权奎山、樊昌生：《江西景德镇市珠山明、清御窑遗址考古发掘获重大成果》，《中国古陶瓷研究》第十辑，紫禁城出版社2004年版；北京大学考古文博学院、江西省文物考古研究所、景德镇市陶瓷考古研究所《江西景德镇市明清御窑遗址2004年的发掘》，《考古》2005年第7期；北京大学考古文博学院、江西省考古研究所、景德镇市陶瓷考古研究所：《江西景德镇明清御窑遗址发掘简报》，《文物》2007年第5期。

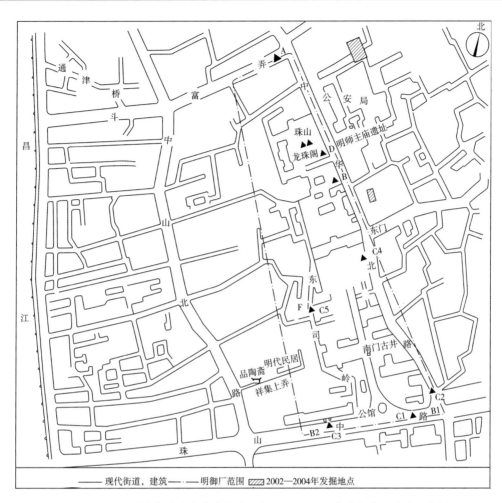

图 25 - 3 - 9　明御窑遗址出土瓷器地点与 2002—2004 年发掘位置分布示意图

A. 1988 年 5 月元官窑遗存发现地点　B. 1994 年 6—8 月明洪武、永乐官窑遗存发现地点　B1. 1982 年明永乐官窑遗存发现地点　B2. 1983—1984 年明永乐官窑遗存发现地点　C1. 1982 年明宣德官窑遗存发现地点　C2. 1982 年明宣德官窑遗存发现地点　C3. 1983—1984 年明宣德官窑遗存发现地点　C4. 1992 年年底至 1993 年 3 月明宣德官窑遗存发现地点　C5. 1988 年 11 月明宣德官窑遗存发现地点　D. 1987 年 5 月明成化官窑遗存发现地点　F. 1988 年 11 月明正统官窑遗存发现地点

（引自《景德镇出土的明官窑瓷器》，文物出版社 1999 年版，图 4，略变化）

2. 地层堆积与年代

下面以 02JYⅡT0501 西壁和 03JYⅡT0403 西壁为例略作介绍。

02JYⅡT0501 西壁堆积共 7 层，①层为近现代填土和建筑垃圾层。②层是清代层，被后世扰动。③、④层可能是从御器厂外运来的垫土层。⑤层是明宣德时期御窑的原生堆积。⑥层是专门用来覆盖 K1—K15 的盖土层。⑦层可能是元代至明宣德前的活动面。

03JYⅡT0403 西壁堆积 10 层（图 25 - 3 - 10），①层基本是现在居民楼拆除后遗留的垃圾层。②、③a、③b、③c 层为明正德时期形成的，其窑业废弃物可能是从其他地方运来的二次堆积。③d 层是明成化、弘治时期形成的，也是从其他地方运来的二次堆积，但被正德时期扰乱。④层是明成化、弘治时期形成的。弘治时期落选御用瓷片 P1 在③C 层下、④层上。⑤层属成化时期，为从其他地方运来的二次堆积。⑥层为 P4 下的垫土层，其上多是 P4 滚落下来的成化时期落选御用瓷片，P4 即在此层上。⑦、⑧层属明成化时期，其中窑业废弃物是从其他地方运来的二次堆积。成化时期落选御用瓷片 P5 在⑦d 层下，⑧层上。⑨层属明宣德至成化时期，其填土和垫土层应是当时的一个活动面，宋元时期窑业废弃物是从御窑外的民窑堆积中运来的。⑩层应是窑炉废弃后用来覆盖窑炉遗迹的盖土层，形成于明宣德时期。

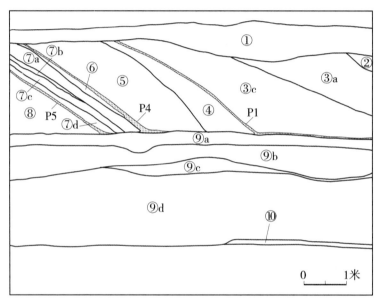

图 25 - 3 - 10　03JYⅠT0403 西壁剖面图
(引自《江西景德镇明清御窑遗址发掘简报》，《文物》2007 年第 5 期，图三，略变化)

发掘简报将 2002—2004 年发掘涉及的 19 个地层与所出瓷器相结合，推定地层的年代如下：

02JYⅠT0602③b、03JYⅠT0402⑨、03JYⅠT0403⑩、04JYⅠT0404⑥、02JYⅠT0501⑤、04JYⅣT0501⑤a、⑤b、⑤c、⑤d，04JYⅡT2404③a、③b 这 11 个地层出土的瓷器属第二组（宣德时期，后文有说，下同），年代应为明宣德时期。

02JYⅠT0602④、03JYⅠT0402⑩、02JYⅠT0501⑦这三层均为各探方的最下层，土色、土质相同，未发掘，从探沟和层面上出土瓷片观察，年代应为元末明初，下限不及宣德时期。

03JYⅠT0402⑦d、⑧二层，出土瓷器属第三组（成化），应属明成化时期。

04JYⅠT2304⑤、04JYⅡT2305⑤二层，出土瓷器属六组，年代为明代晚期至清代初期（约明万历晚期至清康熙早期）。

04JYⅡT2305④出土民窑青花瓷，年代属清代。

此外，还有前述 03JYⅠT0403 之②、③a、③b、③c 为正德时期，③a 和④层为成化、弘治时期，⑤、⑥、⑦、⑧层为成化时期，⑨层为宣德至成化时期。

（三）御厂遗址发现的窑炉和窑具

1. 窑炉的形制

窑炉发现 25 座，其中葫芦形窑 7 座，馒头形窑 15 座，另外 3 座窑炉残损严重，形制不明[1]。

（1）葫芦形窑

7 座葫芦形窑均发现于珠山北麓御器厂遗址的东北部（图 25-3-9），形制和结构相同，大小相近，窑炉头西尾东，左右（南北）相连排列整齐，其前有统一且宽敞的工作面。窑炉开口在 03JYJT0403⑩、04JYJT0404⑥等探方的红色覆盖土之下，即压在明宣德地层的下面。窑炉由窑前工作面、窑门、火膛、前室、后室、护窑墙等组成，砌窑用楔形大砖。窑床前低向后渐高，倾斜度 8°—10°。整体斜长（不含窑前工作面）10 米余，前室宽3.2—3.78 米，后室 1.8—2.5 米。现以 04JYJY6 为例作介绍。

04JYJY6（图 25-3-11）窑前工作面由窑渣、瓷泥、红烧土、木炭灰等混合构成，长4.8 米、宽 6.2 米。窑门宽 0.7 米，残高 0.6 米，呈"八"字形向外弧撇，窑门处自外内向呈缓坡状。火膛平面呈半圆形（半椭圆形），进深 1 米，最宽处 3.2 米，深 0.96 米。火膛后壁砌一道砖墙，厚 0.4 米，仅残存两端（火膛内侧多挂满较厚的"窑汗"）。火膛后是窑室，窑床在平地上垫成，即先铺垫一层较厚的宋元时期的窑业废弃物，其上铺一层红土，前沿用残瓦和匣钵片及废窑砖砌成，以起挡土作用，然后在其上砌窑室。前面砌火膛和窑门等。前室与火膛合成一个平面呈圆形（椭圆形）的空间，进深 1.46 米，最宽处3.2 米。后室窄长，左右两壁略外撇，前中部斜直，后部弧形内收，长 6.9 米，宽 1.96—2.28 米。楔形砖长 0.28—0.3 米，大头宽 0.14—0.15 米，小头宽 0.1—0.12 米，厚0.06—0.07 米。窑壁厚 0.3 米，残高 0—0.5 米。窑床倾斜度 8°，从窑门至后室斜长10.66 米。窑壁外紧贴窑壁有宽 0.14—0.44 米，残高 0—0.4 米的护窑墙。护窑墙用残砖、碎瓦和匣钵片砌成，砖大多采用立向略斜的"人"字形砌法，匣钵片横向叠砌，中间夹杂碎瓷片。窑炉压在宣德层下，窑床前挡土砌材中有较多的明洪武早期烧造的板瓦，护墙中还夹砌一块永乐时期长方形的白瓷砖，故应属明洪武至永乐时期（2002 年、2003 年发掘的窑炉年代相同）。

（2）馒头形窑

15 座馒头形窑炉均发现于珠山南麓，御窑遗址内的西侧（图 25-3-9），形制、结构和大小基本相同。窑炉头东尾西，集中配置。诸窑炉有叠压或打破现象（改建重修现象），最多的有 3 座窑炉（Y10、Y12、Y18）相互叠压打破。最上面一层 8 座窑炉左右（南北）相连，排列整齐，其前面有统一且宽敞的工作面，开口在 04JYⅡT2304⑤等探方有大量民

---

[1] 北京大学考古文博学院、江西省文物考古研究所、景德镇市陶瓷考古研究所：《江西景德镇市明清御窑遗址2004 年的发掘》，《考古》2005 年第 7 期；北京大学考古文博学院、江西省考古研究所、景德镇市陶瓷考古研究所：《江西景德镇明清御窑遗址发掘简报》，《文物》2007 年第 5 期；刘新园、权奎山、樊昌生：《发掘景德镇明清御窑》，《文物天地》2004 年第 4 期。

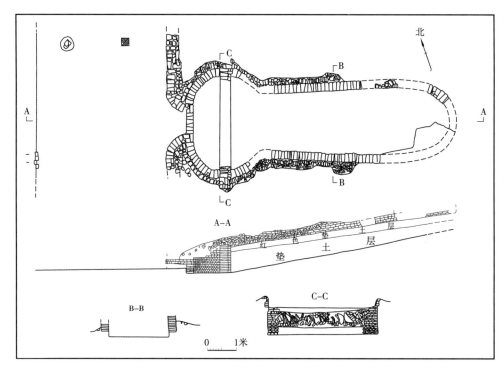

图 25-3-11　04JYⅠY6 平、剖面图

（引自《江西景德镇明清御窑遗址发掘简报》，《文物》2007 年第 5 期，图六，略变化）

窑青花瓷片堆积层之下。馒头形窑炉均由窑前工作面、窑门、火膛、窑室、烟道、排烟孔、烟囱、护窑墙等组成，用长方形小砖垒砌，窑床平整。窑炉全长（不含窑前工作面）约 4 米，窑室宽 2—2.2 米，规模较小。下面以 04JYⅢY14 为例略作介绍。

04JYⅢY14（图 25-3-12）全长 4 米，窑前工作面红土，红烧土、窑渣等垫成。窑门宽 0.54 米，残高 0.48 米，呈"八"字形向外（两侧）弧撇，底部与火膛底平。火膛平面呈半圆形（半椭圆形），进深 0.46 米，最宽处 2.02 米，低于窑床面（深）0.42—0.52米，左右两角用砖封砌。窑室左右两壁较齐直，平面呈横长方形，长 1.38 米，宽 2.02米。窑室内后部，贴后壁处有一低于窑床面 0.18 米的砖砌烟道，长同窑室宽，宽 0.22米，与后壁下的排烟孔相通。排烟孔 6 个，在壁下面排成一排，左右两个略大，宽 0.16米，高 0.12 米；中部 4 个宽、高均 0.12 米，孔底与烟道底平。烟道后壁之后是烟囱，平面呈横长方形，左右两角呈弧形，宽同窑室宽，长 0.35 米。窑室左右壁厚 0.22 米，残高0.10—0.68 米；后壁厚 0.4 米，残高 0.2—0.7 米；所用砖长 0.22 米、宽 0.08 米、厚0.04 米，窑壁外有护窑墙。窑炉被叠压在明万历至清康熙早期层之下，明代宣德时期的窑业废弃物又堆放在最下层窑炉遗迹的护窑墙外，故这批窑炉应属明宣德至万历时期。

综上所述，拟指出以下几点。（1）上述情况表明，珠山北麓窑炉属明洪武至永乐时期，使用葫芦形窑；珠山南麓窑炉属明宣德至万历时期，两者年代接近。说明珠山北麓使用葫芦形窑及其窑区在宣德时期废弃后，遂将窑炉区转设在珠山南麓，并改用了馒头形窑。（2）葫芦形窑元代景德镇湖田民窑已经使用，在明御窑遗址中则属首次发现。元代葫芦形窑窑炉窑体较长，后室左右两壁略外弧。明御窑遗址的葫芦形窑在此基础上有所改进，窑炉整体长度缩短，后室变窄，左右两壁齐直略向外撇。改进后使这种葫芦形窑炉更容易掌握升温、降温的速度和烧成气氛，适合于烧制釉中氧化钾含量较高的瓷器，对研究明初景德镇御窑的烧成技术有重要意义。(3) 馒头形窑炉明代以前民窑（以北方为主）已普遍使用，其特点是窑体较长，窑床前高向后渐低，一般有两个烟囱。御器厂发现的馒头形窑炉则有改进，其窑体较小，通长不过 4 米，宽 2 米左右，窑床平整，设一个横长方形的大烟囱，并在窑床和后壁之间增设了烟道，烟道与排烟孔相连，使之更有利于产品的烧成。(4) 在已发现的馒头形窑炉中，有的烧得很厉害，壁内挂满了厚厚的"窑汗"，有的烧得很轻无"窑汗"。前者可能是文献所记专烧高温小件器物的"青窑"，后者可能是专烧低温颜色釉的"色窑"。这种窑炉分工，不见于明代以前的官窑和民

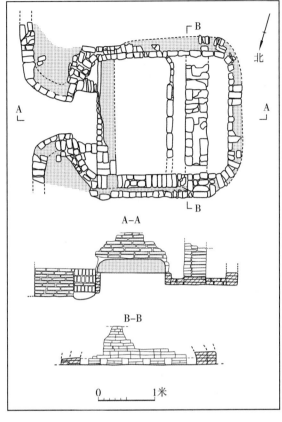

图 25 - 3 - 12　04JYⅡY14 平、剖面图
(引自《江西景德镇明清御窑遗址发掘简报》，《文物》2007 年第 5 期，图七，略变化)

窑。由此可见，明代御器厂之所以能烧造出品种众多的精美瓷器，与上述结构先进的窑炉和窑炉的合理"分工"是密不可分的。

2. 窑具

窑具出土较多，主要有匣钵、套钵、垫饼等。匣钵耐火土制成，胎体较厚，质地粗糙。套钵瓷土制成，胎体较薄，质地较细密。垫饼瓷土制成，做工较好，质地颇细[1]。

(1) 匣钵

分筒形和漏斗形两种。筒形，直壁、平底，腹较浅者，如标本 04JYⅠT0401③e：1，高 12 厘米、口径 41 厘米，壁厚 2 厘米。腹较深者，如标本 04JYⅣT0501⑤C：45，高 22 厘米、口径 36 厘米，壁厚 2 厘米；内置套钵。漏斗形匣钵，直壁，下斜直内收，平底。如标本 04JYⅠT0401③e：3，斜壁交接处较厚，装烧靶盏等器物，高 14 厘米、口径 19 厘米，口沿壁厚 1 厘米。

(2) 套钵

内装坯件，使用时置匣钵内，是明代御窑特有的窑具。钵形，由钵身和盖组成。钵

---

〔1〕 北京大学考古文博学院、江西省考古研究所、景德镇市陶瓷考古研究所：《江西景德镇明清御窑遗址发掘简报》，《文物》2007 年第 5 期。文中窑具部分及图一四七—一五一。

身敞口，斜直腹，平底，盖面隆起。使用时套钵内底置粗砂，砂上放置垫饼。如标本04JYⅣT0501⑤C∶46，通高13.2厘米，口径24.1厘米，底径15.4厘米。

（3）垫饼

圆形，上面呈玉璧形，下端折收成平面，略内凹。有火石红和沙粒痕迹。如标本04JYⅠT0401③e∶5，直径14厘米，厚1—2厘米。

（4）试料器[1]

出土较少，为在瓷器的坯件或不合格的坯件上涂以要试的铜红料或钴蓝料。器形有碗和小碗，与落选的御用瓷器同出于小坑。

（四）落选御用瓷器掩埋概况

明御器厂对落选御用瓷器，大多采用打碎掩埋在御器厂内的处理方式[2]。

1. 落选御用瓷器的处理方式

明代御器厂烧制瓷器量非常大，但对进京供御用瓷器拣选十分严格，稍有缺陷就会落选，所以落选瓷器数量惊人。仅1982—1994年景德镇市区发掘出土洪武至嘉靖时期的落选御瓷"竟有十数吨，若干亿片"[3]。因此，至迟在永乐时期就确立了对落选御用瓷器的打碎掩埋制度（落选御用瓷器禁止流入民间）。根据御器厂遗址发现的情况，落选御用瓷器不同时期的处理大致有四种方式。（1）洪武永乐时期瓷器打碎后倾倒在平地或低凹处，堆积较厚，占地面积较大，一次处理的数量较多，属隔时集中处理。主要是掩埋在珠山以南靠近御器厂的围墙处（图25－3－2、图25－3－3、图25－3－9，B）。（2）宣德时期掩埋地点较分散，珠山南北均有发现，采取小坑、小堆和小型片状堆积的掩埋方式。掩埋操作细致、认真、严格，除宣德初期集中处理一批库存永乐朝落选御瓷外，处理宣德本朝落选御瓷的小坑、小堆、小型片状堆积则较分散。每个遗迹堆积内出土瓷片数量不多，并多打破或叠压宣德窑业堆积层，其上又覆以宣德时期的窑业废弃物，说明宣德朝的落选御瓷可能是随时处理的。（3）正统时期不再单独挖坑或堆堆等，而是利用已有的沟槽等将落选御瓷打碎倾倒在沟槽内（参见前述正统朝瓷器）。（4）成化至嘉靖时期掩埋地点集中于珠山东侧和北侧，顺着由窑业堆积形成的小山坡倾倒，堆积层较薄，面积较大，其面积最大者可达到70余平方米（图25－3－6）。此时是隔时集中处理，处理较草率。嘉靖时期掩埋落选御瓷的地层堆积，多在清初被扰乱。

嘉靖朝以后景德镇御瓷流行"官搭民烧"制度，凡临时加派的"钦限"瓷器均由民窑烧造，因而这些瓷器流入民间是不可避免的，在这种情况下打碎掩埋已毫无意义，故此法废止。御器厂遗址迄今未见隆庆朝掩埋落选御瓷遗迹，万历朝极少数掩埋遗迹也未必是有意而为，正是上述情况的反映。据明代王宗沐撰《江西省大志》卷七《陶书》陆万垓为其所作

---

[1] 北京大学考古文博学院、江西省考古研究所、景德镇市陶瓷考古研究所：《江西景德镇明清御窑遗址发掘简报》，《文物》2007年第5期。文中窑具部分及图一五二—一五四。

[2] 权奎山：《江西景德镇明清御器（窑）厂落选御用瓷器处理的考察》，《文物》2005年第5期；炎黄艺术馆：《景德镇出土元明官窑瓷器》刘新园《序》，文物出版社1999年版。

[3] 炎黄艺术馆：《景德镇出土元明官窑瓷器》刘新园《序》，文物出版社1999年版。

续补条记载，隆庆、万历朝时落选御瓷采取存于库房，登记造册方法，至于最终如何处理似乎无明确规定。到天启、崇祯朝御器厂已基本停烧，所以也就无处理落选御瓷问题了。

2. 发掘所见落选御瓷掩埋遗迹概况

下面简要介绍四种掩埋方式[1]。

（1）小坑

小坑共发现 31 个，均位于珠山北麓御器厂的北部，小坑挖成圆形或不规则圆形，直径 0.25—0.8 米，深 0.1—0.25 米。比如：02JYⅠK8 平面呈规则圆形，剖面似浅锅底状，直径 0.63 米，最深处 0.13 米。出土青花釉里红云纹梅瓶 1 件、釉里红云龙纹梅瓶 1 件、红釉刻花云龙纹梅瓶 1 件、红釉梅瓶 1 件、里白釉外釉里红赶珠龙纹碗 2 件，共 6 件，均无款。03JYⅠK12 平面呈不规则圆形，剖面似长方形，直径 0.58 米，深 0.23 米。出土釉里红梅瓶 4 件、釉里红龙纹小碗 2 件、红釉刻花云龙纹梅瓶 1 件、红釉碗 5 件、红釉盘 21 件、红釉靶盏 1 件，共 34 件，均无款。03JYⅠK14 平面呈不规则圆形，剖面近半圆形，直径 0.4—0.6 米，深 0.2 米。出土红釉盘 17 件、红釉碗 3 件、红釉靶盏 6 件、釉里红靶盏（缺靶）2 件，共 28 件。04JYⅣK18 平面呈不规则圆形，剖面呈锅底状，直径 0.56—0.72 米，深 0.15 米。主要出土青花果盘 7 件，另有少量白釉、哥釉和红釉瓷片。04JYⅣK21 平面呈不规则圆形，剖面呈不规则锅底状，直径 0.66—0.81 米，深 0.19—0.27 米。出土红釉碗 3 件、红釉盘 8 件、红釉靶盏 2 件、白釉碗 2 件、白釉盘 1 件、仿哥釉碗 1 件，共 17 件，器底刻"大明宣德年制"双圈楷书款。上述小坑 K8、K12、K14 均开口于宣德层，打破元末明初层，所出瓷器属永乐时期，掩埋于宣德初年。K18、K21（均开口于 04JYⅣT0501⑤a 层宣德层下打破⑤b 层）属宣德时期[2]。

---

[1]　北京大学考古文博学院、江西省考古研究所、景德镇市陶瓷考古研究所：《江西景德镇明清御窑遗址发掘简报》，《文物》2007 年第 5 期。

[2]　北京大学考古文博学院、江西省考古研究所、景德镇市陶瓷考古研究所：《江西景德镇明清御窑遗址发掘简报》，《文物》2007 年第 5 期。文中记述小坑 K1—K15 在 02JYT0501⑥层下，打破⑦层元代至明宣德前活动面。原文图九 K8 平、剖面图，图一〇—图一三为 K8 出状况照片，可参考；刘新园、权奎山、樊昌生：《江西景德镇市珠山明、清御窑遗址考古发掘获重大成果》，《中国古陶瓷研究》第十辑，紫禁城出版社 2004 年版。记述 2002—2003 年发现 16 个小坑，所出瓷器除一坑为洪武，一坑为弘治朝外，余者均为永乐朝瓷器。其中 12 号坑直径 0.56 米、深 0.23 米，出土永乐朝碗、盘、靶盏、梅瓶（5 件）等共 40 余件。16 号坑椭圆形，最大直径 1.28 米，深 0.32 米。出弘治朝黄釉、白釉绿彩碗、盘等瓷片逾万片；北京大学考古文博学院、江西省文物考古研究所、景德镇市陶瓷考古研究所：《江西景德镇市明清御窑遗址 2004 年的发掘》，《考古》2005 年第 7 期。记述 2004 年清理小坑 14 个，其中小坑 K17、K18、K20、K21 开口于 04JYⅣT0501⑤a 层宣德层下，K22—K30 开口于 04JYⅣT0501⑥层明初盖土层下。此外，还有永乐期小坑 04JYⅠYK31 在 14 个小坑中，其中 8 个坑内出永乐朝瓷器，6 个坑出宣德朝瓷器。出永乐朝瓷器的小坑较规整，多呈锅底状，直径 0.42—0.58 米，深 0.11—0.15 米。出土宣德朝瓷器的小坑不甚规整，随意性较大，直径 0.4—0.81 米、深 0.08—0.27 米。如 04JYⅣK22 平面圆形，直径 0.59 米，深 0.12 米。出永乐朝瓷器，有红釉碗、盘、靶盏等共 48 件。04JYⅣK21 平面圆形，直径 0.8 米，底凹凸不平，深 0.1—0.26 米。出宣德朝器，以红釉为主，有少量白釉、仿哥釉器，器类有碗、盘、靶盏、梨形壶等，共 52 件。（此与正文 04JYⅣK21 小坑尺寸和出土瓷器数量不同）权奎山：《江西景德镇明清御器（窑）厂落选御用瓷器处理的考察》，《文物》2005 年第 5 期。记述 2002—2004 年在珠山北麓御器厂遗址东北，清理出宣德地层下 24 个小坑。小坑多呈锅状，口呈圆形、椭圆形或不规则圆形，排列较密集，口径一般为 0.3—0.6 米，深 0.12—0.3 米。所出瓷器，1 坑为洪武朝，另 23 坑均为永乐朝。小坑均打破元末明初地层，坑上覆厚约 5 厘米黄褐色土，其上是宣德早期原生窑业堆积层。掩埋于宣德初，将御器厂库存的少许洪武朝和一批永乐朝瓷器一起掩埋。又 2004 年在御器厂东北部清理 5 坑宣德朝落选瓷器，小坑不甚规则，口呈圆或不规则圆形，排列稀疏，口径 0.4—0.8 米，深 0.08—0.2 米。小坑大多打破宣德窑业堆积层，其上多覆盖宣德窑业废弃物。

（2）小堆

小堆共发现 3 个，均位于珠山南麓御器厂内南部西侧。小堆底部平面呈圆形或不规则圆形，直径 0.25—0.55 米，高约 0.2 米。比如 04JYⅡD1 位于 04JYⅡT2404 内，叠压在正统层下，堆在宣德层上。平面呈不规则圆形，南北最长 0.7 米，东西最长 0.55 米，高 0.19 米。出土孔雀绿釉青花鱼藻纹梅瓶 1 件、青花鱼藻纹梨形壶 1 件、青花鱼藻纹盘 1 件、青花鱼藻纹碗 3 件、刻莲瓣纹碗 3 件、靶盏 1 件、碗 2 件、盘 2 件、碟 2 件、洒蓝釉刻花云纹大罐 1 件、赶珠龙纹碗 1 件、龙纹小碗 1 件、云龙纹盘 2 件、龙纹碟 1 件、蓝釉盘 2 件、红釉斗笠碗 1 件，共 25 件。器物均以青料书"大明宣德年制"楷书双圈款。4JYⅡD3 发现层位与 D1 基本相同，平面呈不规则圆形，南北最长 0.3 米，东西最长 0.25 米，高 0.2 米。出土蓝釉碗 2 件、洒蓝釉刻花龙纹碗 1 件、刻花龙纹盘 2 件、刻龙纹小碗 1 件、盘 2 件、孔雀绿釉碗 2 件、盘 3 件、碟 7 件，共 20 件。器物外底书青花双圈"大明宣德年制"六字楷书款[1]，属宣德时期。

（3）小型片状堆积

在珠山北麓御器厂东北部发现小型片状堆积 5 个，其中明宣德时期 2 个，成化时期 2 个，弘治时期 1 个。片状堆积，形状不规则，面积一般为 1—2 平方米，厚 0.05—0.29 米。比如 04JYⅣP10 位于 04JYⅣT0501 内，在⑤d 宣德层上，压在⑤c 宣德层下。平面为 1.2×1.8 米的长方形，厚 0.08—0.29 米。出土青花海水应龙纹缸 1 件、蓝釉刻海水应龙纹缸 1 件、白釉盘 7 件、碗 5 件、鸡心执壶 1 件、仿哥釉盘 3 件、洗 2 件、小碗 4 件、靶盏 1 件、内白釉外涩胎靶盏 1 件，共 26 件，另有若干瓷片。多有"大明宣德年制"六字楷书款，均属宣德时期[2]。

（4）片状堆积

在珠山北麓御器厂内东北部发现 5 个，均倾倒在由窑业废弃物形成的小山的山坡上。形状不甚规则，面积一般为 20—60 平方米，厚 0.05—0.25 米。如 03JYⅠP5（位于 03JYT0403 内南部）堆积较稀疏，斜坡下堆积较厚。出土成化朝瓷器有仿宋官青釉鼎式炉（三足双耳）5 件、簋 2 件、大盘 1 件、大瓿 2 件、铺首瓶 5 件、鼓钉洗 1 件、花盆 1 件（底以青料书写"大明成化年制"双圈款）；白釉盘 2 件、脱胎小杯 6 件（杯底书青花"大明成化年制"双圈款）、青花盘 2 件、碗 4 件、圈足大杯 2 件、卧足杯 1 件；斗彩天字罐 1 件、碗 1 件、龙纹盘 2 件（不可复原）；斗彩（半成品）花果纹碗 5 件，花果纹盘 1

---

〔1〕 北京大学考古文博学院、江西省考古研究所、景德镇市陶瓷考古研究所：《江西景德镇明清御窑遗址发掘简报》，《文物》2007 年第 5 期。

〔2〕 北京大学考古文博学院、江西省考古研究所、景德镇市陶瓷考古研究所：《江西景德镇明清御窑遗址发掘简报》，《文物》2007 年第 5 期。图一二为 P10 出土状况照片；北京大学考古文博学院、江西省文物考古研究所、景德镇市陶瓷考古研究所：《江西景德镇市明清御窑遗址 2004 年的发掘》，《考古》2005 年第 7 期。文中记述，小型片状堆积 04JYⅡP9 发现于 04JYⅡT0401 内，压在⑥b 宣德层下，其下为 6c 宣德层。堆积平面呈不规则四边形，南北宽 0.7 米，东西长 1.28 米，厚 0.02—0.12 米。出土宣德早期瓷器有白釉、青花、矾红、仿哥釉、仿龙泉青釉瓷器，其中白釉瓷器占多数。器形有碗、盘、爵、炉等，共 38 件，其中 4 件白釉爵杯极为珍贵。出土瓷器刻有"大明宣德年制"款。

件、天字罐 12 件、云龙纹盘 29 件、缠枝莲纹盘 2 件，共 87 件[1]，属明代成化时期。

（五）出土瓷器的构成与年代

发掘者根据出土瓷器的品种、主要器形、瓷器年款，瓷器出土的单位和地层共存关系等综合考察，将明御器厂已发掘部位出土的落选御器品种和器形分为六组和六个年代时段[2]。

1. 第一组 永乐时期（1403—1424 年）

第一组瓷器构成（个别有"永乐年制"款）

黑釉瓷器，器形有炉、碗、靶盏。紫金釉瓷器，器形有小碗、碗、靶盏。青花釉里红瓷器，器形有梅瓶。釉里红瓷器，器形有梅瓶、A、B、C 型碗[3]、靶盏。红釉瓷器，器形有梅瓶、盖盒、僧帽壶、梨形壶；A 型 I 式碗、I 式小碗，A 型、B 型 I 式盘，碟，I式靶盏，试料器，A、B 型碗、小碗[4]。

以上永乐瓷器主要出于 K2、K4、K6、K8、K12、K14、K31 等，其中釉里红靶盏02JYIK2：7，盏心印单圈"永乐年制"四字篆书款；红釉 I 式靶盏02JYIK6：4，盏心印"永乐年制"四字双行篆书款。此外，永乐瓷器参见本文之（六）出土御瓷孤品或罕见品举例之 1—10。

2. 第二组 宣德时期（1426—1435 年）

第二组瓷器构成（多有"大明宣德年制"款）

白釉瓷器，器形有 A、B 型炉、爵，A、B 型碗、碟，"局用""局"款碗，"官用供器"款盘[5]。红釉瓷器，器形有炉，A 型 II 式、B 型 II 式碗（按，简报 B 型碗不分式，小碗分 2式），B 型 II 式盘，II 式靶盏[6]。蓝釉瓷器，器形有 A、B 型碗，A、B 型盘[7]。洒蓝釉瓷

[1] 北京大学考古文博学院、江西省考古研究所、景德镇市陶瓷考古研究所：《江西景德镇明清御窑遗址发掘简报》，《文物》2007 年第 5 期。原文图一三为 P5 出土状况照片；刘新园、权奎山、樊昌生：《江西景德镇市珠山明、清御窑遗址考古发掘获重大成果》，《中国古陶瓷研究》第十辑，紫禁城出版社 2004 年版。文中记述2002—2003 年发现 5 大片落选御品，其中成化朝 3 片，弘治朝 2 片。发现的第 4 大片堆积属成化时期，堆积东西宽 10 米余，南北长 6 米余，由南向北（由坡上至坡下）逐渐增厚，最厚处达 0.2 米。

[2] 北京大学考古文博学院、江西省考古研究所、景德镇市陶瓷考古研究所：《江西景德镇明清御窑遗址发掘简报》，《文物》2007 年第 5 期。

[3] 北京大学考古文博学院、江西省考古研究所、景德镇市陶瓷考古研究所：《江西景德镇明清御窑遗址发掘简报》，《文物》2007 年第 5 期。原文图三三（A）、三四（B）、《文物》2007 年第 5 期封三（C）。

[4] 北京大学考古文博学院、江西省考古研究所、景德镇市陶瓷考古研究所：《江西景德镇明清御窑遗址发掘简报》，《文物》2007 年第 5 期。原文图三九（A 型 I 式碗）、图四二（I 式小碗）、图四五（A 型盘）、图四六（B 型 I 式盘）、图四九、五〇（I 式靶盏，有"永乐年制"款），图一五二（A 型试料碗）、图一五三（B 型试料碗）、图一五四（试料小碗）。

[5] 北京大学考古文博学院、江西省考古研究所、景德镇市陶瓷考古研究所：《江西景德镇明清御窑遗址发掘简报》，《文物》2007 年第 5 期。原文图一四（A 型炉）、图一五（B 型炉）、图一七（A 型碗）、图一八（B 型碗），图二三（"局用"款），图二六（"官用供器款"）。

[6] 北京大学考古文博学院、江西省考古研究所、景德镇市陶瓷考古研究所：《江西景德镇明清御窑遗址发掘简报》，《文物》2007 年第 5 期。原文图四〇（A 型 II 式炉）、图四一（B 型碗）、图四三（B 型 II 式红釉小碗）、图四七（B 型 II 式盘），图五一（II 式靶盏）。

[7] 北京大学考古文博学院、江西省考古研究所、景德镇市陶瓷考古研究所：《江西景德镇明清御窑遗址发掘简报》，《文物》2007 年第 5 期。原文图五三、五四（A 型碗）、图五二（B 型碗）、图五五（A 型盘）、图五六（B 型盘）。

器，器形有大罐，A、B 型碗，A、B 型小碗（按，简报正文未分型），碟〔1〕。孔雀绿釉瓷器，器形有梅瓶，梨形壶，A、B 型碗，A、B 型盘〔2〕。青花瓷器，器形有果盘，龙纹方盘。仿龙泉青釉瓷器，器形有渣斗，A、B 型靶盏，碗，小碗，盘，A、B 型碟〔3〕。仿哥釉瓷器，器形有 A、B、C、D 型小罐，盆、大盘，窑具 A、B 型匣钵、套钵、垫饼〔4〕。

3. 第三组　成化时期（1465—1487 年）

第三组瓷器构成（多有"大明成化年制"款）

白釉瓷器，器形有杯。青花瓷器，器形有鹤颈瓶。斗彩瓷器，器形有成品碗、鸡缸杯、半成品碗、杯、天字罐。仿宋官窑青釉瓷器，器形有簋、贯耳瓶、觚。

4. 第四组　弘治时期（1488—1505 年）

第四组瓷器构成（多有"大明弘治年制"款）主要是白釉瓷器，器形有盘、"厂内公用"款碗〔5〕，黄釉瓷器，器形有碗、盘。青花瓷器、器形有盘。

5. 第五组　正德时期（1506—1521 年）

第五组瓷器构成（大多有"大明正德年制"款）以青花瓷器为主，器形有盖盒、大盘、阿拉伯纹方盒〔6〕。窑具 A、B 型匣钵、套钵、垫饼。

6. 第六组　明代晚期至清代初期（约明万历晚期至清康熙早期）

第六组瓷器构成（有"大明年造""大明天启年制""大清丙午年制""大清丁未制"纪年或干支纪年款）

瓷器为民窑青花瓷器，器形有 A、B、C 型碗，A、B 型盘，A、B 型杯〔7〕。

以上二组至六组瓷器的构成和年代，与前述相关地层堆积的年代是对应的。除上所述六组外，还有少量明代洪武、正统、嘉靖等时期的落选御瓷和清代瓷器。

---

〔1〕　北京大学考古文博学院、江西省考古研究所、景德镇市陶瓷考古研究所：《江西景德镇明清御窑遗址发掘简报》，《文物》2007 年第 5 期。原文图五七（B 型碗）、A 型碗《文物》2007 年 5 期封面，图五八（小碗）。

〔2〕　北京大学考古文博学院、江西省考古研究所、景德镇市陶瓷考古研究所：《江西景德镇明清御窑遗址发掘简报》，《文物》2007 年第 5 期。原文图六五（A 型碗）、图六七（B 型碗）、图六八（A 型盘）、图七〇（B 型盘）。

〔3〕　北京大学考古文博学院、江西省考古研究所、景德镇市陶瓷考古研究所：《江西景德镇明清御窑遗址发掘简报》，《文物》2007 年第 5 期。原文图八八（A 型靶盏）、图九〇（B 型靶盏）、图九三（A 型碟）、图九四（B 型碟）。

〔4〕　北京大学考古文博学院、江西省考古研究所、景德镇市陶瓷考古研究所：《江西景德镇明清御窑遗址发掘简报》，《文物》2007 年第 5 期。原文图九五（A 型小罐）、图九六（B 型小罐）、图九七（C 型小罐）、图九八（D 型小罐），图一四七（A 型匣钵），图一四八（B 型匣钵）。

〔5〕　北京大学考古文博学院、江西省考古研究所、景德镇市陶瓷考古研究所：《江西景德镇明清御窑遗址发掘简报》，《文物》2007 年第 5 期。原文图二五（"厂内公用"款碗）。

〔6〕　北京大学考古文博学院、江西省考古研究所、景德镇市陶瓷考古研究所：《江西景德镇明清御窑遗址发掘简报》，《文物》2007 年第 5 期。原文图七五。

〔7〕　北京大学考古文博学院、江西省考古研究所、景德镇市陶瓷考古研究所：《江西景德镇明清御窑遗址发掘简报》，《文物》2007 年第 5 期。原文图一〇五——一六（A 型碗），图一一七——二四（B 型碗），图一二五、一二六（C 型碗），图一二七、一二八（A 型盘），图一二九、一三〇（B 型盘）、图一三一（A 型杯）、图一三二——三五（B 型杯）。

（六）出土明御器厂御瓷孤品或罕见品举例

明御厂已出土御用瓷器中的孤品或罕见品，以永乐瓷器为主，宣德瓷器次之，下面略举几例。

1. 永乐青花釉里红云龙纹梅瓶

2002 年出土，口径 6.7 厘米、足径 15.9 厘米、高 34.1 厘米。瓶唇口、束颈、丰肩、隐浅圈足、涩底。瓶身用釉里红绘一赶珠龙纹，龙双角、五爪、竖发。肩饰青花和釉里红祥云纹，下部饰青花仙山海水纹[1]。以往考古资料和传世品有白釉和青花梅瓶，该梅瓶以钴料（青花）和铜红料（釉里红）绘龙纹海水纹前所未见，仅出土一件，为孤品。

2. 永乐釉里红云龙纹梅瓶

2003 年出土，口径 6.6 厘米、足径 15.7 厘米、高 33.6 厘米（或云高 34.2 厘米）。形制和纹饰同上一件，不同的是该件纹饰全部用铜红料（釉里红）绘制[2]。

3. 永乐红釉刻花云龙纹梅瓶

该件与前述之 1、2 件形制和纹饰相同，差异是其施红釉，纹饰全部刻制[3]，共出土 3 件（高 33.8 厘米）。2、3 均为以往未见。

4. 永乐里红釉外釉里红赶珠龙纹大碗

2004 年出土（2002 年亦出土一件），口径 20 厘米、圈足径 7.8 厘米、高 6.8 厘米。碗敞口、斜曲壁、圈足。白胎，质地细密。内施红釉，外施白釉，釉下胎上用铜红料绘赶珠龙纹，色泽黑红[4]，未见传世品。

5. 永乐红釉印花盖盒

2002—2003 年出土，高 10 厘米、直径 19.8 厘米。子母口，壁略曲，圈足。外红釉，内白釉，外侧釉下隐约可见印制的折枝荔枝和卷草纹样[5]，孤品。

6. 永乐黑釉划花鼎式香炉

2002—2003 年出土，高 21.2 厘米。直口，双立耳，鼓腹，圜底，三柱形足。通体黑釉，口部饰回纹，肩部饰菊瓣纹[6]，永乐窑罕见之物。

7. 永乐红釉僧帽壶

2002 年出土，口径 11.2 厘米、足径 8 厘米、高 19 厘米。口沿似僧帽，敞口、鼓腹、圈足，尖流较长，扁曲柄，上端作一如意形錾。壶盖有一舌形珠顶，与壶内口沿对称作一小系。外通体红釉，内壁、外底施白釉（壶身缩釉严重）[7]。红釉僧帽壶首次发现（以往见永乐白釉、青花僧帽壶）。

---

[1]《中国古陶瓷研究》第十辑，紫禁城出版社 2004 年版。彩版一九；《中国出土瓷器全集·江西》图 154。
[2]《中国古陶瓷研究》第十辑，紫禁城出版社 2004 年版。彩版二十；《中国出土瓷器全集·江西》图 156。
[3]《中国古陶瓷研究》第十辑，紫禁城出版社 2004 年版。彩版二十一。
[4]《中国古陶瓷研究》第十辑，紫禁城出版社 2004 年版。彩版二十二，内底心刻"永乐年制"篆款，2002 年出土；《考古》2005 年第 7 期图版拾贰之 3（04JY1VK31 : 2）。
[5]《中国古陶瓷研究》第十辑，紫禁城出版社 2004 年版。彩版二十三。
[6]《中国古陶瓷研究》第十辑，紫禁城出版社 2004 年版。彩版二十五。
[7]《中国古陶瓷研究》第十辑，紫禁城出版社 2004 年版。彩版二十四；《中国出土瓷器全集·江西》图 155。

8. 永乐红釉印花果纹盖盒

2004 年出土（04JYⅣK26：1），口径20.4 厘米、圈足径14.5 厘米、通高10.3 厘米。盖顶隆起，子母口，盒身曲壁，圈足。白胎，质地细密。外红釉、内白釉。盖、身印制花果纹，口部各印一周小花纹，圈足外侧为卷草纹[1]。未见传世品。

9. 永乐釉里红云龙纹靶盏

2004 年出土（04JYⅣK31：6），口径16.4 厘米、圈足径4.8 厘米、高10.6 厘米。侈口，曲壁，深腹，高圈足。白胎质地细密。内外白釉，外壁釉下用铜红料绘双云龙纹，内壁印制双龙纹，内底心印"永乐年制"四字篆书款[2]。靶盏常见，但该件釉里红云龙纹则罕见。

10. 永乐红釉靶盏

2002—2003 年出土，口径15.9 厘米。盏心印有清晰的"永乐年制"篆书款[3]。这是迄今考古资料和传世品中永乐年款最清楚的一件。

11. 宣德仿哥釉多棱小罐和瓜棱小罐

2002—2003 年出土，高均11 厘米。直口，矮颈，鼓腹，平底。灰胎，灰白色釉，釉面开满细碎纹片，底外侧刻"大明宣德年制"六字款[4]。在宣德仿哥釉器中，以往未见此类小罐。

12. 宣德孔雀绿釉鱼藻纹梅瓶

2004 年出土（04JYⅡD1：1），口径5 厘米、底径15.5 厘米、高32.4 厘米。小口、圆唇、短颈、丰肩、鼓腹、腹下明显内收、平底。灰白胎，内施高温白釉，外施低温孔雀绿釉，用青花料绘鱼藻纹[5]。此类梅瓶首次发现。

13. 宣德孔雀绿釉鱼藻纹梨形壶

2004 年出土（04JYⅡD1：3），盖失，壶口径4 厘米、圈足8.2、高10.8 厘米。壶直口，溜肩，鼓腹，高圈足，柄残。内施高温白釉，外施低温孔雀绿釉，用青花料绘鱼藻纹。底外侧用青花料书"大明宣德年制"六字楷书双圈款[6]。此类壶首次发现。

14. 宣德洒蓝釉刻花海水云龙纹大罐

2004 年出土（04JYⅡD1：2），口径22 厘米、底径21.5 厘米、高30.5 厘米。罐直口，圆唇，矮颈，丰肩，鼓腹，腹下缓收，平底。白胎，质地细密。内施高温白釉，外施低温洒蓝釉，刻饰海水云龙纹。底外侧用青花料书"大明宣德年制"六字楷书双圈款[7]。

---

[1] 北京大学考古文博学院、江西省文物考古研究所、景德镇市陶瓷考古研究所：《江西景德镇市明清御窑遗址2004 年的发掘》，《考古》2005 年第7 期。彩版拾贰之7。

[2] 北京大学考古文博学院、江西省文物考古研究所、景德镇市陶瓷考古研究所：《江西景德镇市明清御窑遗址2004 年的发掘》，《考古》2005 年第7 期。彩版拾贰之4。

[3] 《文物天地》2004 年第4 期，上图。《中国古陶瓷研究》第十辑，图一七、图一八。

[4] 《中国古陶瓷研究》第十辑，彩版图二六（多棱小罐）、二七（瓜棱小罐）。

[5] 北京大学考古文博学院、江西省文物考古研究所、景德镇市陶瓷考古研究所：《江西景德镇市明清御窑遗址2004 年的发掘》，《考古》2005 年第7 期。彩版拾贰之4。

[6] 北京大学考古文博学院、江西省文物考古研究所、景德镇市陶瓷考古研究所：《江西景德镇市明清御窑遗址2004 年的发掘》，《考古》2005 年第7 期。彩版拾贰之5。

[7] 北京大学考古文博学院、江西省文物考古研究所、景德镇市陶瓷考古研究所：《江西景德镇市明清御窑遗址2004 年的发掘》，《考古》2005 年第7 期。彩版拾贰之1。

15. 宣德青花花卉纹调色碟

2004 年出土（04JYⅣK20∶1），口径 22.7 厘米、圈足径 17.4 厘米、高 3.5 厘米。盘敞口，曲壁，矮圈足，内侧中部呈圈足状，周围分六个部分，隔墙作曲线形。白胎，质地细密。通体施白釉，内外侧均用青料绘花卉纹[1]。这种调色碟传世品未见。

除上所述，还出土一些精美瓷器和值得重视的瓷器。如永乐紫金釉靶盏[2]、盘，永乐红釉梨形壶[3]，永乐白釉印花盘口弧壁碗；宣德红釉盘、碗，宣德白釉爵杯、炉，宣德青花云龙纹缸，宣德蓝釉缸；成化仿宋官青釉贯耳瓶，成化青花凤纹鹤颈瓶（似仿朝鲜半岛同类器）[4]，成化斗彩灵芝纹碗[5]，成化斗彩鸡缸杯[6]；弘治白釉绿彩龙纹盘；正德青花阿拉伯文方盘和栏板[7]。此外，值得一提的是一件洪武白釉碗内底刻"局用"二字款[8]，说明明初御器厂仍沿用元代"浮梁瓷局"的"瓷局"名称。

五　元明时期景德镇主要瓷种胎釉科技测试研究的初步成果

（一）　永乐甜白釉瓷

1. 瓷胎

甜白釉瓷主要是景德镇明永乐窑产品[9]。甜白釉瓷胎的化学组成同青白釉瓷胎和卵白釉瓷胎，只是成分的含量不同[10]，说明其与青白釉和卵白釉瓷胎在配方和所采用的原料上是相似的。但是，甜白釉瓷胎比青白釉和卵白釉瓷胎的熔剂含量低，着色氧化物含量亦较低[11]，甚至达到清代水平。这就是甜白釉瓷胎和元代及明代其他时期白釉瓷胎的不同之处，使之不仅有较高的白度，而且更接近硬质瓷的瓷质。

甜白釉瓷胎的显微结构中，主要晶相为云母和石英，并存在少量从长石残骸中析出的莫来石。云母的含量较青白釉和卵白釉瓷胎多些，石英颗粒大小较均匀，除个别粒度最大的可达 50 微米外，2—10 微米的颗粒占 70% 以上，石英的含量以面积计算均占瓷胎的 26%。总的来看，瓷石用量还是很多的，高岭土的掺入量不会超过 30%。由于胎中云母含

---

[1] 北京大学考古文博学院、江西省文物考古研究所、景德镇市陶瓷考古研究所：《江西景德镇市明清御窑遗址 2004 年的发掘》，《考古》2005 年第 7 期。彩版拾贰之 2；《中国出土瓷器全集·江西》图 169。

[2] 刘新园、权奎山、樊昌生：《发掘景德镇明清御窑》第 16 页图版；《文物天地》2004 年第 4 期。

[3] 刘新园、权奎山、樊昌生：《发掘景德镇明清御窑》第 16 页图版。

[4] 《中国古陶瓷研究》第十辑，图二九。

[5] 刘新园、权奎山、樊昌生：《发掘景德镇明清御窑》第 18 页图版；《中国古陶瓷研究》第十辑，图二八。

[6] 刘新园、权奎山、樊昌生：《发掘景德镇明清御窑》第 18 页图版；《中国古陶瓷研究》第十辑，图三十。

[7] 《中国古陶瓷研究》第十辑，图三三（方盘）、图三二（栏板）。

[8] 《中国古陶瓷研究》第十辑，图三四。

[9] 李家治主编：《中国科学技术史·陶瓷卷》，科学出版社 1998 年版，第 332—340 页。

[10] 李家治主编：《中国科学技术史·陶瓷卷》第 327—329 页表 10－2 景德镇白釉瓷胎的化学组成，其中甜白釉瓷胎见序号 38 和序号 39。

[11] 参见李家治主编《中国科学技术史·陶瓷卷》第 327—329 页表 10－2 中甜白釉瓷胎与青白釉和卵白釉胎化学组成中含量的比较。

量较高，故所用瓷石不同于青白釉瓷胎；又胎中长石含量较少，也不同于卵白釉瓷胎[1]。

2. 瓷釉

甜白釉瓷釉的化学组成亦同于青白釉和卵白釉瓷，但成分的含量不同[2]。甜白瓷釉所测两个标本中 CaO 的含量分别为 2.36% 和 2.65%，其中 R_2O 的含量分别为 7.98% 和 7.34%，是目前所见景德镇白釉瓷中含 CaO 最低和 R_2O 最高的两个瓷釉[3]。釉中 CaO 减少和 R_2O 含量增加，说明釉灰用量减少。景德镇白釉质量的改进即是靠在釉的配方中减少釉灰用量实现的，釉灰用量减少可提高瓷釉的烧成温度，而同时由于釉石用量增加，引入更多的 R_2O，又可增加釉在高温时的黏度使釉层增厚，提高瓷釉的质量。

在显微结构上，甜白釉比青白釉和卵白釉有明显的乳浊感，而"光莹如玉"。甜白釉的乳浊感是靠釉中存在粒度小于 10 微米的多量残留石英，以及一定量的云母残骸，经测试其石英含量级为 8%，云母含量级为 4%（以面积计算），这在景德镇历代瓷釉中是少见的。它们的粒度在 6—14 微米范围内约占 75%，10 微米以下的颗粒亦占到 50%。一般釉中含有多量的残留石英，就会因玻璃相和晶相膨胀系数之差而使釉出现裂纹，但甜白釉虽含有甚多的残留石英却未引起釉的开裂，这主要是归因于石英粒度非常细小[4]。此外，甜白釉在可见光部分的分光反射率曲线比较低和比较平坦，因而更能体现景德镇甜白釉白里微泛青色的特色[5]。

综上所述，景德镇永乐甜白釉瓷胎熔剂和着色氧化物含量较低；胎瓷石用量较多，云母含量较多，长石含量较少，石英颗粒细小均匀。瓷釉釉灰用量减少，釉中 CaO 含量低而 R_2O 含量高；釉中残存一定量的云母残骸和多量粒度非常细小的石英。上述永乐甜白釉瓷胎釉在化学组成和显微结构上的变化，反映出永乐甜白釉瓷的胎釉既采用了不同于元代和明代其他时期更优的瓷石作原料，又反映出其对原料进行了更为精细的加工。因此，永乐甜白釉被誉为"真一代绝品"[6]，从而成为景德镇制瓷技术的一个重要阶段。

（二）青花瓷

1. 元青花瓷

元青花主要出土于景德镇湖田窑址，以及景德镇珠山周围元代官窑遗址，还有元大都城出土的青花瓷器等。目前元青花瓷的科技测试主要是上述三批瓷器资料，其胎釉化学组成中的 SiO_2、Al_2O_3、CaO、MgO、K_2O、Na_2O、Fe_2O_3、TiO_2、MnO、P_2O_5、CoO 等主要成分含量比较接近。由于元大都出土的青花瓷与湖田窑元青花瓷的胎釉组成十分接近，故元

---

[1]　李家治主编：《中国科学技术史·陶瓷卷》，第 334 页。
[2]　李家治主编：《中国科学技术史·陶瓷卷》第 336、337 页表 10-5 景德镇白釉瓷釉的化学组成，表中序号 22 和序号 23 为甜白釉瓷釉。其化学组成含量与青白釉和卵白釉含量对比，见该表含量数据。
[3]　李家治主编：《中国科学技术史·陶瓷卷》第 338 页测试的两个甜白釉瓷釉标本见表 10-5 中序号 22 和序号 23。
[4]　李家治主编：《中国科学技术史·陶瓷卷》第 340 页图 10—13b 明永乐 MY1 甜白釉显微结构，第 341 页图 10—14 明永乐 MY1 甜白瓷釉中石英颗粒分布图。
[5]　李家治主编：《中国科学技术史·陶瓷卷》，第 340 页。
[6]　谷应泰：《博物要览·志窑器》，《丛书集成初编》，商务印书馆 1937 年版。

大都青花瓷应产于湖田窑。从瓷胎 Al_2O_3 含量估算，推断元代制作青花瓷已掺用高岭土成分。釉中 CaO 含量在 7—10% 范围，折合使用釉灰量在 9—11%，比当时制作影青釉使用釉灰量低，比卵白釉的釉灰含量高[1]。

　　青花是利用含钴的矿物质原料作为着色颜料（非用纯氧化钴作着色剂）绘画在白瓷坯上，经上釉后在高温下一次烧成，呈现蓝色彩饰的釉下彩瓷。青花的色调和特征主要取决于所用钴矿中含钴、铁、锰、铜、镍等着色氧化物的含量多少及其比例，同时矿物中的硅、铝氧化物含量和所用釉的成分以及烧成温度的高低，对色调的变化也有一定的影响。由于钴矿矿源产地和矿物类型不同所含成分又有相当差别，特别是钴土矿更是如此。所以即使同一矿源也常根据产物的品位分成不同等级，有时在生产使用之前还须拣选加工处理，以使含钴量有所富集，提高其质量。元青花的色料（青花料），从测试的色料 Fe_2O_3/CaO 比和 MnO/CaO 比表看[2]，其所用青花料属低锰高铁类型，与国产钴土矿高锰低铁类型有显著差异。元代青花色料来源文献缺载，经测试元青花中含有 As、S 和 Ni 等微量元素，表明元青花用的色料中含有 As 和 S，含 Ni 量则小于 0.01 或无，故可知元代青花料是一种无铜、镍的含硫、砷的高铁低锰矿。这种钴矿在矿物学上属钴毒砂一类，其分子式为（FeCO）AsS，即以含铁为主的硫砷钴矿。元代青花色料所用的矿物，过去多认为是从波斯或西域进口的，现在有的研究者提出乃是来自我国甘肃、新疆一带低锰类钴矿原料[3]。

　　2. 明代青花瓷

　　（1）瓷胎[4]

　　从明洪武至万历之间青花瓷胎化学组成可以看出[5]，洪武青花瓷胎中 Al_2O_3 为 18—19%（低于若干元代青花瓷胎），永乐青花瓷胎 Al_2O_3 含量增到 19—20% 之间；宣德青花瓷胎 Al_2O_3 含量一部分接近永乐时期，一部分含量在 20% 以上；成化青花瓷胎 Al_2O_3 含量最高，多数在 22% 左右；嘉靖和万历时期 Al_2O_3 含量在 18—20%（胎中掺入高岭土以增加含铝量，可提高烧成温度，增加强度，防止变形）。上述情况表明，明官窑瓷胎 Al_2O_3 含量有一个由低到高又回落到低的变化。青花瓷胎中 $(KNa)_2O$ 含量，洪武永乐青花瓷胎

〔1〕　元青花胎、釉和青花料的化学组成和含量，见李家治主编《中国科学技术史·陶瓷卷》第 371 页表 11−5 元代青花瓷片的胎、釉和（青花 P＋釉 G）的化学组成。对元青花测试的论述见该书第 371、372 页。第 372 页还指出，景德镇珠山发掘的元代 YG1 瓷片胎的含 Al_2O_3 量低于元大都出土瓷片的含量，也许是掺用的高岭土较少之故。

〔2〕　李家治主编：《中国科学技术史·陶瓷卷》第 364、372 页，$Fe_2O_3/$CaO 比和 MnO /CaO 比，见前引该书第 371 页表 11−5。

〔3〕　李家治主编《中国科学技术史·陶瓷卷》第 372 页记述，英国牛津博物馆考古实验室的学者认为，14 世纪的中国青花所用色料是从波斯进口的，美国学者查阅地质资料后认为，没有迹象证明在波斯和俾路支（巴基斯坦）发现有钴矿。进而文中指出，根据钴矿地质资料，波斯在近 30 年内只发现铜钴矿，它是由砷铜矿（Cu3As）和斜方砷钴矿及辉砷钴矿组成的混合物。这种矿物富含铜，而铁含量低，所以从波斯进口说尚无相应矿物存在的实证。文中指出，近年来甘肃金昌已发现其开采储量占全国首位的低锰类钴矿。钴毒砂往往存在于矽卡岩型矿床中，甘肃、新疆一带矽卡岩矿床异常发育，它与中亚地区属同一地质构造。所以传说元代青花色料从西域进口，实际上很可能来自甘肃、新疆一带的钴矿原料。但是应当指出，关于元代青花色料的来源问题现在尚无定论，仍在研究之中。

〔4〕　李家治主编：《中国科学技术史·陶瓷卷》，第 375、376 页。

〔5〕　李家治主编：《中国科学技术史·陶瓷卷》第 376 页表 11−8 明代官窑青花瓷胎的化学组成。

中含量在3.6—5.1%之间；宣德青花瓷胎中含量在3.4—4.3%之间（其中有一特例除外）；成化青花瓷胎中含量在3.1—3.8%之间；嘉靖和万历时期青花瓷胎中含量在4.4—5.4%之间[1]，其变化规律不同于前者。从上述瓷胎中 Al_2O_3 和（KNa)$_2$O 含量相互增减情况推断，明代各朝青花瓷胎采用的高岭土与瓷石的配比不同。洪武、永乐、嘉靖和万历青花瓷胎的配料中高岭土的掺入量低于宣德和成化期的青花瓷胎，而瓷石的配入量则相反。这表明在相同致密烧结的情况下，宣德和成化青花瓷的烧成温度比永乐、嘉靖和万历青花瓷高，比洪武青花瓷更高，因而其瓷质也更为优良。

（2）瓷釉[2]

从明代各朝青花瓷釉化学组成可以看出[3]，洪武和成化青花釉含钙量显然低于其他各朝，亦低于元代青花釉含钙量，表明其配釉所用釉灰量较少。明代各朝青花釉中 K_2O 和 Na_2O 含量也有较大差别，两者的比例亦有明显变动[4]。如若干永乐、宣德和成化以及正德的青花釉中 K_2O 含量特别高，而 Na_2O 含量相对于其他青花釉低些。从景德镇所用釉果原矿成分看[5]，只能用淘洗工艺才能将 K_2O 含量提高到5%以上并将 Na_2O 降低到2%以下。据此可以认为，永乐、宣德、成化等朝的釉质量较高与釉果原料精制处理（淘洗工艺）有密切关系[6]。K_2O 含量增高可提高釉面的莹润光亮程度，对青花瓷的外观和色料的显色效果都起了很重要的作用。

3. 青花色料与显色

（1）青花色料[7]

据研究，明代各朝使用青花色料的类型和来源大致如下：（1）分析洪武官窑所用青花色料发现是高铁低锰型钴矿，与元代所用属同一类型钴矿（是否为进口，尚待进一步研究）。（2）永乐时用进口钴料。（3）宣德官窑所用青花色料化学分析结果有两种[8]，一种为高铁低锰，另一种为大量用高锰低铁。高锰低铁型钴料与国产钴土矿对比较接近浙江和云南产钴土矿[9]。也就是说，宣德时既用进口钴料又大量用国产钴料。（4）成化官窑所用青花色料化学分析结果亦分两类。一类为高锰低铁型，可能用江西乐平的钴土矿。另一类是进口回青料，其 Fe_2O_3/CoO 比和 MnO/CoO 之比均处于中下比值，不同于元代所用高铁低锰那类钴矿。据此似可认为是进口回青和国产料混用的结果（可改善彩绘线条的晕散，使笔

〔1〕 参见李家治主编《中国科学技术史·陶瓷卷》第376页表11-8明代官窑青花瓷胎的化学组成。

〔2〕 李家治主编：《中国科学技术史·陶瓷卷》，第376—378页。

〔3〕 李家治主编：《中国科学技术史·陶瓷卷》第377页表11-9明代官窑青花瓷釉和青花+釉的组成。

〔4〕 参见李家治主编《中国科学技术史·陶瓷卷》第377页表11-9。

〔5〕 参见李家治主编《中国科学技术史·陶瓷卷》第323、333页表10-1景德镇制瓷原料的化学组成，表中序号33—序号35为釉石。

〔6〕 李家治主编《中国科学技术史·陶瓷卷》第376页指出，明代各朝青花瓷釉中 K_2O 和 Na_2O 含量的变化，也可能与各朝采用的釉石（釉果）的矿源不同有关。

〔7〕 青花色料化学组成，见前引《中国科学技术史·陶瓷卷》第377页表11-9。关于青花色料的论述见该书第378、379页。

〔8〕 见前引《中国科学技术史·陶瓷卷》第377页表11-9，下同。

〔9〕 见前引《中国科学技术史·陶瓷卷》第373页表11-6，国产钴土矿色料化学组成，下同。

路和层次分明），这也是色料使用上的创新。（5）据史料记载，正德青花料使用江西瑞州（今上高和高安一带的宜春地区）的石子青（石青），又称"无名子"，与青花色料分析结果吻合（亦有记载曾用进口回青料）。（6）嘉靖青花主要用进口料，据记载进口回青掺石青使用。色料分析表明近似于成化、正德、锰和铁都处于中下水平。（7）万历时期一类使用进口回青，类似于成化和嘉靖情况掺用一部分石青。另一类直接用国产钴土矿，精选加工后使用。据文献记载，大约万历二十四年以后，官窑使用青花色料以浙江产的钴土矿为主。

综上所述，明代各朝使用青花色料是从高铁低锰型钴矿到高锰低铁型钴矿，又到两种类型钴料配合使用。但是应当指出，元代、明洪武至永乐所用高铁低锰钴料与成化到万历之间进口的回青料在成分上还有一定差别。由于钴土矿和进口钴矿都存在成分分散性大的问题，所以当时也采取一套提纯和处理原料的办法。如选矿采用敲碎后遴选办法（即"敲青"和"淘青"），富集一些含钴量高的颗粒成分。又采用煅烧处理，从颜色上辨别钴含量的贫富分级，提高色料的品位。这种用料和技术上的变化和进步，完全是为了适应官窑高要求的结果。

（2）显色[1]

不同朝代的青花瓷显色各有特色，从钴矿和青花瓷色料分析的结果所推算出的 Fe_2O_3/CoO、MnO/CoO 的比值，钴矿的加工处理以及烧成状态，可以说明历代各朝青花瓷的显色。

元代青花瓷色彩大致有三种，多数是青翠沉着为正烧产品，二是靛蓝泛紫扬艳，为过烧所致，三是青蓝偏灰，多是欠烧造成，青花显色分散性较大。高铁（Fe_2O_3）在还原焰中 Fe^{2+} 浓度不太高使釉色着成绿色，若局部聚集浓度高则变成褐色甚至黑色，即形成 Fe^{3+} 的着色或 Fe^{2+}、Fe^{3+} 的复合着色。所以正烧时主要是 CoO 着色，一般呈翠绿色。欠烧时由于钴料未在釉中散开和溶解在釉中的量少，故呈现带灰的青蓝色；过烧时由于色料在釉中的大量扩散而形成晕散现象。如果个别地方彩料堆积过多也会形成褐色或黑色斑点。色彩的晕散与所用钴料中 SiO_2、Al_2O_3 的含量过低也有一定关系。

明代青花显色，由于使用钴矿来源的变动，以及钴料精选加工处理工艺的进步，使显色比较复杂。洪武青花所用色料与元代色料属同一类型，故类似于元青花。然而其中有些青花瓷器 Fe_2O_3/CoO 比特别高（达到16—18的高比值），虽呈现深靛蓝青色，但色彩凝聚处形成赭黑色黑点的情况更多些，过少则易晕散。永乐和部分宣德青花由于青花料含锰量较低，可减少青色中的紫、红色调，在适当的火候下能烧成像宝石蓝一样鲜艳的色泽。从色料的 Fe_2O_3/CoO 比和 MnO/CoO 比来看，永乐青花和元青花及部分洪武青花相差不大，但永乐和部分宣德青花呈深靛青色，显色较元代和洪武青花更好些。这可能是因与为釉的成分中 CaO 和（KNa）$_2O$ 的含量与烧成温度配合得当有关。此外，也与含锰量低和含铁量处于中等，以及烧成和画彩时用料浓淡有关，使色料的显色恰到好处，而呈不泛紫的蓝宝石色泽。宣德青花有两种，一种蓝色中泛绿，有黑斑点，笔路周围有晕，这是用高铁低锰钴矿作色料的青花，较接近永乐青花色料。另一种显蓝色类同清康熙青花的一种，可能是以高锰低铁的钴土

---

[1]　李家治主编：《中国科学技术史·陶瓷卷》，第384、385页。

矿作色料的青花，其 Fe_2O_3/CoO 比和 MnO/CoO 比接近康熙青花色料[1]。

成化青花瓷亦有两种类型，其中一种类型与宣德青花显色相似。但大部分是显色淡雅的一种青花瓷，所用色料的 Fe_2O_3、CoO、MnO 均低，彩绘时所用彩绘料的浓度亦低，而 SiO_2、Al_2O_3 的含量相对增高，故色彩不晕散。正德和万历青花常显蓝中带灰的颜色，主要与使用石青后锰的比例增高，瓷器的烧成温度略偏低有关。嘉靖青花亦用石青掺入回青中使用，可能掺入的比例偏低，所以有浓重鲜艳的显色效果，同时烧成温度亦趋于偏高，形成蓝中带紫红的色调，这是 MnO 和 CoO 形成尖晶石结构的颜料高温下在釉中扩散的结果。

（三）釉里红、铜红釉和钴蓝釉

1. 釉里红[2]

釉里红釉下彩瓷指以含铜色料彩绘在坯胎上，罩以透明釉，经高温还原烧成后，釉下呈现宝石红色纹饰的瓷器。真正以铜着色的红色釉下彩创始于元代的景德镇，称釉里红。釉里红釉下彩瓷所用的胎和釉的成分与同时期的青花釉下彩瓷相同。景德镇釉里红着色彩料用"铜花"制成，即将金属铜加热氧化，将氧化铜表面层取下，粉碎研磨成细粉颜料。釉里红釉下彩对温度和气氛较敏感，要在非常合适的温度和较重的还原气氛下方能形成纯正的鲜红色。由于铜有在釉中溶解、扩散和易于挥发的特性，所以特别难烧，需要有固定的窑位进行专门的烧成方能到最佳产品，故其制作要比青花瓷的难度大得多。

元代釉里红为初创期，产品质量较低。明初洪武时期釉里红仍不稳定，多数呈色带灰。永乐宣德时期釉里红制作有所提高，多数红的颜色浅淡，宣德时仅少数产品达到鲜红颜色。明中期和后期釉里红制作衰落，产品很少，直到清康熙时期才重新得到恢复和发展。

对明洪武和永乐釉里红釉的化学分析表明[3]，洪武时期釉里红的基釉与同时期的青花釉下彩所用基釉相近，只是较青花基釉所含 CaO 稍高一点，含钾钠量稍微低点。永乐釉里红基釉中所含 Al_2O_3 成分低于青花瓷釉，而所含 CaO 量则高于青花瓷釉。可能是 CaO 含量偏高，有利于铜红彩的呈色。洪武和永乐釉里红红釉均为钙碱质釉。

除上所述，还有青花釉里红瓷器，即将釉里红与青花两种釉彩相互搭配装饰瓷器。青花釉里红的双色釉下彩瓷也始于元代，明代制作不多，到清代康熙、乾隆时才发展起来，并保持较高水平。此外，又出现剔花釉里红瓷，即借用剔花工艺，剔釉填彩，可分两类。一类将白釉剔去填入红釉，再罩一层透明釉；另一类将红釉剔去填白釉。这种工艺盛行于宣德时期，制品十分精美。宣德剔花釉里红先将在生坯上施的祭红釉剔出花纹，然后在整

---

[1] 李家治主编《中国科学技术史·陶瓷卷》第383页记述：清康熙、雍正和乾隆三朝青花色料的特点是 MnO/CoO 比高，Fe_2O_3/CoO 比低，两者比值接近近浙江和云南钴土矿经拣选和煅烧处理后的青料。第385页记述，康熙青花呈纯蓝色，不泛紫、不晕散，与色料含 Al_2O_3 高有密切关系。实验证明，提高色料的 CoO、Al_2O_3 含量，降低 MnO、Fe_2O_3 含量，可使青花色彩达到康、乾青花的效果。第381页记述，康熙青花技艺的发展尤为显著，发展为五个层次的色阶，有"头浓、正浓、二浓、正淡、影淡"之分，故康熙青花瓷器有"康熙五彩"之美誉。

[2] 李家治主编：《中国科学技术史·陶瓷卷》，第386—388页。

[3] 李家治主编：《中国科学技术史·陶瓷卷》第387页表11-13洪武和永乐时期釉里红釉下彩瓷的化学组成。

个表明施白釉。永乐剔白填红的釉里红，是将施好的白釉剔掉填红釉。

2. 铜红釉和钴蓝釉[1]

铜红釉和钴蓝釉为元代创制的两种高温色釉。用铜使釉着色成红色出现在唐代长沙铜官窑，元代景德镇则创新了一种铜红釉的新品种，即在影青釉的基础上加入适量的含铜物质烧制成功的一种红釉。烧制铜红釉技术较难掌握，元代初创阶段产量少品质低，传世和出土的元代铜红釉瓷极为少见。铜红釉在明永乐宣德时期有很大发展，永乐时期创烧出"鲜红"（又称"宝石红""祭红""霁红""积红"），十分纯正鲜艳，其烧制成功是明代景德镇制瓷工艺的一大贡献。永乐铜红釉瓷胎质细腻而轻，红釉鲜而均匀莹润，并常装饰有云龙纹暗花，是极为珍贵的名品。宣德红釉瓷质量仍然很高，产量大于永乐时期，其胎比永乐红釉瓷稍厚，釉色不如永乐红釉瓷鲜明。成化、正德时期铜红釉烧制质量差，好的产品传世极少。到嘉靖时期，以低温矾红来代替高温铜红釉。一般认为铜红釉着色主要是由 Cu^+ 和 Cu^0 胶体粒子所形成的。

钴作为色料用于高温石灰碱釉的着色始于元代景德镇窑，传世和出土元代蓝釉器多描金彩。还有一种蓝釉剔花后填白釉，制成蓝釉剔花瓷。另有类似铜红釉剔花装饰的工艺方法，制成蓝釉白龙梅瓶，蓝釉白龙小盘等。入明以后蓝釉烧造渐多，特别是宣德时期蓝釉制作为上品，蓝釉常有刻、印的暗花；嘉靖蓝釉则多以划花装饰。宣德时还出现洒蓝釉（又称"雪花釉"），即将蓝釉吹在坯胎上，盖以面釉制成。蓝釉所用色料与青花瓷相同，元代蓝釉和明代宣德、嘉靖蓝釉中含钴量都在 0.5% 上下，但元代蓝釉以高铁低锰钴矿作色料。明代宣德、嘉靖蓝釉除钴外，主要是锰。经计算宣德蓝釉 MnO/CoO 比为 7.62，嘉靖蓝釉 MnO/CoO 比为 5.40，故可判断宣德和嘉靖蓝釉所用色料是钴土矿，与青花使用的色料相同。

---

[1]　李家治主编：《中国科学技术史·陶瓷卷》，第388—392页。

徵引古籍目录

《十三经注疏》，阮元校刻本，中华书局，1980 年。

汉·班固撰、唐·颜师古注：《汉书》，中华书局点校本，1962 年。

［南朝］宋·范晔撰、唐·李贤等注：《后汉书》，中华书局点校本，1965 年。

北齐·魏收撰：《魏书》，中华书局点校本，1974 年。

唐·房玄龄等撰：《晋书》，中华书局点校本，1974 年。

唐·魏徵等撰：《隋书》，中华书局点校本，1973 年。

后晋·刘昫等撰：《旧唐书》，中华书局点校本，1975 年。

宋·欧阳修、宋·宋祁撰：《新唐书》，中华书局点校本，1975 年。

宋·薛居正等撰：《旧五代史》，中华书局点校本，1976 年。

宋·欧阳修撰、宋·徐无党注：《新五代史》，中华书局点校本，1974 年。

元·脱脱等撰：《宋史》，中华书局点校本，1985 年。

元·脱脱等撰：《辽史》，中华书局点校本，1974 年。

元·脱脱等撰：《金史》，中华书局点校本，1975 年。

明·宋濂等撰：《元史》，中华书局点校本，1976 年。

清·张廷玉等撰：《明史》，中华书局点校本，1974 年。

宋·王溥：《唐会要》，中华书局，1998 年。

清·徐松辑《宋会要辑稿》，中华书局，1957 年。

宋·李焘撰：《续资治通鉴长编》，中华书局，2004 年。

宋·徐梦莘：《三朝北盟会编》，上海古籍出版社影印许涵度刻本，1987 年。

元·马端临撰：《文献通考》，中华书局，2011 年。

元·陶宗仪撰：《说郛》，中国书店影印涵芬楼刻本，1986 年。

明·《明实录》，"中研院"史语所校勘影印本，1962 年。

明·申时行等总裁、赵永贤等纂修：万历《大明会典》，江苏广陵古籍刻印社，1989 年。

明·谈迁撰：《国榷》，中华书局，1988 年。

清·《大清五朝会典》，线装书局，2006 年。

宋·王洙等撰《地理新书》，集文书局影抄金明昌三年本，1985 年。

宋·李诫著，梁思成注释：《营造法式注释》，《梁思成全集》第七卷，建筑工业出版社，2001 年。

宋·徐兢：《宣和奉使高丽图经》，丛书集成初编本，商务印书馆，1937 年。

宋·孟元老著、邓之诚注：《东京梦华录注》，中华书局，1982 年。

宋·周淙撰：《乾道临安志》，武林掌故丛编本，《南宋临安两志》，浙江人民出版社，1983 年。

宋·施谔撰：《淳祐临安志》，武林掌故丛编本，《南宋临安两志》，浙江人民出版社，1983 年。

宋·潜说友撰：《咸淳临安志》，据道光庚寅钱塘振绮堂汪氏仿宋重雕刊本，江苏广陵古籍刻印社，1986 年。

宋·司马光撰：《书仪》，文渊阁四库全书第 142 册，台湾商务印书馆，1986 年。

宋·江少虞撰：《宋朝事实类苑》，上海古籍出版社，1981 年。

旧题宋·叶隆礼撰：《契丹国志》，上海古籍出版社，1985 年。

旧题宋·宇文懋昭撰、崔文印校证：《大金国志校证》，中华书局，1986 年。

张景文撰：《大汉原陵秘葬经》，《永乐大典》8199 卷，中华书局，1959 年。

元·陶宗仪撰：《南村辍耕录》，中华书局，1959 年。

元·熊梦祥撰：《析津志》，北京图书馆善本组辑《析津志辑佚》，北京古籍出版社，1981 年。

元·郭居敬撰：《全相二十四孝诗选》，明代洪武刊本，北京图书馆藏。

元·纳新撰：《河朔访古记》，文渊阁四库全书第 593 册，上海古籍出版社，1989 年。

元·周达观撰、夏鼐校注：《真腊风土记》，中华书局，1981 年。

高丽·权准、权溥编、权近注：《孝行录》（木刻本），影印明永乐三年刊本，韩国首尔国立大学中心图书馆藏。

明·叶子奇撰：《草木子》，中华书局，1997 年。

明·张爵撰：《京师五城坊巷胡同集》，北京古籍出版社，2001 年。

清·梁份撰：《帝陵图说》，国家图书馆藏本，《稀见明史史籍辑存》第 30 册，线装书局，2003 年。

清·孙承泽撰：《天府广记》，北京古籍出版社，2001 年。

清·鄂尔泰、清·张廷玉等撰：《国朝宫史》，北京古籍出版社，1994 年。

清·于敏中等撰：《钦定日下旧闻考》，北京古籍出版社，2001 年。

清·周家楣、清·缪荃孙等撰：《光绪顺天府志》，北京古籍出版社，2001 年。

清·朱一新撰：《京师坊巷志稿》，北京古籍出版社，2001 年。

清·丁丙辑：《武林坊巷志》，浙江人民出版社，1987 年。

清·周诚撰：《宋东京考》，中华书局，1988 年。

后　记

　　中国社会科学院考古研究所编著的《中国考古学》（九卷本）正式启动于1995年。该项课题曾得到国家社会科学基金评审委员会的重视，被列为国家社会科学基金重点项目。同年也入选中国社会科学院重点研究课题。

　　《宋辽金元明卷》是《中国考古学》的第九卷。本书的主要内容是关于20世纪和21世纪初的宋辽金元明时期都城、帝陵、墓葬、瓷窑址等考古发现和研究的综合成果。

　　宋辽金元明考古是中国诸断代考古学发掘和研究的短板。由于该阶段考古学的内涵非常丰富，其时代跨度大，涉及面广，但考古发掘资料却十分匮乏，空白点和缺环很多，有关考古资料严重碎片化，故该阶段考古学成为中国诸断代考古学研究中最薄弱的环节。因此，《中国考古学·宋辽金元明卷》无论组建撰写班子，还是撰写过程均困难重重。但是在考古研究所历届领导的鼎力支持下，我们逐渐树立了信心，下定决心，坚持不懈，最终完成了本卷的撰写任务。本卷分工撰写，绪论、第一章至第八章的都城考古学（第三章第一节辽上京城除外），第九章至第十五章帝陵考古学，第二十二章第二节河北省磁州窑遗址，第二十四章第一节浙江省杭州市郊坛下与老虎洞官窑遗址，第二十五章第二节江西省瓷都景德镇湖田窑遗址、第三节江西省瓷都景德镇市区元明瓷器发掘与御器厂遗址的瓷器考古学由孟凡人撰写；第三章第一节辽上京城由汪盈撰写；第十六至第二十章墓葬考古学由董新林撰写；第二十一章宋至明代瓷窑址和瓷器的考古发现与研究，第二十二章第一节河北省定窑遗址、第三节河南省汝窑遗址、第四节河南省钧窑遗址、第五节北京市龙泉务窑遗址，第二十三章陕西省耀州窑遗址、宁夏灵武窑遗址、第二十四章第三节福建省建窑遗址、第四节福建省德化窑遗址，第二十五章第一节江西省吉州窑遗址的瓷器考古学由王睿撰写；第二十四章第二节浙江省龙泉窑遗址由复旦大学文物与博物馆学系沈岳明撰写。在总体上大致形成现阶段"宋辽金元明考古学"的主体框架。但是，应当指出，鉴于前述宋辽金元明考古学的现状，致使本卷的编撰者曾一度陷入迷惘之中，后经不断探索、几易思路，奋力拼搏、勉为其难地最终完成的《中国考古学·宋辽金元明卷》，充其量只能算是仅供学界参考指正的蹚路习作而已，因此诚请方家赐教。

　　《中国考古学·宋辽金元明卷》初稿完成后，曾得到本所张静女士的重要意见。中国社会科学出版社本卷责编也几经更换，由张小颐女士，到郭鹏先生，再确定为王沛姬女士，他们先后提出许多宝贵的修改意见。责编王沛姬女士为本卷的及时出版付出了十分辛苦的劳动。在本卷编辑过程中，中国社会科学院考古研究所科技考古中心李淼先生为本卷精心设计图版和修改线图，保障了本书的质量。韩慧君女士、刘方先生、王苹女士、王岩女士、王亚琪女士、皮鹏飞先生等为本卷绘制了线图。此外，又承蒙唐晓峰先生大力协助，《北京历史地图集》（侯仁之主编，北京出版社 1988 年版）的编者慨允本卷使用其中部分彩色图版。中国社会科学院考古研究所汉唐考古研究室肖淮雁、沈丽华和中国人民大学王子奇等都曾为孟凡人先生录入文稿和查找资料。岳天懿协助完成徵引古籍目录以及校勘工作。对上述诸方面和各位女士、先生们的鼎力支持和帮助，在此一并表示衷心的感谢。

　　孟凡人先生作为主编，为本卷的撰写和出版呕心沥血。不仅亲自撰写了一半以上的内容，而且不断鼓励和提携本卷年轻的撰稿人。孟凡人先生撰写本卷文稿时，曾收集大量考古、历史等资料，并进行拓展研究，据此已出版《宋代至清代都城形制布局研究》和《宋代至明清帝陵形制布局研究》。因为近年来孟先生一直与病魔做斗争，无法顺利进一步修订提炼本卷的撰写内容，略存遗憾。孟凡人先生病重期间一直心念本卷的出版进程，并草拟后记等。其孜孜以求的敬业精神，深深感染了我辈学者。本卷的顺利出版，是对先生最好的怀念。

孟凡人　董新林

2023 年 9 月 25 日